焦循著作集

雕菰樓經學九種

（中）

陳居淵 主編
郭曉東 孫德彩 校點

鳳凰出版社

孟子正義

孫德彩 校點

焦徵序

先兄壬戌會試後閉門注易。癸酉二月，自立一簿，稽考所業，戊寅春《易學三書》成。又以古之精通《易》理，深得伏羲、文王、周公、孔子之恉者莫如孟子，生孟子後而能深知其學者莫如趙氏。惜僞疏踳駁乖謬，文義鄙俚，未能發明其萬一，思作《正義》一書。於是博採經史傳注以及本朝通人之書，凡有關於《孟子》者，一一纂出，次爲長編十四帙。逐日稽考，殫精研慮，自戊寅十二月起稿，逮己卯七月撰成《孟子正義》三十卷。又復討論羣書，删繁補缺，庚辰之春，修改乃定。手寫清本，未半而病作矣，自言用思太猛，知不起，以謄校囑廷琥而殁。廷琥處苫塊中，且校且謄，急思付梓，又以病殁。徵以事身羈旅舍，謄校先兄書，未敢少怠。更深人静，風雨凄凄，寒柝争鳴，一燈如豆，憶及兄姪，涕泗交横，廢書待旦，非復人境矣。一年之中，迭遭喪病，先兄著述待刻者多，寒素之家，力難猝辦。徵衰病無能，營謀事拙，謹與家人相約，各減衣食之半，日積月累，以待將來。癸未歲終，總計田租所入，衣食之餘，約積七百餘金，急以《孟子正義》付刻，乙酉八月刻工告竣，庶使廷琥苦心，稍慰泉壤也。徵校是書，難免錯誤，有能檢出者，乞卽詳指郵寄，以便改正，受惠多矣。先兄稿本，每一篇末自記課程，如注《易》時，書之成僅八閱月耳。徵爲謄校，又有族孫授齡相助，曠日彌久，以至於今。先兄下世已六易寒暑矣，遷延之罪，實所難辭。其他二百餘卷，急思盡刻，所需約數千金，非蓄積二十年，又無他故，不能完全。徵雖未老，衰病日增，恐難目覩其成，然必竭力勉爲，不敢少怠也。至於著書之義，末一捲已詳盡言之，茲第述所以刻書之始末云爾。道光五年乙酉中秋日弟徵謹識。

孟子正義卷一

孟子題辭【疏】正義曰：《音義》云：『張鎰云：「卽序也。趙注尚異，故不謂之序，而謂之題辭也。」』阮氏元《校勘記》云：『十行本、閩本無此篇。監、毛本有，山井鼎《考文》所謂「《孟子題辭》，注疏本或無之者」是也。』**趙氏【疏】**正義曰：《校勘記》云：『《音義·孟子題辭》下出「趙氏」字，今本無之，蓋失其舊。』按《後漢書》本傳云：『趙岐字邠卿，京兆長陵人也。初名嘉，生於御史臺，因字臺卿。後避難，故自改名字，示不忘本土也。岐少明經，有才藝，娶扶風馬融兄女。融外戚豪家，岐嘗鄙之，不與融相見。仕州郡，以廉直疾惡見憚。年三十餘，有重疾，臥蓐七年，自慮奄忽，乃爲遺令，勅兄子曰：「大丈夫生世，遯無箕山之操，仕無伊吕之勳，天不我與，復何言哉！可立一員石於吾墓前，刻之曰：漢有逸人，姓趙名嘉，有志無時，命也柰何！」其後疾瘳。永興二年，辟司空掾，議二千石得去官爲親行服，朝廷從之。其後爲大將軍梁冀所辟，爲陳損益求賢之策，冀不納，舉理劇爲皮氏長。會河東太守劉祐去郡，而中常侍左悺兄勝代之；岐恥疾宦官，卽日西歸。京兆尹延篤復以爲功曹。先是中常侍唐衡兄玹爲京兆虎牙都尉，郡人以玹進不由德，皆輕侮之。岐及從兄襲，又數爲貶議，玹深毒恨。延熹元年，玹爲京兆尹，岐懼禍及，乃與從子戩逃避之。玹果收岐家屬宗親，陷以重法，盡殺之。岐遂逃難四方，江、淮、海、岱，靡所不歷。自匿姓名，賣餅北海市中。時安邱孫嵩，年二十餘，遊市見岐，察非常人，停車呼與共載，岐懼失色。嵩乃下帷，令騎屏行人，密問岐曰：「視子非賣餅者，又相問而色動，不有重怨，卽亡命乎？我北海孫賓石，闔門百口，勢能相濟。」岐素聞嵩名，卽以實告之，遂以俱歸，藏岐複壁中數年。岐作《戹屯歌》二十三章。後諸唐死滅，因赦乃出。三府聞之，同時並辟。九年，乃應司徒胡廣之命。會南匈奴、烏桓、鮮卑反叛，公卿舉岐，擢拜并州刺史。岐欲奏守邊之策，未及上，會坐黨事免，因撰次以爲《禦寇論》。靈帝初，復遭黨錮十餘歲。中平元年，四方兵起，詔選故刺史二千石有文武才用者，徵岐，拜議郎。車騎將軍張温西征關中，請補長史，別屯安定。大將軍何進舉爲燉煌太守。行至襄武，岐與新除諸郡太守數人俱爲賊邊章等所執，欲脅以爲帥，岐詭辭得免，展轉還長安。及獻帝西都，復拜議郎，稍遷太僕。及李傕專政，使太傅馬日磾撫慰天下，以岐爲副。日磾行至洛陽，表別遣岐宣揚國命，所到郡縣，百姓皆喜曰：「今日乃復見使者車騎。」是時，袁紹、曹操與公孫瓚爭冀州，紹及操聞岐至，皆自將兵數百里奉迎，岐深陳天子恩德，宜罷兵，安人臣之道。又移書公孫瓚，爲言利害。紹等各引兵去，皆與期會洛陽，奉迎車駕。岐南到陳留，得篤疾，經涉二年，期者遂不至。興平元年，詔書徵岐。會帝還洛陽，先遣衞將軍董承修理宫室。岐謂承曰：「今海内分崩，唯有荆州境廣地勝，西通巴蜀，南當交阯，年穀獨登，兵人差全。岐雖迫大命，猶志報國家，欲自乘牛車，南説劉表，可使其身自將兵來衞朝廷，與將軍并心同力，共獎王室，此安上救人之策也。」承卽表遣岐使荆州督租糧。岐至，劉表卽遣兵詣洛陽，助修宫室，軍資委輸，前後不絶。時孫嵩亦寓於表，表不爲禮。岐乃稱嵩素行篤烈，因共上爲青州刺史。岐以老病，遂留荆州，曹操時爲司空，舉以自代。光禄勳桓典、少府孔融上書薦之，於是就拜岐爲太常。年九十餘，建安六年卒。先自爲壽藏圖，季札、子產、晏嬰、叔向四像居賓位，又自畫其像居主位，皆爲讚頌。勑其子曰：「我死之日，墓中聚沙爲牀，布簟白衣，散髪其上，覆以單被，卽日便下，下訖便掩。」岐多所述作，著《孟子章句》、《三輔決録》傳於時。』劉攽《兩漢刊誤》云：『《趙岐傳》：「《要子章句》」，「要」當作「孟」，古書無「要子」，而岐所作《孟子章句》傳至今，本傳何得反不記也？』惠氏棟《後漢書補注》云：『劉氏既有刊誤名，明國子監本遂刊去「要」字，改爲《孟子章句》。』

《孟子題辭》者，所以題號孟子之書本末指義文辭之表也。【疏】正義曰：劉熙《釋名·釋書契》云：『書稱題，題，諦也，審諦其名號也。亦言第，因其第次也。』《周禮·春官·司常》：『官府各象其事，州里各象其名，家各象其號。』注云：『事、名、號者，徽識，所以題别衆臣，樹之於位，朝者〔一〕各就焉。』《士喪禮》曰：『爲銘各以其物；亡則以緇，長半幅，赬末，長終幅，廣三寸，書名於末。』此蓋其制也。徽識之書，則云某某之事，某某之名，某某之號。襄公十年《左傳》『舞師題以旌夏』，注云：『題，識也。』趙氏自釋稱題辭之義，稱述孟子氏名事實之本末，所以著書之指義，以表其文辭，猶徽識題號之在旌常，故謂之題辭也。

孟，姓也。子者，男子之通稱也。此書孟子之所作也，故總謂之《孟子》。【疏】正義曰：此題識《孟子》名書之義。孟，氏也。如下云『出自孟孫』，則與魯同姓；後世姓氏不分，氏亦通稱姓。《文選・褚淵碑文》注引劉熙注云：『子，通稱也。』《論語・學而》篇『子曰』，集解引馬曰：『子者，男子通稱也。謂孔子也。』孟子稱子，猶孔子稱子。何異孫《十一經問對》云：『《論語》是諸弟子記諸善言而成編集，故曰《論語》，而不號《孔子》。《孟子》是孟軻所自作之書，如《荀子》，故謂之《孟子》。』**其篇目則各自有名。**【疏】正義曰：如《梁惠王》、《公孫丑》、《滕文公》、《離婁》、《萬章》、《告子》、《盡心》。

孟子，鄒人也。名軻，字則未聞也。鄒本春秋邾子之國，至孟子時改曰鄒矣。國近

〔一〕『者』，《皇清經解》本無，《周禮注疏》有『者』字。

魯，後爲魯所并。又言邾爲楚所并，非魯也。今鄒縣是也。【疏】正義曰：《史記·列傳》云：『孟軻，騶人也。』騶與鄒通，騶衍，《汉书·古今人表》作「鄒衍」，是也。王應麟《困學紀聞》云：『孟子字未聞。《孔叢子》云：「子車（注：一作子居）居貧坎軻，故名軻字子居，亦稱字子輿。」《聖證論》云：「子思書《孔叢子》有孟子居，卽是軻也。」《傅子》云：「孟子輿。」疑皆傅會。』史鶚《三遷志》云：『孟子字，自司馬遷、班固、趙岐皆未言及。魏人作《徐幹中論序》曰：「孟軻、荀卿，懷亞聖之才，著一家之法，皆以姓名自書，至今厥字不傳。原思其故，皆由戰國之士，樂賢者寡，不早記録耳。」是直以孟子爲逸其字矣。』按王肅、傅玄生趙氏後，趙氏所不知，肅何由知之？《孔叢》僞書，不足證也。王氏疑其傅會是矣。《説文》邑部云：『鄒，魯縣，古邾婁國，帝顓頊之後所封。』段氏玉裁《説文解字注》云：『魯國騶，二《志》同。周時或云「鄒」或云「邾婁」者，語言緩急之殊也。周時作「鄒」，漢時作「騶」，古今字之異也。《左》、《穀》作「邾」，《公羊》作「邾婁」，邾婁之合聲爲「鄒」。《國語》、《孟子》作「鄒」。三者「鄒」爲正，「邾」則省文。漢時縣名作「騶」，如《韓勑碑》陰「騶韋仲卿」足證。《鄭語》曰「曹姓鄒、莒」，韋云：「陸終第五子曰安，爲曹姓，封於鄒。」杜《譜》云：「邾，曹姓。顓頊之後有六終，産六子，其第五子曰安，邾卽安之後也。」周武王封其苗裔俠爲附庸，居邾，《前志》曰：「騶，故邾國，曹姓，二十九世爲楚所滅。」按《左傳》顓頊氏有子曰黎，爲祝融，祝融之後八姓，妘、曹其二也。然則上文鄶，祝融之後，妘姓所封；此云帝顓頊之後，互文錯見也。今山東兗州府鄒縣東南二十六里，有古邾城。趙氏岐曰：「鄒本春秋邾子之國，至孟子時改曰鄒。」此未知其始本名鄒也。』周氏廣業《孟子出處時地考》云：『鄒有二，皆顓帝後所封國，一早著於幽王之世。《國語》史伯謂鄭桓公曰：「當成周者，東有齊、魯、曹、宋、滕、薛、鄒、莒。」又曰：「黎爲高辛氏火正，命曰祝融；其後以姓存者，妘姓鄔、鄶、路、偪陽，曹姓鄒、莒，皆爲采衞。」此鄒入春秋不復見。惟《晏子》載：「景公爲鄒之長涂，晏子諫而息。」疑爲齊所滅。《漢志》濟南郡有鄒平、梁鄒二縣。《水經注》謂：「鄒平，古鄒〔一〕侯國，舜後姚姓。」蓋卽今濟南府鄒平縣地也。其一卽邾。《大戴記》：「顓頊子老童，産重黎及吴回，吴回産陸終，陸終六子，其五曰安，是爲曹姓。」曹姓者，邾氏也。俠以下至儀父，始見《春秋》。十四世文公遷於繹，今兗州鄒縣北嶧山是也。《漢志》屬魯國，今爲兗州府鄒縣。其改邾爲鄒，《齊乘》謂始文公。但遷繹在魯文公十三年，而終春秋不聞有鄒，至戰國更無邾名，故趙氏以謂至孟子時改也。《藝文類聚》引劉薈《騶山記》云：「騶山，古之嶧陽，魯穆公改爲騶。」徐鉉《說文》亦云：「魯穆公改邾爲鄒。」改名不應出魯，或譌鄒穆公爲魯穆公耳。』按鄒卽邾，不關更改，段氏說是也。杜預《春秋釋例世族譜》云：『邾國，春秋後八世而楚滅之。』此自本

〔一〕「鄒」，《皇清經解》本無。《水經注》有「鄒」字。

《漢書·地理志》，趙氏又言是也。春秋時，魯與邾爲仇；哀公時，無歲不與爲難，二年取漷東田及沂西田，三年城啓陽，六年城邾瑕，七年入邾，處其公宮，以邾子益來，獻於亳社。趙氏言「邾爲魯并」，或指此。然吴齊救之，邾子益得歸，則邾未滅也。哀公七年《左傳》云「魯擊柝聞於邾」，是國近魯。

或曰：『孟子，魯公族孟孫之後，故孟子仕於齊，喪母而歸葬於魯也。三桓子孫，既以衰微，分適他國。』【疏】正義曰：魯桓公生同，爲莊公；次慶父爲仲孫氏，次叔牙爲叔孫氏，次季友爲季孫氏，是爲三桓。仲孫氏卽孟孫氏。慶父生公孫敖，卽孟穆伯；穆伯生文伯惠叔，文伯生仲孫蔑，卽孟獻子；獻子生仲孫速，卽孟莊子；莊子生孺子秩，秩生仲孫貜，卽孟僖子；僖子生仲孫何忌，卽孟懿子；懿子生孟孺子洩，卽孟武伯；武伯生仲孫捷，卽孟敬子；入春秋後，其獻子次子懿伯，生仲孫羯。杜預《世族譜》以懿伯卽子服仲叔它，生孟椒，椒生子服回，回生子服何，是爲子服景伯，别爲子服氏。孟氏之族有孟公綽、孟之反。孟懿子之弟有南宫敬叔。孟武伯之弟有公期。孟獻子賢大夫，固嘗爲孟子所稱矣。莊子之孝，公綽之不欲，之反之不伐，爲孔子所稱。僖子、懿子、武伯，皆知欽敬孔子；敬子則受教於曾子；孟氏尊師重道，其後宜有達人。孟子既以孟爲氏，宜爲孟孫之後，但世系不可詳，故趙氏以『或曰』疑之耳。閻氏若璩《孟子生卒年月考》云：『孟子，蓋魯公族孟孫之後，不知何時分適鄒，遂爲鄒人。猶葬歸於魯者，太公子孫反葬周之義也。然考今孟母墓碑，墓在鄒縣北二十里馬鞍山陽，又非魯地，疑古爲魯地。猶魯鄒邑，今亦在鄒縣界内，二國密邇。《左傳》「魯擊柝聞於邾」是也。』周氏廣業《孟子出處時地考》云：『劉昭注《續漢志》，騶本邾國，引劉薈《騶山記》：「邾城在山南，去山二里，北有繹山。」《左傳》文十三年「邾遷於繹」，郭璞云：「繹山連屬地，北有牙山，牙山北有唐口山，唐口山北有陽城，北有孟軻冢焉。」此葬鄒之確證。宋孫復《兗州鄒縣建孟廟記》云：「景祐丁酉，龍圖孔公爲東魯之二年，謂有功於聖門者，無先於孟子。且鄒爲孟子之里，今爲所治之屬，吾當訪其墓而表之，新其祠而祀之，以旌其烈。於是符下官吏博求之，果於邑之東北三十里，有山曰四基〔一〕；四基之陽，得其墓焉。遂命去其榛莽，肇其堂宇，以公孫、萬章之徒配。明年春，廟成。」其序地域墓山，尤爲明切。又《齊乘》：「尼丘山在滕州鄒縣東北六十里，有宣聖廟。其東顏母山，有顏母廟。南有昌平山，夫子所生之鄉。又南馬鞍山，有孟母墓。又南唐口山，有孟子墓。」然則郰邑當金元時亦隸鄒縣，而唐口之墓，孫明復云「東北三十里」，于容思云「馬鞍之南」，孟衍泰《三遷志》又謂「孟母墓在今縣北二十五里，與孟子墓不甚遠」，要之不越三十里内外也。自是而北，爲昌平，爲防山，又三十里。蓋不特思近聖人之居，而墓亦接壤焉。』又云係孟孫之後，則祖

〔一〕『基』，《皇清經解》本均作『墓』。《孟子四考》作『基』。

墓自當在魯,《論語・季氏》篇云『故夫三桓之子孫微矣』,《集解》引孔曰:『至哀公皆衰。』

孟子生有淑質,夙喪其父,幼被慈母三遷之教。【疏】正義曰:淑,善也。夙,早也。《列女傳・母儀》篇云:『鄒孟軻之母也,號孟母,其舍近墓。孟子之少也,嬉遊爲墓間之事,踊躍築埋。孟母曰:「此非吾所以居處子。」乃去,舍市旁。其嬉戲爲賈人衒賣之事,孟母又曰:「此非吾所以居處子也。」復徙舍學宮之傍。其嬉遊乃設俎豆,揖讓進退。孟母曰:「真可以居吾子矣!」遂居。及孟子長,學《六藝》,卒成大儒之名,君子謂孟母善以漸化。』此三遷之事也。周氏廣業《孟子出處時地考》云:『趙氏《題辭》云:「孟子生有淑質,夙喪其父,幼被慈母三遷之教。」及注後喪踰前喪云:「孟子前喪父約,後喪母奢。」前後雖無定時,然以士大夫三鼎五鼎之言推之,相隔必不甚久遠。《禮》曰:「喪從死者,祭從生者。」祭以三鼎,則孟子喪父,在爲士之後甚明,其時年蓋四十餘矣。《題辭》所謂夙喪者,亦以父先母沒耳,非必幼孤也。陳鎬《闕里志》、薛應旂《四書人物考》遂謂孟子三歲喪父,考《韓詩外傳・列女傳》俱無此說。且《列女傳》載孟母斷機事云:「績織而食,中道廢而不爲,寧能衣其夫子而長不乏糧食哉!」觀此言則非嫠恤可知,後人殆因孟父無聞,妄爲説耳。夫士及三鼎,斷非繈褓間事;且去喪母五六十年,魯人亦何從知其前後豐儉懸絕,而臧倉得以行其毀鬲邪?王復禮曰:「若前喪在三歲,則豐嗇非所自主，倉安得譖之？」蓋孟父實未嘗卒，其三遷斷機，或者父出遊，慈母代嚴父耳。』**長師孔子之孫子思，治儒術之道，通《五經》，尤長於《詩》《書》。**【疏】正義曰：《列女傳》云：『孟子旦夕勤學不息，師事子思，遂成天下之名儒。』《漢書・藝文志》：『儒家《孟子》十一篇，名軻，鄒人，子思弟子，有列傳。』《風俗通・窮通》篇云：『孟子受業於子思，既通。』與趙氏同。《史記・列傳》云『受業子思之門人』，索隱云：『王劭以「人」爲衍字。』則以軻親受業孔伋之門也。今言門人者，乃受業於子思之弟子也。毛氏奇齡《四書賸言》云：『王草堂謂《史記・世家》子思年六十二。孔子卒在周敬王四十一年，伯魚先孔子卒已三年；向使子思生於伯魚所卒之年，亦止當在威烈王三四年之間。乃孟子實生於烈王四年，其距子思卒時，已相去五十年之久。又謂魯繆公曾尊禮子思。然繆公卽位，在威烈王十九年，則《史記》所云「子思年六十二」者，或是「八十二」之誤。若孟子則斷不能親受業也。予祇以《孟子》本文計之，梁惠王三十年，齊虜太子申，則孟子游梁，自當在三十年之後，何則？以本文有「東敗於齊，長子死焉」之語也。然孟子居梁不及二三年，而惠王已卒，襄王已立，何則？以本文有見梁襄王之語也。乃實計其時，梁惠王卽位之年，距魯繆公卒年，亦不過四十零年。然而孟子已老，本文有「王曰叟」是也。則受業子思，或未可盡非者與？』按《史記・魯世家》：哀公十六年，孔子卒。二十七年卒於有山氏，悼公立。三十七年卒，子元公立。二十一年卒，子顯立，是爲穆公。穆公立三十三年卒。自穆公元年上溯至孔子卒之年，當有六十八年。孔子未卒，子思已生，而孟子明言子思當穆公時，則子思之年，不止六十二明矣。穆公子共公立，二十二年卒；子康公立，九年卒；子景公立，二十九年卒；子叔立，是爲平公。平公元年，上溯穆公卒之年，當有六十年；再溯穆公初年，則九十年矣。則孟子不能親受業於子思又明矣。草堂之説是也。乃《六國表》魯穆公元年，卽周威烈王十九年；魏惠王元年，當周烈王六年；相距三十八年。惠王三十五年，孟子來大梁，上溯魯穆公時，已有七十餘年，如以親受業子思言之，則子思年必大耋，而孟子則童子時也。劉向、司馬遷皆西漢人，一以爲受業子思，一以爲受業子思之門人。而《史記》紀年，多不可據，大抵異同不過此兩端，識者察之。《列女傳》言『通《六藝》』，《史記・滑稽傳》云：『孔子曰：「《六藝》於治一也。《禮》以節人，《樂》以發和，《書》以道事，《詩》以達意，《易》以神化，《春秋》以義。」』《漢書・藝文志》以《六經》爲《六藝》，一百三家。趙氏以爲『通《五經》』，七篇中言《書》凡二十九，言《詩》凡三十五。《史記・列傳》云：『序《詩》《書》，述仲尼之意。』故以爲『尤長於《詩》《書》』。然孟子於《春秋》獨標『亂臣賊子懼』，爲深知孔子作《春秋》之恉。至於道性善，稱堯舜，則於通德類情，變通神化，已洞然於伏羲、神農、黄帝、堯、舜、文王、周公、孔子之道，獨《詩》《書》云乎哉！

周衰之末，戰國縱横，用兵爭强，以相侵奪。當世取士，務先權謀，以爲上賢，先王大

道，陵遲墮廢。【疏】正義曰：《史記·列傳》云：「當是之時，秦用商君，富國强兵；楚、魏用吴起，戰勝弱敵；齊威王、宣王用孫子、田忌之徒，而諸侯東面朝齊；天下方務於合縱連衡，以攻伐爲賢。」劉向校《戰國策·書録》云：「仲尼既没之後，田氏取齊，六卿分晉，道德大廢，上下失序，至秦孝公捐禮讓而貴戰爭，棄仁義而用詐譎，苟以取强而已矣。晚世益甚，萬乘之國七，千乘之國五，敵侔爭權，蓋爲戰國爭强，勝者爲右，兵革不休，詐僞並起。當此之時，雖有道德不得施謀，故孟子、孫卿，儒術之士，棄捐於世；而遊説權謀之徒，見貴於俗，是以蘇秦、張儀、公孫衍、陳軫、代、厲之屬，生縱横短長之説，左右傾側，蘇秦爲縱，張儀爲横，横則秦帝，縱則楚王，所在國重，所去國輕。」《荀子·宥坐篇》云：「今夫世之陵遲亦久矣。」楊倞注云：「遲，慢也。陵遲，言丘陵之勢漸慢也。」《文選·難蜀父老》「反衰世之陵夷」，李善注云：「陵夷，卽淩遲也。」《史記》張釋之曰「秦淩遲而至於二世，天下土崩」，《漢書》作「陵夷至於二世」。《漢書·司馬相如傳》注云：「陵夷，謂弛替也。」墮，《説文》𨸏部作「隓」。云：「敗城𨸏曰隓。」篆文作「𡐦」。《淮南子·修務訓》「故名立而不墮」，高誘注云：「墮，廢也。」《禮記·月令》「毋有墮壞」，《釋文》云：「墮本作『隳』，『隳』俗字也。」**異端並起，若楊朱、墨翟放蕩之言，以干時惑衆者非一。**【疏】正義曰：《論語·爲政》篇云：「攻乎異端，斯害也已。」何爲異端？各持一理，此以爲異己也而擊之，彼亦以爲異己也而擊之，未有不成其害者。楊墨各持一説，不能相通，故爲異端。孟子之學，通變神化，以時爲中，易地皆然，能包容乎百家，故能識持一家之説之爲害也。苟不能爲通人，以包容乎百家，持己之説，而以異己者爲異端，則闢異端者，卽身爲異端也。《漢書・藝文志》言『道家』云：『及放者爲之，則欲絶去禮學，兼棄仁義。』注云：『放，蕩也。』《廣雅・釋詁》云：『放，妄也。』《呂氏春秋・審分》篇云：『無使放悖。』悖亦妄也。《論語・陽貨》篇『好知不好學，其蔽也蕩』，集解引孔曰：『蕩，無所適守也。』又『今之狂也蕩』，集解引孔曰：『蕩，無所據也。』楊墨之言，虚妄無據，故云放蕩。

孟子閔悼堯、舜、湯、文、周、孔之業將遂湮微，正涂壅底，仁義荒怠，佞僞馳騁，紅紫亂朱。於是則慕仲尼周流憂世，遂以儒道遊於諸侯，思濟斯民；然由不肯枉尺直尋，時君咸謂之迂闊於事，終莫能聽納其説。 【疏】正義曰：《説文》水部云：『湮，沒也。』《小爾雅・廣詁》云：『沒，滅也。』昭公元年《左傳》云『勿使有所壅蔽湫底』，注云：『底，滯也。』《釋文》引服虔云：『底，止也。』『底止』，《爾雅・釋詁》文。止而不行故爲滯。則，法也。慕，習也。以孔子爲法而習之也。『周流』二字，見《禮記・仲尼燕居》。《文選・甘泉賦》云『據軨軒而周流兮』，李善注云：『周流，流行周徧也。』《史記・列傳》云：『道既通，游事齊宣王，宣王不能用。適梁，梁惠王不果所言，則見以爲迂遠而闊於事情。』《風俗通・窮通》篇云：『游於諸侯，所言皆以爲迂遠而闊於事情，然終不屈道趣合，枉尺以直尋。』

孟子亦自知遭蒼姬以訖録，值炎劉之未奮，進不得佐興唐虞雍熙之和，退不能信三

代之餘風，恥沒世而無聞焉，是故垂憲言以詒後人。【疏】正義曰：《音義》云：『信，音伸。謂三代遺風，鬱塞不伸也。』《史記・孔子世家》云：『子曰：「弗乎弗乎！君子病沒世而名不稱焉。吾道不行矣，吾何以自見於後世哉！」乃因史記作《春秋》。』《爾雅・釋詁》云：『憲，法也。』《漢書・揚雄傳》云：『雄見諸子各以其知舛馳，大抵詆訾聖人，卽爲怪迂，析辯詭辭，以撓世事，雖小辯，終破大道。故人時有問雄者，常用法應之，譔以爲十二卷，象《論語》，號曰《法言》。』憲言，猶法言也。**仲尼有云：『我欲託之空言，不如載之行事之深切著明也。』**【疏】正義曰：《春秋繁露・俞序》篇云：『孔子曰：「吾因其行事，而加乎王心焉。」以爲見之空言，不如行事博深切明。』《史記・太史公自叙》亦云。**於是退而論集所與高第弟子公孫丑、萬章之徒難疑答問，又自撰其法度之言，著書七篇，**【疏】正義曰：《史記・列傳》云：『孟軻所如不合，退與萬章之徒序《詩》《書》，述仲尼之意，作《孟子》七篇。』是七篇爲孟子所自作，故趙氏前既云『此書孟子之所作也』，此又云『自撰法度之言』。閻氏若璩《孟子生卒年月考》云：『七篇爲孟子自作，至韓昌黎故亂其說。《論語》成於門人之手，故記聖人容貌甚悉；七篇成於己手，故但記言語或出處耳。』又云：『卒後，書爲門人所叙定，故諸侯王皆加謚焉。』趙氏注弟子十五人：萬章、公孫丑、樂正子、陳臻、公都子、充虞、徐辟、高子、咸丘蒙、陳代、彭更、屋廬子、桃應、季孫、子叔。學於孟子者四人：孟仲子、告子、滕更、盆成括。《呂氏春秋・樂成》篇『盡難攻中山之事也』，高誘注云：『難，説也。』《史記·五帝本紀》『死生之説，存亡之難』，索隱云：『難，猶説也。』凡事是非未盡，假以往來之辭，則曰難。所以韓非著書，有《説林》、《説難》。難疑者，有疑則解説之也。答問者，有問則答之也。平日與諸弟子解説之辭，諸弟子各記録之，至是孟子聚集而論次之，如篇中諸問答之文是也。其不由問答，如《離婁》、《盡心》等章，則孟子自撰也。又有與齊、魏、鄒、滕諸君所言，景子、莊暴、淳于髡、周霄、景春、宋牼、宋勾踐、夷之、陳相、貉稽、戴盈之、戴不勝、儲子、沈同、陳賈、慎子、王驩等相問答，蓋亦諸弟子録之，而孟子論集之矣。』**二百六十一章，三萬四千六百八十五字。**【疏】正義曰：《音義》標《梁惠王》上七章，下十六章；《公孫丑》上九章，下十四章；《滕文公》上五章，下十章；《離婁》上二十八章，下三十二章；《萬章》上九章，下七章；《告子》上二十章，下十六章；《盡心》上四十七章，下三十九章。共爲二百五十九章。今以《章指》計之，《盡心》下篇止得三十八，則共爲二百五十八章。校此《題辭》所云，少三章。《崇文總目》謂『陸善經删去趙岐《章指》，邵武士人作疏，依用陸本。《章指》既删，章數遂不可定。』戴氏震得朱氏文游校本二，云：『一爲虞山毛扆手校，何屺瞻云「毛斧季從真定梁氏借得宋槧本影鈔」，今未見其影鈔者。而此本《盡心》下，惟梓匠輪輿章有《章指》，餘並缺。一爲何仲子手校，末記云：「文注用盱郡重刊廖氏善本校。」而《盡心》上有「事君人者」一章，「孔子登東山」以下三章，《盡心》下「吾今而後知」以下七章，並缺《章指》。二校各有詳略，得以互訂，外有章丘李氏所藏北宋蜀大字章句本，毛斧季影鈔者，並得趙岐《孟子篇叙》，於是臺卿之學，殘失之餘，合之復完。』然則今孔氏所刻《章指》，亦拾掇於殘缺之餘，焉保無分合之譌。然欲傅會於二百六十一之數，而强分以足之，則亦非後學所敢矣。』陳士元《孟子雜記》云：『趙氏謂三萬四千六百八十五字，今計字數，《梁惠王》篇上下共五千三百六十九，《公孫丑》篇上下共五千一百四十四，《滕文公》篇上下共五千零四十五，《離婁》篇上下共四千七百八十九，《萬章》篇上下共五千一百二十五，《告子》篇上下共五千二百五十五，《盡心》篇上下共四千六百八十三，統之實有三萬五千四百一十字，較趙説多七百二十五字。詳考趙注《孟子》文，與今本不差，趙蓋誤算也。』周氏廣業《孟子異本考》云：『趙注《孟子》，三年乃成，謂可寤疑辨惑。字數易明，豈復疏於布算，但舊書古簡，脱漏居多。唐宋本固應減於漢，否亦不能加多。今兹賸字，得毋有後人所羼入者乎？』按：今以孔本經文計之，《梁惠王》共五千二百六十四字，《公孫丑》共五千一百四十二字，《滕文公》共四千九百八十字，《離婁》共四千七百八十九字，《萬章》共五千一百五十四字，《告子》共五千二百二十三字，《盡心》共四千六百七十四字，七篇共三萬五千二百二十六字，校趙氏所云，實多五百四十一字。别詳見《篇叙》正義中。**包羅天地，揆敘萬類，仁義道德，性命禍福，粲然靡所不載。帝王公侯遵之，則可以致隆平，頌清廟；卿大夫士蹈之，則可以尊君父，立忠信；守志厲操者儀之，則可以崇高節，抗浮雲。**

有風人之託物，《二雅》之正言，可謂直而不倨，曲而不屈，命世亞聖之大才者也。【疏】正義曰：命世，卽名世也。詳見《公孫丑下》篇。亞，次也。命世亞聖，卽所謂名世次聖也。『包羅天地』至『曲而不屈』，皆發明所以名世之實。

孔子自衛反魯，然後樂正，《雅》《頌》各得其所，乃删《詩》定《書》，繫《周易》，作《春秋》。【疏】正義曰：《論語·子罕》篇云：『吾自衛反魯，然後樂正，《雅》《頌》各得其所。』集解引鄭曰：『反魯，魯哀公十一年冬也。是時道衰樂廢，夫子來還，乃正之也。』《史記·孔子世家》云：『孔子之去魯凡十四歲而反乎魯。然魯終不能用孔子，孔子亦不求仕。孔子之時，周室微而禮樂廢，《詩》《書》缺，追迹三代之禮，序《書傳》，上紀唐虞之際，下至秦繆，編次其事。語魯太師：樂其可知也，始作翕如，從之純如，皦如，繹如也，以成。吾自衛反魯，然後樂正，《雅》《頌》各得其所。古者《詩》三千餘篇，至孔子去其重，取其可施於禮樂三百五篇，皆弦歌之，以求合《韶》、《武》、《雅》、《頌》之音。晚而喜《易》，序《彖》、《繫》、《象》、《説卦》、《文言》，乃因史記作《春秋》，筆則筆，削則削，子夏之徒，不能贊一辭。』**孟子退自齊、梁，述堯、舜之道而著作焉，此大賢擬聖而作者也。**【疏】正義曰：擬聖，卽所謂述仲尼之意也。

七十子之疇，會集夫子所言，以爲《論語》。《論語》者，《五經》之錧鎋，《六藝》之喉衿也。【疏】正義曰：何晏《論語叙》云：『漢中壘校尉劉向言：《魯論語》二十篇，皆孔子弟子記諸善言也。」《漢書・藝文志》有『《論語》家』，列《六藝》之中，次《五經》之後，故云《五經》之錧鎋，《六藝》之喉衿也。《音義》出『錧鎋』，丁云：『上音管，方言作「輨」，車釭也。下音黠，車轄也。』按錧鎋當作『輨轄』。《説文》車部云：『輨，轂耑錔也。』『轄，鍵也』。轄與舝通。舛部云：『舝，車軸耑鍵也。』戴氏震《考工記》釋車云：『轂空壺中，所以受軸，以金裹轂中謂之釭，轂端沓謂之輨；以鐵爲管，約轂外兩端。軸端之鍵，以制轂者謂之舝，亦作轄。行車者，脂釭中以利轉，又設舝以制轂。』《邶風》『載脂載舝』，《小雅》『間關車之舝兮』，《淮南子》『車之能轉千里者，其要在三寸舝』，蓋車之轉運在軸轂，而輨如環約於轂，轄如笄約於軸，非此則軸與轂不可以運。五經非《論語》則無以運行，故爲五經之輨轄也。《説文》口部云：『喉，咽也。』衿與襟通。任氏大椿《深衣釋例》云：『《爾雅》「衣眥謂之襟」，孫炎曰：「襟，交領也。」《文選・魏都賦》「不以邊陲爲襘〔一〕也」，注引《聲類》曰：「襘〔二〕，衣交領也。」《曲禮》「天子視不上於袷」，注云：「袷，交領也。」袷屬於襟，卽與襟同體。襟交則袷交，故袷謂之交領，與襟謂之交領，一也。《説文》曰：「襟，交衽也。」《戰國・齊策》「輒以頸血濺足下之襘」，注云：「襘，交衽也。」《方言》：「襟，謂之

〔一〕『襘』，《皇清經解》本同，《文選・魏都賦》作『襟』。
〔二〕『襘』，《皇清經解》本同，《文選・魏都賦》作『衿』。

交。』襟無不交，則給無不交矣。』小兒擁咽領，則卽服虔《廣川王傳》注云：『頸下施衿，領正方直者也。』詁訓諸書，多以襟言領，亦以領統於襟，遂名曰襟。《玉篇》云：『袊，衣領也。』《詩》『青青子衿』，《傳》：『青衿，青領也。』正義云：『衿領一物。』然則衿爲交領交衽之通名。此與喉並言，則正以爲領人之一身，內則轄之以喉，外則鍵之以領，謂《論語》爲《六藝》之總領也。**《孟子》之書，則而象之。**【疏】正義曰：《易·繫辭傳》云：『象也者，像也。』像之言似也。謂以孔子爲法則，而似續其道也。**衞靈公問陳於孔子，孔子答以俎豆；梁惠王問利國，孟子對以仁義。宋桓魋欲害孔子，孔子稱：『天生德於予。』魯臧倉毁鬲孟子，孟子曰：『臧氏之子，焉能使予不遇哉？』旨意合同，若此者衆。**【疏】正義曰：衞靈公桓魋事，俱見《論語》。《音義》出『毁鬲』云：『丁音隔，蓋譖毁之，使情隔耳。又音歷。』按鬲爲鼎屬，其音歷，此鬲自當讀如隔。《說文》自部云：『隔，障也。』《漢書·五行志》引京房《易傳》云：『上下皆蔽，兹謂之隔。』是也。按以孟子似續孔子，自趙氏發之。其後晉咸康三年，國子祭酒袁瓌、太常馮懷上疏云：『孔子恂恂，道化洙、泗；孟軻皇皇，誨誘無倦；是以仁義之聲，於今猶存；禮讓之風，千載未泯。』見《宋書·禮志》。韓愈《原道》云：『斯道也，堯以是傳之舜，舜以是傳之禹，禹以是傳之湯，湯以是傳之文、武、周公，文、武、周公傳之孔子，孔子傳之孟軻。』皆本諸趙氏。

又有《外書》四篇：《性善》、《辯文》、《說孝經》、《爲政》。其文不能宏深，不與內篇相

似，似非孟子本真，後世依放而託之者也。【疏】正義曰：《漢書・藝文志》：『《孟子》十一篇。』《風俗通・窮通》篇云：『作書中外十一篇。』是七篇爲中，餘四篇爲外。王應麟《困學紀聞》云：『《漢》《七略》所録，若《齊論》之《問王》、《知道》，孟子之《外書》四篇，今皆無傳。』孫奕《履齋・示兒》篇云：『昔嘗聞前輩有云：親見館閣中有《孟子外書》四篇：曰《性善辯》，曰《文説》，曰《孝經》，曰《爲政》。』劉昌詩《蘆浦筆記》云：『予鄉新喻謝氏，多藏古書，有《性善辯》一帙。』翟氏灝《考異》云：『趙氏不爲《外書》章句，嗣後傳《孟子》者，悉以章句爲本，《外書》悉以廢閣致亡。南宋去趙氏時千有餘歲，不應館閣中能完然如故也。孫氏僅得耳聞，當日在館閣諸公，未有以目擊詳言之者，道聽涂説，必不足爲按據。新喻謝氏所藏一帙，劉氏似及見之。《隋書・經籍志》録有梁綦毋邃《孟子注》九卷。他家注俱七卷，獨綦毋氏多出二卷，豈所謂四篇者，在梁時嘗得其二，至宋乃僅存劉氏所見之一篇邪？但綦毋氏書，李善注《文選》，猶引用之，似流行於唐世。而其有無《外書》，唐人絶無片言論及，則又難以質言。且《外書》之篇目，自宜以《性善》爲一，《辯文》爲一，《説孝經》爲一。劉氏以所見之《性善辯》，遂以「辯」字上屬，而謂《文説》一篇，《孝經》一篇，據《論衡・本性》篇，但云孟子作《性善》之篇，不綴「辯」字，疑新喻謝氏所藏《性善辯》，又屬後人依放而作，非《外書》本真也。』周氏廣業《孟子逸文考》云：『《史記・十二諸侯表》云：「荀卿、孟子、韓非之徒，各往往捃摭《春秋》之文以著書，不可勝記。」今考孟子內書，言《春秋》者，止迹熄詩亡及知我罪我、無義戰三章，亦未嘗捃摭其文。至若《列女傳》「擁楹之歎」，《韓詩外傳》「輟織殺豚」及「不敢去婦」二條中所載孟子之言，皆瑣屑不足述。明季姚士粦等所傳孟子《外書》四篇，云是熙時子注，友人吴騫板行，丁杰爲之條駁甚詳，顯屬僞托，概無取焉。』按熙時子相傳以爲劉貢父，此書前有馬廷鸞叙。夫《外書》四篇，趙氏斥爲依託，其亡已久；孫奕所聞，新喻所藏，已難信據，況此又贋之尤者乎。顧氏炎武《日知録》云：『《史記》、《法言》、《鹽鐵論》等所引《孟子》，今《孟子》書無其文，豈俱所謂《外篇》者邪？』是則然矣。

孟子既沒之後，大道遂絀，逮至亡秦，焚滅經術，坑戮儒生，孟子徒黨盡矣！其書號爲諸子，故篇籍得不泯絶。【疏】正義曰：《史記》：『秦始皇三十四年，丞相李斯言曰：「臣請史官非《秦紀》皆燒之。非博士官所職，天下敢有藏《詩》《書》百家語者，悉詣守尉雜燒之。所不去者，醫藥卜筮種樹之書。」三十五年，使御史案問諸生四百六十餘人，皆坑之咸陽。』《漢書·藝文志》云：『秦燔書，而《易》爲筮卜之事，傳者不絶。』又云：『諸子之言，紛然殽亂，至秦患之，乃燔滅文章，以愚黔首。』是時所最忌者，學古道古之士，所坑者皆誦法孔子，長子扶蘇之言可證。不知《孟子》何得與《周易》同不焚？逢行珪注《鬻子》，叙云：『遭秦暴亂，書紀略盡，《鬻子》雖不與焚燒，編帙由此殘缺。』此亦以諸子不焚也。翟氏灝《考異》云：『《漢書·河間王傳》稱《孟子》爲獻王所得，似亦遭秦播棄，至漢孝武世始復出者。然孝文已立《孟子》博士，而韓氏《詩外傳》，董氏《繁露》俱多引《孟子》語，則趙氏所云「書號諸子，得不泯絶」，定亦不虛。』**漢興，除秦虐禁，開延道德，孝文皇帝欲廣遊學之路，《論語》、《孝經》、《孟子》、《爾雅》皆置博士。後罷傳記博士，獨立《五經》而已。**【疏】正義曰：王應麟《五經通義説》云：『孅哉！漢之尊經乎！儒五十三家，莫非賢傳也；而孟子首置博士。』翟氏灝《考異》云：『《孟子》尊立最久，時《論語》、《孝經》通謂之傳，而《孟子》亦謂之傳，如《論衡・對作》篇曰：「楊墨不亂傳義，則孟子之傳不造。」《劉向傳》引「傳曰：聖人不出，其間必有名世者」。《後漢書・梁冀傳》引「傳曰：以天下與人易，爲天下得人難」。《越絶書・序外傳記》引「傳曰：於厚者薄，則無所不薄矣」。《説文解字》引「傳曰：簞食壺漿」。《詩・邶風正義》引「傳曰：外無曠夫，内無怨女」。《中論・夭壽》篇引「傳曰：所好有甚於生者，所惡有甚於死者」。又《法象》篇曰：「傳稱大人正己，而物自正。」皆可爲證。故趙氏以《論語》、《孝經》、《孟子》、《爾雅》博士，統言之曰傳記博士。』錢氏大昕《潛研堂答問》云：『問：劉子駿《移太常博士書》言：「孝文帝時，天下衆書，往往頗出，皆諸子傳説，猶廣立於學官，爲置博士。」據趙邠卿《孟子題辭》，則《論語》、《孝經》、《孟子》、《爾雅》，孝文時皆立博士，所謂「傳記博士」也。此等博士，未識罷於何時？曰：《漢書》贊武帝云：「孝武初立，卓然罷黜百家，表章《六經》。」以《本紀》考之，建武五年，置《五經》博士，則傳記博士之罷，當在是時矣。』按《禮記正義》

引盧植云：『漢文皇帝令博士諸生作此《王制》之書。』今《王制》篇中，制禄爵關市等文，多取諸《孟子》，則孝文時立《孟子》博士審矣。**訖今諸經通義，得引《孟子》以明事，謂之博文。**【疏】正義曰：《後漢書·儒林傳》云：『建初中，大會諸儒於白虎觀，考詳同異，連月乃罷。肅宗親臨稱制，如石渠故事，顧命史臣，著爲《通義》。』注云：『卽《白虎通義》是。』觀趙氏此文，《孟子》雖罷博士，而論説諸經，得引以爲證，如《鹽鐵論》載賢良文學對丞相御史，多本《孟子》之言。而鄭康成註《禮》箋《詩》，許慎作《説文解字》，皆引之。其見於《史記》、《兩漢書》、《兩漢紀》，如鄒陽引『不含怒不宿怨』，終軍引『枉尺直尋』，倪寬引『金聲玉振』，王褒引『離婁、公輸』，貢禹引『民飢馬肥』，梅福引『位卑言高』，馮異稱『民之飢渴，易爲飲食』，李淑引『緣木求魚』，郅惲言『强其君所不能爲忠，量君所不能爲賊』，馮衍言『臧倉言泰山北海』，班彪引『檮杌春秋』，崔駰言『登牆摟處』，申屠蟠言『處士横議』，王暢言『貪夫廉，懦夫有立志』，傅燮言『浩然之氣』，亦當時引以明事之證。

孟子長於譬喻，辭不迫切，而意已獨至，其言曰：『説《詩》者不以文害辭，不以辭害志，以意逆志，爲得之矣。』斯言殆欲使後人深求其意，以解其文，不但施於説《詩》也。今諸解者，往往摭取而説之，其説又多乖異不同。【疏】正義曰：《方言》云：『摭，取也。陳、宋之間曰摭。』《説文》手部云：『拓，拾也。陳、宋語。或從庶。』拾取而説之，謂未能通其全書，悉其恉趣，僅拾取一章一句而解説之，既不能貫通其義，自然乖異矣。**孟子以**

來五百餘載，傳之者亦已衆多。【疏】正義曰：閻氏若璩《孟子生卒年月考》云：『孔子生卒出處年月，具見《史記・孔子世家》，而孟子獨略，於是説者紛紜。余嘗以七篇爲主，參以《史記》等書，然後歷歷可考，蓋生爲鄒人，卒當是赧王之世。』萬氏斯同《羣書疑辨》云：『山陽閻百詩著《孟子生卒年月考》，究不知生卒在何年，蓋實無可考也。《孟子世譜》言孟子生於周烈王四年己酉，卒於赧王二十六年壬申，年八十四，其言似可信。』今姑以萬氏此言推之：赧王立五十九年，則歷三十四年至乙巳而卒。又八年壬子周亡，爲秦莊襄王元年，三年卒。始皇立，三十七年卒。二世立，三年秦亡。又五年，天下爲漢。漢高帝至平帝十二主，共二百十年。新莽十八年，更始立三年。光武中興至獻帝十二主，共一百九十五年。自孟子沒至漢末，五百十三年。趙氏卒於建安六年，而出亡著書，則尚在延熹時；自周赧王二十六年，至漢桓帝延熹間，僅四百五十年耳。此云『五百餘載』，蓋趙氏以孟子親受業於子思，則其生卒之年，必前於烈王四年、赧王二十六年也。故趙氏注『由周而來，七百有餘歲』，必推自太王、文王以來。然則《孟子》謂『由孔子而來，至於今百有餘歲』，蓋謂孔子沒後至孟子著書之年，非謂孔子沒之年至孟子生之年也。趙氏言『孟子以來五百餘載』，謂孟子沒後至趙氏著書之年，非謂孟子沒之年至趙氏生之年也。孟子後徵引《孟子》者，如荀卿、韓嬰、董仲舒、劉向、揚雄、王充、班固、張衡、鄭康成、許慎、何休等，皆所謂摭取而説之。漢文時立《孟子》博士，必有授受之人，惜不可考。河間獻王所得先秦舊本，不詳得自何人。至《東觀漢紀》言『章帝以《孟子》賜黄香』，則香能傳之讀之與否，不可知。劉陶復孟軻，其所以復者不傳。惟《後漢書·儒林傳》云：『程曾字秀升，豫章南昌人，作《孟子章句》。建初三年，舉孝廉，遷海西令。』建初爲章帝年號，則生東漢之初，在趙氏前，專爲孟子之學者，自此始著。乃其章句不傳，莫可考究。高誘《吕氏春秋叙》自言『正《孟子章句》』，誘，涿郡人，從盧植學，建安十年，辟司空掾，除東郡濮陽令。十七年，遷監河東。所注《戰國策》、《吕氏春秋》、《淮南子》皆存，惟《孟子章句》亡。誘於建安十年，始舉孝廉，趙氏卒於建安六年，年已九十餘，是誘爲趙氏後輩。《隋書·經籍志》有『漢鄭康成《孟子注》七卷，漢劉熙《孟子注》七卷』。鄭康成本傳，詳列所著書，不言《孟子》，《隋志》所載，未知所據。熙嘗撰《釋名》，畢氏沅《釋名疏證叙》云：『《隋書·經籍志》「《釋名》八卷，劉熙撰。」又《大戴禮記》十三卷，下注云：「梁有《謚法》三卷，後漢安南太守劉熙注，亡。」後漢無安南郡，惟漢陽郡注引《秦州記》曰：「中平五年，分置南安郡。」則「安南」或「南安」之誤。晉李石《續博物志》云：「漢博士劉熙。」宋陳振孫《書録解題》、馬端臨《文獻通考》，並云「漢徵士北海劉熙，字成國」，不知何本。《三國·吴志》韋昭言「見劉熙所作《釋名》，信多佳者」。《程秉傳》言「秉避亂交州，與劉熙考論大義」。又《薛綜傳》言「綜避地交州，從劉熙學。」交州，孫吴之地也。』按程秉逮事鄭康成，避亂交州，與熙考論，遂博通《五經》，其後士燮乃命爲長史。然則程秉、薛綜與劉熙在交州，乃士燮爲交阯太守時。燮附孫權，在建安十五年，時秉、綜俱已爲權所得，是其師事劉熙時，仍遠在建安十五年以前。秉爲太子太傅，黄武四年，太子登親迎秉進説，病卒官。登以赤烏四年卒，秉當卒於登前。自建安十五年至此，止二十餘年，蓋秉已老矣。而薛綜卒於赤烏六年，距建安十五年，亦止三十二年。其師事熙蓋少時，當在獻帝初年，則是時交州仍爲漢地，劉熙爲漢人無疑。士燮附孫權時，熙蓋已前没，何也？秉、綜、權尚以其名儒而禮徵之，況所師事者乎？或謂熙及魏受禪後，非也。其相傳爲安南太守者，亦以其在交州而譌，非南安之誤也。劉熙、高誘，皆與趙氏先後同時，劉熙注見於《史記》、《漢書》、《後漢書》、《文選》等注所引，今散著各經文之下。高誘《章句》無引之者，而所注諸書，多及《孟子》，尚可考見：《吕氏春秋・至忠》篇：『人主無不惡暴劫者，而日致之，惡之何益。』注云：『日致爲暴劫之政也。《孟子》曰：「惡溼而居下。」故曰惡之何益也。』《諭太》篇：『及匡章之難，惠子以王齊王也。』注云：「匡章乃孟軻所謂通國稱不孝者。」《本味》篇：『己成而天子成。』注云：『己成仁義之道，而成爲天子。孟子曰：「得乎丘民爲天子。」』《慎人》篇：『百里奚之未遇時也，亡號而虜晉。』注云：『號當爲虞。《孟子》曰：「百里奚，虞人也。晉人以垂棘之璧，假道於虞以伐號。宫之奇諫之，百里奚知虞公之不可諫也，而去之秦。」此云亡號，誤矣。』《去私》篇：『堯有子十人。』注云：『《孟子》曰：「堯使九男二女事舜。」此曰十子，殆丹朱爲胄子，不在數中。』

《當染》篇：『湯染於伊尹仲虺。』注云：『《孟子》曰：「王者師臣也。」』《盡數》篇：『故凡養生，莫若知本；知本，則疾無由至矣。』注云：『傳曰：人受天地之中以生，所謂命也。《孟子》曰：「人性無不善。」本其善性，閉塞利欲，疾無由至矣。』《論人》篇：『凡論人，通則觀其所禮。』注云：『通，達也。《孟子》曰：「達則兼善天下。」故觀其所賓禮。』《用衆》篇：『令使楚人長乎戎，戎人長乎楚，則楚人戎言，戎人楚言矣。』注云：『《孟子》曰：「有楚大夫，欲其子之齊言也，使一齊人傅之，衆楚人咻之，雖日撻而求其齊也，不可得矣。引而置之莊嶽之間，數年，雖日撻而求其楚，亦不可得矣。」此之謂也。』《懷寵》篇：『誅國之民，望之若父母，行地滋遠，得民滋衆。』注云：『所誅國之民，睎望義兵之至，若望其父母，滋益衆多也。《孟子》曰：「百姓簞食壺漿，以迎王師，奚爲後予？」此之謂也。』《驕恣》篇『齊宣王爲大室，大益百畝。』注云：『宣王，齊威王之子，孟子所見易釁鍾之牛者也。』《開春》篇：『魏惠王死，葬有日矣。』注云：『孟子所見梁惠王也。秦伐魏，魏徙都大梁，梁在陳留浚儀西大梁城是也。』《壹行》篇：『彊大之國誠可知，則其王不難矣。』注云：『《孟子》曰：「以齊王，猶反手也。」故曰不難矣。』《自知》篇：『鑽茶、龐涓、太子申，不自知而死。』注云：『鑽茶、龐涓，魏惠王之將。申，魏惠王之太子也。與龐涓東伐齊，戰於馬陵，齊人盡殺之。故惠王謂孟子曰：「晉國天下莫强焉，叟之所知也。及寡人身，東敗於齊，長子死。」此之謂也。』《樂成》篇：『賢者得志則可，不肖者得志則不可。』注云：『賢者得志則忠，故曰可也。不肖得志則驕，驕則亂，故曰不可。公孫丑曰：「伊尹放太甲於桐宮；太甲賢，又反之。賢者之爲人臣，其君不賢，則可放與？」孟子曰：「有伊尹之志則可，無伊尹之志則篡也。」』又：『中主以之，哅哅也止善；賢主以之，哅哅也立功。』注云：『孟子見梁襄王，出語人曰：「望之而不似人君，就之而不見所畏焉。」何能決善哉？此言復謬也。』《審應》篇：『魏惠王使人謂韓昭侯。』注云：『惠王，魏武侯子也。孟子所見梁惠王也。』《不屈》篇：『齊威王幾弗受。』注：『威王，田和之孫，孟子所見宣王之父。』又：『匡章謂惠子於魏王之前。』注云：『匡章，孟子弟子。』《淮南子・俶真訓》：『若夫墨、楊、申、商之於治道。』注云：『墨，墨翟也。其術兼愛非樂，摩頂放踵而利國者，爲之。楊，楊朱。其術全性保真，雖拔骭一毛而利天下，弗爲也。』又：『是故聖人之學也，欲以返性於初。』注云：『人受天地之中以生。《孟子》曰：「性無不善，而情欲害之。」故聖人能返其性於初也。』《修務訓》：『今夫毛嬙、西施，天下之美人，若使之銜腐鼠，蒙蝟皮，衣豹裘，帶死蛇，則布衣韋帶之人過者，莫不左右睥睨而掩鼻。』注云：『言雖有美姿，人惡聞其臭，故睥睨掩其鼻。《孟子》曰：「西子蒙不潔，則人皆掩其鼻而過之。」是也』。《主術訓》：『故握劍鋒以離北宮子。』注云：『北宮子，齊人，孟子所謂北宮黝也。』《繆稱訓》：『魯以偶人葬而孔子歎。』注云：『偶人，相人也。歎其象人而用之。』《齊俗訓》：『豈必鄒魯之禮。』注云：『鄒，孟軻邑。』《説山訓》：『此全其天器者。』注云：

『器，猶性也。《孟子》曰：「人性善。」故曰全其天性。』《氾論訓》：『舜不告而娶，非禮也。』注云：『堯知舜賢，以二女妻舜，不告父。父頑，常欲殺舜，舜知告則不得娶也。不孝莫大於無後，故《孟子》曰：「舜不告猶告耳。」』又：『全性保真，不以物累形，楊子之所立也，而孟子非之。』注云：『全性葆真，謂不拔骭毛以利天下。弗爲，不以物累己身形也。孟子受業於子思之門，成唐、虞、三代之德，叙《詩》、《書》、孔子之意，塞楊、墨淫辭，故非之也。』又：『堯無百户之郭，舜無置錐之地，以有天下；禹無十人之衆，湯無七里之分，以王諸侯；文王處岐、周之間，地方不過百里，而立爲天子者，有王道也。』注云：『堯、舜、禹、湯、文王，皆王有天下。《孟子》曰：「以德行仁者王，王不待大。」是也。』又：『夏桀殷紂之盛也，人迹所至，舟車所通，莫不爲郡縣。然而身死人手，而爲天下笑者，有亡形也。』注云：『《孟子》曰：「惡死亡樂不仁。」不仁必死亡，故曰有亡形也。』又：『故溺則捽父，祝則名君。』注云：『《孟子》曰：「嫂溺而不拯，是豺狼也。」而況父兄乎！』又：『季襄、陳仲子，立節抗行，不入洿君之朝，不食亂世之食，遂餓而死。』注云：『季襄，魯人，孔子弟子。陳仲子，齊人，孟子弟子，居於陵。』《戰國策·齊策》：『威王薨，宣王立。』注云：『宣王，孟軻所見以羊易釁鍾之牛者也。』又：『田忌爲齊將，係梁太子申，禽龐涓。』注云：『申，梁惠王太子也。龐涓，魏將也。田忌與戰於馬陵而係獲之也。故梁惠王謂孟子曰：「寡人東伐，敗於馬陵，太子死，龐涓禽。」此之謂也。』又：『攻燕三十日而舉燕國。』注云：『《孟子》曰：「子噲无王命而與子之國，子之无王命擅受子噲國。」故齊宣王伐而取之也。』《秦策》：『四國爲一，將以攻秦，秦王召羣臣賓客六十人而問曰，姚賈對曰云云。』注云：『姚賈譏周公誅管蔡不仁不知者，在《孟子》之篇也。』其訓詁有與《孟子》可參考者，亦藉以窺見其概，故正義引高氏《吕氏春秋》、《淮南子》注爲多。

余生西京，世尋丕祚，有自來矣。【疏】正義曰：趙氏爲京兆長陵人。長陵，前漢屬馮翊，後漢屬京兆。京兆爲西漢所都，故云西京，張衡有《西京賦》。《説文》寸部云：『尋，繹理也。』《文選·東都賦》『漢祚中缺』，注引《國語》賈注云：『祚，位也。』《史記·趙世家》云：『趙氏之先，與秦共祖，至中衍爲帝大戊御。』《秦本紀》云：『秦之先帝，顓頊之苗裔。』《潛夫論·志氏姓》云：『皋陶事舜，其子伯翳，能議百姓以佐舜、禹，擾馴鳥獸，舜賜姓嬴。後有仲衍，爲夏帝大戊御。嗣及費仲，生惡來、季勝；季勝之後有造父，以善御事周穆王，封造父於趙城，因以爲氏。』至於趙夙仕晉卿大夫，十一世而爲列侯，五世而爲趙靈王。趙世之先爲列卿諸侯王。溯其始原，出帝顓頊，故尋繹其丕祚，有自來也。**少蒙義方，訓涉典文。**【疏】正義曰：《傳》稱生於御史臺，李賢注云：『以其祖爲御史，故生於臺。其祖父之名不詳。』《傳》有從兄襲，從子戩，注引《決録》注云：『襲字元嗣，先是杜伯度、崔子玉以工草書稱於前代，襲與羅暉拙書，嗤於張伯英。英頗自矜高，與朱賜書云：「上比崔、杜不足，下方羅、趙有餘。」』又云：『岐長兄磐，州都官從事，早亡。次兄無忌，字世卿，部河東從事。』《王允傳》：『允及宗族十餘人，皆見誅害，莫敢收允尸者。惟故吏平陵令趙戩，棄官營喪。趙戩字叔茂，長陵人，性質正多謀。初平中，爲尚書，典選舉，董卓數欲有所私授，戩輒堅拒不聽，言色强厲，卓怒，召將殺之，衆人悚慄，而戩辭貌自若，卓悔謝，釋之。長安之亂，客於荆州，劉表厚禮焉。及曹操平荆州，乃辟之，執戩手曰：「恨相見晚。」卒相國鍾繇長史。』此卽與岐同避難者也。從兄襲，《三國志·閻温傳》注〔一〕引《魏略·孫賓碩傳》作『趙息』，息、襲音同，息卽襲也。云：『唐衡弟爲京兆虎牙都尉，不修敬〔二〕於京兆尹，入門不持版，郡功曹趙息呵廊下曰：「虎牙儀如屬城，何故放臂入府門？」促收其主簿。衡弟顧促取版，既入見尹，尹欲修主人，敕外爲市買。息又啓曰：「左悺子弟，來爲虎牙，非德選，不足爲特酤買，宜隨中舍菜食而已。」及其到官，遣吏奉牋謝尹，息又敕門，言無常見此無陰兒輩子弟邪！用其牋記爲通乎？晚乃通之，又不得卽令報。衡弟皆知之，甚恚，欲滅諸趙，因書與衡，求爲京兆尹，旬月之間，得爲之。息自知前過，乃逃走。時息從父仲臺，見爲涼州刺史。於是唐衡爲詔徵仲臺，遣歸。遂詔中都官及郡部督郵，捕諸趙尺兒以上，及仲臺皆殺之。時息從父岐，爲皮氏長，聞有家

〔一〕『注』，《皇清經解》作『云』。

〔二〕『敬』，《皇清經解》本無，《三國志》裴松之注有『敬』字。

禍，因從官舍逃走，之河間，變姓名，又轉詣北海，著絮巾布袴，常於市中販胡餅。』趙氏兄弟族屬可考者，附録於此。**知命之際，嬰戚於天，遘屯離蹇，詭姓遁身，經營八紘之内，十有餘年，心勦形瘵，何勤如焉！**【疏】正義曰：謂延熹元年逃難四方事也。趙氏年九十餘，卒於建安六年辛巳。上溯延熹元年戊戌四十四年，是年五十。然則趙氏年九十四卒也。蓋生於安帝永初二年。遘，遇也。離，罹也。屯蹇，皆謂難也。《列子・湯問》篇『八紘九野之水』，張湛注云：『八紘，八極也。』《淮南子・地形訓》云『八殥之外而有八紘』，高誘注云：『紘，維也。』經營八紘之内，即所謂『江、淮、海、岱，靡所不歷』也。《傳》云『數年乃出』，此云『十有餘年』，或連靈帝時禁錮言與？《音義》云：『勦，子小切，絶也。』按《説文》刀部云：『剿，絶也。《夏書》曰：「天用剿絶其命。」』力部云：『勦，勞也。《春秋傳》曰：「安用勦民，天用剿絶其命。」』今在《尚書・甘誓》作『勦』。曹憲《博雅音》云：『勦從刀而勦從力。』此云心勦，乃從力之勦，當訓勞，謂心勞也。《音義》訓絶，則是從刀之勦爲剿字矣。心不可言絶也，失之矣。《爾雅・釋詁》云：『瘵，病也。』《詩・大雅・瞻卬》篇『邦靡有定，士民其瘵』，箋云：『天下騷擾，邦國無有安定者，士卒與民皆勞病。』勦、瘵義皆爲勞，故以勤字總承之。**嘗息肩弛擔於濟**〔一〕**、岱之間，或有温故知新，雅德君**

〔一〕『濟』，《皇清經解》本作『海』，《孟子注疏》本作『濟』。

子，【疏】正義曰：謂安丘孫嵩也。《漢書・地理志》：『北海郡安丘，其地在濟、岱之間。』**息肩弛擔，謂藏複壁中。矜我劬瘁，睠我皓首，訪論稽古，慰以大道。**【疏】正義曰：睠，《説文》作『眷』，云：『顧也。《詩》曰：「乃眷西顧。」』人經困瘁，則毛髮易白，故趙氏五十而皓首也。訪論稽古，謂孫嵩與之論學也。《後漢書・鄭康成傳》云：『及黨事起，乃與同郡孫嵩等四十餘人，俱被禁錮。』《三國志》注引《邴原别傳》云：『欲遠遊學，詣安丘孫崧。』崧卽嵩，嵩在當時與鄭、邴等交，則亦讀書稽古之士也。**余困吝之中，精神遐漂，靡所濟集，**【疏】正義曰：《説文》辵部云：『遴，行難也。《易》曰：「以往遴。」』今《易》作『吝』，則吝之義爲難行。《説文》水部云：『漂，浮也。』《易・雜卦傳》云：『既濟，定也。』《毛詩・邶風・載馳》篇『不能旋濟』，傳云：『濟，止也。』止與定義同。集，猶聚也。精神遐遠而漂浮，故無所定止而斂聚也。**聊欲係志於翰墨，得以亂思遺老也。**【疏】正義曰：《音義》云：『張云：「亂，治也。」思去聲。』按思謂憂思也。著書明道，則可治其憂思。《説文》辵部云：『遺，亡也。』亡卽忘，《禮記・鄉飲酒義》『知其能弟長而無遺矣』，注云：『遺，猶脱也，忘也。』遺老，謂忘其老。《論語・述而》篇云：『發憤忘食，樂以忘憂，不知老之將至云爾。』**惟六籍之學，先覺之士，釋之辯之者既已詳矣。**【疏】正義曰：備見《漢書・儒林傳》、《藝文志》、《後漢書・儒林傳》。**儒家惟有《孟子》，閎遠微妙，緼奥難見，宜在條理之科。**【疏】正義曰：《禮記・月令》『其器圜以閎』，注云：『閎，讀如紘，紘謂中寬，象土含物。』閎與宏通，《考工記・梓人》『其聲大而宏』，注云：『宏讀如紘綖之紘，謂聲音大也。』閎、宏通借字。《漢書・藝文志》『昔仲尼没而微言絶』，注引李奇云：『微言，隱微不顯之言也。』妙與眇同，《揚雄傳》『閎意眇旨』，《儒林・張山拊傳》『嚴然總《五經》之眇論』，注皆云：『眇讀曰妙。』方言云：『眇，小也。』蓋言其大閎而且遠，言其小微而且妙。《禮記・玉藻》『緼爲袍』，注云：『緼，今之纊及故絮也。』《爾雅・釋宫》云：『西南隅謂之奥。』緼在袍之裏，奥在室之内，故不易見。條理見《萬章下》篇。《説文》木部云：『條，小枝也。』自根發而爲幹，自幹分而爲枝，枝又分而爲條。故條之義爲分，分則暢達，故義又爲暢爲達。《韓非子・解老》云：『凡理者，方圓短長麤靡堅脆之分也。』《荀子・儒效》篇云『井井乎〔一〕其有理〔二〕也』，楊倞注云：『有條理也。』《廣雅・釋言》云：『科，條也。』又云：『科，品也。』蓋當時著書之法，各有科等。《孟子》之意恉，既緼奥難見，則宜條分縷析，使之井井著明，故宜在條理之科，如下所云是也。**於是乃述己所聞，證以經傳，爲之章句，具載本文，章别其恉〔三〕，分爲上下，凡十四卷。**【疏】正義曰：趙氏自述少

〔一〕『乎』，《皇清經解》本同。《荀子・儒效》作『兮』。

〔二〕『理』，《皇清經解》本同。《荀子・儒效》作『條』。

〔三〕『指』，《皇清經解》本作『指』，後同。

蒙義方，則所學授諸祖父，别無師傳。子孫述祖父，往往諱其名字，久而轉致無聞，此其憾也。本傳注引《三輔決録》注云：『岐娶馬敦女宗姜爲妻，敦兄子融嘗至岐家，問趙處士所在。岐厲節，不以妹壻之故，屈志於融。與其友書曰：「馬季常雖有名當世，而不持士節，三輔高士，未嘗以衣裾撇其門也。」岐曾讀《周官》二義不通，一往造之。』然則岐雖鄙融之爲人，而義有不通，亦往請問，則其虚心取善可知，雖無常師，而非不知而作者矣。故聲音訓詁之學，不殊馬、鄭。證以經傳，注中所引是也。《毛詩正義》云：『漢初爲傳訓者，皆與經别行。《三傳》之文，不與經連，故石經書《公羊傳》，皆無經文。』《藝文志》云：『《毛詩經》二十九卷。《毛詩故訓傳》三十卷。』是毛爲詁訓，亦與經别也。及馬融爲《周禮》之注，乃云：『欲省學者兩讀，故具載本文。』然則東漢以來，始就經爲注。按趙氏用馬融之例，故具載本文。然漢世説經諸家各有體例，如董仲舒之《春秋繁露》，韓嬰之《詩外傳》，京房之《易傳》，自抒所見，不依章句。伏生《書傳》，雖分篇附著矣，而不必順文理解。然其書殘缺，不覩其全。《毛詩傳》全在矣，訓釋簡嚴，言不盡意；鄭氏箋之，則後世疏義之濫觴矣。鄭於《三禮》，詳説之矣，乃《周禮》本杜子春、鄭司農而討論，則又後人集解之先聲也。何休《公羊》學專以明例，故文辭廣博，不必爲本句而發。蓋經各有義，注各有體；趙氏於《孟子》，既分其章，又依句敷衍而發明之，所謂『章句』也。章有其恉，則總括於每章之末，是爲『章指』也。疊詁訓於語句之中，繪本義於錯綜之內，於當時諸家，實爲精密而條暢。文多，故分七篇爲十四；爲上下而不以十四爲次弟者，不敢紊七篇之舊目也。**究而言之，不敢以當達者；**【疏】正義曰：《史記·孔子世家》云：『孟釐子曰：「吾聞聖人之後，雖不當世，必有達者。今孔丘年少好禮，其達者與！」』《莊子·齊物論》云：『惟達者知通爲一。』**施於新學，可以寤疑辯惑；**【疏】正義曰：《廣雅·釋言》云：『新，初也。』新學卽初學也。《毛詩·周南·關雎》篇『寤寐求之』，傳云：『寤，覺也。』《説文》心部云：『悟，覺也。』寤與悟通。**愚亦未能審於是非，後之明者，見其違闕，儻改而正諸，不亦宜乎！**【疏】正義曰：趙氏後爲《孟子》注者，梁《七録》有綦毋邃《孟子注》九卷。周氏廣業《孟子古注考》云：『綦毋，複姓，《左傳》有晉大夫綦毋張，見《廣韻》「毋」字注；戰國有綦毋子，見劉向《別録》；後漢有東莞綦毋君，見謝承《書》；劉表在荆州時，有儒士綦毋闓；邃世次行事無考，《隋志》載其《列女傳》七卷，在皇甫謐後。又云：「《二京賦》二卷，李軌、綦毋邃撰。邃又注《三都賦》三卷，撰《誡林》三卷，並梁有今亡。」宋裴駰注《史記》，嘗兩引其説，知爲晉人。正義不考，但云在梁時又有綦毋邃《注》九卷，疏也。』《唐志》作『綦毋邃注《孟子》七卷。又陸善經注《孟子》七卷。張鎰《孟子音義》三卷。』《崇文總目》云：『善經，唐人。以軻書初爲七篇，因刪去趙岐《章指》與其注之繁重者，復爲七篇。』《舊唐書》：『張鎰，蘇州人，朔方節度使齊邱之子也。大曆五年，除濠州刺史，爲政清靜，州事大理，乃招經術之士，講訓生徒，撰《三禮圖》九卷、《五經微旨》十四卷、《孟子音義》三卷。尋拜中書侍郎平章事、集賢殿學士。盧杞忌鎰名重道直，無以陷之，以方用兵，因薦鎰以中書侍郎爲鳳翔隴右節度使。李楚琳作亂，鎰出鳳翔三十里，爲候騎所得，楚琳殺之。贈太子太傅。』《新唐書·鎰傳》在第七十七，言其字季權，一字公度。《宋史·藝文志》：『張鎰《孟子音義》三卷。丁公著《孟子手音》一卷。』張謚蓋『鎰』之譌。《手音》不載《唐志》。《唐書列傳》八十九：『丁公著，字平子，蘇州吴人。三載喪母，甫七歲，見鄰媪抱子，哀感不肯食，請於父緒，願絶粒，學老子道，父聽之。稍長，父勉勑就學，舉明經高第，授集賢校書郎，不滿秩輒去。侍養於家，父喪，負土作冢，貌力癯惙，見者憂其死孝。觀察使薛苹表上至行，詔刺史弔問，賜粟帛，旌闕其閭。淮南節度使李吉甫表授太子文學，兼集賢校理。會入輔政，擢爲右補闕，遷直學士，充皇太子諸王侍讀，因著《太子諸王訓》十篇。穆宗立，擢給事中，遷工部侍郎，知吏部選事。辭疾求外遷，授浙西觀察使，徙爲河南尹，治以清静聞。四遷禮部尚書、翰林侍講學士。長慶中，浙東災癘，拜觀察使，詔賜米七萬斛，使賑饑捐。久之，入爲太常卿。太和中，以病丐身還鄉里，卒年六十四，贈尚書右僕射。』按作《孟子手音》者，蓋卽其人。宋孫奭《孟子音義叙》云：『自陸善經已降，其所訓説，雖小有異同，而共宗趙氏。張氏徒分章句，漏略頗多。丁氏稍識指歸，譌謬時有。與尚書虞部員外郎同判國子監臣王旭，諸王府侍講太常博士國子監直講臣馬龜符，鎮寧軍節度推官國子學説書臣吴易，前江陰軍江陰縣尉國子學説書臣馮元等，推究本文，參考舊注，集成《音義》二卷。』《宋史・儒林傳》云：『孫奭字宗古，博州博平人。幼與諸生師里中王徹。徹死，有從奭問經者，奭爲解析微指，人人驚服。於是門人數百，皆驚服奭。後徙居須城，九經及第，爲莒縣主簿。上書願試講説，遷大理評事，爲國子監直講。太宗幸國子監，召奭講書，賜五品服。真宗以爲諸王府侍讀。會召百官轉對，奭上十事，判太常禮院、國子監、司農寺，累遷工部郎中，擢龍圖閣待制。大中祥符初，得天書於左承天門，帝將奉迎，召問奭。奭對曰：「臣愚，所聞天何言哉？豈有書也。」仁宗即位，宰相請擇名儒，以經儒侍講讀，乃召爲翰林侍講學士，知審官院，判國子監。丁父憂，起復兼判太常寺及禮院，三遷兵部侍郎、龍圖閣學士。每講讀至前世亂君亡國，必反覆規諷。仁宗意或不在書，奭則拱默以俟，帝爲竦然改聽。嘗書《無逸圖》上之，帝施於講讀閣；三請致仕，召對承明殿，敦諭之，以不得請，求近郡，優拜工部尚書。復知兗州，改禮部尚書。既而累表乞歸，以太子少傅致仕，卒贈左僕射，謚曰宣。常掇《五經》切於治道者，爲《經典徽言》五十卷。又撰《崇祀録》、《樂記圖》、《五經節解》、《五服制度》。嘗奉詔與邢昺、杜鎬校定諸經正義、《莊子》、《爾雅釋文》。考正《尚書》、《論語》、《孝經》、《爾雅》謬誤及律音義。』此皆生趙氏後治趙氏學者也。陸善經删削，實爲趙氏之蠹，若孫氏其有裨於趙氏矣。

孟子正義卷二

孟子卷第一【疏】正義曰：周氏廣業《孟子古注考》云：『山井鼎《考文》詳説古本、足利篇題：古本首行「孟子卷第一」，次行「梁惠王章句上」，三行底二格「趙氏注」下夾注「梁惠王者，魏惠王也」云云。四行「孟子見梁惠王」。足利本前二行同古本，第三行底一格夾注「梁惠王」云云，第四行底三格「後漢太常趙岐邠卿注」，五行「孟子見梁惠王」。與今孔氏、韓氏新刻本不同。』按今孔氏刻本首行以『梁惠王章句上』六字頂格，而此行之下，繫之以『孟子卷第一』五字，次行『趙氏注』。今依古本，提『孟子卷第一』在前。**趙氏注**【疏】正義曰：阮氏元《校勘記》云：『閩、監、毛三本並作「漢趙氏注」，足利本作「後漢趙岐邠卿注」，與各本皆不合，非也。廖瑩中經注本作「趙岐」，亦非。』《毛詩正義》云：『不言名而言氏者，漢承滅學之後，典籍出於人間，各專門命氏，以顯其家之學，故諸爲傳訓者，皆云氏不言名。』

梁惠王章句上凡七章。【注】梁惠王者，魏惠王也。魏，國名。惠，謚也。王，號也。時天下有七王，皆僭號者也。猶春秋之時，吴楚之君稱王也。魏惠王居於大梁，故號曰梁王。聖人及大賢有道德者，王公侯伯及卿大夫咸願以爲師，孔子時，諸侯問疑質禮，若弟子之問師也。魯衛之君皆尊事焉。故《論語》或以弟子名篇，而有《衛靈公》、《季氏》之篇。孟子亦以大儒爲諸侯所師，是以《梁惠王》、《滕文公》題篇，與《公孫丑》等而爲一例也。【疏】『梁惠王章句上』○正義曰：《文心雕龍》云：『夫設情有宅，置言有位；宅情曰章，位言曰句。章者，明也。句者，局也。局言者，解字以分疆；明情者，總義以包體。道眇相異，而衢路交通矣。』，《漢書・藝文志》：《易章句》，有施、孟、梁丘各二篇。《書》有《歐陽章句》三十一卷，《大小夏侯章句》各二十九卷。《春秋》有《公羊章句》三十八篇，《穀梁章句》三十三篇。《漢書・張禹傳》：『禹爲《論語章句》。』《後漢書・儒林傳》『包咸入授太子《論語》，又爲其章句。』趙氏以『章句』命名，其來尚矣。周氏廣業《孟子・古注考》云：『《意林》云：「蜀郡趙臺卿作《章句》，章句曰指事。」廣按：臺卿京兆人，而稱蜀郡者，蓋因避難改籍也。章句曰指事者，謂斷章而揭其大指，離句而證以實事也。《意林》録自梁庾仲容《子抄》，當是庾所見舊本標題如此。或云：「《史記》稱莊周善屬書離辭，指事類情，指事之名本此。」案指事爲六書之一，許慎《説文》叙云：「視而可識，察而可見，上下是也。」趙意蓋兼取顯著之義。』《後漢書・儒林傳》云：『程曾字秀升，著書百餘篇，又作《孟子章句》。』高誘《吕氏春秋序》云：『誘正《孟子章句》。』程、高生趙氏先後，均有《章句》而今不傳。孔氏繼涵、韓氏岱云所刻趙氏《章句》本，無『凡七章』三字，然則此三字非趙氏之舊。山井鼎《考文》：『古本亦無此三字，孫氏《音義》有之。』○注『梁惠』至『王也』○正義曰：《史記·魏世家》云：『魏之先，畢公高之後也。其苗裔曰畢萬，事晉獻公。十六年，趙夙爲御，畢萬爲右，以伐霍、耿、魏，滅之，以魏封畢萬爲大夫，從其國名爲魏氏。生武子，治於魏。生悼子，徙治霍。生魏絳，徙治安邑，卒謚爲昭子。生魏嬴，嬴生魏獻子，爲國政，與趙簡子、中行文子、范獻子並爲晉卿。生魏侈，侈之孫桓子，與韓康子、趙襄子共滅智伯，分其地。桓子之孫曰文侯，都魏。二十二年，魏、趙、韓列爲諸侯。二十五年，子擊生子罃，文侯卒，子擊立，是爲武侯。武侯卒，子罃立，是爲惠王。』《六國表》：『周威烈王二十三年，韓、趙、魏始列爲諸侯。安王二年，太子罃生。二十六年，魏、韓、趙滅晉。』烈王六年爲魏惠王元年，距始列爲侯凡三十四年，距分晉僅六年。《詩·魏譜》云：『魏者，虞舜夏禹所都之地，在《禹貢》冀州雷首之北，析城之西，周以封同姓焉。其封域南枕河曲，北涉汾水。至春秋閔西元年，晉獻公竟滅之，以其地賜大夫畢萬，是魏爲國名也。』《周書·謚法解》云：『謚者，行之迹也。號者，功之表也。仁義所在曰王，柔質慈民曰惠，愛民好與曰惠。』是惠爲謚，王爲號也。周氏廣業《孟子出處時地考》云：『史序列國稱王之年多舛出，詳考之，則魏最先，齊次之，秦又次之。然惟齊大書於《田完世家》云：「威王二十六年，擊魏，大敗之桂陵。於是齊最强於諸侯，自稱爲王，以令天下。」魏秦或晦或顯，二國史〔一〕亦不公言之。蓋以魏先强後弱，秦先弱後强，其王號皆數稱而後定也。何以明之？《魏世家》稱王始惠王，其後乃云：「襄王元年，與諸侯會徐州，相王也。追尊父惠王爲王。」追尊固無是理。《國策》：「蘇秦説齊閔王曰：昔者魏王擁土千里，帶甲三十六萬，恃其强，拔邯鄲，西圍定陽。又從十二諸侯，朝天子以西謀秦，秦王恐，爲戰具守備。衛鞅曰：魏氏功大，而令行於天下，有十二諸侯而朝天子，其與必多。乃見魏王曰：大王有伐齊、楚從天下之志，不如先行王服，然後圖之。魏王悦其言，廣公宫，制丹衣柱，建九斿之旗。此天子之位也而魏王居之，於是齊、楚怒，伐魏，殺其太子，覆其十萬之衆。當是時，秦王垂拱而得西河之外。」是魏之僭號，早在商鞅用事秦孝公之日，故杜平之會，儼然稱王也。顯王二十六年致伯於秦孝公，三十三年賀秦惠王，三十五年致文武胙於秦惠王，四十四年秦惠君立王，其後諸侯皆稱王。《秦本紀》：「孝公卒，子惠文君立。」又云：「惠文君二年天子賀，三年王冠，四年天子致文武胙。齊、魏爲王。十三年四月戊午，魏君爲王，韓亦爲王。」夫《周紀》之不先齊魏，以秦之王爲代周之漸，特以首惡歸之。獨計賀及致胙之日，去致伯未遠，何遽改稱王。而《秦紀》上兩稱惠文君，下忽書曰「王冠」，殊不可解。及觀《始皇紀》後序秦世系云：「惠文王

〔一〕『史』，《皇清經解》本無，《孟子四考》有『史』字。

二年初行錢，有新生嬰兒曰：「秦且王。」然後知秦應讖稱王，即在受天子賀之年也。是時魏已寖弱，方改元與民更始，聞秦稱王，欲厚結以爲援；既與議婚，復遠涉齊境，藉其威力，以脅諸侯，名爲自王，實欲王秦。史於會徐州相王，《魏齊世家》及《年表》備書之。蓋其事雖未愜衆心，而魏固以名震河山以東，秦亦侈然自肆於國中矣。《秦史》特變文曰：「齊魏爲王。」意蓋謂齊魏皆奉之爲王，故與天子致胙連書以爲榮。而《年表》復書「魏夫人來」，以見魏實爲之謀主。蘇秦所謂有西面事秦稱東藩者也。特以崛起西陲，又值六國從親，兵不敢闚函谷，旋自韜晦耳。及滅巴蜀，取河西，益富厚，輕諸侯，而王號遂達於周京焉。《張儀傳》：「秦惠王十年以儀爲相。儀相秦四年，立惠王爲王。」與《周紀》正合，是再稱而後定也。魏是杜平之後，兵敗子虜，國威日替，中間頗示貶損。故其爲王，一見於秦孝公之初，再見於徐州之會，最後《秦紀》所云：「魏君爲王，凡三稱而後定也。」魏終稱王，殆亦張儀所爲。儀，魏人而相秦，其還魏蒲陽，公子繇出質；欲魏先事秦，而諸侯效之，因使與秦並立爲王；史獨書日月者，欲自詡其功耳。否則魏王久矣，何尚稱君？且亦何與於秦，而必詳書之哉！』七王者，魏、齊、秦、韓、趙、燕、楚也。《説文》云：『僭，假也。』隱公五年《穀梁傳》云：『下犯上謂之僭。』《史記・楚世家》云：『三十七年，楚熊通怒曰：「吾先鬻熊，文王師也。早終，成王舉我先公，乃以子男田，令居楚。蠻夷皆率服，而王不加位，我自尊耳。」乃自立爲武王。』《吳太伯世家》云：『《壽夢》立而吳始益大，稱王。稱王壽夢，王諸樊，王餘昧，王僚，王闔閭，王夫差。』此吳楚之君稱王之事也。○注『魏惠王』至『梁王』○正義曰：《魏世家》云：『秦用商君，地東至河，而齊趙數破我，安邑近秦，於是徙治大梁。』徐廣云：『今浚儀。』《水經注》云：『浚儀縣大梁城，本春秋之陽武高陽鄉。於戰國爲大梁，周梁伯之故居，魏惠王自安邑徙都之，故曰梁。』《戰國策》稱『魏惠王』，又稱『梁王魏嬰』，是當時亦號梁王也。趙氏佑《温故録》云：『孟子獨稱梁，不一言魏，則是時必有因遷都而並改國號之事。』○注『聖人』至『例也』○正義曰：周氏廣業《孟子出處時地考》云：『史稱孟子困於齊、梁，而揚雄《解嘲》有云：「孟子雖連蹇，猶爲萬乘師。」蓋以齊宣稱「夫子明以教我」，梁惠言「寡人願安承教」，皆以師道尊之故也。』孟子言五教，而答問居其一，故諸侯質疑問禮，卽是以師道尊之。乃《論語》名篇，但舉篇首以爲之目。其稱《衛靈公》，以篇首有衛靈公問陳。其稱《季氏》，以篇首有季氏將伐顓臾，與《學而》、《述而》等篇同。《孟子》以《梁惠王》、《滕文公》名篇亦如是耳。非謂例衛靈公、季氏於子路、顏淵，例梁惠王、滕文公於公孫丑、萬章也。趙氏所云，恐未盡然。

孟子見梁惠王，【注】孟子適梁，魏惠王禮請，孟子見之。【疏】注『孟子』至『見之』○正義曰：《魏世家》云：『惠王數被軍旅，卑禮厚幣，以招賢者，鄒衍、淳于髡、孟軻皆至梁。』《六國表》云：『魏惠王三十五年，孟子來，王問利國。』**王曰：『叟，不遠千里而來，亦**

將有以利吾國乎？」【注】曰，辭也。叟，長老之稱也。猶父也。孟子去齊，老而之魏，故王尊禮之曰父。不遠千里之路而來至此，亦將有可以爲寡人興利除害乎。【疏】注「曰辭」至「父也」○正義曰：《説文》曰部云：「曰，詞也。」司部云：「詞，意内而言外也。」辛部云：「辭，訟也。從𤔔。𤔔，猶理辜也。𤔔，理也。」曰，宜訓詞，此注作「辭」，通借字也。《方言》云：「傁，艾，長，老也。東齊、魯、衛之間，凡尊老謂之傁，或謂之艾。周、晉、秦、隴謂之公，或謂之翁。南楚謂之父，或謂之父老。」戴氏震疏證云：「傁，本作『叜』。《説文》云：『老也。』俗通作『叟』。」《史記·馮唐列傳》云：「文帝輦過，問唐曰：父老，何自爲郎？」後又曰『父知之乎？』」《廣雅》云：「傁，艾，長，老也。翁，叜，父也。」《史記·集解》引劉熙《孟子》注云：「叟，長老之稱，依皓首之言。」○注「孟子」至「害乎」○正義曰：《史記·孟子列傳》云：「孟子，騶人也。受業子思之門人。道既通，游事齊宣王，宣王不能用，適梁。」此趙氏所本也。周氏柄中《辨正》云：「孟子於齊梁先後，當以《六國年表》及《魏世家》爲據，不當以《孟子列傳》爲據。《年表》魏惠王三十五年，齊宣王之七年也。是年特書曰『孟子來』。若孟子於齊宣七年以前先已游齊，《年表》何以不書？以本書觀之，篇首即載見梁惠王諸章，及見襄王有出語云云，自此以下十數章，皆在齊與宣王問答事；此其先後蹤迹，較然可知，不必如《通鑑》移下宣王十年，以合伐燕殺噲之事，然後見孟子先游梁後至齊也。』江氏永《羣經補義》云：『孟子見梁惠王，當在周慎靚王元年辛丑。是年爲惠王後元之十五年。至次年壬寅，惠王卒，子襄王立，孟子一見，即去梁矣。蓋魏罃於周顯王三十五年丁亥，與齊威王會於徐州以相王，是年爲惠王即位後三十七年，於是始稱王，而改元稱一年也。』二説與趙氏異，未知孰是。時秦用商君，富國强兵，惠王所以遷梁，故曰亦將有以利吾國，謂亦如商君之於秦，俾富國强兵也。《論衡・刺孟篇》述此文，作『將何以利吾國乎』。

孟子對曰：『王何必曰利，亦有仁義而已矣。【注】孟子知王欲以富國强兵爲利，故曰王何必以利爲名乎，亦惟有仁義之道者，可以爲名。以利爲名，則有不利之患矣。因爲王陳之。【疏】注『孟子』至『陳之』○正義曰：孟子謂宋牼云：『先生之號則不可。』名猶號也。曰利，即是以利爲號。《廣雅・釋言》云：『曰，言也。』《國語・周語》云：『有不祀則脩言』，韋昭注云：『言，號令也。』名、言義皆爲號，故用以解曰利之義。惟以利爲號令，故大夫、士、庶人應之。《洪範》：『初一曰五行：一曰水，二曰火，三曰水〔一〕，四曰金，五曰土。』桓〔二〕公二年《左傳》：『以條之役生太子，命之曰仇；其弟以千畝之戰生，

〔一〕『水』，《皇清經解》本作『木』，《洪範》作『木』。
〔二〕『桓』，《皇清經解》本作『隱』，《春秋左傳集解》作『桓』。

命之曰成師。』又：『嘉耦曰妃，怨耦曰仇。』曰之爲詞，所以標名號，故趙氏以名釋曰。**王曰「何以利吾國」，大夫曰「何以利吾家」，士庶人曰「何以利吾身」，上下交征利，而國危矣！**【注】征，取也。從王至庶人，故云上下交爭。各欲利其身，必至於篡弑，則國危亡矣。《論語》曰：『放於利而行，多怨。』故不欲使王以利爲名也。又言交爲俱也。【疏】注『征取也』○正義曰：《盡心》篇下『有布縷之征』，注云：『征，賦也。』哀公十二年《公羊傳》何休注云：『賦者，斂取其財物也。』僖公二十七年《左傳》『賦納以言』，杜預注云：『賦，猶取也。』《荀子·富國篇》『其於貨財取與』，楊倞注云：『取謂賦斂。』是征、賦、取三字轉注，故趙氏訓征爲賦，又訓征爲取也。○注『從王』至『名也』○正義曰：從，自也。自王取於大夫，大夫取於士庶人，爲上征下；士庶人又取利於大夫，大夫取利於王，爲下征上：是交征也。云交爭者，《魏世家》云：『孟子至梁，梁惠王曰：「叟，不遠千里，幸辱敝邑之庭，將何以利吾國？」孟軻曰：「君不可以言利若是。夫君欲利，則大夫欲利；大夫欲利，則庶人欲利：上下爭利，國則危矣。」』司馬遷每以改易字代解詁，上下交取，勢則必爭，故以爭利解交征，趙氏所本也。征無爭訓，故先以取訓之，而後本《史記》言交爭，惟爭而國乃危。《國策·秦策》云『王攻其南，寡人絶其西，魏必危』，高誘注云：『危，亡也。』以亡訓危，與趙氏此注同。監本、毛本脱『亡』字。引《論語》者，《里仁》第四篇文。○注『又言交爲俱』○正義曰：前言上下交爭，是以交爲交互之交。交又訓俱，高誘注

《齊策》、韋昭注《國語》，皆如此訓。趙氏兼存之，故云又言。謂天子以至庶人，俱惟利是取，不必上取下、下取上。此别一義也。**萬乘之國，弑其君者，必千乘之家。**【注】萬乘，兵車萬乘，謂天子也。千乘，兵車千乘，謂諸侯也。夷羿之弑夏后，是以千乘取萬乘也。【疏】注『萬乘兵車』至『侯也』○正義曰：《漢書・刑法志》云：『因井田而制軍賦：地方一里爲井，井十爲通，通十爲成，成方十里；成十爲終，終十爲同，同方百里；同十爲封，封十爲畿，畿方千里。有税有賦：税以足食，賦以足兵。故四井爲邑，四邑爲丘，丘十六井也，戎馬一匹，牛三頭。四丘爲甸，甸六十四井也，有戎馬四匹，兵車一乘，牛十二頭，甲士三人，卒七十二人，干戈備具，是謂乘馬之法。一同百里，提封萬井，除山川、沈斥、城池、邑居、園囿、術路，三千六百井，定出賦六千四百井，戎馬四百匹，兵車百乘：此卿大夫采地之大者也，是謂百乘之家。一封三百一十六里，提封十萬井，定出賦六萬四千井，戎馬四千匹，兵車千乘：此諸侯之大者也，是謂千乘之國。天子畿方千里，提封百萬井，定出賦六十四萬井，戎馬四萬匹，兵車萬乘：故稱萬乘之主。』《論語》『道千乘之國』，集解：『馬氏云：「《司馬法》：六尺爲步，步百爲畝，畝百爲夫，夫三爲屋，屋三爲井，井十爲通，通十爲成：成出乘車一乘。然則千乘之賦，其地千成，居地方三百一十六里有奇，惟公侯之封，乃能容之；雖大國之賦，亦不是過焉」。包氏曰：「千乘之國者，百里之國也。古者井田，方里而井，十井爲乘，百里之國，適千乘也。」融依《周禮》，包依《王制》、

《孟子》，疑故兩存焉。』毛氏奇齡《經問》云：『古千乘之國，地方百里，出兵車千乘，故稱千乘之國。方里而井，百里之國爲萬井，而出千乘，是十井出一乘，不問可知。《周禮》乃謂九夫爲井，四井爲邑，四邑爲丘，四丘爲甸，甸六十四井，出車一乘。則是百里之國，止出兵車一百五十六乘，何名千乘乎？曰：《周禮·小司徒職》惟有「九夫爲井，四井爲邑，四邑爲丘，四丘爲甸」四句，其下「甸出一乘」云云，皆《司馬法》文。杜預引此注《左傳》，不注明「司馬法」三字，而混並在《周禮》文下，或遂以之詬《周禮》。特所謂《司馬法》者，原非周制，《史記》：「齊景公時，有司馬穰苴曾著兵法，至戰國時，齊威王使大夫追論古《司馬兵法》，而附穰苴於其中，名《司馬法》。」今其書不傳久矣，然且有兩《司馬法》，兩言出車之制：其一又曰「六尺爲步，步百爲畝，畝百爲夫，夫三爲屋，屋三爲井，井十爲通，通十爲成：成出革車一乘」。此馬融引之注《論語》，鄭康成引之注《周禮》，然皆非是。大抵侯國以百里爲斷，百里之地，以開方計之，實得萬里。《孟子》方里而井。萬里者，萬井也。乃以甸出一乘計之，甸方八里，實得六十四井。以成出一乘計之，成方十里，實得百井；百井出一乘，則萬夫止百乘。六十井出一乘，則萬夫止出一百五十有六乘矣。雖爲之説者曰：成之十里，即是甸之八里。以甸八里外，有治溝洫之夫，各受一井，得二里，不出車賦，仍是十里。然其與千乘之賦，則總不合。於是馬融謂侯封不止百里，當有方三百一十六里有奇。而鄭康成則直據《周禮》，謂公五百里，侯四百里，伯三百里，子二百里，男一百里，以求合於成甸出車之數。夫列爵惟五，分土惟三，真周制也。公侯百里，伯七十里，子男五十里，《王制》之等也。故《易》曰「震驚百里」，言建侯象雷震地，止百里。而《春秋傳》曰「列國一同」，一同者，百里之地。孟子謂周公、太公，其始封俱止百里，非地有不足，而限制如此。此在漢後《五經》諸家，如何休、張苞、包咸、范甯輩，皆歷爲是説，而乃以五等班禄亂周家三等之制，以一人之書盡反《易》、《春秋》、《尚書》、《孟子》、《王制》諸經傳之文，豈可訓也！』王氏鳴盛《周禮軍賦説》云：『大國三軍，車五百乘；若計地出賦，則得千乘。千乘出賦之法，則服虔注《左傳》所引《司馬法》，載《詩正義》所謂「甸六十四井，出車一乘，士卒共七十五人」者是。馬、鄭注《論語》引之，欲見邦國疆域實數，故改甸爲成，其實一耳。孫子云：「興師十萬，日費千金，怠於操事者，七十萬家。」蓋謂七家而賦一兵也。今以此法推六十四井、五百七十六家，可出八十二人，尚餘二夫。今衹出七十五人，則是七家又十之五强出一人也。此説本無可疑。自何休注《公羊傳》「初税畝」云：「聖人制井田之法，十井共出兵車一乘」。包咸因之，亦謂十井爲乘，百里之國應千乘也。何楷辨之，謂使十井出一甸之賦，則其虐又過於成公之丘甲矣。此説最精。顧後儒猶有惑於其説者，則以邦國疆域，諸國參差不合也。《王制》云：「公侯田方百里，伯七十里，子男五十里。」《孟子》云：「諸侯之地方百里；不百里不足以守宗廟之典籍。周公之封於魯，爲方百里也；地非不足，而儉於百里。太公之封於齊也，亦爲方百里也；地非不足，而儉於百里。」今考《王制》云云，康成以爲夏制五等之爵，三等受地，至殷變爵爲三等，合子男與伯以爲一，其地亦三等不變。則《白虎通》詳言之，武王克商，復增子男爵爲五等，其受地則與夏、殷三等同。齊魯之封，皆在武王之世。《孟子》所謂「地非不足，而儉於百里」者，大都據初制而言。賈公彦《職方氏》疏申鄭意，謂其時九州之界尚狹，至武王崩，成王幼，周公攝政，致太平，制禮樂，成武王之意，斥大九州，於是五等之爵，以五等受地。則《周禮·大司徒》云：「凡建邦國：諸公之地，封疆方五百里；諸侯之地，封疆方四百里；諸伯之地，封疆方三百里；諸子之地，封疆方二百里；諸男之地，封疆方百里。」是也。《左氏傳》言「不過半天子之軍」，《坊記》言「不過千乘」，不過云者，謂軍賦以是爲限，非地止三百一十六里，故馬云：「大國亦不是過。」《史記》云：「周封伯禽於魯，地方四百里。」《明堂位》則以成王欲廣魯於天下，故封周公於曲阜，地方七百里。然其言魯之賦，亦不過革車千乘而已。若孟子對北宫錡曰：「周室班爵禄，公侯皆方百里，伯七十里，子男五十里。不能五十里，不達於天子，附於諸侯曰附庸。」此以夏制爲周制者。其言曰「軻也嘗聞其略」，則爲傳聞約略之詞，而非載籍之明據可知。王與之云：「孟子見戰國爭雄，壤地廣衺，遂援百里、七十里、五十里之制，以抑當時並吞無厭之心。若今之偏州下邑，奚啻百里？《周禮》所載，不爲過也。」此説得之。蓋千乘其地千成，則九萬井有餘，其爲百里已九有奇矣，尚得以爲百里乎？《左傳》

襄二十五年，鄭子產適晉獻捷，晉人責之何故侵小，子產對曰：「昔天子之地一圻，列國之地一同，今大國多數圻矣，若無侵小，何以至焉？」此亦救時之譚，非核實之論也。』謹按：説者多以千乘三百一十六里爲長，乃《孟子》説公侯百里，則《孟子》言千乘，當自以百里矣。録毛氏、王氏兩説，以俟識者參之。○注『夷羿』至『乘也』○正義曰：襄公四年《左傳》云：『昔有夏之方衰也，后羿自鉏遷於窮石，因夏民以代夏政，不脩民事，而淫於原獸。棄武羅、伯因、熊髠、尨圉而用寒浞；寒浞，伯明氏之讒子弟也。伯明后寒棄之，夷羿收之。』杜預注云：『夷，氏也。』哀公元年《左傳》云：『昔有過澆，殺斟灌以代斟鄩，滅夏后相。』然則羿代夏政，不言弑君，其滅相者，自是澆，非羿也。《書序》稱『太康失邦，昆弟五人，須於洛汭。』《周書・嘗麥》云：『其在夏之五子，忘伯禹之命，假國無正，用胥興作亂，遂凶厥國。皇天哀禹，賜以彭壽，思正夏略。』五子，武觀也。彭壽者，彭伯也。是太康失國，由於五觀。惟《僞古文尚書》言『羿距於河』，某氏傳以爲『羿廢太康，立其弟仲康』。趙氏所據未聞。**千乘之國，弑其君者，必百乘之家。**【注】天子建國，諸侯立家。百乘之家，謂大國之卿，食采邑有兵車百乘之賦者也，若齊崔、衛甯、晉六卿等。是以其終亦皆弑其君，此以百乘取千乘也。上千乘當言國而言家者，諸侯以國爲家，亦以避萬乘稱國，故稱家。君臣上下之辭。【疏】注『天子建國諸侯立家』○正義曰：《春秋》桓公二年《左傳》文。《周禮・地官・載師》『以家邑之田任稍地』，注云：『家邑，大夫之采地。」《夏官·大司馬》「家以號名」，注云：「家，謂食采地者之臣也。」○注「若齊崔」至「乘也」○正義曰：齊崔謂崔杼。衛甯謂甯喜。《春秋》襄公二十五年夏五月乙亥，齊崔杼弑其君光；二十六年春王二月辛卯，衛甯喜弑其君剽，是其事。馬氏驌《繹史》云：「晉三卿韓、魏、趙氏，起於獻公之世，卒分晉國。」夫晉自三郤之亡，七族並盛，知罃、范匄、荀偃、韓起、欒黶、范鲂、魏絳、趙武，襄八年《傳》稱悼公之八卿也。其後欒氏復亡，韓起、趙成、荀吴、魏舒、范鞅、知盈，五年《傳》稱平公之六卿也。至於定公，而范、荀亡，晉止四卿矣。至於哀公而知伯滅，晉又止三卿矣。○注「上千」至「之辭」○正義曰：諸侯稱國，大夫稱家，上云「千乘之家」，故趙氏説之。太史公以吴太伯以下，凡諸侯目爲世家。索隱引董仲舒云：「王者封諸侯，非官之也，得以代代爲家者也。」是諸侯以國爲家也。按孟子言天子之卿，受地視侯，大夫受地視伯，元士受地視子男。然則天子之卿大夫，其采地同於侯；則千乘之家，正指畿内之卿。如王孫蘇殺毛、召而王室亂，尹氏召伯立王子朝而王室亂，雖無弑君之迹，而爭奪之釁，起自王臣矣。**萬取千焉，千取百焉，不爲不多矣。**

【注】周制：君十卿禄，君食萬鍾，臣食千鍾，亦多矣，不爲不多矣。【疏】注「周制」至「多矣」○正義曰：「君十卿禄」，《萬章下》篇文。《王制》亦云，故以爲周制也。《王制》：「諸侯之下士，禄食九人，中士食十八人，上士食三十六人，下大夫食七十二人，卿食二百八十八人，君食二千八百八十人。」《周禮·廩人》：「凡萬民之食食者，人四鬴，上也；人三

鬴，中也；人二鬴，下也。』注云：『此皆謂一月食米也。六斗四升曰鬴。』賈氏疏云：『此雖列三等之年，以中年是其常法。』以是推之，人一月三鬴，一歲十二月，食三十六鬴；二百八十八人，則每歲食一萬零三百六十八鬴。《考工記・桌氏》『量之以爲鬴』，注云：『四升曰豆，四豆曰區，四區曰鬴；鬴六斗四升也。鬴十則鍾。』然則一萬零三百六十八鬴，爲鍾一千零三十六八〔一〕，總其整數，是爲千鍾。君食二千八百八十人，是歲食十萬零三千六百八十鬴，爲一萬零三百六十八鍾，總其整數，是爲萬鍾。云君食萬鍾者，指諸侯千乘也。云臣食千鍾者，指大夫百乘也。經文承上萬乘千乘百乘，則萬千百仍指乘言。是諸侯於天子，萬乘中取其千。大夫於諸侯，千乘中取其百。趙氏以禄言之，則君臣實取之數，諸侯於千乘中食萬鍾，大夫於百乘中食千鍾，推之天子於萬乘中食十萬鍾，其千乘之家，卽於萬乘中食萬鍾。食萬鍾者非一家；食千鍾於千乘者，亦非一家。分各定，不容更溢，故不爲不多也。**苟爲後義而先利，不奪不饜。**【注】苟，誠也。誠令大臣皆後仁義而先自利，則不簒奪君位，不足自饜飽其欲矣。【疏】注『苟誠』至『欲矣』〇正義曰：苟誠，《論語》『苟志於仁矣』孔注、《詩・采苓》『苟亦無信』毛傳，皆如此訓。《白虎通・誅伐》篇云：『簒，猶奪也，取也。』《説文》厶部云：『逆而奪取曰簒。』故以簒訓奪。

〔一〕按：原文有漏誤，當作『爲鍾一千零三十六，餘八鬴』。

《國語・晉語》云『屬厭而已』，韋昭注云：『厭，飽也。』饜與厭通，故以飽訓饜。**未有仁而遺其親者也，未有義而後其君者也。**【注】仁者親親，義者尊尊。人無行仁而遺棄其親、行義而忽後其君者。【疏】『未有』至『者也』○正義曰：簒奪，則不止遺其親、後其君矣。以利爲名，其弊至此。行仁義，則愛其親，敬其君，不遺不後，詎至簒奪乎？○注『忽後』○正義曰：《論語》『忽焉在後』，忽之故後之也。監本、毛本作『無行義而忽後其君長』。**王亦曰仁義而已矣，何必曰利。**【注】孟子復申此者，重嗟歎其禍。【疏】注『孟子』至『其禍』○正義曰：監本、毛本無『嗟』字，《音義》有之。

《章指》言：治國之道明，當以仁義爲名，然後上下和親，君臣集穆。天經地義，不易之道，故以建篇立始也。【疏】『章指言』○正義曰：《漢書・藝文志》詩有《魯故》二十五卷，顔師古云：『故者，通其指義也。』又《春秋左氏微》二篇，顔師古云：『微，謂釋其微指。』今《毛詩・關雎》篇後云：『《關雎》五章，章四句。故言三章：一章章四句，二章章八句。』《釋文》云：『五章是鄭所分，故言是毛公本意。』然則名故者，卽分章句之指也。錢氏大昕《養新録》云：『趙岐注《孟子》，每章之末，括其大旨，間作韻語，謂之《章指》，《文選注》所引趙岐《孟子章指》是也。南宋後，僞正義出，託名孫奭所撰，盡删《章指》，正文仍剽掠其語，散入正義。明國子監刊《十三經》，承用此本，世遂不復見趙氏原本矣。』考《崇文總目》載陸善經注《孟子》七卷，稱善經删去趙岐《章指》與其《注》之繁重者，復爲七篇。是删去《章指》，始於《善經》，邵武士人作疏，蓋用善經本也。周氏廣業《孟子古注考》云：『章句者，檃括一章之大指也。董生言《春秋》文多數萬，其指數千。知文必有指，趙氏因舉以爲例。』又云：『《考文》言古本「章旨」，當作「章指」。旨，意也。《易・繫》「其旨遠」是也。指，歸趣也。《孟子》「願聞其指」是也。傳記用意指、事指、經指等字，間有通借，其實非也。顔師古《漢書》注，指謂義之所趨，如人以手指物也。』周氏有《疏證孟子章指》一卷，今依用其原文，而稍增損之。山井鼎《考文》云：『古本、足利本無章注，末有《章指》。孔本、韓本注末别行載《章指》。宋本《章指》下皆有「言」字。』《考文》亦然，蓋謂此章大旨，所言如此也。孔本作『章指曰』，無『言』字，恐非趙氏之舊。○『治國』至『始也』○正義曰：《史記・漢興以來諸侯年表》云：『形勢雖强，要當以仁義爲本。』魏武帝《秋胡行》云：『仁義爲名，禮樂爲榮。』《禮記・樂記》云：『禮義立，則貴賤等矣。樂文同，則上下和矣。仁以愛之，義以正之。』又云：『樂在宗廟之中，君臣上下同聽之，則莫不和敬。在閨門之内，父子兄弟同聽之，則莫不和親。』《音義》云：『集穆，張鎰云：「當爲輯穆。」』《左傳》隨武曰『卒乘輯穆』，季武子曰『其天下輯睦』，黄公紹《韻會》云：『穆，通作「睦」。』引此及《史記・司馬相如傳》『旼旼睦睦』，《漢書》作『旼旼穆穆』爲證。《大戴記・虞戴德》篇云：『衆則集，寡則繆。』孔氏廣森《補注》云：『繆，古通以爲「穆」字，「集繆」皆和也。《孟子章指》：「上下和親，君臣集穆。」』昭公二十五年《左傳》：『子太叔曰：「禮，天之經也，地之義也。」』禮樂必本仁義，故爲不易之道。《孟子》七篇，主明仁義，以此立首也。

孟子見梁惠王，王立於沼上，顧鴻鴈麋鹿，曰：『賢者亦樂此乎？』【注】沼，池也。王好廣苑囿，大池沼，與孟子游觀，顧視禽獸之衆多，心以爲娱樂，夸咤孟子曰，賢者亦樂此乎。【疏】注『沼池也』○正義曰：《毛詩》傳文。○注『王好』至『此乎』○正義曰：《國策・魏策》云：『梁王魏嬰〔一〕，觴諸侯於范臺，魯君興，避席擇言曰：「楚王登强臺而望崩山，左江而右湖，其樂忘死，遂盟强臺而弗登，曰：後世必有以高臺陂池亡其國者。今主君前夾林而後蘭臺，强臺之樂也。」』是惠王好廣苑囿、大池沼也。《毛詩・小雅・鴻鴈》篇傳云：『大曰鴻，小曰鴈。』《説文》鳥部云：『鴻，鵠也。』『鴈，鵝也。』隹部云：『雁，鳥也。』雁鴈字異物異，此『鴻鴈』連文，鴈宜是雁，古字通也。又鹿部云：『麋，鹿屬。』『鹿，獸也。』言雁又言鴻，言鹿又言麋，以見禽獸衆多，餘可例也。《音義》云：『咤，丁丑嫁切，誇也。』《玉篇》作「詫」。』《史記・司馬相如傳》云「子虚過詫烏有先生」，集解引郭璞云：『誇也。』《潛夫論・浮侈》篇云：『驕侈篇〔二〕主，轉相誇詫。』又《述赦》篇云：『令

〔一〕『嶅』，《皇清經解》本作『嬰』。
〔二〕『篇』，《皇清經解》本作『僭』。

惡人高會而夸詫。』《後漢書・王符傳》注云：『詫，誇也。』咤與詫通。咤，《説文》訓『叱怒』，與夸連文，故亦爲誇，夸亦誇也。

孟子對曰：『賢者而後樂此，不賢者，雖有此不樂也。【注】惟有賢者然後乃得樂此耳。謂脩堯舜之道，國家安寧，故得有此以爲樂也。不賢之人，亡國破家，雖有此，當爲人所奪，故不得以爲樂也。【疏】注『謂脩堯舜之道』○正義曰：孟子道性善，言必稱堯舜，故知孟子之意，在脩堯舜之道。堯舜通其變，使民不倦；神而化之，使民宜之；神化民宜，卽文王有靈德也。**《詩》云：「經始靈臺，經之營之，庶民攻之，不日成之。**【注】《詩・大雅・靈臺》之篇也。言文王始經營規度此臺，衆民並來治作之，而不與之相期日限，自來成之也。【疏】注『詩大』至『之也』○正義曰：《詩序》云：『《靈臺》，民始附也。文王受命，而民樂其有靈德，以及鳥獸昆蟲焉。』《毛傳》云：『神之精明曰靈，四方而高曰臺。經，度之也。攻，作也。不日有成也。』箋云：『文王應天命，度始靈臺之基趾，營表其位。衆民則築作，不設期日而成之，觀臺而曰靈者，文王化行，以神之精明，故以名焉。』趙氏此注與毛、鄭同。云規度此臺，本毛以度訓經也。云並來治作之，本毛以作訓攻也。又以規明度義，以治明作義，《説文》夫部云：『規，有法度也。』《考工記》『攻木之工』，注云：『攻，猶治也。』云不與之相期日限，卽不設期日也。《國語》引此詩，韋昭注云：『不課程以時日』，趙氏佑《温故録》云：『古者工必計日，《左傳》宣十一年「蔿艾獵城沂，量功命日」，杜預注云：「命作日數。」昭三十二年「士彌牟營成周，量事期」，注云：「知事幾時成。」皆於事前預爲期限。」文王使民不勞，不急於成功，故曰不日成之。宋本作『不與期日限』，廖本作『不與期日』。**經始勿亟，庶民子來。**【注】言文王不督促使之。亟，疾也。衆民自來趣之，若子來爲父使也。【疏】注「言文」至「使也」○正義曰：督，《音義》云：『丁作「𧴭」。』阮氏元《校勘記》云：『「𧴭」，疑「裻」之誤。古裻與督義同音同。』《毛詩》箋云：『亟，急也。度始靈臺之基趾，非有急成之意，衆民各以子成父事而來攻之。』疾，猶急也。云子來爲父使，即是子成父事。經始勿亟申不日意，庶民子來申攻之成之意也。**王在靈囿，麀鹿攸伏，麀鹿濯濯，白鳥鶴鶴。**【注】麀鹿，牸鹿也。言文王在此囿中，麀鹿懷任，安其所而伏，不驚動也。獸肥飽則濯濯，鳥肥飽則鶴鶴而澤好。【疏】注『麀鹿』至『澤好』○正義曰：鶴鶴，《詩》作『翯翯』。《毛詩》傳云：『囿，所以域養禽獸也。天子百里，諸侯四十里。靈囿，言靈道行於囿也。麀，牝也。濯濯，娛遊也。翯翯，肥澤也。』箋云：『攸，所也。文王親至靈囿，視牝鹿所遊伏之處，言愛物也。鳥獸肥盛喜樂。』趙氏解，與傳箋有同有異。牸鹿，毛本作『牝鹿』，牸亦牝也。攸伏，箋以所遊伏解之。遊指下濯濯，伏與遊對，則遊言其動，伏言其靜耳。趙氏云：懷任安其所而伏，以伏爲懷任者。任亦作『妊』，孕也。伏古與包通，伏羲氏一作『包羲氏』。伏、包皆訓藏。《說文》包部云：『包，象人裹妊也。巳在中，象子未成形也。』《夏小正》『雞乎粥』，傳云：『嫗伏也。』《方言》云：『北燕朝鮮洌水之間，謂伏雞曰抱。其卵伏而未孚，始化謂之涅。』禽鳥之伏卵，猶獸畜之懷任，故《詩》言伏，趙氏以懷任解之。《國語・楚語》引《詩》，韋昭注亦云：『視牝鹿所伏息，愛牸任之類。』此或齊、魯、韓三家所傳也。《廣雅・釋訓》云：『濯濯，肥也。皠皠，白也。』王氏念孫疏證云：『《釋器》云：「皠，白也。」重言之，則曰皠皠。何晏《景福殿賦》「皠皠白鳥」，並與皠皠同。』按從霍從隺從高，古多通用。《釋名》云：『膗，蒿也。』《說文》手部云：『搉，敲也。』《爾雅・釋器》云：『篧謂之箄。』《說文》匕部云：『卓，高也。』《易》『家人嗃嗃』，《釋文》云：『荀作「確」。』《一切經音義》：『確《埤蒼》作「塙」。又《字書》作「碻」。』哀公四年《左傳・釋文》引郭璞《解詁》云：『鄗者膗。』《漢書・韓信傳》注引李奇云：『鄗，音羹膗之膗。』《史記・秦始皇紀》索隱云：『鶮，古「鶴」字。』《說文》冂部云：『隺，高至也。』鶴之名鶴以高至；望及於高，故膗爲望，亦取義於高。鶴亦作『鸖』，從隺與從霍同。《詩》作『翯翯』，《孟子》引作『鶴鶴』，其字通也。趙氏云肥飽則濯濯鶴鶴，非以濯濯鶴鶴爲肥飽，其以澤好申之，仍用毛傳肥澤之訓，因肥而澤，因澤而白也。濯濯未訓娛遊，蓋以澤申鶴鶴，以好申濯濯。《詩・文王有聲》『王公伊濯』，《釋文》引《韓詩》云：『美也。』美卽好也。**王在靈沼，於牣魚躍。**【注】文王在池沼，魚乃跳躍喜樂，言其德及鳥獸魚鼈也。【疏】注『文王』至『鼈也』〇正義曰：《毛詩》傳云：『靈沼，言靈道行於沼也。牣，滿也。』箋云：『靈沼之水，魚盈滿其中皆跳躍，亦言得其所。』《音義》云：『牣，丁公著本作「仞」。』吴氏玉搢《别雅》云：『《史記・殷本紀》「充仞宫室」，《司馬相如傳》「充仞其中者，不可勝紀」，仞皆與牣通。』按《文選・上林賦》『虚〔一〕館而勿仞』，郭璞注云：『仞，滿也。』云德及鳥獸魚鼈，即毛傳所謂『靈道行於囿，靈道行於沼』也。**文王以民力爲臺爲沼，而民歡樂之，謂其臺曰靈臺，謂其沼曰靈沼，樂其有麋鹿魚鼈。**【注】孟子爲王誦此詩，因曰文王雖以民力築臺鑿池，民由歡樂之，謂其臺沼若神靈之所爲，欲使其多禽獸以養文王者也。【疏】注「孟子」至「所爲」○正義曰：爲，治也。故以築臺解爲臺，以鑿沼解爲沼。由，毛本作『猶』，猶、由通也。臧氏琳《經義雜記》云：『宋孫氏《音義》云：「歡樂，本亦作勸樂。」案《左傳》昭九年叔孫昭子引《詩》曰：「經始勿亟，庶民子來。」杜注：「《詩・大雅》言文王始經營靈臺，非急疾之，衆民自以爲子義來，勸樂爲之。」正義云：「衆民以爲子成父事而來，勸樂而早成之耳。」是可知晉、唐時本皆作「勸樂」。故杜注孔疏據之，與孫宣公《音義》正合。蓋經言「庶民子來」，孟子以「而民勸樂」釋之，猶《禮記・中庸》謂「子庶民則百姓勸」也。因歡與勸形相近，故經注皆譌爲歡。《漢書・王莽傳上》「《詩》之靈臺」，師古曰：「始立此臺，兆庶自勸，就其功作，故《大雅・靈臺》之詩云云。」當亦本孟子云：「謂其臺沼，若神靈之所爲」者。』周氏柄中《辨

〔一〕『虚』，《皇清經解》本同。《文選・上林賦》作『宫』。

正》云：「《詩・小序》：『民樂文王有靈德。』據此，則靈臺因文德命名。《説苑・脩文》篇云：『積恩爲愛，積愛爲仁，積仁爲靈。靈臺之所以爲靈者，積仁也。』其義與《小序》合。」趙氏佑《温故録》云：「趙注『神靈之所爲』，殆乎託意鬼神然者。然靈之訓善，《書傳》『於弔由靈』、『丕靈承帝事』、『惟我周王靈承於旅』、『苗氏弗用靈』，皆云『善也』。《詩》『靈雨』箋亦云『善』，蓋猶好雨之謂。其兼神言之者，如黄帝生而神靈之類，則與明同義，故《序》云『民樂文王有靈德』，傳云：『神之精明者稱靈。』箋云：『文王化行，若神之精明。』則皆以文王之德言，初不繫乎臺成之速，有歸諸冥冥不可得知之意，後世始有以靈爲鬼神奇異之稱者。又《謚法》靈若厲之靈，不可與文王之神靈相出入也。」謹按：靈訓善，此説是也。靈德卽善德也，靈道卽善道也。則靈臺卽善臺，靈沼卽善沼。《漢書・地理志》『濟陰成陽有堯冢靈臺。』《水經注》『成陽城西二里有堯陵，陵南一里，有堯母慶都陵，稱曰靈臺。』此陵墓稱靈臺，當以鬼神之義言之。文王之靈臺靈沼，自以善稱。《詩》云『經始靈臺』，則名自此始，故箋云：『本觀臺而曰靈臺，非堯冢靈臺之例也。』趙氏與毛、鄭異。○注『欲使』至『者也』○正義曰：《吕氏春秋・務大》篇『然後皆得其所樂』，高誘注云：『樂，願也。』願，猶欲也。故以欲解樂。《易・雜卦傳》云：『大有，衆也。』《繫辭傳》云：『富有之謂大業。』有之義爲衆，爲富，衆富卽多，故以多解有。樂其有麋鹿魚鼈，卽欲其多麋鹿魚鼈也。**古之人與民偕樂，故能樂也。**【注】偕，俱也。言古之賢君，與民共同其所樂，故能樂之。【疏】注「偕俱」至「樂之」○正義曰：「偕，俱也」，《毛詩》傳文。《説文》人部云：「俱，皆也。」偕與皆通。皆亦同也，故又以共同申言之。監本、毛本作「與民同樂，故能得其樂。」《湯誓》曰：「時日害喪？予及汝偕亡！」【注】《湯誓》，《尚書》篇名也。時，是也。日，乙卯日也。害，大也。言桀爲無道，百姓皆欲與湯共伐之，湯臨士衆而誓之，言是日桀當大喪亡，我及女俱往亡之。【疏】注「湯誓」至「亡之」○正義曰：《書序》云：「伊尹相湯伐桀，升自陑，遂與桀戰於鳴條之野，作《湯誓》。」其書今存，作「時日曷喪，予及汝偕亡」，伏生《大傳》云：「夏人飲酒，醉者持不醉者，不醉者持醉者，相和而歌曰：『盍歸乎亳，亳亦大矣。』故伊尹退而閒居，深聽樂聲。更曰：『覺兮較兮，吾大命假兮！去不善而就善，何樂兮！』伊尹入告於王曰：『大命之去有日矣。』王僩然歎，啞然笑曰：『天之有日，猶吾之有民也，日亡吾亦亡矣。』」鄭康成本此注《湯誓》云：「桀見民欲叛，乃自比於日曰：『是日何嘗喪乎，日若喪亡，我與汝亦皆喪亡。』引不亡之徵，以脅恐下民也。」《孟子》引此文而申之云：「民欲與之皆亡。」則伏、鄭之解，乖於《孟子》矣。江氏聲《尚書古文集注音疏》云：「桀自比於日，民卽假日以諭桀，言是日何時喪乎？我將與汝皆亡，甚欲桀之亡也。予者，民自予也。及，與也。汝，汝日也。假日以諭桀，實則汝桀也。」謹按：趙氏以此爲湯諭民之言，以予及汝偕亡，爲我及汝俱往亡之。則我爲湯自我，汝謂民，乃《書》文於此下云：「夏德若兹，今朕必往。」語爲重沓矣。《孟子》引《詩》稱文王之德，全在而民勸樂之。引《書》言桀之失德，全在民欲與之皆亡。若作湯諭民往亡桀之辭，無以見桀之失德矣。趙氏之旨，既殊孟子，亦違伏、鄭，未知所本。其訓時爲是，《爾雅・釋詁》文。日爲乙卯日者，《禮記・檀弓》杜蕢飲師曠曰『子卯不樂』，注云：『紂以甲子死，桀以乙卯亡。』《左傳》：『昭公十八年春王二月乙卯，周毛得殺毛伯過而代之，萇宏曰：「毛得必亡，是昆吾稔之日也。」』杜預注云：『以乙卯日與桀同誅。』是桀以乙卯日亡也。害大者，《音義》云：『害，如字。張音曷。』如字則讀傷害之害，傷害字無訓大之義。蓋曷與盍通，《説文》皿部云：『盍，覆也。』《爾雅・釋詁》云：『曷，盍也。』趙氏讀害爲曷，而通其義於覆。覆何以有大義？覆義與奄同，《説文》大部云：『奄，覆也。大有餘也。』《詩・皇矣》『奄有四方』，傳云：『奄，大也。』是奄覆有大義也。覆亦通於幠，《説文》巾部云：『幠，覆也。』《爾雅・釋詁》云：『幠，大也。』是幠、覆有大義也。阮氏元《校勘記》云：『宋本、孔本「日乙卯日」，上日作「時」，非。當作是日乙卯日也。』**民欲與之皆亡，雖有臺池鳥獸，豈能獨樂哉？**【注】『孟子説《詩》《書》之義以感喻王。言民皆欲與湯共亡，桀雖有臺池禽獸，何能復獨樂之哉。復申明上言不賢者雖有此不樂也。』【疏】注『何能復獨樂之哉』○正義曰：始侈而獨樂，既民欲與之皆亡，則不能獨樂矣。《章指》言『不能保守其所樂』，故云何能復獨樂哉。閩、監、毛三本無復字，非也。

《章指》言：聖王之德，與民共樂，恩及鳥獸，則忻戴其上，大〔一〕平化興；無道之君，衆怨神怒，則國滅祀絶，不得保守其所樂也。【疏】『恩及』至『化興』○正義曰：恩及鳥獸，即《章句》言『德及鳥獸魚鼈』也。《白虎通·封禪》篇云：『王者德至鳥獸』是也。忻戴者，忻與欣同。《國語·周語》云：『祭公謀父諫穆王曰：商王帝辛，大惡於民，庶民弗忍，欣戴武王，以致戎於商牧。是先王非務武也，勤恤民隱而除其害也。』韋昭注云：『戴，奉也。』《晉語》：『史蘇朝〔二〕告大夫曰：昔者之伐也，起百姓，以爲百姓也，是以民能欣之。』韋昭注云：『欣，欣戴也。』又『郭偃曰：夫人美於中，必播於外而越於民，民實戴之。』韋昭注云：『戴，欣戴也。』《音義》云：『大平，丁音泰。』○『衆怨神怒則國滅祀絶』○正義曰：《國語·周語》：『内史過曰：國之將亡，其君貪冒辟邪，淫佚荒怠，麤穢暴虐；其政腥臊，馨香不登；其刑矯誣，百姓攜貳；明神弗蠲，而民有遠志，民神怨恫，無所依懷，故神亦往焉，觀其苛慝而降之禍，昔夏之興也，融降於崇山；其亡也，回祿信於聆隧。』《湯誓》言衆怨，趙氏兼言神怒者，以文王靈臺靈沼所以稱靈，是爲神所佑。衆樂則神佑，衆怨則神怒矣。

〔一〕『大』，《皇清經解》作『太』。
〔二〕『朝』，《皇清經解》本作『明』，《國語》作『朝』。

梁惠王曰：『寡人之於國也，盡心焉耳矣。【注】王侯自稱孤寡。言寡人於治國之政，盡心欲利百姓。焉耳者，懇至之辭。【疏】注『王侯自稱孤寡』○正義曰：《禮記・曲禮下》云：『庶方小侯，入天子之國曰某人，於外曰子，自稱曰孤。』又云：『諸侯與民言，自稱曰寡人。』注云：『謙也。於臣亦然。』《吕氏春秋・君守》篇云『君名孤寡而不可障壅』，高誘注云：『孤寡，人君之謙稱也』○注『言寡』至『百姓』○正義曰：下言移民移粟，皆是利百姓之事，故知盡心指欲利百姓。○注『焉耳者懇至之辭』○正義曰：焉耳當作『焉爾』。《禮記・三年問》云：『然則何以三年也？曰：加隆焉爾也』。隱公二年《公羊傳》云『託始焉爾』，何休注云：『焉爾，猶於是也。』然則此言盡心焉爾者，猶云盡心於是矣。**河内凶，則移其民於河東，移其粟於河内。河東凶亦然。**【注】言凶年以此救民也。魏舊在河東，後爲强國，兼得河内也。【疏】『河内』至『亦然』○正義曰：凶謂荒年，移民之壯者，就食於河東；移河東之粟，以賑河内之老稚也。亦然，則移河東之壯者於河内，而移河内之粟於河東也。○注『魏舊』至『内也』。○正義曰：《漢書・地理志》：『河東郡安邑，魏絳自魏徙此，至惠王徙大梁也。』是魏舊在河東。又云：『河内本殷之舊都，周既滅殷，分其畿内爲三國，《詩・風》邶、庸、衞國是也。周公誅之，盡以其地封弟康叔。至十六世，懿公亡道，爲狄所滅。齊桓公帥諸侯伐狄，而更封衞於河南曹楚丘。而河内殷墟，更屬於晉。』魏分晉，則河内爲魏得，故云後爲强國，兼得河内。閻氏若璩《四書釋地又續》云：『梁河東，今之安邑等縣。梁亦有河西，《六國表》「魏入河西地於秦」是也。梁河內，今之河內、濟源等縣。梁亦有河外，《蘇秦傳》「大王之地，北有河外」，注云：「謂河南地。」是也。河東西亦謂之河內外。《左傳》僖十五年：「賂秦伯以河外列城五，内及解梁城。」《魏世家》：「無忌曰：所亡於秦者，河外河內。」是也。至河內外，則梁之河北河南地。蘇代曰：「秦正告魏，我陸攻則擊河內，水攻則滅大梁。」是也。然則梁之地，自河西透迤而至河南，幾將二千里。蘇秦曰：「魏地方千里。」蓋從長而横不足，絶長補短算耳。』**察鄰國之政，無如寡人之用心者。**【注】言鄰國之君，用心憂民，無如己也。【疏】注『用心憂民』○正義曰：用心，即盡心。憂民，即欲利百姓。**鄰國之民不加少，寡人之民不加多，何也？**【注】王自怪爲政有此惠，而民人不增多於鄰國者何也。【疏】注『王自』至『何也』○正義曰：加多是增多，則加少是增少。鄰國之民，歸附於我，則鄰之民少而益增其少，我之民多而益增其多矣。

孟子對曰：『王好戰，請以戰喻。【注】因王好戰，故以戰事喻解王意。【疏】注『喻解王意』○正義曰：《廣雅·釋言》云：『喻，曉也。』《漢書·翼奉》上封事云『何聞而不諭』，顔師古云：『諭，謂曉解之。』論與喻通。**塡然鼓之，兵刃既接，棄甲曳兵而走，或百步而後止，或五十步而後止。以五十步笑百步，則何如？』**【注】塡，鼓音也。兵以鼓進，以金退。孟子問王曰，今有戰者，兵刃已交，其負者棄甲曳兵而走，五十步而止，足以笑百步止者不。【疏】注『填鼓』至『金退』〇正義曰：《説文》土部云：『填，塞也。』《荀子・非十二子》云『填填然』，楊倞注云：『填填然，滿足之貌。』聲之滿足爲填填，猶貌之滿足爲填填。僖公十六年《公羊傳》云：『賞石記聞，聞其磌然。』填然亦磌然也。《楚辭・九歌》云：『靁填填兮雨冥冥。』鼓聲之滿盛猶雷聲也。云兵以鼓進以金退者，《荀子・議兵篇》云：『聞鼓聲而進，聞金聲而退。』亦本《荀子》也。哀公十一年《左傳》云『吾聞鼓而已，不聞金矣』，杜預注云：『鼓以進軍，金以退軍。』此兵刃交接之時，鼓聲督戰，故填填充塞而盛也。李文仲《字鑑》云：『鼓，《説文》從壴，從支持之支。《五經文字》云：「作皷，非。鼓，《説文》擊鼓也。」《孟子》：「填然鼓之。」從攴從壴。攴，音撲。』〇注『今有』至『者不』〇正義曰：既，卽已也。接，卽交也。趙氏以已交解既接。曳，拕也。棄甲拕兵，是奔敗也，故云其負者。閩、監、毛三本作『足以笑百步者否』。《音義》出『者不』，是舊作『不』。不、否字通也。

曰：『不可！直不百步耳，是亦走也。』【注】王曰：不足以相笑也。是人俱走，直爭不百步耳。【疏】注『不足』至『步耳』〇正義曰：不足以相笑解不可，是人解是字，指五十步而止之人。云直爭不百步者，謂爭衡其輕重也。王氏引之《經傳釋詞》云：『直，猶特也，但也。直、特古同聲。《史記・叔孫通傳》云「吾直戲耳」，《漢書》直作特。』

曰：『王如知此，則無望民之多於鄰國也。』【注】孟子曰：王如知此不足以相笑，王之政猶此也。王雖有移民轉穀之善政，其好戰殘民，與鄰國同，而猶望民之多，何異於以五十步笑百步者乎。【疏】注「孟子曰」○正義曰：趙氏凡於經文，但稱「曰」字必實指何人曰，如前云「王曰」，此云「孟子曰」。推之稱「樂正子曰」、「丑曰」、「薛君曰」、「大夫曰」、「賈曰」、「相曰」、「周霄曰」、「彭更曰」、「不勝曰」、「匡章曰」、「髡曰」、「克曰」、「萬章曰」、「告子曰」、「公都子曰」、「牼曰」、「白圭曰」、「高子曰」，皆然。惟云「某某以爲某某」，以者，原其意指，與云「某某曰」者爲異。又有云「某某言」、「某某問」，亦猶「某某曰」也。○注「王雖」至「者乎」○正義曰：閩、監、毛三本穀作「粟」，無「以」字。**不違農時，穀不可勝食也。**【注】從此以下，爲王陳王道也。使民得三時務農，不違奪其要時，則五穀饒穰，不可勝食。【疏】注「爲王陳王道也」○正義曰：胡氏煦《篝燈約旨》云：「春秋時，五霸迭興，臣强君弱，漸有驅制同儕，決裂臣道，渺視周君之意。是君權將替，而臣道已亢，故孔子作《春秋》，寓意於尊周，所以維持臣道也。孟子時，七國雄據其地，强悍自用，君道亦已不振，而草菅人命，各圖恢擴，故孟子游齊梁，説以王道，所以維持君道而已，與孔子非有異也。」○注「使民得三時務農」○正義曰：《荀子·王制篇》云：「以〔一〕春耕夏耘，秋收冬藏，四者不失時。」趙氏云三時者，《春秋》莊公三十一年：「秋，築臺於秦。」《穀梁傳》

〔一〕「以」，《皇清經解》本同，《荀子·王制》無「以」字。

云：『不正罷民三時。』桓公六年《左傳》云『謂其三時不害而民和年豐也』，杜預注云：『三時，春夏秋。』**數罟不入洿池，魚鼈不可勝食也。**【注】數罟，密網也。密細之網，所以捕小魚鼈者也，故禁之不得用。魚不滿尺不得食。【疏】『注「數罟」至「得用」』○正義曰：《毛詩·豳風》『九罭之魚』，傳云：『九罭，緵罟，小魚之網也。』《釋文》云：『緵，又作「總」。』《小雅》『魚麗于罶』，毛傳云：『庶人不數罟，罟必四寸，然後入澤梁。』《釋文》云：『數，七欲反。又所角反。』陳氏云：『數，細也。』孔氏正義云：『庶人不總罟，謂罟目不得總之使小，言使小魚不得過也。集本總作「緵」，依《爾雅》，定本作「數」，義俱通也。』按《詩·召南》『素絲五總』，毛傳云：『總，數也。』《陳風》『越以鬷邁』，毛傳云：『鬷，數也。』《商頌》『鬷假無言』，毛傳云：『鬷，總也。』鬷、緵同聲，緵、總、數三字同。趨數即迫促。文公十六年《左傳》云『無日不數於六卿之門』，杜預注云：『數，不疏。』不疏是密也。《説文》糸部云：『總，聚束也。』聚束即促速，促束即趨數也。倪氏思寬《二初齋讀書記》云：『《周禮》言「羅襦」，猶《孟子》言「數罟」。蜡則作羅襦，明非蜡則不用羅襦矣。《周禮》取禽，《孟子》取魚，其實是一例。』《韓非子·説林》云：『君聞大魚乎，網不能止，繳不能絓也。』是繳所以取小魚。《鹽鐵論·散不足》篇：『賢良曰：鳥獸魚鼈，不中殺不食，故繳網不入於澤。』《説文》糸部云：『繁，生絲縷也。』蓋以生絲縷作網，則其目小，繳網即數罟也。今俗猶以細密者爲絲網是也。○注『魚不滿尺不得食』○正義曰：《吕氏春秋·具備》篇云：「宓子賤治亶父三年，巫馬旗往觀化，見夜漁者，得則舍之。巫馬旗問焉，對曰：『宓子不欲人之取小魚也，所舍者小魚也。』」高誘注云：「古者魚不尺不升於俎。宓子體聖人之化爲盡類也，故不欲人取小魚。」《淮南子·主術訓》云：「魚不長尺不得取，彘不期年不得食。」**斧斤以時入山林，材木不可勝用也。**【注】時，謂草木零落之時。使林木茂暢，故有餘。【疏】注「時謂」至「有餘」○正義曰：《禮記·王制》云：「草木零落，然後入山林。」《毛詩·小雅》「魚麗於罶」，傳云：「太平而後，微物衆多，取之有時，用之有道，則物莫不多矣。古者草木不折，不操斧斤，不入山林。」翟氏灝《考異》云：「《鹽鐵論·通有》章引《孟子》曰：『不違農時，穀不可勝食。蠶麻以時，布帛不可勝衣也。斧斤以時入，材木不可勝用。佃魚以時，魚肉不可勝食。』《荀子·王制篇》云：『春耕夏耘，秋收冬藏，四者不失時，故五穀不絶，而百姓有餘食也。罔罟毒藥不入澤，洿池淵沼[一]，謹其時禁，故魚鼈優多，而百姓有餘用也。斬伐長養，不失其時，故山林不童，而百姓有餘材也。』《逸周書·大聚解》云：『禹之禁：春三月，山林不登斧斤，以成草木之長。夏三月，州澤不入網罟，以成魚鼈之長。且以并農力，執成男女之功。夫然，則有生而不失其宜』。孟荀之言，並本如此。」**穀與魚鼈不可勝食，材木不可勝用，是使民養生喪死無憾**

[一]「洿池淵沼」，《皇清經解》本同，《荀子·王制》作「汙池淵沼川澤」。

也。【注】憾，恨也。民所用者足，故無恨。【疏】注『憾恨也』○正義曰：《論語》『敝之而無憾』孔氏注、《淮南子・本經訓》高誘注，皆如此訓。**養生喪死無憾。王道之始也。**【注】王道先得民心，民心無恨，故言王道之始。**五畝之宅，樹之以桑，五十者可以衣帛矣。**【注】廬井邑居，各二畝半以爲宅，冬入保城二畝半，故爲五畝也。樹桑牆下。古者年五十，乃衣帛矣。【疏】注『廬井』至『畝也』○正義曰：《漢書・食貨志》云：『六尺爲步，步百爲晦，晦百爲夫，夫三爲屋，屋三爲井，井方一里，是爲九夫。八家共之，各受私田百晦，公田十晦，是爲八百八十晦，餘二十晦以爲廬舍。春令民畢出在壄，冬則畢入於邑。』趙氏所本也。毛氏奇齡《四書賸言補》云：『「廬井邑居，各二畝半」，則已五畝。又云「冬入保城二畝半」，何解？《漢書・食貨志》云「在野曰廬」，則廬井者，井間之廬也。又云「在邑曰里」，則邑居者，里邑之居也。《爾雅》「里，邑也」，鄭康成稱里居，與趙稱邑居，並同。蓋廬井二畝半在公田中，一名廬舍。何休云：「一夫受田百畝，又受公田十畝，廬舍二畝半。」謂一夫受田一百十畝，又分受公田之二十畝，各得二畝半作廬居也。此易曉也。至在邑之二畝半，以國城當之，則大謬不然。《管子・内政》云：「四民勿使雜處，處工就官府，處商就市井，處農就田野。」而韋昭謂「國都城郭之域，惟士工商而已，農不與焉。」則二畝半在邑，只在井邑，與國邑無涉。蓋古王量地制邑，其在國邑外，如公邑、家邑、丘邑、都邑，類凡所屬井地，皆可置宅。然且諸井邑中，亦惟無城者可處農民；若有城如費邑、郈邑所稱都邑者，則農不得入。管子與韋氏之言稍可據。然而趙邠卿乃有〔一〕「冬入保城」之説，或係衍文，或有脱簡，且或原有師承。如《周禮》「夫一廛」，鄭康成所謂「城邑之居」者，則或諸邑有城者亦置里居，事未可知。若在國城，則《周禮·載師氏》明有「國宅無征，園廛二十而一」之文，鄭司農注云：「國宅，國城中宅也。」而鄭康成卽云：「國宅者，凡官所有之宫室，與吏所治者，又名國廛。」與園宅園廛農民所居者，正相分别，安可以農民園廛，溷當之官吏之國宅乎？則此二畝半當云「在井邑」，不問有城與無城，並得入保。此舉近地井里而言，如四井爲邑，則必邑中有里居，可爲保守之地，故其居名里居，又名邑居。』倪氏思寬《二初齋讀書記》云：『《晉語》：「尹鐸請於趙簡子曰：以爲繭絲乎，抑爲保鄣乎？」韋昭注：「小城曰保。」引《禮記》遇入保者以爲證。然則趙注當亦指井邑中小城言之。若既無城，何云入保？毛氏説未免於率。』周氏柄中《辨正》云：『季彭山《讀禮疑圖》言：農民所宅，必是平原可居之地，别以五畝爲一處，不占公田，取於便農，功邇饋餉，去田亦不宜遠，其所聚居，或止八家，或倍八家以上，各隨便宜，聚爲一邑，置堡以相守望。故舉成數言，則有十室之邑，千室之邑，非必都邑然後爲邑，而都邑亦豈可寓農民哉？農民之宅，鄉里也，卽制里以導其妻子養老者也。國中

〔一〕『乃有』，《皇清經解》本同，《四書賸言補》作『漢人乃無端有』。

之廛，市廛也。但爲士旅寄居之所，工商懋遷之區而已。』段氏玉裁《説文解字注》云：『《説文》：「廬，寄也。秋冬去，春夏居。」「廛，二畝半也。一家之居。」《大雅》「于時廬旅」，毛傳云：「廬，寄也。」《小雅》「中田有廬」，箋云：「中田，田中也。農人作廬焉，以便其田事。」《春秋》宣十五年《公羊傳》注云：「一夫受田百畝，公田十畝，廬舍二畝半，凡爲田一頃十二畝半。八家而九頃，共爲一井。在田曰廬，在邑曰里。春夏出田，秋冬入保城郭。」按許「廬」義與下「廛」義互相足，在野曰廬，在邑曰廛，皆二畝半也。趙氏尤明里即廛也。《詩・伐檀》毛傳云：「一夫之居曰廛。」《遂人》「夫一廛」，先鄭云：「廛，居也。」後鄭云：「廛，城邑之居。」《載師》「以廛里任國中之地」，後鄭云：「廛里者，若今云邑居。廛，民居之區域也。里，居也。」毛、鄭皆未明言二畝半，要其意同也。許於「廬」不曰「二畝半」，於「廛」曰「二畝半」，以錯見互足。』○注『古者年五十乃衣帛』○正義曰：任氏大椿《深衣釋例》云：『《大司徒》「六曰同衣服」，注：「民雖有富者，衣服不得獨異。」按《雜記》注：「麻衣，白布深衣。」《深衣》注：「庶人吉服深衣。」《管子・立政》篇云：「刑餘戮民，不敢服絲〔一〕。」然則非刑餘戮民，可以服絲矣。《春秋繁露・服制》篇：「散民不敢服采，刑餘戮民不敢服絲。」然則散民不敢服采耳，絲得服也。又《繁露・度制》篇：「古者庶人

〔一〕『絲』，《皇清經解》本同，《管子・立政》作『絻』。

衣縵。」縵，無文帛也。《尚書大傳》：「命民得乘飾車駢馬，衣文駢錦。未有命者，不得衣，不得乘。庶人墨車單馬，衣布帛。」然則命民亦得衣文，不命之民亦得衣帛，與鄭注庶人白布深衣異説。今考《士昏禮》注：「士而乘墨車，攝盛。」蓋士庶人往往有攝盛之事，鄭注深衣爲庶人之服，言其常服皆布也。若行盛禮，或當攝盛則衣絲也。刑餘戮民，並不得攝盛矣。《周禮·閭師》「凡庶民不蠶者不帛」，疏引《孟子》曰：「五十可以衣帛。」以不蠶故，身不得衣帛。然則不蠶雖五十不得衣帛，蠶而未五十亦不得衣帛，則庶人布深衣，其常也。《鹽鐵論》：「古者庶人，耄老而後衣絲，其餘則麻枲而已，故命曰布衣。」**雞豚狗彘之畜，無失其時，七十者可以食肉矣。**【注】言孕字不失時也，七十不食肉不飽。【疏】注「七十不食肉不飽」○正義曰：《禮記·王制》云：「五十始衰，六十非肉不飽，七十非帛不煖。」此云七十不食肉不飽者，六十宿肉，已非肉不飽矣，至七十益可知。五十可以衣帛，或不衣帛尚可煖，至七十則非帛不煖矣。《詩·無羊》正義引《孟子》曰「七十者可以食雞豚」，蓋撮《孟子》之文。如《遂人》注引《孟子》「五畝之宅，樹之以桑麻」。古人引經不拘，往往增損，非《孟子》經文有作此本也。**百畝之田，勿奪其時，數口之家可以無飢矣。**【注】一夫一婦，耕耨百畝。百畝之田，不可以徭役奪其時功，則家給人足。農夫上中下所食多少各有差，故總言數口之家也。【疏】「可以無飢矣」○正義曰：監本、毛本作「無饑」。阮氏元《校勘記》云：「飢餓之字當作『飢』，饑乃饑饉字，此經當以『飢』爲正。』按下文『黎民不飢不寒』，毛本正作『飢』。**謹庠序之教，申之以孝悌之義，頒白者不負戴於道路矣。**【注】庠序者，教化之宫也。殷曰序，周曰庠。謹脩教化，申重孝悌之義。頒者，班也。頭半白班班者也。壯者代老，心各安之，故曰頒白者不負戴於道路也。【疏】注『庠序』至『之義』○正義曰：《爾雅·釋宫》云：『宫謂之室，室謂之宫。』劉熙《釋名·釋宫室》云：『宫，穹也。屋見於垣上，穹隆然也。』凡有屋皆通稱宫，故云教化之宫。教化不脩則弛廢。謹，嚴也。振起其廢弛而謹嚴之，故云謹脩教化。『申重』，《爾雅·釋詁》文。○注『頒者』至『路也』○正義曰：阮氏元《校勘記》云：『「頭半白班班者也」，閩、監、毛三本同。宋本白下有「曰」字，岳本、廖本、韓本者上並有「然」字。孔本作「頭半白曰頒，斑斑然者也」。以斑爲班，古字假借。毛本、孔本、韓本班作「斑」，非也。』段氏玉裁《説文解字注》云：『《説文》：「𩕄，須髮半白也。」此《孟子》「頒白」之正字也。趙注云：「頒者，斑也。頭半白斑斑者也。」卑與斑雙聲，是以《漢·地理志》卑水縣，孟康音斑。蓋古𩕄讀如斑，故亦假大頭之頒。《藉田賦》「士女頒斌」，李注：「頒斌，相雜之貌也。」其引申之義也。』《禮記·王制》云『道路輕任并，重任分，斑白不提挈』，注云：『皆謂以與少者。雜色曰斑。』《祭義》云『斑白者不以其任，行乎道路』，注云：『斑白者，髮雜色也。任，所擔持也。不以任，少者代之。』負謂負於背，戴謂戴於首。《漢書·東方朔傳》顔師古注云：『窶𡟰，戴器也。以盆盛物戴於頭者，則以窶數薦之。』此戴之謂也。提挈以手，頒白之老，一身俱宜安佚，可互見矣。毛本作『故頒白者不負戴也』。周氏廣業《古注考》云：『宋本作「故斑白者」。』**七十者衣帛而食肉，黎民不飢不寒，然而不王者，未之有也。**【注】言百姓老稚温飽，禮義脩行，積之可以致王也。孟子欲以風王何不行此，可以王天下，有率土之民。何但望民多於鄰國。【疏】注『然而不王者』○正義曰：王氏引之《經傳釋詞》云：『然，詞之轉也。然而者，亦詞之轉也。《孟子·公孫丑》篇：「夫二子之勇，未知其孰賢。然而孟施舍守約也。」今人用然而二字，皆與此同義。然而者，詞之承上而轉者也，猶言如是而也。《梁惠王》篇「然而不王者未之有也」，謂如是而也。今人用然而二字，則與此異義矣。』○注『有率土之民』○正義曰：《詩·小雅·北山》：『率土之濱，莫非王臣。』天下之民，皆歸附於梁，何止鄰國。**狗彘食人食而不知檢，涂有餓莩而不知發；**【注】言人君但養犬彘，使食人食，而不知以法度檢斂也。涂，道也。餓死者曰莩。《詩》曰『莩有梅』。莩，零落也。道路之傍有餓死者，不知發倉廩以用振救之也。【疏】注『言人』至『斂也』○正義曰：《漢書·食貨志·贊》云：『孟子亦非狗彘食人之食不知斂，野有餓莩而弗知發。』應劭云：『養狗彘者使食人之食，而不知以法度斂之也。』顔師古云：『《孟子》，孟軻之書。言歲豐孰，菽粟饒多，狗彘食人之食，此時可斂之也。』趙氏之義，同於應氏。師古不從者，《食貨志》云：『李悝爲魏文侯作盡地力之教，云糴甚貴傷民，甚賤傷農。民傷則離散，農傷則國貧。善平糴者，必謹觀歲有上中下孰。上孰其收自四，餘四百石；中孰自三，餘三百石；下孰自倍，餘百石。小飢則收百石，中飢七十石，大飢三十石。故大孰則上糴三而舍一，中孰則糴二，下孰則糴一，使民適足，賈平則止。小飢則發小孰之所斂，中飢則發中孰之所斂，大飢則發大孰之所斂，而糶之。故雖遇飢饉水旱，糴不貴而民不散，取有餘以補不足也。』此斂發正用《孟子》。則斂指豐年，發指凶歲。《管子・國蓄》篇云：『歲適美，則市糶無與，而狗彘食人食；歲適凶，則市糴釜十鏹，而道有餓民，故人君斂之以輕，散之以重。』《食貨志・贊》既引《孟子》，即承云管氏之輕重，李悝之平糴，固以《孟子》與管、李之義同也。羅大經《鶴林玉露》云：『《孟子》「狗彘食人食而不知檢」，檢字一本作「斂」，蓋狗彘食人食，粒米狼戾之歲也，法當斂之。涂有餓莩，凶歲也，法當發之。』此皆用《管子》以明《孟子》。趙氏雖以斂釋檢，而義同於應，則與管、班不合。閻氏若璩《釋地三續》云：『古雖豐穰，未有以人食予狗彘者。狗彘食人食，即下章庖有肥肉意，謂厚斂於民，以養禽獸者耳，不必泥《班志》也。』錢氏大昕《養新録》則從《漢書》之説云：『發斂之法，豐歲則斂之於官，凶歲則糶之於民。記所謂「雖遇凶旱水溢，民無菜色」者，用此道也。惠王不修發斂之制，豐歲任其狼戾，一遇凶歉，食廩空虚，不得已爲移民移粟之計，自以爲盡心，惑矣。』閩、監、毛三本，犬彘作『狗彘』。《陸宣公奏議》云『犬彘厭人之食而不知檢』，蓋用注以參經文。○注『涂道』至『之也』○正義曰：《論語・陽貨》篇『遇諸涂』，集解孔氏云：『涂，道也。』高誘注《吕氏春秋》、王逸注《楚辭》，皆以涂爲道。《漢書·食貨志·贊》引《孟子》莩作『芰』，注引鄭氏云：『芰音「蔈有梅」之蔈。芰，零落也。人有餓死零落者，不知發倉廩貸之也。』此注頗與趙同。顔師古云：『芰音頻小反。諸書或作「殍」字，音義亦同。』《説文》𠬪部云：『𠬪，物落上下相付也。讀若《詩》摽有梅。』《毛詩》傳云：『摽，落也。』《爾雅·釋詁》云：『落，死也。』然則餓芰猶云餓落。《楚辭·離騷》『惟草木之零落兮』。王逸注云：『零，落，皆墜也。』人生則縱立，死則横墜。方其行於道，尚能縱立，以餓而横墜於地，故云餓莩。趙既以餓死者釋莩字，又以莩爲零落之名，因連餓字，乃爲餓死，故引《詩》以明莩字本義也。段氏玉裁《説文解字注》云：『《毛詩》摽字，正𠬪之假借。《孟子》作「莩」者，芰之字誤。丁公著云：「《莩有梅》，《韓詩》也。」』阮氏元《校勘記》云：『「以用賑救之也」，廖本、《考文》古本、足利本同。宋本、孔本、韓本賑作「振」，閩、監、毛三本用「周」。按振卽古之賑字，作「賑」者非。』**人死，則曰：「非我也，歲也。」是何異於刺人而殺之，曰：「非我也，兵也。」**【注】人死，謂餓疫死者也。王政使然，而曰非我殺之，歲殺之也。此何以異於用兵殺人，而曰非我也，兵自殺之也。【疏】注『用兵殺人』○正義曰：顧氏炎武《日知録》云：『古之言兵，非今日之兵，謂五兵也。故曰天生五材，誰能去兵。《世本》：「蚩尤以金作兵，一弓，二殳，三矛，四戈，五戟。」《周禮·司右》「五兵」，注引《司馬法》云：「弓矢圍，殳矛守，戈戟助。」是也。「詰爾戎兵」，詰此兵也。「踊躍用兵」，用此兵也。「無以鑄兵」，鑄此兵也。秦漢以下，始謂執兵之人爲兵，《五經》無此語也。以執兵之人爲兵，猶之以被甲之人爲甲。』**王無罪歲，斯天下之民至焉。』**【注】戒王無歸罪於歲，責己而改行，則天下之民皆可致也。【疏】注『皆可致也』○正義曰：致，猶至也。故以致明至。《章指》言：**王化之本，在於使民。養生送死之用備足，然後導之以禮義，責己矜窮，則斯民集矣。**【疏】『導之』至『矜窮』○正義曰：《國語・晉語》云：『禮賓矜窮，禮之宗也。』

梁惠王曰：『寡人願安承教！』【注】願安意承受孟子之教令。

孟子對曰：『殺人以梃與刃，有以異乎？』【注】梃，杖也。【疏】注『梃杖也』○正義曰：《吕氏春秋・簡選》篇云：『鋤櫌白梃，可以勝人之長銚利兵。』高誘注云：『梃，杖也。』阮氏元《校勘記》云：『閩本經、注並作「挺」。按《音義》云：從木，則閩本誤也。』

曰：『無以異也。』【注】王曰梃刃殺人，無以異也。

『以刃與政，有以異乎？』【注】孟子欲以政喻王。

曰：『無以異也。』【注】王復曰政殺人，無以異也。

曰：『庖有肥肉，廄有肥馬，民有飢色，野有餓莩，此率獸而食人也。【注】孟子言人君如此，爲率禽獸以食人也。**獸相食，且人惡之；爲民父母行政，不免於率獸而食人，惡在其爲民父母也？**【注】虎狼食禽獸，人猶尚惡視之。牧民爲政，乃率禽獸食人，安在其爲民父母之道也。【疏】『庖有』至『母也』○正義曰：毛氏奇齡《四書賸言》云：『《漢・王吉傳》：「今民大饑而死，死又不葬，爲犬豬所食。而厩馬食粟，苦其太肥。王者受命於天，爲民父母，固當若是乎？」此借《孟子》語疏而爲言，乃吉言犬豬所食，則是實有獸食人。按趙氏義，蓋以人君以人之食養禽獸，故禽獸肥；不以食養百姓，故民之生者有飢色，其死者莩於野，不異率獸食人，非真使禽獸食人也。』《鹽鐵論・園池》章云：『厨有腐肉，國有飢民；厩有肥馬，路有餧人。』《古文苑》揚雄《太僕箴》云：『孟子蓋惡夫厩有肥馬，而野有餓殍。』皆同趙義。**仲尼曰：「始作俑者，其無後乎！」爲其象人而用之也。如之何其使斯民飢而死也。』**【注】俑，偶人也。用之送死。仲尼重人類，謂秦穆公時以三良殉葬，本由有作俑者也。夫惡其始造，故曰此人其無後嗣乎，如之何其使此民飢而死邪。孟子陳此以教王愛民。【疏】注『俑偶』至『送死』○正義曰：《説文》人部云：『偶，桐人也。』《淮南子・繆稱訓》云『魯以偶人而孔子歎』，高誘注云：『偶人，相人也。』《説文》『桐人』疑是『相人』之誤。相人，即象人也。《禮記・檀弓》云：『涂車芻靈，自古有之，明器之道也。孔子謂爲芻靈者善，謂爲俑者不仁，不殆於用人乎哉。』注云：『芻靈，束茅爲人馬。謂之靈者，神之類。俑，偶人也。有面目機發，似於生人。』《周禮・春官・冢人》『及葬，言鸞車象人』，注云：『鄭司農云：「象人，謂以芻爲人。」玄謂：孔子謂爲芻靈者善，謂爲俑者不仁，非作象人者，不殆於用生乎。』後鄭不用先鄭，以俑與芻人異。蓋以芻爲人，但形似而不能轉動；俑則能轉動，象生人。以其象生人，故卽名象人。《冢人》之象人，卽俑之名也。孟子言爲其象人，則所以名象人之故也。《説文》人部云：『俑，痛也。』足部云：『踊，跳也。』《廣韻》引《埤蒼》云：『俑，木人送葬，設關而能跳俑，故名之。』然則俑爲踊之假借，以其能跳踊，斯名爲俑，則爲其象人者，謂爲其象人之轉動跳踊也。《春秋》僖公十九年：『己酉，邾婁人執鄫子，用之。』《公羊傳》云：『惡乎用之？用之社也。』《左傳》司馬子魚曰：『古者六畜，不相爲用。小事不用大牲，而况敢用人乎？』此用生人，故《春秋》惡之。象人而用之送葬，雖非生人，其用之云者，猶執鄫子用之之用也。○注『謂秦』至『者也』○正義曰：《文子・微明》篇云：『魯以偶人葬而孔子歎，見其所始，卽知其所終。』終謂至於以生人爲殉也，故趙氏引三良殉死事。事見《詩・秦風・黄鳥》篇。文公六年《左傳》云：『秦伯任好卒，以子車氏之三子奄息、仲行、鍼虎爲殉。』是其事也。推孟子之意，蓋謂木偶但象人耳，用之，孔子尚歎其無後，况真是人而使之飢而死，其爲無後，更當何如？趙氏推孔子之意，以其始於作俑，終至用生人爲殉；此孔子歎無後之意，非孟子引以况使斯民飢死之意也。○注『夫惡』至『愛民』○正義曰：閩、監、毛三本無『夫』字，邪作『也』。阮氏元《校勘記》云：『《音義》出「夫惡」，山井鼎《考文》云：「古本本由有作俑者也下有夫字。」以夫字屬上讀，非也。《音義》出「死邪」，毛本作「愛其民也」』。

《章指》：言王者爲政之道，生民爲首。以政殺人，人君之咎猶以白刃，疾之甚也。

梁惠王曰：「晉國，天下莫强焉，叟之所知也。【注】韓魏趙本晉六卿，當此時號三晉，故惠王言晉國天下强也。【疏】注「韓魏」至「强也」○正義曰：《史記·六國表》云：「六卿擅晉權，征伐會盟，威重於諸侯，終之卒分晉。量秦之兵，不如三晉之强也。」《楚世家》云：「宣王六年，三晉益大，魏惠王尤强。」《戰國策·楚策》張子曰「王無求於晉國乎」，《魏策》王鍾云「此晉國之所以强也」，是當時稱魏爲晉國。**及寡人之身，東敗於齊，長子死焉；西喪地於秦七百里；南辱於楚，寡人耻之，願比死者壹洒之，如之何則可？」**【注】王念有此三耻，求策謀於孟子。【疏】「東敗」至「死焉」○正義曰：《史記·魏世家》：「惠王十七年，圍趙邯鄲。十八年，拔邯鄲。趙請救於齊，齊使田忌、孫臏救趙，敗魏桂陵。二十八年，齊威王卒，中山君相魏。三十年，魏伐趙，趙告急齊，齊宣王用孫子計，救趙擊魏。魏遂大興師，使龐涓將，而令太子申爲上將軍，與齊人戰，敗於馬陵。齊虜魏太子申，殺將軍涓，軍遂大破。」周氏柄中《辨正》云：「齊救趙敗魏者，桂陵之役。救韓敗魏者，馬陵之役。《魏世家》俱以爲救趙，與《國策》異。而《孫臏傳》又以爲救韓，則自相矛盾矣。又《國策·蘇代説齊閔王》篇曰：「昔魏王擁土千里，帶甲三十六萬，恃其强而拔邯鄲，西圍定陽。又從十二諸侯，朝天子以西謀秦，秦王用衛鞅之謀，説魏王先行王服，然後圖齊楚。魏王悦於衛鞅之言，故身廣公宫，制丹衣柱，建九斿，從七星之旟，此天子之位也，而魏王處之。於是齊楚怒，諸侯奔齊。齊人伐魏，殺其太子，覆其十萬之軍。」此又與前《策》不同。戰國時，紀載之異如此。』曹氏之升《四書摭餘録》云：『梁惠王曰：「及寡人之身，東敗於齊，長子死焉。」此經文也。然《魏世家》云：「魏伐趙，趙告急齊。」《田齊世家》云：「魏伐趙，趙與韓親，共擊魏。趙不利，韓請救於齊。」《孫子列傳》云：「魏與趙攻韓，韓告急於齊。」史載異辭，以經證之。孟子曰：「梁惠王以土地之故，糜爛其民而戰之，大敗，將復之。恐不能勝，故驅其所愛子弟以殉之。」按周顯王十五年，魏圍趙邯鄲。十六年，邯鄲降齊，齊伐魏，敗魏桂陵。惠王初立，即與二家不和，後遂相仇靡已。曩者邯鄲垂拔，中北於齊，固無時不圖報復。至三十年，爲周顯王之二十八年，又令太子申爲上將軍以伐趙。惟其爲趙也，故曰「復」。惟其在桂陵之敗之後也，故曰「大敗將復之」。此《孟子》經文之明注也。然則《魏世家》魏伐趙之説，不爲無據。因趙與韓親，共擊魏不利，致韓有南梁之難，而請救於齊，故又曰「齊起兵救韓趙以擊魏」也。列傳謂魏與趙攻韓，誤矣。閻百詩《釋地》謂：「惠王九年己未，秦魏戰於少梁。《六國表》秦云虜其太子，魏云虜我太子，此太子即名申，後死於齊者。中相距二十二年，必虜後復歸魏爲太子，復令之將龐涓兵。」余以爲不然。《秦本紀》：「獻公二十三年，與魏晉戰少梁，虜其將公孫痤。」《魏世家》：「九年，與秦戰少梁，虜我將公孫痤。」痤是魏相，即衞公孫鞅所事者。故明年痤卒而鞅乃奔秦，《表》誤爲太子耳。且卬是太子，亦是痤，不是申。《趙世家》所謂「秦獻公使庶長國伐魏少梁，虜其太子痤」是也。閻說誤。』○『西喪』至『百里』○正義曰：《魏世家》云：『三十一年，秦趙齊共伐我。秦將商君，詐我將軍公子卬而襲奪其軍，破之。秦用商君，東地至河；而齊趙數破我。安邑近秦，於是徙治大梁。』《商君列傳》云：『齊敗魏軍於馬陵，虜其太子，殺將軍龐涓。其明年，衞鞅說孝公，孝公使衞鞅將而伐魏，魏使公子卬將而擊之。軍既相距，鞅遺魏將公子卬書，與公子面相見盟，樂飲而罷兵。鞅伏甲士而襲虜公子卬，因攻其軍，盡破之以歸秦。魏惠王兵數破於齊秦，國內空，日以削，恐，乃使割河西之地，獻於秦以和。而魏遂去安邑，徙都大梁。』閻氏若璩《釋地又續》云：『班固曰：「魏界自高陵以東。」此距安邑，指東西言。張守節曰：「自華州北至同州，並魏河西之地。」此指南北言。其地四至固可按。又有上郡，襄王七年癸巳始入秦。守節曰：「今丹、鄜、延、綏等州，北至固陽，並其地。」又卽惠文君十年魏納上郡十五縣者也。蓋至是而魏河西濱洛之地，築長城以界秦者，盡失之矣。自屬兩截事。』○『南辱於楚』○正義曰：周氏柄中《辨正》云：『《史記·魏世家》及《楚世家》，惠王在位三十六年，未嘗與楚搆兵。故南辱於楚，趙注闕其事。惟《戰國策》載魏圍趙邯鄲，楚使景舍救趙，取魏睢濊之間，乃惠王時事。「南辱」指此無疑。《史記》楚將昭陽攻魏，在梁襄十二年，《魏世家》所稱「楚敗我襄陵」者。而在《楚世家》則云：

「懷王六年，楚使柱國昭陽將兵而攻魏，破之於襄陵，得八邑。」此襄王時事，而説者引之，亦據《竹書》惠王改元又十六年之説也。」○『願比死者壹洒之』○正義曰：《廣雅・釋詁》云：『比，代也。』洒、洗古通。《説文》水部云：『洒，滌也。』《音義》云：『洒之，丁音洗，謂洗雪其耻也。』死者，舊疏謂死不惜命者，蓋即長子死之死。太子申之死，西河之喪，睢濊之辱，三者俱宜洗雪。死重於喪辱，舉死者以互見耳。謂願代死者專壹洗雪之。或謂比讀比方之比，蓋將不顧其生，願效前之戰死者，與敵決戰，以雪其耻也。閩、監、毛三本『壹』作『一』。

孟子對曰：『地方百里而可以王。【注】言古聖人以百里之地，以致王天下，謂文王也。【疏】注『謂文王也』○正義曰：『文王以百里』，《公孫丑上》篇文。**王如施仁政於民，省刑罰，薄税斂，深耕易耨，壯者以暇日，修其孝弟忠信，入以事其父兄，出以事其長上，可使制梃以撻秦、楚之堅甲利兵矣。**【注】易耨，芸苗令簡易也。制，作也。王如行此政，可使國人作杖以捶敵國堅甲利兵，何患耻之不雪也。【疏】注『易耨』至『易也』○正義曰：《爾雅・釋器》云：『斪斸謂之定。』《廣雅・釋器》云：『定謂之耨。』《説文》木部云：『槈，薅器也。或作「鎒」。』《吕氏春秋・任地》篇云：『耨，柄尺，此其度也。其耨六寸，所以間稼也。』高誘注云：『耨，所以芸苗也。刃廣六寸，所以入苗間也。』耨、槈、鎒字同。芸苗之器名耨，因而即稱芸苗爲耨。《盡心》篇『易其田疇』，注訓易爲治，本《詩》『禾易長畝』毛傳也。此耨爲芸苗，若訓易爲治，治耨於辭爲不達。且上云『深耕』，謂耕之深；此云『易耨』，則爲耨之易也。禾中有草雜之，則煩擾矣，故芸之使簡易。閻氏若璩《釋地三續》云：『即朱虚侯劉章爲高后言田立苗欲疏之意。』○注『制作』至『利兵』○正義曰：《楚辭·招魂》云『晉制犀比』，王逸注云：『制，作也。』制作古多連文，故以作釋制。然備乃弓矢，鍛乃戈矛，礪乃鋒刃，無敢不善，王者以弧矢威天下，豈容自損其兵。謂使民作梃，言近於迂。按劉熙《釋名·釋姿容》云：『掣，制也。制頓之使順己也。』制宜讀爲掣，謂可使提掣木梃，以撻其堅甲利兵。若誠自恃施仁，造作此梃，即宋公不禽二毛之智矣。《廣雅》撻、捶皆訓擊，故以捶釋撻。《禮記·文王世子》云：『成王有過，則撻伯禽。』《説文》手部云：『捶，以杖擊也。』撻人用杖，其義一也。『省刑罰』以下八句，趙氏以行此政括之，未詳注，以其易明也。惟省刑罰，薄税斂，使得深耕易耨，所以得有暇日。《潛夫論·愛日》篇云：『國之所以爲國者，以有民也。民之所以爲民者，以有穀也。穀之所以豐殖者，以有人功也。功之所以能建者，以有日力也。治國之日舒以長，故其民閒暇而力有餘；亂國之民〔二〕促以短，故其民困務而力不足。……《詩》云：「王事靡盬，不遑將父。」言在古閒暇，而得行孝，今迫促不得養也。迫促不得養，則奪其農時，使不得耕耨之

〔二〕『民』，《皇清經解》本同，《潛夫論·愛日》作『日』。

謂也。富而後教，民有暇日，以養其父母，及其兄弟妻子，乃可脩其孝弟忠信也。民知孝弟忠信，則入以事其父兄，出以事其君上矣。此所以可以梃撻强也。』**彼奪其民時，使不得耕耨，以養其父母；父母凍餓，兄弟妻子離散。彼陷溺其民，王往而征之，夫誰與王敵？**【注】彼，謂齊、秦、楚也。彼困其民，願王往征之也。彼失民心，民不爲用，夫誰與共禦王之師，爲王敵乎。【疏】注『彼謂齊秦楚也』○正義曰：惠王所問，舉齊秦楚三國；孟子對，僅稱秦楚，便文耳。其實制梃撻秦楚，亦兼撻齊，故趙氏申明之。○注『爲王敵乎』○正義曰：閩、監、毛三本作『而爲王之敵乎』。**故曰：仁者無敵，王請勿疑！』**【注】鄰國暴虐，己脩仁政，則無敵矣。王請行之，勿有疑也。

《章指》言：以百里行仁，天下歸之；以政傷民，民樂其亡；以梃服强，仁與不仁也。

孟子正義卷三

孟子見梁襄王，出語人曰：『望之不似人君，【注】襄，謚也。梁之嗣王也。望之無儼然之威儀也。

【疏】注『襄謚』至『王也』○正義曰：《周書·謚法解》云：『辟地有德曰襄，甲胄有勞曰襄。』是襄爲謚也。《史記·魏世家》集解荀勗曰：『和嶠云：「《紀年》起自黄帝，終於魏之今王。」今王者，魏惠成王子。按《太史公書》：惠成王但言惠王，惠王子曰襄王，襄王子曰哀王。惠王三十六年卒，襄王立，十六年卒。並惠、襄王爲五十二年。今按古文：惠成王立三十六年，改元稱一年，改元後十七年卒。《太史公書》爲誤分惠、成之世，以爲二王之年數也。《世本》：惠王生襄王，而無哀王。然則今王者，魏襄王也。』索隱辨之云：『按《系本》襄王生昭王，無哀王，蓋脱一代耳。而《紀年》説惠成王三十六年，又稱後元一十七年卒。今此文分惠王之秝以爲二王之年，又有哀王凡二十三[一]年，

[一]『三』，《皇清經解》本作『二』，《史記·魏世家》作『三』。

紀事甚明，蓋無足疑。而孔衍叙《魏語》，亦有哀王。蓋《紀年》之作，失哀王之代，故分襄王之年爲惠王後元，卽以襄王之年包哀王之代耳。』近時顧氏炎武《日知録》主古文之説，以襄哀字相近，《史記》誤分爲二人。江氏永《羣經補義》申其説云：『魏罃於周顯王三十五年丁亥，與齊威王會於徐州以相王，是年爲惠王卽位後三十七年，於是始稱王，而改元稱一年。司馬温公《通鑑》、《考異》既從《紀年》書魏惠王薨，子襄王立於愼靚王二年壬寅，又載孟子一見而出語，是矣。乃於顯王三十三年乙酉，書鄒人孟軻見魏惠王，豈孟子在魏十八年乎？誤矣。蓋惠王卑禮厚幣以招賢，在後元之末年，而《史記》誤謂在惠王卽位之三十五年也。此年尚未稱王，孟子何得稱之爲王。』依顧氏、江氏之説，《史記》襄王之年，仍惠王之後元。則襄王五年予河西之地，六年秦取汾陰、皮氏、焦。七年盡入上郡於秦，秦降我蒲陽，皆在七百里中。而十二年楚敗我襄陵，則所云『辱於楚』也。然近所行之《竹書紀年》，固淺人僞托；卽和嶠所引，亦魏、晉閒贋書，不足徵信。《西京雜記》記廣川王發古冢，有魏襄王冢、哀王冢，然則襄、哀二冢，漢時尚存，顯然可考，故《世本》雖失紀哀王，而司馬公則核實言之。和嶠所引，又何庸議？閻氏若璩《孟子生卒年月考》云：『《魏世家》云：「惠王三十一年辛巳，徙都大梁。三十五年乙酉，卑禮厚幣，以招賢者，孟軻等至梁。」故《六國表》於三十五年，特書「孟子來，問利國，對曰君不可言利」。三十六年丙戌，惠王卒，子嗣立，是爲襄王。孟子入而見王，出而告人，有不似人君之語。

蓋儲君初即位之辭。不然，如《通鑑》五十二年壬寅，惠始卒而襄王立，孟子入見，豈孟子竟久淹於梁如是邪？不然，以襄王之庸，豈能以禮聘孟子而復至梁邪？不以禮聘孟子，而孟子肯枉見邪？果受其禮聘，至而初見時即譏議之邪？此《史記》所以可信也。或曰：《竹書紀年》彼既魏史，所書魏事，司馬公以爲必得其真，故從焉。余曰不然。《紀年》云：「惠成王九年四月甲寅，徙都大梁。」不知是年秦孝公甫立，衛公孫鞅來相，魏公子卬未虜，地不割，秦不偪，魏何遽徙都以避之邪？即一徙都事如此，尚謂其生卒年月盡足信邪？此余所以信《史記》以信《孟子》也。』閩、監、毛三本作『魏之嗣王』。○注「望之」至「儀也」○正義曰：《論語》云：『望之儼然。』又云：『儼然人望而畏之。』**就之而不見所畏焉，**【注】就與之言，無人君操秉之威，知其不足畏。【疏】注「就與」至「足畏」○正義曰：望之既指威儀，則就之當指言論，故云與之言。秉，閩、監、毛三本作『柄』。柄，《說文》重文作『棅』，通於秉。《儀禮·大射儀》『有柄』，《釋文》云：『劉本作「秉」。』《文選·六代論》注云『秉即柄字』是也。《詩·定之方中》毛傳云：『秉，操也。』《禮運》注云：『柄，所操以治事。』《莊子·天道》篇司馬彪注云：『棅，威權也。』故趙氏云操柄之威。**卒然問曰：「天下惡乎定？」**【注】卒暴問事，不由其次也。問天下安所定，言誰能定之。【疏】注『卒暴』至『次也』○正義曰：《漢書·成帝紀》云『興卒暴之作』，注云：『卒，謂急也。』《師丹傳》云『卒暴無漸』，注云：『卒讀曰猝。』《說文》犬部云：『猝，犬從草暴出逐人也。』古卒暴二字連文，故趙氏以卒暴明卒然。不由其次，卽無漸也。○注『問天』至『定之』○正義曰：惡，猶安也，何也。字亦作『烏』。高誘注《吕氏春秋・本生》篇曰：『惡，安也。』昭三十一年《公羊傳》曰『惡有言人之國賢若此者乎』，何注曰：『惡有，猶何有。』又莊二十年《公羊傳》曰『魯侯之美惡乎至』，注曰：『惡乎至，猶何所至。』由《公羊傳》注及《孟子》注推之，蓋惡本訓何，惡乎猶言何所。**吾對曰：「定于一。」**【注】孟子謂仁政爲一也。【疏】注『孟子』至『一也』○正義曰：《易・文言傳》云：『元者，善之長也。君子體仁足以長人。』董子《繁露・重政》篇云：『唯聖人能屬萬物于一，而繫之元也。終不及本所從來而承之，不能遂其功，是以《春秋》變一謂之元。』元卽仁，仁卽一，故趙氏以仁政爲一。孟子對滕文公亦云：『夫道一而已。』趙氏《章指》言『定天下者，一道而已』。謂孟子對梁襄王之定于一，卽對滕文公之道一也。趙氏之説正矣。然下云『能一之』，又云『民歸之』，則謂時無王者，不能統一，故天下爭亂而不能定；惟有王者布政施教於天下，天下皆遵奉之而後定。孔子作《春秋》，書『王正月』，《公羊傳》云：『大一統也。』孟子當亦謂此。**「孰能一之？」**【注】言孰能一之者。**對曰：「不嗜殺人者能一之。」**【注】嗜，猶甘也。言今諸侯有不甘樂殺人者，則能一之。【疏】注「嗜猶」至「人者」○正義曰：《説文》口部云：『嗜，嗜欲喜之也。』《吕氏春秋・誣徒》篇高誘注云：『嗜，猶樂也。』《淮南子・覽冥訓》高誘注云：『甘，猶耆也』。耆與嗜同。《一切經音義》引《廣雅》云：『甘，樂也。』

是嗜、甘、樂三字義同。**「孰能與之？」**【注】王言誰能與不嗜殺人者乎。【疏】『孰能與之』○正義曰：《齊語》云『桓公知天下諸侯多與己也』，韋昭注云：『與，從也。』《吕氏春秋・執一》篇高誘注云：『與，猶歸也。』**對曰：「天下莫不與也。**【注】孟子曰，時人皆苦虐政，如有行仁，天下莫不與之。**王知夫苗乎！七八月之間旱，則苗槁矣。天油然作雲，沛然下雨，則苗浡然興之矣。其如是，孰能禦之？**【注】以苗生喻人歸也。周七八月，夏之五六月。油然，興雲之貌。沛然下雨，以潤槁苗，則浡然已盛，孰能止之。【疏】注『以苗』至『六月』○正義曰：《夏小正》『匽之興』，傳云：『其不言生而言興何也？不知其生之時，故曰興。』《廣雅・釋詁》云：『興，生也。』苗生卽下苗浡然興，以生釋興，故下云浡然已盛，不復解興義也。《白虎通・三正》篇云：『正朔有三何？本天有三統，謂三微之月也。明王者當奉順而成之，故受命各統一正也。《禮三正記》曰：「十一月之時，陽氣始養根株，黄泉之下，萬物皆赤，赤者，盛陽之氣也。故周爲天正，色尚赤也。十二月之時，萬物始芽而白，白者陰氣，故殷爲地正，色尚白也。十三月之時，萬物始達，孚甲而出，皆黑，人得加功，故夏爲人正，色尚黑。」《尚書大傳》云：「夏以孟春月爲正，殷以季冬月爲正，周以仲冬月爲正，夏以十三月爲正，色尚黑，以平旦爲朔；殷以十二月爲正，色尚白，以雞鳴爲朔；周以十一月爲正，色尚赤，以夜半爲朔。」』《後漢書》陳寵奏云：『夫冬至之節，陽氣始萌，故十一月有蘭、射干、芸、荔之應。《時令》曰：「諸生蕩，安形體。」天以爲正，周以爲春。十二月陽氣上通，雉雊雞乳，地以爲正，殷以爲春。十三月陽氣已至，天地已交，萬物皆出，蟄蟲始振，人以爲正，夏以爲春。』《春秋》昭公十七年『夏六月朔日有食之』，《左傳》：『太史曰：當夏四月，是謂孟夏。』又『冬有星孛于大辰』，《左傳》：『梓慎曰：火出于夏爲三月，于商爲四月，于周爲五月。』推之周之七八月，爲夏之五六月；夏之五月建午，六月建未；周之七月建午，八月建未也。説者或以《孟子》七八月爲夏正，趙氏佑《温故録》云：『若是夏正之月，則《邠風》「八月其穫」，《月令》「七月登穀」，是時安得尚言苗邪？』○注『油然』至『之貌』○正義曰：《大戴記・文王官人》篇云『喜色由然以生』，注云：『由當爲油。油然，新生好貌。』《禮記・祭義》云『則易直子諒之心油然生矣』，注云：『油然，物始生好美貌。』又《樂記》注云：『油然，新生好貌也。』油與由通，由與甹通。《説文》丂部云：『甹，木生條也。古文言由枿。』惠氏棟《九經古義》云：『經傳由字，皆訓爲生，《毛詩序》云：「《由儀》，萬物之生，各得其宜。」是由訓爲生，儀訓爲宜。《春秋傳》云「吉凶由人」，言吉凶生乎人也。』段氏玉裁《説文解字注》云：『《左傳》史趙云：「陳，顓頊之族也。歲在鶉火，是以卒滅，陳將如之。今在析木之津，猶將復由。」此以生滅對言，由卽甹之假借。』由訓爲生，故雲之新生，木之新生，以及喜色之新生，易直子諒之心新生，其自未生而始生之狀，皆爲『油然』，故趙以興雲之貌解之。○注『沛然下雨」至「止之」○正義曰：《文選・思玄賦》「凍雨沛其洒涂」，舊注云：「沛，雨貌也〔一〕。」文公十四年《公羊傳》云「力沛若有餘」，注云：「沛，有餘貌。」《音義》云：「沛，字亦作「霈」。」《初學記》、《太平御覽》俱引作「霈」。《華嚴經音義》引《文字集略》云：「霈，謂大雨也。」大雨亦有餘意。《詩・信南山》云：「益之以霢霂，既優既渥，既霑既足。」箋云：「冬有積雪，春而益之以小雨，潤澤則饒洽。」沛有澤義，澤有潤義，趙氏以潤釋沛，與《詩》箋同。苗當枯槁之時，非小雨所能生，劉熙此注云：「霈然，注雨貌。」惟大雨傾注，枯苗乃得潤澤，義乃備也。《廣雅・釋詁》云：「浡，盛也」。又《釋訓》云：「勃勃，盛也。」莊公十一年《左傳》「其興也悖焉」，注云：「悖，盛貌。」《釋文》云：「悖，本亦作『勃』。」悖、勃、浡字通。《爾雅》云：「禦，禁也。」禁義同止，鄭康成注《書大傳》、高誘注《呂氏春秋》、張揖《廣雅》，皆以禦訓止。**今夫天下之人牧，未有不嗜殺人者也。如有不嗜殺人者，則天下之民，皆引領而望之矣。誠如是也，民歸之，由水之就下，沛然誰能禦之。」**【注】今天下牧民之君，誠能行此仁政，民皆延頸望欲歸之，如水就下，沛然而來，誰能止之。【疏】注「今天下」至「止之」○正義曰：《書・堯典》「覲四嶽羣牧」，《立政》「宅乃牧」，鄭氏注云：「殷之州牧曰伯，虞夏及周曰牧。」《周禮・大宰》「一曰牧，以地得民」，《大司馬》「建

〔一〕「雨貌也」，《皇清經解》本同，《文選・思玄賦》作「雨貌涂路也」。

牧立監』，注皆云『牧，州牧也』。《曲禮》云：『九州之長，入天子之國曰牧。』是天下之人牧卽天下之人君也。《説文》攴部云：『牧，養牛人也。』牧之義爲養，每一州之中，天子選諸侯之賢者，以養一州之人，卽以名之爲牧，故趙氏云牧民之君卽養民之君也。君所以養民，而反嗜殺人，失其爲君之道，趙氏探孟子稱人牧之義而説之也。趙氏以一爲仁政，故云行此仁政。《吕氏春秋・順説》篇云『莫不延頸』，高誘注云：『延頸，引領也。』引、延，義皆爲長而引申也。望則伸其頸，故爲引領也。《音義》云：『由與猶同，古字通用，猶卽如也。』故趙氏云如水就下。翟氏灝《考異》言『宋《九經》本由作「如」』。經已作『如』，注不必以如釋之，宋本非也。《廣雅・釋訓》：『沛沛，流也。』劉熙《釋名・釋水》云：『水從河出曰雍沛。』言在河岸限内，時見雍出，則沛然也。水之壅出，與雨之下注同，故皆云沛然。趙氏解兩沛然不同者。經以沛然下雨，比不嗜殺人者以仁恩及民，故以潤澤解之。此水之就下，比天下來歸，故云沛然而來，謂民之來，如水之湧也。

此之謂也。【疏】『言定』至『而已』○正義曰：孟子言道二：仁與不仁而已。以仁定天下，故爲一道。韓本、足利本無『一道』二字。○『不貪』至『謂也』○正義曰：鄭氏《檀弓》注、《廣雅》、韋昭注《楚語》，皆云：『嗜，貪也。』故前既以甘、多、樂釋之，此又云貪也。『文王視民如傷』，《離婁下》篇文。

《**章指**》言：**定天下者一道，仁政而已；不貪殺人，人則歸之，是故文王視民如傷，**

齊宣王問曰：『齊桓晉文之事，可得聞乎？』【注】宣，謚也。宣王問孟子，欲庶幾齊桓公小白、晉文公重耳。孟子冀得行道，故仕於齊，齊不用而去，乃適於梁。建篇先梁者，欲以仁義爲首篇，因言魏事，章次相從，然后道齊之事也。【疏】注『宣謚也』○正義曰：《周書·謚法解》云：『聖善周聞曰宣。』又云『施而不成爲宣』。○注『宣王』至『重耳』○正義曰：齊桓公名小白，晉文公名重耳，見《春秋》。欲庶幾，謂心慕桓文之所爲，思有以近之。○注『孟子』至『事也』○正義曰：周氏廣業《孟子出處時地考》云：『《孟子》書先梁後齊，此篇章之次，非遊歷之次也。趙氏注可謂明且核矣。後儒不喜趙注，見其展卷卽云孟子見梁惠王，遂斷爲歷聘之始。今考《田完世家》，桓公六年，威王三十六年，宣王十九年，湣王四十年。索隱「桓公卒」注云：「《紀年》：梁惠王十三年，當齊桓公十八年，後威王始見，則桓公十九年而卒也。」「宣王二年，田忌議𨒪救韓，敗魏馬陵」，注云：「《紀年》：威王十四年，田盼伐梁，戰馬陵。」又《孟嘗君傳》「宣王二年殺魏將龐涓」注云：「《紀年》：當梁惠王二十八年，至三十六年，改爲後元。」又「七年，韓昭侯與魏惠王會齊宣王東阿南。明年，復與梁惠王會甄，是歲梁惠王卒」，注云：「宣王七年，《紀年》當惠王後元十一年，作平阿。又云：十三年，會齊威王于甄。與此齊宣王與梁惠王會甄文同，但齊之威、宣二王，文舛互不同也。」又「湣王三年，封田嬰於薛」，注云：「《紀年》以爲梁惠王後元十三年四月，齊威王封田嬰於薛。十五年，齊威王薨。皆與此文異。」按：

此五引《紀年》，今本所無；又字多錯午，無可覆核，就其言考之，爲威爲宣，必有一誤。《戰國策》蘇子謂秦王曰：「齊威宣者，古之賢王也。德博而地廣，國富而民用，將武而民强。宣王用之，後破韓威魏，以南伐楚，西攻秦。」上言「威宣」，下言「宣王」，又曰：「今富非齊威宣之餘也。」鄒陽書：「齊用越人蒙而强威宣。」《史記》「威宣」連稱者非一，則威宣是兩謚，如魏惠成、安釐，韓宣惠，秦惠文、莊襄之例。周自考王以下皆兩謚。《吕氏春秋・開春論》「韓昭釐侯」，注：「覆謚也。」或先謚威，後改謚宣，《國策》因誤分之，實非有兩人也。據《紀年》桓公之立，在《年表》威王之四年；而桓公十九年卒，與《世家》宣王卒年正同。《秦紀》本無年月，史蓋因其錯簡而倒置之，又以桓公附見康公之表，故讀者愈不可曉。今誠以桓公之元當魏武侯十二年，至惠十三年，適得十八年。明年十九年卒，宣王之元當惠十四年，盡前元二十五年，如後元十五年始卒，適得三十六年。是史所云威王乃桓公，宣王卽威王。《戰國趙策》魯仲連曰：「昔齊威王嘗行仁義矣，率天下諸侯朝周，居歲餘，周烈王崩，諸侯皆弔，齊侯往」云云。按烈王之崩，《史表》齊威王十七年，考其實爲桓公十七年，此威王爲桓公之證也。而湣王前三年，實屬宣王，桓公未稱王，故《國策》但稱田侯及陳侯。宣有複謚，故亦稱威王，淳于髡所謂「威行三十六年」者是也。而《世家》所載鄒忌以鼓琴見威王事，見劉向《新序》。威王與魏惠論寶事，見《韓詩外傳》。俱明指宣王，參錯不同，皆由於此。更有證者，《莊子・胠篋》篇及索隱引《鬼谷子》，俱云「田成子十二世而有齊國」。今由田完數至威宣王，正得十二世。《史記·田完世家》：敬仲生穉孟夷，穉孟夷生湣孟莊，湣孟莊生文子須無，須無生桓子無宇，無宇生釐子乞，乞生成子常，常生襄子盤，盤生莊子白，白生太公和，篡齊，自立爲齊侯。和生桓公午，午生威王因齊，因齊生宣王辟彊，共十三世。並威宣爲一人，恰十二世。此后惟湣王、襄王，至王建爲秦所滅。莊子與宣王同時，《鬼谷書》蘇秦所述，言必不謬。使分威宣爲二，則當云十三世矣。又威王名因齊，尤可疑。名不以國；既名之，子孫臣庶，不聞避諱。或作「嬰齊」，則又與庶子田嬰同名，皆必無之事。《漢書·人表》闕而不書，蓋亦疑之。《莊子釋文·則陽》篇：「魏瑩與田侯，一本作田侯牟。司馬云：齊威王也，名牟，桓公子。按《史記》威王名因，不名牟。」齊事莫詳於《孟子》，史公嘗自言讀孟子書而作《田完世家》，終不敢采録一字，雖足用爲善如宣王，亦止以用淳于髠等當之。非因紊其昭穆世次，兼誤以梁惠王卒繫諸宣王八年，與《孟子》中事實百無一合，有不得不盡行割棄者哉！《通鑑》、《大事記》等書，徒增損威、湣年代，以曲從孟子之書，而終未知史之誤分威宣爲二也。今亦未敢臆斷，伐燕總在宣王三十年内外。如是則不特《國策》「儲子請宣王伐燕，王令章子將兵」，與《孟子》「幣交與遊」相合；而「吾惛」之言，適當「倦勤」之日。宣王三十年，當顯王四十二年，去孔子百五十二年，去武王克商七百二十三年〔一〕，與去聖未遠，數過時可亦合；而游梁之歲，乃得而定之矣。』又云：『建篇之首《梁惠王》也，趙氏之説韙矣。《風俗通・窮通〔二〕》篇首叙孟子仕齊爲卿，去之鄒、薛，作書中外十一篇，終言梁惠王復聘請之爲上卿，庶爲得實。其體依仿《論語》，不似諸子自立篇目。大率起齊宣王至滕文公爲三册，記仕宦出處；《離婁》以下爲四册，記師弟問答雜事。迨歸自梁，而孟子已老于行，文既絶少，又暮年所述，故僅與魯事分附諸牘末。其後門人論次遺文，分篇列目，以齊宣王舊君，不可用以名篇；而仁義兩言，爲全書綱領，孟子所謂願學孔子，以直接堯、舜、禹、湯、文、武、周公之心法治法，無出乎此。因割其六章冠首，而以梁惠王題篇。又特變文曰孟子見梁惠王，以尊其師。今《盡心》卷下，尚有《梁惠王》一章，可証也。』

孟子對曰：『仲尼之徒，無道桓文之事者，是以後世無傳焉。臣未之聞也。【注】孔子之門徒，頌述宓戲以來，至文、武、周公之法制耳。雖及五霸，心賤薄之，是以儒家後世無欲傳道之者，故曰臣未之聞也。【疏】注『孔子』至『之者』○正義曰：孔子贊《易》，《繫

〔一〕按，周廣業《孟子出處時地考》作『去孔子卒百五十五年，去文武受命七百五十八年』。
〔二〕『窮通』，《皇清經解》本無。《孟子四考》有『窮通』二字。

辭傳》云：『包羲氏之有天下也，始作八卦，以通神明之德，以類萬物之情。』又云：『包羲氏沒，神農氏作；神農氏沒，黄帝、堯、舜氏作。通其變，使民不倦；神而化之，使民宜之。』治天下之道，開於包羲，備於堯舜，故删《書》首《堯典》、《舜典》，禹、湯、文、武、周公之法制，皆法堯舜者也。孔子以《易》、《書》、《詩》、《禮》教門弟子，故所頌述，惟宓羲氏以來，至文、武、周公之法制也。《春秋》大文王之統，而書桓文之事，是及五霸也。書齊桓救邢城楚丘，實與而文不與。盟葵丘，書日以危之。伐鄭，書『圍』以惡之。書晉文盟踐土，書日以著其譎。書天子狩於河陽，爲不與再致天子，是心賤薄之也。《漢書·藝文志》云：『儒家者流，蓋出於司徒之官，助人君順陰陽，明教化者也。游文於《六經》之中，留意於仁義之際，祖述堯舜，憲章文武，宗師仲尼，以重其言。』其五十三家，八百三十六篇，《孟子》十一篇列于內。今存者：《荀卿子》、陸賈《新語》、賈誼《新書》、董仲舒《春秋繁露》、桓寬《鹽鐵論》、劉向《説苑》、《新序》、《列女傳》、揚雄《太玄》、《法言》。《新語·道基》篇首述宓羲圖畫乾坤，以定人道。賈山言治亂之道，稱述文王好仁。《荀子·仲尼篇》云：『仲尼之門人，五尺之豎子，言羞稱乎五伯，是何也？曰：然。彼非本政教也，非致隆高也，非綦文理也，非服人之心也。鄉方略，審勞佚，畜積修鬭，而能顛倒其敵者也，詐心以勝矣。彼以讓飾爭，依乎仁而蹈利者也，小人之傑也，彼固曷足稱乎大君子之門哉？』董子對膠西王云：『《春秋》之義，貴信而賤詐；詐人而勝之，雖有功，君子弗爲也。是以仲尼之門，五尺之童子，言羞稱五伯，爲其詐以成功，苟爲而已也，故不足稱於大君子之門。』揚雄《解嘲》云：『五尺童子，羞稱晏嬰與夷吾。』凡此皆後世儒家稱述宓羲以來至文王周公之法，而賤薄桓文，不欲傳道之也。頌與誦通，頌述即誦述。閩、監、毛三本作『宓羲』。**無以，則王乎？』**【注】既不論三皇、五帝，殊無所問，則尚當問王道耳，不欲使王問霸事也。【疏】注『不論三皇五帝』○正義曰：《周禮・春官・外史》：『掌三皇、五帝之書。』邱光庭『兼明書』云：『鄭康成以伏羲、女媧、神農爲三皇，宋均以燧人、伏羲、神農爲三皇，《白虎通》以伏羲、神農、祝融爲三皇，孔安國以伏羲、神農、黄帝爲三皇。明曰女媧、燧人、祝融事，經典未嘗以帝皇言之，蓋霸而不王者也。且祝融乃顓頊之代火官之長，可列於三皇哉！　則知諸家之論，唯安國爲長。　鄭康成以黄帝、少昊、顓頊、帝嚳、唐堯、虞舜爲五帝，六人而云五帝者，以其俱合五帝座星也。司馬遷以黄帝、顓頊、帝嚳、唐堯、虞堯爲五帝，孔安國以少昊、顓頊、高辛、唐、虞爲五帝，明曰：康成以女媧爲皇，軒轅爲帝。　按軒轅之德，不劣女媧，何故不爲稱皇，而淪之入帝，仍爲六人哉！　考其名迹，未爲允當者也。司馬遷近遺少昊，而遠收黄帝，其爲疎略，一至于斯。安國精詳，可爲定論。按《尚書》説：「皇者，皆天德也。皇王，人也。帝，諦也。公平通達，舉事審諦也。人主德周天覆，故德優者謂之皇，其次謂之帝。」然則皇者帝者，皆法天爲名。或曰：「子以軒轅爲皇，何故謂之黄帝？」答曰：凡言有通析，析而言之，則皇尊于帝；通而言之，則帝皇一也。《月令》云「其帝太昊」，則伏羲亦謂之帝也。《吕刑》云「皇帝清問下民」，則堯亦謂之皇也。』按趙氏以則王之王指三王，故云不論三皇五帝。《慈湖家記》云：『孟子凡與齊宣王言王，皆如字耳。後儒讀者，多轉爲去聲，非也。』○注『殊無』至『事也』○正義曰：殊無所問解無以二字，蓋謂孔子之徒所道者，三皇、五帝及王道也。所不道者，五伯也。王乃問桓文之事，豈舍此遂無所問乎？縱不問三皇、五帝，亦當問王道，而不當問桓文霸者之事。元人《四書辨疑》云：『無以，無以言也。桓文之事，既無以言，則言王道可乎？』此以無以二字屬上，解以爲用，謂桓文之事，儒者不道，無用言之，與趙氏義異。

曰：『德何如則可以王矣？』【注】王曰，德行當何如，而可得以王乎。【疏】注『行德』至『王乎』○正義曰：陸賈《新語》云：『齊桓公尚德以霸。』然則霸功亦不離乎德，但德之用於霸，與用於王，自有别。

曰：『保民而王，莫之能禦也。』【注】保，安也。禦，止也。言安民則惠，黎民懷之，若此以王，無能止也。【疏】注『保安也』○正義曰：《周禮·大司徒》『以保息六養萬民』，注云：『保息，謂安使蕃息也。』《毛詩》傳多以安訓保。○注『言安』至『懷之』○正義曰：《尚書·皋陶謨》文。

曰：『若寡人者，可以保民乎哉？』【注】王自恐懷不足以安民，故問之。

曰：『可。』【注】孟子以爲如王之性，可以安民也。

曰：『何由知吾可也？』【注】王問孟子何以知吾可以安民。

曰：『臣聞之胡齕曰：「王坐於堂上，有牽牛而過堂下者，王見之曰：牛何之？對曰：將以釁鐘。王曰：舍之！吾不忍其觳觫，若無罪而就死地。對曰：然則廢釁鐘與？曰：何可廢也，以羊易之。」不識有諸？』【注】胡齕，王左右近臣也。觳觫，牛當到死地處恐貌。新鑄鐘，殺牲以血涂其釁郄，因以祭之，曰釁。《周禮・大祝》曰：『墮釁，逆牲逆尸，令鐘鼓。』《天府》：『上春，釁寶鐘，及寶器。』孟子曰，臣受胡齕言，王嘗有此仁，不知誠有之否。【疏】注『胡齕』至『臣也』○正義曰：《周禮・天官・寺人》注云：『寺之言侍也。』賈氏疏云：『取親近侍御之義。』《夏官・司士》：『正朝儀之位：王族故士、虎士，在路門之右，南面東上。大僕、大右、大僕從者，在路門之左。』惠氏士奇《禮說》云：『春秋時，周禮未改，列國猶重大僕一官，位雖下大夫，而正王服位，出入王命，王眡朝則前，王燕飲則相，王射則贊，王眡燕朝則擯；而上士小臣，中士祭僕，下士御僕，皆其僚屬，爲羣僕侍御之臣。《荀子》曰：「便嬖左右者，人主之所以窺遠收衆之門戶牖嚮也。」故人主必將有便嬖左右足信者，然後可。秦武王令甘茂擇僕與行事，則親近之臣，自古重之。賈誼《官人》篇曰：「修身正行，道語談說，服一介之使，能合兩君之驩，執戟居前，能舉君之失過，不難以死持之者，左右也。事君不敢有二心，居君旁，不敢泄君之謀，君有失過，憔悴有憂色，不勸聽从者，侍御也。」蓋古親近之臣若此。』諸侯無大僕，而《儀禮》小臣，小臣正，小臣師，僕人正，僕人師，僕人士，皆左右親近之官。胡齕所居，未知何職。然堂上堂下，牽牛問答，非左右近臣，無以知之，故趙氏注之如此。○注「觳觫」至「恐貌」○正義曰：《廣雅・釋訓》云：「踧踖，畏敬貌。」又《文選・東京賦》薛綜注云：「跼蹐，恐懼之貌。」趙氏蓋以觳觫音近踧跼，故以爲恐貌。王氏念孫《廣雅疏證》云：「《廣韻》云：『殑殐，死貌。出《廣雅》。』又殑、殐、㱮、㱷、殙五字，諸書並訓爲死。《玉篇》：『殑殐，死貌。』《孟子・梁惠王》篇：『吾不忍其觳觫，若無罪而就死地。』義與殑殐同。《荀子・王霸篇》云：『出若入若。』《史記・禮書》云：『若者必死。』若皆訓爲如此。此云若無罪而就死地，猶云如此無罪而就死地也。」○注「新鑄」至「寶器」○正義曰：釁本間隙之名，故殺牲以血涂器物之隙，即名爲釁。隙即郤字。《漢書・高帝紀》「釁鼓」，注：「應劭云：『釁，祭也。殺牲以血涂鼓釁，呼爲釁。』呼同罅，釁罅猶言釁隙。今人以瓦器有裂迹者爲璺，讀若悶，即釁也。以木之有裂縫者爲罅，讀若呵，呵乎，音之轉也。《周禮》大祝，天府，俱屬春官。《大祝》作「隋釁」，鄭氏注云：「謂薦血也。凡血祭曰釁。」疏引賈氏云：「釁，釁宗廟。」馬氏云：「血以涂鐘鼓。」鄭不從。然則血祭之釁，與釁器之釁，自是兩事。趙氏合爲一事，與應劭同。《天府》：「上春，釁寶鎮及寶器。」趙氏引作「釁寶鐘」。阮氏元《校勘記》云：「當依《周禮》作『鎮』，形相涉而誤。」趙氏佑《温故録》

云：『古人用釁之禮不一，定四年《左傳》：「君以軍行，祓社釁鼓。」《文王世子》：「始立學者，既興器用幣。」注：「興，讀爲釁。」《月令》：「孟冬，命太史釁龜筴。」《雜記》下：「成廟則釁之，其禮，雍人舉羊，升屋自中，中屋南面刲羊，血流于前，乃降。門夾室皆用雞，其衈皆於屋下割雞。門，當門；夾室，中室。」又云：「路寢成，則考之而不釁。釁屋〔一〕者，交神明之道也。凡宗廟之器，其名者成，則釁之以豭豚。」《大戴禮》亦有「釁廟」，獨爲篇。其具在《周官》者，《大祝・天府》而外，《春官》則有《肆師》：「以歲時序其祭祀，及其祈珥。」《小祝》「大師掌釁祈號祝。」《龜人》：「上春釁龜。」《雞人》：「凡祭祀禳釁，共其雞牲。」《夏官》則《大司馬》「若大師，帥執事涖釁主及軍器。」《小子》：「掌珥于社稷，祈于五祀，釁邦器及軍器。」《羊人》：「凡祈珥釁積共其羊牲。」《圉師》：「春除蓐釁厩。」《秋官》則《士師》：「凡刉衈則奉犬牲。」《犬人》：「凡幾珥用駹可也。」《司約》：「若有訟者，則珥而辟藏。」康成注皆以祈卽刉字，珥卽衈字，用毛牲者刉，用羽牲者衈，皆取血以釁之事；釁之者，神之也。先鄭則釁讀曰徽，謂「飾美之也」。是凡器物皆用釁，龜玉亦釁之，廟社皆用釁，主亦釁，馬厩亦釁之，蓋非止爲涂其郤。其牲則以羊爲大，亦用豚犬與雞，獨未有言牛者，牛爲牲之最大，不輕用也。此以一鐘而用牛，明非禮之正經定制，亦見古禮失

〔一〕『屋』，《皇清經解》本無，《禮記注疏》有『屋』字。

之一端，孟子則第就事論事而已。』周氏柄中《辨正》謂：『釁之義有三：一是祓除不祥，一是彌縫罅隙，使完固之義，一是取其膏澤護養精靈。鐘爲邦器，釁鐘是涂其罅隙。』按涂其罅隙，卽是鄭司農讀徽，賈疏以爲取飾義也，亦康成所不從。

曰：『有之。』【注】王曰有之。

曰：『是心足以王矣。百姓皆以王爲愛也，臣固知王之不忍也。』【注】愛，嗇也。孟子曰，王推是仁心，足以至於王道。然百姓皆謂王嗇愛其財，臣知王見牛恐懼不欲趨死，不忍，故易之也。【疏】注『愛嗇也』○正義曰：《周書·謚法解》云：『嗇於賜予曰愛。』《漢書·竇嬰傳》云『豈以爲臣有愛』，集注云：『愛，猶惜也。』惜亦吝嗇之義，故下注云『愛惜』。

王曰：『然。誠有百姓者，齊國雖褊小，吾何愛一牛？卽不忍其觳觫，若無罪而就死地，故以羊易之也。』【注】王曰，亦誠有百姓所言者矣，吾國雖小，豈愛惜一牛之財費哉。卽見其牛哀之；釁鐘又不可廢，故易之以羊耳。

曰：『王無異於百姓之以王爲愛也。以小易大，彼惡知之。王若隱其無罪而就死地，則牛羊何擇焉？』【注】異，怪也。隱，痛也。孟子言無怪百姓之謂王愛財也，見王以小易大故也。王如痛其無罪，羊亦無罪，何爲獨釋牛而取羊。【疏】注『異怪也隱痛也』○正義曰：昭公二十六年《左傳》云『然據有異焉』，賈氏注云：『異，猶怪也。』《史記·魯世家》『有異焉』，集解引服虔云：『異，猶怪也。』是異之義與怪同也。王氏念孫《廣雅疏證》云：『《逸周書・謚法解》云「隱哀之方也」，《檀弓》云「拜稽顙，哀戚之至隱也」，隱與㥯通，隱、哀一聲之轉，哀之轉爲㥯，猶薆之轉爲隱矣。』

王笑曰：『是誠何心哉！我非愛其財。而易之以羊也，宜乎百姓之謂我愛也。』【注】王自笑心不然，而不能自免爲百姓所非，乃責己之以小易大，故曰宜乎其非我也。【疏】注『王自』至『我也』〇正義曰：自笑心不然解首二句，不然二字解我非愛其財，謂我之心，果何心哉！自信非愛財也。乃責己之以小易大解而易之以羊也句，故曰宜乎其非我也解末句，於其間隔以而不能自免爲百姓所非一句，明我非愛其財斷句，不與下而字連。而易之以羊也不斷句，與宜乎一氣接下。趙氏此書名『章句』，故其分析明白如此，舉此以例其餘。

曰：『無傷也，是乃仁術也，見牛未見羊也。君子之於禽獸也，見其生不忍見其死，聞其聲不忍食其肉，是以君子遠庖廚也。』【注】孟子解王自責之心。曰，無傷於仁，是乃王爲仁之道也。時未見羊，羊之爲牲次於牛，故用之耳。是以君子遠庖廚，不欲見其生食其肉也。【疏】『君子』至『廚也』〇正義曰：賈子《新書・禮》篇云：『禮，聖王之於禽獸也，見其生不忍見其死，聞其聲不忍嘗其肉，故遠庖廚，仁之至也。』《大戴禮・保傅》篇云：『於禽獸，見其生不食其死，聞其聲不嘗其肉，故遠庖廚，所以長恩，且明有仁也。』

翟氏灝《考異》云：『《大戴禮・保傅》篇，卽自賈子採録，而篇置不同，文亦小異。「君子遠庖廚」，本《禮記・玉藻》文，孟子述之，故加有「是以」二字。』○注『無傷』至『道也』○正義曰：賈子《新書・道術》篇云：『道者所從接物也，其末者謂之術。』《説文》行部云：『術，邑中道也。』鄭康成注『禮記』，高誘注《淮南子》、《吕氏春秋》，韋昭注《國語》，皆以道釋術，故趙氏以仁道解仁術。○注『羊之』至『之耳』○正義曰：《周禮・宰夫》注云：『三牲牛羊豕具爲一牢。』桓公八年《公羊傳》注云：『牛羊豕凡三牲曰大牢。羊豕凡二牲曰少牢。』《王制》云：『天子社稷皆太牢，諸侯社稷以少牢。諸侯無故不殺牛，大夫無故不殺羊。』是羊之爲牲，次於牛也。

王説曰：『《詩》云：「他人有心，予忖度之。」夫子之謂也。夫我乃行之，反而求之，不得吾心；夫子言之，於我心有戚戚焉。此心之所以合於王者，何也？』【注】詩，《小雅・巧言》之篇也。王喜悦，因稱是《詩》以嗟歎孟子忖度知己心，戚戚然心有動也。寡人雖有是心，何能足以王也。【疏】注『詩小』至『己心』○正義曰：《詩・小序》云：『《巧言》，刺幽王也。大夫傷於讒，故作是詩也。』箋云：『因己能忖度讒人之心。』王引此，蓋斷章取義。《毛詩・釋文》云：『忖，本又作「寸」。』《漢書・律曆志》云：『寸者，忖也。』忖與寸義同。前此詰駁，王意不能解。孟子以仁術言之，王乃解悦，解悦則喜矣，喜故歎美孟子，以爲知己心。○注『戚戚』至『王也』○正義曰：王氏念孫《廣雅疏證》云：『《方言》：「衝，俶，動也。」衝俶與《廣雅》「衝俶」同，衝亦動也，方俗語有輕重耳。《釋訓》：「衝衝，行也。」《説文》：「憧，不定也。」《咸》九四：「憧憧往來。」皆動之貌也。聲轉爲俶，《爾雅》：「動，俶，作也。」是俶與動同義。《説文》：「埱，氣出于土也。」義亦與俶同。《孟子》「於我心有戚戚焉」，趙氏注云：「戚戚然心有動也。」戚與俶，亦聲近義同。」合與洽義同，《説文》水部云：「洽，霑也。」霑有足義，故趙氏以足以王解合於王。閩、監、毛三本作「何能足以合於王也」，非是。

曰：「有復於王者，曰：『吾力足以舉百鈞，而不足以舉一羽；明足以察秋豪之末，而不見輿薪。』則王許之乎？」【注】復，白也。許，信也。人有白王如此，王信之乎。百鈞，三千斤也。【疏】注「復白也，許信也」○正義曰：《曲禮》云「願有復也」。鄭氏注、《國語》「正月之朔，鄉長復事」韋昭注、《吕氏春秋・勿躬》篇「管子復於桓公」高誘注，皆訓復爲白。《周禮・宰夫》「諸臣之復」，注云：「復，謂奏事也。」《説文》言部云：「許，聽也。」《吕氏春秋・首時》篇「王子信」，高誘注云：「許諾。」惟信之，故諾之聽之也。○注「百鈞三千斤也」○正義曰：《説苑・辨物》篇云「三十斤爲一鈞」，百鈞故三千斤。

曰：「否。」【注】王曰我不信也。

「今恩足以及禽獸，而功不至於百姓者，獨何與？然則一羽之不舉，爲不用力焉；輿薪之不見，爲不用明焉；百姓之不見保，爲不用恩焉。故王之不王，不爲也，非不能也。』【注】孟子言王恩及禽獸，而不安百姓，若不用力不用明者也。不爲耳，非不能也。

曰：『不爲者與不能者之形，何以異？』【注】王問其狀何以異也。

曰：『挾太山以超北海，語人曰「我不能」，是誠不能也。爲長者折枝，語人曰「我不能」，是不爲也，非不能也。故王之不王，非挾太山以超北海之類也；王之不王，是折枝之類也。』【注】孟子爲王陳爲與不爲之形若是，王則不折枝之類也。折枝，案摩折手節解罷枝也。少者耻見役，故不爲耳，非不能也。太山、北海皆近齊，故以爲喻也。【疏】『挾太山以超北海』○正義曰：《墨子·兼愛》篇云：『挈太山以超江河，生民以來，未嘗有也。』蓋當時有此語，墨子之書，孟子未必引之。○注『折枝』至『見役』○正義曰：毛氏奇齡《四書賸言》云：『趙氏注折枝「案摩折手節解罷枝」，此卑賤奉事尊長之節。《内則》「子婦事舅姑，問疾痛疴癢而抑搔之。」鄭注：「抑搔卽按摩。」屈抑枝體，與折義正同。以此皆卑役，非凡人屑爲，故曰是不爲，非不能。《後漢·張皓王龔論〔一〕》云：「豈同折枝於長者，以不爲爲難乎？」劉熙注：「按摩不爲非難爲。」可驗。』若劉峻《廣絶交論》『折枝舐痔』，盧思道《北齊論》『韓高之徒，人皆折枝舐痔』，《朝野僉載》『薛稷等舐痔折枝，阿附太平公主』，類皆朋作嫙諂之具。《音義》引陸善經云：『折枝，折草樹枝。』趙氏佑《温故

〔一〕『論』，《皇清經解》本作『倫』，《四書賸言》作『論』。

録》云：『《文獻通考》載陸筠解爲「磬折腰枝」，蓋猶今拜揖也。』元人《四書辨疑》以枝與肢通，謂斂折肢體，爲長者作禮，與徐行後長意類，正竊其意而衍之。○注『太山北海皆近齊』○正義曰：閻氏若璩《四書釋地》云：『《禹貢》海岱惟青州。故蘇秦説齊宣王：齊南有太山，北有渤海。司馬遷言吾適齊，自泰山屬之琅邪，北被於海。降至漢景帝，猶置北海郡於營陵，營陵，舊營丘地。《左傳》云「君處北海」是也。高帝置泰山郡，領博縣，縣有泰山廟，岱在其西北。《禮記》云「齊人將有事泰山」是也。以知挾泰山以超北海，皆取齊境内之地設譬耳。』**老吾老，以及人之老；幼吾幼，以及人之幼：天下可運於掌。**【注】老，猶敬也。幼，猶愛也。敬吾之老，亦敬人之老。愛我之幼，亦愛人之幼。推此心以惠民，天下可轉之掌上，言其易也。【疏】注『老猶』至『易也』○正義曰：《禮記・大學》篇云：『上老老而民興孝，上長長而民興弟。』注云：『老老長長，謂尊老敬長也。』此老吾老幼吾幼，猶云老老長長。老無敬訓，幼無愛訓，故云猶敬猶愛也。《廣雅・釋詁》云：『運，轉也。』故以轉解運。**《詩》云：「刑於寡妻，至于兄弟，以御于家邦。」言舉斯心加諸彼而已。**【注】詩，《大雅・思齊》之篇也。刑，正也。寡，少也。言文王正己適妻，則八妾從，以及兄弟。御，享也。享天下國家之福，但舉己心加於人耳。【疏】注『刑正』至『妾從』○正義曰：《詩・釋文》引《韓詩》云：『刑，正也。』《毛詩》傳云：『寡妻，適妻也。』《白虎通・嫁娶》篇云：『天子諸侯一娶九女。』爲適妻，余爲八妾。○注『御享』至『之福』○

正義曰：享之義爲獻，御之義爲進。進、獻同。《詩・六月》『飲御諸友』，傳云：『御，進也。』謂飲享諸友也。《獨斷》云：『所至曰幸，所進曰御』。又云：『御者，進也。』凡衣服加於身，飲食入於口，妃妾接於寢，皆曰御。天下國家之福，皆進於天子，故御享天下國家之福也。○注『但舉』至『人耳』○正義曰：阮氏元《校勘記》云：『監、毛本心作「以」，形近而誤。』

故推恩足以保四海，不推恩無以保妻子。古之人所以大過人者，無他焉，善推其所爲而已矣。【注】大過人者，大有爲之君也。善推其心所好惡，以安四海也。**今恩足以及禽獸，而功不至於百姓者，獨何與？**【注】復申此言，非王不能，不爲之耳。**權，然后知輕重。度，然后知長短。物皆然，心爲甚。王請度之！**【注】權，銓衡也，可以稱輕重。度，丈尺也，可以量長短。凡物皆當稱度乃可知，心當行之乃爲仁；心比於物，尤當爲之甚者也。欲使王度心如度物也。【疏】注『權銓』至『長短』○正義曰：《漢書・律曆志》云：『衡，平也。權，重也。衡所以任權而均物。平輕重也。』《廣雅・釋器》云：『錘謂之權』又云：『稱謂之銓。』《呂氏春秋・仲秋紀》『平權衡』，高誘注云：『權，秤衡也。』《說文》金部云：『銓，衡也。』韋昭注《國語》云：『銓，稱也。』是銓衡卽稱，衡權爲錘衡之輕重，視乎錘之進退，而所以銓衡輕重，全視乎錘，故孟子舉權，趙氏以銓衡明之。《漢書・律曆志》云：『度者，分寸尺丈引也。所以度長短也。舉丈尺以概其餘。』《尚書・堯典》『同律度量衡』，鄭氏注亦云：『度，丈尺也。』阮氏元《校勘記》云：『閩、監、毛三本量作「度」。按《音義》云：「度之，待各切。」注「稱度」「度心」「度物」皆同。不云度長短，是《音義》本亦當作「量」。改爲「度」者，閩本之誤，監、毛二本因而不革也。』○注『凡物』至『物也』○正義曰：趙氏之意，謂凡物皆有輕重長短，必宜以權度度之，故云物皆然。以行字解爲字，讀心爲一頓。心之所爲，卽心之所行，故云心當行之。又云尤當爲之甚者也，蓋以心爲之爲，卽上善推其所爲之爲。善推其所爲之爲，既解作心所好惡，則此云度心，卽度心之所好惡，如度物之輕重長短也。乃近人通解以心字一頓，爲甚二字連讀。按物有輕重長短，以權度度之；心之輕重長短，卽以心度之。物之輕重長短，不度猶可；心之輕重長短，不度則不知推恩以保四海，故爲甚也。心愛禽獸，心之輕短者也。心愛百姓，心之重長者也。不以心度心，則不知愛禽獸之心輕於愛百姓之心也。**抑王興甲兵，危士臣，構怨於諸侯，然後快於心與？**【注】抑，辭也，孟子問王，抑亦如是乃快邪。【疏】注『抑辭也』○正義曰：《禮記・中庸》『抑而强與』注、宣公十一年《左傳》『抑人亦有言』注，皆以抑爲辭。《詩・十月之交》『抑此皇父』，箋云：『抑之言噫。』《釋文》引《韓詩》云：『抑，意也。』《國語》『敢問天道抑人故也』，賈子《新書・禮容語下》作『意人』。是抑卽意。意其如此，辭之未定者也。故昭公八年《左傳》『抑臣又聞之』，注云：『抑，疑辭。』《論語》『抑亦先覺者是賢乎』，王氏引之《經義述聞》云：『《繫辭傳》「噫亦要存亡吉凶，則居可知矣。」噫亦，卽抑亦也。《大戴禮・武王踐祚》篇云「黄帝顓頊之道存乎，意亦忽不可得見與」，《荀子·脩身》篇云：「將以窮無窮，逐無極與，意亦有所止之與」，《秦策》云「誠病乎，意亦思乎」，《史記·吴王濞傳》「願因時循理，棄軀以除患害於天下，億亦可乎」，《漢書》億作「意」字，並與抑亦同。』趙以抑亦猶抑，故云抑亦如是。

王曰：『否！吾何快於是，將以求吾所大欲也。』【注】王言不然，我不快是也。將欲以求我心所大欲者耳。

曰：『王之所大欲，可得聞與？』【注】孟子雖心知王意而故問者，欲令王自道，遂緣以陳之。

王笑而不言。【注】王意大，而不敢正言。

曰：『爲肥甘不足於口與？輕煖不足於體與？抑爲采色不足視於目與？聲音不足聽於耳與？便嬖不足使令於前與？王之諸臣，皆足以供之，而王豈爲是哉？』【注】孟子復問此五者，欲以致王所欲也。故發異端以問之也。【疏】注『孟子』至『之也』○正義曰：《漢書·公孫弘傳》云『致利除害』，注云：『致，謂引而至也。』王笑而不肯言，孟子以言引之，故云欲以致王所欲也。異端者，《論語》云『攻乎異端』，何晏注云：『異端，不同歸也。』又以小道爲異端，皇侃《義疏》以異端爲諸子百家之書，謂其與聖經大道異也。《漢賢良策問》云：『良玉不琢。』又云：『非文無以輔德，二端異焉。』《韓詩外傳》云『序異端，使不相悖。』異端之云，第謂説之不同耳。故諸葛長民《貽劉敬宣書》云：『異端將盡，世路方夷。』則凡異己者，通稱爲異端。《禮記・大學》篇云『斷斷兮無他技』，注云：『他技，異端之技也。』異即他也，此與彼異，是爲他端。《後漢書》尚書令韓歆上疏，欲立費氏《易》、左氏《春秋》，范升以爲異端。杜預《春秋序》云：『簡二傳而去異端。』范升習二傳，故以左氏爲異端。杜預注《左氏》，故以二傳爲異端。袁紹客多豪俊，並有才說，見鄭康成儒者，未以通人許之，競設異端，百家互起，儒者必拘守舊說，故競違異前儒之說以難之也。康成依方辨對，咸出問表，則《韓詩外傳》所謂『序異端』矣。王之大欲，本在辟土地，朝秦楚，莅中國，而撫四夷，而故舉肥甘、輕煖、采色、聲音、便嬖五者，此五者非王之所大欲，則爲所大欲外之他端，故云發異端以問之也。

曰：『否！吾不爲是也。』【注】王言我不謂〔一〕是也。

曰：『然則王之所大欲可知已，欲辟土地，朝秦楚，莅中國而撫四夷也。』【注】莅，臨也。言王意欲庶幾王者，莅臨中國，而安四夷者也。【疏】注『莅臨』至『者也』○正義曰：莅即涖。涖之爲臨，經典傳注，不勝舉數。《爾雅・釋詁》云：『臨，涖，視也。』《說文》手部云：『撫，安也。』《周禮・大行人》云『王之所以撫邦國諸侯者』，《淮南子・原道訓》云『以撫四方』，鄭康成、高誘皆以撫訓安。閩、監、毛三本作『臨莅中國』。**『以若所爲，求若**

〔一〕『謂』，《皇清經解》本同，《孟子注疏》作『爲』。

所欲，猶緣木而求魚也。』【注】『若，順也。』順嚮者所爲，謂搆兵諸侯之事。求順今之所欲莅中國之願，其不可得，如緣喬木而求生魚也。【疏】注『若順』至『魚也』○正義曰：『若順』，《爾雅·釋言》文。按『若』，宜同『若無罪而就死地』之『若』。若，如此也。謂以如此所爲，求如此所欲。解爲順，於辭不達。《管子·形勢解》云：『緣高出險，猨[一]蝯之所長，而人之所短也。』此云緣木，故知其爲喬木。緣木求魚，或小木，或枯魚，猶或有之。若喬木生魚，則必無可求之理，故趙氏申明之。

王曰：『若是其甚與？』【注】王謂比之緣木求魚爲大甚。

曰：『殆有甚焉！緣木求魚，雖不得魚，無後災。以若所爲，求若所欲，盡心力而爲之，後必有災。』【注】孟子言盡心戰鬭，必有殘民破國之災，故曰殆有甚於緣木求魚者也。【疏】『殆有甚焉』○正義曰：王氏引之《經傳釋詞》云：『有，猶又也。』言殆又甚焉。

曰：『可得聞與？』【注】王欲知其害也。【疏】注『王欲知其害也』○正義曰：《易·復》上六，『有災眚』，《釋文》引《子夏傳》云：『傷害曰災。』隱公五年《公羊傳》云『記災也』，注云：『災者，有害於人物，隨事而至者。』是災即害也。

曰：『鄒人與楚人戰，則王以爲孰勝？』【注】言鄒小楚大也。

〔一〕『猨』，《皇清經解》本同，《管子·形勢解》作『蝚』。

曰："『楚人勝。』【注】王曰楚人勝也。

曰："『然則小固不可以敵大，寡固不可以敵衆，弱固不可以敵强，海内之地，方千里者九，齊集有其一，以一服八，何以異於鄒敵楚哉？』【注】固，辭也。言小弱固不如强大。集會齊地，可方千里，譬一州耳。今欲以一州服八州，猶鄒欲敵楚。【疏】『海内』至『者九』〇正義曰：《王制》云："『凡四海之内九州，州方千里。』注云："『大界方三千里，三三而九，方千里者九也。其一爲縣内，餘八，各立一州，此殷制也。周公制《禮》，九州大界方七千里，七七四十九，方千里者四十有九也。其一爲畿内，餘四十八，八州各方千里者六。』又云："『夏末既衰，夷狄内侵，諸侯相並，土地減，國數少。殷湯承之，更制中方三千里之界，亦分爲九州。周公復唐虞之舊域。』《尚書・臯陶謨》云："『弼成五服，至于五千。』《釋文》引鄭氏注云："『五服已五千，又弼成爲萬里。』《王制》疏亦引此鄭注云："『輔五服而成之，至于面方各五千里，四面相距爲方萬里，堯初制五服，服各五百里。要服之内，方四千里曰九州，其外荒服曰四海，此禹所受地。《記》書曰「昆侖山東南，地方五千里，名曰神州」者，禹弼五服之殘數，亦每服者合五百里，故有萬里之界、萬國之封焉，猶用要服之内爲九州，州更方七千里，七七四十九，得方千里者四十九，其一以爲圻内，餘四十八，八州分而各有六。』然則唐虞與殷，海内之地，方三千里；夏周海内之地方七千里，孟子所説唐虞及殷之制也。古者内有九州，外有四海，《爾雅・釋地》云："『九夷，八狄，七戎，六蠻，謂之四海。』此海内即指四海之内，謂要服之内也。○注「固辭」至「强大」○正義曰：高誘注《國策》及《呂氏春秋》，皆訓固爲必，固然者，必然之辭。固不如强大，即必不如强大。《禮記・投壺》注云：「固之言如也。」如故，即不可遷移之辭也。○注「集會」至「州耳」○正義曰：「集會」，《爾雅・釋言》文。凡方千里，則爲積一百萬里。《國策》蘇秦爲趙合從，説齊宣王曰：「齊南有泰山，東有琅邪，西有清河，北有渤海，此所謂四塞之國也。」齊地方二千里，蘇秦侈言齊之强大，孟子言齊地小弱，故一言「方二千里」，一言「方千里」，大抵俱約略之辭。太山至渤海，南北不足千里，自清河至琅邪，東西不止千里，絶長補短，計其積數，約方千里，故云集會也。**蓋亦反其本矣。**【注】王欲服之之道，蓋當反王道之本。【疏】注「蓋當」至「之本」○正義曰：蓋與盍古通。周氏廣業《孟子異本〔一〕考》云：「《增修禮部韻略》盍韻蓋字，引《孟》爲證。《韻會》合韻「盍或作蓋」，亦引《孟》。按《史記・孔子世家》「夫子蓋少貶焉」，《檀弓》「子蓋慎諸」，並以盍爲蓋。」此從閩、監、毛、孔諸本作「蓋」，韓本、足利本作「盍」，蓋與盍同也。趙氏以當明蓋，《爾雅・釋詁》云：「盍，合也。」《史記・司馬相如傳》索隱引文穎云：「蓋，合也。」趙氏讀蓋爲合，故以當釋蓋，蓋當猶合當也。下文「則盍反其本矣」，與此義同，故趙氏不複注。或謂此

〔一〕「異本」，《皇清經解》本作「逸文」，《孟子四考》作「異本」。

文蓋字乃「盍」字之誤，或謂下文蓋字該改「盍」字，説者又謂蓋是疑辭，盍是決辭，皆非是。王氏引之《經傳釋詞》云：『凡言「盍亦」者，以亦爲語助。《左傳》僖二十四年「盍亦求之」，盍求之也。昭元年「子盍亦遠績禹功，而大庇民乎」，盍遠績禹功而大庇民也。《吴語》「王其盍亦鑑於人」，盍鑑於人也。《孟子》「盍亦反其本矣」，盍反其本也。』**今王發政施仁，使天下仕仁**〔一〕**者皆欲立於王之朝，耕者皆欲耕於王之野，商賈皆欲藏於王之市，行旅皆欲出於王之涂，天下之欲疾其君者，皆欲赴愬於王，其若是，孰能禦之？』**【注】反本道行，仁政若此，則天下歸之，誰能止之者。

王曰：『吾惛，不能進於是矣。願夫子輔吾志，明以教我，我雖不敏，請嘗試之。』【注】王言我情思惛亂，不能進行此仁政，不知所當施行也。欲使孟子明言其道，以教訓之，我雖不敏，願嘗使少行之也。【疏】注『王言』至『惛亂』○正義曰：《説文》心部云：『惛，不憭也。』《國策》『皆惛于教』，高誘注云：『惛，不明也。』不明猶不憭。《廣雅・釋訓》云：『惛惛，亂也。』《詩・民勞》『以謹惛怓』，毛傳云：『惛怓，大亂也。』惛與昏同。《吕氏春秋・貴直》篇云『先生之老與昏與』，高誘注云：『昏，亂也。』《楚辭・涉江》篇『固將重昏而終身』，王逸注云：『昏，亂也。』《國語》『僮昏不可使謀』，韋昭注云：『昏，闇亂

〔一〕『仁』，《皇清經解》本無『仁』字。

也。』故趙氏以亂解惛。○注『不能』至『之也』○正義曰：《周禮·大司馬》『徒銜枚而進』，注云：『進，行也。』《考工記·輪人》『進而行之』，注云：『進，猶行也。』故趙氏以進爲行。《廣雅·釋詁》云：『試，嘗也。』《檀弓》注云：『嘗，試也。』嘗試二字義同。《文選·思玄賦》『非余心之所嘗』，舊注云：『嘗，行也。』則嘗試亦訓爲行。桓公八年《公羊傳》注云：『嘗者，先辭也。秋穀成者非一，黍先熟，可得薦，故曰嘗。』《一切經音義》引《廣雅》云：『嘗，暫也。』嘗試之義，謂未卽全行，先暫行之。如飲食未大歠，先以口嘗之。故《説文》旨部云：『嘗，口味之也。』趙氏云嘗使少行之，少行卽暫行，解試字，謂先使暫行之也。

曰：『無恆產而有恆心者，惟士爲能；若民，則無恆產，因無恆心。【注】孟子爲王陳其法也。恆，常也。產，生也。恆產，則民常可以生之業也。恆心，人所常有善心也。惟有學士之心者，雖窮不失道，不求茍得耳。凡民迫於飢寒，則不能守其常善之心。【疏】注『恆常』至『業也』○正義曰：『恆常』，《爾雅·釋詁》文。服虔注《左傳》、韋昭注《國語》，皆以生訓產。《詩·谷風》『既生既育』，箋云：『生謂財業也。』《漢書·嚴助傳》云『民生未復』，注云：『生謂生業。』《大宗伯》『天產』謂六牲之畜，『地產』謂土地之性。《呂氏春秋·上農》篇高誘注云：『地產，嘉穀也。』然則恆產者，田里樹畜，民所恃以長養其生者也。**茍無恆心，放辟邪侈，無不爲已。及陷於罪，然後從而刑之，是罔民也。**【注】民誠無恆心，放溢辟邪，侈於姦利，犯罪觸刑，無所不爲，乃就刑之，是由張羅罔以罔民者也。【疏】注「放溢」至「姦利」○正義曰：《漢書・五行志》引京房《易傳》云：「君樂逸人兹謂放」，《韋賢傳》集注引臣瓚云：「逸，放也。」《説文》兔部云：「逸，失也。」逸、泆、失、溢，音同義通，故趙氏以溢釋放，謂縱佚放蕩也。《淮南子・精神訓》「而不僻矣」，高誘注云：「僻，邪也。」《漢書・晁錯傳》云「使主内無邪僻之行」，《董仲舒傳》云「邪僻之説息」，《杜欽傳》云「反因時信其邪僻」，《谷永傳》云「蕩滌邪僻之惡志」，《佞倖石顯傳》云「知顯專權邪辟」，辟卽僻。《文選・登徒子好色賦》注云：「邪，僻也。」邪、辟二字可互注。趙以邪釋辟，卽以辟釋邪，明辟、邪二字義同。《音義》云：「侈，丁作『移』。」阮氏元《校勘記》云：「《考工記・梟氏》『侈弇之所由興』，注云：『故書侈作移。』又《儀禮・少牢》篇『侈袂』，又《禮記》『衣服以移之』，是移爲侈之假借。」按《禮記・表記》注云：「移讀如水汜移之移，移猶廣大也。」水汜移猶云水汜溢。《儀禮・少牢饋食》注：「侈者，蓋半士妻之袂以益之。」以益訓侈，益猶溢也。趙氏以溢釋放，則放義同侈，故侈不訓其義，而云侈於姦利。姦利二字，統承放辟邪侈而言。罔與網同。《説文》网部云：「网，庖犧所結繩以漁。罔或從亡。𦊔或從系。」罔卽罔羅之罔也。《音義》云：「罔民，張如字。丁作『司民』，不同。」阮氏元《校勘記》：「『丁本作「司」，讀爲伺。司伺古通用。依趙注則是「罔」字。丁作「司」者，非趙本也。』」**焉有仁人在位，罔民而可爲也？**【注】安有仁人爲君，罔陷其民，是政何可爲也。**是故明君制民之產，必使仰足以事父母，俯足以畜妻子，樂歲終身**

飽，凶年免於死亡，然後驅而之善，故民之從之也輕。【注】言衣食足，知榮辱，故民從之，教化輕易也。【疏】注「言衣」至「榮辱」○正義曰：《管子·牧民》篇云：「倉廩實，知禮節；衣食足，知榮辱。」《説苑·説叢》亦引此。○注「故民」至「易也」○正義曰：《漢書·賈誼傳》集注引蘇林云：「輕，易也。」高誘注《吕氏春秋·知接》篇亦云：「輕，易也。」故趙氏以易釋輕。**今也制民之產，仰不足以事父母，俯不足以畜妻子，樂歲終身苦，凶年不免於死亡，此惟救死而恐不贍，奚暇治禮義哉！**【注】言今民困窮，救死恐凍餓而不給，何暇修禮行義也。【疏】「今也」至「身苦」○正義曰：趙氏佑《温故録》云：「或問明君制民之產，如下五畝之宅云云是也。迨古法既壞，但有奪民之產，未有能制民之產者也。孟子何以於今無異辭？蓋凡古法變易之初，未嘗不託於權時制宜之説，是故齊作內政，晉作轅田，魯作丘甲，用田賦，鄭作丘賦，固皆以爲制民之產也。李悝之盡地力，商鞅之開阡陌，莫不以爲制民之產也。而適使民仰不足以事，俯不足以畜，爲其本不從民起見也。夫彼卽不爲民，亦何樂使至此，而不知其必使至此也！爲夫制之非其制也。後世井法，既萬無可復，限民名田之議，亦有不能行，民生田宅，一切皆民自營之，上之人聽其自勤自惰，自貧自富，自買自賣於其間，而惟征科之是計，安問所謂制民之產，民亦無取乎上之制，何也？立一法，反增一擾也。宋之營田制置諸使，其已事也。然則善長民者，又將以何爲知本乎？」○注「今民」至「義也」○正義曰：仰不足事，俯不足畜，樂歲苦，凶年死亡，所謂困窮也。《漢書・食貨志》、《東方朔傳》、《趙充國傳》集注皆云：『贍，給也。』《説文》系〔一〕部云：『給，相足也。』凶年死於凍餓，有衣食則不凍餓，可救其死，故救死者，恐凍餓也。恐凍餓而不足，尚不能免於凍餓也。治，猶理也。脩之行之，即是治禮義也。**王欲行之，則盍反其本矣！五畝之宅，樹之以桑，五十者可以衣帛矣。雞豚狗彘之畜，無失其時，七十者可以食肉矣。百畝之田，勿奪其時，八口之家可以無飢矣。謹庠序之教，申之以孝悌之義，頒白者不負戴於道路矣。老者衣帛食肉，黎民不飢不寒，然而不王者，未之有也。』【注】**其説與上同。八口之家，次上農夫也。孟子所以重言此者，乃王政之本，常生之道，故爲齊梁之君，各具陳之。當章究義，不嫌其重也。【疏】注『其説』至『重也』○正義曰：此節與第三章末節同。但彼言『數口』，此言『八口』；彼言『七十者』，此言『老者』，故趙氏以次上農夫解之。雖隨意立文，然以老者與七十者互明，謂不獨七十，凡六十及八十以上例此也。以八口與數口互明，謂不獨八口，凡九人及七人以下例此也。王政即仁政，常生即恒產，上兩言反其本，至此詳言之，故云王政之本，常生之道也。《列子・天瑞》篇云：『常生常化者，無時不生，無時不化。』義各異而大指則同。

〔一〕『系』，《皇清經解》本作『糸』。

《章指》言：典籍攸載，帝王道純，桓文之事，譎正相紛，撥亂反正，聖意弗珍，故曰後世無傳未聞。仁不施人，猶不成德；釁鐘易牲，民不被澤；王請嘗試，欲踐其迹；答以反本，惟是爲要。此蓋孟子不屈道之言也。【疏】『典籍』至『未聞』○正義曰：此言首兩節之指也。典籍，謂《易》、《尚書》、《詩》、《禮》、《春秋》也。《淮南子・原道訓》云『純德獨存』，高誘注云『純，不雜糅也』。《文選・西京賦》薛綜注云：『紛，雜也。』純與紛相反，帝王之道，專一於正，故純；桓文之事，譎正相雜，故紛。紛亦亂也。哀公十四年《公羊傳》云：『君子曷爲爲《春秋》？撥亂世，反諸正，莫近諸《春秋》。』何休注云：『撥，猶治也。聖人治桓文之紛亂，反乎堯舜之正道。』《爾雅・釋詁》云：『珍，美也。』《廣雅・釋詁》云：『珍，重也。』謂孔子之意，不重桓文之事也。○『仁不』至『言也』○正義曰：此言德何如以下至末之指也。仁但施於禽獸，不施於人，猶不可成其爲德。易牲，《考文》古本作『易性』，誤也。易牲則澤及於牛，未至於民也。澤，即恩也。被，猶及也。周氏廣業作『飲澤』，云：『按王者德澤如膏雨，故曰飲。《舊唐書・音樂志》云：「百蠻飲澤，萬國來王。」本此。』迹與迹同。《楚辭・天問》王逸注云：『迹，道也。』踐其迹猶言履其道也。《考文》古本迹作『路』。《史記・孟子列傳》云：『天下方務合從連横，以攻伐爲賢，而孟軻乃述唐虞之德，是以所如者不合。』又云：『孟軻困於齊梁。』故趙氏以崇王黜霸，爲不屈道之言。

孟子正義卷四

孟子卷第二

梁惠王章句下凡十六章

莊暴見孟子曰：『暴見於王，王語暴以好樂，暴未有以對也。曰：好樂何如？』【注】莊暴，齊臣也。不能決知之，故無以對。而問曰王好樂何如。**【疏】**注『莊暴齊臣也』○正義曰：此章承上章。上章爲齊宣王，此章之王，亦宣王也。王爲齊王，知莊暴爲齊臣矣。下注以世俗之樂爲鄭聲，則趙氏以好樂爲好音樂也。

孟子曰：『王之好樂甚，則齊國其庶幾乎！』【注】王誠能大好古之樂，齊國其庶幾治乎。**【疏】**注『王誠』至『治乎』○正義曰：趙氏以甚訓大，故以誠能大好解好樂甚。云古之樂者，探下文言之。

他日見於王曰：『王嘗語莊子以好樂，有諸？』【注】孟子問王有是語不。**【疏】**『王嘗』至『有諸』○正義曰：閻氏若璩《釋地又續》云：『莊暴，齊臣。君前臣名，禮也。莊子對孟子，猶三稱名，而孟子於王前，不一斥其名，曰「莊子」，此爲記者之誤。』○注『有是語不』○正義曰：阮氏元《校勘記》云：『《考文》古本不作「否」，按古可否字衹作「不」。』

王變乎色曰：『寡人非能好先王之樂也，直好世俗之樂耳！』【注】變乎色，愠恚莊子道其好樂也。王言我不能好先王之樂也，直好世俗之樂，謂鄭聲也。

曰：『王之好樂甚，則齊其庶幾乎！今之樂，由古之樂也。』【注】甚，大也。謂大要與民同樂，古今何異也。【疏】『由古之樂也』○正義曰：由與猶通用。阮氏元《校勘記》云：『石經、宋本、岳本、咸淳衢州本、孔本、《考文》古本由作「猶」。』○注『甚大』至『異也』○正義曰：《後漢書・樊準傳》注云：『大，猶甚也。』大甚之大，讀若泰，與廣大之大古通。《素問・標本病傳論》云『謹察間甚，以意調之』，注云：『甚，謂多也。』《禮記・郊特牲》云『大報天而主日也』，注云：『大，猶徧也。』徧與多義亦相近。然則王之好樂甚即謂王之好樂徧，徧則充滿廣衆，合人己君民而共之矣。《漢書・陳咸傳》注云：『大要，大歸也。』無論古樂今樂，俱要歸於與民同樂，故云大要。趙氏以大訓甚，不屬於前『齊國其庶幾』之下，而屬於此下，大要二字，承而言之，似以前之好樂甚謂大好古樂，此之好樂甚謂大要與民同樂，甚之爲大同，而前後義異。前渾言好樂，則自宜古不宜今；王既自明爲世俗之樂，則孟子順其意而要歸於與民同樂。乃揆經文，前后兩稱好樂甚，皆謂好樂能偏及於民，不宜殊異。趙氏大要之大，不必即訓甚爲大之大。大要二字，自解今樂猶古樂之義，惟甚大之訓，誤係於此，轉令學者惑耳。

曰：『可得聞與？』【注】王問古今同樂之意，寧可得聞邪。

曰：『獨樂樂，與人樂樂，孰樂？』【注】孟子復問王獨自作樂樂邪，與人共聽樂樂也。

曰：『不若與人。』【注】王曰獨聽樂，不如與衆共聽之樂也。

曰：『與少樂樂，與衆樂樂，孰樂？』【注】孟子復問王與少人共聽樂樂邪，與衆人共聽樂樂也。

曰：『不若與衆。』【注】王言不若與衆人共聽樂樂也。

『臣請爲王言樂：【注】孟子欲爲王陳獨樂與衆人樂之狀。【疏】『曰獨』至『言樂』○正義曰：《音義》云：『獨樂樂，丁上音岳，下音洛。下文及注「樂樂」皆同。「孰樂」音洛，此章内「孰樂」「樂邪」「樂也」，同「樂樂」，其字皆同。餘並音岳。』趙氏解獨樂樂，與人樂樂、與少樂樂、與衆樂樂，凡上樂字爲作樂、聽樂，則上音岳，下音洛是也。閻氏若璩《釋地又續》云：『宋陳善《捫蝨新語》云：「莊暴一章，皆言悦樂之樂，而世讀爲禮樂之樂，誤矣。惟鼓樂當爲禮樂，其他獨樂樂、與衆樂樂，亦悦樂之樂也。不然，方言禮樂，又及田獵，無乃非類乎？」真通人之言也。蓋孟子告齊宣，以先王無流連之樂，荒亡之行，一旦語及其心病，故不覺變色，答以云云。若果爲好禮樂，莊暴庸臣，縱不能對其所以，亦何至向孟子而猶咨詢何如乎？正緣好歡樂，與好貨、好色一例事耳。今樂古樂之異，子夏對魏文侯辯之甚悉。卽齊音敖辟喬志，與《韶》樂之在齊者，可比而同邪？不可比而同，豈孟子之言，先順其君以非道，而後轉之於當道邪？應不至此。必讀爲悦樂字，文義方協。郝氏《孟子解》亦云：「樂樂，猶言樂其樂，上樂謂好，下樂謂所樂之事也。至所樂之事，下文鼓樂其一也，田獵又其一也，故曰臣請爲王言樂。」』《釋地三續》云：『或謂子解「今之樂由古之樂」爲歡樂之樂，但「古之樂」三字，别未見。愚曰：《左傳》昭公二十年，晏子曰「古而無死，則古之樂」，非與？』翟氏灝《孟子考異》云：『《儀禮・鄉射禮》「請以樂樂賓」。《釋文・音義》云：「下樂音洛，又皆如字。」舊注讀上樂如字，《儀禮》堪爲証。《後漢書・臧宫傳》引《黄石公記》云：「有德之君，以所樂樂人；無德之君，以所樂樂身。」《晏子春秋・雜上》篇：「樂者上下同之，故天子與天下，諸侯與境内，自大夫以下，各與其僚，無有獨樂。今上樂其樂，下傷其費，是獨樂也。」《説苑》載晏子語同。陳氏欲讀諸樂字盡爲悦樂，觀《晏子春秋》與《後漢書》，亦不爲無因。舊注所倚，既屬有經傳大典，其他子史中，依稀之説，終恐難爲據。』**今王鼓樂於此，百姓聞王鐘鼓之聲，管籥之音，舉疾首蹙頞而相告曰：「吾王之好鼓樂，夫何使我至於此極也！父子不相見，兄弟妻子離散。」**【注】鼓樂者，樂以鼓爲節也。管，笙。籥，簫。或曰籥若笛，短而有三孔。《詩》云『左手執籥』，以節衆也。疾首，頭痛也。蹙頞，愁貌。言王擊鼓作樂，發賦徭役，皆出於民，而德不加之，故使百姓愁。【疏】『舉疾首蹙額』〇正義曰：《音義》云：『丁云：「舉，猶皆也。屬下句。」』舉俱音近，假借與俱同，故猶皆。《左傳》注、《漢書》集注、《荀子》注、《莊子》注、《史記》索隱，多如此訓，丁氏特標屬下，然則當時固有屬上者。○注『鼓樂』至『節也』○正義曰：《周禮・地官・鼓人》『掌教六鼓四金之音聲，以節聲樂。』是樂以鼓爲節也。《禮記・學記》云：『鼓無當於五聲，五聲弗得弗和。』《荀子・樂論》云：『鼓其樂之君邪？』《周禮・大司樂》以下，皆屬《春官》，惟《鼓人》屬《地官》，標異於衆樂之外，故衆樂統謂之樂，而鼓專謂之鼓，與樂相配，稱爲鼓樂。趙氏以擊鼓解鼓字，以作樂解樂字。○注『管笙』至『衆也』○正義曰：《爾雅・釋樂》云：『大管謂之簥，其中謂之篞，小者謂之篎。大籥謂之産，其中謂之仲，小者謂之箹。又大笙謂之巢，小者謂之和。大簫謂之言，小者謂之筊。』笙與管别，簫與籥别。趙氏以笙釋管，以簫釋籥者，《説文》竹部云：『竽，管三十六簧也。』『笙，十三簧。』《廣雅・釋樂》云：『笙以瓠爲之，十三管，宫管在左方。』『竽，象笙，三十六管，宫管在中央。』段氏玉裁《説文解字注》云：『竽，管三十六簧也。管下當有樂字。凡竹爲者皆曰管。「笙十三簧」，蒙上「管樂」而言。』然則竽笙，《説文》並以管字冠之。管之三十六簧者爲竽，管之十三簧者爲笙，是笙爲管也。《説文》竹部云：『籟，三孔龠也。大者謂之笙，其中謂之籟，小者謂之箹。』又云：『箹，小籟也。』《廣雅・釋樂》云：『籟謂之簫，大者二十四管，小者十六管，有底。』《淮南子・齊俗訓》云『若風之過簫』，高誘注云：『簫，籟也。』籥之中者名籟，與簫名籟同，故趙氏以簫釋籥也。

又引或説者，《周禮・笙師》注云：『籥，如篴，三空。』《説文》竹部云：『别爲書僮竹笘。』龠部：『龠，樂之竹管，三孔，所以和衆聲也。』籥、龠古通用。三孔卽三空，和衆聲卽節衆，笛卽篴也。引《詩》『左手執籥』，《邶風・簡兮》篇文。毛傳云：『籥，六孔。』箋云：『碩人多材多藝，又能籥舞。』《周禮・籥師》『掌教國子舞羽歙籥』，注云：『文舞有持羽吹籥者，所謂籥舞也。』《文王世子》曰：『秋冬學羽籥。』《詩》曰：『左手執籥，右手秉翟。』趙氏以籥舞之籥，卽此節衆音之籥，故引《詩》耳。唯毛以爲六孔，與鄭氏、趙氏俱異。按《説文》以籟爲三孔龠，管爲如箎六孔，笛爲七孔箫。《廣雅・釋樂》云：『龠謂之笛，有七孔。管象箎，長尺圍寸，六孔，無底。箎長尺四寸，八孔。一孔上出寸三分。』然則箎八孔最長，笛七孔次之，管六孔又次之，龠三孔最小，四物同類，以長短異名。毛傳以籥爲六孔，蓋以管爲龠也。《廣雅》以籥有七孔，蓋以笛爲籥也。杜子春注《笙師》，讀篴爲蕩滌之滌，今時所吹五空竹篴，則篴有五孔，爲漢時所有也。《史記》索隱以箎爲今之横笛，七孔，一孔上出，則以笛爲箎矣。鄭司農以管如箎六孔，康成則謂管如篴而小，併兩而吹之，今大子樂官有焉。此據當時所見，與司農異，蓋别一管也。要之，管之名有二：其一爲笙竽箎篴等器之統名，此趙氏以笙釋管者也。其一爲六孔之名，與籥同類而小别者也。籥爲如篴三孔之器，篴七孔，籥故短於篴，其名籟與簫同。故趙氏直以籥爲簫，而簫編管參差象鳳翼，與三孔之籟實别，故趙氏以若笛短而有三孔者爲或説，與簫别也。○

注『疾首』至『愁貌』○正義曰：《詩・衞風》云：『願言思伯，甘心首疾。』因憂思而頭爲之病。《説文》疒部云：『疾，病也。』『痛，病也。』疾、痛義同。《周禮・天官・疾醫》『春時有痟首疾』，注云：『痟，酸削也。首疾，頭痛也。陽氣爲憂愁所鬱，猶春木爲金沴也。』《説文》頁部云：『頞，鼻莖也。齃〔一〕，或從鼻曷。』《廣雅・釋親》云：『頞，⿰出頁也。』王氏念孫《疏證》云：『頞爲鼻⿰出頁之⿰出頁，⿰出頁通作準，《漢高帝紀》「隆準而龍顔」，服虔曰：「準，音拙。」李斐曰：「準，鼻也。」文穎曰：「音準的之準。」李説文音是也。』段氏玉裁《説文解字注》云：『鼻謂之準，鼻直莖謂之頞。《史記》唐舉相蔡繹曰：「先生曷鼻巨肩，魋顔蹙齃。」既言鼻又言頞者，曷同遏，遏鼻，言其内不通而齆。蹙齃，則言在外鼻莖也。鼻有中斷者，蔡澤、諸葛恪之相是也。有憂愁而蹴縮者，孟子言『蹙頞』是也。有病而辛頞者，此言其内酸辛，《素問》所言是也。』**今王田獵於此，百姓聞王車馬之音，見羽旄之美，舉疾首蹙頞而相告曰：「吾王之好田獵，夫何使我至於此極也？父子不相見，兄弟妻子離散。」此無他，不與民同樂也。**【注】田獵無節，以非時取牲也。羽旄之美，但飾羽旄，使之美好也。發民驅獸，供給役使，不得休息，故民窮極而離散奔走也。【疏】注『田獵』至『牲也』○正義曰：《周禮・夏官・大司馬》：『中春教振旅，遂以蒐田；中夏教茇舍，遂以苗田；中

〔一〕『齃』，《皇清經解》本無，《説文解字》有『齃』字。

秋教治兵，遂以獮田；中冬教大閱，遂以狩田。』隱公五年《左傳》臧僖伯曰：『春蒐夏苗，秋獮冬狩，皆於農隙以講事也。』是田獵有時也。桓公四年《穀梁傳》云：『春曰田，夏曰苗，秋曰蒐，冬曰狩，四時也，四用三焉。』何休注《公羊》謂：『夏但去害苗，不田獵。』《禮記·月令》：『季春，田獵，罝罘、羅網、畢翳、餧獸之藥，毋出九門。』『孟夏之月，驅獸毋害五穀，毋大田獵。』《王制》云：『獺祭魚，然後虞人入澤梁。豺祭獸，然後田獵。鳩化爲鷹，然后設罻羅。』則田獵有節，不可以非時取也。《詩·齊風序》云：『《還》，刺荒也。哀公好田獵，从禽獸而無厭。』『《盧令》，刺荒也。襄公好田獵，畢弋而不修民事，百姓苦之。』此謂田獵無節者也。《天官·太宰》『以八則治都鄙，八曰田役，以馭其衆』。《地官·大司徒》『大田役，以旗致萬民，而治其徒庶之政令。』《鄉師》：『凡四時之田，出田法於州里，簡其鼓鐸旗物兵器，修其卒伍。』其州長、黨正、族師、縣師、遂人、遂師、縣正、稍人等，皆掌作民起衆。是田獵必發民驅獸，供給役使也。○注『羽旄』至『好也』○正義曰：《禹貢》荆州『厥貢羽毛』，《史記·夏本紀》作『羽旄』。旄、毛二字通也。僖公二十三年《左傳》重耳對楚子曰：『羽毛齒革，則君地生焉。』《楚語》王孫圉亦云：『楚之所寶，齒角皮革羽毛，所以備賦用。』襄公十四年《左傳》云『范宣子假羽毛於齊』，注云：『析羽爲旌，王者遊車之所建，齊私有之，因謂之羽毛。』定公四年《左傳》云『晉人假羽旄於鄭』，注亦云：『析羽爲旌，王者游車之所建，鄭私有之，因謂之羽旄。』《爾雅·釋天》云：『注旄首曰旌，錯革鳥曰旟。』《詩》疏引孫炎云：『析五采羽注旄上也，其下亦有旒縿。』又引李巡云：『旄，牛尾，注于首。』鄭氏注《明堂位》云：『綏爲注旄牛尾於杠首，所謂大麾。』《周禮》：『大麾以田也。』《曲禮》云：『前有水，則載青旌；前有塵埃，則載鳴鳶；前有車騎，則載飛鴻；前有士師，則載虎皮；前有摯獸，則載貔貅。』注云：『載，謂舉於旌首以警衆也。』鴻鳶則載其羽，虎貔則載其皮，是皆飾羽毛，使之美好也。晉既假於齊，又假於鄭，必齊、鄭所飾精美異常，惟晉人所欲見矣。**今王鼓樂於此，百姓聞王鐘鼓之聲，管籥之音，舉欣欣然有喜色而相告曰：「吾王庶幾無疾病與？何以能鼓樂也？」**【注】百姓欲令王康强而鼓樂也。今無賦斂於民，而有惠益，故欣欣然而喜也。**今王田獵於此，百姓聞王車馬之音，見羽旄之美，舉欣欣然有喜色而相告曰：「吾王庶幾無疾病與？何以能田獵也！」此無他，與民同樂也。**【注】王以農隙而田，不妨民時，有愍民之心，因田獵而加撫恤之，是以民悦也。【疏】注『有愍民之心』○正義曰：閩、監、毛三本愍作『憫』。《説文》心部云：『愍，痛也。』昭公元年《左傳》云『吾代二子愍矣』，服虔注云：『愍，憂也。』《廣雅・釋詁》一訓憂，一訓愛，惟其愛故憂之，義亦相備。僖公二十年《穀梁傳》云『是爲閔宫也』，《漢書・五行志》作『愍宫』。《毛詩序》、《禮記・儒行・釋文》並云：閔，本作『愍』。是愍或通閔。惟《淮南子・主術訓》云『年衰志憫』，高誘注云：『憫，憂也。』愍之作『憫』，非其舊也。**今王與百姓同樂，則王矣。』**【注】孟子言王何故不大好樂，效古賢君，與民同樂，則可以王天下也。何惡莊子之言王好樂也。

《章指》言：人君田獵以時，鐘鼓有節，發政行仁，民樂其事，則王道之階，在於此矣。故曰「天時不如地利，地利不如人和」矣。【疏】「故曰」至「和矣」○正義曰：《考文》古本「矣」作「也」。周氏廣業云：「按《尉繚子·兵議》篇引「天時」二句作「古語」。陸機《辨亡論》引稱「古人之言」。意孟子自有所本。《史記》引「親之欲其貴，愛之欲其富」，亦以爲古人之言。」

齊宣王問曰：『文王之囿，方七十里，有諸？』【注】王言聞文王苑囿方七十里，寧有之。【疏】注「王言」至「有之」○正義曰：《説文》口部云：「囿，苑有垣也。一曰禽獸曰囿。」艸部云：「苑，所以養禽獸也。」《國語·周語》云「囿有林池」，《楚辭·愍命》篇云「熊羆羣而逸囿」，韋昭、王逸皆注云：「囿，苑也。」《淮南子·本經訓》云「侈苑囿之大」，高誘注云：「有牆曰苑，無牆曰囿。」《一切經音義》引呂忱《字林》同。然則《説文》言苑有垣，三字連屬，明囿無垣也。《呂氏春秋·重己》篇高誘注云：「畜禽獸所，大曰苑，小曰囿。」《周禮·天官·閽人》「王宫每門四人，囿游亦如之」，注云：「囿，御苑也。游，離宫也。」《地官·囿人》「掌囿游之獸禁」，注既云「囿，今之苑」。又云：「囿游，囿之離宫小苑觀處也。養鳥獸以宴樂視〔一〕之。』賈氏疏云：『《孟子》：「文王之囿七十里，芻蕘者往焉。」天子之囿百里，并是田獵之處。又《書傳》云：「鄉之取於囿，是勇力取。」是爲蒐狩之常處也。今此云禁，故知非大囿，是小苑觀處也。』離宮小於御苑，故小爲囿；此囿方七十里，則即苑也，蓋散文則通耳。

孟子對曰：『於傳有之。』【注】於傳文有是言。【疏】注『於傳文有是言』○正義曰：劉熙《釋名・釋典藝》云：『傳，傳也。以傳示後人也。』傳述爲文，故云傳文。《毛詩》疏引作『《書傳》有之』。

曰：『**若是其大乎？**』【注】王怪其大。

曰：『**民猶以爲小也。**』【注】言文王之民，尚以爲小也。

曰：『**寡人之囿，方四十里，民猶以爲大，何也？**』【注】王以爲文王在岐、豐時，雖爲西伯，土地尚狹，而囿已大矣。今我地方千里，而囿小之，民以爲寡人囿大，何故也。【疏】注『王以』至『故也』○正義曰：閻氏若璩《釋地》云：『從來説者，皆以文王七十里之囿爲疑。《三輔黄圖》云：「靈囿在長安縣西四十二里。」王伯厚以「文王之囿方七十里」注於下。余謂今鄠縣東三十里，正《漢・地理志》所謂「文王作酆，有鄠杜竹林，南山檀

〔一〕『視』，《皇清經解》本作『觀』，《周禮注疏》鄭注作『視』。

柘，號稱陸海，爲九州膏腴」者。文王當日弛以與民，恣其芻獵以往，但有物以蕃界之，遂名之曰囿云爾。此實作邑于豐時事，非初岐山事也。豐去岐三百餘里，説者不察乎囿之所在，徒執以岐山國僅百里，不知文王由方百里起耳，豈終於是者哉？』閻氏據閩、監、毛三本趙注作「岐山之時」，故辨囿在豐不在岐也。宋本、廖本、《考文》古本、孔本、韓本並作「岐豐時」，則趙氏已兼豐言之。《詩·大雅·靈臺》篇「王在靈囿」，毛傳云：「囿，所以域養禽獸也。天子百里，諸侯四十里。」孔氏正義云：「解正禮耳。其文王之囿則七十里，故《孟子》云：『文王之囿，方七十里；寡人之囿，方四十里。』是宣王自以爲諸侯而問，故云諸侯四十里。以宣王不舉天子，而問及文王之七十里，明天子不止七十里，故宜以爲百里也。」《毛詩》舉百里四十里明靈囿，則文王七十里之囿，卽靈囿無疑，閻氏説是也。《穀梁》成公十八年「築鹿囿」。疏引《毛詩》傳作「天子百里，諸侯三十里」。此「三十」自是誤文。乃揚雄《羽獵賦》云：「文王囿百里，民尚以爲小；齊宣王囿四十里，民以爲大。」袁宏《後漢紀》樂松云：「宣王之囿五十里，民以爲大；文王百里，民以爲小。」《後漢書·楊震傳》「樂松等言齊宣五里」，則脱落「十」字也。然則文王之囿百里，古有此説，故毛氏以爲天子百里，非因孟子言七十里而約言之也。唐陸贄《奏罷瓊林庫狀》云：「周文王之囿百里，時患其尚小；齊宣王之囿四十里，時病其太大。」此本揚雄説也。惟樂松言「宣王囿五十里」，與《孟子》異，亦與《毛傳》殊。臧氏琳《經義雜記》云：「《穀梁》成十八年「築鹿囿」，疏云：「《毛詩》傳云：囿者，天子百里，諸侯三十里。《詩》傳蓋據《孟子》稱文王囿七十里，寡人囿三十里，故約之爲天子百里，諸侯三十里耳。」琳案：袁、范《漢書》皆言文王囿百里，宣王囿五十里。楊疏引《毛詩》傳「諸侯三十里」，三卽五字之譌。古本《孟子》蓋作「文王之囿方百里，寡人之囿方五十里」，故毛公據之以分天子諸侯之制。」『按《周禮・天官・閽人》疏引《白虎通》云：『天子百里，大國四十里，次國三十里，小國二十里。』成公十八年《公羊傳》注云：『天子囿方百里，公侯十里，伯七里，子男五里，皆取一也。』意者，《公羊傳》所指爲離宮，《毛詩》傳、《白虎通》所指爲御苑與？乃天子則皆云百里，而《白虎通》自四十里以下析言之，無五十里者，則欒松五十里之説，未足爲三十里之證。《公羊傳》疏以『天子囿方百里，公侯十里，伯七里，子男五里』爲《孟子》文，《司馬法》亦云：『今《孟子》固無此文也。』趙氏佑《温故録》云：『文王必不得有七十里之囿，孟子以爲於傳有之，非正答也。』閩本『已』作「以」，阮氏元《校勘記》云：『以、已古通用，此處自作「已」爲長。』

曰：『文王之囿方七十里，芻蕘者往焉，雉兔者往焉，與民同之；民以爲小，不亦宜乎？【注】芻蕘者，取芻薪之賤人也。雉兔，獵人取雉兔者。言文王聽民往取禽獸，刈其芻薪，民苦其小，是其宜也。【疏】注『芻蕘』至『人也』○正義曰：《毛詩・板》篇『詢于芻蕘』，傳云：『芻蕘，采薪者。』《説文》艸部云：『芻，刈草也。象包束草之形。』『蕘，薪也。』

『薪，蕘也。』蓋芻所以飼牛馬，蕘所以供燃火。芻義易明，故以芻薪釋芻蕘。《月令》『收秩薪柴』，注云：『大者可析謂之薪，薪施炊爨。』是也。揚雄《羽獵賦》云：『麋鹿蒭蕘，與百姓共之。』蒭，芻之俗字。**臣始至於境，問國之大禁，然後敢入。**【注】言王之政嚴刑重也。**臣聞郊關之內，有囿方四十里，殺其麋鹿者如殺人之罪；**【注】郊關，齊四境之郊皆有關。【疏】注『郊關』至『有關』○正義曰：《周禮・地官・司關》注云：『關，界上之門。』《儀禮・聘禮》：『賓及竟，乃謁關人。』是關在界上。趙氏謂『四境之郊皆有關』，似即指此。閻氏若璩《釋地續》云：『杜子春曰：「五十里之爲近郊，百里爲遠郊。」《白虎通》：「近郊五十里，遠郊百里。」則《孟子》郊關之郊，自屬遠郊，苟近郊何能容四十里之囿？趙氏注卻說得遼闊，云「齊地四境之郊皆有關」，齊地方二千里，以二千里之地，爲陷阱者四十里，民亦不以病。古天子九門，此爲第八層門，又外此則第九層曰關門。』按趙氏以經文云『始至於境』，又云『郊關』，故合稱四境之郊。然境與郊不同也，襄公十四年《左傳》云『蘧伯玉從近關出』，注云：『欲速出竟。』此界上之關也。哀公十四年《左傳》云：『豐丘人執子我，殺諸郭關。』此郊上之關也。《爾雅・釋地》云：『邑外謂之郊，郊外謂之牧，牧外謂之野，野外謂之林，林外謂之坰。』坰，《說文》作『冂』，云『象遠界也』。然則四境分界之地爲坰。如王畿千里，每面五百里，則竟上之關，遠在五百里矣。《說文》邑部云：『距國百里爲郊。』牧在郊外。鄭氏注《尚書・君陳序》云：『天子之國，近郊半遠郊，去國五十里。』《禮記・大傳》云：『牧之野，武王之大事也。既事而退，柴於上帝，祈於社，設奠於牧室。』注云『牧室，牧野之室也。古者郊關，皆有館焉』。牧室而鄭以爲郊關之館，蓋牧通謂之郊，分言之，則近郊爲郊，遠郊爲牧。郊關在此，則去城百里也。國之稱有三：其一大曰邦，小曰國，如『惟王建國』，『以佐王治邦國』是也。其一郊內曰國，《齊語》云『參其國而伍其鄙』，韋昭注云：『國郊以內，鄙郊以外。』是也。其一城中曰國，《小司徒》：『稽城中及四郊都鄙之夫家。』《質人》：『國中一旬，郊二旬，野三旬。』是也。合天下言之，則每一封爲一國；就一國言之，則郊以內爲國，外爲野；就郊以內言之，又城內爲國，城外爲郊。此經云『臣始至於境』，始至界上也。『問國之大禁』，此國指一國而言。『然後敢入』，謂入竟也。是時尚未至郊，而聞郊關之內有囿方四十里也。『爲阱於國中』，此國中指郊以內。囿在郊關之內，故爲阱於國中也。周廣業《孟子逸文考》云：『《後漢紀》靈帝作靈泉畢圭苑，司徒楊賜上書曰：「六國之際，取獸者有罪，傷槐者被誅，孟軻爲梁惠王極陳其事。」』傷槐事，見《晏子春秋》；取獸有罪，亦非梁惠王，此誤引也。**則是方四十里爲阱於國中，民以爲大，不亦宜乎？**【注】設陷阱者，不過丈尺之間耳。今王陷阱，乃方四十里，民苦其大，不亦宜乎。【疏】注『設陷』至『宜乎』○正義曰：《説文》自部云：『阱，陷也。穽，或从穴。』《世説・政事》篇注引《孟子》此文作『穽』，穽、阱同也。《尚書・費誓》云『獲斂乃穽』，鄭氏注云：『山林之田，春始穿地爲穽，所以陷墜之。』《周禮・雍氏》『春令爲阱，獲溝瀆之利于民者』，鄭氏注云：『阱穿地爲塹，所以禦禽獸，其或超踰則陷焉，世謂之陷阱。』阱可斂塞，其度狹小，故云不過丈尺之間也。阮氏元《校勘記》云：『閩、監、毛三本苦作「言」，誤。』

《章指》言：譏王廣囿專利，嚴刑陷民也。

齊宣王問曰：『交鄰國有道乎？』【注】問與鄰國交接之道。

孟子對曰：『有。【注】欲爲王陳古聖賢之比。【疏】注『欲爲』至『之比』○正義曰：阮氏元《校勘記》云：『閩、監、毛三本「比」作「交」，誤。』按：比如文公元年《左傳》『亦其比也』之比，謂比例以況之也。《釋名・釋言語》云：『事類相似謂之比。』監、毛本聖賢作『聖王』，亦非。下舉勾踐，不可爲聖王也。**惟仁者爲能以大事小，是故湯事葛，文王事混夷。**【注】葛伯放而不祀，湯先助之祀，《詩》云『混夷兑矣，唯其喙矣』，謂文王也。是則聖人行仁政，能以大事小者也。【疏】注『詩云』至『王也』○正義曰：引《詩》者，《大雅・緜》第八章文。今《詩》作『混夷駾矣，維其喙矣』，毛傳云：『駾，突也。喙，困也。』箋云：『混夷見文王之使者將士衆，過己國，則惶怖驚走奔突，入此柞棫之中而逃，甚困劇也。是之謂一年伐混夷。』又《皇矣》詩云『串夷載〔一〕路』，箋云：『串夷卽混夷，西戎國名也。』串同患，與混一音之轉。串亦與犬一音之轉，故《書・大傳》、《説文》作『畎夷』。依鄭箋，此言文王伐昆夷，不可爲『以大事小』之證。《詩》正義引《帝王世紀》云：「文王受命四年，周正丙子，混夷伐周，一日三至周之東門，文王閉門脩德，而不與戰。」王肅同其説，以申毛義，以爲柞棫生柯、葉拔然時，混夷伐周。』推此，則《詩》言『肆不殄厥愠，亦不隕厥問』，謂昆夷伐周奔突，而周爲之困如此。文王雖不絶愠怒，然且使聘問而不廢交鄰之禮，是正文王事昆夷之事，故趙氏引《詩》以證。若鄭箋則謂文王使將士聘問他國，過昆夷之地，昆夷見之而驚困，與趙氏引《詩》義殊也。阮氏元《校勘記》云：『《音義》、石經作「混夷」，閩、監、毛三本作「昆」，非也。』**惟智者爲能以小事大，故大王事獯鬻，句踐事吴。**【注】獯鬻，北狄彊者，今匈奴也。大王去邠避獯鬻。越王句踐退於會稽，身自臣事吴王夫差。是則智者用智，是故以小事大，而全其國也。【疏】注『獯鬻』至『獯鬻』◎正義曰：《史記・周本紀》云：『古公亶父修后稷、公劉之業，薰育戎狄攻之，欲得財物，予之。』又《匈奴列傳》云：『匈奴，其先祖夏后氏之苗裔，曰淳維。唐虞以上，有山戎、獫狁、葷粥，居於北蠻，隨畜牧而轉移。夏道衰，而公劉失其稷官，變於西戎，邑於豳。其後三百有餘歲，

〔一〕『載』，《皇清經解》本作『在』，《毛詩正義》作『載』。

戎狄攻太王亶父，亶父亡走岐下。』集解引晉灼云：『堯時曰葷粥，周曰獫狁，秦曰匈奴。』《漢書》作『薰粥』。葷、薰與獯通，粥、育與鬻通也。《毛詩·采薇序》云：『文王之時，西有昆夷之患，北有獫狁之難。』是時周已拓大，尚以天子命命將帥，遣戍役以守衛之。則在太王時彊大可知。《詩》稱『獫狁』，《孟子》稱『獯鬻』者，舉古名也。《音義》作『大王』，閩、監、毛三本作『太』。阮氏元《校勘記》云：『經文皆作〔一〕大，作「太」者非。「北狄强者」，監、毛本作「疆」。按唐人彊弱字通作「彊」。强勉强字作「强」。宋人避所諱，多作「彊」。彊乃彊界字，非也。』○注『越王』至『夫差』○正義曰：句踐，越王允常子。夫差，吴王闔廬子。哀公元年《左傳》云：『吴王夫差敗越於夫椒，遂入越。越子以甲楯五千保於會稽，使大夫種因吴太宰嚭以行成。』此退於會稽之事也。《史記·越王句踐世家》云：『越王乃以餘兵五千人，保棲於會稽，吴王追而圍之，乃令大夫種行成於吴，膝行頓首曰：「君王亡臣句踐，使陪臣種，敢告下執事，句踐請爲臣，妻爲妾。」』《國語》云：『越人飾美女八人，納之太宰嚭，卑事夫差，宦士三百人於吴，其身親爲夫差前馬。』此身自臣事之事也。閩、監、毛三本作『身自官事』。按《國語》『入宦于吴』，韋昭注云：『宦爲臣隷也。』則官事或作『宦事』，亦通。**以大事小者，樂天者也。以小事大者，畏天者也。樂天**

〔一〕『作』，《皇清經解》本無『作』字。

者保天下，畏天者保其國。《詩》云：「畏天之威，于時保之。」』【注】聖人樂天行道，如天無不蓋也，故保天下，湯文是也。智者量時畏天，故保其國，大王、句踐是也。《詩》，《周頌・我將》之篇。言成王尚畏天之威，於是時故能安其太平之道也。【疏】『以大』至『其國』○正義曰：《易・繫辭傳》云：『樂天知命，故不憂。』此以知命申明樂天之義，聖人不忍天下之危，包容涵畜，爲天下造命，故爲知命，是爲樂天。天之生人，欲其並生並育，仁者以天爲量，故以天之並生並育爲樂也。天道又虧盈而益謙，不畏則盈滿招咎，戮其身卽害其國。智者不使一國之危，故以天之虧盈益謙爲畏也。而究之樂天者無不畏天，故引周公之頌申明之。畏天爲畏天之威，則樂天爲樂天之德也。○注『聖人』至『是也』○正義曰：天生萬物無不蓋，聖人道濟天下無不容，行道者所以樂天也。不知時不可爲，則將以所養人者害人，量時者所以畏天也。《國語》范蠡對句踐云：『聖人隨時以行，是謂守時。天時不作，弗爲人客。今君王未盈而溢，未盛而驕，不勞而矜其功；天時不作，而先爲人客。此逆於天而不和於人，將妨於國家。』此謂不量時則不保其國也。其後卑辭尊禮，身爲之市，蠡又戒王勿早圖，謂人事必與天地相參，然後乃可以成功，此亦能量時者矣。○注『詩周』至『道也』○正義曰：《毛詩・我將》箋云：『于，於。時，是也。早夜敬天，於是得安文王之道。』趙氏以是釋時，以安釋保，與鄭氏同。《周頌・我將》承《維天之命》後，《序》云：『《維天之命》，太平告文王也。』『《我將》，祀文王於明堂也。』鄭解

『我其收之，駿惠我文王』，引《洛誥》『考朕昭子刑，乃單文祖德』二句。鄭解《洛誥》云：『成我所用明子之法度者，乃盡明堂之德。』《詩》正義云：『文王之德，我制之以授子，是用文王之德，制作之事。彼注直以文祖爲明堂，不爲文王。彼上文注云：「文祖者，周曰明堂，以稱文王。」是文王德稱文祖也。』然則周公成文王之德，以制禮作樂，成王時，乃克致太平，是太平由文王之道也。能保安文王之道，即能保安太平之道。趙氏於《我將》言『太平』，鄭氏於《維天之命》引『文祖』，同一互見之義也。成王爲天子，祗宜樂天保天下，乃周公欲其保太平之道，而以畏天戒之，天子且然，況諸侯乎？故云成王尚畏天之威也。

王曰：『大哉言矣！寡人有疾，寡人好勇。』【注】王謂孟子之言大，不合於其意，答之云寡人有疾，疾在好勇，不能行聖賢之所履也。【疏】注『王謂』至『其意』○正義曰：大如《表記》『不自大其事』之大。王問交鄰，孟子比以古聖賢之所履，故以爲誇大也。

對曰：『王請無好小勇，夫撫劍疾視曰：「彼惡敢當我哉！」此匹夫之勇，敵一人者也。【注】疾視，惡視也。撫劍瞋目曰，人安敢當我哉，此一夫之勇，足以當一人之敵者也。【疏】注『疾視』至『者也』○正義曰：鄭康成注《少儀》、王逸注《楚辭·惜誦》皆云：『疾，惡也。』《說文》目部云：『瞋，張目也。』張目，其狀不善，故爲惡視。《說文》又云：『瞯，目疾視也。』『矉，恨張目也。』《詩》曰：「國步斯矉。」』今《詩》『矉』作『頻』，毛傳云：

『急也。』張目有急疾義，是疾視與張目，可互見也。《説文》手部云：『撫，安也。』《儀禮・士喪禮》『君坐撫當心』，注云：『撫手案之。』案與安通，撫劍卽按劍。蓋手按下其劍，而張其兩目也。趙氏每以安釋惡，故以惡敢爲安敢。僖公三十三年《公羊傳》注云：『匹馬，一馬也。』趙氏解輕身先於匹夫爲一夫，此注云『一夫』，以一解匹也。《史記・項羽本紀》云：『劍一人敵。』故《孟子》云『敵一人』，趙氏以當一人之敵解之。《爾雅・釋詁》云：『敵，當也。』閩、監、毛三本作『一匹夫』，阮氏元《校勘記》云：『以一夫釋匹夫，不得云一匹。』**王請大之！《詩》云：「王赫斯怒，爰整其旅，以遏徂莒，以篤周祜，以對于天下。」此文王之勇也。文王一怒而安天下之民。**【注】《詩》，《大雅・皇矣》之篇也。言文王赫然斯怒，於是整其師旅，以遏止往伐莒者，以篤周家之福，以揚名於天下。文王一怒而安民，願王慕其大勇，無論匹夫之小勇。【疏】注『詩大』至『天下』〇正義曰：《詩》毛傳云：『旅，師。按，止也。旅，地名也。對，遂也。』箋云：『赫，怒意。斯，盡也。五百人爲旅。對，答也。文王赫然與羣臣盡怒曰：整其軍旅而出，以却止徂國之兵衆，以厚周當王之福，以答天下鄉周之望。』《釋文》云：『斯，毛如字，此也。鄭音賜。』趙氏不破解斯字之義，而云赫然斯怒，蓋以斯爲此，赫然者，此怒也。卽以怒解赫然，是赫爲怒意，與鄭同也。鄭以曰解爰，趙氏以於是解爰，與鄭異，蓋用毛義。師旅，亦用毛義也。遏，今《詩》作『按』，《釋文》云：『按，本又作「遏」，此二字俱訓止也。』莒，《詩》亦作『旅』，毛以爲地名。趙氏言遏止往伐莒者，是亦以莒爲國名。國名地名，義亦相近。鄭以阮、徂、共爲三國，故以徂旅爲徂國之兵衆。孔氏廣森《經學卮言》云：『《毛詩》雖作「徂旅」，其傳曰：「旅，地名也。」則亦與莒同義。古書音同相借者多。莒字从吕，即音吕可耳，未可遂易爲師旅之旅也。依鄭君説，徂爲國名。遏徂之事，古書散軼，不可復考。遏莒之事見於《韓非子》，云「文王侵孟克莒」是已。』王氏念孫《廣雅疏證》云『篪即筥字。《衆經音義》云：「筥，又作篪。古者筥、篪同聲。」《周禮·掌客》注云：「筥讀如棟梠之梠。」《大雅》「以遏徂旅」，《孟子》作「徂莒」，皆其證也。』以篤周祜，《詩》作『以篤于周祜』，以福解祜，與鄭同。鄭以厚解篤，趙氏不破者，以其易識也。鄭以對爲答，毛以對爲遂，孔氏《詩》正義申毛，謂『遂天下心』，則義與答天下嚮周之望義近。《廣雅·釋詁》云：『對，揚也。』《詩·江漢》『對揚王休』，《禮記·祭統》『對揚以辟之』，以揚連對，而毛傳、鄭注皆訓對爲遂。對揚乃疊字，對即遂，遂即揚。趙氏用毛義，以遂于天下爲揚名于天下，不用鄭義，孔氏申毛，殊于趙也。《月令》『遂賢良』，注云：『遂，進也。』進賢良即舉賢良。《説文》手部云：『揚，飛舉也。』是揚、遂之義相疊也。《月令》『慶賜遂行』，注云：『遂，達也。』此遂行亦猶云舉行，達行猶云通行，亦相疊爲義。或以遂揚爲已遂稱揚君命，是以遂爲因事之辭。時孔悝方稽首，詎突冠虚助之辭乎？爲不然矣。《祭統》云：『福者，備也。百順之名也。』注云：『世所謂福者，謂受鬼神之祐助也。賢者之所謂福者，謂受大順之顯名也。』揚名于天下，乃爲篤祜，趙氏之説長也。《書》曰：「天降下民，作之君，作之師，惟曰**其助上帝寵之。四方有罪無罪惟我在，天下曷敢有越厥志？」**【注】《書》，《尚書》逸篇也。言天生下民，爲作君，爲作師，以助天光寵之也。四方善惡皆在己，所謂在予一人，天下何敢有越其志者也。【疏】注『書尚書逸篇也』〇正義曰：惠氏棟《古文尚書考》云：『孔安國古文五十八篇，漢世未嘗亡也。三十四篇與伏生同；二十四篇增多之數，篇名具在。劉歆造《三統曆》、班固作《律曆志》、鄭康成注《尚書序》，皆得引之。特以當日未立於學官，故賈逵、馬融等，雖傳孔學，不傳逸篇。融作《書序》，亦云「逸十六篇，絕無師説」。蓋漢重家學，習《尚書》者，皆以二十九篇爲備。於時雖有孔壁之文，亦止謂之逸《書》，無傳之者。然其書已入中秘，是以劉向校古文，得録其篇，著于《别録》。至東京時，雖亡《武成》一篇，而《藝文志》所載五十七篇而已。其所逸十六篇，當時學者咸能案其篇目，舉其遺文，雖無章句訓故之學，翕然皆知爲孔氏之逸《書》也。今世所傳古文，乃梅賾之書，非壁中之文。』按此孟子所引《書》，在梅賾書《泰誓》上篇，江氏聲《尚書集注音疏》云：『《太誓》上中下三篇，孔氏古文亦有之，不在二十四篇逸《書》之數。以當時列於學官，博士所課，不目之爲逸《書》也』。按《泰誓》不爲逸《書》，而此趙氏以逸《書》目之，則非《泰誓》之文矣。臧氏琳《經義雜記》云：『孟子所引，爲《尚書》逸篇，趙氏亦未言所屬，今見於《泰誓》，不知其何本也。』〇注『言天』至『者也』〇正義曰：趙氏讀『惟曰其助上帝寵之』八字句，『四方』二字連下『有罪無罪惟我在』九字句。《易師》九二傳云『承天寵也』，《釋文》引鄭注云：『寵，光耀也。』《詩・蓼蕭》『爲龍爲光』，毛傳云：『龍，寵也。』趙氏以光解寵。《論語・堯曰》篇言『百姓有過，在予一人』，有過在予，與有罪惟我在相近，故趙氏引以證之。《尚書集注音疏》云：『趙氏「以助天光寵之」者，謂以其能助天，故光寵之。作兩句解，義了明白。趙氏聯言助天光寵，意指不明。又惟我在之言，非在我之謂，而乃引在予一人以況，殊不合。故聲不取，而自爲解：寵，尊居也。言天降生下民，爲作之君，爲作之師者，惟曰其助天牧民，故尊寵之，使居君師之任。我，我君師也。在，察也。四方有罪無罪惟我君師司察焉。天下何敢有踰越其志者乎。』襄十四年《左傳》云：『天生民而立之君，使司牧之，勿使失性。』是作君師爲牧民也。云故尊寵之，使居君師之任者，從趙氏讀『寵之』絶句也。**一人衡行於天下，武王耻之，此武王之勇也。**

【注】衡，横也。武王耻天下一人有横行不順天道者，故伐紂也。**【疏】**『一人』至『耻之』〇正義曰：王氏鳴盛《尚書後案》云：『《孟子》所引，自「天降下民」起，直到「一人衡行於天下，武王耻之」，皆《書》詞，皆史臣所作，故孟子從而釋之曰：此武王之勇也。亦猶上文引《詩》畢，然後从而釋之曰：此文王之勇也。臧氏琳《經義雜記》云：『趙注讀「四方有罪無罪」爲句，與孟子釋《書》意「一人衡行於天下」句正合，或云《書》詞至「武王耻之」止，非也。趙注亦斷「天下曷敢有越厥志」住。』〇注『衡横』至『紂也』〇正義曰：《考工記・

玉人》注云：『衡，古文「横」，假借字也。』《周禮・野廬氏》『禁野之横行徑踰者』，注云：『横行，妄由田中。』是横行爲不順，紂不順天道，故亦以爲横行。《史記・周本紀》集解引瓚云：『以威勢相脅曰横。』是也。《曲禮》『天子自稱予一人』，故以一人指紂。越厥志，故横行也。**而武王亦一怒而安天下之民。今王亦一怒而安天下之民，民惟恐王之不好勇也。』**【注】孟子言武王好勇，亦則文王一怒而安天下之民也。今王好勇，亦則武王一怒而安天下之民，民恐王之不好勇耳。王何爲欲小勇，而自謂有疾也。【疏】注『孟子』至『勇耳』○正義曰：《國語・周語》云『奕世載德』，韋昭注云：『奕，亦前人也。』謂前人如是，後人效法之。故趙氏以則解亦，謂武王亦一怒，爲武王效法文王。今王亦一怒，爲今王效法武王。

《章指》言：聖人樂天，賢者知時，仁必有勇，勇以討亂而不爲暴，則百姓安之。

齊宣王見孟子於雪宮，王曰：『賢者亦有此樂乎？』【注】雪宮，離宮之名也。宮中有苑囿臺池之飾，禽獸之饒，王自多有此樂，故問曰賢者亦能有此樂乎。【疏】注『雪宮』至『之饒』○正義曰：《文選・雪賦》云：『臣聞雪宮，建於東國。』注引劉熙《孟子》注云：『雪宮，離宮之名也。』與趙氏同。離宮，即囿人、閽人所掌也。《禮記・雜記》云：『公館者，公宮與公所爲也。』注云：『公所爲，君所作離宮別館也。』多，謂誇大也。閻氏若璩

《釋地》云：『解者謂雪宫孟子之館，宣王就見於此，因誇其禮遇之隆。賢者指孟子，與梁惠王賢者指人君不同。果爾，孟子當正色而對，以明不屑。漢章帝祀闕里，大會孔氏男子六十二人，謂孔僖曰：「今日之會，其於卿宗有光榮乎？」對曰：「臣聞明王聖主，莫不尊師貴道；今陛下親屈萬乘，辱臨敝里，此乃崇禮先師，增輝聖德。至於光榮，非所敢承。」僖尚能爲斯言，况巖巖之孟子耶？賢者指人君言。《元和郡縣志》：「齊雪宫故址，在青州臨淄縣。縣卽齊都東北六里，《晏子春秋》所謂齊侯見晏子於雪宫。」蓋齊離宫之名，遊觀勝迹。宣延見孟子於其地，非就見之謂。管、晏，孟子羞稱，兹詳及晏子，蓋亦以其地曾爲先齊君臣共遊觀，以近事爲鑒，則言易及。』曹氏之升《摭餘説》云：『閻氏説非也。趙氏注孟子將朝王章亦云「寡人就孟子之館相見也」。蓋雪宫如漢甘泉、唐九成之屬。齊宣尊禮孟子，館之離宫，不使儕於稷下，故景丑氏以爲丑見王之敬子也。齊宣以孟子爲賓師，極致尊禮，其問隱然自表其優遇之至意。』趙氏佑《温故録》亦云：『此蓋齊王館孟子於雪宫而來就見也。賢者，卽謂孟子，與梁惠王之問不同。』按孟子見梁惠王，與宣王見孟子於雪宫，文順逆不同。謂孟子在雪宫，宣王就見，義似爲長。齊宣有此雪宫之樂，今館孟子於此，則賢者亦有此雪宫之樂，見能與賢者共此樂也。趙氏下云：『非其矜夸雪宫，而欲以苦賢者。』則此賢者卽陰指孟子，非指賢君也。翟氏灝《考異》云：『齊侯見晏子於雪宫，今《晏子春秋》無此語，當因下文述晏子事，《元和志》遂訛孟子爲晏子也。』

孟子對曰：『有人不得則非其上矣。不得而非其上者，非也。爲民上而不與民同樂者，亦非也。【注】有人不得，人有不得志者也。不責己仁義不自脩，而責上之不用己，此非君子之道。人君適情從欲，獨樂其身，而不與民同樂，亦非在上不驕之義也。【疏】注『有人』至『義也』○正義曰：何異孫《十一經問對》云：『有字是句。人不得則非其上矣是句。或曰：有人當作人有。』韓愈《送徐暐〔一〕下第序》云：『吾觀於人有不得志，則非其上者衆矣。』蓋趙氏解有人爲人有，韓氏本趙氏也。不得志爲上不用己，故以指下第。齊宣館孟子，自以能用孟子，孟子之志得，乃能亦有此樂。孟子推及於凡人，以爲不特賢者得志有此樂，凡人皆得志乃有此樂；有此樂，則不非其上；不與民同樂，則民不得志也。《音義》云：『從欲，丁音縱，本亦作「縱」。』**樂民之樂者，民亦樂其樂；憂民之憂者，民亦憂其憂。**【注】言民之樂，君與之同，故民亦樂使其君有樂也。民之所憂者，君助憂之，故民亦能憂君之憂，爲之赴難也。**樂以天下，憂以天下，然而不王者，未之有也。**【注】言古賢君樂則以己之樂與天下同之，憂則以天下之憂與己共之，如是未有不王者。孟子以是答王者，言雖有此樂，未能與人共之。【疏】注『言雖』至『共之』○正義曰：齊宣

〔一〕『徐』，《皇清經解》本同，《韓昌黎集》作『齊』。

王自多以己有此樂，能與賢者共之。孟子推及於人，謂其有此樂，未與人共之。小人，卽民也。賢者亦有此樂，民未嘗亦有此樂也。**昔者，齊景公問於晏子曰：「吾欲觀於轉附、朝儛，遵海而南，放於琅邪，吾何修而可以比於先王觀也？」**【注】孟子言往者齊景公嘗問其相晏子若此也。轉附、朝儛，皆山名也。又言朝，水名也。遵，循也。放，至也。循海而南，至于琅邪，琅邪，齊東南境上邑也。當何修治，可以比先王之遊觀乎。先王，先聖之王也。【疏】注『孟子』至『王也』○正義曰：王逸《離騷》注云：『昔，往也。』《爾雅・釋詁》云：『遵，循也。』高誘注《淮南子・氾論訓》云：『循，遵也。』《禮記・祭義》云『推而放諸東海而準』，注云：『放，至也。』《論語》『敢問崇德脩慝辨惑』，集解引孔注云：『脩，治也。』高誘注《吕氏春秋・季春紀》『禁婦女無觀』云：『觀，遊也。』故趙氏用以爲釋。閻氏若璩《釋地》云：『趙注：「琅邪，齊東南境上邑。」《漢・郊祀志》作「在齊東北」，非也。今諸城縣東南一百五十里有琅邪山，山下有城，卽其處。余曾徧考轉附、朝儛二山，杳不知所在。惟趙氏德，南宋人，有「轉附，附作鮒，屬萊州」之説，殊無依據。意此二山當在海之東盡頭，如成山、召石山之類，登之可以觀海，然後回轆，循海之濱西行，以南至琅邪，亦可觀海焉。』按《史記・秦始皇紀》二十八年，並渤海以東，過黄、腄，窮成山，登之罘，立石頌秦德焉而去。南登琅邪，大樂之。三十七年，自琅邪北至榮成山，至之罘。《漢書・郊祀志》：『後五年，東幸琅邪，禮日成山，登之罘，浮大海。』司馬相如《子虛賦》云：『且齊東陼巨海，南有琅邪，觀乎成山，射乎之罘。』晉灼曰：『之罘山在東萊腄縣。』蓋之罘卽轉附也。之與轉一聲之轉，之之爲轉，猶之之爲旃也。罘與附古音通，罘之爲附，猶不之爲拊也。山川之名，古今更變，乃以聲音求之尚可得。秦皇、漢武所游，自琅邪而北，則至之罘、成山；自之罘、成山而南，則至琅邪。齊景欲觀乎轉附、朝儛，轉附卽之罘也，朝儛卽成山也。于欽《齊乘》云：『召石山在文登之東。』《三齊略》云：『始皇造石橋渡海，觀日出處，有神人召石山下，城陽一山石，岌岌相隨而行，石去不駛，神人鞭之見血，今召石山石色皆赤。』伏琛《齊記》云：『始皇造橋觀日，海神爲之驅石竪柱，今驗成山東入海道水中有竪石，往往相望，似橋柱之狀。又有柱石二，乍出乍沒。』又云：『召石山與成山相近，因始皇會海神，故後世遂呼成山曰神山。』然則召石卽成山也。劉向《九歎・遠逝》篇云『朝四靈於九濱』，王逸注云：『朝，召也。召四方之神，會於大海九曲之涯也。』董子《繁露・朝諸侯》篇云：『朝者，召而問之也。』《左傳》『蔡朝吴』，《公羊傳》作『昭吴』。是朝、召古通。朝宜讀朝夕之朝，俗讀爲朝廷之朝，非也。朝儛卽柱之緩聲。蓋以石形似柱，而緩呼之爲『朝儛』，古儛石聲近。顧氏炎武《唐韻正》云：『石，上聲，常主切。《漢書・楊王孫傳》：「口含玉石，與棺槨朽腐，乃得歸土。」通腐土爲韻。』段氏玉裁《六書音均表》所立十七部，舞聲石聲同第五部。孔氏廣森《詩聲類》，从無从石同陰聲，第三魚類，古讀石爲上聲，聲近於舞，是朝儛卽召石，海神鞭石，則後人附會之妄也。閻氏疑此二山當如成山、召石山之類，未以聲音轉借求之，故不能定爾。或謂轉附朝儛卽華不注，乃華不注在今濟南歷城之西，去齊都不遠，無煩欲觀。毛氏奇齡《四書賸言補》引《管子・戒》篇，謂轉附朝儛，卽猶軸轉斛。按傅子謂《管子》乃後之好事者所加，剌取《孟子》之文入之。是猶軸轉斛爲轉附朝儛之譌，不得謂轉附朝儛卽猶軸轉斛之譌也。然卽其斛字，益知儛字爲石字之聲，何也？《聘禮》記『十斗曰斛』，《説苑・辨物》篇『十斗爲一石』，《周語》單穆公引《夏書》云『關石龢鈞』，韋昭注云『石，今之斛也』。《莊子・田子方》篇『鍾斛不敢入於四竟』，《釋文》：『斛音庾，司馬本作「鍾臾」，鍾讀曰鍾，臾讀曰臾。』臾爲十六斛，與斛自異，而與石之音則近。斛卽石，石古讀若暑，故斛一作『臾』。以《孟子》之朝儛，而《管子》用之作『斛』，則儛字當時或本與石字通借，而好事者乃變石爲斛，以加入《管子》也。其文云：『桓公將東游，問於管子曰：「我游，猶軸轉斛，南至琅邪。」』『我游』二字句，謂我之東游也。猶與由通，謂由轉附、朝斛，南至於琅邪也。軸字衍文，因轉字而誤也。轉軸二字之間，缺附朝二字。幸存斛字，可知《孟子》之儛字卽斛字之借；而斛字則石字之轉注，亦卽臾字之近音也。細繹《管子》之文，益信朝儛爲『召石』矣。房玄齡注『猶軸轉斛』，謂猶軸之轉載斛石，乃望文生意，失之矣。趙氏雖未詳，而以爲皆山名則是，又言『朝水名』者，存異説也。《淮南子・修務訓》云『耳未嘗聞先古』，高誘注云：『先古，謂聖賢之道也。』《文選・東京賦》『憲先靈而齊軌』，薛綜注云：『先靈，先聖之神靈。』是凡稱先，皆謂先古聖賢。先王爲先聖之王，猶先靈爲先聖之神靈也。**晏子對曰：「善哉問也！天子適諸侯曰巡狩，巡狩者，巡所守也。諸侯朝于天子曰述職，述職者，述所職也。無非事者，春省耕而補不足，秋省斂而助不給。**【注】言天子諸侯出，必因王事有所補助於民，無非事而空行者也。春省耕，問耒耜之不足。秋省斂，助其力不給也。【疏】注『春省耕』至『給也』○正義曰：《管子・戒》篇云：『春出，原農事之不本者。秋出，補人之不足者。』朱長春云：『不本，春從不足於耕稼者，原省助之。春種爲本，秋穫爲利，今田家諺「下工用本」是也。耒耜用於耕，耒耜不足，卽謂耕稼之本不足也。』房玄齡云：『秋謂西成，尚有不足者，當補之。秋稼已斂，而力仍有不給於衣食，故云力不給也。力卽力田之力，謂雖力田，而所穫不足以養其父母妻子。』又《國蓄》篇云：『春以奉耕，夏以奉芸，耒耜械器，種饟糧食，畢取贍於君。』又《輕重》丁云：『使吾萌春有以傳耜，夏有以決芸。』**夏諺曰：『吾王不遊，吾何以休？吾王不豫，吾何以助？一遊一豫，爲諸侯度。』**【注】晏子道夏禹之世，民之諺語也。言王者巡狩觀民，其行從容，若遊若豫，豫亦遊也。《春秋傳》曰：魯季氏有嘉樹，晉范宣子豫焉。吾王不遊，我何以得見勞苦蒙休息也。吾王不豫，我何以得見賑贍助不足也。王者一遊一豫，行恩布德，應法而出，可以爲諸侯之法度也。【疏】注『晏子』至『語也』○正義曰：《説文》言部云：『諺，傳言也。』《廣雅・釋詁》云：『諺，傳也。』然則夏諺謂夏世相傳之語。《國語》『諺有之』，韋昭注云：

『諺，俗之善謡也。』俗所傳聞，故云民之諺語，而其辭如歌詩，則謡之類也。○注『言王』至『度也』○正義曰：《易·觀·象傳》云：『先王以省方觀民設教。』是巡狩所以觀民也。游爲優遊，豫爲暇豫。《詩·都人士·序》云『從容有常』，箋云：『從容，謂休燕也。』《史記·留侯世家》云『良嘗間從容步遊下邳圯上』，索隱云：『從容，閒暇也。』故以其行從容解遊豫也。引《春秋傳》者，昭公二年《傳》文。其文作『宴于季氏，有嘉樹焉，宣子譽之』。彼正義引服虔云：『譽，游也。』宣子游其樹下。夏諺曰：「一遊一譽，爲諸侯度。」惠氏棟《左傳補注》云：『《周易·序卦傳》「豫必有隨」，鄭康成注引《孟子》「吾君不豫」以爲證。則知此傳譽字本作「豫」，故服、趙互引爲證。《孫子兵法》云：「人效死而上能用之，雖優遊暇譽，令猶行也。」《外傳》作「暇豫」。李善云：「譽與豫古字通。」』《爾雅·釋詁》云：『休，息也。』《説文》云：『度，法制也。』故以息釋休，以法釋度。孔氏廣森《經學卮言》云：『《晏子春秋》曰：「春省耕而補不足者，謂之遊。秋省實而助不給者，謂之豫。」故於遊言休，謂休息耕者；於豫言助，所謂助不給也。』《東京賦》云：『既春遊以發生，啟諸蟄於潛户；度秋豫以收成，觀豐年之多稌。』薛綜注：『秋行曰豫。』是漢人舊説，猶以遊豫分春秋也。趙氏《章句》，始混爲一。《管子》云：『先王之遊也，春出，原農事之不本者，謂之遊。秋出，補人之不足者，謂之夕。』變豫言夕，古音之轉注也。古讀夕如榭，《詩》曰：『三事大夫，莫肯夙夜。邦君諸侯，莫肯朝夕。』是也。古讀豫亦如榭，故《儀禮·鄉射禮》『豫則鉤楹內』，通作宣榭之榭。榭、豫並音序。爲諸侯度者，言諸侯法之，亦以春秋行其境內，歲舉不過再。倪氏思寬《讀書記》云：『春爲發生，生氣可觀，故曰遊。秋爲收成，成功可喜，故曰豫。秋行曰豫，則春行曰遊可知。蓋先王之觀，惟以物成爲可樂，他無所樂也。』翟氏灝《考異》云：『《管》、《晏》二書，俱有後人附托，或反從《孟子》襲入之，蓋百家之書，尤多竄易。』**今也不然，師行而糧食，飢者弗食，勞者弗息，睊睊胥讒，民乃作慝。**【注】今也者，晏子言今時天下之民，人君興師行軍，皆遠轉糧食而食之，有飢不得飽食，勞者致重，亦不得休息；在位者又睊睊側目相視，更相讒惡，民由是化之而作慝惡也。【疏】注『人君』至『惡也』〇正義曰：《周禮・夏官・序官》云：『二千有五百人爲師，萬有二千五百人爲軍。』師、軍亦通稱。《國語・魯語》『天子作師』，韋昭注云：『師，謂六軍之衆也。』《小司徒》：『五人爲伍，五伍爲兩，四兩爲卒，五卒爲旅，五旅爲師，五師爲軍。』注云：『伍、兩、卒、旅、師、軍，皆衆之名。』是也。《論語・子路》曰『則禮樂不興』，皇侃義疏云：『興，猶行也。』趙氏此注，以軍釋師，以興釋行。閩、監、毛三本作『行師興軍』。按經先師後行，趙氏以師行猶軍興而互明之也。毛氏奇齡《賸言補》云：『《管子・戒》篇云：「夫師行而糧食其民者，謂之亡。」予幼讀「師行糧食」句，疑糧食二字難通，似有脫誤，今始知糧食其民爲確不可易也。』錢氏大昕《潛研堂答問》云：『《周禮・廩人職》云：「凡邦有會同師役之事，則治其糧食。」注：「行道曰糧，謂糒也。止居曰食，謂米也。」鄭鍔云：「遠者治其糧。」《莊子》「適百里者宿舂糧，適千里者三月聚糧」，蓋言遠也。近者治其食，《詩》「朝食于株」，《左傳》「食時而至」，蓋言近也。予按《説文》訓糒爲乾。《詩》「乃裹餱糧，于槖于囊」，《孟子》謂「居者有積倉，行者有裹糧」，此糧與食之辨。」按趙氏云『遠轉糧食而食之』，此以食釋糧。『而食之』三字解食字。《説文》云：『糧，穀食也。』《國策・西周策》云『而藉兵乞食于西周』，注云：『食，糧也。』糧食二字，亦可通稱，故以食釋糧。糧食與師行對言，謂軍師之興，以糧米爲食。糧既是行道所治之名，則以糧爲食，必須遠轉，轉卽運也。遠行轉運，則必負重，不得休息矣。《晏子春秋・問下》篇云：『今君不然〔一〕，師行而糧食。』與《孟子》同。則《孟子》『糧食』之下，非有脱誤，亦非食于民之義也。《音義》云：『睊，古縣切，字亦作「誚」。』王氏念孫《廣雅疏證》云：『睊睊，視也。《説文》「睊，視貌。」重言之則曰睊睊。』然則趙氏不單言視而云側目相視者，《漢書・鄒陽傳》云：『太后怫鬱泣血，無所發怒，切齒側目於貴臣矣。』然則側目者忿恨之貌，《説文》心部云：『悁，忿也。』《後漢書・陳蕃傳》云『至于陛下，有何悁悁』，注：『悁悁，恚忿也。』蓋趙氏以睊睊與悁悁通合言之。《爾雅・釋詁》云：『胥，相也。』《鄒陽傳》云『羊勝、公孫詭疾陽，惡之孝王』，下云『陽客遊以讒見禽』，是惡之卽讒，故顔師古注

〔一〕『今君不然』，《皇清經解》本同，《晏子春秋》作『今君之游不然』。

云：『惡，謂讒毀也。』《樊噲》、《爰盎》等傳注亦多以惡爲讒，譖言人罪惡。更，代也。互相讒短，則其目亦互相忿視，故知睊睊爲側目相視。下言民乃作慝，知此胥讒者，爲在位之人矣。閩、監、毛三本在位下有『在職』二字。《詩・大雅・民勞》篇云『無俾作慝』，毛傳云：『慝，惡也。』是作慝卽作惡也。《周禮・秋官・小行人》云『其悖逆暴亂作慝，猶犯令者爲一書』，注云：『慝，惡也。猶，圖也。』然則作惡謂悖逆暴亂，希圖犯令〔一〕之謂也。

方命虐民，飲食若流；流連荒亡，爲諸侯憂。【注】方，猶放也。放棄不用先王之命，但爲虐民之政，恣意飲食，若水流之無窮極也。謂沉湎于酒，熊蹯不熟，怒而殺人之類也。流連荒亡，皆驕君之溢行也。言王道虧，諸侯行霸，由當相匡正，故爲諸侯憂也。【疏】注『方猶』至『行也』○正義曰：方猶放者，假借字也。《堯典》云『方命圮族』。《漢書・傳喜傳》、《朱博傳》並作『放命』。《尚書正義》鄭康成注云：『方，放。謂放棄教命。』趙氏與之同。閩、監、毛三本作『方，猶逆也。逆先王之命』，非是。引『沉湎于酒』者，《尚書序》云：『羲和湎淫，廢時亂日。』《酒誥》云『罔敢湎于酒』，又云『殷之迪諸臣，惟工乃湎于酒』，鄭氏注云：『飲酒齊色曰湎。』《詩・大雅・蕩》云『天不湎爾以酒』，箋云：『天不同女顔色以酒，有沉湎于酒，是乃過也。』《論衡》云：『紂沉湎于酒，以糟爲丘，以酒爲池，牛

〔一〕『令』，《皇清經解》本作『令』。

飲者三千人。』《説文》水部云：『湎，湛于酒也。』湛與沈同。『熊蹯不熟怒人』，晉靈公事，見《左傳》宣公四年。溢與泆通。溢行，謂淫泆之行也。驕君，指夏之羲和，殷紂之臣工，周之晉靈公之屬。○注「言王」至「憂也」○正義曰：憂，思也，慮也，亦勞也。由與猶通。趙氏之意，謂驕君流連荒亡，王道既虧廢，天子雖不能討，而諸侯之行霸，如齊桓晉文者，思匡救其惡，猶將問罪而伐之。匡卽正也。卽一匡天下之義。行霸之諸侯，不能置此驕君于度外，而加之師旅，則國且危矣，故云猶當相匡正。當相匡正解憂字，如《公羊傳》『桓公有憂中國之心』之憂也。蓋指當時晉、楚將加兵於齊，不質言者，對君之體，宜如此也。全氏祖望《經史問答》云：『爲諸侯憂，古注以爲列國諸侯。試觀僖公四年，桓公欲循海而歸，轅宣仲謂申侯曰：「師出陳、鄭之間，供其資糧扉屨，國必甚病。」哀公時，吳爲黄池之會，過宋、鄭，殺其丈夫，囚其婦人，霸者之世，役小役弱，不可勝道，豈但徵百牢、索三百乘而已。春秋之晚，雖魯亦困于征輸，願降而與邾、滕爲伍，而杞至自貶爲子，則其與附庸之君相去不遠。』此申趙氏之説，則以驕君之流連荒亡，卽指行霸之君。而爲諸侯憂之諸侯，則事霸國之諸侯，非行霸之諸侯。乃趙氏稱諸侯行霸，是以行霸解爲諸侯憂之諸侯也。云當相匡正，似不謂驕君矣。或云如同盟，或姻國，皆憂其國之將亡。**從流下而忘反謂之流，從流上而忘反謂之連，從獸無厭謂之荒，樂酒無厭謂之亡。先王無流連之樂，荒亡之行，惟君所行也。**【注】言驕君放遊，無所不爲。或浮水而下、樂而忘反謂之流，若齊桓與蔡姬乘舟於囿之類也。連者，引也。使人徒引舟船，上行而忘反以爲樂，故謂之連。《書》曰『罔水行舟』，丹朱慢遊，無水而行舟，豈不引舟於水而上行乎，此其類也。從獸無厭，若羿之好田獵，無有厭極，以亡其身，故謂之荒亂也。樂酒無厭，若殷紂以酒喪國也，故謂之亡。言聖人之行，無此四者，惟君所欲行也。晏子之意，不欲使景公空遊於琅邪而無益於民也。【疏】注『或浮』至『類也』○正義曰：浮水而下，謂順流而下也。齊桓與蔡姬乘舟於囿，見僖公三年《左傳》。其下文云：『蕩公，公懼變色。』杜氏注云：『蕩，搖也。囿，苑也。蓋魚池在苑中。』推其義，蓋蔡姬搖動桓公。趙氏引爲流之證者，流猶放也，放猶蕩也。《管子・宙合》篇云『君失音則風律必流』，注云：『流，謂蕩散。』以蕩與流義合，取爲流之證也。○注『連引』至『類也』○正義曰：連訓引者，段氏玉裁《説文解字注》云：『連，負車也。各本作「員連」，今正。連即古文輦也。《周禮・鄉師》「輂輦」，故書輦作「連」，大鄭讀爲輦。《巾車》「連車」，本亦作「輦車」。負車者，人輓車而行，車在後如負也。』《説文》云：『輦，輓車也。从車扶，扶在車前引之也。』又云：『輓，引車也。』連、輦同字，而輦爲輓，輓爲引，是連訓引也。逆水而上，必用徒役輓引之，如負車然，故其名曰連。引《書》者，見《虞書・皋陶謨》。其文云：『無若丹朱傲，惟慢遊是好，傲虐是作，罔晝夜頟頟。』『罔水行舟』一句是《書》辭，『丹朱慢遊，無水而行舟』是趙氏申釋《書》辭。謂無水行舟，必用人輓引，引以爲名連之證也。鄭氏注《書》此文云：

『丹朱見洪水時人乘舟，今水已治，猶居舟中頟頟使人推行之。』王氏鳴盛《尚書後案》云：『鄭云云者，卽《孟子》「從流忘反」也。傳以《論語》「奡盪舟」，孔安國云「陸地行舟」，遂取以解此經。陸地行舟，事之所無，孔彼注失之。』孔氏廣森《經學卮言》云：『《論語》「奡盪舟」，卽所謂「罔水行舟」也。舊說以爲夏時澆，非是。』按無水行舟卽陸地行舟，孔安國注《論語》以陸地行舟爲寒浞之子奡，而《說文》夰部云：『奡，嫚也。《虞書》曰：「若丹朱奡。」讀若傲。《論語》：「奡盪舟。」』是當時有以盪舟卽丹朱傲之事，故趙氏以罔水爲無水，卽陸地行舟。鄭氏謂『水已治』，則以水由地中，前此氾濫已平，亦是以罔水爲無水。鴻水氾濫，人居舟中，今水已落，仍爲陸地，而丹朱猶居舟中，使人推行。鄭雖不明言陸地行舟，而其意可見也。趙氏以陸地方使人推引，其在水使人推引可知，故以爲類例也。○注『從獸』至『亂也』○正義曰：《易·屯》『六三卽鹿無虞』，傳云：『以從禽也。』從禽猶從獸也。厭，足也。引羿之好田獵者，襄公四年《左傳》云：『后羿自鉏遷於窮石，因夏民以代夏政。恃其射也，不修民事，而淫于原獸。棄武羅、伯因、熊髡、尨圉而用寒浞以爲己相，浞行媚于內，施賂于外，愚弄其民而虞羿于田，樹之詐慝，以取其國家，外內咸服，羿猶不悛，將歸自田，家衆殺而亨之。』此羿好田亡身之事也。《詩·魏風·蟋蟀》『好樂無荒』，箋云：『荒，廢亂也。』廢亂者，荒忽迷亂。羿好于田，遂忽于浞之謀己，是爲田所迷也。故引以爲名荒之證。○注『樂酒』至『之亡』○正義曰：引殷紂者。《史記・殷本紀》云：『帝紂好酒淫樂，以酒爲池，縣肉爲林，使男女倮相逐其間，爲長夜之飲。百姓怨望，而諸侯有畔者。』是以酒喪國事也。《翼孟音解》讀樂酒若樂山、樂水，樂酒卽好酒也。《論語・雍也》篇『亡之命矣夫』，孔安國注云：『亡，喪也』《白虎通・崩薨》篇云：『喪者，亡也。』故引以爲名亡之證。《管子・戒》篇云：『夫師行而糧食於〔一〕民者謂之亡，從樂而不反者謂之荒。』《晏子春秋・問下》篇云：『夫從南〔二〕歷時而不反謂之流，從下而不反謂之連，從獸而不歸謂之荒，從樂而不歸謂之亡。』管晏書刺取《孟子》，而文有不同。○注『言聖』至『民也』○正義曰：聖人卽先王也。先王但有春遊秋豫，一休一助，爲民而出，無此從上從下從獸樂酒之事也。先王既非無事空行，故晏子欲效法，亦不無事空行也。對其『何修以比先王之觀』如此。**景公說，大戒於國，出舍於郊，於是始興發，補不足。**【注】景公說晏子之言也。戒，備也。大脩戒備於國。出舍於郊，示憂民困，始興惠政，發倉廩以振貧困不足者也。【疏】注『戒備』至『者也』○正義曰：鄭康成注《禮記・曾子問》、高誘注《淮南子・精神訓》，皆云：『戒，備也。』大修戒備，謂預備補助之事，卽《晏子春秋》所謂『命吏計公掌之粟，籍長幼貧氓之數』是也。景公將身親振給，

〔一〕『於』，《皇清經解》本同，《管子・戒》作『其』。
〔二〕『南』，《皇清經解》本同，《晏子春秋》作『上』。

故出舍於郊，示憂民困也。興與發義同，並言則有别。《周禮·地官·遂大夫》『則帥其吏而興甿』，注云：『興，舉也。』故謂舉行惠政。《廣雅·釋詁》云：『發，開也。』《月令》『雷乃發聲』，注云：『發，出也。』故謂開發倉廩而出其粟。閩、監、毛三本作『以振貧困不足者也』。振，即古賑字。《晏子春秋》云：『吏所委發倉〔一〕廩出粟以予貧民者三千鐘，公所身見癃老者七十人，賑贍之，然後歸也。』**召大師曰：「爲我作君臣相説之樂。」蓋《徵招》、《角招》是也。**【注】大師，樂師也。《徵招》、《角招》，其所作樂章名也。【疏】注『大師』至『名也』○正義曰：《周禮·春官》：『大司樂中大夫二人，樂師下大夫四人，大師下大夫二人。』天子之官，樂師與大師自别。趙氏以太師爲樂師，蓋以諸侯之官，大師爲之長，卽樂師也。胡氏匡衷《儀禮釋官》云：『「僕人正徒相大師，僕人師〔二〕相少師，僕人士相上工。」注云：「大師、少師，工之長也。凡國之瞽矇正焉。杜蒯曰：曠也，大師也。」按《論語》有大師摯，少師陽，是諸侯亦有大師、少師之官。凡言工，皆瞽矇也。大師、少師亦瞽者爲之，故通稱工。大師，樂工之長，非樂官之長。《周禮·春官》有大司樂、樂師，同官，其職掌教國子，與《尚書》典樂官同，非瞽者爲之。』劉氏台拱《經傳小記》云：『《國

〔一〕『仓』，《皇清經解》本同《晏子春秋》無『仓』字。

〔二〕『师』，《皇清經解》本作『正师』，《儀禮注疏》作『师』。

語》：「細鈞，有鐘無鎛，昭其大也。大鈞，有鎛無鐘，甚大無鎛，鳴其細也。大昭小鳴，和之道也。」按細大有以聲言者，上章言「大不踰宫，細不過羽」是也。有以調言者，此言「細鈞大鈞」是也。有以器言者，此言「昭其大，鳴其細」是也。鈞亦作均，《春秋》昭二十年服注云：「黄鐘之均：黄鐘爲宫，大蔟爲商，姑洗爲角，林鐘爲徵，南吕爲羽，應鐘爲變宫，蕤賓爲變徵。」《續漢志》云：「天子常以日冬夏至陰氣應，則樂均濁。」西京郊祀宗廟樂，惟用黄鐘一均，章帝時，太常丞鮑業始旋十二宫，旋宫以七聲爲鈞，蓋古所謂均，即今所謂調。五聲十二律，旋相爲宫，爲六十調，皆具五聲，故有五均。而韋注「細鈞爲徵羽角，大鈞爲宫商」者，古人以聲命調，若《孟子》言「《徵招》·《角招》」，師曠言「《清商》、《清徵》、《清角》」皆是調名，韋氏之意，或亦爾也。』**其詩曰：「畜君何尤？」畜君者，好君也。**【注】其詩，樂詩也。言臣説君謂之好君，何尤者，無過也。孟子所以道晏子、景公之事者，欲以感喻宣王，非其矜夸雪宫而欲以苦賢者。【疏】注『言臣』至『過也』○正義曰：王氏念孫《廣雅疏證》云：『《説文》：「𡢃，媚也。」孟康注《漢書·張敞傳》云：「北方人謂媚好爲詡畜。」畜與𡢃通。《説文》：「媚，説也。」故媚好謂之畜，相説亦謂之畜，又謂之好。《孟子·梁惠王》篇：「畜君者，好君也。」本承上君臣相悦而言，故趙氏注云：「言臣悦君謂之好君。」好畜古聲相近，畜君何尤即好君何尤。《祭統》云：「孝者，畜也。順於道不逆於倫，是之謂畜。」《孔子閒居》及《坊記》注並云：「畜，孝也。」《釋名》云：「孝，好也。愛好父母，如所悦好也。」畜孝好聲並相近。畜君者，好君也。洚水者，洪水也。皆取聲近之字爲訓。後世聲轉義乖，而古訓遂不可通矣。』阮氏元《毛詩王欲玉女解》云：『許氏《説文》金玉之玉無一點，其加一點者，解云「朽玉也。從王有點，讀若畜牧之畜」。《毛詩》玉字，皆金玉之玉。惟《民勞》篇「王欲玉女」，玉字專是加點之玉。《詩》言玉女者，畜女也。畜女者，好女也。好女者，臣悦君也。召穆公言「王乎，我正惟欲好女畜女，不得不用大諫也。」《孟子》曰：「爲我作君臣相悦之樂，其詩曰：畜君何尤？畜君者，好君也。」《孟子》之畜君，與《毛詩》召穆公之玉女無異也。後人不知玉爲假借字，是以鄭箋誤解爲金玉之玉矣。』段氏玉裁《説文解字注》云：『訧，罪也。《邶風》毛傳：「訧，過也。」亦作郵。」《釋言》：「郵，過也。」亦作尤。」《孟子》引《詩》「畜君何尤」。』○注『孟子』至『賢者』〇正義曰：道，言也。閩、監、毛三本作『導晏子景公之事者』。阮氏元《校勘記》云：『道、導古今字，古書多用道。「矜夸雪宫」，閩、監、毛三本夸作「誇」，誤增言旁。「而欲以苦賢者」，閩、監、毛三本同。廖本、孔本、《考文》古本苦作「若」，形相涉而誤也。』按苦有困辱之義，《漢書·馮奉世傳》爲『外國所苦』是也。《廣雅·釋詁》云：『苦，窮也。』謂宣王言賢者亦有此樂乎，是自矜夸其雪宫，而用以困辱賢者，故孟子言晏子、景公之事，以感喻而非斥之。

《章指》言：與天下同憂者，不爲慢遊之樂，不循肆溢之行，是以文王不敢盤于遊田

也。【疏】『與天』至『之行』○正義曰：賈子《新書·道術》篇云：『反敬爲嫚。』嫚與慢同。《説文》心部云：『慢，惰也。』先王因助給而遊，非無事而空行也。無事空行，是爲慢遊矣。肆，古本作『四』。周氏廣業云：『注云「流連荒亡，皆暴君之溢行」則四溢爲是。董子《繁露》云：「桀紂驕溢妄行。」』阮氏元《校勘記》云：『孔本、韓本作四〔一〕是也。』○『是以』至『田也』○正義曰：『文王不敢盤於游田』，《周書·無逸》篇文。

齊宣王問曰：『人皆謂我毁明堂，毁諸，已乎？』【注】謂泰山下明堂，本周天子東巡狩朝諸侯之處也。齊侵地而得有之，人勸宣王，諸侯不用明堂可毁壞，故疑而問於孟子，當毁之乎。已，止也。【疏】注『謂泰』至『毁壞』○正義曰：閻氏若璩《釋地》云：『《封禪書》：「初天子封太山，太山東北阯，古時有明堂處。」是古明堂至漢武帝時猶有遺蹤。』《釋地續》云：『《左傳》隱八年：「鄭伯使宛來歸祊，不祀泰山也。」注云：「鄭桓公封鄭，有助祭泰山湯沐邑，在祊。」祊在琅邪國費縣東南，鄭以天子不能復巡狩，故欲以祊易於魯，以從魯所宜。計爾時距東遷五十六年，泰山下湯沐邑，鄭尚能守之，則明堂仍爲周天子所有，齊焉敢侵？不知幾何時而爲齊得。又至宣王時，不復東巡者四百四十年矣，人

〔一〕『四』，《皇清經解》本作『事』。

咸謂齊毁明堂，無王愈可知。』孔氏廣森《經學卮言》云：『此非如國中明堂爲五室十二堂之制。《荀子》曰：「築明堂于塞外而朝諸侯。」楊倞注云：「明堂，壇也。謂巡狩至方嶽之下，會諸侯，爲宫方三百步，四門，壇十有二尋，深四尺，加方明于壇上，蓋其堂祀方明，故以明堂名之。而朝事義言方明之下，公侯伯子男覲位亦並與明堂位同。」漢時公玉帶上《明堂圖》，中有一殿，四面無壁，近泰山明堂之遺象。』金氏榜《禮箋》云：『巡狩則方岳之下覲其方之羣后，亦曰明堂。孟子書齊宣王曰「人皆謂我毁明堂」，《左氏傳》「爲王宫於踐土」，亦其類也。』宋吴仁傑《兩漢刊誤補遺》並主斯説，此皆用趙氏義。毛氏奇齡《四書賸言》云：『明堂在魯地，而後爲齊有，不知所始。若謂泰山明堂，因巡狩而設，則西南諸嶽，其有無明堂，不見經傳。且欲行王政，而但以文王治岐爲言，其於立言之意，亦多不合。不知此即出王配帝所也。古明堂之制，原爲饗帝而設，自黄帝以來，唐虞夏商俱有之。但饗帝必有配，后稷既配天於郊，而文王則配天於明堂。且天子繼祖爲宗，必有宗祀，而周制以文王當之。《孝經》所云「宗祀文王於明堂」者，是宗祖之祭。《周頌·我將·詩小序》所云「祀文王於明堂」，則配帝之祭也。特魯本侯國，諸侯不敢祖天子，則祖文宗武，非魯宜有，而獨文王以出王之故，大宗之國，不祖而宗，因特立周廟在祖廟之外，而又以文當配帝，特設明堂爲出王配帝之所。蓋天子二郊，既祭昊天上帝，而於明堂則兼及五帝，原是殺禮，故明堂九室，祇以中央太室與東西南北之太廟，合名五室，而祀方明於其中，故天子祖文王於明堂，而魯則得以大宗宗之，天子以歲祭饗上帝於明堂，而魯亦得以四時迎氣，五方饗帝，十二月聽朔降及之。蓋周郊在二至，而魯郊祇在孟春祈穀，季秋報享。鎬京明堂，並祀文武；而泰山明堂，則祇祀文王。《孝經》所謂「嚴父配天，則周公其人」者，專指此泰山明堂爲言。若然，則其舉文王治岐，亦卽因祭文王而推本及之。以治岐者，亦宗祀所自來也。』《春秋》文公十六年『毁泉臺』，注云：『毁，壞之也。』故趙氏以壞釋毁。○注『已止也』○正義曰：《毛詩》傳箋、鄭氏《禮》注，韋昭《國語》注，高誘《戰國策》、《吕氏春秋》、《淮南子》注皆然，不勝數。

孟子對曰：『夫明堂者，王者之堂也。王欲行王政，則勿毁之矣。』【注】言王能行王道者，則可無毁也。【疏】『夫明堂者王者之堂也』○正義曰：阮氏元《明堂論》云：『粤惟上古，水土荒沈，橧穴猶在，政教朴略，宫室未興。神農氏作，始爲帝宫，上圓下方，重蓋以茅，外環以水，足以禦寒暑，待風雨，實惟明堂之始。明堂者，天子所居之初名也。是故祀上帝則於是，祭先祖則於是，朝諸侯則於是，養老尊賢教國子則於是，饗射獻俘馘則於是，治天文告朔則於是，抑且天子寢食恆於是，此古之明堂也。黄帝堯舜氏作，宫室乃備，洎夏商周三代，文治益隆，於是天子所居，在邦畿王城之中，三門三朝，後曰路寢，四時不遷。路寢之制，準郊外明堂四方之一，鄉南而治，故路寢猶襲古號曰明堂。若於祭昊天上帝，則有圓丘；祭祖考，則有應門內左之宗廟；朝諸侯，則有朝廷；養老尊賢教國子獻俘馘，則有辟雍學校；其地既分，其禮益備，故城中無明堂也。然而聖人事必師古，禮不忘本，於近郊東南，别建明堂，以存古制，藏古帝治法册典於此；或祀五帝，布時令，朝四方諸侯，非常典禮，乃於此行之，以繼古帝王之蹟。譬之上古衣裳未成，始有韍皮；椎輪初制，惟尚越席；後世聖人，采備繪繡，無廢赤芾之垂；車成金玉，不增大路之飾；此後世之明堂也。自漢以來，儒者惟蔡邕、盧植，實知異名同地之制，尚昧上古中古之分。後之儒者，執其一端，以蔽衆説，分合無定，制度鮮通，蓋未能融洽經傳，參驗古今，二千年來，遂成絶學。試執吾言，以求之經史百家，有相合無相戾者，别勒成書，以備稽覽，括其大指，著於斯篇。』

王曰：『王政可得聞與？』【注】王言王政當何施，其法寧可得聞。

對曰：『昔者文王之治岐也，耕者九一，仕者世禄，關市譏而不征，澤梁無禁，罪人不孥。【注】言往者文王爲西伯時，始行王政，使岐民脩井田，八家耕八百畝，其百畝者，以爲公田及盧井，故曰九一也。紂時税重，文王復行古法也。仕者世禄，賢者子孫必有土地。關以譏難非常，不征税也。陂池魚梁不設禁，與民共之也。孥，妻子也。《詩》云：『樂爾妻孥。』罪人不孥，惡惡止其身，不及妻子也。【疏】注『言往』至『王政』○正義曰：往，即昔也。《史記·周本紀》云：『公季卒，子昌立，是爲西伯，西伯曰文王。自岐下而徙都豐，明年西伯崩。』然則文王爲西伯，治豐未久，故孟子以爲治岐，趙氏以爲爲西伯時也。○注『使岐』至『法也』○正義曰：《史記・殷本紀》言『紂厚賦税，以實鹿臺之錢，而盈鉅橋之粟』。《淮南子・要略訓》云：『紂爲天子，賦斂無度。』是紂時税重也。趙氏佑《温故録》云：『《王制》：「古者，公田藉而不税，市廛而不税，關譏而不征，林麓川澤，以時入而不禁，夫圭田無征。」與《孟子》此文脗合。鄭氏注謂「古者爲殷時」，則正是紂廢其法，而文獨脩行之。』○注『賢者』至『土地』○正義曰：《王制》云：『天子之縣內，諸侯禄也，外諸侯嗣也。』注云：『選賢置之於位，其國之禄，如諸侯不得位，有功乃封之，使之世也。《冠禮・記》曰：「繼世以立諸侯，象賢也。」』孔氏正義云：『得采國爲禄而不繼世，故云禄。下云「大夫不世爵」是也。此謂畿內公卿大夫之子，父死之後，得食父之故國采邑之地，不得繼父爲公卿大夫也。畿外諸侯，世世象賢，傳嗣其國。公卿大夫，輔佐于王，非賢不可，故不世也。』然則世禄兩分，世謂繼世爲諸侯，禄謂但食采地。此仕者世禄，比例天子之内諸侯，不可世爵，祇可世禄。則世禄謂世食其采地，故云賢者子孫解世字也，必有土地解禄字也。昭公三十一年《公羊傳》云：『賢者子孫，宜有地也。』趙氏所本也。《五經異義》引《古春秋・左氏》説：『卿大夫得世禄，不世位，父爲大夫死，子得食其故采地；如有賢才，則復父故位。』《毛詩・大雅・文王》篇『凡周之士，不顯亦世』，傳云：『世者，世禄也。』○注『關以』至『税也』○正義曰：《廣雅・釋詁》云：『譏，問也。』問亦難也。《周禮・地官・大司徒》『制天下之地征』，注云：『征，税也。』○注『陂池』至

『之也』○正義曰：《毛詩・陳風》『彼澤之陂』，傳云：『陂，澤障也。』《周禮・雍氏》注云：『池，謂陂障之水道也。』是澤爲陂池也。《毛詩》『無逝我梁』，傳云：『梁，魚梁也。』《周禮・𢽾人》『掌以時𢽾爲梁』，鄭司農注云：『梁，水偃也。偃水爲關空，以笱承其空。』《王制》云『然後漁人入澤梁』，注云：『梁，絶水取魚者。』此云澤梁，故知爲魚梁也。○注『孥妻』至『子世』〔一〕○正義曰：孥與奴同，假借作『帑』。《國語・鄭語》『寄孥與賄焉』，《楚語》『見藍尹亹載其孥』，注皆云：『妻子曰孥。』《晉語》『以其孥適西山』，注云：『孥，妻子也。』文公六年《左傳》『宣子使臾駢送其帑』，注云：『帑，妻子也』。引《詩》者，《小雅・常棣》第八章。毛傳云：『帑，子也。』《禮記・中庸》引此詩，鄭氏注云：『古者謂子孫曰帑。』《詩》正義云：『上云妻子好合，子卽此帑也。《左傳》曰「秦伯歸其帑」，《書》曰「予則帑戮汝」，皆是子也。』《周禮・秋官・司厲》：『其奴，男子入于罪隸，女子入于舂槀。』鄭司農云：『謂坐爲盜賊而爲奴者，輸于罪隸、舂人、槀人之官也。由是觀之，今之爲奴婢，古之罪人也。故《書》曰「予則奴戮汝」，《論語》曰『箕子爲之奴』，罪隸之奴也。故《春秋傳》曰：「斐豹隸也，著於丹書。請焚丹書，我殺督戎。」耻爲奴，欲焚其籍也。』玄謂：『奴，從坐而沒入縣官者，男女同名。』賈氏疏云：『先鄭引《尚書》「予則奴戮汝」，

〔一〕『世』，《皇清經解》本作『也』。

及《論語》「箕子爲之奴」，皆與此經奴爲一。若後鄭義，《尚書》奴爲子，若《詩》「樂爾妻奴」，奴卽子也。後鄭不破者，亦得爲一義。玄謂「奴男女從坐没入縣官者」，謂身遭大罪合死，男女没入縣官，漢時名官爲縣官，非謂州縣也。』按《説文》女部云：『奴，奴婢，皆古之罪人也。《周禮》曰：「其奴，男子入于罪隸，女子入于舂槀。」』《吕氏春秋・開春論》云『叔嚮爲之奴』，高誘注云：『奴，戮也。律坐父兄没入爲奴。』然則凡父兄妻子，從坐没入之罪名爲奴。『罪人不孥』，謂罪及本身，不没入其父兄妻子爲奴也。故賈氏謂先鄭、後鄭義同。不罪其妻子，卽是不以其妻子爲奴。《説文》别無『孥』字，是罪人爲奴婢爲此奴，因而妻子子孫通稱爲奴。古者大罪，坐其妻子，亦僅没爲奴婢，殊于秦人族誅之法；而文王猶除之，僅及本身，非謂本身奴罪亦除之也。《潛夫論・述赦》篇云：『養稊稗者傷禾稼，惠姦軌〔一〕者賊良民，《書》曰：「文王作罰，刑兹無赦。」先王制刑〔二〕，非好傷人肌膚，斷人壽命〔三〕，乃以威姦懲惡，除民害也。』又《論榮》篇云：『堯，聖父也，而丹朱〔四〕

〔一〕『軌』，《皇清經解》本同，《潛夫論・述赦》作『宄』。
〔二〕『先王制刑』，《皇清經解》本同，《潛夫論・述赦》作『是故先王之制刑法也』。
〔三〕『斷人壽命』，《皇清經解》本同，《潛夫論・述赦》作『斷人壽命者也』。
〔四〕『朱』，《皇清經解》本同，《潛夫論・論榮》作『凶』。

者，不可株連坐罪。此善人有彝常，爲天所與；惟泯亂彝常之人，乃自取罪，尤應加以文誥》「自速辜」之義。《書》意言大惡之人，所聽父兄教誨，子弟勸阻，而其父兄子弟亦有善泯亂彝常之人，乃其召罪也。曰同爰。速，召也。由同郵，過也，謂罪也。速由，卽《酒我民」，當斷句，言有常之民，爲天意所與。下云「大泯亂，曰乃其速由」，又當斷句。言大惟慈善者，不爲政人所罪。政人，卽下文「惟厥正人」，若大正少正之屬也。下云「天惟與云「子不祗厥父事」等是也。云「惟弔茲不于我政人得罪」者，弔，善也。弔茲猶茲弔，言詞也」，字作「㤥」。言此元惡大憝，其惟不孝不友之人，所爲大惡，必不謀於骨肉親戚，下也。孫氏星衍《罪不相及論》云：「《康誥》云『元惡大憝，矧惟不孝不友』者，《說文》『矧，戮。故王符引丹朱有聖父，鯀有聖子，管蔡有聖兄，不當因其本身之罪，概及其父子兄弟帑，謂本身惡宜加罪，其父子兄弟不從惡，則不坐也。若從惡，卽是本身有罪，當不止奴罪人不帑之事也。罪人，謂加罪于人，卽不慈不孝不友不恭，文王作罰，刑茲無赦也。不恭，不相及也。』昭公二十年《傳》，苑何忌引《康誥》曰：『父子兄弟，罪不相及。』此正文王弟不相及也。』僖三十三年《左傳》，晉季臼引《康誥》云：『父不慈，子不祗，兄不友，弟不傲；舜，聖子也，而叟〔一〕頑惡。鯀殛而禹興；管、蔡爲戮，周公祐王：故《書》稱父子兄

〔一〕「叟」，《皇清經解》本同，《潛夫論・論榮》作「瞍」。

王不教之罰耳。』**老而無妻曰鰥，老而無夫曰寡，老而無子曰獨，幼而無父曰孤，此四者天下之窮民而無告者。文王發政施仁，必先斯四者。**【注】言此四者皆天下之窮民，文王常恤鰥寡，存孤獨也。【疏】『文王』至『四者』○正義曰：《書·無逸》『文王懷保小民，惠鮮鰥寡。』是其事也。**《詩》云：「哿矣富人，哀此煢獨。」』**【注】詩，《小雅·正月》之篇。哿，可也。詩人言居今之世可矣，富人但憐憫此煢獨羸弱者耳。文王行政如此也。【疏】注『詩小』至『此也』○正義曰：引詩在《正月》篇第十三章。煢作『惸』。毛傳云：『哿，可。獨，單也。』箋云：『此言王政如是，富人猶可，惸獨將困也。』《説文》云：『哀，閔也。』憫即閔，閔亦憐也。單則弱，困則羸，趙氏本毛傳而申之也。王氏念孫《廣雅疏證》云：『鄭注《大司寇》云：「無兄弟曰惸」，《洪範》云「無虐煢獨」，《小雅·正月》篇云「哀此惸獨」，《唐風·杕杜》篇云「獨行睘睘」，《周頌·閔予小子》篇云「嬛嬛在疚」，《説文》「赹，獨行也」，並字異而義同。《孟子·梁惠王》篇：「老而無妻曰鰥，老而無夫曰寡，老而無子曰獨，幼而無父曰孤。」襄二十七年《左傳》「齊崔杼生成及彊而寡」，則無妻亦謂之寡。鰥、寡、孤一聲之轉，皆與獨同義，因事而異名耳。』

王曰：『善哉言乎！』【注】善此王政之言。

曰：『王如善之，則何爲不行？』【注】孟子言王如善此王政，則何爲不行也。

王曰：『寡人有疾，寡人好貨。』【注】王言我有疾，疾在好貨，故不能行。

對曰：『昔者公劉好貨，《詩》云：「乃積乃倉，乃裹糇糧，於橐于囊，思戢用光，弓矢斯張，干戈戚揚，爰方啓行。」故居者有積倉，行者有裹囊也，然後可以爰方啓行。王如好貨，與百姓同之，於王何有？』【注】《詩》，《大雅·公劉》之篇也。乃積穀於倉，乃裹盛乾食之糧於橐囊也。思安民，故用有寵光也。戚，斧。揚，鉞也。又以武備之四方啓道路。孟子言公劉好貨若此，王若則之，於王何有不可也。【疏】『行者有裹囊也』○正義曰：阮氏元《校勘記》云：『宋本、孔本同。石經、閩、監、毛三本、韓本囊作「糧」。』按《鹽鐵論》：『公劉好貨，居者有積，行者有囊。』與裹囊合。臧氏琳《經義雜記》云：『孟子以積與裹對，倉與囊對，謂積穀於倉，裹糧於囊也。《詩》云：「乃積乃倉，乃裹餱糧，于橐于囊。」有三乃字，二于字，曰餱又曰糧，曰橐又曰囊，皆重文以助句；至孟子釋《詩》，止積倉裹囊四言也。俗本改裹囊爲裹糧，則《詩》「于橐于囊」句似贅矣。舊疏釋孟子之言云：「故居者有穀積于倉，行者有糧裹于囊。」則北宋作疏時，尚作「行者有裹囊」。○注『詩大』至『光也』○正義曰：《詩》在《公劉》篇首章。乃，《詩》作『迺』，古字通也。《音義》作『糇』，《詩》作『餱』，《詩·釋文》云：『字或作「糇」。』《説文》無『糇』字。食部：『餱，乾食也。』毛本作『餱』。戢，《詩》作輯。毛傳云：『公劉居於邰，而遭夏人亂，迫逐公劉；公劉乃辟中國之難，遂平西戎，而遷其民，邑於豳焉。迺積迺倉，言民事時和，國有積倉也。小曰橐，大曰囊。思輯用光，言民相與和睦，以顯於時也。』箋云：『邰國乃有積委及倉也。安安而能遷，積而能散，爲夏人迫逐己之故，不忍鬬其民，乃裹糧食於槖囊之中，棄其餘而去，思在和其民人，用光大其道，爲今子孫之基。』《詩》以積倉與上埸疆對，埸疆是二事；故鄭以積爲委積，與倉對，亦爲兩事。趙氏謂『積穀于倉』，與鄭異也。《爾雅・釋詁》云：『輯，和也。』故毛、鄭皆以和釋之。《説文》戈部云：『戢，藏兵也。《詩》云：「載戢干戈。」』藏兵不戰，所以安民，故趙氏以安釋之。惟和則安，亦惟安則和，二義可相備。以寵釋光，《詩・長發》箋云：『寵，榮名之謂。』榮名卽毛傳『顯於時』之義。鄭云『光大』，則讀光爲廣，與毛、趙異也。○注『戚斧揚鉞也』○正義曰：程氏瑤田《通藝録・考工創物小記》云：『斧屬之器，《説文》云：「斧，斫也。」「戉，大斧也。」「戚，戉也。」余謂斧斤異於戈戟者，戈戟鋭鋒，斧斤潤鋒也。故用之爲斫擊。戈戟之鋒鋭，同於矛之刺，但矛直刺，而戈戟則横擊以刺之也。《公劉》之詩云「干戈戚揚」，毛傳云：「戚，斧也。揚，戉也。」正義云：「《廣雅》：鉞，戚，斧也。則戚揚皆斧鉞之别名。傳以戚爲斧，以揚爲鉞，鉞大而斧小。太公《六韜》云：太阿斧重八斤，一名大鉞。是鉞大於斧也。」戚之言蹙也，其刃蹙狹。對戉名揚者言之，彼爲發越飛揚，故其刃侈張。蹙之張之，顧名思義，曰戚曰揚，弗可易也。戉今俗名月斧，以爲象形，然實戉聲之譌也。』趙氏不釋干戈，箋云：『干，盾也。戈，句矛戟也。』《考工創物小記》云：『冶氏爲戈，廣二寸，内倍之，胡三之，援四之；倨句外博，重三鋝。戟，廣寸有半寸，内三之，胡四之，援五之；倨句中矩，與刺重三鋝。戈戟並有内，有胡，有援，二者之體，大略同矣。其不同者，戟獨有刺耳。故《説文》云：「戈，平頭戟也。」「戟，有枝兵也。」然則戈爲戟之無枝者矣。《説文》言枝，《考工》言刺，枝、刺一物也。是故戈之制有援，援其刃之正者，横出以啄人，其本卽内也。内横貫于柲之鑿而出之，故謂之内。援接内處下垂謂之胡。胡上不冒援而出，故曰平頭也。《方言》：「凡戟而無刃，秦、晉之閒謂之釨，或謂之鏔；吴、揚之閒謂之戈。」此言内之無刃者謂之戈也。《説文》：「孑，無右臂也。」戈右無刃謂之孑者，假借會意而象其形以名之也。又云：「三刃枝，南楚、宛、郢謂之匽戟。」此言戈内之有刃者謂之戟也。戈之刃，在援與胡，其用主於援。戟則刃之在援在胡，依然一戈，而復有刺之刃，則其用主於刺。三刃者，一援一胡一刺也。○注「又以」至「道路」○正義曰：閩、監、毛三本作「又以武備之曰方啓行道路。」按毛傳云：「張其弓矢，束其干戈戚揚，以方開道路，去之豳。」箋云：「爰，曰也。公劉之去邰，整其師旅，設其兵器，告其士卒曰：『爲女方開道而行。』」鄭釋爰爲曰，用《爾雅・釋詁》文。毛但云「方開道路」，則不釋爰爲曰，第作于是而已。《爾雅・釋詁》又云：「爰，于也。」是也。趙氏云「又以武備」，解弓矢斯張，干戈戚揚也。云「之四方」，之字釋行，四方釋方。謂爰方啓行爲于四方啓行，參用毛傳，與鄭不同。以趙推毛，毛傳「以方」疑是「四方」之譌。

王曰：「寡人有疾，寡人好色。」【注】王言我有疾，疾在好色，不能行也。

對曰：『昔者太王好色，愛厥妃，《詩》云：「古公亶甫，來朝走馬，率西水滸，至于岐下，爰及姜女，聿來胥宇。」當是時也，內無怨女，外無曠夫，王如好色，與百姓同之，於王何有？』【注】詩，《大雅・緜》之篇也。亶甫，太王名也。號稱古公。來朝走馬，遠避狄難，去惡疾也。率，循也。滸，水涯也。循西方水滸，來至岐山下也。姜女，太王妃也。於是與姜女俱來相土居也。言太王亦好色，非但與姜女俱行而已也，普使一國男女，無有怨曠；王如則之，與百姓同欲，皆使無過時之思，則於王之政，何有不可乎。【疏】注『詩大』至『古公』○正義曰：詩在《緜》篇第二章。甫，《詩》作『父』，古字通也。毛傳於首章云：『古公，豳公也。古言久也。亶父，字。或殷以名言，質也。』爲名爲字，毛氏不定；趙氏以爲名者，如《春秋》齊侯禄父、季孫行父，皆以父爲名，不必字也。按古，猶昔也。當謂古昔公亶甫，『公亶甫』三字稱號，猶公劉、公非、公祖，類加公於名上而已。○注『來朝』至『疾也』○正義曰：箋云：『來朝走馬，言其辟惡，早且疾也。』早解來朝，疾解走馬，辟惡解其早且疾之故。劉熙《釋名・釋姿容》云：『疾行曰趨，疾趨曰走。』趙氏云疾，解走字也。來朝爲早，易明，故不釋耳。○注『率循』至『下也』○正義曰：毛傳云：『率，循也。滸，水厓也。』箋云：『循西水厓，沮、漆水側也。』『率循』，《爾雅・釋詁》文。『滸水厓』，《釋水》文。涯、厓字通也。閻氏若璩《釋地》云：『太史公《周本紀》云：「遂去豳，渡漆、沮，踰梁山，止於岐下。」將自邠抵岐，東南二百五十餘里，登山涉水，叙次如畫。

然程大昌《雍録》謂渭水實在梁山下之南，循渭西上，可以達岐，則《詩》水字，又與漆、沮無涉，似益精確矣。」○注「姜女」至「居也」○正義曰：毛傳云：「姜女，太姜也。胥，相也。宇，居也。」箋云：「爰，於。及，與。聿，自也。於是與其妃太姜自來相可居者，著太姜之賢智也。」太姜爲太王妃，與太任、太姒爲周室三母，詳見《列女傳》。趙氏以於是釋爰，以與釋及，以相釋胥，以居釋宇，與毛、鄭同。惟不用自來之訓，而以聿來爲俱來，聿猶律，《説文》彳部云：「律，均布也。」蔡邕《月令章句》云：「律，率也。」《漢書·宣帝紀》杜注云：「率者，總計之言也。」均，總卽俱，趙氏以自來之義不協，故讀聿爲律爲率也。「相土居」，卽《詩》正義云「相土地之可居也」。《管子·樞言》篇「與人相胥」，注云：「胥，視也。」《説文》云：「相，省視也。」胥之爲視，卽相之爲省視也。

《章指》言：夫子恂恂然善誘人，誘人以進於善也。齊王好貨好色，孟子推以公劉、太王，所謂「責難於君謂之恭」者也。【疏】「夫子」至「誘人」○正義曰：《論語·子罕》篇文。《論語》作「循循」，《後漢書·趙壹傳》云：「失恂恂善誘之德。」《三國志·步隲傳》云：「《論語》言夫子恂恂然善誘人。」並作「恂恂」，與此《章指》同。

孟子正義卷五

孟子謂齊宣王曰：『王之臣，有託其妻子於其友而之楚遊者，【注】假此言也以爲喻。**比其反也，則凍餒其妻子，則如之何？』**【注】言無友道，當如之何。【疏】『比其反也』○正義曰：《音義》云：『比，丁必二切，及也。』高誘注《吕氏春秋・達鬱》篇云：『比，猶致也。』致卽密推之致爲至，故《論語》『比及三年』，皇侃義疏云：『比，至也。』孫氏以比及連文，故以比有及義。按比之義爲方，比方猶言譬如。孟子謂託孥於友，而友諸之矣。設若其反，則其友未嘗顧恤，而致凍餒其妻子。今人設言，尚云比方，正其義也。《論語》『比及三年』，當亦云比方及於三年爾。

王曰：『棄之。』【注】言當棄之，絶友道也。【疏】注『絶友道也』○正義曰：哀公十五年《左傳》云『絶世于良』，注云：『絶世，猶言棄也。』

曰：『士師不能治士，則如之何？』【注】士師，獄官吏也。不能治獄，當如之何。【疏】注『士師獄官吏也』○正義曰：見《周禮・秋官》。

王曰：『已之。』【注】已之者，去之也。【疏】注『已之者去之也』○正義曰：《詩·陳風·墓門》篇『知而不已』，箋云：『已，猶去也。』按去之謂罷退其職。《禮記·學記》云：『古者仕焉而已者。』《論語》：『令尹子文三已之。』

曰：『四境之内不治，則如之何？』【注】境内之事，王所當理，不勝其任，當如之何。孟子以此動王心，令戒懼也。

王顧左右而言他。【注】王慙而左右顧視，道他事，無以答此言也。【疏】注『王慙』至『言也』○《説文》頁部云：『顧，還視也。』《詩·晉風》『顧瞻周道』，箋云：『回首曰顧。』左右立王少後，視之必回首，故云左右顧視，卽回旋視之也。《周禮·訓方氏》『掌道四方之政事』，《撢人》『道國之政事』，注並云：『道，猶言也。』故以道解言。

《章指》言：君臣上下，各勤其任，無墮其職，乃安其身也。【疏】『無墮其職』○正義曰：墮，許規切，亦音隋。墮，《廣韻》在四支，俗作『隳』。《呂氏春秋·必己》篇『愛則隳』，高誘注云：『隳，廢也。』《禮記·月令》『毋有壞墮』，《釋文》云：『墮，本作「隳」。』《周禮·守祧》『既祭則藏其隋』，《儀禮·士虞〔一〕禮》注作『既祭則藏其墮』。是墮又讀隋也。此當爲墮敗之墮。

〔一〕『虞』，《皇清經解》本作『儀』，《儀禮注疏》作『虞』。

孟子見齊宣王曰：『所謂故國者，非謂有喬木之謂也，有世臣之謂也。【注】故者，舊也。喬，高也。人所謂是舊國也者，非但見其有高大樹木也，當有累世脩德之臣，常能輔其君以道，乃爲舊國可法則也。【疏】注『故者』至『高也』○正義曰：《國策・秦策》『寡人與子故也』，《楚辭・招魂》『樂先故些』，高誘、王逸注並云：『故，舊也。』『喬高』，《爾雅・釋詁》文。○注『人所』至『則也』○正義曰：《尚書・君奭》云：『則商實百姓，王人罔不秉德。明恤小臣，屏侯甸。矧咸〔一〕奔走，惟茲惟德稱，用乂厥辟。』江氏聲《集注音疏》云：『百姓，異姓之臣。王人，王之族人，同姓之臣也。无不秉持其德，明恤政事。乂讀當爲艾，艾，相也。辟，君也。惟此羣臣，各稱其德，以輔相其君，此指上伊尹、伊陟、臣扈、巫咸、巫賢、甘盤等，所謂累世修德之臣，常能輔其君以道也。』**王無親臣矣！**【注】今王無可親任之臣。【疏】注『今王』至『之臣』○正義曰：《詩・邶風》『仲氏任只』，箋云：『任，以恩相親信也。』《大戴記・文王官人》篇云『觀其任廉』，注云：『任，以信相親也。』是親臣爲親任之臣。**昔者所進，今日不知其亡也。』**【注】言王取臣不詳審，往日之所知，今日爲惡當誅亡，王無以知也。【疏】注『言王』至『知也』○正義曰：往日解昔者，所知解所進，進者，引也，登也。知其人乃登進之，使爲臣也。誅，責也。亡，喪，棄也。始不詳

〔一〕『咸』，《皇清經解》本作『惟』，《尚書正義》作『咸』。

審而登進之，固以爲知其賢也。久而爲惡，至于誅責而棄去之，則是始以爲知之者，原未嘗知之也。今日不知其亡，謂不知其今日之亡，經文倒言之也，故下王問何以先知其不才。閩、監、毛三〔一〕本作『我無以名之』，非。

王曰：『吾何以識其不才而舍之？』【注】王言我當何以先知其不才而舍之不用也。

曰：『國君進賢，如不得已，將使卑踰尊，疏踰戚，可不慎與！【注】言國君欲進用人，當留意考擇；如使忽然不精心意，如不得已而取備官，則將使尊卑親疏相踰，豈可不重慎之。【疏】注『如使』至『慎之』○正義曰：『忽之言迷忘也。』《荀子·正名篇》云：『故愚者之言，芴然而粗。』芴然即忽然，粗即不精心意。精，猶靜也。靜其心意，乃能詳審。今忽忽若迷若忘，解如不得已之狀也。已，止也。不得已者，本不當用，因無人充職，姑且用之，故云不得已而取備官。不得已而取備官，乃是明知其不才而姑且用之。今原非明知其不才，但以不精心意，若迷若忘，昏昏忽忽，故言如不得已。如者，擬而形容之之詞也。經以如不得已形容不詳審之狀，趙氏以忽然不精心意形容如不得已之狀。《國語·魯語》『使僮子備官而未之聞耶』，注云：『僮，僮蒙，不達也。』正忽然不精心意之謂。

左右皆曰賢，未可也；諸大夫皆曰賢，未可也；國人皆曰賢，然後察之；見賢焉，然後用

〔一〕『三』，《皇清經解》本無，本書前後文例有『三』。

之。【注】謂選大臣，防比周之譽，核鄉願之徒。《論語》曰：『衆好之，必察焉。』【疏】注『選大』至『察焉』○正義曰：累世修德，輔君以道，是大臣也。文公十八年《左傳》云：『昔帝鴻氏有不才子，掩義隱賊，好行凶德，醜類惡物，頑嚚不友，是與比周。』《漢書·谷永傳》云『無用比周之虛譽』，注云：『比周，言阿黨親密也。』鄉願之徒，若漢之胡廣，晉之王祥，以虛名而登上位，宜核其實。引《論語》者，《衛靈公》篇文。**左右皆曰不可，勿聽；諸大夫皆曰不可，勿聽；國人皆曰不可，然後察之；見不可焉，然後去之。**【注】衆惡之，必察焉。惡直醜正，實繁有徒，防其朋黨，以毀忠正。【疏】注『衆惡之必察焉』○正義曰：亦《論語·衛靈公》篇文。○注『惡直』至『忠正』○正義曰：昭公二十八年《左傳》云：『《鄭書》有之，惡直醜正，實繁有徒。』《文選·上林賦》注云：『蕃與繁，古字通。』《管子·參忠》篇云：『行邪者不變，則羣臣朋黨，才能之人去亡。』《荀子·臣道篇》云：『不卹公道通義，朋黨比周，以環主圖私爲務，是篡臣者也。』注云：『環主，環繞其主，不使賢臣得用。』此朋黨毀忠正也。《春秋繁露·五行相勝》篇云：『司農爲姦，朋黨比周，以蔽主明，退匿賢士，絶滅公卿。』**左右皆曰可殺，勿聽；諸大夫皆曰可殺，勿聽；國人皆曰可殺，然後察之；見可殺焉，然後殺之。故曰國人殺之也。**【注】言當慎行大辟之罪，五聽三宥，古者刑人於市，與衆棄之。【疏】注『言當』至『三宥』○正義曰：《尚書·呂刑》云：『大辟之罰，其屬二百。』《禮記·文王世子》云：『其死罪，則曰某之罪在大辟。』《周禮·

秋官·掌戮》「掌斬殺」，注云：「殺以刀刃，若今棄市也。」《司刑》「掌五刑之法，殺罪五百」，注云：「殺，死刑也。」經言可殺，故知爲大辟之罪也。五聽者，《周禮·秋官·小司寇》：「以五聲聽獄訟，求民情：一曰辭聽，二曰色聽，三曰氣聽，四曰耳聽，五曰目聽。」是也。三宥者，《司刺》：「掌三刺三宥三赦之法，以贊司寇聽獄訟：壹宥曰不識，再宥曰過失，三宥曰遺忘。」是也。○注「刑人於市與衆棄之」○正義曰：《禮記·王制》文。**如此，然後可以爲民父母。**【注】行此三慎之聽，乃可以子畜百姓也。

《章指》言：人君進賢退惡，翔而後集；有世賢臣，稱曰舊國，則四方瞻仰之，以爲則矣。【疏】「人君進賢退惡」○正義曰：《白虎通》云：「進善乃以退惡。」○「翔而後集」○正義曰：《論語·鄉黨》篇文。周氏廣業《孟子古注考》云：「後，古本作『后』。《韓詩外傳》載楚王使人齎金請接輿治河南，辭不受，其妻曰：『不如去之。』乃變姓名，莫知所之。《論語》曰：『色斯舉矣，翔而後集。』接輿之妻是也。《詩·卷阿》『鳳凰鳴矣，于彼高岡』，鄭箋云：『喻賢者待禮乃行，翔而後集。』趙引此，見人君當審慎用人之意。『其進鋭者其退速』，注云：『不審人而過進不肖越其倫，退而悔之必速矣。當翔而後集，慎如之何？』正與此同。」

齊宣王問曰：『湯放桀。武王伐紂。有諸？』【注】有之否乎。

孟子對曰：『於傳有之。』【注】於傳文有之矣。

曰：『臣弒其君，可乎？』【注】王問臣何以得弒其君，豈可行乎。

曰：『賊仁者謂之賊，賊義者謂之殘，殘賊之人，謂之一夫。聞誅一夫紂矣，未聞弒君也。』【注】言殘賊仁義之道者，雖位在王公，將必降爲匹夫，故謂之一夫也。但聞武王誅一夫紂耳，不聞弒其君也。《書》云『獨夫紂』，此之謂也。【疏】注『書云獨夫紂』○正義曰：《荀子・議兵篇》云：『誅桀紂若誅獨夫，故《太誓》云「獨夫紂」，此之謂也。』趙氏引《書》，蓋卽謂此。又《正論》篇云：『誅暴國之君，若誅獨夫。湯武非取天下也，修其道，行其義，興天下之同利，除天下之同害，而天下歸之也。天下歸之之謂王，天下去之之謂亡，故桀紂無天下，而湯武不弒君，由此效之也。』《漢書・劉向傳》『以蕭望之、周堪、劉向爲三獨夫』，顏師古云：『獨夫，猶言匹夫。』

《章指》言：孟子言紂以崇惡，失其尊名，不得以君臣論之，欲以深寤齊王，垂戒於後也。

孟子謂齊宣王曰：『爲巨室，則必使工師求大木，工師得大木，則王喜，以爲能勝其任也。匠人斲而小之，則王怒，以爲不勝其任矣。【注】巨室，大宮也。《爾雅》曰：『宮謂之室。』工師，主工匠之吏。匠人，工匠之人也。將以此喻之也。【疏】注「巨室」至「人也」。○正義曰：《廣雅·釋詁》云：「巨，大也。」引《爾雅》者，《釋宫》文也。《春秋》隱公五年「考仲子之宫」，《公羊傳》云：「考宫者何？考猶入室也。」《詩·鄘風》「作于楚宫」，又「作于楚室」，毛傳云：「室，猶宫也。」此皆宫室通稱之證也。《吕氏春秋·驕恣》篇云：「齊宣王爲大室，大益百畝，堂上三百户，以齊之大，具之三年而未能成。」翟氏灝《考異》云：「孟子巨室之言，疑即覩斯而發。」《月令》「季春之月，命工師，令百工，審五庫之量」，注云：「工師，司空屬官也。」又「孟冬之月，命工師效功」，注云：「工師，工官之長也。」爲司空屬官，故爲主工匠之吏，吏即官也。莊公二十二年《左傳》云「陳公子完奔齊，齊侯使爲工正」，注云：「掌百工之官。」胡氏匡衷《儀禮釋官》云：「工正，工官之長，總掌百工，如《月令》工師之職。」然則工師又名工正也。《攷工記》攻木之工有匠人，爲百工中之一工。《禮記·雜記》云「匠人執羽葆」，注云：「匠人，工人也。」是匠亦通稱工。此經上言工師，下言匠人，故趙氏於工師互稱主工匠之吏，於匠人互稱工匠之人。《國語·魯語》云「嚴公丹桓公之楹而刻其桷，匠師慶言於公」，注云：「匠師慶，掌匠大夫御孫之名。」《周禮·地官·鄉師》：「及葬，執纛以與匠師御匶而治役。及窆，執斧以涖匠師。」注云：「匠師，事官之屬。其於司空，若鄉師之於司徒。由鄉師主役，匠師主衆匠。」《儀禮·釋官》云：「據《國語》，則匠師之官，諸侯亦有之。鄉師下大夫，匠師與鄉師同。諸侯之官，降於天子，匠師蓋士爲之。』趙氏以工師爲主工匠，然則匠師卽工師，《月令》以其令百工稱工師。《周禮・國語》以其專主攻木稱匠師歟？抑主百工者自有工師，專主攻木者，別有匠師歟？**夫人幼而學之，壯而欲行之，王曰『姑舍女所學而從我』，則何如？**【注】姑，且也。謂人少學先王之正法，壯大而仕，欲施行其道，而王止之曰，且舍置汝所學，而從我之教命，此何如也。【疏】注『姑且』至『如也』○正義曰：《詩・卷耳》『我姑酌彼金罍』，毛傳云：『姑，且也。』姑且疊韻字也。定公五年《左傳》云『吾未知吴〔一〕道』，註云：『道猶法術。』法卽是道。《吕氏春秋・仲春》、《上農》等篇高誘皆注云：『舍，置也。』又《必己》篇云『舍故人之家』，高誘注云：『舍，止也。』故以置釋舍，而云王止之。《説文》教部云：『教，上所施，下所效也。』《易・象傳》『習教事』，虞氏注云：『巽爲教令。』令猶命也。下文言『何以異於教玉人』，則此姑舍女所學而從我，卽下所云教也。故預於此以命釋教。《爾雅・釋詁》云：『使，從也。』此云使工師求大木，下云使玉人彫琢之，皆任使之義。求木琢玉，必從工匠玉人爲之，能勝任與不能勝任，王董其成，而喜之怒之可也。今不從彼而從我，所以求之斲之雕琢之之法豈能之，故云從我之教命。**今有璞玉於此，雖萬鎰必使玉人彫琢之。至於治國家，則曰『姑舍女所學而從我』，則何以異於教玉人彫**

〔一〕『吴』，《皇清經解》本作『吾』。《春秋左傳集解》作『吴』。

琢玉哉？』【注】二十兩爲鎰。彫琢，治飾玉也。《詩》曰：『彫琢其章』。雖有萬鎰在此，言衆多也，必須玉人能治之耳。至於治國家而令從我，是爲教玉人治玉也。教人治玉，不得其道，則玉不得美好。教人治國，不以其道，則何由能治者乎。【疏】注『二十兩爲鎰』○正義曰：《禮記·喪大記》云『朝一溢米，莫一溢米』，注云：『二十兩爲溢。於粟米之法，一溢爲米一升二十四分升之一。』《儀禮·既夕》注同。《史記·平準書》『黄金以溢名』，孟康云『二十兩爲溢』。《漢書·張良傳》『賜良金百溢』，服虔云『二十兩爲溢』。《吕氏春秋·異寶》篇『金千鎰』，高誘注云：『二十兩爲一鎰。』漢儒解鎰字，皆與趙氏同。《國語·晉語》『黄金四十鎰』，韋昭注亦云『二十兩爲鎰』。惟《文選·詠懷詩》『黄金百溢盡』，注引賈逵《國語》注云：『一鎰二十四兩。』又《吴都賦》『金鎰磊砢』，劉淵林注云：『金二十四兩爲鎰。』二者皆見《文選注》，當是李善誤羨四字。賈公彦《既夕》疏云：『二十四兩曰溢。』亦羨四字。按孫子《算經》云：『稱之所起，起於黍，十黍爲一絫，十絫爲一銖，二十四銖爲一兩，十六兩爲一斤，三十斤爲一鈞，四鈞爲一石。』四鈞爲一百二十斤，故一百二十斤爲一石。以每斤十六兩通之，是一石爲一千九百二十兩，一斗爲一百九十二兩，一升爲一十九兩二錢。古以二十四銖爲兩，不以十錢爲兩。以一十九兩二錢，乘二十四銖，得四百六十銖零八絫；於四百八十銖，減去四百六十銖零八絫，餘一十九銖零二絫。置一升四百六十銖零八絫，以二十四除之，確得一十九銖零二絫。是一升二十四分升之一，爲四百八十銖，卽是二十兩。甄鸞《五經算術》云：『置一斛米，重一百二十斤，以十六乘之，爲積一千九百二十兩。以溢法二十兩除之，得九十六溢。爲法，以米一斛爲百升爲實，實如法，得一升，不盡四升，與法俱再半之，名曰二十四分升之一。』此不用銖法，而用石法，以九十六溢除百升，每溢一升，除去九十六升，尚餘四升，故云不盡四升。半其四升爲二升，再半其二升爲一升，半其九十六爲四十八，再半其四十八爲二十四。二十四分升之一卽九十六分升之四。以九十六分升之四約爲二十四分升之一，所謂可半則半之術也。鄭氏以爲粟米法本溢法、石法言之，則明其爲二十兩。賈氏作疏，不致違背之，以爲二十四，知二十四之四必爲羨字，推之《文選注》，蓋亦羨也。阮氏元《校勘記》云：『經注中鎰字，皆俗字也。當依《儀禮》作「溢」。溢之言滿也，滿於十六兩，爲一斤之外也。』○注『彫琢』至『其章』○正義曰：《爾雅・釋器》云『玉謂之雕』。又云：『玉謂之琢。』《説文》云：『雕，琢文也。』『琢，治玉也。』則雕、琢同。《禮記・少儀》注云：『雕，畫也。』《禮器》注云：『琢，當爲篆。畫者，分界之名。篆者，文飾之名。』是雕第治之，而琢則飾之，《説文》蓋互見之。散文則通，故雕亦爲琢，琢亦爲治也。《攷工記》玉人之事，所掌圭、璧、冒、瓚、琮、璋等，有『終葵首』、『羨』、『好』、『射』、『勺』、『鼻』、『衡』等篆飾，别有《雕人》，文闕，蓋言雕琢之事也。璞，猶樸也。玉之未治者爲璞，必治之飾之而後成器，故趙氏以治飾解之。引《詩》者。《大雅・棫樸》第五章也。《詩》作『追琢其章』，毛傳云：『追，彫也。金曰彫，玉曰琢。』毛以下言金玉，故以彫屬金，與《爾雅》異。孔氏正義以爲對文則别，是也。鄭氏箋云：『追琢玉，使成文章。』趙氏以彫易追，本毛氏也。用以證治玉飾玉，專指玉言，則同鄭氏矣。○注『雖有』至『治乎』○正義曰：萬鎰爲一萬二千五百斤，故衆多。言玉雖衆多，不能不委任於人；猶國雖廣大，不能不委任於人也。蓋玉人學治玉之道，乃能治；以其衆多而矜重之，既不能自治，而又不委任之而掣其肘，雖有良工，弗能善其事矣。教人治玉，謂舍其彫琢之正法，而從己之教命，所教違其所學，烏能得其道哉？

《章指》言：任賢使能，不違其學，則功成而不墜[一]。屈人之是，從己之非，則人不成道，玉不成圭，善惡之致，何可不察哉！【疏】『人不成道玉不成圭』○正義曰：《禮記·學記》云：『玉不琢，不成器；人不學，不知道。』趙氏語本此。古本作『玉不成器』，周氏廣業云：『依韻當作「圭」。』

齊人伐燕，勝之。宣王問曰：『或謂寡人勿取，或謂寡人取之，以萬乘之國伐萬乘之國，五旬而舉之，人力不至於此，不取必有天殃，取之何如？』【注】萬乘，非諸侯之號。時

[一]『墜』，《皇清經解》本作『墮』。

燕國皆侵地廣大，僭號稱王，故曰萬乘。五旬，五十日也。《書》曰：『朞三百有六旬。』言五旬未久而取之，非人力，乃天也。天與不取，懼有殃咎，取之何如。**【疏】**注『五旬』至『六旬』〇正義曰：《説文》勹部云：『旬，徧也。十日爲旬。』鄭康成注《儀禮》、《禮記》，高誘注《吕氏春秋》、《淮南子》，皆以旬爲十日，故五旬爲五十日。《戰國策・齊策》云：『張儀以秦魏伐韓，齊王曰：「韓，吾與國也。秦伐之，吾將救之。」田臣思曰：「王之謀過矣，不如聽之。子噲與子之國，百姓不戴，諸侯弗與，秦伐韓，楚、趙必救之，是天下以燕賜我也。」王曰：「善。」因起兵攻燕，三十日而舉燕國。』此三字當是『五』字之譌。引《書》者，《堯典》文。王肅注《堯典》云：『期，四時也。一朞，三百六十五日四分日之一，又入六日之內，舉全數以言之，故云三百六十六日也。』引此以明旬爲十日之證。〇注『天與不取懼有殃咎』〇正義曰：《説文》歺部云：『殃，咎也。』《國語・越語》云：『得時無怠，時不再來；天與不取，反爲之災。』《史記・張耳陳餘列傳》云：『臣聞天與不取，反受其咎。』《淮陰侯列傳》云：『天與弗取，反受其咎；時至不行，反受其殃。』《説苑・説叢》引作『時至不迎』。

孟子對曰：『取之而燕民悦，則取之。古之人有行之者，武王是也。【注】武王伐紂，而殷民喜悦，篚厥玄黄而來迎之，是以取之也。**取之而燕民之不悦，則勿取。古之人有行之者，文王是也。**【注】文王以三仁尚在，樂師未犇，取之懼殷民不悦，故未取之也。

【疏】注『三仁尚在樂師未犇』〇正義曰：《論語》云：『微子去之，箕子爲之奴，比干諫而死，孔子曰：「殷有三仁焉。」』《史記·殷本紀》云：『西伯既卒，周武王之東伐，至盟津，諸侯叛殷會周者八百，諸侯皆曰：「紂可伐也。」武王曰：「爾未知天命。」乃復歸。紂愈淫亂不止，微子數諫不聽，乃與太師少師謀，遂去。比干曰：「爲人臣者，不得不以死爭」。乃强諫紂，紂怒曰：「吾聞聖人心有七竅」，剖比干，觀其心。箕子懼，乃佯狂爲奴，紂又囚之。殷之太師少師，乃持其祭樂器犇周，周武王遂率諸侯伐紂。』《周本紀》云：『諸侯不期而會盟津者，八百諸侯，諸侯皆曰：「紂可伐矣。」武王曰：「女未知天命，未可也。」乃還師歸。居二年，聞紂昏亂暴虐滋甚，殺王子比干，囚箕子，太師疵、少師强抱其樂器而犇周。』樂師卽所云太師疵、少師彊也。當武王會孟津時，且以天命未去，未可伐紂，必俟三仁既喪，樂師既去，乃率諸侯伐紂。然則在文王時，其未可伐益可知也。《燕策》云：『孟軻謂齊宣王曰：「今伐燕，此文武之時，不可失也。」』孟子言『文武之時不可失』，卽《孟子》所謂『取之而燕民悅，則取之，武王是也。取之而燕民不悅，則勿取，文王是也。』而《策》不達其辭耳。以萬乘之國伐萬乘之國，簞食壺漿，以迎王師，豈有他哉，避水火也。如水益深，如火益熱，亦運而已矣！』【注】燕人所以持簞食壺漿來迎王師者，欲避水火難耳。如其所患益甚，則亦運行犇走而去矣。今王誠能使燕民免於水火，亦若武王伐紂殷民喜悅之時，則可取之。【疏】注『則亦運行犇走而去矣』〇正義曰：《爾雅·釋詁》云：『運，徙也。』《淮南子・原道》、《終身》、《覽冥》等篇，高誘注皆云：『運，行也。』故以行釋運，以行字未了，以犇走申之。犇走而去，是行亦即是避也。

《章指》言：征伐之道，當順民心。民心悦則天意得，天意得，然後乃可以取人之國也。【疏】『征伐』至『國也』○正義曰：《吕氏春秋・順民篇》云：『先王先順民，故功名成。』古本無複『天意得』三字。

齊人伐燕，取之。諸侯將謀救燕，宣王曰：『諸侯將謀伐寡人者，何以待之？』【注】宣王貪燕而取之，諸侯不義其事，將謀伐齊救燕，宣王懼而問之。

孟子對曰：『臣聞七十里爲政於天下者，湯是也。未聞以千里畏人者也。【注】成湯修德以七十里而得天下，今齊方千里，何畏懼哉。《書》曰：「湯一征，自葛始。」天下信之，東面而征西夷怨，南面而征北狄怨，曰「奚爲後我」？民望之，若大旱之望雲霓也。歸市者不止，耕者不變，誅其君而弔其民，若時雨降，民大悦。《書》曰：「徯我后，后來其蘇。」【注】此二篇，皆《尚書》逸篇之文也。言湯初征自葛始，誅其君，恤其民，天下信湯之德。面者，鄉也。東鄉征西夷怨者，去王城四千里夷服之國也，故謂之四夷。言遠國思望聖化之甚也，故曰何爲後我。霓，虹也。雨則虹見，故大旱而思見之。徯，待也。后，君也。待我君來，則我蘇息也。【疏】注『此二』至『息也』○正義曰：逸篇，義見前。王氏鳴盛《尚書後辨》云：『《書序》云：「湯征諸侯，葛伯不祀，湯始征之，作《湯征》。」則「葛伯仇餉」及「湯一征，自葛始」云云，正《湯征》中語。』江氏聲《尚書集注音疏》云：『「天下信之之言，不似《尚書》之文。又《滕文公》篇云「湯始征，自葛載，十一征而無敵於天下，東面而征」云云，云「湯始征，自葛載」，與《梁惠王》篇所引小異，而《梁惠王》篇明稱「《書》曰」，《滕文公》篇則否。言「十一征而無敵於天下」，與「天下信之」之文絶殊，信乎皆非《尚書》文也。』僖公四年《公羊傳》云：『古者周公東征則西國怨，西征則東國怨。』按《荀子·王制篇》云：『周公南征而北國怨，曰「何獨不來也」？東征而西國怨，曰「何獨後我也」？』《後漢書》班固奏記：『古者周公，一舉則三方怨，曰「奚爲而後己」？』然則東西而征云云，乃本周公事，孟子引以釋《書》耳。襄公十四年《左傳》云『有君不弔』，注云：『弔，恤也。』《史記·宋微子世家》云『魯使臧文仲往弔水』，集解引賈逵云：『問凶曰弔。』恤，即問凶也。鄭氏注《周禮·撢人》、《考工記·匠人》、《禮記·玉藻》，皆云：『面，猶鄉也。』鄉同嚮，亦同向。鄭氏注《臯陶謨》云：『禹弼成五服，去王城五百里曰甸服；其弼當侯服，去王城千里。其外五百里爲侯服；當甸服，去王城一千五百里。其弼當男服，去王城二千里。又其外五百里爲綏服；當采服〔二〕，去王城二千五百里。其弼當衛服，去王

〔二〕『服』，《皇清經解》本無，《禮記集説》有『服』字。

城三千里。又其外五百里爲蠻〔一〕服，與周要服相當，去王城五千五百里。四面相距爲七千里，是九州之内也。要服之弼，當其夷服，去王城當四千里。又其外五百里曰荒服；當鎮服，其弼當蕃服，去王城五千里。』趙氏此注云『去王城四千里夷服之國』，本『禹弼成五服』而言也。臧氏琳《經義雜記》云：『西夷北狄，嘗見前明翻刻北宋板趙注本上下皆作夷字。趙注《梁惠王》篇云：「東向征西夷怨者，去王城四千里夷服之國也，故謂之四夷。」又注《盡心》云：「四夷怨望。」《滕文公》正義云：「湯之十一征而天下無敵者，故東面而征其君，則西夷之國怨之，以爲不征其我君之罪；南面而征其君，則北夷之國怨之，以爲不征其我君之罪，而先於彼。」《盡心》正義云：「故南面而征則北夷怨，東面而征則西夷怨，曰奚爲後我。」惟《梁惠王》正義引《仲虺之誥》：「乃葛伯仇餉，初征自葛，東征西夷怨，南征北狄怨。」次釋《孟子》西夷北夷之言亦同。《書》作「西夷北狄」，《孟子》三處皆作「西夷北夷」，魏、晉間采《孟子》作《尚書》，始改「北夷」爲「北狄」，以與「西夷」儷句。北宋時爲正義者，猶未誤作「狄」字。』《爾雅・釋天》云：『螮蝀，虹也。蜺爲挈貳。』注云：『雙出色鮮盛者爲雄曰虹，闇者爲雌曰蜺。』《説文》雨部云：『霓，屈虹。青赤或白色。』蓋青赤，所謂雙色也。白色，所謂闇也。虹青赤而灣曲，故云屈也。《詩・蝃蝀》

〔一〕『蠻』，《皇清經解》本、《禮記集説》均作『要』。

云：『朝隮于西，崇朝其雨。』《周禮·視祲》注云：『隮，虹也。』故云雨則虹見。當其望也，雨猶未降，及誅君弔民，乃若時雨降也。《呂氏春秋·慎大》篇云：『湯立爲天子，夏民大悦，朝不易位，農不去疇，商不變肆。』《大戴禮·主言》篇云：『孔子曰：「明主之所征，必道之所廢也。」彼廢道而不行，然後誅其君，致弔其民，故曰明主之征也，猶時雨也，則民悦矣。』孟子釋《書》之辭，蓋當時傳聞如是也。『徯待』，『后君』，皆《爾雅·釋詁》文。《漢書·武帝紀》集注引應劭云：『蘇，息也。』王氏念孫《廣雅疏證》云：『穌，生也。鄭注《樂記》云：「更息曰蘇。」《孟子·梁惠王》篇引《書》「后來其蘇」，蘇與穌通。』**今燕虐其民，王往而征之，民以爲將拯己於水火之中也，簞食壺漿，以迎王師，若殺其父兄，係累其子弟，毁其宗廟，遷其重器，如之何其可也？**【注】拯，濟也。係累，猶縛結也。燕民所以悦喜迎王師者，謂濟救於水火之中耳。今又殘之若此，安可哉？【疏】『今燕』至『王師』○正義曰：《戰國策·燕策》云：『燕王噲既立，蘇秦死於齊，齊宣王復用蘇代。燕噲三年，子之相燕。蘇代爲齊使於燕，燕王問之曰：「齊宣王何如」云云。王因收印，自三百石吏而效之子之。子之南面行王事，而噲老不聽政，顧爲臣，國事皆決子之。子之三年，燕國大亂，百姓恫怨。儲子謂齊宣王：「因而扑之，破燕必矣。」孟軻謂齊宣王曰：「今伐燕，此文武之時，不可失也。」王因令章子將五都之兵，以因北地之衆以伐燕。士卒不戰，城門不閉，燕王噲死，齊大勝燕，子之亡。』此齊往征燕，燕民迎王師之事也。○『遷其重器』○正義曰：《戰國策》望諸君《報燕書》曰：『奉令擊齊，大勝之，輕卒鋭兵，長驅至國，齊王逃遁走莒，僅以身免。珠玉財寶，車甲珍器，盡收入燕，大吕陳於元英，故鼎反乎曆室。』高誘注云：『子噲亂，齊伐燕，殺噲，得鼎。』鮑彪注云：『故鼎，齊所得燕鼎。』然則重器卽指曆室之鼎也。昭七年《左傳》云：『齊侯次於虢，燕人行成，曰：「敝邑知罪，敢不聽命，先君之敝器，請以謝罪。」二月戊午，盟于濡上，燕人歸燕[一]姬，賂以瑶甕、玉櫝、斝耳，不克而還。』此亦燕器之可考者。○注『拯濟』至『可哉』○正義曰：《易・涣》『初六，用拯馬壯，吉』，《釋文》引伏曼容注云：『拯，濟也。』《文選・思玄賦》『蒙厖褫以拯民』，舊注同。《周禮・大司徒》注云：『抍，捄天民之窮者也。』抍同拯，捄同救，趙氏既以濟釋拯，又云濟救，義詳備也。閩、監、毛三本作『拯捄也』，十行本作『拯所也』，誤。《國語・吴語》『係馬舌』，注云：『係，縛也。』《禮記・儒行》『不累長上』，注云：『累，猶繫也。』繫與係通。《説文》云：『係，絜束也。』絜猶結，束卽縛。《漢書・張釋之傳》『跪而結之』，注云：『結，讀曰絜。』《儀禮・士喪禮》注云：『組繫爲可結也。』是係累爲縛結也。《國策・秦策》云『張儀之殘樗里疾也』，高誘注云：『殘，害也。』又云『昔智伯瑶殘范中行』，注云：『殘，滅也。』《史記・樊酈滕灌傳》云『凡二十七縣殘』，集解引張晏云：『殘，有所毁

[一]『燕』，《皇清經解》本無，《春秋左氏傳》有『燕』字。

也。』《列子・説符》篇云『遂共盜而殘之』，注云：『殘，賊殺之。』是殘兼殺害毁滅之名，故統括殺其父兄，係累其子弟，毁其宗廟，遷其重器，而謂之殘。**天下固畏齊之彊也，今又倍地而不行仁政，是動天下之兵也。**【注】言天下諸侯素畏齊彊，今復並燕一倍之地，以是行暴，則多所危，是動天下之兵共謀齊也。【疏】注『言天』至『齊也』○正義曰：《禮記・投壺》注云：『固之言如故也。』《國策・魏策》注云：『固，久也。』《儀禮・喪服傳》『飯素食』，注云：『素，猶故也。』《後漢書・吕布傳》注云：『素，舊也。』舊即久也。是素、固同義，故趙氏以素解固。不仁則爲暴，故以行暴解不行仁政，即上所謂殘也。《國策》云：『齊破燕，趙欲存之，乃以河東易齊，楚魏憎之，令淖滑、惠施之趙，請伐齊而存燕。』又云：『楚許魏六城，與之伐齊而存燕。』此天下諸侯謀齊救燕之事也。**王速出令，反其旄倪，止其重器，謀於燕衆，置君而後去之，則猶可及止也。**【注】速，疾也。旄，老耄也。倪，弱小繄倪者也。孟子勸王急出令，先還其老小，止勿徙其寶重之器，與燕民謀，置所欲立君而去之歸齊，天下之兵，猶可及其未發而止之也。【疏】注『疾速』至『老小』○正義曰：『速疾』，《爾雅・釋詁》文。《禮記・曲禮》云：『八十九十曰耄。』《射義》『旄期』，注云：『八十九十曰旄。』是旄即耄也。劉熙《釋名・釋長幼》云：『人始生曰嬰兒，或曰嫛婗。嫛，是也。言是人也。婗，其啼聲也。』《説文》儿部云：『兒，孺子也。』女部云：『婗，嫛婗也。』《禮記・雜記》云『中路嬰兒失其母焉，何常聲之有』，注云：『嬰，猶鷖彌也。言其若小兒亡母啼號，安得常聲乎。』鷖卽鷖，緊爲嬰字，聲之轉。緊、婗疊韻字，爲小兒啼聲，緊倪卽嬰兒，《釋名》解鷖爲『是人』，非也。王氏念孫《廣雅疏證》云：『《釋親》：「婗，兒子也。」婗亦兒也，方俗語有輕重耳。凡物之小者謂之倪，嬰兒謂之婗，鹿子謂之麑，小蟬謂之蜺，老人齒落更生細齒謂之齯齒，義並同也。』阮氏元《校勘記》云：『「弱小倪倪者也」，閩、監、毛三本同。《音義》出緊字。旄倪下云：「詳註意，倪謂緊倪，小兒也。」作倪倪者誤也。』《説文》云：『返，還也。《商書》曰：「祖甲返。」』返與反同，故以還釋反。《史記・燕世家》云：『燕人共立太子平，是爲燕昭王。』是燕所立君也。

《章指》言：伐惡養善，無貪其富，以小王大，夫將何懼也。【疏】『伐惡』至『懼也』○正義曰：宣公十一年《左傳》：『申叔時曰：「夏徵舒弑其君，其罪大矣。討而戮之，君之義也。今縣陳，貪其富也。以討召諸侯，而以貪歸之，無乃不可乎！」』伐惡無貪富，義本此。《考文》古本作『以小至大』，足利本作『以大王小』。

鄒與魯鬨，穆公問曰：『吾有司死者三十三人，而民莫之死也。誅之則不可勝誅，不誅則疾視其長上之死而不救，如之何則可也？』【注】鬨，鬬聲也。猶構兵而鬬也。長上，軍率也。鄒穆公忿其民不赴難，而問其罰當謂何也。【疏】注『鬨鬬』至『鬬也』○正義曰：《音義》云：『鬨，張胡弄切，云「鬬聲，從門下共，下降切，義與巷同」。此字從鬥，丁豆切，與門不同。丁又胡降切。劉熙曰：「鬨，構也。構兵以鬬也。」《説文》云：「鬬也。」」王氏念孫《廣雅疏證》云：「『字亦作「鬨」。《吕氏春秋・慎行篇》「崔杼之子相與私鬨」，高誘注云：「鬨，鬭也。」鬨讀近鴻，緩氣言之。《大雅・召旻》篇「蟊賊内訌」，鄭箋云：「訌，爭訟相陷入之言也。」義與鬨相近。』」○注「長上軍率也」○正義曰：《音義》本作「率」，率與帥通，監本、毛本誤作「師」，非也。《周禮・夏官・叙官》云：「凡制軍，萬有二千五百人爲軍。王六軍，大國三軍，次國二軍，小國一軍，軍將皆命卿。二千五百人爲師，師帥皆中大夫。五百人爲旅，旅帥皆下大夫。百人爲卒，卒長皆上士。二十五人爲兩，兩司馬皆中士。五人爲伍，伍皆有長。」注云：「軍、師、旅、卒、兩、伍，皆衆名也。伍一比，兩一閭，卒一旅，旅一黨，師一州，軍一鄉，家所出一人。將、帥、長、司馬者，其師吏也。言軍將皆命卿，則凡軍帥不特置，選於六官六鄉之吏。自卿以下，德任者使兼官焉。」賈氏疏云：「六軍之將，還選六卿中有武者爲軍將。又別言六鄉之吏者，據六鄉大夫及州長、黨正、族師、閭胥、比長中有武者，今出軍之爵，還遣在鄉所管之長爲軍吏也。兼官者，在鄉爲鄉官，在軍爲軍吏。若無武德不堪任爲軍吏者，則衆屬他軍吏，身不得爲軍吏。」此穆公以小國一軍，所云長上，蓋合指軍、師、旅、卒、兩、伍等帥而言，故有三十三人之多，趙氏但舉軍帥，以例其餘也。若以一軍言之，僅有一帥矣。以此時之軍吏，即平時之鄉官，故凶年饑歲有救民之責，宜上告也。雖臨時選擇，有兼官，有不爲軍吏，不必皆所屬之鄉官，而有司平日不能愛民，不必所屬而皆疾視不救，其情勢有然矣。

孟子對曰：『凶年饑歲，君之民，老弱轉乎溝壑，壯者散而之四方者，幾千人矣。而君之倉廩實，府庫充，有司莫以告，是上慢而殘下也。【注】言往者遭凶年之阨，民困如是，有司諸臣無告白於君，有以振救之，是上驕慢以殘賊其下也。【疏】注『有司』至『下也』〇正義曰：《吕氏春秋・贊能》篇云『敢以告于先君』，高誘注云：『告，白也。』白乃明顯之義，民間困苦，達之于君，使之明顯，不使壅於上聞，故以白釋告也。《戰國策・秦策》云『王兵勝而不驕』，高誘注云：『驕，慢也。』《吕氏春秋・期賢篇》云『吾安敢驕之』，高誘注云：『驕，慢之也。』《説文》歺部云：『殘，賊也。』故以驕釋慢，以賊釋殘，賊之言害也。**曾子曰：「戒之戒之！出乎爾者，反乎爾者也。」**【注】曾子有言，上所出善惡之命，下終反之，不可不戒也。**夫民今而後得反之也，君無尤焉？**【注】尤，過也。孟子言百姓乃今得反報諸臣不哀矜耳，君無過責之也。【疏】注『尤過也』〇正義曰：《毛詩・鄘風》『許人尤之』，傳云：『尤，過也。』《爾雅・釋言》作『郵』，古字通。襄公十五年《左傳》云『尤其室』，注云：『尤，責過也。』**君行仁政，斯民親其上，死其長矣。**【注】君行仁恩，憂民困窮，則民化而親其上，死其長矣。【疏】『君行』至『長矣』〇正義曰：『夫民今而後得反之』，謂出命而惡，以惡反之也。『行仁政斯民親上死長』，謂出命而善，以善反之也。故前趙氏兼善惡之命言之。憂民窮困，則是哀矜，不哀矜，即是不行仁政，注亦互明之。周氏廣業《孟子出處時地考》云：『穆公行仁政，見於賈誼《新書》。有云：「鄒穆公有食鳧鴈者必以粃，毋得以粟，于是倉無粃而求易于民，二石粟得一石粃。吏以爲費，請以粟食鴈，公曰：粟，人之上食也。奈何以養鳥也。君者，民之父母，取倉中之粟，移之於民，此非吾子粟乎？粟在倉與在民，與我何擇？鄒民聞之，皆知私積之與公家爲一體也。」又《新序》稱「穆公食不重味，衣不雜采，自刻以廣民，親賢以定國，親民如子，鄒國之治，路不拾遺，臣下順从，故以鄒子之細，魯衛不能輕，齊楚不能脅，穆公死，鄒之百姓，若失慈父，行哭三日，四境之鄰於鄒者，士民嚮方而道哭。」據其言，與孟子所謂上慢而殘下者迴異。豈壅於上聞，罪固專在有司，而孟子一言悟主，乃側身修行，發政施仁，以致此歟？』

《章指》言：**上恤其下，下赴其難；惡出乎己，害及其身，如影響自然也。**【疏】『如影響自然也』○正義曰：《管子·心術》篇云：『若影之象形，響之應聲也。』語亦見《任法》篇。《列子·天瑞》篇引《黃帝書》云：『形動不生形而生影，聲動不生聲而生響。』又《說符》篇云：『言美則響美，言惡則響惡，身長則影長，身短則影短。』董子《繁露·保位權》云：『有聲必有響，有形必有影，聲出於內，響報於外，形立於上，影報於下。』賈子《新書·大政》篇云：『君鄉善於此，則佚佚然協民皆鄉善於彼矣，猶景之寫形也。君爲惡於此，則啍啍然協民皆爲惡於彼矣，猶響之應聲也。』《漢書·天文志》云：『政失於此，則變見於彼，如景之象形，響之應聲，自然之符也。』《論衡·寒温》篇云：『虎嘯而谷風至，龍興而景雲起，同氣共類，動相招致，故曰以形逐影，以龍致雨，雨應龍而來，影應形而去。』

滕文公問曰：『滕，小國也。間於齊楚，事齊乎？事楚乎？』【注】文公言我居齊楚之間，非其所事，不能自保也。【疏】注『非其所事』〇正義曰：言非其所當事也。

孟子對曰：『是謀，非吾所能及也。無已，則有一焉，鑿斯池也，築斯城也，與民守之，效死而民弗去，則是可爲也。』【注】孟子以二大國之君皆不由禮，我不能知誰可事者也。不得已有一謀焉，惟施德義以養民，與之堅守城池，至死使民不畔去，則可爲矣。【疏】『無已』〇正義曰：《管子・大匡》篇云：『公汗出曰：勿已，其勉霸乎。』又《戒》篇云：『勿已，朋其可乎。』《吕氏春秋・尊師》篇云：『勿已者，則好學而不厭，好教而不倦。』勿已卽無已。《史記》魯仲連説燕將曰：『亡意，亦捐燕棄世，東遊於齊乎。』亡意卽無已。

《章指》言：事無禮之國，不若得民心，與之守死善道也。

滕文公問曰：『齊人將築薛，吾甚恐，如之何則可？』【注】齊人並得薛，築其城以偪於滕，故文公恐也。【疏】注『齊人』至『恐也』〇正義曰：杜預《春秋釋例・世族譜》云：『薛國任姓，黄帝之苗裔奚仲封爲薛侯，今魯國薛縣是也。奚仲遷於邳，仲虺居薛，以爲湯左相。武王復以其胄爲薛侯，齊桓霸諸侯，黜爲伯，獻公始與魯同盟。小國無記，世不可知，亦不知爲誰所滅。』按《孟子》言『齊人築薛』，則薛已屬齊，故以爲齊人所并。抑趙氏有所據，今不詳耳。江氏永《羣經補義》云：『齊威王以薛封田嬰爲靖郭君，齊人將築薛，其時薛已滅也。《史記》正義「薛故城在徐州滕縣南四十四里，與滕切近」是也。』閻氏若璩《釋地》云：『依《田齊世家》、《孟嘗君傳》，謂湣王三年庚子，封田嬰於薛。今考《戰國策·齊策》：「靖郭之交，大不善於宣王，辭而之薛。齊貌辨見宣王曰：靖郭君曰受薛〔一〕於先王，且先王之廟在薛。」此云先王，謂威王也。又：「齊王夫人死，有七孺子皆近，薛公欲知王所欲立。」高誘注云：「齊威王子宣王也。」又：「孟嘗君在薛，齊王制其顏色。」高誘注云：「齊宣王也。威王之子。」《淮南子·人間訓》云：「唐子短陳駢子於齊威王，威王欲殺之，陳駢子與其屬出亡奔薛。孟嘗君聞之，使人以車迎之。」然則田嬰封於薛，在威王時無疑。此築薛，卽田氏築之。孟子於薛，薛餽兼金七十鎰，亦田氏也。』周氏廣業《孟子出處時地考》云：『《國策》靖郭君將城薛，客多陳戒，謁者勿通。後有諫者曰：「君失齊，雖隆薛之城到於天，猶無益也。」乃輟城薛。薛本有城，靖郭君欲更築而崇隆之，故諫者甚多，而客言如是。滕文公言齊人將築薛，築卽「築斯城也」之築。曰將，則

〔一〕『受薛』，《皇清經解》本作『薛受』，《戰國策·齊策》作『受薛』。

固其初議也。」

孟子對曰：『昔者大王居邠，狄人侵之，去之岐山之下居焉。非擇而取之，不得已也。【注】大王非好岐山之下，擇而居之，迫不得已，困於强暴，故避之。【疏】『居邠』○正義曰：顧氏炎武《日知録》云：『《唐書》言邠州故作「豳」，開元十三年，以字類「幽」，故改爲「邠」。今惟《孟子》書用邠字，蓋唐以後傳録之變也。』翟氏灝《考異》云：『《説文》「邠」字下云：「周太王國。」重文作「豳」。是邠實古字。《漢書・匡衡傳》疏：「大王躬仁邠國，貴恕己用之。」師古注云：「邠卽今豳州。」師古尚在開元前，得云傳録變乎？』段氏玉裁《説文解字注》云：『邠，周太王國，在右扶風美陽，从邑，分聲。豳美陽亭，卽豳也。民俗以夜市，有豳山，从山，从豩。闕。按此二篆説解可疑。豳者，公劉之國，《史記》云「慶節所國」，非大王國。疑一。《漢・地理志》、《毛詩》箋、《郡國志》，皆云「豳在右扶風栒邑」，不在美陽。疑二。《地理》、《郡國》二志皆云：「栒邑有豳鄉。」徐廣曰「新平漆縣之東北有豳亭」。疑三。從山，豩聲，非有闕也，而云「从豩闕」。疑四。假令許果以豳合邠，當云「或邠字」，而不言及。疑五。蓋古地名作「邠」，山名作「豳」，而地名因於山名同音通用，如郊岐之比。是以《周禮・籥章》經文作「豳」，注作「邠」。漢人於地名，用邠不用豳，經典多作「豳」，惟《孟子》作「邠」，唐開元十三年，始改豳州爲邠州，見《通典》、《元和郡縣志》，郭忠恕云：「因似幽而易誤也。」』按顧氏謂《孟子》多近今字，於豳之作『邠』

外，又舉强之作『彊』，知之作『智』，辟之作『避』，女之作『汝』，說之作『悦』。《説文》虫部云：『强，蚚也。』『蚚，强也。』是强爲蟲名。弓部：『彊，有力也。』與强字異。其力部云：『勥，迫也。從力，强聲。』重文作『𢐀』，云『古文從彊』。然則『彊而後可』之彊當作『勥』，《孟子》作『彊』，爲𢐀之省。𢐀省作彊，猶勥省作强也。《説文》𥎿〔一〕部云：『知，詞也。』白部云：『䛐〔二〕，識詞也。』智乃䛐省，禮智小智解作智識者，皆宜作『智』，他書作『知』者，通用也。《説文》辵部云：『避，回也。』口部云：『辟，法也。從口，從辛，節制其罪也。』然則辟爲刑辟之辟，大王避狄之避，正宜作『避』，他書作『辟』者，省文也。《説文》汝爲水名，女爲婦人名，其爲爾汝之汝，本屬假借。《書·盤庚》『格汝衆』，《康誥》『汝爲小子』，亦作『汝』，則女之爲汝，不特《孟子》也。悦字，《説文》所無。言部之説，爲詞説之説。而《爾雅·釋詁》云：『悦，樂也。』亦從心。《孟子》諸字，皆非近今字也，顧氏失之。

苟爲善，後世子孫必有王者矣。【注】誠能爲善，雖失其地，後世乃可有王者，若周家也。**君子創業垂統，爲可繼也，若夫成功，則天也。君如彼何哉？彊爲善而已矣。**』【注】君子造業垂統，貴令後世可繼續而行耳。又何能必有成功，成功乃天助之也。君豈如彼齊何

〔一〕『𥎿』，《皇清經解》本作『矢』。
〔二〕『䛐』，《皇清經解》本作『䛐』，《説文解字》作『𥏼』。

乎，但當自强爲善法，以遺後世也。【疏】注「君子」至「世也」○正義曰：《説文》云：「刱，造法刱業也。從井，刅聲。讀若創。」蓋創之義爲懲艾，經典多借創爲刱，故此經作創，趙氏以造釋之。《國語・周語》云「以創制天下」，注云：「創，造也。」亦刱作創矣。《説文》云：「繼，續也。」故以續釋繼。毛本經作「彊」，注作「强」。石經經作「强」，宋本經亦作「强」。翟氏灝《考異》云：「注文以平聲讀，則爲有力之彊。」按《爾雅・釋詁》云：「彊，勤也。」《淮南子・修務训》云「功可彊成」，高誘注云：「彊，勉也。」自彊爲善法卽自勉爲善法也。

章指言：君子之道，正己任天，强暴之來，非己所招，謂窮則獨善其身者也。【疏】「正己任天」○正義曰：古本作「在天」。

滕文公問曰：「滕，小國也。竭力以事大國，則不得免焉，如之何則可？」【注】問免難全國於孟子。

孟子對曰：「昔者大王居邠，狄人侵之，事之以皮幣，不得免焉；事之以犬馬，不得免焉；事之以珠玉，不得免焉。【注】皮，狐貉之裘。幣，繒帛之貨也。【疏】注「皮狐」至「貨也」○正義曰：《毛詩・豳風・七月》篇云：「一之日于貉，取彼狐狸，爲公子裘。」傳云：「于貉，謂取貉。貉，貉皮。狐狸，狐狸皮也。狐貉之厚以居。」是狐貉爲豳地所有，故趙氏以皮爲狐貉之皮也。《周禮・太宰》「九貢」有「幣貢」，鄭氏注云：「幣貢，玉馬皮帛也。』《小行人》：『合六幣：圭以馬，璋以皮，璧以帛，琮以錦，琥以繡，璜以黼。』然則皮馬玉帛，皆通名爲幣；乃此皮幣對舉，下别言『犬馬』『珠玉』，則幣非統名，故以帛繒釋之。《説文》云：『幣，帛也。』《戰國策·齊策》云『請具車馬皮幣』，高誘注云：『幣，束帛也。』《淮南子·時則訓》云『用圭璧更皮幣』，高誘注云：『幣，謂玄纁束帛也。』《儀禮·士昏禮·記》云『皮帛必可制』，注云：『皮帛，儷皮束帛也。』此皮帛即皮幣。《秦策》云『約車並幣』，高誘注云：『幣，貨也。』故趙氏釋幣爲繒帛之貨。《説文》云：『繒，帛也。』『帛，繒也。』《大宗伯》云『孤執皮帛』，注云：『帛，如今璧色繒也。』是繒帛一物。《毛詩·七月》篇云『八月載績，載玄載黄，我朱孔陽，爲公子裳』，傳云：『玄，黑而有赤也。朱，深纁也。陽，明也。祭服玄衣纁裳。』然則玄纁束帛亦豳地所有矣。**乃屬其耆老而告之曰：「狄人之所欲者，吾土地也。吾聞之也，君子不以其所以養人者害人。二三子何患乎無君，我將去之。」去邠，踰梁山，邑于岐山之下居焉。**【注】屬，會也。土地生五穀，所以養人也，會長老告之如此而去之。【疏】『踰梁』至『居焉』○正義曰：閻氏若璩《釋地續》云：『雍州有二梁山，一在今韓城、郃陽兩縣境，《書》「治梁及岐」，《詩》「奕奕梁山」，《春秋》「梁山崩」，《爾雅》「梁山，晉望也」，皆是，於《孟子》之梁山無涉。《孟子》梁山，則在今乾州西北五里，其山横而長，自邠抵岐二百五十餘里，山適界乎一百三十里之間，太王當日必踰此山，然後可遠狄患，營都邑，改國曰周。』○注『屬會』至『去之』○正義曰：伏生

《尚書大傳略説》云：『狄人將攻大王亶父，召耆老而問焉，曰：「狄人何欲？」耆老對曰：「欲得菽粟財貨。」大王曰：「與之。」每與之至無而攻不止，大王贅其耆老而問之曰：「狄人又何欲乎？」耆老對曰：「欲君之土地。」大王曰：「與之。」耆老曰：「君不爲社稷乎？」大王曰：「社稷所以爲民也，不可以所爲民者亡民也。」耆老曰：「君縱不爲社稷，不爲宗廟乎？」大王曰：「宗廟吾私也，不可以吾私害民也。」遂策杖而去，過梁山，邑岐山，國人之東徙奔走而从之者三千乘，一止而成三千户之邑。』翟氏灝《考異》云：『按《桑柔》詩「具贅卒荒」，傳訓贅爲屬，疏云「謂繫綴而屬之」，故《書・大傳》述爲贅其耆老。』王氏念孫《廣雅疏證》云：『《説文》：「贅，最也。」隱元年《公羊傳》「會，猶最也」，何休注云：「最，聚也。」《漢書・武帝紀》「毋贅聚」，如淳注云：「贅，會也。」會、最、聚並同義。《説苑・奉使》篇「梁王贅其羣臣」，卽屬其羣臣也。』又云：『《孟子》曰「大王屬其耆老」，《書傳》曰「贅其耆老」，是贅爲屬也。襄十六年《公羊傳》注云：「贅繫屬之辭。」若今俗名就壻爲贅壻矣。劉熙《釋名》説「贅肬」之義云：「贅，屬也。横生一肉，屬着體也。」並事異而義同。』然則趙氏以會釋屬，正以贅釋屬也。經上言土地，下言養人，土地何以能養人，以其能生五穀供人飲食，故趙氏申言之。《列子・説符》篇『牛缺謂盜曰：君子不以所養害其所養』。《鹽鐵論・刑德》章云：『聞以六畜禽獸養人，未聞以所養害人者也。』然則『不以其所以養人者害人』，蓋古有此語，不必專指土地。**邠人曰：「仁人也，不**

可失也。」從之者如歸市。【注】言樂隨大王，如歸趨於市，若將有得也。【疏】注「言樂」至「得也」○正義曰：《史記·孟嘗君傳》云「君獨不見夫朝趨市者乎」。《淮南子·氾論訓》云「故終身而無所定趨」，《俶真訓》云「若周員而趨」，高誘注並云：「趨，歸也。」歸市卽趨市，故趙氏以趨釋歸。凡赴市者，以所有易所無，交易而退，各有所得，日用之需，皇皇求利，故樂趨之。邠人樂隨大王而趨，故云若將有所得也。孟子所述，亦見《莊子·讓王》篇云：「大王亶父居邠，狄人攻之，事之以皮帛而不受，事之以犬馬而不受，事之以珠玉而不受，狄人之所求者，土地也。大王亶父曰：『與人之兄居而殺其弟，與人之父居而殺其子，吾不忍也。子皆勉居矣。爲吾臣與爲狄人臣，奚以異？且吾聞之，不以所用養害所養。』因杖策而去之，民相連而從之，遂成國於岐山之下。」《吕氏春秋·審爲》篇、《淮南子·道應訓》，俱録《莊子》之文。高誘注《吕氏春秋》云：「所以養者，土地也。所養者，謂民人也。連，結也。民相與結檐隨之衆多，復成爲國也。」《莊》與《孟》小異而事略同。《史記·劉敬傳》説高帝云：「大王以狄伐故，去豳，杖馬箠居岐，國人爭隨之。」馬箠卽策，所謂「來朝走馬」也。《毛詩·大雅·緜》篇傳云：「古公處豳，狄人侵之，事之以皮幣，不得免焉；事之以犬馬，不得免焉；事之以珠玉，不得免焉。乃屬其耆老而告之曰：『狄人之所欲，吾土地。吾聞之，君子不以其所以養人而害人，二三子何患乎無君？』去之，踰梁山，邑乎岐山之下。豳人曰：『仁人之君，不可失也。』從之如歸市。」孔氏正義云：『皆孟子對滕文公之辭也。唯彼云大王居豳，此因古公之下即云處豳爲異耳。』《莊子》與《呂氏春秋》、《書傳略說》與此大意皆同。此言『不得免焉』，《略說》云『每與之不止』，《呂氏春秋》言『不受』，異人別說，故不同耳。此言『犬馬』，《略說》言『菽粟』，明國之所有，莫不與之。故鄭於《稷起》及《易》注，皆云『事之以牛羊』，明當時亦有之。《史記・周本紀》云：『古公亶父復修后稷、公劉之業，積德行義，國人皆戴之。薰育戎狄攻之，欲得財物，與之；已復攻，欲得地與民，民皆怒，欲戰，古公曰：「有民立君，將利之。今戎狄所爲攻戰，以吾地與民，民之在我與其在彼何異，民欲以我故戰，殺人父子而君之，予不忍爲。」乃與私屬遂去豳，渡漆沮，踰梁山，止于岐下，豳人舉國扶老攜弱，盡復歸古公於岐下。及他旁國聞古公仁，亦多歸之。』《說苑・至仁》篇云：『大王有至仁之恩，不忍戰其百姓，故事勳育戎氏以犬馬珍幣，而伐不止，問其所欲者，曰：「土地也。」於是屬其羣臣耆老而告之曰：「土地者，所以養人也，不以所以養人而害其養也。吾將去之。」遂居岐山之下。邠人負幼扶老從之，如歸父母。』《吳越春秋・太伯傳》云『古公亶甫修公劉、后稷之業，積德行義，爲狄人所慕。薰鬻戎姤而伐之。古公事之以犬馬牛羊，其伐不止；事之以皮幣金玉重寶，而亦伐之不止。古公問所欲，曰：「欲其土地。」古公曰：「君子不以養害所養，國所以亡也而爲身害，吾所不居也。」古公乃杖策去邠，踰梁山而處岐周，曰：「彼君與我何異。」邠人父子兄弟，相帥負老攜幼，揭釜甑而歸古公。居三月，成城郭，一年成邑，二年成都，而民五倍其初』。周氏廣業《孟子逸文考》云：『趙注交鄰章云：「獯鬻，北狄强者，今匈奴也。」大王去邠，避獯鬻，此章狄人無注，是獯鬻卽狄也。《吴越春秋》似狄與獯鬻爲二種。按《吴越春秋》，後漢趙氏所撰，蓋刺取《史記》、《説苑》等書爲之。其書視諸説最後，而獯鬻妬狄之説，前此無之，未足爲據也。』**或曰：「世守也，非身之所能爲也，效死勿去。」君請擇於斯二者。」**【注】或曰土地，乃先人之所受也。世世守之，非己身所能專爲，至死不可去也。欲令文公擇此二者，惟所行也。【疏】注『非己』至『去也』○正義曰：《爾雅·釋詁》云：『身，我也。』趙氏注《盡心》篇『楊子取爲我』云：『爲我，爲己也。』是身、己、我三字轉注也。《吕氏春秋·貴生》篇云『譬之若官職，不得擅爲』，高誘注云：『爲，作也。』專爲猶擅爲，作者，自我作之，不繼述也。中本有專擅之義，故以專釋爲也。《淮南子·主術訓》云『以效其功』，又云『所以效善也』，高誘注皆云：『效，致也。』《戰國策》西周、齊、秦諸策，高誘注皆云：『效，致也。』致卽至，故以致釋效。

《章指》言：**太王去邠，權也。效死而守業，義也。義權不並，故曰擇而處之也。**

【疏】『太王』至『之也』○正義曰：《毛詩·大雅·緜》正義云：『《曲禮》下曰：「國君死社稷。」《公羊傳》曰：「國滅君死之，正也。」則諸侯爲人侵伐，當以死守之，而公劉、太王，皆避難遷徙者，《禮》之所言，謂國正法；公劉、太王，則權時之宜。《論語》曰：「可與適道，未可與權。」《公羊傳》云：「權者，反經合義。權者，稱也。稱其輕重，度其利害而爲之。

太王爲狄人所攻，必求土地；不得其地，攻將不止。戰以求勝，則人多殺傷，故棄戎狄而適岐陽，所以成三分之業，建七百之基，雖於禮爲非，而其義則是。此乃賢者達節，不可以常禮格之。』按《梁惠王》上下篇，至此二十二章，皆對時君之言，而結之以『君請擇於斯二者』，趙氏以權解之是也。權之義，孟子自申明之。聖人通變神化之用，必要歸於巽之行權。請擇者，行權之要也。孟子深於《易》，七篇之作，所以發明伏羲、神農、黄帝、堯、舜之道，疏述文王、周公、孔子之言，端在于此。儒者未達其指，猶沾沾於井田封建，而不知變通，豈知孟子者哉！

魯平公將出，嬖人臧倉者請曰：『他日君出，則必命有司所之；今乘輿已駕矣，有司未知所之，敢請？』【注】平，謚也。嬖人，愛幸小人也。【疏】注『平謚』至『人也』○正義曰：《史記・魯世家》云：『悼公之時，三桓勝，魯如小侯，卑於三桓之家。三十七年，悼公卒，子嘉立，是爲元公。元公二十一年卒，子顯立，是爲穆公。穆公三十三年卒，子奮立，是爲共公。共公二十二年卒，子屯立，是爲康公。康公九年卒，子匽立，是爲景公。景公二十九年卒，子叔立，是爲平公。是時六國皆稱王。二十二年，平公卒。』《漢書・律曆志》魯平公名旅，與《史記》異。《周書・謚法解》云：『治而無眚曰平，執事有制曰平，布綱治紀曰平。』《説文》女部云：『嬖，便嬖愛也。』隱公三年《左傳》『公子州吁，嬖人之子也』，注云：『嬖，親幸也。』此嬖人指妃妾之寵愛者。《禮記·緇衣》云『毋以嬖御人疾莊后，毋以嬖御士疾莊士大夫卿士』，注云：『嬖御人，愛妾也。嬖御士，愛臣也。』然則男女之賤而得幸者通稱嬖人。《史記》有《佞幸列傳》云：『非獨女以色媚，而仕官亦有之，昔以色幸者多矣，高祖至暴抗也，然籍孺以佞幸，孝惠時有閎孺，此兩人非有才能，徒以婉佞貴幸，與上卧起。』嬖人臧倉，籍孺、閎孺之類也。

公曰：『將見孟子。』【注】平公敬孟子有德，不敢請召，將往就見之。

曰：『何哉！君所爲輕身以先於匹夫者，以爲賢乎？禮義由賢者出，而孟子之後喪踰前喪。君無見焉。』【注】匹夫，一夫也。臧倉言君何爲輕千乘而先匹夫乎，以爲孟子賢故也。賢者當行禮義，而孟子前喪父約，後喪母奢，君無見也。

公曰：『諾。』【注】諾止不出。【疏】注『諾止不出』○正義曰：《説文》言部云：『諾，譍也。』宣公十五年《公羊傳》注云：『諾者，受語辭。』臧倉云君無見焉，戒止平公之出見孟子也。平公諾之，卽受其無見之言，故以止不出解之。

樂正子入見曰：『君奚爲不見孟軻也？』【注】樂正，姓。子，通稱。孟子弟子也。爲魯臣。問公何爲不便見孟軻。【疏】注『樂正』至『孟軻』○正義曰：《禮記·王制》云『樂正崇四術』，注云：『樂正，樂官之長。』樂正蓋以官爲氏者，魯人曾子弟子有樂正子春是也。《論語·學而》篇『子曰』，集解引馬注云：『子者，男子之通稱也。』《白虎通》云：『子者，丈夫之通稱也。』云不便見孟軻也，便，猶利也。利，猶快也。謂其遲滯不卽見。

曰：『或告寡人曰：「孟子之後喪踰前喪。」是以不往見也。』【注】公言以此故也。

曰：『何哉？君所謂踰者，前以士後以大夫，前以三鼎而後以五鼎與？』【注】樂正子曰：君所謂踰者，前者以士禮，後者以大夫，禮士祭三鼎，大夫祭五鼎故也。【疏】注『禮士〔一〕』至『五鼎』○正義曰：《儀禮・士虞禮》云：『陳三鼎於門外之右，北面北上，設扃鼏。』是士用三鼎也。《少牢饋食禮》云：『雍人陳鼎五，三鼎在羊鑊之西，二鼎在豕鑊之西。』是大夫用五鼎也。《禮記・郊特牲》云『鼎俎奇而籩豆偶』，孔氏正義云：『少牢陳五鼎：羊一，豕二，膚三，魚四，腊五。特牲三鼎：牲鼎一，魚鼎二，腊鼎三。』楊復《儀禮旁通鼎・數圖》云：『三鼎特豕，而以魚腊配之也。羊豕曰少牢。凡五鼎皆用羊豕，而以魚腊配之。少牢五鼎，大夫之常事；又有殺禮而用三鼎者，如《有司徹》乃升羊豕魚三鼎，腊爲庶羞，膚從豕，去腊膚二鼎，陳於門外如初，以其繹祭殺於正祭，故用少牢而鼎三也。又士禮特牲三鼎，有以盛葬奠加一等用少牢者，如《既夕》遣奠，陳鼎五於門外是也。』桓二年《公羊傳》注云：『禮祭，天子九鼎，諸侯七，卿大夫五，元士三。』徐氏疏云：『《春秋》、《說文》、《士冠禮》、《士喪禮》，皆一鼎者，士冠士喪，略於正祭故也。』

〔一〕『禮士』，當作『士祭』。

曰：『否！謂棺槨衣衾之美也。』【注】公曰不謂鼎數也，以其棺槨衣衾之美惡也。喪父時爲士，喪母時爲大夫，大夫禄重於士，故使然，貧富不同也。曰：『非所謂踰也，貧富不同也。』【注】樂正子曰，此非薄父厚母，令母喪踰父也。

樂正子見孟子曰：『克告於君，君爲來見也。嬖人有臧倉者沮君，君是以不果來也。』【注】克，樂正子名也。果，能也。曰克告君以孟子之賢，君將欲來，臧倉者沮君，故君不能來也。【疏】『君爲來見也』○正義曰：《禮記·檀弓》注云：『爲，猶行也。』君爲來見猶云君行來見也。今人稱事之將然者，每云行將。《毛詩》傳多以行訓將。《廣雅·釋詁》云：『將，欲也。』是將、欲、爲三字轉注互訓。『君爲來』即君行將來。君行將來即君將欲來，故趙氏以將欲釋爲字也。王氏引之《經傳釋詞》云：『爲，猶將也。趙氏注「君將欲來」是也。《史記·盧綰傳》：「盧綰妻子亡降漢，會高后病，不能見。舍燕邸，爲欲置酒見之。高后竟崩，不得見。」言高后將欲置酒見之，會高后崩，不得見也。《衛將軍驃騎傳》曰：「驃騎始爲出定襄當單于，捕虜；虜言單于東，乃更令驃騎出代郡。」言始將出定襄，後更出代郡也。』○『沮君』○正義曰：《音義》出『沮』字，云：『本亦作「阻」。』按《毛詩·巧言》篇『亂庶遄沮』，傳云：『沮，止也。』《呂氏春秋·至忠》篇『人不知不爲沮』，高誘注云：『沮，止也。』又《知士》篇云『故非之弗爲阻』，高誘注亦云：『阻，止也。』是沮、阻同訓止，其字可通也。○注『果能也』○正義曰：王氏念孫《廣雅疏證》云：『果，能也。見《西征賦》注。《孟子・梁惠王》篇「君是以不果來也」，《離婁》篇「果有以異於人乎」，趙氏注並云：「果，能也。」《晉語》「是之不果奉而暇晉是皇」，韋昭注云：「果，克也。」克亦能也。』

曰：『行或使之，止或尼之，行止非人所能也。吾之不遇魯侯，天也。臧氏之子，焉能使予不遇哉？』【注】尼，止也。孟子之意，以爲魯侯欲行，天使之矣。及其欲止，天令嬖人止之耳。行止天意，非人所能爲也。如使吾見魯侯，冀得行道，天欲使濟斯民也。故曰吾之不遭遇魯侯，乃天所爲也。臧倉小人，何能使我不遇哉。【疏】注『尼止也』○正義曰：《爾雅・釋詁》文。《音義》云：『尼，女乙切。丁本作「屔」，云居字。』按《呂氏春秋・慎人》篇云『胼胝不居』，高誘注云：『居，止也。』義亦同。周氏廣業《孟子逸文考》云：『顔元孫《干禄字書》平聲有屔、尼二字。注云：「上俗下正。」疑屔是尼之譌。』○注『吾之不遭遇魯侯』○正義曰：《呂氏春秋・長攻》篇云『必有其遇』，注云：『遇，猶遭也。』《説文》辵部云：『遭，遇也。』遭遇二字轉注。

《章指》言：讒邪搆賢，賢者歸天，不尤人也。【疏】『讒邪搆賢』○正義曰：《漢書》劉向上封事云：『讒邪進則衆賢退。』周氏廣業《逸文考》云：『劉峻《辨命》篇云：「孟子輿困臧倉之訴。」李師政《辨惑論》云：「孟軻干魯，不憾臧倉之蔽。」夫孟子既非干魯，亦何嘗爲臧倉所困哉？』按治平之要，歸之於權；出處之命，歸之於天。此《梁惠王》一篇之大旨，亦即七篇之大旨也。

孟子正義卷六

孟子卷第三

公孫丑章句上凡九章【注】公孫丑者，公孫，姓。丑，名。孟子弟子也。丑有政事之才，問管晏之功，猶《論語》子路問政，故以題篇。【疏】注『公孫』至『題篇』○正義曰：魯公孫茲爲叔孫氏，公孫敖爲仲孫氏，公孫歸父爲東門氏，公孫嬰齊爲叔氏。鄭公孫舍之爲罕氏，公孫申爲孔氏，公孫黑公孫夏爲駟氏，公孫僑爲國氏，公孫蠆爲游氏。此如公子王子之稱，非氏也。齊有公孫氏，未知所出？董子《繁露》云：『公孫之養氣曰：禮義泰實，則氣不通，泰虛則氣不足，泰勞則氣不入，泰佚則氣宛，至怒則氣高，喜則氣衰，憂則氣狂，懼則氣懾，凡此皆氣之害。』陶淵明《聖賢羣輔録·八儒》篇云：『公孫氏傳《易》爲道，爲潔淨精微之儒。樂正氏傳《春秋》爲道，爲屬辭比事之儒。』説者謂卽公孫丑、樂正克。趙氏謂丑有政事之才，未詳所出。《齊乘·人物》篇云：『公孫丑，滕州北公村有墓。』

公孫丑問曰：『夫子當路於齊，管仲晏子之功，可復許乎？』【注】夫子，謂孟子。許，猶興也。如使夫子得當仕路於齊而可以行道，管夷吾晏嬰之功，寧可復興乎。【疏】注「許猶興也」〇正義曰：《毛詩・大雅》「昭茲來許」，傳云：「許，進也。」興亦進義，故以興釋許。〇注「當仕路於齊」〇正義曰：《文選》阮嗣宗《詠懷詩》注引晉綦毋邃《孟子注》云：「當路，當仕路也。」

孟子曰：「子誠齊人也，知管仲晏子而已矣。【注】誠，實也。子實齊人也，但知二子而已。豈復知王者之佐乎。【疏】注「誠實也」〇正義曰：《吕氏春秋・論威》篇云「此之謂至威之誠」，《淮南子・主術訓》云「抱德推誠」，高誘注並云：「誠，實也。」**或問乎曾西曰：『吾子與子路孰賢？』曾西蹵然曰：『吾先子之所畏也。』**【注】曾西，曾子之孫。蹵然，猶蹵踖也。先子，曾子也。子路在四友，故曾子畏敬之。曾西不敢比。【疏】注「曾西」至「敢比」〇正義曰：毛氏奇齡《四書賸言》云：「《經典序録》『曾申字子西，子夏以《詩》傳曾申。左丘明作傳，以授曾申』。則是曾西卽曾申，爲曾子之子，非孫也。其以申字西者，或以申枝爲西方之辰，如《春秋》楚鬭宜申、公子申皆字子西可驗。」江氏永《羣經補義》云：「曾西卽曾申，曾子之子，非曾子之孫。稱先子者，謂父非謂祖父也。」閻氏若璩《釋地》亦同。周氏柄中《辨正》云：「曾子二子元、申，見《禮記・檀弓》。而《大戴禮》云：『曾子疾病，曾元持首，曾華抱足。』華卽申之字也。申既字華，不當又字子西。《曲禮》孔疏亦以曾西爲曾子之孫。疑趙《注》爲是。」趙氏佑《温故録》云：「以楚鬭宜申字子西，公子申字子西例之，申西止爲一人名字，近是。但必謂曾西是曾子子非孫，則未見其確。何者？第言曾元養曾子，《檀弓》所記，曾子寢疾病，曾元、曾申坐於足者，安見其非子孫並侍，曾子以老壽終，自宜有孫也。』翟氏灝《四書考異》云：『《禮記·曲禮》注引曾子曰：「吾先子之所畏。」《檀弓》：「穆公之母卒，使人問於曾子。」時稱曾申爲曾子也。《史記》「吴起事曾子」。其曾子亦是曾申，記述曾子語獨多，未必皆子輿子矣。』王氏念孫《廣雅疏證》云：『《釋訓》：「跦踖，畏敬也。」《論語·鄉黨》篇「踧踖如也」，馬融注云：「踧踖，恭敬之貌。」《孟子·公孫丑》篇「曾西蹵然」，趙氏注云：「蹵然，猶蹵踖也。」踖、蹵並與跦同。』伏生《尚書大傳》云：『周文王胥附奔輳先後禦侮，謂之四鄰，以免乎羑里之害。懿子曰：「夫子亦有四鄰乎？」孔子曰：「吾有四友焉：自吾得回也，門人加親，是非胥附乎？自吾得賜也，遠方之士日至，是非奔輳乎？自吾得師也，前有光，後有輝，是非先後乎？自吾得由也，惡言不至於門，是非禦侮乎？」』**曰：「然則吾子與管仲孰賢？」曾西艴然不悦曰：「爾何曾比予於管仲？**【注】艴然，愠怒色也。何曾，猶何乃也。【疏】注『艴然』至『乃也』○正義曰：王氏念孫《廣雅疏證》云：『《説文》「艴」字注引《論語》「色艴如也」，今本作「勃」。《玉篇》、《廣韻》、《類篇》「艴」字並音勃。《集韻》、《類篇》引《廣雅》：「艴，頩色也。」頩與艴同。凡人敬則色變，若《論語》「色勃如」是也。怒則色變，若《孟子》「曾西艴然不悦」，「王勃然變乎色」是也。《説文》「孛」字注又引《論語》

「色孛如也」,《秦策》云「秦王悖然而怒」,《楚策》云「王怫然作色」,《淮南子・道應訓》云「攸非瞋目教然」,並字異而義同。』段氏玉裁《説文解字注》云:『曾之言乃也,《詩》「曾是不意」,「曾是在位」,「曾是在服」,「曾是莫聽」,《論語》「曾是以爲孝乎」,「曾謂泰山不如林放乎」,《孟子》「爾何曾比予於管仲」,皆訓爲乃。』按《爾雅・釋詁》云:『仍,乃也。』仍從乃聲,乃聲古與仍同,與曾爲疊韻,故曾、乃義同。**管仲得君,如彼其專也;行乎國政,如彼其久也;功烈,如彼其卑也。爾何曾比予於是?」**【注】曾西答或人,言管仲得遇桓公,使之專國政如彼,行政於國其久如彼,功烈卑陋如彼。謂不帥齊桓公行王道而行霸道,故言卑也。重言何曾比我,恥見比之甚也。【疏】注『得遇桓公』○正義曰:《莊子・大宗師》注云:『當所遇之時,世謂之得。』《淮南子・精神訓》云『故事有求之於四海之外而不能遇』,高誘注云:『遇,得也。』《易・小過》『弗過遇之』,注云:『過而得之謂之遇。』故趙氏以遇釋得。**曰:『管仲,曾西之所不爲也,而子爲我願之乎?』**【注】孟子心狹曾西,曾西尚不欲爲管仲,而子爲我願之乎。非丑之言小也。【疏】『曰管』至『之乎』○正義曰:《四書辨疑》云:『自「子誠齊人也」下,連此節,皆孟子言,此處不當又有孟子發語之辭。「曰」本衍字無疑。』王氏引之《經傳釋詞》云:『此述古語既畢,而更及今事也。《吕氏春秋・驕恣》篇李悝述楚莊王之言畢,則云「曰此霸王之所憂也,而君獨伐之」。文義與此同。』而子爲我願之者,《國語・晉語》云『爲後世之見之也』,《魯語》云『其爲後世昭前之令聞也』，韋昭注並云：『爲，使也。』此爲字同之，蓋謂子乃使我願之乎。《經傳釋詞》云：「家大人曰：爲，猶謂也。言子謂我願之也。宣二年《穀梁傳》曰：「天乎天乎，予無罪，孰爲盾而忍弑其君者乎？」《公羊傳》曰：「吾不弑君，誰謂吾弑君者乎？」是其證。」廷琥云：《史記·殷本紀》曰：「帝乙崩，子辛立，是爲帝辛，天下爲之紂。」按爲之紂即謂之紂也。亦爲，謂可通之證。」○注『孟子心狹曾西』○正義曰：《説文》阜部云：『陝，隘也。』陝與狹同。《文選·東京賦》云『狹三王之趢起』，薛綜注云：『狹，謂陋也。』狹隘即小，故云非丑之言小。

曰：『管仲以其君霸，晏子以其君顯，管仲晏子猶不足爲與？』【注】丑曰：管仲輔桓公以霸道，晏子相景公以顯名，二子如此，尚不可以爲邪。【疏】『晏子以其君顯』○正義曰：馬氏驌《繹史》云：『晏平仲之在齊也，歷事三君，皆暗主也。崔、慶既亡，陳氏得政，所際之時，則季世也。方莊公之弑，晏子伏尸成禮，大宫之歃，舍命不渝，是可謂仁者之勇矣。景公嗣位，若能委權任用，承霸國之餘烈，晉失諸侯，齊國之興，日可俟也。乃景公固非能大有爲之君也，所寵任者，梁丘據、裔欵之流；所好者，宫室臺榭之崇，聲色狗馬之玩。嬰也隨事補救，以諷諫匡君心者，朝夕不怠，危行言孫，故能身處亂世，顯名諸侯，而齊國賴之。』

曰：『以齊王，由反手也。』【注】孟子言以齊國之大，而行王道，其易若反手耳。故譏管晏不勉其君以王業也。【疏】『由反手也』○正義曰：《音義》云：『由，義當作猶，古字借用耳。』按趙氏以若字釋由字，則由讀爲猶矣。

曰：『若是，則弟子之惑滋甚。且以文王之德，百年而後崩，猶未洽於天下；武王周公繼之，然後大行。今言王若易然，則文王不足法與？』【注】丑曰，如是言，則弟子惑益甚也。文王尚不能及身而王，何謂王易然也。若是，則文王不足以爲法邪。【疏】『今言王若易然』○正義曰：翟氏灝《考異》云：『或讀然屬下文，後文「今時則易然也」，知此然字必不當屬下。』按趙氏云『何謂王易然也』，斷然字句甚明。

曰：『文王何可當也，由湯至於武丁，賢聖之君六七作，天下歸殷久矣，久則難變也。武丁朝諸侯，有天下，猶運之掌也。【注】武丁，高宗也。孟子言文王之時難爲功，故言何可當也。從湯以下，賢聖之君六七興，謂太甲、太戊、盤庚等也。運之掌，言易也。【疏】注『武丁高宗也』○正義曰：《史記·殷本紀》云：『武丁修政行德，天下咸驩，殷道復興。帝武丁崩，子帝祖庚立，祖己嘉武丁之以祥雉爲德，立其廟爲高宗。』是武丁爲高宗也。○注『孟子』至『當也』○正義曰：此當字，與下『當今之時』當字相應。趙氏注下『是以難也』云：『文王當此時，故難也。』與此注互明。近通解謂文王之德，何可敵也。與趙氏異。○注『從湯』至『等也』○正義曰：《殷本紀》云：『湯崩，太子太丁未立而卒，立太丁之弟外丙。帝外丙即位三年崩，立外丙之弟中壬。帝中壬即位四年崩，伊尹乃立太丁之子太甲。帝太甲稱太宗，太宗崩，子沃丁立。沃丁崩，弟太庚立。帝太庚崩，子帝小甲立。帝小甲崩，弟雍己立，殷道衰，諸侯或不至。帝雍己崩，弟太戊立，殷復興，諸侯歸之，故稱中宗。中宗崩，子帝仲丁立。帝仲丁崩，弟外壬立。帝外壬崩，弟河亶甲立，殷復衰。河亶甲崩，子帝祖乙立，殷復興。祖乙崩，子帝祖辛立。帝祖辛崩，弟沃甲立。帝沃甲崩，立沃甲兄祖辛之子祖丁。帝祖丁崩，立弟沃甲之子南庚。帝南庚崩，立帝祖丁之子陽甲，殷衰。帝陽甲崩，弟盤庚立，渡河南，復居成湯之故居，殷道復興。帝盤庚崩，弟小辛立，殷復衰。帝小辛崩，弟小乙立。帝小乙崩，子帝武丁立，修政行德，天下咸驩，殷道復興。然自湯興以來，若太甲、若太戊、若祖乙、若盤庚、若武丁，皆當殷衰而復興之君共六人。《尚書》序湯、武丁之間，太甲、沃丁、太戊、仲丁、河亶甲、祖乙、盤庚七君，皆有所紀述。則六七作者，或離湯、武丁，即指其間之六七君。乃《史記》稱河亶甲時殷復衰，則不得與于賢聖之君矣。趙氏僅數太甲、太戊、盤庚，以太甲、盤庚，《尚書》詳之。而太戊爲中宗，見稱于《無逸》，亦明有可徵，故略舉此耳。趙氏佑《温故録》云：『注謂自湯以下，太甲、太戊、盤庚等，脱去祖乙。然以四君連湯、武丁，亦止六而非七，豈《孟子》「七」字虚設邪？竊以《書·無逸》明言及高宗乃祖甲，祖甲爲武丁後一代賢君，自《史記》以爲帝甲淫亂，殷復衰，蓋因《國語》「帝甲亂之，五世而隕」之文，于是二孔皆以太甲當祖甲。鄭氏注：「祖甲，武丁子帝甲也。有兄祖庚賢，武丁欲廢兄立弟，祖甲以爲不義，逃之民間，故曰不義惟王，舊爲小人。」以經證史，亦可見《殷紀》之疏。是「六七作」宜兼數祖甲。或曰：然則孟子何以獨言「由湯至于武丁」，紂之去武丁，皆不及祖甲。曰：子統於父也。祖甲卽武丁子，且其兄亦賢，兩世皆承武丁之烈，則以武丁統之可矣。惟由武丁歷祖甲，皆能以賢嗣賢，享年又長，有深仁厚澤，以綿殷道，故益見其久而難變。不然，僅至武丁而止，則紂之去武丁，中間更無接續，相越且百年，亦不得言未久也。』按此説是也。六七非約略之辭，湯、太甲、太戊、祖乙、盤庚、武丁六作，及祖甲則七作，不直云七作六作，連云六七作，正以祖甲在武丁後，故如此屬文也。馬融《無逸》注云：『祖甲有兄祖庚，而祖甲賢，武丁欲立之。祖甲以王廢長立少不義，逃之民間，此是也。惟祖庚不甚賢，祖甲賢，故武丁欲廢長立少。』鄭氏注：『有兄祖庚賢，武丁欲廢兄立弟。』豈武丁而有此？鄭注已殘，當是傳寫者有缺誤。不然則鄭不及馬。若祖庚亦賢，則是賢聖之君不止六七，惟祖庚不甚賢，不能承武丁之化，祖甲復振興之，與太戊、祖乙、盤庚、武丁同，乃爲六七作也。《吕氏春秋・義賞》篇高誘注云：『興，作也。』《周禮・舞師》注云：『興，猶作也。』故以興釋作。**紂之去武丁，未久也。其故家遺俗，流風善政，猶有存者。又有微子、微仲、王子比干、箕子、膠鬲，皆賢人也。相與輔相之，故久而後失之也。尺地莫非其有也，一民莫非其臣也，然而文王猶方百里起，是以難也。**【注】紂得高宗餘化，又多良臣，故久乃亡也。微仲、膠鬲，皆良臣也，但不在三仁中耳。文王當此時，故難也。

【疏】『紂之去武丁未久也』○正義曰：《史記·殷本紀》云：『帝武丁崩，子帝祖庚立。帝祖庚崩，弟祖甲立，是爲帝甲。帝甲崩，子帝廩辛立。帝廩辛崩，弟庚丁立。帝庚丁崩，子帝武乙立。武乙無道，震死，子帝太丁立。帝太丁崩，子帝乙立。帝乙長子曰微子啟，啟母賤，不得嗣。少子辛，辛母正后，辛爲嗣。帝乙崩，子辛立，是爲帝辛，天下爲之紂。』蓋武丁之後，祖甲爰知小人之依，能保惠于庶民，故高宗嘉靖殷邦之化，雖歷武乙之無道，餘化猶存。今文《尚書》『高宗饗國百年』，《漢書·五行志》及《劉向》、《杜欽》二傳，王充《論衡·無形》、《異虛》二篇，皆本今文，則以高宗百年，加以祖甲三十三年，百餘年深仁厚澤，其下歷五世至紂。《無逸》固云：『或十年，或七八年，或五六年，或四三年。』此即指廩辛、庚丁、武乙、太丁、帝乙而言，故孟子言未久。晉人僞作《竹書紀年》謂武乙三十五年，太丁十三年，顯與《無逸》相悖，是不足議也。○『其故』至『存者』○正義曰：故家，勳舊世家，謂臣也。遺俗，敦龐善俗，謂民也。流風之播，恩澤之政，謂君上也。《尚書·微子》篇云：『殷罔不小大好草竊姦宄，卿士師師非度，凡有辜罪，乃罔恆獲，小民方興，相爲敵讎。』馬融注云：『非但小人學爲姦宄，卿士以下，轉相師效，爲非法度。』鄭氏注云：『羣臣皆有是罪，其爵禄又無常得之者，言屢相攻奪。』又云：『天毒降災荒殷邦，方興沉酗于酒，乃罔畏畏，咈其耇長舊有位人。今殷民乃攘竊神祇之犧牷牲，用以容，將食無災。』按卿士爲非，羣臣相奪，則故家不存矣。小民姦宄，竊攘以容，則遺俗無存矣。

顧氏炎武《日知録》云：『自古國家，承平日久，法制廢弛，而上之令不能行於下，未有不亡者也。紂以不仁而亡天下，人人知之，吾謂不盡然。紂之爲君，沉湎於酒，而逞一時之威，至於刳孕斮脛，蓋齊文宣之比耳。商之衰也久矣，一變而《盤庚》之書，則卿大夫不從君令；再變而《微子》之書，則小民不畏國法；至於「攘竊神祇之犧牷牲，用以容，將食無災」，可謂民玩其上，而威刑不立者矣。卽以中主守之，猶不能保，而況以紂之狂酗昏虐，又祖伊奔告而不省乎？文宣之惡，未必減於紂，而齊以强；高緯之惡，未必甚於文宣，而齊以亡者，文宣承神武之餘，紀綱粗立，而又有楊愔輩爲之佐，主昏於上而政清於下也。至高緯而國法蕩然矣，故宇文得而取之。』按小民草竊，至于盜犧牷牲而容之不問，此遺俗之所以不存，而姦民無忌畏矣。《酒誥》云：『在昔殷先哲王，自成湯咸至於帝乙，不敢自暇自逸，矧曰其敢崇飲。越在外服，侯、甸、男、衞、邦伯，越在内服，百僚庶尹，惟亞惟服宗工。越百姓里居，罔敢湎于酒。』周續之《詩序義》云：『由我化物，則謂之風。』上不崇飲，則下不湎酒，此遺風之善也。自紂酣身，荒腆于酒，于是庶羣自酒，至《康誥》尚諄諄以羣飲民湎于酒爲戒，此流風不存，而愚民無懲戒矣。至於重刑辟有炮烙之法，厚賦税以實鹿臺之錢，盈鉅橋之粟，則祖宗之善政乃無存，而良民皆盡蠹矣。云猶有存者，文王時尚未盡喪也。故家與國同休戚，與民相係屬，故盤庚遷殷，民因在位之言不樂從，盤庚必再三告誡，反復於乃祖乃父，以馴服其心。然則故家存則君有所顧忌，不卽妄作，民有所係屬，不即離心。於《盤庚》之誥，正見陽甲時亂雖九世，而故家大臣尚存，故盤庚藉是而興，此孟子所以以故家之存，冠乎遺俗流風善政之首也。○「又有」至「相之」○正義曰：微子、箕子、比干，孔子稱三仁，其賢可知。微仲、膠鬲，非孔子所稱，故趙特表云「皆良臣也，但不在三仁中耳。」《呂氏春秋·當務》篇云：「紂之同母三人，其長曰微子啟，其次曰仲衍，其次曰受德。受德，乃紂也。紂之母生微子啟與仲衍也，其時尚猶爲妾；已而爲妻而生紂。」《史記·宋微子世家》云：「微子故能仁賢，微子開卒，立其弟衍，是爲微仲。」是皆以微仲爲微子弟。唯鄭氏注《禮記·檀弓》「舍其孫腯而立衍」，云：「微子適子死，立其弟衍，殷禮也。」似是以衍爲微子適子之弟。閻氏若璩《釋地續》云：「微，畿内國名。微子既國於此，其長子應曰微伯，早卒，有子名腯。次子曰微仲，名衍，即後國於宋者。以周禮適子死立適孫，次子不得干焉。微子則從其故殷之禮。舍己之長子之子腯，而立己次子衍。故微仲實微子之第二子，非其弟也。此與子服伯子引以況公儀仲子者脗合。其證一。班固《古今人表》於微子下注云「紂兄」，宋微仲下注云「啟子」。其證二。啟既殷帝乙之元子，衍果屬次子，王畿千里，豈少閒土，斷無兄弟並封一國之理。其證三。則知微仲也者，子襲父氏，上有伯兄，字降而次。氏者，胙之土而命之氏，字者，五十以伯仲之字也。」顧氏炎武《日知録》云：「微子之於周，但受國而不受爵。受國，所以存先王之祀，不受爵，所以示不臣之節，故終身稱微子也。微子卒，立其弟衍，是爲微仲，然繼宋非繼微也，而稱微仲者，猶微子之心也。至于衍之子稽則遠矣，於是始稱宋公。後之經生，不知此義，而抱器之臣，倒戈之士，接迹於天下矣。』毛氏奇齡《經問》云：『《檀弓》所謂舍孫腯而立衍者，固是微仲。然是微子之弟，非微子子也。其云舍孫立衍者，謂微子之子死，不立孫腯，而立弟微仲也。自鄭氏注《禮記》，遂有疑衍是庶子，爲適子之弟者。此終是誤解。考殷代傳弟之法，先傳及而後傳世。及者，兄終弟及，如微子傳弟衍是也。世者，父子相繼，謂傳弟之後，弟即傳己子，而不傳兄子兄孫，如微仲傳己子稽，而不傳微子之孫腯是也。此是殷法。至微仲傳子宋公稽後，始不稱微而稱宋，始遵周法。若微仲是微子之子，則微子舍適立庶，非殷法，亦非周法，于禮家何取焉？且微子之子，不得稱微伯與微仲也。微是畿内國名，紂以封其兄；而其後武王伐紂，仍使居微，故仲以微君介弟稱爲微仲，猶季札以吴君之弟稱吴季也。若微子之子，則長世子，次公子也。雖蔡叔之子，亦稱蔡仲，然彼仍封於蔡，故仍以蔡名。微子之子，未嘗再封微也。即周初立國，尚有襲殷遺法傳弟者，魯伯禽之子考公傳弟煬公是也。然斷無魯公之子稱魯伯、魯仲者。此必見《衛世家》康叔之子即名康伯，謂國號可襲稱，而作《系本》《世記》及《古史考》諸書者，遂僞造此名，不知康叔國號，康伯者諡也。且孟子稱微子、微仲、王子比干、箕子、膠鬲輩，同時並稱，且稱爲賢人，又稱相與輔相之，又稱久而後失，則直是商辛老臣，何微子之子之有？』又辨《日知録》云：『微子存國抱器是實，若封微又封宋，則直受爵矣。微〔一〕，商畿内國號，商所封也。至武王伐紂，微子持祭器，造于軍門，史稱武王乃釋微子，復其位如故，則在周已仍封微矣。至成王戮武庚，封微子於宋，則初以武庚續殷祀，微子不過具臣備子爵耳。至是改封宋爲公，承殷祀，以守三恪，則既爲周臣，復爲周賓，《詩》稱「侯服于周，裸將于京」者，其始終臣周之心，極其明白。若其終身稱微子而不稱宋公，康叔初封康，亦畿内國也。及成王封康叔于衛，則衛侯矣。然而《尚書》、《春秋傳》皆稱《康誥》，不稱衛誥，叔亦終其身稱康叔，不稱衛侯，豈康叔受國不受爵邪？抑亦倒戈之士有不臣之心邪？然則弟衍稱微仲，則衍未嘗封微也。何也？周有同封而同稱者，號仲、號叔是也。仲、叔皆封號而兩分其地，遂以並稱，微仲不同封也。有先後立國而亦同稱者矣，吴太伯、吴仲雍是也。太伯、仲雍先後君吴國而亦以並稱，微仲同宋國，未嘗同微國也。然而稱微仲者，其稱微則以國君介弟，原得稱兄之國號以爲號，《春秋》書吴季是也。其稱仲則以既爲國君，仍得稱己之字以爲字，《詩序》美秦仲是也。皆史例也。」周氏柄中《辨正》云：「《檀弓》鄭注：『微子適子死，立其弟衍，殷禮也。』北齊刁柔云：『然則殷適子死，立世子之母弟。』按《詩·大明》疏引鄭康成《書序》注云：『紂母本帝乙之妾，生啟及衍，後立爲后，生受德。』是鄭本以衍爲微子之弟，非

〔一〕『微』，《皇清經解》本同，《日知録》作『微者』。

謂立適子之弟也。刁柔誤解鄭注，不可爲據。』膠鬲之事，見於《吕氏春秋》者二：一《誠廉》篇云：『武王卽位，使叔旦就膠鬲於次四内而與之盟曰：「加富三等，就官一列。」爲三書同辭，血之以牲，埋一於四内，皆以一歸。』其一《貴因》篇云：『武王至鮪水，殷使膠鬲候周師，武王見之，膠鬲曰：「西伯將何之？無欺我也」。武王曰：「不子欺，將之殷也。」膠鬲曰：「竭至？」武王曰「將旨甲子至殷郊，子旨是報矣。」膠鬲行，天雨，日夜不休，武王疾行不輟，軍師皆諫曰：「卒病，請休之。」武王曰：「吾已令膠鬲旨甲子之期報其主矣。今甲子不至，是令膠鬲不信也。膠鬲不信也，其主必殺之，吾疾行以救膠鬲之死也。」』《國語・晉語》云：『妹喜有寵，於是乎與伊尹比而亡夏。妲己有寵，於是乎與膠鬲比而亡殷』。注云：『比，比功也。伊尹欲亡夏，妹喜爲之作禍，其功同也。膠鬲殷賢臣，自殷適周，佐武王以亡殷也。』《韓非子・喻老》篇云：『周有玉版，紂令膠鬲索之，文王不予。費仲來求，因予之。是膠鬲賢而費仲無道也。』《音義》出『輔相』二字，云：『丁作「押」，音甲。《廣雅》云「輔也」。義與夾同。』王氏念孫《廣雅疏證》云：『《説文》云：「挾，押持也。」古通作夾。押、挾聲相近。』**齊人有言曰：「雖有智慧，不如乘勢；雖有鎡基，不如待時。」今時則易然也。**【注】齊人諺言也。乘勢，居富貴之勢。鎡基，田器耒耜之屬。待時，三農時也。今時易以行王化者也。【疏】注『鎡基』至『之屬』〇正義曰：王氏念孫《廣雅疏證》云『《釋器》：「鎡錤，鉏也。」鉏之言除也。《説文》：「鉏，立薅斫也。」

又云：「斫，齊謂之兹其。」《衆經音義》引《倉頡》篇云：「鉏，兹其也。」《孟子》：「雖有鎡基，不如待時。」《漢書・樊酈滕灌傅靳周傳・贊》作「兹其」，《周官薙氏》注作「兹其」，《月令》注作「鎡錤」，並字異而義同。』程氏瑶田《通藝録・磬折古義》云：『《考工》車人之事，半矩之倨句謂之宣。宣之爲物，未知其審也。又判其宣爲半宣，以加於半矩之宣，其倨句謂之欘。欘之爲物，鉏屬也。鄭注云：「欘，斲斤。」引《爾雅》「句欘謂之定」。《爾雅》字作「斪斸」。《説文》：「欘，斫也。齊謂之鎡錤。」按《説文》有「欘」字，又有「斸」字，並訓斫。斫訓擊。吾於欘從木當爲鉏，斸从斤則斤屬，一以起土，田器之句而斫之者也，故曰鎡錤；一以攻木，今木工斧劈之後，木已粗平，然後用凋斤向懷句斫之，俗呼絣子。二者同名異實，然皆擊而用之，故同訓斫也。蓋曰欘曰斸，皆言其器之爲曲體，無論治田攻木，並向懷而斫擊之。其倨句之度，則皆一宣有半。元人王楨《農書》載三器，一曰鎛，耨別名也。《良耜》詩曰：「其鎛斯趙，以薅荼蓼。」《釋名》：「鎛，迫也。迫地去草也。」二曰耨，除草器。《吕氏春秋》曰：「耨，柄尺，此其度也。其耨六寸，所以間稼也。」三曰櫌鉏，古云斪斸，一名定，櫌爲鉏柄也。《齊民要術》曰：「其刃如半月，比木壠稍狹，上有短銎，以受鉏鉤，鉤如鵝項，下帶深袴，皆以鐵爲之，以受木柄。鉤長二尺五寸，柄亦如之。」〔一〕上三事皆鉏屬，倨句形之已句者，而有淺深之殊。又云「車人爲耒，庛長尺有一寸，中直者三尺有三寸，上句者二尺有二寸。自其庛緣其外以至於首以弦，其内六尺有六寸，與步相中也」〔二〕。瑤田謂注内外二字誤解。「其内六尺有六寸」七字連讀爲一句。「自其庛緣其外以至於首以弦」十二字連讀爲一句。内謂本體之實數，耒木三折之，六尺有六寸也。外謂空中之虛數，所弦中步之六尺也。此持表弦之之法以示人，謂欲据其内之六尺有六寸而弦之，其法當如何，只須自其庛緣其外以至於首，如是以弦之，則得其弦之數爲六尺，以與步相中也。後鄭注「庛讀爲棘刺之刺。刺，耒下前曲接耜」。則耜爲耒頭金，上有銎以貫耒末，庛卽耒末之木，以納於耜銎者。先鄭以庛爲耜之異文，謂耒下岐。耒下岐者，後鄭「耜廣五寸」注所謂「今之耜岐頭兩金」也。今指庛爲木材，故宜與耜金材異也。』程氏所説鎡基耒耜，分別精詳。趙氏以皆田器，故以相既耳。○注『待時三農時

〔一〕查《齊民要術》無此文，《農政全書》為：『其刃如半月，比禾壠稍狹，上有短銎，以受鋤鉤，鉤如鵝項，下帶深袴（注：皆以鐵為之），以受木柄。鉤長二尺五寸，柄亦如之。』又《欽定授時通考》為：『其刃如半月，比禾壟稍狹，上有短銎，以受鋤鉤，鉤如鵝項，下帶深袴，以受木柄。鉤長二尺五寸，柄亦如之。』另，該段文字亦見於《王氏農書》。

〔二〕按，該段文字為《周禮・考工記》文。

也』○正義曰：《周禮·天官·大宰》『以九職任萬民，一曰三農生九穀』，注：『鄭司農云：「三農，平地山澤也。」玄謂：三農，原隰及平地。』三農時，謂此原隰平地之農所種九穀，各有其時。**夏后殷周之盛，地未有過千里者也，而齊有其地矣。雞鳴狗吠相聞，而達乎四境，而齊有其民矣。地不改辟矣，民不改聚矣，行仁政而王，莫之能禦也。**【注】三代之盛，封畿千里耳。今齊地土民人已足矣，不更辟土聚民也。雞鳴狗吠相聞，言民室屋相望而衆多也。以此行仁而王，誰能止之也。【疏】注『不更辟土聚民也』○正義曰：《說文》云：『改，更也。』此經言地不改辟即是地不更辟，民不改聚即是民不更聚，故趙氏以更釋改。○注『雞鳴』至『多也』○正義曰：《莊子·胠篋》篇云：『昔者，齊國鄰邑相望，雞狗之音相聞。』翟氏灝《考異》云：『此必時俗語，故《老子》亦云：「樂其俗，安其居，鄰里相望，雞犬之聲相聞。」百家之書，凡非孟子後時而其辭有同者，如「挾山超海」「杯水車薪」「絶長補短」「過化存神」之類，均當持此論觀。』**且王者之不作，未有疏於此時者也。民之憔悴於虐政，未有甚於此時者也。飢者易爲食，渴者易爲飲，孔子曰：「德之流行，速於置郵而傳命。」**【注】言王政不興久矣，民患虐政甚矣，若飢者食易爲美，渴者飲易爲甘，德之流行，疾於置郵傳書命也。【疏】注『言王』至『甚矣』○正義曰：作，興也。故以不興釋不作。《淮南子·氾論訓》云『體大者節疏』，高誘注云：『疏，長也。』長與久同義，故以久釋疏。《說文》云『顇，顦顇也』。顦顇與憔悴古字通。《楚辭·離世》篇云『身憔悴而考旦』，王逸注云：『憔悴，憂貌也。』憂與患同義，故以患釋憔悴。○注『疾於置郵傳書命也』○正義曰：《爾雅·釋詁》云：『速，疾也』閻氏若璩《釋地續》云：『顏師古《漢書》注云：「傳，若今之驛。古者以車，謂之傳車。其後單置馬，謂之驛騎。」字書曰：「馬遞曰置，步遞曰郵。」馬遞指駕車之馬，非徒馬也。』周氏廣業《孟子異本考》〔一〕云：『毛晃《禮部增韻》「馬遞曰置，步遞曰郵。」《漢·烏孫傳》「有便宜因騎置以聞」，師古曰：「即今鋪置也。」《黄霸傳》「郵亭鄉官」，師古曰：「行書舍，傳送文書所止處，如今驛館。」引《孟子》爲證，此解置郵甚明。』王氏念孫《廣雅疏證》云：『郵，置，驛也。《方言》：「驛，傳也。」郭璞注云：「傳，宣語也。」《爾雅》「馹，遽，傳也」，注云：「皆傳車驛馬之名。」《玉》篇云：「驛，譯也。」三者皆取傳遞之義，故皆謂之驛。置郵〔二〕者，《説文》：「郵，竟上行書舍也。」「驛，置騎也。」《孟子》「速於置郵而傳命」。』段氏玉裁《説文解字注》云：『《釋言》：「郵，過也。」按經過與過失，古不分平去，故經過曰郵，過失亦曰郵。』按置、郵、傳三字同爲傳遞之稱。以其車馬傳遞，謂之置郵，謂之驛。其傳遞行書之舍，亦即謂之置郵，謂之驛。自竟上行書之舍而傳，亦即傳遞所行之書于舍止之處。置郵即傳命之名，經文

〔一〕『《孟子異本考》』，《皇清經解》本作『《孟子逸文考》』，《孟子四考》作『《孟子異本考》』。
〔二〕『置郵』，《皇清經解》本作『郵置』，但前後經文、注文均作『置郵』。

傳命二字，已足申明置郵二字，故趙氏於『置郵』二字不復解。置郵本亦名傳，而經文傳命之傳則言其傳遞，故以而字間之。《周禮·春官·典命》注云：『命，謂王遷秩羣臣之書。』是書謂之命，故以書釋命。《呂氏春秋·上德》篇云：『三苗不服，禹請攻之。舜曰：「以德可也。」行德三年而三苗服。孔子聞之曰：「通乎德之情，則孟門、太行不爲險矣。故曰德之速，疾乎以郵傳命。」』此爲孟子引孔子言之證。**當今之時，萬乘之國行仁政，民之悦之，猶解倒懸也。故事半古之人，功必倍之，惟此時爲然。**【注】倒懸，喻困苦也。當今所施恩惠之事，半於古人，而功倍之矣。言今行之易也。【疏】『民之悦之』○正義曰：《文選·論盛孝章書》注引《孟子》作『民悦而歸之』，又《馬汧督誄》注作『民悦之』。按李善注《文選》與李賢注《後漢書》，每引《孟子》，不與今本同，當是唐人以意增損，或據以爲别本，非也。陸機《豪士賦序》云：『故曰才不半古，而功已倍之，蓋得之於時勢也。』用《孟子》語，以事爲才。按趙氏自是事，機文士，亦不足爲《孟子》解矣。

《章指》言：**德流之速，過於置郵；君子得時，大行其道；是以呂望覩文王而陳王圖，管晏雖勤，猶爲曾西所羞也。**【疏】『呂望覩文王而陳王圖』○正義曰：覩，見也。圖，謀也。《史記·齊太公世家》云：『周西伯政平，及斷虞、芮之訟，而詩人稱西伯受命曰：「文王伐崇、密須、犬夷，大作豐邑，天下三分，其二歸周者，太公之謀計居多。」』《漢書·藝文志》：『《太公》二百三十七篇：《謀》八十一篇，《言》七十一篇，《兵》八十五篇。』

公孫丑曰：『夫子加齊之卿相，得行道焉，雖由此霸王不異矣。如此則動心否乎？』

【注】加，猶居也。丑問孟子，如使夫子得居齊卿相之位，行其道德，雖用此臣位而輔君行之，亦不異於古霸王之君矣。如是寧動心畏難，自恐不能行否邪？丑以此爲大道不易，人當畏懼之，不敢欲行也。【疏】注『加猶居也』○正義曰：《淮南子·主術訓》云『雖愚者不加體焉』，高誘注云：『加，猶止也。』《呂氏春秋·慎人》篇云『胼胝不居』，高誘注云：『居，止也。』加、居並有止義，故轉注加亦猶居也。《説文》云：『家，居也。』家通嘉，桓公《公羊》、《左傳》『家父』，《漢書·古今人表》作『嘉父』是也。嘉亦通加，《詩·行葦》箋云『以脾函爲加，故謂之嘉』是也。加之猶居，又家之假借也。○注『行其』至『君矣』○正義曰：《大戴禮·王言》篇云：『道者，所以明德也。』又《盛德》篇云：『冢宰之官以成道，司徒之官以成德。』賈誼《新書·道德》篇云：『道者，德之本也。』故經言行道，趙氏以行其道德解之。《毛詩》『君子陽陽，右招我由房』，傳云：『由，用也。』趙氏斷雖由此三字爲句，以此字指卿相之位，故云用此臣位輔君行之，行即行道也。云〔一〕不異於古霸王之君，是解異爲同異之異。公孫丑倒言之，注順解之也。近解不異，謂雖從此而成霸王之業，不足怪異。與趙氏異。

〔一〕『云』，《皇清經解》本作『行』。

孟子曰：『否，我四十不動心。』【注】孟子言禮四十强而仕，我志氣已定，不妄動心有所畏也。【疏】注『禮四十强而仕』○正義曰：『四十曰强而仕』，《禮記·曲禮》上篇文。孔氏正義云：『强有二義：一則四十不惑，是智慮强；一則氣力强也。』《吕氏春秋·知分》篇云『有所達則物弗能惑』，高誘注云：『惑，動也。』然則强卽不惑，不惑卽不動，故引以釋不動心也。惟智慮氣力未能堅强，則有所疑惑，疑惑則生畏懼，故以動心爲畏難自恐也。顧氏炎武《日知録》云：『凡人之動心與否，固在其加卿相行道之時也。枉道事人，曲學阿世，皆從此而始矣。我四十不動心者，不動其「行一不義，殺一不辜，而得天下，有不爲也」之心。』

曰：『若是，則夫子過孟賁遠矣。』【注】丑曰，若此，夫子志意堅勇過孟賁。賁，勇士也。孟子勇於德。【疏】注『賁勇士也』○正義曰：《吕氏春秋·用衆》篇云：『故以衆勇，無畏乎孟賁矣。』田駢謂齊王曰：「孟賁庶乎，患術而邊境弗患。」』注云：『孟賁，古之大勇士。』《必己》篇云：『孟賁過於河，先其五。船人怒而以楫虓其頭，顧不知其孟賁也。中河，孟賁瞋目而視船人，髮植目裂鬢指，舟中之人，盡揚播入於河。使船人知其孟賁，弗敢直視，涉無先者，又況於辱之乎。此以不知故也。』高誘注云：『船人不知孟賁爲勇士故也。』《史記・范睢列傳》集解引許慎曰：『孟睢〔一〕，衛人。』《史記・袁盎傳》索隱引《尸子》云：『孟賁水行不避蛟龍，陸行不避兕虎。』《漢書・東方朔傳》注引《尸子》云：『人問孟賁：「生乎勇乎？」曰：「勇。」「貴乎勇乎？」曰：「勇。」「富乎勇乎？」曰「勇。」三者人之所難能，而皆不足以易勇，此其所以能攝三軍、服猛獸之故也。』毛氏奇齡《逸講箋》云：『夫子過孟賁，非借之贊不動心之難，正以氣强之人，心有捍護，易於不動。故勇者多桀傲自逞，遺落一切，此正與養勇養氣相接入。』○注『孟子勇於德』○正義曰：《音義》引《揚子》曰：『請問孟軻之勇，曰：勇於義而果於德，不以貧富貴賤死生動其心，於勇也其庶乎。』

曰：『是不難，告子先我不動心。』【注】孟子言是不難也，告子之勇，未四十而不動心矣。

曰：『不動心有道乎？』【注】丑問不動心之道云何。

曰：『有。【注】孟子欲爲言之。**北宮黝之養勇也：不膚橈，不目逃，思以一豪挫於人，若撻之於市朝；不受於褐寬博，亦不受於萬乘之君；視刺萬乘之君，若刺褐夫，無嚴諸侯；惡聲至，必反之。**【注】北宮，姓。黝，名也。人刺其肌膚，不爲橈卻。刺其目，目

〔一〕『睢』，《皇清經解》本、《孟子注疏》均作『賁』。

不轉睛逃避之矣。人拔一毛，若見捶撻於市朝之中矣。褐寬博，獨夫被褐者。嚴，尊也。無有尊嚴諸侯可敬者也。以惡聲加己，己必惡聲報之。言所養育勇氣如是。【疏】注「北宮」至「中矣」○正義曰：錢氏大昕《潛研堂答問》云：「問：孟子書有北宮黝、北宮錡，趙氏注以錡爲衛人，而黝獨未詳，亦可考否？曰：黝事固不可考，然《淮南子》有云：『握劒鋒以离北宮子、司馬蒯蕢，不使應敵。操其觚，招其末，則庸人能以制勝。』高誘注：『北宮子，齊人也。孟子所謂北宮黝也。』誘生於漢世，所見書籍尚多，以黝爲齊人，宜可信。春秋之世，衛亦有北宮氏，世爲正卿，《戰國策》趙威后問齊使云：『北宮之女，嬰兒子無恙。』則齊亦有北宮氏也。」翟氏灝《考異》云：「《韓非子·顯學》篇云：『漆雕之議，不色橈，不目逃，行曲則違於臧獲，行直則怒於諸侯，世主以爲廉而禮之。』按韓非所稱漆雕之議，上二語與此文同，下二語與曾子謂子襄意似。其漆雕爲北宮黝字歟？抑子襄之出於漆雕氏也？韓言儒分爲八，有漆雕氏之儒，《漢志·儒家》有《漆雕子》十二篇，其書久亡，無能案驗矣。」《春秋繁露·度制》篇云：「肌膚血氣之情也。」劉熙《釋名·釋形體》云：「肌，懻也。膚幕堅懻也。」故以肌釋膚。《音義》云：「橈，丁奴効切。《五經文字》云：『枉橈之橈，女絞反。俗從手者，撓擾之撓，火刀反。』」阮氏元《校勘記》云：「閩、監、毛三本橈作『撓』。按《音義》出『橈』字，作『撓』非也。」《易·大過》「棟橈」，《釋文》云：「曲折也。」成公二年《左傳》云「師徒橈敗」，注云：「橈，曲也。」曲，猶屈也。卻同却，

《廣雅・釋言》云：『卻，退也。』《史記・魯仲連鄒陽傳》云『勇士不却死而滅名』，索隱云：『却死，猶避死也。』《廣雅・釋詁》云：『逃，避也。』畏其刺，則必退却逃避。黝不畏其刺，是不因膚被刺而屈，不因目被刺而避也。橈卻逃避互明。《文選注》引《聲類》云：『豪，長毛也。』故以毛釋豪。挫之訓爲摧，《素問・五常政大論》云『其變振拉摧拔』，是挫亦拔也。《説文》手部云：『撻，《鄉飲酒》「罰不敬，撻其背」。遽，古文撻。《周書》：「遽以記之。」』捶同箠，司馬遷《報任安書》云：『其次關木索被箠楚受辱。』《漢書・吾丘壽王傳》云：『民以耰鉏捶挺相撻擊。』捶本馬杖之名，用以撻擊，故撻亦謂之捶矣。顧氏炎武《日知録》云：『若撻之於市朝，卽《書》所言「若撻於市」。古者朝無撻人之事，市則有之。《周禮・司市》：「市刑，小刑憲罰，中刑徇罰，大刑扑罰。」又曰：「胥執鞭度而巡其前，掌其坐作出入之禁令，凡有罪者，撻戮而罰之」是也。《禮記・檀弓》：「遇諸市朝，不反兵而鬬。」兵器非可入朝之物。奔喪哭辟市朝，奔喪亦但過市，無過朝之事也。其謂之市朝者，《史記・孟嘗君傳》「日莫之後，過市朝者，掉臂不顧」，索隱云：「言市之行列，有如朝位，故曰市朝。」』閻氏若璩《釋地續》云：『市朝二字，見《論語》者，乃殺人陳尸之所。《左傳》殺三郤，皆尸諸朝；董安于縊而死，趙孟尸諸市是也。見《孟子》者，僅得一市字，蓋古者撻人，各有其所，容有於市，於市則辱之極矣，是以斷斷無撻之於朝者。或曰：市朝乃連類而及之文，若躬稼本稷，而亦稱禹；三過不入本禹，而亦稱稷；以紂爲兄之子，本指王子比干而亦及微子啟；善哭其夫而變國俗，本指杞梁之妻，而亦及華周之妻；皆因其一，而並言其一，古文體則有然者。』趙氏佑《溫故録》云：『朝市雙言，朝也，市也。朝市單言，市之朝也。若撻之於市朝，正是司市之朝耳。古者朝之名通於上下，冉子退朝，周生烈云「君之朝」，鄭康成云「季氏朝」。則有司聽事之處言朝，猶是公所矣。今京城內外衢市，多立堆撥，設員役以備巡徼，其大者謂之官廳，漢唐謂之街彈室。』○注『褐寬』至『褐者』○正義曰：《詩·七月》篇『無衣無褐，何以卒歲』，箋云：『人之貴者無衣，賤者無褐。』是褐爲賤者所服。上言『褐寬博』，下言『褐夫』，則褐寬博卽是衣褐之匹夫，故云獨夫被褐者。『褐寬博』蓋當時有此稱也。《老子》云：『聖人被褐懷玉。』○注『嚴尊』至『是也』○正義曰：《呂氏春秋·審應》篇高誘注云：『嚴，尊也。』《禮記·學記》云『嚴師爲難』，注云：『嚴，尊敬也。』《廣雅·釋詁》云：『尊，敬也。』尊、嚴、敬三字義同。嚴字連諸侯，謂可尊敬之諸侯。黝心目中蔑視之，無有可尊敬之諸侯，故云無尊嚴諸侯可敬者也。先以尊釋嚴，又申言可敬，謂無尊嚴，卽無可敬也。惡聲，猶惡言也。《史記·仲尼弟子列傳》云：『自吾得由，惡言不入於耳。』集解引王肅云：『子路爲孔子侍衛，故侮慢之人，不敢有惡言。』惡，猶過也。指斥過惡之言也。至，猶來也。惡聲至卽惡言來矣。《漢書·外戚傳》云『爲致椁』，注云：『致，謂累也。』又《酷吏傳》云『致令辟爲郭』，注云：『致，謂積累之也。致，至也。積累加也。』是至亦有加義，故云加已。《國語·晉語》云

『反使者』，注云：『反，報也。』必反之，是必報之也。《爾雅·釋詁》云：『育，養也。』故以育釋養。《禮記·中庸》『萬物育焉』，注云：『育，生也，長也。』養育勇氣即是生長勇氣。養勇即是養氣。但孟子之氣，以直養而無害，則爲善養。黝等之氣，不以直養，則不善也。善在直其養，所以不同也。**孟施舍之所養勇也，曰：「視不勝，猶勝也。量敵而後進，慮勝而後會，是畏三軍者也。舍豈能爲必勝哉？能無懼而已矣。」**【注】孟，姓。舍，名。施，發音也。施舍自言其名則但曰舍。舍豈能爲必勝哉，要不恐懼而已也。以爲量敵少而進，慮勝者足勝乃會，若此畏三軍之衆者耳，非勇者也。【疏】『慮勝而後會』○正義曰：《詩·大明》篇『會朝清明』，箋云：『會，合也，合兵以清明。』《詩》又云『殷商之旅，其會如林』，箋云：『殷盛合其兵衆，陳于商郊之牧野。』此云慮勝而後會，謂合兵也。○注『孟姓』至『曰舍』○正義曰：閻氏若璩《釋地又續》云：『原趙氏之意，以古人二字名，無單稱一字者。今曰舍，則舍其名也。古未見有複姓孟施者，則孟其姓也。遂以發音當施字。不知發聲在首，如吳曰勾吳，越曰於越。若在中，則語助詞多用之字，未聞以施字者。且孔子時魯有少施氏，安知孟施非少施一例乎？』翟氏灝《考異》云：『古人二字名，或稱一字，如紂名受德，《書》但稱商王受。曹叔名振鐸，《國語》但稱叔振。晉文公名重耳，《左傳》但稱晉重。魯叔孫氏名何忌，《春秋》經定六年但稱忌，孟施舍不嫌其自稱舍也。』○注『舍豈』至『而已矣』○正義曰：孔本、韓本、《考文》古本無『舍』字，閩、監、毛三本有之。經言『能無懼』，趙氏言『要不恐懼』者，要，約也。以下言『孟施舍守約』，豫言之也。**孟施舍似曾子，北宮黝似子夏，夫二子之勇，未知其孰賢，然而孟施舍守約也。**【注】孟子以爲曾子長於孝，孝百行之本；子夏知道雖衆，不如曾子孝之大也。故以舍譬曾子，黝譬子夏。以施舍要之以不懼，爲約要也。【疏】注『孟子』至『要也』○正義曰：《史記・仲尼弟子列傳》云：『曾參，南武城人，字子輿，孔子以其能通孝道，故受之業，作《孝經》。』陸賈《新語》云：『曾子孝於父母，昏定晨省，調寒温，適輕重，勉之於糜粥之間，行之於衽席之上，而德美重於後世。』是曾子長於孝也。《孝經》云：『孝，德之本也。』《論衡・書説》篇云：『實行爲德。』《周禮・師氏》注云：『德行内外之稱，在心爲德，施之爲行。百行之本，卽是德之本。』《後漢書・江革傳》云：『夫孝，百行之冠，衆善之始也。』《顔氏家訓・勉學篇》云：『孝爲百行之首。』是也。《説苑》言子夏讀《易》，《尚書大傳》言子夏讀《書》，《韓詩外傳》言子夏讀《詩》，《新序》稱其論五帝師，《大戴禮記》稱其言《易》之生人，是知道衆也。《大戴記・曾子大孝》篇云：『夫孝者，天下之大經也。』是道雖衆，不如孝之大也。北宮黝事事皆求勝人，故似子夏知道之衆。孟施舍不問能必勝與否，但專守己之不懼，故似曾子得道之大。約之訓爲要，於衆道之中得其大，是得其要也。下言大勇，是知得其要爲得其大也。**昔者曾子謂子襄曰：「子好勇乎？吾嘗聞大勇於夫子矣。自反而不縮，雖褐寬博，吾不惴焉；自反而縮，雖千萬人，吾往矣。」孟施舍之守**

氣，又不如曾子之守約也。」【注】子襄，曾子弟子也。夫子，謂孔子也。縮，義也。惴，懼也。《詩》云：「惴惴其慄。」曾子謂子襄言孔子告我大勇之道：人加惡於己，己內自省，有不義不直之心，雖敵人被褐寬博一夫，不當輕驚懼之也。自省有義，雖敵家千萬人，我直往突之。言義之强也。施舍雖守勇氣，不如曾子守義之爲約也。【疏】注「子襄」至「約也」○正義曰：子襄，薛應旂《人物考》以爲南武城人，未知所本。《禮記・投壺》篇注〔一〕「奇則縮諸純」〔二〕，《釋文》云：「縮，直也。」《廣雅・釋詁》云：「直，義也。」縮之爲義，猶縮之爲直。蓋縮之訓爲從，從故直。從亦順也，順故義；義者，宜也。趙氏既以義訓縮，又申之云「不義不直」，明義即直也。引《詩》者，《秦風・黄鳥》篇。傳云：「惴惴，懼也。」是惴即懼也。《易傳》言「驚遠而懼邇」，是驚懼義同。褐夫易於驚懼之；不惴，是不驚懼之也。謂不以氣臨之，使之惴惴也。王若虚《孟子辨惑》云：「不字爲衍。不然，則誤爾。」閻氏若璩《釋地三續》云：「不，豈不也。猶經傳中敢爲不敢，如爲不如之類。」此以惴爲自己驚懼，與趙氏異。王氏引之《經傳釋詞》云：「不，語詞。不惴，惴也。言雖被褐之夫吾懼之。」趙氏前引《禮記》，以不動心爲强，强猶勇也。黝以必勝爲强，不如施舍以

〔一〕「注」，《皇清經解》本無「注」字。
〔二〕「奇則縮諸純」，《皇清經解》本作「奇則直諸純」。

不懼爲强。然施舍之不懼，但以氣自守，不問其義不義也。曾子之强，則以義自守，是爲義之强也。推黝之勇，生于必勝；設有不勝，則氣屈矣。施舍之勇，生于不懼，則雖不勝，其氣亦不屈，故較黝爲得其要。然施舍一以不懼爲勇，而不論義不義；曾子之勇，則有懼有不懼，一以義不義爲斷：此不獨北宫黝之勇不如，卽孟施舍之守氣，亦不如也。

曰：「敢問夫子之不動心，與告子之不動心，可得聞與？」【注】丑曰，不動心之勇，其意豈可得聞與。

「告子曰：『不得於言，勿求於心；不得於心，勿求於氣。』不得於心，勿求於氣，可。不得於言，勿求於心，不可。【注】不得者，不得人之善心善言也。求者，取也。告子爲人，勇而無慮，不原其情。人有不善之言加於己，不復取其心有善也，直怒之矣，孟子以爲不可也。告子知人之有惡心，雖以善辭氣來加己，亦直怒之矣，孟子以爲是則可，言人當以心爲正也。告子非純賢，其不動心之事，一可用一不可用也。【疏】「告子」至「不可」。○正義曰：「不得於言」，「不得於心」，與「不得於君」，「不得於親」句同。不得於君親，爲失意於君親。則此不得於言，不得於心，亦指人之言，人之心。謂人以惡言加己，而己受之；人以惡心待己，而己受之也。成公三年《公羊傳》注云：「得曰取。」《淮南子·說山訓》高誘注云：「求，猶得也。」然則求、得、取三字可同義。蓋人有惡心，而詐善其辭氣以欺我，我之心不爲之動，則能知其心，而不惑於其詐，故可也。若人本有善心，而言語之問，不免暴戾，如鬻拳之諫，先軫之唾是矣。我則但怒其言，不復能知其心，故不可也。若是則告子所言『勿求於心』，『不得於心』，皆人之心。而告子之不動心，第於兩『勿求』見之。毛氏奇齡《逸講箋》云：『告子惟恐求心卽動心，故自言「勿求於心」。心焉能不動？裁說不動，便是道家之「嗒然若喪」，佛氏之「離心意識參」，儒者無是也。孟子平日亦以存心求放心爲主，未嘗言不動。存心是工夫，不動心是效驗。心之本體，不能不動。學人用功，則不使不動，此不過以卿相王霸不攖於心，直是得失不讋，寵辱不驚，一鎮定境界，故孟子自言不動心有道，則明有前事矣。卿相王霸，有何恐懼？孟子生平，何許學問而慮其恐懼，在公孫弟子並無此意。此不動心，祇是老子所云「寵辱不驚」，孟子所云「大行不加」，孟子自言將降大任，必動心忍性，豈有大任是身，而尚可侈言無懼，肆然稱不動心者？』又云：『不動心有養勇一道，皆以氣制心，而使之不動，此卽告子所云「求氣」也。有直養一道，則專以直道養其心，使心得慊然而氣不餒，此卽孟子所云「持志」，告子所云「求心」也。是不動心之道，有直從心上求者，自反是也。有轉從心之所制上求者，養勇是也。曾子自反祇求心，北宮黝、孟施舍養勇，則但求氣；惟告子則不求心，並不求氣。大抵生人言行，皆從心出，言行得失，卽與心之動不動兩相關合。假如心不得於言，則當求心。何則？言之詖淫邪遁，皆由心之蔽陷離窮所生，所云「生於其心」是也。則言有不得，毋論人之言與己之言，皆當推其所由生，而求之於心，此所貴乎知言也。而告子則惟恐動心，而强而勿求。又如行不得於心，則仍當求心。何則？志與氣本不相持，而轉相爲用，故以直養者言之，則自反而縮，使氣常不餒，則不問得心與不得心，而心自不動，此曾子與孟子求心不求氣也。以養勇者言之，則稍不得於心，惟恐心動，當急求之氣，以强制其心，此黝、舍之所「養勇」也，求於氣也。而告子則又但力制其心，而並不求氣。是既不能反，又不能養，舉凡心所不得，與不得於心，皆一概屏絶，而更不求一得心與心得之道，徒抱此冥頑方寸，謂之不動，此其所以卿相不驚，霸王不怪，有先於孟子者。蓋其自言有如此，不得心而勿求氣，則合當如是，故曰可也。生平既不能自反，直養無害，而一有不得，則又借此虛矯之氣，以爲心之制。此黝、舍之學，豈可爲法？且養氣能得心，不能强之制不得之心。自反而惴，行不慊於心，則動心已耳，焉得有急急求氣之理？若心不得於言，則言爲心聲，心有所害，則正當在心上求。於此不急求，當復何待。故猶是心之不得與不得於心，而不求氣則可，不求心則不可，此斷斷然者。』**夫志，氣之帥也。氣，體之充也。**【注】志，心所念慮也。氣，所以充滿形體爲喜怒也。志帥氣而行之，度其可否也。【疏】『夫志』至『充也』○正義曰：《毛詩序》云：『在心爲志。』《儀禮·聘禮記》注云：『志，猶念也。』《大射儀》注云：『志，意所擬度也。』故趙氏以『心所念慮』爲志，又云『度其可否』。《禮記·祭義》云：『氣也者，神之盛也。』《淮南子·原道訓》云：『夫形者，生之舍也。氣者，生之充也。神者，生之制也。夫舉天下萬物蚑蟯貞蟲蝡動跂作，皆知其所喜憎利害者，何也？以其性之在焉而不離也。忽去之，則骨肉無論矣。今人之所以眭然能視，瞥然能聽，形體能抗，而百節可屈伸，察能分白黑、視醜美，而知能別同異、明是非者，何也？氣爲之充，而神爲之使也。』《論衡・無形》篇云：『形氣性，天也。』生之舍，生之充，生之制，生即性也。性情神志，皆不離乎氣，以其能別同異，明是非，則爲志以帥乎氣。萬物皆有喜憎利害，而不能別同異，明是非，則第爲物之性，而非人之性，僅爲氣而已。故喜憎、利害、視聽、屈伸，皆氣也。骨肉，則形體也。』趙氏言氣，專指喜怒，以上勿求於心，勿求於氣，作以怨言，故於此言之耳。人有志而物無志，故人物皆有是性，皆有是氣，而人能以志帥，則能度其可否，而性乃所以善也。阮氏元《校勘記》云：『《音義》出「之帥」，云：「本亦作師。」按據《干禄字書》，唐人帥字多作「師」，乃俗字也。既又譌「師」。』**夫志至焉，氣次焉。**【注】志爲至要之本，氣爲其次。【疏】注『志爲』至『其〔一〕次』○正義曰：趙氏以至爲至極，次爲《説文》『不前』之義，謂次于志也。毛氏奇齡《逸講箋》云：『此次字，如《毛詩》傳「主人入次」，《周禮》「宮正掌次」之次，言舍止也。』若然，則至爲來至之至，志之所至，氣即隨之而止，正與趙氏下注志嚮氣隨之意合。**故曰持其志，無暴其氣。』**【注】暴，亂也。言志所嚮，氣隨之，當正持其

〔一〕『其』，《皇清經解》本無『其』字。

志，無亂其氣，妄以喜怒加人也。【疏】注「暴亂」至「人也」○正義曰：《淮南子·主術訓》高誘注云：「暴，虐亂也。」《吕氏春秋·慎大》篇高誘注云：「持，守也。」持其志，即曾子之守義，異乎孟施舍之守氣矣。直，即正也。自反而縮，故爲正持其志。可喜則喜，可怒乃怒，即義也。即不妄以喜怒加人也。毛氏奇齡《逸講箋》云：「心爲氣之主，氣爲心之輔，志與氣不相離也。然而心之所至，氣即隨之。志與氣，又適相須也。故但持其志，力求之本心，以直自守，而氣之在體，則第不虐戾而使之充周已耳。是不求於心者，謂之不持志，無一而可。」

「既曰志至焉氣次焉，又曰持其志無暴其氣者，何也？」【注】丑問暴亂其氣云何。

曰：「志壹則動氣，氣壹則動志也。今夫蹶者趨者，是氣也而反動其心。」【注】孟子言壹者，志氣閉而爲壹也。志閉塞則氣不行，氣閉塞則志不通，蹶者相動。今夫行而蹶者，氣閉不能自持，故志氣顛倒。顛倒之間，無不動心而恐矣。則志氣之相動也。【疏】「志壹」至「其心」○正義曰：趙氏讀壹爲噎。《説文》口部云：「噎，飯窒也。」《一切經音義》引《通俗文》：「塞喉曰壹。」《史記·賈誼傳》云：「子獨壹鬱其誰語。」段氏玉裁《説文解字注》云：「《易》曰『天地壹壺』，虞翻以《否》之閉塞解絪温，趙岐亦以閉塞釋志壹氣壹，其轉語爲抑鬱。」《淮南子·精神訓》云「形勞而不休則蹶」，高誘注云：「蹶，顛也。」《荀子·富國篇》注云：「蹶，顛倒也。」《國語·越語》云「蹶而趨之」，注云：「蹶，走也。」

《呂氏春秋・慎小》篇云：『人之行不蹶於山，則蹶由於行。』《廣雅・釋詁》云：『趨，行也。』經云『蹶者趨者』，趙氏以行而蹶者解之，則蹶者趨，猶云蹶而趨矣。志壹則動氣，氣壹則動志，故云相動。按《説文》壹部云：『壹，專壹也。』文公三年《左傳》云『與人之壹也』，注云：『壹無貳心。』持其志使專壹而不貳，是爲志壹。守其氣使專壹而不貳，是爲氣壹。黝之氣在『必勝』，舍之氣在『無懼』，是氣壹也。曾子『自反而縮，雖千萬人吾往』，是志壹也。毛氏奇齡《逸講箋》云：『志一動氣，自然之理。且志亦不容不一者，不一則二三，安所持志？此所謂一，正志至之解。惟志一能動氣，故志帥而氣即止也。若氣一動志，則帥轉爲卒所動，反常之道，故須善養，使不一耳。』按毛氏此説，陳組綬《近聖居燃犀解》已言之，云：『志至之志是至到之至，氣次之次是次舍之次，至如行，次如止。曰氣之帥，體之充，是帥其氣以充體者，志也。曰至曰次，言至其處，即次其處。丑問志氣既不相離，持志即是養氣，何必又無暴其氣。志本不動，不壹則渙散無其帥；氣本周流，不動則枯槁無其充。故志可壹而氣不可壹，氣可動而志不可動，如無心而蹶，是所壹之氣也。而反動其心，非氣壹動志之明驗歟？此告子勿求氣可也。但既不得於心，則全不知持志之道耳。』按丑問夫子之不動心與告子之不動心，孟子述告子之言，以明告子之不動心有可有不可也。志至氣次，所以申言可不可之故。志帥氣以充體，志至而氣即隨之而止，此勿求氣所以可，而勿求心所以不可也。求於心，即持其志也。『毋暴其氣』，似是又當求氣，故丑又問之，趙氏言丑問暴亂其氣云何是也。故孟子發明之，仍申明勿求於氣之可也。不得於心，有所逆于心也。斯時能持其志，則度其可否，而知其直不直、義不義，義則伸吾氣以往矣，不義則屈吾氣以退矣，此持志以帥氣之道也，志壹則動氣也。若不能持志，不度其可否，不問其直不直、義不義，而專以伸吾氣爲主，是氣壹也。此孟施舍守氣之道也，是不持志而暴其氣也。彼不論直義，而徒暴其氣，固以此爲不動心，而不知氣壹心轉，不能不動，故云『氣壹則動志』也。因舉一行而顛蹶者以例之，行而顛蹶，是不持志而暴其氣也。當其蹶也，心且因之動矣。則可知徒任氣者，不能不動其心，此告子『不得於心，勿求於氣』所以爲可也。然告子勿求於氣，並不求於心，雖不暴其氣，而亦不持其志。則是屏心與氣於空虛寂滅，雖直與義所在，而亦却而不前，視曾子自反而持守其志者殊矣。雖不求氣而不可不善養氣，求氣以爲養氣，是黝之養勇，舍之守氣，不如告子之勿求於氣也。不求氣而求心，以爲養氣，是曾子之自反，孟子之持志，乃爲善養氣也。施舍有氣無志，告子無志無氣，曾子、孟子以志帥氣，則有志有氣。施舍養氣而不善者也，告子不善養氣者也，以氣養氣，則不善養；以心志養氣，乃爲善養。所養者氣，所以善養者心，心之所以善養者，在直與義，此孟子所以爲善養浩然之氣也。此上但言告子之不動心，未明孟子之不動心，故下文丑又問孟子何以長於告子也。

『**敢問夫子惡乎長？**』【**注**】丑問孟子才志所長何等。

曰：『我知言，我善養吾浩然之氣。』【注】孟子云，我聞人言，能知其情所趨，我能自養育我之所有浩然之大氣也。【疏】注『我能』至『氣也』○正義曰：《淮南子・墬形訓》高誘注云：『浩亦大也。』故以浩然之氣爲大氣。臧氏琳《經義雜記》云：『《文選》班孟堅《答賓戲》「仲尼抗浮雲之志，孟軻養浩然之氣」。李善注：「孟子曰：我善養吾浩然之氣。……項岱曰：皓，白也。如天之氣皓然也。」《後漢書・傅燮傳》「世亂不能養浩然之氣」，李賢注：「孟子曰：養吾浩然之氣。趙岐曰：浩然，天氣也。」按《春秋繁露・循天之道》云：「陽者，天之寬也。陰者，天之急也。中者，天之用也。和者，天之功也。舉天地之道而美於和，是故物生皆貴氣而迎養之。孟子曰：我養吾浩然之氣者也。」則董子以養浩然之氣爲養天之和氣，班孟堅以浩然與浮雲相對。亦是以浩然爲天氣。趙、項之釋，有所本矣。今本趙注作「浩然之大氣」，當是俗人所改。《漢書・叙傳上》注「師古曰：浩然，純一之氣也。」《文選》五臣注：「劉良曰：浩然自放逸也。」與古義異。』

『敢問何謂浩然之氣？』【注】丑問浩然之氣狀何如。

曰：『難言也。其爲氣也，至大至剛，以直養而無害，則塞於天地之間。【注】言此至大至剛正直之氣也。然而貫洞纖微，洽於神明，故言之難也。養之以義，不以邪事干害之，則可使滋蔓，塞滿天地之間，布施德教，無窮極也。【疏】注『言此』至『極也』○正義曰：云至大至剛正直之氣者，惟正直，故剛大。下言養之以義解以直養三字，直即義也。

緣以直養之，故爲正直之氣；爲正直之氣，故至大至剛。或謂趙氏以『至大至剛以直』爲句，非也。《淮南子·原道訓》云：『故植之而塞于天地，横之而彌於四海，施之無窮，而無所朝夕。』高誘注云：『塞，滿也。施，用也。用之無窮竭也。』又云：『約而能張，幽而能明，甚淖而滒，甚纖而微。』高誘注云：『言道能小能大，能昧能明。』《精神訓》云：『夫静漠者，神明之宅也。』趙氏云『貫洞纖微，洽於神明』，謂其微而未著，虚而未彰，故難於言也。《説文》干部云：『干，犯也。』《國語·周語》云『水火之所犯』，注云：『犯，害也。』故以干釋害，謂以邪事干害之也。既以滿釋塞，又云滋蔓者，隱公元年《左傳》云『無使滋蔓』，謂如草之由小而蔓延也。當其纖微静漠，難於言之；及其養以直而無干害以邪，則蔓延由微而著，由静而動，則用之德教，無窮竭也。毛氏奇齡《逸講箋》云：『以直養者，集義所生，自反而縮也。無害者，不助長也。以助長，則非徒無益，而又害之也。』**其爲氣也，配義與道。無是，餒也。**【注】重説是氣。言此氣與道義相配偶俱行。義謂仁義，可以立德之本也。道謂陰陽大道，無形而生有形，舒之彌六合，卷之不盈握，包絡〔一〕天地，稟授羣生者也。言能養此道氣而行義理，常以充滿五臟；若其無此，則腹腸飢虚，若人之餒餓也。【疏】注『重説』至『餓也』○正義曰：《易·豐》初九『遇其配主』，《釋文》云：

〔一〕『絡』，《皇清經解》本、《孟子注疏》均作『落』。

『鄭作「妃」。』桓公二年《左傳》云：『嘉耦曰妃。』耦通作偶。《周禮・掌次》『射則張耦次』，注云：『耦，俱升射者。』故以偶釋配，又申之以俱行也。賈誼《新書・道德説》云：『義者，理也。』又云：『義者，德之理也。』《禮記・禮運》云：『義者，仁之節也。』《祭統》云：『夫義者，所以濟志也。諸德之發也。』故以義兼言仁，又以理釋義，而爲立德之本也。道謂陰陽大道者，阮氏元《校勘記》云：『漢人皆以陰陽五行爲天道。《易》曰「一陰一陽之謂道」。趙氏用此語。』按《列子》云：『昔者，聖人因陰陽以統天地，夫有形者，生於無形。』有形生於無形，故云無形生有形也。疏本作『生於無形』，非是。《淮南子・原道訓》云：『包裹天地，稟受無形。』又云：『舒之幎於六合，卷之不盈於一握。』趙氏本此。以上言無形，故改云羣生。落與絡古字通。絡爲纏繞，亦裹之義也。道既爲陰陽，陰陽是氣，故云道氣。陰陽分之爲五行，五行各屬於五藏，《白虎通・性情》篇云：『人本含五行六律之氣而生，而内有五藏六府，此情性之所由出入也。五藏：肝仁，肺義，心禮，腎智，脾信也。』《淮南子・精神訓》云：『血氣者，人之華也。而五藏者，人之精也。夫血氣能專於五藏而不外越，則胸腹充而嗜欲省矣。胸腹充而嗜欲省，則耳目清、聽視達矣。耳目清、聽視達謂之明。五藏能屬於心而無乖，則教志勝而行不僻矣。教志勝而行之不僻，則精神盛而氣不散矣。』又云：『使耳目精明，元達而無誘慕；氣志虛靜，恬愉而省嗜欲；五藏定安，充盈而不泄。』此趙氏所本也。《説文》食部云：『餧，飢也。』餧同餒，飢卽餓也。不能以直養而邪或干害之，則氣以誘慕嗜欲而散，五藏外越而不能充滿，故腸腹飢虛，若人之不飲食而餧餓也。毛氏奇齡《逸講箋》云：『配義與道，正分疏直養。無論氣配道義，道義配氣，總是氣之浩然者，藉道義以充塞耳。無是者，是無道義。餒者是氣餒，道義不能餒也。』李氏紱《配義與道解》云：『心之裁制爲義，因事而發，卽羞惡之心也。身所踐履爲道，順理而行，卽率性之謂也。未嘗集義養氣之人，自反不縮。嘗有心知其事之是非而不敢斷者，氣不足以配義也。亦有心能斷其是非而身不敢行者，氣不足以配道也。吾性之義，遇事而裁制見焉。循此裁制而行之，乃謂之道。義先而道後，故曰配義與道，不曰配道與義也。』全氏祖望《經史問答》云：『配義則直養而無害矣。苟無是義，便無是氣，安能免於餒？然配義之功在集義。集義者，聚於心以待其氣之生也。曰生，則知所謂配者，非合而有助之謂也，蓋氤氳而化之謂也。不能集而生之，而以襲而取之，則是外之也。襲則偶有合，仍有不合而不慊於心，氣與義不相配，仍不免於餒矣。』

是集義所生者，非義襲而取之也。【注】集，雜也。密聲取敵曰襲。言此浩然之氣，與義雜生，從內而出，人生受氣所自有者。【疏】注『集雜』至『有者』○正義曰：雜從集，《方言》云：『雜，集也。』古雜集二字皆訓合。與義雜生卽與義合生也。與義合生，是卽配義與道而生也。生卽育也，育卽養也。氣因配義而生，故爲善養，與徒養勇守氣者異矣。莊公二十九年《左傳》云：『凡師有鐘鼓曰伐，無曰侵，輕曰襲。』《淮南子·氾論訓》云『秦穆興兵襲鄭』，高誘注云：『以兵伐國，不擊鼓密聲曰襲。』僖公三十三年《公羊傳》注云：『輕行疾至，不戒以入曰襲。』**行有不慊於心，則餒矣。**【注】慊，快也。自省所行仁義不備，干害浩氣，則心腹飢餒矣。【疏】注『慊快也』○正義曰：《吕氏春秋・本生》篇云『耳聽之必慊』，又《知接》篇云『以慊寡人』，高誘注並云：『慊，快也。』慊與嗛同。《國策・魏策》『齊桓公夜半不嗛』，高誘注云：『嗛，快也。』**我故曰告子未嘗知義，以其外之也。**【注】孟子曰，仁義皆出於內，而告子嘗以爲仁內義外，故言其未嘗知義也。【疏】注『孟子』至『義也』○正義曰：趙氏以密聲取敵解襲字，而未詳『義襲而取』之意。推其解集義而生爲从內而出，則義襲而取乃自外而取矣。氣合義而生，則有此氣，卽有此義，故爲人生受氣所自有者。義襲而取，則義本在氣之外，取以附於氣耳。若然，則義不關於內，卽所行義有不附，將於心無涉矣。乃自省所行，仁義不具備，而邪事干之，則心必不快，可見義在於內，關係於心，不與氣配，氣則餒矣。告子勿求於氣，並不求於心，是不知義在於內，與氣俱生，故造爲外義之說。不知義，故不知持志，卽不知善養浩然之氣也。趙氏佑《温故録》云：『告子固譏孟子之集義爲襲而取之也，由其不知在內，妄疑爲徒取於外。取如色取仁而行違之取，加一襲字，如表裘襲裘之襲，言其多事增益掩蓋之勞，孟子特辨正之。此「非義襲而取之也」句意與「非由外鑠我也」皆反覆揭示。講者以義襲而取之屬告子說。告子本外義，安肯取義；彼全是助長，與襲取亦殊。』按以直養，則氣合義，自內而生。不以直養，而邪事干害之。則氣不與義合，即是暴其氣，無所爲義襲也。義襲而取，自指言義外者之説如此，故直非斥之。一事合義，即是以直養。一事不合義，即是事害之。集爲雜，雜爲合，合爲配，一也。生爲育，育爲養，一也。義爲直，直爲縮，一也。取爲求，一也。趙氏訓詁，能貫通其脈。集合在内，襲取在外，是集非襲，則是内非外。集之訓未明，則襲之説遂窒，六書訓詁，所關於道義者深矣。**必有事焉而勿正，心勿忘，勿助長也。**【注】言人行仁義之事，必有福在其中，而勿正但以爲福，故爲仁義也。但心勿忘其爲福，亦勿汲汲助長其福也。汲汲則似宋人也。【疏】注「言行」至「福也」○正義曰：經言「必有事」，趙氏以「必有福在其中」解之，是以福釋事，乃事無福訓也。翟氏灝《考異》云：「通段凡十見福字。古文福但作『畐』，中筆引長，形便類事。舊本《孟子》當作『必有畐焉』，故趙氏注之如此。」而勿正但以爲福故爲仁義也者，蓋以但字解正字，趙氏於訓詁，每以二字相疊爲釋，此常例也。《詩·終風序》箋云：「正，猶止也。」《莊子·應帝王》篇云「不正」，《釋文》云：「正本作『止』，正之義通於止也。」爲仁義即上云行仁義之事，自然得福，不可止以得福之故，始行仁義之事。「而勿正但以爲福故爲仁義也」十二字一氣。「正但」連下，此趙氏之義也。《淮南子·精神訓》云「非直夏后氏之璜也」，高誘注云：「直，但也。」直、正義同，正之爲但，猶直之爲但也。趙氏以必有事焉爲必有福焉，故而勿正是不可止爲此福也。心勿忘是心不忘其爲福也，勿助長是不可助長其福也。隱公元年《公羊傳》云：『及，猶汲汲也。及，我欲之。』此云『汲汲助長其福』，謂心急欲其長而助之也。按趙氏讀事爲福，其所本不可詳；其讀正爲止，而以『心勿忘』爲句，則經義可明。蓋正之爲止，卽是已止之止，『必有事焉而勿止』，謂必有事於集義而不可止也。何以不止？心勿忘，則不止也。心何以勿忘？時時以不得於言者求諸心，卽時時以不得於心者求諸心，使行無不慊於心，則心勿忘而義集也。凡事求諸心，卽曾子之『自反而縮，雖千萬人吾往』，往者氣也，然自反而縮乃往，自反而不縮則不往，是不徒恃氣，而以心帥氣。以心帥氣，則能善養氣而不暴其氣；若不求諸心，而但求諸氣，則無論縮不縮而皆往，務以氣勝人，是爲北宫黝、孟施舍之養勇也，是暴其氣也。能自反，則持其志，不致暴其氣。凡氣之所往，皆自反而縮；自反而縮，則配義與道；配義與道，則以直養而無害其氣；緣集義而生，乃浩然充塞於天地之間而不餒矣。北宫黝、孟施舍不求諸心，但求諸氣者也。故告子不得於心，勿求於氣，孟子以爲可也。不得於言，勿求於心，卽是不得於氣，勿求於心。蓋告子以外其義者忘其心，以忘其心者制其氣；北宫黝、孟施舍一味用氣，告子一味不用氣，而皆不求心，皆不持志，卽皆不能集義。在黝、舍則暴其氣，在告子則餒其氣，惟孟子之學，在自反以求心，持志以帥氣，縮而合乎義道則氣不餒，不縮而乖乎義道則氣不暴，全以心勿忘爲要而已。忘通妄，卽《易》無妄之妄。事卽通變之謂事之事。正通止，卽終止則亂之止。通變則爲道爲義，勿止則自彊不息，勿妄則進德修業，此孟子發明《周易》之旨，故深於《易》者，莫如孟子也。**無若宋人然：宋人之有閔其苗之不長而揠之者，芒芒然歸，謂其人曰：「今日病矣，予助苗長矣！」其子趨而往視之，苗則槁矣。**【注】揠，挺拔之，欲亟長也。病，罷也。芒芒，罷倦之貌。其人，家人也。其子，揠苗者之子也。趨，走也。槁，乾枯也。以喻人助情邀福者必有害，若欲急長苗而反使之枯死也。【疏】注「揠挺」至「死也」○正義曰：《方言》云：「揠，擢，拂，戎，拔也。自關而西或曰拔，或曰擢。自關而東，江、淮、南楚之間或曰戎。東齊、海、岱之間曰揠。」郭璞注云：「今呼拔草心者爲揠。」《説文》手部云：「挺，拔也。」《吕氏春秋·仲冬紀》云「荔挺出」，高誘注云：「挺，生出也。」拔或連根拔起，云「挺拔」，則但拔之使高出，如荔之挺生，不出其根也，故云挺拔之欲亟長。《禮記·少儀》云「師役曰罷」，注云：「罷之言罷勞也。」《春秋傳》曰「師還曰疲」，孔氏正義引莊公八年《公羊傳》云：「此滅同姓，何善爾？病之也。」何休云：「慰勞其罷病也。」是鄭用《公羊》爲注也。罷與疲同，《廣雅·釋詁》疲、罷皆訓勞，《國語·齊語》云：「罷士無伍，罷女無家」，注云：「罷，病也。」今日病，謂今日勞苦疲憊也。趙氏以芒芒爲罷倦之貌，《音義》云：「丁音忙。」則讀若茫茫。《方言》云：「茫，遽也。」急遽所以致罷倦，罷倦則怠緩，不急遽矣。《詩》「僕夫況瘁」，《楚辭·憂苦》篇作「僕夫慌悴」。《廣雅·釋言》云：「慌，夢也。」《釋詁》云：「忽，慌忘也。」《文選·歎逝賦》「何視天之芒芒」，注云：「芒芒，猶夢夢也。」《爾雅·釋訓》

云：『夢夢訰訰，亂也。儚儚，昏也。』孫炎注云：『夢夢昏昏，昏亂也。』《釋文》引顧野王云：『夢夢訰訰，煩懣亂也。』《楚辭・九章》云：『中悶瞀瞀忳忳。』賈誼《新書・先醒》篇云：『不知治亂存亡之所由，忳忳然猶醉也。』云『煩懣』，云『悶瞀』，云『如醉』，皆倦罷之狀。趙氏蓋讀芒芒爲夢夢，慌之訓爲夢，與芒芒爲夢夢同。慌悴謂慌忽憔悴，慌忽者疲其神，憔悴者疲其形，此芒芒所以爲倦罷之貌也。《詩・桃夭》『宜其家人』，毛傳云：『一家之人。』箋云：『猶室家也。』趙氏以其人爲家人，蓋卽謂一家之人也。若《國語・齊語》云『罷女無家』，注云：『夫稱家。』是婦以夫爲家。《楚辭・離騷》云『浞又貪夫厥家』，注云：『婦謂之家。』是夫亦以妻爲家。《周禮・小司徒》注云：『有夫有婦，然後爲家。』故《周易・家人》卦統言男女父子夫婦兄弟，而《詩》箋以家人猶室家，亦男女夫婦統稱。此宋人爲男子，其揠苗而歸，不必專告一人，則其人之爲家人，概指一家而言耳。其子，亦家人中之一人也。《説文》走部云：『趨，走也。』高誘注《吕氏春秋》、《淮南子》皆以走釋趨。《説文》木部云：『槀，木枯也。』《周禮・小行人》注云：『故書「槁」爲「槀」。』《國語・魯語》云『稓魚鼈以爲夏槁』，注云：『槁，乾也。』是乾、枯、槁義同。閩、監、毛三本作『喻人之情邀福者必有害。』者與也義同，俱連下之詞。《列子・黄帝》篇『邀於郊』，『釋文』云：『邀，抄也，遮也。』情非中節而發，則氣不由直養而生，助其喜怒之情，以要求呵護之福，勢敗援緩，身名俱喪，是反使有害也。趙氏義如此。**天下之不助苗長者寡矣。以爲**

無益而舍之者，不耘苗者也。助之長者，揠苗者也。非徒無益，而又害之。』【注】天下人行善，皆欲速得其福，恬然者少也。以爲福禄在天，求之無益，舍置仁義，不求爲善，是由農夫任天，不復耘治其苗也。其邀福欲急得之者，由此揠苗之人也。非徒無益於苗，而反害之。言告子外義，常恐其行義，欲急得其福。故爲丑言，人之行當内治善，不當急欲求其福。【疏】注『天下』至『者矣』○正義曰：邀福，閩、監、毛三本作『遲福』。阮氏元《校勘記》云：『遲，是也。讀如遲客之遲。常恐其行義，《考文》古本作「常恐其作義」。又閩、監、毛三本注末多「亦若此揠苗者矣」七字。』按《孟子》經文，辭句明達，不似《詩》、《書》艱奥，而趙氏注順通其意，亦極詳了，不似毛、鄭簡嚴，待於申發。故但疏明訓詁典籍，則趙氏解經之意明，而經自明。而趙氏有未得經義者，以經文涵泳之，亦可會悟而得其真，固無取乎强經以從注也。此注既讀『必有事』爲必有福，故皆以邀福、得福、求福言之。《説文》心部云：『恬，安也。』《老子》云『恬澹爲上』，謂不求福也。由卽猶也。《毛詩·甫田》『或耘或耔』，傳云：『耘，除草也。』《禮記·曲禮》云『馳道不除』，注云：『除，治也。』故以治釋耘。言告子外義，常恐其行義，欲急得其福，蓋謂告子既以義爲外，則必不行義，故惟恐其行義也。行義，福不可必得，故不行義而别有以助之，以急求其福。行義卽是内治善。内治善則福不能急得。欲急得福，故告子不内治善，且惟恐其行義，以碍其急求福也。孟子與之相反，故言當内治善，不當急求其福。此趙氏義也。乃以《孟子》經文核之：告子者，『不得於言，勿求於心；不得於心，勿求於氣』者也。勿求心，勿求氣，正《老子》所謂『恬澹』，《淮南子》所謂『恬愉』，豈尚有急求其福之事？則是以急求其福擬告子者，誣也。若謂勿求心、勿求氣卽是助長，長卽生也，亦卽養也。告子勿求心則不集義，因不能如孟子之善養氣，告子勿求氣則不守氣，亦並不似孟施舍之養勇。告子本不欲氣之生長，又何用助長？且告子之學雖偏，而其勿求心、勿求氣，自造爲義外之說，亦當時處士之傑出者。使助長卽指告子，則孟子明云『天下之不助苗長者寡矣』，然則天下皆助長之人，豈天下皆爲告子之勿求心勿求氣，則趙氏以揠苗助長比急求其福，以急求其福爲告子之惟恐行義，於《孟子》經文，殊難脗合矣。試卽經文涵泳之：不得於言，勿求於心，忘其爲心者也。忘其心而勿求則無事，此告子外義、不善養浩然之氣之説也。孟子既辨明義非外襲，必事内集，故云必有事焉而勿止，必有事，則必求於心而勿止，則非一求而已，且心勿忘矣。此辨明告子之不動心與孟子之不動心已畢，以下勿助長，則推黝、舍之養勇而言之。謂不可爲告子之必無事而餒，亦不可爲黝、舍之守氣以養氣也。守氣以養氣，是助長也。長卽養也，亦卽生也。以直養而無害，則氣由義生，爲善養卽爲善長，而非助長助養。以守氣爲養勇，則氣由氣生，爲不善養，卽不善長，而爲助長助養。天下能自反持志，直養集義者，能有幾人。大抵多暴其氣，以生長其氣，故云天下之不助苗長者寡矣。以爲無益而舍之，是不有事而止，而不求氣者也，此不芸苗者也。是告子之不得於心勿求其氣而可者也，故無害也。助之長者，氣本不能從義直而生，而助之生，此揠苗者也。是黝、舍之守氣以暴其氣者也。暴其氣則不能自反，不能持志，不能集義。凡無義無道，雖不慊於心，而一以其氣行之。以直長養之而無害者，以不直長養而有害必矣，故非徒無益，而又害之也。此『害』字，卽申明以直養而無害之害。以直養，則氣自生長於義，而無容助之。然則助長者，不能以直養之謂也。治田者，培其苗之根，除其非種，苗自生于根矣，無以揠爲也。總之以持志自反爲要，則『心勿忘』三字爲善養浩然之學。忘其心爲黝、舍之暴氣，非也。爲告子之勿求氣，亦非也。勿求氣雖較暴氣爲無害，然勿求氣，卽不復求心以生氣，雖無害而實無益。譬如不揠苗，亦不耘苗，苗之槁雖不自我害之，而苗亦莫能長矣，安用此枯槁寂寞之學爲哉！程氏瑤田《通藝録・論學小記》云：『人於日用之間，無時無地之非事，卽無時無地之非動。聖人之言敬也，道國曰敬事，事君曰敬其事，論仁曰執事敬，論君子曰執事敬，又曰事上敬，交久敬，行篤敬，敬鬼神，祭思敬，蓋悉數之不能終其物，靜時涵養，以收斂放心，是敬之一事。蓋人生日用之間，動處多，靜處少，以三達德行五達道，處處是動，處處當用敬。其或有少間靜時，亦須以敬聯屬之，故曰「君子不動而敬」，「君子戒慎乎其所不睹，恐懼乎其所不聞」，言其用功於動，用功於睹聞，已無絲毫之不敬。而于萬動中或有一靜，于萬睹聞中或有一不睹不聞，亦以敬聯屬之。如此言敬，始謂之「修己以敬」，始謂之「敬而無失」。

以靜時繼續其動時之敬，非主於靜而以動時繼續其靜時之敬也。孟子不動心有道，以能養氣也。氣何以得養？以集義也。義何以集？以格物而致其知也。能致其知，則心有主而義以集，然後見之於行事，事皆合於義，《易》所謂「義以方外」。如此義方外者，必敬直内。敬義相須，無舍敬而能義，亦無舍義而能敬者。故義雖方外，而實謂之内，行吾敬，故謂之内。告子未嘗知義，以其外之也。此孟子之論義，即孟子之論敬也。敬也者，用其心焉而已矣。夫子曰「無所用心」，心不用，則於不可已者而亦已，故斥之曰難。孟子之不動心，非釋氏之專一寂守以主靜，得以冒其號而謂之曰不動心也。而告子之不動心，所以異於孟子之不動心，一在動處用功，一在靜處用功，烏得不相背而馳哉？』

『**何謂知言？**』【注】丑問知言之意謂何。

曰：『詖辭知其所蔽，淫辭知其所陷，邪辭知其所離，遁辭知其所窮。【注】孟子曰：人有險詖之言，引事以褒人，若賓孟言雄雞自斷其尾之事，能知其欲以譽子朝蔽子猛也。有淫美不信之辭，若驪姬勸晉獻公與申生之事，能知其欲以陷害之也。有邪辟不正之事，若豎牛觀仲壬〔一〕賜環之事，能知其欲行譖毁以離之於叔孫也。有隱遁之辭，若秦客之廋辭於朝，能知其欲以窮晉諸大夫也。若此四者之類，我聞能知其所趨者也。【疏】注

〔一〕『壬』，《皇清經解》本作『任』。

「人有」至「猛也」〇正義曰：王氏念孫《廣雅疏證》云：「譣，詖也。見《集韻》、《類篇》。譣，《玉篇》音虚儉、息廉二切。《説文》引《立政》「勿以譣人」，徐鍇傳云：「譣，猶險也。」今本譣作「憸」，馬融注云：「憸利，佞人也。」《説文》：「憸，憸詖也。憸利於上，佞人也。」「𢘓，疾利口也。」引《盤庚》「相時𢘓民」。今本𢘓作「憸」。馬融注云：「憸利，小小見事之人也。」《韓非子·詭使》篇云：「損仁逐利，謂之疾險。」並字異而義同。《文選》顔延之《和謝監靈運詩》注引《倉頡》篇云：「詖，佞諂也。」《孟子·公孫丑》篇「詖辭知其所蔽」，趙岐注云：「險詖之言。」《荀子·成相》篇云：「讒人罔極，險詖傾側[一]。」《詩序》云：「内有進賢之志，而無險詖私謁之心。」並字異而義同。」賓孟言雄雞自斷其尾之事，見昭公二十二年《左傳》。《廣雅·釋詁》云：「蔽，障也。」景王太子壽卒，既立子猛，又欲立王子朝，故賓起因雄雞斷尾以説王。《國語·周語》賓起云：「吾見雄雞自斷其尾，而人曰憚其犧也。吾以爲信畜矣，人犧實難，己犧何害？抑其惡爲人用也乎？則可也。人異于是，犧者實用人也。」注云：「人犧，謂雞也。謂人作犧實難，言將見殺也。己謂子朝，己自爲犧，當何害乎？雞惡爲人所用，自斷其尾可也。人之美，則宜君人事宗廟也。」人自作犧，則能治人，此譬子朝欲王立之，不必毁子猛，子朝立，猛自廢矣，故云蔽也。賓起

[一]「傾側」，《皇清經解》本作「顛倒」。《荀子·成相》作「傾側」。

爲子朝傳，謀立子朝以廢子猛，是爲諂詖。○注『有淫美』至『之也』○正義曰：《説文》水部云：『淫，浸淫隨理也。』浸，猶漸也。由漸而入，隨其脈理，則不違逆，故云淫美。《毛詩・雨無正》『巧言如流』，箋云：『巧，猶善也。』善卽美也。淫美猶云淫巧。《詩・小雅》『僭始既涵』，箋云：『僭，不信也。』驪姬勸晉獻公與申生之事，見莊公二十八年《左傳》。驪姬本欲廢申生，而先言『曲沃，君之宗也，不可以無主；若使大子主曲沃，則可以威民而懼戎，且旌君伐』。晉侯説之。是巧言不信，欲殺之先與之也。惟其與之，使居曲沃，而乃由是得罪，是陷害之也。《周禮・雍氏》注云：『穿地爲塹，所以禦禽獸，其或超踰，則陷焉，世謂之陷阱。』禽獸不知有坑阱，人巧設以害之，驪姬欲害申生，故先爲此巧美之言，使之墜入，如禽獸之陷於阱，故爲陷害也。○注『有邪』至『孫也』○正義曰：邪，辟也。邪則不正，故云邪辟不正。竪牛勸仲壬賜環之事，見昭公四年《左傳》。竪牛者，叔孫穆子在庚宗所私婦生也。仲壬，穆子在齊娶國姜所生也。壬與公御萊書私遊于公宫，昭公與仲壬玉環。壬使牛入告穆子，牛入不告，而詐傳穆子命使壬佩之，乃讒於叔孫曰：『不見而自見矣。公與之環而佩之矣。』遂逐仲壬。仲壬被逐，是父子相離也。○注『有隱』至『夫也』○正義曰：《淮南子・繆稱訓》云『不身遁，斯亦不遁人』，高誘注云：『遁，隱也。』故遁辭爲隱遁之辭。秦客廋辭於朝事，見《國語・晉語》。韋昭注云：『廋，隱也。謂以隱伏詭譎之言聞於朝也。』東方朔曰：『非敢試也，乃與爲隱耳。』是也。大夫莫之能對，故云欲以窮晉諸大夫也。○注「若此」至「趨也」○正義曰：知其所趨，謂知其趨向所在也。按賓孟、驪姬、豎牛同一讒詐，無以分其爲詖、淫、邪，且當時晉獻公、周景王雖惑之，而史蘇、劉蚠輩皆能知之，不必孟子大賢也。至秦客廋辭，卽所謂隱，《漢·藝文志》有《隱書》八十篇，劉向《别録》云：「《隱書》者，疑其言以相問，對者以慮思之，可以無不諭。」《呂氏春秋·重言》篇言「荆莊王好隱」，《韓非子·難》篇言「人有設桓公隱者」，古人托言譎諫，與詩人比興正同，無所爲窮知之，尤無足爲難，故晉大夫莫能對，范文子且知其三也，豈遂爲孟子之知言乎？《鶡冠子·能天》篇云：「詖辭者，革物者也。聖人知其所離。淫辭者，因物者也。聖人知其所合。詐辭者，沮物者也。聖人知其所飾。遁辭者，請物者也。聖人知其所極。」陸佃注云：「詖辭，蓋若告子之類。告子外義，聖人無之，故曰革物者也。淫辭，蓋若墨子之類。兼愛，聖人有之，故曰因物者也。詐，猶邪也。飾又從而爲之辭。極，猶窮也。」鶡冠之説，與孟子小異。以詖辭聖人知其所離，蓋此詖辭卽孟子所云邪辭，其别云詐辭，則孟子所未言也。《説文》言部云：「詖，辨論也。古文以爲頗字。」頗，《廣雅》訓邪，《説文》訓偏，《書·洪範》云「頗僻」，卽邪僻，故鶡冠以詖卽邪。又「無偏無頗，遵王之義」，此頗與偏並舉，頗卽偏也。段氏玉裁《説文解字注》云：「凡從皮之字，皆有分析之意。」分則偏，偏則各持一説，則辨論，此詖之正義也。聖人變通神化，不執於一，孔子稱六言六蔽，雖仁、知、信、直、勇、剛，不學以通之，則有所蔽，而爲愚、蕩、賊、絞、亂、狂。《荀子・解蔽篇》云：『凡人之患，蔽于一曲，而闇於大理。』又云：『凡萬物異，則莫不相爲蔽。……墨子蔽於欲而不知得〔一〕，慎子蔽於法而不知賢，申子蔽於執〔二〕而不知知，惠子蔽於辭而不知實，莊子蔽於天而不知人。』卽詖辭之由於有所蔽也。淫爲浸淫隨理，鶡冠以爲因，陸佃證以墨子之兼愛是也。班固《漢書・藝文志》言九流之學：『儒家出於司徒之官，道家出於史官，陰陽家出於羲和之官，法家出於理官，名家出於禮官，墨家出於清廟之守，從横家出於行人之官，雜家出於議官，農家出於農稷之官。』所謂因也。然各引一端，崇其所善：儒則違離道本，《五經》乖析；道則獨任清虚，兼棄仁義；陰陽則舍人事而任鬼神；法則傷恩薄厚；名則鉤鈲析亂；墨則不知別親疏；從横則上詐諼而棄其信；雜則漫羨而無所歸；農則欲使君臣並耕，誖上下之序。蓋水循理隙而入，浸漸其中，不能復出。《荀子・非十二子》所謂『持之有故，言之成理』，是淫辭之有所陷入也。至於『邪辟之辭』，則顯然悖謬於倫理道義，鶡冠所謂『革』是也。萬氏斯大《學春秋隨筆》云：『《春秋》弑君有稱名稱人稱國之異。《左氏》定例，以

〔一〕『墨子蔽於欲而不知得』，《皇清經解》本同，《荀子・解蔽》作『墨子蔽於用而不知文，宋子蔽於欲而不知得』。

〔二〕『執』，《皇清經解》本同，《荀子・解蔽》作『勢』。

爲「稱君君無道，稱臣臣之罪」，甚矣其説之頗也。孟子曰：「世衰道微，邪説暴行有作。」所謂暴行，卽弑父弑君是也。所謂邪説，卽亂臣賊子，與其儕類，將不利於君，必飾君之惡，張己之功，造作語言，誣惑衆庶是也。有邪説以濟其暴，遂若其君真可弑，而己可告無罪然者。相習既久，政柄下移，羣臣知有私門而不知有公室，且鄰封執政，相倚爲姦，凡有逆節，多蔽過於君，鮮有罪及其臣者，如魯衛出君，師曠、史墨之言可證也。《左氏》之例，亦猶是耳。於弑君而謂君無道，是《春秋》非討亂賊，而反爲之先導矣。邪説之惑人，一至是乎！』蓋邪説直造爲悖道之言，其甘於爲此説者，則心久離於倫理道義，乃至於是，故邪辭由於有所離也。沮之言止，請之言乞，止之使去，乞之使來，若明白直質言之，未能售也，故曲言之，亦隱言之。鶡冠合邪辭于詖辭，而分遁辭爲詐辭，陸佃以詐爲邪，非也。何則？所憎者欲其止，所好者欲其來；不能必其止與來也，故以詭詐行之。在本意則隱而不明，是爲遁；任所言則妄而不實，是爲詐。遁卽詐也。離謂離於道義，窮謂窮於道義。心中本無義無道，惟恃此詭詐隱藏，以爲鈎致，此遁辭所以由於窮也。戰國時張儀、蘇代等之言，大多如是也。此四者，非通於大道，明於《六經》，貫乎伏羲、神農、黄帝、堯、舜、文王、周公、孔子之學，鮮克知之。孟子聞而能知其趨，則好古窮經之學深矣。**生於其心，害於其政；發於其政，害於其事。聖人復起，必從吾言矣。」**【注】生於其心，譬若人君有好殘賊嚴酷心，必妨害仁政，不得行之也。發於其政者，若出令欲以非時田獵，築作宫室，必妨害民之農事，使百姓有飢寒之患也。吾見其端，欲防而止之。如使聖人復興，必從吾言也。【疏】『生於』至『言矣』○正義曰：按此與《滕文公》下篇好辯章互相發，彼云『吾爲此懼，閑先聖之道，距楊墨，放淫辭，邪説者不得作。作於其心，害於其事；作於其事，害於其政；聖人復起，不易吾言矣。』又云：『我亦欲正人心，息邪説，放淫辭。』則是詖、淫、邪三者，楊墨兼有之。蓋楊偏執於爲我，墨偏執於兼愛，是詖也。楊之爲我，有合於曾子居武城；墨子兼愛，有合於禹、稷三過其門而不入；各浸淫失其本，則淫也。至於無父無君，則邪也。特不似儀、秦之詐飾耳。此『生於其心』四句，承上蔽陷離窮，皆心也。詖淫邪遁，生於心之蔽陷離窮，是生於其心也。此詖淫邪遁之言，造之自下，大有礙乎聖人治天下之法，故害於政也。若將此詖淫邪遁之言，見之於政，則天下效之，三綱由是淪，百行由是壞，故害於事也。政，謂法教也。事謂事爲也。吾言指以直養而無害以下，至必有事焉而勿正，心勿忘，勿助長之言，告子義外之言，不免詖邪，聖人復起，必從吾配義集義之言也。注以政爲仁政，故指人君言之。

『宰我子貢善爲説辭，冉牛、閔子、顔淵善言德行，孔子兼之，曰：「我於辭命，則不能也。」【注】言人各有能，我於言辭命教，則不能如二子。【疏】注『言辭命教』○正義曰：《禮記・表記》注云：『辭，謂解説也。』説亦言也。上言説辭，則辭即言也。《詩・下武》『永言配命』，箋云：『命，教令也。』是命爲教。**然則夫子既聖矣乎？』**【注】丑見孟子但言不能辭命，不言不能德行，謂孟子欲自比孔子，故曰夫子既已聖矣乎。【疏】注「丑見」至「矣乎」○正義曰：趙氏以上節仍孟子之言。「曰我於辭命，則不能也」，爲孟子自言其不能此。「然則」，乃丑問之言。然「必從吾言矣」已結上文。近時通解以「宰我」以下皆丑問之言，「曰我於辭命則不能也」乃孔子之言，是也。

曰：「惡，是何言也！昔者子貢問於孔子曰：『夫子聖矣乎？』孔子曰：『聖則吾不能，我學不厭而教不倦也。』子貢曰：『學不厭，智也。教不倦，仁也。仁且智，夫子既聖矣。』夫聖，孔子不居，是何言也！」【注】惡者，不安事之歎辭也。孟子答丑言，往者子貢、孔子相答如此。孔子尚不敢安居於聖，我何敢自謂爲聖，故再言「是何言也」。【疏】注「惡者」至「辭也」○正義曰：葉夢得《避暑録話》述此文惡作「烏」，云：「烏，蓋齊魯發語不然之辭，至今用之，作鼻音，亦通於汝、潁。」周氏廣業《孟子逸文考》云：「《音義》惡音烏，非作烏也。《韓詩外傳》、《新序》載楚邱先生答孟嘗君曰：『惡，何君謂我老。』則烏、惡信齊音。」王氏引之《經傳釋詞》云：「惡，不然之詞也。《莊子·人間世》篇曰：『惡，惡可。』上惡字不然之詞，下惡字訓爲安。《荀子·法行》篇云：『惡，賜，是何言也。』《韓子·難》篇云：『啞，是非君人者之言也。』啞與惡同。」按啞、惡二音，今皆有之，實一聲之轉。意不然而驚咤之則云啞，意不然而直拒之則云惡。○注「言往者孔子子貢相答如此」○正義曰《呂氏春秋·尊師》篇云：「子貢問孔子曰：『後世將何以稱夫子？』孔子曰：『吾何足以稱哉！勿已者，則好學而不厭，好教而不倦，其惟此耶？』」翟氏灝《考異》云：「《論語》『爲之不厭，誨人不倦』，是向公西華言之，此向子貢言之。《日知録》謂孟子書所引孔子之言，其載於《論語》者〔一〕，『學不厭，而教不倦』，一也。今據《吕氏春秋》，則此實别一時語。」『學不厭』，《論衡》引作『饜』。

「昔者竊聞之：子夏、子游、子張，皆有聖人之一體；冉牛、閔子、顔淵，則具體而微。【注】體者，四枝股肱也。孟子言昔日竊聞師言也。丑方問欲知孟子之德，故謙辭言竊聞也。一體者，得一枝也。具體者，四枝皆具。微，小也。比聖人之體微小耳。體以喻德也。【疏】『昔者』至『而微』○正義曰：近通解以爲丑問之言，是也。○注『體者四枝股肱也』○正義曰：《文選注》引劉熙注云：『體者，四支股腳也。具體者，皆微者也。皆具聖人之體微小耳。體以喻德也。』與趙氏此注同。《毛詩・相鼠》『人而無體』，傳云：『體，支體也。』《禮記・喪大記》注云：『體，手足也。』《周書・武順》篇云：『左右手各握五，左右足各履五，曰四枝，肱屬手，股屬足。』故云四枝股肱。枝與支通，《説文》作『胑』，亦作『肢』。**敢問所安？」**【注】丑問孟子所安比也。【疏】注『所安比也』○正義曰：趙氏讀安爲案。《周禮・縣正》『各掌其縣之政令徵比』，注云：『比，案比也。』按安，猶處也。處，

〔一〕『者』，《皇清經解》本『者』後有『八』字，《日知録》作『其載於《論語》者八』。

猶居也。謂夫子於諸賢，欲何居也。

曰："姑舍是。"【注】姑，且也。孟子曰，且置是，我不願比也。【疏】注"姑且"至"比也"○正義曰：《毛詩·卷耳》傳云："姑，且也。"《吕氏春秋·貴生》、《上農》等篇高誘注並云："舍，置也。"

曰："伯夷、伊尹何如？"【注】丑曰，伯夷之行何如，孟子心可願比伯夷不。【疏】注"可願比伯夷不"○正義曰：阮氏元《校勘記》云："盧文弨《抱經堂文集》云：'依趙氏注，經文但云伯夷何如，無伊尹二字。'按此説極確，趙注本憭然，丑問伯夷一人，孟子乃及伊尹。"

曰："不同道。【注】言伯夷之行，不與孔子伊尹同道也。**非其君不事，非其民不使，治則進，亂則退，伯夷也。**【注】非其君，非己所好之君也。非其民，不以正道而得民，伯夷不願使之，故謂之非其民也。**何事非君，何使非民，治亦進，亂亦進，伊尹也。**【注】伊尹曰，事非其君者，何傷也。使非其民者，何傷也。要欲爲天理物，冀得行道而已矣。【疏】注"要欲"至"已矣"○正義曰：《五經通義》云："荷天命以爲王，使理羣生，此所謂爲天理物也。"**可以仕則仕，可以止則止，可以久則久，可以速則速，孔子也。**【注】止，處也。久，留也。速，疾去也。【疏】注"止處"至"去也"○正義曰：《説文》几部云："處，止也。"重文作"處"。是止即處也。莊公八年《公羊傳》云"何言乎祠兵爲久也"，注云："爲久，稽留之辭。』《説文》辵部云：『速，疾也。』久屬仕言，故云留速屬止言，故云去。**皆古聖人也，吾未能有行焉。乃所願，則學孔子也。』**【注】此皆古之聖人，我未能有所行，若此乃言我心之所庶幾，則願欲學孔子所履，進退無常，量時爲宜也。【疏】注『乃言』至『宜也』○正義曰：《爾雅・釋詁》云：『幾，近也。』《淮南子・要略》云『所以使學者孳孳以自幾也』，高誘注云：『幾，庶幾也。』然則庶幾卽幾也。我心之所庶幾，言我心之所近也。進退無常，量時爲宜，卽集義矣。義之所在，卽仕卽久，是進也。義之所不在，卽止卽速，是退也。《禮記・學記》云：『當其可之謂時。』仕止久速，皆視其可，是爲量時。

『伯夷伊尹於孔子，若是班乎？』【注】班，齊等之貌也。丑嫌伯夷伊尹與孔子相比，問此三人之德，班然而等乎。【疏】注『班齊』至『等乎』○正義曰：《方言》云：『班，列也。北燕曰班。』《儀禮・既夕》注云：『班，次也。』《文選・東京賦》云『次和樹表』，薛綜注云：『次，比也。』《禮記・服問》注云：『列，等比也。』《淮南子・精神訓》高誘注云：『齊，等也。』《原道訓》高誘注云：『齊，列也。』是班、列、次、比、等、齊同義轉注，故趙氏以齊、等解班，又以相比解之。《説文》女部云：『嫌，疑也。』謂丑疑三人相等也。

曰：『否！自有生民以來，未有孔子也。』【注】孟子曰：不等也。從有生民以來，非純聖人，則未有與孔子齊德也。

曰：『然則有同與？』【注】丑曰，然則此三人有同者邪。

曰：『有，得百里之地而君之，皆能以朝諸侯、有天下；行一不義，殺一不辜，而得天下，皆不爲也。是則同。』【注】孟子曰，此三人君國，皆能使鄰國諸侯尊敬其德而朝之。不以其義得之，皆不爲也。是則孔子同之矣。【疏】『行一』至『爲也』○正義曰：《荀子・王霸篇》云：『故用國者，義立而王，信立而霸；……行一不義，殺一無罪，而得天下，仁者不爲也。』又《儒效篇》云：『行一不義，殺一無罪，而得天下，不爲也。』與《孟子》同。不義則自反而不縮也。不爲則不惴也。

曰：『敢問其所以異？』【注】丑問孔子與二人異謂何。

曰：『宰我、子貢、有若，智足以知聖人，汙不至阿其所好。【注】孟子曰，宰我等三人之智，足以識聖人。汙，下也。言三人雖小汙不平，亦不至阿其所好以非其事，阿私所愛而空譽之。其言有可用者，欲爲丑陳三子之道孔子也。【疏】注『汙下』至『用者』○正義曰：《説文》水部云：『窐，甗也。』穴部云：『甗，汙衺下也。』《音義》云：『丁音蛙，不平貌。趙氏讀汙爲洼也。』按汙本作『洿』，孟子蓋用爲夸字之假借。夸者，大也。謂言雖大而不至於阿曲。成公綏《嘯賦》云：『大而不洿。』蘇洵有《三子知聖人汙・論》，以汙屬上讀，則智足以知聖人汙，亦是智足以知聖人之大也。宰我曰：「以予觀於夫子，賢於堯舜遠矣。」【注】予，宰我名也。以爲孔子賢於堯舜。以孔子但爲聖，不王天下，而能製作素王之道，故美之。如使當堯舜之處，賢之遠矣。【疏】注『如使當堯舜之世』○正義曰：阮氏元《校勘記》云：『「如使當堯舜之世觀其制度」，閩、監、毛三本，足利本同。廖本、孔本、韓本、《考文》古本世作「處」，無「觀其制度」四字。按無者是。』**子貢曰：「見其禮而知其政，聞其樂而知其德，由百世之後，等百世之王，莫之能違也。自生民以來，未有夫子也。」**【注】見其製作之禮，知其政之可以致太平也。聽聞其《雅》《頌》之樂，而知其德之可與文武同也。《春秋外傳》曰『五聲昭德』，言五音之樂聲可以明德也。從孔子後百世，上推等其德於前百世之聖王，無能違離孔子道者。自從生民以來，未有能備若孔子也。【疏】『子貢』至『子也』○正義曰：趙氏佑《温故録》云：『李文貞《讀孟子劄記》云：「夫子所以超於羣聖者，以其祖述堯舜，憲章文武，使先王之道傳之無窮也。宰我、子貢、有若推尊之意，蓋皆以此，而子貢獨顯言之。如能言夏殷之禮，知《韶》《武》之美善，告顔子爲邦之類，皆所謂見禮知政，聞樂知德，等百王而莫違者也。孟子引之，以是爲孔子所以異者，蓋聖則同德，孔子則神明天縱，有以考前王而不謬，俟後聖而不惑，非列聖所可同也。」』○注『春秋』至『德也』○正義曰：引見《國語・周語・隨會聘周》篇。韋昭《國語解叙》云：『昔孔子發憤於舊史，垂法於素王；左丘明因聖言以攄意，託王義以流藻，以爲《國語》，其文不主於經，故號曰《外傳》。』宋庠《國語補音叙》云：『魏晉以後，書録所題，皆曰《春秋外傳・國語》，是則《左傳》爲內，《國語》爲外。』按趙氏生後漢，已稱外傳，則外傳之題，不始魏晉矣。韋昭注云：『昭德，謂政平者其樂和也。』亦謂見其樂知其德。○

注『從孔』至『道者』○正義曰：《呂氏春秋・貴公》篇云『而莫知其所由始』，注云：『由，從也。』《毛詩・谷風》傳及《說文》辵部皆云：『違，離也。』故以從釋由，以離釋違。孔子無可無不可，其道大備，故從孔子百世後，上推孔子，又比孔子之德於百世前之聖王，皆莫能越孔子之範圍。上推，即『推而放諸東海而準』之推。**有若曰：「豈惟民哉！麒麟之於走獸，鳳凰之於飛鳥，泰山之於丘垤，河海之於行潦，類也。聖人之於民，亦類也。出於其類，拔乎其萃，自生民以來，未有盛於孔子也。」』**【注】垤，蟻封也。行潦，道傍流潦也。萃，聚也。有若以爲萬類之中，各有殊異，至於人類卓絕，未有盛美過於孔子者也。若三子之言孔子，則所以異於伯夷伊尹也。夫聖人之道，同符合契，前聖後聖，其揆一也，不得相踰。云生民以來無有者，此三子皆孔子弟子，緣孔子聖德高美而盛稱之也。孟子知其言太過，故貶謂之汙下，但不以無爲有耳。因事則褒，辭在其中矣。亦以明師徒之義，得相褒揚也。【疏】注『垤蟻』至『聚也』○正義曰：《詩・豳風》『鸛鳴于垤』，毛傳云：『垤，螘冢也。』《方言》云：『垤，封塲也。楚郢以南蟻土謂之封。垤，中齊語也。』螘同蟻。《禮記・樂記》云『封比干之冢』，注云：『積土爲封。』《廣雅・釋丘》云：『封，冢也。』是蟻封即螘冢也。《法言・問神》篇云：『太山之於螘垤。』《詩・召南》『于彼行潦』，《大雅》『泂酌彼行潦』，毛傳皆云：『行潦，流潦也。』孔氏正義云：『行者，道也。』《說文》水部云：『潦，雨水也。』然則行潦，道路之上流行之水。《漢書・司馬相如傳》注引應劭云：『潦，流也。』此云『道旁流潦』，以道釋行，以流釋潦也。『萃，聚也』，《周易·彖傳》文。阮氏元《校勘記》云：『「泰山之於丘垤」，戚淳衢州本泰作「太」。』○注『有若』至『尹也』○正義曰：《吕氏春秋·論人》篇云『人同類而智殊』，高誘注云：『殊，異也。』《文選·薦禰衡表》云『英才卓躒』，注云：『卓躒，絶異也。』萬類，統人物而言。麒麟與衆獸異，鳳凰與衆鳥異，泰山河海與丘垤行潦異，聖人與凡民異，是萬類各有殊異也。聖人在人類之中，本是卓然絶異於凡俗，是出於其類，拔乎其萃也。而孔子在卓絶之中，尤爲盛美，此所以異於伯夷伊尹也。蓋以黝、舍、告子之『不知求心，不知集義』，必要之於曾子之『自反』。自反而縮，則得百里之地而君，皆能朝諸侯，有天下；自反不縮，則行一不義，殺一不辜，得天下，皆不爲。是伯夷伊尹與孔子，皆自反而配道義矣。乃伯夷之『非其君不仕，非其民不使』，尚專於清；伊尹之『何仕非君，何使非民』，尚專於任。任之不已，則流於黝、舍；清之不已，則流於告子。故雖能『集義』，又必『量時合宜』，而要之於孔子之『可仕可止，可久可速』。《易》之道，大中而上下應之，此志帥氣之學也。分陰分陽，迭用柔剛，通其變使民不倦，神而化之使民宜之，此『可仕可止，可久可速』之學也。至於通變神化，而集義之功，極於精義，求心之要，妙於先心，此伏羲、神農、黄帝、堯、舜、文王、周公相傳之教，孔子備之，而孟子傳之。惟得乎此，而詖、淫、邪、遁之言，乃不致以似是而非者，惑亂而昧所從也。○注『夫聖』至『揚也』○正義曰：趙氏佑《温故録》云：

『此章舊注特多違失，如以子夏不如曾子孝之大，以告子之言心氣，皆屬人言；宰我、子貢善爲説辭一節，昔者竊聞之一節，皆爲孟子自言。莫不善於有若曰節注「此三人皆孔子弟子」云云，直説成阿其所好，全相觸背，此漢注之所以不可廢而有可廢也。』

《章指》言：義以行勇，則不動心；養氣順道，無效宋人。聖人量時，賢者道偏，是以孟子究言情理，而歸之學孔子也。

孟子正義卷七

孟子曰：『以力假仁者霸，霸必有大國。以德行仁者王，王不待大，湯以七十里，文王以百里。【注】言霸者以大國之力，假仁義之道，然後能霸，若齊桓晉文等是也。以己之德，行仁政於民，小國則可以致王，若湯文王是也。【疏】『湯以』至『百里』○正義曰：顧氏炎武《日知録》云：『湯以七十里，文王以百里，孟子爲此言，以證王之不待大爾。其實文王之國，不止百里，周自王季伐諸戎，疆土日大，文王自岐遷豐，其國已跨三四百里之地，伐崇伐密，自河以西，舉屬之周。至於武王，而西及梁、益，東臨上黨，無非周地。紂之所有，不過河内殷墟，其從之者，亦但東方諸國而已。一舉而克商，宜其如振槁也。《書》之言文王曰「大邦畏其力」，文王何嘗不藉力哉？』按：孟子前言『文王由方百里起，是以難也』，謂其起自百里，非謂遷豐之後仍止百里也。孟子之文，彼此互見，貫而通之，乃見其備。湯文始小而終大，由能行仁政而諸侯歸之，謂文王藉力，當未必然。《史記・平原君列傳》毛遂曰：『遂聞湯以七十里之地王天下，文王以百里之地而臣諸侯。』《荀子・仲尼篇》云：『文王載百里地而天下一。』《韓詩外傳》云：『客有説春申君者曰：湯以七十里，文王以百里，皆兼天下，一海內。』陸賈《新語・明誡》篇云：『湯以七十里之封，而升帝王之位。』《史記・三代世表》後，褚先生荅張夫子問云：『堯知稷、契皆賢人，天之所生，故封之契七十里；後十餘世，至湯王天下。堯知後稷子孫之後王也，故益封之百里，其後世且千歲，至文王而有天下。』**以力服人者，非心服也，力不贍也。以德服人者，中心悦而誠服也。如七十子之服孔子也。**【注】贍，足也。以己力不足，而往服從於人，非心服也。以己德不如彼，而往服從之，誠心服者也。如顏淵子貢等之服於仲尼，心服者也。【疏】注『贍足』至『者也』○正義曰：贍，古作『澹』。《吕氏春秋・順民》篇云『愁悴不贍者』，高誘注云：『贍，猶足也。』又《先己》篇云『期年而有扈氏服』，注云：『服，從也。』閩、監、毛三本作『服就於人』。《廣雅・釋詁》云：『就，歸也。』非心服承以力服人，則以力服人卽指此非心服者而言，故云以己力不足，而往服從於人。上但言以力，未言以力不贍，故下以力不贍也補明之。以力服人，既是以力不贍而從人，則以德服人卽是以德不贍而從人，故云以己德不如彼而往服從之。顏淵、子貢於孔子，無力可言，其從之惟心悦於德耳。若以力服人者，卽上以力假仁之人，則與下非心服也不貫；且以德行仁者，豈用以服人乎？**《詩》云：「自西自東，自南自北，無思不服。」此之謂也。』**【注】詩，《大雅・文王有聲》之篇。言從四方來者，無思不服武王之德，此亦心服之謂也。【疏】注

『詩大』至『謂也』○正義曰：詩在《大雅・文王有聲》篇第六章。箋云：『自，由也。武王於鎬京行辟廱之禮，自四方來觀者，皆感化其德，心無不歸服者。』是詩謂服武王之德也。自訓由，亦訓從，東西南北，謂自鎬京之四方來也。無思不服，猶云無不心服，故鄭箋謂『心無不歸服』。趙氏亦云此亦心服之謂。

《章指》言：王者任德，霸者兼力，力服心服，優劣不同，故曰遠人不服，修文德以懷之。【疏】『王者任德』○正義曰：《漢書・禮樂志》云：『天任德，不任刑。』○『遠人』至『懷之』○正義曰：《論語・季氏》篇文。足利本懷作『來』，韓本同。

孟子曰：『仁則榮，不仁則辱。今惡辱而居不仁，是猶惡濕而居下也。【注】行仁政，則國昌而民安，得其榮樂。行不仁，則國破民殘，蒙其恥辱。惡辱而不行仁，譬猶惡濕而居埤下近水泉之地也。【疏】注『行仁』至『地也』○正義曰：《國語・晉語》云『非以翟爲榮』，注云：『榮，樂也。』濕宜作『溼』，《素問・生氣通天論》云『秋傷於溼』，注云：『溼，謂地溼氣也。』埤，閩、監、毛三本作『卑』，卑、埤通。《管子・水地》篇云：『人皆赴高，己獨赴下，卑也。卑也者……水以爲都居。』注云：『都，聚也。水聚居於下，卑也。』《荀子・宥坐篇》云：『其流也埤下，裾拘必循其理。』注云：『埤讀爲卑。裾與倨同，方也。拘讀爲鉤，曲也。其流必就卑下，或方或曲，必循卑下之理。』是卑下爲近水泉之處，爲水漸洳，不免於溼也。**如惡之，莫如貴德而尊士，賢者在位，能者在職，**【注】諸侯如惡辱之來，則當貴德以治身，尊士以敬人，使賢者居位得其人，能者居職任其事也。【疏】注「使賢」至「事也」○正義曰：《廣雅·釋詁》云：「在，凥也。」《説文》几部云：「凥，處也。」今通作居，故以兩居釋兩在。《禮記·文王世子》云：「記曰：虞夏商周，有師保，有疑丞，設四輔及三公，不必備，唯其人。」注云：「無則已，小人處其位，不如且闕。」今賢者處位，是有其人，故云得其人。《淮南子·俶真訓》云「大夫安其職」，高誘注云：「職，事也。」居職，故任其事。**國家閒暇，及是時明其政刑，雖大國必畏之矣。**【注】及無鄰國之虞，以是閒暇之時，明修其政教，審其刑罰，雖天下大國，必來畏服。【疏】注「及無」至「畏服」○正義曰：《國語·晉語》：「平公謂陽畢曰：『自穆侯以至於今，亂兵不輟，民志無厭，禍敗無已，離民且速寇，恐及吾身，若之何？』陽畢對曰：『今若大其柯，去其枝葉，絶其本根，可以少閒。』」注云：「閒，息也。」閒暇謂安息，此以除去欒氏内亂爲少閒，則不獨無敵國之虞。國家閒暇，謂不用兵戈，無論外患内亂，戰攻則不得休息。趙氏舉其外以概其内也。《國語·晉語》注云：「明，著也。」《説文》彡部云：「修，飾也。」《廣雅·釋詁》云：「飾，著也。」是明、著、修三字義通。《管子·宙合》篇云：「見察之謂明[一]。」《淮南子·本經訓》

〔一〕「見察之謂明」，《皇清經解》本同，《管子·宙合》篇作「見察謂之明」。

云『審於符著〔一〕』，高誘注云：『審，明也。』明之義：一爲修明，一爲明審。趙氏以政教宜修，刑罰宜審，故分釋之。畏之訓亦有二：一爲畏懼，《廣雅·釋詁》『畏懼也』是也。一爲畏服，《曲禮》『畏而愛之』注云『心服曰畏』是也。大國無容畏懼，故以畏服言之。

《詩》云：「迨天之未陰雨，徹彼桑土，綢繆牖户。今此下民，或敢侮予。」孔子曰：「爲此詩者，其知道乎？能治其國家，誰敢侮之。」【注】詩，邠國《鴟鴞》之篇。迨，及。徹，取也。桑土，桑根也。言此鴟鴞小鳥，尚〔二〕知及天未陰雨而取桑根之皮，以纏緜牖户。人君能治其國家，誰敢侮之。刺邠君曾不如此鳥。孔子善之，故謂此詩知道也。【疏】注『詩邠』至『道也』○正義曰：詩在今《毛詩·鴟鴞》篇第二章。傳云：『迨，及。徹，剥也。桑土，桑根也。』箋云：『綢繆，言纏緜也。』趙氏注與傳、箋同。王肅云：『鴟鴞及天之未陰雨，剥取彼桑根，以纏緜其牖户。』桑根之皮，必須剥而取之，故毛傳訓徹爲剥。趙氏訓徹爲取，《廣雅·釋詁》云：『撤，取也。』撤、徹字通。《毛詩·釋文》云：『土音杜，《韓詩》作「杜」。』《方言》云：『東齊謂根曰杜。』《大雅》『自土沮漆』，《漢書·地理志》注云：『《齊詩》作「自杜」。』《荀子·解蔽》篇所言『乘杜』，卽『相土』，是土、杜，古字通也。綢繆卽纏

〔一〕『著』，《皇清經解》本、《淮南子·本經訓》均作『者』。
〔二〕『尚』，《皇清經解》本同，《孟子注疏》作『猶尚』。

緜之轉聲，《廣雅·釋詁》云：『綢繆，纏也。』謂以桑根之皮，絞結束縛之成巢也。《爾雅·釋鳥》云：『鴟鴞，鸋鴂。』陸璣《詩疏》云：『鴟鴞，似黄雀而小。』是鴟鴞爲小鳥也。『今此下民』，今《毛詩》作『今女下民』，《詩序》云：『鴟鴞，周公救亂也。成王未知周公之志，公乃爲詩以遺王，名之曰《鴟鴞》焉。』事見《周書·金縢》篇。趙氏則以爲刺邠君曾不如此鳥，此蓋三家之説與毛異者。**今國家閒暇，及是時，般樂怠敖，是自求禍也。禍福無不自己求之者。**【注】般，大也。孟子傷今時之君，國家適有閒暇，且以大作樂，怠惰敖遊，不修政刑，是以見侵而不能距，皆自求禍者也。【疏】注『般大也』○正義曰：段氏玉裁《説文解字注》云：『伴，大貌。《方言》、《廣雅》、《孟子》注皆云：「般，大也。」亦謂般即伴。』○注『怠惰敖遊』○正義曰：《禮記·少儀》云『怠則張而相之』，注云：『怠，惰也。』《毛詩·小雅》『嘉賓式燕以敖』，傳云：『敖，遊也。』《説文》出部云：『敖，出遊也。』敖同遨。**《詩》云：「永言配命，自求多福。」**【注】詩，《大雅·文王》之篇。永，長。言，我也。長我周家之命，配當善道，皆内自求責，故有多福也。【疏】注『詩大』至『福也』○正義曰：詩在《文王》篇第六章。毛傳云：『永，長。言，我也。』趙氏訓詁與毛同，皆《爾雅·釋詁》文。《廣雅·釋詁》云：『配，當也。』箋云：『常言當配天命而行，則福禄自來。』亦以當釋配。分於道謂之命，配當善道，則配當天命矣。莊公二十五年《公羊傳》云『求乎陰之道也』，注云：『求，責求也。』故自求即是自責。《易·雜卦傳》云：『大有，衆也。』衆與多義同，故以有釋多。謂能自責，則有福也。**《太甲》曰：「天作孽，猶可違；自作孽，不可活。」此之謂也。**』【注】殷王太甲言天之妖孽，尚可違避，譬若高宗雊雉，宋景守心之變，皆可以德消去也。自己作孽者，若帝乙慢神震死，是爲不可活也。【疏】注『殷王』至『活也』○正義曰：《尚書・太甲》三篇，今文古文皆不傳，不在逸書之列，故趙氏但云『殷王太甲言』，不言逸《書》也。周氏廣業《孟子逸文考》云：『《説文》：「蠥，从虫，辥聲。衣服歌謡草木之怪謂之祥，禽獸蟲蝗之怪謂之蠥。」又：「孽，庶子也。从子，辥聲。」《玉篇》：「蠥，或作孽。」』江氏聲《尚書集注音疏》云：『高宗雊雉者，經云「高宗融日，越有雊雉。」叙云「高宗祭成湯，有飛雉升鼎耳而雊。」《史記》云：「武丁祭成湯，明日有飛雉登鼎耳而雊，武丁懼，祖己曰王勿憂，先修政事。武丁修政行德，天下咸驩，殷道復興。」是其事。云宋景守心者，《吕氏春秋・制樂》篇云：「宋景公之時，熒惑在心。公懼，召子韋而問焉。子韋曰：熒惑者，天罰也。心者，宋之分野也。禍當於君。雖然，可移於宰相。公曰：宰相所與治國家也，而移死焉，不祥。子韋曰：可移於民。公曰：民死，寡人將誰爲君乎？寧獨死。子韋曰：可移於歲。公曰：歲害則民饑，民饑必死，爲人君而殺其民以自活，其誰以我爲君乎？是寡人之命固盡矣。子毋復言矣。子韋還走北面再拜曰：臣敢賀君，天處高而聽卑，君有至德之言三，天必三賞君，今夕熒惑其徙三舍，君延年二十一歲。公曰：子何以知之？對曰：有三善言必有三賞，熒惑三徙舍，舍行七星，星一徙當一年，三七二十一，臣故曰君延年二十一歲。臣請伏於陛下，以司候之。熒惑不徙，臣請死。公曰：可。是夕，熒惑果徙三舍。』是其事也。高宗、宋景皆以德弭災，故云皆可以德消去也。云帝乙慢神震死者，《史記》云：「帝武乙無道，爲偶人，謂之天神，與之搏，令人爲行，天神不勝，乃僇辱之。爲革囊盛血，仰而射之，命曰射天。武乙獵於河、渭之間，暴雷，武乙震死。」是其事也。故云是爲不可活。聲謂活或爲「逭」，《禮記·緇衣》引《太甲》曰「天作孽，可違也；自作孽，不可以逭」。與《孟子》所引字雖有異，而大指無殊。惟逭之與活，義訓不同，鄭康成曰：「逭，逃也。」』

《章指》言：國必修政，君必行仁，禍福由己，不專在天。言當防患於未亂也。【疏】言『當防患於未亂也』○正義曰：《易·既濟·象傳》云：『君子以思患而豫防之。』《老子·德經》云：『其安易持，其未兆易謀；其脆易泮，其微易散；爲之於未有，治之於未亂。』

孟子曰：『尊賢使能，俊傑在位，則天下之士，皆悦而願立於其朝矣。【注】俊，美才出衆者也。萬人者稱傑。【疏】注『俊美』至『稱傑』○正義曰：《鶡冠子·能天》篇云：『德萬人者謂之俊，德千人者謂之豪，德百人者謂之英。』《史記·屈原賈生傳》索隱引《尹文子》云：『千人曰俊，萬人曰傑。』《春秋繁露·爵國》篇云：『故萬人者曰英，千人者曰俊，百人者曰傑，十人者曰豪。』《淮南子·泰族訓》云：『故智過萬人者謂之英，千人者謂之俊，百人者謂之豪，十人者謂之傑。明於天道，察於地理，通於人情；大足以容衆，德足以懷遠，信足以一異，知足以知變者，人之英也。德足以教化，行足以隱義，仁足以得衆，明足以照下者，人之俊也。行足以爲儀表，知足以決嫌疑，廉足以分財，信可使守約，作事可法，出言可道者，人之豪也。守職而不廢，處義而不比，見難不苟免，見利不苟得者，人之傑也。英俊豪傑，各以小大之材處其位，得其宜。』《白虎通・聖人》篇引《禮別名記》云：『五人曰茂，十人曰選，百人曰俊，千人曰英，倍英曰賢，萬人曰傑，萬傑曰聖。』《禮記・月令》正義引《蔡氏辯名記》，宣公十五年《左傳》正義亦引《辯名記》，辯名即別名也。惟作『倍人曰茂，倍選曰俊』，所説各異。東漢人注書：《説文》人部云：『俊，材過千人也。』『傑，埶也。材過萬人也。』高誘注《吕氏春秋・孟秋》、《孟夏》兩紀皆云：『才過萬人曰桀，千人曰俊。』而注《功名》篇則云：『才過百人曰豪，千人曰桀。』注《國策・齊策》又云：『才勝萬人曰英，千人曰桀。』王逸注《楚辭・大招》云：『千人才曰豪，萬人才曰傑。』注《九章・懷沙》篇云：『千人才曰俊，一國高曰傑焉。』鄭注《尚書・皋陶謨》云：『才德〔一〕過千人爲俊，百人爲乂。』均無定説。大要皆才美出衆者之名，故典籍隨舉爲稱，或言『俊傑』，或言『俊乂』，或言『豪傑』，或言『英傑』。趙氏雖以萬人者稱傑，而俊則

〔一〕『德』，《皇清經解》本同，《尚書・皋陶謨》作『能』。

不言千人，而但云美才出衆也。**市廛而不征，法而不廛，則天下之商，皆悦而願藏於其市矣。**【注】廛，市宅也。古者無征，衰世征之。《王制》曰：「市廛而不税。」《周禮·載師》曰：「國宅無征。」法而不廛者，當以什一之法，征其地耳，不當征其廛宅也。【疏】注「市廛」至「宅也」○正義曰：《王制》，《小戴禮記》篇名。鄭氏注云：「廛，市物邸舍，税其舍不税其物。」載師，《周禮》地官之職。注云：「征，税也。鄭司農云：『國宅，城中宅也。無征，無税也。』玄謂：國宅，凡官所有宫室，吏所治者也。」《載師職》云：「以廛里任國中之地。」注云〔一〕：「鄭司農云：『廛，市中空地未有肆，城中空地未有宅者。』玄謂：廛里者，若今云邑里居矣。廛，民居之區域也。里，居也。」蓋商與民居於國中，皆有廛。商賈所居之廛在市，《王制》「市廛而不税」是也。此國宅不專指市中之宅，凡民之居，與官吏之居，皆可統稱。趙氏以市宅亦在其中，故引以爲證。然則廛而不征謂商賈居此宅，不征其税，與鄭氏「税其舍不税其物」之説不同，故云古者無征，衰世征之。謂古者並此舍亦不征税；税其舍者，衰世也。《地官·廛人》：「凡珍異之有滯者，斂而入於膳府。」注云：「故書滯或作『廛』。鄭司農云：『謂滯貨不售者，官爲〔二〕居之，貨物沉滯於廛中不

〔一〕「注云」，《皇清經解》本無「注云」二字。
〔二〕「爲」，《皇清經解》本作「而」，《周禮注疏》作「爲」。

決，民待其直以給喪疾，而不可售賈賤者也。廛，謂市中之地，未有肆而可居以蓄藏貨物者也。孟子曰：市廛而不征，法而不廛，則天下之商，皆悦而願藏於其市矣。謂貨物儲藏於市中而不租税也，故曰廛而不征。其有貨物久滯於廛而不售者，官以法爲居取之，故曰法而不廛。」玄謂：不售而在廛久則將瘦臞腐敗，爲買之入膳夫之府，所以舒民事而官不失實。』此先鄭解説廛而不征，謂貨物藏於此而不征税，與後鄭異。趙氏蓋本先鄭《廛人》『掌斂布絘布總布質布罰布廛布而入於泉府』注云：『廛布者，貨賄諸物邸舍之税。』後鄭據此，故注《王制》，以廛爲『税其舍』，即此貨賄諸物邸舍之税也。但明曰『廛而不征』，是不征即不征此廛之税。賈公彦疏云：『周則廛有征，上文「廛布」是也。云「不征」者，非周法。』蓋趙氏以《周禮》非文王之法，文王治岐，關市不征，故不依《周禮》也。趙氏謂法而不廛者，當以什一之法，征其地耳，不當征其廛宅。』則是法而不廛乃申明上廛而所以不征之故，謂當以什一之法，征其一夫百畝之地，不當征其市中之舍，與先鄭所説亦不同。先鄭以貨物有滯而不售，以法出之，使不久滯于市廛，趙氏所不用也。《序官》《廛人注云：『故書廛爲「壇」。杜子春讀壇爲廛，説云「市中空地」。玄謂：廛，民居區域之稱。』賈氏疏云：『《遂人》云「夫一廛，田百畝」及《載師》「廛里任國中之地」，皆是民之所居區域。又其職有廛布，謂貨賄停儲邸舍之税，即市屋舍名之爲廛，不得爲市中空地。』按杜子春仍兼顧壇墠之義，故以市中空地解之，司農與之同。然廛非壇墠也。星之次舍爲𠪱，廛猶𠪱也。故後鄭以爲民居區域，市物邸舍，商賈貨物，宜藏居舍之中，不得儲於空地。趙氏不用空地之説，以爲市宅，是也。**關譏而不征，則天下之旅，皆悦而願出於其路矣。**【注】言古之設關，但譏禁異言，識異服耳，不征税出入者也。故《王制》曰：『古者關譏而不征。』《周禮·大宰》曰：『九賦，七曰關市之賦。』《司關》曰：『國凶札則無關門之征，猶譏。』《王制》謂文王以前也。文王治岐，關譏而不征，《周禮》有征者，謂周公以來。孟子欲令復古去征，使天下行旅悦之也。【疏】注『言古』至『之也』〇正義曰：《王制》注云：『譏，譏異服，識異言。征亦税也。《周禮》：「國凶札，則無門關之征，猶譏也。」』孔氏正義云：『關，境上門也。譏，謂呵察。公家但呵察非違，不税行人之物。此夏殷法，周則有門關之征，但不知税之輕重，若凶年則無税也，猶須譏禁。』大宰，天官冢宰也。司關，地官職，司貨賄之出入者，掌其治禁與其征廛。注云：『征廛者，貨賄之税，與所止邸舍也。』關下亦有邸客舍，其出布如市之廛，是《周禮》關市有征也。《周禮》，相傳以爲周公所作，故以爲周公以來也。『猶譏』，《周禮》作『幾』，古字通。賈氏疏云：『孟子陳正法與周異。』閩、監、毛三本關市之賦作『之征』，去征作『之征』，並非。**耕者助而不税，則天下之農，皆悦而願耕於其野矣。**【注】助者，井田什一，助佐公家治公田。不横税賦，若履畝之類。【疏】注『助者』至『之類』〇正義曰：《王制》云『古者公田藉而不税』，注云：『藉之言借也。借民治公田，美惡取於此，不税民之所自治也。孟子曰：「夏后氏五十而貢，殷人七十而助，周人百畝而徹。」則所云古者，謂殷時。』借民力，則藉即是助。履畝者，《春秋》宣公十五年『初税畝』，《公羊傳》云：『初者何？始也。税畝者何？履畝而税也。古者什一而藉。』注云：『時宣公無恩信於民，民不肯盡力於公田，故履踐按行。擇其善畝穀最好者税取之。』《左傳》云：『初税畝，非禮也。穀出不過藉，以豐財也。』注云：『公田之法，十取其一，今又履其餘畝，復十收其一，故哀公曰「二，吾猶不足」，遂以爲常。』按何休、杜預二説不同，然因民不力於公田，因踐其私田，而收其善畝之穀，仍是什一，不爲横征。若民因有懲，明年加力於公田，使公田之穀好於私田，則仍收公田之穀，不踐其私田矣。惟於公田之外，又收其私田之什一，乃是加賦。趙氏以爲横，則當如杜説矣。**廛無夫里之布，則天下之民，皆悦而願爲之氓矣。**【注】里，居也。布，錢也。夫，一夫也。《周禮·載師》曰：『宅不毛者有里布，田不耕者出屋粟。凡民無職事者，出夫家之征。』孟子欲使寬獨夫去里布，則人皆樂爲之民矣。氓者，謂其民也。【疏】注『里居』至『民也』〇正義曰：《載師》注：『鄭司農云：「宅不毛者，謂不樹桑麻也。布，泉也。孟子曰：廛無夫里之布，則天下之民，皆悦而願爲其民矣。故曰宅不毛者有里布，民無職事出夫家之征。欲令宅樹桑麻，民就四業，則無税賦以勸之也。」玄謂：宅不毛者，罰以一里二十五家之泉。空田者，罰以三家之税粟。民雖有閒無職事者，猶出夫税家税也。夫税者，百畝之税。家税者，士徒車輦給繇役。』鄭氏注《禮記·檀弓》云：『古者謂錢爲帛布。』韋昭注《國語・周語》云：『錢者，金幣之名，古曰泉，後轉曰錢。』是布爲錢，卽爲泉也。江氏永《羣經補義》云：『凡民居區域關市邸舍通謂之廛，上文「廛而不征，法而不廛」之廛是市宅，此廛謂民居，卽《周禮》「上地夫廛」，「許行願受一廛」之廛，非市宅也。布者，泉也，亦卽錢也。非布帛之布。夫布見《周禮・閭師》「凡無職者出夫布」，謂閒民爲民傭力者，不能赴公旬三日之役，使之出一夫力役之泉，猶後世之僱役錢也。里謂里居，卽《孟子》「收其田里」之里，非二十五家也。里布見《地官・載師》：「凡宅不毛者有里布。」謂有宅不種桑麻，或荒其地，或爲臺榭遊觀，則使之出里布，猶後世凡地皆有地税也。此皆民之常賦。戰國時一切取之非傭力之閒民，已有力役之征，而仍使之別出夫布。宅有種桑麻，有嬪婦布縷之征，而仍使之別出里布。是額外之征，借夫布、里布之名而横取者，今皆除之，則居廛者皆受惠也。』周氏柄中《辨正》云：『《周禮・閭師》「凡民無職者出夫布」，《載師》「凡宅不毛者有里布」，卽此「夫里之布」是已。注中止據《載師》而不及《閭師》，《載師》之「無職事」者，是遊手浮泛之人，夫家之征，所以罰之也。《閭師》之「無職」者，則九職中之閒民，非遊手也。夫布乃其常賦，非罰也。太宰九職，一曰閒民無常職，轉移執事。《載師》之「無職事」者，無職而並不事事也。《閭師》之「無職」者，無常職也。而轉移職事，則猶有事也。故但曰「無職」而不曰「無職事」。《閭師》疏：劉氏問：「夫家之征與夫布，其異如何？」鄭答云：「夫家之征者田税，如今租矣。夫布者，如今算斂在凡賦中者也。」按鄭氏解兩夫字不同，解夫字，不當用一夫百畝之税之説。夫布者，論丁出錢以爲賦，猶漢口税之法。漢口率出泉，概施之有職，周則惟施之閒民而已。』趙氏佑《温故録》云：『夫家之征，乃夫税、家税二事，本非經所及，趙氏注廣言之也。』段氏玉裁《説文解字注》云：『氓，民也。从民，亡聲。讀若盲。《詩》「氓之蚩蚩」，傳云：「氓，民也。」《方言》亦云：「氓，民也。」《孟子》：「則天下之民，皆悦而願爲之氓矣。」趙注：「氓者，謂其民也。」按此則氓與民小别，蓋自他歸往之民則謂之氓，故字从民亡。』阮氏元《校勘記》云：『《音義》出「氓」字，云：「或作萌，或作甿。」按作「萌」最古，漢人多用萌字，經典内萌多改氓改甿，如《説文》引《周禮》「以興鋤利萌」是也。「氓者謂其民也」，閩、監、毛三本同，廖本、孔本、韓本、《考文》古本無「者謂其」三字。按尋譯字，則經文當本作「萌」。』翟氏灝《考異》云：『一讀以「天下之民皆悦」斷句，上士商旅農，悉連下「皆悦」二字句，似亦可通。』王氏引之《經傳釋詞》云：『《吕氏春秋·音律》篇注云：「之，其也。」故爲之氓。《周官·載師》注引作「爲其民」，之可訓爲其，其亦可訓爲之。』**信能行此五者，則鄰國之民，仰望之若父母矣。率其子弟，攻其父母，自有生民以來，未有能濟者也。**【注】今諸侯誠能行此五事，四鄰之民，仰望而愛之如父母矣。鄰國之君，欲將其民來伐之，譬率勉人子弟，使自攻其父母，生民以來，何能以此濟成其所欲者也。【疏】注『今諸』至『者也』〇正義曰：《説文》言部云：『信，誠也。』故以誠釋信。仰之義爲向，自卑向高，自近向遠，皆望也。《孟子·離婁》篇言『仰望而終身』，則仰之義同於望，故云仰望。《廣雅·釋詁》云：『愛，仁也。』仁之於父子，云『若父母』，是愛之也。《小爾雅·廣詁》云：『率，勸也。』勸之義與勉同，故以勉釋率。《爾雅·釋言》云：『濟，成也。』故以成釋濟。**如此，則無敵於天下。無敵於天下者，天吏也。然而不王者，未之有也。**【注】言諸侯所行能如此者，何敵之有，是爲天吏。天吏者，天使也。爲政當爲天所使，誅伐無道，故謂之天吏也。【疏】注『言諸』至『吏也』〇正義曰：使從吏聲，故吏之義通於使。襄公三十年《左傳》『使走問於朝』，《釋文》云：『使，本作「吏」。』段氏玉裁《說文解字》人部注云：『水部：「沺，水吏也。」吏同使。』

《章指》言：修古之道，鄰國之民，以爲父母；行今之政，自己之民，不得而子。是故衆夫擾擾，非所常有，命曰天吏，明天所使也。【疏】『衆夫擾擾』〇正義曰：《國語·晉語》云：『范文子謂厲公曰：「唯有諸侯，故擾擾焉。」』《廣雅·釋訓》云：『擾擾，亂也。』

孟子曰：『人皆有不忍人之心。【注】言人人皆有不忍加惡於人之心也。**先王有不忍人之心，斯有不忍人之政矣；以不忍人之心，行不忍人之政，治天下可運之掌上。**【注】先聖王推不忍害人之心，以行不忍傷民之政，以是治天下，易於轉丸於掌上也。【疏】注『易於轉丸於掌上』〇正義曰：《說文》丸部云：『丸，圜也。傾側而轉者。』置丸掌上，其轉易易也。**所以謂人皆有不忍人之心者，今人乍見孺子將入於井，皆有怵惕惻隱之心，非所以内交於孺子之父母也，非所以要譽於鄉黨朋友也，非惡其聲而然也。**【注】乍，暫也。孺子，未有知小子也。所以言人皆有是心，凡人暫見小小孺子將入井，賢愚皆有驚駭之情，情發於中，非爲人也，非惡有不仁之聲名，故怵惕也。【疏】注「乍暫」至「怵惕也」○正義曰：僖公三十三年《公羊傳》云「詐戰不日」，注云：「詐，卒也。」《廣雅·釋詁》云：「暫，猝也。」《釋言》云：「乍，暫也。」乍與詐通，卒與猝通。乍、暫、卒三字轉注也。《説文》子部云：「孺，乳子也。」劉熙《釋名·釋長幼》云：「兒始能行曰孺子。孺，濡也。言濡弱也。」《禮記·内則》云「孺子蚤寢晏起」，注云：「孺子，小子也。」始能行而尚無知識，不知井之溺人，故將入井也。《國語·周語》「芮良夫云〔一〕猶曰〔二〕怵惕懼怨之來也」，注云：「怵惕，恐懼也。」《文選·東京賦》云「猶怵惕於一夫」，薛綜注云：「惕，驚也。」驚卽駭，驚駭猶恐懼也。趙氏解《梁惠王》上篇「隱其無罪」爲痛，《説文》心部云：「惻，痛也。」《漢書·鮑宣傳》云「豈有肯加惻隱於細民」，注云：「惻，隱，皆痛也。」然則怵惕惻隱，謂驚懼其入井，又哀痛其入井也。以隱之義已見前經文，下亦自申明之，言惻隱

〔一〕「芮良夫云」，《皇清經解》本同，《國語·周語》無「芮良夫云」四字。
〔二〕「曰」，《皇清經解》本、《國語·周語》均作「日」。

爲仁，故略之耳。《音義》云：「内，本亦作『納』。」納交於孺子之父母，要譽於鄉黨朋友，皆爲人之事，故統之云非爲人也。孔本作「發於中非爲其人也」，無「情」字，有「其」字。《吕氏春秋·過理》篇云「臣聞其聲」，《淮南子·修務訓》云「聲施千里」，高誘注竝云：「聲，名也。」《禮記·表記》云「先王謚以尊名」，注云：「名者，謂聲譽也。」故以名釋聲。**由是觀之：無惻隱之心，非人也；無羞惡之心，非人也；無辭讓之心，非人也；無是非之心，非人也。**【注】言無此四者，當若禽獸，非人心耳。爲人則有之矣，凡人但不能演用爲行耳。【疏】注「言此」至「行耳」○正義曰：孟子道性善，謂人之性皆善，禽獸之性則不善也。禽獸之性不善，故無此四者。禽獸無此四者，以其非人之心也。若爲人之心，無論賢愚，則皆有之矣。孟子四言「非人」，乃極言人心必有此四者。趙氏此注，深得孟子之指，不愧通儒。《三國志·鍾繇傳》注引《先賢行狀》，李膺謂鍾覲曰：「孟子以爲人無好惡是非之心非人也。」《禮記·曲禮》注引《孟子》「人無是非之心非人也」。孔氏正義兼引「人無惻隱之心非人也，人無是非之心非人也」，於句首俱加「人」字。則四稱「非人」，竟爲指斥駡詈之辭，非孟子義。趙氏云：「人但不能演用爲行」，正申明人必有此心，惟禽獸無之耳。**惻隱之心，仁之端也。羞惡之心，義之端也。辭讓之心，禮之端也。是非之心，智之端也。**【注】端者，首也。人皆有仁義禮智之首，可引用之。【疏】注「端首」至「用之」○正義曰：《儀禮·鄉射禮》注云：「序端，東序頭也。」頭，首也。故端爲首。端與耑通。《説文》耑部云："『耑，物初生之題也。』題亦頭也，故《考工記》『輪人鑿端』，注云："『内題方有頭，可由此推及全體。』惠氏士奇《大學説》云："『《大學》致知，《中庸》致曲，皆自明誠也。《中庸》謂之曲，《孟子》謂之端，在物爲曲，在心爲端。致者，擴而充之也。』戴氏震《孟子字義疏證》云："『仁者，生生之德也，民之質矣。日用飲食，無非人道。所以生生者，一人遂其生，推之而與天下共遂其生，仁也。言仁可以賅禮，使無親疏上下之辨，則禮不協於正大之情，則義有未盡，亦即仁有未至。言仁可以賅義，使親愛長養，失而仁亦未爲得。且言義可以賅禮，言禮可以賅義，先王之以禮教，無非正大之情，君子之精義也。斷乎親疏上下，不爽幾微，而舉義舉禮，可以賅仁，又無疑也。舉仁舉禮，可以賅智，智者，知此者也。《易》曰："「立人之道曰仁與義。」而《中庸》曰："「仁者，人也。親親爲大。義者，宜也。尊賢爲大。親親之殺，尊賢之等，禮所生也。」益之以禮，所以爲仁至義盡也。語德之盛者，全乎智仁而已矣。而《中庸》曰："「智仁勇三者，天下之達德也。」益之以勇，蓋德之所以成也。就人倫日用，究其精微之極致，曰仁，曰義，曰禮。合三者以斷天下之事，如權衡之於輕重，於仁無憾，於禮義不愆，而道盡矣。自人道遡之天道，自人之德性遡之天德，則氣化流行，生生不息，仁也。由其生生有自然之條理，觀其條理之秩然有序，可以知禮矣。觀於條理之截然不可亂，可以知義矣。在天爲氣化之生生，在人爲生生之心，是乃仁之爲德也。在人爲氣化推行之條理，在人爲其心知之通乎條理而不紊，是乃智之爲德也。惟條理是以生生，條理苟失，則生生之道絶。凡仁義對文，及智仁對文，皆兼生生條理而言之者也。』程氏瑶田《通藝録·論學小記》云：『仁主於愛，與忍相反，故言仁政，則曰「以不忍人之心，行不忍人之政」也。凡視聽言動之入於非禮者，皆生於己心之忍，忍則己去仁，己去仁則己去禮，故曰克己復禮爲仁。』按賈誼《新書·道術》篇云：『惻隱憐人謂之慈，反慈爲忍。』不忍人之心卽是惻隱之心。惻隱爲仁之端，仁義禮智，四端一貫，故但舉惻隱，而羞惡、辭讓、是非卽具矣。但有仁之端，而義禮智之端卽具矣。**人之有是四端也，猶其有四體也；有是四端而自謂不能者，自賊者也。**【注】自謂不能爲善，自賊害其性，使不爲善也。【疏】『人之』至『體也』〇正義曰：四端之有於心，猶四支之有於身，言必有也。毛氏奇齡《賸言補》云：『惻隱之心，仁之端也。言仁之端在心，不言心之端在仁，四德是性之所發，藉心見端，然不可云心本於性。觀性之得名，專以生於心爲言，則本可生道。道不可生本明矣。』**謂其君不能者，賊其君者也。**【注】謂君不能爲善而不匡正者，賊其君使陷惡也。**凡有四端於我者，知皆擴而充之矣，若火之始然，泉之始達。苟能充之，足以保四海；苟不充之，不足以事父母。**【注】擴，廓也。凡有端在於我者，知皆廓而充大之，若水火之始微小，廣大之則無所不至，以喻人之四端也。人誠能充大之，可保安四海之民；誠不充大之，内不足以事父母。言無仁義禮智，何以事父母也。【疏】注『擴廓』至『母也』〇正義曰：《音義》云：『擴，音郭，字亦作「彍」，音霍。』王氏念孫《廣雅疏證》云：『《説文》：「彉，滿弩也。」《孫子・兵勢》篇云：「勢如彍弩。」《太平御覽》引「尸子」云：「扞弓鞟弩。」《漢書・吾丘壽王傳》「十賊彍弩」，顔師古注云：「引滿曰彍。」並字異而義同。《孟子・公孫丑》篇「知皆擴而充之矣」，趙氏注云：「擴，廓也。」《方言》云：「張小使大謂之廓。」義亦與彍同。』按《説文》弓部云：『彉，讀若郭。』郭卽廓，《釋名》云：『郭，廓也。廓落在城外。』是也。趙氏本作『彍』，以滿弩之訓於此文不切，故以廓解之，卽《説文》『讀若郭』之義。《淮南子・原道訓》云『廓四方』，高誘注云：『廓，張也。』《説文》弓部云：『引，開弓也。』開弓與滿弩義同。趙氏上注云：『可引用之。』引用卽此彍矣。彍亦廣也，下注云：『廣，大也。』卽謂彍而充之。《淮南子・説山訓》云『近之則鍾聲充』，高誘注云：『充，大也。』故以大釋充。彍而充之卽引而大之也。《説文》火部云：『然，燒也。』火始燒，泉始通，其勢不可遏止，故由微小而無所不至，猶人之有四端，既知擴而充之，則亦無所不至也。惟無所不至，故放諸四海，而民皆安保也。《論語・里仁》篇『苟志於仁矣』，孔氏注、《毛詩・秦風》『苟亦無信』傳，皆云：『苟，誠也。』《毛詩・小雅》『保艾爾後』，傳云：『保，安也。』保四海卽安四海之民也。人不能事父母，卽是不仁不義，無禮無智。雖愚蒙豈不知父母之當事，惟賊害其性，遂至不能順於父母。趙氏言無仁義禮智，何以事父母？不能事父母，豈尚能保安四海？此言性善之切，可謂通儒矣。

《章指》言：人之行當内求諸己，以演大四端，充廣其道，上以匡君，下以榮身也。

孟子曰：『矢人豈不仁於函人哉？矢人惟恐不傷人，函人惟恐傷人，巫匠亦然，故術不可不慎也。【注】矢，箭也。函，鎧也。《周禮》曰：『函人爲甲。』作箭之人，其性非獨不仁於作鎧之人也，術使之然。巫欲祝活人。匠，梓匠，作棺欲其蚤售，利在於人死也。故治術當慎脩其善者也。【疏】注『矢箭』至『爲甲』○正義曰：《方言》云：『箭，自關而東謂之矢，江淮之間謂之鍭，關西曰箭。』《爾雅・釋地》云：『東南之美者，有會稽之竹箭焉。』《太平御覽》引《字林》云：『箭，矢竹也。』箭爲竹名，可爲矢，故矢卽名箭也。閩、監、毛三本作『函甲也』，《音義》出『鎧』字，則鎧是也。武氏億《釋甲》云：『鎧爲甲之通名。《釋名》：「鎧猶塏，堅重之言也。」《禮記》注：「甲，鎧也。」《廣雅》：「函，甲，介，鎧也。」自《周禮・司甲》注「甲，今之鎧也」，世乃有以金制鎧之名。《禮記》疏言古用皮謂之甲，今用金謂之鎧。《書・費誓》正義：「古之作甲用皮，秦漢以來用鐵。鎧鍪二字皆從金，蓋用鐵爲之，而因以爲名。」《儀禮・既夕禮》「甲冑干笮」疏：「甲鎧冑兜鍪者，古者用皮，故名甲冑。後代用金，故名鎧兜鍪，隨世爲名故也。」億考之獨不謂然。鄭氏注「甲今之鎧」者，今蓋以漢制況之，謂漢名甲爲鎧。《詩》正義云：「經典皆謂之甲，後世乃名爲鎧，箋以今曉古。」此疏所指，亦謂以漢制況也。其實用皮用金，在古並有此制。《管子・地數》

篇：「葛盧之山發而出水，金從之，蚩尤受而制之，以爲劒鎧矛戟。」蚩尤造兵之始者，已以金作鎧，鎧所由來遠矣，非自後世爲然。春秋時，此制益廣，車馬被甲，皆得用金。《鄭風》「駟介旁旁」，傳云：「介，甲也。」《秦風》「俴駟孔羣」，箋云：「俴，淺也。謂以薄金爲介之札。介，甲也。」僖二十八年《傳》「駟介百乘」，成二年《傳》「不介馬而馳之」，注：「介，甲也。」是馬亦用金爲鎧。定八年《傳》「主人焚衝」，注云：「衝，戰車。」考《淮南子・覽冥訓》「大衝車」，高氏注云：「衝車，大鐵著其轅端。馬被甲，車被兵，所以衝於敵城也。」是車亦用金爲鎧。昭二十五年《傳》：「季氏介其雞，郈氏爲之金距。」《吕氏春秋・察微》篇注：「介，甲也。作小鎧著雞頭。」鄭衆亦云：「介甲爲雞著甲。」見《儀禮》疏。按此介與金距對，則小鎧亦以金爲之。此又可爲證，以見當時鬬雞之戲尚如此，蓋必有所仿效爲然。其人得用金爲鎧者，《吴越春秋》：「王僚乃被棠鐵之甲。」又《戰國策》「當敵則斬堅甲盾鞮鍪鐵幕」，劉氏云：「謂以鐵幕爲臂腫之衣。」《吕氏春秋・貴卒》篇：「趙氏攻中山，中山之人多力者，曰：吾兵鴟衣鐵甲，操鐵杖以戰，而所擊無不碎，所衝無不陷。」此又自春秋至戰國，世變益甚，所備益密，則甲用金與革，古蓋兼之。而諸説妄爲區分，其義非也。』函人爲甲，見《考工記》。○注『巫欲』至『死也』○正義曰：《周禮・春官・男巫》：『掌望祀、望衍、授號，旁招以茅；冬堂贈，無方無算；春招弭以除疾病。』注云：『衍讀爲延。望祀，謂有牲粢盛者。延，進也。謂但用幣致其神。二者詛祝所授類造攻説禬禜之神號，男巫爲之招。杜子春云：「堂贈，謂逐疫也。」招，招福也。弭，讀爲敉。敉，安也。安凶禍也。招敉皆有祀衍之禮。』祝號掌於大祝小祝，而授男巫，是祝之事巫爲之也。逐疫，祝於未病時。除疾病，祝於已病時。皆所以求活人也。惠氏士奇《禮説》云：『古者巫彭初作醫，故有祝由之術，移精變氣以治病，《春官》大祝、小祝、男巫、女巫，皆傳其術焉。大祝言甸讀禱，代受眚裁；小祝將事候禳，求遠辠疾；男巫祝衍旁招，弭寧疾病；女巫歲時釁浴，祓除不祥：故曰病者寢席，醫之用針石，巫之用糈藉，所救鈞也。』梓人匠人，並見《考工記》，皆不言作棺，而宫室屬之匠人，棺椁亦宫室之類。《地官·鄉師》：『及葬，執纛以與匠師御匶而治役。及窆，執斧以涖匠師。』注云：『匠師主衆匠。』又云：『匠師主豐碑之事。』《檀弓》云：『公室視豐碑，三家視桓楹。』注云：『豐碑，天子斲大木爲之，形如石碑，於椁前後四角樹之。桓楹，斲之形如大楹耳，四植謂之桓。』窆内之碑，匠師主之，則棺椁亦匠人所爲明矣。故《儀禮·既夕》記云：『既正柩，賓出，遂匠納車于階間。』注云：『遂匠，遂人、匠人也。匠人主載柩窆。』《雜記》云：『匠人執羽葆御柩。』襄公四年《左傳》：『定姒薨。初，季孫爲己樹六檟於蒲圃東門之外，匠慶請木。』請木則棺爲匠所作。惟匠人作棺，故載柩御柩之事，皆匠人主之。此國之職事，而士大夫之棺，亦必匠人所作。故孟子爲母治棺，使虞敦匠事。此云作棺欲其蚤售者，則主買棺者而言。蓋士庶之家不能自治，必市於匠人；而匠人即以棺爲售。閻氏若璩

《釋地三續》云：『《漢書・刑法志》引諺曰：「鬻棺者，欲歲之疫，非憎人欲殺之，利在於人死也。」卽《孟子》「巫匠亦然」意。』**孔子曰：「里仁爲美，擇不處仁，焉得智？」**【注】里，居也。仁，最其美者也。夫簡擇不處仁爲不智。【疏】注『簡擇不處仁』○正義曰：《爾雅・釋詁》云：『柬，擇也。』《説文》手部云：『擇，柬選也。』柬部云：『柬，分别簡之也。』柬，古簡字。**夫仁，天之尊爵也，人之安宅也。莫之禦而不仁，是不智也。**【注】爲仁則可以長天下，故曰天所以假人尊爵也，居之則安。無止之者，而人不能知入是仁道者，何得爲智乎？【疏】注『爲仁』至『智乎』○正義曰：《易・文言傳》云：『元者，善之長也。』『體仁足以長人』，故爲仁可以長天下也。假如《漢書・儒林傳》『假固利兵』之假，顔師古注云：『給與也。』謂天以仁給與人，使得長人也。《爾雅・釋言》云：『宅，居也。』安宅是安居，故云居之則安。禦，止也。莫之禦是無止之者也。智屬如，此言不仁是不智，故云不能知入是仁道也。**不仁不智，無禮無義，人役也。**【注】若此，爲人所役者也。**人役而恥爲役，由弓人而恥爲弓，矢人而恥爲矢也。**【注】治其事而恥其業者，惑也。【疏】注『惑也』○正義曰：智者不惑，上云『不仁是不智』，故云惑。阮氏元《校勘記》云：『「矢人而恥爲矢也」，各本同。孔本上有「由」字。按《音義》「由反手」下云：「下文由弓人由矢人義同。」是《音義》本此文上有「由」字。』**如恥之，莫如爲仁。**【注】如其恥爲人役而爲仁，仁則不爲役也。**仁者如射：射者，正己而後發，發而不中，不怨勝己者，反求諸己而已矣。』**

【注】以射喻人爲仁，不得其報，當反責己仁恩之未至。【疏】『仁者』至『已矣』○正義曰：《禮記·射義》云：『射者，仁之道也。射求正諸己，己正而後發，發而不中，則不怨勝己者，反求諸己而已矣。』《孟子》此文，蓋有所本。首言術不可不慎，術承上矢、函、巫、匠，則指藝術而言。藝術，人之所習也。習於爭戰，則糜爛其民，如矢人之不仁矣。所以習於爭戰者，以欲勝人也。故此以射爲喻，而戒其不怨勝己也。不特諸侯之習爭戰也，推之士庶人，惟知利己損人，則時以忮害爲心，以爭勝於人。此不能勝，必多方乞助於他人。役於彼以求伸於此，心日益刻，氣日益卑。苟始以正己，繼以反求，本無傾軋之心，無事屈身之辱。儒者求勝以學，市人求勝以利，朋黨阿比，托一人以爲庇，其趨同也。

《章指》言：各治其術，術有善惡；禍福之來，隨行而作。恥爲人役，不若居仁；治術之忌，勿爲矢人也。

孟子曰：『子路，人告之以有過則喜，禹聞善言則拜。【注】子路樂聞其過，過而能改也。《尚書》曰：『禹拜讜言。』【疏】注『尚書』至『讜言』○正義曰：段氏玉裁《説文解字注》云：『《咎繇謨》曰「禹拜昌言」，今文《尚書》作「黨」。趙注《孟子》引《尚書》「禹拜黨言」，《逸周書·祭公解》「拜手稽首黨言」，《張平子碑》「黨言允諧」，《劉寬碑》「對策嘉黨」，皆「昌言」字之假借也。至於「讜言」，亦見漢人文字，《字林》：「讜言，美言也。」此又因「黨言」而爲之言傍，謂之正俗字可。』盧氏文弨校《逸周書・祭公解》云：『黨、讜古字通。』《荀子・非相篇》『博而黨正』，注：『謂直言也。』**大舜有大焉，善與人同，舍己從人，樂取於人以爲善。**【注】大舜，虞帝也。孔子稱曰『巍巍』，故言大舜有大焉。能舍己從人，故爲大也。於子路與禹同者也。【疏】注『大舜』至『者也』○正義曰：阮氏元《校勘記》云：『「虞帝也」，閩、監、毛三本、孔本、韓本同。廖本《考文》古本作「虞也」。按當本作「虞舜也」，淺人或删舜，或改爲帝。』《論語・子罕》篇云：『巍巍乎，舜禹之有天下也，而不與焉。』又云：『大哉堯之爲君也，巍巍乎！』是孔子稱舜『巍巍』，而巍巍則爲大也。云『於子路與禹同』者，趙氏以善與人同之人指子路與禹。謂舜之善在舍己從人，而舍己從人，此舜之善與子路禹同者也。經文『善與人同』在上，注倒言之耳。按《周易・同人・象傳》云：『同人，柔得位得中而應乎乾，曰同人。惟君子惟能通天下之志。』《序卦傳》云：『物不可以終否，故受之以同人。與人同者，物必歸焉。』同卽通也。上下交而其志同，所謂善與人同也。《禮記・中庸》云：『舜其大知矣乎[一]！舜好問而好察邇言，隱惡而揚善，執其兩端，用其中於民。』其兩端，人之兩端也。執兩而用中，則非執一而無權。執一無權，則與人異；執兩用中，則與人同。執一者，守乎己而不能舍己，故欲天下

[一]『矣乎』，《皇清經解》本同，《禮記注疏》作『也歟』。

人皆從乎己。通天下之志者，惟善之從，故舍己從人，樂取於人以爲善。《意林》引《尸子》云：『見人有善，如己有善；見人有過，如己有過：此虞氏之盛德也。』《禮記·大學》篇引《秦誓》云：『斷斷兮，無他技，其心休休焉，其如有容焉。人之有技，若己有之；人之彦聖，其心好之：不啻若自其口出。』注云：『他技，異端之技也。若己有之，不啻若自其口出，皆樂人有善之甚也。』樂人有善，則無他技；無他技，是不爲異端；不爲異端，是善與人同也。孟子闢楊墨，以其執一，此章發明專己執一之非也。

舍己即子路之『改過』。從人即禹之『拜昌言』。聖賢之學，不過舍己從人而已。**自耕稼陶漁以至爲帝，無非取於人者；取諸人以爲善，是與人爲善者也。故君子莫大乎與人爲善。**【注】舜從耕於歷山及其陶漁，皆取人之善謀而從之，故曰莫大乎與人爲善。【疏】注『舜從』至『爲善』○正義曰：《史記·五帝本紀》云：『舜耕歷山，歷山之人皆讓畔；漁雷澤，雷澤上人皆讓居；陶河濱，河濱器皆不苦窳。一年所居成聚，二年成邑，三年成都。』此舜耕稼陶漁之事也。《爾雅·釋詁》云：『謨，謀也。』《書序》云：『皋陶矢厥謨，禹成厥功，帝舜申之，作《大禹》、《皋陶謨》、《棄稷》。』今《大禹》、《棄稷》篇不存，唯存《皋陶謨》。禹既拜皋陶之言，帝乃命『禹亦昌言』，又曰『迪朕德，時乃功惟叙』，及『皋陶拜手稽首颺言』，賡元首叢脞之歌，而帝且拜而俞之，可爲舜取善謀之證，乃此其爲帝時也。孟子則遡言自耕稼陶漁以至於帝，無非取於人者。然則舍己從人之道，自天子以至庶人，無不當如是。取諸人以爲善，是與人爲善者也。與人爲善，猶云善與人同。上言『善與人同』，而下申言其所以同者爲『舍己從人』。舍己從人卽是樂取於人以爲善，是取人爲善，則是與人同爲此善也。莫大乎與人爲善，此舜之『舍己從人』所以大也。

《章指》言：大聖之君，由采善於人，故曰『計及下者無遺策，舉及衆者無廢功』也。

【疏】『由采善於人』○正義曰：董子《春秋繁露》云：『《春秋》采善不遺小。』○『故曰』至『功也』○正義曰：桓寬《鹽鐵論・刺驕〔一〕》篇云：『謀及下者無失策，舉及衆者無頓功。』周氏廣業云：『《文選注》有「計及下」句，豈此二語皆《外書》之文，而趙稱之歟？』

孟子曰：『伯夷非其君不事，非其友不友；不立於惡人之朝，不與惡人言。立於惡人之朝，與惡人言，如以朝衣朝冠坐於涂炭。推惡惡之心，思與鄉人立，其冠不正，望望然去之，若將浼焉。【注】伯夷，孤竹君之長子，讓國而隱居者也。涂，泥。炭，墨也。浼，污也。思，念也。與鄉人立，見其冠不正，望望然，慙愧之貌也。去之，恐其污己也。

【疏】注『伯夷』至『己也』○正義曰：《史記・伯夷列傳》云：『伯夷叔齊，孤竹君之二子也。父欲立叔齊，及父卒，叔齊讓伯夷，伯夷曰：「父命也」，遂逃去。叔齊亦不肯立而逃

〔一〕『刺驕』，《皇清經解》本同，《鹽鐵論》作『刺議』。

之。國人立其中子。於是伯夷叔齊聞西伯昌善養老，盍往歸焉。及至，西伯卒，武王載木主，號爲文王，東伐紂。伯夷叔齊叩馬而諫曰：「父死不葬，爰及干戈，可謂孝乎？以臣弑君，可謂仁乎？」左右欲兵之。太公曰：「此異人也。」扶而去之。武王已平殷亂，天下宗周，而伯夷叔齊恥之，義不食周粟，隱於首陽山，采薇而食之，及餓且死。」此讓國而隱居之事也。《毛詩・角弓》「如塗塗附」，傳云：「塗，泥也。」《説文》火部云：「炭，燒木未灰也。」「灰，死火餘㶳也。从火又。又，手也。火既滅，可以執持。」「炧，燭㶳也。㶳，火餘也。」《廣雅・釋詁》云：「炭，㶳炧也。」然則炭爲燒木已㶳之名，但未成死灰而已無火矣。木經火則燒未灰，其黑能污白，故趙氏以墨釋之。《滕文公上》篇「面深墨」注云：「墨，黑也。」王氏鳴盛《尚書後辨》云：「炭與塗聯言，是無火之黑炭，非如《左傳》「廢於鑪炭」之炭。」周氏柄中《辨正》云：「若是炭火，豈必朝衣朝冠而後不坐哉！趙氏云「塗泥炭墨」，則非炭火明矣。」王氏念孫《廣雅疏證》云：「𣲩，污也。《方言》：「汜，浼，潤，洼，洿也。自關而東或曰洼，或曰汜。東齊、海、岱之間或曰浼，或曰潤。」洿與汙同。《孟子・公孫丑》篇「若將浼焉」，趙岐注云：「浼，污也。」丁公著音漫。《莊子・讓王》篇云：「欲以辱行漫我。」《吕氏春秋・離俗覽》「不漫於利」，高誘注云：「漫，污也。」漫、浼並與𣲩通。《莊子・讓王》篇云：「其並乎周以塗吾身也，不如避之以絜吾行。」《吕氏春秋・誠廉》篇塗作「漫」。《漢書・王尊傳》云：「塗污宰相，摧辱公卿。」污、塗、漫，義相同，故污謂之漫，亦謂之涂。涂牆謂之墁，亦謂之圬矣。』《爾雅·釋詁》云：『念，思也。』是思爲念也。《禮記·問喪》云：『其送往也，望望然，汲汲然，如有追而弗及也。』注云：『望望，瞻望之貌也。』此云慚愧，趙氏蓋讀爲惘惘。惘惘即罔罔，《文選·西征賦》注云：『惘猶罔。罔，失志之貌。』失志，故慚愧也。按《毛詩·大雅》『思皇多士』，傳云：『思，辭也。』此『思與鄉人立』，思當亦語辭，非有義也。**是故諸侯雖有善其辭命而至者，不受也。不受也者，是亦不屑就已。**【注】屑，絜也。《詩》云：『不我屑已。』伯夷不絜諸侯之行，故不忍就見也。殷之末世，諸侯多不義，故不就之，後乃歸西伯也。【疏】注『屑絜』至『伯也』○正義曰：絜與潔通。《楚辭·招魂》篇云『朕幼清以廉潔兮』，注云：『不污曰潔。』引《詩》者，《邶風·谷風》第三章。已作『以』，古已、以通。毛傳云：『屑，潔也。』箋云：『言君子不復潔用我。』蓋不我屑以，謂不以我爲潔而用我也。此不屑就，謂不以諸侯爲潔而就之也。言『不忍就見』者，《説文》心部云：『忍，能也。』能即耐，故《廣雅·釋言》云：『忍，耐也。』既以爲污，故不耐就之矣。《毛詩·大雅·蕩》篇云：『文王曰咨，咨女殷商，如蜩如螗，如沸如羹，小大近喪，人尚乎由行，内奰於中國，覃及鬼方。』此言商紂失道，其奰然惡行，延及中國之外，至於遠方諸侯。是當時諸侯，皆化于紂之不善，多黨紂而爲暴亂大惡，所謂詢爾仇方，如虞、芮未質成之先，則爭田而訟，此不義之小者。文王所伐，有犬戎、密須、阮徂、共、耆、邘、孟莒等，皆不義之國，不獨崇侯虎蔑侮父兄，不敬長老，聽獄不中，分財不均，百姓盡力，不得衣食也。故云殷之末世，諸侯多不義。**柳下惠不羞汚君，不卑小官，進不隱賢，必以其道，遺佚而不怨，阨窮而不憫。故曰「爾爲爾，我爲我，雖袒裼裸裎於我側，爾焉能浼我哉！」**【注】柳下惠，魯公族大夫也。姓展，名禽，字季，柳下是其號也。進不隱己之賢才，必欲行其道也。憫，懣也。云善己而已，惡人何能汚我也。

【疏】「遺佚而不怨阨窮而不憫」○正義曰：阮氏元《校勘記》云：「《音義》出「遺佚」，云：「或作迭，或作失，皆音逸。」《音義》出「阨窮」，云：「本亦作厄。」」按《説文》兔部云：「逸，失也。」人部云：「佚，佚民也。」逸、佚、失三字古通，此云遺佚即遺失也。柳下惠賢人〔一〕，而魯不能得之，是遺失之也。《一切經音義》引《蒼頡篇》云：「厄，困也。」《漢書·翟義傳》集注引晉灼云：「阨，古厄字。」阨窮即困窮，由遺佚至於困窮也。《文選》嵇康《絶交書》注引《孟子》阨字作「厄」○「袒裼裸裎」○正義曰：段氏玉裁《説文解字注》云：「但，裼也。衣部曰：「裼者，但也。」古但裼字如此。袒則訓衣縫，今之綻裂字也。今經典凡但裼字，皆改爲袒裼矣。衣部又云：「嬴者，但也。」「裎者，但也。」《釋訓》、毛傳皆曰「袒裼，肉袒也。」肉袒者，肉外見無衣也。引申爲徒，凡曰徒曰但，皆一聲之轉，空也。」王氏念孫《廣雅疏證》云：「嬴，裎，徒，裼，袒也。嬴者，《説文》：「嬴，袒也。」僖公二十三年

〔一〕「賢人」，《皇清經解》本作「是賢」。

《左傳》「欲觀其裸」，《王制》「贏股肱」，《釋文》「贏本又作蠃」，《大戴禮・天圓》篇「唯人爲倮匈而生也」，《史記・陳丞相世家》「躶身而佐刺船」，並字異義同。贏之言露也，《月令》「中央土，其蟲倮」，鄭注云：「物象露見不隱藏，虎豹之屬恒淺毛。」《荀子・蠶賦〔一〕》「有物於此，儳儳兮其狀」，楊倞注云：「儳儳，無毛羽之貌。」義並與贏同。裎者，《說文》：「裎，袒也。」《孟子・公孫丑》篇云：「雖袒裼裸裎於我側。」裎之言呈也，《方言》：「襌衣無袍者，趙、魏之間謂之程衣。」義亦相近也。徒與袒一聲之轉也。《韓非子・初見秦》篇云：「頓足徒裼。」《韓策》云：「秦人捐甲徒裎以趨敵。」裼者，《說文》「裼，袒也。」凡去上衣見裼衣謂之裼，或謂之袒裼。《玉藻》「裘之裼也，見美也」，《內則》「不有敬事，不敢袒裼」，是也。其去衣見體，亦謂之袒裼。《鄭風・太叔于田》篇「襢裼暴虎」，《爾雅》云「襢裼肉裼」，是也。襢與袒同。』毛氏奇齡《經問》云：『沈玉亮問：《內則》云「不有敬事，不敢袒裼」。夫袒裼裸裎見於《孟子》，此大不敬之事，乃以袒裼屬敬事。鄭康成注則云「父黨無容」，謂居父之側，不事容飾。則袒與裼有何容飾？經與注皆不可解。曰：往讀《樂記》云：「周旋裼襲，禮之文也。」又《玉藻》云「不文飾也不裼」。又云「裘之裼也，見美也。君在則裼者，盡飾也」。此所爲裼，謂裼衣裼裘，使美見於外，正文

〔一〕『蠶賦』，《皇清經解》本同，《荀子》作『賦篇』。

飾之事，與《孟子》袒裼裸裎，截然不同。袒裼見美，本爲文飾，而即以之爲敬君之事，此正與「不有敬事，不敢袒裼」，兩相發明。蓋袒裼者，事君之敬；不敢袒裼者，事父母之情也。然則何以同一袒裼，而一以爲褻，一以爲敬？曰：袒裼本不同，有去衣之袒裼，有加衣之袒裼。去衣之袒裼，如《射禮》「袒決」，《喪禮》：「袒括髮」，《鄭詩》「袒裼暴虎」，《郊特牲》「肉袒割牲」，《左傳》「鄭伯肉袒牽羊」，《史記·微子世家》「面縛肉袒」，俱是也。此脫衣見體，不必皆敬事也。若加衣之袒裼，則《衛風》「衣錦絅衣」，「裳錦絅裳」，謂夫人衣錦，必加單衣於其上，謂之裼衣。但又加一衣，袒而不襲，則其美見焉。又有裼裘，如狐白加錦衣，狐青加綃衣，狐黄加黄衣，羔裘加緇衣，皆加單衣於裘上。但外又加一衣，袒則裼之而美見，襲則揜之而美不見，《檀弓》所云「襲裘而弔」，「裼裘而弔」是也。去衣之袒裼爲褻，加衣之袒裼爲敬，明有分别矣。』○注「柳下」至「我邪」○正義曰：《春秋釋例·世族譜》云：『展氏，司空無駭，公子展之孫。魯公族夷伯，展氏祖父。展禽食邑柳下。』隱公八年《左傳》云：『無駭卒，公命以字爲展氏。』注云：『無駭，公子展之孫，故爲展氏。』僖公十五年《左傳》云：『震夷伯之廟，罪之也。於是展氏有隱慝焉。』注云：『夷伯，魯大夫展氏之祖父。』二十六年《左傳》云：『公使展喜犒師，使受命於展禽。』注云：『柳下惠。』《國語·魯語》云：『齊孝公來伐，臧文仲欲以辭告，問於展禽，對曰：「獲聞之。」』注云：『展禽，魯大夫展無駭之後柳下惠也。字季禽，獲，展禽之名也。』是爲魯公族大夫也。又《魯語・海鳥爰居》篇云「文仲聞柳下季之言」注云：『柳下，展禽之邑。季，字也。』《莊子・盜跖》篇稱『孔子與柳下季友』，《國策・齊策》，顔斶對齊宣王亦稱『秦攻齊，令有敢去柳下季壟五十步而樵採者』，則季爲字也。《文選・陶徵士誄》注引鄭氏《論語》注云：『柳下惠，魯大夫展禽，食采柳下，謚曰惠。』《淮南子・説林訓》『柳下惠見飴』，高誘注云：『柳下惠，魯大夫展無駭之子，名獲字禽，家有大柳樹，惠德，因號柳下惠。一曰：柳下，邑。』柳下有此二説，趙氏同高前説以爲號也。號，如《史記》『吕尚號曰太公望』，《荀子》『南郭惠子居南郭，因以爲號』，是也。惟名獲字季，而趙氏以爲名禽字季，未知所本。孔氏《左傳正義》云『季是五十字，禽是二十字』，是也。隱，藏也。以，用也。不隱己之賢才，謂不肯自藏晦其賢才也。必以其道，是必用其道，卽是必欲行其道也。《韓非子・難三》云：『故羣公公正而無私，不隱賢，不進不肖。』《鹽鐵論・刺權》篇云：『受禄以潤賢，非私其利；見賢不隱，食禄不專：此公叔〔一〕之所以爲文，魏成子之所以爲賢也。』《潛夫論・明闇》篇云：『且凡驕臣之好隱賢也，既患其正義以繩己矣，又恥居上位而明不及下，尹其職而策不出於己。』此隱賢，謂隱蔽賢人，與趙氏義異。《淮南子・主術訓》云『年衰志憫』，注云：『憫，憂也。』《漢書・佞幸石顯傳》『憂滿不食』，注

〔一〕『叔』，《皇清經解》本作『禄』，《鹽鐵論・刺權》作『叔』。

云：『滿，讀曰懣。』《説文》心部云：『悶，懣也。』鬼谷子云：『憂者，閉塞而不泄也。』然則憫卽憂悶，凡憂悶不能泄則憤，故懣又訓憤也。善己而已，解我爲我，惡人何能污於我，以惡人解袒裼裸裎之人。**故由由然與之偕而不自失焉，援而止之而止。援而止之而止者，是亦不屑去已。』**【注】由由，浩浩之貌。不憚與惡人同朝並立，偕，俱也。與之儷行於朝何傷，但不失己之正心而已耳。援而止之，謂三絀不暫去也。是柳下惠不以去爲潔也。【疏】注『由由』至『潔也』○正義曰：《廣雅・釋訓》云：『浩浩油油，流也。』由與油通，故以由由爲浩浩。趙氏解浩然之氣爲大氣，注『予然後浩然有歸志』云：『浩然，心浩浩有遠志也。』遠與大義同，《楚辭・懷沙》云『浩浩沅湘』，王逸注云：『浩浩，廣大貌。』是也。此由由爲浩浩，亦謂其不似伯夷之隘，而寬然大而能容也。乃油油本新生之狀，詳見前『油然作雲』。而《禮記・玉藻》云『三爵而油油然』，注云：『油油，悦敬貌。』《史記・微子世家》云『禾黍油油』，索隱云：『油油，禾黍之苗光悦貌。』油油爲悦，故《韓詩外傳》引《萬章》『由由然不忍去也』，作『愉愉然不去也』。《大戴記・文王官人》云：『喜色由然以生。』由爲生，亦爲喜，喜悦，生之象也。流動，生之機也。水生則流，物生則悦。禾黍之油油，猶云木欣欣而向榮也。《列女傳・賢明》篇云：『柳下惠處魯，三黜而不去，憂民救亂，妻曰：「無乃瀆乎？」柳下惠曰：「油油之民，將陷於害，吾能已乎？且彼爲彼，我爲我，彼雖裸裎，安能污我？」油油然與之處，仕於下位。其妻誄曰：「夫子之不伐兮！

夫子之不竭兮！夫子之信誠，而與人無善〔一〕兮！屈柔從俗，不强察兮！蒙恥救民，德彌大兮！雖遇三黜，終不蔽兮！愷悌君子，永能厲兮！嗟乎惜哉！乃下世兮！庶幾遐年，今遂逝兮！嗚呼哀哉！魂神泄兮！夫子之謚，宜爲惠兮！」門人從之以爲誄。』此與《孟子》相表裏。兩言『油油』，其云『油油之民』，卽謂此『生生之民』，與下『將陷於害』相貫。害則將戕其生矣，故憂之而救之。惟憂民救亂之心切，故不憚委蛇容忍，周旋補救於其間，所謂『進不隱賢，必行其道』，謂不藏此憂民救亂之才，欲行此蒙恥救民之道也。推此裸裎之人卽害民之人，彼自害民，我自救民，所爲『爾爲爾，我爲我』也。因其人害民而潔身遠去，則不與之偕；因其人害民而詭隨阿附，則與之偕而自失。惟惠則油油然救斯民，全其生生者，與此害民之人並處於朝，彼焉能浼我？蓋我染其所爲而附之，則彼能浼我；我以救民者，補救挽回其害，則與之偕而不自失，彼焉能浼我哉？不自失，所以不能浼。必行其道，所以三黜不去。以兩『油油』相例，則油油卽由由，由由卽生生矣。趙氏不解『袒裼裸裎』四字，而云『與惡人同朝』。卽使脱衣露體，何致遂爲惡人？且惡人居朝，亦豈脱衣露體，則趙氏明本《列女傳》爲説，以此袒裼裸裎卽指陷害斯民之人，故以一惡字明之。《管子・七臣七主》篇云：『春無殺伐，無割大陵，倮大衍。』注

〔一〕『善』，《皇清經解》本同，《列女傳》作『恶』。

云：『倮，謂焚燒，令蕩然俱盡。』《周禮·大司徒》以虎豹爲裸贏物，《列子》『以豹爲裎贏』，裎，卽裸裎也。然則柳下惠所云『裸裎』，假借脱衣赤體，以喻害民者之割剥，猶《管子》以焚燒爲倮也。《荀子·議兵篇》云：『仁人之兵，不可詐也。彼可詐者，怠慢者也，路亶者也。』注云：『路，暴露也。亶讀爲袒，謂上下不相覆。』露袒與怠慢並言，亦假借之言矣，故爲惡人也。若徒以赤體之人在側，而以爲焉能浼我，此卽尋常之人，亦豈見有爲赤體之人浼者？無救民行道之心，援之卽止，黜之不去，何以爲柳下惠哉？後世秉國者，一言未合，乞骸而退，以爲潔身去亂。不知執一己倖直之名，而以軍國生民之重，一任諸羣小之爲，莫或救止，則亦豈得爲潔哉？故位不以去爲潔，而悠遊下位，足爲以矯潔爲高者示之鵠也。孟子舉一伯夷以戒人之輕進，舉一柳下惠以戒人之輕退，豈徒然哉！阮氏元《校勘記》云：『「謂三黜」，閩、監、毛三本同。廖本、孔本、韓本黜作「絀」，是。《音義》出「絀」字。』

孟子曰：『伯夷隘，柳下惠不恭。隘與不恭，君子不由也。』【注】伯夷隘，懼人之污來及己，故無所含容，言其太隘狹也。柳下惠輕忽時人，禽獸畜之，無欲彈正之心，言其大不恭敬也。聖人之道，不取於此，故曰君子不由也。先言二人之行，孟子乃評之。【疏】注『伯夷』至『評之』○正義曰：《禮記·禮器》云『君子以爲隘矣』，注云：『隘，猶狹陋也。』《音義》云：『隘，或作「阸」，或作「阨」，並烏懈切。』《文選·吴都賦》『邦有湫阨』，劉逵注云：『阨，小也。』湫阨卽湫隘。小猶狹也。《文選注》引晉綦毋邃《孟子》注云：『隘，謂疾惡太甚，無所容。不恭，謂禽獸畜人，是不敬。然此不爲褊隘，不爲不恭。』此解隘、不恭與趙氏同。而其不同趙氏者，趙氏謂伯夷之不屑就爲隘，柳下惠之不屑去爲不恭，以君子不由爲聖人不取。由，用也。取，亦用也。然孟子以夷爲聖之清，惠爲聖之和，夷、惠既是聖人，則隘、不恭聖人不由，不得謂夷、惠爲隘、不恭，故綦毋邃易趙氏義云：『此不爲褊隘，不爲不恭。』『此』字指夷之『不屑就』，惠之『不屑去』，謂如是爲隘，如是爲不恭，若謂伯夷隘，柳下惠不恭，則伯夷、柳下惠皆君子也，隘與不恭君子皆不爲，則夷不爲隘，惠不爲不恭也。《後漢書・黄瓊傳》李固《遺瓊書》云：『君子謂伯夷隘，柳下惠不恭，故傳曰：「不夷不惠，可否之間。」』趙氏之義，固有所本矣。

《章指》言：伯夷、柳下惠，古之大賢，猶有所闕。介者必偏，中和爲貴，純聖能然，君子所由，堯舜是尊。【疏】『介者必偏』○正義曰：《文選注》引『者』作『然』。《音義》云：『介者，丁云字多作「分」，誤也。』

孟子正義卷八

孟子卷第四

公孫丑章句下凡十四章

孟子曰：『天時不如地利，地利不如人和。三里之城，七里之郭，環而攻之而不勝。夫環而攻之，必有得天時者矣；然而不勝者，是天時不如地利也。【注】天時，謂時日、支干、五行、王相、孤虚之屬也。地利，險阻城池之固也。人和，得民心之所和樂也。環城圍之，必有得天時之善處者。然而城有不下，是不如地利。【疏】『天時』至『人和』○正義曰：《尉繚子·戰威》篇云：『故曰天時不如地利，地利不如人和，聖人所貴，人事而已。』又《武議》篇引此二句，亦斷之曰『古之聖人，謹人事而已』。翟氏灝《考異》云：『尉繚與孟子同時，兩述斯言，皆以聖人稱之。《荀子·王霸》篇亦云：「上不失天時，下不失地利，中得人和。」斯言也，孟子之前，應見古別典。』〇『三里』至『利也』〇正義曰：臧氏琳〔一〕《經義雜記》云：『《晉書・段灼傳》云：「臣聞天時不如地利，地利不如人和。三里之城，五里之郭，圓圍而攻之，有不剋者，此天時不如地利。城非不高，池非不深，殺非不多，兵非不利，委而去之，此地利不如人和。然古之王者，非不先推恩德，結固人心；人心苟和，雖三里之城，五里之郭，不可攻也；人心不和，雖金城湯池，不能守也。」此本《孟子》。今《公孫丑下》作「三里之城，七里之郭」，疑誤也。郭爲外城，猶椁爲外棺，開廣二里，已不爲狹；若城三里而郭七里，是外城反過倍於内城矣。外城既有七里，内城又當不止三里，段兩言「五里之郭」，必非誤。』按《戰國策・齊策》貂勃云『三里之城，五里之郭』，田單又云『五里之城，七里之郭』，皆指卽墨而言。其城郭之小，七里五里，固未可拘也。閻氏若璩《釋地又續》云：《左傳》疏曰：「天子之城方九里，諸侯禮當降殺，則知公七里，侯伯五里，子男三里。」《尚書大傳》云：「古者七十里之國，三里之城。」然則孟子蓋謂伯子男之城也。』《尉繚子・天官》篇云：『今有城，東西攻不能取，南北攻不能取，四方豈無順時而乘之者耶？不能取者，城高池深，兵器備具，財穀多積，豪士一謀者也。若城下池淺守弱，則取之矣。由是觀之，天官時日，不若人事也。』此言東西攻，南北攻，卽

〔一〕『琳』，《皇清經解》本作『玉林』。

所云環而攻之。《吕氏春秋·愛士》篇云「晉人已環繆公之車矣」，高誘注云：「環，圍也。謂周旋圍繞之也。」周氏柄中《辨正》云：「《周禮·春官·簭人》：『九曰簭環。』註：『謂筮可致師不也。』《孟子》『環而攻之』之環，卽《周禮》『筮環』之環。環而攻之謂筮而攻之也。」張氏爾岐《蒿菴閒話》云：「趙注似〔一〕長兵家言，天時多言向背，如『背孤擊虛』『背亭亭擊白奸』之類。每日每時，各有其宜背宜向之方，環而攻之，則四面必有一處合天時之善者。」○注「天時」至「屬也」○正義曰：時，十二辰，地支也。日，卽十日，天干也。《太玄·玄數》篇云：「五行用事者王，王所生相，故王廢，勝王囚王，所勝死。」《淮南子·地形訓》云：「木壯，水老火生，金囚土死；火壯，木老土生，水囚金死；土壯，火老金生，木囚水死；金壯，土老水生，火囚木死；水壯，金老木生，土囚火死。」《論衡·難歲》篇云：「立春，艮王震相，巽胎離沒，坤死兑囚，乾廢坎休。王之衝死，相之衝囚，王相衝位，有死囚之氣。」此王相之説也。《史記·龜策列傳》云：「日辰不全，故有孤虛。」集解云：「甲乙謂之日，子丑謂之辰。六甲孤虛法：甲子旬中無戌亥，戌亥卽爲孤，辰巳卽爲虛。甲戌旬中無申酉，申酉爲孤，寅卯爲虛。甲申旬中無午未，午未爲孤，子丑爲虛。甲午旬中無辰巳，辰巳爲孤，戌亥卽爲虛。甲辰旬中無寅卯，寅卯爲孤，申酉卽爲虛。甲寅旬中

〔一〕「似」，《皇清經解》本作「以」。

無子丑，子丑爲孤，午未卽爲虚。劉歆《七畧》有《風后孤虚》二十卷。』此孤虚之説也。《周禮・春官・太史職》：『太師抱天時，與太師同車。』鄭司農云：『大出師，則太史主抱式，以知天時處吉凶。史官主知天道，故《國語》曰：「吾非瞽史，焉知天道？」《春秋傳》云：「楚有雲如衆赤鳥，夾日以飛。楚子使問諸周太史，太史主天道。」』周時術士，以七政占驗爲天道，故裨竈云：『天道多在西北。』子産雖正斥之云：『天道遠，人道邇，竈焉知天道？』然其時則混以天時爲天道，至孔子贊《易》，明元亨利貞爲天之道，言『天道虧盈而益謙』，言『立天之道，曰陰與陽；立地之道，曰柔與剛；立人之道，曰仁與義』，而天道乃明。孟子以『天道』與『仁義禮智』並言，而此五行時日之術，別之爲『天時』，而天時天道乃曉然明於世也。**城非不高也，池非不深也，兵革非不堅利也，米粟非不多也，委而去之，是地利不如人和也。**【注】有堅强如此而破之走者，不得民心，民不爲守，衛懿公之民曰：『君其使鶴戰，余焉能戰？』是也。【疏】注『有堅』至『是也』〇正義曰：破之走者解委而去之，走字釋去之矣。委無破義，阮氏元《校勘記》云：『岳本破作「被」。』《淮南子・精神訓》云『委萬物而不利』，高誘注云：『委，棄也。』《漢書・地理志》『千乘郡被陽』，注引如淳云：『一作「疲」，音罷軍之罷。』罷卽疲。《國語・周語》注云：『棄，廢也』《禮記・中庸》『半涂而廢』，注云：『廢，猶罷止也。』《表記》『中道而廢』，注云：『廢，喻力極罷頓，不能復行，則止也。』趙氏當作『疲之走者』，通疲爲被，傳寫誤作『破』也。罷而去之卽棄而去之也，岳本得之。引衛懿公之事，見閔公二年《左傳》云：『狄人伐衛，衛懿公好鶴，鶴有乘軒者。將戰，國人受甲者皆曰：「使鶴，鶴實有禄位，余焉能戰？」』是其事也。**故曰域民不以封疆之界，固國不以山谿之險，威天下不以兵革之利。**【注】域民，居民也。不以封疆之界禁之，使民懷德也。不依險阻之固，恃仁惠也。不馮兵革之威，仗道德也。【疏】注『域民居民也』○正義曰：《荀子・禮論篇》云：『是君子之壇宇宫廷也。人有是，士君子也。』《史記・禮書》云：『是以君子之性，守宫廷也。人域是域，士君子也。』《毛詩》『正域彼四方』，傳云：『域，有也。』有是卽域是。索隱云：『域，居也。言君子之行，非人居亦弗居也。』上言宫廷，下言域，故知域是居，與趙氏同也。閻氏若璩《釋地》云：『《漢・地理志》言齊初封地舄鹵，寡人民，迺勸業通商，而人物始輻奏。先發端云「古者有分土，無分民」，顏師古注：「無分民者，謂通往來，不常厥居也。」最是。所以《碩鼠》之詩「逝將去女」，《論語》之書「襁負而至」。若至七國便不然，「域民不以封疆之界」，則當時封疆之界，固以域其民矣。』按《吕氏春秋・慎人》篇云『胼胝不居』，高誘注云：『居，止也。』以法禁之，使民止於此居也。以德懷之，未嘗禁之，而民自止於此，亦居也。居民不以封疆之界，謂止民不以法禁之，以德懷之也。居此民則止此民，止此民卽有此民矣。**得道者多助，失道者寡助。寡助之至，親戚畔之；多助之至，天下順之。以天下之所順，攻親戚之所畔，故君子有不戰，戰必勝矣。**【注】得道之君，何嚮不平。君子之道，貴不戰耳。如其當戰，戰則勝矣。【疏】『得道』至『勝矣』○正義曰：《音義》云：「『寡助之至』，至或作『主』。」按多助之至亦當作『多助之主』，趙氏云『得道之君』，卽解多助之主。上言『得道者多助』，則多助之主卽是得道之君也。有不戰，不當戰也。當戰則戰矣。當戰則戰，所以必勝。

《章指》言：民和爲貴，貴於天地，故曰得乎丘民爲天子也。

孟子將朝王，王使人來曰：『寡人如就見者也，有寒疾，不可以風，朝將視朝，不識可使寡人得見乎？』【注】孟子雖仕於齊，處賓師之位，以道見敬，或稱以病，未嘗趨朝而拜也。王欲見之，先朝，使人往謂孟子云，寡人如就見者，若言就孟子之館相見也。有惡寒之病，不可見風，儻可來朝，欲力疾臨視朝，因得見孟子也。不知可使寡人得相見否。【疏】注『王欲』至『見否』○正義曰：云寡人如就見者，若言就孟子之館相見也。此以若言釋如字。《儀禮·鄉飲酒禮》云『如大夫入』，註云：『如，讀若今之若。』《廣雅·釋言》云：『如，若也。』云若言者，《爾雅·釋詁》云：『圖，如，猷，謀也』。《釋言》云：『猷，圖也。』『猷，若也。』然則如與若義同。而如之爲謀爲圖爲猷，與若之爲猷爲圖同。寡人如就見者也，卽寡人圖就見者也。《釋詁》又云：『猷，言也。』趙氏疊若言二字釋如字，謂如者若也言也。若之爲如，不必爲圖猷之義。必疊言字，則其爲猷爲圖，了然明白，此趙氏訓釋之精也。或訓如爲往，不及趙氏遠矣。王氏引之《經傳釋詞》云：『如字亦與將同義。』閻氏若璩《釋地三續》云：『古者鷄鳴而起朝，辨色始入，君日出而視之。以知孟子將朝王，蓋鷄鳴之後，辨色之前；朝將之朝，則日出時也。愚初解如此，復閲趙注云：「儻可來朝，欲力疾臨視朝。」視朝内仍帶有力疾不得已之意，頗妙。不然，既惡寒，大廷之上與道涂奚別焉？「朝將視朝」，上朝字當讀住，齊王以孟子肯來朝，方視朝。不然，仍以疾罷，語頗婉切。』按張仲景《傷寒論》云：『太陽之爲病，脈浮，頭項强痛而惡寒。』又云：『太陽中風，嗇嗇惡寒，淅淅惡風。』此云不可以風，則是惡風。惡風而云寒疾，蓋是太陽中風，寒水之經疾也。趙以云『寒疾不可以風』，故以爲惡寒之疾。高誘注《吕氏春秋》、《淮南子》，多云：『識，知也。』故以不知解不識。

對曰：『不幸而有疾，不能造朝。』【注】孟子不悦王之欲使朝，故稱有疾。**明日，出弔於東郭氏。公孫丑曰：『昔者辭以病，今日弔，或者不可乎？』**【注】東郭氏，齊大夫家也。昔者，昨日也。丑以爲不可。【疏】注『東郭』至『日也』〇正義曰：《史記·平準書》『東郭咸陽』，索隱引《風俗通》云：『東郭牙，齊大夫，咸陽其後也。』是齊有東郭氏爲大夫家也。

翟氏灝《考異》云〔一〕：『愚謂孟子所重，賢而已矣，何必定大夫。《韓詩外傳》云：齊有東郭先生梁石君，不詘身下志以求仕，世之賢也。孟子所弔梁石君，應其人耳。』按東郭先生蓋住居東郭，未必即東郭氏，此明稱氏爲大夫家是也。《文選・悼亡詩》注引《蒼頡篇》云：『昨，隔日也。』《廣韻》云：『昨，隔一宵也。』昔之訓爲久爲舊爲往，則通隔日以前，俱謂之昔。孟子辭疾，僅隔一宵，故云明日出弔。下計隔日爲明日，上計隔日爲昨日，故以昔者爲昨日也。《莊子・齊物論》云『今日適越而昔至也』，《釋文》引向秀注云：『昔者，昨日之謂也。』與趙氏此注同。阮氏元《校勘記》云：『「今日弔」，閩、監本、孔本、韓本同。廖本、毛本日作「以」，形近之譌。《考文》引作「今以弔」，云「今下古本有日字」。足利本同。尤非。』

曰：『昔者疾，今日愈，如之何不弔。』【注】孟子言我昨日病，今日愈，我何爲不可以弔。

王使人問疾醫來，【注】王以孟子實病，遣人將醫來，且問疾也。**孟仲子對曰：『昔者有王命，有采薪之憂，不能造朝；今病小愈，趨造於朝，我不識能至否乎？』**【注】孟仲子，

〔一〕按，『云』後引文，《皇清經解》本作『《韓詩外傳》云：孟子所重，賢而已矣，何必定大夫。齊有東郭先生梁石君，不詘身下志以求仕，世之賢也。孟子所弔梁石君，應其人耳』。

孟子之從昆弟，學於孟子者也。權辭以對如此。憂，病也。《曲禮》云：『有負薪之憂。』

【疏】注『孟仲』至『者也』○正義曰：孟仲子之名，兩見《毛詩》傳所引。一《維天之命》傳云：『孟仲子曰：大哉！天命之無極而美，周之禮也。』一《閟宫》傳云：『孟仲子曰：是禖宫也。』孔氏正義云：『《孟子》云：「齊王以孟子辭病，使人問醫來，孟仲子對。」趙岐云：「孟仲子，孟子從昆弟，學於孟子者也。」《譜》云：「孟仲子者，子思弟子。蓋與孟子共事子思，後學於孟軻，著書論《詩》。」毛氏取以爲説。』曹氏之升《摭餘説》云：『孟子且不親受業於子思之門，何有仲子？以趙氏從昆弟之説爲信，而《告子》篇之孟季子，又當爲仲子之弟也。至《序録》所稱子夏傳曾申，申傳魏人李克，克傳魯人孟仲子者，當别是一人。』按《東萊讀詩記》引陸璣《草木鳥獸蟲魚疏》云：『子夏傳魯人申公。申公傳魏人李剋，李剋傳魯人孟仲子，孟仲子傳趙人孫卿。』陸德明《釋文序録》既引徐整説，謂子夏授高行子，高行子授薛倉子，薛倉子授帛妙子，帛妙子授河閒人大毛公。又引一説云：『子夏傳曾申，申傳魏人李克，克傳魯人孟仲子，孟仲子傳根牟子，根牟子傳趙人孫卿子，孫卿子傳魯人大毛公。』後一説同於陸氏，而仲子於孫卿中間多一根牟子，皆不言孟仲子受學於子思孟子。趙氏謂爲孟子從昆弟，必有所出，今未詳矣。《禮記·樂記》云『病不得其衆也』，注云：『病，憂也。』是憂即病也。引《曲禮》者，見《禮記·曲禮下》篇云：『君使士射，不能則辭以疾，言曰某有負薪之憂。』是也。

使數人要於路曰：『請必無歸而造於朝。』【注】仲子使數人要告孟子，君命宜敬，當必造朝也。

不得已，而之景丑氏宿焉。【注】孟子迫於仲子之言不得已，而心不欲至朝，因之其所知齊大夫景丑之家而宿焉。且以語景子。【疏】『景丑氏』○正義曰：翟氏灝《考異》云：『《漢書·藝文志》有《景子》三篇，列儒家者流。此稱景丑爲景子，其言父子主恩，君臣主敬，及引《禮》父召君召諸文，頗有見於儒家大意，景子似卽著書之景子也。孟子宿於其家，蓋亦以氣誼稍合往焉。』○注『而心不欲至朝』○正義曰：《儀禮·鄉飲酒禮》賈氏疏云：『齊王召，孟子不肯朝，後不得已而朝之。宿於大夫景丑氏之家。』此解不得已爲不得已而朝是也。趙氏言『迫於仲子之言不得已』，已，止也。不得止者，不得不往朝也。但身雖至朝而心不欲至朝，蓋是時王未視朝，或已視朝而退，孟子雖造朝而未見王，故宿於景丑氏，而以所以辭疾之故告也。《考文》古本心作『必』，非。

景子曰：『內則父子，外則君臣，人之大倫也。父子主恩，君臣主敬，丑見王之敬子也，未見所以敬王也。』【注】景丑責孟子不敬何義也。

曰：『惡！是何言也！齊人無以仁義與王言者，豈以仁義爲不美也？其心曰「是何足與言仁義也」云爾，則不敬莫大乎是。【注】曰惡者，深嗟嘆。云景子之責我何言乎，今人皆謂王無知，不足與言仁義。云爾，絕語之辭也。人之不敬，無大於是者也。【疏】

注『云爾絶語之辭也』○正義曰：云爾，分言之，皆語詞也。《文選》古詩『故人心尚爾』，注引《字書》云：『爾，詞之終也。』疊云爾兩字，是終竟無疑之詞，故爲語絶也。**我非堯舜之道，不敢以陳於王前，故齊人莫如我敬王也。』**【注】孟子言我每見王，常陳堯舜之道以勸勉王，齊人豈如我敬王者邪。

景子曰：『否！非此之謂也。《禮》曰：「父召無諾，君命召不俟駕。」固將朝也，聞王命而遂不果，宜與夫《禮》若不相似然。』【注】景子曰：非謂不陳堯舜之道，謂爲臣固自當朝也。今有王命而不果行，果，能也。《禮》『父召無諾』，無諾而不至也。君命召，輦車就牧，不坐待駕，而夫子若是，事宜與夫《禮》若不相似然乎，愚竊惑焉。【疏】注『景子』至『惑焉』○正義曰：『非謂不陳堯舜之道』解『否非此之謂也』句。『謂爲臣固自當朝也』解『固將朝也』。以自當二字釋將字，自當，將之緩聲。近時通解，謂將朝卽指『孟子將朝王』而言。《禮記·曲禮》云：『父召無諾，先生召無諾，唯而起。』《玉藻》云：『父命呼，唯而不諾。』又云：『君召以三節：二節以走，一節以趨。在官不俟屨，在外不俟車。』《曲禮》注云：『應辭，唯恭於諾。』《論語·鄉黨》篇云『君命召不俟駕行矣』，集解云：『鄭曰：急趨君命，行出而車駕隨之。』趙氏言『無諾而不至』，與『唯而不諾』義異。云輦車就牧者，《荀子·大略篇》云：『諸侯召其臣，臣不俟駕，顛倒衣裳而走，禮也。《詩》曰：「顛之倒之，自公召之。」天子召諸侯，輦輿就馬，禮也。《詩》曰：「我出我車，于彼牧矣，自天子所，謂我來矣。」』注云：『輦謂人挽車，言不暇待馬至，故輦輿就馬也。』出車就馬于牧地，趙氏撮其辭。《音義》云：『「宜與」，丁音餘。下「是與」「死與」「言與」「伐與」「殺與」「之與」「過與」皆同。此「宜與」，亦如字。』翟氏灝《考異》云：『《書齋夜話》曰：宜與之與音歟。古者歟字皆作與字，宜歟卽可乎之謂，當以與字絶句，不當連下文。』《爾雅・釋詁》云：『宜，事也。』故以事釋宜。宜與夫禮，謂夫子之事，與《禮》所云，若不相似。趙氏讀與如字，孫奭謂『宜與如字』，是也。丁讀宜與爲句，非也。王氏引之《經傳釋詞》云：『家大人曰：宜，猶殆也。成二年《左傳》「宜將竊妻以逃者也」，《孟子・公孫丑》篇「宜與夫《禮》若不相似然」，《滕文公》篇「不見諸侯宜若小然」，又「枉尺而直尋，宜若可爲也」，《離婁》篇「宜若無罪焉」，《盡心》篇「宜若登天然」，《齊策》「救趙之務，宜若奉漏甕，沃燋釜」，宜字並與殆同義。』

曰：『豈謂是與？曾子曰：「晉楚之富，不可及也。彼以其富，我以吾仁；彼以其爵，我以吾義，吾何慊乎哉？」夫豈不義而曾子言之，是或一道也。【注】孟子答景丑云，我豈謂是君臣召呼之間乎。謂王不禮賢下士，故道曾子之言，自以不慊晉楚之君。慊，少也。曾子豈嘗言不義之事邪，是或者自得道之一義，欲以喻王猶晉楚，我猶曾子，我豈輕於王乎。【疏】注『慊少也』〇正義曰：王氏念孫《廣雅疏證》云：『歉，少也。《説文》：「歉，食不滿也。」襄二十四年《穀梁傳》「一穀不升謂之嗛」，范甯注云：「嗛，不足貌。」《韓詩外傳》作「鎌」，《廣雅・釋天》作「歉」。《孟子・公孫丑》篇「吾何慊乎哉」，趙岐注云：「慊，少也。」《逸周書・武稱解》云：「爵位不謙，田宅不虧。」並字異而義同。』翟氏灝《考異》云：『《呂氏春秋》魏文侯曰：「段干木光乎德，寡人光乎地；段干木富乎義，寡人富乎財，吾安敢驕之？」與此語意相同。文侯嘗受經義於子夏，宜得聞曾子言也。』**天下有達尊三：爵一，齒一，德一。朝廷莫如爵，鄉黨莫如齒，輔世長民莫如德。惡得有其一，以慢其二哉？**【注】三者，天下之所通尊也。孟子謂賢者長者，有德有齒；人君無德，但有爵耳，故云何得以一慢二乎。【疏】注『賢者長者有德有齒』○正義曰：《儀禮・鄉飲酒禮》注云：『凡鄉黨飲酒，必於民聚之時，欲其見化，知尚賢尊長也。《孟子》曰：「天下有達尊三：爵也，德也，齒也。」』德是尚賢，齒是尊長，故云賢者長者。**故將大有爲之君，必有所不召之臣，欲有謀焉則就之，其尊德樂道，不如是不足與有爲也。**【注】言古之大聖大賢，有所興爲之君，必就大賢臣而謀事，不敢召也。王者師臣，霸者友臣也。【疏】注『有所興爲之君』○正義曰：爲，作也。興，亦作也。故以興釋爲。○注『王者師臣，霸者友臣』○正義曰：《荀子・王制篇》云：『臣諸侯者王，友諸侯者霸，敵諸侯者亡〔一〕。』又

〔一〕『亡』，《皇清經解》本同，《荀子・王制》作『危』。

《堯問篇》引中蘬之言云：『諸侯自爲得師者王，得友者霸，得疑者存，自爲謀而莫己〔一〕若者亡。』《白虎通・王者不臣》篇引《韓詩內傳》云：『師臣者帝，友臣者王，臣臣者霸，魯臣者亡。』**故湯之於伊尹，學焉而後臣之，故不勞而王。桓公之於管仲，學焉而後臣之，故不勞而霸。**【注】言師臣者王，桓公能師臣，而管仲不勉之於王，故孟子於上章陳其義，譏其烈之卑也。**今天下地醜德齊。莫能相尚，無他，好臣其所教，而不好臣其所受教。**【注】醜，類也，言今天下之人君，土地相類，德教齊等，不能相絕者，無他，但好臣其所教敕役使之才可驕者耳，不能好臣大賢可從受教者。【疏】注『醜類』至『教者』〇正義曰：《禮記・哀公問》云『節醜其衣服』，注云：『醜，類也。』是醜之義爲類。戴氏震《方言疏證》云：『方言：「掩、醜、掍、綷，同也。江、淮、南楚之間曰掩，宋、衛之間曰綷，或曰掍，東齊曰醜。」按掩、奄古通用，《詩・周頌》「奄有四方」，毛傳：「奄，同也。」醜訓類，類亦同也。《孟子》：「今天下地醜德齊，莫能相尚」，趙岐注云：「醜，類也。」以《方言》證之，於義尤明。』高誘注《呂氏春秋》、《淮南子》皆云：『齊，等也。絕，過也。』故以等釋齊。相類相等，則不能相過矣。《廣雅・釋詁》云：『教，敕語也。』是教與敕義同。劉熙《釋名・釋書契》云：『敕，飭也。使自警飭，不敢廢慢也。』教敕之使不敢慢，是我所使役之才也。

〔一〕『己』，《皇清經解》本作『已』，《荀子・堯問》作『已』。

《禮記·內則》云『降德於衆兆民』，注云：『德，猶教也。』當時諸侯，無德可言，故德齊，亦謂其所教敕於臣民者同也。湯之於伊尹，桓公之於管仲，則不敢召；管仲且猶不可召，而況不爲管仲者乎？』【注】孟子自謂不爲管仲，故非齊王之召己，己是以不往也。

《章指》言：人君以尊德樂義爲賢，君子以守道不回爲志。【疏】『君子』至『爲志』○正義曰：《毛詩·大雅》『厥德不回』，傳云：『回，違也。』《小雅》『其德不回』，傳云：『回，邪也。』

陳臻問曰：『前日於齊，王餽兼金一百而不受；於宋，餽七十鎰而受；於薛，餽五十鎰而受。前日之不受是，則今日之受非也。今日之受是，則前日之不受非也。夫子必居一於此矣。』【注】陳臻，孟子弟子。兼金，好金也。其價兼倍於常者，故謂之兼金。一百，百鎰也。古者以一鎰爲一金。鎰，二十兩也。【疏】注『古者』至『兩也』○正義曰：《國策·秦策》云『黄金萬溢』，高誘注云：『萬溢，萬金也。』二十兩爲一溢，是一溢爲一金也。閩、監、毛三本誤作『二十四兩』。阮氏元《校勘記》云：『廖本、《考文》古本、孔本、韓本作「鎰二十兩也」。作二十兩乃與爲巨室章合。』

孟子曰：『皆是也。當在宋也，予將有遠行，行者必以贐，辭曰「餽贐」，予何爲不受？【注】贐，送行者贈賄之禮也。時人謂之贐。【疏】注『贐送』至『之贐』○正義曰：臧氏庸述其高祖琳《經義雜記》云：『《論衡・刺孟》引《孟子》云：「行者必以贐，辭曰歸贐。」《文選・魏都賦》「繈負贐贄」，劉淵林注：「贐，禮贄也。《孟子》曰：將有遠行，行者必以贐。《蒼頡篇》曰：贐，財貨也。」《赭白馬賦》「或踰遠而納贐」，李善注：「《孟子》曰：有遠行者，必以贐。」知《孟子》本作「贐」，今作贐乃俗字。』段氏玉裁《説文解字注》云：『贐，會禮也。』以財貨爲會合之禮也。或假進爲之，如《漢高紀》曰「蕭何爲主吏主進」是也。**當在薛也，予有戒心，辭曰「聞戒」，故爲兵餽之，予何爲不受？**【注】戒，有戒備不虞之心也。時有惡人欲害孟子，孟子戒備，薛君曰聞有戒，此金可鬻以作兵備，故餽之。我何爲不受也。【疏】『當在薛也』〇正義曰：周氏廣業《孟子出處時地考》云：『孟子所在之薛，乃齊靖郭君田嬰封邑，非春秋之薛也。《左傳》隱十一年「薛侯」注云：「魯國薛縣。」《公羊》哀四年注云：「滕薛俠轂。」此春秋之薛也。《史記・孟嘗君列傳》：「湣王三年，封嬰於薛。嬰卒，子文代立。」《續漢志》「魯國薛縣」本注云：「本國六國時曰徐州。」《補注》引《皇覽》曰：「靖郭君冢在城中東南陬。」此戰國之薛也。其時薛爲齊有，地鄰於楚，故《國策》載齊將封嬰於薛，楚王聞之大怒，將伐齊。公孫閈往見楚王曰：「齊削地以封嬰，是以所以弱也。」楚王乃止。後昭陽又請以數倍之地易〔二〕薛，嬰不可。時嬰

〔二〕『易』，《皇清經解》本無，《國策》有『易』字。

以宣王庶弟，相齊十數年，得於薛立先王之廟，至田文直稱薛公，蓋不特大都耦國，其名數亦儼同列侯，故孟子過此，亦受其餽也。薛與滕近，文公聞築薛而恐是也。齊湣王將之薛，假途於鄒；而太史公言吾嘗過薛，其俗與鄒、魯殊，則地近鄒、魯，又可知矣。方孟子在宋，而有遠行，其欲遊梁無疑。但梁、宋接境，《史記·貨殖傳》：「自鴻溝以東，芒碭以北，屬鉅鹿，此梁宋也。陶睢陽，亦一都會也。」徐廣曰：「梁爲今陶之浚儀。陶睢陽，今之定陶。」又《國策》：「魏太子申之攻齊也，過宋外黄。」高誘曰：「今陳留外黄，故宋城也。後徙睢陽。」然則自梁至齊，必先過宋，孟子之遊梁，固宜由睢陽西達大梁，否亦徑歸鄒，而反折而東，自薛歸鄒者，有戒心故也。趙岐言「時有惡人欲害孟子」，應劭云：「又絶糧於鄒、薛，困殆甚。」薛之俗在孟嘗未招致任俠奸人之前，其子弟已多暴桀，異於鄒、魯，故惡孟子欲害之耶？抑上下無交，有如孔子之阨於陳、蔡者耶？是皆未可知。而孟子設兵戒備，則非尋常剽掠明矣。孟子在齊，東郭、公行輩皆所往還，寧獨遺一田嬰，是其取道於薛，固因避禍，而餽金以其困乏，亦東道主之義也。』江氏永《羣經補義》云：『孟子過薛，薛君餽五十鎰，當宣王時，卽孟嘗君田文也。』○注『戒有』至『受也』○正義曰：襄公三年《左傳》云『不虞之不戒』，又十三年《左傳》云『吴乘我喪，謂我不能師也，必易我而不戒』，注並云：『戒，備也。』《説文》云：『戒，警也。從廾持戈，以戒不虞。』爲，猶作也。趙氏以作兵釋爲兵。**若於齊，則未有處也。無處而餽之，是貨之也。焉有君子而**

可以貨取乎？』【注】我在齊時無事，於義未有所處也。義無所處而餽之，是以貨財取我，欲使我懷惠也，安有君子而以貨財見取乎。

《章指》言：取與之道，必得其禮。於其可也，雖少不辭；義之無處，兼金不顧。

【疏】『義之無處兼金不顧』○正義曰：《後漢書・張衡傳》衡作《應間》云：『意之無疑，則兼金盈百，而不嫌辭，孟軻以之。』

孟子之平陸，謂其大夫曰：『子之持戟之士，一日而三失伍，則去之，否乎？』【注】平陸，齊下邑也。大夫，治邑大夫也。持戟，戰士也。一日三失其行伍，則去之，否乎？去之，殺之也。戎昭果毅。【疏】注『平陸』至『果毅』○正義曰：《毛詩・鄘風》『在浚之都』，傳云：『下邑曰都。』下言『王之爲都者』，平陸是都，故云下邑也。《秦風・無衣》云：『王于興師，修我矛戟。』《序》云：『秦人刺其君好攻戰，亟用兵。』宣二年《左傳》云：『靈輒爲公介，倒戟以禦公徒。』《韓非子・勢難》篇云：『地方數千里，持戟數千萬。』《戰國策・秦策》云：『楚地持戟百萬。』是持戟爲戰士也。『戎昭果毅』，亦見宣二年《左傳》云：『戎昭果毅以聽之之謂禮。殺敵爲果，致果爲毅，易之，戮也。』軍法以殺敵爲令，故宜聽之，常存於耳，若易之則戮。此失伍是不聽政令，故當殺戮之。《國語・吴語》云：『明日徙舍，斬有罪者以徇，曰：莫如此不從其伍之令。』是失伍者當殺也。閻氏若璩《釋地》云：『讀〔一〕《史記·商君列傳》「持矛而操闟戟者，旁車而趨」，《聶政列傳》「韓相俠累，方坐府上，持兵戟而衛侍者甚衆」，因悟《孟子》「持戟之士」亦然。蓋爲大夫守衛者，非指戰士，伍亦非行間，七國時尚武備，多姦變生於不測，而平陸又屬齊邊邑，故雖治邑大夫，亦日日陳兵自衛，孟子卽所見以爲喻。郝京山曰：「伍，班次也。失伍，不在班也。去之，罷去也。」亦指守衛者言。或問：平陸之爲齊邊邑者，何也？余曰：《六國表》、《田齊世家》康公貸十五年，魯敗我平陸，徐廣曰：「東平陸縣。」余謂漢屬東平國，爲古厥國，孔子時爲魯中都邑地，爾時屬齊，卽今汶上縣是。又有陶平陸，則梁門不開。張守節云：「平陸，唐兗州縣。」卽中都，在大梁東界。故曰平陸齊邊邑也。』周氏柄中《辨正》云：『《史記·封禪書》、《漢書·郊祀志》云：「蚩尤在東平陸監鄉，齊之西竟。」《水經注》「汶水又西南逕東平陸故城北。」應劭曰：「古厥國也。」「又西南逕致密城」，《郡國志》曰：「須昌縣有致密城，古中都也。卽夫子所幸之邑。」則東平陸爲厥國，須昌爲中都，其地相近。後漢省平陸入須昌，遂合而爲一耳。』

曰：『**不待三。**』**【注】**大夫曰：一失之則行罰，不及待三失伍也。

〔一〕『讀』，《皇清經解》本無，《四書釋地》有『讀』字。

『**然則子之失伍也亦多矣：凶年饑歲，子之民，老羸轉於溝壑，壯者散而之四方者，幾千人矣。**』【注】轉，轉尸於溝壑也。此則子之失伍也。【疏】注『轉轉』至『壑也』〇正義曰：《淮南子・主術訓》云『生無乏用，死無轉尸』，高誘注云：『轉，棄也。』劉熙《釋名・釋喪制》云：『不得埋曰棄，謂棄之於野也。』《國語・吴語》云『子有父母耆老，而子爲我死，子之父母將轉於溝壑』，註云：『轉，入也。』入於溝壑，亦謂無以送死，與轉尸之義同耳。《周書・大聚解》『則生無乏用，死無傳尸』，注云：『傳於溝壑。』惠氏棟云：『傳尸，猶轉尸也。《淮南子》「轡而無轉」，高誘注云：「轉讀作傳」。《鹽鐵論・通有》篇云：「今吴越之竹，隨唐之材，不可勝用，而曹、衛、梁、宋采棺轉尸。」』盧氏文弨《羣書拾補》云：『當卽近世以舊用之棺賣與人者。』按《文學對》云：『是以生無乏資，死無轉尸。』卽用《周書》，與《淮南・主術》同。

曰：『此非距心之所得爲也。』【注】距心，大夫名。曰此乃齊王之大政，不肯賑窮，非我所得專爲也。

曰：『今有受人之牛羊而爲之牧之者，則必爲之求牧與芻矣。求牧與芻而不得，則反諸其人乎，抑亦立而視其死與？』【注】牧，牧地。以此喻距心不得自專，何不致爲臣而去乎，何爲立視民之死也。【疏】注『牧牧地』〇正義曰：《周禮・天官・大宰》『以九職任萬民，四曰藪牧養蕃鳥獸』，注云：『牧，牧田，在遠郊，皆畜牧之地。』賈氏疏云：『《載師》

云「牧田賞田在遠郊之地」，鄭注云：「牧田，畜牧者之家所受田也。」非畜牧之地，但牧六畜之地無文，鄭約與家人所受田處，即有六畜之地，故云在遠郊也。』《國語·周語》云：『周制有之曰，國有郊牧』，注云：『國外曰郊牧，放牧之地。』

曰：『此則距心之罪也。』【注】距心自知以不去位爲罪也。

他日見於王曰：『王之爲都者，臣知五人焉。知其罪者惟孔距心。』爲王誦之。王曰：『此則寡人之罪也。』【注】孔，姓也。爲都，治都也。邑有先君之宗廟曰都。誦，言也。爲王言所與孔距心語者也。王知本之在己，故受其罪。【疏】注『孔姓』至『其罪』○正義曰：前自稱距心是名，此加孔字，知是姓也。爲，治也。爲都，猶《論語》言善人爲邦，能以禮讓爲國，《吕氏春秋·舉難》篇言説桓公以爲天下，《淮南子·俶真訓》言與造物者爲人，是卽治都也。莊二十八年《左傳》云：『凡邑有宗廟先君之主曰都，無曰邑。』《説文》邑部云：『有先君之舊宗廟曰都。』閻氏若璩《釋地續》云：『都與邑，雖有大小、君所居、民所聚、有宗廟及無之别，其實古多通稱。如「商邑翼翼，四方之極」，「卽伐于崇，作邑于豐」，此都稱邑之明徵也。趙良曰「君何不歸十五都」，孟子曰「王之爲都者」，此邑稱都之明徵也。』《釋地又續》云：『向謂都與邑可通稱，今不若直以曲沃證，莊二十八年「宗邑無主」，閔元年云「分之都城」；更證以費，昭十三年云「誰與居邑」，定十二年云「將墮三都」，是非《爾雅》「宫謂之室，室謂之宫」一例乎？』以言釋誦者，亦見《廣雅·釋誥》。《漢書·吕后紀》云：『勃尚恐不勝，未敢誦言誅之。』注引鄭展云：『誦言，公言也。』《説文》言部云：『諷，誦也。』『誦，諷也。』《周禮·春官·大司樂》『以樂語教國子興道諷誦言語』，注云：『倍文曰諷，以聲節之曰誦，發端爲言，答述曰語。』蓋諷、誦、言、語四字，分言之義别，單舉之義通。誦可訓諷，亦可訓言矣。《毛詩·公劉》傳云：『直言曰言。』直言卽公言。爲王誦之，爲王直言之，與孔距心語爲王述之，卽是倍誦之也。

《章指》言：人臣以道事君，否則奉身以退。《詩》云：『彼君子兮，不素餐兮。』言不尸其禄也。【疏】『人臣』至『禄也』○正義曰：《論語·先進》篇云：『所謂大臣者，以道事君，不可則止。』襄公二十六年《左傳》云：『臣之禄，君實有之。義則進，否則奉身而退。專禄以周旋，戮也。』哀公六年《左傳》云：『義則進，否則退。』引《詩》者，《魏風·伐檀》篇文。毛傳云：『素，空也。』《文選注》引薛君《韓詩章句》云：『何謂素餐，素者，質也。人但有質樸，而無治民之材，名曰素餐。』尸禄者，頗有所知善惡，不宜默之不語，苟欲得禄而已，譬若尸焉。《漢書·鮑宣傳》上書云『以拱默尸禄爲智』，顔師古注云：『尸，主也。不憂其職，但言食禄而已。』又《貢禹傳》上書云：『所謂素餐尸禄，洿朝之臣。』尸禄猶云專禄也。

孟子謂蚳鼃曰：『子之辭靈丘而請士師，似也。爲其可以言也。今既數月矣，未可

以言與？』【注】蚳鼃，齊大夫。靈丘，齊下邑。士師，治獄官也。《周禮·士師》曰：『以五戒先後刑罰，毋使罪麗於民。』孟子見蚳鼃辭外邑大夫，請爲士師，知其欲近王，以諫正刑罰之不中者。數月而不言，故曰未可以言與，以感責之也。【疏】注『蚳鼃』至『之也』○正義曰：楊桓《六書統》引石經《孟子》作『蝨鼃』。周氏廣業《孟子逸文考》云：『此石經當是蜀中所刻，《説文》「蚳」字重文有三，其籀文从氏从䖵，疑蝨爲蟁字之譌也。』閻氏若璩《釋地》云：『靈丘，亦屬齊邊邑，《趙世家》「敬侯二年，敗齊於靈丘」，《六國表》「敬侯九年，魏武侯九年，韓文侯九年，因齊喪共伐之，至靈丘」，又《趙世家》「惠文王十四年，樂毅將趙、秦、韓、魏攻齊，取靈丘，明年，燕獨深入取臨淄」，加以蚳鼃去王遠，無以箴王闕，特辭靈丘，請士師，足徵爲邊邑，實不知其所在。爾時趙別有靈丘，以葬武靈王得名，即今靈丘縣。孝成王以靈丘封黄歇。絳侯擊破陳豨於靈丘，皆其地。注《史記》者，以此之靈丘爲齊之靈丘，無論齊境不得至代北，而敬侯時安得國有靈丘？胡三省注齊靈丘，又以漢清河郡之靈縣當之，抑出臆度，毋寧闕疑。』江氏永《羣經補義》云：『蚳鼃辭靈丘，趙岐注云「齊下邑」，胡三省注《通鑑》謂卽漢清河郡之靈縣，今之高唐、夏津皆其地，疑此説是。楚魏皆嘗伐齊至靈丘，正是漢清河郡，今之東昌府地也。于欽《齊乘》則云：「今滕縣東三十里明水河之南有靈丘故城。」未知何據。』士師爲刑官之屬，在大司寇小司寇下，是爲治獄官。五戒者，『一曰誓，用之於軍旅。二曰誥，用之於會同。三曰禁，用諸田役。

四曰糾，用諸國中。五曰憲，用諸都鄙。』注云『先後，猶左右也。』五戒皆告語於民，使不犯刑罰，則士師得掌刑獄之言語。但五戒下告於民，推之則刑罰不中，亦可上諫於君，故引以爲可言之證也。

蚳鼃諫於王而不用，致爲臣而去。【注】三諫不用，致仕而去。【疏】注『三諫』至『而去』○正義曰：《禮記・曲禮》下云：『爲人臣之禮，不顯諫；三諫而不聽，則逃之。』莊公二十四年《公羊傳》云：『三諫不從，遂去之，故君子以爲得君臣之義也。』何休注云：『諫必三者，取月生三日而成魄，臣道就也。不從得去者，仕爲行道，道不行，義不可以素餐。』

齊人曰：『所以爲蚳鼃則善矣，所以自爲則吾不知也。』【注】齊人論者譏孟子爲蚳鼃謀，使之諫而去，則善矣。不知自諫，又不去，故曰我不見其自爲謀者。【疏】注『我不見其自爲謀者』○正義曰：《呂氏春秋・自知》篇云『知於顔色』，注云：『知，猶見也。』蓋調之云：孟子既爲蚳鼃謀如是，則亦必自爲謀，特吾未見之耳。

公都子以告。【注】公都子，孟子弟子也。以齊人語告孟子也。【疏】注『公都』至『子也』○正義曰：《廣韻》『公』字注云：『漢複姓八十五氏，孟子稱公都子有學業，楚公子食邑於都，後氏焉。』

曰：『吾聞之也：有官守者，不得其職則去。有言責者，不得其言則去。我無官守，

我無言責也，則吾進退，豈不綽綽然有餘裕哉！【注】『官守，居官守職者。言責，獻言之責，諫爭之官也。孟子言人臣居官，不得守其職，諫正君不見納者，皆當致仕而去。今我居師賓之位，進退自由，豈不綽綽乎。綽，裕，皆寬也。【疏】注『官守』至『寬也』○正義曰：《漢書·谷永傳》：『永對曰：臣爲大中大夫，備拾遺之臣，從朝者之後。進不能盡思納忠，輔宣聖德，遷至北地太守。臣聞事君之義：有言責者，盡其忠；有官守者，修其職。臣永幸得免於言責之辜，有官守之任。當畢〔一〕力遵職，養綏百姓而已，不宜復關得失之辭。』《淮南子·俶真訓》云『大夫安其職』，高誘注云：『職，事也。』師賓之位者，《禮記·文王世子》云：『記曰：虞夏商周，有師保，有疑丞。』《學記》云：『君之所不臣於其臣者二，當其爲師，則弗臣也。』注云：『尊師重道，不使處臣位也。武王踐阼，召師尚父而問焉。曰：「昔黃帝、顓頊之道有乎？意亦忽不可得見與？」師尚父曰：「在丹書，王欲聞之，則齊矣。」王齊三日，端冕，師尚父亦端冕，奉書而入，負屏而立，王下堂南面而立，師尚父曰：「先王之道，不北面。」王行西折而南，東面而立，師尚父西面道書之言。』《史記·齊太公世家》云：『周西伯遇太公於渭之陽，載與俱歸，立爲師。』此不臣而師之事也。《周禮·地官·鄉大夫》：『三年則大比，考其德行道藝，而興賢者能者。鄉老及

〔一〕『畢』，《皇清經解》本作『果』，《漢書》作『畢』。

鄉大夫帥其吏，與其衆寡，以禮禮賓之。』注云：鄭司農云〔一〕『賓，敬也。敬所舉賢者能者。』玄謂：『合衆而尊寵之，以鄉飲酒之禮，禮以賓之。』《吕氏春秋・高義》篇云：墨子曰：『若越王聽吾言，用吾道，翟度身而衣，量腹而食，比於賓萌，未敢求仕。』高誘注云：『賓，客也。萌，民也。』《莊子・徐無鬼》篇云：『徐無鬼見武侯，武侯曰：先生居山林，食芧栗以賓寡人久矣。』《釋文》引李氏云：『賓，客也。』然則凡賢能盛德之士，未食君禄，俱爲賓，此賓之事也。孟子之盛德，足爲諸侯師，而仕不受禄，所以爲師賓也。周氏廣業《孟子出處時地考》云：『山東之國，號齊强大，其地勢雄於天下，宣王侈然有撫莅華夷之意，招徠文學遊學之士，以爲圖王不成，猶可以霸也。孟子見天下大亂，民生憔悴，冀王可爲湯武，跋涉千里，始至境，問禁而入，然未卽見王也。過平陸，與大夫孔距心善處焉。齊相儲子以幣交，且言於王。王疑其必有異，使人瞷之，而孟子終守不見之義，萬章、陳代之徒並疑之。既而王求見甚迫，乃由平陸之齊，屋廬子以季任故事，度必一往報儲子，孟子卒不往。三見齊王，未嘗言事，適從胡齕聞易牛之事，喜曰：「是心可以王矣。」他日，王問桓文，孟子卽語以王道，王雖自言惛不能進，而敬禮有加，奉爲賓師，班視列大夫，前後進説甚多，所陳必堯舜之道，王稍稍厭之，甚至語以境內不治，顧左右而言他。

〔一〕『鄭司農云』，《皇清經解》本、《周禮注疏》均無『鄭司農云』四字。

而孟子亦以母喪去職，自齊葬魯，棺椁衣衾之美，殆過父喪時，後竟因此爲臧倉所毁。事畢，反于齊，止于嬴。既免喪，自范之齊，見王于崇，退有去志。王命孟子爲卿，致禄十萬，辭不受禄，號爲客卿，蓋不欲變其初心，且可爲進退地也。時弟子日益進，公孫丑、公都子、陳臻、咸丘蒙、盆成括、高子等，皆齊人來學者，因材施教，引而不發，躍如也。顧孟子志在行道以王齊，而國無親臣，都無良牧，蓋大夫王驩方嬖幸用事，進爵右師，舉朝視其君如國人，絶無以仁義與王言者。王怠於政事，或數日不視朝，諫言不用，孟子進見固罕，而王之意且欲孟子舍所學而從之。會燕王噲讓國子之，齊伐燕勝之，王謂天與不可不取，于是毁其宗廟，遷其重器，盡有其地；諸侯多謀伐齊，孟子言急爲燕置君，則諸侯之師可及止也。王勿聽。未幾，燕人畔，王甚慚悔，有陳賈者乃從爲之辭；而當時且有譌傳孟子勸齊伐燕者，齊人之虚詐不情好議論如此。初孟子無意仕齊，有以師命不可以請，然非有官守言責之得失也。齊人不知，漫以蚳鼃之義繩之，而公孫丑亦以素餐爲疑。不知君子居國。爲功於君及子弟者甚大，即有故而去，亦豈小丈夫之悻悻哉！孟子知難與有爲，不得已致爲臣而歸。王卒不改，猶欲以授室萬鍾，餽金一百，爲虚拘貨取之計，齊人亦卒無善於留行者。及出晝而終不追，然後浩然有歸志。此則愛君澤民之深意，固非尹士所知；而淳于髡名實未加之謂，尤不識君子所爲矣。孟子在齊最久，先後凡數載，時年已六十内外，去齊之日，計自周以來七百餘歲；方孟子在齊，自王子以及卿大夫，皆願見顔色，承風旨，子敖驟膺寵任，尤以得見親比爲幸，然出弔于滕，朝夕進見，欲一與言行事而不可得，至公行之喪，朝士爭趨，孟子獨否，卒亦不能加惡焉。同寮則莊暴、時子、景子、東郭、公行，雖嘗往來，不必莫逆；至若不孝之匡章，獨與之遊；巨擘之仲子，則不之信，則更有察之衆好衆惡者。初至日少，繼至日多；初至爲大夫，繼至加卿相。七篇中紀齊事者凡四十六章，稱宣王者十四章，亦可見其久居於齊也。』《毛詩・小雅・角弓》『綽綽有裕』，傳云：『綽綽，寬也。』《禮記・表記》引此詩，注云：『綽綽，寬裕貌也。』《周易・蠱》六四『裕父之蠱』，《釋文》引馬注云：『裕，寬也。』是綽、裕皆寬也。閩、監、毛三本作『豈不綽綽然舒緩有餘裕乎』。舒緩亦寬也。

《章指》言：執職者劣，藉道者優，是以臧武仲雨行而不息，段干木偃寢而式閭。

【疏】『臧武仲雨行而不息』〇正義曰：臧武仲，魯大夫臧孫紇也。襄公二十二年《左傳》云：『臧武仲如晉，雨。過御叔，御叔在其邑，將飲酒，曰：「焉用聖人？我將飲酒而已，雨行何以聖爲？」穆叔聞之曰：「不可使也，而傲使人。」』注云：『言御叔不任使四方。』此引以爲執職者劣證也。武仲有官守，當使四方，故雖遇雨，不敢止息，所以爲劣。《廣雅・釋言》云：『劣，鄙也。』猶云食肉者鄙也。〇『段干木偃寢而式閭』〇正義曰：《吕氏春秋・尊師》篇云：『段干木，晉國之大駔也。學於子夏。』高誘注云：『駔，儈人也。』《期賢》篇云：『魏文侯過段干木之閭而軾之，其僕曰：「君胡爲軾？」曰「此非段干木之閭與？段干木蓋賢者也，吾安敢不軾？且吾聞段干木未嘗肯以己易寡人也，吾安敢驕之？段干木光乎德，寡人光乎地；段干木富乎義，寡人富乎財。」其僕曰：「然則君何不相之？」於是君請相之，段干木不肯受，則君乃致禄百萬，而時往館之。於是國人皆喜，相與誦之曰：「吾君好正，段干木之敬。吾君好忠，段干木之隆。」居無幾何，秦興兵欲攻魏。司馬唐諫秦君曰：「段干木賢者也，而魏禮之，天下莫不聞，無乃不可加兵乎？」秦君以爲然，乃按兵輟不敢攻之。』高誘注云：『閭，里也。軾，伏軾也。』又《順説》篇云：『田贊可謂能立其方矣。若夫偃息之義，則未之識也。』高誘注云：『段干木偃息以安魏，田贊辯説以服荆，比之偃息，故曰未知。』《淮南子·修務訓》云：『段干木闔門不出，以安秦魏。』所述事，與《吕氏春秋·期賢》篇同。《文選》班孟聖《幽通賦》云：『木偃息以蕃魏兮。』左太沖《魏都賦》云：『閒居隘巷，室邇心遐。富仁寵義，職競弗羅。千乘爲之軾廬，諸侯爲之止戈，則干木之德，自解紛也。』又《詠史詩》云：『吾希段干木，偃息藩魏君。』趙氏云偃寢，卽偃息也。引此以爲藉道者優之證也。謂段干木無官守之職，故優裕而閒居，偃息於隘巷之間，致魏文侯過而軾之也。

孟子爲卿於齊，出弔於滕，王使蓋大夫王驩爲輔行。王驩朝暮見，反齊、滕之路，未嘗與之言行事也。【注】孟子嘗爲齊卿，出弔滕君。蓋，齊下邑也。王以治蓋之大夫王驩爲輔行。輔，副使也。王驩，齊之諂人，有寵於王，後爲右師。孟子不悦其爲人，雖與同使而行，未嘗與之言行事，不願與之相比也。【疏】注『孟子』至『滕君』〇正義曰：《告子下》篇淳于髡曰：『夫子在三卿之中。』是孟子嘗爲齊卿也。閻氏若璩《釋地》云：『予少時習《孟子》，疑蓋大夫王驩與兄戴蓋禄之蓋，當是二邑。後讀《左氏春秋傳》「趙衰爲原大夫」，於時先軫亦稱原軫，子趙同爲原同，於時先縠亦稱原縠，唐孔氏云：「蓋分原邑而共食之。」僖二十五年「狐溱爲温大夫」，文六年「陽處父至自温」，故成十一年劉子、單子曰：「襄王勞文公，而賜之温，狐氏、陽氏先處之。」亦共食一邑者。因悟蓋一也，以半爲王朝之下邑，王驩治之。以半爲卿族之私邑，陳氏世有之。』按《漢書・地理志》泰山郡有蓋，本注云『臨樂子山，洙水所出，西北至蓋入池水，又沂水南至下邳入泗』。即此蓋也。毛氏奇齡《改錯》云：『明稱齊卿，且云位不小，古侯國卿有左師右師，故趙有左師觸龍，宋有右師華元，皆是正卿。驩是右師，侯國上卿多以邑冠，如楚司馬沈氏，以食葉名葉公；晉卿趙氏，以守原名原大夫，不止邑宰專稱也。趙岐謂右師在後，總疑右師必不當與蓋大夫作同時稱耳。宋向戌以左師而食采於合，《春秋傳》名合左師。則此蓋大夫即直云蓋右師，何不可焉。』周氏柄中《辨正》云：『《左傳》凡大夫加邑號者，皆治邑之大夫。僖二十五年《傳》「晉趙衰爲原大夫」，二十七年《傳》「命衰爲卿」，則當其守原之日未爲卿也。楚僭號，縣尹俱稱公，如申公、鄖公、白公之類，皆邑大夫，惟葉公嘗爲令尹司馬，以老於葉，故始終稱葉公，此固不可爲例者。王驩爲蓋大夫，猶距心爲平陸大夫也。』陳組綬《燃犀解》引徐伯聚云：『經文明言孟子爲卿，驩爲大夫，則公孫丑所言之卿，蓋孟子也。』按此説是也。趙氏言『王以蓋邑之大夫王驩爲輔行』，輔是副使，是時孟子以卿爲正使，驩以大夫副之。副使原不必攝卿，且卿遂可與言，大夫遂不可與言乎？惟是時，孟子以卿爲正使，驩以大夫爲副使，凡一切使事，驩宜聽命於孟子；乃驩則自專而行，此丑所以問也。言夫子以卿爲正使，位不爲小，何得聽其自專而不與言？故孟子所答云云。趙氏於『齊卿之位』二句不注者，正以此卿位卽孟子爲卿之卿，不必更注。而下言驩專知自善，則孟子之不與言，正非徒以不悅其爲人，而不與相比而已也。『出弔於滕』，趙氏云『出弔滕君』，按滕定公薨，孟子時居鄒，非此爲齊卿時也。季本『孟子事蹟圖譜』云：『其與王驩使滕，爲文公之喪也。非大國之君，無使貴卿及介往弔之禮。此固重文公之賢，而隆其數，亦孟子欲親往弔，以盡存沒始終之大禮也。』事雖無據，可存以備參考。或謂卽滕定公之喪，則謬矣。

公孫丑曰：『齊卿之位，不爲小矣。齊、滕之路，不爲近矣。反之而未嘗與言行事，何也？』【注】丑怪孟子不與驩議行事也。

曰：『夫既或治之，予何言哉？』【注】既，已也。或，有也。孟子曰，夫人既自謂有治行事，我將復何言哉。言其專知自善，不知咨於人也。【疏】注『既已』至『人也』〇正義曰：《毛詩・周南》『既見君子』，傳云：『既，已也。』王氏念孫《廣雅疏證》云：『《微子》「殷其弗或亂正四方」，《史記・宋世家》作「殷不有治政，不治四方」。《洪範》「無有作好」，《呂氏春秋・貴公》篇作「無或作好」，高誘注云：「或，有也。」《小雅・天保》篇「無不爾或承」，鄭箋云：「或之言有也。」』此或訓有之證。《禮記・曲禮》『若夫坐如尸』，注云：『言若欲爲丈夫也。』《檀弓》云：『夫猶賜也，見我』，《釋文》云：『夫，舊音扶，皇如字，謂丈夫，卽伯高。』又云『二夫人相爲服』，注云：『二夫人，猶言此二人也。』昭公十年《左傳》云『喪夫人之力』，注云：『夫人謂子尾。』又三十一年《左傳》云『則不能見夫人，已所能見夫人者，有如河』，注云：『夫人謂季孫。』此孟子稱王驩爲夫，趙氏以夫人解之，其義一也。驩原爲副使，而自專行事，孟子若與之言，謙卑則轉似爲驩所帥，高亢則又似忌其攬權而爭之，故爲往反千里，一概以默而不言處之。既不啻彼司其職，我統其成，又不致以伺問之嫌，陰成疑隙，孟子與權臣共事，所處如此。若驩果以孟子爲之主事，事諸問而行，則孟子豈拒之不言乎？丑因驩自專行事，疑孟子當言；孟子因驩已自專行事，而以爲又何言。丑以孟子卿位，不小於驩，疑孟子當言；孟子正以卿位不小於驩，而不必言。至驩爲諂人，孟子不悦與比，此丑所知之。苟孟子徒以其諂人，不悦與比而不言，則亦狹隘者所有，非大賢之學矣。

《章指》言：道不合者，不相與言。王驩之操，與孟子殊，君子處時，危行言遜，故不

尤之，但不與言。至於公行之喪，以禮爲解也。【疏】「道不」至「解也」○正義曰：「道不同，不相爲謀。」「邦有道，危言危行；邦無道，危行言遜。」皆《論語》文。閩本以「道不合者不相與言」誤入注中。

孟子正義卷九

孟子自齊葬於魯，反於齊，止於嬴。充虞請曰：『前日不知虞之不肖，使虞敦匠，事嚴，虞不敢請。今願竊有請也，木若以美然。』【注】孟子仕於齊，喪母，歸葬於魯。嬴，齊南邑。充虞，孟子弟子。敦匠，厚作棺也。事嚴，喪事急。木若以泰美然也。【疏】注『孟子』至『然也』○正義曰：顧氏炎武《日知録》云：『孟子自齊葬於魯，言葬而不言喪，此改葬也。禮改葬緦，事畢而除，故反於齊，止於嬴，而充虞乃得承間而問。若曰奔喪而還，營葬方畢，即出赴齊卿之位，而門人未得發言，可謂三月無君則皇皇如也，而身且不行三年之喪，何以教滕世子哉？』閻氏若璩《釋地》云：『京山郝氏解孟子爲行三年之喪云：「或問孟子歸葬於魯，時未幾也。充虞治木，言前日耳。輒反於齊，豈不終喪而遂復爲齊卿乎？按喪禮，三日成服，杖拜君命及衆賓，不拜棺中之賜。禮凡尊者有賜，則明日往拜。喪則孝子不忍遽死其親，故贈襚之賜，拜於葬後。孟子奉母仕於齊，母卒，王以卿禮含襚，及歸魯三月而葬，反於齊，拜君賜也。其止於嬴，何也？禮衰絰不入公門，大夫去國，踰竟爲壇位，鄉國而哭，此喪禮也。故自魯越國至齊境上爲壇位，成禮於嬴，畢將遂反也。」郝氏可爲精矣。少錯解「止於嬴」句。嬴，齊南邑。《春秋》桓三年「公會齊侯於嬴」，杜注云：「嬴，今泰山嬴縣。」按嬴縣故城在萊蕪縣西北四十里，北汶水之北，去齊都臨淄尚三百餘里，安有拜君賜於三百餘里之外者。且衰絰不入公門，未聞不入國門也。爲壇位而哭，乃出亡禮，非喪者所用。蓋孟子母歿於齊，及奉喪來歸，皆哀戚匆遽，無暇可語。惟至往齊拜賜，舍於逆旅，始得以一論匠事耳。』又曰：『或問：子以孟子奉母仕於齊，亦有徵乎？余曰：徵之劉向《列女傳》云，「孟子處齊有憂色，擁楹而歎，孟母見之」云云，則知母蓋同在齊。自齊葬於魯，則知母即歿於齊也。然則既歿而葬，宜終喪於家，曷爲而遽反於齊？余曰：此蓋終三年喪，復至齊而爲卿，非遽也。果爾，何以爲前日解？余曰：《孟子》之書，有以昔與今對言，昔似在所遠而亦有指昨日者，「昔者辭以疾」是也。以前日與今日對言，前日似在所近而亦有指最遠者，「前日願見而不可得」是也。夫孟子久於齊而後去，去齊之日，上溯其未遊齊之日，猶目之爲前日，安在僅三年者而不可目以前日耶？或訝曰：充虞蓄一疑於心，至三年始發之與？余曰：此尤足見孟門弟子之好問也。陳臻從於齊於宋於薛辭受之後而問，屋廬子從居鄒處平陸以至見季任不見儲子之後而問，其事之相距誠非止一二年，而歷歷記憶，反覆以究其師之用心者，猶一日也。夫充虞亦猶是耳。且尤可證者，孝子之喪親言不文，今也援古論今，幾於文矣；三年之喪言而不語，語爲人論説也。後魏孝文帝以與公卿往復，追用慟絶，曰「朕在不言之地，不應如此喋喋」。然則孟子反喋喋邪？故充虞問答，斷自於免喪之後者，爲得其實。』毛氏奇齡《經問》云：『孔子要絰而赴季氏之饗，孟子甫葬卽來齊，聖賢行事，有不可以憑臆斷者。先仲氏嘗謂自齊葬魯，則必喪在齊而葬於魯者。若母喪在魯，則其文當云：「孟子自齊奔喪於魯。」戰國游士，多家於寄，以孟母嫠婦，孟子孤兒，則出必偕出，處必偕處，未有拋母居魯而可獨身仕齊者。故《列女傳》云：「孟子處齊，有憂色，孟母見之。」是孟母與孟子同在齊國有明據矣。特以墳墓在魯，不得不至魯合葬。而究之魯翻無家而齊有家，故記曰：「反於齊。」反者，反哭之反也。且本文序事，原有文法：其云「自齊」者，謂葬自齊也，非謂孟子自齊而還魯也。若謂孟子自齊還魯，則葬需三月，未有甫還魯卽葬者；亦未有在齊聞赴，至三月而始還葬於魯者。是必斂尸殯堂，獻材井椁諸節，行之在齊，至三月而歸葬於魯，故甫葬而卽反齊，以亡者噫歆尚在齊也。近儒閻潛丘云，「葬魯反齊，當是終三年喪後，復至齊爲卿」云云。吾仍以《孟子》本文解之：其曰止嬴而充虞問者，謂充虞之問，在止嬴時也。然則何故止嬴，以反於齊也。何以反齊，以葬於魯也。然則此止嬴接葬魯時矣。若在三年後，則直以「充虞問曰」記作起句，與「陳臻問曰」正等，何必序自齊反齊諸來歷乎？且充虞明曰「嚴，虞不敢請，今願有請」，兩請相接，正頂嚴字，謂大斂時也。三年後，不嚴久矣，其所以不敢請者，以「三年不言」故，初非以「三年嚴」故，何必又接此句。若以「孝子喪親言不文」「三年之喪言而不語」爲據，則居喪不言不對之説，言人人殊。《孝經》云「言不文」，謂不飾語詞耳，非不言也。若《曲禮》「居喪不言樂」，第不言作樂之事，而他事皆可言。《雜記》云「三年之喪，言而不語，對而不問」，則他事自可言，而不得告語；可對人之問，而不得問人；非謂言事與答問皆當絶也。至《間傳》與《喪服四制》皆云「斬衰唯而不對，齊衰對而不言」，此則又稍刻者。然孟子齊衰亦尚在對之之列，雖在他事尚可對，而況祗問喪，而三年之閒，竟不置對，並無此禮。況人第知居喪不言，而不知居喪則必言。喪事重大，正須言説講論，以求其故，故《既夕禮》云「非喪事不言」，謂喪事必言，非喪事故不言耳。蓋論議喪事，古分貴賤，天子諸侯，不自言喪事，臣下得代言之，《四制》所云「百官備，百官具，不言而事行」者，此天子諸侯禮也。若大夫與士，則必身爲論議，然後得備物具禮，《四制》所云「言而後事行」者，此大夫士禮也。至庶人，則不止言之，論議之，且必身執其事，故曰「身自執事而後行」。則在大夫與士，正當論議，而以不對不言之例律之，是戒諫官，以緘口，於禮悖矣。是以《曲禮》「居喪未葬讀喪禮，既葬讀祭禮」，所謂讀者，謂講説而討論之。則孟子此時可講祭禮，而況棺椁厚薄之閒乎？』周氏廣業《孟子出處時地考》云：『孟子居母憂三年，非喪事不言；獨充虞一答，爲喪葬盡禮之大者，故記之。「自齊」至「止嬴」十一字，括數年行止，藏無限心事，後人誤認止爲舍於逆旅，遂使異説紛起，可歎也。夫止嬴非卽至齊也。止如《綿》詩「曰止曰時」之止，留也。留於此而終喪也。誠使既至於齊，則言反〔一〕足矣，何必復言「止於嬴」。若云因充虞敦匠事於此，故繫之，則後有路問之例，亦不必詳其地。況往送如慕，其反如疑，當此時而信宿中途，何爲乎？蓋嬴去臨淄尚遠，《史記》正義「故嬴縣在兗州博城縣東北百里」，乃齊之邊境近魯與鄒者也。或謂孟子葬母於魯，乃不卽廬於魯，或徑歸鄒，而必反齊止嬴，何也？古無廬墓之説，蓋葬以藏體魄，其魂氣每於居常遊息之地，有餘戀焉。故送形而往，迎精而反，葬日必速反而虞，孟子所以不廬於魯而反也。遭喪去國，未嘗致爲臣，安得遽旋故里？孟子所以不反於鄒而反於齊也。反齊矣，於嬴是止者，孟子之自齊葬魯，以孟母之生，就養於齊也。《列女傳》載「孟子處齊有憂色，孟母問之，對曰：道不用於齊，願行而母老，是以憂也。孟母曰：夫死從子，禮也。子行乎子禮，吾行乎吾禮」。揆當日情事，孟子之久留齊，固由王足爲善，實因母老待養，而又不欲藉口禄仕，故特不受其田里，亦不拘於職守，因得優游終養，以終母餘年。《晉書》劉長盛曰：「子輿所以辭大夫，良以色養無主故耳。」斯言深得其意。迨葬母而反，終喪之禮又可以義起。《喪服小記》云：「遠〔二〕葬者，比反哭者皆冠，及郊而後免

〔一〕「反」，《皇清經解》本作「及」。
〔二〕「遠」，《皇清經解》本作「速」，《禮記注疏》作「遠」。

反哭。」此言本國臣民，墓在四郊之外者也。孟子居師賓之位，不與在朝廷諸臣一律，且已奉喪越竟而葬，其去始死纔三月餘，方哀親[一]之在外而居於倚垩，哀親之在土而寢苫枕塊，豈忍遽加冠飾，遠入人國都之理？於是權其所止，嬴爲齊地而介鄒、魯之閒，可以展墳墓，望宗廟，銜恤以待喪畢，因以爲三[二]虞卒哭練祥之所，此實孟子有望弗至之至情，權而不失其經者也。」《毛詩·邶風》「王事敦我」，傳云：「敦，厚也。」故以敦爲厚。匠爲作棺。事爲喪事。嚴爲急。急者，謂不暇也。趙氏讀敦匠句，事嚴句。孔氏廣森《經學卮言》云：「敦，治也。讀如『敦商之旅』之敦。」

曰：「古者棺椁無度，中古棺七寸，椁稱之，自天子達於庶人；非直爲觀美也，然後盡於人心。【注】孟子言古者棺椁薄厚無尺寸之度。中古，謂周公制禮以來。棺厚七寸，椁薄於棺，厚薄相稱相得也。從天子至於庶人，厚薄皆然。但重累之數，牆翣之飾有異。非直爲人觀視之美好也。厚者難腐朽，然後能盡於人心所不忍也。謂一世之後，孝子更去辟世。是爲人盡心也。過是以往，變化自其理也。【疏】注「中古」至「理也」○正義曰：《周易·繫辭傳》云：「古之葬者，厚衣之以薪，葬之中野，不封不樹，喪期無數。後

[一]「親」，《皇清經解》本無，《孟子四考》有「親」字。
[二]「三」，《皇清經解》本、《孟子四考》作「五」。

世聖人易之以棺椁，蓋取諸大過。』《禮記・檀弓》云『有虞氏瓦棺』，注云：『始不用薪也。』又云『夏后氏堲周，殷人棺椁，周人牆置翣』，注云：『有虞氏上陶。火熟曰堲，燒土冶以周於棺也。或謂之土周，由是也。椁，大也。以木爲之，言椁大於棺也。殷人上梓。牆，柳衣也。』然則棺始於唐虞，而椁始於殷人。殷雖備棺椁，尚無尺寸之度，是古者指殷以前。而周乃有尺寸，是中古指周公制禮以來也。孔氏廣森《經學卮言》云：『中古尚指周公以前，周公制禮，則自天子至於庶人皆有等，故《喪大記》曰：「君大棺八寸，屬六寸。下大夫大棺六寸，屬四寸。士棺六寸。」夫子制於中都，亦爲四寸之棺，五寸之椁，是庶人不得棺椁同七寸矣。《易・繫辭》「後世聖人易之以棺椁」，大抵通言黄帝堯舜。墨子偏主節葬之説，然已云「禹有桐棺三寸」，則木椁代瓦，不始於殷，而《檀弓》特舉殷人棺椁，似殷正始定棺椁尺寸之度者也。孟子多言殷法，分田則取助不取徹，分國則言三等不言五等。《春秋》變周之文，從殷之質，孟子學長《春秋》，每於此見之。』趙氏云重累之數牆翣之飾者，《檀弓》云：『天子之棺四重，水兕革棺被之，其厚三寸，杝棺一，梓棺二，四者皆周。』注云：『諸公三重，諸侯再重，大夫一重，士不重。以水牛兕牛之革以爲棺，被革各厚三寸，合六寸，此爲一重。杝棺，所謂椑棺也。梓棺，所謂屬與大棺。』《喪大記》於天子言『屬六寸，椑四寸；上大夫屬六寸；下大夫屬四寸』，注云：『大棺，棺之在表者也。《檀弓》曰「天子之棺四重」』云云。此以內説而出也。然則大棺及屬用梓，椑用杝，以是差之，上公革棺不被，三重也。諸侯無革棺，再重也。大夫無椑，一重也。士無屬，不重也。《禮器》云：『天子七月而葬，五重八翣；諸侯五月而葬，三重六翣；大夫三月而葬，再重四翣。』注云：『五重者，謂抗木與茵也。葬者抗木在上，茵在下。』《士喪禮下》篇陳器曰：『抗木横三縮二，加抗席三，加茵，用疏布，緇剪有幅，亦縮二横三。』此士之禮一重者。以此差之，上公四重。正義引皇氏云：『下棺之後，先加折於壙上，以承抗席。折，猶庪也。方鑿連木爲之，蓋如牀。縮者三，横者五，無簀，於上加抗木，抗木之上加抗席三，此爲一重。如是者五，則爲五重。』然則棺有重數在棺内，椁有重數在棺外，所謂重累之數也。《周禮・天官》：『縫人掌王宫之縫線之事……縫棺飾焉……衣翣柳之材。』注云：『孝子既啟，見棺猶見親之身；既載飾而以行，遂以葬。若存時居於帷幕，而加文繡。』《喪大記》所云『諸侯禮也』。《禮器》曰：『天子八翣。』《漢禮器制度》：『飾棺，天子龍火黼黻，皆五列；又有龍翣二，其戴皆加璧。』柳之言聚，諸飾之所聚。《喪大記》云：『飾棺，君龍帷，三池，振容，黼荒，火三列，黻三列，素錦褚，加僞荒，纁紐六，齊五采五貝，黼翣二，黻翣二，畫翣二，皆戴圭。魚躍拂池。君纁戴六，纁披六。大夫畫帷，二池，不振容，畫荒，火三列，黻三列，素錦褚，纁紐二，玄紐二，齊三采三貝，黻翣二，畫翣二，皆戴綏。魚躍拂池。大夫戴前纁後玄，披亦如之。士布帷布荒，一池，揄絞，纁紐二，緇紐二，齊三采一貝，畫翣二，皆戴綏。士戴前纁後緇，二披用纁。』注云：『飾棺者，以華道路及壙中，不欲衆惡其親也。荒，蒙也。在旁曰帷，在上曰荒，皆所以衣柳也。士布帷布荒者，白布也。君大夫加文章焉。黼荒，緣邊爲黼文。畫荒，緣邊爲雲氣，火黻爲列於其中耳。僞當爲帷……大夫以上有褚，以襯覆棺，乃加帷荒於其上。紐所以結連帷荒者也。池以竹爲之，如小車笭，衣以青布。柳象宫室，縣池於荒之瓜端，若承霤然。云君大夫以銅爲魚，縣於池下。揄，揄翟也。青質五色，畫之於絞，繒而垂之，以爲振容，象水草之動摇，行則又魚上拂池。《雜記》云：「大夫不揄絞，屬於池下。」是不振容也。士則去魚。齊，象車蓋，蕤縫合雜采爲之，形如瓜分然，綴貝絡其上及旁。戴之言值也，所以連繫棺束與柳材，使相值，因而結前後披也。漢禮：翣以木爲筐，廣三尺，高二尺四寸，方兩角高，衣以白布。畫者，畫雲氣，其餘各如其象。柄長五尺，車行使人持之而從；既窆，樹於壙中。《檀弓》曰：「周人牆置翣」是也。綏當爲「緌」，讀如冠蕤之蕤，蓋五采羽注於翣首也。』此所謂牆置翣之飾也。『孝子更去辟世』，辟世猶歿世也。父死子繼曰世，終己之身，不可使父母棺椁腐朽，己身後以往，其腐朽原不能免，但及人子之身不腐朽，爲盡人心所不忍也。**不得不可以爲悦，無財不可以爲悦，得之爲有財，古之人皆用之，吾何爲獨不然？**【注】悦者，孝子之欲厚送親，得之則悦也。王制所禁，不得用之，不可以悦心也。無財以供，則度而用之。禮，喪事不外求，不可稱貸而爲悦也。禮得用之，財足備之，古人皆用之，我何爲獨不然。然，如是也。【疏】『不得』至『不然』○正義曰：翟氏灝《考異》

云：『《檀弓》子思與柳若論喪禮曰：「吾聞〔一〕有其禮無其財，君子弗行也。有其禮無〔二〕其財無其時，君子弗行也。」孟子此言，乃卽受之於子思者。得之爲，猶云有其禮。』《禮記·檀弓》上云『不仁而不可爲也』，注云：『爲，猶行也。』《方言》云：『用，行也。』爲、用皆訓行，故《荀子·富國篇》云『仁人之用國』，注云：『用，爲也。』《郊特牲》云『以爲稷牛』，注云：『爲，用也。』趙氏云『禮得用之』解『得之爲』句，『財足備之』解『有財』句，以用釋爲，以足備釋有也。《大傳》云『其義然也』，注云：『然，如是也。』《淮南子·主術訓》云『治國則不然』，高誘注亦云：『然，如是也。』《吕氏春秋·應言》篇云『墨者師曰然』，高誘注云：『然，如是也。』趙氏以如是釋然字，與鄭氏、高氏同。閩、監、毛三本作『不然者不如是也』，意亦同。王引之《經傳釋詞》云：『家大人曰：爲，猶與也。《管子·戒》篇「自妾之身之不爲人持接也」，尹知章注云：「爲，猶與也。」《孟子》「得之爲有財」，言得之與有財也。』○注『喪事不外求』○正義曰：隱公三年《公羊傳》云：『武氏子來求賻，何以書？譏。何譏爾？喪事無求。求賻，非禮也。』注云：『禮本爲有財者制，有則送之，無

〔一〕『吾聞』，《皇清經解》本同，《禮記注疏》作『吾聞之』。
〔二〕『無』，《皇清經解》本同，《禮記注疏》作『有』。

則制哀而已。不當求，求則主〔一〕傷孝子之心。』即趙氏不外求之説也。莊公二十八年《穀梁傳》云：『古者税什一，豐年補敗，不外求而上下皆足。』此不外求謂糞田已足，不煩稱貸益之。**且比化者，無使土親膚，於人心獨無恔乎？**【注】恔，快也。棺槨敦厚，比親體之變化，且無令土親肌膚，於人子之心，獨不快然無所恨乎。【疏】注『恔快』至『恨乎』○正義曰：《方言》云：『逞，曉，恔，苦，快也。自關而東或曰曉，或曰逞，江、淮、陳、楚之閒曰逞，宋、鄭、周、洛、韓、魏之閒曰苦，東齊、海、岱之閒曰恔，自關而西曰快。』戴氏震《方言疏證》云：『《孟子》「於人心獨無恔乎」，趙氏云：「恔，快也。」義本此。』高誘注《吕氏春秋》、《淮南子》皆云：「化，變也。」《淮南子・精神訓》云：『故形有摩而神未嘗化者，以不化應化，千變萬掺，而未始有極，化者復歸於無形也。』高誘注云：『化，猶死也。不化者精神，化者形骸……死者形爲灰土，爲日化也。』《説文》肉部云：『肌，肉也。』《廣雅・釋詁》云：『膚，肉也。』劉熙《釋名・釋形體》云：『體，第也。骨肉毛血，表裏大小相次第也。』是膚即肌，肌膚即體。比，猶至也。親，近也。棺槨不厚，則木先腐，肌膚尚存，必與土近。惟棺槨敦厚，則肌膚先木而化，故至肌膚不存，而木猶足以護之，不使近於土。化雖有死訓，而不言死言化者，以形體變化言也。成公二年《左傳》臧宣叔言『知難

〔一〕『主』，《皇清經解》本同，《春秋公羊傳》作『皇皇』。

而有備，乃可以逞』，注云：『逞，解也。』亦本《方言》。逞之訓爲快亦爲解，恔之訓爲快即爲逞。獨無恔乎猶云乃可以逞。知齊楚之伺我，而有以備之，則難可解免。知親體之將親於土，而先厚其棺椁以護之，則恨可解免。倘無財不可以厚，則一思及泉壤之閒，終身大恨，何日解乎。**吾聞之也：君子不以天下儉其親。』**【注】我聞君子之道，不以天下人所得用之物，儉約於其親，言事親竭其力者也。

《章指》言：**孝必盡心，匪禮之踰，《論語》曰：『生事之以禮，死葬之以禮，可謂孝矣。』**【疏】『論語』至『孝矣』〇正義曰『生事之以禮，死葬之以禮』，見《爲政》篇第二。『可謂孝矣』，見《學而》篇第一。閩、監、毛三本以此羼入注中。

沈同以其私問曰：『燕可伐與？』

孟子曰：『可。子噲不得與人燕，子之不得受燕於子噲。【注】沈同，齊大臣。自以其私情問，非王命也，故曰私。子噲，燕王也。子之，燕相也。孟子曰可者，以子噲不以天子之命而擅以國與子之，子之亦不受天子之命而私受國於子噲，故曰其罪可伐。【疏】『沈同』至『子噲』〇正義曰：《史記·燕世家》云：『易王立十二年卒，子燕噲立。燕噲既立，齊人殺蘇秦。蘇秦之在燕，與其相子之爲婚，而蘇代與子之交。及蘇秦死，而齊宣王復用蘇代。燕噲三年，與楚、三晉攻秦，不勝而還。子之相燕，貴重主斷。蘇代爲齊使於燕，燕王問曰：「齊王奚如？」對曰：「必不霸。」燕王曰：「何也？」對曰：「不信其臣。」蘇代欲以激燕王以尊子之也。於是燕王大信子之。子之因遺蘇代百金，而聽其所使。鹿毛壽謂燕王不如以國讓相子之……燕王因屬國於子之；……子之南面行王事，而噲老不聽政，顧爲臣，國事皆決於子之。』此燕王子噲讓國與其相子之之事也。《史記》此文，全本《戰國策・燕策》，明云『齊宣王復用蘇代』，與《策》同也。惟《策》云『儲子謂齊宣王：「因而僕之，破燕必矣。」孟子謂齊宣王曰：「今伐燕，此文武之時，不可失也。」』《燕世家》則改云『諸將謂齊湣王曰：「因而赴之，破燕必矣。」孟子謂齊王曰：「今伐燕，此文武之時，不可失也。」』閻氏若璩《孟子生卒年月考》云：『《史記》與《孟子》不同者，惟伐燕一事，《史記》以爲湣王，《孟子》以爲宣王。然就《史記・燕世家》載噲初立，有齊宣王復用蘇代之文，是噲與宣王同時，與《孟子》合，而與《六國表》異。《六國表》燕王噲五年乙巳，讓國於子之，當湣王八年。七年丁未，噲及子之死，當湣王十年。後年己酉，燕立太子平，是爲昭王，當湣王十二年。若移此五年事置於宣王八年丙戌後丁酉前，以合孟子游齊之歲月，則《戰國策》載儲子謂宣王宜仆燕，而儲子正爲相者也。王令章子將五都兵以伐燕，而章子正與游者也。』王氏懋竑《白田雜著・孟子叙説考》云：『《通鑑》據《孟子》，以伐燕爲齊宣王；而宣王卒於周顯王之四十五年，又三年，慎靚王元年，燕王噲始立；又七年，齊人伐燕，則不可以爲宣王之事也。於是上增齊威王之十年，下減湣王之十年，以就伐燕之歲。其增減皆未有據，而又以伐燕爲宣王時，燕人畔爲湣王時，與《孟子》亦不合。』『齊湣王初年，彊於天下，與秦爲東西帝，其所以自治其國者，亦必有異矣。末年驕暴，以至於敗亡，此則〔一〕，唐玄宗、秦苻堅之比。玄宗開元之治幾於貞觀，苻堅始用王猛，有天下大半，其初豈可不謂之賢君哉？故孟子謂以齊王由反手，王由足用爲善，皆語其實。而湣王之好色好貨好樂好勇，卒不能以自克，末年之禍，亦基於此。後來傳《孟子》者，乃改湣王爲宣王，以爲孟子諱，蓋未識此意。今以宣王爲湣王，則處處相合，而《通鑑》之失，亦可置而不論矣。』周氏廣業《孟子出處時地考》云：『孟子事齊宣王始末，本書甚明。自《史記》誤以伐燕一事繫之湣王十年，以致諸家聚訟。《通鑑》割湣王十年以屬宣王，似矣。而録其文不計其世。赧王元年逆推至武王，有天下已八百有九年，可云「由周以來七百有餘歲」乎？古史直云先事齊宣王，後見梁惠襄，又事齊湣。黄氏《日抄》據《史記》伐燕有二事：一爲宣王，卽《梁惠王》篇所載。一爲湣王，卽《公孫丑》篇所載。時湣王尚在，故不稱謚，止稱齊王，皆泥《史記》而變亂孟子之遊歷者也。《史記》於攻伐，靡不詳記；獨齊之伐燕，《世家》《年表》俱絶不道一字，惟《燕表》書君噲及相子之皆死，其年當湣王十年耳，然亦不言爲齊所破。至《燕世家》本極疎略，如惠侯以下

〔一〕『則』，《皇清經解》本作『時』，《白田雜著·孟子叙説考》作『則』。

皆失名，又不言屬；桓、獻二公爲他書所無；而伐燕事則撏撦《國策》之文，云：「易王初立，齊宣因喪伐我，取十城，蘇秦説使復歸。」又云：「噲既立，齊人殺蘇秦，齊宣王復用蘇代。」夫復用蘇代者爲齊宣王，則噲立秦死俱不在湣王初明矣。而其下又言湣言齊，何也？且秦惠王十一年，燕王讓其臣子之。據《表》，是年子之死，是較遲二年。《趙世家》武靈王十年，齊破燕，燕相子之爲君，君反爲臣。據《表》在十二年。十一年王召公子職於韓，立爲燕王，使樂地送之，是較早二年，而立職即在明年，則燕之畔齊，亦不待二年矣。同在一書，而前後背馳若此。試以《國策》考之，《燕策・燕王噲既立》篇，其用蘇代及儲子勸齊宣王伐燕，孟軻謂齊王等語，俱明指宣王，與《孟子》悉合。《史》乃取其文而改「儲子」爲「諸將」；於「宣王」之字，一改爲「湣王」，以曲護《年表》之失，一改爲「齊王」，以影附孟子之書，此其當從《策》而棄《世家》，不待智者決矣。又其前蘇秦死一篇，載蘇代見燕王噲曰：「臣聞王居處不安，飲食不甘，思報齊，有之乎？」王曰：「我有深意積怒於齊，欲報之二年矣。齊者，我讎國也。寡人所欲報也。」代又言「齊王，長主也。南攻楚，西攻秦，又舉五千乘之勁宋」云云，《大事記》謂此説昭王之辭，《策》誤爲噲是也。然此齊王決非湣王。何也？湣王卽位未久，其對齊貌辨自言「寡人少殆」，不知此何得遽稱「長主」？其所稱舉宋者，據《宋策》康王前兩言齊攻宋，又言拔宋五城，卽其事也。如依《田完世家》，以湣王三十八年滅宋事當之，則燕昭王已立二十六年，與「欲報二年」更不合。則知是時宣王尚在也，宣王年老，故稱長主也。《齊策》曰：「張儀以秦魏伐韓，齊王將救之。田臣思曰：王之謀過矣。子噲與子之國，百姓勿戴，諸侯勿與，秦伐韓，楚趙必救之，是天以燕賜我也。齊因起兵攻燕，三十日而舉燕。」所謂「三十日舉燕」者，非卽《孟子》稱「五旬而舉」者乎？《策》係之閔王卽湣王固誤，《史》則删去子噲句，輒舉其詞雜入《邯鄲之難》、《南梁之難》二篇，繫之桓公五年，又係之威王二十六年，又係之宣王二十二年，文雖三見，終不及伐燕子噲一語，大可怪也。按田臣思索隱謂卽田忌。《史》謂其與鄒忌不善，亡之楚，宣王召而復之，其說王伐燕，爲宣王甚明。又《趙策》武靈王首篇云：「齊破燕，趙欲存之。樂毅請以河東易燕地於齊王，從之。楚魏憎之，令淖滑、惠施之趙，請伐齊而存燕。」武靈元年，《史表》當齊宣王十八年，《策》係於首，則知破燕在其前矣。《魏策》襄王記云：「楚許魏六城，與之伐齊而存燕。張儀欲敗之，謂魏王曰：齊畏三國之合也，必反燕地以下楚。」據《史》，儀相魏在襄十三年，《張儀傳》魏入上郡、少梁於秦，又在其前數年，則知敗魏伐齊之事，必在相秦惠王時，約其年，亦宣王時也。夫《史》之踳駁既如彼，《策》之明白又如此，伐燕之斷非湣王十年而在宣王三十年內外，灼然無疑矣。至謂伐燕前事，卽《梁惠王》篇所載，尤非。夫易王初立，何至虐民？而謀置君，乘喪伐人，豈得云「拯之水火」？取僅十城，旋因蘇秦之說歸之，何云「倍地」？且欲出令反旄倪、止重器也？若以稱謚與否爲斷，則莊暴章終篇不見宣字，將亦謂之湣王邪？』林希元《四書存疑》云：『宣王曾以取燕問，不用孟子言而致燕畔，此所以慚於孟子也。若湣王，何慚之有？不曰宣王而曰王，亦偶然致辭不同耳。』○注『沈同齊大夫』○正義曰：沈同無考。知爲齊大夫者，以下云『彼然而伐之』，則同必齊王左右之臣，能主軍國大事，是大臣也。**有仕於此，而子悦之，不告於王而私與之吾子之禄爵，夫士也，亦無王命而私受之於子，則可乎？何以異於是！』**【注】子，謂沈同也。孟子設此，以譬燕王之罪。【疏】『有仕於此』○正義曰：《論衡·刺孟》篇述此文仕作『士』。《四書辨疑》云：『仕當作「士」，傳寫之差也。』翟氏灝《考異》云：『《禮記·曲禮》「士載言」，注云：「士或爲仕。」《周禮·載師》「以宅田士田賈田任近郊之地」，注云：「士讀爲仕。」《後漢書·趙壹傳》「昔人或思士而無從」，注以思士爲孟軻，蓋亦以士讀仕，仕與士古多通用，不必定傳寫差也。』○『夫士也』○正義曰：夫士猶言夫人。王氏引之《經傳釋詞》云：『夫，猶此也。《禮記·檀弓》曰「夫夫也爲習於禮者」，鄭注曰：「夫夫，猶言此丈夫也。」僖三十年《左傳》曰：「微夫人之力不及此。」成十六年曰：「夫二人者，魯國社稷之臣也。」襄二十六年曰：「君淹恤在外十二年矣，而無憂色，亦無寬言，猶夫人也。」言猶然如此之人也。《魯語》曰：「鼈於何有，而使夫人怒也。」《論語·先進》篇曰：「夫人不言，言必有中。」《孟子·公孫丑》篇曰：「夫士也，亦無王命而私受之於子。」夫皆此也。』

齊人伐燕。【注】沈同以孟子言可，因歸勸其王伐燕。**或問曰：『勸齊伐燕，有諸？』**

【注】有人問孟子勸齊王伐燕，有之？

曰：『未也。沈同問燕可伐與，吾應之曰可，彼然而伐之也。【注】孟子曰：我未勸王也。同問可伐乎，吾曰可，彼然而伐之。**彼如曰：孰可以伐之？則將應之曰：爲天吏則可以伐之。**【注】彼如將問我曰，誰可以伐之，我將曰：爲天吏則可以伐之。天吏，天所使，謂王者得天意者也。彼不復問孰可，便自往伐之。**今有殺人者，或問之曰：人可殺與？則將應之曰可。彼如曰：孰可以殺之？則將應之曰：爲士師則可以殺之。今以燕伐燕，何爲勸之哉！』**【注】今有殺人者，問此人可殺否，將應之曰可，爲士官主獄，則可以殺之矣。言燕雖有罪，猶當王者誅之耳。譬如殺人者雖當死，士師乃得殺之耳。今齊國之政猶燕政也，不能相踰，又非天吏也，我何爲當勸齊伐燕乎。【疏】注『問此人可殺否』○正義曰：問人可殺，不得應之曰可。惟殺人者死，則可殺也。故『人』，可殺之人，指此殺人之人。○注『我何爲當勸齊伐燕乎』○正義曰：《國語·晉語》云『非德不當雝』，注云：『當，猶任也。』謂沈同等勸王伐燕，何爲以我爲任此勸齊伐燕之事乎？《文選·甘泉賦》注引鄭氏注云：『當，主也。』意亦與任同。《論衡·刺孟》云：『夫或問孟子勸王伐燕，不誠是乎？沈同問燕可伐與，此挾私意，欲自伐之也。知其意慊於是，宜曰「燕雖可伐，須爲天吏，乃可以伐之。」沈同意絕，則無伐燕之計矣。不知有此私意，而徑應之，不省其語，是不知言也。孟子知言者也，又知言之所起之禍，其極所致之福。見彼之問，則知其措辭所欲之矣。』按燕噲之事，君臣易位，其亂極矣。觀燕民簞食壺漿，以迎齊師，則燕民望救，如望雲霓矣。例以孔子沐浴而朝，則爲齊贊畫出師，固孟子之心也。而不遽發者，特以握權主事別自有人，萬一齊師既出，未必終其拯救之心，將有如儲子之破燕必矣。田臣思云『天以燕賜我』者，溯厥所由，倡謀有在，形迹已著，分辨未能。迨至沈同私問，未必非陰承王旨，將假大賢一語，以爲戡克借端。斯時孟子豈不知之？阻之非拯亂之心，詳之失進言之體，第以可應之，言子噲、子之當伐，誠立言之當矣。自是匡章將五都之兵，因北地之衆，士卒不戰，城門不閉，雖湯武之舉，誠未過此，所謂『齊人伐燕勝之』也。是時宣王以齊師之出，端由孟子，故質之以諸臣之議，告之以天與之機，孟子是時，慨然陳文王武王之事，戒之以益深益熱之虞，是卽明告以天吏之爲，與所以可伐之故，使宣王是時聽而從之，則以德行仁之道，於齊見之。而勸齊伐燕之策，孟子亦何不可當之乎？乃廟毁器遷，諸侯兵動，王又咨焉，孟子是時，固又反覆詳明，陳其利害。顯告以王速出令，反旄倪，止重器，謀于燕衆，爲之置君，則仍天吏之所爲也。乃至王終不悟，而諸侯之謀定，燕人立太子平，此王所以慙也。而時人不知，仍以勸伐之謀，惟孟子當之。此孟子所以以天吏明之，而以爲燕伐燕也。蓋沈同之私問，在未伐燕之先，斯時誠無容阻而絶之。既兩對宣王之問，則燕所以可伐，所以須爲天吏，孟子非不腹腹言之。而時人勸齊伐燕之疑，則在取燕之後。方伐燕，未取燕，王師也，拯民水火也，非燕伐燕也，可勸也。既取燕，則水益深也，火益熱也，是乃燕伐燕也，不可勸也。至于以燕伐燕，而以勸齊疑孟子，孟子所不受矣。《梁惠王》篇所載，皆對齊王之言，故與梁惠王、滕文公、鄒穆公、魯平公等相次。《公孫丑》篇所載，皆對齊臣之言，故與景丑氏、孔距心、蚳鼃、王讙等相次。其互見之旨，思之自著。孟子兩對宣王，皆明燕雖可伐，須爲天吏之説，豈必沈同私問之時不耐而預刺刺言之乎？王充淺學，詎足知大賢哉！

《章指》言：誅不義者，必須聖賢，禮樂征伐自天子出，王道之正也。【疏】『禮樂征伐自天子出』〇正義曰：見《論語·季氏》篇第十六。

燕人畔，王曰：『吾甚慙於孟子。』【注】燕人畔，不肯歸齊，齊王聞孟子與沈同言爲未勸王，今竟不能有燕，故慙之。【疏】注『燕人』至『慙之』〇正義曰：宣王欲取燕，孟子告以置君，及燕人立公子平，則燕人自立君，不肯歸附於齊矣。此所謂『燕人畔』也。畔與叛同，違背之意，故以不肯歸齊爲畔。此皆宣王事，至燕昭王用樂毅下齊城，乃湣王事耳。

陳賈曰：『王無患焉。王自以爲與周公，孰仁且智？』

王曰：『惡！是何言也？』【注】陳賈，齊大夫也。問王曰，自視何如周公仁智乎。欲爲王解孟子意，故曰王無患焉。王歎曰，是何言，言周公何可及也。【疏】注『陳賈齊大夫』〇正義曰《國策・秦策》『四國爲一，將以攻秦，秦王召羣臣賓客六十人而問焉，姚賈對曰』云云。高誘注云：『姚賈譏周公誅管蔡不仁不智者，在《孟子》之篇也。』鮑彪注云：『高誘，妄人也。此《策》以姚賈爲陳賈，初不考其歲月，賈乃與李斯同時，安得見於《孟子》之書？』《魏策》：『周最入齊，秦王怒，令姚賈讓魏王。』鮑彪注云：『按：此姚賈與始皇所問之人，相去八十餘年。高誘欲以爲陳賈，若此人者可也。蓋陳舜後，得爲姚姓，而孟子與秦武、魏哀時猶得相及，獨以最〔一〕、韓非相毁之人爲此人，則年時相絶太遠矣。』按高誘嘗注《孟子》，其以陳賈卽秦臣姚賈，當時必有書可證。《趙策》又有姚賈，趙使約韓魏，茅舉以爲趙之忠臣，吴師道以爲時不可考。顧韓非以賈爲梁之大盜，趙之逐臣，而不言其仕齊。此陳賈爲齊王説，則齊臣也。趙氏注《孟子》，訓詁多與高氏同，而此但云齊大夫，其言慎矣。

曰：『周公使管叔監殷，管叔以殷畔。知而使之，是不仁也。不知而使之，是不智也。仁智，周公未之盡也，而況於王乎？賈請見而解之。』【注】賈欲以此説孟子也。

【疏】注『賈欲以此説孟子也』〇正義曰：《詩・衛風・氓》『猶可説也』，《淮南子・道應訓》『以説於衆』，高誘注皆云：『説，解也。』故以説釋解。

〔一〕『最』，《皇清經解》本作『毁』，鮑注《戰國策》作『最』。

見孟子，問曰：『周公何人也？』【注】賈問之也。

曰：『古聖人也。』【注】孟子曰：周公古之聖人也。

曰：『使管叔監殷，管叔以殷畔也，有諸？』【注】賈問有之否乎。

曰：『然。』【注】孟子曰如是也。

曰：『周公知其將畔而使之與？』【注】賈問之也。

曰：『不知也。』【注】孟子曰：周公不知其將畔也。

『然則聖人且有過與？』【注】過，謬也。賈曰：聖人且猶有謬誤。【疏】注『過謬』至『謬誤』○正義曰：《國策・秦策》云『王之料天下過矣』，高誘注云：『過，謬也。』又『過聽於張儀』，高誘注云：『過，誤也。』

曰：『周公弟也，管叔兄也，周公之過，不亦宜乎？』【注】孟子以爲周公雖知管叔不賢，亦不必知其將畔，周公惟管叔弟也，故愛之。管叔念周公兄也，故望之。親親之恩也。周公於此過謬，不亦宜乎。【疏】注『周公』至『恩也』○正義曰：《周書・金縢》云『管叔及其羣弟乃流言於國』，某氏傳云：『周公攝政，其弟管叔及蔡叔、霍叔乃放言於國，以誣周公。』孔氏正義云：『《孟子》曰：「周公弟也，管叔兄也。」《史記》亦以管叔爲周公之兄。孔似不用《孟子》之説，或可；孔以其弟謂武王之弟，與《史記》亦不違也。』乃下『公將不利於孺子』傳云：『三叔以周公大聖，有次立之勢。』然則孔自以周公爲武王弟，管叔爲周公弟，乃爲有次立之勢。『其弟管叔』承『周公攝政』之下，自指爲周公弟，非承上爲武王弟也。蓋漢時原有二説：《史記・管蔡世家》：『武王同母兄弟十人，其長子曰伯邑考，次曰武王發，次曰管叔鮮，次曰周公旦。』此以管叔爲周公之兄也。《列女傳・母儀》篇云：『太姒生十男，長伯邑考，次武王發，次周公旦，次管叔鮮。』《白虎通・姓名》篇『文王十子』引《詩傳》云：『伯邑考，武王發，周公旦，管叔鮮。』此以周公爲管叔之兄也。盧氏文弨校《白虎通》引孫侍御云：『此所引《詩傳》疑出《韓詩内傳》，以周公爲管叔之兄，與趙岐注《孟子》合。』按《白虎通・誅伐》篇云：『《尚書》曰「肆朕誕以爾東征」，誅弟也。又云「誕以爾東征」，誅禄甫也。』誅弟正指管、蔡，不可以蔡統管。若管是周公兄，則宜以管統蔡云誅兄；今云『誅弟』，則管、蔡皆周公弟也。高誘注《淮南子・氾論訓》云：『管叔，周公兄也。』此用《史記》。注《吕氏春秋・開春》篇云：『管叔，周公弟。』又注《察微》篇云：『管叔，周公弟也。蔡叔，周公兄也。』誘亦嘗注《孟子》者也。《後漢書・樊儵傳》儵云『周公誅弟』，注云：『周公之弟，管、蔡二叔，流言於國。』又《張衡傳・思玄賦》云『旦獲讟於羣弟兮，啟《金縢》而乃信』，注云：『成王立，周公攝政，其弟管叔、蔡叔等謗言，云「公將不利於孺子」，周公乃誅二叔。』《魏志》毌丘儉《討司馬師表》云：『《春秋》之義，大義滅親，故周公誅弟。』嵇康《管蔡論》云：『按記管、蔡流言，叛戾東都，周公征討，誅凶逆〔一〕，頑惡顯著，流名千里；且明父聖兄，曾不鑒凶愚於幼稺，覺無良之子弟，而乃使理亂殷之弊民。』下云：『文王列而顯之，發、旦二聖，舉而任之。』又云：『三聖未爲不明，則聖不佑惡而任頑凶，不容於時世，則管、蔡無取私於〔二〕父兄。』此論正本《孟子》發之，而以文武周公爲管、蔡之父兄，與趙氏同。李商隱《雜記》云：『周公去弟。』此皆以周公爲兄者。毛氏奇齡《四書賸言》云：『予嘗以此質之仲兄及張南士，亦云此事有可疑者三：周公稱公，而管叔以下皆稱叔，一；周公先封周，又封魯，而管叔並無畿內之封，二；周制立宗法，以嫡弟之長者爲大宗，周公、管、蔡皆嫡弟，而周公爲大宗，稱魯宗國，三。趙氏所注，非無據也。』周氏柄中《辨正》云：『趙氏以周公爲兄，管叔爲弟，《列女傳·母儀》篇數太姒十子，亦以管、蔡爲周公弟。《鄧析子·無厚》篇云：「周公誅管、蔡，此於弟無厚也。」《傅子·通志》篇云：「管叔、蔡叔，弟也。爲惡，周公誅之。」又《舉賢》篇云：「周公誅弟而典型立。」漢晉諸儒，固有以管叔爲周公弟者，不特臺卿此注也。』按趙氏自有所本，但孟子直云『周公弟也，管叔兄也』，自是以管叔爲周公之兄。程氏瑤田《通

〔一〕『誅凶逆』，《皇清經解》本同，嵇康《管蔡論》作『誅以凶逆』。
〔二〕『於』，《皇清經解》本同，嵇康《管蔡論》作『乎』。

藝録・論學小記》云：『父子相隱，是事已露而私之也。周公使管叔監殷，是事未形而私之也。周公之爲不知而使，不待言。然自陳賈言之，以爲不智，何説之辭？自孟子言之，則曰「周公弟也，管叔兄也」，故私其兄而不疑之，此乃天理人情之至，斷無疑其兄畔之理，故曰「周公之過，不亦宜乎」？惟孟子爲能善道聖人，天下無於兄弟而動畔之念者，則無疑於兄弟畔之人也。一切不仁不智，皆以私心測聖人，而不知聖人之公，不過自遂其私而已。故可以使而使之，可以過而過之，陳賈何知焉！』**且古之君子，過則改之；今之君子，過則順之。古之君子，其過也如日月之食，民皆見之，及其更也，民皆仰之；今之君子，豈徒順之，又從爲之辭。**【注】古之所謂君子，真聖人賢人君子也。周公雖有此過，乃誅三監，作《大誥》，明勑庶國，是周公改之也。今之所謂君子，非真君子也。順過飾非，就爲之辭。孟子言此，以譏賈不能匡君，而欲以辭解之。【疏】注「乃誅」至「之也」○正義曰：《尚書序》云：「武王崩，三監及淮夷畔，周公相成王，將黜殷，作《大誥》。」《毛詩》正義引鄭氏注云：「三監，管叔、蔡叔、霍叔三人，爲武庚監於殷國者也。」王氏鳴盛《尚書後案》云：「《逸周書・作雒解》云：『武王克殷，立王子禄父，俾守商祀；建管叔於東，蔡叔、霍叔於殷，俾殷監臣。』是管、蔡、霍爲三監之明文。」《金縢》云：「武王既喪，管叔及其羣弟，乃流言於國曰：『公將不利於孺子。』周公乃告二公曰：『我之弗辟，我無以告我先王。」周公居東二年，則罪人斯得。』《列子·楊朱》篇云：『四國流言，周公〔一〕居東三年，誅兄放弟。』《史記·周本紀》云：『管叔、蔡叔羣弟疑周公，與武庚作亂畔周。周公奉成王命，伐誅武庚、管叔，放蔡叔。』此周公誅三監之事也。《大誥》云：『王若曰：猷大誥爾多邦，越爾御事。』又云：『肆予告我友邦君，越尹氏庶士御事……曰：予得吉卜，予惟以爾庶邦于伐殷逋播臣。』是明敕庶國之事也。劉氏台拱《周公居東論》云：『武庚席勝國之餘業，地方千里，連大國以窺周室，而管、蔡以骨肉至親，爲之陰伺虛實，相機舉事，表裏相應，動出百全；然猶以周公之故，不敢遽發，故以流言之謗，爲反間之謀，意欲先陷周公，而後逞志於成王。《詩》曰：「相彼雨雪，先集爲霰。」禍亂之萌，見於此矣。而周公於此，顧乃懵然而不察，坦然而無疑，引嫌畏罪，去不旋踵，以墮於敵人之術中。直至四國並起，猖獗中原，然後倉皇奔命，僥倖於一日之成功，則周公之智，何遠出管、蔡下哉？論者必曰：「周公弟也，管叔兄也，豈忍料其將變哉？」此以施於使監之時，則至言也。施之於流言之後，則妄説也。今有人聞謗而不辨者，是君子也。無故加己以篡弑之名，而安然不問，則冥頑不靈之人而已矣。況其爲反間之謀，覬覦之漸，豈有安然受之而不究所從來者乎？是故流言之初起也，周公萬萬不料其爲管、蔡，而心識其爲商人之間

〔一〕『周公』，《皇清經解》本同，《列子·楊朱》無『周公』二字。

己，則不敢以不察。察而得之，必且始而駭，中而疑，終則痛哭流涕，引以爲終身之大慼，此天理人情之至，以義推之而可見者也。而謂周公必當守不忍料之意以終身，則舜何以知象之將殺己哉？「鴟鴞鴟鴞，既取我子，無毁我室。」「迨天之未陰雨，徹彼桑土，綢繆牖户。」成王二公，未始以爲憂，而周公獨識之，此所謂〔一〕罪人斯得者也。鴟鴞取子，以喻管、蔡爲武庚之所脅從。「恩斯勤斯，鬻子之閔斯」。所以未減其倡亂之罪，而不忍盡其辭，親親之道也。至於閔王業之艱難，懼覆亡之無日，情危辭蹙，幾於大聲而疾呼，自書契以來，哀慟迫切，未有若此詩之甚者。而説者紛紜顛倒，致使周公救亂之志，闇而不章，豈不惜哉！』按三監之建在武王時，賈以爲周公使之，已非其實；至於東征破斧，零雨心悲，公自行其所當然，原非謂先此誤使，爲斯救敗之舉也。惟孟子不爲周公辨過，而轉爲周公任過，且謂其能改過，特以取燕之舉，過於前，不能改於後，假周公之事以睨齊耳。必謂誅三監作《大誥》爲周公改過之徵，尚非孟子之指矣。○注「順過飾非」○正義曰：《荀子・成相篇》云：『拒諫飾非，愚而上同。』

《章指》言：聖人親親，不文其過；小人順非，以諂其上也。【疏】「聖人」至「上也」○正義曰：《論語・子張》第十九云：『小人之過也必文。』《禮記・王制》云：『順非而澤。』

〔一〕「所謂」，《皇清經解》作「為」。

《荀子·宥坐篇》孔子論少正卯亦云：『順非而澤。』按澤卽釋。謂順其非而爲之解釋。或云潤澤，失之。

孟子致爲臣而歸。【注】辭齊卿而歸其室也。【疏】注『辭齊』至『室也』○正義曰：《禮記·王制》云『七十致政』，注云：『致政，還君事。』《明堂位》云『七年致政於成王』，注云：『致政，以王事歸授之。』宣公元年《公羊傳》云『退而致仕』，注云：『退，退身也。致仕，還禄位於君。』然則致之義爲還。孟子爲卿於齊，是爲齊之臣也。致爲臣，是還此爲臣於齊，不爲其臣也。還此爲臣於齊，卽是辭齊卿也。下『王就見』，則孟子尚在齊，故非歸鄒，是不立朝而退歸其室也。

王就見孟子曰：『前日願見而不可得，【注】謂未來仕齊也。遥聞孟子之賢而不能得見之。**得侍同朝，甚喜，**【注】來就爲卿，君臣同朝，得相見，故喜也。【疏】注『來就』至『喜也』○正義曰：孔氏廣森《經學卮言》云：『《章句》言「來就爲卿，君臣同朝，得相見，故喜之也」。然則得侍同朝者，謙辭。言與孟子得爲君臣而同朝也。「甚喜」，王自言甚喜也。俗讀「得侍」絶句者謬。』按《説文》人部云：『侍，承也。』手部云：『承，奉也，受也。』惟孟子來就齊王，乃得承受之，與之同朝。《禮記·喪大記》云『大夫之喪，大胥侍之』，注云『侍，猶臨也』。或趙氏解侍爲臨，謂孟子來臨於齊，故云來就爲卿。**今又棄寡人而歸，**

【注】今致爲臣，棄寡人而歸也。**不識可以繼此而得見乎？』**【注】不知可以續今日之後，遂使寡人得相見否。

對曰：『不敢請耳，固所願也。』【注】孟子對王言，不敢自請耳，固心之所願也。孟子意欲使王繼今當自來謀也。

他日，王謂時子曰：『我欲中國而授孟子室，養弟子以萬鍾，使諸大夫國人皆有所矜式，子盍爲我言之。』【注】時子，齊臣也。王欲於國中央爲孟子築室，使養教一國君臣之子弟，與之萬鍾之禄。中國者，使學者遠近鈞也。矜，敬也。式，法也。欲使諸大夫國人皆敬法其道。盍，何不也。謂時子何不爲我言之於孟子，知肯就之否。【疏】注『時子』至『之否』○正義曰：薛應旂《人物考》云：『齊大夫時子，《古今姓纂》：「齊有賢人時子著書，見《孟子》、《新論》。」』《荀子・大略篇》云：『欲近四旁，莫如中央。』趙氏以中央解中國，謂中於國也。鈞，閩、監、毛三本作『均』，均、鈞字通。《論語・衛靈公》篇云『君子矜而不爭』，包氏注云：『矜，莊也。』《吕氏春秋・孝行》篇云『居處不莊』，高誘注云：『莊，敬也。』以此通之，是矜爲敬也。『式，法也』，見《周書・謚法解》。《禮記・檀弓》云『盍嘗問焉』，《論語・公冶長》篇云『盍各言爾志』，注皆云：『盍，何不也。』

時子因陳子而以告孟子。【注】陳子，孟子弟子陳臻。**陳子以時子之言告孟子，孟子曰：『然，夫時子惡知其不可也？如使予欲富，辭十萬而受萬，是爲欲富乎？**【注】孟子曰：如是，夫時子安能知其不可乎？時子以我爲欲富，故以禄誘我，我往者饗十萬鍾之禄，以大道不行，故去耳。今更當受萬鍾，是爲欲富乎。距時子之言也。【疏】注「孟子」至「言也」○正義曰：以如是釋然字，以安釋惡。王氏引之《經傳釋詞》云：范望注《太玄務測》云：「然，猶是也。常語也。」《廣雅》：「然，麠也。」《禮記·檀弓》：「有子曰：然，然則夫子有爲言之也」，《論語·陽貨》篇「然，有是言也」，《孟子·公孫丑》篇曰「然，夫時子惡知其不可也」。此三然字但爲應詞，而不訓爲是。』《吕氏春秋·忠廉》、《謹聽》、《務本》、《遇合》、《慎大》、《權勳》、《長利》、《求人》等篇，高誘注皆云：『惡，安也。』惡與烏、焉通。《荀子》多言案，即安也。《漢書》多言烏，即惡也。襄公二十九年《公羊傳》云『僚焉得爲君乎』，《釋文》『焉本又作「惡」。』《廣雅·釋詁》云：『焉，安也。』閻氏若璩《孟子生卒年月考》云：『或問於余曰：「養弟子以萬鍾，齊宣亦自侈其厚矣；而孟子又云曾辭十萬鍾，然則齊卿之禄，厚至此與？」余應之曰：此蓋孟子通計仕齊所辭之數，非一歲有也。晏子曰：「齊舊四量，豆、區、釜、鍾。四升爲豆，各自其四，以登於釜，釜十則鍾。」然則區一斗六升也，釜六斗四升也，鍾六石四斗也。萬鍾則六萬四千石矣，十萬鍾則六十四萬石矣，此豈齊卿一歲所能有哉？以孟子所云「陳戴蓋禄萬鍾」，戴爲齊公族，禄所入如此；而孟子在三卿之中，使其禄同於陳戴，則仕齊當十年矣。倍於陳戴，則仕齊當五年矣。或少倍於陳戴，當亦不下六七年矣。夫燕噲讓國，君臣被戮，太子復興，俱孟子仕齊所見聞者，則固已歷五年矣。又況於崇見王，喪母復歸，又必有一二年，故曰當不下六七年也。』周氏廣業《孟子出處時地考》引馮氏景少作《論萬鍾》云：『六石四斗曰鍾，則六萬四千石足以食其徒一萬八千餘人。蓋古量甚少，漢一斗七升，當今五升四合。六萬四千石，今猶得一萬二千八百石，乃歎崇儒重道之風，雖戰國不替也。』弟子爲一國君臣之子弟，使孟子教養之。則讀『養弟子』三字爲句，屬上。《爾雅·釋詁》云：『應，當也。』《廣雅·釋言》云：『應，受也。』《毛詩·周頌》『我應受之』。當受卽應受也。故以當釋受。**季孫曰：「異哉！子叔疑。**【注】二子，孟子弟子也。季孫知孟子意不欲，而心欲使孟子就之，故曰異哉弟子之所聞也。子叔心疑，亦以爲可就也。【疏】注『二子』至『就也』〇正義曰：周氏廣業《孟子出處時地考》云：『魯有季孫氏、子叔氏，並見《左傳》。二子，當是其後，氏而不名，與公都子同例。孟門從遊者，趙氏注弟子十五人：樂正子、公孫丑、陳臻、公都子、充虞、季孫、子叔、高子、徐辟、咸丘蒙、陳代、彭更、萬章、屋廬子、桃應。學於孟子四人：孟仲子、告子、滕更、盆成括。見《漢書·古今人表》者五人：公孫丑、萬章、告子、樂正子。高子。宋政和五年，從祀孟廟。視趙注無盆成括，爲十八人，詳《宋史·禮志》。吳萊《孟子弟子考序》稱十九人，則與趙注同。張九韶《羣言拾唾》載孟門十七弟子，去季孫、子叔、滕更、盆成括，而益以孟季子、周霄。《經義考》亦去季孫、子叔，而謂告子與浩生不害是二人，因去告子而列浩生不害。竊謂從者數百，彭更既明言之，則弟子之姓名湮沒者，何可勝數。季孫、子叔、盆成括等，幸附見七篇，尚何去取之紛紛乎？』**使己爲政，不用則亦已矣。又使其子弟爲卿。」人亦孰不欲富貴，而獨於富貴之中有私龍斷焉。**【注】孟子解二子之異意疑心，曰齊王使我爲政，不用則亦自止矣。今又欲以其子弟故，使我爲卿，而與我萬鍾之禄。人亦誰不欲富貴乎，是猶獨於富貴之中，有此私登龍斷之類也。我則恥之。【疏】注『孟子』至『恥之』○正義曰：趙氏以季孫、子叔爲孟子二弟子。『子叔疑』，猶《論語》言『門人惑』也。此則孟子解之之辭。『又使其子弟爲卿』，子弟，卽上弟子，使教養其子弟。使我爲卿，則讀『爲卿』二字不屬上。趙氏佑《温故録》云：『以季孫、子叔爲孟子弟子，不應但書氏而絶無名稱，不合一也。「異哉」一語既不了，「疑」字更未有言，遽接以孟子自解語，與上節全不相屬，不合二也。就注文「齊王使我爲政，不用則亦自止矣，今又欲以其子弟故，使我爲卿」云云，孟子正因王不使爲政而去，何忽云爾。本文「使其子弟爲卿」，忽倒換「使我爲卿」，上文「養弟子以萬鍾」，自當指孟子之弟子，忽易爲齊王子弟，不合三也。』按今通解以此皆季孫譏子叔疑之言。周氏廣業《孟子出處時地考》云：『以子叔疑爲名，莫知其爲何人。惟《左傳》昭二十九年經「叔詣卒」，《公羊》、《穀梁》俱作「叔倪」，《釋文》倪有「五計」「五兮」二音，「五兮」頗與「疑」音相近，意卽其人。此子叔敬子之孫，嘗欲納昭公，故季孫意如曰：「叔倪無疾而死，此皆無公也，是天命也，非我罪也。」以是推之，龍斷之説，或出愛憎之口歟？然趙岐孰於《左傳》，不應忘之。』**古之爲市也，以其所有易其所無者，有司者治之耳。有賤丈夫焉，必求龍斷而登之，以左右望而罔市利，人皆以爲賤，故從而征之。征商自此賤丈夫始矣。』**

【注】古者市置有司，但治其爭訟，不征税也。賤丈夫，貪人可賤者也。入市則求龍斷而登之，龍斷，謂堁斷而高者也，左右占望，見市中有利，罔羅而取之。人皆賤其貪，故就征取其利，後世緣此，遂征商人。孟子言我苟貪萬鍾，不恥屈道，亦與此賤丈夫何異也。古者，謂周公以前，『周禮』有關市之賦也。【疏】『古之』至『無者』〇正義曰：《易・繫辭傳》云：『日中爲市，致天下之民，聚天下之貨，交易而退，各得其所，蓋取諸噬嗑。』交易，即以所有易所無。彼此各有所有，各有所無，一交易，而無者皆有，故各得其所。《虞書・皋陶謨》云『貿遷有無化居』，《史記・夏本紀》云『食少，調有餘補不足徙居』是也。周氏廣業《逸文考》云：『「古之爲市也」，石經、宋本同。《白帖》引作「者」。』翟氏灝《考異》云：『「古之爲市者」，宋本、宋石經者俱作「也」，張南軒本、《孟子集疏》本亦俱作「也」，《文選・魏都賦》注引作「也」。』阮氏元《校勘記》云：『「古之爲市也」，石經、閩、監、毛三本、韓本同，孔本也作「者」。』〇注『古者』至『税也』〇正義曰：《周禮・地官》有司市、質人、廛人、胥師、賈師、司虣、司稽，皆市官。司市以質劑結信而止訟，以賈民禁僞而除詐，以刑罰禁虣而去盗，凡市入，胥執鞭度守門，市之羣吏平肆，展成奠賈，上旌于思次以令市，市師涖焉，而聽大治大訟。胥師、賈師涖于介次，而聽小治小訟。此有司治爭訟也。

廛人掌斂布、絘布、總布、質布、罰布、廛布而入于泉府。是周時有征税。不征税，是周公以前也。詳見上篇。《音義》出「龍斷」，云：「丁云：『案龍與隆，聲相近。隆，高也。蓋古人之言耳，如胥須之類也。』張云：『斷如字，或讀如斷割之斷，非也。』陸云：『龍斷，謂岡壟斷而高者。』如陸之釋，則龍音壟。」又出「堁」字，云：「丁云：『《廣雅》音課，《開元文字》音塊。』」翟氏灝《考異》云：「《列子·湯問》篇説愚公移山事云：『自此冀之南，漢之陰，無隴斷焉。』可爲陸善經説『龍斷』之確證。《説文》『買』字下引下文，直作『登壟斷』。三家之釋，要惟陸氏爲長。」段氏玉裁《説文解字注》云：「『買，市也。从网貝。孟曰登壟斷而网市利，此引以證從网貝之意也。壟，《孟子》作『龍』，丁公著讀爲隆，陸善經乃讀爲壟，謂岡壟斷而高者。按趙注釋爲『堁斷而高者也』。堁，塵堁也。高誘云：『楚人謂塵爲堁。』趙本蓋作『尨斷』。尨，塵雜之貌。囂塵不到，地勢略高之處也。古書尨、龍二字多相亂，許書亦當作『尨斷』，淺人以陸善經説，改爲『壟』耳。」《方言》云：「『占，猶瞻也。』《毛詩·邶風》：『瞻望弗及。』此以占釋望，占望即瞻望也。罔，《説文》作『网』，重文『罓』，今作『網』。《毛詩·王風》『雉離于羅』，傳云：『鳥網曰羅。』是罔市利爲罔羅而取利也。《禮記·檀弓》云『從而謝焉』，注云：『從，猶就也。』故以就釋從。

《章指》言：君子正身行道，道之不行，命也。不爲利回，創業可繼，是以君子以龍斷之人爲惡戒也。【疏】「道之不行命也」○正義曰：《論語·憲問》第十四云：「道之將行也與？命也。』○『不爲利回』○正義曰：昭公二十年《左傳》云『不爲利疚於回』，注云：『疚，病也。回，邪也。以利，故不能去是病身於邪。』又三十一年《左傳》云：『君子動則思禮，行則思義，不爲利回，不爲義疚。』注云：『回，正心也。』

孟子去齊，宿於晝，有欲爲王留行者。【注】晝，齊西南近邑也。孟子去齊，欲歸鄒，至晝地而宿也。齊人之知孟子者，追送見之，欲爲王留孟子之行。【疏】『孟子』至『行者』○正義曰：閻氏若璩《孟子生卒年月考》云：『繫致爲臣章於燕畔王慙之後，蓋君臣之隙既開，有不可以復合者矣。故孟子決然請去。』《釋地又續》云：『當日爲王留行者，豈有不通姓名之理。爲其人可略，作七篇時，遂從而略之。』注『晝齊』至『宿也』○正義曰：周密《齊東野語》云：『高郵黄彦利謂孟子去齊宿晝，讀如晝夜之晝，非也。《史記・田單傳》「畫邑」，注云：「齊西南近邑，音獲。」故孟子三宿而出，時人以爲濡滯也。』毛氏奇齡《經問》云：『齊固有畫邑，然焉知無晝邑？趙岐云：「晝，齊西南近邑。」是明有晝邑矣。且趙岐注《孟子》，正在齊郡，其地有晝邑，城在臨淄縣西南，相傳孟子出宿處，故鑿然注此。此真身歷其地，見之真故言之確者。若畫邑，在臨淄西北三十里，卽戟里城。戰國燕破齊時，將封王蠋以萬家，卽此地。是燕從西北至齊，當是畫邑。孟子從西南至滕，當是晝邑。一南一北，字形雖相蒙，地勢無可混也。』阮氏元《校勘記》云『「宿於晝」，各本同。孔本、韓本晝作「畫」，注同。按此當是采用舊説。《廣韻》四十九宥「晝」字下云：「又姓，晝邑大夫之後，因氏焉。出《風俗通》。」《孟子》晝字，不當改爲「畫」字。』按《史記・田單列傳》：『燕之初入齊，聞晝邑人王蠋賢』，集解引劉熙云：『齊西南近邑。晝音穫〔一〕。』此劉熙云云，蓋卽其《孟子》注。裴駰引以爲『晝邑』之注，則是駰所見《孟子》本固作『晝』字邪？

坐而言，不應，隱几而卧。【注】客危坐而言，留孟子之言也。孟子不應答，因隱倚其幾而卧也。【疏】注『客危』至『而卧』○正義曰：劉熙《釋名・釋姿容》云：『跪，危也。兩膝隱地，體危睨〔二〕也。』《禮記・曲禮》『授立不跪，授坐不立』，《釋文》云：『跪，本又作「危」。』昭公二十七年《左傳》云『坐行而入』，注云：『坐行，膝行。』《禮記・曲禮》云『先生書策琴瑟在前，坐而遷之』，孔氏正義云：『坐亦跪也。坐通名跪，跪名不通坐。』趙氏以危坐解坐字，謂此坐爲跪也。《白虎通・衣裳》篇云：『衣者，隱也。』《説文》衣部云：『衣，依也。』叉部云：『㥯，所依據也。』㥯卽隱。《毛詩・商頌》『依我磬聲』，傳云：『依，倚也。』隱、依、倚三字義同，故以倚釋隱。段氏玉裁《説文解字注》云：『卧，伏也。从人臣，取其伏也。伏，大徐作「休」，誤。卧與寢異，寢於牀，《論語》「寢不尸」是也。

〔一〕『穫』，《皇清經解》本作『獲』。
〔二〕『睨』，《皇清經解》本作『隗』，劉熙《釋名・釋姿容》作『倪』。

臥於几，孟子「隱几而臥」是也。臥於几，故曰伏，統言之則不別，故宀部云：「寢者，臥也。」《曲禮》云：「寢毋伏。」則謂寢於牀者，毋得俯伏也。』

客不悅曰：『弟子齊宿而後敢言，夫子臥而不聽，請勿復敢見矣！』【注】齊，敬。宿，素也。弟子素持敬心來言，夫子慢我，不受我言。言而遂起，退欲去，請絕也。【疏】注『齊敬』至『我言』○正義曰：《音義》云：『齊字亦作「齋」，今孔氏本作「齋」，經典通作齊。』《毛詩・召南》『有齊季女』，傳云：『齊，敬也。』是齊爲敬也。《禮記・禮器》云：『三日宿』，注云：『宿，致齊也。』趙氏釋爲素者，宿、素一聲之轉。《小爾雅・廣詁》云『宿，久也。』《漢書・霍去病傳》注云：『宿，舊也。』桓公元年《公羊傳》注云：『宿，先誡之辭。』《論語》『子路無宿諾』，注云：『宿，預也。』《後漢書・呂布傳》注云：『素，舊也。』《禮記・喪大記》正義引皇氏云：『素，先也。』《文選・關中詩》注引《國語》賈逵注云：『素，預也。』是宿、素二字之義，本得相通。素持敬心，謂預持敬心，亦久持敬心也。《周禮・地官・鄭長》『凡歲時之戒令皆聽之』，注云：『聽之，受之而行也。』《國策・秦策》云『則王勿聽其事』，注云：『聽，從也，受也。』隱几而臥，《禮記・樂記》云：『吾端冕而聽古樂，則惟恐臥；聽鄭衛之音，則不知倦。』是臥爲倦怠。心愛之故不倦，心厭之故臥。《說文》心部云：『慢，惰也。』惰，猶倦也。是倦怠，疏慢之也。不聽，是不受其言也。○注『言而』至『絕也』○正義曰：閻氏若璩《釋地又續》云：『兩膝著地，伸腰及股而勢危者爲跪。兩膝著地，以尻著蹠而少安者爲坐。趙氏於「坐而言」曰危坐，於「坐我明語子」單曰「坐」，蓋危坐者，客跪而言留孟子之言，迨不聽，然後變色而起，孟子於是命之以安坐以聽我語。此兩坐字殊不同，趙氏注於「勿敢見」下先云：「言而遂起，退欲去，請絶也。」爲下文坐字張本。郝氏解亦云：「請勿復敢見矣，起而告退之辭。」」

曰：『坐，我明語子。【注】孟子止客曰，且坐，我明告語子。【疏】注「我明告語子」○正義曰：《周禮·春官·大司樂》『諷誦言語』，注云：『答述曰語。』《吕氏春秋·節喪》篇云『傳以相告』，高誘注云：『告，語也。』**昔者魯繆公無人乎子思之側，則不能安子思；泄柳、申詳無人乎繆公之側，則不能安其身。**【注】往者魯繆公尊禮子思，子思以道不行則欲去；繆公常使賢人往留之，説以方且聽子爲政，然後子思復留。泄柳、申詳，亦賢者也。繆公尊之不如子思，二子常有賢者在繆公之側，勸以復之，其身乃安也。【疏】注「往者」至「復留」○正義曰：以往釋昔，《爾雅·釋詁》云：『安，止也。』《説文》田部云：『留，止也。』安、留皆訓止，故以留釋安。○注「泄柳」至「安也」○正義曰：《禮記·雜記》『泄柳之母死』，注云：『泄柳，魯繆公時賢人也。』孔氏正義云：『《孟子》云：「魯繆公之時，公儀子爲政，子柳、子思爲臣，魯之削也滋甚，若是乎賢者之無益於國也。」彼子柳即此泄柳也，故云魯繆公時賢人。』《檀弓》云『子張病，召申詳而語之』，注云：『申詳，子張子。《太史公傳》曰：「子張姓顓孫。」今曰申詳，周秦之聲，二者相近，未聞孰是。』又『申詳之哭言思也亦然』，注云：『説者曰：言思，子游之子，申詳妻之昆弟。』故閻氏若璩《釋地又續》云：『申詳，子張之子，子游之壻；是陳之顓孫氏，與吴之言氏，遠爲婚姻。』《檀弓》又云：『季子皋葬其妻，犯人之禾，申詳以告曰：請庚之。』注云：『申祥，子張子。』祥、詳古字通。《説文》力部云：『勸，勉也。』《文選注》云：『勸者，進善之名。』《周禮・夏官・大僕》注云：『復，謂奏事也。』《吕氏春秋・勿躬》篇云『管仲復於桓公』，高誘注云：『復，白也。』勸而復之，謂有賢者在繆公之側，以善言勸勉而奏白之，泄柳、申詳乃留止於魯而不去。子思之賢，魯人無過之者，故必聽子思之言爲政，乃不去。二子賢不及子思，不必聽二子之言。必有賢如子思，進言於君，而君聽之，二子乃留。二子視子思之留爲留也，非虚言所能止。**子爲長者慮而不及子思，子絶長者乎，長者絶子乎？**』【注】長者，老者也。孟子年老，故自稱長者。言子爲我慮，不如子思時賢人也。不勸王使我得行道，而但勸我留，留者何爲哉。此爲子絶我乎，又我絶子乎，何爲而愠恨也。【疏】注『長者』至『長者』〇正義曰：《儀禮・鄉飲酒禮》、《鄉射禮》皆云『衆賓之長升』，注皆云：『長，其老者。』是長者爲老者也。

《章指》言：惟賢能安賢，智能知微，以愚喻智，道之所以乖也。

孟子去齊。尹士語人曰：『不識王之不可以爲湯武，則是不明也。識其不可，然且

至，則是干澤也。千里而見王，不遇故去，三宿而後出晝，是何濡滯也！士則兹不悦。』

【注】尹士，齊人也。干，求也。澤，禄也。尹士與論者言之，云孟子不知，則爲求禄。濡滯，猶稽也。既去，近留於晝三日，怪其猶久，故云士於此事不悦也。**【疏】**注『干求』至『悦也』〇正義曰：『干，求也。』《爾雅·釋言》文。澤無禄訓，《風俗通·窮通》篇云：『孟子嘗仕於齊，位至卿，後不能用，孟子去齊。尹士曰：「不識王之不可以爲湯武，則是不明也。識其不可，然且至，則是干禄也。」』此亦以禄代澤。《説文》水部云：『澤，光潤也。』干求人君光寵，以得禄位，故干澤亦卽干禄也。阮氏元《校勘記》云：『「濡滯淹久也」，閩、監、毛三本、足利本同。廖本、孔本作「猶稽也」，韓本作「孰稽也」，《考文》古本作「孰稽也」，《考文》一本作「淹留」。』按《史記·平準書》集解引李奇云：『稽，貯滯也。』貯滯猶濡滯。《説文》稽部云：『稽，留止也。从禾，从尤，旨聲。』《淮南子·時則訓》云『流而不滯』，高誘注云：『滯，止也。』《楚辭·涉江》篇云『淹回水而凝流』，注云：『滯，留也。』滯與稽義同。滯從帶聲，帶聲與旨聲同韻，段氏玉裁《六書音均表》同列十五部。孔氏廣森《詩聲類》六脂、十二齊、五十二霽，同屬陰聲脂類第十二，則滯、稽音近，故以濡滯猶稽也。《爾雅·釋詁》云：『佇，久也。』《國語·魯語》云『敢告滯積，以舒執事』，注云：『滯，久也。』故又以久解之。云猶久者，對下孟子以三宿爲猶速也。兹之義爲此，故解兹爲此事，悦之義爲解。士則兹不悦，謂士於此事不解也。

高子以告。【注】高子亦齊人，孟子弟子，以尹士之言告孟子也。

曰：『夫尹士惡知予哉？ 千里而見王，是予所欲也。不遇故去，豈予所欲哉！ 予不得已也。【注】孟子曰，夫尹士安能知我哉，我不得已而去耳，何汲汲而驅馳乎。 予三宿而出晝，於予心猶以爲速，王庶幾改之。 王如改諸，則必反予。【注】我自謂行速疾矣，冀王庶幾能反覆招還我矣。【疏】注『我自』至『我矣』○正義曰：速之義爲疾，卽上所云汲汲驅馳也。《毛詩・周頌》『福禄來反』，傳云：『反，復也。』《説文》又部云：『反，還也。』攴部云：『改，更也。』《吕氏春秋・慎人》篇云『反瑟而弦』，高誘注云『反，更也。』此經文云『王庶幾改之，王如改諸，則必反予』，趙氏以冀王庶幾能反覆招還我解之。以反復釋改字，以招還釋反字也。 夫出晝而王不予追也，予然後浩然有歸志。【注】浩然，心浩浩然有遠志也。 予雖然豈舍王哉？ 王由足用爲善；王如用予，則豈徒齊民安，天下之民舉安。 王庶幾改之，予日望之。【注】孟子以齊大國，知其可以行善政，故戀戀望王之改而反之，是以安行也。豈徒齊民安，言君子達則兼善天下也。【疏】注『孟子』至『下也』○正義曰：用，以也。爲，猶行也。故足用爲善是可以行善政也。《易・小畜》『有孚攣如』，《釋文》云：『子夏《傳》作「戀」。』《漢書・外戚李夫人傳》云『上所以攣攣顧念我者』，注云：『攣，音力全反，又讀曰「戀」。』此經云『豈舍王哉』，趙氏解云戀戀，卽攣攣，謂係念於王，不忍舍也。 襄公七年《左傳》云『吾子其少安』，注云：『安，徐也。』《後漢書・

崔駰傳》駰作《達旨》云「勢余馬以安行」，注云：「安行，不奔馳也。」三宿而後出晝，故爲徐行，即不汲汲驅馳也。「達則兼善天下」，見下《盡心》篇。**予豈若是小丈夫然哉！諫於其君而不受則怒，悻悻然見於其面，去則窮日之力而後宿哉！」**【注】我豈若悁急小丈夫，恚怒其君而去，極日力而宿，懼其不遠者哉。《論語》曰「悻悻然小人哉」，言己志大，在於濟一世之民，不爲小節也。【疏】注「我豈」至「節也」○正義曰：《説文》心部云：「悁，忿也。」急，《説文》作「忣」云「褊也」。《淮南子・繆稱訓》云「忣於不己知者」，注云：「忣，急也。」悁急，趙氏爲怒字解也。所以爲小丈夫者，緣其諫君不受則怒也。因怒而小，故以悁急加「小丈夫」上，謂其因忿忣而小也。怒即恚也。窮之言極也。《音義》云：「悻悻，丁云：「字當作婞，形頂切，很也，直也。」又胡耿切，字或作「悻悻然」」，《論語》音鏗。」今《論語・子路》篇作「硜硜然小人哉」。《禮記・樂記》「石聲磬」，《史記・樂書》作「石聲硜。」集解引王肅《禮記》注云：「硜聲果勁。」《説文》石部：「磬，古文從巠，硜即磬字。」劉熙《釋名・釋樂器》云：「磬，罄也。其聲罄罄然堅緻也。」《離騷》云：「鮌婞直以亡身兮。」《説文》女部云：「婞，很也。」《楚辭》曰鮌婞直果勁，與很直義近。蓋堅執不回，不知通變，故鄭氏注《論語》云：「硜硜，小人之貌也。」婞婞、磬磬聲近相通借也。閩、監、毛三本作「論曰」，阮氏元《校勘記》云：「趙注多稱論。」趙氏不解是字，蓋以是字爲語助，無所指實。王氏引之《經傳釋詞》云：「是，猶夫也。《禮記・三年問》「今是大鳥獸」，《荀子・禮論篇》作「今夫」。《宥坐篇》「今夫世之陵遲亦久矣」，《韓詩外傳》作「今是」。是小丈夫，夫小丈夫也。是訓爲夫，故夫亦訓爲是。』

尹士聞之曰：『士誠小人也！』【注】尹士聞義則服。

《章指》言：大德洋洋，介士察察，賢者志其大者，不賢者志其小者，此之謂也。【疏】『大德』至『謂也』○正義曰：《史記・禮書》云『洋洋美德乎』，索隱云：『洋洋，美盛貌。』《老子》云『俗人察察』，注云：『察察，疾且急也。』《論語・子張》第十九『賢者識其大者，不賢者識其小者』，漢石經識作『志』。《漢書・劉歆傳・讓太常博士》引亦作『志』，與此同。《周禮・保章氏》注云：『志，古文識。』

孟子去齊，充虞路問曰：『夫子若有不豫色然。前日虞聞諸夫子曰：「君子不怨天，不尤人。」』【注】路，道也。於路中問也。充虞謂孟子去齊，有恨心，顏色不悦也。【疏】注『路道』至『悦也』○正義曰『路道也』，《爾雅・釋宫》文。《論衡・刺孟》篇以涂代路，路亦涂也。《易・豫卦》鄭氏注云：『豫，喜豫悦樂之貌也。』是不豫卽不悦也。《説文》心部云：『恨，怨也。』心有怨恨，則顏色不悦。

曰：『彼一時，此一時也。五百年必有王者興，其間必有名世者。由周而來，七百有

餘歲矣，以其數則過矣，以其時考之則可矣。【注】彼前聖賢之出是有時也，今此時，亦是其一時也。五百年有王者興，有興王道者也。名世，次聖之才。物來能名，正一世者，生於聖人之間也。七百有餘歲，謂周家王迹始興，大王、文王以來，考驗其時，則可有也。

【疏】注「彼前」至「有也」○正義曰：趙氏以彼一時爲以前聖賢興王道之時。聖指王者，賢指名世者。彼卽前也。謂前此聖賢之出，是應此五百年之運而出，是聖賢之出有時也。此卽今也。此一時爲孟子之時，謂今時已是聖賢當出之時也。《論衡》引此作「彼一時也此一時也」，《文選·答客難》、《五等·諸侯論》二注引《孟子》亦云「彼一時也此一時也」。觀趙氏注則彼一時下當有「也」字。近通解以彼一時爲充虞所聞「君子不怨天不尤人」之時，時爲暇豫之時，則論爲經常之論也。此一時爲今孟子去齊之時，爲行藏治亂關係之時也。則憂天憫人之意，不得不形諸顏色也。《國語·魯語》云「黄帝能成命百物，以明民共財」，注云：「命，名也。」《尹文子》云：「大道無形，稱器有名。名也者，正形者也。形正由名，則名不可差，故仲尼曰：『必也正名乎！名不正則言不順也。』名有三科：一曰命物之名，方圓白黑是也。二曰毁譽之名，善惡貴賤是也。三曰況位之名，賢愚愛憎是也。今萬物具存，不以名正之則亂。」《荀子》有《正名》篇云：「聖王沒，名守慢，奇辭起，名實亂，是非之形不明，則雖守法之吏，誦數之儒，亦皆亂也。若有王者起，必將有循於舊名，有作於新名……貴賤不明，同異不別，如是則志必有不喻之患，而事必有困廢之禍。故知者爲之分别，制名以指實，上以明貴賤，下以别同異。貴賤明，同異别，如是則志無不喻之患，事無困廢之禍，此所爲有名也。』物來能以名正於一世，則貴賤明而同異别。《漢書・古今人表》列九等之叙，上上爲聖人，上中爲仁人，上下爲智人。此明貴賤、别同異之人爲智者，故爲『次聖之才』。《漢書・楚元王傳・贊》云：『仲尼稱材難，不其然歟！自孔子後，輟文之士衆矣，惟孟軻、孫況、董仲舒、司馬遷、劉向、揚雄，此數公者，皆博物洽聞，通達古今，其言有補於世，傳曰：「聖人不出，其間必有命世者焉。」豈近是乎？』命世卽名世，謂前聖既没、後聖未起之間，有能通經辨物，以表章聖道，使世不惑者也。江氏永《羣經補義》云：『孟子去齊，在燕人畔之後，蓋當周赧王三年己酉。孟子言「由周而來，七百有餘歲」，邵子《皇極經世》、金吉甫《通鑑綱目前編》考之：周武王伐殷己卯，距赧王己酉八百一十一年，與孟子言不合。蓋周初自共和庚申以前，有誤衍之年，其誤衍始於劉歆《曆譜》也。共和庚申以前之年，史遷不能紀，惟《魯世家》自考公以下有其年：考公四年，煬公六年，幽公十四年，魏公五十年，厲公三十七年，獻公三十二年，真公三十年。真公之十四年，厲王出奔彘，共和行政，爲共和前年己未。自考公至真公十四年，凡一百五十七年。魯公伯禽，《史記》未著卒年，《曆譜》謂成王元年爲命魯公之歲。魯公四十六年，至康王六年而薨。以四十六加一百五十七，則成王元年至厲王己未，二百單三年耳。而《曆譜》累推七十六年之朔旦冬至，數諸公之年，謂《世家》煬公即位六十年。是得《史記》誤本，以六年爲六十年也。又謂獻公即位五十年，是又誤以三十二年爲五十年也。煬公衍五十四年。獻公衍十八年，共衍七十二年。則自成王元年至厲王己未，有二百七十五年。今《經世》諸書，成王立於乙酉，至厲王己未二百七十五年，正承劉歆之誤也。前計武王己卯至赧王己酉八百一十一年，除去七十二年，實得七百三十九年，正與孟子語七百有餘歲合矣。否則孟子生於周，豈不知其年數，乃缺去七十餘年邪？』按趙氏解『七百有餘歲』，推本太王、文王以來，於劉歆《曆譜》之年尤羨矣。趙氏蓋以孟子去齊在顯王時，閻氏若璩《孟子生卒年月考》云：『孟子在齊，不獨不在赧王時，亦不在慎靚王時，當在顯王四十五年。乃趙氏謂孟子去齊後至梁；既以顯王三十三年乙酉至梁，則去齊在三十三年以前。於武王己卯至赧王己酉七百三十九年，又除去赧王己酉上溯顯王甲申共二十五年，止存七百一十四年，加以太王、文王之年，仍是七百有餘歲也。』《周禮·大司馬》『以待考其誅賞』，注云：『考，謂考校其功。』《吕氏春秋·察傳》篇云『必驗之以理』，高誘注云：『驗，效也。』《淮南子·主術訓》云『驗在近』，高誘注云：『驗，效也。』効、效、校通，是考即驗也。**夫天未欲平治天下也。如欲平治天下，當今之世，舍我其誰也？吾何爲不豫哉！**』【注】孟子自謂能當名世之士，時又值之，而不得施，此乃天自未欲平治天下耳，非我之愆。我固不怨天，何爲不悦豫乎。【疏】『夫天』至『豫哉』○正義曰：趙氏佑《温故録》云：『此正申所以不豫之故。上言數已過，時已可，而未有王者興，是天未欲平治天下也。我所以有不豫，爲此也。否則天誠厭亂而興王者，使我得如古之名世，大展其堯舜君民之素，何不豫之有。蓋舊解如此。』按趙氏之意，云我固不怨天，何爲不悦豫哉。乃是辨其未嘗怨天，未嘗不豫。謂是天不欲平治天下，非我之愆，我自不必怨天而不悦也。故《章指》言『知命者不憂不懼』。

《章指》言：聖賢興作，與時消息，天非人不因，人非天不成，是故知命者不憂不懼也。【疏】『天非人不因，人非天不成』○正義曰：揚子《法言·重黎》篇云：『兼才尚權，右計左數，動謹於時，人也。天不人不因，人不天不成。』《管子·勢》篇云：『天因人，聖人因天。』揚氏所本也。

孟子去齊居休，公孫丑問曰：『仕而不受禄，古之道乎？』【注】休，地名。丑問古人之道，仕不受禄邪。怪孟子於齊不受其禄也。【疏】注『休地名』○正義曰：閻氏若璩《釋地續》云：『孟子致爲臣而歸，歸於鄒也。中間經過地名休者，少憩焉。與丑論在齊事，故曰居休。故休城在今兗州府滕縣北一十五里，距孟子家約百里。』

曰：『非也。於崇，吾得見王，退而有去志，不欲變，故不受也。【注】崇，地名。孟子言不受禄，非古之道也。於崇，吾始見齊王，知其不能納善，退出，志欲去矣。不欲卽去，若爲變詭，見非泰甚，故且宿留。心欲去，故不復受禄。【疏】注『崇地名』○正義曰：

周氏廣業《孟子古注考》云：「宋本作『崇，齊地』，今作『地名』。」○注「不欲」至「受禄」○正義曰：趙氏云「不欲卽去，若爲變詭」，以詭字釋變字也。《禮記·曾子問》「日有食之則變乎」，注云：「變謂異體。」《荀子·禮論》云「悼詭」注云：「悼，變也。詭，異也。」《吕氏春秋·孟春紀》云「無變天之道」，高誘注云：「變，戾也。」《文選·長笛賦》「窊隆詭戾」，注云：「詭戾，乖違之貌。」又《幽通賦》云「變化故而相詭兮」，曹大家注云「詭，反也」。是變與詭義同。始見於王，退而卽去，形迹近似乖戾詭異，變動不常。非，猶責也。爲此詭異，人必以太甚見責矣。不欲卽去，是不欲迹似詭異，致見譏讓爲太甚也。閩、監、毛三本泰作「太」，太、泰字通也。不欲迹似詭異，致見譏讓爲太甚，故宿留不卽去也。《音義》云：「宿留，上音秀，下音霤。」孔氏廣森《經學卮言》云：「《易·需·象傳》鄭君注云：『需讀爲秀。』古語遲延有所俟曰宿留。《封禪書》『宿留海上』，《漢·五行志》『其宿留告曉人，具備深切』，《李尋傳》『宿留瞽言』，《來歷傳》『此誠聖恩所宜宿留』，何氏《春秋》僖元年解詁『宿留城之』，趙氏《孟子·萬章下》章句『宿留以答之』，並上音秀，下音溜。《東觀漢記》和帝詔『且復宿留』，《後漢書》作『須留』。需與須同，故讀爲秀也。漢世訓詁，皆音義相將，卽六書轉注之學。」按《風俗通·過譽》篇亦云：「何敢宿留。」**繼而有師命，不可以請；久於齊，非我志也。**【注】言我本志欲速去，繼見之後，有師旅之命，不得請去，故使我久而不受禄耳。久，非我本志也。【疏】注「言我」至「志也」○正義曰：知師命是師旅之命者，聖賢之道，不爲太甚，旁通以情，故孟子於始見王，志雖不合，必宿留而後去；既宿留，可以去矣，而仍不去者，既居其國，被其欵遇，惟此軍戎大事，即當休戚相關，豈容度外置之，飄然遠引，此所以不可以請也。説者不察，徒以孟子爲巖巖難近。舊疏以不欲[一]變爲不欲遽變其欲去之心，又以師命爲賓師之命。顧命以賓師，有何不可請之有？中國授室，養弟子以萬鍾，使諸大夫國人有所矜式，此正命之爲師矣。何以辭而不就邪？孟子之學，惟趙氏知之深矣。

《章指》言：禄以食功，志以率事，無其事而食其禄，君子不由也。

[一]『欲』，《皇清經解》本作『可』。

孟子正義卷十

孟子卷第五

滕文公章句上凡五章。

【注】滕文公者，滕，國名。文，謚也。公者，國人尊君之稱也。文公於當時尊敬孟子，問以古道，猶衞靈公問陳於孔子，《論語》因以題篇。【疏】注『滕文』至『題篇』○正義曰：《春秋》隱公七年『滕侯卒』，始見於經。《漢書·地理志》『沛郡公丘』，注云：『故滕國，周懿王子錯叔繡所封，三十一世爲齊所滅。』師古云：《左氏傳》云：「郜、雍、曹、滕，文之昭也。」《系本》亦云：「錯叔繡，文王子。」此《志》云懿王子，未詳其義。』《春秋釋例土地名》云：『沛國公丘縣東南有滕城。』《世族譜》云：『自叔繡及宣公十七世，乃見《春秋》隱公以下。春秋後六世而齊滅滕矣。』《周書·謚法解》文之謚有六：一『經緯天地』，二『道德博聞』，三『學勤好問』，四『慈惠愛民』，五『愍民惠禮』，六『錫民爵位』。又云『施爲文也』，乃宣公嬰齊之孫、昭公毛伯之子文公繡亦謚文公，名與叔繡相犯。而《孟子》之文公，又複謚文，未可考也。《爾雅·釋詁》云：『公，君也。』國君有公

侯伯子男五等，公之爵最尊；自侯以下，國人統稱爲公，是尊之也。

滕文公爲世子，將之楚，過宋而見孟子。孟子道性善，言必稱堯舜。【注】文公爲世子，使於楚而過宋，孟子時在宋，與相見也。滕侯，周文王之後也。《古紀世本》録諸侯之世，滕國有考公麋，與文公之父定公相直；其子元公宏，與文公相直。以後世避諱，改『考公』爲『定公』；以元公行文德，故謂之文公也。孟子與世子言人生皆有善性，但當充而用之耳。又言堯舜之治天下，不失仁義之道，欲勸勉世子也。【疏】『滕文』至『孟子』○正義曰：莊公三十二年『子般卒』，《公羊傳》云：『君存稱世子。』注云：『明當世父位爲君。』僖公五年『春，晉侯殺其世子申生。夏，會王世子于首戴』，《公羊傳》云：『世子貴也，猶世世子也。』《禮記・喪服小記》注云：『世子，天子諸侯之適子也。』是時滕定公在位，故文公稱爲世子。則其之楚，是君命之也。閻氏若璩《釋地續》云：『余向主孟子游宋當在慎靚王三年癸卯後，宋稱王故也。是時楚地久廣至泗上，泗上十二諸侯者，宋、魯、滕、薛、郳、莒，在淮泗之上國。滕南與楚鄰，苟有事於楚，一舉足則已入其境，何必迂而西南行三百五十餘里過宋都乎？過宋都者，以孟子在焉。往也如是，反也如是，不憚假道於宋之勞，其賢可知。』周氏柄中《辨正》云：『頃襄王二十一年，始徙都陳。是時楚都於郢，在今湖北襄陽府宜城縣西南九十里。宋都商丘，在今河南歸德府商丘縣。滕在今山東兖州府滕縣西南十四里，自滕之楚，而取道商丘，路稍回遠。謂非迂道固謬，謂一舉足卽入其境，亦未明悉。』周氏廣業《孟子出處時地考》云：『孟子去齊居休，旋歸於鄒，年六十餘矣。聞宋王偃將行仁政，往游焉。時滕文公爲世子，將之楚，過宋來見，蓋孟子嘗以齊卿出弔於滕，稔知其賢故也。』○『孟子道性善言必稱堯舜』○正義曰：『孟子生平之學，在道性善，稱堯舜，故於此標之。太史公以孟子、荀子合傳，乃孟子道性善，荀子則言性惡；孟子稱堯舜，荀子則法後王。其言云：『今人之性，生而離其朴，離其資，必失而喪之。所謂性善者，不離其朴而美之，不離其資而利之也。人之性惡明矣，其善者僞也。』此駁孟子道性善也。又云：『略法先王而不知其統，案往舊造説，謂之五行，甚僻違而無類。幽隱而無説，閉約而無解。』此譏孟子稱堯舜也。爲荀氏之學者，調和而文飾之云：『孟子言性善，欲人之盡性而樂於善，荀言性惡，欲人之化性而勉於善。僞，卽爲也。乃作爲之爲，非詐僞之僞。孟、荀生於衰周之季，閔戰國之暴，欲以王道救之。孟子言先王，荀言後王，皆謂周王。與孔子從周之義不異也。』按孟子之學，述孔子者也。孔子之學，述伏羲、神農、堯、舜、文王、周公者也。陸賈《新語·道基》篇云：『先聖仰觀天文，俯察地理，圖畫乾坤，以定人道。民始開悟，知有父子之親，君臣之義，夫婦之道，長幼之序，於是百官立，王道乃生。』《白虎通》暢其説云：『古之時，未有三綱六紀，民人但知其母，不知其父，能覆前，不〔一〕能覆後，臥之詓詓，起之吁吁，飢卽求食，飽卽棄餘，茹毛飲血而衣皮葦〔二〕。於是伏羲觀象於天，俯法於地，因夫婦，正五行，始定人道，畫八卦以治天〔三〕下。』《繫辭傳》云：『以通神明之德，以類萬物之情。』神明之德，卽所謂性善也，善卽靈也，靈卽神明也。荀子云：『今人之性，飢而欲飽，寒而欲煖，勞而欲休，此人之情性也。』是也。人如此，禽獸亦如此也。荀子又云：『今人飢，見長而不敢先食者，將有所讓也。勞而不敢求息者，將有所代也。』夫子之讓乎父，弟之讓乎兄；子之代乎父，弟之代乎兄；此正人性之善之證也，而荀子乃以爲性惡之證焉。試言之，人之有男女，猶禽獸之有牝牡也。其先男女無別，有聖人出，示之以嫁娶之禮，而民知有人倫矣。示之以耕耨之法，而民知自食其力矣。以此教禽獸，禽獸不知也。禽獸不知，則禽獸之性不善；人知之，則人之性善矣。聖人何以知人性之善也，以己之性推之也。己之性既能覺於善，則人之性亦能覺於善，第無有開之者耳。使己之性不善，則不能覺；己能覺，則己之性善。己與人同此性，則人之性亦善，故知人性之善也。人之性不能自覺，必待先覺者

〔一〕［不］，《皇清經解》本同，《白虎通》作『而不』。
〔二〕［葦］，《皇清經解》本同，《白虎通》作『韋』。
〔三〕［天］，《皇清經解》本同，《白虎通》無『天』字。

覺之。故非性善無以施其教，非教無以通其性之善。教卽荀子所謂僞也，爲也。爲之而能善，由其性之善也。如鳥獸，則性不善者也。故同此飲食男女，嫁娶以别夫婦，人知之，禽獸不知之。耕鑿以濟飢渴，人知之，禽獸不知之。禽獸既不能自知，人又不能使之知，雖爲之亦不能善。然人之性。爲之卽善，非由性善而何？人縱淫昏無恥，而己之妻不可爲人之妻，固心知之也。人縱貪饕殘暴，而人之食不可爲己之食，固心知之也。是性善也。故孔子論性，以不移者屬之上知下愚，愚則仍有知；禽獸直無知，非徒愚而已矣。世有伏羲，不能使禽獸知有夫婦之别；雖有神農，不能使鳥獸知有耕稼之教，善豈由爲之哉？文學技藝，才巧勇力，有一人能之，不能人人能之。惟男女飲食，則人人同此心。人不能孝其父，亦必知子之當孝乎己；不能敬其長，亦必知卑賤之當敬乎己。子讓食於父，而代勞於兄，此可由教而能之，所謂爲之者，善也。然荀子能令鳥讓食乎？能令獸代勞乎？此正『率性』之明證，乃以爲『悖性』之證乎？故孟子之道性善，由讀書好古，能貫通乎伏羲、神農、堯、舜、文王、周公、孔子之道，而後言之者也。非荀子所知也。羲農之前，人苦於不知，既人人知有三綱六紀，其識日開，其智日深，浸而至於黄帝、堯、舜之世，則民不患其不知，轉患其太知。許氏《説文解字叙》云：『庶業其繁，飾僞萌生，黄帝之史蒼頡，初造書契。』是知黄帝之時，民情飾僞矣。於是堯舜時有『靜言庸違，象恭滔天』之人，於是有『方命圮族』之人。當羲農之前，人苦於不知，故羲農盡人物之性，以通其神明，其時善不善顯然易見，積之既久，靈智日開，凡仁義道德忠孝友悌，人非不能知，而巧僞由以生，奸詐由以起，故治唐虞以後之天下，異於治羲農以後之天下。夫謀而能言，以方自命善也。而實則庸違滔天圮族，績用弗成，朝士如是，庶民可知，固羲農以來所未有，亦堯舜以前之人所未知，故聖人治天下之道，至堯舜而一變。《繫辭傳》云：『黄帝、堯、舜氏作，通其變，使民不倦；神而化之，使民宜之。』又云：『易窮則變，變則通，通則久。』黄帝、堯、舜，垂衣裳而天下治。蓋堯舜以變通神化治天下，不執一而執兩端，用中於民，實爲萬世治天下之法，故孔子删《書》首唐虞，而贊《易》特以通變神化，詳著於堯舜。孟子稱堯舜，正稱其通變神化也。《荀子》云：『逢衣淺帶，解果其冠，略法先王而足亂世術』，『呼先王以欺愚者，而求衣食焉。』此正不知通變神化之道者也。夫通變神化之道，堯舜所以繼羲農而開萬世，故稱堯舜，欲天下後世法其通變神化，不執一而執兩端，以用中於民，非徒以其揖讓都俞，命羲和咨二十二人之迹也。若云『法後王』，後王，無定之稱也。《荀子》固云『有治人無治法』矣，治人，即能通變神化之人也。後王而如是，則是能法堯舜者，法後王仍法堯舜矣。故稱堯舜，即法後王之能通變神化者。若但云『法後王』，則後王不皆能通變神化如堯舜，其説爲詖矣。蓋孟子之稱堯舜，即孔子删《書》首唐虞，贊《易》特以通變神化歸於堯舜之意也。又非荀子所知也。孟子學孔子之學，惟此『道性善』『稱堯舜』兩言盡之。提其綱於此篇之首，其後申言之，可按而得也。

○注『古紀』至『公也』○正義曰：『《漢書·藝文志》《春秋》二十三家，有《世本》十五篇，注云：『古史官記黄帝以來訖春秋時諸侯大夫。』此云《古紀世本》是也。《禮記·檀弓》『邾婁考公之喪』，注云：『考或爲「定」。』高誘注《吕氏春秋》、《淮南子》皆云：『定，成也。』隱公五年《穀梁傳》云：『考之者，成之也。』是考與成字義皆通，此考公所以爲定公也。翟氏灝《考異》云：『《春秋傳》：「成十六年夏四月，滕文公卒。」滕之先君，已有謚文者，後世不應犯同，信乎文非本謚，而但以行文德稱也。同時魯文公見於《史記》，在《世本》乃云湣公。宋康王見於《國策》，在《荀子》乃云獻王。微弱之國，垂至於亡，故臣民各懷舊德，私謚不獨一滕君矣。』趙氏佑《温故録》云：『滕文公爲周末弟一賢君，孟子深取其人，故一見卽舉生平所得於聖教者教之。惜其國小而偪，終以不振，至今廟食在滕，猶與鄒國鄰並相望，誰謂賢愚千古知誰是也。』注據《古紀世本》以文公當元公宏，則文公名宏，然元亦文之謁耳，未必既謚元又謚文也。

世子自楚反，復見孟子。【注】從楚還，復詣孟子，欲重受法則也。**孟子曰：『世子疑吾言乎？夫道一而已矣。**【注】世子疑吾言有不盡乎，夫天下之道，一言而已，惟有行善耳。復何疑也。【疏】『夫道一而已矣』○正義曰：『戴氏震《孟子字義疏證》云：『孟子答公孫丑曰：「大匠不爲拙工改廢繩墨，羿不爲拙射變其彀率。」言不因人之聖智不若堯舜文王，有二道也。蓋才質不齊，有生知安行，有學知利行，且有困知及勉强行。《中庸》

曰：「及其知之一也，及其成功一也。」』**成覸謂齊景公曰：『彼丈夫也，我丈夫也，吾何畏彼哉？』**【注】成覸，勇果者也。與景公言曰，尊貴者與我同丈夫耳，我亦能爲之，何爲畏之哉。【疏】注『成覸勇果者也』○正義曰：《音義》云：『覸，古莧切。一音閑，古莧切，是瞯字。』《説文》云：『戴目也。江淮之間謂眂曰瞯。』『王使人瞯夫子』，是此字也。音閑，則當作『覵』。《説文》云：『覵，很視也。齊景公之勇臣有成覵者。』《廣韻》云：『覵，人名，出《孟子》。』段氏玉裁《説文解字注》云：『成覵，《淮南子・齊俗訓》作「成荆」。覵爲荆，猶《考工記》故書頎或作牼也。』按《淮南子・齊俗訓》云：『孟賁、成荆無所行其威。』注云：『成荆，古勇士也。』《漢書・廣川王傳》『其殿門有成慶畫，短衣大袴長劒』，師古云：『成慶，古之勇士，事見《淮南子》』成慶卽成荆。《戰國策・趙策》鄭同云『内無孟賁之威，荆、慶之斷』，鮑彪注云：『荆，成荆。』《史記・范雎傳》云『成荆、孟賁、王慶忌、夏育之勇焉而死』，集解引許慎云：『成荆，古勇士。』荆、慶、覵古字通也。趙氏以彼爲尊貴者，蓋指景公言，卽所爲無嚴諸侯也。**顔淵曰：『舜何人也？予何人也？』有爲者亦若是。**【注】言欲有所爲，當若顔淵庶幾，成覸不畏，乃能有所成耳。又以是勉世子也。【疏】注『欲有』至『子也』○正義曰：趙氏以『舜何人也予何人也』二句爲顔淵之言。『有爲者亦若是』，乃總上成覸、顔淵兩言，爲孟子勉世子之言。經文是字，指顔淵庶幾，成覸不畏。《鹽鐵論・執務》章引顔淵曰『舜獨何人也，回何人也』，亦不連下句。近通解以

『有爲者亦若是』爲顏淵之言，謂有爲者亦如舜。**公明儀曰：『文王我師也，周公豈欺我哉！』**【注】公明儀，賢者也。師文王，信周公，言其知所法則也。【疏】注『公明』至『則也』○正義曰：《禮記・檀弓》云：『子張之喪，公明儀爲志焉。』《祭義》云：『公明儀問於曾子曰，夫子可爲孝乎。』注云：『公明儀，曾子弟子。』儀學於曾子而得聞其道，當時稱賢者，故子張卒，乞其爲志。孔穎達謂是子張弟子，則注無文也。趙氏言『師文王，信周公』，下云『言其知所法則』，則是知法文王周公兩人。**今滕絶長補短，將五十里也，猶可以爲善國。**【注】滕雖小，其境界長短相補，可得大五十里子男之國也，尚可以行善者也。【疏】『今滕』至『善國』○正義曰：翟氏灝《考異》云：『《墨子・非命》篇云：「古者，湯封於亳，絶長繼短，方地百里。文王封於岐周，絶長繼短，方地百里。」《戰國策》韓非説秦王曰：「今秦地形，斷長續短，方數千里。」又莊辛對楚王曰：「今楚雖小，絶長續短，猶以數千里。」絶長補短，乃當時通言，故諸家俱言之。《周禮・醫師》疏引《孟子》「滕文公爲世子，將之楚，過宋見孟子而謂之云：今滕絶長補短，將五十里，猶可以爲善國乎」？以此爲文公問辭。』按趙氏不以爲問辭，賈氏未知何本，當有誤也。○注『可得大五十里』○正義曰：《爾雅・釋詁》云『將，大也』。趙氏以大釋將，故云大五十里。《廣雅・釋詁》云：『方，大也。』大五十里卽方五十一里也。**《書》曰：『若藥不瞑眩，厥疾不瘳。』**【注】書，逸篇也。瞑眩，藥攻人疾，先使瞑眩憒亂，乃得瘳愈也。喻行仁當精熟，德惠乃洽。【疏】注

「書逸」至「乃洽」○正義曰：《國語・楚語》云：「武丁於是作書曰：『以余正四方，恐余德之不類，茲故不言。』如是而又使以象夢求四方之賢〔一〕，得傅説以來，升以爲公，而使朝夕規諫，曰：『若金，用汝作礪；若津水，用汝作舟；若天旱，用汝作霖雨。啟乃心，沃朕心。若藥不瞑眩，厥疾不瘳；若跣不視地，厥足用傷。』」江氏聲《尚書集注音疏》云：「賈逵、唐因皆以武丁所作書爲《説命》，韋昭曰：『非也，其時未得傅説。』」聲按：「以余正四方」云云，不類《尚書》之文，蓋是白公子張説武丁求傅説之意。「若金」以下，則皆命説之辭。《孟子・滕文公》篇引「若藥不瞑眩」，明稱「《書》曰」，自是《説命》之文矣。」按《説命》三篇，今文古文皆無，此云『逸篇』，未知所屬也。《音義》云：『瞑眩，莫甸切，下音縣。又作「眠眴」，音同。』《周禮・天官・醫師》『聚毒藥以共醫事』，注云：『毒藥，藥之辛苦者。藥之物恒多毒，孟子曰：「若藥不瞑眩，厥疾不瘳。」』《方言》云：『凡飲藥傅藥而毒，南楚之外謂之瘌，北燕、朝鮮之間謂之癆，東齊、海、岱之間謂之瞑，或謂之眩，自關而西謂之毒。』韋昭注《楚語》云：『瞑眩頓瞀，攻己急也。』《金匱・痓溼暍病脉》篇『白朮附子湯』下云：『一服覺身痺，半日許再服，三服都盡，其人如冒狀，勿怪。』如冒狀，即頓瞀也。一服再服三服都盡，藥乃充滿而得此狀，故喻仁當精熟，德惠乃洽。《史記・司馬相如

〔一〕「賢」，《皇清經解》本、《國語》均作「賢聖」。

傳·大人賦》云『視眩眠而無見兮』，《漢書·揚雄傳·甘泉賦》云『目冥眴而亡見』，凡冒者眩亂目視不明，憒亂亦猶是也。《毛詩·鄭風》云『胡不瘳』，傳云：『瘳，愈也。』《方言》云：『愈，或謂之瘳。』

《章指》言：人當上則聖人，秉仁行義，高山景行，庶幾不倦。《論語》曰『力行近仁』，蓋不虚云。【疏】『人當』至『虚云』〇正義曰：阮氏元《校勘記》云：『韓本人下有「主」字。』《音義》云『「力行近仁」，《論語》無此語，是《禮記·中庸》篇。趙氏以爲《論語》，文之誤也。』

滕定公薨，世子謂然友曰：『昔者孟子嘗與我言於宋，於心終不忘。今也不幸，至於大故，吾欲使子問於孟子，然後行事。』【注】定公，文公父也。然友，世子之傅也。大故，謂大喪也。【疏】注『然友世子之傅也』〇正義曰：《説文》人部云：『傅，相也。』《禮記·文王世子》云：『太傅在前，少傅在後。』是世子有傅相也。〇注『大故謂大喪也』〇正義曰：《禮記·曲禮》云『君無故玉不去身』，注云：『故，謂災患喪病。』《周禮·春官·大宗伯》『國有大故』，注云：『故，謂凶烖。』

然友之鄒，問於孟子，【注】孟子歸在鄒也。【疏】注『孟子歸在鄒也』〇正義曰：孟子蓋自宋歸鄒也。《史記》正義云：『今鄒縣，去徐州滕縣四十餘里。』蓋往反不過大半日，故可問而後行事。

孟子曰：『不亦善乎！親喪固所自盡也。【注】不亦者，亦也。問此亦其善也。**曾子曰：『生事之以禮，死葬之以禮，祭之以禮，可謂孝矣。』**【注】曾子傳孔子之言，孟子欲令世子如曾子之從禮也。時諸侯皆不行禮，故使獨行之也。【疏】注『曾子』至『之也』〇正義曰：曾子之言，見《論語・爲政》第二，乃孔子對樊遲之言，故云傳孔子之言也。翟氏灝《考異》云：『《四書辨疑》言曾字本是「孔」字，蓋後人傳寫之誤。按《大戴禮・曾子本孝》篇：「孝子之於親也，生則有義以輔之，死則哀以涖焉，祭祀則涖之以敬。」曾子固嘗誦此告門人矣。下文「齊疏」數語，亦明出自曾子。《祭義》：「樂正子春云：吾聞曾子，曾子聞諸夫子。」彼原其詳，此從其省，孟子學由曾子遞傳，據所及聞，「曾」字何足疑焉。』曾子從禮，故欲世子亦如曾子之從禮。云諸侯皆不行禮，故使獨行之，解上故所自盡之意。自盡卽獨行也。**諸侯之禮，吾未之學也。雖然，吾嘗聞之矣：三年之喪，齊疏之服，飦粥之食，自天子達於庶人，三代共之。』**【注】孟子言我雖不學諸侯之禮，嘗聞師言，三代以前，君臣皆行三年之喪。齊疏，齊衰也。飦，糜粥也。【疏】注『嘗聞師言』至『粥也』〇正義曰：《禮記・檀弓》云：『穆公之母卒，使人問於曾子曰：「如之何？」對曰：「申也聞諸申之父曰：哭泣之哀，齊斬之情，饘粥之食，自天子達。」』是孟子亦述曾子之言，蓋嘗聞諸師者也。阮氏元《校勘記》云：『「齊疏之服」，閩、監、毛三本、孔本齋作「齊」，韓本作「齌」，按《音義》出「齌」，作「齊」，經典假借字也。作「齌」者，正字也，作「齋」者，「齌」之誤。』《儀禮・喪服》首章云『斬衰裳、苴絰杖、絞帶，冠〔一〕繩纓、菅屨者』，次章云『疏衰裳齊、牡麻絰、冠布纓、削杖、布帶、疏屨三年者』，三章云『疏衰裳齊、牡麻絰、冠布纓、削杖、布帶、疏屨期者』，傳云：『斬者何？不緝也。齊者何？緝也。』注云：『凡服，上曰衰，下曰裳。疏，猶麤也。』按此自齊衰三年以下，皆用疏衰，故趙氏以齊衰釋齊疏也。襄公十七年《左傳》云：『齊晏桓子卒，晏嬰麤縗斬，其老曰：「非大夫之禮也。」曰：「唯卿爲大夫。」』《禮記・雜記》云：『大夫爲其父母兄弟之未爲大夫者之喪服如士服，士爲其父母兄弟之爲大夫者之喪服如士服。』注引晏嬰麤衰斬以証云：『言己非大夫，故爲父服士服耳。麤衰斬者，其縷在齊斬之間，謂縷如三升半而三升不緝也。斬衰以三升爲正，微細焉，則屬於麤也。然則士與大夫爲父服異者，有麤衰斬、枕草矣。其爲母五升縷而四升，爲兄弟六升縷而五升乎？惟大夫以上，乃能備儀盡飾；士以下，則以臣服君之斬衰爲其父，以臣從君而服之齊衰爲其母與兄弟，亦勉人爲高行也。』按斬衰不稱疏，齊衰以下乃稱疏，此天下諸侯大夫之禮。士既降於大夫則斬亦用疏，此晏嬰用士

〔一〕『冠』，《皇清經解》本無，《儀禮・喪服》有『冠』字。

禮，所以稱齇衰斬也。孟子言未學諸侯之禮，則所言乃士禮，其稱齊疏內原包有斬衰。孟子言齊疏，猶曾申言齊斬耳。孔氏《雜記》正義云：『士與大夫爲父異，大夫以上斬衰、枕凷〔一〕，士則疏衰、枕草。』是也。《檀弓・釋文》云：『饘，本作「飦」。』是飦、饘字通。《説文》食部云：『饘，糜也。周謂之饘，宋、衛謂之餰。』又鬲部云：『鬻，鬻也。』重文『餰』『飦』『鍵』。又云：『鬻，鍵也。』『鬻，鍵也。』《爾雅・釋言》云：『餬，饘也。』餬卽鬻，粥卽鬻。劉熙《釋名・釋飲食》云：『糜，煮米使糜爛也。粥，濁於糜粥粥然也。』蓋今俗以整米煮爲粥，粉米煮爲餬。古之饘，卽今之粥；古之粥，則今之餬。饘爲糜，飦爲粥；而糜亦通稱餬，粥亦通稱饘。趙氏釋飦爲糜粥，則粥之清而稀者，異於餬之濁而膏者，是飦宜爲饘也。趙注『飦糜粥也』，汲古本作『糜』，孔本作餍，《音義》出餍，云：『字亦作「餍」，音義與「糜」同。』按《説文》有糜字，無餍、餍字。

然友反命，定爲三年之喪。父兄百官皆不欲，曰：『吾宗國魯先君莫之行，吾先君亦莫之行也。至於子之身而反之，不可。【注】父兄百官，滕之同姓異姓諸臣也。皆不欲使世子行三年。滕、魯同姓，俱出文王：魯，周公之後；滕，叔繡之後。敬聖人，故宗魯者也。【疏】『定爲』至『之喪』○正義曰：『毛氏奇齡《賸言》云：『滕文公問孟子，始定爲三

〔一〕『凷』，《皇清經解》本作『草』，《禮記注疏》作『凷』。

年之喪，豈戰國諸侯，皆不行三年喪乎？若然，則齊宣欲短喪，何與？然且曰「吾宗國魯先君不行，吾先君亦不行」，則是魯周公、伯禽、滕叔繡，並無一行三年之喪者。往讀《論語》子張問高宗三年不言，夫子曰：「何必高宗，古之人皆然。」遂疑子張此問，夫子此答，其周制當必無此事可知。何則？子張以高宗爲創見，而夫子又言古之人，其非今制昭然也。及讀《周書·康王之誥》，成王崩，方九日，康王遽即位冕服，出命令誥諸侯，與三年不言絕不相同。然猶曰此天子事耳。後讀《春秋傳》，晉平公初即位，改服命官，而通列國盟戒之事。始悟孟子所定三年之喪，引三年不言爲訓，而滕文奉行，即又曰「五月居廬，未有命戒」，是皆商以前之制，並非周制。周公所制禮，並未有此。故侃侃然曰周公不行，叔繡不行，悖先祖，違授受，歷歷有辭，而世讀其書而通不察也。蓋其云「定三年之喪」，謂定三年之喪制也。然則孟子何以使行商制？曰：使滕行助法，亦商制也。』顧氏棟高《春秋大事表》云：『滕文公欲行三年之喪，父兄百官，羣然駭怪。孟子去孔子之世未百年，而當日之習尚如此，則其泯焉廢墜，豈一朝夕之故哉。余嘗詳考《左氏傳》，而知天子諸侯喪紀，已廢絕於春秋時無疑也。蓋自周道陵遲，皇綱解紐，有以諸侯不奔天子之喪，不會天王之葬，而甘僕僕於晉楚者矣。有以天子貧乏，不備喪具，至七年乃葬，於魯求賻求金；甚至景王三月而葬，以天子而用大夫之禮者矣。逮子朝作亂，王室如沸，奉周之典籍以奔楚，而周天子之禮遂亡。列國不守侯度，其侈者如宋文公之椁有四阿，棺有翰檜，儼然用王禮；而苟簡不備者，如晉欒書以車一乘，葬公於東門之外；齊崔杼葬莊公，四翣不蹕，鄰封不與知，公卿不備位；魯號秉禮，而葬昭公於墓道之南；《檀弓》載孟敬子之言，明知食粥爲天下之達禮，而居然食食；其餘列國，尤放肆不軌，由是惡其害己，而皆去其籍，而諸侯之禮亦亡。孔子以大聖人而不得位，退與門弟子講習於杏壇之上，故孺悲曾學士喪禮於孔子，而天子諸侯之禮，無由釐正。《三傳》之所記，僅存什一於千百，至孟子時，有士之君，靦焉人面，以三年之喪之達禮，而怪駭爲不經，杞、宋之無徵，豈獨爲夏殷之禮嘆哉！』○『吾宗國魯先君莫之行』○正義曰：閻氏若璩《釋地續》云：『漢梅福有言，「諸侯奪宗」，如淳曰：「奪宗，始封之君尊爲諸侯，則奪其舊爲宗子之事也。」蓋大小宗法，大夫士有之，諸侯則絶。然亦間有見於諸侯者，如魯與刑〔一〕、凡、蔣、茅、胙、祭同出於周公，故稱六國爲同宗。襄十二年：「凡諸侯之喪，同宗臨於祖廟。」是管、蔡、郕、霍、衛、毛、聃、郜、雍、曹、滕、畢、原、豐、郇，與魯同出於文王，皆稱魯爲宗國，滕父兄百官所謂「吾宗國魯先君」是。趙氏注云：「魯，周公之後。滕，叔繡之後。故宗魯。」真得其旨矣。』毛氏奇齡《經問》云：『古者立宗法，國君無宗，祇以相傳敬聖人，故宗魯。」真得其旨矣。』

〔一〕『刑』，《皇清經解》本作『邢』。

一宗，而别爲宗族，使天子諸侯之嫡弟一人立爲大宗，而諸兄弟之爲小宗者宗之。如魯，周公之弟皆宗周公，而稱魯國爲宗國。然人孰無父，周公不敢祖王季，而可立文王之廟於魯國；鄭桓公不敢祖夷王，而可立厲王之廟於鄭國。不敢祖，非不敢父也。故《大傳》云：「宗其繼别子之所自出者，百世不遷者也。」夫别子，宗子也。别子所自出，則宗子之父也。繼宗子之父，而可有百世不遷之廟，則父君矣。趙氏注云：「滕與魯，皆出自文王。」此據《春秋》魯以文王名出王，以文王之廟名出王廟而言，此正是宗法。特其稱宗聖，則不可解，或者周公以宗子而爲聖人，當時或原有宗聖之稱，亦未可知。或曰：「宗國者，同宗之稱，滕可稱魯。魯亦可稱滕。」則不然。《國語》舟之僑曰：「宗國既卑，諸侯遠己，内外無親，其誰救之。」專以宗國指魯言，宗在故也。哀八年，公山不狃對叔孫輒曰：「以小惡而覆宗國，不亦難乎。」哀十五年，子貢見公孫成曰：「利不可得而喪宗國，將焉用之。」皆指魯國言，宗在故也。宗法，自天子諸侯外，固以庶子宗嫡子。倘皆庶，則以長庶爲别子，而諸庶子皆宗之。倘皆嫡，則祗以次嫡爲别子，而其餘諸嫡皆宗之。周公爲武王母弟之第二人，不當爲宗，無如長伯邑考早卒，次武王爲天子，次管叔已辟，則周公升爲次嫡，即别子矣。』程氏瑶田《通藝録·宗法小紀》云：『宗法載《大傳》及《喪服小記》，列其節目，明其指歸。大宗小宗之名，有遷與不遷之别，又爲之通宗道之窮，究立宗之始，此所謂宗法也。宗法者，大夫士别於天子諸侯者也。公子不得禰先君，公孫不得祖諸侯矣。使無宗法，則支分派衍無所統，諸侯將無以治其國，天子將無以治其天下。故宗法者，爲大夫士立之，以上承夫天子諸侯，而治其家者也。若夫太戊之稱中宗，傳以爲殷家中世。尊其德也。武丁之稱高宗，傳以爲德高可尊也。皆與宗法無與。至於《公劉》之詩，雖毛氏傳以謂「爲之大宗」，而鄭箋則曰「羣臣尊之」。所以易傳者，以國君尊族人，不敢以其戚戚君，不當有大小宗之名也。故毛公於《板》之詩，亦曰「王者，天下之大宗」。而鄭氏亦易之，以爲「大宗，王同姓之適子」。同姓之適子，所謂「繼別爲宗」者也。若天子諸侯，則固絶其宗名矣。維「宗子維城」，鄭氏以爲「王之適子」。蓋宗者，主也。即《震・彖傳》所謂「守宗廟社稷以爲祭主」，《春秋傳》里克所謂「太子奉冢祀社稷之粢盛」，而士蔿以爲「修德以固宗子」者也。皆非宗法之謂。《祭法》：「有虞氏宗堯，夏后氏宗禹，殷人宗湯，周人宗武王。」此祭上帝於明堂，尊之以配食，《孝經》所謂「宗祀文王於明堂以配上帝」是也。蓋宗之言尊也，凡有所尊，皆可以宗。《孟子》稱滕之父兄百官曰「吾宗國魯先君」，亦謂兄弟之國尊之，豈得以宗之法例之哉！』**且志曰：『喪祭從先祖。』」曰：『吾有所受之也。』**【注】父兄百官且復言也。志，記也。《周禮》『小史掌邦國之志』，曰喪祭之事，各從其先祖之法。言我轉有所承受之，不可於己身獨改更也。一説『吾有所受之』，世子言我受之於孟子也。【疏】注『父兄百官且復言也』〇正義曰：阮氏元《校勘記》云：『「且志曰」，此與《左傳》「且諺曰：匪宅是卜，惟鄰是卜」，文法正同。依注疑且字下奪「曰」字，《左傳》亦然。』○注「志記」至「子也」○正義曰：劉熙《釋名·釋典藝》云：「記，紀也。紀識之也。」《周禮·保章氏》注云：「志，古文識。」志之爲記，卽記之爲識也。小史屬春〔一〕官，鄭司農云：「志，謂記也。《春秋傳》所謂《周志》，《國語》所謂《鄭書》之屬是也。」小史所掌之志，記世系昭穆之事，容有「喪祭從先祖」云云，故趙氏引以爲證，實不知爲何書也。《儀禮·喪服》云「受以小功衰」，注云：「受，猶承也。」故以承釋受，承受則遵而從之，故不改更也。閻氏若璩《釋地又續》云：「吾有所受之也，爲世子答父兄百官語。吾與下謂然友曰吾字，正一人。此解首發於趙氏。」按趙氏前說，以此言父兄百官之言，受是承受先祖。然則句上不應加「曰」字。加曰字則自明其爲世子答言。言定爲三年之喪，非我臆見，吾受之於孟子，孟子則聞之於師說也。故下「謂然友曰」上，更不加「世子」，否則謂然友竟似父兄百官謂然友矣。趙氏不以前說爲安，故稱「一說」，蓋前說當時相傳之說，一說則趙氏所折衷也。

謂然友曰：「吾他日未嘗學問，好馳馬試劒；今也父兄百官不我足也，恐其不能盡於大事，子爲我問孟子。」【注】父兄百官見我他日所行，謂我志行不足，似恐我不能盡大事之禮，故止我也。爲我問孟子，當何以服其心，使信我也。【疏】「恐其不能盡於大事」

〔一〕「春」，《皇清經解》本作「天」，《周禮注疏》作「春」。

○正義曰：趙氏以其字乃指他人之辭。若世子自恐，不當用其字，直云恐不能盡於大事可矣。今云恐其不能，是連上句一貫，乃父兄百官恐世子且不我足也，連下意乃足也。

然友復之鄒問孟子，孟子曰：『然，不可以他求者也。孔子曰：「君薨，聽於冢宰。」歠粥，面深墨，卽位而哭，百官有司莫敢不哀，先之也。【注】孟子言，如是，不可用他事求也。喪尚哀，惟當以哀戚感之耳。國君薨，委政冢宰大臣，嗣君但盡哀情，歠粥不食，顔色深墨。深，甚也。墨，黑也。卽喪位而哭，百官有司莫敢不哀者，以君先哀故也。【疏】注『孟子』至『故也』○正義曰：以如是釋然字，以用字釋以字。他爲他事，虛言之以起下文也。《論語·子張》篇云『喪思哀』，《爲政》篇云『喪與其易也寧戚』，《禮記·少儀》云『喪事主哀』，《莊子·漁父》篇云『處喪以哀爲主』，是喪尚哀也。《論語·憲問》篇云：『子張曰：「《書》云：高宗諒陰，三年不言，何謂也？」子曰：「何必高宗，古之人皆然。君薨，百官總己，以聽於冢宰三年。」』集解孔氏云：『冢宰，天官卿，佐王治者也。三年喪畢，然後王自聽政也。』《禮記·檀弓》云：『子張問曰：「《書》云：高宗三年不言，言乃讙。有諸？」仲尼曰：「胡爲其不然也？古者天子崩，王世子聽於冢宰三年。」』注云：『冢宰，天官卿，貳王事者。三年之喪，使之聽朝。』《尚書大傳》亦引《書》曰：『高宗梁闇，三年不言。子張曰：「何謂也？」孔子曰：「古者君薨，世子聽於冢宰三年，不敢服先王之服，履先王之位而聽焉。」』是『君薨聽於冢宰』爲孔子之言也。《禮記·曲禮》云『食居人之左』，注云：『食，飯屬也。』《説文》歠部云：『歠，飲也。』重文『吷』。歠粥不食，謂但飲粥不飯也。深、甚音近相通。《國策·秦策》云『三國之兵深矣』，高誘注云：『深，猶盛也。』盛、甚義皆爲多。《吕氏春秋·禁塞》篇云『害莫深焉』，高誘注云：『深，重也。』惟其甚，故重義亦同也。哀十三年《左傳》云：『肉食者無墨，今吴王有墨，國勝乎？』《國語·吴語》云：『臣觀吴王之色，類有大憂。』注引《左傳》，云：『墨，黑氣也』。蓋心憂痛不舒，則色形於面；居喪哀戚之甚，故面上晦黑深重也。《士喪禮》云：有大夫，則特拜之。即位如西階下，庶兄弟襚，使人以將命於室，主人拜於位。設明衣裳，主人入即位。奉尸侇於堂。男女如室位，踊無算，主人拜賓，即位，踊。卒涂，祝取銘置於肂，主人復位，踊，襲。闔門，主人揖就次。三日成服，朝夕哭，不辟子卯。婦人即位於堂，南上，哭。丈夫即位於門外，西面北上。辟門。是自始死以至朝夕哭，皆有位，所謂喪位也。是時父兄百官俱在，故主人即位哭，則衆主人、衆兄弟、衆賓無不感而哭矣。**上有好者，下必有甚焉者矣。君子之德，風也。小人之德，草也。草尚之風必偃。是在世子。』【注】**上之所欲，下以爲俗。尚，加也。偃，伏也。以風加草，莫不偃伏也。是在世子以身帥之也。

【疏】注『上之』至『之也』〇正義曰：《禮記·緇衣》篇云：『子曰：下之事上也，不從其所令，從其所行。上好是物，下必有甚者矣。』注云：『甚者，甚於君也。』《論語·顔淵》篇云：『孔子曰：子欲善，而民善矣。君子之德風，小人之德草，草上之風必偃。』集解孔氏曰：『偃，仆也。加草以風，無不仆者。猶民之化於上也。』《釋文》云：『尚，本或作「上」。』是陸德明所見《論語》作『草尚之風』，與《孟子》同。趙氏以加解尚，與孔氏同也。《說文》人部云：『偃，僵也。』《淮南子・說山訓》云『致釋駕而僵』，注云：『僵，仆也。』趙氏以僵仆乃僨斃之義，於小人向化之義不合，故改訓爲伏。《易・繫辭・釋文》引孟喜、京房云：『伏，服也。伏地猶仆地。』伏爲服，則從化之象也。『必偃』以上，皆孟子述孔子之言。『是在世子』爲孟子勉世子之言。

然友反命，世子曰：『然，是誠在我。』【注】世子聞之，知其在身，欲行之也。

五月居廬，未有命戒，百官族人可謂曰知。【注】諸侯五月而葬，未葬居倚廬於中門之內也。未有命戒，居喪不言也。異姓同姓之臣可謂曰知，世子之能行禮也。【疏】『百官族人可謂曰知』○正義曰：《說文》可部云：『可，肯也。』《爾雅・釋言》云：『肯，可也。』始而云『至於子之身而反之，不可』，是不肯謂之曰知也。至是乃肯謂曰知，心服而首肯之也。○注『諸侯』至『禮也』○正義曰：隱公元年《左傳》云：『天子七月而葬，同軌畢至；諸侯五月，同盟至；大夫三月，同位至；士踰月，外姻至。』是諸侯五月而葬也。《儀禮・喪服》斬衰章傳云：『居倚廬，寢苫枕塊，哭晝夜無時。歠粥，朝一溢米，夕一溢米。寢不脫絰帶。既虞，翦屏柱楣，寢有席。』注云：『楣謂之梁，柱楣所謂梁闇。舍外寢於中門之外，屋下壘墼爲之，不涂墍，所謂堊室也。』《既夕記》云『居倚廬』，注云：『倚木爲廬，在中門外，東方北户。』賈氏疏云：『北户者，以倚東壁爲廬，一頭至北，明北户鄉陰。至既虞之後，柱楣翦屏，乃西鄉開户也。』按既虞之後，始有楣有柱。謂之堊室，以其雖有梁楣，而冥闇不高明，故亦謂之梁闇，即諒陰也。其未葬之前，無柱無楣，但用兩木斜倚於東壁，作塹堵形。向西順斜倚之木，以草爲屏，故名倚廬。高宗三年不言，謂既葬居梁闇中，故云高宗諒陰。滕文五月居廬，謂未葬居倚廬中。在高宗三年居梁闇，則未葬之七月居倚廬可知。滕文既定三年之喪，則未葬居倚廬，其既葬亦居梁闇可知。何以知之？方父兄百官不可時，且必使然友之鄒，反復咨問，至是百官族人無不感悦，則孟子之言已驗，世子之心益堅，五月既葬，豈反自息乎？或謂文公僅能五月未葬前守諒陰之制，洵坐井之見耳。『可謂曰知』，趙氏增成其義云『可謂曰知世子之能行禮也』，是知謂百官族人自謂其知，始時皆不欲其行三年之喪，以爲不可；至是首肯而謂之曰：吾今乃知。知，猶覺也，亦解也。若曰吾始聞其定行三年之喪，不以爲可者，不解其義也，今則解矣。知如字平聲。或讀若智，非也。《孟子》之文，微奥通神，每同《左傳》、《檀弓》。可謂曰知，曰字是矣。**及至葬，四方也**〔二〕**來觀之，顔色之戚，哭泣之哀，弔者大悦。**【注】四方諸侯之賓來弔會者，見世子之憔悴哀戚，大悦其孝行之高美也。

〔二〕『也』，《皇清經解》本、《孟子注疏》均無『也』字。

《章指》言：事莫大於奉禮，孝莫大於哀慟。從善如流，文公之謂也。【疏】『從善如流』○正義曰：昭公十三年《左傳》文。

滕文公問爲國，孟子曰：『民事不可緩也。【注】問治國之道也。民事不可緩之使怠惰，當以政督趣，教以生産之務也。【疏】注『問治』至『務也』○正義曰：高誘注《吕氏春秋》、《淮南子》皆云：『爲，治也。』是爲國卽治國也。《易・序卦傳》云：『解者，緩也。』解卽懈，義爲怠惰。不可緩卽不可使怠惰也。何以不使怠惰，故又申言之云：以政督趣，教以生産之務。如下所云。**《詩》曰：「晝爾于茅，宵爾索綯，亟其乘屋，其始播百穀。」**【注】詩，《邠風・七月》之篇。言教民晝取茅草，夜索以爲綯。綯，絞也。及爾閒暇，亟而乘蓋爾野外之屋，春事起，爾將始播百穀矣。言農民之事無休已。【疏】注『詩邠』至『休已』○正義曰：詩在《七月》第七章。毛傳云：『宵，夜。綯，絞也。乘，升也。』箋云：『爾，女也。女當晝日往取茅歸，夜作絞索，以待時用。亟，急。乘，治也。十月定星將中，急當治野廬之屋〔一〕。其始播百穀，謂祈來年百穀於公社。』趙氏與之略同。《毛詩・周南》『之子于歸』，傳云：『于，往也。』鄭氏以往釋于，以取茅釋茅。趙氏不言往者，以于

〔一〕『屋』，《皇清經解》本作『外』，《毛詩正義》郑箋作『屋』。

之爲往，易知也。取茅謂之茅，猶搏貉謂之貉也。『綯絞也』，《爾雅·釋言》文。李巡云：『綯，繩之絞也。』《方言》云：『車紂〔一〕，自關而東周、洛、韓、鄭、汝、潁而東謂之緻，或謂之曲綯。』郭氏注云：『綯亦繩名。』《儀禮·喪服傳》云：『絞帶者，繩帶也。』是絞卽繩；綯是絞，卽是繩矣。《易·説卦傳》云『一索而得男』，馬融注云：『索，數也。』《毛詩〔二〕·陳風》『越以鬷邁』，傳云：『鬷，數也。』箋云：『鬷，總也。』蓋以兩股摩而交之，總爲一繩，以其絞之索之而成，故亦名爲索爲絞，猶繩爲定名，而彈正之卽謂之繩，《爾雅·釋器》『繩之謂之縮之』是也。此又綯是繩，索是索此綯，故云夜索以爲綯。鄭云『夜作絞索』，則以絞釋索，以索釋綯，其義同也。以茅蓋屋，用繩固之，故云乘蓋爾野外之屋。農至冬月，可以閒暇，猶督趣其取茅索綯以治屋，晝夜不緩，恐妨來春田事，所以終歲無休已也。箋以播百穀爲祈穀於公社，與趙氏説異。**民之爲道也，有恒產者有恒心，無恒產者無恒心；苟無恒心，放辟邪侈，無不爲已，及陷乎罪，然後從而刑之，是罔民也。焉有仁人在位，罔民而可爲也！**【注】義與上篇同。孟子既爲齊宣王言之，滕文公問，復爲究陳其義，故各自載之也。**是故賢君必恭儉禮下，取於民有制。**【注】古之賢君，身行恭儉，

〔一〕『車紂』，《皇清經解》本作『當查』，《方言》作『車紂』。
〔二〕『詩』，《皇清經解》本作『傳』。

禮下大臣；賦取於民，不過什一之制也。**陽虎曰：『爲富不仁矣，爲仁不富矣。』**【注】陽虎，魯季氏家臣也。富者好聚，仁者好施；施不得聚，道相反也。陽虎非賢者也，言有可采，不以人廢言也。【疏】注『陽虎』至『言也』○正義曰：《春秋》定公八〔一〕年『盜竊寶玉大弓』，《公羊傳》云：『盜者孰謂？謂陽虎也。陽虎者，曷爲者也？季氏之宰也。季氏之宰，則微者也。』九年《左傳》齊鮑文子曰：『夫陽虎有寵於季氏，而將殺季孫，以不利魯國而求容焉。親富不親仁，君焉用之？』《論語·陽貨》篇『陽貨欲見孔子』。集解孔氏曰：『陽貨，陽虎也。季氏家臣，而專魯國之政。』家臣即宰也。專政，《春秋》以盜書，是非賢者也。虎親富不親仁，則重在富，孟子引之，則重在仁。仁人不爲罔民之政，則不爲富而爲仁矣。『不以人廢言』，《論語·衛靈公》篇文。《鹽鐵論·地廣》章引楊子云：『爲仁不富，爲富不仁』，誤以陽虎爲楊子。**夏后氏五十而貢，殷人七十而助，周人百畝而徹，其實皆什一也。徹者，徹也。助者，藉也。**【注】夏禹之世，號夏后氏。后，君也。禹受禪於君，故夏稱后。殷周順人心而征伐，故言人也。民耕五十畝，貢上五畝；耕七十畝者，以七畝助公家；耕百畝者，徹取十畝以爲賦：雖異名而多少同，故曰皆什一也。徹，猶人徹取物也。藉者，借也。猶人相借力助之也。【疏】注『夏禹』至『人也』○正義曰：

〔一〕『八』，《皇清經解》本作『九』，《春秋左傳集解》作『八』。

《禮記·檀弓》正義引《白虎通》云：『夏稱后者，以揖讓受於君，故稱后。殷周稱人者，以行仁義，人所歸往，故稱人。』此趙氏所本也。皇侃《論語義疏》謂：『夏以揖讓受禪爲君，故褒之稱后。后，君也。又重其世，故氏係之也。殷周以干戈取天下，故貶稱人也。』以稱人爲貶，非趙氏義矣。○注『民耕』至『一也』○正義曰：顧氏炎武《日知録》云：『古來田賦之制，實始於禹，水土既平，咸則三壤，後之王者，不過因其成蹟而已。故《詩》曰：『信彼南山，維禹甸之。畇畇原隰，曾孫田之。我疆我理，南東其畝。』然則周之疆理，猶禹之遺法也。孟子乃曰：『夏后氏五十而貢，殷人七十而助，周人百畝而徹。』夫井田之制，一井之地，畫爲九區，故蘇洵謂萬夫之地，蓋三十二里有半；而其間爲川爲路者一，爲澮爲道者九，爲洫爲涂者百，爲溝爲畛者千，爲遂爲經者萬。使夏必五十，殷必七十，周必百，則是一王之興，必將改畛涂，變溝洫，移道路以就之，爲此煩擾無益於民之事也，豈其然乎？蓋三代取民之異，在乎貢、助、徹，不在乎五十、七十、百畝；其五十、七十、百畝，特丈尺之不同，而田未嘗易也，故曰其實皆什一也。《王制》曰：『古者以周尺八尺爲步，今以周尺六尺四寸爲步。』而當日因時制宜之法，亦有可言：夏時土曠人稀，故其畝特大；殷周土易人多，故其畝漸小。以夏之一畝爲二畝，其名殊而實一矣。』錢氏塘《溉亭述古録》〔一〕・三代田制考》云：「三代田制，曷以異？曰：無異也。無異則孟子何以言五十畝七十與百畝？曰：名異而實不異，非不欲異其制，固不能異也。其不能異奈何？曰：井田始於黄帝，洪水之後，禹修而復之，孔子所謂盡力乎溝洫也。溝洫既定，不可復變，殷周遵而用之耳。《考工記》匠人爲溝洫，始於廣尺深尺之甽，田首倍之爲遂；爲井間之溝，倍其溝爲成間之洫，倍其洫爲同間之澮。賈公彦繪一成之圖，謂甽縱遂横，溝縱洫横，澮縱自然川横。然則見甽知畝，見遂知夫，見溝知井，見洫知成，見澮知同也。一同之田，川與澮爲方；一成之田，洫與溝爲方；一井之田，溝與遂爲方；一夫之田，遂與甽爲方。甽，伐也。不爲夫田限，故夫三爲屋，遂與溝遇也。至溝與洫遇，則爲通矣。洫與澮遇，則爲終矣。屋者，三分夫之一；通者，十分成之一；終者，十分同之一：皆不爲方，水道有縱横故也。禹自言「濬甽澮距川」，明甽澮縱而川則横，周制本乎夏制矣。使周異於殷，殷異於夏，必盡更夏后氏之制。更其甽遂固易也，溝洫則難矣，川澮抑又難矣。我因川澮溝洫之不能更，而知周用夏制也。我因周用夏制，而知殷與周之未嘗各異也。然則畝數之不同，何歟？曰：所謂異其名也。其名何以異？曰：以度法之各異也。蔡邕謂夏以十寸爲尺，殷以九寸爲尺，周以八寸爲尺。夫殷之尺，非遂得

〔一〕《溉亭述古録》，《皇清經解》本作《溉堂考古録》。

夏之九寸也，蓋九寸則不足。周之尺，非止得夏之八寸也，蓋八寸而有餘。何則？夏之百分，殷以爲百一十二分，周以爲百二十分，通其率，則五十之爲五十六與六十也，而夫田之廣長與其步法俱得矣。是故同此一夫之田：夏以廣十尺長五百尺爲畝，殷以廣八尺長五百六十尺爲畝，周以廣六尺長六百尺爲畝；如其畝法，而五十、七十與百畝之數立矣。步則夏以五尺，殷以五尺六寸，周以六尺；一畝同長百步，而夏廣二步，殷廣一步五十六分步之二十四，周廣一步。推之一里，則廣長皆三百步，其積皆九萬步也。夫如是，則自遂以上，殷周皆不必更，而獨更其畎，豈不甚易也哉？夫三代步法，與其夫田之廣長，皆與率數相應，故夫有異畝，畝無異步，是之謂名異而實同。少康有田一成，卽《考工》之十里，其明證也。曰：井與去〔一〕皆方，畝何以不方？曰：畝之水，注於遂；遂在田首，故不能方。猶溝之水，注於洫；洫在通首，亦不能方。卽《詩》所謂「南東其畝」，而韓嬰謂之「長一步廣一步」者也。南畝之長，卽東畝之廣；分言之，則皆一步。而或者疑之，則畝必廣長皆十步邪？曷爲晉欲令齊盡東其畝也？孟子又謂皆什一，奈何？曰：此殷周侯國之制也。康成所謂「公田不税夫」，故其名曰助與徹；夏則税夫，無公田而名爲貢：貢爲什一，助與徹爲九一，九一之與什一，盈朒異名耳，故曰皆什一。《禹貢》

〔一〕「去」，《皇清經解》本作「夫」。

賦有九等，果什一歟？曰：禹以九州爲等，非一井也。烏得言非什一。』錢氏大昕《潛研堂答問》云：『鄭康成注《周禮》，嘗引《孟子》「野九夫而税一，國中什一」之文，孔穎達《詩正義》申其旨云：「周制有貢有助：助者，九夫而税一夫之田；貢者，什一而貢一夫之穀。通之二十夫而税二夫，是爲什中税一也。九一而助，爲九中一。知什一自賦，非什中一者，以言九一，卽云而助，明九中一助也。國中言什一，乃云使自賦，是什一之中使自賦之，明非什中一爲賦也。」《孟子》又云：「方里而井，井九百畝，其中爲公田，八家皆私百畝，同養公田；公事畢，然後敢治私事，所以別野人也。」言別野人者，別野人之法，使與國中不同也。《爾雅》云：「郊外曰野。」則野人爲郊外也。野人爲郊外，則國中爲郊內也。郊內謂之國中者，以近國，故繫國言之亦可。地在郊內，居在國中故也。郊外國中人，各受田百畝，或九而取一，或什一而取一，通內外之率，則爲什而取一，故曰徹。徹之爲言通也，康成之義，得孔氏而益明。若分公田爲廬舍，八家各二畝半，其説始於班固，而何休注《公羊》、趙岐注《孟子》、范甯注《穀梁》、宋均注《樂緯》，皆因之，非鄭義也。』段氏玉裁《説文解字注》云：『耡，殷人七十而耡。耡，耤税也。从耒，助聲。《周禮》曰：「吕興耡利萌。」今《孟子》作「助」，《周禮》注引作「莇」。耡卽以耤釋之。耤税者，借民力以食税也。《遂人》注云：「鄭大夫讀耡爲藉。杜子春讀耡爲助，謂起民人令相佐助。」按鄭意，耡者，合耦相助，以歲時合耦於耡，謂於里宰治處合耦，因謂里宰治處爲耡也。許意以《周禮》證七十而耡，謂其意同。』王氏念孫《廣雅疏證》云：『《大雅・韓奕》篇「實畝實藉」，鄭箋云：「藉，税也。」宣十六年《左傳》「穀出不過藉」，杜預注云：「周法，民耕百畝，公田十畝，借民力而治之，税不過此。」《王制》「古者公田藉而不税」，鄭注云：「藉之言借也，借民力治公田，美惡取於此，不税民之所自治也。」《説文》：「殷人七十而耡。耡，耤税也。」耡字亦作「莇」，又作「助」，助與藉古同聲。《孟子・公孫丑》篇「耕者助而不税」，卽藉而不税也。《論語・顔淵》篇「盍徹乎」，鄭注云：「周法什一而税謂之徹。徹，通也。爲天下之通法。」《孟子・滕文公》篇：「夏后氏五十而貢，殷人七十而助，周人百畝而徹，其實皆什一也。徹者，徹也。助者，藉也。」趙氏注云云。鄭氏注《匠人》云：「貢者，自治其所受田，貢其税穀。莇者，借民之力以治公田，又使收斂焉。徹者，通其率以什一爲正也。」按趙氏注「徹彼桑土」，釋徹爲取，此注同之。《孝經正義》引劉熙《孟子注》云：「家耕百畝，徹取十畝以爲賦也。」亦以徹爲取，與鄭氏義異。』姚氏文田《求是齋自訂稿》云：『徹之名義，嘗屢求其説而不得，因考《公劉》、《崧高》兩詩，毛傳皆訓徹爲治。鄭氏《公劉》箋云：「什一而税謂之徹。」又於《匠人》注云：「周之畿内，税有輕重，諸侯謂之徹者，通其率以什一爲正。」《論語》注云：「徹，通也。爲天下之通法。」趙氏《孟子》注：「耕百畝者，徹取十畝以爲賦。徹猶人徹取物也。」賈氏《匠人》疏引之。孔氏《公劉》疏亦云：「徹取此隰原所收之粟，以爲軍國之糧。」是又以徹爲取。以他處「徹俎」「徹樂」之類証之，皆是收取之義。《孟子》亦言「徹者徹也」，不煩更增一解，似徹取之義，尤爲了當。然其制度何若，終不能明。惟《周官·司稼》云：「巡野觀稼，以年之上下出斂法。」是知徹無常額，惟視年之凶豐，此其與貢異處。助法正是八家合作，而上收其公田之入，無煩更出斂法，然其弊，必有如何休所云「不盡力於公田者」，故周直以公田分授八夫，至斂時則巡野觀稼，合百一十畝通計之，而取其什一，其法亦不異於助，故《左傳》云「穀出不過藉」。然民自無公私緩急之異，此其與助異處。至魯宣公因其舊法而倍收之，是爲什而税二矣。謂之徹者，直是通盤核算，猶徹上徹下之謂，並非通融之義，於此求之，則徹法亦可想見。故孟子既分釋徹、助之義，而又據《大田》之詩，以證其與助同法。先儒以貢、助兼用爲詞，殆未然矣。』倪氏思寬《讀書記》云：『徹者徹也二句，承上文言之。不及貢法者，有龍子云云在也。商助周徹，乃先説徹後説助者，孟子意在行助，徹爲賓，助爲主。謂徹之爲徹，其法固良；而助之爲藉，其法尤美也。』**龍子曰：『治地莫善於助，莫不善於貢。貢者，挍數歲之中以爲常，**【注】龍子，古賢人也。言治土地之賦，無善於助者也。貢者，挍數歲以爲常類而上之，民供奉之，有易有不易，故謂之莫不善也。【疏】『挍數歲之中以爲常』○正義曰：翟氏灝《考異》云：『舊趙注本「校」字從手作「挍」，與下學校字不同。《釋文》云：「校，户教反，从木。若从手，是比挍字，今人多亂之。」《五經文字》云：「校，音教，又音效，皆從木。」《字鑑》云：「校字元有二音，借爲比挍字，明末避諱，校省作挍」。汲古閣注疏本此校與下學校，俱作「挍」。』○注「龍子古賢人也」○正義曰：《列子·仲尼》篇有龍叔謂文摯云：『吾鄉譽不以爲榮，國毀不以爲辱，得而不喜，失而弗憂，視生如死，視富如貧，視人如豕，視吾如人。處吾之家，如逆旅之舍；觀吾之鄉，如戎蠻之國。』或其人與？**樂歲粒米狼戾，多取之而不爲虐，則寡取之；凶年糞其田而不足，則必取盈焉。**【注】樂歲，豐年。狼戾，猶狼藉也。粒米，粟米之粒也。饒多狼藉，棄捐於地，是時多取於民不爲暴虐也，而反以常數少取之。至於凶年飢歲，民人糞治其田尚無所得，不足以食，而公家取其稅，必滿其常數焉。不若從歲飢穰以爲多少，與民同之也。

【疏】注「樂歲」至「之也」○正義曰：《鶡冠子·學問》篇云：『所謂樂者，無菑者也。』年豐無菑，故稱樂歲。《淮南子·覽冥訓》云『孟嘗君爲之增欷歍唈，流涕狼戾不可止』，高誘注云：『狼戾，猶交横也。』《廣雅·釋詁》云：『狼，盭也。』盭卽戾。狼、戾一聲之轉。《國策·燕策》云『趙王狼戾無親』，《漢書·嚴助傳》『狼戾不仁』，以其遺棄不甚愛恤，故爲不仁無親之名。而涕之零落於地，與粟之拋棄於地，其名不同，而義實相引也。《告子》篇『狼疾』，趙氏亦以狼藉釋之。《漢書·燕刺王旦傳》云『首籍籍兮亡居』，注云：『籍籍，縱横貌。』縱横猶交横，故狼戾猶狼籍也。段氏玉裁《説文解字注》云：『今俗語謂米一顆爲一粒，《孟子》「樂歲粒米狼戾」，趙注云：「粒米，粟米之粒也。」《皋陶謨》「烝民乃粒」，《周頌》「立我烝民」，鄭箋：「立當作粒。」《詩》《書》之粒，皆《王制》所謂粒食。』按『粒米狼戾』，言米之粒，不愛恤而縱橫於地也。因豐年饒多，故不愛恤而棄捐之也。《鹽鐵論·未通》篇云：『樂歲粒米粱糲，而寡取之。』此即本之《孟子》，粱糲即狼戾之同聲。張之象注本依《孟子》改作『狼戾』，不知古人聲音通借之例也。《周書·金縢》『遘厲虐疾』，某氏傳云：『虐，暴也。』高誘《淮南子》注訓虐爲害，《説文》訓虐爲殘，殘害亦暴也。《周禮·地官·司關》『國凶札』，鄭司農注云：『凶，謂凶年饑荒也。』《孟子》亦言凶年飢歲，是凶年即飢歲也。《禮記·月令》：『季夏，大雨時行，燒薙行水，利以殺草，如以熱湯，可以糞田疇，可以美土疆。』孔氏正義云：『糞，壅苗之根也。』蔡云：「穀田曰田，麻田曰疇，言爛草可以糞田使肥也。」』是糞其田即是治其田，故云糞治其田。《説文》皿部云：『盈，滿器也。』取盈，是取其税而滿其常數，如器定受若干如其量以盈之也。從歲飢穰以爲多少，則助是矣。孔氏廣森《經學卮言》云：『均是田也，糞之則收自倍，然未有不費而食利者也。羊麋犬豕之骨汁，所以爲糞種之具者，孰非待粟而易之。歲凶則粟不足食，幸而足食，亦無餘粟以易其所無，於是來歲所以糞其田者，無以爲資矣。又凶之甚者，其所穫不足以償今歲糞田之費矣，遑供税乎！且來歲之田糞既不足，則土疆不美，雖自天降康，亦將不逮其平歲之穫，故一歲遇凶厘，三歲而後，其力可復，此稼穡之艱難，有國所當知也。』**爲民父母，使民盻盻然，將終歲勤動不得以養其父母，又稱貸而益之，使老稚轉乎溝壑，惡在其爲民父母也？**【注】盻盻，勤苦不休息之貌。動，作。稱，舉也。言民勤身動作，終歲不得以養食其父母。公賦當畢，有不足者，又當舉貸子倍而益滿之。至使老小轉尸溝壑，安可以爲民之父母也。【疏】注「盻盻」至「母也」○正義曰：《音義》云：「盻，《説文》五禮切，亦四莧切。丁作『肸肸然』，許乙切。」阮氏元《校勘記》云：「盻字見《説文》，云『恨視貌』。但趙注以『勤苦不休息』爲訓，趙作『肸』不作『盻』也。《説文》：『肸，蠁布也。』『肙，振也。』肸、肙古通用。肸肸猶肙肙，《方言》云：『肙肙，不安也。』」「動作也」，《爾雅·釋詁》文。《周禮·天官·小宰》「以官府之八成經邦國，四曰聽稱責以傳別」，鄭司農云：「稱責，謂貸子。」賈氏疏云：「稱責，謂舉責生子，彼此俱爲稱意，於官於民，俱是稱也。」段氏玉裁《説文解字注》云：「爯，并舉也。从爪冓省。冓爲二爪者，手也。一手舉二，故曰并舉。趙注《孟子》『稱貸』曰：『稱，舉也。』凡手舉字當作爯，凡偁揚當作偁，凡詮衡當作稱，今字通用稱。」《禮記·郊特牲》云：「食養，陰氣也。」《淮南子·説山訓》云「幸善食之而勿苦」，高誘注云：「食，養也。」養其父母即食其父母。貸，借也。《周禮·地官·泉府》「凡民之貸者，與其有司辨而授之，以國服爲之息」，鄭司農云：「貸者，謂從官借本賈也，故有息使民弗利。」「玄謂以國服爲之息，受園廛之田而貨萬泉者，則朞出息五百。」《禮記·月令》注云：「火出而畢賦。」此言賦冰。此公賦當畢，謂公家之税當完納也。税盡賦，猶冰盡賦矣。當盡賦則不敢虧缺，無如田之所出不足，故假借於人而舉債焉。子，即息也。《史記·貨殖傳》云：「子貸金千貫。」又云：「吴、楚七國兵起，時長安中列侯封君，行從軍旅，齎貸子錢，子錢家以爲侯邑國在關東，關東成敗未決，莫肯與，唯無鹽氏出捐千金貸，其息什之。三月，吴、楚平，一歲之中，則無鹽氏之息什倍。』蓋每歲萬息二千，此常息也。至窘急時，則利息必加倍於常，如無鹽氏之利，所以什之矣。萬息二千，二其子也。什之，則貸萬息亦萬爲倍，故云子倍。益之言加也，即上取盈之義。因畢賦不足，又稱貸於子錢家，以益滿此不足之數。而所貸子錢，乃倍於所不足之數。由此積累，至使父母妻子飢寒而死矣。閻氏若璩《釋地三續》云：『胡朏明曰：「龍子言貢者挍數歲之中以爲常，樂歲粒米狼戾，多取之而不爲虐，則寡取之；凶年糞其田而不足，則必取盈焉。此貢之所以不善也。某謂貢異於助，惟無公田耳。其取民〔一〕之制，雖云於一夫受田五十畝之中，税其五畝之所收，然亦每歲各視其豐凶，以爲所入之多寡，與助法無異。非上之人科定此五畝者出穀若干斗斛以爲常也。藉令樂歲不多取，凶年必取盈，賦何以有上上錯乎？然則龍子之言非與？曰：龍子蓋有爲言之也。」夏氏僎曰：「戰國諸侯，重斂掊克，立定法以取民，不因豐凶而損益；且託貢法以文過，故孟子有激而云。其所謂不善者，特救戰國之失耳，禹法實不然也。」蓋自魯宣公税畝以後，諸侯廢公田而行貢法，取民數倍於古，樂歲猶可勉供，凶年則不勝其誅求之苦，而皆

〔一〕『民』，《皇清經解》本無，閻若璩《釋地三續》有『民』字。

藉口於夏后氏以文其貪暴，龍子所以痛心疾首而爲是言。孟子方勸滕君行助，以革當時之弊，意在伸助，不得不抑貢，故舉龍子之言以相形，而未暇深求其義理。其實龍子所謂莫不善者，乃戰國諸侯之貢法，非夏后氏之貢法也。』**夫世禄，滕固行之矣。**【注】古者諸侯卿大夫士有功德，則世禄賜族者也。官有世功者，其子雖未任居官，得世食其父禄，賢者子孫必有土之義也。滕固知行是矣，言亦當恤民之子弟，閔其勤勞者也。【疏】注『古者』至『義也』〇正義曰：隱公八年《左傳》云：『天子建德，因生以賜姓，胙之土而命之氏。諸侯以字爲謚，因以爲族。官有世功，則有官族，邑亦如之。』《白虎通・封公侯》篇云：『大夫功成未封，子得封者，善之及子孫也。《春秋傳》曰：「賢者子孫宜有土地也。」』趙氏本此爲説也。詳見《梁惠王下》篇。阮氏元《校勘記》云：『「其子雖未任居官」，閩、監、毛三本、韓本同。孔本、《考文》古本「任」作「仕」，《音義》出「未任」，音壬，作「任」是也。』**《詩》云：『雨我公田，遂及我私。』惟助爲有公田。由此觀之，雖周亦助也。**【注】詩，《小雅・大田》之篇。言太平時民悦其上，願欲天之先雨公田，遂以次及我私田也。猶殷人助者，爲有公田耳。此周詩也，而云『雨公田』，知雖周家時亦助也。【疏】注『詩小』至『助也』〇正義曰：詩在《小雅・大田》第三章。箋云：『古者陰陽和，風雨時，其來祈祈然而不暴疾，其民之心先公後私，今天主雨於公田，因及私田爾。此言民怙君德，蒙其餘惠。』趙氏言「太平時」，本上「興雨祈祈」言也。萬氏斯大《學春秋隨筆》云：

「孟子言三代田制莫善於助，言助法之形體曰：「方里而井，井九百畝，其中爲公田，八家皆私百畝，同養公田。」非謂成周之徹法如此也。《漢書・食貨志》直本此以言周制，後儒多相因不變，若是，則周人乃百畝而助矣，何名爲徹哉？惟趙岐《孟子》注云：「周人耕百畝者，徹取十畝以爲賦。」斯言得之矣。《司馬法》云：「畝百爲夫，夫三爲屋，屋三爲井。」《小司徒》亦云：「夫九爲井。」據此二文，是周人井九百畝，分之九夫，每夫百畝，中以十畝爲公田，君取其入，而不收餘畝之税。宣公於公田之外，更税餘畝之十一，故曰税畝也。』周氏柄中《辨正》云：『充宗之説，良不誣也。徹本無公田，故《孟子》云「惟助爲有公田」，言惟助有則徹無，以明其制之異。言「雖周亦助」，見助豐凶相通，徹亦豐凶相通，明其意之同。若徹原是助，則人人共知，孟子何用辭費。徹無公田，《詩》曰「雨我公田」者，商家同井，公田在私田外；周九夫爲井，公田在私田中。《夏小正》云：「三農服於公田。」公田之稱，可施於貢，獨不可施於徹乎？然則周何以變八家爲九夫，此則任釣臺嘗言之矣。蓋自商至周，歷六百餘年，生齒必日繁，無田可給，不得不舉公田授之民。及列國兵争，殺戮過甚，民數反少於周初，而徹法之壞已甚，故孟子欲改行助法，所謂與時宜之者，此真通人之論也。』鍾氏懷《攷厓考古録》云：『孟子論井田之制，以夏爲貢，殷爲助，周爲徹，顯分其制。及引《大田》之詩，又謂雖周亦助，可知助、徹乃通名也。夏后氏五十而貢，其實亦是什一，獨不得通助、徹之名者，蓋因諸侯去籍，孟子末由考之耳。《夏小正》：「正月，農及雪澤，初服于公田。」傳云：「古有公田焉者，古言先服公田，而後服其田也。」可知公田之制，自夏已然，公劉雖由夏居戎，亦循有邰之舊而不改也。然則貢卽助卽徹，皆不離乎什一而稅，誤以公劉創什一之稅，可乎？大抵周家一切典禮，多夏殷之制，特其斟酌損益，少有不同耳。」阮氏元《校勘記》云：「『猶殷人助者』，宋本、孔本、《考文》古本、足利本同。閩、監、毛三本、韓本猶作『惟』。按猶當獨字之誤，閩本改爲惟，非也。」**設爲庠序學校以教之。**【注】以學習禮教化於國。**庠者，養也。**【注】養者，養耆老。**校者，教也。**教者，教以禮樂。**序者，射也。**射者，三耦四矢以達物導氣也。**夏曰校，殷曰序，周曰庠，學則三代共之，皆所以明人倫也。**【注】學則三代同名，皆謂之學，學乎人倫。人倫者，人事也。猶《洪範》曰『彝倫攸叙』，謂常事所叙也。【疏】『庠者』至『倫也』○正義曰：《史記・儒林傳》：『公孫弘乃謹與太常臧、博士平等議曰：「聞三代之道，鄉里有教，夏曰校，殷曰序，周曰庠。」』《漢書・儒林傳》則作『殷曰庠，周曰序』，《説文》與《漢書》同，未知孰是也。閻氏若璩《釋地又續》云：『陳氏《禮書》曰：「孟子論井地，而及夏曰校，商曰序，周曰庠，蓋校、庠、序者，鄉學也。《鄉飲酒》：主人迎賓於庠門之外，鄉簡不帥教，耆老皆朝於庠，則庠鄉學名也。《周官》：州長會民射於州序，黨正屬民飲酒於序，則序亦鄉學名也。鄭人之所欲毀者，謂之鄉校，則校亦鄉學名也。然鄉曰庠，《記》言黨有庠；州曰序，《記》言遂有序，何也？古之致仕者，教子弟於閭塾之基，則家有塾云者，非家塾也。合二十五家而教之閭塾，謂之家有塾；則合五黨而教之鄉庠，謂之黨有庠可也。《周禮》遂官各降鄉官一等，則遂之學亦降鄉一等矣。降鄉一等而謂之州長，其爵與遂大夫同，則遂之學，其名與州序同可也。」《小戴》〔一〕本雜記之書，陳氏能將《儀禮》、《周官》、《左氏》及《孟子》融會於一，無少抵牾，真經術之文也。』周氏柄中《辨正》云：『孟子言夏曰校殷曰序周曰庠，此鄉學也。而《王制》所載虞曰庠，夏曰序，爲國學之稱。考之《周禮》，則州黨之學皆曰序，而庠校不見於經。《學記》云「黨有庠」者，庾氏謂夏殷制，非周法，其説皆與《孟子》不合。讀孟子書，當就孟子求其義，不得又以他説汩亂之。安溪李文貞公云：「立太學以教於國，設庠序以化於邑，董子雖言之而莫行也。故在漢代，辟雍太學之制，博士弟子員之設，僅於京師而已。自後天下州邑，亦徒廟事孔子而無學。宋之中世，始詔天下有州者皆得立學，而縣之學士滿二百人，始得爲之，少則不能中律，今荒州僻縣，無不設之學矣。意三代相承亦如此。夏之時，鄉爲置校而已；殷之時，州莫不有序焉；周人修而兼用之，而黨庠以偏；此自古及今，其制浸廣也。黨近於民，故主於上齒尊長，而以養爲義；鄉近於國，故總乎德行道藝，而以教爲義；州則自黨而升，而將賓於鄉，故修乎禮樂容節，而以射爲義：此則自上而下，其法浸備也。」文貞

〔一〕『《小戴》』，《皇清經解》本同，閻若璩《釋地三續》『《小戴》』上有『按』字。

此說最善，蓋黨統於州，州統於鄉，故序以承校，庠以承序，制以漸而始大備。俗説謂三代之鄉學各一，而惟遞變其名，不可通矣。』王氏念孫《廣雅疏證》云：『《孟子·滕文公》篇：「庠者，養也。校者，教也。序者，射也。」《廣雅》卷四云：「校，教也。」卷五云：「序，射也。」皆本《孟子》。引之云：《說文》：「庠，禮官養老也。」《王制》「有虞氏養國老於上庠」，鄭注云：「庠之言養也。」趙岐注《孟子》云：「養者，養耆老。射者，三耦四矢以達物導氣。」此皆緣辭生訓，非經文本意也。養國老於上庠，謂在庠中養老，非謂庠以養老名也。《州長職》云「春秋以禮會民而射於州序」，謂在序中習射，非謂序以習射名也。《王制》：「耆老皆朝於庠，元日習射上功。」而庠之義獨取義於養老，何也？《文王世子》：「適東序養老。」而序之義獨取於習射，何也？庠序學校，皆爲教學而設，養老習射，偶一行之，不得專命名之義。庠訓爲養，序訓爲射，皆是教導之名，初無別異也。《文王世子》：「立太傅少傅以養之，欲其知父子君臣之道也。」鄭注云：「養，猶教也。」言養者，積浸養成之。《保氏職》云：「掌養國子以道。」此庠訓養之說也。射、繹古字通。《爾雅》云：「繹，陳也。」《周語》云：「無射，所以宣布哲人之令德，示民軌儀也。」則射者陳列而宣示之，所謂「謹庠序之教，申之以孝弟之義」也。此序訓爲射之說也。養，射，皆教也。教之爲父子，教之爲君臣，教之爲長幼，故曰皆所以明人倫也。徹者，徹也。助者，藉也。庠者，養也。校者，教也。序者，射也。皆因本事以立訓，豈嘗別指一事以名之哉！』○

注「養者」至「敍也」○正義曰：趙氏以養爲養耆老，卽本《王制》「養國老於上庠」，《説文》亦以庠爲「禮官養老」也。《鄭風・詩序》云：「《子衿》，刺學校廢也。亂世則學校不修焉。」其三章「一日不見，如三月兮」，毛傳云：「言禮樂不可一日而廢。」趙氏本此，故以教禮樂言之。其實不僅教以禮樂，故鄭箋云：「鄭國謂學爲校，言可以校正道藝。」道藝則不止禮樂也。《儀禮・鄉射》云「豫則鉤楹內」，注云：「豫者，謂州學也。讀如成周宣榭災之榭，《周禮》作序，今文豫爲序。」序卽榭，榭、射聲通，是榭因鄉射而立名。《鄉射禮》云「三耦俟於堂西〔一〕」，注云：「選〔二〕弟子之中德行道藝之高者，以爲三耦。」又云「兼挾乘矢」，又云「三耦皆執弓，搢三而挾一个」，注云：「乘矢，四矢也。」《白虎通・鄉射》篇云：「天子所以親射何？助陽氣，達萬物也。春陽〔三〕氣微弱，恐物有窒塞，不能自達者。夫射自內發外，貫堅入剛，象物之生，故以射達之也。」是所云達物導氣之義也。學，謂大學也。庠、序、校，皆鄉學，在郊。《禮記・王制》云：「耆老皆朝於庠，元日習射上功，習鄉上齒，大司徒帥國之俊士與執事焉。不變，命國之右鄉，簡不帥教者移之左；命國之左

〔一〕「西」，《皇清經解》本作「東」，《儀禮注疏》作「西」。
〔二〕「選」，《皇清經解》本作「遷」，《儀禮注疏》作「選」。
〔三〕「陽」，《皇清經解》本無，《白虎通》有「陽」字。

鄉，簡不帥教者移之右。不變，移之郊。不變，移之遂。』此由鄉下移於郊遂，皆鄉學也。又云：『命鄉論秀士，升之司徒曰選士；司徒論選士之秀者，而升之學。』此學卽大學，在城中王宮之左者也。三代同名爲學，無異名也。《文王世子》云：『春夏學干戈，秋冬學羽籥，皆於東序。春誦夏弦，大師詔之瞽宗。秋學禮，執禮者詔之；冬讀書，典書者詔之。禮在瞽宗，書在上庠。』又云：『凡祭與養老、乞言、合語之禮，皆小樂正詔之於東序。』《周禮·大司樂》：『掌成均之法，以治建國之學政，而合國之子弟焉。凡有道有德者使教焉，死則以爲樂祖，祭於瞽宗。』又有『成均』『東序』『瞽宗』『上庠』等名者，蓋統名爲學而分爲四：其東爲東序也；其西爲瞽宗，瞽宗卽西學，故《祭義》云『祀先賢於西學』，卽『祭有道德者於瞽宗』也；其北爲上庠，秋學禮在瞽宗爲西學，則冬學書在上庠爲北學矣；東序瞽宗上庠分列東西北三方，則成均爲南學。青陽總章元堂，統其名於明堂；則東序瞽宗上庠，統其名於成均。雖分有四名，而實統謂之學。《祭義》云：『天子設四學。』《大戴記》云：『帝入東學，帝入南學，帝入西學，帝入北學。』但仍僅謂之學也。吴氏鼎《易堂問目》云：『今考定五學：東學，周名東膠，又名東序，本夏學總名；西學，周名瞽宗，又名右學，本殷學總名；北學，周名上庠，本虞學總名；南學，周名成均，舊説五帝學名；蓋陶唐以前，學之總名；大學，周名辟雍。魯兼四代之學，序在東。瞽宗在西，米廩在北，頖宮在南。《文王世子》：「王乃命公侯伯子男及羣吏曰：反養老幼於東序。」則諸侯國學，疑皆同此制。』鄭氏注《禮記・曲禮》、《樂記》皆以倫爲類，高誘注《吕氏春秋・達鬱》、《淮南子・説林》等篇皆以類爲事，趙氏注《告子》篇『此之謂不知類也』，亦云『類，事也』。此以倫爲事，即以倫爲類也。《洪範》，《周書》篇名。『惟十有三祀，王訪於箕子，王乃言曰：嗚乎箕子，惟天陰隲下民，相協厥居，我不知其彝倫攸叙。』王肅注云：『言天深定下民，與之五常之性，王者當助天和，合其居所，行天之性，我不知常道倫理所以次叙。』《漢書・五行志》引《洪範》此文，應劭注云：『陰，覆。隲，升。相，助。協，和。倫，理。攸，所也。言天覆下民，王者當助天居，我不知居天常理所次叙也。』《禮記・樂記》云『理之不可易者也』，注云：『理，猶事也。』倫之爲事，即倫之爲理，與應劭、王肅義同。顧氏炎武《日知録》云：『彝倫者，天地人之常道，如下所云五行、五事、八政、五紀、皇極、三德、稽疑、庶徵、五福、六極，皆在其中，不止孟子之言人倫而已。能盡人之性，盡物之性，則可以贊天地之化育，而彝倫叙矣。』按趙氏引《洪範》『彝倫』，以證《孟子》之『人倫』，謂其常事有叙，則正以孟子此言『人倫』，即《洪範》之『彝倫』。蓋國學鄉學，爲王大子、王子、羣后之大子、卿大夫元士之適子、國之俊選，皆由此出；樂正崇四術，立四教，順先王《詩》、《書》、《禮》、《樂》以造士，雖申之以孝弟之義，而一切人事常理，無不講明也。**人倫明於上，小民親於下，有王者起，必來取法，是爲王者師也。**【注】有行三王之道而興起者，當取法於有道之國也。《詩》云：「周雖舊邦，其命惟新。」文王之謂也。子力行之，亦以新子之國。』【注】詩，《大雅·文王》之篇。言周雖后稷以來舊爲諸侯，其受王命，惟文王新復修治禮義以致之耳。以是勸勉文公，欲使庶幾新其國也。【疏】注『詩大』至『國也』○正義曰：詩在《文王》篇首章。閩、監、毛三本惟作『維』。閻氏若璩《孟子生卒年月考》云：『《春秋·公羊傳》君存稱世子，君薨稱子某，既葬稱子，踰年稱公。《左氏》例則未葬稱子，既葬稱君，不待踰年始稱君，此二傳之同異也。及以《孟子》證則又有異，君存稱世子，「滕文公爲世子」是。君薨亦稱世子，「滕定公薨，世子謂然友」是。未葬稱子，不獨既葬爲然，「至於子之身而反之」是。若孟子所稱「子力行之」，則在既葬之後，但未踰年耳。何以驗之？滕文公既定爲三年之喪，五月居廬，未有命戒，則亦無禮聘賢人之事可知。惟至葬後，始以禮聘孟子至滕而問國事焉，故孟子猶稱之爲子。直至踰年改元，然後兩稱爲君，曰「君如彼何哉」，曰「君請擇於斯二者」，然則孟子於滕行蹤歲月，亦略可覩矣。』按《禮記·坊記》云：『未没喪不稱君，示民不争也。故《魯春秋》記晉喪曰：「殺其君之子奚齊，及其君卓。」』注云：『没，終也。《春秋傳》曰「諸侯於其封内三年稱子」，至其臣子，踰年則謂之君矣。』孟子未臣於齊，恐其稱君在終喪之後，未必既葬即聘賢人，蓋滕文行三年之喪，喪將終，乃聘孟子，孟子至，未幾卽終喪。故此仍在三年之内則稱子，既三年喪畢，則稱君也。

使畢戰問井地，【注】畢戰，滕臣也。問古井田之法。時諸侯各去典籍，人自爲政，故井田之道不明也。【疏】注「畢戰」至「明也」○正義曰：畢戰爲文公所使，知爲滕臣也。《考工記・匠人》注引「滕文公問爲國於孟子」云云，「文公又問井田」，賈氏疏云：「彼是文公使畢戰問，今以爲文公問者，畢戰，文公臣。君統臣功，亦得爲文公問也。鄭氏以井田代井地，是井地卽井田也。」毛氏奇齡《經問》云：「滕文公使畢戰問井地，豈戰國時無井地與？曰：據《春秋》有「井衍沃」之文，則晉亦尚作井地，但惟坦衍而沃膏者間一行之，他無是也。若戰國則未必有矣。《史記》秦孝公四十一年，爲田開阡陌，正在戰國，與魏惠王、齊威王同時，則此時方改阡陌廢井地之際，雖間或有是，亦將毀棄，况未必有也。」**孟子曰：「子之君將行仁政，選擇而使子，子必勉之！夫仁政必自經界始。經界不正，井地不鈞，穀禄不平。**【注】子，畢戰也。經，亦界也。必先正其經界，勿侵鄰國，乃可鈞井田，平穀禄。穀，所以爲禄也。《周禮・小司徒》曰「乃經土地而井牧其田野」，言正其土地之界，乃定受其井牧之處也。【疏】注「子畢」至「處也」○正義曰：畢戰來問，此云子之君，君指文公，則子指畢戰也。《周禮・地官・司市》「以次叙分地而經市」，注云：「經，界也。」趙氏以此經界，卽各國之疆界。封建與井田相表裏，故先不相侵奪，而井田乃可鈞也。阮氏元《校勘記》云：「「井地不鈞」，石經、岳本、咸淳衢州本、廖本、孔本、韓本、《考文》古本、足利本同。閩、監、毛三本鈞作「均」。按均、鈞古字通也。」「穀禄也」，

《爾雅·釋言》文。《周禮·天官·冢宰》「以八柄詔王馭羣臣，二曰禄，以馭其富」，注云：「班禄所以富臣下。《書》曰：『凡厥正人，既富方穀。』」是以穀釋禄。《天府》「祭天之司民司禄」，注云：「禄之言穀也。」《詩·小雅》「蔌蔌方有穀」，箋亦云：「穀，禄也。」禄奉以穀，故穀卽禄矣。《小司徒》，《地官》職也。云：「乃經土地而井牧其田野，九夫爲井，四井爲邑，四邑爲丘，四丘爲甸，四甸爲縣，四縣爲都，以任地事而令貢賦。凡税斂之事。」注云：「此謂造都鄙也。采地制井田，異於鄉遂。重立國，小司徒爲經之，立其五溝五涂之界。其制似井之字，因取名焉。《孟子》曰：『夫仁政必自經界始。經界不正，井地不均，穀禄不平。是故暴君姦吏，必慢其經界。經界既正，分田制禄，可坐而定也。』九夫爲井者，方一里九夫所治之田也。此制小司徒經之，匠人爲之，溝洫相包乃成耳。」鄭氏以小司徒所經卽井田之界，經土地之經爲「經始靈臺」之經，謂小司徒經度之，與趙氏説異。**是故暴君汙吏，必慢其經界。經界既正，分田制禄，可坐而定也。**【注】暴君，殘虐之君。汙吏，貪吏也。慢經界，不正本也。必相侵陵長争訟也。分田，賦廬井也。制禄，以庶人在官者比上農夫，轉以爲差，故可坐而定也。【疏】注「暴君」至「定也」○正義曰：《周禮·地官·大司徒》：「辨其邦國都鄙之數，制其畿疆而溝封之。凡建邦國，以土圭土其地而制其域；凡造都鄙，制其地域而封溝之。」邦國爲公侯伯子男附庸，各有界矣。都鄙爲王子弟公卿大夫采地，亦各有界矣。蓋建邦國，造都鄙，必審井田之形勢以爲之界，各滿其爲通、爲成、爲終、爲同、爲封、爲畿以界之。邦國都鄙之界，視井田之界而定；則井田之在各國各采邑者乃均。自諸侯之殘虐者侵奪鄰國，而邦國之界不正；自卿大夫之貪汙者侵占鄰邑，而采地之界不正：於是爲成、爲通、爲井者，將不能滿其數，合其度，而亦不均矣。惟外而邦國之大界正，内而都鄙采邑之小界正，而井田乃正。以之分授於夫，以之制諸臣之禄，皆可定也。此趙氏以正經界爲勿侵鄰國之義也。《荀子・性惡篇》云：『所見者，汙慢〔一〕淫邪貪利之行也。』《列女傳・貞順》篇云：『且夫棄義從欲者，汙也。見利忘死者，貪也。夫貪汙之人，王何以爲哉？』是汙即貪也。劉熙《釋名・釋言語》云：『慢，漫也。漫漫，心無所限忌也。』心輕慢之，不以先王所定爲制，在邦國必相侵陵，即所云侵鄰國也。在都鄙則長争訟，如郤錡奪夷陽五田，郤犨與長魚矯争田是也。前但言侵鄰國，此兼言之也。廬謂二畝半在田，井謂一夫百畝也。『以庶人在官者比上農夫轉以爲等差』者，《禮記・王制》云：『諸侯之下士，禄食九人，中士食十八人，上士食三十六人，下大夫食七十二人，卿食二百八十八人，君食二千八百八十人。』是也。**夫滕壤地褊小，將爲君子焉，將爲野人焉；無君子莫治野人，無野人莫養君子。**

【注】褊小，謂五十里也。爲，有也。雖小國，亦有君子，亦有野人，言足以爲善政也。

〔一〕『慢』，《皇清經解》本同，《荀子・性惡》作『漫』。

【疏】注『爲有也』○正義曰：《梁惠王》篇『善推其所爲而已矣』，《説苑》引作『善推其所有而已』。《詩·大雅》『婦有長舌』，《大戴記·本命》注作『婦爲長舌』。是有、爲二字古通。

請野九一而助，國中什一使自賦，【注】九一者，井田以九頃爲數而供什一，郊野之賦也。助者，殷家税名也，周亦用之，龍子所謂莫善於助也。時諸侯不行助法。國中什一者，《周禮》：『園廛二十而税一。』時行重賦，責之什一也。而，如也。自，從也。孟子欲請使野人如助法，什一而税之；國中從其本賦，二十而税一以寬之也。【疏】注『九一』至『之也』○正義曰：宣公十五年《公羊傳》云：『古者什一而籍，什一者，天下之中正也。』注云：『夫饑寒並至，雖堯舜躬化，不能使野無寇盜；貧富兼并，雖皋陶制法，不能使彊不凌弱。是故聖人制井田之法而口分之，一夫一婦，受田百畝，以養父母妻子，五口爲一家，公田十畝，卽所謂什一而税也。廬舍二畝半，凡爲田一頃十二畝半，八家而九頃，共爲一井。』蓋百畝爲一頃，九頃者，九百畝也。郊野在郊外，自百里至五百里，通都鄙言之也。《地官·載師》：『園廛二十而一。』又云：『以廛里任國中之地，以場圃任園地。』是園廛在國中，故以此國中爲園廛二十有一也。而與汝通，故亦與如通，《詩·小雅》『垂帶而厲』。箋云：『而，如也。』是也。鄭康成箋《毛詩》、高誘注《吕氏春秋》、《淮南子》，皆以自爲從。趙氏以當時郊野之税不止什一，孟子欲其什一而藉，如殷人之行助。其國中園廛之税，本二十取一，當時則什取一，是爲行重賦。民不能什一，而以什一誅求之，故云責之什一也。野宜什一，則不止什一，國中不宜什一，乃重賦而責其什一，是國中什一也，非郊野什一也。國中不可什一而什一，孟子則欲其仍從舊賦二十取一，故云寬之也。趙氏義如此。程氏瑤田《通藝録・周官畿内經地考》云：『王畿千里，自王城居中視之，四面皆五百里。五十里爲近郊，百里爲遠郊，二百里爲甸地，三百里爲稍地，四百里爲縣地，五百里爲畺地。《大司徒》之職：「令五家爲比，五比爲閭，四閭爲族，五族爲黨，五黨爲州，五州爲鄉。」鄉凡萬二千五百家。如此者六，綜計之，受地者凡七萬五千家也。六鄉之地在郊。遂人掌邦之野，造都鄙形體之法：「五家爲鄰，五鄰爲里，四里爲酇，五酇爲鄙，五鄙爲縣，五縣爲遂。」六遂亦受地者凡七萬五千家，數如六鄉，但異其名耳。其地在甸。六遂之授地也，亦遂人掌之。其職云：「辨其野之土，上地中地下地，以頒田里：上地夫一廛，田百晦，萊五十晦〔一〕；餘夫亦如之。中地夫一廛，田百晦，萊百晦；餘夫亦如之。下地夫一廛，田百晦，萊二百晦，餘夫亦如之。」其治溝洫以制地也，亦遂人掌之。其職云：「凡治野，夫間有遂，遂上有徑；十夫有溝，溝上有畛；百夫有洫，洫上有涂；千夫有澮，澮上有道；萬夫有川，川上有路，以達於畿。」此六遂之田制也。而六鄉田制，不見於經。經獨見鄉之軍法，故鄭氏注云：「鄉之田制與遂同，遂之軍法如六鄉。」

〔一〕『晦』，《皇清經解》本作『畝』，《周禮注疏》作『晦』。

六鄉軍法，在《小司徒》之職：「五人爲伍，五伍爲兩，四兩爲卒，五卒爲旅，五旅爲師，五師爲軍。」軍萬二千五百人，出於鄉，家一人也。六鄉六軍，《夏官·大司馬》之職所謂「王六軍」也。此郊甸經地之法，在二百里内者也。其外則稍地、縣地、畺地，謂之都鄙。都鄙者，王子弟及公卿大夫之采地，其界曰都，而鄙則其所居者也。《大司徒》之職：「凡造都鄙，制其地域而封溝之，以其室數制之。不易之地家百晦，一易之地家二百晦，再易之地家三百晦」。其造都鄙也，則小司徒經之。其職云：「乃經土地而井牧其田野：九夫爲井，四井爲邑，四邑爲丘，四丘爲甸，四甸爲縣，四縣爲都。」鄭氏注云：「隰皐之地，九夫爲牧，二牧而當一井。今造都鄙，授民田，有不易，有一易，有再易，通率二而當一，是之謂井牧。」據此，是鄭氏以都鄙授井田，爲不易一易再易之地，與經所謂「以室數制之」者，無異義矣。乃其注《載師職》之「任地」，則又以易不易之田歸之六鄉；以上中下有萊之田歸之甸稍縣都，且云：「郊内謂之易，郊外謂之萊，善〔一〕言近。」「六遂之民奇受一〔二〕廛，上地有萊，爲所以饒遠也。」不但與經相戾，即與其自注亦不相蒙。豈謂遂人所掌之野得包甸、稍、縣、都，授以有萊之地爲從其類，而易不易之田在大司徒，司徒主六鄉，因

〔一〕「善」，《皇清經解》本作「為善」。
〔二〕「一」，《皇清經解》本無「一」，《周禮注疏》有「一」字。

以所制田授之與？井田溝洫之制，在《考工記》：「匠人爲溝洫，耜廣五寸，二耜爲耦。一耦之伐，廣尺深尺謂之甽。田首倍之，廣二尺深二尺謂之遂。九夫爲井，井間廣四尺深四尺謂之溝。方十里爲成，成間廣八尺深八尺謂之洫。方百里爲同，同間廣二尋深二仞謂之澮。專達於川。」鄭氏所謂「井牧之制，小司徒經之，匠人爲之，溝洫相包乃成」者，是也。此都鄙經地之法也。《載師職》云：「以廛里任國中之地，以場圃任園地，以宅田、士田、賈田任近郊之地，以官田、牛田、賞田、牧田任遠郊之地，以公邑之田任甸地，以家邑之田任稍地，以小都之田任縣地，以大都之田任畺地。」按六鄉之田在郊，宅田、士田、賈田、官田、牛田、賞田、牧田則六鄉之餘地也。六遂之田在甸，公邑則六遂之餘地也。家邑之田在稍，小都之田在縣，大都之田在畺，稍、縣、畺皆有餘地，亦謂之公邑。今於甸言餘地，於稍、縣、畺言其正田，既互相足，亦以鄉遂形體詳《司徒》、《遂人職》中，不煩復言其正田也。家邑方二十五里，凡四甸，大夫之采地也。小都方五十里，凡四縣，卿之采地也。大都方百里，凡四都，公之采地也。王母弟，王之庶子，與公同食百里地於畺。王子弟稍疏者，與卿同食五十里地於縣。其又疏者，與大夫同食二十五里地於稍。其入税於王也，皆四之一，四甸入一甸，四縣入一縣，四都入一都。四都者，一同之地，故曰大都。四縣者，一都之地，故曰小都。四甸者，一縣之地，故曰家邑。』王氏鳴盛《周禮軍賦説》云：『鄭康成以《遂人》所言爲溝洫之法，卽夏之貢法，鄉遂公邑用之。《匠人》所言爲井田之法，卽殷之助法，都鄙用之。其溝洫與井田之異，則正義：「《遂人》云：夫間有遂，十夫有溝，百夫有洫，千夫有澮，萬夫有川，方三十三里少半里。九而方一同，九澮而川周其外，則百里之內，九九八十一澮。井田則一同惟一澮。」一溝澮稠多，一溝澮稀少，其異一。《匠人》井田之法，甽縱遂横，溝縱洫横，澮縱川横。其夫間縱者，分夫間之界耳，無遂；其遂注入溝，溝注入洫，洫注入澮，澮注入川，略舉一成，以三隅反之，一同可見矣。《遂人》云「夫間有遂」，以南畝圖之，則遂縱而溝横。《匠人》不云夫間有遂，云「田首倍之謂之遂」，遂則横，溝縱也。自餘洫澮川依此遂溝縱横參之可知。其異二。《遂人》云「九澮而川周其外」，川是人造之。《匠人》百里有澮，澮水注入川，相去逆，宜爲自然大川，非人所造。其異三。溝洫之法，祇就夫税之十一而貢；井田之法，九夫爲井，井税一夫，美惡取於此，不税民之所自治。其異四。』倪氏思寬《讀書記》云：『鄭氏《匠人》注云：「野九夫而税一。」《甫田》箋云：「井税一夫，其田百畝。」竊嘗據鄭旨核分數，八家九百畝而公田百畝，通公私之率，無異家别一百一十二畝半。於一百一十二畝半，抽其一十二畝半，則於九分之中而税其一分，正合九一之旨。其數甚明，不待持籌而知也。馬端臨謂《遂人》之十夫，特姑舉成數言之，不必拘以十數。此言殊謬。十夫有溝，明係古人成法。蓋國中行鄉遂之法，皆五五相連屬，而五倍之則十也。如五家爲比，二比則十夫。五家爲鄰，二鄰則十夫。十夫有溝，當起義於此，豈得謂姑舉成數言之。至謂行貢之地，無問高原下隰，截長補短，所爲溝洫者，不過隨地高下而爲之蓄洩，異日井田之溝洫，有一定之尺寸。此言也，適足以啟慢其經界之弊矣。古人於高原下隰，别有通融之法，如楚蔿掩所書者，既言鄉遂用貢法，十夫有溝，則經界森列，有條不紊，庸詎得如馬説也。「其實皆什一也」，聖賢立言，文無虚設。假令貢助果皆什一，則「其實」一語爲贅文矣。唯立法「九一」「什一」不同，而論其實，則於中正之準，初無不合。鄭注《載師》云：「周税輕近而重遠，近者多役也。」則是國中什一而役多，野九一而役少，會而通之，總皆什一，其理易明。孟子特立此文，以明助法九一之善。若鄭氏又謂孟子言「其實皆什一」，據通率而言耳。則經文「九一」「什一」，文聯義對，鄭説雖巧，而近於鑿，不得從之。』按趙氏以國中爲城中，野爲鄉遂都鄙通稱，則九一之制，自國門外皆然。依鄭氏則以國中當鄉遂用貢，野當都鄙用助，乃鄭氏又以周制畿内用夏之貢法，税夫無公田；邦國用殷之助法，制公田不税夫。既以都鄙井田異於鄉遂，《遂人》注又謂野爲甸、稍、縣、都，甸是六遂，則遂亦通爲野，與都鄙異於鄉遂之説異。蓋又以郊内六鄉爲國中，遂以外皆野矣。一人之説，已參差不一，其與趙氏之異，又何若矣。備載之以俟考。**卿以下必有圭田，圭田五十畝，餘夫二十五畝。**【注】古者卿以下至於士，皆受圭田五十畝，所以共祭祀。圭，絜也。士田，故謂之圭田，所謂『惟士無田則亦不祭』，言絀士無絜田也。井田之民，養公田者受百畝，圭田半之，故五十畝。餘夫者，一家一人受田，其餘老小尚有餘力者，受二十五畝，半於圭田，謂之餘夫也。受田者，田萊多少有上中下，《周禮》曰『餘夫亦如之』，亦如上中下之制也。《王制》曰『夫圭田無征』，謂餘夫圭田，皆不出征賦也。時無圭田餘夫，孟子欲令復古，所以重祭祀，利民之道也。【疏】注『古者』至『十畝』○正義曰：《周禮·地官·載師》『以士田任近郊之地』，注云：『鄭司農云：「士田者，士大夫之子得而耕之田也。」玄謂士讀爲仕，仕者亦受田，所謂圭田也。孟子曰：「自卿以下必有圭田，圭田五十畝。」』圭田既是仕田，則『卿以下』通大夫士而言，即《載師》之士田也。《毛詩·小雅·天保》篇『吉蠲爲饎』，傳云：『蠲，絜也。』《秋官·蜡氏》『凡國之大祭祀，令州里除不蠲』，注云：『蠲，讀爲「吉圭惟饎」之圭，圭，潔也。』《儀禮·士虞禮記》云『圭爲而哀薦之饗』，注亦云：『圭，絜也。《詩》曰：「吉圭爲饎。」』《吕氏春秋·尊師》篇云『必蠲絜』，高誘注云：『蠲讀曰圭。』是圭之義爲絜也。《禮記·王制》云『夫圭田無征』，注云：『夫，猶治也。征，税也。《孟子》曰：「卿以下必有圭田。」治圭田者不税，所以厚賢也。此則《周禮》之士田，以任近郊之地税什一。』孔氏正義云：『圭，潔也。言德行潔白也。而與之田。殷所不税者，殷政寬厚，重賢人；周則税之。』士以潔白而升，則與以圭田，使供祭祀；若以不潔白而黜，則收其田里，故士無田則不祭，有田以表其潔，無田以罰其不潔也。《説文》田部云：『畦，田五十畝曰畦。从田，圭聲。』段氏玉裁《説文解字注》云：「五十畝曰畦。」《蜀都賦》劉注云：「《楚辭》『離騷』〔一〕「畦留夷與揭車」，王逸注：「五十畝曰畦。」」然倚沼畦瀛，王逸云：瀛，澤中也。班固以爲畦田五十畝也。」孟子曰：「圭田五十畝。」然則畦从圭田，會意兼形聲與？孫氏蘭《輿地隅説》云：「《孟子》『圭田』，或以圭訓潔，非也。《九章・方田》有圭田求廣從法，有直田截圭田法，有圭田截小截大法，凡零星不成井之田，一以圭法量之。圭者，合二句股之形。井田之外有圭田，明係零星不井者也。」此上二説，與趙氏異，按鄭司農以士田爲士大夫之子所耕，《荀子・王制篇》云：「雖王公士大夫之子孫，不能屬於禮義，則歸之庶人。」然則士大夫之子孫，其不能嗣爲士大夫者，卽授之田，正與餘夫一例。若然，則圭田不以潔取義，正指不能成井者而言。不能成井，則以五十畝爲一畦。畦之數，又卽由圭形而稱焉者也。《史記・貨殖傳》云「千畦薑韭」，集解引徐廣云：「一畦二十五畝。」《文選注》引劉熙注「病於夏畦」云：「今俗以二十五畝爲小畦，以五十畝爲大畦。」然則餘夫二十五畝，亦卽蒙上圭田而言。○注「餘夫」至「等也」○正義曰：宣公十五年《公羊傳》注云：「多於五口，名曰餘夫，以率受田二十五畝。」此趙氏義也。多於五口，則不拘何人，故趙氏兼言老少也。《漢書・食貨志》云：「民受田，上田夫百晦，中田夫二百晦，下田夫三百晦。歲耕種者爲不易上田，休一歲者爲一易

〔一〕「離騷」，《皇清經解》本無「離騷」二字。

中田，休二歲者爲再易下田，三歲更耕之，自爰其處。農民户人已受田，其家衆男爲餘夫，亦以口受田如比。士工商家受田，五口乃當農夫一人。』此云如比，則如一夫百畝之例，與《孟子》『餘夫二十五畝』之餘夫不同。《地官·遂人》：『辨其野之土，上地中地下地，以頒田里：上地夫一廛，田百晦，萊五十晦；餘夫亦如之。中地夫一廛，田百晦，萊百晦；餘夫亦如之。下地夫一廛，田百晦，萊二百晦；餘夫亦如之。』注云：『萊，休不耕者。鄭司農云：「户計一夫一婦而賦之田，其一户有數口者，餘夫亦受此田也。廛，居也。揚子雲有田一廛，謂百畝之居也。」』後鄭此處不注，而注於《載師》云：『餘夫在遂地之中如比，則士工商以事入在官，而餘夫以力出耕公邑』。賈氏疏云：『六鄉七萬五千家，家以七夫爲計，餘子弟多，三十壯有室，其合受地，亦與正夫同。《孟子》云：「圭田五十畝，餘夫二十五畝。」彼餘夫與正夫不同者，彼餘夫是年[一]二十九已下未有妻，受口田，故二十五畝。若三十有妻，則受夫田百畝。故鄭注《内則》云：「三十受田，給征役。」士與工商之家，丈夫成人，受田各受一夫，則云半農夫者是也。其家内無丈夫，其餘家口，不得如成人，故五口乃當農夫一人。百里内置六鄉，以九等受地，皆以一夫爲計，其地則盡。至於餘夫無地可受，則六鄉餘夫等，並出耕在遂地之中，百里之外，其六遂之餘

[一]『年』，《皇清經解》本無，《周禮注疏》有『年』字。

夫，並亦在遂地之中受田矣。』如是則《遂人》之餘夫，不同於《孟子》之餘夫，乃趙氏引《周禮・遂人》餘夫以證《孟子》，則是以《遂人》所云『餘夫亦如之』，即此『餘夫二十五畝』之餘夫也。彼注者，因上言『夫一廛，田百晦』，下言『餘夫亦如之』，故以爲此三十授田之餘夫，所授亦如一夫之百畝。趙氏解《遂人》，謂一夫所受田萊多少有上中下，餘夫亦如上中下之等，非亦如百畝也。陳祥道《禮書》云：『先王之於民，受地雖均百畝，然其子弟之衆，或食不足而力有餘，則又以餘夫任之。此《載芟》詩所謂「侯彊」，《周禮》所謂「以彊予任甿」者也。然餘夫之田不過二十五畝，以其家既受田百畝，而又以百畝予之，則彼力有所不逮矣。故其田四分農夫之一而已。上地田二十五晦，萊半之；中地二十五晦，萊亦二十五晦；下地二十五晦，萊五十晦。所謂如之者，如田萊之多寡而已，非謂餘夫亦受百畝之田如正農夫也。』此得趙氏義矣。○注『王制』至『道也』○正義曰：趙氏佑《温故録》云：『《王制》「夫圭田無征」，注云云。依鄭注，則《王制》夫字直下讀，而夫之訓治，既少證佐。依趙注，則以夫爲餘夫，當讀夫字斷，與圭田爲二事。而餘夫獨省去餘字，以何明之？或讀夫音扶，則本文上承「古者，公田藉而不税，市廛而不税，關譏而不征，林麓川澤，以時入而不禁」，皆以次銜接，不應別用助辭。今按《周禮》每言夫受田征税，皆必計夫爲率，故有「夫家之征」，注謂「夫税家税」。夫税者，百畝之税；家税者，出士徒車輦給繇役。《考工記・匠人》注云：「《載師職》云：園廛二十而一，近郊十一，遠郊二十而三，甸、稍、縣、都，皆無過十二。謂田稅也，皆就夫稅之近輕遠重耳。」下即引《孟子》此章文。云：「以《載師職》及《司馬法》論之，則周制畿内用夏之貢法，稅夫無公田；以《詩》、《春秋》、《論語》、《孟子》論之，周制邦國用殷之助法，制公田不稅夫也。」則此圭田在畿内，當稅夫而謂無征，正言圭田不稅夫，倒夫字於句上也。蓋井田計夫，畝百爲夫；圭田半之，不合計夫，故不稅夫，以優恤卿士之子孫，使得專力於祭祀也。是《王制》原可作夫字一句讀，與上市、關等一例，不必訓治，更無餘夫在内。餘夫二十五畝，又半於圭田，其人老弱，或當亦不計夫。」**死徙無出鄉，**【注】死，謂葬死也。徙，謂爰土易居，平肥磽也。不出其鄉，易爲功也。【疏】注「死謂」至「功也」〇正義曰：《荀子·禮論》云：「死，人之終也。……夫厚其生而薄其死，是敬其有知而慢其無知也。」此但云死，則送死也。送死，惟葬則有出鄉不出鄉之别，故云葬死也。《周書·大聚解》云：「墳墓相連，民乃有親。」是也。阮氏元《校勘記》云：「『謂受土易居也肥磽也』，閩、監、毛三本如此，廖本、孔本、韓本受作『爰』，上也字作『平』。作爰作平是。爰土，即《國語》之轅田。賈侍中云：『轅，易也。爲易田之法。』《左傳》作『爰田』，《食貨志》云：『三歲更耕之，自爰其處。』《公羊傳》注云：『三年一換土易居。』然則爰者，換也。平肥磽者，謂一易之地家百畝，再易之地家二百畝，三易之地家三百畝，無偏枯不均也。」按『晉於是作爰田』，見僖公十五年《左傳》，孔疏引服虔、孔晁皆云：『爰，易也。』賞衆以田，易其疆畔，易亦換也。古爰音與换近，故畔换卽畔援也。《説文》走部云：『趄，田易居也。』段氏玉裁《説文解字注》云：『《周禮・大司徒》：「不易之地家百畮，一易之地家二百畮，再易之地家三百畮。」大鄭云：「不易之地，歲種之，美，故家百畮。一易之地，休一歲乃復，地薄，故家二百畮。再易之地，休二歲乃復種；故家三百畮。」《遂人》：「辨其野之土上地中地下地，以頒田里：上地夫一廛，田百畮，萊五十畮。中地夫一廛，田百畮，萊百畮。下地夫一廛，田百畮，萊二百畮。」注：「萊，謂休不耕者。」《公羊》何注云：「司空謹别田之高下美惡，分爲三品：上田，一歲一墾；中田，二歲一墾；下田，三歲一墾。肥饒不得獨樂，墝埆不得獨苦，故三年一换主易居，財均力平。」《漢書・食貨志》云：「民受田，上田夫百畮，中田夫二百畮，下田夫三百畮。歲耕種者爲不易上田，休一歲者爲一易中田，休二歲者爲再易下田，三歲更耕，自爰其處。」《地理志》云「秦孝公用商君制轅田」，張晏云：「周制三年一易，以同美惡。商鞅始割列田地，開立阡陌，令民各有常制。」孟康云：「三年爰土易居，古制也。末世浸廢。商鞅相秦，復立爰田。上田不易，中田一易，下田再易，爰自在其田，不復易居也。」按何云「换主易居」，班云「更耕自爰其處」，趙云「爰土易居」，許云「趄田易居」，爰、轅、趄、换四字音義同也。古者每歲易其所耕，則田廬皆易。云三年者，三年而上中下田偏焉，三年後一年仍耕上田，故曰自爰其處。孟康説古制易居爲爰田，商鞅自在其田不復易居爲轅田，名同實異，孟説是也。依孟，則商鞅田分上中下而少多之，得上田者百畝，得中田者二百畝，得下田者三百畝，不令得田者彼此相易。其得中田二百畝者，每年耕百畝，二年而徧。得下田三百畝者，亦每年耕百畝，三年而徧。故曰上田不易，中田一易，下田再易，爰自在其田，不復易居。《周禮》之制，得三等田者，彼此相易，今年耕上田百畝，明年耕中田二百畝之百畝，又明年耕下田三百畝之百畝，又明年仍耕上田之百畝，如是乃得有休一歲休二歲之法，故曰三歲更耕，自爰其處。與商鞅法雖異而實同也。鞅之害民，在開阡陌。」**鄉田同井，出入相友，守望相助，疾病相扶持，則百姓親睦。**【注】同鄉之田，共井之家，各相營勞也。出入相友，相友耦也。《周禮・太宰》曰：「八曰友，以任得民。」守望相助，助察姦也。疾病相扶持，扶持其羸弱，救其困急，皆所以教民相親睦之道。睦，和也。【疏】注「同鄉」至「和也」○正義曰：《説文》䣈部云：「鄉，國離邑，民所封鄉〔一〕也。嗇夫別治，从䣈，皀聲。封圻之内六鄉，六卿治之。」段氏玉裁《説文解字注》云：「離邑，如言離宮別館。國與邑，名可互稱。析言之，則國大邑小，一國中離析爲若干邑。封，猶域也。所封，謂民域其中。所鄉，謂歸往也。」劉熙《釋名・釋州國》云：「鄉，向也。衆所向也。」以同音爲訓也。嗇夫別治，言漢制。六鄉，六卿治之，謂《周禮》。按此分別鄉之名甚析，畿内六鄉，別乎六遂都鄙而言，此鄉之專名也。凡

〔一〕「鄉」，《皇清經解》本無「鄉」字。

民所向往，國之别邑，皆謂之鄉，此鄉之通名也。《逸周書・大聚解》云：『以國爲邑，以邑爲鄉，以鄉爲閭，禍災相恤，資喪比服；合閭立教，以威爲長；合族同親，以敬爲長；飲食相約，興彈相庸；耦耕曰耘，男女有婚；墳墓相連，民乃有親。』《孟子》此文略同。同鄉之田，卽同國同邑之謂，非專指六鄉也。《韓詩外傳》云：『古者八家而井，田方里而爲井，廣三百步，長三百步，一里其田九百畝。八家爲鄰，家得百畝，餘夫各得二十五畝。家爲公田十畝，餘二十畝，共爲廬舍。各得二畝半。八家相保，出入更守，疾病相憂，患難相救，有無相貸，飲食相召，嫁娶相謀，漁獵分得，仁恩施行，是以其民和親而相好。』此本《孟子》而衍之。共井之人，卽此八家爲鄰之謂也。《吕氏春秋・辨土》篇云：『所謂今之耕也，營而無獲者。』《廣雅・釋地》云：『營，耕也。』《爾雅・釋詁》云：『勞，勤也。』各相營勞，謂各耕治其田而各盡其勤苦也。《周禮・天官・大宰》：『以九兩繫邦國之民，八曰友，以任得民。』注云：『友，謂同井相合耦耡作者。』引《孟子》此文。趙氏以耦釋友，故引《大宰職》證之。《説文》又部云：『同志爲友。』《淮南子・時則訓》云『令農計耦耕事』，高誘注云：『耦，合也。』農夫同志合耕，亦是友也。《廣雅・釋詁》云：『望，候覗也。』覗同伺，《一切經音義》引《字林》云：『伺，候也，察也。』伺亦通作司，《秋官・禁殺戮》『掌司斬殺戮者』，注云：『司，察也。』是也。故趙氏解『守望相助』云『助察姦惡』，以察釋望也。《楚辭・招魂》云『天地四方，多賊姦些』，《淮南子・氾論訓》『姦符節』，高誘注云：『姦私，亦盜也。』是姦指盜賊而言。守者，防備所已知。望者，伺察所未形。守之義易明，故略之，專言察。伺察之，又戒備之，言察而守在矣。《鬼谷子·捭闔》篇云：『是故望人一守司其門户，審察其所先後。』守司卽守望。上兼言守司，而以審察自解之，則審察明司，亦兼明守矣。《漢書·食貨志》引《孟子》云：『出入相友，守望相助，疾病相救，民是以和睦，而教化齊同，力役生產，可得而平也。』以救字代扶持，《方言》云：『扶，護也。』護亦救也。《荀子·榮辱篇》云『以相羣居，以相持養』，注云：『持養，保養也。』扶、持二字義同。人有疾病，則羸弱困急，保養之，卽救護之矣。凡此皆由有以教化之本，《食貨志》言之。《志》言『民是以和睦』，是睦卽和也。**方里而井，井九百畝，其中爲公田，八家皆私百畝，同養公田，公事畢，然後敢治私事，所以別野人也。**【注】方一里者，九百畝之地也，爲一井。八家各私得百畝，同共養其公田之苗稼。公田八十畝，其餘二十畝，以爲廬井宅園圃，家二畝半也。先公後私，『遂及我私』之義也。則是野人之事，所以別於士伍者也。【疏】注『方一』至『伍者也』〇正義曰：方者，開方也。方一里，謂縱横皆一里。畫爲九，則積九百畝者，其方三百畝也。其形如井字，故爲一井也。或云：方是法，不是形。古九數，一曰方田。若其田本方，安用算。山水之性，皆以曲而善走，卽廣野平疇，其畛必自山出。大約中出者必中高，邊出者必邊高，斷無百十里直如繩、平如砥者。《孟子》方里云云，亦舉一方者以爲例耳。阮氏元《校勘記》云：『「以爲廬井宅園圃家一畝半也」，閩、監、毛三本同，廖本、孔本、韓本、《攷文》古本無「井」字，「一」作「二」。按〔一〕無「井」字非也。《穀梁傳》云：「古者公田爲居，井竈蔥韭取焉。」「一」作「二」，是也。此二畝半合城保二畝半，是爲五畝之宅。」徹法九夫爲井，則每家受田一頃一十二畝半，稅其一十二畝半，是九分取一也，無所爲公私也。助法八家皆私百畝，同養公田，則每以二畝半爲廬井宅園圃，餘八十畝，八家同養。是八百八十畝稅其八十畝，名爲九一，實乃什一分之一也。此助法所以善也。惟是公私之田既分，而先後之期乃定也。野人，謂都鄙之人。《國語・齊語》云「罷士無伍」，注云：「無行曰罷，無伍，無與爲伍也。」然則士伍猶云士列也，即謂食禄之君子。公田，君子所食，先之；私田，野人所食，後之：是別野人於君子也。又《地官・小司徒》：「乃〔二〕會萬民之卒伍而用之：五人爲伍，五伍爲兩，四兩爲卒，五卒爲旅，五旅爲師，五師爲軍。」《尚書・費誓》云：「魯人三郊三遂。」孔氏正義云：「天子六軍，出自六鄉。」則諸侯大國三軍，亦當出自三鄉也。《周禮》又云：「萬二千五百人爲遂。」《遂人職》云：「以歲時稽其人民，簡其兵器，以起征役。」則六遂亦當出六軍，鄉爲正，遂爲副也。設百里之國，去國十里爲郊，則諸侯之制，亦當鄉在郊內，遂在

〔一〕「按」，《皇清經解》本無「按」字。
〔二〕「乃」，《皇清經解》本作「九」，《禮記正義》作「乃」。

郊外。然則軍伍屬鄉郊。《毛詩·小雅·采芑傳》云：『宣王能新美天下之士。』箋云：『士，軍士也』。《荀子·王制》篇云：『故王者富民，霸者富士。』注云：『士，卒伍也。』則士伍指鄉遂之人，鄉遂什一自賦，無公田私田之分，則無先公後私之法，是別都鄙之人於鄉遂之人也。二者未知孰是。《校勘記》云：『韓、本《考文》古本伍作「位」。』**此其大略也。若夫潤澤之，則在君與子矣。』****【注】**略，要也。其井田之大要如是。而加慈惠潤澤之，則在滕君與子，共戮力撫循之也。**【疏】**注『略要』至『如是』○正義曰：《淮南子·本經訓》云『其言略而循理』，高誘注云：『略，約要也。』約之義爲要，略、約音近義通也。○注『而加』至『循之也』○正義曰：《風俗通·山澤》篇云：『澤者，言其潤澤萬物，以阜民用也。』井田大要如是。此法也，若無慈惠之心行之，則法雖立，而民仍不被其澤。《荀子·富國》篇云：『垂事養民，拊循之，呴嘔之。』注云：『拊與撫同。撫循，慰悅之〔一〕也。』無井田之法，而徒撫循呴嘔之，則爲小惠；井田之法立，而無撫循慈惠之意，則法亦槁餒而無光澤，所謂有治人無治法也。注『而加慈惠潤澤之』，孔本無『而』字。

《章指》言：尊賢師，知采人之善，善之至也。修學校，勸禮義，勑民事，正經界，均

〔一〕『之』，《皇清經解》本同，《荀子·富國》無『之』字。

井田，賦什一，則爲國之大本也。【疏】『知采人之善』○正義曰：《史記・太史公自序》云：『《春秋》采善貶惡。』又《禮書》云：『悉内六國禮儀，采擇其善。』韓本無『善之至也』四字。

孟子正義卷十一

有爲神農之言者許行，自楚之滕，踵門而告文公曰：『遠方之人，聞君行仁政，願受一廛而爲氓。』【注】神農，三皇之君，炎帝神農氏也。許，姓。行，名也。治爲神農之道者。踵，至也。廛，居也。自稱遠方之人願爲氓。氓，野人之稱。【疏】注『神農』至『之稱』○正義曰：以神農氏爲三皇者，《白虎通·號》篇云：『三皇者，何謂也，謂伏羲、神農、燧人也。或曰：伏羲、神農、祝融也。』按《易·繫辭傳》首稱伏羲，次神農，次黄帝，堯舜並稱。《淮南子》以伏羲、神農爲『泰古二皇』是也。女媧祝融，孔子所未言，何足以配羲、農哉？《漢書·藝文志》云：『農家者流，《神農》二十篇，六國時諸子疾時怠於農業，道耕農事，託之神農。』顔師古云：『劉向《别録》云：「疑李悝及商君所説。」』商子《畫策》篇云：『神農之世，公耕而食，婦織而衣，刑政不用而治。』《吕氏春秋·愛類》篇云：『神農之教曰：士有當年而不耕者，則天下或受其饑矣；女有當年而不績者，則天下或受其寒矣。故身親耕，妻親績，所以見致民利也。』神農之教，即所謂神農之言也。《太平御覽・皇王部》引《尸子》云：『神農氏夫負妻戴，以治天下。堯曰：朕之比神農，猶旦之與昏也。』《北堂書鈔・帝王部》引《尸子》云：『神農氏並耕而食，以勸農也。』尸佼，魯人，其書屬雜家，商鞅師之。其言『並耕而治』，與許行同。許行之學，蓋出於尸佼。《吕氏春秋・審時》篇『夫稼爲之者人也』，高誘注云：『爲，治也。』《禮記・大學》篇『道學也』，注云：『道，言也。』是爲神農之言卽治神農之道也。古之人民，食鳥獸蠃蛖之肉，多疾病毒傷之害，故神農因天時，分地利，制耒耜，教民播種五穀，久而耒耨之利，民皆粒食。黄帝堯舜，垂衣裳而天下治，通變神化，定尊卑，辨上下，爲萬世法，故孟子言必稱堯舜。尸、商之徒，仍託神農之言，以惑天下；許行從而衍之，猶墨者之於翟耳。《國策・齊策》『軍重踵高宛』，高誘注云：『踵，至也。』《毛詩》『胡取禾三百廛兮』，傳云：『一夫之居曰廛。』是廛卽居也。氓與甿同，《周禮・地官・遂人》『凡治野，以下劑治甿』云云，注云：『變民言甿，異外内也。甿猶懵，懵，無知貌也。』賈氏疏云：『大司徒、小司徒主六鄉，皆云民不言甿。此變民言甿，直是異内外而已。』然則鄉遂稱民，都鄙稱甿，甿屬都鄙，故爲野人。《國策・秦策》云『而不憂民氓』，《淮南子・脩務訓》云『以寬民氓』，高誘注皆云：『野民曰氓』《史記・三王世家》索隱出『邊甿』，云：『三蒼云邊人云甿。』邊人亦卽都鄙之民也。

文公與之處，其徒數十人，皆衣褐，捆屨織席以爲食。【注】文公與之居處，舍之宅也。其徒，學其業者也。衣褐，貧也。捆，猶叩椓也。織屨欲使堅，故叩之也。賣屨席以供食飲也。【疏】注「文公與之居處舍之宅也」○正義曰：《吕氏春秋·功名》篇云「故民無常處」，高誘注云：「處，居也。」文公與之處即文公與之居，故以居解處。《毛詩·羔裘》箋云：「舍，猶處也。」《爾雅·釋言》云：「宅，居也。」《荀子·王制篇》云：「定廛宅。」趙氏既以居釋宅，仍以其意未明，故又以舍之宅申明之，謂與之居處者，止舍之以廛宅也。○注「捆猶」至「叩之也」○正義曰：《音義》出「捆屨」，云：「丁音閫，案許叔重曰：『捆，織也。』《埤倉》曰：『捆，致也。』從扌。從木者誤也。張作『梱』，音同。」又出「叩㧻」，云：「丁音卓，擊也。從扌旁豖。」此所引許説蓋《淮南子》注。《淮南子·脩務訓》云：「蔡之幼女，衛之稚質，捆纂組。」高誘注云：「捆，叩㧻。纂，織〔一〕。組，邪文。如今之綬，沒黑見赤，亦〔二〕其巧也。」謂織組而叩㧻之也。《毛詩·大雅》「室家之壼」，箋云：「壼之言捆也，室家先以相捆緻。」孔氏正義云：「捆逼而密緻。」致即緻。叩之使堅，堅亦緻也。高注《淮南》同於許，趙注《孟子》同於高矣。捆屨織席，何以爲食，知其賣之以供飲食也。

陳良之徒陳相，與其弟辛，負耒耜，而自宋之滕，曰：「聞君行聖人之政，是亦聖人

〔一〕「織」，《皇清經解》本無，《淮南子·修務訓》有「織」字。
〔二〕「亦」，《皇清經解》本同，《淮南子·修務訓》作「言」。

也。願爲聖人氓。』【注】陳良，儒者也。陳相，良之門徒也。辛，相弟。聖人之政，謂仁政也。

陳相見許行而大悅，盡棄其學而學焉。【注】棄陳良之儒道，更學許行神農之道也。

【疏】注『棄陳良之儒道』○正義曰：《漢書・藝文志》云：『儒家者流，游文於《六經》之中，留意於仁義之際，祖述堯舜，憲章文武，宗師仲尼，以重其言，於道爲最高。』《荀子・儒效篇》言大儒之效，首推周公；其對秦昭王，則以仲尼爲歸。陳良悅周公仲尼之道，是儒家者流也。

陳相見孟子，道許行之言曰：『滕君則誠賢君也。雖然，未聞道也。【注】陳相言許行以爲滕君未達至道也。**賢者與民並耕而食，饔飧而治。今也滕有倉廩府庫，則是厲民而以自養也，惡得賢』？**【注】相言許子以爲古賢君當與民並耕而各自食其力。饔飧，熟食也。朝曰饔，夕曰飧。當身自具其食，兼治民事耳。今滕賦稅有倉廩府庫之富，是爲厲病其民，以自奉養，安得爲賢君乎。三皇之時，質樸無事，故道若此也。【疏】注『饔飧』至『事耳』○正義曰：《說文》食部云：『饔，孰食也。』『飧，餔也。从夕食。』『餔，中時食也。』段氏玉裁《說文解字注》云：『《小雅》傳云「孰食曰饔」，《魏風》傳云「孰食曰飧」，然則饔、飧皆謂孰食，分別之則謂朝食夕食，許於饔不言朝，於飧不言孰，互文錯見也。趙注《孟子》曰：「朝食曰饔，夕曰飧。」此析言之。《公羊傳》「趙盾食魚飧」，《左傳》「僖負羈饋盤飧，趙衰以壺飧從」，皆不必夕時，渾言之也。《司儀》注云：「小禮曰飧，大禮曰饔餼。」《掌客》：「上公飧五牢，饔餼九牢；侯伯飧四牢，饔餼七牢；子男飧三牢，饔餼五牢。」此饔飧與常食不同，且多腥，不皆孰食。』王氏念孫《廣雅疏證》云：『《釋器》：「孰食謂之餕饔。」餕讀若飧。《小雅・祈父》篇「有母之尸饔」，毛傳云：「孰食曰饔。」《大東》篇「有〔一〕饛簋飧」，傳云：「飧，熟食也。」合言之則曰飧饔，《周禮・外饔》云「賓客之飧饔饗食之事」是也。昭二十五年《公羊傳》「餕饔未就」，何休注云：「餕，熟食。饔，熟肉。」餕饔卽飧饔。《淮南子・道應訓》「鼇負羈遺之壺餕而加璧焉」，壺餕卽壺飧，是飧、餕古通用。倒言之則曰饔飧，《孟子・滕文公》篇「饔飧而治」是也。』○注『是爲』至『君乎』○正義曰：《毛詩・大雅・思齊》篇『烈假不瑕』，箋讀烈爲厲，云：『厲，病也。』《論語・子張》篇云『信而後勞其民，未信則以爲厲己也』，王肅云：『厲，病也。』此厲民，正《論語》所云『厲己』，故以病釋之也。昭公六年《左傳》云『奉之以仁』，注云：『奉，養也。』《説文》食部云：『養，供養也。』《周書・謚法》『敬事供上曰恭』，注云：『供，奉也。』是養爲奉養也。上云『滕君則誠賢君』，此又云『惡得賢』，賢卽指上賢君。惡之言安也。

孟子曰：『許子必種粟而後食乎？』【注】問許子必自身種粟，乃食之邪。**曰：『然。』**

〔一〕『有』，《皇清經解》本作『可』，《毛詩正義》作『有』。

【注】相曰然，許子自種之。

『許子必織布而後衣乎？』【注】孟子曰，許子自織布然後衣之乎。

曰：『否，許子衣褐。』【注】相曰，不自織布，許子衣褐。以毳織之，若今馬衣者也。或曰：褐，枲衣也。一曰：粗布衣也。【疏】注『以毳』至『衣也』○正義曰：《周禮・春官・司服》鄭司農注云：『毳，罽衣也。』《天官・掌皮》『共其毳毛爲氈』，注云：毳毛，毛細縟者。』《淮南子・覽冥訓》云『短褐不完』，注云：『短褐，處器物之人也。褐，毛布，如今之馬衣也。』定公八年《左傳》云『侵齊，攻廩丘之郛，主人焚衝，或濡馬褐以救之』，注云：『馬褐，馬衣。』《說文》衣部云：『褐，編枲韈，一曰粗衣。』趙氏云馬衣，本《左傳》及高注也。云枲衣，本《說文》『編枲韈』也。云粗布衣，本《說文》『粗衣』也。段氏玉裁《說文解字注》云：『取未績之麻，編之爲足衣，如今草鞵之類。枲衣，亦謂編枲爲衣。』按《說文》云『編枲韈』，此云『衣褐』，非韈，故趙氏不言韈但言衣也。任氏大椿《深衣釋例》云：『《說文》：「褐，編枲韈。一曰粗衣。」《急就》篇「鞸鞮印角褐韈巾」，注：「褐毛爲衣，或曰麤衣也。」按《詩・七月》箋、《孟子》注、《急就》篇注，並以褐爲毛布，《孟子》注又以褐爲編枲衣，又以褐爲粗布衣。《淮南子・齊物訓》注：「楚人謂袍爲短褐大布。」潘岳《籍田賦》「被褐振裾」，注：「褐，麤布也。」然則褐一衣耳，而毛枲布各異。《說文》曰「粗衣」，蓋統毛枲布而言之也。《詩・七月》「無衣無褐」，箋云：「貴者無衣，賤衣無褐。」則別褐於衣。《史記》劉敬曰：「臣衣褐，衣褐見；衣帛，衣帛見」，則别褐於帛，卽《説文》所云「粗衣」也。褐爲粗衣，又爲短衣。《晏子·諫上》篇：「百姓老弱凍寒，不得短褐而欲竊。」《荀子·大略篇》「衣則豎褐不完」，注：「豎褐，童豎之褐，亦短褐也。」《淮南子·齊俗訓》：「必有管蹻跐踦短褐不完者。」《覽冥訓》：「霜雪亟集，短褐不完」，《新序》：「無鹽乃拂短褐，自請宣王。」《史記·秦始皇帝紀》「夫寒者利短褐」，索隱曰：「謂褐布豎裁爲勞役之衣，短而且狹，故謂之短褐，亦曰豎褐。」凡此言褐者，必曰短褐。師古《貢禹傳》注，以褐爲布長襦，《演緐露》又以褐爲「裾垂至地」，豈褐之長短，亦有古今之異與？」

「許子冠乎？」【注】孟子問相。

曰：「冠。」【注】相曰冠也。

曰：「奚冠？」【注】孟子問許子何冠也。

曰：「冠素。」【注】相曰許子冠素。

曰：「自織之與？」【注】孟子曰許子自織素與？

曰：「否。以粟易之。」【注】相言許子以粟易素。

曰：「許子奚爲不自織？」【注】孟子曰許何爲不自織素乎？

曰：「害於耕。」【注】相曰，織妨害於耕，故不自織也。【疏】注「織妨害於耕」○正義曰：阮氏元《校勘記》云：「『織紡害於耕』，閩、監、毛三本，孔本，韓本同，廖本紡作『妨』。

按作「妨」是也。』《説文》女部云：『妨，害也。』故以妨釋害。

曰：『許子以釜甑爨，以鐵耕乎？』【注】爨，炊也。孟子曰，許子寧以釜甑炊食，以鐵爲犂用之耕否邪。【疏】注『爨炊也』○正義曰：《説文》火部云：『炊，爨也。』又爨部云：『爨，齊謂炊爨。』段氏玉裁《説文解字注》云：『齊謂炊爨者，齊人謂炊曰爨。古言謂則不言曰，如毛傳「婦人謂嫁歸」是也。《特牲》、《少牢禮》注皆曰：「爨，竈也。」此因爨必於竈，故謂竈爲爨。《楚茨》傳云：「爨，饔爨、廩爨也。」此謂竈。又曰：「踖踖，爨竈有容也。」此謂炊。』按此言以釜甑爨，釜甑作竈，則爨不得又爲竈，故是炊矣。《説文》牛部云：『犂，耕也。』段氏玉裁《説文解字注》云：『犂、耕二字互訓。』皆謂田器，故云以鐵爲犂。爨本竈名，用以炊，即以炊爲爨；猶犂本田器，用以耕，即以耕爲犂也。

曰：『然。』【注】相曰用之。

『自爲之與？』【注】孟子曰許子自冶鐵陶瓦器邪？【疏】注『冶鐵陶瓦器』○正義曰：《攷工記》：『㮚氏爲量，改煎金錫則不耗，量之以爲鬴，深尺，内方尺而圜其外，其實一鬴。』《説文》鬲部云：『鬴，鍑屬也。』重文：『釜，或從父，金聲。』是釜屬金冶爲之也，故云冶鐵。《攷工記》：『陶人爲甗，實二鬴，厚半寸，脣寸。甑實二鬴，厚半寸，脣寸，七穿。』鄭司農云：『甗，無底甑。』《説文》瓦部云：『甑，甗也。』『甗，甑也。一穿。』段氏玉裁《説文解字注》云：『無底，即所謂一穿。蓋甑七穿而小，甗一穿而大。一穿而大，則無底矣。』『其底七穿，故必以箅蔽甑底，而加米其上而餴之，而餾之。』甑屬瓦陶爲之也，故云陶瓦器。按古釜有足如鼎，今釜無足，别以土爲鑪承其下，《説文》言『秦名土鬴曰䰛』是也。䰛讀若過，今俗作『鍋』。然土其下仍鐵其上，俗猶呼其上之鐵爲鍋，其下土爲鍋臺耳。甑今以木爲之，其下亦以木爲檽，則七穿之遺制矣。或以竹爲之，俗呼蒸籠，亦甑之類也。

曰：『否，以粟易之。』【注】相曰，不自作鐵瓦，以粟易之也。

『以粟易械器者，不爲厲陶冶；陶冶亦以其械器易粟者，豈爲厲農夫哉？且許子何不爲陶冶，舍皆取諸其宫中而用之，何爲紛紛然與百工交易，何許子之不憚煩？』【注】械，器之總名也。厲，病也。以粟易器，不病陶冶；陶冶亦何以爲病農夫乎。且許子何爲不自陶冶。舍者，止也。止不肯皆自取之其宫宅中而用之，何爲反與百工交易，紛紛爲煩也。【疏】注『械器之總名也』○正義曰：《説文》木部云：『械，桎梏也。一曰器之總名。』桎梏爲刑罰之器。莊三十二年《公羊傳》，以攻守之器爲械，而實非桎梏兵甲之專名，故《荀子·王制篇》言『喪祭械用』，《禮記·王制》云『器械異制』，注云：『謂作務之用。』《孟子》此文，又指釜甑耕犂而言，是凡器皆得稱械，故云器之總名也。○注『舍止也』至『用之』○正義曰：舍爲居止之止，此爲禁止之止，故又申解止爲不肯。《爾雅·釋宫》云：『宫謂之室，室謂之宫。』邵氏晉涵正義云：『《春秋》隱五年：「考仲子之宫。」《穀梁文》十三年《傳》云：「伯禽曰大〔一〕室，羣公曰宫。」是宫廟通稱宫室也。《左氏》莊二十一年《傳》云：「虢公爲王宫於玤。」《鄘詩》：「定之方中，作于楚宫。」又云：「作于楚室。」是天子諸侯所居通稱宫室也。《左氏》僖二十八年《傳》云：「令無入僖負羈之宫。」《檀弓》云：「季武子成寢，杜氏之喪在西階之下，請合葬焉。許之，入宫而不敢哭。」是大夫通稱宫室也。《士昏禮》云：「請吾子之就宫。」《喪服傳》云：「所適者，以其貨財爲之築宫廟。」《大戴禮·千乘》篇云：「百姓不安其居，不樂其宫。」是士庶人通稱宫室也。《釋文》云：「古者貴賤同稱宫，秦漢以來，惟王者所居稱宫焉。」按宫是貴賤通稱，此許行所居即廛宅，故以宅解宫也。毛氏奇齡《四書賸言》云：「『舍皆取諸其宫中而用之，舍，止也。言止取宫中，不須外求也。趙注舍止，又以不肯爲止，謂不肯皆自取宫室之中，則猶是止字而解又不同。』」

曰：「百工之事，固不可耕且爲也。」【注】相曰，百工之事，固不可耕且爲，故交易也。**「然則治天下獨可耕且爲與？**【注】孟子言百工各爲其事，尚不可得耕且兼之；人君自天子以下，當治天下政事，此反可得耕且爲邪。欲以窮許行之非滕君不親耕也。孟子謂五帝以來，有禮義上下之事，不可復若三皇之道也。言許子不知禮也。**有大人之**

〔一〕「大」，《皇清經解》本作「世」，《春秋穀梁傳》作「大」。

事，有小人之事。且一人之身而百工之所爲備，如必自爲而後用之，是率天下而路也。【注】孟子言人道自有大人之事，謂人君行教化也。小人之事，謂農工商也。一人而備百工之所作，作之乃得用之者，是率導天下之人以羸路也。【疏】注「一人而備百工之所作」○正義曰：《爾雅·釋言》云：「作，爲也。」諸經注或以爲釋作，或以作釋爲，二字轉注。此以百工之所作解百工之所爲，以備字倒加句上，明爲字斷，不與備字連也。作之乃得用之解自爲而後用之，作卽爲也。《荀子·富國篇》云：「故百技所成，所以養一人也。而能不能兼技，人不能兼官。」○注「是率導」至「路也」○正義曰：《禮記·中庸》云：「率性之謂道。」《管子·君臣》篇云：「道也者，上之所以導民也。」道爲導，而以率性解之，是率卽導也。《音義》出「路也」，云：「丁、張並云：『路與露同。』」又出「羸路」，云：「力爲切，字亦作『羸』，郎果切。」各本作「是率天下之人以羸困之路也」。阮氏元《校勘記》云：「《音義》出『羸路』，云：『字亦作羸。』則宣公所見本無『困之』二字。路與露古通用。露羸見於古書者多矣。《大雅》『串夷載路』，鄭箋以瘠釋路，俗人乃改瘠爲應，此添『困之』二字，其謬同也。力爲切，瘦也。羸路，謂瘦瘠暴露也。《音義》前説是，亦作者非。」翟氏灝《攷異》云：「趙注謂『導人羸困之路』，丁、張覺其未安，而欲改字爲露。不若奔走道路爲得。《管子·四時》篇云『不知五穀之故，國家乃路』，房氏注曰：『路謂失其常居。』可爲此路字之證。」故曰或勞心，或勞力。勞心者治人，勞力者治於人；治於人者食人，治人

者食於人，天下之通義也。【注】勞心者，君也。勞力者，民也。君施教以治理之，民竭力治公田以奉養其上，天下通義，所常行也。【疏】『故曰』至『義也』○正義曰：襄公九年《左傳》知武子云：『君子勞心，小人勞力，先王之制也。』《國語・魯語》公父文伯之母云：『君子勞心，小人勞力，先王之訓也。』是勞心勞力，古有此法。孟子上言大人小人，此云或勞心，卽君子勞心也。云或勞力卽小人勞力也。以先王之法，是以加『故曰』二字。『勞心者治人』以下，則孟子申上之辭也。○注『君施』至『其上』○正義曰：《荀子・修身篇》云『少而理曰治』，《淮南子・說山訓》云『幸善食之而勿苦』，注云：『食，養也。』前章言『無君子莫治野人，無野人莫養君子』，此云『勞心者治人，治人者食於人』，卽君子治野人也。此云『勞力者治於人，治於人者食人』，卽野人養君子也。彼云養云食，正是食卽是養，故以理釋治，而以奉養釋食。施教化以治理之，卽使之同鄉共井，相友相助相扶持以親睦也。民竭力治公田，則八家同養公田，公事畢，然後敢治私事也。戰國時諸侯卿大夫，但知多取於民，故不樂分別公私之界，不知助法行，則先公後私之分定，而君子野人之辨明，不特小人之利，正君子之福也。許行以孟子分別尊卑貴賤，持其並耕之說，同君子於小人，思有以破之，故孟子復引先王勞心勞力之辨，以申明君子治野人、野人養君子之義。義而通，非一人之私言矣，故云所常行者也。**當堯之時，天下猶未平，洪水横流，氾濫於天下，草木暢茂，禽獸繁殖，五穀不登，禽獸偪人，獸蹄鳥迹之道交於中**

國。堯獨憂之，舉舜而敷治焉。【注】遭洪水，故天下未平。水盛，故草木暢茂。草木盛，故禽獸繁息衆多也。登，升也。五穀不足升用也。猛獸之迹，當在山林，而反交於中國，懼害人，故堯獨憂念之。敷，治也。《書》曰『禹敷土』，治土也。【疏】『當堯之時』○正義曰：孟子舉堯舜之事，明通變神化，必法堯舜。神農之言，非其時也。○注『遭洪』至『害人』○正義曰：洪與鴻通。《吕氏春秋・執一》篇『神農以鴻』，高誘注云：『鴻，盛也。』《説文・水部》云：『濫，氾也。』『氾，濫也。』二字轉注。以疊韻，故連稱之。《楚辭・九辯》云『何氾濫之浮雲兮』，注云：『浮雲晻翳。』晻翳，雲之盛也。《史記・韓非傳》云：『氾濫博文，則多而久之。』博，多，説之盛也。劉向《九歎・憂苦》篇云『折鋭摧矜，凝氾濫兮』，注云：『氾濫，猶浮沉也。』水盛，故浮沉於中國。經先言天下未平，注先言洪水，明『洪水横流』二句，申上天下猶未平也。凡事縱則順，横則逆。横行，水逆行也。天下所以未平緣洪水，水所以盛緣逆流，惟逆流則浮沉於天下，而天下所以未平也。《毛詩・秦風・小戎》傳云：『暢轂，長轂也。』《吕氏春秋・知度》篇『此神農之所以長』，高誘注云：『長，猶盛也。』《説文》艸部云：『茂，草豐盛。』是暢茂爲草木之盛也。《毛詩》『正月繁霜』，傳云：『繁，多也。』《淮南子・氾論訓》『當市繁之時』高誘注，《楚辭・離騷》『佩繽紛其繁飾兮』王逸注，皆云『繁，衆也』。繁通作蕃，《周禮・地官・大司徒》『以蕃鳥獸』，注云：『蕃，蕃息也。』《國語・晉語》『惡不殖也』，注云：『殖，蕃也。』《魯語》云『所以生殖也』，注云：『殖，長也。』昭公十八年《左傳》云『夫學殖也』，注云：『殖，生長也。』《史記・孔子世家》云『自大賢之息』，索隱云：『息者，生也。』然則繁、殖二字義同，繁殖卽繁息，繁息卽衆多也。隱公五年《左傳》『不升於俎』，服虔注云：『登爲升。』是登卽升也。《爾雅・釋詁》云：『登，成也。』《淮南子・時則訓》云『農始升穀』，高誘注云：『升，成也。』其義亦同。《吕氏春秋・明理》篇云『五穀萎敗不成』，又《貴信》篇云『則五種不成』，高誘注並云：『成，熟也。』五穀不登則五穀不成，故登卽成。《禮記・檀弓》云『是故竹不成用』，《毛詩・齊風》『儀既成兮』，箋云：『成，猶備也。』成用猶備用，備用猶升用也。鄭氏解不成用爲不可善用，竹無邊縢，則不可善用，猶穀不秀實，則不足升用也。偪，古逼字。《爾雅・釋言》云：『逼，迫也。』猛獸與人相迫近則害人，惟害人，故堯獨憂念之，謂堯懼其傷害人，故憂念之也。經言禽獸注單言猛獸者，舉獸以見鳥也。見於《山海經》者，多猛獸，亦多怪鳥矣。《爾雅・釋詁》云：『憂，思也。』『念，思也。』是憂亦念也。王氏念孫《廣雅疏證》云：『傅，治也。《孟子・滕文公》篇「堯獨憂之，舉舜而敷焉」，趙岐注云：「敷，治也。」引《禹貢》「禹敷土」。敷與傅同，故《史記・夏本紀》作「傅土」。今本《孟子》敷下有「治」字，後人取注義加之也。』按《禹貢》『禹敷土』，《史記集解》引馬氏注云：『敷，分也。』敷之訓布，布，散也。散亦分也。然則敷治卽分治，堯一人獨憂，不能一人獨治，故使舜分治之。下文使益掌火，使禹疏河，舜又使益、禹等分治之也。趙氏以治釋敷，則趙本似無『治』字，乃今各本皆無無『治』字者。《儀禮·喪服》傳云：『故名者，人治之大者也』，注云：『治，猶理也。』《淮南子·原道訓》『夫能理三苗』，高誘注云：『理，治也。』二字轉注。《毛詩·小雅》『我疆我理』，傳云：『理，分地里也。』《禮記·樂記》云『樂者，通倫理者也』，注云：『理，分也。』理之訓分，則治之義亦爲分。蓋趙氏以治釋敷，即以理釋敷，亦正以分釋敷，趙氏注經，每有此例，無碍經之有治字也。**舜使益掌火，益烈山澤而焚之，禽獸逃匿。**【注】掌，主也。主火之官，猶古火正也。烈，熾也。益視山澤草木熾盛者而焚燒之，故禽獸逃匿而遠竄也。【疏】注『掌主』至『正也』○正義曰：《周禮·天官》『凌人掌冰』，杜子春讀掌冰爲主冰，是掌爲主也。掌火猶掌冰，故掌火即主火之官。云猶古之火正者，襄公九年《左傳》晉士弱對晉侯曰：『古之火正，或食於心，或食於味，以出內火。陶唐氏之火正閼伯，居商丘，祀大火，而火紀時焉。相土因之，故商主大火。』唐時有此官，蓋先使益爲之，後命益爲虞，閼伯乃代益爲火正，其後又相土代之也。《說文》火部云：『烈，火猛也。』《吕氏春秋·盡數》篇『無以烈味重酒』，高誘注云：『烈，猶酷也。』趙氏以益焚草木乃焚所當焚，不可謂之酷猛。以烈之從火與熾同，《爾雅·釋言》：『熾，盛也。』《毛詩·商頌》『如火烈烈』，箋云：『其威勢如猛火之炎熾。』是烈可訓熾，熾爲盛，烈亦爲盛，即上所云『草木暢茂』也。故以烈屬草木，謂視山澤屮木熾盛者，以熾釋烈，又以盛釋熾也。視山澤爲熾，故云熾山澤。猶視以爲陋，則云陋之；視以爲美，則云美之。

此視以爲烈，則云烈山澤也。胡氏渭《禹貢錐指》云：『《書》言「刊木」，而《孟子》云「舜使益掌火，益烈山澤而焚之」。其説不同。蓋刊乃常法，間有深林窮谷，薈蔚蒙蘢，斧斤不可勝除者，則以炬空之，殊省人力。』按《臯陶謨》『隨山刊木』，江氏聲《尚書集注音疏》云：『《史記・夏本紀》作「行山栞木」，又録《禹貢》「隨山栞木」作「行山表木」。《説文》：「栞，槎識也。」《國語・魯語》云：「山不槎櫱」，賈逵注云：「槎，衺斫也。」《説文》木部亦云：「槎，衺斫也。」槎識，謂衺斫其木以爲表識也。』段氏玉裁《説文解字注》云：『斫之以爲表識，如孫臏斫大樹白而書之曰「龐涓死此樹下」，是其意也。』然則刊木自爲表識道里，與此焚草木、驅禽獸不同，非《孟子》異於《尚書》也。《楚辭・大招》云『魂無逃只』，注云：『逃，竄也。』《淮南子・説林訓》云『清則見物之形，弗能匿也』，高誘注云：『匿，猶逃也。』《説文》穴部云：『竄，匿也。』三字轉注，故以竄釋逃匿。逃竄則遠去，故加遠字也。閩、監、毛三本遠竄上多『奔走』二字。**禹疏九河，瀹濟、漯而注諸海，決汝、漢，排淮、泗而注之江，然後中國可得而食也。當是時也，禹八年於外，三過其門而不入，雖欲耕得乎？**

【注】疏，通也。瀹，治也。排，壅也。於是水害除，故中國之地可得耕而食也。禹勤事於外，八年之中，三過其家門而不得入。《書》曰：『辛壬癸甲，啟呱呱而泣，予弗子。』如此寧得耕乎。【疏】『禹疏九河』○正義曰：《禹貢》：『濟、河爲兖州，九河既道。』又云：『導河積石，至于龍門，南至于華陰，東至于底柱，又東至于孟津，東過洛汭，至于大伾，北過

洚水，至于大陸，又北播爲九河，同爲逆河，入于海。』《毛詩正義》引鄭氏注云：『河水自上至此，流盛而地平無岸，故能分爲九，以衰其勢。壅塞，故通利之也。九河之名：徒駭、太史、馬頰、覆釜、胡蘇、簡絜、鉤盤、鬲津，周時齊桓公塞之，同爲一河。今河間、弓高以東，至平原、鬲津，往往有其遺處焉。』又云：『播，散也。』謝氏身山《黄河圖説》云：『水降土升，則河底日低而地日高；水升土降，則河底日高而地日低。凡水過寒涼，則反凝結堅實而成冰；土過寒涼，則反融化柔虚而爲塵。黄河之水，出積石之西，寒涼之甚者也。但水雖堅流於衆石之間，則不能濁，此積石以西之水所以最清；至積石東，漸遇柔虚之土，所以漸濁：水降土升，隨之而去，則溝底漸下。今觀底柱以上，地高河低，則水降土升，確然可見。滎陽以下，則水復上升，土復下降，此河底所以日高。在西北寒涼之地，則水反堅實，土反柔虚。此滎武以上所以水降土升也。至東南温煖之地，則水復柔虚，土復堅實，此滎武以下所以水升土降也。且汾、洛、涇、渭之源，皆出西北寒涼之地，故水上容土，土下容水，彼此相混而皆爲濁河，此滎武以上所以水降土升也。濟、伊、洛、瀍、澗、池、沁之源，皆出東南温煖之地，故水不容土，土不容水，彼此相拒而皆爲清河焉，此滎武以下所以水升土降也。夫濁河之水，容土者也。清河之水，不容土者也。清河之水入於濁河之中，則濁河之土必不容於清水之上，自必漸降於下，而河底漸高，以致水行地上，左右衝決也。鯀之治河，績用弗成，固宜罪之。然九載河事，所行雖錯，亦未必非大禹八年於外之一助。蓋大禹兩世於此，熟悉水土之性，故深以水由地上行爲憂，故掘地注海，使水由地中行，又何氾濫衝決之有？而聖人猶憂深慮遠，惟恐日後之水升土降，水復行於地上，乃思惟有濬去河底之淤。然黄河之水，萬里奔濤，直趨而下，又何能使之暫停於上以取其泥哉？聖人於此，再四躊躕，乃於河外加河，而作逐一遞濬之法，遂將一河播爲九道，每至夏秋水涸之後，乃以八河通流注海，一河閘斷上流之口，使河底之淤盡露，然後濬而去之。則此一河之内無淤塞之泥，因而二河三河以及八九河，復至一二河，輪流更替，一歲必深濬一河，九歲必各濬一次，周而復始，永濬勿廢，萬載千年，可無患焉。後世不明其意，乃誤解之曰，播九河者，殺水勢也。是豈知水之勢者哉？』

○『瀹濟漯』○正義曰：《禹貢》云：『導沇水，東流爲濟，入于河，溢爲滎，東出于陶丘北，又東至于菏，又東北會于汶，又北東入于海。』兗州云：『浮于濟、漯，達于河。』段氏玉裁《説文解字注》云：『泲，沇也。東入于海。从水，𠂔聲。四瀆之泲字如此。而《尚書》、《周禮》、《春秋》三傳、《爾雅》、《史記》、《風俗通》、《釋名》皆作「濟」。《毛詩・邶風》有「濟」字，而傳云「地名」，則非水也。惟《地理志》引《禹貢》、《職方》作「泲」，然以濟南、濟陰名郡，《志》及漢碑皆作「濟」，則知《漢》人皆用「濟」，班《志》、許書僅存古字耳。』胡氏渭《禹貢錐指》云：『《孟子》曰「禹疏九河，瀹濟、漯」，皆在兗域。而經於濟、漯，不言施功，以貢道見之，曰「浮于濟、漯」，則二水之治可知矣。濟漯之漯，《説文》本作「濕」。燥溼之涇，説文本作「涇」。隸改日爲田，又省一糸，遂作「漯」。而濕轉爲溼，濕、溼二字混而無別。』王氏鳴盛《尚書後案》云：「《漢志》言漯水所經，除東武陽，尚有四縣：一，平原郡高唐，桑欽言漯水所出；二，漯陰；三，千乘郡千乘；四，漯沃。所過郡三者，謂東郡、平原、千乘也。高唐之水，當爲漯水別支，《河渠書》云：『禹導河至大伾，於是禹以爲河所從來者高，水湍悍，數爲敗，乃斷二渠以引其河。』孟康曰：『二渠，其一出貝丘西南南折者，卽河之經流也。其一，則漯川也。河自王莽時遂定，惟用漯耳。』孟康言河徙惟用漯，雖似小誤，其以禹釃二渠，一爲漯川，此用古義，不可改也。以《水經注》、《元和志》、《寰宇記》諸書考之，濟水最南，漯水在中，河水最北。今小清河所經，自歷城以東，如章丘、長山、新城、高苑、博興、樂安諸縣，皆古濟水所行，而大清河所經，自歷城以上至東阿，固皆濟水故道；而自歷城東北，如濟陽、齊東、青城、諸縣，則皆古漯水所行，蒲臺以北，則古河水所經。蓋宋時河嘗行漯瀆，及河去則大清河兼行河、漯二瀆，其小清河則斷爲濟水故道也。」○「決汝漢」○正義曰《禹貢》云：「嶓冢導漾，東流爲漢，又東爲滄浪之水，過三澨，至于大別，南入于江。」而汝水，《禹貢》無之。《漢書·地理志》汝南郡定陵云：「高陵山，汝水出，東南至新蔡，入淮，過郡四，行千三百四十里。」南陽郡魯陽縣注云：「有魯山，滍水所出。東北至定陵，入汝。又有昆水，東南至定入汝。」潁川郡亦有定陵，《續郡國志》潁川郡有定陵，汝南郡無定陵。劉昭注於潁川定陵引《地道記》云：「高陵山，汝水所出。汝南定陵，蓋卽潁川定陵，前漢有一縣分隸兩郡者，定陵在汝南、潁川之間，故分屬之。光武時省併爲一，僅存爲一，故《續志》屬潁川耳。」班氏於魯陽序滍水至定陵入汝，於定陵序汝入淮，定陵以西統汝於滍，滍亦汝也。連滍水數之，歷南陽、河南、潁川、汝南，故有四縣。杜預《春秋釋例》、郭璞《山海經》注，並云：「汝出南陽魯陽縣大盂山東北，至河南梁縣東南，經襄城、潁川、汝南，至汝陰褒信縣入淮。」襄城晉置，汝陰魏置，在晉則歷六縣也。《説文》言汝水出弘農盧氏還歸山，班《志》：盧氏縣熊耳在東，伊水出東北，然則漢時盧氏縣在伊水之南，與魯陽爲接壤，酈氏目驗之，故《水經注》言汝出魯陽縣大盂山〔一〕蒙柏谷西，卽盧氏界。許氏雖與班氏異，而其指則同。若《水經》言出河南梁縣勉鄉西天息山，此本《山海經》，非班、許義也。酈注於滍、汝分流，始言汝水趣狼皐山。狼皐在梁縣西南六十里，見《寰宇記》。蓋汝自魯陽，越百餘里始至梁縣，《元和志》謂出魯山縣是矣。謂出魯山縣之天息山，是又以魯陽大盂混入勉鄉之天息山也。《淮南子・地形訓》云：「汝出猛山。」猛與蒙柏長短讀，蒙谷卽猛山，而猛與盂形近而譌，大盂山，卽猛山也。高誘注云：「猛山，一名高陸也。在汝南定陵縣，汝水所出，東南至新蔡入淮。」此據班氏而未知其指。○「排淮泗而注之江」○正義曰：《禹貢》云：「導淮自桐柏，东會于

〔一〕「魯陽縣大盂山」，《皇清經解》本作「魯陽大盂縣山」。

泗、沂，東入于海。』揚州云：『沿于江海，達于淮、泗。』孫氏蘭《輿地隅説》云：『淮水發源胎簪，至桐柏流百里而伏，溢爲一潭。又見流千里會泗，至清江浦入海。揚州地勢散漫，不能約束淮流，禹則開清江一渠，堰其下流入揚之處，一自清江浦入海，其餘波之流散不盡者，又導之由廬州巢湖、胭脂河以入江，又導之由天長、六合以入江，所謂「排淮泗」者也。久而入江之口漸淤，今故蹟猶存也。或曰高堰始於陳登，是不然。若禹不築堰，則下流散漫，何以入海？蓋高堰創於神禹，修補或登耳。』蘭字滋九，居吾鄉北湖，順治、康熙時人，於天算地圖，研究極精，此説實能羽翼《孟子》。近時則有陽湖孫氏星衍作《分江導淮論》，大略與蘭同而加詳，其言云：『《孟子》言「排淮、泗而注之江」，今不得其解，或以爲誤，或以爲據吴溝通江、淮之後言之。不知《禹貢》揚州已云「沿于江海，達于淮泗」，解者又謂沿江入海，自淮入泗，此僞孔之言，本不足信。貢道迂回，海運古無是法。又有泥四瀆各獨入海，以爲淮必不注江者。不知各獨入海，言入海處與江分道，不謂上游支流也。《孟子》言排者，通其上游支流，以殺淮之勢。《水經注》：「淮水與沘水、泄水、施水合。」泄水注濡須口，施水受肥東南流，逕合肥縣城，又東注巢湖，謂之施口。而應劭《漢書》注並以夏水爲出城父東南，至此與肥合，故曰合肥。合肥、壽春之間，有芍陂、船官湖、東臺湖、逍遥津，見於《水經注》。王象之《輿地紀勝》云：「古巢湖水北合於肥河，故魏窺江南，則循渦入淮，自淮入肥，由肥而趨巢湖。吴人撓魏，亦必由此。」又引《貨殖傳》「合肥受南北湖」，今《史記》湖誤作潮也。歐陽忞《輿地廣記》、王存《元豐九域志》：「合肥有肥水、淮水，宋時廬州有鎮淮樓。」蓋肥合於淮，淮水盛則被於肥，此淮水至合肥之證。孫叔敖時開芍陂，當因舊迹爲渠。《方輿勝覽》引《合肥舊志》「肥水北支入淮，南支入巢湖」，合於《爾雅》歸異同出之説。合肥城在四水中，故梁韋叡堰水破城。近世水利不修，淮、肥流斷，然巢湖之水，夏間猶達合肥，古迹可尋求也。且古説大别在安豐，爲今霍丘地，禹迹至此排淮，故導江有「至大别」之文，此又淮流與江通之證矣。然則夏時貢道，正可由巢湖溯施、泄、肥水之流通淮，達於菏澤，菏澤合濟、泗之流，故云達于淮、泗。從此達河，則至禹都矣。江、淮、泗通流，不必在吴王溝通之後也。淮之上游壽春，東則有施、肥通流，西則有芍陂宣洩，盛夏水漲，則逕合肥入巢湖，以達於江，故宋以前淮流不爲洪澤湖之患。」上言注諸海，此言注之江，『之』、『諸』異者，王氏引之《經傳釋詞》云：『之，猶諸也。之、諸一聲之轉，互文耳。』《詩・伐檀》篇「寘之河之側兮」，《漢書・地理志》作「寘諸」。襄二十六年《左傳》「棄諸堤下」，《五行志》作「棄之」。」○注「疏通」至「壅也」○正義曰：《説文》疋部云：『疏，通也。』《國語・周語》云『疏爲川谷，以導其氣』是也。《説文》水部云：『瀹，漬也。』字同於鬻。《一切經音義》引《通俗文》云：『以湯煑物曰瀹。』皆與此文不合。《莊子・知北遊》云：『汝齊戒疏瀹其心。』瀹與疏連文，當與疏同義。《廣雅》云：『疏，治也。』趙氏以治釋之，仍以爲疏耳。按《淮南子・原道訓》高誘注云：『疏，分也。既釃爲二，又播爲九。』釃、播皆分，疏、瀹亦皆分也。開通亦分義。趙氏上以治釋敷，此以治釋瀹，皆兼有分義也。《説文》手部云：『排，擠也。』『擠，排也。』『抵，擠也。』『推，排也。』排、抵、擠、推，皆拒而退去之之名，與通相反，故趙氏以壅解之。壅與雍同，《周禮·雍氏》注云：『雍，謂隄防止水者也。』淮將南溢，蔽塞其南以拒之，壅即抵之推之使東去也。趙氏蓋指高堰與？且説者疑淮、泗不入江，乃汝入淮，亦不入江。而《孟子》以汝、漢並稱爲決，下承注江，豈孟子不知淮，並不知汝邪？嘗細推之，有精義焉。淮自桐柏而東，在上則汝、潁、沙、渦等水入之，在下則泗挾沂入之。以一淮受諸水，泗口以東，地勢散漫，難於專流入海，故在上則決之，在下則排之。趙氏以壅解排，義爲至精。何爲壅？於泗口之下，築隄以東之，不使其流漲洩於樊良、射陽之間，推抵之偪令東入於海。有此排而淮乃挾泗入海，而不致南漲於江矣。乃壅障之功，施於泗入淮以下。可以壅泗，而汝、潁諸流之入於淮者，不可以此壅之，故於泗口以西，決之使注於江。此地泗未入淮，所決者淮，實決汝也。泗既入淮，所壅者淮，實壅泗也。言排泗而不可云決淮、汝，致與下句沓複，故云決汝、漢。是時漢在安、豐之間入江，汝入淮而決之入江，蓋與漢合，故云決汝、漢，謂決汝以合於漢，而南注之江也。蓋注江者，汝、漢之決也。注海者，淮、泗之排也。以上文言注諸海，故此但言注江，此古人屬文互見之法也。下以泗與淮並言，明泗入淮；此汝即入淮之汝，沂在其中，言決汝而潁、渦等水在其中。

以今推之，汝水至汝寧、鳳陽之間汝口入淮，至霍丘西決出，會於巢湖入江，淮決卽汝決，而汝入淮之勢洩矣。又東則潁水，自潁上縣入淮，沙水、渦水自懷遠縣入淮，而淮勢又盛。至盱眙又決出，由天長、六合入江，而潁、沙、渦諸水，入淮之勢又洩矣。又東，沂、泗乃自宿遷入淮，而淮勢又盛，遂不決之入江，轉壅障入江之路，排之使專由安東注海。汝入淮，則決之使合漢水以注之江；泗入淮，則壅之使並入於海，故云『決汝漢，排淮泗而注之江』。自漢不至安豐，而汝、漢之合遂莫可解。於《孟子》稱『決汝、漢』，可以考見當時之地勢，益知杜預、酈道元疑大别不在安豐之非也。宣王命召公平淮夷，而《詩》言『江漢浮浮』，孔氏正義引大别在廬江安豐縣界，則江漢合處在揚州之境。漢近淮，故淮水之決出者與之合。不言決淮而言決汝，明決淮所以決汝入淮之勢也。不言決汝、淮而言決汝、漢，明淮決於六安、安豐間入漢，與漢合入江也。孟子此文，至精至妙，補《禹貢》所未詳。趙氏以壅釋排，《孟子》之義益顯。班固撰《漢書・地理志》，其言水道，多用互見，最爲奇奥，而爲地理之學者，尚不能識之。況孟子乎？○注『書曰』至『弗子』○正義曰：《皋陶謨》文。**后稷教民稼穡，樹藝五穀，五穀熟而民人育。**【注】棄爲后稷也。樹，種。藝，殖也。五穀爲稻、黍、稷、麥、菽也。五穀所以養人也。故言民人育也。【疏】注『棄爲后稷也』○正義曰：《尚書・堯典》云：『帝曰：棄，黎民阻飢，汝后稷，播時百穀。』是棄爲后稷也。○注『樹種藝殖也』○正義曰：《吕氏春秋・任地》篇云『而樹麻與菽』，《淮南子·本經訓》『益樹蓮菱』，高誘並注云：『樹，種也。』《方言》云：『樹，植立也。』《禮記·中庸》『地道敏樹』，注云：『樹，殖也。』《毛詩·齊風》『藝麻如之何』，傳云：『藝，樹也。』《説文·丮部》云：『藝，種也。』木部云：『樹，生植之總名也。』是樹、藝、種、植四字義通，故樹可訓種，亦可訓植，藝可訓植，亦可訓種也。○注『五穀謂稻黍稷麥菽也』○正義曰：《素問·金匱真言論》云：『東方青色，其穀麥；南方赤色，其穀黍；中央黄色，其穀稷；西方白色，其穀稻；北方黑色，其穀豆。』《周禮·夏官·職方》：『揚州、荆州宜稻，豫州、并州宜五種，青州宜稻麥，兗州宜四種，雍州、冀州宜黍稷，幽州宜三種。』注云：『三種，黍、稷、稻。四種，黍、稷、稻、麥。五種，黍、稷、菽、稻、麥。』趙氏所本也。程氏瑶田《九穀攷》云：『鄭康成氏注《周官·大宰職》之「九穀」：黍、稷、稻、粱、麻、大豆、小豆、麥、苽。南方無黍，而稷、粱二者，言人人殊。鄭氏注《三禮》及箋《詩》，獨不詳稷之形狀；吕氏、淮南子，其所著書，往往言諸穀之得時，及太歲所值之年，穀之或昌或疾，東西南朔之地，地各有所宜種矣，而獨不及於稷；而鄭衆、班固、服虔、孫炎、韋昭、郭璞之流，其言稷者，類皆冒粟之名。唐以前，以粟爲稷；唐以後或以黍之黏者爲稷，或以黍之不黏者爲稷。今讀《説文》，較然不可相冒。及搜尋鄭氏説，稷、粱兼收，黍、稷不溷，足正諸家之謬。』其攷『粱』云：『《説文》「禾，嘉穀也。二月始生，八月而孰，得時之中，故謂之禾。禾，木也。木王而生，金王而死」。「粟，嘉穀實也」。「米，粟實也」。「粱，米名也」。

《聘禮》米禾，皆兼黍、稷、稻、粱言之。以他穀連稾者，不別立名，假借通稱，抑以事難件繫，有足相包者，屬文之法耳，非謂禾爲諸穀大名也。《七月》詩云「禾麻菽麥」，禾爲諸穀中之一物明矣。納稼專言禾者，稼以禾爲主，故重見於上以目之也。《周官・倉人職》「掌粟入之藏」，注：「九穀盡藏焉，以粟爲主。」鄭氏注《大宰職》「九穀」中無粟；此言九穀以粟爲主，則是粱即粟矣。《史記索隱》載《三蒼》云：「粱，好粟。」其証也。《内則》言飯有粱，又有黄粱，是粱者白粱也，今北方猶呼粟米之純白者曰粱米。先鄭注「九穀」有稷無粱，然於「六穀」則稷、粱並録。韋昭注《國語》，直曰「稷，粱也。」顯與《禮經》相畔；及其注「百穀」，於稷之外，又復舉粱。稷、粱二穀，見於經者，判然兩事。秦漢以後，溷而一之，舉粱輒逸稷，舉稷又逸粱。後鄭知稷、粱之不可相無也，而毅然改司農九穀之説，吾於是服康成氏之識之卓也。其注《疾醫職》之「五穀」曰「麻、黍、稷、麥、豆」，據《月令》之文。《膳夫》「王用六穀」，从司農説「稌、黍、稷、粱、麥、苽」，蓋據《食醫》「會膳食之宜」而知之。於九穀必入粱者，據《食醫》「六穀」有粱而入之也。五穀於六穀中缺其一，不知宜缺何穀？不能據六穀意爲增損。且五穀養疾，宜與藏氣相應，故直據《月令》配五行者爲之注。其注《職方》「宜五種」。不據《月令》者，以本經他州所見有稻、黍、稷、麥四種，四種有稻，而《月令》五穀無稻，故據所已見之四種而益之以菽。諸家言五穀者，《月令》曰「麻、黍、稷、麥、豆」，鄭氏據之注《疾醫》。《史記・天官書》與《月令》同物。顔師古注《漢書・食貨志》之「五種」，盧辨《大戴禮》注，亦皆同之。《素問》論五方之穀曰：「麥、黍、稷、稻、豆。」鄭氏注《職方氏》之「五種」曰「黍、稷、菽、麥、稻」，《漢書・地理志》引《職方氏》，師古注之，全同後鄭。《管子・地員》：「五土所宜，曰黍、秫、菽、麥、稻。」《淮南子》「五穀」注：「菽、麥、黍、稷、稻」，《漢書・音義》韋昭曰：「五種：黍、稷、菽、麥、稻也。」《五常政大論》又進麻爲「木穀」，至「火穀」則麥、黍互用。以上言五穀者十二事，皆有稷無粱。《楚辭・大招》「五穀六仞，設菰粱只」，王逸注：「五穀：稻、稷、麥、豆、麻也。」《大招》於五穀外，明言有菰有粱，而王逸則以粱爲菰米之美稱，是亦有稷無粱。《汲冢・周書》言五方之穀曰「麥、黍、稻、粟菽、粟粱也」，是爲有粱無稷。《漢書・平當傳》注如淳曰：「律：稻米一斗，得酒一斗爲上尊；稷米一斗，得酒一斗爲中尊；粟米一斗，得酒一斗爲下尊。」稷、粟二穀，兩不相冒，亦可以爲諸經之左證矣。』其攷『稷』云：『《説文》：「稷，齋也。五穀之長。」「齋，稷也。粢，齋重文。」「秫，稷之黏者。」稷，齋大名也。黏者爲秫，北方謂之高粱，或謂之紅粱，通謂之秫。秫又謂之蜀黍，蓋穄之類而高大似蘆。《月令》：「孟春行冬令，首種不入。」鄭氏注：「舊説首種謂稷。」今以北方諸穀播種先後攷之：高粱最先，粟次之，黍穈又次之，則首種者高粱也。諸穀惟高粱最高大，而又先種，謂之五穀之長，不亦宜乎？《周官・食醫職》宜稌，宜黍，宜稷，宜粱，宜麥，宜苽，見稷則不見秫。《内則》「菽、麥、蕡、稻、黍、粱、秫，惟所欲」，見秫則不見稷。故鄭司農説九穀，稷、秫並見；後鄭不從，入粱去秫，以其闕粱而秫重稷也。《良耜》之箋云：「豐年之時，雖賤者猶食黍。」疏云：「賤者食稷耳。」今北方富室食以粟爲主，賤者食以高粱爲主，是賤者食稷，不可以冒粟爲稷也。』其攷『黍』云：『《説文》：「黍，禾屬而黏者也。以大暑而種，故謂之黍。」「穈，穄也。」「穄，穈也。」《説文》以禾況黍，謂黍爲禾屬而黏者，非謂禾爲黍屬而不黏者也。禾屬而黏者黍，則禾屬而不黏者穈，對文異，散文則通。飯用不黏者，黏者釀酒及爲餌餈酏粥之屬，故簠簋實穈爲之。以供祭祀，故異其名曰穄。黍之不黏者獨有異名，祭尚黍也。不黏者有穈與穄之名，於是黏者得專稱黍矣。《説文》穈、穄互釋，稷、齋互釋，其爲二物甚明。』程氏攷『九穀』，精確不移，見載《通藝録》中，略録其粱、稷、黍三條，其麥、稻、菽、苽等攷不具録。○注『五穀所以養人也』○正義曰：《説文·厶部》云：『育，養子使作善也。』是育卽養，故以五穀養解民人育。**人之有道也，飽食煖衣，逸居而無教，則近於禽獸。聖人有憂之，使契爲司徒，教以人倫：父子有親，君臣有義，夫婦有別，長幼有叙，朋友有信。**【注】司徒主人，教以人事：父父子子，君君臣臣，夫夫婦婦，兄兄弟弟，朋友貴信，是爲契之教也。【疏】『人之』至『有信』○正義曰：《虞書·堯典》云：『帝曰：契，百姓不親，五品不遜，汝作司徒，敬敷五教，在寬。』此使契爲司徒之事也。戴氏震《孟子字義疏證》云：『人道，人倫日用，身之所行皆是也。在天地，則氣化流行，生生不息，是謂道。在人物，則凡生生所有事，亦如氣化之不可已，是謂道。《易》曰：「一陰一陽之謂道。繼之者，善也。成之者，性也。」言有天道以有人物也。《大戴禮記》曰：「分於道謂之命，形於一謂之性。」言人物分於天道，是以不齊也。《中庸》曰：「天命之謂性，率性之謂道。」言日用事爲皆由性起，無非本於天道然也。《中庸》又曰：「君臣也，父子也，夫婦也，昆弟也，朋友之交也，五者天下之達道也。」言身之所行，舉凡日用事爲，其大經不出乎五者也。孟子稱「契爲司徒，教以人倫，父子有親，君臣有義，夫婦有别，長幼有序，朋友有信。」此卽《中庸》所言「脩道之謂教」也。曰性曰道，指其實體實事之名。曰仁曰禮曰義，稱其純粹中正之名。人道本於性，而性原於天道，天地之氣化，流行不已，生生不息。然而生於陸者，入水而死；生於水者，離水而死；生於南者，習於温而不耐寒；生於北者，習於寒而不耐温：此資之以爲養者，彼受之以害生。天地之大德曰生，物之不以生而以殺者，豈天地之失德哉！故語道於天地，舉其實體實事而道自見，「一陰一陽之謂道」「立天之道曰陰與陽，立地之道曰柔與剛」是也。人之心知有明闇，當其明則不失，當其闇則有差謬之失，故語道於人，人倫日用，咸道之實事，「率性之謂道」「脩身以道」「天下之達道五」是也。此所謂「道不可不修」者也。「修道以仁」，及「聖人修之以爲教」是也。其純粹中正，則所謂「立人之道曰仁與義」，所謂「中節之爲達道」是也。中節之爲達道，純粹中正，推之天下而準也。君臣、父子、夫婦、昆弟、朋友之交，五者爲達道，但舉實事而已。智仁勇以行之，而後純粹中正；然而卽謂之達道者，達諸天下而不可廢也。《易》言「天道」，而下及「人物」，不徒曰「成之者性」，而先曰「繼之者善」，繼謂人物於天地，其善固繼承不隔者也。善者，稱其純粹中正之名。性者，指其實體實事之名。一事之善，則一事合於天，成性雖殊，而其善也則一。善其必然也，性其自然也，歸於必然，適完其自然，此之謂自然之極致。天地人物之道，於是乎盡；在天道不分言，而在人物分言之始明。《易》又曰：「仁者見之謂之仁，智者見之謂之智，百姓日用而不知，故君子之道鮮矣。」言限於成性，而後不能盡斯道者，衆也。』程氏瑶田《通藝録・論學小記》云：『吾學之道在有，釋氏之道在無。有父子，有君臣，有夫婦，有長幼，有朋友。父子則有親，君臣則有義，夫婦則有别，長幼則有序，朋友則有信。以有倫故盡倫，以有職故盡職，誠者實有焉而已矣。』毛氏奇齡《四書賸言補》云：「契所教人倫，在《尚書》舊傳，極是明白。總見《春秋》文十八年《傳》季文子引臧文仲之言，使史克告曰：『高辛氏舉八元，使布五教於四方，父義，母慈，兄友，弟恭，子孝，謂之五教。』而杜預注云：『契作司徒，五教在寬。』是當時五倫只父母兄弟子五者，而其爲教，則又與《春秋》『義方』，《大學》『慈孝』，《康誥》『友恭』相左證。《五帝紀》述五教，亦無異辭。因之《虞書》『愼徽五典』，傳云：『五典者，五常之教，父義，母慈，兄友，弟恭，子孝五者是也。』至『五品不遜』，正義謂『五品，卽父母兄弟子五者』；『敬敷五教』，正義謂『五教卽教之義、慈、友、恭、孝五者』。漢、唐儒者不以五達道爲五倫，不使《孟子》『人倫』闌入一字。

孟子所言，必戰國相傳別有如此。大來曰：孟子所言人倫，在春秋時已有之。《論語》子路曰：「長幼之節，不可廢也。君臣之義，如之何其廢之？欲潔其身，而亂大倫。」則亦以君臣長幼爲人倫之二矣。曰古經極重名實，猶是君臣父子諸倫。而名實不苟，偶有稱舉，必各爲區目，如《管子》稱「六親」，是父、母、兄、弟、妻、子；衛石碏稱「六順」，是君義、臣行、父慈、子孝、兄愛、弟敬；《王制》稱「七教」，是父子、兄弟、夫婦、君臣、長幼、朋友、賓客；《禮・運》稱「十義」，是父慈、子孝、兄良、弟弟、夫義、婦聽、長惠、幼順、君仁、臣忠；齊晏嬰稱「十禮」，是君令、臣恭、父慈、子孝、兄愛、弟敬、夫和、妻柔、姑義、婦聽；《祭統》稱「十倫」，是事鬼神、君臣、父子、貴賤、親疏、爵賞、夫婦、政事、長幼、上下；《白虎通》稱「三綱六紀」，是君臣、父子、夫婦、兄弟、諸父、族人、諸舅、師長、朋友。雖朝三暮四，總此物數，而十倫非十義，五道非五常，《中庸》「三德」斷非《洪範》之「三德」，則五達道必非五倫也。」按《史記・集解》引鄭氏注《堯典》云：『五品，父母兄弟子也。』又云：『五典，五教也。』蓋試以司徒之職。馬融注《堯典》云：『五教，五品之教。』王肅注云：『五品，五常也。』鄭氏自本文十八年《左傳》，以所云『五教』之目如是，乃取以爲《堯典》『五教』注耳。然史克所舉，不必卽爲《尚書》疏義，《書》命契，此舉八元，已不相合。如《管子・五輔》篇言「聖王飭八禮以道民」，八者，君中正無私，臣忠信不黨，父慈惠以教，子孝弟以肅，兄寬裕以誨，弟比順以敬，夫敦懞以固，妻勸勉以貞。夫然，則下不倍上，臣不殺君，賤不踰貴，少不陵長，遠不間親，新不間舊，小不加大，淫不破義。隱公三年《左傳》石碏言「六逆」「六順」，則省「下倍上」「臣殺君」，但言「君義」「臣行」「父慈」「子孝」「兄愛」「弟敬」。惠氏棟《九經古義》云：「石碏止舉六者，爲君陳古義，倍弒之事，非所宜言。又公方暱嬖人，夫婦之際，所宜深諱。」然則古人議事，原無一定，史克所説，烏知非石碏一例。孟子深於《詩》《書》，所目「五教」，宜得其真。《禮記・樂記》云：「道五常之行。」《論衡・問孔》篇云：「五常之道，仁義禮智信也。」王肅以五常爲五品，亦不同於鄭氏。司徒五教，宜以孟子爲定論，未可據《左傳》以疑《孟子》也。王氏引之《經傳釋詞》云：「家大人曰：人之有道也，言人之爲道如此也，若言人之爲道也。有恒産者有恒心，無恒産者無恒心。爲，有一聲之轉。聖人有憂之，言聖人又憂之也。又字承上文憂洪水而言。」○注「司徒」至「教也」○正義曰：《禮記・祭法》云：「契爲司徒而民成。」民即人也。《白虎通・封公侯》篇云：「司徒主人，不言人言徒者，徒，衆也。重民衆。」趙氏所本也。趙氏前解明人倫爲人事，此教以人事，亦以人事解人倫也。《易・家人・象傳》云：「父父、子子、兄兄、弟弟、夫夫、婦婦而家道正。」《論語・顔淵》篇：「孔子對齊景公曰：君君、臣臣、父父、子子。」《家人》專以門内言之，故不及君臣、朋友。對齊景切其時事，故僅舉君臣、父子，亦立言各有其當。乃《序卦傳》云：「有夫婦而後有父子，有父子而後有君臣。」《兑・象傳》言「朋友講習」，則君臣、夫婦、朋友與父子、兄弟五者，自不可缺一，故趙氏合《易》、《論語》而言父父、子子、君君、臣臣、夫夫、婦婦、兄兄、弟弟，又益以朋友，貴信也。是爲契之所教，則五教之中不得偏指父子、兄弟，而缺君臣、夫婦、朋友矣。**放勳曰勞之來之，匡之直之，輔之翼之，使自得之，又從而振德之。**【注】放勳，堯號也。遭水災，恐其小民放辟邪侈，故勞來之，匡正直其曲心，使自得其本善性，然後又復〔一〕從而振其羸窮，加德惠也〔二〕。【疏】「放勳日」○正義曰：臧氏琳《經義雜記》云：「孫宣公《音義》引丁音日音馹，或作『曰』，誤也。按趙注云云，意不以爲堯之言，則今讀日爲越者，誤。自上文『當堯之時天下猶未平』至此，皆叙事之辭也。蓋曰、日二字，形近易譌，唐石經日字皆作『曰』，《釋文》於曰字每加音別之，亦有不能別而具越、實兩音者。無識者横取此『勞之來之』以下竄入《尚書》『敬敷五教在寬』之後，妄甚。」按孔本作「放勳日」，與《音義》同。他本俱作「曰」，作「日」是也。言既命益、禹、稷、契而不自已也，日日勞來，匡直輔翼，所以然者，使自得之也而未已也，又從而振德之。日字與又字相應，與《大學》「日日新又日新」同。下云「聖人之憂民如此」，緊承此數語。不然徒使益、禹等勤勞，放勳轉有暇矣。「而暇耕乎」四字，正從日字一貫。○注「放勳堯號也」○正義曰：閻氏若璩《釋地

〔一〕「復」，《皇清經解》本同，《孟子注疏》無「復」字。
〔二〕「加德惠也」，《皇清經解》本同，《孟子注疏》作「德恩惠之德也」。

又續》云：『古帝王有名有號，如堯舜禹，其名也。放勳、重華、文命，皆其號也。《孟子》引古《堯典》曰「放勳乃殂落」，許氏《説文》正同。《屈原賦》二十五篇最近古，《離騷》云「就重華而陳詞」，《九章・涉江》云「吾與重華遊乎瑶之圃」，《懷沙》云「重華不可啎〔一〕兮」，重華凡三見，皆實謂舜，豈本史臣贊舜之詞，屈子因以爲舜號乎？』江氏聲《尚書集注音疏》云：『《大戴禮・帝系》篇云：「少典產軒轅，是爲黄帝。」又「昌意產高陽，是爲帝顓頊。」又「蟜極產高辛，是爲帝嚳。帝嚳產放勳，是爲帝堯。」是放勳與軒轅、高陽等同稱也。《漢書・古今人表》云黄帝軒轅氏，帝顓頊高陽氏，《左傳》亦稱高陽氏、高辛氏，軒轅、高陽等既皆是氏，則放勳當同。』按古之稱氏，如宓犧氏、神農氏、女媧氏、共工氏、夏后氏是。其號如斟灌氏、斟尋氏，皆國號而係以氏。以軒轅、高陽例之，放勳之爲號信矣。《堯典》稱胤子朱，稱鯀，皆名。其云『有鰥在下曰虞舜』，鄭氏注云『虞氏舜名』，是也。《史記・五帝本紀》云：『黄帝者，名曰軒轅。虞舜者，名曰重華。夏禹，名曰文命。』名號通稱。《淮南子・原道訓》云『則名實同居』，高誘注云：『名謂號謚。』是也。○注『遭水』至『德也』○正義曰：趙氏讀『放勳曰』，故如是解也。遭水災，民爲不善，故堯勞來之，不罰書・謚法解》云『大行受大名，細行受細名』，注云：『勢位爵號之名也。』《周

〔一〕『啎』，《皇清經解》本同，閻若璩《釋地又續》作『遻』。

責之也。王氏念孫《廣雅疏證》云：『《説文》：「勑，勞勑也。」《爾雅》：「勞，來，勤也。」《大雅·下武》篇「昭兹來許」，鄭箋云：「來，勤也。」《史記·周紀》武王曰「日夜勞來，定我西土」，《墨子·尚賢》篇云「垂其股肱之力，而不相勞來」，皆謂勤也。《孟子·滕文公》篇「放勳日勞之來之」，亦謂聖人之勤民也。』又云：『輒，盭也。戾與盭通。《説文》：「輒，車戾也。」字通作「匡」，《考工記·輪人》「則輪雖敝不匡」，鄭衆注云：「匡，枉也。」枉亦匡也。《説文》云：「獸皮之韋，可以束枉戾相違背。」是也。《管子·輕重甲》篇「弓弩多匡軫者」，枉謂之匡，故正枉亦謂之匡，《孟子·滕文公》篇云：「匡之直之。」義有相反而實相因者，皆此類也。』趙氏以正釋匡，「匡，正也」，《爾雅·釋言》文。直其曲心，則匡爲正其邪心也。人性本善，遭水災則心曲而不直，邪而不正，放勳不憚其勤，而匡之直之，使有以開牖其蒙，而復歸於善焉。匡正而必申以使自得者，此聖人無爲而治，無一日息其勤民之念，實無一日見其勤民之迹，通其變使民不倦，神而化之使民宜之，所以匡之直之者，如是所爲，使自得之也。《大戴記·子張問入官》篇云：「枉而直之，使自得之。」孟氏所本歟？《呂氏春秋·季春紀》「振乏絶」，高誘注云：「振，救也。」昭公十四年《傳》云「分貧振窮」，此振義同。羸窮卽乏絶貧窮也。《呂氏春秋·報恩〔一〕》篇云「張儀所德於

〔一〕「恩」，《皇清經解》本同，《呂氏春秋》作「更」。

天下者』，高誘注云：『德，猶恩也。』《論語・憲問》篇云『何以報德』，注云：『德，恩惠之德也。』又從而振救其羸窮而加以恩德，皆孟子稱述放勳勤民之事也。阮氏元《校勘記》云：『「堯號也」，廖本、《攷文》古本號作「名」。「遭水災恐其小民放僻邪侈」，宋本恐作「慾」。閩、監、毛三本災恐作「逆行」。』**聖人之憂民如此，而暇耕乎？**【注】重喻陳相。**堯以不得舜爲己憂，舜以不得禹、皋陶爲己憂。夫以百畝之不易爲己憂者，農夫也。分人以財謂之惠，教人以善謂之忠，爲天下得人者謂之仁。**【注】言聖人以不得賢聖之臣爲己憂，農夫以百畝不易治爲己憂。【疏】『舜以不得禹皋陶爲己憂』○正義曰：《大戴禮・主言》篇云：『昔者舜左禹而右皋陶，不下席而天下治。』孟子本曾子之言，故於舜所得賢聖之臣，舉禹、皋陶也。○注『農夫以不易治爲己憂』○正義曰：《毛詩・甫田》『禾易長畝』，傳云：『易，治也。』故以治釋易。**是故以天下與人易，爲天下得人難。**【注】爲天下求能治天下者難得也，故言以天下傳與人尚爲易也。**孔子曰：『大哉堯之爲君！惟天爲大，惟堯則之，蕩蕩乎民無能名焉！君哉舜也！巍巍乎！有天下而不與焉。』堯舜之治天下，豈無所用其心哉？亦不用於耕耳。**【注】天道蕩蕩乎大無私，生萬物而不知其所由來，堯法天，故民無能名堯德者也。舜得人君之道哉，德盛乎，巍巍乎有天下之位，雖貴盛不能與益。舜巍巍之德，言德之大，大於天子位也。堯舜蕩蕩巍巍如此，但不用心於躬自耕也。【疏】注『天道』至『耕也』○正義曰：引孔子之言，見《論語・泰伯》第八。其云『巍巍乎舜禹之有天下也而不與焉』，與此小異。集解引包云：『蕩蕩，廣遠之稱。』廣遠亦大也。所以大者以其無私，故趙氏既以大釋蕩蕩，又以無私申大之義也。《方言》云：『巍，高也。』《楚辭·遠游》『貌揭揭以巍巍』，注云：『巍巍，大貌。』高、大亦盛，故趙氏以盛釋之。《禮記·射義》云『與爲人後者』，注云：『與，猶奇也。』《儀禮·士昏禮》記『我與在』，注云：『與，猶兼也。』奇、兼皆加多之義，故以益釋與。《音義》出『不與』云：『下音預，又如字。』如字則讀『與之庾』『與之釜』之與，有所施於人，亦有所滋益於人也。《周書·謚法解》云：『民無能名曰神。』孟子言『聖而不可知之之謂神』、『殺之而不怨，利之而不庸，民日遷善而不知爲之者，故君子所過者化，所存者神』。不可知，故無能名；無爲而治，故不可知。《論語》：『爲政以德，譬如北辰，居其所而衆星共之。』包氏注云：『德者無爲。』天以寒暑日月運行爲道，聖人以元亨利貞運行爲德，用中而不執一，故無爲。民運行於聖人之元亨利貞，猶衆星運行於天之寒暑日月，故黄帝堯舜承伏羲神農之後，以通變神化，立萬世治天下之法。《論語》凡言堯舜，皆發明之也。孟子述孔子之言而申明之云『豈無所用心哉』，蓋惟恐説者誤以『民無能名』，『有天下而不與』爲屏棄一切，無所用心。蓋堯舜之『無爲』，正堯舜之『用心』。曰『爲政以德』，曰『恭己正南面』，曰『修己以敬』，曰『使民不倦』，曰『使民宜之』，非用心，何以爲德？何以爲恭爲敬？何以能使民不倦，使民宜之？故堯舜治天下，非不以政不以法，其政逸而心以運之則勞，其法疏而心以聯之則密，非運以心，聯以心，不能『無爲而治』，卽不能『民無能名』，亦卽不能『有天下而不與』，是爲『爲政以德』。執其兩端，用其中於民，此堯舜所以通變神化，此堯舜之用其心也。用心卽勞心，勞心如此，何能勞力以躬耕乎？**吾聞用夏變夷者，未聞變於夷者也。**【注】當以諸夏之禮義化變夷蠻之人耳，未聞變化於夷蠻之人，則其道也。【疏】注『則其道也』○正義曰：則，法也。謂效法夷蠻之道。閩、監、毛三本作『同其道』。**陳良，楚產也。悅周公仲尼之道，北學於中國，北方之學者，未能或之先也。彼所謂豪傑之士也。子之兄弟事之數十年，師死而遂倍之。**【注】陳良生於楚，北游中國，學者不能有先之者也。可謂豪傑過人之士也。子之兄弟，謂陳相、陳辛也。數十年師事陳良，良死而倍之，更學於許行，非之也。【疏】『師死而遂倍之』○正義曰：《音義》出『倍之』，云：『丁云：「義當作偝，古字借用耳。」下「子倍」同。』按《荀子・大略篇》云：『教而不稱師，謂之倍。』《禮記・大學》云『而民不倍』，注云：『倍，或作偝。』劉熙《釋名・釋形體》云：『背，倍也。在後稱也。』《楚辭・招魂》云『工祝招君，背行先些』，注亦云：『背，倍也。』偝、背、倍三字通。『偝』字見《禮記・坊記》。**昔者孔子沒，三年之外，門人治任將歸，入揖於子貢，相嚮而哭，皆失聲，然後歸。**【注】任，擔也。失聲，悲不能成聲。**子貢反，築室於場，獨居三年，然後歸。**【注】場，孔子冢上祭祀壇場也。子貢獨於場左右築室復三年，慎終追遠也。【疏】注『任擔也』○正義曰：《毛詩・大雅・生民》篇云『是任是負」，箋云：「抱負以歸。」《國語・齊語》云「負任儋何，服牛軺馬，以周四方」，注云：「背曰負，肩曰儋。任，抱也。何，揭也。」《毛詩・小雅》「我任我輦，我車我牛」，傳云：「任者，輦者，車者，牛者。」箋云：「有負任者，有輓輦者，有將車者，有牽傍牛者。」《淮南子・道應訓》云：「甯越欲干齊桓公，因窮無以自達，於是爲商旅，將任車以商於齊。」高誘注云：「任，載也。」按婦人懷子爲任子也，《禮記・樂記》注云：「孕，任也。」《郊特牲》注云：「孕，任子也。」孕懷抱在前，則任之爲抱，其本義也。因而擔於肩者，載於車者，通謂之任，散言之則通也。○注「失聲悲不能成聲」○正義曰：《方言》云：「自關而西秦晉之間，凡大人小兒泣而不止謂之嗁，哭極音絶亦謂之嗁，平原謂啼極無聲謂之嗁哴。」哭極音絶，啼極無聲，此趙氏所云悲不能成聲也。按失亦與佚通，佚之言放，失聲或亦謂放聲也。《禮記・檀弓》云：「文伯卒，朋友諸臣未有出涕者，而内人皆哭失聲。」此失聲正謂放聲。《太平御覽》引《漢名臣奏》云：「王莽斥出王閎，太后憐之，閎伏泣失聲，太后親自以手巾拭閎泣。」此言先伏地而泣，繼而至於放聲也。○注「場孔」至「三年」○正義曰：《爾雅・釋宮》云：「場，道也。」《說文》土部云：「場，祭神道也。」《國語・楚語》云「壇場之所」，注云：「除地曰場。」蓋於冢墓之南，築地使平坦以爲祭祀，揚子《法言》謂之「靈場」，《說文》謂之「祭神道也」，後人樹碑於此，謂之神道碑。神道在冢前，未可當正中而室，故知在偏左偏右，猶倚廬堊室之偏倚東壁也。《毛詩・周頌》「福禄來反」，傳云：

『反，復也。』趙氏以復釋反，故云復三年。讀『子貢反築室於場』爲一句，反字連築室也。閻氏若璩《釋地續》云：『反云者，子貢送諸弟子各歸去，已獨還次於墓所。或曰反，復也。』**他日，子夏、子張、子游以有若似聖人，欲以所事孔子事之。彊曾子，曾子曰：『不可，江漢以濯之，秋陽以暴之，皜皜乎不可尚已！』**【注】有若之貌似孔子，此三子者思孔子而不可復見，故欲尊有若以作聖人，朝夕奉事之，如事孔子，以慰思也。曾子不肯，以爲聖人之潔白，如濯之江漢，暴之秋陽。秋陽，周之秋，夏五六月，盛陽也。皜皜，甚白也。何可尚，而乃欲以有若之質，放聖人之坐席乎。尊師道，故不肯。【疏】注『有若』至『孔子』○正義曰：《史記·仲尼弟子列傳》云：『孔子既沒，弟子思慕，有若狀似孔子，弟子相與共立爲師，師之如夫子時也。』趙氏所本也。《禮記·檀弓》云：『子游曰：甚哉！有子之言似夫子也。』然則有子之似夫子，不特狀貌然矣。○注『秋陽』至『陽也』○正義曰：段氏玉裁《説文解字注》云：『暘，日出也。《洪範》「八庶徵，曰雨曰暘」，某氏傳云：「雨以潤物，暘以乾物。」《祭義》「夏后氏祭其闇，殷人祭其陽，周人祭日，以朝及闇」，鄭云：「闇，昏時也。陽讀爲曰雨曰暘之暘，謂日中時也。朝，日出時也。」暘之義當從鄭。《孟子》「秋陽以暴之」，亦當作「秋暘」。』周正建子，改時改月，故周之秋，乃夏之夏；周之七八月，乃夏之五六月。又當日中，最能乾物，《文選注》引綦毋邃《孟子》注云：『周之秋，於夏爲盛陽也。』亦仍趙氏也。○注『皜皜甚白也』○正義曰：王氏念孫《廣雅疏證》

云：『《釋訓》：「杲杲，白也。」《漢書·司馬相如傳》云：「暠然白首。」暠與杲同，字又作「皜」，重言之則曰皜皜。』又云：『杲之言皎皎也。《説文》：「杲，明也。」《衛風·伯兮》篇：「杲杲出日。」《管子·内業》篇云：「杲乎如登乎〔一〕天。」《孟子·滕文公》篇「皜皜乎不可尚已」，趙氏注云：「皜皜，甚白也。」義與杲相近。』毛氏奇齡《四書索解》云：『江漢以濯之，秋陽以暴之，從來訓作潔白。夫道德無言潔白者，惟志行分清濁，則有是名。故夫子稱「丈人欲潔其身」，孟子稱「西子蒙不潔」，又稱狷者爲「不屑不潔之士」，司馬遷稱屈原「其志潔」，大抵獨行自好者始有高潔之目，此非聖德也。夫子自云「不曰白乎，涅而不淄」。祇以不爲物污，與《屈原傳》之「皭然泥而不滓」語同。豈有曾子擬夫子，反不若子貢之「如天如日」，宰我之「超堯越舜」，而僅云「潔白」，非其旨矣。況潔白二字，曾見之《詩序》「《白華》，孝子之潔白」，此但以物言，並不以德言也。』按毛氏説是也。《列子·湯問》篇云『皜然疑乎雪』，《釋文》云：『皜，又作「皓」。』《文選》李少卿《與蘇武詩》云『皓首以爲期』，注云『皓與顥，古字通』。《説文》頁部云：『顥，白皃。《楚詞》曰：「天白顥顥。」』皜皜即是顥顥。《爾雅·釋天》云：『夏爲昊天。』劉熙《釋名·釋天》云：『其氣布散皓皓也。』然則皜皜謂孔子盛德如天之元氣皓旰。尚，即上也。不可上，即子貢云『猶

〔一〕『乎』，《皇清經解》本同，《管子·内業》作『於』。

天之不可階而升也』。以此推之。江漢以濯之，以江漢比夫子也。秋陽以暴之，以秋陽比夫子也。皜皜乎不可上，以天比夫子也。同一水，池沼可濯也，不能及江漢之濯也。同一火，燔燎可暴也，不能及秋陽之暴也。乃以江漢擬之，猶未足也；以秋陽擬之，猶未盡也；其如天之皜皜，不可上矣。此曾子之推崇比擬，尤逾於宰我、子貢也。徒以爲潔白，良非矣。○注『放聖』至『席乎』○正義曰：《史記・仲尼弟子列傳》云：他日弟子進問曰云云，『有若默然無以應。弟子起曰：有子避之，此非子之座也。』趙氏意本此。阮氏元《校勘記》云：『「於聖人之坐席乎」，閩、監、毛三本同。廖本、孔本、韓本、《攷文》古本於作「放」。《音義》出「質放」，放是也。放者，今之「倣」字。

今也南蠻鴃舌之人，非先王之道，子倍子之師而學之，亦異於曾子矣。吾聞出於幽谷，遷于喬木者，未聞下喬木而入於幽谷者。【注】今此許行乃南楚蠻夷，其舌之惡如鴃鳥耳。鴃，博勞也。《詩》云：『七月鳴鴃。』應陰而殺物者也。許子託於大古，非先聖王堯舜之道，不務仁義，而欲使君臣並耕，傷害道德，惡如鴃舌，與曾子之心亦異遠也。人當出深谷，上喬木；今子反下喬木，入深谷。【疏】注『其舌』至『物者也』○正義曰：《爾雅・釋鳥》云：『鶪，伯勞也。』引詩在《豳風・七月》篇第二章，亦云『七月鳴鶪』。《禮記・月令》云：『仲夏之月，鶪始鳴。』《大戴禮・夏小正》云：『五月鴃則鳴。鴃者，百鷯也。』百鷯即伯勞，是鶪通作鴃，故趙氏以鴃爲博勞。鄭氏《月令》注亦云：『鶪，博勞也。』高誘注《呂氏春秋・仲夏紀》云：

『鶪，伯勞也。是月，陰作於下，陽發於上，伯勞夏至後，應陰而殺蛇，磔之於棘，而鳴其上。』注《淮南·時則訓》云：『五月，陰氣生於下，伯勞夏至應陰而鳴。』伯勞即博勞，伯、博一聲之轉也。《豳風》獨云七月者，王肅謂古五字如七，則《詩》亦本是五月鳴鶪。鄭氏謂『豳地晚寒』，豳極西北，寒當早於中國，晚寒之説，恐未然也。曹植《惡鳥論》云：『伯勞以五月鳴，應陰氣而動；陽爲生仁養，陰爲殺殘賊，伯勞蓋賊害之鳥也。』趙氏謂許子傷害道德，惡如鴃舌，正以鴃應陰氣而鳴，鳴則傷害天地之生氣，堯舜仁義之道，亦天地之生氣也。許子以並耕之説害之，故惡如伯勞之舌，非謂其聲之嘵嘵啅譟也。《禮記·王制》云：『南方曰蠻。』許行楚人，故稱南蠻。趙氏明以夷釋蠻，非謂其音之蠻，與鴃舌同也。南蠻不皆鴃舌，鴃舌不必南蠻。南蠻言其地，鴃舌言其賊害也。○注『與曾子』至『入深谷』○正義曰：《説文》異部云：『異，分也。』《吕氏春秋·知接》篇『願君之遠易牙』，高誘注云：『遠，猶疏也。』《淮南子·道應訓》『襄子疏隊而擊之』，高誘注云：『疏，分也。』以是通之，則異有遠義，故以遠釋異。孟子謂陳相之倍陳良而從許行，異於曾子之尊孔子而不事有若。趙氏注『惡如鴃舌』以上斥許行，『與曾子之心亦遠異也』貫下斥陳相。《爾雅·釋言》云：『幽，深也。』故解幽谷爲深谷。下云『下喬木』，則遷是上喬木矣。俗本作『止喬木』，非是。**《魯頌》曰：『戎狄是膺，荆、舒是懲。』周公方且膺之，子是之學，亦爲不善變矣！』**【注】詩，《魯頌·閟宫》之篇也。膺，擊也。懲，艾也。周家時擊戎狄之不善者，懲止荆、舒之人，使不敢侵陵也。周公常欲擊之，言南夷之人難用，而子反悦是人而學其道，亦爲不善變更矣。孟子究陳此者，深以責陳相也。【疏】注「詩魯」至「相也」〇正義曰：引詩在《魯頌・閟宫》第三章。毛傳云：「膺，當也。」箋云：「懲，艾也。」《爾雅・釋詁〔一〕》云：「應，當也。」毛氏讀膺爲應，故以當訓之。《史記・建元以來侯者年表》引作「戎狄是應」。《音義》出「膺擊」，云：「丁本作『應』云。」按古訓應訓當，此注訓擊，蓋以當對是擊敵之義，故轉訓耳。《吕氏春秋・察微》篇「宋華元帥師應之大棘」，又《處方》篇「荆令唐蔑將而應之」，高誘注並云：「應，擊也。」《淮南子・主術訓》云「不使應敵」，高誘注云：「應，猶擊也。」是應有擊義，趙氏亦讀膺爲應矣。《國策・齊策》云「車舝擊」，注云：「擊，相當。」是當與擊義亦相近。下文「周公方且膺之」，不可云方且當之，故以擊釋之也。《毛詩・小雅・沔水》篇「寧莫之懲」，傳云：「懲，止也。」趙氏既釋以艾，又釋以止，明艾之卽所以止之。《禮記・内則》云「方物出謀發慮」，注云：「方，猶常也。」故以常釋方。鄭氏以此爲僖公與齊桓舉義兵之事，閻氏若璩《釋地又續》云：「《左氏》僖十三年秋，爲戎難故，諸侯戍周，齊仲孫湫致之。十六年秋，王以戎難告於齊，齊徵諸侯而戍周。齊桓舉義兵，僖公無役不從；況勤王戍周，尤爲第一義，豈有兩諸侯

〔一〕「詁」，《皇清經解》本作「詩」。

無魯在其中者?』周氏柄中《辨正》云:『《春秋》宣八年,楚滅舒蓼;成十七年,滅舒庸;襄二十五年,滅舒鳩,當僖公從齊桓伐楚時,舒尚未滅。正義云:「舒,楚之與國,故連言荆、舒。」此説得之。』翟氏灝《攷異》云:『《詩序》云:「《閟宫》,頌僖公能復周公之宇也。」首二章止陳姜嫄、后稷、太王、文武之勳。三章言成王封魯,魯子孫率由不愆,祭則受福。「戎狄是膺,荆、舒是懲」,第四章文也。上三章未暇序及周公,所云周公之宇者,非於此章頌之而孰頌哉?故自「公車千乘」至「莫我敢承」,皆周公而不屬僖公也。「俾爾昌而熾,俾爾壽而富」,周公俾之也。五章六章,繼周公而頌伯禽,所謂「淮夷來同,遂荒徐宅」,顯係伯禽事,見諸《尚書·費誓》者也。七章八章,方頌僖公復宇。如此説之,則《詩》、《書》、《春秋》、《孟子》,彼此悉無疑義,而《詩》簡亦未嘗有錯。《孟子》兩引此文,皆確指爲周公,必有自聖門授受師説,不得以漢儒箋注之訛,反疑《孟子》。「子是之學」,子字一頓,是指許行,故云子反悦是人而學其道。反悦者,應上方且之詞也。』

『從許子之道,則市賈不貳,國中無僞,雖使五尺之童適市,莫之或欺。布帛長短同,則賈相若;麻縷絲絮輕重同,則賈相若;五穀多寡同,則賈相若;屨大小同,則賈相若。』【注】陳相復爲孟子言此,如使從許子淳樸之道,可使市無二賈,不相僞誕,不相欺愚小也。長短謂丈尺,輕重謂斤兩,多寡謂斗石,大小謂尺寸,皆言其同賈,故曰無二賈者也。**【疏】**注『可使市無二賈』○正義曰:《禮記·王制》『喪事不貳』,注云:『貳之言二也。』故經言『市價不貳』，趙氏云無二賈也。閩、監、毛三本賈作『價』。○注『不相僞誕』○正義曰：《説文》人部云『僞，詐也。』趙氏注《萬章》篇『然則舜僞喜者與』亦云：『僞，詐也。』《淮南子・本經訓》『其心愉而不僞』，高誘注云：『僞，虚詐也。』詐兼以虚，《國語・楚語》『是言誕也』，注云：『誕，虚也。』《吕氏春秋・應言》篇云『令許綰誕魏王』，高誘注云：『誕，詐也。』故趙氏此注，以誕釋僞。閩、監、毛本作『僞詐』，義同。十行本作『爲詐』。爲卽僞也。○注『不相欺愚小也』○正義曰：閩、監、毛三本作『不相欺愚小大』，阮氏元《校勘記》云：『孔本、韓本作「不欺愚小民也」，《考文》古本作「不相欺愚小也」。愚小，謂五尺之童也。《考文》古本得之。』○注『大小謂尺寸』○正義曰：布帛長至數丈，故云丈尺；屨大極尺，無至丈者，故云尺寸。

曰：『夫物之不齊，物之情也。或相倍蓰，或相什百，或相千萬，子比而同之，是亂天下也。巨屨小屨同賈，人豈爲之哉？從許子之道，相率而爲僞者也。惡能治國家？』

【注】孟子曰，夫萬物好醜異賈，精粗異功，其不齊同，乃物之情性也。蓰，五倍也。什，十倍也。至於千萬相倍。譬若和氏之璧，雖與凡玉之璧尺寸厚薄適等，其賈豈可同哉？子欲以大小相比而同之，則使天下有爭亂之道也。巨，粗屨也。小，細屨也。如使同賈而賣之，人豈肯作其細者哉。時許子教人僞者耳，安能治國家者也。【疏】注『其不齊同乃物之情性也』○正義曰：《楚辭・雲中君》『與日月兮齊光』，注云：『齊，同也。』是不齊

即不同也。《吕氏春秋·上德》篇「此之謂順情」，《淮南子·本經訓》「人愛其情」，高誘注並云：「情，性也。」性情有陰陽之分，而實一貫。《荀子·正名篇》云：「性之好惡喜怒哀樂謂之情。」《易·文言傳》云：「利貞者，性情也。」亦性情並稱，故趙氏以性釋情。長短、輕重、多寡、大小，此形也。形同而情或不同，則好醜、精粗是也。○注「蓰五倍也什十倍也」○正義曰：《音義》出「倍蓰」云：「丁音師，云『從竹下徙。』」《開元禮·文字音義》曰：「倍謂半倍而益之。」又音麗，山綺切。」《史記》作「倍灑」，徐廣云：「一作五倍曰蓰。」按倍爲半倍而益者，即一倍也。如本有三，倍之爲六，得六而三爲半矣。主原數則益數爲倍，主益數則原數爲半，故云半倍而益之。蓰字《說文》所無。「竹下徙」《說文》訓「簁箄，竹器也。所綺切。」丁音師，則宜是簏。《說文》竹器可以取麤去細，簏亦通簁也。簁通簏，故亦作「灑」。《爾雅·釋樂》「大瑟謂之灑，大琴謂之離」，離亦麗也。麗者，連也。蓋五弦相麗則離也。由琴之五弦，五倍之爲二十五弦而爲灑。以其數五五而稱灑，故凡五倍即通稱爲灑。灑通簏，又通於簁。蓰則傳寫之譌也。《周書·大聚》篇云：「十夫爲什。」《管子·立政》篇云：「十家爲什。」由一夫一家數之，皆十倍也。○注「譬若和氏」至「同哉」○正義曰：《史記·藺相如傳》云：「趙惠文王時得和氏璧，秦昭王聞之，使人遺趙王書，願以十五城請易璧。」璧之尺寸等耳，此璧值十五城，不已千萬相倍乎。○注「則使天下有爭亂之道也」○正義曰：《大戴禮記·曾子事父母》篇云：「爭辨者，作亂之所由興也。」故以争釋亂。○注「巨粗屨也小細屨也」○正義曰：《吕氏春秋・蕩兵》篇云「有巨有微而已矣」，高誘注云：「巨，觕略也。」觕同粗，即麤字。《淮南子・主術訓》云「而枹鼓爲小」，高誘注云：「小，細也。」《漢書・揚雄傳》集注引應劭云：「精，細也。」《禮記・樂記》云「凝是精粗之體」，注云：「精粗，謂萬物大小也。」是精粗通謂之大小，巨爲大，即爲麤也。小爲精，即爲細也。粗疏易成，細巧功密，此物情之迥異。許子屨大小以形論，此巨小以情論，治國家以情不以形，此堯舜所以用心而通變神化也。豈特一屨之微哉！

《章指》言：神農務本，教於凡民，許行蔽道，同之君臣；陳相倍師，降於幽谷，不理萬情，謂之敦樸：是以孟子博陳堯舜上下之叙以匡之也。【疏】「神農務本」○正義曰：《吕氏春秋・上農》篇云：「古先聖王之所以導其民者，先務於農。民農非徒爲地利也，貴其志也。民農則樸，樸則易用。」又云：「民舍本而事末則不令，后稷曰：『所以務耕織者，以爲本教也。』」○「不理萬情謂之敦樸」○正義曰：萬，《攷文》古本作「万」，足利本、韓本作「物情」。敦樸者，老子云：「敦兮其若樸。」趙氏所本也。《考文》引足利本作「淳樸」。敦通純，純亦通淳也。○「博陳堯舜上下之叙以匡之」○正義曰：《漢書・藝文志》云：「農家者流，及鄙者爲之，以爲無所事聖王，欲使君臣並耕，誖上下之序。」又云：「儒家者流，祖述堯舜。』君臣並耕，即所謂[一]同之君臣也。詩亂上下之叙，故以上下之叙匡正之。

墨者夷之，因徐辟而求見孟子。【注】夷之，治墨家之道者。徐辟，孟子弟子也。求見孟子，欲以辯道也。【疏】注「夷之治墨家之道者」○正義曰：《漢書·藝文志》云：『墨家者流，蓋出於清廟之守。茅屋采椽，是以貴儉；養三老五更，是以兼愛；選士大射，是以上賢；宗祀嚴父，是以右鬼；順四時而行，是以非命；以孝視天下，是以上同：此其所長也。及蔽者爲之，見儉之利，因以非禮，推兼愛之意，而不知別親疏。』共六家：《尹佚》二篇、《田俅子》三篇、《我子》一篇、《隨巢子》六篇、《胡非子》三篇、《墨子》七十一篇。隨巢、胡非，皆墨翟弟子；我子爲墨子之學。《韓非子·顯學》篇云：『自墨子之死也，有相里氏之墨，有相夫氏之墨，有鄧陵氏之墨。儒分爲八，墨分爲三。』《吕氏春秋》墨者有鉅子腹䵍居秦，又墨者鉅子孟勝，又東方之墨者謝子。《淮南子》墨者有田鳩者。田鳩亦見《韓非子》。馬氏驌《繹史》云：『田鳩蓋即田俅子。』《論衡》：『墨家之役纏子。』皆所謂『墨者』也。

[一]『謂』，《皇清經解》本作『爲』。

孟子曰：『吾固願見，今吾尚病，病愈，我且往見。』【注】我常願見之，今值我病，不能見也。病愈，將自往見。以辭卻之。

夷子不來。他日，又求見孟子。【注】是日，夷子聞孟子病，故不來。他日，復往求見。【疏】『夷子不來』○正義曰：趙氏以『夷子不來』是記其實事，近時通解謂亦孟子言，謂我病愈，往見夷子，夷子不必來。王氏引之《經傳釋詞》云：『不，毋也，勿也。』言我將往見夷子，夷子勿來也。

孟子曰：『吾今則可以見矣。不直則道不見，我且直之。【注】告徐子曰，今我可以見夷子矣。不直言攻之，則儒家聖道不見，我且欲直攻之也。**吾聞夷子墨者，墨之治喪也，以薄爲其道也。夷子思以易天下，豈以爲非是而不貴也？然而夷子葬其親厚，則是以所賤事親也。**【注】我聞夷子爲墨道，墨者治喪，貴薄而賤厚，夷子思欲以此道易天下之化使從己，豈肯以薄爲非是而不貴之也。如使夷子葬其父母厚也，是以所賤之道奉其親也。如其薄也，下言『上世不葬』者，又可鄙足爲戒也。吾欲以此攻之也。【疏】『墨之治喪以薄爲其道也』○正義曰：《墨子》有《節葬》三篇，上中亡，下篇尚存。其言云：『古聖王治〔一〕爲葬埋之法，曰棺三寸，足以朽體；衣衾三領，足以覆惡。以及其葬也，下毋

〔一〕『治』，《皇清經解》本同，《墨子》作『制』。

及泉，上毋通臭，壟若參畊之畝，則止矣。』此以薄爲道也。孫氏星衍《墨子後序》云：『其節葬，亦禹法也。《尸子》稱禹之喪法：死於陵者葬於陵，死於澤者葬於澤，桐棺三寸，制喪三月。見《後漢書》注。《韓非子·顯學》稱墨者之葬也，冬日冬服，夏日夏服，桐棺三寸，服喪三月。然則三月之喪，夏有是制，墨始法之矣。』汪氏中《述學》云：『古者喪期無數，黄帝堯舜垂衣裳而天下治，則五服精粗之制立矣。放勳殂落，百姓如喪考妣，其可見者也。夏后氏三年之喪，既殯而致事，則禹之爲父三年矣。禹崩三年之喪畢，益避禹之子於箕山之陰，則夏之爲君三年矣。《士喪禮》自小斂奠，朔月半薦，遣奠，大遣奠，皆用夏祝，使夏后氏制喪三月，祝豈能習其禮，以贊周人三年之喪哉？若夫「陵死陵葬，澤死澤葬」，此爲天下大水不能具禮者言之；荒政殺哀，周何嘗不因於夏禮以聚萬民哉？墨子者，蓋學焉而自爲其道者也。故其節葬曰：「聖王制爲節葬之法。」又曰：「墨子制爲節葬之法。」則謂墨子自製者是也。』○正義曰：趙氏『如使』云云，則是設辭。近時通解以『夷子葬其親厚』乃是夷子實事，孟子因其有此實事，異乎墨子之道，故直指爲以所賤事親，攻其隙所以激發其性也。此説爲得。

徐子以告夷子，夷子曰：『儒者之道，「古之人若保赤子」，此言何謂也？之則以爲愛無差等，施由親始。』【注】之，夷子名也。言儒家曰，古之治民，若安赤子，此何謂乎。

之以爲當同其恩愛，無有差次等級相殊也，但施愛之事，先從己親屬始耳。若此何爲獨非墨道也。【疏】注「若安赤子」○正義曰：「若保赤子」，《周書・康誥》文。《毛詩・魏風》「他人是保」，傳云：「保，安也。」故以安釋保。○注「之以爲」至「始耳」○正義曰：《毛詩・豳風・鴟鴞》篇云「恩斯勤斯」，傳云：「恩，愛也。」是愛卽恩也。《廣雅・釋詁》云：「差，次也。」《呂氏春秋・召類》篇「土階三等」，高誘注云：「等，級也。」《禮記・樂記》「然後立之樂等」，注云：「等，差也。」是差、等二字義同。有階級卽有次第也。《國語・晉語》「夫齊侯好示務施」，注云：「施，惠也。」《周書・謚法解》云：「惠，愛也。」《爾雅・釋詁》同。故趙氏以愛釋施，恩、施、愛三字義通。愛無差等卽施無差等。施由親始卽愛由親始，孔本、韓本作「施厚之事」。

徐子以告孟子，孟子曰：「夫夷子信以爲人之親其兄之子爲若親其鄰之赤子乎？彼有取爾也：赤子匍匐將入井，非赤子之罪也。【注】親，愛也。夫夷子以爲人愛兄子，與愛鄰人之子等邪。彼取赤子將入井，雖他人子亦驚救之，謂之愛同也。但以赤子無知，非其罪惡，故救之耳。夷子必以此況之，未盡達人情者也。【疏】「赤子」至「罪也」○正義曰：江氏聲《尚書集注音疏》云：「赤子無知，或觸陷於死地，惟在保之者安全之，小民亦猶是也。保民如保赤子，則民其安治矣。《孟子・滕文公》篇墨者夷之求見孟子，稱儒者之道，『古之人若保赤子』，以爲『愛無差等，施由親始』。孟子解之曰：『彼有取爾也：赤子匍匐將入井，非赤子之罪也。」詳孟子之意，謂愚民無知，與赤子同，其或入於刑辟，猶赤子之入井，非其罪也。保赤子者，必能扶持防護之，使不至於入井。保民者當明其政教以教道之，使不陷於罪戾，是之謂「若保赤子」。此孟子説《書》之意。』○注『親愛也』○正義曰：《論語》：『樊遲問仁，子曰愛人。』《禮記・中庸》云：『仁者，人也。親親爲大。』《一切經音義》引《蒼頡》篇云：『親，愛也。』親之爲愛，猶愛之爲仁也。《康誥》此言主用刑，言民無知而將犯刑罰，不必爲吾之親近始保救之。猶赤子無知而將入井，不必爲吾兄之子始保救之，故云若，若之言同也。故趙氏云，雖他人子亦驚救之，謂之愛同也。蓋赤子唯保救其將入井，愚民惟保救其將犯刑罰。至於平時親愛之，則鄰之赤子終不若兄之子，愚民終不若己之父兄。是以鄰里有喪，非不助之殯葬，然斷不必厚如葬其親也，此人情也。夷子不知此，是爲不達人情。孔本、韓本「亦愛救之」作『驚救之』。**且天之生物也，使之一本，而夷子二本故也。**【注】天生萬物，各由一本而出。今夷子以他人之親，與己親等，是爲二本，故欲同其愛也。**蓋上世嘗有不葬其親者，其親死，則舉而委之於壑。**【注】上世，未制禮之時。壑，路旁坑壑也。其父母終，舉而委棄之壑中也。

【疏】注『上世未制禮之時』○正義曰：《易・繫辭傳》云：『古之葬者，厚衣之以薪，葬之中野。』翟氏灝《攷異》云：『此云上世，乃上古也。故與《易》所言古事不同。然二事相因，自有虆梩之掩，遂漸成衣薪葬野之世。』○注『壑路』至『中也』○正義曰：《爾雅・釋詁》云『壑，阬阬，虚也。』注云：『壑，谿壑也。阬阬，謂阬壍也。』阬卽坑字。《禮記・郊特牲》『水歸其壑』，注云：『壑，猶坑也。』趙氏以坑釋壑而云路旁者，以下云『他日過之』，過則偶然行路過此，是壑在路旁也。《楚辭・離騷》云『委厥美以從容兮』，注云：『委，棄也。』故以棄釋委。**他日過之，狐狸食之，蠅蚋姑嘬之，其顙有泚，睨而不視。夫泚也，非爲人泚，中心達於面目。蓋歸反虆梩而掩之。掩之誠是也，則孝子仁人之掩其親，亦必有道矣。』**【注】嘬，攢共食之也。顙，額也。泚，汗出泚泚然也。見其親爲獸蟲所食，形體毁敗，中心慙，故汗泚泚然出於額。非爲他人而慙也，自出其心，聖人緣人心而制禮也。虆梩，籠臿之屬，可以取土者也。而掩之實是其道，則孝子仁人，掩其親有以也。【疏】『狐狸食之』○正義曰：阮氏元《校勘記》云：『石經狸作「貍」。案《詩》「取彼狐貍」，《釋文》唐石經皆作「貍」。』○『蠅蚋姑』○正義曰：《音義》出此三字，云：『張音訥，云「諸本或作蜹」，誤也。丁云：「蜹，未詳所出。或以蜹與蜹同，謂蜉蝣也。音由。」又一説云：「蝲姑，卽螻姑也。」』趙氏佑《温故録》云：『姑，螻蛄也。南人謂之地穀。穀讀爲狗。北人謂之喇喇姑，亦曰螻狗。初生鳴土中，食穀種，最在螟螣蟊賊先。東俗每於布穀後，候苗將發，則以小石輪周塍左右壓治之。及秋飛出，趁燈光，能咬人起瘡，蟲之毒者。《音義》一説蚋或作「蝲」，一説「蝲姑，卽螻姑也。」則似以蚋姑爲一物。予在山東，一老門子爲予言甚詳，因及《月令》「孟夏螻蟈鳴」，卽此物也。蟈與姑聲相亂耳。』王氏念孫《廣雅疏證》云：『螻蛄疊韻字，聲轉爲螻蜮，倒言之則爲蛞螻。《方言》：「螻螲謂之螻蛄，或謂之蟓蛉。南楚謂之杜狗，或謂蛞螻。」今人謂此蟲爲土狗，卽杜狗也。順天人謂之拉拉古，卽螻蛄之轉聲也。其單言之則或爲螻，《呂氏春秋·應同》篇「黄帝之時，天先見大螾大螻」，高誘注云：「螻，螻蛄也。」《愼小》篇云「巨防容螻」，注云：「隄有孔穴，容螻蛄也。」或又謂之蟡蛄，《埤雅》引《廣志·小學》篇云：「螻蛄，會稽謂之蟡蛄。」《孟子音義》：「蚋，諸本或作蟡。一説云：蟡蛄，卽螻蛄也。」蟡與螻聲正相近矣。螻蛄，短翅四足，穴土而居，至夜則鳴，聲如蚯蚓。』按趙氏無訓，但以一蟲字括之。爲蠅，爲蟡蛄，則二物。爲蠅，爲蚋，爲姑，則三物。《説文》虫部云：『蚋，秦晉謂之蚋，楚謂之蟁。』阮氏元釋『且』云：『且字加口爲咀，《春秋·左傳》僖二十八年「晉侯夢楚子伏己而盬其腦」，盬與咀同，謂咀嗻其腦。故《方言》云：「盬，且也。」且與姑同音，故姑亦有咀義。《孟子·滕文公》「蠅蚋姑嘬」之姑，與《方言》盬同，卽咀也。謂蠅與蚋同咀嘬之也。』〇注『嘬攢共食之也』〇正義曰：《禮記·曲禮》云『毋嘬炙』，注云：『嘬，謂一舉盡臠。』蓋獸食之餘，諸蟲又盡之也。趙氏謂攢共食之者，嘬從最，隱公元年《公羊傳》云『會猶最也』，注云：『最，聚也。』最之爲言聚，《文選·西都賦》注引《蒼頡篇》云：『攢，聚也。』趙氏讀嘬爲聚，故以攢共解之。〇注『頳額』至『出於額』〇正義曰：《方言》云：『中夏謂之頟，東齊謂之顙。」顙即額也。《考工記》「車人爲耒，庛〔一〕長尺有一寸」，注云：「庛，讀爲『其顙有疵』之疵。」賈氏疏云：「俗人謂顙額之上有疵病，故從之也。」《爾雅・釋詁》云：「疵，病也。」是《孟子》本有作「疵」者。其顙有疵，謂頭額病，猶云疾首也。趙氏本作「泚」，《毛詩・邶風》「新臺有泚」，傳云：「泚，鮮明貌。」《說文》作「玼」，而訓泚爲清。蓋顙色鮮明，必爲汗漬，故以爲汗出泚泚然。《說文》心部云：「慙，媿也。」人媿則汗出於額，故以爲慙。然以爲慙，不如以爲哀痛而疾首，泚宜爲疵之借耳。○注「虆梩」至「取土者也」○正義曰：段氏玉裁《說文解字注》云：「相，臿也。從木，㠯聲。一曰徙土輂。齊人語也。梩，或從里。《周禮》注引《司馬法》曰：『輂，一斧一斤一鑿一梩。』疏云：『梩，或解作臿，或解作鍬，鍬、臿亦不殊。《孟子》「蓋歸反虆梩而掩之」，趙曰：「虆梩，籠臿之屬，可以取土者也。」虆即欙之假借，可以舁土者。梩同相，可以臿地捊土者。一曰徙土輂，此別一義，謂相即欙。孫奭《孟子音義》云：「梩，土轝也。」本此。』」王氏念孫《廣雅疏證》云：「《爾雅》『斛謂之疀』，郭注云：『皆古鍫鍤字。』《管子・度地》篇云『籠臿版〔二〕築各什六』，《齊策》云『坐而織蕢，立而杖插』，並字異義同。」按籠蕢即虆臿，插即梩，故云籠臿之屬。○注

〔一〕「庛」，《皇清經解》本作「疵」，《考工記》作「庛」。
〔二〕「版」，《皇清經解》本同，《管子・度地》篇作「板」。

『而掩實是其道』〇正義曰：高誘注《吕氏春秋》、《淮南子》皆云：『誠，實也。』道也。徐子復以告夷子，夷子憮然者，猶悵然也。爲間者，有頃之間也。命之，猶言受命教矣。

徐子以告夷子，夷子憮然，爲間，曰：『命之矣。』【注】孟子言是以爲墨家薄葬，不合道也。徐子復以告夷子，夷子憮然者，猶悵然也。爲間者，有頃之間也。命之，猶言受命教矣。【疏】注『夷子憮然者猶悵然也』〇正義曰：《一切經音義》引《三蒼》云：『憮然，失意貌也。』失意則悵恨，故以爲猶悵然也。按《論語·微子》篇：『子路行以告，夫子憮然。』集解云：『謂其不達己意。』與趙氏此注義同。乃《説文》心部云：『憮，愛也。韓鄭曰憮。一曰不動。』《爾雅·釋言》云：『憮，撫也。』《廣雅·釋詁》既訓撫爲安，又訓撫爲定，安、定皆不動之義。蓋夫子聞子路述沮、溺之言，寂然不動，久而乃有『鳥獸不可同羣』之言。此夷之聞徐辟述孟子之言，寂然不動，久而乃有『命之』之言。是『夷子憮然』四字絶句，『爲閒』二字絶句，謂不動聲色者良久也。《後漢書·文苑·禰衡傳》云：『表嘗與諸文人共草章奏，並極其才思。時衡出，還見之，開省未周，因毁以抵地，表憮然爲駭。』蓋是時劉表必正稱譽歡笑，衡突將章奏擲諸地，表乃寂然不動，揣其心以爲此時所以不動者，爲駭之也。《蔡邕傳》：『邕在陳留，其鄰人有以酒食召邕者。客有彈琴於屏，邕至門，試潛聽之，曰：「憘！以樂召我而有殺心，何也？」遂反。主人遽自追問其故，邕具以告，莫不憮然。』此憮然，亦謂衆聞邕言，莫知所謂，都寂然不動也。《孔融傳》：『曹操激厲融云：「當收舊好，而怨毒漸積，志相危害，聞之憮然，中夜而起。」』大凡聞人之言，見人之事，與己所期所見不同，往往静默不動，躊躕既久。有以見其説之非，則夫子之辨沮、溺是也。有以見其説之是，則夷之之從孟子是也。亦有躊躕不解其故，或蓄怒而未形，或懷疑而莫決，如劉表之於禰衡，陳留賓客之於蔡邕是也。《説文》以『不動』二字括之，精矣。○注『爲間者有頃之間也』○正義曰：《吕氏春秋・去私》篇云『居有間』，高誘注云：『間，頃也。』《國策・秦策》云『乃留止間曰』，高誘注云：『間，須臾也。』《列子・黄帝》篇云『立有間，不言而出』，《釋文》云：『間，少時也。』○注『命之猶言受命教矣』○正義曰：《禮記・坊記》云『命以防欲』，注云：『命謂教命。』

《章指》言：聖人緣情，制禮奉終；墨子元同，質而違中，以直正枉，憮然改容：蓋其理也。

【疏】『墨子元同質而違中』○正義曰：墨子有《尚同》三篇，同卽無差等之謂也。《老子》云：『和其光，同其塵。』是謂『玄同』。左思《魏都賦》云：『道洪化隆，世篤元同。』《後漢書・張衡傳》注引桓譚《新論》云：『元者，天也，道也。』此元同謂道同也。《太史公自序》云：『墨者儉而難遵，是以其事不偏循。』質，猶儉也。違中，故不可徧從也。

孟子正義卷十二

孟子卷第六

滕文公章句下凡十章

陳代曰：「不見諸侯，宜若小然。今一見之，大則以王，小則以霸。且志曰『枉尺而直尋』，宜若可爲也。」【注】陳代，孟子弟子也。代見諸侯有來聘請孟子，孟子有所不見，以爲孟子欲以是爲介，故言此介得無爲狹小乎。如一見之，儻得行道，可以輔致霸王乎。志，記也。枉尺直尋，欲使孟子屈己信道，故言宜若可爲也。【疏】「且志曰枉尺而直尋」○正義曰：翟氏灝《考異》云：「《隸釋・議郎元賓碑》『進退不枉尺直㝷』，用《孟子》而以㝷爲尋。《文子・上義》篇：『屈寸而申尺，小枉而大直，聖人爲之。』《尸子》引孔子曰：『詘寸而信尺，小枉而大直，吾爲之也。』文子，東周初人；而尸佼爲商鞅師，《穀梁傳》嘗引其言，亦略前於孟子。陳代所云志，或者卽此等書。」○注「得無爲狹小乎」○正義曰：漢金廣延《毋紀產碑》云「耕殖陝少」，陝少卽狹小也。《禮記・表記》云「仁有數義，有長短小大』，注云：『性仁義者，其數長大；取仁義者，其數短小。』孔氏正義云：『小謂所施狹近也。』

孟子曰：『昔齊景公田，招虞人以旌，不至，將殺之。【注】虞人，守苑囿之吏也。招之當以皮冠而以旌，故不至也。【疏】『昔齊』至『殺之』○正義曰：昭公二十年《左傳》云：『十二月，齊侯田于沛，招虞人以弓，不進。公使執之，辭曰：「昔我先君之田也，旃以招大夫，弓以招士，皮冠以招虞人。臣不見皮冠，故不敢進。」乃舍之。仲尼曰：「守道不如守官，君子韙之。」』閻氏若璩《釋地三續》云：『虞人，守苑囿之吏也。《周禮》山虞每大山中士四人，澤虞每大澤大藪中士四人，迹人掌田獵者，亦中士四人，餘皆下士及府史等，自不敢上擬乎大夫，招以旌，豈敢進？此守官也，而卽守道也。左氏生六國初，孟子之前，不知於何聞之？所傳尹公佗學射庾公差，齊侯田于沛二事，與《孟子》輒異。』**志士不忘在溝壑，勇士不忘喪其元，孔子奚取焉？取非其招不往也。如不待其招而往，何哉？**【注】志士，守義者也。君子固窮，故常念死無棺椁，沒溝壑而不恨也。勇士，義勇者也。元，首也。以義則喪首不顧也。孔子奚取，取守死善道，非禮招己則不往。言虞人不得其招尚不往，如何君子而不待其招，直事妄見諸侯者，何爲也。【疏】注『志士』至『善道』○正義曰：《韓詩外傳》云：『子路與巫馬期薪於韞丘之下，陳之富人有處師氏者，脂車百乘，觴於韞丘之上。子路與巫馬期曰：「使子無忘子之所知，亦無進子之所能，得此富終身，無復見夫子，子爲之乎？」巫馬期喟然仰天而嘆，闟然投鐮於地曰：「吾嘗聞之夫子，勇士不忘喪其元，志士仁人不忘在溝壑，子不知予與？試予與？意者其志與？」」此以志士、仁人並稱。《論語·衛靈公》篇云：「志士仁人，無求生以害仁，有殺身以成仁。」集解引孔曰：「無求生以害仁，死而後成仁，則志士仁人不愛其身也。」孔子謂「殺身成仁」，孟子謂「舍生取義」，惟取義乃成仁，故志士爲仁人，卽亦守義者也。巫馬期不顧處師氏之富，固死無棺椁，棄尸溝壑而不恨者也。死不愛其身，則生可喪其元；生不愛其元，則死何難於在溝壑。志與勇，皆以義揆之，故趙氏均以義言。《論語·陽貨》篇云：「君子義以爲上。君子有勇而無義爲亂，小人有勇而無義爲盜。」故云義勇者也。勇而非義，雖喪元不顧，第要離、聶政之流，非君子所貴矣。「元首也」，《爾雅·釋詁》文。僖公三十三年《左傳》：「先軫曰：「匹夫逞志於君而無討，敢不自討乎？」免冑入狄師，死焉。狄人歸其元，面如生。」哀公十一年《傳》：「公使大史固歸國子之元。」皆喪其元之事也。「守死善道」，《論語·泰伯》篇文。○注「直事妄見諸侯者」○正義曰：《韓非子·喻老》篇云：「事，爲也。」直事者，不俟其招，徑直爲此見諸侯之事。無端而往，是爲妄也。**且夫枉尺而直尋者，以利言也。如以利，則枉尋直尺而利，亦可爲與？**

【注】尺小尋大，不可枉大就小，而以要利也。【疏】「則枉」至「爲與」○正義曰：《風俗通·十反》篇云：「孟軻稱不枉尺以直尋，況於枉尋以直尺。」蓋不待招而見，實不能一見

卽霸王，是枉尋直尺而已。趙氏之義，與應劭正同。**昔者趙簡子使王良與嬖奚乘，終日而不獲一禽，嬖奚反命曰：「天下之賤工也。」**【注】趙簡子，晉卿也。王良，善御者也。嬖奚，簡子幸臣。以不能得一禽，故反命於簡子，謂王良天下鄙賤之工師也。【疏】注「趙簡子晉卿也」○正義曰：《史記・趙世家》云：「晉獻公賜趙夙耿。夙生共孟。共孟生趙衰。趙衰生盾，趙盾卒，謚爲宣孟。子朔嗣，屠岸賈殺趙朔。平公十二年，趙武爲正卿。趙武生景叔。趙景叔卒，生趙鞅，是爲簡子。」○注「王良善御者也」○正義曰：哀公二年《左傳》云「郵無恤御簡子」，注云：「郵無恤，王良也。」孔氏正義云：「下云『子良授綏』是也。服虔曰：『王良也。』」孟子説王良善御之事，古者車駕四馬，御之爲難，故爲六藝之一。王良之善御最有名，於書傳多稱之。《楚辭》云：「當世豈無騏驥兮，誠無王良之善御；見執轡者非其人兮，故駒跳而遠去。」《國語・晉語》云「趙簡子使尹鐸爲晉陽，郵無正進曰」云云。又云「初，伯樂與尹鐸有怨，以其賞如伯樂氏」，注云：「無正，晉大夫郵良伯樂。」又云：「伯樂，無正字。」《淮南子・覽冥訓》云：「昔者王良、造父之御也，上車攝轡，馬爲整齊而斂諧，投足調勻，勞逸若一，心怡氣和，體便輕畢，安勞樂進，馳騖若滅。」高誘注云：「王良，晉大夫郵無恤子良也。所謂御良也。一名孫無政，爲趙簡子御，死而托精於天駟星，天文有王良星是也。」○注「天下鄙賤之工師也」○正義曰：王良爲大夫，不可爲卑賤。賤與下良對，故釋爲鄙，謂其技藝鄙陋，鄙野異於國中，言其俚野，非國工也。以師釋工者，《儀禮·燕禮》「大師告於樂正」，注云：「大師，上工也。」是工亦稱師也。

「或以告王良，良曰：『請復之。』【注】聞嬖奚賤之，故請復與乘。**强而後可，**【注】强嬖奚，乃肯行。**一朝而獲十禽。嬖奚反命曰：『天下之良工也。』**【注】以一朝得十禽，故謂之良工。**簡子曰：『我使掌與女乘。』**【注】掌，主也。使王良主與女乘。【疏】注「掌主也」〇《周禮·天官·凌人》注云：「杜子春讀掌冰爲主冰。」《小爾雅·廣言》云：「掌，主也。」**謂王良，良不可。**【注】王良不肯。**曰：『吾爲之範我馳驅，終日不獲一；爲之詭遇，一朝而獲十。**【注】範，法也。王良曰：我爲之法度之御，應禮之射，正殺之禽，不能得一。横而射之曰詭遇。非禮之射，則能獲十。言嬖奚小人也，不習於禮。【疏】注「範法」至「於禮」〇正義曰：「範法也」，《爾雅·釋詁》文。昭公八年：「秋，蒐于紅。」《穀梁傳》云：「艾蘭以爲防，置旃以爲轅門，以葛覆質以爲槷，流旁握，御轚者不得入。車軌塵，馬候蹄，揜禽旅，御者不失其馳。然後射者能中，過防弗逐，不從奔之道也。面傷不獻，不成禽不獻。」所云車軌塵馬候蹄者，法度之御也。《毛詩·小雅·車攻》篇傳云：「一曰乾豆，二曰賓客，三曰充君之庖。故自左膘而射之，達於右腢爲上殺，達〔一〕右耳本次之，射

〔一〕「達」，《皇清經解》本同，《毛詩正義》作「射」。

左髀達於右䯚爲下殺。面傷不獻，踐毛不獻，不成禽不獻。』孔氏正義云：『上殺以其貫心死疾，肉最潔美，故以爲乾豆。次殺以其遠心，死稍遲，肉已微惡，故以爲賓客。下殺以其中脅，死最遲，肉又益惡，充君之庖也。凡射獸，皆逐從左廂而射之，達於右䯚；獨言射左髀爲上殺，達於右腢，當自左肩腢也。次達右耳本，當自左脅也。不言自左，舉下殺之射左髀，可推而知也。面傷不獻者，謂當面射之。翦毛不獻，謂在旁而逆射之。二者皆爲逆射。』按此上殺、次殺、中殺，皆爲應禮之射，正殺之禽。王氏念孫《廣雅疏證》云：『《釋天》：「王者以四時畋，以奉宗廟，因簡戎事，刈草爲防，敺而射之，不題禽，不垝遇，不揵草，越防不追。」題禽，題，迎禽而射之。垝遇，謂旁射也。垝，或作「詭」，孟子《滕文公》篇「爲之詭遇，一朝而獲十」，趙岐注云：「横而射之曰詭遇。」《比》：「九五，王用三驅，失前禽。」桓四年《左傳正義》引鄭注云：「失前禽者，謂禽在前來者，不逆而射之，旁去又不射。惟背走者，順而射之。用兵之法亦如之，降者不殺，奔者不禦，加以仁恩養威之道。」亦其義也。《説苑・修文》篇云：「不抵禽，不詭遇。」班固《東都賦》云：「弦不睼禽，轡不詭遇。」抵、睼並與題通。』按此題禽、詭遇，皆爲非禮之射。王良僅云詭遇，蓋亦括題禽言之。如《穀梁傳》但言面傷，亦括横射言之也。《音義》出『範我』，云：『或作范氏。范氏，古之善御者。』範，古與范通。範或作范者有之，我、氏形近，其作氏者，譌也。趙氏訓範爲法，則其經文必不作『范氏』矣。《音義》見誤本而以爲古之善御者，班固《東都賦》云：『游基發射，范氏施御，弦不失禽，轡不詭遇。』《文選》李善注引《括地圖》云『夏德盛，二龍降之，禹使范氏御之，以行程南方。』又引《孟子》此文，仍作『吾爲之範我馳驅』，連下『爲之詭遇』，又引劉熙注『橫而射之曰詭遇』，則引《括地圖》注『范氏施御』句，引《孟子》注『轡不詭遇』句，非『范氏』即《孟子》之『範我』也。李賢注《後漢書·班固傳》此文則云『范氏，趙之御人也』，此趙字誤，當是古字。引《孟子》此文亦作『範我』，又引趙注『範法也』云云，然則李賢所引《孟子》不作『范氏』可知。又云：『弦不失禽，謂由基也。轡不詭遇，謂范氏也。』范氏指賦所云之范氏，非《孟子》之『範我』也。《宋書·樂志·馬君》篇云：『願爲范氏驅，雝容步中畿，豈效詭遇子，馳騁趣危機。』此則本班固賦言之，皆未足以證《孟子》之爲『范氏馳驅』也。凡説經先求辭達，若作『范氏』，則云我爲之范氏馳驅，於辭不達，而王良何取於范氏？賦以范氏儷由基，范氏爲範我矣，由基何屬邪？即使誠有異本《孟子》作『范氏馳驅』，究以趙氏爲正而已。《白氏六帖·執御》篇引《孟子》此文及注云：『範，法也。爲以法式爲御，故不獲禽。詭，譎也。不依御，故苟得矣。』與趙氏注異。白氏引之，蓋唐以前舊注，其釋範爲法，亦同於趙。《音義》作『范氏』，非也。

《詩》云：『不失其馳，舍矢如破。』我不貫與小人乘，請辭。』【注】詩，《小雅·車攻》之篇也。言御者不失其馳驅之法，則射者必中之。順毛而入，順毛而出，一發貫臧，應矢而死者如破矣。此君子之射也。貫，習也。我不習與小人乘，不願掌與嬖奚同乘，故請辭。

【疏】注『詩小』至『射也』○正義曰：引詩在《小雅・車攻》篇第六章。毛傳云：『言習於射御法也。』不失其馳驅之法，則範我馳驅也。順毛而入，順毛而出，則不踐毛。不順，則毛蹂躪狼藉矣。『一發貫臧』，阮氏元《校勘記》云：『足利本臧作「機」。《音義》出「貫臧」，作機非。臧卽今五臟字，徂浪切。一發貫臧，應矢而死，所謂「貫心死疾爲上殺」也。孫宣公云「臧如字」，非也。』鄭氏箋云：『御者之良，得舒疾之中；射者之工，矢發則中，如椎破物也。』孔氏正義云：『如椎破物，則中而駛也。』王氏引之《經傳釋詞》云：『如，猶而也。「不失其馳，舍矢如破。」如破，而破也。家大人曰：舍矢而破，與舍拔則獲同意，皆言其中之速也。《楚策》云「壹發而殪」，意亦與此同。鄭箋及《孟子》趙注，皆誤解如字。』○注『貫習也』○正義曰：『貫習』，《爾雅・釋詁》文。段氏玉裁《說文解字注》云：『貫，假借作摜字，習也。如《孟子》「我不貫與小人乘」是也。《毛詩》曰「串夷」，傳云：「串，習也。」串卽毌之隸變，傳卽謂貫字。』**御者且羞與射者比，比而得禽獸，雖若丘陵，弗爲也。如枉道而從彼，何也？**【注】孟子引此以喻陳代。云御者尚知耻，羞此射者，不欲與比，子如何欲使我枉正道而從彼驕慢諸侯而見之乎。【疏】注『御者尚知耻羞此射者』○正義曰：《國語・周語》云『姦禮爲羞』，注云：『羞，耻也。』閩、監、毛三本作『羞耻』。**且子過矣！枉己者，未有能直人者也。』**【注】謂陳代之言過謬也。人當以直矯枉耳，己自枉曲，何能正人。【疏】注『過謬也』○正義曰：《國策・秦策》云『王之料天下過矣』，高誘注云：『過，謬也。』《淮南子·本經訓》云『壞險以爲平，矯枉以爲直』，高誘注云：『矯，正也。枉，曲也。』《説文》矢部云：『矯，揉箭箝也。』《易·説卦傳》云『坎爲矯揉』，宋衷注云：『曲者更直爲矯。』蓋物之曲者，以直物糾戾之使同直，故云以直矯枉也。

《章指》言：脩禮守正，非招不往；枉道富貴，君子不許。是以諸侯雖有善其辭命，伯夷亦不屑就也。【疏】『是以』至『就也』○正義曰：周氏廣業《孟子章指攷正》云：『伯夷不就辭命，無攷。惟《韓非子·和氏》篇：「古有伯夷叔齊者，武王讓以天下而弗受，二人餓死首陽之陵。」《莊子·讓王》篇：「昔周之興，伯夷叔齊相謂曰：吾聞西方有人似有道者，盍往觀焉。至於岐陽，武王聞之，使叔旦往見之，與之盟曰：加富二等，就官一列，血牲而埋之。二人相視而笑曰：嘻異哉！此非吾所謂道也。比入至首陽之山，遂餓而死焉。」《孟子》所云，或即指此。』

景春曰：『公孫衍、張儀，豈不誠大丈夫哉！一怒而諸侯懼，安居而天下熄。』【注】景春，孟子時人，爲從横之術者。公孫衍，魏人也。號爲犀首，常佩五國相印爲從長。秦王之孫，故曰公孫。張儀，合從者也。一怒則構諸侯使强凌弱，故言懼也。安居不用辭説，則天下兵革熄也。【疏】注『景春』至『術者』○正義曰：《漢書·藝文志》云：『從横家者流，蓋出於行人之官。孔子曰：「誦《詩》三百，使於四方，不能專對，雖多亦奚以爲！」

又曰：「使乎使乎！」言其《當》權事制宜，受命而不受辭，此其所長也。及邪人爲之，則上諼詐而棄其信。』凡十二家，以蘇秦、張儀爲首。周氏廣業《孟子出處時地考》云：『《景春稱儀、衍而不及蘇秦，秦時已爲齊所殺矣。』又《孟子古注攷》云：『《漢・藝文志》兵形勢〔一〕家有《景子》十三篇，疑卽此人。』○注『公孫』至『從長』○正義曰：《史記・秦本紀》云：『惠文君五年，陰晉人犀首爲大良造。六年，魏納陰晉，陰晉更名寧秦。』裴駰集解云：『犀首，官名，姓公孫，名衍。』徐廣曰：『陰晉，今之華陰也。』衍爲大良造時，陰晉尚屬魏，衍爲陰晉人，是魏人也。又《張儀列傳》附《公孫衍傳》云：『犀首者，魏之陰晉人也。名衍，姓公孫氏。與張儀不善。張儀已卒之後，犀首入相秦，嘗佩五國之相印，爲約長。』集解引司馬彪云：『犀首，魏官名，若今虎牙將軍。』按此則衍在魏爲犀首之官，在秦爲大良造之官。趙氏云號爲犀首，未詳所本。《國策・秦策》云：『王用儀言，取皮氏卒萬人，車百乘，以與魏犀首。』吳師道云：『《年表》「陰晉人犀首爲大良造」，則非官名。而《韓策》繆留以犀首、張儀並言，何爲一人獨以官稱乎？恐犀首或姓名也。魏亦有犀武。』按犀首卽公孫衍，明見《史記》。意者先在魏爲此官，後遂以爲號，故人通稱之。《史記》言約長、趙氏言從長者，周氏柄中《辨正》云：『衍本衡人，《史記》以儀、衍同傳而贊

〔一〕『形勢』，《皇清經解》本作『阴阳』。

云：「夫言從衡彊秦者，大抵皆三晉之人。」是衍亦衡人之彊秦者也。所以離秦魏之交，致義渠之襲者，特以傾張儀而然，非合從也。卽其用陳軫之計，三國委事，亦並無合從事迹；其爲秦敗楚，則見於《韓非子》、《史記》等書，黄東發謂衍或從或衡，殊非其實。趙注云「衍嘗佩五國相印爲從長」，《史記》「犀首入秦爲約長」，此言衍相秦，約五國與秦衡親，正破從爲横之事。約長非從長也，未有相秦而合從者也。衍生長於魏，趙氏謂「秦王之孫，故曰公孫」，亦未知所出。』〇注「張儀合從者也」〇正義曰：《吕氏春秋・報更》篇云：『張儀，魏氏餘子也。將西游於秦，過東周，昭文君送而資之。至於秦，留有間〔一〕，惠王悦而相之。張儀所德於天下者，無若昭文君。』《史記・張儀列傳》云：『張儀者，魏人也。蘇秦已説趙王而得相約從親，然恐秦之攻諸侯敗約後〔二〕負，念莫可使用於秦者，乃使人微感張儀。張儀遂得以見秦惠王，惠王以爲客卿。』二説不同。索隱云：『張儀説六國，使連衡而事秦。』故云成其衡道。然山東地形從長，蘇秦相六國，合從親而賓秦也。關西地形衡長，張儀相六國，令破其從而連秦之衡，故蘇爲合從，張爲連衡也。乃趙氏以儀爲合從者，未詳所本。

〔一〕「間」，《皇清經解》本同，《吕氏春秋・報更》作「聞」。
〔二〕「後」，《皇清經解》本無，《史記・張儀列傳》有「後」字。

孟子曰：『是焉得爲大丈夫乎？子未學禮乎：丈夫之冠也，父命之。女子之嫁也，母命之，往送之門，戒之曰：「往之女家，必敬必戒，無違夫子。」以順爲正者，妾婦之道也。【注】孟子以禮言之，男子之道，當以義匡君，女子則當婉順從人耳。男子之冠，則命曰就爾成德。今此二子，從君順指，行權合從，無輔弼之義，安得爲大丈夫也。【疏】『丈夫之冠也父命之』○正義曰：江氏永《羣經補義》云：『父命之者，迎賓冠子，父主其事。至於《士冠禮》諸祝辭，皆賓祝之，非父命也。父醮則有辭矣。』周氏柄中《辨正》云：『陳亦韓曰：「《士冠禮》無父命之文，賓則有三加祝辭，又有醴辭字辭。冠後以贄見於卿大夫鄉先生，如晉趙文子冠，見欒武子、范文子、韓獻子、智武子，皆有言以勸勉之。蓋父不自命，而以其命之意出於賓，亦不親教子之意也。」』○『女子』至『夫子』○正義曰：閻氏若璩《釋地又續》云：『門，卽父母家之門，非女子所適之壻家之門。今人祇緣俗有母送其女至壻家禮，遂以爲壻門。不知婦人迎送不出門，又内言不出於梱，古豈有是耶？然《孟子》此一禮，與《儀禮·士昏禮·記》亦殊不同。《記》云：「父在阼階上西面戒女，母戒諸西階上，不降。」又云：「父送女，命之曰：戒之敬之，夙夜無違命。母施衿結帨，曰：勉之敬之，夙夜無違宫事。庶母及門内施鞶，申之以父母之命，命之曰：敬恭聽，宗爾父母之言，夙夜無愆，視諸衿鞶。」是戒者非止母一人，與所送亦非止門一處。大抵《孟子》言禮多主大綱，不暇及詳。抑《儀禮》定於周初，而列國行之久，頗各隨其俗。如衛人之祔也離之，魯人之祔也合之。雖孔子善魯，而衛當日仍行自若。』周氏柄中《辨正》云：『《士昏禮》女父不降送，母戒諸西階上，亦不降，而《孟子》言「往送之門」，《穀梁傳》亦言「送女不出祭門」，乃指廟之大門，則送不止於階矣。或説送至壻門，毛西河引《戰國策》「婦車至門，送諸母還」，謂諸母有送至壻門者。按《穀梁傳》諸母兄弟送不出闕[一]門，謂祭門外兩觀門也。所指諸侯嫁女之禮，與《士昏禮》傳所言「庶母及門内」略同，並無送至壻門之説，《國策》恐未可據。』○注「男子」至「丈夫也」○正義曰：《毛詩・邶風・燕婉》傳云：『婉，順也。』《説文》女部云：『婉，順也。』《春秋傳》曰：『太子痤婉。』是順之義爲婉也。以義匡君，義不可從，則須諫正，是以義爲正也。不論義之當從當違，一概無違，是以順爲正，非以義爲正者也。故趙氏以婉解之，别其不能以義匡君矣。趙氏佑《温故録》云：『注「男子之冠，則命曰就爾成德」。補義甚好，此出《士冠禮》「祝曰，令[二]月吉日，始加元服，棄爾幼志，順爾成德」之文也。』按《儀禮・士冠禮》作『順爾成德』，此改爲『就』者，以孟子斥順爲妾婦，故易順爲就。《廣雅・釋詁》云：『就，歸也。』《賈子・道術》篇云『行歸而過謂之順』，《莊子・人間世》云『就不欲入』，注云：『就者，形順。』是就亦順

〔一〕「闕」，《皇清經解》本作「關」，《春秋穀梁傳》作「闕」。
〔二〕「令」，《皇清經解》本作「令」，《儀禮注疏》作「令」。

也。乃所順在成德，成德則能以義匡君，是以義爲順者也。惟以無違爲順而不以義，則妾婦之順也。言有古今之不同，賴聖賢發明之。文王繫《易》，以利爲重，其時所謂利，以利物言，故孔子贊之云：『利者，義之和也。利物足以和義。』蓋至孔子時所謂利，其以爲利己，於是以『放利而行』爲利，故孔子罕言利而以義爲利。《易》以坤爲順，孔子贊《易》，屢以順言，其時以『輔弼正君』爲順，《荀子・臣道》篇云：以『從命而利君謂之順，從命而不利君謂之諂。』是也。至孟子時，則徒以『從君順指』爲順，故孟子斥爲『妾婦之道』。孟子之斥順，猶孔子之斥利也。妻道猶臣道，妻之順夫，亦當謌謌有以調和而補救之。惟妾婦婢媵之流，徒以取容爲婉媚耳。**居天下之廣居，立天下之正位，行天下之大道，得志與民由之，不得志獨行其道，富貴不能淫，貧賤不能移，威武不能屈，此之謂大丈夫。』**

【注】廣居，謂天下也。正位，謂男子純乾正陽之位也。大道，仁義之道也。得志行正與民共之，不得志隱居獨善其身，守道不回也。淫，亂其心也。移，易其行也。屈，挫其志也。三者不惑，乃可以爲大丈夫矣。【疏】注『廣居』至『道也』○正義曰：趙氏以廣居爲天下，則居天下之廣居即謂人生天地間也。天地之間至廣大，隨在可以自得，必以富貴而婉順求之，是天下至廣而所營至狹矣。男女共生天地之間，在女子則當婉順；既身爲男子，則在八卦爲乾，《易・家人・彖傳》云：『女正位乎內，男正位乎外。』內則囿於一家，外則周乎天下，故居天下之正位也。《說卦傳》云：『是以立天之道曰陰與陽，立地之

道曰柔與剛，立人之道曰仁與義。分陰分陽，迭用柔剛。』異乎妾婦之徒以柔順爲道，故爲大道也。蓋既生於天地間，居如此其廣也，又身爲男子，位如此其正也，則所行自宜爲天下之大道，而奈何跼蹐而效妾婦爲也。下數句即申明行天下之大道，以全其居廣居、立正位之身也。趙氏注精矣。○注「得志行」至「夫矣」○正義曰：《論語・顏淵》篇云：『政者，正也。』《周禮・地官・黨正》注云：『正之言政也。』趙氏以行正解得志，行正即爲政也。天下之居既廣，而男子行仁義之道可仕而爲政，則以此仁義之道共之於民；不可仕則隱居，而以此仁義之道獨行於身：何處不可居，何處不可行道也。《吕氏春秋・古樂》篇云『有正有淫矣』，高誘注云：『淫，亂也。』又《蕩兵》篇云『而工者不能移』，高誘注云：『移，易也。』《漢書・揚雄傳・音義》引諸詮云：『屈，古詘字。』《廣雅・釋詁》云：『詘，屈也。挫，詘，折也。』是屈即挫也。男子行仁義之道，故富貴不能亂其心，貧賤不能易其行，威武不能挫其志，自彊不息，乃全其爲男子；全其爲男子，斯得爲大丈夫也。

《章指》言：以道匡君，非禮不運，稱大丈夫。阿意用謀，善戰務勝，事雖有剛，心歸柔順，故云妾婦，以況儀、衍。【疏】『非禮不運』○正義曰：周氏廣業《孟子章指攷證》云：『《戴記》有《禮運》篇。』按《莊子・山木》篇云：『運，物之泄也。』《釋文》引司馬注云：『運，動也。』

周霄問曰：「古之君子仕乎？」【注】周霄，魏人也。問君子之道當仕否。【疏】注「周霄魏人也」○正義曰：《戰國·魏策》云：「魏文子、田需、周霄相善，欲罪犀首。」鮑彪注云：「周霄，孟子時有此人，至是三十年矣。」吴師道正云：「田文前相魏，當襄王時，孟子見梁襄王，相去不遠也。」周氏廣業《孟子出處時地攷》云：「按史田需、犀首皆在秦惠王時，故霄得問於孟子也。」《魏策》又云：「周肖謂宫他曰：『子爲肖謂齊王曰：肖願爲外臣，今齊資我於魏。』」鮑彪注云：「疑即霄。」吴師道正云：「《孟子》記魏人，若以爲此人，則非安釐之世矣。」

孟子曰：「仕。傳曰：『孔子三月無君，則皇皇如也。出疆必載質。』【注】質，臣所執以見君者也。三月，一時也。物變而不佐君化，故皇皇如有求而不得。【疏】注「質臣所執以見君者也」○正義曰：《音義》出「載質」，云：「張音贄，云『義質贄同』。」《白虎通·瑞贄》篇云：「贄者，質也。質己之誠，致己之悃愊也。」《儀禮·士相見禮》云：「贄，冬用雉，夏用腒，左頭奉之，曰：『某也願見，無由達，某子以命，命某見。』」注云：「贄，所執以至者。君子見於所尊敬，必執贄以將其厚意也。」《士冠禮》云：「奠摯見於君，遂以摯見鄉大夫鄉先生。」注云：「摯，雉也。」是見君用摯也。贄、摯、質三字通。○注「三月」至「不得」○正義曰：《大戴記·本命》篇云：「人生而不具者五，目無見，不能食，不能行，不能言，不能化。三月而徹眗，然後能有見。」注云：「三月萬物一成。」《易·繫辭傳》

云：『變通莫大乎四時。』《春秋繁露·官制象天》篇云：『三人而爲一選儀，於三月而爲一時也。天有四時，時三月；如天之時，固有四變也。』《白虎通·四時》篇云：『歲時何謂？春夏秋冬也。時者，期也。陰陽消息之期也。春夏物變盛，秋冬氣變盛。』此三月爲一時而物變之説也。變卽化也。歷一時而物變化，君子亦當趣時爲變化。《春秋繁露·四時之制》篇云：『天之道，春暖以生，夏暑以養，秋清以殺，冬寒以藏。暖暑清寒，異氣而同功，皆天之所以成歲也。聖人副天之所行以爲政，故以慶副暖而當春，以賞副暑而當夏，以罰副清而當秋，以刑副寒而當冬。慶賞罰刑，異事而同功，皆王者之所以成德也。慶賞罰刑，與春夏秋冬以類相應也。』《禮記·檀弓上》云：『既殯，瞿瞿如有求而弗得，皇皇如有望而弗至。』注云：『皆憂悼在心之貌也。』《檀弓下》云：『始死，皇皇焉如有求而弗得。』《問喪》篇云：『其往送也，望望然，汲汲然，如有追而弗及也。其反哭也，皇皇然，如有求而弗得也。』《楚辭·離世》篇云『征夫皇皇其孰依兮』，注云：『皇皇，惶遽貌。』《廣雅·釋訓》云：『愰愰，劇也。』愰愰卽皇皇也。公明儀曰：「古之人，三月無君則弔。」【注】公明儀，賢者也。而言古人三月無君則弔，明當仕也。

『三月無君則弔，不以急乎？』【注】周霄怪乃弔於三月無君，何其急也。

曰：『士之失位也，猶諸侯之失國家也。《禮》曰：「諸侯耕助，以供粢盛；夫人蠶繅，以爲衣服。犧牲不成，粢盛不絜，衣服不備，不敢以祭。惟士無田，則亦不祭。」牲殺

器皿衣服不備，不敢以祭，則不敢以宴，亦不足弔乎？』【注】諸侯耕助者，躬耕勸率其民，收其藉助，以供粢盛。粢，稷。盛，稻也。夫人親執蠶繅之事，以率女功。衣服，祭服。不成，不實肥腯也。惟，辭也。言惟絀禄之士，無圭田者不祭。牲必特殺，故曰殺。皿所以覆器者也。不祭則不宴，猶喪人也，不亦可弔乎。【疏】『禮曰』至『衣服』○正義曰：《禮記·祭統》云：『天子親耕於南郊，以共齊盛。王后蠶於北郊，以共純服。諸侯耕於東郊，亦以共齊盛。夫人蠶於北郊，以共冕服。』注云：『齊，或爲粢。』孟子所引之《禮》，蓋如是也。桓公十四年《穀梁傳》云：『天子親耕以共粢盛，王后親蠶以共祭服。』又成十七年《穀梁傳》云：『宫室不設，不可以祭；車馬器械不備，不可以祭；有司一人，不備其職，不可以祭。』與《孟子》所言略同。然則『犧牲不成』以下，亦孟子述《禮》之文也。《禮記·曲禮》云：『無田禄者，不設祭器。』又《王制》云：『大夫士宗廟之祭，有田則祭，無田則薦。』○注『諸侯』至『祭服』○正義曰：《國語·周語》云：『宣王卽位，不藉千畝。虢文公諫曰：「不可。夫民之大事在農，上帝之粢盛，於是乎出。」』又云：『及期，王祼鬯乃行，百吏庶民畢從。及藉，后稷監之，膳夫農正陳藉禮，大史贊王，王敬從之。王耕一墢，班三之，庶人終於千畝。』注云：『藉，借也。借民力以爲之。天子藉田千畝，諸侯百畝。』蓋田名藉田，以借助於民，故名。天子先親耕，而後民終之，是躬耕勸率於民也。天子雖躬耕，不過三推而已。其終收穫，得共粢盛，實由民之助力，故云收其藉助也。是耕爲躬耕，助爲民助，若《禮記·樂記》云：『耕藉，然後諸侯知所以敬。』此耕藉專謂躬耕藉田，與孟子云耕助不同。助雖與藉義同，然藉指田名，助爲民助也。『粢稷』，《爾雅·釋草》文。桓公十四年《公羊傳》注云：『黍稷曰粢，在器曰盛。』《説文》皿部云：『齍，黍稷器，所以祀者。』盛黍稷在器中以祀者也。《地官·春人》『祭祀共其齍盛之米』，注云：『齍盛，謂黍稷稻粱之屬，可盛以爲簠簋實。』《春官·小宗伯》『辨六齍之名物』，注云：『齍讀爲粢，六粢謂六穀，黍稷稻粱麥苽。』然則以器内之實言之，謂之齍，即粢也。稷爲穀長，以統衆穀而名也。以諸穀在器言之，謂之盛。黍稷稻粱等皆在器，皆爲盛也。解者以黍稷曰粢、在器曰盛爲互釋，趙氏以黍稷曰粢，則是稻粱曰盛，故云盛稻也。其實黍稷在器亦名盛，稻粱爲簠簋實，亦統名粢。段氏玉裁《説文解字注》云：『《周禮》一書，或兼言齍盛，若《甸師》〔一〕、《春人》、《肆師》、《小祝》是也。單言齍，若《大宗伯》、《小宗伯》、《大祝》是也。單言盛，若《饎人》、《廩人》是也。《小宗伯》「逆齍」，注云：「受饎人之盛以入。」然則齍、盛可互稱也。《甸師》注云：「粢，稷也。」穀者，稷爲長，是以名。齍、粢古今字也。《毛詩·甫田》作「齊」，亦作「齍」，用古文。《禮記》作「粢盛」，用今文。《左傳》作「粢盛」，則用今字之始。《左傳》曰「絜粢豐盛」，毛傳云：「器實曰齍，在器曰盛。」鄭注《周禮》，齍

〔一〕『甸師』，《皇清經解》本無，段玉裁《説文解字注》有『甸師』二字。

或專訓稷，或訓黍稷稻粱；盛則皆訓在器。是則粢之與盛别者，齍謂穀也，盛謂在器也。許則云：「器曰齍，實之則曰盛。」似與毛、鄭異。蓋許主説字，其字從皿，故謂「其器可盛黍稷曰齍」。要之齍可盛黍稷，而因謂其所盛黍稷曰齍。凡文字故訓，引伸每多如此，説經與説字，不相妨也。』《禮記・祭義》云：『古者，天子諸侯必有公桑蠶室。及大昕之朝，君皮弁素積，卜三宫之夫人世婦之吉者，使入蠶於蠶室，奉種浴於川，桑於公桑，風戾以食之。』此夫人蠶之事也。又云：『世婦卒蠶，奉繭以示於君，遂獻繭於夫人。及良日，夫人繅三盆手，遂布於三宫夫人世婦之吉者，使繅，遂朱緑之，玄黄之，以爲黼黻文章，君服以祀先王先公。』注云：『三盆手者，三淹也。凡繅，每淹大總，而手振之以出緒也。』此夫人繅之事也。《周禮・天官・内宰》：『中春，詔后帥外内命婦，始蠶於北郊，以爲祭服。』帥即率也。是衣服即祭服也。○注『不成』至『辭也』○正義曰：《禮記・曲禮》云『豚曰腯肥』，注云：『腯，亦肥也。腯，充貌也。』桓公六年《左傳》云：『吾牲牷肥腯。』又云：『故奉牲以告曰，博碩肥腯，謂民力之普存也，謂其畜之碩大蕃滋也，謂其不疾瘯蠡也，謂其備腯咸有也。』犧牲而云不成，《禮記・中庸》云：『誠者，自成也。』誠之義爲實，則成之義亦爲實，故以不實解不成。《吕氏春秋・明理》篇云『五穀萎敗不成』，又《貴信》篇云『則五種不成』，高誘注並云：『成，熟也。』此不成亦即不實。但五穀之不實謂其不熟，犧牲之不實謂其不肥腯，故又申之以肥腯也。劉熙《釋名・釋言語》云：『成，盛也。』肥腯爲充盛也。《詩・齊風》『儀既成兮』，箋云：『成，猶備也。』不成亦爲不備腯也。《文選・羽臘賦》云『帝將惟田，於靈之囿』，注引薛君《韓詩章句》云：『惟，辭也。』○注『牲必特殺故曰殺』○正義曰：《儀禮・特牲饋食禮》爲諸侯大夫士祭祖禰，《少牢饋食禮》爲諸侯卿大夫祭祖禰之禮。以少牢、特牲名篇。《少牢禮》：『主人朝服即位于廟門之外，東方南面，宰、宗人西面北上，牲北首東上。司馬刲羊，司士擊豕，宗人告備，乃退。』注云：『刲，擊，皆謂殺之。』《特牲禮》：『宗人視牲，告充，雍正作豕。夙興，主人立于門外東方，南面，視側殺。』注云：『側殺，殺一牲也。』此皆特殺之事也。○注『皿所以覆器者也』○正義曰：《説文》『皿，飯食之用器也。象形，與豆同意。讀若猛。』段氏玉裁《説文解字注》謂『汲古閣本飯作「飲」，誤。《孟子》「牲殺器皿」，趙注：「皿，所以覆器者。」此謂皿爲幎之假借，似非孟意。』廷琥按：皿本無覆器之訓，皿讀若猛，古音冥，孟同爲一部，孟津亦曰盟津。揚子《太玄經》：『冥者，明之藏也。』皿幎假借，段説是也。段又謂『趙氏覆器之訓，似非孟意』，豈以器之有幎，無關禮制乎？《説文》：『幎，幔也。』《周禮》有幎人，幎即幂，亦作冪。幂亦與鼏通。《公食大夫禮》『甸人陳鼎，設扃鼏，鼏若束若編』，《少牢饋食禮》『皆設扃幂』，幂即鼏，此覆鼎之幂也。以其覆鼎，故字作『鼏』。鼎鼏以茅爲之。天子諸侯有牛鼎，大夫有羊鼎，士有豕鼎魚鼎，庶人魚炙之薦無鼎，則亦無鼏，此不待言。《周禮・天官・幂人》注云：『以巾覆物曰幂。』《小爾雅・廣服》云：『大巾謂之幂。』幂即巾也。以其冪物，故亦謂之冪，用布或用葛。《大射儀》『膳尊兩甒，冪用錫若絺』，《鄉飲酒禮》『尊綌冪』，《鄉射禮》『尊綌冪』，《燕禮》『公尊瓦大兩，冪用綌若錫』，《少牢》『尊兩甒於房户之間，同棜，皆有冪』，所以覆尊者也。《特牲禮》『覆兩壺卒奠冪』，所以覆壺者也。《特牲禮》『籩巾以綌，纁裏』，所以覆籩者也。《士昏禮》『醯醬二豆，菹醢四豆，兼巾之』，所以覆豆者也。《公食大夫禮》『簠有蓋冪』，《有司徹》『簠有蓋冪』，所以覆簠者也。尊壺籩豆簠簋皆有冪，故趙氏以覆器二字統之，而上下等殺，由此分焉。天子祀天地，則以疏布巾冪八〔一〕尊；祭宗廟，則以畫布巾冪八彝。《冪人》『凡王巾皆黼』，則諸侯大夫士之巾不黼矣。賈公彦《鄉射禮》疏：『凡用醴不見用冪，質故也。醮用酒亦無冪者，從禮于質也。或以尊厭卑，亦無冪。燕禮君尊有冪，方圜壺則無冪。昏禮尊于室，故有冪；尊于房户外，爲媵御賤，故無冪。』陳用之云：『人君，尊也。故燕與大射之冪用葛若錫，冬夏異也。人臣，卑也。故鄉飲士昏喪祭之冪，用葛而已，冬夏同也。』是冪之有無，分乎文質，即分乎尊卑貴賤。庶人分卑，魚炙之薦，質而無文，則其無冪也宜矣。《燕禮》：『公尊瓦大兩，有冪，尊于東楹之西，兩方壺尊；士旅食于門西，兩圜壺。』注：『尊方壺，爲卿大夫士也。旅，衆也。士衆食，謂未得正禄，所謂庶人在官者也。』方圜壺無冪，亦足爲

〔一〕『八』，《皇清經解》本作『入』。

『庶人不用幂』之一證。《曲禮》：『爲天子削瓜者副之，巾以絺；爲國君者華之，巾以綌；爲大夫累之，士疐之，庶人齕之。』大夫降於諸侯，卽不用巾。孔疏謂『此削瓜，當在公庭』。則不用巾者，亦以尊厭卑。又巾幂等級之可考見者也。士之祭禮用幂，《禮》有明文。《孟子》『惟士無田』云云，蒙上禮字。若皿是飯食之器，則本文器字已可該括，故趙氏以幎字假借解之。曰牲殺，殺卽所以用牲也。曰器皿，皿卽所以覆器也。殺字與牲字一貫，皿字與器字一貫，趙氏之訓，未必非孟意也。○注『不祭則不宴猶喪人也』○正義曰：《禮記・檀弓下》云『喪亦不可久也』，又云『喪人無寶』，注云：『喪謂亡失位。』昭公二十五年《公羊傳》云『喪人不佞，失守魯國之社稷』，注云：『自謂亡人。』

『出疆必載質，何也？』【注】周霄問出疆何爲復載質。

曰：『士之仕也，猶農夫之耕也。農夫豈爲出疆舍其耒耜哉！』【注】孟子言仕之爲急，若農夫不可不耕。

曰：『晉國亦仕國也，未嘗聞仕如此其急。仕如此其急也，君子之難仕何也？』【注】魏本晉也。周霄曰，我晉人也，亦仕，而不知其急若此。君子何爲難仕，君子謂孟子，何爲不急仕也。【疏】注『我晉人也亦仕而不知其急若此』○正義曰：推趙氏注，似趙氏所據之本作『晉人亦仕國也』。『我晉人也』解『晉人』二字。『亦仕』解『亦仕國也』四字。謂我爲晉人，亦仕於晉國也。乃相傳諸本俱作『晉國亦仕國也』，則趙氏注『我晉人也』爲無所附矣。近解謂晉國亦君子游宦之國。

曰：『丈夫生而願爲之有室，女子生而願爲之有家，父母之心，人皆有之。不待父母之命，媒妁之言，鑽穴隙相窺，踰牆相從，則父母國人皆賤之。【注】言人不可觸情從欲，須禮而行。【疏】『媒妁之言』○正義曰：《音義》出『媒妁』，云：『音酌。丁云：「謂媒氏酌二姓之可否，故謂之媒妁也。」』《周禮・地官・媒氏》注云：『媒之言謀也。謀合異類，使和成者。今齊人名麴麩曰媒。』《説文》女部云：『媒，謀也。謀合二姓。』『妁〔一〕，酌也。斟酌二姓也〔二〕。』段氏玉裁《説文解字注》云：『斟者，酌也。酌者，盛酒行觴也。斟酌二姓者，如挹彼注兹，欲其調適也。』

『古之人未嘗不欲仕也，又惡不由其道；不由其道而往者，與鑽穴隙之類也。』【注】言古之人雖欲仕，而不由其正道，是與鑽穴隙者何異。【疏】注『是與鑽穴隙者何異』○正義曰：趙氏與字屬下讀。何異解類字。疑趙氏所據本作『與鑽穴隙類也』。閩、監、毛三本作『亦與鑽穴隙者無異』。孔氏廣森《經學卮言》云：『與音歟，絶句。』此以與字屬上句讀。王氏引之《經傳釋辭》云『與，語助也。無意義。』

〔一〕『妁』，《皇清經解》本作『灼』，《説文解字》作『妁』。
〔二〕『也』，《皇清經解》本作『人』，《説文解字》作『也』。

《章指》言：君子務仕，思播其道，達義行仁，待禮而動。苟容干禄，踰牆之女，人之所賤，故弗爲也。【疏】「苟容干禄」○正義曰：《韓詩外傳》云：「偷合苟容，以持禄養身者，是謂國賊也。」

彭更問曰：「後車數十乘，從者數百人，以傳食於諸侯，不以泰乎？」【注】泰，甚也。彭更，孟子弟子。怪孟子徒衆多而傳食於諸侯之國，得無爲甚奢乎。【疏】「後車數十乘」○正義曰：閻氏若璩《釋地三續》云：「《詩·綿蠻講義》云：『古人惟尊貴有後車，微賤則無之。』孟子後車，即弟子所乘者。不然，從者徒步矣。」○「傳食於諸侯」○正義曰：《音義》出「傳食」，云：「丁直戀切，言轉食也。」按《爾雅·釋言》云：「馹，遽，傳也。」成公五年《左傳》云「晉侯以傳召伯宗」，注云：「傳，驛也。」劉熙《釋名·釋宫室》云：「傳，傳也。人所止息而去，後人復來，轉轉相傳，無常主也。」然則傳食謂舍止諸侯之客館而受其飲食也。○注「泰甚也」○正義曰：《詩·小雅·巧言》「昊天泰憮」，箋云：「泰，言甚也。」《荀子·王霸篇》云「縣〔一〕樂奢泰，游抏之修」，注云：「泰與汰同。」奢泰連文，是泰亦奢也。

〔一〕「縣」，《皇清經解》同，《荀子·王霸》作「懸」。

孟子曰：『非其道，則一簞食不可受於人；如其道，則舜受堯之天下，不以爲泰。子以爲泰乎？』【注】簞，笥也。非以其道，一笥之食，不可受也。子以舜受堯天下爲泰乎。【疏】注『簞笥也』〇正義曰：《禮記・曲禮》云『凡以弓劍苞苴簞笥問人者』，注云：『簞，笥，盛飯食者。圓曰簞，方曰笥。』《儀禮・士冠禮》云『櫛實于簞』，注云：『簞，笥也。』蓋雖有方圓之别，亦得通稱之也。

曰：『否。士無事而食，不可也。』【注】彭更曰，不以舜爲泰也。謂士無功事而虚食人者，不可也。

曰：『子不通功易事，以羨補不足，則農有餘粟，女有餘布；子如通之，則梓匠輪輿，皆得食於子。【注】孟子言凡人當通功易事，乃可各以奉其用。梓匠，木工也。輪人輿人，作車者。交易則得食於子之所有矣。《周禮》攻木之工七，梓匠輪輿，是其四者。羨，餘也。【疏】注『周禮』至『其四』〇正義曰：見《考工記》。〇注『羨餘也』〇正義曰：《毛詩・小雅・十月之交》『四方有羨』，傳云：『羨，餘也。』趙氏以餘釋羨，明《孟子》『農有餘粟，女有餘布』兩餘卽上『以羨』之羨。女以所羨之布易農所羨之粟，兩相補，則皆無不足。惟不相補則各有所餘，斯各有所不足矣。**於此有人焉，入則孝，出則悌，守先王之道，以待後之學者，而不得食於子。子何尊梓匠輪輿而輕爲仁義者哉？』**【注】入則事親孝，出則敬長順也。悌，順也。守先王之道，上德之士，可以化俗者。若此不得食子之禄。子何尊彼而賤此也。【疏】注『悌順也』○正義曰：《白虎通・三綱六紀》篇云：『弟，悌也。心順行篤也。』是悌爲順也。由長而幼，不失次第之序則順；若以幼陵長，則失其序而非順矣。○注『守先』至『俗者』○正義曰：上，尚也。尚德之士解守先王之道，可以化俗解以待後之學者。待無化義，《儀禮・公食大夫禮》『左人待載』，注云：『古文待爲俟。』《周禮・服不氏》『以旌居乏而待獲』，杜子春云：『待，當爲持，書亦或爲持。』蓋趙氏讀待爲持，謂扶持後之學者，使不廢古先之教。惟守先道以扶持後學，所以有功。

曰：『梓匠輪輿，其志將以求食也。君子之爲道也，其志亦將以求食與？』【注】彭更以爲彼志於食，此亦但志食也。【疏】注『此亦但志食也』○正義曰：也字當作『邪』字。《荀子・正名篇》云：『其求物也，養生也，粥壽也？』三也字皆與歟、邪同。

曰：『子何以其志爲哉？其有功於子，可食而食之矣。且子食志乎，食功乎？』【注】孟子言禄以食功，子何食乎。

曰：『食志。』【注】彭更以爲當食志也。

曰：『有人於此，毀瓦畫墁，其志將以求食也，則子食之乎？』【注】孟子言人但破碎瓦，畫地則復墁滅之，此無用之爲也。然而其意反欲求食，則子食乎。【疏】注『孟子』至『爲也』○正義曰：《廣雅・釋詁》云：『破，碎，壞也。』《小爾雅・廣言》云：『毀，壞也。』《孝經・釋文》引《蒼頡篇》云：『毀，破也。』《說文》石部云：『破，碎石也。』是毀瓦即破碎瓦也。《音義》云：『墁，張武安切，云「與謾同」。』阮氏元《校勘記》云：『謾必誤字。謾者，欺也。於此文理不順。依注云「墁滅」，則當云「與槾同」。《集韻》鏝、槾、墁三字同也。墁乃槾之俗。』翟氏灝《攷異》云：『趙氏以「毁瓦畫墁」四字爲一義，則畫墁是畫脂鏤冰，費日損功之意。宋張芸叟著雜説一卷名《畫墁集》，蓋取此。』按《爾雅·釋宫》云：『鏝謂之杇。』《説文》木部云：『杇，所以涂也。秦謂之杇，關東謂之槾。槾，杇也。』金部云：『鏝，鐵杇也。或從木。』段氏玉裁《説文解字注》云：『此器，今江浙以鐵爲之，或以木。《戰國策》：「豫讓變姓名，入宫涂厠，欲以刺襄子。襄子如厠，心動，執問涂者，則豫讓也。刃其杅，曰：欲爲智伯報仇。」杅謂涂厠之杅，今本皆作「扞」，謬甚。刃其杅，謂皆用木而獨刃之。』然則墁杅皆器名。《論語·八佾》篇云：『糞土之牆，不可圬也』，王肅注云：『圬，槾也。』襄公三十一年《左傳》云『圬人以時塓館宫室』，注云：『圬人，涂者。塓，涂也。』圬、槾皆器，用以涂牆，則涂謂之圬，即謂之槾，因而涂牆之人即謂之圬人。塓即墁，一聲相轉。推趙氏之義，蓋破碎瓦爲一事，即謂將全瓦破碎之，非以破碎瓦畫地也。『畫地則復墁滅之』，别爲一事。《説文》云：『畫，界也。象田四界。聿，所以畫之。』又刀部云：『則，等畫物也。』謂物有差等，畫以爲界。趙氏謂田地已有界畫，而復將所界畫之迹，用泥涂而滅去之。瓦破碎，則無能造屋。所畫界圬滅，則等差無所驗。是皆以有用爲無用也。若劃爲古文畫。《説文》刀部云：『刉，劃傷也。』『㓶，剥也，劃也。』『劃，錐刀曰劃。』依此則謂新圬墁之牆，而用錐刀嫠劃之，義亦通。

曰：『否。』【注】彭更曰不食〔一〕也。

曰：『然則子非食志也，食功也。』【注】孟子曰如是則子果食功也。

《章指》言：百工食力，以禄養賢；修仁尚義，國之所尊。移風易俗，其功可珍，雖食諸侯，不爲素餐。【疏】『移風易俗』○正義曰：語見《孝經·廣要道章》。又《禮記·樂記》云：『移風易俗，天下皆寧。』

萬章問曰：『宋，小國也。今將行王政，齊楚惡而伐之，則如之何？』【注】問宋當如齊楚何也。【疏】『今將』至『伐之』○正義曰：《史記·宋世家》云：『偃自立爲宋君。君偃十一年，自立爲王。東敗齊，取五城；南敗楚，取地三百里；西敗魏軍〔二〕。乃與齊魏爲敵國。盛血以韋囊，縣而射之，命曰射天。淫於酒婦人。羣臣諫者，輒射之。於是諸侯皆曰：「桀宋，宋其復爲紂所爲，不可不誅。」告齊伐宋。王偃立四十七年，齊湣王與魏楚伐宋，殺王偃，遂滅宋，三分其地。』按《史記》稱宋王爲桀紂，與萬章『行王政』之言迥

〔一〕『食』，《皇清經解》本作『然』，《孟子注疏》作『食』。
〔二〕『軍』，《皇清經解》本作『君』，《史記·宋世家》作『軍』。

别，或出於齊楚惡之之口，史非其實歟？周氏廣業《孟子出處時地考》云：『孟子去齊居休，旋歸於鄒，年六十餘矣。聞宋王偃將行仁政，往游焉。會齊楚惡而伐之，萬章以國小爲慮，孟子以湯武之事告之，蓋以弔伐望宋王也。觀孟子與萬章問答，意其初政尚有可觀者。《戰國策》所謂「射天笞地」，《世家》所書「淫於酒婦人」「諸侯皆謂桀宋」者，乃其晚節不終，時孟子去宋已久矣。齊楚之伐，《國策》云：「齊攻宋，使臧子索救於荆，荆王許救而卒不至，齊因拔宋五城。」是也。《策》繫於剔成之世，鮑彪注因言「孟子所稱，審皆剔成矣」，吴師道已譏其傅會。又《史記・蘇秦傳》：「齊伐宋，宋急，蘇代乃遺燕昭王書，勸之伐齊。」亦正在殺子噲後。』

孟子曰：「湯居亳，與葛爲鄰。葛伯放而不祀，湯使人問之曰：『何爲不祀？』曰：『無以供犧牲也。』湯使遺之牛羊，葛伯食之，又不以祀。【注】葛，夏諸侯，嬴姓之國。放縱無道，不祀先祖。【疏】『湯居亳與葛爲鄰』○正義曰：《漢書・地理志》『陳留郡寧陵』，孟康曰：『故葛伯國，今葛鄉是。』『山陽郡薄』，臣瓚曰：『湯所都。』『河南郡偃師，尸鄉，殷湯所都』，臣瓚曰：『湯居亳，今濟陰縣是也。今亳有湯冢。』師古曰：『瓚説非也。皇甫謐所云「湯都在穀熟」，事並不經。劉向云：「殷湯無葬處。」安得湯冢乎？』閻氏若璩《尚書古文疏證》云：『亳有三：一南亳，後漢梁國穀熟縣是，湯所都也。一北亳，梁國蒙縣是，卽景亳，湯所盟地。一西亳，河南尹偃師縣是，盤庚之遷都也。鄭康成謂湯亳在偃師，皇甫謐卽據《孟子》以正之曰：「湯居亳，與葛爲鄰，葛卽今梁國寧陵之葛鄉，若湯居偃師，去寧陵八百餘里，豈當使民爲之耕乎？亳，今穀熟縣是也。」其説精矣。』王氏鳴盛《尚書後案》云：『皇甫謐以偃師爲西亳，而別以蒙爲北亳，穀熟爲南亳。案《續志》梁國屬縣有蒙有穀熟，劉昭注卽引謐《帝王世紀》「蒙北亳、穀熟南亳」之文。梁國屬縣又有薄，司馬彪自注「湯所都」，此蓋彪本之臣瓚者。劉昭又引杜預《左傳注》注之云：「蒙縣西北有薄城，中有湯冢。」於是張守節《史記正義》云：「湯卽位，都南亳，後徙西亳。」謐又以《孟子》「湯居亳，與葛鄰」，葛在寧陵，去偃師八百里，太遠，故知湯本居南亳穀熟，後乃遷西亳偃師。與葛鄰，乃是居南亳時事，見《帝告・釐沃序》疏。《盤庚》言商先王五遷，鄭、馬、王皆以湯始居商丘，後遷於亳，當五遷之一。《水經注》「汳水東經大蒙城北」，大蒙城在今河南歸德府商丘縣北四十里，穀熟故城在今商丘縣東南四十里，湯本居此，後乃遷偃師。卽其後微子封此，亦以湯之舊邑而封之，謐説似非無稽。但馬、鄭惟言湯曾居商丘，商丘本不名亳。觀《漢志》但於偃師言「湯都」，而梁國蒙縣、山陽郡薄縣不言是亳，可見謐因經言三亳，遂造北亳、南亳配偃師而名三。其實蒙、穀熟古但名商丘，不名亳也。杜預、臣瓚、司馬彪皆晉人，劉昭梁人，妄相附和，豈如班固、鄭康成之可信乎？其辨一也。既名三亳，宜遠近相等。商丘、偃師，相去七八百里；蒙、穀熟，相去只數十里，分之無可分也。卽如其説，只有東西二亳耳，奈何於數十里中，强分爲二，欲以充數乎？其辨二也。商丘平衍，與成臯等地大不類，何山險之有而云阪乎？其辨三也。《漢志》云：「宋地，今之沛、梁、楚、山陽、濟陰、東平，及東郡之須昌、壽張，皆宋分也。」蓋諸郡國皆微子所封，社猶稱亳，當時人或以亳在宋地。班氏於此文下又云：「昔堯游成陽，舜漁雷澤，湯止於薄。」則此爲湯嘗游息之地，後人遂往往指稱亳在梁國濟陰、山陽之間，而其實湯都則在偃師，與宋地無涉也。蓋薄縣者，漢本屬山陽郡，後漢分其地，置蒙、穀熟與薄，並改屬梁國。晉又改薄爲亳，且改屬濟陰，故臣瓚所謂「湯都在濟陰亳縣」者，卽其所謂「在山陽薄縣」者也。亦卽司馬彪所謂在「梁國薄縣」，杜預所謂「在蒙縣北亳城」者也。而亦卽皇甫謐所分屬於蒙、穀熟者也。本一說也。薄，薄也，非亳也。《立政》「三亳」，鄭解爲「遷亳之民而分爲三亳」，本一耳，焉得有三？湯都定在偃師，而所謂偃師，去葛太遠，不便代耕，不足辨矣。』○注『葛夏諸侯嬴姓之國』○正義曰：僖公十七年《左傳》云『葛嬴生昭公』，葛嬴爲如夫人之一，以衞姬、鄭姬、華子等例之，則葛爲國，嬴爲姓矣。《説文》女部云：『嬴，帝少皞之姓也。』春秋時秦、徐、江、黄、郯、莒皆嬴姓，葛嬴猶徐嬴，齊桓時，葛尚存歟？○注『放縱無道』○正義曰：《楚辭・離騷》云：『夏康娛以自縱』，注云：『縱，放也。』**湯又使人問之曰：「何爲不祀？」曰：「無以供粢盛也。」湯使亳衆往爲之耕，老弱饋食。葛伯率其民，要其有酒食黍稻者奪之，不授者殺之。有童子以黍肉餉，殺而奪之。《書》曰「葛伯仇餉」，此之謂也。**【注】童子未成人，殺之尤無狀。書，

《尚書》逸篇也。仇，怨也。言湯所以伐殺葛伯，怨其害此餉也。【疏】注「童子」至「無狀」○正義曰：《禮記·曲禮》云「自稱於其君曰小童」，注云：「小童，若云未成人也。」《雜記》稱「陽童某甫」，注云：「童，未成人之稱也。」《少儀》「童子曰聽事」，注云：「童子未成人。」《詩·芄蘭》正義以十九歲以下皆是。《漢書·東方朔傳》「竇太主徒跣頓首謝曰：妾無狀，負陛下，身當伏誅」，師古曰：「狀，形貌也。無狀，猶言無顏面以見人也。一曰自言所行醜惡無善狀。」按趙氏用無狀爲葛伯罪，當謂其醜惡無善狀也。○注「書尚」至「餉也」○正義曰：王氏鳴盛《尚書後案》云：「考之《書序》：『湯征諸侯，葛伯不祀，湯始征之，作《湯征》。』則『葛伯仇餉』及『湯一征自葛始』云云，正《湯征》中語。上引仇餉既言《書》曰，則中雖間以釋《書》，至其下引『一征』則不復言《書》曰，至其下『徯我后』，則又加《書》曰，其非一篇甚明。」桓公二年《左傳》云「怨耦曰仇」，是仇爲怨也。葛伯不當怨餉者，云「仇餉」，是謂其殺童子，使餉者仇怨之。不云餉者仇葛伯，而云葛伯仇餉，古人屬文，每如是也。下云爲匹夫匹婦復仇，則仇在匹夫怨葛伯也。葛仇殺餉，是葛伯以仇怨授餉者，故云仇餉也。江氏聲《尚書集注音疏》云：「仇餉，謂葛伯殺餉者。」是仇此餉者矣。**爲其殺是童子而征之，四海之内皆曰：非富天下也，爲匹夫匹婦復讎也。**【注】四海之民皆曰：湯不貪天下富也，爲一夫報仇也。【疏】注「爲一夫報仇也」○正義曰：《周禮·天官·宰夫》「諸侯之復」，注云：「復，報也。」是復讎即報仇。《史記·晉世家》云：

『仇者，讎也。』《書》作『仇』，孟子以讎釋之。趙氏以仇釋讎，明孟子言讎，即《書》仇餉之仇也。**湯始征，自葛載，十一征而無敵於天下，東面而征西夷怨，南面而征北狄怨，曰「奚爲後我」？民之望之，若大旱之望雨也。歸市者弗止，芸者不變，誅其君，弔其民，如時雨降，民大悅。《書》曰：「徯我后，后來其無罰！」**【注】載，始也。言湯初征自葛始也。十一征而服天下。一説言當作『再』字，再十一者，湯再征十一國。再十一，凡征二十二國也。書，逸篇也。民曰〔一〕待我君，君來我則無罰矣。歸市不止，不以有軍來征故，市者止不行也。不使芸者變休也。【疏】注『載始』至『國也』○正義曰：；載與哉通，《爾雅・釋詁》云：『哉，始也。』故《毛詩・周頌》『載見辟王』，傳云：『載，始也。』《梁惠王》篇云：『湯一征，自葛始。』與此文略同。一即始也。始即載也。《爾雅・釋天》云『唐虞曰載』，孫炎注云：『載取萬物，終而復始。』終而復始，義爲再，故一説以載作『再』。載屬下讀則『湯始征自葛』爲句，晚出《古文尚書・仲虺之誥》作『初征自葛』，蓋本此一説也。《隋書》煬帝伐高麗詔云：『黄帝五十二戰，成湯二十七征。』此又多於二十二，古書殘缺，未知所本矣。王氏鳴盛《尚書後案》云：『其蘇、無罰互異，乃古人引經不拘處，猶上文易一爲始，易始爲載耳。』○注『不使芸者變休也』○正義曰：《爾雅・釋詁》云：『休，息

〔一〕『曰』，《皇清經解》本作『日』。《孟子注疏》作『曰』。

也。』謂芸者本勤動，變而止息。**「有攸不惟臣，東征綏厥士女，匪厥玄黃，紹我周王見休，惟臣附于大邑周。」其君子實玄黃於匪以迎其君子，其小人簞食壺漿以迎其小人。救民於水火之中，取其殘而已矣。**【注】從『有攸』以下，道周武王伐紂時也。皆《尚書》逸篇之文。攸，所也。言武王東征，安天下士女，小人各有所執往，無不惟念執臣子之節。匪厥玄黃，謂諸侯執玄三纁二之帛，願見周王，望見休善，使我得附就大邑周家也。其君子小人，各有所執，以迎其類也。言武王之師，救殷民於水火之中，討其殘賊也。【疏】注『從有攸』至『賊也』〇正義曰：江氏聲《尚書集注音疏》云：『不類孟子之文而大類《尚書》，雖不稱《書》曰，自是《尚書》文也。據《孟子》本文承「大邑周」之下，云「其君子實玄黃于匪」，至「取其殘而已矣」，趙氏《章指》〔一〕於「而已矣」〔二〕，乃云「從有攸以下，道武王伐紂時也，皆《尚書》逸篇之文」也，是則統「其君子」以下云云皆爲逸《書》文矣。詳繹其文，則「其君子」以下乃孟子申說《書》意，非《尚書》文。』『攸所也』，《爾雅・釋言》文。《大戴記・夏小正》『綏多士女』，傳云：『綏，安也。』綏厥士女，即安天下士女也。《爾雅・釋

〔一〕『指』《皇清經解》本同，根据上下文意，应作『句』。

〔二〕『而已矣』，《皇清經解》本『矣』字下有『下』字。

詁》云：『惟，思也。』《詩・維〔一〕天之命序・釋文》引《韓詩》云：『惟，念也。』云小人各有所執往，解『有攸』二字。無不惟念執臣子之節，不惟惟也，猶不顯顯也，不承承也，故以無不解不字。《詩・商頌》『有截其所』，箋云：『所，處也。』《孟子》云『無處而餽之』，此有攸卽有所，有所卽有處。因下言『其小人簞食壺漿』，小人卽士女，故通下而言有所執往也。謂其執往，非無處也。其有所處也，卽惟念執臣子之節也。有攸不惟臣，乃小人，故申言東征綏厥士女，謂士女所以有所惟臣者，以武王東征來安之也，趙氏倒解之耳。《音義》出『匪厥』，云：『丁云：「義當作篚，篚以盛贄幣，此作匪，古字借用。」』阮氏元《校勘記》云：『《説文》匚部：「匪，似竹篋。」引《周書》「實玄黄于匪」。非借用，乃正字也。竹部篚訓「車笭也」。』《儀禮・聘禮》云『釋幣，制玄纁，束』，注云：『凡物十曰束。玄纁之率，玄居三，纁居二。』賈氏疏云：『言率皆如是，玄三纁二者，象天三覆、地二載也。』《禹貢》：『荆州厥篚玄纁。』《説文》糸部云：『絳，大赤也。』『纁，淺絳也』。蓋赤和以黄則淺，赤合黄爲纁，赤合黑爲玄，故玄黄卽玄纁也。《史記・魯仲連列傳》『平原君曰：勝請爲紹介而見之於先生』，集解引郭璞云：『紹介，相佑助者。』趙氏以願見釋紹字，本此。凡請見必由介紹也，《周禮・秋官・司儀》：『及將幣，交擯三辭，車逆，拜辱，賓車進，答拜，

〔一〕『維』，《皇清經解》本作『惟』，《毛詩正義》作『維』。

三揖三讓，每門止一相，及廟，唯上相入。』注云：『相，謂主君擯者及賓之介也。謂之相者，於外傳辭耳。介紹而傳命者，君子於其所尊不敢質，敬之至也。』是時諸侯匪厥玄黄來請見，謂相者曰：其介紹我周王，傳我願見之意，使我得見休，而臣附於大邑周也。曰我周王，親之也。曰大邑周，尊之也。二句乃述諸侯請見之辭也。以望釋見，以善釋休，以就釋附，惟臣卽不惟臣，亦念也。**《太誓》曰：「我武惟揚，侵于之疆，則取于殘，殺伐用張，于湯有光。」**【注】《太誓》，古《尚書》百二十篇之時《太誓》也。我武王用武之『時惟鷹揚』也。侵于之疆，侵紂之疆界。則取于殘賊者，以張殺伐之功也。民有簞食壺漿之歡，比於湯伐桀，爲有光寵，美武王德優前代也。今之《尚書·太誓》篇，後得以充學，故不與古《太誓》同。諸傳記引《太誓》，皆古《太誓》。【疏】注『太誓』至『古太誓』〇正義曰：《尚書序》正義引鄭氏《書論》依《尚書緯》云：『孔子求《書》，得黄帝玄孫帝魁之書，迄於秦穆公，凡三千二百四十篇，斷遠取近，定可以爲世法者百二十篇。以百二篇爲《尚書》，十八篇爲《中候》。』此趙氏云『古《尚書》百二十篇』所本也。《史記·儒林傳》云：『秦時焚書，伏生壁藏之。其後兵大起，流亡，漢定，伏生求其《書》，亡數十篇，獨得二十九篇。』劉向《別録》云：『武帝末，民有得《泰誓》書於壁内者，獻之，與博士讀説之。』《漢書·藝文志》：『《尚書》古文經四十六卷，爲五十七篇。經二十九卷，大、小夏侯二家。』《楚元王傳》注臣瓚曰：『當時學者謂《尚書》惟有二十八篇。』惠氏棟《古文尚書攷》云：『二十八篇者，伏生也。二十九篇者，夏侯也。依伏生數，增《太誓》一篇。』蓋伏生所藏百篇，僅存二十八篇，已無《太誓》；其時列於學官二十九篇之《太誓》，乃民間於壁中得之，故云後得以充學也。此文明云《太誓》當時後得之，《太誓》無此文，故趙氏以爲是古《太誓》也。近儒王氏鳴盛、江氏聲、孫氏星衍，皆掇拾成篇，然《坊記》引『《大誓》曰』云云，鄭氏注云：『此武王誓衆以伐紂之辭也。今《太誓》無此章，則其篇散亡。』鄭云『今《太誓》無此章』，則亦以爲古《太誓》矣。馬融《書叙》云：『《泰誓》後得，按其文似若淺露。《春秋》引《太誓》曰「朕夢協朕卜，襲於休祥，戎商必克」。《孟子》引《太誓》曰「我武惟揚，侵于之疆，取彼凶殘，我伐用張，于湯有光」。孫卿引《太誓》曰「獨夫受」。《禮記》引《太誓》曰「予克受，非予武，唯朕文考無罪；受克予，非朕文考有罪，惟予小子無良」。今文《太誓》皆無此語。吾見書傳多矣，所引《太誓》而不在《太誓》者甚多，弗復悉記。』趙氏云『諸傳記引《太誓》皆古《泰誓》』，固馬氏説也。孔氏廣森《經學卮言》云：『《經典釋文》云：「漢宣帝本始中，河内女子得《太誓》一篇，獻之，與伏生所誦合三十篇。漢世行之。」按劉向《别録》云：「武帝末，有得《泰誓》於壁内者。」陸謂本始中，非也。然其云「《太誓》一篇」者，得之。蓋漢世僅見三篇之一，故《語》、《孟》、《左傳》所引《太誓》，皆適在其所未見兩篇中。意時博士有附會《書序》，强分爲三者，乃適致馬融之疑耳。』『時維鷹揚』，《毛詩・大雅・大明》第八章文。傳云：『如鷹之飛揚也。』《易・師》九二傳云『承天寵也』，《釋文》引鄭注云：『寵，光耀也。』是光卽寵也。

不行王政云爾。苟行王政，四海之内，皆舉首而望之，欲以爲君，齊楚雖大，何畏焉？』【注】萬章憂宋迫於齊楚，不得行政，故孟子爲陳殷湯周武之事以喻之。誠能行之，天下思以爲君，何畏齊楚焉。

《章指》言：脩德無小，暴慢無强，是故夏商之末，民思湯武，雖欲不王，末由也已。

【疏】『修德無小暴慢無强』○正義曰：《韓非子・内儲説》衛嗣君曰『治無小而亂無大』，亦此意。○『民思湯武』○正義曰：《淮南子・道應訓》云：『尹佚曰：「天地之間，四海之内，善之則吾畜也，不善則吾讎也。昔夏商之臣，反讎桀紂而臣湯武。」』是其義也。

孟子謂戴不勝曰：『子欲子之王之善與？我明告子：【注】不勝，宋臣。【疏】注『不勝宋臣』○正義曰：《荀子・解蔽》篇云『唐鞅蔽於欲權而逐載子』，注云：『載讀爲戴。戴不勝使薛居州傅王者，見《孟子》。或曰：戴子，戴驩也。』按戴驩爲宋太宰，見《韓非子・内儲説上》。楊倞以或曰别之，則不勝非驩矣。趙氏佑《温故録》云：戴不勝卽戴盈之一名一字也。宋之公族執政者。唯宋始終以公族爲政，《左傳》紀列最詳。至戰國晉分齊篡，而宋猶綫脈相延，不失舊物，本枝之道得也。』全氏祖望《經史問答》云：『潛丘謂孟子去齊適宋，當周慎靚王之三年，正康王改元之歲，宋始稱王是也。孟子不見諸侯，故問答止於梁齊，小國則滕而已。雖曾游宋，而於康王無問答，則不足以定其見與否也。然所以游宋亦有故，蓋康王初年，亦嘗講行仁義之政。其臣如盈之，如不勝，議行什一，議去關市之征，進居州以輔王，斯孟子所以往而受七十鎰之饋也。謂孟子在辟公時游宋，蓋是鮑彪，其考古最疏略。』**有楚大夫於此，欲其子之齊語也，則使齊人傳諸，使楚人傳諸？』**【注】孟子假喻有楚大夫在此，欲變其子使學齊言，當使齊人傳之邪，使楚人自傳相之邪。

曰：『使齊人傳之。』【注】不勝曰使齊人。

曰：『一齊人傳之，衆楚人咻之，雖日撻而求其齊也，不可得矣。引而置之莊、嶽之間數年，雖日撻而求其楚，亦不可得矣。【注】言使一齊人傳相，衆楚人咻之，咻之者，讙也。如此雖日撻之，欲使齊言，不可得矣。言寡不勝衆也。莊、嶽，齊街里名也。多人處之數年，而自齊也。【疏】注『咻之者讙也』○正義曰：《音義》出『嚾也』，云：『丁云：「按《玉篇》音囂，召呼也。今釋注意，音歡爲便，蓋字讙譁同。」』阮氏元《校勘記》云：『韓本作「驩」是，孔本盧本作「嚾」，非。讙卽今之諠譁字也。「《玉篇》音囂召呼也」，此語甚誤。讙不得有囂音。攷《玉篇》㗊部：「囂，荒貫切，呼也。」與「喚」同。』然則丁云『按《玉篇》作囂』，轉寫譌作『音囂』。○注『莊嶽齊街里名也』○正義曰：顧氏炎武《日知録》云：『莊是街名，嶽是里名。《左傳》襄二十八年「得慶氏之木百車於莊」，注云：「六軌之道。」「反陳于嶽」，注云：「嶽，里名。」昭十年「又敗諸莊」，哀六年「戰于莊，敗」，注並同。』閻氏若璩《釋地》引《炳燭齋隨筆》與顧同。按宋費衮《梁谿漫志》解《孟子》『莊嶽』，即引左氏襄公二十八年《傳》。又云：『曹參爲齊相，屬後相曰：「以齊獄〔一〕市爲寄，勿擾也。」獄字合從嶽音，蓋謂嶽市乃齊闤闠之地，姦人所容，故當勿擾之耳。』**子謂薛居州善士也，使之居於王所。在於王所者，長幼卑尊皆薛居州也，王誰與爲不善？**【注】孟子曰，不勝常言居州宋之善士也，欲使居於王所。如使在王所者，小大皆如居州，則王誰與爲不善也。**在王所者，長幼卑尊皆非薛居州也，王誰與爲善？一薛居州，獨如宋王何！**【注】如使在王左右者，皆非居州之儔〔二〕，王當誰與爲善乎。一薛居州獨如宋王何而能化之也。周之末世，列國皆僭號自稱王，故曰宋王也。【疏】『獨如宋王何』○正義曰：獨，猶一也。僅一居州，獨能如宋王何乎？此趙氏義也。王氏引之《經傳釋詞》云：『獨，猶將也。宣四年《左傳》曰：「棄君之命，獨誰愛之。」《楚語》曰：「其獨何力以待之。」《孟子·滕文公》篇曰：「一薛居州，獨如宋王何。」』

《章指》言：自非聖人，在所變化，故諺曰：『白沙在涅，不染自黑；蓬生麻中，不扶

〔一〕『嶽』，《皇清經解》本作『獄』。

〔二〕『儔』，《皇清經解》本作『疇』。

自直。』言輔之者衆也。【疏】『白沙』至『衆也』○正義曰：《大戴禮記・曾子制言上》云：『蓬生麻中，不扶自直；白沙在泥，與之俱黑。』注云：『古説云扶化之者衆。』《荀子・勸學》篇云：『蓬生麻中，不扶而直，……故君子居必擇鄉，遊必就士，所以防邪僻而近中正也。』褚先生補《史記・三王世家》云：『傳曰蓬生麻中，不扶自直；白沙在泥中，與之俱黑者，土地教化使之然也。』《説文》水部云：『涅，謂黑土在水中者也。』黑土在水中卽汙泥耳。故《廣雅・釋詁三》云：『涅，泥也。』故趙氏以涅代泥。《文選》潘安仁爲賈謐作《贈陸機詩》云『在涅則渝』，注既引曾子曰：『沙在泥，與之俱黑。』又引趙岐《孟子章句》云：『白沙入泥，不染自黑。』此泥字乃涅之譌。詩作涅，注並引曾子、趙岐，明涅是泥。若均作泥，何以釋詩之涅矣？《説苑》作『白沙入泥』，李善蓋以是誤也。《音義》出『涅』字，云：『奴結切。』是趙氏作涅不作泥也。《説苑》又作『蓬生枲中』，枲亦麻也。扶卽輔也。

孟子正義卷十三

公孫丑問曰：『不見諸侯何義？』【注】丑怪孟子不肯。每輒應諸侯之聘，不見之，於義謂何也。

孟子曰：『古者不爲臣，不見。【注】古者不爲臣，不肯見不義而富且貴者也。【疏】注『不義而富且貴也』○正義曰：《論語·述而》篇文。**段干木踰垣而辟之，泄柳閉門而不內，是皆已甚，迫，斯可以見矣。**【注】孟子言魏文侯魯繆公有好義之心，而此二人距之太甚，迫窄則可以見之。【疏】『段干木踰垣而辟之』○正義曰：《史記·老子列傳》云：『老子之子名宗，宗爲魏將，封於段干。』裴駰集解云：『此云封於段干，段干應是魏邑名也。』而《魏世家》有段干木、段干子，《田完世家》有段干明，疑此三人是姓段干也。本蓋因邑爲姓。《風俗通·氏姓》注云：『姓段，名干木。』恐或失之矣。《魏世家》云：『文侯受子夏經藝，客段干木，過其閭未嘗不軾也。秦嘗欲伐魏，或曰：「魏君賢人是禮，國人稱仁，上下和合，未可圖也。」文侯由此得譽於諸侯。』張守節正義引皇甫謐《高士傳》云：

『木，晉人也，守道不仕。魏文侯欲見，造其門，干木踰牆避之。文侯以客禮待之。』《呂氏春秋・下賢》篇云：『魏文侯見段干木，立倦而不敢息。』然則其始雖踰垣避，其後亦見矣。○『泄柳閉門而不內』○正義曰：閩、監、毛三本內作『納』。阮氏元《校勘記》云：『《音義》出「不內」，作「內」是也。』○注『迫窄』○正義曰：《説文》竹部云：『笮，迫也。』辵部云：『迫，近也。』蓋謂君既來近我，我則可以見之。窄卽笮字，又通作迮。《爾雅・釋言》云：『逼，迫也。』《小爾雅・廣詁》云：『逼，近也。』是逼、迫義亦爲近。**陽貨欲見孔子而惡無禮，大夫有賜於士，不得受於其家，則往拜其門。**【注】陽貨，魯大夫也。孔子，士也。【疏】『大夫』至『其門』○正義曰：毛氏奇齡《四書賸言》云：『「大夫有賜於士，不得受於其家，則往拜其門。」此大夫禮也，乃引之以稱陽貨。向以此詢之座客，皆四顧駭愕。不知季氏家臣原稱大夫，季氏是司徒，下有大夫二人，一曰小宰，一曰小司徒，此大國命卿之臣之明稱也。故邑宰家臣，當時通稱大夫，如郈邑大夫、郕邑大夫、孔子父鄹邑大夫，此邑大夫也。陳子車之妻與家大夫謀；季康子欲伐邾，問之諸大夫；季氏之臣申豐，杜氏注爲「屬大夫」；公叔文子之臣，《論語》稱爲「臣大夫」。此家大夫也。然則陽貨大夫矣。』全氏祖望《經史問答》云：『嘗考《小戴記・玉藻》篇有云：「大夫親賜於士，士拜受，又拜於其室。敵者不在，拜於其室。」則是大夫有賜，無問在與不在，皆當往拜。若不得受而往拜者，是乃敵體之降禮。陽虎若以大夫之禮來，尚何事矙亡？正惟以敵者之故，不得不出此苦心曲意，而乃謂其所行者爲大夫之故事，則不惟誣孔子，亦並寃陽貨也。或曰，然則孟子非與？曰：《孟子》七篇，所引《尚書》、《論語》及諸禮，文互異者十之八九。古人援引文字，不必屑屑章句，而孟子爲甚。孔子所行者是《玉藻》，非如《孟子》所云也。』周氏柄中《辨正》云：『既拜受，而又拜于其室者，禮謂之「再拜」。此《記》上言「酒肉之賜弗再拜」，孔疏云：「酒肉輕，但初賜至時則拜，至明日不重往拜也。」下言「大夫親賜士，士拜受，又拜於其室」，孔疏云：「此非酒肉之賜，故再拜。」陽貨饋蒸豚，正所謂酒肉之賜弗再拜者，故必瞰亡而來，非以敵體之禮而然也。全氏讀禮不審，而反以孟子爲寃誣，妄矣。』**陽貨矙孔子之亡也而饋孔子蒸豚，孔子亦矙其亡也而往拜之。當是時，陽貨先，豈得不見？**【注】矙，視也。陽貨視孔子亡而饋之者，欲使孔子來答，恐其便答拜使人也。孔子矙其亡者，心不欲見陽貨也。《論語》曰『饋孔子豚』，《孟子》曰『蒸豚』，豚非大牲，故用熟饋也。是時陽貨先加禮，豈得不往拜見之哉。【疏】注『矙視』至『見之哉』○正義曰：王氏念孫《廣雅疏證》云：『覸，闞，視也。』《玉篇》、《廣韻》並云：「覸，視也。」《集韻》、《類篇》：「覸，又音時。」引《廣雅》：「覸，視也。」《釋言》篇云：「時，伺也。」《論語·陽貨》篇「孔子時其亡也而往拜之」，義與覸同。闞與瞰字同。字亦作「矙」，《説文》：「闞，望也。」』阮氏元《校勘記》云：『《音義》：「矙或作闞。」依《説文》則闞是正字。』趙氏佑《温故録》云：『陽貨援大夫賜士之禮以嘗孔子，又矙亡而饋，無禮已明，不得謂貨之能先也。亦矙亡而往，乃孔子之以人治人，終於不見，不得謂之往見也。孟子蓋卽從往拜一事原聖人不爲已甚之心，以申「迫斯可見」之意，言以貨之悖慢，孔子猶往拜之，使是時貨果能先加禮如文侯、繆公之來就見孔子，豈有必不見之如踰垣閉門之甚者哉？ 注似能體之，故云孔子矙其亡者，心不欲見陽貨也。明以不見爲實事，而先爲設辭，「豈得」二字，爲反言以申之，不似俗解直以貨之饋爲先，而孔子之往拜爲見也。蓋此兩節，皆正答不見之義，以見之必待於先。段、泄先猶不見，孔子不先不見也。不先而見，則小人而已矣。』《方言》云：『豬，北燕、朝鮮之間謂之豭，關東西謂之彘，或謂之豕，其子或謂之豚。』是豚非大牲也。**曾子曰：「脅肩諂笑，病于夏畦。」**【注】脅肩，竦體也。諂笑，强笑也。病，極也。言其意苦勞極，甚於仲夏之月治畦灌園之勤也。【疏】注『脅肩竦體也諂笑强笑也』○正義曰：《詩・大雅・抑》篇云『視爾友君子，輯柔爾顔』，箋云：『今視女諸侯及卿大夫，皆脅肩諂笑，以和安女顔色。』《文選》揚雄《解嘲》注引劉熙《孟子》注云：『脅肩，悚體也。』趙氏注與之同，悚、竦字通也。閻氏若璩《釋地又續》云：『《漢書・外戚傳》上官太皇太后親霍后之姊子，故常霍后朝，竦體敬而禮之，豈諂之謂乎？《吴王濞傳》「脅肩絫足」，《鄒陽傳》「脅肩低首」，師古注並云：「脅，翕也。」謂歛之也。《揚雄傳》則作「翕肩」，注則云：「翕，斂也。」蓋斂其兩肩，爲卑縮之狀，小人之事人者耳。』按趙氏以爲竦體者，脅、翕聲相近。《説文》羽部云：『翕，起也。』翕肩正是竦起其肩，蓋人低首爲恭敬，則兩肩必竦起。《吴王劉濞列傳》應高説膠西王曰：『常患見疑，無以自白，脅肩絫足，猶懼不見釋。』《鄒陽列傳》公孫玃爲濟北王説梁王曰：『功義如此，尚見疑於上，脅肩低首，絫足撫衿。』兩脅肩正言竦懼，則脅正是竦，鄒陽於脅肩絫足之間，加入低首二字，尤爲明白。《列女傳》魯義姑姊云：『如是則脅肩無所容，而絫足無所履也。』此正以卑諂言，謂雖卑諂亦不吾與。師古不知翕訓爲起而徒以斂訓之，閻氏依以譏趙氏，未爲得也。《荀子·脩身篇》云：『從命而不利君謂之諂。』《莊子·漁父》云：『希意道言謂之諂。』因人之意爲笑，是爲諂笑，笑非由中，故是强也。脅肩者，故爲竦敬之狀也。諂笑者，强爲媚悦之顔也。○注『病極』至『之勤也』○正義曰：《吕氏春秋·適音》篇云『以危聽清則耳谿極』，高誘注云：『極，病也。』又《權勳》篇云『觸子苦之』，高誘注云：『苦，病也。』《淮南子·精神訓》云『好憎者使人之心勞』，高誘注云：『勞，病也。』是苦、勞、極皆病也。孟子言周正，則夏爲夏之二月三月四月。趙氏以仲夏言，則周之五月，夏之三月也。《史記·貨殖傳》云『千畦薑韭』，《楚辭·離騷》篇云『畦留夷與揭車兮』，是畦爲菜圃之埒也。何氏焯《讀書記》云：『治畦，是先築土爲行水之道。灌園，則桔槔俯仰，引水注之。』《莊子·天地》篇叙漢陰丈人方爲圃畦，鑿隧而入井，抱甕而出灌。子貢告以鑿木爲機，後重前輕，挈水若抽，其名爲槔，日浸百畦。是其事也。**子路曰：**

「未同而言，觀其色赧赧然，非由之所知也。」【注】未同，志未合也。不可與言而與之言謂之失言也。觀其色赧赧然，面赤，心不正貌也。由，子路名。子路剛直，故曰非由所知也。【疏】注「未同」至「言也」○正義曰：《淮南子·説林訓》云「異形者不可合於一體」，高誘注云：「合，同也。」《易·同人·象傳》云：「唯君子爲能通天下之志。」上九《傳》云：「『同人于郊』，志未得也。」是同以志言，故未同爲志未合也。「不可與言而與之言失言」，《論語·衛靈公》篇文。《方言》云：「赧，愧也。晉曰㥦，或曰惟，秦晉之間凡愧而見上謂之赧。梁宋曰惟。」《説文》赤部云：「赧，面慙赤也。」《小爾雅·廣名》云：「不直失節謂之慙。慙，愧也。面慙曰戁，心慙曰恧，體慙曰逡。」郭璞《方言》注引作「面赤愧曰赧」。赧、戁音近，古通也。不直失節，是心不正也。**由是觀之，則君子之所養，可知已矣。**【注】孟子言，由是觀曾子子路之言，以觀君子之所養志可知矣。謂君子養正氣，不以入邪也。【疏】注「以觀」至「邪也」○正義曰：孟子言「所養」，即養浩然之氣。養氣在於持志，故可知謂志。可知脅肩諂笑，未同而言，皆不正，故云邪。

《章指》言：**道異不謀，迫斯强之，段、泄已甚，矙亡得宜。正己直行，不納於邪，赧然不接，傷若夏畦也。**【疏】「不納於邪」○正義曰：隱公三年《左傳》石碏語。○「赧然」至「畦也」○足利本脱此九字。

戴盈之曰：「什一，去關市之征。今兹未能，請輕之，以待來年然後已，何如？」【注】

戴盈之，宋大夫。問孟子欲使君去關市征税，復古行什一之賦。今年未能盡去，且使輕之，待來年然後復古，何如。【疏】注『今年未能盡去』○正義曰：閻氏若璩《釋地三續》云：『兹，年也。《左傳》僖十六年：「今兹魯多大喪，明年齊有亂。」杜注曰：「今兹，此歲。」《吕氏春秋》：「今兹美禾，來兹美麥。」《史記・蘇秦傳》：「今兹效之，明年又復求割地。」《後漢・明帝紀》：「昔歲五穀登衍，今兹蠶麥善收。」』

孟子曰：『今有人日攘其鄰之雞者，或告之曰：「是非君子之道。」曰：「請損之，月攘一雞，以待來年然後已。」如知其非義，斯速已矣，何待來年？』【注】攘，取也。取自來之物也。孟子以此爲喻，知攘之惡當即止，何可損少月取一雞，待來年乃止乎。謂盈之之言，若此類者也。【疏】注『攘取』至『物也』○正義曰：《周書・吕刑》云『奪攘撟虔』，鄭氏注云：『有因而盜曰攘。』《淮南子・氾論訓》云『直躬其父攘羊』，高誘注云：『凡六畜自來而取之曰攘之。』

《章指》言：從善改非，坐而待旦；知而爲之，罪重於故。譬猶攘雞，多少同盜；變惡自新，速然後可也。【疏】『罪重於故』○正義曰：《論衡・答佞》篇云：『故曰刑故無小，宥過無大。』某氏《書》傳云：『不忌故犯，雖小必刑。』《説文》攴部云：『故，使爲之也。』知而使之即知而爲之也。○『變惡自新』○正義曰：阮氏元《校勘記》云：『孔本新作「心」，非。』

公都子曰：『外人皆稱夫子好辯，敢問何也？』【注】公都子，孟子弟子也。外人，他人論議者也。好辯，言子好與楊墨之徒辯爭。【疏】注『公都子孟子弟子也』○正義曰：《孟子》稱公都子有學業，楚公子食邑於都，後氏焉。』○注『好辯』至『辯爭』○正義曰：《廣韻》『公字』，注云：『漢複姓，八十五氏。《大戴記・曾子事父母》篇云：『孝子之諫，達善而不敢爭辯。爭辯者，作亂之所由興也。』《說文》言部云：『訟，爭也。』《淮南子・俶真訓》云『分徒而訟』，高誘注云：『訟，爭是非也。』又《易・訟卦・釋文》引鄭注云：『辯財曰爭。』是辯有爭義。孟子時聖道湮塞，百家妄起，許行農家，景春、周霄從横家，他如告子言性，高子說《詩》，慎到，宋鈃各鳴所見：孟子均與辯論其是非，不獨楊朱墨翟也。故云楊墨之徒。

孟子曰：『我豈好辯哉，予不得已也。【注】曰我不得已耳，欲救正道，懼爲邪説所亂，故辯之也。**天下之生久矣，一治一亂。當堯之時，水逆行，氾濫於中國，蛇龍居之，民無所定，下者爲巢，上者爲營窟。**【注】天下之生，生民以來也。迭有亂治，非一世。水生蛇龍，水盛則蛇龍居民之地也。民患水避之，故無定居。埤下者於樹上爲巢，猶鳥之巢也。上者，高原之上也。鑿岸而營度之，以爲窟穴而處之。【疏】注『埤下』至『處之』○正義曰：《禮記・禮運》云：『昔者先王未有宫室，冬則居營窟，夏則居橧巢。』注云：『寒則累土，暑則聚薪柴居其上。』此上古之世。五帝時已有臺榭宫室牖户，不爲巢窟。堯時洪水氾濫，民居蕩没，故仍爲巢爲窟也。《爾雅·釋獸》云：『豕所寢，橧。』邵氏晉涵正義云：『《禮運》「夏則居橧巢」，是上古穴居野處，橧亦爲人所居。既有宫室，則橧爲豕所寢矣。《方言》云：「其檻及蓐曰橧。」今牧豕者積草以居之，旁爲之檻。』按此緣夏月暑熱，故架柴爲闌檻，或依樹爲之，故稱橧巢，不必在樹上。此以水溢之，故卑下已沈水中，故必巢於樹上，如鳥之巢。《吕氏春秋·孟冬紀》云『營丘壟之小大高卑』，高誘注云：『營，度也。』高原水所未溢，而民無力爲屋，故鑿而爲窟。鄭氏以累土解營窟，則是於窟穴之上又增累以土。《淮南子·氾論訓》云『古者民澤處復穴』，注云：『復穴，重窟也。一説穴毁隄防，崖岸之中，以爲窟室。』重窟即鄭所云累土。穴毁隄防即趙所云鑿岸。按《説文》宫部云：『營，市居也。』凡市闤軍壘，周帀相連皆曰營。此營窟當是相連爲窟穴。營度即是爲，不得云爲爲窟矣。**《書》曰：「洚水警余。」洚水者，洪水也。**【注】《尚書》逸篇也。水逆行，洚洞無涯，故曰洚水。洪，大也。【疏】注『尚書』至『大也』○正義曰：謂之逸篇，不知百篇中何篇也。江氏聲《尚書集注音疏》云：『《堯典》曰「湯湯洪水方割」，孟子釋此洚水，即《堯典》所謂洪水也。《孟子·告子》篇云「水逆行謂之洚水」，《説文》水部云「洚水不遵其道」，故趙氏云水之逆行，洚洞無涯。』《説文》言部云：『警，戒也。』《爾雅·釋詁》云：『余，我也。』段氏玉裁《説文解字注》云：『洪水，洚水也。从水，共聲。洚水不遵道。《堯典》、《皋陶謨》皆言「洪水」。《釋詁》曰：「洪，大也。」引申之義也。孟子以洪釋洚，許以洚釋洪，是曰轉注。水不遵道，正謂逆行，惟其逆行，是以絶大。洚、洪二字，義實相因。」《淮南子・原道訓》云『靡濫振蕩，與天地鴻洞』，高誘注云：『鴻，大也。洞，通也。』鴻與洪通，鴻洞卽洚洞，馬融《長笛賦》云『港洞坑谷』，李善注云：『港洞相通也。』港，胡貢切。港洞亦卽洚洞。**使禹治之，禹掘地而注之海，驅蛇龍而放之菹，水由地中行，江淮河漢是也。險阻既遠，鳥獸之害人者消，然後人得平土而居之。**【注】堯使禹治洪水，通九州，故曰掘地而注之海也。菹，澤生草者也。今青州謂澤有草者爲菹。水流行於地而去也，民人下高就平土，故遠險阻也。水去，故鳥獸害人者消盡也。【疏】注「菹澤」至「爲菹」○正義曰：《禮記・王制》云『居民山川沮澤』，注云：『沮，謂萊沛。』孔氏正義云：『何允云：「沮澤，下溼地也。草所生曰萊，水所生曰沛。」言沮地是有水草之處也。』左思《蜀都賦》云『潛龍蟠於沮澤』，李善注云：『綦毋邃《孟子》注曰：「澤生草曰葅。」沮與葅通。』然則《孟子》之『菹』，卽《王制》之『沮』，綦毋邃作『葅』，黄公紹《韻會》引《孟子》作『菹』。菹卽菹字，葅爲菹之通也。○注『水流行於地而去也』○正義曰：《説文》㳅部云：『㳅，水行也。』重文『流』。《越絶書・篇叙外傳記》云：『行者，去也。』鄭氏注《檀弓》，高誘注《吕氏春秋》、《淮南子》，皆以去釋行，是水由地中行卽水由地中流去也。○注『水去故鳥獸害人者消盡也』○正義曰：《説文》水部云：『消，盡也。』**堯舜既**

沒，聖人之道衰，暴君代作，壞宫室以爲汙池，民無所安息；棄田以爲園囿，使民不得衣食；邪説暴行又作，園囿汙池沛澤多而禽獸至。【注】暴，亂也。亂君更興，殘壞民室屋，以其處爲汙池；棄五穀之田，以爲園囿；長逸遊而棄本業，使民不得衣食，有飢寒並至之厄。其小人則放辟邪侈，故作邪僞之説，爲姦寇之行。沛，草木之所生也。澤，水也。至，衆也。田疇不墾，故禽獸衆多，謂羿、桀之時也。【疏】注「暴亂也亂君更興」○正義曰：《淮南子·主術訓》云「其次賞賢而罰暴」，高誘注云：「暴，虐亂也。」《易·繫辭傳》云「以待暴客」，干寶注云：「卒暴之客爲奸寇也。」故下「暴行」，趙氏又以姦寇釋之。《説文》人部云：「代，更也。」代作，謂更代而作，非一君也。○注「故爲邪僞之説」○正義曰：《文選·西京賦》云「邪贏優而足恃」，薛綜注云：「邪，僞也。」《吕氏春秋·離謂》篇云「辨而不當理則偽」，高誘注云：「偽，巧也。」《淮南子·本經訓》云「其心愉而不僞」，高誘注云：「僞，虚詐也。」巧詐則不正，故以邪爲僞。○注「沛草」至「水也」○正義曰：《後漢書·崔駰傳》注引劉熙《孟子》注云：「沛，水草相半。」《風俗通·山澤》篇云：「沛者，草木之蔽茂，禽獸之所蔽匿也。」僖公四年《公羊傳》云「大陷於沛澤之中」，注云：「草棘曰沛，漸洳曰澤。」蓋分言之，則沛以草蔽芾名，澤以水潤澤名，故趙氏注與何休同。通言之，則沛之草卽生於水，此劉熙《釋名》專以「下而有水」爲澤，注《孟子》又以「水草相半」爲沛，是也。澤之水亦草所生，此《風俗通》既以「草木」屬沛，又云「水草交厝」名之爲澤，是也。○注「至衆」至「衆多」○正義曰：《周禮・夏官・大司馬》注鄭司農云：「致，謂聚衆也。」至與致通，故以至爲衆多。○注「謂羿桀之時也」○正義曰：上云「暴君代作」，下云「及紂之身」，紂之前，暴君著於書傳者惟羿、桀，故舉之耳。**及紂之身，天下又大亂。周公相武王，誅紂伐奄，三年討其君，驅飛廉於海隅而戮之，滅國者五十，驅虎豹犀象而遠之，天下大悦。**【注】奄，東方無道國。武王伐紂，至於孟津還歸，二年復伐，前後三年也。飛廉，紂諛臣。驅之海隅而戮之，猶舜放四罪也。滅與紂共爲亂政者五十國也。奄大國，故特伐之。《尚書・多方》曰：「王來自奄。」【疏】注「奄東」至「自奄」○正義曰：《説文》邑部云：「郁，周公所誅。郁國在魯。」段氏玉裁《説文解字注》云：「《玉篇》作『周公所誅叛國商奄』是也。奄、郁二字，周時並行。單呼曰奄，絫呼曰商奄。《書序》、《孟子》、《左傳》皆云奄，如『踐奄』『歸自奄』『伐奄』，昭元年『周有徐奄』。是也。《左傳》又云商奄，如昭九年『蒲姑商奄，吾東土也』。定四年『因商奄之民，命伯禽而封於少皞之墟』，是也。大部云：『奄，覆也。』《爾雅》云：『弇，蓋也。』故商奄亦呼商蓋。《墨子》曰：『周公旦非關叔辭三公，東處於商蓋。』《韓非子》：『周公將攻商蓋，辛公申[一]曰：不如服衆，小以劫大，乃攻九夷，而商蓋服矣。』商蓋卽商奄也。奄在淮北近魯，故許云『在魯』。

[一]「申」，《皇清經解》作「甲」。

鄭注《書序》云：「奄在淮夷之北。」注《多方》云：「奄在淮夷旁。」是也。祝鮀説因商奄之
民封魯者，杜云：「或迸散在魯。」是也。今山東兖州府曲阜縣縣城東二里有奄城，云「故
奄國」，即《括地志》之「奄里」，此可證「迸散在魯」之説。《豳風》「四國是皇」，毛傳云：
「四國，管、蔡、商、奄也。」商謂武庚，則此傳商、奄爲二。』按奄在淮夷旁，爲周所伐，是東
方無道國也。武王伐紂，至於孟津還歸，二年復伐，詳見《史記・周本紀》。然則三年討
其君，指武王伐紂伐奄，與誅紂並言，則亦此三年時事矣。《秦本紀》云：『中潏在西戎，
保西垂，生蜚廉，蜚廉生惡來。惡來有力，蜚廉善走，父子俱以材力事殷紂。周武王之伐
紂，並殺惡來。是時蜚廉爲紂石北方，還無所報，爲壇霍太山，而報得石棺。死遂葬於霍
太山。』然則武王未殺飛廉，但驅之海隅以戮辱之，故趙氏比諸舜放四罪而已。或云：
『戮即殺也。《史記》非其實。』閻氏若璩《釋地續》云：『説者謂武王誅紂，並殺惡來，飛廉
獨以善走漏網，竄伏海隅，以爲周無如我何。豈知聖人除惡務盡，於窮無復之之地，仍執
而戮之，以彰天討。此亦是隨文詮解。而皇甫謐云：「河東彘縣十五里有飛廉冢，民常
祠之。」酈道元云：「霍太山上有飛廉墓。」皆與《秦紀》文合。蓋殺者一處，葬者又一處，
其詳不可得聞矣。』翟氏灝《考異》云：『《逸周書・世俘》篇云：「武王既克殷，狩禽虎二
十有二，犀十有二，熊羆犛麈等若干。遂征四方，凡憝國九十有九，馘俘若干。凡服國六
百五十有二。」憝國，謂不順服國也。本九十有九而滅止五十，蓋又宥其半也。狩禽文但

未及象，而《吕氏·仲夏紀》言「象爲虐於東夷，周公以師逐之，至於江南，乃爲《三象樂》以嘉其德。」適補《周書》所缺。武周滅國、驅獸二事，正經中不得明證，故邊旁之書，未可以駁雜而全置也。』趙氏佑《温故録》云：『滅國者五十，諸家無説。惟《逸周書》「凡所征熊盈族十有七國，俘殷獻民，遷於九里」。熊，楚之先。盈卽嬴，飛廉同姓。可備五十之一。』孔氏廣森《經學卮言》云：『《書序》：「武王伐殷，往伐，歸獸，識其政事，作《武成》。」歸獸之事，蓋孟子所謂「驅虎豹犀象而遠之」者出於此篇。《書序》云：「成王東伐淮夷，遂踐奄，作《成王征》。成王既踐奄，將遷其君于薄姑，周公告召公，作《將薄姑》。成王歸自奄，在宗周，誥庶邦，作《多方》。」《多方》云：「惟五月丁亥，王來自奄。」鄭氏注云：「奄國在淮夷之旁。周公居攝之時亦叛，王與周公征之，三年滅之。」此自周公相成王時事。奄非武王所滅，故説者謂「三年討其君」專指伐奄。則「誅紂」二字當屬上「周公相武王」句，「伐奄」二字屬下「三年討其君」句。蓋「三年討其君」一句，不得既爲武王伐紂之三年，又爲成王踐奄之三年也。』倪氏思寬《讀書記》云：『據《書》所言，伐奄總在成王之時，故顧亭林曰：「伐奄，成王時事。」上言相武王，因誅紂而連言之耳。而毛西河又謂《多方》本文明言「至於再至於三」，舊儒亦明注「再叛三叛」，是以周公伐奄有三：一是相武王時伐奄，《孟子》所云是也。一是周公攝政初年又伐奄，《多士》所云是也。相武王時伐奄，《孟子》本文也，何得因他經書無考，而轉《孟子》伐奄亦是成王時事。且據事理論之，當時助紂爲虐，惟奄爲最大之國，豈有既誅紂而可以不伐奄之理？豈有討紂而可以不討奄君之理？反覆思之，覺西河考訂之學，誠有出於亭林之上者矣。』按趙氏以伐奄與誅紂皆武王一時事，又引《多方》者，明奄爲大國耳。趙氏以《孟子》特以奄與紂並稱，而不混入五十國之内，故申明之。且五十國則滅矣，奄雖特伐，實未滅，故至周公攝位時，又啖禄父請舉事，叛至再三，仍但遷之於蒲姑而已，終不滅也。**《書》曰：「丕顯哉！文王謨。丕承哉！武王烈。佑啓我後人，咸以正無缺。」**【注】書，《尚書》逸篇也。丕，大。顯，明。承，纘。烈，光也。言文王大顯明王道，武王大纘承天光烈，佑開後人，謂成康皆行正道，無虧缺也。此周公輔相以撥亂之功也。【疏】注「書尚」至「功也」〇正義曰：此引《書》，亦不見二十八篇中，是逸《書》也。「丕大」，「烈光」，《爾雅·釋詁》文。《禮記·祭法》云：「顯考廟」，注云：「顯，明也。」《説文》頁部云：「顯，明飾也。」《毛詩·秦風》「不承權輿」，傳云：「承，纘也。」《豳風》「載纘武功」，傳云：「纘，繼也。」是承即纘也。《爾雅·釋詁》云：「謨，謀也。」文王所圖謀論説，一如大禹、皋陶，顯明帝王之道，故云大顯明王道。《易·師》九二傳云「承天寵也」，光亦寵也，故云承天光烈。啓之義爲開，咸之義爲皆，缺之義爲虧，文王武王後人，是爲成王康王。邪説既消，正道復著，周公輔相撥亂反之正，故咸以正也。僖公二十八年《左傳》云「奉揚天子之丕顯休命」，昭公三年《左傳》云「昧旦丕顯」，注皆云：「丕，大也。」丕顯與此丕顯同。王氏引之《經傳釋詞》

云：『《玉篇》曰：「不，詞也。」經傳所用或作「丕」。顯哉承哉，贊美之詞。丕則發聲也。』趙注訓丕爲大，失之。**世衰道微，邪説暴行有作，臣弑其君者有之，子弑其父者有之，孔子懼，作《春秋》。《春秋》，天子之事也。是故孔子曰：「知我者其惟《春秋》乎，罪我者其惟《春秋》乎？」**【注】世衰道微，周衰之時也。孔子懼王道遂滅，故作《春秋》。因魯史記，設素王之法，謂天子之事也。知我者，謂我正王綱也。罪我者，謂時人見彈貶者。言孔子以《春秋》撥亂也。【疏】『世衰』至『春秋乎』○正義曰：毛氏奇齡《四書賸言》云：『《管子・法法》篇云：「故《春秋》之記，臣有弑其君，子有弑其父者矣。」此二語似《孟子》「臣弑其君者有之，子弑其父者有之」所本，然此是舊時《春秋》，非夫子《春秋》也。則意封建之世，多有此禍，特夫子以前，簡策總不傳耳。』萬氏斯大《學春秋隨筆》云：『暴行，卽弑父弑君是也。所謂邪説，卽亂臣賊子與其儕類將不利於君，必飾君之惡，張己之功，造作語言，誣惑衆庶是也。有邪説以濟其暴，遂若其君真可弑而已可告無罪然者。相習既久，政柄下移，羣臣知有私門而不知公室。且鄰封執政，相倚爲姦，凡有逆節，多蔽過於君，鮮有罪及其臣者，如魯衛出君，師曠、史墨之言可證也。』惠氏士奇《春秋説》云：『人皆知《春秋》尊宗周，莫知《春秋》尊宗國。《春秋》以魯爲列國之宗而尊之，故孟子曰：「《春秋》，天子之事也。」董仲舒亦謂「《春秋》有王魯之文」。諸儒聞之，羣起而譁，譊譊讙咋，以爲王魯誠不可，匹夫而行天子之事，可乎哉？且宗國之尊，非自《春秋》始也。古者太史采風，獻之天子，而魯不陳詩，故魯詩列於《頌》。次《周頌》而在《商頌》之上……則宗國之尊久矣，是以孔子獨尊之。以爲至尊無弒道，故不書弒而書薨，不地亦不葬，至尊之體當然，故曰「魯王，禮也」。天子崩，諸侯薨，大夫卒。《春秋》諸侯薨皆書卒者，臨天下之辭；獨魯稱薨者，臨一國之辭，亦所以尊宗國。雖尊宗國之禮如尊宗周而爲僭焉，故曰「知我者其惟《春秋》乎。罪我者其爲〔一〕《春秋》乎」。四方亂獄，莫大於弒君，天王先命訝士成之。成之者，斷之也。斷其孰爲首孰爲從而後行刑。如負固不服，大司馬以九伐之法，或正之或殘之。春秋九伐之法不行於邦國，而訝士亦失其官，故君子於宋督弒君，特著其法曰：「會于稷，以成宋亂。」言宋之亂天王不能成，而以成之之責予魯，明宗國亦得奉天王之命而往成之。自是宗周微，而宗國亦微，顧往朝齊晉及楚而聽命焉，四方亂獄，莫有往而成之者矣。故《春秋》特一書不再書者以此。莊公三十有二年「冬十月乙未，子般卒，公子慶父如齊」。明弒子般者，慶父也。文公十有八年「子卒，季孫行父如齊」。明弒子赤者，非獨襄仲，而行父亦與聞焉……《春秋》書法，有離而書者，事異而情亦異；有連而書者，事同而情亦同。慶父、行父前後如齊，皆以子般、子赤之卒，連而書之者也。據經覈傳，前後若一，其情不更顯乎？』『或曰：魯桓非其人，曷爲以

〔一〕『為』，《皇清經解》本同，《孟子注疏》作『惟』。

成之之責予之？ 曰：以成之之責予魯，非予桓公也。若夫桓公不能成，乃假成之之名而反取賂焉，《春秋》因直書之而不諱矣。《春秋》有書一事而兩義並見者類此。』『春秋之初，四方亂獄，未聞告亂於宗周，猶來告亂於宗國。隱公四年春「衛州吁弑其君，衛人來告亂」。蓋以魯爲列國之宗而來告也。隱公不能會諸侯往而成之，則宗國之微，自隱公始。桓公二年，宋督之亂亦來告，可知桓公乃假成之之名而取賂焉。由是宗國益微。不可復振矣。宋兩弑君，晉一弑君，凡三書「及」，所以旌死難之臣也。』『弑君何爲或稱名或稱國，稱國謂專國者，晉之專國者欒書，故稱國。欒書弑厲公，猶趙盾弑靈公。盾直稱名，書獨隱其名而稱國，則晉之董狐失其官矣。董史失其官，曷爲孔子不正之？孔子曰：「吾猶及史之闕文也。」又曰：「其文則史，其義則丘竊取之。」然則其義安在？稱國者其義，不稱名者其文，仍其文而存其義。』『《左氏》雖虛張郤至之伐，仍不能揜其忠；雖盛稱欒書之美，仍不能揜其惡。』『《春秋》數稱欒書帥師，一救鄭，一侵蔡，一伐鄭，明專國也。及厲公死而書乃弑君之賊，其名卒不復見矣。』『《公羊》〔一〕謂「弑君賤者窮諸人」，莒稱人者，賤之。文公十有六年「冬，宋人弑其君杵臼」。杵臼者，宋昭公。弑昭公者，乃其君祖母王姬，使帥甸師攻而殺之。』『而謂之賤，可乎？』『宋平公殺其子，可直斥宋公；襄

〔一〕『公羊』，《皇清經解》本作『穀梁』。

夫人殺其孫，不可直斥君祖母。直斥君祖母，則名不正而言不順，辭窮故稱人以賤之。以君祖母王姬之尊且貴，而與賤者同辭，此《春秋》之特筆。後世君母臨朝，而擅廢置其君之柄者，亦當以《春秋》爲鑒焉。』『文公十有四年「九月，齊公子商人弑其君舍」。此未踰年之君也。曷爲直稱君？踰年稱君者，緣孝子之心不忍當君位也。在朝之臣，固已北面稽首而君之矣，一國之人，亦莫不奉以爲君，其誰曰非君也。』『哀公四年「春，盜弑蔡侯申，蔡公孫辰出奔吴」。明弑蔡侯申者，公孫辰也。』『此連而書者，與魯慶父弑閔公，宋萬弑殤公同，而經稱盜何也？蔡人以盜赴，故稱盜。又蔡昭公將如吴，明不在國而在涂，則其稱盜也亦宜。傳稱文之鍇殺公孫翩，經書「蔡殺其大夫公孫姓公孫霍」，明皆辰之黨而辰獨出奔，譏失盜也。《左傳》謂「蔡人逐之」，則慶父亦魯人逐之可知。不殺之而逐之，是爲逸賊。宋萬出奔陳，宋人力不能討也，』『《春秋》猶書以示譏。魯季友力能討慶父，及不討而緩追逸賊，使慶父出奔莒，君子謂季友有無君之心，當坐與聞乎弑之罪，雖酖叔牙，縊慶父，其功未足以揜其罪也。』○注「設素王之法」○正義曰：趙氏佑《温故録》云：「知《春秋》者，無如孟子。天子，周天子也。孔氏憲章文武，學禮從周，爲下不倍；以周時之人紀周時之事，豈有出於周外，先自爲倍，而猶以責人者。趙岐『設素王之法』一語，似孔子意中别設一天子，蓋從《公羊》家黜周王魯之説出，及宋以後，又多謂孔子改制行權，直以天子自處，當時之天子，聽其忽貶忽褒，甚至以天自處，天子又不足言。

惟明新鄭相國高文襄拱《春秋正旨》一卷，可稱焉。首論《春秋》乃明天子之義，非以天子賞罰之權自居；次論孔子必不敢改正朔，用夏時；次論託之魯史者，以其尚存周禮，非以其周公之後而假之；次論王不稱天，乃偶然異文，滕、薛稱子，乃時王所黜，聖人必無貶削天子升降諸侯之理；次論齊人歸三田小事，非聖人自書其功，深斥以天自處之文；次論哀十四年乃孔子卒前二年，適遇獲麟，因而書之，非感麟而作，麟亦非應經而至。其後又述嘉靖己酉，鄭州生麟一，事親見之。麟固有種，麟之時有時無，俱無關係，非天特生以示瑞。可謂迥出諸儒之上。素王本出《史記・殷本紀》伊尹從湯言素王及九主之事。索隱：「素王者，太素上皇，其道質素，故稱素王。九主者，三皇五帝及夏禹也。」杜預《左傳序》辨素王、素臣，孔疏述董仲舒《對策》云：「孔子作《春秋》，先正王，而繫以萬事，是素王之文焉。」賈逵《春秋序》云：「就是非之説，立素王之法。」蓋皆以素王爲古皇之稱。趙岐所言由此。至鄭氏《六藝論》：「孔子既西狩獲麟，自號素王異矣。」即杜所謂「非通論」。而孔亦引《家語》：「齊太史子餘歎美孔子云：天其素王之乎。」素，空也。言無位而空王之，非孔子自號。先儒蓋因此而謬，遂謂《春秋》立素王之法。其以丘明爲素臣，又未知誰所説。嗚呼，孔子被誣久矣！賴杜預始雪之者也。若彼造《祖庭廣記》者，復有「水精之子，生衰周而爲素王」之語，益妖妄不足道。』**聖王不作，諸侯放恣，處士横**

議，楊朱墨翟之言盈天下，天下之言，不歸楊則歸墨。楊氏爲我，是無君也。墨氏兼愛，

是無父也。無父無君，是禽獸也。【注】言孔子之後，聖王之道不興，戰國縱橫，布衣處士，游説以干諸侯，若楊墨之徒，無尊異君父之義，而以横議於世也。【疏】注「言孔子」至「世也」○正義曰：《吕氏春秋·禁塞》篇云「而無道者之恣行」，高誘注云：「恣，放也。」《説文》心部云：「恣，縱也。」《列子·黄帝》篇云「横心之所念」，《釋文》云：「横，放縱也。」是放恣即縱横也。《漢書·異姓諸侯王表》云：「秦既稱帝，患周之敗，以爲起於處士横議。」注云：「處士，謂不官朝而居家者也。横音胡孟反。」又《賈山傳·至言》云：「夫布衣韋帶之士，脩身於内，成名於外。」注云：「言貧賤之人也。」布衣之士即不仕家居之士也，故云布衣處士。《荀子·非十二子》云：「古之所謂處士者，德盛者也，能静者也，脩正者也，知命者也，著是者也。今之所謂處士者，無能而云能者也，無知而云知者也，利心無足而佯無欲者也，行僞險穢而彊高言謹慤者也，以不俗爲俗離縱而跂訾者也。士君子之所不能爲。」注云：「離縱，謂離於俗而放縱。跂訾，亦謂跂足自高而訾毁於人。」按離縱、跂訾，即横議也。段氏玉裁《説文解字注》云：「議者，誼也。誼者，人所宜也。言得其宜之謂議。至於《詩》言『出入風議』，《孟子》言『處士横議』，而天下亂矣。」按從則順，横則逆，故政之不順者爲横政，行之不順者爲横行，則議之不順者爲横議。庖羲以前，無三綱六紀，人與禽獸同。既設卦觀象，定人道，辨上下，於是有君臣父子之倫，此人性之善，所以異於禽獸也。自楊墨之説行，至於無父無君，仍與禽獸等矣。**公明儀**

曰：「庖有肥肉，廄有肥馬，民有飢色，野有餓莩，此率獸而食人也。」【注】公明儀，魯賢人。言人君但崇庖廚，養犬馬，不恤民，是爲率禽獸而食人也。**楊墨之道不息，孔子之道不著，是邪説誣民，充塞仁義也。仁義充塞，則率獸食人，人將相食。**【注】言仁義塞則邪説行，獸食人則人相食，此亂之甚也。【疏】注「言仁」至「甚也」〇正義曰：無父是不仁，無君是不義，無父無君之説滿於天下，則仁義之道不明。是仁義爲邪説所擠，故爲充塞仁義也。但知爲我，不顧民之飢寒，故率獸食人。因而民亦但知爲我，互相殘害，故將相食。此似專指諸侯放恣，爲楊氏「爲我」之害。乃楊氏厚身而薄人，固人受其害，而墨氏厚人而薄親，夫以布衣處士，舍其親以施惠於人，此尤亂賊所爲，故其禍與楊等。當時楊墨之言滿天下，天下不歸楊則歸墨，必其言足以惑天下，故孟子切指之曰無父無君，且深斥之曰是禽獸。自有孟子而後，世乃知楊墨之非道也。《小心齋劄記》云：「聖人之仁義，何以爲楊墨所塞？曰：聖人隨時順應，無可驚可喜。墨氏之仁，至於摩頂放踵利天下亦爲之，是何如慈惠。聖人親親而仁民，仁民而愛物，反若多所分別。楊氏之義，至於拔一毛而利天下不爲，是何如清淨。聖人立必欲立人，達必欲達人，反若多所牽攬。故曰惡紫奪朱，惡鄭奪雅，豈惟亂之，又能奪之。何者？朱不如紫之豔，雅不如鄭之濃也。爲我、兼愛之能充塞仁義，亦若是。」按孔子之道，乃述伏羲、神農、黄帝、堯、舜、文王、周公之道。立天之道曰陰與陽，立人之道曰仁與義，仁義即一陰一陽也。趙氏謂孔子之後，聖王之道不興，卽此帝王相傳之道載在《六經》者，莫有述而明之者也。孟子明於《六經》，能述孔子之道，卽能知伏羲以來聖人所傳述之道，故深悉楊墨之非。然則欲知言之邪正是非者，仍求諸《六經》可矣。**吾爲此懼，閑先聖之道，距楊墨，放淫辭邪説者不得作。**【注】閑，習也。淫，放也。孟子言我懼聖人之道不著，爲邪説所乘，故習聖人之道以距之。【疏】注『閑習』至『距之』〇正義曰：『閑習』，《爾雅·釋詁》文。此字或訓防，或訓法，然非講習於《六經》，無以知其道。既習之，乃能知之，知之乃能法之，法之乃能防之。未習《六經》，空憑心臆，而依附以爲先聖，此曰吾防衛乎道也，彼曰吾守法乎聖也，因而門户各立，傾軋相加，不自知其身爲楊墨，而此楊墨者又互相楊墨焉，天下國家遂陰受其害，而不知是皆不習故也。孟子與楊墨辨，必原本於習先聖之道；習先聖之道，卽講習《六經》，不空憑心悟也。趙氏訓閑爲習，其義精矣。《禮記·哀公問》云『淫德不倦』，注云：『淫，放也。』《周禮·宫正》『去其淫怠與其奇衺之民』，注云：『淫，放濫也。』楊墨不習《六經》，違悖先聖之道，作爲爲我、兼愛之言，因而天下人亦不習《六經》，由楊墨之言而又放濫之，遂成一無父無君之害，所謂淫辭也。孟子習《六經》先聖之道，知此無父無君之淫辭起於楊墨，故先距之。距與拒通，《論語·子張》篇『其不可者拒之』，石經作『距』。《淮南子·本經訓》『戴角出距之獸』，高誘注云：『距讀爲拒守之拒。』是也。既拒楊墨，以滌其原，於是放逐其依附淫佚之辭，以絶其流。宣公元年《穀梁傳》云：『放，屏也。』《說文》攴部云：『放，逐也。』《小爾雅・廣言》云：『放，投棄也。』蓋不啻舜之放驩兜，屏之遠方，投畀豺虎，深絶之也。《詩・大雅・常武》『王舒保作』，箋云：『作，行也。』使天下後世深知其無父無君必亂天下，不復興起，以行於世，皆習《六經》明先聖之道故也。**作於其心，害於其事；作於其事，害於其政。聖人復起，不易吾言矣。**【注】說與上篇同。【疏】注『說與上篇同』○正義曰：上篇，《公孫丑》上篇養氣章也。彼云『生於其心』，此云『作於其心』；彼云『發於其政』，此云『作於其事』。彼先言政後言事，此先言事後言政，彼此不同，互相發明，非偶然也。彼謂詖淫邪遁之辭皆生於心之蔽陷離窮，而心之蔽陷離窮則由於不習《六經》，不知先聖之道，憑己心之空悟而無所憑依，遂自以爲是，造作語言。其黠者以心爭心，則楊之外有墨，墨之外有楊，楊墨之外，又有似楊似墨之言；其鈍者以心襲心則楊有歸楊之人，墨有歸墨之人；似楊似墨者，又有歸似楊似墨之人。皆未嘗習《六經》知先聖之道，其邪說由心而生，卽由心而作，故云生於其心者，習於其心也。作於其心，非述於其心也。惟習於其心，因而述於其心，故以其言措之於事而事不悖，施之於政而政不亂。乃不習不述，惟憑心之空悟，自道其道，自仁其仁，自義其義，未嘗不攀援古昔，附會聖賢，而已淪於無父無君之害。苟無習《六經》知先聖之道者，出而距之放之，其說行於天下，以其言措之於事而事害矣。述先聖之道以爲法，則事有所憑而非妄作；今不述先聖之道而憑諸心，則措之於事，無所法守，是爲『作於其事』

矣。爲下者妄作其言，妄作其事，愚者惑之，黠者傳之，遂成一無父無君之天下，而君之政有爲所格拒而莫能行矣，故『害於其政』也。自下行其邪説，於事則害君上之政；自上用其邪説，於政則害士民之習。聖人治天下，教學爲先，師氏以三德、三行教國子，保氏養國子以道，教之六藝、六儀，大司徒以六德、六行、六藝教萬民而賓興之，《王制》言『樂正崇四術，立四教，順先王《詩》《書》《禮》《樂》以造士，春秋教以《禮》《樂》，冬夏教以《詩》《書》』。習於《詩》《書》《禮》《樂》，則不致以邪説害政。孔子好古敏求，下學上達，古即先王之道也，學即《詩》《書》六藝之文也。《大戴禮・曾子立事》篇云：『君子既學之，患其不博也。既博之，患其不習也。既習之，患其無知也。』《論語・學而》篇曾子云『傳不習乎』，注云：『言凡所傳之事，得無素不講習而傳之乎。』不習而傳諸人，是『生於其心』『作於其心』之言也。楊墨無所習而言爲邪説，孟子博學而習，故知其邪説而距之。舍六德、六行、六藝、《詩》、《書》、《禮》、《樂》而以心悟爲宗者，皆亂天下之楊墨也。孟子本習述先聖之言，故聖人復起，不易吾言。吾言，指此辨楊墨之言。**昔者禹抑洪水而天下平，周公兼夷狄、驅猛獸而百姓寧，孔子成《春秋》而亂臣賊子懼。**【注】抑，治也。周公兼懷夷狄之人，驅害人之猛獸也。言亂臣賊子懼《春秋》之貶責也。【疏】注『抑治也』○正義曰：《廣雅・釋詁》云：『道，抑，治也。』抑洪水，即道河道江道漢道淮也。《荀子・成相篇》云：『禹有功，抑下鴻。』抑下連稱，是抑即下。《説文》手部云：『抑，按也。』按之亦下之也。洪水高溢地上，道之使歸地中，是爲下鴻，亦即所以治之也。○注「周公兼懷夷狄之人」○正義曰：《荀子・非相》篇云：「故君子賢而能容罷，知而能容愚，博而能容淺，粹而能容雜，夫是之謂兼術。《詩》曰：『徐方既同，天子之功。』此之謂也。」上言容，下引《詩》言同，中言兼術，是兼、同、容三字義同。故楊倞注以「兼術」爲「兼容之法」。君子之容物，亦猶天子之同徐方。《廣雅・釋詁》云：「兼，同也。」本諸此。容之義爲包，包之義爲懷。宣公十二年《左傳》云：「兼弱攻昧，武之善經也。」下又云：「撫弱者昧。」撫弱即是兼弱，故孔穎達《尚書正義》解「兼昧」云：「兼謂包之。」包亦懷也，故趙氏以懷釋兼。○注「言亂臣」至「責也」○正義曰：顧氏棟高《春秋大事表》有《孔子成春秋而亂臣賊子懼論》云：「謂亂臣賊子懼者，第書其弑逆之名於策而懼乎？吾恐元凶劭及安慶緒、史朝義之徒，雖日揭其策，以示於前，而彼不知懼也。且此亦夫人能書之，何待聖人？況人已成其篡弑，懼[一]之亦復何益，聖人之作《春秋》，蓋有防微杜漸之道，爲爲人君父者言之，則《書》所云『制治於未亂，保邦於未危』是也。爲爲人臣子者言之，則《禮》所云『齒路馬有誅』是也。聖人嘗自發其旨於《坤卦・文言》曰：『臣弑其君，子弑其父，非一朝一夕之故，其所由來者漸矣，由辨之不早辨也。』」按顧氏說未盡善。若謂作《春秋》爲爲人

[一] 「懼」，《皇清經解》本同，《春秋大事表》「懼」上有「而」字。

君父者言之，則孔子成《春秋》，非使亂臣賊子懼，是使君父懼矣。人之性所以異於禽獸者，以其知有父子君臣也。惟邪説如師曠史墨之言有以蔽之，則有所恃而不知懼。自孔子作《春秋》，直書其弒，邪説者曰：君無道，可弒也。《春秋》則無論君有道無道，弒之罪皆在臣。邪説者曰：君無道，可逐也。《春秋》則無論君有道無道，逐之罪皆在臣。以爲可弒可逐，則有所借口而無懼，無懼則漸視爲固然，而世莫以爲怪。以爲不可弒不可逐，則無所借口而懼，《春秋》全爲邪説暴行而作，趙氏謂懼《春秋》之貶責是也。自孔子作《春秋》，而天下後世無不明大義所在。宋劭、梁珪固卽伏誅，卽司馬師、劉裕、蕭道成、高歡、宇文泰之流，奸竊已成，而舉義師以討賊者，代不乏人。明成祖亦歡泰之類也，以靖難爲名，自飾以周公輔佐成王，一聞方孝孺卓敬等篡奪之言，遂怒而磔其身，夷其族，其怒也卽其懼也。伏羲之前，人不知有夫妻父子，自伏羲作八卦而人盡知之。孔子之前，人不知弒父與君之爲亂臣賊子，自孔子作《春秋》而人盡知之。謂『亂臣賊子，夫人能書之，何待孔子』，得毋曰『夫妻父子，夫人能定之，何待伏羲』？譬如五穀，神農未教之前，人不能知，既有神農教之，無論智愚，無不知五穀，豈曰五穀夫人能辨之，何待神農乎？伏羲定人道之後，不能無淫奔，然人人知其爲淫奔也而賤之。孔子作《春秋》之後，不能無亂賊，然人人知其爲亂賊也而誅之。《易》治未亂，《春秋》治已亂，臣弒其君，子弒其父，非一朝一夕之故，所以戒天下後世辨之於早也。惟不能辨之於早，而臣已亂、子已賊，此時仍理早辨之説，譬諸病已危急，宜審其寒熱虚實，以大温大寒大補大攻，挽回於俄頃，而仍從〔一〕徐徐責其不善調和保護可乎？使《春秋》之作，仍不過履霜早辨之義，則孔子贊《易》已足明之，何必又作《春秋》？戒早辨，治未亂，防其亂也。懼亂賊，治已亂，還其未亂也。余《春秋左傳補疏》中詳言之。**《詩》云：「戎狄是膺，荆舒是懲，則莫我敢承。」**【注】此詩已見上篇説。**無父無君，是周公所膺也。**【注】是周公所欲伐擊也。**我亦欲正人心，息邪説，距詖行，放淫辭，以承三聖者，豈好辯哉，予不得已也。**【注】孟子言我亦欲正人心，距詖行，以奉禹周公孔子也。不得已而與人辯耳，豈好之哉。**能言距楊墨者，聖人之徒也。**【注】孟子自謂能距楊墨也。徒，黨也。可以繼聖人之道，謂名世者也。【疏】注「徒黨也」○正義曰：《淮南子・俶真訓》云「分徒而訟」，《吕氏春秋・報更》篇云「與天下之賢者爲徒」，高誘注並云：「徒，黨也。」周氏廣業《孟子逸文考》云：「揚子《法言》：『古者楊墨塞路，孟子辭而闢之，廓如也。』此即距楊墨之言，而推衍之也。王充《論衡》亦云：『楊墨之道不亂仁義，則孟子之傳不造。』《牟子・理惑論》：『楊墨塞羣儒之路，車不得定，人不得步，孟子闢之，乃知所從。』陸倕《答法雲書》：『昔者異學爭途，孟子抗周公之法，於是楊墨之黨舌舉口張。』皆此意也。楊之學無傳。《淮南子・氾論訓》

〔一〕「從」，《皇清經解》本作「徒」。

云：「全性保真。不以物累形。楊子之所立也。而孟子非之。」此可見其大略也。』

《章指》言：憂世撥亂，勤以濟之，義以匡之，是故禹稷駢躓，周公仰思，仲尼皇皇，墨突不及汙，聖賢若是，豈得不辯也。【疏】『禹稷駢躓』○正義曰：《音義》云：『蒲田切，下張尼切。丁云：「《史記》作胼胝，謂手足生胝也。」』此躓乃顛躓字，音致。宜依《史記》讀之爲是。周氏廣業《孟子章指考證》云：『《文子·自然》篇稱「胼胝」，《史記·李斯傳》稱「禹手足胼胝」，毛晃《禮部增韻》引趙注作「駢躓」，《韻會》先韻「駢」字注云：「胼胝，皮堅也。或作趼，通作駢。」引《孟》注爲證。支韻「胝」字注引《廣韻》云：「皮厚也。又趼也。或作跰，亦作躓。」其下亦引《孟》注。一似胼、駢、躓、胝之字初無異義。然《說文》但有駢字，無胼字。胝訓爲腄，謂瘢胝也，竹尼切。躓訓爲跲，引《詩》「載躓其尾」，言顛躓也，陟利切。則其音義固判然矣。《吕氏春秋·求人》篇云：「禹顏色黧黑，竅氣不通，足不相過。」《荀子·非相》篇「禹跳湯偏」，楊倞注引《尸〔一〕子》云：「禹手不爪，脛不生毛，偏枯之病，步不相過，人曰禹步。」《尚書大傳》云「禹其跳」，其跳者，踦也。所謂足不相過者，《穀梁》昭二十年《傳》有云：「兩足不能相過，齊謂之綦，楚謂之疏，衛謂之輒。」陸德明《釋文》據劉兆云：「綦，連併也。疏，聚合不解也。輒本亦作縶，如見縶絆也。」據此，則

〔一〕『尸』，《皇清經解》本同，《荀子·非相》作『尹』。

「騈蹎」正言手足不仁，非直重繭明矣。蓋騈是「攣局不分」，與《左傳》「騈脅」，《莊子》「騈指」一例。《列子·楊朱》篇「禹身體偏枯，手足騈胝」，正作騈，其確證也。蹎謂「痿躄弱行」，《列子·説符》篇「其行足蹎株焰」，焦贛〔一〕《易林》「擔載差蹎，踠跌右足」，又「跛蹎未起，失利後市」，皆此義。其以騈蹎爲胼胝，乃後人傳寫之誤。然顔師古注《漢書》「胼」字云：「併也。」猶不失其本。自字書不審本末，輒云相通，去之遠矣。』稷騈蹎，無可考，蓋因禹及之，猶《論語》『禹稷躬稼』，《孟子》『禹稷當平世，三過其門而不入』也。○『周公仰思』○正義曰：《音義》云：『按字書：「卬讀如仰。」』又《離婁下章》云：『周公思兼三王，以施四事，其有不合者，仰而思之，夜以繼日，幸而得之，坐以待旦。』是其事也。○『仲尼皇皇墨突不及汙』○正義曰：周氏廣業《孟子章指攷證》云：『「仲尼皇皇」，出揚子《法言·學行》篇。《文子·自然》篇、《淮南子·脩務訓》並云：「孔子無黔突，墨子無暖席。」陸賈《新語》亦云：「墨子皇皇，席不暇暖。仲尼栖栖，突不暇黔。」則黔突本係孔子事。自班固《答賓戲》「聖哲之治，栖栖遑遑，孔席不暇，墨突不黔」，始顛倒其語。唐韓昌黎因之，云「孔席不暇暖，而墨突不得黔」，其實非也。趙雖稍後於班，未必遽襲其誤。況本書距楊墨以承三聖，墨安得與禹、稷、周、孔並列？《家語》：「孔子厄於陳蔡，顔回

〔一〕『贛』，《皇清經解》本、《春秋大事表》作『貢』。

仲由次於壞屋之下，有埃墨墮飯中，回取食之。』是墨突即塵甑之謂。「去齊接淅」，又孔子實事，故趙氏以此證其皇皇耳。其改黔爲汙，蓋以協韻故也。』

匡章曰：『陳仲子豈不誠廉士哉！居於陵，三日不食，耳無聞，目無見也。井上有李，螬食實者過半矣，匍匐往，將食之，三咽然後耳有聞，目有見。』【注】匡章，齊人也。陳仲子，齊一介之士，窮不苟求者，是以絶糧而餒也。螬，蟲也。李實有蟲，食之過半，言仲子目不能擇也。【疏】注『匡章齊人也』○正義曰：匡章見於《戰國策》，一在《齊策》：『秦假道韓魏以攻齊，齊威王使章子將而應之，秦兵大敗。』一在《燕策》：『齊宣王令章子將五都之兵，以因北地之衆以伐燕，齊大勝燕。』然則章子在齊，歷仕兩朝，屢掌軍伐，當孟子在齊時，章年固亦長矣。趙氏但云齊人，不以爲弟子也。《吕氏春秋·不屈》篇云『匡章謂惠子於魏王之前』，高誘注云：『匡章，孟子弟子也。』周氏廣業《孟子出處時地考》云：『章在孟門，所禮異於滕更，稱子有同樂正，謂爲著録也宜。《吕覽》有匡章與惠王及惠施問答，殆從遊於梁者歟？』閻氏若璩《釋地又續》云：『《戰國策》齊宣王與羣臣皆稱爲章子，蓋於人名下繫以「子」字，當時多有此稱謂，田蚡人稱爲蚡子，田嬰人稱爲嬰子，田文人稱爲文子，以及秦魏冉亦稱爲冉子，皆此類。』《莊子·盜跖》篇云『匡子不見母』，《釋文》引司馬彪注云：『匡子名章，齊人。諫其父，爲父所逐，終身不見父。』按此事見

《孟子》，是匡爲姓，章爲名。○注「陳仲子」至「餒也」○正義曰：陳仲子見於《戰國策·齊策》趙威后問齊使云：「於陵子仲尚存乎？是其爲人也，上不臣於王，下不治其家，中不索交諸侯，此率民而出於無用者，何爲至今不殺乎？」周氏柄中《辨正》云：「鮑彪注：「此自一人。」若孟子所稱，已是七八十年矣。」愚按：陳仲子齊宣王時，趙威后齊王建時，考《六國表》，自宣王元年至王建元年，凡七十有九年，仲子若壽考，何妨是時尚在；況云「其率民而出於無用」，明是孟子所稱。」《韓非子·外儲說左》云：齊有居士田仲者，宋人屈穀曰：「田仲不恃仰人而食，亦無益人之國，亦堅瓠之類也。」田仲卽陳仲。不仰人而食，所謂一介之士窮不苟求者也。《淮南子·氾論訓》云：「季襄、陳仲子立節抗行，不入洿君之朝，不食亂世之食，遂餓而死。」高誘注云：「陳仲子齊人，孟子弟子，居於陵。」以仲子爲孟子弟子，未詳所出，趙氏所不用也。○注「螬蟲」至「擇也」○正義曰：《爾雅·釋蟲》云：「蟦，蠐螬。蝤，蠐蝎。」《方言》云：「蠀螬謂之蟦。自關而東謂之蝤蠀，或謂之卷蠾，或謂之蝖轂；梁益之閒謂之蛒，或謂之蝎，或謂之蛭蛒；秦晉之間謂之蠹，或謂之天螻。」《說文》蚰部云：「蠹，木中蟲。」《論衡·商蟲》篇云：「桂有蠹，桑有蝎，螬食李。」卽李木中蠹也。《文選》劉伶《酒德頌》注引劉熙《孟子》注云：「螬者，齊俗名之如酒槽也。」周氏廣業《孟子古注攷》云：「槽疑螬字之譌，《說文》作「蠤，齎蠤也」，以背行駛於足狀似酒槽，以齊俗所名，故謂之蠐螬也。」按《淮南子·氾論訓》「槽矛無擊」，高誘注云：

『槽讀領如螬蠐之螬。』螬、槽固可假借，而蠐與蠙通，皆與螬爲聲之轉，緩呼爲蠐螬，急呼則單爲螬。以爲『齊俗名之』，非也。又《文選》張景陽《雜詩》注引《孟子章句》云：『陳仲子豈不誠廉士哉！居於陵，三日不食，耳無聞，目無見。井上有李實，螬食者過半矣，匍匐往將食之。』下引劉熙曰：『陳仲子，齊一介之士也。螬，蟲也。李實有蟲，食之過半，言仲子目無見也。』此注與趙氏略同，而《章句》則以實字連李字，在螬字上，是時仲子匍匐而往，則必李實之墜於地者。然《文選注》引《孟子》每有增減，未可爲據，蓋古人屬文，每多倒置，趙氏注亦恆顛倒明之，故《孟子》實字原在食字下，而劉、趙倒置於上，以明井上有李指李實，不指李樹也。《爾雅·釋言》云：『將，資也。』謂匍匐而往井上，資此李實食之。《説文》口部云：『咽，嗌也。』劉熙《釋名·釋形體》云：『嚥，嚥物也。』嚥即咽，食物下於咽嗌，故即謂之嚥。三咽者，不及細嚼也。井上之李實非一，特取此螬食者，是目盲不知擇也。夫螬食之餘，匍匐就食，極形仲子之不堪，匡章非以仲子爲可尚也。

孟子曰：『於齊國之士，吾必以仲子爲巨擘焉。雖然，仲子惡能廉？充仲子之操，則蚓而後可者也。夫蚓上食槁壤，下飲黃泉。【注】巨擘，大指也。比於齊國之士，吾必以仲子爲指中大者耳，非大器也。蚓，蚯蚓之蟲也。充滿其操行，似蚓而可行者也。蚓食土飲泉，極廉矣，然無心無識；仲子不知仁義，苟守一介，亦猶蚓也。【疏】注『巨擘』至『器也』〇正義曰：曹氏之升《摭餘説》云：『《春秋正義》：「手，五指之名。曰巨指、食指、將指、無名指、小指。」巨指，即《儀禮・大射儀》所謂「左巨指鉤弦」是也。孟子稱巨擘，亦稱大擘，鄭注「右巨指，右手大擘」是也。亦稱擘指，《鄉射禮》賈疏「以左擘指拓弓，右擘指鉤弦」是也。食指、將指，俱見《左傳》。《鄉射禮》「凡挾矢於二指之間橫之」，鄭注：「二指謂左右之第二指。此以食指將指挾之。」賈疏以《左傳》「子公之食指動」釋第二指是也，而以《左傳》「闔閭傷於將指」釋第三指則不然。第三指，《既夕禮》亦名「中指」，蓋足以大指爲將指，手以中指爲將指。《説文》：「拇，將指也。」《易》「咸其拇」疏：「拇是足大指。」闔閭所傷是足，故下云「取其一屨」，而賈誤以解手之中指，非也。無名指，僅一見於《孟子》，趙岐注：「以其餘皆有名，無名指者，非手之用指也。」按《大射儀》「朱極三」注：「極，猶放也。所以韜指利放弦也。以朱韋爲之。三者，食指將指無名指。」則第四指，亦非竟無用也。鄭惟謂小指短不用，然敖氏繼公謂「凡挾矢，有挾一矢者，有挾四矢五矢者。寡則挾以食指將指，多則以餘指分挾之」。小指，亦餘指也。又作「季指」，《特牲饋食》、《少牢饋食禮》「挂於季指」，注：「季，猶小也。」而敖氏則直謂「季指，左手之小指」是也。」○注「蚓蚯蚓」至「蚓也」○正義曰：《禮記・月令》：「孟夏，蚯蚓出。」「仲冬，蚯蚓結。」《淮南子・時則訓》作「丘〔一〕螾」。單名之則爲蚓爲螾，《荀子・勸

〔一〕「丘」，《皇清經解》作「蚯」，《淮南子・時則訓》作「丘」。

學》篇云：『螾無爪牙之利，筋骨之彊，上食埃土，下飲黄泉，用心一也。』螾即蚓也。《大戴禮・易本命》云『食土者無心而不息』，注云：『蚯蚓之屬，不氣息也。』郭璞《爾雅讃》云：『蚯蚓土精，無心之蟲。』故趙氏謂蚓無心。《荀子》以喻目不能兩視，耳不能兩聽，故言螾之心一。孟子以蚓喻仲子之不知仁義，故趙氏言無心無識也。《大戴禮・勸學》篇作『上食晞土』，晞乃『日暴乾』之名，土乾則成塵，故《荀子》作『埃土』，埃即塵也。土枯無澤，故孟子謂之『槁壤』。隱公元年《左傳》云『不及黄泉，無相見也』，注云：『地中之泉，故曰黄泉。』黄泉至清而無濁，槁壤至潔而無汙，充其操，必食此至清至潔，如蚓乃可也。

仲子所居之室，伯夷之所築與，抑亦盜跖之所築與？所食之粟，伯夷之所樹與，抑亦盜跖之所樹與？是未可知也。』【注】孟子問匡章，仲子豈能必使伯夷之徒築室樹粟，乃居食之邪，抑亦得盜跖之徒使作也。是殆未可知也。【疏】『仲子』至『知也』○正義曰：蚓必至清至潔而食，使仲子如蚓，則所居所食，必伯夷所築所樹乃可；若爲盜跖所築所樹，則不清不潔，便不可居食。然築者樹者不可知，則不能決其爲至清至潔矣。不可知而漫居之食之，是不能如蚓也。下『是何傷哉』，專指盜跖之所築所樹。知此『是未可知也』，專屬盜跖所築所樹而言。

曰：『是何傷哉！彼身織屨，妻辟纑，以易之也。』【注】匡章曰，惡人作之何傷哉，彼仲子身自織屨，妻緝纑，以易食宅耳。緝績其麻曰辟，練麻縷曰纑，故曰辟纑。【疏】注

『緝績』至『辟纑』○正義曰：《文選》張景陽《雜詩》注引劉熙《孟子》注云：『仲子自織屨，妻紡纑以易食也。緝績其麻曰辟，練絲曰纑也。』與趙氏略同。段氏玉裁《説文解字注》云：『朩，葩之總名也。當云「治葩枲之總名」，下文云「朩人所治也」，可證。趙岐、劉熙注《孟子》「妻辟纑」，皆云：「緝績其麻曰辟。」辟，音劈。今俗語績麻析其絲曰劈，卽朩也。』『糸部云：「纑，布縷也。」劉熙《孟子》注云：「練絲曰纑。」練絲，謂取所緝之縷湅治之也。練者，湅也。湅者，瀟也。汏諸漂潎之也。已湅曰纑，未湅曰𦃇。《廣雅》：曰「𦃇，綃也。」綃是生絲未湅之縷，如生絲然，故曰綃也。如〔一〕成國謂已湅曰練絲。』『言布縷者，以別乎絲縷也。績之而成縷，可以爲布，是曰纑。《禮經》縷分別若干升以爲麤細，五服之縷不同也。趙岐曰：「湅麻曰纑。」麻部：「𦃇，未湅治纑也。」然則〔二〕湅治之乃曰纑。蓋縷有不湅者，若斬衰齊衰大功小功之縷皆不湅，緦衰之縷則湅之。若吉服之縷則無不湅者。不湅者曰𦃇，湅者曰纑，統呼曰縷。』周氏廣業《孟子古注考》云：『緝，卽績也。《毛詩・陳風・釋文》：「西州人謂績爲緝。」按《説文》糸部云：「緝，績也。」「績，緝也。」二字轉注。趙氏緝績相疊者，蓋二字亦有別，《爾雅・釋詁》云：「緝，光也。」「績，繼

〔一〕『如』，《皇清經解》本作『知』。

〔二〕『則』，《皇清經解》本作『曰』。

也。」先以爪剖而分，則辟也。續其短者而連之使長，則績也。其績處以兩手摩娑之使不散，則緝也。故劉熙作「緝績其麻」。緝績即緝績也。』曰：『仲子，齊之世家也。**兄戴，蓋禄萬鍾。以兄之禄爲不義之禄而不食也，以兄之室爲不義之室而不居也，避兄離母，處於於陵。**【注】《孟子》言仲子，齊之世卿大夫之家。兄名戴，爲齊卿，食采於蓋，禄萬鍾。仲子以爲事非其君，行非其道，以居富貴，故不義之，竄於於陵。【疏】注「兄名」至「於蓋」○正義曰：《水經注·濟水》篇引《孟子》云：『仲子，齊國之世家，兄戴，禄萬鍾，仲子非而不食。』古人引書，每自增損，乃此去『蓋』字，則『戴』字連『兄』字，是爲其兄之名，用趙氏注也。孔氏廣森《經學卮言》云：『元李治《敬齋古今黈》，讀「兄戴蓋」爲句，云「戴蓋，衹是乘軒」。愚按：蓋既爲王驩邑，不當又爲仲子兄邑。《揚子》八十一《家務》之次四曰：「見矢自升，升〔一〕羽之朋，蓋戴車載。」是李氏「戴蓋」之語未爲無本矣。』○注「竄於於陵」○正義曰：閻氏若璩《釋地續》云：『顧野王《輿地志》：「齊城有長白山，陳仲子夫妻所隱處。」酈注：「魚子溝水，南出長白山，東抑泉口山，即陳仲子夫妻之所隱。」……唐張說《石泉驛詩》目下自注：「於陵仲子宅，漢於陵故城。」章懷太子賢曰：「在今淄川長山縣南。」與《通典》合。……石泉，非《孟子》所謂井者邪？江，繡江，發源長白山南，今

〔一〕『升』，《皇清經解》本同，《揚子》作『利』。

章丘縣淯河是。計於陵仲子家，離其母所居，幾二百里矣。」**他日歸，則有饋其兄生鵝者，己頻顣曰：「惡用是鶂鶂者爲哉？」**【注】他日，異日也。歸省其母，見兄受人之鵝而非之。己，仲子也。頻顣不悦曰，安用是鶂鶂者爲乎。鶂鶂，鵝鳴聲。【疏】注「頻顣不悦」○正義曰：《音義》出「己頻顣」，云：「上音紀。頻亦作『嚬』，同。下子六切。」《易・復卦》「六三頻復」，《釋文》云：「本又作『嚬』。嚬，眉也。鄭作『顰』，音同。」又《巽卦》九三「頻巽」，李鼎祚集解虞翻云：「頻，頞也。」王弼注云：「頻，頻蹙不樂，而窮不得已之謂也。」《文選・魯靈光殿賦》云：「憯嚬蹙而含悴。」憯，悴即不樂，不樂即不悦也。《説文》云：「頻，水涯人所賓附，顰戚不前而止。」又：「顰，涉水顰戚也。从頻，卑聲。」頻爲顰省，戚爲顣省也。《文選・弔魏武帝文》云「執姬女而〔一〕嚬瘁」，注云：「《孟子》曰：『嚬蹙而言』，嚬蹙，謂人嚬眉蹙顳，憂貌也。」此《孟子》蓋注文傳寫譌誤，不詳何人。「嚬蹙而言」四字，即解己頻顣曰，而下又申明頻爲頻眉，顣爲蹙顳，顳即頞。《莊子・至樂》篇云「髑髏深矉蹙頞」，矉即頻字之假借，蹙頞連文，則深頻指頻眉可知。乃《通俗文》云「蹙頞爲矉」，虞翻因以頻爲頞，失之矣。《四書釋疑》云：「己當作『已』。上皆言仲子之文，未嘗間斷，至此不當又有『己』字謂稱仲子也。『己頻顣』亦不成文。從已字，説初見其所饋

〔一〕「而」，《皇清經解》本同，《文選・弔魏武帝文》作「以」。

生鵝，固已頻顣而惡之矣。他日偶食其肉，聞兄之言而哇之，則前後意有倫次。』按此說非也。生鵝之饋，乃交際之常，人人不以爲怪，獨仲子一己以爲不是也。用一「己」字，正見其孤矯非人情。『克己復禮爲仁』，正克此己耳。○注『鶂鶂鵝鳴聲』○正義曰：《音義》出『鶂鶂』，云：『丁五歷切，鵝也。』阮氏元《校勘記》云：『五歷切與鵝鳴聲不相似，蓋《孟子》書本作「兒」，如今人之讀小兒，與鵝聲相近也。俗人加鳥作「鶂」，則爲《說文》「六鶂」字。』**他日，其母殺是鵝也，與之食之。其兄自外至，曰：「是鶂鶂之肉也。」出而哇之。以母則不食，以妻則食之；以兄之室則弗居，以於陵則居之：是尚爲能充其類也乎？若仲子者，蚓而後充其操者也。』**【注】異日母食以鵝，不知是前所頻顣者也。兄疾之，告曰是鶂鶂之肉也。仲子出門而哇吐之。孟子非其不食於母，而食妻所作屨纑易食也。不居兄室，而居於於陵人所築室也。是尚能充人類乎。如蚓之性，然後可以充其操也。

【疏】注『仲子出門而哇吐之』○正義曰：《論衡·刺孟子》篇述此文作『出而吐之』。以吐代哇，是哇卽吐也。○注『孟子』至『操也』○正義曰：全氏祖望《經史問答》云：『問：陳仲子之生平，孟子極口詆之，《國策》中趙后亦詆之。厚齋王氏則又稱之。何也？曰：厚齋先生之言是也。仲子若生春秋之世，便是長沮、桀溺、荷蕢、荷蓧、楚狂、晨門一流。然諸人遇孔子，則孔子欲化之；仲子遇孟子，則孟子力詆之：便是聖賢分際不同。須知仲子辭三公而灌園，豈是易事？孟子是用世者，故七篇之中，不甚及隱士逸民，較之孔子之惓惓沮溺一輩，稍遜之矣。平情論之，若如孟子之譏仲子，則母不食以兄不食，直是不孝不弟。然仲子豈真不食於母，不過不食於兄。其兄之蓋禄萬鍾，雖未知其爲何如人，然諒亦未必盡得於義，故仲子孑然長往；但觀其他日之歸，則於寢門之敬亦未嘗竟絶，孟子責之過深矣。故厚齋謂其清風遠韻，視末世徇利苟得之徒如腐鼠，乃公允之論。若趙后何足以知此？彼第生於七國之時，所謂「天子不臣，諸侯不友」之士，不特目未之見，抑亦耳未之聞，而以爲「帥民出於無用」，亦豈知隱士逸民之有補於末俗，正在無用中得之也。』周氏柄中《辨正》云：『孟子以仲子爲齊之巨擘，自非徇利苟得之徒可比，何待厚齋發此公論？但其辟兄離母，不可爲訓，故孟子極詆之。而全氏謂兄戴之禄，未必盡得於義，他日之歸，未嘗竟絶寢門之敬，以此爲仲子解説，則大不然。陳爲齊之同姓，固公族也。蓋禄萬鍾，受之先君，傳之祖父，有何不義而汲汲去之？於陵在今濟南府長山縣西南，離其母所，幾二百里，他日之歸，亦僅事耳。篤寢門之敬者，固如是乎？孔子之語丈人曰：「欲潔其身，而亂大倫。」彼丈人猶知有長幼之節也，特以不仕無義，卽爲亂倫；而仲子辟兄離母，并長幼之節而廢之，故曰無親戚君臣上下。孔孟之言，若出一口。而全氏左袒仲子，拾王充刺孟之唾餘，沾沾焉動其喙，不亦妄乎！』

《章指》言：聖人之道，親親尚和；志士之操，耿介特立；可以激濁，不可常法，是以**孟子喻以丘蚓，比諸巨擘也。**【疏】『可以激濁不可常法』○正義曰：《尸子・君治》篇云：『水有四德，揚清激濁，蕩去滓穢，義也。』《漢書·兩龔傳·贊》云：『清節之士，大率多能自治而不能治人，所以不可常法也。』僖公十六年《公羊傳》注云：『石者，陰德之專者也。鷁者，鳥中之耿介者也。宋襄欲行霸事，不納公子目夷之謀，事事耿介自用，卒以五年見執，六年終敗，如五石六鷁之數。天之與人，昭昭著明，甚可畏也。』古人不重耿介如此。

孟子正義卷十四

孟子卷第七

離婁章句上凡二十八章

【注】離婁，古之明目者，黄帝時人也。黄帝亡其玄珠，使離朱索之。離朱卽離婁也。能視於百步之外，見秋毫之末，然必須規矩，乃成方員。猶《論語》「述而不作，信而好古」，故以題篇。【疏】注「離婁」至「方員」○正義曰：《莊子・天地》篇云：「黄帝遊乎赤水之北，登乎崑崙之丘而南望，還歸，遺其玄珠，使知索之而不得，使離朱索之而不得。」又《駢拇》篇云：「是故駢於明者亂五色，淫文章，青黄黼黻之煌煌非乎，而離朱是已〔一〕。」《釋文》引司馬云：「黄帝時人。百步見秋毫之末。一云『見千里針鋒』。《孟子》作『離婁』是矣。」《列子・湯問》篇云：「離朱、子羽方晝，拭眥揚眉而望之，弗見其形。」注云：「離朱，黄帝時明目人，能百步望秋毫之末。」朱、婁音近。朱之爲

〔一〕「已」，《皇清經解》本作「矣」。《莊子・天地》作「已」。

婁，猶邾人呼邾聲曰婁也。凡治器工，必以目程之，故執柯伐柯，睨而視之，猶以爲遠。然目必憑以規矩準繩，以爲方員平直。《考工記》：『匠人建國，水地以縣，置槷以縣，眡以景。爲規，識日出之景與日入之景，晝參諸日中之景，夜考之極星，以正朝夕。』注云：『於四角立植而縣以水，望其高下。高下既定，乃爲位而平地，於所平之地中央樹八尺之臬，以縣正之。眡之以其景，將以正四方也。日出日入之景，其端則東西正也。又爲規以識之者，爲其難審也。』望地之高下，眡景之出入，目爲之也。乃必水地以縣，爲規而後審，則目雖明不可恃也。此目必以規也。《周髀算經》：『商高曰：「數之法出於圓方。圓出於方，方出於矩，矩出於九九八十一，故折矩以爲句廣三，股脩四，徑隅五，既方其外，平其一矩，環而共盤，得成三四五，兩矩共長二十有五，是爲積矩。」周公曰：「請問用矩之道？」商高曰：「平矩以正繩，偃矩以望高，覆矩以測深，卧矩以知遠，環矩以爲圓，合矩以爲方。方屬地，圓屬天，天圓地方，方數爲典。」』以方出圓，正繩望高，測深知遠，皆目之明也。非平矩、偃矩、覆矩、卧矩，目雖明無可恃也。此目必以矩也，所以離婁之明，必待規矩，乃成方圓也。孟子習先聖之道，闢楊墨，放邪説，指其爲生於其心，作於其心；作於其心，則不習先聖之道，故此章首發明之。目雖明如離婁，耳雖聰如師曠，心雖仁如堯舜，不以規矩，則目無所憑；不以六律，則耳無所憑；不以先王之道，則心無所憑。明人講學，至徒以心覺爲宗，盡屏聞見，以四教六藝爲桎梏，是不以規矩，便可用其明；不以六律，便可用其聰。於是强者持其理以與世競，不復顧尊卑上下之分，以全至誠惻怛之情；弱者恃其心以爲道存，不復求《詩》《書》《禮》《樂》之術，以爲脩齊治平之本；以不屈於君父爲能，以屏棄文藝爲學，真邪説誣民，孟子所距者也。孟子之學，在習先聖之道，行先王之道；習先聖之道，行先王之道，必誦其《詩》，讀其《書》，博學而詳説之，所謂因也。仰觀於天，俯察於地，近取諸身，遠觀於物，伏羲所因也。神農則因於伏羲，故云『伏羲氏沒，神農氏作』。黄帝堯舜則因於神農，故云『神農氏沒，黄帝堯舜氏作』。惟其因，乃有所變通，『通其變使民不倦』，通其所因，變其所因也。『神而化之使民宜之』，神其所因，化其所因也。『殷因於夏禮，所損益可知也。周因於殷禮，所損益可知也。』損其所因也，益其所因也。先王之道，載在《六經》，非好古敏求，何以因？卽何以通變神化？何以損益？故非習則莫知所因，非因則莫知所述，孔子云：『述而不作。信而好古。』孟子云：『爲高必因丘陵，爲下必因川澤。』其義一也。彼但憑心覺者，真孟子所距者也。趙氏引《論語》以證《孟子》，可謂深知《孟子》者矣。

孟子曰：『離婁之明，公輸子之巧，不以規矩，不能成方員；【注】公輸子魯班，魯之巧人也。或以爲魯昭公之子。雖天下至巧，亦猶須規矩也。【疏】注『公輸』至『之子』○正義曰：《禮記・檀弓》云：『季康子之母死，公輸若方小，斂，般請以機封。』注云：『公輪若，匠師。方小，言年尚幼。般，若之族多技巧者。見若掌斂事而年尚幼，請代之，而欲嘗其技巧。』般爲公輸若之族，則亦氏公輸，故稱公輸子。班與般同。《戰國策·宋策》云：『公輸般爲楚設機，將以攻宋。』高誘注云：『公輸般，魯般之號也。』蓋般爲魯人，故又稱魯般，當時有此號也。周氏柄中《辨正》云：『事亦見《墨子·魯問》篇，説者因謂有兩輸般。班固《答賓戲》「班、輸摧巧於斧斤」，顔師古注：「魯班與公輸氏，皆有巧藝，故《樂府》云公輸與魯般。」吴斗南謂墨子之書，恐非事實，未必有兩公輸般，一在春秋，一在戰國也。愚按：公輸班或以爲魯昭公之子，雖未可信，而與季康子同時，則爲春秋時人無疑。墨翟亦生春秋之末，《史記》云：「或曰並孔子時，或曰在其後。」蓋生稍後而實同時也。班爲楚攻宋，墨翟禦之，《戰國策》在宋景公時。景公卽位，在魯昭公二十六年，兩人正當其世。顔注固非，而斗南疑《墨子》不足據，亦未之考耳。』**師曠之聰，不以六律，不能正五音；**【注】師曠，晉平公之樂太師也。其聽至聰，不用六律，不能正五音。六律，陽律太蔟、姑洗、蕤賓、夷則、無射、黄鍾也。五音，宫、商、角、徵、羽也。【疏】注『師曠』至『至聰』○正義曰：襄公十八年《左傳》云：『晉人聞楚師，師曠曰：「不害，吾驟歌北風，又歌南風。南風不競，多死聲，楚必無功。」』又：『齊師夜遁，師曠告晉侯曰：「鳥烏之聲樂，齊師其遁。」』《吕氏春秋・長見》篇云：『晉平公鑄爲大鍾，使工聽之，皆以爲調〔一〕。師曠曰不調，請更鑄之。』皆其聽至聰之事也。○注『六律』至『羽也』○正義曰：《周禮・春官・大師》：『掌六律六同，以合陰陽之聲。陽聲，黄鍾、大蔟、姑洗、蕤賓、夷則、無射。陰聲，大吕、應鍾、南吕、函鍾、小吕、夾鍾。皆文之以五聲：宫、商、角、徵、羽。』注云：黄鍾，子之氣，十一月建焉。大吕，丑之氣，十二月建焉。大蔟，寅之氣，正月建焉。應鍾，亥之氣，十月建焉。姑洗，辰之氣，三月建焉。南吕，酉之氣，八月建焉。蕤賓，午之氣，五月建焉。林鍾，未之氣，六月建焉。夷則，申之氣，七月建焉。中吕，巳之氣，四月建焉。無射，戌之氣，九月建焉。夾鍾，卯之氣，二月建焉。『辰與建，交錯貿處如表裏然，是其合也。其相生，則以陰陽六體爲之，黄鍾初九也，下生林鍾之初六，林鍾又上生大蔟之九二，大蔟又下生南吕之六二，南吕又上生姑洗之九三，姑洗又下生應鍾之六三，應鍾又上生蕤賓之九四，蕤賓又下生大吕之六四，大吕又上生夷則之九五，夷則又下生夾鍾之六五，夾鍾又上生無射之上九，無射又上〔二〕生中吕之上六。同位者，象夫妻；異位者，象子母；所謂律取妻而吕生子也。黄鍾長九寸，其實一籥，下生者三分去一，上生者

〔一〕『調』，《皇清經解》本、《吕氏春秋・長見》作『調矣』字。
〔二〕『上』，《皇清經解》本同，《周禮・春官・大師》作『下』。

三分益一，五下六上，乃一終矣。大吕長八寸二百四十三分寸之一百四，大蔟長八寸，夾鍾長七寸二千一百八十七分寸之千七十五，姑洗長七寸九分寸之一，中吕長六寸萬九千六百八十三分寸之萬二千九百七十四，蕤賓長六寸八十一分寸之二十六，林鐘長六寸，夷則長五寸七百二十七分寸之四百五十一，南吕長五寸三分寸之一，無射長四寸六千五百六十一分寸之六千五百二十四，應鍾長四寸二十七分寸之二十。文之者，以調五聲使之相次，如錦繡之有文章。』《尚書·皋陶謨》云『予欲聞六律五聲八音』，鄭氏注云：『舉陽從陰可知也。』蓋舉六律以該六吕也。大師自子丑爲次，六律首黄鍾，終無射。趙氏蓋依《月令》，自夏時孟春數之，故始大蔟，終黄鍾也。《國語·周語》王問泠州鳩曰『七律者何』，注云：『周有七音，王問七音之律，意謂七律爲音器，用黄鍾爲宫，大蔟爲商，姑洗爲角，林鍾爲徵，南吕爲羽，應鍾爲變宫，蕤賓爲變徵。』《漢書·律厤志》引《尚書》『在治忽』三字作『七始詠』，李氏光地謂卽宫、徵、商、羽、角、變宫、變徵也。然則七音自虞已有之。止云正五音者，吴氏鼎《考律緒言》云：音『有萬而統之以五者，猶五星五行五常之理，不可減，不可增，故二變兩聲，仍名之爲宫徵，所謂變化而不離乎五音者也。音既七，律何以不止七？律既不止七，又何故止於十二？惟七，故十二也。蓋五音者，正宫、正徵、正商、正羽、正角之律。二變者，比宫、比徵之律。既有比宫、比徵之律，則必有比商、比羽、比角之律。是故宫商之間有律焉，蕤賓所以生大吕也。徵羽之間有律焉，大吕所以生夷則也。商角之間有律焉，夷則所以生夾鍾也。羽宫之間有律焉，夾鍾所以生無射也。角徵之間有律焉，無射所以生仲吕也。蓋以五該七，猶以六該十二也。』《禮記·禮運》云：『五聲六律十二管，還相爲宫也。』注云：『五聲，宫、商、角、徵、羽也。其管陽曰律，陰曰吕，布十二辰，始於黄鍾，管長九寸，下生者三分去一，上生者三分益一，終於仲吕，更相爲宫，凡六十也。』此卽韋昭《國語》注『七律』之説。不數變宫變徵，故止六十聲；以二變參之，則爲八十四聲。二變不可爲調，故調止用六十，此六律五音之大略也。《管子·地員》篇云：『凡將起五音凡首，先主一而三之，四開以合九九，以是生黄鍾小素之首以成宫；三分而益之以一，爲百有八，爲徵；不無有三分而去其乘，適足，以是生商；有三分而復於其所，以是成羽；有三分去其乘，適足，以是成角。』《律吕正義》云：『絲之爲樂，其器雖十餘種，而弦音所應，不外乎十二律吕所生五聲二變之音。夫十二律吕之管，既分音於長短而不在圍徑，則絃音似亦宜分於長短而不在巨細矣。不知絃之長短同者分音於巨細，絃之巨細同者分音於長短，而絲樂之中，用絃之多寡，又各不同，故必案各器之體製，而定其取分之大小焉。總之以各絃全分之音，與各絃内所分之音，互相應合爲準，是以不外乎十二律吕所生之七音也。《管子》、《淮南子》、司馬氏《律書》，此三者，絲樂絃音之大本也。又考之《白虎通》曰：「八音法《易》八卦，絃，離音也。盛德象〔一〕火，其音徵。」蓋謂絲之屬於卦爲離，其德象火，故其音尚徵也。夫審弦音，無論某絃之全分，定爲首音，因而半之，平分爲二，其聲既與首音相合，而爲第八音矣。次以首音之全分，因而四之，去其一分，而用其三分，其聲應於全分首音之第四音，此度乃全分首音與半分八音之間，又平分爲二分之度，是卽《管子》所謂「凡將起五音凡首，先主一而三之，四開以合九九」者也。先主一而三之者，以全分首音一分之度爲主，而以三因之，其數大於全分之度爲三倍也。四開以合九九者，以三倍全分之數，四分之而取其一，以合九九八十一之度，爲宮聲之分也。小素云者，素，白練，乃熟絲，卽小絃之謂。言此度之聲，立爲宮位，其小於此絃之他絃，皆以是爲主，故曰「以是生黃鍾小素之首以成宮」也。以八十一三分益一爲百有八爲徵，乃此絃首音全分之度也。於是以百有八三分去一爲七十二，是爲商；商之七十二，三分益一爲九十六，是爲羽；羽之九十六，三分去一爲六十四，是爲角。按司馬氏《律書》「徵羽之數小於宮」，而《管子》「徵羽之數大於宮」者，用徵羽之倍數，所謂「下徵」「下羽」者也。其首絃起於下徵，卽《白虎通》「絃音尚徵」之義。然而猶有不得不起於下徵之故焉。以下徵之百有八，取其四分之三爲八十一，所

〔一〕『象』，《皇清經解》本同，《律吕正義》作『在』。

謂「去其乘而適足」也。若以宫之八十一，取其四分之三，則爲六十分小餘七五，比宫之變徵五十六則大，比宫之角六十四則小，此所以絃音之度必起於下徵，而理始明也。』又云：『樂之節奏，成於聲調；而聲調之原，本自旋宫。聲也者，五聲二變之七音；而調也者，所以調七音而互相爲用者也。旋宫乃秦漢以前諧聲之法，聲調爲隋唐以後度曲之名。稽之於古六律五聲八音，肇自《虞書》，而《周官》太師掌六律六同，以合陰陽之聲。七音之名，見於《左傳》、《國策》，至《管子》、《淮南子》始著五聲二變之數，《禮運》篇：「五聲六律十二管，旋相爲宫。」《孟子》曰：「不以六律，不能正五音。」此旋宫之義所自來也。迨及漢晉之世，《樂經》殘缺，律吕失度，雜以鄭聲，所見於經史注者，類多臆見，故旋宫之理，晦而不明。然周人遺書，猶可考證，如《管子》「徵羽之數大於宫」，《國語》泠州鳩曰「宫逐羽音」，即此二者，旋宫之法可定焉。古旋宫之法，合竹與絲並著之，而自隋以迄于今，獨以弦音，發明五聲之分，律吕旋宫，遂失其傳。夫旋宫者，十二律吕皆可爲宫，立一均之主，各統七聲，而十二律吕皆可爲五聲二變也。聲調者，聲自爲聲，調自爲調，而又有主調、起調、轉調之異，故以轉調合旋宫言之，名爲宫調。五聲二變，旋於清濁二均之一十四聲，則成九十八聲，此全音也。若夫八十四聲六十調，實皆生於弦度，以絃音七聲之位，遞配以十二律吕之分，則爲八十四聲。除二變不用，止以五聲之位，遞配以十二律吕之分，則爲六十調。此乃案分以命聲調，非旋宫轉調之法也。《周禮・大司樂》未載商調，唐宋以來無徵調。夫以宫立羽位主調，則商當變宫不用。以羽立羽位主調，則徵不起調，所謂無商調與無徵調，二者名異而理則同也。主調起調，皆以宫位爲主，故曰宫調。然調雖以宫爲主，而宫又自爲宫，調又自爲調；如宫立一均之主，而下羽之聲又大於宫，故爲一調之首，卽《國語》之「宫逐羽音」也。羽主調，宫立宫，一均七聲之位已定，則當二變者不起調，而與調首音不合者，亦不得起調。蓋調以羽起調，徵在其前，變宫居其後，二音與羽相近，得聲淆雜，故不相合，而變徵爲六音，亦與羽首音淆雜不合，此所以當二變之位，與五正聲中當徵位者，俱不得起調也。至於止調，亦取本調相合，可以起調之聲終之。當二變與徵位者，亦不用焉。』按《尚書·堯典》云：『詩言志，歌永言，聲依永，律和聲，八音克諧，無相奪倫。』鄭氏注云：『聲之曲折，又依長言，聲中律，乃爲和。』《國語·周語》泠州鳩云：『律所以立均出度也。古之神瞽，考中聲而量之，以制度律均鍾。』注云：『度律，度律吕之長短，以平其鍾，和其聲。』又云：『聲以和樂，律以平聲，物得其常曰樂極。極之所集曰聲，聲應相保曰和，細太不踰曰平，音以和平爲正。』以六律正五音，卽以律和聲以律平聲也。《律吕正義》已得音之精微，近時學者研求實學，多有自得之解，略附於後：王氏坦《琴音》云：『《孟子》曰：「不以六律，不能正五音。」蓋以六律六吕三分損益、隔八相生之理，正此五音也。黄鍾之長九十黍，爲分寸尺丈引曰度，以較匏竹之音；黄鍾之容千二百黍，爲龠合升斗斛曰量，以較土樂之音；黄鍾所容千二百黍之重，爲銖兩斤鈞石曰權衡，以較金石之音。因五聲之數以取聲，無迹可見，故用律吕相生之理，而象樂之長短多寡輕重，皆得其指歸。絲樂之取聲，雖與律吕之理相通，若覈其至，要用五聲相生之理，最爲簡便。絲聲之較以五聲，而不用律吕，猶之衆樂較以律吕，而不用五聲。』都四德乾文氏《黄鍾通韻》云：『《孟子》曰：「師曠之聰，不以六律，不能正五音。」細詳《孟子》之言，五音有音無律，六律有律無音。以六律多寡之數，正五音輕重之聲，是知欲正五音，非六律不可；欲正六律，非管絃無憑。陽爲律，黄鍾爲陽律之本，在管爲箭内聲，在琴爲第一弦，聲氣至重至低，六陰一陽屬子爲第一律，上升大吕丑爲二陽第二律，大蔟寅爲三陽第三律，夾鍾卯爲四陽第四律，姑洗辰爲五陽第五律，仲吕巳爲六陽第六律。陽極生陰，陰爲吕，蕤賓爲陰吕之本，在管爲極上孔，在琴爲第七弦，聲氣至輕至高，六陽一陰屬午爲第一吕，下降林鍾未爲二陰第二吕，夷則申爲三陰第三吕，南吕酉爲四陰第四吕，無射戌爲五陰第五吕，應鍾亥爲六陰第六吕。陰陽各六管，自箭内聲，上升至第五孔爲陽六律；自極上孔，下降至第六孔爲陰六律。琴自第一絃，前進至第六弦爲陽六律，自第七絃，後退至第二絃爲陰六律。六律定，然後能正五音宫、商、角、徵、羽。五音必得律吕二聲合爲七均，方能循環一調，所以管有七聲，琴有七弦，《左傳》謂「七音」，《漢前志》謂「七始」。自黄鍾上升至蕤賓爲七均，自蕤賓下降至黄鍾爲七均，循環消長，共爲一調。十二律對待則爲六律，錯綜則爲七均，七均合爲一調；若更插一聲，便不合管孔、琴弦。管只有七孔〔一〕，琴只有七絃，不能分爲方圓；十二律以五音循環，加變宫變徵，只可將十二律錯綜爲七均，以五音來往爲循環，方能被於管弦。律吕各家，盡知七均爲一調，而俱不以陰陽六律錯綜爲七均；惟以五音加二變爲七均，不分陰陽各爲六律，而渾用陰陽十二律；不以黄鍾爲律本，而以黄鍾爲宫，大蔟爲商，姑洗爲角，林鍾爲徵，南吕爲羽；五音不敷六律，乃以應鍾爲變宫；變宫猶不敷七均，乃以蕤賓爲變徵。變宫變徵，雖敷七均，而十二律中，猶虚五律，乃又以宫循環遍臨五律，以敷其數，致有高低奪倫輕重失次者。又作變律半聲之例，猶如不用枝，惟用幹；不以子午月爲二至，卯酉月爲二分，惟憑甲乙循環推算，其寒暑失節，春秋失序，亦理之所必至。況惟六律能正五音，五音不能正六律；若因五音不敷循環十二律之故，以十二律作爲變宫變徵，變律半聲，是五音能正六律矣。竊謂欲正五音，仍依《漢志》所載以黄鍾爲律本，以六律多寡之數，正五音輕重之位。宫居中，以五數論；宫居三位，自重至輕爲羽、角、宫、商、徵，自輕至重爲徵、商、宫、角、羽。以黄鍾爲律本，以羽、角、宫、商、徵爲五位；以蕤賓爲吕本，以徵、商、宫、角、羽爲五位；黄鍾屬子，聲至低；蕤賓屬午，聲至高；二律單用，其餘十律同位同音，陰陽並用。律有十二，不曰十二律而曰六律者，只用一邊之

〔一〕「孔」，《皇清經解》本作「管」。

故。一邊陽律合管，一邊陰律合琴；琴是六陰律用一陽律，管是六陽律用一陰律。陰陽六律，俱是各自相生：一宫爲土屬第四律，二商爲金屬第五律，三角爲木屬第三律，四徵爲火屬第六律；第六律是管之正中孔，琴之第六弦，與第一律黄鍾合律同聲，故只有六律。五羽爲水屬第二律，第二律是管之極下孔，琴之第二弦，與第七律蕤賓合律同音，故只有七均。七均只有六律，六律只有五音，故《孟子》曰：「不以六律，不能正五音」。五音如四時，十二律如十二月，四時惟依寒暑，五音亦惟依高低，自寒至暑，俱是正律，並無變聲。蔡季通《律吕新書》有《八十四聲圖》《六十調圖》，内注正律、變律、正聲、半聲之處甚爲詳細，然止可施之於筆墨，不能被之於管弦。今之管弦七均：第一均八十一，第二均七十二，第三均六十三〔一〕，第四均五十四，第五均四十八，第六均四十二，第七均三十六；至重至低之均八十一，至輕至高之均三十六，方成一調。五十四爲陰陽際會之中，理應爲宫。宫者，中也。中聲定，其餘輕重高低之聲，皆依律數可定，是以五聲之中，以宫爲首。圖内所載七均：宫八十一，商七十二，角六十三〔二〕，變徵五十六，正徵五十四，羽四十八，變宫四十二。四十二爲至輕至高之均，與今之管弦三十六不相合，少一輕

〔一〕『三』，《皇清經解》本作『四』。
〔二〕『三』，《皇清經解》本作『四』。

六分之均，不能成調，是知變宮宮不成宮。變徵五十六，在大蔟六十四、夾鍾五十四之間，與夾鍾止間得一分多一間一分之律，管孔琴徽，又不見有相間一分之律，是知變徵徵不成徵。宮不成宮，徵不成徵，古人謂之「和繆」。正徵五十四，變徵五十六，相間甚微，雖師曠之聰，亦未必易正，故前人有「變聲非正，故不爲調」之説。』淩氏廷堪《燕樂考原》云：『律者，六律六同也。聲者，五聲二變也。其高下相旋於六律六同之中無定者也。其長短分寸有定者也。如黄鍾之長，不可爲無射也。應鍾之短，不可爲大吕也。如大司樂黄鍾爲角，又可爲宫；大蔟爲徵，又可爲角；姑洗爲羽，又可爲徵。《堯典》「律和聲」，《大師》「掌六律六同」，皆文之以五聲。《禮運》「五聲六律十二管，還相爲宫」，《孟子》「不以六律，不能正五音」，皆此義也。燕樂之字譜，即五聲二變也。蓋出於龜兹之樂，中外之語不同，故其名亦異。當其初入中國時，鄭譯以其言不雅馴，故假聲律緣飾之，其言曰：「應用林鍾爲宫，乃用黄鍾爲宫。所謂林鍾者，即徵聲也。黄鍾者，即宫聲也。所謂宫者，則字譜之合字也。猶言應用徵聲爲合字者，乃用宫聲爲合字也。以聲配律，實始於此。黄鍾聲最濁，故以合字配之。」又云：「應用林鍾爲宫，則亦疑徵聲當爲合字」。宫聲不當爲合字。至宋楊守齋以琴律考之，確然知宫聲非合字，乃以仲吕爲宫聲；燕樂以仲吕配上字，是以上字爲宫聲也。蓋琴律一弦爲黄鍾，三弦爲仲吕，正宫調一弦爲合字，故以合字配黄鍾；三弦爲上字，故以上字配仲吕也。何嘗以合字爲宫聲，上字爲角聲哉？宋人樂譜所注十二律吕及四清聲者，蓋卽字譜高下之别名耳，不可以稱謂之古，遂疑其别有神奇也。自學者不明律有定、聲無定之理，遂泥定黄鍾一均，不可移易，不論何均，遇黄鍾之律，則以爲宫聲；遇大蔟之律，則以爲商聲；遇姑洗之律，則以爲角聲；遇林鍾之律，則以爲徵聲；遇南吕之律，則以爲羽聲；遇應鍾之律，則以爲變宫聲；遇蕤賓之律，則以爲變徵聲：而旋宫之義遂晦。於是論燕樂者，以宫聲爲合字，而有一凡不當應鍾蕤賓之疑；論雅樂者，以七聲用七律，而有隋廢旋宫止存黄鍾一均之疑；論琴律者，以三弦獨下一徽，而有不用姑洗而用仲吕爲角之疑。而《尚書》、《周禮》、《孟子》諸書，舉不可讀矣。皆以聲配律之説啟之也。不知燕樂字譜，卽五聲二變也，非六律六同也。宋人以六律六同代字譜者，蓋緣飾之以美名，卽鄭譯之意也。以聲配律，始於鄭譯，成於沈括，皆無他奥義；後儒不遑深求其故，遂怖其言，若河漢之無極，苟明律與聲不同之故，則千古不解之惑，可片言而決矣。』程氏瑶田《通藝録・論黄才伯樂典書》云：『古者一律一吕，各爲一聲，其每管設孔，備五聲二變之數，兼旋宫换調之法，乃後世樂器律吕之用也。未可以是推求制律之本，是書言吹無孔之管，則氣從下洩，無復清濁高下，五音何由而正。夫以律正音，卽今之吹笙定弦，其遺矩也。只以一律正一音，不聞無孔之管不能正五音也。』**堯舜之道，不以仁政，不能平治天下。**【注】當行仁恩之政，天下乃可平也。**今有仁心仁聞，而民不被其澤，不可法於後世者，不行先王之道也。**【注】仁心，性仁也。仁聞，仁聲遠聞也。雖然，猶須行先王之道，使百姓被澤，乃可爲後法也。【疏】注「仁心性仁也」○正義曰：《白虎通・性情》篇云：「陽氣者仁，陰氣者貪，故情有利欲，性有仁也。」又云：「五性者何，謂仁義禮智信也。五藏，肝仁，肺義，心禮，腎智，脾信。」性既有五，而獨言仁者，仁足以貫五性也。五藏心主禮，而趙氏以性仁解仁心者，《淮南子・原道訓》云：「心者，五藏之主也。」雖或以心配土，或以心配火，而五藏實統以心。性之仁，發諸心也。人性仁，皆有惻隱之心，故《白虎通》亦云：「心之言任也，任於恩也。」任於恩，卽任於仁矣。○注「仁聞」至「聞也」○正義曰：《毛詩・小雅・車攻》篇「有聞無聲」，傳云：「有善聞。」又《大雅・卷阿》篇「令聞令望」，箋云：「人聞之，則有善聲譽。」《淮南子・脩務訓》云「聲施千里」，高誘注云：「聲，名也。」是仁聞謂仁之聲名播於遠方也。人以仁惠之心所發，有所施濟，其名亦可播於遠，然惠及一人，不能偏於人人，惠及一方，不能普於天下，且或恩及此而害在彼，祝在甲而詛在乙，此未習先王之道，不足爲後世法也。○注「乃可爲後世之法也」○正義曰：阮氏元《校勘記》云：「閩、監、毛三本同。廖本無『之』字，孔本、《考文》古本無『世之』二字，韓本、足利本無『之』字、『也』字。」**故曰徒善不足以爲政，徒法不能以自行。**【注】但有善心而不行之，不足以爲政；但有善法度而不施之，法度亦不能獨自行也。【疏】注「但有善」至「行也」○正義曰：《呂氏春秋・離俗》篇云「惕然而寤，徒夢也」，高誘注云：「徒，但也。」故徒善是但有善心，徒法是但有善法度。行仁政必有法，徒有仁心而無法，不可用爲政也。有法而不以仁心施之，仍與無法等。有善心而不以法，與無善心以施行法，同一不行先王之道也。先王之道，既不行於無善心之人，又不行於有善心之人，孟子爲作於其心不習先王之道者發，趙氏能發明之。《易・繫辭傳》云：『制而用之謂之法，利用出入、民咸用之謂之神。』非法，無以爲通變神化之用也。**《詩》云：「不愆不忘，率由舊章。」遵先王之法而過者，未之有也。**【注】詩，《大雅・嘉樂》之篇。愆，過也。所行不過差矣。不可忘者，以其循用舊故文章，遵用先王之法度，未聞有過也。【疏】注『詩大』至『過也』○正義曰：詩在《大雅・假樂》第二章。毛傳云：『假，嘉也。』《禮記・中庸》引作『嘉樂』。此作『嘉樂』，與《中庸》同。《音義》出『嘉樂』，則趙氏作『嘉』。閩、監、毛三本作『假』，蓋以《詩》改之也。箋云：『愆，過也。率，循也。成王之令德不過誤，不遺失，循用舊典之文章。』趙氏注略同。惟鄭以不愆不忘平對，趙氏以孟子下申言專指出過字，故以不愆爲不過差，而不忘別屬下謂不可忘者，因其遵舊法而無過也。按鄭義是也。愆，過也。忘爲遺失，亦過也。孟子言過，兼該愆、忘。遵用先王之法，乃不愆不忘，則屏棄《詩》《書》，專恃心覺者，其愆忘可勝言哉！**聖人既竭目力焉，繼之以規矩準繩，以爲方員平直，不可勝用也。**【注】盡己目力，續以四者，方員平直，可得而審知，故用之不可勝極也。【疏】注『盡己』至『極也』○正義曰：《禮記・大傳》云『人道竭矣』，注云：『竭，盡也。』《說文》糸部云：『繼，續也。』《文選・神女賦》云『不可勝贊』，注云『勝，盡也。』盡之言窮也，窮之言極也。若果無待於規矩準繩，則以聖人之聰明睿智，而既竭盡其力，可憑其目力，以爲方圓平直矣。乃聖人既竭目力，仍必繼之以規矩準繩。規矩準繩，先王所制而用也，雖聖人不能不繼述之。惟其繼述規矩準繩，而目力所竭，乃能不窮其用；倘舍去規矩準繩，但準目力，方圓平直必不能以臆成之，而其用窮矣。不可勝用猶云用之不窮。聖人原非全恃規矩準繩而不竭目力，然其通變神化，在耳目心思，而必繼述規矩準繩，而耳目心思所竭乃能通變神化，運用不窮也。**既竭耳力焉，繼之以六律正五音，不可勝用也。**【注】音須律而正也。

【疏】注『音須律而正也』○正義曰：《易・需卦・彖傳》云：『需，須也。』須即待也，音必待律而正，方圓平直必待規矩準繩而成，仁心必待先王不忍人之政而覆天下，可勿繼述之乎？**既竭心思焉，繼之以不忍人之政，而仁覆天下矣。**【注】盡心欲行恩，繼以不忍加惡於人之政，則天下被覆衣之仁也。【疏】注『盡心』至『仁也』○正義曰：《楚辭・招魂》云『皋蘭被徑兮』，注云：『被，覆也。』《易・繫辭傳》九家注云：『衣取乾，乾居上覆物。』是被、覆、衣三字同義。經言『仁覆天下』，是聖人以仁衣芘天下，而天下皆被其澤，是天下被其所覆衣之仁也。不行先王之道，雖有仁心，而民不被其澤；今既有仁心，又能繼述先王之道，民被其澤可知矣。不忍人之政，仁政也。即先王之道也。以仁心行仁政而法行，非徒法矣。法行而心之仁乃行，非徒善矣。徒法不能以自行，荀子所謂『有治人無治法」也。有治人，卽有此既竭心思，又繼述先王之道之人也。舍治法亦無治人矣。**故曰爲高必因丘陵，爲下必因川澤；爲政不因先王之道，可謂智乎？**【注】言因自然，則用力少而成功多矣。【疏】注「言因」至「多矣」○正義曰：《禮記・禮器》云：「故作大事必順天時，爲朝夕必放於日月，爲高必因丘陵，爲下必因川澤。」注云：「謂冬至祭天於圜丘之上，夏至祭地在方澤之中。」孟子引此二句，以起爲政必因先王之道。趙氏謂「因自然則用力少而成功多」，是以爲高爲累土，爲下爲掘深，與鄭異義。因卽所云繼也。**是以惟仁者宜在高位；不仁而在高位，是播其惡於衆也。**【注】仁者，能由先王之道。不仁逆道，則自播揚其惡於衆人也。【疏】注「仁者」至「人也」○正義曰：昭公三十年《左傳》云：「將焉用自播揚焉。」《周禮・春官・大師》「皆播之以八音」，注云：「播，猶揚也。」謂之仁者，則不獨有仁心仁聞，乃實能因先王之道，遵先王之法，而繼之以不忍人之政也，非徒善者也。不因先王之道，不遵先王之法，不能竭心思而繼之以不忍人之政，則爲不仁，如下所云。**上無道揆也，下無法守也，朝不信道，工不信度，君子犯義，小人犯刑，國之所存者，幸也。**【注】言君無道術可以揆度天意，臣無法度可以守職奉命，朝廷之士不信道德，百工之作不信度量，君子觸義之所禁，謂學士當行君子之道也，小人觸刑，愚人罹於密罔也，此亡國之政，然而國存者，僥倖耳，非其道也。【疏】注「言君」至「道也」○正義曰：《國語・吴語》云「道將不行」，注云：「道，術也。」賈誼《新書・道術》篇云：「道者，所從接物也。其本者謂之虚，其末者謂之術。虚者言其精微也，平素而無設施也。術也者，所從制物也，動静之數也，凡此皆道也。』又云：『術者，接物之隊，其爲原無屈，其應變無極，故聖人尊之。』《爾雅·釋言》云：『揆，度也。』一陰一陽之謂道，元亨利貞，謂之四德。顯道神德行，全在能揆度以合天德，此通變神化，所以垂衣裳而天下治也。若無道術，則不能揆度；不能揆度，則不能制而用之爲法，臣下遂無以守職奉命矣。揆度天意，乾健之不已也。守職奉命，坤順之承天也。奉命猶承天，故以守職爲奉命也。以揆度言爲術，以施行言爲德，皆道也。不以道揆則不信道，故云朝廷之士不信道德也。趙氏以工爲百工，以度爲度量。趙氏佑《温故録》云：『工爲四民之一，特言之者，奇技淫巧之興，皆以蕩人心，蠹風俗也。』按《毛詩·周頌》『嗟嗟臣工』，傳云：『工，官也。』《國語·魯語》『夜儆百工』，《尚書·堯典》『允釐百工』，百工即謂百官，度謂法度也。《史記·天官書》『其入守犯太微』，集解引韋昭云：『自下觸之曰犯。』《淮南·脩務訓》云『犯津關』，注云：『犯，觸也。』是犯義即觸義，犯刑即觸刑也。有道術而後知義禁，不以道術揆度，則不知義，故君子觸義之所禁而妄爲也。上既不知義，則小人詐僞欺誣，無所不至，而愚人罹於密罔矣。此皆不能因先王之道，遵先王之法者也。雖有仁心，而不能以道揆，則下無法守，至於工不信度，而犯義犯刑，亦仍歸於不仁。孟子言因言繼先王之道，在通變神化。因者，因此也。繼者，繼此也。不揆度，則徒法不能自行矣。王氏引之

《經傳釋詞》云：『所，猶若也，或也。「國之所存者幸也」，言國之或存者幸也。』**故曰城郭不完，兵甲不多，非國之災也。田野不辟，貨財不聚，非國之害也。上無禮，下無學，賊民興，喪無日矣！**【注】言君不知禮，臣不學法度，無以相檢制，則賊民興。亡在朝夕，無復有期日，言國無禮義必亡。【疏】注『言君』至『必亡』○正義曰：趙氏以『下無學』爲臣不學法度，近時通解以『下』指民。趙氏佑《温故録》云：『古之教者，五家爲比，五比爲閭，閭有塾；四閭爲族，五族爲黨，黨有庠；五黨爲州，州有序。大而六鄉六遂皆有序曰學，匪獨國有學也。學非特以教國子，國之貴遊子弟，國之俊秀也，舉彼耕甿雜作，至愚且賤，自六尺以上，皆比而使入其中。故大司徒頒職事十有二於邦國都鄙，以登萬民，一曰稼穡，十曰學藝，終曰服事。小司徒頒比法於六鄉之大夫，以施政教，行徵令。鄉師、鄉大夫各掌其鄉之教，以正月之吉，受教法於司徒，退而頒之於其鄉吏，使各以教其所治，考其德行，察其道藝，有鄉射之禮，大比之禮。州長各屬其州之民而讀法，歲時祭祀州社亦如之，有會民而射於州序之禮。黨正各掌其黨，有屬民而飲酒於序，以正齒位之禮。族師掌書其孝弟睦婣有學者。以逮閭胥比長所掌，莫不設之學，董之官。其平日相保相受，既有以察知其衆寡之數，明其禁令，又擇夫仕焉而已者，爲之大師小師。民自新穀既成，餘子皆入學，距冬至四十五日出學。學有進，則由比閭而升之族黨，以次升於州學鄉學。民不皆選司徒入太學，而已知禮樂詩書之文，孝弟忠信禮義廉恥之事。一國之中，貴賤賢否，等列有常，自其上世以來，習知賤之不可以干貴，愚之不可以敵賢，各循其分，而不敢肆浸淫漸摩，雖有桀黠不帥，一里老得而觵撻之，無有黨同相濟者。官長賢，易於治；官長不賢，亦難於亂也。蓋教學之功如此。降而春秋，此意亦既微矣。然而鄭存鄉校，魯聞弦歌，原伯不説學，則以取譏於時，理之者蓋非無人，故其民猶知先王之澤。一時相攻相取，皆强力之諸侯卿大夫爲之，至於征役煩興，暴骨如莽，而罕聞有窮巷小民起而相抗撓爲寇亂，如後世史書之事者，豈其民性之淳哉，由教化之積也。迨戰國，遂以蕩然。其君方日尋干戈，遑問學校；民皆救死不贍，疾視其上，去從椎埋。孟子蓋逆知六國之必亡，暴秦之不終，而閭左之禍將作也，故爲歸本於「上無禮」。其於下也，不曰無義而曰無學，謂夫學也者，乃所以明義也。漢荀悦有云：「人不畏死，不可懼以罪；人不樂生，不可勸以義。故在上者先豐民財以定其志，是謂養生。禮教榮辱，以加君子，化其情也。桎梏鞭扑，以加小人，化其形也。若教化之廢，推中人而墜於小人之域；教化之行，引中人而納于君子之涂：是謂章化。」斯言也，爲能洞於道揆法守，不可以老生之常談忽之。』**《詩》云：「天之方蹶，無然泄泄。」泄泄猶沓沓也。事君無義，進退無禮，言則非先王之道者，猶沓沓也。**【注】詩，《大雅·板》之篇。天，謂王者。蹶，動也。言天方動，女無敢沓沓，但爲非義非禮，背棄先王之道，而不相匡正也。【疏】注「詩大」至「正也」○正義曰：詩在《大雅·板》篇之第二章。毛傳云：『蹶，動也。泄泄，猶沓沓也。』箋云：『天，斥王也。』段氏玉裁《説文解字注》云：『呭，多言也。从口，世聲。《詩》曰：「無然呭呭。」《孟子》、毛傳皆曰：「泄泄，猶沓沓也。」日〔一〕部云：「沓，語多沓沓也。」言部又云：「詍，多言也。」引詩「無然詍詍」』，『蓋四家之訓也。』「誻，䜚誻也。」「䜚，䜚誻，語相及也。」「誻與日〔二〕部「沓」字音義皆同。荀卿書「愚者之言，誻誻然而沸」，注：「誻誻，多言也。」』按《蕩》篇箋云：『其笑語沓沓，又如湯之沸，羹之方熟。』亦以沓沓屬笑語。孟子以『言則非先王之道』爲沓沓，言則非先王之道即生於其心，而爲詖爲淫爲邪爲遁之言。言不本諸《詩》《書》，道不揆諸先聖，徒以心覺心悟，自以爲是，一倡百和，真沓沓矣。趙氏以『無然』爲『無敢』，鄭氏以『然泄泄』爲『泄泄然』，『無然泄泄』即『無泄泄然』也。**故曰責難於君謂之恭，陳善閉邪謂之敬，吾君不能謂之賊。』**【注】人臣之道，當進君於善，責難爲之事，使君勉之，謂行堯舜之仁，是爲恭臣。陳善法以禁閉君之邪心，是爲敬君。言吾君不肖，不能行善，因不諫正，此爲賊其君也。【疏】注『人臣』至『君也』○正義曰：《後漢書・郅惲傳》云：『孟軻以彊其君之所不能爲忠，量其君之所不能爲賊。』彊其君之所不能，謂責難於君也。彊卽勉也。彊其君之所不能，卽勉其君之所能也。《禮記・中庸》

〔一〕「日」，《皇清經解》本、段玉裁《説文解字注》均作「曰」。
〔二〕「日」，《皇清經解》本、段玉裁《説文解字注》均作「曰」。

云：「或安而行之，或利而行之，或勉彊而行之，及其成功一也。」劉熙《釋名·釋言語》云：「難，憚也。人所忌憚也。」難爲之事，憚爲之事也。《説文》貝部云：「責，求也。」定公元年《穀梁傳》云：「求者，請也。」君所憚爲，臣請求之，使君勉强爲之。何以責難於君，即陳善閉邪是也。君有邪心，故憚於爲善。《吕氏春秋·君守》篇云：「外欲不入謂之閉。」乃不知所以閉之之道，而婞直以觸之，矯拂以爭之，言不可得而入，邪究不可閉塞，且激而成害矣。故欲閉其邪，惟婉陳其善道，善道明，則邪心自絶，此所以爲恭爲敬。《白虎通·諫諍》篇云：人懷五常，故知諫有五：其一曰諷諫，二曰順諫，三曰闚諫，四曰指諫，五曰陷〔一〕諫。諷諫者，智也。知禍患之萌深，睹其事未彰而諷告焉，此智之性也。順諫者，仁也。出辭遜順，不逆君心，此仁之性也。闚諫者，禮也。視君顔色不悦，且郤，悦則復前，以禮進〔二〕退，此禮之性也。指〔三〕者，質也。質相其事而諫，「此信之性也。陷〔四〕諫者，義也。惻隱發於中，直言國之害，勵志忘生，爲君不避喪身，此義之性也。故孔子曰：「諫有五，吾從諷之諫。」事君進思盡忠，退思補過，去而不訕，諫而不露，故《曲

〔一〕「陷」，《皇清經解》本同，《白虎通》作「伯」。
〔二〕「進」，《皇清經解》本無，《白虎通》有「進」字。
〔三〕「指」，《皇清經解》本同，《白虎通》作「指諫」。
〔四〕「陷」，《皇清經解》本同，《白虎通》作「伯」。

禮》曰：「爲人臣者不顯諫。」纖微未見於外，如《詩》所刺也。』孔子取諷諫，則指與陷所不取矣。

《章指》言：雖有巧智，猶須法度，國由先王，禮義爲要，不仁在位，播越其惡，誣君不諫，故謂之賊，明上下相須而道化行也。【疏】『國由先王』○正義曰：周氏廣業《孟子章指考証》云：『國，小字宋本作「因」。』

孟子曰：『規矩，方員之至也。聖人，人倫之至也。【注】至，極也。人事之善者莫大取法於聖人，猶方員須規矩也。【疏】注『至極』至『矩也』○正義曰：至之爲極，通訓也。人倫，卽人事也。《毛詩・小雅・節南山》箋云：『至，猶善也。』故又以人倫之至爲人事之善。**欲爲君盡君道，欲爲臣盡臣道，二者皆法堯舜而已矣。**【注】堯舜之爲君臣道備。【疏】注『堯舜之爲君臣道備』○正義曰：《禮記・月令》『農事備收』，注云：『備，猶盡也。』君臣是人倫，堯舜是聖人。**不以舜之所以事堯事君，不敬其君者也。不以堯之所以治民治民，賊其民者也。**【注】言舜之事堯，敬之至也。堯之治民，愛之盡也。**孔子曰：「道二，仁與不仁而已矣。」暴其民，甚則身弒國亡，不甚則身危國削。名之曰幽厲，雖孝子慈孫，百世不能改也。**【注】仁則國安，不仁則國危亡。甚謂桀紂，不甚謂幽厲。厲王流於彘，幽王滅於戲，可謂身危國削矣。名之，謂謚之也。謚以幽厲，以章其惡，百世傳之，孝子慈孫，何能改也。**【疏】**注『甚謂桀紂不甚謂幽厲』○正義曰：趙氏佑《温故録》云：『暴其民句，甚不甚各爲句。以後之遭禍言，非以暴之有甚不甚。幽厲之暴，豈猶得爲不甚。』按趙氏以甚指桀紂，以下引《詩》言，厲王不能鑒紂，猶紂之不能鑒桀也。堯舜之道，仁其民者也。鑒于桀紂則法堯舜，故疊引孔子之言及《詩》之言以明之。○注『名之』至『其惡』○正義曰：《逸周書・謚法解》云：『是以大行受大名，細行受細名，行出於己，名生於人。』是名卽謚也。又云：『壅遏不通曰幽。動靜亂常曰幽。』『殺戮無辜曰厲。』是幽厲爲章其惡也。《詩》云：「殷鑒不遠，在夏后之世。」此之謂也。**【注】**詩，《大雅・蕩》之篇也。殷之所鑒視，近在夏后之世耳，以前代善惡爲明鏡也。欲使周亦鑒於殷之所以亡也。**【疏】**注『詩大雅』至『亡也』○正義曰：詩在《大雅・蕩》第八章。箋云：『此言殷之明鏡不遠也，近在夏后之世，謂湯誅桀也。後武王誅紂，今之王者，何以不用爲戒。』《爾雅・釋詁》云：『監，視也。』監與鑒通，亦作鑑。《考工記・輈人》云『金錫半謂之鑒燧之齊』，注云：『鑒，鏡也。』是鑒爲視，亦爲鏡也。

《章指》言：法則堯舜，以爲規矩，鑒戒桀紂，避遠危殆。名謚一定，千載而不可改也。

【疏】『法則堯舜以爲規矩』○正義曰：《春秋繁露・楚莊王》篇云：『《春秋》之道，奉天而法古，是故雖有巧手，弗脩規矩，不能正方員；雖有察耳，不吹六律，不能定五音；雖有知心，不覽先王，不能平天下。然則先王之遺道，亦天下之規矩六律也。故聖者法天，賢者法聖。』蓋孟子之學，在習先聖之道，而行先王之法，故言稱堯舜，願學孔子，承前章而又申明之如此。

孟子曰：『三代之得天下也以仁，其失天下也以不仁，國之所以廢興存亡者亦然。【注】三代：夏商周。國，謂公侯之國。存亡在仁與不仁也。【疏】注『三代夏商周』○正義曰：失天下，謂禮樂征伐不自天子出，天下不奉天子之令也。故周自東遷以後，祚雖未改，亦爲失天下也。**天子不仁，不保四海；諸侯不仁，不保社稷；卿大夫不仁，不保宗廟；士庶人不仁，不保四體。今惡死亡而樂不仁，是由惡醉而强酒。』**【注】保，安也。四體，身之四肢。强酒則必醉也。

《章指》言：人所以安，莫若爲仁，惡而勿去，患必在身，自上達下，其道一焉。

孟子曰：『愛人不親反其仁，治人不治反其智，禮人不答反其敬，行有不得者，皆反求諸己，其身正而天下歸之。【注】反其仁，己仁猶未至邪。反其智，己智猶未足邪。反其敬，己敬猶未恭邪。反求諸身，身已正則天下歸就之，服其德也。【疏】『愛人』至『其敬』○正義曰：僖公二十二年《穀梁傳》云：『故曰：禮人而不答則反其敬，愛人而不親則反其仁，治人而不治則反其知。』《荀子・法行》篇引曾子云：『同遊而不見愛者，吾必不仁也；交而不見敬者，吾必不恭[一]也；臨財而不見信者，吾必不信也。三者在身，曷怨人？怨人者窮，怨天者無識，失之[二]己而反諸人，豈不亦迂哉。』○注『則天下歸就之』○正義曰：《廣雅・釋詁》云：『歸，就也。』《詩》云：「**永言配命，自求多福。**」』**【注】**此詩已見上篇，其義同。

《章指》言：行有不得於人，一求諸身，責己之道也。改行飭躬，福則至矣。

孟子曰：『人有恆言，皆曰天下國家。【注】恆，常也。人之常語也。天下謂天子之所主，國謂諸侯之國，家謂卿大夫也。**【疏】**注『恆常也』○正義曰：《爾雅・釋詁》文。**天下之本在國，國之本在家，家之本在身。』【注】**治天下者，不得良諸侯，無以爲本。治其國者，不得良卿大夫，無以爲本。治其家者，不得良身，無以爲本也。

《章指》言：天下國家，各依其本；本正則立，本傾則踣。雖曰常言，必須敬慎也。

孟子曰：『爲政不難，不得罪於巨室。【注】巨室，大家也。謂賢卿大夫之家，人所則

[一]『恭』，《皇清經解》本同，《荀子・法行》作『長』。
[二]『之』，《皇清經解》本同，《荀子・法行》作『諸』。

效者。言不難者，但不使巨室罪之，則善也。【疏】注『巨室』至『善也』○正義曰：以巨室爲大家者，《尚書・梓材》云：『以厥庶民，暨厥臣，達大家。』王氏鳴盛《尚書後案》云：『大家者，封建諸侯，使與大家巨室共守之，以爲社稷之鎮，《九兩》所謂「宗以族得民」，《公劉》所謂「君之宗之」。周公分康叔以殷民七族，陶氏、施氏、緐氏、錡氏、樊氏、饑氏、終葵氏，卽衛之大家。降至春秋，猶有晉六卿，魯三桓，齊諸田，楚昭、屈、景之類是也。』周氏用錫《尚書證義》云：『大家若伊、巫之族。』《禮記・少儀》云『不願於大家』，注云：『大謂富之廣也。』孔氏正義云：『大家，謂富貴廣大之家，謂大夫之家也。』趙氏佑《温故録》云：『不得罪巨室，非狗巨室也。巨室之資力有餘，氣習深固，易爲善，亦易爲惡。彼其謹厚世傳，爲德鄉里，與或妄自尊大，武斷把持者，所在多有。古之爲政，有行法不避貴戚大姓，爲史書稱者。果其人積負不仁，如律所謂勢惡土豪，爲世指疾，何足言「一國之所慕」。爲政者自宜亟創懲之，爲齊民先，而何得罪之與有？注故深體經文，以巨室爲賢卿大夫之家，人所則效者。惟賢，故不愧爲巨室，不可以得罪，能使一國慕之，天下慕之，而有裨吾德教也。不得罪奈何？曰：禮而已矣。禮以類族辨物，無過也，無不及也。後世政不古若，庸才下吏，專阿勢利而虐愚柔，固齷促不足道；其有故持成見，務爲刻深，偏樂得搢紳素封之事而文致之，不察其平居之望實，事理之是非，下以飽欲壑，上以弋能名，其亦爲巨室者有以階之厲邪。』**巨室之所慕，一國慕之；一國之所慕，天下慕**

之：**故沛然德教溢乎四海。』**【注】慕，思也。賢卿大夫，一國思隨其所善惡，一國思其善政，則天下思以爲君矣。沛然大洽德教，可以滿溢於四海之内。【疏】注「慕思」至「之内」○正義曰：《楚辭·懷沙》云『邈不可慕兮』，注云：『慕，思也。』政善則巨室善之，而一國隨其所善也。政不善則巨室惡之，而一國隨其所惡也。《廣雅·釋詁》云：『沛，大也。』『溢，滿也。』《一切經音義》引《三倉》云：『洽，徧徹也。』徧徹亦盈滿之義，故以大洽釋沛然。大洽卽是滿溢，滿溢卽是沛然也。德教溢乎四海，然則巨室之所慕，慕其德教也。有此德教，卽不得罪於巨室，而爲政不難矣。

《章指》言：天下傾心，思慕鄉善，巨室不罪，咸以爲表，德之流行，可以充四海也。

孟子曰：『天下有道，小德役大德，小賢役大賢；天下無道，小役大，弱役强：斯二者，天也。順天者存，逆天者亡。【注】有道之世，小德小賢，樂爲大德大賢役，服於賢德也。無道之時，小國弱國，畏懼而役於大國强國也。此二者，天時所遭也。當順從之，不當逆也。**齊景公曰：「既不能令，又不受命，是絶物也。」涕出而女於吴。**【注】齊景公，齊侯。景，謚也。言諸侯既不能令告鄰國，使之進退，又不能事大國，往受教命，是所以自絶於物。物，事也。大國不與之通朝聘之事也。吴，蠻夷也。時爲强國，故齊侯畏而恥之，泣涕而與爲婚。【疏】『涕出而女於吴』○正義曰：《説苑·權謀》篇云：『齊景公以其子妻闔廬，送諸郊，泣曰：「余死不汝見矣。」高夢子曰：「齊負海而縣山，縱不能全收天下，誰干我君，愛則勿行。」公曰：「余有齊國之固，不能以令諸侯，又不能聽，是生亂也。寡人聞之，不能令，則莫若從。」遂遣之。』《吴越春秋・闔閭内傳》云：『闔閭謀伐齊，齊侯使女爲質於吴，因爲太子波聘齊女。』注云：『齊景公女，孟子所謂「涕出而女於吴」，即此也。』翟氏灝《考異》云：『《左傳》僖公七年，孔叔言於鄭伯曰：「既不能彊，又不能弱，所以斃也。」景公言，蓋本其意。』○注『物事』至『事也』○正義曰：《毛詩・大雅・烝民》『有物有則』，傳云：『物，事也。』《周禮・大司徒》『以鄉三物教萬民』，《禮記・文王世子》『行一物而三善皆得者』，注並云：『物，猶事也。』兩國相交之事，莫如朝聘，故以絶物爲不與通朝聘之事也。 **今也小國師大國而恥受命焉，是猶弟子而恥受命於先師也。**【注】今小國以大國爲師學法度焉，而恥受教命，不從其進退，譬猶弟子不從師也。【疏】注『今小國』至『度焉』○正義曰：《禮記・學記》云：『夫然，故安其學而親其師。』又云：『師也者，所以學爲君也。』故趙氏以學釋師，謂『師大國』即學大國也。《書大傳》云：『學，效也。』《淮南子・脩務訓》『以趣明師』，高誘注云：『師，所以取法則。』法則即法度。以大國爲師，即是以大國爲法度，故疊以師學法度明之。 **如恥之，莫若師文王。師文王，大國五年，小國七年，必爲政於天下矣。**【注】文王行仁政，以移殷民之心，使皆就之。今師效文王，大國不過五年，小國七年，必得政於天下矣。文王時難，故百年乃洽。今之時易，文王由百里起，今大國乃踰千里，過之十倍有餘，故五年足以爲政；小國差之，故七年。《詩》云：「**商之孫子，其麗不億，上帝既命，侯于周服。侯服于周，天命靡常，殷士膚敏，祼將于京。**」【注】詩，《大雅·文王》之篇。麗，億，數也。言殷帝之子孫，其數雖不但億萬人，天既命之，惟服於周，殷之美士，執祼暢之禮，將事於京師，若微子者。膚，大。敏，達也。此天命之無常也。【疏】注「詩大雅」至「常也」○正義曰：詩在《大雅·文王》第四章及第五章。四章毛傳云：「麗，數也。盛德不可爲衆也。」箋云：「于，於也。商之孫子，其數不徒億，多言之也。至天已命文王之後，乃爲君於周之九服之中，言衆之不如德也。」五章毛傳云：「則見天命之無常也。殷士，殷侯也。膚，美。敏，疾也。祼，灌鬯也。周人尚臭。將，行。京，大也。」箋云：「無常者，善則就之，惡則去之。殷之臣，壯美而敏，來助周祭。」趙氏義略同。《方言》云：「斁，數也。」注云：「偶物爲斁。」斁與麗同。《周禮·夏官·校人注》云：「麗，耦也。」《小爾雅·廣言》云：「麗，兩也。」凡物自兩以上，皆數也。其麗不億，謂其偶不止於億也。十萬爲億，億而偶，則二十萬也。謂不止二十萬也。鄭以「侯于周服」爲「爲君於周之九服之中〔一〕」，是以君釋侯，以九服釋周服。趙氏此句無釋，而注「侯服于周」云「惟服于周」，則是以惟釋侯，以服爲服從。乃鄭氏云

〔一〕「中」，《皇清經解》本作「内」，《毛詩正義》作「中」。

『善則就之』，是以服于周爲就于周，與趙義不殊。微子封於微，趙氏舉此爲殷士，則亦以殷士爲殷侯。隱公五年《公羊傳》云：『美，大之之辭也。』《毛詩・小雅》『以奏膚公』，傳亦云：『膚，大也。』大與美，其義亦通也。敏爲疾，才識捷速，正其達也。《音義》出『暢』字，丁云：『謂鬯酒也。』古鬯通作暢，《禮記・雜記》云『暢臼以椈』，《春秋繁露・執贄》篇云：『天子用暢』是也。**孔子曰：「仁，不可爲衆也。夫國君好仁，天下無敵。」**【注】孔子云：行仁者，天下之衆不能當也。諸侯有好仁者，天下無敢與之爲敵。**今也欲無敵於天下而不以仁，是猶執熱而不以濯也。《詩》云：「誰能執熱，逝不以濯。」**【注】詩，《大雅・桑柔》之篇。誰能持熱而不以水濯其手，喻爲國誰能違仁而無敵也。【疏】注『詩大』至『敵也』○正義曰：詩在《大雅・桑柔》篇第五章。毛傳云：『濯，所以救熱也。』箋云：『當如手持熱物之用濯。』與趙氏義同。《禮記・内則》云：『炮，取豚若〔一〕將……涂之〔二〕以謹涂。炮之，涂皆乾，擘之，濯手以摩之。』孔氏正義云：『手既擘泥不淨，其肉又熱，故濯手摩之，去其皽莫〔三〕。』此執熱以濯之事也。

〔一〕『若』，《皇清經解》本作『及』，《禮記正義》作『若』。
〔二〕『之』，《皇清經解》本無，《禮記正義》有『之』字。
〔三〕『莫』，《皇清經解》本作『矣』，《禮記正義》作『膜』。

《章指》言：遭衰逢亂，屈服强大，據國行仁，天下莫敵，雖有億衆，無德不親，執熱須濯，明不可違仁也。

孟子曰：『不仁者可與言哉？安其危而利其菑，樂其所以亡者。不仁而可與言，則何亡國敗家之有？【注】言不仁之人，以其所以爲危者反以爲安，必以惡見亡，而樂行其惡。如使其能從諫從善，可與言議，則天下何有亡國敗家也。【疏】『不仁者』至『之有』○正義曰：以上四章，示人反身改過之義。前言改其師大國者師文王，則轉弱爲强，化小爲大。此言不仁者改其不可與言而爲可與言，則國可不亡，家可不敗。此孟子發明《周易》之恉也。危卽菑也。安之卽利之也。故趙氏於『利其菑』不復注。**有孺子歌曰：「滄浪之水清兮，可以濯我纓！滄浪之水濁兮，可以濯我足！」孔子曰：「小子聽之，清斯濯纓，濁斯濯足矣。自取之也。」**【注】孺子，童子也。小子，孔子弟子也。清濁所用，尊卑若此。自取之，喻人善惡見尊賤乃如此。【疏】「有孺子」至「我足」○正義曰：楚辭《漁父》云：『漁父莞爾而笑，鼓枻而去。歌曰：「滄浪之水清兮，可以濯吾纓！滄浪之水濁兮，可以濯吾足！」』《水經》『沔水過武當縣東北』，注云：『縣西北四十里，漢水中有洲名滄浪洲。庾仲雍《漢記》謂之千齡洲，非也。是世俗語訛，音與字變矣。《地説》曰：「水出荆山東南，流爲滄浪之水。」是近楚都，故漁父歌曰：「滄浪之水清兮，可以濯我纓！滄浪之水濁兮，可以濯我足！」按《尚書・禹貢》言「導漾水，東流爲漢，又東爲滄浪之水」。不言過而言爲者，明非他水決入也。蓋漢沔水下有滄浪通稱耳。纏絡鄢、郢，地連紀、郡，咸楚都矣。漁父歌之，不違水地。』按歌出孺子，孔子所聞，遠在屈原之前。屈原取此，假爲漁父之辭耳，非其本也。閻氏若璩《釋地》云：『滄浪，蓋地名也。漢水流經此地，遂得名滄浪之水。善乎宋葉夢得言：「大抵《禹貢》水之正名，可以單舉者，若漢若濟之類是。不可單舉者，則以水足之，若黑水、弱水之類是。非水之正名，而因以爲名，則以水別之，若滄浪之水是。」』胡氏渭《禹貢錐指》云：『水名或單舉，或配水字，各有所宜。弱、黑並配水，漾單舉，沇配水，皆屬辭之體應爾，非有他義。《山海經》凡山水二字爲名者，其上必加之字，猶此滄浪之水也。亦古人屬辭之體，安見滄浪爲地名而非水名乎？』王氏鳴盛《尚書後案》云：『《水經・夏水》篇引鄭注下即引劉澄之《永初山水記》云：「夏水，古文以爲滄浪，鮌父所歌也。」鄭云：「今謂之夏水。」意以今之所謂夏水，即古之所謂滄浪也。《水經》云：「夏水出江，流於江陵縣東南，又東過華容縣南。」即所謂「又東爲滄浪」者也。酈氏强以千齡洲改爲滄浪洲，以當《禹貢》「滄浪之水」，其説詭甚。酈所指者，乃均州漢水中一小洲，即庾仲雍所云千齡洲。千齡滄浪，音義全別。即屈原遊江潭，遇漁父，並不在均州之境。又思念楚都而托歌滄浪，正當在古郢都，今江陵，故《地説》援此歌以爲楚都之切證。酈乃云：「漁父歌之，不違水地」，尤爲妄謬。張平子

《南都賦》：「流滄浪而爲隍，廓方城而爲墉。」李善注引《左傳》屈完所謂「楚國方城以爲城，漢水以爲池」，則是滄浪旋繞楚都，正當在江陵。』盧氏文弨《鍾山札記》云：『倉浪，青色。在竹曰蒼筤，在水曰滄浪，古詞《東門行》「上用倉浪天」，天之色正青也。艷歌《何嘗行》「上慙滄浪之天」，俱見《晉宋書樂志》。又《吕氏春秋·審時》篇：「麥後時者，弱苗而蒼狼」，亦言其青色。蒼、倉、滄三字並通用，非謂天之色如水，以滄浪相比況也。周氏廣業《孟子古注考》云：《文選·塘上行》劉熙注：「滄浪之水清兮，滄浪，水色也。」蘇子美於吴下作滄浪亭，正取此義。葉夢得《避暑録話》謂「滄浪地名，非水名」，非也。』○『清斯』至『自取之也』○正義曰：周氏柄中《辨正》云：『或云漢水本清，而滄浪又去源未遠，名之滄浪者，惟其清也。則可以濯纓者其本然，而濯足之辱，乃水自取之也。愚按：《水經注》漢水自發源嶓冢，流至武當之滄浪洲，幾二千里，去源遠矣。《襄陽縣志》云：「漢水重濁，與大河相似。」童承叙亦謂「漢水至濁，與江湖水合，其流必澄，故常填淤。」然則漢水本濁，其時而清者，正以合他水而流澄，安得言清者其本然乎？』按滄浪是夏水，本以清得名，則其清是本然，濁乃習染。下云『自侮』『自毁』『自伐』，俱從『濁斯濯足』相貫，是水本可濯纓，由自濁而濯足；人本可活，由自作孽而不可活。周氏之辨，非也。『自作孽不可活』，是本清而自變爲濁，由善而惡也。『不仁而可與言』，是既濁而自改爲清，由惡而善也。清斯濯纓承上，濁斯濯足起下，尊而賤，賤而尊，皆自取矣。○注『孺子童子也』〇正義曰：錢氏大昕《養新録》云：『今人以孺子爲童稚之通稱，蓋本於《孟子》。考諸經傳，則天子以下嫡長爲後者，乃得稱孺子。《金縢》、《洛誥》、《立政》之孺子，謂周成王也。《晉語》里克、先友、杜原欵稱申生爲孺子，里克又稱奚齊爲孺子，晉獻公之喪，秦穆公使人弔公子重耳，稱爲孺子，而舅犯亦稱之，是時秦欲納之爲君也。孺子䵷之喪，哀公欲設撥，亦以世子待之也。齊侯荼已立爲君，而陳乞、鮑牧稱爲孺子，其死也謚之曰安孺子，則孺子非卑幼之稱矣。欒盈爲晉卿，而胥午稱爲欒孺子。《左傳》稱孟莊子爲孺子速，武伯曰孺子洩，莊子之子秩雖不得立，猶稱孺子，是孺子貴於庶子也。齊子尾之臣稱子良曰「孺子長矣」，韓宣子稱鄭子齹曰「孺子善哉」，皆世卿而嗣立者也。《内則》：「異爲孺子室於宫中，母某敢用時日，祇見孺子」，亦貴者之稱。惟《檀弓》載「有子與子游立，見孺子慕者」，「弁人有其母死而孺子泣者」，此爲童子通稱，與《孟子》同。』〇注「小子孔子弟子也」〇正義曰：《禮記・少儀》「小子走而不趨」，注云：「小子，弟子也。」《詩・小雅・思齊》篇「肆成人有德，小子有造」，箋云：「成人，謂大夫士也。小子，其弟子也。」《論語・泰伯》篇「曾子有疾，召門弟子曰：吾知免夫，小子」，集解引周生曰：「小子，弟子也。」又《子張》篇「子夏之門人小子」，集解引包曰：「言子夏弟子。」此小子自孔子呼之，是孔子弟子也。**夫人必自侮，然後人侮之；家必自毁，而後人毁之；國必自伐，而後人伐之。**【注】人先自爲可侮慢之行，故見侮慢也。家先自爲可毁壞之道，故見毁也。國先自爲可誅伐之政，故見伐也。**【疏】**注『人先』至『伐也』○正義曰：《吕氏春秋·遇合》篇云『是侮也』，高誘注云：『侮，慢也。』《小爾雅·廣言》云：『毁，壞也。』《荀子·議兵篇》『堯伐驩兜』，注云：『伐，亦誅也。』**太甲曰：「天作孽，猶可違；自作孽，不可活。」此之謂也。**『**【注】**已見上篇，説同也。

《章指》言：人之安危，皆由於己，先自毁伐，人乃攻討，甚於天孽，敬慎而已，如臨深淵，戰戰恐栗也。【疏】『如臨深淵戰戰恐栗』○正義曰：恐栗，一本作『恐懼』。《音義》出『恐栗』，丁云：『義當作「慄」，古字借用。趙氏本作「栗」也。』《毛詩·小雅·小閔》篇云：『戰戰兢兢，如臨深淵』，傳云：『戰戰，恐也。』《後漢書》注引《太公金匱》云：『黄帝居民上，惴惴如臨深淵；禹居民上，慄慄如不滿日。』《史記·樂書》云：『戰戰恐懼。』《説苑·説叢》篇云：『戰戰慄慄，日慎其事。』《淮南子·人間訓》引堯戒曰：『戰戰慄慄，日慎一日。』

孟子正義卷十五

孟子曰：『桀紂之失天下也，失其民也。失其民者，失其心也。【注】失其民之心，則天下畔之，簞食壺漿，以迎武王之師是也。**得天下有道，得其民，斯得天下矣。得其民有道，得其心，斯得民矣。得其心有道，所欲與之聚之，所惡勿施，爾也。**【注】欲得民心，聚其所欲而與之。爾，近也。勿施行其所惡，使民近，則民心可得矣。【疏】注『欲得』至『與之』〇正義曰：聚之義有二：《禮記·曲禮》注云：『聚，猶共也。』《國語·晉語》云『聚居異情』，注云：『聚，共也。』所欲與之聚之卽所欲與之共之也。《左傳》顏涿聚，《說苑·正諫》篇作『燭趨』，是聚與趨通。《易·萃卦·彖傳》云『聚以正也』，《釋文》云：『荀本作「取」。』劉熙《釋名·釋言語》云：『取，趣也。』趣亦卽趨，是聚與趨、趣、取通。趙氏言聚其所欲而與之卽是趣其所欲而與之也。王氏引之《經傳釋詞》云：『家大人曰：與，猶爲也。爲字讀去聲。「所欲與之聚之」，言[一]所欲則爲民聚之也。《楚策》曰「吾與子出兵矣」，言吾爲子出兵也。《漢書・高帝紀》「漢王爲義帝發喪」，《漢紀》爲作「與」。』戴氏震《孟子字義疏證》云：『宋以來儒者，舉凡飢寒愁怨、飲食男女、常情隱曲之感，則名之曰「人欲」，故終其身見欲之難制。其所謂「存理」，空有理之名，究不過絶情欲之感耳。何以能絶？天下必無舍生養之道而得存者。凡事爲皆有於欲，無欲則無爲矣。有欲而後有爲，有爲而歸於至當不可易之謂理。無欲無爲，又焉有理！老、莊、釋氏生於無欲無爲，故不言理；聖人務在有欲有爲之咸得理。是故君子亦無私而已矣，不貴無欲。君子使欲出於正，不出於邪，不必無飢寒愁怨、飲食男女、常情隱曲之感。於是讒説誣辭，反得刻議君子而罪之，此理欲之辨，使君子無完行者，爲禍如是也。以無欲然後君子，而小人之爲小人也，依然行其貪邪。獨執此以爲君子者，謂不出於理則出於欲，不出於欲則出於理。其言理也，如有物焉，得於天而具於心，於是未有不以意見爲理之君子，且自信不出於欲，則曰心無愧怍。夫古人所以不愧不怍者，豈此之謂乎？不悟意見多偏之不可以理名，而持之必堅，意見所非，則謂其人自絶於理，此理欲之辨，適成忍而殘殺之具，爲禍又如是也。夫堯舜之憂「四海困窮」，文王之「視民如傷」，何一非爲民謀其人欲之

[一]『言』，《皇清經解》本作『言之』。

事。惟順而導之，使歸於善。今既截然分理欲爲二，治己以不出於欲爲理，治人亦必以不出於欲爲理，舉凡民之飢寒愁怨、飲食男女、常情隱曲之感，咸視爲人欲之甚輕者矣。輕其所輕，乃吾重天理也，公義也。言雖美，而用之治人則禍其人。至於下以欺僞應乎上，則曰人之不善，胡弗思聖人體民之情，遂民之欲，不待告以天理公義而人易免於罪戾者之有道也。孟子於民之「放辟邪侈無不爲」，以「陷於罪」，猶曰「是罔民也」。又曰「救死而恐不贍，奚暇治禮義哉」。古之言理也，就人之情欲求之，使之無疵之爲理。今之言理也，離人之情欲求之，使之忍而不顧之爲理。此理欲之辨，適以窮天下之人，盡轉移爲欺僞之人，爲禍何可勝言也！其所謂欲，乃帝王之所盡心於民；其所謂理，非古聖賢之所謂理；蓋離乎老釋之言以爲言，是以弊至此也。然宋以來儒者皆力破老釋，不自知雜襲其言而一一傅合於經，遂曰《六經》孔孟之言。其惑人也易而破之也難，數百年於兹矣。人心所知，皆彼之言，不復知其異於《六經》孔孟之言矣。世又以躬行實踐之儒，信焉不疑。夫楊、墨、老、釋皆躬行實踐，勸善懲惡，救人心，贊治化，天下尊而信之，帝王因尊而信之者也。孟子韓子闢之於前，聞孟子韓子之言，人始知其與聖人異而究不知其所以異。至宋以來儒者之言，人咸曰是與聖人同也。辯之，是欲立異也。此如嬰兒中路失其父母，他人子之而爲其父母，既長不復能知他人之非其父母，雖告以親父母，而決爲非也而怒其告者。故曰破之也難。」○注「爾近」至「得矣」○正義曰：爾與邇通，《儀禮・燕禮》『南鄉爾卿』，《特牲饋食禮》『視命爾敦』，爾字皆訓近，皆爲邇也。趙氏佑《温故録》云：『讀「爾也」自爲句。』**民之歸仁也，猶水之就下，獸之走壙也。故爲淵敺魚者，獺也。爲叢敺爵者，鸇也。爲湯武敺民者，桀與紂也。今天下之君有好仁者則，諸侯皆爲之敺矣。雖欲無王，不可得矣。**【注】民之思明君，猶水樂埤下，獸樂壙野，敺之則歸其所樂。獺，猵也。鸇，土鸇也。故云諸侯好爲仁者，敺民若此也。湯武行之矣，如有則之者，雖欲不王，不可得也。【疏】注『民之』至『所樂』〇正義曰：埤與卑通，亦作『庳』。《國語・周語》云『晉侯執玉卑』，注云：『卑，下也。』《説文》土部云：『壙，塹穴也。一曰大也。』其訓大者，通於曠，《毛詩・小雅・何草不黄》篇『率彼曠野』，傳云：『曠，空也。』昭公元年《左傳》云『居於曠林』，賈注云：『曠，大也。』野空潤故大。大卽廣也，故字亦通於廣。趙氏以壙野釋之，讀壙爲曠也。《説文》馬部云：『驅，驅馬也。从馬，區聲。敺，古文驅。』段氏玉裁《説文解字注》云：『攴者，小擊也。今之扑字。鞭箠策，所以施於馬而驅之也。故古文从攴，引申爲凡駕馭追逐之稱。《周禮》：「以靈鼓敺之，以炮土之鼓敺之。」《孟子》：「爲淵敺魚，爲叢敺爵，爲湯武敺民。」皆用古文，其實皆可作驅，與殳部之毆義別。』〇注『獺猵也』〇正義曰：王氏念孫《廣雅疏證》云：『《説文》「猵，獺屬也。」或從賓作「獱」。又云：「獺，如小狗，水居食魚。」李善《羽獵賦》注引郭璞《三倉解詁》云：「獱，似狐，青色，居水中食魚。」《吕氏春秋·孟春紀〔一〕》「獺祭魚」，高誘注云：「獺，猵，水禽也。取鯉魚置水邊，四面陳之，世謂之祭魚。」《淮南子·兵略訓》：「蓄池魚者必去猵獺，爲其害魚也。」故《鹽鐵論·輕重》篇云：「水有猵獺而池魚勞。」《御覽》引《博物志》云：「獺有兩種，猵獺形大，頭如馬，身似蝙蝠。」則猵乃獺之大者。而顔師古注《漢書·揚雄傳》以猵爲小獺，非也。」○注「鸇土鸇也」○正義曰：《爾雅·釋鳥》云「晨風，鸇」，注云：「鷂屬。」邵氏晉涵《爾雅正義》云：「鸇爲鷹類，有生於土窟者，故亦謂之土鸇。《詩》疏引陸璣疏云：『鸇似鷂，青黄色，燕喙，嚮風摇翅，乃因風飛急，疾擊鳩鴿燕雀食之。』」○注「諸侯至『得也』」○正義曰：「好爲仁者」當作「爲好仁者」。「若此」，此指「獺鸇」。趙氏讀「有好仁者則」爲句，言湯武好仁，桀紂爲之敺民使歸之。今天下之君有好仁者以湯武爲法則，今之諸侯皆爲之敺民，亦如桀紂爲湯武敺民矣。**今之欲王者，猶七年之病求三年之艾也。苟爲不畜，終身不得。苟不志於仁，終身憂辱，以陷於死亡。**【注】今之諸侯，欲行王道，而不積其德，如至七年病而卻求三年時艾，當畜之乃可得。以三年時不畜藏之，至七年而欲卒求之，何可得乎。艾可以爲灸人病，乾久益善，故以爲喻。志仁者，亦久行

〔一〕「紀」，《皇清經解》本作「絶」，《吕氏春秋》作「紀」。

之。不行之，則憂辱以陷死亡，桀紂是也。【疏】注『艾可』至『益善』○正義曰：《毛詩·王風》『彼采艾兮』，傳云：『艾，所以療疾。』《名醫别録》云：『艾葉，味苦微温，主灸百病，一名冰臺，一名醫草。』阮氏元《校勘記》云：『灸，音久，亦音究。孫氏不爲音。俗譌作「灸」。』《説文》火部云：『灸，灼也。从火，久聲。』○注『以三年不畜藏之』○正義曰：趙氏解『爲』爲何爲奚爲之爲。爲，猶以也。故云以三年。王氏引之《經傳釋詞》云：『爲，猶使也。亦假設之詞也。《孟子·離婁》篇「苟爲不畜」，又「苟爲無本」，《告子》篇曰「苟爲不熟」，皆言苟使也。』**《詩》云：「其何能淑，載胥及溺。」此之謂也。**【注】詩，《大雅·桑柔》之篇。淑，善也。載，辭也。胥，相也。刺時君臣何能爲善乎，但相與爲沈溺之道也。【疏】注『詩大』至『道也』○正義曰：詩在《大雅·桑柔》第五章。箋云：『淑，善。胥，相。及，與也。女若云其於政事何能善乎，則女君臣皆相與陷溺於禍難。』孔氏正義云：『王肅以爲如今之政其何能善，但君臣相與陷溺而已。』趙氏與王肅同。

《章指》言：水性趨下，民樂歸仁。桀紂之敺，使就其君。三年之艾，畜而可得。一時欲仁，猶將沈溺。所以明鑒戒也。【疏】『猶得沈溺』○正義曰：阮氏元《校勘記》云：『沈，依《説文》當作「湛」。沈，假借字。沉，俗字。』

孟子曰：『自暴者，不可與有言也。自棄者，不可與有爲也。言非禮義，謂之自暴

也。吾身不能居仁由義，謂之自棄也。【注】言人尚自暴自棄，何可與有言有爲。**仁，人之安宅也。義，人之正路也。曠安宅而弗居，舍正路而不由，哀哉！**【注】曠，空。舍，縱。哀，傷也。弗由居是者，是可哀傷哉。【疏】注「曠空」至「傷哉」○正義曰：《論衡・藝增》篇云：「曠，空也。」《吕氏春秋・無義》篇云「則無曠事矣」，高誘注云：「曠，廢也。」《文選・西京賦》云「矢不虚舍」，薛綜注云：「舍，放也。」放卽縱也。《廣雅・釋詁》舍、縱並訓置，則舍亦縱也。《説文》口部云：「哀，閔也。」《國策・秦策》云「天下莫不傷」，注云：「傷，愍也。」愍卽閔也。

《章指》言：**曠仁舍義，自暴棄之道也。**【疏】「曠仁」至「道也」○正義曰：前言「不能居仁由義」是自棄，則曠弗居、舍弗由承上仁義而言，乃自謂不能而曠之舍之，與非之以爲不足居、不足由而曠之舍之，同一曠仁舍義也，故兼暴、棄言之。或説下二節專指自棄者，以自暴者已不可與之言也。

孟子曰：「道在邇而求諸遠，事在易而求諸難。人人親其親，長其長，而天下平。」【注】邇，近也。道在近而患人求之遠也，事在易而患〔一〕人求之難也，謂不親其親，不事

〔一〕「患」，《皇清經解》本作「苦」，《孟子注疏》作「患」。

其長，故其事遠而難也。【疏】『道在』至『天下平』○正義曰：自首章言平治天下必因先王之道，行先王之法，反復申明，歸之於居仁由義。何爲仁，親親是也。何爲義，敬長是也。道，卽平天下之道也。事，卽平天下之事也。指之以在邇在易，要之以其親其長。親其親，則不致於無父；長其長，則不致於無君。舍此而高談心性，辨別理欲，所謂求諸遠，求諸難也。或説：『道可致而不可求，求便非易簡之道。』蓋讀遠字難字爲句，謂道在邇不必他求也，若求諸，則遠矣。事在易不必他求也，若求之，則難矣。邇，《考文》古本作『爾』。

《章指》言：親親敬長，近取諸己，則邇而易也。

孟子曰：『居下位而不獲於上，民不可得而治也。獲於上有道，不信於友，弗獲於上矣。信於友有道，事親弗悦，弗信於友矣。悦親有道，反身不誠，不悦於親矣。誠身有道，不明乎善，不誠其身矣。【注】言人求上之意，先從己始，本之於心；心不正而得人意者，未之有也。【疏】『居下位』至『身矣』○正義曰：《禮記·中庸》篇與此同。鄭氏注云：『獲，得也。言臣不得於君，則不得居位治民。言知善之爲善，乃能行誠。』戴氏震《孟子字義疏證》云：『誠，實也。據《中庸》言之，所實者，知仁勇也。實之者，仁也，義也，禮也。由血氣心知而語於智仁勇，非血氣心知之外別有智有仁有勇以予之也。就人倫日用而語於仁，語於禮義，舍人倫日用，無所謂仁、所謂義、所謂禮也。血氣心知者，分於陰陽五行而成性者也，故曰「天命之謂性」。人倫日用，皆血氣心知所有事，故曰「率性之謂道」。全乎知仁勇者，其於人倫日用行之，而天下覩其仁，覩其禮義，善無以加焉，「自誠明」者也。學以講明人倫日用，務求盡夫仁，盡夫禮義，則其智仁勇所至，將日增益以於聖人之德之盛，「自明誠」者也。質言之曰人倫日用，精言之曰仁曰義曰禮。所謂「明善」，明此者也。所謂「誠身」，誠此者也。質言之曰血氣心知，精言之曰智曰仁曰勇，所謂「致曲」，致此者也。所謂「有誠」，有此者也。言乎其盡道，莫大乎仁，而兼及義，兼及禮；言乎其能盡道，莫大於智，而兼及仁，兼及勇。是故善之端不可勝數，舉仁義禮三者而善備矣。德性之美不可勝數，舉智仁勇三者而德備矣。曰善曰德，盡其實之謂誠。』

是故誠者，天之道也。思誠者，人之道也。至誠而不動者，未之有也。不誠，未有能動者也。』【注】授人誠善之性者，天也。故曰天道。思行其誠以奉天者，人道也。至誠則動金石，不誠則鳥獸不可親狎，故曰未有能動者也。【疏】『誠者』至『動者也』○正義曰：《禮記・中庸》云：『誠者，天之道也。誠之者，人之道也。』注云：『言誠者，天性也。誠之者，學而誠之者也。』趙氏佑《温故録》云：『《中庸》言「誠之者」，而下詳其目，故以「慎思」爲誠之一事，乃就所學所問而次第及之，然後進以「明辨」「篤行」。孟子渾括其辭，獨揭一「思」字加本句上，則統所知所行而歸重言之，明示人以反求諸身爲誠身之要。惟思故能擇善，惟思故能固執，君子無往而不致其思，無思而不要於誠，故曰「君子有九思」，曰「思不出其位」，孟子嘗警人之弗思而教以思，則得之先立乎大。』程氏瑤田《通藝録·論學小記》云：『誠者，實有而已矣。天實有此天也，地實有此地也，人實有此人也。人有性，性有仁義禮智之德，無非實有者也。故曰性善也者，實有此善焉者也。故曰誠者物之終始，不誠無物。死乃無此人，未死則實有此人，實有此性，實有此性之善。實有此性之善，故曰誠者；能實有此性之善，故曰誠之者。誠之者，自明誠者也。能自明誠，實有此能也。能由教入，實有此能也，故曰自誠明謂之教。雖不謂之性，非不實有此性也；如不實有此性，則自誠明者，天下一人而已矣。有誠者，無誠之者，雖有教無益也。惟人皆實有此性，故人人能擇善固執以誠之，而實有此教矣。非實有此人之氣質，亦安能實有此性之善乎？若夫未死先已，未終先終，不誠矣。惟不實有，故曰無物。是不誠之者也，非不能誠之也。是故不空之謂實，不無之謂有，皆指物而言。而二氏空之無之，是已無物矣。此不必與辨者也。今乃指其所謂空與無者，而曰雖空而實實，雖無而實有，此釋氏所謂「色卽是空，空卽是色」，其語不反覺精妙邪？從空無下轉出實有，異乎吾學從物上致力焉者也。』謹按：由悦親而信友，由信友而獲上，由獲上而治民，皆人倫日用之常也。必反身而歸之於誠，其反身而誠也，必歸之以明善。蓋伏羲之前，未有人倫，不知有善，何以有誠。乃天既授人以善性，此誠者，天之道也。人性既誠有此善，則自能明，故先覺者自誠而明，因以覺人，而人亦無不自誠而明。然未明，患其不明；既明矣，又患其不誠。故莫不知親之當悦也，友之當信也，上之當獲，而民之當治也。亦莫不曰吾能悦親也，吾能信友也，吾能獲乎上而治乎民也。乃民不治，上不獲，友不信，親不悦，此非不明之故，而不誠之故。不誠者，非天不以誠授我也，是我未嘗思也。是以孟子既由誠身而歸重於明善，又由明善而申言思。誠既明矣，又思其誠。誠身乃能悦親，信友，獲上，治民，所謂動也。悦親而親悦，信友而友信，事上而上獲，治民而民治，至誠而動物也。不誠則悦親而親不悦，信友而友不信，事上而上不獲，治民而民不治，所謂未有能動者也。惟天實授我以善，而我乃能明；亦惟我實有此善，而物乃可動。誠則明，明生於天道之誠；明則誠，誠又生於人道之思誠。人能思誠，由其明也。人能明，由其誠也。惟天下至誠，爲能盡其性；能盡其性，則能盡人之性；能盡人之性，則能盡物之性；能盡物之性，則可以贊天地之化育；可以贊天地之化育，則可以與天地參矣。此自誠明謂之性也。其次致曲，曲能有誠，誠則形，形則著，著則明，明則動，動則變，變則化，惟天下至誠爲能化，自明誠謂之教也。曲者，明而不誠也。未明之先，則自誠而明，以盡其性；既明之後，則自明而誠，以致其曲。致曲之功，仍在於明，蓋雖明而仍未明，所以曲也。何也？明於悦親，而未明誠於悦親也。明於信友，而未明誠於信友也。明於事上治下。未明誠於事上、誠於治下也。故誠其身，仍必明其善矣。《孟子》此章，括《中庸》之旨而言之。○注『至誠』至『親狎』○正義曰：此本《列子·黄帝》篇爲説。動金石者，『有一人從石壁中出，子夏言「游金石蹈水火皆可」』是也。鳥獸不可親狎者，『海上漚鳥，舞而不下』是也。張湛注云：『海童誠心充於内，坦蕩形於外，雖未能利害兩忘，猜忌兼消，然輕羣異類，亦無所多怪。』又云：『誠心無二者，則處水火而不燋溺，涉木石而不悸駭，觸鋒刃而無傷殘，履危險而無顛墜，萬物靡逆其心，人〔一〕獸不亂羣。』《韓詩外傳》云：昔者楚熊渠子夜行，見寢石以爲伏虎，彎弓而射之，沒金飲羽，下視，知其石也，因復射之，矢躍無迹。熊渠子見其誠心，而金石爲之開。《吕氏春秋·精通》篇：『鍾子期夜聞擊磬者而悲……歎嗟曰：悲夫悲夫！心非臂也，臂非椎非石也，悲存乎心，而木石應之。故君子誠乎此而諭〔二〕乎彼，感乎己而發乎人。』又《具備》篇云：『誠有誠乃合於情，精有精乃通於天……木石之性，皆可動也。又況於有血氣者乎！故凡説與治之務莫若誠。』

《章指》言：事上得君，乃可臨民；信友悦親，本在於身。是以曾子三省，大雅矜矜，以誠爲貴也。【疏】『曾子三省大雅矜矜』○正義曰：周氏廣業《孟子章指考證》云：『是章歸重誠身，故趙氏特引「三省」證之。下二句乃申贊之辭。』《詩序》云：『雅者，正也。』

〔一〕『人』，《皇清經解》本作『入』，《列子》張湛注作『入』。

〔二〕『諭』，《皇清經解》本同，《吕氏春秋》作『論』。

雅詩皆正人君子所作，張揖謂『《小雅》之材七十二人，《大雅》之材三十二人』是也。因借言凡有美德者，皆稱大雅。《史記・孟子傳》：『不能尚德若大雅。』《文選・西都賦》『大雅宏達』，李善注云：『大雅謂有大雅之才者，《詩》有《大雅》，故以立稱。』《漢書・贊》云：『夫惟大雅，既明且哲，以保其身。』趙氏於盆成括章亦言『大雅先人』。又《文選》韋孟《諷諫詩》『矜矜元王』，李善注引孔安國《尚書傳》曰：『矜矜，戒懼。』則知趙意謂雅德君子常自恐懼脩省，必以誠身爲貴也。班固《幽通賦》：『蓋惴惴之臨深兮，乃二《雅》之所祇。』

孟子曰：『伯夷辟紂，居北海之濱，聞文王作興，曰：「盍歸乎來，吾聞西伯善養老者。」【注】伯夷讓國，遭紂之世，辟之，隱遁北海之濱，聞文王起興王道，盍歸乎來，歸周也。【疏】『伯夷』至『老者』○正義曰：《史記・周本紀》云：『伯夷叔齊在孤竹，聞西伯善養老，盍往歸之。太顛、閎夭、散宜生、鬻子、辛甲大夫之徒，皆往歸之。』此伯夷歸文王之事也。王氏引之《經傳釋詞》云：『來，句末語助也。《孟子》「盍歸乎來」，《莊子・人間世》篇「嘗以語我來」，又「子其有以語我來」，來字皆語助。』○注『聞文王起興王道』○正義曰：毛氏奇齡《四書賸言》云：『趙注「聞文王作興」，以興字句。《離騷》：「呂望之鼓刀兮，遭周文而得舉。」王逸注：「太公避紂，居東海之濱，聞文王作興。」則正引孟子文而以興字句者。』翟氏灝《考異》云：『《毛詩·酌》篇正義：「孟子説伯夷居北海之濱，太公居東海之濱，聞文王作興而歸之。」《中論·亡國》篇：「昔伊尹在田畝之中，聞成湯作興，而自夏如商。太公辟紂之惡，居於東海之濱，聞文王作興，亦自商如周。」毛西河之説良是。《離騷》章句外，更有《詩》疏《中論》可證。又《子華子·北宫子仕》篇：「王者作興，將以濯滌。」用此「作興」二字。《子華子》雖似後人擬托，然猶唐以前書，亦可備一證也。』

太公辟紂，居東海之濱，聞文王作興，曰：「盍歸乎來，吾聞西伯善養老者。」【注】太公，吕望也。亦辟紂世，隱居東海，曰聞西伯養老。二人皆老矣，往歸文王也。【疏】『太公』至『老者』〇正義曰：《史記·齊太公世家》云：『吕尚蓋嘗窮困年老矣，』『以漁釣奸周西伯。』『西伯獵，』『遇太公於渭之陽，』『載與俱歸，立爲師。或曰：太公博聞，嘗事紂，紂無道，去之，游説諸侯，無所遇而卒西歸周西伯。或曰：吕尚處士，隱海濱，周西伯拘羑里，散宜生、閎夭素知而招吕尚，吕尚亦曰：「吾聞西伯賢，又善養老，盍往焉。」』《史記》列三説，是當以《孟子》爲斷。陶潛《聖賢羣輔録》引《尚書大傳》云：『太公辟紂，居東海之濱，皆率其屬曰：「盍歸乎？吾聞西伯昌善養老。」此二人者，蓋天下之大老也。往而歸之，是天下之父歸之也。天下之父歸之，其子曷往？』王楙《野客叢書》云：『淵明引此，謂出《尚書大傳》，知《孟子》引逸《書》之辭。』〇注『太公』至『東海』〇正義曰：閻氏若璩《釋地續》云：『《齊世家》：「太公望吕尚者，東海上人。」注未悉。後漢琅邪國海曲縣，劉昭引

《博物記》注云：「太公呂望所出，今有東呂鄉，又釣於棘津，其浦今存。」又於清河國廣川縣棘津城，辨其當在琅邪海曲，此城殊非。余謂海曲故城，《通典》稱在莒縣東，則當日太公辟紂，居東海之濱，即是其家。漢崔瑗、晉盧無忌立齊太公碑，以爲汲縣人者，誤。伯夷，孤竹國之世子也。前漢遼西郡令支縣有孤竹城，《括地志》孤竹古城在盧龍縣南十二里，余謂今永平府治。河入海從右碣石，正古之北海，在今昌黎縣西北，亦是當日避紂處，去其國都不遠。《通志》以居北海爲濰縣者，亦誤。」**二老者，天下之大老也。而歸之，是天下之父歸之也。天下之父歸之，其子焉往？**【注】此二老，猶天下之父也。其餘皆天下之子耳。子當隨父。二父往矣，子將安如？言皆將往也。【疏】注「子將安如」○正義曰：《爾雅・釋詁》云：「如，往也。」《廣雅・釋詁》云：「歸，往也。」韓本將往作「歸往」，閩、監、毛三本同。**諸侯有行文王之政者，七年之内，必爲政於天下矣。」**【注】今之諸侯，如有能行文王之政者，七年之間，必足以爲政矣。天以七紀，故七年。文王時難故久，衰周時易故速也。上章言大國五年者，大國地廣人衆，易以行善，故五年足以治也。【疏】注「天以七紀」○正義曰：昭公十年《左傳》鄭裨竈云「天以七紀」，注云：「二十八宿，四〔一〕七。」按《白虎通・嫁娶》篇云：「七，歲之陽也。」又云「陽數七」。《説文》云：

〔一〕「四」，《皇清經解》本、《春秋左傳集解》均作「面」。

『七，陽之正也。如日月五星爲七政。』《周髀算經》：『以日月運行之圓周爲七衡。』《易·復卦·彖傳》云：『七日來復，天行也。』《國語·周語》云『自鶉及駟七列，南北之揆七[一]同』，韋昭注云：『鶉火之分，張十三[二]度。駟，天駟。房五度。歲月之所在從張至房七列，合七宿，謂張、翼、軫、角、亢、氐、房也。』『歲在鶉火午[三]，辰星在天黿子。鶉火，周分野。天黿及辰水[四]星，周所出；自午至子，其度七同。』皆以七紀數也，不獨二十八宿四[五]七而已。乃《尚書·洛誥》『惟周公誕保文武受命，惟七年。』馬融注云：『周公攝政七年，天下太平。』鄭氏注云：『文王得赤雀，武王俯取白魚，受命皆七年。文武受命七年而崩，周公不敢過其數也。』此言行文王之政，故以七年言之。周公成文武之德，七年天下太平，諸侯效法文王，是可爲證。遠徵天紀，或近迂矣。

《章指》言：養老尊賢，國之上務，文王勤之，二老遠至。父來子從，天之順道。七年爲政，以勉諸侯，欲使庶幾於行善也。

[一]「七」，《皇清經解》本作「北」，《國語》韋解作「七」。
[二]「三」，《皇清經解》本作「六」，《國語》韋解作「三」。
[三]「午」，《皇清經解》本作「五」，《國語》韋解作「午」。
[四]「水」，《皇清經解》本無，《國語》韋解有「水」字。
[五]「四」，《皇清經解》本、《春秋左傳集解》均作「面」。

孟子曰：『求也爲季氏宰，無能改於其德，而賦粟倍他日。孔子曰：「求非我徒也，小子鳴鼓而攻之可也。」』【注】求，孔子弟子冉求。季氏，魯卿季康子。宰，家臣。小子，弟子也。孔子以冉求不能改季氏使從善，爲之多斂賦粟，故欲使弟子鳴鼓以聲其罪，而攻伐責讓之。曰『求非我徒』，疾之也。【疏】注『求孔子』至『疾之也』○正義曰：《論語・先進》篇云：『季氏富於周公，而求也爲之聚斂而附益之。子曰：「非吾徒也，小子鳴鼓而攻之可也。」』集解孔曰：『冉求爲季氏宰，爲之急賦稅也。』鄭曰：『小子，門人也。鳴鼓，聲其罪以責之也。』哀公十一年《左傳》云：『季孫〔一〕欲以田賦，使冉有訪諸仲尼。仲尼曰：「丘〔二〕不識也。」三發，卒曰：「子爲國老，待子而行，若之何子之不言也？」仲尼不對。而私於冉有曰：「君子之行也，度於禮，施取其厚，事舉其中，斂從其薄，如是則以丘亦足矣。若不度於禮，而貪冒無厭，則雖以田賦，將又不足。且子季孫若欲行而法，則周公之典在；若欲苟而行，又何訪焉？」弗聽。』十二年春王正月：『用田賦。』用田賦自是季氏，孔子直責冉有，謂冉有爲之聚斂而附益之，斥爲非吾徒。孟子言『無能改於其德，而賦粟

〔一〕『孫』，《皇清經解》本作『氏』，《春秋左傳集解》作『孫』。
〔二〕『丘』，《皇清經解》本作『某』，《春秋左傳集解》作『丘』。

倍他日。』賦粟倍他日，卽指季氏『用田賦』。緣冉有爲其宰，不能改之使從善，則季氏賦粟倍他日，卽爲冉有爲之聚斂而附益之。皇侃《論語義疏》引繆協云：『季氏不能納諫，故求也莫能匡救，致譏於求，所以深疾季也。』是也。邢昺疏以爲『冉子聚斂財物』，失之矣。季孫斯以哀公三年卒，康子卽位，用田賦時正康子爲政，故知季氏爲季康子也。杜預注《左傳》『用田賦』云：『丘賦之法，因其田財通出馬一匹，牛三頭，今欲別其田及家財各爲一賦，故言田賦。』孔氏正義云：『《司馬法》：「四丘爲甸，有馬四匹，牛十二頭，是爲革車一乘。」今用田賦，賈逵以爲「欲令一井之間出一丘之税，井別出馬一匹，牛三頭。」如此則一丘之内有一十六井，其出馬牛乃多於常一十六倍。杜以如此則非民所能給，故改之。舊制丘賦一馬三牛，今別其田及家資各爲一賦，計一丘民之家資，令出一馬三牛，田之所收，更出一馬三牛，是倍於常也。』《説文》支部云：『攻，擊也。』人部云：『伐，擊也。』是攻卽伐也。莊公二十九年《左傳》云：『凡師有鐘鼓曰伐。』《釋例》云：『鳴鐘鼓以聲其過曰伐。』經言『鳴鼓而攻』，故趙氏以攻伐釋之，乃係假借用兵之鳴鼓而攻。其實孔子言攻，但爲責讓，故又以責讓釋之。《論衡·順鼓》篇云：『攻者，責也。責讓之也。』《周禮·春官·大祝》『五曰攻，六曰説』，注云：『攻、説，則以辭責之。』是也。**由此觀之，君不行仁政而富之，皆棄於孔子者也。況於爲之强戰。爭地以戰，殺人盈野；爭城以戰，殺人盈城：此所謂率土地而食人肉，罪不容於死。**【注】孔子棄富不仁之君者，況於爭城爭地而殺人滿之乎。此若率土地使食人肉也。言其罪大，死刑不足以容之。【疏】注『孔子棄富不仁之君者』○正義曰：不仁之君解君不行仁政，富不仁之君解而富之，謂富此不行仁政之君也。趙氏於經文，每顛倒解之。《荀子・王制》篇云『不安職則弃』，弃卽棄也。如『移之郊』『移之遂』『屏之遠方』之意也。**故善戰者，服上刑。連諸侯者，次之。辟草萊、任土地者，次之。**【注】孟子言天道重生，戰者殺人，故使善戰者服上刑。上刑，重刑也。連諸侯，合從者也。罪次善戰者。辟草任土，不務修德而富國者，罪次合從連横之人也。【疏】注『孟子天道重生』○正義曰：《韓非子・解老》篇云：『凡兵革者，所以備害也。重生者，雖入軍，無忿爭之心。』又云：『禮天地之道，故曰無死地焉。動無死地，而謂之善攝生矣。愛子者，慈於子；重生者，慈於身。』《春秋繁露・王道通》云：『仁之美者在於天，天，仁也。天覆育萬物，既化而生之，有養而成之，事功無已，終而復始。』又云：『陽氣生而陰氣殺，是故陽常居實位而行於盛，陰常居空位而行於末。天之好仁而近，惡戾之變而遠，大德而小刑之意也。』又《煖燠孰多》篇云：『天之道，出陽爲煖以生之，出陰爲清以成之，是故非薰也不能有育，非溧也不能有熟。自正月至於十月而天之功畢。計其間，陰與陽各居幾何？薰與溧其日孰多？距物之初生至其畢成，露與霜其下孰倍？故從中春至於秋，氣温柔和調，及〔一〕季秋九月，陰乃始多於陽，天於是時出溧下霜。出溧下霜，而天〔二〕降物固已皆成矣。功已畢成之後，陰乃大出。天之成功也，少陰與而太陰不與，少陰在内而太陰在外，故霜加物而雪加於空。空者，亶地而已，不逮物也。』此天道重生之説也。○注『上刑重刑也』○正義曰：《方言》云：『上，重也。』《尚書・吕刑》云：『上刑適輕下服，下刑適重上服。』某氏傳云：『重刑有可以虧減，則之輕服下罪。一人有二罪，則之重而輕並數。』江氏聲《尚書集注音疏》云：『服，治也。下服，減等也。上服，加等也。本在上刑之科而情適輕，則減一等治之。本在下刑之科而情適重，則加一等治之。』按重刑，死刑也。上言『罪不容於死』，則上刑不得適輕服，上刑則不減等下服也。合從，蘇秦是也。連横，張儀是也。辟草萊，任土地，商鞅等是也。井田之法，有萊田，有一易再易之田，有阡陌徑遂，皆開墾，是爲辟草萊。《吕氏春秋》有《任地》篇，乃講耕耨蓄藏之術，專以富國爲事，則不務修德。善戰者，兵家也。連諸侯，從横家也。辟草任土，農家也。阮氏元《校勘記》云：『廖本作「辟草任土」，孔本韓本作「辟草任地」。按《音義》出「任土」，别作「任地」，非也。』閻氏若璩《釋地又續》云：『連諸侯，是封

〔一〕『及』，《皇清經解》本同，《春秋繁露》作『乃』。
〔二〕『天』，《皇清經解》本同，《春秋繁露》作『大』。

建之將盡也。辟草萊，任土地，是井田之將盡也。』陳組綬《燃犀解》云：『連諸侯而使之戰，闢草萊任土地而助之戰，均非身親爲戰者，姑次之。』

《章指》言：**聚斂富君，棄於孔子。冉求行之，固聞鳴鼓。以戰殺民，土食人肉，罪不容死，以爲大戮，重人命之至**[一]**也。**【疏】『聚斂富君』○正義曰：韓本、孔本作『富民』，非。○『以爲大戮』○正義曰：宣公十二年《左傳》云：『古者明王伐不敬，取其鯨鯢而封之，以爲大戮。』○『重人命之至也』○正義曰：《漢書・蕭望之傳》云：『獄吏[二]顯等曰：「人命至重，望之所坐語言薄罪，必亡所憂。」』

孟子曰：『存乎人者，莫良於眸子，眸子不能掩其惡。【注】眸子，目瞳子也。存人，存在人之善惡也。【疏】注『眸子』至『惡也』○正義曰：《荀子・非相篇》『堯舜參牟子』，注云：『牟與眸同。』《説文》目部云：『盲，目無牟子。』『瞘，盧童子也。』『睞，目童子不正也。』牟、童皆不从目。劉熙《釋名・釋形體》云：『瞳子，瞳，重也。膚幕相裹重也。子，小稱也。主謂其精明者也。或曰：眸子，眸，冒也。相裹冒也。』《荀子・大略》篇云『眸

[一] 『至』，《皇清經解》本作『民』。
[二] 『獄吏』，《皇清經解》本同、《史記・蕭望之列傳》無。

而見之也』，注云：『眸，謂以眸子〔一〕審視之也。』《廣雅・釋親》云：『珠子謂之眸。』蓋亦有从目者。《爾雅・釋訓》云：『存，存在也。』《說文》土部云：『在，存也。』《禮記・文王世子》云『必在視寒煖之節』，注云：『在，察也。』趙氏以在釋存而云存在人之善惡。《章指》云『存而察之』，蓋以存爲在，卽以在爲察，謂察人之善惡也。**胷中正，則眸子瞭焉。胷中不正，則眸子眊焉。**【注】瞭，明也。眊者，蒙蒙目不明之貌。【疏】注『瞭明』至『之貌』○正義曰：《周禮・春官・眡瞭》，注云：『瞭，目明者。』《說文》目部云：『眊，目少精也。』目少精，卽是不明。劉熙《釋名・釋天》云：『蒙，日光不明，蒙蒙然也。』《廣雅・釋訓》云：『蒙蒙，暗也。』眊、蒙一音之轉，故趙氏以眊之不明猶目之蒙蒙也。翟氏灝《考異》云：『《論衡・本性》篇：「孟子相人以眸子焉，心清而眸子瞭，心濁而眸子眊。」又《佚文》篇同。白氏《六帖》述《孟子》曰：「人之善不善在其目，其心正則童子瞭然，其心不正則童子眊然。」』《大戴記・曾子立事》篇：「目者，心之浮也。言者，事之指也。作於中則播於外矣。故曰以其見者，占其隱者。」蓋《孟子》此章所本。故既詳言眸子，下復兼聽言言之。』**聽其言也，觀其眸子，人焉廋哉！**』【注】廋，匿也。聽言察目，言正視端，人情可見，安可匿哉。【疏】注『廋匿也』○正義曰：《論語・爲政》篇云『人焉廋哉』，集解引孔

〔一〕『子』，《皇清經解》本同，《荀子・大略》無『子』字。

曰：『廋，匿也。』《方言》云：『廋，隱也。』故趙氏以匿釋廋，《章指》又以不隱釋之。

《章指》言：目爲神候，精之所在，存而察之，善惡不隱，知人之道，斯爲審矣。【疏】『目爲神候精所在』○正義曰：《白虎通・性情》篇云：『肝，木之精也。萬物始生，故肝象木色青而有枝葉，目爲之候。』此神候，猶云精候耳。周氏廣業《孟子章指考證》云：『精與睛通，目珠子也。《魏志》管輅曰：「吾目中無守精。」《晉書》：「顧愷之每畫人，或數年不點眼精。」是也。』按精卽謂肝木之精；目既爲肝木之精之候，則精神卽在此目矣。上言神，下言精，正是一事。《大戴記・曾子天圓》云『陽之精氣曰神』是也。不必爲目珠之睛所假借。

孟子曰：『恭者不侮人，儉者不奪人。侮奪人之君，惟恐不順焉，惡得爲恭儉？

【注】爲恭敬者，不侮慢人。爲廉儉者，不奪取人。有好侮奪人之君，有貪陵之性，恐人不順從其所欲，安得爲恭儉之行也。【疏】注『爲恭』至『取人』○正義曰：《爾雅・釋詁》云：『恭，敬也。』《呂氏春秋・遇合》篇『是侮也』，高誘注云：『侮，慢也。』《淮南子・原道訓》云『不以廉爲悲』，高誘注云：『廉，猶儉也。』劉熙《釋名・釋言語》云：『廉，斂也。自檢斂也。』《賈子・道術》篇云：『廣較自斂謂之儉。』《説文》又部云：『奪，手持隹失之也。』攴部云：『敓，彊取也。《周書》曰：「敓攘矯虔。」』奪取當作『敓』，經典通作「奪」。

奪爲手持隹鳥失之，卽脱去之脱也。奪乃敓之假借。**恭儉豈可以聲音笑貌爲哉！」【注】**恭儉之人，儼然無欲，自取其名，豈可以和聲諂笑之貌强爲之哉。**【疏】**注「恭儉」至「爲之哉」○正義曰：《爾雅·釋詁》云：「儼，敬也。」《禮記·曲禮》云：「毋不敬，儼若思。」《論語·子張》篇云：「望之儼然。」儼然卽儼若，謂恭敬也。無欲謂廉儉也。《論語·憲問》篇云：「公綽之不欲。」《説文》欠部云：「欲，貪欲也。」不貪欲，故爲廉也。儼然而恭，無欲而儉，恭儉之名，以儼然無欲取之，故云自取其名。《賈子·六術》篇云：「是故五聲宫商角徵羽，唱和相應而調和，調和而成理，謂之音。」《白虎通·禮樂》篇云：「音者，飲也。言其剛柔清濁，和而相飲也。」趙氏以和聲釋聲音，謂聲而音言其和也。貌，《説文》作「皃」，云：「皃，頌儀也。从人白，象人面形。」君子樂然後笑，笑貌則笑見於面，故趙氏以諂笑之貌釋之。趙氏前注「諂笑」，云「强笑也」。

《章指》言：人君恭儉，率下移風；人臣恭儉，明其廉忠：侮奪之惡，何由干之而錯其心。【疏】「人臣恭儉明其廉忠」○正義曰：孟子言「侮奪人之君」，趙氏推及人臣，蓋孟子指當世諸侯，在兩漢則宰輔皆是也。趙氏習見當時張禹、胡廣之流，故及此耳。《史記·魯世家》：「君子曰：季文子廉忠矣。」

淳于髡曰：「男女授受不親，禮與？」【注】淳于髡，齊人也。問禮男女不相親授。

【疏】注『淳于髡齊人也』○正義曰：《戰國策·齊策》云：『淳于髡一日而見七人於宣王。』又：『齊欲伐魏，淳于髡止之。』《史記·孟荀列傳》云：『淳于髡，齊人也。博聞强記，學無所主，其諫説慕晏嬰之爲人也，然而承意觀色爲務。客有見髡于梁惠王云云，惠王欲以卿相位待之，髡因謝去，於是送以安車駕駟，束帛加璧，黄金百鎰，終身不仕。』又云：『齊諸騶子亦頗采騶衍之術以紀文，於是齊王嘉之。自如淳于髡以下，皆命曰列大夫，爲開第康莊之衢。』《滑稽傳》云：『淳于髡，齊之贅壻也。長不滿七尺，滑稽多辯，數使諸侯，未嘗屈辱。齊威王時，淳于髡説之以隱，於是乃朝諸縣令長七十二人，賞一人，誅一人，奮兵而出，諸侯振驚，皆還齊侵地，威行三十六年。』然則髡在齊仕威、宣兩朝，又仕於梁惠王者也。閻氏若璩《釋地又續》云：『孟子與淳于髡問答僅兩章，後章是去齊之後不待言，前章似相值於梁惠王朝。何則？魏世家明云「卑禮厚幣以招賢者，鄒衍、淳于髡、孟軻皆至梁」，孟子素不見諸侯，祇因惠王延禮，始至其國，又未嘗仕，真有孔子循道彌久、温温無所試之象，髡故發問夫子何不援天下。不然，于齊則仕矣，髡將譏其援之無效，與或力不能援，詎肯作是語？千載而下，殆可以情測哉。』周氏廣業《孟子出處時地考》云：『淳于髡見《史記·滑稽傳》，威王八年，使之趙，請救兵。至與孟子相見，年當耆老，而稱孟子爲夫子，自稱曰髡，知年相若也。』○注『問禮男女不相親授』○正義曰：《禮記·曲禮》云：『男女不雜坐，不同椸枷，不同巾櫛，不親授。』《坊記》云：『好德如好色，諸侯不下漁色，故君子遠色以爲民紀，故男女授受不親。』注云：『不親者，不以手相與也。』《内則》曰：『非祭非喪，不相授器。其相授，則女受以篚；其無篚，則皆坐奠之而後取之。』

孟子曰：『禮也』【注】禮不親授。

曰：『嫂溺，則援之以手乎？』【注】髡曰，見嫂溺水，則當以手牽援之不邪。【疏】注『則當以手牽援之』○正義曰：《禮記·中庸》篇『不援上』，注云：『援，謂牽持之也。』

曰：『嫂溺不援，是豺狼也。【注】孟子曰：人見嫂溺不援出，是爲豺狼之心也。**男女授受不親，禮也。嫂溺援之以手者，權也。』**【注】孟子告髡曰，此權也。權者，反經而善也。【疏】注『權者反經而善也』○正義曰：桓公十一年《公羊傳》云：『權者何？權者，反於經然後有善者也。權之所設，舍死亡無所設。行權有道，自貶損以行權，不害人以行權。殺人以自生，亡人以自存，君子不爲也。』疏云：『權之設，所以扶危濟溺，舍死亡無所設也。若使君父臨溺河井，豈不執其髪乎？是其義也。』《論語·子罕》篇云：『可與立，未可與權。唐棣之華，偏其反而。』注云：『賦此詩以言權道，反而後至於大順也。』說者疑於經不可反。夫經者，法也。制而用之謂之法，法久不變則弊生，故反其法以通之。不變則不善，故反而後有善。不變則道不順，故反而後至於大順。如反寒爲暑，反暑爲寒，日月運行，一寒一暑，四時乃爲順行；恆寒恆燠，則爲咎徵。禮減而不進則消，樂盈而不反則放，禮有報而樂有反，此反經所以爲權也。

曰：『今天下溺矣！夫子之不援，何也？』【注】髡曰，今天下之道溺矣，夫子何不援之。

曰：『天下溺，援之以道；嫂溺，援之以手。子欲手援天下乎？』【注】孟子曰，當以道援天下而道不得行，子欲使我以手援天下乎。【疏】『天下溺』至『天下乎』○正義曰：孟子此孟子論權與道合之義也。權者，變而通之之謂也。變而通之，所謂反復其道也。孟子不枉時，儀、衍之流，以順爲正，突梯滑稽，如脂如韋，相習成風，此髡之所謂權也。孟子不枉道以見諸侯，正所以挽回世道，矯正人心，此卽孟子援天下之權也。髡以枉道隨俗爲權，孟子以道濟天下爲權。髡譏孟子不枉道是不以權援天下，不知孟子之不枉道，正是以權援天下。權外無道，道外無權，聖賢之道，卽聖賢之權也。髡不知道，亦不知權矣。

《章指》言：權時之義，嫂溺援手。君子大行，拯世以道，道之指也。

公孫丑曰：『君子之不教子，何也？』【注】問父子不親教何也。【疏】『君子之不教子』○正義曰：閻氏若璩《釋地又續》云：『古人文字簡，須讀者會其意所指，如「君子之不教子」，子謂不肖子也。猶《左傳》叔向曰「肸又無子」，子謂賢子也。不然，當日楊食我見存。觀孟子直承曰「勢不行也」，則知丑所問，原非爲周公之於伯禽，孔子之於伯魚一輩子言矣。』

孟子曰：『勢不行也。教者必以正。以正不行，繼之以怒；繼之以怒，則反夷矣。夫子教我以正，夫子未出於正也，則是父子相夷也。父子相夷，則惡矣。【注】父親教子，其勢不行。教以正道而不能行，則責怒之。夷，傷也。父子相責怒，則傷義矣。一説曰，父子反自相非若夷狄也。子之心責其父云，夫子教我以正道，而夫子之身未必自行正道也。執此意則爲反夷矣，故曰惡也。【疏】注『夷傷也』○正義曰：《易・序卦傳》云：『進必有所傷，故受之以明夷。夷者，傷也。』教之以正道，子違而不行，即繼以怒，求之太驟也。反夷有二解：一屬上讀，謂父之教子，本望其善，非傷之也，今繼以怒，反是傷之矣。一屬下讀，父既繼之以怒，其子不受而心誹以報之，因父之傷己而反以傷其父。下『夫子教我以正，夫子未出於正也』，即申上反夷之事也。趙氏言『子之心責其父』云云，而承之云『執此意則爲反夷』，是以反夷屬其子，即指心責其父云云也。舉『一説云父子反自相非』，謂父子本宜有恩，而反相非責，此解反字有不同，故以一説別之。父子相責怒解父子相夷，則傷義矣解則惡矣，惡謂傷義。經先言反夷後言相夷，趙氏先解相夷後解反夷，因反夷有『反自相非』之一説，故倒相夷在前。一説以夷爲夷狄，則反不得爲報，故爲反自相非也。《莊子・應帝王》云：『告我君人者，以已出經〔一〕。』《釋文》引司馬注云：『出，行也。』是未出於正即未行於正。不必形之於口即此心責，而執此意即爲反以相傷也。**古者易子而教之。父子之間不責善，責善則離，離則不祥莫大焉。』**【注】易子而教，不欲自責以善。父子主恩，離則不祥莫大焉。

《章指》言：父子至親，相責離恩；易子而教，相成以仁，教之義也。

孟子曰：『事孰爲大？事親爲大。守孰爲大？守身爲大。不失其身而能事其親者，吾聞之矣。失其身而能事其親者，吾未之聞也。【注】事親，養親也。守身，使不陷於不義也。失不義，則何能事父母乎。**孰不爲事？事親，事之本也。孰不爲守？守身，守之本也。**【注】先本後末，事守乃立也。【疏】『孰不』至『本也』〇正義曰：《禮記・哀公問》孔子云：『君子無不敬也，敬身爲大。身也者，親之枝也，敢不敬與？不能敬其身，是傷其親；傷其親，是傷其本；傷其本，枝從而亡。』又云：『君子言不過辭，動不過則，百姓不命而敬恭，如是則能敬其身；能敬其身，則能成其親矣。』孟子此義，蓋本於此。言不過辭，行不過則，則能守身，不陷於不義矣。**曾子養曾皙，必有酒肉，將徹，必請所**

〔一〕『經』，《皇清經解》本作『行』。《莊子・應帝王》作『經』。

與，問有餘，必曰有。曾皙死，曾元養曾子，必有酒肉，將徹，不請所與，問有餘，曰亡矣，將以復進也。此所謂養口體者也。若曾子，則可謂養志也。事親若曾子者可也。』【注】將徹請所與，問曾皙所欲與子孫所愛者也。必曰有，恐違親意也。故曰養志。曾元曰無，欲以復進曾子也。不求親意，故曰養口體也。事親之道，當如曾子之法，乃爲至孝也。【疏】『將以復進也』○正義曰：孔氏廣森《經學卮言》云：『注云「欲以復進曾子也」，此似不然。曾元但不能養志耳，何至嗇飲食之費以欺其親，遂同下愚所爲。且以情揆之，既對無餘，而復以餘進，其父能無疑乎？能無怒乎？夫曰「亡矣」者，乃實無也。曾子之「必曰有」，雖無亦曰有，所謂孝子唯巧變，故父母安之者。曾元不能，但道其質而已。此與「必曰有」對文，而不云「必曰亡」，非實有言無明矣。蓋「將以復進也」亦曾元之辭，言餘則無矣，若嗜之，將復作新者以進之爾。』按孔氏之説是也。孟子深於《易》，悉於聖人通變神化之道，故此篇首言行先王之道，而要之以道揆，蓋不獨平天下宜如是也。人倫日用，均宜如是。既明援天下以道，道何在，通變神化也。如父之教子，宜以正矣；有時而『勢不行』，則宜變通，使『易子而教』。子之事親，宜其養矣；有時而『問有餘』，則宜變通，使『必曰有』以『養志』。父子之間，且宜如是，何在而可不揆以道乎？於父之教子也，曰『夫子未出於正』；於子之事親也，曰『守身爲大』。不失其身，則出於正；未出於正，則失其身；父當如是以教其子，子當如是以事其父，又兩章互發明者也。

《章指》言：上孝養志，下孝養體，曾參事親，可謂至矣。孟子言之，欲令後人則曾子也。

孟子曰：『人不足與適也，政不足間也，惟大人爲能格君心之非。【注】適，過也。《詩》云『室人交徧適我。』間，非。格，正也。時皆小人居位，不足過責也。政教不足復非訧，獨得大人爲輔臣，乃能正君之非法度也。【疏】『政不足間』○正義曰：諸本作『政不足與間也』，《音義》出『足間』二字，則趙氏本無與字。○注『適過』至『交也』○正義曰：《毛詩・邶風・北門》作『室人交徧讁我』，傳云：『讁，責也。』讁與適通。《方言》云：『讁，過也。南楚以南，凡相非議人謂之讁。』《商頌・殷武》『勿予禍適』，箋云：『適，過也。』《列子・力命》篇云『不相讁發』，《釋文》云：『讁，謂責其過也。』《小爾雅・廣言》、《方言》皆云：『間，非也。』《方言》云：『格，正也。』僖公二十六年《穀梁傳》云：『人，微者也。』莊公十七年《穀梁傳》云：『人者，衆辭也。』下言大人，上言人不足間，則人兼微、衆二義，故云時皆小人居位，小之言微也，皆之言衆也。《文選》盧子諒《贈劉琨詩》注引《韓詩章句》云：『尤，非也。』訧與尤通，故趙氏以非釋間，又以訧釋非。或作『非説』，誤也。上二章言父子，此章言君臣。父之教子，必先自出於正；子之事父，必先不失其身。君之定國，必先正其心之非；而臣之輔君，必先自居於正。大人者，與天地合其德，與日月合其明，與四時合其序，與鬼神合其吉凶。臣之身無不正，以是輔君，而君心之非自格；君無不正，而國自安定。然則臣之德未至於大人，而徒見居位者皆小人而過責之，徒見政事之未善而非訧之，不自覺其未正，而刺刺焉言君之不正，其乖忤抵觸，不相激而成禍不止，卒之人相傾軋，政益乖違，猶自以爲直爲忠，而予君以非，是未讀《孟子》者也。顧非在君心而能格之，既未嘗過責其所用之人，又未嘗非訧其所行之政，而曰能格，則是格也，非以言格之，非以貌格之，卽以自修其身，成大人，故能格之也。然則未能格君心之非者，亦自反己未爲大人可耳。**君仁莫不仁，君義莫不義，君正莫不正，一正君而國定矣。』**【注】正君之身，一國定矣。欲使大人正之。【疏】『君仁』至『定矣』〇正義曰：何爲正，仁義而已。何以爲大人，居仁由義而已。

《章指》言：**小人爲政，不足間非；賢臣正君，使握道機。君正國定，下不邪侈，將何間也。**

孟子曰：『有不虞之譽，有求全之毁。』【注】虞，度也。言人之行，有不度其將有名譽而得者，若尾生本與婦人期於梁下，不度水之卒至，遂至沒溺，而獲守信之譽。求全之毁，若陳不瞻將赴君難，聞金鼓之聲，失氣而死，可謂欲求全其節，而反有怯弱之毁者也。【疏】注『虞度』至『之譽』〇正義曰：《爾雅·釋言》云：『虞，度也。』《莊子·盜跖》篇云：

『尾生與女子期於梁下，女子不來，水至不去，抱梁柱而死。』《釋文》云：『尾生一本作「微生」。《戰國策》作「尾生高」，高誘以爲魯人』○注『求全』至『毁者也』○正義曰：《太平御覽》引《韓詩外傳》云：『崔杼殺莊公，陳不占東觀漁者，聞君難，將往死之，湌則失哺，上車失軾。僕曰：「敵在數百里外，今食則失哺，上車失軾，雖往，其有益乎？」陳不占曰：「死君，義也。無勇，私也。」遂驅車至門〔一〕，聞鐘鼓之音，戰鬥〔二〕之聲，遂駭而死。君子聞之曰：陳不占可謂志士矣，無勇而能行義，天下鮮矣。』事亦載《新序・義勇》篇。《廣雅・釋言》云：『占，瞻也。』占與瞻古通。襄公二十五年《左傳》云：崔杼之難，『申蒯侍漁者，退謂其宰曰：「爾以帑免，我將死。」其宰曰：「免，是反子之義也。」與之皆死。』杜預注謂侍漁爲監取魚之官。侍之言寺也，寺之言司也，侍漁即司漁，即所謂東觀漁者。申、陳音近，申蒯蓋即陳不占，占之爲蒯，猶覘之爲窺。周秦人姓氏，往往記録有異同，以聲音求之，尚可仿佛耳。

《章指》言：不虞獲譽，不可爲戒；求全受毁，未足懲咎。君子正行，不由斯二者也。

【疏】『不虞獲譽不可爲戒』○正義曰：《易・萃卦・象傳》云：『戒不虞。』襄公三年《左

〔一〕『至門』，《皇清經解》本同，《太平御覽》作『比至門』。
〔二〕『門』，《皇清經解》本同，《太平御覽》作『闞戟』。

傳》云：『不虞之不戒。』戒，猶備也。趙氏本此，謂此不虞之譽，非可豫備致之也。

孟子曰：『人之易其言也，無責耳矣。』【注】人之輕易其言，不得失言之咎責也。一說人之輕易不肯諫正君者，以其不在言責之位者也。【疏】注『人之』至『責也』○正義曰：《禮記·樂記》云『易慢之心入之矣』，注云：『易，輕易也。』説文訓責爲求，求之義不足以盡，故以咎釋之。《説文》人部云：『咎，災也。从人从各，各者，相違也。』輕易其言，至於相違成災咎，則已晚矣。無責之時，先當自慎矣。

《章指》言：言出於身，駟不及舌，不惟其責，則易之矣。

孟子曰：『人之患在好爲人師。』【注】人之所患，患於不知己未有可師而好爲人師者，惑也。【疏】『人之患在好爲人師』○正義曰：《禮記·樂記》『論倫無患』，注云：『患，害也。』《章指》言『不慎則有患』，則此患字正與上章責字同。易其言則有災咎，好爲師則有患害，皆深切言之也。易其言，如趙括、韓非凡好建白相傾軋攻擊者，皆是也。好爲師，如楊朱、墨翟凡立宗旨以傳授聚講者，皆是也。

《章指》言：君子好謀而成，臨事而懼，時然後言，畏失言也。故曰師哉師哉，桐子之命，不慎則有患矣。【疏】『君子』至『言也』○正義曰：周氏廣業《孟子章指考證》云：『四句似與本章不甚合，恐有誤，似宜在前「駟不及舌」句下。』按『故曰』二字承上，則非有誤，蓋趙氏以兩章相貫而言。此好爲人師之人，卽易其言之人，皆由於不知臨事而懼，好謀而成也。蓋未能博學詳説，習先聖之道，而執其一端，自以爲是，不顧其成，不知其害；用之於君父僚友，則輕易其言，以爲蹇直，不學者依附之，又輕易其言，而高談心性，傳播宗旨，入主出奴，各成門户；始則害乎風俗人心，繼則禍於朝廷軍國，而或且曰此正人，此君子，則不虞之譽也。以上三章相貫，趙氏牽連言之，爲知言矣。○『故曰師哉師哉桐子之命』○正義曰：周氏廣業《孟子章指考證》云：『古本旁注「桐讀爲僮」，《音義》云：「與童字同。」按二語出《楊子・法言・學行》篇，司馬光集注：「桐，侗也。桐子，侗然未有所知之時，制命於師也。」孔、韓本哉並作「乎」。』按《左傳》哀五年齊景公卒，五公子爭立，萊人歌曰：『師乎師乎，何黨之乎！』此師字作衆字解，與此絶異。乎、哉雖同一語助，不可改易。

樂正子從於子敖之齊。樂正子見孟子。【注】魯人樂正克，孟子弟子也。從於齊之右師子敖。子敖使而之魯，樂正子隨之來之齊也。孟子在齊，樂正子見之也。

孟子曰：『子亦來見我乎？』【注】孟子見其來見遲，故云亦來也。

曰：『先生何爲出此言也？』【注】樂正子曰，先生何爲非克而出此言。

曰：『子來幾日矣？』【注】孟子問子來幾日乎。【疏】『子來幾日矣』○正義曰：下趙氏以昔者爲數日之間。數日卽幾日，是孟子已知樂正子來已幾日，此乃實詰之辭。曰：『昔者。』【注】克曰昔者來至。昔者，往也。謂數日之間也。【疏】注『昔者』至『間也』○正義曰：《楚辭·離騷》云『昔三后之純粹兮』，注云：『昔，往也。』《公孫丑》篇『昔者辭以疾』，承上『明日出弔』言，故趙氏解爲昨日。此上承幾日，則不止昨日，故以數日之間解之。若昨日來，今日見，尚不得爲遲之又久也。

曰：『昔者，則我出此言也，不亦宜乎？』【注】孟子曰，昔者來至，而今乃來，我出此言，亦其宜也。孟子重愛樂正子，欲亟見之，思深望重也。

曰：『舍館未定。』【注】克曰，所止舍館未定，故不卽來。館，客舍。【疏】注『館客舍』○正義曰：《周禮·委人》『凡軍旅之賓客館焉』，注云：『館，舍也。』樂正子雖從子敖之便而來，既至齊，遂不相依，而自投客舍，此語亦有意也。

曰『子聞之也，舍館定然後求見長者乎？』【注】孟子曰，子聞見長者之禮，當須舍館定乃見之乎。

曰：『克有罪。』【注】樂正子謝過服罪也。

《章指》言：尊師重道，敬賢事長，人之大綱。樂正子好善，故孟子譏之，責賢者備也。【疏】『責賢者備也』○正義曰：《論語·微子》篇云『無求備於一人』，求，猶責也。

《淮南子・氾論訓》云：『君子不責備於一人。』《漢書・王嘉傳》上疏哀帝云：『惟陛下留神於擇賢，記善忘過，容忍臣子，勿責以備。』《新唐書・太宗紀贊》云：『《春秋》之法，常責備於賢者。』毛氏奇齡《聖門釋非録》云：『王草堂曰：「樂正子不絶驩，或驩故以禮遇之，未可遽絶，原非失身。」趙氏云「孟子譏之，責賢者備」，此爲得之。』

孟子謂樂正子曰：『子之從於子敖來，徒餔啜也。我不意子學古之道而以餔啜也。』

【注】子敖，齊之貴人右師王驩也。學而不行其道，徒食飲而已，謂之餔啜也。樂正子本學古聖人之道，而今隨從貴人，無所匡正，故言不意子但餔啜也。【疏】注『學而』至『啜也』○正義曰：趙氏以食飲解餔啜，於《章指》又以沈浮釋之，則餔啜二字乃假借之辭，非實指飲食也。《楚辭・漁父》云：『舉世皆濁，何不淈其泥而揚其波；衆人皆醉，何不餔其糟而啜其釃。』王逸注『淈泥』云『同其風也』，注『揚波』云『與沈浮也』，注『餔糟』云『從其俗也』，注『啜釃』云『食其祿也』，然則餔啜即與世推移，同流從俗之意。向來説此章者，率謂驩本倖佞，樂正子必不從之以求爵位，欲見其師而資斧未充，因乘子敖之便，未免依附。又謂觀餔啜二字，當時必有優渥可憑藉者。顧樂正子孟門之賢者也，自魯之齊，亦非甚遠，何至以車馬資糧之乏而從子敖？且子敖雖便，豈能無端而從之？既可相從，必爲相識，卽偶從一相識貴人之便，爲之師者，遂直揭其醜，以爲飲食之人，何至於

此？蓋樂正子從於子敖之齊，非偶然從其便也。是時孟子仕齊，出弔於滕，驩且嘗爲輔行，驩之在魯，必謬托爲孟子之交，此樂正子所以識之也。以孟子道行於齊，驩又招之以禮，故從子敖之齊，此實録也。不知是時孟子雖仕齊，而道實不行，仕不受禄，久非其志。在孟子方將致臣而去，則樂正何爲貿貿而來，故以餔啜言之。謂此來但爲沈浮隨俗，不能行道匡正，非謂偶從子敖，遂爲飲食之人之可賤惡也。趙氏得之。趙氏佑《温故録》云：『或疑不過附便偕行，因以得見長者，則亦可謂之因，不可謂之從。然既爲長者來，卽當直造師門，何勞别定舍館，知其説有不然也。凡言從者，皆彼爲政而我從之。子敖有納交孟子之心，或欲假諸徒以致其師，必將有術以動樂正，樂正子與子敖，或故或新，其來見必有欲白之辭。孟子則一見斥之，又明揭其從子敖。』

《章指》言：學優則仕，仕以行道，否則隱逸，兔罝窮處。餔啜沈浮，君子不與，是以孟子咨嗟樂正子也。【疏】『兔罝窮處』○正義曰：周氏廣業《孟子章指考證》云：『兔罝，古本、宋本、足利、孔本、韓本並作「兔置」，今從小字宋本。按《詩·周南》「肅肅兔罝」，鄭箋云「兔罝之人，賢者也」。《墨子》曰：「文王舉閎夭、泰顛於罝網之中，授之政。」正與詩意合。《文選》桓温《薦譙元彦表》「兔罝絶響於中林」，五臣注劉良曰：「兔罝，網也。《詩》曰肅肅兔罝，喻殷紂之賢人，退於山林，網禽獸而食之。」趙氏引此，以見不當徒餔啜之意。』按趙氏謂仕所以行道，道不能行，則當隱處，不可沈浮隨俗，與世推移，是不以餔啜爲口腹也。

孟子曰：『不孝有三，無後爲大。【注】於禮有不孝者三事，謂阿意曲從，陷親不義，一不孝也。家貧親老，不爲禄仕，二不孝也。不娶無子，絶先祖祀，三不孝也。三者之中，無後爲大。**舜不告而娶，爲無後也，君子以爲猶告也。』**【注】舜懼無後，故不告而娶，君子知舜告焉不得而娶。娶而告父母，禮也。舜不以告，權也。故曰猶告，與告同也。【疏】注『舜不以告權也』○正義曰：孟子之書，全是發明《周易》變通之義。道不行而徒沈浮餔啜，不可變通者也。爲無後不告而娶，可變通者也。趙氏以權明之是也。告則不得娶，至於無後，故不告與告同。謂告，禮也，道也。不告與告同，則亦禮也，道也。告而得娶而不告，與告而不得娶而必告，皆非禮非道；於此量度之，則權之卽禮卽道明矣。

《章指》言：**量其輕重，無後不可，是以大舜受堯二女。夫三不孝，蔽者所闇；至於大聖，卓然匪疑，所以垂法也。**

孟子曰：『仁之實，事親是也。義之實，從兄是也。智之實，知斯二者弗去是也。【注】事皆有實。事親從兄，仁義之實也。知仁義所用而不去之，則智之實也。【疏】注『事皆』至『實也』○正義曰：仁義之名至美，慕其名者，高談深論，非其實也。孟子指其爲事親從兄，然則於此二者有未盡，雖日馳騖於仁義之名，皆虚妄矣。不知仁義之實在此二者，非智之實也。知仁義之用在斯二者而不能力行，則所知仍虚而不實矣。**禮之實，節文斯二者是也。**【注】禮樂之實，節文事親從兄，使不失其節，而文其禮敬之容，而中心樂之也。【疏】注「禮樂」至「樂之也」○正義曰：太過則失其節，故節之。大質則無禮敬之容，故文之。禮之爲節文，樂之爲樂，不待言者也。然節文在斯二者，樂在斯二者，乃爲禮樂之實。凡實字皆指事親從兄，仁義智禮樂之名，皆爲斯二者而設。**樂之實，樂斯二者。樂則生矣，生則惡可已也。惡可已，則不知足之蹈之，手之舞之。**【注】樂此事親從兄，出於中心，則樂生其中矣。樂生之至，安可已也。豈能自覺足蹈節、手舞曲哉。【疏】注「樂此」至「曲哉」○正義曰：《禮記·樂記》云：「故歌之爲言也，長言之也。説之故言之；言之不足，故長言之；長言之不足，故嗟歎之；嗟歎之不足，故不知手之舞之，足之蹈之。」注云：「不知手之舞之，足之蹈之，歡之至也。」《詩序》亦云：「情動心中而形於言，言之不足，故嗟歎之；嗟歎之不足，故永歌之；永歌之不足，不知手之舞之，足之蹈之也。」然則不知手之舞之足之蹈之，樂之事也。而必由事親從兄二者而生，乃爲實。不從事親從兄二者而生，雖不知手之舞之足之蹈之，仍非其實也。全氏祖望《經史問答》云：「古來聖人，言語中極言孝弟之量者，始於孔子。其論大舜，推原其大德受命之由，本於大孝。其論武周，推極於郊社禘嘗之禮樂，以爲達孝。曾子申之以上老老民興孝，上長長民興弟，爲平天下之大道。有子申之以孝弟，則犯亂不作，爲仁之本。其言之廣狹，各有所當，而義則一。而最發明之者爲孟子，曰「人人親其親，長其長，而天下平。」曰「達之天下」，曰「堯舜之道，孝弟而已」，而尤暢其説於是章，綜羅五德，至於制禮作樂之實，不外乎此。河間獻王采《樂記》，亦引孔子之言，以爲「宗祀明堂，所以教孝；享三老五更於太學，冕而總干，執醬執爵，所以教弟」，皆是章之疏證也。如此解節文，解手舞足蹈，方有實地。蔡文成以爲舞蹈只是手足輕健之意，則是不過布衣野人之孝弟耳，孟子意中郤不然。雖有其德，苟無其位，則一身一家之中，手舞足蹈之樂亦自在，而究未可以言禮樂之全量也。』又云：『孝弟之量，原未易造其極，故古今以來，所稱孝弟，不過至知而弗去一層，其於禮樂二層皆未到；便到得知而弗去一層，已是大難。假如尹伯奇履霜之操，尹伯封《彼黍》之詩，天然兄弟，兄則事親，弟則從兄，皆是賢者。然吉甫非竟頑父也，不能化而順之。其餘如申生、急子、壽子、司馬牛、匡章，皆值父兄之變，甚者以身爲殉。不然者，棄家蕉萃，以終其身，其志節可哀，而使聖人處之，其節文之處，自有中道，諸君恐尚多未盡善處。是其於禮之實，尚待擬議，況樂乎？彼其繁寃悲怨，足以感動天地，然不足以語樂而生，生而至於舞蹈也，是非大舜不能也。故《孟子》下章，即及舜之事親而天下化，蓋以類及之也。其安常履順而極其盛，則武周矣。周公於管、蔡之難，非不值其變也，然其成文武之德者大，破斧缺斨之恫，不足以玷其麟趾騶虞之仁也。是則禮樂之極隆者也。然則無位者之孝弟，至於曾、閔，尚未足盡禮樂之實耶？曾子以晳爲之父，處其常；閔子乃處其變。然閔子竟能化其父母，便是足蹈手舞地位；曾子之養志，便是惡可已。』

《章指》言：仁義之本，在於孝弟；孝弟之至，通於神明；况於歌舞，不能自知，蓋有諸中形諸外也。【疏】『仁義』至『外也』〇正義曰：《論語·學而》篇云：『孝弟也者，其爲仁之本與。』『孝弟之至，通於神明』，見《孝經·感應章》第十六。歌舞即謂足蹈手舞也。言歌者，以《樂記》『蹈舞爲歌』言也。仁義智禮樂必本孝弟乃實，孝弟必依仁義智禮樂，乃至本末兼該，内外一貫。說仁義而不本孝弟，說孝弟而不極於禮樂，皆失之也。

孟子曰：『天下大悦而將歸己，視天下悦而歸己猶草芥也，惟舜爲然。【注】舜不以天下將歸己爲樂，號泣於天。不得乎親，不可以爲人。不順乎親，不可以爲子。舜盡事親之道而瞽瞍厎豫，瞽瞍厎豫而天下化，瞽瞍厎豫而天下之爲父子者定，此之謂大孝。』【注】舜以不順親意爲非人子。厎，致也。豫，樂也。瞽瞍，頑父也。盡其孝道，而頑父致樂，使天下化之，爲父子之道者定也。【疏】注『舜以不順親意爲非人子』〇正義曰：趙氏以不順乎親所以不得乎親，故不順親意兼括『不得』『不順』兩語。而並『不可以爲人』『不可以爲子』兩語爲爲非人子。毛氏奇齡《四書賸言補》云：『不得乎親，是不相能，如虐子教子類。順則悦之矣，卽下文「厎豫」，所謂「厎致豫悦」是也。悦親之由，全在舜能盡其道，與《中庸》「順乎親有道」正同。』○注「厎致」至「定也」○正義曰：『厎，致也』，《爾雅・釋言》文。『豫，樂也』，《爾雅・釋詁》文。致樂者，由不樂而至於樂也。以父之頑如瞽瞍，而舜盡事親之道，卒能至於豫樂，則是天下無難事之親。凡其親不能致樂者，皆人子於事親之道未盡也。夫以瞽瞍之頑而致樂，則天下之事親者，皆由是而化，亦由是而定。定者，人子不得疑於父母之難事而不盡其道也。閻氏若璩《釋地又續》云：『余嘗以《五帝紀》「舜之踐帝位，載天子旗往朝父〔一〕瞽瞍，夔夔惟謹如子道」。此方是「瞽瞍亦允若」「瞽瞍厎豫」時候。較舜之身爲庶人，僅云不格姦者，殊有淺深次第之不同。只觀帝使其子九男二女節有「爲不順於父母」語，天下大悦而將歸己節有「不得乎親」語，此皆試舜於畎畝之中事也。況前此雖云「克諧以孝」，舜猶不告而娶，以爲告則不得娶，是子不能得之於父也。堯亦知告焉則不得娶，是君並不能得於臣也。其頑至此，則既娶之後，猶復欲殺之而分其室，萬章斷非傳聞，史遷斷非無據可知。而諸儒或疑之，或傅會之，概未嘗設身乎處地與爲按文切理者也。大抵親但不至於姦惡，其格淺；親能諭之於道，其格深。以舜之聖，年踰六十，始臻斯境，豈易言哉！』按《尚書・堯典》云：『克諧以孝，烝烝

〔一〕『父』，《皇清經解》本無，《春秋穀梁傳》作『大』，

乂，不格姦。』江氏聲《集注音疏》述其師惠松厓先生云：『楊孟文《石門頌》曰「烝烝艾」，是本諸《尚書》，則古《尚書》作「艾」也。艾，養。格，至也。言舜能和於弟，孝於親，厚以奉養，使不致於姦惡。僞孔本艾作「乂」訓爲治，正義云：「上歷言三惡，此美舜能養之。」蓋孔穎達必見漢注有訓艾爲養者，故爲此言。由此知艾當訓養。』此説是也。克諧以孝，則舜之和其兄弟，以怡父母，於此句見之。然徒以和孝之虚情，焉能變化其頑嚚之本質，故必厚以養之。姦，私也。瞽瞍蓋亦市井之人，營營於耳目口體之欲，故違於德義耳。既厚以養之，則已得滿所欲，豈尚與人爭利而無賴乎，所以不至於私。聖人變通神化之用，必從實處行之可知。舜之耕稼陶漁，而號泣如窮人者，均坐此耳。迨至踐帝位以天下養，而又能夔夔齊慄，既養其身，又悦其心，所以致樂也。今之孝者，能養而不能敬，固不可以爲大孝；舍厚養而但空言克諧，亦未必其即諧也。菽水承歡，可以事賢父，未可以例瞽瞍，況以曾子養志於曾皙，且須酒肉，則所以事親之道，可於是參之矣。

《章指》言：以天下之富貴，爲不若得意於親，故能懷協頑嚚，厎豫而欣，天下化之，父子加親，故稱盛德者必百世祀，無與比崇也。【疏】『故稱』至『崇也』○正義曰：昭公八年《左傳》史趙云：『自幕至於瞽瞍無違命，舜重之以明德，寘德於遂，遂世守之。及胡公不淫，故周賜之姓，使祀虞帝。臣聞盛德必百世祀，虞之世數〔一〕未也。繼守將在齊，其兆既存矣。』《史記・陳杞世家・贊》云：『舜之德，可謂至矣！禪位於夏，而後世血食者，歷三代。及楚滅陳，而田常得政於齊，卒爲建國，百世不絶，苗裔兹兹，有土者不乏焉。』

〔一〕『數』，《皇清經解》本作『又』，《春秋左傳集解》作『數』。

焦循著作集

雕菰樓經學九種

（上）

陳居淵 主編
郭曉東 孫德彩 校點

鳳凰出版社

圖書在版編目（CIP）數據

雕菰樓經學九種 /（清）焦循著 ; 陳居淵主編. -- 南京 : 鳳凰出版社, 2015.10（2019.10重印）
（焦循著作集）
ISBN 978-7-5506-2212-8

Ⅰ. ①雕… Ⅱ. ①焦… ②陳… Ⅲ. ①經學－研究－中國 Ⅳ. ①Z126

中國版本圖書館CIP數據核字(2015)第219744號

書　　名	雕菰樓經學九種
著　　者	(清)焦　循 著　陳居淵 主編
責任編輯	韓鳳冉
出版發行	鳳凰出版社(原江蘇古籍出版社) 發行部電話025-83223462
出版社地址	南京市中央路165號,郵編:210009
出版社網址	http://www.fhcbs.com
照　　排	南京凱建圖文製作有限公司
印　　刷	江蘇鳳凰通達印刷有限公司 南京市六合區冶山鎮,郵編:211523
開　　本	880×1230毫米　1/32
印　　張	64.25
字　　數	1184千字
版　　次	2015年10月第1版　2019年10月第2次印刷
標準書號	ISBN 978-7-5506-2212-8
定　　價	360.00圓（全三册）

《周易補疏》《毛詩補疏》《尚書補疏》《禹貢鄭注釋》
《禮記補疏》《群經宫室圖》《春秋左傳補疏》《論語補疏》

郭曉東　校點

校點説明

《雕菰樓經學九種》，由《周易補疏》二卷、《尚書補疏》（《尚書孔氏傳補疏》）二卷、《毛詩補疏》五卷、《禮記補疏》（《禮記鄭氏注補疏》）三卷、《春秋左傳補疏》（《左氏春秋傳杜氏集解補疏》）五卷、《論語補疏》（《論語何氏集解補疏》）三卷、《孟子正義》三十卷、《禹貢鄭注釋》二卷、《群經宫室圖》二卷等九種書組成，共五十四卷。現將上述『九種』的主要版本情况簡述如下：

一、收録於清嘉慶、道光年間刊刻的《焦氏叢書》本。

二、收録於清光緒二年（一八七六）衡陽魏氏重刊的《焦氏遺書》本。

三、收録於清道光五年（一八二五）阮元刊刻的《皇清經解》本。

四、收録於清咸豐十年（一八六〇）勞崇光刊刻的《皇清經解》補刊本（南菁書院本）。

五、收録於清光緒十四年（一八八八）王先謙刊刻的《皇清經解續編》本。

六、收録於臺灣文海出版社據清嘉慶間手稿影印的《雕菰樓經學叢書》本。

七、《雕菰樓經學九種》中，《禹貢鄭注釋》的稿本，現藏天津市圖書館。《群經宫室圖》又有半九書塾刻本，吴鼎、李慈銘跋，現藏國家圖書館。孫詒讓批校本，現藏温州市圖書館。《孟子正義》的稿本，現藏國家圖書館。又清道光刻本，謝章鋌校，現藏福建省圖書館。又世界書局《諸子集成本》，存十四卷。中華書局據學海堂經解排印本。《孟子補疏》二卷，稿本現藏國家圖書館等等。

此次整理，《雕菰樓經學九種》中的《周易補疏》、《尚書補疏》、《毛詩補疏》、《禮記補疏》、《春秋左傳補疏》的底本皆取《皇清經解》本，校本皆爲《焦氏叢書》本。《論語補疏》的底本取《皇清經解》『庚申補刊本』，校本爲《皇清經解續編》丁亥石印本《焦氏叢書》本。『序文』的底本取《焦氏叢書》本，校本爲《雕菰集》本。《群經宫室圖》、《禹貢鄭注釋》的底本取《焦氏叢書》本，校本皆爲《皇清經解續編》本。《孟子正義》的底本取《焦氏叢書》本，校本爲《皇清經解》本。『九種』的校點過程中，也參考了阮元編撰的《〈十三經注疏〉附校刊記》和近年來出版的各種整理本，注重校勘，重新分段，正文不作改動，凡因原著意引節引而及文字相異者均出校記。《周易補疏》、《尚書補疏》、《毛詩補疏》、《禮記補疏》、《春秋左傳補疏》、《論語補疏》、《禹貢鄭注釋》、《群經宫室圖》等八種由郭曉東校點，《孟子正義》由孫德彩校點。《焦氏叢書》本，簡稱『叢書本』；阮刻《皇清經解》本，簡稱『清經解本』。我對『九種』所録原文作了復核和改定，如果校點有不當或錯誤之處，敬請讀者熱心指正。

陳居淵　二〇一四年春

目録

上册

校點説明……一

周易補疏

周易補疏敘……三

卷上……五

卷下……二一

毛詩補疏

毛詩補疏序……四三

卷一……四五
卷二……六一
卷三……八一
卷四……一〇五
卷五……一二四

尚書補疏

尚書補疏叙……一四七
卷上……一五〇
卷下……一六六

禹貢鄭注釋

禹貢鄭注釋序……一八七
卷上……一八九
卷下……二三六
跋……二八六

禮記補疏
禮記補疏叙 …… 二八九
卷一 …… 二九一
卷二 …… 三一一
卷三 …… 三三二
群經宫室圖
群經宫室圖序 …… 三五五
群經宫室圖上 …… 三五七
群經宫室圖下 …… 四四八
叙 …… 五一六
春秋左傳補疏
春秋左傳補疏序 …… 五二一
卷一 …… 五二四
卷二 …… 五四一
卷三 …… 五六〇

卷四 …… 五七五
卷五 …… 五九七

論語補疏

論語補疏序 …… 六一九
上卷 …… 六二三
下卷 …… 六五一

中册

孟子正義

焦徵序 …… 六七九
卷一 孟子題辭 …… 六八一
卷二 梁惠王章句上 …… 七一九
卷三 梁惠王章句上 …… 七六九
卷四 梁惠王章句下 …… 八〇六
卷五 梁惠王章句下 …… 八六二

卷六　公孫丑章句上……九〇一
卷七　公孫丑章句上……九六四
卷八　公孫丑章句下……一〇〇三
卷九　公孫丑章句下……一〇三六
卷十　滕文公章句上……一〇八五
卷十一　滕文公章句上……一一五一
卷十二　滕文公章句下……一二〇九
卷十三　滕文公章句下……一二五一
卷十四　離婁章句上……一二九二
卷十五　離婁章句上……一三三〇

下册

卷十六　離婁章句下……一三七五
卷十七　離婁章句下……一四三〇
卷十八　萬章章句上……一四七〇

卷十九　萬章章句上……一五一五
卷二十　萬章章句下……一五四八
卷二十一　萬章章句下……一五八三
卷二十二　告子章句上……一六二五
卷二十三　告子章句上……一六八三
卷二十四　告子章句下……一七二一
卷二十五　告子章句下……一七六五
卷二十六　盡心章句上……一八一二
卷二十七　盡心章句上……一八五九
卷二十八　盡心章句下……一九一三
卷二十九　盡心章句下……一九六八
卷三十　孟子篇叙……二〇二五

周易補疏

周易補疏叙

《易》之有王弼，説者以爲罪浮桀紂，近之説漢《易》者，屏之不論不議者也。歲壬申，余撰《易學三書》漸有成，夏月啟書塾北窗，與一二友人看竹中紅薇白菊，因言《易》，及趙賓解箕子爲荄兹，或詡其説曰：『非王弼輩所能知也。』余笑而不答。或曰：『何也？』余乃取王弼注指之，曰：『弼之解箕子，正用趙賓説，孔穎達不能申明之也。』衆唯唯退。門人進曰：『《正義》者，奉王弼爲準繩者也，乃不能申弼如是乎？』余曰：『非特此也。如讀彭爲旁，借雍爲甕，通孚爲浮而訓爲務躁，解斯爲廝而釋爲賤役，諸若此，非明乎聲音訓詁，何足以明之？東漢末，以《易》學名家者，稱荀、劉、馬、鄭，荀謂慈明爽，劉謂景升表，表之學受於王暢，暢爲粲之祖父，與表皆山陽高平人，粲族兄凱，爲劉表女壻，凱生業，業生二子，長宏，次弼。粲二子既誅，使業爲粲嗣，然則王弼者，劉表之外曾孫，而王粲之嗣孫，即暢之嗣玄孫也。弼之學蓋淵原於劉，而實根本於暢。宏字正宗，亦撰《易義》。王氏兄弟皆以《易》名，可知其所受者遠矣。故弼之《易》雖參以己見，而以六書通借解經之法，尚未遠於馬、鄭諸儒，特貌爲高簡，故疏者概視爲空論耳。弼天資察慧，通儁卓出，蓋有見於説《易》者支離傅會，思去僞以得其真，而力不能逮，故知卦變之非而用反對，知五氣之妄而信十二辟。唯之於阿，未見其勝也。解龍戰，以坤上六爲陽之地，固本爻辰之在巳；解文柔文剛，以乾二坤上言，仍用卦變之自泰來，改換其皮毛，而本無真識也。至局促於乘承比應之中，顛頊於得象忘言之表，道消道長，既偏執於扶陽，貴少貴寡，遂漫推夫卦主，較量於居陰居陽，揣摹於上卦下卦，智慮不出乎六爻，時世謬拘於一卦，洵童稚之蘋識，不足與言通變神化之用也。然於觀則會及全蒙，於損亦通諸剥道。聰不明之傳，似明比例之相同；觀我生之爻，頗見升降之有合。機之所觸，原有悟心，倘天假之年，或有由一隙貫通，未可知也。惜乎秀而不實，稱道者徒飫其糠秕，譏刺者莫探其精液。然則弼之《易》，未可屏之不論不議也。』於是每夕納凉柘籬蕉影間，縱言王弼《易》，門人録之，得若干條。立秋暑退，取所録，次爲二卷。迄今七年，《易學三書》既成，復取此稿訂之，列諸《群經補疏》之首，有治王弼《易》者，此或可參焉否也。嘉慶戊寅五月五日，焦循自序〔一〕。

〔一〕『序』，叢書本作『叙』。

卷上

見龍在田。【注】處於地上，故曰『在田』。

循按：李鼎祚《集解》引鄭康成云：『二於三才爲地道，地上即田，故稱田也。』王氏義與鄭同。

或躍在淵。【注】迫乎在下，非躍所及，欲靜其居，居非所安，持疑猶豫，未敢決志。

循按：淵之義爲深，深亦下也。《莊子·應帝王》云：『鯢桓之審爲淵，止水之審爲淵，流水之審爲淵。淵有九名，此處三焉。』郭象注云：『淵者，靜默之謂耳。』『下』字、『靜』字皆釋『淵』字。在淵既『非躍所及』，欲在淵又非所安而欲躍，所以『或』也。

龍戰于野。【注】固陽之地，陽所不堪，故戰于野。

循按：《正義》解『固』爲『占固』，謂『陰去則陽來，陰乃盛而不去，占固此陽所生之地，故陽氣之龍與之交戰』。然陽之地則未實指何所，竊謂王氏暗用鄭、荀之説也。荀爽云：『消息之位，坤在於亥，下有伏乾。』蓋坤爲十月之卦，其辟在亥。以卦位言之，乾處西北，是亥爲乾之地，而坤辟之。此乾所以不堪而戰也。鄭氏以爻辰說《易・坤》，初貞未，二貞酉，三貞亥，四貞丑，五貞卯，上貞巳。乾辟於巳，則坤上爻實爲乾之地，而坤爻據之，又乾所以不堪而戰也。王氏用荀、鄭之說，而渾其辭爲『固陽之地』，不然，坤之上六，何以爲陽之地乎？

天造草昧。【注】屯者，天地造始之時也，造物之始，始於冥昧，故曰『草昧』也。

循按：《廣雅》：『造，始也。』『草，造也。』注中三『始』字，第一『始』字解『造』字，下兩『始』字解『草』字，造、草音近義通。

『匪我求童蒙，童蒙求我』，志應也。【注】故《蒙》之爲義，『匪我求童蒙，童蒙求我』也。童蒙之來求我，志應故也。

循按：注云『匪我求童蒙，童蒙求我』，舉經文也。云『童蒙之來求我，志應故也』，舉傳文也。依此，傳文有『來』字。蓋孔子增『來』字以贊經，猶象稱『笑言啞啞』，初九爻辭增『後』字以明之，而傳卽以『後有則』贊象也。王注《蒙・象》云：『童蒙之來求我，欲決所惑也。』亦舉象傳之『來』字以明象義。《釋文》於『時中』二字下云：『童蒙求我，一本作來求我。』然則一作來求我者，謂傳文之『童蒙求我』也。《呂氏春秋・勸學篇》：『故往教者不化。』高誘注云：『《易》曰：「匪我求童蒙，童蒙來求我。」故往教之師，不見化從也。』引『來』字以明教之不可往，自引傳文，非彖文有『來』字也。山井鼎《考文》謂古本經文有『來』字，恐亦是據《釋文》所云耳。王注及《釋文》『來』字，在傳不在經甚明。

有孚，窒惕，中吉。【注】窒謂窒塞也。能惕，然後可以獲中吉。

循按：《釋文》於惕字下云：『王注或在「惕」字上，或在下，皆通。在「中吉」下者非。』然則注中『獲中吉』之『中吉』，非解經文『中吉』二字。因考彖傳注云：『唯有信而見塞懼者，乃可以得吉也。』此『得吉』二字，解傳文『得中』二字，即前注所云『獲中吉』。『獲中』即是『得中』。王注每於經下入傳義，於傳下申經義，此於經下云『獲中吉』，明傳文『得中』之義也。傳注又云：『猶復不可終，中乃吉也。』此『中乃吉』三字，明經文『中吉』之義也。云『獲中吉』者，謂如是則得中而吉也。云『中乃吉』者，謂中道而止，乃吉也。注又云：『无善聽者，雖有其實，何由得明？而令有信塞懼者得其「中吉」，必有善聽之主焉，其在二乎？以剛而來正夫群小，斷不失中，應斯任也。』蓋能惕則我不失中，又必斷者，不失中，是爲剛來而得中。得中之中，爲中正之中，中吉之中，爲中止之中，言雖『有孚，窒惕』而得中正，亦必中止乃吉，終訟則凶也。『窒謂窒塞也』五字宜在惕字上，『能惕然後可以獲中吉』九字宜在惕字下，『中吉』二字屬下『終凶』，『以獲中吉』屬在『中吉』下，似是解『中吉』，故《釋文》云云也。王注既明云『有信塞懼者』，則讀『有孚窒惕』爲句。而《釋文》又云：『「有孚窒」一句，「惕中吉」一句。』與上所云矛盾。此當合『中吉』二字下注云：『如字。馬丁仲反，「有孚窒」一句，「惕中吉」一句。』蓋王讀中如字，則『有孚窒惕』一句，『中吉終凶』一句；馬讀中丁仲反，則『有孚窒』一句，『惕中吉』一句，中讀去聲，則義與得同。『惕中吉』卽謂因惕得吉，與王注義別也。

以此毒天下而民從之。【注】毒猶役也。

循按：《莊子・大宗師》：『聶許聞之需役。』《釋文》引王云：『役，亭毒也。』毒訓爲病，『役』亦通『疫』。疫爲病，故毒亦爲役。

履道坦坦，幽人貞吉。【注】居内履中，隱顯同也。

循按：《禮記・祭法》注云：『坦，明貌也。』《說文》云：『幽，隱也。』隱指『幽人』，顯指『坦坦』。

履虎尾，愬愬終吉。【注】處多懼之地，故曰『履虎尾，愬愬』也。然以陽居陰，以謙爲本，雖處危懼，終獲其志，故『終吉』也。

循按：《吕氏春秋・愼大篇》引此文，高誘注云：『愬一作逆，字讀如虩虩。愬愬，懼也。居之以禮，行之以恭，恐懼戒愼，如履虎尾，終必吉也。』王氏注義與高氏合。

拔茅茹，以其彚，征吉。【注】茹，相牽引之貌也。

循按：《説文》：『挐，牽引也。』《公羊》僖公元年傳『獲莒挐』，《釋文》：『一本作茹。』以『茹』爲『挐』之假借，故爲牽引。《漢書·劉向傳》：『《易》曰：「拔茅茹，以其彚，征吉。」在上則引其類，在下則推其類。』注引鄭氏云：『茹，牽引也。茅喻君有潔白之德，臣下引其類而仕之。』王注義與相近。《釋文》：『茹，牽引也。鄒湛同。』

得尚乎中行。【注】尚，猶配也。中行謂五。

循按：《汉書·張耳傳》：『敖已出，尚魯元公主如故。』師古曰：『尚，辭〔一〕配也。』《易·泰卦》九二辭曰：「得尚乎中行」，王弼亦以爲配也。諸言尚公主者，其義皆然。』

翩翩，不富以其鄰。【注】乾樂上復，坤樂下復，四處坤首，不固所居，見命則退，故曰『翩翩』也。坤爻皆樂下，己退則從，故不待富而用其鄰也。

循按：翩翩，《釋文》作『篇篇』，猶《小雅》『翩翩』，字又作扁也。《漢書·叙傳》『魏其翩翩，好節慕聲』。師古曰：『翩翩，自喜之貌。』張華《鷦鷯賦序》云：『翩翩然有以自樂也。』王氏本傳『中心願』之義，以翩翩爲自喜自樂，故數用樂字以明之。惟其樂於下退，

〔一〕『辭』，《漢書》顔師古注作『猶』。

故見命卽退，惟其皆樂於下退，故六四退而五上兩爻亦從之而退。《正義》説之未詳。

匪其彭。【注】三雖至盛，五不可舍，能辯斯數，專心承五，當匪其旁，則无咎矣。旁謂三也。

循按：《釋文》：『其彭，步郎反。子夏作旁。姚云：「彭，旁。」』《廣雅》『彭彭旁旁』皆訓爲『盛』。《詩》『四牡彭彭』，《説文》引作『騯騯』，旁之訓爲溥爲廣，『旁魄四塞』，故義爲盛。《説文》彭爲鼓聲，義亦爲盛者，爲旁之音通，相假借也。王氏訓彭爲盛，故云『三雖至盛』，又以彭爲旁之假借，遂用《子夏傳》，直以旁代彭，而云『當匪其旁』，下三陽相聚，而九三處其上，故爲至盛。『匪其旁』猶云匪其盛。謂『專心承五』，而常以三之盛爲非也。《正義》云：『彭，旁也，九三在九四之旁。』失王氏義矣。

盱豫悔。【注】履非其位，承動豫之主。若其睢盱而豫，悔亦生焉。遲而不從，豫之所疾，位非所據，而以從豫，進退離悔，宜其然矣。

循按：《列子·黄帝篇》、《莊子·寓言篇》皆載老子教楊子云：『而睢睢而盱盱，而誰與居？』張湛注《列子》云：『《説文》云：「盱，仰目也。」《蒼頡篇》云：「盱，張目貌。」高誘注《淮南子》云：「睢盱，視聽貌。」』郭象注《莊子》云：『睢睢、盱盱，跋扈之貌。人將畏難而疏遠。』《釋文》引《廣雅》云：『睢睢盱盱，元氣也。而，汝也。言汝與元氣合德，去其矜驕，誰復能同此心。』解異郭義，依《廣雅》爲質朴之形，《魯靈光殿賦》所謂『鴻荒朴略，厥狀睢盱』也。依郭象，爲仰目張目之狀，《西京賦》所謂『武夫赫怒，睢盱跋扈』也。揚雄《劇秦美新》云『權輿天地未袪，睢睢盱盱』，元氣之説所本也。《淮南·俶真訓》云：『神農、黄帝，剖判大宗，竅領天地，襲九窾，重九熱，提挈陰陽，嫥捖剛柔，枝解葉貫，萬物百族，使各有經紀條貫。於此萬民睢睢盱盱然，莫不竦身而載聽視。』推《淮南》之義，睢睢盱盱在陰陽剖判之後，因各有經紀條貫，遂亦各竦身而載聽視，非復渾渾蒼蒼、昧昧芒芒之時，故下云『是故治而不能和下』。《淮南》本之《莊》、《列》，『睢睢盱盱，而誰與居』，謂其夸大自異於人，則人莫與居。下所云『舍者避席，煬者避竈』，卽見其睢盱而莫與居也；下所云『其反也，舍者與之爭席矣』，反者，反乎睢睢盱盱，而若辱若不足也。爭席，則不獨與居，且相狎矣。盧重元注《列子》云『夫真隱之者，無矜夸之聲，無可貴之容』，是也。睢盱者，自表異於人，爲矜夸之聲，有可貴之容也。荀卿《非十二子》以『盱盱然』爲學者之『嵬容』，嵬容者，自矜之形狀也。然則睢盱之義，在揚子雲之前無有元氣朴略之説，王氏之學習於老、莊，其睢盱二字，正本《莊子》，其意以九四爲動豫之主，以六三爲承動豫之主，所云『睢盱而豫』，指九四，謂九四以一陽自貴於衆陰之中，其睢盱之狀不可與居，今承之而從之，必受其辱而生悔。然既近承其下，使遲而不從，則又爲九四所疾，故云『遲而不從，豫之所疾』。何也？其人既自矜自貴，寧容近承其下者，不相從也。從之生悔，不從亦有悔，故云『進退離悔』。豫之主在九四，故稱九四爲豫。云『睢盱而豫』，九四以豫自矜也。云『豫之所疾』，爲九四所疾也。云『位非所據，而以從豫』，謂在六三而承九四也。與睢睢盱盱之人近，從之不可，不從不可，與《莊》、《列》之言互相表裏。《莊》、《列》言睢盱之人，人莫敢與居，王氏言承睢盱之人，進退皆悔也。《釋文》載王肅訓大，鄭氏訓誇，皆與王注合。惟向秀云：『睢盱，小人喜悦僾媚之貌。』此與跋扈矜夸之説異，亦與元氣朴略之説異。王注云『若其睢盱而豫』，『若其』二字明指九四。九四爲豫主，何僾何媚？謂六三僾媚，則遲而不僾媚，何以又悔且喜悦？僾媚之人，何至人避之而莫與居？此僾媚之人，舍者正可與之奪席，何轉避席避竈乎？向秀之説，既失王氏注《易》之旨，亦乖《莊》、《列》『誰與』之言，《正義》獨用其説以疏王注，而王注晦矣。〔一〕

朋盍簪。【注】夫不信於物，物亦疑焉，故勿疑則朋合疾也。盍，合也。簪，疾也。

循按：《釋文》：『簪，徐側林反，《子夏傳》同。疾也，鄭云：「速也。《埤蒼》同。」』速、疾義亦同。束晳《玄居釋》云：『不知盱豫之攖悔遲，而忘夫朋盍之義務疾。』

臨，剛浸而長。【注】陽轉進長，陰道日消，君子日長，小人日憂，『大亨以正』之義。○至于八月，有凶，消不久也。【注】八月陽衰而陰長，小人道長，君子道消也，故曰『有凶』。

〔一〕『而王注晦矣』，叢書本作『晦矣』。

循按：王氏以八月指否所辟之月。夏之七月，殷之八月也。文王用殷正，故以否所辟爲八月。『小人道長，君子道消』，卽用否卦傳以明八月爲否也。於『剛浸而長』，引《泰》之『君子日長，小人日憂』，蓋以浸而長爲臨，由二陽進而爲三陽成泰也。『剛浸而長』，謂臨成泰；『至於八月』，謂泰成否。王氏以辟卦注《易》如此。

甘臨，无攸利。既憂之，无咎。【注】甘者，佞邪説媚不正之名也。履非其位，居剛長之世，而以邪説臨物，宜其『无攸利』也。若能盡憂其危，改修其道，剛不害正，故『咎不長』。

循按：王氏讀此甘爲『幣重言甘』之甘，故云『邪説』。此説當爲言説之説，與上『佞邪説媚』之説有異。臨以進而成泰，爲元亨利貞，以柔居三則不正，故邪。柔居三下卦爲兑，兑爲口，故爲『邪説』，謂以『佞邪説媚』見諸口説也。『改修其道』則進而成泰，成泰則剛居三，剛居三則不害正矣。

闚觀。【注】猶有應焉，不爲全蒙。所見者狹，故曰闚觀。

循按：觀本蒙二升五之卦，蒙已成觀，故『不爲全蒙』。此荀爽二五升降之義，王氏陰用之。

觀我生進退。【注】近不比尊，遠不童觀，觀風者也。

循按：巽爲風，爲進退，觀進退，卽是觀風，故以風字解進退。

觀我生，君子无咎。【注】上之化下，猶風之靡草，故觀民之俗，以察己之，百姓有罪，在於一人。君子風著，己乃无咎。

循按：王氏此注全用二五升降爲説。『己』指五，『己之』謂蒙二之五，蒙二之五上乃成巽爲『風著』。《雜卦傳》云：『蒙雜而著。』著字用此在蒙上無巽風。蒙二之五，巽風乃著。風著於上，五乃成君子，无咎，故云『己乃无咎』。王氏注《坤・象》云：『陰之爲物，必離其黨，之於反類，而後獲安貞吉。』與《坤》反者《乾》，『之於反類』，當謂坤五之乾二，亦陰用升降之説。

柔來而文剛，故亨。分剛上而文柔，故小利有攸往。【注】剛柔不分，文何由王〔一〕？故坤之上六來居二位，『柔來文剛』之義也。柔來文剛，居位得中，是以亨。乾之九二，分居上位，『分剛上而文柔』之義也。剛上文柔，不得中位，不若柔來文剛，故『小利有攸往』。

循按：李鼎祚《集解》引荀爽云：『此本《泰》卦，謂陰從上來，居乾之中，文飾剛道，交與中和，故亨也。分乾之二居坤之上，上飾柔道，兼據二陰，故「小利有攸往」矣。』王氏用荀例而諱言《泰》卦。

〔一〕『王』，《周易正義》作『生』。

白馬翰如。【注】鮮潔其馬，翰如以待。

循按：『鮮潔』二字解白字，則『白馬』者，謂白其馬也。『翰如』下用『以待』二字，則翰字不解爲白色。《檀弓·正義》引鄭氏云：『翰猶幹也。見六四適初未定，欲幹而有之。』鄭以白馬指九三，謂九三幹六四而有之，不使應初，即王氏所云，『有應在初，而閡於三也』。閡卽礙字。惟王氏之意，以白馬屬六四，謂六四鮮潔其馬，將以應初九，而閡於九三，內懷疑懼，馬雖備而尚待。蓋亦讀翰爲幹。《廣雅》：『幹，安也。』雖白其馬而尚安，然未行，故云『翰如以待』也。《正義》云『其色翰如，徘徊待之』，『翰如』指色，則『以待』二字，經何有乎？

賁于丘園，束帛戔戔。【注】施飾於物，其道害也。施飾丘園，盛莫大焉，故賁于束帛，丘園乃落，賁于丘園，帛乃戔戔。

循按：物指束帛。《釋文》：『戔戔，《子夏傳》作殘殘。』《淮南·本經》高誘注云：『殘，墮也。』王逸《離騷章句》云：『落，墮也。』殘、落義同。故王氏以落字與戔戔互明。賁于束帛，丘園乃戔戔矣；賁于丘園，束帛乃落矣。薛虞云：『戔戔，禮之多也。』《正義》本此，以戔戔爲眾多，王氏無此訓。

剥牀以辨。【注】辨者，足之上也。剥道浸長，故剥其辨也。

循按：《釋文》：『辨，足上也。馬、鄭同。』又：『薛虞：「膝下也。」』李鼎祚《集解》引鄭康成云：『足上稱辨，謂近膝之下。屈則相近，申則相遠，故謂之辨。辨，分也。』虞翻謂辨在指間。《説文》：『釆，象獸指爪分別也。讀若辨。』《考工記》輻之入牙處爲蚤，蓋弓之末亦爲蚤，鄭注謂蚤當作爪，牀足入枘鑿之處與輻蓋弓之爪同。自身體言之，爪在足下；自牀言之，爪在足上。則辨爲指間，爲足上，於牀皆通。惟牀之辨在足上，故云『足之上』『猶云剥牀之足也。』則『剥牀以辨』，亦猶云剥牀之辨。王氏注『剥牀以足』云：『猶云剥牀之足也。』乃鄭氏用薛虞『膝下』之訓，則不以辨爲爪，然人足有屈申，牀足无屈申，牀足自地以至上皆稱爲足，在足上與牀近，非爪而何？鄭氏解以足以辨，不必如王氏爲牀之足牀之辨，則足上无爪，故依屈申爲説。王氏以足爲牀之足，辨爲牀之辨，則牀足之上不妨有爪矣。同一足上之訓，而義或不同，王氏爲勝。《正義》謂『辨爲牀身之下，牀足之上，與牀分辨之處』，則是辨爲虚稱。王注明云『剥其辨』，无分辨之説也。

不遠復，无祇悔。【注】復之不速，遂至迷凶，不遠而復，幾悔而反，以此修身，患難遠矣。

循按：王氏以上六爲遠，遠則不速，故云『復之不速，遂至迷凶』，言上六遠則迷而凶，明初九不遠則不迷而吉也。『不遠而復』，解『不遠復』，『幾悔』解『祇悔』，以『幾』字代『祇』字也。《釋文》：『祇音支，辭也。馬同。』又《屯》卦『君子幾』：『徐音祈，辭也。』幾、祇皆語辭，故以幾明祇。下云『而反，以此修身，患難遠矣』，此十字解『无』字。幾悔則有患難，而能不遠卽復，故无幾悔，而遠於患難，反卽復也。韓康伯注《繫辭傳》云：『祇，大也。』與王氏異義。

不耕穫，不菑畬。【注】不耕而穫，不菑而畬。

循按：《吕氏春秋·貴圜篇》云：『適令武王不耕而穫』，義不與王氏同，而於穫上加入『而』字則同。

有厲利已。【注】四乃畜己，未可犯也。故進則有厲，已則利也。○《象》曰：『有厲利已』，不犯災也。【注】處健之始，未果其健者，故能利已。

循按：《釋文》：『利已，夷止反。下及注已則能已同。』夷止反，則爲已止之已。《正義》以『休已』解之，是也。『下』謂『《象》曰：有厲利已』之已也。注『已則』謂『已則利也』之『已』，所以明四乃畜己之己，非已止之已。夷止反也。又云『能已同』者，謂象下注『故能利已』之『已』也。《釋文》云『能已』，則注无『利』字。玩上云『處健之始，未果其健』，健而果於健，則必進而不已。惟其未果於健，故能已而不進，若有『利』字，則與上不貫矣。

豶豕之牙。【注】豕牙横猾剛暴難制之物，謂二也。五處得尊位，爲畜之主。二剛而進，能豶其牙，柔能制健禁暴抑盛。

循按：《正義》引褚氏云：『豶，除也。除其牙也。』以豶之爲除，《爾雅》無訓。謂墳是提防之義。『豶其牙』謂防止其牙，古字假借，豕旁土邊之異，其義亦通。余謂王氏蓋讀『豶』爲『僨』，《爾雅·釋言》云：『僨，僵也。』《左氏·昭十三年傳》：『牛雖瘠，僨於豚上。』杜注云：『僨，仆也。』《禮記·射義》『賁軍之將』，注云：『賁，讀爲僨。僨，猶覆敗也。』謂『豕牙横猾剛暴』，而五能覆敗之，僵仆之也。借『豶』爲『僨』，猶借『僨』爲『賁』，王氏用六書假借如此，《正義》固知之矣。

虎視眈眈，其欲逐逐。【注】下交不可以瀆，故『虎視眈眈』，威而不猛，不惡而嚴。養德施賢，何可有利？故『其欲逐逐』，尚敦實也。

循按：《釋文》引馬云：『眈眈，虎下視貌。』『逐逐，薛云：「速也。」』王氏之義卽本於此。下交、下視，謂四視初，故不猛不惡，然其視也爲虎，則雖下交而有威嚴，不爲瀆矣。速與遬同，《玉藻》：『君子之容舒遲，見所尊者齊遬。』注云：『謙慤貌也。遬猶蹙蹙也。』《正義》云：『言自斂持迫促，不敢自寬奢。故注云「謙慤貌也」。』《祭義》：『其親也慤，其行也，趨趨以數。』注云：『慤與趨趨，言少威儀也，趨讀如促。數之言速也。』《禮器》：『是故七介以相見也，不然則已慤，三辭三讓而至，不然則已蹙。』注云：『慤、蹙，愿貌，大愿則辭不見，情無由至也。』薛氏以『速』解『逐逐』，是逐逐卽速速，而速速卽同於『趨趨』

『蹙蹙』，愿愨少威儀，故爲『敦實』。《小雅》『蔌蔌方有穀』，蔡邕《釋誨》作『速速』，《毛傳》云『陋也』，蓋自其無威儀言之，可謂之愨，亦可謂之陋耳。

枯楊生稊。【注】稊者，楊之秀也。

循按：《釋文》：『鄭作荑。』《詩》『手如柔荑』，《毛傳》以爲『茅〔一〕之新生』。鄭氏『有女如荼』箋云：『荼，茅秀。』蓋荑爲茅初生之名，不華而實爲秀。茅初生潔白而柔，是爲荑，久而爲荼，即此所秀之荑。楊柳初生，亦不華而實，久而飛。荼與茅同。王氏以《易》用茅秀之荑屬之於楊，故即以茅秀推之於楊，以爲『楊之秀』也。

來之坎坎，險且枕。【注】出則之『坎』，居則亦『坎』，故曰『來之坎坎』也。『枕』者，枕枝而不安之謂也。出則无之，處則无安，故曰『險且枕』也。

循按：王氏以『出』字解『之』字，以居三爲來，謂來坎，之亦坎，故下云『來之皆坎』，謂來與之皆坎也。《釋文》：『枕，陸云：「閑礙險害之貌。」《九家》作玷。』玷當作阽。阽，危也。阽、玷形近，與枕音近，王氏以枕爲阽之假借，故云『枕枝而不安之謂也』。張衡《思玄賦》：『阽焦原而跟趾』，舊注云：『阽，臨也。』李善引《漢書》賈誼曰『安天下阽危若

〔一〕『茅』，《毛傳》作『荑』。

臨險之意也。《考文》謂古本無『枝』字，然《正義》有之。」

是而上不驚者』，臣瓚曰：『安臨危曰阽。』《孝文本紀》詔云，『或阽於死亡』，服虔曰：『阽音反坫之坫。』孟康曰：『阽音屋檐之檐。』如淳曰：『阽近邊欲墜之意。』《嚴助傳》：『南近諸越，北枕大江。』師古曰：『枕，臨也。』正用阽字之訓。『枝』與『支』通，撐持支柱，亦臨險之意也。《考文》謂古本無『枝』字，然《正義》有之。

履錯然。【注】錯然者，警慎之貌也。處離之始，將進而盛，未在既濟，故宜慎其所履。

循按：王氏以『錯』爲『錯愕』之錯，《後漢書·寒朗傳》。故爲『警慎之貌』。『將進而盛』，謂由初至三，皆得正也。上三爻未正，不成既濟，故云『未在既濟』。王氏注《既濟》云：『既濟者，以皆濟爲義者也。小者不遺，乃爲皆濟。剛柔正而位當，則邪不可以行也。』又云：『柔不得中，則小者未亨。小者未亨，雖剛得正，則爲未既濟也。』注《未濟》云：『位不當，故未濟。剛柔應，故可濟。』注《坎》初六云：『失道而窮在坎底，上无應援可以自濟。』王氏以剛居初三五、柔居二四上爲剛柔正，卽爲當位，以初與四、二與五、三與上一剛一柔爲應，六爻皆正爲既濟。既者盡也，盡濟，謂無一爻不正，故云『皆濟』。未濟六爻不正，而剛柔皆應，則可以皆濟。若既濟柔不得中，則五雖正位，仍不得爲既濟。故離下三爻雖正，而上三爻未正，卽爲『未在既濟』。皆濟則邪不行，未在既濟則不能無邪，故宜警慎以辟咎。離下三爻濟而上三爻未正，則未既濟，推之坎上三爻濟而下三爻未正，則未既濟。上三爻濟下三爻未正，即『小者未亨，雖剛得正』，爲未既濟之例也。王氏於《既濟》注稱『未既濟』，於《離》初九注稱『未在既濟』，互相發明者也。王氏於《未濟》以『剛柔應』爲『可濟』，則《坎》下三爻未濟，而剛柔不應則不可濟，故於《坎》初六云『上无援應可以自濟』。推之《離》上三爻未濟，而下无援應，亦不可濟。此又互相發明者也。王氏不知旁通之例，故於所謂應，所謂當位，所謂錯，皆不能深明其故，遂爲後人印定耳目，爲千餘年隨聲附和之祖，余於《易學三書》亦既辨正之矣，乃王氏互相發明之處，王氏自有本義，孔達穎〔一〕等撰《正義》，率顢頇衍之，未能明王義也。且王氏謂无應則不可濟，剛柔應則可濟，其《既濟》上六注云：『處既濟之極，既濟道窮，則之於未濟。』《未濟》上九注云：『未濟之極，則反於既濟。』此以反對言。《未濟》初六注云：『處未濟之初，最居險下，不可以濟者也。而欲之其應，進則溺身。未濟之始，始於既濟之上六也。濡其首猶不反，至於濡其尾，不知紀極者也。』剛柔應，可濟矣，何以又不可濟？王氏之意以爲，既濟六爻一齊反而爲未濟，則未濟六爻亦宜一齊反而爲既濟，若不一齊俱反，徒以初之四，是爲之其應進則溺身，故未可濟之，其應升降之例也，王氏不明升降有當位失道，第取反對，不用升降，故其説云云也。

〔一〕『達穎』，叢書本作『穎達』。

卷下

肥遯。【注】最處外極，无應於内，超然絶志，心无疑顧，憂患不能累，矰繳不能及，是以『肥遯无不利』也。

循按：張衡《思玄賦》『欲飛遯以保名』，曹植《七啟》『飛遯離俗』，《文選》注引淮南九師曰：『遯而能肥，吉孰大焉。』《後漢書》注引作『遯而能飛』。姚寬《西溪叢話》云：《周易·遯卦》『肥遯，无不利』，肥字古作巹，與古蜚字相似，即今之飛字，後世遂改爲肥字。王氏此注云『矰繳不能及』，則是以肥遯爲飛遯也。侯果闡王氏之説云：『最處外極，无應於内，心无疑戀，超然高舉，果行育德，安時无悶，遯之肥也，故曰「肥遯无不利」，則潁濱巢、許，當此爻矣。』用『高舉』二字，亦飛義也。《子夏傳》以肥爲饒裕，推王氏無此義。

羝羊觸藩，羸其角。【注】貞厲以壯，雖復羝羊，以之觸藩，能无羸乎？

循按：馬氏訓羸爲大索，王肅作縲，鄭康成、虞仲翔作纍，蜀才作累，侯果解作角被拘羸。故《正義》以羸爲『拘纍纏繞』也。蓋王氏以『君子用罔』爲罔羅。九四注云：『上陰不罔己路，故「藩決不羸」。』似是入於罔羅之中，爲拘纍纏繞。然王氏注《姤》初六『羸豕』，謂『豭强而牝弱』。豕之豭猶羊之羝，六五『喪羊於易』注云：『羊壯也。』羊本强壯，又是羝羊，其强壯更甚，用以觸藩，則亦必羸。故云『雖復羝羊，以之觸藩，能无羸乎』。此正與豭强牝弱互明。羸爲弱，與壯對，謂强壯如羝羊，藩不決，觸之亦无所用其力，而角爲之羸弱，羸由於觸，不因羅罔也。若云『拘纍纏繞』，於義爲不貫矣。《井·彖》『羸其瓶』，虞翻以爲『鉤羅』。《姤》初六『羸豕』，宋衷亦以爲『大索』，而王氏解《姤》之羸爲弱，解《井》之羸爲覆，例之於此，固不以爲拘纍也。

用拯馬壯，吉。【注】進不殊類，退不近難，不見疑憚，順以則也，故可用拯馬而壯吉也。不垂其翼，然後乃免也。

循按：《正義》於《艮》六二『不拯其隨』，解拯爲舉。於《渙》初六『用拯馬壯吉』，解拯爲拔，於此則以爲拯濟。王氏注初九云：『懷懼而行，行不敢顯，故曰「垂其翼」。』又云：『殊類過甚，以斯適人，人必疑之。』此注云：『進不殊類，不見疑憚。』明與初九相反。則拯與垂相反。垂向下，拯則舉而向上，故以『不垂其翼』解拯字，《説文》引作『抍』，『上舉也』。拯人於溺，亦可爲濟。然拯馬則猶云升馬，策馬而進之，不可言濟也。

箕子之明夷。【注】最近於晦，與難爲比，險莫如茲。而在斯中，猶闇不能沒，明不可息，正不憂危，故『利貞』也。

循按：《釋文》云：『蜀才箕作其。劉向云：「今《易》箕子作荄滋。」鄒湛云：「訓箕爲荄，詁子爲滋。漫衍無經，不可致詰。」以譏荀爽。』《漢書・儒林傳》：『蜀人趙賓好小數書，後爲《易》，飾《易》文，以爲箕子明夷，陰陽氣亡箕子。箕子者，萬物方荄茲也。』古字箕卽其，子通滋，《釋名》：『子，滋也。』滋通茲。王氏讀箕子爲其滋，故云『險莫如茲，而在斯中』，以茲字解子字，以斯字解其字。若曰其茲之明夷，而猶『闇不能沒，明不可息，正不憂危，故利貞也。』用一猶字，爲其滋二字作轉，謂明之傷夷如茲，而猶利貞也。推王注之意，絕不以爲近殷紂之箕子。馬融以箕子爲紂諸父，王氏所不用也。《釋文》每於經下首舉王氏義，後臚列異說，此於『箕子之明夷』，首列『蜀才箕作其』，明與王氏同也。《正義》失王氏義。

遇主于巷。【注】出門同趣，不期而遇，故曰『遇主于巷』也。

循按：《毛詩・鄭風》傳云：『巷，門外也。』王氏本此，以門外爲巷，故云『出門』。

往蹇來連。【注】往來皆難。

循按：《釋文》：『連，力善反。馬云：「亦〔一〕難也。」鄭如字，遲久之意。』《正義》亦引馬、鄭之訓。《荀子・非十二子》云：『其冠絻，其纓禁緩，其容簡連。』楊倞注云：『簡連，傲慢不前之貌。連，讀如「往蹇來連」之連。』傲慢不前卽是遲久之意。《莊子・大宗師》：『連乎其似好閉也。』《釋文》引崔譔云：『蹇，連也。音輦。』好閉，言好爲閉藏，亦不前之義。揚雄《解嘲》：『孟軻雖連蹇，猶爲萬乘師。』李善音去聲，引蘇林曰：『連蹇，言語不便利也。』顏師古音輦，引張晏曰：『連蹇，難也，言值世之屯難也。』不便利卽是遲久，遲久卽是不進，屯以不進爲難，故遲久卽難也。

解利西南。【注】西南，衆也。

循按：坤爲地，爲衆，王氏注『蹇利西南』云『地也』，此云『衆也』，是暗以西南指坤。『東北，山也』，則指艮。

夙吉。【注】无難可往，以解來復則不失中。有難而往，則以速爲吉者。无難則能復其中，有難則能濟其厄也。

循按：夙夜之夙，其義爲早。凡事早則速，速、夙音義皆通，故王氏以夙爲速。

〔一〕《經典釋文》無『亦』字。

夬，揚于王庭。【注】夬與剥反者也。

循按：王氏以旁通爲反，本《雜卦傳》『否泰反其類』之反。

居德則忌。【注】忌，禁〔一〕**也。法明斷嚴，不可以慢，故居德以明禁也。**

循按：王氏以『明禁』二字解『則忌』，蓋以則爲法，故云『法明』，『居德則忌』，謂居德以法禁也。『法明』是『則』字義，『斷嚴』是『忌』字義，下用『明』字代『法明』，『禁』字代『斷嚴』。

壯于頄。【注】頄，面權也。

循按：《釋文》：『鄭作頯，頯，夾面也。』《説文》：『頯，權也。』權夾於面，故云『面權』。

聰不明也。【注】同於《噬嗑》『滅耳』之『凶』。

循按：《噬嗑》上九傳云：『何校滅耳，聰不明也。』與此傳同。孔子翼贊之例，王氏似稍悟之，惜未能好學深思也。

〔一〕『禁』，《周易正義》作『止』。

女壯，勿用取女。【注】一女而遇五男，爲壯至甚，故不可取也。

循按：李鼎祚《集解》引鄭康成云：『姤，遇也。一陰承五陽，一女當五男，苟相遇耳，非禮之正，故謂之姤。女壯如是，壯健似淫，故不可娶。』王氏本此。

羸豕孚蹢躅。【注】羸豕，謂牝豕也。群豕之中，豭强而牝弱，故謂之『羸豕』也。孚，猶務躁也。夫陰質而躁恣者，羸豕特甚焉，言以不貞之陰，失其所牽，其爲淫醜，若羸豕之孚務蹢躅也。

循按：王氏以孚爲務躁，蓋讀孚爲浮，浮，輕也，謂輕躁也。『孚』、『浮』古字通，《釋名》：『浮，孚也』，是也。『務』爲『鶩』之通借，『務』、『鶩』《爾雅》皆訓强，亂馳爲鶩。鶩躁，言其奔馳而輕躁也。下直云『孚務』，卽浮鶩也。以『蹢躅』爲『浮鶩』，則以爲進退不寧之象。務躁二字，今俗尚有之。

包有魚。【注】初自樂來應己之廚。

循按：古『包』、『苞』、『庖』、『胞』皆通，王氏讀『包』爲『庖』，故以廚解之。虞翻云：『巽爲白茅，在中稱包。詩曰「白茅包之」，或以包爲庖廚也。』虞仲翔與輔嗣同時，其本作『包』。謂『或以包爲庖廚』，當卽指王氏。《釋文》云：『本亦作庖。』《正義》於九二、九四引經文皆作『庖』。《釋文》又謂：『荀作胞。』《列子・楊朱篇》：『庖廚之下，不絕烟火。』

《釋文》作『胞』。《莊子・庚桑楚篇》：『湯以胞人籠伊尹。』《漢書・東方朔傳》：『館陶公主胞人臣偃。』『胞』皆庖廚之庖，荀注殘闕，義或同王氏與！

以杞包瓜。【注】杞之爲物，生於肥地者也。包瓜爲物，繫而不食者也。

循按：以『繫而不食』推之，則王氏讀『包』爲『匏』。《正義》引經文作『以杞匏瓜』，然《釋文》但云：『包瓜，子夏作苞』，不云本亦作匏。則王氏本固作包，不作匏，蓋讀『包有魚』、『包无魚』之包爲庖，讀『以杞包瓜』之包爲匏，古人説經，以假借爲訓詁，不得據注以改經。《説文》：『匏，瓠也，從包從夸。包，取其包藏物也。』《秋官・壺涿氏》注：『杜子春讀炮爲「苞有苦葉」之苞。』今《毛詩》作匏，是匏本有包義，亦通作苞。《正義》引《子夏傳》云：『作杞匏瓜』，與《釋文》引『子夏作苞』不同。王氏之意，以九五得位爲杞之得肥地，以五不應二爲匏瓜之『繫而不食』，謂繫於五不食，謂不應二。《薛虞記》云：『杞，杞柳也。杞性柔韌，宜屈橈，似匏瓜。』與王氏義異。司馬貞謂《子夏傳》、《薛虞記》旨趣非遠，無益後學，誠有然矣。至生於肥地，杞柳亦然。張璠以爲苟杞，未可據以定王氏也。

乃亂乃萃。【注】不能守道，以結至好，迷務競爭，故『乃亂乃萃』也。

循按：王氏以務爲瞀，故與迷字連文。《正義》言『情意迷亂，奔馳而行』，以務爲奔馳，則以務爲騖。

據于蒺蔾。【注】三以陰居陽，志武者也。

循按：陶隱居云：『蒺蔾多生道上，而葉布地，子有刺，狀如菱而小。長安最饒，人行多著木屐。今軍家乃著鐵作之，以布敵路，亦呼蒺蔾，言其凶傷。』王氏云志武，蓋以爲軍中之蒺蔾耳。

來徐徐。【注】徐徐者，疑懼之辭也。

循按：班固《幽通賦》『承靈訓其虚徐兮』，曹大家注：『虚徐，狐疑也。』《詩》曰『其虚其徐』，《漢書》注孟康曰：『虚徐，懷疑也。』《釋文》：『子夏作荼荼，翟同荼，音圖。云内不安之意。』内不安謂疑懼也。

舊井。【注】則是久井不見渫治者也。

循按：《毛詩・大雅》『告爾舊止』，箋云：『舊，久也。』

井谷射鮒，甕敝漏。【注】谿谷出水，從上注下，水常射焉。井之爲道，以下給上者也。而无應於上，反下與初，故曰『井谷射鮒』。鮒，謂初也。失井之道，水不上出，而反下注，故曰『甕敝漏』也。

循按：《釋文》：『甕，屋送反。李於鍾反。鄭作甕，云停水器也。《説文》作罋，汲瓶也。』謂『鄭作甕』，則王氏不作甕。盧學士依盧都轉刻本改爲雍。雍與壅同。《詩・無將》：『大車維塵，雍兮』，箋云：『雍猶敝也。』《荀子·致士篇》：『隱忌雍蔽之人，君子不近。』王氏讀『甕敝』爲『雍敝』，卽是壅蔽。井上壅蔽，故『水不上出』，漏故『反下注』也。經李軌音於鐘反，正是雍字。《白虎通》言辟雍，『雍之言壅也』。則壅蔽與廱、雝同聲。經文本是甕字，故首音屋送反，次列李軌音，李則據雍字爲音，明王氏雍敝之讀也，下舉鄭、許爲停水器，爲汲瓶，以其異乎雍敝之讀也。《正義》云『有似甕敝漏水』，則鄭、許之義，非王氏義。崔憬發王氏義云：『惟得於鮒，無與於人也。井之爲道，上汲者也，今與五非應，與初比，則是若谷水下注，惟及於魚，故曰「井谷射鮒」也，「甕敝漏」者，取其水下注不汲之義也。』依文而衍，亦未能詳雍敝之義。至王氏以鮒謂初，爲陰微小下伏，象鮒之爲小魚。鄭康成云：『無大魚，但多鮒魚耳，言微小也。』王肅云：『鮒，小魚也。』虞翻云：『鮒，小鮮也。』王氏與此同耳。《正義》引《子夏傳》：『井中蝦蟆，呼爲鮒魚。』此說甚怪，引以明王氏『鮒謂初』之義，初爲蝦蟆，未之聞也。

柔進而上行，得中而應乎剛。【注】謂五也。

循按：王氏用反對之例，革反爲鼎，二柔進於五，故柔進謂五，推之无妄，剛自外來，而爲主於內，謂大畜反爲无妄，上艮反爲下震，上九反爲初九，故注云『謂震也』。

利出否。【注】否，不善之物也〔一〕**。處鼎之初，將在納新，施顛以出穢。**

循按：九四注云『既承且施』，承謂承五，施謂應初，此注『施顛』，謂四應初也。王氏注象傳云，『倒以寫否』，『倒』字解『顛』字，謂革倒爲鼎，則初應四，而四施於初。『寫』字解『利出』，利出汙穢，卽寫出汙穢。王氏以利爲下利之利，寫俗作瀉，陰爻自上倒下，故王氏以瀉利出穢解之。施亦矢也。

震遂泥。【注】處四陰之中，居恐懼之時，爲衆陰之主，宜勇其身，以安於衆。若其震也，遂困難矣。

循按：《需》九三『需于泥』，王氏謂『以剛逼難』，其意以坎爲難。初遠於坎，則云『最遠於難』；二近，則云『轉〔二〕近於難』；三與坎比，則云『逼難』。坎者陷也，以彖傳言，不陷不困窮，是坎爲困，此云『困難』，卽指四之互坎。九四在坎中，非但近難逼難，直爲『遂困難』而已。王氏謂互卦不足，遂及卦變，以爲失其原，而義無所取，故諱互不言，然云『處四陰之中』，仍用互坎爲説。

〔一〕『否，不善之物也』，《周易正義》作『否謂不善之物也』。
〔二〕『轉』，《周易正義》作『將』。

震索索，視矍矍。【注】居震之極，求中未得，故懼而索索，視而矍矍，无所安親也。

循按：以『索索』爲无所安，以『矍矍』爲无所親。《説文》：『矍，隹欲逸去〔一〕，从又，持之矍矍也，讀若《詩》云「穬彼淮夷」之「穬」。』《毛詩》作『憬彼淮夷』，《韓詩》作『獷』，《説文》之『穬』當是『獷』。《説文》：『獷，犬獷獷不可附也。』『獷獷不可附』，與矍矍欲逸去，皆无所親之意。《正義》以『矍矍』爲『視不專之容』，視不專乃視之遽也。《説文》『矍，一曰視遽貌』，别於前一訓，非王氏无所親之義也。

漸，之進也。【注】之於進也。

循按：王氏讀漸字句。

雖旬无咎。【注】旬，均也。初、四俱陽爻，故曰均也。

循按：《釋文》『荀』作『均』。《周禮・地官・均人》注：『旬，均也。』《易》坤『爲均』，今書亦有作『旬』者。

豐其蔀。【注】蔀，覆曖，鄣光明之物也。

循按：《釋文》：『馬云：「蔀，小也。」鄭、薛作菩，云小席。』馬、鄭訓小，蓋讀蔀爲『蔽

〔一〕『去』，《説文》作『走』。

芾甘棠」之『蔽』，《毛傳》云：『蔽芾，小貌。』《説文》亦訓蔽爲小草。蔽之爲蔀，猶獘之爲踣。王氏亦讀『蔀』爲『蔽』，而不用小義。王氏注《老子》云：『蔽，覆蓋也。』《廣雅》：『薆，蔽障也。』『薆』與『曖』通，以『覆』、『曖』、『蔀』三字解『蔀』字，是以『蔀』爲『蔽』之借也。鄭作『菩』，亦『蔽』之假借，而『蔀』之省，非茅菩之菩。

豐其沛，日中見沬。【注】沛，幡幔，所以禦盛光也。沬，微昧之明也。

循按：《釋文》：『沛，本或作旆，幡幔也。沬，《字林》作昧，亡太反，云斗杓後星。鄭作昧。服虔云：「日中而昏也。」《子夏傳》云：「昧，星之小者。」馬同。』王氏讀『沛』爲『旆』，讀『沬』爲『昧』，與馬、鄭同。而以『微昧之明』解之，蓋用小星之義耳。

豐其屋，蔀其家，闚其户，闃其无人。【注】屋，藏蔭之物，以陰處極而最在外，不履於位，深自幽隱，絶迹深藏者也。既豐其屋，又蔀其家，屋厚家覆，闇之甚也。雖闚其户，闃其无人，棄其所處，而自深藏也。處於明動尚大之時，而深自幽隱，以高其行。大道既濟，而猶不見，隱不爲賢，更爲反道，凶其宜也。

循按：注義甚明。蔡邕《釋誨》云：『利端始萌，害漸亦芽。速速方轂，夭夭是加，欲豐其屋，乃蔀其家。』章懷《後漢書》注引王氏『屋厚家覆，闇之甚也』二句，然《釋誨》之義正與王氏相反。陸賈《新語・思務篇》云：『爲善者寡，爲惡者衆，《易》曰：「豐其屋，蔀其家，闚其户，闃其无人。」』《論衡・藝增篇》云：『《易》曰：「豐其屋，蔀其家，窺其户，闃其无人。」非其无人也，无賢人也。』以居官之人，覆餗蔀家，故知无人。魏天興三年詔云：『二官可以效智，蓽門可以垂範，苟以道德爲實，賢於覆餗蔀家矣。』河北學者不習王氏《易》，故相承漢人之説如此。章懷以王氏説證蔡邕，非也。左思《魏都賦》云：『雖星有風雨之好，人有異同之性，庶覯蔀家與剥廬，非蘇世而居正。』『蔀家』謂闇，『蘇世』謂明，『剥廬』謂小，『居正』謂大。蓋以吴、蜀爲闇而小，魏爲明且大也。

斯其所取災。【注】最處下極，寄旅不得所安，而爲斯賤之役，所取致災，志窮且困。

循按：王氏讀斯爲廝，廝，賤也，故云『廝賤之役』。《左氏哀公二年傳》云：『人臣隸圉免。』杜預注云：『去斯役。』《釋文》云：『如字，字又作廝，音同。』何休注《公羊傳》云：『艾草爲防者曰廝，汲水漿者曰役。』蘇林注《漢書》云：『廝，取薪者。』韋昭云：『析薪曰廝。』斯之訓爲析，緣析薪名斯，故廝即與斯通。馬融以『瑣瑣』爲『疲敝之貌』，王氏言『寄旅不得所安』。『不得所安』，正用疲敝之義。廝役、析薪、汲水，疲敝不得安，若曰在羈旅，所以瑣瑣疲敝不安者，因其爲廝養賤役，所取以致此災也。災即指瑣瑣，下申之云，『志窮且困』。己爲寄旅，又爲廝養賤役，故瑣瑣疲敝，困窮不得安耳。《正義》云：『瑣瑣者，細小卑賤之貌也。初六當旅之時，最處下極，是寄旅不得所安，而爲斯卑賤之役。然則爲斯卑賤勞役，由其處於窮下，故致此災。』鄭康成以『瑣瑣』爲『小小』，王肅云：『細小貌。』與王氏義異。於注『斯賤』二字中間一『卑』字，則孔穎達不知王氏讀斯爲厮，而以爲斯此常解，故又云『爲斯卑賤勞役』，若然，則注云『而爲斯賤之役』，斯賤二字不連，成何句法？《正義》於王氏之指，全失之矣。

剛來而不窮，柔得位乎外而上同。【注】二以剛來居内，而不窮於險；四以柔得位乎外，而與上同。

循按：王氏此注，亦用卦變《否》四之二之例，而諱言自《否》卦來。卦變之説，誠於《易》義無取，然王氏知屏之，而不能深測羲、文、周、孔之本義所在，遂終不能出其樊籬，則亦徒有洗滌之心，究乏貫通之力，陽違之而陰用之，亦何謂乎？

虞吉，有它不燕。【注】虞猶專也。

循按：虞古通吾。王氏讀虞爲吾，虞丘壽王即吾丘壽王，騶吾即騶虞。以吾字對下它字也。專之於吾，則吉。不專於吾而有它，則不燕。自任於己，故云吾猶專也。

翰音登于天。【注】翰，高飛也。飛音者，音飛而實不從之謂也。

循按：《漢書·五行志》云：『哀帝建平二年，四月乙亥，朔，御史大夫朱博爲丞相，少府趙玄爲御史大夫，臨延登受策，有大聲如鐘鳴，殿中郎吏陛者皆聞焉。上以問黄門侍郎揚雄、李尋，尋對曰：「《洪範》所謂鼓妖者也。師法以爲人君不聰，爲衆所惑，空名得進，則有聲無形，不知所從生。」』《叙傳》云：『博之翰音，鼓妖先作。』劉德曰：『《易》曰：「翰音登于天，貞凶。」上九處非其位，亢極，故「何可長也」。位在上高，故曰「翰音」。博拜時聞有鼓聲也。』王氏義本乎此。

曳其輪，濡其尾，无咎。【注】雖未造易，心无顧戀，志棄難者也。

循按：造易與棄難對。雖未至於平易，而志則欲去此險難也。

憂悔吝者存乎介。【注】介，纖介也。王弼曰：『憂悔吝之時，其介不可慢也。』卽『悔吝者言乎小疵』也。

循按：虞翻解『介』爲『纖』，王肅、干寶解爲『纖介』，韓氏本之。引王弼者，《略例・明卦・適變通爻》篇内文也。《易》三言介，《豫》六二『介于石』，注云『不改其操』，則以介爲耿介，若侯果言『如堅石，不可轉移』。《晉》六二『受兹介福』，注云『受兹大福』。《兑》九四『介疾有喜』，注云『介，隔也。三爲佞説，將近至尊，故四以剛德裁而隔之。』皆無以『纖介』解『介』字之説。《略例》云：『故當其列貴賤之時，其位不可犯也；遇其憂悔吝之時，其介不可慢也。』王氏於此『介』字蓋訓爲『隔』。何以言之？其注《小畜》六四云：

『三務於進，以已隔之。』注《困》初六云：『欲之其應，二隔其路。』注九四云：『志在於初，而隔於二。』注《漸》九五云：『進得中位，而隔乎三、四，不得與其應合。』注《屯》六三云：『四雖比五，其志在初，不妨己路。』注《需》上六云：『六四不與三相得，而塞其路。』注《賁》六四云：『有應在初，而閡於三。』注《復》六二云：『最比於初，上无陽爻以礙其親。』注《睽》六三云：『志在於上，而不和於四。』注《睽》九四云：『五自應二，三與己睽。』注《中孚》六三云：『三居少陰之上，四居長陰之下，對而不相比敵之謂也。以陰居陽，欲進者也。欲進而閡敵，故或鼓也。』注《既濟》六二云：『居初、三之間，而正不相得，上不承三，下不比初。』注六四云：『履得其正而近，不與三、五相得。』凡此皆『介不可慢』之説也。韓氏混虞翻、王肅之解以爲弼義，邢璹復用韓氏以注《略例》，王氏之義亦莫獲克申矣。

六爻之義易以貢。【注】貢，告也。六爻變易，以告人吉凶。

循按：韓氏謂此『易以貢』，即下所云『繫辭焉，所以告也』。又『八卦以象告』，韓氏云：『以象告人。』與此言以吉凶告人義同。《堯典》『敷奏以言』，《史記》作『徧告以言』。貢之訓爲獻，獻之訓爲奏。

是故闔户謂之坤。【注】坤道包物。

循按：《説文》：『包，象人褢妊。』韓氏用此義。

易有大極，是生兩儀。【注】夫有必始於无，故大極生兩儀也。大極者，无稱之稱，不可得而名，取有之所極，況之大極者也。

循按：老子《道德經》云：『天下之物生於有，有生於无。』此韓氏所謂『有必始於无』也。《道經》云：『道可道，非常道，名可名，非常名。無名，天地之始。』此韓氏所謂『不可得而名』也。韓氏注『一陰一陽之謂道』，以道爲无之稱，此注以大極爲无，是以大極爲道。阮籍《通老論》云：『《易》謂之大極，老子謂之道。』當時以《老子》解《易》，有如是也。《乾鑿度》云：『夫有形生於无形，乾坤安從生？』又云：『《易》始於大極，大極分而爲二，故生天地。』此即老子『無名天地之始』之説。是以兩儀爲天地。韓氏於『兩儀生四象，四象生八卦』注云：『卦以象之。』謂八卦所以象天地四時，故稱天地爲兩儀，四時爲四象也。

陽一君而二民，君子之道也。陰二君而一民，小人之道也。【注】陽，君道也。陰，臣道也。君以无爲統衆，无爲則一也。臣以有事代終，有事則二也。故陽爻畫奇，以明君道必一；陰爻畫兩，以明臣體必二，斯則陰陽之數，君臣之辨也。以一爲君，君之德也。二居君位，非其道也。

循按：《正義》云：『按經云民而注云臣者，臣則民也。經中對君，故稱民；注意解陰，故稱臣也。』考《後漢書·仲長統傳》載《昌言·損益篇》云：『《易》曰：「陽一君二臣，君子之道也；陰二君一臣，小人之道也。」』然則漢時《易》有作『一君二臣』、『二君一臣』者，故韓氏注云云也。《禮記·王制》疏引鄭康成此注云：『一君二民，謂黄帝、堯、舜，地方萬里，爲方千里者百，中國之民居七千里，七七四十九，方千里者四十九。夷狄之民居千里者五十一，是中國、夷狄二民共事一君。二君一民，謂三代之末，以地方五千里，一君有五千里之土，五五二十五，更足以一君二十五，始滿千里之方五十，乃當堯、舜一民之地，故云一君二民。』依此鄭注本自作『一君二民』，韓氏所注本與仲長統所見之本同，與鄭所見之本異。《正義》用鄭注本，自與韓注參差，而謬爲之辭，真鄙才短見也。

毛詩補疏

毛詩補疏序

西漢經師之學，惟《毛詩傳》存，鄭箋之，二劉疏之，孔穎達本而增損爲《正義》，於諸經爲詳善。然毛、鄭義有異同，往往混鄭於毛，比毛於鄭，而聲音訓詁之間，疏略亦多。余幼習《毛詩》，嘗爲《地理釋》、《草木鳥獸蟲魚釋》、《毛鄭異同釋》三書，共二十餘卷，嘉慶甲戌莫春，删録合爲一書。戊寅夏，又加增損，爲五卷，次諸《易、尚書補疏》之後。録既完，客有善説《詩》者過余，曰：『孔子論《詩》三百，一言以蔽，曰「思無邪」，果何以爲無邪？誦《詩》三百，授之以政，果何以能達？使於四方，果何如而能專對？且何爲而興，何爲而觀，何爲而群，何爲而怨，何爲而事父事君，豈徒精審於聲音訓詁之間，辨别毛、鄭異同之數，遂足以盡《詩》之教乎？』余默無以答。夫《詩》，温柔敦厚者也。不質直言之，而比興言之，不言理而言情，不務勝人而務感人。自理道之説起，人各挾其是非以逞其血氣，激濁揚清，本非謬戾，而言不本於性情，則聽者厭倦。至於傾軋之不已，而忿毒之相尋，以同爲黨，卽以比爲爭，甚而假宫闈、廟祀、儲貳之名，動輒千百人哭於朝門，自鳴忠孝，以激其君之怒，害及其身，禍於其國，全戾乎所以事君父之道。余讀《明史》，每歎《詩》教之亡，莫此爲甚。夫聖人以一言蔽三百，曰『思無邪』，聖人以《詩》設教，其去邪歸正，奚待言！所教在思，思者，容也。思則情得，情得則兩相感而不疑，故示之於民則民從，施之於僚友則僚友協，誦之於君父則君父怡然釋。不以理勝，不以氣矜，而上下相安於正。無邪以思致，思則以嗟歎永歌、手舞足蹈而致。管子曰：『止怒莫如《詩》。』劉向曰：『夫《詩》，思然後積，積然後流，流然後發。《詩》發於思，思以勝怒，以思相感，則情深而氣平矣。』此《詩》之所以爲教與？雖然，訓詁之不明，則《詩》辭不可解，必通其辭，而詩人之旨可繹而思也。毛《傳》精簡，得《詩》意爲多。鄭生東漢，是時士大夫重氣節，而温柔敦厚之教疏。故其箋多迂拙，不如毛氏，則傳、箋之異，不可不分也。明日以是復諸客，客以爲然，遂書之爲序。嘉慶二十三年夏六月既望，焦循録於雕菰樓之北牕。

卷一

【序】故《詩》有六義焉：一曰風，二曰賦，三曰比，四曰興，五曰雅，六曰頌。

循按：『六義』，《春官·大師》所教之『六詩』也。鄭司農云：『比者，比方於物；興者，托事於物。』鄭康成云：『比，見今之失，不敢斥言，取比類以言之；興，見今之美，嫌於媚諛，取善事以喻勸之。』《雄雉》刺衛宣公，《芄蘭》刺惠公，《毛傳》皆云『興也』，則比、興不得以美、刺分。《正義》言『美、刺俱有比、興』，是也。『比方於物』，《正義》謂『諸言如者，皆比辭也』；『託事於物』，《正義》謂『取譬引類，起發己心。《詩》文諸舉草木鳥獸以見意者，皆興辭也。』又謂『比顯而興隱』，『毛傳特言興也，爲其理隱故也。』今考《毛傳》，凡標『興也』之處，誠如《正義》所言，惟以『比方』爲『諸言如』者，其在經文，『如日之升』，『如月之恒』，『如匪行邁謀』，『如彼飛蟲』之類，此仍行文取喻，無關《詩》之一義。且『秩秩斯干，幽幽南山，如竹苞矣，如松茂矣』，明言『如』字，而傳則標以『興也』，不得謂首二句無『如』字爲興，次二句有『如』字爲比也。其在《序》云：『言若螽斯』，『仁如騶虞』，此二《詩》傳未標『興』。然《序》又云『德如尸鳩』，則《鵲巢》傳云『興』矣；『信厚如麟趾之時』，則《麟之趾》傳云『興』矣。傳或言興，或不言興，原係舉隅，非謂不言『興』者卽是『比』。故『燕燕于飛』傳不言『興』，箋則明指爲『興』以補之；『日居月諸』傳不言『興』，箋云『喻國君與夫人』，《正義》則申言『以興國君、夫人』以明之。箋每以『喻』釋傳之『興』，是『喻』卽『興』也。然則『比方於物』不足以爲『比』，指以言『如』未爲達也。竊謂『比』當如『春秋決事比』之比，比猶例也。歌《詩》必類，『相維辟公，天子穆穆，奚取於三家之堂』，列國賦《詩》舉以相貺，比之謂也。賦《詩》者有此義，作《詩》者亦有此義。夫婦可例於君臣，田野可通之都邑，陳古卽以例今，寫好反以見惡，庶幾其用神，而其義廣也。識者参之。

關關雎鳩。【傳】關關，和聲也。雎鳩，王雎也。鳥摯而有別。【箋】云摯之言至也，謂王雎之鳥，雌雄情意至，然而有別。

循按：『箋』下有『云』字，蓋鄭氏自加『箋云』二字以繫於傳也。傳以『關關』爲和，則『摯』非猛鷙，故箋以『至』明之。《釋文》：『摯，本亦作鷙。』或以猛鷙説之，謂王雎爲鵰鷲。《廣雅》鶚、鵃、鵰三者爲一。陸璣以雎鳩爲幽州之鷲，郭璞以爲江東之鶚，因以爲雕類乃江東食魚之鶚，非雕鷲之鶚也。《説文》：『鵃，鳥，黑色，多子。』《史記・李將軍傳》

『射雕』，《索隱》引服虔訓爲鶚，又引《説文》鵰以明之，又云：『以其毛作矢羽。』《漢書・匈奴傳》云：『匈奴有斗入漢地，直張掖郡，生奇材木，箭竿就羽。』顔師古曰：『就，大雕也，黄頭赤目，其羽可爲箭竿。』此所謂幽州之鷲也。《穆天子傳》云：『爰有白皋、青雕，執犬羊，食豕鹿。』郭璞注云：『今之雕亦能食麞鹿。』其《蒼頡解詁》云：『鶚，金喙鳥也，能擊殺麞鹿。』《御覽》九百二十六。此所謂雕鶚，正西域之鷲。郭氏自不以爲江東食魚之鶚。而張守節《史記正義》取而混合之，云：『王雎，金口鶚也，好在江渚山邊食魚。』誤矣。然則江東之鶚，何鶚也？嘗求之大江南北，有好居渚沚食魚者，正呼爲鶚，爲五各反，卽王之入聲，蓋緩呼之爲『王鴡』，急呼之爲『鶚』，此古之遺稱尚可求諸土語者。郭氏以其呼近鶚，故假諸雕鶚之字，曰『今江東呼之』，則不曰『西域呼之』，可知也。洲渚之鶚，亦不一類，其聲同，其食魚同，有白如鷺者，或以爲白鶴子。鶴與鶚聲近，假鶴之稱而實非鶴，猶假鶚之稱而實非鶚也。有尾上白兩翼微黑者，稱漂鶚，大者爲牛矢鶚，微小而黑者稱苦鶚，卽姑惡也。漂鶚又名魚鷹，以其善翔，故曰漂。漂與揚之義同。此白鷹所以有揚之稱與。尾短，飛則見尾之上白，斯所以稱白鷹也。其飛翔之狀似鷹，故食魚而獨得鷹名。《古今注》以爲『似鷹，尾上白』，而《説文》以王鴡訓白鷹，信有然矣。宋王性之《默記》云：『李公輔初任大名府檢驗，村落見所謂魚鷹者，飛翔水際，問小吏，曰：「此關鴡也。」』宜曰『此鴡鳩』。仲修令探取其窠，皆一窠二室，蓋雌雄各異居也。鶚、鶴、惡皆假借字，皆讀五各反，爲『王』之入聲。不知『鶚』爲假借字，竟以王鵙爲雕鶚，而以『摯』爲猛鷙，失之矣。

窈窕淑女。【傳】窈窕，幽閑也，言后妃有關鵙之德，是幽閑貞專之善女。【箋】云言后妃之德和諧，則幽閑處深宮貞專之善女。

循按：經以『窈窕』爲女之淑，毛以『幽閑』解『窈窕』，慮『幽閑』不足明女之善，故申言『貞專』，惟『貞專』乃能『幽閑』。箋增『處深宮』三字於『幽閑』之下，亦以『處深宮』明其『幽閒』，非謂『窈窕』當訓以『處深宮』也。《正義》云：『窈窕者，淑女所居之宮，形狀窈窕然』，失傳義，亦非箋義。

施于中谷。【傳】興也。施，移也。【箋】云興者，葛延蔓於谷中，喻女在父母家，形體浸浸日長大也。

循按：傳訓『施』爲『移』，故王肅推之云：『葛生於此，延蔓於彼，猶女之當外成也。』與箋較之，肅義爲長。《正義》合鄭於毛，云：『下句「黄鳥于飛」，喻女當嫁，若此句亦喻外成，於文爲重，毛意必不然。』竊謂此《詩》之興，正在於重。『葛之覃兮，施于中谷』，與『黄鳥于飛，集于灌木』，同興女之嫁。葛移於中谷，其葉萋萋，興女嫁於夫家而茂盛也。鳥集于灌木，其鳴喈喈，興女嫁於夫家，而和聲遠聞也。盛由於和，其意似疊，而實變化，誦之氣穆而神遠。箋以『中谷』爲『父母家』，以『延蔓』爲『形體浸浸日長大』，迂矣。毛傳言簡而意長，耐人探索，非鄭所能及。

黄鳥于飛，集于灌木。【傳】黄鳥，摶黍也。灌木，叢木也。

循按：《正義》引陸璣《疏》，以摶黍與倉庚爲一物，蓋本《方言》以倉庚或謂之黄鳥。竊謂非也。《爾雅》：『皇，黄鳥。』此一物也。《爾雅》：『蒼庚，商庚』，『鵹黄，楚雀。』又云：『倉庚，鵹黄也。』此別一物也。《毛傳》於『黄鳥』訓『摶黍』，於『倉庚』訓『離黄』，不以倉庚爲摶黍，卽不以黄鳥爲倉庚也。《説文》：『離黄，倉庚也，鳴則蠶生。』又云：『鵹，鵹黄也，一曰楚雀，其色黎黑而黄。』未嘗以爲黄鳥。鄭氏注《月令》，倉庚爲離黄，而《小雅》『黄鳥黄鳥，毋啄我粟』，箋云：『黄鳥宜食粟。』今不聞倉庚食粟也。《小雅》『緜蠻黄鳥』，傳云：『緜蠻，小鳥貌。』是毛以黄鳥爲小鳥。《特牲饋食禮》云：『佐食摶黍授祝。』《吕氏春秋・異寶篇》云：『以百金與摶黍，以示兒子，兒子必取摶黍也。』小鳥之狀與色有如摶黍，故以名之。黍色黄，不雜以黎黑，斯黄鳥似之，直名爲黄。皇爲黄白，非鵹黄之所可混矣。嘗以此詢之金壇段君玉裁，段君以爲然，且贊之曰：『黄鳥卽黄雀。《國策》「黄雀俯啄白粒」，是可以證。』後見姚彦暉《詩識名解》，於《小雅・黄鳥》引其世父《九經通論》云：『此黄鳥，黄雀也，非黄鶯。黄鶯不啄粟。』彦暉名炳，其世父名首源。炳書成於康熙十五年。

可以信余説爲不孤。《爾雅》「灌木」，《釋文》作「樌」。樌卽貫。貨貝之散者，貫而聚之，故貫之訓爲習。習者，重也。重亦聚義。鄭司農言「煮鬱」云：「十葉爲貫。」《玉海》引《尚書大傳》云：「三苗貫葉而生子爲一穗。」《白虎通》、《韓詩外傳》作「貫桑而生」，《尚書疏》引《書傳》作「貫桑葉而生」。當以《玉海》爲正，宋時《尚書大傳》猶存。《淮南子・兵略訓》：「條修葉貫」，諸言「貫」，皆義爲叢也。

陟彼崔嵬。【傳】崔嵬，土山之戴石者。○陟彼砠矣。【傳】石山戴土曰砠。

循按：傳與《爾雅》相反，必有一誤。《小雅》：「漸漸之石，維其卒矣。」傳云：「漸漸，山石高峻。」箋云：「卒者，崔嵬也，謂山顛之末也。」《釋山》：「崒者，厜㕒。」「崔嵬」、「厜㕒」，音相通轉。戴者，冒於上之謂。山之峻削者，石露出於顛頂，而土繞其下，是土山戴石也。山卑而平者，土累其上，石骨出於四旁，是石山戴土也。故凡高峻皆謂之崔嵬。《説文》：「崒，危高也」，「厜㕒，山顛也。」又云：「砠〔一〕，石戴土也。」「岨，石山戴土也。」「兀，山高而上平也。」〔二〕《釋名》云：「石戴〔三〕土曰岨，岨臚然也。土載石曰崔嵬，因

〔一〕「砠」，《説文》作「岨」。
〔二〕「山高而上平也」，《説文》無「山」字。
〔三〕「戴」，《釋名》作「載」。

形名之也。』皆與毛傳相發明。《廣雅》云：『徂，鈍也。』岨猶徂。石破出則鋭，土冒上則鈍矣。

我馬虺隤。我姑酌彼金罍。【箋】云我，我使臣也。我，我君也。

循按：傳不解『我』字，以『我』字無庸解，且兩『我』字緊相貫，而謂一『我臣』，一『我君』，非傳義。

螽斯羽，詵詵兮。【傳】詵詵，衆多也。【箋】云凡物有陰陽情欲者，無不妒忌，維蚣蝑不耳。

循按：箋本《序》耳，然審《序》文，『言若螽斯』自爲句，『不妒忌則子孫衆多』，申言子孫衆多之所以然，非謂螽斯之蟲不妒忌也。傳但言衆多，亦無螽斯不妒忌之説。

公侯干城。【傳】干，扞也。【箋】云諸侯可任以國守，扞城其民。

循按：此箋申明傳義，殊無異同。《正義》言鄭『惟干城爲異』，非也。

公侯腹心。【傳】可以制斷公侯之腹心。【箋】云可用爲策謀之臣，使之慮無。

循按：『制斷公侯之腹心』，即是策謀慮無。箋申傳，非易傳也。《正義》强分别之。

言秣其駒。【傳】五尺以上曰駒。

循按：《説文》：『馬高六尺爲驕，《詩》曰：「我馬爲驕。」』《釋文・株林》『乘駒』作『乘驕』，云：『音駒。沈云或作「駒」字，是後人改之。《皇皇者華》篇同。』又『乘馬』下云：『下「乘驕」注：「君乘驕。」』然則《株林》、《皇皇者華》兩詩中之『駒』皆作『驕』，卽鄭箋亦作『驕』，因經文是『乘我乘驕』，故箋以『六尺以下』解之。此傳『五尺以上』，與《株林》箋『六尺以下』義同，則此『駒』亦是『驕』。若是駒，則馬三歲曰駣，二歲曰駒，六尺者固不名駒也。

遵彼汝墳。【傳】汝，水名也。

循按：《漢書・地理志》汝南郡定陵，注云：『高陵山，汝水出，東南至新蔡入淮，過郡四，行千三百四十里。』潁川郡亦有定陵縣，注云：『有東不羹，莽曰定城。』南陽郡魯陽縣注云：『有魯山，滍水所出，東北至定陵，入汝。又有昆水，東南至定陵入汝。』《續郡國志》潁川郡有定陵，汝南郡無定陵。劉昭注於潁川定陵引《地道記》云：『高陵山，汝水所出。』《水經》：『滍水出南陽魯陽縣西之堯山，東北過潁川定陵縣西北，又東過郾縣南，東入於汝。』余因論之，汝南之定陵，卽潁川之定陵，前漢有一縣而分隸兩郡者，《通典》汝南郡郾城縣有漢定陵故城。在縣西北。《太平寰宇記》許州舞陽縣引《地理志》言：『定陵城在縣北六十里。』《詩地理考》亦言：『定陵，今潁昌府舞陽縣。』定陵在漢，正當汝南、潁川兩郡之間，故分屬之。如甾川國有劇縣，應劭曰：『故紀國，今紀亭。』是北海郡亦有劇，爲侯國。後漢省甾川國入北海郡。《郡國志》云：北海郡，『劇有紀亭，古紀國』。又如固始屬淮陽國，寖屬汝南。後漢并固始於寖，入汝南，此一縣分兩縣而異名者。其他同名分隸，大約其一多爲侯國，光武時省併爲一，故僅存其一。若汝南、潁川之定陵，後止存潁川是也。潁川定陵至汝南新蔡，何以有四郡？余爲論之。酈道元嘗爲魯陽太守，親驗汝水原流，詳於《水經注》中，言：『汝水西出魯陽縣之大盂山蒙柏谷，西即盧氏界也。其水東屆堯山西嶺下兩分，一水東繞堯山南爲滍水，一水東北出爲汝水。』自酈説推之，滍、汝同出一源，滍亦汝也。《班志》於魯陽叙滍水至定陵入汝，於定陵叙汝入淮，蓋定陵以西，統汝於滍也。杜預《春秋釋例》、郭璞《山海經注》並云：『汝出南陽魯陽縣大盂山，東北至河南梁縣，東南經襄城、潁川、汝南，至汝陰褒信縣入淮。』《晉書・地理志》：襄城郡泰始二年置，汝陰郡魏置。在晉過郡六，在漢過郡四。班《志》言過郡四，自魯陽滍水數之也。如會稽郡錢唐，《志》言：『武林水東入海，行八百三十里。』錢唐至海無此里數，前人疑其誤。不知於太末縣下注云：『穀水東北至錢唐入江。』入江者，即合武林水也。八百三十里，則自太末至海數之矣。又如荆州，其川江漢，《志》於武都，沮縣言：『沮水至沙羨入江，過郡五，行四千里，荆州川。』此蒙武都縣東漢水而言。河水出河關積石山，至章武入海，過郡十六。自金城數之，凡過天水、武威、安定、北地、朔方、五原、雲中、定襄、雁門、西河、上郡、河東、馮翊、河南、河内，已得十六。河内接壤者，魏郡也。於魏郡鄴縣注云：『故大河在東北入海。』於館陶縣云：『河水別出爲屯氏河，東北至章武入海，過郡四。』又於《溝洫志》互見之，云：『於館陶分爲屯氏河，東北經魏郡、清河、信都、勃海。』以河内以上河流今古所同，魏郡以下故大河已不可見，屯氏河不可合古河而言，故於上言十六郡，於下言四郡，實過郡二十也。汝水、滍水相繼而過四郡，可例而推之矣。班氏之書言簡而該，其錯綜互見，本無不備。顔師古不知其意，於汝陽下取應劭曰：『汝水出弘農入淮。』班氏自言魯陽，不言弘農也。《説文》言：『汝水出弘農盧氏還歸山。』《班志》：『盧氏縣，熊耳在東，伊水出東北。』然則漢時盧氏縣在伊水之南，與魯陽爲接壤。鄭氏實目驗之，故謂魯陽、大盂之西，卽盧氏界也。許慎、應劭所説，與班雖異，而指實同。若《水經》言『出河南梁縣勉鄉西天息山』，此本《山海經》，非班義也。酈注於滍、汝分流，始言汝水『趣狼皋山』。狼皋在梁縣西南六十里，見《太平寰宇記》。蓋汝水自魯陽越百餘里始至梁縣。《元和郡縣志》謂出魯山縣，是矣。謂出魯山縣之天息山，是又以魯陽之大盂混入勉鄉之天息也。《淮南・地形訓》：『汝出猛山。』猛與蒙柏長短讀。蓋蒙谷卽猛山，而猛與盂形近而譌，大盂山卽猛山也。高誘注云：『猛山一名高陵山，在南定陵縣，汝水所出，東南至新蔡入淮。』『南定陵』者，『南』上當脱『汝』字。此據班氏，而未知其指。荀子言『聞之不如知之』，殆聞而不知者矣。

魴魚赬尾。【傳】赬，赤也。魚勞則尾赤。

循按：《爾雅》：『魴，魾』，『鯬，鯠。』《釋文》引《廣雅》云『魾鯬』，又引《埤蒼》云：『鯬鯠，魾也。』郭璞以魴魾爲鯿，而鯬鯠未詳，蓋不以鯬鯠爲魴魾，與張揖異。《說文》：『魴，赤尾魚。』崔豹《古今注》云：『白魚赤尾者曰�。』馬縞《中華古今注》作『白魚赤尾曰魟。』《玉篇·魚部》：『鮑，盰鬼切，魚名。』『魟，呼工切，魚名。』《廣韻》一東：『魟，白魚。』以此證之，宜作魟，作鮑者誤也。今水中有一種白魚，尾正赤，俗呼紅僚魚，竊謂『紅』即『魟』，『僚』即『鯬鯠』之轉聲。《古今注》『白魚赤尾』即此。而《說文》以魴卽鯬鯠，鯬鯠卽魟，故以魴爲赤尾魚也。毛不云魴爲何魚，而云『勞則尾赤』，是尾赤非魴之本色。蓋以魴爲鯿，不以爲鯬鯠也。《說苑·理政篇》云：『夫投綸錯餌，若有若無若食若不食者，魴也。其爲魚也，博而味厚。』正爲今之鯿魚。魴之爲鯿，猶關西謂榜爲篇。見《說文》。《荀子·議兵篇》『旁辟私曲之屬』，楊倞注云：『旁，偏頗也。』偏之爲旁，又鯿之爲魴之證。鯿魚之尾本不赤，毛以魴爲鯿也。

維鵲有巢，維鳩居之。【傳】鳩，尸鳩，秸鞠也。尸鳩不自爲巢，居鵲之成巢。

循按：《詩》止言鳩，何以知其爲尸鳩？以《詩》言居鵲巢而知之也。使居巢爲虛擬之辭，則泛言鳩矣，而何實其爲尸鳩？因居鵲巢知其爲尸鳩，猶因食桑葚知其爲鶻鳩也。崔豹《古今注》云：『鴝鵒，一名尸鳩。』嚴粲《詩緝》引李氏説云：『今乃鴝鵒也。』李氏未詳。鴝鵒，今之八哥。李時珍《本草綱目》云：『八哥居鵲巢。』蕭山毛大可亦據目所親驗，以八哥占鵲巢，斷尸鳩爲鴝鵒，見《續詩傳・鳥名》。余書塾後柘顛有鵲巢，已而有卵自巢墜下，則鴝鵒卵。蓋鵲巢避歲，每歲十月後遷移，其空巢則鴝鵒居之。歐陽永叔作《詩本義》，已疑爲當時之拙鳥。蓋拙鳥卽八哥也。《方言》以布穀爲秸鞠，而不以秸鞠爲尸鳩，别以尸鳩爲戴勝，義乖《爾雅》，郭璞已駁破之，而以尸鳩爲布穀。陳藏器《本草拾遺》言：『布穀一名穫穀，江東呼爲郭公。』今郭公四月間有之，飛鳴繞帀，未有居鵲成巢者。《列子・天瑞篇》言：『鷂之爲鸇，鸇之爲布穀，布穀久復爲鷂。』《月令》『鳩化爲鷹』〔一〕，鄭氏注以鳩爲搏穀。高誘注《吕氏春秋・二月紀》云：『鳩，蓋布穀鳥。』鷹之所化，自非鴝鵒，毛以居鵲巢屬之尸鳩，而崔豹以鴝鵒爲尸鳩，實足以羽翼毛傳，而鴝鵒之居鵲巢，禽鳥之性，固歷千古不渝者也。

維鳩方之。【傳】方，有之也。

循按：『方』之訓『有』，其轉注有二。《商頌》『正域彼四方』，傳云：『域，有也。』《廣

〔一〕『鳩化爲鷹』，《月令》作『鷹化爲鳩』。

雅》：『奄，方也。』奄同域。以『有』訓『方』，猶以『有』訓『域』，一也。《荀子・大略篇》云：『友者，所以相有也。』楊倞注云：『友與有同義。』《廣雅》云：『友，親也。』《左氏昭二十年傳》：『是不有寡君也。』杜預注云：『有，相親有。』『方』之訓爲『並』、爲『比』，亦『親有』之義，二也。首章『居之』，就一身言也；次章『方之』，就與國君相偶言也；三章『盈之』，就衆媵侄娣言也。

于以采蘩，于沼于沚。【傳】蘩，皤蒿也。于，於。【箋】云于以，猶言往以也。執蘩菜者以豆薦蘩菹。

循按：傳訓『于』爲『於』，在訓『蘩』爲『皤蒿』之下，明所訓是『于沼于沚』二『于』字也。然則『于以』之『于』何訓，故箋申言，『于以，猶言往以』，訓在『蘩』字之上。《正義》云：『經有三「于」，傳訓爲「於」，不辨上下。』傳明示『于』在『蘩』下，何爲不辨乎？

喓喓草蟲。【傳】草蟲，常羊也。

循按：庶物之名，非以聲音，即以形狀。《淮南子・地形訓》〔一〕：『東南爲常羊之維。』高誘注云：『常羊，不進不退之貌。』《俶真訓》云：『不若尚羊物之終始。』《漢書・禮

〔一〕『地形訓』，《淮南子》作『天文訓』。

樂志》載《郊祀歌》云：『幡比翅回集，貳雙飛常羊。』又云：『周流常羊思所并。』顔師古皆訓爲『逍遥』。蓋『常羊』猶言『相羊』，『相羊』者，『逍遥』之轉聲也。草蟲名常羊，猶熒火名熠燿耳。

亦既覯止。【傳】覯，遇。【箋】云既覯謂已昏也。《易》曰：『男女覯精，萬物化生。』

循按：《易傳》：『姤，遇也。』『姤』一作『遘』，與『覯』通。故傳訓『覯』爲『遇』。箋以『既見』爲『同牢而食』，以『既覯』爲『覯精』，毛無此義也。

蔽芾甘棠。【傳】甘棠，杜也。

循按：休寧〔一〕戴庶常云：『傳注莫先於《毛詩》，其爲書又出《爾雅》後。《爾雅》：「杜，赤棠。白者棠」，以棠見杜。「杜甘，棠」，以杜見棠。《毛詩》「甘棠，杜也」，誤。「枌白，榆也」，不「杜甘，棠。」「梨山，樆。」「榆白，枌。」立文少變。杜澀棠甘，而名類可互見。誤。杜甘曰棠，梨山生曰樆，榆白曰枌。』見其《答江慎脩先生論小學書》。然以杜爲不甘，本陸璣《疏》耳，以是駁毛，恐未爲當。《召南》之詩，在《爾雅》前矣。詩曰『甘棠』，《爾雅》以杜釋之。若《爾雅》『杜甘』爲句，則《詩》之『甘棠』，宜何讀與？

〔一〕『休寧』，叢書本作『徽州』。

誰謂雀無角，何以穿我屋。【傳】不思物變而推其類，雀之穿屋，似有角者。【箋】云變，異也。人皆謂雀之穿屋似有角。

循按：以角穿屋，常也。無角而穿屋，變也。不思物之有變，第見穿屋而推之以尋常穿屋之事，則似雀有角矣。此傳、箋之義也。《正義》云：『不思物有變，强暴之人，見屋之穿而推其類，謂雀有角。』經言『誰謂』，無所指實之詞，故箋云『人皆謂』，則非指『强暴之人』矣。

委蛇委蛇。【傳】委蛇，行可從迹也。【箋】云委蛇，委曲自得之貌。

循按：『君子偕老』，傳云：『委委者，行可委曲從迹也。』箋『委曲』二字，正取毛彼傳，以解此傳『從迹』二字。

抱衾與裯。【傳】裯，襌被也。【箋】云裯，牀帳也。

循按：『裯』，音通於『幬』，字从『周』。周爲帀義。又『裯』之爲『帳』，猶『惆』之爲『悵』。箋易傳爲長。

一發五豝。【傳】豕牝曰豝。○一發五豵。【傳】一歲曰豵。【箋】云豕生三曰豵。

循按：《爾雅》：『豕生三豵，二師，一特。牝豝。』鄭司農注《大司馬》云：『一歲爲豵，二歲爲豝，三歲爲特，四歲爲肩。』毛氏《七月》『言私其豵』傳與司農同。《齊風·還》

傳云：『獸三歲曰肩。』《魏風·伐檀》傳云：『三歲曰特。』皆與《爾雅》異。惟豝不用二歲之訓，而用《爾雅》。箋以豵亦宜依《爾雅》，故易之也。《説文》云：『豵，生六月豚。一曰一歲豵，尚叢聚也。』『豝，牝豕也。一曰二歲能相把持也。』『豜，三歲豕肩相及者。』蓋物類之名，有定稱，有通稱。豕、麕、鹿，定稱也。豕牡稱豭，鹿牡亦稱麚。鹿之有力者稱豜，麕之有力者亦稱麘，通稱也。若豕生三爲叢聚之名，一歲豕尚幼，相叢聚，故亦名豵。及四歲而豕大矣，不叢聚而特行矣。故與生一之名同。此義之相通者也。豝爲把持之義，而豕牝同其稱者，《説文》：『己承戊，象人腹。』『巴，蟲也，或曰食象蛇，象形。』巴能食象，其腹必大。其字爲腹中有物之形。《爾雅》『蚆，博而頯』，郭注云：『中央廣，兩頭鋭。』此以形同大腹，故得蚆稱。手之把物，猶腹之吞物而大，故把取義於巴。《方言》：『箭鏃廣長而薄廉謂之錍，或謂之鈀。』《廣韻》：『鈀，《方言》：「江東呼鎞箭。」』此亦以鏃形中闊如大腹狀也。豕本大腹，而牝豕之腹尤大。二歲之豕，大腹著見，故稱豝。而牝豕亦稱豝，亦義之相通者也。豕之爲物，一歲卽大，不待二歲始能把持矣。

卷二

我心匪鑒，不可以茹。【傳】鑒，所以察形也。茹，度也。【箋】云鑒之察形，但知方圓白黑，不能度其真僞。我心非如是鑒，我於衆人之善惡外內，心度知之。

循按：茹卽謂察形。鑒可茹，我心非鑒，故不可茹。如可察形，則知兄弟之不可據，而不致『逢彼之怒』矣。箋迂曲，非傳義。

燕燕于飛。【傳】燕燕，鳦也。

循按：《爾雅》：『巂周。燕燕，鳦。』傳用以解《詩》，則『燕燕』不與『巂周』連矣。《說文》：『巂周，燕也。从隹，中象其冠也。一曰蜀王望帝婬其相妻，慙亡去，化爲巂鳥，故蜀人聞子巂鳴，皆起云望帝。』《說文》以『巂周』爲句，『燕』以解之，注文連上本字。古人著書，多有此體，《白氏六帖》猶然，非以『周燕』解『巂』字，亦非『巂』下本有小『巂』字，後人芟去也。蓋讀《爾雅》『巂周燕』爲句，『燕鳦』爲句。孫炎别三名，舍人曰：『巂周名燕，句。燕又名鳦。』正與《説文》同。《吕氏春秋·本味篇》『嶲觾之翠』，《初學記》引作『雟』。蓋『觾』即『燕』字。此以嶲爲燕之證也。望帝之説，見於揚雄《蜀王本紀》，《證類本草》引其説，《説文》附見，以備嶲字一義，而以『一曰』二字别之，非謂子嶲即燕也。《華陽國志》引《蜀志》云：『子鵑鳥，今云是嶲，或曰嶲周。』此直以嶲周爲子規，與《説文》異。郭璞以嶲周爲子規，自以燕燕爲乙之名。毛不言嶲周，而以『鳦』解『燕燕』，與郭同，與孫炎、舍人異也。

差池其羽。【箋】云興戴嬀將歸，顧視其衣服。

循按：《左氏襄二十二年傳》云：『譬諸草木，吾臭味也。而何敢差池？』杜預注云：『差池，不齊一。』《左傳》之『差池』，即此《詩》之『差池』。下章傳云，『飛而上曰頡，飛而下曰頏』，『飛而上曰上音，飛而下曰下音』，即差池之不齊也。蓋莊姜送歸妾，一去一留，有似於燕燕之差池上下者。箋言『顧視衣服』，其説已迂，至解『下上其音』，謂『戴嬀將歸，言語感激，聲有大小』，則益迂矣。《正義》絶無分别。

胡能有定。【傳】胡，何。定，止也。【箋】云君之行如是，何能有所定乎？

循按：《正義》云：『公於夫婦尚不得所，於衆事，亦何能有所定乎？』傳、箋俱無『衆事』義。

爰居爰處，爰喪其馬。【傳】有不還者，有亡其馬者。【箋】云不還，謂死也，傷也，病也。今於何居乎？於何處乎？於何喪其馬乎？

循按：傳以『不還』解『爰居爰處』句也。言居處於彼而不得還。

與子偕老。【傳】偕，俱也。【箋】云從軍之士與其伍約言俱老者，庶幾俱免於難。

循按：『偕老』，夫婦之辭。前『于以求之，于林之下』，爲語其家人之辭，此章王肅指室家男女言，未必非毛旨也。《正義》云：『卒章傳云「不與我生活」，言「與」是軍伍相約之辭，則此爲軍伍相約，非室家之謂。』此不足以破肅。蓋從軍者不得歸，欲其家人來求之，而與之偕老於此地。卒章言其不來求也。

濟盈不濡軌。【傳】由輈以上爲軌。

循按：軌在式前，故云『由輈以上』，與《考工記》『軓前十尺』合也。故《釋文》云：『依傳意直音犯。』又云：『舊，龜美反，謂車轊頭也。』又引《説文》云：『軌，車轍也。從車，九聲，龜美反。』車轍與轊頭同名軌，詳見《少儀》。《正義》若毛傳則自作軓，讀犯，如《釋文》説也。若軌與牡韻，軓與牡不韻，則當舍毛傳『由輈以上』之訓，從『轊頭』『龜美反』之軌。

招招舟子，人涉卬否。【傳】招招，號召之貌。舟子，舟人主濟渡者。【箋】云舟人之子號

召當渡者，人皆從之而渡，我獨否。

循按：此傳與箋迥異。首章傳云『由膝以上爲涉』，此章『涉』字與首章同。涉則不待舟也。『招招舟子』，乃我號召舟子。所以人不待舟而涉，我則待舟而不涉也。下二句傳云：『人皆涉，我友未至，我獨待之而不涉。以言室家之道，非得所適，貞女不行，非得禮義，昏姻不成。』是明以涉爲非禮，待舟爲得禮也。箋解『招招舟子』爲舟子『號召當渡者』，而以『人涉』爲應舟子之招而渡，是以涉爲乘舟矣。與毛義異。

采葑采菲，無以下體。【傳】葑，須也。菲，芴也。下體，根莖也。

循按：《齊民要術》云：『菘、須音相近。』然則『須』卽『菘』耳。『菘』字漢前所無，惟作『須』。《吳録》言陸遜催人種豆菘。《齊書》：『武陵王留王儉設食，盤中菘菜而已。』又周彥倫說秋末晚菘。梁顧野王收之於《玉篇》。《本草別録》分蕪菁與菘爲二。《爾雅》『須，葑從。』《說文》：『葑，須從也。』『須從』，正爲『菘』字緩聲。《齊民要術》有種蔓青法，又有種菘及蘆菔法，言『菘菜似蔓青，無毛而大。』又引《廣志》云：『蕪青有紫花者，白花者。』今驗圃蔬秋冬生者肥大，食之甘，俗名白菜。此葑也。至春開黄花，根葉俱老，不堪食。四月後種者，小而不肥，俗呼爲蔓菜，亦呼毛菜，此其爲蔓青者矣。二者形以時判，實爲一類，然花皆黄色，無紫與白者。惟《方言》云：『其紫華者，謂之蘆菔。』《說文》：

『菔，蘆菔，似蕪青，實如小尗。』此今之來服，俗呼爲蘿蔔，與葑異物。《方言》以莖葉似蕪青附於葑，而以紫華别之，正以明葑華之不紫也。鄭氏注《天官・醢人》『菁菹』云：『菁，蔓菁也。』注《公食大夫禮》云：『菁菹，葍菁菹也。』《急就章》云：『老菁蘘荷冬日藏。』顔師古注云：『菁，蔓菁也。一曰葍菁，亦曰蕪菁。言秋種蔓菁，至冬則老而成就，蓄藏之以禦冬也。』冬月爲菹，正是葑菜，今通呼爲青菜，猶古人稱菁之遺。《釋文》謂『江南有菘，江北有蔓菁，相似而異。』今之生江南者，俗呼瓢兒菜，實卽江北之白菜。地土有殊，形味稍别，而爲葑爲須，則通稱耳。菲之爲芴，猶非之爲勿，余嘗會而通之。蟲之名蜚者，一名盧蜰，則菜之名菲者，卽蘆萉也。蘆萉卽蘆菔，與蔓青一類，故詩人並舉之耳。《爾雅》『蘆萉』别條，一名葖。葖从突，與忽音近。忽芴字通。《方言》云：『蓁，卒也。江湘之間，凡卒相見謂之蓁相見。或曰突。』《廣雅》：『蓁、突，猝也。』蓁之爲突，卽猶菲之爲葖。《説文》云：『𠫓，不順忽出也。』『𠫓』，卽古『突』字。𠫓之爲忽，亦卽葖之爲芴也。

行道遲遲，中心有違。【傳】遲遲，舒行貌。違，離也。【箋】云徘徊也。行于道路之人，至將離别，尚舒行，其心徘徊然。

循按：『徘徊』申明『違離』之義。而所以説之者，非也。『行道遲遲』，卽孔子『遲遲吾行』之義，不欲急行也。所以然者，以『中心有違』，不欲行也。申爲『徘徊』，是矣。乃又以『行道』爲『行於道路之人』，則非毛義。《正義》以徘徊爲異，而以『道路之人』云云羼入毛義中，兩失之。

湜湜其沚。【傳】涇、渭相入而清濁異。【箋】云湜湜，持正貌。

循按：《説文》：『湜，水清見底。』傳言『清濁異』，以『湜湜』爲『清』也，無『持正』義。

昔育恐育鞫。【傳】育，長。鞫，窮也。【箋】云昔育，育稚也。昔幼稚之時，恐至長老窮匱。

循按：傳訓『育』爲『長』，則兩『育』之訓同耳。箋以上『育』字訓『稚』，下『育』字訓『長』，非毛義。《正義》辨毛、鄭訓『稸』字爲異，於『育』字則混傳、箋爲一。

旄丘之葛兮，何誕之節兮。叔兮伯兮，何多日也。【傳】諸侯以國相連屬，憂患相及，如葛之蔓延，相連及也。誕，闊也。日月以逝，而不我憂。【箋】云喻此時衛伯不恤其職，故其臣於君事亦疏廢也。叔、伯，字也。呼衛之諸臣，女期迎我君而復之。可來而不來，女日數何其多也。

循按：毛義以誕節對日月其逝，日月其逝，即日數之多也。蔓延相及，與憂患相及對言。若曰葛本宜延蔓相及，今乃疏闊其節；諸侯本宜憂患相及，今乃疏廢其日。《正義》謂葛節長闊，故得延蔓相連及，恐非。

匪車不東。【傳】不東，言不來東也。【箋】云女非有戎車乎？何不來東迎我君而復之？

○靡所與同。【傳】無救患恤同也。

循按：毛義若曰，匪是車之不東，是不救患恤同也。箋解『匪車』迂曲。毛義不如是。

瑣兮尾兮，流離之子。【傳】瑣、尾，少好之貌。流離，鳥也。少好長醜，始而愉樂，終以微弱。

循按：《爾雅》『少美長醜』之訓，列於『鳥之雌雄不可别』及『二足而羽謂之禽』之間，蓋泛言鳥之少好長醜者也。倉庚老則無毛，其音亦變，故呼爲黄栗留。栗留，猶離流也。離流，猶流離也。毛以少好喻愉樂，長醜喻微弱。陸璣以爲梟長而食母，非其義也。

有懷于衛，靡日不思。【箋】云懷，至也。

循按：傳不訓『懷』字義，以懷爲思耳。有思于衛，靡日不思。訓懷爲『至』，轉不達矣。

我思肥泉。【傳】所出同，所歸異，爲肥泉。

循按：《釋名》云：『所出同，所歸異，曰肥泉。本同出時所浸潤少，所歸各枝散而多，似肥者也。』肥通飛，謂枝散而多，以肥爲飛也。《爾雅》：『泉歸異，出同流，肥。』『歸異』即『所歸異』，『出同流』即『所出同』。上文『汧，出不流』，此言『出』，嫌於蒙上文之『不流』，故言『流』以別之。犍爲舍人不悉此指，解作『水異出流行合同』。《水經注》乃以『馬溝水注淇水爲肥泉。其水二源，一出朝歌城西北，一出東南，兩水合爲馬溝水，爲所出異、所歸同。』與《爾雅》、《毛傳》俱相反。

政事一埤益我。【傳】埤，厚也。【箋】云有賦税之事，則減彼一而以益我。

循按：傳不解『一』字。『一』即專一之義，言有政事則專厚益我，猶孟子所謂『我獨賢勞』也。鄭義迂曲，非毛義。

其虛其邪。【傳】虛，虛也。【箋】云邪讀爲徐。

循按：『虛，虛也』，《釋文》云：『一本作「虛，邪〔一〕也。」』此《正義》亦云：『《傳質》，訓詁疊經文耳，非訓虛爲徐。』可知《正義》本作『虛，徐也』。傳以徐訓虛，箋讀邪爲徐，『其虛其邪』，猶云『其徐其徐』。其徐其徐，猶云徐徐，徐徐猶舒舒，故箋以爲『威儀虛徐寬仁』也。《爾雅》作『其虛其徐』。班固《幽通賦》：『承靈訓其虛徐兮。』『其虛徐』，即用《詩》『其虛其徐』，而『邪』已作『徐』，在鄭前。毛直以『徐』訓『虛』，謂不特『邪』字是『徐』，

〔一〕『邪』，《釋文》作『徐』。

『虚』字亦是『徐』。鄭氏則申明之，言『邪讀爲徐』，『邪』同『斜』。《説文》斜讀荼。《易》『來徐徐』，子夏作『荼荼』是也。馬融解『徐徐』爲『安行貌』，卽此箋所謂『寬仁』也。《淮南子·原道訓》注云：『原泉始出，虚徐流不止，以漸盈滿。』此『虚徐』正以『徐徐』言也。《太玄·戾》：『初一，虚既邪，心有傾。測曰：虚邪，心傾懷不正也。』王弼解『徐徐』爲『疑懼』，曹大家解《幽通賦》爲『狐疑』，皆本此。在威儀容止則爲寬舒，在心則爲遲疑。『虚徐』之爲『狐疑』，卽『徐徐』之爲『疑懼』。『徐徐』之爲『安行』，卽『其虚其徐』之爲『寬仁』。於此知虚邪卽徐徐，而毛以『徐』訓『虚』，實爲微妙。若以『虚』訓『虚』，成何達詁？《易傳》『蒙者，蒙也』，『剥者，剥也』，上一字乃卦名，謂卦之名蒙、名剥，卽取蒙、剥之義，未可援以爲訓詁之常例。若謂上『虚』是丘虚，下『虚』是空虚，以『空虚』之『虚』解『丘虚』之『虚』，顧以虚訓虚，曷以分其爲丘虚爲空虚？毛傳宜依《正義》作『虚，徐也』。《釋文》本作『虚，虚』，乃譌也。

不可讀也。【傳】讀，抽也。【箋】云抽，猶出也。

循按：顔師古《匡謬正俗》云：『讀，止爲道讀之讀，更訓爲抽，翻成難曉。按《説文解字》曰：「籀，讀也，今《説文》作『讀書也』。從竹，擂聲。」擂卽古抽字。是以籀或作䈾。蓋毛公以籀解讀，傳寫字省，故止爲抽。此當言「讀，籀也」，不得爲抽引之義。』以上顔氏説是矣。乃籀之義，卽同於抽。《説文》：『讀，誦書也。』讀之爲講，《初學記》引《廣雅》。猶瀆之爲溝。《風俗通》云：『瀆，通也，所以通中國垢濁。』《説文》：『涌，滕也。』《廣雅》：『涌，出也。』讀之爲誦，亦猶溝瀆之爲通，通亦涌也。讀、講、誦三字取於引申通達，故其義爲抽。始云『不可道』，次云『不可詳』，終云『不可讀』。道而詳，詳而讀，若讀仍是道，非其序矣。讀謂發明而演出之，故箋以『出』申毛耳。

蒙彼縐絺，是紲袢也。【傳】蒙，覆也。絺之靡者爲縐，是當暑袢延之服也。【箋】云展衣宜白。展衣，夏則裏衣縐絺。

循按：左思《蜀都賦》：『累縠疊迹，叛衍相傾。』注引《莊子》曰：『何貴何賤，是謂叛衍。』李善引司馬彪《莊子注》云：『叛衍，猶漫衍也。』毛言『當暑袢延之服』，袢延卽叛衍。《釋文》：『袢，符袁反。』則袢、延二字疊韻。又讀延爲『以戰反』，則與袢讀去聲爲疊韻。袢延之服，蓋謂服之寬闊者。《正義》以爲袢延是熱氣紲袢，是泄去蒸熱之氣，非毛義，尤非《詩》義。《説文》：『袢，無色也。』箋云：『展衣宜白，夏則裏衣縐絺。』展衣白，似與無色相合。紲之義爲繫，繫者連續之謂。展衣蒙於外，其色白；縐絺在裏，其色亦白，是相連續以無色也。毛、鄭皆未訓『紲』字，蓋以紲爲繫，不必訓，而毛以兩寬衍之服相繫耳。《正義》之説，謬且俗矣。

爰采唐矣。【傳】唐，蒙，菜名。

循按：傳以『蒙』訓『唐』，而申之曰菜名。於《小雅》『女蘿』，訓以『兔絲』，而申之曰『松蘿』。松蘿非菜，是毛不以唐蒙與女蘿、兔絲爲一物矣。《爾雅》：『唐蒙，女蘿。女蘿，兔絲。』宜是衍『女蘿』二字。

定之方中。【傳】定，營室也。方中，昏正四方。【箋】云定星昏中而正，謂小雪時，其體與東壁連正四方。

循按：營室昏正，惟十月小雪時，此時與東壁正方於中，故云『方中』。蓋營室二星、東壁二星合爲四星，未至十月小雪時，四星橫斜，未得正方。惟小雪時，昏中四星乃正方如口，故名娵訾之口。毛所云『昏正四方』者如是。故鄭申明之，以爲小雪時與東壁連也。

椅桐梓漆。【傳】椅，梓屬。

循按：《爾雅》、《説文》皆以『梓』訓『椅』，而此傳言『梓屬』，以經文椅、梓並舉也。蓋椅爲梓之一種，梓爲大名，可以包椅。故《爾雅》云『椅，梓。』如《釋魚》訓鱣爲鯉，而《周頌·潛》鱣、鯉並言。《説文》訓柘爲桑，而《月令》並言桑、柘是也。

升彼虚矣，以望楚矣。望楚與堂，景山與京。【傳】虚，漕虚也。楚丘有堂邑者。景山，大

山。京，高丘也。

循按：《漢書・地理志》山陽郡成武：『有楚丘亭，齊桓公所城，遷衛文公於此。子成公徙濮陽。』又東郡濮陽：『衛成公自楚丘徙此，故帝丘，顓頊墟。』《後漢・郡國志》成武屬泲陰郡，《注補》云：『《左傳》隱七年「戎執凡伯於楚丘」。』《正義》所引杜預注，卽此隱七年注也。《晉地理志》泲陽成武有楚丘亭。晉改泲陰爲泲陽，杜預時尚未改，故仍曰泲陰。杜於隱七年之『楚丘』及僖二年之『城楚丘』並云衛邑，則固以齊之所城、戎之所伐爲一地，與班固同。康成東漢人，時成武屬泲陰，不屬東郡，而疑在東郡界中者，見《正義》引《鄭志》。蓋不以成武之楚丘爲衛之楚丘也。《水經注》：『菏水分泲於定陶東北，北徑己氏縣故城西，又北逕景山東，《衛詩》所謂「景山與京」者也。又北逕楚丘城西。《郡國志》〔一〕曰：「成武縣有楚丘亭。」杜預云：楚丘在成武縣東南，衛懿公爲狄所滅，衛文公東徙渡河，野處漕邑，齊桓公城楚丘以遷之，卽《詩》所謂「升彼墟矣，以望楚矣。望楚與堂，景山與京。」』此同於《班志》。惟鄭氏疑在東郡界中，未言何縣，亦未明載經注中，蓋未定也。《水經注》言：『濮水枝津上承濮渠，東徑鉏丘縣南。京相璠曰：「今濮陽城西南十五里有沮丘城。」六國時沮、楚同音，以爲楚丘，非也。』然則京相璠始以濮陽有楚丘，

〔一〕『郡國志』，《水經注》作『地理志』。

亦未指卽文公所徙之楚丘。酈氏於古事舊蹟往往兩載，獨此直斥其非，則眞非矣。至唐人作《括地志》，乃以爲在滑州衛南縣。《通典》及《元和郡縣志》皆於滑州言衛文公自漕邑遷於楚丘，卽衛南縣。《太平寰宇記》於澶州衛南縣言：『楚丘城在縣西北四里。詩曰「定之方中，作于楚宮」。』引《城冢記》云：『齊桓公築楚丘之城卽此。』此本《括地志》之説。然於河南道宋州楚丘縣，則又云：『古之戎州，卽己氏之城邑。景山在縣北三十八里，高四丈。空岡在縣北三十里，高一丈。蓋《詩》云「景山與京」也。又棠水在縣北四十五里，從單州成武縣入界，南行五里合泡溝，《詩》云「望楚與堂」也。又古楚丘城在縣北三十里。《詩》云：「定之方中，作于楚宮」。《左傳》隱七年「戎伐凡伯于楚丘」，杜預注：「在沛陰成武縣西南。」是兼兩地而言之。至歐陽忞《輿地廣記》辨成武之楚丘云：「漕、楚丘二邑相近，今拱州楚丘，非衛之所遷。縣有景山、景岡，乃近人附會名之。」於是近世學者遂以楚丘在開州滑縣西，成武之楚丘在今曹縣，爲宋地。而戎之所伐與齊之所城，竟分兩地。班《志》、杜注均不足憑矣。余因論之：閔公二年立戴公，廬於漕，齊桓公使公子無虧戍曹。僖公元年〔二〕，諸侯城楚丘封衛，於是去曹而遷楚丘矣。十二年爲狄難，諸侯城衛楚丘之郛。十八年、二十一年狄皆侵衛，三十一年冬『狄圍衛』，『衛遷于帝丘』，

〔二〕『元年』，《春秋》經傳作『二年』。

是必帝丘可以避狄。故去楚丘而遷此。若楚丘在滑縣，則與帝丘接壤，相去不足百里，狄可圍楚丘於滑，獨不可圍帝丘乎？必不然矣。惟楚丘在成武，爲衛之東南，與宋、魯接壤。狄人出没於此，凡侵魯、侵宋、侵衛皆在於此。帝丘西憑大河，北擁清濟，地近於漕，實遠於楚丘。自遷之後，狄乃移患於魯、宋。雖文公十三年乘衛侯在會，亦爲患於邊，不足爲衛難矣。故未遷則苦之，既遷且乘狄亂侵以報之。蓋狄雖無定，而出没之地亦有常處。河、濟之間，非其所及矣。然則襄公十年，『宋公享晉侯于楚丘』，又何地乎？曰：即此楚丘也。杜預注戎伐召伯〔一〕之楚丘爲衛地，爲沸陰成武，而此享晉侯之楚丘不注，所以明其爲一地。是時晉悼公與魯、衛、宋諸君會於柤，遂滅偪陽。柤與偪陽俱在漢彭城國，在今邳州之北。自此歸國，道經楚丘，蓋由衛渡河。晉文公伐曹，假道於衛，衛人弗許，還自南河濟。平時有事於徐、兖之間，其必由衛明矣。時以偪陽與宋公，故宋享之。而道實不由宋，故享於衛之楚丘。不致晉侯於宋而享之者，尊晉也。楚丘，衛之舊都，城郭宫室必完美。享之於此，有行禮之地也。若享之而迂道至宋都，非所以待盟主。況衛君同會，假其地以酬與地之惠，何不可乎？自有鄭氏之疑，遂啟後人不信班《志》之漸，吾不謂然也。又按：《元和郡縣志》言：『隋開皇十六年置楚丘縣，屬滑州，後

〔一〕『召伯』，《春秋》經傳作『凡伯』。

以曹州有楚丘，改名衛南。』學者信之。乃考《隋書·地理志》，東郡衛南，開皇十六年置，大業初廢，西濮陽入焉。又有後魏平昌、長樂二縣，後齊並廢，絕無置楚丘之説。

載馳載驅。【傳】載，辭也。【箋】云載之言則也。

循按：《夏小正傳》云：『則者，盡其辭也。』則正是辭，故箋以申傳。《正義》云：『鄭惟「載之言則」爲異。』然則毛所謂辭者，何辭也？

言采其蝱。【傳】蝱，貝母也。

循按：《淮南子·氾論訓》『蝨蝱』，高誘注云：『蝱讀《詩》曰「言采其莔」之莔。』《管子·地員》：『其山之旁，有彼黄蝱。』此蝱卽莔也。

我行其野，芃芃其麥。【傳】願行衛之野，麥芃芃然方盛長。【箋】云麥芃芃者，言未收刈，民將困也。

循按：毛言願行其野觀其麥，取義於行野，不取義於麥也。鄭言民困麥未收刈，取義於麥在野，不取義於行也。

考槃在澗。【傳】考，成。槃，樂也。【箋】有窮處成樂在於此澗者。

循按：《國語》『成，德之終也。』鄭康成注『簫韶九成』云：『成，猶終也。』『成』字與下

『獨』字相貫，謂終樂於澗阿而不出也。刺莊公之意全在『考』、『獨』二字，詠之自見。言此終樂於澗阿者，碩人之寬大也，碩人之進於德也。《説文》：『諼，詐也。』欺詐爲諼之本義。毛不訓釋者，用本義也。當時衛國在朝之臣相率而爲欺詐，惟此碩人不肯與同羣，所以至於以『獨寐寤言』自矢也。《詩》言此碩人所以以『獨寐寤言』自矢者，由於弗諼詐也。弗諼詐，所以無所過、無所告也。箋言『窮處成樂』，已於《詩》意不達，至以『寬』爲『虚乏』，『弗諼』爲『不忘君惡』，『邁』爲『飢』，『軸』爲『病』，全非《詩》意，而《正義》乃云『毛傳所説不明』，妄矣。

齒如瓠犀。【傳】瓠犀，瓠瓣。

循按：《爾雅》作『瓠棲』。《説文》『棲』『西』爲一字。『棲』通『妻』，妻者齊也。簡閲取乎齊，故《六月》『棲棲』爲『簡閲貌』。下文『戎車既飭』，飭卽齊義也。葉生齊則盛，故梧桐之盛謂之萋萋。因而心之齊一亦謂之萋，『有萋有苴』，箋云『盡心力於其事』，是也。瓠中之子排列甚齊，故有棲稱，《詩》因以比齒之齊也。『犀』、『棲』古通用，如『棲遲』，《甘泉賦》作『遲迟』是也。

鱣鮪發發。【傳】鱣，鯉也。鮪，鮥也。

循按：《爾雅》主於訓詁，其不待訓者，則不以列於篇。有因釋其牝牡飛踵之名而舉之者，如鶬雁麕鹿之類，否則不孤列，孤列非訓體也。或引《荀子》單、兼之義，以爲郭璞分鱣、鯉各爲一物之證，是在《荀子·正名篇》，其説云：『單足以喻則單，單不足以喻則兼。』楊倞注云：『單，物之單名也。兼，復名也。喻，曉也。謂若止喻其物，則謂之馬；喻其毛色，則謂之白馬、黄馬之比。』楊氏此注甚明。蓋荀子單、兼之説，以命名而言，若訓釋，則未有單舉本文，不著一辭之理。《説文》鱣、鯉二字互訓。《尚書大傳》『江鱓大龜』，鄭氏注云：『鱓或作鱣，鯉也。』《水經注·河水篇》：『又南得鯉魚澗。《爾雅》曰：「鱣，鮪也。」出鞏穴，三月則上渡龍門，得渡爲龍矣，不則點頟而還。』『鱣，鮪也』，宜是『鱣，鯉也』。皆以鱣卽是鯉。惟《周頌》鱣、鯉並舉，鄭箋以大鯉解之。崔豹《古今注》云：『鯉之大者爲鱣。』又云：『兖州人呼赤鯉爲赤驥，青鯉爲青馬，黑鯉爲玄駒，白鯉爲白騏，黄鯉爲黄雖。』鯉類非一，鱣爲鯉之一種，故以鯉名鱣耳。郭璞謂毛傳爲『强合』，《正義》未能辨也。

及爾偕老。【箋】云**及，與也。我欲與汝俱至於老。**

循按：前『以爾車來』箋云：『女，女復關也。』以『女』解『爾』字，以『復關』指『女』，則女者謂男子也。我者，婦人自我也。『我欲與女俱至於老』，婦人自言欲與男子偕老也。《正義》以爲婦人述男子謂己之辭，是『女』爲男子稱婦人，『我』爲男子自我矣。下『信誓旦旦』箋云：『我爲童女時，女與我言笑和柔，我其以信，相誓旦旦耳。』『女』、『我』所屬，分别甚明，而《正義》亦反之，經文遂迂曲不達。

檜楫松舟。【傳】檜，柏葉松身。

循按：《禹貢》作『栝』。栝、檜一聲之轉。《君子于役》傳云：『佸，會也。』《小雅》『間關』傳云：『括，會也。』《方言》：『秦晉之間曰獪，或曰姡。』鄭氏《女祝》注云：『禬，刮去也。』《釋名・釋兵》：『矢末曰栝。栝，會也。與弦會也。』《士喪禮》以『組束髮』爲鬠，又云：『括髮以麻。』蓋『會』、『栝』皆『合』義，所以收弁爲會弁，所以收囊爲括囊。因而合二家之市則爲儈。檜之爲木，合松柏二木而得此名，故謂之檜，而通於栝也。樅爲松葉柏身，亦取叢聚之義。叢聚猶之會合也。

芄蘭之支。【傳】芄蘭，草也。【箋】云芄蘭柔弱，恒蔓延於地，有所依緣則起。

循按：息夫躬《絶命辭》云：『涕泣流兮萑蘭。』張晏云：『萑蘭，草也。蔓延於地，有所憑依則起。』臣瓚云：『萑蘭，泣涕闌干也。』此芄蘭指淚，而張晏直引毛、鄭解之。蓋芄蘭者，從横四出之態，故淚之出、草之蔓皆有此名。芄蘭猶云汍瀾也。見陸士衡《弔魏武帝文》。《太玄經》『陽氣親天，萬物丸蘭』，此正蔓衍之稱矣。余嘗求之田野間，有所謂麻雀棺者，蔓生，葉長二寸，擠圓，上鋭藤柔衍，斷之白汁出，實狀如秋葵實而耎，霜後枯破，内盈白絨。準之《本草》諸家之説，此爲芄蘭也。雀棺乃雀瓢之遺稱，而棺音同莞。《爾雅》名雚，《説文》名莞也。

誰謂河廣，一葦杭之。【傳】杭，渡也。【箋】云誰謂河水廣歟，一葦加之，則可渡之。喻狹也。

循按：古今無以葦作舟之理。『一葦杭之』，謂一葦之長，即自此岸及彼岸耳。下言『不容刀』，刀爲小船，言河之廣尚不及刀之長，非謂乘刀而渡，則不謂乘葦而渡益顯然矣。『渡』與『度』通，《廣雅》與『贏』、『徑』同訓『過』。以葦度河，非以葦渡人。《正義》云：『言一葦者，謂一束也。可以浮之水上而渡，若桴筏然。非一根葦也。』既失經義，亦失毛、鄭之義。箋言『喻狹』，則所謂『一葦加之則可以渡之』者，明謂加一葦於河，即可徑過，未嘗言人乘於葦而浮於河也。束葦果可如筏，則廣亦可浮，何爲喻狹邪？

甘心首疾。【傳】甘，厭也。【箋】云我念思伯，心不能已。如人心嗜欲所貪口味，不能絶也。

循按：厭之訓爲飽爲滿。『首疾』，人所不滿也。思之至於首疾，而亦不以爲苦，不以爲悔，若如是思之而始滿意者，此毛義也。甘心至首疾而不悔，則思之不能已可知。雖首疾而心亦甘，則其思之如貪口味可知。鄭申毛，非易毛也。

焉得諼草。【傳】諼草，令人忘憂。【箋】云憂以生疾，恐將危身，欲忘之。

循按：崔豹《古今注》引董仲舒云：『欲忘人之憂，贈之以丹棘。』《説文》：『藼，令人忘憂，草也。《詩》曰：「焉得藼草？」』重文作『萱』。《文選》注引《詩》作『焉得萱草』。以『忘憂』得有『諼』名，因『諼』而轉爲『藼』、『萱』。謂『萱』取義於『諼』，可也。謂諼草非草名，不可也。《正義》云：『諼訓爲忘，非草名。故傳本其意，謂欲得令人善忘憂之草，不謂諼爲草名。』不知傳言『令人忘憂』，正指萱草言。若『諼』僅訓爲『忘』，則忘草爲不辭。至於經義，正以憂之不能忘耳。箋言『恐危身，欲忘之』，殊失風人之旨，非毛義也。而《正義》直以『恐以危身』之説屬諸毛傳。

卷三

行邁靡靡。【傳】邁，行也。【箋】云行，道也。道行，猶行道也。

循按：『行』字之訓，或訓『往』，《釋名》所謂『兩足進曰行』也；或訓道路，《左傳》『斬行栗』，『行栗』即道上之栗也。傳訓邁爲行，即是訓行爲邁。既言行，又言邁，猶《古詩》言『行行重行行』耳。箋以行字訓道，蓋以邁既爲行，則行宜訓道，又恐人誤認，而申言『道行，猶行道』，與毛義異也。

不流束蒲。【傳】蒲，草也。【箋】云蒲，蒲柳。

循按：《正義》云：『以首章言薪，下言蒲、楚，則蒲、楚是薪之木名，不宜爲草，故易傳以蒲爲柳。』然《周南·喬木》之詩既以薪言楚，又以薪言蔞，蔞之爲草同於蒲，蒲草何碍於薪之有？《釋文》引孫毓云：『蒲草之聲不與戍許相協。箋義爲長。』『二蒲之音，未詳其異。』陸氏已疑之矣。箋之易傳，非爲此也。箋解『揚之水，不流束薪』云：『激揚之水至湍迅，而不能流移束薪。』若蒲草，何不可移動？惟牡荆楊柳之木，析之爲束，粗而且重，乃非激揚之水所流。毛以不流爲反辭，箋既易傳爲實辭，故易蒲草爲蒲柳耳。

中谷有蓷，暵其乾矣。【傳】暵，菸貌。陸草生於谷中，傷於水。

循按：《正義》云：『蓷草宜生高陸之地，今乃生於谷中，爲谷水浸之，故乾燥而將死。』竊疑水浸，何轉乾燥將死？《正義》又云：『由菸死而至於乾燥，以暵爲菸也。』其三章『暵其濕矣』，箋云：『鵻之傷於水，始則濕，中而脩，久而乾。』其説亦不明。余自壬戌家居，棲遲湖水之間，每歲水溢，凡花草蔬稻之類，水溢滅頂者，卽爛盡，惟高出於水，枝葉浮於水外，華而秀，秀而實，隨水而長，不遽爛死。俟水退去，或踣或立，值秋陽暴之，則立時枯委。目驗十數年，乃知凡草穀傷於水者，不菸於濕，而菸於乾，因歎詩人詠物之工。然則三章乃倒説，始而溼，繼而脩，繼而乾。非始之溼，則不菸；非繼之脩，則不俟乾而早菸；非終之乾，則始雖傷於溼，尚不至菸。脩卽長也，不必解爲且乾矣。

尚無爲。【傳】尚無成人爲也。【箋】云言我幼稚之時，庶幾於無所爲，謂軍役之事也。

循按：『爲』之訓通於『用』，見《郊特牲》注。『爲』之文通於『僞』，見《秦風・采苓正義》。下『尚無造』，傳云：『造，爲也。』『尚無庸』，傳云：『庸，用也。』爲、造、庸二字義通。蓋謂其時風俗人心尚無詐僞自用之事。『成人爲』者，荀子云：『可事而成之在人者，謂之僞。』

楊倞注云：『僞，爲也，矯也。凡非天性而人作爲之者，皆謂之僞。』毛公承荀子之學，當卽本其説以爲之説。『成人爲』者，言人所作爲而成之者也。鄭以爲『軍役之事』，『爲』之訓亦通於『役』，見《表記》注。故以『軍役』解『爲』字，然與毛義殊矣。《正義》不明其説，以傳言『尚無成人爲也』解作『庶幾無此成人之所爲』，且謂『軍役之事，申述傳意』，是以『成人』爲『成人有德』之成人，大失毛旨。箋解『爲』爲『役』，則『庸』不可訓『用』，故改訓爲『勞』。『勞』之義通於『役』，『用』之義通於『僞』，毛、鄭固不同矣。

終遠兄弟。【傳】兄弟之道，已相遠矣。【箋】云今已遠棄親族矣。

循按：『終』之爲言『盡』也。傳、箋『已』字乃解『終』字，『終遠兄弟』者，已遠兄弟也。《正義》云：『王終是遠於兄弟』，義轉晦。

毳衣如菼。【傳】菼，鵻也，蘆之初生者也。【箋】云菼，薍也。

循按：『菼，薍』之訓，見於《釋草》，不當重見於《釋言》。蓋鄭引《釋草》，而後人復摭取傳、箋之訓以附入《爾雅》，不然，何《釋言》兩訓，毛、鄭乃各當其一邪？

丘中有麻，彼留子嗟。【傳】丘中墝埆之處，盡有麻、麥、草、木，乃彼子嗟之所治。【箋】云子嗟放逐於朝，去治卑賤之職而有功，所在則治理，所以爲賢。

循按：《正義》區分毛、鄭之異，謂傳義在未放逐之前，箋義在既放逐之後，細審之，未見其然。治職有功，乃箋之説，《正義》引入毛義，毛固無此義也。

無踰我里，無折我樹杞。【箋】云仲初請〔一〕曰：『君將與之，臣請事之；君若不與，臣請除之。』

循按：《左傳》此爲公子吕之言，鄭引之誤耳。《正義》爲之辭云：『仲當亦有此言，故引之以爲祭仲諫。』迂矣。

將叔無狃。【傳】狃，習也。【箋】云狃，復也。

循按：《正義》云：『鄭惟以「狃」爲「復」，餘同。』謂此不同於毛也。又云：『《釋言》云：「狃，復也。」孫炎曰：「狃忕前事復爲也。」復亦貫習之意，故傳以狃爲習。』然則狃、習、復三字義實相成，而前乃以爲異，何邪？

【序】公子素。

循按：公之子稱公子。鄭文公之子，詳見宣公三年《左傳》，子華、子臧皆不賢，得罪死。公子蘭即穆公。公子俞彌早卒。公子瑕爲洩駕所惡，奔楚，死於周氏之汪。公子士，僖二十年帥師入滑，後攝父事朝楚，楚人酖之，死於葉。以諸公子考之，士與素聲相

〔一〕『請』，《毛詩正義》作『諫』。

轉，公子素蓋公子士也。觀其入滑朝楚，非碌碌者，故能賦詩刺高克。楚人酖之，當亦忌其才，虞其得立也。素與華，瑕正同類。『士』爲『素』之變，或本『素』字，殘缺僅存上字頭而訛作『士』，可用以互證。

明星有爛。【傳】言小星已不見也。【箋】云明星尚爛爛然，早於别色時。

循按：但見明星之爛，則『小星已不見』。兩説相成。箋言『别色』，假此二字言天未明耳。《正義》本《玉藻》之文，而以早朝説之，箋未必有此義。

弋言加之，與子宜之。【傳】宜，肴也。○宜言飲酒。【箋】云宜乎我燕樂賓客而飲酒。

循按：『肴』與『殽』同。《賓之初筵》傳云：『殽，豆實也。』《説文》：『肴，啖也。』『宜』字無『肴』義。上言『弋鳧與雁』，此云『弋』卽上『弋』也。此言『與子宜之』，卽下『宜言飲酒』之『宜』也。傳謂既弋既加，則宜用爲豆實以飲酒相樂，非以『肴』訓『宜』也。箋申毛義而云『宜乎我燕樂賓客而飲酒』，『宜乎』二字正承上『宜』字，知傳云『宜，肴』，正宜此飲酒之肴也。後人不知毛義，誤認爲以『肴』訓『宜』，而羼入《爾雅》，與粲餐、渝變、夷悦等並列，竟以『肴』字爲『宜』字之訓矣。李巡云『宜飲酒之肴』，則不以『肴』字爲『宜』之訓，並言飲酒而括其辭，知毛氏之義矣。

不見子都。【傳】子都，世之美好者也。【箋】云人之好美色，不往覩子都。○不見子充。

【傳】子充，良人也。

循按：孟子云：『不知子都之姣者，無目者也。』毛言『世之美好者』，與孟子同。趙岐注《孟子》云：『子都，古之姣好者也。《詩》云：「不見子都，乃見狂且。」』蓋孟子深於《詩》，其稱子都，正本於《詩》。而與易牙、師曠並舉，則子都實有其人矣。毛又以子充爲良人，當亦有其人，今不可考耳。

山有橋松，隰有游龍。【傳】松，木也。龍，紅，草也。【箋】云游龍，猶放縱也。橋松在山上，喻忽無恩澤於大臣也。

循按：橋松之義，傳、箋無明文。《正義》則分别之言：『毛以爲，山上有喬高之松木』；『鄭以爲，山上有枯槁之松木。』所以爲喬、爲槁之别，則又不詳。《釋文》云：『橋，本亦作喬。毛作橋。王云：「高也。」鄭作槁，枯槁也。』今爲推之，以首章傳言『高下大小各得其宜』，知橋之爲喬也。箋言『喻忽無恩澤』，無澤是枯槁也。《吕氏春秋・介立篇》引介子推所賦詩云：『四蛇從之，得其雨露。一蛇羞之，橋死于中野。』『橋死』對上『雨露』，則橋死正是槁死。然則橋自通有槁義，不煩改字也。傳以『紅』解『龍』，申之云『草也』。箋連云『紅草』，毛不爾。

俟我乎巷兮。【傳】巷，門外也。

循按：《説文》云：『巷，里中道，从䢼从共，皆在邑中所共也。』五鄰二十五家爲里，衆户集聚，則兩畔皆屋門，東西相向，或南北。其間通行之路爲巷道，在里中，即在兩畔居民之門外，故傳以門外爲巷也。

子寧不嗣音。【傳】嗣，習也。古者教以詩、樂，誦之歌之，弦之舞之。【箋】云嗣，續也。女曾不傳聲問我，以恩責其忘己。

循按：以『嗣音』爲習音，不免拘甓，非詩人之旨，箋故易之也。《正義》言易傳之故，而舉下文『子寧不來』爲説，以爲下言『不來』，『不言來有所學』，則此言『不嗣音』，『不宜爲習樂』，殊失箋義。《丘中有麻》首言『將其來施施』，次言『將其來食』，『食』與『施施』，寧須一例邪？至『子寧不來』傳云：『不來者，言不一來也』，箋固無異辭。《正義》則分之云：『毛意以爲責其不一來習業，鄭當謂不來見己。』益爲拘俗矣。

方秉蕑兮。【傳】蕑，蘭也。

循按：《漢書·地理志》引《詩》云『方秉菅兮』，顔師古注云：『菅，蘭也。』《一切經音義》引《聲類》云：『蕳，蘭也。』又引《説文》云：『蕳，香草也，出吴林山。』今《説文》本缺『香』字。《山海經·中山經》『吴林之山，其中多蕳草』，郭璞注云：『蕳亦菅字。』『蕳』、『蕑』字同『菅』，其假借也。《太平御覽》引《韓詩傳》云：『三月桃花水下之時，士與女方秉蘭兮。

秉，執也。當此盛流之時，衆士與衆女方執蘭而拂除。』又《後漢書》注引薛君《韓詩章句》云：『鄭國之俗，三月上巳之溱、洧兩水之上，招魂續魄，秉蘭草祓除不祥，故詩人願與所悦者俱往也。』《韓詩》直以『秉蕑』爲『秉蘭』，與毛不異。《釋文》引《韓詩》云：『蓮也。』此當爲《陳風》『有蒲與蕑』之注，陸德明誤載於此。

伊其相謔。【箋】云因相與戲謔，行夫婦之事。

循按：謔豈必是行夫婦之事？鄭之解經，每爲此汙褻之語，毛無是也。

贈之以勺藥。【傳】勺藥，香草。【箋】云其別則送女以勺藥，結恩情也。

循按：《釋文》引《韓詩》云：『離草也。言將離別，贈此草也。』《古今注》載《董仲舒答牛亨問》云：『勺藥，一名可離，故將別以贈之。』箋言『其別則送以勺藥』，蓋古之相傳然也。《廣雅》：『攣夷，勺藥也。』『攣夷』，即『離』之緩聲。《上林賦》云『宜笑的皪』，《索隱》引郭璞云：『鮮明貌也。』又『明月珠子，玓瓅江靡』，《索隱》引應劭云：『其光輝照於江邊也。』張衡《思玄賦》云『離朱脣而微笑兮，顏的礫以遺光』，注云：『明貌。』左思《蜀都賦》云『暉麗灼爍』，劉淵林注云：『艷色也。』《魏都賦》云『丹藕凌波而的皪』，注云：『光明也。』勺藥之華，鮮艷外著，其稱勺藥，猶灼爍也。勺藥又爲調和之名。《上林賦》云：『勺藥之和具，而後御之。』文穎云：『勺藥，五味之和也。』韋昭云：『勺藥，和齊鹹酸美味也。』見《七發》注。枚乘《七發》云：『勺藥之醬。』張衡《南都賦》云：『歸雁鳴鵽〔一〕，香稻鱻魚，以爲勺藥。』《吕氏春秋·本生紀》高誘注云：『鄭國淫辟，男女私會於溱、洧之上，有絢盼之樂，勺藥之和。』是則以詩人贈勺藥取義於和。鄭氏以『勺』與『約』同聲，假借爲『結約』，故云『結恩情』。《正義》云：『贈送之勺藥之草，結其恩情以爲信約。』此最得箋義，而説之未明。古人『棗』取於『早』，『栗』取於『慄』，多假聲音以爲義。取勺藥爲結約，與取勺藥爲調和，其假借一也。

無庶予子憎。【傳】卿大夫朝會於君朝聽政，夕歸治其家事。『無庶予子憎』，無見惡於夫人。【箋】云庶，衆也。無使衆臣以我故憎惡於子。

循按：『卿大夫』以下十六字自解『會且歸矣』句。『無見惡於夫人』解『無庶予子憎』。推經義，是無多予子以憎，故定本作『與子憎』。予、與同也。箋以『庶』指『衆臣』，『予』訓爲『我』，未必即毛義。

子之昌兮。【傳】昌，盛也。【箋】云昌，佼好貌。

循按：『昌』訓『盛』，其常也。《史記》引《皋陶謨》作『禹拜美言』，以『美』代『昌』，是

〔一〕『鵽』，《南都賦》作『鶂』。

昌有美義，佼好卽美之謂也。

必告父母。【傳】必告父母廟。【箋】云取妻之禮，議於生者，卜於死者，此之謂告。

循按：經言「父母」，傳言「廟」者，以惠公、仲子俱殁，桓娶文姜，無父母可告，故以爲告廟耳。箋言「生」、「死」，則廣其所未言也。

要之襋之。【傳】要，褄也。

循按：「要」爲身中之名，加「衣」作「褄」，則爲裳要。「褄」可省爲「要」。以「褄」訓「要」，明其非要約之「要」，爲裳要之「褄」也。《說文》無「褄」字。學者謂宜作「要，要也」，且引「虛，虛也」爲證。「虛，徐也」之爲「虛，虛也」，尚有兩本之疑。此「要，褄也」，別無「要，要也」之文，徒以《說文》無「褄」，則《說文》亦無「蕑」，亦將改「蕑，蘭也」爲「蘭，蘭也」乎？《正義》明云，「字宜從衣，故云『要，褄也。』」毛公時自有「褄」字，「褄」可訓「要」。「要」訓「要」，無所爲訓矣。《易傳》：「蒙者，蒙也」，「比者，比也」，「剥者，剥也」，上爲卦名，以字義釋卦名，非他訓詁可例。如以「要」訓「要」，以「虛」訓「虛」，吾不知上字何指，下字又何指？顧上一字卽指經文之「虛」字、「要」字，又以「虛」字、「要」字解之，人何知之，不如不解矣。如云上一字爲「丘虛」、爲「身要」，下一字爲「空虛」、爲「裳要」，則經之本文固不爲「丘虛」、爲「身要」，今强坐之，而爲此模糊鶻突之解，恐古無是體也。《說文》：『巳，巳也』，上爲『巳午』之『巳』，下爲『巳止』之『巳』，亦未可證。

桑者閑閑兮。【傳】閑閑然，男女無别往來之貌。○桑者泄泄兮。【傳】泄泄，多人之貌。

循按：『閑閑』，當以《皇矣篇》『閑閑』參之；『泄泄』，當以《板篇》『泄泄』參之。『臨衝閑閑』，傳訓『動摇』，此言『往來之貌』，亦動摇意也。『泄泄』猶『沓沓』也。『噂沓背憎』傳云：『噂猶噂噂，沓猶沓沓。』《釋文》：『噂，《説文》作「僔」，聚也。』『沓』，《説文》云：『語多沓沓也。』語多、人多正相近。《邶風》『泄泄其羽』，傳云：『雄雉見雌雉飛，而鼓其翼泄泄然。』此『泄泄』《海賦》作『洩洩』，爲飛翔之貌。《左傳》『其樂也洩洩』，和樂亦合義。則雉飛之『泄泄』正取於『沓沓』。沓者，合也。《廣雅》作『翍翍』。

胡瞻爾庭有縣鶉兮？【傳】鶉，鳥也。

循按：山井鼎《七經孟子考文》作『小鳥也』。鶉之爲鳥，人所共知，此獨訓『小鳥』，明其爲『鶕鶉』之『鶉』。《莊子·徐無鬼》云：『未嘗好田，鶉生於宎。』本是詩以爲説也。

從子于鵠。【傳】鵠，曲沃邑也。

循按：成十三年《左傳》『焚我箕、郜』，『郜』蓋卽『鵠』。

椒聊之實，蕃衍盈升。【傳】椒聊，椒也。【箋】云椒之性芳香而少實，今一梂之實，蕃衍滿

升，非其常也。

循按：『一梂』二字訓『聊』字也。經言『椒聊』，是言椒之梂，故依其文解之爲『一梂之實』。《正義》未得此旨，蓋以『聊』爲語助故也。《爾雅・釋木》：『朻者聊。』『朻』卽謂『梂』。《本草經》云：『蔓椒一名家椒，與蜀椒別。』陶隱居云：『俗呼爲樛。』『樛』卽『朻』字，傳言『椒聊，椒也』，固不以『聊』爲語助。

遠條且。【傳】言聲之遠聞也。

循按：《詩》以椒氣之遠長比桓叔聲譽之遠聞。而聲譽之遠聞，則由德之廣博。毛傳簡妙，箋於前章明之云：『椒之氣日益遠長，似桓叔之德彌廣博。』又解『碩大無朋』云：『大謂德美廣博也。』是聲之遠由於德之廣。德而有朋，則私而不厚。惟無朋，故篤厚。惟篤厚，則所及者遠。故傳於次章末明椒聊遠條之所喻也。《樂記》：『感條暢之氣。』『暢』之義爲長，故『條』有長義。《考文》作『脩』，非是。

其葉湑湑。【傳】湑湑，枝葉不相比也。○其葉菁菁。【傳】菁菁，盛也。【箋】云菁菁，稀少之貌。

循按：毛讀『湑湑』爲『疏疏』，故爲『不相比』。『湑』之爲『疏』，猶《巾車》注讀『疏』爲『揟』也。鄭讀『菁菁』爲『精精』，故爲『稀少』。《廣雅》訓『精』爲『小』。李善注《文選・風賦》云：『精與菁古字通。』《小雅》『零露湑兮』，傳云：『湑湑然，蕭上露貌。』此亦謂疏疏也。瀼瀼則蕃，泥泥則霑濡，濃濃則厚。由疏少而蕃，言露珠也。既溼於蕭，不見珠粒，見霑濡矣。霑濡之始尚薄，既而則厚，知首章以疏言也。

胡不佽焉。【傳】佽，助也。【箋】云何不相推佽而助之。

循按：次且一聲之轉，『佽』之爲『助』，猶『趑』之與『趄』。《正義》謂『非訓次爲助』，以『佽』爲古『次』字，『欲使相推以次第助之。』此據箋『推佽而助之』說以解傳也。然傳明以『助』訓『佽』，箋以『推佽』並言。《儒行》注云：『推，舉也。』『舉』猶『與』也，《周禮·師氏》注：『故書舉爲與。』《易》『物與无妄』，虞仲翔注：『與，猶舉也。』『與』猶『助』也。見《戰國策》、《呂氏春秋》注。以『推』明『佽』，正是以『助』明『佽』耳。

羔裘豹袪。【傳】袪，袂也。本末不同，在位與民異心。【箋】云羔裘豹袪，在位卿大夫之服也。

循按：此傳、箋異義也。毛以裘與袪『本末不同』，比『在位與民異心』。鄭以『羔裘豹袪』實指『卿大夫之服』而言。

豈無他人，維子之故。【箋】云此民，卿大夫采邑之民也。故云豈無他人可歸往者乎，我

不去者，乃念子故舊之人。○豈無他人，維子之好。【箋】云我不去〔一〕歸往他人者，乃念子而愛好之也。民之厚如此，亦唐之遺風。

循按：采邑者，世禄之家。民爲采邑之民，則非一世，所以有故舊之念。此時卿大夫困苦其民，是大夫之於民，已不念故，而民則念故也；是大夫之於民，已不念好，而民則念好也。大夫愈困苦其民，民愈念故念好，故曰「民之厚如此」。此箋之義也。《正義》云：「箋以民與大夫尊卑縣隔，不應得有故舊恩好。是此卿大夫采邑之民，以卿大夫世食采邑，在位者幼少未仕之時，與此民相親相愛，故稱好也。」求之於箋，絶非此義。

今者不樂，逝者其耋。【傳】耋，老也。八十曰耋。【箋】云今者不於此君之朝自樂，謂仕焉。而去仕他國，其徒自使老。

循按：秦仲有車馬禮樂之盛，秦人極言其樂耳。逝謂年歲之逝，言時易去而老也。以「樂」爲「仕」，以「逝」爲「去國」，此鄭之説也，非毛義也。

公之媚子，從公于狩。【傳】能以道媚於上下者。冬獵曰狩。【箋】云媚於上下者〔二〕，謂

〔一〕「去」下，叢書本、《毛詩正義》有「而」字。
〔二〕《毛詩正義》無「者」字。

使君臣和合也。此人從公往狩，言襄公親賢。

循按：以道媚於上下之人，則必不從君於非禮。今日之狩而媚子從之，蓋以天子所命王國之典禮，非尋常田獵之比也。傳訓『冬獵曰狩』，明此狩之爲典禮耳。箋言『襄公親賢』，非毛義。

駕我騏馵。【傳】騏，騏文也。

循按：《釋文》：『騏音其，馬騏文也。』《正義》云：『色之青黑者名爲綦，馬名爲騏。知其色作綦文。』然則毛傳本作『騏，綦文也』，陸本作『騏文』，與《正義》本不同。今《正義》本作『騏文』，則陸本也。乃《曹風·尸鳩》『其弁伊騏』，傳云：『騏，騏文也。』《釋文》：『騏音其，綦文也。』則陸本彼處正作『綦文』，與此《正義》同。而《尸鳩》正義云：『馬之青黑色者謂之騏。此字從焉〔一〕，則謂弁色如騏馬之文也。』則彼《正義》轉作『騏文』。余爲論之：《尸鳩》作『騏，騏文也。』《小戎》作『騏，綦文也。』《正義》本不誤。陸於《尸鳩》作『綦文』，《小戎》作『騏文』，當互誤耳。何也？《小戎》之『騏』，馬也。馬名騏，正不知『騏』爲何解，而漫訓以『騏文』。騏爲何騏，文將焉附？惟『綦』爲青黑色之名。

〔一〕『焉』，《毛詩正義》及叢書本作『馬』。

《鄭風》『縞衣綦巾』，傳已訓云『蒼艾色』，則此云『綦文』，知其爲蒼艾色之文矣。『綦』而曰『文』者，『蒼艾』則兩色相合相雜爲文。《説文》云：『騏，馬青驪，文如博棋也。』棋黑白各半，其布於局則二色相錯，是馬之色蓋青與黑圓迹相雜，故曰『青驪，文如博棋』。馬青黑色名駽，青黑而文若鱗者名驒，龣鬣者又名騥。騏之異在『文如博棋』，故曰『綦文』。『綦文』卽『棋文』也。《尸鳩》之騏弁也，弁之文如騏馬之文，故名騏弁。而傳以騏馬之文明之，以綦文見馬之色，以騏文見弁之色。以騏文明騏弁之文，可也；以騏文明騏馬之文，不可也。知《小戎》傳必作『綦文』，《正義》是，而《釋文》非也。

騶驪是驂。【傳】黃馬黑喙曰騶。

循按：《爾雅》云：『白馬黑脣，駩。黑喙，騶。』騶冒上白馬爲名。孫炎本『駩』作『犉』，言『與牛同稱』。見《爾雅・釋文》。『犉』本黃牛黑脣之名。《爾雅》『白馬』，疑古作『黃馬』，故毛傳云『黃馬』也。『犉』爲黃馬黑脣之名，故《小雅》傳準此，謂犉爲黃牛黑脣。《説文》：『騶，黃馬黑喙。』亦作黃，不作白。郭璞言『淺黃色』，蓋調停於黃白之間，恐非古義。

【序】《蒹葭》，刺襄公也，未能用《周禮》，將無以固其國焉。

循按：《蒹葭》、《考槃》皆遯世高隱之辭，而《序》則云『《考槃》刺莊公』，『《蒹葭》刺襄公』。此説者所以疑《序》也。嘗觀《序》之言『刺』，如《氓》、《静女》刺時，《簡兮》刺不用賢，《芄蘭》刺惠公，《匏有苦葉》、《雄雉》刺衛宣公，《君子于役》刺平王，《叔于田》、《大叔于田》刺莊公，《羔裘》刺朝，《還》刺荒，《著》刺時不親迎，《葛屨》刺褊，《汾沮洳》刺儉，《十畝之間》刺時，《伐檀》刺貪，《蟋蟀》刺晉僖公，《山有樞》、《椒聊》刺晉昭公，《有杕之杜》刺晉武公，《葛生》、《采苓》刺晉獻公，《宛丘》刺陳幽公，《蜉蝣》刺奢，《尸鳩》刺不壹，《祈父》、《白駒》、《黄鳥》刺宣王，『《賓之初筵》，衛武公刺時』，《魚藻》、《采菽》、《黍苗》、《隰桑》、《瓠葉》刺幽王，『《抑》，衛武公刺厲王』。求之《詩》文，不見刺意。惟其爲刺詩，而詩中不見有刺意，此三百篇所以温柔敦厚，可以興，可以觀，可以羣，可以怨也。後世之刺人一本於私，雖君父不難於指斥，以自鳴其直。學《詩》三百，於《序》既知其爲刺某某之詩矣，而諷味其詩文，則婉曲而不直言，寄托而多隱語，故其言足以感人，而不以自禍。即如《節南山》、《雨無正》、《小弁》等作，亦惻怛纏綿，不傷於直，所以爲千古事父事君之法也。若使所刺在此《詩》中即明白言之，不待讀《序》，即知其爲刺某人之作，則何以爲『主文譎諫而不訐、温柔敦厚而不愚』？二語，李行脩説。『人之多辟，無自立辟』，洩治所以見非於聖人也。宋明之人不知《詩》教，士大夫以理自持，以倖直抵觸其君，相習成風，性情全失，而疑《小序》者遂相率而起。余謂《小序》之有裨於《詩》，至切至要，特詳論於此。

有條有梅。【傳】條，稻。梅，枏也

循按：《爾雅・釋木》云：「柚，條。」《説文》亦云：「柚，條也，似橙而酢。《夏書》曰：『厥包橘柚。』」毛傳作「稻」。以《詩》考之，《詩》爲《秦風》，宜詠其土地所出。柚貢於揚州，渡淮而北，即化爲枳。見《列子・湯問篇》。作「稻」爲是。又以《説文》考之，古「由」、「舀」二字相通。《鄭風》「左旋右抽」，《説文》手部引之作「左旋右搯」。然則从「舀」、从「由」本可相通。《廣雅》：「迪，蹈也。」蹈，「足」从「舀」；迪，「辵」从「由」。二字爲訓，亦一證矣。《説文》無「稻」而有「柚」，「柚」即「稻」也。别有「櫾」字。《列子・湯問篇》言「柚」之狀而字正作「櫾」。然則「橘柚」之「柚」宜作「櫾」，而「條柚」之「柚」即「稻」字，「條稻」猶「條柚」也。《説文》以「昆侖河隅之長木」訓「櫾」，以「似橙味酢」〔一〕繫「柚」字下，又引《禹貢》「橘柚」，爲不可通於「稻」。或曰「稻」、「柚」既相通，則曷不以《毛傳》之「稻」爲「橘柚」之「柚」。如《埤雅》人君道化之説。《埤雅》云：「柚渡淮而爲枳，梅變而成杏。今終南之所生，有條有梅，而材實成焉。山之所以美化乃在乎此，以譬則人君以道化也。」然條爲橘柚，是必梅爲英梅。今傳訓「梅」爲「枏」，則毛義自以「稻」釋「條」，不作「橘柚」解也。《詩》言梅者四，《召南》、《小雅》皆無傳，此與《陳風》皆訓「枏」。《召南》「其實七」、「其實三」，《小雅》與栗並

〔一〕「味酢」，《説文》作「而酢」。

稱嘉卉，則豆實乾藻之梅，《説文》「某，酸果也」是也。《説文》「梅」「枏」二字互訓。《史記·司馬相如傳》注云：「枏葉似桑。」顔師古注《漢書》云：「枏，今所謂楠木是也。」陸璣疏於「摽有梅」言：「杏類，暴乾爲腊，置羹臛齏中。」於「有條有梅」言：「皮葉似豫章，荆州人曰梅。」分别甚明。郭璞注「梅枏」云：「似杏實酢。」此直以薦豆和羹之實爲枏木實矣。《南山經》：「虖勺之山，其上多梓枏。」郭璞注云：「枏，大木，葉似桑。今作楠。」《爾雅》以爲梅。此是也，注《爾雅》誤耳。《説文》以「似橙而酢」屬諸柚條，與郭璞以「似杏實酢」屬諸梅枏，其誤同矣。

有紀有堂。【傳】紀，基也。堂，畢道平如堂也。【箋】云畢也，堂也，亦高大之山所宜有也。畢，終南山之道名，邊如堂之牆然。

循按：《釋文》云：「『紀』，亦作『屺』。」《正義》云：「《集注》本作『屺』，定本作『紀』。」「紀」乃「屺」之假借字也。毛公於「陟屺」訓「山有草木」，於此訓「基」。余爲論之，前「有條有梅」，以草木言；此「有紀有堂」，以平地言。終南雖高峻，其平處亦有屺有堂。屺堂無草木者也。以此證彼，無草木爲屺，有草木爲岵。毛傳當與《爾雅》、《説文》同。《爾雅·釋丘》：「畢，堂牆。」謂畢爲堂之牆，堂爲畢中間之道，中間道平如堂，兩畔崖高如牆。毛云「畢道平如堂」，據其平處解經之「堂」也。箋因傳言「畢」，故用《爾雅》解「畢」爲兩邊之如牆。云『道平如堂』，云『邊如堂之牆』，互相發明，兩無不足。堂本平，定本作『平如堂』，《正義》云『畢道如堂』，有『平』字與否，一也。經云『有屺有堂』，正以平處無草木言之矣。

【序】《黄鳥》，哀三良也。國人刺穆公以人從死。【箋】從死，自殺以從死。○臨其穴，惴惴其慄。【傳】惴惴，懼也。【箋】云秦人哀傷此奄息之死，臨視其壙，皆爲之悼慄。

循按：三良之死以爲自殺者，應劭注《漢書》云：『秦穆公與羣臣飲，酒酣，言曰：「生共此樂，死共此哀。」於是奄息、仲行、鍼虎許諾。及公薨，皆從死。』箋謂三良自殺從死，故以『惴惴』爲秦人『臨視其壙』者『爲之悼慄』。然《序》稱『穆公以人從死』，則殺三良者乃穆公。《左傳》亦言『以子車氏之三子爲殉』，與《序》合。毛訓『惴惴』爲『懼』，自謂三良。若秦人臨三良之壙，止宜哀，不必懼。誠是三人許諾自殺，且已死而臨其壙，何欲百身以贖之？《左傳》言秦『收其良以死』，『君子知秦之不復東征』。秦蒙毅對使臣云：『昔者秦穆公殺三良而死，故立號曰繆。』三子非自殺，審矣。王仲宣、曹子建均有詩，曹以臨穴爲登三良墓之人，王則以臨穴呼天爲三子之妻子兄弟，皆從箋而推之耳。

於我乎，夏屋渠渠。【傳】夏，大也。【箋】云屋，具也。

循按：傳不解『屋』，謂屋宇也。『夏屋』謂寢廟。古燕食之禮行於寢廟，言『夏屋』，舉燕食之地也。《正義》謂『言飲食之事，不得言屋宅』，不知徒言飲食，轉無以見其爲燕食也。

宛丘之上兮。【傳】四方高，中央下，曰宛丘。

循按：《爾雅》：『宛中，宛丘。丘背有丘爲負丘。』又云：『丘上有丘爲宛丘。』『丘上有丘』，卽『丘背有丘』。『宛丘』既曰『宛中』矣，不應又混於『負丘』。『丘上有丘爲宛丘』七字當是羡文。《釋名》：『中央下曰宛丘。有丘宛宛如偃器也。涇上有一泉水亦是也。』此發明『宛中』之訓，若絶無『丘上有丘』之説者。郭璞以『丘上有丘』之羡文解『宛中』爲『中央高峻』，非其義矣。《爾雅·釋山》又云『宛中隆』，注以爲『山中央高』，亦非也。《説文》：『宛，屈草自覆也。』宛有屈義。蓋丘雖高，而中有屈曲，望之如龍蛇蜿曲。凡丘、山，中央高者，丘卽名丘，山卽名山，無别名也。惟中央宛曲，則在山爲隆，在丘爲宛丘。且凡從『宛』之字，均有曲義。馬屈足爲『踠』，貌委曲爲『婉』，日將莫爲『晼』。『晼』爲目深，謂目上下高中深，正與『宛丘』同。屨之庳者爲『鞔』，削物爲『剜』，小孔貌爲『惌』，皆取於卑坳，可爲『宛丘』例矣。『隆』從降從生，故亦有屈曲之義。《方言》云：『車枸簍，或謂之篷籠，或謂之隆屈。』郭注以爲車弓，車弓卽蓋弓。弓之爲狀，中央宛曲，車蓋似之。《釋名》云：『弓，穹也。張之穹隆然也。簫弣之間曰淵。淵，宛也，言宛曲也。』

弓之形高下屈曲，故曰穹隆，曰宛曲，蓋弓似之，曰隆屈。司馬相如《大人賦》説赤螭青蛇之狀曰『宛蜒低卬』，又曰『詘折隆窮』。『宛中』之名『宛』、名『隆』，義得相通，於此可會也。

東門之枌。【傳】枌，白榆也。

循按：白色之名通作『分』聲。『粉』爲鉛所成，其色白。羊之白者名『羒』。《素問·天元政紀大論》〔一〕『寒雰結爲霜雪』，王冰云：『雰音紛。寒雰，白氣也。』蓋分訓别，古讀若『班』，與『白』爲一音之轉。而白之於五色，亦主分别之義也。

越以鬷邁。【傳】鬷，數。【箋】云鬷，總也。

循按：《召南》『素絲五總』，傳云：『總，數也。』《商頌》『鬷假無言』，傳云：『鬷，總也。』箋本傳以申之。

鴟鴞鴟鴞。【傳】鴟鴞，鸋鴂也。

循按：傳於『予口卒瘏』下解云：『手病口病，故能免乎大鳥之難。』是傳以鴟鴞爲小鳥也。《韓詩外傳》云：『鴟鴞，鸋鴂，鳥名也。鴟鴞所以愛養其子者，適所以病之。愛養

〔一〕《天元政紀大論》，《素問》作《六元正紀大論》。

其子者，謂堅固其窠巢。病之者，不知托於大樹茂枝，反敷之葦苕。風至苕折巢覆，有子則死，有卵則破，是其病也。』《文選》注。《説苑》載客説孟嘗君云：『臣嘗見鷦鷯巢於葦之苕，鴻毛著之，已建之安，工女不能爲，可謂完堅矣。大風至，則苕折卵破者，其所托者使然也。』二説相類，而一云『鷦鷯』，一云『鸋鴂』，是『鸋鴂』卽『鷦鷯』也。《荀子·勸學篇》云：『南方有鳥，名曰蒙鳩，以羽爲巢，編之以髮，繫以葦苕。風至苕折，卵破子死。巢非不完也，所繫者然也。』蒙鳩，猶言懱雀。謝侍郎墉云：『蒙鳩，《大戴禮》作「蛨鳩」，《方言》作「蔑雀」。蒙、蛨、蔑一聲之轉，皆謂細也。』侍郎刻《輯校荀子》二十卷。鷦鷯卽鷦鷶。《説文》以訓桃蟲，郭璞以爲桃雀，故《易林》云：『桃雀竊脂，巢於小枝，搖動不安，爲風所吹。』則桃蟲、鷦鷯、鸋鴂一物也。物之以鳩稱者，多通名鷯。伯趙名百鷯，又名鴂。蟬名蛥蚗，又名蛁蟟。此鷦鷯一名鸋鴂，亦其類矣。

有敦瓜苦，烝在栗薪。【傳】敦猶專專也。烝，衆也。言我心苦，事又苦也。【箋】云瓜之瓣有苦者，以喻其心苦也。烝，塵。栗，析也。言君子又久見使析薪，於事尤苦也。古者聲栗、裂同也。

循按：以栗爲析，箋易傳也。瓜之苦喻心苦。『烝在栗薪』，何以喻事苦？《釋文》引《韓詩》作『蓼』。『蓼』卽『蓼』字。《周頌》『予又集于蓼』，毛傳云：『言辛苦也。』蓼爲辛苦之菜，而瓜繫於其上，故喻『心苦事又苦』。『心苦』謂瓜瓣之苦，『事苦』謂『集於蓼』之苦。毛本當作『烝在蓼薪』，與《韓詩》同。鄭所見本已作『栗』，遂讀爲『裂』。以析薪爲實指所苦之事，失毛義。傳以『敦』爲『專專』，謂專於此而不移也。箋云『專專如瓜之繫綴焉』，亦非以『專專』爲瓜蔓。前章『敦彼獨宿』，箋云：『敦敦然獨宿於車下』，卽用此『專專』之説也。《正義》謂『敦是瓜之繫蔓之貌，故轉爲專，謂瓜繫於蔓專專然』，亦未明。

赤舄几几。【傳】几几，絇貌。【箋】云履赤舄几几然。

循按：《説文》手部：『掔，固也。讀若《詩》「赤舄掔掔」。』已部：『巹，讀若《詩》云「赤舄已已」。』几有踞義。舄上之絇，取義於拘，在履頭，所以爲行戒。其象拘直，故曰『几几』。『拘直』卽有固義。几几、掔掔，同也。張仲景《傷寒論》云：『太陽病，項背强几几。』項背强則拘直，不能左右動摇。正與履上絇相似。仲景用『几几』二字，正同於《詩》。撰《音釋》者，以『几几』音『殊』。《説文》卷三有『几』字，云：『鳥之短羽，飛几几也。象形，讀若殊。』此與『項背强』之義不合。注仲景書者誤也。《廣雅》以『几几』爲盛貌，蓋見毛傳以『赤舄』爲人君之盛履，故以『几几』爲盛。然毛以『几几』狀絇，其狀物之工，未之能喻也。

卷　四

周道倭遲。【傳】周道，岐周之道也。倭遲，歷遠之貌。

循按：《漢書·地理志》右扶風郁夷，注云：「《詩》『周道郁夷』。」師古曰：「《小雅·四牡》之詩曰：『四牡騑騑，周道倭遲。』《韓詩》作『郁夷』字，言使臣乘馬行於此道。」考《文選·西征賦》注：「《韓詩》『周道威夷』，薛君《章句》云：『威夷，險也。』」此詩《釋文》云：「《韓詩》作『倭夷』。」然則《韓詩》不作『郁夷』，亦不以爲地名。班《志》引《詩》，蓋以縣名郁夷，取於《詩》之言『郁夷』。『郁』從『有』，聲與洧、鮪同，則古讀與『倭』近。故『倭』、『威』、『郁』通，非《詩》之『郁夷』，卽漢縣之『郁夷』也。顔師古不明班氏之恉，謂『郁夷』卽是周道之名，韓、毛皆不然矣。又班《志》言齊地云：「『臨菑名營丘，故《齊詩》曰：「子之營兮，遭我乎嶩之間兮。」又曰：「竢我於著乎而。」此亦其舒緩之體也。』」『營』，《毛詩》作『還』，爲便捷之貌。《韓詩》作『嫙』，好貌。『營』、『還』、『嫙』通。《志》謂丘之取名爲營，猶《詩》稱『子之營』，非謂『子之營兮』卽是營丘。其謂《齊詩》，謂齊國之詩，非三家齊轅固生之《齊詩》。其引『俟我於著』與『遇我乎嶩之間』，見其從容言語，故爲舒緩之體。而顔師古則云：『《毛詩》作還，《齊詩》作營。之，往也。言往適營丘，而相逢於猛山。』又云：『著，地名，卽濟南郡著縣也。』『子之營』與『子之茂』、『子之昌』並言，『俟乎著』與『俟乎堂』、『俟乎庭』並言，營、茂〔一〕爲地名，茂、昌、堂、庭，其亦地乎？不足辨也。『嶩』蓋『猛』之别體。《釋文》言：『崔靈恩《集注》作嶩。』靈恩爲毛詩者也。作『嶩』者，非轅固生之《詩》也。《齊詩》魏代已亡，師古因班氏表《齊詩》之目，故臆謂《齊詩》作『營』，望其文而爲之辭耳。他如《汝墳》傳訓『墳』爲『大防』，《水經注》以濆爲濦水。『爰有寒泉，在浚之下』，傳言：『浚，衛邑。』寒泉則不可知者也。《水經注》謂：『瓠子水會濮水，東逕浚城南，西北去濮陽三十五里。城側有寒泉岡，卽《詩》所謂。』《通典》因謂：『寒泉在濮陽縣東南，有古浚城。』《太平寰宇記》則謂，『寒泉阪在開封浚儀縣西六十里〔二〕，卽《詩》之「寒泉」，其水冬夏常冷。』歐陽忞《輿地廣記》亦云：『開封縣有浚溝，《詩》所謂「浚郊」、「浚都」，祥符縣北有浚水，寒泉陂。』不知後世名『岡』、名『陂』，取號於古，不得轉以之證古也。《元豐九域志》開德府有旄丘，曹州濟陰郡宛句四鄉有瀰溝。《太平寰宇記》

〔一〕『茂』，叢書本作『著』。
〔二〕『六十里』，《太平寰宇記》作『十六里』。

言宛句縣大禰溝，卽《詩》『出宿于濟，飲餞于禰』。箋言『干、言猶泲、禰，未聞遠近同異』。而《寰宇記》引《趙記》：『柏人有干言山』，在邢州堯山縣，卽《隋·地理志》襄國郡内丘之干言山。乃《寰宇記》又言澶州衛縣有干城，卽《衛詩》『出宿于干』，『思須與漕』，箋第云：『自衛而來所經邑。』《水經注》濮水逕長垣祭城，『濮渠又東逕須城北』。劉昭注《郡國志》言衛作新臺，在東郡陽平縣北。《水經注》謂『河水東逕鄄城縣北』，『河之南岸有新城』，『南〔一〕岸有新臺鴻基，衛宣公所築』。劉昭又引《博物記》桑中在東郡。《通典》汲郡衛縣有上宫臺。程大昌《演蕃露》則謂『孟子之滕，館於上宫』，引《詩》『要我乎上宫』。《太平寰宇記》又謂澶州臨河縣復關堤，在縣南三百步黄河北岸，《衛詩》『乘彼垝垣，以望復關』，卽此。凡此皆後世名，不足以釋《詩》。

況也永歎。【傳】況，兹。【箋】云雖有善同門，來兹對之長歎而已。

循按：《出車》箋解『僕夫況瘁』云：『況，兹也。御夫則兹益憔悴。』用此傳之訓而申云『滋益』，則是『況』之訓爲『滋益』，『滋』、『兹』皆有『益』義也。《邶風·泉水》『兹之永歎』，以此傳推之，『兹之永歎』猶云『況也永歎』。乃《泉水》箋云：『兹，此也，思此而長

〔一〕『南』，《水經注》作『北』。

歎。」此箋云「來茲對之長歎而已」。雖用傳訓「況」爲「茲」，而仍解「茲」爲「此」，則與傳異義也。《晉語》丕豹[一]對里克曰：「今子曰中立，況固其謀。」韋昭注云：「況，益也。」孟子「而況得而臣之乎」，言友且不可，而益而爲臣，得乎？即滋益不止之辭。

伐木丁丁，鳥鳴嚶嚶。【傳】丁丁，伐木聲也。嚶嚶，驚懼也。【箋】云丁丁、嚶嚶，相切直也。言昔日未居位，在農之時，與友生於山巖伐木，爲勤苦之事，猶以道德相切正也。嚶嚶，兩鳥聲也。○伐木許許。【傳】許許，柹貌。

循按：傳以「丁丁」爲「伐木聲」，「嚶嚶」爲「驚懼」，則因伐木而驚懼，因驚懼而遷喬。既遷於喬，又呼其友，故傳解「嚶其鳴矣，猶求友聲」云：「君子雖遷高位，不可以忘其友朋。」[二]至此始言及友朋，但言不可忘友。「相切直」之義，箋言之，傳無之也。至箋言「昔日未居位在農之時」，此亦泛説。《正義》則云：「鄭以爲此章追本文王幼少之時，結友之事。言文王昔日未居位之時，與友生伐木於山阪。」文王幼時何曾爲農？又何伐木之有？首章「伐木丁丁」，與「鳥鳴嚶嚶」相貫，二三章言伐木，第因首章而類言之。《正義》云：「毛以爲，伐木其柹許許然，故鳥驚而飛去。」傳以「驚懼」明「嚶嚶」，非明「許

[一]「丕豹」，《晉語》作「丕鄭」。
[二]「君子雖遷高位，不可以忘其友朋」，《毛詩正義》作「君子雖遷於高位，不可以忘其朋友」。

許』也。

有酒湑我，無酒酤我，坎坎鼓我，蹲蹲舞我。迨我暇矣。【箋】云王有酒則泲茜之，王無酒酤買之，爲我擊鼓坎坎然，爲我興舞蹲蹲然。王曰：及我今之閑暇。

循按：五『我』字一貫，爲屬文之法。鄭氏拙於屬文，而以上四『我』字爲族人，下一『我』字爲王。《正義》謂『傳亦然』，誣矣。

俾爾戩穀。罄無不宜，受天百禄。降爾遐福，維日不足。【傳】戩，福。穀，禄。罄，盡也。【箋】云天使女所福禄之人，謂群臣也。遐，遠也。天又下予女以廣遠之福，使天下溥蒙之。

循按：『俾爾戩穀』，直謂予爾福禄；『俾爾遐福』，直謂予爾遠福，不必增出臣民。箋義非傳有也。盡無不宜，横言之；『維日不足』，縱言之。

我出我車。【箋】云上『我』，我殷王也。下『我』，將帥自謂也。

循按：鄭氏不明屬文之法，每於『我』字破碎解之，若一『我』殷王，一『我』將帥，豈復詩人之旨？傳不然也。

陟彼北山，言采其杞。王事靡盬，憂我父母。【箋】云杞，非常菜也。而升北山采之，託有

事以望君子。

循按：父母，卽君子之父母。上章「我心傷悲」，箋言「念其君子」，故此章因念君子，言君子未歸，不特我念之，並我父母亦憂之。《正義》則以爲婦人稱夫爲父母，引《日月》「父兮母兮」爲證。乃《日月》「父兮母兮」之文，箋云：「己尊之如父，親之如母，乃反遇我不終。」彼箋義謂《詩》極言之，非真以夫爲父母。然且未必當詩人之旨，亦非必合毛傳之義。若此《詩》直云「憂我父母」，與「父兮母兮」辭氣已自不同。此《詩》無容極言之也。《正義》引《日月》箋以當此《詩》傳、箋之義，於此失之，並失彼箋之義也。

魴鱧。【傳】鱧，鮦也。

循按：毛傳於「鱣」訓「鯉」，於「鰋」訓「鮎」，則「鱧」亦必訓「鯇」。《正義》言諸本或作「鱧鯇」，是唐初之本有作「鯇」者是也。改「鯇」爲「鮦」，緣郭注而誤耳。鮦自是鱶，與鱧別。鱶自爲首戴七星之魚，非鱧也。

北山有萊。【傳】萊，章也。

循按：《爾雅》：「釐，蔓華。」《説文》：「萊，蔓華也。」「萊」、「釐」古字通。《詩》「貽我來牟」，劉向《封事》引作「貽我釐牟」，《書》「帝告釐沃」，一作「來沃」是也。「釐」卽「藜」，故《玉篇》以「藜」訓「萊」。《月令》：「孟春行秋令，藜莠蓬蒿並興。」《管子・封禪篇》云：

『嘉禾不生，而蓬蒿藜莠茂。』蓋田畝荒穢，故生此諸草。《十月之交》言『污萊』，《周禮·地官》言『萊田』。蓋不耕治則荒草生，藜莠之類也。言萊以概諸草。《正義》以爲草之總名，則非矣。

【序】有其義而亡其辭。

循按：他序首言章句，如《正義》標『《南有嘉魚》四章，章四句。至「共之」。』可知章句舊在序首，後人分繫各篇之末也。六笙詩不言章句，而繫之云『有其義而亡其辭』，然則《小序》作於笙《詩》既亡之後，故六《詩》之序，均就篇題爲解，所謂『有其義』也。

汎汎楊舟，載沈載浮。【傳】楊木爲舟，載沈亦浮，載浮亦浮。【箋】云舟者，沈物亦載，浮物亦載。

循按：傳、箋明以『載』爲承載之『載』。汎汎，浮也。傳兩『亦浮』解『汎汎』，言此楊舟，無論所載者爲沈物浮物，而皆汎汎也。箋恐『載沈載浮』之説不明，故以沈浮爲所載之物，可謂明矣。乃《正義》引『載馳載驅』之例，以『載』爲『則』，又謂：『傳言「載沈亦浮」，箋云「沈物亦載」，以載解義，非經中之載。』若然，經宜云『則沈則浮』，舟可云『則沈乎？傳、箋正以『則沈則浮』未可解經，故詳切明之。《正義》不得其故，且没傳、箋體物之工，亦妄矣。經言則沈則浮，是浮沈屬舟，解作則載沈物、則載浮物，不且於經文爲添設乎？

鴥彼飛隼。【箋】云隼，急疾之鳥也。

循按：《春官・司常職》云：「鳥隼曰旟。」《爾雅》：「錯革鳥曰旟。」孫炎云：「革，急也。畫急疾之鳥於縿也。」本《爾雅》「革鳥」，故云「急疾」耳。《説文》於「鵻」字下重文作「隼」，云：「鵻，或从隹一。一曰鶉字。」許氏蓋以「鵻」、「隼」同字，定爲祝鳩。故《玉篇》云：「隼，祝鳩也。」而「隼」字又通於「鶉」。《管子・君臣篇》云：「丈尺一綧制。」注云：「綧，古『准』字。」然則从「享」與从「隹」，可得通也。「鶉」卽「鷻」省。《國語》「有隼集於陳侯之庭」，韋昭注云：「隼，今之鶚。」《廣雅》云：「鷻、鶚、鷙，鵰也。」昭訓「隼」爲「鶚」，卽同《説文》「隼，一曰鶉」之義。《山海經》：「景山多鷙，黑色有力。」《漢書・五行志》云：「劉向以隼爲黑祥。」〔一〕鷻卽是鷙，隼卽是鷻，故云「黑祥」也。《一切經音義》云：「隼又作鶽。」《廣雅》又云：「隹，鶽也。」此「隹」卽「鵻」，卽《説文》「鵻一曰鶉」。《四牡》「翩翩者鵻」，傳訓「夫不」。此祝鳩，非隼鶚也。此《詩》「隼」，箋訓「急疾之鳥」，非祝鳩也。《易・解》：「上六，公用射隼于高墉之上。」《九家易》云：「隼，鷙鳥也，今捕食雀者。」虞翻云：「離爲

〔一〕「以隼為黑祥」，《漢書・五行志》作「以為隼近黑祥」。

隼。』《考工記·輈人職》云『鳥旟七斿，以象鶉火』，注云：『鳥隼爲旟，州里之所建。』《爾雅》：『柳，鶉火也。』注云：『鶉，鳥名。火，屬南方。』此鶉卽隼也。柳居鶉火之首，其象爲咮。『咮』，一作『噣』，喙也。有呑喙之象，故取於鶉。離爲南方之卦，故象爲隼。鳥旟取象於鶉，亦畫爲鶉也。『敦』讀爲『追』，與『隹』、『雕』音近。鶉火乃鶉火，此鳥隼所以象鶉火也。『匪鶉匪鳶』，傳云：『雕也。』《説文》『鷻』與『雕』互訓。則『匪鶉』之『鶉』，正是『鷻』之省。《詩》凡言『鶉』，多作『鶉』，惟『有縣鶉兮』毛訓爲『小鳥』，是鷂鶉之『鶉』。僖公五年《左傳》，卜偃舉童謠『鶉之賁賁』，又云：『丙子旦，日在尾，月在策，鶉火中，必是時也。』《表記》引《詩》云：『鶉之姜姜，鶉之賁賁。』『賁賁』卽『奔奔』，是知童謠之『鶉』與《詩》之『鶉』皆鶉火之『鶉』，非鷂鶉之『小鳥』，爲隼鷻之急疾矣。

瞻彼中原，其祁孔有。【傳】祁，大也。【箋】云祁當作麎。麎，牝麋也。中原之野，甚有之。

循按：箋義不及傳遠甚。傳以『其祁』指中原之大，《正義》解毛謂：『其諸禽獸大而甚有。』又云：『不言獸名，不知大者何物。』非也。

爰及矜人，哀此鰥寡。【傳】矜，憐也。【箋】云當及此可憐之人，謂貧窮者欲令賙餼之，鰥寡則哀之，其孤獨者收斂之，使有所依附。

循按：《詩》舉鰥寡一端，其實可矜之人不止於此，故箋兼舉貧窮孤獨以備言之，非以『矜人』專指貧窮者也。《正義》未得其旨。

夜未央。【傳】央，旦也。【箋】云夜未央，猶言夜未渠央也。

循按：毛解《出車》『旂旐央央』云：『央央，鮮明也。』又解『昊天曰旦』云：『旦，明也。』以『旦』訓『央』，正以央有明義。《正義》言毛『非訓央爲旦』，非也。《釋文》有『七也反』、『子徐反』兩音，則一本或作『且』字。然以『且』訓『央』，既非達詁，作『且』者誤耳。《蒹葭》『宛在水中央』，則『央』有『中』義，故《廣雅》訓『央』爲『中』。但夜未中，仍在亥子以前，非早朝時。訓『央』爲『旦』，實毛旨之精微也。箋解作『未渠央』，則以當時之語擬之。漢樂府《長安有狹邪行》云：『丈人且徐徐，調弦詎未央。』《相逢行》云：『丈人且安坐，調絲方未央。』《南史・卞彬傳・高爽書延陵縣鼓詩》云：『受打未詎央。』『未詎央』即『詎未央』，『詎未央』即『未渠央』，即未已、未盡之意，亦不以爲『且』字也。

無相猶矣。【傳】猶，道也。【箋】云『猶』當作『瘉』。瘉，病也。言時人骨肉用是相愛好，無相詬病也。

循按：《爾雅・釋詁》：『迪、繇，道也。』『繇』即『猶』。此『道』乃教道之義。傳言兄弟怡怡，異於朋友責善，故但相好，不必相規。相規且不可，何論詬病？箋之淺每不及傳之深也。

似續妣祖。【傳】以〔一〕，嗣也。【箋】云似，讀如『巳午』之『巳』。巳，續妣祖者，謂已成其宫廟也。

循按：《説文》『巳，巳也。四月陽氣巳出，陰氣巳藏，萬物見，成文章。』《史記·律書》云：『巳者，言陽氣之巳盡也。』陽盡於巳，故巳有止義。氾爲窮瀆，窮卽止也。祀爲祭無巳，吴爲語巳詞。凡作巳然之義，皆從『巳午』之『巳』，非『巳午』之外，别有『巳止』之字也。《説文》：『巳，用也。从反巳。』與『巳』形義俱異，卽今之『以』字。訓『巳』爲『㠯』者，蓋當時『巳然』之『巳』，或通作『㠯』，若曰『巳午』之『巳』，卽今所謂『㠯然』之『㠯』，猶『于』、『於』二字形義俱異，而《説文》云：『于，於也。』『㪅』、『巽』二字形義俱異，而《説文》云：『㪅，巽也。』以『於』爲『于』，以『巽』爲『㪅』，以『㠯』爲『巳』，皆當時通用，故《説文》舉以明之。惟『巳』『㠯』既通，故『巳』或作『㠯』，『㠯』或作『巳』。《檀弓》：『公肩假曰：以人之母嘗巧，則豈不得㠯。』此當作『巳午』之『巳』，不當爲『㠯用』之『㠯』。故注云：『㠯，巳字。』『㠯』與『巳』字本同。』《特牲饋食禮》『蓑有㠯也』，注云：『㠯，讀如「何其久也，必有㠯也」之「㠯」。』《旄丘》『必有㠯也』，箋解『㠯』字如本訓，而《儀禮》注引此者，正以當時『㠯』通於『巳』，故明此處當如本訓也。『似』從『㠯』，而《説文》訓爲『象』，『象』者，『肖』

〔一〕『以』，叢書本、《毛詩正義》作『似』。

也，故訓通於『嗣』。《廣雅》：『子、㠯，似也。』『子』訓『似』，猶『嗣』訓『似』。『㠯』之訓『似』，則『似』從『㠯』，得相通也。箋改讀爲『巳午』之『巳』，是解作『已然』之義，與《檀弓》注同，故申明爲『已成宫廟』。然則取『巳午』之『巳』者，用陽氣巳出、陰氣巳藏之義，非取義於十二枝也。《玉篇》：『巳，徐里切，嗣也，起也。又弋旨切，退也，止也。』一字分兩音，而『已止』與『巳午』尚爲一字。至《廣韻》上聲六止内，『以，用也，古文作「㠯」』，『已，止也，又音似』，『巳，辰名，太歲在巳，曰大荒落。』是分『巳午』與『已止』爲兩字，蓋韻以音分。凡一字數音者，各如其音而分隸之。但字以音分，音分而字實不分，如『且』在上平，亦在上聲，非兩字。孔穎達作《正義》，不明『已止』之『已』即『巳午』之『巳』，因泥於『巳午』之義，以爲『宗廟在雉門外之左，門當午地，廟當巳地，在巳地續立妣祖之廟。』其説可謂迂矣。夫鄭氏自申明爲『已成宫廟』，何用又饒辭説？《正義》中此類繁多，竚俟來者正之耳。

衆維魚矣。【傳】陰陽和則魚衆多矣。【箋】云見人衆相與捕魚。

循按：傳云『魚衆多』，言衆多者維魚也。箋以『衆』爲『人』，與毛異。捕魚説迂甚。

勿罔君子。【箋】云勿當作未，則下民未罔其上矣。

循按：此『未』字當作『昧』字解。《淮南子・天文訓》：『未，昧也。』『未罔』，謂蒙昧欺罔其上。

父母生我，胡俾我瘉。【傳】父母謂文武也。我，我天下。瘉，病也。

循按：訓詁之例，不外雙聲、疊韻。疊韻，如『子，孳也』，『丑，紐也』。雙聲，如『叔，拾也』，『且，薦也』。而假借行乎其中。有直指其事者，如此傳『瘉，病也』是也。此外有比例之詞，則加『猶』字；有指擬之詞，則加『謂之』、『猶之』云者。如『盈，猶多也』，『至，猶善也』，以其非雙聲、疊韻之假借，亦非實指其事，則於其相近者而指擬之也。如云『衆謂群臣也』，衆不定是群臣也。此云『父母謂文武』，父母不定是謂文武也。傳擬度之，以爲詩人所云『父母』指『文武』，非謂文武令天生我天下之民也。箋云『天使父母生我』，豈父母又使天生我邪？《正義》失之。

謂山蓋卑，爲岡爲陵。【傳】在位非君子，乃小人也。【箋】云此喻爲君子賢者之道，人尚謂之卑，況爲凡庸小人之行。

循按：毛以爲此在當前者，若以爲山，蓋又卑小，卑小則非山，乃岡陵耳，與箋義異。

具曰予聖，誰知烏之雌雄？【傳】君臣俱自謂聖也。【箋】云時君臣賢愚適同如烏雌雄相似，誰能別異之乎。

循按：『誰』字與『具』字相承，君臣俱自謂『予聖』，聖則通矣，究竟烏之雌雄，誰能知之？箋以烏比君臣，恐非毛義。

謂天蓋高，不敢不局。謂地蓋厚，不敢不蹐。【傳】局，曲也。蹐，累足也。【箋】云局、蹐者，天高而有雷霆，地厚而有陷淪也。

循按：局卽從高字生出，卑始曲身，今高亦局，不必增出雷霆。言局、蹐，正謂天不高、地不厚也。

魚在于沼，亦匪克樂，潛雖伏矣，亦孔之炤。【傳】沼，池也。【箋】云池魚之所樂，而非能樂，其潛伏於淵，又不足以逃，甚炤炤易見。

循按：毛訓沼爲池，義卽寓於訓詁中，若曰魚在淵則樂，今在池沼，非所樂也。卽使潛伏，而池水淺露，亦昭而易見。所以不肯隱之深者，以憂心念國之虐也。蓋賢人不用，棄在閑散，而自明其不肯逃耳。箋別一義。

天夭是椓。【傳】君夭之，在位椓之。【箋】云民於今而無禄者，天以薦瘥夭殺之，是王者之政又復椓破之。

循按：傳以天爲君，是爲在位。『是』字指上有屋有穀之人也。蔌蔌方穀，則小人在位。故民之無禄，既由君害之，又卽是蔌蔌方穀之人椓之。毛於《大雅》『昏椓靡共』解云：『椓，夭椓也。』以夭明椓，則此『椓』字亦與箋同耳。《正義》於《大雅》述毛義云：『傳意以《正月》云「天夭是椓」，夭謂夭殺，椓謂椓破。」是也。而此「椓」字則云：「在位又椓譖之」，是以「椓」爲「謡諑」之「諑」，與《大雅》正義相岐。蓋《正義》非一人之筆，宜其異耳。「椓」通於「琢」。椓之剥擊，猶琢之雕刻。「在位椓之」，謂此蔌蔌者刻剥之，在位之於小民，無所爲譖也。蔡邕《釋誨》云：「速速方轂，夭夭是加」，此文上下俱用駢對，則「天夭」自對「速速」乃屬文裁剪之法。毛既以「夭」訓「椓」，謂《大雅·召旻》傳。則「椓」亦是「夭」，故以「夭椓」爲「夭夭」。既以「椓」爲「夭」，則不云「是椓」而云「是加」，「夭夭是加」猶云「夭椓是加」，不得依《毛詩》謂蔡爲譌，亦不得依蔡而改《詩》爲「夭夭」。《蜀石經》作「夭夭是椓」，非也。或以蔡文「夭夭是加」爲「夭夭是加」之譌，亦非也。

【序】《十月之交》，大夫刺幽王也。【箋】當爲刺厲王。作《訓詁傳》時，移其篇第，因改之耳。

循按：此下四詩序皆幽王，箋皆改爲厲王。金壇劉始興字子彦撰《詩益》二十卷，内論《詩》次，獨得孔子編《詩》之意。其論大、小《雅》云：「《小雅》所以繼《大雅》也。《小雅》起《鹿鳴》，終《瓠葉》，三十七篇，所謂雅歌也。雅歌者，正樂之常歌也，其詩不與美刺時事之詩同例。起《六月》，終《何草不黄》，四十三篇，宣王、幽王時詩也。而《大雅》終於《江漢》、《常武》，宣王之詩。《小雅·六月》、《采芑》繼之，所謂繼《大雅》也。《大雅》復終以《瞻卬》、《召旻》，幽王詩者，所以終《大雅》也。《雅》亡於幽王故也。《大雅》著文、武、成王以上，周室盛代之詩。而《小雅》惟列宣、幽，則其世衰矣。孔子編次《雅詩》，至於幽、宣之間，而慨周室之衰、王道之缺也。故采當世所用朝會燕饗樂歌諸詩，自《鹿鳴》以下二十二篇，繼《大雅》終篇之義。而編次之大略如此。』今核《序》於《小雅》，但有宣、幽之詩，則不應有厲王之詩明矣。箋説非也。

朔日辛卯。【箋】云辛，金也。卯，木也。以卯侵辛，故甚惡也。

循按：經言辛卯，但紀日耳。辛金卯木之占，非毛義。

不寧不令。【箋】云雷電過常，天下不安，政教不善之徵。

循按：『天下不安』解『不寧』，『政教不善』解『不令』，非以『天下不安』爲『政教不善之徵』也。《正義》漫以箋義入傳，而箋義亦失。

舍彼有罪，既伏其辜。若此無罪，淪胥以鋪。【傳】舍，除。淪，率也。【箋】云胥，相。鋪，徧也。言王使此無罪者，見牽率相引而徧得罪也。

循按：審傳、箋之義，當讀『彼有罪既伏其辜』七字爲一貫，若曰除有罪伏辜者不論外，而無罪之人，亦爲彼有罪者所牽率而徧入於罪。《正義》解作舍去有罪者不戮，則『既伏其辜』四字爲不詞矣。且『牽率相引』，爲誰所牽率邪？有罪者舍之，無罪者戮之，此顛倒刑罰不中耳。惟有罪者戮，無罪者亦株連而戮，所謂威也。箋云『以刑罰威恐天下而不慮不圖』，正謂濫於用刑，不謂其錯於用刑也。

維邇言是聽，維邇言是爭。【傳】邇，近也。爭爲近言。

循按：傳言『爭爲近言』，則非爭辯言之異己者也。蓋上『惟邇言是聽』，則下爭爲邇言以諛之。言邇，則無遠圖，故如道謀而不遂於成也。

僭始既涵。【傳】僭，數。涵，容也。

循按：數卽『事君數』之數，謂讒言數速，不比浸潤之譖，不易知覺，然君則容之，此亂之所由生也。容之，心猶未信，至於信之，此亂之所以又生也。

遇犬獲之。【箋】云遇犬，犬之馴者，謂田犬也。

循按：鄭讀遇爲愚，故以『馴』訓之。愚與毚對舉，兔雖狡，犬雖馴，而能獲之。《釋文》云：『遇如字，世讀作愚，非也。』如字者，毛義也。讀愚者，鄭義也。以爲非者，非鄭而是毛也。《正義》引王肅言『適與犬遇而見獲』，此申毛義，非鄭義。

蓼蓼者莪，匪莪伊蒿。【傳】興也。蓼蓼，長大貌。【箋】云喻憂思。雖在役中，心不精識其事。

循按：毛之義每寓訓詁中，其言雖略，尋之可得。此訓『蓼蓼』爲『長大』，若曰：父母生之使長大者，子也，今則不能終養，匪子也，而他人矣。視『莪』而以爲『蒿』，傳義不如是。

楚楚者茨，言抽其棘。【傳】楚楚，茨棘貌。抽，除也。【箋】云茨，蒺藜也。伐除蒺藜與棘。茨言楚楚，棘言抽，互辭也。

循按：毛言『茨棘貌』，卽謂茨之棘也。《方言》：『凡草木刺人，江、湘之間謂之棘。』然則棘爲有束者之通名。此棘，則茨之棘也。箋以茨與棘爲兩物，於經文『其』字爲不達。

不稂不莠。【傳】稂，童粱也。莠，似苗也。

循按：《説文》云：『蓈，禾粟之采，生而不成者，謂之董蓈。』重文稂。『莠，禾粟下生莠，讀若酉』。采〔一〕卽穗字，爲禾成秀之名。童之猶言獨也。禾病則秀而不實，實者下垂，不實者直立，而獨露於外，故名童稂。《曹風》『浸彼苞稂』，毛亦訓『童粱』，箋易云：『稂當作涼。涼，草，蕭、蓍之屬。』以童粱乃禾粟秀而不實之名，與蕭、蓍不類，故破字爲

〔一〕『采』，叢書本作『采』。

涼草也。《説文》又云：『秕，不成粟也。』粟不成爲秕，采不成爲稂，是可推矣。《説文》『禾粟下生莠』，《繫傳》作『下揚生莠』。揚者簸揚之謂，粟之不堅好者，簸之必在下。《農桑輯要》云：『穀種浮秕去則無莠。』徐鍇亦謂：『莠出於粟秕。』今俗稱粟之不成者，尚曰下揚。《説文》正以此訓莠之所由生也。韋昭《問答》云：『《甫田》維莠，今何草？答曰：今之狗尾也。』《太平御覽》九百九十九〔一〕。《夏小正》『四月莠幽』，徐巨源云：『莠者，秀之譌也。幽者，葽之譌也。「莠幽」，卽《詩》「四月秀葽」。』此説是也。《爾雅·釋地》云：『燕曰幽州。』李巡云：『燕，其氣深要，厥性剽疾，故曰幽。幽，要也。』《釋文》要幽古音相轉，以葽譌爲幽，尚失聲音通借之義。《戰國策》魏西門豹云：『幽莠之幼也似禾。』《廣雅》云：『莠，葽也。』《説文繫傳》引《字書》云：『葽，狗尾草也。』《上林賦》云：『其卑溼則生藏莨蒹葭。』裴駰《史記集解》引《漢書音義》云：『莨，莨尾草也。』《説文》莨、葽二字相次，皆訓草，竊謂莨爲狼尾草，葽爲狗尾草。莨或假借爲稂，要或假借爲莠。稂自禾粟采不成之名，莠自禾粟下揚所生。毛以莠似苗，本惡莠亂苗言之。箋云：『擇種之善，民力之專，時氣之和。』時氣和則無稂，擇種善則無莠，義與《説文》相表裏，箋爲精矣。

〔一〕『九百九十九』，《太平御覽》作『九百九十八』。

卷五

文王陟降，在帝左右。【傳】言文王升接天，下接人也。【箋】云在，察也。文王能觀知天意，順其所爲，從而行之。

循按：此箋與傳義異。傳「升接天」解「陟」字，「下接人」解「降」字。「在帝左右」，卽是接天，而接人之意括於內，如《論語》上言禹、稷，下單言躬稼，古人屬文，多有如是耳。箋以下言「在帝左右」，則專以天言，故以「觀知天意」解「在帝」二字，以「順其所爲，從而行之」解「左右」二字，若云察帝而左右之。

有商孫子。【箋】云使臣有殷之孫子〔一〕**。**

循按：傳解「有周不顯」云：「有周，周也。」則此「有商」，亦商也。《正義》解之云：

〔一〕「孫子」，《毛詩正義》作「子孫」。

『使臣有商之子孫，謂使之爲臣，以爲己有』，非傳義，亦非箋義。

無遏爾躬。【傳】遏，止。【箋】云當使子孫長行之，無終汝身則止。

循按：傳訓『遏』爲『止』，謂修德不已耳，止則不宣昭矣。箋非傳義。

不易維王。【箋】云不可改易者，天子也。

循按：『駿命不易』，《釋文》云：『易，毛以豉反。不易，言甚難也。鄭音亦，言不可改易也。下文及後「不易維王」同。』是爲得之。而《正義》則不能分别也。

肆伐大商。【傳】肆，疾也。

循按：《爾雅·釋言》云：『肆，力也。』《吕氏春秋·尊師篇》：『疾諷誦。』高誘注云：『疾，力也。』『疾』、『力』二字古每並稱，《越語》：『今其來也，剛强而力疾。』《荀子·仲尼篇》：『疾力以申重之。』楊倞注云：『疾力，勤力也。』又《榮辱篇》：『鉤録疾力，以敦比其事業，而不敢怠傲。』《詩·烝民篇》『威儀是力』，箋云：『力猶勤也。』《周禮·大司寇》注亦云：『力，勤力。』『肆』之爲『疾』，卽『肆』之爲『力』也。《史記·灌嬰傳》『戰疾力』，《漢書》孟康注謂『攻戰速疾』，是以『速』訓『疾』，以『疾』訓『力』，亦『力』卽『疾』之證也。前言『篤生武王，燮伐大商』，燮，和也，言君德也；此言『維師尚父，涼彼武王，肆伐大商』，肆，疾也，言臣節也。君自和而臣則不敢自惜其力，故疾力而克勤也。宋人王觀國《學林》言：『肆無疾義，於《詩》不合。』六書訓詁，唐人已昧，矧在宋乎？

會朝清明。【傳】會，甲也。不崇朝而天下清明。

循按：『甲』即『始』也，始朝而天下即清明。傳云『不崇朝』，乃自與『甲』字相發明，其義甚顯。《正義》解毛義爲『會值甲子之朝』，《牧誓》『甲子昧爽』，箋引之，不可混爲傳義也。

緜緜瓜瓞。【傳】緜緜，不絕貌。瓜，紹也。瓞，瓝也。【箋】云瓜之本實，繼先歲之瓜必小，狀似瓝，故謂之瓞，緜緜然若將無長大時。

循按：『瓜』字不必訓，以『紹』訓『瓜』，尤非也。毛蓋以『瓜紹』明不絕之義，若曰所謂『緜緜不絕』者，此『瓜紹』也。《東山》詩『蜎蜎者蠋』，傳云：『蜎蜎，蠋貌。桑蟲也。〔一〕』其文法正同。以『瓜紹』明不絕，不以『瓜紹』釋瓜也。所謂『紹』者，當是初生之瓜。『瓞』猶言『蒂』，《集韻》：「『瓞』亦作『瓞』。」凡瓜果之生，皆始於蒂。『瓝』，《說文》訓『瓝』，今俗以稻之初生者爲『瓝』，正與此合。惟其初生，象子孫之嗣續，所以爲紹，所以爲緜緜也。箋以『緜緜若將無長大時』，則以緜爲弱小，與不絕義異。謂狀似

〔一〕『桑蟲也』，《毛詩正義》作『蠋，桑蟲也』。

『瓞』，則不直以『瓞』爲『瓞』矣。『本實繼先歲』之説，甚迂，毛義不如是也。或謂『瓜，紹也』，上本有『瓜瓞』二字，亦非。

堇荼如飴。【傳】堇，菜也。荼，苦菜也。【箋】云其所生菜，雖有性苦者，甘如飴也〔一〕。

循按：《爾雅》云：『齧，苦堇。』郭璞注云：『今堇葵也，葉似柳，子如米，汋食之滑。』《公食大夫禮》『鉶芼、牛藿、羊苦、豕薇，皆有滑』，鄭氏注云：『滑，堇荁之類〔二〕。』毛以『堇』爲菜，指此堇也。詩詠所産之美，不必爲他處之所無，亦不必前此之不美。箋謂雖苦亦甘者，以堇名苦堇，荼爲苦荼，故有此説。豈謂其烏頭毒藥，頓化而爲甘乎？《食療本草》云：『堇菜味苦。』唐《附本草》云：『堇汁味甘，寒，無毒。』蓋堇菜味苦而汁甘。一若荼味苦，瀹之則甘也。《説文》云：『堇〔三〕，草也。根如薺，葉似柳，蒸食之甘。』『蒸食之甘』，正所爲『如飴』也。烏頭名芨，轉聲爲堇，猶蕣華名日及，轉聲爲木槿，非堇菜之堇也。

〔一〕『甘如飴也』，《毛詩正義》作『皆甘如飴也』。
〔二〕『類』，《儀禮正義》作『屬』。
〔三〕『堇』，《说文》作『蓳』。

自土沮漆。【傳】自，用。土，居也。沮，水。漆，水也。【箋】云后稷乃帝嚳之冑，封於邰，其後公劉失職，遷於豳，居沮、漆之地。故本周之興，云沮、漆也〔一〕**。**

循按：詩人用韻，以『瓞』、『漆』、『穴』、『室』相協，『緜緜瓜瓞』一頓，『民之初生，自土沮、漆』一頓，『古公亶父，陶復陶穴』一頓，『未有家室』一頓，首尾用單句，中兩兩爲抑揚，『生』、『父』二字無韻，謂『瓞』、『穴』一韻，『漆』、『室』一韻，亦可。毛傳分章句，於『漆』字一斷，隱以『漆』、『室』爲韻，每三句作一貫也。傳、箋、《釋文》、《正義》均先『沮』後『漆』，惟《正義》引《禹貢》『漆沮既從』，明《禹貢》『漆沮』卽此詩『沮漆』。或稱『沮漆』，或稱『漆沮』，隨文之便而已。或改經文爲『自土漆沮』，以『沮』與『父』爲韻，殊失詩人用韻之妙矣。古人用韻，非有一定。唐詩、宋詞且不盡拘官韻，而欲於今日爲三百篇强定一韻譜，吾知其迂也。《漢書·地理志》右扶風杜陽，『杜水南入渭』，顏師古曰：『《大雅·緜》之詩曰：「人之初生，自土沮漆。」《齊詩》作「自杜」，言公劉避狄而來，居杜與漆、沮之地。』乃『土』、『杜』二字古通。如『徹彼桑土』，《釋文》言：『《韓詩》作「桑杜」。』《荀子·解蔽篇》所云『乘杜』，卽相土是也。《齊詩》作『杜』，不必爲杜水。顏氏於杜陽引之，未必得也。

〔一〕『云沮、漆也』，《毛詩正義》作『自於沮、漆也』。

削屢馮馮。【傳】削牆鍛屢之聲馮馮然。

循按：此詩詠築牆之事，極其詳細。毛、鄭亦曲能達之，以虆盛土投之板中而築之。築其上也，其旁必有溢出於板者，則削之屢之，以取其平。削謂以銚、鍤之類削去之，而使其溢處收斂，則必用鍛。鍛者，椎也，以物椎擊之，使平，則溢者斂。故傳以「鍛」明「屢」。「鍛屢」猶「鍛斂」，「鍛斂」猶「鍛鍊」。鍛之使堅牢，猶鍛之使精熟。《儀禮·士喪禮》「牢中旁寸」，注云：「牢讀爲樓。樓爲削約握之。」彼疏云：「讀從樓者，義取縷斂挾少之意。」《詩·小雅·釋文》云：「婁，徐云：『鄭音樓。』」《爾雅》云：「裒、鳩、樓，聚也。」今《爾雅》作「摟」，與「斂」同訓。《小雅》「式居婁驕」，箋云：「婁，斂也。」斂謂收斂，不用削而「斂」。《釋宮》：「陝而修曲曰樓。」「樓」取於「陝」，卽「婁」之爲「斂」。蓋削者平其土之堅處，屢者鍛其土之不堅處。不堅鍛之使堅，則斂之正所以牢之。《正義》解爲「削之人屢其聲馮馮然」，是以「屢」爲「數」，失毛義矣。或以屢爲空穴，亦非。

柞棫拔矣，行道兌矣。【傳】兌，成蹊也。【箋】云今以柞棫生柯葉之時，使大夫將師旅出聘問，其行道士衆兌然，不有征伐之意。

循按：毛傳謂本無道路，至此柞棫拔去，而下已成蹊。《皇矣》三章「柞棫斯拔，松柏斯兑』，傳云：『兑，易直也。』『柞棫拔矣』與『柞棫斯拔』同，惟『兑』字一屬『行道』，一屬『松柏』，故傳互發明之。『兑』與『鋭』古通。道有柞棫則塞，塞則猶夫鈍也；柞棫拔去則通，通則猶夫鋭也。松柏錯於柞棫之中，柞棫去而松柏喬立，是爲『易直』。行道通，不煩迂曲艱險，亦『易直』也。《商頌》『松柏丸丸』，傳亦以『易直』訓之。『丸丸』猶『桓桓』，其松柏特立，不與他木相雜，惟其『丸丸』，乃見其鋭。『丸』之義爲專、爲完。專則鋭，鋭則易直。『乾，其靜也專，其動也直』，其義一也。箋『兑然』，《釋文》作『脱然』，云『一本作兑』，此與『成蹊』義異，而《正義》以爲毛、鄭不殊，何哉？

文王蹶厥生。【傳】蹶，動也。【箋】云文王動其緜緜民初生之道。

循按：生卽性也，謂感動虞、芮之性。毛詳述爭田、讓田之事，申此義也。箋迂甚。

芃芃棫樸。【傳】棫，白桵也。樸，枹木也。

循按：薛綜《西京賦》注云：『棫，白蕤也。』『蕤』與『桵』聲同。唐〔一〕龐懋賢《文昌雜録》云：『關中有白蕤，芃芃叢生，民家多采作薪，與他木異。其烟直上如線，高五七丈不絶。』此紀其所目驗，正《詩》之『棫』矣。

〔一〕『唐』當作『宋』。

思齊大任，文王之母。思媚周姜，京室之婦。【傳】齊，莊。媚，愛也。周姜，太姜也。京室，王室也。【箋】云常思莊敬者，大任也，乃爲文王之母；又常思愛太姜之配太王之禮，故能爲京室之婦。

循按：『思齊』、『思媚』文同，則首二句言大任，次二句言大姜，末二句言大姒。《列女傳》所謂周室三母也。鄭以大姜乃大任之姑，不當次於下，故以『思媚周姜』爲大任思愛之，傳義未然也。

串夷載路。【箋】云串夷卽混夷，西戎國名也。

循按：《釋文》云：『串，一本作「患」。或云：「鄭音患。」』《正義》云：『毛讀「患」爲「串」。鄭以《詩》本「患」字，故不從。〔一〕《采薇序》曰：「西有混夷之患」，是患夷者，患中國之夷。』《正義》蓋以毛主『串』字，鄭主『患』字。然『串』卽『患』之省，『患』與『混』一音之轉，故以『患夷』卽『混夷』，非用《采薇序》云云也。『串』與『畎』亦一音之轉，《尚書大傳》、《說文》引《詩》作『畎夷』。

自大伯、王季。【傳】從大伯之見王季也。【箋】云是乃自大伯、王季時則然矣。大伯讓於

〔一〕『鄭以《詩》本「患」字，故不從』，《毛詩正義》作『鄭以《詩》本為「患」，故不從毛』。

王季，而文王起。

循按：經文兼言大伯、王季，下專言『維此王季』，故傳言『從大伯之見王季』。『從』字解『自』字。『見』猶『顯』也。大伯不讓王季，王季無以顯，乃王季因大伯之讓而顯，大伯之讓亦由王季而顯。箋於『則篤其慶，載錫之光』謂王季厚明大伯之功美，『始使之顯著』，正與此傳『見王季』相發明。毛補詩人所未言，箋表毛傳所未言，故平列『大伯、王季時則然』，以完《詩》平列之語氣，申言大伯讓王季，而文王起，以明毛傳大伯見王季之義，下暢言王季顯著大伯，以完《詩》專言王季之語氣，而實與毛傳對針互發。知箋之妙，即知傳之妙。知傳、箋之妙，即知《詩》上兼言大伯、王季，下專言王季之妙。

侵阮徂共。【傳】國有密須氏，侵阮，遂往侵共。【箋】云阮也，徂也，共也，三國犯周，而文王伐之。密須之人乃敢距其義兵。

循按：《尚書大傳》：『文王受命，一年斷虞、芮之訟，二年伐邘，三年伐密須，四年伐犬夷，五年伐耆，六年伐崇。』虞、芮、密、犬夷、耆，均見《詩》、《書》，而邘無可考。以『二年伐邘』言之，疑『邘』即是『阮』。邘爲武王子所封，徐廣言在野王縣西北。余爲論之。文王所伐，大抵皆西伯所統轄，阮、密須、犬夷是也。耆即黎，在上黨壺關。殷之邦畿千里，壺關去朝歌不過三百里，故鄭氏注《尚書・西伯戡黎》云：『戡黎，入紂圻內。』惟其入圻內，故祖伊恐而奔告於紂。邗在野王，爲今懷慶府河內縣地，益在邦畿之內矣。使二年伐邗，即入畿內，在文王不應若斯之迫。而祖伊之告，豈俟三年之後乎？『邗』之於『阮』，猶『迂』之於『遠』，『阮』、『邧』、『邗』三字並見《説文》：『阮，代郡五阮關也。』『邧，鄭邑也。』『邗，周武王子所封，在河內野王是也。』五阮關，《漢書·地理志》作『五原關』，此與經無涉。邧訓鄭邑，遍檢《春秋傳》，鄭無邧邑，此邧蓋即『鄔、劉、蔿、邘』之邘。野王之邘本作『邘』，鄭邑之邘本作『邧』，與秦邑在同州者同名。秦邑之邧，見文公四年《左傳》。《太平寰宇記》以邧在同州澄城縣。《漢書·地理志》安定郡：『陰密，《詩》密人國。』漢之陰密，今爲平凉之靈臺縣，皆近於周，故文王侵阮，而密人距之。若野王之邗，密人不得侵之；文王伐之，密人亦不得距也。『邧』與『阮』同音，又通於『邗』，此《詩》稱『侵阮』，而《書傳》稱『伐邗』，蓋一物也。乃《史記》之次，異於《書傳》。虞、芮決獄之後，明年伐犬戎，明年伐密須，明年敗耆國，明年伐邗，明年伐崇侯虎而作豐邑，移伐邗於伐耆之後。是連年侵伐王圻，於侵阮之《詩》既無所屬，而伐邗之舉遂無實徵。鄭氏以《魯詩》之説，定阮爲周伐之國，其注《尚書序》云：『紂聞文王斷虞、芮之訟，後又三伐皆勝，始畏而惡之，拘於羑里。紂得散宜生等所獻寶而釋文王。文王釋而伐黎，明年伐崇。』亦用《書傳》而捨《史記》，固謂《史記》之所次，不若《書傳》之善也。『黎』可通於『耆』，而《殷本紀》又作『飢』。『阮』之作『邗』，又何異乎？徐廣謂鄂侯一作『邘』，音『于』。野王縣有邘城，似以文王所伐卽此侯矣。乃《史記》言『九侯有好女，入之紂，九侯女不憙淫，紂殺之而醢九侯。鄂侯爭之彊，辨之疾，并脯鄂侯。西伯昌聞之，竊歎。崇侯虎知之，以告紂。紂囚西伯羑里』。使『鄂』卽『邘』，則其君方遭慘死，西伯既歎之，旋復伐其國，等諸崇、密之流，豈文王之所爲乎？鄂而爲邘，益信文王所伐，非野王之邘也。

是伐是肆。【傳】肆，疾也。【箋】云肆，犯突也。《春秋傳》曰：『使勇而無剛者肆之。』

循按：《大明》『肆伐大商』，傳亦以『肆』爲『疾』，箋以《爾雅》『肆、故，今也』易之。《正義》申毛，引《釋言》『窕，肆也』，又引《左傳》『輕者肆焉』，明肆爲疾之義。此《詩》箋引《春秋傳》，卽《正義》所引。然則以『突犯』〔一〕訓『肆』，正是申毛，非易毛也。隱九年傳『使勇而無剛者嘗寇而速去之』，文十二年傳『若使輕者肆焉』，以『肆』字代『嘗寇速去』，正是以『速』明『肆』，卽毛以『疾』訓『肆』之義。《正義》既以爲異毛，又譏其引《左傳》之謬。蓋先儒互訓之妙，至隋、唐已莫能知。《周禮・環人》疏引文十一年傳注云：『肆突，言使輕鋭之兵，往驅突晉軍。』此注不知何人，蓋賈、服之遺。訓肆爲突，古有此義，故鄭以爲『犯突』。

〔一〕『突犯』，叢書本作『犯突』。

世有哲王，三后在天，王配于京。【傳】三后，太王、王季、文王也。王，武王也。【箋】云世世益有明知之王，謂太王、王季、文王。

循按：傳不解『世有哲王』，而以『三后』爲太王、王季、文王，『王』爲武王，明上所云『世有哲王』者，統指此四王也。箋以『哲王』指『三后』，非毛義。毛傳簡略，其義卽著於訓詁之次弟，靜求之卽得也。

遹駿有聲。【箋】云遹，述。

循按：毛訓『聿修厥德』之『聿』爲『述』。『聿』、『遹』古字通。

有相之道。【傳】相，助也。【箋】云謂若神助之力也。

循按：毛訓『相』爲『助』，未必如箋『神助』之義。五穀生自天，必待人樹蓺之乃生。后稷教民稼穡，是代天以成其能，故云『相』耳，非謂神助后稷也。

維秬維秠。【傳】秬，黑黍也。秠，一稃二米。

循按：《説文》訓稃云：『稽也。』訓稽云：『穅也。』訓穅云：『穀皮也。』訓秠云：『一稃二米。』蓋一穀皮之中有二米，其名爲秠。秬爲黑黍之通名，無論一米二米，皆得名『秬』。《説文》作䊵，云：『黑黍也，一稃二米以釀也。』是也。秠則爲秬之一稃二米者之專名。鄭氏《鬯人》注改『一稃二米』爲『一秠二米』，《鄭志·答張逸問》以爲秠、稃皆皮之名，乃皮名，則不爲米名矣。巨、丕義皆大，而丕兼有衆義。《廣雅》「伾伾，衆也。」《説文》：「坯，丘再成者也。」「丕」通於「平」。《漢書・食貨志》云：「三登曰平，三登曰泰。」然則秠之取義，正以二米，猶丘之再成者爲坯也。謂秠爲皮，是以一稃名，不以二米名矣。

陟則在巘。【傳】巘，小山，别於大山也。

循按：《皇矣》「度其鮮原」，傳云：「小山别大山曰鮮。」此傳以「巘」即「鮮」也。《釋文》：「巘，本又作『獻』。」《月令》「鮮羔開冰」，《吕氏春秋》作「獻羔開冰」。是「鮮」、「獻」古通用。陸德明謂《毛傳》與《爾雅》異，《正義》謂此傳與《皇矣》傳義别，非是。

其軍三單，度其隰原，徹田爲糧。【傳】三單，相襲也。徹，治也。【箋】云大國之制三軍，以其餘卒爲羡。今公劉遷於豳，民始從之，丁夫適滿三軍之數。單者，無羡卒也。度其隰與原〔一〕之多少，使出税以爲國用〔二〕。

循按：經文三句相次，言此三單之夫，各授百畝，以治田也。箋中傳義甚明。《正

〔一〕「隰與原」，《毛詩正義》作「隰與原田」。

〔二〕「使出税以爲國用」，《毛詩正義》作「徹之使出税以爲國用」。

義》據王肅以『在道禦寇』解之，非毛義也。

鳳皇于飛，翽翽其羽，亦集爰止。【傳】翽翽，衆多也。【箋】云翽翽，羽聲也。亦，與衆鳥也。爰，于也。鳳皇往飛，亦與衆鳥集於所止。

循按：毛訓『翽翽』爲『衆多』，則『其羽』指衆鳥，連下爲義，若曰鳳皇往飛，固集於所止，而衆鳥之羽亦集於所止。箋以『翽翽』爲『羽聲』，則連上爲義，故言『亦與衆鳥集於所止』。《正義》以箋之『羽聲』闌入毛傳，失之矣。

汔可小康。【傳】汔，危也。【箋】云汔，幾也。王幾可以小安之乎？

循按：毛以『危』訓『汔』。危可小康，猶云殆可以小康也。『殆』訓『危』，亦訓『幾』。鄭訓『汔』爲『幾』，正發明毛義也。

牖民孔易。【箋】云易，易也，道民在己，甚易也。

循按：『易』有兩音，『改易』之『易』入聲，『難易』之『易』去聲。此宜解作『難易』之『易』，而當時讀者讀爲『亦』，故云此讀『改易』之『易』，乃『難易』之『易』也。下申言『道民在己甚易』，知其爲去聲之『易』矣。《釋文》：『孔易，鄭音亦。注「易，易也」，上字同，又以豉反。』上易讀亦，下易以豉反，分別甚明。《正義》云：『以韻當爲「改易」之「易」，是也。『虛虛』則同爲一音，不可以此例之。

侯作侯祝。【傳】作、祝，詛也。

循按：《釋名》：『助，乍也。』《吕氏春秋・貴生篇》『土苴以治天下』，高誘注云：『苴音同酢。』此《正義》云『作即古「詛」字』，是也。『詛』之爲『祝』，《無逸》、《周禮》人所共明，惟『詛』假借爲『作』，故既以『詛』釋『作』，又以『詛』釋『祝』。以『詛』釋『作』，即以『作』釋『祝』，與『虚，徐』之訓同一妙義。『虚，徐也』，不云『虚，邪徐也』，則箋以『邪』讀如『徐』明之。此傳以『作』、『祝』、『詛』三字互明，其以『詛』明『作』，即是『作』讀如『詛』。故箋不必申言，但云『祝詛』而已。『作』即是『祝』，猶『虚』即是『邪』。《正義》云『詛與祝别』，非也。或謂『作祝詛也』四字句，言作爲祝、詛之事，余惑其説，不能從。

人尚乎由行。【傳】言居人上，欲用行是道也。【箋】云時人化之甚尚，欲從而行之，不知其非。

循按：傳以『人上』解『人尚』，若曰人上乎而乃由行，此文法倒裝也。『乎』字本宜在末，今倒在上耳。箋於『乎』字不協矣。

顛沛之揭。【傳】顛，仆。沛，拔[一]。揭，見根貌。

循按：《論語・里仁》『顛沛必於是』，馬曰：『顛沛，僵仆也。』僵仆，猶仆拔也。『沛』

[一] 『拔』，《毛傳》作『拔也』。

訓爲『拔』者，《周禮·大司馬》注云：『茇，讀如「萊沛」之「沛」。』《易·豐》：『九三，豐其沛』，《釋文》云：『子夏作「芾」，鄭康成、干寶以爲祭祀之蔽膝。』〔一〕『芾』卽『韍』，『沛』之爲『拔』，猶『沛』之爲『茇』、『韍』也。推之『韍』通作『茀』，《詩·桑柔》『自有肺腸』，《釋文》云：『肺本作「胇」。』《白虎通·性情篇》云：『肺之言費也。』『肺』之爲『費』、爲『胇』，猶『韍』之爲『芾』，又爲『茀』。而『韍』本作『巿』，乃《說文》『沛』、『肺』不從『巿』而從『木』，『旆』亦从『木』，而《商頌》『武王載旆』，《荀子·議兵篇》引作『載發』。衛公叔發，《禮記·檀弓》注云：『亦名拔。』《說文》：『茇，春草根枯，引之而發土爲撥，故謂之茇。』『茇』之爲『發』，猶『拔』之爲『發』，而『旆』亦與『發』通假，則『旆』亦通『拔』。『旆』通『拔』，亦『沛』通『拔』也。揭爲褰裳之名，自要以下，揭其裳而露之〔二〕。樹之根見，猶人之足見，傳訓之精者也。《小雅》『西柄之揭』，以此推之，斗之露柄，猶樹之露根耳。

既之陰女，反予來赫。【傳】赫，炙也。【箋】云口距人謂之赫。

循按：毛以『赫』與『陰』相對，陰所以蔭，故訓『赫』爲『炙』。我方蔭女以涼，女反炙我以熱。訓說之精，《正義》不能發明。箋以『口距人』解之，與傳自異。王肅云：『我陰

〔一〕『鄭康成、干寶以爲祭祀之蔽膝』，《經典釋文》作『鄭、干作「芾」，云「祭祀之蔽膝」』。
〔二〕『之』，叢書本作『足』。

知女行矣，乃反來嚇炙我。』亦非毛義。

秬鬯一卣。【傳】鬯，香草也。築煑合而鬱之曰鬯。

循按：《春官・鬯人》：『凡王弔臨，共介鬯。』鄭司農云：『鬯，香草。王行弔喪被之，故曰介。』疏引《王度記》：『天子以鬯，諸侯以薰，大夫以蘭，士以蕭，庶人以艾。』〔一〕鬯與薰、蘭等並言，是爲香草名。又引《禮緯》云：『鬯草生庭。』鬯之爲草，其説舊矣。傳云『合而鬱之』，此鬱爲鬱積，不以爲鬱金草也。《肆師》：祭祀之日，『及果，築鬻』。鄭司農云：『築煑，築香草，煑以爲鬯。』《鬱人》：『凡祭祀，賓客之祼事，和鬱鬯以實彝而陳之。』鄭司農云：『鬱，草名。十葉爲貫，百二十貫爲築，以煑之鐫〔二〕中，停於祭前。鬱爲草若蘭。』此以鬱爲草名，築煑之則名鬯。與毛傳義異。鄭康成注云：『鬱，鬱金，香草也，宜以和鬯。』注《鬯人》云：『鬯釀秬爲酒，芬香條暢於上下也。』此箋云：『秬鬯，黑黍酒也。』是以鬱爲草名，鬯爲酒名。與毛傳異，與鄭司農亦異。蓋以《郊特牲》云：『鬱合鬯，蕭合黍稷。』又《周禮》鬱人別於鬯人故也。因爲通考之。《雜記》云：『暢，臼以椈，杵以梧。』暢卽鬯。《漢書・律曆志》：『然後陰陽萬物靡不條鬯該成。』顏師古云：『鬯，與「暢」同。』《房中

〔一〕按：所引《王度記》，見《鬱人》疏，而非《鬯人》疏。『大夫以蘭』，原作『大夫以蘭芝』。
〔二〕『鐫』，《周禮注疏》作『鐎』。

歌》：『清明鬯矣』，顔師古云：『鬯，古「暢」字。』臼杵，擣築之器，冠以鬯字，則鬯非酒名。《説苑》云：『鬯，百草之本，上暢於天，下畅於地，無所不暢，故天子以鬯爲贄。』《春秋繁露·執贄篇》云：『天子用暢，積美陽芬香以通之天。暢，亦取百香之心獨末之，合之爲一，而達其臭味。』《水經注》引應劭《風俗記》：『鬱，芬草也。』百草之華煮以合釀黑黍，傳以『築煮合而鬱之』爲鬯，亦非以鬯卽是草名，正以百草之英爲説也。而『裸將于京』，注云：『裸，灌鬯也。』『黄流在中』，傳云：『流，鬯也。』是又以鬯爲酒矣。鄭氏以秬鬯爲無鬱之酒，而《鬯人》『共釁鬯』，注又云：『釁尸以鬯酒，使之香美者。』疏云：『此鬯酒中兼有鬱金香草，故得香美也。』是亦以鬯而兼鬱矣。因以經文考之，《鬯人》大喪共鬯以沃尸，王齊共秬鬯以給淬浴，斷無以酒浴者。又臨弔被介鬯，酒則何以言被也？《司尊彝》：『凡六尊六彝之酌，〔一〕鬱齊獻酌。』注引《郊特牲》云『汁獻涚于醆酒』，彼注云：『謂泲秬鬯以醆酒也。』獻讀當爲莎，齊語也。秬鬯者，中有煮鬱和以盎齊，靡〔二〕莎泲之，出其香汁，因謂之汁莎。《鬱人》亦言『和鬱鬯以實彝』，是鬱鬯必俟和於酒，而鬱鬯非酒也。蓋鬱爲香草名，擣煑合而釀成之，謂之鬯。所以釀之用黍，故又曰秬鬯。今人擣諸香草之屑，合之稻

〔一〕『六尊六彝』，《周禮·司尊彝》作『六彝六尊』。

〔二〕靡，《周禮注疏》《禮記正義》均作『摩』。

米，摶以爲佩，俗稱爲香料，即鬯之遺制也。用於裸則和醆酒而泲之，用於浴則和水以供之，用於弔喪則不和而被之。鬯人汎掌諸鬯，鬱人專主灌酌，職有不同，故名有各異。以鬯爲香草者，從其本也。

貽我來牟。【傳】牟，麥。

循按：『來牟』者，『麥』之緩聲也。《說文》：『麥，芒穀，秋種厚薶，故謂之麥。』麥取義於薶，而聲即出於薶。《漢書》劉向《封事》引《詩》云：『「貽我釐牟」，釐牟，麥也。』釐讀同薶，與來聲轉。『麥』爲『牟來』之合聲，猶『終葵』之爲『錐』也。『牟來』倒爲『來牟』，猶『螽斯』、『斯螽』，方音相轉，往往倒稱耳。《太誓》『以穀俱來』，言『穀』不言『麥』，『來』不必是『來牟』。緯家傅會於牟麥，而鄭氏據以箋《詩》，似牟爲麥名，來爲俱來之來。於是《說文》亦有『周所受瑞麥』之訓，又云『天所來也，故以爲行來之來』。此則先有『來牟』之名，而後有『行來』之字。因天來以稱來，視鄭氏不以來爲麥名又異。因別出『秾』字在禾部，云：『齊人〔一〕謂麥秾〔二〕也。』乃『秾』即是『來』，齊人呼麥爲秾，正麥稱來之證。來之爲麥，猶誺之爲吂，犛之爲尨牛，貍之爲貍貓，萊之爲蔓華，吂、尨、貓、蔓與麥皆雙聲字

〔一〕『齊』下，《說文》無『人』字。
〔二〕『來』，《說文》作『秾』。

也。《正義》引《説文》『一麥二夆』，今《説文》作『一來二夆』。《困學紀聞》載董彦遠《除正字謝啓》所引作『一朿二縫』，推之當作『一朿二夆』。《説文》云：『象芒朿之形』，所謂『一朿二夆』者，謂製字之義也。《説文》解『朿』字云：『朿，木芒也。象形。』『朿』從一『冂』，『來』從二『人』，『來』之『人』卽『朿』之『冂』也。以朿而從二冂成來，故云『一朿二夆』。《説文》『夆，啎也。讀若縫。』以其刺人爲啎，故云夆。冂，一夆也；M，二夆也。一夆在木爲朿，爲木芒，麥之芒刺衆多，從二夆以象之，故曰『一朿二夆，象芒刺之形也。』

遭家不造。【傳】造，爲。【箋】云：造，猶成也。

循按：《淮南子·天文訓》『介蟲不爲』，高誘注云：『不成爲介蟲也。』是『不爲』卽『不成』。箋申毛義，而《正義》以爲異，其解毛云『家事無人爲之』，於經義爲不達矣。家不爲，猶云魚不爲、禾不爲、黍不爲也。

斯〔一〕馬斯作。【傳】作，始也。

循按：始之言先也，與『斯臧』、『斯才』一例，謂斯馬斯居衆馬之先也。《正義》以『及其古始』解，於義未達。

〔一〕『斯』，《詩·魯頌·駉》作『思』。

尚書補疏

尚書補疏叙

東晉晚出《尚書孔傳》，至今日稍能讀《書》者皆知其僞。雖然，其增多之二十五篇僞也，其《堯典》以下至《秦誓》二十八篇，固不僞也。則試置其僞作之二十五篇，而專論其不僞之二十八篇，且置其爲假托之孔安國，而論其爲魏晉間人之傳，則未嘗不與何晏、杜預、郭璞、范甯等先後同時。晏、預、璞、甯之傳注可存而論，則此傳亦何不可存而論？故王西莊光禄作《後案》，力屏其僞，而於馬、鄭、王注外，仍列孔傳；江艮庭處士作《集注音疏》，搜録漢人舊説，而於傳説亦多取之；孫淵如觀察屏孔傳而掇輯馬、鄭，然經文二十八篇，不能不取諸孔傳之經文。且傳之作也，不自顯其姓名而托諸孔氏，何爲也哉！余嘗綜其傳而平心論之，『曰若稽古帝堯』，『曰若稽古皋陶』，傳皆以『順考古道』解之。鄭以『稽古』爲『同天』，『同天』二字，可加諸帝堯，不可施於皋陶，若亦以皋陶爲『同天』，則是人臣可僭天子之稱頌。若以帝堯之『稽古』爲『同天』，以皋陶之『稽古』爲『順考古道』，則文同義異，歧出無理，此傳之善一也。四罪而天下咸服，傳以舜徵用之初，卽誅四凶，是先殛鯀而後舉禹。鄭以禹治水畢，乃流四凶。故王肅斥之云，是『舜用人子之功，而流放其父，則爲禹之勤勞，適足使父致殛，舜失五典克從之義，禹陷三千莫大之罪』，此傳之善二也。堯舍丹朱，以天位授舜，朱雖不肖，不宜自舜歷數其不善。《史記》以『無若丹朱傲』上加『帝曰』，而傳則以爲禹之言，自禹言之則可，自舜言之則不可。此傳之善三也。《盤庚》三篇，鄭以上篇乃盤庚爲臣時所作，然則陽甲在上，公然以臣假君令，因而卽真，此莽、操、師、昭之事，而乃以之誣盤庚，大可怪矣。傳皆以爲盤庚爲王時所作，此傳之善四也。微子問父師、少師，父師答之，不云少師，鄭以爲少師志在必死，蓋以少師指比干，顧大臣從志於死，遂不謀國以出一言，非可爲忠。傳雖亦以少師指比干，而於此則云『比干不見，明心同，省文』，此傳之善五也。《金縢》『我之不辟』，鄭讀爲避，謂周公避居於東，又以『罪人斯得』爲成王收周公之屬官，殊屬謬悠，説者多不以爲然。傳則訓辟爲法，居東卽東征，罪人卽指禄父、管、蔡，此傳之善六也。《明堂位》以周公爲天子，漢儒用以説《大誥》，遂啟王莽之禍。鄭氏不能辨正，且用以爲《尚書》注，而以周公稱王，自時厥後，歷曹、馬以及陳、隋、唐、宋，無不沿莽之故事。而傳特卓然以周公不自稱王，而稱成王之命以誥，勝鄭氏遠甚，此傳之善七也。爲此傳者，蓋見當時曹、馬所爲，爲之説者，有如杜預之解《春秋》，束皙等之僞造《竹書》，舜可囚堯，啟可殺益，太甲可殺伊尹，上下倒置，君臣易位，邪説亂經，故不憚改《益稷》，造《伊訓》、《太甲》諸篇，陰與《竹書》相齮齕，又托孔氏傳以黜鄭氏，明君臣上下之義，屏僭越抗害之譚，以觸當時之忌。故自隱其姓名，其訓詁章句之間，誠有未善。然三盤五誥諸奥辭，傳皆一一疏通，雖或有規難而辨正之，終不能不用爲藍本。余既集録二十八篇之解爲《書義叢鈔》，所有私見，著爲此編，與《叢鈔》相表裏云。嘉慶戊寅夏四月下弦，焦循書於半九書塾之雕菰樓[一]。

[一]『束晳等之』以下一百七十八字，叢書本缺。

卷上

曰若稽古，帝堯。【傳】若，順。稽，考也。能順考古道而行之者帝堯。

循按：謂堯「同天」固非，謂堯「考古」亦未善。伏容曼注《周易・蠱卦》云：「乃命五史，以書五帝之蠱事。」〔一〕見李鼎祚《周易集解》。蠱通古，古卽故也。「帝堯」二字，當不連上四字，「曰若稽古」，乃史臣之言，於堯殂落後書其故事，故云「稽古」，乃自今述古之稱。若書當時之事，則不加此四字也。

黎民于變時雍。【傳】言天下衆民皆變化從上，是以風俗大和。

循按：傳以「皆」字釋「於」字，《正義》解作「萬國之衆人於是變化從上」，非傳義也。《廣雅・釋言》：「諸，於也。」又《釋詁》：「諸，衆也。」傳以「諸」義同「皆」，故以「皆」字釋

〔一〕按：「乃命五史，以書五帝之蠱事」一句非伏容曼注，係李鼎祚《周易集解》引《尚書大傳》文。

之。其實《爾雅》訓『於』爲『代』，代猶更也，於變卽代變，代變卽更變耳。

共工方鳩僝功。【傳】鳩，聚。僝，見也。歎共工能方方聚見其功。

循按：傳中兩『見』字，疑皆是『具』字之譌。《正義》言：『僝然，見之狀。』非是。

靜言庸違，象恭滔天。【傳】靜，謀。滔，漫也。言共工自爲謀言，起用行事而違背之，貌象恭敬而心傲很，若漫天。言不可用。

循按：《正義》中夾以議論，如此經放齊、驩兜等，辨其『才實中品』，『未爲大惡』，『以舜、禹之成功，見此徒之多罪』，『虞史欲盛彰舜德，歸過前人。』然則孔子手訂百篇，乃首登此史臣不實之辭乎？蓋聖人治天下之道，至堯、舜而一變，羲、農以前，人苦於不知，故羲、農盡人物之性，以通其神明，其時善不善顯然易見，積之既久，靈智日開，凡仁義道德忠孝友悌，人非不能知，而巧僞由以生，奸詐由以起，故治唐虞以後之天下，異於治羲、農以後之天下，而《堯典》首指兩端，一則『靜言庸違』，一則『方命圮族』。夫謀而能言，以方自命善也，而實則『庸違』『滔天』，『圮族』『績用弗成』，固羲、農以來所未有，亦堯、舜以前之人所未知。於是指一丹朱曰『嚚訟』，指一共工曰『靜言庸違，象恭滔天』，指一鯀曰『方命圮族』，所以告天下後世，凡『嚚訟』者，不可順天時而成民功也；凡『靜言』者，當察其『庸違』，『象恭』者當察其『滔天』，不可以聚諸職而具功事也；『方命圮族』，似正人君子，而不學無術，試之終『績用弗成』也。聖人重事功，彼『嚚訟』者，徒以言爭而事不成；『靜言』『象恭』者，徒炫惑人之耳目，而事不成；即方正自命，矯異於人者，亦徒驚愚而竦衆，而事亦不成。故史臣[一]書之，孔子手訂百篇，而首冠之，爲萬世用人之法。孔穎達識疏論鄙，淺之乎測聖人矣！

蕩蕩懷山襄陵。【傳】襄，上也。

循按：《釋言》以襄爲駕，駕猶加也，上猶尚也，尚與加同義。尚於陵即加於陵，加於陵即駕於陵也。

方命，圮族。【傳】圮，毀。族，類也。言鯀性很戾，好此方名命，而行事輒[二]敗善類。

循按：《正義》云：『好此方直之名，内有姦回之志，命而行事，輒毀敗善類。』此讀傳中『名』字爲句，則經文『命圮族』三字連貫矣。然傳以『名』訓『命』，『命』字連『名』字，經文自『方命』二字一頓，蓋鯀以方自命。而毁敗同類之人，共工『靜言庸違象恭滔天』，即孔子所謂『色取仁而行違者』也。鯀以方正自命，不能旁通絜矩，自用侮物，與共工又自

[一]『臣』，叢書本作『書』。
[二]『輒』下，《尚書正義》有『毁』字。

不同，故共工但一驩兜比之，而鯀則朝臣共以爲善，四岳且特請試之，則當時固多以正人君子許之，而不知聖人之用在善與人同，舍己從人，鯀之『方命圮族』，正與虞舜相反，後人自命君子，與同類相傾軋，卽鯀之流也。鄭康成解『方』爲『放』，謂放棄教命，若果不遵教命，志在姦回，四岳何得特稱之？堯又何必試之？經但云『圮族』，不必是毀害善類，亦不必有姦回之志，卽此自命爲方直，而不與人同，自專自用，卽足以誤事功而禍天下，爲聖人誅殛所必及。《楚辭》：『女嬃之嬋媛兮，申申其詈余。曰：鯀倖直以亡身兮，終然殀乎羽之野。汝何博謇而好脩兮，紛獨有此姱節。』女嬃以鯀之婞直儗屈原，正以其孤立不與人同耳。

克諧以孝，烝烝乂，不格姦。【傳】諧，和。烝，進也。言能以至孝和諧頑嚚昏傲，使進進以善自治，不至於姦惡。

循按：江氏聲《古文尚書集注音疏》云：『烝烝，孝也。惠松厓先生曰：「杨孟文《石門頌》曰：烝烝艾。是本諸《尚書》，則古《尚書》作艾也。」艾，養。格，至也。言舜能和於弟，孝於親，厚以奉養，使不至於姦惡。僞孔本艾作乂，訓爲治，《正義》云：「上歷言三惡，此美舜能養之。」蓋孔穎達必見漢注有訓艾爲養者，故爲此言。由此知艾當訓養。』此說是也。『克諧以孝』，則舜之和其兄弟以怡父母，於此句見之。然徒以和孝之虛情，焉能變化其頑嚚之本質？故必厚以養之姦私也。瞽瞍蓋亦市井之人，營營於耳目口體之欲，故違於德義耳。既厚以養之，則已得所欲而滿所願，豈尚與人爭利乎？所以不至於私。聖人變通神化之用，必從實處行之，今之孝者能養而不能敬，固不可以爲至孝，舍厚養而但言克諧，吾未見其卽諧也。菽水承懽，可以事賢父，未可以例瞽瞍也。

釐降二女于嬀汭。【傳】舜爲匹夫，能以義理下帝女之心於所居嬀水之汭，使行婦道於虞氏。

循按：傳訓釐爲理，又以理爲義理，卽《史記》謂『內行彌謹』也。《序》『帝釐下土方』，傳云：『言舜理四方諸侯。』

【序】虞舜側微，堯聞之聰明，將使嗣位，歷試諸難，作《舜典》。

循按：閻氏百詩云：『今之《堯典》、《舜典》，原只名《堯典》一篇，別有逸書《舜典》。魏晉間始析爲二。然「愼徽五典」，直接「帝曰欽哉」之下，文氣連注，如水之流，雖有利刃，亦不能截之使斷。惟至姚方興出，妄以二十八字橫安於中，而遂不可合矣。』惠氏定宇云：『伏生《尚書》無《舜典》，自「粵若稽古帝堯」至「陟方乃死」，皆《堯典》也。《古文尚書》原書只如此，故司馬遷撰《史記》，鄭康成、王子雍注《尚書》，皆以「愼徽五典」以下爲堯試舜之文，《孟子》稱「二十有八載，放勛乃殂落」，明言《堯典》。梅氏本於「愼徽五典」

以下，别爲《舜典》，此其省作《舜典》一篇，巧於藏拙也。不顯與《孟子》相剌謬乎？』王氏西莊本此，於《孟子》外備引《王莽傳》、光武時張純奏、章帝時陳寵言、晉武帝初幽州秀才張髦上疏，以及《儀禮疏》、《公羊疏》，凡引今《舜典》文，皆稱《堯典》。於是學者著書，皆以《舜典》爲已亡，而合『曰若稽古』以下，『陟方』以上爲《堯典》。惟毛氏大可作《舜典補亡》，謂『慎徽五典』以後至『放勳殂落』，尚是《堯典》，惟『月正元日』以後始是《舜典》。春秋戰國間諸書引經，凡稱《堯典》，祇在『慎徽五典』以後，『放勳殂落』以前，在『月正元日』後則並無一語稱《堯典》者，則此真《舜典》矣。《史記·五帝本紀》則正載二典之全者，雖引掇皆不用原文，第襲其大略，然踪迹可見。今較《史記》二帝紀，則自『曰若稽古帝堯』起，至『放勳乃殂落』止，是《堯紀》，即是《堯典》；自『月正元日』起，至『舜生三十徵庸』止，是《舜紀》，即是《舜典》。而『月正元日』以前，則尚有《舜典》半截在《帝舜紀》中，因即取《帝舜紀》文在『月正元日』以前者補《舜典》之亡。雖然，以《序》核之。《序》也者，馬氏、鄭氏皆以爲孔子所作，而皆爲之注。其序《堯典》云：『聰明文思，光宅天下，將遜于位，讓于虞舜，作《堯典》。』鄭氏注則云：『堯尊如故，舜攝其事。』又云：『舜之美事，在于堯時。』居然《堯典》之界，止於舜攝，不闌入舜即眞以後，毛氏之言信矣。而序《舜典》，則本諸『側微』，即『側陋』、『有鰥』云云也；『歷試諸難』，即『慎徽五典』云云也。鄭氏以『入麓伐木』注之，『入麓』正指『納于大麓』，則不特《序》以『慎徽』等爲『歷試諸難』，即鄭康成亦儼然以『納于大麓』爲《舜典》，則分『愼徽』以下爲《舜典》者，正不得專屬之僞孔，如伏生合《康王之誥》於《顧命》共爲一篇，『諸侯出廟門俟』、『王出在應門之内』，亦利刃不能截之使斷者也。即鄭氏分『王若曰』以下爲《康王之誥》，而其後『王釋冕』云云，自與上『麻冕黼裳』相貫。康王報誥，即向太保芮伯等而言，則『高祖寡命』亦烏得畫然而止，而《顧命》與《康王之誥》兩序明分。序《康王之誥》云：『成王崩，康王既尸天子。』其原本於《顧命》，猶《舜典序》原本於『側陋』、『有鰥』也。以此例之，竊謂《舜典》之於《堯典》，猶《康王之誥》之於《顧命》也。《舜典》未嘗亡，『月正元日』以前，亦無庸補也。『曰若稽古帝堯曰放勳』，史臣叙堯之首，『師錫帝曰有鰥在下曰虞舜』，史臣借衆言，即爲叙舜之首。『瞽子』『嬀汭』，其家世里居亦著矣。『釐降』以下，『四罪』以前，叙舜事而堯仍在上，則不得專爲《舜典》；『放勳殂落』以後專叙舜事，亦不得仍爲《堯典》。《堯典》以『曰若稽古帝堯』爲首，以『殂落』爲終；《舜典》以『有鰥在下曰虞舜』爲首，以『陟方』爲終。首尾並具，了然兩紀，而中間互相叙發，此文中神品，馬遷每效之，而遠莫能企，經生何足知之！堯、舜承伏羲、神農、黄帝，其通變神化，首以『欽明』至『時雍』四十八字渾叙之，『乃命羲和』以下，詳述堯治麻明時之教，迎日推筴，雖自軒轅，至堯創爲實測之法，立表四方，定中氣步分至綜歲，實置閏月爲萬世授時者則。其後則叙其求賢用人以互入舜事，『父頑、母嚚、象傲，克諧以孝，烝烝乂，不格姦』十六字，述舜家居孝友，精微簡妙，觀刑至『烈風雷雨弗迷』，叙堯試舜，即叙舜之才德。在璇璣玉衡制器，以補堯治厤所未備。類帝以下，若班瑞，若巡守，若封山濬川，若作刑，皆前聖所未定，舜攝代堯定之，開三代制度之先。既受禪命，二十二人官無不備，禮樂刑教無不章明。其平水土一事，歸功伯禹，别詳《禹貢》。凡舜所創制已無不具，别無所爲《舜典》矣。毛氏據《史記》以定《堯典》、《舜典》，是也。乃《史記》以舜攝堯在二十八載之事屬之堯，而以父頑、母嚚及四岳薦舜、二女嬪虞，出而屬之舜，於互叙之恉，固已井然可見，其涂廩、穿井、元愷、四凶等，則雜取《孟子》、《左傳》諸書，毛氏以爲《舜典》所有取以補亡，失之矣。竊謂《大學》引『克明峻德』稱爲《帝典》，帝則兼堯、舜言之。蓋以一篇言則曰《帝典》，以兩篇言，則『遏密八音』之前爲《堯典》，『月正元日』以後爲《舜典》。《舜典》固未嘗亡，亦無容補也，識者察之。

納于大麓，烈風雷雨弗迷。【傳】麓，録也。納舜使大録萬機之政，陰陽和，風雨時，各以其節，不有迷錯愆伏，明舜之德合於天。

循按：《史記》謂『堯使舜入山林川澤，暴風雷雨，舜行不迷』。此傳説與之異。自以孔傳爲僞，遂多從《史記》説。《孔傳》之僞，余不爲左袒，若以二説審之，則傳説爲勝。是時舜已在位試司徒，爲上儐矣。本鄭氏注。入山林，豈一人徒行？何必不避風雷？聖人『迅雷風烈必變』，舜乃不畏天怒，先聖後聖，義何乖異？且舜是時必有輿從，假令衆人同己冒於風雨之中，不情甚矣。余見村旷釣叟，往往乘大雷雨時，負篷衣簑，行坐隈野，未嘗或懼，舜而如是，亦仍歷山雷澤時之故習耳。《漢書・于定國傳》：『永光元年，春霜夏寒，日青亡光，上以詔條責，定國惶恐上書自劾，歸侯印，乞骸骨。上報曰：「君相朕躬，不敢怠息，萬方之事，大録于君，能毋過者，其爲〔一〕聖人。方今承周秦之敝，俗化陵夷，民寡禮誼，陰陽不調，災咎之發，不爲一端而作。自聖人推類以記，不敢專也。況於非聖者乎！日夜思惟〔二〕所以，未能盡明。經曰：萬方有罪，罪在朕躬。君雖任職，何必顓焉。」』此詔正用舜事。舜納大録，則雷雨弗迷，災咎不發。今定國納大録，而陰陽不調，是宜罷職去位。漢帝作慰辭，謂非顓定國一人之咎，而歸咎於己，乃因舜事而曲原之，故曰『不爲一端』。可見當時爲《尚書》説者同於傳説。《論衡・吉驗篇》云：『堯聞徵用，試之於職，官治職脩，事無廢亂，使入大麓之野，虎狼不搏，蝮蛇不噬，逢烈風疾雨，行不迷惑。』此《史記》之説也。其《正説篇》引説《尚書》者云：『「四門穆穆，入于大麓，烈風雷雨弗迷。」言大麓，三公之位也。居一公之位，大總録二公之事。衆多並吉，若疾風大雨。』此以大

〔一〕『為』，《漢書・于定國傳》作『惟』。
〔二〕『思惟』，《漢書・于定國傳》作『惟思』。

麓爲大録，與詔同，而以疾風大雨爲衆多並吉之譬喻則殊。陰陽不調之説，宜仲任以爲僞。伏生《書大傳》：『堯推尊舜，而尚之屬諸侯焉，納之大麓之野，烈風雷雨弗迷。』鄭康成注云：『山足曰麓。麓，録也。古者天子命大事、命諸侯，則爲壇國之外。堯聚諸侯，命舜陟位居攝致天下，使大録之。』此雖以大麓爲野，而鄭兼以大録解之，則謂爲壇攝位之日，無烈風雷雨，猶云會朝清明也。

象以典刑，流宥五刑，鞭作官刑，扑作教刑，金作贖刑。【傳】象，法也。法用常刑，用不越法；宥，寬也，以流放之法寬五刑；以鞭爲治官事之刑；扑，榎楚也，不勤道業則撻之；金，黄金，誤而入刑，出金以贖罪。

循按：《廣雅》云：『象，效也。』法與效義同，有所效法，則謂之象。《易·繫辭傳》云：『象也者，像此者也。』像，似也。有所效法，則有所似續。象刑者，古所傳之五刑，舜似續之者也，對下三『作』字而言，作者，古所無，自舜創始之也。墨、劓、剕、宫、大辟之刑，自古傳之，舜不廢之，故曰象。流宥五刑，亦自古傳之，舜象之而不廢者也，然宥之爲流，其罪已不可赦，舜思小懲而大戒之。作鞭、扑、贖三刑，懲之於罪未成之先，使之知耻知改，不致罪大惡極，則五刑雖不廢，而犯者寡矣。必小懲之，而不大戒，至於怙終，而後以五刑施之。舜不廢五刑，而作鞭、扑、贖三刑，以刑免天下之刑，非通變神化，何以有此？故封山濬川之後，卽詳爲敘述。說者不知象字、作字之義，造爲蒙巾當墨、草纓當劓、菲履當刖、艾韠當宮之說，已爲荀卿所斥，聖人制作之神，詎書生之見所能測哉！

分北三苗。【傳】三苗幽闇，君臣善否，分北流之，不令相從。

循按：《三國志》注：「虞翻云：『《尚書》分八三苗，八古別字，傳以分八，卽分別耳。』」《正義》以分爲別，以北爲背，非傳義。《益稷》傳云：「惟三苗頑凶，不得就官，善惡分別。」分別二字，正用此經「分八」，八從兩八，與南北之北不同。

【序】皋陶矢厥謨，禹成厥功，帝舜申之，作《大禹》《皋陶謨》《益稷》。【傳】凡三篇。

循按：今《大禹謨》信爲僞撰矣，而分《皋陶謨》「帝曰來禹」以下爲《益稷》，馬、鄭、王所據《書序》名《棄稷》，非《益稷》。然則《大禹謨》、《棄稷》兩篇俱亡，其「曰若稽古皋陶」至「帝拜曰俞往欽哉」，第皆《皋陶謨》一篇而已，但《序》文有可疑者，云作《大禹》、《皋陶謨》，以《序》稱《康誥》、《酒誥》、《梓材》例，則《大禹》下省一「謨」字，乃先大禹，次皋陶。而上則先云「皋陶矢厥謨」，次云「禹成厥功」，且以矢謨專屬皋陶，而大禹不言謨，似此三篇者，『大禹』二字名篇，與《棄稷》同，不名《大禹謨》也。又卽《皋陶謨》一篇思之，首紀皋陶之言，所謂「皋陶矢厥謨」也，「帝曰來禹」以下，則禹自述其「乘四載，隨山刊木」，「弼成五服」，曰「各迪有功」，曰「時乃功」，則「禹成厥功」，似卽指此。竊謂此一篇爲《大禹皋陶謨》，經文先皋陶，次禹，故《序》依之爲先後。而《書》作於夏史，故先大禹而後皋陶，今所分《益稷篇》，正大禹述成功之謨，原是皋陶兩人之言，則分兩篇，乃實是一篇，故不曰《皋陶謨》、《大禹謨》，而曰《大禹皋陶謨》。觀《序》文互爲先後，可見其意。至《棄稷》，自紀稷、契之言。閻氏百詩云：『揚子雲《法言·孝至篇》：「或問忠言嘉謨。曰：言合稷、契之謂忠，謨合皋陶之謂嘉。」不然，如今之《虞書》五篇，皋陶矢謨固多矣，而稷與契曾無一話一言流傳於代，子雲豈鑿空者邪？當子雲時，《棄稷》見存，故謂「言合稷契之謂忠」，以篇名無謨字，僅以謨貼皋陶。惜永嘉之亂亡失，今遂不知作何語。』

亦行有九德。【傳】言人性行有九德，以考察眞僞則可知。

循按：《堯典》『克明俊德』，鄭氏以『俊德』爲『賢才兼人者』。兼人則不執一，故下經言九經之目，爲『寬而栗，柔而立，愿而恭，亂而敬，擾而毅，直而溫，簡而廉，剛而塞，彊而義。』然則徒寬而不栗，徒彊而不義，不可爲德。《洪範》『三德』：『高明柔克，沉潛剛克。』鄭亦云：『剛而能柔，柔而能剛，寬猛相濟，以成治立功。』《樂記》云：『禮樂皆得，謂之有德。』禮主敬，樂主和，皆得，亦相兼而不執一矣。德字始見《堯典》，而其義莫明於此，蓋『一陰一陽之謂道』，道得於身爲德，道兼陰陽，則德參禮樂。《九家易》云：『陰陽交通謂之德。』《素問·氣厥論》云：『善食而瘦入，謂之食亦。』王冰注云：『食亦者，食入，移易而過，不生肌膚也。亦，易也。』《骨空論》云『易髓無空』，王冰注云：『易，亦也。』《列子・黄帝篇》『二者亦言』，張湛注云：『亦當作易。』是古亦、易通用，『亦行』者，易行也。變易其行，則『寬而栗，彊而義』，不執於一矣。故變易其行者有九德。九『而』字，即變化移易之義。所謂『君子有三變』，變者，易也。行爲易行，指而目之，卽爲易言。方指之爲寬、爲柔、爲愿，又易而言其爲栗、爲立、爲恭；方指之爲亂、爲擾、爲直，又易而言其爲敬、爲毅、爲温；方指之爲簡、爲剛、爲彊，又易而言其爲廉、爲塞、爲義。其行以變易，而不執於一，故易行有九德，因而言之者，以變易而不執於一，故『易〔一〕言其人有德，乃言曰「載采采」。』卽易言其人有德也。上采字指寬、柔、愿、亂、擾、直、簡、剛、彊，下采字指栗、立、恭、敬、毅、温、廉、塞、義。『采采』者，不一事，卽不一行，不一言，鄭注謂『上下相協，乃成其德』，是也。亦本『兩相須之意』，《公羊》昭十七年何休注。義通於奕。《獨斷》云：『寢廟奕奕』，言相連也。相連卽相兼。亦、奕二字皆訓重，采采不一采，故重也。乃傳以『人性』二字解『亦』字，鄭亦云『凡人之性有異』，未詳所謂。

夙夜浚明有家。【傳】浚，須也。

〔一〕『易』，《尚書正義》作『亦』。

循按：傳讀浚爲逡遁之逡。逡遁不進，是有待之義，故訓須也。

粉、米、黼、黻、絺、繡。【傳】粉若粟冰，米若聚米，黼若斧形，黻爲兩己相背，葛之精者曰絺，五色備曰繡。

循按：《説文》黹部云：『黹，箴縷所紩衣。』黼、黻、黺三字皆從之。糸部云：『絑，繡文如聚〔一〕米也。』《釋文》：『粉米，《説文》作黺𪓕，徐本作絑。』然則黺、絑、黼、黻皆繡文。凡繡以葛爲質，箴縷密紩，五色相間，故云絺繡。伏生《大傳》云：『山龍青也，華蟲黄也，作繪黑也，宗彝白也，璪火赤也。』此五色爲上衣之文，其下裳用絺繡，所爲黺絑〔二〕黼黻，蓋裳下齊緣邊之飾，今俗所云鑲邊掛線者，正此遺制也。其最下一層，用青黑相間，繡作兩己相背形，牽連爲折方，今俗作亞字文，其遺象也，是爲黻；次一層，用白黑相間，繡作斧形，牽連爲半圓，今俗作雲文，其遺象也，是爲黼；又其上，作小圓，爲粟文者，𪓕也；作冰裂文者，黺也。觀商周彝鼎，其上文多有類此者，可想見其象。故虎蜼之文同於彝尊，即以宗彝名之。陳祥道《禮書》依此傳爲圖，謂斧刃白而銎黑，兩己相背，蓋左青而右黑，

〔一〕『聚』下，《説文》有『細』字。

〔二〕『絑』，叢書本作『𪓕』。

施之於裳，殊不成體。《喪大記》云『君龍爲[一]、黼荒、火三列、黻三列』，注云：『荒，蒙也。在旁曰帷，在上曰荒。黼荒緣邊爲黼文，畫荒緣邊爲雲氣，火、黻爲列於其中耳。』《正義》云：『緣荒邊爲白黑斧文，故云黼荒。「火三列」者，列，行也，於黼文之上，荒中央，又畫爲火三行也，火形如半環；「黻三列」者，又畫爲兩己相背，爲三行也。』按此云緣邊爲黼文，是也。可知裳亦緣邊爲黼文、黻文也。『火三列』者，爲璪火之文三層也。『黻三列』者，爲亞字文三層也。

傲虐是作，罔晝夜頟頟。【傳】傲戲而爲虐，無晝夜，常頟頟，肆惡無休息。

循按：《正義》以『頟頟』爲『無休息』之意。傳蓋讀頟爲雒。漢龍頟侯一作龍雒侯。雒同洛。《廣雅》云：『洛，繹也。』洛繹猶駱驛。成公綏《嘯賦》：『聲駱驛而響連。』《文選》注以駱驛爲不絶貌。駱亦與雒通。不絶，卽無休息也。鄭康成謂：『丹朱見洪水時人乘舟，今水已治，猶居舟中，頟頟使人推行之』，此以『頟頟』二字連下『罔水行舟』，以罔水爲無水，故解爲『陸地行舟』。鄭云『水已治』，則以水由地中，前此氾濫已平，亦是以罔水爲無水。無水推行，正與傳『陸地』之説同。不然，舟在水，何用推行？且使在江河溪澗之

[一]『為』，叢書本作『惟』，《禮記正義》作『帷』。

中，則居舟而行，何分水已治未治？惟本陸地，因鴻水氾濫，人居舟中。今水已落，仍爲陸地，而丹朱猶居舟中，使人推行如此。推鄭義，雖不明言陸地行舟，而其意可見也。鄭雖以頟頟屬行舟，而上亦連『罔晝夜』，謂無晝夜，頟頟罔水行舟，其讀頟頟，或亦如傳讀爲雒雒，爲駱驛無休息也。

導菏澤。【傳】菏澤在胡陵。

循按：《説文》：『菏澤在山陽湖陵。』《禹貢》『浮于淮泗，達于菏』，許叔重亦以湖陵。菏水爲菏澤水，下導沇，又東至于菏，傳云菏澤之水。別詳《禹貢》、班《志》、鄭注釋。

三百里蠻。【傳】以文德蠻來之，不制以法。

循按：《漢書·地理志》引《禹貢》此文，師古曰：『蠻謂以文德蠻幕而覆之。』以幕解蠻，以覆明幕。師古以幕古通漫，漫慢亦通。馬氏訓蠻爲慢，故顔氏變慢爲幕耳。師古此注本諸孔傳。而幕覆與蠻來之義終有未合。玩傳用來字，蓋讀蠻爲攣。攣之義爲係，爲引，孌，亦訓引。謂以文德引來之，不以法制之。『不制以法』，法字對德字也。鄭康成讀蠻爲緜，《詩》以緜蠻爲雙聲。緜蠻亦稱緜攣。張衡《思玄賦》云：『毋緜攣以倖己兮』，《文選》注引舊注云：『緜攣，係貌。』讀緡讀攣，其義一也。攣係而來，卽羈縻其人。《正義》謂：『緡是繩，言蠻者以繩束物之名。』尚未得鄭、孔之恉。

卷下

【序】三年復歸于亳，思庸。【傳】念常道。

循按：《説文》云：『庸，用也。从用从庚。庚，更事也。』《方言》、《廣雅》皆以代訓庸，代亦更也。《孟子》云：『太甲顛覆湯之典刑，伊尹放之於桐。三年，太甲悔過，自怨自艾，於桐處仁遷義，三年，以聽伊尹之訓己也。』此《序》義與之合。『思庸』謂思更改，卽『悔過自怨自艾』之謂。

率籲衆感。【傳】籲，和也。

循按：《説文》籲讀與籥同。龠，樂之竹管，三孔，以和衆聲也。又龢，調也，从龠禾聲，讀與和同。調和之和，卽取義於龠。龠與籥同，傳讀籲爲籥，故訓爲和，謂調和衆人之憂戚也。《正義》謂『籲卽裕，是寬意，故爲和』，未得傳讀。鄭注《禮》云：『籥如笛，三孔』，是籥卽龠。

不昬作勞。【傳】昬，强。

循按：鄭氏讀昬爲睧，訓爲勉，勉卽强也。《正義》謂「與孔不同」，未是。

汝不和吉言于百姓。【傳】責公卿不能和喻百官。

循按：《正義》解爲「和喻善言於百官」，是以吉訓善。經云「和吉言」，傳絶不解説「吉」字，而增入「喻」字。直以「喻」字夾入「和吉言」之中，非傳義也。惟〔一〕究傳義，蓋經文「吉」字，傳本作「告」字，《説文》、《廣雅》皆云：「諭，告也。」諭卽喻。傳以「喻」字解「告言」二字，故云「和喻百官」。《禮記·緇衣》「尹吉曰」，注云：「吉，當爲告。」《春官·大宗伯》「以吉禮事邦國之鬼神示」，注云：「故書「吉」，或爲「告」。杜子春云：「書爲告禮者，非是，當爲吉禮。」」然則吉、告二字古多以傳寫互譌，此「吉言」之「吉」，孔傳本或作「告」，或是孔傳讀吉爲告也。

汝無侮老成人。【傳】不用老成人之言，是侮老之。

循按：唐石經作「汝無老侮成人」，以「老」字加「侮」字上，是以其老而侮之，故傳云「侮老之」，必其人已老，乃侮老之。則成人是老成人，故傳以「老成人」解「成人」。經用

〔一〕「惟」，叢書本作「推」。

『老』字在『侮』上，則『成人』之老可知，古人屬文簡奥多若此。今作『汝無侮老成人』，失經文之妙，傳義乃不明。

無弱孤有幼。【傳】不徒則孤幼受害，是弱易之。

循按：傳以易字解弱字。《左傳》襄十七年，『華臣弱皋比之室』，杜注云：『弱，侵易之。』

咸造勿褻在王庭。【傳】造，至也，衆皆至王庭，無褻慢。

循按：《周禮·司門》『四方之賓客造焉』，《儀禮》『造于西階下』，注皆訓造爲至。《釋文》引馬訓造爲爲，則不可説矣。傳慢字解褻字。慢者，緩也，有緩慢不至者，則不能咸至矣。余謂《説文》訓褻爲私服，此『勿褻』之褻宜作私字解，與上『咸』字爲對。咸至，欲衆民皆至於庭也。下云『勿褻在王庭』，五字連讀，即足上『咸造』之義，皆在王庭則公，不皆在王庭則私。故云咸至，勿私在王庭也。

鮮以不浮于天時。【傳】浮，行也。少以不行於天時者，言皆行天時。

循按：《楚辭·抽思》云『何回極之浮浮』，王逸《章句》云：『浮浮，行貌。』《廣雅》云：『浮浮，行也。』

敢恭生生。【傳】敢奉用進進於善者。

循按：《盤庚》凡四言『生生』，傳皆以『進進』解之，意殊不豁。余謂《易傳》云『生生之謂易』，孔子正取此『生生』二字爲『易』字訓釋。易者，改變之義，可與此經互明。此經『生生』指遷徙言，謂變通也。『汝萬民乃不生生』，謂萬民不肯從遷，是不知變通也。『往哉生生』，謂往遷新邑，則能變通也。『朕不肩好貨，敢恭生生』，謂朕不任好貨，而勇於奉此變通之道也。『無總于貨寶，生生自庸』，謂爾等亦無聚貨寶，其以變通之道自更改也。鄭康成注《泉府》『國服爲息』，言稱貸者加息以償貸者，得取息以爲利，則財貨生生不窮，亦謂交易變通則財貨不窮。

天曷不降威，大命不摯。【傳】言天何不下罪誅之，有大命宜王者，何以不至。

循按：傳以『天曷』二字貫下『大命不摯』，故於下句疊用『何以』二字以明之。《史記》云：『大命胡不至』，亦增『胡』字以明之。未可依《史記》，謂孔傳本經有『胡』字。《說文》：『䞇，至也，从女執聲。《周書》曰：「大命不䞇」。』讀若摯，無『胡』字。

我舊云刻子王子，弗出我乃顛隮。【傳】刻，病也。我久知子賢，言於帝乙，欲立子，帝乙

不肯。病子不得立，則宜爲殷後者子。今子若〔一〕不出逃難，我殷家宗廟乃隕墜無主。

循按：《釋文》：「舊云：馬云『言也』，刻音克。馬云：『侵，刻也。』」《正義》以刻爲傷害之意，蓋以馬氏侵刻爲傳解也。然言其賢而請立，不可爲侵刻傷害之。玩傳云「病子不得立」，則當如「堯舜其猶病諸」之「病」。刻之訓爲極、爲急。趙岐注《孟子》云：「病，極也。」《詩・召旻》箋云：「疾猶急也。」故刻之義與病同。高誘注《吕覽・處方篇》云：「刻亦急也。」注《達鬱篇》云：「刻，盡也。」盡與極同。刻訓盡，猶該訓備。傳以「我久知子賢」解「舊」字，以「言於帝乙，欲立子」解「云」字，以「病子不得立」解「刻子」二字，以「宜爲殷後者子」解「王子」二字，「不出我乃顛隮」六字爲句。然經止言「我舊云刻子」，其他云云，經文無之。王充《論衡・本性篇》引作「我舊云孩子，王子不出」。紂爲孩子之時，微子睹其不善之性，性惡不出衆庶，長大爲亂不變，故云也。」此說尤爲不辭，於經文殊費辭說，而不能達。余謂「刻子」即箕子也。《易》「箕子之明夷」，劉向、荀爽讀箕爲荄。《淮南子・時則訓》「爨萁」，高誘注云：「萁讀荄備之荄。」古荄萁音通。《說文》：「亥，荄也。十月微陽起，接盛陰。」用起字明荄字，以起荄聲相近也。又：「侅，奇侅，非常也。」以奇連侅，奇侅音近相疊也。《爾雅》：「山無草木，峐。」《說文》「無草木」爲屺。《釋文》引《三蒼》、《字林》、《聲類》，言峐猶屺字。亥唐亦作期唐。刻从亥，與孩、荄

〔一〕「今子若」，《尚書正義》作「今若」。

同。箕卽其字。《釋名》：『亥，核也。』核之與荄，猶刻之與孩。《史記·律書》：『箕者，言萬物根棋。』棋卽其也。《毛詩傳》：『棘，急也。』與戒音義同，棘之爲戒，猶刻之爲急。急爲箕之入聲，戒爲荄之去聲。陔亦作陔該，亦該備。《曲禮》『粱曰薌萁』，《釋文》：『萁字又作箕，同音姬，語辭也。』以此推之，父師既云『詔王子出迪』，則已勸微子去矣。下云『我舊云：箕子、王子不出，我乃顛隮』。此乃述其平素私自之言。舊，久也。謂不特今日因王子問我，我始言之，且不獨言王子當去，久已言箕子、王子兩人皆當出，若箕子王子不出，則我殷乃顛隮矣。《史記》引《微子》，不載此文，而插叙箕子佯狂一段云：『或曰可以去矣』，正本此舊云箕子不去之説也。父師、少師，別是二人。所謂太師疵、少師强也，傳以當箕子、比干，而『刻子』二字遂莫能達耳。董仲舒《賢良策》云：『至于殷紂，守職之人皆奔走逃亡，入于河海。』卽指《論語》『太師摯適齊』一章而言。

王朝至于商郊牧野。【傳】紂近郊三十里地名牧。

循按：《毛詩·魯頌》正義：『昭二年，「叔弓如晉」，《左傳》曰「晉侯使郊勞」，服虔云：「近郊三十里。」』

乃惟四方之多罪逋逃，是崇是長。【傳】言紂棄其賢臣，而尊長逃亡罪人，信用之。○是信是使，是以爲大夫卿士。【傳】士，事也，用爲卿大夫，典政事。

循按：傳以五『是』字指『多罪逋逃』之人。『尊』字解『崇』字，『信用之』解『是信是使』，此注當在『是信是使』句下。上『用』字解『使』字，下『用』字解『以』字。

鯀則殛死。【傳】放鯀，至死不赦。

循按：《釋文》：『殛，本作極。』《儀禮・大射儀》『朱極三』，注云：『極猶放也。』《士喪禮》『纊極二』，注云：『極，放弦也。』極有放義。《孟子》『又極之於其所往』，趙岐注云：『極者，惡而困之也。』極又訓已，《詩・鴇羽》箋。又訓窮。《樂記》注。極鯀于羽山，放之使居東海，既永不復用，又收管之，不許他往，所以困之窮之，使之終死於是，《吕覽・制樂篇》注：『極，終也。』故云『至死不赦』。傳於殛字之義，實能體會至精。《説文》以『殊死』解之，則殛爲斬首，固非。《鄭志・答趙商》以爲『至死不得返於朝』，是也，而以『殛死』爲箕子釋武王之慙所假言，亦非。

凡厥庶民，有猷有爲有守。【傳】民戢有道，有所爲，有所執守。

循按：戢字不可解。《正義》云：『戢，斂也。因上「斂是五福」，故傳以「戢」言之。』乃上文『斂時五福』，傳直云『斂是五福之道以爲教』，何得間隔三十餘言而以戢字訓者？矧斂屬於君，此戢屬民，殊相差錯。宋岳珂《九經三傳沿革例》云：『戢字止是一或字，傳寫誤作戢耳，疏義强釋作斂戢之戢。』岳説是也。

其作汝用咎。【傳】其爲汝用惡道以敗汝善。

循按：《釋文》：『其爲，于僞反。』是讀爲相爲之爲。作之義同於爲。爲之義有二，作之義亦有二。爲是發爲之爲，則作是動作之作；爲是相爲之爲，則作是作使之作。韋昭《魯語》注云：『爲，猶使也。』《周禮·司士》注云：『作，謂使之也。』然則傳以『爲』字解『作』字，『其作汝用咎』，猶云其使汝用咎也。《正義》讀『爲』平聲，云『其爲汝臣，必用惡道以敗汝善』，於『爲汝』下增入『臣』字，非傳義，亦非經義。

予仁若考能，多材多藝，能事鬼神。【傳】我周公仁能順父，又多材多藝，能事鬼神。

循按：昭二十年傳，『無極曰：「奢之子材，若在吴，必憂楚國。盍以免其父召之。彼仁，必來。」』仁卽愛也。謂彼愛其父，必來。與此經仁字義同。傳以『順父』解『若考』，而以『能』字加『順父』之上。然則孔傳經文作『予仁能若考』，否則以『予仁若考能』爲句，《正義》亦云『既能順父』，『能』字在『順父』上。仁，故能『若考』；『多材多藝』，故『能事鬼神』。以『多材多藝』與『仁』字對，以『若考』與『事鬼神』對，兩能字相應。

王若曰。【傳】周公稱成王命。

循按：鄭康成云：『王，周公也。周公居攝，命大事，則權稱王也。』王肅云：『稱成王命，故稱王。』傳與王同。《正義》引鄭，規之云：『惟名與器，不可以假人。周公自稱爲王，則是不爲臣矣。大聖作則，豈若是乎？』《尚書正義》每多正論。王莽因翟義之討，依《大誥》『王若曰』云：『惟居攝二年十月甲子，攝皇帝若曰。』莽擬《大誥》以喻民，必依天下人所共習之義。然則西漢人説經，固以『王若曰』爲周公稱王踐天子之位，後漢鄭康成延其説耳。王肅之説，遠勝於鄭。顧西漢人不善説經，遂啟王莽之逆。後人抑王而右鄭，不知其悖戾不特禍於經耳。僞孔傳固有勝於眞鄭注者，此類是也。

適爾，既道極厥辜，時乃不可殺。【傳】汝盡聽訟之理，以極其罪，是人所犯，亦不可殺。

循按：傳以『汝』字解『爾』字，以『盡』字解『既』字，以『聽訟之理』解『道』字，『適』字未有明解。《正義》以適爲當，云：『汝當盡斷獄之道，以窮極其罪。』經文『適』在『爾』字上，《正義》『汝』在『當』字上，『汝當盡斷獄之道，以極其罪』，則是爲督責之辭，非經義，亦非傳義。適訓當，亦訓如，宜解爲『如得其情』之如，謂有大罪，『非終乃惟災眚』如爾，盡聽訟之道，以窮極其罪之大，然是人既『非終乃惟眚災』矣，則不可殺。傳以『聽訟之理』解『道』字，則斯時所以勑康叔者，勑其大罪之中，知其非終，非勑其窮極其罪也，玩下云『亦不可殺』，『亦』字從『適』字轉出，傳雖未明破『適』字，而『適』字之義自見。

矧曰其敢崇飲。【傳】崇，聚也。自暇自逸猶不敢，況敢聚會飲酒乎？明無也。

循按：《廣雅》崇、宗並爲聚。隱公六年《左傳》『芟夷蘊崇之』，杜注：『蘊，積也。

崇，聚也。」

誕惟民怨，庶羣自酒。【傳】大行淫虐，惟爲民所怨咨〔一〕**。紂衆羣臣用酒沈荒。**

循按：《正義》云：「『用』者解經之『自』。」是『自酒』即『用酒』。《正義》中傳是也。然經文『庶羣自飲〔二〕』承上『民怨』，則『自』字不必他解，蓋謂民則怨矣，而紂之羣臣自沈于酒，而不顧民之盡也。

肆亦見厥君事戕敗人，宥。【傳】聽訟折獄，當務從寬恕。故往治民，亦當見其爲君之事，察民以過誤殘〔三〕**人者，當寬宥之。**

循按：戕敗人不可以宥，惟過誤戕敗人，乃可以宥。傳於『戕敗人』上增加『過誤』二字者，貫上『君事』知之也。傳云『亦當見其爲君之事』，『爲』字讀去聲，謂因君之事而戕敗人，非由有挾故行殘害，所以爲過誤，可寬恕也。傳讀『君事戕敗人』五字一氣，《正義》未得傳義。

〔一〕『咨』，《尚書正義》作『咎』。
〔二〕『飲』，《尚書正義》作『酒』。
〔三〕『殘』，《尚書正義》作『殘敗』。

至于敬寡，至于屬婦。【傳】至於敬養寡弱，至於存恤妾婦。

循按：傳以『敬養』解『敬』字，以『寡弱』解『寡』字，以『存恤』解『屬』字，以『妾婦』解『婦』字，其意甚明。《釋名・釋親屬》云：『屬，續也，恩相連續也。』恩相連續，卽存恤之意。《釋文》音屬爲蜀，『妾之事妻也』。《正義》云：『經言屬婦，傳言妾婦者，以妾屬於人，故名屬婦。』此以傳之『妾』字解『屬』字，非是。

王其效邦君，越御事，厥命曷以。【傳】王者其效實國君，及以〔一〕御治事者，知其教命所施何用。

循按：《廣雅》：『效，驗也。』傳以實字明效字，謂驗實其所施也。

天迪格保。【傳】言天道所以至於保安湯者，亦如禹。

循按：格之訓至，固矣。而格、至均有變更之義，故《論語》『有耻且格』，謂民變化於善也。《孟子》『惟大人爲能格君心之非』，謂變化君心之非也。《易》『至哉坤元』，至卽謂能變通，舍此以至彼。『格保』者，謂天改變其保夏，而爲保殷也。

不其延。【傳】言桀不謀長久。

〔一〕『以』，《尚書正義》作『於』。

循按：《爾雅·釋詁》：『基，謀也。』《孔子閒居》引《周頌》『夙夜基命宥密』作『夙夜其命宥密』，注云：『《詩》讀其爲基，基，謀也。』此傳以『長久』解『延』字，以『不謀』解『不其』，蓋讀其爲基，正與《孔子閒居》同。《正義》未能疏通證明，漫衍云『有夏桀不其長久』，日本足利學據疏反改傳爲『不其長久』，而以爲唐以前古本，不亦枉乎？

其惟王勿以小民淫，用非彝。【傳】勿用小民過，用非常，欲其重民秉常。

循按：《正義》云：『其惟王勿妄役小人過用非常之事。』又云：『勿用小民非常役，用爲非常之義。戒王當使民以時，莫爲非常勞役，欲其重民秉常也。』以傳衡之，未能通達。傳訓淫爲過，見《大禹謨》。傳蓋讀淫字爲句，『勿用小民過』，謂勿用小民至於太過也。『用非彝』冒上『勿』字。『勿用小民淫』爲重民，勿『用非彝』爲秉常也。

公定予往，已，公功肅將祇歡。【傳】公留以安定我，我從公言，往至洛邑，已矣，公功以進大，天下咸敬樂公功。

循按：傳讀『已』一字爲句，謂歎辭也，『已矣』二字起下。《正義》以傳讀『予往已』爲句，非是。『公定予往』一句，『予』字既屬上『定』字，又屬下『往』字，故傳言『以安定我，我從公言，往至洛邑』也。『從公言』，卽從公之安定也。

在十有二月。【傳】言周公攝政，盡此十二月。

循按：《爾雅・釋詁》在、卒同訓終。《釋名》：『終，盡也。』傳用《釋詁》訓在爲終，故云盡也。

弗克庸帝，大淫泆有辭。【傳】桀不能用天戒，大爲過逸之行，有惡辭聞於世。○誕淫厥泆，罔顧于天顯民祇。【傳】言紂大過其過，無顧於天，無能明人爲敬。

循按：《爾雅・釋言》：『逸，過也。』《盤庚》『作乃逸』，傳云：『逸，過也。』《立政》『乃惟庶習逸德之人』，傳云：『乃惟衆習爲過德之人。』傳於『大淫泆』，讀泆爲逸。於『誕淫厥泆』，解泆爲過，互辭也。讀泆爲逸，卽是解爲過；解泆爲過，卽是讀爲逸。《釋文》：『泆音逸，又作佾，注同。馬本作屑，云：「過也。」』屑从肖，同佾，馬之訓過，與傳同也。

移爾遐逖，比事臣我宗，多遜。【傳】今移徙汝於洛邑，使汝遠於惡俗，比近臣我宗周，多爲順道。

循按：傳以遠字解遐字，以惡俗解逖字，蓋以逖字與下宗字對。逖指殷，宗指周。謂移爾於洛邑，遠於殷而近於周也。由遠而近，遠於周則俗惡，近於周則道順。『惡俗』二字從下。多遜立義，不遜故俗惡。遠其遠於周之惡俗，而比其近於周之多遜，是自遠而移於近。《正義》謂：『移徙於遠，令汝遠於惡俗。』又云：『令去本鄉遠，使汝遠於惡俗。』是以遐爲徙於遠，以逖爲遠於惡俗，未得傳意。

予惟四方罔攸賓。【傳】以待四方，無有遠近，無所賓外。

循按：《釋文》：『賓如字，徐音殯，馬云：「却也。」』《釋文》以傳讀如字爲賓客之賓也。馬訓爲却，則讀賓爲擯，其音爲殯。《漢書》中山靖王勝對云：『使夫宗室擯却』，師古注云：『擯却，謂斥退也。』擯音必刃反。傳云『賓外』，正與『擯却』義同，謂擯而外之也。《正義》未明。

王曰，又曰。

循按：《正義》云：『凡言「王曰」，皆是史官録辭，非王語也。今史録稱王之言曰，以前事未終，故言「又曰」也。』揆《正義》，蓋謂『王曰』、『又曰』，卽王言、又言。『王曰』指以上所言，『又曰』謂以下所言也。推《多方》篇末，亦有『王曰』云云，『又曰』云云，則『王曰』不指以上所已言。竊謂『時予，乃或言，爾攸居』八字，王兩次重疊言之，有異辭。則《多方》云：『王曰：我不惟多誥』云云，『又曰：時惟爾初，不克敬于和』云云，此無異辭，則不必疊書之，而但以『王曰』、『又曰』標明之。如疊書之，則宜云『王曰時予乃或言爾攸居』，『又曰時予乃或言爾攸居』。古史簡而有法，但以『王曰』、『又曰』標之，自明其爲疊言矣。如石鼓文，凡疊字則用『二』字於本字下，不疊書。『君子員獵，員獵員游』，則於員字下用『二』，於獵字下用『二』，自知其疊員獵二字，無容複書也。

乃諺。【傳】乃叛諺不恭。

循按：《正義》引《論語》『由也諺』，《論語》今作『喭』，鄭曰：『子路之行，失於畔喭。』畔喭即叛諺也。邢昺疏引王弼云：『剛猛也。』《大雅・皇矣篇》『無然畔援』，箋云：『畔援，跋扈也。』《韓詩》云：『武强也。』《漢書・叙傳》注作『無然畔換。』《文選・魏都賦》『雲撤叛換』，劉淵林注：『叛換猶恣睢也。』換、援、喭聲近相通。

屑有辭。【傳】惡事盡有辭説。

循按：《多士》：『大淫泆有辭。』馬注：『泆作屑。』此『屑有辭』，猶云淫泆有辭也。泆同逸，彼傳解作過，而以惡辭明之，謂過卽惡也。此以惡事解屑字，正是以屑爲泆，以泆爲逸，而逸爲過惡也。《説文》訓惡爲過，下文『爾乃屑播天命』，傳云：『汝乃盡播棄天命』，以盡解屑，與此盡有辭説同。屑何以爲盡？盡亦過也。凡事太過，則窮盡。傳既云惡事，又云盡，兼二義也。

惟我周王靈承于旅。【傳】惟我周王善奉於衆。

循按：靈之訓爲神，亦爲善，則善之義爲靈爲神。《易傳》云：『通其變，使民不倦，神而明之，使民宜之。』卽此所謂『靈承于旅』也。不執於一，隨時爲變通，爲靈，乃爲善，《書》於善多稱靈，靈則能變化，故惟人性能轉移，則爲性善。性善卽性靈也。《韶》盡美，又盡善，《武》盡美，未盡善。善則變通神化，民無能名。武定天下，未受命，故未能盡善。周公成文武之德，制禮作樂，而亦盡乎善矣。

自一話一言。【傳】言政當用一善，善在一言而已，欲其口無擇言如此。

循按：《盤庚》：『乃話民之弗率誕告。』傳云：『話，善言。』然則話卽言之善者，此以一善解一話，蓋下已有一言，則話專取善義。《盤庚》單云話不云言，則話爲善言。《大雅·抑詩》『愼爾出話』，毛傳云：『話，善言也。』亦以《詩》云話不云言也。《左氏》文公六年傳『著之話言』，注云：『話，善也。爲作善言遺戒。』十八年傳『顓頊有不才子，不可教訓，不知話言』，注云：『話，善也。』單以善解話，亦以經云話兼云言也。《抑》詩又云『告之話言』，《毛傳》云：『話言，古之善言也。』襄公十八年傳引此《詩》，注云：『話，善也。』話、言並舉，若話爲善言，是話言爲善善言，不辭甚矣。傳解《盤庚》話字爲善言，猶毛公解『出話』之話爲善言也。傳解《立政》『一話一言』之話爲善，猶毛公解『話言』爲善言，是以善字解話字也。

在後之侗。【傳】在文王〔一〕後之侗稚。

〔一〕『文王』，《尚書正義》作『文武』。

循按：《論語》『侗而不愿』，孔曰：『侗，未成器之人。』蓋爲僮字之假借。《釋文》引馬作詷，云共也。在後之共，於義爲不達。《説文》：『詷，共也。《周書》曰：「在夏后之詷」。』經文乃成王自稱之辭，不得雜出夏后，竊謂夏卽後字之譌，后則羨文耳。

爾無以釗冒貢于非幾。【傳】汝無以釗冒進於非危之事。

循按：《廣雅》：『貢，獻也。』獻同於進，故以進字解貢字。冒字不解而直云冒者，《康誥》『我西土惟時怙冒』，傳云：『我西土岐周，惟是怙恃文王之道，故其政教冒被四表。』冒之義爲蒙覆，冒被猶覆被也。冒進猶蒙進也，謂蒙昧而進也。『無敢昏逾』，傳解作『昏亂逾越』，卽是『冒貢于非幾』。傳以成王既無敢冒貢于非幾，又欲保元子無敢昏越也。王光禄《後案》謂傳以冒有進義，而貢字無解，於義不足，未得傳義。

鴟義姦宄。【傳】爲鴟鴞之義。

循按：鄭氏注云：『盜賊狀如鴟梟，鈔掠良善，刼奪人物。』與傳義同。高郵王氏伯申〔一〕讀義爲俄，解爲傾邪反側，是矣。見《經義述聞》。鴟字馬氏訓輕竊，謂鴟卽《多方》『叨懫』之懫。《説文》引《周書》作『叨𩰫』，讀若摯，忿戾也。鴟从氏，《説文》：『氏，至也。』鴟

〔一〕『伯申』，叢書本作『引之』。

之爲䵑，猶氏之爲至，䵑讀若摯，摯卽鷙，鴟鴞之鳥鷙戾，所以名鴟，鴟卽鷙矣。䵑之爲摯，猶輊之爲摯。《小雅》毛傳。摯卽蟄。《説文》：『蟄，抵也。』《廣雅》：『周，至也。蟄，低也。』鄭氏《士喪禮》注：『輖，䵑也。』輖卽輊字，輊卽蟄字，蟄之爲低，卽鷙之爲鴟矣。鴟取鷙而名鴟，亦鵰取鷙而名鵰〔一〕。周氏同訓爲至，則鵰鷙亦鴟鷙也。馬訓鴟爲輕，輕蓋輊字之譌。

皇帝清問下民鰥寡，有辭于苗。【傳】帝堯詳問民患，皆有辭怨於苗民。

循按：傳以詳字解清字。《説文》：『詳，審議也。』精，擇也。擇與審義相近。傳通清爲精也，下『其審克之』，傳云：『其當清察。』又『明清于單辭』，傳云：『當清審於單辭〔二〕。』清、審、詳三字互見，『清問』卽審問也。『民患』二字，民字解下民，患字解鰥寡。蓋傳以『皇帝清問下民鰥寡』爲句。

無或私家于獄之兩辭。【傳】典獄無敢有受貨聽詐，成私家於獄之兩辭。

循按：傳於『私家』上用『成』字，疑傳之經文『或』字作『成』。

〔一〕『鵰』，原作『鴟』，據叢書本改。
〔二〕『清審於單辭』，《尚書正義》作『清審單辭』。

善敹乃甲冑。【傳】善簡汝甲鎧冑兜鍪。

循按：《説文》：『敹，擇也。』擇義與簡同。《六帖》引此經小字注云：『敹，古料字，又音僚。』《説文》：『料，量也，从斗，米在其中，讀若遼。』《釋文》：『敹，了凋反。』與料音近，蓋料本量米之名，敹爲簡擇之字，二字可通。後但用料，不知有敹耳。《史記》以陳爾甲冑釋敹字，《夏小正》十有[一]一月，『陳筋革，省甲兵也』，省甲兵正是簡料之義。太史公用陳字明敹之爲料也。《六帖》引書多不著名，未知所出，而敹之爲料，賴之以明。《度尚碑》『殺敵制勝』，殺卽料，亦卽[二]敹也。

我皇多有之。【傳】我前多有之。

循按：傳以『前』字解『皇』字。《正義》增成之，云『皇訓大也，我前大多有之』，非也。《詩・信南山》箋云：『皇之言往也。』《少儀》注亦云：『皇讀如歸往之往。』傳讀皇爲往，謂我往時多有之，卽前多有之也。

[一] 『有』，叢書本作『月』。
[二] 叢書本無『卽』字。

禹貢鄭注釋

禹貢鄭注釋序

嘉慶壬戌夏五月，自都中歸，阮撫軍以書來招之往浙，詢以古三江之説。時撫軍撰《浙江考》，宗班固《地理志》，而以鄭康成之説爲非。循曰：『鄭氏未嘗非也。鄭氏三江之注，合於班氏。今人所輯之鄭注，販自《初學記》者，非鄭注也。』因詳爲言之。撫軍以爲然。蓋近之學者，不求其端，不訊其末，惟鄭之欲聞，乃鄭氏之書見存者，不耐討索，而散而求之殘缺廢棄之餘。於是不辨其是非眞僞，務以一句之獲、一字之綴爲工。及其以贋爲眞，又不復考其矛盾齟齬之故，甚而拘守僞文，轉强眞文以謬與之合，削足以適履，鐵頭以便冠。而鄭氏之本義汩沒於尊鄭之人。使鄭氏受不白之枉，伊誰之咎耶？班氏《地理志叙》云：『采獲舊聞，考迹《詩》《書》，推表山川，以綴《禹貢》、《周官》、《春秋》，下及戰國秦漢焉。』蓋其所采博，所擇精，漢世地理之書，莫此爲善。故鄭氏注經，一本於是，或明標所自，或陰用其説，間有不合者，亦必别據《地説》等書，明言其所以易之義。注雖殘缺，尚可考而知也。是冬十月，從浙歸來，寒牕無事，與子弟門人論説及之，以嘉定王光禄、陽湖孫觀察所集之本爲質，考而核之，編次成卷，專明班氏、鄭氏之學。於班曰志，於鄭曰注，而以《水經・禹貢山水地澤所在》〔一〕一篇條列而辨之於末，其餘枝葉繁多，今無取焉。十二月臘日，江都焦循叙於半九書塾之因柳閣。

〔一〕「地澤」，《水經注》作「澤地」。

卷上

禹敷土，隨山刊木，奠高山大川。

【注】必隨州中之山而登之，除木爲道，以望觀所當治者，則規其形而度其功焉。《正義》，凡見《尚書正義》者，單稱《正義》。

循按：王本、孫本又引《周禮·大司馬》疏：『今考《大司樂》疏云：「《禹貢》云『敷土』，敷，布也。布治九州之水土，是敷土之事也。」』此賈疏『敷土』二字引《禹貢》，其『敷，布也』云云，則賈氏自言以釋鄭氏《周禮注》『禹治水敷土』之文，非鄭氏《尚書》注也。二本並誤。

冀州既載。

【注】載之言事，事謂作徒役也。《正義》、《公羊·莊公十年傳疏》。禹知所當治水，又知用徒之數，則書於策以告帝，徵役而治之。《正義》。兩河間曰冀州。《史記集解》、《公羊·莊公十年傳疏》。不書其界者，時帝都之，使若廣大然。《公羊·莊公十年傳疏》。

循按：《經典釋文》云：『載如字。載，載於書也。馬同。鄭、韋昭云：「載，事也。」』『馬同』者，同於孔也。鄭與韋昭同。以載訓事，鄭下當連名，傳寫失耳。

壺口治梁及岐。

【志】河東郡，北屈。《禹貢》壺口山在東南。左馮翊，夏陽。故少梁，秦惠文王十一年更名。《禹貢》梁山在西北，龍門山在北。右扶風，美陽。《禹貢》岐山在西北，中水鄉，周太王所邑。

【注】《地理志》壺口山在河東北屈縣之東南，梁山在左馮翊夏陽，岐山在右扶風美陽西北。《史記集解》，『岐山』句又見《詩·周南召南譜》《正義》多『西北』二字。於此言『治梁及岐』者，蓋治水從下起，以襄水害易也。《正義》。

循按：《大雅·緜正義》引鄭《書傳注》云：『岐山在梁山西南。』此明標《書傳注》，則伏生《尚書大傳》之注也。王本誤爲《書》注，《史記索隱》所載與《集解》同。蓋後人誤以《集解》寫入《索隱》也。

又按：《志》凡明標《禹貢》，卽當時立學官之今文《尚書》也。曰『古文』，以別於今文也。鄭氏明標《地理志》，而復申言之，以爲『治水自下起，以襄水害易』，蓋以經屬冀州，而扶風、馮翊則在雍州，恐後人疑惑，别起異端，故疏説其義，而梁、岐爲雍州之山可決矣。《吕氏春秋·古樂篇》云：『禹立，勤勞天下，日夜不懈，通大川，決壅塞，鑿龍門，降通漻水以導河。』高誘注云：『決壅塞，故鑿龍門也。降，大也。漻，流也。』〔一〕《愛類篇》云：『昔上古龍門未開，吕梁未發，河出孟門，大溢逆流，無有丘陵沃衍平原高阜，盡皆滅之，名曰鴻水。』注云：『昔龍門、吕梁未通，河水穑積，其深乃出於孟門山之上，大溢逆流，無有涯畔也。』《淮南·修務訓》亦言禹『鑿龍門，闢伊闕』。哀帝時賈讓上治河策，申言之云：『昔大禹治水，山陵當路者毁之，故鑿龍門，闢伊闕，析厎柱，破碣石，墮斷天地之性。』『鑿』之云者，卽治之謂也。《禹貢》言山水，獨此稱治，非鑿而通之，曷以云此？《周髀算經》商高對周公言積矩之法，謂『禹之治天下者，此數之所生』。趙爽注云：『禹治鴻水，決流江河，望山川之形，定高下之勢，除滔天之災，釋昬墊之厄，使東注於海，而無浸逆。乃句股之所由生也。』惟禹明於數理，以知地勢，故導水必先以導山，自岍而岐，而荆山，以逾於河，復連壺口、雷首、太岳、厎柱、析城、王屋、太行、恒山，至碣石入海。山脉自西而東而北，必導水行於山外，非由龍門不可。是地既隘，水不暢流，遂横入冀都。此横流逆行，懷山襄陵所由來也。高誘注《淮南》云：『龍門本有水門，禹闢而大之，故言鑿。』舍此而河不能以入海，故鑿之。龍門鑿而水南下，冀都之鴻水乃平。《志》言龍門與梁山同在夏陽，則鑿龍門卽治梁山也。《水經》『河水南過河東北屈縣西』，注云：『北屈縣

〔一〕《吕氏春秋》高誘注『大』、『流』後無『也』字。

故城西十里〔一〕有風山，西四十里河南孟門山」，與龍門山相對，『大禹疏通謂之孟門，即龍門之上口也。實爲河之巨阨，兼孟門津之名矣。此石經始禹鑿，其中水流交衝，迄於下口』。又『南出龍門口』，注云：『大禹導河積石，疏決梁山，謂斯處也，即《經》所謂龍門矣。《魏土地記》曰：「梁山北有龍門山，大禹所鑿，通孟津河口，廣八十步，巖際鐫迹，遺功尚存。」』依此，禹於夏陽鑿龍門，於北屈鑿孟門。鑿孟門即治壺口也。壺口、梁山既治，而河水南下矣。河無定者也，積石至龍門，阻而横流，一旦鑿而通之，既出龍門，非南溢，必且四潰。乃治岐，使渭水挾關中諸水之力，從西來逼之東行於太華、雷首之間，故治壺口。不治梁，水仍擁積而不行；治梁而不治岐，水之南決，無由趨而東也。壺口、梁、岐之治，三者間不容髮，故曰『壺口治梁及岐』。禹之用渭，猶今之用淮也。河水湍急，非有他水持之，未可言治。治梁及岐，即所以平冀州之水，又何疑於雍州之山哉？

既修太原，至于岳陽。

【志】太原郡。秦置，在晉陽，屬并州。河東郡，彘。霍太山在東，冀州山。

【注】岳陽縣，太岳之南，於《地理志》太原，今以爲郡名。太岳在河東故縣彘東，名霍

〔一〕『十里』，《水經注》作『四十里』。

太山。《詩·唐風譜正義》、《周禮·職方氏疏》。

循按：《志》不言《禹貢》言冀州山，謂《職方》『冀州其山鎮曰霍山』也。鄭氏注《職方》云：『霍山在彘。』亦本《志》也。彘縣，順帝改爲永安縣，故曰『故縣』。

又按：胡朏明謂華陰之太華山、鄠縣之灃水、上雒之熊耳、蒲反之雷首、彘縣之霍太山、長子之濁漳水、屯留之絳水、壄王之太行山、華容西陵編縣之雲夢澤、鉅野之大野澤、鄒縣之故大河、博縣之岱山、蓋縣之沂水、萊蕪之淄水、毗陵之北江水、兗縣之灃水、河關西南羌中之積石山，及河水、删丹之弱水、直路之沮水、下縣之泗水、成平之徒駭、東光之胡蘇、鬲縣之鬲津，皆《禹貢》之山水，而獨不繫之《禹貢》，義例參差，貽惑後人。朏明此說非也。班氏於鬲津引平當言，於弱水引桑欽言，可知其凡稱《禹貢》、稱古文者，皆信而可徵。其不可遽定者，則闕之。上雒熊耳蒙上『《禹貢》雒水』言，絳水於信都入海稱『《禹貢》絳水』，互見者也。霍山、漳水、雲夢、大野、沂水、甾水、北江水、泗水，皆主《職方》言之，而《禹貢》則從其略。岱、華、大行、河水之類，則又不必言者也。其灃、沮、泗、漳等水，或以當時所行，或以舊聞所未有，《班志》志漢一代之郡縣，《禹貢》原不必盡載，以此爲貽惑後人，班氏不受也。東至于澧，《志》引《禹貢》本作『醴』，鄭氏訓以地名，非水名也，亦以規之，不啻以牛矢而當狐父之戈也。

又按：《班志》自言『考迹《詩》、《書》，綴《禹貢》、《周官》、《春秋》』。今考《志》，言《禹貢》外，舉《職方》最多，乃揚州之五湖、荆州之湛、豫州之波溠、青州之望諸、兖州之盧、冀州之楊紆，皆不詳，以疑之當闕也。幽州之毉無閭、冀州之潞、青州之沂、兖州之岱、豫州之滎，幽、兖之河、泲，亦不詳，則不必詳者也。於三江則分指南江、北江、中江，於江、漢則指沮水，尤爲精密。蓋宜詳則詳之，可略則略之也。鄭氏注《職方》，讀「波」爲「播」，以即滎播之播，溠引《春秋傳》「除道梁溠」之溠，而疑其宜在荆州，青州之望諸，以爲明都在睢陽，盧維讀作雷雍，嘔夷疑即平舒之祁夷。蓋經生説經，可用六書假借諧聲以通其説。班氏著史，必依文考信，故班氏有不詳，而鄭氏詳之也。若夫漳水，班言在沾，鄭言在長子，一以清漳言，一以濁漳言，異而同也。時水，班言在博昌，鄭言出般陽，于欽《齊乘》言時水之原南近淄水，北至般陽新城縣東南，又北至博興南，博興即漢博昌縣地，般陽路即漢般陽縣地，新城在北八十里，然則時水所經，實兼般陽、博昌，亦異而同者也。惟嘔夷鄭言祁夷，班言滱。維水，鄭言即濰，班言是維，為大異。乃鄭第擬度之詞，班采舊聞，必有所受。《説文》：「滱水，即漚夷水，并州川也。」「濰，徐州濅。《夏書》曰：『濰淄其道』。」與《班志》同。鄭注《職方》不及注《禹貢》之精，而賈疏尤爲疏略。附論於此。

覃懷厎績，至于衡漳。

【志】河内郡，懷；上黨郡，沾、大黽谷，清漳水所出，東北至邑成，入大河，過郡五，行千六百八十里，冀州川。長子。鹿谷山，濁漳水所出，東至鄴，入清漳。

【注】懷縣屬河內。《史記集解》。『衡漳』者，漳水橫流。《地理志》云：漳水，上黨沾縣大黽谷，東北至安平、阜城入河。《詩・邶鄘衛譜正義》、《周禮・職方疏》行千六百八十里。《周禮・職方疏》。

循按：《職方疏》引云：『覃懷，縣名，屬河內。』乃河內有懷，無覃懷，《史記集解》所引是也。《職方疏》蓋統而撮之，故自太原以下，冒之曰『《地理志》』。《詩正義》有『《地理志》云』四字，是也。

又按：鄭注引《地理志》，往往舉東漢郡邑之名以易之，此古人引書之法，取當時之名，明《志》之地卽今之某地也。王本謂鄭所引《地理志》非班《志》，乃伏无忌、黃景所作，非也。《班志》信都國有昌成侯國，應劭注云：『信都國，安帝改曰安平。』《後漢・郡國志》：『冀州安平國阜城，故昌城。』《班志》『邑城』，蓋『昌城』之譌。

厥土惟白壤，厥賦惟上上錯。

【注】此州入穀不貢。《正義》。賦之差，一井，上上出九夫稅。《正義》、《禮記・王制疏》。上中出八夫稅，上下出七夫稅，中上出六夫稅，中中出五夫稅，中下出四夫稅，下上出三夫稅，下中出二夫稅，《王制疏》。下下出一夫稅。《正義》、《王制疏》。通率九州一井稅五夫。《正義》。

厥田惟中中。

【注】田著高下之等者，當爲水害避〔一〕也。地當陰陽之中，能吐生萬物者曰土，據人功作力競得而田之，則爲之田。《正義》。

恒、衛既從，大陸既作。

【志】常山郡，上曲陽，恒山北谷在西北有祠，并州山，《禹貢》恒水所出，東入滱。靈壽。《禹貢》衛水出東北，東入虖池。鉅鹿郡，鉅鹿。《禹貢》大陸在北。

【注】《地理志》：恒水出恒山，衛水出靈壽，大陸澤在鉅鹿。《史記集解》。大陸，地者。《爾雅・釋地》：「八藪，晉有大陸。」《周禮・大司徒疏》。

循按：治河之法備於冀州。河出龍門，得渭力挾之而東，恐其溢也，修太原以通汾水而持之。既至孟津，將欲載之高地，則用伊雒諸水挾之而北，恐其溢也，通沁水以持之。「覃懷厎績」，沁水通也。沁持於河内，洛逼於河南，而河乃北就衡漳矣。蓋河不可以土治，而利以水治。渭之勢向東者也，河因之而東；洛之勢向東北者也，河因之而東北；漳之勢向北者也，河因之而北。伊助洛北行，故闢伊闕以通之；恒、衛助漳北行，故

〔一〕「避」，《正義》引鄭注作「備」。

通恒、衛以從之。水之合也既多，則釃之爲漯，匯之爲大陸，播之爲九河，皆在北行之後。禹之治水，用諸水之力以相推挽，此中消息微矣。

鳥夷皮服。

【注】鳥夷，東北之民賦食鳥獸者。《史記集解》。

循按：《正義》引作『東方之民搏食鳥獸者』也。顔師古云：『搏食鳥獸，食其肉而衣其皮』，亦作『搏食』。

夾右碣石入于河。

【志】右北平郡，驪成。大揭石山在縣西南。遼西郡，絫。下官水南入海，又有揭石水南入官。

【注】《戰國策》碣石在九門縣，今屬常山郡，蓋別有碣石，與此名同。今驗九門無此山也。禹由碣石山西北行，盡冀州之境，還從山東南行入河。治水既畢，更復行之，觀地肥瘠，定貢賦上下。《正義》。

循按：鄭注辨此碣石非《戰國策》之碣石，必先引《地理志》右北平之文而後辨之也。凡《正義》引鄭注，大率以與孔傳異者。既以傳海畔山即北平驪成縣之碣石，是與鄭合，故不復舉鄭之引《地理志》，而第舉其辨《國策》也。此注殘闕，可取《班志》補之。

又按：《班志》一言大揭石山，一言碣石水，水蓋以山得名。《武帝紀》元封元年，『東巡海上，至碣石。』文穎曰：『在遼西絫縣。』絫縣今罷，屬臨渝。此石著海旁驪成與絫，雖分隸北平、遼西，而實爲接壤，後漢皆並入臨渝。《魏書・地形志》平州遼西郡肥如有碣石。《隋書・地理志》北平郡盧龍：『開皇六年省肥如入新昌，十八年改名盧龍，有臨渝宮，有碣石。』《唐書》平州石城本臨渝，有碣石山。蓋西漢縣多，則分爲驪成、臨渝、絫三縣。後漢併爲臨渝，魏併爲肥如，隋、唐併爲盧龍、石城。盧龍、石城皆臨渝地。《通典》繫碣石於盧龍，《唐志》繫於石城，其義一也。史籍相承，皆明注碣石，正當緣碣石所在，而定漢之驪成、絫縣所在也。《導山》叙山脉由大行、恒山至碣石入海，山脉至此入於海中，山必瀕海，文穎言海旁是也。《水經》言在水中，已與文穎海旁之説異。酈道元乃言海水西浸而包其山，又引張君言碣石在海中而證之，以營州城垂淪者半，又引韋昭以天橋柱爲碣石，蓋皆擬度之詞。胡朏明信之，臆定驪成之所在，而決碣石之没於海中。夫驪成果可憑空定其所在乎？碣石本是山名，夾右亦非泛海，固不必求之水中矣。閻百詩《古文尚書疏證》云：『酈道元家酈亭，今之涿州也，距碣石六百餘里。三言碣石淪於海，無論今撫寧縣西有碣石山，去海尚三十里，即其本朝文成帝太安四年戊戌登碣石山觀滄海，改山名樂遊，此豈包淪洪波者耶？程大昌生南宋，益附會以碣石在海中，去岸五百餘里，眞妄談。』百詩與朏明同時，相友善，已不曲附其説如此。

濟、河惟沇州。

【注】言沇州之界，在此兩水之間。《史記集解》。

循按：《公羊莊公十年傳疏》引此注作『兩河間』。

九河既道。

【志】河間國，弓高，虖池別河，首受虖池河，東至平舒入海。樂成，虖池別水，首受虖池河，東至東光入虖池河。渤海郡東光，有胡蘇亭。成平，虖池河，民曰徒駭河。平原郡，鬲。平當以爲鬲津。

【注】河水自上至此，流盛而地平無岸，故能分爲九，以衰其勢。壅塞，故通利之也。九河之名：徒駭、太史、馬頰、覆釜、胡蘇、簡、絜、鉤盤、鬲津。《詩·周頌·般正義》。周時齊桓公塞之，同爲一河。今河間弓高以東，至平原鬲津，往往有其遺處焉。《正義》、《詩·周頌·般正義》。

循按：弓高，虖池所經，鄭舉此，正以虖池爲徒駭耳。《溝洫志》云：『許商以爲古説九河之名，有徒駭、胡蘇、鬲津，今見在成平、東光、鬲界中。』自鬲以北至徒駭，相間去二百餘里，西漢時相傳如此。

雷夏既澤，灉、沮會同。

【志】濟陰郡成陽。《禹貢》雷澤在西北。

【注】雍水、沮水相觸而合入此澤中。《地理志》曰：雷澤在濟陰成陽。《史記集解》。

循按：《元和郡縣志》云：河南道濮州，『雷澤縣，本漢郕陽縣，屬濟陰郡。隋開皇六年於此置雷澤縣，因縣北雷夏澤爲名也。灉水、沮水，二源俱出縣西北平地，去縣十四里。雷夏澤在縣北郭外，灉、沮二水，會同此澤。』然則二水唐時尚存，鄭生山左，宜目見之。

桑土既蠶。

【注】其地尤宜蠶桑，因以名之。今濮水之上地有桑間者。《詩・邶鄘衛譜正義》。

是降丘宅土。

【注】此州寡於山，而夾川兩大流之間，遭洪水，其民尤困。水害既除，於是下丘居土，以其免於厄，尤喜，故記之。《正義》。

厥土黑墳，厥草惟繇，厥木惟條，厥田惟中下，厥賦貞，作十有三載，乃同。

【注】貞，正也。治此州正作不休，十三年乃有賦，與八州同，言功難也。其賦下下。《史記集解》。

厥貢漆、絲，厥篚織文。

【注】貢者，百功之府，受而藏之。其實於篚者，入於女功，故以貢、篚别之。《正義》。《允征》曰：『篚厥元黄，紹我周王。』《堯典正義》、《毛詩·鹿鳴正義》。

浮于濟、漯，達于河。

【志】東郡，東武陽。禹治漯水，東北至千乘入海，過郡三，行千二十里。平原郡，高唐。桑欽言漯水所出。

【注】《地理志》云：漯水出東郡東武陽。《史記正義》。

循按：《志》於平原高唐之漯稱桑欽言，於東武陽明其爲禹治漯水，是不以高唐之漯爲禹治，第存桑欽之異説耳。

海、岱惟青州。

【志】泰山郡，博。岱山在西北求山上。

【注】今青州界，東自海，西至岱。東嶽曰岱山。《公羊莊公十年傳疏》、《詩·齊風正義》、《史記集解》。

嵎夷既略，濰、淄其道。

【志】瑯邪郡，箕。《禹貢》維水北至昌都入海，過郡三，行五百二十里，兖州寖也。泰山郡，萊蕪。原山，甾水所出，東至博昌入沸。幽州寖。

【注】濰、淄，兩水名。《詩・齊風譜正義》《地理志》云：濰水出今琅邪箕屋山，淄水出泰山萊蕪縣源山。《詩・齊風譜正義》、《史記集解》。

循按：《正義》引《地理志》濰水出琅邪箕屋山，北至都昌縣入海。然則《班志》原有「屋山」二字，「都昌」又譌爲「昌都」也。北海郡有都昌，無昌都。《水經》濰水，「又東北過都昌縣東，又東北入於海」。

厥土白墳，海濱廣斥。

【注】斥謂地鹹鹵。《史記集解》。

厥田惟上下，厥賦中上，厥貢鹽、絺，海物惟錯。

【注】海物，海魚也。魚種類尤雜。《史記集解》。

岱畎絲、枲、鉛、松、怪石，萊夷作牧。

【志】東萊郡，黄。有萊山松林萊君祠。

厥篚檿絲，浮于汶，達于濟。

【志】泰山郡，萊蕪。原山，又《禹貢》汶水出西南入濟。汶水，桑欽所言。琅邪郡，朱虛。泰山汶水所出，東至安丘入維，有三山、五帝祠。

【注】《地理志》：汶水出泰山萊蕪縣原山，西南入濟。《史記集解》。

循按：《班志》兩汶水，而於萊蕪標《禹貢》，蓋浮汶達濟，則入濟之汶是也。

海岱及淮惟徐州。

【注】徐州界，又南至淮水。《公羊莊公十年傳疏》。

淮、沂其乂。

【志】泰山郡，蓋。臨樂子山，洙水所出，西北至蓋入池水。又沂水南至下邳入泗，過郡五，行六百里。青州濅。

【注】淮、沂，二水名。《地理志》：沂水出今太山蓋縣。《周禮·職方氏疏》。

循按：《職方氏》：『青州，其山鎮曰沂山，其浸沂沭。』鄭彼注云：『沂山，沂水所出也，在蓋。』是沂水自出沂山，不出臨樂子山也。《志》明言『臨樂子山，洙水所出，西北至蓋』，則臨樂子山不在蓋矣，與萊蕪原山甾、汶同出之文有異。《水經》『洙水出临樂山』，『沂水出艾山』，亦是二山。《正義》引《地理志》云：『沂水出泰山蓋縣臨樂子山，南至下邳入泗。』是冠臨樂子山於洙、沂二水，非《志》義。

蒙、羽其藝。

【志】泰山郡，蒙陰。《禹貢》蒙山在西南，有祠。顓臾國在蒙山下。東海郡，祝其。《禹貢》羽山在南，鯀所殛。

【注】蒙、羽，二山名。《史記集解》。

大野既豬。

【志】山陽郡，鉅壄。大壄澤在北，兖州藪。

【注】大野在山陽鉅野北，名鉅野澤。《史記集解》。

東原厎平。

【志】東平國。屬兖州。

【注】東原，地名。今東平郡，卽東原。《史記集解》。

循按：《史記索隱》引《博物志》云：「沇州東平郡，卽《尚書》東原。」《正義》亦云：「東原，卽今之東平郡。」

厥土赤埴墳。

【注】埴，黏土者也。《考工記疏》。

循按：《釋文》：「埴，市力反。鄭作『戠』。徐、鄭、王皆讀曰『熾』。韋昭音『試』。」《文選·蜀都賦》「丹沙赩熾」，劉淵林注：「《尚書·禹貢》曰：『厥土赤埴。』」李善注引鄭玄《尚書注》曰：「熾，赤也。」《考工記》「搏埴之工二」，注云：「埴，黏土也。」疏云：「《尚書·禹貢》曰「厥土赤埴墳」，注亦云：「埴，黏土者也。」』「注亦云」者，明其與《考工注》同也。《禹貢正義》云：『戠、埴，音義同。《考工記》用土爲瓦，謂之「摶埴之工」。是埴爲黏土，故「土黏曰埴」。』然則鄭氏《禹貢》「埴」雖作「戠」，而訓爲「黏土」，同於孔傳。故《正義》但明「戠」、「埴」之義同，不復舉鄭注。假令鄭別有「熾」、「赤」之異，《正義》必明之矣。鄭、王讀若「熾」者，明其讀如此，非卽訓「埴」爲「赤」。既訓「埴」爲「黏土」，不當又訓作「赤」。《文選》李注所引，未可據信。孫本兩列之，王本不用《考工記疏》所引，而竟以「戠」讀曰「熾」爲鄭注本文，尤失之矣。

草木漸包。厥田惟上中，厥賦中中，厥貢惟土五色。

【注】土五色者，所以爲大社之封。《史記集解》。

羽畎夏翟。

【注】羽山之谷。《詩·節南山正義》。

循按：《周禮·掌次疏》云：『案《尚書·禹貢》「羽畎夏翟」，謂羽山之谷，貢夏翟之羽。』此賈氏疏文，孫本、王本皆以爲鄭注。

嶧陽孤桐。

【志】東海郡，下邳。葛嶧山在西，古文以爲嶧陽。魯國，騶。故邾國，嶧山在北。

【注】《地理志》：嶧山在下邳。《史記集解》。

循按：《班志》兩嶧山，於下邳繫以古文，鄭注本之，或以騶縣之嶧山當下邳之葛嶧山，非也。

泗濱浮磬。

【志】濟陰郡，乘氏。泗水東南至睢陵入淮，過郡六，行千一百一十里。魯國，卞。泗水西南至方與入沛，過郡三，行五百里。青州川。

【注】泗水出濟陰乘氏。《史記集解》。

循按：班氏志地理，其指精妙，求之乃見。卞之泗，即乘氏之泗也。自卞至方與，行魯國、山陽兩郡耳，何言三郡？蓋入濟雖在方與，而入濟之處，實在乘氏，乘氏屬濟陰郡，合之恰得三郡。又於乘氏叙泗水，「至睢陵入淮，過郡六」。《水經》以爲濟之别流，兩泗水本屬一水，因至方與有入濟之曲折，故兩叙之。方與無濟，乘氏始有濟，一言至方與入濟，一自乘氏叙其至睢陵入淮，則入濟於乘氏可知。然則何不直言至乘氏入濟？蓋泗水自卞至方與，一自方與至乘氏入濟，一自方與至睢陵入淮，方與至乘氏，本是駢枝，故爲此互文，其指自了耳。夫方與至乘氏之水，菏水也。何不於卞叙泗水入淮，而於乘氏叙菏水至方與入泗？蓋泗水自卞來，經魯縣及山陽之瑕丘、平陽、橐縣、方與，合菏水西至乘氏入濟，此自乘氏東至方與者，固菏水也。乃自方與至湖陵，仍名菏水。自湖陵下至睢陽，始專名泗水，若直從下叙至睢陵入淮，則中間方與至湖陵，實爲菏水。故必兩叙泗水，而於湖陵引《禹貢》『淮泗達菏』，則乘氏至湖陵爲菏水，其名故不沒也。《禹貢》於兖州言『浮濟、漯，達于河』，於青州則止言『達濟』，於揚州言『達淮、泗』，於徐州言『浮淮、泗，達于菏』，互文以見之也。菏之達濟，則互見於導濟。言濟『東至於菏』，此菏不言澤，則統陶丘、乘氏至湖陵言之矣。班氏以菏水歸於泗水，而明之於湖陵，水道瞭然，經義亦瞭然，班氏其善學《禹貢》者哉！

淮夷蠙珠暨魚。

【注】淮夷，淮水之上民也。《史記集解》。淮水之上夷民獻此珠與魚也。《正義》。

循按：《周禮·川師疏》引『注云』：『蠙珠，珠名。淮夷二水出蠙珠與美魚。』此上文又引云：『泗水、淮水中見石，可以爲磬。』此正引孔傳。今孔傳文與此無一字異。孫本直以爲鄭注，王本云：『《川師疏》引鄭注，亦云二水，非也。』《川師疏》但標『注云』，不標『鄭氏』，何從而知爲鄭注乎？《釋文》引馬氏，以淮、夷爲二水名，與孔傳同。《史記集解》孔、鄭並引。《索隱》云：『按《尚書》云，「徂兹淮夷，徐戎並興」，今徐州言淮夷，則鄭解爲得。』鄭固絶無以淮夷爲二水之説。《川師疏》亦不誤也。林之奇《尚書全解》云：『漢孔氏以淮、夷二水名，王肅亦同此説。鄭氏謂淮水之上夷民獻珠與魚，當從鄭氏之説。』胡士行《尚書詳解》云：『淮夷，孔云二水，鄭云淮水夷民也。』宋時引鄭注者，未有以二水之解屬之。

厥篚玄纖縞。

【注】纖，細也。祭服之材尚細。《史記集解》。

浮于淮、泗，達于河。

【志】山陽郡，湖陵。《禹貢》『浮于泗、淮，通于河』，水在南。

循按：鄭注殘闕。《説文》作『菏』，云：『菏澤水，在山陽湖陵，《禹貢》：「浮于淮、泗，達于菏。」从水，苛聲。』《水經》亦作『菏』，《班志》作『河』，蓋省文。

又按：胡朏明謂《地理志》舉山水之名，凡言《禹貢》者三十五，如底道之養水非嶓冢之所導，湖陵之菏水非東至之菏澤，信都之絳水非北過之絳水，安豐之大别非江漢之所會，蜀郡之桓水非西傾之所因，此蓋沿襲舊聞，不可盡信。養水、絳水、大别、桓水，各於條下辨之。若《禹貢》言『菏』者三：徐州『達于河』，豫州『菏澤』，導沇『至于菏』。經於徐州之『菏』作『河』，《史記》亦作『河』，《漢書》仍之。而於湖陵下引《禹貢》文，則正恐誤河水爲大河之水，非謂大河逕湖陵也。《志》從省文，《説文》用其本字，『菏』之爲『河』，蓋由來久矣，豈僞孔所改耶！《志》於濟陰引《禹貢》菏澤，菏澤在豫，『達于菏』在徐，本分爲二。一爲澤，一爲水，固不同也。惟『達于菏』之水，卽由荷澤所分，《説文》曰『菏澤水』，明此水卽荷澤之水所分，非謂菏澤卽在湖陵也。班、許或分或合，各有精義，未見其非。朏明以爲不可信，竊所未喻。

淮、海惟揚州。

【注】揚州界，自淮而南，至海以東也。《公羊莊公十年傳疏》。

彭蠡既豬。

【志】豫章郡，彭澤。《禹貢》彭蠡澤在西。

【注】《地理志》：彭蠡澤在豫章彭澤縣西。《史記集解》。南方謂『都』爲『豬』。《史記索隱》。

循按：『南方謂「都」爲「豬」。』《檀弓注》亦有此文。

陽鳥攸居。

【注】陽鳥，謂鴻雁之屬，隨陽氣南北。《詩·匏有苦葉正義》。

三江既入，震澤厎定。

【志】會稽郡，吴、故國，周太伯所邑，具區澤在西，揚州藪。古文以爲震澤。南江在南，東入海。揚州川。毗陵。季札所居，北江在北，東入海。揚州川。丹陽郡，石城，分江水首受江，東至餘姚入海，過郡二，行千二百里。蕪湖。中江出西南，東至陽羨入海。揚州川。蜀郡湔氐道。《禹貢》岷山在西徼外，江水所出，東南至江都入海，過郡七，行二千六百六十里。臨淮郡，海陵。有江海會祠。

【注】三江分於彭蠡，爲三孔，東入海。《正義》、唐丘光庭《兼明書》。

循按：鄭注殘闕，其説三江，必用《班志》。言「分於彭蠡」者，自彭蠡以下，則爲三也。石城、蕪湖俱在彭蠡之下，不曰分自石城，而曰「分於彭蠡」者，本經文言「彭蠡既豬」而解之也。「爲三孔」，則南江、中江、北江也。「九江孔殷」，孔以支派言。此注「孔」字本之「東入海」，即《班志》所謂「東入海」，明「既入」爲入海也。《志》云揚州川，即用《職方氏》「其川三江」，明以《禹貢》之三江，即《職方》之三江。於湔氐道記江水所出，至江都入海，與記分江水，受江於石城，至餘姚入海之文同。於毗陵又曰：「北江在北，東入海。」於吴又云：「南江在南，東入海。」其例一也。岷江至江都，勢趨東北，而自江都入海，則曲而東南，故於毗陵明江之在北。南江至餘姚入海，勢趨東南，而經震澤折而行禦兒、由拳之間，故於吴明江之在南。惟其曲，故廣陵曰曲江。惟其折，故錢唐曰折江。中江至陽羨入海，不復更言於他縣，知中江不屈不折，直從陽羨東趨於海也。且於吴曰「南江在南」，則中江之不在南可知。於毗陵曰「北江在北」，則中江必在吴之北、毗陵之南可知。此言之可尋味而出者也。《文選・江賦》李善注引《水經注》云：「中江東南，左會滆湖。」

滆湖在今常州府西南三十五里半，入宜興，當太湖之北，正漢時陽羨地。會於滆湖，由滆湖而東出，今之吴松江口，正中江入海之處。但中江由陽羨歷昆山而至嘉定、上海之間，爲吴淞口。而南江則自貴池、宣城、廣德、長興入太湖，又自吴江出太湖，折至嘉興、石門、錢唐、餘姚入海，爲錢唐江口。自中江出滆湖之口既湮，南江逕禦兒之流亦塞，而中江入海之委轉與南江，出湖之條兩相接續。於是曰松江，曰婁江，曰三江口，支派紛緐，莫可究問。松江既冒中江之名，婁江遂僭北江之號，而澉浦入海之谷水且爲東江以充南江。而庾氏三江之説起矣。今吴松海口在嘉定縣東，彼中江入滆湖者，直趨此可也。吴江所出之松江，必北行乃達海口，何入滆湖者？既南出吴江，復北注耶？今考而定之，中江由宜興貫滆湖，至嘉定入海；南江由今吴江歷嘉興、石門，至餘姚入海。松江，中江也。而崑山以南從吴江來者，非中江也。谷水，南江也。而嘉興以東，從海鹽澉浦入海者，非南江也。《禹貢》三江故迹，不可考而知乎？嘉定錢教授塘云：『仲初所云東江，即《漢志》之南江，從吴縣南餘姚入海者也；其云松江者，即《漢志》之中江，從陽羨入海者也。』竊謂庾氏之東江，與松江、婁江並舉。婁江，今劉河，昔亦通稱吴松江者，與松江不遠，其東江必不遠，指餘姚至所云松江，乃指松陵江東北至吴松口者，與古中江不合。夫入湖出湖，其趨注之處，必有形勢可指，乃可決曰此中江也，此南江也。入滆湖者，勢必出於太湖之北，南江長瀆自湖口入者，必出於太湖之南。酈道元叙東出之松江，引《吴記》以説谷水，固儼然以東出之江爲南江耳。錢教授説南江最詳，惟中江入海，未能明析，於此辨之。

又按：臨淮之海陵，今泰州也，已有江海會祠。毗陵吴縣之東，僅立一婁縣，在今崑山縣，地若今之通州、太倉州、松江府，及常州之江陰、靖江，皆不設縣。可知海濱之地，至漢猶荒廢。上溯虞夏之時，則震澤以東，江湖海混而爲一，不更昭然乎？既導江之三孔東入海，羣水以江爲歸，江以海爲歸，於是震澤匯諸水而底定，江一日未入澤，一日未定也。

又按：徐堅《初學記》云：『案三江，《漢書・地理志》注岷江爲大江，至九江爲中江，至徐陵爲北江，蓋一源而三目。小字雙行云：「鄭玄、孔安國注云：左合漢爲北江，會彭蠡爲南江，岷江居其中，則爲中江，故書稱東爲中江，則〔一〕岷江至彭蠡，與南北合，始得稱中也。」』此所引《地理志》、孔安國注，今皆無是文，惟鄭注殘闕，無可考驗，故後人轉舉而歸之。程大昌《禹貢山川圖》云：『徐堅援鄭玄書傳以證三江，知一江爲三，非出孔氏一家臆度。』近胡朏明遂深信爲鄭注，因取蘇軾《東坡書傳》之説以爲合於鄭，而斥班氏爲誤。王光禄《後案》云：『《初學記》引稱鄭玄、孔安國注，殊不可解。予據紹興四年東陽

〔一〕『則』，清光緒孔氏三十三萬卷堂本《初學記》卷六作『明』。

麻沙劉朝宗宅刻，雖宋板下品，究勝俗刻，當無誤。但徐堅不通經，稱引舛錯不足怪，而其爲此節之注，則無可疑。』金殿〔一〕撰《禮箋》云：『孔傳言自彭蠡江分爲三，與鄭注不殊。徐堅《初學記》併言鄭玄、孔安國注，此謂南北中三江分於彭蠡以下。鄭、孔二注大意相同，非具録注文之舊。蘇子瞻亦知三江之名不得移之彭蠡，上顧以一江兼受南北中之名，與《初學記》所述鄭、孔之説分爲三江入海者截然殊異。或謂蘇説上與《初學記》合，並以《初學記》兼載鄭、孔二説爲鄭君注文者，皆失考。』王氏、金氏之説過於胡朏明遠矣。乃王氏既疑爲不可解，而又以宋板爲無誤，且强鄭氏眞注明著於《正義》者，傅會於《初學記》所引之僞注，則惑矣。金氏明其非鄭君注文，是矣，乃《正義》所引眞鄭注，明曰『分於彭蠡爲三孔』，《初學記》所引則曰『岷江至彭蠡，與南北合』。合與分，不可同年而語，明矣。《史記正義》引《括地志》其説如是。是書魏王賓客所撰，其譌謬牽傅，蓋莫能免。堅書或本之而誤，與胡朏明以鄭注三江一條足稱秘寶，可謂不辨黑白者矣。

篠、簜既敷。

【注】篠，箭。簜，大竹也。晉戴凱之《竹譜》。《儀禮·大射儀疏》。

〔一〕『金殿』，係『金榜』之误。

厥草惟夭，厥木惟喬，厥土惟涂泥，厥田惟下下，厥賦下上上錯，厥貢惟金三品。

【注】金三品者，銅三色也。《正義》、《詩・泮水正義》、《周禮・秋官・職金疏》、《禮記・禮器疏》、《史記集解》。

瑤、琨、篠、簜，齒、革、羽、毛惟木，島夷卉服。

【注】此州下濕，故衣草服，貢其服者，以給天子之官。《正義》。

厥篚織貝。

【注】貝，錦名。《詩》云：『萋兮斐兮，成是貝錦。』凡爲織者，先染其絲，乃織之，則文成矣。《正義》、《史記集解》。《禮記》曰：『士不衣織。』《正義》。

厥包橘、柚，錫貢。

【注】有錫則貢之，《正義》。此州有錫而貢之，或時無則不貢。錫，所以柔金也。《正義》、《史記集解》。

沿于江、海，達于淮泗。

【注】均讀曰沿。沿，順水行也。《史記集解》。

循按：《釋文》云：『鄭本作「松」，「松」當作「沿」。馬本作「均」。』今《史記》正作

「均」。《集解》引鄭云「均讀曰沿」，是鄭本亦作「均」也。鄭既讀「均」爲「沿」，爲鄭學者因改爲「沿」，遂又譌作「松」。陸元朗依傳寫之本，以爲鄭作「松」，亦明其誤，故辯曰「松當爲沿」也。王本直以「松」讀曰「沿」爲鄭注，大誤。

荆及衡陽惟荆州。

【志】長沙國，湘南。《禹貢》衡山在東南。荆州山。

【注】荆州界，自荆山南至衡山之南。《公羊莊公十年傳疏》。

江、漢朝宗于海。

【注】江水、漢水其流遄疾，又合爲一，共赴海也，猶諸侯之同心尊天子而朝事之。荆楚之域，國有道則後服，國無道則先强。故記其水之義，以著人臣之禮。《正義》。

九江孔殷。

【志】廬江郡，尋陽。《禹貢》九江在南，皆東合爲大江。豫章郡，鄱陽、鄱水西入湖漢。餘汗、餘水在北，至鄡陽入湖漢。艾、脩水東北至彭澤入湖漢，行六百六十里。贛、豫章水出西南，北入大江。南城、盱水西北至南昌入湖漢。建成、蜀水東至南昌入湖漢。宜春、南水東至新淦入湖漢。雩都、湖漢水東至彭澤入江，行九百八十里〔一〕。南埜。彭水東入湖漢。長沙國，安成。廬水東至廬陵入湖漢。

【注】殷，猶多也。九江從山谿所出，其孔衆多，言治之難也。《地理志》：九江在今廬江尋陽縣南，皆東合爲大江。《正義》。

循按：《正義》引鄭注《地理志》云云下云『如鄭此意』，則上《地理志》正鄭氏所引也。胡朏明言鄭不言處所，是於《正義》且未細觀之，乃用晁氏説，以九江爲洞庭，東陵爲巴陵，何哉？《史記集解》引鄭注《地理志》以下，蓋《史記》作『九江甚中』，鄭注不合，故不取鄭氏『孔殷』之解。孫本置《地理志》云云，於『殷猶多也』之上，非是。

又按：《禹貢》言九江有四：『江、漢朝宗于海，九江孔殷』，一也；『九江納錫大龜』，二也；『岷山之陽，至于衡山，過九江，至于敷淺原』，三也；『又東至于澧，過九江，至于東陵』，四也。《史記・龜筴傳》：『神龜出于江水中。廬江郡常歲時生龜，長一尺二寸者二十枚，輸太卜官。』九江之爲廬江郡，廬江之納龜，漢時猶然。《河渠書》太史公自言『登廬山觀禹疏九江』，《淮南子》稱『禹鑿江而通九路』，《漢書》注引應劭曰：『江自廬江尋陽，分爲九江』，與《班志》皆合。鄭氏言『山谿所出，其孔衆多』，卽本鑿江言之，故曰『治之難』。此在兩漢經史大儒所説，皆九江在尋陽。江之疏爲九，皆禹迹。故郭璞《江賦》

〔一〕『九百八十里』，《地理志》作『千九百八十里』。

云，『源二分於峿崍，流九派於〔一〕潯陽』，無異説也。惟劉歆以爲湖漢水入彭蠡者，見《太康地記》，《釋文》引之。湖漢卽貢水在彭蠡之南，出今福建省，《班志》詳記之。乃《志》既云『湖漢水至彭澤入江』，於彭澤云『《禹貢》彭澤在西』，於贛云『豫章水出西南，北入大江』，則諸水皆入贛水，而贛水卽入彭蠡，是『彭蠡既潴』，卽豬湖漢諸水，不可謂之江，卽不可謂之九江，故雖詳志九水，而九江終屬之尋陽。此班氏實深於經，而鄭氏亦無以易也。《釋文》引《尋陽地記》云：『一曰烏白江，二曰蚌江，三曰烏江，四曰嘉靡江，五曰畎江，六曰源江，七曰廩江，八曰提江，九曰箘江。』又引張須元《緣江圖》云：『一曰三里江，二曰五州江，三曰嘉靡江，四曰烏土江，五曰白蚌江，六曰白烏江，七曰箘江，八曰沙隄江，九曰廩江。參差隨水長短，或百里，或五十里，始於鄂陵，終於江口，會於桑落洲。』二説名號小有殊異，實與鄭注相成。《通典》引作『張須《九江圖》』。《通典》云：『同安郡舒州宿松，漢皖縣地，江水自鄂陵分爲九派，會於此縣界州上三百餘里，合流謂之九江口，東得武林洲，卽桑落洲之水尾。』又云：『潯陽，漢舊縣在江北，今蘄春郡界。』此尤足證《班志》九江在潯陽南。又云：『蘄州廣濟縣蔡山出大龜，《尚書》曰「九江納錫大龜」，卽此。』又云：『潯陽郡江州，《禹貢》荆、揚二州之境。《禹貢》揚州曰「彭蠡既豬」，荆州曰「九江孔

〔一〕『於』，《江賦》作『乎』。

殷」。今彭蠡湖在郡之東南五十二里[一]，九江在郡之西北。』唐人於九江一本《漢志》，無有異端，故蘇味道《九江口》詩云：『江路一悠哉，滔滔九派來。』元稹詩云：『尋陽流水九條分。』皇甫冉詩云：『江至潯陽九派分。』蓋雖有劉歆異説，而千古相傳，目之所遇，皆從班不從劉也。宋人乃以洞庭爲九江，殊非典要，可不必辨。

又按：凡他水自源來附者，謂之入；經流逕過他水者，謂之會；自經流分出衺行者，謂之迆；自經流分之，又合爲一，謂之播，謂之同。惟此江緣水中磯石沙洲分爲九派，而復合似九河之播，而有不同河之播。爲九，則間別其道，非一河也。江之分爲九，則穿達於磯洲之間，實一江也，故曰『孔殷』。殷卽九之謂也。《爾雅·釋詁》：『孔，間也。』江有所間而成九，古人之文簡潔，而形容如繪。解爲『甚中』，特虚詞耳。或謂『甚中』，卽水由地中行之義，水行地中，江淮河漢皆然，寧必[二]九江乎？

又按：《正義》謂鄭意『九江各自別源。其源非大江也，下流合於江[三]耳。』程大昌爲鄭氏《小九江圖》云：『鄭氏不用一江分九之説，自立一説，曰九江者，廬江尋陽山谿九

[一]『五十二里』，《通典》中為夾注小字。
[二]『必』，續經解本作『皆』。
[三]『江』，《尚書正義》作『大江』。

小水入江者耳。』然鄭言『山谿所出』，未嘗言九小水別源入江。鄭氏明引《班志》『東合大江』之文，則『山谿所出』，正謂『一江分九』，山脉盤結，鑿而九之，故曰山谿，非別源也。

沱、潛既道。

【志】南郡，枝江，故羅國，江、沱出西，東入江。華容。夏水首受江，東入沔，行五百里。

【注】水自江出爲沱，漢爲潛。《三國志・吴主傳》裴松之注。今南郡枝江縣有沱水，其尾入江耳，首不於江出也。華容有夏水，首出江，尾入沔，蓋此所謂沱也。潛則未聞象類。《正義》。

循按：《志》於枝江記沱之名，於華容記沱之實。鄭取華容而辨枝江之非，仍權諸《班志》也。

雲夢土作乂。

【志】南郡，華容，雲夢澤在南，荆州藪。編，有雲夢宫。江夏郡，西陵。有雲夢宫。

循按：鄭注殘缺，《周禮・職方氏》『荆州，其澤藪曰雲曹』，注云：『在華容。』《禹貢》注當亦然也。《爾雅》『楚有雲夢』，郭璞注云：『今南郡華容縣東南巴丘湖。』《元和郡縣志》云：巴陵縣『巴丘湖，又名青草湖，在縣南七十九里，周回二百六十〔一〕里。俗云古雲夢澤也』。因爲考之。《左傳》宣公四年，『䢵夫人棄子文於夢中』，杜預注云：『夢，澤名。江夏安陸縣城東南有雲夢城。』昭公三年，『鄭伯如楚，王以田江南之夢』。注云：『楚之雲夢，跨江南北。』定公四年，『吴入郢，楚子涉睢濟江，入于雲中』。注云：『入雲夢澤中，所謂「江南之夢」。』《正義》引《土地名》云：『南郡枝江縣西有雲夢城，江夏安陸縣東南亦有雲夢城。或曰南郡華容縣東南有巴丘湖，江南之夢也。』『䢵』與『鄖』字通，䢵夫人棄子文于夢中，楚子既奔雲中，旋乃奔鄖、奔隨，則此雲中、夢中，必邇于䢵矣。䢵在今安陸縣，所謂枝江、安陸有雲夢城者，其澤之所在，可迹而求之矣。惟昭公三年以夢而繫諸江南，故杜預謂『跨江南北』，因傳文會而通之。杜氏地理之學精核，可知也。郭氏注《爾雅》，遂直以巴丘湖當楚之雲夢，指其在華容之東南，以本諸班《志》華容南之説，則未明班氏之指也。《風俗通》云：『今漢有九州之藪，揚州曰具區，在吴縣之西；荆州曰雲夢，在華容縣南。今有雲夢長掌之。』蓋漢時江北之雲夢已涸，而江南之雲夢漸盛，其定九州之藪，直以在江南之巴丘湖爲雲夢澤。班氏著本朝一代國史，遵圖册所載，以澤在華容縣南，所以尊國制也。而復於西陵及編縏以雲夢宫，地非雲夢，宫何以名？且又於《志》

〔一〕『二百六十』，《元和郡縣誌》卷二十七作『二百六十五』。

末述楚地云：『江陵，故郢都，西通巴、巫，東有雲夢之饒。』謂雲夢在江陵之東，則不在華容之南矣。《後漢書·法雄傳》『遣南郡太守，郡濱帶江沔，又有雲夢澤藪。』此正謂漢之雲夢在華容南者，與《風俗通》、《班志》可互證矣。

又按：巴丘湖卽青草湖，今在洞庭湖之南，漢之雲夢在此，楚之雲夢不專在此。漢以此爲雲夢，故洞庭之名不見於漢。先是戰國時始侈言之。嘗考其說，《莊子·天運》言『洞庭之野』，《中山經》言『洞庭之山』，未以水稱也。《海内西〔一〕經》云：『湘水出舜葬東南陬，西環之，入洞庭下。』湘水入洞庭之下，明洞庭爲山，而湘水逕其下，是水仍名湘，而洞庭自山，無所爲湖也。吳起説魏武侯曰：『三苗之居，左有彭蠡之波，右有洞庭之水。』此洞庭始以水稱。乃《史記·吳起傳》：『昔三苗氏左洞庭，右彭蠡。』既去水不言，復易右爲左。太史公固本諸《國策》，而異文若此，可疑者一也。《楚策》蘇秦曰：『南有洞庭、蒼梧。』此洞庭與黔中、夏州一例，不以水稱。《秦策》張儀説秦王曰：『大破荆，襲郢，取洞庭、五渚、江南。』此文卽《韓非子》首篇《初見秦》。張儀蓋韓非之譌，而『五都〔二〕』作『五湖』。《水經注》云：『湘水、沅水、微水、澧水同注洞庭，北會大江，名之五渚。《戰國

〔一〕『西』，據下文或為『東』字之誤。
〔二〕『都』，據上文或為『渚』字之誤。

策》曰：「秦與荆戰，大破之，取洞庭五渚也。」湖水廣圓五百餘里，日月若出沒於其中。』然則洞庭五渚，卽洞庭湖矣。乃云『洞庭五渚江南』，似屬三地。且《燕策》蘇代云：『蜀地之甲，輕舟浮於汶，乘夏水下江，五日而至郢都。漢中之甲，輕舟出於巴，乘夏水下漢，四日而至五渚。』《史記・蘇秦傳》亦載此文。《索隱》云：『五渚，五處洲渚也。劉氏以爲宛鄧之間，臨漢水，不得在洞庭。』吴師道亦云：『下漢而至五渚。』則五渚乃漢水下流，洞庭在江之南，非其地也。此可疑者又一也。《楚詞・九歌》云：『駕飛龍兮北征，邅吾道兮洞庭。』又云：『嫋嫋兮秋風，洞庭波兮木葉下。』王逸《章句》云：『洞庭，太湖也。』又云：『湘水波而樹葉落矣。』郭璞注《中山經》云：『今長沙巴陵縣西。又有洞庭陂，潛伏通江。《離騷》云：「邅吾道兮洞庭」，「洞庭波兮木葉下」，皆謂此也。』注《海內西〔一〕經》云：『洞庭，地穴也。在長沙巴陵。今吴縣南太湖中有包山，下有洞庭，穴道潛行水底，云無所不通，號爲地脉。』推郭氏之指，則洞庭者地穴之通名，故包山有之，巴陵亦有之。鮑彪注《戰國策》引《揚州記》云：『太湖一名震澤，一名洞庭。』《水經注》亦云：『湖中有君山、編山。君山有石穴，潛通吴之包山，郭景純所謂「巴陵地道」者也。』此可疑者又一也。統而論之，洞庭本地穴之名，山以此得名，湘水經其側，因名洞庭之水。水之所匯，

〔一〕『西』，據所引文當作『東』。

楚爲江南之夢，漢爲雲夢澤，晉爲巴丘湖，爲湘水所匯，故王逸直以湘水解洞庭，又以爲太湖，明卽湘水卽湖也。《班志》於武陵充縣言『澧水東至下雋入沅』，於牂牁故且蘭言『沅水東南至益陽入江』，於零陵郡言『陽海山，湘水所出，北至酃入江，過郡二，行二千五百三十里』。酃與益陽、下雋，漢均屬長沙國。酃在今衡州府衡陽縣，益陽在今長沙府寧鄉、益陽之間，下雋在今岳州府治以東。《班志》詞簡，每以互見，非善讀者不能知。既曰澧水既『下雋入沅』，則沅固及於下雋者也，乃云『至益陽入江』者，其叙資水云『都梁路山，資水所出，東北至益陽入沅』，然則自益陽之下雋，實資、沅合流，故叙資『至益陽入沅』，叙沅『至益陽入江』，復叙澧『至下雋入沅』，互文之可識者也。漢之湘南，今之湘潭也。漢之臨湘，今之瀏陽也。均在酃縣之北，而均以湘得名，則湘水不止於酃，且酃亦烏得有江而爲湘所入乎？乃曰湘水北至酃入江，何也？《志》於桂陽郡郴縣云：『耒山，耒水所出，西〔一〕至湘南入湖。』又云：『耒陽，舂山，舂水所出，北至酃入湖。』此湖爲酃湖。劉昭注《郡國志》引《荆州記》云：『酃有酃湖，周回三里，取湖水爲酒，酒極甘美。』《水經》叙舂水『北逕新寧縣東，又西北流注于湘水』。叙耒水『北過酃縣東，北入于湘』。注云：『縣有酃湖，湖中有洲。』然則舂、耒二水，與湘水合于酃湖。叙湘水至酃，又叙舂、

〔一〕『西』，《地理志》作『西南』。

耒二水之入湖，明自酃以北，三水合入江也。《水經》言澧水「東至長沙下雋縣西〔一〕，南〔二〕入于江」，沅水「東至長沙下雋縣西，北入于江」，資水「東與沅水合于湖中，北〔三〕入于江」，湘水「北至巴丘山入江」，又言江水「東至長沙下雋縣北，澧水、沅水、資水合，東流注之，湘水從南來注之」。此叙諸水極明，似與《班志》異，而實相表裏。澧在沅北，得從下雋西南入江；沅在澧南，得從下雋西北入江。何也？《水經》固明言江在下雋之北，沅、澧、資合而東注，是知澧先合沅於東南，而沅乃入江于西北。叙言隱妙，實與班同。究而得之，頤爲之解矣。蓋沅水挾漸、無、酉、辰、序五水至益陽，合資水而匯爲湖。班氏以湖成於沅，故於澧之入也，仍予湖以沅之名。澧入沅之地既近沅入江之地，謂之入沅可也，謂之入江亦可也。湘自酃挾舂、耒之水直至巴丘山入江，雖與沅、澧合，而自從東畔入江，沅不得而統。《志》曰「入江」，經曰「南來注之」，其義一也。不謂湘水、沅水入湖者，湖乃湘水、沅水所會而成，非本有一湖，而諸水注之。故王逸方以湖爲湘，班氏方以湖爲沅，二水者，非湖得而統之，故不言入湖，徑言入江，非無湖也。《班志》記雲夢澤於

〔一〕「西」，《水經注》作「西北」。
〔二〕「南」，《水經注》作「東」。
〔三〕「北」，《水經注》作「東北」。

華容，《水經》記資、沅合於湖。地之有湖，可互見矣。

又按：吴入郢之役，吴敗楚於雍澨，五戰，及郢，楚子涉睢，有鍼尹同舟，王使燧象之事。庚辰，吴入郢，楚子涉睢濟江，入於雲中，既而奔鄖。兩言「涉睢」者，蓋吴初及郢，楚子涉睢，西據睢、漳，尚與相抗。吴既入郢，勢不可以相拒，乃涉睢，由睢達江，由江至澤，由澤至鄖。涉睢非過睢而西也，濟江非渡江而南也。是時吴在郢，不可以東轉，由睢水南浮於江，又北入於雲中，藪澤之中，水草叢雜，故可匿耳。不知「涉睢濟江」爲由睢達江而北，遂謂雲中在江南矣。《左傳》之叙事，甚爲詳析。兩言「涉睢」，其事若繪。若謂濟江而南，則由雲至鄖，其必又濟江矣。傳兩言涉睢，不兩言濟江也。吾於既言「涉睢」，又言「涉睢濟江」，知其由睢達江而北也。吾於「入於雲中」，因而奔鄖，知雲在江北，不在江南也。

厥土惟涂泥，厥田惟下中，厥賦下下，厥貢羽、毛、齒、革，惟金三品，杶、榦、栝、柏。

【注】櫄、榦、栝、柏，四木名。榦，柘榦。《周禮·考工記疏》、《史記集解》引「四木名」三字。柏葉松身曰栝。《詩·竹竿正義》

礪、砥、砮、丹。

【注】礪，磨刀刃石也，精者曰砥。《正義》。

惟箘、簬、楛，三邦厎貢。

【注】箘、簬，聆風也。《史記集解》、《考工記疏》作『箘、竹，聆風』。楛，木類。周之始肅慎氏貢楛矢石砮，此州中生，聆風與楛者衆多，三國致之。《考工記疏》。

循按：《正義》云：『鄭云：「箘、簬，篛風也。竹有二名，或大小異也。」箘、簬是兩種竹也。肅慎氏貢楛矢，知「楛，中矢榦」。「三物皆出雲夢之澤」，當時驗之猶然。經言「三邦厎貢」，知近澤三國致此貢也。』是爲《正義》釋孔傳之文。孔傳云：『箘、簬，美竹』，引鄭注『聆風』而申言其爲兩種。傳云『楛，中矢榦，三物皆出雲夢之澤，近澤三國常致貢之』，《正義》依傳文解説，其文明白易見。孫本概以爲鄭注，非也。

厥名，包匭菁茅。

【注】匭猶纏結也。菁茅，茅有毛刺者，給宗廟縮酒，重之，故包裹又纏結也。《史記集解》。

循按：孔傳『厥名』屬上『厎貢』句。《正義》云：『鄭氏以「厥名」下屬「包匭菁茅」。』《史記》、《漢書》亦當下屬，今上屬者，裴駰、顔師古爲之也。

厥篚玄纁、璣組。九江納錫大龜。浮于江、沱、潛、漢，逾于洛，至于南河。

荆河惟豫州。

【注】豫州界，自荆山而北，至于河。《公羊莊公十年傳疏》、《詩·王風譜正義》。

伊、洛、瀍、澗，既入于河。

【志】弘農郡，盧氏，熊耳山在東，伊水出，東北入雒，過郡一，行四百五十里。上雒，《禹貢》雒水出冢領山，東北至鞏入河，過郡二，行千七十里。豫州川。新安，《禹貢》澗水在東，南入雒。河南郡，穀城。《禹貢》瀍水出贊亭北，東南入雒。

滎播既豬。

【志】河東郡，垣。《禹貢》王屋山在東北，沇水所出，東南至武德入河，泆出滎陽北地中，又東至琅槐入海，過郡九，行千八百四十里。

【注】沇水溢出河爲澤，今塞爲平地，滎陽民猶謂其處爲滎澤，其在縣東。《春秋》魯閔公二年，衛侯及狄人戰於滎澤，此其地也。《詩·定之方中正義》。

循按：《檜風譜正義》亦引此云：『沇水溢出所爲澤也。今塞爲平地，滎陽民猶謂其處爲滎澤，在汴縣東。』《史記索隱》亦引云：『今塞爲平地，滎陽人猶謂其處爲滎播。』諸所引大致皆同。惟『其在縣東』，《檜譜正義》作『在汴縣東』。《漢志》滎陽下有卞水，别無汴縣，此當有誤。《正義》云『鄭氏謂衛狄戰在此地』，知《春秋》云云，亦鄭注也。

導菏澤，被孟豬。

【志】濟陰郡。故梁。宣帝甘露三〔一〕年更名定陶，《禹貢》菏澤在定陶東。梁國，睢陽。故宋國，微子所封，《禹貢》盟諸澤在東北。

循按：《職方氏》『青州其澤藪曰望諸』，鄭注云：『望諸，明都也，在睢陽。』

厥土惟壤，下土墳壚。

循按：陳祥道《禮書》云：『《禹貢》有「墳壚」，孔安國、鄭康成皆以「壚」爲「疏」，蓋有傳然也。』在三十四卷。《史記集解》引孔曰：『壚，疏也。』今《正義》本無之。鄭注殘闕，未知所本。《周禮・草人》『埴壚用豕』，鄭注云：『埴壚，黏疏者。』以『黏』訓『埴』，以『疏』訓『壚』，鄭以『壚』爲『疏』，當有然者。

厥田惟中上，厥賦錯上中，厥貢漆、枲、絺、紵，厥篚纖纊，錫貢磬錯。浮于洛，達于河。

華陽黑水惟梁州。

【注】梁州界，自華山之南至於黑水也。《公羊莊十年疏》。

岷、嶓既藝。

〔一〕『三』，《漢書・地理志》作『二』。

【志】蜀郡，湔氐道。《禹貢》崏山在西徼外。隴西郡，西。《禹貢》嶓冢山。

【注】《地理志》：岷山在蜀郡湔氐道，嶓冢山在漢陽西。《史記集解》。

循按：《後漢書·郡國志》：漢陽郡西，故屬隴西，有嶓冢山、西漢水。

沱、潛既道。

【志】蜀郡，郫、《禹貢》江沱在西，東入大江。汶江、江沱在西南，東入江。江原。鄐水首受江，南至武陽入江。漢中郡，安陽。鬵谷水出西南，北入漢。隴西郡，西。嶓冢山〔一〕，西漢所出，南入廣漢白水，東南至江州入江，過郡四，行二千七百六十里。

【注】二水亦謂自江漢出者。《地理志》：在今蜀郡郫縣、汶江，及漢中安陽，皆有沱水。潛水其尾入江漢耳，首不於此出。江原有鄐江，首出江，南至犍爲、武陽又入江，豈沱之類與？潛蓋漢西出嶓冢，東南至巴郡江州入江，行二千七百六十里。《正義》。漢別爲潛，其穴本小，水積成澤，流與漢合。大禹自導漢疏通，卽爲西漢水也，故《書》曰「潛、沱既導。」《水經注》。

循按：《水經注·潛水篇》引鄭玄曰云云，不言《禹貢》注也。其末云「故《書》曰『潛沱既導』」，似非《書》注矣。或文有譌錯，未可定依。王本、孫本録以爲注，而述所疑

〔一〕「嶓冢山」，《漢書·地理志》作「《禹貢》嶓塚山」。

於此。

蔡、蒙旅平。

【志】蜀郡，青衣。《禹貢》蒙山谿大渡水東南至南安入涐。

【注】蔡、蒙在漢嘉縣。《史記集解》。

循按：《班志》『蜀郡青衣』注引應劭云：『順帝更名漢嘉。』

和夷厎績。

【志】蜀郡。《禹貢》桓水出蜀山西南，行羌中，入南海。

【注】和夷，上夷所居之地也。和讀曰桓，『水出蜀郡蜀山西南行羌中者』也。《水經注》。《釋文》云：『鄭云：「和讀曰洹。」』

循按：鄭注引《地理志》，又讀和爲桓。然則《班志》、《禹貢》桓水正指此和耳。《志》又言『《禹貢》西傾山在臨洮』，未嘗以桓水爲在西傾也。胡朏明以《班志》不可信，竊所未喻。

厥土青黎，厥田惟下上，厥賦下中三錯。

【注】三錯者，此州之地，有當出下之賦者少耳。又有當出下上、中上〔一〕者，差復益少。《正義》。

厥貢璆、鐵、銀、鏤、砮、磬、熊、羆、狐、貍。

【注】黃金之美者謂之鏐。鏤，剛鐵，可以刻鏤也。《史記集解》。

織皮、西傾，因桓是來。

【志】隴西郡，臨洮。《禹貢》西傾山在縣西南。

【注】織皮，謂西戎之國也。西傾，雍州之山也。雍、戎二野之間，人有事於京師者，道當由此道而來。桓是隴阪名，其道盤桓旋曲而上，故名曰桓。是今其下民謂是阪曲爲盤也。《水經注》。《地理志》：西傾山在隴西臨洮。《史記集解》。

浮于潛，逾于沔，入于渭，亂于河。

【注】或謂漢爲沔。《史記集解》。

循按：傅同叔《禹貢集解》云：「浮潛以至漢上，去沔爲近，故舍舟陸行以入沔。而沔之相通者，有褒，自褒逾斜，北達渭。言入不言達者，以褒、斜之間，絕水百餘里。上文

〔一〕「上」，《尚書正義》作「下」。

既言逾沔，亦所以該下而省文也。沔、褒既是水道，言沔不言褒，可也。斜、渭既是水道，言渭不言斜，可也。如必欲言沔、渭之間有褒、斜，絶水不通，則當曰「逾于沔，逾于渭」。古人之文，豈如是之不簡直哉。」同叔名寅，義烏人，自言學者考經之詳，當以余説爲當。如右説，不誣也。胡朏明必謂褒、斜二水，禹時可達，而責班氏强爲附合之誤，失之矣。

又按：余於同叔之解逾沔、入渭，而有悟於「夾右碣石入于河」。此「入于河」，猶言「入于渭」，與《導水》言渭、洛、泲之「入于河」異義。彼言水之入水，此言人之入水。水之入水，則此水達於彼水，自人言之，則謂之達。人之於水不言達，而言入，則非由水而水矣。逾沔之後言「入于渭」，自陸而水也。「夾右碣石入于河」，亦自陸而水也。鄭言禹「從碣石山西北行」，「還從碣石山東南行入河」，亦謂夾山而行，不言泛海。注本明析，自不明碣石入於海爲山脉入海，又不明夾右碣石入於河爲自陸入河，遂以河之入海在碣石，入於河爲泛海逆入於河，因而爲島夷之貢道，且謂碣石淪於海中矣。若果由海入河，則宜曰沿於海，達於河，揚州之文可例也。

黑水西河爲雍州。

【注】雍州界自黑水而東，至西河也。《詩・韓奕正義》、《公羊莊公十年傳疏》。

弱水既西。

【注】衆水皆東，此水獨西，故記其西下也。《正義》。

涇屬渭汭。

【志】安定郡，涇陽。开頭山在西，《禹貢》涇水所出，東南至陽陵入渭，過郡三，行千六十里。雍州川。

【注】涇水、渭水發源皆幾二千里，然而涇小渭大，屬於渭而入于河。《地理志》云：涇水出今安定涇陽西开頭山，東南至京兆陵陽，行千六百里入渭。《詩·谷風正義》。汭之言内也。《正義》。

循按：《正義》「汭之言内也」一句，是鄭注下云，蓋以人皆南而望水，則北爲汭也。且涇水南入渭而名曰渭汭，知水北曰汭。言治涇水使之入渭，亦是從故道也。此皆釋孔傳之文，孫本誤以爲鄭注。

漆、沮既從。

【志】右扶風，漆。水在縣西。北地郡，直路。沮水出東，西入洛。

灃水攸同。

【志】右扶風，鄠。古國，有扈谷亭。扈，夏啓所伐。酆水出東南。

荆、岐既旅。

【志】左馮翊，褱〔一〕。《禹貢》北條荊山在南，下有彊梁原，洛水東南入渭。雍州浸。

終南、惇物，至于鳥鼠。

【志】右扶風，武功。大壹山，古文以爲終南；垂山，古文以爲敦物。皆在縣東。

【注】《地理志》：終南、惇物，皆在右扶風武功也。《史記集解》。

原隰厎績，至于豬野。

【志】武威郡，故匈奴休屠王地。武威。休屠澤在東北，古文以爲豬壄澤。

【注】《詩》云：『度其隰原』，卽此原隰。《正義》。《地理志》：都野在武威，名曰休屠澤。《史記集解》。

循按：《正義》引云：『鄭氏以爲《詩》云「度其隰原」，卽此原隰是也。原隰，豳地，從此致功，西至豬野之澤也。』是也。以下《正義》之文，孔傳云『皆言致功』，故《正義》有『從此致功』云云也。傅同叔《禹貢集解》概以爲鄭注，《蔡傳》引『鄭氏云其地在豳』，又約其辭耳。

三危既宅，三苗丕叙。

〔一〕『褱』，《漢書・地理志》作『褱德』。

【注】《地記書》云：『三危之山，在鳥鼠之西，南當岷山。則在積石之西南。』《正義》。

循按：《史記索隱》云：『鄭氏引《河圖》及《地説》云：「三危山在鳥鼠西南，與岐山相連。」』與《正義》引小異。在積石西南，必不連岐山，『岐』蓋『嶓』山之譌。《禮記正義》引張逸問：『《禮注》曰《書説》，《書説》何書也？』答曰：『《尚書緯》也。當爲注時在文綱中，嫌引秘書，故諸所牽圖讖者，皆謂之説。』此引《地記》，而《索隱》以爲《河圖》、《地説》，則亦緯讖也。

厥土惟黄壤，厥田惟上上，厥賦中下，厥貢惟球、琳、琅、玕。

【注】球，美玉也。琳，美石也。琅、玕，珠也。《詩·韓奕正義》。

浮于積石，至于龍門西河，會于渭汭。

【志】金城郡，河關。積石山在西南羌中，河水行塞外，東北入塞内，至章武入海，過郡十六，行九千四百里。左馮翊，夏陽。《禹貢》梁山在西北，龍門山在北。

織皮崑崙、析支、渠搜，西戎卽敘。

【注】衣皮之民居此崑崙、析支、渠搜三山之野者，皆西戎也。《正義》。

循按：引鄭注下，《正義》云：『鄭以崑崙爲山，謂别有崑崙之山，非河所出者也。』此《正義》約鄭之辭，非鄭注也。王本、孫本皆以此爲鄭注。

卷下

導岍及岐，至于荆山，逾于河。

【志】右扶風，汧。吴山在西。古文以爲汧山。雍州山。

【注】四列，導岍爲陰列，西傾爲次陰列，嶓冢爲次陽列，嶓山爲正陽列。《正義》、《史記索隱》。《地理志》：汧在右扶風也。《史記集解》。

壺口、雷首，至于大岳。

【志】河東郡，蒲反。雷首山在南。

厎柱、析城，至于王屋。

【志】河東郡，濩澤、《禹貢》析城山在西南。垣。《禹貢》王屋山在東。

大行、恒山，至于碣石，入于海。

【志】河内郡，山陽、東太行山在西北。壄王。太行山在西北。常山郡，上曲陽。恒山北谷在西北，有祠。并州山。《禹貢》恒水所出，東入滱。

右導山一

西傾、朱圉、鳥鼠，至于太華。

【志】天水郡，冀。《禹貢》朱圉山在縣南梧中聚。京兆尹，華陰。太華山在南，有祠。豫州山。

【注】《地理志》云：朱圉在漢陽南，太華山在弘農華陰西〔一〕南。《史記集解》。

循按：《續漢·郡國志》涼州漢陽郡，『冀有朱圄山』。劉昭注云：『武帝置爲天水，永平十七年更名。』鄭以天水改名漢陽，而冀名未改，故舉當時郡名，以明班《志》之天水也。《郡國志》又云：弘農郡，『華陰，故屬京兆』。

熊耳、外方、桐柏，至于陪尾。

【志】弘農郡，盧氏。熊耳山在東。潁川郡，崈高。武帝置，以奉太室山，是爲中岳。有太室少室山廟。古文以崈高爲外方山也。南陽郡，平氏。《禹貢》桐柏大復山在東南，淮水所出。江夏郡，安陸。橫尾山在東北。古文以爲陪尾山。

【注】屬豫州。《詩·陳風譜正義》、《檜風譜正義》。《地理志》：熊耳在盧氏東，外方在潁

〔一〕《史記集解》引《地理志》無『西』字。

川，嵩高山、桐柏山在南陽平氏東南，陪尾在江夏安陸東北，若橫尾者。《史記集解》。

右導山二

循按：胡朏明謂《地理志》於《禹貢》之山水稱古文者十一，惟終南、流沙、陪尾不可從。推其所謂：終南不可從者，以《西京賦》並言『終南太一』，李善注言是二山，不當爲一也；流沙不可從者，以魏、晉、隋、唐諸史言流沙在龜兹鄯善也；陪尾不可從者，以賈公彦《保章氏疏》引《春秋緯》文：『方外〔一〕、熊耳，以至泗水陪尾，屬摇星也。』王光禄《後案》俱已破之。竊謂《導山》四列不及岱山，蓋以青、兖、徐之山，皆岱宗之脉所盤結，不必尋而導之，故不言也。泗水所出之陪尾，僅見於《博物志》及《隋書・地理志》泗水縣下，故賈疏言之。無論緯書之言不足徵信，即令泗水所出，眞有陪尾，亦自别於安陸之陪尾。緯言『泗水陪尾』，正明其非安陸陪尾矣。陪尾在兖州，則正岱山之脉所衍，不得爲太華之支矣。緯以星土言，此以地脉言，據爲典要，可云戾矣。

導嶓冢，至于荆山。

【志】南郡，臨沮。《禹貢》南條荆山在東北。

〔一〕『方外』，《周禮注疏》作『外方』。

【注】荆山在南郡臨沮。《史記集解》。

内方至于大别。

【志】江夏郡，竟陵。章山在東北，古文以爲内方山。六安國，安豐。《禹貢》大别山在西南。

【注】《地理志》：内方在竟陵，名立章山。《史記集解》。大别在廬江安豐。《史記集解》、《正義》。

循按：《續漢·郡國志》：江夏郡竟陵縣，『立章山本内方』。安豐縣改屬廬江郡。

右導山三

岷山之陽，至于衡山。

【志】長沙國，湘南。《禹貢》衡山在東南。荆州山。

過九江，至于敷淺原。

【志】豫章郡，歷陵。傅易山、傅易川在南。古文以爲敷淺原。

循按：《通典》云：『潯陽，漢舊縣，在江北，今蘄春縣界。晉温嶠移於此，隨改爲彭蠡縣，有蒲塘驛，卽漢歷陵縣，王莽改爲蒲亭，今驛前有敷淺原，在西數十里有博陽山。』《文獻通考》江州德安縣有傅山水。吴草廬《今文尚書纂言》云：『今江州德安縣有敷淺原，卽漢歷陽縣地。』湖廣蘄州治爲漢蘄春廢縣，潯水城在州東，《潯陽記》謂之蘭池城。

古潯陽地，今蘄州在江北，江南即興國州。九江自鄂陵至桑落州，即自興國至宿松也，在南岸爲自興國，在北岸爲自蘄州。今爲自蘄州，漢爲自尋陽，故班《志》於尋陽記『九江在南』，云『東合爲大江』，則指至宿松桑落洲也。《通典》言『始自鄂陵』，以南岸言之；《班志》言『在尋陽南』，以北岸言之。興國州在德安縣之西北，德安在府治之東南，敷淺原在德安，則當鄂陵之東，而當九江之中際也。

又按：《導山》曰『逾于河』，曰『過九江』，非閒文也。《正義》釋『逾于河』云：荆山在懷德縣，『逾于河，謂山逾之也。此處山勢相望，越河而東』，是也。自衡山至德安縣，由南而東北，無容經九江，此所以或以洞庭爲九江，或以彭蠡爲九江也，不知過九江，正非虛過。蓋自衡山而來，山脉盤結於九江之間，此江之所以九，而敷淺原則其歸宿地也。江中磯洑横突，洲嶼繁多，此正山脉之所在，故《導山》至此必求之水中。曰『過九江』者，山脉過江中也。廬山在原之東，蓋脉自東還至西也。《水經注》引《廬山記》曰：『上霄之南，大禹刻石誌其丈尺里數，今猶得刻石之號焉。』禹之導山，固未嘗不登廬山，乃或以經不言，遂謂禹導山止於敷淺原，豈其然哉！禹之治水，所以爲神者，正在山脉水脉，條分縷析，而章句儒概屏不道，令地脉之學耑屬諸堪輿家言，果誰之咎耶？李淳風《乙巳占》述《洛書》，以《禹貢》諸山分配二十八宿，九江爲翼，蓋水行磯石之間，以水言謂之九江，以山脉言亦爲九江。鄭氏言『山谿所出，其孔衆多』，正謂此也。《淮南子・要略訓》云：

『禹之時，天下大水，禹身執虆垂以爲民先，剔河而道九岐，鑿江而通九路，辟五湖而定東海。』剔河卽『播九河』，鑿江卽『九江孔殷』，辟湖卽『震澤厎定』，此西漢人解經，或以九江五湖不煩致力，何其迂也？江漢既合，此地山脉所結，未易暢流，乃鑿爲九，而多其孔，始奏朝宗之績。《導山》之『過九江』，所以致九孔，卽所以致『江漢朝宗』也。

右導山四

導弱水。

【志】張掖郡，删丹。桑欽以爲導弱水自此，西至酒泉、合黎。金城郡，臨羌。西北至塞外，有西王母石室、僊海鹽池。北，則湟水所出。東至允吾入河。西有須抵池，有弱水，昆侖山祠。

【注】《地理志》：弱水出張掖。《史記集解》。凡言『導』者，發源於上，未成流；凡言『自』者，亦發源於上，未成流。《正義》。

至于合黎。

【注】合黎，山名。《正義》。《地説》云：『合黎山在酒泉會水縣東北。』《史記索隱》。

循按：班《志》僅言弱水西至酒泉、合黎，故鄭引《地説》明其爲山在會水縣北也。《索隱》云：『《水經》合黎山在酒泉會水縣東北，鄭氏引《地説》亦以爲然。』王本、孫本約其文爲鄭注，今依之。

餘波入于流沙。

【志】張掖郡，居延。居延澤在東北。古文以爲流沙。

【注】《地理志》：流沙在居延西北，名居延澤。《地記》曰：『弱水西流，入合黎山腹，餘波入於流沙，通於南海。』《史記集解》。

循按：《漢書・西域傳》：『條支國臨西海，善眩。安息長老傳聞條支有弱水、西王母，亦未嘗見也。』師古引《玄中記》云：『昆侖之弱水，鴻毛不能起。』此弱水，班氏得之傳聞本不與删丹臨羌相混，而於删丹引桑欽，於居延引古文，則臨羌之弱水，班不以爲《禹貢》之弱水也。鄭注弱水屬張掖，合黎屬酒泉，流沙屬居延，一準於班耳。惟《地記》言『通於南海』，《淮南・地形訓》云：『弱水出自窮石，至於合黎，餘波入於流沙，絶流沙，南至南海。』高誘注云：『窮石，山名，在張掖北，塞水也。絶猶過也。流沙，流行也。』《地記》與《淮南》同，乃居延在北，弱水西至合黎，其餘波東北至居延，所謂『入于流沙』也。若絶此而過，何由得通南海？《地記》之流沙，當非指居延而言。鄭注並引之，以存異説，非據以駮班《志》。謂《地記》同於班《志》，亦非也。

又按：條支之弱水、西王母，班氏得諸傳聞，載諸《西域傳》，而《地理志》金城臨羌亦有弱水，及西王母石室。《爾雅・釋地》：『觚竹、北户、西王母、日下謂之四荒。』觚竹近山戎，北户近交止，日下卽青州嵎夷之地。《大戴禮・少間篇》言舜時西王母來獻其玉琟，與交止、肅慎並舉，則西王母固不得遠在條支也。《淮南·地形訓》『西王母在流沙之瀕』，高誘注引《地理志》『金城臨羌』以證之，西王母在此，是也。臨羌本有西海，即青海，或即傅會於條支與？

右導水一

導黑水，至于三危，入于南海。

【志】益州部〔一〕，滇池。大澤在西，滇池澤在西北，有黑水祠。

【注】《地理志》益州滇池有黑水祠，而不記此山水所在。《史記集解》。今中國無也。《正義》。《地記》曰：『三危山在鳥鼠之西。』《史記集解》。而南當岷山，又在積石之西南，當黑水祠，黑水出其南脇。《通典》州郡部。

循按：《通典》又云：『《漢書·地理志》益州郡滇池有黑水祠，而不記山之所在，即今中國無之矣。』此即約鄭注。

又按：鄭注既引班《志》『滇池黑水祠』，又引《地記》，明三危山之所在，云『鳥鼠之西，南當岷山，在積石西南』，其地依稀可辨。必執三危在燉煌，而謂有兩黑水，何哉？

〔一〕『部』，《漢書·地理志》作『郡』。

右導水二

導河積石，至于龍門，南至于華陰，東至于厎柱。

【注】《地説》：『河水東流，貫厎柱，觸閼流。』今世所謂厎柱者，蓋乃閼流也。砥柱當在西河，未詳也。《水經・河水注》。

又東至于孟津，東過洛汭，至于大伾。

【注】地喉也。沇出坯際矣，然則在河内修武、武德之界。泲、沇之水，與滎播澤出入自此。《水經・河水注》。

循按：《漢書・溝洫志》注引鄭氏云：『山一成爲伾，在修武、武德界。』與此小異。

又按：以大伾在黎陽，始於臣瓚，然亦疑而未定之辭。《隋書・地理志》則云：『汲郡黎陽有大伾山。』説與鄭異。然《史記》『至于大伾』，下言『厮二渠』『載之高地』，則大伾不當在成皋矣。史公從安國問，故其説固有所從來也。

又按：《河圖括地象》言昆侖爲地首，岐山爲地乳，桐柏爲地穴，熊耳爲地之門，鳥鼠同穴爲地之幹，汶山爲井絡，大行爲天下之脊。隋杜公瞻《編珠》引《春秋括地象》云：『河有九曲，發昆侖爲地首，至積石爲地門，出龍門爲天橋，至卷重山爲地咽，貫厎柱觸閼流山爲地喉，至洛汭爲地要，至大伾山爲地齒，至大陸爲地腹，至碣石入於海爲天臍。』鄭所引《地説》，蓋本諸此，但殘闕不可備考耳。惟大伾爲地齒，厎柱閼流爲地喉，此注以大伾爲地喉，而不稱《地説》，或有譌文，未可定也。王本於地喉上增『大伾』二字，《水經注》所無，毛晃《禹貢指南》所引鄭注，亦無『大伾』二字。

北過降水，至于大陸。

【志】鉅鹿郡，鉅鹿。《禹貢》大陸澤在北。上黨郡，屯留。桑欽言絳水出西南，東入海。信都國，信都。故章河、故虖池皆在北，東入海。《禹貢》絳水亦入海。河内郡，州其。故國北山，淇水所出，東至黎陽入河。魏郡，鄴。故大河在東北入海。館陶。河水別出爲屯氏河，東北至章武入海，過郡四，行千五百里。内黃。清河水出南。清河郡，靈。河水別出爲鳴犢河，東北至蓨入漳水〔一〕。眞定國，緜曼。斯洨水首受太白渠，東至鄡入河。中山國，北平。徐水東至高陽入博，又有盧水，亦至高陽入河。望都。博水北〔二〕至高陽入河。

【注】《地説》云：『大河東北〔三〕過絳水千里，至大陸爲地腹。』如《志》之言，大陸在鉅鹿。《地理志》曰：『水在安平信都。』鉅鹿與信都相去不容此數也。水土之名變易，世失

〔一〕『漳水』，《漢書・地理志》作『屯氏河』。
〔二〕『北』，《漢書・地理志》作『東』。
〔三〕『北』下，《水經注》所引有『流』字。

其處，見絳〔一〕水則以爲絳水，故依而廢讀，或作『絳』字，非也。今河内共北山，淇水共水〔二〕出焉，東至魏郡黎陽入河，近所謂降水也。『降』當讀如『郕降于齊師』之降，蓋周時國於此地者，惡言降，故改云共耳。又今河所徙，去大陸遠矣，館陶北屯氏河，其故道與？《水經・濁漳水注》。

循按：《史記集解》引鄭云《地理志》降水在信都南。《正義》引云：『鄭以降讀爲降，下江反。聲轉爲共，河内共縣淇水出焉，東至魏郡黎陽縣入河，北近降水也。周時國於此地者惡言降水，改謂之共。』與《水經注》所引文小異而義同。

又按：地理之書，莫精於班《志》，其言簡而義該，互出旁通，至博至慎。酈氏注《水經》，雖一本之，往往不明其趣。學者因而疑《班志》，亦戾甚矣。胡朏明本鄴東故大河，以定禹迹，是也。乃執酈氏之絳瀆，而斥班《志》信都絳水之非，非也。班氏之書，究而尋之，宜用以定酈氏之是非，不當以酈氏之説惑之也。《志》於鄴東注故大河，於鉅鹿注《禹貢》大陸，又以虖池爲徒駭，鬲爲鬲津，於河關注積石之河至章武入海，見雍州下。於館陶注屯氏河至章武入海，蓋屯氏雖決自館陶，而章武入海之道未改也。《史記・河渠書》，

〔一〕『絳』，《水經注》引鄭注作『降』。
〔二〕《水經注》引鄭注無『共水』。

班氏取爲《溝洫志》，其言水道極詳。《河渠書》云：『道河自積石，歷龍門，南到華陰，東下厎柱，及孟津、雒汭，至於大伾，於是禹以爲河所從來者，高水湍悍，難以行平地，數爲敗，乃厮二渠以引其河，北載之高地，過降水，至於大陸，播爲九河，同爲逆河，入於渤海。』『載之高地』，則鄴東也。渤海卽章武之地也。《志》云：『渤海郡，高帝置。莽曰迎河。』顔師古注云：『在渤海之濱，因以爲名。』《戰國策》蘇秦説齊王曰：『齊北有渤海。』黄歇説秦昭王曰：『齊東負海，北倚河。』是河入渤海，在齊之北。蘇秦説趙王曰：『秦攻燕，齊，涉勃海。』蘇代説燕王曰：『河北不師，所以備燕也。』蓋涉勃海，卽是渡河。河之入海在此，自古已然。臣瓚疑入海在碣石，坐於《導山》『至碣石入海』，與夾右碣石入河，有未明也。王横曰：『禹之行河水，本隨西山下，東北去。《周譜》：定王五年，河徙。則今所行，非禹所穿也。又秦攻魏，決河灌其都，決處遂大，不可復補，宜却從完平處更開空，使緣西山足乘高地，而東北入海，乃無水災。』賈讓曰：『今行上策，徙冀州之民當水衝者，決黎陽遮害亭，放河使北入海。河西薄大山，東薄金隄，勢不能遠泛濫。』横言『緣西山足乘高地』，卽史公言『載之高地』；讓言『西薄大山』，卽横所謂『隨西山下』。班氏采羣言相證，而鄴東之故大河，可互發也。《河渠書》云：『孝文時河決酸棗，東潰金隄。孝武元光中，河決於瓠子，東南注鉅野，通於淮、泗。卒塞瓠子而道河北行二渠，復禹舊迹。』然則漢武時河仍禹道。故史遷於大伾下特詳釃二渠載高地，至此又言『北行二渠』，卽仍載諸高地可知。《溝洫志》云：『自塞宣房後，河復北決於館陶，分爲屯氏河，東北經魏郡、清河、信都、勃海入海，廣深與大河等，此開通後，館陶東北四五郡雖時小被水害，而兖州以南六郡無水憂。』蓋前此決瓠子溢鉅野爲患於兖州以南，對瓠子言之，故爲北決也。魏郡、清河、信都、勃海，正是過郡四，與《地理志》又互相表裏者矣。宣帝地節中，光禄大夫郭昌使行河，北曲三所水流之勢皆邪直貝丘縣，乃各更穿渠，直東，經東郡界中，不令北曲。元帝永光五年，河決清河靈鳴犢口，而屯氏河絶。成帝初，清河都尉馮逡奏言：『郡承河下流，與兖州東郡分水爲界。』又云：『今屯氏河塞，靈鳴犢口又益不利，獨一川兼受數河之任。』又云：『靈鳴犢口在清河東界，所在處下，雖令通利，猶不能爲魏郡、清河減損水害。屯氏河新絶未久，可復浚以助大河。』後三歲，河果決於館陶及東郡金堤，泛濫兖、豫，入平原、千乘、沛南。此述鳴犢河甚詳。乃既言屯氏河塞，《地理志》又言『鳴犢河至蓨入屯氏河』者，蓋自蓨以西之流塞，自蓨而東則鳴犢河奪屯氏河之委入海也。屯氏别河張甲河不知起自何時，而張甲河亦必入屯氏河，因而入漳以入海也。禹導河合漳，與滹池入海。河既與漳絶，則漳自與滹池入海。班《志》於信都言故章河、故滹池入海，又於上黨沾言漳至昌成入大河，昌成卽信都國縣，至昌成入大河，乃漢河，非鄴東故大河。蓋河徙而東，不由鄴，亦不至大陸，至昌成乃復與舊河合。故記漳水至此入河，已而此流亦絶，漳與虖池自入海矣。故又於信都記之，又云『《禹貢》絳水亦入海』者，卽屯留入漳之絳，本從漳入河，今則與漳及滹池同入海也。屯留絳水已曰東入海矣。漳、絳異源而同委，《禹貢》主降而客漳，則曰『北過降水』；後世主漳而客絳，但見漳之入河入海，不知正降之入河入海也。於衛水入河言入滹池，又明滹池卽徒駭，則漳水入河，正入滹池。今以漳河、滹池及《禹貢》絳水並於信都言入海，所以明河自信都與漳絕，而漳與絳皆自入海耳。夫漳之入海在渤海，自若也，何必自信都言之？於信都言之者，明舊河在此合漳也。於絳水明加『禹貢』二字，正恐後人疑此地無絳，所以明漳之入海，卽《禹貢》降水之入海也。孔穎達不明班氏之指，而疑信都爲襄國，乃得先過降水，後至大陸，抑知信都言絳入海，不言入河，且上黨之清漳言至昌成入河，昌成亦在鉅鹿之北，而後於大陸。乃不疑昌成入河之漳，而疑信都入海之絳乎？班《志》於清漳不加《禹貢》，明昌成入河非禹迹也；於絳水加《禹貢》，明信都入海之漳，正大河北過之降也。曰『《禹貢》絳水亦入海』，『亦』之云者，與漳合之謂也。《正義》改其文曰『降水在信都縣』，則誣之矣。廣平國斥章，應劭云：『漳水出治北，入河。』唐杜佑《通典》謂横漳在肥鄉，本此以推班《志》，斥章正在鄴東，河至此與漳水合。故班《志》於鄴注『故大河在東北入海』，雖不明指漳、絳在此入河，而其意已見。夫同一漳也，始則大河合之於鄴東，繼則大河合之於昌成。記故大河在鄴東，明漳之至斥章入河也；記清漳至昌成入河，明河之至信都合漳也；記漳河、虖池、絳水入海，明河之與漳絕也。其辭互見，可謂精矣。班《志》於鄴東稱故大河，於清漳至昌成所入稱大河，則昌成之大河，非鄴東故大河矣。故大河經魏郡、鉅鹿、信都、勃海，屯氏河不經鉅鹿而逶清河，則至昌成合漳者，其屯氏河乎？若鳴犢河入屯氏河，張甲河入漳，則其委仍勃海入海也。惟《河渠書》於瓠子之注鉅野云：『鄃居河北，河決而南，則鄃無水災。』《地理志》鳴犢河稱『河水別出』，然則鄃靈之間，舊有河矣。此胡朏明所由以《水經注》之北瀆爲周定王五年之所徙也。《武帝紀》：『元光三年春，河水徙，從頓丘東南流入勃海。夏五月，河水決濮陽，氾郡十六，從頓丘入勃海。』與《水經注》北瀆所行合。元光三年始徙頓丘，則北瀆非周定王時所徙矣。此閻百詩所由以鄴東故大河爲周定王時所徙也。見《四書釋地》。胡朏明舉十五證，以明鄴東故大河爲禹河之舊。今以定王五年後考之，鄴東之河不徙於定王五年，其證亦有九：周定王五年，魯宣公七年也，河徙，非常之事，《春秋》不書，一也。春秋時設誓，必舉當前之物，如荀偃濟河，及著雍，卒，欒懷子誓之曰：『有如河。』重耳歸國及河，與子犯誓曰：『有如白水』。是也。昭公三十一年在乾侯，荀躒以晉侯之命唁公，公曰：『已所能見夫人者，有如河。』乾侯，杜預言在魏郡斥丘縣，晉竟内邑，典午之斥丘，仍漢縣之舊，唐爲相州之成安。今仍之屬廣平府，地正在鄴東。公居此而以河爲誓，河必逕於此邑。惟其瀕河，故地多斥鹵，二也。定公十四年，『公會齊侯、衛侯于牽』，杜預言：『黎〔一〕郡黎陽縣東北有牽城。』《路史》言：『内黄西南三十里有古牽城。』内黄西南，卽黎陽東北。河在鄴，則牽在河之東。酈氏之北瀆，則在牽東，是時魯、衛、齊之會，謀救范中行。既會，公卽歸，齊、衛蓋亦歸，至秋，齊、衛又會於洮。洮則今山東曹州地，三國皆處河之東，不應越河而會，三也。《戰國策》蘇秦言：『趙東有清河』，『齊西有清河』，然則齊、趙以清河爲界。張儀説齊湣王曰：『大王不事秦，秦驅韓、梁攻齊之南地，悉趙兵渡清河指博。』亦以清河爲齊西界。渡之，爲入齊也。齊破燕樂毅，謂武靈王曰：『請以河東易燕地於齊，趙有河北，齊有河東。』蘇秦説齊曰：『有泲西，則趙之河東危。』惟河行鄴東，在清河以西，故有河東之地，謂大河之東，清河之西地也。若北瀆在清河之東，趙以清河爲界，不得至平原間矣，四也。無忌説魏安釐王曰：『秦若道河内，倍鄴、朝歌，絶漳、滏水，與趙兵決於邯鄲之郊。』蘇代約燕王曰：『決宿胥之口，魏無虚頓丘。』《地理志》言魏地盡河東、河内，趙地南至浮水、繁陽、内黄、斥邱，蓋趙以清河爲界，清河在内黄，不獨止于清河以西，而南亦盡于清河也。斥丘在漳水北，河内以漳爲界，河外以清河爲界。自内黄至斥丘，則以大河分東西，西魏而東趙，故蘇秦言趙南有河、漳。若是時河與漳絶，趙之南不得有河矣。五也。

〔一〕『黎』，《左傳正義》作『魏』。

《魏世家》魏文侯『任西門豹守鄴，而河内稱治』。《索隱》云：『按：大河在鄴東，故名鄴爲河内。』六也。周定王河徙之説，止見於《周譜》。如淳解《周譜》云：『世統譜牒也。』《史記・三代世表》太史公曰：『余讀《諜記》。』《十二諸侯表》云：『太史公讀《春秋歷譜諜》。』桓譚《新論》言：『太史公《三代世表》，旁行邪上，並效《周譜》。』唐柳芳言：『司馬遷因《周譜》明世家。』然則《周譜》固史公所熟見者，而定王河徙，紀、表、書、傳無一言及之，蓋考之不得其實，寧從其闕耳。且《譜》言河徙，未言徙何地，酈道元以故瀆實之，胡朏明乃以北瀆爲定王時所徙，則《周譜》所未言，七也。顧棟高《春秋大事表》本胡朏明之説，謂宣公七年後之河異於七年以前，以爲傳文可考者，莫著於開州。蓋以衛之戚邑在開州北七里，襄公十四年，孫蒯入，歌《巧言》之卒章，其詩曰『居河之麋，職爲亂階』，指孫文子居戚。哀二年，晉納蒯聵于戚，宵迷，陽虎曰：『右河而南，必至焉。』戚果在開州，則朏明之言驗矣。乃考戚之所在，杜預《土地名》言『在頓丘，衛縣西，枯河東』。又相州臨河縣，東有戚城。《水經》叙河水：『東北過黎陽縣南，又東北過衛縣南，又東北過濮陽縣北。』然則衛縣在濮陽之西，黎陽之東，今之開州在濮陽之東，戚何得在開州北七里乎？班《志》東郡畔觀，應劭曰：『夏有觀扈，世祖更名衛國。』《郡國志》東郡：『衛公國，本觀故國。』劉昭注補引文元年《左傳》『會于戚』。《水經注》叙淇水：『北逕頓丘縣故城西，

《古文尚書》以爲觀地。』淇水又『東〔一〕逕枉人山東牽城西』，然則觀地在牽城之西南矣。牽在黎陽東，觀在此，則漢之衛國在此，而戚在衛西，則黎陽之東境也。《舊唐書》言『臨河縣，隋分黎陽縣置』，則臨河縣東正衛縣西，《土地名》此言雖非必杜預本文，實足互成而定其地。戚在黎陽，則河正鄴東之河，八也。班《志》濮陽：『衛成公自楚丘徙此，故帝丘，顓頊墟。』河決若經此衛之都，未有晏然無水者。是年春則使孫良夫來盟，冬則會於黑壤，衛之君臣既不以災告諸侯，亦不以災弔，九也。自春秋至於戰國，大河皆行鄴東，至漢武帝元光三年，河始徙於頓丘東南，史文甚明。『鄃居河北』之河，卽指頓丘所決耳。其後瓠子雖歌，而此河未塞。屯氏既決，鄴東乃竭王莽河，卽武帝時頓丘之徙河。孟康謂出貝丘南南折，杜預謂出元城縣界，皆指此，不必周定王五年徙也。東漢河既東行，不獨鄴之大河爲故河，卽屯氏之絶亦久，當時學者有以屯氏之河爲禹河者，故鄭氏疑之。然鄭氏注九河大陸，一依《班志》。雖有屯氏之疑，必不據爲典要耳。惟班氏《叙傳》謂『商竭周移』，然則非謂定王五年所徙乎？竊謂春秋時無清河，而戰國時有清河，趙武靈王言『河薄落之津，與齊、中山共之』，此均非古迹。蓋齊桓時九河既塞，乃變而爲清河等水，是所謂『移』也。八支盡紊，漸及經流，鄴東之枯，實始於漢，必以定王之徙卽在頓丘，

〔一〕『東』，《水經注》作『東北』。

實無文獻之徵也。班《志》言淇水至黎陽入河，清河出内黄南，則是時清河與淇水未合，而黎陽北行之河尚未枯也。又斯洨水至鄡入河，盧水、博水至高陽入河，高陽屬涿郡，鄡屬鉅鹿。鉅鹿、涿郡有河，則鄴東之河矣。鄴東故大河不言《禹貢》，可見此河西漢猶存也。《志》言河水出河關積石山，至章武入海，過郡十六，自金城數之，凡過天水、武威、安定、北地、朔方、五原、雲中、定襄、雁門、西河、上郡、河東、馮翊、河南、河内，已得十六。河内接壤者，魏郡也。於魏郡鄴縣注『故大河』，於館陶注『屯氏河，過郡四。』又於《溝洫志》互見。屯氏河所過四郡，爲魏郡、清河、信都、勃海。以河内以西，河流今古所同。魏郡以下，故大河已不可見，屯氏河不可合古河而言，故於上言十六郡，於下言四郡。合屯氏河言之，爲過二十郡。班《志》之義隱於句間，如蛛絲馬迹，静而求之，宛然可見也。《水經・漳水注》云：『《地理志》絳水發源屯留，下亂漳津。是乃與漳俱得通稱，故水流間關，所在著目，信都復見絳名，而東入於海。尋其川脈，無他殊瀆。』又云：『九河既播，八枝代絶，遺迹故稱，往往時存。故鬲、般列於東北，徒駭瀆聯漳、絳，同逆之狀粗分，陂障之會猶在。案經考瀆，自安故目矣。』此以信都之絳水，即屯留之絳水，亦即《禹貢》北過之絳水。漳、絳通稱，説爲精妙，乃又叙一絳水故瀆北逕信都，散入澤渚，西至信都城東，連於廣川之張甲故瀆，同歸於海。引《地理志》信都絳水以實之，《通典》直以此爲《禹貢》之絳水，於冀州之南宫、信都經縣、兖州之貝州，皆詳叙枯洚渠，不知此《水經》之絳瀆，乃漢以後之水，非《禹貢》之降〔一〕水也。班《志》明言《禹貢》絳水，豈絳瀆、枯洚所可亂哉？胡朏明不知班氏之指，而斥爲大謬。朏明謬矣。又言説經者，動稱枯洚以證道河之所過，皆班固『禹貢』二字誤之。夫班固加『禹貢』二字，正足明絳水非絳瀆，後人爲酈道元、杜佑所誤，班固不誤之也。

又北播爲九河，同爲逆河，入于海。

【注】播，猶散也。同，合也。下尾合爲逆河，言相迎受也。《詩・般正義》。

循按：《正義》引作『言相向迎受』。《水經注》引作『言相承受矣』。

右導水三

播冢導漾，東流爲漢。

【志】隴西郡，氐道。《禹貢》養水所出，至武都爲漢。武都郡，武都、東漢水受氐道水，一名沔，過江夏謂之夏水，入江。沮。沮水出東狼谷，南至沙羨南入江，過郡五，行四千里。荆州川。

【注】《地理志》：瀁水出隴西氐道，至武都爲漢，至江夏謂之夏水。《史記集解》。

循按：班《志》出隴西西縣者爲西漢，至江州入江。出氐道縣者爲漾，至武都爲東

〔一〕『降』，續經解本作『絳』。

漢、爲沔，又於沮縣叙沮水『至沙羨南入江，荆州川』。《周禮・職方》荆州『其川江漢』，而班氏繫諸沮，所以明東漢水合沮，至沙羨南入江也。沙羨在江夏郡，其南入江，卽至大别入江也。《水經》『沔水出武都沮縣東狼谷中』，酈注云：『沔水一名沮水，東南逕沮水戍，而東南流注于〔一〕漢，曰沮口，所謂沔漢。』此最得班氏之旨矣。惟沮卽是漢，故《志》直以荆州川屬沮也。漾出氐道，不言嶓冢者，既曰『《禹貢》瀁水』，則卽嶓冢導之者也。且於西縣注『《禹貢》嶓冢山』，於氐道注『《禹貢》瀁水』，明漾出氐道，而導漾則於西縣之嶓冢。蓋氐道在西縣之西，如《導河》積石河不出積石也。惟漾出氐道，而導於嶓冢爲漢，而實有自嶓冢出者，至江州入江，是爲西漢，故《班志》詳叙之。嶓冢爲《禹貢》之嶓冢，西漢則非《禹貢》之漾，出自嶓冢者非導自嶓冢者也。鄭氏以出氐道者爲漢，而以出嶓冢至江州入江者爲潛，云『大禹自導漢疏通，卽爲西漢水』。見梁州下。夫水自漢出爲潛，漢出氐道，至西縣嶓冢山導之，東南合沮水爲荆州川入江者，爲漢之正流，卽於嶓冢疏通其别流，至江州入江爲潛，爲西漢，卽爲漢之别。是自嶓冢出者、自嶓冢疏通而别之者也。班氏之義，鄭氏闡之極詳切矣。後學不明班、鄭之指，紛岐錯出，不足惑也。

〔一〕《水經注》無『于』字。

又東爲滄浪之水。

【注】今謂之夏水，來同，故世變名焉。《水經·夏水注》。

循按：《水經注》於夏水入沔云：鄭玄注《尚書》『滄浪之水』，言『今謂之夏水』云云。則鄭注止此十二字耳。下引劉澄之《永初山川記》云：『夏水，古文以爲滄浪，漁父所歌也。』於沔水『過武當縣東北』，注云：『《地說》曰：「水出荆山，東南流爲滄浪之水，是近楚都，故漁父歌曰：滄浪之水清兮，可以濯我纓；滄浪之水濁兮，可以濯我足。」』此自酈氏引《地說》之文，非鄭注也。王本以爲鄭注，非也。《史記索隱》云：『蒼浪，馬融、鄭玄皆以滄浪爲夏水，卽漢河之别流也。漁父歌曰「滄浪之水之清兮，可以濯吾纓」，是此水也。』首句約馬、鄭之義，卽《水經注》『滄浪，今謂之夏水也』。漢河别流，乃小司馬申説之文。王本、孫本皆誤作鄭注，孫本又誤標爲《史記集解》，《集解》未嘗引此文也。

過三澨，至于大别，南入于江。

【注】三澨，水名也。《水經注》、《史記索隱》。在江夏竟陵縣界。《史記集解》。

循按：《班志》、鄭注及《水經》皆以大别在安豐。《水經》又以『決水出廬江雩婁縣南大别山』，酈道元注江水亦言『巴水出雩婁縣之下靈山』，卽大别山。漢之安豐、雩婁，均屬廬江郡，則大别山二邑共之矣。注沔水入江云：『《春秋左傳》定公四年，「吴師伐郢，楚子常濟漢而陳，自小別至於大別」。京相璠《春秋土地名》曰：「大別，漢東山名也，在安豐縣南。」杜預《釋地》云：「二別近漢之名，無緣乃在安豐。」《地説》言：「漢水東行觸大別之陂，南與江合。」則與《尚書》、杜預相符，但今不知所是矣。』酈氏承杜預之説，疑大別不在安豐，乃曰『不知所是』，未定之詞也。杜預注『小別大別』，亦但云『《禹貢》漢水至大別南入江。然則此二別在江夏竟』。推預之説，亦未定之詞也。酈氏注江水云：『江水又東逕魯山南，古翼際山也。《地説》曰：漢與江合於衡北翼際山旁者也。』此以魯山爲翼際，而不以爲大別，蓋其時安豐有大別，沙羨無大別。雖疑安豐之遠，而不能移翼際之山爲大別也。《通典》於漢陽言魯山，則未以大別之名被之。《元和郡縣志》乃以魯山一名大別山，蓋緣杜預、酈元之説而傅會之。其實杜預、酈元所不料也。王光禄《後案》辨明大別在漢水之東，凡霍山以西，英山、麻城、羅田諸縣，山勢連延，漢水東北插入其境，其言甚辨。余爲申之：昭公六年，楚伐徐，『吴人救之，令尹子蕩帥師伐吴，師於豫章，而次於乾谿。吴人敗其師於房鍾』。十三年，『楚師還自徐，吴人敗諸豫章』。徐國屬臨淮郡，今泗州，乾谿在晉譙國城父縣，今亳州，是豫章爲楚適徐之道，當在泗、亳之南也。定公二年，『桐叛楚，吴子使舒鳩氏誘楚人，楚囊瓦伐吴，師於豫章。吴人見舟於豫章，而潛師於巢。冬十月，吴軍楚師於豫章，敗之，遂圍巢，克之』。巢卽居巢，今之巢縣。桐卽今桐城。是豫章與巢、桐相近，在今廬州之地也。昭公三十一年，『吴師圍弦，楚救弦，及豫章』。弦在江夏軑縣。二十四年，『楚子爲舟師以略吴疆，越大夫勞王於豫章之汭，王及圉陽而還。吴人踵楚，遂滅巢，及鍾離』。古之言汭者多據水言，如夏汭、桐汭、淮汭、雒汭、渭汭、羅汭、漢汭，是也。皆見《左傳》。此言『豫章之汭』，則豫章者水名，非地名也。定公四年，『吴伐楚，舍舟於淮汭，自豫章與楚夾漢。子常濟漢而陳，自小别至于大别。三戰，子常知不可，欲奔。十一月庚午，二師陳於柏舉』。不云自豫章至漢，而云『自豫章與楚夾漢』，分明豫章爲水，與漢相通。蓋此豫章之水，由漢而東，達於盧、壽之間。救弦而及者，近漢之豫章也。楚子略吴疆，而由豫章之汭，自漢而達此水，以及於盧、壽之間也。惟其爲水名，故吴人見舟於此。非水，何以云見舟也？説者不能以夏汭、桐汭諸言汭者例之，乃以淮南、江北、漢東之地統而歸之豫章，甚或以彭蠡湖爲豫章之汭，則不免於固矣。自豫章夾漢者，夾豫章又夾漢也。明是漢水東至大别，而南入江，豫章通漢之處，宜卽近於大别，所謂汭者，當卽此也。兩軍夾於南北，非夾於東西，濟漢水而陳，自小别東至大别，自南而北，非自西而東也。柏舉在麻城，正當兩軍之間，亦東西當大别小别之間，故兩師陳於是，楚敗至清發而濟。清發者，酈道元謂卽涓水之通稱，上承溠水，下入沔水，以後世地勢言之，漢水在涓水之西，魯山又在漢水之西，準此以解夾漢，則吴軍必已在應城安陸之間，而楚師但軍漢陽荆門一帶而已。若然，則子常陳師於小别大别，何用濟漢？而又何至戰於涓水之東、柏舉之地哉？左司馬戌謂子常曰：

『子沿漢而與之上下，我悉方城外以毀其舟，還塞大隧、直轅、冥阨。子濟漢而伐之，我自後擊之，必大敗之。』武城黑曰：『司馬毀吴舟於淮，塞城口而入。』大隧、直轅、冥阨，在今信陽之南，蓋吴至淮汭舍舟陳師於豫章，及漢之北，由東而西，直達於應山德安之間，故大隧等隘在其後。過此三隘，可退入蔡境，故毀舟以絶吴道，塞隘以斷蔡應。或謂三隘爲吴所已過之地，司馬謀斷其後，則吴似從信陽來，眞孤軍深入矣。惟其自盧、壽而西，連營於漢北，於是子常濟漢亦自小别而東，列陳于吴軍之南。兩國兵威之盛，瞭然可見。而漢水之逕於麻城、英山之間，亦於此可見。《大雅・江漢》之詩宣王命召公平淮夷，而詩言『江漢浮浮』。《正義》云：『《禹貢》徐州「淮夷蠙珠」，則淮夷在徐州。』導漾過三澨，至於大别南入江，是至大别之南，漢與江合而東流也。《漢書・地理志》大别在盧江安豐縣界，則江漢合處在揚州之境也。《毛詩正義》本於二劉，《詩》、《書》之文，誠可互證矣。《地記》言漢水『觸大别之陂』，孔傳言『觸山回南入江』，顯謂漢水東至安豐之大别，復回而南入於江。夫『至于三危，入于南海』，非入海在三危也。『至于東陵，東迆，北會于匯』，非會匯在東陵也。《導河》言『至于龍門』，『至于華陰』，『至于大伾』，『至于大陸』，凡『至于』云者，或記其曲處，或記其致力處。此言『至于大别，南入于江』，正以自大别至江，水有回曲，非入江於大别之旁也。水道變遷，誠難臆決，與其執後世之水以疑前人之説，莫若究經傳之文以尋舊迹之存。大河由鄴東而合降水，南江由石城而入太湖，漢水觸安豐之大別而後南入於江，其義一也。杜預不知豫章之爲水，又烏知大別之所在？酈元謂《地説》與杜預相符，不知《地説》正以大別在安豐言，杜預非其義也。《元和志》以魯山當大別，固不足辨矣。

東匯澤爲彭蠡，東爲北江入于海。

【注】匯，回也。漢與江鬬，轉東成其澤矣。《水經·沔水注》。

循按：注文精妙。漢既入江，兩水不相容，故匯而爲澤。蓋湖漢諸水皆入彭蠡，漢水注此而不容南洩，仍轉而合江，至東陵以下，乃分而入海也。經曰『匯』，注曰『回』，明其回旋於彭蠡而不洩也。非漢之入江，無由匯澤爲彭蠡；非漢之入江，無由分爲北江。故彭蠡、北江皆主乎漢而言之矣。

右導水四

岷山導江，東别爲沱，又東至于澧。

【注】自導弱水以下，言『過』言『匯』者，皆是水名。言『至于』者，或山或澤，皆非〔一〕水名。《正義》。醴，陵名也。大阜曰陵。《史記集解》多此八字。今長沙郡有醴陵縣，其以陵爲

〔一〕『非』，續經解本作『為』。《尚書正義》作『非』。

縣乎？《正義》。

過九江，至于東陵。

【志】廬江郡。金蘭西北有東陵鄉，淮水出。

循按：《水經》江水『東過蘄春縣南，又東過下雉縣北，利水從東陵西南注之』。酈氏注云：『江水左旁青林湖，卽利水出廬江郡之東陵鄉。江夏有西陵縣，故是言東矣。《尚書》云：江水過九江，至于東陵者也。』又注決水云：『決水自雩婁縣北逕雞備亭。決水自縣西北流逕蓼縣故城東，又逕其北，世謂之決〔一〕水。水又西北，灌水注之，其水導原廬江金蘭縣西北東陵鄉大蘇山，卽淮水也。』此灌水之廬江金蘭縣東陵鄉，卽利水之廬江金蘭縣東陵鄉也。《班志》金蘭附注郡下，則金蘭在郡治矣，宜在今廬江、桐城兩縣之間也。又《班志》廬江郡雩婁縣，『決水北至蓼入淮，又有灌水北至蓼入決，過郡二，行五百一十里』。雩婁在今霍丘縣西南，蓼在霍丘縣西北。《水經》言『決水出雩婁縣大別山』，則《漢志》所謂『過郡二，行五百一十里』者，非指決水，乃指灌水也。灌水自東陵至蓼入淮，是自廬江、桐城間至霍丘，正合五百里。『過郡二者』，金蘭、雩婁屬廬江，蓼屬六安，

〔一〕『決』，《水經注》作『史』。

爲二郡也。胡朏明謂金蘭在固始，南直黄梅，固始與霍丘鄰近，使灌水出此，何得五百里至蓼入決乎？

東地，北會于匯。

【注】東地者爲南江。《正義》。

循按：《初學記》所引孔、鄭之注，於此益見其僞。云『東地者爲南江』，則鄭氏明以『東地』二字爲句，『北會于匯』爲句。彭蠡在江之南，此言北會，豈得爲會彭蠡乎？《禹貢》凡言『會』，皆原有一水，而此水往會之。如泲之會汶，淮之會泗、沂，渭之會灃，是也。江水往會之也。匯非江水也。《説文》：『地，衺行也。』引此經文，蓋於正流之旁分出一東匯澤爲彭蠡，乃漢水往而匯之彭蠡，即漢所匯也。『北會于匯』，乃是别水本匯於此，而支，衺行之謂也。《水經》沔水過牛渚，東至石城，分爲二：一過毗陵北，即北江也；一至餘姚入海，即東地之南江也。酈注以自石城入貴口，逕寧國至安吉，故鄣爲長瀆，注於具區。具區在水北，正所謂『北會于匯』也。《班志》於石城注『分江水』，鄭注於東地者，指爲南江，若合符節。學者執《初學記》之譌文，轉牽《正義》所引之眞鄭注以就之，『北會』二字不能通，乃謂經文『東地北』爲句，既無解於鄭注『東地者』之文，且試思水之行，豈有直而不衺者？河自積石至龍門，所謂衺行者多矣。經未嘗言之，何獨於此？言其『東迆北』乎，亦淺之乎言經矣。

又按：《秦始皇本紀》：『三十七年，十一月，行至雲夢，望祀虞舜於九疑山，浮江下，觀藉柯，渡海渚。過丹陽，至錢唐，臨浙江。』《史記正義》引《括地志》，以海渚在舒州同安。唐之舒州，今之安慶也。自江北言之爲安慶，自江南言之爲池州。池州，漢之石城也。南江至此東迆，自其受江處言，則爲石城。方其浮舟而下，始依北岸，至此入石城分江水口，故曰『渡海渚』，言從舒州渡至貴池也。《水經注》叙分江水由貴池，而東逕宣城之臨城、安吴、寧國諸縣，皆漢丹陽郡地。過丹陽，卽過臨城、安吴、寧國諸縣地也。門人問曰：不舉秦郡而舉漢郡，何也？曰：石城至錢唐，所過非一縣，不可繁指。以錢唐以上，皆丹陽所轄，曰過丹陽，實括諸地。始皇旣臨浙江，還過吴，吴亦漢郡也。益秦時江以南止一會稽郡，漢始分爲鄣郡，武帝元封二年更名丹陽。舉丹陽切於舉會稽也。吴郡高帝十二年更名，在秦亦會稽也。若舉秦郡，則將云過會稽至錢唐，又云還過會稽，語無分別矣。史公不舉會稽而舉漢所分之丹陽與吴，始皇往來之迹，遂曲曲如繪，屬文之工可見於此。《始皇紀》中凡言遼東、琅邪、南郡、上黨、上郡、九原、東郡，皆郡名，其舉縣者，鄒以嶧山，陽武以博浪沙，過黄腄登之罘，以之罘在腄縣，過彭城，求周鼎於泗水，以泗水在彭城，使者過華陰平舒道，以有持璧怪異。凡舉縣言，皆有事實在其縣地，故至錢唐以駐此也，渡江乘以渡此也，過丹陽，過吴，則舉郡以括諸縣也。史公爲文神明變化，如勃海漢郡也，於《扁鵲傳》云『渤海郡鄭人』；東海漢郡也，於《陳涉世家》云『攻〔一〕東海，守慶於郯』；沛亦漢郡也，高帝生時無沛郡，而《本紀》云『高祖沛豐邑中陽里人』，《蕭相國傳》亦云『沛豐人』也。是皆漢郡而追言之，丹陽亦其類也。然則秦有丹陽乎？漢丹陽郡丹陽縣注云：『楚之先熊繹所封。』然則丹陽之名古已有之，郡以縣得名，縣以楚封丹陽得名。秦時置此縣與否，不可得知，而其時南江所經，有丹陽則可知也。晉分丹陽郡爲宣城郡，又分丹陽縣爲于湖。《太平寰宇記》青陽縣下引《輿地志》云：『吴帝南渡之初，於古丹陽城置定陵縣。』《輿地志》，陳顧野王所撰也。言『古丹陽』，蓋别於其時之丹陽。其時之丹陽，仍晉、宋之丹陽。然則晉移丹陽郡於建鄴，亦移丹陽縣於北。晉之丹陽，非古之丹陽矣。《宋書·州郡志》言割無湖爲定陵，《隋書·地理志》言并定陵於南陵，然則古之丹陽，當無湖之南，爲今南陵縣地也。吴晉移近江寧，故《通典》言江寧爲漢丹陽縣，此實晉縣，非漢縣也。唐天寶元年置丹陽縣於漢之曲阿，屬潤州，此則今之丹陽縣所始。蓋丹陽一縣，自南移北，漸失其故，古丹陽自在南陵，《寰宇志》引《輿地志》所言，附青陽縣下，爲有見矣。《説文》『潮水出丹陽』，此不分言郡縣，蓋丹陽郡、丹陽縣郡縣通名，從省文也。班《志》丹陽郡陵陽有淮水，引桑欽説，此『淮』蓋卽《説文》之潮，音近

〔一〕『攻』，《史記》作『圍』。

相通借也。陵陽山在今青陽石埭、涇縣之間，縣以山名，宜在於是。《唐志》天寶元年析涇南陵秋浦置青陽縣，今之青陽、涇縣之間，正古之南陵、定陵所在，亦即古之丹陽所在。然則即以縣論，亦當南江所逕，而余必主郡言者，縣不能括也。然則徐廣以丹陽在南郡枝江，《通典》謂在巴東郡秭歸，何也？曰：非《班志》之義也。《史記・楚世家》：『封熊繹於楚蠻，居丹陽。周夷王時，熊渠甚得江漢間民和，乃興兵伐庸、揚粵，至於鄂，立其長子康爲句亶王，中子紅爲鄂王，少子執疵爲越章王，皆在江上楚蠻之地。』《班志》於丹陽縣注『熊繹所封』，又叙楚地云：『周成王時封文武先師鬻熊之曾孫熊繹於荆蠻，爲楚子，居丹陽。』而南郡枝江則注云：『故羅國。』秭歸則注云：『歸鄉，故歸國。』又江陵注云：『故楚郢都，楚文王自丹陽徙此。』羅國在桓公十三年尚能謀楚師而敗莫敖，若爲楚初封之國，何以得没於羅？歸即夔。僖公二十六年，楚以其不祀滅之者也。《左傳》：『夔子不祀祝融與鬻熊，楚人讓之。對曰：「我先王熊摯有疾，鬼神弗赦，而自竄於夔，吾是以失楚。」』《史記集解》引服虔云：『夔，楚熊渠之孫熊摯之後。』夔在巫山之陽，秭歸鄉是也。《鄭語》孔晁注云：『熊繹六世孫曰熊摯，有疾，楚人廢之，立其弟熊延。熊摯自棄於夔。子孫有功，王命爲夔子。』熊摯竄於夔，則夔必遠於楚。是時楚都正在丹陽，若秭歸即是楚都，摯何竄於此？而且國於此耶？《吴太伯世家》言：『太伯奔荆蠻，自號句吴。』泰伯所邑之吴，漢會稽之吴縣，今之蘇州也。其地稱荆蠻，則楚之初封，正不遠此。

《泰策》蔡澤言吳起『南攻揚越』，《史記・吳起傳》言其『南平百越』。『越』與『粵』通。熊渠所伐之『揚粵』，卽吳起所平之『揚越』也。但吳起所平南及蒼梧，熊渠所伐江以南而已，至於鄂，則拓地至武昌也。其時荆蠻之地多荒辟，楚以漸經營之，雖封其子於鄂，而都仍在丹陽。楚地如鵲岸在今池州，卽鵲尾洲。長岸在今當涂，棠在今六合，駕鳌庸浦在今無爲州。《吳志》張紘謂孫權曰：『秣陵，楚武王所置，名曰金陵。』然則自池州、太平、江寧以達於江北和、滁之間，均爲楚屬。由丹陽而拓之，實初封根本之地也。地處下流，不足以窺中國，故必經營於江漢之間。滅權之後，使鬬緡尹之，見莊公十八年。已有遷郢之志。乃是時隨在其北，羅在其西，鄖、絞、州、蓼諸國合而謀之，故未敢卽遷耳。桓公六年侵隨，『軍於瑕以待之』。瑕者，成公十六年鄢陵之戰，楚師還所及者也。鄢陵，今開封府之鄢陵縣，自是還師必由。召陵在郾城縣。南入城口，在應山縣。道過隨東，瑕當在此。侵隨所及之瑕，卽師還所及之瑕。武王從丹陽來侵，故駐於此也。屈瑕伐羅，武王用鄧曼言，『使賴人追之，不及』。賴人者，昭公四年，楚靈王伐吳朱方，而遂滅之者也。賴必近吳之國，武王居丹陽，賴在其西，羅又在賴西，故使賴人追之爲便。若秭歸去羅甚近，且在羅西，何至使賴人追之，而且不及也？或謂賴卽厲國，在南陽隨縣，仍在枝江秭歸之西，亦不合也。武王既克州、蓼，而服隨、唐，見哀公十七年。藩籬益固。文王熊貲元年，遂遷於郢，郢既遷，而丹陽轉爲東鄙之地矣。《水經注》引《宜都記》云：『秭歸，蓋楚子熊繹之始國。』《地理志》以爲吴之丹陽，論者云：尋吴楚悠隔繿縷，荆山無容遠在吴境，是爲非也。』《通典》以丹陽在秭歸本此，而又謂自秭歸遷於枝江，則合徐廣、酈元之説』而一之耳，而正不必然也。然則子革對楚王曰，『先王熊繹辟在荆山』，何以言荆山也？試爲思之，固亦有説。以初封言，宜曰辟在荆蠻，對君之體，不可謂國爲蠻，故文其説也。班氏以前，未有以丹陽在南郡者，執於子革之言，乃移屬枝江，移屬秭歸矣。學者執薄昭之言，謂小白爲子糾之兄，與此何異耶？

東爲中江入于海。

右導水五

導沇水，東流爲濟，入于河，溢爲滎。

【志】河東郡，垣。《禹貢》王屋山在東北，沇水所出。東南至武德入河，軼出滎陽北地中，又東至琅槐入海。過郡九，行千八百四十里。

【注】《地理志》：沇水出河東東垣王屋山〔一〕，東至河内武德入河，溢爲滎。《史記集解》。

〔一〕『河東東垣王屋山』，《史記集解》作『河東垣縣東王屋山』。

循按：班《志》自謂『溢出滎陽北地中』，則不與河通矣。鄭氏言『溢出爲滎澤』，見豫州下，亦班義也。顔師古：『言濟水入河，並流而南，截河，又並流溢出，乃為滎澤。』用孔傳也，非班、鄭義。《説文》：『溢，器滿也。』水伏地中，遇竇而出，有似於器滿。經文曰『播』、曰『diaoyu』、曰『溢』，皆非無意也。

東出于陶丘北。

【志】濟陰郡定陶。《禹貢》陶丘在西南。陶丘亭。

【注】《地理志》：陶丘在濟陰定陶西北。《史記集解》。

又東至于菏，又東北會于汶，又北，東入于海。

右導水六

導淮自桐柏，東會于泗、沂，東入于海。

【志】南陽郡，平氏。《禹貢》桐柏大復山在東南，淮水所出。東南至淮陵入海，過郡四，行三千二百四十里。青州川。

循按：《通典》及《元和郡縣志》皆以濠州招義縣爲漢之淮陵縣。胡朏明因謂淮陵在盱眙縣西，淮陵當是淮陰。全樹山以《漢志》淮水入海屬淮陵，淮所分之游水，系之淮浦，淮自至淮陵，其下爲游水。王光禄則謂《水經》淮至淮浦入海，『淮陵』當作『淮浦』。以余論之：全、王兩君之説固遠勝於朏明，而猶未能得《班志》之指也。《志》言睢水至取慮入泗，又言泗水至睢陵入淮，而又言淮水至淮陵入海。睢陵者，睢入泗之處，非泗入淮之處。言泗至睢陵入淮者，明泗至睢陵，合睢入淮也。推此而淮陵者，非淮入海之處，必泗入淮之處。言淮至淮陵入海者，明淮至淮陵合睢、泗入海也。《通典》云：『濠州招義，漢淮陵縣地，宋僑置沛陰郡於是。』《元和郡縣志》云：『招義，本漢淮陵縣，宋孝武帝自淮北徙睢陵縣，改爲池南縣，陳爲招義，隋大業元年爲化明。』余爲考之：《宋書·州郡志》云，『淮陵太守本淮陵縣，晉惠帝永寧元年以爲淮陵國』，領縣三，司吾、徐、陽樂。陽樂，文帝元嘉十三年以下相併。雖淮陵自永嘉淪没，僑立南徐，而晉初屬縣，於此可見。下相在今宿遷，徐在南，司吾在北，淮陵置郡於其間，宜正當泗水入淮之地，不應西近濠州也。《宋志》『沛陰太守，漢景帝立，屬兖州，流寓徐土，因割地爲境』，領睢陵縣。《隋書·地理志》云：鍾離郡化明，『故曰睢陵，置沛陰郡。後齊改縣曰池南，陳復曰睢陵，後周改爲招義』，大業改名化明，皆不言睢陵卽淮陵。《隋志》言齊改池南，《南齊書·州郡志》濟陰郡有睢陵，無池南，已與《隋志》不合。《元和志》則以爲宋武所改，而求諸《宋志》，絶無此文。説之參差，不足取信，概可知矣。《魏書·地形志》東徐州臨清郡睢陵，注云：『武定七年置，有睢水』，此漢縣之睢陵也。又徐州彭城郡睢陵注云：『前漢屬臨淮，後漢、晉屬下邳，晉亂屬沛陰，武定五年屬。有睢陵城、九子山、荆山。』此《宋志》僑置之睢陵也。

《晉書·地理志》言元帝渡江僑置沛陰，則《宋志》所謂『流寓徐土』者，指晉時言。故《魏志》言晉屬也。武定五年，慕容紹宗擒蕭深明於寒山，進圍潼州。潼州，漢之夏丘，今虹縣地也。寒山在彭城，今徐州也。荆山在今懷遠縣，山屬睢陵，則睢陵在此。是時入於魏，故置屬彭城郡。七年，梁北徐刺史蕭正表等降魏，而臨清之睢陵亦屬矣。《隋志》鍾離郡涂山，『舊曰當涂，有當涂山』。當涂山與荆山皆在懷遠，可知僑置沛陰、睢陵，正在今懷遠縣界，而爲漢當涂縣地。漢當涂屬九江，淮陵屬臨淮，眞風馬牛之不相及。隋因睢陵而置化明，因化明而改招義，蓋分漢之當涂，非因漢之淮陵也。《通典》誤僑置之睢陵爲漢淮陵。《元和志》乃直謂漢之淮陵，宋徙睢陵，坐不深考耳。《魏志》淮陽郡有角成、綏化、招義，招義下注云：『武定七年改，蕭衍恩撫郡二縣置。』此招義屬淮陽。《輿地廣記》言『淮陽在漢淩縣泗陽之間』。《隋志》言後周改綏化爲淮陽，改甬〔一〕城爲臨清。開皇三年省臨清入淮陽，而梁之恩撫郡二縣則無可考。僑置之區十羊九牧，大抵一郡縣耳。而分爲數郡數縣，如角城在梁爲臨清、天水、浮陽三縣，綏化在梁爲綏化、吕梁二郡，既併而後，僅一淮陽縣而已。竊謂恩撫郡二縣亦置此地，入魏改名招義，其後亦與角城等相併。酈道元言『淮泗之會卽角城』，又言『淮水歷淮陽，城北臨泗水，岨於二水之間』，

〔一〕『甬』當作『角』。

魏之招義當近乎此也。若濠州之招義，《隋志》明言後周改名，與魏之招義名同而地異。魏之招義屬淮陽而近角城，與司吾、下相、徐相邇，謂漢之淮陵，可也。濠州之招義，自在荆山之側。《通典》以此爲淮陵，或未辨乎此耶？則是謂招義爲淮陵，亦有説也。

右導水七

導渭自鳥鼠同穴，東至于灃，又東至〔一〕于涇，又東過漆、沮，入于河。

【志】隴西郡，首陽。《禹貢》鳥鼠同穴山在西南，渭水所出，東至船司空入河，過郡四，行千八百七十里，雍州𣹰。

【注】鳥鼠之山有鳥焉，與鼠飛行而處之，又有止而同穴之山焉，是二山也。鳥名爲鵌，似鵽而黄黑色，鼠如家鼠而短尾，穿地而共處，鼠內而鳥外。《水經注》。

右導水八

導洛自熊耳，東北會于瀍、澗〔二〕，又東會于伊，又東北入于河。

【志】弘農郡，上雒。《禹貢》雒水出冢領山，東北至鞏入河，過郡二，行千七十里。豫州川。熊耳獲輿

〔一〕「至」，《禹貢》作「會」。

〔二〕「瀍、澗」，《禹貢》作「澗、瀍」。

山在東北。

右導水九

九州攸同，四隩既宅，九州〔一〕刊旅，九川滌源，九澤既陂，四海會同，六府孔修。庶士交正，厎慎財賦。

【注】衆土美惡及高下得其正矣，亦致其貢篚，慎奉其財物之税，皆法定制而入之也。《史記集解》。

咸則三壤成賦。

【注】三壤，上、中、下各三等也。《史記集解》。

中邦，錫土姓，祗台德先，不距朕行。

【注】中邦，九州也。天子建其國，諸侯祚之土，賜之姓，命之氏，其敬悦天子之德既先，又不距違我天子政教所行。《史記集解》。

五百里甸服。百里賦納總，二百里納銍，三百里納秸服，四百里粟，五百里米。

〔一〕『州』，續經解本及《禹貢》作『山』，當據改。

【注】甸服者，堯制賦其田使入穀。禹弼其外，百里者賦入總，謂入刈禾也；二百里秷，秷，斷去藁也；三百里秸，秸，又去其穎也；四百里入粟、五百里入米者，遠彌輕也。甸服之制，本自納總。禹爲之差，使百里者從之耳。《詩·甫田正義》。

循按：《詩·生民正義》亦引注云：『銍，斷去藁也。秸，又去穎。』此與《甫田正義》所引同。《禮器》『藁鞂之設』，注云：『穗去實曰鞂，《禹貢》「三百里納鞂服」。』《正義》云：『案《禹貢》「五百里甸服」，百里賦納總，謂所刈禾也；二百里納銍，謂刈禾穗也；三百里納秸服，謂禾去其實，唯藁秸也；四百里粟，五百里米。』此約鄭注之義，非引鄭注也。王本於鄭注『又去其穎也』改爲『禾又去其穎，惟藁秸也』，非是。《詩·生民正義》既引鄭注，又説之云：『穎是禾穗之挺。《書序》云「唐叔得禾，異畝同穎」，謂挺上合也。』《史記》平原君謂毛遂曰：『賢士之處世，譬若錐之處囊中，其末立見。』毛遂曰：『遂早得處囊中，乃脱穎而出，非特其末見而已。』然則穎正謂錐之挺。《説文》訓『穎』爲『禾末』。蓋自總言之，則穎以上爲末；自銍言之，則穎又爲實之本。秸所以聯粟者也，穎所以載秸者也，藁所以載穎者也。凡禾於葉間抽出，挺而後結實。此注云去藁爲銍，則銍爲挺以上之名，藁爲葉以下之名；去穎爲秸，則秸爲聯粟者之名，穎爲載秸者之名。禾之垂自穎以上，故《毛詩傳》訓『穎』爲『垂穎』也。銍本穫禾之鐵，《説文》：『銍，穫禾短鎌也。』鎌有柄而首垂曲，去藁之形似之，故卽以銍名。秸猶結頡，爲相聯屬之名，則銍之去其穎，猶鎌之去其柄矣。鄭氏此注至精，蓋受《古文尚書》於馬季長，季長之訓如此，見《釋文》，而鄭氏仍之也。《禮器注》引《禹貢》作『秫』，訓爲『去實』，去實則惟存穎矣。四百里尚供粟，三百里乃去粟乎？《正義》言『藁粟別納』，亦非也。鄭之注《禮》，不言去穎言去實者，《禮》言『稾秸之設』，以席簟言，去實乃可織席，故注曰『去實』。去實卽去粟也。稾秸者，自稾連穎及秸織之，但去粟耳。《正義》云『去其實惟稾秸』，正得此義。用以説《禮器》不可，用以説《禹貢》義各有當。王本誤矣。《史記》作『秸服』，《漢書》作『戛服』，鄭氏《禮器注》作『秫服』，均有『服』字。孔傳訓爲『稾役』，卽《毛詩・禾役傳》訓爲列，列卽上列下禾，如荼之菂，亦正以禾穗言之。《吕覽・審時篇》云：『得時之麥，稠長而頸黑，二七以爲行，而服薄糕而赤色。』歙縣孝廉方正程瑶田以此『服』卽『秸服』，是也。孫本經文芟去『服』字，非是。

五百里侯服。百里采，二百里男邦，三百里諸侯。五百里綏服，三百里揆文教，二百里奮武衛。五百里要服，三百里夷，二百里蔡。

【注】蔡之言殺，減殺其賦。《正義》。

五百里荒服，三百里蠻服，二百里流。

【注】蠻者，聽從其俗，羈縻其人耳，故云蠻。蠻之言緡也。《正義》。五服服別五百

里，是堯之舊制，及禹弼之，每服之間更增五百里，面別至於五千里，相距爲方萬里。《正義》。甸服比周爲王畿，其弼當侯服，在千里之內。侯服爲甸服，其弼當男服，在二千里之內；綏服於周爲采服，其弼當衛服，在三千里之內；要服於周爲蠻服，其弼當夷服，在四千里之內；荒服於周爲鎮服，其弼當蕃服，在五千里之內。《詩・齊風譜正義》。

循按：《正義》又云：『鄭氏不言禹變堯法，乃云他〔一〕倍於堯。』《詩・天作正義》云：『鄭注《禹貢》，以爲堯之時土廣五千里，禹弼成五服，土廣萬里。』皆約鄭注之辭。《殷武正義》云：『《皋陶謨》云：「禹曰：予惟荒度土功，弼成五服，至于五千。」注云：「荒，奄也，奄大九州四海之土。敷土既畢，廣輔五服而成之。至於面各五千里。四面千里曰九州，其外荒服曰四海。禹所弼五服之殘數，亦每服者合五百里，故有萬里之界焉。」又《禹貢》云「五百里甸服」，每言五百里一服者，是堯舊服。每服之外，更言三百里二百里者，是禹所弼之殘數也。堯之五服，服五百里耳。禹平水土之後，每服更以五百里輔之，是五服服別千里，故一面而爲差至於五千也。』此注係《皋陶謨》下，則《皋陶謨》之注也。『《禹貢》云』三字上別以『又』字，而不明標鄭注。王本、孫本皆直以鄭注斷之，余不敢定，附於此。

〔一〕「他」，《尚書正義》作「地」。

又按：《王制疏》引《五經異義》云：『今《尚書》歐陽、夏侯説中國方五千里，古《尚書》説五服方五千里，相距萬里。』《史記·夏本紀》用《禹貢》文，於『五百里米』下增『甸服外』三字，『三百里諸侯』下增『侯服外』三字，『奮武衛』下增『綏服外』三字，『二百里蔡』下增『要服外』三字，用今文歐陽、夏侯説也。《釋文》引馬云『面五千里，爲方萬里』，馬氏傳古文之學，故以萬里言，鄭氏仍之也。《正義》所引馬融、賈逵之説，則同今文而小異，以爲六千里，别納總之五百于甸外，餘與《史記》等，王肅斥爲失實，宜也。《異義》左氏説唐虞之地萬里，賈逵爲左氏學，亦受古文於杜林，不宜同於今文，且謬其説。馬氏以《釋文》所引爲是，可知鄭學所淵源耳。至於兩説相持，余則取今文説。《儒林傳》言司馬遷從安國問，故遷書多古文説。而此所説仍從今文，誠審乎？《禹貢》之文，惟今文之説勝也。或謂當時功令當從今文，則如《班志》直載本文可〔一〕矣，亦何必增甸服外諸文，以顯著之哉？

東漸于海，西被于流沙、朔南，暨聲教訖于四海。

【注】朔，北方也。《史記集解》。南北不言所至，容踰之。《正義》。

〔一〕『可』下，續經解本有『知』字。

禹錫玄圭，告厥成功。

《水經・禹貢山水澤地所在》

嵩高爲中嶽，在潁川陽城縣西北。《續漢書・郡國志》：潁川郡，「陽城，有嵩高山」。蓋密高縣，省入陽城縣。

泰山爲東嶽，在泰山博縣西北。《郡國志》：泰山郡，「博，有泰山廟，岱山在西北」。

霍山爲南嶽，在廬江灊縣西南。《禹貢》無此山，《郡國》廬江郡有灊縣。

華山爲西嶽，在弘農華陰縣西南。《郡國志》：弘農郡，「華陽〔一〕，故屬京兆，有太華山」。

雷首山在河東蒲坂縣東南。《郡國志》：河東，「蒲坂，有雷首山」。

砥柱〔二〕在河東大陽縣東河中。《郡國志》河東有太陽縣。

王屋山在河東垣縣東北〔三〕。《郡國志》：河東垣縣，「有王屋山，兖水出」。

太行山在河内野王縣西北。《郡國志》：河内郡，「野王，有太行山」。

〔一〕「陽」，《郡國志》作「陰」。

〔二〕「砥柱」，《水經注》作「砥柱山」。

〔三〕「北」下，《水經注》有「也」字。

恒山爲北嶽，在中山上曲陽縣西北。《郡國志》：中山郡〔一〕，「上曲陽故屬常山，恒山在西北」。

碣石山在遼西臨渝縣南水中〔二〕。《郡國志》遼西郡有臨渝縣。絫縣蓋省入，此以碣石水爲碣石山。

析城山在河東濩澤縣西南。《郡國志》河東郡有濩澤縣。

太嶽山在河東永安縣。《郡國志》：河東郡，「永安，故彘，陽嘉三〔三〕年更名。有霍太山」。

壺口山在河東北屈縣東南。《郡國志》：河東郡，「北屈，有壺口山」。

龍門山在河東皮氏縣〔四〕。《郡國志》河東郡有皮氏縣。

梁山在馮翊夏陽縣西北河上。《郡國志》：左馮翊，「夏陽，有梁山、龍門山」。

荆山在馮翊懷德縣南。《郡國志》馮翊無懷德縣，雲陽下注云：「有荆山。《帝王世紀》云：『禹鑄鼎於荆山，在馮翊懷德縣之南，今其下荆渠也。』」

岐山在扶風美陽縣西北。《郡國志》：右扶風，「美陽，有岐山」。

〔一〕「中山郡」，《郡國志》作「中山國」。

〔二〕「中」下，《水經注》有「也」字。

〔三〕「三」，《郡國志》作「二」。

〔四〕「皮氏縣」，《水經注》作「皮氏縣西」。

汧山在扶風汧縣之西〔一〕。《郡國志》：右扶風，「汧，有吴嶽山，本名汧」。

終〔二〕南山、惇物山在扶風武功縣西南〔三〕。《郡國志》：右扶風，「武功，永平八年復。有太一山，本終南。垂山，本惇物」。

西頃山在隴西臨洮縣西南。《郡國志》：隴西郡，「臨洮有西頃山」。

嶓冢山在隴西氐道縣之南。《郡國志》：隴西郡，「氐道，養水出此」。

鳥鼠同穴山在隴西首陽縣西南。《郡國志》：隴西郡，「首陽有鳥鼠同穴山，渭水出」。

積石在隴西河關縣西南。《郡國志》：隴西郡，「河關故屬金城，積石山在西南，河水出」。

都野澤在武威縣東北。《郡國志》武威郡有武威縣。

合離山在酒泉會水縣東北。《郡國志》酒泉郡有會水縣。

流沙地在張掖居延縣東北。《郡國志》張掖居延屬國，「故郡都尉，安帝別領一郡。居延有居延澤，古流沙」。注云：「獻帝建安末立爲西海郡。」

三危山在燉煌縣南。《郡國志》燉煌郡有燉煌縣。

〔一〕「西」下，《水經注》有「也」字。
〔二〕「終」上，《水經注》有「隴山」二字。
〔三〕「南」下，《水經注》有「也」字。

朱圉山在天水北、冀城南。《郡國志》：漢陽郡，『永平十七年更名。冀有朱圄山。武帝置爲天水』〔一〕。

岷山在蜀郡湔氐道西。《郡國志》：蜀郡，『湔氐道，岷山在西徼外』。

熊耳山在宏農盧氏縣東。《郡國志》：宏農郡，『盧氏有熊耳山，伊水出』。

荆山在南郡臨沮縣東北。《郡國志》：南郡，『臨沮，侯國。有荆山』。

内方山在江夏竟陵縣東北。《郡國志》：江夏郡，『竟陵，立章山本内方』。

大别山在廬江安豐縣西南。《郡國志》：廬江郡，『建武十年省六安國，以其縣屬。安豐，有大别山』。

外方山，嵩高是也。

桐柏山在南陽平氏縣東南。《郡國志》：南陽郡，『平氏，桐柏大復山，淮水出』。

陪尾山在江夏安陸縣東北。《郡國志》：江夏郡有安陸縣。

衡山在長沙湘南縣南。《郡國志》：長沙郡，『湘南，侯國。衡山在東南』。

九江地在長沙下雋縣西北。《郡國志》：廬江郡，『尋陽，南有九江，合爲大江〔二〕。』與《班志》同。又

〔一〕『永平十七年更名。冀有朱圄山。武帝置爲天水』。《郡國志》作『武帝置爲天水，永平十七年更名。冀有朱圄山。』

〔二〕『合為大江』，《郡國志》作『東合為大江』。

長沙郡有下雋縣。

雲夢澤在南郡華容縣之東。《郡國志》：南郡，「華容，侯國。雲夢澤在南」。

東陵地在廬江金蘭縣西北。《郡國志》：廬江郡無金蘭縣。

敷淺原地在豫章歷陵縣西。《郡國志》：豫章郡，「歷陵，有傅易山」。

彭蠡澤在豫章彭澤縣北〔一〕。《郡國志》：豫章郡，「彭澤，彭蠡澤在西」。

中江在丹陽蕪湖縣西南，東至會稽陽羨縣入于海。《郡國志》：丹陽郡，「蕪湖，中江在西」。

震澤在吴縣南五十里。《郡國志》：吴郡，「順帝分會稽置。震澤，在西，後名具區澤」。

北江在毗陵北界，東入于海。《郡國志》：吴郡，「毗陵，季札所居。北江在北」。

嶧陽山在下邳縣之西。《郡國志》：下邳國，「下邳，本屬東海。葛嶧山，本嶧陽山」。

羽山在東海祝其縣南〔二〕。《郡國志》：東海郡，「祝其，有羽山」。

陶丘在沛陰定陶縣〔三〕西南。《郡國志》：沛陰郡有定陶縣。

菏澤在定陶縣東。

雷澤在沛陰成陽縣西北。《郡國志》：沛陰郡，「成陽，有雷澤」。

〔一〕「北」上，《水經注》有「西」字。

〔二〕「南」下，《水經注》有「也」字。

〔三〕「縣」下，《水經注》有「之」字。

菏水在山陽湖陸縣南。《郡國志》：山陽郡，「湖陸，故湖陵，章帝更名」。

蒙山在泰山蒙陰縣西南。《郡國志》：「沛北國，和帝永元二年分泰山置。」臣昭案：「沛北，前漢之舊國，此是經并泰山復分。」泰山、沛北二郡皆無蒙陰縣，惟《班志》蒙陰顓臾國在蒙山下。《郡國志》：「南武陽，有顓臾城。」然則蒙陰并入南武陽矣。

大野澤在山陽鉅鹿〔一〕縣東北。《郡國志》：山陽郡，「鉅野，有大野澤」。

大邳地在河南成皋縣北。《郡國志》河南尹有成皋縣。劉昭補注云：「《左傳》『鄭子皮勞晉韓宣子於索氏』，杜預曰：『縣東有大索城。』《尚書・禹貢》『至于大岯』。」

明都澤在梁郡睢陽縣東北。《郡國志》梁國有睢陽縣。

益州沱水在蜀郡汶江縣西南，其一在郫縣西南，皆還入江。《郡國志》蜀郡有汶江道，有郫縣。

荆州沱水在南郡枝江縣。《郡國志》南郡有枝江縣。

三澨地在南郡邔縣北沱。《郡國志》南郡有邔縣，「地」或誤作「池」，非。

循按：《水經》於卷末記《禹貢山水澤地所在》，山謂壺口、雷首等，水謂北江、中江等，澤謂大野、彭澤等，地謂三澨、流沙等。略於水者，前已詳之。且諸水依山爲識者居

〔一〕「鹿」，《水經注》作「野」。

多，知山地之所在，可知水之所在也。《水經》唐以前不著作者姓名，《新唐書·藝文志》以爲桑欽者，誤也。欽受古文《尚書》於涂子眞，見《漢書·儒林傳》，《班志》亦多引桑欽説，則欽爲西漢人無疑。此卷郡、縣皆用東漢順帝分會稽郡置吴郡，此於吴縣不稱郡，蓋以郡名吴，相複省去，如下邳郡、下邳縣，燉煌郡、燉煌縣，武威郡、武威縣，皆不稱郡，可以例也。又獻帝時立張掖、居延爲西海郡，此不稱西海，然則著書者在獻帝以前、順帝以後，與鄭氏同時者也。所説多本《班志》與《班志》不同者二：碣石山在臨渝，一也；九江地在下雋，二也。與鄭注不同者三：三危在燉煌，一也；三澨在邔縣，二也；大伾山在成皋，三也。與《郡國志》不同者四：金蘭，一也；懷德，二也；蒙陰，三也；龍門在皮氏，四也。以余論之：三危、三澨、大伾，《班志》所未言，作者與鄭氏同時，説與鄭異，蓋别有所受。碣石水當以碣石山得名，山而曰大，所在宜廣，東漢右北平無驪成，遼西無絫，蓋臨渝之地實兼之，謂臨渝南水中，與驪成不相遠也。三澨，鄭氏注舉《春秋傳》句澨、漳澨、雍澨、薳澨，則澨以三言，明非一地。或竟陵、邔縣皆有之，亦不相遠也。鄭注以大伾在河内修武、武德之界，蓋疑辭。此以成皋實之，成皋在河南，與河内兩岸相對，鄭以泲水出入所經擬之。蓋泲水所經，實有大伾，故張晏亦云成皋縣山。《通典》引誤作張揖，轉販者遂不及考。《水經》或有所受之耳。禹鑿龍門，水出其間，然則兩岸皆可名龍門。河東皮氏，東岸也；馮翊夏陽，西岸也。異而同者也。胡朏明謂金蘭，漢初有此縣，非也。漢初有之，後既并於某縣，則東陵鄉即移入某縣，《志》於某縣下言之，可也。不應言於郡下，當是班固於郡治分置此縣。班氏目驗當時淮水所出在此，故《水經》亦同。《水經》於《班志》地名爲東漢所改者，皆易以當時之名。金蘭若爲漢初之縣，何以尚稱之乎？余以《水經》證《班志》，知其爲東漢所置縣，漢末又省之，故《郡國志》不載也。馮翊之懷德，泰山之蒙陰，或漢末省并，或《郡國志》失載，可以《水經》參補司馬彪之書，若酈注引金蘭，自本《班志》及《水經》，胡朏明謂晉宋復立，亦非也。以上等條，雖有異文，大指不謬。惟三危、九江，其説太遠，頗惑後學。三危爲黑水所經，鄭注引《地記》，言在鳥鼠之西南，南當岷山，又在積石之西南，是也。自《水經》以爲在燉煌南，於是杜預注《左傳》『允姓之姦，居于瓜州』，以三苗亦竄在此。胡朏明乃謂雍州之黑水非梁州之黑水，不知經文條理，全在以地名相貫。兖州曰泲河，豫州曰荆河，雍州曰黑水西河，明冀州在兖豫雍之間，以河爲界也。青州曰海岱，揚州曰淮海，徐州曰海岱及淮，明青在徐之北，揚在徐之南也。荆州曰荆及衡陽，明在豫之南。梁州曰華陽黑水，明在雍之南。若黑水有二，將豫之荆非荆之荆，揚之淮非徐之淮矣，而然乎？《山海經》：『洞庭山，帝之二女居之，是常遊於江淵。澧、沅之風，交瀟湘之淵，是在九江之門〔一〕。』洞庭與九江并言，始於

〔一〕『門』，《山海經》作『間』。

此。《水經》依諸此耶？抑亦别有受之耶？乃《山海經》班氏屏諸形法家，與宫宅地形相人相六畜相刀劒等，本不以爲典要，而郭璞精於此術，故爲之注。然於九江仍引尋陽爲説，則不以九江爲洞庭矣。以九江爲洞庭，實作俑於《水經》。《禹貢指南》引《楚地記》云，『巴陵瀟湘之淵在九江之間』，是亦本諸《山經》者，而趙宋人因暢言之。胡朏明《錐指》一書最稱詳博，而三江則惑於《初學記》之譌文，九江則執於《水經》下雋之異説，而以《山海經》爲所持之故，不亦誣乎？余既録《水經》此篇，以《郡國志》附之，明其郡縣皆東漢也。復舉其説之異者辨於右。若酈氏注所説《禹貢》及《通典》、《元和郡縣志》、《太平寰宇記》，凡志地之書，其是非均以班《志》斷，兹不復辨。

跋

右吾友焦君里堂《禹貢鄭注釋》二卷。作書之旨，備在篇端。夫考覈之學，地理爲難；地理之書，《禹貢》爲難；《禹貢》之説，期合於鄭注尤難。匪惟著述之難，抑亦檢閲之難。此書驫視之，不過抄撮舊文，蒐羅殘簡，然而輩原流，區眞贗，精批導，慎斡旋，若閲者眞神不充，則作者内心全隱。萊讀此蓋竭三月之功，乃稍稍得其紛緒，彌歎作之之不苟也。緣讀之難，而爲之記。嘉慶十一年新夏歙汪萊跋。

禮記補疏

禮記補疏叙

『三禮』之名，自漢有之。或以《儀禮》爲經，《禮記》爲傳，或斥《周官》而疑《儀禮》，以爲非聖人作。以余論之，《周官》、《儀禮》，一代之書也；《禮記》，萬世之書也。必先明乎《禮記》，而後可學《周官》、《儀禮》。《記》之言曰：『禮，以時爲大。』此一言也，以蔽千萬世制禮之法，可矣。《周官》、《儀禮》，固作於聖人，乃亦惟周之時用之。設令周公生宇文周，斷不爲蘇綽、盧辯之建官；設令周公生趙宋，必不爲王安石之理財。何也？時爲大也。且夫所謂時者，豈一代爲一時哉？開國之君，審其時之所宜，而損之益之，以成一代之典章度數，而所以維持此典章度數者，猶必時時變化之，以救民之偏，而息民之詐。夫上古之世，民苦於不知，其害在愚；中古以來，民不患不知，而其害轉在智。伏羲、神農之時，道在折民之愚，故通其神明，使知夫婦、父子、君臣之倫；開其謀慮，使知樹蓺、貿易之事。生羲、農之後者，知識既啟，詐僞百出，其黠者往往窺長上之好惡以行其姦，假軍國之禁令以濟其賊，惟聰明睿智有以鼓舞而消息之，故黄帝、堯、舜氏作，通其變使民不倦，神而化之，使民宜之。通其變而又神而化，所爲民可使由之，不可使知之，殺之而不怨，利之而不庸，民日遷善而不知，所以爲之者，治之極也。禮之經也，明明德矣，又必新民、知止而歸其要於絜矩，因天命之性以爲教矣，又必不動而敬，不言而信，而歸其要於無聲無臭、篤恭而天下平，於大有爲而見其恭，已無爲於必得其名而見其民無能名，吾於《禮器》、《禮運》、《大學》、《中庸》等篇得其微焉。余鄉讀《禮記》，嘗爲《索隱》一書，西鄉徐心仲將草稿持去，已而徐物故而莫知所在，十數年來，專力於《易》，未之計也。甲戌夏，尋得零星若干條，次爲五卷，今復删爲三卷，皆少作，第玫究訓詁名物，於大道未之能及，衰病氣羸，亦不復能闡其精微而增益之，述其大略於卷首，有力能舉其全者，或由余言推焉可也。嘉慶二十三年，歲次戊寅七月，焦循書於半九書塾之仲軒。

卷一

不好狎。【注】爲傷敬也，人則習近而好狎。

循按：『賢者狎而敬之』，注云：『狎，習也，近也。謂附而近之，習其所行也。』然則此注習近二字解狎字，敬卽在狎字內，狎之，正所以敬之，乃惟其爲賢人，斯可以習近爲敬。若不問其人之賢否，概以習近爲敬，則是好爲習近，苟於敬人，爲好狎，亦爲傷敬。故云『人則習近』，『人則』二字，解『好』字也。傷敬謂傷於用敬，猶輕死謂之傷勇，輕與謂之傷惠。《正義》云：『若直近而習之，不加於敬，則是好狎。』非注義矣。夫『附而近之』，至於『習其所行』，所以敬之者至矣。惟不問賢否，遇人則附近，習其所行，斯則習所不當習，敬所不當敬也。

立不中門。【注】中門，謂棖臬之中央。

循按：孔穎達謂門有一臬，賈公彦謂門有二臬。考《玉藻》，既云：『君入門，介拂臬,大夫中棖與臬之間,士介拂棖。』又云:『賓入不中門。』賓不中門,斷無大夫轉中門之理。然則『中棖與臬之間』,非中門無疑。鄭氏彼注云:『君入必中門,上介夾臬,大夫介、士介雁行於後,示不相沿也。』夾臬緊承君言,雁行緊承上介言,則夾者與君夾,後者後於上介。君行兩臬之間,近臬。上介隨君後,而當臬外。大夫隨上介後,而當棖臬之間。士介隨大夫後,而當近棖。雖相隨,而斜若雁行,故其步趨不相沿。然則君行中門,在兩臬之間。大夫行棖臬之間,非中門也。鄭氏注《聘禮》引《玉藻》而釋之云:『門中,門之正也。』以門中明中門,知爲門之中,非棖臬之間。棖與臬之間,非正也。又云:『不敢與君並由之,敬也。』正以兩臬之中,惟君獨行,賓不敢並。若一臬分行兩畔,不可爲並矣。《聘禮》注又云:『介與擯者雁行,卑不踰尊者之迹,亦敬也。』此與『不相沿』相發明。謂上介尊於大夫,大夫尊於士。上介既拂臬,則大夫不敢沿之,亦拂臬以致踰其迹,故中棖臬之間以爲敬。若經文之中門,卽棖臬之間,則賓不中門,大夫反中門,斷無此理。且大夫不敢踰上介之迹,而轉敢踰君之迹,非鄭氏義也。孔氏《玉藻》疏引皇氏、崔氏,以中門卽棖臬之間,非是。皇、崔之説,蓋以此注言『棖臬之中央』,爲《玉藻》『中棖與臬之間』,不知『棖與臬之間』,與『棖臬之中央』,文相似而實不同。推鄭之意,『棖臬之中央』謂兩棖兩臬之中央也。《説文》:『半門爲戸。』兩戸爲門,是兩棖之間,統謂之門。門之司啟閉者爲扉,臬則所以介此門者。一門介而爲三,必用二臬,曰中門,則必中於門,卽中於兩棖兩臬之中央；曰『中棖與臬之間』，則中於一棖一臬之間；曰闔門，左扉立於其中，則居扉之中，扉自棖而過臬，當兩臬之中，則扉中又異乎棖與臬之間，有時謂之門中，猶不必其正中，如《士冠禮》、《特牲饋食禮》云『門中，臬西閾外』。《聘禮》言『立於門中以相拜』，此如室中爲一室之中，房中爲一房之中，廟中爲一廟之中，是亦門爲大名之證。若中門，則正中矣，猶中堂必中於堂，中庭必中於庭，中席必中於席，中道必中於道。根與臬之間可稱中門，將中堂西楹之間可稱中堂，中庭以東亦可稱中庭矣。

則必鄉長者所視。【注】爲遠視不察，有所問。

循按：不察謂目眊不明察。上『從於先生』注云：『先生，老人教學者。』老故目不明。此長者卽先生也。

將適舍，求毋固。【注】謂行而就人館。固猶常也。求主人物，不可以舊常，或時乏無。

循按：下文『聲必揚』，承上『將上堂』，則『求毋固』必承『將適舍』。將適舍，尚未適舍，何遽求主人物？意與上不屬。竊謂求謂求入也。主人固辭，則可以不適矣。若主人固辭，吾固請，或主人有他故，不欲見客，或主人以厭惡疏遠，我固請適之，戾矣。玩下由上堂而及入戶，此適舍以在門請謁時言也。

長者不及，毋儳言。【注】儳猶暫也，非類雜。

循按：《廣雅》：『儳，疾也。暫，猝也。』謂不可猝然急疾言之也。《説文》：『儳，儳互不齊也。』儳互不齊，卽非類相雜。《詩・小雅》：『漸漸之石，惟其卒矣。』漸漸卽巉巉，衆石之中，特高鋭而出，其名爲卒，卽以其猝然也。猝然鋭出於衆中，是非類雜出而儳互不齊也。言未及己，而猝然以言，鋭出自見，猶石之鋭出以自高也。『非類雜』三字，與暫義相足。

毋勦説。【注】勦猶擥也，謂取人之説以爲己説。

循按：《毛詩傳》：『摻，擥也。』《廣雅》：『摻，操也，勦取也。』《釋名》：『操，鈔也。』《説文》：『鈔，叉取也。』勦、擥、摻、操，取義同。鄭以擥訓之，又以取明之。胡詮《禮記傳》云：『勦猶抄也。』襄二十五年崔慶之盟曰『所不與崔慶者』，晏子仰天嘆曰：『嬰所不唯忠於君，利社稷者，是與，有如上帝。』杜預云：『讀書未終，晏子抄答易其辭，是謂勦説。』依是，則鈔乃易人之説。蓋人説未終，而我斷絶其説，以爲我説。曹氏憲《博雅音》云：『《禮記》：「無勦説。」鄭注云：「勦，由擥也，謂取人之説。」《春秋左傳》「無及於鄭而勦民，焉用之」，杜訓爲勞，是則勦從刀，而勦從力，明矣。』《説文》刀部無勦有剿，云：『剿，絶也。《夏書》曰：「天用剿絶其命。」』力部云：『勦，勞也。《春秋傳》曰：「安用勦民。」』『天用剿絶其命』，今在《甘誓》，正作勦。然則『毋勦説』之勦，卽《甘誓》之剿。《公羊傳》云：『其言取之何？滅之也。』鄭言『取人之説以爲己説』，謂斷滅人之説，以己之言篡之。訓取、訓絶，義正相輔，若謂襲人之言，此乃雷同。玩承上『正爾容，聽必恭』，是聽先生之言時，事不待其言之終，截取以爲己言，與聽其言而隨而附和之，均非恭也。此勦字爲《廣雅》『勦，取也』之勦，爲《説文》『劋，絶也』之劋，與『勦民』之訓『勞』者迥異，曹氏辨之甚精。勦之訓勞，與取、絶、摻、擥之義不相合，若云以手擥持，不免於勞，轉爲俗矣。

笑不至矧。【注】齒本曰矧，大笑則見。

循按：《釋文》：『矧，本又作哂。』《説文》：『笑不壞顔曰弞。』《廣雅》：『哂、吲皆訓笑。』《一切經音義》云：『哂字書作吲，或作弞。』引《三蒼》云：『哂，小笑。』然則哂乃弞之假借，笑不壞顔，故爲小笑。此注訓矧爲齒本，申言大笑則見，蓋讀矧爲齗之假借，《説文》：『齗，齒本也。』不以爲哂。經稱『笑不至矧』，則是微笑不大笑。若矧爲哂之微笑，是『不至矧』爲不微笑，不微笑是不笑，不得云『笑不至矧』也。

醫不三世，不服其藥。【注】慎物齊也。

循按：不讀《神農》、《黄帝》之書，不知《針灸》、《本草》、《脉訣》，不可爲醫。一『醫』字已詳審其能讀書知藥物矣，然又必祖孫相傳，乃不致以紙上陳言誤人生死，所爲『慎物齊」者如此。不知醫而徒以三世，固非慎。徒以其讀《神農》、《素問》之書，而不三世，亦非慎。彼不能讀書，不可爲醫，而妄稱爲醫者，早屏之不論不議，又何問其三世否也。《潛邱劄記》言：『元人葛恆齋嘗立説，以爲醫當視時之盛衰爲損益，劉守眞、張子和値金人强盛，民悍氣剛，故多用宣洩之法。及其衰也，兵革之餘，饑饉相仍，民勞志困，故張潔古、李明之多加補益。』愚謂司天在泉，《素問》詳矣。而三元甲子以百八十年而周，上元風木，中元火土，下元金水，氣化既殊，治法亦異，非三世不足以目驗知之。

雞曰翰音。【注】翰，長聲也。

循按：《説文》：『翰，天雞，赤羽也。』又云：『鶾，雉肥鶾音者也。魯郊以丹雞祝曰：「以斯鶾音赤羽，去魯侯之咎。」』蓋翰音之名，本於鳴聲之長。周之典禮，專其名於雞。雞不一種，其雄而赤色，高大而肥者，應時仰首高鳴，用此爲犧，故以翰音名之。以其用之於郊，則稱天雞；以其色赤，則稱丹雞；以其鳴聲之高，則稱翰音。實即雞之雄而色赤者。今人祀神，必擇雄雞之紅色長尾高鳴者，仍古之遺，非別有異也。

鹽曰鹹鹺。【注】大鹹曰鹺，今河東云。

循按：《水經・涑水注》：『《春秋》成公六年，晉謀去故絳，大夫曰：「郇、瑕地沃饒近鹽。」服虔曰：「土平有溉曰沃。鹽，鹽池〔二〕也。土人鄉俗，引裂沃麻，分灌川野，畦水耗竭，土自成鹽，即所謂鹹鹺也。」」

四足曰漬。【注】漬謂相瀸汙而死也。《春秋傳》曰：『大災者何？大漬也。』

循按：《説文》：『瀸，漬也。』字與漸通。《廣雅》：『染，汙也。』瀸汙猶云漸染也，謂瘟疫相漸染，今里俗稱牛豕之死爲瘟，猶古之遺意也。

庶人之摯匹。【注】説者以匹爲鶩。

循按：《白虎通·瑞贄篇》引《曲禮》而解之云：『匹謂鶩也。』注所云『説者』指此。蓋《周禮·大宗伯》以禽作六摯，『庶人執鶩』，用以相準，故以此匹爲鶩。匹之訓爲偶爲雙，不知何物，故擬之云。此偶謂鶩，謂兩鶩也，非匹有鶩訓。《孟子》：『力不能勝一匹雛。』趙岐注云：『人言我力不能勝一小雛。』以匹爲小。孫宣公以爲尐字之譌，是也。注稱以匹爲鶩，即與匹謂鶩同意。訓詁之體，凡『謂之』云者，皆非定稱也。鄭注《士相見》云『庶人之摯鶩』，此自用《大宗伯》，非易《曲禮》之『匹』爲『鶩』也。《釋文》直音匹爲木，《正義》直云『匹，鶩也』，失注義。

〔二〕《水經注》引服虔無『池』字。

喪，三年以爲極亡。【注】去已久遠而除其喪。○則弗忘之矣。【注】則之言曾。

循按：亡、除、去三字義相近。此注『除』字解『亡』字，『除其喪』之『喪』，卽經文『喪』字。經文『喪』字句，『三年以爲極』句，『亡』字句，亡卽亡去其喪，故云『除其喪』。『去已久遠』四字解『三年以爲極』，至於三年，喪已極矣，宜除去其喪。下文作轉言，喪雖亡，而心則不忘。《正義》以『喪三年』爲句，『以爲極亡』爲句，於辭未達。

冉子攝束帛乘馬而將之。【注】攝猶貸也。

循按：古訓代爲更，訓貸爲假。此時夫子使者未至，而冉子以己物將之，是假借，而非更易，故云『猶貸也』。下云『不誠』，謂假借則不誠實。《正義》用代字，意雖不遠，而究非貸字義。

未嘗見齒。【注】言笑之微。

循按：謂大笑見矧，微笑見齒，『未嘗見齒』，直不微笑也。

以爲沽也。【注】沽猶略也。

循按：《儀禮・喪服傳》：『冠者沽功也。』注云：『沽猶麤也。』又『大功布』，注云：『其鍛治之功麤。』沽之麤，沽猶云姑且。

居處、言語、飲食衎爾。【注】衎爾，自得貌，爲小君惻隱不能至。

循按：衎古與侃通，《説文》訓侃爲剛直。衎爲喜貌，《爾雅》訓衎爲樂，《廣雅》訓衎爲和。於是《論語》「侃侃如也」，孔注訓「和樂貌」，是通侃侃爲衎衎也。《漢書》「張敞衎衎履忠進言」，《後漢·樊準傳》「每燕會則論難衎衎」，此通衎衎爲侃侃也。章懷注「衎衎」爲和樂，非。此「衎爾」當通侃。處小君喪，但形其剛直，而和樂之容不存。「與上大夫言誾誾」，誾誾，和悦而諍也。和悦而諍，是和悦與剛直相兼，侃侃則但剛直而已。《詩·羔羊·序》云：「在位皆節儉正直，德如羔羊。」箋云：「從於公，謂正直順於事也。委蛇，委曲自得之貌。節儉而順，心志定，故可自得。」自得本之節儉正直，節儉正直是剛直，不是和樂，此注以「自得」解「衎爾」，形其本來之剛直，無哀痛，亦無喜樂也。

銘，明旌也。【注】神明之精。

循按：《説文》：「旌，游車載旌，析羽注旄首，所以精進士卒。」《釋名》：「析羽爲旌，旌，精也，有精光也。」旌之義取於精，故以精解旌。

般，爾以人之母嘗巧，則豈不得以？【注】以，已字。言誰〔一〕有强使女者與，僭於禮，有

〔一〕「誰」，《禮記正義》作「寧」。

似；作機巧，非也。以與已字本同。○其母以嘗巧者乎？則病者乎？【注】母，無也。於女寧有病苦與？止之。

循按：此注詳明，《正義》亦了。《釋文》出「爾目」云：「古以字。」然則「爾以」之「以」本作「目」，不得「以」之。「以」本作「已」，後「以」不得已，作以，故鄭明之，且云：「言誰有强使女者與？」此正摹寫豈不得已之口吻。又申言之云：「以與已字本同」，謂當時以、已二字通用。其云「僭於禮，有似」，「僭於禮」承上「公室視豐碑」僭天子，「三家視桓楹」僭諸侯，「有似」二字承上「魯有初」三字，此雖僭禮，而魯行之既久，是爲故事，可以似續而行。若作機巧，則前未之有，是可已止者也，豈有人强之而不得已止乎？注意明白，可見「人之母」指季康之母，「其毋」之毋，注明訓爲無，毋之爲無，猶以之爲已，其無以嘗巧者乎，則病者乎，猶云其無以嘗巧則病者乎，中複「者乎」二字，乃屬文之法，無可疑者。自刻本母、毋兩字或有譌誤，萬氏充宗遂讀「則豈不得以其母以嘗巧者乎」作一句，是不讀以爲已，而改毋爲母，無論非注義，而古人屬文頓挫曲折之妙盡失。説者或又讀「則豈不得」爲句，「以其母以嘗巧者乎」作一句，謂以人之母嘗巧，指般言，般以人之母嘗試其巧，則得矣，謂以其母以嘗巧指康子言，康子以母嘗巧，則病矣。若然，宜云以母嘗人之巧則病者乎，今曰以其母，非向康子矣。公肩假呼般之名，又稱之曰爾，爾字一氣貫注噫字，注疏句讀甚精，無容疑貳。「以」「已」同字，余於《詩箋》詳之。

請庚之。【注】庚，償也。

循按：庚同更。更，代也。庚亦同賡。此歌彼和謂之賡。彼有而我犯之，如彼與我，我因而償之，一往一來，更番相代之義也。

貿貿然來。【注】貿貿，目不明之貌。

循按：《孟子》「則眸子眊焉」，趙岐注云：「眊者，蒙蒙目不明之貌。」《廣雅》：「蒙、冥冥、昧昧，暗也。」眊、貿、蒙、昧、冥，一聲之轉。

祭用數之仂。【注】算今年一歲經用之數，用其什一。

循按：《易·繫辭傳》云：「歸奇于扐以象閏。」虞仲翔云：「扐，所揲之餘。」《説文》無「仂」而有「扐」，以《易》筮之扐解之，仂即扐也。不曰數之餘，而曰「數之扐」，正取揲筮之義。《易》筮以四揲之，所餘者謂之扐。此制國用之法，三年餘一，則一年餘三分之一，一年餘三分之一，則一年所用爲四分之三，合之爲四分，是每年所入以四分之，猶《易》筮之以四揲之也。於此四分之外，先取一分以爲祭用，如先有扐數二十一，而後知得少陽四七之數；先有扐數十三，而後知得老陽四九之數。故借揲筮之扐以明之也。設如五十里之國，爲田萬二千五百畝，畝一鍾，鍾六斛四斗，共八萬斛，以四四數之，每分二萬。以二萬爲所蓄，以六萬爲一歲經用，則無扐。惟先扐一分以爲祭之用，譬如先取一萬斛以爲扐，餘七萬斛四分之，每分一萬七千五百斛。卽以此一萬七千五百斛爲所蓄，而以五萬二千五百斛爲一歲經用。玩下云『祭，豐年不奢，凶年不儉』，則祭之用有一定之數，故先存此數，而後四分之，其他經用，則『量入爲出』，故『民無菜色，然後天子食日舉以樂』。然則除祭之外，皆因豐耗爲奢儉也。喪三年不祭，卽以每年祭之用合以爲喪之用，故『喪用三年之仂』。此雖平述典故，而重祭之義於一仂字見之。而曰暴曰浩，不奢不儉，與上文『量入爲出』，下文『然後天子食日舉以樂』，互相發明，見量入爲出，用諸一年經費，實不用諸喪祭。喪祭之用，不因豐凶爲奢儉者也。古人雖平叙之文，必有精意焉。注謂『用其什一』，則在一歲經用之內，歲有豐耗，則祭不能無奢儉矣。方氏慤《禮記解義》以『數之仂』爲一年所用四分之一，四分之一卽爲所蓄以備凶荒者，每年有祭，而所蓄僅足充祭，而三年必餘一年者，何在乎？惟仂在四分之外，雖極歉之年，必先此仂。譬如僅有穀一萬斛，卽用以爲祭之用，而是年經用以三年所蓄者補之。

有旨無簡不聽。【注】簡，誠也。有其意，無其誠者，不論以爲罪。

循按：《吕刑》：『五辭簡孚，正于五刑，五刑不簡，正于五罰。』又云：『其審克之，簡孚有衆，惟貌有稽，無簡不聽。』稽從旨聲。此云『有旨』，卽《吕刑》之『有稽』。博士撰《王制》時，尚無古文，蓋本今文也。《謚法》：『一德不解曰簡。』一則不貳，不貳則誠矣。故

《吕刑》簡、孚並言，『簡孚有衆』屬上，『其審克之』，謂五刑五罰宜審克之，以誠孚於有衆。『惟貌』，《説文》作『惟緢』，《史記》作『惟訊』，宜依《史記》。惟訊時其有旨，而無簡者不聽，訊與聽二字呼應，有稽屬下，與《王制》句法合。

祭先脾。【注】春爲陽仲〔一〕，於藏直脾，脾爲尊。○祭先肺。【注】陽位在上，肺亦在上，肺爲尊也。○祭先心。【注】五藏之次，心次肺，至此心爲尊也。○祭先肝。【注】秋爲陰中，於藏值肝，肝爲尊也。○祭先腎。【註】陰位在下，腎亦在下，腎爲尊也。

循按：《天官·疾醫》注云：『五氣，五藏所出氣也。肺氣熱，心氣次之，肝氣凉，脾氣温，腎氣寒。』賈氏疏云：『並據《月令》「牲南首」而言。肺在上，當夏。心在肺下，肝在心下近右，其位當秋。脾於藏值春，腎位在下，於藏值冬。』此脾木、肺火、心土、肝金、腎水，與古《尚書》説合，許慎《異義》用以明《月令》，正不殊於鄭。乃鄭駁之者，謂木、火、土、金、水有位與氣之分，以上、下、左、右、中之位言之，則脾春、肺夏、心中、肝秋、腎冬；以金、木、水、火、土之氣言之，則肝木、心火、脾土、肺金、腎水。《月令》以位言，不以氣言，然《疾醫》注明以氣言，則温木、熱火、凉金、寒水。五氣亦本五方言之，許氏以五行之

〔一〕『仲』，《禮記正義》作『中』。

氣言之，亦未可駁耳，特與《素問》醫病之法所配有不同也。《淮南子・精神訓》云：『萬物背陰而抱陽。十月而生，形體以成，五藏乃形，是故肺主目，腎主鼻，膽主口，肝主耳。』高誘注云：『肺家朱雀，朱雀火也；腎象龜，龜水也；肝，金也。』又云：『膽爲雲，肺爲氣，肝爲風，腎爲雨，脾爲雷。以與天地相參也，而心爲之主。』高誘注云：『膽，金也；肺，火也；肝，木也；腎，水也；心，土也。』《淮南》所配不以五行，高氏强配之，非《淮南》本旨。然肺火、腎水、心土、肝金，正同《月令》。而肝、膽並言，則又以膽爲金，以肝爲木，雜以《素問》醫病所用矣。高氏注《吕氏十二紀》及《時則訓》，並存兩説，以肝木、脾土爲用其所勝，肝金、脾木爲自用其臟，而以自用其藏〔一〕爲後一説。然春木勝脾土，夏火勝肺金，秋金勝肝木，爲用所勝固然矣，而中央土何以勝心火？至冬水宜勝心火，而反用腎水，何以通乎？故《月令》之脾木、肺火、心土、肝金、腎水，不可用以醫病。而以《素問》之肝木、心火、脾土、肺金解《月令》，亦不可矣。許慎用古《尚書》説説《月令》，以鄭注《疾醫》五氣通之，未之有異也。

命田舍東郊。【注】今《尚書》曰：『分命羲仲，宅嵎夷』也。

〔一〕『藏』，叢書本作『臟』。

循按：《尚書正義》云：『庸生、賈、馬之等，惟傳孔學經文三十三篇，故鄭與三家同以爲古文，而鄭承其後，所注皆同賈逵、馬融之學，題曰《古文尚書》，篇與夏侯等同，而經字多異。夏侯等書「宅嵎夷」爲「宅嵎鐵」。』近閻徵君百詩、王光禄西沚皆以『宅嵎夷』爲夏侯等書所作，而古文作『嵎鐵』。金壇段大令若膺據《索隱》謂古文作『嵎夷』，今文作『嵎鐵』，斥閻爲誤。乃此注明作『宅嵎夷』，而題曰『今《尚書》』，《正義》謂今《尚書》夏侯、歐陽等所傳者。然則『嵎夷』爲夏侯等書，鄭氏自言之矣。孔穎達在小司馬前，且《索隱》自言『《禹貢》之嵎夷』耳，表出之以俟參考。

掩骼埋胔。【注】謂死氣逆生也。

循按：林氏起龍云：『是月天氣下降，地氣上升，誠恐胔骼穢惡之氣，隨天地之氣升降，混合爲一，有害人物，故掩埋之。此預補造化，天無功也。文人解爲澤及枯骨，失其旨矣。詎春月當澤及枯骨，而夏秋冬之枯骨，遂不當澤及哉？』林氏自論疫病，與鄭注相脗合。

命國難，九門磔攘，以畢春氣。【注】此難，難陰氣也。陰寒至此不止，害將及人。所以及人者，陰氣右行。此月之中，日行歷昴，昴有大陵積尸之氣，氣佚則厲鬼隨而出行。〇天子乃難，以達秋氣。【注】此難，難陽氣也。陽暑至此不衰，害亦將及人。所以及人者，陽

氣左行，此月宿值昴畢，昴畢亦得大陵積尸之氣，氣佚則厲鬼亦隨而出行。○命有司，大難，旁磔，出土牛，以送寒氣。【注】此難，難陰氣也。難陰始於此者，陰氣右行，此月之中，日歷虚危，虚危有墳墓四司之氣，爲厲鬼將隨强陰出害人也。

循按：《正義》云：『天氣左轉，故斗建左行，謂之陽氣。日月右行，日月比天爲陰，故云陰氣右行。』以日爲陰氣，非也。《淮南子・天文訓》云：『北斗之神有雌雄，十一月始建於子，月從一辰，雄左行，雌右行，五月合午謀刑，十一月合子謀德。』董子《陰陽出入上下》篇云：『初薄大冬，陰陽各從一方來，陰由東方來西，陽由西方來東，至中冬之月，相遇北方，合而爲一，謂之曰至。別而相去，陰適右，陽適左，冬月盡而陰陽俱南還，陽南還出於寅，陰南還入於戌。至中春之月，陽在正東，陰在正西，謂之春分。陰日損而隨陽，陽日益而鴻。初得大夏之月，相遇南方，合而爲一，謂之曰至。別而相去，陽適右，陰適左，夏月盡而陰陽俱北還，陽北還入於申，陰北還出於辰。至中秋之月，陽在正西，陰在正東，謂之秋分。陽日損而隨陰，陰日益而大。』鄭氏所云，陽氣左行，陰氣右行者，此也。孟春『行秋令，則其民大疫』，注云：『申之氣乘之也。』季春『行夏令，則民多疾疫』，注云：『未之氣乘之也。六月宿值鬼，鬼爲天尸。』仲夏『行秋令，民殃於疫』，注云：『酉之氣乘之也。大陵之氣來爲害也。』未、申、酉、戌、亥皆陰，而未、申、酉又爲鬼、畢、昴所屬，大陵天尸之氣所佚，故尤主疫。《素問》岐伯引《太始天元册文》云：『素天之氣，經於在、亢氐昴畢。』二十八宿角亢爲辰氐，房心爲卯胃，昴畢爲酉，觜參爲申，素天爲乙，庚乙在卯辰之間，故經亢氐庚在酉申之間，故經昴畢。蓋古以昴屬酉，畢屬申也。大陵積尸在昴畢，卽在申酉〔一〕，故乘酉之氣、乘申之氣，皆有疫。陰主靜，必承陽而動。春夏秋三時，陰居無用之地，不能自出，惟冬月陰氣當權。然在亥月、子月，陰氣在丑子，其位陽不敢自强。惟冬至後，陽左行於丑，陰右行於亥。亥地純陰，而季冬之月，陰乘權於此，在丑之微陽不足以制，故『命有司，大難，且旁磔，出土牛』以送之。送者，送之速入於戌也。蓋陰至戌則陽出寅，陽當令而陰氣無權也，故注云『强陰出害人』。陰氣之强，莫强於十二月，况又有虚危之氣助之也。孟春陰氣右行至戌，仲春陰氣右行至酉，戌酉當春爲無用空虚之地。酉雖昴分，無以動之，積尸之氣不能自佚，惟季春陽左行至辰，陰右行至申，申爲畢分，而大陵積尸尚在其間，適日於季春之中，行於昴，而由昴至畢，大陵積尸之氣乘日之餘威而佚出，於是陰氣之自酉至申者亦動。厲鬼，陰氣也，遂亦隨而出，故當季春難此在申之陰氣也。孟夏陰行至未，仲夏陰陽合於午，季夏陰行至巳，孟秋陰行至辰，仲秋陰行至卯，亦皆無用之地。乃陰右行於卯，陽則左行至酉，而昴中大陵積尸之氣，轉乘陽氣而動，陰氣之在卯，遂亦相應而出，故此時難陽氣以達秋氣，蓋陰氣因陽氣行於酉

〔一〕『申酉』，叢書本作『酉申』。

而厲，難止陽氣使陰氣失其所恃，則陰自伏於卯，而秋氣自達於酉，不致鬱而爲厲也。自此以後，陽氣日損，不足爲陰附。陰雖强，不能自動，故陽自酉歷戌亥至子，陰自卯歷寅丑至子，皆無用其難矣。季冬陽行丑，季春陽行辰，而陰氣乘日之所在，黨合跋扈，以鬱遏陽氣之行，故直難止陰氣以達陽氣。仲秋陰氣附陽氣以行其厲，故轉難止陽氣以平陰氣。此難陰難陽之義也。日在昴畢虚危，陽行至酉，皆爲陰氣所乘，而聖人得而消息之。若孟春行秋令，而申氣乘之，季春行夏令，而未氣乘之，仲夏行秋令，而酉氣乘之。則陰氣隨政令之戾以動，是氣之不正，人得而治之；氣之正，人得而擾之矣。《正義》以日行歷昴爲陰氣右行，日爲太陽之精，而指爲陰氣，不亦怪乎？

國有大恐。【注】以水訛相驚。

循按：『孟春行夏令，國時有恐』。注云：『巳之氣乘之也，以火訛相驚。』此『季春行冬令，國有大恐』，注云：『丑之氣乘之也，以水訛相驚。』二注相例，蓋以三合言也。巳酉丑皆金，言之乂屬金。孟春爲寅，寅，火也。季春爲辰，辰，水也。以金乘火，故爲火訛；以金乘水，故爲水訛。

半夏生。【注】半夏，藥草。

循按：《本草圖經》云：『半夏二月生苗，五月八月内採根。一云五月採者虚小，八月採者實大。』然則生指根生，今驗半夏苗誠生於春，仲夏生者，根也。藥亦用其根，不用其苗。

不可以羸。【注】羸猶解也。

循按：《釋文》：『解，古賣反。』則讀如《毛詩》『夙夜匪解』之『解』，謂不可懈怠也。羸通羸，羸通累。《問喪》『身病體羸』，注云：『羸，疲也。』《玉藻》『喪容纍纍』，注云：纍纍，『羸憊貌。』疲、憊俱懈怠之意。《荀子·富國篇》云：『故君國長民者，欲趨時遂功，則和調累解，速乎急疾。』『累解』即『羸解』，謂調和其解緩，使之急疾也。解緩與急疾相反，故調和之。楊倞引或説，解爲嬰累，解釋非也。

其臭朽。【注】氣若有若無爲朽。

循按：《淮南子·時則訓》作『其臭腐』，故《釋文》引《説文》、《字林》云：『殏，腐也。』殏或爲朽字。乃高誘注《吕氏春秋》『其臭朽』云：『氣之若有若無者爲朽也』，與鄭此注同。蓋讀朽爲㱙，『玄㱙虚也』，水空虚，臭亦空虚。《正義》謂『水受惡穢，故有朽腐之氣』，非鄭義也。《列子·周穆王篇》：『聞歌以爲哭，視白以爲黑，饗香以爲朽，嘗甘以爲苦。』張湛注引《月令》『其臭朽』：『朽與香作反對，正謂腐穢之氣。』《淮南》蓋本諸《列子》，以朽作腐，與《月令》遂異。《列子·仲尼篇》又云：『鼻將窒，先覺焦朽』，此朽則正

『若有若無』之朽，焦朽之臭微，鼻覺之，猶目之視秋豪，耳之聽蚋飛，若爲腐歹，則臭之遠覺者矣。此朽字張湛注云：『微而難别』，卽『若有若無』之謂也。

水澤腹堅。【注】腹，厚也。

循按：『腹，厚。』《釋詁》文。《釋文》：『腹，本又作複。』《吕氏春秋》作復。高誘云：『復，或作腹。』《釋名》：『腹，複也。』川壅爲澤，水冰堅厚，壅而不流，故云水澤。《正義》不明。

卷二

各以其方色與其兵。【注】方色者，東方衣青，南方衣赤，西方衣白，北方衣黑。兵未聞也。

循按：《管子·幼官篇》：『東方旗物尚青，兵尚矛；南方旗物尚赤，兵尚戟；西方旗物尚白，兵尚劒；北方旗物尚黑，兵尚脅盾。』與《正義》引《隱義》異。

則磬于甸人。【注】縣縊殺之曰磬。

循按：方氏慤《禮記解義》云：『縣之如磬是也。』《爾雅·釋蟲》：『蜆，縊女。』《詩》『俔天之妹』，傳云：『俔，磬也。』俔猶蜆，俔訓磬而蜆爲縊女，是磬爲縣縊之名。

女有歸。【注】皆得良奥之家。

循按：良，良家。奥，温飽之家。《文選》陸機《君子有所思行》：『善哉膏粱〔一〕士，營生奥且博』，注：『《廣雅》云：「奥，藏也。」』《顔氏家訓・治家篇》云：『南陽有人治生奥博。』

故百姓則君以自治也。【注】則當爲明。

循按：上言所明、所養、所事，此言則君、養君、事君，故鄭改『則』爲『明』以就上。陳氏澔《禮記集説》改『明』爲『則』以就下。其實兩不必改，古人之文，多參差不相應。

和而後月生焉。【注】此氣和，乃後月生而上配日。

循按：和即合也，謂合朔也。日與月合朔而後月生明。日爲陽氣，天之所秉；月爲陰氣，地之所秉。日月合則陰陽之氣合，故云『此氣和』。此者，指上所云『天持陽氣』、『地持陰氣』也。《正義》謂『四時不和，日月乖度，寒燠失所，則月不得依時而生』，非也。

不麾蚤。【注】麾之言快也。祭有時，不以先之爲快也。齊人所善曰麾。

循按：麾，《釋文》作摩，云：『本又作麾，毁皮反，齊人謂快爲麾。』《説文》：『快，喜也。』鄭讀麾爲快，而云『齊人所善』，所善謂喜之也。麾字即《易》『撝謙』之『撝』。鄭氏注

〔一〕『粱』，《文選》卷二八作『梁』。

《易》讀撝爲宣。《方言》云：『逞、苦、了，快也。』郭璞注云：『今江東人呼快爲愃，相緣反。』《一切經音義》云：『宣，古文愃，同快。』既呼爲愃，則讀麾爲快，與讀撝爲宣同也。

君子達亹亹焉。【注】達猶皆也。

循按：達之訓通，通之義同於共，故與『皆』近。

鄉人裼。【注】裼，强鬼也。

循按：《説文》：『裼，道上祭。』無『强鬼』之訓。鄭蓋讀若殤。《楚辭》有《國殤篇》云：『身既死兮神以靈，子魂魄兮爲鬼雄。』王逸注云：『言既死之後，精神强壯，魂魄武毅，長爲百鬼之雄傑也。』凡夭折曰殤。昭十七〔一〕年《左傳》子産曰：『匹夫匹婦强死，其魂魄猶能馮依於人，以爲淫厲。』注云：『强死，不病也。』二十以下凶短折而死爲殤，雖二十以上，不由病死，而死於殺害者，與短折同，其爲國死者爲國殤，其匹夫匹婦不由國死，亦殤也，惟其强死，故爲强鬼，猶國殤之爲鬼雄。强死之鬼爲殤，與惡死之鬼爲厲，其義一也。《春官・司巫》：『凡喪事，掌巫降之禮。』注云：『今世或死，既斂，就巫下裼，其遺禮。』蓋始死之家，望其魂强能返，故以巫降之。近里俗有回殃之禮，即此下裼，誤裼爲

〔一〕『十七』，《春秋左氏傳》作『七』。

殃也。

天子樹瓜華。【注】華，果蓏也。

循按：《爾雅》：『華，夸也。』又云：『芺薊，其實夸。』《呂氏春秋・本味篇》：『菜之美者，壽木之華。』高誘注云：『壽木，崑崙山上木也。華，實也。食其實者不死，故曰壽木。』以華訓實，與鄭以華訓果蓏同。

以移民也。【注】移之言羡也。《詩・頌・豐年》曰：『爲酒爲醴，烝畀祖妣，以洽百禮。』此其羡之與？

循按：《孟子・梁惠王上》：『放辟邪侈。』孫宣公《音義》云：『丁作移。』《考工記・輿人》『飾車欲侈』，注云：『故書侈作移，杜子春云：「當爲侈。」』《韓非子・解老》云：『多費謂之侈。』『年不順成』則『謹民財』，謹民財者，欲其儉也。『順成之方，其蜡乃通』，對上『謹民財』而言，則謂不妨多費，故曰『移民』。移民者，侈民也。《漢書》『富者奢侈羡溢』，『羡』之義正與『侈』同，故注云：『移之言羡也』。《表記》『衣服以移之』，注云：『移，讀如「水氾移」之移。移猶廣大也。』『水氾移』，猶云水氾溢。《儀禮・少牢饋食》『主婦被錫，衣侈袂』，注云：『侈者，蓋半士妻之袂以益之。』以益釋侈，益猶溢也。《天官・追師》注引《少牢饋食禮》曰：『主婦髲鬄衣移袂。』此『水氾移』之移，即『侈袂』之侈，侈之爲益，猶侈之爲羨也。羨訓爲餘、爲溢。《正義》云『醉飽酒食，使民歆羨』，失之遠矣。鄭引《豐年》之《詩》，以『多黍多稌，亦有高廩，萬億及秭』，所謂『順成之方』也。因年豐而『烝畀祖妣，以洽百禮』，卽『順成之方，其蜡乃通』之意也。鄭蓋謂祖妣之外，洽及百禮。百禮爲一切衆禮，則以秋冬之報，所謂『使之必報之』也。祖妣雖不豐年，亦必烝畀。惟年歲順成，斯不獨烝畀祖妣，且通祀八蜡。祀祖之餘，又通於蜡，故爲羨、爲益。此引《詩》之義也。孔穎達但解爲『酒醴進與祖妣』，謂烝嘗於廟之祭，而不解『以洽百禮』，則鄭氏引《詩》之意，亦失之矣。

丹漆雕幾之美。【注】幾，謂漆飾沂鄂也。

循按：《少儀》『車不雕幾』，注云：『幾，附纏爲沂鄂也。』《春官·典瑞》『瑑圭璋璧琮』注：『鄭司農云：「瑑有圻鄂瑑起。」』圻、畿、幾三字通。《淮南子·俶眞訓》：『四達無境，通於無圻』，高誘注云：『圻，垠字也。』《説文》：『垠，地垠也，一曰岸也。圻或从斤。』《漢書》揚雄《甘泉賦》『紛被麗其無鄂』，注云：『鄂，垠也。』《後漢書》張衡《思玄賦》『望寒門之絶垠兮』，注引《廣雅》云：『垠，咢也。』咢卽鄂。《明帝紀》十二〔一〕年乙酉詔云

〔一〕「二」，《後漢書·明帝紀》作「三」。

『莫測圻岸』，注云：『圻，堮也。』堮亦鄂。然則鄂與圻義相疊。圻鄂者，界限之謂也。凡器物邊界，或用雕刻，或用丹漆，如衣之有緣周帀於四圍，故云『附纏』。今木工造几案起邊線，或細鏤文采以爲之邊，圻鄂之遺制也。《文選・西京賦》『前後無有垠鍔』，注引《淮南子》曰：『出於無垠鍔之門』，許慎曰：『垠鍔，端崖也。』『無垠鍔』即是無圻圉之界，猶器之邊矣。

管、遰。【注】管，筆彄也。遰，刀鞞也。

循按：《説文》：『彄，弓弩耑，弦所居也。』借弓弩之彄，明筆之有管。《廣雅》：『鞞、鞘，刀削也。』《易・大有》：『明辨，晢也。』《釋文》：『鄭本作遰，云讀如「明星晢晢」』。遰之爲晢，猶遰之爲鞘也。

笄、總。【注】笄，今簪也。

循按：《士喪禮》『以爵弁服，簪裳於衣』，注云：『簪，連也。』《易》『朋合簪』，虞翻作戠，戠即樴，樴即橛。《荀子・箴賦》云：『簪以爲父。』《喪大記》『君裏棺用雜金鐕，大夫用牛角〔一〕鐕』，注云『鐕，所以琢著裏』，疏云：『鐕，訂也。』鐕與簪同。古人所謂簪，蓋所

〔一〕『角』，《禮記正義》作『骨』。

以釘物，大言之同於橛，小言之同於箴，故合可通作戠，而賦箴可擬諸簪也。漢時始名笄爲簪，故云『今』也。

右佩箴、管、線、纊，施鞶袠。【注】鞶，小囊也。『鞶袠』言『施』，明爲箴、管、線、纊有之。

循按：注不詳纊袠之義。《正義》引熊氏云：『袠，刺也。以針刺袠而爲鞶囊。』又云：『明爲四物而施矣。』是以箴、管、線、纊爲四物，皆貯於鞶袠之中。《荀子・箴賦》云：『管以爲母。』楊倞注云：『管所以盛箴，故曰爲母。』婦人箴貯管中，猶男子筆彄管中。既有管，不必有囊矣。施鞶袠專承線纊。《説文》綫作綫縷，纊同絖絮也，是爲兩物。袠同帙，書衣也。古人書用竹策，有以包裹之爲帙，線可施以小囊綿絮，宜用包裹。竊謂鞶以貯線，袠以裹纊，管以受箴，《正義》未然。

免、薨。【注】免，新生者。

循按：《國語》句踐誓曰『將免者以告』，韋昭注云：『免，乳也。』《説文》：『人及鳥生子曰乳。』生子爲免，因而子初生亦曰免。《大戴記・公符篇》『推遠稚免之幼志』，注云：『免猶弱也。』劉昭《後漢志》注引《博物記》孝昭帝冠辭曰『推遠沖孺之幼志』，然則『沖孺』同於『稚免』。堇荁枌榆新生者爲免，猶蒲之始生者爲蒻。蒻之爲弱，猶娩之爲免。《説文》：『娩，免子也。』《字林》：『嬬，免子也。』娩之爲嬬，猶免之爲孺矣。

濡魚卵醬。【注】卵讀鯤。鯤，魚子，或作擱也。

循按：《説文》卵部云：『卵，凡物無乳者卵生。』不言其聲。唐玄度《九經字樣》以丱爲《説文》古卵字。《説文》絲部云：『𢇁，从絲省，丱聲。』又門部云：『關，从門𢇁聲。』由關之音以推卵，則卵與擱同聲。故《詩・甫田》『總角丱兮』，丱與孌字爲韻。毛傳以幼穉訓之，正取卵之義。蓋卵爲無乳而生之統名，鯤爲魚子之專名，音同相通，故卵讀爲鯤。

蜩。【注】蜩蟬也。

循按：《荀子・致士篇》云：『夫耀蟬者，務在明其火，振其樹而已。』楊倞注云：『南方人照蟬取而食之，《禮記》有「蜩、范」是也。』

范。【注】范蜂也。

循按：郭璞《爾雅注》云：『今江東大蠭，在地中作房者爲土蠭，啖其子，即馬蠭。今荆巴間呼爲蟺木蠭，似土蠭而小，在樹上作房，江東亦呼爲木蠭。又食其子。』《本草》：『蜂子味甘平。』《圖經》云：『《嶺表録異》載宣歙人取蜂子一房，或五六斗至一石，以鹽炒暴乾，寄入京洛，以爲方物。翅足已成則不堪用。今宣城蜂子，掘地取之，似土蜂也。』

馬黑脊而般臂，漏。【注】般臂，前脛般般然也。漏，當爲螻，如螻蛄臭也。

循按：《周禮・内饔》作『馬黑脊而般臂螻』，鄭司農云：『螻，螻蛄臭也。』此注本之。

讀漏爲螻，乃《周禮釋文》引干寶：『螻音漏，内病也。』蓋康成以漏爲螻，令升以螻爲漏。《列子·周穆王篇》云：『王之廚饌腥螻而不可饗。』張湛取鄭注云：『螻蛄臭也。』螻蛄蟲，卽今之土狗，《方言》：『螻蛄，一名杜狗。』不聞其臭惡。螻從婁，《説文》：『婁，空也。』《釋名》：『樓言牖户諸射孔婁婁然也。』婁爲孔，與漏義正同。《方言》：『螬蠐，秦、晉之間謂之蠹，或謂之天螻。』蠹食物成孔，而與螻之名通。則螻之名螻，亦取其能穴物成孔耳。《吕氏春秋·愼小篇》云：『巨防空螻，而漂邑殺人。』注云：『巨大防隄也，如隄有孔穴容螻蛄，則潰漏穿決，至於漂没閭邑，溺殺人民也。』此螻卽漏字。空螻卽孔漏也。高誘解爲『孔穴容螻蛄』，尚非是。《吕氏春秋·盡數篇》云：『流水不腐，户樞不螻，動也。』邱光庭《兼明書》引《道書》云：『流水不腐，户樞不蠹。』此螻直卽是蠹孔。户樞動摇，故不生蠹。蟲致成孔穴，若取義於臭，則馬肉可云螻蛄臭，隄防、户樞不可通矣，此干氏『内病』之訓勝於司農，謂内病成孔，婁婁然也。賈公彦謂《内則》螻爲漏脱字，於義無所取，不知《周禮》之螻正用漏義，爲漏孔，非爲漏脱，增漏爲脱，則非義矣。

必脄。【注】脄，脊側肉也。

循按：《釋文》：『脄音每，徐亡代反。夾脊肉。』《易·咸》九五：『咸其脢。』虞翻云：『脢，夾脊肉也。』《釋文》：『脢，武杯反，又音每。鄭云背脊肉也。』《説文》同。王肅又音灰。《廣雅》云：『胂謂之脢。』《廣韻》：『脢，脊側之肉。』重文脄，同上。

接以大牢。【注】接讀爲捷，捷，勝也。謂食其母，使補虚强氣也。

循按：《正義》云：『補虚强氣宜速。』以速解捷字也。乃注以捷爲勝，『補虚强氣』即所爲勝，不以捷爲速也。

不以隱疾。【注】諱衣中之疾。

循按：《白虎通·衣裳篇》云：『衣者，隱也。』《廣雅·釋器》：『衣，隱也。』

君羔幦虎犆。【注】犆，讀皆如『直道而行』之『直』。直，謂緣也。

循按：犆字與特同，於義無取，故讀如直。《方言》：『袒飾謂之直衿。』《漢書·廣川王傳》『爲去刺方領繡』，晉灼曰：『今之婦人直領也。』幦之緣似直衿直領，故云『直謂緣也』。幦形方，其緣直而不曲，取『直道而行』之『直』，用其讀，亦用其義也。《郊特牲》云：『首也者，直也。』注云：『直或爲犆。』首特達，宜作犆；幦直行，宜作直。

連用湯。【注】連猶釋也。

循按：《淮南子·天文訓》『至於連石』，高誘注云：『連讀腐爛之爛。』連之爲爛，猶漣之爲瀾，蓮之爲蘭也。《釋文》：『連，力旦反。』正讀作爛。爛爲腐熟之義。上文『出杅，履蒯席』，注云：『杅，浴器也。蒯席澀，便於洗足。』連字承上『履蒯席』，謂足在杅中洗出，向蒯席之上摩莎，使垢腐爛皴起，然後用湯滌去此腐起之垢。蓋先用湯漬足，次以足踐於蒯席上摩莎，使垢腐爛，又用湯，然後在蒲席上又加摩莎，使水氣與垢迹悉去也。鄭以爲『猶釋』者，釋卽澤也。《史記·武帝本紀》『先振兵澤旅』，徐廣云：『古釋字作澤。』《曲禮》『共飯不澤手』，注云：『謂汙生不潔也，澤謂捼莎也。』澤或爲擇，以手捼莎，則手掌垢腐起，故汙手不潔，猶足捼莎席上垢起也。《詩》『與子同澤』，箋云：『襗，褻衣近汙垢。』亦以近汙垢，則與膚相摩，汙垢沾於衣，故衣卽名澤也。《生民》『釋之溲溲』，淅米以手摩莎，去其糠垢，使米精潔，猶摩莎手足去垢，故云釋之也。《正義》解『連用湯』云：『言釋去足垢而用湯爛。』既以連爲爛矣，又以釋爲釋去垢，於義未明。而解『共飯不澤手』云：『澤謂光澤也。』注明曰『汙生』，謂捼莎則汙垢生，若臨食使光澤，則不汙矣，於義亦未明也。

縞冠素紕。【注】紕，緣邊也。紕讀如『埤益』之『埤』。○而素帶，終辟。【注】辟讀如『裨冕』之『裨』。裨謂以繒采飾其側。

循按：《覲禮》「侯氏裨冕」，注云：「裨之爲言裨〔一〕也。」此讀辟爲裨，讀紕爲埤，與《覲禮》注互相發明。於衣上益以緣邊，故取義於「益埤」之「埤」。《説文》：「紕，氐人纀也。」於緣邊之義不合，故讀若埤。「素紕」乃素埤之假借，謂縞冠以素埤益之也。

賓入不中門，不履閾。【注】辟尊者所從也，此謂聘客也。閾，門限。

循按：《曲禮》：「大夫士出入君門，由闑右，不踐閾。」《正義》云：「出入不得踐履門限，所以爾者，一則自高，二則不淨，並爲不敬。」此最可疑。無論宫門之尊，卽士庶之家，出入者寧〔二〕有踐於閾上之事？公門高，其閾亦必高，雖極不敬，何至登於其上，以自高而不絜邪？《顧命》：「大輅在賓階面，綴輅在阼階面。」《考工記》：「路門不容乘車之五个，應門二轍參个。」《樂師》注云：「王如有車出之事，登車於大寢西階之前，反降於阼階之前。」然則門有車行，車行則閾不得置。今官署門限每日必徹去，以通人行，何至不俟其徹去而踐履之？余嘗思其故，此《記》文鄭以「不履閾」屬賓，「入不中門」貫下。注云「辟尊者所從」，則不獨中門爲尊者所從，而此閾亦尊者所從。蓋閾與門限有别。掩兩扉則用門限，投於兩棖而不設闑，啟兩扉則除去門限而設兩闑。設兩闑則門分爲三，其兩

〔一〕「裨」，《儀禮注疏・覲禮》鄭注作「埤」。
〔二〕「寧」，叢書本作「豈」。

闑之間爲中門，闑東闑西爲人臣出入所由，則不設閾，兩闑間則設閾。蓋兩闑卽連於閾上，惟不入中門，故不履閾。此中門之閾，惟君出入履之，亦惟鄰國之君來出入履之，不獨本國之臣不履此閾，卽來聘之客亦不敢履此閾。故下申言云『公事自闑西，私事自闑東』。闑東、闑西無閾則由之，兩闑之間有閾則不敢踐，所爲辟尊者之所從也。惟有閾而兩闑居其兩端，乃有一定尺寸，而闑依閾以固，若無此閾，無論一闑兩闑，將何所附？《正義》謂中央豎短木，作何豎法邪？揆之蓋門限高必除去，閾低不妨於出入。云履云踐，謂度越之，非蹴其上也，雖無明文，可以虛會。《士冠禮》及《特牲饋食禮》皆云：『席于門中闑西閾外』，門中闑西，卽兩闑間之東也，此處有閾，則闑外無閾也。《聘禮》『擯者出，立于門中以相拜』，《記》云『儐者立于閾外以相拜』，亦閾在門中之證。『闑西』二字緊屬『門中』，謂爲門中之闑西，非門西之闑西也。於是《曲禮》言『大夫士出入君門，由闑右，不踐閾』，可得而明。不踐閾所以由闑右，由闑右所以不踐閾。闑右卽闑西也。由闑右則不踐閾，由門中之闑西，則必踐閾矣。此注明連貫『賓入不中門不履閾』八字而云『辟尊者所從』。《正義》不知門有兩闑，以爲自高、不淨，失之矣。

而手足毋移。【注】移之言靡迆也。毋移，欲其直且正。

循按：《說文》：『迆，衺行也。《夏書》曰：「東迆北，會于滙。」』《禹貢釋文》：『迆，以爾反，馬云靡也。』《考工記》：『車軫四尺，謂之一等。戈柲六尺有六寸，既建而迆，崇於軫四尺，謂之二等。』注云：『鄭司農云：「迆讀爲『倚移從風』之移，謂著戈於車，邪倚也。」』《弓人》：『菑栗不迆，則弓不發。』鄭司農云：『迆讀爲「倚移從風」之移，謂邪行絶理者。』然則迆、靡、移三字義同。『摩〔一〕迆』，疊言之耳。靡、迆、移皆衺行，故申言『毋移，欲其直且正。』《正義》云：『移謂靡迆摇動也，宜直正，不得邪低靡迆摇動也。』增出『摇動』，非注義。

圈豚行，不舉足，齊如流。【注】圈，轉也。豚之言若有所循，不舉足曳踵，則衣之齊如水之流矣。孔子執圭則然。

循按：《釋文》：『腞，本又作豚，大本反，徐徒困反。』與遯音同，腞卽遯字也。《易・中孚》『豚魚』，《釋文》：『黄作遯。』遯卽遁，遁與循俱從盾，相通，故讀腞爲循。《説文》：『循，順行〔二〕也。』兩足遞互而行，各分左右，不相遵順，惟行於狹迮，兩足不能分，步則趾踵必相接，左足之踵接右足之趾，則動右足，旋於左足之前，以踵接左足之趾，又動左足，旋於右足之前，以踵接右足之趾，左右分步，足自直前。惟由後而前，踵趾相接，必旋轉

〔一〕『摩』，叢書本作『靡』。
〔二〕『順行』，四部叢刊景印北宋本《説文解字》作『行順』。

如圈，故爲『圈豚』，言其圈而循也。足趾離地，而踵則曳地不舉，於是裳之下齊拖曳於地，如水之流。蓋手執圭不能攝齊，鞠躬而齊曳於地，故其行如是，鄭氏引《論語》『執圭如有循』，明不執圭，兩手攝齊，則不如是行也。方慤謂『豚性善散，圈之則聚』，陸佃謂『豚行俯首』，宋人不識聲音訓詁之學，望文生意，説愈新而愈戾。《釋文》明作豚，以爲豚豕，失之遠矣。《正義》云『豚，循也』，見衛湜《集説》。汲古閣刻作『豚，豬也』，誣《正義》矣。

雕篹。【注】篹，籩屬也，以竹爲之，彫刻飾其直者也。

循按：《祭統》『夫人薦豆執校』，注云：『校，豆中央直者也。』《爾雅》：『竹豆謂之籩。』豆中央有直者，籩當亦然。所謂『飾其直者』，此也。《管子·弟子職》『柄尺不跪』，注云：『豆有柄長尺，則立而進之。』蓋豆中央之校有似於柄，故《正義》解鄭注『飾其直』爲『彫鏤其柄』。《喪大記》『食於篹者盥』，注云：『篹，竹筥也。』《釋文》：『篹，本又作匴。』《士冠禮》：『爵弁、皮弁、緇布冠各一匴。』注云：『匴，竹器名，今之冠箱也。古文匴爲篹〔一〕。』箱筥則無中央之直者，而置冠之器同於籩屬之篹。蓋冠置檠上，檠上闊，中亦

〔一〕『篹』，《儀禮注疏·士冠禮》鄭注作『纂』。

有柄，其狀近籩，故其名同。爵弁、皮弁各一篋，各用一冠檠舉之也。篋與纂通，纂卽蕝字，束茅表位曰蕝，亦作蕞。束茅而立之，其狀正同籩中之直。然則篋卽籩中直柄之名，撮而持之使高，故所以立，而持冠者亦以篋名之。

殷以椇。【注】椇之言枳椇也。

循按：《説文》：『椒，積椒也。』徐鍇云：『積椒，不伸之意。』此『枳椇』卽『積椒』也。《荀子》『枸木必待檃栝烝矯然後直。』枸卽椇也。宋玉《風賦》『枳句來巢』，『枳句』卽『積椒』，言樹木曲橈者，鳥巢其上，與下句『空穴』爲對，李善以爲『枳樹多句』，非也。《詩》『南山有枸，北山有楰』，毛傳云：『枸，枳枸；楰，鼠梓。』此以『鼠梓』與『枳枸』並舉，是爲木名，如陸璣所云，『枸樹高大，似白楊有子』，《本草》所列『枳椇』是也。此自木名。《正義》言『椇枳之樹，其枝多曲橈，殷俎似之。』然椇自爲曲義，枳椇積椒自爲不伸，殷俎之椇，謂殷俎之足曲耳。樹之名枳枸，亦取義於積椒，非殷俎取義於枳枸樹也。《正義》迂矣。《詩正義》又引宋玉『枳枸來巢』，謂枸木多枝而曲，所以來巢。宋玉泛指多曲之木，非必謂枳，亦非必謂枳枸矣。此《正義》引陸璣《草木疏》云『椇曲來巢』，考《齊民要術》、《詩正義》、《藝文類聚》所引陸疏均無此語，或亦引宋玉賦誤爲陸疏與？宋玉賦之『枳句』可引以證此椇字，陸疏引以證《詩》之枸，則非也。

干袷及其高祖。【注】干猶空也。

循按：《詩·秩秩斯干》傳云：『干，澗也。』《廣雅》：『澗，間也。』《説文》：『間，隙也。』隙，壁際孔也。孔卽空，故『干猶空』。

所且先者五。【注】且先，言未遑餘事。

循按：《説文》：『且，薦也。』謂薦之於先，以爲根本。注用『未遑』二字，似解且爲聊且，玩下云『五者一得於天下，民無不足。無不贍者。五者一物紕繆，民莫得其死。』則先此五者，非聊且之謂。

絶族無移服。【注】族昆弟之子，不相爲服。

循按：《釋文》：『移，本或作施，同以豉反。移，猶旁也。』此移字卽『手足毋移』之移，謂邪迆也。前云『上治祖禰，下治子孫，旁治昆弟』，自祖禰以及子孫，直行者也。由昆弟以及族昆弟，邪行者也。族昆弟之子，邪行至此，則無服。故云『無移服』。《孟子·離婁篇》『施從良人之所之』，趙岐注云：『施者，邪施而行。』故移或作施。

不疑在躬。【注】躬，身也。不服行所不知，使身疑也。

循按：《正義》云：『既問主人之道藝，則已亦當習學明了，不得使疑事在其躬。』衛湜《集説》遂以此句連屬上文，乃鄭注則自爲章句耳。『服行所不知』，謂異常也。身自處於妄，欲人之信己，難矣。

執箕膺擖。【注】擖，舌也。

循按：《曲禮》注引《弟子職》曰，『執箕膺擖』，《釋文》擖作葉。今《管子・弟子職》作『膺揲』。《士冠禮》『加柶，覆之，面葉』，注云：『葉，柶大端。古文葉爲擖。』《士昏禮》：『贊者酌醴，加角柶，面葉。』注亦云：『古文葉作擖。』柶，匕也。《士昏禮》下云『面枋』，枋爲柄，則葉爲扱醴處，故云『大端』，其形如葉，亦如舌。箕舌名葉，而通作擖，亦此義也。《説文》：『擖，刮也。』擖之爲舌，猶擖之爲刮矣。

不旁狎。【注】妄相服習，終或爭訟。

循按：《正義》云：『旁猶妄也，不得妄與人狎習，或致忿爭，言因狎而致訟〔一〕也。』以旁訓妄，非也。此與『不好狎』注互相發明。服習爲狎，狎乃敬人，何以致訟？致訟之由，在於旁狎。旁之言溥也，旁之言廣也，於此人吾服習之，於彼人吾又服習之，原非心悦誠服，第隨聲氣以爲依緣，故爲『妄相服習』，門戶之見，嫉妬生焉，故『終或爭訟』。『旁狎』即『好狎』也。《正義》説未是。

〔一〕『言因狎而致訟』，《禮記正義》作『因狎而爭訟』。

枕几穎杖。【注】穎，警枕也。

循按：《藝文類聚》引蔡邕《警枕銘》云：『應龍蟠蟄，潛德保靈，制象〔一〕象物，示有其形，哲人降鑒，居安聞傾。』《說文》：『傾，仄也。』穎從頃，與傾同聲。警枕之名，傾猶畚之㪷者，名頃筐也。承上『枕几』而言，卧之所凴爲枕，坐之所凴爲几，坐而㪷卧者則穎。穎之爲器，蓋擁於後，坐久倦怠，㪷倚於上，取義於傾仄，故名穎。穎倚一聲之轉，其背高仰可承首，故有枕名。後人用倚使背有所依、首有所承，卽名倚，乃穎之遺制，亦穎之遺稱也。玩蔡銘，稱『應龍蟠蟄』，蓋擁於後，作箕形，如龍之蟠繞有翼者，爲應龍，可見兩翼張於左右。近世倚背圈裏而前，正是其象，高年之人久坐則倦，須有穎以安之，故云『安居聞傾』。《古文苑》注引曹公操以小木圓枕警睡，《吴越備史》錢鏐在軍中未嘗安寢，復用圓木小枕，睡熟則㪷，由是得悟，名曰警枕。此名同於古，而利取於曹，與蔡邕所銘者大殊。古取其安，此取其不安，義亦別矣。《釋文》：『穎，京領反，警枕也，又坰迥反。』岳珂《九經三傳沿革例》云：『鄭注以穎爲警枕者，所以別下文經文「郤刃授穎」之穎。則以爲兩穎字字同而義異。《釋文》以「警枕」之熲其旁下從火，音京領反，以「授穎」之穎其旁下從禾，音役頂反。則字異而音亦異。』然則岳氏所見《釋文》作熲，與《正義》本不同。然

〔一〕『象』，叢書本作『器』。

穎義取傾形，卽同於頃筐。張端義《貴耳集》：『校椅，栲栳狀。』或從禾，或從火，皆傾之假借也。穎通爲隱，孟子『隱几而卧』，趙岐謂『隱倚其几』。謦則穎、隱聲之譌耳。李尤《讀書枕銘》云：『聽政理事，怠則覽書，傾倚偃息，隨體興居。』此云『傾倚』，亦以枕名，蓋卽穎類也。

刀，卻刃授穎，削授拊。【注】穎，環也。拊，謂把。

循按：《釋名》：『刀，到也，其末曰鋒，其本曰環。』《史記·平原君列傳》：『平原君曰：「夫賢士之處世也，譬若錐之處囊中，其末立見。」毛遂曰：「使遂蚤得處囊中，乃穎脫而出，非特末見而已。」』末謂錐之鋒，則穎謂錐之本。今人於錐本亦作環。《釋文》：『卻刃授穎』，謂卻末授本，其本曰環，故穎卽環也。《釋文》：『削如字。李思約、思詔二反。』思詔卽音笑也。又『築氏執下齊』，注：『大刃削殺矢鑒燧也。』《釋文》：『削如字，李音笑。』『築氏爲削』，注云：『今之書刀。』《說文》：『削，鞞也。鞞，刀室也。』此『削授拊』，乃書刀，故有把。《釋文》音笑，用李軌《周禮音》也。

會同主詡。【注】詡謂敏而有勇，若齊國佐。

循按：《說文》：『詡，大言也。』汎以爲大言，恐涉於夸詐，故以『敏而有勇』明之。又舉國佐，明國佐舉四王五霸以折晉人，是大言也。晉人欲蕭同叔子爲質，盡東其畝。破之以禮德，是敏；請背城借一而不屈，是有勇。國佐言而魯衛懼，晉人遂平，故會同主之。《禮器》：『德發揚，詡萬物。』注云：『詡猶普也，徧也。』普亦大義。

數嚌，毋爲口容。【注】口容，弄口。

循按：《曲禮》：『毋刺齒』，注云：『爲其弄口也。』前『運笏、澤劒首』，注云：『運、澤，謂玩弄也。』澤爲挼莎，然則弄口，謂手弄其口也。

牛羊之肺，離而不提心。【注】提猶絶也。

循按：下『折九箇』，注云：『折，斷分之也。』《廣雅》：『絶，斷也。』此注讀提爲折，故云『猶絶』也。《檀弓》『吉事欲其折折耳』，注引《詩》云『好人提提』，以『提提』明『折折』，是提卽折也。《説文》：『哲，知也。』《本草》：『知母，一名蝭母。』《范子》作『提母』。然則提與知通，提之爲折，猶知之爲哲也。又《説文》：『提，挈也。』司馬相如《封禪書》『挈三神之歡』，應劭曰：『挈，絶也。』挈訓絶，卽提之訓絶，亦其證矣。

卷三

時觀而弗語，存其心也。【注】使之悱悱憤憤，然後啟發也。

循按：當其可之謂時。觀者，示也。當其可，因有所示，所以能使之悱憤。若徒弗語而無所示，抑有所示而不當其可，則何從而悱憤乎？《正義》以『時觀』爲『教者時時觀之』，解説未明。

不學博依，不能安《詩》。【注】博依，廣譬喻也。依或爲衣。

循按：《説文》：『衣，依也。』《白虎通》云：『衣者，隱也。』《漢書・藝文志》詩賦家有《隱書》十八篇，師古引劉向《別録》云：『《隱書》者，疑其言以相問對者，以慮思之，可以無不諭。』《韓非子・難篇》云：『人有設桓公，隱者曰：「一難，二難，三難。」』《吕氏春秋・重言篇》云：『荊莊王立三年，不聽而好讔。』高誘注云：『讔，謬言。』下載成公賈之讔云：『有鳥止於南方之阜，三年不動，不飛不鳴，是何鳥也？』王曰：『其三年不動，將以定志意也；其不飛，將以長羽翼也；其不鳴，將以覽民則也。是鳥雖無飛，飛將冲天；雖無鳴，鳴將駭人。賈出矣，不穀知之矣。』『明日朝，所進者五人，所退者十人，羣臣大悦。』《史記·楚世家》亦載此事，爲伍舉曰：『願有進隱。』裴駰《集解》云：『隱謂隱藏其意，時楚莊拒諫，故不直諫而以鳥爲譬喻，使其君相悦以受。』與詩人比興正同。故學《詩》，必先學隱也。其後淳于髡、鍾離春、東方朔皆善隱，（淳于髡事與成公賈同。）司馬遷以爲滑稽，蓋未識古人之學矣。

强而弗抑。【注】抑猶推也。

循按：《正義》云：『謂師微勸學者，使神識堅强，師當隨才而與之，使學者不甚推抑其義而教之。』此於『强抑』二字，説之不明。强謂勉也，推謂擠排之也。勉其所未知未能，其有所知有所能，不擠排之。《吕氏春秋·誣徒篇》云：『弟子居處修潔，身狀出倫，聞識疏達，就學敏疾，則從而抑之。』

待其從容，然後盡其聲。【注】從讀如『富父舂戈』之舂。舂容，謂重撞擊也。始者一聲而已，學者既開其端意，進而復問，乃極説之，如撞鐘之成聲矣。從或爲松。

循按：『從容』有二義。其一《楚辭·懷沙》『孰知余之從容』，王逸云：『從容，舉動也』，是也；其一《詩·都人士》序：『從容有常。』箋云：『從容，謂休燕也』，是也。二義皆不煩讀「從」如「舂」。《正義》云：「舂謂擊也，以爲聲之形容，言鐘之爲體，必待其擊，每以〔一〕舂爲一容。」此以「舂容」二字分説其義，穿鑿無聊，殊非鄭義。試仍於注求之，則注明以「重撞擊」三字解「舂容」二字，下又申言之，謂「既開其端意，進而復問」，「復問」與「重撞擊」正相應，復亦重也。凡撞鐘，其聲悠長不卽盡，今待問者，小叩小鳴，大叩大鳴，亦不卽盡。説之，待其意有所進，而復問，乃以前未盡之説，極説以盡之，如始撞鐘之一聲悠長未遽盡，待重撞一聲，此聲合前未盡之聲，極成其盛，而後盡之。注義明白可按，然則「重撞擊」三字，「擊」字解「撞」字，「重」字解「舂容」二字，待其舂容，卽待其重撞。舂容者，重字之緩聲。從容不能翻重字，故必讀從爲舂，舂容之爲重，猶終葵之爲錐，之焉之爲旃也。「待其從容，然後盡其聲」，卽待其重，然後盡其聲也。容訓爲寬，《廣雅》。亦訓爲貌，《説文》，卽頌字。由貌之訓，而疊呼之爲從容，則訓舉動；由寬之訓，而疊呼之爲從容，則訓寬裕。二義皆由容字引申之。舂容則由舂字引申爲重，引《左傳》取其聲，不取其義，《正義》以舂爲擊，失之遠矣。其解「然後盡其聲」，言善答者以〔二〕待其一問，然後一答，乃後盡説義理」。則是不待復問，卽是不待重撞擊，與注全然反背，可謂之楚而北

〔一〕「以」下，《禮記正義》有「一」字。
〔二〕「以」，《禮記正義》作「亦」。

行矣。

是故審聲以知音，審音以知樂，審樂以知政。

循按：耳之於聲，口之於味，目之於色，皆性也。禽獸不能審聲，故知聲而不知音。衆庶能審聲，不能審音，故知音而不如君子之知樂。衆庶不知樂，不能自平好惡，君子知樂，則制禮樂以教民平好惡。惟衆庶能審聲，卽能變化於禮樂刑政，所爲同民而出治道者，以衆庶之能審也。若禽獸全不能審，故犬馬之性與人殊，而非禮樂政刑所能教矣。

人生而靜，天之性也。感於物而動，性之欲也。【注】言性不見物則無欲。○**物至知知，然後好惡形焉。**【注】至，來也。知知，每物來，則又有知也。言見物多，則欲益衆。形猶見也。○**好惡無節於內，知誘於外，不能反躬，天理滅矣。**【注】節，法度也。知，猶欲也。誘，猶道也，引也。躬，猶己也。理，猶性也。○**夫物之感人無窮，而人之好惡無節，則是物生**〔一〕**而人化物也。人化物也者，滅天理而窮人欲者也。**【注】窮人欲，言無所不爲。

循按：《説文》：『性，人之陽氣，性善者也；情，人之陰氣，有欲者。』人欲卽人情，與世相通，全是此情。『己所不欲，勿施於人』，『己欲立而立人，己欲達而達人』，正以所欲、

〔一〕『生』，《禮記正義》作『至』。

所不欲爲仁、恕之本。有己之欲，而不通乎人之欲，是爲『窮人欲』。『窮人欲』猶云不通人情。聖人通天下之志，正賴以己之欲、不欲絜矩乎人之欲、不欲，所謂『反躬』也。『人生而靜』，首出『人』字，明其異乎禽獸。靜者，未感於物也，性已具於中，是天賦之也。感於物而有好惡，此欲也，卽出於性。欲卽好惡也。『物至知知』二句，申上感物而爲欲也。『知知』者，人能知，而又知。禽獸知聲不能知音，一知不能又知。故非不知色，不知好妍而惡醜也；非不知食，不知好精而惡疏也；非不知臭，不知好香而惡腐也；非不知聲，不知好清而惡濁也。惟人『知知』，乃有好惡，有好惡乃有欲，有欲乃能反躬，故人之性善。反躬，則『人之所好好之，人之所惡惡之』，『從心所欲不踰矩』也；不反躬，則『好人之所惡，惡人之所好』，是謂『拂人之性』也。好惡生於欲，欲本於性，故云『性之欲』。理者，分也。人各有性，卽人各有欲，是天所分界諸人，而不私於一人者也。故通其欲而欲不窮，合其理而理不滅，聖人惟盡其性以盡人之性，斯不肯絕欲。夫不能推己之欲以及人之欲，固人欲窮；絕己之欲而不計人之欲，亦人欲窮。人之欲卽天所分之理，故欲窮則理滅也。窮之言絕也。弱爲强脅，寡爲衆暴，愚爲知詐，怯爲勇苦，疾病不養，老幼孤獨不得其所，而人之欲絕矣。

方以類聚。【注】方謂行蟲也。

循按：下文『樂行而民鄉方』，注云：『方，猶道也。』《射義》注云：『道猶行也。』是方有行義。與物對言，此爲物之行者，故云行蟲也。

感條暢之氣。【注】感，動也。動人條暢之善氣，使失其所。

循按：感爲撼之省。《廣雅》：『撼，動也。』《説文》作『摵，摇也。』

德者，性之端也。

循按：性之端，猶孟子言仁之端、義之端。端，首也。性不可見，而見端於德。《正義》云：『端，正。』非是。

石聲磬。【注】『磬』當爲『罄』字之誤也。

循按：《釋名》：『磬，罄也。其聲罄罄然，堅緻也。』《釋文》：『罄，口挺反，一音口定反。』磬，口定反，磬、罄，古亦通用。罄罄，卽《論語》『子擊磬』之『硜硜』。《史記·樂書》：『石聲硜。』

致右憲左。【注】致，謂膝至地也。憲，讀爲軒，聲之誤也。

循按：以至明致，至卽輊也，故憲爲軒。

則易、直、子、諒之心。【注】子讀如『不子』之子。

循按：《書・金縢》：『是有丕子之責于天。』《正義》引鄭注：『丕讀曰不。』又云：『愛子孫曰子。』此『不子』蓋指是《虞書》作『予弗子』。

故禮有報，而樂有反。【注】報讀爲褒，褒猶進也。

循按：上文『禮減而進，以進爲文，樂盈而反，以反爲文』，反與進對。此不言進言報，報無進義，故讀爲褒，而以爲猶進也。褒卽『裒多益寡』之裒。裒，聚也。鄭氏注《易》作捊。捊，取也。《釋名》：『取，趣也。』趣卽趨，趨卽驟，驟亦與聚通。《少儀》：『毋拔來，毋報往。』注云：『報讀爲赴疾之赴。』拔、報〔一〕皆疾也。』《喪服小記》：『報葬者報虞。』注云：『報讀爲赴疾之赴，謂不及期而葬也。』《説文》：『赴，趨也，从仆。』仆从卜，聲與褒聲近。趨爲疾行，故赴義爲疾，疾行亦進也。故裒有進義。讀報爲褒，猶讀報爲赴也。其實報者復也，復與反對，進與退對。前言進，此言報，明進卽是報，卽明反卽是退。古人互相發明之妙，正不必『讀報爲褒』乃爲『猶進』矣。

内子以鞠衣、褒衣、素沙。【注】六服皆袍制，不襌，以素紗裹之，如今袿袍襈重繒矣。

〔一〕『報』，《禮記正義》作『赴』。

循按：《釋名》：「婦人上服曰袿，其下垂者，上廣下狹如袿〔一〕圭也。襈，緣〔二〕也，青絳爲之緣也。」謂有袿之袍，下有緣，裹用重繒，以重繒明袍之有裏，襈兼言之耳。《釋文》：「襈，士眷反。」與緣音近。下「纁衻」，《釋文》云：「衻，字又作衲，而占反。裳下襈也。」《正義》云：「衻，裳下緣襈也。」

薾衣裳。【注】薾衣裳者，若今之〔三〕大襹也。

循按：《釋名》：「襹，屬也。衣裳上下相連屬也。荆州謂襌衣曰布襹，亦曰襜襦，言其襜襜宏裕也。」《正義》云：「纊爲薾，謂衣裳相連，而綿纊著之也。」衣裳相連，本大襹言。

中路嬰兒，失其母焉。【注】嬰猶鷖彌也，言其若小兒亡母。

循按：《釋名·釋長幼》云：「人始生曰嬰兒，胷前曰嬰，抱之嬰前，乳養之也。或曰嫛婗。嫛，是也，言是人也，婗其啼聲也，故因以名之也。」嫛婗卽鷖彌，卽小兒啼聲，疊言之爲嫛婗，爲鷖彌。謂嫛爲是，非也。此記嬰兒但作小兒解，非卽以嬰爲失母之啼聲。鄭以鷖彌解小兒，所以名嬰之義，以其啼聲故。其啼、號二字自解「何常聲」句，非仍指嬰

〔一〕「袿」，叢書本、《釋名》作「刀」。
〔二〕「緣」，《釋名》作「撰」。
〔三〕《禮記》鄭注無「之」字。

字也。蓋嬰之本訓爲頸飾，《説文》。無涉於小兒，其得名嬰，猶鷖彌也。《玉篇》引《蒼頡篇》云：『女曰嬰，男曰兒。』

其所與遊，辟也，可人也。【注】言此人可也，但居惡人之中，使之犯法。

循按：《説文》：『辟，法也。』其訓邪者，則讀爲僻。此注『居惡人之中』，解『其所與遊』四字，『使之犯法』解『辟』字，鄭自訓辟爲法，『惡人』之義包寓『所』字中，不解辟爲邪也。《正義》云：『所與交遊是辟邪之人，故犯法爲盜。』是一辟字兼邪、法兩義矣。

皆升自東榮，中屋履危。【注】榮，屋翼。升東榮者，謂卿大夫士也。天子諸侯言東霤。危，棟上也。

循按：《史記・魏世家》：『趙使人謂魏王曰：「爲我殺范痤，吾請獻七十里之地。」魏王曰：「諾。」使吏捕之，圍而未殺，痤因上屋騎危。』《集解》云：『危，棟上也。』《索隱》云：『《禮》云「中屋履危」，蓋升屋以避兵也。』棟上爲屋脊，其處最高，故名危。屋脊故可騎，上平，則可履矣。元人熊朋來《經説》謂：『《大記》言「東霤」，注云：「危棟上也。」』竟以『危棟上』三字爲解『東霤』，失之。

君設大盤，造冰焉。【注】造猶内也。

循按：造與聚通，謂聚冰於盤中也。内即納字，造無納義，故云『猶内』，譬況之也。

《正義》謂：『造是造詣。凡造詣者，必入於内。』鑿矣。

御者差沐于堂上。【注】差，淅也。淅飯米，取其瀋以爲沐也。

循按：沐即瀋也，故云『取其瀋以爲沐』。因爲沐所用，故即名之爲沐。『差沐』者，差摩之以爲沐也。下云『君沐粱，大夫沐稷』，謂君之沐用粱差之，大夫之沐用稷差之。管人受沐，即受此沐也；管人授御者沐，亦即授此沐也。下云『乃沐，沐用瓦盤』，始作沐浴解。《儀禮・士喪禮》云：『外御受沐入。』注云：『沐，管人所煑瀋也。』《史記・外戚傳》竇廣國曰：『姊去我西時，與我決於傳舍中，丐沐沐我。』《索隱》云：『沐，米瀋也。謂乞瀋爲弟沐也。』此兩『沐』字，上『沐』字正『御者差沐』之沐，下『沐』字爲『沐用瓦盤』之沐，《正義》未詳析。

朝一溢米，莫一溢米。【注】二十兩爲溢。於粟米之法，一溢爲米一升二十四分升之一。

循按：《正義》云：『説《左傳》者云，「百二十斤爲石」，則一斗十二斤，爲兩則一百九十二兩。則一升爲十九兩有奇。今一兩爲二十四銖，則二十兩爲四百八十銖。計十九兩有奇爲一升，則總有四百六十銖八參，以成四百六十銖。惟有十九銖二參在，是爲米一升二十四分升之一。』《孫子算經》云：『稱之所起，起於黍，十黍爲一絫，十絫爲一銖，二十四銖爲一兩，十六兩爲一斤，三十斤爲一鈞，四鈞爲一石。』四鈞爲一百二十斤，故一百二十斤爲一石。以每斤十六兩通之,是一石爲一千九百二十兩,一斗爲一百九十二兩,一升爲一十九兩二錢。古以二十四銖爲兩,不以十錢爲兩,故云一十九兩有奇爲一升。以一十九兩二錢乘二十四銖,得四百六十銖零八絫。《正義》云『八叄』,乃卽『八絫』也。於四百八十銖減去四百六十銖零八絫,餘一十九銖零二絫,《正義》云:『以成四百八十銖』,『成』字乃『減』字之譌也。又云:『惟有十九銖二叄在』,『二叄』卽『二絫』也。置一升四百六十銖零八絫,以二十四除之,確得十九銖零二絫,是一升二十四分升之一,爲四百八十銖,卽是二十兩也。此疏作『叄』,《儀禮・既夕疏》作『絫』。《夢溪筆談・辨證篇》云:『《唐書》:開元錢重二銖四叄,今蜀郡亦以十叄爲一銖。叄乃古之絫字,恐相傳之誤耳。』然則賈氏《儀禮疏》作『絫』爲正。唐初已誤『絫』爲『叄』,孔穎達不知改正,直以市俗『叄』字入於經疏,而不知謬偵矣。至『減』字譌『成』,自衛湜《集説》已然,歷來校者未有以正之,特爲詳焉。甄鸞《五經算術》云:『置一斛米,重一百二十斤,以十六乘之,爲積一千九百二十兩。以溢法二十兩除之,得九十六溢爲法。以米一斛爲百升爲實,實如法得一升。不盡四升,與法俱再半之,名曰二十四分升之一。稱法:三十斤曰鈞,四鈞曰石,石有一百二十斤也。所以名斛爲石者,以其一斛米重一百二十斤故也。』此不用銖法而用石法,以九十六溢除百升,每溢一升,除去九十六升,尚餘四升,故云『不盡四升』。半其四升爲二升,再半其二升爲一升,半其九十六爲四十八,再半其四十八爲二十四，二十四分升之一，即九十六分升之四。以九十六分升之四約爲二十四分升之一，所謂可半則半之術也。劉徽《九章算術》約分列方田，鄭以爲粟米者本溢法、石法言之也。算法宜依甄鸞，其數以《正義》參之，可明耳。

結絞不紐。

循按：紐，今俗所謂活結；不紐，今俗所謂死結。

瘞埋於泰折。【注】折，炤晢也。

循按：《易·大有傳》：『明辨，晢也。』虞翻作折。

曰司命，曰中霤，曰國門，曰國行，曰泰厲，曰户，曰竈。【注】小神居人之間，司察小過，作譴告者爾。

循按：《抱朴子·對俗篇》引《玉鈐經》中篇云：『上天司命之神察人過惡。』《太平御覽》引《萬畢術》云：『竈神晦日上天白人罪。』《潛夫論·忠貴篇》云：『文昌奠功，司命舉過。』

焄蒿悽愴。【注】焄謂香臭也，蒿謂氣烝出貌也。

循按：焄通葷，亦通薰，薰爲香氣，故云『謂香臭』，猶云其臭香也。《正義》以焄蒿悽愴專屬百物，以爲或香或臭，非注義也。焄蒿與悽愴皆雙聲字，焄蒿蓋謂其氣之温和，悽愴謂其氣之肅穆。薰、熏同字。薰爲香氣，熏爲氣烝出。注互見之耳。

見以蕭光。○見間以俠甒。【注】『見』及『見間』，皆當爲『覸』字之誤也。

循按：《釋文》：『見間，依注合爲覸字，音間厠之間。』《雜記》：『甕、甒、筲、衡，實見間。』《釋文》亦云：『一解云：鄭合見間二字，共爲覸字。』《雜記》注云：『實見間，藏於見外、椁内也。』彼處『見間』二字，鄭未合作『覸』也。鄭以覸爲雜，即間雜，覸亦通作間。

風戾而食之。【注】風戾之，使露氣燥。

循按：《釋文》：『戾，力計反，燥也。』《正義》云：『戾，乾也。』戾何以有乾燥之義？戾與暴義同。《説文》：『暴，晞也。』《爾雅·釋天》云：『日出而風曰暴。』以戾通之於暴，則暴有虐義；以暴通之於戾，則戾有晞義。

《易》之失賊。【注】《易》精微，愛惡相攻，遠近相取，則不能容人，近於傷害。

循按：鄭氏以爻辰説《易》，未知《易》教所在。《論語》云：『好信不好學，其蔽也賊。』正可與此經相證。《易》重有孚，孚者信也，故以中心誠實爲主，然必以變通爲利。徒知誠信，不知變通，即與『好信不好學』者等，故賊。賊者，害也。害則不利，故信必近於義。義則絜靜精微，而不失之賊矣。

故衡誠縣。【注】誠猶審也，或作成。

循按：誠無審義，以下『君子審禮』，則『誠縣』、『誠陳』、『誠設』既與『審禮』爲比例，故謂此言『誠』猶彼言『審』也。誠，實也，卽審其實與不實，故不可欺，不可誣。誠、審亦互辭矣。又云『或作成』，成，平也。平與辨通。成縣爲平縣，卽是辨其縣，亦卽是審其縣。故以『或作成』，明其與審義同也。

寡人固，不固，焉得聞此言也。【注】固不固，言吾由鄙固故也。

循按：《正義》引皇氏用王肅之義：『二「固」字皆爲固陋。上「固」言己之固陋，下「固」字言若不鄙固則不問，不問焉得聞此言。』此得之，乃《正義》不用，别爲説云：『上固是鄙固，下固，故也，言寡人由鄙固之故，所以得聞此言。』蓋以注中『故』字爲解『不固』。『固』字然若是，於『不』字何以達？注中『故』字乃會『不』字、『焉得』字而明之。經文反言，注正言，宜依皇氏。陸佃云：『寡人固句，言寡人以固故得聞此言，若不固，安得聞此言也。』

寡人惷愚、冥煩，子志之心也。【注】志讀爲識。識，知也。冥煩者，言不能明理此事。子之心所知也，欲其要言使易行。

循按：『寡人惷愚、冥煩』爲句。注以『惷愚』易解，故但解『冥煩』。冥猶迷也。理者，條理。孔子之言，條理詳備，哀公不能明了，故云『冥煩』，謂迷惑於條理，而心爲之煩亂也。惟『惷愚』所以『冥煩』，『冥煩』者，我不明也。子識之心者，子自明也。我不能明此條理，而至於煩，故欲夫子『要言使易行』。『要言』二字從『煩』字生出，非從『志』字生出。近人每云頭緒太多，我不明白，此冥煩不能明理之謂也。

領惡而全好者與。【注】領，猶治也。

循按：《樂記》『領父子君臣之節』，注云：『領猶理，治也。』領、理一聲之轉。《釋名》云：『令，領也，理領之，使不得相犯也。』《廣雅》云：『令，禁也。』

橫從其畝。【注】橫從，橫行治其田也。

循按：《毛詩傳》云：『衡獵之，從獵之。』《釋文》引《韓詩》從作由，『東西耕曰橫，南北耕曰由』。此注以從爲行，與毛、韓異。《廣雅》云：『從，行也。』

費而隱。【注】費猶佹也，道不費則仕。

循按：《釋文》：『費，本又作拂。』《詩・皇矣》：『四方以無拂』。箋云：『拂猶佹也，言無復佹戾文王者。』佹通詭，訓戾，亦訓譎。上文『素隱行怪』，注云『言方鄉辟害隱身而行佹譎』，佹，異也。既以佹明怪，又以譎明佹，既以佹譎明行怪，又以佹明費，蓋謂隱不可佹，仕亦不可佹也。心鄉於隱，則無論可隱不可隱，而一以隱爲鄉，則其隱爲佹，此不可一於隱者也。若可隱，而一以不隱爲事，則必佹。道佹而仕，所謂佹遇也。君子之道若必佹而乃得仕，則君子不仕矣。故云『費而隱』，此不可一於仕者也。道不費則仕，言不佹遇則仕，不論世之治否，孔、孟固栖栖於春秋戰國矣。不肯佹遇，故不仕也。《正義》云：『君子之人，遭值亂世，道德違費，則隱而不仕。』以費指世，非注義。『素隱』至『費而隱』當爲一章。

故栽者培之。【注】栽讀如『文王初載』之載。栽猶殖也。今時人名草木之植曰栽，築牆立版亦曰栽。栽或爲兹。

循按：《詩·大明》：『文王初載』，毛傳云：『載，識。』毛讀載爲識，此注讀栽爲載，卽讀栽爲識。識與殖音通，可訓爲殖也。識之爲殖，猶樴之爲埴。

其次致曲，曲能有誠。【注】致，至也。曲猶小小之事也。不能盡性，而有至誠，於有義焉而已。

循按：《易·繫辭傳》『曲成萬物而不遺』，荀爽曰〔一〕云：『曲成萬物，不遺細微也。』細微是小之又小也。『曲成』則由至大以及至小而不遺，『致曲』則由至小以及至大而能化。《表記》：『道有至義有考，至道以王，義道以霸。』注云：『此讀當言道有至、有義、有

〔一〕叢書本無『曰』字。

考，字脱一「有」耳，有至謂兼仁義者，有義則無仁矣，有考，考成也，能取仁義之一成之，以不失於人，非性也。』此注所云『於有義焉而已』，卽《表記》『有義』，有義無仁，故爲曲，非性卽不能盡性。

口費而煩。【注】費猶惠也。言口多空言，且煩數也。費或爲哱，或爲悖。

循按：孟子言『分人以財謂之惠』。《説文》：『費，散財用也。』分人以財，則必散財用，故費、惠義近。《論語》以『因民之所利而利之』爲『惠而不費』，此『惠』而不必『分人以財』。孟子以『可以與，可以無與』，與爲『傷惠』。惠而傷惠卽費矣。此注訓費爲惠，中之以『口多空言』，則徒有惠愛之言，而終無分與之實。其取怨咎深矣。費之爲悖，猶茀之爲孛，紼之爲綍，悖爲誖之重文，哱蓋卽誖字，言悖而出，不俟煩數而已得咎，此承『君子溺於口』，故不用悖義，而以爲猶惠也。

續衽鉤邊。【注】續，猶屬也。衽，在裳旁者也。屬連之，不殊裳前後也。鉤讀如『烏喙必鉤』之『鉤』。鉤邊若今曲裾也。

循按：裳前後皆正幅，其旁用斜幅，分於左右，使前後相屬，是爲『續衽』，注文甚明。惟『鉤邊』注以『曲裾』明之，《漢書・江充傳》：『充召見犬臺宮，自請願以所常被服冠見上，上許之。充衣紗縠襌衣，曲裾後垂交輸。』如淳曰：『交輸，割正幅，使一頭狹若燕尾，乖〔一〕之兩旁，見於後，是《禮・深衣》「續衽鉤邊」。』此言『曲裾』之制甚詳。蓋衽屬於前後正幅，曲裾又屬於前衽，而交於後衽。前衽與後衽相屬，其一旁衽與衽相連，其一旁衽不能與衽相連，故別用一幅屬於前衽，而揜於後衽。衽與曲裾皆邪裁，衽上狹下寬，曲裾上寬下狹，不可使一旁有一旁無。於其一旁，衽雖與衽相連，而前衽亦用曲裾揜於後衽，兩邊俱有曲裾揜於後之左右，皆上寬下狹，合之故似燕尾。就兩邊而合觀之似燕尾，就一邊而分觀之則似鳥喙，故讀『鳥喙必鉤』之鉤，鉤卽句，謂銳角似鳥喙，則銳之至者也。一正幅邪解之，使寬頭向上，狹頭向下，其銳形誠如鳥喙之鉤矣。衽爲前後正幅之邊，此左右兩曲裾又爲前兩衽之邊，邊以盡處言之，兩曲裾揜於後，不更有續之者，故名爲邊。邊卽曲裾之名，在漢時謂之曲裾，在古直謂之邊耳。所以屬此衽者，在此鉤邊。《正義》謂『一旁連之相著，一旁有曲裾揜之，與相連無異』，然則何以有燕尾形？宜以如淳之説申鄭注也。

壺頸修七寸，腹修五寸，口徑二寸半，容斗五升。【注】修，長也。腹容斗五升，三分益一則爲二斗，得圓囷之象，積三百二十四寸也。以腹修五寸約之，所得求其圜周，圜周二尺

〔一〕『乖』，叢書本作『垂』。

七寸有奇，是爲腹徑九寸有餘也。

循按：劉徽《九章算術・商功篇》云：『今有圓囷，高一丈三尺三寸少半寸，容米二千斛，問周幾何？術曰：置米積尺，以十二乘之，令高而一，所得，開方除之。』卽此圓囷求周術也。故甄鸞《五經算術》云：『斛法一尺六寸二分，上十之得一千六百二十寸爲一斛。積寸下退一等，得一百六十二寸爲一斗。積寸倍之，得三百二十四寸爲二斗。積寸以腹修五寸約之，得六十四寸八分。乃以十二乘之，得積七百七十七寸六分，又以開方除之，得圓周二十寸。餘四十八寸六分，倍二十七，從方法得五十四。下法二亦從方法，得五十五。以三除二十七得九寸，又以三除不盡四十八寸六分，得一十六寸二分。與法俱上十之，是壺腹徑九寸五百五十分寸之一百六十二。母與子亦可俱半之，爲二百七十五分寸之八十一。』蓋方田之術，周自乘十二而一得積。此平圓周求積也。今積求圓周，故十二乘之也。圓堢壔周求積，周自乘以高，乘之十二而一，此圓囷周求積也。今積求圓囷周，故以修五寸約之也。以五寸約之，則圓囷變爲平圓，十二乘之，仍卽圓周自乘之數也。得數開方之，是由圓周自乘之數，求得圓周也。立圓居圓囷四分之二[一]，鄭以容斗五升之腹爲圓丸形，故三分益一，得圓囷之象。《五曹算經・倉曹》以一尺六寸二分爲

〔一〕『二』，叢書本作『三』。

斛法，蓋平方一尺，高一尺六寸二分，立方一尺，得積一千寸。平方一尺，高六寸，得積六百寸。平方一尺，高二分，得積二十寸，故上十之，得一千六百二十寸。一斛十斗，今二斗，故得積三百二十四寸。古率徑一周三，鄭氏用之也。鄭用開方求得二十七寸不盡，故云二尺七寸有奇。甄鸞以餘積命分，故爲壺腹徑九寸五百五十分寸之一百六十二。《正義》不採甄鸞之數，又不詳圓積求周之法，文多煩費，莫識其要。至以壺腹三分益一成圓囷，必爲圓囷，乃可以修五寸約之得平圓，得平圓乃可求周。鄭氏通《九章》，其注未有失誤。李淳風與孔穎達同時，其校劉徽、甄鸞等書極詳明，當時曷不訪問之，剌剌於圓求方、方求圓，何哉！

若是者浮。【注】浮或作匏。

循按：《淮南子·説山〔一〕》云：『百人抗浮。』高誘注云：『浮，瓠也。』《毛詩傳》云：『匏謂之瓠。』《春秋》『盟于浮來』，《穀梁》作『包來』。《易》『以杞包瓜』，王弼讀作『匏瓜』。

毁方而瓦合。【注】『毁方而瓦合』，去己之大圭角，下與衆人小合也。

循按：《漢書·陳湯傳》云：『湯知烏孫瓦合，不能久攻。』師古曰：『瓦合，謂碎瓦之

〔一〕『山』下，叢書本有『訓』字。

雜居不齊同。』瓦本有圭角，不可合，毀去圭角，而瓦乃可合。方卽瓦之方。瓦有圭角則大，毀去圭角則小，故云『小合』。

是以君子有絜矩之道也。【注】絜猶結也，挈也。矩，法也。君子有挈法之道，謂常執而行之，動作不失之。○此之謂絜矩之道。【注】挈〔一〕**矩之道，善持其所有，以恕於人耳。**

循按：《周禮・挈壺氏》注：『挈讀如絜髮之絜。』《説文》：『挈，縣持也。』《釋名》：『挈，結也。』結，束也。束，持之也。挈、絜、結三字通。挈有持執之義，故鄭以執持中言之。結之義爲約，故挈亦訓約，以法約之，所以爲恕，使上下前後左右合而爲一，如契之相約也。算術以如法而一爲約，數之不齊者，約之則齊。『挈法』猶之云約法耳。

與爲人後者。【注】與猶奇也。後人者，一人而已。既有爲者，而往奇之，是貪財也。

循按：《士昏禮・記》云：『子有吉，我與在。』注云：『與猶兼也，古文與爲豫。』此《釋文》與音預，蓋已有爲後之人，而此又兼之。注以爲『猶奇』者，兼則疑於宜之。奇爲卦扐之餘，則不當與於正揲之數矣。與不訓奇，故云『猶奇』。兩人相兼爲偶，此兼之轉爲奇，如指有六不爲偶，而轉爲枝矣。

〔一〕『挈』，《禮記正義》作『絜』。

群經宮室圖

群經宮室圖序

焦君里堂作《群經宮室圖》二卷，凡九類：曰城，曰宮，曰門，曰屋，曰社稷，曰宗廟，曰明堂，曰壇，曰學，爲圖五十篇。皆於衆説分賾群言岨峿之際，尋繹經文而折衷之。圖所不能詳者，復因圖爲説，以附於後。其所見似刱，而適得夫經之意也；其所解似新，而適符乎古之制也。嗚呼！用力可謂勤矣！顧其書，往往異於先儒之舊，學侶或致疑焉。余以爲儒者之於經，但求其是而已矣。是之所在，從注可，違注亦可，不必定如孔、賈義疏之例也。歙程易田孝廉近之，善説經者也。其説《考工》戈戟鐘磬等篇，率皆與鄭注相違，而證之於古器之僅存者，無有不合。通儒碩學，咸以爲不刊之論，未聞以違注見譏。蓋株守傳注，曲爲附會，其弊與不從傳注、憑臆空談者等。夫不從傳注、憑臆空談之弊，近人類能言之，而株守傳注、曲爲附會之弊，非心知其意者，未必能言之也。元向有《考工記車制圖解》，其説亦頗異於鄭君。今得里堂此書，而鄙見爲不孤矣。圖中新定路寢之制，吾友凌仲子嘗移書爭之。元謂里堂所抒者，心得也；仲子所持者，舊説也。昔許氏爲《五經異義》，而鄭君駁之；何氏爲《公羊墨守》，而鄭君發之。究之各成其是，於者,而歸之里堂,其以余説爲然乎? 否耶? 乾隆五十八年五月阮元拜序。叔重、邵公無損也。 里堂以藁本寄都示元,元學殖甚荒落,無以益里堂,聊書平昔之所見

邇日鹿鹿少修,候鄭堂到京,詢悉近貺,鄙懷爲慰。聞有《宫室圖》一書已經脱稿,如有副本,望以見示。弟終日不閑,然至忙必將《大戴記注》成之,此區區之志也。 辛亥六月十五日,阮元頓首。

僕直匆匆,每日寅入申出,歸家不能讀一卷書。 日就荒廢,自顧不禁汗顔。流覽大作梗概,已得於古人制度之學,誠有心領神會之處。 蓋由識超心細故也。 間有一二獻疑處,俟再爲細書奉質。 十一月初四日,元頓首。

群經宫室圖上

城圖一
城圖二
城圖三
城圖四　附板圖、堵圖、雉圖
城圖五
城圖六
城圖七
宫圖一
宫圖二
宫圖三
宫圖四

宮圖五
宮圖六
宮圖七
宮圖八
宮圖九
宮圖十
門圖一
門圖二
門圖三
屋圖一
屋圖二
屋圖三　附蔡邕通天屋圖
屋圖四
屋圖五
屋圖六
屋圖七

屋圖八
屋圖九
屋圖十
屋圖十一　附堂涂、逆牆、窌逆牆圖
凡三十一篇，附圖七

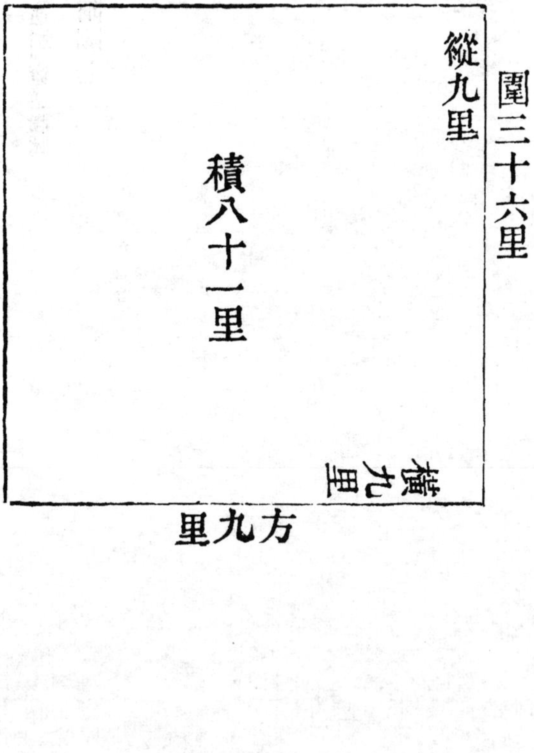
圍三十六里
縱九里
積八十一里
横九里
方九里

右城圖一

《考工記》：『匠人營國，方九里。』以開方計之，徑九里，圍三十六里，積八十一里也。《尚書大傳》云：『古者百里之國，九里之城。』注云：『玄或疑焉。「匠人營國，方九里」，謂天子之城。今大國九里，則與之同。然則大國七里之城，次國五里之城，小國三里之城，爲近。』又其《駁異義》云：『公七里，侯五里，子、男三里』，準此，天子之城九里也。及注《春官・典命》，則疑公之城方九里，侯伯之城方七里，子男之城方五里。而《坊記》注、《大雅・文王有聲》箋並用此説。今按《周書・作雒篇》云：『作大邑成周于土中。』城方千六百二十丈，計每五步得三丈，每百八十丈得一里，以九乘之，千六百二十丈，與《考工記》『九里』正合，則謂天子之城九里者是也。《春秋左氏傳》祭仲諫鄭莊公云：『都城過百雉，國之害也。大都不過參國之一，中五之一，小九之一。』百雉方一里三分里之二，五百步，三乘之，爲方五里。在鄭言，鄭侯伯之城，方五里也。『中五之一』，方一里。『小九之一』，方百六十六步有奇。定公十二年，《公羊傳》注云：『天子周城，諸侯軒城，軒城者，缺南面以受過也。』疏云：『「天子周城，諸侯軒城」者，《春秋説》文。』《説文》𩫏部亦云：『𩫏，古者城闕其南方謂之𩫏。』竊謂此蓋謂王宮之制。天子周城，故有臯門，諸侯外朝南無門，卽無垣墉，故曰闕其南方，然今據《顧命》，不用天子五門之說，說見後《宮圖》第二。則諸侯之宮亦同周城。何休等說未可爲據。

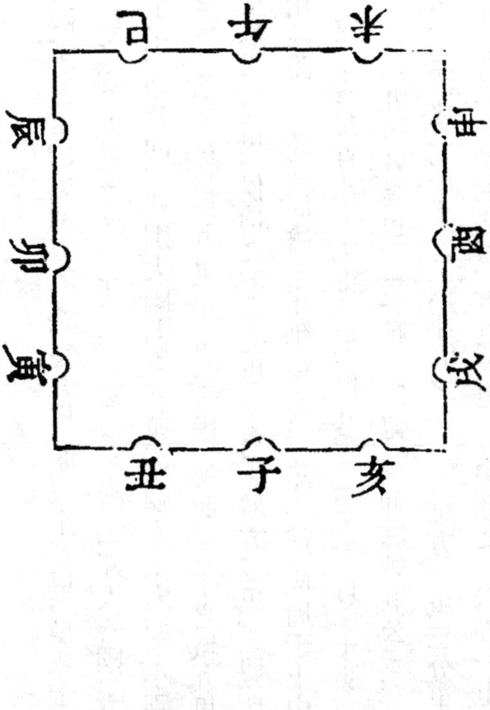

右城圖二

《考工記》云：『旁三門。』注云：『天子十二門，通十二子。』疏云：『子丑寅卯十二辰爲子。』諸侯城門之數未聞。《春秋傳》於魯著其六：雩門、莊公十年，稷門、莊公三十二年、定公五年。又謂之高門，見僖公二十年傳。鹿門、襄公二十三年。上東門、定公八年。爭門、吏門。並閔公元年〔一〕《公羊傳》。於齊著其四：雍門、揚門、東閭、並〔二〕襄公十八年。鹿門。昭公十年。於鄭著其七：皇門、宣公十二年，《公羊注》以爲鄭郭門。鄟门、師之梁、北門、倉門、並襄公十年〔三〕。舊北門。襄公三十年。於宋著其九：曹門、成公十八年。西門、襄公九年。澤門、襄公十七年，孟子謂之『垤澤之門』。蒙門、襄公二十七年。桑林門、揚門、盧門、並〔四〕昭公二十一年。南門、桐門。襄公

〔一〕『元年』，《春秋公羊傳》作『二年』。

〔二〕清經解續編本無『並』字。

〔三〕『十年』，《春秋左氏傳》作『九年』。清經解續編本無『並』字。

〔四〕清經解續編本無『並』字。

二十六年〔一〕。於衛著其五：閲門、昭公二十年。南門、東門、並〔二〕定公六年。西門、定公十年。北門。襄公二十六年。於邾著其一：魚門。僖公二十二年。於晉著其一：翼東門。成公十八年。於陳著其一：栗門。宣公十一年。

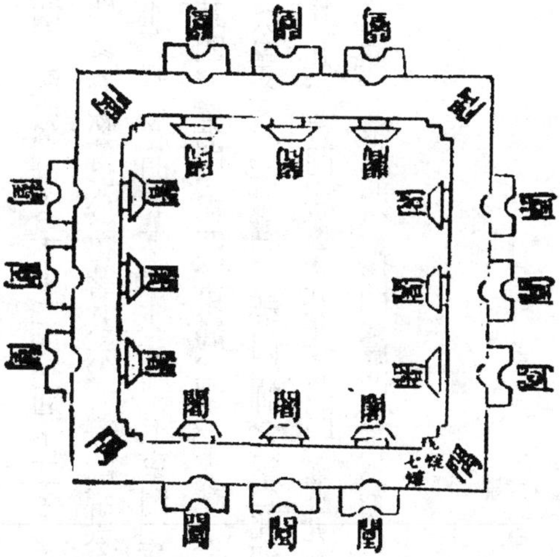

〔一〕『襄公』，《春秋左氏傳》作『哀公』。
〔二〕清經解續編本無『並』字。

右城圖三

闉，《毛詩傳》謂之『曲城』。鄭箋云：『國外曲城之中。』《説文》云：『城内重門。』言城内者，曲城之内也。曲城一門，正城一門，故曰『重門』。闍，《爾雅·釋宫》云：『闍，謂之臺。』《毛詩傳》云『城臺』。鄭氏注《禮器》云：『闍者，謂之臺。』是門上之臺，城上之臺，均曰『闍』也。城隅者，《考工記》云：『宫隅之制七雉，城隅之制九雉。』《異義》：『古《周禮》説云，天子城高七雉，隅高九雉；公之城高五雉，隅高七雉；侯伯之城高三雉，隅高五雉。』直稱『隅』，若曰城之隅也。隅卽『西南隅曰奥』之『隅』。鄭注《考工記》云：『宫隅、城隅，謂角浮思也。』『角』字下疑闕『上』字。『角』卽四隅之謂。『浮思』者，《廣雅》、《釋名》、《古今注》皆訓爲門外之屏。『角浮思』者，城之四角爲屏，以障城，高於城二丈，蓋城角隱僻，恐奸宄踰越，故加高耳。《詩·邶風·靜女篇》云：『俟我于城隅。』傳云：『城隅，以言高而不可踰。』箋云：『自防如城隅。』皆明白可證。疏者據漢時罘思灾，以城隅爲小樓，非也。《古今注》謂『罘思，合板爲之』，則屏自可灾也。説者又以《考工記》云『宫隅之制以爲諸侯之城制』，注引《禮器》『天子諸侯臺門』，因謂宫隅卽臺門，城隅卽城臺，不知鄭此注因自以天子諸侯宫隅門阿同制，故引一天子諸侯同制之證，非以臺門釋宫隅也。如以臺門釋宮隅，則上文之『宮隅城隅』，何不取《禮器》之『臺門』，《鄭風》之『闍』以爲釋？舍經典可據之訓，而訓以漢制，豈理也哉？且明曰角釋隅字也，擬以浮思明其高二丈，於城也，臺門、城臺俱在正面，何以言隅、臺與屏之狀相異，甚遠鄭注、《明堂位》疏。屏云浮思也，鄭之以浮思爲屏，固無差於《廣雅》、《釋名》、《古今注》也。屏不可以名臺，闍不聞其在角，夫人而知之矣。

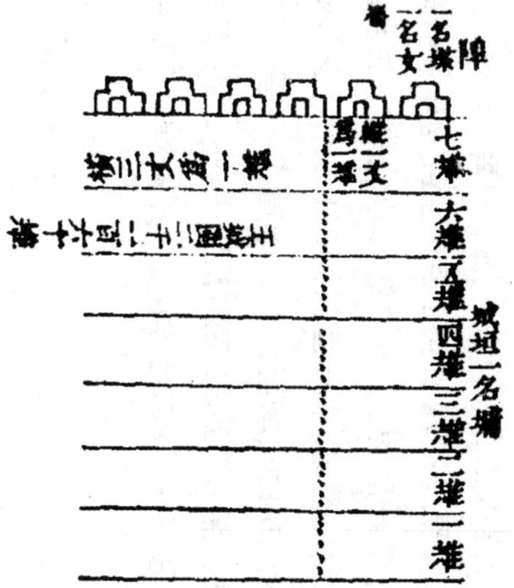

右城圖四

陴者，《左氏傳》云：『守陴皆哭。』《説文》云：『陴，城上女牆，俾倪也。』又云：『堞，女牆也。』《釋名》云：『城上垣曰睥睨。言於其孔中睥睨，非常也。亦曰陴。陴，裨也。言裨助城之高也。亦曰女牆，言卑小比之於城，若女子之於丈夫也。』墉，亦作『庸』，城垣之名。《皇矣篇》云『崇墉屹屹』，毛傳云：『墉，城也。』又《崧高篇》云『以作爾庸』，《王制注》云：『小城曰附庸』，是也。雉之説諸家不同。《左傳》疏引《異義》古《周禮》及《左氏》説云：『一丈爲板，板廣二尺，五板爲堵，一堵之牆長丈高丈。三堵爲雉，一雉之牆長三丈高一丈。』鄭氏注《考工記》云：『雉長三丈，高一丈。』此定數也。《詩・小雅》『百堵皆作』，傳云『一丈爲板，五板爲堵』，《正義》云：『五板爲堵，累五板也。板長[一]二尺。』然則毛公説板以長言，説堵以高言，與《周禮》、《左氏》説同。箋引《春秋傳》云：『五板爲堵，五堵爲雉。』雉長三丈，則板六尺。所引乃定公十二年《公羊傳》，其言『五堵爲雉』，與『三堵爲雉』之説不同。《詩正義》引王愆期注《公羊》云：『諸儒皆以爲雉長三丈，堵長一丈，疑五誤，當爲

〔一〕『長』，《毛詩正義》作『廣』。

三。』鄭云『則板六尺』者，蓋雉爲高一丈、廣三丈之定名。今曰五堵，則由一雉而五之，每堵得高一丈，廣六尺，又由一堵而五之，每板得高二尺，廣六尺。毛以一丈爲板，則三堵爲雉。鄭以六尺爲板，則五堵爲雉。説板有不同，而雉之數則一也。《左傳》疏云：『賈逵、馬融、鄭玄、王肅之徒爲古學者，皆云雉長三丈。』何休注《公羊傳》云：『八尺爲板，堵凡四十尺，雉二百尺。』《毛詩疏》以爲取《韓詩傳》。按《左傳疏》引《戴禮》及《韓詩説》云：『八尺爲板，五板爲堵，板廣二尺，積高五板爲一丈，五堵爲雉，雉長四丈。』此但板長八尺爲異。五板爲堵，仍累二尺而五，與毛、鄭同也。何休則以累八尺者五之，故以堵爲四丈，又累四丈者五之而爲雉，故雉長二十丈。百雉長二千丈，二千丈得十一里三分里之二，制且大於王城，非《公羊傳》義。《書傳》云：『雉長三丈，度高以高，度長以長。』其説近古，鄭所取也。《毛詩疏》引鄭《駁異義》云：『鄭伯之城方五里。』積千五百步，大都三國之一，則五百步也。五百步爲百雉，則知雉五步。五步於度長三丈，則雉長三丈也。雉之度量於是定可知也。據此，天子之城徑五百四十雉，周二千一百六十雉；公之城徑四百二十雉，周一千六百八十雉；侯伯之城徑三百雉，周一千二百雉；子男之城徑一百八十雉，周七百二十雉。每里爲雉六十，爲步三百，爲丈一百八十。若何休以百雉『二萬尺，凡周十一里三十三步二尺，爲公侯之制』。又引《禮》：『天子千雉，伯七十雉，子男五十雉。』如是則千雉爲二十萬尺，凡周一百十一里三十三步二尺，方徑得二十七里一百二十步五尺，城不應如是之大。子男五十雉，周五里一百六十六步三尺有奇，方徑一里一百十六步十五尺有奇，於地又太狹。何氏本《春秋說》，與鄭不合，存其異說可也。

板圖

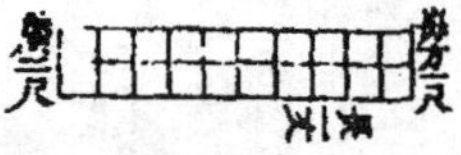

堵圖

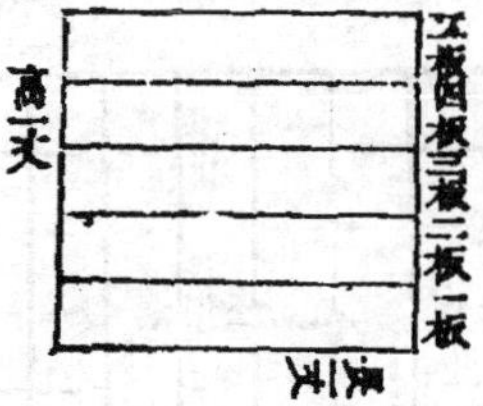

雉圖

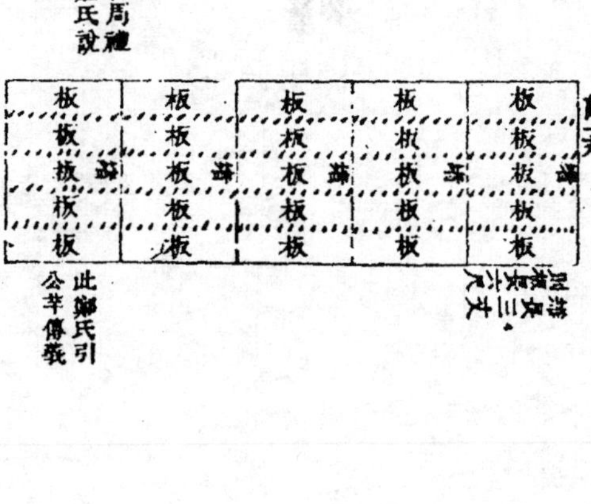

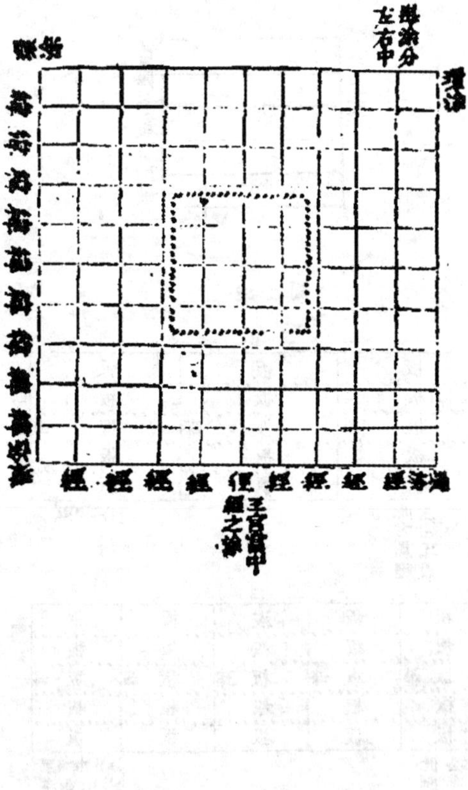
左右中
王宮當中

右城圖五

《考工記》云：『國中九經九緯，經涂九軌。』注云：『國中，城内也。經緯，謂涂也。經緯之涂，皆容方九軌。軌謂轍廣，乘〔一〕六尺六寸，旁加七寸，凡八尺，是謂轍廣。九軌積七十二尺，則此涂十二步也。』《記》又云：『經涂九軌，環涂七軌，野涂五軌。』注云：『廣狹之差也。杜子春云：「環涂，謂環城之道。」』云『容方九軌』者，容廣九軌也。每涂容方九軌者，累二百二十五，推城中爲方一里者八十一，每方一里中積九萬步，徑百步，積萬步。經緯各三千六百步，減中互五百四十四步，共得經緯積七千一百五十六步，餘八萬二千八百四十四步，就方一里言。一城之中，九經九緯，共積五十七萬九千六百三十六步，餘積六百七十一萬□，□三百六十四步。又環涂減五萬八千九百七十步，□四尺。環涂積三十六萬八千三百三十六尺，減互一萬四千五百一十五尺，得此數。餘六百六十五萬一千三百九十三步三分步之一，凡朝市苑囿學校皆奪涂之地，涂之於城，蓋不足十分之一也。疏云：『門有三涂，男子由右，女子由左，車從中央。』此所引《禮記・王制》文。彼注云：『道中三

〔一〕『乘』下，《周禮注疏》有『車』字。

涂，蓋謂一道之中，分而爲三。』疏以此三涂，卽『九經九緯』之三，而男女與車各行一涂也。若然，涂雖有九，道止有三，每涂九軌，則每道二十七軌，爲步三十有六，其度爲大廣，或三涂分爲三處，則三涂卽是三道，不得爲一道三涂。且每涂皆以軌度，斷非僅以中涂行車。若左右之涂止行男女，又何用此九軌之廣哉？經文曰『九經九緯』，又曰『經涂九軌』，其制甚明。《王制》所云道路與涂爲通稱，鄭氏所云一道三涂，猶云一涂中分爲三涂，一之爲三，以男、女、車而別，非真界畫爲三，如每門之三涂也。不可云一道三道，一涂三涂，故云一道三涂，此屬文之法。知涂與道爲通稱者，《地官・遂人職》云：『遂上有徑，溝上有畛，洫上有涂，澮上有道，川上有路。』注云：『徑容牛馬，畛容大車，涂容乘車一軌，道容二軌，路容三軌。』是涂爲容一軌之名。《夏官・司險職》云：『設國中〔一〕五溝五涂。』注云：『五涂，徑、畛、涂、道、路也。』是則徑、畛、道、路皆通爲涂矣。《考工記》云：『大川之上，必有涂焉。』《記》又云：『環涂以爲諸侯經涂，野涂以爲都經涂。』注云：『諸侯環涂五軌，其野涂及都環涂、野涂皆三軌。』在川上者爲路，廣三軌者亦爲路，今皆曰涂，則路亦通稱涂也。《爾雅・釋宮》云：『堂涂謂之陳。路，旅涂也。』郭注云：『涂卽道也。』《論語》『遇諸涂』，《集解》引孔曰：『涂，道也。於道路與相逢。』《孟子》『涂有餓莩』，趙注

〔一〕『中』，《周禮》作『之』。

云：『涂，道也。道路之旁有餓死者。』《漢書·禮樂志》云：『大朱涂廣。』師古注云：『涂，道路也。』或作涂、途，並非。此皆涂、道通稱之證，豈有合三涂而爲道之理哉？《左傳》隱十一年『及逵市』，〔一〕宣十二年『至于逵路』，杜氏並以『九軌』稱『逵』，疏稱李巡亦如此訓。乃『逵』爲『九達』之名，謂『九軌』，非也。《左氏》云『逵路』，《公羊》云『路衢』，當亦道路通稱，不必泥於『九達』矣。

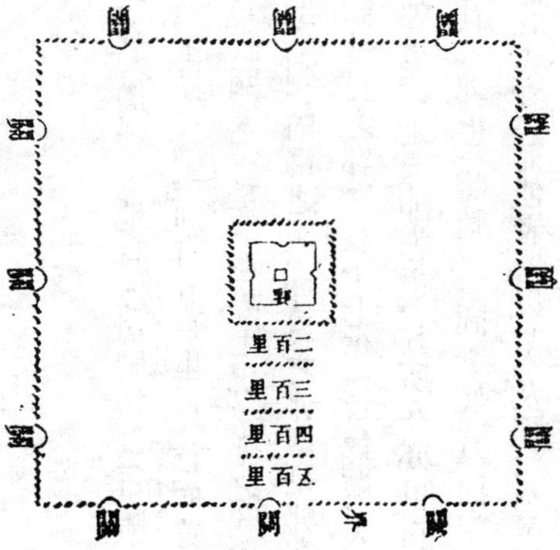

〔一〕『隱十一年』，《春秋左氏傳》作『莊二十八年』。

右城圖六

城之外有郭、有關。關者，《周禮・地官・司關》：『每關下士二人。』注云：『關，界上之門。』疏云：『王畿千里，王城在中，面有五百里，界首面置三關，則亦十二關。』按〔一〕《儀禮・聘禮》：『賓及竟，乃謁關人。』是關在界上也。郭之狀，先儒所未詳。以今考之，《管子・度地篇》云：『歸地之利，内爲之城，外爲之郭。』是郭在城之外也。故《春秋》僖二年『城楚丘』，十二年『城衛楚丘之郛』，哀十七年『晉伐衛，入其郛，將入城』，皆郭在城外之證。《説文》云：『郛，郭也。』是郛卽郭也，其所在亦可指矣。隱公五年，《傳》云：『鄭人伐宋，入其郛。公聞其入郛也，將救之，問于使者，曰：「師何及？」對曰：「未及國。」公怒，乃止。』按：公聞其入郛，而使者對以『未及國』，公以其紿己而怒，則當時謂郛内爲國也。《公羊》昭三十一年〔二〕傳云：『邑不言潰，此言潰何？郛之也。曷爲郛之？

〔一〕『按』，清經解續編本作『蓋』。
〔二〕『昭三十一年』，据下引文當為『昭二十九年』。

君存焉爾。』何休注云：『國曰潰，邑曰叛。昭公居之，故言國〔一〕。不言國之，言邦之者，公失國也。』亦國稱邦之證也。《齊語》『參其國而伍其鄙』，韋昭注云：『國，郊以內也。鄙，郊以外也。』《孟子》云：『請野九一而助，國中十一，使自賦。』《鄉大夫職》：『國中自七尺以及六十，野自六尺以及六十有五，皆征之。』注云：『國中，城郭中也。』國中對野言，與《孟子》同。《周禮》：『遂人，掌邦之野。』注云：『郊外曰野。此野爲甸、稍、縣、都。』準此，則近郊遠郊爲國中矣。《公羊》桓十一年傳云：『古者鄭國處於留，先鄭伯有善於鄶公者，通乎夫人，以取其國而遷鄭焉，而野留。』何休注云：『野，鄙也。』鄭氏注《大司徒》引此作『遷鄭焉，而鄙留』，是野卽鄙。《孟子》言『野』猶《管子》言『鄙』，言『國中』猶《管子》言『國』，以郊內言也。按經典，『國』有三解：其一大曰邦，小曰國，如『惟王建國，以佐王治邦國』是也；其一郊內曰國，《國語》、《孟子》所云是也；其一城中曰國，《小司徒》『稽國中及四郊都鄙之夫家』，《載師》『以廛里任國中之地』，《質人》『國中一旬，郊二旬，野三旬』，《鄉士》『掌國』是也。蓋合天下言之，則每一封爲一國；而就一國言之，則郊以內爲國，外爲野；就郊以內言之，則城內爲國，城外爲郊。猶之郊以外既統名爲野，如遂人掌野，直達于畿，鄭氏注謂此野爲『甸、稍、縣、都』。而《遺人》掌『郊里之委積』，『野鄙之委積』，『縣都之委積』，而野止六遂之名。又《質人》『野三旬，都三月』，又《縣士》『掌野』，《方士》『掌鄙家』〔二〕，蓋單舉之則相統，並舉之則各屬也。《尚書·

〔一〕『故言國』，何氏原注為『故從國言潰，明罪在公也』。

〔二〕『鄙』，《周禮》作『都』。

費誓・序》云『東郊不開』，疏云：『諸侯之制，於郊有門，恐其侵逼魯境，故東郊之門不開。』《孟子》『臣聞郊關之內』，趙岐注云：『齊四境之郊皆有關。』疏云：『蓋四郊之門也。』郊既稱國中，國又稱郛，則郊門卽郭門也。鄭氏注《月令》『九門』云：『路門也，應門也，雉門也，庫門也，皋門也，城門也，近郊門也，遠郊門也，關門也。』言郊門而不言郭門，則鄭固以郊門爲郭門，但謂郊門有二矣。《左氏莊公二十八年傳》云：『子元以車六百乘伐鄭，入於桔柣之門，衆車入自純門，及逵市縣門，不發楚言而出。』杜預注云：『桔柣，鄭遠郊之門也。純門，外郭門也。』此蓋以近郊門爲郭門也。竊謂郊之名分遠近，而郛處其中，謂之郊門，郊非另有門也。《管子・八觀篇》：『大城不可以不完，郭周不可以外通。』蓋郭周必依山川爲之，使其不可踰越，別無遠郊門也。然則入桔柣之門矣，又入純門，何二者皆郭門也？僖三十三年傳：楚伐鄭，『門於桔柣之門，瑕覆於周氏之汪』。周氏之汪，祭仲殺雍糾之地，鄭突載其尸而出，蓋城內之地，由桔柣至此，不聞經純門。襄十八年傳：楚子庚伐鄭，『門於純門，信於城下而還』，又不聞其往來於桔柣。哀二十七年傳云：晉圍鄭，『入南里，門於桔柣之門』，則南里在桔柣外也。襄二十六年傳云：楚伐鄭，『入南里，墮其城，涉於樂氏，門於師之梁。縣門發，獲九人焉，涉於氾而歸』。師之梁者，鄭之城門，襄元〔一〕年『荀偃、韓起門於師之梁』，三十年『盟國人於師之梁之外』，昭七年『公如楚，鄭伯勞於師之梁』，是也。入南里，涉樂氏，卽至城下，不由純門，並不由桔柣之門矣。蓋純門、桔柣之門，皆鄭南郭門，於楚爲近，故楚之伐鄭，或入純門，或入桔柣之門。子元欲蠱文夫人，以六百乘之盛伐鄭，已建旆，入桔柣之門，衆車入純門，並入二門，以示師衆，傳文甚明，杜預自不審也。鄭之郛依水而城，故涉樂氏，則至城下，郭非四面有垣如城然也。襄元年，『晉伐鄭，入其郛，敗其徒兵于洧上』。鄭城在洧之東，洧出陽城山，其西之郛，蓋依洧水爲之也。其餘郭之見於經文者，文十一〔二〕年，『獲長狄僑如，埋其首于子駒之門』；魯郭門。襄十八年，晉伐齊，『己亥，焚雍門，及西郭、南郭』，『壬寅，焚東郭、北郭』，『甲辰，東侵及濰，南及沂』。昭二十年，『公孟有事于蓋獲之門外』，衛郭門。齊氏殺公孟，『公聞亂，乘驅自閱門入，及公宮，載寶以出，過齊氏，齊氏射公，中南楚之背，公遂出，寅閉郭門，踰而從公』。哀六年，『陽生駕見南郭且于，出萊門而告之故』。魯郭門。『闞止知之，先待諸外。戒之，遂行』。十四年，司馬牛『卒於魯郭門之外，阬氏葬諸丘輿』。七年，『伐邾，及范門，邾郭門。猶聞鍾聲』。師遂入邾，處其公宮。凡此言郭、言

〔一〕『元』，《春秋左氏傳》作『九』。
〔二〕『十年』，《春秋左氏傳》作『十一年』。

郭門甚明，無所爲遠郊之門也。郊門爲郛，郛外爲鄙，故《春秋》之例，其曰『侵某鄙』、『伐某鄙』者，皆未入郭也。入郭則曰『入某郛』，入城則直曰『入』，不聞有入遠郊門之例也。且王畿、列國既以郊爲郛矣，而卿大夫采地亦有郛。《周禮・載師》：『以公邑之田任甸地，以家邑之田任稍地，以小都之田任縣地，以大都之田任畺地。』是公卿大夫之邑，王子弟所食邑，皆在郊外野鄙之中，其邑亦各爲郊鄙。襄二十六年，『衛人侵戚東鄙，晉戍茅氏』。是大夫采地有鄙也。襄十五年，『齊侯伐我北鄙，圍成』，於是『城成郛』。昭二十五年，『楚子使熊相禖郭巢，季然郭卷』。四年，『城西郛』。七年〔一〕，晉伐齊，『取犂，及轅，毁高唐之郭』。定八年，『公侵齊，攻廩丘之郛』。哀三年，『趙鞅圍朝歌』，『荀寅伐其郛』。此皆野鄙中采邑之郭也。知依山川爲之，非如城四面爲垣者，《周書・作雒解》云：『作大邑成周於土中，城方千六百二十丈，郛方七十二里。南繫於雒水，北因於郟山，以爲天下之大湊，制郊甸方六百里，國西土爲方千里。』『千六百二十丈』，方九里也。每里一百八十丈。『甸六百里，國西土方千里』者，王畿千里，但周合豫、雍二州，東西長，南北短，在豫者方六百里，在雍者方八百里也。八八六十四，六六三十六。『郛方七十二里』者，若依《司馬法》之説，百里爲郊，則郊方二百里，此七十二里者，未及其半。按服虔云『近郊三十里』，

〔一〕『七年』，《春秋左氏傳》作『十年』。

則遠郊六十里，方百二十里矣。兹既畫爲六百里，則以六百里計之，遠郊三十六里，方七十二里也。《古文尚書傳》云：『紂近郊三十里。』與服合，蓋有所本，或譏爲妄言，非也。班固、《白虎通》杜子春《周禮注》皆以《司馬法》爲據，鄭氏所不易者，蓋其説通也。《周禮・載師》：『以牧田任遠郊之地。』《爾雅・釋地》：『邑外謂之郊，郊外謂之牧，牧外謂之野。』是自郊至野，其中有牧。《尚書・牧誓》云：『王朝至于商郊牧野』。《説文》作『坶』，云：『朝歌南七十里地。』蓋郊百里，以三十里爲近郊，三十里爲遠郊，此方百二十里。周以郛，郛外四十里爲牧田，所謂牧也。《小雅・出車篇》云：『我出我車，于彼牧矣。』次章云：『我出我車，于彼郊矣。』郊與牧並言，則牧别於郊，牧之外乃爲野也。但分於郊謂之牧，統於遠郊亦謂之郊。故《司馬法》云：『百里爲郊。』《禮記・大傳》云：『牧之野，武王之大事也。既事而退，柴於上帝，祈於社，設奠於牧室。』注云：『牧室，牧野之室也。』古者郊關〔一〕皆有館焉，牧室而鄭以爲郊關之館，是牧統於郊也。謂五十里爲近郊者，推之者之未審也。鄭氏依其説者，《書序》云『命君陳分正東郊成周』，注云：『天子之國，近郊，半遠郊，去國五十里。東郊，周之近郊也，蓋五十里。案今河南洛陽相去則然。』循謂此以洛陽去王城五十里推之，《地道記》云：『去雒城四十里。』古度短，今度長，當有五十。故謂近郊五十里。乃以王畿

〔一〕『郊關』，清經解續編本作『關郊』。

考之，在外方、太華之間，相去近千里，王城在河南洛北澗東瀍西，其界上之關可考者，西去桃林之塞約五百餘里，文十三年，『晉使詹嘉守桃林之塞』，卽潼關也。自秦適周所由之路。西南至武關約七百餘里，在商縣。哀三年〔一〕，楚子云『將通於少習以聽命』，卽此。西北至函谷約三百餘里，東至虎牢約一百餘里。此東西爲長，若轘轅之在南，止五六十里，襄二十一年，欒盈犇楚，過周，王『使候出諸轘轅』。《元和郡縣志》載某氏注云：『緱氏縣，東南有轘轅關，道路險隘。』顧氏棟高云：『在今鞏縣西南七十里。』闕塞止五十里，昭二十六年，『晉使女寬守闕塞』，服虔云：『南山伊闕是也。』《土地名》云：『在洛陽西南五十里。』三涂山約二百里，《史記》所謂『南望三涂』，山名也。蓋周城南境之界也。其北則大河，相去不足三十里，若依每百里制之，南地既不足，而北必踰河，温、絺之邑，皆在郊內，其後以河內予晉，不將割郊內之地予之邪？《周書》于『郛方七十二里』之下，明云『南因洛，北繫陝』，孔晁於此下注云：『郛，郭也。繫，因皆連接也。』是固以陝、洛爲郛所依也。自陝至洛約三十里，《元和郡縣志》云：『洛水在洛陽縣南三里。』顧氏棟高云：『陝山在洛陽縣北十里，約城方九里，爲二十二里。』是也。蓋郛之形亦東西長、南北狹，地之西長於東，則郛亦必西長於東，短長相覆，爲七十二里。故成周在東郊之內，其地有五十里，非南北亦如是也。鄭氏《載師》注亦云：『地之形實不方平如圖，受田邑者，遠近不得盡如制。』襄十四

〔一〕『三』，《春秋左傳》作『四』。

年，蘧伯玉『從近關出』。二十六年，蘧伯玉『從近關出』，又大叔文子『從近關出』。注云：『欲速出竟。』疏云：『衛都不當竟中，其界有遠有近。』《王風譜》疏云：『《周禮》每言王畿千里者，制禮設法據方圓而言，其實地形不可如圖。』皆達論也。故曰依山川爲之，非如城四面爲垣也。惟關亦然。非必依界之所在而爲之，如伊闕，兩山之間，爲地險隘，故設關，謂之闕塞。塞，隔也，則關。鮑昭《樂府注》云：『洛陽四關，東成皋，南伊闕，西函谷，北孟津。』而塞外尚有前城、闕外諸邑。昭二十二年，『王敗績于前城』，服虔注云：『卽泉，戎地，在伊闕南。』定六年，鄭伐闕外，杜預注云：闕外，周邑。蓋卽伊闕外之邑也。成二年傳：戰于鞌，『三周華不注』，齊侯入齊關。十七年，高弱叛盧，慶克圍之，國佐殺克，『以穀叛，齊侯與之盟于徐關』。盧爲齊邑，在華不注西，是齊之關外，尚有盧、穀等邑。昭元年〔一〕，孟仲之子殺豎牛於塞關之外，此齊魯分界之關，關外卽齊。若襄十七年，齊『伐我北鄙，圍桃。高厚圍臧紇於防，師至陽關，迎〔二〕臧孫，至于旅松』。則桃與防皆在陽關之外也。哀十四年傳，豐丘人執子我，『殺諸郭關』。『郭關』猶言『郊關』，卽郊門也。

〔一〕『元』，《春秋左氏傳》作『五』。

〔二〕『迎』，《春秋左氏傳》作『逆』。

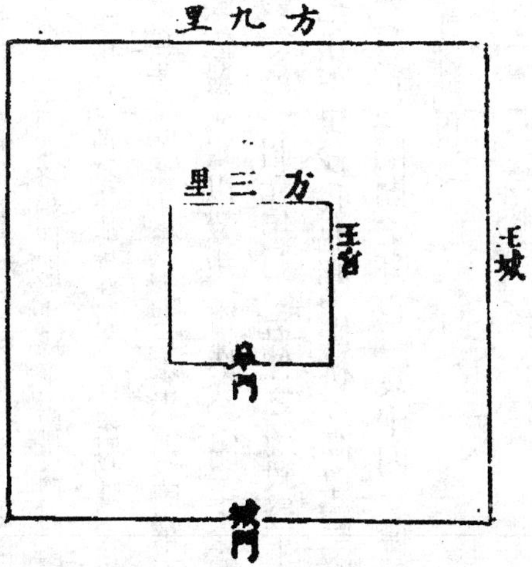
方九里
方三里
王宮
王城
宮門
城門

右城圖七

鄭氏《典命》注云：『公之城，蓋方九里，宮方九百步。』賈氏疏推得天子之宮千二百步。今據《匠人》『方九里』，擬爲宮方三里。即九百步。三里者，九分方九里之一也。皋門者，《大雅》：『廼立皋門，皋門有伉。』傳云：『王之郭門曰皋門。美大王作郭門以致皋門。』箋云：『諸侯之宮，外門曰皋門。』《正義》合而通之云：『郭門，宮之外郭之門，以應門不言宮，明與郭門皆爲宮門也。』以《明堂位》『庫門，天子皋門』言之，爲宮外門無疑。謂宮爲郭者，蓋宮門在朝門外，如郭門在城門外，故箋明之，非傳指城外之郭而箋易之也。《正義》又引襄十七年宋人稱『皋門之皙』，謂諸侯自有皋門。今杜預《左傳》作『澤門』，注云：『澤門，宋東城南門也。』《釋文》斥『澤門』作『皋門』爲誤，循謂『皋』、『澤』古音義通。《毛詩傳》訓『九皋』爲『澤』，《水經注》潁水『東南逕澤城北，即古城皋亭』。又《史記·天官書》『黃濞』，即黃澤是也。《左傳》『皋門』作『澤門』，亦猶是。但宋之澤門，即孟子所云『垤澤之門』、杜氏所云『東城南门』。《商丘縣志》云：『東南門曰垤澤門，即《孟子》魯君所呼門也。』《括地志》：『宋東城南門曰澤門。』偶與天子宮外門名同，非可證諸侯亦有皋門也。

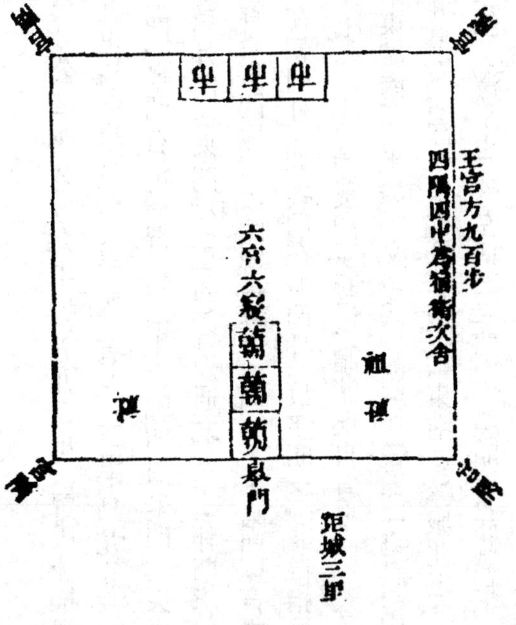
王宮方九百步
四隅四中各有衛次舍
六宮六寢
皋門
距城三里
市
市
市

右宫圖一

《考工記》云：『左祖右社，面朝後市。』注云：『王宫所居也，王宫當中經之涂。』祖、社、朝、市，統云『王宫所居』，則皆在宫中也。《記》又云：『市朝一夫。』注云：『方各百步。』考《聘禮》注，擯與賓相去，公七十步，侯五十步，大夫三十步。推此則天子之外朝自臯門至應門，天子亦三門。當有百步矣。《射禮》言：『大侯九十，參七十，干五十，設乏，各去其侯西十、北十。』賓射在路門之外，詳見《射人》疏。燕射在大寢之廷，於此張九十步之侯，則自應門至路門，自路門至路寢之階，各百步可見。是三朝各方一夫之地也。伏生《書大傳》云：『路寢之制，南北七雉，東西九雉。』七雉得三十五步，田曹云：『六尺爲步。』廷深三倍，《聘禮》注云：『中庭者，南北之中也。設碑，近如堂深。』《士昏禮》疏云：『碑在堂下，三分庭之一，在北。』當得百□，五步亦合也。《匠人》云：『内有九室，九嬪居之；外有九室，九卿朝焉。』注云：『内，路寢之裏也；外，路門之表也。』九室如今朝堂諸曹治事處。又《宫正》『以時比宫中之官府次舍之衆寡』，注云：『官府之在宫中者，若膳夫、玉府、内宰、内史之屬。次，諸吏直宿，若今部署諸廬者。舍，其所居寺。』又《宫伯》『授八次八舍之職事』，注云：『衛王宫者，必居四角四中，于徼候便也。次，謂宿衛所在。舍，休沐之處。』又《宫人》『掌王六寢之修』，《内宰》上春『詔王后帥六宫之人』，又『分其人民以居之』，注云：『人民，吏子弟。分之使衆者就寡，均宿衛。』宫伯所掌宿衛王宫，此衛后宫，詳見賈疏。又《校人職》云：『等馭夫之禄，宫中之稍食。』則廄在宫中也。《地官・囿人》『掌囿游之獸禁』，注云：『囿游，囿之離宫小苑觀處也。』《左氏襄公十四年傳》：『衛獻公戒孫文子、甯惠〔一〕食，皆服而朝。日旰不召，而射鴻于囿。二子從之。』是時二子應召至朝，久待不召，乃知公在囿，故往見，是囿在宫中也。《月令正義》云：『路門内雖是宫室所在，亦有林苑。』《司市職》云：『大市，日仄〔二〕而市，百族爲主；朝市，朝時而市，商賈爲主；夕市，夕時爲〔三〕市，販夫販婦爲主。』據此則市有三。《郊特牲》云：『朝市之于西方，失之矣。』注云：『朝市宜于市之東偏。』據此則大市居中，朝市居東，夕市居西。前有三朝，王立之；後有三市，后立之。三朝朝方一夫，三市市方一夫也。賈氏于『體國經野』疏亦云三朝三市。《内宰》：『佐后立市，設其次，置其叙，正其肆，陳其貨賄，出其度、量、淳、制，祭之以陰禮。』注云：『次，司次也。叙，介次也。祭之以陰禮者，市中之社，先后所立社也。』是則市在宫中，而司市、賈師等

〔一〕『甯惠』，《春秋左氏傳》作『甯惠子』。
〔二〕『仄』，《周禮》作『昃』。
〔三〕『為』，《周禮》作『而』。

次舍在市中也。凡此宮中所可指者。

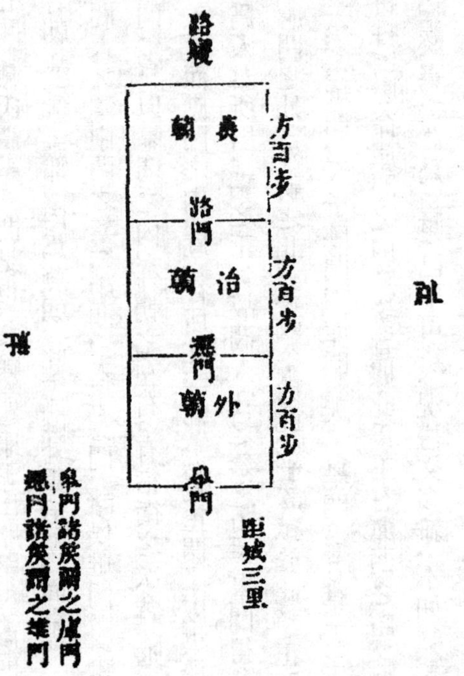

右宫圖二

先儒謂天子五門，戴氏震謂三門是也。《顧命》康王出路門，立應門内，諸侯入應門。則應門内路門外有朝無疑。應門内爲燕朝，此應門外爲治朝，而皋門内應門外爲外朝，亦無疑。《周禮・閽人》『掌中門之禁』，中門，天子應門，諸侯雉門。《爾雅》云：『正門謂之應門。』名曰『正門』者，以皋門之内，外朝之左右，有宿衛之次舍，通達之壼涂，官府之宫室，可通民庶出入。而應門之内，廟、社所在，至此方爲正門。以夾於皋、路之中，謂之中；以自此之内，爲人君所居，謂之正。故閽人守之禁之也。皋門得〔一〕通出入，應門不得通出入，兩闕在應門之外，外朝之北，縣政令於此，平訟獄於此。正門之内，豈容百姓至哉？《明堂位》云：『雉門，天子應門；庫門，天子皋門。』〔二〕是天子無庫、雉，諸侯無皋、應也。惟《郊特牲》『獻命庫門之内』，説者據此爲王有庫門之證。按注云：『庫或作廄。』當鄭時字已譌誤，爲『庫』爲『廄』已不可辨，況禮文多雜，不如《顧命》之可證也。又

〔一〕『得』，清經解續編本作『則』。
〔二〕『雉門，天子應門；庫門，天子皋門』，《禮記》作『庫門，天子皋門；雉門，天子應門』。

《月令》『九門磔禳』，鄭氏以路、應、雉、庫、皋，合城門、近郊門、遠郊門、關門爲九。按《王居明堂禮》『季春出疫於郊』，以此準之，止於郊，則於郭門、關門不磔禳矣。高誘注《吕氏春秋》云：『九門，三方九門也。嫌非王氣所在，故磔犬羊以禳。』又『餧獸之藥，毋出國門』，高誘注云：『一作九。天子城門十二，東方一行〔一〕，王氣所在處，尚生育，明餧兽之藥所不得出也。嫌餘三方九門得出，故特戒之。』考『季冬大難旁磔』，蓋季春止磔三方，至此四方之門皆磔也。若合通國之門，則城門、關門，已有二十四，不可云九矣。

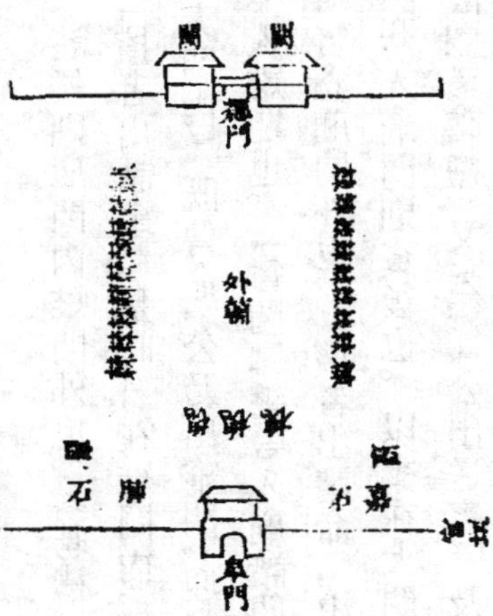

〔一〕「一行」，《吕氏春秋》作「三門」。

右宫圖三

皋門内應門外爲外朝，諸侯則庫門内雉門外也。《聘禮》：『賓皮弁聘，至于朝』，入庫門，天子皋門，至外朝也。『擯者出請事』，是時君在雉門内，故擯者出傳命。『出』者，出雉門也。『公皮弁，迎賓于大門内』，既傳命，公乃出雉門，迎賓于外朝也。『賓入門左』，賓入雉門也。『公揖入』，公入雉門也。『每門』，總言入廟諸門也。『及廟門，公揖入』，公入廟門也。『賓立接西塾』，賓立廟門外也。『擯者出請命』，出廟門也。『納賓，賓入門』，賓入廟門也。入雉門則賓先，入廟門則賓後也。以賓在大門内，故迎於大門之内，使在門外而迎於門内，豈禮也哉！《聘禮》又云：『公出送賓。及大門内，公問君，賓對。公問大夫，賓對。公勞賓，賓再拜稽首。賓出，公再拜，送，賓不顧。』《秋官・司儀職》云：『出，及中門之外，問君，客再拜，對。君問大夫，客對；君勞客，客再拜稽首。君答拜，客趨避。』二文互同。中門外即〔一〕大門内，外朝之地也。蓋送至此，仍用擯傳命，而賓出大門也。始之請命，在未迎之先，則公在雉門内。此既送之後，則公在雉門外，送至外朝，

〔一〕『即』，清經解續編本作『及』。

不送出大門也。若謂外朝在大門外，則此庫門内雉門外，不知更爲何地。而『問君』、『問大夫』、『勞賓』、『勞介』，皆于此行之。而始之承擯、紹擯竟閒立門外，先王之禮不如是之苟且疎率也。惟『問君』、『問大夫』、『勞賓』仍用三擯傳之，『賓不顧』之後，已無命可傳，孔子必復命于公，以見聖人之敬事。若于此不行擯禮，何以言復命？注者因謂君命上擯送賓，其説于經文無考，未足信也。且《記》云『大夫訝』，大夫未傳命之前訝賓，自館至外朝，皆非上擯不顧之後。《禮》云『賓請有事于大夫』，不曰上擯而曰大夫，則送賓自外朝至館者，明非上擯，仍訝賓之大夫也。《周禮》掌訝之職，『賓客至，逆賓于疆，爲前驅而入，及將幣，爲前驅。至于朝，詔其位，入復，及退，亦如之。及歸送，亦如之』。又云：『凡賓客，諸侯有卿訝，卿有大夫訝，大夫有士訝，士皆有訝。』以是推之，則送迎皆訝，無疑也。擯者傳命，訝者迎送，何可混哉！又按，皋門内即外朝，宫之左右，皆官府次舍，則外朝嘉石肺石之北，三槐之南，必有道可通於左右而達於後市，所謂壼也。朝，士凡得獲貨賄人民六畜者，委於朝，告於士，旬而舉之。《晉語》云『絳之富商韋藩木楗而過於朝』，蓋縣書之地，萬民可至其壼，則車馬可通行者也。

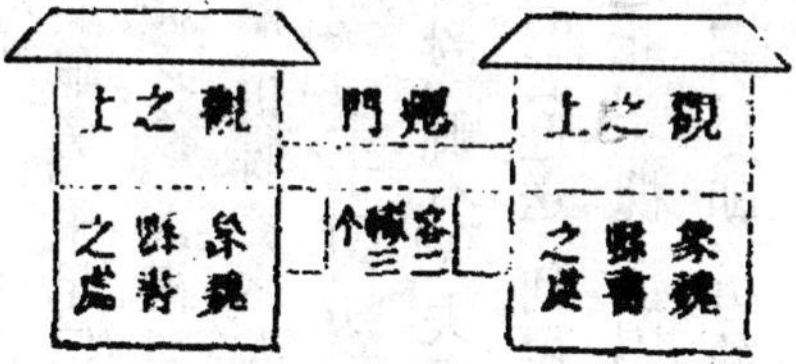
觀之上
觀之上
象魏縣書之處
象魏縣書之處

門臺
兩邊築土爲基

右宮圖四

《爾雅·釋宮》云：『觀之謂闕。』《説文》云：『闕，門觀也。』是觀也，闕也，一物也。《禮運》云：『昔者仲尼與于蜡賓，事畢，出遊于觀之上。』《月令》『可以居高明』，注云：『高明，樓觀之屬。』然則觀卽樓類可登者也。《舊唐書·禮儀志》載孔穎達云：『基上曰堂，樓上曰觀。』《春秋》定公二年，夏五月，『雉門及兩觀災』；『冬十月，新作雉門及兩觀』。此兩觀在雉門。天子則在應門之兩旁也。《公羊傳》載子家駒之言云：『設兩觀，乘大路，天子之禮也。』何休注云：『禮，天子諸侯臺門，天子外闕兩觀，諸侯內闕一觀。』《禮器》云：『天子諸侯臺門。』又云：『家不臺門。』注云：『闍者謂之臺。』《正義》云：『兩邊築闍爲基，基上起屋曰臺門。』《郊特牲》云：『臺門而旅樹，大夫之僭禮也。』《正義》亦云：『兩邊起土爲臺，臺上架屋曰臺門。』據此，則大夫不臺門，諸侯不兩觀。兩觀者，天子也。乃云『天子諸侯臺門』者，闕亦是臺上起屋，但列在兩旁，中央反卑，如闕然，故曰闕。《釋名》云：『闕在門兩旁，中央闕然爲道也。』《禮器》於『以高爲貴』而舉臺門。《詩》言『皋門有伉。』傳云：『伉，高貌。』是皋門爲臺門之制。《春秋》定公三年，《左傳》云：『邾子在門臺，臨廷。』廷卽指治朝。《韓詩外傳》云：『吾君有治事之臺。』是路門亦有臺。蓋天子皋、路爲臺門，應門爲兩觀，諸侯則三門皆臺門，大夫、士則門無臺也。夫闕與臺門止一與兩之分，兩曰闕門，一曰臺門。故何休以一觀兩觀言之。闕爲專名，臺、觀爲通名。魯之僭在於『兩』，不在於『觀』也。而或亦有通謂之闕者。《春秋穀梁傳》云：『禮，諸母昆弟不出闕門。』天子中門有闕謂之闕門，因亦通稱於諸侯之中門。《鄭風・子衿》之詩云：『佻兮達兮，在城闕兮。』『城闕』蓋卽城臺。稱城臺爲闕，猶稱夾室爲个也。《毛傳》謂『乘城而見闕』，乃鄭無兩觀，將所見爲何闕？或謂卽見臺門，而借名爲闕。則與其曲爲所見之門臺，何如直指所在之城臺？《正義》謂『城上别有高闕』，亦迂曲。惟借闕之名以名臺，故有稱兩觀爲雙闕者。其實惟『兩』斯名『闕』，不必繫闕以雙也。《易・象》『艮爲門闕』，虞氏云：『乾爲門，艮陽在外，故爲門闕。兩小山，闕之象也。』《元和郡縣志》云：『伊闕山在伊闕縣北，兩山相對，望之若闕，伊水流其間，故名山名。《易・象》傳之。』自古闕以兩得名，決矣。穎容以爲『上有所失，下得書之于闕，故謂之闕』，非取名之義也。《天官・冢宰》：『正月之吉，縣治象之法于象魏。』鄭司農云：『象魏，闕也。』哀公三年《左傳》云：『桓、僖災，季桓子御公立於象魏之外，命藏象魏，曰「舊章不可亡也」。』蓋以積土言之曰臺，其上可觀望曰觀，其外縣法象高魏魏然曰象魏，兩旁高中央闕曰闕。莊公二十一年《左傳》云『鄭伯享王於闕西辟』，服虔注云：『西辟，西偏也。』卽觀之在西者，蓋享於其上也。

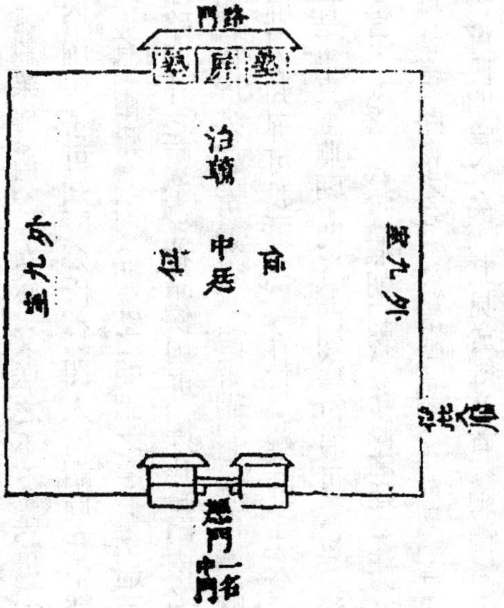
路門
塾
塾
治朝
中廷
外九室
外九室
應門一名中門

右宫圖五

陳氏《禮書》云：『《穀梁傳》曰：「女嫁，父送之不下堂，母不出祭門，諸母不出闕門。」諸侯之廟在闕門内，則天子可知。鄭氏釋《閽人》，謂廟在中門之外，其説無據。』據此則廟在中門内也。宁者，《爾雅》云：『門屏之間謂之宁。』李巡云：『正門内兩塾間爲宁。』應門内之兩塾，卽路門外之兩塾。若諸侯内屏，屏在路門内之兩塾間。天子宁在路門外屏内，諸侯宁在路門内屏外，無可疑者。說者謂：《燕禮》，『卿大夫皆入門右，北面東上』，路門内不見有屏，不知屏可設可去。《春官・樂師》注云：『登車於大寢西階之前，反降於阼階之前。』是車直至燕朝，門屏、門閾皆可設可去也。治朝無堂之說，始自萬氏斯大。考鄭氏注《夏官・太僕》云：『燕朝，朝於路寢之廷。』注《文王世子》云：『外朝，路寢門之外廷也。』於燕朝言『路寢之廷』，於治朝治朝亦謂外朝。言『路寢門之外』，則路寢門外卽廷，是無堂之說，鄭氏明言之矣。其見於經文者，《聘禮》：夕幣於朝，『管人布幕于寢門外』。《秋官・司士》：『正朝儀之位，王族、故士、虎士在路門之右，大僕、大右、大僕從者在路門之左。』《曾子問》：『諸侯旅見天子，雨霑服失容，則廢。』皆足爲無堂證也。惟《論語》之『過位』，無辯之者，包氏云『君之虚位』，邢昺以『門屏之間』疏之，是以『宁』混

『位』矣。《爾雅·釋宫》明辨之云：『門屏之間謂之宁，中廷之左右謂之位。』《説文》亦云：『位列中廷之左右，謂之位。』則位乃朝中賓有之地，爲群臣立處，不可混於宁也。《論語》所過卽此，由治朝、燕朝而升堂，皆行過此位，故曰『過位』。舍《爾雅》之訓，而以爲『虚位』，竊所未敢信。且『虚位』之説，包氏説也。下『復其位』注引孔安國云：『來時所過位』，經言『其位』，則非君位也。孔氏言『其位』卽『所過位』，則所過非君位也，據孔以駁包，可矣。

塾門闕之學

右宫圖六

門堂之制，《顧命》云：『先路在左塾之前，次路在右塾之前。』鄭氏注云：『先路在路門内之西北面，次路在門内之東北面。』《士冠禮》云：『筮與席所卦者，具饌于西塾。』注云：『西塾，門外西堂也。』又『擯者玄端負東塾』，注云：『東塾，門内東堂。』是東西内外皆有塾，無疑也。其制度，《考工記》云：『門堂三之二，室三之一。』注云：『門堂，門側之堂，取數於正堂。今堂如上制，則門堂南北九步二尺，東西十一步四尺，《爾雅》曰：「門側之堂謂之塾。」』又注『室三之一』云：『兩室與門，各居一分。』云『九步二尺』、『十一步四尺』者，以夏世室而言也。若殷重屋，則修三丈七尺有奇，廣二丈四尺也。周明堂則修七步、廣九步也。今依《書大傳》路寢之制言之，堂修七雉，則門堂修二十三步二尺；堂廣九雉，則門堂廣三十步也。《記》於世室、重屋、明堂，凡言『堂修』，皆合諸室而總計之。以此爲例，則所謂『三之二』者，合兩塾及中門之數也。使爲每間三之二，則得九十步。治朝廣百步，除去九十步，餘十步。碍於左右之九室，既非制度，若在廟門，何有九十步之廣耶？云『兩室與門各居一分』者，各廣十步也。明堂四堂一室，而《記》統謂之五室，以此爲例，則室即兩塾，即所謂『門側之堂』，非塾中另有室也。《士虞禮》云：『匕俎在西塾之西』，注云：『塾有西者，是室南向。』是稱塾爲室也。若謂三之一爲視正堂而言，則在世室者，當修四步四尺，廣五步五尺；在重屋者，當修一丈八尺有奇，廣二丈四尺；在明堂者，當修三步三尺，廣四步三尺；在路寢者，當修十一步四尺，廣十五步。或謂卽三之二中之三之一，則在世室者，修三步六寸有奇，廣三步五尺有奇；在重屋者，修一丈二尺三寸有奇，廣八尺；在明堂者，修二丈一尺，廣二丈七尺；在路寢者，修七步四尺，廣十步。其置均非所宜。則注所云與門各一分者，其説不可易也。以三十步之門堂，而兩室與門各居其一，則中亦十步也。《記》又云：『路門不容乘車之五个。』乘車廣六尺六寸，五个得三丈三尺，云『不容』者，視三丈三尺爲狹也。鄭注云：『兩門乃容之。』則此門半之，丈六尺五寸。循謂廟門容大扃七个，得二丈一尺；應門容二徹參个，得二丈四尺；路門爲人君視朝之地，宜廣于諸門，不應小至一丈六尺，視應門止三之二也。《白虎通》云：『所以必有塾何？欲以飾門。』蓋治朝無堂，不可不有以壯觀，故夾門爲堂。既夾門爲堂，則中央自不得不如左右之廣。既如左右之廣，則門自不得狹矣。十步得六丈，此三丈三尺，不足者得其半，餘其半，蓋左右棖外有壁，每側得丈四五尺也。在左曰路門之左，在右曰路門之右。《夏官·司士》『正朝儀之位，王族、故士、虎士在路門之右，大僕、大右、大僕之從者在路門之左』。《地官·師氏》『居虎門之左』，又《大僕》『建路鼓于大寢之門外』，《小宗伯》『縣衰冠之式于路門』。此闑外兩旁也。《顧命》『二人爵弁執惠立畢門之内』，此閾内兩旁也。亦謂之門東、門西。《士冠禮》『筮于廟門，主人卽位于門東，西面』，《士喪禮》『族長涖卜，及宗人吉服立于門西，東面南上』，是也。此地以東西言，爲兩塾之間；以南北言，爲門屏之間，所謂宁也。因細審屏之所在，《司士》之王族等既在門右，大僕等既在門左，其出視朝也，則云『王還揖門左、揖門右』。云『還揖』者，王族大僕輩在其後兩旁也，使君負屏而立，還則面屏，何以相揖？蓋自閾至壁端十一步四尺，得深七丈。屏設於其中，王族大僕等立於屏外之左右，君始蔽於屏内，既出視朝，《司士》注云：『詔王出，揖公卿大夫以下朝者。』揖於霤下，故王族等在其後，君立於屋内，臣立於廷間，非屏在廷，而君亦揖於廷也。亦非君立屏外，王族等立於屏内也。《覲禮》：『侯氏右肉袒于廟門之東，乃入門右』，『天子辭，侯氏再拜，稽首，自屏南適門西，遂入門左。』蓋自門東繞屏，南至門西而入，出入皆以閾言，非出門宇之外也。鄭氏注《郊特牲》引《禮緯》云：『天子外屏，諸侯内屏，大夫以簾，士以帷。』使屏在廷，將簾、帷亦在廷乎？《楚語》『屏攝之位』，韋注云：『屏，風也。』《論語》『邦君樹塞門』，《集解》引鄭云：『人君別内外於門，樹屏蔽之。』明曰『於門』，非在廷矣。其謂之塾者，《説文》作『埻』，云：『射臬也。』讀若準。近世講六書者，謂《説文》無『塾』字，止當作『孰』。江鄭堂云：『《後漢書・齊王縯傳》：「使長安中宮署及天下鄉亭皆畫伯升像於塾，旦起射之。」注云：「蕭該音義，亦作塾。」引《字林》云：「塾，門側堂也。」《東觀記》、《繼漢書》並作埻。』案：《説文》云：『埻，射臬也。』《廣雅》：『埻，的也。』埻音之允反。然則埻卽塾字，非無之也。又云：

『垜，堂塾也。』蓋塾爲築土成埒之名。《玉篇》云：『墪，射的。』《廣韻》云：『墪，射垜。』《周禮》或作「準」。『《集韻》云：『墪，射堋。』又云：『堋，射埒也。』《山海經》『墪于四海』，郭璞云：『墪，猶隄也。』路門車路所出入，不可爲階，兩塾築土高于中央，故謂之塾。《緇衣》之詩曰：『自堂徂基』，箋云：『使士升門堂，視壺濯及籩豆之屬，降往於基，告濯具。』凡四方而高者曰堂，兩塾高謂之堂中央，平地謂之基，往塾視之，至門間而告也。《學記》云：『古之教者，家有塾。』《正義》云：『《周禮》：百里之内，二十五家爲閭，同共一巷，巷首有門，門邊有塾，謂民在家之時，朝夕出入，恒就教於塾。』此塾在里門之左右，與在路門、廟門者同，故同名爲塾也。

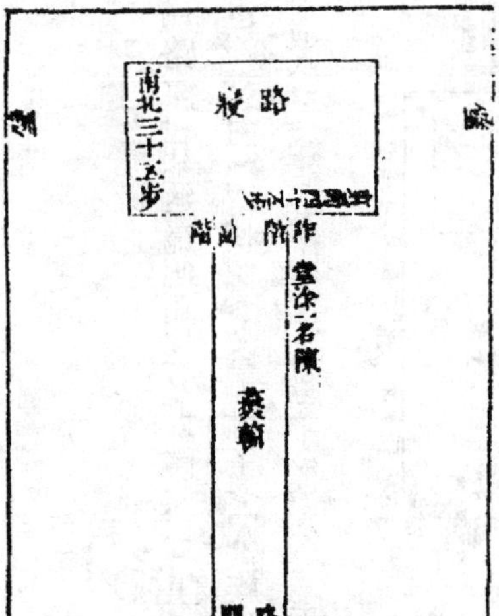

右宮圖七

凡朝皆廷也，其堂爲路寢，其廷爲燕朝。《大僕》：『王眡燕朝，則正位，掌擯相。』注云『朝于路寢之廷』，是也；又曰『內朝』，《文王世子》『公族朝于內朝』，注云『內朝，路寢廷』是也；又曰『寢廷』，成公六年《左氏傳》『獻子從，公立于寢廷』，注云『路寢之廷』是也。路寢詳見下。

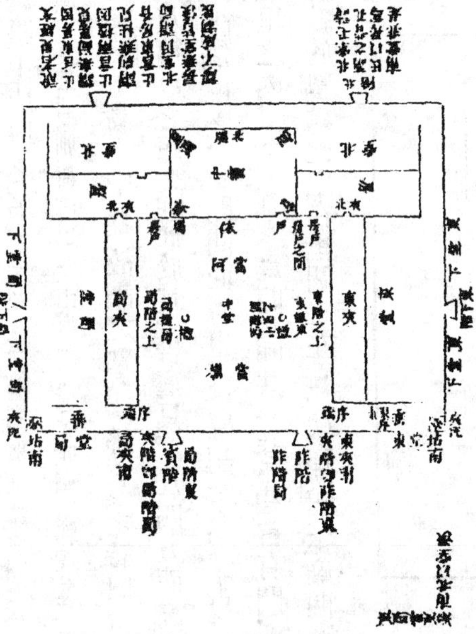

右宮圖八

此路寢也。以《顧命》考之，參諸《儀禮》燕、射諸制，其狀可見。《顧命》有『東房』、『西房』、『東堂』、『西堂』、『西夾南鄉』諸所説者。説夾在房南，堂在夾南，東堂東夾之東，西堂西夾之西，皆樹以牆。此本鄭氏爲説者。若楊信齊《儀禮圖》以夾室居屋之東西，黃元鎮《尚書通考》以阼階之上爲東堂，西階之上爲西堂。信齊蓋據《偽孔尚書傳》西房在西夾之東，故以西夾在西房之西也。《偽傳》又以東堂西堂爲東西箱之前堂。黃氏以楹內爲箱之前，故以是爲東堂、西堂也。明郝仲輿則謂夾室在廷之兩旁，與堂不屬。近世學者説之云：『《雜記》釁廟禮，刲羊，釁中廟畢，乃降而釁夾室。是夾室在廟旁，必降階而後釁之。』今考《雜記》本文云：『雍人舉羊升屋，中屋南面，刲羊，血流于前，乃降。』熊氏云『謂抗舉其羊升于屋』，而南面刲割其羊，使血流于前，雍人乃降。〔一〕』《雜記》又云：『門、夾室皆用雞。』《大戴記》諸侯釁廟禮文同。是降乃降屋，非降階也。凡此皆妄陋不足辨。乃反復思之，於義不合。東西側之有階，經文甚明。《雜記》諸侯夫人奔父母喪，『入自闈門，升自側階』。注云：『宮中之門曰闈門。側階，亦旁階也。』《奔喪》：禮，婦人『升自東階』。《顧命》『一人執鋭，立于側階』，注云：『側階，東下階也。』階必當堂而設，有東堂、西

〔一〕『熊氏云』至『乃降』為孔穎達的疏文。

堂，乃有東側階、西側階。亦猶有北堂，乃有北階也。《既夕禮》：『設棜于西〔一〕堂下，南順，齊于坫。』《特牲饋食禮》：『主婦眡饎爨〔二〕于西堂下。』《记》曰：『饎爨在西壁。』注引舊説云：『南北直屋梠。』西壁爲堂下西牆。《士冠禮》：『冠者降自西階，適東壁。』《鄉飲酒記》：『俎由東壁，自西階升。』南齊于坫，設于坫以北也。屋梠，卽屋檐。南檐之北，北檐之南，爲西堂下也。以經文例之，凡言堂下，皆指正堂之下。又有西階下、阼階下、西序下、東序下，皆以當階與序而得名。其當西壁，則曰西牆下。且詳悉其地，有曰室内北墉下，房中西墉下，未有不當其地而曰某某下者。經文明有東堂、西堂，又明有東堂下、西堂下，則其下爲西堂下者，其上必西堂也。《特牲饋食》又云：『几、席、兩敦在西堂。』又云：『盛兩敦，陳于西堂，藉用萑。』注云：『盛黍稷者，宗婦也。』蓋是時爨在西堂下，兩敦盛黍稷之器，宗婦爨，黍稷熟，則盛于西堂之兩敦也。鄭氏既以堂爲南鄉，而西堂下之名無以解説，因訓曰『堂之西下』。夫顯爲西堂之下，乃曰『堂之西下』，於經文爲不合矣。且鄭氏固曰夾之前爲堂也。《特牲饋食禮》注：『西堂，西夾室之前，近南耳。』《公食大夫禮》：『大夫立于東夾南，西面，北上。小臣，東堂下，南面，西上。宰，東夾北，西面，南上。』依鄭説，則夾南已是東

〔一〕『西』，《儀禮》作『東』。
〔二〕『爨饎』，《儀禮》作『饎爨』。

堂，大夫所立，宜曰東堂下，不得仍東夾，而有夾南之稱。經文於西堂下明曰『南順，齊于坫』，而南鄉之下明曰『夾南』，則其制可考矣。蓋東夾卽東堂之室，東堂東鄉而室在其西，西堂西鄉而室在其東。室面南位東鄉。夾室面東，西位南鄉。故《顧命》西夾之坐南鄉也。由是推之，東西堂之左右亦有牆。其北則房之南墉，其南當序端，曲而指於東西，其外爲東垂、西垂，堂下直夾室之牆，謂之夾南。自此稍中近于階，目可視堂上，當東楹之東，西楹之西，謂之阼階東、西階西。《顧命》二人夾階立，此地也。直序端則曰當東序、當西序，兩階之中曰階間，偏於西曰西階之東，偏於東曰阼階之西，當東垂、西垂之下，東夾南以東，西夾南以西，謂之堂東、堂西，猶曰東於堂、西於堂也。鄭氏注『東夾南』云：『取節於夾，明東於堂。』直坫下爲坫南，折而旁則謂之東堂下、西堂下矣。垂之上又曰宇西，階上序端之南曰序南，正堂近序之處曰東序、西序，亦曰序內。近房曰房外，少東則曰房户之東，少西則曰房户之間，東房與室户之間，直房內西墉也。再西謂之户東，越户謂之户西，正中曰户牖之間，牖以西曰牖西。堂基之廉曰阽，一立西堂下之坫西，一立東堂下之坫東，謂之夾阽。再折而北，當北階之北堂下。《大射儀》注云：『宮〔一〕人士、梓人、司宮，位在北堂下。』升階則至北堂，由北堂至房，出房户則至中堂兩楹之間。《大射儀》：『工人士與梓

〔一〕『宮』，《儀禮注疏》作『工』。

人升自北階，兩楹之閒。卒畫，自北階下。司宫埽所畫物，自北階下。』是由北階可至于堂也。《特牲饋食記》云：『尊兩壺于房中，西墉下，南上。内賓立于其北，東面，南〔一〕上。宗婦北堂東面，北上。』房與北堂明屬兩地，其中蓋有隔牆，以户相通也。房中直夾室北謂之夾北，此地亦宜有户相通。《内則》云：『天子之閣，左達五，右達五。諸侯〔二〕、伯于房中五。』注云：『達，夾室。』《正義》引崔氏云：『天子尊，庖廚遠。諸侯卑，庖廚宜稍近。』謂之達者，正以外達於東堂，内達於房。由房至中堂爲近，由夾室至中堂爲稍遠，故天子、諸侯以房、達爲等。《左氏昭公四年傳》『寘食〔三〕于个而退』，注云：『个，東西廂。』廂卽夾也。凡食皆薦自房，至房必由于个。豎牛不欲進食者及叔孫前，故方至个卽命置于此。故《特牲饋食記》云：『賓與長兄弟之薦自東房，其餘在東堂。』此衆賓兄弟薦自東堂者，亦由東堂至東房而薦也。《荀子・宥坐篇》云：『子貢觀于魯廟之北堂，出而問于孔子曰：「鄉也〔四〕賜觀于太廟之北堂，吾亦未輟，還復瞻被九蓋皆繼，被有説邪？匠過絶邪？」』『蓋』與『闔』古字通，卽門扇也。北堂有闔，卽北堂有户可知。所謂『九蓋』

〔一〕『南』，《儀禮》作『西』，武威簡作『南』。
〔二〕『諸侯』，《禮記》作『公侯』。
〔三〕『食』，《春秋左氏傳》作『饋』。
〔四〕『也』，《荀子》作『者』。

者，東西堂至東西夾各一，東西夾至東西房各一，東西房至東西北堂各一，東西房至中堂各一，正室至中堂一。荀子『九蓋』之一語，尤足爲此圖位置之證也。知西堂下非堂西者，《大射》之禮：『射器皆入。君之弓矢適東堂，賓之弓矢皆止于西堂下。』及射，『賓降，取弓矢于堂西』。『小射正取公之決、拾于東坫上。一小射正授弓、拂弓，皆以俟于東堂』。既射，大射正以公弓『授有司于東堂』。見注。賓降，釋弓于堂西，卿大夫皆卒射，小臣以公之矢『授矢人于東堂下』，見注。卒正以賓之矢『授矢人于西堂下』。西堂下爲南北直栢，無可疑者。《儀禮》之文精詳於一字之顛倒以繪其狀，既曰『堂西』，又曰『西堂下』，二地不同，明甚。曰『適于西堂下』、『授于西堂下』，而不言『堂西』；曰『取于堂西』、『釋于堂西』，而不言『西堂下』。其『適』與『授』，皆有司也；其『取』與『釋』，皆賓也。蓋賓之取也，有授之者也；賓之釋也，有受之者也。公之弓矢射正自東堂取之，直送於堂上；賓之矢則卒正取於西堂下，至堂西以授賓。文雖不具，可推而知也。若《鄉射》之禮，則『賓之弓倚于西序，衆弓倚于堂西，主人之弓矢倚于〔一〕東序東。』西序，堂上西牆也。東序東，東堂之南墉外也。西序，敖氏《集説》：『凖下文「東序東」，以爲序下脱一「西」字。』賓、主人、大夫之弓既倚於東序、西序，而下云：『賓、主人、大夫揖，皆由其階降，揖。主人堂東袒、

〔一〕『倚于』，《儀禮》作『在』。

序、決、遂，執弓，搢三挾一个。賓于堂西亦如之。』執之之地，必當倚之之地。于倚言西序、東序，于執言堂東、堂西。則自上言之，爲東序東、東序西；自下言之，爲堂東、堂西，且於執言堂東、堂西矣。而其下言釋弓則曰：『賓序西，主人序東，皆釋弓，説決、拾，襲。』其下言大夫釋弓矢，亦曰：『大夫遂適序西。』又『司射誘射適堂西』，注引今文作『適序西』。其或言堂或言序者，以人在堂東堂西則言堂，以弓矢在序東序西則言序，稱可相通，地實相邇，非東堂下、西堂下之所可混也。《士喪禮》：『主人降自西階，襲，绖于序東。』注云：『東夾前。』疏云：『鄉堂東，東西當序牆之東，又當東夾之前，非謂就堂上東夾前也。』是堂下亦通稱序東。坫者，《説文》曰：『屏也。』鄭氏曰：『堂角。』蓋堂上每角爲小屏，高於堂戺，如城隅、宫隅之設浮思也。《大射》『取決、拾于坫上』，則坫必卑於人。以圭坫、土坫例之，其狀可見。孔晁以爲外向室，謬矣。

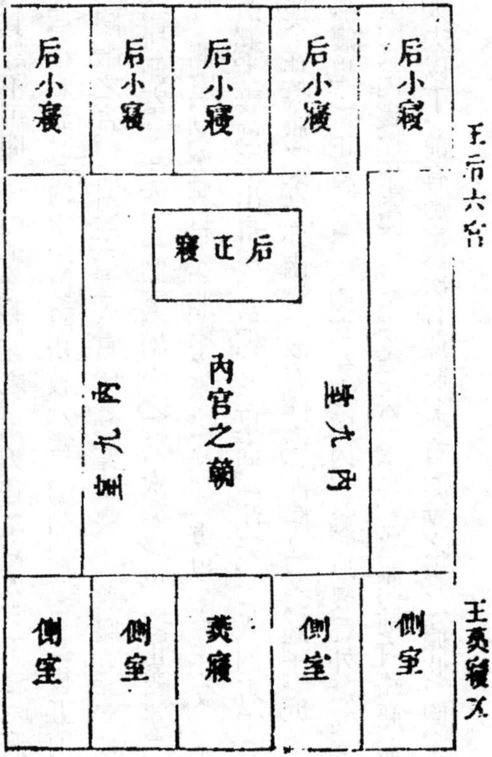

天官內宰註云婦宮九嬪一人世婦三人女御九人其餘九嬪三人世婦九人女御二十七人從后唯其所燕息焉）

右宫圖九

路寢之内，其詳不可聞，今以可考者言之。《天官》「宫人掌王之六寢之修」，注云：「六寢者，路寢一，小寢五。」《内宰》「以陰禮教六宫」，鄭司農云：「後五前一。」玄謂婦人稱寢曰宫。宫，隱蔽之言。后象王，立六宫居之，亦正寢一，燕寢五。〔一〕《内則》云：「妻將生子，及月辰，居側室。」注云：「側室，謂夾之室，次燕寢也。」《正義》云：「夫正寢之室在前，燕寢在後。側室，又次燕寢，在燕寢之旁。」又：「妻以子見于父。夫入門，升自阼階，立于阼階，西鄉。妻抱子出自房，當楣立，東面。」注云：「入門者，入側室之門也。」《正義》云：「側室在燕寢之旁，亦南鄉，故有阼階、西階。」又「適子、庶子見于外寢」，注云：「外寢，君燕寢也。」《正義》云：「側室在旁處内，故謂燕寢爲外。」又妾生子「三日〔二〕見于内寢」，注云：「内寢，適妻寢也。」《正義》云：「宫室之制，前有路寢，次有君燕寢，次夫人正寢。卿大夫以下，前有適室，次有燕寢，次有適妻之寢。」據此，側室即燕寢以其列

〔一〕按：從「鄭司農云」至「燕寢五」一段為焦氏引鄭玄注文。
〔二〕「日」，《禮記》作「月」。

妻妾當夕於旁，故得側名。蓋六宮者，后夫人、九嬪等所分居，燕寢之在中者，君之所居，妻妾當夕則就之，其在旁，一名側室者，生子及月辰所居。路寢者，聽政之所在。其后夫人治事之朝，曰內宮之朝。見成公十八年《左傳》。其君燕寢之廷曰少寢之廷。見哀公二十六年《左傳》。內宮即內寢也，少寢即小寢也。父所居，又有高寢。何休云：『天子諸侯皆有三寢：一曰高寢，二曰路寢，三曰小寢。父居高寢，子居路寢，夫人居小寢。』是也。子所居，又有南宮、北宮、東宮、西宮。《儀禮·喪服傳》所云是也。《內則》云：『由命士以上，父子皆異宮，昧爽而朝，日出而退。』而《文王世子》雞初鳴之朝，問於寢門外。《士昏禮》『夙興』『俟見』，注云：『待見於舅姑寢門之外。』則是子所居之宮，在寢門之外也。諸侯與夫人各正寢一、小寢二。夫人居中宮，在前；左媵居東宮，右媵居西宮，在後。《春秋》僖公二十年，『西宮災』，莊公十二年，《傳》云『遇大宰督於東宮之西』，襄公十年，《傳》云『晨攻執政於西宮之朝』，是也。九嬪，教女御之所，有九室。《考工記》云：『內有九室，九嬪居之。』以外九室在治朝推之，此或在內宮之朝左右也。他如公慕楚而作楚宮，衛君於北宮望昆吾之觀，此則常制之外另建者矣。《爾雅·釋宮》云：『室有東西箱曰廟，無東西箱有室曰寢。』以箱考之。《公食大夫禮》：『賓將食，公退于箱。』《覲禮記》：『凡〔一〕俟于東

〔一〕『凡』，《儀禮》作『几』。

箱。』《大戴記》：『君就東箱，西面；祝就西箱，東面。』皆言箱。堂上舍東西堂之外，別無所謂箱者。蓋統夾室及東堂謂之東箱，統夾室及西堂謂之西箱。實指其地，則必分之曰東夾、西夾、東堂、西堂，且辨之曰東堂下、西堂下、東夾南、東夾北。此不必實指其地，故渾曰箱也。無箱爲寢，則此六宫五寢，雖有楹、有楣、有房、有階、有室，而東西無堂與夾室也。廟後寢同此。有箱爲廟，則不獨宗廟可稱廟，故《顧命》云：『諸侯出廟門，俟。』《正義》云：『廟門謂路寢門。』是路寢有東西箱而得稱廟也。《月令》『青陽大廟』、『明堂大廟』、『總章大廟』、『玄堂大廟』，是明堂有東西箱而得稱廟也。《詩・小雅・斯干篇》『西南其户』，箋以爲燕寢之制，乃房室之户皆在南。何得有西？若謂東房之户在西，則西房及室户皆宜云在東，而不可言在南。據云西其户者，異於一房之室户，南其户者，宗廟、路寢制如明堂，每室四户，是室一南户耳。竊謂卽以大夫士爲一房，辨見第十圖。其户亦在西，非必兩房始西其户。然則何爲『西南其户』也？傳曰：『西鄉户，南鄉户。』不可易也。路寢制如明堂，《詩正義》云：『周公建國土中，以洛邑爲正都。其明堂廟寢，天子制度，皆在王城爲之。其鎬京則別都耳。先王宫室尚新，周公不復改作。及厲王之亂，宫室毁壞，宣王別更修造，自然依天子之法，不復如諸侯也。』其大室之西則西鄉户，大室之南則南鄉户也。不言東北者，文不具也。《詩》言『西南其户』，固不謂燕寢矣。

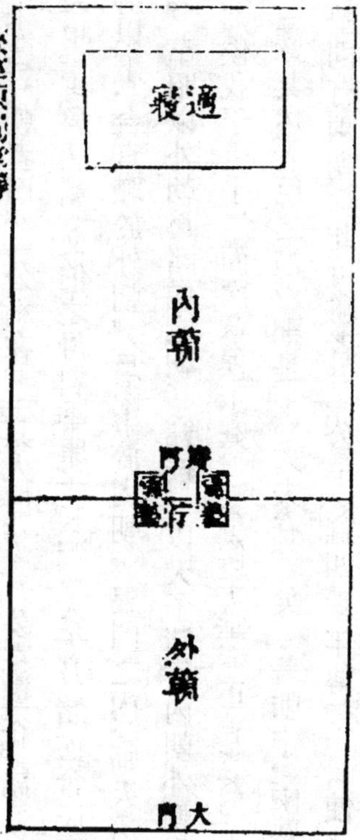

夾寢東西堂等與第八圖同

右宮圖十

天子三朝，諸侯亦三朝，其制同。陳氏《禮書》謂大夫二朝，嘗因其説而考之。《禮記・玉藻》云：『揖私朝，煇如也。』《春秋》襄公三十年《左傳》云：『伯有爲窟室，而夜飲酒，擊鍾，朝至，未已。朝者曰：「公焉在？」其人曰：「吾公在壑谷。」皆自朝布路而罷。』此大夫有朝之證也。《魯語》記文伯之母對季康子云：『天子及諸侯合民事於外朝，合神事於内朝；自卿以下，合官職於外朝，合家事於内朝。寢門之内，婦人治其業焉。』二朝之説，蓋據此也。韋昭以外朝爲諸侯之朝。竊按：以天子諸侯内朝外朝爲例，則二朝自屬大夫。《齊風》『俟我于著乎』，而次章俟于庭，三章俟于堂，《正義》云：『毛以首章爲士親迎。鄭以爲，三章共述人臣之禮。』則是士、大夫有著矣。著卽宁，兩塾之間也。有宁則有兩塾，有兩塾則有兩朝。此可驗者。《公羊》宣四〔一〕年傳云：『使諸大夫皆内朝。趙盾已朝而出，與諸大夫立于朝。有人荷畚，自閨而出者。』注云：『從内朝出立於外朝，見出閨者，知外朝在閨外，内朝在閨内。』是閨爲内朝達外朝之門。此傳又云：『勇士入

〔一〕『四』，按下引《春秋公羊傳》文作『六』。

其大門，則無人門焉者；入其閨，則無人閨焉者；上其堂，則無人焉；俯而闚其户，方食魚飧。』此由大門而閨，由閨而堂，而户，歷歷可指。大門之内，閨之外，非外朝而何？入閨乃云堂，則二門之内始有正寢，不得謂大門之内即正寢。正寢之外無私朝也。《士虞禮》：『及大門内，踊如初。』注云：『從尸不出大門者，由廟門外無事尸之禮也。』然則士大夫廟在大門内者，猶諸侯廟在雉門内，天子廟在應門内。天子、諸侯有皋門、庫門，故有三朝。大夫正門之外無門無朝，故二朝也。適寢一〔一〕名適室。《士喪禮》『死于適室』，《記》云『士處適寢』，是也。《喪大記》云：『君、夫人卒于路寢。大夫、世婦卒于適寢。内子未命，則死于下室。』準此，適寢當君之路寢，下室則大夫之燕寢也。適寢之制與路寢同，東西堂、東西階、兩序、兩楹、北堂、正室，見《儀禮》。叔孫家有个，是有夾室也。《鄉飲酒記》言『左房』，《特牲饋食禮》、《少牢饋食禮》言『東房』，必有右而乃曰左，必有西而乃曰東，以行禮不及西，故經文不言右房、西房，非大夫止有東房也。鄭氏謂『天子諸侯左右房』，大夫士東房西室，無右房。陳氏《禮書》駁之云：『諸侯路寢與士大夫之室皆東西房。《士喪禮》：「男子髻髮于房，婦人髽于室，在男子之西。」則諸侯之禮，婦人髽於房，爲西房矣。士亦有西房，而婦不於此髽者，尊卑之別然也。《鄉飲記》云：「薦出自左房。」《鄉射記》云：「出自東。」與《大射》諸侯擇士云：「宫宰胥薦脯

〔一〕「一」，清經解續編本作「亦」。

醢，由左房。」其言相類。蓋言左，以有右；言東，以有西。則大夫之房與天子諸侯同可知。』萬氏斯大云：『《鄉射禮》曰：「賓南面，衆賓之席繼而西。」鄭注《鄉飲酒禮》云：「賓席牖前，南面。衆賓席于賓席之西。」若謂大夫士無右房，則賓席牖前，賓逼西序，席西餘地無幾，何能容衆賓之席？陳用之云：「大夫士房室與天子諸侯同」，乃得其解矣。』《聘禮》：『君使卿皮弁，還玉于館。賓受圭，退負右房而立。』敖氏説云：『《記》曰「卿館于大夫」，而此云「負右房」，則大夫之家，亦有左右房明矣。』

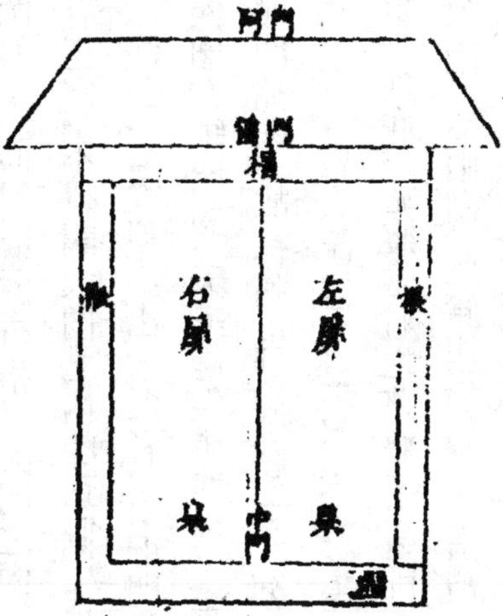

右門圖一

《考工記》：『王宮門阿之制五雉。』注云：『阿，棟也。』《燕禮》：『賓所執脯，以賜鐘人于門内霤，遂出。』門霤者，門之南北檐也。鄉北者爲内霤，棖、臬、楣、閾等，詳見下。

右門圖二

門曰闔、曰棖，户曰扉、曰樞。又用木曰闔，用竹、葦曰扇，散文則通，對言則別也。《爾雅·釋宫》云：『樞達北方謂之落時。落時謂之戺。』注云：『門持樞者，或達北檼以爲固。』北檼，蓋北房也。按明堂太室之東西户在正中，無所爲達北方。此達北方者，蓋夾室之户，向東西而近南，故持樞之木，達于北方也。

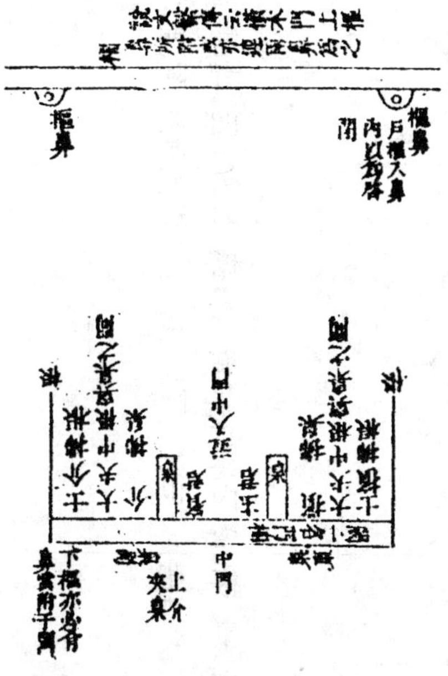

右門圖三

《爾雅・釋宮》云：『柣謂之閾，橜謂之闑。』《士冠禮》注云：『闑，橜也。閾，梱也。』二者迥別。蓋閾爲横木，東西合棖，門下樞所附也。闑則非門之所用。《康誥》『陳臬』爲法制之義。古止一門，必分三處，故以兩臬限之，中爲中門，東爲闑東，西爲闑西，此所以謂之門臬也。臬立而梱卧，儼然兩物。鄭氏注《曲禮》『梱』爲『門限』。《説文》訓『闑』爲『門梱』，訓『閾』爲『門榍』，與鄭異。鄭爲是也。賈氏云二闑，其説自當。孔穎達則以爲一闑，而以棖闑之間爲中門。按棖闑之間，大夫所行，卿則近闑，是近闑處尊於棖闑之間矣，謂棖闑之間爲中門，可乎？且賓不中門，大夫中棖闑之間，豈大夫轉中門邪？以偏爲中，斷無此理。且鄭氏云『君入必中門，上介夾闑』，言君與介夾臬之左右，若止一臬，是介與君並行矣。孔氏非也。『榍』，《爾雅》作『榍』。審《釋文》，知《爾雅》本作『榍』，與《説文》合。

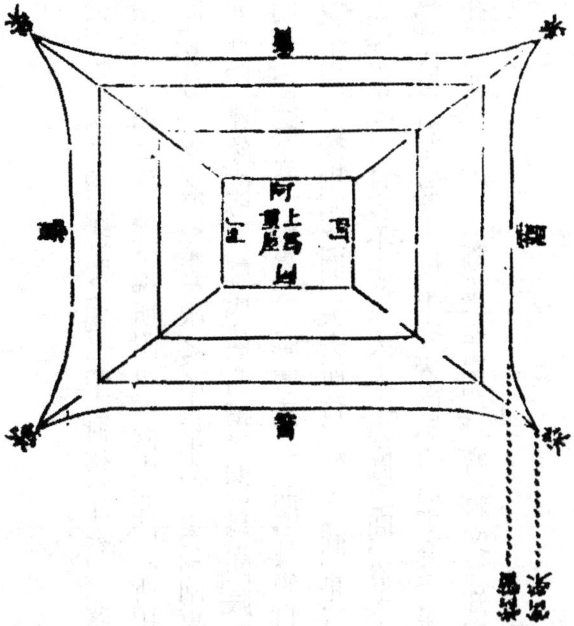

右屋圖一

宫與門之制既明，更考以屋。《考工記》云：『殷人重屋，四阿。』若今四注屋。《士冠禮》云：『設洗，直于東榮。』注云：『周制，自卿大夫以下，其室爲夏屋。』《鄉飲酒禮》云：『設洗，當東榮。』注云：『榮，屋翼。』《少牢》、《鄉射禮》、《特牲饋食記》皆同。惟《燕禮》云：『設洗篚于阼階東南，當東霤。』注云：『當東霤者，人君爲殿屋也。』鄭蓋以鄉射等皆大夫士之禮，而皆云『榮』；燕禮乃諸侯之禮，而獨云『霤』。因以二者爲有異，謂霤屬〔一〕四阿，榮爲夏屋。其解夏屋也，則曰：『今之門廡。』門廡者，《説文》云：『廡，堂下周屋。』則如今之廊房也。故疏者云：『殷人始有四阿，夏時兩下屋而已。』於是説者謂《儀禮》之『東榮』可以證大夫士之屋無四霤，而吾則謂有四榮必有四霤，有四霤始有四榮，正可據《儀禮》之『東榮』而決其非無四霤也。《説文》云：『榮，屋梠之兩頭起者。』梠卽檐，檐之兩頭起者，屋角卷起之謂也。借非四方皆有檐，何以有此？南檐至東而喬起，東檐至南而喬起，兩檐喬起之端會於東南隅，而謂之榮。其三隅之榮亦然。若惟南北有檐，東西

〔一〕『屬』，清經解續編本作『為』。

無檐，喬起之南檐，將何所附？　而謂有東榮無東霤，可乎？　屋之有榮，不獨士大夫矣。賈氏《鄉飲酒禮》疏引《斯干》之詩云：『「如鳥斯革，如翬斯飛」，與屋爲榮，故云榮也。』考是《詩》，傳云『革，翼也』，與鄭云『屋翼』正同。　則《詩》云『斯革』，正指榮言。　若然，是天子之屋有榮矣。　乃此尚非經之明文。《喪大記》云：『小臣復，復者朝服。　君以卷，夫人以屈狄，大夫以玄赬，世婦以襢衣，士以爵弁，士妻以稅衣，皆升自東榮，降自西北榮。』此冒君與夫人而曰皆於榮矣，且曰『西北榮』矣。　曰『皆』，則不獨大夫有之。　曰『西北』，則四方皆有檐可知，經文明白可證可據。司馬相如《上林賦》云：『偓佺之倫，暴於南榮。』榮既爲諸侯大夫所共有，諸侯四霤而有榮，自不得以有榮而斷大夫之不四霤也。　乃鄭氏以泥榮、霤之故，因曲解《喪大記》之『東榮』爲獨言卿大夫，竟使『君以卷，夫人以屈狄』二語文爲虚設。　而《説文》『兩頭起』之訓，竟不知爲何形。　學者舍經而從傳，置義而泥文，竊所不敢也。　然則自天子至於大夫士皆四阿矣，又非也。　鄭注《考工記》『門阿』云：『阿，棟也。』注《士昏禮》『當阿』云：『阿，棟也。　入室〔一〕深示親親。』又注《鄉射禮記》云：『正中曰棟，次曰楣，前曰庪。』彼《記》文云：『序則物當棟，堂則物當楣。』此『當棟』與《昏禮》『當阿』義同。　棟處極高，其象如阿，故曰阿。　阿之爲棟，斷非霤之所能奪。　阿既爲棟之定

〔一〕『室』，《儀禮正義》作『堂』。

名，則曰『四阿』者，四棟也，非四霤之謂也。四阿之屋有四霤，兩下之屋亦有四霤也。且以東霤爲四阿之制，是諸侯之屋四阿矣。《明堂位》言『複廟重檐』爲天子廟制，必有複屋始有四阿。說見下。諸侯不重屋，阿何有四？《左氏成公二年傳》云：『宋文公卒，始厚葬，椁有四阿。君子謂：「華元、樂舉，于是乎不臣。生則縱其惑，死又益其侈，是棄君于惡也。」』宋公爲諸侯用四阿，而《傳》譏之。椁之四阿不必重屋，以度小，上可爲尖頂。屋之四阿則[一]必重屋。故杜預注云：『皆王禮。』疏引《禮》云：『天子椁題湊，諸侯不題湊。不題湊則無四阿。』按《儀禮·既夕禮》既窆，『藏器于旁，加見。藏苞筲于旁。加折，卻之。加抗席，覆之。加抗木。實土三』。此士禮也。《喪大記》：『君松椁，大夫柏椁，士雜木椁。』注云：『椁，周棺者也。抗木之厚，蓋與椁方齊。天子五重，上公四重，諸侯三重，大夫再重，士一重。』《禮器》云：『禮有以多爲貴者。天子五重八翣，諸侯三重六翣，大夫再重四翣。』注云：『謂抗木與茵也。』皇氏云：『下棺之後，先加折於壙上，以承抗席。折，猶庋也。方鑿連木爲之，蓋如床，縮者三，橫者五。無簀，於上加抗木。杭木之上加抗席三，此爲一重。如是者五，則爲五重。』然則天子諸侯大夫士，其折木抗木同，惟重數異耳。抗木平列，無所謂四阿也。《檀弓》云：『柏椁以端，長六尺。』注云：『以端，題湊也。其方蓋一尺。』疏云：『椁材並皆從下壘至上，始爲題湊。湊，向也。言木之頭相向而作四阿也。』《檀弓》又云：『天子之殯也，菆涂龍輴以椁。加斧于椁上，畢涂屋。天子之禮也。』注云：『菆木

[一]「則」，清經解續編本作「不」。

以周龍輴，加椁而涂之。斧，黑白〔一〕文也。刺繡于篸幕，加椁以覆棺，已乃屋其上，盡涂之。」疏云：「先菆四面为椁，使上與棺齊，而上猶開也。以棺衣從椁上入覆于棺。斧覆既竟，又四注爲屋，四面盡涂之也。」然則殯宫之菆木，亦謂之椁。所云「柏椁以端」者，此椁指殯宫之菆木也。蓋殯宫之菆木與窆内之椁名同。殯宫椁上爲四阿形，窆内之椁上惟以〔二〕抗木重數多寡分貴賤，不爲四阿形也。《左傳》與棺並言，蓋謂殯宫之椁，故云「四阿」。疏者泥于上文「厚葬」二字，謂椁爲壙内之椁，與五重之説不通矣。然則四阿之制，不獨卿大夫無之，卽諸侯亦無之；四霤之制，不獨諸侯有之，卿大夫亦有之也。其於大夫言「榮」，諸侯言「霤」者，或以榮視霤稍遠，大夫之洗稍遠於諸侯，或爲文之相通，猶「霤西」亦言「宇西」，未可知也。竊又思之，殷始四阿，夏時爲兩下屋，固也。然經之言夏屋者，亦非夏時屋之謂。《詩・秦風・權輿篇》云：「于我乎！夏屋渠渠。」傳云：「夏，大也。」不解屋爲何物，則是謂屋宇之大者耳。崔駰《七依》言宫室之美引此《詩》，則《詩》之「夏屋」，不必别求解也。自鄭氏以門廡爲夏屋，既似門廡，不可言大；既爲卿大夫之屋，不可以屬秦君，故易傳爲「大具」。疏云：下文言飲食之事，不言屋宅，知爲「禮物大具」。按《爾雅》：「屋，具也。」乃幄字之省。《釋名》云：「幄，屋也。以帛衣被施之，形如屋也。」使如此説，亦無以見其合於飲食。蓋臣之見君皆於朝，惟燕食乃於寢，朝無屋，寢有屋也。秦君棄

〔一〕「黑白」，《禮記正義》作「白黑」。
〔二〕「以」，清經解續編本作「有」。

其舊臣，不與燕食，每日之見，止於治朝，不於寢屋。云『夏屋』，燕食之地也；『四簋』，燕食之物也。如是而屋之與食，正屬相通。若徒云『大具』，轉恐於飲食不合，而文尤不順也。《詩》之『夏屋』既爲屋宅，則《檀弓》『夏屋』亦言大屋，非夏代之屋，其文云：『見封之若堂者矣，見若坊者矣，見若覆夏屋者矣，見若斧者矣。從若斧者焉，馬鬣封之謂也。今一日而三斩板，而已封。』注謂堂言其『四方而高』，坊言其『旁殺上平而長』，夏屋旁卑而廣，斧『旁殺，刃上而長』。以是考之，蓋坊爲堂之半，屋爲堂之殺，斧爲坊之殺。斧之高與屋等，但下狹得其半，故上成刃形。屋下廣，故若卑。注『三板』云：『板，蓋廣二尺，長六尺。旁殺，蓋高四尺，其廣袤未聞也。』知四尺者，疏云：『以上合葬于防，崇四尺，今葬夫子不可過之，又板廣二尺，三板邪〔一〕殺，唯高四尺。其東西之廣，南北之斜〔二〕，則未聞也。』竊謂六尺之板，每板二尺，三板得六尺。四尺之高，以句股法計之，其半當得四尺三寸有奇，兩畔共八尺六寸有奇。卽以四尺爲夏屋，封之高而倍其下，廣得一丈七尺二寸有奇，高得其四分之一而不足，合古瓦屋之制。瓦屋比葺屋爲卑，葺屋比瓦屋爲小，圖見下。此封之制類於瓦屋，故云『若覆夏屋』也。夏屋以卑而大言，不以兩下言也。

〔一〕『邪』，《禮記正義》作『斜』。

〔二〕『斜』，《禮記正義》作『袤』。

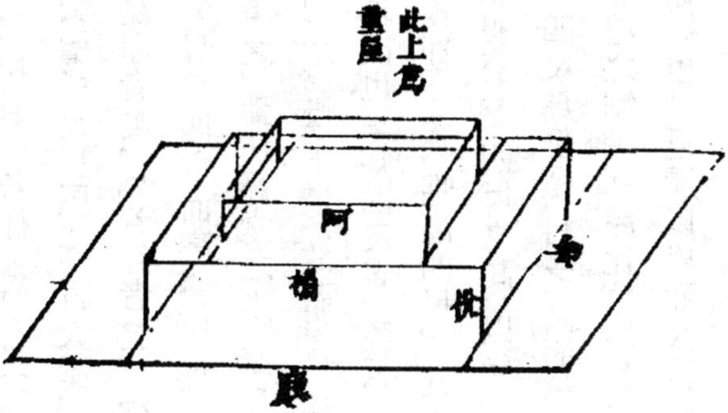
此上爲
重屋
阿
楣

右屋圖二

即第一圖立方形也，詳見前。

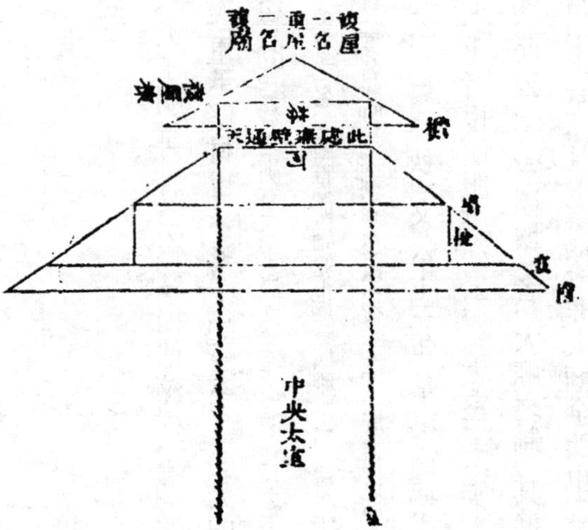

右屋圖三

《明堂位》云：『大廟，天子明堂。』又云：『山節藻棁，復廟重檐，天子之廟飾也。』注云：『復廟，重屋也。重檐，重承壁材也。』《考工記》云：『殷人四阿重屋。』注云：『四阿，若今四注〔一〕屋。重屋，複笮也。』笮之訓有二：《説文》云：『笮在瓦之下，棼上。』《釋名》云：『笮，迮也，編竹相連，迫迮也。』此爲屋上所覆者之名，《爾雅》所謂窕也。《廣雅》云：『窡謂之笮。』此爲欂櫨之名，所謂斗拱者也。鄭以笮解屋，當如《説文》、《釋名》所云。惠半農以『復笮』即《周書》之『復格』，爲芝栭之名。此則用《廣雅》説也。隋牛弘《明堂議》云：『《春秋》文公十三年「太室屋壞」，《五行志》云：「前堂曰太廟，中央曰大室，屋其上，重者也。」服虔亦云：「太室，太廟大室之上屋也。」』孔氏《左傳疏》云：『不直言大廟壞，而云「大室屋壞」者，大廟之制，其檐四阿，而下室當其中，又拔出爲重屋。此是大廟當中之室，其上屋壞，非太廟全壞也。』孔氏又言：『《左氏》先師賈、服等皆以爲太廟之室。』王肅注《洛誥》云：『太室，清廟中央之室。』馬云：『大室，廟中之夾室。』乃裸不在夾室，疑『夾』卽『大』字之譌。考《明堂位》言『大廟，天子明堂』，又云：『天子之廟

〔一〕『注』，《周禮注疏》作『柱』。

飾』，是天子廟中有大室，如明堂。惠氏《禮説》云：『清廟之制如明堂，中央曰大室，亦曰大寢。大室屋壞者，室上重屋，《明堂位》所謂「複廟重檐」，《洛誥》「王入太室祼」是也。』《説文》：『樓，重屋也。』按《爾雅》『陜而修曲曰樓』，則古之樓非重屋之謂。至《孟子》之上宫，趙氏以樓謂之，然未嘗以樓名也。岑樓爲山嶺之稱，亦非重屋。《説文》自解其時之名耳。又云：『層，重屋也。』則重屋泛言可見。因是推之，重於阿之上，不重於楣庋之上。故阿必用四，於四阿之上，更立以椴，椴上又累以阿。《説文》云：『棼，複屋棟也。』《周書》『重亢』，注云：『累棟也。』是四阿之上，又累以阿也。阿之四旁，又有檐與正屋之檐相重，故曰重檐。云『承壁材』者，壁乃牆垣名，檐不與壁接，今以『承壁材』解『檐』字，必有誤，當言『承桷材』也。皇氏云：『謂就外檐下壁，複安板檐，以辟風雨之灑壁。』説牽混，非鄭義。以蔡邕之説言之，明堂方百四十四尺，屋圜徑二百一十六尺，大廟明堂宜準馬宏引作『大室』。方六丈，通天屋徑九丈，皆得二十四分十六。通天屋卽複屋也。蓋四旁無壁爲通天也。説雖不可從，然足爲太室屋證矣。附其圖于左。

蔡氏通天屋圖

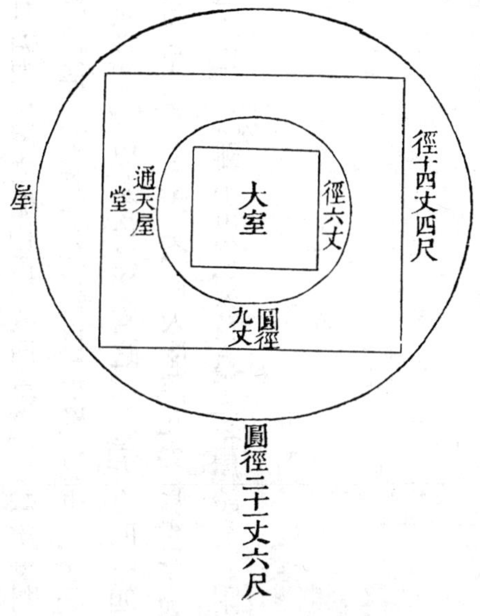

屋徑二十一丈六尺，堂徑十四丈四尺，相減屋餘七丈一尺。通天屋徑九丈，中央大室徑六丈，相減得屋餘三丈，皆得三分之一，是中央室與通天屋合也。通天屋去正屋檐每面三丈六尺。

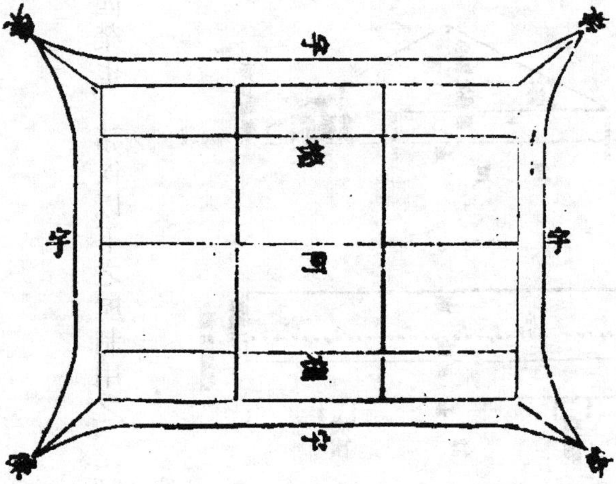
宇
宇
門
宇
宇

右屋圖四

此不四阿而有四霤、四榮也。諸侯以下之屋制用之。《顧命》「翼室」、天子燕寢皆如之。

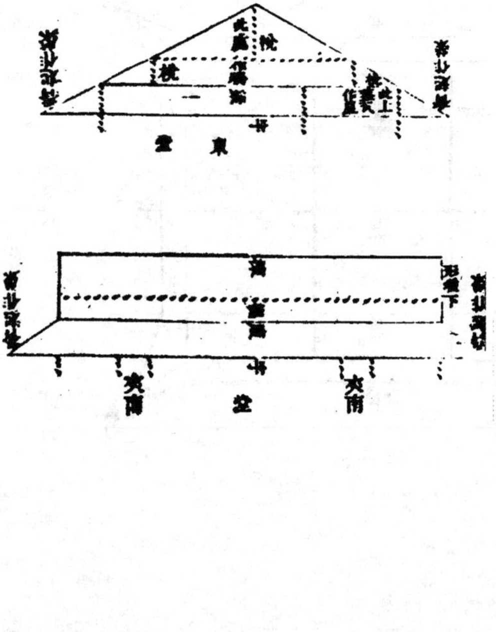

右屋圖五

此第四圖之旁面、正面也。自庪至宇，與四阿之屋同。楣以上南北爲屋，東西爲牆。牆下之屋，張於左右，有如翼然。鄭氏謂榮爲屋翼，或指此耳。

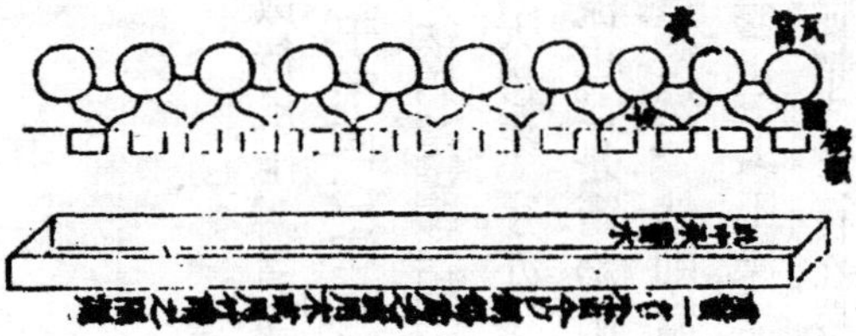

右屋圖六

《易・繫辭傳》云：「上棟下宇，以待風雨，蓋取諸大壯。」虞翻注云：「宇謂屋邊也。」《説文》：「宇，屋邊也。」《士喪禮》云：「置于宇西。」注云：「宇，梠也。」是宇又名梠。《爾雅》云：「檐謂之樀。」《説文》云：「齊謂之檐，楚謂之梠。」是宇、梠、檐、樀一也。大壯上震爲木，旁通巽爲長木，棟也。下乾爲天，天覆象，宇亦覆象，故《釋名》云：「宇，羽也，如鳥羽翼自覆蔽也。」霤，《説文》云：「屋水流也。」是霤爲雨流屋上之名，故從雨。《檀弓》「池視重霤」，重霤，施檐下以承霤水，如兩重霤然。然則檐邊流水之處，卽名爲霤。故《鄉飲酒記》「磬階間縮霤」，以磬之下垂者爲霤也。《玉藻》「足如履，齊頤霤」，以頤之下垂如霤也。《燕禮》賜鐘人於門閽下《説文》：「閽謂之樀。」以在門者，從門。爲「門内霤」，設洗於阼階東南當東檐爲「當東霤」。《孟子》「榱題數尺」，注云：「屋霤也。」亦以檐邊榱題之際爲霤。然則一地也，自榱言之爲榱題，自檐之下覆者言之爲宇，自雨下流之垂瓦言之爲霤也。《左氏襄公二十八年傳》云：「援廟桷，動于甍。」注云：「屋棟。」《説文》云：「甍，屋棟也。」杜所本也。竊謂甍從瓦，宜非木類。《釋名》云：「屋脊曰甍。」孔氏《左傳疏》亦取之。乃屋脊與棟居屋之正中，慶氏縱多力，亦何能援桷而使之動？惟《廣雅》云：「甂謂之甍』。䰝即霤也。蓋雨流處之瓦〔一〕之名與桷相近，故援桷而桷上之甍動。張衡《西京賦》云：『甍宇齊平。』甍與宇平，正即霤之一證，非棟與屋脊也。

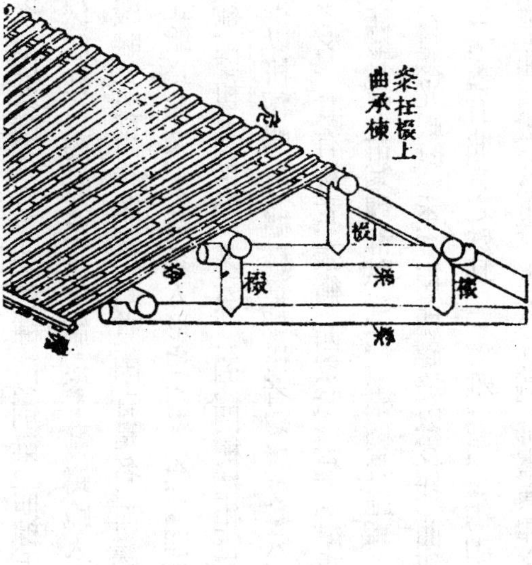

〔一〕清經解續編本無『之瓦』二字。

右屋圖七

《爾雅·釋屋》上諸名甚詳，云：『宗廇謂之梁，其上楹謂之棳。』梁之上有棳，則梁乃横於南北庪者之名，俗冒梁於棟，不惟《爾雅》另文《釋棟》以别梁，而棟上亦斷無有棳之理。棳卽棁，爲梁上短柱，一名侏儒柱。高誘云：『朱儒，梁上戴蹲跪人也。』蓋漢、魏間或刻棳爲侏儒人形，如《魯靈光殿賦》所稱『雅跽』相對者，因有是名，而漢儒注經，遂以當時之名明古之棳，其實古之棳止繪爲藻文，不雕刻人形也。又云：『閞謂之槉，栭謂之楶。』《説文》云：『榕，欂櫨也。栭，屋枅上標也。』又云：『閞，門欂櫨也。』據此，楶與閞一物，而閞爲在門者之名。郭璞則以枅釋閞，以櫨釋楶。其有辨者，張衡《西京賦》云：『結重欒以相承』，薛綜注云：『欒，柱上曲木，兩頭受櫨者。』左思《魏都賦》云：『欒櫨疊施。』孟陽注云：『欒、櫨一也。有曲直之殊耳。』王逸《魯靈光殿賦》云：『層櫨磥垝以岌峩，曲枅要紹而環句。』李善注云：『枅、櫨爲一，此重言之，蓋有曲直之殊耳。』《廣雅》云：『欂謂之枅，曲枅謂之欒。』《釋名》云：『欒，攣也，其體上曲，攣拳然也。盧在柱端，都盧負屋之重也。斗在欒兩頭，如斗也。斗負上圓穩也。』合考衆説，則枅卽欒，在柱上曲承櫨者，櫨卽斗，安枅上負棟者。斗亦謂之斗栱。《明堂位疏》云：『李巡云：「栭，今欂櫨也。則今之斗栱。」』《論語疏》云：『謂刻鏤柱頭爲斗栱，形如山也。』何晏《景福殿賦》云：『欒栱夭蟜而交結。』言欒與栱相連，其勢夭矯也。《逸周書·作雒解》注云：『復格累芝栭也。』《靈光殿賦》云『芝栭欑羅以戢舂』，張載注云：『芝栭山節，方小木爲之，斗梁棟之上也，各長三尺。』《一切經音義》引《三蒼》云：『柱上方木曰枅。』《太平御覽》引舍人云：『開，朱儒下小方木。』斗在欒上，實爲方木，節之爲櫨爲斗也，無疑矣。其又名芝栭者，其形層疊，若芝栭之叢生，斯所以名與。《考工記·梓人》『作其鱗之而』，注云：『頰，頷也。』戴氏補注云：『頰側上出者曰之，下垂者曰而。須鬣屬也。』此亦欑簇支張之狀。楶之稱芝栭，亦猶之而也。《說文》云：『欂，壁柱也。』高誘注《淮南子》云：『欂櫨，卽梁上短柱。』說異，未詳。其云『棟謂之桴，桷謂之榱，桷直而遂謂之閱，不受檐謂之交〔一〕』者，圜曰椽，方曰桷，長曰閱，短曰交也。又云『檐謂之樀』者，詳見前。

〔一〕『不受檐謂之交』者，《爾雅》作『直不受檐謂之交』。

重路爲屋重霤爲屋下之界

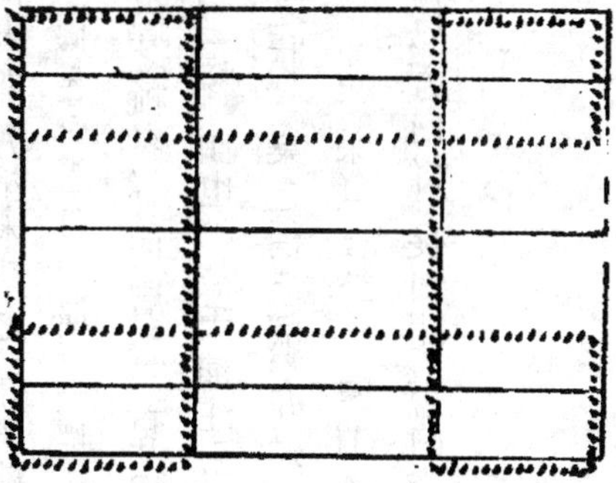

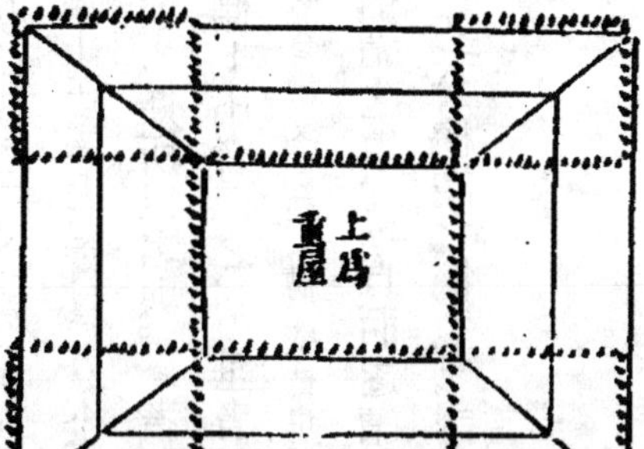

右屋圖八

此夏、殷之屋圖。夏五室四堂，每室以當楣棟爲中，則上下合也，但五行之位同，而東西之屋異，此勢必四阿重屋也。殷五室四堂同於夏，而四堂以當楣爲中，中室當複屋，四隅之室，以兩楣交處爲中，則上下合也。但四室之上，參差斜殺，此勢必界其邪處而爲八个也。詳見《明堂》諸篇。制以變而益精，周爲當矣。然九室之制，與一阿之屋合，而八个之制，則斷與一阿之屋不合。九室之制，與四阿之屋合，而翼室之制，則斷與四阿之屋不合。殷以九室之故而改四阿，周以四阿之故而改八个，舍屋而講堂室之制，無怪其説益巧而益室也。

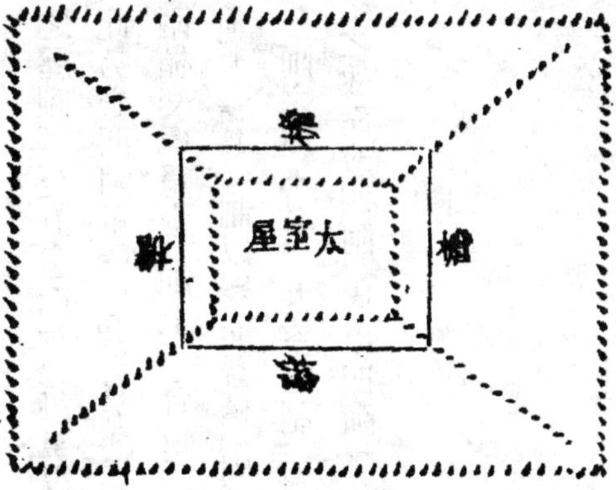
太室屋

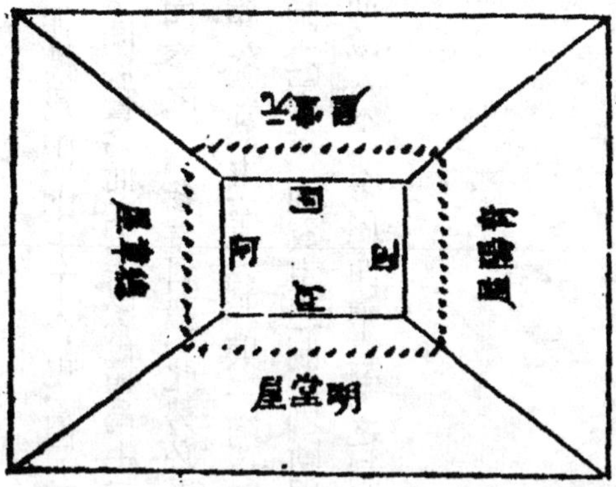
明堂屋

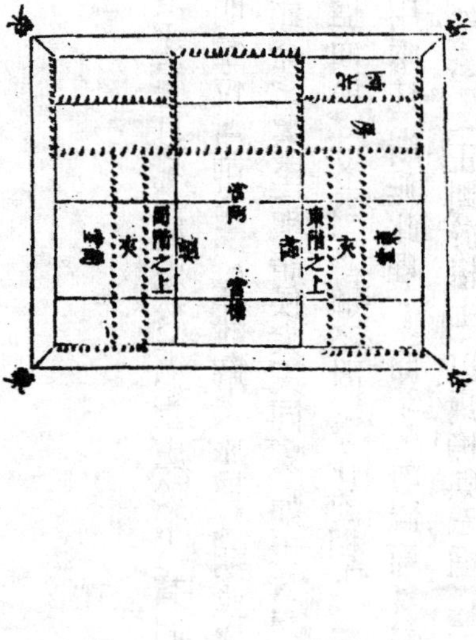

右屋圖九

周以四阿之屋易九室爲八个，其中央重屋，當下太室；東阿之屋，當下青陽；南阿之屋，當下明堂；西阿之屋，當下總章；北阿之屋，當下玄堂。明乎大室之屋，則四阿之屋定；明乎四阿之屋，而五室之制定。不知其堂，視其屋，焉可矣？餘詳下卷《明堂圖》。

右屋圖十

四阿重屋之制明，更以兩下之屋言之。屋處於上，堂處於下，其間相接者，惟牆與楹。楹之制，自來無詳之者。《明堂位》『刮楹』，《作雒解》『旅楹』，明堂之制也，言旅則多矣。个蓋以楹介之，其位置不可考。《顧命》『翼室』與諸侯大夫同，李如圭云：『古之築室，以垣墉爲基，而屋其上，惟堂上有兩楹而已。』又云：『楹之設，蓋在前楣下。』學者多宗之。竊謂非也，以廣二十餘丈之屋，止用兩柱，斷無此理。《商頌・殷武篇》云：『旅楹有閑，寢成孔安。』傳云：『寢，路寢也。』箋云：『正斲於椹上，以爲桷與衆楹。』云『衆楹』，非止有二矣。《禮經》多言『兩楹』者，《釋名》云：『楹，亭也。亭亭然孤立，旁無所依也。齊、魯讀若輕，輕，勝也，孤立獨處能勝任上重也。』然則無所依者謂之楹，堂屋之柱，多依墻壁而立，其無依者，惟堂上之兩楹，非兩楹之外别無柱也。至謂在楣之下，是尤不然。楣之下以梲著梁，高在梁之上，兩楹無高繫於楣之理。求之今屋，絶無此狀。試以經文言之，《鄉射記》云『序則物當棟，堂則物當楣』，其禮文云：『豫則鉤楹內，堂則由楹外。』是楣在楹南，棟在楹北，楹在楣與棟之間。故《公食大夫禮》云：『豆實，實于罋，陳于楹外；簋實，實于筐，陳于楹內、兩楹間。』曰楹外、曰楹內、曰兩楹間，明是三處。既云『楹內』，又云『兩楹間』者，自楹北至兩楹間，篚皆陳也。《大射儀》：梓人設物于兩楹之間，此大射當堂之正中，與序當棟、庠當楣不同也。《聘禮》：『公當楣拜〔一〕，賓三退，負序公側，襲受玉于中堂與東楹之間。』蓋君當楣東，賓立西楹西，君北進，賓東行，君進一，賓進二，故會於中堂之東，東楹之西。楹與中堂並其在楣棟之間，尤可見也。其注云：『中堂，南北之中也。入堂深，尊賓事也。』云『入堂深』，則視楣爲進，屋以棟爲中堂，以中堂爲中，中堂在棟楣南北之中，兩楹在中堂之東西，故云『中堂與東楹之間』也。兩楹之地既定，而楹之東西可考矣。《檀弓》云：『夏后氏殯于東階之上，則猶在阼也；殷人殯于兩楹之間，則與賓主夾之也；周人殯于西階之上，則猶賓之也。』兩楹之間爲中堂無疑。以此例東階之上、西階之上，則東階之上者，東楹東也；西階之上者，西楹西也。蓋自階至房户之前，通謂之階之上也。于何見之？《燕禮》：『小臣設公席于阼階上，西鄉。』云『阼階上』，猶云東階之上也。下又云『樂正由楹內、東楹之東告于公』，準此，則公之席在楹北，序之西，楹之東。而此地謂之阼階上，是知東階之上，乃由階至房户之名也。疏者泥于階字，謂殯于四尺五寸之地，而疑《考工》七筵之度，不知七筵自屬明堂，而殯宮不居檐下也。《尚書大傳》云：『天子之堂九雉，三分其廣，以二爲內，五分內，以一爲高。東房、西

〔一〕『拜』，《儀禮》作『再拜』。

房、北堂各三雉。』鄭氏注云：『内堂，東西序之内也。』鄭氏以東西堂卽夾室之前堂，故謂序内爲内。竊以伏氏之所謂内，宜合夾室及中堂而言也。東西堂向外，故爲外；夾室以内視東西堂，爲在内，故曰内也。其云東西房北堂各三雉者，統以九雉而三分之，故曰三雉，其實去階之一雉，東西房、北堂止各得二雉三分雉之二，使各三雉，則階無餘地，不然，則室止廣二雉，不應室轉視房爲狹也。

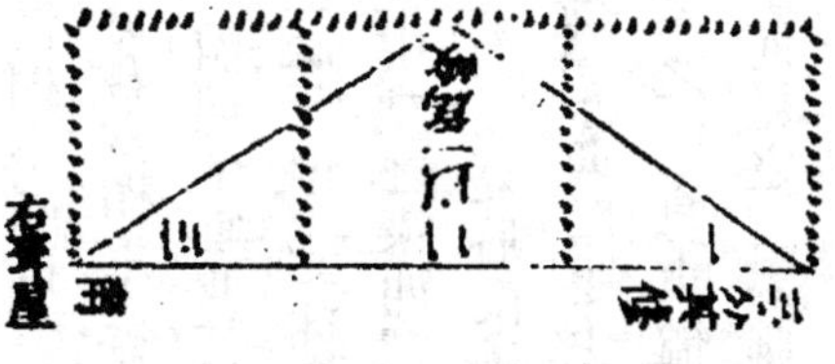

右屋圖十一

《考工記》云：『葺屋三分，瓦屋四分。』注云：『各分其修，以其一爲峻。』疏云：『葺屋謂草屋。草屋宜峻於瓦屋。修謂東西爲屋，則三分南北之間尺數，取一以爲峻。假令南北丈二尺，草屋三分取四尺爲峻，瓦屋四分取三尺爲峻也。』按：以屋爲三角形，下平度，修丈二尺，中分之爲兩句股，則每句六尺，股四尺，弦七尺二寸，餘一六。爲葺屋；句六尺，股三尺，弦六尺七寸，餘一二。爲瓦屋也。《記》又云：『囷、窌、倉、城，逆牆六分。堂涂十有二分，竇其崇三尺，牆厚三尺，崇三之。』逆牆、堂涂不易明，附圖於左。

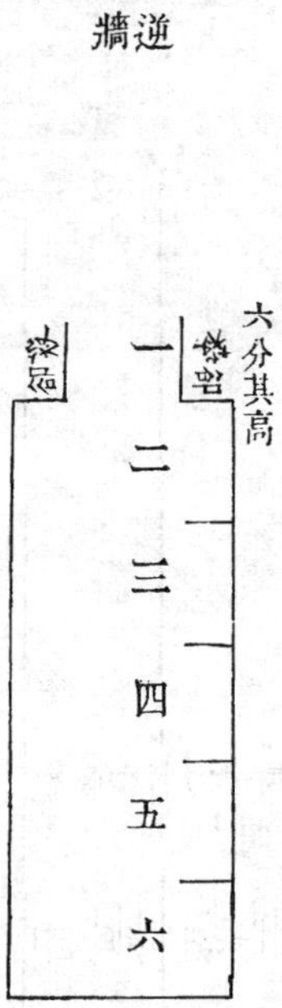

注云：『逆，猶卻也。六分其高，卻一分以爲閷』。疏云：『假令高丈二尺，下厚四尺，則於上去二尺爲閷，上惟二尺。』知丈二尺則厚四尺者，以記文墻厚三尺，崇三之準之也。高得六分九尺之一，則厚得三尺之半，爲逆墻之度。

堂涂

注云：『謂階前，若今令甓裓也。分其督旁之修，以一分爲峻也。』疏云：『令甓，今之磚也。裓，磚道也。名中央爲督，所以督率兩旁。修謂兩旁上下之尺數，假令兩旁上下尺二寸，則取一寸於中央爲峻。峻者，取水兩向流去故也。』按上下者，自中至邊之謂，兩旁𦇱，故中央峻也。

窌逆牆圖

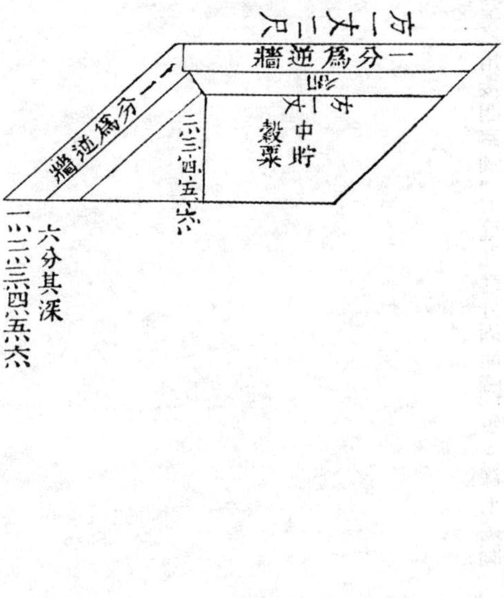

注云：囷，圜倉，穿地曰窌。疏云：窌，人地口宜寬，則牢固。按《説文》窌，窖也。《月令》注云：方曰窖。蓋掘地作方形丙，四面亦爲墻，設深六尺，則口上一分縮卻一尺，故寬於下，計之若方一丈其口上高一尺之處，則方一丈二尺也。《月令》仲秋穿竇窌，修囷倉。高誘云：圜曰囷，方曰倉。蓋於屋之中建墻，或方或圜，以貯穀。其上不接屋，爲逆墻也。廩爲屋室之名，倉、囷、窌則廩中貯粟者之名。

群經宮室圖下

社稷圖一
社稷圖二
宗廟圖一
宗廟圖二
宗廟圖三
明堂圖一
明堂圖二
明堂圖三
明堂圖四
明堂圖五
明堂圖六　附九室三三相重圖、四室之角接四室圖、七筵九筵分兩面圖、每堂深七筵圖

明堂圖七
壇圖
學圖一
學圖二
學圖三
學圖四　附鄉飲酒敷席圖
學圖五
叙
凡十九篇，附圖五。

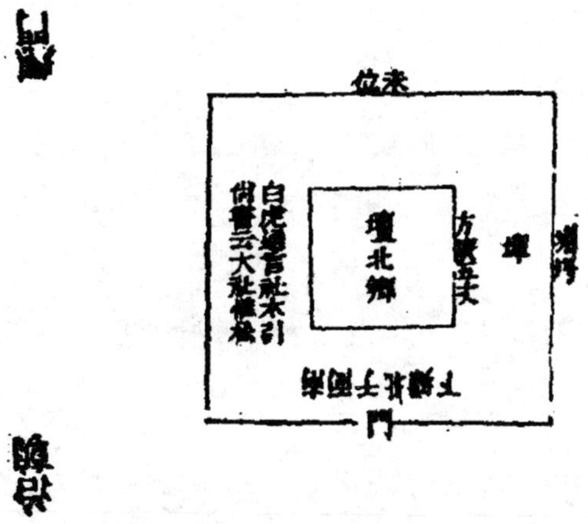

右社稷圖一

此大社也。《白虎通》引《春秋文義》云：『天子之社稷廣五丈，諸侯半之。』蔡氏《獨斷》云：『天子社稷土壇方廣五丈，諸侯半之。社稷二神同功〔一〕，故同堂别壇，俱在未位。』未位者，《小宗伯》：『掌建國之神位，右社稷左宗廟。』門正午，社壇在右，是爲未位。《乾鑿度》謂：『坤貞於六月，未，右行，陰時。』《郊特牲》謂：『社祭土而主陰氣。』土與陰並坤象，故位於未，此社稷居右之義也。《周禮·大司徒》：『設其社稷之壝而樹之田主，各以其野之所宜木，遂以名其社與其野。』注云：『壝，壇與埒也。』疏云：『謂於中門之外右邊設大社、大稷、王社、王稷，又於廟門之屏設勝國之社稷，其社稷外皆有壝埒於四面也。』《周書·作雒解》云：『乃建大社於國中，其壝東青土，南赤土，西白土，北驪土，中央疊以黄土。將建諸侯，鑿取其方一面之土，燾以黄土，苴以白茅，以爲土封。』按《尚書·金縢篇》云『爲三壇同墠』，馬氏注云：『壇，土堂。』《祭法》云：『去壇爲墠。』注云：『除地曰墠，封土曰壇。』《鄭風·東門之墠》傳云：『墠，除地町町者。』《正義》云：『遍檢諸本，字皆作

〔一〕『同功』，蔡邕《獨斷》作『功同』。

「壇」，壇、墠字異，而作此「壇」字，讀音曰墠，蓋古字得通用也。』《左傳》襄公二十八年，『子産相鄭伯如楚，舍不爲壇』。《正義》云：『服虔本作「墠」，解云「除地爲墠」。王肅本作「壇」，而解云「除地坦坦」者，則讀爲墠也。』蓋墠從單，壇從亶，音同，故相通借。據《金縢》、《祭法》，則義各殊也。《説文》云：『埒，卑垣也。』蓋壝爲擁土之名，故壇、埒均謂之壝，《周書》之『壝』獨指壇言，其壇之土有五色也。《春官・鬯人》：『凡祭祀，社壝用大罍。』此『壝』亦以壇言。五色土之説，亦見《韓詩外傳》云：『天子社廣五丈，東方青，南方赤，西方白，北方黑，上冒以黄土，將封諸侯，各取其方色土，苴以白茅以爲社，明有土，謹敬絜清也。』《白虎通》引《春秋傳》云：『天子有大社焉，東方青色，南方赤色，西方白色，北方黑色，上冒以黄土，故將封，東方諸侯取青土，上苴以白茅，各取其面以爲封社，明土、謹敬、絜清也。』蔡氏《獨斷》云『天子大社以五色土爲壇』，皆與《周書》説同。《禹貢》徐州『貢土五色』，鄭氏注云：『土五色者，所以爲大社之封。』社之五色土，無疑也。胡氏渭云：『《漢書》武帝賜齊王閎策曰「受兹青社」，燕王旦曰「玄社」，廣陵王胥曰「赤社」，蓋古之遺制猶存。故《郊祀志》元始五年令徐州牧「歲貢五色土各一斗」也。』《郊特牲》云：『君南面于北墉下。』注云：『北墉，社内北牆。』《北堂書鈔》引《太公金匱》云：『植槐於王路之右，起兩〔一〕社，築

〔一〕『兩』，《北堂書鈔》引作『西』。

垣壇，祭以酒脯，食以犧特〔一〕，尊之曰社。』垣與墉同類，是壇外有垣周之也。鄭氏以爲埍埒，則所謂墉者，弟壝土爲卑垣，以覲禮會諸侯之壇例之當然。《郊特牲正義》引《條牒論》云：『稷壇在社壇西，俱北鄉，營並壇共門，或曰在社壇北。』蓋覲四方之諸侯，故四面有壝門，此北鄉，則社壇之北有門，義或然也。其云『稷壇在社壇西』，卽蔡氏别壇之説。竊爲五事以辨之。《封人》『掌設王之社壝』，注云：『不言稷者，稷，社之細也。』疏引《孝經緯》云：『社是五土總神，稷是原隰之神。原隰是五土之一耳。』五土者，山林屬木，川澤屬水，丘陵屬火，墳衍屬金，原隰屬土。《洪範》五行，『五曰土』，又曰『土爰稼穡』，又曰『稼穡作甘』，是穀屬於土。稷者五穀之長，故祭原隰之神謂之稷。原隰已在社之中，又立稷壇，是有二稷矣。其辨一。《周書》言社壝用五色土，蓋青土，山林也；赤土，丘陵也；白土，墳衍也；驪土，川澤也；黄土，原隰也。今於社壇之外，另立稷壇，將亦用土五色與？是仍社矣。將純用黄土以象原隰之神與？則社已冒有黄土矣。明堂之側，别無太室。大社之右，另立稷壇，無是制也。其辨二。《小宗伯》：『掌建國之神位，右社稷，左宗廟。』疏云：『地道尊右，故社稷在右，是尚尊尊之義。』社爲五土之總神，其尊於稷無疑。今稷壇轉居社壇之右，是尊卑之位紊矣。其辨三。勝國之社，屋其上而柴其

〔一〕『特』，《北堂書鈔》作『牲』。

下，使有二壇，每壇方廣五丈，並得十丈，屋必離壇以編棧，則又兼以四面餘地，及中相間之餘地，屋已廣十餘丈，較九筵之數，已將倍之，是誠社之屋大於明堂也。且壇中不可以立楹柱，此十餘丈之楣棟，豈柴棧之壁〔一〕可支與？其辨四。《大司徒》、《封人》言『社稷之壝』，《封人》、《鬯人》亦獨言『社壝』，《小宗伯》言『右社稷』，《匠人》亦獨言『右社』，不聞有獨言稷者。《白虎通》云：『不謂之土何？封土爲社，故變名謂之社，別於衆土也。爲社立祀，始謂之稷，語不自變，有內外。或曰：至稷，不以稷爲社，立祀變其名，事自可知也。不正月祭稷何？禮不常存，養人爲用，故立其神。』文雖殘闕，不可詳說，然云『爲社立祀謂之稷』，蓋於社壇之上，兼祀稷也。以原隰之神有生五穀之功，故獨表而祭之，而配之以后稷也。《小宗伯》：『大師則帥有司而立軍社，奉主車。』《春秋》襄公二十五年傳『陳侯擁社以待於朝』，是祭社則壇上另立社主，鄭氏云：『以石爲之。』以此準稷，蓋亦有主祭時同設於社壇上，故《白虎通》曰『立其神』，而不曰『立其壇』也。其辨五。舉此五事，無稷壇明矣。陳氏《禮書》謂『王社無稷壝』，又云『王社、侯社不置稷，大社、國社皆有稷』，此據漢魏官社無稷，《晉書·禮志》云：『漢至魏，但太社有稷，而官社無稷，故常二社一稷。』以王社不祀稷，無稷壝，太社祀稷，另有稷壝。余則謂皆祀稷，而皆無稷壝也。

〔一〕『壁』，清經解續編本作『屋』。

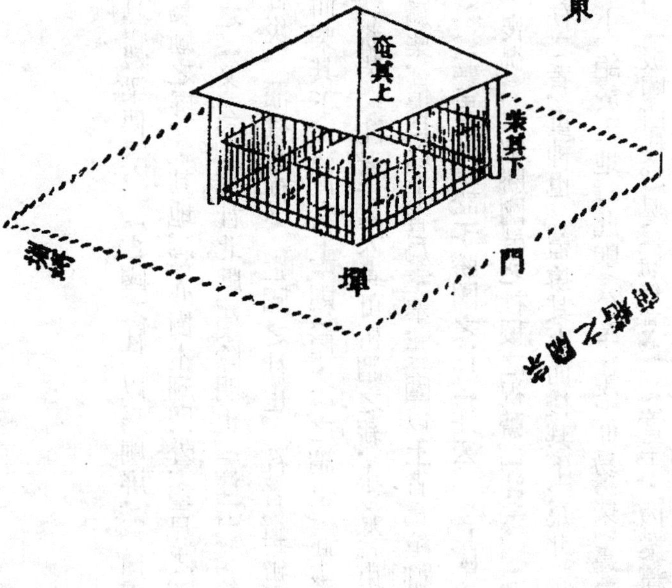
應門之東
在其上
門
墠

右社稷圖二

此亳社也。其制散見諸書者，《穀梁傳》云：『亡國之社，以爲廟屏。』《白虎通》云：『置宗廟之牆南』，蓋爲廟屏者，爲廟之屏，蔽其地，當亦樹木廟門外，望見之，故以爲誡也。《郊特牲》云：『喪國之社屋之。』又云：『薄社北牖，使陰明也。』注云：『絶其陽，通其陰而已。』《公羊傳》云：『蒲社災。蒲社者何？亡國之社也。社者，封也。其言災何？亡國之社蓋掩之，掩其上而柴其下。』『掩其上』則『屋之』之謂也。柴者，《説文》云：『小木散材。』《月令》：『收秩薪柴。』注云：『大者可析謂之薪，小者合束謂之柴。』《管子・山國軌篇》云：『握以下爲柴，楂把以上者爲室奉，三圍以上者爲棺槨之奉。』則柴爲小木無疑也。《地官・媒氏》：『聽男女陰訟于勝國之社。』注云：『亡國之社，奄其上而棧其下，使無所通。』《春官・喪祝》：『掌勝國邑之社稷之祝號。』注云：『勝國邑，所誅討者。社稷者，若亳社是矣。存之者，重神也。蓋揜其上而棧其下，爲北牖。』《論衡》亦云：『亡國之社，屋其上，棧其下，絶於天地。』此卽《公羊》説，而易『柴』爲『棧』。《説文》云：『棧，棚也。』《通俗文》云：『板閣曰棧。』見《一切經音義》。《管子・内業篇》云：『傅馬棧最難，先傅曲木。曲木又求曲木，曲木已傅，直木無所施也。先傅直木，直木又求直木，直木已傳，曲木亦無所施矣。』《淮南子·道應訓》云：『柴箕子之門。』注云：『紂死，箕子亡之朝鮮，舊居空，故柴護之。』考諸説，蓋編木爲壁，蔽其四面，如今之柵欄也。然有不能無疑者，以柴作棧，已自通明，不必又於北爲牖，且柴棧之上，牖難依附，所云『北牖使陰明』，與《公羊傳》『柴其下』之説不可强通。竊謂如《郊特牲》説，唯北有牖，則不可以入。尸祝之類，其將列於牆外，《秋官》：『若祭勝國之社稷，則爲之尸。』祝，見《喪祝》。恐非禮義。疑四面爲棧，向北有門，可通出入也。依《公羊傳》作圖，北牖之説，姑置勿論。

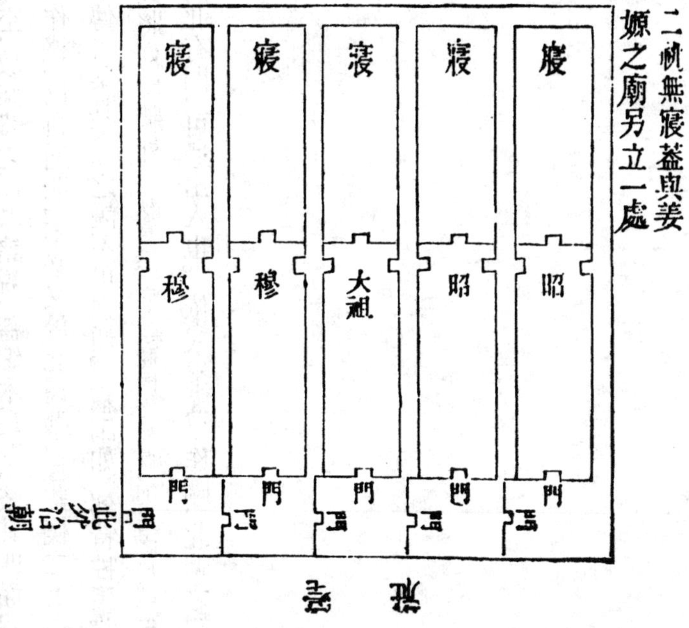

兩廟之間有巷，婦人入廟由巷入，闈門也。不然太祖廟之闈門外即昭穆廟，立於闈門外，豈立於昭穆廟乎。

右宗廟圖一

天子七廟之制。《王制》云：『天子七廟，三昭三穆，與太祖之廟而七。』注云：『七者，太祖及文王、武王之祧，與親廟四，太祖后稷。殷則六廟，契及湯與二昭二穆。夏則五廟，無太祖，禹與二昭二穆而已。』《正義》引《禮緯·稽命徵》及《鉤命訣》云：『唐虞五廟，親廟四，始祖廟一。夏四廟，至子孫五。殷五廟，至子孫六。周六廟，至子孫七。』《祭法》云：『王立七廟，曰考廟，曰王考廟，曰皇考廟，曰顯考廟，曰祖考廟，皆月祭之。遠廟爲祧，有二祧，享嘗乃止。』注云：『天子遷廟之主，以昭穆合藏於二祧之中。』其注《周禮·守祧》云：『遷主所藏曰祧。先公之遷祖，藏於后稷之廟；先王之遷祖，藏於文、武之廟。』是二祧卽文、武之廟，《明堂位》所謂『文世室』、『武世室』也。《喪服小記》云：『王者禘其祖之所自出，以其祖配之，而立四廟。』注云：『四廟，高祖以下，與始祖而五。』此云『與始祖而五』，與《王制》所云『與太祖而七』異者，蓋五廟之制自虞至周，《通典》云：『唐虞立五廟，夏氏因之。』《吕氏春秋·諭大篇》引《商書》云：『五世之廟。』自天子至附庸皆同。《通典》云：『鄭玄按《禮緯·元命包》云：「天子五廟，二昭二穆，與始祖而五。」』陳氏《禮書》云：『公、侯、伯、子、男，其衣服、宮室、車旗等衰雖殊，其立五廟一也。《春秋》書紀季以酅入於齊，《公羊傳》云：「紀季請後五廟以存姑姊妹。」則附庸之廟與諸侯同，可知也。周於五廟之外，更立二祧，故周儒説禮者謂之七廟。此鄭氏義也。乃七廟之位，古無明文。賈公彦言諸侯之五廟平列，此七廟或亦如之。則成王時文王屬王考廟，武王屬皇考廟，當是時祧廟立乎？抑不立乎？立則祀者何主？倘虚之以待文、武之親盡，則《曾子問》所云『七廟無虚主』者，有虚主矣。倘先祀高祖之祖父，則是共、懿之前，六世而親盡，孝、夷而後，四世而易檐，而制紊矣。不預立則先此之五廟已定，至此必增加改造，群主遞移，非所以安祖考、奠鬼神也。且爲計之，廟制同於路寢，每堂東西九雉，得四十五步，七乘之，得三百十五步，饎爨在西堂下，則堂下至壁有餘地也。《士冠禮》『適東壁』，注云『時母在闈門之外，婦人入廟由闈門』，是闈門在壁，而闈門之外，必有巷道以居兩廟之夾中也。然則此四十五步外，又加以堂下餘地，及牆之厚、巷之廣，每廟至少約得十步，共七十步，並之已三百八九十步，治朝之左僅廣四。夫得四百步，去七廟之三百八九十步，此外，宿衛官舍亩涂，豈十餘步所可受者，因考《周禮・隸僕職》『掌五寢之掃除糞灑之事』，注云：『五寢，五廟之寢也。周天子七廟，惟祧無寢。《詩》云「寢廟繹繹」，相連皃也。前曰廟，後曰寢。』若祧與五廟並列，而祧獨無寢，何以成制？則二祧與五廟必非一地也。惟祧與廟不一地，故廟有寢，祧無寢，親盡而立之，爲無礙於五廟，抑五廟共廣三百步，於朝左爲可置。《左傳》言襄王致文、武胙於齊，《史記》言『顯王致文、武胙於秦』，獨曰『文、武』，必文、武之祧另立、另祭，乃專得此稱。魯賜天子之禮樂於周公之廟，爲天子五室之制。《春秋》『大室屋壞』，注云：『大廟之室。』《明堂位》云：『祀周公于大廟。』又云：『大廟，天子明堂。』太廟爲明堂制，群宫仍翼室制，故子貢觀於魯廟，有北堂九蓋。因周祀先妣，亦立閟宫。因周有二祧，亦立魯公、武公之宫。且雉門而兩觀，丹楹而刻桷，皆天子制也。於魯之制，可以明周之制矣。余信鄭氏七廟之説，又爲細推之如是。若宗在七數之外，言自劉歆；九廟之制，造於王肅；廟位相次而南之説，擬於孫毓。而皆非也。寢者，薦新、月祭皆於是，二祧無寢，故不月祭。《春秋》昭公十八年傳云：『子太叔之廟在道南，寢在道北。』廟必南向，寢在其北，則寢在廟後也。準以燕禮之有廷，則廟寢亦必有廷。尺寸雖不可詳，而其制必非甚狹者。前廟之堂七雉，得三十五步，廷三倍之，門堂三之二，共百六十餘步。七廟、九廟之不可平列，既如彼如孫毓之説，相次而南，則四廟相承，已六百四十餘步，更加祧廟，則八百步矣。前有亳社，後有諸寢，此王宫三里之地，不足勝其長矣。闈門者，《考工記》云：『廟門容大扃七个，闈門容小扃三个。』注云：『廟中之門曰闈。』《雜記》記夫人之奔喪云：『入自闈門，升自側階。』以階例門，則闈亦在側。《爾雅》云：『宫中之門謂之闈，其小者謂之閨，小閨謂之閤，衖門謂之閎。』孫炎云：『闈，宫中相通小門也。』李巡云：『閎，衖頭門也。』《公羊》於内朝達外朝之門爲閨，蓋在路門之旁者。《地官》師氏守王門，保氏守王闈。守門者，守其中央之路門；守闈者，守其左右之闈門。唐人名其東西門爲閤，閤卽古之闈門，大小可通稱也。《文獻通考》云：『自宣政殿兩門入，是謂東西上閤門，故謂之入閤。」《册府元龜》云：「常朝出入取東上閤門，或遇奉慰，即開西上閤門。」《士虞禮》：「主婦亦拜賓」，注云：「拜之於闈門之內。闈門，如今東西掖門。」又注《保氏》「王闈」云：「宫中之巷門。」然則朝廟之外皆有巷相通，其巷側之門曰闈，而在巷頭者曰閎，惟其在巷側，故在朝廟之東西壁，婦人由巷而入廟，故出自闈門也。乃閨閤與闈可通稱，闈與門亦可通稱。劉昭《續漢志注》引《古大明堂之禮》云：「日中出南闈，見九侯門子；日側出西闈，視五國之事；日闇出北闈，視帝節。」是也。《志注》又引《王居明堂禮》：「别陰陽門，南門稱門，西門稱闈。」是則闈之異解，與《考工》不同也。閎亦有二説：《春秋》成公十七年，《左傳》云「齊慶克與婦人蒙衣乘輦而入于閎」，此巷頭之門也。襄公十一年傳云「盟諸僖閎」，注云：「僖宫之門。」昭公二十年傳云「華齊御公孟，及閎中」，注云：「閎，曲門中。」「曲門」者，即曲城。「僖宫之門」者，即《聘禮》「每曲揖」之曲，是每曲之門亦名閎也。

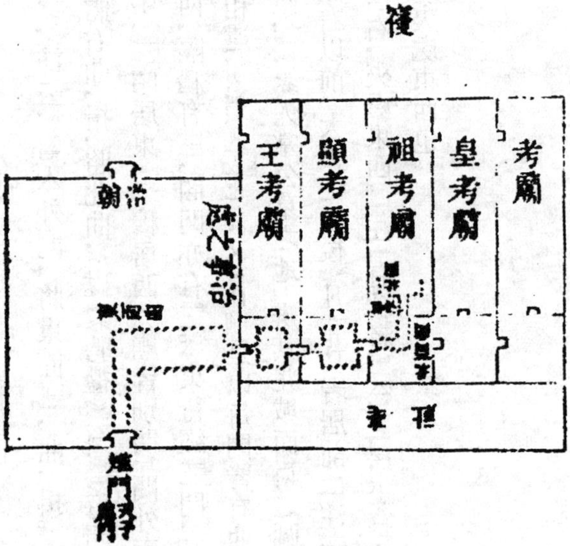
寢
王考廟
顯考廟
祖考廟
皇考廟
考廟

右宗廟圖二

《士冠禮》『每曲揖』，注云：『入外門，將東面[一]，曲，揖。直廟，將北面[二]，曲，揖[三]。』注又云：『入門將右曲，揖，將北曲，揖。』《聘禮》云：『每門、每曲揖』，疏云：『諸侯有五廟，大祖之廟居中，二昭居東，二穆居西。廟皆别門，門外兩邊皆有隔牆，隔牆中夾通門。若然，祖廟已西，隔牆有三，閤門亦有三。東行經三門，乃至大祖廟，門中則相逼，故將入門有曲，入門則相遠，入門，既入也，故又有曲。是以每門皆有曲。』今合二禮文爲此圖也。知廟平列者，《春官》：『冢人掌公墓之地，辨其兆域而爲之圖，先王之葬居中，以昭穆爲左右。凡諸侯居左右以前，大夫士居後，凡有功者居前。』注云：『先王，造塋者。始葬于此之君。昭居左，穆居右，夾處東西。』注『有功者』云：『居王墓之前，昭穆之中央。』以墓例廟，知廟之昭穆，亦夾處東西也。

[一] 《儀禮注疏》無『面』字。
[二] 《儀禮注疏》無『面』字。
[三] 『揖』，《儀禮注疏》作『又揖』。

寢

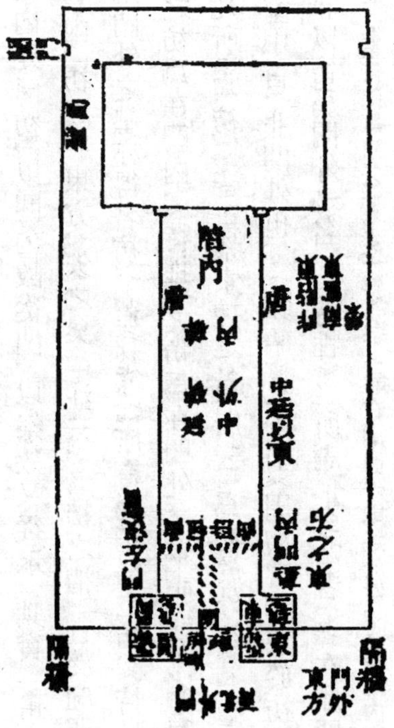

右宗廟圖三

宗廟之制與路寢同，其宜辨明者。《爾雅·釋宫》云：「閍謂之門。」《詩》「祝祭于祊」，傳云：「祊，門内也。」《説文》云：「鬃，門内祭，先祖所徬皇也，重文作祊。」此祊卽閍，門内曰祊，祭於門内亦曰祊，以門内故從門，以祭故又從示，其實一也。《郊特牲》云：「繹之於庫門之〔一〕内，祊之於東方，失之矣。」注云：「祊之禮，宜於廟門外之西室，繹又於其堂。」據此，則門外之塾亦得名祊。蓋《楚茨》所言爲正祭之祊，《特牲》所言爲繹祭之祊。故以《楚茨》之祊爲在門内，《特牲》之祊爲在門外。竊謂繹祭之名見於諸經者絶不與祊混。《禮記》凡所謂「祊」，皆正祭索神之名，所云「爲祊於外」、《禮器》文。「而出於祊」者，《祭統》文。皆對室中言，非門外也。《家語》孔子引《周禮》「繹祭於祊」，此亦〔二〕謂明日之祭，在廟門内，非以祊爲門外之名。《特牲》之所謂「失之」者，繹在庫門之内爲失，失在庫門，不在門内也。秦侍郎蕙田云：「《祭統》云：「君在廟門外則疑於君，入廟門内則全於臣、全于

〔一〕《禮記》無「之」字。
〔二〕「亦」，清經解續編本作「所」。

子。」蓋祭祀之禮皆行於廟門之內，不當在廟門之外。」《釋宫》又云：「廟中路謂之唐。」《陳風》「中唐有甓」，傳云：「中，中廷也。唐，堂涂也。甓，瓴甋也。」《周書·作雒解》「隄唐」，孔晁注云：「唐，中庭道，隄謂高爲之也。」《説文》云：「隄，塘〔一〕也。」塘蓋卽唐，隄唐一物，狀類於防，故得同名。瓴甋者，《爾雅》云「瓴甋謂之甓」，注云：「甓，甎磚也。今江東呼瓴甓。」《考工記》「堂涂十有二分」，注云：「謂階前，若令〔二〕甓裓也。」疏云：「令甓，今之磚也。裓，磚道也。」知令甓是磚者，《廣雅》云：「瓴甋甓甗，甎也。」是磚卽令甓也。裓卽陔。《儀禮·鄉飲酒禮》云「賓出，奏《陔》」，注云：「《陔》，《陔夏》也。陔之言裓也。《周禮·鍾師》『以鍾鼓奏《九夏》』，是奏《陔夏》則有鍾鼓矣。」《春官·鍾師職》云：「凡樂事，以鍾鼓奏《九夏》：《王夏》、《肆夏》、《昭夏》、《納夏》、《章夏》、《齊夏》、《族夏》、《裓夏》、《驁夏》。」杜子春云：「裓讀如『陔鼓』之陔。」是裓、陔古今通借字也。《説文》云：「陔，階次也。」蓋堂下之道，以磚爲之，高於平地也。」《説文》云：「甓，瓴甓也。甓，令〔三〕適也。」是甓又名甓。《月令注》引《逸中霤禮》云：「祀竈之禮，先席於門之奥，東面。」孔疏謂「門之奥」爲「廟外西室之奥」。竊謂禮文明曰「門之奥」，則卽指門之西南隅也。祀户於户内，故席於室中之奥，祀竈於門外東方，祀門於門樞，祀行於門外之西，故席於門

〔一〕「塘」，《説文》作「唐」，段注稱「唐」、「塘」正俗字。
〔二〕「令」，《周禮注疏》作「今令」。
〔三〕「令」，《説文》作「瓴」。

中之奥，奥以東南隅言，不必泥其爲室中之名，而以爲西室之奥也。

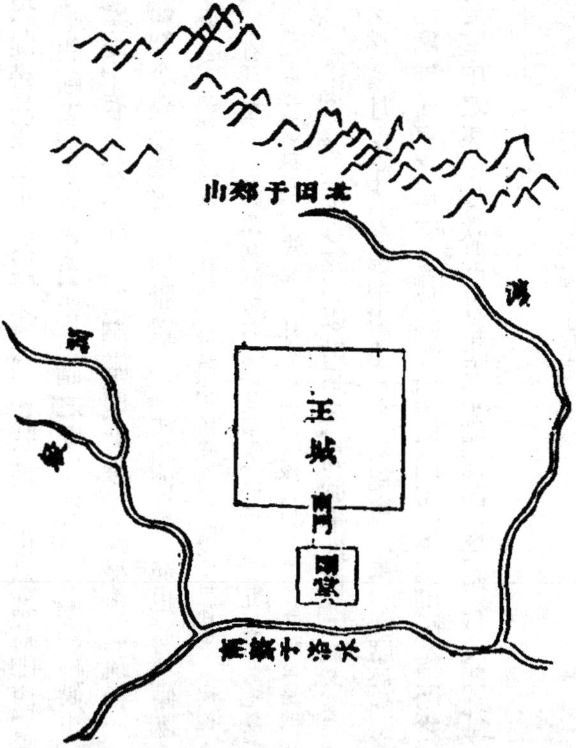

右明堂圖一

明堂之説，言人人殊，而所在則以南門外爲定。《玉藻》云：『天子玄端，聽朔於南門之外，閏月則闔門左扉立。』注云：『南門，謂國門也。明堂在國之陽，每月就其時之堂而聽朔焉，卒事反宿於路寢，亦如之。閏月，非常月也。聽其朔於明堂門中，還處路寢門，終月。』知聽朔在明堂者，以《月令》十二月所居以布政，云閏月立於門，則十二月各處其方矣。言南門外者，周公營洛邑，制七十里之郛，南繫洛，北因郟，相去二十餘里。南門外去水止四五里，今洛城去水三里，故王城在西北。明堂在其間，故《五經異義》『淳于登説明堂在三里之外，七里之内也』。《明堂月令説》謂在近郊三十里。如是則每月聽朔必踰洛水，且洛水之外已非近郊。蓋言其制如此爾。若按東都之形勢，宜以三里斷之，故不曰南郊，曰南門外也。必以東都言者，《周書·作雒篇》言周公作明堂之制，是明堂在東都，而鎬京之明堂無有明文。蓋明堂之設，所以朝諸侯、頒政令、祀天帝、宗文王，非諸侯所有。未制禮樂，仍依侯制，無明堂。既卜天下之中，營王城，建明堂於此，而西京不朝諸侯，無明堂也。惟西京無明堂，故《顧命》諸侯朝於治朝。《左氏昭年四年傳》云『康有酆宫之朝』，朝於酆宫，無明堂也。鎬京無明堂，而《樂記》言武王『祀乎明堂』者，鄭氏謂『文王之廟」，乃文繫於不復用兵之後，蓋兼制作以後言，不必泥於武王而以文王之廟名明堂也。《祭義》言「祀乎文王」諸語，與《樂記》相似。注云：「宗祀文王。」《孝經》云：「昔者周公祀后稷以配天，宗祀文王於明堂以配上帝。」是祀於明堂卽宗祀文王。宗祀定於周公，武王安得有此。以《祭義》相較，知其泛論也。知明堂爲朝諸侯者，孟子言「明堂者，王者之堂也」，注云：「謂泰山下明堂，本天子東巡守朝諸侯之處。」《明堂位》云：「明堂者，明諸侯之尊卑也。」使徒爲布政之宮，何以立於泰山，又何取義於「明諸侯尊卑」？故荀子云「築明堂於塞外而朝諸侯」，豈在塞外者朝諸侯，在畿内者不朝諸侯也？惟東都有天子之制，西京仍文武之舊，故洛之廟有太室，而《顧命》當成王時，猶翼室也。鎬猶翼室，而視朔後反宿路寢，亦如明堂所居，則爲王城之路寢，而非鎬京之路寢明矣。蓋每月至東都布令，居王城之路寢也。辟雝作於文王，明堂建於周公，自不可混。若謂卽大廟，則明堂方三百步矣。天子九廟，已占九里，非宮左所能容，若在廟寢之後，則與王后六宮相近，未有朝諸侯之地，而與后宮並者也。《玉藻》「南門外」一言爲可據矣。

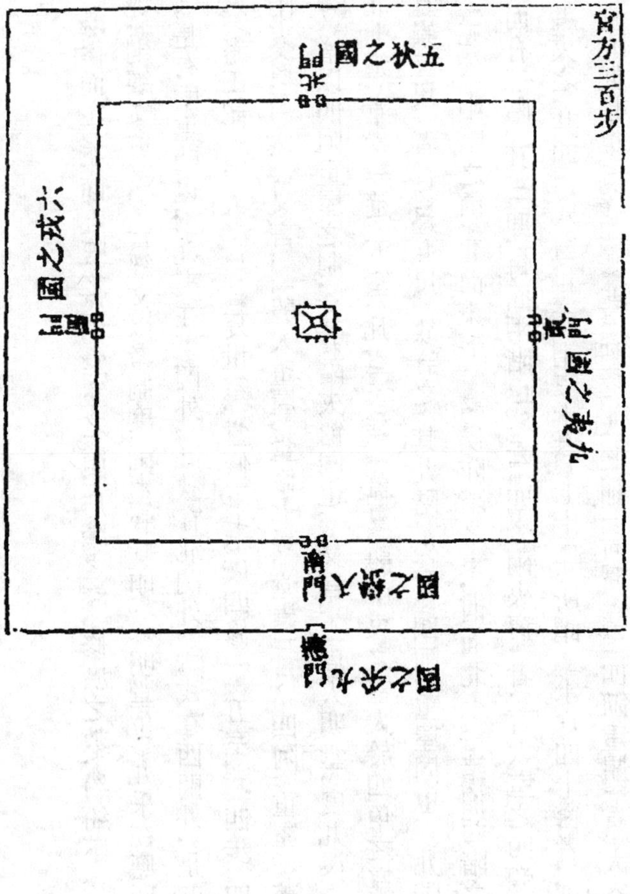
宮方三百步
北門
五狄之國
西門
六戎之國
東門
九夷之國
南門
八蠻之國
九采之國

右明堂圖二

明堂之在郊，既得而定矣，而九五之辨，堂室之淆，户牖之緐，修廣之數，紛紛不一。竊謂泥衆説以求經，則經文愈窒；審經文以考制度，則爲狀甚明。《明堂位》九采在應門外，八蠻在南門外，是有兩重門也；九夷在東門外，五狄在北門外，六戎在西門外，是四面有門也。因推之《考工記・匠人》言：『夏世室，堂修二七，廣四修一，五室，三四步，四三尺，九階，四旁兩夾窗，白盛。』又言：『殷人重屋，堂修七尋，堂崇三尺，四阿，重屋。』蓋視夏之尺度爲變，又增以四阿重屋之制，其九階夾窗同也。又言：『周人明堂，度九尺之筵，東西九筵，南北七筵，堂崇一筵，五室，凡室二筵。』蓋夏、殷中央之室大於四角之室，周每室度同，又『堂崇三尺』者，易爲九尺，故詳之，其九階、夾窗、四阿、重屋同也。九階者，《明堂位》云：『三公，中階之前，北面東上。諸侯阼階之東，西面北上。諸伯西階之西，東面北上。』是面有三階，其三面，每面兩階也。云『四旁兩夾窗』者，言太室之四旁，每旁一户，每户兩牖夾之，共四户八窗，無所謂三十六、七十二，所謂二十户四十窗者，則指世室言，非謂明堂亦如是也。《考工記》止言『四旁兩夾窗』，明白可據。云『四阿重屋』者，大室之屋高於四旁也。見前屋圖第六。云『南北七筵』者，深六丈三尺也；『東西九筵』者，廣八丈一尺也；每室二筵者，每室深一丈八尺。堂廉在南北者，各深四尺五寸也。至五室之制，則以《月令》準之：青陽，東室也；明堂，南室也；總章，西室也；玄堂，北室也；太室，中央室也。因而審之，四面曰堂，總章、青陽以明堂、玄堂統之。中央曰室，則一室四堂也。《考工記》言五室者，便文耳。其于世室云『堂修二七』，兼五室於内矣，固不可瑣列之云某修幾何某修幾何也；則云『五室』者，兼堂矣，固不必瑣列之云一室二筵、四堂各二筵也。且『室』亦通稱矣。孟子言『爲巨室』，《詩序》言『宣王考室』，是也。《月令》在《周書》第五十三，正爲周制，其言青陽、明堂、總章、玄堂、太室，正《考工記》五室之明證。个居左右，則廟在每旁之正中。云『明堂左个』、『明堂右个』、『明堂大廟』，則三者皆名明堂，猶云明堂之中間、明堂之左間、明堂之右間也。云『大廟大室』，則以室居中，當四大廟，故云『大廟大室』，猶云青陽、明堂、總章、玄堂之室也。由是言之，『五室』爲一室四堂，無疑也；止一室，則惟此一室有户牖，無疑也；四堂分春夏秋冬，而太室當夏季，則通爲五行之室，無疑也；二个居四維，則室不在四維，無疑也；四維别無室，亦無疑也。凡此見於經文者，明白可見，自泥於五室之名，必不欲統堂於室，於是四維之个化而爲室，而置个於四尺五寸之堂廉，且變五室爲九室，變四堂爲十二堂，而《月令》之左右个遂無寘處。室既有九，户牖亦多，堂室既緐，則斷非九筵七筵之地所能容，乃又變九筵七筵爲方一百四十四尺，而明堂之説遂無定也。又嘗考《尚書大傳》云：『孟春之月御青陽左个，仲春之月御青陽正室，季春之月御青陽右个，孟夏之月御明堂左个，仲夏之月御明堂正室，季夏之月御明堂右个，孟秋之月御總章左个，仲秋之月御總章正室，季秋之月御總章右个，孟冬之月御玄堂左个，仲冬之月御玄堂正室，季冬之月御玄堂右个。』此與《月令》同，而稱四太廟爲『正室』，可見青陽、明堂、總章、玄堂卽名爲室，此外别無四室也。是尤四堂一室爲五室之明證矣。《逸禮》云：『夏則居明堂正廟啟南户，冬則居明堂後廟啟北户。』南户卽中室之南户，北户卽中室之北户。蓋每一時啟一方之户，四户之外，别無所謂户也。然則《考工》、《月令》、《明堂位》實可互證，而定其制無可疑也。乃九筵七筵則有議矣。魏李謐論云：『凡室，二筵，丈八地耳。户牖之間，不踰二尺。《禮記·明堂》：「天子負斧扆，南鄉而立。」鄭玄注云：「設斧扆於户牖之間。」而鄭氏《禮圖·扆制》云：「縱廣八尺。」以八尺扆置二尺之間，此之叵通，不待知者，較然可見。且若二筵之室，爲四尺之户，則户之兩頰，裁各七尺耳，全以置之，猶且不容，矧復户牖之間哉？又復以世代檢之，卽虞夏尚樸，殷周稍文，制造之差，每加崇飾，而夏后世室堂修二七，周人之制反更促狹，豈夏禹卑宫之意、周監郁郁之美哉？』隋牛弘上《明堂議》云：『依鄭玄注，每室及堂止有一丈八尺，四壁之外，四尺有餘。若以宗廟論之，祫享之時，周人旅酬六尸，並后稷爲七，先公先王合十一户，三十六王〔一〕，及君北面行事，於二丈之堂，愚不及此。若以正寢論之，便〔二〕須朝宴。據《燕禮》，「則賓及卿大夫脱屨升坐」，是知天子燕，則三公九卿並須升堂。《燕義》又云：「席，小卿次上卿。」言皆侍席。止於二筵之間，豈得行禮？若以明堂論之，總享之時，五帝各於其室。設青帝之位，須於大室之内，大昊從食，祖宗配享，丈八之室，神位有三，加以簠簋籩豆，牛羊之俎，四海九州美物咸設，席工升歌，出尊反坫，揖讓升降，亦以隘矣。』循謂一户兩窗，則户處正中，設扆，正蔽户牖。李謐泥户牖之間，不足以辨。且户牖之間，郎容八尺，將扆爲偏設，王非正立矣。鄭氏説魯大廟如明堂，以《周書》五宫同制，故謂三者制同，不必皆九筵七筵也。寢廟自依《書傳》爲九雉七雉。因考之，三公、侯、伯、子、男皆立於廷堂，上惟天子立之，翼以侍御，無取於大。自户至廉，凡二丈二尺五寸，以廣乘之，依東西九筵當廣二丈四尺。加以左右个，地亦非小。壇方三百步，堂止方二丈四尺，以此準之明堂之度，於義爲合。《王會解》：唐公、虞公等皆立堂下，周公、太公、唐叔、荀叔旁天子立堂上。此郎二丈四尺之堂。《明堂位》：周公在堂上，三公等在堂下。與《王會》同。則堂與壇可例。户外止餘四尺，此依四角爲室言。四角無室，余辨之矣。至謂周尚文，宜大，

〔一〕「王」，《隋書》作「主」。
〔二〕「便」，《隋書》作「例」。

牛弘又云：『漢司馬宮〔一〕云：「夏后氏益其堂之廣百四十四尺，周人以爲兩序間，大夏后七十二尺。」依馬宮之言，則周堂大于夏室。後王轉文，周大爲是。』則虞十二章，周九章矣。監二代者，非徒增無去也。

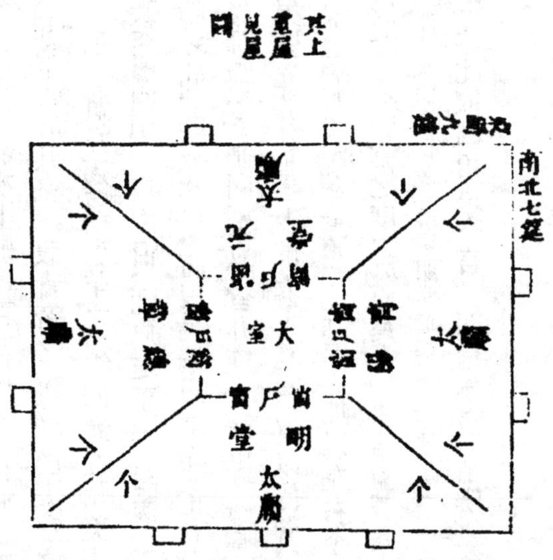

〔一〕『司馬宮』，《隋書》作『司徒馬宮』。

右明堂圖三

一室四堂爲五室，《月令》之文可據矣，而左右个之狀未有詳者。或以鄭氏言世室之室在四角，又於《月令》言左右个爲東偏西偏南偏北偏。室既非个，因説个即四尺五寸之堂廉。此斷不然矣。李謐説『四面之室各有夾房』，个者，即寢之房也。賈思伯説：『按《月令》亦無九室之名[一]，原其制度[二]，不乖五室。其青陽右个即明堂左个，明堂右个即總章左个，總章右个即玄堂左个，玄堂右个即青陽左个。』如李説，个在兩旁，則明堂、玄堂有个，而青陽、總章無个矣；青陽、總章有个，而明堂、玄堂無个矣。如賈説，則止有四个耳。竊謂以左右言，斷在兩旁，以个之名屬；於明堂、青陽、總章、玄堂言，則每隅之兩个，斷不可以相通。个之形，經無明文，然而可考也。《左氏傳》『大室屋壞』，此中央重屋名大室屋，則南阿之屋爲明堂屋，東阿之屋爲青陽屋，西阿之屋爲總章屋，北阿之屋爲玄堂屋也。明堂屋之下，則明堂之太廟，左右个；青陽屋之下，則青陽之太廟，左右个；總

[一]『名』，《魏書》作『文』。
[二]『度』，《魏書》作『置』。

章屋之下，則總章之太廟，左右个；玄堂屋之下，則玄堂之太廟，左右个。每方之屋，爲一正方夾兩句股形，一正方卽爲太廟，夾兩句股形卽夾左右个形也。自阿端至榮作邪殺，脊下卽依此作隔牆，太廟與兩个無所隔，每隅之兩个則有隔也。然則以《考工》之重屋四阿知每阿當一室，於《月令》言左右个及太廟同繫每室之名，知太廟左右个合爲一室。夫而後室與屋合，堂與室齊，有正大之體，無瑣縟之象，正先王之制作也。陳祥道《禮書》云『介於四隅』，然書爲邪角，非隔於每室之左右也。知無隔者，面三階不可皆容於太廟之前，則兩旁之階必當个，使个與大廟相隔，則登必旋轉，始至中矣。且考之《鄉射記》，言布侯之狀，『上个五尋，中十尺，倍中以爲躬，倍躬以爲左右舌。』注云：中，『方者也』。躬，『中之上下幅也』。左右舌，『上个也。居兩旁謂之个』。又云：『上个象臂，下个象足。』《大射儀》云：『中離維綱。』注云：『侯有上下綱，其邪制射〔一〕舌之角者爲維。』疏云：『維於上个、下个、上下躬兩頭皆有角，又以小繩綴角邪折縫於繩上。繫著植。』據此，侯之兩畔作四三角形。《考工記》：『梓人爲侯。上兩个，與其身三，下兩个，半之。』此『上兩个』卽上兩旁之兩三角也，『下兩个』卽下兩旁之兩三角也。《鄉射禮》：祭侯，適右个，設薦俎，適左个，亦如之。左个，左旁之三角形也；右个，右旁之三角形也。射侯之得名个，以邪角

〔一〕『射』，《儀禮注疏》作『躬』。

形，則以大室比中，以明堂、玄堂比上下幅，其兩旁之个比侯旁之个，其事雖殊，義則可通也。鄭氏注《梓人》『个』云：『「个」讀如「齊人搚幹」之「幹」。』射侯之个同幹，則明堂之个亦必與幹同。《釋文》云：『幹，脅也。』《説文》云：『脅，兩膀也。』《釋名》云：『脅，挾也。在兩旁，臂所夾也。』个通於幹，爲脅下之名，張其兩臂，夾下正兩三角形，故个字卽象兩臂夾胉之形。人字象臂脛形。以形求之，亦邪殺也。按『个』字，《説文》所無，徐鉉云：『明堂左右个者，明堂旁室也。當作介。』今考『个』字之見於經者，其説有二：《梓人注》讀作『幹』，一也；《特牲饋食禮》云：『佐食盛肵俎，俎釋三个。』注云：『个猶枚也，今俗言物數有若干个者，此讀然。』《考工記》扃車稱七个、五个，《大射儀》矢稱一个，二也。鄭氏一讀幹、一讀箇，絕不作『介』字解之。則是『个』字古有之，非『介』也。其『个』作『介』者，《秦誓》『若有一介臣』，《大學》引作『一个』。襄八年《左傳》云：『亦不使一介行李告於寡君。』注云：『一介，獨使也。』昭二十八年傳云：『君亦不使一个辱在寡人。』注云：『一个，單使。』是爲『介』卽『个』之證。乃馬氏《尚書注》解『一介』爲『一心耿介』。趙岐注《孟子》『一介不以取諸人』云：『一介草不以取人。』凡稱『一介』者，非『一个』之義。《左傳》一作『个』，一作『介』，必有一誤，揆其文義，當是『介』字。《左傳》『介』誤作『个』，則《大學》之『个』亦『介』字之誤，未可據此謂明堂左右个爲左右介也。《史記·貨殖傳》云『竹竿千个』，孟康云：『个者，一个兩个。』顏師古注《漢書》此語云：『个字作箇。』《方言》云：『箇，枚也。』《説文》云：『箇，竹枚也。』蓋揚、許之『箇』字卽『个』字，故《説文》有『箇』而無『个』，『个』之作『箇』，猶鄭氏引世俗作『個』也。據鄭氏讀幹之一語，『个』非『介』字必矣。《太平御覽》引《周書·明堂》云：『左爲左介，右爲右介』，此亦不足爲據。 个惟明堂有之，《左傳》於叔孫家稱个，何也？ 夾室在左右與个之在左右同，故稱夾室爲个。此《左氏》

屬文之稱，非叔孫之家有明堂邪角之个也。

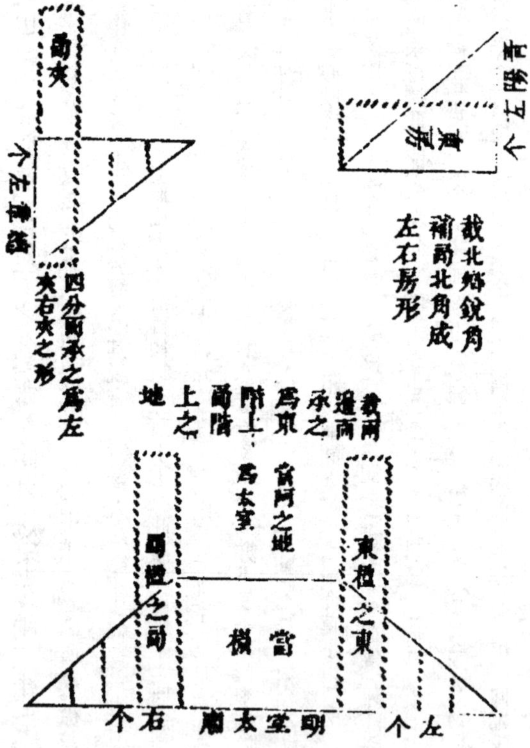

右明堂圖四

《考工記》於七筵九筵明曰『周人明堂』，則明堂度以筵也。《書傳》於七雉九雉明曰『周人路寢』，則路寢度以雉也。度長以長，故雉長三丈。明堂小於路寢者，路寢爲燕射之地，不宜太狹。明堂朝四方諸侯，天子立於上，群后列於下。列於下者衆，故宫百倍於堂；立於上者獨，故堂不妨三分於寢。宫大以容天下之同歸也，堂小以著至尊之獨立也。乃必以筵殊雉，而七九則同者，何也？路寢、大廟、明堂，其大小雖異，五室則同，易雉以筵，制度仍合，改其七九，形則渝矣。且翼室取於正方，五室之个取於邪覸，何也？五室雖原於四阿，而八个實通於翼室。以翼室言之，其東西九雉、南北七雉者，自阿之南、自阿之北各三雉，餘一雉分爲檐宇之度，蓋正北二雉爲室，室之東西共四雉，兩北堂合二雉，兩房合二雉，西堂二雉，東堂二雉，兩楹之間得四雉，兩階之上共得二雉，兩夾共得二雉。以尺寸計之，每二雉縱六丈横八丈，北堂及房每廣八丈深三丈，東西堂每廣十二，南北度。深四丈，兩夾各廣二丈，東西度。深十二丈，兩階之上如兩夾之廣深，兩楹阿棟之中得一室地，而中堂之南北亦各得一室之地，度雖參差，以四阿之室準之，則明堂卽當楣之二筵也，青陽卽東堂之二筵也，總章卽西堂之二筵也，玄堂卽北堂之二筵也，大室卽室之二筵也，以室處當阿之地，合北堂以處於室之地，而兩北堂兩房之地乃合而裁之爲北之四个矣。以東堂西堂之南半移而當室，而兩夾及兩階之上乃合而裁之爲南之四个矣。正置之爲五室，爲四阿，以朝諸侯祀祖考，化裁之爲兩夾爲兩房以便於居處、通於諸侯大夫，錯綜之而咸宜，參伍之而皆合也，又何疑於个之邪覼乎？

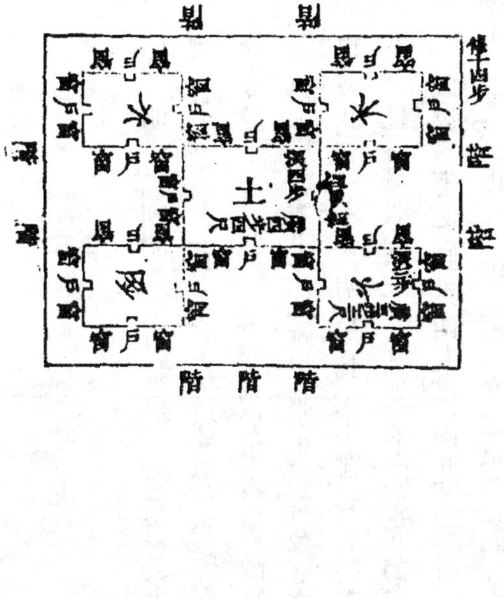

右明堂圖五

明堂之制既據經文以得其狀，而又取鄭氏説者，何也？鄭氏之説，世室説也。《考工記》：『夏后氏世室，堂修二七，廣四修一，五室，室〔一〕三四步，四三尺。』注云：『修，南北之深也。夏度以步，令堂修十四步，其廣益以四分修之一，則堂廣十七步半。』又云：『堂上爲五室，象五行也。三四步，室方也。四三尺，以益廣也。木室於東北，火室於東南，金室於西南，水室於西北，其方皆三步，其廣益之以三尺。土室於中央，方四步，其廣益之以四尺。此五室居堂，南北六丈，東西七丈。』以上《禮注》。以算推之，四隅室各廣二丈一尺，深一丈八尺，中室廣二丈八尺，深二丈四尺，堂修八丈四尺，廣十丈，□五尺。乃後儒李謐之徒，多以室居四角之説爲非，千餘年來，爲鄭學者不能明疏其義。今以其文核之。其云『木室於東北』，則木堂於正東也；『火室於東南』，則火堂於正南也；『金室於西南』，則金堂於正西也；『水室於西北』，則水堂於正北也。不言堂者，木東、火南、金西、水北，人人共知；而火室之在東南，木室之在東北，金室之在西南，水室之在西北，則

〔一〕《周禮》無『室』字。

人或不明，故詳注之也。且此注，注世室也。彼經文明以中室之修廣大於四室，則四室若居正中，將不成制，況室居正中，堂轉居四角邪？惟其室在四隅，室顯於堂，故以室名。殷人屋顯於室，故以屋名；周人一室在中，四面皆堂，則堂顯於屋與室，故以堂名。說本牛弘議所引馬宫說。古之立名，皆有取義。按名思實，亦可得之。但室之在四角，世室也，非明堂也。鄭氏注《月令》云：『青陽左个，大寢東堂北偏。青陽大廟，東堂當太室。青陽右个，東堂南偏。明堂左个，大寢南堂東偏。明堂大廟，南堂當太室。明堂右个，南堂西偏。大廟大室，中央室也。總章左个，大寢西堂南偏。總章太廟，西堂當太室。總章右个，西堂北偏。玄堂左个，北堂西偏。玄堂大廟，北堂當太室。玄堂右个，北堂東偏。』於四室言，四角有室而不言有个，于此言某堂某偏而不言四角有室。鄭氏之義，正未嘗以世室、明堂同制。其《考工記》注云：『或舉宗廟，或舉路〔一〕寢，或舉明堂，互言之，以明其同制者。』何也？此謂夏舉宗廟，明路寢、明堂之制同；殷舉路寢，明宗廟、明堂之制同；周舉明堂，明宗廟、路寢之制同，非謂三代之制同也。若鄭氏謂明堂四角有室，宜曰某个爲某堂當某室，觀其於大廟云當大室，於个只云堂之偏，則鄭氏之義，正謂一室四堂也。陋儒不究經文，亦未深求注義，因詆其四角之說，且移其四角有室之說以說明堂，又移其東偏、西偏

〔一〕『路』，《周禮注疏》作『王』。

之説以説世室，及其不通，而歸罪於鄭，且敢於疑經。名爲鄭學者，亦徒泥其言，莫窮其蘊。鄭一蔽於詆之，又蔽於護之，真足悲矣。四阿自殷始，八个自周始，鄭於四角明曰室，議者謂方位不正，將使堂居於角爲正矣，真瞽説也。世室之五室不連堂，而妄指爲堂；明堂之五室統乎堂，而泥指爲室，尤可一噱矣。但四堂居正，四室居隅，位雖各正，而每行之室獨偏於左，或亦不能無疑。此錯綜參伍之妙也，下爲圖以詳疏之。

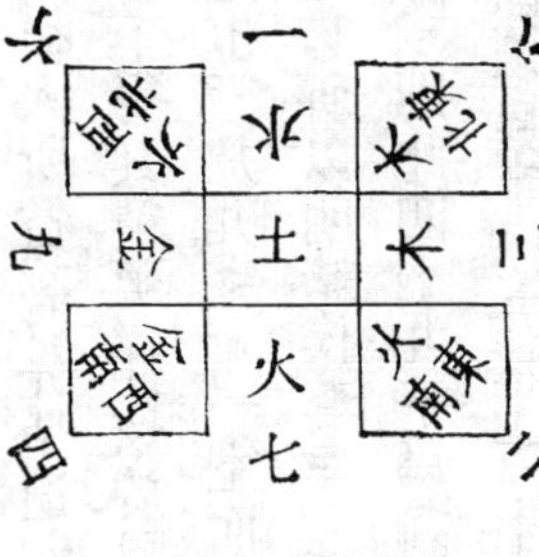

右夏

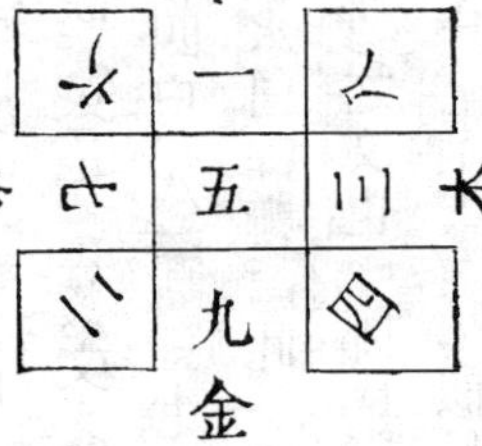

右殷

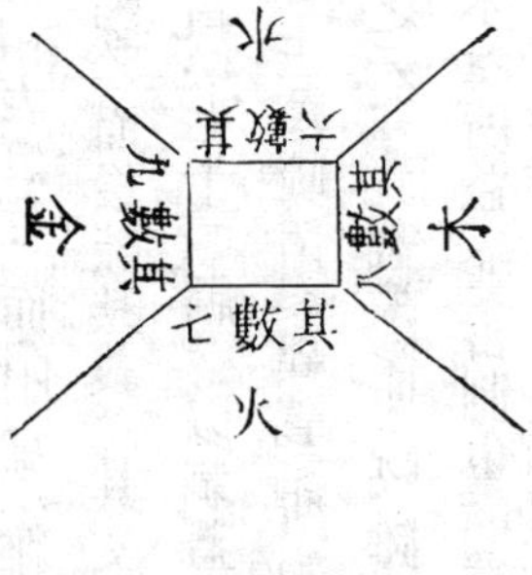

右周

右明堂圖六

世室、明堂，其制不同，既詳疏之矣。論明堂者每取《大戴記・明堂篇》爲說，嘗細考其文，知其爲後人所益，有先聖遺制，可與《考工》、《月令》相表裏者，而附會瑣雜，易於惑人，故說之者不得其精藴，徒炫於異說。今先正其文之譌誤，而後疏其義。其文云：『明堂者，古有之也。凡九室：一室而有四户、八牖，三十六户、七十二牖。以茅蓋屋，上圓下方。明堂者，所以明諸侯尊卑。外水曰辟廱。』此一段《玉藻疏》引《異義》所說，標《戴禮・盛德篇》。則此四十九字爲《戴禮》之文也。鄭氏駁之云：『《戴禮》所說，雖出《盛德記》，其下顯與本異章。九室、三十六户、七十二牖，似吕不韋所益，非古制也。』然則即此四十九字者，先儒已疑其僞也。其文云：『明堂月令，赤綴户也，白綴牖也。二九四七五三六一八。堂高三尺，東西九筵，南北七筵，上圓下方。九室十二堂，室四户，户二牖，其宫三百步。在近郊，近郊三十里。』此一段自『堂高三尺』以下四十字，《異義》以爲《明堂月令書說》之文，但所引『九室十二堂』作『四堂十二室』，鄭駁之云：『四堂十二室，誤，本《書》云「九室十二堂。」』然則此四十字，乃《明堂月令書說》之文，非《盛德記》文，故上尚有『明堂月令』四字，鄭所謂『誤』，斥《異義》引誤，所謂『本《書》』，指《明堂月令》之本《書》

也。杜氏《通典·大享明堂篇》引《大戴禮·盛德篇》云：『明堂九室，室有四户八窗，三十六户，七十二牖，蓋以茅，上圓下方，其外水名辟雍。』所引與《玉藻疏》、《異義》同。以下别言之云：『《明堂月令説》云：「堂高三丈，東西九仞，南北七筵，九室十二堂，室四户，户八牖，宫三百步。在近郊三十里。」』其下引『堂方百四十四尺』一段，以『又曰』二字繫之。『堂方百四十四尺』之文，《明堂月令論》之文也，與『堂高三丈』三十二字相繫，則『堂高三丈』之文，斷爲《明堂月令説》，而非《盛德記》也。近世學者因以『堂方百四十四尺，坤之筴也』一段亦爲《盛德記》文，此於《盛德》之文既未審，於《通典》亦未細讀也。《通典》之文甚明，兹不備録。其文云：『或以爲明堂者，文王之廟也。朱草日生一葉，至十五日生十五葉；十六日一葉落，終而復始也。周時德澤洽和，蒿茂大以爲宫柱，名爲蒿宫也。』《玉藻疏》引《異義》云：『其古《周禮》、《孝經》説：「明堂，文王之廟也。」』其下説之云：『《禮》戴説，而明堂、辟廱是一；古《周禮》、《孝經》説，以明堂爲文王廟。』《通典》既引《明堂月令説》之後，云：『又戴德云：「明堂、辟廱是一物。」《周禮》、《孝經》説以明堂爲文王廟。』皆以文王廟之説屬之《周禮》、《孝經》，别於《戴記》。《藝文類聚》引《禮論》云：『或以明堂者，文王廟，周時德澤洽和，蒿茂大以爲宫柱，名爲蒿宫。』與《大戴記》文同。《通典》云：『或以周時德澤洽和，蒿茂以爲宫柱，名曰蒿宫。此天子之路寢也。』然則《大戴》之文，《禮論》所説，《周禮》、《孝經》之義，非《盛德》本文也。中又雜入『朱草』以下二十五字，於文義爲不倫，於篇義爲不切，而又以朱草爲蓂莢，殊不可解説。按：許君所引，鄭氏所駁，明白較然。檢今本，此又在《盛德記》後，另標《明堂》篇名，又與《異義》引爲《盛德篇》者大異，顯屬後人因鄭氏有『吕不韋所益』之説，摘出附以衆説，别爲《明堂》一篇，附於《盛德》之後，故其文冗雜不一，不可爲據。因又考之《北史》，魏封軌云：『《大戴之《禮》，著十二堂之論。』《隋書》宇文愷引《大戴禮》云：『明堂者，古有之。凡九室，一室有四户、八牖，以茅蓋，上圓下方，外水曰壁廱。赤綴户，白綴牖。堂高三尺，東西九仞，南北七筵，其宫方三百步。凡人民疾，六畜疫，五穀災，生於天道不順。天道不順，生於明堂不飾。故有天災則飾明堂。』《舊唐書》顔師古議云：『《大戴》所説，初有近郊之言，復稱文王之廟，進退無據，自爲矛盾。』據此，則魏末隋唐之間，《盛德》之文已與《明堂月令説》、《周禮》、《孝經》説相亂。諸儒引之而不深考，故或據以爲説，或疑而與之辨。幸《五經異義》隋時尚存，牛弘議明堂引『明堂者，古有之也』四十九字，標以《盛德》篇名，孔沖遠、杜君卿亦依《異義》爲説，卓然可據，至今賴之矣。今《大戴記注》不傳名氏，或以爲周盧辨撰，乃其注『明堂月令』四字云：『於明堂之中，施十二月之令。』又疑其語太重復，此未見《五經異義》，不知《大戴》之《明堂篇》爲後人雜附者。其注『二九四七五三六一八』云：『法龜文也。』九數之爲洛書，始於趙宋，辨注不應及此。蓋辨注已亡，此注乃後人爲之，非辨注也。因即今本《大戴・明堂篇》考之，『赤綴户也，白綴牖也，二九四七五三六一八』，此十七字繫『明堂月令』之下，當亦卽《明堂月令説》之文所羼，詳思其義，蓋傳之古矣。余所謂『先聖之遺制，與《考工》、《月令》相表裏者』，卽『九室』及『二九四七五三六一八』之兩言也。九室者，統堂言之，指世室也，以五室合四堂，其數九也。《洪範》：『五行，一曰水，二曰火，三曰木，四曰金，五曰土。』《逸周書·小開武解》云：『五行，一黑位水，二赤位火，三蒼位木，四白位金，五黄位土。』《月令疏》謂：『乾貞於十一月子，十一月一陽生，故水數一；坤貞於六月未，六月二陰生，陰不敢當午，故火數二；正月三陽生，是建寅之月，故三曰木；八月四陰生，是建酉之月，故四曰金；三月五陽生，爲建辰之月，辰爲土，故土之數五。水在北者，從盛陰之氣，所以潤下也。火在南者，從盛陽之氣，所以炎上也。木在東、金在西者，東西俱陰陽相半也。』是則水北、火南、木東、金西之位所由定而不可易。鄭氏《易·繫辭傳》注云：『天一生水於北，地二生火於南，天三生木於東，地四生金於西，天五生土於中。地六成水於北，與天一並；天七成火於南，與地二並；地八成木於東，與天三並；天九成金於西，與地四並；地十成土於中，與天五並也。大衍之數五十有五，五行各氣並，氣並而減五。』據郑此義，生數既位於各方，而又有成數與之並，故世室正北有水堂，西北又有水室；正南有火堂，東南又有火室；正東有木堂，東北又有木室；正西有金堂，西南又有金室也。陽正陰偏，故二四六八居四角。二四六八必居一三七九之左者，《鄉飲酒義》云：『天地嚴凝之氣，始於西南而盛於西北，此天地之義氣也；天地温厚之氣，始於東北而盛於東南，此天地之仁氣也。』然則春爲東北、正東，夏爲東南、正南，秋爲西南、正西，冬爲西北、正北。故木始東北，火始東南，金始西南，水始西北，陽數之三七九一既居四正，則陰數之八二四六，自居東北、東南、西南、西北，而在四正之左矣。以爻辰之位言之，寅木居東北，巳火居東南，申金居西南，亥水居西北，亦其義也。賈公彦《考工記疏》云：『五行先起東方，故東北方之室言木。其實東北之室兼水，東南之室兼木，西南之室兼火，西北之室兼金。』云『先起東方』者，卽《鄉飲酒義》之説。云『兼』者，蓋以左右个解世室，故謂其相兼，其實四角各配一行，不相兼也。《玉藻疏》引鄭氏云：『水木用事，交於東北；木火用事，交於東南；火土用事，交於中央；金土用事，交於西南；金水用事，交於西北。周人明堂五室，帝一室，合於数。』此言『交』者，以周明堂每角邪分兩个言之，非謂世室也。生成之數有十，室止九者，夏后氏蓋遵九疇之錫，用以作室，形則如疇。《説文》：『疇，耕治之田也。象耕詘形。』數則以九，進奇於正，退偶於隅。陰尚於藏，故以室藏之；陽尚於著，故以堂著之。土雖陽而處於無用，故藏之以太室，而尊之以中央。究《考工》世室之修廣，知鄭氏室居四隅之説爲至當；推《鴻範》九數之奇耦，知鄭氏東南、西南、東北、西北之説爲至精也。以是推之，九定在西而不可南，七定在南而不可西，四定在西南而不可東南，二定在東南而不可西南，此五行之定位，九數之定鄉。今云『二九四七五三六一八』，以九居正南而奪火位，以七居正西而竊金位，斷無此錯亂不經之數，與鄭氏火室東南、金室西南之説爲異，與《繫辭傳注》二七並於南、四九並於西之説亦異。其説何也？蓋殷制也。何以知其爲殷制也？《吕覽·名類篇》〔一〕云：『湯之時，天先見金刃生於水，湯曰：「金氣勝。」金氣勝，故其色尚白，其事則金。』惟湯尚金，故重屋所制，九室之形，四室之位，雖依夏代，獨退火數於西，進金數於南也。《吕覽·上德篇》又云：『周明堂金在其後，有以見先德後武也。』云周以金在後，則殷以金在前，而周變之也。金屬秋，爲肅殺之氣，故象武。此文明曰『周明堂』，則指明堂無疑。高誘謂『作樂鎛鐘在後』，試以地言之。《大射儀》：『樂人宿縣于阼階東，笙磬西面，其南笙鐘，其南鎛，皆南陳。西階之西，頌磬東面，其南鐘，其南鎛，皆南陳。』不聞以南爲後者，孟子云『金聲而玉振之也』，是作樂金在所先，且九夏皆金奏，凡祭祀，賓客皆用金節樂，何云金後？高氏之誤，由不知殷明堂也。云在後者，西於南爲後，地二生火，地四生金，四在二後；南方屬夏，西方屬秋，秋在夏後也。進火於南，退金於西也。然則周之制同於夏矣。謂五室爲一室四堂者，何也？《月令》：孟春居青陽左个，仲春居青陽大廟，季春居青陽右个，而其數皆八；孟夏居明堂左个，仲夏居明堂太廟，季夏居明堂右个，而其數皆七；孟秋居總章左个，仲秋居總章太廟，季秋居總章右个，而其數皆九；孟冬居玄堂左个，仲冬居玄堂太廟，季冬居玄堂右个，而其數皆六。四

〔一〕『名類篇』，據下所引文當作『應同篇』。

仲月處堂之正中，而仲春之數亦八，仲冬之數亦六，是偶數居正矣。何也？夏分陰陽，而以奇偶爲偏正；周合陰陽，而以生成爲帥貳。論奇偶則二四六八附於一三七九，以生成言，則一二三四統於六七八九。周取於成，所以著陰陽合一之象也。夏殷之數九，故九室；周數止五，故五室。重奇數則屏室於四維，重成數則廣堂爲八个，以一函三，每面一堂而含大廟、左个、右个。以三協一，寅卯辰同八，巳午未同七，申酉戌同九，亥子丑同六。化夏殷之整爲斜，裁夏殷之偏爲正，此周之監二代也。然則據《考工》而知夏，據《大戴記》而知殷，據《月令》而知周。明堂之制明，而九宫、即二九四七五三六一八，漢儒以爲九宫。稱宫者，以明堂得名也。宋儒又借爲洛書，則誤矣。八卦《周易》即用六七八九。亦明矣。故曰『先王之遺制』也。云『三十六户、七十二牖』者，此臆説也。蓋九室之名，師承最久。説者不知九室爲四堂五室之九室，因以每室皆有户牖，以四、八乘之，適得三十六、七十二之數，豈知即如此言，亦止二十四户、四十八牖，算之者尚未密也。若必以三十六、七十二求九室，必如北魏李沖所造三三相重，簷不覆基，房間通街，然其穿鑿泥古，不成制度，已牛弘之所笑矣。則三十六、七十二者，斷爲後人所度，不可據也。其更異者，蔡邕《明堂論》云：『堂方一百四十四尺，屋稛圜徑二百一十六尺，通天屋徑九丈，太室方六丈，《牛弘傳》引作『大廟明堂方六丈』，以弘下文又云『大室方六丈，通天屋徑九丈』，則爲『大室』二字無疑。八闥九室十二宫三十六户七十二牖，户皆外設。通天屋高八十一尺，二十八柱布四方，堂高三尺，外廣二十四丈，四周以水。』《隋書·宇文愷傳》引《周書·明堂》云：『明堂方百十二尺，高四尺，階廣六尺三寸，室居中，方百尺，室中方六十尺。户高八尺，博四尺。』説異於《考工記》九筵、七筵。蓋既泥室爲九，又牽合《月令》之四廟、八个以爲十二堂，則此九筵、七筵之地不可以容，乃取乾策、坤策之數以爲度。然以方十四丈四尺之堂，中室方六丈，每面止餘四丈二尺，去以街道，三十六户七十二牖，房間必有街道。則堂室爲狹，中大八小亦不成制。於是又以四角之室接四室爲九室，李覯云：『《盛德記》九室，蔡伯皆〔一〕之徒傳之，接四室之角，又爲四室。聶崇義誤以爲秦人明堂圖者，是也。』魏李謐論九〔二〕室云：『左右之个，重置一隅。』又云：『堂之修廣，裁六十三尺，其中五十四尺，計其一室之中，止有一丈。』此即四角接室也。今計之，以方十四丈四尺，中室方六丈，四隅所重之八室，每室二丈一尺，其正面分十二堂。然四隅之室，止當大室九分之一，堂勢參差，尤非制也。若李謐取《考工》之五室，取《盛德》之户牖，以五室而三十六户七十二牖，不待知者而知其妄矣。牛弘解衆説而不能通，因議明堂取《考工》之五室，合蔡邕説之一百四十四尺，然去户牖之緐，則是疑七筵之度則非。豈知《考工》、《月令》之文本至明而至當哉！然説者日多，益巧益離，其宗九筵七筵之制而不可不急辨者有二：其一

〔一〕『皆』，清經解續編本作『喈』。
〔二〕『九』，清經解續編本作『三』。

取九筵七筵而分之，以中央方二筵爲大室，室外修二筵爲太廟，廟外方二筵爲四堂之大廟，廟之兩畔方一筵爲左右个當兩个，太廟之前爲堂，東西每面四筵半，合九筵。南北每面三筵半，合七筵。是説也，可謂巧矣，乃通計之，南北十七筵，東西十九筵，既屬臆説，而每角所餘方三十三筵有奇，更何説以處此也？此李覯説也。修十七筵、廣十九筵，太室太廟方六筵，則南北各餘六筵半，東西各餘五筵半，每面三辰，去六筵則每角餘三十三筵有奇。其一取七筵而倍之，謂每面七筵，説始於唐仲友。推其説者，以七筵六十三尺倍之，得百二十六，加中室二筵，得一十八尺，共成一百四十四尺，以《考工》之度，合於蔡邕所論，視李覯説爲尤巧。乃經文南北七筵，今東西亦七筵，因而東西九筵，亦南北九筵，既大戾於經文，且九筵既爲每堂之廣，而四角所餘，各方三丈一尺五寸，又不知何説以處此也。東西九筵，以一百四十四尺減之，餘六丈三尺，半之，得每角餘地方三丈一尺五寸，考每室二筵，五室修五丈四尺，此每角所餘大於每室，將置何名？又此七筵之堂，兩邊當中室之角，置二筵之室，則此室角外餘方一丈三尺五寸之地，又將置何名？唐仲友駁李覯，自爲每面深七筵之説，更有六楹三筵等，悖於經文，兹取其易惑人者辨之。豈知經文之南北七筵、東西九筵，每室二筵，不可增亦不可減，不可倍亦不可分。凡此紛紛，新巧易惑，不求經文，徒牽衆説，左荼右縮，獲一亡十，總由不知世室之五室以室言，明堂之五室統堂言，《戴記》之九室統堂言，《月令》之十二堂以無室言，遂至疑於七筵，疑於兩个，緐户牖，侈圍徑，臆見林立，莫敢違矣。余於此制，求之甚力，每得一説，從而又舍，久乃知經文之本明，鄭注之非謬。三代之制，燦然示掌，其精義所取，神而化也。既分擇《盛德記》之文疏之於前，又辨衆説之似是而非者，庶幾古制明而經文顯也。

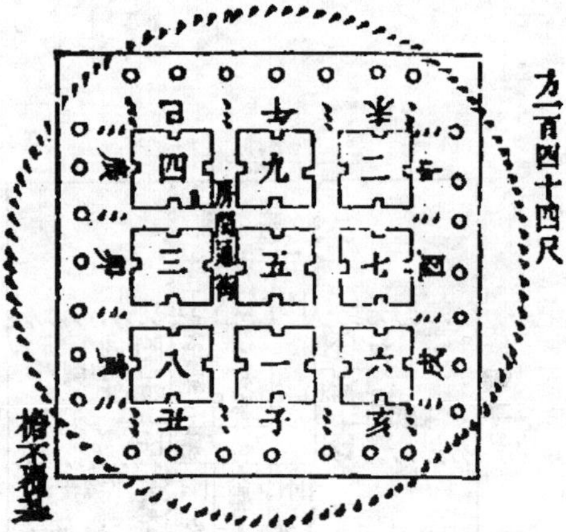

四角之室接四室圖

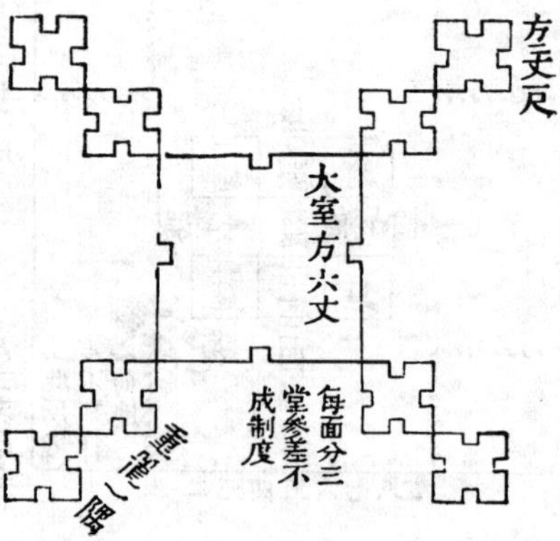

七筵九筵分兩面圖

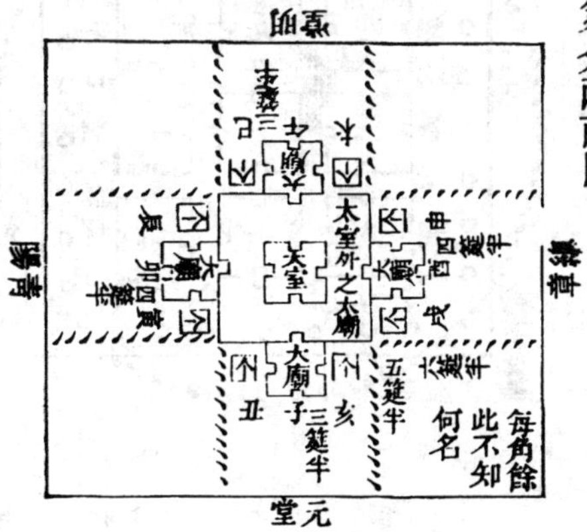

每堂深七筵圖

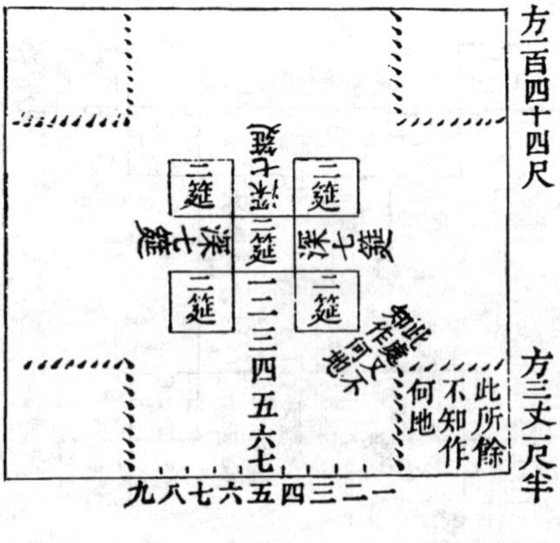

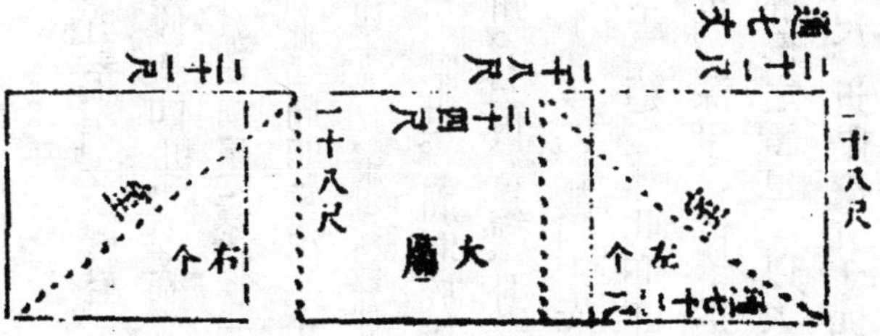
通七丈
二十二尺
一十八尺
左个
二十八尺
二十四尺
大廟
一十八尺
右个
二十二尺
室

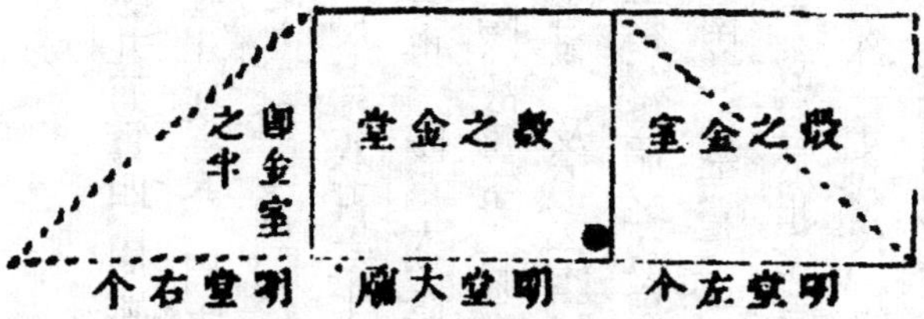
堂金之數
室金之毀
即金室之半
明堂右个
明堂大廟
明堂左个

右明堂圖七

夏、殷九室，周五室，周之減於二代，明矣。然夏雖九而實四，周雖五而實十二，是周且增於夏也。世室修十四步，八丈四尺。周明堂修七筵，六丈三尺。周之狹於世室，明矣。然世室之堂深三步，如四隅室之深。廣四步四尺，如中室之廣。積五百□，□四尺，深十八尺，廣二十八尺，相乘得積數如此。周明堂深一丈八尺，廣七丈二尺，積八百六十四尺，以右个補左个，成方形，則深十八尺，廣四十八尺，求得積數如此。是周且大於夏也。陽爲大，陰爲小，夏之堂大於室，堂廣，其面可置三階也。周取於成，則陰化而附於陽，故每室二筵也。此損益變化之妙用，豈牽合於九州、七宿、黃鐘、卦變、四海、三統，蔡邕説。及十二座、三十六雨、七十二風《白虎通》説。緐縟不切之類哉！先王之制至平而至精，後儒之説愈深而愈鑿，識者當自辨也。經云『每室二筵』者，此亦卽南北之深言之。南北七筵，每室二筵，東西九筵，則每室二筵，□六尺也。深可言，廣以邪殺不一而不可言，故經於世室言其修廣，於明堂止言其修，亦兩个爲邪形之證也。以大槩計之，南北之堂深一丈八尺，近階廣七丈二尺，則東西之堂深二丈四尺，近階廣五丈四尺也。爲二筵者三。或謂明堂度小，不能行禮，豈通儒之論哉？

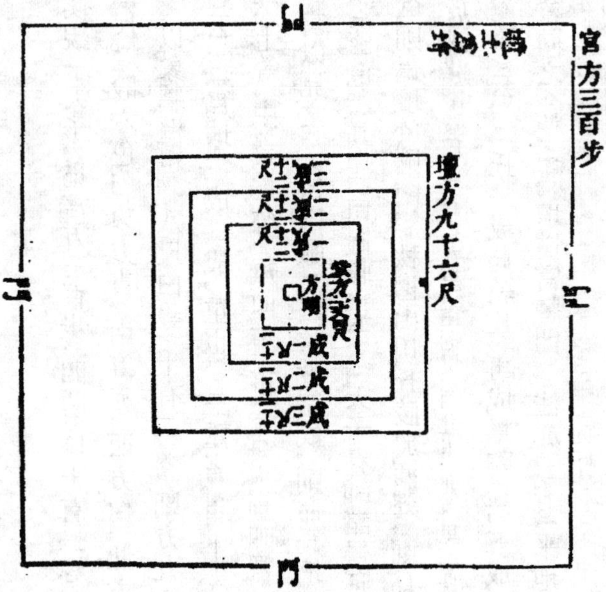
門
門
門
門
宮方三百步
壇方九十六尺
方明

右壇圖

《覲禮》云：『諸侯覲于天子，爲宫方三百步，四門，壇十有二尋，深四尺，加方明于其上。方明，木也，方四尺。設六色：東方青，南方赤，西方白，北方黑，上玄，下黄。』注云：『宫，謂壝土爲埒，以象牆壁也。八尺曰尋，十有二尋，則方九十六尺也。深，高也，從上曰深。《司儀職》云：「爲壇三成。」成，重也。三重者，自下差之爲三等，而上有堂焉。堂上方二丈四尺，上等、中等、下等，每面十二尺。每面，則四面。王巡守，至於方嶽之下，諸侯會之，亦爲此宫以見之。《司儀職》曰「將會諸侯，則命爲壇三成，宫，旁一門」，言每旁。詔王儀，南鄉見諸侯」也。』其注《司儀職》云：『天子春帥諸侯拜日於東郊，則爲壇於國東；夏禮日於南郊，則爲壇於國南；秋禮山川丘陵於西郊，則爲壇於國西；冬禮月、四瀆於北郊，則爲壇於國北。賈氏云：「東八里，南七里，西九里，北六里。」既拜禮而還，加方明於壇上而祀焉。』又引《爾雅》云：『丘一成爲敦丘，再成爲陶丘，三成爲昆侖丘。』云『壝土爲埒』者，『掌舍掌王會同之舍』，『爲壇壝宫棘門』，注亦云：『平地築壇，又委壝土爲〔一〕

〔一〕「為」，《周禮注疏》作「起」。

鄭氏云「埒，卑垣也。」蓋四面壅土爲矮牆，每方之中，闕之作門。《説文》：「堳埒以爲宮。」堳字，《説文》、《玉篇》俱無，孔〔一〕氏云：「掘地爲宮，土在堳〔二〕畔而高。」則堳埒似「諸侯入壝門」，是也。其引《爾雅》者，《水經注》云：「崑崙之山三級。」是崑崙之山有三重，故丘之三溝塹之謂。重者名之。注取此以證三成爲三重，非取崑崙之名也。漢公玉帶言明堂之上，有樓名曰崑崙，此自言樓，而説者乃謂壇爲明堂，誤矣。荀子云：「築明堂于塞外。」楊倞注云：「壇也。」吴仁傑、王炎本之。因推其度，宮方三百步爲里一，爲徑一千八百尺，爲積三百二十四萬尺，壇高四尺，蓋堂一尺，成各一尺，方九十六尺，爲積九千二百一十六尺，堂方二丈四尺，爲積五百七十六尺，每面十二尺，則下層積四千口，口三十二尺，以十二乘九十六，又以四乘之，又以堂積數減之。中層積二千八百八十尺，以二堂積減下層積數。上層積一千七百二十八尺，以二堂積減中層積數。自堂至埒，每面相去七百五十二尺。

〔一〕「孔」，《周禮注疏》作「賈」。
〔二〕「堳」，《周禮注疏》作「坑」。

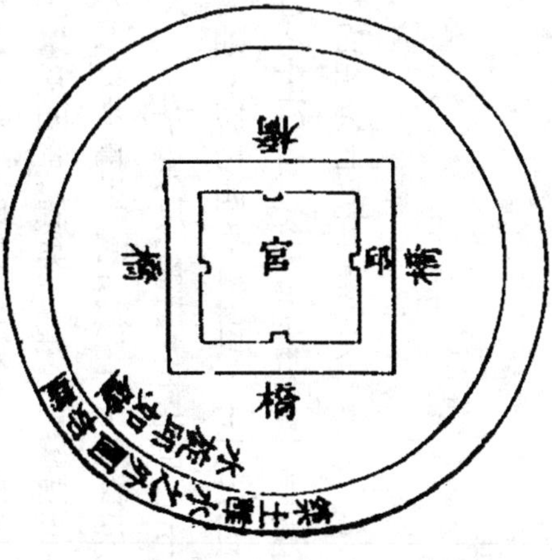
宮
橋
橋
橋

右學圖一

此辟廱也。《王制》云：『小學在公宫南之左，大學在郊，天子曰辟廱，諸侯曰頖宫。』又云：『天子將出征，類乎上帝，宜乎社，造乎禰，禡於所征之地。受命於祖，受成於學。出征執有辠，反釋奠於學，以訊馘告。』《魯頌》云：『既作泮宫，淮夷攸服。矯矯虎臣，在泮獻馘。』以此準之，辟廱卽大學獻馘之地也。《魯頌》又云：『魯侯戾止，言觀其旂。無小無大，從公于邁。』惟泮宫在郊，故云從邁。《禮器》云：『魯人將有事於頖宫。』注云：『頖，郊之學也。《詩》所謂「頖宫」也。字或爲「郊宫」。』以此準之，辟廱卽大學，大學在郊，不必殷制也。《王制》注以在郊爲殷制。《大雅·靈台》傳：『水旋丘如璧曰廦廱，以節觀者。』《魯頌》箋云：『辟廱者，築土雝水之外，圓如璧，四方來觀者均也。』然則自水之圓言之謂之辟，自水外隄言之謂之廱，其中有丘，丘上之宫謂之辟廱宫。《思齊》詩云：『雝雝在宫』是也。箋云：『宫，辟雝宫也。』《文王有聲》詩云：『鎬京辟廱，自西自東，自南自北，無思不服。』箋云：『武王於鎬京行辟雝之禮，自四方來觀者，皆感化其德心。』若在城中，何以容四方之觀者乎？《後漢書》明帝臨廦廱，『冠帶縉紳之人，圜橋門而聽者，蓋億萬計』。準此，則由隄及丘，亦必有橋，經文未具耳。又按《詩》，由靈臺及靈囿，由靈囿及辟廱。《左氏僖公十五年傳》：秦伯舍晉侯於靈臺，『大夫請以入』。注云：『在京兆鄠縣，周之故臺。』則此靈臺，卽文王之靈臺也。云舍於此而大夫請入，則臺在郊外甚明。鄭氏注《靈囿》云：『天子百里，諸侯四十里。』孟子言文王之囿七十里。囿之大如是，定屬在郊。《三輔黄圖》云：『靈囿在長安西北四十二里，靈臺在長安西北四十里。』《異義》：《公羊》説云：「在國之東南二十五里。」』考《乾鑿度》云『伐崇作靈臺』，鄭氏注《詩序》云：『文王受命而作邑於豐，立靈臺。』《小序》：『《靈臺》，民始附也。文王受命而民樂其有靈德，以及鳥獸昆蟲焉。』《公羊》説以豐邑言，『豐邑在豐水之西』，見《鄭箋》。《長安志》云：『豐水出長安縣西南五十五里。』是豐邑在長安之西也。《黄圖》以漢長安縣言，今長安故城在西安府之西北十三里。《水經》：渭水會豐水後，越鎬水、泬水而東逕長安城北，是長安在豐邑之東也。『國之東南二十五里』，卽長安西北四十里也。《地理志》『文王作豐』，顔師古注云：『今長安西北界靈臺鄉豐水上。』是靈臺在郊，斷斷然矣。七十里之囿，必跨豐、鎬爲之。《地理志・鄠縣》：在豐地。『酆水出東南，又有潏水，卽《水經》泬。皆北過上林苑入渭。』上林苑在長安縣西北。閻氏若璩謂上林卽靈囿地，是也。《地理志》：『成國渠首受渭，東北至上林入蒙籠渠。』《水經注》：『成國渠上承汧及武功槐里縣北。』準此，上林近渭水也。蓋囿有二：一在宫中，《月令疏》言『宫室所在，亦有林苑』，囿人中士四人、下士八人所掌也。一在郊門之内，孟子言『郊關之内，有囿，方四十里』，《詩》言『靈囿』是也。鄭氏以三靈、辟雍皆在郊，決爲定論。或以在太廟中，盧植、服虔、賈逵、潁子容、蔡邕諸儒説。袁氏辨之詳矣。見《毛詩》、《禮記》等疏。

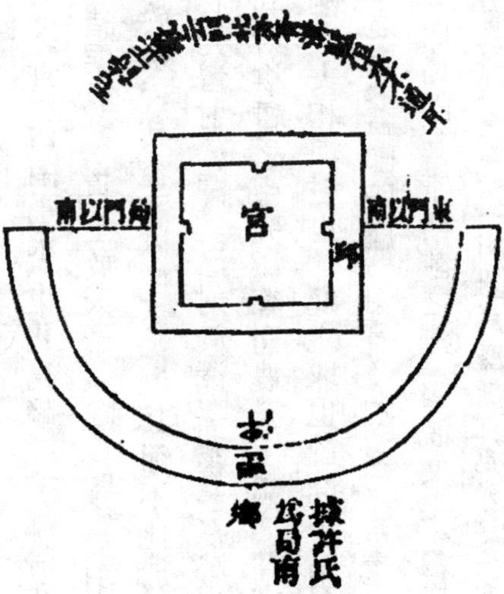

右學圖二

此泮宮，鄭箋説也。箋云：『泮之言半也。半水者，蓋東西門，以南通水，北無也。』《説文》云：『泮，諸侯鄉射之宫，西南爲水，東北爲牆。』按鄉射在庠，不在太學，此云『鄉射之宫』者，《射義》云：『諸侯歲獻，貢士於天子，天子試之於射宫，其容體比於禮，其節比於樂，而中多者，得與於祭；其容體不比於禮，其節不比於樂，而中少者，不得與於祭。』又云：『天子將祭，必先習射於澤。已射於澤，而後射於宫。』注云：『澤，宫名也。』《夏官·司弓矢》：『澤，共射椹質之弓矢。』鄭司農云：『澤，澤宫也。』《尚書傳》云：『凡祭，取餘獲陳於澤，然後卿大夫相與射也。鄉之取也於囿中，勇力之取也；今之取也於澤宫，揖讓之取也。』澤上之宫，蓋卽辟廱。射宫又在一處，不可考。《周頌》『于彼西雝』，傳云：『雝，澤也。』箋云：『白鳥卽〔一〕于西雝之澤。』《説文》：『邕，四方有水，自邕城池。』雝，鳥名，邕字之借。『巛』，《春秋傳》云：『川雝爲澤。』澤爲光澤之名，亦借。然則以水雝丘爲雝，以土雝水爲澤。故辟雝一稱『雝宫』，古鼎銘云『王在雝宫』，又云『王在雝上宫』。一稱『澤

〔一〕『卽』，《毛詩正義》作『集』。

宫』。在西，又曰『西雝』。是則辟雝亦習射之所，準之頖宫，當亦然。但習射之宫，非鄉射之宫也。

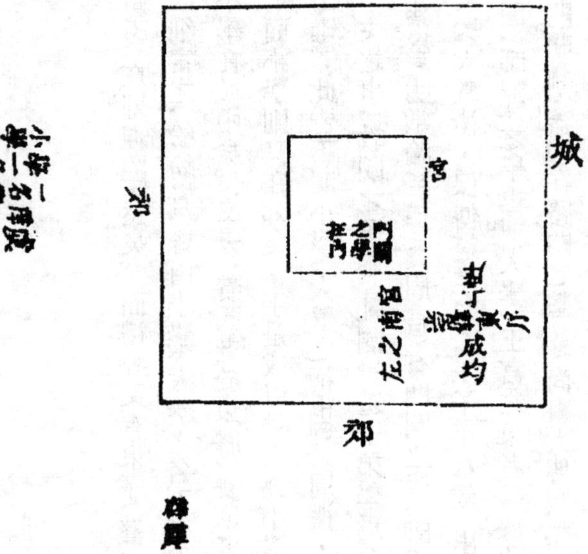

右學圖三

辟雝之爲大學，大學之在郊，斷斷然矣。而禮經又有東序、瞽宗、上庠、成均、虞庠五名，紛紛而不可部署，因細審之，紛紛者，皆由小學、大學之名不可定也。《王制》云：『小學在公宫南之左』，則小學在城中矣。又云『養國老於東膠，養庶老於虞庠』，虞庠在國之西郊，養庶老斷非大學，而小學則又在郊矣。于是或以瞽宗爲小學，東序爲大學，或以辟雝爲小學，或以成均卽虞庠，此皆不明小學、大學之稱也。《周禮・師氏》：『以三德教國子，居虎門之左，掌國中失之事，教國之子弟，凡國貴遊子弟學焉。』《保氏》：『養國子以道』，教以六藝、六儀。蔡邕《明堂論》云：『《周官》有門闈之學，師氏教以三德，守王門；保氏教以六藝，守王闈。』《大戴禮・保傅篇》云：『王子年八歲，出就外舍。成童而就太學。』注云：『小學謂虎闈，師、保之學也；太學，王宫之東者。』據此，王子及國子始皆學於門闈，然後入太學。門闈者，蓋卽在路門之塾。《尚書大傳》云：『大夫七十而致仕，老於鄉里，名曰父師，士曰少師，以教鄉人子弟於門塾之基。』父師、少師教庶人之子於里門之塾，師氏、保氏教王子、國子於虎門之塾，其義一也。《王制》云：『耆老皆朝於庠。』注云：『此庠謂鄉學也。』此卽西郊之虞庠，鄉大夫行鄉飲酒禮在此。《記》言『主人迎於庠宗，《書》在上庠。』又云：『凡祭與養老乞言、合語之禮，皆小樂正詔之於東序。大樂正學春誦夏弦，大師詔之。瞽宗秋學《禮》，執禮者詔之。冬讀《書》，典書者詔之。《禮》在瞽注云：『學士謂司徒論俊選所升於學者。』又云：『春夏學干戈，秋冬學羽籥，皆於東序。』自門闈而入，與由郊庠〔一〕而入者同一大學。《文王世子》云：『凡學，世子及學士必時。』《詩》、《書》。王大子、王子、群后之大子，卿大夫、元士之適子，國之俊選，皆造焉。』然則四術，立四教。順先王《詩》、《書》、《禮》、《樂》以造士。春秋教以《禮》、《樂》，冬夏教以而四郊之學爲小學無疑。蓋王子以門闈爲小學，俊秀以郊庠爲小學也。又云：『樂正崇司徒論選士之秀者，而升之學。』注云：『學，大學。』升而後入太學，則未升之時在小學，疏云：『六鄉舉黨，六遂舉遂，則餘閭、里以上，皆有學可知。』又云：『命鄉論秀士，升之司徒，曰選士，禮於遂之學。』郊、遂皆有學，則不獨近郊有庠矣。《學記》：『黨有庠，術有序。』注云：『術當爲遂。』『不變移之遂』，注云：『郊，鄉界之外者也。爲之習禮於郊學。遠郊之外曰遂，又爲之習則不獨西郊有庠，四郊皆有之，惟以養庶老言，故獨曰虞庠也。又云：『不變移之郊』，不變，命國之右鄉，簡不帥教者移之左，命國之左鄉，簡不帥教者移之右。』左右皆有學，門之外』，卽此庠也。又云：『元日習射上功，習鄉上齒。大司徒帥國之俊士與執事焉。

〔一〕『郊庠』，清經解續編本作『庠序』。

舞干戚、語説、命乞言，皆大樂正授數。』此與《王制》所云『樂正崇四術』等語正合。則所入之大學，卽所云東序、瞽宗、上庠也。《周禮》：『大司樂掌成均之法，以治建國之學政，而合國之子弟焉，凡有道有德者，使教焉，死則以爲樂祖，祭於瞽宗。』小樂正爲樂師，見《文王世子》注。則大樂正必大司樂，大司樂教國子於東序，祭樂祖於瞽宗，而統云『掌成均之法』，則成均亦卽大學。《祭義》云：『食三老五更於大學，所以教諸侯之弟也。天子設四學，當入學，而太子齒。』於大學下言『四學』，則大學有四，東序、成均、瞽宗、上庠，所謂『四學』也。東序之在東無可疑。《祭義》云：『祀先賢於西學』，此卽祭於瞽宗之謂。且秋學《禮》而在瞽宗，冬讀《書》而在上庠，則瞽宗在西，上庠在北無疑。東序、瞽宗、上庠既分於三方，此成均宜在南方也。成均爲南學之定名，卽爲大學之通名，猶青陽、總章、玄堂，統曰明堂也。《文王世子》云：『凡語於郊者，必取賢斂才焉。』此郊學也。又云：『於成均，以及取爵於上尊也。』此升於成均也。統言，『大學』則稱『成均』；詳指其事，則各舉一方之學。舍諸家不一之説，以經證經，小學、大學之制了然易見。然則大學在宫左，小學在郊，一定不可移者，而《王制》云：『大學在郊，小學在公宫南之左』，何也？此以辟廱、泮宫言之也。以國學較鄉學，則國學爲王子所在，故曰大學；以國學與辟廱較，辟廱者，天子講學之地，《説文》云天子飲酒之地以泮宫。『在泮飲酒』，言之則亦飲酒也。非太子所得入，則國學宜稱小學，辟廱宜稱大學也。〔一〕《大戴禮》：『帝入東學，帝入南學，帝入西學，帝入北學』，即東序、成均、瞽宗、上庠也。又云『帝入大學』，則辟廱也。宋陸農師云：『辟雍最處中，其南爲成均，其北爲上庠，其東爲東序，其西爲瞽宗。』說四學之方位甚合，惟以辟雍在中爲誤。《王制》明言『在郊』，何得與宮左之學共處？《祭義》明云『四學』，何得有五？治朝比燕朝則稱外朝，《文王世子》注云：『內朝，路寢廷。外朝，路寢門之外廷。』比外朝則稱內朝，《玉藻》：『日視朝於內朝』，注云：『此內朝，路寢門外之正朝也。』宮左之學，比鄉學則稱大學，比辟廱則稱小學，隨文取義，固無紊矣。

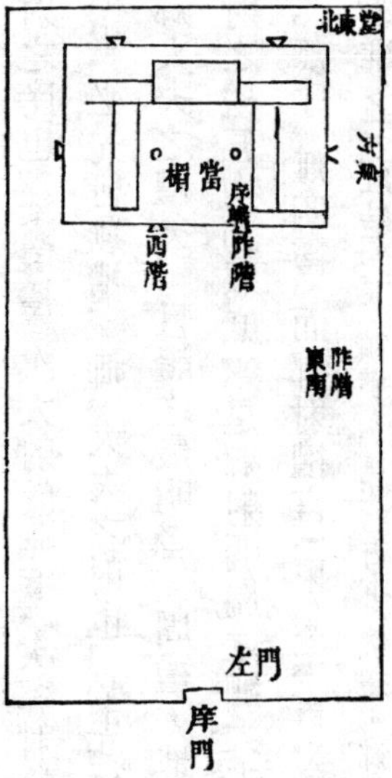

〔一〕『國學宜稱小學，辟廱宜稱大學也』一句，清經解續編本作『國學宜稱大學也』，脱『小學辟廱宜稱』六字。

右學圖四

此鄉大夫飲酒、鄉射之庠也。《儀禮》次大射於燕下，次鄉射於鄉飲酒下，《禮記・射義》云：『古者諸侯之射也，必先行燕禮；卿、大夫之射也，必先行鄉飲酒之禮。』上鄉飲酒屬鄉大夫，則鄉射亦鄉大夫之禮矣。且證之最明者，《周禮・地官・鄉大夫職》，既『獻賢能之書』，『退而以鄉射之禮五物詢眾庶』，是鄉射明屬之鄉大夫，若州長射於州序，無鄉射之稱矣。且序無室、無序、無四霤，而鄉射禮言『東榮』、言『序端』，亦爲射於庠之證矣。惟言『鹿中』，以《記》準之，宜是士。顧寧人言：「古本《儀禮・鄉射記》有『士鹿中』一句。」然《記》言『大夫兕中』次君下，蓋謂諸侯之大夫。鄉大夫則天子之大夫也。以天子大夫射豹侯，諸侯大夫射參侯例之，其鄉射自用鹿中邪？又以三侯例之，或射者皆士，其大夫自射之算用兕中，士之算用鹿中邪？且經文云『豫則鉤楹內，堂則由楹外』，序與庠並言矣。總之《地官・鄉大夫》，鄉射一言自足，爲鄉射在庠之的據，其《記》文或記異說，或經中雜言士制，可無泥也。

附鄉飲酒敷席圖

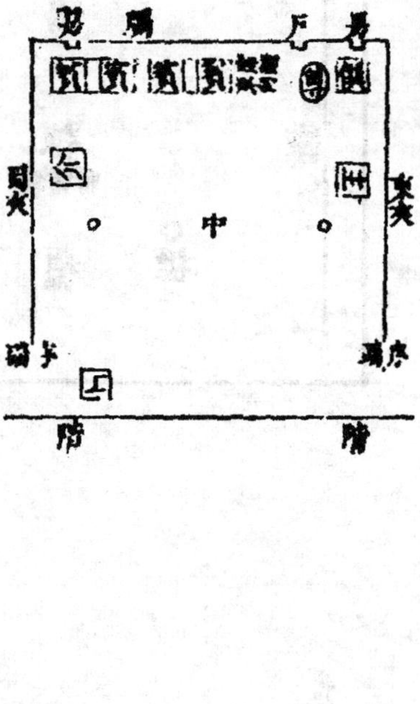

賓席，正中南鄉，衆賓席在賓席西，合賓與衆賓言之，故曰坐賓於西北也。介視賓則在西南，主人對介則在東南，僎在主人北尊東，故曰東北。衆賓席不屬，各爲一席也。鄉射則相繼。而西席接席也，介以輔賓，亦賓也。僎輔主人，亦主人也。尊在僎及賓之間，故曰賓主其之也。《鄉飲酒義》言四面之坐如此。疏者泥此，謂無西房。江氏辨之，而疑《鄉飲義》不可據。附此圖以明東房西室之説誤。並以明《鄉飲酒義》之可據也。

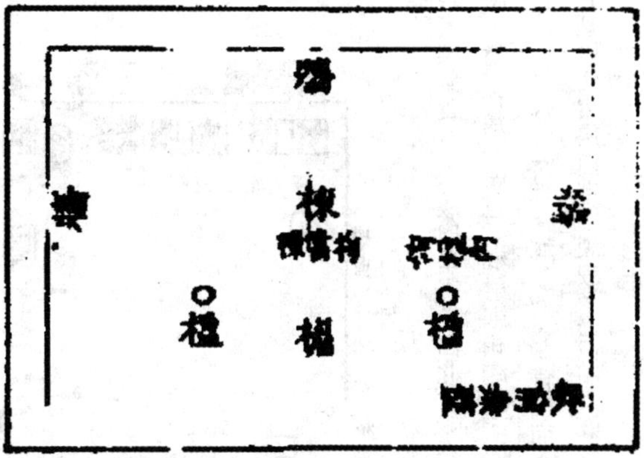

右學圖五

此序也，州長春秋習射於此，黨正正齒位飲酒亦於此。《鄉射禮》云：『豫則鉤楹內。』注云：『序無室，可以深也。今言豫者，謂州學也。讀如「成周宣榭災」之「榭」。《周禮》作「序」。凡屋無室曰榭，宜從榭。』按《爾雅》云：『無東西廂有室曰寢，無室曰榭。』榭蒙無東西廂言，則視寢又無室矣。杜預注宣十六年傳云：『宣榭，講武屋，謂屋歇前。』孔疏云：『歇前者，無壁，如今廳是也。』歇前正無廂與室之屋也。《學記》云：『黨有庠，術有序』，注云：『「術」，讀〔一〕如「遂」，聲之誤也。黨屬於鄉，遂在遠郊之外。』此即『移之遂』之學，其制與州序同，故亦名序。顧寧人云：『《周禮》遂官各降鄉官一等，則遂之學亦降鄉一等矣。降鄉一等，而謂之州長，其爵與遂大夫同，則遂之學，其名與州序同，可也。』《周禮》黨正飲於序，此言『黨有庠』者，五百家爲黨，五黨爲州，五州爲鄉，鄉立庠，州立序，黨正之飲酒，蓋卽於州序，非黨亦有序也。『黨有庠』之『黨』與『遂』對舉，則鄉之通名，非每黨另有庠也。孟子云：

〔一〕『讀』，《禮記正義》作『當』。

『夏曰校，殷曰序，周曰庠，學則三代共之。』以校、序、庠别於學，序乃〔一〕鄉學之名。殷人尚質，其制無室而歇前，周立此制於州、遂，而易鄉學爲庠也。《王制》云：『夏后氏養國老於東序，養庶老於西序。』《文王世子》於大學言『東序』，是太學亦有序稱。周之『東序』，又曰『東膠』，『膠』與『校』蓋同音通用字。大學稱序、校，猶鄉學名庠，而北學亦稱上庠也。歇前之制，惟在州遂者然耳。

叙

竊嘗謂，爲童子師者，必先教以古音韻之學，而後授以《詩》；必先教以爻辰互變之例，而後授以《易》；必先教以土地山川之所在，而後授以《春秋》；必先教以宫室之制度，而後授以《禮經》。人苦《禮經》之難讀者，未明宫室也。所稱堂室朝廟之狀，如日星之在目，其餘揖讓之節，酬酢之等，不異肩膊脊胳之載於俎，米鹽布鐵之陳於肆矣。是故撰之《爾雅》，縷釋其名，搜之《考工》，備條厥度。制作之精，散見六經，至詳備矣。乃漢魏以降，師學日多，遞承其指，每失其真，或泥於一字而亡其大概，或觀於大略而悖於本

〔一〕『乃』，清經解續編本作『則』。

義。竊念經之立言，以文繁則相統，以並見則互列，未發之旨，其機躍如。究其舉一，可以知三，乃未能深入，徒肆多惑，明文可證。屏之不取，私臆所益，苗莠雜陳，學者不擇，奉爲圭臬，寧于悖經，不敢違注。舛誤已著，必傅會以飾其非；其説之精，轉拘牽而障其藴。經學日湮，注意亦晦，良可傷也。不佞幼從性學，矢意周、程，既知其派，上及漢唐，遺文考之賈、陸，訓詁求於鄭、許。然而歆、向傳經，父子殊詞；德、聖授《禮》，叔侄異輒。説《詩》之家有四，魯史之傳有五，豈一經之文，可備衆論？有所爲是，卽有所非，是以古經之注，義長是取，文字之解，博采所成。且速朽惑於親聞，裼、襲分之同學。遺經之趣，洵難漫言，與注是拘，寧經是叩。參稽之下，用以自嚴，好我而從，亦惟斯授。因念《詩》音《易》象，述諸碩儒，業可師法。宫室之制，未有專書，説明堂陰陽者，其簡已燼；述宫宅地形者，所學不經。乃考《隋史》所傳，有《王城宗廟明堂圖》一卷。訪之《四庫》，已無其書，竊比先進，擬爲一編，成而數之，類乎陽數之老，篇協大衍之用。首以城者，周王敘官，首蒙建國，有聲之詠，築城爲要。堵雉之度，郛郭之狀，宜首講也。次以宫者，重門取豫，繼以大壯，政令所出，王居是重。宗廟社稷，宫實包之，三朝六寢，於此畫矣。次以門者，左扉之立，同諸五室，拂臬之行，或乖其方，考諸朝制，門可遺乎？次以屋者，堂戺之基，必合棟宇，舍屋論堂，爾乍扼腕，四阿兩下，象違而通，屋制既定，堂室既明，而宗廟明堂由是推矣。次社稷者，宫室之造，壇居廟右，祀典之大社，與周並索之遺文，其制可證。

次宗廟者，堂階之制，見於路寢，五七之説，淆於衆儒，屏南每曲，亦所宜辨，唐閎名別，尚明其同。其在於郊，首明堂者，宗祀所在，群后所朝，重陽數者偶其室，取成數者个其堂，精義所寓，奄於説者，經文不究，制度遂歧，穿鑿附會，客踞主奪，以致二九之文僞爲河雒，令金火相竊南西易位，職明堂之不講也。次以壇者，地無明堂，會則壝土，乘龍張鶴，典式裔皇，開方以計，度有常矣。終於學者，辟廱之水，天子所臨，郊痒州榭，及於庶士，舍是而謀，不登朝廟，要歸於兹，竊以自懋。凡此九類，研之以精，形勢得其修廣，義藴窮諸參伍，尸以禮經，實通諸籍，以此汲古，庶增一綆，後有嗜者，將不廢也。

春秋左傳補疏

春秋左傳補疏序

余幼年讀《春秋》，好《左氏傳》，久而疑焉。及閲杜預《集解》，暨所爲《釋例》，疑滋甚矣。孔子因邪説暴行而懼，因懼而作《春秋》，《春秋》成而亂臣賊子懼。《春秋》者，所以誅亂賊也。而《左氏》則云：『稱君，君無道；稱臣，臣之罪。』杜預者，且揚其辭而暢衍之，與孟子之説大悖，《春秋》之義遂不明。已而閲《三國魏志·杜畿傳》注，乃知預爲司馬懿女壻。《晉書》預本傳云：『祖畿，魏尚書僕射，父恕，幽州刺史。其父與宣帝不相能，遂以幽死，故預久不得調。文帝嗣立，預尚帝妹高陸公主起家，拜尚書郎，四年，轉參相府軍事。』預以父得罪於懿，廢棄不用，蓋熱中久矣。昭有篡弑之心，收羅才士，遂以妹妻預，而使參府事。預出意外，於是忘父怨，而竭忠於司馬氏。既目見成濟之事，將有以爲昭飾，且有以爲懿、師飾，卽用以爲已飾，此《左氏春秋集解》所以作也。夫懿、師、昭，亂臣賊子也；賈充、成濟，鄭莊之祝聃、祭足，而趙盾之趙穿也；王淩、毋丘儉、李豐、王經，則仇牧、孔父嘉之倫也。昭弑高貴鄉公，而歸罪於成濟，已儼然托於大義而思免於『反不討賊』之譏。師逐君，昭弒君，均假太后之詔以稱君罪，則師曠所謂『其君實甚』、史墨所謂『君臣無常位』者，本有以啟之。預假其說而暢衍之，所以報司馬氏之恩，而解懿、師、昭之惡，夫又何疑？顧射王中肩，卽抽戈犯蹕也，而預以爲『鄭志在苟免，王討之非』，顯謂高貴討昭之非，而昭禦之爲『志在苟免』。孔父嘉之『義形於色』，仇牧之『不畏强禦』，而預皆鍛煉深文，以爲無善可褒，此李豐之忠而可斥爲奸，王經之節而可指爲貳，居然相例矣。師、昭而後，若裕，若道成，若衍，若霸仙，若歡、洋，若泰，若堅、廣，他如石虎、冉閔、苻堅，相習成風，而《左氏傳杜氏集解》適爲之便，故其說大行于晉、宋、齊、梁、陳之世。唐高祖之於隋，亦踵魏晉餘習，故用預說作《正義》，而賈、服諸家，由是而廢。吾於《左氏》之說，信其爲六國時人爲田齊、三晉等飾也。《左氏》爲田齊、三晉等飾，與杜預爲司馬氏飾，前後一轍，而孔子作《春秋》之義乖矣。四明萬氏充宗作《學春秋隨筆》，斥《左氏》之頗；吴中惠氏半農作《春秋說》，正杜氏之失；無錫顧氏棟高作《春秋大事表》，特糾杜注之誤。而預撰《集解》之隱衷，則未有摘其奸而發其伏者。賈、服舊注，惜不能全見，而近世之儒者補《左氏》注，亦徒詳核乎訓故名物而已。余深怪夫預之忘父怨而事仇，悖聖經以欺世，摘其說之大紕繆者，稍疏出之，質諸深於《春秋》者，俾天下後世共知預爲司馬氏之私人，杜恕之不孝子，而我孔子作《春秋》之蟊賊也。嘉慶丁丑冬十二月除夕，録於半九書塾之蜜梅花館〔一〕。

〔一〕「十二月」至「梅花館」一段，叢書本訛入《尚書補疏·叙》末後一百七十八字。

卷一

隱公元年

【傳】費伯帥師城郎。【注】郎，魯邑，高平方與縣東南有郁郎亭。

循按：《漢書·地理志》山陽郡有方與，晉灼音房豫，有橐，莽曰高平。《後漢書·郡國志》山陽郡，高平侯國，故橐，章帝更名。劉昭注云：「《前漢志》王莽改曰高平，章帝復莽此號。《左傳》隱九〔一〕年，費伯城郎。杜預曰：『縣東南有郁郎亭。』」《晉書·地理志》：「高平國故屬梁國，晉初分山陽置」，有方與，有高平侯國。此高平侯國即《郡國志》之高平侯國，章帝更橐而名之者，其分山陽郡所置之東平國則統七縣，而方與及東平侯

〔一〕「九」，《春秋左氏傳》作「元」。

國皆屬之。杜氏用其時郡邑以明《春秋傳》所云高平方與縣，乃指高平國所領之方與縣，則郁郎亭自在方與，不在高平侯國。《郡國志》高平侯國之外別有方與，方與在漢屬山陽，在晉屬高〔一〕，與東平侯國改自橐縣者自異。劉昭引杜預指高平侯國，非也。《郡國志》方與有魯侯觀魚臺，蓋今之魚臺縣。

【傳】有蜚，不爲災。【注】蜚，負蠜也。

循按：負蠜之名，《說文》有二：虫部云：『蠜，自蠜也』，此《爾雅》之『草螽，負蠜』也。蟲部云：『蠡，臭蟲，負蠜也』，此《爾雅》之『蜚蠦蜰』，即此『蜚』也。郭璞注『盧蜰』作『負盤臭蟲』，盤與蠜音同，可通用。此注作『蠜』，正與《說文》同，非誤。

二年

【經】公會戎于潛。【注】潛，魯地。

循按：《管子·小匡篇》桓公曰：『吾欲南伐，何主？』管仲對曰：『以魯爲主，反其

〔一〕『在晉屬高』，叢書本作『晉屬高平』。

侵地常、潛。』常、潛二地名。常爲《詩》『居常與許』之常，潛卽此潛也。

四年【經】衛人殺州吁于濮。【注】濮，陳地，水名。

循按：《史記・衛世家》集解引服虔曰：『濮，陳地。』《索隱》亦引賈逵曰：『濮，陳地。』杜本賈、服也。而係以水名，乃《説文》：『濮，水。出濮陽，南入鉅野。』鉅野爲魯地。《水經》：『瓠子河，出東郡濮陽縣北河，東至濟陰句縣爲新溝，又東北過廩邱縣爲濮水。』然則陳無濮水矣。哀二十七年，齊陳成子救鄭，『及濮』，自齊至鄭須涉濮水，亦非陳地。《釋例・土地名》闕疑爲是。

六年【傳】猶懼不蔇。【注】蔇，至也。

循按：莊公九年『盟于蔇』，《公羊》、《穀梁》作『暨』。韋昭《國語》注：『暨，至也。』杜以蔇通暨，故訓至。《爾雅》：『逮、及、暨，與也。』暨訓至，不若訓及。『善鄭以勸來者』，猶恐不及，於義爲達。訓至，於上下兩『來』字，且複矣。

九年【傳】乃可以逞。【注】逞，解也。

循按：逞訓解，本《方言》也。杜於他處『逞』字，皆訓快，此訓解者，成二〔一〕年臧宣

〔一〕『二』，《春秋左氏傳》作『元』。

叔言『知難而有備，乃可以逞』，但能備難，無所爲快，故亦以解訓之，以爲可以解免齊楚之同我也。此北戎侵鄭，鄭伯患之，則公子突以爲可逞，亦以爲可以解免北戎之患也。乃僖二十三年傳『已則不明，而殺人以呈』，《釋文》：『呈，本亦作逞。』《廣雅》：『呈，解也。』杜以殺人不宜訓解，故訓快。成二〔一〕年『晉侯將伐鄭』，范文子曰：『若逞吾願，諸侯皆叛，晉可以逞。』注云：『逞，快也。』晉厲公無道，三郤驕，故欲使諸侯叛，冀其懼而思德。此兩『逞』字，當以上『逞』字訓『快』，下『逞』字訓『解』。『晉可以逞』，謂可以解憂。下文云：『若惟鄭叛，晉國之憂，可立俟也。』憂可立俟，則不可解矣。快，喜也；解，説也。其義亦相通。有所鬱而紓之，謂之快樂，可也；謂之解緩，亦可也。

十一年【傳】而禱於其主鍾巫。【注】主，尹氏所主祭。

循按：《史記集解》引賈逵曰：『鍾巫，祭名也。』下文『遂與尹氏歸，而立其主。十一月，公祭鍾巫。』然則鍾巫在鄭，爲尹氏所主祭，公立於魯，則公以之爲祭主。《楚語》觀射父曰：『古者民神不雜，民之精爽不攜貳者，而又能齊肅中正，其知能上下比義，其聖能光遠宣朗，其明能光照之，其聰能聽徹之，如是則明神降之，在男曰覡，在女曰巫。是使

〔一〕『二年』，《春秋左氏傳》作『十六年』。

制神之處位次主。』又云：『九黎亂德，民神雜糅，不可方物，夫人作享，家爲巫史。』蓋巫能降神，神物憑之，卽巫以爲神，故卽名其神鍾巫，尹氏主之者，所謂『家爲巫史』也。隱公禱而得歸，遂亦信而立爲祭主。薛氏《韓詩章句》云：『鄭俗，三月上巳之晨，溱洧水上，招魂續魄，秉蘭祓除不祥。』《春官》：『男巫，掌望祀，望衍，授號，旁招以茅。女巫，掌歲時祓除，釁浴。』祓除用女巫，招魂用男巫。鄭人家主巫祭，固風俗使然。男巫、女巫皆無數。鄭氏云『巫能制神之處位次主』者，鍾巫爲尹氏之祭主，此之謂矣。

桓公二年

【經】春，王正月，戊申，宋督弑其君與夷及其大夫孔父。【注】稱督以弑，罪在督也。孔父稱名者，內不能正其閨門，外取怨於民，身死而禍及其君。【釋例】經書『宋督弑其君與夷及其大夫孔父』，仲尼、丘明唯以先後見義，無善孔父之文。孔父爲國政則取怨於民，治其家則無閨闈之教，身先見殺，禍遂及君，既無所善。仇牧不警而遇賊，又死無忠事。晉之荀息，期欲復言，本無大節。先儒皆隨加善例，又爲不安。經書臣蒙君弑者三，直是弑死相及，卽實爲文。仲尼以督爲有無君之心，改書一事而已，無他例也。

循按：《公羊傳》於孔父、仇牧、荀息三人互相比例，以稱其賢，曰：『孔父可謂義形於色矣。其義形於色奈何？督將弒殤公，孔父生而存，則殤公不可得而弒也，故於是先攻孔父之家。殤公知孔父死，己必死，趨而救之，皆死焉。孔父正色而立於朝，則人莫敢過而致難於其君者。孔父可謂義形於色矣。』《穀梁傳》云：『督欲弒君，而恐不立，於是乎先殺孔父。孔父閑也。』閑謂捍禦。兩傳深得《春秋》書死難之義。乃《左氏》則謂：『華父督見孔父之妻於路，目逆而送之，曰：「美而豔。」啖子曰：『古者大夫猶皆乘車，其妻安得在路，使人見其貌？蓋以舊言孔父義形於色，而作傳者以爲女色之色，遂妄爲此說耳。』因而攻孔氏，殺孔父而取其妻。公怒，督懼，遂弒殤公。』又謂：『宋殤公立，十年十一戰，民不堪命。孔父嘉爲司馬，督爲太宰，故因民之不堪命，先宣言曰：「司馬則然。」』此杜預所據以定孔父之罪案也。乃『司馬則然』，《左氏》明指爲華督之言，督誣孔父之言，而可據乎？《三國·魏志·齊王芳紀》：『嘉平元年春，正月甲午，車駕謁高平陵。大傅司馬宣王奏免大將軍曹爽，爽弟中領軍羲、武衛將軍訓、散騎常侍彥官，以侯就第。戊戌，有司奏收黃門張當付廷尉，考實其辭，爽與謀不軌。又尚書丁謐、鄧颺、何晏、司隸校尉畢軌、荆州刺史李勝、大司農桓範，皆與爽通姦謀，夷三族。丁未，以太傅司馬宣王爲丞相，固讓乃止。三年，四月丙午，聞太尉王凌謀廢帝，立楚王彪，太傅司馬宣王東征凌。五月甲寅，凌自殺。六年春二月庚戌，中書令李豐與皇后父光祿大夫張緝等謀廢易大臣，以太常夏侯玄爲大將軍。事覺，諸所連及者皆伏誅。三月，廢皇后張氏。秋九月，大將軍將謀廢帝，以聞皇太后。甲戌，太后令曰：「皇帝芳春秋已長，不親萬機，耽淫內寵，沈漫女德，日延倡優，縱其醜謔，迎六宮家人留止內房，毀人倫之叙，亂男女之節，恭孝日虧，悖傲滋甚，不可以承天緒、奉宗廟。使兼太尉高柔奉策，用一元大武告於宗廟，遣芳歸藩於齊，以避皇位。」』夫司馬懿、司馬師，華督、宋萬也；曹爽、何晏、王淩、李豐、張緝等，孔父、仇牧也。稱之爲謀不軌，謀廢易大臣，假太后令，稱齊王芳耽內寵云云，卽華督所云『司馬則然』，《左氏》所云『民不堪命』也。《潛研堂文集·何晏論》云：『史載平叔爲尚書奏言云云，予嘗讀其疏，以爲有大儒之風，若勸曹爽絀司馬懿，此平叔之忠於公室也。』《十七史商榷》云：『魏氏之亡，始於曹爽之誅，而終於齊王之廢，及高貴鄉公之弒。爽之驕溢，其敗有由然。爽不死，司馬之篡不成。若夏侯玄、李豐之獄，則師、昭相繼，逆節彰著，諸公身沈族滅，皆魏室之忠臣也。故於《玄傳》末，以許允、王經終之，以見其皆亡身殉國者。』《魏末傳》至稱何晏婦金鄉公主，卽晏同母妹，裴松之顯辨其非，以爲『底下之書』，則孔父不能正其閨門，非是之類乎？《曹爽傳》張當『陳爽、晏等陰謀反逆，並先習兵，須三月中欲發』，又云『宣王密爲之備』，則所云謀反者，蓋將謀誅懿。故懿知之而稱疾，篤示李勝以羸也。觀懿稱疾避爽，松之注稱：『丁謐、畢軌言：「宣王有大志，而甚得民心，不可以推誠委之。」由是爽恒猜防焉。宣王力不能爭，且懼其禍。』則爽、晏等一日不除，司馬氏一日不能得志。所謂閑也。《王淩傳》稱淩自知勢窮，『面縛水次』。《魏略》載淩《與太傅書》，索棺釘以觀太傅意，幾於摇尾乞憐。而干寶《晉紀》則云：『淩到項，見賈逵祠在水側，凌呼曰：「賈梁道，王凌固忠於魏之社稷者，唯爾有神，知之。」其年八月，太傅有疾，夢凌、逵爲厲，甚惡之，遂死。』何其聲情激烈，生死不渝。則《志》、《略》之言，卽《左氏》之言也；《晉紀》之言，則《公羊》、《穀梁》之言也。預於孔父，屏《公》、《穀》而取《左》，則猶《魏志》、《魏略》之志也。至李豐等之事，詳於《夏侯玄傳》，言玄「以爽抑絀，內不得意，中書令李豐雖宿爲大將軍司馬景王所親待，然私心在玄，遂結皇后父光祿大夫張緝，謀欲以玄輔政，陰令弟翼求入朝，欲使將兵入，并力起。會翼求朝，不聽。嘉平六年二月，當拜貴人，豐等欲因御臨軒，諸門有陛兵，誅大將軍，以玄代之。大將軍微聞其謀，請豐相見，豐不知而往，卽殺之，事下有司，收玄、緝等送廷尉。」《魏氏春秋》云：『大將軍責豐，豐遂正色曰：「卿父子懷姦，將傾社稷，惜吾力劣，不能相禽滅耳。」大將軍怒，使勇士以刀環築要殺之。』觀豐此言，生氣勃勃，可云『不畏彊禦』矣。而鍾毓奏其『迫脅至尊，大逆無道』，豈可信乎！杜預之貶孔父也，卽所以貶王凌也；貶仇牧也，卽所以貶李豐也。則仍鍾毓之志也。高貴鄉公正元元〔一〕年，春，正月乙丑，鎮東將軍毌丘儉、揚州刺史文欽反。戊戌〔二〕，大將軍司馬景王征之。閏月己亥，破欽於樂嘉，欽遁走，遂奔吳。甲辰，

〔一〕「元」，《三國志》作「二」。
〔二〕「戊戌」，《三國志》作「戊寅」。

安風淮津〔一〕都尉斬儉，傳首京都。甘露二年，五月乙亥，諸葛誕不就徵，發兵反，殺揚州刺史樂綝。丁丑詔曰『諸葛誕造爲凶亂』云云，己卯詔曰『諸葛誕造搆逆亂，迫脅忠義』云云。三年春，二月，大將軍司馬文王陷壽春城，斬諸葛誕。五年夏，四月，詔有司率遵前命，復進大將軍司馬文王位爲相國，封晉公，加九錫。五月己丑，高貴鄉公卒，年二十。皇太后令曰，『昔援立東海王子髦，以爲明帝嗣。情性暴戾，日月兹甚。吾數呵責，遂更忿恚，造作醜逆不道之言以誣謗吾云云，吾語大將軍不可不廢之。此兒具聞，自知罪重，便圖爲弑逆，賂遺吾左右人，令因吾服藥，密行酖毒。事已覺露，直欲因際會舉兵入西宫殺吾，出取大將軍，呼侍中王沈、散騎常侍王業、尚書王經，出懷中黄素詔示之，言今日便當施行。沈、業卽馳語大將軍，得先嚴警，而此兒便將左右出雲龍門，雷戰鼓，躬自拔刃，與左右雜衛共入兵陣間，爲前鋒所害。此兒既行悖逆不道，而又自陷大禍』云云。夫司馬昭，華督、宋萬也；毌丘儉、諸葛誕、王經，孔父、仇牧也。稱誕『造搆逆亂』，假太后詔稱髦『悖逆不道』云云，卽華督所云『司馬則然』，《左氏》所謂『民不堪命』也。《毌丘儉傳》云：儉與夏侯玄、李豐等厚善，揚州刺史前將軍文欽，曹爽之邑人也，儉以計厚待欽，矯太后詔，罪狀大將軍司馬景王，移諸郡國舉兵反。顧罪狀司馬師，而稱之爲反，已言不

〔一〕『安風淮津』，《三國志》作『安風津』。

順。松之補注詳載其討師表文，列師十一罪，如云：故中書令李豐等，以師無人臣節，欲議退之。師知而請豐，其夕拉殺，載尸埋棺。豐等爲大臣，帝王腹心，擅加酷暴，死無罪名，師有無君之心。故光禄大夫張緝無罪而誅，夷其妻子，并及母后，逼恐至尊，彊催督遣，臨時哀愕，莫不傷痛，而師稱慶，反以歡喜。懿每歎説齊王自堪人主，君臣之義定，奉事以來，十有五載，始欲歸政，按行武庫，詔問禁兵不得妄出，師自知姦慝，人神所不祐，矯廢君王，加之以罪。孚，師之叔父，性甚仁孝，追送齊王，悲不自勝，羣臣皆怒，而師懷忍，不顧大義云云。辭嚴義正，豐、緝之忠於此明，而儉之忠亦於此著。松之引習鑿齒曰：『毌丘儉感明帝之顧命，故爲此役。君子謂毌丘儉事雖不成，可謂忠臣矣。古人有言，「死者復生，生不〔一〕不愧」，若毌丘儉，可謂能不愧也。』而《志》乃以反書之，以謬贊之。吾於孔父，取《公羊》、《穀梁》，而不取《左氏》；吾於毌丘儉，取習鑿齒，而不取陳壽。預之不善孔父，猶壽之謬毌丘儉之志也，而預尤狡矣。《魏末傳》云：『賈充與誕相見，譚説時事，因謂誕曰：「洛中諸賢，皆願禪代，君所知也。君以爲云何？」誕厲色曰：「卿非賈豫州子？世受魏恩，如何負國？欲以魏國輸人乎？非吾所忍聞。若洛中有難，吾

〔一〕『不』，叢書本作『者』。

當死之。」』觀此〔一〕斥充之言，可謂忠矣。及其敗也，麾下數百人，坐不降見斬，皆曰：『爲諸葛公死不恨。』非其忠義之氣足以感人，何以如此？而傅子譏『諸葛誕夫婦聚會神巫，淫祀求福，伏尸淮南，舉族誅夷，此天下所共見，足爲明鑒』。是〔二〕何異《左氏》之譏孔父，而瑣及閨門乎！傅玄者，佐晋武禪代之臣也，其譏諸葛誕以掩其忠，猶杜預譏孔父嘉以掩其忠也。傅譏當代之臣以掩其忠，預且譏前古之臣以掩其忠，而預狡矣。《漢晋春秋》曰：『帝見威權日去，不勝其忿，乃召侍中王沈、尚書王經、散騎常侍王業，謂曰：「司馬昭之心，路人所知也。吾不能坐受廢辱，今日當與卿自出討之。」王經曰：「昔魯昭公不忍季氏，敗走失國，爲天下笑。今權在其門，爲日久矣。朝廷四方皆爲之死，不顧順逆之理，非一日也。且宿衛空闕，兵甲寡弱，陛下何所資用，而一旦如此，無乃欲除疾而更深之乎？禍殆不測，宜見重詳。」帝乃出懷中版令投地曰：「行之決矣。正使死，何所懼？況不必死邪！」於是入白太后。沈、業奔走告文王，文王爲之備。帝遂帥僮僕數百，鼓譟而出。文王第屯騎校尉伷入，遇帝於東，止車門，左右呵之，伷衆奔走。中護軍賈充又逆帝，戰於南闕下。帝自用劍，衆欲退，太子舍人成濟問充曰：「事急矣，當云

〔一〕叢書本無『此』字。
〔二〕叢書本無『是』字。

何？」充曰：「畜養汝等，正謂今日。今日之事，無所問也。」濟卽前刺帝，刃出於背。文王聞，大驚，自投於地，曰：「天下其謂我何？」太傅孚奔往，枕帝股而哭，哀甚曰：「殺陛下者，臣之罪也。」』《晉諸公贊》云：『沈、業將出，呼王經，經不從，曰：「吾子行矣。」』而《世語》謂『尚書王經以正直不出，因沈、業申意』。王業不申經意，竟以及難。『因沈、業申意』者，以經雖不出，而托王沈、王業申意於司馬昭也。經之事附見《夏侯玄傳》云：『清河王經與許允，俱稱冀州名士。甘露中爲尚書，坐高貴鄉公事誅。始母謂經曰：「汝田家子，今仕至二千石，物太過不祥，可以止矣。」經不能從，歷二州刺史，司隸校尉，終以致敗。』依《世語》則牽經亦貳於司馬氏，依《魏志》則譏經不知止，足違母訓。乃松之引《漢晉春秋》云：『經被收辭母，母顏色不變，笑而應曰：「人誰不死，往所以不止汝者，恐不得其所也。以此并命，何恨之有哉？」』則其能遵母教，忠孝兩全，於是可知矣。晉武帝太始元帝〔一〕詔曰：『故尚書王經，雖身陷法辟，然守志可嘉，門户湮沒，意常愍之。』經之守志，晉武且嘉之、愍之，與《晉諸公贊》及《漢晉春秋》合，《世語》之説，不足信也。杜預之以孔父爲不善，所以掩王淩、何晏、李豐、張緝、毌丘儉、諸葛誕、王經之忠也。諸君之忠掩，則預之不孝不忠不著。余故詳述王淩、何晏、李豐、張緝、毌丘儉、諸葛誕之忠，

〔一〕『帝』，叢書本作『年』。

以明孔父之忠，不致令預得假《左氏》之詖辭，以亂我聖經也。

【傳】大路越席。【注】越席，結草。

循按：《史記・禮書》集解引服虔曰：『越席，結括草以爲席也。』《禮運》『與其越席』，注云：『越席，翦蒲也。』《釋文》：『越，音活，《字書》作趏。』趏蓋卽适，适通於括。括，結也。

五年【傳】夜，鄭伯使祭足勞王，且問左右。【注】祭足卽祭仲之字，蓋名仲，字仲足也。勞王問左右，言鄭志在苟免，王討之非也。

循按：射王中肩，鄭不臣甚矣。『勞王問左右』，奸也，而杜預以爲『王討之非』，明爲高貴討司馬昭而發，幸祝聃射僅中肩，尚未至成濟之惡耳。自救之説，原是飾辭。《左氏》述之，非《左氏》以『鄭志在苟免』也。預援瘖生荅聃之言，爲司馬昭作解已非，而乃直斥王討爲非，何謬戾至此！

七年【經】穀伯綏來朝。【注】穀國，在南鄉筑陽縣北。

循按：《漢書・地理志》：『南陽筑陽，故穀伯國。』《後漢書・郡國志》：『南陽郡筑陽侯國。』劉昭注：『杜預曰：「穀國在縣北。」』《晉書・地理志》：『筑陽，屬順陽郡。』《史記索隱・蕭相國世家》引《太康地理志》云：『魏武帝建安中分南陽，立南鄉。晉武帝又曰順陽郡。』《宋書·州郡志》：『順陽太守，魏分南陽立曰南鄉，晉武帝更名。』《晉地理志》云：『後漢獻帝建安十三年，魏武盡得荆州之地，分南陽西界立南鄉郡。武帝平吴，改南鄉爲順陽郡。』此注云『南鄉筑陽』，依平吴以前未改名也。

十五年【經】五月，鄭伯突出奔蔡。【注】突既篡立，權不足以自固，又不能倚任祭仲，反與小臣造賊盗之計，故以自奔爲文，罪之也。例在昭三年。【釋例】諸侯奔亡，皆迫逐其〔一〕苟免，非自出也。傳稱衛孫林父、甯殖出其君，名在諸侯之策，此以臣名，赴告之文也。仲尼之經更没逐者主名，以自奔爲文，責其〔二〕不能自安自固，所犯非徒所逐之臣也。傳不發於蔡朱、衛衎，而發於燕欵者，昭三年。欵罪輕於衛衎，而重於蔡朱，故舉中示例，以兼通上下也。朱雖無罪，據其失位而出奔，亦其咎也。晉侯問於師曠曰：『衛人出其君，不亦甚乎？』對曰：『或者其君實甚〔三〕，君將賞善而刑淫，養民如子，蓋之如天，容之如地，民奉其君，愛之如父母，仰之如日月，敬之如神明，畏之如雷霆，其可出乎？夫君，神之主也，民之望也，若困民之主，匱神乏祀，百姓絶望，社稷無主，將焉用之？弗去何

〔一〕『其』，叢書本、《春秋釋例》作『而』。
〔二〕『其』下，叢書本、《春秋釋例》有『君』字。
〔三〕『甚』下，《春秋釋例》、阮校《左傳正義》有『良』字。

爲？天之愛民甚矣，豈使一人肆於民上，以從其淫，必不然矣！』晉悼感衛衎而發問，師曠恃其目盲，因問答以極言，且言君不能君，故臣亦不能臣，罪不純在臣也。

循按：齊王芳本明帝之養子，則其不當立固同於突，而司馬懿則祭仲之比也。芳不能倚司馬氏，而與李豐、張緝謀廢師，則亦突使雍糾謀仲之比也。君苦權臣之逼，與忠義之士謀之，亦可憫矣。而預以爲『造賊盜之計』，是何言也！罪突卽所以罪芳也，不知聖人大書『鄭伯突』，明其爲君也。其冬入櫟，仍書『鄭伯突』，未嘗不以爲君也。惠半農《春秋說》云：『襄十四年，傳稱「孫林父、甯殖出其君」，名在諸侯之策，似列國之史皆書孫、甯出其君，孔子脩《春秋》削而更之，蓋以臣出君，猶以臣召君，不可以訓也。杜預邪說，以爲諸侯自取奔亡之禍，不書逐君之賊者，所以責其君。此說之尤悖者，不可以不辨。孟子曰，「孔子成《春秋》而亂臣賊子懼」，如預言，則後世亂臣賊子益無所忌憚，皆將逞志於君矣，何懼之有哉！』

【傳】祭仲殺雍糾，尸諸周氏之汪。【注】殺而暴其尸，以示戮也。

循按：戮，辱也。雍糾爲祭仲壻，猶杜預爲司馬懿壻，糾不私其婦翁，死於君事，烈士也，何辱之有？

十六年【經】十有一月，衛侯朔出奔齊。【注】惠公也。朔讒構取國，故不言二公子逐，罪之也。

循按：《左氏》稱衛宣公生急子，屬諸右公子。取宣姜，生壽及朔，屬壽於左公子。宣姜與朔搆急子，壽、急皆殺於盜，二公子故怨朔。左公子洩、右公子職立公子黔牟，惠公奔齊。此杜預所據以爲説也。考朔以桓十三年立，至此爲君已四年。已君之而逐之，猶已君之而弑之。《春秋》於衛剽、齊商人，皆與以爲君，而書『齊人弑其君商人』，『衛甯喜弑其君剽』。蓋君雖由篡弑而得，身卽〔一〕事之，則因而逐之弑之，卽是弑其君，弑其君卽是亂臣賊子。此孔子作《春秋》所以息邪説，使亂臣賊子懼也。曹氏固篡漢而爲漢賊者也，乃司馬氏既爲之臣，世受其爵禄，卽不得藉口而不以爲君。而爲司馬氏者，固曰此曹魏者，漢之賊也，吾逐漢之賊，殺漢之賊而已矣。明人蔣氏之翹云：『魏景元四年，劉禪降而漢滅。明年，咸熙元年，司馬昭遂自進爵爲王。二年，輿衛服飾皆如帝者之儀，子稱太子，妻稱王后。則賊亦明認繼漢而王，蓋自不欲居篡魏之名矣。』此言是也。《晉書·習鑿齒傳》云：『在郡，著《漢晉春秋》，起漢光武，終晉愍帝。其言謂三國時蜀以宗室爲正，魏雖受漢禪晉，尚爲篡逆，至文帝卽司馬昭平蜀，乃爲漢亡而晉始興焉。』此正師、昭之志也，惟魏爲漢賊，而晉自承蜀漢以有天下，則逐芳、殺髦、殲爽、滅儉，自可無所顧忌。向使昭在，必以此義曉於天下，晉武憒憒，仍以魏爲恪，而昭之志實大暢於彥威，而杜預於《春秋》此注，一見其微意焉。

〔一〕『卽』，叢書本作『既』。

【傳】衛宣公烝於夷姜，生急子。【注】夷姜，宣公之庶母也。上淫曰烝。

循按：宣公此事，洪邁《容齋五筆》極辨其誣，謂宣公立僅十九年，不應烝夷姜而生伋，又納伋妻[一]，而生壽、朔。伋能娶，必十五以上。朔已能譖兄，壽已能代兄死，必在十歲以上。此十九年之間，何以消破？鄒忠允駁之言：『莊卒而桓立，十三年入《春秋》，至魯隱四年，則衛桓十六年，宣以是冬立，烝夷姜而生伋子，當在其兄桓公之世。』蕭山毛大可又辨之云：『莊公死後，莊姜治宮政，惟禮是視，戴嬀歸陳，莊姜猶送之，作《燕燕之詩》，其宮中去就有禮如此，幾見桓公宮中，莊姜、二嬀具在，可容一嫪毐而不知覺者？況使宣公早見獸行，則不特衛人絶之，討賊如石碏，亦孰肯就邢迎之乎？』乃以夷姜爲莊公妾者，緣服虔『上淫曰烝』之訓，見《詩正義》。杜依之耳。烝，《廣雅》訓爲淫。《史記・衛世家》云：『宣公愛夫人夷姜，夷姜生子伋，以爲太子，而令右公子傅之。』劉向《列女傳》云：『宣公夫人夷姜生伋，以爲太子。』明以夷姜爲宣公夫人。《新序・節士篇》云：『伋前母子也，壽與朔後母子也。』《史記》所謂『愛夫人夷姜』，即《左傳》所云『烝於夷姜』，謂寵溺之也，宜以《史記》明《左傳》，而知杜依服氏之非，《正義》乃斥馬遷爲謬，失之矣。

[一]『生伋，又納伋妻』一句，叢書本作『生伋子，納伋妻』。

卷二

莊公四年【傳】紀侯不能下齊，以與紀季。【注】不能降屈事齊，盡以國與季，明季不叛。

循按：《後漢書·賈逵傳》：『《左氏》義深君父，《公羊》多任權變。』注云：『《左傳》「紀季以酅入于齊，紀侯大去其國」，賈逵以爲紀季不能兄弟同心以存國，乃背兄歸仇，書以譏之。』此言紀侯『以與紀季』，則非兄弟不同心，而季固未嘗背兄。杜依傳文，用違賈說，固賈氏所不及也。

六年【傳】必度其本末，而後立衷焉。【注】衷，節適也。

循按：《呂氏春秋·適音篇》云：『何謂適？哀〔一〕音之適也。何謂衷？大不出鈞，重不過石，小大輕重之衷也。黃鍾之宮，音之本也，清濁之衷也。衷也者，適也。以

〔一〕『哀』，叢書本、《呂氏春秋》作『衷』。

適聽適，則和矣。』《考工記・弓人》『是故厚其液而節其帤』，注云：『節，猶適也。』《淮南子・精神訓》『適情辭餘，以己爲度』，高誘注云：『適，猶節也。』

十二年【經】秋八月，甲午，宋萬弑其君捷及其大夫仇牧。【注】萬及仇牧皆宋卿。仇牧稱名，不警而遇賊，無善事可褒。

循按：《公羊傳》：『此何以書？賢也。何賢乎仇牧？仇牧可謂不畏彊〔一〕矣。仇牧聞君弑，趨而至，遇之於門，手劍而叱之。萬臂摋仇牧，碎其首，齒著於門闔。仇牧可謂不畏彊禦矣。』《左氏》言：『宋督弑閔公於蒙澤，遇仇牧於門，批而殺之。』雖不及《公羊傳》之詳，亦未嘗有貶辭。而杜預則以稱名之故，而謂其『無善事可褒』，又譏其『不警而遇賊』。《正義》云：『《公羊》善其不畏彊禦，故言此以異之。』劉原父稱：『仇牧之智則未，仇牧之忠則盡矣。』劉後村因謂：『仇牧、荀息殺身而不能執賊。』皆囿於預之詖辭。觀其『趨而至，手劍而叱』，千古之下，英氣猶存，其不勝而死，卽李豐恨力劣不能禽滅也。將以不能執賊，遂避匿觀望不出乎？牧之摋而死，亦豐之築於刀環也。家氏鉉翁曰：『大夫死君之難，乃曰無善可褒，可乎？君前臣名，自是書法應爾。杜氏每以名字爲褒

〔一〕『彊』下，叢書本、《春秋公羊傳》有『禦』字。

貶，曲爲之説，其病甚大。」

二十二年【傳】翹翹車乘。【注】翹翹，遠貌。

循按：翹翹，見於《毛詩》者，《豳風》爲危也，《周南》爲薪貌，《正義》以爲高，《廣雅》以爲衆。此注本服虔，以爲遠貌者，《爾雅·釋草》「連異翹」注：「一名連苕。」張仲景《傷寒論》作「連軺」。《釋名》：「軺，遥也。」遥，遠也。陸璣《毛詩疏》云：「苕饒也，幽州人謂之翹饒。」《本草拾遺》謂之「翹摇」，摇通遥，軺通迢，杜蓋讀翹翹爲迢迢遥遥也。

二十七年【傳】夫禮樂慈愛，戰所畜也。夫民，讓事、樂和、愛親、哀喪，而後可用也。【注】上之使民，以義、讓、哀、樂爲本，言不可力强。

循按：讓事、樂和，申言禮樂；愛親、哀喪，申言慈愛。注於讓上增義字。《司馬法·仁本篇》云：「古者，以仁爲本，以義治之之謂正。古者，逐奔不過百步，縱綏不過三舍，是以明其禮也；不窮不能而哀憐傷病，是以明其仁也；爭義不爭利，是以明其義也。」《天子之義篇》云：「士庶之義，必奉於父母，而正於君長。故雖有明君，士不先教，不可用也。古之教民，必立貴賤之倫，經使不相陵，德義不相踰，材技不相掩，勇力不相犯，故力同而意和也。」

三十二年【傳】能投蓋於稷門。【注】蓋，覆也。稷門，魯南城門。走而自投接其屋〔一〕桷，反覆門上。

循按：《水經注・泗水篇》云：『沂水北對稷門。昔圉之犖有力，能投蓋於此門。服虔曰：「能投千鈞之重，過門之上也。」杜預謂：「走接屋之桷，反覆門上也。」』依《水經注》，杜注桷字爲桷，推杜云『走而自投接屋之桷』，是以投爲躍上，以手接攀屋上之桷，因而身覆於上。蓋屋爲門上之屋，『反覆門上』解『蓋於稷門』，是不以蓋爲物也。《孔氏六帖・游俠篇》云：『韓晉公在浙西時，一年少請弄閣，乃投蓋而上，猿掛鳥跂，捷若鬼神。』此『投蓋』，正用杜氏義。『猿掛鳥跂』，所謂『反覆門上』也，與服義殊。如杜説，『投而蓋於稷門』，於辭不明，且自投接桷，可爲捷，不可爲力。服氏以蓋爲千鈞之重，必非指車蓋過門之上，亦非情理所有。竊謂投如『摶人以投』之投，蓋卽闔，謂門扇也。城門之闔，非一人所能勝，犖能持而投之，所以多力。闔卽稷門之闔，故曰『投蓋於稷門』，非投於門上也。《説文》：『蓋，苫也。』《周禮・圉師》『茨牆則翦闔』，注云：『闔，苫也。』闔本門扇之名，而可借爲『蓋苫』之蓋。則『蓋苫』之蓋，亦可借爲門扇之闔。《荀子・宥坐篇》『復瞻彼九蓋皆繼』，注云：『蓋，户扇也。』此門扇之『闔』正作『蓋』。

〔一〕『屋』下，叢書本、《春秋左傳正義》有『之』字。

閔公元年【傳】猶有令名，與其及也。【注】言雖去猶有令名，勝於留而及禍。

循按：此倒裝文法。『與其及也』，不如逃之，無使罪至，猶有令名。倒裝使肖口吻，《左氏》屬文之法也。《史記·晉世家》芟去下四字，《集解》引王肅曰：『雖去，猶可有令名，何與其坐而及禍也。』加『何』字未達。

二年【傳】狂夫阻之。【注】阻，疑也。言雖狂夫，猶知有疑。

循按：《廣雅》『猜、阻，疑也。』張揖生杜前，此訓不始杜矣。服虔訓阻爲止，阻之於疑，猶止之於礙。《說文》：『礙，止也，从疑聲。』

【傳】雖知其寒。【注】寒，薄也。

循按：《白虎通》云：『涼，寒也。』《說文》：『涼，薄也。』

僖公四年【傳】唯是風馬牛不相及也。【注】牛馬風逸，蓋末界之微事，故以取喻。

循按：《費誓》『馬牛其風』，鄭注訓風爲走逸。《釋名》：『風，放也，氣放散也。』《詩·北山》『出入風議』，《箋》亦云：『風，猶放也。』是風爲放逸之名。馬牛各有羈縶，不越彊界，惟放縱走逸，則可越界而行。上云『君處北海，寡人處南海』，並不連彊接境，雖放馬牛，使之走逸，斷不相及。言楚之馬牛雖逸，不能入齊地；齊之馬牛雖逸，不能入楚地，言其遠也，故下云『不虞君之涉吾地也，何故』。至因牝牡相誘而逸，此風之由耳。

《呂氏春秋》『乃合纍牛騰馬游牝於牧』，高誘注云：『皆將羣游從牝於牧之野，風合之。』『風合』當亦謂放之使合。杜以馬牛風逸爲末界微事，未得傳意。二十八年『中軍風於澤』，亦是馬走逸於澤，杜言因風而走，亦未是。

【傳】君其問諸水濱。【注】昭王時，漢非楚竟。

循按：《漢書・地理志》丹陽郡丹陽縣注云：『楚之先熊繹所封。』然則《楚世家》『成王封熊繹於楚，國居丹陽』，在丹陽郡之丹陽縣，此《正義》引宋仲子以丹陽在南郡枝江縣，與班氏異。杜佑《通典》又謂『在巴東郡秭歸』，皆非也。《楚世家》封熊繹於楚蠻，居丹陽。周夷王時，熊渠甚得江漢間民和，乃興兵伐庸、揚、粤，至於鄂，立其長子康爲句亶王，中子紅爲鄂王，少子執疵爲越章王，皆在江上，楚蠻之地。《班志》於丹陽縣注：『熊繹所封。』又叙楚地云：『周成王時封文武先師鬻熊之曾孫熊繹於荆蠻，爲楚子，居丹陽。』而南郡枝江則注云：『故羅國。』秭歸則注云：『歸鄉，故歸國。』又江陵注云：『故楚郢都，楚文王自丹陽徙此。』考羅國在桓十三年尚能諜楚師而敗若敖，若爲楚初封之國，何以地没於羅？　歸即夔，僖二十六年，楚以其不祀滅之者也。《史記集解》引服虔云：『夔，楚熊渠之孫熊摯之後。』夔在巫山之陽，秭歸鄉。《鄭語》孔晁注云：『熊繹六世孫曰熊摯，有疾，楚人廢之，立其弟熊延。熊摯自棄於夔，子孫有功，王命爲夔子。』熊摯竄於夔，則夔必遠於楚。是時楚都正在丹陽，若秭歸即是楚都，摯何竄於此，且國於此邪？《吴太伯世家》言：『太伯奔荆蠻，自號句吴。』太伯所邑之吴，漢會稽之吴縣，今之蘇州也。其地稱荆蠻，則楚之初封，正不遠此。其時荆蠻之地多荒僻，楚以漸經營之，雖封其子於鄂，而都仍在丹陽。楚地如鵲岸，在今池州，長岸在今當涂，棠在今六合，駕、釐、庸、浦在今無爲州。《吴志》張紘謂孫權曰：『秣陵，楚武王所置，名曰金陵。』然則自池州、太平、江寧，以達於江北和、滁之間，均爲楚屬丹陽，今寧國也。由丹陽而拓之，誠初封根本之地也。地處下流，不足以窺中國，故必經營於江漢之間。滅權之後，使鬬緡尹之，莊十八年。已有遷郢之志，然是時隨在其北，羅在其西，鄖、絞、州、蓼諸國合而謀之，故未敢即遷耳。桓六年侵隨，『軍于瑕以待之』。瑕者，成十六年，鄢陵之戰，楚師還所及者也。鄢陵，今開封府之鄢陵縣，自是還師必由。召陵在郾城縣。南入城口在應山縣。道過隨東，瑕當在此。侵隨所及之瑕，即師還所及之瑕。武王從丹陽來侵，故駐於此。屈瑕伐羅，武王用鄧曼言，使賴人追之，不及。賴人者，昭四年，楚靈王伐吴朱方，而遂滅之者也。賴必近吴之國，武王居丹陽，賴在其西，羅又在賴西，故使賴人追之爲便。若秭歸去羅甚近，且在羅西，何至使賴人追之，而且不及也？武王既克州、蓼，而服隨、唐，見哀公十七年。藩籬益固，文王熊貲元年，遂遷於郢。郢既遷，而丹陽轉爲東鄙之地矣。《水經注》引《宜都記》云：『秭歸，蓋楚熊繹之始國。』《地理志》以爲吴之丹陽，論者云，尋吴楚悠隔繿縷，荆山無容，遠在吴境，是爲非也。《通典》以丹陽爲秭歸本此，而又謂自秭歸遷於枝江，則合宋仲子、酈道元之説而一之，而正不必然也。然則子革對楚王曰：『先王熊繹辟在荆山。』何以言荆山也？試爲思之，固亦有説。以初封言，宜曰辟在荆蠻，對君之體不可謂國爲蠻，故文其説也。班氏以前未有以丹陽在南郡者。執於子革之言，乃移屬枝江，移屬秭歸矣。學者執薄昭之言，謂小白爲子糾之兄，與此何異邪？

【傳】攘公之羭。【注】羭，美也。

循按：《史記・淮陰侯列傳》：『農夫莫不輟耕釋耒，褕衣甘食。』《索隱》云：『褕，鄒氏音踰，美也。』《聘義》：『瑕不揜瑜，瑜不揜瑕』，注云：『瑜，其中央美者。』《説文》：『瑜，美玉也。』然則從俞之字，自有美義，不必因羊也。

五年【傳】天策焞焞。【注】天策，傅説星，時近日，星微。焞焞，無光耀也。

循按：《晉語》載此童謠。韋昭注云：『天策，尾上一星名曰天策，一名傅説。焞焞，近日月之貌也。』杜本此。此時日月會於尾，尾星伏不見，則尾上之星亦伏不見，故天策星以近日之故，不見星，而但見日光之明。《説文》：『焞，明也。』《九歌・東君篇》『暾將出兮東方』，王逸注云：『謂日始出東方，其容暾暾而盛也。』焞焞卽暾暾，謂日光出於天策星之間而盛，非謂天策星近日而微。焞焞屬日不屬星。杜以爲無光耀，非是星無光耀，而日出則焞焞。『天策焞焞』，言天策所在之處，日光焞焞也。

十年【經】晉里克弑其君卓及其大夫荀息。【注】獻公既葬，卓以免喪，故稱君也。荀息稱名者，雖欲復言，本無遠謀，從君於昏。

循按：晉假途伐虢，全用荀息之謀，息非無遠謀者也。《左氏》稱公命息傅奚齊，息言竭股肱之力，加之以忠貞，三怨雖作，不食其言，引《白圭》之詩以美之，無譏辭也。杜以爲『從君於昏』，令千古忠臣義士扼腕不申矣。《正義》云：『息稱名者，不知奚齊、卓子之不可立，又不能誅里克以存君，是其雖欲復言，本無遠謀也。』夫經書卓爲其君，則不以其不可立而不以爲君也。既正其名爲君，則弑之者爲賊，而死之者爲忠矣。荀息之不能殺里克，猶毋丘儉之不能殺司馬師也。習鑿齒引『死者反生，生者不愧』兩語以美毋丘儉，蓋儉之受顧命，亦息之受君命也。習氏引荀息以美儉，則預譏荀息以例儉可知。

十五年【傳】輅秦伯。【注】輅，迎也。

循按：《釋文》：『輅，五嫁反。』《史記·晉世家》集解引服虔曰：『輅，迎也。』《晉語》『梁由靡〔一〕韓簡，輅秦公』，韋昭注云：『輅，迎也。』舊音云：輅音迓。

〔一〕『靡』下，叢書本、《春秋左氏傳》有『御』字。

二十二年【傳】君將興之，弗可，赦也，已。【注】言君興天所棄，必不可，不如赦楚，勿與戰。

循按：《爾雅》：『赦，舍也。』推注，弗可句，赦也句，『勿與戰』三字解『已』字。

二十五年【傳】昔趙衰以壺飧從，徑，餒而弗食。【注】徑猶行也。

循按：《淮南・本經訓》云『接徑歷遠』，高誘注云：『徑，行也。』杜本此。徑與經古字通。《廣雅》：『經，徑也。』《孟子》『經德不回』，趙岐注云：『經，行也。』《文選・魏都賦》劉逵注云：『直行曰經。』是經亦訓行。劉炫改徑爲經，義得通也。竊謂《說文》：『徑，步道也。』《史記・高帝紀》『夜徑澤中』，注云：『徑，小道也。』蓋衰本以壺飧從重耳，有時重耳行大道，衰由小道，亦餒而不食，謂不以相違而自私也。從字絶句，徑一字句，餒而弗食四字句，或屬上讀從徑，或屬下讀經餒，皆不辭。徑依《曲禮》注，訓爲邪行。

二十六年【經】公追齊師至酅。【注】公逐齊師，遠至齊地，故書之。濟北穀城縣西有地名酅下。

循按：莊三年，『紀季以酅入于齊』，注云：『酅，紀邑，在齊國東安平縣。』紀在齊東，酅爲紀邑，則亦在齊之東，魯在齊南，魯追齊至酅，則酅必近魯，一屬安平，一屬穀城，杜注是也。《春秋大事表》於此酅引趙氏云，『酅，齊之附庸，紀季之邑』，非是。二十八年，

『楚師背酇而舍』，又一地。

二十七年【傳】貫三人耳。

循按：程大昌《演蕃露》云：『軍法以矢貫耳爲聅，聅之音恥列、徒安二翻也。《説文》引《司馬法》曰：「小罪聅，中罪刖，大罪剄。」故子玉治兵，鞭七人，貫三人耳者，用此法也。漢原涉犯罪，茂陵守令尹公捕之急，諸豪説尹，欲使肉袒自縛，箭貫耳，詣廷門謝罪。則用箭貫耳以示懲恐畏，非以意爲之耳。』《正義》以耳爲助句，失之。

二十八年【傳】楚子伏己而盬其腦。【注】盬，唼也。

循按：杜蓋讀盬爲蠱。昭元年傳：『於文，皿蟲爲蠱。』注云：『器受蟲害者爲蠱。』唼即唼字，《一切經音義》引《通俗文》云：『蟲食曰唼。』謂楚子唼己之腦，如蟲嚙然。盬、蠱可通用，詳見孔穎達《毛詩·鴇羽》正義。

【傳】吾且柔之矣。【注】腦所以柔物。

循按：《素問·五藏别論》：『腦、髓、骨、脉、膽、女子胞，此六者，地氣之所生也，皆藏於陰而象於地。』《解精微論》：『腦者，陰也。』陰柔，故子犯言『吾且柔之』。彼來盬我用齒，齒，剛也。我以腦承之，是有以柔其剛，故云『柔之』，寓柔遠人之義也。杜云『腦所以柔物』，未知何謂。

三十二年【傳】文王之所以辟風雨也。【注】兩山相嶔。

循按：《文選・上林賦》「嶔巖倚傾」，郭璞注：「嶔巖，欹貌也。」《後漢書・周燮傳》注云：「欽頤，曲頷也。」欽、嶔古通。「相嶔」，謂兩山顛欹曲相倚，上合下空，故可辟風雨。

文公二年【傳】子雖齊聖。【注】齊，肅也。

循按：《詩・小宛》：「人之齊聖」，與此「齊聖」同。《毛傳》云：「齊，正。」箋云：「中正通知之人。」《詩・黍苗》箋：「肅肅，嚴正之貌。」文十八年傳「齊聖廣淵」，注云：「齊，中也。」與此注互明。

六年【傳】難必抒矣。【注】抒，除也。

循按：《楚辭・九章・惜誦》云：「發憤以抒情。」王逸注云：「抒，渫也。」《易》：「井渫不食」，荀爽曰：「渫去穢濁，清潔之義意〔一〕也。」《史記集解》引向秀曰：「渫者，浚治，去泥濁也。」渫與除相近矣。莊三十年傳「鬭穀於菟爲令尹，自毁其家，以紓楚國之難」，注云：「紓，緩也。」成二年傳：「我亦得地，而紓於難」，注云：「齊服則難緩。」此《正義》

〔一〕荀爽《周易注》無「義」字。

引服虔作『紓，緩也。』紓、抒古通借耳。抒之爲除，亦猶舒之爲徐。

七年【傳】葛藟猶能庇其本根。【注】葛之能藟蔓繁滋者，以本枝廕庥之多。

循按：《後漢書·崔駰傳·達旨》云：『條垂藟蔓。』《廣雅》：『藟，藤也。』杜『藟蔓』二字本此。《詩·樛木》『葛藟纍之』，《箋》云：『葛也，藟也，得纍而蔓之。』《釋文》：『藟本亦作虆，九軌反，似葛類。《草木疏》云：「一名巨荒，似燕薁，亦連蔓，葉似艾，白色，其子赤，可食。」纍，力追反，纏繞也，本又作虆。』《王風》『緜緜葛藟』，《箋》云：『葛也，藟也，生於河之厓。』《小雅·南有樛木》：『甘瓠纍之』，《傳》云：『纍，蔓也。』然則葛與藟異物，而纍訓蔓，此以葛藟爲葛蔓，則以藟爲纍。班固《幽通賦》：、『攬葛藟而授余兮』，曹大家注云：『見神持葛來授我也。』以葛一字解『葛藟』則屬藟於葛，不以爲異物矣。顏師古《漢書》注此賦云：『葛藟，葛蔓也。一說藟，葛屬，葛之與藟，皆有蔓焉。』兼存二說。蓋《詩》既言『藟』，又言『纍』，故分別上『藟』字爲葛類，下『纍』字爲蔓。《傳》言『葛藟庇本根』，則藟可爲葛之蔓耳。劉向《九歎·憂苦》云『葛藟虆于桂樹兮』，王逸《章句》云：『藟，葛荒也。虆，緣也。《詩》曰：「葛藟虆之。」』此言藟，又云虆，藟不得爲纍，故以爲葛荒。葛荒卽巨荒。《齊民要術》引陸璣《疏》作『巨荒』。《說、文》：『藟，草也。一曰秬鬯也。』秬鬯亦卽巨荒。巨荒、巨荒、葛荒、秬鬯，一也。此《釋文》『葛藟，本或作虆，力軌反；能虆，類䆫反」，分別注之。藟與《傳》文之藟爲兩音。陸出「能虆」，則陸所見本作「葛之能虆蔓」矣。然注僅言「葛之能藟蔓」，不兼言葛藟之能藟蔓，則注之「藟蔓」，正解《傳》文「葛藟」之藟，陸作兩音，恐未然也。

十年【傳】宋公爲右盂，鄭伯爲左盂，期思公復遂爲右司馬，子朱及文之無畏爲左司馬。【注】盂，田獵陳名。將獵，張兩甄，故置二左司馬。然則右司馬一人當中央。

循按：《宋書・禮志》云：「先獵一日，遣屯布圍，領軍將軍一人督右甄，護軍一人督左甄。」《晉書・周訪傳》：「使將軍李恒督左甄，許朝督右甄，訪自領中軍，高張旗幟。」又《陶侃傳》：「帝使侃擊杜弢，令周訪、趙誘受侃節度。侃令二將爲前鋒，兄子輿爲左甄。」又《朱伺傳》：「陶侃時鎮江夏，以伺能水戰，曉作舟艦，乃遣作大艦，署爲左甄。」「兩甄」乃晉軍中之稱，杜氏舉當時事以證古耳。《世説新語・規箴篇》：「桓南郡好獵，每田狩，車騎甚盛，雙甄所指，不避陵壑。」

十二年【傳】不在軍事。【注】又未嘗涉知軍事。

循按：在，察也，故云涉知。

十四年【傳】終不曰公，曰夫己氏。【注】猶言某甲。

循按：《漢書・石奮傳》云：「奮長子建，次甲，次乙，次慶。」師古曰：「史失其名，故云甲乙耳，非其名。』《三國志》注引《魏略》：『許攸與太祖戲，至呼小字曰某甲。』是則作史者諱言，不便述攸所呼，而諱言爲某甲。商人既立，公子元不能直斥其名，又不肯稱之爲公，故以夫己氏稱之耳。齊桓之子六人，並見僖七年，爲武孟，卽公子無虧；爲公子元，卽惠公；爲公子昭，卽孝公；爲公子潘，卽昭公；爲商人，卽懿公；爲公子雍。以元稱商人爲夫己氏，己於甲乙之次，爲第六，蓋商人行六故，以己稱之。商人弑舍，以元爲兄而讓之，蓋是時諸兄惟元在，然則傳叙公子雍於商人後，何也？傳之序不必以長幼，先武孟，以其先立也；次惠公，以長衛姬、少衛姬連類而及也；次孝公、昭公、懿公，則以立之先後爲次也；雍不立，故後於五人。雍別無所見，當是已歿。立孝公時，方畏四公子之徒。四公子：潘、商人、元及雍也。僖二十七年，孝公卒，卽立昭公，度必孝無子，而昭之年次之也。昭卒，而昭之子舍立，商人殺舍而讓元，知元之年次於昭，而長於商人。而昭公之長於元，亦可見。雍不爭，可知是時無雍矣。商人幼於雍而居六，卽以稱夫己氏知之。余始爲此説，自疑私臆，及閲曲阜孔巽軒太史《經學巵言》説夫己氏與余同，録於左，以證余説。《巵言》云：『蓋桓之六子，商人第六，以甲乙次之，而稱爲己。僖十七年《傳》叙懿公於公子雍之上者，以無虧與惠、孝、昭、懿皆嘗爲君，而公子雍未得立。又五公子母皆諸侯公子〔一〕，獨雍母爲宋大夫華氏女，雖云「如夫人者六人」，傳家叙之，自有貴賤，故雍倒在末耳，非長幼之次。』

十五年【傳】魯人以爲敏。【注】無故揚其先祖之罪，是不敏。魯人以爲敏，明君子所不與也。

循按：《檀弓》云：『容居魯人也，不敢忘其祖。』容居爲徐國大夫，而自稱魯人，故注云：『魯，魯鈍也。』又『叔仲皮死，其妻魯人也』，注亦云：『言雖魯鈍，其於禮勝學。』此《正義》以魯人爲魯鈍之人，本《檀弓》注也。乃《檀弓》言魯人不止此。如云『魯人欲勿殤童汪錡〔二〕』，『魯人曰非禮也』，『魯人有朝祥而莫歌者』，皆指魯國之人，此傳在魯言魯，故曰魯國之人以爲敏。華耦之來，魯人固以其爲罪人子孫，若自侈大，將有以譏之。耦先自言華督得罪於殤公，請承命於亞旅，此口給，故魯國之人以爲敏也。服虔云：『魯人不知其非，反尊貴之』，亦謂魯國之人。

十六年【傳】書曰：『宋人弑其君杵臼，君無道也。』【注】始例發於臣之罪，今稱國人，故重

〔一〕『公子』，《經學卮言》作『女』。

〔二〕『錡』，宋淳熙四年撫州公使庫本鄭注《禮記》作『踦』。

明君罪。

循按：《左氏》極稱公子鮑之善，而直云昭公無道，國人奉公子鮑以因夫人。襄夫人王姬使公田於孟諸，使帥甸攻而殺之，蕩意諸死之。考昭公初立，以欲去羣公子，而穆、襄之族率國人以攻公，而殺公孫固、公孫鄭。七年。昭公不禮襄夫人，夫人因戴氏之族以殺孔叔、公孫鍾離，及大司馬公子卬，皆昭公之黨也。司馬握節以死。八年。楚將伐宋，田於孟諸，宋公爲右盂，命夙駕載燧。宋公違命，文之『無畏抶其僕以徇』。九年。十四年，會晉趙盾等於新城，舍楚以從晉矣。其冬，蕭封人高哀來奔，《左氏》以爲不義宋公，不詳所以不義何在也？《春秋説》謂此宋公指鮑。觀宋昭違楚載燧之令，轉而從晉，則其人固負氣不能柔屈者耳。襄夫人以公子鮑美而豔，欲通之，則夫人平日不安其室可知。此公所以不禮也。鮑以昭公欲去羣公子，故親自桓以下無不恤。以昭不禮於襄夫人，遂因夫人以謀之。禮於國人，饑竭粟，老饋詒，數於六卿之門，收羅國之材人，其不臣之心舊矣。是時昭之黨已盡，而六卿皆鮑之黨，昭孤立，故知其將弑，而盡以室行。其不適諸侯，明曰：『既爲人君，又爲人臣，不如死。』其性之不屈可見，未見其無道也。而鮑乃因襄夫人以弑之，若曰以君祖母殺之，已可以脱惡名。此司馬師逐齊王芳，司馬昭弑高貴鄉公髦，所以必假皇太后令也。皇太后令極指斥芳與髦之不道，則昭公之無道，當亦襄夫人言之。皇太后之令出自師、昭，則襄夫人之命亦出自公子鮑。當時赴告或稱襄夫人以其無道廢之，則師、昭假皇太后令所本也。或稱甸人因其田獵而弑之，則昭歸罪於太子舍人成濟所本也。孔子作《春秋》，特書曰『宋人弑其君杵臼』，不許其假命於襄夫人也，不許其諉罪於甸人也，直公子鮑弑之而已。《左氏》稱『欒書、中行偃使程滑弑厲公』，則其赴告也，烏不云程滑弑之也？而孔子不許也，書曰：『晉弑其君州蒲。』直欒書弑之而已。據《春秋》之義以例師、昭，則師之逐芳，昭之弑髦，其不得假於皇太后之令也，凜然可見。乃《左氏》則以書宋人，轉歸其獄於君之無道，而師、昭之徒得而有所托矣。杜預之爲師、昭飾也，非無辭矣。松之於齊王之廢也，載《魏略》於其下，云：『景王將廢帝，遣郭芝入白太后，太后與帝對坐，芝謂帝曰：「大將軍欲廢陛下，立彭城王據。」帝乃起去，太后不悦』云云，則郭后之於芳，且不得以襄夫人例，而預能爲之解乎？司馬昭既殺諸葛誕，習鑿齒曰：『自是天下畏威懷德矣。功高而人樂其成，業廣而敵懷其德。』此郎公子鮑禮國人之術也。大凡奸雄必結恩於民，收心於士，此司馬氏所以勝爽、凌、儉、誕，而取位於曹，欒書所以勝三郤，而得志於州蒲。齊商人弑舍，亦必驟施於國而多聚士，不獨一公子鮑之於杵臼已也。種惠吳人，結異類之情；寵鶩葬欽，忘疇昔之隙；不咎誕衆，使揚土懷愧。

十七年【傳】鹿死不擇音。【注】音，所茠蔭之處。古字聲同，皆相假借。

循按：《説文》：『陰，闇也。』闇與暗通，皆從音聲。《文選・高唐賦》：『隨波闇藹。』李善注：『闇藹者，言木蔭水波，闇藹然也。』音之爲蔭，猶闇之爲陰，古人聲音假借，魏晉間尚能知之，故杜用以解傳是也。隋唐以來，此義漸泯，劉光伯所以從服説以規杜。《正義》依文演説，亦未能詳其義也。《莊子・人間世》云：『獸死不擇音，氣息茀然。』郭注云：『譬之野獸，蹴之窮地，意急情盡，則和聲不至，而氣息不理，茀然暴怒。』此讀音如字。

卷三

宣公二年【經】秋，九月，乙丑，晉趙盾弑其君夷皐。【注】靈公不君，而稱臣以弑者，以示良史之法，深責執政之臣。【傳】孔子曰：『趙宣子，古之良大夫也，爲法受惡，惜也，越竟乃免。』【注】越竟，則君臣之義絶，可以不討賊。

循按：萬氏充宗《學春秋隨筆》云：『晉靈即位十四年矣，未離幼志，傳所云彫牆彈人，不過少年兒戲。卽宰夫之殺，亦出一時之暴。趙盾爲正卿，引君當道，使志於仁，乃其職也。一旦君臣相惡，遽謀弑逆，何其忍乎！大抵靈公爲人躁妄，未嫻師保之訓，長而漸黠，不堪趙盾之専，因欲殺之。盾知身在，必不相容，而大權久握，不容中失，遂萌逆節，己僞亡而穿行事，陽收其實而陰避其名，豈知「亡不越竟，反不討賊」，早爲董狐兩語斷定。《左氏》惑於邪説，乃託仲尼之言以賢趙盾。嗟乎！弑君者爲賢，將何者而後爲不賢乎？蓋左氏生春秋後，目覩七國將興，每於其先世之見於《春秋》者，必預著其祥，曲爲之説。如陳氏，則謂「五世其昌，八世莫京」；魏氏，則謂「公侯子孫，必復其始」；而趙盾弑君，更爲多方解免，不顧聖經之書法，先儒謂其「好以成敗論人」，而「是非謬於聖人」，良不誣也。』毛氏大可《春秋傳》云：『晉史爲此策書時，孔子尚未生，安所得孔子之言而記之？　此實左氏當時懾强趙之名，疏盾功德，因妄爲此言。　鉏麑之死，靈輒之報，提彌明之忠，盾得人矣。　據此盾眞弑君之賊，有意爲之，而非一朝一夕之故也。《春秋》亂賊，半屬守禮以要譽，假行惠以結人心，策書所載，比比而是。　今晉君左右，皆盾人矣，推是術也，陳完之移國，操、莽之移天下，皆在於是。』萬氏、毛氏之論《左氏》，是矣。　而杜預則云『越竟可以不討賊』，然則不越竟，則必當討賊。不討賊而越竟，則可免；不越竟而討賊，則亦可免。　司馬昭使成濟弑其君而殺成濟，異乎趙盾使趙穿弑其君而不殺趙穿。　昭之殺成濟，固自以爲可以愚天下後世，此預所以爲之説也。

四年【經】夏，六月，乙酉，鄭公子歸生弑其君夷。【傳】權不足也。【注】子家權不足以禦亂，懼譖而從弑君，故書以首惡。

循按：　萬氏《學春秋隨筆》云：『前年大棘之戰，歸生敗宋而獲華元，其威權已震。至是靈公立方九月，君臣之際，必多不相能。　歸生已陰懷異志，適子公有嘗黿之隙，遂假手焉。不然，豈其〔一〕身執國柄，不能除一亂臣，反懼譖而從之乎？異日歸生死，鄭討幽公之亂，斲其棺而逐其族，足以知弑逆之由乎歸生，而非專起於子公，鄭人早有公評矣。』毛氏《春秋傳》云：『傳自楚人獻黿起，至子家懼而從之止，是策書原文，《左氏》因而潤色之。若夏弑靈公至權不足也，是《左氏》愚意而大謬者。文十七年，諸侯會扈時，歸生親作書，使執訊之官告趙宣子，叙十二年歸生佐寡君之嫡夷，請陳於楚而朝晉。自此書出，而晉使行成，且使趙穿、晉侯女壻池皆質於鄭。則其人之强幹有爲，原不在趙盾下者。况宣二年大棘之戰，歸生實帥師與宋右師華元相持，竟獲華元。樂、吕并狂狡焉，此其當國用事，萬萬超子公之上，爲何如而曰權不足？是日校策書，而茫然不知其就裏者，宜乎啖助、趙匡之徒得共起而議其後也。』

【傳】君子曰：『仁而不武，無能達也。』【注】初稱畜老，仁也。不討子公，是不武也。故不能自通於仁道，而陷弑君之罪。

循按：杜預援《左氏》之説，而以歸生之弑君爲本無其心，又以不討子公爲不武，不能自通於仁道，全是爲司馬昭解説也。昭上言曰：『高貴鄉公率將從駕人兵，拔刃鳴金

〔一〕『其』，叢書本作『能』。

鼓向臣所止。懼兵刃相接，卽勑將士不得有所傷害，違令以軍法從事。騎督成倅弟太子舍人濟，横入兵陣，傷公，遂至隕命。輒收濟行軍法科律，大逆無道，父母妻子同產皆斬。濟凶戾悖逆，干國亂紀，罪不容誅。輒勑侍御史收濟家屬，付廷尉結正其罪。』夫子公與子家謀先，子家曰：『畜老猶憚殺之，而况君乎？』此《左氏》所謂仁，杜預指明之矣。昭勑將士不得有所傷害，是其例也。歸生權不足，不能禦亂討子公，故仁而不武，以陷弑君之罪。設令歸生之權能禦亂，能討子公，則仁而且武，不陷弑君之罪矣。昭既先戒軍士不得有所傷害，違令以軍法從事，成濟傷害高貴鄉公，是濟違令也。昭卽按軍法科律討而族之，是仁而且武矣。子家不能討子公，遂陷弑君之惡。司馬昭能討成濟，則弑君之惡歸成濟，而昭不陷之矣。預於歸生，其用意如此。

【傳】凡弑君，稱君，君無道也；稱臣，臣之罪也。【注】稱君，謂惟書君名，而稱國以弑，言衆所共絶也；稱臣者，謂書弑者之名，以示來世，終爲不義。改殺稱弑，辟其惡名，取有漸也。書弑之義，《釋例》論之備矣。【釋例】天生民而樹之君，使司牧之，羣物所以繫命也。故戴之如天〔一〕，親之如父母，仰之如日月，事之如神明。其或受雪霜之嚴，雷電之

〔一〕「天」下，叢書本、《春秋釋例》有「地」字。

威，則奉身歸命，有死無貳。故《傳》曰：『君，天也，天可逃乎？』此人臣所執之常也。然本無父子自然之恩，未有家人習翫之愛，高下之隔懸殊，壅塞之否萬端，是以居上者降心以察下，表誠以感之，然後能相親也。若亢高自肆，羣下絶望，情義圮隔，是謂路人，非君臣也。人心苟離，則位號雖存，無以自固，故傳例曰：『凡弑君，稱君，君無道；稱臣，臣之罪。』稱君者，惟書君名，而稱國稱人以弑，言衆之所共絶也。稱臣者，謂書弑者主名，以垂來世，終爲不義，而不可赦也。然君雖不君，臣不可以不臣，故宋昭之惡，罪及國人。晉荀林父討宋曰：『何故弑君？』猶立文公而還，深見貶削。諸懷賊亂以爲心者，固不容於誅也。若鄭之歸生，齊之陳乞，楚之公子比，雖本無其心，《春秋》之義，亦同大罪，是以君子慎所以立也。

循按：明人陸氏粲作《春秋左氏鐫序》云：『太史遷言：「仲尼成《春秋》，魯君子左丘明受之，爲著傳。」余以爲非也。左氏之文，閎麗鉅衍，爲百代取則，然其指意所存，乃往往卑賤不中於道。蓋戰國之初，有私淑於七十子之徒，不得與仲尼並時。又其書遭秦伏隱，及漢世晚立學官，自劉歆始定其章句，吾疑歆輩以意附益之者多也。』又郝氏敬作《春秋非左》，謂其背理傷道，摘其紕繆三百三十餘條，曰：『左實非丘明也。知左之非丘明，然後可與言《春秋》。』余讀左氏書，深歎陸、郝二子之言爲不刊，何也？其言之悖謬，莫過於宣四年『鄭公子歸生弑其君夷』之《傳》，以爲『弑君，稱君君無道』之兩言也。善乎四明萬氏之作《學春秋隨筆》也，明辨之云：『《春秋》弑君，有稱名、稱人、稱國之異。左氏定例，以爲「稱君，君無道；稱臣，臣之罪」，甚矣，其説之頗也！孟子曰，「世衰道微，邪説暴行有作」，所謂暴行，卽弑父弑君是也；所謂邪説，卽亂臣賊子與其儕類，將不利於君，必飾君之惡，張己之功，造作語言，誣惑衆庶是也。有邪説以濟其暴，遂若其君真可弑而已，可告無罪然者。相習既久，政柄下移，羣臣知有私門，而不知公室，且鄰封執政，相倚爲姦，凡有逆節，多蔽過於君，鮮有罪及其臣者。如魯、衛出君，師曠、史墨之言可證也。《左氏》之例，亦猶是耳。噫！於弑君而謂君無道，是《春秋》非討亂賊，而反爲之先導矣。邪説之惑人，一至此乎！然則何以稱人、稱國？曰：稱人者，以微者告也；稱國者，不告其人也。此足以見元惡之專恣制國，人以威使，不敢以實告也。雖然，《春秋》從赴而書，將令學者討求其實，則書人之宋鮑、莒庚輿，書國之晉書、偃、莒僕、吴光，其罪且浮於稱名氏者矣。《春秋》書弑君，誅亂賊也。然而趙盾、崔杼之事，時史亦直載其名，安見亂賊之懼，獨在《春秋》而不在諸史？曰：孟子言之矣，《春秋》之文則史也，其義則孔子取之。諸史無義，而《春秋》有義也。義有變有因，諸侯之策曰「孫林父、甯殖出其君」，《春秋》書之曰「衛侯衎出奔」，此以變爲義者也。晉史書曰「趙盾弑其君」，《春秋》亦曰「趙盾弑其君」；齊史書曰「崔杼弑其君」，《春秋》亦曰「崔杼弑其君」，此以因爲義者也。因與變相參，斯有美必著，無惡不顯，三綱以明，人道斯立，《春秋》之義，遂與天地同功。彼董狐、南史傳《春秋》而獲存，晉《乘》、楚《檮杌》論《春秋》而幸及，當時則書，久則亡焉。懼在《春秋》，而不在諸史，有由然也。雖然，以盾、杼之姦惡，齊、晉得以名赴，《春秋》得以名書，賴史官之直筆也。使晉、宋、吴、莒之弑逆，得董狐、南史其人，則書必以名，赴必以實，鮑與庚輿必不書人，書、偃、僕、光必不稱國，良史又曷可少哉！』萬氏頗左氏而論之詳矣，確矣！余因思之，左氏果孔子之徒，何至謬論若此？左氏非左丘明無疑，其爲是説者，爲當時趙、魏、田齊等而言。如所謂『稱君，君無道』，顯然謬乎孔子作《春秋》使亂臣賊子懼之義。而杜預援此而演其説，以爲非君臣爲路人，其妄悖甚矣。夫劉歆之於莽，猶杜預之於昭也。歆稱左氏好惡與聖人同而表之，預遂以左氏爲素臣而尊之。預之背恕而諂昭，與歆之背向而諂莽，情事實同。其援左氏以爲亂臣賊子地，其情事亦同。儒者共耻言歆矣，而甘於服預，豈莽爲漢誅，從莽者遂爲國賊，司馬終爲魏禪，從司馬者遂爲佐命乎？錫山顧氏作《春秋大事表》，斥左氏『稱君，君無道』之説爲『大謬不通』，乃又作《孔子作〈春秋〉亂臣賊子懼論》云：『吾恐元凶劭、安慶緒、史朝義之徒，雖日揭其策以示於前，而彼不知懼也。況人已成爲篡弑，而懼之，亦復何益？』此説大非。司馬昭即元凶劭、安慶緒、史朝義之流也。觀其既弑高貴鄉公，而大驚自投於地，曰『天下其謂我何』，而必假太后令，以甚言其君之無道，又謀於其故僕射陳泰，歸罪於成濟而斬之，夷濟三族，既以無道爲君罪，又以討賊爲己解，無非援左氏之説，以爲之蔽。而預乃暢之，詳之，且即以左氏之義，爲《春秋》之義，凡此者，皆懼心之所乘，思假經以愚天下。夫《左氏》之興，始於王莽，由莽國師劉歆、莽將軍陳欽而顯，欽傳其子元，歆傳賈徽，徽傳其子逵。逵、元並爲名儒，其説遂行於東漢。自杜預爲《集解》、《釋例》，而亂臣賊子接迹於六朝，而懼心且漸泯，是孔子之《春秋》爲邪説誣民而作？而爲邪説者轉托於《春秋》，故必知《左氏》之説之邪，知杜預宗《左氏》之説之奸，而《春秋》之義明，亂臣賊子乃無所倚托，而懼心復萌矣。

【傳】楚人謂乳穀，謂虎於菟，故命之曰鬭穀於菟。

循按：穀於菟，猶《義縱傳》云「乳虎」。《爾雅》熊虎類：「其子狗。」《尸子》：「虎豹之駒，雖未成文，已有食牛之氣。」駒、狗，均從句。《月令》：「句者畢出，萌者畢〔一〕達。」句、萌，皆初生之名。《史記·游俠傳》「乘不過軥牛」，徐廣云：「音雊。」裴駰按：「《漢書》音義云：『小牛。』」郭璞注《爾雅》：「其子犢云，青州呼犢爲狗〔二〕。」凡从句之字，皆與穀聲近。《爾雅》：「貔，白狐，其子穀。〔三〕」《説文》：「㲃，小豚也。」枸杞之實如乳，一

〔一〕「畢」，宋撫州公使庫刻本鄭注《禮記》作「盡」。
〔二〕「狗」，叢書本、《爾雅注疏·釋畜》作「㺃」。
〔三〕「穀」，叢書本、《爾雅注疏·釋獸》作「㲃」。

稱羊乳，故名枸。枸猶狗，穀於菟卽小虎，小虎名穀，卽虎子名狗也。犬之子未成豪者名狗，猶虎之子名狗。豚子名豰，卽猶犬之子名狗。以其爲乳之名，卽以爲幼小之稱，猶生子爲免，而免之子，卽名娩也。《漢書·叙傳》注：『如淳曰：「穀音構，牛羊乳汁曰構。」』

六年【傳】使疾其民，以盈其貫。【注】驕則數戰，爲民所疾。貫猶習也。

循按：習，重也。貫爲錢貝之貫，如以繩貫錢，一一重之，至於盈滿。杜以數字明盈貫之意，多一次戰，則多一次民疾，是爲『盈其貫』。《正義》謂『盈滿其心』，非是。

十二年【傳】不行之謂臨。【注】水變爲澤，乃成臨卦。澤，不行之物。

循按：《易》學至春秋時，淆於術士之傅會，孔子所以韋編三絶，以贊之也。然遺義尚有存而可繹者，如『知莊子舉師之臨』是也。師二宜進五成比，而後同人四來之初成屯，則順師二不出而之五，而同人四來之初則成臨。所以成臨者，由於二不行，故云不行之謂臨。二行之五則帥也，而初順從之，是從帥也。初不從二，而先來成臨，故云『有帥而不從，臨孰甚焉』。因而推之，上坤衆也，二行於五，則聚而爲强；二不行，故散爲弱也。下坎川也，二行於五，則通而不壅；二不行，而初來成兑澤，故壅爲澤也。五本陽位，二宜往者也，故云『有律其〔一〕如己也』。如，往也。如己，謂自歸本位也。二不往則五空虛，如隍之涸，故云竭。二先往，而後初來成屯爲盈，不成屯而成臨，故云『盈而以竭』。臨者大也，無不行之義。此云『不行之謂臨』，以二不行成臨言，專就初之不從二明之，非釋臨之義也。詳見《雕菰樓易學》。

【傳】麾旌摩壘而還。【注】麾旌，驅疾也。

循按：莊十年《傳》：『望其旗靡。』靡者，衺倚也，與此靡同。彼奔疾，而旗自靡；此驅疾，自以旌靡之。

【傳】既免。【注】止不復逐。

循按：樂伯以單車挑戰，摩晉之營，壘而入之。晉鮑癸率左右角以逐之，樂伯等勢不可免，乃樂伯左射左角之馬，右射右角之人，而矢已盡，止餘一矢，知不可禦，逐者乃射麋，使攝叔獻於鮑癸。是時癸已當其後，將禽之矣，鮑叔因其獻麋，以爲君子而免之。既之言盡也，承上其左其右言之，其左善射宜免，之〔二〕右有辭亦宜免，故盡免之也。『既

〔一〕『其』，據阮校《左傳正義》作『以』。
〔二〕『之』，叢書本作『其』。

免』二字，鮑癸止其衆之言。

【傳】屈蕩戸之曰。【注】戸，止也。

循按：《釋名》：『戸，護也。所以謹護閉塞也。』《説文》：『戸，護也。』護，救視也。救，止也。《論語》：『女弗能救與？』馬云：『救，猶止也。』環相轉注，是戸有止義。《漢書・王嘉傳》：『坐戸殿門失闌免』，師古曰：『戸，止也。嘉掌守殿門，止不當入者，而失闌入之，故坐免也。《春秋左氏傳》曰：「屈蕩戸之。」』

【傳】皆重獲在木下。【注】兄弟累尸而死。

循按：獲之言得也。謂二子皆尋得在所表木下，加一重字，明其尸相累，若曰皆得之，而重在木下，云『皆重獲在木下』，古人屬文之奥也。《正義》以『獲』爲『被殺之名』，未是。

【傳】『有麥麴乎？』曰：『無。』『有山鞠窮乎？』曰：『無。』【注】麥麴、鞠窮，所以禦溼，欲使無社逃泥水中。無社不解，故曰無。軍中不敢正言，故謬語。

循按：《神農本草》：『芎藭，味辛温，主中風氣入腦，頭痛寒痺，筋攣緩急，金瘡，婦人血閉無子。』麥麴不見《神農本經》，惟《名醫別録》小麥下言：『作麴，温，消穀止利。』《證類本草》新補『麴』一條，詳列其『療藏府中風氣，調中下氣，開胃，消宿食，主霍亂，心膈氣，痰逆，除煩，破癥結，及補虚，去冷氣，除腸胃中塞，不下食，令人有顔色。』鞠窮、麥麴二物，皆不禦溼。《證類本草》引《春秋》注云：『山芎藭，能去卑溼風氣。』此不知何人之注。卑卽指痛痺，以痺由於溼，故連云痺溼。杜當本此而删去痺字。若麥麴，則並不治痺，於禦溼，尤無謂矣。梁簡文《勸醫論》云：『胡麻、鹿藿，纔救頭痛之痾；麥麴、芎藭，反止河魚之疾。』胡麻、鹿藿，俱見《神農本經》。胡麻雖補腦髓，不云治頭痛。鹿藿則絶不主頭面之治。推簡文之意，謂藥有不必依主治之性，故下云：『思不出位，事局轅下，欲求反死者於元都，揚己名於緑帙，豈可得乎？』欲醫者網羅愈廣，譬爲詩者古今雅俗皆須寓目。胡麻、鹿藿，未詳所本。麥麴、芎藭，正指左氏所言，出醫經藥性之外，故云反止。反之云者，本不止此疾也。然簡文所據，卽由杜注。而千百年來，實無以麥麴、芎窮治溼者。則叔展之隱語，果如杜所測乎？蓋叔展取於聲音假借，非取義於藥性。還無社號叔展欲其免己，叔展曰『有麥麴乎』，麥者，霾也，鞠者，曲也，欲其隱霾而局曲也。無社曰『無』者，言無處藏也，非不解也。叔展曰『有山鞠窮乎』，鞠窮言曲躬，仍麥霾、麴曲之義，謂其宜藏匿曲蹙於山中也。無社仍曰『無』者，言山中無處可藏也，亦非不解也。叔展乃曰『河魚腹疾奈何』，謂山中無處藏，可曲蹙於水也。無社於是『目眢井而拯之』。麥麴、鞠窮，喻其屈身藏匿，山、河喻匿處，而廋其辭於藥疾之中，本非言藥言疾，而杜氏望文生意，謂無禦溼之藥將病。誚無社不解，乃無社固解之，而預則全未解也。姜維歸蜀，失其母，魏人使其母手書呼維，并送當歸以譬之，維報書曰：『但見遠志，無有當歸。』假借藥名以喻其意，正與麥麴、山鞠窮同。《鄭風・溱洧》之詩『贈之以勺藥』，《箋》云：『其別則送女以勺藥，結恩情也。』《正義》云：『贈送之以勺藥之草，結其恩情，以爲信約。』勺藥與約同聲，故假借爲結約之意，亦非取其藥性也。

十五年【傳】棄仲章而奪黎氏地。【注】黎氏，黎侯國，上黨壺關縣有黎亭。

循按：《説文》黎作𨚗。殷諸侯國，在上黨東北。《商書》西伯戡𨚗，然則周之黎卽殷之黎，西伯所戡者在此地，狄所奪者亦在此地。《旄邱詩序》云：『狄人迫逐黎侯，黎侯寓於衛。』此《傳》謂奪黎氏地，卽此也。《水經注・瓠子河》：『東逕黎縣故城南。孟康曰：「今黎陽也。」薛瓚言：「按黎陽在魏郡，非此黎陽也。世謂黎侯城。昔黎侯陽寓於衛，《詩》所謂胡爲乎泥中，毛云：泥中，邑名，疑此城也。」』《元和郡縣志》：『鄆州鄆城縣，黎丘在縣西四十五里，春秋時黎侯寓於衛，因以爲名。』《旄邱箋》云：『黎國在衛西，今所寓在衛東。』《漢書・地理志》上黨郡壺關，應劭曰：『黎，侯國也，今黎亭是。此所謂黎國在衛西也。』《地理志》東郡黎縣，孟康曰：『《詩》黎侯國，今黎陽也。』臣瓚曰：『黎陽在魏郡，非黎縣。』師古曰：『瓚説是。』此與瓠子河東逕之黎縣，《元和郡縣志》鄆城之黎丘爲一地，所謂寓在衛東也。乃《水經注》又於河水過黎陽，云黎侯國也。《詩・式微》黎侯寓於衛，《元和郡縣志》衛州黎陽縣云：『古黎侯國。』此黎陽，漢屬魏郡，晉灼曰：『黎山在其南，河水經其東，其上碑云，縣取山之名，取水之陽，以爲名。』卽臣瓚所謂『黎陽在魏郡，非黎縣』是也。蓋魏郡之黎陽，以黎山得名，在今衛輝府之濬縣，唐之衛州，宋之濬州也。東郡之黎，以黎侯寓得名，在今曹州府鄆城壽、張之間，唐屬鄆州，宋屬濟州也。黎陽既非本國，亦非寓地，孟康誤舉，故臣瓚破之，酈道元、李吉甫之書兩繫之，殊惑人。《太平御覽》衛州下引《宋初山川古今記》云：『黎陽國也。《詩》黎侯寓於衛是也。』《宋初山川古今記》二十卷，齊都官尚書劉澄之撰，見《隋書·經籍志》。宋、齊無衛州，未知屬何郡縣。《御覽》引附衛州，乃趙宋人誤耳。《吕氏春秋·愼大覽》：『武王入殷，未下轝，命封黄帝之後於鑄，封帝堯之後於黎，封帝舜之後於陳。』學者以寓衛之黎爲堯後，以殷之黎在上黨，周之黎在黎陽，非也。《樂記》：『武王克殷反商，未及下車，而封黄帝之後於薊，封帝堯之後於祝，封帝舜之後於陳。』卽《吕覽》所説。《史記·周本紀》言：『武王封黄帝之後於祝，帝堯之後於薊。』與《樂記》相反。裴駰引《地理志》燕國有薊縣，襄二十三年『臧宣叔取于鑄』，杜云：『鑄國，泲北蛇丘縣所治。』《郡國志》泲北國蛇丘有鑄鄉城，注云：『周武王未及下車，封堯後於鑄。』此封鑄同於《吕覽》，而堯後則原於《樂記》。鑄與祝一音之轉，薊與黎兩聲相邇，封鑄卽封祝，封黎卽封薊。戡黎之黎，《史記》作飢，黎之爲飢，猶薊之爲黎。薊自在燕，黎在上黨，衛東之黎，卽上黨之黎。所寓黎，寓衛而地入狄，晉滅狄，而黎爲晉地矣。

十八年【傳】壇帷。【注】除地爲壇而張帷。

循案：此壇字《釋文》音善。《曲禮》：『大夫士去國踰竟，爲壇位。』注云：『壇位，除地爲位也。』《釋文》亦音善。《周禮》大司馬之職：『暴內陵外則壇之。』注云：『壇讀如同墠之墠。鄭司農云：「壇讀從憚以威之憚，書亦或爲墠。」』《釋文》：『壇，依注作墠，音善。』此《傳》及《曲禮》壇音善者，讀壇爲墠也。《金縢》：『三壇同墠。』《祭法》：『一壇一墠。』是除地爲墠，封土爲壇，二字自别。而壇、墠音近，得相通借，故《詩・東門之墠》一作《東門之壇》。《毛傳》解爲『除地町町』，則墠是而壇借，與此傳借壇爲墠同，猶鱣鮪之鱣與鱓本二字，而『鸛雀銜三鱓魚』，多假借爲鱣鮪之鱣』，見《顔氏家訓・書證篇》。

卷四

成公二年【傳】殺而膊諸城上。【注】膊，磔也。

循按：《漢書》孝景中元二年，『改磔曰棄市，勿復磔』。師古曰：『磔，謂張其尸也。』《廣雅》：『磔，張也。』

【傳】桀石以投人。【注】桀，擔也。

循按：《文選》謝靈運《雜擬詩》『暮坐括揭鳴』，注：『《毛詩》曰：「雞棲于桀，日之夕矣，牛羊下括。」毛萇曰：「雞棲於杙爲桀。括，至也。」桀與揭音義同。』《廣雅》『檐，揭，皆訓舉。』檐卽擔字。《楚辭·哀時命》『負檐荷以丈尺兮』，王逸注云：『背曰負，荷曰檐。』檐、揭皆舉義，故杜讀桀爲揭，而以擔訓。『桀石以投人』，卽舉石以投人也。『雞棲於杙爲桀』者，杙，橛也，棲於橛之上，亦高舉之義。才過萬人曰桀，亦取其桀然而高舉矣。

【傳】左并轡，右援枹而鼓。

循按：援爲引，謂牽持而引之。此時郤克傷於矢而病，不堪擊鼓，張侯既勉以不可以病敗君事，言畢以轡并持於左手，而以右手引枹，以助郤克之擊。枹本在克手，張侯又以手持而牽引之使擊，一手助鼓，一手并轡，故馬逸不能止。援訓引，亦訓助，引之即所以助之。蓋一枹克執之，今張侯又加執之，張侯助力牽引郤克之手，並擊鼓也。

【傳】齊侯免，求丑父，三入三出。【注】重其代己，故三入晉軍求之。○**【傳】每出齊師，以帥退，入于狄卒。【注】齊師大敗，皆有退心，故齊侯輕出其衆，以帥厲退者，遂迸入狄卒。**

循按：每出齊師絶句，以帥退絶句。前云三入，入晉師也；三出，出晉師也。此云『出齊師』，所以明上之出爲出晉帥。傳文本自明白。杜云『齊侯輕出其衆』，『其衆』二字解『齊師』二字，於『出』字上加一『輕』字。《釋文》：『輕，遣政反。』《周禮・春官・車僕》：『輕車之萃』，注云：『輕車，所用馳敵致師之車也。』《釋文》亦云：『輕，遣政反。』然則此『輕出』之『輕』，即用『輕車』之『輕』。鄭氏引馳車千乘明輕車。《文選・西京賦》『轢輻輕鶩』，薛綜注云：『馭車欲馬疾，以箠櫟於輻，使有聲。』馬疾解輕鶩，是輕者，輕鋭疾馳之意。《後漢書・竇憲傳・燕然山銘》『元戎輕武』，章懷注云：『輕武，言疾也。』蓋是時齊師有退心，故齊侯疾馳出於衆之先，以率引鼓厲衆之欲退者。既三出，晉師仍不肯退，而迸入狄卒，又入衛師。傳以『帥退』二字明齊侯之鋭。而注以『輕』字『厲』字明之，可謂精矣。劉光伯讀『每出』絶句，『齊師以帥退』絶句，謂齊師因其主帥退，遂不顧齊侯，致齊侯入狄卒，此於傳文不達，亦不合情事，不及杜遠甚。

三年【傳】賈人有將寘諸褚中以出。

循按：《釋文》：『褚，中吕反。』不言其何物。褚有二。《檀弓》：『子張之喪，公明儀爲志焉，褚幕丹質。』注云：『以丹布幕爲褚，葬覆棺。』《喪大記》『飾棺素錦褚』，彼《正義》云：『素錦，白錦也。褚，屋也。於荒下又用白錦以爲屋也。葬在路，象宫室，故《雜記》云「素錦以爲屋而行」，卽楮是也。』《釋文》：『褚，張吕反。』此其一。《方言》：『楚東海之間，亭父謂之亭公，卒謂之弩父，或謂之褚。』注云：『言衣赤也。褚音赭。』《説文》：『褚，卒也。』又：『卒，隸人給事者衣爲卒。卒，衣有題識者。』此又其一。此《傳》云『寘諸褚中』，或寘諸送喪者棺幄中，或使僞爲褚卒，乃二者皆與鄭賈人不相合。襄三十年《傳》『取我衣冠而褚之』，注訓褚爲畜藏。《地官・廛人》注云：『廛，謂市中之地未有肆而可居以畜藏貨物者也。孟子曰：「市廛而不征，法而不廛，則天下之商皆説而願藏於其市矣。」謂貨物貯藏於市中，而不租税也。』《釋文》：『貯，知吕反，本或作貯，又作褚。』推而通之，當是寘諸賈人貨物之中，貨物褚藏，卽以貨物爲褚也。

十四年【傳】盡而不汙。【注】謂直言其事，盡其事實，無所汙曲。

循按：汙曲，則讀汙爲紆。

十六年【傳】至於鳴雁。【注】鳴雁，在陳留雍丘縣西北。【釋例】陳留雍丘縣西南有鳴雁亭。

循按：《續漢・郡國志》兖州陳留郡，『陳留有鳴雁亭。』注云：『《左傳》成十六年，衛伐鄭鳴雁。杜預曰：「在縣西北。」』又雍丘本杞國，杞遷於緣陵，雍丘遂爲宋地。哀九年傳『圍宋雍丘』是也。宋地既至雍丘，則鳴雁爲鄭地，自在雍丘之西。雍丘今之杞縣，在陳留東南。《續漢志》謂『陳留有鳴雁亭』，蓋其地在雍丘之西北，而實屬於陳留。以《續志》與杜注相參，正可考得其所在。此注謂在雍丘西北，是也。《釋例》謂『在雍丘西南』，此『南』字乃『北』字之誤。若劉昭引杜預，以鳴雁在陳留縣西北，則誤。杜明云雍丘西北，不云陳留西北，以陳留國誤爲陳留縣耳。在陳留縣西北，則去雍丘較遠，杜不當言在雍邱矣。

【傳】南國蹶，射其元，王中厥目。【注】復，陽長之卦。陽氣起子，南行推陰，故曰『南國蹶』也。南國勢蹶，則離受其咎。離爲諸侯，又爲目。陽氣激南，飛矢之象，故曰『射其元，王中厥目』。

循按：《正義》以爲無馮依，是也。蓋此卽以旁通爲義。每卦以三上爲戰伐之爻。

晉與楚戰，故占此爻。姤、復旁通，姤上之復三，復成明夷，下離，是南國也。南國而在明夷，夷者傷也，故云國蹙王傷。姤成大過，上兑爲西，晉在西，楚在南，凡《易》言矢言射，皆指三上，而三爲公侯，明夷上坤下離，下離爲南國，而三卽南國之王，故射而中其離目也。此正《周易》占筮本法，旁通之義不明，説者乃各以臆説耳。其例詳見《雕菰樓易學三書》。

【傳】免冑而趨風。【注】疾如風。

循按：風亦如『馬牛其風』之風，謂走逸。『免冑而趨風』，卽免冑而趨走也。

【傳】諜，輅之。【注】欲遣輕兵單進，以距鄭伯車前。

循按：《廣雅》諜與置、郵同訓驛。置郵疾速，謂從間道迎之，取其輕疾，故以輕兵解諜字，細作出入於敵中，亦以其輕疾，故名諜也。

十七年【傳】士燮卒。【注】傳言厲公無道，故賢臣憂懼，因禱自裁。

循按：劉光伯以士燮及昭子之卒，適與死會，非自殺，是也。觀其云『愛我者，惟祝我，使我速死，無及於難，范氏之福也』，則是因有疾，而其家禱之，而文子轉使禱者祈死耳。若自殺，則自殺而已，何必先祈死？

【傳】葵猶能衛其足。【注】葵傾葉向日，以蔽其根。

循按：《淮南子・説林訓》云：『聖人之於道，猶葵之與日也。雖不能終始哉，其鄉之誠也。』高誘注云：『鄉，仰也。』葵之向日，始見於此。曹植《求通親親表》增其説云：『若葵藿之傾葉太陽，雖不爲回光，終向之者，誠也。』陸機作《園葵詩》乃云：『朝榮西〔一〕北傾，夕穎西南睎。』竟似隨日而指者，然與衛足之説不相涉。至杜此注，則以衛足由於向日，而向日由其傾葉矣。今俗間有一種名向日葵者，又名金盤菊，秋末作黄花如盤，華心叢蔟，葉周於規，有似於菊心，老成實，小兒采以供食，一華可得實椀許，然葉不可爲蔬。驗之其華，重必垂側，然不必向日，亦不能蔽其根。或傅會陸機詩，謂其華朝向東，夕向西，實不然也。《神農本草》有冬葵子，陶隱居云：『以秋種葵覆養，經冬至春作子，謂之冬葵。』《圖經》稱葵有數種，蜀葵卽《爾雅》所謂『菺戎葵』，花有五色，午日取花。小者名錦葵、黄葵，子主淋澀，又令婦人易産。又有菟葵，吴人呼爲繁露，卽下品落葵，俗呼胡胭脂。又有菟葵，亦名天葵，葉主淋瀝熱結。除菟葵、天葵爲别種，其蜀葵、錦葵、黄葵今俱有之。《齊民要術》言：『有紫莖、白莖二種，種别復有大小之殊，又有鴨腳葵，蓋大者謂蜀葵，小者謂錦葵，鴨腳謂黄葵。其種法，春必畦種，水澆，三掐，更種，一歲之中，凡

〔一〕『西』，《文選》卷二九《園葵詩》作『東』。

得三輩。早種者，必秋耕，十月末，地將凍，散子勞之，地釋卽生。五月初，更種之，六月一日，種白莖秋葵。秋葵堪食，仍留五月種者取子，於此時，附地剪却春葵，令根上枿生者，柔輭至好，仍供常食，美於秋菜。掐秋菜，必留五六葉。凡掐，必待露解。』此所言甚詳。蓋冬葵，蜀葵也。秋葵，黄蜀葵也。秋葵夏種秋華，至冬卽枯。蜀葵八月後種，經冬至春而華，於四五月春夏亦可種。古時以此爲蔬，不令其老，故掐之，令生嫩枿，其根存，則明年仍生，故古詩云：『採葵不傷根，傷根葵不生。』觀《要術》稱『三掐』，又云『令根上枿生』，然則種葵者，必護其根，不肯使傷，不似他蔬連根並劚。所以然者，以其根能生枿，肥嫩供食尤美。是葵能自衛其根。孔子謂『葵猶能衛其足』，此也。然此葵無所爲向日。曹植與藿並言，藿卽菽，今驗塍中豆華必當正午時盛開，因推之秋葵之華，日出則舒，日沒則合，其未舒苞直向上，舒則傾側，故一名側金琖。曹云『傾葉』，葉指華之瓣，傾卽其舒而言也。然則所謂向日者，就華之榮萎言。此專指秋葵言之也。向日與衛足，自是兩事，杜合爲一，失之。鮑昭〔一〕《園葵賦》：『承朝陽之麗景，得傾柯之所投。』又以柯易葉，文人之〔二〕辭不足據如此。

〔一〕『昭』，一作『照』。

〔二〕『人』下，叢書本無『之』字。

十八年【傳】民不與郤氏，胥童道君爲亂，故皆書曰『晉殺其大夫』。【注】厲公以私欲殺三郤，而三郤死不以無罪書。書、偃以家怨害胥童，而胥童受國討文，明郤氏失民，胥童道亂，宜其爲國戮。

循按：惠氏半農《春秋説》云：『弑君，曷爲或稱名，或稱國？稱國謂專國者，晉之專國者欒書，故稱國。欒書弑厲公，猶趙盾弑靈公。盾直稱名，書獨隱其名而稱國，則晉之董史失其官矣。人皆知郤至之伐，莫知欒書之姦。《左氏》雖虛張郤至之伐，仍不能揜其忠。雖盛稱欒書之美，仍不能揜其惡。成公十有七年，十有二月，「晉殺其大夫郤錡、郤犨、郤至」。穀梁子曰：「自禍於是起矣。」三郤不死，厲公不弑。欒書所畏而忌者，惟郤至耳。殺三郤者，非胥童，乃欒書也。鄢之戰，欒書請俟齊魯之師，郤至獨以爲不可，楚有五〔一〕間，急擊勿失，於是敗楚師於鄢陵。欒書是以畏而忌之。既戰，獲楚公子發鈎，欒書陰誘發鈎使譏郤至，由是發鈎如其言以告厲公。公問欒書，書曰：「臣固聞之。」且云郤至欲爲難，使郤犨緩齊魯之師，而已勸君戰，戰敗，將納孫周，公惑之，乃使郤至聘於周，而書又陰使人説孫周，使見郤至，郤至不知其謀而見孫周，公使覘之，以爲信。遂使胥童殺三郤，郤錡欲以其黨攻公，郤至不可。至死不敢爲難，奉君命也，可不謂忠乎？

〔一〕『五』，阮元校本《左傳正義》作『六』。

欒書既殺三郤，遂弑厲公。乃納孫周而立之，是爲悼公。欲爲難而納孫周者，書之志也。顧以此誣郤至，郤至死而其志得行，處心積慮十餘年而後成，其姦甚矣！故《春秋》數稱晉欒書帥師，一救鄭，一侵蔡，一伐鄭，明專國也。乃〔一〕厲公死，而書乃弑君之賊，其名絶不復見矣。晉人不知其姦，反頌其德，比之召公，而書之惡應〔二〕不可掩。故餘殃終及其孫。事詳内外兩傳。而我特斥其惡者，所以誅姦諛於既死也。』又云：『欒書之奸，如後世司馬懿父子，故愚表而出之。欒書怨郤至，且忌其才，故先殺三郤，則道君爲亂者，非書而誰？故《春秋》兩書殺其大夫，然後書弑其君，則殺大夫及弑君者，實欒書一人而已。宋人殺其大夫，宋人弑其君杵臼，《春秋》三書「人」。晉殺其大夫，晉弑其君州蒲，《春秋》三書「晉」，明殺大夫者，即弑君之賊也。後之學者詳焉。』惠氏表郤至之忠，揭欒書之姦，可謂精矣。書比司馬懿父子，三郤則曹爽、何晏之比也。曹爽殺而司馬氏起矣。三郤、胥童殺而欒書不可制矣。童以私怨殺三郤，而因以刼書，長魚矯曰：『不殺二子，憂必及君。』則書之惡，童與矯固知之，故書必假童、矯以殺郤，復因執厲公以殺童。晉殺三郤，殺胥童，所以甚書之惡，非以貶三郤、胥童也。錡奪夷羊五田，犨與長魚矯爭田，執

〔一〕『乃』，惠士奇《春秋説》作『及』。
〔二〕『應』，惠士奇《春秋説》作『仍』。

梏其父母妻子，誠爲侈矣，若至不從欒書以敗楚師，未見其爲不善也。書謀殺三郤，而謂《春秋》書之，爲罪郤氏失民。是懿謀殺曹爽、何晏等，而不罪懿之奸，乃罪爽之驕盈、晏之浮虛也。《左氏》既失《春秋》之義，而預乃曰『宜爲國戮』，何宜之有哉！

襄公十年【經】會吴于柤。【注】柤，楚地。

循按：《釋例・地名》：『楚地有柤』。《穀梁傳》注亦云：『柤，楚地。』《續漢・郡國志》彭城國傅陽有柤水。《水經注・沭水篇》云：『沭水故瀆，自下堰，東南逕司吾城東，又東南歷柤口城中，柤水出於楚之柤地，《春秋》襄公十年經書：「公與晉及諸侯會吴於柤。」京相璠曰：「宋地，今彭城偪陽縣，西北有柤水溝，去偪陽八十里，東南流逕偪陽縣故城東北。」西南亂於沂而注於沭，謂之柤口。』酈氏雖引京相璠宋地之説，而仍明稱柤水出楚之柤地，則是地在沂、泗兩水之間。然杜但云楚地，而不指所在者，此傳云『三月，癸丑，齊高厚相太子光，以先會諸侯于鍾離。夏，四月，戊午，會于柤鍾離。』成十五年，諸侯之大夫會吴之地，杜云：『鍾離，楚邑，淮南縣。』何以知其爲楚邑也？昭四年，『吴伐楚，入棘、櫟、麻。楚箴尹宜咎城鍾離。』二十四年，『吴人踵楚，而邊人不備，遂滅巢及鍾離而還。』鍾離在淮南，爲今鳳陽府地。先會於此，次會於柤，遂滅偪陽。然則柤近鍾離，未必在沛、嶧之間。故《釋例》云：『或曰彭城傅陽縣西北有柤水溝，魯國薛縣西南有柤亭，譙國攢縣治戲鄉皆去鍾離五百餘里，非諸侯六日載會所至也。或曰汝南安城縣西南有鍾離亭，西平縣北有柤亭，去偪陽近千里，又非自會九日之所能滅國。皆非也。』此辨甚精。可知杜不言柤所在之意，而必以爲楚地者。此傳云會于柤，會吳子壽夢也。可見五年會於戚，非會吳子，但會吳大夫壽越耳。吳使壽越如晉，辭不會於雞澤之故。雞澤之會，在襄三年，迎吳子於淮上不至，蓋雞澤爲晉地，吳不欲遠就於晉，故不至。此時壽越之來，未必不微示此意。故晉使魯衛之大夫孟獻子、孫文子往會吳於善道。善道在今盱眙，爲吳地，而壽越亦遂同盟於戚。戚稱吳人，謂壽越也；鍾離、善道、柤稱吳，謂吳子也。鍾離、善道皆大夫與會，柤則諸侯與會，故《傳》特標之云『會吳子壽夢』也。在吳子不欲來會於雞澤，在晉侯亦不可往會於善道，故仍用鍾離故事，會於楚地。是時諸侯必先至鍾離，以俟吳子至柤，而往會。觀其越六日而會柤，又越九日而滅偪陽，則柤當在鍾離、偪陽之間，近於善道。而吳不必渡淮，故書曰會吳。既就吳以親吳，而實在楚地，使楚知其事，此一會地也，謀略存焉。惠徵士據京相璠宋地之說，謂晉楚分爭而與諸侯會於其地，必無是理。顧成十五年，士燮且會吳于鍾離，明年卽有鄢陵之戰，獨非相爭之時乎？況悼公之復霸也。柤之後，襄十三年，吳遂至向而會，其時吳以楚難來告，故肯北至鄭地，而與諸侯會也。

十一年【傳】毋藴年。【注】藴積年穀而不分災。

循按：《説文》：『年，穀熟也。』《吕氏春秋・任地篇》云：『有年瘞土，無年瘞土。』高誘注云：『年，穀也。有穀祭土，報其功也；無穀祭土，讓其神也。』年有穀訓，是『藴年』爲『積穀』。

【傳】淳十五乘。【注】淳，耦也。

循按：《史記・平準書》：『自天子不能具鈞駟。』《索隱》云：『《漢書》作醇駟。』醇與純同。《莊子・繕性篇》：『興治化之流，澆淳散朴』，《釋文》『淳，本作醇，音純。』杜讀淳爲純，故訓耦。

【傳】便蕃左右。【注】便蕃，數也。言遠人相帥來服從，便蕃然在左右。

循按：《毛詩》作『平平』，《韓詩》作『便便』，猶《毛詩》『天天是椓』，蔡邕作『天夭』。

十四年【傳】譬如捕鹿，晉人角之，諸戎掎之。【注】掎其足也。

循按：《魯語》：『與邯鄲勝擊齊之左，掎止晏萊焉。』韋昭注云：『從後曰掎。』《後漢書・崔寔傳》『輙見掎奪』，章懷引賈逵注《國語》曰：『從後牽曰掎。』《袁紹傳・伐許宣〔一〕檄》云：『大軍汎黄河以角其前，荆州下宛、葉而掎其後。』章懷亦引賈逵注《國語》

〔一〕『宣』，《三國志・袁紹傳》作『昌』。

曰：『從後牽曰掎』，又引此傳。韋昭本賈逵，而減去『牽』字。鹿之在後者足，故杜以掎其後爲掎其足。《文選》載袁紹檄豫州，李善注亦引此注，申之云：『征伐軍有前後，猶如捕獸，一人捉角，一人戾足。』引《説文》曰：『掎，戾足也。』馬融《廣平〔一〕頌》『掎玄猨』，章懷引《説文》曰：『掎，偏引一足也。』今《説文》但云：『掎，偏引也。』不同章懷。李善所引足部云：『踦，一足也。』章懷蓋合掎、踦兩字之訓而混之耳。奇有偏義，從手則爲偏引，從足則爲一足，掎有引義，無足義也。《詩》『猗彼女桑』，毛傳云：『角而束之曰猗。』箋云：『女桑少枝，長條不枝落者，束而采之。』《正義》引此傳云：『掎、角皆遮截束縛之名。』是毛讀猗爲掎，而毛直以角解猗，蓋木有枝格，猶獸之有角。攀獸之角謂之角，攀木之枝格亦謂之角。女桑少枝長條向上，正如角然，攀之令下垂，因而束之，使枝向下，便於采葉，是爲角而束之。束其角而引之，亦可名掎，則掎不專爲戾足之名可知。《小雅·伐木》『掎矣』，毛傳云：『伐木者掎其巔。』箋云：『掎其巔者，不欲妄踣之。』掎其巔，亦卽角而束之。女桑之枝柔，牽其巔使下垂，以便於采。大木伐其枝，恐墜地損其材，或壓觸在地之物，故亦牽其巔，使枝斷不妄踣墜於地，今之伐木者無不然也。采此枝，斯引此角；伐此枝，斯引此巔，正協《説文》偏引之義。

〔一〕『平』，《後漢書·馬融傳》作『成』。

十五年【傳】我在晉，吾兄爲之，毁之重勞，且不敢間。【注】傳言獻子友於兄，且不隱其實。

循按：《釋文》：『重，直用反。間，間厠之間。』直用反，則讀輕重之重。以兄之勞爲重，故不毁，此友於兄也。《管子・權脩篇》『上好詐謀間欺』，注云：『間，隔也。有所隔礙而欺誑也。』間欺則隱其實，如間諜用詐，故不敢間爲不隱其實也。《正義》云：『間，非也，不敢非兄，是友於兄也。』失杜義。

十八年【傳】以枚數闔。【注】枚，馬檛也。闔，門扇也。數其枚，示不恐。

循按：《文選・長笛賦》辭曰：『裁已當簻便易持。』注云：『麤者曰檛，細者曰枚。簻，馬策也。』《説文》：『枚，幹也，可爲杖。』文十三年《傳》『繞朝贈之以策』，注云：『策，馬檛。』《釋文》：『檛，張瓜反，馬杖也。』《正義》直以杖解檛，然則可爲杖，即可爲檛，此杜所以通枚爲檛歟！二十一年《傳》，州綽云：『東間之役，臣左驂迫還於門中，識其枚數。』故杜云『數其枚』。《考工記》：『鳧氏爲鍾，鍾帶謂之篆，篆間謂之枚。』鄭司農云：『枚，鍾乳也。』玄謂：『今時鍾乳俠鼓與舞，每處有九，面三十六。』門闔之上，以鐵釘布之，有如鍾乳，故亦名枚。二十一年《傳》，注以門板解枚字，而《釋文》於《傳》文出『其枚』二字云，『本亦作板』，於是此注數其枚，宋本枚亦作板。《正義》云：『以馬枚數門扇之板。』彼時數得其數。則一枚不同。今人數物猶云一枚二枚，孔氏所據《傳》文固作枚數，不作板數，門闔之板無可數者也。試以州綽自言識其枚數之枚證，以枚數闔之，枚蓋皆指門闔上之乳，以枚數闔，猶云數闔之枚數，闔者卽數其枚，闔有何可數乎，傳文前後自相發明。杜氏不識《左氏》屬文句法，以十八年之枚爲馬撾，二十一年之枚爲門板，而孔氏以枚數爲一枚二枚，均失之矣。

十九年【傳】荀偃癉疽，生瘍於頭。【注】癉疽，惡創。

循按：《素問·奇病論》有脾癉、膽癉，王冰皆以熱訓之。《瘧論》云其『但熱而不寒者，陰氣先絕，陽氣獨發，名曰癉瘧』。王冰注云：『癉，熱也，極熱爲之也。』倉公診齊王太后病曰『風癉客脬』，又云『脉大而躁。躁者，中有熱而溺赤』。診齊章武里曹山跗病云：『沛消癉也。』沛當是肺之譌。又云：『臣意切其脉，肺氣熱也。』此亦以癉爲熱。『風癉』卽風熱也，『肺消癉』卽肺消熱也。《金匱要略》有黃癉病證，區分穀癉、酒癉、女勞癉，亦以其手足中熱，心中懊憹而熱。《漢書·藝文志》有《五藏六府癉十二病方》四十卷，謂諸癉病。癉本於熱，痺本於溼，故亦有《五藏六府痺十二病方》。顔師古專以黃病注之，非也。此《傳》云『癉疽，生瘍於頭』，癉言其熱，疽言其腫，始而發熱，既而頭腫，遂生此瘍。《正義》引《說文》『癉，勞病也』，又謂『荀偃病此疽腫，腫潰遂生創於頭』，未是。

二十五年【傳】夫從風，風隕妻，不可聚也。【注】坎爲中男，故曰『夫』，變而爲巽，故曰『從風』。風能隕落物者，變而隕落，故曰『妻不可娶』。

循按：夫卽『老婦得其士夫』之夫。大過二之頤五爲夫，今夫未之頤五而三成巽，故夫從風也。賁上之困三爲姤上之復三之比例，所謂有隕自天也。隕而成大過，下巽爲風，故風隕也。困二先之賁五，賁上後隕。困三則賁不成明夷而成既濟，今困成大過，則賁不成既濟，而成明夷，故云『困于石，往不濟也』，謂不成既濟也。『據于蒺藜，所恃傷也』，謂成明夷。夷者，傷也。夫既從風，則不見其妻，不見其妻，由大過二不之頤五故，無所歸也。此《易》之例猶可考見者，詳見《雕菰樓易學三書》。

【傳】臣君者，豈爲其口實，社稷是養。【注】臣不徒求禄。

循按：《頤・象傳》云：『自求口實，觀其自養也。』徒求禄則自養，而不能社稷是養。二十二年子產對晉人云：『若不恤其患，而以爲口實。』亦謂晉但自養，不能養人，謂受小國之土實宗器，而不能安定之，恤其罷病也。彼注云：『但有其言。』《正義》引服虔，以實爲譴讓，非也。

【傳】枕尸股而哭。【注】以公尸枕己股。

循按：高貴鄉公被弑於車下，司馬孚枕帝股而〔一〕，全效晏嬰所爲，蓋當時《左氏》盛行，故王經説高貴，亦引魯昭公不忍季氏之事。

【傳】閭丘嬰以帷縳其妻而載之。

循按：《釋文》：『縳，直轉反。』與束縛從專者字異。縳猶專。《老子》『專氣致柔』，專氣卽任氣，任氣卽負氣。『以帷縳其妻』，謂以帷負其妻。以帷負妻，猶以襁負子，負而後載之於車也。《管子·兵法篇》『鼓所以任也』，注云：『任，猶載也，謂今之俶裝也。』任爲俶裝，故杜以『踞轉而鼓琴』之『轉』爲衣裝。轉、縳、專三字通。孟子門人治任將歸，任卽衣裝，以其所〔二〕負擔，故謂之任，因名爲轉也。轉之訓爲運，負任而行，亦運之謂矣。

【傳】下車七乘，不以兵甲。【注】下車，送葬之車。齊舊依上公禮九乘，又有甲兵，今皆降損。

循按：司馬昭弑高貴鄉公，以王禮葬之。《漢晉春秋》云：『丁卯，葬高貴鄉公於洛陽西北三十里，瀍澗之濱，下車數乘，不設旌旐。』全襲左氏此傳，所以明降帝禮爲王禮，

〔一〕『而』下，《三國志·魏書·陳泰傳》裴松之《注》引《魏氏春秋》有『哭』字。
〔二〕『所』，叢書本作『可』。

如降九乘爲七乘。卽隱以比高貴於齊光，比司馬爲崔氏也。杜預托《左氏》以掩司馬氏之惡，習鑿齒托《左氏》以誅司馬氏之奸，習氏固自托爲南史氏歟？裴松之譏其惡之過言，非知言者也。

【傳】宵突陳城。【注】突〔一〕**，穿也。**

循按：突宜爲衝突，杜以穿解之者，《廣雅》：『竈窻謂之突。』竈有窻以通烟氣，則穿之象歟？

【傳】公曰：『舍而母。』辭曰：『不祥。』【注】雖急，猶不欲男女無别。

循按：舍讀去聲，止息也。

【傳】行無越思。【注】思而後行。○如農之有畔。【注】言其次。

循按：《說文》：『畔，田界也。』杜以次明之者，謂次第也。田有界，則必次第施耕。上云『思其始而成其終』，謂思行此一事，必將此所思之事成其終，而後再思行一事。若本思行此事，行之未終，忽越而行所未思之事，是爲越思。越其界限，是無次第。

〔一〕『突』，底本壞字，據叢書本補。

二十六年【傳】頷之而已。【注】頷，摇其頭。

循按：《釋文》『頷，本又作頷。五感反，摇頭也』。《説文》：『頷，低頭也，从頁金聲。』《春秋傳》曰：『迎于門，頷之而已。』《廣雅》：『頷，動也。』《列子·湯問篇》『頷其頤則歌合律』，張湛注云：『五感反，頷猶摇頭也。盧舍人本作頷。』《後漢·呂布傳》：『操命緩布縛，劉備曰：「不可。明公不見呂布事丁建陽、董太師乎？」操頷之。』注引杜此注，則唐初《左傳》本作『頷』。蓋杜預所見，與許慎不同，《説文》以頷爲面黄，與頷别，古頷通作頷耳。操以劉之言是而頷之，則摇頭正是低頭，摇卽動，不必左右動爲摇。此傳『逆於竟者執其手與之言』，道逆者自車揖之，逆於門者，頷之而已。頷之者，不執手與言，不揖，但以頭向之低昂，俗所謂點頭是也。杜云摇其頭，卽是點頭，非如俗以左右動爲摇頭也。應璩《百一詩》：『漢末桓帝時，郎有馬子侯，自謂識音律，謂客鳴笙竽，爲作《陌上桑》，反言《鳳將雛》，左右僞稱善，亦復自摇頭。』此『摇頭』，正用《列子》『音合律則頷其頤』，而以摇頭代頷字也。

二十七年【傳】食言者不病。【注】不病者，單斃於死。

循按：不病，病也。謂食言者，豈不病乎？杜以上文『單斃其死』解之，而改『其』爲『於』。《正義》云：『不病者，不唯病而已，必至於死也。』核之《傳》文，均爲不達。上云

『匹夫一爲不信，猶不可，單斃其死』，單卽殫，《漢書・韓信傳》：『糧食單竭。』單猶竭也，斃卽敝，猶罷也。申上『一爲不信』，一者專也，專一爲不信，以欺人詐人，則單竭罷敝，其將死矣，所以不可也。

三十年【傳】臣生之歲，正月甲子朔，四百有四十五甲子矣。其季於今，三之一也。【注】所謂正月，謂夏正月也。三分六甲之一，得甲子、甲戌，盡癸未。

循按：《五經算術・推絳縣老人生經四百四十五甲子法》云：『襄公三十年，歲在戊午，二月癸未。』注：『二月一日，丁卯朔，癸未，十七日也。晉悼夫人食輿人之城杞者。絳縣人年長矣，無子，而往與於食。有與疑年，使之年。曰：「臣小人也，不知紀年。臣生之歲，正月甲子，朔，四百有四十五甲子矣。其季於今，三之一也。」吏走問諸朝。師曠曰：「魯叔仲惠伯會郤成子於承筐之歲也，七十三年矣。」史趙曰：「亥有二首六身，下二如身，是其日數也。」士文伯曰：「然則二萬六千六百有六旬也。」』甄鸞按：『「四百四十五甲子，其季於今三之一」者，計四百四十五甲子，有二萬六千七百日。其季三之一者，謂不滿四百四十五甲子，於末滿一甲子，六十日之中三分取一，謂去四十日，止留二十日也。是以注云「三分六甲之一，得甲子、甲戌，盡癸未」，謂止有四百四十四甲子，奇二十日，合二萬六千六百六十日，以應史趙「亥有二首六身」之數也。術曰：置積日二萬六千六百六十日，以四乘之，得十萬六千六百四十日爲實。又置周天三百六十五日四分日之一，以四乘之，內子一，得一千四百六十一爲一歲之日法以除實，得七十二歲。一千四百四十八，少十三分不滿法，計四分爲一日，更少三日，不終季年。算法：半法以上收成一，爲七十三年，據多而言也。』《正義》以四除七十三年，卽此用四乘之意。自文十一年乙巳，至襄三十年戊午，爲七十四，故《正義》以周正計之，爲七十四年；以夏正計之，爲七十三年。其實數止得七十二年三百六十二日，以一年足三百六十五日四分日之一計之，尚少三日四分日之一，不足七十三年。故《五經算術》止得七十二年有餘也。《正義》周正、夏正之辨，本杜氏《釋例》。《釋例》言其間有二十七閏，甄鸞不置閏，而年數合者。一歲二十四節氣，合得三百六十五日四分日之一，本無閏。緣日月合朔，僅有三百五十四日有奇，則每歲有閏日，至三十二月則閏一月，至十九年七閏，此章歲之法所由立也。歲之有閏，正所以齊周天四分之數，既用周天千四百六十一算之，則閏在其中矣。

【傳】譆譆出出。【注】譆譆，熱也。出出，戒伯姬。

循按：譆，古與嘻通。《公羊傳》：『慶父聞奚斯哭聲，曰：「嘻！此奚斯之聲也。」』《史記》張儀被笞，其妻曰：『嘻，子毋讀書游説，安有此辱乎？』一因將死而作此聲，一因被笞而作此聲，則此聲悲戚慘痛可知。董子《精華篇》：『若謂奚齊曰：「嘻嘻，爲大國君之子，富貴足矣，何以兄之位爲欲居之，以至此乎？」録所痛之辭也。』《左氏》於『譆譆』之上，明指出一『叫』字，叫猶號也。譆譆出出，乃號咷之聲。出出，鄭注《周禮》引作『詘詘』，詘卽咄，咄亦嗟嘆之聲，省文作出耳[一]。下文『鳥鳴於亳社，如曰譆譆』，謂與叫於太廟之聲相似也。杜注未是。

三十一年【傳】莒人弑其君買朱鉏，【注】買朱鉏，密州之字。

循按：『買』爲『密』聲之轉，『朱鉏』爲『州』之緩聲。

[一] 『省文作出耳』，叢書本作『詘省文作出耳』。

卷五

昭公元年【傳】是穮是蔉。【注】穮，耘也。壅苗爲蔉。

循按：《詩·周頌·緜緜其麃》毛傳云：『麃，耘也，麃爲穮之省文。』《説文》：『穮，耕禾間也。』《春秋傳》曰：「是穮是衮。」《廣雅》：『衮，大也。』衮之爲大，猶敦之爲大。敦之大，卽敦之厚，厚卽培也。壅苗所以培之，故轉而爲衮。

【傳】處不辟汙。【注】汙，勞事。

循按：《詩·周南》『薄汙我私』，《毛傳》云：『汙，煩也。』煩與勞義同。《正義》謂『事之勞身，若穢之汙物』，失之。

【傳】抑子南夫也。【注】言丈夫。

按：下云『夫夫婦婦，所謂順也』，則此『夫』字，乃夫婦之夫〔一〕。上云『公孫楚聘之矣，公孫黑又使强委禽焉』。然則子南聘在前，故云『子南夫也』。言子南聘在前，已有夫婦之分也。杜以戎服左右射，解爲丈夫。《正義》引曹大家《女誡》，謂『男欲剛，女欲柔』，以解夫夫婦婦之順，於義不協。蓋聘則有夫婦之道，於此可證。歸熙父妄斥未嫁之賢〔二〕女，盍讀此言邪？

【傳】勿使有所壅閉，湫底以露其體。【注】湫，集也。

循按：董子：『秋之爲言湫湫也。』《鄉飲酒義》：『秋之爲言愁也。』注：『愁讀爲揫。』揫，斂也。秋之爲湫，卽秋之爲揫，揫爲斂收，斂卽集聚。《爾雅》：『揫，聚也。』杜讀湫爲揫，故訓爲集。《正義》謂以意爲訓，非也。

【傳】六氣曰陰、陽、風、雨、晦、明也。分爲四時，序爲五節。【注】六氣之化，分而序之，則成四時，得五行之節。○女陽物而晦時。【注】女常隨男，故言『陽物』。家道常在夜，故言『晦時』。

〔一〕『乃夫婦之夫』，叢書本作『乃是夫婦之夫』。

〔二〕『賢』，叢書本作『貞』。

循按：《天元紀大論》鬼臾區曰：『寒、暑、燥、溼、風、火，天之陰陽也，三陰三陽上奉之；木、火、土、金、水、火，地之陰陽也，生長化收藏下應之。』王冰注云：『太陽爲寒，少陽爲暑，陽明爲燥，太陰爲溼，厥陰爲風，少陰爲火，皆其元在天。木初氣也，火二氣也，相火三氣也，土四氣也，金五氣也，水終氣也。』鬼臾區又云：『天以六爲節，地以五爲制。』此卽醫和所云，六氣『序爲五節』也。但《素問》六氣爲寒水、相火、君火、溼土、燥金、風木，以醫和之六氣配之，寒水陰也，相火陽也，溼土雨也，風木風也，陽明燥金，所謂明也，少陰君火，所謂晦也。以其爲少陰故爲晦，晦者，幽隱之地，少陰屬腎，其地幽隱之至。醫和既云『晦淫惑疾』，又申之云：『女陽物而晦時，淫則生内熱惑蠱之疾。』女謂少陰，少陰爲君火，君火陽物也。故女爲陽物，其陽宜深藏，故爲陽物而晦時，不能深藏而淫，則陽不潛，故生内熱。《素問》言冬不藏精，至春爲温者，亦其證也。《陰陽離合論》云：『聖人南面而立，前曰廣明，後曰太衝。太衝之地，名曰少陰。』太衝在北，月盡之夕，日月合於癸爲晦。醫和以少陰爲晦，又曲其辭曰『女』。惟女卽少陰，故爲陽物。女爲陽物，猶云少陰爲君火。杜不知此義，言『女常隨男，故言陽物』，《正義》謂『女是陽象之物』，皆非也。

【傳】晦淫惑疾。【注】晦，夜也。爲宴寢過節，則心惑亂。

循按：腎藏志，腎氣充則智慧生。腎氣不蟄，則志氣衰，不能上通於心，故迷惑善忘。所謂腎氣不以時上，則言變而志亂也。

三年【傳】屨賤踊貴。【注】踊，刖足者屨。

循按：踊通作甬。《月令》『角斗甬』，注云：『今斛也。』《考工記》：『梟氏爲鍾，舞上謂之甬，甬上謂之衡。』注云：『此二名者，鍾柄。』《記》又云：『以其鉦之長爲之甬長，以其甬長爲之圍。』鍾上之柄長直不曲，刖足者之屨似之，故亦名甬，而通作踊。《淮南・本經訓》云『甬道相連』，高誘注云：『甬道，飛閣複道也。』甬讀如踊躍之踊。甬道亦以其直名之，今人呼鞾襪之直處爲甬，猶古踊之遺稱。

【傳】余髮如此種種。【注】種種，短也。

循按：《釋文》：『徐本作董董。』種猶童也，陸璣《毛詩疏》云：『禾粟秀爲穗而不成，崱嶷然謂之童粱。』蓋實堅則下垂，不實則直立，髮長則垂，短則直立，亦猶是。

【傳】王以田江南之夢。【注】楚之雲夢，跨江南北。

循按：宣四年傳：『邧夫人棄子文于夢中』，注云：『夢，澤名，江夏安陸縣城東南有雲夢城。』定四年，『吴入郢，楚子涉睢濟江，入于雲中』。注云：『入雲夢澤中，所謂江南之夢。』《正義》引《土地名》云：『南郡枝江縣西有雲夢城，江夏安陸縣東南亦有雲夢城。

或曰：南郡華容縣東南有巴邱湖，江南之夢也。』郧與鄖字通。郧夫人棄子文於夢中，楚子既奔雲中，旋乃奔鄖，奔隨，則此雲中、夢中必近於郧矣[一]。在安陸縣，所謂枝江、安陸有雲夢城者，其澤之所在，可迹可求之矣。此傳以夢繫諸江南，故杜謂跨江南北，因傳文會而通之也。郭璞注《爾雅》『楚有雲夢』，直云：『今南郡華容縣東南巴丘湖。』蓋本《漢書·地理志》南郡華容，『雲夢澤在南』，而未明班氏之指也。《風俗通》云：『今漢有九州之藪，揚州曰具區，在吴縣之西；荆州曰雲夢，在華容縣南。今有雲夢長掌之。』蓋楚之雲夢，跨江南北，漢時江北之雲夢已涸，而江南之雲夢漸盛。其定九州之藪，直以在江南之巴丘湖爲雲夢澤。班氏著本朝一代國史，遵圖册所載，以澤在華容縣南，所以尊國制也。注云『荆州藪』，謂漢之荆州藪也。而復於西陵及編繫以雲夢宫，地非雲夢，何以名宫？且又於《志》末述楚地云：『江陵，故郢都，西通巴巫，東有雲夢之饒。』謂雲夢在江陵之東，則不在華容之南矣。《後漢書·法雄傳》：『遷南郡太守，郡濱帶江沔，又有雲夢澤藪。』此正漢之雲夢在華容南者，與《風俗通》、《班志》可以互證，若楚之雲夢跨江南北，則不專在華容，特以在華容者爲江南之夢耳。

[一]『矣』下，叢書本有『郧』字。

五年【傳】日之謙，當鳥，故曰『明夷于飛』。【注】離爲日，爲鳥，離變爲謙，日光不足，故當鳥，鳥飛行，故曰『于飛』。

循按：小過有飛鳥之象，謂四之初。此云『日之謙當鳥』，可推見當時占法。明夷之謙，非謂變爲謙也。變在初爻，則由履四之謙初而成，卽爲小過四之初之比例。下云『火焚山，山敗可見』，先有山，而後以火焚之，見離，不見艮，乃爲山敗，在明夷初動，轉以謙成明夷爲義也。

【傳】純離爲牛。【注】《易》：『離上離下，離，畜牝牛，吉。』故言『純離爲牛』。

循按：《易》以坤爲牛，不以離爲牛也。明夷上坤下離，以坤配離，故云『純離』。純，耦也，謂與離相耦者，坤也，卽牛也。杜不明《易》，故謬説。

七年【傳】芋尹。

循按：《釋文》：『芋，于付反。』《正義》云：『芋是草名。哀十五年陳有芋尹，蓋皆以草名官，不知其故。』毛本誤作十七年。《詩》『君子攸芋』，《毛傳》訓芋爲大，不必取義於草。

九年【傳】火水妃也。【注】火畏水，故爲之妃。

循按：《素問・天元紀大論》〔一〕岐伯引《大始天元册》文云：『丹天之氣，經於牛女戊分；黅天之氣，經於心尾己分；蒼天之氣，經於危室柳鬼；素天之氣，經於亢氐昴畢；元天之氣，經於張翼婁胃。』所謂戊、己分者，奎壁、角軫，則天地之門户也。引此以明五運，甲己土，乙庚金，丙辛水，丁壬木，戊癸火，二十八宿，卽十二支所屬。角亢，辰也；氐房，心卯也；尾箕，寅也。甲在心尾之間，卽寅卯之間也。乙在亢氐之間，卽卯辰之間也。井鬼，未也；柳星，張午也；翼軫，巳也。丙在張翼之間，卽巳午之間也。丁在柳鬼之間，卽午未之間也。奎婁，戌也；胃昴，畢酉也；觜參，申也。庚宜在觜畢之間，云在昴畢者，古以畢合觜參爲申也，在昴畢之間，在申酉之間也。辛在婁胃之間，卽酉戌之間也。斗牛，丑也；女虚，危子也；室壁，亥也。壬在危室之間，卽亥子之間也。舉此十六宿，卽爲八干所在，而四維皆土之所王，惟戊在奎壁之間，卽戌亥之間也。己在角軫之間，卽辰巳之間也。册文稱『戊分己分』，岐伯以『奎壁角軫』明之，其義甚析。所謂丹天卽火，黅天卽土，蒼天卽木，素天卽金，元天卽水。甲乙自在東，丙丁自在南，庚辛自在西，壬癸自在北，戊己自在乾巽，此定位也。乃運則錯綜其位，運從土起，甲土則乙金，丙水丁木，戊火己土，庚金辛水，壬木癸火，十干周流復始。故甲己之年爲土運，乙庚之年

〔一〕『天元紀大論』，《素問》作『五運行大論』。

爲金運，丙辛之年爲水運，丁壬之年爲木運，戊癸之年爲火運。一年自春起，則以木火土金水爲序。五運自土起，則以土金水木火爲序。蓋黄帝以土德王，故當甲定運，而以土爲首。後之陰陽家乃有甲以妹乙嫁庚金，丙以妹丁嫁壬水之説。《正義》所云陰陽之書，有五行妃合之説，謂此傳言火爲水配，以火爲丁，以水爲壬，與服虔坎水離火義亦相近而不同。

十年【傳】公卜，使王黑以靈姑鈃率，吉，請斷三尺焉而用之。【注】靈姑鈃，公旗名，斷三尺，不敢與君同。

循按：《考工記・輿人》疏引此《傳》注云：『「斷三尺，至於較，大夫旗至較」。按《禮緯》：「諸侯旗齊軫，大夫齊較。」軫至較五尺五寸，斷三尺，得至較者，蓋天子與其臣乘重較之車，諸侯之車不重較，故有三尺之較也。』

【傳】喪夫人之力。【注】夫人謂子尾。

循按：《詩・齊風・雞鳴》傳：『無見惡於夫人。』《釋文》：『夫音符，或依字讀者，非。』《正義》云：『夫人，謂卿大夫。』僖三十年傳：『微夫人之力，不至此。』注云：『夫人謂〔一〕穆公。』昭三十一年傳：『則不能見夫人，己所能見夫人者，有如河。』注云：『夫人，謂季孫也。』《檀弓》『從母之夫，舅之妻，二夫人相爲服』，注云：『二夫人，猶言此二人也。』

十一年【傳】唯蔡於感。

循按：感爲憾之省，故杜以恨字解之，猶云唯於蔡憾，到其文耳。下文没不可復振，而云不可没振，亦到文。

【傳】遂奔僖子，其僚從之。【注】隣女爲僚友者，隨而奔僖子。

循按：《内則》：『聘則爲妻，奔則爲妾。』注云：『妾之言接也，聞彼有禮，走而往焉，以得接見於君子也。』然則奔以不行聘言，非淫奔也。七年傳：『隸臣僚，僚臣僕。』《正義》引服虔云：『僚，勞也，共勞事也。』蓋平日共勞事之人，同來爲僖子妾。

【傳】其僚無子，使字敬叔。【注】字，養也，似雙生。

循按：似雙生，謂似泉丘人生懿子，其僚生敬叔，兩人皆有所生也。

十二年【傳】攸乎。【注】攸，懸危之貌。

〔一〕『謂』下，叢書本、《左傳正義》有『秦』字。

循按：《正義》引《詩》『攸攸旆旌』，謂『攸』爲懸之貌。乃《詩》作『悠』，《毛詩》以不喧譁解之，無所爲危也。伏生《洪範五行傳》『禦聽於怵攸』，注云：『怵讀爲「獸不狘」之狘，攸讀爲「風雨所漂飄」之飄。』『獸不狘』見《禮運》，彼《正義》云：『狘，驚走也。』『風雨所漂飄』，見《詩・豳風》，飄作摇，摇爲不安之意，故爲懸危。懸而危者，摇也。杜讀攸爲摇，《大傳》注同。

十三年【傳】吴人敗諸豫章。【注】定二年，楚人伐吴，師於豫章。吴人見舟於豫章，而潛師於巢，以軍楚師於豫章。又柏舉之役，吴人舍舟於淮汭，而自豫章與楚夾漢。此皆當在江北淮水南，蓋後徙在江南豫章。

循按：昭六年傳：楚伐徐，『吴人救之，令尹子蕩帥師伐吴，師於豫章，而次於乾谿。吴人敗其師於房鍾』。此傳楚師還自徐，吴人敗諸豫章。徐國屬臨淮郡，今泗州也。乾谿在晉譙國城父縣，今亳州也。是豫章爲楚適徐之道，當在泗、亳之南。定二年，『桐叛楚，吴子使舒鳩氏誘楚人。楚囊瓦伐吴，師於豫章。吴人見舟於豫章，而潛師於巢。冬，十月，吴軍楚師於豫章，敗之，遂圍巢，克之。』巢卽居巢，今之巢縣。桐卽今桐城。是豫章與桐、巢相近，在今廬州之地也。昭三十一年，『吴師圍弦。楚救弦，及豫章』。弦在江夏軑縣，在今蘄水縣。二十四年，『楚子爲舟師以略吴疆，越大夫勞王於豫章之汭，王及圉陽而還。吳人踵楚，遂滅巢及鍾離』。鍾離在今鳳陽府。傳之言汭者，多據水言，如夏汭、桐汭、淮汭、雒汭、渭汭、羅汭、漢汭是也。此言豫章之汭，則豫章者水名，非地名也。定四年，『吳伐楚，舍舟於淮汭，自豫章與楚夾漢。子常濟漢而陳，自小别至於大别。三戰，子常知不可，欲奔。十一月，庚午，二師陳於柏舉』。不云自豫章至漢，而云自豫章與楚夾漢，分明豫章爲水，與漢相通，蓋此豫章之水，由漢而東達於廬、壽之間。救弦而及者，近漢之豫章也。楚子略吳疆，而由豫章之汭，自漢而達此水，以及於廬、壽之間，橐皋在此地，卽吳境矣。惟豫章爲水名，故吳人見舟於此，非水何以云見舟？蓋此水通漢不通淮，故舍舟於淮汭，而夾豫章以及漢。自豫章夾漢者，夾豫章，又夾漢也。大别山在安豐，漢水至大别南入江，豫章通漢之處，宜卽近於安豐之大别。安豐漢屬六安國，卽今廬州六安也。豫章之汭，當卽豫章通漢水之處。顧司業以豫章爲鄱陽湖，謂北出皆吳地。越方仇吳，豈能以孤軍徑行其地而與楚會？乃是時越公子倉及大夫壽夢帥師從楚，則不特勞於豫章之汭，且以兵相從於吳疆，及圉陽而還，越固無所諱矣。

十五年【傳】然而前知其爲人之異也。【注】言其多權謀。

循按：傳十字句。多權謀，明其爲人之異。前知，費無極自謂也。不俟其飛，而先翦其翼，故前知。

【傳】拜戎不暇。

循按：《郊特牲》：『拜，服也。』此云『拜戎不暇』，謂服戎不暇也。《正義》言『拜謝戎師』，非是。

十七年【傳】扈民無淫者也。【注】扈，止也。止民使不淫放。

循按：《説文》『九扈』作『九雇』。雇取於扈，『扈，止』，見《小爾雅》，與户訓止同也。雉取於夷，以聲近夷。鳩取於鳩〔一〕，《説文》：『勼，聚也，从勹，九聲，讀若鳩。』鳩取於勼，因假鳩爲勼。雇取於扈，因假雇爲扈。古之聲同相借如此。

【傳】使長鬣者三人。【注】長鬣多髭須，與吴人異形狀，詐爲楚人。

循按：昭七年，『楚子享公於新臺，使長鬣者相。』注云：『鬣，鬚也。欲先誇魯侯。』《楚語》伍舉述此事云：『使太宰啓彊請於魯侯，懼之以蜀之役，而僅得以來，使富都那豎贊焉，而使長鬣之士相焉。』韋昭注云：『長鬣，美須髯也。』杜以鬣爲須，蓋本諸韋昭。乃《説文》：『巤，毛巤也。象髮在囟上，及毛髮巤巤之形。』鬣，髮鬣鬣也，是鬣爲髮毛，不

〔一〕『鳩』，據下文引《説文》，疑作『勼』。

可以爲須。《説文》又云：『儽，長壯儽儽也。』引《春秋傳》曰：『長儽者相之。』儽鬣〔一〕，蓋儽之假借。楚子使長壯者相，以爲威勢以示魯侯。《北堂書鈔》引《漢舊儀》云：『謁者缺，選郎中美鬚眉大聲者以補之。』〔二〕此吴人取餘皇，亦是使長壯者三人潛伏於舟側耳，若詐爲楚人，不必潛伏矣。吴楚相邇，多髭須之人，何遂爲楚人異於吴人之形狀？豈生於楚者皆長鬣，生於吴者皆少須也？若七年《正義》謂『吴楚之人少須』，故以長須之人爲夸美，其意尤鄙。

十八年【傳】邾人羊羅攝其首焉。【注】斬得閉門者頭。

循按：《正義》謂『攝訓爲持』，是也。與『攝飲』之『攝』同。攝飲者手提其榼，攝首者手提其頭，攝之義同於提，故摳衣謂之攝齊。

二十年【傳】齊侯疥，遂痁。【注】痁，瘧疾。

循按：《釋文》云：『疥，舊音戒。梁元帝音該，依字則當作痎。《説文》云：「兩日一發之瘧也。」痎音皆。後學之徒僉以疥字爲誤。案傳例，因事曰遂，若痎已是瘧疾，何爲

〔一〕『儽鬣』，叢書本作『鬣』。
〔二〕『北堂』至『補之』二十四字，清經解本脱，據叢書本補。『漢書儀』，《北堂書鈔》引作『漢舊儀』，據改。

復言遂痁乎？』陸氏此論極明，杜不訓疥者，不必訓也。所云後學之徒，指生杜後者。顔之推《家訓》云：『世間傳本多以痎爲疥，杜征南亦無解釋，徐仙民音介，俗儒就爲通云：「病疥，令人惡寒，變而成瘧。」此臆説也。疥癬小疾，何足可論。豈有患疥轉作瘧乎！』《正義》引梁人袁狎云：『疥當爲痎，痎是小瘧，痁是大瘧，疢患積久，以小致大，非疥也。』《正義》申説之云：『狎之所言，梁主之説也。《説文》「疥，搔也。瘧，热寒並作。店〔一〕有热瘧，痎二日一發瘧」，今人瘧有二日一發，亦有頻日發者，齊侯之瘧，初二日一發，後遂頻日熱發，故曰疥遂痁。疥搔小患，與瘧不類，何云疥遂痁乎？』之推本仕梁，其説與袁狎同，皆本之梁元帝耳。此傳記晏子之言，而原於諸侯之賓問疾者，則但曰齊侯疾期而不瘳可矣。乃必詳之曰疥曰遂痁者，明其期而所以不瘳者，特此疾而已。蓋疥癬不已，又患痁瘧，二者皆小疾，而久淹諸侯之賓，欲誅祝史。詳此二疾，本齊侯之侈耳。觀其田於沛，樂於遄臺，則其無大疾可知矣。疥癬本不易遽痊，因而又患瘧，儒者謂病疥惡寒變瘧，其説本迂。孔穎達謂『初二日一發，後遂頻日熱發』，其説尤謬。瘧以二日一發爲重，頻日發爲輕，若果二日變爲頻日，其疾已就愈，何云以小致大乎？傳於許止弒君云：『夏，許悼公瘧，飲太子止之藥卒。』明瘧小疾，飲藥致死，爲止弒君之定案也。此傳云『齊

〔一〕『店』，叢書本作『痁』。

侯疥，遂痁，期而不瘳，諸侯之賓問疾者多在』，明以小疾勞賓，所以景公雖有復霸之志，而不能也。徒沾沾於疥癬之惡寒，瘧疾之頻日，豈史筆哉！袁狎稱『痎患疾久』，痎即痎字，《説文》作疢。

二十四年【傳】王定而獻之。【注】不佞獻玉。

循按：傳謂王位既定，而陰不佞以玉獻於王。《釋文》『本作王定之』，非是。

二十五年【傳】昭子齊於其寢，使祝宗祈死。戊辰，卒。【注】耻爲平子所欺，因祈而自殺。

循按：半農《春秋説》云：『昭公之伐季氏也，平子登臺而請，請因、請亡皆不許。殆將殺之矣。當是時，莫敢有倡言救之者，而叔孫昭子之臣司馬鬷戾，獨敢先倡言救季氏，師〔一〕徒以往，陷西北隅以入。孟孫氏見叔孫氏之旌也，亦往救之，遂殺郈昭伯而伐公徒。公徒敗，而公遂出。然則逐昭公者非季氏，乃叔孫氏也。叔孫婼素有賢名，先是如闞，蓋婼預知公謀，故先如闞以避之。及歸自闞，而從公於齊，人皆謂婼有納公之志。如其誠，然則逐昭公者，叔孫氏之臣鬷戾實爲之首，叔孫氏曷爲不戮鬷戾以請罪於公哉！彼方任之爲爪牙，焉肯加之以斧鉞？則其救季氏而敗公徒也，實婼陰指使之，而陽爲納

〔一〕『師』，叢書本、《春秋説》作『帥』。

公之計以避惡名。及平子有異志，則又諉其罪於季氏，若曰臣欲安衆而納公，不可者意如也。故其疾病將死，又齊於其寢，使祝宗祈死以欺天下後世之人，不可謂非大奸慝。杜預又從而附會之，以爲因祈而自殺。叔孫氏尚不能殺鬷戾，又焉能自殺以明其志乎？預之妄皆若此。』

二十六年【傳】甚口。

循按：甚口，指武子之罵也。今俗稱善詈者爲口，正與此同。《正義》解爲大口，未達。

二十七年【傳】國人投之，遂弗爇也，令尹炮之。【注】炮燔郤宛。

循按：上文『國人弗爇，令曰：「不爇郤氏，與之同罪。」』於是『或取一編菅焉，或取一秉秆焉』。此云『國人投之』，言國人投棄菅秆，不肯爇郤氏。『遂弗爇』，謂不遵令，不畏與郤氏同罪。前之弗爇尚在猶疑，此之弗爇，遂弗爇矣。『令尹炮之』，謂子惡自殺，令尹使炮燔其尸。此令尹之炮之，非國人也。《正義》引服虔，謂『「令尹炮之」一句，是「鄢將師令衆之辭」』，恐未然。

三十一年【傳】庚午之日，日始有謫。【注】謫，變氣也。庚午，十月十九日，去辛亥朔四十一日。雖食在辛亥，更以始變爲占也。

循按：《春官·占夢》注引此傳，謫作適。《疏》引《鄭志》云：『日有適氣，時九月節者，以庚午在甲子篇，辛亥在甲辰篇也。中有甲戌、甲申、甲午，成一月也。從庚午以下四日，從甲辰至辛亥八日，并之十二日，通同四十二日。』『如是，庚午之日，當在八月十九日。故言時得九月節也。』是謫卽適氣。《史記·天官書》『日月暈適』，徐廣曰：『適者，災變咎徵也。』孟康曰：『適，日之將食，先有黑氣之變。』然則十二月辛亥朔日食，前四十二日，十月十九日庚午，日旁先有黑氣。史墨因日食推及日食前之有適氣，故兼以庚午占也。周之十月，夏之八月，故杜云十月十九日，鄭云八月十九日。《三統曆》：『大火，初氐五度，寒露，中房五度，霜降，終於尾九度。』鄭云：『日月在辰尾，夏之九月，辰在房，末有尾星』，本《三統曆》也。『末有尾星』，卽謂『終於尾九度』也。房心尾爲大辰，傳云：『日月在辰尾，則尚在大火，若已析木，則但起尾十度，不可云辰尾。』此十二月朔，杜言夏十月，以朔策言也。鄭言夏九月，以節氣言，蓋未交立冬，則仍九月也。若然，上推前四十二日，在壽星之次，於夏爲八月，於周爲十月，庚午在八月十九日，何以爲九月節？蓋既以十月朔爲九月，則八月十九日必無九月節之理，當云八月節也。八月十九日在八月節，九月十九日在九月節，越十二日，《長曆》是月大。至十月辛亥朔，尚在九月中。故是日日月在辰尾，仍爲夏之九月也。抑又考之《三統曆》，《春秋》昭公卽位三十二年，及定公宋立，定公七年正月己巳朔旦冬至，殷曆以爲庚午，杜氏《長曆》所推定七年正月庚子朔，二月庚午朔，正月晦日己巳。《三統》蓋以《長曆》二月爲正月，自昭三十一年十二月辛亥朔，數至定七年正月己巳朔，當得二千五百九十八日，每年恒氣三百六十五日四分日之一，以七乘之，得二千五百五十六日四分日之三，爲定七年冬至，距昭公三十二年冬至，以減前積，餘四十一日四分日之一，則冬至在昭三十二年正月十三日，爲夏十一月十三日，加三十日有奇，爲小雪，在昭三十一年十二月十一日。又加十五日有奇爲霜降，約而計之，是十二月辛亥朔，正在寒露霜降之交。知其爲夏之十月，而實爲夏之九月節，仍建戌厭寅，乃知入郢之日爲庚辰。鄭氏學《三統曆》，以定七年正月己巳朔旦冬至步之，知此日月在辰尾，爲建戌之月，有精義也。十月朔仍建戌，則八月十九日爲八月節無疑。《占夢疏》所引九月節決爲八月節之譌也。杜氏以《三統》爲最疏，其編《長曆》，但以干支排次。昭三十二年至定七年，僅有定二年五月、四年十月兩閏，而七年之中，僅得八十六月大衍，於定七年閏正月，正月晦日己巳冬至，則閏在至後，亦異於《三統》。《三統》一歲之分二萬九千五百八十五零五，以七年乘之，得二十萬七千九十八零五。爲七年周天，以月法二千三百九十二除之，得八十六个月一千三百八十六分。以八十一分收之，得十七日九分。自定七年正月己巳朔旦冬至，上溯八十六个月十七日九分，是當昭三十二年正月十三日。昭三十二年正月十三日冬至始建子，三十一年十二月十一日小雪始建亥，其朔日仍建戌。《淮南子·天文訓》：『北斗之神有雌黄〔一〕，十一月始建於子，月從一辰，雄左行，雌右行，五月合午，十一月合子。』夏九月，陽自子左行建戌，陰自子右行厭寅，故建戌厭寅，鄭云：『辰與戌對，申近庚，寅與申對，故知庚辰。』建戌與辰衝，厭寅宜與申衝，申亦地支，須用天干，故取申之相近者庚也。鄭引《堪輿》黄帝問天老事云：『四月，陽建於巳，破於亥；陰建於未，破於癸。』言未破癸者，即是未與丑對，而近癸也。蓋二十四時之變，十二支間以八干四維，以子左旋，則子近癸，寅近甲，卯近乙，巳近丙，午近丁，申近庚，酉近辛，亥近壬；以子右旋，則子近壬，戌近辛，酉近庚，未近丁，午近丙，辰近乙，卯近甲，丑近癸。申近庚者，據左旋言也；丑近癸者，據右旋言也。今羅經二十四山相兼，原本於此，別有書詳之，不用《三統》，不知日月會辰尾爲建戌，則不知所以庚辰入郢之故。《正義》謂『史墨能知，非是人情所測。』又云：『食在辛亥之日，更以庚午爲占，自是史墨所見，其意不可知也。』何未詳《鄭志》也！其以鄭本《三統》，殊乎《長曆》所排邪？

三十二年【傳】在《易》卦，雷乘乾曰大壯，天之道也。【注】震在乾上，故曰雷乘乾。乾爲

〔一〕『黄』，四部叢刊景印北宋本《淮南鴻烈解》作『雄』。

天子，震爲諸侯，而在上，君臣易位，猶臣大强壯，若天上有雷。

循按：史墨此言，假經以文其邪説，非《易》義也。睽成大壯，則『見豕負涂，載鬼一車』；歸妹成大壯，則柔乘剛，雷乘於乾，是爲征凶，豈得爲天之道？《易》義至春秋襄、昭之間，不明已甚，故孔子韋編三絶，作《十翼》以贊之，詳余《易學三書》。

定公九年【傳】東郭書讓登。【注】登城非人所樂，故讓衆使後，而己先登。

循按：己先乎人，不可爲遜讓。讓與襄古通，襄猶驤，謂舉而上騰也。故犂彌從之曰：『子讓而左，我讓而右。』謂子上騰而左，我上騰而右也。《書·堯典》鄭注云：『推賢尚善曰讓。』《廣雅》：『尚，舉也，高也。』是讓有舉義，與驤同。《曲禮》『主人與客讓登』，與此『讓登』不同。

哀公三年【傳】鬱攸從之。【注】鬱攸，火氣也。

循按：《方言》：『晉、宋、衛、魯之間謂之鬱悠。』郭注云：『鬱悠，猶鬱陶也。』夏侯湛《大暑賦》云：『何太陽之赫曦，乃鬱陶以興熱。』

論語補疏

論語補疏序

余幼時讀《毛詩》訖，卽讀《論語》。已而學爲科舉文，習高頭講章，凡《存疑》、《蒙引》等不下十數種〔一〕，愈求之愈不得其要。既讀〔二〕注疏，遂舍去講章舊説，仍不能豁然也。自學《易》以來，於聖人之道稍有所窺，乃知《論語》一書所以發明伏羲、文王、周公之恉。蓋《易》隱言之，《論語》顯言之。其文簡奥，惟《孟子》闡發之〔三〕最詳最鬯。如《論語》第云『性相近』，《孟子》則明言『性善』，謂『人無有不善』；《論語》第云『知命』，《孟子》則明言『立命』，謂『知命者不立乎〔四〕巖牆之下』；《論語》第云『未可與權』，《孟子》則明言『權

〔一〕『種』，《雕菰集》卷十六《群經補疏自序・論語何氏集解》作『家』。下同。
〔二〕『讀』，《雕菰集》作『見』。
〔三〕《雕菰集》無『之』字。
〔四〕《雕菰集》無『乎』字。

然後知輕重」〔一〕，謂「嫂溺不援是豺狼」，又推及鉤金輿羽，示人以揣本齊末，取譬於閉門被髮，示人以易地皆然。《論語》第云「民無能名」、「無爲而治」，《孟子》則云「所過者化，所存者神」，「殺之而不怨，利之而不庸，民日遷善而不知所以爲之者」，又云「大而化之之謂聖，聖而不可知之之謂神」〔二〕。以《孟子》釋《論語》〔三〕，無不了然明白〔四〕。至《論語》一書之中，參伍錯綜，引申觸類，其互相發明之處，亦與《易》同〔五〕。如告子貢曰「吾一以貫之」，未言一貫何謂也，則又言以一貫告曾子，而曾子語門人曰「夫子之道，忠恕而已矣」，則所謂「一以貫之者」，謂「忠恕」也〔六〕。言「巧言令色，左丘明恥之，丘亦恥之」，未言何以可恥也，則又言「巧言令色，鮮矣仁」，則知所以可恥者，以其鮮仁也〔七〕。更有言則同

〔一〕「重」下，《雕菰集》有「執中無權猶執一」七字。
〔二〕《雕菰集》無「《論語》第云民無能名」至「之謂神」一句。
〔三〕《雕菰集》「論語」下多「即以《論語》釋《周易》」七字。
〔四〕《雕菰集》「明白」下有「無容別置一辭」六字。
〔五〕「亦與《易》同」，《雕菰集》作「亦與《易》例同」。
〔六〕《雕菰集》「忠恕也」下多「推之凡言『己所不欲，勿施於人』，『己欲立而立人，己欲達而達人』，皆一貫之道也」三十字。
〔七〕《雕菰集》「鮮仁也」下多「推之『仁者其言也訒』，以其不巧言也，色取仁而行違，以其令色也，『剛毅木訥近仁』，木則不令色，訥則不巧言也」四十二字。

而義則異者，其自相發明，尤爲神妙。如言『學而不厭，誨人不倦，何有於我哉』，是不自居矣；而又云『抑爲之不厭，誨人不倦，則可謂云爾已矣』，是又自居矣。原思以『克伐怨欲不行』爲仁，子曰『可以爲難矣，仁則吾不知也』。子張堂堂，子游亦以爲難能而未仁，乃樊遲問仁，則云『仁者先難』。司馬牛問仁，則曰〔一〕『爲之難』。或以難爲未仁，或以難爲仁。既曰『志士仁人，無求生以害人，有殺身以成仁』。又以管仲不死爲仁，且曰〔二〕：『豈若匹夫匹婦之爲諒也，自經於溝瀆而莫之知也。』不取匹夫匹婦之爲諒，故『君子貞而不諒』矣，乃又云『友直，友諒，益矣』。語子貢曰：『女以予爲多學而識之者與？』曰：『然。非與？』曰：『非也。』乃又云：『蓋有不知而作之者，我無是也，多聞擇其善者而從之，多見而識之。』又曰：『我非生而知之者，好古敏以求之者也。』又云：『不如丘之好學也。』是又以多學而識自任矣。既云『君子有九思』，又云『以思無益，不如學也』，又云『學而不思則罔，思而不學則殆』，其論季文子也，則『三思而後行，曰再斯可矣』。凡立一言，必反復引申，不執於一，令學者參悟自得。

余向嘗爲《論語通釋》一卷，以就正於吾友汪孝嬰，孝嬰苦其簡而未備。迄今十二

〔一〕『曰』，《雕菰集》作『云』。
〔二〕『曰』，《雕菰集》作『云』。

年，孝嬰已物故，余亦老病就衰，因删次《諸經補疏》，訂爲《論語補疏》三[一]卷，略舉《通釋》之義於卷中，而詳言其大概如此[二]。嘉慶丙子四月初十日，是日立夏，江都焦循書於雕菰樓之南牕[三]。

[一]「三」，《雕菰集》作「二」。

[二]「如此」下，《雕菰集》有「俟更廣《通釋》以求詳備，或余不及詳，俾吾子孫知治《論語》之途徑宜若是，庶乎舉一隅以三隅反也」三十八字。

[三]「嘉慶丙子」至「雕菰樓之南牕」一句，《雕菰集》作「丙子四月立夏日」。

上卷[一]

子曰：『學而時習之，不亦説乎？【注】王曰：『時者，學者以時誦習之。誦習以時，學無廢業，所以爲説懌。』

循按：當其可之謂時。悦，解悦也。『不憤不啟，不悱不發』，時也。『中人以上，可以語上；中人以下，不可以語上』，時也。『求也退，故進；由也兼人，故退』，時也。學者以時而説，此大學之教，所以時也。教者學者，皆期其能解悦。邢疏引譙周説：『説深樂淺』，未是。

人不知而不愠。【注】愠，怒也。凡人有所不知，君子不怒。

循按：疏有二説。前一説『他人不见知而我不怒』，此非注義。注言『人有所不知』，

[一] 清經解本《論語補疏》分兩卷，卽卷一千一百六十四與卷一千一百六十五，今分別稱之為上卷與下卷。叢書本分上、中、下三卷。

則是人自不知，非不知己也。有所不知，則亦有所知，我所知而人不知，因而愠之，矜也。人所知而我不知，又因而愠之，忌也。君子不矜則不忌，可知其心休休，所以爲君子也。《後漢・儒林傳》注引《魏略》云：『樂詳字文載，黄初中徵拜博士。十餘人，學多褊，又不熟悉，惟詳五業並授。其或難質不解，詳無愠色，以杖畫地，牽譬引類，至忘寢食。』

其为人也孝弟，而好犯上者，鲜矣。【注】上，谓凡在己上者。言孝弟之人必恭顺，好欲犯其上者少也。

循按：邱光庭《兼明書》云：『皇侃曰：犯上謂犯顔而諫，言孝弟之人必不犯顔而諫。明曰犯上，謂干犯君上之法令也。言人事父母能孝，事兄長能弟，卽能事君上，能遵法令，必不干犯於君上也。』今皇侃疏引熊埋云：『孝弟之人，志在和悦，先意承旨，君親有日月之過，不得無犯顔之諫，然雖屢納忠規，何嘗好之哉？』邢疏謂皇氏、熊氏『違背注意』，蓋以注言『凡在己上』，則不專指君親，乃凡在己上之人，必恭順而不欲犯，其不好犯君親，益不待言矣。皇、熊切言之，與注意亦不爲違背，蓋犯顔而諫，在唐宋以後視爲臣道之常，而聖人則以爲忠誠之變如龍逢比干，不得已而爲之，故雖或犯顔直諫，而心實不好也。《漢書・蓋寬饒傳》云：『好言事刺譏，奸犯上意。』奸，颜師古音干。干犯上意卽犯上。又《叙傳》云：『初，成帝性寬，進入直言，是以王音、翟方進等繩法舉過，而劉向、杜鄴、王章、朱雲之徒肆意犯上。』《後漢書》荀彧亦云田豐『剛而犯上』，犯上爲犯顔而諫，古之通義也，皇侃本之耳。《表記》云：『事君可貴，可賤，可富，可貧，可生，可殺，而不可使爲亂。』鄭注云：『亂，謂違廢事君之禮。』『爲亂』，卽此所云『作亂』，非必悖逆乃爲作亂也。皇氏、熊氏尚知古人事君之禮，故用以解説此經。邱氏生於唐，遂覺犯顔而諫不可爲犯上，增出『法令』二字。顧孝弟之人不犯法令，不悖逆，何待有子言之？先軫怒秦囚之歸，不顧而唾，於箕之役，則曰：『匹夫逞志於君，而無討，敢不自討乎？』免胄入狄師而死。軫之犯顔，固出於一時忠憤，而自咎如此。有子所云『犯上』，正軫之所云『逞志於君』爾。自有子之意不明，爲人臣者遂以犯顔而諫爲常，至明人有『以理勝君』之説，始以不平歸咎於君，極於撼門而哭，指斥以鳴其直，由犯顔至於違廢事君之禮，身入於亂而不自知。有子以好犯顔者，究其歸於作亂，而探其本於孝弟，所以立千古人臣之鵠者，微矣！

傳不習乎？【注】言凡所傳之事，得無素不講習而傳之。

循按：邢疏云：『傳惡穿鑿』，穿鑿非『不習』之謂。己所素習，用以傳人，方不妄傳，致誤學者，所謂『温故而知新，可以爲師也』。

學則不固。【注】孔曰：『固，蔽也。』一曰：『言人不能敦重，既無威嚴，學又不能堅固，識

其義理。』

循按：此注『固』有二義：一爲蔽，一爲堅。蔽之義爲闇，《曲禮》：『輟朝而顧，君子謂之固。』鄭氏注云：『固謂不達於禮。』不達於禮，是爲蔽塞不通，此固所以爲蔽也。不學故不達禮，學則達於禮，不固者達於禮也。『一曰』者，別爲一說。不固爲學不堅固，由於不重，與蔽之訓適相反。言人既不能敦重，縱學亦不能當道理。』此既不明蔽字之義，又不合堅固之義，猶當也。言人既不能敦重，縱學亦不能當道理。皇侃專用後一說，已失孔氏之旨。其解蔽字之義，則云：『蔽而以蔽固之解與『一曰』云云相牽混，非也。『一曰』二字，是何晏兼存異說，非亦孔安國注。『鄉原，德之亡也』，注先引『周曰』云云，皇侃本以爲周生烈也。又『一曰』云云，邢疏稱何晏云云，然則凡『一曰』云云者，皆何晏兼存之説，非仍前所注之人之言也。蔽訓當，乃包氏所注，『一言以蔽之』，未可引爲孔氏義。

主忠信，無友不如己者。【注】鄭曰：『主，親也。』

循按：親忠信之人，無友不如己之人，兩相呼應。皇侃解作『忠信爲心，百行之主』，殊失鄭義。

六十而耳順。【注】鄭曰：『耳聞其言，而知其微旨。』

循按：耳順，卽舜之察邇言，所爲善與人同樂，取於人以爲善也。順者，不違也。舍己從人，故言入於耳。隱其惡，揚其善，無所違也。學者自是其學，聞他人之言，多違於耳。聖人之道一以貫之，故耳順也。謂知微旨，此在不惑、知天命時已然，不待六十矣。

七十而從心所欲，不踰矩。【注】馬曰：『矩，法也。從心所欲，無非法。』

循按：矩卽絜矩之矩。『己欲立而立人，己欲達而達人』，以心所欲爲矩法，而從之不踰者，所惡於上，不以使下也；所惡於下，不以事上也；所惡於前，不以先後也；所惡於後，不以從前也；所惡於右，不以交於左也；所惡於左，不以交於右也。皇侃解爲放縱其心意，而不踰法度，非是。馬云『無非法』，尚未得。

攻乎異端，斯害也已。【注】攻，治也。善道有統，故殊涂而同歸。異端不同歸也。

循按：何晏以小道爲異端。注『子一以貫之』云：『天下殊涂而同歸，百慮而一致，知其元則眾善舉矣。』與此注互相發明。何晏以老莊之學說經，謂『善道有統』，卽莊子所謂『通於一而萬事畢』也。皇侃以異端爲諸子百家之書，邢疏仍之。漢《賢良策問》云：『或曰：良玉不琢，又云：非文無以輔德，二端異焉。』《韓詩外傳》云：『別殊類，使不相害；序異端，使不相悖。』蓋異端者，各爲一端，彼此互異，惟執持不能通則悖，悖則害矣。有以攻治之，卽所謂『序異端』也；『斯害也已』，所謂『使不相悖』也。攻之訓治，見《考工記》『攻木之工』注。《小雅》『可以攻玉』，傳云：『攻，錯也。』《繫辭傳》『愛惡相攻』，虞翻云：『攻，摩也。』彼此切磋摩錯，使紊亂而害於道者悉歸於義，故爲序。《韓詩》『序』字足以發明『攻』字之意。已，止也，不相悖，故害止也。楊氏爲我，墨氏兼愛，端之異者也。楊氏若不執於爲我，墨子若不執於兼愛，互相切磋，自不至無父無君，是爲攻而害止也。《大學》『斷斷兮無他技』，鄭注云：『他技，異端之技也。』經文自發明之云：『其心休休焉，其如有容焉，人之有技，若己有之，人之彦聖，其心好之，不啻若自其口出。』有容而若己有，則善與人同，故能保子孫黎民而爲利。媢疾不通，則執己之一端，不能容人，故不能保子孫黎民，而至於殆，殆卽害也。害止則利也。有兩端則異，『執其兩端，用其中於民』，則有以摩之而不異。剛柔，兩端之異者也，剛柔相摩，則相觀而善。孟子言楊子爲我，墨子兼愛，又特舉一子莫執中，然則凡執一皆爲賊道，不必楊墨也。執一則不能攻，賊道則害不可止。曾子居武城，寇至則去，寇退則反，顔子居陋巷，不改其樂，而不同於楊子之爲我者，不執一也。禹治水，勞身焦思，過門不入，而不同於墨子之兼愛者，不執一也。故曰『禹稷顔回同道』，又曰『禹稷顔子易地則皆然』。惟易地皆然，所以異而同，亦所以同而異。攻之則不執一，而能易地皆然矣。何晏以治訓攻，引《易》而謂異端不同歸，其説似是，乃所謂同歸爲『善道有統』，則仍執一無權，非易地皆然之指。而所謂治，亦不指『相觀而善』，故『已』字作虚詞。漢世儒者以異己者爲異端，尚書令韓歆〔一〕上疏欲立《費氏易》、《左氏春秋》，范升曰：『費、左二學，無有本師，而多反異。孔氏〔二〕曰：「攻乎異端，斯害也已。」』此以習《左氏》者爲『攻乎異端』，與何晏説同。陳欽〔三〕稱『《左氏》孤學少與，遂爲異家之所覆冒』。升以習《左氏》者爲異端，欽〔四〕又以斥《左氏》者爲異端。杜預《春秋序》云：『簡二傳而去異端。』惟賈逵通五經之説，奏曰：『三代異物，損益隨時，故先帝博觀異家，各有所採，《易》有施、孟，復立梁丘，《尚書》歐陽，復有大、小夏侯。今三傳之異，亦猶是也。』『損益隨時』，卽易地皆然之義，逵之説近矣。袁紹客多豪俊，並有才説，見鄭康成儒者，未以通人許之，競設異端，百家互起，康成依方辯對，咸出問表，莫不嗟服。以上俱見《後漢書》。蓋以儒者執一不能通，故各爲一端以難之，是爲競設異端。康成本通儒，不執一，故依方辯對，謂於衆異之中，而衷之以道也。是卽康成之攻乎異端矣。道中於時而已，故孔子曰：『我則異於是，無可無不可。』各執一見，此以異己者爲非，彼亦以異己者爲非，而害成矣。孫奕《示兒編》云：『攻如攻人之惡之攻，已如末之也

〔一〕『韓歆』，《後漢書》作『韓欽』。
〔二〕『氏』，叢書本、《後漢書・范升傳》作『子』。
〔三〕『陳欽』，《後漢書》作『陳元』。
〔四〕『欽』，《後漢書》作『元』。

已之已。已，止也，謂攻其異端，使吾道明，則異端之害人者自止，如孟子距楊、墨，則欲楊、墨之害止；韓子闢佛老，則欲佛老之害止者也。』此解已字爲止字，是也；解攻字爲距、爲闢，尚未精善。攻其惡，卽是磨琢己身之惡；攻人之惡，卽是剴切他人之惡，亦不作彈擊之義。

子張學干禄。【注】鄭曰：『干，求也。禄，禄位也。』

循按：樊遲請學稼，則孔子目爲小人。小人，不求禄位者也。子張學干禄，孔子卽告以得禄之道。聖人以事功爲重，故不禁人干禄，而斥夫學稼者也。

揖讓而升下而飲。【注】王曰：『射於堂，升及下皆揖讓而相飲。』

循按：《釋文》『揖讓而升下』絶句。鄭箋《詩·賓之初筵》引此則云：『下而飲。』《禮記·少儀》云：『僕於君子，君子升下則授綏。』此正以『升下』連文絶句，與《論語》此文同。鄭解『以祈爾爵』專取於飲，以『而飲』二字引之，不可成句，故連『下』字，其『揖讓而升』四字，義無所取，則舍之不引。《射義》引此文，鄭注云：『下，降也。飲射爵者，亦揖讓而升降。』《釋文》云：『「揖讓而升下」絶句，「而飲」一句。』『揖讓而升降』，卽『揖讓而升下』，然則鄭之句讀不專以『下而飲』爲句。引證之法，各有所當，非所拘也。此注先提起升及下，以揖讓迫就而飲，與鄭先提起飲射爵者，以揖讓而升降倒裝。解法不同，而所以發明其義者，未有異也〔一〕。皇侃疏云：『就王注意，則云「揖讓而升下」也；若餘人讀，則云「揖讓而升」，「升」屬上句。又云「下而飲」，「下」屬下句。然此讀不及王意也。』謂『下屬下句』，似指鄭氏《詩箋》，何未考《射義》鄭注？且此王注實以七字連屬爲句，未見其『揖讓而升下』爲句，以『揖讓而升下』爲句，正莫明於鄭氏《射義》注。《釋文》以『下』字絶句，正本《射義》，故又引鄭注《賓之初筵》以明其異，不知宜七字連屬爲句。鄭氏或斷『下而飲』爲句，或斷『揖讓而升下』爲句，如王氏此注，且『揖讓』爲句，云『升及下』，則『升』字可句，『下』字亦可句。皇疏非也。

起予者商也。【注】包曰：『孔子言子夏能發明我意。』

循按：起之義同於發。子夏起於當前，顔子發於退後。

成事不説。【注】包曰：『事已成，不可復解説。』

循按：解字明説字。説讀若脱。解脱與諫止互明。事已成已遂，故不可諫止，卽不可解脱。

儀封人。【注】鄭曰：『儀蓋衛邑。』

〔一〕『未有異也』，叢書本作『無異也』。

循按：邢疏引《春秋傳》『衛侯入於夷儀』，疑與此是一。《後漢・郡國志》東郡聊城有夷儀。聊城今屬山東東昌，爲齊衛之界，孔子至衛，未嘗由齊，非是此也。《郡國志・浚儀》注引《晉・地道記》：『儀封人，此邑〔一〕也。』《水經注》引《西征記》亦以儀封人卽浚儀縣，而酈氏非之。浚儀在開封，漢屬陳留。陳留郡之長垣、封丘，皆在其北。孟康言長邱在封丘，杜曰宋地。《郡國志》『封丘有桐牢亭，或曰古蟲牢』，杜曰鄭地。孟康言：『春秋匡在長垣。』文八年，『晉侯歸匡、戚之田於衛。』杜曰：『匡本衛邑，中屬鄭。』又『祭仲』，杜言：『陳留長垣縣東北有祭城。』是長垣爲衛、鄭交界之地。長垣之東爲沛陰，杜以鄭之武父在東北。封邱之東爲酸棗，杜以爲廩延之別名，又以鄭之城棣在西南。《漢志》東郡，南燕縣，南燕國。《通典》滑州胙城縣，『漢南燕縣，古南燕國』。隱五年，衛以燕師伐鄭，《土地名》云：『東郡燕縣。』然則封丘以北，長垣以西，尚有南燕國。《郡國志》東郡燕縣『有平陽亭，有瓦亭』。平陽，哀十六。瓦，定八。皆衛地，杜皆以爲在燕縣東北。又衛之平丘，昭十三。宛濮，僖二十八。蒲，桓三。杜皆以爲在長垣。劉昭引《陳留志》：『鞫居在封丘。』則以漢縣計之，衛之境止得長垣多，得封丘、南燕少，自此而南，皆鄭、宋地，衛不得有之。使儀封人在浚儀，當今祥符、蘭陽之間，雖爲由陳至衛之道，而邑非衛邑矣。閻百

〔一〕『邑』，《後漢書》注引《地道記》作『縣』。

詩《四書釋地》謂衛儀邑在開封府蘭陽縣西北二十里。鄭云『蓋衛邑』，蓋者，疑詞也。

謂《武》，盡美矣，未盡善也。【注】孔曰：『《武》，武王樂也，以征伐取天下，故未盡善。』

循按：武王未受命，未及制禮作樂，以致太平，不能不有待於後人，故云『未盡善』。『善，德之建也。』《國語》。周公成文、武之德，即成此『未盡善』之德也。孔說較量於受禪征伐，非是。

惟仁者能好人，能惡人。【注】孔曰：『惟仁者，能審人之所好惡。』

循按：仁者好人之所好，惡人之所惡，故爲能好能惡。必先審人之所好所惡，而後人之所好好之，人之所惡惡之，斯爲能好能惡也。

人之過也，各於其黨。觀過，斯知仁矣。【注】孔曰：『黨，黨類。小人不能爲君子之行，非小人之過，當恕而勿責之。』觀過，使賢愚各當其所，則爲仁矣。

循按：皇疏作『民之過也』，與注『小人』爲合。觀，讀如『觀其所由』之觀。但見其過而概加責焉，非仁也。諦視而察之，則知仁術矣。『各於其黨』，即是觀過之法，此爲蒞民者示也。皇侃云：『猶如耕夫，不能耕，乃是其失，若不能書，則非耕夫之失也。』此說黨字義最明。《後漢·吴祐傳》以掾『私賦民錢，市衣進父』爲觀過知仁，是以賦錢之過爲仁，異乎孔注。《漢書・外戚傳》：燕王旦爲丁，外人求侯，上書稱：『子路姊喪〔一〕，期而不除，孔子非之。子路曰：「由不幸寡兄弟，不忍除之。」故曰「觀過知仁」。』是當時有此一說。然以蓋主而侯外人，豈得爲仁？子路親愛其姊，偶愆於禮，夫子裁之，即時改正，且以此爲觀過知仁，擬非其倫矣。吴祐所稱孫性之事，尤足長詐而敝俗，遂因有安邱男子因母殺人之事矣。孔氏之訓精善，吴祐之見乖乎聖人。

事君數。【注】數，謂速數之數。

循按：《釋文》云：『何云色角反，下同，謂速數也。鄭世主反，謂數己之功勞也。』此明以『速數』之訓屬之何氏。皇侃疏有『孔安國曰』四字，若然，豈陸德明未見邪？《詩・小雅》『僭始既涵』，毛傳云：『僭，數也。』《釋文》：『數音朔。』與此色角反同。鄭箋云：『僭，不信也。』然則此數宜與僭同。事君不信，則辱矣；朋友不信，則疏矣。所謂信而後諫，不信則以爲謗己也。

夫子之言性與天道。【注】性者，人之所受以生也。天道者，元亨日新之道，深微，故不可得而聞也。

〔一〕『子路姊喪』，《漢書・外戚傳》作『子路喪姊』。

循按：《釋文》云：『何云元亨日新之道，鄭云七政變通之占。』鄭氏此注見《後漢書·桓譚傳》注所引班固贊《眭兩夏侯京翼李傳》云：『幽贊神明，通合天人之道者，莫著乎《易》、《春秋》。然子貢猶云「夫子之文章可得而聞，夫子之言性與天道不可得而聞」已矣。』眭、京等言七政災變，故班氏引此。桓譚上疏稱：『天道性命，聖人所難言，自子貢以下，不得而聞。今諸巧慧小才伎數之人，增益圖書，矯稱讖記，以欺惑貪邪，詿誤人主。』班氏本此。蓋自春秋時，《易》學不明，而梓慎、裨竈之流，以七政占驗爲天道，故云『天道多在西北』。子産雖正斥之以『天道遠，人道邇，竈焉知天道』，而天道之稱，究未能言。孔子贊《易》，乃明之曰：『立天之道，曰陰與陽；立地之道，曰柔與剛；立人之道，曰仁與義。』於《臨》曰：『大亨以正，天之道也。』於《謙》曰：『天道虧盈而益謙，地道變盈而流謙。』於《恒》曰：『天地之道，恒久而不已也。』道即行也。天道，猶云天行。《乾》曰：『天行健，君子以自彊不息。』《蠱》曰：『終則有始，天行也。』《剥》曰：『君子尚消息盈虚，天行也。』《復》曰：『反復其道，七日來復，天行也。』舉當時以奇怪虚誕爲天道者，一旦廓而清之。《記》載哀公問云：『敢問君子何貴乎天道也？』孔子對曰：『貴其不已。如日月東西相從而不已也，是天道也。不閉其久，是天道也。無爲而物成，是天道也。已成而明，是天道也。』孔子言天道在消息盈虚，在恒久不已，在終則有始，在無爲而物成，爲格物、致知、正心、脩身、齊家、治國、平天下之本，爲伏羲、神農、黄帝、堯、舜、文王、周公以來治天下之要，與七政變占迥然不合。桓譚知讖緯之繆，而尚緣『天道性命，聖人所難言』也，是不知孔子所言之天道，非伎數巧慧所得托也。鄭氏以此解《論語》，淺之乎觀聖人矣！何氏本『元亨日新』以言天道，識見之卓越乎康成。孟子云：『仁之於父子也，義之於君臣也，禮之於賓主也，智之於賢者也，聖人之於天道也，命也。有性焉，君子不謂命也。』若天道是七政變占，何乃與父子君臣並爲人生不容稍置之分，謂文章可得而聞，性與天道不可得而聞？猶云『可與立，未可與權』，『未可與權』，正是教人權性與天道；『不可得聞』，正是教人聞性與天道。桓譚謂『聖人所難言』，非其義也。

未知，焉得仁。【注】但聞其忠事，未知其仁也。

循按：《釋文》：『知如字，鄭音智。』《論衡・問孔篇》云：『子文曾舉子玉代己位而伐宋，以百乘敗而喪其衆，不智如此，安得爲仁？』徐幹《中論・智行第九》云：『若有人相語曰：「彼尚無有一智也，安得乃知爲仁乎？」』與鄭讀並同。何晏不用其讀，而讀如字。皇疏此注有『孔安國曰』四字。皇侃引李充説，以爲不及注。充説即《論衡》之説也。《史記》言孔子由大司寇攝相事，有喜色，其去魯則歌曰：『彼婦之口，可以出走，彼婦之謁，可以死敗。』師己以告季桓子。桓子喟然歎曰：『夫子罪我，以群婢故也。』孟子言『孔子三月無君，則皇皇如。出疆必載質。』與子文之無喜色無愠色正相反。孔子貴仁而所行如是，子文焉得爲仁。『未知』二字句，先輕其詞曰『未知』，旋決其詞曰『焉得』也。

斐然成章。【注】孔曰：『妄作穿鑿，以成文章。』

循按：『妄作穿鑿』四字，申解『斐然』二字。蓋讀斐爲匪，匪猶非也，非猶不也。下蓋有『不知而作之』者，注引包曰：『時人有穿鑿妄作篇籍者。』『妄作穿鑿』解『不知而作』，妄卽不知，不知卽非然矣。皇、邢兩疏以斐爲文章貌，未得注義。

女爲君子儒，無爲小人儒。【注】孔曰：『君子爲儒，將以明道。小人爲儒，則矜其名。』

循按：儒猶士也。『言必信，行必果，硜硜然小人哉』，『小人儒』正指此爾。孔注未是。

必也臨事而懼，好謀而成者也。

循按：此文無注，邢疏以成爲成功，義殊不了。成猶定也，定卽決也。《三國志·郭嘉傳》：『嘉北見袁紹，謂紹謀臣辛評、郭圖曰：「袁公多端寡要，好謀無決，欲與共濟天下大難，難矣。」』『好謀無決』，卽是好謀無成；『好謀而成』，卽是好謀而能決也。

富而可求也，雖執鞭之士，吾亦爲之。【注】鄭曰：『富貴不可求而得者，當修德以得之。

若於道可求者，雖執鞭〔一〕賤職，我亦爲之矣。』

循按：《易傳》稱『崇高莫大乎富貴』，富貴非聖人所諱言也，但有可求不可求耳。不可求，所謂『不以其道得之』也，苟以其道得之，何不可求之有？孟子言：『非其道，一簞食不可受於人；如以道，則舜受堯之天下，不以爲泰。』正與此章之指相發明。非道以求富貴，鄙夫也。必屏富貴不言，並其可求者而亦諱之，此堅瓠之謂，聖人所不取也。『而』與『如』通，『而可求』，卽如可求。如可求則爲之，如不可求，則不爲。聖人之言明白誠實如此。若以富而可求爲設言之虛語，此滑稽者所爲，曾以是擬孔子乎？執鞭爲條狼氏之職，孔子爲委吏、乘田，正所謂『吾亦爲之』者矣。

必也臨事而懼，好謀而成者也。

循按：此文無注，邢疏以成爲成功，義殊不了。成猶定也，定卽决也。《三國志・郭嘉傳》：『嘉北見袁紹謀臣辛評、郭圖，曰：「袁公多端寡要，好謀無決，欲與共濟天下大難，難矣。」』『好謀無決』，卽是好謀無成，『好謀而成』卽是好謀而能决也。

子所雅言，《詩》、《書》，執《禮》，皆雅言也。【注】孔曰：『雅言，正言也。』鄭曰：『讀先王

〔一〕『鞭』下，《論語注疏》有『之』字。

典法，必正言其音，然後義全。』

循按：此與上『五十學《易》』當是一章，如子路『無宿諾』之例。記者因孔子有學《易》無大過之言，以此申明之。『子所雅言』四字，指《易》，乃不獨《易》也。於《詩》，於《書》，於執《禮》，皆雅言也。《論語》之文最爲簡妙，上既言『子所雅言』，下不必又贅複一語。玩『皆』字，正從《易》連類之詞。雅卽《爾雅》之雅。文王、周公繫《易》，多用假借、轉注以爲引申。孔子以聲音訓詁贊之，故爲『雅言』。孔子贊《易》，似不同於説《詩》、説《書》、説《禮》，不知同一聲音訓詁之所發明，贊《易》與説《詩》、《書》、《禮》，同是雅言，非有異也。

若聖與仁，則吾豈敢？【注】孔曰：『孔子謙，不敢自名仁聖。』

循按：聖者，通也。《大戴禮記·四代篇》云：『聖知之華也。』聖與仁，卽知與仁。

蕩蕩乎，民無能名焉。【注】包曰：『蕩蕩，廣遠之稱。言其布德廣遠，民無能識其名焉。』

循按：《謚法》：『民無能名曰神。』孟子言：『聖而不可知之之謂神。』殺之而不怨，利之而不庸，民日遷善而不知爲之者，故『君子所過者化，所存者神』。不可知，故『無能名』。無爲而治，故不可知。《繫辭傳》云：『黄帝、堯、舜氏作，通其變，使民不倦，神而化之，使民宜之。』孔子稱黄帝，『民得其利百年』，『畏其神百年』，『用其教百年』。神而化之，故畏其神。堯之『無能名』，舜之『無爲而治』，皆神也。『爲政以德，譬如北辰，居其所，而衆星共之。』包云：『德者無爲』。《易》之四德爲元亨利貞，天以寒暑日月運行爲道，聖人以元亨利貞運行爲德，用中而不執一，故無爲。無爲故不可知，不可知故『民無能名』。民運行於聖人之元亨利貞，猶衆星運行於天之寒暑日月。『民可使由之，不可使知之』，故黄帝、堯、舜承伏羲、神農之後，以通變神化立萬世治天下之法。《論語》凡言堯、舜，皆發明之也。曰『爲政以德』，曰『恭己正南面』，曰『脩己以敬』，此堯、舜所以神。『通其變，使民不倦。神而化之，使民宜之』，此堯、舜所以爲德。卽德卽神，卽神卽德，故云『顯道神德行』，又云『神而明之，存乎其人，默而成之，不言而行，存乎德行』，皆化裁推行之至用也。『民無能名』四字，爲成功文章之本，爲則天之實。包注尚未詳。

予有亂臣十人。【注】馬曰：『亂，治也。治官者十人。』

循按：官，小臣也。見《吕覽注》。十人，治官者也。馬以『官』字解『臣』字，邢疏解作『治官之臣』，非是。

子罕言利，與命與仁。【注】罕者，希也。利者，義之和也。命者，天之命也。仁者，行之盛也。寡能及之，故希言也。

循按：古所謂利，皆以及物言。至春秋時，人第知利己，其能及物，遂别爲之義。故孔子贊《易》，以義釋利，謂古所謂利，今所謂義也。孔子言義，不多言利，故云『子罕言利』，若言利，則必與命並言之，與仁並言之。利與命並言，與仁並言，則利即是義。『子罕言』三字，呼應兩『與』字，味其詞，意甚明。注以『義之和』釋利字，此正是『與命與仁』之利，爲孔子所言，至以命、仁，亦子所罕言。孔子固不罕言命、罕言仁矣，徒以利、命、仁三者不類，乃高置利字，以配命、仁，不知義之和，正子所不罕言者也。《論語》稱『子以四教』、『子之所慎』、『子不語』、『子絶四』，下目俱平列，此『子罕言利』爲句，下用兩『與』字，明與諸例爲異。史繩祖《學齋佔畢》讀兩『與』字爲『吾與點也』之與，謂子所罕言者，惟利而已，曰命曰仁，皆平日所深與，此似知注疏之未合。然與點指人之可與，用以指仁，辭不協，用以指命，尤不協也。

大哉孔子！博學而無所成名。【注】鄭曰：『此黨之人，美孔子博學道藝，不成一名而已。』

循按：『無所成名』，即『民無能名』，所謂『焉不學，無常師』，『無可無不可』也。孔子以『民無能名』贊堯之則天，故門人援達巷黨人之言以明孔子與堯、舜同。『大哉孔子』，即『大哉堯之爲君』；『博學無所成名』，即『蕩蕩乎民無能名』。孔子之學，即堯、舜之學也。孔子云『吾何執』，篇末云『未可與權』，惟其權，所以不執一，而民無能名，無間然也。雖别爲一篇，實與上相承接。

我叩其兩端而竭焉。【注】孔曰：『我則發事之終始兩端以語之，竭盡所知，不爲有愛也[一]。』

循按：孔氏之説未明。此『兩端』即《中庸》舜『執其兩端，用其中於民』之『兩端』也。鄙夫來問，必有所疑，惟有兩端，斯有疑也。故先叩發其兩端，謂先還問其所疑，而後即其所疑之兩端而窮盡其意，使知所向焉。蓋凡事皆有兩端，如楊朱爲我，無君也，乃曾子居武城，寇至則去；墨子兼愛，無父也，乃禹手足胼胝，至於偏枯。是故一旌善也，行之則詐僞之風起，不行又無以使民知勸；一伸枉也，行之則刁訴之俗甚，不行又無以使民知懲；一理財也，行之則頭會箕斂之流出，不行則度支或不足；一議兵也，行之則生事無[二]功之説進，不行則國威將不振。凡若是皆兩端也，而皆有所宜。得所宜則爲中。孔子叩之，叩此也；竭之，竭此也；舜執之，執此也；用之，用此也。處則以此爲學，出則以此爲治，通變神化之妙，皆自此兩端而宜之也。

[一] 『不為有愛也』，《論語注疏》作『不為有愛』。
[二] 『無』，叢書本作『喜』。

語之而不惰者，其回也與！【注】顔淵解，故語之而不惰；餘人不解，故有惰語之時。

循按：惰語謂惰於語，此何氏義也。《正義》謂『餘人不能盡解，故乃懈惰於夫子之語時』。如此説，則『惰語』兩字不辭。

與衣狐貉者立。

循按：《釋文》：『貉，户洛反。依字當作貈。』《説文》：『貈，似狐，善睡，獸，从豸，舟聲。《論語》曰：「狐貈之厚以居。」』貉與貈同音，相通字也。《説文》：『涸，从水固聲，讀若狐貈之貈。』重文作㵐。貈从舟聲而讀同涸，涸音同貉者也。

未可與適道。【注】適，之也。雖學，或得異端，未必能之道。

循按：《法言·問道篇》云：『或問道。曰：「道也者，通也，無不通也。」或曰：「可以適他與？」曰：「適堯、舜、文王者爲正道，非堯、舜、文王者爲他道。君子正而不他。涂雖曲而通諸夏，則由諸？川雖曲而通諸海，則由諸？」』宋咸注云：『他，異端也。』[一]諸子之異端，若能自通於聖人之道，亦可也。此注云『雖學，或得異端』，用適他之義。

攝齊升堂。【注】孔曰：『衣下曰齊，攝齊者，摳衣也。』

[一]『他，異端也』一語系吴祕注語，非宋咸注。

循按：『升堂』上加『攝齊』二字，所以别於『執圭』之『升堂』也。同一『鞠躬如也』，在執圭則手不能摳衣，故『足縮縮，如有循』。《玉藻》云，『執圭玉，舉前曳踵』，又云，『圈豚行，不舉足，齊如流』，是也。手不暇攝齊，齊曳於地，故如流矣。在本國升堂，手不執圭，則攝齊，齊既攝，則不曳於地，行不必如有循，但見屏氣，似不息而已。攝齊與下鞠躬相貫。鞠躬雙聲字，孔曰『斂身』也。斂身則身俯而前，齊必曳地也。《説苑》：『子路持劍，孔子問曰：「安用此乎？」子路曰：「善，古者固以善之；不善，古者固以自衛。」孔子曰：「君子以忠爲質，以仁爲衛，不出環堵之内，而聞千里之外。不善以忠化，寇暴以仁圍，何必持劍乎？」子路曰：「由也，請攝齊以事先生矣。」』方其持劍，意氣自雄，身必仰；既聞言而起，敬則屈俯其身，前衣必委地，故攝齊。攝齊則棄劍，不持可知。云『攝齊以事先生』，當時以屈身，必攝齊，卽以屈身爲攝齊，猶云屈身以事先生也。《鹽鐵論・殊路篇》：『大夫曰：「子路解長劍，去危冠，屈節於夫子之門，然攝齊師友，行行爾，鄙心猶存。」』此卽《説苑》所言，而明以攝齊爲屈節。《韓詩外傳》：『孔子燕居，子貢攝齊而前。』謂屈身而前也。《鹽鐵論・刺議篇》：『丞相史曰：「僕雖不敏，亦當傾耳下風，攝齊句指，受業經於君子之涂矣。」』《漢書・朱雲傳》：『少府五鹿充宗與《易》家論，諸儒莫能與抗，皆稱疾不敢會。有薦雲者，召入，攝齊升堂，抗首而請，音動左右。』此特用『攝齊』二字，寫其倜儻之狀。摳衣而登，不欲緩行。與屈身者意殊，而攝則同也。《士昏禮・記》：『納徵，執皮，攝之，内文，兼執足，左首，隨入，西上。賓致命，釋外足見文。主人受幣。士受皮者，自東出于後，自左受，遂坐攝皮，逆退，適東壁。』《聘禮》：『庭實，皮則攝之，毛在內，內攝之，入設也。士受皮者自後右客。賓〔一〕當之坐攝之。』此與《士喪禮》『左執俎，横攝之』義同。鄭氏此注云：『攝，持也。』《説文》訓攝爲『引持』。引者，引而提之，故太歲在寅爲攝提格。高誘謂格起萬物，以提格連攝名之，則攝正提起之名。蓋手在下物在上爲奉，手在上物在下爲攝。物本著地，提而起之，是攝也。以一手持鼎耳，以一手執俎，兩手乃可奉，一手不可奉，故提而攝之。若攝於旁則不能横，横攝者，使俎横於前，而以一手提之也。此禮文之如繪者也。《昏禮》：兩人持一皮，皮有四足，合之，使毛向內，前左足合於前右足，後左足合於後右足。既左首，則左一人之右手提其前二足，右一人之左手提其後二足。手提足，則脊向下，故釋其外足見文。斯時每人各提一足，其兩足下垂矣。《聘禮》以一人提之，則兩手各提二足，兩肘向外，兩手握相向，故云『內攝之』。以此準諸攝齊，齊爲衣下縫，正是兩手提起使離地，與攝皮狀同。《論語》攝字正當以《儀禮》攝字解之。物本著地，提起有似斂縮，故攝有斂意。《士冠禮》『攝酒』，鄭注：『攝，猶整也。整酒謂撓之。

〔一〕『賓』下，《儀禮》有『出』字。

今文攝作聶。』疏云：『《有司徹》云：「司空〔一〕攝酒」，注云「更洗益整頓之」，不可云洗，亦當爲撓。謂更撓攪添益整頓，示新也。』攝爲引持，引持則收斂，斂則聚合。酒已散，更聚合之爲攝。散則減，聚則增，由減而增，亦引而提起，此攝酒所爲攝也。惟其由斂而轉爲聚，則以數事合於一人爲攝，『官事無攝』之攝是也。斂之所以屈之，故爲撓。撓者，屈也。《荊軻傳》蓋聶曰：『吾曩者目攝之。』軻與聶論劍，聶怒而目之，軻即去不敢留。是目有以屈撓之。《索隱》用《士冠禮》注訓爲整，實用撓之義也。《素問・五藏生成篇》云：『足受血而能步，掌受血而能握，指受血而能攝。』攝屬於指，非提之而何？攝齊與攝衣同爲斂而各不同。《管子・弟子職》：『少者之事，夜寐蚤作，既拚盥漱，執事有恪，攝衣共盥，先生乃作。』蚤起盥漱，衣未整齊，故整齊其衣，而後共盥。《史記・酈生傳》稱酈生入謁，沛公方倨牀使兩女子洗足，既聞酈生語，於是輟洗起攝衣延酈生，上坐謝之。方倨牀洗足，衣必不整齊，此時輟洗起敬，故整衣，與《弟子職》盥漱後攝衣同。盥漱攝衣，即《內則》盥漱之後『櫛、縰、笄、總，拂髦、冠、緌、纓、端、韠、紳，搢笏』也。孔子升堂時非倨牀洗足可比，豈前此不衣，至此始衣？故以攝衣證攝齊者，非也。《聘禮記》：『賓入門，皇；升堂，讓。』鄭氏引孔子升堂云云，鄭引此文以明『發氣怡焉』與『逞顏色怡怡』

〔一〕『空』，《儀禮注疏》作『宮』。

升，則攝齊而降可知矣。《戰國策·趙策》：『魯仲連云：「天子巡狩，諸侯避舍，納筦鍵，云：『攝齊而興，降階下堂。』則攝齊亦可云攝衣，攝衣而下，則攝衣而上可知矣；攝齊而恤攝衣而去』，恤是時居西面壇上，自壇而下，故攝衣。此攝衣正是摳衣。揚雄《逐貧賦》二字，魏晉人且不苟用，乃《論語》至簡至妙之文，而虛加此二字乎？且《新序》言『昭奚時已臥，緣愁不能寐，更起攝衣步於前庭，或觀雁，或撫琴，古人作詩不苟如此。夫攝衣《雜詩》：『志士惜日短，愁人知夜長，攝衣步前庭，仰觀雁南翔。』二詩與凌統攝衣同。蓋攝衣，與弟子早起盥漱攝衣同。王仲宣《七哀詩》：『獨夜不能寐，攝衣起撫琴。』傅休奕其攝，或並不必束帶耳。《吴志·凌統傳》：『盛暹夜至，時統已卧，聞之攝衣出門。』卧起齊雖不同，而攝之爲提挈則正同也。內外餘人盥漱之後，但云衣服，或衣本不曳地，無容衣，蓋不束帶則衣曳地，束帶則齊去地矣。既以紳束之，當升堂時，又以手攝之。攝衣攝《弟子職》之攝衣，卽《內則》之『端韠』，紳衣本弛縱，束以紳則斂。攝衣者，謂以紳整束其而空言，則『升堂』上著『攝齊』二字，爲無謂矣。且漢帝之攝衣同於《弟子職》之攝衣，而手，攝衣亦必用手，攝齊不過手提之整衣，則用手益加勞矣，尤非執圭時情事。如不用手『摳衣』解之，精不可言。若攝齊不是摳衣，但爲整齊其衣，如漢帝之攝衣，不知攝齊用下節爲執圭升堂。於升堂而增『攝齊』，於執圭而省『升堂』，此古人屬文之法。孔氏以同。《論語》於『升堂』之上加『攝齊』二字，兩手摳衣則不得更執圭，此節爲攝齊升堂，明攝衽抱机。』」此衽與几並舉，謂衽席之衽，衽爲卧所薦，机爲坐所憑。諸侯親提之、親抱之，爲天子設也。既攝衽，又抱几者，不必一時兼爲之，猶弟子攝衣在先，共盥在後，屬文者疊言之爾。凡持兵曰攝兵，提榼曰攝飲，未有不用手空言攝者。《史記·管晏列傳》：「越石父請絶，晏子戄然攝衣冠謝。」攝衣又攝冠者，攝衣束帶也，攝冠束纓也。賈子《容經》：「端面攝纓。」冠之纓有二：自上而繫，垂其端者爲緌，無緌自下而上者爲紘。紘如今朝帽之絆，自下勒之使上斂，所云「攝纓」也。緌如今風帽之帶，結而繫之，兩端下垂，「子路結纓」是也。崔駰《達旨》云：「當其無事，則躐纓整襟，規矩其步。」李賢注云：「躐，音呂涉反。躐，踐也。此字宜從手。《廣雅》云：『躐〔一〕，持也。』言持纓整襟，修其容止。《史記》曰：『攝纓整襟。』華嶠書『躐』作『攝』也。」「攝纓」二字亦見《韓詩外傳》，宋玉云：「昔齊有狡兔，盡一日而走五百里，使之瞻見指注，雖良狗不及狡兔之塵，若攝纓而縱紲之，則狡兔亦不能離也。」此纓如終軍請受長纓之纓。以纓繫兔之頸而牽紲之，攝纓謂提挈其纓而牽之也。《後漢書·銚期傳》：期「被創中額，攝幘復戰」。謂束其幘於首。《朱穆傳》注引《續漢書》云：「虎賁置弓階上，穆過，呵虎賁曰：『執天子器，何故投於地？』虎賁怖，即攝弓。」謂自地上提弓而起也。

〔一〕「躐」，《後漢書·崔駰傳》李賢注作「擸」。

復其位。【注】孔曰：『來時所過位。』

循按：包氏注『過位』爲『君之空位』，邢疏云：『謂門屏之間，人君宁立之處。君雖不在此位，人臣過之宜敬。』此『復其位』，孔氏以爲即來時所過之位。邢疏云：『復至其來時所過之位。』則此所復之位，仍即君之空位。乃曰『其位』，則不可指君；曰『復』，則不可指君所立之處。於『復其』中增入『至』字，非經文所有。《爾雅·釋宫》：『中庭之左右謂之位，門屏之間謂之宁。』郭璞以位爲群臣之列位，宁爲人君視朝所宁立處。《説文》亦以中庭左右爲位。位之名屬之臣，與宁有别。惟《天官·宰夫》『掌治朝之法，以正王及三公六卿大夫群吏之位』，此位通宁而言，似爲包氏所本。然此統言之，不必分云王之宁、公卿大夫群吏之位。《論語》與門、閾、堂、階並言，則指中庭左右之定名，非泛指矣。《曲禮》『下卿位』，鄭注云：『卿位，卿之朝位也。』《正義》引《鄉黨》『過位』鄭氏注云：『過位，謂入門右北面君揖之位。』言『入門右北面』，正是卿大夫之位。『過位』之位，鄭氏指中庭左右之臣位。君方下車而過，孔子過之『色勃』『足躩』，夫又何疑？鄭氏與孔同，與包異也。

居不容。【注】孔曰：『爲室家之敬難久。』

循按：《釋文》作『居不客，苦百反。』武進臧氏玉琳云：『「居不客」，言居家不以客禮自處。孔注云「爲室家之敬難久」，謂因一家之人，難久以客禮敬己也。是當從《釋文》作「客」。開成石經亦作「居不客」。』臧氏説是也。《後漢書・周燮傳》注引謝承書云：『燮居家清處，非法不言，兄弟父子室家相待如賓。』此正所謂客也。

迅雷風烈。【注】鄭曰：『風疾，雷爲烈。』

循按：雷風之來，既疾急而至於猛烈。『迅雷風』三字連讀，鄭以疾屬風，以烈屬雷，互明之也。

子路共之，三臭而作。【注】子路以其時物，故共具之。非本意，不苟食，故三臭而作。作，起也。

循按：《荀子・禮論》云：『利爵之不醮也，成事之俎不嘗也，三臭之不食也，一也。』何注本此。

下卷

先進於禮樂，野人也；後進於禮樂，君子也。【注】孔曰：『先進、後進，謂仕先後輩也。禮樂因世損益，後進與禮樂俱得時之中，斯君子矣；先進有古風，斯野人也。』○如用之，則吾從先進。【注】將移風易俗，歸之淳素。先進猶近古風，故從之。

循按：皇侃上節注『仕』作『士』。謂先輩，五帝以上；後輩，三王以還，是也。五帝時淳素，質勝於文；三王時文質彬彬，益野人而爲君子。自時厥後，文益盛，文又勝於質，遽欲其彬彬，還爲君子，不易得，宜以上古之淳素。和之用，謂變化之，『移風易俗』四字解『用』字最切。孔子時文勝質，既非先進，亦非後進，欲其仍還後進之君子，必先移易以先進之野人也。譬如陰陽宜和，病陰盛者，宜以純陽制之，然後乃得其和。孔子從先進，非重野人輕君子，正將由野人而至君子也。注云『因世損益』，得之。因質勝而益之爲君子，因文勝而損之爲君子。損文勝莫如從先進，此聖人裁成輔相之妙也。邢昺緣注中『仕』字牽合下章『皆不及門』，謂此爲不從陳、蔡得仕進者，又以先進當昭、襄之世，後進當定、哀之世，於禮樂因世損益之義，何以得合？

皆不及門也。【注】鄭曰：『皆不及仕進之門，而失其所。』

循按：《堯典》：『詢于四岳，闢四門』，鄭氏注云：『卿士之職，使爲己出政教於天下。』言四門者，亦因卿士之私朝在國門，魯有東門襄仲，宋有桐門右師，是後之取法於前也。《詩・緇衣》正義。孔穎達用孔傳，而《正義》引此文云：『《論語》云：「從我於陳、蔡者，皆不及門也。」門者行之所由，故以門言仕路。』孔以闢門爲求賢之路，與鄭異。鄭以門爲卿士之家，則『及門』者，謂仕於卿大夫之私朝也。《周禮・大司馬》：『辨名號之用，帥以門名。』注云：『帥，謂軍將。以門名者，所被徽識如其在門所樹者也。軍將皆命卿。古者軍將，蓋爲營治於國門，魯有東門襄仲，宋有桐門右師，皆上卿爲軍將者也。』《春官・小宗伯》：『掌三族之別以辨親疏。其正室皆謂之門子，掌其政令。』注云：『正室，適子也，將代父當門者也。』襄九年戲之盟，『鄭六卿公子騑、公子發、公子嘉、公孫輒、公孫蠆、公孫舍之，及其大夫、門子，皆從鄭伯』，注云：『門子，卿之適子。』卿之子稱門子，是卿以門名。卿當門以門名，適子代父當門則稱門子，其仕於卿大夫之門，謂之及門矣。

人不問於其父母昆弟之言。【注】陳曰：『言閔子騫〔一〕上事父母，下順兄弟，動靜盡善，故人不得有非間之言。』

循按：《漢書・杜鄴傳》：『舉方正。對曰：「昔曾子問從令之義，孔子曰：『是何言與！』善閔子騫守禮不苟，從親所行，無非理者，故無可間也。」』《後漢・范升傳》：『升奏記王邑曰：「升聞，子以人不問於其父母爲孝，臣以下不非其君上爲忠。」』又云：『知而從令，則過大矣。』二者皆引以爲從令之證。蓋以從令而致親於不義，則人必有非間其父母昆弟之言，唯不苟於從令，務使親所行均合於義，人乃無非間其親之言，是乃得爲孝。然則閔子之孝，在人無間於其父母昆弟之言，人所以無間於其父母昆弟之言者，以其不苟從親令也。陳注『動靜盡善』，或卽指此。《藝文類聚》孝部引《説苑》云：『閔子騫兄弟二人，母死，其父更娶，復有二子。子騫爲其父御，車失轡，父持其手，衣甚單。父則歸呼其後母兒，持其手，衣甚厚温。卽謂其婦曰：「吾所以娶汝，乃爲吾子，今汝欺我，去無留。」子騫前曰：「母在，一子單；母去，四子寒。」其父默然。故曰「孝哉閔子騫」，一言其母還，再言三子温。』《太平御覽》四百一十三引師覺授《孝子傳》云：『閔損，字子騫，以德行稱。早失母，後母遇之甚酷，損事之彌謹，損衣皆槁枲爲絮，其子則綿纊重厚。父使損

〔一〕『閔子騫』，《論語注疏》作『子騫』。

御，冬寒失轡，後母子御則不然，父怒詰之，損默然而已。後視二子衣，乃知其故，將欲遣妻。損諫曰：「大人有一寒子，猶上〔一〕垂心，若遣母，有二寒子也。」父感其言，乃止。』依此事，閔子不從父令，則後母不遣，是其上事父母；兩弟溫煖無愠心，而恐母譴而兩弟寒，是下順兄弟。於是父感之，其後母及兩弟亦感之。可知則此一不從父令而諫，一家孝友克全，尤非尋常不苟從令可比。孔子稱其孝，兼言兄弟，正指此事。是所謂『動靜盡善』也。後母之酷可間，二子獨綿纊可間，父不能察後妻可間，一諫而全家感化，父母不失其慈，二子不失其悌，使可間化而爲無可間，閔子之孝，不啻大舜之『又不格姦』。若恭世子不肯傷公之心，不言志而死，非可言孝也。『不』字作『無』字解自明。人無非間之言，不是無非間閔子之言，乃無非間其父母昆弟之言也。

回也，其庶乎！屢空。賜不受命，而貨殖焉，億則屢中。【注】言回庶幾聖道，雖數空匱，而樂在其中。賜不受教命，唯財貨是殖，億度是非。蓋美回，所以勵賜也。

循按：此文簡奥，宜以『不受命』三字爲之樞。皇疏引：『殷仲堪云：「不受，矯君命。」江熙云：「賜不榮濁世之禄，亦庶幾道者也。雖然，有貨殖之業，恬愉不足，所以不

〔一〕『上』，四部叢刊三編景宋本《太平御覽》作『尚』。

敢望回耳。」』兩説於受命爲合揆，《論語》此文謂顔子不受禄命，則貧而至於屢空；子貢不受禄命，則貨殖而屢中。相較『回也其庶幾乎』，貨殖上用一『而』字，明從屢空作轉。同一不受禄命，回不貨殖故屢空，賜貨殖而屢中，故不屢空，兩『屢』字亦相呼應。不善貨殖者損折亦能屢空，賜則能屢中，謂如其所億度，而得贏餘也。回非不能貨殖屢中，其至於屢空，本不貨殖以得贏餘，故空乏也。先提起『其庶乎』三字，下文倒裝互發。周秦之文，往往如此，而此文尤其靈妙者也。何氏以『不受命』爲不受教命，辭義遂不可達。

子在，回何敢死？【注】包曰：『言夫子在，己無所敢死。』

循按：毛西河説最精善。《吕氏春秋·孟夏紀·勸學篇》云：『曾點使曾參，過期而不至，人皆見曾點曰：「無乃畏邪？」曾點曰：「彼雖畏，我存，夫安敢畏？」孔子畏于匡，顔淵後，孔子曰：「吾以汝爲死矣。」顔淵曰：「子在，回何敢死？」』兩事相比，然則『回何敢死』，正是回何敢畏。高誘注訓畏爲死，謂由畏而死，卽《檀弓》『死而不弔』之畏矣。以畏而死，則子必不死，故知子在，以畏而死，則不可死。故顔子不敢死，卽曾子安敢畏，以曾證顔，義本明白，何從來未見及此，而待西河之雄辯也？西河之辨善矣，何亦不引證及此也？西河説見《聖門釋非録》。《檀弓》：『死而不弔者三：畏、厭、溺。』鄭注『畏』字云：『人或時以非罪攻己，不能有以説之死之者。孔子畏於匡。』鄭氏引『子畏於匡』之『畏』證

『死而不弔』之『畏』，且以『死而不弔』爲輕身忘死〔一〕，豈孔、顔而輕身忘孝，以畏而死乎？是回所以不敢死，鄭已明之，惜鄭氏《論語》此注，何氏不採也。孟子云：『莫非命也，順受其正。是故知命者不立乎巖牆之下。』立巖牆之下，則恐其厭，厭而死，猶畏而死，俱爲非命。莫者，無也，不可非命而死，乃爲知命。《孟子》此文，與『子在回何敢死』相發明。『子在』者，聖人知命，不死於非命也；『回何敢死』者，大賢知命，不死於非命也。《論語》此文，明聖賢知命之學，其所以能不死者。《史記・孔子世家》言：『孔子使從者爲甯武子臣於衛，然後得去。』《索隱》云：『《家語》：「子路彈劍而歌，孔子和之，曲三終，匡人解圍而去。」今此取《論語》「文王既沒」之文，及從者臣甯武子然後得去。蓋夫子再厄匡人，或設辭以解圍，或彈劍而釋難。』《檀弓》正義引《世家》云：『陽虎嘗侵暴於匡，時又孔子弟子顔刻爲陽虎御車。後孔〔二〕亦使刻御車，從匡過。孔子與陽虎相似，故匡人謂孔子爲陽虎，因圍，欲殺之。孔子自説，故匡人解圍也。自説者，謂卑辭遜禮。《論語注》云：「微服而去。」謂身著微服，潛行而去，不敢與匡人鬭，以媚悦之也。』此所引與今《史记》不同。而微服爲遭宋桓司馬，事見《孟子》。此時以貌似陽虎被圍，但明其非

〔一〕『死』，叢書本作『孝』。

〔二〕『孔』下，《禮記正義》有『子』字。

虎，則圍可解，不必微服，不必使從者爲甯氏臣也。《琴操》云：『匡人告匡君曰：「往者陽虎今復來至。」乃率衆圍孔子，數日不解。子路悲感，悖然大怒，張目奮劍，聲如鐘鼓。孔子曰：「由，來！今汝欲鬬名，爲戮我於天下，爲汝悲歌而感之，汝皆和我。」孔子乃引琴而歌，音曲甚哀，有暴風擊拒，軍士僵仆。於是匡人乃知孔子聖人，瓦解而去。』蓋微服所以脱桓魋，彈琴所以解匡人。魋惡其習禮，故微服自廢於禮，以柔魋之怒；匡人憾虎暴，故彈琴以明其非虎。各有所當，可想見聖人解難之妙用。若鬬必死於畏矣。故《琴操》戒子路之欲鬬，而《禮疏》稱其不敢與匡人鬬。不鬬所以不死，不死所以爲知命。皇疏引李充言『輕死非明節』，是也。邢疏云：『孔子謂顔淵曰：「吾以女爲以死與匡人鬬也。」謂鬬則致死。然則回不敢死，正回之不敢鬬也。』《史記集解》引包注作『己無所致死』，邢疏一則『云回必致死』，再則云『言不敢致死』，包注『敢死』宜作『致死』。

攝乎大國之間。【注】包曰：『攝，迫也。迫於大國之間。』

循按：《荀子·禮論》云：『其立哭泣哀戚也，不至於隘攝傷身。』楊倞注：『隘，窮也。攝，猶戚也。』此戚即蹙字，窮、蹙與迫同。《楚辭·哀時命》『衣攝葉以儲與兮』，王逸章句云：『攝葉，不舒〔一〕貌。』迫、蹙故不舒。

吾與點也！【注】周曰：『善點獨知時。』

循按：三子所言者，爲政之具。具猶器也。聖人以道運器，則時行焉，故『與點』也。邢疏以『與點』爲善其不求爲政以『知時』，爲生值亂時，志在『澡身浴德，詠懷樂道』，皆失之。

克己復禮爲仁。【注】馬曰：『克己約身。』孔曰：『復，反也。身能反禮，則爲仁矣。』

循按：孔與馬異。孔訓克爲能，故云『身能反禮』。邢疏解爲『能約身』，非孔義。

出門如見大賓，使民如承大祭。己所不欲，勿施於人。在邦無怨，在家無怨。【注】孔曰：『爲仁之道，莫尚乎敬。』包曰：『在邦爲諸侯，在家爲卿大夫。』

循按：皇侃以敬、恕爲二事，非也。『克己復禮，仁也』，古志之言也，昭十二年《左傳》。孔子引以答顏淵。『非禮勿禮，非禮勿聽，非禮勿言，非禮勿動』，孔子所以解『克己復禮』也。『出門如賓，承事如祭』，仁之則也，晉臼季之言也，僖三十三年《左傳》。孔子引以答仲弓。『己所不欲，勿施於人。在邦無怨，在家無怨。』孔子所以解『出門如見大賓，使民如

〔一〕『舒』下，《楚辭章句》有『展』字。

承大祭』也。『非禮勿視，非禮勿聽，非禮勿言，非禮勿動』，爲『克己復禮』之目；『出門如見大賓，使民如承大祭』，爲『己所不欲，勿施於人』之目。『非禮勿視，非禮勿聽，非禮勿言，非禮勿動』，則『出門如見大賓，使民如承大祭』矣。『在家無怨』，仁及乎一家矣；『在邦無怨』，仁及乎一國矣；『天下歸仁』，仁及乎天下矣。仁及家國天下，不過『己所不欲，勿施於人』，故爲人由己，而不由人。由己有所欲而推之，則能好天下之所好；由己所不欲而推之，則能惡天下之所惡。人以非禮加己，己所不欲也，卽勿視、勿聽、勿言、勿動，勿施於人也。勿施於人卽是克己。克己而不以非禮施人，卽復禮也。克己復禮，未詳其目，故顔淵請問之。『出門如見大賓，使民如承大祭』，先已詳其目，而後反復明之，不煩更問。此兩章問仁，互相發明，文亦錯綜入妙。《後漢·臧洪傳》云：『使主人少垂忠恕之情，來者側席，去者克己。』以克己爲忠恕，是『克己復禮』者，卽『己所不欲，勿施於人』也。

片言可以折獄者，其由也與？【注】孔曰：『片猶偏也。聽訟必須兩辭以定是非，偏信一言以折獄者，唯子路可。』

循按：《吕刑》：『今天相民，作配在下，明清于單辭。』《正義》云：『單辭謂一人獨言，未有與對之人。訟者多直己以曲彼，搆辭以誣人。孔子美子路云：「片言可以折獄者，其由也與。」片言卽單辭也。子路行直聞於天下，不肯自道己長，妄稱彼短，得其單辭卽可以斷獄者，惟子路耳。凡人少能然，故難聽也。』此説甚明，與下『子路無宿諾』一貫。『無宿諾』者，不輕諾也。子路篤信不欺，故其單辭必無誣妄。孔子假訟辭之不信以明子路之信，非謂子路有與人訟之事也。若子路聽訟，雖極明決，亦必兩造至，然後聽之。不待兩造至，據單辭以爲明決，恐無是理，且與『無宿諾』何涉？無宿諾，自爲不欺，單辭折獄，自爲明決。明決者不必不欺，不欺者不必明決也。皇疏引孫綽云：『謂子路心高而言信，未嘗文過以自衛，聽訟者便宜以子路單辭爲正，不待對驗而後分明也。非謂子路聞人片言便能斷獄也。』孔云『聽訟必須兩辭以定是非』，必須兩辭，則必無單辭可折之理。又云『偏信一言以折獄者，唯子路可』者，謂若偏信一辭，則惟此一辭出諸子路，乃可也。子路固必不訟，訟者必非子路，然則聽訟者何得偏信一言以爲曲直，孔子美子路之不欺，亦所以爲聽訟者砭也。當時或有信一言以爲曲直者，故孔子發之，觀下章言『聽訟，吾猶人也』，則此章論聽訟，不論子路，明矣。

君子泰而不驕，小人驕而不泰。【注】君子自縱泰似驕而不驕。小人拘忌，而實自驕矜也。

循按：泰者，通也。君子所知所能，放而達之於世，故云『縱泰似驕』，然實非驕也。

小人所知所能，匿而不露，似乎不驕，不知其拘忌，正其驕矜也。君子不自矜，而通之於世；小人自以爲是，而不據〔一〕通之於人。此驕、泰之分也。邢疏不能詳『今拜乎下，泰也』，此泰乃忕之借。

剛、毅、木、訥，近仁。【注】王曰：『剛，無欲也。毅，果敢也。木，質樸也。訥，遲鈍也〔二〕。』

循按：『巧言令色，鮮矣仁』，此質樸遲鈍，所以近仁也。《唐書·刑法志》云：『仁者制亂，而弱者縱之。然則剛强非不仁，而柔弱者仁之賊也。』此果敢所以近仁也。

可以爲難矣，仁則吾不知也。【注】包曰：『此四者〔三〕行之難，未足以爲仁。』

循按：董子論仁曰『其事易』，此孔子之恉也。『我欲仁，斯仁至矣』，『有能一日用其力於仁矣乎，我未見力不足者』，皆以仁爲易也。故《易傳》云：『易則易知，簡則易從。』《吕覽·察微》云：『子貢贖魯人於諸侯，來而讓不取其金。孔子曰：「賜失之矣！自今以往，魯人不贖人矣。取其金則無損於行。」子路拯溺者，其人拜之以牛，子路受之，孔子

〔一〕『據』，叢書本作『遽』。
〔二〕『遲鈍也』，《論語注疏》作『遲鈍』。
〔三〕『此四者』，《論語注疏》作『四者』。

曰：「魯人必拯溺者矣。」』讓不取金，不伐不欲也，而贖人之路遂窒。孟子稱公劉好貨，太王好色，與百姓同之，使有積倉而無怨曠。孟子之學，全得諸孔子，此卽己達達人，己立立人之義。必屏妃妾、減服食，而於百姓之饑寒仳離漠不關心，則堅瓠也。故克、伐、怨、欲不行，苦心潔身之士，孔子所不取，不如因己之欲，推以知人之欲，卽因己之不欲，推以知人之不欲，絜矩取譬事不難，而仁已至矣。絶己之欲，而不能通天下之志，非所以爲仁也。

人也。【注】猶《詩》言『所謂伊人』。

循按：《詩》『所謂伊人，在水一方』，貫下之詞也。此『人也』二字，亦貫下之詞，故何氏引《詩》以例之。皇疏謂『管仲人也，是美管仲』，非是。皇疏此注爲鄭康成。

奪伯氏駢邑三百，飯疏食，沒齒無怨言。【注】孔曰：『伯氏食邑三百家，管仲奪之，使至疏食，而沒齒無怨言，以其當理也。』

循按：《天官・太宰》：『八柄，六曰奪，以馭其貧。』注云：『奪謂臣有大罪，沒入家財者。』〔一〕蓋伯氏時有罪，管仲沒其家財，故注云『當理』。《廣雅》：『理，治也。』治獄之

〔一〕按：此文非鄭氏注文。賈疏作『謂臣有大罪，身殺奪其家資。』

官名理，當理，謂治獄得當也。此管氏所以爲法家之冠矣。諸葛孔明廢廖立爲民，廖聞亮卒，垂泣歎曰：『吾終爲左衽矣。』又嘗廢李平爲民，徙梓潼郡十二年，平聞亮卒，發病死。習鑿齒曰：『昔管仲奪伯氏駢邑三百，沒齒而無怨言，聖人以爲難。諸葛亮之使廖立垂泣，李平致死，豈徒無怨言而已？』習氏引管仲事以例諸葛，今轉可引諸葛事以例管仲，邢疏未能詳也。惟習云『聖人以爲難』，則連下『貧而無怨』爲一章。

古之學者爲己，今之學者爲人。【注】孔曰：『**爲己，履道**〔一〕**而行之。爲人，徒能言之。**』

循按：《荀子》『入乎耳者著乎心』，『爲己』也；『入乎耳，出乎口』，『爲人』也。入耳出口，故『徒能言之』。《北堂書鈔》引《新序》云：『齊王問墨子曰：「古之學者爲己，今之學者爲人，何如？」對曰：「古之學者，得一善言，以附其身；今之學者，得一善言，務以悦人。」』《顔氏家訓·勉學篇》云：『古之學者爲己，以補不足也；今之學者爲人，但能説之也。』

百官總己。【注】馬曰：『**己，百官。**』

循按：《説文》：『總，聚束也。』己，猶身也。皇疏云：『百官各自束己身』，是也。

〔一〕『履道』，《論語注疏》作『履』。

原壤夷俟。【注】馬曰：『夷，踞也。俟，待也。踞待孔子。』

循按：《法言·五百篇》云：『或問：「禮難以彊世？」曰：「難故彊世。如夷俟、倨肆，羈角之哺果而啗之，奚其彊？」』宋咸注云：『夷俟、倨肆，皆驕倨之謂。』《廣雅》云：『蹲䠖，㞒㪅肆踞也。』夷俟卽是倨肆，俟、肆音相近，夷俟猶䠖肆，與鞠躬爲窮匑同。鞠躬，雙聲也；夷俟，疊韻也。馬氏訓俟爲待，而謂『踞待孔子』，失之。

予一以貫之。【注】善有元，事有會，天下殊塗而同歸，百慮而一致。知其元則衆善舉矣，故不待多學而一知之。

循按：《繫辭傳》云：『天下何思何慮？天下同歸而殊途，一致而百慮。』韓康伯注云：『少則得，多則惑。涂雖殊，其歸則同；慮雖百，其致不二。苟識其要，不在博求；一以貫之，不慮而盡矣。』與何晏說同。《易傳》言『同歸而殊途，一致而百慮』，何氏倒其文，爲『殊途而同歸，百慮而一致』，則失乎聖人之恉。《莊子》引《記》曰：『通於一而萬事畢。』此何、韓之說也。夫『通於一而萬事畢』，是執一之謂也，非一以貫之也。孔子以『一貫』語曾子，曾子卽發明之云：『忠恕而已矣。』忠恕者何？成己以成物也。孟子曰：『大舜有大焉，善與人同，舍己從人，樂取於人以爲善。』舜於天下之善，無不從之，是真一以貫之，以一心而同萬善，所以大也。一貫則爲聖人，執一則爲異端。董子云：『夫喜怒哀樂之發，與清暖寒暑，其實一貫也。四氣者，天與人所同也。』天與人一貫，人與己一貫，故一貫者，忠恕也。孔子『焉不學，無常師』，『無可無不可』，異端反是。孟子以楊子『爲我』，墨子『兼愛』，子莫『執中』，爲『執一』而『賊道』。執一由於不忠恕，楊子惟知爲己，而不知兼愛；墨子惟知兼愛，而不知爲我；子莫但知執中，而不知有當爲我、當兼愛之時也。爲楊者必斥墨，爲墨者必斥楊。楊已不能貫墨，墨已不能貫楊，使楊子思兼愛之説不可廢，墨子思爲我之説不可廢，則恕矣，則不執一矣。聖人之道，貫乎爲我、兼愛、執中者也。執一，則人之所知、所行與己不合者，皆屏而斥之，入主出奴，不恕不仁，道日小而害日大矣。『人之有技，若己有之』，保邦之本也；己所不知，『人其舍諸』，舉賢之要也；『知之爲知之，不知爲不知』，力學之基也。善與人同，則人之所知所能，皆我之所知所能，而無有異。惟事事欲出乎己，則嫉忌之心生。嫉忌之心生，則不與人同而與人異。執兩端而一貫者，聖人也；執一端而無權者，異端也。《記》曰：『夫言豈一端而已？夫各有所當也。』『各有所當』，何可以一端概之？《史記·禮書》云：『人道經緯萬端，規矩無所不貫。』惟孔子無所不貫，似恃乎多學而識之，乃多學而識，仍自致其功，而未嘗通於人。孔子以忠恕之道通天下之志，故無所不知，無所不能，非徒恃乎一己之多學而識也。忠恕者，絜矩也。絜矩者，格物也。『物格而後知至』，故無不知。由身以達乎家國天下，是一以貫之也。一以貫之，則天下之知皆我之知，天下之能皆我之能，何自多之有？自執其多，仍執一矣。

無爲而治者，其舜也與？ 夫何爲哉？ 恭己正南面而已矣。【注】言任官得其人，故無爲而治。

循按：孔子贊《易》，言『黄帝、堯、舜垂衣裳而天下治』，正與此經相發明。蓋伏羲、神農以前，民苦於不知，伏羲定人道，而民知男女之有别；神農教耒耜，而民知飲食之有道。顓蒙之知識已開，詐僞之心漸起，往往窺朝廷之好尚以行其慧，假軍國之禁令以濟其詭。無爲者，無一定之好尚，無偏執之禁令，以一心運天下而不息，故能『通其變使民不倦，神而化之使民宜之』也。黄帝、堯、舜承伏羲、神農之後，以通變神化爲治，所謂『民可使由之，不可使知之』。伏羲、神農之治，在使民有所知；黄帝、堯、舜之治，在不使民知。不使民知，所以無爲。何以無爲，由於恭己。恭己則無爲而治，卽所謂『篤恭而天下平』。《中庸》本天命、率性，而推論修道、設教之由，盡其性以盡物之性，贊天地之化育，與天地參，此伏羲神農之治也。『其次致曲，曲能有誠』，以至形、著、明、動、變、化，此黄帝、堯、舜之治也。『唯天下至誠，爲能盡其性』，『唯天下至誠爲能化』。變化承於盡性之後，故云『其次』。次猶繼也。『盡性』者，『以通神明之德，以類萬物之情』也。『致曲』者，『通其變使民不倦，神而化之，使民宜之』也。因其性善而使之知，故『自誠明』。因其知而『致曲』，使復其性之善，故『自明誠』。伏羲、神農開其先，固是『天下至誠』；黄帝、堯、舜次其後，亦是『天下至誠』。鄭康成謂『其次致曲』爲『不能盡性』，失之矣。羲、農已盡人盡物之性，繼之者以能化爲神，此黄帝、堯、舜次羲、農，以通變神化爲治，實爲萬世聖王之法。《中庸》自此以下，多詳『能化』之義，曰『至誠如神』，曰『時措之宜』，曰『無爲而成』，曰『生物不測』，曰『純亦不已』。惟『時措』故『不已』，惟『不已』故『不測』，惟『不測』故『如神』，而神則無爲。凡議禮、制度、考文，所以寡天下之過，無不如此。無爲而治，民無能名，堯舜之能化也。文、武法堯、舜者也，故明之云『祖述堯、舜，憲章文、武』，錯行代明，並育並行，溥博淵泉而時出，經綸大經，立大本，知化育，而無所倚，皆所以如神，所以能化之實用也。如是乃無爲而治，故末暢發之：『君子之所不可及者，其爲人之所不見乎！』『不動而敬，不言而信，不賞而勸，不怒而威，所以無爲而治，所以『篤恭而天下平』。『上天之載，無聲無臭』，此天之無爲而成，卽聖人之無爲而治。邢疏以無爲爲老氏之清淨，全與經義相悖。

志士仁人，無求生以害仁，有殺身以成仁。【注】孔曰：『無求生以害仁，死而後成仁，則志士仁人不愛其身也。』

循按：殺身成仁，皇、邢兩疏引比干、夷、齊，固矣。乃殺身不必盡甘刀鋸鼎鑊也。

『舜勤眾事而野死，冥勤其官而水死』，爲民禦大菑、捍大患，所謂仁也。以死勤事，即是殺身成仁。苟自惜其身，則禹不胼胝，不至於跳步，則水不平，民生不遂，田賦不能成，即是不能成仁。故有殺身以成仁者也。不愛其身以成仁，則能敬其事，故修己以敬，即能安人、安天下也。管仲不死，而『民到於今受其賜』，則成仁不必殺身。死不死之關乎仁不仁，可互見矣。

吾猶及史之闕文也。有馬者借人乘之，今亡矣夫！【注】包曰：『古之良史，於書字有疑則闕之，以待知者。有馬不能調良，則借人乘習之。孔子自謂及見其人如此，至今無有矣。言此者，以俗多穿鑿。』

循按：包注以『闕文』、『借人』兩事平列。『孔子自謂』云云，總乘上兩事言之。不闕文，馬不調不假人調之，皆自妄逞聰明，不知妄作也。邢疏謂『有馬借人』爲舉喻，非是。借猶藉也。僖二十八年，先軫曰：『使宋舍我而賂齊、秦，藉之告楚。』《釋文》：『藉，借也。』杜注云：『報〔一〕借齊、秦，使爲宋請。』宣十二年，楚子告唐惠侯曰：『敢藉君靈以濟楚師。』杜注云：『藉，猶假借也。』我有馬不能服習，藉人之能服習者，乞其代己調良，此

〔一〕『報』，《春秋左傳正義》作『假』。

謹篤服善之事也，與子路以車馬衣裘公諸朋友不同。史闕文屬書，借人乘屬御，此孔子爲學六藝者言也。

敏則有功。【注】孔曰：『應事疾則多成功也〔一〕。』

循按：敏訓疾，孔所本也。僖四年，『遂伐楚，次于陘。』《公羊傳》云：『其言次于陘何？有俟也。孰俟？俟屈完也。』注云：『生事有漸，故敏則有功。』疏云：『敏，審也。言舉事敏審，則有成功矣。』是敏之義爲審。僖廿〔二〕三年《左傳》：『辟不敏也。』注云：『敏猶審也。』三十三年《左傳》：『禮成而加之以敏。』注云：『敏，審當於事。』亦以敏爲審。《周禮·地官·師氏》：『二曰敏德。』注云：『敏德，仁義順時者也。』當其可之謂時，順時則審當之謂也。《中庸》：『人道敏政。』注云：『敏，勉也。敏或爲謀。』訓勉，則讀敏爲『黽勉同心』之『黽』；或爲謀，則審當之義矣。蓋善謀而審當，所以有功，若徒以疾速便捷爲敏，非其義矣。故《公羊》云『有俟』，而何氏以敏屬之，有俟則非疾速便捷矣。推之，『敏於事』，謂審當於事也；『好古敏以求之』，謂審以求之也。聖人教人，固不專以疾

〔一〕『成功也』，《論語注疏》作『成功』。
〔二〕『廿』，叢書本作『二十』。

速爲重耳[一]。

涅而不緇。【注】孔曰:『涅,可以染皁。』

循按:《釋文》:『涅,乃結反。』《説文》云:『謂黑土在水中者也。』黑土在水中,卽汙泥爾。故《廣雅》訓涅爲泥,乃泥非染物。孔謂可以染皁者,《淮南・齊俗訓》云:『素之質白,染之以涅則黑。』《俶真訓》云:『今以涅染緇則黑於涅。』高誘注云:『涅,礬石也。』《西山經》:『女牀之山,其陰多石涅。』郭注云:『卽礬石也。楚人名爲涅石,秦人名爲羽涅也。』《本草經》亦名曰涅石也。《神農本草經》『礬石一名羽碮』,碮卽涅也。其可以染皁,蓋指今之皁礬。

可以群。【注】孔曰:『群居相切磋。』

循按:《詩》之教,温柔敦厚,學之則輕薄嫉忌之習消,故可以『群居相切磋』。邢疏引《詩》『如切如磋』,非其義。

患得之。【注】患得之者,患不能得之,楚俗語[二]。

[一] 本條叢書本在下一條後。

[二] 『語』,《論語注疏》作『言』。

循按：古人文法有急緩。不顯，顯也，此緩讀也。《公羊傳》『如勿與而已矣』，何休注云：『如即不如，齊人語也。』此急讀也。以得爲不得，猶以如爲不如。何氏謂楚俗語，孔子魯人，何爲效楚言也？

殷有三仁焉。【注】仁者愛人，三人行異而同稱仁，以其俱在憂亂寧民。

循按：孔子以管仲爲仁，不取召忽之死，以爲匹夫匹婦之諒，自經於溝瀆，而人莫之知。又云：『有殺身以成仁。』死而成仁，則死爲仁。死而不足以成仁，則不必以死爲仁。仁不在死，亦不在不死，總全經而互證之，可見也。三人之仁，非指去、奴、死爲仁也。商紂時天下不安甚矣，而微、箕、比干皆能憂亂安民，故孔子歎之，謂商之末有憂亂安民者三人，而紂莫能用，而令其去，令其奴，令其死也。不能憂亂安民，而徒能死，石之紛如、徒人費，其人忠於所事則然，不可謂之殺身成仁。不能一匡天下，而籍口於管仲之不死，則又不如召忽，不如石之紛如、徒人費矣。

至，則行矣。【注】孔曰：『子路反至其家，丈人出行不在。』〇子路曰：『不仕無義。』【注】鄭曰：『留言以語丈人之二子。』

循按：皇甫謐《高士傳》引《論語》至『至則行矣』而止，蓋謂子路復至，而丈人已先避去，如後世蘇雲卿、吕徽之之流。若然，則子路之言，向誰發之邪？觀其稱『長幼之節不可廢』，爲向二子説無疑。前云『見其二子』，正爲子路此言張本。然則丈人亦偶出不在耳。陳天祥《四書釋疑》云：『丈人既欲自滅其迹，則不當止子路宿於其家，而又見其二子也。』又云：『子路乃路行過客，既已辭去，安能知其必復來也。』斯言得之。

逸民。【注】逸民者，節行超逸者〔一〕也。

循按：《説文》作『佚』，佚與逸通。《莊子・田子方篇》：『顔淵問於仲尼曰：「夫子步亦步，夫子趨亦趨，夫子馳亦馳。夫子奔逸絶塵，而回瞠若乎後矣。」』《後漢書・逸民傳序》云：『蓋録其絶塵不反，則以逸民爲民之奔逸絶塵，所謂超逸也。』《三國志》云：『猶未及髯之絶倫逸群也。』『逸群』猶『奔逸絶塵』。

如之何其拒人也？【注】包曰：『友交當如子夏，汎交當如子張。』

循按：交有友交、汎交之異，故『無友不如己者』，謂友交也。

雖小道，必有可觀者焉。【注】小道，謂異端。○致遠恐泥。【注】包曰：『泥難不通。』

循按：聖人一貫，則其道大；異端執一，則其道小。孟子以爲『大舜有大焉，善與人同』，能通天下之志，故大。執己不與人同，其小可知，故小道爲異端也。可觀，謂可以相

〔一〕『超逸者』，《論語注疏》作『超逸』字。

觀而善，即『攻乎異端』也。百家九流，彼此各異，使彼觀於此而相摩焉，此觀於彼而相摩焉，則異者相易而爲同，小者旁通而爲大。惟不能相觀而善，小終於小，而不相通，則不能致遠矣。泥即執也。相觀則能致遠，不相觀則泥，故欲致遠，則恐其泥，是以君子不爲也，即是以君子不泥也。邢疏謂『必有小理可觀覽』，非其義。

君子之道，焉可誣也？【注】馬曰：『君子之道，焉可使誣言？我門人但能灑掃而已也〔一〕。』

循按：《漢書·薛宣傳》云：『或以德顯，或以功舉，君子之道，焉可憮也！』蘇林曰：『憮，同也，兼也。』晉灼曰：『憮，音誣。』師古曰：『《論語》載子夏之言，謂行業不同，所守各異，唯聖爲能體備之。』《説文》言部云：『誣，加也。』加之義正與同、兼義近。憮字《説文》訓愛，《毛詩·巧言》傳訓大，《爾雅》則訓傲。《漢書》憮字乃誣字假借耳。誣字本義自通，馬以誣爲欺妄，則非誣字本義。

吾友張也，爲難能也。【注】包曰：『言子張容儀之難及。』

循按：此文但言『難能』，未言所以難能者何在，故下連載曾子之言『堂堂』。知『堂

〔一〕『而已也』，《論語注疏》作『而已』。

堂』爲『難能』，卽知『難能』指『堂堂』。此《論語》自相發明之例也。《廣雅》：『堂堂，容也。』《漢書・儒林傳》『魯徐生善爲頌』，蘇林曰：『《漢舊儀》有二卽〔一〕爲此頌貌威儀事，有徐氏，徐氏後有張氏，不知經，但能盤辟爲禮容，天下郡國有容史，皆詣魯學之。』師古曰：『頌，讀與容同。』子張善爲容，故云『師也辟』，辟卽盤辟也。又《論語》自相發明之例。

允執其中。四海困窮，天禄永終。【注】包曰：『允，信也。困，極也。永，長也。言爲政信執其中，則能窮極四海，天禄所以長終。』

循按：閻百詩《尚書古文疏證》云：『「四海困窮」，不得如漢注作好；「天禄永終」，亦不得作不好。蓋「允執厥中」一句，一義耳。「四海困窮」，欲其俯而恤人之窮；「天禄永終」，則欲仰而承天之福。亦如《洪範》「考終命」，《大雅》「高朗令終」云耳。班彪著《王命論》：「則福祚流於子孫，天禄其永終矣。」《王嘉傳》：「亂國亡軀，不終其禄。」《薛宣、朱博傳敘》：「位過厥任，鮮終其禄。」不終、鮮終，方屬弗祥。』

不知命，無以爲君子也。【注】孔曰：『**命謂窮達之分。**』

循按：《論語》言『五十而知天命』，『不知命，無以爲君子』，又云『死生有命』，又云

〔一〕『卽』，《漢書・儒林傳》作『郎』。

『道之將行也與，命也；道之將廢也與，命也』。至於命之爲命，則孟子詳言之云：『殀壽不貳，脩身以俟之，所以立命也。』『莫非命也，順受其正，是故知命者，不立乎巖牆之下。盡其道而死者，正命也；桎梏死者，非正命也。』又云：『口之於味也，目之於色也，耳之於聲也，鼻之於臭也，四體〔一〕之於安佚也，性也，有命焉，君子不謂性也；仁之於父子也，義之於君臣也，禮之於賓主也，知之於賢者也，聖人之於天道也，命也，有性焉，君子不謂命也。』皆發明孔子『知命』之説也。死生窮達，皆本於天，命宜死而營謀以得生，命宜窮而營謀以得達，非知命也。命可以不死，而自致於死，命可以不窮，而自致於窮，亦非知命也，故子畏於匡，回不敢死。死於畏，死於桎梏，死於巖牆之下，皆非命也，皆非順受其正也。知命者不立巖牆之下，然則立巖牆之下，與死於畏，死於桎梏，皆爲不知命。味、色、聲、臭、安佚，聽之於命，不可營求，是知命也。仁、義、禮、智、天道，必得位乃可施諸天下，所謂道之將行，命也；不得位，則不可施諸天下，所謂道之將廢，命也。君子以行道安天下爲心，天下之命，造於君子。孔子栖栖皇皇，不肯與沮溺、荷蕢同其辟世者，聖人於天道，不謂命也。百姓之飢寒囿於命，君子造命，則使之不飢不寒；百姓之愚、不肖囿於命，君子造命，則使之不愚、不不肖。口體耳目之命，己溺己飢者操之也；仁義禮

〔一〕『體』，《孟子》作『肢』。

知智之命，勞來匡直者主之也。故己之命聽諸天，而天下之命任諸己，是知命也。君子爲得位者之稱，君一邑則宜造一邑之命，君一國則宜造一國之命，視百姓之饑寒，不能拯之衽席，視百姓之愚、不肖，不能開其習俗，徒付之無可如何，是不知命。不知命，故無以爲君子，知『回何敢死』之故，乃知『死生有命』之命；知『天下有道丘不與易』之故，乃知道行道廢之命。第以守窮任運爲知命，非孔子所云知命也。

焦循著作集

雕菰樓經學九種

（下）

陳居淵 主編
郭曉東 孫德彩 校點

鳳凰出版社

孟子正義卷十六

孟子卷第八

離婁章句下凡三十三章

孟子曰：「舜生於諸馮，遷於負夏，卒於鳴條，東夷之人也。【注】生，始。卒，終。記終始也。諸馮、負夏、鳴條，皆地名，負海也。在東方夷服之地，故曰東夷之人也。【疏】注「生始」至「始也」○正義曰：《荀子·禮論》篇云：「生，人之始也。死，人之終也。」《爾雅·釋詁》云：「卒，終也。」《禮記·曲禮》云：「大夫曰卒。」孔氏正義云：「大夫是有德之位，仕能至此，亦是畢了平生，故曰卒也。」《檀弓》云：「君子曰終，小人曰死。」注云：「事卒爲終，消盡爲澌。」孔氏正義云：「言但身終，功名尚在。」舜、文王爲天子，諸侯不當稱卒，其稱卒，爲「君子曰終」之義，故以始終言之也。○注「諸馮負夏」至「人也」○正義曰：諸馮，不可攷。《史記·五帝本紀》云：「舜，冀州之人也。舜耕歷山，漁雷澤，作什器於壽丘，就時於負夏。」集解引鄭康成云：「負夏，衛地。」索隱云：「就時猶逐時，若言乘時射利也。《尚書大傳》云：「販於頓丘，就時負夏。」《孟子》曰：「遷於負夏。」是也。』翟氏灝《攷異》云：『司馬遷、伏生之意，似讀《孟子》遷字如《益稷》篇懋遷之遷。《書序》云：「伊尹相湯伐桀，升自陑，遂與桀戰於鳴條之野，作《湯誓》。夏師敗績，湯遂從之，遂伐三朡，俘厥寶玉，誼伯、仲伯作《典寶》。」《後漢書・郡國志》「濟陰郡定陶縣有三鬷亭」，三鬷即三朡，由鳴條遂伐三朡，則鳴條當亦不遠，其所在則未詳也。鄭康成以爲「南夷地名」，蓋《檀弓》謂「舜葬於蒼梧之野」，而《孟子》言「卒於鳴條」。又《吕氏春秋・簡選》篇「言殷湯登自鳴條，乃入巢門。」《淮南子・主術訓》「湯困桀鳴條，擒之焦門。」《修務訓》：「湯整兵鳴條，困夏南巢，譙以其過，放之歷山。」南巢即焦門，在今江南巢縣，均與鳴條皆貫，故鄭意鳴條之在南也。』趙氏佑《温故録》云：『趙注不詳地所在之實而言名，又言「負海」，豈以爲經「負」字釋乎？必無之理也。負海也者，明其地之負海也。夷考負夏，衛地，見《檀弓》注。鳴條，見《書序》。《史記》則曰「舜，冀州之人也。」古冀州，直北位，非在其北，故郡稱北海。海在北，如負之者然。惟青、徐、揚三州，《禹貢》並言海，而徐、揚之海在東南，惟青居大東，海東，亦未嘗近海。趙氏蓋略聞諸馮之地之負海，而未得其實，故渾而言之。今青州府有諸城縣，大海環其東北，説者以爲即《春秋》書「城諸」者，其地有所謂馮山、馮村，蓋相傳自古，竊疑近是。凡言人地，以所生爲斷，遷卒皆在後，孟子亦據舜生而言東也。由此以推，則知歷山、雷澤、河濱，與夫負夏、壽丘、頓丘之皆東土，班班可攷。若河東之虞，蓋本舜祖虞幕之封，故《書》稱虞舜，《史》言冀州，猶後人稱祖籍，標郡望耳。然自漢以來，皆專主河東，於是諸馮湮，注意隱矣。』按孔本作「負負海也」，上「負」字衍。**文王生於岐周，卒於畢郢，西夷之人也。**【注】岐周、畢郢，地名也。岐山下周之舊邑，近畎夷。畎夷在西，故曰西夷之人也。《書》曰：『太子發上祭于畢，下至于盟津。』畢，文王墓，近於酆、鎬也。【疏】注『岐周』至『鎬也』〇正義曰：《漢書·地理志》：『右扶風美陽，禹貢岐山在西北，中水鄉，周大王所邑。』又云：『大王徙郊，文王作酆。』顏師古注云：『郊，今岐山縣是。酆，今長安西北界靈臺鄉豐水上是。』文王生時，尚未徙豐，岐在豐西，而近於畎夷。閻氏若璩《釋地續》云：『畎夷，卽文王之所事者。《采薇序》：「文王時，西有昆夷之患。」是也。引《書》，在《太誓》篇，云：「惟四月，太子發上祭於畢，下至於孟津之上。」此卽後出之《太誓》，合今文二十八篇爲二十九篇者也。趙氏時此篇尚存，故直引爲《書》曰云云。今見於《毛詩·周頌·思文》正義所引僞孔傳所傳之《太誓》三篇，無此文也。』孔氏廣森《經學卮言》云：『郢與程通，《周書·史記解》曰：「昔有畢程氏，損禄增爵，羣臣貌匱，此而戾民，畢程氏以亡。」畢程本商時國，爲周所滅，文王遂居之。《大匡解》曰：「惟周王宅程三年，遭天之大荒。」是也。土地名字，後人多改从阝旁，其實仍當讀程，以別於郢楚之郢。文王既伐于崇，作邑于豐，然其卒也，還葬畢程，故成王葬周公於畢，以爲從文王墓。孟子不言卒於豐，而言卒於畢郢，就據其葬地言之耳。』劉氏台拱《經傳小記》釋畢郢云：『自來注《孟子》者，不詳郢地所在。《漢書・地理志》右扶風安陵，闞駰以爲本周之程邑。《括地志》云：「安陵故城在雍州咸陽縣東二十一里，周之程邑也。」此邑中之地爲程也。其西有畢陌，一名畢原，皇甫謐所謂「安陵西畢陌」。《元和郡縣志》云：「畢原，卽咸陽縣所理也。原南北數十里，東西二三百里，亦謂之畢陌。」此邑外之地爲畢也。畢者，程地之大名；程者，畢中之小號也。杜佑云「王季都畢」，通國內言之。《春秋》昭九年《傳》周景王之言曰：「我自夏以後稷，魏、駘、芮、岐、畢，吾西土也。」注言「在夏世以後稷功，受此五國爲西土之長」。是則岐也畢也，皆古之建國也。周者，大王所邑，而岐之小別也，故繫岐而言之曰岐周。程者，王季所邑，而畢之小別也，故繫畢而言之曰畢程。《呂覽・具備》篇云：「武王嘗窮於畢程矣。」畢程卽畢郢。《周書・史記解》云「昔有畢程氏」，則畢郢之名之所起遠矣。又按畢地有二，其一文王墓地也。太史公曰「畢在鎬東南杜中」，《皇覽》云「周文王武王周公冢在京兆長安縣鎬聚東杜中」，而《括地志》以爲「在雍州萬年縣西南二十八里畢原上」，則唐亦謂之畢原。是故有咸陽縣之畢原，所謂「文王卒於畢郢」也。有萬年縣之畢原，所謂「文王葬於畢」也。一在渭北，一在渭南，異所同名，往往相亂。杜佑言「畢，初王季都之，後畢公封焉」。此言在渭北者當矣。而以爲文王所葬則失之。《帝王世紀》云：「文武葬於畢，畢在杜南。」《晉書・地道記》亦云：「畢在杜南。」與畢陌別，此則文武所葬不在畢陌明矣。是以裴駰辨之云：「《皇覽》曰：秦武王冢在扶風安陵縣西北畢陌中大冢是也。人以爲周文王冢，非也。周文王冢在杜中。」張守節亦云：「《括地志》云：秦惠文王陵在雍州咸陽縣西北一十四里，秦悼武王陵在雍州咸陽縣西十里，俗名周武王陵非也。」羣書剖析，具有明文。惟顏師古注《漢書・劉向傳》「文王周公葬於畢」，用畢陌爲釋，而杜亦云然。自茲以降，莫不謬指秦陵，誣稱周墓，傳之方志，載之祀典，誤所從來，非一世矣。趙岐注言「畢，文王墓，近於酆、鎬之地」，此言在渭南者當矣。而以訓畢郢則失之。文王始亦宅程，《周書》稱「文王在程，作《程寤》、《程典》」。其後作邑於酆，而先君宗廟，故居宫室，猶於是乎存，因是往來舊都而末年仍卒乎此。以情事推之，昭然可見。卒於畢郢，不言爲葬，而趙以墓地當之，畢地既誤，何郢之可言？闕而不究，其不以此乎？』陸賈《新語・術事》篇云：『文王生於東夷，大禹出於西羌，世殊而地絶，法合而度同。』此本《孟子》。而以文王生東夷者，對西羌言之，則岐周之地爲東也。《鹽鐵論・國病》篇賢良曰：『禹出西羌，文王生北夷。』**地之相去也千有餘里，世之相後也千有餘歲，得志行乎中國，若合符節，先聖後聖，其揆一也。**【注】土地相去千有餘里，千里以外也。舜至文王，千二百歲。得志行政於中國，蓋謂王也。如合符節，節，玉節也。《周禮》有六節。揆，度也。言聖人之度量同也。【疏】注『土地相』至『外也』○正義曰：《禮記・王制》云：『自東河至於東海，千里而遙；自東河至於西河，千里而近；自西河至於流沙，千里而遙。』文王所生之岐周，在西河之西，而未至流沙；舜所生之諸馮，在東河之東，而未至東海。約在二千里之內，一千里之外，故云千有餘里也。舜生於帝堯四十年內外，壽百有十歲，歷夏十七帝，並浞之四十三年，共四百四十二年。文王生於商祖甲時，約五百二三十年。自舜之生，至文王之生，約計一千一百年之內。趙氏言舜至文王千二百歲者，蓋自舜生之年數，至文王之卒，當商紂時也。《周禮・地官・掌節》：『掌守邦節而辨其用，以輔王命。守邦國者用玉節，守都鄙者用角節。凡邦國之使節，山國用虎節，土國用人節，澤國用龍節，皆金也，以英蕩輔之。門關用符節，貨賄用璽節，道路用旌節。』《秋官・小行人》：『達天下之六節：山國用虎節，土國用人節，澤國用龍節，皆以金爲之。道路用旌節，門關用符節，都鄙用管節，皆以竹爲之。』然則符節乃六節中之一，而玉節亦《掌節》八節中之一。乃孟子言符節，而趙氏以玉節釋節字，又引《周禮》之六節，何也？《說文》卪部云：『卪，瑞信也。守邦國者用玉卪，守都鄙者用角卪，使山邦者用虎卪，土邦者用人卪，澤邦者用龍卪，門關者用符卪，貨賄用璽卪，道路用旌卪。』竹部云：『符，信也。漢制以竹長六寸，分而相合。』蓋符與節爲瑞信之通名。《說文》玉部云：『瑞，以玉爲信也。』《春官・典瑞》：『掌玉瑞玉器之藏。』鄭注《序官》云：『瑞，節瑞也。典瑞，若今符璽郎。』又注其職云：『瑞，符信也。』節爲瑞信之名，則是玉節乃節之本，故掌守邦節。鄭氏注云：

『邦節者，珍圭、牙璋、穀圭、琬圭、琰〔一〕圭也。』此皆玉也，而八節亦首以玉，而角金竹附之，故趙氏直以節爲玉節。又以節之名通於角金竹所爲，故申之云《周禮》有六節也。玩《說文》則節爲玉節之名，符爲竹節之名，鄭氏注《掌節》云：『以金爲節，鑄象焉，今漢有銅虎符。符節者，如今宮中諸官詔符也。』注《小行人》云：『管節，如今之竹使符也。』然則漢時金竹皆名爲符。《天官·小宰》：『以官府之八成經邦治，四曰聽稱責以傅別。』注云：『故書作「傅辨」，鄭大夫讀爲符別。』則符之名不必專於門關之所用。周氏柄中《辨正》云：『《史記》言黃帝合符釜山，蓋符與節皆信也。故或言節，或言符，或並言符節，實一而已。《孟子》所言，豈專指八節中之符節哉？《荀子·儒效》篇云：「張法而度之，則晻然若合符，是〔二〕大儒者也。」注云：「如合符節，言不差錯也。晻與暗同，符節相合之物也。《周禮》門關用符節，蓋以全竹爲之，剖之爲兩，各執其一，合之以爲驗也。」楊氏以符節爲門關所用，與趙氏義異。乃《荀子》謂「張法而度之」，卽《孟子》所謂揆矣。揆者，通變神化之用也。』陳組綬《燃犀解》云：『符節，言其驗也。揆，言其度也。蓋指聖人之所以度量天下者言。事有古今，量度主焉。按圖索駿，膠柱鼓瑟，安有是處？夫孰知不

〔一〕『琰』，《皇清經解》本作『炎』，《周禮注疏》作『琰』。
〔二〕『是』，《皇清經解》本同，《荀子·儒效》作『節是』。

一者爲之一，而至合者在至不合乎？ 不曰得位，而曰得志，位者所以抒其志也。』

《章指》言：聖人殊世而合其道，地雖不比，由通一軌，故可以爲百王法也。

子産聽鄭國之政，以其乘輿濟人於溱、洧。【注】子産，鄭卿。爲政，聽訟也。溱、洧，水名。見人有冬涉者，仁心不忍，以其乘車度之也。【疏】注『子産』至『度之也』○正義曰：子産，子國之子公孫僑也。陳氏厚耀《春秋世族譜》云：『襄公八年，代子皮爲政，昭公二十年卒。鄭卿多無謚。《晉語》「鄭簡公使公孫成子來聘」，韋注云：「成子，子産之謚也。其子思，思亦謚桓。」豈以賢者之故邪？』《淮南子・氾論訓》云『聽天下之政』，高誘注云：『政，治也。』《周禮・地官・鄉師》『各掌其所治鄉之教而聽其治』，注云：『聽，謂平察之。』《尚書大傳》云『諸侯不同聽』，鄭氏注云：『聽，議獄也。』趙氏以聽爲平察，故以政指訟獄也。閻氏若璩《釋地》云：『溱、洧，二水名。《説文》引《詩》「溱與洧」作「潧」，曰：「潧水出鄭國，洧水出潁川陽城山東南入潁。」《史記》注引《括地志》以爲「古新鄭城南，洧與溱合」，《水經》亦云。余讀酈道元注，於溱水相鄰者，若丹水、汝水、潁水、渠水、沙水，皆不載有橋梁，獨洧水一則曰：「又東逕陰阪北，水有梁焉。」再則曰：「又屈而南流，其水上有梁，謂之桐門橋。」則洧水之宜置有梁，孟子言殊非無因。竊以諸葛武侯相蜀，好治官府次舍橋梁道路，所至井竈藩溷，皆應繩墨。子産治鄭，何獨不然，此亦不過偶於橋有未修，以車濟人，而孟遂即其事以深論之。』《禮記・仲尼燕居》云：『子産，猶衆人之母也。能食之，不能教也。』注云：『子産嘗以其乘車濟冬涉者，而車梁不成，是慈仁亦違禮。』《家語・正論解》：『子游問於孔子曰：「夫子之極言子産之惠也，可得聞乎？」孔子曰：「謂在愛民而已矣。」子游曰：「愛民謂之德教，何翅惠哉？」孔子曰：「夫子産者，猶衆人之母也，能食之，而不能教也。」子游曰：「其事可言乎？」孔子曰：「子産以所乘之車濟冬涉，是愛而無教也。」』車即輿，鄭氏言乘車，此同之。乘車是所乘之車。《音義》音剩，則讀爲千乘萬乘之乘，非也。《爾雅・釋言》云：『濟，渡也。』度與渡同。《説苑・政理》篇云：『景差相鄭，鄭人有冬涉水者，出而脛寒，後景差過之，下陪乘而載之，覆以上衽。』此所記與《孟子》異。 **孟子曰：『惠而不知爲政。歲十一月徒杠成，十二月輿梁成，民未病涉也。**【注】以爲子産有惠民之心，而不知爲政。當以時修橋梁，民何由病苦涉水乎。 周十一月，夏九月，可以成步度之功。 周十二月，夏十月，可以成輿梁也。【疏】『惠而不知爲政』○正義曰： 此申明有仁心而民不被澤之義。○注『周十』至『梁也』○正義曰：《國語・周語》單子云：『夫辰角見而雨畢，天根見而水涸，故先王之教曰：「雨畢而除道，水涸而成梁。」故《夏令》曰：「九月除道，十月成梁。」』注云：『天根，氐、亢之間也。 涸，竭也。 謂寒露雨畢之後五日，天根朝見，水潦盡竭也。』《月令》：『仲秋，水始涸。』天根見，乃盡竭。 九月雨畢，十月水涸。《夏令》，夏后氏之令，周所因也。

除道所以便行旅，成梁所以便民使不涉也。』《禮記・月令》注引《王居明堂禮》云：『季秋除道致梁，以利農也。』孔氏正義曰：『農既收則當運輂，故法地治道，水上爲梁，便利民之轉運。』準此，則季秋致梁卽十一月徒杠成，十月成梁卽十二月輿梁成。翟氏灝《攷異》云：『《爾雅・釋宮》注引《孟子》「歲十月徒杠成」，疏曰：「《孟子》十一月，此作十月，脱誤。或所見本異。」今注疏本趙注云：「周十月，夏九月，可以成步度之功。周十一月，夏十月，可以成輿梁也。」與《爾雅》注所引却合。然周正建子，夏正建寅，人人之所熟悉，安可以如是言之？舊本趙氏注，上自爲周十一月，下自爲周十二月，此舊書所以可貴。』阮氏元《校勘記》云：『「周十月夏九月」，閩、監、毛三本同。廖本、孔本、韓本作「周十一月」，推求文義，趙注本作「周十月夏八月」「周十一月夏九月」，而經文本作「歲十月徒杠成，十一月輿梁成」，後人亂之。而閩、監、毛本尚存舊迹，廖、孔、韓本則似是而實非也。《周禮》之例，凡夏正皆曰歲，凡曰歲終，曰正歲，曰歲十有二月，皆謂夏時也。凡言正月之吉，不曰歲，謂周正也。説詳《戴震文集》。《孟子》言「歲十月，十一月」，謂夏正。兩言「七八月之間」，則謂周正。正與《周禮》同例。趙注未解其例，今本則經注又皆舛誤矣。《夏令》曰「十月成梁」，《孟子》與《國語》合。』按趙氏注明作『夏九月』『夏十月』，則其時之本自是『十一月徒杠成，十二月輿梁成』，《仲尼燕居》正義引《孟子》亦作『歲十一月徒杠成，十二月輿梁成』，則據閩、監、毛三本之『十月十一月』，而改趙氏爲『夏八月』『夏九月』，恐亦無確證。備録如右，識者參之。段氏玉裁《説文解字注》云：『榷，水上橫木，所以渡者。橋，水梁也。梁，水橋也。』《釋宮》云：「石杠謂之徛。」《孟子》：「歲十月徒杠成」，趙岐釋爲「步渡」，郭釋云「步渡彴」，然則石杠者，謂兩頭聚石，以木橫架之，可行，非石橋也。凡直者曰杠，橫者亦曰杠。杠與榷雙聲，《孝武紀》曰「榷酒酤」，韋昭曰：「以木渡水曰榷，謂禁民酤釀，獨官開置，如道路設木爲榷，獨取利也。」「水梁者，水中之梁也。梁者，宮室所以關舉南北者也。然其字本從水，則橋梁其本義，而棟梁其假借也。凡獨木者曰杠，駢木者曰橋，大而〔一〕爲陂陀者曰橋。」「梁之字，用木跨水，則今之橋也。」《孟子》「輿梁成」，《夏令》「十月成梁」，《大雅》「造舟爲梁」，皆今之橋制。見於經傳者，言梁不言橋也。若《爾雅》「隄謂之梁」，毛傳「石絶水曰梁」，謂所以偃塞取魚者，亦取亙於水中之義，謂之梁。凡《毛詩》自「造舟爲梁」外，多言魚梁。』**君子平其政，行辟人可也，焉得人人而濟之。故爲政者，每人而悦之，日亦不足矣。』**【注】君子爲國家平治政事刑法，使無違失。其道辟除人，使卑辟尊可爲也。安得人人濟渡於水乎。每人而輒欲自加恩以悦其意，則日力不足以足之也。【疏】注『君子』至『足之也』○正義曰：《淮南子·時則訓》『平詞訟』，高誘注云：『平，治也。』《禮記·王制》云『齊其政』，注云：『政謂刑禁。』

〔一〕『而』，《皇清經解》本作『則』。

《論語・爲政》篇云『道之以政』，集解引孔曰：『政，法教也。』趙氏解平其政爲治政事刑法，以政卽刑禁法教也。橋梁不修，民苦冬涉，則政有違失矣。其道辟除人者，道字釋行字。《説文》辵部云：『道，所行道也。』鄭氏注《禮記・射義》、《儀禮・喪服傳》皆云：『道，猶行也。』是也。《音義》出『辟人』，云：『丁、張並音闢，亦如字，注「辟除」同。』又出『卑辟』，云：『音避。』《周禮・秋官・條狼氏》『掌鞭以趨辟，王出入則八人夾道』，注云：『辟，辟行人。』《小爾雅・廣言》云：『辟，除也。』是辟人卽辟除人，謂屏人使避之。段氏玉裁《説文解字注》云：『僻，辟也。辟者，法也。引申爲辟人之辟，辟人而人避之亦曰辟。若《周禮・閽人》：「凡外内命婦出入，則爲之辟。」《孟子》：「行辟人可也。」《曲禮》：「若主人拜，則客還辟，辟拜。」《郊特牲》：「有由辟焉。」包咸《論語》注：「躩，盤辟皃也。」《投壺》：「主人盤旋曰辟，賓盤旋曰辟。」《大射儀》「賓辟」，注曰：「辟，逡遁不敢當盛。」他書辟人、辟邪、辟寒、辟塵之類，語意大略相似。自屏之者言，則《閽人》、《離婁》篇、《郊特牲》是也。自退者言，則《曲禮》、《投壺》、《論語》注所云是也。』辟之言邊也，屏於一邊也，僻之本義如是。然則辟除人與卑辟尊，字同義亦同。《音義》雖兼存兩音，音兩而義一也。俗以辟除之辟作闢，辟尊之辟作避，非古義矣。以每人而悦之爲欲自加恩以悦其意者，《莊子・人間世》『無門無毒』，《釋文》：『毒，崔本作「每」，云貪也。』《漢書・賈誼傳・

服賦》云『夸者死權，品庶每生』，孟〔一〕康云：『每，貪也。』《説文》貝部云：『貪，欲物也。』趙氏以每爲貪，以貪爲欲，每人而悦，是貪於悦人，故云欲自加恩以悦其意也。趙氏佑《温故録》云：『此節正辨子產以乘輿濟人之無其事也。君子，即謂子產。子產有君子之道者也。其爲政使都鄙有章，上下有服，田有封洫，廬井有伍，大夫之忠儉者從而與之，泰侈者因而斃之，蓋能平其政，非務悦人明矣。濟涉細事，本不足爲執政輕重，而當執政經臨，輿衛森嚴，津吏祗候，即有往來喧競，自當靜俟軒車，必無辱觀聽而煩左右者，大夫之乘，非小人所得假，其人既衆，豈一輿所能用，此必無之理，曾子產而有之？而世徒妄傳失實，是則子產不知爲政也，是子產將不得爲君子也。』

《章指》言：重民之道，平政爲首；人君由天，天不家撫：是故子產渡人，孟子不取也。【疏】『人君由天』○正義曰：《音義》云：『丁云：「由，義當作猶。猶，如也。古字通用。」』

孟子告齊宣王曰：『君之視臣如手足，則臣視君如腹心；君之視臣如犬馬，則臣視君如國人；君之視臣如土芥，則臣視君如寇讎。』【注】芥，草芥也。臣緣君恩，以爲差等，

〔一〕『孟』，《皇清經解》本作『萬』。

其心所執若是也。【疏】注『芥草芥也』○正義曰：《方言》云：『芥，草也。自關而西或曰草，或曰芥。』哀公元年《左傳》逢滑曰：『臣聞國之興也，視民如傷，是其福也。其亡也，以民爲土芥，是其禍也。楚雖無德，亦不艾殺其民，吳日敝於兵，暴骨如莽。』注云：『芥，草也。』又云：『草之生於廣野，莽莽然，故曰草莽。』然則土芥謂視之如土如草，不甚愛惜也。孟子本諸逢滑。○注『臣緣』至『是也』○正義曰：趙氏以視爲心相視，非形相視，故曰心之所執若是。

王曰：『禮爲舊君有服，何如斯可爲服矣？』【注】宣王問禮舊臣爲舊君服喪服。問君恩何如則可爲服。【疏】注『禮舊臣爲舊君服喪服』○正義曰：《儀禮・喪服》：『爲舊君、君之母妻，傳曰：「爲舊君者，孰謂也？仕焉而已者也。何以服齊衰三月也？言與民同也。君之母妻，則小君也。」大夫在外，其妻長子爲舊國君，傳云：「何以服齊衰三月也？妻言與民同也。長子言未去也。」舊君，傳云：「大夫爲舊君，何以服齊衰三月也？大夫去君，歸其宗廟，故服齊衰三月也。言與民同也。何大夫之謂乎？言其以道去君，而猶未絶也。」』然則有致仕之舊君，有去國之舊君。致仕則君恩本未絶，故不特爲君服，且爲君之母妻服。若已去國則不服，惟妻子仍居本國者服。雖待放於郊，尚未去國，乃爲舊君服。

曰：『諫行言聽，膏澤下於民，有故而去，則君使人導之出疆，又先於其所往，去三年不反，然後收其田里，此之謂三有禮焉。如此則爲之服矣。【注】爲臣之時，諫行言從，德澤加民，若有他故，不得不行，譬如華元奔晉，隨會奔秦是也。古之賢君遭此，則使人導之出竟，又先至其所到之國，言其賢良，三年不反，乃收其田菜及里居也。此三者有禮，則爲之服矣。【疏】注『若有』至『秦是也』○正義曰：成公十五年《左傳》云：『秋八月，葬宋共公，於是華元爲右師，蕩澤爲司馬。蕩澤弱公室，殺公子肥，華元曰：「我爲右師，君臣之訓，師所司也。今公〔一〕室卑而不能正，吾罪大矣！不能治官，敢賴寵乎？」乃出奔晉。』文公六年《左傳》云：『穆嬴日抱太子以啼於朝，出朝則抱以適趙氏，宣子與諸大夫皆患穆嬴，且畏偪，乃背先蔑而立靈公，以禦秦師。戊子，敗秦師于令狐，至于刳首。己丑，先蔑奔秦，士會從之。』十三年《左傳》云：『趙宣子曰：「隨會在秦，賈季在狄，難日至矣，若之何？」郤成子曰：「賈季亂，且罪大，不如隨會能賤而有恥，柔而不犯，其知足使也，且無罪。」』此華元奔晉、隨會奔秦之事也。○注『古之』至『服矣』○正義曰：昭公元年《穀梁傳》云：『疆之爲言猶竟也。』竟與境通，是出疆卽出境也。《廣雅・釋詁》云：『往，至也。』《爾雅・釋詁》云：『到，至也。』是往卽到也。《史記・酈生列傳》云：『沛公麾下騎士，適酈生里中子也。酈生謂之曰：「吾聞沛

〔一〕『公』，《皇清經解》作『宫』。《春秋左傳集解》作『公』。

公慢而易人，多大略。此真吾所願從游，莫爲我先，若見沛公，謂曰：臣里中有酈生，年六十餘，長八尺，人皆謂之狂生，生自謂我非狂生。」』『臣里中』云云，卽爲之先也。《莊子・秋水》篇云：『莊子釣於濮水，楚王使大夫二人往先焉，曰：「願以竟内累矣。」』《釋文》云：『先焉，先謂宣其言也。』此『又先於其所往』之先，與之同，故趙氏云言其賢良。蓋先則有所宣之言，如二大夫之於莊子，騎士之於酈生也。阮氏元《校勘記》云：『「乃收其田里田業也里居也」，閩、監、毛三本同。廖本、韓本作「乃收其田菜及里居也」，孔本、《攷文》古本作「乃收其田萊及里居也」，足利本作「乃收其田里田萊及里居」。《音義》亦出「田菜」，菜當作「采」。大夫采地字古書多或作「菜」，菜誤爲萊。作業則更誤矣』。三者有禮，使人導之出疆，一也。又先於其所往，二也。去三年不反，然後收其田里，三也。**今也爲臣，諫則不行，言則不聽，膏澤不下於民，有故而去，則君搏執之，又極之於其所往，去之日遂收其田里，此之謂寇讎。寇讎何服之有？』**【注】搏執其族親也。極者，惡而困之也。遇臣若寇讎，何服之有乎。【疏】注『搏執』至『有乎』○正義曰：《音義》云：『搏，音博。』《説文》手部云：『搏，索持也。』宀部云：『索，入家搜也。』《顔氏家訓》引《通俗文》云：『入室求曰搜。』入其家室，搜索而持執之，故知爲搏執其族親。族親，指其父母妻子兄弟而言，故入其家而索之族親，正釋搏字，其義精矣。《禮記・月令》：『孟秋之月，命有司脩法制，繕囹圄，具桎梏，禁止姦，愼罪邪，務搏執。』鄭氏不注。高誘注《吕氏春秋》云：『慎戒有姦罪者，搏執之也。』亦未詳溯。按此姦邪，蓋指邪説左道之類。罪此邪人，必審慎得其實，既審得其實，則必搜索其家，執而禁之。聖人於惑民致亂之姦邪，不姑息以遺患如此。《孟子》之『搏執』，非《月令》之『搏執』，亦明矣。《説文》歺部云：『殛，極也。』《論語·堯曰》篇云『四海困窮』，集注引包曰：『困，極也。』極是困窮，極之於其所往，卽困之於其所往也。緣其所以困之之故，則云惡而困之也。《尚書·洪範》云『鯀則殛死』，《釋文》云：『殛，本作「極」。』極鯀於羽山，亦是困之於羽山。鄭《志》答趙商云：『鯀非誅死，鯀放居東裔，至死不得反於朝。』蓋置鯀於東海，永不復用，又收管之不許他往，所以困之窮之，使之終死於是，所謂極也。此『極之於其所往』，蓋既不得如士會之復歸，又不能若賈季之送帑，且如商任之會，禁錮欒盈，使諸侯不得受，則所以困之窮之者至矣。是時臣之心惟恐遭其荼毒，故擬之曰寇讎，非真如興曲沃之甲，轉身爲亂賊也。《禮記·檀弓》云：『穆公問於子思曰：「爲舊君反服，古與？」子思曰：「古之君子，進人以禮，退人以禮，故有舊君反服之禮也。今之君子，進人若將加諸膝，退人若將隊諸淵，毋爲戎首，不亦善乎！又何反服之禮之有？」』注云：『言放逐之臣，不服舊君也。』爲兵主來攻伐曰戎首。《孟子》此章，正申明子思之義。

《章指》言：君臣之道，以義爲表，以恩爲裏，表裏相應，猶若影響。舊君之服，蓋有所興，諷諭宣王，勸以仁也。

孟子曰：『無罪而殺士，則大夫可以去；無罪而戮民，則士可以徙。』【注】惡傷其類，視其下等，懼次及也。語曰：『鳶鵲蒙害，仁鳥曾逝。』此之謂也。【疏】注『惡傷』至『謂也』○正義曰：士大夫爲類而六等，上士一位，下於大夫，士農工商爲四民，是士與民爲類。士居四民之首，則民下於士，故爲下等也。引語者，《漢書・梅福傳》云：『成帝委任大將軍王鳳，鳳專執擅朝，而京兆尹王章素忠直，譏刺鳳，爲鳳所誅。福上書曰：「夫戴鵲遭害，則仁鳥增逝；愚者蒙戮，則知士深退。」』顔師古注云：『戴，鵖也，音緣。』《禮記・中庸》引《詩》『鳶飛戾天』，《釋文》云：『本又作「戴」。』阮氏元《校勘記》云：『「仁鳥增逝」，閩、監、毛三本同。廖本、孔本、韓本增作「曾」，作曾是。曾，高也。』

《章指》言：君子見幾而作，故趙殺鳴犢，孔子臨河而不濟也。【疏】『君子』至『濟也』○正義曰：《易・繫辭傳》云：『幾者，動之微，吉之先見者也。君子見幾而作，不俟終日。』《史記・孔子世家》云：孔子『將西見趙簡子，至於〔一〕河，聞〔二〕竇鳴犢、舜華死〔三〕，臨

〔一〕『於』，《皇清經解》本同，《史記》作『扵』。
〔二〕『聞』，《皇清經解》本同，《史記》作『而聞』。
〔三〕『死』，《皇清經解》本同，《史記》作『之死也』。

河而歎曰：「美哉水，洋洋乎！丘之不濟此，命也夫！」子貢趨而進曰：「敢問何謂也？」孔子曰：「竇鳴犢、舜華，晉之賢大夫也。丘聞之也：刳胎殺夭，則騏驎不至郊；竭澤涸漁，則蛟龍不合陰陽；覆巢毁卵，則鳳凰不翔。何則？君子諱傷其類也。」」

孟子曰：『君仁莫不仁，君義莫不義。』【注】君者，一國所瞻仰以爲法，故必從之。**【疏】**『君仁』至『不義』○正義曰：前言人臣格君心之非，明人臣當自脩其身。此言人君自格其心，明人君當自脩其身。

《章指》言：君以仁義率衆，孰不順焉，上爲下效也。【疏】『上爲下效也』○正義曰：《白虎通·三教》篇云：『教者，效也。上爲之，下效之。』

孟子曰：『非禮之禮，非義之義，大人弗爲。』【注】若禮而非禮，陳質娶婦而長，拜之也。若義而非義，藉交報仇是也。此皆人所不爲也。**【疏】**注『若禮』至『之也』○正義曰：若，猶似也。似禮非禮，似義非義，皆似是而非者也。周氏廣業《孟子古注攷》云：『陳質，疑是奠贄之義。』董子《繁露·五行相勝》篇云：『營蕩爲齊司寇，太公問治國之要，曰：「在仁義而已。仁者愛人，義者尊老。愛人者有子不食其力，尊老者妻長而夫拜之。」太公曰：「寡人欲以仁義治齊，今子以仁義亂齊，寡人立而誅之，以定齊國。」』此拜妻之證也。阮氏元《校勘記》云：「《音義》本陳質亦作『賈』。按孫志祖云：『長讀長幼之長。長字句絶。』按古事相傳，名姓往往各異，如虞慶之爲高陽魋，盍胥之爲古乘。此啓蕩之爲陳質，亦其類耳。〇注『藉交報仇是也』〇正義曰：周氏廣業《孟子古注攷》云：「《史記・貨殖傳》云：『閭巷少年，借交報仇，篡逐幽隱，實皆爲財用耳。』《遊俠傳》云：『郭解少時陰賊，以軀借交報仇。』《漢書》：『朱雲少時，通輕俠，借交報仇。』師古注：『借，助也。音子夜切。』孫公《音義》：『藉，慈夜切。義與借同。』則藉交卽借交也。」

《章指》言：禮義人之所以折中，履其正者，乃可爲中，是以大人不行疑禮。【疏】「禮義人之所折中」〇正義曰：《禮記・仲尼燕居》云：「夫禮，所以制中也。」《表記》云：「義者，天下之制也。」《文選・羽獵賦》云「不制中以泉臺」，注引韋昭云：「制或爲『折』。」

孟子曰：「中也養不中，才也養不才，故人樂有賢父兄也。【注】中者，履中和之氣所生，謂之賢。才者，謂人之有俊才者。有此賢者，當以養育教誨不能，進之以善，故樂父兄之賢以養己也。【疏】注「中者」至「謂之賢」〇正義曰：《白虎通・五行》篇云：「中，和也。中和居六德之首。」《周禮・鄉大夫》「興賢者能者」，注云：「賢者，有德行者。」履中和之氣所生，則有德行；有德行，故謂之賢。《說文》貝部云：「賢，多才也。」《老子》云「不尚賢」，王弼注云：「賢，猶能也。」然則中、才皆得謂之賢，故下承言賢父兄，兼中與才而言也。趙氏以中爲賢，下亦云『賢者養育教誨不能』，不能卽不才，則賢者亦兼指才而言矣。○注『才者是謂人之有俊才者』○正義曰：《淮南子·氾論訓》云『天下雄俊豪英』，注云：『才過千人爲俊。』《禮記·王制》云：『司徒論選士之秀者而升之學曰俊士。』《月令》云『命太尉贊傑俊』，注云：『傑俊，能者也。』《天官·太宰》『四曰使能』，注云：『能，多才藝者。』《國語·晉語》云『夫教者，因體能質而利之者也』，注云：『能，才也。』○注『有此賢者』至『己也』○正義曰：《禮記·文王世子》云『立太傅少傅以養之』，注云：『養，猶教也。言養者積浸成長之。』《說文》𠫓部云：『育，養子使作善也。《虞書》曰：「教育子。」』馬融注《堯典》『教胄子』云：『胄，長也。教長天下之子弟。』《爾雅·釋詁》云：『育，長也。』馬亦讀胄爲育。孟子言『得天下英才而教育之』，教育卽《堯典》之『教育』，教育連文，育卽是教。此『中也養不中，才也養不才』，卽是中也教不中，才也教不才也。注云『樂父兄之賢以養己』，卽是樂父兄之賢以教己也。故趙氏以育釋養，又以教誨釋養育，下言訓導，訓導亦教誨也。《禮記·內則》云『獻其賢者於宗子』，注云：『賢，猶善也。』以賢教不賢，是以善教不善，則不善者進之以善。賢既得兼才、能而言，則以賢教不賢，亦是以能教不能，則不能者亦進之以能。上云『有此賢者』，下云『教誨不能，進之以善』，互發明之也。**如中也棄不中，才也棄不才，則之賢不肖之相去，其間不能以寸。』**

【注】如使賢者棄愚，不養其所當養，則賢亦近愚矣。如此，賢不肖相覺，何能分寸，明不

可不相訓導也。【疏】注『不養』至『愚矣』○正義曰：諸本作『不養其所以當養』，廖本無『以』字是也。子弟之不中不才，父兄所當教也。棄而不教，是未知當教也。以子弟爲父兄所當教，而且不知，是亦近于愚矣。○注『如此賢』至『分寸』○正義曰：阮氏元《校勘記》云：『孔本覺作「較」，非。按《音義》出「相覺」，丁云：「義當作校。」蓋覺卽校之假借字，古書往往用覺字。』盧氏文弨《鍾山札記》云：『覺有與校音義並同者，《詩・定之方中》正義引《鄭志》云「今就校人職相覺甚異」，趙岐注《孟子》中也養不中章「如此，賢不肖相覺，何能分寸」，又富歲子弟多賴章「聖人亦人也，其相覺者以心知耳」，《續漢書・律曆志》中「至元和二年，《太初》失天愈遠，日月宿度相覺浸多」，《晉書・傅玄傳》「古以步百爲畝，今以二百四十步爲畝，所覺過倍」，《宋書・天文志》「斗二十一，井二十五，南北相覺四十八度」，凡此皆以覺爲校也。後人有不得其義而致疑者，更或輒改他字，故爲詳證之。』《説苑・辨物》篇云：『十分爲一寸。』趙氏連言分寸，明此寸謂十分之寸也。

《章指》言：父兄已賢，子弟既頑，教而不改，乃歸自然。

孟子曰：『人有不爲也，而後可以有爲。』【注】人不爲苟得，乃能有讓千乘之志。

【疏】『人有』至『有爲』○正義曰：有不爲，是介然自守，行己有恥。趙氏以『不爲苟得』解之是也。義可爲乃爲之，義所不可爲則不爲。人能知擇，故有不爲者，有爲者。讓千乘，仍是不爲苟得，趙氏以讓千乘爲有爲，故云義乃可申。《荀子·不苟》篇云：『君子行不貴苟難，説不貴苟察，名不貴苟傳，唯其當之爲貴。負石而赴河，是行之難爲者也，而申徒狄能之。然而君子不貴者，非禮義之中也。山淵平，天地比……入乎耳，出乎口，鉤有須，卵有毛，是説之難持者也，而惠施、鄧析能之〔一〕。然而君子不貴者，非禮義之中也。盜跖吟口，名聲若日月，與舜禹俱傳而不息。然而君子不貴者，非禮義之中也。』趙氏以不爲爲不爲非義，蓋本於此。

《章指》言：貴廉賤恥，乃有不爲；不爲非義，義乃可申。

孟子曰：『言人之不善，當如後患何？』【注】人之有惡，惡人言之，言之當如後有患難及己乎。【疏】『言人』至『患何』○正義曰：孟子距楊墨，比之爲禽獸，正所以息其無父無君之患也。若言人之不善，而轉貽將來之患，則患不在人之不善，而轉在吾之言矣。是當審而慎之。

《章指》言：好言人惡，殆非君子，故曰『不忮不求，何用不臧』。

〔一〕『能之』，《皇清經解》本同，《荀子·不苟》作『能精之』。

孟子曰：『仲尼不爲已甚者。』【注】仲尼彈邪以正，正斯可矣，故不欲爲已甚泰過也。

【疏】『仲尼不爲已甚者』○正義曰：郝敬《孟子説解》云：『孟子不見諸侯，而齊、梁好士，未嘗不往。仕不受禄，而宋、薛之餽，未嘗不受。道不苟合，而不爲小丈夫之悻怒，故去齊三宿。廉不苟取，而不爲陳仲子之矯情，故交際不辭。匡章得罪於父，不以人言而不加禮貌。夷之受學於墨，不以異端而吝其教誨。其告君也，園囿亦可，臺池鳥獸亦可，好貨好色亦可，故曰人不足責，政不足間，惟格君心之非而已。是故以臧倉之謗，不遇於魯，而未怨其沮己。以王驩之佞倖，出弔於滕，而未嘗不與之朝暮。雖不悦於公行子之家，而從容片辭，嫌疑立解。宛然若孔子待陽貨、公伯寮氣象，豈非願學之深，有得於温良恭儉讓之遺範者歟？是故以伯夷爲隘，柳下惠爲不恭，以仲尼爲不爲已甚，其所向慕可知。而世儒猶謂其鋒鋩太露，何歟？』

《章指》言：《論》曰：『疾之已甚，亂也。』故孟子譏踰牆距門者也。

孟子曰：『大人者，言不必信，行不必果，惟義所在。』【注】果，能也。大人杖義，義有不得必信其言，子爲父隱也。有不能得果行其所欲行者，若親在不得以其身許友也。義或重於信，故曰惟義所在。【疏】注『大人杖義』○正義曰：諸本作『仗』，孔本作『杖』，當爲杖。《説文》木部云：『杖，持也。』《漢書・高帝紀》云『杖義而西』，注云：『杖亦倚任之義。』○注『義有』至『隱也』○正義曰：《論語·子路》篇云：『父爲子隱，子爲父隱，直在其中矣。』《吕氏春秋·當務》篇云：『楚有直躬者，其父竊羊而謁之上。上執而將誅之〔一〕，直躬者請代，將誅矣〔二〕，告吏曰：「父竊羊而謁之，不亦信乎？父誅而代之，不亦孝乎？」荆王乃不誅。孔子曰：「異哉！直躬之爲信也。一父而載取名焉，故直躬之信，不若無信。」』○注『有不』至『友也』○正義曰：趙氏以能釋果，見《梁惠王》篇。《禮記·中庸》云『果能此道矣』，注云：『果，猶決也。』果能二字連文，是果卽能。果義爲決，能義亦爲決。《周禮·春官·大卜》『五曰果〔三〕』，注〔四〕云：『果，謂以勇決爲之。』此云：有不能得果行其所欲行者，疊能、得、果三字，不果行卽不得行，不得行卽不能行也。《禮記·曲禮》云：『父母存，不許友以死。』注云：『爲忘親也。死爲報仇讎。』孔氏正義云：『親亡，則得許友報仇，故《周禮》有主友之讎，視從父兄弟。《白虎通》云：「親友之道，不得行者，亦不許友以死耳。」』《論語·子路》篇云：『言必信，行必果，硜硜然小人哉。』集解引鄭曰：『行必果，所欲行必敢爲之。』《陽貨》篇云：『好信不好學，其蔽也賊。』集解引

〔一〕『之』，《皇清經解》本無，《吕氏春秋》有『之』字。
〔二〕『矣』，《皇清經解》本無，《吕氏春秋》有『矣』字。
〔三〕『五曰果』，《皇清經解》本作『五曰果德』，《周禮注疏》作『五曰果』。
〔四〕『注』，《皇清經解》本無『注』字。

孔曰：『父子不知相爲隱之輩也。』又云：『惡果敢而窒者。』

《章指》言：大人之行，行其重者，不信不果，所求合義也。

孟子曰：『大人者，不失其赤子之心者也。』【注】大人謂君。國君視民，當如赤子，不失其民心之謂也。一説曰，赤子，嬰兒也。少小之心，專一未變化，人能不失其赤子時心，則爲貞正大人也。【疏】注『大人』至『大人也』○正義曰：前一説是也。嬰兒無知。大人通變，其相異遠矣。趙氏雖存兩説，《章指》則以前一説爲定。程氏瑤田《通藝録・論學小記》云：『孟子曰：「大人者，不失其赤子之心者也。」則誠意莫如赤子。而赤子非能格物以致其知者也，此可以見人性之善。而吾人之學，必先於格物以致其知者何也？蓋以意誠誠矣，意之誠誠如赤子之无妄矣，而卒不得謂之爲明明德者也。明明德者，無所不知之誠；赤子之誠，一無所知之誠也。故赤子之誠，雖與聖人之誠通一無二，而赤子之爲赤子，則不必其皆爲聖人。然則使赤子中有生而能爲聖人者，亦必不能不格物致知，而徒恃其一無所知之誠以造乎其極也。此吾夫子所以終其身於格物致知，而至於七十，乃自信其從心所欲不踰矩也。此古昔聖人所以緣人情以制禮，而禮儀三百，威儀三千，所以必待其人而後行者。待此格物以致其知之人，乃能於獨見獨聞之時，慎之又慎，以造其意而誠之，而於是乎能行此禮也。此之謂明明德，而大異乎赤子一無所知之誠矣。』按程氏主後一説，而亦疑赤子之心不可以擬大人，故爲之分别而申言之。《康誥》言『如保赤子』，上承『惟民其畢棄咎』，下接『惟民其康乂』。孟子因墨者夷之引此而解之云：『赤子匍匐將入井，非赤子之罪也。』蓋以愚民無知比赤子無知。《禮記·大學》引此釋之云：『心誠求之，雖不中不遠矣。』鄭氏注云：『養子者，推心爲之，而中於赤子之嗜欲也。』皆以保之養之言。《説苑·貴德》篇云：『聖人之於天下百姓也，其猶赤子乎？饑者則食之，寒者則衣之，將之養之，育之長之，惟恐其不至於大也。』此正所謂不失赤子之心也。《荀子·臣道》篇云：『若馭樸〔一〕馬，若養赤子，若食餧人，故因其懼也而改其過，因其憂也而辨其故，因其喜也而入其道，因其怒也而除其怨，曲得所謂焉。』此且以比暴君，未聞赤子之心可以比大人也。孟子方言『不爲已甚』，『爲義所在』，所以發明聖人通變之旨，豈取一『專一未變化之』赤子而擬之哉？《老子》云：『衆人熙熙，如登春臺；我獨泊然其未兆，如嬰兒之未孩。』又云：『知其雄，守其雌，爲天下谿；爲天下谿，常德不離，復歸於嬰兒。』此亦自比愚人之無知，譏聖人之樸散，爲老氏清淨之宗，與孟子正相反者。此趙氏又一説之義也。人之爲赤子，猶天地有洪荒，伏羲以前，無三綱六紀、飲食男女之事，與禽獸同。自伏羲定人道，而乃有君臣父子夫婦之倫，人道不定，天下大亂，

〔一〕『樸』，《皇清經解》本同，《荀子·臣道》作『撲』。

可推而知也。《莊子・繕性》篇乃云：『古之人在混芒之中，與一世而得淡漠焉。是時也，陰陽和靜，鬼神不擾，四時得節，萬物不傷，羣生不夭，人雖有知，無所用之。』豈知晦芒憔悴之初，八卦未畫，四時何由而節，漁佃之利未興，弧矢之威未作，人與鳥獸相雜，其靈於鳥獸者凡幾？不知粒食，其疾病疢毒於鳥獸蠃蜌之肉者又凡幾？而謂之不傷不夭，不亦妄乎！赤子之無知，故匍匐可以入井，必多方保護之，教誨之，自桑弧蓬矢，方名六甲，就外傳，入小學，以至博學無方，乃能知類通達，强立而不反。若失而不教，則終於愚而無知，吾見若而人者，人詐之而莫悟，衆擠之而弗酬，衆共以爲願，可謂不失其赤子之心矣。卒之文字不能通，農商不成就，衣食不能自力，父母不能養，妻子不能保，自轉死於溝壑，彼老氏之徒，乃以爲真樸未散，不亦傎乎！夫老莊之徒，非不學者也。學而不能知聖人之道，故爲是詖辭耳。於是受其説者，以爲不必博文，不必好古，不必審問而明辨，第靜其心，存其心，守其心，則不失乎赤子之心，而卽爲大人。於是傭人匠賈，皆可自命爲聖賢，相習成風，其禍於天下，與吃菜事魔者等矣。夫孟子所謂『大人』，卽《易》之『利見大人』也。前云『惟大人爲能格君心之非』，故申言其所以爲大人者如是。一則云『非禮之禮，非義之義，大人弗爲』，再則云『大人者，言不必信，行不必果，惟義所在』，此又云『不失其赤子之心』，後又云『正己而物正』，高出乎事君人、安社稷，達可行於天下之人之上，而豈擬以無知之赤子哉！大人以先覺覺後覺，以先知覺後知，不以己之聖而忘人之愚，不以己之明而忘人之闇，如羲農黄帝堯舜文王周公孔子是也。惟不失其赤子之心，所以正己而物正。孟子蓋深於《易》，而此其發明之者也。

《章指》言：**人之所愛，莫過赤子，視民則然，民懷之矣。大人之行，不過是也。**

孟子曰：『養生者不足以當大事，惟送死可以當大事。』【注】孝子事親致養，未足以爲大事；送終如禮，則爲能奉大事也。【疏】『養生』至『大事』○正義曰：由養志而申言之也。《周禮·倉人》『凡國之大事』，注云：『大事謂喪戎。』《禮記·雜記》云『於士既事成踊』，注云：『事謂大小斂之屬。』《少儀》云『喪俟事，不犆[一]弔』，注云：『事，朝夕哭時。』《説文》史部云：『事，職也。』謂人子之職，惟此爲大。

《章指》言：**養生竭力，人情所勉。哀死送終，行之高者。事不違禮，可謂難矣，故謂之大事。**

孟子曰：『君子深造之以道，欲其自得之也。【注】造，致也。言君子問學之法，欲深致極竟之以知道意，欲使己得其原本，如性自有之也。【疏】注『造致』至『有之也』○正義

[一]『犆』，《皇清經解》本作『植』，《禮記正義》作『犆』。

曰：鄭氏注《禮記》、《周禮》、《儀禮》皆云：『造，至也。』至卽致也。《爾雅・釋詁》云：『極，至也。』《國語・吳語》云『飲食不致味』，注云：『致，極也。』《楚辭・謬諫》云『又何路之能極』，注云：『極，竟也。』趙氏以致釋造，又以極釋致，以竟釋極。下資之深解爲得其根，則深爲深淺之深，異於略觀大意，不求深解以終其學。趙氏以問學之法表明之，卽下章博學、詳説之事也。戴氏震《孟子字義疏證》云：『《論語》曰：「多聞闕疑，慎言其餘；多見闕殆，慎行其餘。」又曰：「多聞擇其善者而從之，多見而識之，知之次也。」又曰：「我非生而知之者，好古敏以求之者也。」然聞見不可不廣，而務在能明於心，一事豁然，使無餘蘊，更一事亦如是，久之心知之明，進於聖智。《易》曰：「精義入神，以致用也。」又曰：「智周乎萬物，而道濟天下，故不過。」孟子曰：「君子深造之以道，欲其自得之也。自得之則居之安，居之安則資之深，資之深則取之左右逢其源。」凡此皆精於道之謂也。』按《易・繫辭傳》云：『夫易，所以極深而研幾也。唯深也，故能通天下之志。唯幾也，故能成天下之務。』深造卽極深也。以道卽研幾也。自得，則通天下之志，成天下之務也。『一陰一陽之謂道』，道者，反復變通者也。博學而不深造，則不能精；深造而不以道，則不能變；精且變，乃能自得；自得，乃能不疾而速，不行而至，爲至神也。非博學，無以爲深造之本；非深造，無以爲以道之路；非以道，無以爲自得之要；非自得，無以爲致用之權。讀書好古而能自得之，乃不空疏，不拘滯，而示之以深造、以道，又申之以博學、詳説，兩章牽連互發，趙氏以問學之法標之，可謂知言矣。**自得之則居之安，居之安則資之深，資之深則取之左右逢其原，故君子欲其自得之也。」**【注】居之安，若己所自有也。資，取也。取之深，則得其根也。左右取之在所逢遇，皆知其原本也。故使君子欲其自得之也。【疏】注「居之」至「之也」○正義曰：此節發明「自得」之義。《小爾雅·廣言》云：「資，取也。」《禮記·孔子閒居》云「必達於禮樂之原」，注云：「原，本也。」《爾雅·釋詁》云：「逢，遇也。」雖生知之聖，必讀書好古，既由博學而深造之以道，則能通古聖之道，而洞達其本原。而古聖之道，與性相融，此自得之，所謂如性自有之也。如性自有之，故居之安。凡之字皆指所學而言。未能自得，則道不與性融，不能通其變而協其宜。道與性隔，性與道睽，故居之不安。既自得而居之安，則取於古聖之道，卽取乎吾之性，非淺襲於口耳之間，非强擬於形似之迹，故資之深也。至於資之深，左取而左宜之，右取而右有〔一〕之，無不逢其原也。左右者，兩端也。取之左右逢其原，卽執其兩端，用其中於民也。「學而不思則罔」，罔者，不能自得之也。「思而不學則殆」，殆者，空悟而本無所居，則不安也。深造憑於心之虚，以道憑於學之實。得之，得此道也。自得之，則學洽於思。居之，居此道也。居之安，則思藴於學。舍學而言恃心，舍心而守學，兩失之矣。

〔一〕「有」，《皇清經解》本作「宜」。

《章指》言：學必根原，如性自得，物來能名，事來不惑，君子好之，朝益暮習，道所以臻也。【疏】『學必』至『臻也』〇正義曰：根原卽根本也。孔本作『根源』，非是。『物來能名』，詳見《公孫丑下》篇。《漢書・雋不疑傳・贊》云：『雋不疑學以從政，臨事不惑，遂立名迹，終始可述。』《管子・弟子職》云：『朝益暮習，小心翼翼，一此不解，是謂學則。』

孟子曰：『博學而詳説之，將以反説約也。』【注】博，廣。詳，悉也。廣學悉其微言而説之者，將以約説其要。意不盡知，則不能要言之也。【疏】注『博廣』至『言之也』〇正義曰：鄭氏注《周禮》、《儀禮》多以廣釋博，《荀子・修身》篇云『多聞曰博』是也。《説文》心部云：『悉，詳盡也。』言部云：『説，説釋也。』《詩・衛風・氓》篇云：『猶可説也』，箋云：『説，解也。』《淮南子・主術訓》『所守甚約』，高誘注云：『約，要也，少也。』廣學則無不學，《大戴記・曾子立身》云：『博學而孱守之，微言而篤行之。』趙氏本此，以微言卽詳説。微有二義：一幽隱，一纖細。言幽隱則輕淺者不易解，言纖細則高簡者不屑解。悉其微言而説之，則盡其幽隱纖細之言，而解釋之要，卽根原也。不博學而徒憑空悟者，非聖賢之學，無論也。博學而不能解説，文士之浮華也。但知其一端，則詖而非要；但知其大略，則淺而非要；故必無所不解，而後能知其要。博、詳與約相反，惟博且詳，反能解得其約；舍博且詳而言約，何以能解？《申鑒・時事》篇云：『道雖要也，非博無以通矣。博其方，約其説。』趙氏云不能盡知，則不能要言之，得之矣。戴氏震《孟子字義疏證》云：『約，謂得其至當。』阮氏元《曾子注釋》云：『孔門論學，首在於博。孔子曰：「君子博學於文，約之以禮。」達巷黨人以博學深美孔子，孔子又曰：「博學之，審問之。」顔子曰：「夫子循循然善誘人，博我以文，約我以禮。」子夏曰：「博學而篤志。」孟子曰：「博學而詳説之。」故先王遺文，有一未學，非博也。』按孔孟所以重博學者，卽堯舜變通神化之本也。人情變動，不可以意測，必博學於古，乃能不拘一端。彼徒執一理，以爲可以勝天下，吾見其亂矣。

《章指》言：廣尋道意，詳説其事，要約至義，還反於樸，説之美者也。

孟子曰：『以善服人者，未有能服人者也。以善養人，然後能服天下。天下不心服而王者，未之有也。』【注】以善服人之道治世，謂以威力服人者也。故人不心服。以善養人，養之以仁恩，然後心服矣。文王治岐是也。天下不心服，何由而王也。【疏】注『以善』至『心服矣』○正義曰：趙氏解善服人爲善於服人，善養人爲善於養人，故以服爲威力，養爲仁恩也。兩善字皆虚活。近時通解善卽指仁義，以仁義求勝於人，卽有相形相忌之意，何能服人？

《章指》言：五伯服人，三王服心，其服一也，功則不同。上論堯舜，其是違乎？

【疏】「五伯服人」〇正義曰：《音義》出「五伯」，云：「如字。丁云：『伯者，長也。言爲諸侯之長。』亦音霸。」諸本俱作「霸」，非趙氏舊矣。

孟子曰：「言無實不祥，不祥之實，蔽賢者當之。」【注】凡言皆有實。孝子之實，養親是也。善〔一〕之實，仁義是也。祥，善。當，直也。不善之實何等也。蔽賢之人，直于不善之實也。**【疏】**注「凡言」至「實也」〇正義曰：《説文》言部云：「直言曰言。」《論衡・書説》篇云：「出口爲言，言謂言語，言語中有所謂不祥者，恆言也。」《爾雅・釋詁》云：「祥，善也。」《説文》示部云：「祥，福也。」《禮記・中庸》云：「國家將興，必有禎祥；禍福將至，善必先知之。」祥、善、福三字義相近。《章指》以「蒙顯戮」爲「不祥」，則以善釋祥，固以福爲善也。《吕氏春秋・孟夏紀》云「必當其位」，注云：「當，直也。」趙氏以「實不祥」三字連屬，謂人每言不祥，不過空泛言之，無有指實其所以不祥之處。試爲按之，不祥之實，惟蔽賢者與相直也。蔽賢爲不善之實，猶養親爲孝之實，仁義爲善之實也。

《章指》言：進賢受上賞，蔽賢蒙顯戮，故謂之不祥也。【疏】「進賢受上賞蔽賢蒙顯戮」〇正義曰：《漢書・武帝紀》元朔元年詔云：「且進賢受上賞，蔽賢蒙顯戮，古之道

〔一〕「善」，《皇清經解》本作「義」，《孟子注疏》作「善」。

也。』亦見《説苑・談叢〔一〕》篇、《鶡冠子・道端》篇云：『進賢受上賞，則下不相蔽。』《晏子春秋・諫下》篇云：『國有三不祥：有賢而不知，一不祥；知而不用，二不祥；用而不任，三不祥也。』亦見《説苑・君道》篇。

徐子曰：『仲尼亟稱於水曰：「水哉，水哉！」何取於水也？』【注】徐子，徐辟也。問仲尼何取於水而稱之也。

孟子曰：『原泉混混，不舍晝夜，盈科而後進，放乎四海。有本者如是，是之取爾。【注】言水不舍晝夜而進。盈，滿。科，坎。放，至也。至於四海者，有原本也。以況於事，有本者皆如是，是之取也。【疏】『原泉混混』○正義曰：阮氏元《校勘記》云：『「源泉混混」，閩、監、毛三本同。宋《九經》本、岳本、咸淳衢州本、廖本、孔本、韓本，源作「原」。原正字，源俗字。上文「取之左右逢其原」，不从水，可以證從水之誤矣。』段氏玉裁《説文解字注》云：『混，豐流也。盛滿之流也。《孟子》曰「源泉混混」，古音讀如衮，俗字作「滾」。《山海經》曰「其源渾渾泡泡」，郭云：「水濆湧也」。衮、咆二音。渾渾者，假借渾爲混也。』王氏念孫《廣雅疏證》云：『司馬相如《上林賦》云「汩乎混流」，重言之則曰混

〔一〕『談叢』，《皇清經解》本作『叢説』，向宗魯《説苑校證》作《談叢》。

混。《荀子・富國》篇云「財貨渾渾如泉源」，渾與混同。《淮南子・原道訓》云：「混混汩汩」。」○注「盈滿科坎」○正義曰：《説文》皿部云：「盈，滿器也。」王氏念孫《廣雅疏證》云：「科，空也。《史記・張儀傳》「虎賁之士，跿跔[一]科頭」，集解云：「科頭，謂不著兜鍪入敵也。」亦空之義也。《説文》：「窠，空也」。孟子《離婁》篇「盈科而後進」，趙岐注云：「科，坎也。」義並相近。」又云：「《釋水》：「欿，窞，科，臽，坑也。」《説文》：「阬，虚也。」阬與坑同。坑之言康也，《爾雅》：「康，虚也。」康，坑，欿，科，渠，皆空之轉聲也。《孟子・離婁》篇「原泉盈科而後進」，《盡心》篇「流水之爲物也，不盈科不行」，趙岐注並云：「科，坎也。」《太玄・從》「次五，從水之科滿」，科亦坎也。范望注以科爲法，失之。」○注「放至」至「取也」○正義曰：《禮記・祭義》云「推而放諸東海而準」，注云：「放，猶至也。」至於四海即「注諸海」「入於海」之海。閻氏若璩《釋地又續》云：「胡朏明執《爾雅》四海解以解凡云四海者，曰：「九夷八狄七戎六蠻謂之四海，古書所稱四海，皆以地言，不以水言，故《爾雅》此條繫《釋地》不繫水。」余曾以《書經》質《孟子》「放乎四海」，禹「以四海爲壑」，此得謂不以水言邪？大抵四海之義有二：有宜從《爾雅》解者，「四海遏密八音」是也。有宜從鄭康成《周禮》注「四海猶四方也」解者，如上云「天下慕之」，下云

[一]「跔」，《皇清經解》本作「蹻」，《史記・張儀列傳》作「跔」。

「溢乎四海」，上云「中天下而立」，下云「定四海之民」，蓋四海卽天下字面也。」按閻氏所云四海之義有二者，當一指水，一指地。而指地之中，又有此二義：一爲《爾雅》所云，一爲鄭氏《周禮》注所云也。況者，比也，譬也。以水之有原本者，比事之有原本者。**苟爲無本，七八月之間雨集，溝澮皆盈，其涸也，可立而待也。**【注】苟，誠也。誠令無本，若周七八月夏五六月天之大雨，潦水卒集，大溝小澮皆滿。然其涸乾可立待者，以其無本故也。【疏】注『苟誠』至『故也』○正義曰：《論語·里仁》篇云『苟志於仁矣』，集解引孔曰：『苟，誠也。』《禮記·月令》：『季夏之月，水潦盛昌，大雨時行。仲秋之月，水始涸。』是雨集在周八月，夏六月也。乃孟秋之月，亦備水潦，蓋夏至之後，五六月間多大雨者，常也。或秋霖不時而至，亦所當備。孟子奉周朔，舉其常耳。澮大于溝，此言『大溝小澮』，當有誤。程氏瑶田《通藝録·溝洫疆理小記》云：「《遂人職》云：『凡治野，夫間有遂，遂上有徑；十夫有溝，溝上有畛；百夫有洫，洫上有涂；千夫有澮，澮上有道；萬夫有川，川上有路，以達於畿。』鄭氏注『以南畝圖之，則遂縱溝横，洫縱澮横，九澮而川周其外焉。』按畝，長畝也。一夫之田，析之百畞，以爲百畝。南畝者，自北視之，其畝横陳於南也。南畝故畞横，畞流於遂，故遂縱，遂在兩夫之間，故謂之夫間。夫間，東西之間也。其南北之間，則溝横連十夫，故曰十夫有溝，不可謂二十夫之間，故變間言夫也。溝經十夫，流入于洫，洫之長如溝，縱承十溝，十溝之水皆入焉，故曰百夫有洫也。洫之水入澮，澮長十倍於洫，而横承十洫之分布千夫中者，故曰千夫有澮也。澮十之，横貫萬夫之中，十澮之水並入於川，故曰萬夫有川，澮横川自縱也。鄭氏謂「九澮而川周其外」，恐不然矣。川上有路，以達於畿，安得有縱路復有横路邪？其横者則二萬夫間之道也。澮但言九，亦考之不察矣。「匠人爲溝洫，耜廣五寸，二耜爲耦，一耦之伐，廣尺深尺謂之𤰝，田首倍之，廣二尺，深二尺，謂之遂；九夫爲井，井間廣四尺，深四尺，謂之溝；方十里爲成，成間廣八尺，深八尺，謂之洫；方百里爲同，同間廣二尋，深二仞，謂之澮，專達於川，各載其名。凡天下之地勢，兩山之間，必有川焉，大川之上，必有涂焉。」按𤰝在一夫百畝中，物其土宜而爲之南畝，𤰝横順其畝之首尾，以行水入於遂，故遂在田首。井田夫三爲屋，三夫田首，同枕一遂；遂在屋間，非夫間也。謂之屋者，三夫相連綿如屋然，但疆之以別夫而已。不若《遂人》夫爲一遂以受𤰝水，此所以別夫間而言田首也，而鄭氏猶以「遂者夫間小溝」釋之。遂非不在夫間，而記變其文者，蓋自有義，不宜襲用《遂人》之文矣。遂流井外，溝横承之，井中無溝，溝當兩井之間，故以井間命之。其長連十井，不嫌井間之稱。溷十井之縱者，其縱亦遂之在屋間而受𤰝水者也。溝十之，含百井爲一成，十溝之水，咸入於洫，洫縱當兩成之間，故曰成間有洫也。洫之長連十成，亦不嫌成間之稱。溷十成之横者，其横亦溝之在井間而受遂水者也。洫十之，含萬井爲一同，十洫之水，咸入於澮，澮横當兩同之間，故曰同間有澮也。澮達於川，川在山間，命之曰兩山之間，以例澮在同間，洫在成間，溝在井間，其事相同，厥名斯稱矣。況夫間爲兩夫之間，人所共知，遥相疏證，辨惑析疑，舊聞舛互，咎安辭哉？是故萬井之田一澮，界兩同之間；萬夫之田十澮，納百洫之水，故一同之澮，獨著「專達於川」之文；而萬夫有川，但準溝水十遂之目，形體之端緒不同，標録自爾殊致矣。賈公彦云：「井田之法，畎縱遂横，溝縱洫横，澮縱川横。」余謂縱横無定法，視其畝之東南而爲之。如賈説，是東畝法耳。《左傳》晉使齊盡東其畝，以晉伐齊必向東，東畝則川横而川上路乃可東西行，故曰「惟吾子戎車之利」也。此畎縱爲東畝、畎横爲南畝之確證，遂人、匠人二法所同者。賈氏不明匠人於遂不命夫間之故，而以爲夫間縱者但分其畔而無遂，又不明遂人夫間之遂，亦於田首爲之，而以爲田首必在百畝之南，故必易其縱横，以通其説。若然，是井田之制，必無南畝矣。豈其然乎？而後世解斯記者，亦由不明田首之遂不命夫間之故，而以爲與遂人夫間之遂同其實而横爲之，於三夫相連之中因置間字之義，勿復深考，而强以屋間之遂當井間之溝，以井間之溝，當成間之洫，以成間之洫，當同間之澮，而以同間之澮當兩山之間之川，而於是專達於川之一澮，不得不十倍增之，而又或以爲九矣。神禹之治水也，濬畎澮以入於川，是故水之行於地中也，小大之形三者而已。故制字以象形，一水爲く，即畎，二く爲巜，即澮，衆巜爲川。及其盡力於溝洫也，則以爲非多其廣狹淺深之等，不足以盡疏瀹之理，而奠萬世農業之安，於是由川而澮，又等而增之而洫而溝而遂，乃以承夫百畝中之畎，夫然後一旦雨集，以大受小，遞相承焉，不崇朝而盡達於川矣。其承畎者名之爲遂何也？慮其蓄而弗暢也，故遂之。曷爲承之以溝也？一縱一横，乃見交暢之義。溝，冓也。縱横之説也。名之曰溝，所以象其形，象形曰溝，會意曰洫，洫字从血，以洫承溝，謂是血脈之流通也。澮，會也。會上衆水，以達於川，初分終合，所以盡水之性情，而不使有汎溢之害也。鄭氏注《小司徒》云：「溝洫爲除水害。」余亦以爲備潦，非備旱也。歲歲治之，務使水之來也，其涸可立待。若以之備旱，則宜豬之不宜溝之，宜蓄之不宜洩之。今之遞廣而遞深也，是溝之法。非豬之法，是洩之非蓄之也。故使溝洫之制存而不壞，豈惟原田之利農，無水潦之患，而天下之川，亦因之而治矣。夫川之淤塞也，有所以淤塞之者也。溝洫不治，則入川之水，皆汙濁之渾流，實足以爲川害。然則溝洫不壞，卽謂天下之川永無崩決之虞可也。』《爾雅・釋詁》云：『涸，竭也。』《章指》以『不竭』爲『有本』，是以竭釋涸也。《吕氏春秋・慎大》篇云『商涸旱』，高誘注云：『涸，枯也。』《藝文類聚》引《洪範五行傳》云：『旱之言乾。』《廣雅・釋詁》云：『眡，乾也。』眡卽枯。乾枯皆燥，水竭故燥也。**故聲聞過情，君子恥之。』**【注】人無本行，暴得善聲，令聞過其情，若潦水不能久也，故君子恥之。

《章指》言：有本不竭，無本則涸，虚聲過實，君子恥諸，是以仲尼在川上曰：『逝者如斯。』【疏】『虚聲過實』○正義曰：《禮記・大學》云『無情者不得盡其辭』，注云：『情，猶實也。』故此以過實爲過情。○『是以』至『如斯』○正義曰：《論語·子罕》篇云：『子在川上，曰：「逝者如斯夫，不舍晝夜。」』

孟子曰：『人之所以異於禽獸者幾希，庶民去之，君子存之。【注】幾希，無幾也。知義與不知義之間耳。衆民去義，君子存義也。【疏】注『幾希無幾也』○正義曰：《告子》篇『其好惡與人相近也者幾希』，注云：『幾，豈也。豈希，言不遠也。』《盡心》篇『其所以異於深山之野人者幾希』，注云：『希，遠也。當此之時，舜與野人相去豈遠。』此兩注互相訓詁。幾通作畿，畿與豈通。《爾雅·釋詁》云：『畿，汔也。』郭璞注云：『謂相摩近。』《方言》云：『希，摩也。』《廣雅》希、剴皆訓磨，磨、摩皆通靡。『幾者動之微』，微、靡義同無。幾、希二字疊韻，幾訓近，希訓少，無幾卽甚近甚少之謂。以希爲遠，則幾爲豈，以幾爲近，則以希爲少，二義可互明。又『其妻妾不羞也而不相泣者幾希矣』，注云：『言今苟求富貴，妻妾雖不羞泣者，與此良人妻妾何異也。』何異猶曰幾何，亦豈遠之意。○注『知義與不知義之間耳』○正義曰：飲食男女，人有此性，禽獸亦有此性，未嘗異也。乃人之性善，禽獸之性不善者，人能知義，禽獸不能知義也。因此心之所知而存之，則異於禽獸。心雖能知之，而舍而去之，則同於禽獸矣。庶民不能自存，必賴君子教而存之。此孟子道性善之本旨，而趙氏能明之，趙氏不愧通儒也。**舜明於庶物，察於人倫，由仁義**

行，非行仁義也。』【注】倫，序。察，識也。舜明庶物之情，識人事之序，仁義生於內，由其中而行，非彊力行仁義也。故道性善，言必稱堯舜。【疏】注「倫序」至「堯舜」○正義曰：《説文》人部云：「倫，輩也。一曰道也。」等輩則有類次，故趙氏以序釋倫。《儀禮・既夕記》云「倫如朝服」、《禮記・中庸》云「毛猶有倫」，注並云：「倫，比也。」顏師古《匡謬正俗》云：「序，比也。」倫、比、序，義亦同也。「一曰道」，則人倫卽是人道。《論語・微子》篇云「而亂大倫」，集解引包曰：「倫，道理也。」則人倫又卽人理。《楚辭・懷沙》云「孰察其撥正」王逸注、《吕氏春秋・功名》篇云「不可不察」高誘注，皆云：「察，知也。」知卽識也。庶物卽禽獸也。「明於庶物」，知禽獸之性情，不可教之使知仁義也。同此飲食男女，人有知則有倫理次序，察於人倫，知人可教之使知仁義也。舜，君子也。庶民不能明於庶物，察於人倫，故去之。舜能明於庶物，察於人倫，故存之。性本知有仁義，因而存之，是由本知之仁義行也。若禽獸性本不知有仁義，而彊之行仁行義，則教固必不能行，威亦必不能制，故庶民不知仁義者，君子教之使知，則庶民亦能知仁義，庶民知仁義而行之，亦是由仁義行，非彊之以所本不能知，而使之行仁義也。此庶民所以異於庶物也。明庶物，察人倫，始於伏羲氏，其時民全不知有人倫之序，同於禽獸，直可謂之昧，不可謂之去。人道既定，庶民雖愚，皆知有人倫矣，故其不仁義也，非昧也，是去之也。舜明之察之，通變神化，使之由仁義行，由卽「民可使由之」之由。是時民皆知有仁義，而莫不曰行仁，莫不曰行義，以仁濟其不仁，以義濟其不義，蓋行仁義，正所以去仁義也。由仁義行，則百姓日用而不知，乃正所以存仁義也。此孟子所以不稱伏羲氏而稱堯舜也。

《章指》言：人與禽獸，俱含天氣，就利避害，其間不希。衆人皆然，君子則否，聖人超絶，識仁義之生於己也。【疏】『人與』至『不希』○正義曰：《白虎通·禮樂》篇云：『人無不含天地之氣，有五常之性者』。《漢書·匈奴傳》孝文後二年遺匈奴書云：『下及魚鼈，上及飛鳥，跂行喙息，蠉動之類，莫不就安利避危殆。』

孟子曰：『禹惡旨酒，而好善言。』【注】旨酒，美酒也。儀狄作酒，禹飲而甘之，遂疏儀狄，而絶旨酒。《書》曰『禹拜讜言』。【疏】注『旨酒』至『讜言』○正義曰：《戰國策·魏策》云：『梁王魏嬰觴諸侯於范臺，酒酣，請魯君舉觴，魯君興，避席擇言曰：「昔者帝女令儀狄作酒而美，進之禹，禹飲而甘之，遂疏儀狄，絶旨酒，曰：後世必有以酒亡其國者。」』引《書》詳見《公孫丑》篇。**湯執中，立賢無方。**【注】執中正之道，惟賢速立之，不問其從何方來，舉伊尹以爲相也。【疏】注『執中』至『相也』正義曰：《禮記·檀弓》云『左右就養無方』，《内則》云『博學無方』，注皆云：『方，常也。』《荀子·臣道》篇云：『應卒遇變，齊給如響，推類接譽，以待無方，曲成制象，是聖臣者也。』注云：『齊，疾也。應事而至謂之給。夫卒變人所遲疑，今聖臣應之疾速，如響之應聲。無方，無常也。待之無常，謂不滯於一隅也。』此以無常爲『不滯於一隅』，則兼方所之義言之。《論語・八佾》篇云：『父母在，不遠遊，遊必有方。』此方固指方所，而鄭氏亦訓爲『有常』。趙氏以無方爲不問其從何方來，是以方爲方所之方。云『惟賢速立之』，卽《荀子》『應卒遇變，齊給如響』之謂，是兼以無方爲無常矣。蓋執中無權，猶執一之害道。惟賢則立，而無常法，乃申上執中之有權，無方當如鄭氏注之爲無常也。《史記・殷本紀》云：『伊尹欲干湯而無由，乃爲有莘氏媵臣，負鼎俎以滋味悦湯，致於王道。』趙氏引伊尹，似謂自媵臣保伍中升之，仍無常之謂也。《越絶書・外傳・枕中》篇云：『湯執其中和，舉伊尹，收天下雄儁之士。』此卽本孟子此言而衍之。以執中爲『執中和』，以無方爲『收天下雄儁之士』，亦以無方所言，與趙氏同。**文王視民如傷，望道而未之見；**【注】視民如傷者，雍容不動擾也。望道而未至，殷録未盡，尚有賢臣，道未得至，故望而不致誅於紂也。【疏】注『視民』至『擾也』○正義曰：周氏廣業《孟子章指攷證》云：『《左傳》逢滑曰：「臣聞國之興也，視民如傷，是其福也。」杜注：「如傷，恐驚動。」與趙注「雍容不動擾也」正合。』按《吕氏春秋・分職》篇云『天寒起役恐傷民』，注云：『傷，病也。』文王視民如有疾病，凡有疾病之人不可動擾，故如傷爲不動擾，因不動擾，故雍容不急迫也。○注『望道』至『紂也』○正義曰：《漢書・司馬相如傳・子虚賦》云『先生又見客』，顔師古注云：『見，猶至也。』《白虎通》歷述帝王之號，自伏羲定人道，祝融屬續三皇之道，顓頊專正天人之道，舜能推信堯道。夏者，大也。明當守持大道。殷者，中也。明當爲中和之道也。周者，至也，密也。道德周密，無所不至也。又云：『王者受命，質家言天命已，使已誅無道。』趙氏之意，謂紂無道，誅之所以致道。文王三分天下有其二以服事殷，故望道而未至，道卽命也。天命已在文王，而不代殷有天下也。近時通解有二：一謂文王以紂在上，望天下有治道而未之見，此仍趙氏義而稍變者也。一讀而爲如，謂文王愛民無已，未傷如傷，望道心切，見如未見也。**武王不泄邇，不忘遠；【注】**泄，狎。邇，近也。不泄狎近賢，不遺忘遠善，近謂朝臣，遠謂諸侯也。**【疏】**注『泄狎』至『侯也』○正義曰：《方言》云：『媟，狎也。』《説文》女部云：『媟，嬻也。』《荀子·榮辱》篇云：『橋泄者，人之殃也。』注云：『泄與媟同。』泄本發洩之洩，通於媟，故以狎釋之也。『邇近』，《爾雅·釋詁》文。《説文》辵部云：『遺，亡也。』心部云：『忘，不識也。』《詩·邶風·緑衣》『曷維其亡』，箋云：『亡之言忘也。』是忘卽遺亡也。武王以太公望爲師，周公旦爲輔，召公畢公之徒左右王師，脩文王緒業。《説苑》載其問太公，《賈子新書》載其問王子旦，問粥子，《管子》載其問癸度，觀兵孟津，自稱太子發，言奉文王以伐，不敢自專，乃告司馬司徒司空諸節齊栗，此皆不泄邇之事也。是邇謂朝臣也。《牧誓》告『友邦冢君，及庸、蜀、羌、髳、微、盧、彭、濮人』，《大傳》言『牧野既事而退，柴于上帝，祈于社稷，奠于牧室，率天下諸侯執豆籩，駿奔走』，《史記》言『封諸侯，班賜宗彝，作分殷之器物，封先聖王之後，封功臣謀士』，此皆不忘遠之事也。是遠謂諸侯也。**周公思兼三王，以施四事，其有不合者，仰而思之，夜以繼日，幸而得之，坐以待旦。』**【注】三王，三代之王也。四事，禹湯文武所行事也。不合，已行有不合也。仰而思之，參諸天也。坐以待旦，言欲急施之也。【疏】『周公』至『待旦』○正義曰：細審此章之指，云『兼三王』，明三王不相沿襲可知也。云『其有不合，仰而思之』，則所以通變神化可知也。禹承堯舜之後，天下乂安，則易生驕泆，故惡旨酒，好善言，以通其變。夏之末，必各執偏意，而用人拘以資格，故湯執中，立賢無方，以通其變。商紂之初，民傷已極，而天眷未更，故文王但愛民以輔救之，守臣節以帥天下諸侯，則所以通其變於湯之放桀也。武王時，紂益無道，故不泄邇，不忘遠，修己以安天下，則所以通其變於文王之服事也。凡三王之事，皆各有合；至周公相成王，成文武之德，其時又異於禹湯文王之時，則所以合不合者，非思莫得也。三王四事，先王之法也。有不合，則思所爲以道揆也。堯舜以通變神化治天下，爲萬世法。孟子歷述禹湯文王周公以明之，皆法堯舜之變通神化者也。江氏聲《尚書集注音疏》云：『《孟子》「周公思兼三王，以施四事」，伏生《大傳》則云「周公兼思三王之道，以施於春秋冬夏」，據此，則《孟子》所言三王謂天地人三統，四事謂四時之事，是則帝王出政，必參乎三才，合乎四時。』按參三才合四時，亦損益通變之義。○注『已行有不合也』○正義曰：阮氏元《校勘記》云：『「已行有不合世」，岳本、廖本、孔本、《攷文》古本同。閩、監、毛三本世作「者」，韓本作「也」。韓本是也。』○注『仰而思之參諸天也』○正義曰：《易·繫辭傳》云『仰則觀象於天』，《詩·大雅·雲漢》云『瞻仰昊天』，《列子·黄帝》篇云『中道仰天而歎』，故以仰爲參諸天。按自下望上爲仰，自後觀前亦爲仰，此仰思蓋即謂仰舉三王之事而思其合也。

《章指》言：周公能思三王之道，以輔成王太平之隆，禮樂之備，蓋由此也。

孟子曰：『王者之迹熄而詩亡，詩亡然後《春秋》作。【注】王者，謂聖王也。太平道衰，王迹止熄，頌聲不作，故詩亡。《春秋》撥亂，作於衰世也。【疏】『王者』至『秋作』○正義曰：顧氏棟高《春秋大事表·王迹拾遺序》云：『孟子曰：「王者之迹熄而詩亡，詩亡然後《春秋》作。」東遷以後，政教號令不行於天下，然當春秋初年，聲靈猶未盡泯也。鄭伯、虢公爲王左右卿士，鄭據虎牢之險，虢有桃林之塞，左提右挈，儼然三輔雄封。其時賦車萬乘，諸侯猶得假王號令以征伐與國，故鄭以王師伐郕，秦偕王師伐魏，二郕本附庸也，進爵而爲子；滕、薛、杞本列侯也，降爵而爲子伯；列國之卿，猶請命於天子；諸侯之妾，猶不敢僭同於夫人；虎牢已兼并於鄭，仍奪之還王朝；曲沃以支子篡宗，赫然興師而致討；衛朔逆命，子突救衛書「王人」；樊皮叛王，虢公奉命誅不服：庶幾得命德討罪、興滅繼絶之義。然鄭以懿親，而且交質矣；曲沃之伐，不惟無功，日後荀賈且爲晉所滅；甚至射王中肩，列國無爲王敵愾者；而僖王之世，命曲沃爲晉侯，貪寵賂，獎篡弑，三綱盡矣。嗣後王室益微，迨至晉滅虢而襄王復以温、原賜晉，舉崤函之險固，河内之殷實，悉舉而畀諸他人，自是王朝不復能出一旅，與初年聲勢大異矣。以文武成康維持鞏固之天下，而陵夷衰微至此，豈〔一〕一朝一夕之故哉！惠、襄以後，世有兄弟之難，子頹、子帶、子朝迭亂王室，數數勤諸侯之師，蓋齊家之道有闕，政本不脩，皇綱陵遲，君子閔焉。獨能憑藉先靈，稱述祖制，折服强暴，若襄王拒請隧，定王詰鞏伯，而王孫滿以片言却强楚於近郊之外，譬之乙〔二〕太阿授人，而欲以朽索控踶跕之馬，嗚呼其難哉！』楊氏椿《與顧棟高書》云：『竊嘗論《春秋》家之弊在於賤霸，謂《春秋》專治桓文之罪。桓文時，天命未改，周室已衰，陵夷至於敬王然後王迹熄者，桓文之力也，故孔子仁管仲而正齊桓。孟子生戰國，王者之不作已久，生民之憔悴已甚，齊宣有其地有其民而不行王政，僅僅以桓文爲問，故孟子斥之爲不足道耳。要之，桓文正未可輕貶者也。孟子曰：「王者之迹熄而詩亡，詩亡然後《春秋》作，其事則齊桓晉文。」蓋自隱五年王師伐翼伐曲沃，至莊六年救衛，未嘗無征伐之事，而是非倒置，喜怒失常，故號令不行，每戰輒敗。莊十四年諸侯伐宋，齊桓請師於周，單伯會之，取成於宋而還。自是大盟會大征伐必皆請王

〔一〕『豈』，《皇清經解》本同，《春秋大事表・王迹拾遺表》作『此豈』。
〔二〕『乙』，《皇清經解》本、《春秋大事表・王迹拾遺表》均作『以』。

人主之，諸侯亦遂無敢抗者。定四年劉子會召陵而後，成桓公之會侵鄭，單平公之會黄池，皆不復見於經，蓋霸者之事卽王者之迹，霸者亡而王迹熄矣。』顧氏鎮《虞東學詩・迹熄詩亡説》云：『孟子歷叙羣聖之事，而以孔子作《春秋》繼之。迹熄詩亡，著明所以作《春秋》之義……蓋自鄭康成曰「不能復雅」之云，而范甯序《穀梁》，遂謂「列《黍離》於《國風》，齊王德於邦君」……然考趙岐注《孟子》，則曰「太平道衰，王迹止熄，頌聲不作，故詩亡」。是漢儒原立兩義，後世鄭學盛行，遂遺趙説，李迂仲兼而存之，占〔一〕義略具。……愚竊以爲……所欲究者，王迹耳。王者之迹，何預於詩？《春秋》之作，何預〔二〕於迹？此義不明，則不獨《黍離》降風，支離莫據；卽迂仲諸説〔三〕，亦可存而不論。蓋王者之政，莫大於巡守〔四〕述職，巡守則天子采風，述職則諸侯貢俗，太史陳之，以考其得失，而慶讓行焉，所謂迹也。夷、厲以來，雖經《板蕩》，而《甫田》東狩，舄芾來同，撻伐震於徐方，疆理及乎南海，中興之迹，爛然著明，《二雅》之篇可考焉。洎乎東遷，而天子不省方，諸侯不入覲，慶讓不行，而陳詩之典廢，所謂「迹熄而詩亡」也。孔子傷之，不得已而托

〔一〕『占』，《皇清經解》本、《虞東學詩・迹熄詩亡説》均作『古』。
〔二〕『預』，《皇清經解》本同，《虞東學詩・迹熄詩亡説》作『與』。
〔三〕『迂仲諸説』，《皇清經解》本同，《虞東學詩・迹熄詩亡説》作『迂仲魯齋安溪諸説』。
〔四〕『守』，《皇清經解》本同，《虞東學詩・迹熄詩亡説》作『狩』。下同。

《春秋》以彰衰鉞，所以存王迹於筆削之文，而非進《春秋》於《風雅》之後……《詩》者，《風》《雅》《頌》之總名，無容舉彼遺此。若疑《國風》多録東周，《魯頌》亦當僖世，則愚謂詩之存亡，繫於王迹之熄與不熄，不繫於本書之有與無也。』趙氏佑《温故録》云：『注「太平道衰，王迹止熄，頌聲不作，故詩亡。」不用雅亡風降之説，獨爲正大，而向來罕述之者。』**晉之《乘》，楚之《檮杌》，魯之《春秋》，一也。其事則齊桓晉文，其文則史，孔子曰「其義則丘竊取之矣」』。**【注】此三大國史記之名異。《乘》者，興於田賦乘馬之事，因以爲名。《檮杌》者，嚚凶之類，興於記惡之戒，因以爲名。《春秋》，以二始舉四時，記萬事之名。其事，則五伯所理也。桓公，五伯之盛者，故舉之。其文，史記之文也。孔子自謂竊取之，以爲素王也。孔子人臣，不受君命，私作之，故言竊，亦聖人之謙辭。【疏】『晉之』至『之矣』○正義曰：萬氏斯大《學春秋隨筆》云：『《春秋》書弑君，誅亂賊也。然而趙盾、崔杼之事，時史亦直載其名，安見亂賊之懼，獨在《春秋》而不在諸史？曰：孟子言之矣。《春秋》之文則史也，其義則孔子取之。諸史無義，而《春秋》有義也。義有變有因，不修《春秋》曰「雨星不及地尺而復」，君子脩之曰「星霣如雨」。諸侯之策曰「孫林父、甯殖出其君」，《春秋》書之曰「衛侯衎出奔」。此以變爲義者也。晉史書曰「趙盾弑其君」，《春秋》亦曰「趙盾弑其君」。齊史書曰「崔杼弑其君」，《春秋》亦曰「崔杼弑其君」。此以因爲義者也。因與變相參，斯有美必著，無惡不顯，三綱以明，人道斯立，《春秋》之秋》而幸及當時，則書久則亡焉。彼董狐、南史、左氏傳《春秋》而獲存晉《乘》、楚《檮杌》，孟子論《春秋》而幸及當時，則書久則亡焉。懼在《春秋》而不在諸史，有由然也。雖然，以盾、抒之姦惡，齊晉得以名赴，《春秋》得以名書，賴史官之直筆也。使晉、宋、吴、莒之弑逆，得董狐、南史其人，則書必以名，赴必以實，鮑與庚輿必不書人書偃，僕、光必不稱國，良史又曷可少哉！』按昭公十二年《公羊傳》引孔子之言云：『《春秋》之信史也，其序則齊桓晉文，其會則主會者爲之也，其詞則丘有罪焉爾。』此與孟子所述略同。其云有罪者，則括『知我罪我』之言。何休注云：『其貶絶譏刺之辭有所失者，是丘之罪與。』趙氏注『罪我，爲時人見彈貶者』，義同公羊氏。以此當其義，則義指貶刺撥亂可知。孟子述孔子之言，特指出義字，義者，宜也。舜之所察，周公之所思，皆此義。利者，義之和，變而通之以盡利，察於民之故，乃能變通，即舜之『察於人倫』也。天下何思何慮，天下同歸而殊途，百致而一慮，精義入神以致用，即周公之『思兼三王』也。舜察之，故由仁義行而不行仁義，周公思之，故知其有不合而兼三王，孔子當迹熄詩亡之後，作《春秋》以撥亂反正，亦由察之思之而知其義也。舜以王，周公以相，所變通在行在施，孔子不得位，所變通在言，亦變通趨時之妙也。○注『此三』至『謙辭爾』○正義曰：杜預《春秋序》云：『《春秋》者，魯史記之名也。記事者，以事繫日，以日繫月，以月繫時，以時繫年，所以紀遠近，别同異也。故史之所記，必表年以首事，年有四時，故錯舉以爲所記之名也。』孔氏正義云：『昭二年韓起聘魯，稱見魯《春秋外傳》。《晉語》司馬侯對晉悼公云：「羊舌肸習於《春秋》。」《楚語》申叔時論傅太子之法云：「教之以《春秋》。」《禮·坊記》曰：「《魯春秋》記晉喪日〔一〕，殺其君之子奚齊。」又《經解》曰：「屬辭比事，《春秋》教也。」凡此諸文所説，皆在孔子之前，則知未脩之前，舊有《春秋》之目。據周世法則，每國有史記，當同名《春秋》。」按墨子書稱『吾見百國《春秋》』，又云『著在周之《春秋》』，『著在燕之《春秋》』『著在宋之《春秋》』，『著在齊之《春秋》』，則孔氏以爲同名《春秋》，似矣。乃孟子於晉楚明舉《乘》、《檮杌》兩名，故趙氏以爲三大國史記之名異。孔氏《春秋》正義又云：『《春秋》是其大名，晉楚私立別號。魯無別號，故守其本名。』是也。乘是兵車之名，管子書亦有《乘馬》、《臣乘馬》、《乘馬數》、《問乘馬》等篇，本以一乘四馬，廣及陰陽地里農耕國筴之事，晉史之名《乘》，或亦同之。興于此，謂作于此也。文公十八年《左傳》云：『顓頊有不才子，不可教訓，不知話言，舍之則嚚，傲很明德，以亂天常，天下之民，謂之檮杌。』賈逵注云：『檮杌，凶頑無儔匹之貌。』是檮杌爲嚚凶之類。史記以《檮杌》名，亦鑄鼎象物，使民知神姦之例，故云興於記惡之戒。《説文》木部作『檮柮』，云：『斷木也。』引《春秋傳》。《國語·周語》云『商之興也，檮杌次於丕山』，注云：『檮杌，鯀也。』服虔引《神異經》云：『檮

〔一〕『日』，《皇清經解》本、《禮記正義》均作『曰』。

杌，狀似虎，毫長二尺，人面虎足豬牙，尾長丈八尺，能鬭不退。』《音義》云：『乘，丁音剩，云「晉名《春秋》爲《乘》者，取其善惡無不載。檮杌，惡獸名也。楚謂《春秋》爲《檮杌》者，在記惡而興善也」。』惡獸，本服虔假獸之惡人之惡爲戒，其義亦同。惟檮杌皆從木，則爲斷木之定名。《説文》頁部云：『頑，梱頭也。』木部云：『梱，梡木未析也。』『梡，梱木薪也。』『析，破木也。』按薪有析者有不析，其未析者名梡，卽名梱。縱破爲析，横斷爲檮杌，斷而未析其頭則名頑，是檮杌卽頑之名。因其頑，假斷木之名以名之爲檮杌，亦戒惡之意也。孔氏《春秋》正義云：『年有四時，不可偏舉四字以爲書號，故交錯互舉，取春秋二字以爲所記之名。春先於夏，秋先於冬，舉先可以及後，言春足以見冬，故舉二字以包四時也。四時之内，一切萬物生植孕育盡在其中，《春秋》之書，無物不包，無物不記。賈逵云：「取法陰陽之中，春爲陽中，萬物以生；秋爲陰中，萬物以成。」賀道養云：「春貴陽之始，秋取陰之初。」』趙氏言『二始舉四時』，二始卽春爲陽始，秋爲陰始。舉謂包舉，卽舉春秋以包冬夏也。記萬事之名，卽所謂無物不記也。董仲舒《對策》云：『孔子作《春秋》，先正王而繫萬事，見素王之文焉。』趙氏名記萬事之名以爲素王，亦本此爲説也。素王詳見《滕文公》篇。《吕氏春秋·知士》篇云：『孟嘗君竊以諫靜郭君』。高誘注云：『竊，私也。』故以竊取爲私作。何休以孔子稱有罪爲『聖人德盛尚謙』。故自名。《論語·述而》篇言『竊比於我老彭』，亦自謙之辭。此云『丘竊取之』，既自名，又稱竊，故云亦聖人之謙辭也。

《章指》言：詩可以言，頌詠太平，時無所詠，《春秋》乃興，假史記之文，孔子正之以匡邪也。【疏】『詩可以言頌詠太平』○正義曰：《毛詩序》云：『發言爲詩。』又云：『《維天之命》，太平告文王也。』宣公十五年《公羊傳》云『什一行而頌聲作矣』，注云：『頌聲者，太平歌頌之聲，帝王之高〔一〕致也。』

孟子曰：『君子之澤，五世而斬；小人之澤，五世而斬。【注】澤者，滋潤之澤。大德大凶，流及後世，自高祖至玄孫，善惡之氣乃斷，故曰五世而斬。【疏】注『澤者』至『而斬』○正義曰：《説文》水部云：『澤，光潤也。』《毛詩・小雅・節南山》『國既卒斬』，傳云：『斬，斷也。』趙氏以君子爲大德，小人爲大凶，其善惡之氣，流于後世，猶水之潤澤，近時通解以君子爲聖賢在位者，小人爲聖賢不在位者。**予未得爲孔子徒也。予私淑諸人也。』**【注】予，我也。我未得爲孔子門徒也。淑，善也。我私善之於賢人耳。蓋恨其不得學於大聖也。【疏】注『予我』至『人也』○正義曰：『予我』，『淑善』，皆《爾雅・釋詁》文。江氏永《羣經補義》云：『孟子言予私淑諸人，人謂子思之徒。是孟子與子思年不相接。

〔一〕『高』，《皇清經解》本作『致』。

《孔叢子》有孟子、子思問答語，不足信。』

《章指》言：五世一體，上下通流，君子小人，斬各有時。企以高山，跌以陷汙，是以孟子恨不及乎仲尼也。【疏】『跌以陷汙』○正義曰：《方言》云：『跌，蹷也。』《漢書·晁錯傳》云『跌而不振』，注云：『跌，足失據也。』又《揚雄傳·解嘲》云『不知一跌將赤吾之族也』，注云：『跌，足失厝也。』

孟子正義卷十七

孟子曰：『可以取，可以無取，取傷廉。可以與，可以無與，與傷惠。可以死，可以無死，死傷勇。』【注】三者，皆謂事可出入，不至違義，但傷此名，亦不陷於惡也。【疏】注『三者』至『惡也』○正義曰：趙氏以出解無取、無與、無死，以入解取、與、死。一事可出可入，謂取可，無取亦可，是事之兩可者也。既可取、可與、可死，故取、與、死亦非惡。但既可以無取，可以無與，可以無死，故取、與、死則傷廉、惠、勇之名。可以取，可以無取，取則傷廉之名，此廉士所知也，亦人所共知也。若可以與，可以無與，則忠厚長者豈不以必與爲惠乎？若可以死，可以無死，則忠臣烈士豈不以必死爲勇乎？而不知其傷惠、傷勇，正與傷廉者同。傷廉不得名爲廉也，傷惠、傷勇不得名爲惠、名爲勇也。《説苑・權謀》篇引揚子曰：『事之可以之貧、可以之富者，其傷行者也。事之可以之生、可以之死者，其傷勇者也。』趙氏之義本此。毛氏奇齡《聖門釋非録》云：『金仁山謂：此必戰國之世，豪俠之習勝，多輕施結客若四豪之類，刺客輕生若荆、聶之類，故孟子爲當時戒耳。』

《章指》言：廉勇惠，人之高行也。喪此三名，列士病諸，故設斯科以進能者也。

【疏】『列士病諸』○正義曰：韓本、《攷文》古本作『列』。孔本作『則列』是也。《周髀算經》云：『此列士之遇智。』《説苑・臣術》篇云：『列士者，所以參大夫也。』劉向有《列士傳》三卷，見《隋書・經籍志》。

逢蒙學射於羿，盡羿之道，思天下惟羿爲愈己，於是殺羿。【注】羿，有窮后羿。逄蒙，羿之家衆也。《春秋傳》曰：『羿將歸自田，家衆殺之。』【疏】注『羿有』至『殺之』○正義曰：襄公四年《左傳》魏莊子云『夏訓有之曰有窮后羿』，注云：『有窮，國名。后，君也。羿，有窮君之號。』孔氏正義云：『羿居窮石之地，故以窮爲國號，以有配之，猶言有周、有夏也。』古司射之官多名羿，故趙氏明此羿爲有窮后羿，非他司射者也。引《春秋傳》，卽襄公四年《左傳》。《傳》云：『將歸自田，家衆殺而亨之，以食其子。』《楚辭・離騷》云：『羿淫遊以佚田兮，又好射夫封狐；國亂流其鮮終兮，浞又貪夫厥家。』注云：『浞，寒浞，羿相也。言羿因夏衰亂，代之爲政，娛樂田獵，不恤民事，信任寒浞，使爲國相。浞行媚於內，施賂於外，樹之詐慝，而專其權勢。羿田將歸，使家臣逢蒙射而殺之。』是《左傳》所云家衆，卽逢蒙，《左傳》不詳言其姓名。孔氏正義云：『家衆，謂羿之家衆人，反羿而從浞，爲浞殺羿也。』《史記・龜筴傳》云『羿名善射，不如雄渠逢門』，集解云：『《淮南子》曰：射者「重以逢蒙門子之巧。」劉歆《七略》有《逢門射法》。』《荀子・王霸篇》云：『羿、逢門者，善服射者也。』注云：『逢門卽逢蒙，學射於羿。』《吕氏春秋・具備》篇云：『今有羿、逢蒙、繁弱於此而無弦，則必不能中也。』高誘注云：『羿，夏之諸侯，有窮之君也。善射，百發百中。逢蒙，羿弟子也。亦能百中。』《淮南子・原道訓》云『重之羿逢蒙子之巧』，高誘注云：『羿，古諸侯有窮之君也。逢蒙，羿弟子。皆攻射而百發百中。』蓋蒙、門一音之轉，蒙卽門。裴駰引此作『逢蒙門子』，衍一門字也。《列子・湯問》篇云：『甘蠅，古之善射者，彀弓而獸伏鳥下。弟子名飛衛，學射於甘蠅，而巧過其師。紀昌者，又學射於飛衛。紀昌既盡衛之術，計天下之敵己者一人而已，乃謀殺飛衛。』《吕氏春秋・聽言》篇云：『逢門始習於甘蠅。』與《孟子》所述事近而異。**孟子曰：『是亦羿有罪焉。』**【注】罪羿不擇人也，故以下事喻之。**公明儀曰：『宜若無罪焉。』曰：『薄乎云爾，惡得無罪？鄭人使子濯孺子侵衛，衛使庾公之斯追之。子濯孺子曰：「今日我疾作，不可以執弓，吾死矣夫！」**【注】孺子，鄭大夫。庾公，衛大夫。疾作，瘧疾。【疏】注『孺子』至『瘧疾』○正義曰：孺子爲鄭人所使，故知是鄭大夫。庾公爲衛人所使，故知爲衛大夫。襄公十四年《左傳》云：『衛公出奔齊，孫氏追之。初，尹公佗學射於庾公差，庾公差學射於公孫丁，二子追公，公孫丁御公。子魚曰：「射爲背師，不射爲戮，射爲禮乎？」射兩軥而還。尹公佗曰：「子爲師，我則遠矣。」公孫丁授公轡而射之，貫臂。』注云：『子魚，庾公差。』孔氏正義云：『《孟子》云云，其姓名與此略同，行義與此正反，不應一人之身有此二行。孟子辨士之説，或當假爲之辭，此傳應是實也。』毛氏奇齡《四書賸言》云：『鄭人使子濯孺子侵衛事，《左傳》是孫林父追衛獻公事，非鄭侵衛而衛使追也。且是尹公佗學射於庾公差，非庾公差學射於尹公佗，其中或射或不射，卽此事而不甚合。大抵春秋戰國間，其記事不同多類此。』按此知孟子未見《左傳》，則《左傳》固晚出之書也。趙氏佑《温故録》云：『古説有難盡解者，孺子「今日我疾作」，注何必知是瘧疾？殆以言今則有昨，言作則有止，疾之以日作止者，瘧是也。然疾儘有偶然一作與年月一作、多日不作而作者，安必其獨瘧乎？』按《書·金縢》：『王有疾弗豫，史乃册祝曰：惟爾元孫某，遘厲虐疾。』某氏傳云：『虐，暴也。』周氏用錫《尚書證義》云：『厲，作也。虐，古瘧省。《月令》「民多瘧疾」，《月令》在孟秋。注云：「瘧疾，寒熱所爲者。」今《月令》瘧疾爲「厲疫」，蓋瘧疾寒熱暴至，故名瘧。諸凡暴至之疾均可謂之虐，昭公十九年《左傳》「許悼公瘧」，此瘧亦是暴至之疾，與武王之「遘虐疾」正同。』孺子若素有恆疾，則知其期，不當使來侵鄭；突然疾作，知是暴疾，故以虐疾明之耳，瘧卽虐也。**問其僕曰：「追我者誰也？」其僕曰：「庾公之斯也。」曰：「吾生矣。」**【注】僕，御也。孺子曰吾必生矣。【疏】注「僕御也」○正義曰：《毛詩·小雅·出車》「召彼僕夫」，傳云：「僕夫，御夫也。」《文選·

思玄賦》云『僕夫儼其正策兮』，舊注云：『僕夫，謂御車人也。』**其僕曰：「庾公之斯，衛之善射者也。夫子曰吾生，何謂也？」曰：「庾公之斯學射於尹公之他，尹公之他學射於我。夫尹公之他端人也，其取友必端矣。」**【注】端人，用心不邪辟。知我是其道本所出，必不害我也。【疏】注『知我是其道本所出』○正義曰：《莊子・庚桑楚》云『出無本』，郭象注云：『欻然自生非有〔一〕本。』《釋文》云：『出，生也。本，始也。』董子《對策》云：『道之大原出於天；天不變，道亦不變。是以禹繼舜，舜繼堯，三聖相受，而守一道。』原，即本也。凡授受相承，皆有其始，故斯學於他，他學於孺子，爲其所出之本始也。**庾公之斯至，曰：「夫子何爲不執弓？」曰：「今日我疾作，不可以執弓。」曰：「小人學射於尹公之他，尹公之他學射於夫子，我不忍以夫子之道反害夫子。雖然，今日之事，君事也。我不敢廢。」抽矢叩輪去其金，發乘矢而後反。**【注】庾公之斯至，竟如孺子之所言。而曰我不敢廢君事，故叩輪去鏃，使不害人，乃以射孺子，禮射四發而去。乘，四也。《詩》云：『四矢反兮。』孟子言是以明羿之罪。假使如子濯孺子之得尹公之他而教之，何由有逢蒙之禍。【疏】注『禮射』至『反兮』○正義曰：《毛詩・齊風・猗嗟》云：『四矢反兮，以禦亂兮。』傳云：『四矢，乘矢。』箋云：『反，復也。禮射三而止，每射四矢，皆得其故處，此之

〔一〕『非有』，《皇清經解》本作『無無』，《莊子》郭象注作『非有』。

謂復射。必四矢者，象其能禦四方之亂也。』『發乘矢而後反』，反是還歸，庾斯發四矢而還歸於衛，不追孺子，故趙氏以去解之。云禮射四發而去，謂既去矢鏃，乃以禮射四發其矢而歸去。引《詩》以證四發爲禮射。至詩之反，謂反覆其正鵠之故處，與反去不同，趙氏引之，非以詩之反即庾公之發四矢而反也。《儀禮·大射儀》云『司馬師坐乘之』，注云：『乘，四四數之。』《聘禮》云『乘皮設』，注云：『物四曰乘。』《禮記·少儀》云『其以乘壺酒』，注云：『乘壺，四壺也。』《方言》云：『四雁曰乘。』凡四皆爲乘，是乘爲四也。

《章指》言：求交取友，必得其人，得善以全，善凶獲患，是故子濯濟難，夷羿以殘，可以鑒也。

孟子曰：『西子蒙不潔，則人皆掩鼻而過之。【注】西子，古之好女西施也。蒙不絜，以不絜汗巾帽而蒙其頭也。面雖好，以蒙不絜，人過之者，皆掩鼻懼聞其臭。【疏】注『西子古之好女西施也』○正義曰：《管子·小稱》篇云：『毛嬙、西施，天下之美人也。盛怨氣於面，不能以爲可好。』西施見《管子》，故趙氏以爲古之好女也。周氏柄中《辨正》云：『西子即西施。張邦基《墨莊漫録》云：「管仲在滅吴前二百餘年，而其書已云西施，豈越之西施冒古之美人以爲名邪？」按傅玄謂管子書過半是後人好事者所加，其稱如西施，或是後人附益。然《莊子》「厲與西施」，司馬彪注云：「夏姬。」夫越女名西施，夏姬亦稱西施，則又似古有此美人，而後世相因，借以相美。如善射者皆稱羿之類。」○注「蒙不」至「其臭」○正義曰：賈誼《新書・勸學》篇云：「夫以西施之美而蒙不潔，則過之者莫不睨而掩鼻。今以二三子材而蒙愚惑之智，予恐過之有掩鼻之客也。」《淮南子・脩務訓》云：「今夫毛嬙、西施，天下之美人，若使之銜腐鼠，蒙蝟皮，衣豹裘，帶死蛇，則布衣韋帶之人過者，莫不左右睥睨而掩鼻。」此本《孟子》而衍之。高誘注云：「雖有美姿，人惡聞其臭，故睥睨掩其鼻，孟子曰：『西子蒙不潔，則人皆掩鼻而過之。』是也。」趙氏言汗巾帽蒙其頭，亦本《淮南》爲説。《周禮・夏官・方相氏》「掌蒙熊皮」，注云：「蒙，冒也。」《説文》冃部云：「冒，蒙而前也。」《考工記・韗人》「凡冒鼓」，注云：「冒，蒙鼓以革。」劉熙《釋名・釋首飾》云：「帽，冒也。」《漢書・雋不疑傳》「著黄冒」，注云：「冒，所以覆冒其首。」是蒙爲冒，而冒即帽，故以巾帽釋蒙字也。**雖有惡人，齋戒沐浴，則可以祀上帝。」**

【注】惡人，醜類者也。面雖醜，而齋戒沐浴，自治絜淨，可以侍上帝之祀。言人當自治以仁義，乃爲善也。【疏】注「惡人醜類者也」○正義曰：《書・洪範》「六極五曰惡」，鄭氏注云：「惡，貌不恭之罰。」貌恭則容儀形美而成性，以終其命，容毀故致惡也。《莊子・德充符》云「衛有惡人焉曰哀駘它」，郭象注云：「惡，醜也。」《釋文》引李云：「哀駘，醜貌。它，其名。」《吕氏春秋・去尤》篇云：「魯有惡者，其父出而見商咄，反而告其鄰曰：『商咄不若吾子矣。』且其子至惡也，商咄至美也。」高誘注云：「惡，醜也。」昭公二十八年《左

傳》云『醜蔑惡』，又云『昔賈大夫惡』，皆指貌醜。此惡人對上西子，知爲醜類者也。

《章指》言：貌好行惡，西子冒臭；醜人潔服，供事上帝：明當脩飾，惟義爲常也。

【疏】『明當脩飾』○正義曰：《鹽鐵論·殊路》章云：『蒙以不潔，鄙人〔一〕掩鼻，惡人盛飾，可以宗祀上帝。』

孟子曰：『天下之言性也，則故而已矣。故者以利爲本。』【注】言天下萬物之情性，當順其故，則利之也。改戾其性，則失其利矣。若以杞柳爲桮棬，非杞柳之性也。**【疏】**注『言天』至『之性也』○正義曰：曲阜孔氏所刻趙氏注如此，其義明白可見。故，即『苟求其故』之故。推步者求其故，則日至可知；言性者順其故，則智不鑿。《易·文言傳》云：『利者，義之和也。』《荀子·臣道》篇云：『從命而利君謂之順。』《脩身篇》云：『以善和人者謂之順。』《詩·鄭風》『知子之順之』，箋云：『順，謂與己和順。』利之義爲順，故虞翻《易》注謂巽爲利，是利爲順其故也。《賈子·道術》篇云『心兼愛人謂之仁，反仁爲戾。』仁爲性，反其仁則乖戾，故失其利也。白氏珽〔二〕《湛困靜語》云：『莊周有云：「吾

〔一〕『人』，《皇清經解》本同，《鹽鐵論》作『夫』。

〔二〕『白氏珽』，《皇清經解》本無『白氏珽』三字。

生於陵，而安於陵故也。長於水，而安於水性也。」此適有故與性二字，疑戰國時有此語。』毛氏奇齡《四書賸言補》云：『「天下之言性也，則故而已矣。」觀語氣，自指汎言性者，與「人之爲言」「彼所謂道」語同。至「以利爲本」，然後斷以己意。因是時俗尚智計，多用穿鑿，故原有訓智者。《淮南・原道訓》「不設智故」，謂不用機智穿鑿之意，正與全文言智相合。是以孟子言天下言性，不過智計耳。顧智亦何害，但當以通利不穿鑿爲主。夫所惡於智，爲穿鑿也。如不穿鑿，則行水治曆，智亦大矣。』按《孟子》此章，自明其『道性善』之指，與前『異於禽獸』相發明也。《易・雜卦傳》云：『革，去故也。鼎，取新也。』故，謂已往之事。當時言性者，多據往事爲説，如云『文武興則民好善，幽厲興則民好暴』，『以堯爲君而有象，以瞽瞍爲父而有舜』，及《荀子・性惡》篇所云『曾、騫、孝己，獨厚於孝之實，而全於孝之名……秦人……不如齊魯之孝具敬父』，皆所謂故也。孟子獨於故中指出利字，利即《周易》『元亨利貞』之利。《繫辭傳》云：『變而通之以盡利。』《彖傳》云：『乾道變化，各正性命，保合太和乃利貞。』利以能變化，言於故事之中，審其能變化，則知其性之善。利者義之和，《禮記・表記》云：『道者，義也。』注云：『謂斷以事宜。』《春秋繁露・仁義法》云：『義者，謂宜在我者。』其性能知事宜之在我，故能變通。上古之民，始不知有父惟知有母，與禽獸同，伏羲教之嫁娶定人道，無論賢智愚不肖，皆變化而知有夫婦父子；始食鳥獸蠃蛖之肉，飢則食，飽棄餘，神農教之稼穡，無論賢智愚不肖，皆變化而知有火化粒食是爲利也。於故之中知其利，則人性之善可知矣。《繫辭傳》云：『感而遂通天下之故。』又云：『是以明於天之道，而察於民之故。』又云：『又明於憂患與故。』通者，通其故之利也。察者，察其故之利也。明者，明其故之利也。故者，事也。傳云：『通變之謂事。』非利不足以言故，非通變不足以言事。諸言性者，據故事而不通其故之利，不察其故之利，不明其故之利，所以言性惡，言性善惡混，或又分氣質之性，義理之性，皆不識故以利爲本者也。孟子私淑孔子，述伏羲神農文王周公之道，以故之利而直指性爲善，於此括全《易》之義，而以六字盡之云：『故者以利爲本。』明人之所以異於禽獸者，在此利不利之間，利不利卽義不義，義不義卽宜不宜。能知宜不宜，則智也。不能知宜不宜，則不智也。智人也，不智禽獸也。幾希之間，一利而已矣，卽一義而已矣，卽一智而已矣。**所惡於智者，爲其鑿也。**【注】惡人欲用智而妄穿鑿，不順物之性，而改道以養之。【疏】注『惡人』至『養之』○正義曰：《說文》金部云：『鑿，穿木也。』成公十三年《公羊傳》云『公鑿行也』，注云：『鑿猶更造之意。』故趙氏以穿釋鑿，又以改釋之。改卽更造也。趙氏以養物言，言當順其情性以養之，不可戾其情性以養之。按此智，卽人性之利也。孔子言『性相近習相遠』，『惟上智與下愚不移』，移，謂變通也。禽獸無知，直不能移其性之不善，所以與人異。則人無論賢愚皆能知，卽皆能轉移，愚者可以轉而善，智者可以轉而爲不善，此習所以相遠。智者何以轉而爲不善，爲其鑿也。惟其因智而鑿，故惡其智。蓋伏羲以前人，苦於不知，則惡其愚。黄帝堯舜以後人，不苦於不知，正苦於知而鑿其知，則聖人轉惡其智，故無爲而治，可使由而不可使知也。鑿有二義：其一爲空，《荀子・哀公》篇云『五鑿爲正』是也。其一爲細，《楚辭・離騷》云『精瓊靡以爲粻』，注云：『精，鑿也。凡物精之則細小。』是也。鑿其内則空，鑿其外則細，空虚細小，皆非大智。下言『行所無事則智大』，此孟子自明鑿字之意，『行所無事』『由仁義行』也。然則行仁義則爲鑿，夫知其爲仁義，是已智矣。乃假仁以濟其不仁，假義以濟其不義，用忠孝廉直之名，以行其巧詐離奇之術，是鑿也，是智小也。知其爲仁爲義，是已智矣。乃無所依據，憑己之空見以爲仁，憑己之空見以爲義，極精微奥妙之論，而不本讀書好古之實，是鑿也，是智小也。

如智者若禹之行水也，則無惡於智矣。禹之行水也，行其所無事也。【注】禹之用智，決江疏河，因水之性，因地之宜，引之就下，行其空虚無事之處。【疏】注『禹之』至『之處』〇正義曰：趙氏謂水性就下，宜行地中，故決江疏河，使由地中行。空虚，謂地中也。水行地上，則失水之性，而水不能安於無事矣。胡氏渭《禹貢錐指》云：『賈讓曰：「昔大禹治水，山陵當路者毀之，故鑿龍門，闢伊闕，析底柱，破碣石。」此鑿山之事也。孟子曰：「禹掘地而注之海。」太史公曰：「禹廝二渠以引其河，北載之高地，過洚水，至於大陸。」此穿地之事也。儒者蔽於一己之意見，凡耳目所不曾及，皆以爲妄，過泥「禹之行水，行所無事」之言，謂禹絶無所穿鑿。殊不知堯之水災，非尋常之水災；禹之行水，非尋常之行水；審如所云，則後世築隄置埽，開渠減水之人，皆得與禹功並垂天壤矣。鯀何以績用弗成，禹何以配天無極哉？』按禹鑿山穿地，不能無事，正所以使水行所無事。若禹祇憑空論，無有實事，則水轉不能無事矣。聖人明庶物，察人倫，仰而思之，夜以繼日，憂勤極矣。乃所以使民行所無事也。《春秋繁露·王道通》三篇云：『陽常居實位而行於盛，陰常居空位而行於末。故陰夏入居下，不得任歲事；冬出居上，置之空處也。養長之時伏於下，遠去之，弗使得爲陽也。無事之時，起之空處，使之備次陳守閉塞也。』《陰陽·終始》篇云：『陰之行，固常居虚而不得居實，至於冬而止空虚，太陽乃得北就其類，而與水起寒。』此謂寒水之性，宜居空虚無事。趙氏之言本此。**如智者亦行其所無事，則智亦大矣。**【注】如用智者不妄改作，作事循理，若禹行水於無事之處，則爲大智也。【疏】『如智』至『亦大矣』○正義曰：孟子以禹之行水，明大智者之行所無事。行所無事，卽舜之無爲而治也。《禮記·中庸》云：『舜其大智也與？舜好問而好察邇言，隱惡而揚善，執其兩端，用其中於民。』舜之大智，卽舜之無爲；而舜之無爲，本於好問察言，執兩用中；好問察言，執兩用中，則由仁義行，所以無爲而治。孟子恐人以行所無事爲老氏之清淨無爲，故以禹之行水例之。行水必決河疏江，鑿山穿地，而乃能使水行所無事。無爲而治，必好問察言，執兩用中，而乃能使民由仁義行。《中庸》云：『天命之謂性，率性之謂道，脩道之謂教。』率乎性則行所無事，自以爲智而用其智，則非率性而天下亦不能行所無事，此智之大小所以由分也。**天之高也，星辰之遠也，苟求其故，千歲之日至，可坐而致也。**【注】天雖高，星辰雖遠，誠能推求其故常之行，千歲日至之日可坐知也。星辰日月之會，致，至也。知其日至在何日也。【疏】『天之』至『致也』○正義曰：《禮記・中庸》篇云：『今夫天，斯昭昭之多，及其無窮也，日月星辰繫焉。』《素問》云：『黄帝曰：「地之爲下否乎？」岐伯曰：「地爲人之下，太虚之中也。」曰：「憑乎？」曰：「大氣舉之也。」』蓋地居中，天周其外。而地之去天，《楚辭・天問》雖云『圜則九重』，而其里度實不可知。其高之無窮也，所可測者日月星辰而已。星者，二十八宿也。辰者，十二次也。分天爲十二次，依於星象，天本無度，以星辰爲度；星辰本無度，以日行爲度，故測天者先測星辰，測星辰者先求日至。東方之宿角、亢、氐、房、心、尾、箕爲蒼龍，南方之宿東井、鬼、柳、七星、張、翼、軫爲朱鳥，西方之宿奎、婁、胃、昴、畢、觜、參爲白虎，北方之宿斗、牛、女、虚、危、室、壁爲玄武。蔡邕《月令章句》云：『周天三百六十五度四分度之一，分爲十二次，日月之所躔也。每次三十度三十二分之十四，日至其初爲節，至其中爲中氣。自危十度至壁八度謂之「豕韋之次」，立春、雨水居之。自壁八度至胃一度謂之「降婁之次」，驚蟄、春分居之。自胃一度至畢六度謂之「大梁之次」，清明、穀雨居之。自畢六度至井十度謂之「實沈之次」，立夏、小滿居之。自井十度至柳三度謂之「鶉首之次」，芒種、夏至居之。自柳三度至張十二度謂之「鶉火之次」，小暑、大暑居之。自張十二度至軫六度謂之「鶉尾之次」，立秋、處暑居之。自軫六度至亢八度謂之「壽星之次」，白露、秋分居之。自亢八度至尾四度謂之「大火之次」，寒露、霜降居之。自尾四度至斗六度謂之「析木之次」，立冬、小雪居之。自斗六度至須女二度謂之「星紀之次」，大雪、冬至居之。自須女二度至危十度謂之「元枵之次」，小寒、大寒居之。』此十二次即爲十二辰，天每日左旋一周，日每日右行一度，天行赤道，日行黄道；黄道斜交於赤道，其交處爲春秋分。自春分交赤道之北，至夏至而極北，距赤道最遠；轉而南行，至秋分交赤道之南，至冬至而極南，距赤道最遠；又轉而北行，至春分復交於赤道，其道斜絡於二十八宿之間，故日之出入南北，皆以星辰爲識。《堯典》『日中星鳥，日永星火，宵中星虚，日短星昴』，《月令》『孟春日在營室，仲春日在奎，季春日在胃，孟夏日在畢，仲夏日在東井，季夏日在柳，孟秋日在翼，仲秋日在角，季秋日在房，孟冬日在尾，仲冬日在斗，季冬日在婺女』，是也。日每歲環行於十二辰二十八宿之間，則此黄道之絡於星辰者，爲日躔之軌迹，即所謂故也。求其故，求日所行於星辰之度也。日所行之度即其故，而可知其所在，則兩分兩至定矣。日之行，極於兩至，故以日至言之。張氏爾岐《蒿庵閒話》云：『曆法每十九年爲一章，第一章之初，年月日時俱會於甲子朔旦冬至，是爲「曆元」。以後章首冬至必在朔旦，而非甲子日時。四章七十六年爲一蔀，朔旦冬至在夜半子，與第一章同，而月日非甲子。二十蔀爲一紀，凡一千五百二十年，冬至朔旦，乃甲子日甲子時而非甲子歲首。三紀共四千五百六十年，至朔同日，而年月日時俱會於甲子如初矣。孟子所謂「千歲之日至」，正求此一元之初，年月日時俱會甲子朔旦冬至者也。』梅氏文鼎《曆學疑問》云：『造法者，必有起算之端，是謂「律元」。然律元之法有二：其一遠遡初古，爲七曜齊元之元，自漢《太初》至金重修《大明術》各所用之積年是也。其一爲截算之元，自元《授時》不用積年日法，直以至元辛巳爲元，而今西法亦以崇禎庚辰爲元是也。二者不同，然以是爲起算之端，一而已矣。夫所謂「七曜齊元」者，謂上古之時，歲月日時皆會甲子，而又日月如合璧，五星如聯珠，取以爲造法之根數也。使其果然，雖萬世遵用可矣。乃今二十一史中所載諸家曆元無一同者，是其積年之久近，皆非有所受之於前，直以巧算取之而已。然謂其一無所據而出於胸臆，則又非也。當其立法之初，亦皆有所驗於近事，然後本其時之所實測，以旁證於書傳之所傳，約其合者，既有數端，遂援之以立術，於是溯而上之，至於數千萬年之遠，庶幾各率可以齊同，積年之法所由立也。然既欲其上合律元，又欲其不違近測，畸零分秒之數，必不能齊，勢不能不稍爲整頓，以求巧合。其始也，據近測以求積年；其既也，且將因積年而改近測矣。又安得以爲定法乎？《授時術》知其然，故一以實測爲憑，而不用積年虛率，上考下求，卽以至元十八年辛巳歲前天正冬至爲元，其見卓矣。』《孟子》『千歲日至』，趙注只云日至可知其日，疏則直云『千歲以後之日至可坐而定』，初不言立元。方氏觀承《五禮通攷》

云：『《孟子》此章極精，並無律元之説。立元至《太初術》始有之。孟子當時豈知後世將有《太初》之術而預言之？夫律豈無元，然隨代可立，不必追上古十一月甲子朔夜半冬至耳。孟子所謂日至者，亦兼二至在内，非專指冬至也。《周禮》土圭反專重夏至，《堯典》觀象亦兼永短二至，其專以冬至爲元者，亦始自《太初》也。孔子删《書》，斷自《堯典》；司馬遷作《史》，必欲追至黄帝，而穿鑿附會不少矣。』按孟子以水之『行所無事』，比例率性者之『行所無事』，仍恐其不明也，故又例之以求日至。夫天之行赤道，日之行黄道，其所躔於星辰，而爲分爲至，不容小智之鑿者也。談性者可以鑿空，求日至者斷不容鑿空，故孟子舉一必不容鑿空之日至以例言性，所以明性之不容鑿空也。何也？凡治曆者極精微巧妙，必與實測相孚，稍一鑿空，便與天行不合。所以學問之事至於測天，斷不容以小智妄説也。天之行如此，吾測之，吾求其故也，其至可致也。人之性如此，吾察之，吾求其故也，其利可知也。引喻之義，全在求其故。言性者，雖以故爲説，實未嘗求其故，故不知以利爲本。言天者，雖以故爲説，實未嘗求其故，故千歲之日至不能坐而致。《禮記·禮器》云『物産之致也精微』，注云：『致，致密也。』《樂記》云『致樂以治心』，注云：『致，猶深審也。』然則可坐而致即可坐而密，亦即可坐而深審。凡治曆必求其密，密必由於深審，所以必深審而密者，則以天行不測，以變爲常，至於千歲，則不能不通其變。蓋不能離其故，而不能拘守其故，所以必求其故；求其故，即實測而深審之，斯其術乃可坐而知其密也。梅氏文鼎《曆學疑問》云：『治曆者當順天以求合，不當爲合以驗天。若預爲一定之法，而不隨時修改，以求無弊，是爲合以驗天矣〔一〕？……吾嘗徵之天道矣。日有朝有禺，有中有昃，有夜有晨，此歷一日而可知者也。月有朔有生明，有弦有望，有生魄，有下弦，有晦，此歷一月而可知者也。時有春夏秋冬，晝夜有永短，中星有推移，此歷一歲而可知者也。乃若熒惑之周天則歷二年，歲星則十二年，土星則二十九年。夫至於十二年二十九年而一周，已不若前數之易見矣。又其每周之閒，必有過不及之餘分，所差甚微，非歷多周，豈能灼見。乃若歲差之行，六七十年始差一度，歷二萬五千餘年而始得一周，雖有期頤上壽，所見之差不過一二度，亦安從辨之？迨其歷年既久，差數愈多，然後共見而差法立焉。此非前人之智不若後人也，前人不能預見後來之差數，而後人則能盡考前代之度分，理愈久而愈明，法愈脩而愈密，勢則然耳。問者曰：若是則聖人之智有所窮歟？曰：使聖人爲一定之法，則窮矣。惟聖人深知天載之無窮而不爲一定之法，必使隨時脩改以求合天，是則合天下萬世之聰明以爲其耳目，聖人之所以不窮也。』按自黄帝迎日推策，攷定日星，少皞立司分司至之官，顓頊制曆，由來尚矣。而《堯典》則紀嵎夷、南交、西、朔方之宅，舜又有璇璣玉衡之在，《周禮・地官》用土

〔一〕『矣』，《皇清經解》本同，《曆學疑問》作『乎』。

圭之法以測日景之長短，歷代皆用實測，未有鑿空以言者也。誠以寒暑晝夜有常，而其差則隨時而變，非卽其故而時時求測之，不易合也。人性之善，亦如寒暑晝夜之有常也。至其智之隨時而變，亦如天行之有歲差也。非卽其故而時時察之思之，不易言也。歲而無差，則故不必求，日至不千歲，則差不著見。孟子言日至而曰千歲，千歲二字卽括歲差而言。舍故則日至不可知，泥其故而不能隨時以實測求之，則千歲之日至不可致。此孟子言曆之精，卽孟子言性之精也。江氏永《冬至權度》云：『履端於始，序則不愆，術家詳求冬至，且求千歲以上冬至，證之史傳，或離或合，其故難言。《元史》有六術冬至，開載魯獻公戊寅至至元庚辰四十九事，紀《大衍》、《宣明》、《紀元》、《統天》，重脩《大明·授時》時刻之異同，勿菴梅氏因之作《春秋以來冬至考》，删去獻公一事，各以其術本法詳衍，算術雖明，而未有折衷。永因梅氏所考定者，用實法推算，有不合者，斷其爲術誤史誤，俟知數者考焉。一論『平歲實』，太陽本天有平行，盡黄道周〔一〕爲「平歲實」，與月五星周平朔策，合率同理。別有本輪均輪最高最卑之行，以視行加減平行，二十四氣，時刻多少，歲歲不同；而古今冬至，不能以一率齊之，是爲活汎之歲實。猶之月有實會，逐月不同；五星有實合，每周不同也。《授時》、《大統》以前，太陽高卑之理未明，雖知一歲之

〔一〕『周』，《皇清經解》本、江永《冬至權度》作『一周』。

行有盈縮，不悟盈縮之中爲平歲實；但求歲實於活汎之冬至，故一術必更一周率與歲實，然合今則戾古，合古又違今。《統天術》遂立距差躔差之法，暗藏消長，以求上下兩合，《授時術》本之，有百年長一消一之説。西法本《回回》，以春分相距，測定歲周，小餘五小時三刻三分四十五秒，以萬分通之，爲二四二一八七五，此爲平行之歲實小餘，而各節氣之定氣，則以均度加減定之，此不易之法也。欲考往古冬至，當以「平歲實」爲本，算當年平冬至時刻，乃以定冬至較之，知其距最卑之遠近，或與今法有不合，則知其時本輪均輪之有半徑差，有相去之遠者，則知史傳所記非實測。所謂「苟求其故，千歲之日至可坐而致」者，此爲庶幾焉。倘以《授時》之歲實爲歲實，而以百年長一消一爲準，則非法矣。一論「最卑行」，太陽本輪最卑點爲縮末盈初之端，歲有推移，與月入轉五星入律，皆有盈度同理。平冬至之改爲定冬至也，視此點之前後遠近，以加度而減時，減度而加時焉。至元辛巳間，最卑與平冬至同度，自是以前，定冬至皆在平冬至前，以後定冬至皆在平冬至後，最卑有行度故也。西法近率，最卑歲行一分一秒十微，以遠年冬至考之，此率似微朒，大約當加二秒，上求古時定冬至，以此爲準焉。一論「輪徑差」，既卑既有行度矣，而太陽之體在均輪，均輪之心在本輪，本輪之心在本天，此兩輪半徑，古今又有不同，則距地遠近兩心有差，西法始定兩輪半徑，併千萬分之三十五萬八千四百一十六，而今又漸減，則古時必多於此半徑，大則加減差亦大，而以均度變時分，加減於平冬至者，視今時必稍贏焉，此差率出於恒差之外，術家亦不能定者也。上考往古，又當以此消息之。』

《章指》言：能脩性守故，天道可知，妄智改常，必與道乖，性命之指也。【疏】『修性守故』〇正義曰：周氏廣業《孟子章指攷證》云：『脩，《文選注》作「循」，唐人書脩循二字多混淆。』

公行子有子之喪，右師往弔，入門，有進而與右師言者，有就右師之位而與右師言者。【注】公行子，齊大夫也。右師，齊貴臣王驩，字子敖。公行之喪，齊卿大夫以君命會，各有位次，故下云朝廷也。與言者，皆諂於貴人也。【疏】『公行子』至『言者』〇正義曰：顧氏炎武《日知録》云：『禮，父爲長子斬衰三年，故云公行子有子之喪，而孟子與右師及齊之諸臣皆往弔。』毛氏奇齡《經問》云：『或問公行子有子之喪，説者皆曰公行子喪親而身居子位，名曰子喪，謂有人子之喪也。然乎？曰：非也。公行子有子之喪，謂公行子喪其子，非身居子喪也。凡喪必有主，然有君爲臣主者，有父爲子主者，如《小記》云「父主子喪而有杖」，又《奔喪》云「凡喪，父在父爲主」，是子喪父主，明有定禮。當時公行氏喪子，正身爲喪主，以受賓弔，一如《檀弓》所云「子夏喪其子而曾子弔之」。禮，凡稱有某喪，皆實指死者言之，謂其人之死喪也。若以指生者，則《檀弓》「曾子有母之喪」，「子路有姊之喪」，不成有人母人姊之喪乎？』錢氏大昕《潛研堂答問》云：『問：公行子有子之喪，何以君命往弔？曰：《儀禮・喪服》篇「父爲長子斬衰三年」，傳曰：「何以三年也？正體於上，又乃將所傳重也。庶子不得爲長子三年，不繼祖也。」鄭氏注云：「此言爲父後者然後爲長子三年，重其當先祖之正體，又以其將代己爲宗廟主也。」公行子當是爲父後者，其子蓋長子也。大夫之嫡長，在國謂之國子，入學與世子齒焉者也。在家謂之門子，《春秋傳》「大夫門子，皆從鄭伯」是也。故其喪也，父爲之服斬衰三年，君使人弔，卿大夫咸往會焉。《周禮》卿大夫士之喪，職喪以國之喪禮涖其禁令。孟子所稱不歷位不踰階之禮，卽職喪之禁令也。』趙氏佑《温故録》云：『進，前也。此右師甫入門未卽位時，趨迎揖之者，卽所謂踰階也。與下就右師之位，皆人之進，人之就。衆人皆往弔，先集而右師獨後至，書法特書「右師往弔」，亦似以右師主其事，孟子蓋不得已從衆也。』○注『公行子齊大夫也』○正義曰：《荀子・大略》篇云：『公行子之之燕。』注云：『孟子曰：「公行子有子之喪，右師往弔。」趙岐注云：「齊大夫也。」子之，蓋其先也。《廣韻》「公」字注云：『《孟子》有公行子著書，《左傳》晉成公以卿之庶子爲公行大夫，其後氏焉。』

孟子不與右師言。右師不悦，曰：『諸君子皆與驩言，孟子獨不與驩言，是簡驩也。』

【注】右師謂孟子簡其無德，故不與言，是以不悦也。【疏】『是簡驩也』○正義曰：《吕氏

春秋・驕恣》篇云『自驕則簡士』，高誘注云：『簡，傲也。』《説苑・脩文》篇云：『君子思禮以脩身，則怠惰慢易之節不至。』又云：『孔子曰：「可也簡。」簡者，易野也。易野者，無禮文也。』簡則非禮，故孟子以禮言之。

孟子聞之曰：『禮，朝廷不歷位而相與言，不踰階而相揖也。我欲行禮，子敖以我爲簡，不亦異乎！』【注】孟子聞子敖之言，曰我欲行禮，故不歷位而言，反以我爲簡易也。【疏】『禮朝廷』至『揖也』○正義曰：《禮記・曲禮》云：『臨喪不笑，揖人必違其位。』孔氏正義云：『位，謂己之位也。於位而見前人已所宜敬者，當離己位而鄉彼遥揖。禮以變爲敬，是以《燕禮》「君降階爾卿大夫」，鄭注云：「爾，近也。」揖而後移近之，明君臣皆須違位而揖也。』陳祥道《禮記講義》云：『此所言，乃燕居之禮。孟子所言，朝廷之禮。朝廷尚嚴，燕居尚和，言之不同，所主之禮異也。』○注『反以我爲簡易也』○正義曰：趙氏以易釋簡也。閩、監、毛三本作『異』，非是。

《章指》言：**循禮而動，不合時人；阿意事貴，脅肩所尊，俗之情也。是以萬物皆流，而金石獨止。**【疏】『阿意事貴』正義曰：《漢書・劉向傳》武帝詔曰：『周堪不能阿尊事貴。』○『是以萬物皆流而金石獨止』○正義曰：《説苑・談叢〔一〕》篇云：『水浮萬物，玉

〔一〕『談叢』，《皇清經解》本作『説叢』。

石畱止。』

孟子曰：『君子所以異於人者，以其存心也。君子以仁存心，以禮存心。仁者愛人，有禮者敬人；愛人者人恒愛之，敬人者人恒敬之。【注】存，在也。君子之在心者，仁與禮也。愛敬施行於人，人必反之己也。【疏】注『存在也』○正義曰：趙氏以在釋存，蓋以在爲察，在心卽省察其心，下文自反皆察也。有人於此，其待我以横逆，則君子必自反也：我必不仁也，必無禮也，此物奚宜至哉？【注】横逆者，以暴虐之道來加我也。君子反自思省，謂己仁禮不至也。物，事也。推此人何爲以此事來加我。【疏】注『物事』至『加我』○正義曰：《毛詩・大雅・烝〔一〕民》『有物有則』，傳云：『物，事也。』《爾雅・釋詁》云：『宜，事也。』《韓非子・喻老》篇云：『事，爲也。』是『奚宜』卽『何爲』也。『至』之義爲來，故云『來加我』。其自反而仁矣，自反而有禮矣，其横逆由是也，君子必自反也：我必不忠。【注】君子自謂，我必不忠。自反而忠矣，其横逆由是也，君子曰：此亦妄人也已矣！如此則與禽獸奚擇哉？於禽獸又何難焉？【注】妄人，妄作之人。無知者與禽獸何擇異也。無異於禽獸，又何足難也。【疏】『又何難焉』○正義曰：《周禮・調人》

〔一〕『烝』，《皇清經解》本作『蒸』，《毛詩注疏》作『烝』。

『掌司萬民之難而調和之』，注云：『難相與爲仇讎。』〇注『妄人』至『知者』〇正義曰：《禮記·儒行》篇云『今衆人之命儒也妄』，注云：『妄之言無也。』虞翻解《易·无妄》云：『妄，亡也。』亡卽無也。不知而作，是爲妄作，故妄作卽猶禽獸之無知也。〇注『與禽獸何擇異也』〇正義曰：《吕氏春秋·簡選》篇云『與惡劒無擇』，高誘注云：『擇，別也。』又《離謂》篇云『其與橋言無擇』，高誘注云：『擇，猶異也。』**是故君子有終身之憂，無一朝之患也。乃若所憂則有之：舜人也，我亦人也。舜爲法於天下，可傳於後世，我由未免爲鄉人也。是則可憂也。**【注】君子之憂，憂不如堯舜也。【疏】『是故』至『憂也』〇正義曰：《禮記·檀弓》云：『子思曰：「喪三日而殯，凡附於身者，必誠必信，勿之有悔焉耳矣。三月而葬，凡附於棺者，必誠必信，勿之有悔焉耳矣。喪三年以爲極，亡則弗忘之〔一〕矣。故君子有終身之憂，而無一朝之患。」』鄭氏注以『終身之憂』爲『念其親』，『無一朝之患』爲『毀不滅性』，『蓋君子有終身之憂，無一朝之患』，此二語當古有之，子思引以説人子之念親，孟子引之説君子之待横逆，故下申言之。賈誼《新書·勸學》篇云：『謂門人學者：舜何人也，我何人也？夫啟耳目，載心意，從立移徙，與我同性，而舜獨有賢聖之名，明君子之實，而我曾無鄰里之聞。寬徇之智者，獨何與？然則舜僶俛而加

〔一〕『忘之』，《皇清經解》本同，《禮記正義》作『之忘』。

志，我僶僶而弗省耳。』此卽用孟子之言而衍之，故下卽言『西子蒙不潔』，亦用孟子語也。**若夫君子所患則亡矣，非仁無爲也，非禮無行也。如有一朝之患，則君子不患矣。**』【注】君子之行，本自不致患，常行仁行禮。如有一朝橫來之患，非己愆也。故君子歸天，不以爲患也。【疏】注『故君子歸天』○正義曰：《後漢書·順帝紀》云『令刺史二千石之選歸任三司』，注云：『歸，猶委任也。』此云歸天，謂委任於天也。

《章指》言：**君子責己，小人不改，比之禽獸，不足難矣。蹈仁行禮，不患其患，惟不若舜，可以憂也。**

禹稷當平世，三過其門而不入，孔子賢之。顏子當亂世，居於陋巷，一簞食，一瓢飲，人不堪其憂，顏子不改其樂，孔子賢之。孟子曰：『禹稷顏回同道，【注】當平世三過其門者，身爲公卿，憂民急也。當亂世安陋巷者，不用於世，窮而樂道也。孟子以爲憂民之道同，用與不用之宜若是也，故孔子俱賢之。**禹思天下有溺者，由己溺之也。稷思天下有飢者，由己飢之也。是以如是其急也。禹稷顏子，易地則皆然。**【注】禹稷急民之難若是，顏子與之易地，其心亦然。不在其位，勞佚異矣。【疏】『禹思』至『飢之也』○正義曰：《音義》於上章『我由未免爲鄉人也』云：『丁云：「由與猶義同，後皆放此。」』然則此由亦猶也。謝少宰墉謂『由當讀如字。蓋己既爲司空，則天下之溺由於己；己既爲后稷，則天下之飢由於己。讀爲猶，尚是譬況未合。』此深得孟子之恉矣。**今有同室之人鬬者，救之，雖被髮纓冠而救之可也。鄉鄰有鬬者，被髮纓冠而往救之，則惑也。雖閉户，可也。**【注】纓冠者，以冠纓貫頭也。鄉鄰，同鄉也。同室相救，是其理也，喻禹稷走赴。鄉鄰非其事，顏子所以闔户而高枕也。【疏】注『纓冠者以冠纓貫頭也』○正義曰：《說文》糸部云：『纓，冠系也。』劉熙《釋名·釋首飾》云：『纓，頸也。自上而下繫於頸也。』急於戴冠，不及使纓攝於頸，而與冠並加於頭，是以纓爲冠，故云纓冠，趙氏此注精矣。○注『以冠纓貫頭』○廷琥曰：按劉熙《釋名·釋首飾》云：『冠，貫也。所以貫韜髮也。』《說文》云：『毌，讀若冠。』是冠有貫義。○注『顏子所以閉户而高枕也』○正義曰：《楚辭·九辨》云：『堯舜皆有舉任兮，故高枕而自適。』《韓非子·守道》篇云：『戰如賁、育，守如金石，則君人者高枕而守已完矣。』《戰國策·魏策》：『張儀曰：「則大王高枕而卧，國必無憂矣。」』賈誼《新書·益壤》篇、《史記·留侯世家》、揚雄《解嘲》皆云『高枕』。

《章指》言：上賢之士，得聖一概，顏子之心，有同禹稷，時行則行，時止則止，失其節則惑矣。【疏】『上賢之士得聖一概』○正義曰：揚子《法言·重黎篇序》云：『仲尼以來，國君將相，卿士名臣，參差不齊，一概諸聖。』○『失其節則惑矣』○正義曰：《易·雜卦傳》云：『節，止也。』失節，謂不知止。

公都子曰：『匡章，通國皆稱不孝焉。夫子與之遊，又從而禮貌之，敢問何也？』

【注】匡章，齊人也。一國皆稱不孝，問孟子何爲與之遊，又禮之以顏色喜悅之貌也。

【疏】注『又禮』至『貌也』○正義曰：《荀子・禮論篇》云『情貌之盡也』，注云：『情，忠誠也。貌，恭敬也。……言人所施忠敬，無盡於君者。』《説苑・脩文》篇云：『書曰五事，一曰貌，貌若男子之所以恭敬，婦人之所以姣好也。……其以入君朝，尊以嚴；其以入宗廟，敬以忠；其以入鄉曲〔一〕，和以順；其以入州里族黨之中，和以親。』《荀子》言禮貌屬君，則當爲尊嚴。孟子之禮貌在匡章，則當爲和親。故以爲顏色喜悅之貌也。《楚辭・九章・惜誦》篇云『情與貌其不變』，注云：『志願爲情，顏色爲貌。』

孟子曰：『世俗所謂不孝者五：惰其四支，不顧父母之養，一不孝也；博奕，好飲酒，不顧父母之養，二不孝也；好貨財，私妻子，不顧父母之養，三不孝也；從耳目之欲，以爲父母戮，四不孝也；好勇鬭很，以危父母，五不孝也。章子有一於是乎？【注】惰懈不作，極耳目之欲以陷罪，戮及父母，凡此五者，人所謂不孝之行，章子豈有一事於是五不孝中也。【疏】『好勇鬭很』○正義曰：翟氏灝《考異》云：『《説文》彳部：「很，胡懇切，不聽從也。盭也。」犬部：「狠，五還切，吠鬭聲。」兩字截然不同。此鬭很字必當如《曲

〔一〕『曲』，《皇清經解》本同，《禮記正義》作『黨』。

禮》「很毋求勝」之很，而坊本多誤作「狠」。據《廣韻》「很」字下注云：「俗作狠。」蓋以狠代很，唐固嘗有之。然音與義悉大别，縱或俗行，不可施諸經典。』《荀子·榮辱篇》云：『鬭者，忘其身者也，忘其親者也，忘其君者也。行其少頃之怒，而喪終身之軀，然且爲之，是忘其身也。室家立殘，親戚不免於〔一〕刑戮，然且爲之，是忘其親也。』注云：『蓋當時禁鬭殺人之法，戮及親戚。』《尸子》曰：『非人君之用兵也，以爲民傷鬭，則以親戚徇一言而不顧〔二〕之也。』**夫章子，子父責善而不相遇也。責善，朋友之道也。父子責善，賊恩之大者。**【注】遇，得也。章子子父親教，相責以善，不能相得，父逐之也。朋友切磋，乃當責善耳。父子相責以善，賊恩之大也。【疏】注『遇得也』○正義曰：隱公四年夏，公及宋公遇于清。《穀梁傳》云：『遇者，志相得也。』桓公十年秋，公會衛侯于桃丘，弗遇。《穀梁傳》云：『弗遇者，志不相得也。』○注『章子』至『大也』○正義曰：全氏祖望《經史問答》云：『章子之事，見於《國策》，姚氏引《春秋·後語》證之，所紀略同。吴禮部曰：孟子以爲子父責善而不相遇，恐卽此事。然必《國策》所云，何以言責善？況在威王時，頗疑與孟子不相接。答曰：章子見《國策》，最早當威王時，據《國策》威王使章子將而拒

〔一〕『於』，《皇清經解》本同，《荀子·榮辱》作『乎』。

〔二〕『顧』，《皇清經解》本同，《荀子·榮辱》作『改』。

秦，威王念其母爲父所殺，埋於馬棧之下，謂曰：「全軍而還，必更葬將軍之母。」章子對曰：「臣非不能更葬母。臣之母，得罪臣之父，未教而死。臣葬母，是欲死父也。故不敢。」軍行，有言章子以兵降秦者三，威王不信，有司請之，王曰：「不欺死父，豈欺生君。」章子大勝秦而返。《國策》所述如此。然則所云責善，蓋必勸其父以弗爲已甚而父不聽，遂不得近，此自是人倫大變，章子之黜妻屏子，非過也。然而孟子以爲賊恩則何也？蓋章子自勝秦以前，所以處此事者，本不可以言遇。然其勝秦而還，則王必葬其母矣，而章子之黜妻屏子，終身如故，是在章子亦以恫母之至，不僅以一奉君命，得葬了事，未嘗非孝，而不知是則似於揚父生前之過，自君子言之，以爲非中庸矣。故孟子亦未嘗竟許之。而究之矜其遇，諒其心，蓋章子自是至性孤行之士，晚近所不可得，雖所行未必盡合，而直不失爲孝子。但章子之事，未必在威王之世，威王未嘗與秦交兵，齊秦之鬭在宣王時，而伐燕之役，將兵者正是章子，則恐其誤編於威王《策》中者。卽不然，亦是威王末年。』

夫章子豈不欲有夫妻子母之屬哉？爲得罪於父，不得近，出妻屏子，終身不養焉。【注】夫章子豈不欲身有夫妻之配，子有子母之屬哉。但以身得罪於父，不得近父，故出去其妻，屏遠其子，終身不爲妻子所養也。**其設心以爲不若是，是則罪之大者。是則章子已矣。**【注】章子張設其心，執持此屏出妻子之意，以爲人得罪於父，而不若是以自責罰，是則罪益大矣。是章子之行已矣，何爲不可與言。【疏】注『章子』至『之意』○正義曰：《說文》言部云：『設。施陳也。』弓部云：『張，施弓弦也。』是設即張也。張則有彊義，昭公十四年《左傳》云『臣欲張公室也』，《國策·西周策》云『破秦以張韓魏』，注皆以張爲彊，是也。以此意張設於心，彊而莫改，故爲執持此意也。○注『是章』至『與言』○正義曰：周氏廣業《孟子古注攷》云：『宋本古本有之，今並闕。』

《章指》言：匡章得罪，出妻屏子，上不得養，下以責己，衆曰不孝，其實則否，是以孟子禮貌之也。

曾子居武城，有越寇。或曰：『寇至，盍去諸？』【注】盍，何不也。曾子居武城，有越寇將來，人曰寇方至，何不去之。【疏】「曾子居武城有越寇」○正義曰：周氏柄中《辨正》云：『《史記·仲尼弟子列傳》：「曾參，南武城人。澹臺滅明，武城人。」後人遂疑魯有兩武城，而謂子羽爲今費縣之武城，曾子則別一武城，在今之嘉祥縣。愚按：嘉祥縣有南武山，上有阿城，亦名南武城，後人因南武山之城，遂附會爲曾子所居，此大謬也。《新序》云：「魯人攻鄪，曾子辭於鄪君。」《戰國策》甘茂亦言「曾子處鄪」，是曾子所居，即費縣之武城，非有二地，而《史記》云南武城者，因清河有東武城，在魯之北，故加南以别之，據漢人之稱耳。武城，《漢志》作「南成」，《後漢志》作「南城」，至晉始爲南武城，今故城在費縣西南九十里，屬兗州府。』又云：『《漢志》「越王勾踐嘗治琅琊，起館臺。」攷春秋時，琅琊爲今山東沂州府，魯費在沂州府費縣西南七十里，武城在縣西南九十里。哀八年：「吴伐魯，從武城。初武城人或有因於吴境田焉，拘鄫人之漚菅者，曰：何故使吾水滋？及吴師至，拘者道之以伐武城。」觀此則沂州之地，久已爲吴之錯壤，越滅吴而有其地，且徙治琅琊，則與武城密邇，閻濳丘謂「吴未滅與吴鄰，吴既滅與越鄰」是也。或云越寇季氏，非寇魯。此並無所據。《左傳》哀二十一年，越人始來。二十三年，叔青如越，越諸鞅來報聘。二十四年，公如越。二十五年，公至自越。二十六年，叔孫舒帥師會越人納衛侯。二十七年，越使后庸來聘。是年八月，公如越。越又嘗與魯泗東地方百里。以此觀之，越自滅吴後，與魯脩好，未嘗加兵，而哀公嘗欲以越伐魯而去三桓。武城近費，季氏之私邑在焉。説者因謂越寇季氏非寇魯，亦臆度之言耳。』趙氏佑《温故録》云：『《仲尼弟子列傳》「曾參，南武城人。澹臺滅明，武城人。」同言武城，而上獨别之以南，明是兩地。曾子居武城，自即今費縣之武城，爲子游、子羽邑，而非即南武城爲曾子本邑者。若其本邑也，則家室在焉，丘墓在焉，卽云爲師，亦黨庠里塾之常，所謂鄉先生者矣。一旦寇難之來，方將效死，徙無出鄉，相守望扶持之義，而徒以舍去鳴高，豈繫人情。嘉祥今於曲阜爲西南，與鉅野縣皆古大野地，曾子祠墓存焉。質諸傳記，或離或合，要於魯有兩武城。武城地險多事，故見經屢，南武城没不見經，而曾子自爲南武城人，非武城人。』

曰：『無寓人於我室，毁傷其薪木。寇退，則曰：脩我牆屋，我將反。』【注】寓，寄也。

曾子欲去，戒其守人曰，無寄人於我室，恐其傷我薪草樹木也。寇退，則曰治牆室之壞者，我將來反。【疏】注『寓寄』至『來反』○正義曰：《方言》云：『寓，寄也。齊、衛、宋、魯、陳、晉、汝、潁、荆州、江、淮之間，或曰寓。』孔氏廣森《經學卮言》云：『按兩寇退文複。以前十一字皆曾子屬武城人語，言無毁傷我薪木，假令寇退，則急脩我牆屋，我猶反耳。此曰字，義如「曰爲改歲」之曰，語辭也。』

寇退，曾子反。左右曰：『待先生如此其忠且敬也。寇至則先去以爲民望，寇退則反，殆於不可。』【注】左右相與非議曾子者，言武城邑大夫敬曾子，武城人爲曾子忠謀，勸使避寇，君臣忠敬如此，而先生寇至則先去，使百姓瞻望而效之，寇退安寧則復來還，殆不可如是。怪曾子何以行之也。【疏】『殆於不可』○正義曰：王氏引之《經傳釋詞》云：『於，猶爲也。《禮記·郊特牲》「埽地而祭，於其質也」，又曰「於其質而已矣」，皆謂爲其質不爲其文也。《大戴禮·曾子本孝》篇曰「如此而成於孝子也」，言如此而後成爲孝子也。《孟子》「殆於不可」，言殆爲不可也。於與爲同義。』

沈猶行曰：『是非汝所知也。昔沈猶有負芻之禍，從先生者七十人，未有與焉。』【注】沈猶行，曾子弟子也。行謂左右之人曰，先生之行，非汝所能知也。先生，曾子也。往者先生嘗從門徒七十人，舍吾沈猶氏，時有作亂者曰負芻，來攻沈猶氏，先生率弟子去之，不與其難。言師賓不與臣同。【疏】注『沈猶行曾子弟子也』○正義曰：《廣韻》二十一侵：『沈，直深切。漢複姓有沈猶氏。』翟氏灝《攷異》云：『《荀子・儒效》篇：「仲尼將爲司寇，沈猶氏不敢朝飲其羊。」沈猶，蓋魯之著氏也。《漢書・楚元王傳》「景帝封其子歲爲沈猶侯」，晉灼注曰：「沈，音審。」《王子侯表》屬千乘郡高宛。地與氏，古應相因，地既讀審，氏亦未必他讀，《廣韻》所收，惟備博聞而已。』○注『時有作亂者曰負芻』○正義曰：錢氏大昕《潛研堂答問》云：『春秋有曹伯負芻，《史記》有楚王負芻，負芻爲人名審矣。』

子思居於衛，有齊寇。或曰：『寇至，盍去諸？』子思曰：『如伋去，君誰與守？』【注】伋，子思名也。子思欲助衛君赴艱〔一〕。【疏】注『伋子』至『赴難』○正義曰：《史記・孔子世家》云：『孔子生鯉，字伯魚，伯魚年五十，先孔子死。伯魚生伋，字子思，年六十二，嘗困於宋。子思作《中庸》。』

孟子曰：『曾子子思同道。曾子，師也，父兄也。子思，臣也，微也。曾子子思，易地則皆然。』【注】孟子以爲二人同道。曾子爲武城人作師，則其父兄，故去留無毁。子思，微少也，又爲臣。委質爲臣當死難，故不去也。子思與曾子，易處同然。【疏】注『故去留無毁』○廷琥按：《説文》土部云：『毁，缺也。』《廣雅・釋言》云：『毁，虧也。』去留無毁，

〔一〕『艱』，《皇清經解》本、《孟子注疏》均作『難』。

謂曾子處師位，去留皆可，於道無所虧缺也。

《章指》言：臣當營君，師有餘裕，二人處義，非殊者也。是故孟子紀之，謂得其同。

【疏】『謂得其同』○正義曰：周氏廣業《孟子章指攷證》云：『同，小字宋本、足利本並作「宜」。』

儲子曰：『王使人瞯夫子，果有以異於人乎？』**【注】**儲子，齊人也。瞯，視也。果，能也。謂孟子曰：王言賢者身貌必當有異，故使人視夫子能有異於衆人之容乎。**【疏】**『王使人瞯夫子』○正義曰：阮氏元《校勘記》云：『「王使人瞯夫子」，宋《九經》本、《岳》本、《咸淳衢州》本、孔本、韓本、《攷文》古本同。監、毛二本瞯作「瞷」，閩本注作「瞷」。按《音義》出「瞯」，夫作「瞷」，蓋此正與《滕文公》篇「阳货瞯孔子」同字，音勘，譌爲「瞯」，而以古莧切之，非也。下章同』○注『儲子』至『容乎』○正義曰：儲子見《戰國策·燕策》，謂齊宣王破燕者。此亦言儲子爲相，是爲齊人也。王氏念孫《廣雅疏證》云：『覸之言間也，間，覗也。《方言》云：「瞯，眄也。吴、揚、江、淮之間曰瞯。」《孟子·離婁》篇「王使人瞯夫子」，注云：「瞯，視也。」瞯與覸同。』按趙氏以視釋瞯，自非瞯字。《荀子·非相》篇云：『相人，古之人無有也。學者不道也。古者有姑布子卿，今之世梁有唐舉。相人之形狀顔色而知其吉凶妖祥，世俗稱之，古之人無有也。學者不道也。故相形不如論心，論心不如擇術，形不勝心，心不勝術。』相，即視也。《周禮・大司徒》『以相民宅而知其利害』，注云：『相，占視也。』趙氏蓋以齊王使善相人者相孟子之形狀也。下注言『堯舜之貌與凡人同，所以異乃仁義之道在内』，即荀子『相形不如相心』之説也。

孟子曰：『何以異於人哉？堯舜與人同耳。』【注】人生同受法於天地之形，我當何以異於人哉。且堯舜之貌，與凡人同耳，其所以異，乃以仁義之道在於内也。

《章指》言：人以道殊，賢愚體别，頭員足方，善惡如一。儲子之言，齊王之不達也。

【疏】『頭員足方』○正義曰：《大戴記・曾子天員》篇云：『單居離問於曾子曰：「天圓而地方者，誠有之乎？」曾子曰：「天之所生上首，地之所生下首；上首之謂圓，下首之謂方。」』注云：『人首圓足方，因繫之天地。』《漢書・刑法志》云『人肖天地之貌』，注引應劭云：『肖，類也。頭員象天，足方象地。』周氏廣業《孟子章指攷證》云：『應氏説本《孝經・援神契》。』

齊人有一妻一妾而處室者，其良人出，則必饜酒肉而後反。其妻問所與飲食者，則盡富貴也。【注】良人，夫也。盡富貴者，夫詐言其姓名也。【疏】注『良人』至『名也』○正義曰：《儀禮・士昏禮》云『媵御良席在東』，注云：『婦人稱夫曰良。《孟子》曰：「將見良人之所之。」』王氏念孫《廣雅疏證》云：『良，長也。《齊語》云：「四里爲連，連爲之長；十連爲鄉，鄉有良人。」是良與長同義。婦稱夫曰良人，義亦同也。』又云：『郎之言良也，《少儀》「負良綏」，鄭注云：「良綏，君綏也。」良與郎，聲之侈弇耳。猶古者婦稱夫曰良，而今謂之郎也。』當時富貴之人，皆有姓名，其夫必悉言之。經渾括其辭云『則盡富貴』，故趙氏明之。

其妻告其妾曰：『良人出，則必饜酒肉而後反，問其與飲食者，盡富貴也，而未嘗有顯者來。吾將瞯良人之所之也。』【注】妻疑其詐，故欲視其所之。【疏】『吾將瞯良人之所之也』○正義曰：臧氏琳《經義雜記》云：『《祭義·記》：「燔燎羶薌，見以蕭光。」又：「薦黍稷，羞肝肺首心，見間以俠甒。」注：「見及見間，皆當爲覵，字之誤也。燔燎馨香，覵以蕭光，取牲祭脂也。覵以俠甒，謂雜之兩甒醴酒也。」正義曰：「覵，謂雜也。」據意皆是覵雜之理，觀此可知。《說文》見部無「覵」字，覞部云：「䙰，很視也。齊景公之勇臣有成䙰者。」今《孟子·滕文公上》「成覵謂齊景公曰」，與《離婁下》「覵良人」同字。然則覵卽䙰之俗。《說文》：「覞，並視也。從二見。」䙰從覞，故鄭訓爲雜，與《說文》義合。《孟子》「將覵良人之所之」者，謂齊人妻將雜並衆人之中，而視其夫所至也。趙氏祇訓爲視，語意未周。』按鄭以覵爲雜者，讀覵爲間雜之間也。趙氏本瞷自是瞯，故訓爲視。《釋名·釋恣容》云：『視，是也。察其是非也。』此不過察其是非，不必爲間諜也。

蚤起，施從良人之所之，徧國中無與立談者。卒之東郭墦間，之祭者乞其餘，不足，

又顧而之他。此其爲饜足之道也。【注】施者，邪施而行，不欲使良人覺也。墦間，郭外冢間也。乞其祭者所餘酒肉也。【疏】注「施者邪施而行」〇正義曰：錢氏大昕《潛研堂答問》云：「『施，古斜字。《史記・賈生列傳》「庚子日施兮」，《漢書》作「斜」。邪、斜音義同也。』按施與迆通，《淮南子・要略訓》云『接徑直施』，注云：『施，衺也。』故趙氏以邪釋施，程氏瑶田《通藝録・溝洫疆理小記》云：『「東郭墦間」，墦之言墳也。以不墳者間之，則墦間亦猶兩者之間類也。』王氏念孫《廣雅疏證》云：『《釋丘》：「墦，冢也。」《説文》：「冢，高墳也。」墦之言般也。《方言》云：「般，大也。」山有嶓冢之名，義亦同也。』閻氏若璩《釋地》云：『余每讀「東郭墦間之祭者」，趙注：「墦間，郭外冢間也。」以爲此古墓祭之切證。不知何緣至東漢建寧五年，蔡邕從車駕上陵，謂同坐者曰「聞古不墓祭」，魏文帝黄初三年詔曰「古不墓祭」，自作《終制》曰「禮不墓祭」，此言既興，下到今紛紛撰述，皆以墓祭爲非古。余謂《孟子》且勿論，請博徵之。《成陽・靈臺碑》：「慶都僊歿，蓋葬於兹，名曰靈臺，上立黄屋，堯所奉祠。」非墓祭之見於集乎？《韓詩外傳》「曾子曰：椎牛而祭墓，不如雞豚逮親存」。非墓祭之見於子乎？《周本紀》「成王上祭於畢」，畢，文王墓地也。非墓祭之見於史乎？《周禮・冢人》「凡祭墓爲尸」，非墓祭之見於經乎？更有可言者，孟子之前，孔子卒，葬魯城北泗水上，魯世世相傳，以歲時奉祠孔子冢，豈有非禮之祭，而敢輒上聖人之冢者哉？』曹氏之升《摭餘説》云：『何氏焯《讀書記》云，宋元刊本以

「卒之東郭墦間」句，「之祭者乞其餘」句，「不足」句，「又顧而之他」句。上文「瞷良人之所之」，此「卒之」、字「之祭者」字、「之他」字，緊相貫注。按卒字句，之字屬下東郭，東郭之墦冢非一，不必冢間皆有祭者，則其之東郭墦間矣。再瞷之，乃之祭者乞其餘矣。趙氏言乞祭者所餘酒肉，固以「之祭者乞其餘」爲句。』

其妻歸告其妾，曰：『良人者，所仰望而終身也，今若此。』與其妻訕其良人，而相泣於中庭。【注】妻妾於中庭悲傷其良人，相對泣涕而謗毀之。【疏】注「妻妾」至「毀之」○正義曰：《説文》言部云：『訕，謗也。』《一切經音義》引《蒼頡篇》曰：『訕，誹毀也。』《容齋二筆》謂『《孟子》「齊人有一妻一妾」云云，反復數十百語，而以「今若此」三字結之。比諸《左傳》「叔孫武叔使郈馬正侯犯殺郈宰」云云，末以「使如之」三字結之。』按《孟子》叙事，前云『其良人出，則必饜酒肉而後反，其妻問所與飲食者，則盡富貴也。其妻告其妾曰，良人出，必饜酒肉而後反，問所與飲食者，盡富貴也。』複上文，不嫌煩也。下云『蚤起，施從良人之所之，徧國中無與立談者，卒之東郭墦間，之祭者乞其餘，不足，又顧而之他，此其爲饜足之道也，其妻歸告其妾』。『蚤起』下四十四字，上承『吾將瞷良人之所之也』，下接『其妻歸告其妾』，所瞷於目中者如此，所歸而告於妾者亦如此。用『其妻歸告其妾』六字，括上四十四字，不須複述也。既告之後，乃復曰『良人者所仰望而終身者也今若此』，此字指上四十四字，已歸而告，故用此字指之。『其妻歸告其妾』六字句，不連曰字也。其下原有訕毁之辭，不復行之於文，故於『今若此』三字下，云『與其妾訕其良人』，乃渾括之辭，與『則盡富貴』同。今若此三字非結語也。**而良人未之知也，施施從外來，驕其妻妾。**【注】施施猶扁扁，喜悦之貌。以爲妻妾不知，如故驕之也。【疏】注『施施猶扁扁喜悦之貌』○正義曰：《音義》云：『施施，丁依字。《詩》曰：「將其來施施。」』按《毛詩・王風・丘中有麻》傳云：『施施，難進之意。』箋云：『施施，舒行伺間，獨來見己之貌。』趙氏皆不用，以爲『猶扁扁』者，《詩・小雅・巷伯》『緝緝翩翩』，《釋文》云：『翩字又作「扁」。』張華《鷦鷯賦》云『翩翩然有以自樂也』，施之義爲衺，偏之義亦爲衺。施施猶扁扁，卽猶偏偏，以轉注爲假借也。《漢書・叙傳》云『魏其翩翩』，顔師古注亦云：『翩翩，自喜之貌。』

由君子觀之，則人之所以求富貴利達者，其妻妾不羞也而不相泣者，幾希矣！【注】由，用也。用君子之道觀之〔一〕，今求富貴者，皆以枉曲之道，昏夜乞哀而求之，以驕人於白日，由此良人爲妻妾所羞爲所泣傷也。幾希者，言今苟求富貴，妻妾雖不羞泣者，與此良人妻妾何異也。【疏】注『由用也』○正義曰：《毛詩・王風》『君子陽陽，右招我由房』，傳云：『由，用也。』此由如字，故訓用。下『由此良人』之由，則爲猶之通借字。

〔一〕『之』，《皇清經解》本無，《孟子注疏》有『之』字。

《章指》言：小人苟得，謂不見知；君子觀之，與正道乖。妻妾猶羞，況於國人，著以爲戒，恥之甚焉。

孟子正義卷十八

孟子卷第九

萬章章句上凡九章。【注】萬章者，萬姓，章名，孟子弟子也。萬章問舜孝，猶《論語》顔淵問仁，因以題篇。【疏】注『萬章』至『子也』○正義曰：《齊乘》云：『萬章，滕州南萬村有墓，齊人，孟子弟子。』趙氏佑《温故録》云：『《萬章》上卷，皆以類相從，論次古帝王聖賢遺事。蓋自仲尼没而微言絶，七十子喪而大義乖，《詩》《書》傳記之稱述，或失其指歸，帝王聖賢之行事，徒便於依託，放恣横議，而譌傳悠繆之談以滋。孟子獨得聖人之傳，深窺古人之心，與其徒相發明而是正之。萬子尤孟門高弟，故其辨難獨多。然則孟子誠不在禹下，而萬章之功亦偉矣。』

萬章問曰：『舜往于田，號泣于旻天，何爲其號泣也？』【注】問舜往至于田，何爲號泣也。謂耕於歷山之時。【疏】注『舜往』至『于田』○正義曰：《禮記・玉藻》云『大夫有所往』，注云：『往，之也。』《吕氏春秋・貴生》篇云『必察其所以之』，高誘注云：『之，至也。』是往卽至也。王氏鳴盛《尚書後案》云：『「往于田」三句見《孟子》，不言是《書》辭。』江氏聲《尚書集注音疏》云：『文似《尚書》，而不稱《書》曰。《説文》日部引《虞書》云：「仁覆閔下，則稱旻天。」據許君《五經異義》引古《尚書》説「仁覆閔下，則稱旻天」，則日部所引《虞書》，乃古《尚書》説也。』

孟子曰：『怨慕也。』【注】言舜自怨遭父母見惡之厄而思慕也。

萬章曰：『父母愛之，喜而不忘；父母惡之，勞而不怨。然則舜怨乎？』【注】言孝法當不怨。如是舜何故怨。【疏】『父母』至『不怨』○正義曰：《禮記·祭義》云：『曾子曰：父母愛之，喜而弗忘；父母惡之，懼而無怨。』注云：『無怨，無怨於父母之心。』亦見《大戴記·曾子大孝》篇。《尸子·勸學》篇引曾子云：『父母愛之，喜而不忘；父母惡之，懼而無咎。』

曰：『長息問於公明高曰：「舜往于田，則吾既得聞命矣。號泣于旻天，于父母，則吾不知也。」公明高曰：「是非爾所知也。」【注】長息，公明高弟子。公明高，曾子弟子。旻天，秋也。憂，陰氣也。故訴于旻天。高非息之問不得其義，故曰非爾所知。【疏】注『旻天』至『旻天』○正義曰：《爾雅·釋天》云：『秋爲旻天。』劉熙《釋名·釋天》云：『秋曰旻天。旻，閔也。物就枯落，可閔傷也。』《禮記·鄉飲酒義》云：『秋之爲言愁也。』《春秋繁露·官制象天》云：『秋者，少陰之選也。』《説文》心部云：『㥑，愁也。』『愁，㥑也。』

憂愁卽閔傷，故云憂。『陰氣』，閩、監、毛三本作『幽陰』。《爾雅・釋言》云：『號，謼也。』宣公十二年《左傳》『號申叔展』，《國語・晉語》『公號慶鄭』，《顏氏家訓・風操》篇云『禮以哭有言者爲號』，此云號泣，則是且言且泣，故云訴也。**夫公明高以孝子之心爲不若是恝。**【注】恝，無愁之貌。孟子以萬章之問，難自距之，故爲言高、息之相對如此。夫公明高以爲孝子不得意於父母，自當怨悲，豈可恝恝然無憂哉。因爲萬章具陳其意。【疏】注『恝無愁之貌』○正義曰：臧氏琳《經義雜記》云：『《說文》心部無「恝」字，有「忿」字，云「忽也。從心，介聲。孟子曰：孝子之心不若是忿」。據此，知古本《孟子》作「忿」，今作「恝」爲俗字。忽，忘於心，卽是無愁，與趙氏義合，知本作「忿」也。』段氏玉裁《說文解字注》云：『忿、恝古今字。』**我竭力耕田，共爲子職而已矣。父母之不我愛，於我何哉！**【注】我共人子之事，而父母不我愛，於我之身，獨有何罪哉。自求責於己而悲感焉。【疏】『我竭』至『何哉』○正義曰：此卽代述訴天之言也。我雖竭力耕田，不過共子職而已。此外宜盡者甚多，則得罪於父母處亦甚多，不知父母之不我愛，是於何罪也。何哉，正言罪之多也。一說此申言上『恝』字，若恝然無愁，則以我既竭力耕田共子職矣，尚有何罪，而父母不我愛哉？孝子必不若是也。此說與經文不達，宜從趙氏。**帝使其子九男二女，百官牛羊倉廩備，以事舜於畎畝之中。**【注】帝，堯也。堯使九子事舜以爲師，以二女妻舜，百官致牛羊倉廩，致粟米之饒，備具饋禮，以奉事舜於畎畝之中。由是遂賜舜以倉廩牛羊，使得自有之。《堯典》曰『釐降二女』，不見九男。孟子時，《尚書》凡百二十篇，逸《書》有《舜典》之《叙》，亡失其文。孟子諸所言舜事，皆《堯典》及逸《書》所載。獨丹朱以胤嗣之子臣下以距堯求禪，其餘八庶無事，故不見於《堯典》。猶晉獻公之子九人，五人以事見於《春秋》，其餘四子，亦不復見。二女事舜是妻舜，九男云事舜，自是事以爲師。舜皆稱帝，此使事舜者堯，知帝卽堯也。【疏】注『帝堯』至『有之』○正義曰：堯《周禮·秋官·掌客》：『掌四方賓客之牢禮餼獻飲食之等數。』其饋禮，『牽四牢，米百有二十筥』。《掌訝》：『若將有國賓客至，則戒官修委積。』注云：『官謂牛人、羊人、舍人、委人之屬。』賈氏疏云：『以委積有牛羊豕米禾芻薪之等，舍人掌給米稾，委人掌芻薪之委。』是牛羊米粟，皆有官掌之，故云百官致牛羊倉廩，致粟米之餼。倉廩亦百官所致也。以《周禮》推之，堯時當亦然也。後云『牛羊父母，倉廩父母』，則是爲舜所自有，故趙分别言之。言此牛羊倉廩爲百官所致者，乃初以賓禮饋舜之餼牽也。其舜得自有之者，則堯所賜也。○注『堯典』至『復見』○正義曰：《虞書·堯典》云：『岳曰：「瞽子，父頑，母嚚，象傲，克諧以孝，烝烝乂，不格姦。」帝曰：「我其試哉！女于時，觀厥型于二女。」釐降二女于嬀汭，嬪于虞。』江氏聲《尚書集注音疏》云：『二女，長曰娥皇，次曰女英，夫婦之際，人道之大倫，故堯欲以此觀舜。《論衡·正説》篇云：「妻以二女，觀其夫婦之法。」是也。』王氏鳴盛《尚書後辨》云：『「愼徽五典」與「帝曰欽哉」緊相承接，本係一篇，直至

「陟方乃死」，皆《堯典》也。此伏生本，而孔安國所得真古文與之合。安國於《堯典》之外又有《舜典》，如《論語》「天之曆數」，《孟子》「祇載見瞽瞍」，皆《舜典》文。但逸《書》不列學官，藏在秘府，人不得見。』按趙氏言『逸《書》有《舜典》之《叙》，亡失其文』，是趙氏未見古文《舜典》，蓋疑九男事在所亡失之《舜典》中。《史記・五帝本紀》云：『堯乃以二女妻舜，以觀其內；使九男與處，以觀其外。舜居嬀汭，內行彌謹，堯二女不敢以貴驕事舜親戚，甚有婦道，堯九男皆益篤。』毛氏奇齡《舜典補亡》云：『《尚書》有《堯》《舜》二《典》，出伏生壁中，謂之今文。漢司馬談作《本紀》時，采其文，依次抄入《紀》中。相傳亡《舜典》一篇，不知何時而亡。細檢其辭，則《舜典》尚存半篇在《堯典》後，徒以編今文者脱去《書序》，誤與《堯典》連篇，謂但有《堯典》而無《舜典》，而其在古文，則實亡《舜典》前截，未嘗全亡。而不曉《舜典》後截在《堯典》中，以致蕭齊建武間，吴人姚方興得《舜典》二十八字於大桁頭，妄攙之「釐降二女」之後「慎徽五典」之前，以爲《舜典》不亡。而不知「慎徽五典」以後至「放勳殂落」，尚是《堯典》，惟「月正元日」以後始是《舜典》。春秋戰國間，諸書引經，凡稱《堯典》者，祇在「慎徽五典」以後「放勳殂落」以前，《史記・五帝本紀》則正載二《典》之全者，雖引掇皆不用原文，然蹤迹可見。是自「曰若稽古帝堯」起至「放勳乃殂落」止是《堯紀》，即是《堯典》。自「月正元日」起至「舜生三十徵庸」止是《舜紀》，即是《舜典》。而「月正元日」以前，則尚有《舜典》半截在《帝舜紀》中，因即取《帝舜紀》文在「月正元日」以前者，補《舜典》之亡。雖其辭與本經不同，然大概可睹也。』毛氏此説，則《史記》言『九男』，卽剌取《舜典》之文，正可申明趙氏注義。惠氏棟《古文尚書考》云：「《孟子》趙岐注云，則可證其未嘗見古文《舜典》矣。蓋古文《舜典》别自有一篇，與今文之《尚書》析《堯典》而爲二者不同，故《孟子》引「二十有八載，放勳乃徂落」爲《堯典》，不爲《舜典》。《史記》載「愼徽五典」至「四罪而天下咸服」於《堯本紀》，不於《舜本紀》。孟子時典謨完具，篇次未亂，固的然可信。馬遷亦親從安國問古文，其言亦未爲謬也。余嘗意「舜往于田」「祗載見瞽瞍」與「不及貢以政」「接於有庳」等語，安知非《舜典》之文。又「父母使舜完廩」一段，文辭古崛，不類《孟子》本文。《史記·舜本紀》亦載其事，其爲《舜典》之文無疑。」惠氏略與毛氏同。段氏玉裁《尚書撰異》云：『趙氏言「皆《堯典》及逸《書》所載」，此《堯典》乃《舜典》之誤，「及」字衍，傳寫之失也。此章及不告而娶章，及「原原而來」數語，及「祗載見瞽瞍」數語，皆當是《舜典》中語。蓋舜登庸以後事全見於《堯典》，登庸以前及家庭事乃在《舜典》也。此注上文云「逸《書》有《舜典》之《敘》，亡失其文」，則此正當作「孟子所言諸舜事皆《舜典》逸《書》所載」，謂亡失文中語也。「舜」既譌「堯」，淺人乃又妄添〔一〕「及」字。』《呂氏春秋·去私》篇云：『堯有子十人，不與其子而授舜。』高誘注云：

〔一〕「添」，《皇清經解》本作「沾」。

『孟子曰「堯使九男二女事舜」，此曰「十子」，殆丹朱爲冑子，不在數中。』趙氏於丹朱外稱八庶，不依《吕覽》，以丹朱在九子中。《史記・索隱》引皇甫謐云：『堯娶散宜氏之女曰女皇，生丹朱，又有庶子九人，皆不肖也。』此依《吕覽》爲説也。孔氏廣森《經學卮言》云：『丹朱之外，尚有九庶，高誘亦以意推説耳。若據《莊子》「堯殺長子考監明」，則丹朱本以次長宜嗣。或當事舜之時，長子已亡，惟有九男，丹朱仍得在數中，又未可定。』謂丹朱獨見《堯典》者，《堯典》云：『帝曰：「疇咨若時登庸。」放齊曰：「胤子朱啟明。」』馬融注云：『羲和爲卿官，堯之末年，皆以老死，庶績多闕，故求賢順四時之職，欲用以代羲和。』周氏用錫《尚書證義》云：『《釋言》：「若，順也。」《釋詁》：「登，成也。」《周禮・司勳》：「民功曰庸。」若時登庸，順天時以成民功也。』《史記》本紀於『命羲和』之下即承云：『堯曰：誰可順此事？放齊曰：嗣子丹朱開明。』此事指上羲和而言，馬氏正本此爲注。然則並非求禪，未知趙氏所本。趙氏佑《温故録》云：『天下定於與子，本萬古之常經。自堯始變之，亦以得人如舜而然耳，然且至歷年多，施澤於民久而後定。若當洪水未作，天下方平，堯止應率其常，苟欲息肩，亦惟禪子，朱卽不肖，擇在朝賢相以輔之可矣。萬不獲已，擇九男中之賢與之可矣。必無預設成心，急圖改計，求不知誰何之人，

天子之政也。按《爾雅·釋詁》云：『胥，相也。』《方言》云：『胥，輔也。吳越曰胥。』胥天

悉平，謂既歷試諸艱，齊七政，類上帝，輯五瑞，作教刑四罪，而天下咸服，然後令舜攝行

人通用。』《管子·大匡》云『姑少胥，其自及也』，注云：『胥，待也。』待即須也。堯待天下

書·叙傳》上集注引應劭云：『胥，須也。』《史記·廉頗藺相如傳〔二〕》索隱云：『胥、須古

歸之，萬民譽之，丈夫女子，振振殷殷，無不戴説。』○注『胥須』至『禪之』○正義曰：《漢

濱，釣於雷澤，天下悦之，秀士從之。』善士即秀士也。又云：『其遇時也，登爲天子，賢士

年而所居成聚，二年成邑，三年成都。』《吕氏春秋·慎人》篇云：『舜耕於歷山，陶於河

困窮之人，無所歸往也。【疏】注『天下』至『悦之』○正義曰：《史記·五帝本紀》云：『一

之。胥，須也。堯須天下悉治，將遷位而禪之。順，愛也。爲不愛於父母，其爲憂愁，若

帝將胥天下而遷之焉；爲不順於父母，如窮人無所歸。【注】天下之善士，多就舜而悦

五人以事見於《春秋》者，重耳之外，若申生、夷吾、奚齊、卓子是也。**天下之士多就之者，**

晉獻公之事者，僖公二十四年《左傳》介之推云：『獻公之子九人，惟君在矣。』君謂重耳。

造〔一〕次而爲之，是亂天下也。豈堯之所以爲堯哉？彼以疇咨爲求禪，不可不辨也。』引

〔一〕『造』，《皇清經解》本作『草』。

〔二〕『廉頗藺相如傳』，《皇清經解》本同，《史記》作『廉頗藺相如列傳』。

下，即輔相天下，《易》所謂『裁成輔相，以左右民』也。《史記》本紀云：『堯知子丹朱之不肖，不足授天下，於是乃權授舜，授舜則天下得其利而丹朱病，授丹朱則天下病而丹朱得其利，堯曰「終不以天下之病而利一人」，而卒授舜以天下。』以利天下而授舜，即是輔相天下也。《説文》辵部云：『遷，登也。』登即升也，進也。謂進而升諸君位也。○注『順愛』至『往也』○正義曰：趙氏以不順於父母即上云『父母之不我愛』，故以順爲愛也。《論語・堯曰》篇云：『四海困窮。』《廣雅・釋詁》云：『困，窮也。』『歸，往也。』**天下之士悦之，人之所欲也，**【注】欲，貪也。【疏】注『欲貪也』○正義曰：《説文》欠部云：『欲，貪欲也。』《吕氏春秋・大樂》篇云『天使人有欲』，《論威》篇云『人情欲生而惡死』，高誘皆以貪釋欲。**而不足以解憂。好色，人之所欲，妻帝之二女，而不足以解憂。富，人之所欲，富有天下，而不足以解憂。貴，人之所欲，貴爲天子，而不足以解憂。人悦之、好色、富、貴，無足以解憂者，惟順於父母可以解憂。**【注】言爲人所悦，將見禪爲天子，皆不足以解憂。獨見愛於父母爲可以解己之憂。**人少則慕父母，知好色則慕少艾，有妻子則慕妻子，仕則慕君，不得於君則熱中。**【注】慕，思慕也。人少，年少也。艾，美好也。不得於君，失意於君也。熱中，心熱恐懼也。是乃人之情。【疏】注『艾美好也』○正義曰：翟氏灝《考異》云：『程氏《考古》篇曰：「經傳無以艾爲好之文。衢有士子陳其所見云：少當讀爲少，長則習騎射之少。艾當爲乂，艾即衰減之義。慕少艾云者，知好色則慕，差減于孺子時也。」按《典禮》「五十曰艾」，疏謂「髮蒼白色如艾也」。蓋古但訓艾爲白，而白義含有二焉：以髮蒼白言謂之老，以面白皙言則謂之美，同取於艾之色也。《戰國策》魏牟謂趙王曰「王不以予工乃與幼艾」，高誘注云：「艾，美也。」屈子《九歌》「慫長劍兮擁幼艾」，王逸注亦以艾爲「美好」。《晉語》狐突語申生曰「國君好艾大夫殆」，韋昭注以艾爲「嬖臣」，乃指男色之美好者。漢張衡《東京賦》「齊騰驤以沛艾」，薛綜注以沛艾爲「作姿容貌」。程氏謂傳載中無以艾爲好者，豈誠説乎？《説文》衹據《魯頌》、《曲禮》訓爲「長老」，遺《孟子》、《國語》、《國策》等所用一義，不當因以改讀《孟子》。」翟氏説是也。然艾古通乂，亦通刈，《説文》云：「乂，芟艸也。或从刀。」是乂、刈、艾字同。《書·皋陶謨》云「俊乂在官」，馬、鄭注並云：「才德過千人爲俊，百人爲乂。」以美好爲乂，猶以美才爲俊，即猶以美士爲彥。乂爲芟艸，故義亦爲絶。宣公十五年《左傳》云「酆舒有三儁才」，注云：「儁，絶異也。」儁即俊，美好之爲艾，又如稱美色者爲絶色。彼以艾無美好之義者，鄙矣。然亦非取於艾色之白也。○注「熱中心熱恐懼也」○正義曰：《禮記·文王世子》云「禮樂交錯於中」，注云：「中，心也。」故熱中爲心熱。《素問·陰陽應象大論》云：「人有五藏，化五氣以生喜怒悲憂恐。北方生寒，在變動爲慄，在志爲恐。」《宣明五氣》篇云：「五精所并，精氣并於腎則恐。」王冰注云：「心虚則腎并之爲恐。」然則恐懼生於寒，不生於熱；生於心虚，不生於心熱。趙氏以「不得於君」是不爲君所寵用，將被譴斥，故恐懼耳。近時通解以熱中爲躁急是也。《腹中論》云：『帝曰：「夫子數言熱中消中，不可服高粱、芳草、石藥。石藥發瘨，芳草發狂。夫熱中消中者，皆富貴人也。今禁高粱，是不合其心，禁芳草、石藥，是病不愈，願聞其説。」岐伯曰：「夫芳草之氣美，石藥之氣悍，二者其氣急疾堅勁，故非緩心和人，不可以服此二者。」』又云：『熱氣慓悍，藥氣亦然。』此謂熱中之病，心不和緩；心不和緩，是爲焦急。孟子借病之熱中，以形容失意于君者也。**大孝終身慕父母，五十而慕者，予於大舜見之矣。』**【注】大孝之人，終身慕父母，若老萊子七十而慕，衣五采之衣，爲嬰兒匍匐於父母前也。我於大舜見五十而尚慕父母。《書》曰：「舜生三十徵庸，三十在位。」在位時尚慕，故言五十也。【疏】注「若老萊」至「前也」○正義曰：舊疏引《高士傳》云：「老萊子，楚人。少以孝行養親，極甘脆，年七十，父母猶存。萊子服荆蘭之衣，爲嬰兒戲親前，言不稱老，爲親取食上堂，足跌而偃，因爲嬰兒啼，誠至發中。楚室方亂，乃隱耕於蒙山之陽，著書號《萊子》，莫知所終。」今皇甫謐《高士傳》無此文。馬氏驌《繹史》引《列女傳》云：「老萊子孝養二親，行年七十，作嬰兒自娱，著五采褊斕衣，嘗取漿上堂，跌仆，因卧地爲小兒啼，或弄雛鳥於親側。」今劉向《列女傳》亦無此文。○注「書曰」至「五十也」○正義曰：阮氏元《校勘記》云：『廖本、孔本、韓本、足利本作「三十在位」，閩、監、毛三本三作「五」，《考文》古本作「二」。段玉裁曰：「作五者非也，作三者亦未是，作二者是也。《古文尚書》舜生三十登庸，三十在位，五十載，馬融、王肅、姚方興本之爲舜年百十二歲之説。今文《尚書》舜生三十徵庸，二十在位，五十載，《大戴禮》、《五帝德》、《史記·五帝本紀》、皇甫氏《帝王世紀》皆本之爲舜年百歲之説。王充、趙岐，皆從今文者也。《論衡·氣壽》篇曰：舜生三十徵用，二十在位，五十載陟方乃死。適百歲矣。趙注此章五十而慕云：《書》曰舜生三十徵庸，二十在位。在位時尚慕，故言五十也。合三十、二十，正是五十，乃爲五十而慕之證。今本作三十在位，何可通邪？今本《論衡》亦改二十在位作三十在位，使下文適百歲之語不可接，皆由不知今文、古文之異也。鄭康成注古文，而用今文正古文。正義曰：鄭玄讀此經云，舜生三十，謂生三十年也。登庸二十，謂歷試二十年。在位五十載陟方乃死，謂攝位至死爲五十年，舜年一百歲也。此正鄭説三當作二，以今正古，故正義冠之以「鄭玄讀此經云」六字。不則直曰鄭某云鄭云而已，未嘗有「鄭玄讀此經云」之例。讀此經者，明此經之本不如是也。此所以馬、王、姚作三十在位，而鄭作二十也。」』

《章指》言：**夫孝百行之本，無物以先之。雖富有天下，而不能取悦於其父母，莫有可也。孝道明著，則六合歸仁矣。**【疏】『夫孝』至『先之』○正義曰：周氏廣業《孟子章指考證》云：『孔、韓本作「夫」，古本作「大」。』《白虎通》：『孝道之美，百行之本也。』《漢書》平當上言稱《孝經》曰：『人之行，莫大於孝。』鄭康成《論語》注：『孝爲百行之本。人之爲行，莫先於孝。』《漢書·杜欽傳》欽對策白虎殿云：『孝，人行之所先也。』

萬章問曰：『《詩》云：「娶妻如之何，必告父母。」信斯言也，宜莫如舜。舜之不告而娶，何也？』【注】詩，《齊國風・南山》之篇。言娶妻之禮，必告父母。舜合信此詩之言，何爲違禮，不告而娶也。【疏】注「詩齊」至「娶也」○正義曰：引詩在《南山》篇第三章。傳云：「必告父母廟。」箋云：「取妻之禮，議於生者，卜於死者，此之謂告。」蓋詩爲文姜嫁魯桓公而發，時魯惠公及仲子俱歿，桓娶文姜，無父母可告，故傳以爲「告廟」，而箋則兼言生死以補之。舜之告，則議於生者矣。近時通解「信斯言也，宜莫如舜」，謂「誠如詩之所言，則告而娶，宜莫如舜」。詩在舜後，趙氏謂「舜合信此詩之言」，非其義也。

孟子曰：『告則不得娶。男女居室，人之大倫也。如告則廢人之大倫，以懟父母，是以不告也。』【注】舜父頑母嚚，常欲害舜，告則不聽其娶，是廢人之大倫，以怨懟於父母也。【疏】注『舜父』至『母也』○正義曰：『父頑母嚚』，《尚書・堯典》文。《史記・五帝本紀》云：『瞽瞍愛後妻子，常欲殺舜。』後焚廩揜井，亦其事也。《爾雅・釋言》云：『懟，怨也。』

萬章曰：『舜之不告而娶，則吾既得聞命矣。帝之妻舜而不告，何也？』【注】禮，娶須五禮，父母亢答以辭，是相告也。帝，謂堯也。何不告舜父母也。【疏】注『禮娶』至『告也』○正義曰：五禮者，蓋納采、問名、納吉、納徵、請期，然後親迎也。《儀禮・士昏禮》記納采之辭云：『昏辭曰：「吾子有惠，貺室某也，某有先人之禮，使某也請納采。」對曰：「某之子惷愚，又弗能教，吾子命之，某不敢辭。」致命曰：「敢納采。」』記問名之辭云：『問名曰：「某既受命，將加諸卜，敢請女爲誰氏？」對曰：「吾子有命，且以備數而擇之，某不敢辭。」』記納吉之辭云：『納吉曰：「吾子有貺命，某加諸卜，占曰吉，使某也敢告。」對曰：「某之子不教，唯恐弗堪，子有吉，我與在，某不敢辭。」』記納徵之辭云：『納徵曰：「吾子有嘉命，貺室某也。某有先人之禮，儷皮束帛，使某也請納徵。」致命曰：「某敢納徵。」對曰：「吾子順先典，貺某重禮，某不敢辭，敢不承命。」』記請期之辭云：『請期曰：「吾子有賜命，某既申受命矣。惟是三族之不虞，使某也請吉日。」對曰：「某既前受命矣，唯命是聽。」曰：「某命某聽命於吾子。」對曰：「某固惟命是聽。」使者曰：「某使某受命，吾子不許，某敢不告期。」曰「某日」。對曰：「某敢不須敬。」』凡此，皆父母亢答之辭也。《史記・酈生陸賈傳》云『與天子抗衡』，索隱引崔浩云：『抗，對也。』抗與亢通，亢答卽對答。《漢書・高帝紀》『沛公還軍亢父』，注引鄭氏云：『亢音人相抗答。』是也。

曰：『帝亦知告焉則不得妻也。』【注】帝堯知舜大孝，父母止之，舜不敢違，則不得妻之，故亦不告。【疏】注『帝堯』至『不告』○正義曰：趙氏佑《温故録》云：『此言瞽義不可以違帝，而可以禁其子；帝力可以制瞽，而不可强舜爲違父也。』析義精審。

萬章曰：『父母使舜完廩，捐階，瞽瞍焚廩；使浚井，出，從而揜之。【注】完，治也。

廩，倉。階，梯也。使舜登廩屋，而捐去其階，焚燒其廩也。一説捐階，舜卽旋從階下，瞽瞍不知其已下，故焚廩也。使舜浚井，舜入而卽出，瞽瞍不知其已出，從而蓋其井，以爲死矣。【疏】注「完治」至「死矣」○正義曰：《説文》宀部云：「完，全也。古文以爲寛字。」《禮記・祭統》云「不明其義，君人不全」，注云：「全，猶具也。」蓋原有此廩屋，有破毁處，使舜登而補葺完全之，亦是治也。《説文》云：「㐭，穀所振入宗廟粢盛，倉黄㐭而取之，故謂之㐭。从入回，象屋形中有户牖。」「倉，穀藏也。倉黄取而藏之，故謂之倉。」《吕氏春秋・季春紀》「發倉窌」，高誘注云：「方者曰倉。」《荀子・榮辱》篇云「有囷廩〔一〕」，注云：「方曰廩。」是倉、廩通稱也。劉熙《釋名・釋宫室》云：「階，梯也。如梯之有等差也。」《禮記・喪大記》云「虞人設階」，注云：「階，所乘以升屋者。」《説文》木部云：「梯，木階也。」蓋階與梯畧有别。此完廩所用以升屋者則是木階，故以梯釋之，以别乎東階西階之階也。《説文》手部云：「捐，棄也。」棄卽去也，故云捐去其階。一説旋階者，訓捐爲旋也。《爾雅・釋器》云：「環謂之捐。」《小爾雅・廣言》云：「旋，還也。」環、還字通，捐爲環，是卽爲旋也。捐階與出對言，出是入而卽出，故以捐階是旋從階下也。《史記・五帝本紀》云：「堯乃賜舜絺衣與琴，爲築倉廩，予牛羊。瞽瞍尚復欲殺之，使舜上涂廩，瞽

〔一〕「廩」，《皇清經解》本同，《荀子・榮辱》作「窌」。

瞍從下縱火焚廩，舜乃以兩笠自扞而下，去，得不死。後瞽瞍又使舜穿井，舜穿井爲匿空旁出，舜既深入，瞽瞍與象共下土實井，舜從匿空出，去。」索隱引《列女傳》云「二女教舜鳥工上廩」是也。正義引《通史》云：『瞽叟使舜滌廩，舜告堯二女，女曰：「時其焚汝，鵲汝衣裳鳥工往。」舜既登廩，得免去。舜穿井，又告二女，二女曰：「去汝裳衣龍工往。」入井，瞽叟與象下土實井，舜從他井出去也。』按今《列女傳》但言『舜往飛出』，不言鳥工，蓋飛出卽所謂旋也。《通史》梁武帝撰，見《隋書·經籍志》。或云使完廩者，父母也。焚廩者，瞽瞍也。只一瞽瞍，此舜所以得免。『出從而揜之』，此句尤明，蓋雖惑於後妻，而父子之恩原不泯斷，到死生之際，自有以斡旋之，卽謂之慈父可也。《史記集解》引劉熙云：『舜以權謀自免，亦大聖有神人之助也。』**象曰：「謨蓋都君咸我績。**【注】象，舜異母弟。謨，謀。蓋，覆也。都，於也。君，舜也。舜有牛羊倉廩之奉，故謂之君。咸，皆。績，功也。象言謀覆於君而殺之者皆我之功。欲與父母分舜之有，取其善者，故引其功也。【疏】注『象舜』至『功也』〇正義曰：《史記·五帝本紀》云：『舜父瞽叟盲，而舜母死，瞽叟更娶妻而生象。』是象爲舜異母弟也。《爾雅·釋詁》云：『謨，謀也。』《釋言》云：『弇，蓋也。』孫炎注云：『蓋，亦覆之意。』襄公十七年《左傳》云『不如蓋之』，服虔注云：『蓋，覆蓋之。』是蓋爲揜，卽爲覆也。《爾雅·釋詁》云：『都，於也。』近時通解謂舜所居三年成都，故謂都君。趙氏謂『有倉廩牛羊之奉故謂之君』，奉卽《漢帝紀》『列侯幸得餐錢奉邑』之奉。《廣雅・釋詁》云：『奉，禄也。』既食禄奉，則是尊官。《儀禮・喪服傳》『君至尊也』，注云：『天子諸侯及卿大夫有地者皆曰君。』雖成都未嘗君之，故解都爲於。是時未知所處何等，故但以奉知爲君也。『咸皆也』，『績功也』，均《爾雅・釋詁》文。阮氏元釋蓋云：『《爾雅・釋言》：『蓋，割裂也。』害、曷、盍、末、未，古音皆相近，每加偏旁，互相假借，若以爲正字，則失之。《書・呂刑》曰「鰥寡無蓋」，蓋卽害字之借，言堯時鰥寡無害也。僞傳云：「使鰥寡得所，無有掩蓋。」失之矣。《爾雅・釋文》「蓋」，舍人本作「害」。《孟子》「謀蓋都君」，此兼井廩言之，蓋亦當訓爲害也。若專以謀蓋爲蓋井而不兼焚廩，則「咸我績」咸字無所著矣。』**牛羊父母，倉廩父母。**【注】欲以牛羊倉廩，與其父母。**干戈朕，琴朕，弤朕，二嫂使治朕棲。**【注】干，楯。戈，戟也。琴，舜所彈五弦琴也。弤，彫弓也。天子曰彫弓，堯禪舜天下，故賜之彫弓也。棲，牀也。二嫂，娥皇、女英。使治牀，欲以爲妻也。【疏】注『干楯』至『妻也』○正義曰：干楯，戈戟，詳見《梁惠王下》。邵氏晉涵《爾雅正義》云：『《通典》引揚雄《清英》云：「舜彈五弦之琴而天下化，堯加二弦，以合君臣之恩。」』是舜彈五弦之琴也。《音義》云：『弤，都禮切。丁音彫，云「義與弴同」』。趙氏讀弤爲彫，故以爲彫弓。《毛詩・大雅・行葦》『敦弓既堅』，傳云：『敦弓，畫弓也。天子敦弓。』《釋文》云：『敦音彫。』孔氏正義云：『敦與彫，古今之異。彫是畫飾之義，故曰敦弓畫弓也。《冬官》「弓人爲弓」，唯言用漆，不言畫，則漆上又畫之。彼不言畫，文不具耳。此述天子擇士，宜是天子之弓，故言天子敦弓。其諸侯公卿宜與射者，自當各有其弓，不必畫矣。定四年《公羊傳》何休注云：「天子彫弓，諸侯彤弓，大夫嬰弓，士盧弓。」事不經見，未必然也。』按氏、周皆訓至，《説文》車部云：『輊，抵也。』鄭氏《士喪禮》注云：『輖，蟄也。』蟄、輊字同。輖之爲抵，猶彫之爲弤矣。乃此時堯不當有禪舜之意，以弤爲天子之弓，於義未協。趙氏佑《温故録》云：『弤或别一弓之名，舜所常用，亦如五弦之琴爲舜自作者耳。』按《廣韻》引《埤蒼》云：『弤，舜弓名。』趙氏佑《温故録》之説爲得之矣。《廣雅・釋器》云：『棲謂之牀。』《釋詁》云：『棲，竝也。』王氏念孫《廣雅疏證》云：『棲者，人物所棲也。卽庋閣之意也。』《藝文類聚》引《尸子》云：『堯聞其賢，徵之草茅之中，與之語禮樂而不逆，與之語政，至簡而易行，與之語道，廣大而不窮，於是妻之以媓，媵之以娥。』《列女傳・母儀傳》云：『有虞二妃者，帝堯之二女也。長娥皇，次女英。』《漢書・古今人表》女英作女罃。《大戴禮記・帝繫》篇云：『舜娶於帝堯之子，謂之女匽。』匽、英一聲之轉也。《荀子・修身》篇云：『少而理曰治。』《呂氏春秋・振亂》篇云『欲民之治也』，高誘注云：『治，整也。』使二嫂整理安息之處，猶云侍寢也。**象往入舜宮，舜在牀琴。象曰：「鬱陶思君爾。」忸怩。**【注】象見舜生在牀鼓琴，愕然反辭曰，我鬱陶思君，故來。爾，辭也。忸怩而慙，是其情也。【疏】注『象見』至『情也』○正義曰：《説文》土部云：『在，存也。』存亡，猶死生也。故以生釋在。《史記・五帝本紀》云：『象乃止舜宫居，鼓其琴。舜往見之，象愕不懌曰：「我思舜正鬱陶。」舜曰：「然，爾其庶矣。」』此與《孟子》略不同。按《孟子》之文，舜已出井，而象乃揜蓋。是舜先已在宫，象揜畢而後來，未見舜，先已聞琴，故愕然反。愕與遌同，《説文》辵部云：『遌，相遇驚也。』《漢書・張良傳》云『良愕然，欲毆之』，注云：『愕，驚貌也。』《淮南子・氾論訓》云『紂居於宣室而不反其過，』高誘注云：『反，悔也。』《列子・仲尼》篇云『回能仁而不能反』，注云：『反，變也。』謂悔其不當來，而變易其初心也。《史記》以瞽瞍與象實土後，舜乃從匿空旁出，故以爲象先居舜宫，鼓其琴，舜後入宫見之。若此，則象先不知舜未死，既居舜宫，必已彰其跋扈之迹，則鬱陶思舜之言，何能自揜，《史記》非也。惟舜先從井出，潛自入宫，知象將來，故鼓琴以示之。既示其未死，且感以和，此象所以愕然而悔也。《説苑・建本》篇云：『曾子芸瓜，而誤斬其根。曾晳怒，援大杖擊之。曾子仆地，有頃，蘇，蹷然而起，退屏鼓琴而歌，欲令曾晳聽其歌聲，令知其平也。孔子聞之，告門人曰：「參來勿内也。汝聞瞽瞍有子名曰舜，舜之事父也，索而使之，未嘗不在；側求而殺之，未嘗可得；小箠則待，大箠則走，以逃暴怒也。」』然則舜之牀琴，非漫然矣。王氏念孫《廣雅疏證》云：『《方言》：「鬱悠，思也。晉、宋、衛、魯之間謂之鬱悠。」鬱猶鬱鬱也，悠猶悠悠也。《楚辭・九辨》云「馮鬱鬱其何極」，《鄭風・子衿》篇云「悠悠我思」，合言之則曰鬱悠。《方言》注云：「鬱悠，猶鬱陶也。」凡經傳言鬱陶者，皆當讀如「皋陶」之陶。鬱陶、鬱悠古同聲。舊讀陶如「陶冶」之陶，失之矣。閻氏若璩《尚書古文疏證》云：「《爾雅·釋詁》篇：鬱陶，繇，喜也。郭璞注引《孟子》鬱陶思君。《禮記》曰：人喜則斯陶。邢昺疏引《孟子》趙注云：象見舜正在牀鼓琴，愕然反辭曰：我鬱陶思君，故來。爾，辭也。忸怩而慚，是其情也。又引下《檀弓》鄭注云：陶，鬱陶也。據此則象曰鬱陶思君爾，乃喜而思見之辭，故舜亦從而喜曰：惟茲臣庶，女其于予治。《孟子》固已明言象喜亦喜，蓋統括上二段情事，其先言象憂亦憂，特以引起下文，非真有象憂之事也。因悉數諸書，以鬱陶爲憂思之誤。」念孫按：象曰「鬱陶思君爾」，則鬱陶乃思之意，非喜之意，言我鬱陶思君，是以來見，非喜而思見之辭也。《孟子》言「象喜亦喜」者，象見舜而僞喜，自述其鬱陶思舜之意，故舜亦誠信而喜之，非謂鬱陶爲喜也。凡人相見而喜，必自道其相思之切，豈得卽道其相思之切爲喜乎？趙注云：「我鬱陶思君，故來。」是趙意亦不以鬱陶爲喜。《史記·五帝紀》述象之言，亦云「我思舜正鬱陶」，《楚辭·九辯》云「豈不鬱陶而思君兮」，則鬱陶爲思，其義甚明，與《爾雅》之訓爲喜者不同。郭璞以《孟子》證《爾雅》，誤也。閻氏必欲解鬱陶爲喜，喜而思君爾，甚爲不辭。既不達於經義，且以《史記》及各傳注爲非，慎矣。又按《爾雅》：「悠傷，憂思也。」悠、憂、思三字同義，故鬱悠既訓爲思，又訓爲憂。《管子·内業》篇云「憂鬱生疾」，是鬱爲憂也。《説文》：「悠，憂也。」《小雅·十月之交》篇「悠悠我里」，毛傳云：「悠悠，憂也。」是悠爲憂也。悠與陶古聲同。《小雅·鼓鐘》

篇「憂心且妯」，《衆經音義》引《韓詩》作「憂心且陶」，是陶爲憂也。故《廣雅・釋言》云：「陶，憂也。」合而言之則曰鬱陶。《九辯》「鬱陶而思君」，王逸注云：「憤念蓄積盈胷臆也。」魏文帝《燕歌行》云「憂來思君不敢忘」，又云「鬱陶思君未敢言」，皆以鬱陶爲憂。凡一字兩訓而反覆旁通者，若亂之爲治，故之爲今，擾之爲安，臭之爲香，不可悉數。《爾雅》云：「鬱陶，繇，喜也。」又云：「繇，憂也。」則繇字卽有憂、喜二義，鬱陶亦猶是也。是故喜意未暢謂之鬱陶，《檀弓》正義引何氏《隱義》云：「鬱陶，懷喜未暢意。」是也。憂思憤盈亦謂之鬱陶，《孟子》、《楚辭》、《史記》所云是也。暑氣蘊隆亦謂之鬱陶，摯虞《思游賦》云：「戚溽暑之鬱陶兮，余安能乎留斯。」夏侯湛《大暑賦》云：「何太陽之赫曦，乃鬱陶以興熱。」是也。事雖不同，而同爲鬱積之義，故命名亦同。閻氏謂「憂喜不同名，《廣雅》誤訓陶爲憂」，亦非也。』爾爲辭者，《禮記・檀弓》『爾毋從從爾』，注云：『爾，語助。』是也。《方言》云：『忸怩，慙䟫也。楚、郢、江、淮之間謂之忸怩，或謂之𧨾咨。』戴氏震《方言疏證》云：『《晉語》「君忸怩顏」，韋昭注云：「忸怩，慙貌。」趙岐注《孟子》云：「忸怩而慙。」《廣雅》：「忸怩，𧨾咨也。」忸怩、𧨾咨並雙聲。』《廣雅疏證》云：『忸與恧同。恧字从心，衄聲。忸怩、𧨾咨，皆局縮不伸之貌也。《釋言》云：「衄，縮也。」縮與慙義相近，縮謂之衄，又謂之蹙，猶慙謂之忸怩，又謂之𧨾咨也。』**舜曰：「惟茲臣庶，汝其于予治。」**

【注】茲，此也。象素憎舜，不至其宮也。故舜見來而喜曰，惟念此臣衆，汝故助我治事。

【疏】注「茲此」至「治事」○正義曰：《爾雅·釋詁》云：「茲，此也。」「惟，思也。」「庶，衆也。」《詩·周頌·維天之命序·釋文》引《韓詩》云：「惟，念也。」「汝其于予治」解爲「汝故助我治事」者，《白虎通·五行》篇云：「姑者，故也。」《毛詩·周南·卷耳》「我姑酌彼金罍」，傳云：「姑，且也。」汝其于予治，謂汝姑且于予治也。于與於通。《爾雅·釋詁》云：「於，代也。」代予治卽是助我治也。王氏引之《經傳釋詞》云：「于，爲也。爲，助也。」趙注「女故助我治事」是也。」閻氏若璩《釋地又續》云：「《孟子或問》著於淳熙丁酉後，其辭曰：「林氏謂司馬公以爲是時堯將以天下禪舜，瞽、象雖愚，亦豈不利其子與兄之爲天子而欲殺之乎？借使殺之，堯必誅己，宜亦有所不敢矣。蘇氏以爲舜之側微，既能使瞽、象之不格姦矣，豈至此而猶欲害之哉？以此皆疑《孟子》之誤。程子以爲此非孟子之言，乃萬章傳聞之誤，而孟子有不暇辨耳。是數説者，恐其皆未安也。蓋天下之事有不可以常情測度者，使瞽、象而猶知利害之所在，則亦未爲甚頑且傲，而舜之所處亦未足爲天下之至難矣。不格姦者，但能使之不陷於刑戮。且聖賢於世俗傳聞之事，有非實者，必辯而明之，以曉天下後世，豈有知其不然而不暇辯者哉？」余謂世誣舜以瞽瞍朝己，孟子則辯其必無；誣舜以放象，則辯其未嘗有。凡於傳譌之迹，未有不辯而明之，以曉天下後世者。豈有知其不然，而故設言其理？若金氏謂「祇在發明聖人處變之心，苟得其心，則事迹有無，都不必辯」。殆幾於戲矣。人固習而不察耳。」**不識舜不知象之將**

殺己與？』【注】萬章言，我不知舜不知象之將殺之與，何爲好言順辭以答象也。

曰：『奚而不知也？象憂亦憂，象喜亦喜。』【注】奚，何也。《孟子》曰，舜何爲不知象惡己也。仁人愛其弟，憂喜隨之。象方言思君，故以順辭答之。

曰：『然則舜僞喜者與？』【注】僞，詐也。萬章言，如是則爲舜行至誠，而詐喜以悦人矣。【疏】注『僞詐也』○正義曰：《淮南子・本經訓》云『其心愉而不僞』，高誘注云：『僞，虚詐也。』

曰：『否。昔者有饋生魚於鄭子産，子産使校人畜之池，校人烹之，反命曰：「始舍之，圉圉焉，少則洋洋焉，攸然而逝。」子産曰：「得其所哉，得其所哉！」』【注】孟子言否，云舜不詐喜也。因爲説子産以喻之。子産，鄭子國之子公孫僑，大賢人也。校人，主池沼小吏也。圉圉，魚在水羸劣之貌。洋洋，舒緩摇尾之貌。攸然，迅走水趨深處也。故曰得其所哉。重言之，嘉得魚之志也。【疏】注『孟子言否云舜不詐喜也』○正義曰：段氏玉裁《説文解字注》云：『否，不也。不者，事之不然也。否者，説事之不然也。故音義皆同。《孟子》「萬章曰然則舜僞喜者與，孟子曰否」，注：「孟子言舜不詐喜也。」又「咸丘蒙問舜南面而立，瞽瞍亦北面而朝之，孟子曰否」，注：「言不然也。」又「萬章曰堯以天下與舜有諸，孟子曰否」，注：「堯不與之。」又「萬章問曰人有言，伊尹以割烹要湯，孟子曰否然也」，萬章又問「孔子於衛主癰疽，孟子曰否然也」，萬章又問「百里奚自鬻於秦養牲者，孟子曰否然」，注皆曰：「否，不也。不如是也。」注以不如是釋否然，今本正文皆誤作「否不然」，語贅而注不可通矣。否字引申之義訓爲不通，如《易》之「泰否」，《堯典》之「否德」，《小雅》之「否難知也」，《論語》之「予所否者」，皆殊其音，讀符鄙切。』○注「校人主池沼小吏也」○正義曰：校人，見《周禮·夏官》，掌馬政。鄭康成以爲「主馬者，必仍校視之」。賈氏疏以爲「讀從《曲禮》與《少儀》「效馬效羊」，取效見義」。此於畜魚之校人無涉。《漢書·司馬相如傳·上林賦》云「天子校獵」，顔師古注云：「校獵者，以木相貫穿，總爲闌校，遮止禽獸而獵取之。說者或以爲《周官》校人掌田獵之馬，因云校獵，亦失其義。養馬稱校人者，謂以爲闌校以養馬耳，故呼爲閑也。」按師古解校人是也。《廣雅·釋木》云：「校，椒柴也。」哀公四年《公羊傳》云：「亡國之社蓋掩之，掩其上而柴其下。」《地官·媒氏》注云：「亡國之社，奄其上而棧其下。」是柴即棧，亦校即棧也。《管子·內業》篇云：「傅馬棧者最難，先傅曲木，曲木又求曲木，曲木已傅，直木無所施矣。先傅直木，直木又求直木，直木已傅，曲木亦無所施矣。」《淮南子·道應訓》云「柴箕子之門」，注云：「箕子亡之朝鮮，舊居空，故柴護之。」蓋編木圍其四面，用之於亡國之社，則爲柴其下；用之以護箕子之居，則爲柴箕子之門；用於車上爲車箱，則爲棧車，亦爲柴車；用以畜馬，則爲馬棧，亦即爲校爲閑；用以畜魚，則爲積柴爲槮，即亦爲校。《爾雅·釋器》云：「槮謂之涔。」《毛詩正義》引孫炎云：「積柴養魚曰涔。」《說文》木部云：「栫，以柴木雝也。』郭璞《江賦》云：『栫澱爲涔。』編木爲棧以養馬，因而主馬者稱校人；編木爲涔以養魚，因而主魚者稱校人。此校人所以爲主池沼小吏也。《春秋左傳》：『吴囚邾子於樓臺，栫之以棘。』謂以棘柴其下也。《説文》木部云：『校，木囚也。』以編木囚繫人，與以編木繫馬畜魚同。《禮記·禮運》云：『鳳凰麒麟，皆在郊棷，龜龍在宫沼。』此郊棷蓋卽校棷，卽所謂以木相貫穿爲闌校，以遮禽獸也。○注『圉圉』至『志也』○正義曰：《爾雅·釋言》云：『圉，禁也。』圉與圄通，宣公四年《左傳》云『圄伯嬴』，注云：『圄，囚也。』《説文》口部云：『圉，囹圉，所以拘辠人。』囹圉卽囹圄也。下洋洋爲舒緩摇尾，此時尚未改幽閉囚禁之狀，故爲圉圉。《國語·晉語》：『優施歌曰：暇豫之吾吾，不如鳥烏；人皆集於苑，己獨集於枯。』注云：『吾吾，不敢自親之貌。苑，茂木貌。』施謂鳥烏集於茂木則暇豫，里克不暇豫而集於枯，則吾吾不如鳥烏。吾吾爲集枯之狀，不能暇豫，故先云暇豫之欲其不吾吾也。此吾吾卽圉圉，不敢自親之貌，卽在水羸劣之貌也。《毛詩·大雅》『牧野洋洋』，傳云：『洋洋，廣也。』陳風『泌之洋洋』，傳云：『洋洋，廣大也。』廣大則不局促，不局促故舒緩。哀十七年《左傳》云『如魚竀尾，衡流而方羊』，孔氏正義云：『鄭衆以爲魚肥則尾赤。方羊，遊戲。』洋洋猶言方羊，魚遊尾動，故以摇尾狀其舒緩遊戲之情也。攸與悠同，《爾雅·釋詁》云：『悠，遠也。』舍人注云：『行之遠也。』遠與深義同。逝如《論語》『逝者如斯夫』之逝。《陽貨》篇『日月逝矣』，皇侃疏云：『逝，速也。』走水趣深處解攸然，迅字解逝字。閩、監、毛三本『水趣』二字倒，嘉誤作『喜』。**校人出，曰：「孰謂子產智，予既烹而食之，曰得其所哉，得其所哉！」故君子可欺以其方，難罔以非其道。彼以愛兄之道來，故誠信而喜之，奚僞焉？』**【注】方，類也。君子可以事類欺，故子產不知校人之食其魚。象以其愛兄之言來向舜，是亦其類也。故誠信之而喜，何爲僞喜也。【疏】注『方類』至『類欺』〇正義曰：《淮南子·精神訓》云『以萬物爲一方』，高誘注云：『方，類也。』方之義爲比，類之義亦爲比。凡事之荒誕非理者，則無所比類。校人之言有倫有脊，實有此圉圉洋洋攸然而逝之情而比類之也，故不虞其欺耳。

《章指》言：仁聖所存者大，舍小從大，達權之義也。不告而娶，守正道也。

萬章問曰：『象日以殺舜爲事，立爲天子則放之，何也？』【注】怪舜放之何故。【疏】注『怪舜放之何故』〇正義曰：翟氏灝《考異》云：『韓非有云：「瞽瞍爲舜父而舜放之，象爲舜弟而舜殺之。放父殺弟，不可爲仁。」則云象欲殺舜，猶其繆之小焉者矣。萬章知無放瞍殺象之事，而不能無疑於放象之説，孟子力辨其并無之，則其餘邪説悉不待辨而息已。』

孟子曰：『封之也。或曰放焉。』【注】舜封象於有庳，或有人以爲放之。

萬章曰：『舜流共工于幽州，放驩兜于崇山，殺三苗于三危，殛鯀于羽山，四罪而天

下咸服，誅不仁也。象至不仁，封之有庳，有庳之人奚罪焉？仁人固如是乎？在他人則誅之，在弟則封之。』【注】舜誅四佞，以其惡也。象惡亦甚，而封之，仁人用心，當如是乎。罪在他人當誅之，在弟則封之。【疏】『舜流』至『咸服』○正義曰：此《虞書・堯典》文也。段氏玉裁《説文解字注》云：『𣪠，塞也。讀若《虞書》「𣪠三苗」之𣪠。二𣪠本皆作「𣪠」，妄人所改也。』『𣪠三苗於三危』，與言流言放言極一例，謂放之令自匿。故《孟子》作『殺三苗』，卽《左傳》『𣪠蔡叔』之𣪠。𣪠爲正字，𣪠、殺爲同音假借。殛鯀爲極之假借。《左傳》曰：『流四凶族，投諸四裔。』劉向曰：『舜有四放之罸。』屈原曰『永遏在羽山，夫何三年不施』，王注：『言堯長放鯀於羽山，絶在不毛之地，三年不舍其罪也。』《周禮》『廢以馭其罪』，注：『廢猶放也。舜極鯀于羽山是也。』此條《釋文》宋本『極紀力反』可證。《洪範》『鯀則殛死』，《釋文》：『本又作「極」。』《多方》『我乃其大罸殛之』，《釋文》：『本又作「極」。』《左傳》昭七年『昔堯殛鯀於羽山』，《釋文》：『本又作「極」。』《魯頌》『致天之屆，于牧之野』，箋云：『屆，極也。』引《書》『鯀則極死』。又云『天所以罸極紂于商郊牧野』，正義云：『「屆極」，「虞度」，《釋言》文。《釋言》又云：「極，誅也。」武王致天所罸，誅紂於牧野。定本集注皆云「殛紂於牧野」。殛是殺，非也。』《小雅》『後予極焉』，毛曰：『極，至也。』鄭曰：『極，誅也。』正義曰：『「極至」，《釋詁》文。「極誅」，《釋言》文。』合《魯頌》、《小雅》兩箋兩正義觀之，則《釋言》之爲『殛誅』甚明。今《爾雅》作『殛誅也』，蓋誤以《洪範》、《多方》殛字鄭作『極』例之，則知《周禮》注引『極鯀於羽山』，鄭所見《尚書》自是極，不作『殛』也。假殛爲極，亦如《孟子》假殺爲竄，鯀因極而死於東裔。韋昭注《晉語》云：『殛，放而殺也。』此當作『放而死也』。高注《吕覽》云『先殛後死』，此當作『先極後死』。若《吕覽》『副之以吴刀』，《山海經》『殺鯀于羽郊』，則言之不從，不可信矣。然則馬注《尚書》，趙注《孟子》，韋注《國語》，皆云『殛，誅也』何也？曰：此皆用《釋文》『極誅也』之文，謂正文殛當作『極』也。江氏聲《尚書集注音疏》云：『《史記》云：「請流共工于幽陵，以變北狄；放驩吺于崇山，以變南蠻；遷三苗于三危，以變西戎；殛鯀于羽山，以變東夷。」竄，塞也。謂塞之使不得通中國。《周禮·大司馬職》云「犯令陵政則杜之」，鄭注云：「杜之者，杜塞使不得與鄰國交通。」亦此義也。殛誅，誅謂責遣之，非殺之也。』按萬章以舜放象爲問，故舉四罪之放以例之。○『封之有庳』○正義曰：顧氏炎武《日知録》云：『《水經注》王隱曰：「應陽縣本泉陵之北部，東五里有鼻墟，象所封也。山下有象廟。」《後漢·東平王蒼傳》注：「有鼻，國名，在今永州營道縣北。」《袁譚傳》注：「今猶謂之鼻亭。」舜都蒲版，而封象於道州鼻亭，在三苗以南荒服之地，誠爲可疑。如孟子所論，親之欲其貴，愛之欲其富，又且欲其源源而來，何以不在中原近畿之地〔一〕，而置之三千

〔一〕『地』，《皇清經解》本同，《日知録》作『處』。

餘里之外邪？蓋上古諸侯之封萬國，其時中原之地，必無閒土可以封故也。』閻氏若璩《釋地續》云：『有庳之在今永州府零陵縣，已成千古定所。經文「欲常常而見之，故源源而來」。不及待一年之貢期，五年之朝期，以伸吾親愛情者〔一〕，有〔二〕兄居蒲版，弟居零陵，陸阻太行，水絶洞庭，較諸驩兜放處尤遠千里之程〔三〕。且果零陵之國〔四〕，比歲一至，則往反幾將萬里，其勞已甚，數歲而數至，勢必日奔走於道路風霜之中而不少寧息，親愛弟者，固如是乎？蓋有庳之封，必近在帝都，而今不可考〔五〕。或曰：然則今零陵曷爲傳有是名也？《括地志》云：「鼻亭神在營道縣北六十里，故老傳言舜葬九疑，象來至此，後人立祠，名爲鼻亭神。」此爲得之。』翟氏灝《考異》云：『《漢書・鄒陽傳》作「封之於有畀」，服虔注曰：「畀，音畀予之畀。」師古注曰：「音鼻。」又《武五子傳》「舜封象於有鼻」，師古注曰：「有鼻在零陵，今鼻亭是也。」《後漢・東平王蒼傳》：「昔象封有鼻。」《三國志・樂陵王茂傳》亦曰：「昔象之爲虐，至甚而大，舜猶侯之有鼻。」庳與鼻皆從畀與之

〔一〕「者」，《皇清經解》本同，《釋地續》無「者」字。
〔二〕「有」，《皇清經解》本同，《釋地續》作「豈有」。
〔三〕「程」，《皇清經解》本、《釋地續》作「理」。
〔四〕「國」，《皇清經解》本同，《釋地續》作「是國也」。
〔五〕「考」，《皇清經解》本同，《釋地續》作「考爾」。

畀，音皆讀爲庇，故其字得通借。」○注「舜誅四佞」○正義曰：《書》言「四罪」，趙氏謂之「四佞」者，明其罪在佞也。《論衡·答佞》篇云：「富貴，皆人所欲也。雖有君子之行，猶有飢渴之情。君子則以禮防情，以義制欲，故得循道，循道則無禍。小人縱貪利之欲，踰禮犯義，故進得苟佞，苟佞則有罪。夫賢者〔一〕君子也，佞人小人也。」「佞人問曰：行合九德則賢，不合則佞；世人操行者，可盡謂佞乎？曰：諸非皆惡，惡中之逆者，謂之無道；惡中之巧者，謂之佞人。聖王〔二〕刑憲，佞在惡中；聖王賞勸，賢在善中。純潔之賢，善中殊高，賢中之聖也。善〔三〕中大佞，惡中之雄也。」○注「仁人用心當如是乎」○正義曰：當與嘗通，《萬章上》篇「是時孔子當阨」，《説苑》引作「是孔子嘗阨」。《荀子·君子》篇「先祖當賢」，注云：「當或爲嘗。」是也。《禮記·少儀》「馬不常秣」，《釋文》云：「常本亦作『嘗』。」是當、嘗、常三字通。《國語·周語》「固有之乎」，注云：「固，猶嘗也。」《禮記·曲禮》「求毋固」，注云：「固，常也。」固之義爲常、嘗，卽亦爲當，故趙氏以當釋之。王引之《經傳釋詞》云：「固，猶乃也。」

〔一〕「者」，《皇清經解》本作「人」，《論衡·答佞》作「者」。
〔二〕「王」，《皇清經解》本作「人」，《論衡·答佞》作「王」。
〔三〕「善」，《皇清經解》本同，《論衡·答佞》作「惡」。

曰：『仁人之於弟也，不藏怒焉，不宿怨焉，親愛之而已矣。親之欲其貴也，愛之欲其富也，封之有庳，富貴之也。身爲天子，弟爲匹夫，可謂親愛之乎？』【注】孟子言仁人於弟，不問善惡，親愛之而已。封之欲使富貴耳，身爲天子，弟雖不仁，豈可使爲匹夫也。

『敢問或曰放者，何謂也？』【注】萬章問放之意。

曰：『象不得有爲於其國，天子使吏治其國，而納其貢税焉，故謂之放。豈得暴彼民哉！【注】象不得施教於其國，天子使吏代其治，而納貢賦與之，比諸見放也。有庳雖不得賢君，象亦不侵其民也。【疏】『象不』至『民哉』○正義曰：趙氏佑《温故録》云：『象不得有爲，非舜禁之使不得也，乃或之見爲如是耳。蓋天子使吏治其國，卽大國三卿，皆命於天子，使其大夫爲三監，監於方伯之國，國三人事，古封建之本如是，後世始擅命自爲。然漢制諸侯王猶爲置傅相，蓋循古意。舜固以之休逸象，優其賦入，以奉養象。或者不察，遂妄意舜之禁象，使不得有爲，故謂之放。就令如此，象亦豈有暴民之事哉？是皆孟子推或言之意，又正答「有庳之人何罪」一語意也。故下復有「雖然」一轉，此時象久被舜烝乂之教，亦自不至於暴民。然舜之爲是，正不慮象之暴民，第欲其常常來見；唯使治國有人，賦入無缺，故象得輕身，時來歡聚，與他人必及朝貢之期者不同。又時以政事相接，使象得觀已所行，以益進於善，此之謂也。與上「故謂之」相比照，論舜之待象，當如此不當如彼也。蓋孟子所以發明仁人親愛之心，委婉詳盡如此。』**雖然，欲常常而見**

之，故源源而來，不及貢，以政接于有庳，【注】雖不使象得豫政事，舜以兄弟之恩，欲常常見之無已，故源源而來，如流水之與源通。不及貢者，不待朝貢諸侯常禮乃來也。其間歲歲自至京師，謂若天子以政事接見有庳之君者，實親親之恩也。【疏】注「欲常常見之無已」○正義曰：《詩・大雅・文王》箋云：「長，猶常也。」《説文》云：「長，久遠也。」長而又長，故爲無已。○注「故源源而來如流水之與源通」○正義曰：《説文》言部云：「謜，徐語也。从言，原聲。《孟子》曰：『故謜謜而來。』」段氏玉裁《説文解字注》云：「趙注『如流水之與源通』，據此謜本作『源』，源古作『原』，蓋許引《孟子》『原原而來』，證從原會意之指。」○注「不及」至「恩也」○正義曰：《虞書・堯典》云：「五載一巡守，羣后四朝。」鄭康成注云：「四朝，四季朝京師也。巡守之年，諸侯見於方岳之下。其間四年，四方諸侯分來朝於京師也。」王氏鳴盛《尚書後案》云：「鄭意謂每天子巡守之明年，東方諸侯春季來朝京師；其又明年，南方諸侯夏季來朝；又明年，西方諸侯秋季來朝；又明年，北方諸侯冬季來朝；又明年，則天子復巡守矣。《孝經》鄭注云：『諸侯五年一朝天子，天子亦五年一巡守。』《孝經》注，先儒疑非鄭注。然此條則是熊氏推衍，亦得鄭意。」按此一朝，天子乃巡守。熊氏以爲虞夏制法，諸侯之朝，代爲四部，四年乃徧，總是五年一朝，天子乃巡守。常禮五年一朝，此不待朝貢常禮，故歲歲自至京師也。謂若天子以政事接見有庳之君者，《詩・鄭風・緇衣序》云：「父子並爲周司徒，善於其職。」孔氏正義云：

『武公既爲鄭國之君，又復入作司徒。』《衛風・淇澳序》云：『《淇澳》，美武公之德也。以禮自防，故能入相于周。』孔氏正義云：『武公將兵，佐周平戎，甚有功，平王命爲公。』卒章傳云：『卿士者，卿爲典事，公其兼官。』在《尚書》如蘇公爲司寇，齊侯呂伋爲天子虎賁氏，皆以諸侯兼理京師之政事，推之於虞，當亦有然。有庳之君，不依朝貢常期，而歲歲自至，故若兼治京師政事，而天子以政事接見之也。經文直云『以政接於有庳』，則是實有政事，原非空至。觀上云『汝其于予治』，則象以諸侯兼治王朝政事可知。封象於有庳而兼掌朝政，所以不得有爲於其國也。人見其不得有爲於國，故謂之放。不知所以不得有爲於其國者，正有爲於天子之朝也。其非放也明矣。趙氏增『若』字，則以本非有政事矣。**此之謂也。』**【注】此『常常』以下，皆《尚書》逸篇之辭。孟子以告萬章，言此乃象之謂也。【疏】注『此常』至『謂也』○正義曰：趙氏蓋亦以此文在《舜典》中也。江氏聲《尚書集注音疏》云：『據云「此之謂也」，則「有庳」以上自是古書成文，當是《尚書》文矣。其「欲常常」句承「雖然」之下，雖然云者，承上轉下之詞，則「欲常常」二句乃孟子之言，非古書成文矣。斷自「不及貢」始，以爲《尚書》逸文，庶幾近之也。』

《章指》言：懇誠於內者，則外發於事，仁人之心也。象爲無道極矣，友于之性，忘其悖逆，況其仁賢乎！【疏】『友于之性』○正義曰：《後漢書・袁紹傳》云：『友于之性，生於自然。』

咸丘蒙問曰：『語云：「盛德之士，君不得而臣，父不得而子。舜南面而立，堯帥諸侯北面而朝之，瞽瞍亦北面而朝之，舜見瞽瞍，其容有蹙。孔子曰：於斯時也，天下殆哉岌岌乎！」不識此語誠然乎哉？』【注】咸丘蒙，孟子弟子。語者，諺語也。言盛德之士，君不敢臣，父不敢子，堯與瞽瞍皆臣事舜，其容有蹙踖不自安也。孔子以爲君父爲臣，岌岌乎，不安貌也。故曰殆哉。不知此語實然乎。【疏】注『咸丘蒙孟子弟子』○正義曰：《廣韻》『丘』字注云：『漢複姓四十四氏，《孟子》有咸丘蒙隱居。』閻氏若璩《釋地續》云：『古人以所居之地得姓氏，不必定常於其地，如咸丘魯地而蒙則齊人是。咸丘二字，見《爾雅》「左高曰咸丘」，見《春秋》桓公七年「焚咸丘」，杜注：「咸丘，魯地，高平國鉅野縣南有咸亭。」咸丘複氏自以此。』○注『其容』至『實然乎』○正義曰：趙氏連云『蹙踖』，蓋讀蹙爲『曾西蹵然』之蹵，即『踧踖』也。《楚辭·離騷》云『高余冠之岌岌兮』，注云：『岌岌，高也。』高則危而不安。《漢書·韋賢傳》云『岌岌其國』，注引應劭云：『岌岌，欲毀壞也。』翟氏灝《考異》云：『「舜見瞽瞍其容有蹙」五句，《墨子·非儒》篇：「孔某與其門弟子閒坐，曰：夫舜見瞽瞍蹴然，此時天下圾乎。」《韓非子·忠孝》篇引記曰：「舜見瞽瞍，其容造焉。孔子曰：當是時也，危哉天下岌岌，有道者，父固不得而子，君固不得而臣也。」《文選·諷諫詩》注引《孟子》曰：『天下殆哉岌岌乎。』按《韓非》所引之記，即咸丘蒙所引之語，蓋當時早有以此等説筆之於書者矣。蹙、造二字古通，《韓詩外傳》：『史魚死，不於正堂治喪，衛君問知其故，造然召蘧伯玉貴之，而退彌子瑕。』《淮南子・道應訓》：「孔子觀宥卮，造然革容曰：善哉持盈者乎！」並以造代蹙。「殆哉岌乎」，乃時人恆語。《莊子・天地》篇述許由之言，亦云「殆哉圾乎天下」，《音義》曰：「圾，本又作岌。」《管子・小文〔一〕》篇：「桓公言欲勝民」，管仲曰：「危哉，君之國岌乎！」」

孟子曰：『否。【注】言不然也。**此非君子之言，齊東野人之語也。【注】**東野，東作田野之人所言耳。咸丘蒙，齊人也，故聞齊野人之言。《書》曰『平秩東作』，謂治農事也。**【疏】**注『東野』至『事也』〇正義曰：趙氏以東爲東作治農事，故引《書・堯典》以證之，非東爲東方之東也。閻氏若璩《釋地續》云：『趙氏注此章，於東字妙有體會，不然，何不云齊之西或北野人乎？至今濟南府齊東縣，則置於元憲宗三年，以鎮而名，於《孟子》無涉。』**堯老而舜攝也。《堯典》曰：「二十有八載，放勳乃徂落，百姓如喪考妣，三年，四海遏密八音。」【注】**孟子言舜攝行事耳，未爲天子也。放勳，堯名。徂落，死也。如喪考妣，思之如父母也。遏，止也。密，無聲也。八音不作，哀思甚也。**【疏】**『堯典曰』〇正義曰：毛氏奇齡《四書賸言》云『《孟子》「《堯典》曰二十有八載」至「四海遏密八音」，今所行

〔一〕『文』，《皇清經解》本、《管子》均作『問』。

《尚書》在《舜典》中。按伏生《尚書》原只《堯典》一篇，無「粤若稽古帝舜」二十八字，以舊別有《舜典》，而其時已亡，故東晉梅賾獻《尚書》孔傳亦無《舜典》。至齊建武年，吴興姚方興於大航頭得孔氏傳古文，始分《堯典》爲二，以「慎徽五典」至末謂之《舜典》，而加二十八字於其中，此僞書也。故漢光武時，張純奏「宜遵唐堯之典，二月巡狩」，至章帝時，陳寵奏「言唐堯著典，眚災肆赦」，皆是《舜典》文，而皆冠以《堯典》之名。郎《前漢·王莽傳》所引十有二州，皆稱《堯典》。後西晉武帝初，幽州秀才張髦上疏，引「肆類上帝」諸文，亦稱《堯典》。自僞書一出，而羣然改從，則是古書一篇而今誤分之，非古書二篇而今誤合之也。」今《尚書》作『帝乃殂落，百姓如喪考妣三載。』臧氏琳《經義雜記》云：「《孟子·萬章上》：『《堯典》曰：二十有八載，放勳乃徂落，百姓如喪考妣三年，四海遏密八音』。《春秋繁露·煖燠孰多》篇：『《尚書》曰：二十有八載，放勳乃殂落，百姓如喪考妣，四海之内，閼密八音三年。』《説文》歺〔一〕部：『殂，往死也。《虞書》曰：放勛乃殂落。』此可證《尚書》本作『放勳』。《釋文》引馬融注，以放勳爲堯名。《孟子·滕文公上》『放勳日〔二〕勞之來之』，注：『放勳，堯號也。』此古義也。」王氏鳴盛《尚書後案》云：「《史

〔一〕『歺』，《皇清經解》本、《説文解字》均作『𣦵』，下同。
〔二〕『日』，《皇清經解》本同、《孟子注疏》作『曰』。

記》「堯立七十年，得舜，二十年而老，令舜攝行天子之政，薦之於天。堯辟位，凡二十八年而崩」。徐廣曰：「堯在位凡九十八年。」按上文堯欲巽位，自言「朕在位七十載」，合二十八載，凡九十八年，《史記》與經合。』段氏玉裁《説文解字注》云：『殂，往死也。从歺，且聲。《虞書》曰：「勛乃殂。」二徐本皆如是，宋本《説文》及洪邁所引皆可證。至《集韻》、《類篇》乃增「放」字，至李仁甫乃增之曰「放勛乃殂落」，或用改大徐本。「《堯典》曰二十有八載，放勳乃殂落」，見《孟子》、《春秋繁露》、皇甫謐《帝王世紀》所引皆如是。此作「勛乃殂」，據力部，勳者小篆，勛者古文，勳則許所稱真壁中文也，而無「放」「落」二字。蓋孟子、董子所稱者皆《今文尚書》也，許所稱者《古文尚書》也。孟子何以稱《今文尚書》？伏生本與孔安國本皆出周時。放勛何以但稱勛？或言放勛，或言勛，一也。蓋當時臣民所稱不一也。殂落何以但言殂？云殂則已足矣，不必言殂落也。《釋詁》：「崩，薨，無祿，卒，殂落，殪，死也。」《白虎通》曰：「《書》言殂落，死者各自見義。堯見慘痛之，舜見終，各一也。」此其所據皆今文《尚書》，且《爾雅》無妨「殂」「落」二字各爲一句也。師古注《王莽傳》，引《虞書》「放勳乃殂」，則唐初《尚書》尚有無落字者。』閻氏若璩《釋地又續》云：『百姓義二：有指百官言者，《書》百姓與黎民對，《禮・大傳》百姓與庶民對是也。有指小民言者，不必夏〔一〕代，亦始自唐虞之時，百姓不親，五品不遜是也。《四書》中百姓凡二十五見，惟「百姓如喪考妣三年」指百官，蓋有爵土者爲天子服斬衰三年，禮也。《孟子》已明注曰〔二〕「舜帥諸侯以爲堯三年喪」，喪並平聲。持服曰喪，「如喪考妣三年」，即《檀弓》「方喪三年」耳。』江氏聲《尚書集注音疏》云：『《孟子》所引，上言「二十有八載」，下云「三年」，則《堯典》之文，可載、年皆有。僞孔氏因《爾雅》「唐虞曰載」之文，改年爲載，且三年是喪考妣之期，當屬上爲句，不可改載而下屬也。此經下文別言「四海」，乃謂民間，則百姓自是羣臣矣。』○注『放勳堯名』○正義曰：名號通稱，詳見《滕文公》篇。○注『如喪』至『甚也』○正義曰：趙氏言思之如父母，猶云親其君如父母也。蓋謂百姓即下四海之民，惟如喪考妣，所以遏密八音也，故云八音不作，哀思甚也。兩思字相貫爲一事也。『遏止也』，《爾雅·釋詁》文。《説文》言部云：『謐，靜語也。一曰無聲也。』《詩·周頌》『夙夜基命宥密』，《禮記·孔子閒居》引此詩注云：『密，靜也。』《賈子新書·禮容》篇引詩作『宥謐』。趙氏讀密爲謐，故云無聲也。**孔子曰：「天無二日，民無二王。」舜既爲天子矣，又帥天下諸侯以爲堯三年喪，是二天子矣。』**【注】日一，王一，言不

〔一〕『夏』，《皇清經解》本同，《釋地又續》作『後』。
〔二〕『注曰』，《皇清經解》本同，《釋地又續》作『下註脚曰』。

得並也。【疏】『孔子曰』至『二王』○正義曰：《禮記・曾子問》篇云：『孔子曰：天無二日，土無二王，嘗禘郊社，尊無二上。』《坊記》云：『子云：天無二日，土無二王，家無二主，尊無二上。』《喪服四制》云：『天無二日，土無二王，國無二君，家無二尊。』《大戴禮記・本命》篇云：『天無二日，國無二君，家無二尊。』

咸丘蒙曰：『舜之不臣堯，則吾既得聞命矣。《詩》云：「普天之下，莫非王土；率土之濱，莫非王臣。」而舜既爲天子矣，敢問瞽瞍之非臣如何？』【注】不以堯爲臣也。【注】詩，《小雅・北山》之篇。普，徧。率，循也。徧天下，循土之濱，無有非王者之臣，而曰瞽瞍非臣如何也。【疏】注『詩小雅』至『之臣』○正義曰：詩在《小雅・北山》第二章。毛傳云：『溥，大。率，循。濱，涯也。』《說文》日部云：『普，日無色也。』水部云：『溥，大也。』《孟子》作『普』，是假借字。《詩》作『溥』，正字也。《儀禮・士虞禮記》云『普淖』，注云：『普，大也。』《詩・大雅・召旻》『溥斯害矣』，箋云：『溥，徧也。』周徧即大也。『率循也』，《爾雅・釋詁》文。孔氏《詩正義》云：『《說文》云：「浦，水濱。」《廣雅》云：「浦，涯。」然則滸、濱、涯、浦皆水畔之地，同物而異名也。詩意言民之所居，民居不盡近水，而以濱爲言者，古先聖人謂中國爲九州，以水中可居曰洲，言民居之外皆在水也。』鄒子曰：『中國名赤縣，赤縣内自有九州，禹之序九州是也。其有瀛海環之。』是地之四畔皆至水也。濱是四畔近水之處，言『率土之濱』，舉其四方所至之内，見其廣也。

曰：『是詩也，非是之謂也。勞於王事，而不得養父母也。曰此莫非王事，我獨賢勞也。【注】孟子言此詩非舜臣父之謂也。詩言皆王臣也，何爲獨使我以賢才而勞苦，不得養父母乎，是以怨也。【疏】『此莫』至『勞也』〇正義曰：王氏念孫《廣雅疏證》云：『賢，勞也。《小雅·北山》篇「我從事獨賢」，《孟子·萬章》篇引此詩而釋之曰：「此莫非王事，我獨賢勞也。」賢亦勞也。賢勞猶言劬勞，故毛傳云：「賢，勞也。」《鹽鐵論·地廣》篇亦云：「《詩》云莫非王事，而我獨勞，刺不均也。」鄭箋趙注並以賢爲賢才，失其義也。』段氏玉裁《説文解字注》云：『賢，多財也。賢本多財之稱，引伸之凡多皆曰賢。人稱賢能，因習其引伸之義，而廢其本義矣。《小雅》「大夫不均，我從事獨賢」，傳曰：「賢，勞也。」謂事多而勞也。故孟子説之曰「我獨賢勞」。戴先生曰：「《投壺》某賢於某若干純，賢，多也。」』按《吕氏春秋·慎人》篇云：『舜自爲詩曰：「普天之下，莫非王土；率土之濱，莫非王臣。」所以見盡有之也。』蓋當時相傳此詩爲舜作，故咸丘蒙引見爲問。孟子直據《北山》之詩解之，則詩非舜作明矣。《六經》之學，至戰國疏陋已極，孟子不獨論舜，兼以明詩。**故説詩者，不以文害辭，不以辭害志，以意逆志，是爲得之。如以辭而已矣，《雲漢》之詩曰：「周餘黎民，靡有孑遺。」信斯言也，是周無遺民也。**【注】文，詩之文章，所引以興事也。辭，詩人所歌詠之辭。志，詩人志所欲之事。意，學者之心意也。孟子言説詩者當本之志，不可以文害其辭，文不顯乃反顯也。不可以辭害其志。辭曰：『周餘黎民，靡有孑遺。』志在憂旱，災民無孑然遺脱不遭旱災者，非無民也。人情不遠，以己之意，逆詩人之志，是爲得其實矣。王者有所不臣，不可謂皆爲王臣，謂舜臣其父也。【疏】『故説詩』至『得之』○正義曰：《説文》文部云：『文，錯畫也。』序云：『倉頡之初作書，蓋依類象形，故謂之文。』宣公十五年《左傳》云：『故文反正爲乏。』《國語・晉語》云：『夫文蟲皿爲蠱。』是文卽字也。段氏玉裁《説文解字注》云：『詞，意内而言外也。从司言。有是意於内，因有是言於外，謂之詞。意者，文字之義也。言者，文字之聲也。詞者，文字形聲之合也。詞與辛部之辭，其意迥別。辭者，説也。從𤔔辛。𤔔辛猶理辜，謂文辭足以排難解紛也。然則辭謂篇章也。詞者，意内而言外，从司言。此謂摹繪物狀，及發聲助語之文字也。積文字而爲篇章，積詞而爲辭。孟子曰「不以文害辭，不以詞害志」也。孔子曰「言以足志」，詞之謂也。「文以足言」，辭之謂也。《大行人》「故書計詞命」，鄭司農云：「詞當爲辭。」此二篆之不可混一〔一〕也。』顧氏鎮《虞東學詩・以意逆志説》云：『《書》曰：「詩言志，歌永言。」而孟子之詔咸丘蒙曰：「以意逆志，是爲得之。」後儒因謂吟哦上下，便使人有得；又謂少間推來推去，自然推出道理。此論讀書窮理之義則可耳，詩則當知其事實，而後志可見，志見而後得失可判也。説者又引子貢之「知來」，子

〔一〕『一』，《皇清經解》本無，段玉裁《説文解字注》有『一』字。

夏之「起予」，以爲聖門之可與言詩者如是，而後世必求其人，鑿其事，此孟子所謂「固哉高叟」者，而非聖賢相與言詩之法也。不知學者引申觸類，六通四闢，無所不可，而考其本旨，義各有歸。如切磋本言學問之事，則凡言學問者無不可推，而謂詩論貧富可乎？素絢本有先後之序，則凡有先後者無不可推，而謂詩論禮後可乎？斷章取義，當用之論理論事，不可用以釋詩也。然則所謂逆志者何？他日謂萬章曰：「頌其詩，讀其書，不知其人，可乎？」是以論其世也。正惟有世可論，有人可求，故吾之意有所措，而彼之志有可通。今不問其世爲何世，人爲何人，而徒吟哦上下，去來推之，則其所逆，乃在文辭而非志也。此正孟子所謂「害志」者，而烏乎逆之，而又烏乎得之？孟子之論《北山》也，惟知爲行役者之刺王，故逆之而得其嘆賢勞之志。其論《凱風》也，惟知七子之母未嘗去其室，故逆之而得其過小不怨之志。不然，則「普天」「率土」，特悉主悉臣之恒談耳；「凱風自南，吹彼棘心」，亦「蓼蓼者莪，匪莪伊蒿」之同類耳。何由於去古茫茫之後，核事考情，而得其所指哉！夫不論其世，欲知其人，不得也。不知其人，欲逆其志，亦不得也。孟子若預憂後世將秕穅一切，而自以其察言也，特著其説以防之。故必論世知人，而後逆志之説可用之。」○注「文詩」至「之辭」○正義曰：《説文》彡部云：「彣，䰈也。」有部云：「䰈，有彣彰也。」然則文章之文本作「彣」，省而作「文」，與文字之文義别。趙氏以文章釋文，是讀文爲彣也。《淮南子·本經訓》云「發動而成於文」，高誘注云：「文，文章也。』《禮記・仲尼燕居》云『文爲在禮』，注云：『文章所爲。』皆以文爲彣，與趙氏同。辭則孟子已明指『周餘黎民，靡有孑遺』爲辭，即『普天之下』四句爲辭，此是詩人所歌詠之辭已成篇章者也。○注『文不顯乃反顯也』○正義曰：趙氏以文爲文章，是所引以興事即篇章上之文采。如『我獨賢勞』，辭之志也。『莫非王臣』，則辭之文也。説詩當以辭之志爲本而顯之。若不以意逆志，則志宜顯而反不顯，文不顯而反顯矣。文字於説詩非所取，故解爲詩之文章，詩之文章即辭之文采也。○注『辭曰』至『父也』○正義曰：《雲漢》詩在《大雅》。序言宣王『遇災而懼』，每章首言旱既太甚，知詩人之志在憂旱災也。毛傳云：『孑然遺失也。』箋云：『黎，衆也。周之衆民，多有死亡者矣。幸其餘無有孑遺者，言又餓病也。』孔氏正義云：『孑然，孤獨之貌。言靡有孑遺，謂無有孑然得遺漏。』按遺失，失即佚，遺佚即遺漏。無有遺漏，是皆不免於死亡。下云『昊天上帝，則不我遺，胡不相畏，先祖于摧』，箋云：『天將遂旱餓殺我與？先祖何不助我恐懼，使天雨也。』然則我民有遺留，周餘黎民必將飢饉餓病，無有孑遺也。不逆『胡不相畏』之志，則周真無遺『靡有孑遺』乃虚設之辭，謂旱災如此，先祖若不助我恐懼，使天雨，則昊天上帝既不欲使民。不逆『我從事獨賢』之志，則溥天之下真莫非王臣。趙氏言『民無孑然遺脱不遭旱災者』，與毛、鄭義異。《白虎通》有《王者不臣》篇，言王者所不臣者三，謂『二王之後、妻之父母、夷狄』也。是王者有所不臣也。妻之父母且不臣，而轉臣父乎？**孝子之至，莫大**

乎尊親；尊親之至，莫大乎以天下養。爲天子父，尊之至也。以天下養，養之至也。【注】尊之至，瞽瞍爲天子父。養之至，舜以天下之富奉養其親。至，極也。**《詩》曰：「永言孝思，孝思惟則。」此之謂也。**【注】詩，《大雅・下武》之篇。周武王所以長言孝道，欲以爲天下法則，此舜之謂也。【疏】注「詩大」至「謂也」○正義曰：詩在《大雅・下武》篇第三章。毛傳云：「則其先人也。」箋云：「長我孝心之所思，所思者，其維則三后之所行。子孫以順祖考爲孝。」義與趙氏異。趙氏以孝思爲孝道者，《説文》亼部云：「侖，思也。」段氏玉裁《説文解字注》云：「侖下云：『侖理也。』《大雅》毛傳云：『論，思也。』論者侖之假借。思與理義同也。」《吕氏春秋・察傳》篇云「必驗之以理」，高誘注云：「理，道理也。」《淮南子・本經訓》云「喜怒剛柔，不離其理」，高誘注云：「理，道也。」是思亦道也。大王、王季、文王皆明哲可法，故毛以則爲則其先人。舜之父頑，未可法則，故趙氏不從毛義，而云爲天下則法也。箋解「永言配命」，以爲武王言。趙氏以此永言爲「周武王所以長言孝道」，則與鄭同。**《書》曰：「祇載見瞽瞍，夔夔齋栗，瞽瞍亦允若。」是爲父不得而子也。」**【注】書，《尚書》逸篇。祇，敬。載，事也。夔夔齋栗，敬慎戰懼貌。舜既爲天子，敬事嚴父，戰栗以見瞽瞍，瞍亦信知舜之大孝。若是爲父不得而子也，以是解咸丘蒙之疑。【疏】注「書尚」至「之疑」○正義曰：此引《書》，不見二十八篇之中，故爲逸篇，蓋亦《舜典》文也。「祇，敬也」，《爾雅・釋詁》文。《周書・謚法解》云：「載，事也。」《國語・楚語》云『爲齋敬也』，《禮記・内則》云『進退周旋慎齊』，是齊爲敬慎也。《論語・八佾》篇云『使民戰栗』，《毛詩・秦風・黄鳥》『惴惴其慄』，傳云：『慄慄，懼也。』栗通慄，是爲戰懼也。趙氏以夔夔爲齊栗之貌，故云敬慎戰懼貌也。閻氏若璩《釋地又續》云：《炳燭齋隨筆》曰：「夔，一足之物也。凡人之立，常時則兩足舒布，有所畏則兩足緊並，有若一足之物，故曰夔夔也。《史記》使天下之士重足而立，亦此意。」按〔一〕《酷吏・義縱傳》：「南陽吏民，重足一迹。」語尤顯白。』《爾雅・釋詁》云：『允，信也。』趙氏以瞽瞍亦信知舜之大孝釋瞽瞍亦允，是讀允字句，若字屬下，爲孟子説《書》之辭。近讀允若爲句，從晚出古文《大禹謨》也。江氏聲《尚書集注音疏》云：『孟子既引此經，遂言曰「是爲父不得而子也」。趙氏讀允字絶句，若字屬下入孟子語中，似不合孟子語意，故聲裁節之而别爲之解。允，誠也。若，善也。舜敬事瞽瞍，見之必敬慎戰栗，瞽瞍化之，亦誠實而善。所謂「烝烝乂，不格姦」也。』

《章指》言：**孝莫大於嚴父而尊之矣，行莫過於蒸蒸執子之政也。此聖人之軌道，無有加焉。**【疏】『孝莫大於嚴父』○正義曰：見《孝經・聖治章》第九。『執子之敬』，一本作『執子之政』。

〔一〕『按』，《皇清經解》本同，《釋地又續》作『餘按』。

孟子正義卷十九

萬章曰：『堯以天下與舜，有諸？』【注】欲知堯實以天下與舜否。

孟子曰：『否。【注】堯不與之。**天子不能以天下與人。』**【注】當與天意合之，非天命者，天子不能違天命也。『堯曰咨爾舜，天之曆數在爾躬』，是也。【疏】注『堯曰』至『是也』○正義曰：文見《論語·堯曰》篇。

『然則舜有天下也，孰與之？』【注】萬章言誰與之也。

曰：『天與之。』【注】孟子言天與之。

『天與之者，諄諄然命之乎？』【注】萬章言天有聲音命與之乎。【疏】注『萬章』至『之乎』○正義曰：《説文》言部云：『諄，告曉之孰也。从言，享聲。讀若庉。』段氏玉裁《説文解字注》云：『《大雅》：「誨爾諄諄。」《左傳》：「年未盈五十，而諄諄如八九十者。」《孟子》：「諄諄然命之乎。」《大雅》「諄諄」，鄭注《中庸》引作「忳忳」，云：「忳忳，懇誠貌也。」其中懇誠，其外乃曉告之孰，義相足也。』按告曉之孰則有聲音，故云天有聲音也。《爾雅・釋詁》云：『命，告也。』命之即是告曉之。諄諄然命之，則懇誠而孰告之也。

曰：『否。天不言，以行與事示之而已矣。』【注】孟子曰，天不言語，但以其人之所行善惡，又以其事從而示天下也。

曰：『以行與事示之者，如之何？』【注】萬章欲知示之之意。

曰：『天子能薦人於天，不能使天與之天下；諸侯能薦人於天子，不能使天子與之諸侯；大夫能薦人於諸侯，不能使諸侯與之大夫。昔者堯薦舜於天而天受之，暴之於民而民受之，故曰天不言，以行與事示之而已矣。』【注】孟子言下能薦人於上，不能令上必用之。舜，天人所受，故得天下也。

曰：『敢問薦之於天而天受之，暴之於民而民受之，如何？』【注】萬章言天人受之，其事云何。

曰：『使之主祭而百神享之，是天受之。使之主事而事治，百姓安之，是民受之也。天與之，人與之，故曰天子不能以天下與人。【注】百神享之，祭祀得福也。百姓安之，民皆謳歌其德也。舜相堯二十有八載，非人之所能爲也，天也。【注】二十八年之久，非人爲也，天與之也。堯崩，三年之喪畢，舜避堯之子於南河之南，天下諸侯朝覲者不之堯之子而之舜，訟獄者不之堯之子而之舜，謳歌者不謳歌堯之子而謳歌舜，故曰天也。夫然後之中國，踐天子位焉。而居堯之宮，逼堯之子，是篡也，非天與也。【注】南河之南，遠地南夷也。故言然後之中國。堯子，胤子丹朱。訟獄，獄不決其罪，故訟之。謳歌，謳歌舜德也。【疏】『三年之喪畢』○正義曰：趙氏佑《温故録》云：『程氏《逸箋》言：《後漢·李固傳》：「昔堯殂之後，舜仰慕三年，坐則見堯於牆，食則見堯於羹。」此舜居堯喪之實事。』○『而居堯之宫』○正義曰：王氏引之《經傳釋詞》云：『而，猶如也。《易·明夷·象傳》「君子以莅衆，用晦而明」，虞注云：「而，如也。」《詩·君子偕老》曰「胡然而天也，胡然而帝也」，毛傳云：「尊之如天，審諦如帝。」《都人士》曰「垂帶而厲」，箋曰：「而厲，如鞶厲也。」《孟子·萬章》篇「而居堯之宫，逼堯之子」，而字並與如字同義，故二字可以互用。《詩·都人士》曰：「彼都人士，垂帶而厲。彼君子女，卷髮如蠆。」《大戴記·衛將軍文子》篇曰：「滿而不滿，實如虚，過之如不及。」《孟子·離婁》篇曰：「文王視民如傷，望道而未之見。」』○注『南河』至『中國』○正義曰：《史記集解》引劉熙云：『南河，九河之最在南者。』又云：『天子之位，不可曠年，於是遂反格於文祖而當帝位。帝王所都爲中，故曰中國。』張守節《史記正義》云：『《括地志》：「故堯城在濮州鄄城縣東北十五里。又有偃朱故城，在縣西北十五里。」濮北臨漯，大川也。河在堯都之南，故曰南河。《禹貢》「至于南河」是也。其偃朱城所居，即舜讓避丹朱於南河之南處也。』按《禹貢》『浮于江、沱、潛、漢，逾于洛，至于南河』，指豫州北之河。濮在豫河之東南，固可謂之南河之南。九河在兖州，濮亦適當其南，故劉熙以爲『九河之最南者』。所解南河不同，而其指濮則一也。曹、濮之間，春秋時尚戎狄雜處，則以爲南夷，似亦可，乃趙氏稱遠地南夷，則不同熙説矣。蓋遠在豫河之南，戎狄之地也。濮去冀州固非遠地矣。閻氏若璩《釋地續》云：『古帝王之都，皆在冀州。堯治平陽，舜治蒲坂，禹治安邑。安邑在今夏縣西北十五里，三都相去各二百餘里，在大河之北；其河之南，則豫州地，非帝畿矣。舜避堯之子於此，得毋〔一〕亦如《左》氏所云「越竟乃免」乎？禹避於陽城，益避於箕山之陰，皆此意。』《文選》陸機《答賈長淵》詩云：『獄訟違魏，謳歌適晉』，注引《孟子・萬章》作『天下朝覲獄訟者』。又云：『舜曰天也，夫然後歸中國，踐天子之位焉。』《史記・五帝本紀》云：『獄訟者不之丹朱而之舜，謳歌者不謳歌丹朱而謳歌舜，舜曰天也。』與《文選注》所引同。劉熙言『於是遂反』，則熙所據之本正作『歸中國』，故以反釋歸。然則趙本作『之中國』，與劉異。《周禮・地官・大司徒》云『凡民之不服教而有獄訟者』，注云：『爭罪曰獄，爭財曰訟。』賈氏疏云：『《秋官・大司寇》：「以兩造禁民訟，以兩劑禁民獄。」獄訟相對，故獄爲爭罪，訟爲爭財。若獄訟不相對，則爭財亦爲獄，其義具在《秋官》。』按《秋官・大司寇》言『諸侯之獄訟，卿大夫之獄訟，庶民之獄訟』，《小司寇》『聽萬民之獄訟，命夫命婦不躬坐獄訟，以五聲聽獄訟，以三刺斷庶民獄訟之中』，《士師》『察獄訟之辭』，《鄉

〔一〕『毋』，《皇清經解》本、《釋地又續》均作『母』。

士》、《遂士》『聽其獄訟，辨其獄訟』，《禮記·月令》『孟秋決獄訟』，《淮南子·氾論訓》云『有獄訟者搖鞀』，皆稱獄訟。《文選注》所引，正與之同。趙氏本作『訟獄』，故解云獄不決其罪，故訟之。是以訟獄爲訟此獄。劉熙《釋名·釋宮室》云：『獄，确也。言實确人情僞也。』獄不決其罪，則不能确人情僞，故爭訟之也。蓋主獄訟自有其官，惟主獄者不能決，乃上就舜而訟之，如後世叩閽擊登聞鼓，此趙氏之義也。**《泰誓》曰：「天視自我民視，天聽自我民聽。」此之謂也。』**【注】《泰誓》，《尚書》篇名。自，從也。言天之視聽，從人所欲也。【疏】注『泰誓』至『欲也』○正義曰：《泰誓》，詳見前。此二語，今文《尚書》無之。阮氏元《校勘記》云：『宋《九經》本、咸淳衢州本泰作「大」，廖本、孔本、韓本作「太」，注同。泰、太皆俗，古祗作「大」。』

《章指》言：**德合於天，則天爵歸之；行歸於仁，則天下與之。天命不常，此之謂也。**

萬章問曰：『人有言，至於禹而德衰，不傳於賢而傳於子，有諸？』【注】問禹之德衰，不傳於賢而自傳於子，有之否乎。【疏】『人有言』至『於子』○正義曰：翟氏灝《考異》云：『《新序·節士》篇：禹問伯成子高曰：「昔者堯治天下，吾子立爲諸侯[一]。堯授

〔一〕『諸侯』，《皇清經解》本同，《新序·節士》『諸侯』下有『焉』字。

舜，吾子猶存焉。及吾在位，子辭諸侯而耕，何故？子高曰：昔堯之治天下，舉天下而傳之他人，至無欲也。擇賢而與之，至公也[一]。……舜亦猶然。今君……之所懷者私也，百姓知之，貪爭之端自此始矣。德自此衰，刑自此繁矣。吾不忍見，以是野處也。」《韓非子・外儲説》：潘壽對燕王曰：「禹愛益，而任天下於益；已而以啟人[二]爲吏，及老而以啟爲不足任天下，故傳天下於益，而勢重盡在啟也。已而啟以友黨攻益，而奪之天下。是禹名傳天下於益，而實令啟取[三]之也。此禹之不及堯舜明矣。」萬章所謂人言，蓋此等言也。故孟子姑援别典之説，明益方避啟，而未嘗貪其位，啟順人心即位而未嘗奪於益，以絶其尤甚之謬妄，而禹德盛衰，不暇更置辨也。』

孟子曰：『否。不然也。』【注】否，不也。不如人所言。【疏】注『否不也不如人所言』○正義曰：阮氏元《校勘記》云：『岳本、廖本、孔本、韓本、《考文》古本、足利本並有注「否不也不如人所言」八字，注疏本無之。有者是也。因此可正今本經文之誤。經文本作「孟子曰，否然也」三字一句，無「不」字，故注之云「否，不也。不如人所言」。《孟子》之

[一]『至公也』，《皇清經解》本同，《新序・節士》作『其位至公也』。
[二]『人』，《皇清經解》本同，《韓非子・外儲説》作『人』。
[三]『取』，《皇清經解》本、《韓非子・外儲説》均作『自取』。

否然，卽今人之不然也。他否字皆不注，獨此注者，恐人之誤斷其句於「否」字句絶，則「然也」不可通矣。』天與賢則與賢，天與子則與子。【注】言隨天也。昔者舜薦禹於天，十有七年。舜崩，三年之喪畢，禹避舜之子於陽城，天下之民從之，若堯崩之後不從堯之子而從舜也。禹薦益於天，七年。禹崩，三年之喪畢，益避禹之子於箕山之陰，朝覲訟獄者不之益而之啓，曰：「吾君之子也。」謳歌者不謳歌益而謳歌啓，曰：「吾君之子也。」丹朱之不肖，舜之子亦不肖。舜之相堯、禹之相舜也，歷年多，施澤於民久。啓賢，能敬承繼禹之道。益之相禹也，歷年少，施澤於民未久。【注】舜薦禹，禹薦益，同也。以啓之賢，故天下歸之，益又未久故也。陽城，箕山之陰，皆嵩山下深谷之中以藏處也。【疏】『丹朱』至『亦不肖』○正義曰：閻氏若璩《釋地續》云：『《漢曆志》〔一〕引《帝系》曰：「陶唐氏讓天下於虞，使子朱處於丹淵爲諸侯。」丹淵雖有范汪《荆州記》、魏王泰《括地志》各言所在，恐未可據信，蓋世遠也。因思堯在位七十年〔二〕，放齊曰「胤子朱啓明」，止曰朱，未有國也。及後三載，薦舜於天，朱始出封丹，故有丹朱之號。其避堯之子，則以朱奔父喪在平陽耳。丹朱，貍姓，在周爲傅氏，見《國語》。』《燃犀解》引徐自淇云：『二子不肖，但不

〔一〕『漢曆志』，《皇清經解》本同，《釋地續》作『漢律曆志』。
〔二〕『年』，《皇清經解》本同，《釋地續》作『載』。

似父之神聖耳。使果大不肖，則且起而與舜禹爭天下，安能成父之志？昔人稱丹朱自托於傲，以成禪讓，真無愧爲堯之子。』○注「陽城」至「處也」○正義曰：《史記・夏本紀》云：「舜薦禹於天爲嗣，十七年而帝舜崩。三年喪畢，禹辭避舜之子商均於陽城。」集解引劉熙云：「今潁川陽城是也。」本紀又云：「帝禹東巡狩，至於會稽而崩，以天下授益。三年之喪畢，益讓帝禹之子啓，而辟居箕山之陽。」集解云：「《孟子》陽字作『陰』。」劉熙曰：『嵩高之北。』」閻氏若璩《釋地》云：「陽城，山名。漢潁川有陽城縣，以山得名，洧水所出。唐武后改曰告成，後又曰陽邑。五代周省入登封，故此山在今登封縣北三十八里，去嵩山幾隔三十里，安得即云『嵩山下之深谷』與？箕山爲嵩高之北，而張守節云：『箕山一名許由山，在洛州陽城縣南十三里。』《括地志》遂云：『陽城縣在箕山北十三里。』守節又云：『陽城縣在嵩山南二十三里。』《括地志》遂云：『嵩山一名外方山，在洛州陽城縣西北二十三里。』足互相證明，斷斷其非一山也。酈道元注先叙太室山，次五渡水，並屬嵩高縣。又叙禹避商均於此，及周公測日景處。次箕山及上有許由冢，並屬陽城縣。雖同見潁水條内，而山固區以別矣。趙氏所以誤者，注書在藏於複壁時，想無多書册可討尋，又無交遊以質問，虚理或可意會；實迹豈容臆度，地理多譌，正坐此爾〔一〕。』周氏炳中《辨正》云：『箕山之陰，《史記》作「箕山之陽」。山北曰陰，陽城在箕山之北，故張守節云「陰，卽陽城也」。《史記》作陽，則爲箕山之南，與《孟子》不合，故張守節疑《史記》箕字是嵩字之譌。蓋陽城在嵩山南二十三里，則爲嵩山之陽也。趙注「陽城，箕山之陰，皆嵩山下深谷中可藏處」。閻百詩非之，其説良然。但謂箕山爲嵩高之北，此本劉熙語，愚謂北字疑譌。《括地志》：「陽城縣在箕山北十三里，嵩山在陽城縣西北二十三里。」則陽城在嵩山之南，箕山又在陽城之南，非北也。』**舜禹益相去久遠，其子之賢不肖，皆天也，非人之所能爲也。莫之爲而爲者，天也。莫之致而至者，命也。**【注】莫，無也。人無所欲爲而横爲之者，天使爲也。人無欲致此事而此事自至者，是其命禄也。【疏】注『莫無』至『禄也』○正義曰：《毛詩·大雅·抑》篇『莫捫朕舌』，傳云：『莫，無也。』《荀子·致士》篇云『凡流言、流説、流事、流謀、流譽、流愬，不官而衡至者，君子慎之』，注云：『流者，無根源之謂。……不官，謂無主首也。』衡讀爲横，横至，横逆而至也。此言横爲之，猶《荀子》言『衡至』。從爲順，横爲逆。從所欲爲而爲，順也。無所欲爲而爲，故爲横也。『是其命禄也』，閩、監、毛三本作『是其命而已矣故曰命也』。**匹夫而有天下者，德必若舜禹，而又有天子薦之者。故仲尼不有天下，繼世以有天下。**【注】仲尼無

〔一〕『正坐此爾』，《皇清經解》本同，《釋地續》作『正生是爾』。

天子之薦，故不得有天下。繼世之君，雖無仲尼之德，襲父之位，非匹夫，故得有天下也。【疏】『繼世以有天下』○正義曰：趙氏屬上，近時通解屬下。**天之所廢，必若桀、紂者也。故益、伊尹、周公不有天下。**【注】益值啓之賢，伊尹值太甲能改過，周公值成王有德，不遭桀紂，故以匹夫而不有天下。**伊尹相湯以王於天下。湯崩，大丁未立，外丙二年，仲壬四年，大甲顛覆湯之典刑，伊尹放之於桐。三年，大甲悔過，自怨自艾，於桐處仁遷義，三年，以聽伊尹之訓己也，復歸于亳。**【注】大丁，湯之大子，未立而薨。外丙立二年，仲壬立四年，皆大丁之弟也。大甲，大丁子也。伊尹以其顛覆典刑，放之於桐邑。處，居也。遷，徙也。居仁徙義，自怨其惡行。艾，治也。治而改過，以聽伊尹之教訓己，故復得歸之於亳，反天子位也。【疏】注『大丁』至『子也』○正義曰：《史記・殷本紀》云：『湯崩，太子太丁未立而卒，於是迺立太丁之弟外丙，是爲帝外丙。帝外丙即位三年崩，立外丙之弟中壬，是爲帝中壬。帝中壬即位四年崩，伊尹迺立太丁之子太甲。太甲，成湯適長孫也，是爲帝太甲。』趙氏所本也。《書序》云：『成湯既沒，太甲元年，伊尹作《伊訓》、《肆命》、《徂后》。』江氏聲《尚書集注音疏》云：『成湯之殁久矣，于此言成湯既殁者，蓋三篇皆稱述成湯，故推本之耳。《孟子・萬章》篇云：「湯崩，太丁未立，外丙二年，仲壬四年，太甲顛覆湯之典型。」則成湯之殁，距太甲元年，中隔兩君，歷有年所，非湯殁之後即爲太甲元年也。』○注『伊尹』至『位也』○正義曰：《史記・殷本紀》云：『帝太甲既立三年，不帝太甲既立，不明，暴虐，不遵湯法，亂德，於是伊尹放之於桐宮。三年，伊尹攝行政當國，以朝諸侯。帝太甲居桐宮三年，悔過自責反善，於是伊尹迺迎帝太甲而授之政。』《書序》云：『太甲既立，不明，伊尹放諸桐，三年，復歸於亳，思庸，伊尹作《太甲》三篇。』周氏柄中《辨正》云：『當以《書序》爲正，蓋居桐在諒陰時。自《史記》以放桐在既立三年後，於是霍光將廢昌邑，田延年遂以伊尹廢太甲以安社稷爲辭。』王氏鳴盛《尚書後案》云：鄭康成所傳真古文，原有《伊訓》，其書雖亡，猶見於《漢書·律曆志》所引，曰：「惟太甲元年十有二月乙丑朔，伊尹祀於先王，誕資有牧方明。」蓋劉向、歆父子領校秘書，親見古文，歆撰《三統曆》載《伊訓》，故班固采入《律曆志》，的確可信。孟子言湯崩太丁未立先卒，外丙立二年崩，仲壬立四年崩，乃立太甲。趙岐注甚明，《史記·殷本紀》及《律曆志》説並同。真《伊訓》所云太甲元年，乃仲壬崩之明年。《書序》「成湯既沒，太甲元年」，既者，追溯之辭，不可泥。商人以丑月爲正月，則十二月是子月，據劉歆以《三統曆》推是年爲太甲元年十二月乙丑朔旦冬至，至朔同日，曆家以爲曆元。伊尹祀於先王者，以冬至配上帝故也。《律曆志》既引此文而解之云：「言雖有成湯、太丁、外丙之服，以冬至越茀祀先王於方明，以配上帝。」是朔旦冬至之歲也。且無論太甲繼仲壬不繼湯，即爲繼湯，湯必以去年崩，至踰年正月，太甲改稱元年，至此十二月朔，乃行郊祀之禮。十二月是元年末，非元年初也。乃僞作者並朔字去之，改爲即位陳訓，遂掩却「至朔同日」之事，以改祀先王爲奠殯告卽位，並謂此時湯崩方踰月。果如此，則崩年卽改稱元年矣。崩年改元，亂世之事，曾謂伊尹爲之乎？』又云：『如僞《書》則是自湯崩太甲立，不率教卽被放，後改悔，復迎歸復位，其事皆在二十六月之內，悖謬極矣。放君大變之事，伊尹豈輕有是舉？不明則訓之，冀其改悔；不改則又誡之，至再至三猶不改，然後不得已而放之。計始立至被放，必不在一二年之內。卽放後亦必令其動心忍性，徐徐熟察，實見其能改，方始迎歸。必不乍放乍迎，如置棊然也。《史記・殷本紀》首三年字指初卽位後，下三年字指被放後，蓋前後共六年，最爲明白。《書序》云：「太甲既立，不明，伊尹放諸桐，三年復歸於亳。」既之爲言，可該久遠，不必在一二年內。古文簡略，省首三年字耳，與《史記》不乖刺也。《孟子》「太甲顛覆湯之典型，伊尹放之於桐。三年，太甲悔過，自怨自艾，於桐處仁遷義，三年，以聽伊尹之訓己也，復歸於亳」。據文似在桐有六年之久。《孟子》行文取便，要其爲六年則同。奈何作僞者竟謂太甲卽位未久，卽被放廢，放後未幾，又卽復位。伊尹之無人臣禮，一至於此，傷教害義，不可不辨。』閻氏若璩《釋地又續》云：『鄭康成《書序》注：「桐，地名也。有王離宮焉。」初不指爲湯葬地。余以《後漢書》〔一〕「梁國虞縣有桐亭，太甲所放處」，應卽在於此。虞今歸德虞城縣，距湯都南亳，僅七十里，方可伊尹既攝

〔一〕『《後漢書》』，《皇清經解》本同，《釋地又續》作『《後漢志》』。

國政，復時時往訓太甲三年。不然，如人言湯亳爲偃師，去虞城八百餘里，尹豈有縮地之法〔一〕，分身以應乎？湯都仍屬穀熟鎮爲是。』周氏柄中《辨正》云：『湯都實在偃師，《史記正義》引晉《太康地記》云：「尸鄉南有亳坂，東有城，太甲所放處也。尸鄉在洛州偃師縣西南五里。」據此，則太甲放處，密邇湯都。閻氏指桐亭爲放處，而移湯都於穀熟以就之，非也。』《尚書後案》云：『趙岐注桐爲邑，亦不云葬地。緣孔傳欲傅會太甲居近先王，致生此說。後儒見有「居憂」字，並謂桐宮乃諒陰三年之制，非關放廢。顯悖《孟子》，尤爲怪矣。』《毛詩·召南·殷其靁》「莫敢遑處」，《小雅·四牡》〔二〕「不遑啓處」，傳皆云：「處，居也。」「遷，徙也」，「乂，治也」，並《爾雅·釋詁》文。艾、乂字通。**周公之不有天下，猶益之於夏，伊尹之於殷也。孔子曰：「唐虞禪，夏后、殷、周繼，其義一也。」**【注】周公與益、伊尹，雖有聖賢之德，不遭者時，然孔子言禪、繼其義一也。【疏】『孔子』至『一也』○正義曰：義者，宜也。孟子私淑孔子，全得其通變神化之學，故於此明之。

《章指》言：篤志於仁，則四海宅心；守正不足，則聖位莫繼：丹朱、商均是也。是以聖人孜孜於仁德也。

〔一〕『法』，《皇清經解》本同，《釋地又續》作『術』。
〔二〕『四牡』，《皇清經解》本作『四壯』，《毛詩正義》作『四牡』。

萬章問曰：『人有言伊尹以割烹要湯，有諸？』【注】人言伊尹負鼎俎而干湯，有之否。【疏】注『人言』至『之否』○正義曰：翟氏灝《考異》云：『《墨子・尚賢》篇：「昔伊尹爲莘氏女師僕，親爲庖人，湯得而舉之。」《莊子・庚桑楚》：「湯以胞人籠伊尹，秦穆公以五羊之皮籠百里奚。」《史記・殷紀》：「阿衡欲干湯而無由，乃爲有莘氏媵臣，負鼎俎，以滋味悦湯。」呂不韋書有《本味》一篇，言有侁氏得嬰兒於空桑之中，令烰人養之，是爲伊尹。湯請有侁爲婚，有侁以伊尹爲媵送女。尹説湯以至味，極論水火調劑之事，周舉天下魚肉之美，菜果之美，和之美，飯之美，水之美者，而云非爲天子不得具。割烹要湯之説，無如此篇之詳盡者。其文若果之美者，箕山之東有盧橘，應劭《史記》注引之。飯之美者，玄山之禾，南海之秏，許慎《説文》引之。所稱書目〔一〕，俱不曰《呂覽》，曰《伊尹》。考班固《藝文志》有《伊尹》二十七篇，列於小説家。蓋呂氏聚斂羣書爲書，所謂《本味》篇，乃剟自《伊尹》説中，故漢人之及見原書者，猶標著其原目如此。夫小説之怪誕猥鄙，何足挂脣，而其時枉己辱身之徒，援以自衛，津津樂道，至輾轉傳聞於孟子之門，又烏可不辨論哉！馬遷自命良史，《殷紀》中雜陳二説，且次《孟子》正説於後。又作《孟子傳》而云牛鼎之意。近世學者，不復料前古有小説，而但奉《遷史》爲信書，則雖經孟子明辨，

〔一〕『目』，《皇清經解》本作『曰』。

猶其惑未盡袪也。愚故追索其根株，以實抉之曰：是説也，但本《伊尹》説也。《伊尹》説，乃怪誕猥鄙之小説也。』

孟子曰：『否。不然。【注】否，不是也。【疏】『否不然』〇正義曰：阮氏元《校勘記》云：『「不字衍文，説見上注。「否，不是也」，當同前後章作「否不也不如是也」，奪三字。』**伊尹耕於有莘之野，而樂堯舜之道焉。非其義也，非其道也，禄之以天下，弗顧也。繫馬千駟，弗視也。非其義也，非其道也，一介不以與人，一介不以取諸人。**【注】有莘，國名。伊尹初隱之時，耕於有莘之國，樂仁義之道。非仁義之道者，雖以天下之禄加之，不一顧而覦也。千駟，四千匹也。雖多不一眄視也。一介草不以與人，亦不以取於人也。【疏】注『有莘國名』〇正義曰：《大戴記・帝繫》篇：『鯀娶於有莘氏之女，謂之女志氏。』《漢書・古今人表》：『女志，鯀妃，有㜪氏女。』此唐虞以前之有莘，未知所在。《列女傳》：『湯妃有㜪者，有㜪氏之女也。』又：『大姒者，武王之母，禹後有㜪姒氏之女。』於大姒别之曰禹後姒氏，而湯妃則曰有㜪氏。《史記・殷本紀》云：『阿衡欲干湯而無由，乃爲有莘氏媵臣。』正義引《括地志》云：『古莘國在汴州陳留縣東五里，故莘城是也。』《吕氏春秋・本味》篇：『有侁氏採得嬰兒於空桑，後居伊水，命曰伊尹。』《元和郡縣志》：『汴州陳留縣故莘城，在縣東北三十五里，古莘國地。湯伐桀，桀與韋顧之君，拒湯於莘之墟，此卽湯妃所生之國，伊尹耕於是野者也。』閻氏若璩《釋地》云：『汴州陳留縣，古莘國地，計其去湯都南亳不過四百里，所以湯使可三往聘。若大姒所產之莘國，則在今西安府郃陽縣南二十里，道遥遠矣。」○注「雖以」至「人也」○正義曰：「祿之以天下」，謂爲天子也，故曰以天下之祿加之。《說文》頁部云：「顧，還視也。」《書·多方》云「開厥顧天」，鄭氏注云：「顧，由視念也。」還視，謂回首而視，心念之不能舍也。《說文》見部云：「覗，欲也。」欲與念義同，故以覗釋顧也。《詩·鄭風·清人》「駟介旁旁」，箋云：「駟，四馬也。」千駟，是爲四千匹。《禮記·曲禮》云「毋淫視」，注云：「淫視，睇眄也。」以眄釋視，謂欣慕此千駟而淫視之也。《方言》云：「芥，草也。自關而西或曰草，或曰芥。」趙氏讀介爲芥，故以草釋之也。

湯使人以幣聘之，囂囂然曰：「我何以湯之聘幣爲哉！我豈若處畎畝之中，由是以樂堯舜之道哉！」【注】湯聞其賢，以玄纁之幣帛往聘之。囂囂然，自得之志，無欲之貌也。曰豈若居畎畝之中而無憂哉，樂我堯舜仁義之道。【疏】注「囂囂」至「貌也」○正義曰：《爾雅·釋言》云：「囂，閑也。」注云：「囂然閑暇貌。」《淮南子·本經訓》云「閑靜而不躁」，高誘注云：「閑靜，言無欲也。」

湯三使往聘之。既而幡然改曰：「與我處畎畝之中，由是以樂堯舜之道，吾豈若使是君爲堯舜之君哉，吾豈若使是民爲堯舜之民哉，吾豈若於吾身親見之哉！【注】幡，反也。三聘既至，而後幡然改本之計，欲就湯聘，以行其道，使君爲堯舜之君，使民爲堯舜之民。【疏】注「幡反也」○正義曰：《音義》云：「幡，張云：『與翻同。』」《荀子·彊國篇》云「反然舉惡桀紂而貴湯武」，注云：

『反，音翻。翻然，改變貌。』幡然即翻然，翻然即反然也。**天之生此民也，使先知覺後知，使先覺覺後覺也。予，天民之先覺者也。予將以斯道覺斯民也。非予覺之而誰也？」**【注】覺，悟也。天欲使先知之人悟後知之人。我先悟覺者也，我欲以此仁義之道覺悟未知之民。非我悟之，將誰教乎。【疏】注『覺悟也』○正義曰：《説文》見部云：『覺，寤也。』寤、悟字通。**思天下之民匹夫匹婦有不被堯舜之澤者，若己推而内之溝中。其自任以天下之重如此，故就湯而説之，以伐夏救民。**【注】伊尹思念不以仁義之道化民者，如己推排内之溝壑中也。自任其重如此，故就湯説之，伐夏桀救民之厄也。**吾未聞枉己而正人者也，況辱己以正天下者乎？**【注】枉己者尚不能以正人，況於辱己之身而有正天下者乎。**聖人之行不同也，或遠或近，或去或不去，歸絜其身而已矣。**【注】不同，謂所由不同。大要當同歸，但殊涂耳。或遠者，處身遠也。或近者，仕者近君也。或去者，不屑就也。或不去者，云焉能浼我也。歸於絜身，不污己而已。【疏】『聖人』至『而已矣』○正義曰：程氏瑶田《通藝録·論學小記》云：『孔子之栖栖皇皇，爲天下也。然而爲己而已。道至於贊化育，參天地，始完得盡己之性也。沮、溺、丈人、晨門、荷蕢、儀封人諸人，考其言論，察其舉止，豈若〔一〕隱者流哉！其爲己也，亦豈絶不爲人謀乎？故曰：「聖

〔一〕『若』，《皇清經解》本作『石』。

人之行不同也，或遠或近，或去或不去，歸絜其身而已矣。」潔身者，豈獨善其身而不兼善天下之謂哉？　窮則獨善，沮、溺、丈人之行也。達則兼善，大聖人之志也。是志也，蓋隱居之所求，而行義以達之者也，故曰：「君子之仕也，行其義也。道之不行，已知之矣。」明乎此而君子爲己之學，與爲仁由己不由人之義，不昭然若揭乎！』**吾聞其以堯舜之道要湯，未聞以割烹也。**

《伊訓》曰：「天誅造攻自牧宮，朕載自亳。」』【注】《伊訓》，《尚書》逸篇名。牧宮，桀宮。朕，我也。謂湯也。載，始也。亳，殷都也。言意欲誅伐桀，造作可攻討之罪者，從牧宮桀起，自取之也。湯曰，我始與伊尹謀之於亳，遂順天而誅也。【疏】注『伊訓』至『誅也』〇正義曰：伏生今文二十九篇無《伊訓》，孔安國古文五十八篇有《伊訓》，次《咸有一德》、《典寶》之後，爲今文所無，故爲逸篇。惠氏棟《古文尚書考》云：『鄭康成注《書序・典寶》引《伊訓》云「載孚于亳」，又云「征是三朡」，則此篇漢末猶存。崔實《政論》曰：「皐陶陳謨，而唐虞以興；伊箕作訓，而殷周用隆。」則《伊訓》之篇，子真曾見之矣。』江氏聲《尚書集注音疏》云：『牧宮桀宮者，言天誅之所自，則自是桀宮，下又別言自亳，亳是殷都，則牧宮是桀宮矣。「朕我」，《釋詁》文。云謂湯也，則未然也。《詩・周頌序》云：「載見諸侯，始見乎武王廟也。」故云載始也。《書序》云：「湯始居亳，從先王居。」故云亳殷都也。此篇是《伊尹》訓《太甲》之文，「朕載自亳」之語，無以見是述湯言。古人朕字上下通稱，安見伊尹不稱朕乎？聲謂伊尹自謂也。』按趙氏以作釋造，謂桀自造作可攻討之罪，故天誅之。自之訓由，由通猶，猶卽猷。《爾雅・釋詁》云：『猷，謀也。』故趙氏以謀之於亳釋自亳，兩自字義別也。晚出古文《伊訓》作『造攻自鳴條』，某氏傳訓造爲始。趙氏不訓造爲始者，湯始征自葛載，其後又伐韋伐顧伐昆吾而後乃伐桀，牧宫既爲桀宫，不得爲始攻自桀也。若鳴條，尤不可言始矣。所與謀者，順天救民之事，非割烹也。湯謀之於亳，非伊尹以割烹要之，此孟子引《書》之意；謂伊尹攻桀自亳，與孟子引《書》不合矣。

《章指》言：賢達之理世務也，推正以濟時物，守己直行，不枉道而取容，期於益治而已矣。【疏】『不枉道而取容』○正義曰：《史記・白起王翦傳・贊》『偷合取容。』《朱建傳》云：『行不苟合，義不取容。』

萬章問曰：『或謂孔子於衛主癰疽，於齊主侍人瘠環，有諸乎？』【注】有人以孔子爲然。癰疽，癰疽之醫也。瘠，姓。環，名。侍人也。衛君齊君之所近狎人。【疏】注『有人』至『狎人』○正義曰：孟子對云『不然』，故注言或以孔子爲然也。《戰國策・衛策》云『衛靈公近癰疽』，高誘注云：『《孟子》有其人，蓋醫之幸者。』翟氏灝《考異》云：『《説苑・至公》篇述此章文，孔子上無「或謂」二字，癰疽作「雍睢」，侍作「寺」，瘠作「脊」。《史記・孔子世家》「雍渠爲驂乘」，《韓非子》作「雍鉏」。輾轉相推，雍鉏、雍睢爲一人，而癰疽亦卽雍渠，均以聲同通借字耳。』閻氏若璩《釋地又續》云：『《周禮・瘍醫》「掌腫瘍、潰瘍之祝藥」，腫瘍，氣聚而不散者。潰瘍，血溢而將破者。雖癰淺於疽，而二瘍皆有之。《戰國策》：「衛靈公時，癰疽彌子瑕專君之勢，以蔽左右。」蓋亦下士之職云。』錢氏大昕《潛研堂答問》云：『《孔子世家》：「衛靈公與夫人同車，宦者雍渠驂乘，出，使孔子爲次乘。」又《報任安書》云：「衛靈公與雍渠同載，孔子適陳。」雍渠卽《孟子》所稱癰疽，趙氏以爲癰疽之醫者，似是臆説。』

孟子曰：『否，不然也。好事者爲之也。【注】否，不也。不如是也。好事毁人德行者爲之辭也。【疏】『否不然也』○正義曰：阮氏元《校勘記》云：『「不字，衍文。」』**於衛主顏讎由，彌子之妻，與子路之妻，兄弟也。彌子謂子路曰：「孔子主我，衛卿可得也。」子路以告，孔子曰：「有命。」孔子進以禮，退以義，得之不得曰有命，而主癰疽與侍人瘠環，是無義無命也。**【注】顏讎由，衛賢大夫，孔子以爲主。彌子，彌子瑕也，因子路欲爲孔子主。孔子知彌子幸於靈公，不以正道，故不納之而歸於命。孔子進以禮，退以義，必曰有天命也。若主此二人，是爲無義無命也。【疏】『孔子進』至『有命』○正義曰：張氏爾岐《蒿菴閒話》云：『人道之當然而不可違者，義也。天道之本然而不可爭者，命也。貧富貴賤得失死生之有所制而不可强也，君子與小人一也。命不可知，君子當以義知命矣，凡義所不可，卽以爲命所不有也。故進而不得於命者，退而猶不失吾義也。小人嘗以智力知命矣，力不能爭，則智邀之，知力無可施，而後謂之命也。君子以義安命，故其心常泰；小人以智力爭命，故其心多怨。衆人之於命，亦有安之矣。大約皆知其無可奈何而後安之者也。聖人之於命安之矣，實不以命爲準也，而以義爲準。故雖力有可爭，勢有可圖，而退然處之，曰義之所不可也。義所不可，斯曰命矣。故孔子之於公伯寮，未嘗無景伯之可恃也。於衛卿，未嘗無彌子瑕之可緣也。孟子之於臧倉，未嘗無樂正子之可力爲辯而重爲請也。亦曰義所不在耳。義所不在，斯命所不有矣。故聖賢之於命，一於義者也，安義斯安命矣。衆人之於命，不必一於義也。而命皆有以制之，制之至無可奈何而後安之。故聖賢之與衆人，安命同也，而安之者不同也。」〇注「顏讎由」至「孔子主」〇正義曰：全氏祖望《經史問答》云：「《漢書·古今人表》以顏濁鄒爲顏涿聚。濁鄒，子路妻兄，見《史記·孔子世家》。《索隱》疑其與《孟子》不合，其實無所爲不合也。《孔叢子》言讎由善事親，其後有非罪之執，子路哀金以贖之，或疑其私於所昵，而孔子白其不然。則於妻兄有證，是讎由卽濁鄒也。孔子在衛，主伯玉亦主讎由，則讎由之賢，亞於伯玉，因東道之誼，而列於門牆，固其宜也。至涿聚，則齊人也。《呂覽》言其少爲梁父大盜，而卒受業於孔子，得爲名士。亦見《莊子》。然則於衛之讎由無豫矣。涿聚死事於齊，見《左傳》犂丘之役。然則顏涿聚者，顏庚也，非濁鄒也。張守節附會於字音，更不足信。」閻氏若璩《釋地又續》云：「顏讎由，子路妻兄，則亦彌子瑕妻兄。彌子瑕見主其妻兄之家，遂謂主我衛卿可得，語亦非無因云。』翟氏灝《考異》云：『彌子欲借重於孔子，孔子拒之，此文甚明。《吕氏・慎大覽》乃云：「孔子道彌子瑕，見釐夫人因也。」《淮南・泰族訓》亦云：「孔子欲行王道，七十説而無所偶，故因衛夫人，彌子瑕而欲通其道。」當時謗孔子者，且不僅造爲癰疽、瘠環言矣。』按癰疽與彌子瑕，同幸於衛君，二人專君之勢，以蔽於左右。《韓非子・説難》云：『昔者彌子瑕有寵於衛君。衛國之法，竊駕君車者罪刖。彌子瑕母病，人間往夜告彌子，彌子矯駕君車以出。君聞而賢之曰：「孝哉！爲母之故，忘其刖罪。」異日，與君遊於果園，食桃而甘，不盡，以其半啗君。君曰：「愛我哉！忘其口味，以啗寡人。」』然則彌子之寵，甚於癰疽。彌子有子路之親，且自求結交於孔子，孔子且以義命拒之，則主癰疽必無之事矣。蓋因參乘之事而傅會之耳。**孔子不悦於魯衛，遭宋桓司馬將要而殺之，微服而過宋。是時孔子當阨，主司城貞子，爲陳侯周臣。**【注】孔子以道不合，不見悦魯衛之君而去。適諸侯，遭宋桓魋之故，乃變更微服而過宋。司城貞子，宋卿也。雖非大賢，亦無諂惡之罪，故謚爲貞子。陳侯周，陳懷公子也。爲楚所滅，故無謚，但曰陳侯周。是時孔子遭阨難，不暇擇大賢臣，而主貞子爲陳侯周臣。於衛齊無阨難，何爲主癰疽、瘠環也。【疏】注『孔子』至『過宋』○正義曰：不爲苟合取容，故不悦。趙氏以道不合明之是也。《史記・孔子世家》云：『定公十四年，孔子年五十六，由大司寇行攝相事。齊人聞而懼，於是選齊國中女子好者八十人，皆衣文衣而舞

《康》樂，文馬三十駟，遺魯君。季桓子微服往觀再三，將受，乃語魯君爲周道遊，往觀終日，怠於政事。孔子遂行，宿乎屯，歌曰：「彼婦之口，可以出走；彼婦之謁，可以死敗。蓋優哉游哉，維以卒歲。」桓子喟然嘆曰：「夫子罪我以羣婢故也夫！」孔子遂適衛，主于子路妻兄顔濁鄒家。』此不悦於魯之事也。又云：『衛靈公致粟六萬。居十月，去衛，將適陳，過匡，月餘反乎衛，主蘧伯玉家。居衛月餘，靈公與夫人同車，宦者雍渠參乘，出，使孔子爲次乘，招摇市過之，於是醜之，去衛適曹。是歲魯定公卒，孔子去曹適宋。』此不悦於衛之事也。又云：『與弟子習禮大樹下，宋司馬桓魋欲殺孔子，拔其樹，孔子去。弟子曰：「可以速矣！」孔子曰：「天生德於予，桓魋其如予何！」』此微服過宋之事也。○注『司城』至『臣也』○正義曰：趙氏此注甚詳明。上言『宋桓司馬』已標國名，司城貞子蒙上『宋』字爲宋臣，爲孔子在宋時所主也。過宋，則不在宋而適陳，故下明標『陳侯周』言孔子適陳，爲陳侯周之臣也。惟《史記》以司城貞子爲孔子適陳所主，是貞子爲陳卿，非宋卿。孔氏廣森《經學卮言》云：『趙氏云「司城貞子，宋卿也」，下又云：「是時孔子遭阨難，不暇擇大賢臣，而主貞子爲陳侯周臣也。」則司城仍似陳卿。蓋順經意，明是陳人，特膠於司城當爲宋官，故依違兩説之。愚謂陳之司寇，可效楚官名司敗，安見其司空不可效宋官，亦名司城邪？若以《左傳》「子展入陳，司空致地」之文爲疑，則服注以「三司」爲「陳官」者，固不若劉炫謂爲「鄭官」之説善也。且司城亦不定是貞子之官，《檀弓》有司寇惠子、司徒敬子，鄭注云：「司徒，官氏也。」惠子雖官司寇，至其子虎，則亦以「司寇」爲氏，見於《世本》。宋華、向之族奔陳者非一，而司城師之後仲佗，即宋人之在陳者，安知非有以先世宋官爲其族氏者乎？宋大夫皆遵殷之制，以字爲謚，通在傳世，本未有稱子而配謚者。今據稱貞子，即決非宋卿，愚故獨信《史記・世家》曰「孔子遂至陳，主於司城貞子家」，爲讀《孟子》不誤也。近儒有謂夫子在陳，不得謂之爲臣者，此尊聖而過耳。羈旅之臣，是亦臣也。還以孟子之言證之，「孔子三月無君，則皇皇如也」。若所至之國皆不爲臣，不且終歲無君乎？但《世家》載「至陳歲餘，吳王夫差伐陳，取三邑而去。楚圍蔡，蔡遷於吳」。此魯哀公二年之事。而又云：「居陳三歲，陳常被寇，於是孔子去陳。過蒲，會公叔氏以蒲畔，蒲人止孔子曰：苟毋適衛，吾出子。與之盟，出孔子東門，孔子遂適衛。衛靈公聞孔子來，喜，郊迎。」校其年歲，靈公歿已久矣。考先聖生平，嘗再至陳。《十二諸侯年表》「陳湣公六年」下云「孔子來」，是初如陳也。主司城貞子者，再如陳也。過蒲要盟，則初至陳而去陳時事，太史公誤著之於此耳。先聖年譜，率多附會失實，唯當以《世家》近古爲最可據。然頗復錯亂，觀其叙歸與之歎，主蘧伯玉之事，及蔡之請遷於吳，皆前後兩見，非稍爲整比，條理棼然。謹按：《世家》先聖自三十五歲以前皆居魯，嘗爲乘田，爲委吏。昭公二十五年，三家攻昭公，魯亂，始適齊，聞《韶》，學之三月，是其時事。故昭公二十七年，吳公子札聘於上國，而《檀弓》記先聖在齊，嘗觀季札葬子於子去衛過曹，如曹，曹不容，又之宋。」與《世家》云去衛過曹，去曹適宋，桓魋欲殺孔子，去「於是醜之」之下，「去衛過曹，是歲魯定公卒」之上。檢子國注《論語》問陳章即云：「孔也。明日，與孔子語，見蜚鴻，仰視之，色不在孔子，孔子遂行」。四十七字，則又當移於復去衛。《世家》「他日靈公問兵陳，孔子曰：俎豆之事，則嘗聞之；軍旅之事，未之學如衛，去衛如晉，臨河而返，乃復至衛，主蘧伯玉家，尋以醜南子之行，會靈公禮貌衰，又畔」云云，至「作爲《陬操》以哀之」六百六十四字移置其間。蓋過匡至陳，去陳過蒲，自蒲匡，匡人止孔子。去即過蒲，月餘，反乎衛。」按此過蒲之下，即當以後文「會公叔氏以蒲之歲也。《世家》云：「孔子遂適衛，主於子路妻兄顏濁鄒家。居頃之，去衛，將適陳，過遂行。此並與《左傳》合。且定十四年，《春秋經》不書冬，《公羊》師説亦以爲齊人歸女樂會於夾谷，攝相事。十三年，墮三都。十四年，與聞國政。三月，季桓子受齊女樂，孔子年，以孔子爲中都宰，一年，四方皆則之。由中都爲司空，由司空爲大司寇。」定公十年，公之喪，訪樂萇宏，又非攸宜，前後推校，則適周其在定之三年歟？《世家》云：「定公九公也。子在周時，《家語》有劉文公論聖人之語。定公四年，文公即卒，元二兩年，未沒昭敬叔來學，比敬叔服闋，魯已無君矣。知所謂「言於魯君與之一車兩馬」者，必定公，非昭叔之隨子適周，亦舉而置諸適齊之前。考《左傳》孟僖子實卒於昭二十四年，將死，乃命嬴博之間，此可證者也。顧《世家》既誤以孟僖子不能相禮之歲就爲其死歲，故併南宫敬適鄭，遂至陳者正合。其所以在陳絶糧者，或如子國所言，吴伐陳，陳亂乏食之故，抑或就以微服避難，倉卒喪其所賫，皆未可知。要與異日在蔡被圍之事不可混合爲一也。既至陳，主司城貞子家，於是有對肅慎矢之語，有桓僖廟災之語，最後有歸與歸與之語，實哀公之三年，而陳侯周之十年也。《世家》又云：「明年，孔子自陳遷於蔡三歲，楚使人聘孔子，陳蔡大夫圍孔子於野，楚昭王興師迎孔子，然後得免。其秋，楚昭王卒，於是孔子自楚返乎衛。」由是推之，定十四年以前，仕魯時也。哀元年以迄六年，居陳蔡時也。自六年返衛，以迄《左傳》所載魯人以幣召夫子之歲，則恆在於衛，孟子所謂於衛孝公公養之仕者也。子之去魯，所謂大夫以道去君者，非有君命召，則終不可復歸。夫豈出入自如，而好爲旅人哉？其見衛靈公，主顔讎由，畏于匡，畏于蒲，歷曹、鄭、杞、宋，遭宋桓司馬之難，則皆在定末哀初一、二年間也。是爲先聖出處大端，敬徵審而備識之。』云陳侯周陳懷公子者，《史記・陳世家》云：『惠公卒，子懷公柳立，卒吴，陳乃立懷公之子越，是爲湣公。湣公六年，孔子適陳。二十四年，楚惠王復國，以兵北伐，殺陳湣公，遂滅陳而有之。是歲，孔子卒。』然則陳侯周有謚矣，又名越，與《孟子》異。阨，古厄字。《詩・谷風》箋云：『厄難，勤苦之事也。』是阨卽難也。**吾聞觀近臣，以其所爲主；觀遠臣，以其所主。若孔子主癰疽與侍人瘠環，何以爲孔子？**』【注】近臣，當爲遠方來賢者爲主。遠臣自遠而至，當主於在朝之臣賢者。若孔子主於卑幸之臣，是爲凡人耳，何謂孔子得見稱爲聖人。

《章指》言：君子大居正，以禮進退，屈伸達節，不違貞信，故孟子辯之，正其大義也。

【疏】『君子大居正』○正義曰：隱公三年《公羊傳》文。

萬章問曰：『或曰，百里奚自鬻於秦養牲者五羊之皮，食牛，以要秦繆公，信乎？』

【注】人言百里奚自賣五羖羊皮，爲人養牛，以是而要秦繆公之相，實然否。【疏】注『人言』至『然否』○正義曰：毛氏奇齡《四書賸言》云：『《孟子》百里奚事，趙岐注謂「奚自賣五羖羊皮，爲人養牛」。實則百里五羊，賣己物以養人牛，貧而不吝，可以爲要譽之具，此依文度事，其解不過如此。實則百里五羊，有必不可解者。奚舊稱五羖大夫，其人全以此得名，是必有一五羊實事，流傳人間，乃言人人殊。如《扊扅之歌》曰「百里奚新娶我兮五羊皮」，是聘物也。又曰「西入秦，五羊皮」，則攜作客貲者也。《史記》「百里奚亡秦走宛，楚鄙人執之，繆公以五羊之皮贖之歸秦」，是又贖奚物也。其不可憑如此。若謂得五羊之皮爲之食牛，從來無此説，且此亦何足要譽。趙氏去古未遠，或有師承。』趙氏佑《温故録》云：『百里奚有五羖大夫之稱，孟子亦言其舉於市，則養牛之言非無據。但謂以要秦繆公，非耳。注「人言百里奚自賣五羖羊皮爲人養牛」，當讀賣字爲句，賣下五上脱一「得」字。遂似奚自有羊賣之，反爲人牧，理所必無，毛西河不審而妄爭。』周氏柄中《辨正》云：『朱竹

垞《五羖辨》言：「趙注人言百里奚自賣五羖羊皮，爲人養牛，蓋言衣此食牛也。《扊扅之歌》云：百里奚初娶我時五羊皮。又曰西入秦，五羖皮，然則奚蓋服五羊之皮入秦者。紉五羊爲裘，毛之最豐，而賤者所服也。范處義《詩補傳》釋《羔羊》之詩云：素絲必以五言，蓋合五羊之皮爲一裘，循其合處，以素絲爲英飾也。百里奚衣五羊之皮，爲秦養牲，蓋仿古制。古之羔裘，其製甚精，養牲者被五羊之皮，蓋賤者之服，而《召南》在位之君子亦服之，非節儉而何。其説竟與余合。《史記》百里奚亡秦走宛，楚鄙人執之，繆公聞百里奚賢，欲重贖之，請以五羖羊皮贖之，楚遂許與之。蓋百里奚在秦，五羖其素所被服，繆公慮楚不信，故以奚所衣之服與之。不然，五羖微物，楚人豈貪之乎？」按《扊扅歌》乃漢詞賦家所爲，本不足據。其以《史記》贖奚事爲證，亦非是。《史記》言欲重贖之恐楚人不與者，此卽齊欲請管仲於魯，而桓公謂「知吾將用之，必不與我矣」之意。故其謂楚人曰「吾媵臣」，微之也。請贖以五羖羊皮，示其無足重輕也。所以杜楚人之疑，而使之不忌也。若謂以此取信於楚，則奚之素所被服，楚人烏得知之？《史記・商鞅傳》又載趙良之言曰：「五羖大夫，荆之鄙人也。自鬻於秦客，被褐食牛，期年，繆公知之，舉之牛口之下，而加之百姓之上。」史遷所傳，已自相矛盾。則並贖奚之事，亦屬傳疑，不足信也。至所引范處義釋《詩》之説，則尤爲不根。夫五紽、五緎、五總，絲數，非縫數也。戴侗《六書故》曰：「紽、緎、總俱以五言，皆絲之量數。」更證之《西京雜記》云：「五絲爲䌸，倍䌸爲升，倍升爲緎。」是緎爲絲數，益無可疑。范氏謂合五羊爲一裘，則羔羊，兒羊也，豈有兒羊而五皮而可以成裘者哉？嘗考《韓詩外傳》云：「百里奚，齊之乞者也。逐於齊，自賣五羊皮，爲一軛車入秦。」《戰國策》：「百里奚，虞之乞人。傳買以五羊之皮。」《説苑》：「百里奚自賣，取五羊皮伯氏〔一〕養生〔二〕。」又《臣術》篇云：「賈人買百里奚以五羖羊皮，使將鹽車之秦。」又《善説》篇云：「百里奚自賣五羊之皮，爲秦人虜，繆公得之。」諸説並以五羊皮爲自鬻之直。竹垞所云，則昔人未有作此解者。惟《莊子·庚桑楚》篇云：「湯以庖人籠伊尹，秦繆公以五羊之皮籠百里奚。」陸德明《音義》既引《史記》贖奚事，又曰：「或云，百里奚好五色皮裘。」此頗合於竹垞之解，而又不能引據，徒割截趙注，以就其説。』閻氏若璩《釋地又續》云：『百里奚此事，當孟子時已無所據。夫曰「虞人也」，址貫見矣。「不諫之秦」，行踪見矣。「年已七十」，齒已見矣。又曰「舉於市」，仕宦見矣。獨秦之號爲五羖大夫〔三〕，傳至孝公時，猶嘖嘖於趙良之口，則當以《秦本紀》補之。蓋其由虞之秦，不知又何故亡秦走宛。宛今南陽府南陽縣，秦繆公時地屬楚，楚鄙

〔一〕「氏」，《皇清經解》本同，《説苑》作「氏」。
〔二〕「養生」，《皇清經解》本作「養牛」。《説苑》作「牧羊」。
〔三〕「大夫」，《皇清經解》本同，《釋地又續》「大夫」下有「也」字。

人執之，繆公聞百里奚賢，欲重贖之，恐楚人不與，乃使人謂楚曰：「吾媵臣百里奚在焉，請以五羖羊皮贖之。」楚人遂許與之。繆公釋其囚，授之國政，故有五羖大夫之號。其云「吾媵臣」，亦繫託詞以誑楚。《左氏》媵秦穆姬者，乃虞大夫井伯，非百里奚也。……《漢表》以〔一〕次之於各等矣。或問謂之舉於市者，何故？余曰：《論語》「市脯」注云：「市，買也。」《說文》云：「買，市也。」孟子蓋謂百里奚從買得來耳。……細讀《孟子》合《左傳》，奚之去虞，當於僖二年宮之奇諫不聽之日，不待僖五年宮之奇復諫以其族行之日，故曰先去。安得有如《史記》奚爲晉虜，以媵於秦之妄說。』

孟子曰：『否。不然。好事者爲之也。【注】好事毁敗人之德行者，爲之設此言。

【疏】『否不然』○正義曰：阮氏元《校勘記》云：『不字，衍文。』**百里奚，虞人也。晉人以垂棘之璧與屈產之乘，假道於虞以伐虢，宮之奇諫。**【注】垂棘，美玉所出地名。屈，產地，良馬所生。乘，四馬也。皆晉國之所寶。宮之奇，虞之賢臣。諫之不欲令虞公受璧馬，假晉道。【疏】『晉人』至『奇諫』○正義曰：事見僖公二年『虞師晉師滅下陽』《左傳》及五年冬『晉人執虞公』《左傳》。閻氏若璩《釋地》云：『杜注「虞國在河東大陽縣」，余謂山西之平陸縣也。「虢，西虢國，宏農陝縣東南有虢城」，余謂河南之陝州也。名雖二省，

〔一〕『以』，《皇清經解》本同，《釋地又續》作『已』。

而界相連。裴駰引賈逵注云：「虞在晉南，號在虞南。」一言之下，而形勢瞭然。爾時爲晉獻公十九年，正都於絳，絳在太平縣之南。絳州之北，土人至今呼故晉城，遺址宛然。』〇注『垂棘』至『所生』〇正義曰：僖公二年《公羊傳》『白璧』，注云：『屈産，出名馬之地。乘，備駟也。垂棘，出美玉之地。玉以尚白爲美。』徐氏疏云：『謂屈産爲地名，不似服氏謂産爲産生也。』閻氏若璩《釋地》云：『《通典》：「慈州文城郡，理吉昌縣，春秋時，晉之屈邑，獻公子夷吾所居。漢河東北屈縣。《左傳》云：晉有屈産之乘，此有駿馬。」與劉昭注《後漢志》同。余謂今山西吉州是。樂史傅會爲石樓縣。但石樓乃漢西河土軍縣，非北屈地，自非垂棘〔一〕。又見成五年，杜但注云晉地。』**百里奚不諫，知虞公之不可諫而去之秦，年已七十矣，曾不知以食牛干秦繆公之爲汙也，可謂智乎？不可諫而不諫，可謂不智乎？知虞公之將亡而先去之，不可謂不智也。時舉於秦，知繆公之可與有行也而相之，可謂不智乎？相秦而顯其君於天下，可傳於後世，不賢而能之乎？**【注】百里奚知虞公之不可諫而去之秦，年七十而不知食牛干人君之爲汙，是爲不智也。欲言其不智，下有三智，知食牛干秦爲不然也。卒相秦顯其君，不賢之人，豈能如是，言其實賢也。**自鬻以成其君，鄉黨自好者不爲，而謂賢者爲之乎？**【注】人自鬻於汙辱，而以傅相成立

〔一〕『自非垂棘』，《皇清經解》本同，《釋地》作『至垂棘』。

其君，鄉黨邑里自喜好名者，尚不肯爲也，況賢人肯辱身而爲之乎。【疏】『百里奚』至『爲之乎』○正義曰：趙氏以『百里奚不諫』冠此兩節之首，蓋謂奚所以不諫者，知虞公之不可諫也。下『不可諫而不諫，可謂不智乎』，卽申此二句之義。知卽智矣，於其間反入『不智』一層，此孟子屬文之法，故用而字轉捩，若曰百里奚不諫，乃是知其不可諫也。知其不可諫，而卽不諫，是其智也。而去之秦年已七十，曾不知以食牛干秦穆爲汙，可謂智乎？錯綜言之也。又因其一智，推而爲三智。知虞公之不可諫而不諫，一智也；知虞公之將亡而先去之，二智也；知繆公之可與有行而相之，三智也。三智從三知字而出，智屬知，賢屬能。但知而不能，不可爲賢，故又實能相其君以顯於天下，是非獨智，而且賢矣。前以知斷其不知之非，後以能斷其不爲之是也。一說晉時强大，可與晉敵者莫如秦，奚故去虞入秦，三置晉君，正是爲虞報仇，所以不諫而去之秦者以此。翟氏灝《考異》云：『戰國時處士橫議，蔑人倫，廢禮義，以爲親可怨，弟可放，夫婦可苟合也。竊威福之柄，萌簒逆之心，以爲君臣無定分，禪繼無定命也。枉己辱身，營營富貴利達之途，以爲苟賤可甘，近倖可援也。爰是造爲事端，託諸舜禹伊孔，謂聖人且有然者，欲假以濟其私而掩其醜。孟子懼焉，故特設爲門弟子疑難問答，著諸簡編，以徹抉其樊籬。好辨章所謂「正人心，息邪說，距詖行，放淫辭」者，正於此篇詳盡見之。《風俗通》言孟子退與萬章之徒作書，而舉好辨章文爲旨，萬章之徒，非就此篇實據之歟？故此篇雖若泛論往事，而實爲《孟子》一書之領要。觀孟子論百里奚已無所據，惟以事理反覆推之，則列國之信史，若輩惡其害己，並早滅於秦火前矣。觀馬遷爲《史》，凡孟子所既辨斥，仍多取爲實録，則時之邪説惑人深，幾於杯水車薪之不可熄矣。使非此篇之傳，雖舜禹伊孔，且無以見白於今日，其他是非之顛倒者，可勝言乎？』

《章指》言：君子時行則行，時舍則舍，故能顯君明道，不爲苟合而違正也。【疏】『不爲苟合』○正義曰：《史記·封禪書》云：『阿諛苟合之徒。』

孟子正義卷二十

孟子卷十

萬章章句下凡九章

孟子曰：『伯夷目不視惡色，耳不聽惡聲，非其君不事，非其民不使，治則進，亂則退。橫政之所出，橫民之所止，不忍居也。思與鄉人處，如以朝衣朝冠坐於涂炭也。當紂之時，居北海之濱，以待天下之清也。故聞伯夷之風者，頑夫廉，懦夫有立志。【注】孟子反覆差伯夷、伊尹、柳下惠之德，以爲足以配於聖人，故數章陳之，猶詩人有所誦述，至於數四，蓋其留意者也。義見上篇矣，此復言不視惡色，謂行不正而有美色者，若夏姬之比也。耳不聽惡聲，謂鄭聲也。後世聞其風者，頑貪之夫更思廉潔，懦弱之人更思有立義之志也。【疏】『伯夷』至『立志』〇正義曰：趙氏佑《溫故録》云：『伯夷叔齊，《論語》每言之，必兼二人，而孟子則獨舉伯夷。《史記》之言伯夷，以讓國，以恥周也，而孟子則言其辟紂，且屢言之。此章與前伯夷隘章，極言其惡惡，非君不事，不立惡人之朝，猶是辟紂意。於耻周有可通，於讓國則絶無與也。若以史傳爲不實，則非讓國，何爲子貢援以問衛事？《論語》言餓於首陽，言逸民，明是耻粟採薇事，史即可爲經注也。孟子何獨有異？竊以伯夷當紂之時，親稔其暴，至於脯醢無罪諸侯，爲從古所未有；廉來之助惡，皆非可以力爭，而自以遠國疎臣，欲諫正之不得，徒苟奉職貢，而以爲耻，固久有欲辟之心矣，而不忍言，因生事之既終，有遺命之可托，遂以不顧而逃。叔齊與兄同志者也，亦以有託而逃。叔齊特從兄也，孟子故不及之，爲其舉兄可以見弟也。其事從讓國起，而其心實從辟惡起。史傳據事言之，孟子原心論之也。然而曰待天下之清，則夷惟辟紂之惡，未嘗不待紂之改。辟之已耳，其於君臣之大義，未嘗有他志也，故以諫武王。武誅紂，遂以耻周粟，而孔子特表之曰「不念舊惡」。是則伯夷之所以爲伯夷者，其行事甚委曲，其用心甚平直，第求無汚於己，而非必有苛於人，故得爲聖之清。』○注『若夏姬之比也』○正義曰：《列女傳・孽嬖》篇云：『陳女夏姬者，大夫夏徵舒之母也。其狀美好無匹，內挾伎術，蓋老而復壯者。三爲王后，七爲夫人，公侯爭之，莫不迷惑失意。頌曰：「夏姬好美，滅國破陳。走二大夫，殺子之身。殆誤楚莊，敗亂巫臣，子反悔懼，申公族分。」』○注『頑貪之夫更思廉潔』○正義曰：毛氏奇齡《四書賸言》云：『《孟子》「頑夫廉」，頑字，古皆是貪字。《漢・王吉傳》：「孟子云，聞伯夷之風者，貪夫廉，懦夫有立志。」《晉書・羊祜傳》亦曰：「貪夫反廉，懦夫立志，雖夷、惠之操，無以尚也。」《南史》稱

「任昉能使貪夫不取，懦夫有立志」。』臧氏琳《經義雜記》云：『《韓詩外傳》云：「伯夷目不視惡色，耳不聽惡聲，非其君不事，非其民不使。横政之所出，横民之所止，不忍居也。思與鄉人居，若朝衣朝冠坐於涂炭也。故聞伯夷之風者，貪夫廉，懦夫有立志。」又《漢書・王貢兩龔鮑傳・序》引《孟子》云：「聞伯夷之風者，貪夫廉，懦夫有立志。奮乎百世之上，行乎百世之下，莫不興起，非賢人而能若是乎？」又《後漢書・王龔傳》云：「聞伯夷之風者，貪夫廉，懦夫有立志。」《丁鴻傳・論》曰：「孟子曰，聞伯夷之風者，貪夫廉，懦夫有立志。」《列女傳》：「曹世叔妻云：昔夷齊去國，天下服其廉。」高、李注引《孟子》曰：「聞伯夷之風者，貪夫廉，懦夫有立志。」又《藝文志・隱逸下》引魏王粲《弔夷齊文》曰：「厲清風於貪士，立果志於懦夫。」當亦用《孟子》。《孟子・萬章》、《盡心》皆作「頑夫廉」，趙氏於《萬章》下注云：「頑貪之夫，更思廉潔。」於《盡心》下注云：「頑，貪。」是趙本作「頑」矣。據下文「懦夫有立志」，「鄙夫寬，薄夫敦」，皆以相反者言之，則作「貪」爲是。趙氏以頑訓貪，未詳其所出。而兩漢及唐人皆引作「貪」，知必非無本矣。《孟子》漢有劉熙注，梁有綦毋邃注，作「貪」者或見於二家之本與？』王氏念孫《廣雅疏證》云：『頑，鈍也。如淳注《漢書・陳平傳》云：「頑頓，謂無廉隅也。」頓與鈍同。《孟子・萬章》篇云：「頑夫廉。」』按王氏説是也。頑之義爲鈍，廉之義爲棱，棱則有隅角，鈍則無鋒鍔，二者正相對。《呂氏春秋・慎大》篇云『暴戾頑貪』，是頑亦貪也。諸書引作『貪』，亦頑訓貪之證。《國語·晉語》『少儒於諸侯』，注云：『儒，弱也。』《説文》心部『懦，駑弱者也』。故以懦爲弱。伊尹曰：「何事非君，何使非民，治亦進，亂亦進，曰：天之生斯民也，使先知覺後知，使先覺覺後覺。予，天民之先覺者也。予將以此道覺此民也。」思天下之民匹夫匹婦有不與被堯舜之澤者，如己推而内之溝中。其自任以天下之重也。【注】説與上同。柳下惠不羞汙君，不辭小官，進不隱賢，必以其道，遺佚而不怨，阨窮而不憫，與鄉人處，由由然不忍去也，爾爲爾，我爲我，雖袒裼裸裎於我側，爾焉能浼我哉！故聞柳下惠之風者，鄙夫寬，薄夫敦。【注】鄙狹者更寬優，薄淺者更深厚。【疏】注『鄙狹』至『深厚』〇正義曰：《周禮·地官·遂人》：『掌邦之野，以土地之圖經田野，五家爲鄰，五鄰爲里，五里爲酇，五酇爲鄙，五鄙爲縣。』劉熙《釋名·釋州國》云：『鄙，否也。小邑不能遠通也。』《吕氏春秋·尊師》篇云『子張，魯之鄙家也』，《愛類》篇云『墨子見荆王曰，臣北方之鄙人也』，高誘注皆云：『鄙，小也。』又《君守》篇云『魯鄙人遺宋元王閉』，高誘注云：『鄙人，小人也。』小即狹也，對下寬言之，故不訓小而訓狹也。《賈子·道術》篇云：『優賢不逮謂之寬。』《詩·大雅·瞻卬》『維其優矣』，箋云：『優，寬也。』是寬即優也。《淮南子·齊俗訓》云『煩挐澆淺』，高誘注云：『淺，薄也。』是薄即淺也。《毛詩·邶風·北門》『王事敦我』，傳云：『敦，厚也。』薄既是淺，則厚即是深，故云深厚。孔子之去齊，接淅而行。去魯，曰：「遲遲吾行也，去父母國之道也。」可以速而速，可以久而久，可以處而處，可以

仕而仕，孔子也。』【注】淅，漬米也。不及炊，避惡亟也。魯，父母之國，遲遲不忍去也。是其道也。孔子聖人，故能量時宜，動中權也。【疏】注『淅漬米也』至『亟也』○正義曰：《説文》水部云：『滰，浚乾漬米也。《孟子》曰：「孔子去齊，滰淅而行。」』『淅，汏米也。』段氏玉裁《説文解字注》云：『《毛詩》傳曰：「釋，淅米也。」《爾雅》：「溞溞，淅也。」《孟子》注：「淅，漬米也。」凡釋米、淅米、漬米、汏米、𣿉米、淘米、洮米、漉米，異稱而同事。淅箕謂之籅，自其方漚未淘言之曰漬米，不及淘抒而起之曰滰。《萬章》篇今滰作「接」，當是字之誤。』王氏念孫《廣雅疏證》云：『浚滰，盪也。《説文》：「湑，莤酒也。一曰浚也。」鄭興注《周官・甸師》云：「莤讀爲縮束茅立之祭前，沃酒其上，酒滲下去，若神飲之，故謂之縮。縮，浚也。」《説文》：「滰，浚乾漬米也。」引《孟子》「孔子去齊，滰淅而行。」今本「滰」作「接」，所見本異也。「滰」之言「竟」，謂漉乾之也。今俗語猶謂「漉乾漬米」爲「滰乾」矣。《西漢叢語》云：「《異聞集》引李吉甫《南銘》曰：《孟子》：去齊而滰淅，唐本作滰字。」』

孟子曰：**『伯夷，聖之清者也；伊尹，聖之任者也；柳下惠，聖之和者也；孔子，聖之時者也，孔子之謂集大成。集大成也者，金聲而玉振之也。金聲也者，始條理也；玉振之也者，終條理也。**【注】伯夷清，伊尹任，柳下惠和，皆得聖人之道也。孔子時行則行，時止則止。孔子集先聖之大道，以成己之聖德者也，故能金聲而玉振之。振，揚也。

故如金音之有殺，振揚玉音，終始如一也。始條理者，金從革，可治之使條理。終條理者，玉終其聲而不細也，合三德而不撓也。【疏】注「振揚」至「不撓也」正義曰：《説文》手部云：「振，舉救也。一曰奮也。」「揚，飛舉也。」《吕氏春秋·必己》篇云「盡揚播入於河」，高誘注云：「揚，動也。」《淮南子·本經訓》云「共工振滔洪水」，高誘注云：「振，動也。」是振與揚同義也。程大昌《演蕃露》云：「《管子》曰：玉有九德，『叩之其音清專徹遠，純而不殺亂〔一〕也。』此諸家之言孔子玉振者。曰：其謂終條理者，爲其叩之，其聲首尾如一，不比金之始洪終殺，是爲終條理。」按「始條理」，《音義》云：「本亦作『治條理』，下同。」玩趙氏言「金從革可治之使條理」，則趙氏本正作「治條理」也。下文「始條理者智之事也」，注云：「智者知理物。」理物卽治物，以理字解治字，正作「治條理者智之事也」。玉終其聲之聲指金聲，金聲有殺，以玉振揚之，所謂治之使條理也。殺則細，振以終之，則其聲不細矣。金音，音字解聲字。近時通解謂：金，鎛鐘也，聲以宣之於先；玉，特磬也。振以收之於後。條理是節奏次弟。金以始此條理，玉以終此條理，所爲集大成也，王氏念孫《廣雅疏證》云：「《中庸》『振河海而不洩』，鄭注云：『振，猶收也。』《孟子·萬章》篇云：『金聲而玉振之也。』《周官·職幣》：『掌式法以斂官府都鄙與凡用邦財者之

〔一〕「亂」，《皇清經解》本同，《管子·水地》作「辭」。

幣，振掌事者之餘財。」斂、振皆收也。故鄭注云：「振，猶抍也，檢也。」《廣雅》卷三云：「抍，收也。」《孟子·梁惠王》篇注云：「檢，斂也。」賈疏云：「以財與之謂之抍，知其足剩謂之檢。」皆失之。《秦風·小戎》篇「小戎俴收」，毛傳云：「收，軫也。」正義曰：「軫所以收斂所載，故名收焉。」軫與振亦聲近義同。』**始條理者，智之事也；終條理者，聖之事也。**【注】智者知理物，聖人終始同。【疏】『始條』至『事也』○正義曰：戴氏震《孟子字義疏證》云：『理者，察之而幾微，必區以別之名也，是故謂之分理。在物之質曰肌理，曰腠理，曰文理。得其分，則有條而不紊，謂之條理。孟子稱「孔子之謂集大成」曰：「始條理者，智之事也；終條理者，聖之事也。」聖智至孔子而極其盛，不過舉條理以言之而已矣。《易》曰「易簡而天下之理得」，自乾坤言，故不曰仁智而曰易簡。以易知，知一於仁愛平恕也。以簡能，能一於行所無事也。易則易知，易知則有親，有親則可久，可久則賢人之德。若是者，仁也。簡則易從，易從則有功，有功則可大，可大則賢人之業。若是者，智也。天下事情，條分縷晰，以仁且智當之，豈或爽失幾微哉！《中庸》曰：「文理密察，足以有別也。」《樂記》曰：「樂者，通倫理者也。」鄭康成注云：「理，分也。」許叔重《說文解字序》曰：「知分理之可相別異也。」古人所謂理，未有如後儒之所謂理者矣。』**智，譬則巧也。聖，譬則力也。由射於百步之外也，其至，爾力也。其中，非爾力也。**」【注】以智，譬由人之有技巧也，可學而益之。以聖，譬由力之有多少，自有極限，不可强增。聖人受天性，可庶幾而不可及也。夫射遠而至，爾努力也。其中的者，爾之巧也。思改其手用巧意，乃能中也。【疏】注『以智』至『中也』○正義曰：《説文》工部云：『巧，技也。』故以技釋巧也。《章指》云：『言聖人猶力，力有常也。賢者由巧，巧可增也。』與此注相發明。趙氏以巧比三子，以力比孔子，三子可學，孔子不可及也。然則兩『爾』字宜皆指三子。其至，如清、任、和爲三子之力所可至。其中，如孔子『聖之時』爲三子之力所不可至。至、中俱承上力字。至爲三子之力，中爲孔子之力。乃注云『其中的者，爾之巧也。』意殊矛盾，不可詳知。又云『改其手用巧意乃能中』，似謂孔子之時，三子力不能及，故改而用巧爲清、任、和，則中字轉屬三子之清、任、和矣。又似謂孔子以時爲中的，三子各以清、任、和爲中的，三子自知不能爲孔子之中的，因思改而用巧爲三子之中的，故各用清、任、和也。是孔子以力中的，三子不以力而以巧中的也。以力，則但能至，不能中也。趙氏本義，未知何如，姑擬之以質知者。近時通解，智巧卽靈明不測妙乎神也，聖力卽造詣獨到因乎應也。聖知兼備，而唯智乃神；巧力並用，而惟巧乃中。此孔子所以獨爲聖之時。或云，巧力之喻，是孟子自擬作聖之功。由射於百步之外，望道之比也。孔子之聖，非力可擬，力則人，巧則天也。

《章指》言：聖人由力，力有常也。賢者由巧，巧可增也。仲尼天高，故不可階；他人丘陵，丘陵由可踰；所謂小同而大異者也。

北宫錡問曰：『周室班爵禄也，如之何？』【注】北宫錡，衛人。班，列也。問周家班列爵禄，等差謂何。【疏】注『班列也』○正義曰：《方言》云：『班，徹，列也。北燕曰班，東齊曰徹。』戴氏震《方言疏證》云：『趙岐《孟子》注「《孟子》班爵禄」云：「班，列也。」《春秋》昭公二年《左傳》「送從逆班」，杜預注云：「班，列也。」任昉《奏彈曹景宗》曰「榮高列侯」，李善注引《方言》：「列，班也。」所引卽此文。《詩・大雅》「王命召伯，徹申伯土田」，毛傳：「徹，治也。」鄭箋云：「治者，正其井牧，定其賦税。」亦於班列之義爲近。《廣雅》：「列，班，布也。」』

孟子曰：『其詳不可得聞也。諸侯惡其害己也而皆去其籍，然而軻也嘗聞其略也：【注】詳，悉也。不可得備知也。諸侯欲恣行，憎惡其法度，妨害己之所爲，故滅去典籍。今《周禮》司禄之官無其職，是則諸侯皆去之，故使不復存也。軻，孟子名。略，麤也。言嘗聞其大綱如此。今考之《禮記・王制》則合也。【疏】注『詳悉』至『存也』○正義曰：『詳悉』，見《離婁下》。《荀子・非相篇》云『詳則舉小』，注云：『詳，周備也。』故又以備釋詳也。《周禮・地官》：『司禄，中士四人，下士八人，府二人，史四人，徒四十人。』注云：『主班禄。』賈氏疏云：『在此者，其職既闕，未知所掌云何？但班禄者用粟與之，司禄職次倉人，明是班多少之官，故鄭云主班禄。』○注『今考之《禮記・王制》則合也』○正義曰：《禮記正義》云：『鄭《目録》云：「名曰《王制》者，以其記先王班爵、授禄、祭祀、養老之法度，此於《别録》屬制度。《王制》之作，蓋在秦漢之際。」鄭答臨碩云：「孟子當赧王之際，《王制》之作，復在其後。」盧植云：「漢孝文皇帝令博士諸生，作此《王制》之書。」《周禮·春官·内史》：「王制禄則贊爲之，以方出之。」鄭司農、鄭康成皆引《王制》以注之。』趙氏佑《温故録》云：『自當以《孟子》爲正，不必與《周禮》規規求合也。與《孟子》合者惟《王制》，猶不免有不合者，由其又在孟子後，雜采遺文所致，卽孟子亦第言聞其略也。鄭康成於《王制》與《周禮》不合處，輒謂之夏殷制，皆求其説而不得，從而爲之辭而已。卽如百里、七十里、五十里，孟子明言周室，得謂之夏殷制歟？于是又以開方法兩圓之。然子二百里、男百里，又何法？又豈所謂同一位者歟？唯其不必求合而必求合也。然則奚其不合？蓋注以「《周禮》司禄官無其職」爲諸侯去籍證，《周禮》本不完之書，司禄之亡猶他官之闕，未必去籍獨去此，卽去，亦其中一端。就《孟子》、《王制》所言之與《周禮》不合，初非獨此班爵禄事矣，是不足以定也。若謂盡去其合而獨存其不合，則是《周禮》一書已自有不能盡合之失，更不足以定也。彼其放恣横議之習已久，秦至敢於燔燒三代之書，諸侯皆秦也，何嫌於竄易一朝之制？去者既全去之，其姑存者爭以意增損之，上下相蒙，若爲故然，蓋所必至，不待劉歆之徒也。恐劉歆亦定負此枉於千古也。然則宜其不合之多矣。文景時去古尤近，諸儒纂輯《王制》，何不就其所據書名人代，明白標舉，而一概渾同，使後學至莫别其由然，斯則前儒之過歟！』翟氏灝《考異》云：『《周禮》司禄之官，今無其職，趙氏據此爲戰國諸侯去籍之證。孟子於典籍既亡之後，側聞其略，自不能顭若畫一。且有嫌於時君之爭並無厭也，故於所聞異詞中，寧信其數之少，而不肯失之多。若《王制》，乃漢文帝敕令博士諸生採集傳記，斟酌損益，以成其篇，制禄爵節明屬採自《孟子》。時《周禮》未顯於世，諸博士猶不及見之，故惟以《孟子》一書爲本，其所以微有異同，正博士之所斟酌損益，何可轉據之議《孟子》乎？』**天子一位，公一位，侯一位，伯一位，子男同一位，凡五等也。**【注】公謂上公九命及二王後也。自天子以下，列尊卑之位，凡五等。【疏】『天子』至『等也』○正義曰：《禮記・王制》云：『王者之制禄爵：公、侯、伯、子、男，凡五等。』彼言王者之制，故不數天子，與此異。《白虎通・爵》篇云：『天子者，爵稱也。爵所以稱天子者何？王者父天母地，爲天之子也。所以名之爲公侯者何？公者，通也。公正無私之意也。侯者，候也。候逆順也。伯者，白也。子者，孳也。孳孳無已也。男者，任也。』顧氏炎武《日知録》云：『爲民而立之君，故班爵之意，天子與公侯伯子男一也，而非絶世之貴。代耕而賦之禄，故班禄之意，君卿大夫士與庶人在官一也，而非無事之食。是故知天子一位之意，則不敢肆於民上以自尊；知禄以代耕之義，則不敢厚取於民以自奉。不明乎此，而侮奪人之君，常多於三代以下矣。』○注『公謂』至『後也』○正義曰：《周禮・春官・典命》：『掌諸侯之五儀，諸臣之五等之命：上公九命爲伯，其國家、宫室、車旗、衣服、禮儀，皆以九爲節。侯伯七命，其國家、宫室、車旗、衣服、禮儀，皆以七爲節。子男五命，其國家、宫室、車旗、衣服、禮儀，皆以五爲節。』又云：『王之三公八命。』注云：『上公，謂王之三公有德者，加命爲二伯。二王之後，亦爲上公。』賈氏疏云：『三公八命，出封皆加一等，謂若周公太公有德，封於齊魯，身雖在王朝，使其子就國，亦是出封加命爲上公九命者。』《白虎通・爵》篇云：『《春秋傳》曰：「天子三公稱公，王者之後亦稱公，其餘大國稱侯，小國稱伯子男也。」』**君一位，卿一位，大夫一位，上士一位，中士一位，下士一位，凡六等。**【注】諸侯法天子，臣名亦有此六等，從君下至於士也。【疏】『君一』至『六等』○正義曰：《王制》云：『諸侯之上大夫卿，下大夫，上士，中士，下士，凡五等。』諸侯卽君也。《王制》五等不連諸侯，《孟子》六等連君，不連君，猶不連天子也。《白虎通・爵》篇云：『卿之爲言章也，章善明理也。大夫之爲言大扶，扶進人者也。故傳曰：「進賢達能謂之卿大夫。」《王制》云「上大夫卿」也。士者，事也。任事之稱也。故傳曰：「通古今，辯然不，謂之士。」諸侯所以無公爵者，下天子也。故《王制》曰：「上大夫，下大夫，上士，中士，下士，凡五等。」此謂諸侯臣也。大夫但有上下，士有上中下何？明卑者多也。爵皆一字，大夫獨兩字何？《春秋傳》曰：「大夫無遂事。」以爲大夫職在之適四方，受君之法，施之於民，故獨兩字言之。或曰：大夫，爵之下者也。稱大夫，明從大夫以上受下施，皆大自著也。天子之士，獨稱元士何？士賤，不得體君之尊，故加元以别於諸侯之士也。《禮經》曰「士見於大夫」，諸侯之士也。《王制》曰：「王者八十一元士。」』沈氏彤《周官田禄考》云：『周天子具六官，官之爵六等：曰公，曰孤卿，曰中大夫、下大夫，曰上士，曰中士，曰下士，庶人在官者屬焉。凡天子之官之爵，其有常數可周知而見本經及注者，公三人，孤三人，卿五官官一人，又地官鄉大夫每鄉卿一人，六鄉則六人，凡十一人。中大夫，天官四人，地官五人，又州長每州一人，三十州則三十人，遂大夫每遂一人，六遂則六人，春官五人，夏官十四人，秋官四人，凡六十八人。下大夫，天官十二人，地官十五人，又黨正每黨一人，百五十黨則百五十人，縣正每縣一人，三十縣則三十人，春官二十四人，夏官三十人，秋官八人，凡二百六十九人。上士，天官四十六人，地官四十八人，又族師每族一人，七百五十族則七百五十人，鄙師每鄙一人，百五十鄙則百五十人，春官五十三人，夏官六十七人，又僕夫十人，秋官二十人，又象胥每翟一人，六翟則六人，凡千一百五十人。中士，天官百一十八人，地官百四十八人，又閭胥每閭一人，三千閭則三千人，酇長每酇一人，七百五十酇則七百五十人，春官百五十八人，夏官百五十八人，秋官百五十二人，又象胥每翟二人，六翟則十二人，凡四千四百九十六人。下士，天官百七十九人，又寺人五人，地官二百七十二人，又比長五家一人，萬五千比則萬五千人，里宰每里一人，三千里則三千人，司門每門二人，王城十二門則二十四人，司關每關二人，王畿十二關則二十四人，場人每場二人，九穀九場則十八人，春官二百七十五人，夏官二百四十三人，又馭夫二人，趣馬百九十二人，庾人每閑二人，天子十二閑則二十四人，秋官百九十三人，又條狼氏八人，象胥每翟八人，六翟則四十八人，凡萬九千五百有七人。其不見經注而數皆可推者，上士爲郊之縣正，十一縣則十一人。中士爲郊之鄙師，野之縣正，郊五十五鄙，野九百五十三縣，人各如縣鄙之數，凡千有八人。下士爲郊之酇長，野之鄙師，郊二百七十四酇，野四千七百六十五鄙，人各如鄙酇之數，凡五千有三十九人。通計三萬一千五百六十五人。若內諸侯之官之爵，由經注及他傳記所見推之，則在公四等，自卿而下；在孤卿三等，自大夫而下；在大夫二等，自上士而下。其數，公之卿二人，下大夫五人，上下士各若干人；孤卿之大夫二人，上士五人，下士若干人；大夫之上士二人，下士五人。其縣鄙之士，皆上士爲縣正，下士爲鄙師。公七縣三十三鄙，孤卿二縣八鄙，大夫二鄙，上下士各皆如縣鄙之數。通計爵數之可知者，在公四十七人，在孤卿十七人，在大夫九人。若外諸侯之官之爵，則在上公六等，自孤而下；在侯伯五等，在子男四等，皆自卿而下。其數，公之孤一人，卿三人，下大夫五人，上士二十七人，中下士各若干人；侯伯之卿、大夫、士如之；子男之卿、大夫亦如之，士則上二十七人，下若干人，無中。此皆見於經注及他傳記。其無所見而可推知者，上公爲大國，三鄉三遂。卿，鄉大夫三人；下大夫，州長十五人，遂大夫三人，凡十八人。上士，黨正七十五人，縣正十五人，凡九十人。中士，族師三百七十五人，鄙師七十五人，凡四百五十人。下士，閭胥千五百人，鄰長三百七十五人，凡千八百七十五人。其野二百二十六縣，千一百三十鄙，中士爲縣正，下士爲鄙師，皆各如縣鄙之數。侯伯爲次國，二鄉二遂。卿，鄉大夫二人；下大夫，州長十人，遂大夫二人，凡十二人。上士，黨正五十人，縣正十人，凡六十人。中士，族師二百五十人，鄙師五十人，凡三百人。下士，閭胥千人，鄰長二百五十人，凡千二百五十人。其野，侯百四十四縣，七百一十九鄙；伯七十二縣，三百六十一鄙，皆中士爲縣正，下士爲鄙師，各如其縣鄙之數。子男爲小國，一鄉一遂。卿，鄉大夫一人；下大夫，州長五人，遂大夫一人，凡六人。上士，黨正二十五人，縣正五人，凡三十人。下士，族師百二十五人，鄙師二十五人，凡百五十人。其野，子三十一縣，百五十五鄙，上士爲縣正，下士爲鄙師，皆各如縣鄙之數。男一鄙，下士爲鄙師，如其數。通計爵數之可知者，在上公三千八百二十八人，在侯二千五百二十二人，在伯二千有九十二人，在子四百有八人，在男二百二十三人。《周官》之爵，曰公，曰孤，曰卿，曰中大夫，曰下大夫，曰上士，曰中士，曰下士，凡八等。而合孤卿爲一等，中下大夫爲一等，何也？曰：《典命》「王之三公八命，其卿六命」，不別言三孤命數，則并孤於卿矣。云「其大夫四命」，則大夫不以中下殊矣。爵與命之等常相因，故二者皆合爲一等也。且《考工記》稱「九卿」，鄭康成以「六卿三孤」注之，則孤亦名卿而爲一等。《孟子》、《王制》序大夫皆止一等，是又不分二等之明證也。

經何以無上大夫？曰：上大夫卽孤卿也。《大戴記・盛德》篇云：「三少，皆上大夫也。三少謂三孤。」《王制》云：「諸侯之上大夫卿。」天子亦然。凡內外諸侯之官，其爵等人數，何以定之？曰：《大宰》云：「乃施典於邦國，而建其牧，立其監，設其參，傳其伍，陳其殷，置其輔。」注云：「監，謂公侯伯子男各監一國。參，謂卿三人。伍，謂大夫五人。殷，謂衆士，《王制》諸侯上士二十七人。輔，府史庶人在官者。」此外諸侯官爵等人數之大略也。何以知上公之一孤也？曰：《典命》「公之孤四命」，注以爲「九命上公，得置孤卿一人」也。何以知子男之無中士也？曰：襄十一年《公羊傳》云「古者上士下士」，明中士非《周官》初制也。若子男而有中士，則田禄不皆以四爲差，而國亦不足於用矣。《公羊》所云，乃通指諸侯，今獨歸之子男何也？曰：惟子男不當有中士耳。謂公侯伯而亦無中士，傳之誤也。』**天子之制，地方千里，公侯皆方百里，伯七十里，子男五十里，凡四等。不能五十里，不達於天子，附於諸侯曰附庸。**【注】凡此四等，制〔一〕地之等差也。天子封畿千里，諸侯方百里，象雷震也。小者不能特達於天子，因大國以名通，曰附庸也。【疏】『天子』至『附庸』〇正義曰：《王制》云：『天子之田方千里，公侯田方百里，伯七十里，子男五十里。不能五十里者，不合於天子，附於諸侯曰附庸。』注云：『不合，謂

〔一〕『制』，《皇清經解》本、《孟子注疏》均作『土』。

不朝會也。小城曰附庸。附庸者，以國事附於大國，未能以其名通也。此地，殷所因夏爵三等之制也。殷有鬼侯、梅伯。春秋變周之文，從殷之質，合伯子男以爲一，則殷爵三等者，公、侯、伯也。異畿内謂之子。周武王初定天下，更立五等之爵，增以子男，而猶因殷之地，以九州之界尚狹也。周公攝政致太平，斥大九州之界，制禮成武王之意，封王者之後爲公，及有功之諸侯，大者地方五百里，其次侯四百里，其次伯三百里，其次子二百里，其次男百里，所因殷之諸侯，亦以功黜陟之。其不合者，皆益之地爲百里焉。是以周世有爵尊而國小，爵卑而國大者。』閻氏若璩《釋地又續》云：『《孟子》一則公侯皆方百里，再則大國地方百里，證以周公太公，其封齊魯不過方百里耳。而孟子時魯地且五倍之，以爲有王者作，魯必在所削，安得有成王封周公於曲阜，地方七百里之説哉？爲此説者乃《明堂位》篇中多誣，不可勝舉。余嘗上稽《周易》「雷聞百里」，公侯國制，厥象取此。下徵《魯頌》「革車千乘」，惟百里國數適相應。子産曰：「昔天子之地一圻〔一〕，列國一同。」同方百里也。今晉地多數圻矣，皆侵小故。管仲曰：「昔賜我先君履，南至於穆陵，北至於無棣。」穆陵，山名，今在沂水縣。無棣，溝名，今爲海豐、慶雲兩縣。南北相距七百里，亦應是後來侵小所至。』周氏柄中《辨正》云：『封國之制，《孟子》言「公侯百里，

〔一〕『圻』，《皇清經解》本作『垿』。下同。

伯七十里，子男五十里」，與《王制》同。《周官·大司徒》則謂「公五百里，侯四百里，伯三百里，子二百里，男百里」，與《孟子》異。鄭康成謂《孟子》所言周初制，周公斥大九州之地，始皆益之。此説最謬。後儒陸農師、易山齋、金仁山輩，並言周之幅員，不廣於虞夏，安得加封若此。且武王封之，周公大之，其勢必有所并。有所并，必有所徙，一公之封，而子男之國，爲之徙者二十餘，封數大國，天下盡擾，此必不然之事。唐仲友謂：「古之封國，有軍有賦。自軍言之，則方百里而具三軍，方七十里而具二軍，方五十里而具一軍。自賦言之，則公之國方二百一十里而具千乘，伯之國方一百四十里而具六百乘，男之國方百里而具三百乘。子下同於男，侯上同於公。自是而外，則山川土田附庸皆在封疆之内，然皆非出車制賦之壤。《孟子》言百里、七十里、五十里者，獨舉軍制而言也。《周官》於諸公言五百里、諸侯言四百里、伯言三百里、子言二百里者，包山川土田附庸於封疆内也。於諸男言百里者，獨舉其出軍賦之封疆也。凡此皆省文而互見，詳而考之，未有不合者。」按唐氏此説，極爲支離。即以《周禮》觀之，自諸公至諸男，封疆之數，遞爲降殺，各以百里爲等差。今忽分二解，於公侯伯子則以爲兼虚封，於諸男則以爲舉實封，此在《周禮》先不可通，而以牽合《孟子》之説，其誰信之！陳氏《禮書》謂：「《孟子》三等之地，正封也。《周官》五百里四百里云云者，則所統之附庸。」葉少藴又謂：「兼山林川澤而言。」汪武曹駁之云：「方五百里者，爲方百里者二十五也。豈公之正封止得方百里者一，而附庸反得方百里者二十四乎？方四百里者，爲方百里者十六也。豈侯之正封止得方百里者一，而附庸反得方百里者十五乎？即合山林川澤言之，亦不應如此之多。」則其説又難通矣。惠氏據《尚書大傳》謂：「諸侯受封，必有采地。封五百里與四百里者，其采百里；封三百里者，其采七十里；封二百里與百里者，其采五十里。采則全入於其君，而封爲天子之土，故天子得而食之。《王制》言采，《周官》言封，二者必合而相備。」按《大傳》言「百里諸侯之國以五十里爲采；七十里諸侯，以二十里爲采；五十里諸侯，以十里爲采。」此説合於《孟子》，而異於《周禮》。惠氏假借傅會，以調和其説，巧則巧矣，而非其實也。李剛主謂：「百里專言土田山川附庸，則量功而錫，不在百里内。《孟子》曰，天子巡狩有慶，慶以地。是初封百里，而其後慶地何算，故《周禮》約其數曰，公不過五百里，侯不過四百里，伯子男不過三百里、二百里。」此説亦本之唐仲友。按《周禮》明言「凡建邦國，以土圭土其地而制其域」，則五百里、四百里乃其疆域，於建國之初已定之，豈有豫約慶地之數，而爲之制其域者？果如其説，本文何以不云「公之地無過五百里，侯之地無過四百里」邪？任釣臺又疑《大司徒》文誤，當是「方百里五，方百里四」，此亦不然。《職方氏》明言千里之地，「以方五百里封公則四公，以方四百里封侯則六侯」，若止方百里五，則千里當封二十公；方百里四，則千里當封二十五侯。《職方》之制，合於《大司徒》，其非誤文可知矣。然則《孟子》與《周禮》決不可合，自當以《孟子》爲正。或反據《周禮》以疑《孟》，不亦謬哉！」○注「諸侯方百里象雷震也」○正義曰：《白虎通·爵》篇云：「人皆千乘，象雷震百里所潤同。」盧氏文弨校云：「《御覽》載《援神契》曰：『二王之後稱公，大國稱侯，皆千乘，象雷震百里所潤雲雨同。』梁云：『《周禮·小司徒》注：十終爲同，同方百里。疏云：謂之爲同者，取象雷震百里所聞同。《易·震》正義：雷之發聲，聞乎百里。古帝王制國，公侯地方百里，故以象焉。』」○注「小者」至「庸也」○正義曰：《白虎通·爵》篇云：「人皆五十里，差次功德，小者不滿爲附庸。附庸者，附大國以名通也。」隱公元年《公羊傳》疏引《春秋説》云：「庸者，通也。」此趙氏所本也。孔氏廣森《經學卮言》云：「不達於天子者，《春秋》所謂未能以其名通也。《繁露》曰：『附庸，字者方三十里，名者方二十里，人氏者方十五里。』《書大傳》曰：『古者諸侯始受封則有采地，百里諸侯以三十里，七十里諸侯以二十里，五十里諸侯以十五里。其後子孫雖有罪黜，其采地不黜，使其子孫賢者守之，世世以祠其始受封之人，此之謂興滅國，繼絶世。』昔齊人滅紀，紀季以酅爲齊附庸。酅者，紀之采也。然則附庸多亡國之後，先世有功德者，故追録之，使世食其采，以臣屬於大國。三十里者，其先公侯也。二十里者，其先伯也。十五里者，其先子男也。董仲舒説正與《書傳》相合。」**天子之卿受地視侯，大夫受地視伯，元士受地視子男。**【注】視，比也。天子之卿大夫士所受采地之制也。【疏】「天子」至「子男」○正義曰：周氏柄中《辨正》云：「《王制》：『天子三公之田視公侯，天子之卿視伯，天子之大夫視子男，天子之元士視附庸。」與《孟子》不合，當以《孟子》爲正。蓋古者三公不必備，常以六卿兼之。卿兼公孤，亦止食卿之禄，公孤之爵不爲位，故無禄，則受地當自卿始。此《孟子》是而《王制》非也。内臣之命降於外諸侯，而禄必視乎外，故以六命之卿視九命之公侯，四命之大夫視七命之伯，三命之元士視五命之子男，皆卑其命而崇其禄者。元士之命，不下於附庸，而受地視附庸，則非卑其命而崇其禄之義，與卿大夫不一例矣。此又《孟子》是而《王制》非者也。吴氏《禮記纂言》反謂「孟子當諸侯去籍之時，但以意言其大略，不若《王制》所記爲得之」。顛倒甚矣。』沈氏彤《周官田禄考》云：『上公之地方五百里，侯方四百里，伯方三百里，子方二百里，男方一百里，見《大司徒》之經。而《孟子》云：「公侯皆方百里，伯七十里，子男五十里。」大都之地方八十里，加爲百里；小都方四十里，加爲五十里；家邑方二十里，加爲二十五里。本《載師》及《小司徒》之經注。而《孟子》云：「天子之卿受地視侯，大夫受地視伯，元士受地視子男。」其説並殊於《周官》，何也？曰：孟子因籍去而僅聞其略，此所云並周所沿夏商之制耳。考諸《周官》，畿内外皆無七十里之國。《王制》有七十里之國，注疏以爲夏商之制，而湯國七十里，即見孟子書。由是以觀，而其他之沿於夏商亦明矣。《王制》謂「天子之三公之田視公侯，卿視伯，大夫視子男，元士視附庸」，與孟子之説又殊，何也？曰：《王制》蓋别有所據，然要非周所定制也。其曰田者，即《孟子》之地。篇末云「方百里者爲田九十億畝」，則未去三之一而已稱田矣。或以爲皆實田，誤也。周公於畿内外之國，既各別差其里數，而尚存夏殷之制，何也？曰：周制初定，豈得盡行。苟前代諸國，無故而增減其地勢，必煩擾不安，故且因之。周公別差諸國之里數，畿内視夏商則減，畿外則大增，何也？曰：畿外諸國，夏商以來，漸相吞併，廓地已大，周公因更定其制，以安其無辜者，而又以待封大功德之臣，俾錯處其間，以藩衛王室，故大增。若畿内諸國，本無權力，又象賢而世守者少，周公因稍更焉，以就井田，以四上下之差，故減也。然則《孟子》於畿外諸國，謂齊魯俱封百里，而以今魯方百里者五爲當損，何也？曰：此孟子卽所傳聞以論當時之地域，意在風止其戰伐耳。若論封疆之實，則必如《晏子春秋·内篇》謂太公受地五百里，《史記·漢興以來諸侯年表》謂伯禽、康叔各四百里者，乃與《周官〔一〕》之制合也。後人好以《孟子》駁《周官》，否則强傅會之，皆未及深考者也。』胡氏匡衷《儀禮釋官》云：『諸侯孤卿大夫之采地，無明文可證，唯《雜記》疏引熊氏云「公大都采地方百里，侯伯大都方五十里，子男大都方二十五里」，中都無文，「小都一成之地方十里」。今按公之采地當三等，侯伯子男采地當二等。公之孤方百里，卿方五十里，大夫方十里。侯伯之卿大夫亦如之。子男之卿方二十五里，大夫方十里。據《周禮》大國有孤，

〔一〕『官』，《皇清經解》本作『公』。

如天子三公。天子之公采地與卿異，則大國之孤亦當與卿異。侯伯子男無孤，惟有卿大夫，故采地當但分二等，不必有中都也。侯伯之卿采地與公之卿俱方五十里者，以其命數同也。子男之卿異於公侯伯者，以子男國小地狹，故卿降而爲方二十五里。大夫仍方十里不降者，據孟子言班禄之制，大小國大夫之禄不殊而卿以上各異，則知侯國之大夫采地皆一成也。』**大國地方百里，君十卿禄，卿禄四大夫，大夫倍上士，上士倍中士，中士倍下士，下士與庶人在官者同禄，禄足以代其耕也。**【注】公侯之國爲大國。卿禄，居於君禄十分之一也。大夫禄，居於卿禄四分之一也。上士之禄，居大夫禄二分之一也。中士下士，轉相倍。庶人在官者，未命爲士者也。其禄比上農夫。士不得耕，以禄代耕也。

【疏】注『庶人』至『士者也』〇正義曰：胡氏匡衷《儀禮釋官》云：『《燕禮》云〔一〕「尊士旅食于門西兩圜壺」，注云：「旅，衆也。士衆食，謂未得正禄者，所謂庶人在官者也。」按士旅食謂未得爵命之士，疏以爲府史胥徒，非也。《王制》云：「大樂正論造士之秀者，以告於王，而升諸司馬曰進士。司馬辨論官材，論進士之賢者，以告於王，而定其論。論定然後官之，任官然後爵之，位定然後禄之。」蓋上士、中士、下士，此正爵也。下士食九人以上，此正禄也。學校之士，升於司馬，隸於司士，論定後官，而未得正爵、正禄者，則羣食

〔一〕『胡氏匡衷《儀禮釋官》云：《燕禮》云』句，《皇清經解》本無。

於公，謂之旅食。《檀弓》所謂「仕而未有禄者」，《司士職》所謂「以久奠食」，即此。但未得正爵，故謂之庶人在官者。趙岐注《孟子》亦云：「庶人在官，未命爲士者。」非謂府史胥徒也。若府史胥徒，官長所除，不命於國君，當爲燕之所不及，安得與諸臣相獻酬乎？』又云：『古者有未得爵命之士謂之士，旅食其禄，與庶人在官者等，亦謂之庶人在官者。《周禮・序官》「若地官鄰長」，賈公彦云：「鄰長，是不命之士爲之。」是也。孟子云：「上士一位，中士一位，下士一位。」此正爵也。謂之命士。若學校之士，升於司馬，隸於司士，而未有命者，則先試之以官，俟其任官，然後以正爵命之。所試之官，則如鄰長之類。諸侯之官，降天子一等。凡天子下士之官，諸侯當使不命之士爲之，但無正爵，則亦未得九人以上之正禄，故比諸府史以下。庶人在官者，兼不命之士，方爲賅備。大夫以上有采地者，其禄取於采地，無則以公田所入之税禄之。士無采地，其禄一受於公，故《周禮》有司禄主班禄。《禮運》云：「大夫有采以處其子孫。」《國語》云：「大夫食邑，士食田。」韋注云：「受公田也。」此足證諸侯之士無地矣。』**次國地方七十里，君十卿禄，卿禄三大夫，大夫倍上士，上士倍中士，中士倍下士，下士與庶人在官者同禄，禄足以代其耕也。**【注】伯爲次國。大夫禄，居卿禄三分之一也。**小國地方五十里，君十卿禄，卿禄二大夫，大夫倍上士，上士倍中士，中士倍下士，下士與庶人在官者同禄，禄足以代其耕也。**【注】子男爲小國。大夫禄，居卿禄二分之一也。【疏】『大國』至『耕也』○正義曰：《王制》云：『諸侯之下士視上農夫，禄足以代其耕也。中士倍下士，上士倍中士，下大夫倍上士，卿四大夫禄，君十卿禄。次國之卿三大夫禄，小國之卿倍大夫禄，君十卿禄。諸侯之下士，禄食九人，中士食十八人，上士食三十六人，下大夫食七十二人，卿食二百八十八人，君食二千八百八十人。次國之卿，食二百一十六人，君食二千一百六十人。小國之卿，食百四十四人，君食千四百四十人。』周氏柄中《辨正》云：『安溪李文貞公曰：「諸侯之卿不命於天子者，其禄秩與大夫等。命於天子者，不論大小國，其禄皆當四大夫也。但大國三卿，皆命於天子，故視大夫四倍。次國三卿，二卿命於天子，其一與大夫同禄，則以三卿與三大夫總較，惟三倍耳。小國三卿，一卿命于天子，其二與大夫同禄，則以三卿與三大夫相較，惟二倍耳。故曰次國之上卿，位當大國之中卿，中當其下，下當其上大夫。小國之上卿，位當大國之下卿，中當其上大夫，下當其下大夫。當大夫者，皆非命卿也。秩既相當，禄亦相等明矣。」考《王制》言「大國之卿四大夫禄，食二百八十八人；次國之卿三大夫禄，食二百一十六人；小國之卿倍大夫禄，食百四十四人。」孔疏：「卿禄重，故隨國之大小爲節。」則謂「命於天子者，其禄皆當四大夫」，非也。《王制》又云：「次國之卿，命於其君者，如小國之卿。」孔疏：「次國三卿，二卿命於天子者，禄各食二百一十六人。而卿命於其君者爲賤，禄不可等天子命者，故視小國卿食一百四十四人。」則謂「不命於天子者與大夫同禄」，亦非。況諸侯有大夫五人，但以三大夫與三卿相較，尤不合。』耕者之所獲，一夫百畝，百畝之糞，上農夫食九人，上次食八人，中食七人，中次食六人，下食五人。庶人在官者，其祿以是爲差。』【注】獲，得也。一夫一婦，佃田百畝。百畝之田，加之以糞，是爲上農夫。其所得穀，足以食九口。庶人在官者，食祿之等差由農夫，有上中下之次，亦有此五等，若今之斗食佐史除吏也。【疏】『耕者』至『爲差』

○正義曰：《王制》云：『制農田百畝，百畝之分，上農夫食九人，其次食八人，其次食七人，其次六人，下農夫食五人。庶人在官者，其祿以是爲差也。』注云：『農夫皆受田於公，田肥墽者有五等，收入不同也。庶人在官，謂府史之屬，官長所除，不命於天子國君者。分或爲「糞」。』翟氏灝《考異》云：『《孟子》自君卿順序，《王制》自農夫倒序，文有繁省，義未有鉏鋙也。惟一云「下士與庶人在官者同祿」，一云「下士視下農夫」，小異。蓋庶人在官，有府史胥徒四等，其祿以農之五等爲差，則爲府者當視上農，而史暨胥徒以次視中下矣。下士與爲府者同。故雖兩説之，而義仍一。《周禮·小司徒》：「上地家七人，中地家六人，下地家五人。」《禮記講義》云「《周禮》農夫之差，三等而已」。《孟子》則五等者，先王之於民，養之欲其富，保之欲其庶，故家七人者，必授以九人之上地；家六人者，必授以七人之中地；而下地則以地稱人而已。《管子·揆度》篇：「上農挾五，中農挾四，下農挾三。」《呂覽·士容論》：「上田夫食九人，下田夫食五人，可以益，不可以損。一人治之，十人食之，六畜皆在其中矣。」』周氏柄中《辨正》云：『周家授田之制，如

《大司徒》、《遂人》之説，則田肥者少授之，田瘠者多授之。如《小司徒》之説，則口衆者授之肥田，口少者授之瘠田。如《孟子》、《王制》之説，則一夫定以百畝爲率，而良農食多，惰農食少。愚按：三説本同，當以《孟子》、《王制》爲主，而參觀《周禮》之説。蓋田有不易一易再易之殊，《左氏異義》：「自衍沃之地九夫爲井而外，又有二而當一，以至九而當一者。此大司徒、遂人授田，所以有多寡之差也。」《孟子》、《王制》言「一夫百畝」，則《周禮》「不易之地」，《左傳》「衍沃之地」，舉其最上者以定賦也。至《小司徒》之法，亦具於《遂人》中。《遂人》云：「以歲時稽其人民而授之田野。」蓋人有生秏，卽田有予取，故稽而授之。或以《小司徒》之説爲疑者，未考《遂人》「歲時稽授」之法也。」○注「獲得」至「吏也」正義曰：《史記・春申君傳》集解引《韓嬰章句》云：「獲，得也。」《毛詩・齊風》「無田甫田」，《釋文》云：「無田，音佃。」孔氏正義云：「上田謂墾耕，下田謂土地。猶《多方》云：「宅爾宅，田爾田。」今人謂佃食，古之遺語也。」按《説文》人部：「佃，中也。」攴部：「畋，平田也。」《多方》正作「畋」，此注云佃，乃畋之假借，而通作田也。《周禮・地官・遂人》「上地夫一廛，田百晦」，注云：「鄭司農云：户計一夫一婦而賦之田。」趙氏本此爲説也。按夫之名從人起，亦從田起。六尺爲步，步百爲畝，畝百爲夫，此夫指地而言。緣一夫授田百畝，故百畝之地，卽以「一夫」名之。此上言「耕者所獲」，下言「上農夫食九人」，則以人言也。同受此百畝之田，而其所得穀，或足以食九口，或足以食八口，或足以食七口，以至僅能食六口五口，所以多寡不一者，以糞種培溉之有殊也。《地官・草人》：「掌土化之法，以物地相其〔一〕宜而爲之種。凡糞種，騂剛用牛，赤緹用羊，墳壤用麋，渴澤用鹿，鹹潟用貆，勃壤用狐，埴壚用豕，彊檗用蕡，輕爂〔二〕用犬。」《秋官・薙氏》：「掌殺草，若欲其化也，則以水火變之。」注云：「謂以火燒其所芟萌之草，已而水之，則其土亦和美矣。」《月令》：「季夏燒薙行水，利以殺草，如以熱湯。」是其一時著之，此皆糞饒之事也。《漢書・百官公卿表》云：「縣令長，皆秦官，掌治其縣。萬户以上爲令，秩千石至六百石。減萬户爲長，秩五百石至三百石。皆有丞尉，秩四百石至二百石，是爲長吏。百石以下，有斗食佐史之秩，是爲少吏。大率十里一亭，亭有長；十亭一鄉，鄉有三老，有秩、嗇夫、游徼。三老掌教化，嗇夫職聽訟收賦税，游徼，徼循禁賊盜。」顔師古引《漢官・名秩簿》云：「斗食月奉十一斛，佐史月奉八斛。一説斗食者，歲奉不滿百石，計日而食一斗二升，故云斗食也。」《後漢・百官志》：「斗食奉月十一斛。佐史奉月八斛。」與《名秩簿》同。劉昭引《漢書音義》云：「斗食，禄日以斗爲計。」此師古所引或一説也。趙氏舉其時奉禄有斗食、佐史兩目，用以除吏，吏即有秩、三老、嗇夫、游徼、亭長五者也。

〔一〕「其」，《皇清經解》本作「與」，《周禮注疏》作「其」。
〔二〕「爂」，《皇清經解》本作「檗」，《周禮注疏》作「爂」。

《章指》言：聖人制禄，上下差叙，貴有常尊，賤有等威。諸侯僭越，滅籍從私，孟子略記，言其大綱，以答北宫子之問。【疏】『貴有常尊賤有等威』○正義曰：宣公十二年《左傳》隨會之言也。○『諸侯僭越滅籍從私』○正義曰：《漢書・藝文志》云：『及周之衰，諸侯將踰法度，惡其害己，皆滅去其籍，自孔子時已不具。』

萬章問曰：『敢問友。』【注】問朋友之道也。

孟子曰：『不挾長，不挾貴，不挾兄弟而友。友也者，友其德也，不可以有挾也。【注】長，年長。貴，貴勢。兄弟，兄弟有富貴者。不挾是乃爲友，謂相友以德也。【疏】注『兄弟兄弟有富貴者』○正義曰：趙氏以挾貴爲挾在己身之富貴，挾兄弟爲挾兄弟之富貴，兄弟卽包上貴字而言。江氏永《羣經補義》云：『古人以昏媾爲兄弟，如張子之於二程，程允夫之於朱子，皆有中表之親，既爲友則有師道，不可謂我與彼爲媾親，有疑不肯下問也。挾兄弟而問，與挾故而問相似。俗解謂不挾兄弟多人而友，兄弟多人有何可挾乎？須辨别之。』趙氏佑《温故録》云：『兄弟，等夷之稱。必其人之與己等夷而後友之，則不肯與勝己處，不能不恥下問矣。兄弟有富貴者，則仍挾貴意耳。』**孟獻子，百乘之家也。有友五人焉：樂正裘、牧仲，其三人則予忘之矣。獻子之與此五人者友也，無獻子之家者也。此五人者，亦有獻子之家，則不與之友矣。**【注】獻子，魯卿，孟氏也，有百乘之賦。樂正裘、牧仲其五人者，皆賢人無位者也。此五人者，自有獻子之家，富貴而復有德，不肯與獻子友也。獻子以其富貴下此五人，五人屈禮而就之也。【疏】注『獻子』至『而就之也』〇正義曰：陳氏厚耀《春秋世族譜》云：孟孫、叔孫、季孫，俱出桓公，謂之三桓。公子慶父生公孫敖，公孫敖生文伯，《魯語》稱孟文子。文子生孟獻子仲孫蔑，文十五見，襄十九卒。《國語·晉語》趙簡子曰「魯孟獻子有鬬臣五人」，注云：「鬬臣，扞難之士。」未知即此五人否？《漢書·古今人表》孟獻子、樂正裘、牧中並居第四等，是以其德同也。』《禮記·坊記》云：『家富不過百乘。』胡氏匡衷《儀禮釋官》云：『《左傳》「唯卿備百邑」，《鄭志》以爲「邑方二里」，據《小司徒》「四井爲邑」言之，其説自確。百邑，即方二十里之縣，小國之卿采地也。此免餘主辭邑，故據卿禄之少者言之。自卿以上，乃有百邑，則大夫不得備百邑，故惟一成方十里也。《周禮·司勳》：「掌賞地之政令，凡賞無常，輕重眡功。」又云：「惟加田無國正。」諸凡云百乘者，當據采地之外有加賜者言之。如《左傳》魯賜季友汶陽之田及費，晉賞桓子狄臣千室，亦賞士伯以瓜衍之縣是也。杜預解百邑以爲一乘之邑，百邑即百乘，説無所據。』趙氏以無獻子之家爲賢人無位，有獻子之家爲富貴而復有德。舊疏云：『此五人如亦有獻子之家富貴，則不與獻子爲友，無他，以其兩貴，不能以相下故也。獻子與之爲友，則以貴下賤故也。』近時通解『無獻子之家』，謂視之若無，不歆羨之也。『有獻子之家』，謂有之爲重也。五人知有獻子之家，則知有貴；知有貴，則獻子不與之友。知有獻子之貴，則獻子不與友，獻子之不挾貴可知。**非惟百乘之家爲然也，雖小國之君亦有之。費惠公曰：「吾於子思，則師之矣。吾於顔般，則友之矣。王順、長息，則事我者也。」**【注】小國之君，若費惠公者也。王順長息，德不能見師友，故曰事我者也。【疏】注『小國之君若費惠公者也』○正義曰：顧氏炎武《日知録》云：『春秋時有兩費：其一見《左傳》成公十三年，晉侯使吕相絶秦曰「殄滅我費滑」，注：「滑國都於費，今河南緱氏縣。」襄公十八年「楚蔿子馮、公子格率鋭師侵費滑」，蓋本一地，秦滅之而後屬晉耳。其一僖公元年「公賜季友汶陽之田及費」，《齊乘》：「費城在費縣西北二十里，魯季氏邑。」在子思時，滑國之費，其亡久矣，疑即季氏之後而僭稱公者。《魯連子》稱陸子謂齊湣王曰：「魯費之衆臣，甲舍於襄賁。」而楚人對頃襄王有「鄒、費、郯、邳」，殆所謂泗上十二諸侯者邪？仁山金氏曰：「費本魯季氏之私邑，而《孟子》稱小國之君，曾子書亦有費君、費子之稱，蓋季氏專魯，而自春秋以後，計必自據其邑，如附庸之國矣。」大夫之爲諸侯，不待三晉而始然，其來亦漸矣。』閻氏若璩《釋地續》云：『余更博考之：《吕氏春秋》言「以滕、費則勞，以鄒、魯則逸」。劉向《説苑》言「魯人攻鄪，曾子辭於鄪君，鄪君曰，寡人之於先生也」。《魯世家》言「悼公時，三桓勝，魯如小侯，卑於三桓之家。」《六國表》並同。則爲季氏之疆僭，以私邑爲國號，殆無復疑。』毛氏奇齡《經問》云：『或問《孟子》有費惠公，且曰「小國之君」，按戰國並無費國，有謂費在春秋係魯都，或是魯君。則魯此時爲魯繆公，並無惠公，且魯有惠公，未有子孫與祖宗可同謚者。有謂費本季氏嚴邑，或即季氏子孫世居費者遂於此僭稱公歟？曰：俱不然。魯國無恙，固無有降而稱費國之理，即季氏子孫世爲魯卿，亦斷無有出居於費者。大夫有采邑，但收其賦稅而不居其地，故孟孫之郕，叔孫之郈，季孫之費，皆他人居之。《春秋》公斂處父居郕，侯犯居郈，南蒯、公山弗狃、陽虎皆居費是也。季氏宗卿，焉得居費？若謂魯惠費惠不當同謚，則衛有兩莊公，燕有三桓公，祖宗謚法，何曾禁同？而以此立說，則又誤矣。大抵春秋戰國間凡都邑之長，皆與有地之君相比，原有邑宰都君之稱，以長於其地也。此所稱國，猶顓臾、郜、極各爲君臣，因亦得以公名之。此不特楚僭稱王，始有申公葉公之稱，即以齊言之，在春秋有棠公，在戰國有薛公，其稱邑以公，皆是也。況魯在戰國，方五百里，則費或稍寬，其得以都君而僭國君，容有然耳。』惠氏士奇《春秋說》云：『虞、虢、焦、滑、霍、揚、韓、魏，皆姬姓也。滑國都於費，謂之費滑。《水經注》：「緱氏縣故滑費，春秋滑國都。」莊公十六年同盟於幽，滑伯與焉。滑一名費，猶宋一名商。《孟子》所謂費惠公者，滑伯之後也。自秦人滅滑，而滑或屬周，或屬晉，或屬鄭。屬周者曰馮滑，見定公六年《傳》。屬晉者曰虛滑，見成公十七年《傳》。屬鄭者曰費滑，見襄公八年《傳》。蓋滑介於周、鄭之間，仍爲附庸於晉、鄭，故至戰國而郯、邳、鄒、費猶號小國之君。說者不知春秋有費滑，遂謂戰國無費，而以魯之費當之，誤矣。』按《漢書·古今人表》費惠公、顔敢、王慎、長息，同列第四等。敢、般形近而譌，順、慎字通。**非惟小國之君爲然也，雖大國之君亦有之。晉平公之於亥唐也，入云則入，坐云則坐，食云則食，雖蔬食菜羹，未嘗不飽，蓋不敢不飽也。然終於此而已矣。**【注】大國之君，如晉平公者也。亥唐，晉賢人也，隱居陋巷者。平公嘗往造之，亥唐言入，平公乃入，言坐乃坐，言食乃食也。蔬食，糲食也。不敢不飽，敬賢也。終於此，平公但以此禮下之而已。【疏】注『大國』至『而已』○正義曰：《太平御覽》引皇甫士安《高士傳》云：『亥唐者，晉人也。晉平公時，朝多賢臣，祁奚、趙武、師曠、叔向，皆爲卿大夫，名顯諸侯。唐獨不官，隱於窮巷。平公聞其賢，致禮與相見而請事焉。平公待於門，唐曰「入」，公乃入。唐曰「坐」，公乃坐。唐曰「食」，公乃食。唐之食公也，雖蔬食菜羹，公不敢不飽。』《史記・晉世家》云：『悼公卒，子平公彪立。』《抱朴子・欽士》篇云：『晉文接亥唐，脚痺而坐，不敢正。』此文爲平之譌。其《逸民》篇云：『晉平非不能吏亥唐也，然尊而肆之，貴而重之，誠以百行殊尚，默默難齊，樂尊賢之美稱，恥賊善之醜迹。』亥唐一作『期唐』。亥之爲期，猶箕之爲荄也。惠氏棟《左傳補注》云：『史趙以亥字推算其年者，蓋以亥爲絳縣人之名，卽《孟子》之亥唐。《韓非子》言「晉平公於唐亥」云云，或《孟子》傳寫倒其名氏也。』《詩・大雅・召旻》『彼疏斯粺』，箋云：『疏，麤也。謂糲米也。』蔬與疏通。趙氏佑《温故録》云：『晉平承悼公復伯之烈，而不能繼興，悼之末年，已不免弛，平益替焉。溴梁盟而大夫張，平丘盟而諸侯散，自是天下變亟，六卿禍成，方且違叔向，築虒祁，其不知求賢輔國亦甚矣。區區禮一亥唐，不過取快佚遊，苟圖虛譽，非有「示我周行」之誠，唐復無可表見，卽使不終於此，而與共職位，豈遂能破相疑之勢，樹疏逖之勳哉！　孟子持以爲友道證，未暇深論晉本末也。』**弗與共天位也，弗與治天職也，弗與食天禄也，士之尊賢者也，非王公之尊賢也。**【注】位、職、禄，皆天之所以授賢者。　而平公不與亥唐共之，而但卑身下之，是乃匹夫尊賢之禮耳。　王公尊賢，當與共天職也。　**舜尚見帝，帝館甥於貳室，亦饗舜，迭爲賓主，是天子而友匹夫也。**【注】尚，上也。　舜在畎畝之時，堯友禮之。　舜上見堯，堯舍之於貳室。　貳室，副宫也。　堯亦就饗舜之所設，更迭爲賓主。　禮謂妻父曰外舅，謂我舅者吾謂之甥。　堯以女妻舜，故謂舜甥。　卒與之天位，是天子之友匹夫也。【疏】注「尚上」至「夫也」○正義曰：尚與上通。《論衡・須頌》篇引《尚書》或說云：「尚者，上也。」《儀禮・覲禮》云「尚左」，注云：「古文尚作『上』。」是也。《說文》貝部云：「貳，副益也。」《爾雅・釋宫》云：「宫謂之室。」是貳室卽副宫也。　趙氏以堯館舜於貳室則舜饗堯之所設，堯亦就往舜宫饗舜之所設，是爲更迭爲賓主也。《詩・小雅・彤弓》「一朝饗之」，箋云：「大飲賓曰饗。」《周禮・秋官・大行人》「饗禮九獻」，注云：「饗，設盛禮以飲賓也。」是以酒食待賓客爲饗。　趙氏以饗舜爲堯就饗舜之所設，則謂舜設盛禮饗堯，而堯就饗其所饗，此饗當解作受，哀公十五年《左傳》云「其使終饗之」，注云：「饗，受也。」是也。《小爾雅·廣詁》云：『迭，更也。』故以更釋迭。一説『亦饗舜』是以禄養舜，即上『共天禄』意。以君臣之禮更爲賓主之禮，謂略上下而交際往來，非堯爲主則舜爲賓，舜爲主則堯爲賓也。《爾雅·釋親》云『妻之父爲外舅』，又云『謂我舅者吾謂之甥也』，郭氏注云：『謂我舅者吾謂之甥。然則亦宜呼壻爲甥，《孟子》曰「帝館甥於貳室」是也。』**用下敬上，謂之貴貴；用上敬下，謂之尊賢。貴貴尊賢，其義一也。』**【注】下敬上，臣恭於君也。上敬下，君禮於臣也。皆禮所尚，故云其義一也。

《章指》言：匹夫友賢，下之以德；王公友賢，授之以爵。大聖之行，千載爲法者也。

【疏】『大聖之行千載爲法』○正義曰：襄公三十一年《左傳》云：『文王之行，至今爲法。』

萬章曰：『敢問交際何心也？』【注】際，接也。問交接道當執何心爲可者。【疏】注『際接也』○正義曰：《爾雅·釋詁》云：『際，捷也。』捷與接通。《説文》手部云：『接，交也。』是際亦交也。執，持也，操也。謂諸侯以禮儀幣帛與士相交接，其道當操持何心。

孟子曰：『恭也。』【注】當執恭敬爲心。

曰：『郤之郤之爲不恭，何哉？』【注】萬章問郤不受尊者禮謂之不恭，何然也。【疏】注『郤不受尊者禮謂之不恭』○正義曰：《音義》出『却之』，云：『正體郤字，下皆同。或作「郤」，誤。』此謂當從卩作『郤』，不當從邑作『郤』也。《文選·東京賦》云『郤走馬以糞車』，薛綜注云：『郤，退也。』《吕氏春秋·知接》篇云『無由接固郤其忠言』，高誘注云：『郤不用。』退其所交接之禮物而不用，卽不受也。疊言『郤之郤之』者，郤之至再，堅不受也。萬章以不受亦是廉以律己，何以爲不恭。一説『郤之』是萬章問，『郤之爲不恭』是孟子答。『何哉』又是萬章問。

曰：『尊者賜之，曰：其所取之者義乎不義乎？而後受之。以是爲不恭，故弗卻也。』【注】孟子曰，今尊者賜己，己問其所取此物，寧以義乎得無不義，乃後受之。以是爲不恭，故不當問尊者不義而卻之也。【疏】注『今尊』至『卻之也』○正義曰：己問解曰字，趙氏以曰是問之之詞。問此所賜之物義不義，彼必以義對，故受之也。若不義，則卻之矣。尊者賜而問其義不義，是輕慢之也。輕慢故不恭，故不問其義不義而不卻也。

曰：『請無以辭卻之，以心卻之，曰其取諸民之不義也，而以他辭無受，不可乎？』【注】萬章曰，請無正以不義之辭卻也。心知其不義，以他辭讓，無受之，不可邪。

曰：『其交也以道，其接也以禮，斯孔子受之矣。』【注】孟子言其來求交己以道理，其接待己有禮者，若斯，孔子受之矣。言可受也。【疏】『其交』至『之矣』○正義曰：以道，謂所賜有名，如餽贐聞戒。以禮，謂儀及其物。云受之矣，不問其義也。

萬章曰：『今有禦人於國門之外者，其交也以道，其餽也以禮，斯可受禦與？』【注】禦人，以兵禦人而奪之貨。如是而以禮道来交接己，斯可受乎。【疏】注『禦人』至『之貨』○正義曰：《尚書・牧誓》『弗禦克奔』，鄭注云：『禦，彊禦，謂彊暴也。克，殺也。不得暴殺紂師之奔走者。』然則禦人於國門之外，卽暴人於國門之外也。王氏鳴盛《尚書後案》云：『《詩・大雅・蕩》云「曾是彊禦」，毛傳：「彊禦，彊梁禦善也。」《崧高》「不畏彊禦」，疏亦云：「彊梁禦善之人。」趙岐注「禦人以兵」，古者扞人以兵曰禦，以兵傷人亦曰禦也。』受禦，謂受此所禦得之貨。

曰：『不可。《康誥》曰：「殺越人于貨，閔不畏死，凡民罔不譈。」是不待教而誅〔一〕**者也。殷受夏，周受殷，所不辭也。於今爲烈，如之何其受之？』**【注】孟子曰不可受也。《康誥》，《尚書》篇名。周公戒成王，封康叔。越，于，皆於也。殺於人，取於貨，閔然不知畏死者。譈，殺也。凡民無不得殺之者也。若此之惡，不待君之教命，遭人則討之。三代相傳以此法，不須辭問也。於今爲烈烈明法，如之何受其餽也。【疏】注「康誥尚」至「康叔」○正義曰：《書序》云：「成王既伐管叔、蔡叔，以殷餘民封康叔，作《康誥》。」趙氏以爲周公戒成王封康叔者，《康誥》云：「王若曰：孟侯，朕其弟，小子封。」鄭注云：「依《略説》，太子十八爲孟侯，而呼成王。」王氏鳴盛《尚書後案》云：「成王即位年十三，至是六年，十八矣。十八爲孟侯。此伏生《書傳略説》義也。彼文云：『天子太子十八曰孟侯。孟侯者，四方諸侯來朝，迎於郊。』見《周禮·秋官·大行人》疏。伏生《書傳》，秦火以前先師遺義，故鄭用之。《文王世子》篇：『仲尼曰：昔周公攝政，踐阼而治，抗世子法於伯禽，所以善成王也。』又云：『成王幼，不能踐阼，故抗世子法於伯禽，使與成王居，欲令成王知父子君臣長幼之義。』是周公居攝，以世子禮教成王，呼成王爲孟侯，不足異也。

〔一〕「誅」，《皇清經解》本作「誅之」，《孟子注疏》作「誅」。

趙岐注《孟子》，以《康誥》爲周公戒成王及康叔封而作，是亦以孟侯爲成王可知。』江氏聲《尚書集注音疏》云：『鄭康成注伏生《大傳》云：「孟，迎也。孟侯，呼成王也。」』○注『越于』至『之者也』○正義曰：《尚書・康誥》云：『凡民自得罪，寇攘姦宄，殺越人于貨，暋不畏死，罔弗譈。』趙氏以越、于皆於者。《爾雅・釋詁》云：『粵，于，於也。』《史記・宋世家》集解引馬融云：『越，於也。』越、粵通也。江氏聲《尚書集注音疏》云：『越，于也。于，猶取也。凡民所由得罪，以寇攘姦宄，殺人取貨也。殺于人，取其貨，冒冒然不畏死刑，凡民無不怨之，此言不待教而誅者也。《七月詩》云「一之日于貉」，毛傳云：「于貉，謂取狐狸皮也。」故于猶取也。《孟子・萬章》篇引「殺越人」，趙氏以爲殺于人，據其解越爲于，則越乃假借字，當以粵爲正。孟子說此經云「是不待教而誅者也」。上文「義刑義殺，勿庸以卽」，言當先教後罰〔一〕。此言「殺人取貨」，則彊暴之人不可教訓者，明不在先教之列。』《說文》攴部云：『暋，冒也。《周書》曰：「暋不畏死。」』段氏玉裁《說文解字注》云：『今本《爾雅》：「昬，暋，强也。」《盤庚》「不昬作勞」，鄭注：「昬讀爲暋，勉也。」似鄭所據《爾雅》與今本不同。《康誥》「暋不畏死」，孟子作「閔」。《立政》「其在受德暋」，心部作「忞」。』王氏鳴盛《後案》云：『冒昧爲惡，自强爲惡，義亦同。』按趙氏以不知畏死解閔

〔一〕『罰』，《皇清經解》本作『殺』，《尚書集注音疏》作『罸』。

然，則謂其冒昧無知，顧殺人取貨，罪犯不赦，豈有不知者，惟知之而故犯之，乃爲自彊。
閔爲暋之假借，知其不當爲而强爲之也。　王氏念孫《廣雅疏證》云：『憝，惡也。《説
文》：「憝，怨也。」《康誥》「罔不憝」，傳云：「人無不惡之者。」《孟子·萬章》篇引《書》作
「譈」。《荀子·議兵》篇云「百姓莫不敦惡」，《法言·重黎》篇「楚憞羣策而自屈其力」，李
軌注云：「憞，惡也。」譈、憞、敦並與憝同。凡人凶惡亦謂之憝，《康誥》云「元惡大憝」，
《逸周書·銓法解》云「近憝自惡」，是也。《方言》：「諄，憎所疾也。宋魯凡相疾苦謂之
諄憎，若秦晉言可惡矣。」諄與憝聲亦相近。』按趙氏訓譈爲殺，以爲凡民無不得殺之，與
訓怨訓惡不同。　譈字《説文》所無。《莊子·逍遥遊》云『越人斷髮文身』，《釋文》云：『司
馬本作「敦」，云：「敦，斷也。」』又《説劒》篇云『試使士敦劒』，《釋文》引司馬注云：『敦，
斷也。』《説文》斤部云：『斷，截也。』《釋名·釋言語》云：『絶，截也。如割截也。』然則敦
有割截斬斷之義。趙氏讀譈爲敦，故以爲殺也。《禮記·樂記》云『故樂者天地之命』，注
云：『命，教也。』是教亦命也。《説文》辵部云：『遭，遇也。』言部云：『誅，討也。』趙氏以
『不待教而誅』爲《孟子》解説『凡民罔不譈』之義。既凡民無不得殺之，則不待教即是不
待君之教命，遭遇此殺人取貨之人，人卽得而誅討之。不待教命而誅，故不須辭問。《國
語·魯語》云『魯大夫辭而復之』，注云：『辭，請也。』不須請問，極言其當討也。《國語·

晉語》云『君有烈名』，注云：『烈，明也。』《管子・心術》篇云：『殺戮〔一〕禁誅謂之法。』《鹽鐵論・刑德》篇云：『法者，所以督姦也。』於今爲烈，趙氏以爲烈烈明法，謂此不待教而誅之法，三代傳之，至今猶明顯也。遭遇此等之人。方且誅討之，奈何受其餽。以烈烈解烈字，又以明字解烈烈，猶《毛詩》傳以洸洸潰潰解洸潰，《樂記》以肅肅雍雍解肅雍也。

曰：『今之諸侯取之於民也，猶禦也。苟善其禮際矣，斯君子受之，敢問何説也？』【注】萬章曰，今諸侯賦税於民，不由其道，履畝彊求，猶禦人也。苟善其禮以接君子，君子且受，受之何説也。君子，謂孟子。【疏】注『萬章』至『人也』〇正義曰：《春秋》宣公十五年『初税畝』，《穀梁傳》云：『古者什一藉而不税。初税畝者，非公之去公田，而履畝十取一也。』楊氏疏引徐邈以爲『除去公田之外，又税私田之什一』。私田本不當税，今履而税之，是爲强求。孟子時，諸侯横斂，有不止於税畝者矣。趙氏第舉此一端以爲例耳。

曰：『子以爲有王者作，將比今之諸侯而誅之乎？其教之不改而後誅之乎？夫謂非其有而取之者，盜也。充類至，義之盡也。孔子之仕於魯也，魯人獵較，孔子亦獵較。獵較猶可，而況受其賜乎？』【注】孟子謂萬章曰，子以爲後如有聖人興作，將比地盡誅今

〔一〕『戮』，《皇清經解》本同，《管子・心術》作『僇』。

之諸侯乎，將教之其不改者乃誅之乎。言必教之，誅其不改者也。殷之衰，亦猶周之末，武王不盡誅殷之諸侯，滅國五十而已。知後王者亦不盡誅也。謂非其有而竊取之者爲盜。充，滿。至，甚也。滿其類大過至者，但義盡耳，未爲盜也。諸侯本當稅民之類者，今大盡耳，亦不可比於禦。孔子隨魯人之獵較，獵較者，田獵相較奪禽獸，得之以祭，時俗所尚，以爲吉祥。孔子不違而從之，所以小同於世也。獵較尚猶可爲，況受其賜而不可也。【疏】注「將比地盡誅今之諸侯乎」〇正義曰：《音義》出「將比」，云：「丁毗失切，云：『比地而誅，猶言比屋而誅也。』亦毗志切。」《禮記·樂記》云「比於慢矣」，注云：「比，猶同也。」《後漢書·鄭康成傳》注云：「比牒，猶連牒也。」比而誅之即同而誅之，比地而誅之即連地而誅之也。〇注「謂非」至「比於禦」〇正義曰：《呂氏春秋·重己》篇云「味衆珍則胃充」，高誘注云：「充，滿也。」《楚辭·離騷》云「蘇糞壤以充幃兮」，注云：「充，猶滿也。」《呂氏春秋·求人》篇云「至勞也」，高誘注云：「至，大也。」《詩·小雅·巧言》「昊天泰憮」，箋云：「泰，言甚也。」泰與大同，是至即甚也。故趙氏以甚釋至，又以大過釋至。《禮記·緇衣》云「行無類也」，注云：「類，謂比式。」《方言》云：「類，法也。」什一而稅，此法式也。充類，謂已盈滿其法式。乃於法式之外又多取之，則是充類而又大甚，是爲充類至。充類至，則是爲義之盡。義者，宜也。盡亦至也。諸侯本當稅民之類者，當字解義字。取稅於民，本爲義類，但於所當取之法式爲太甚，故爲義之盡。趙氏以大釋盡，明盡與至其義一也。與盜爲非類，故不可比於禦。白氏珽〔一〕《湛困靜語》云「充類至一句，義之盡也一句」是也。近時通解，夫謂非其有而取之卽爲盜者，乃充不取之類，至於義之至極而後爲然也。○注「獵較者」至「世也」○正義曰：張氏爾岐《蒿菴閒話》云：「古人田獵既畢，擇取三等中殺者，每等得十，以充君庖。其餘則與士衆習射於射宮，射而中，田不得禽則得禽；田得禽而射不中，則不得禽。蓋田時各奮武勇，及既獲，則公之，辭讓而後取也。若夫獵較者，不復習射，唯以所獲之多少爲所取之多少，當其獵時，自互相攫奪。此亦古法變壞之一端，然皆用以祭其祖先，殊無大過。」周氏柄中《辨正》云：「王罕皆謂較奪禽獸以祭，正與下正祭器相應，趙義爲長。愚謂不特此也。《周禮》獲禽者取左耳，及弊田，植虞旗，致禽而珥焉。言致禽於旗下，取耳以較所獲之多少。則獵而較獲，正禮之所有，不得爲弊俗，故趙說爲長。楊文采曰：『《還》與《盧令》，齊俗也。猶但以便捷輕利相稱譽。魯俗重禮教，君戾泮宮，而無小無大，從公于邁，猶有先王之遺風焉。何至公行攘奪，曾齊俗之不若乎？其意蓋在貴四方之異物，所得之多且異者，則於獻禽時誇耀於衆，謂人莫己若耳。非獨較多寡，亦較珍異也。』楊氏此說，亦自近理。然孟子引此正以較奪禽獸與取非其有一例，故舉以相形。若作比較解，則與取

〔一〕「白氏珽」，《皇清經解》本無「白氏珽」三字。

民猶禦豪無干涉，下文不當云「獵較猶可，況受其賜矣。」嘗推求獵較之故，大抵出於魯之三家，非田獵之百姓相較奪也。襄三十年《傳》：「鄭豐卷將祭，請田，子産弗許，曰：惟君用鮮，衆給而已。」是因祭而獵，惟諸侯得行之，而大夫不與焉。魯自三家僭竊，禮則僭於君，祀則豐於昵，務以多品異物爲觀美，於是有田獵較奪之事。若謂魯人之習俗如是，則孔子爲政，能使市不飾賈，涂不拾遺，而獨不能變此陋習乎？且庶民有何祭器，庶民之祭，豈得用四方之食，而煩孔子之簿正邪？知此則無疑於趙氏較奪之説矣。』孔氏廣森《經學卮言》云：『言魯人獵較，孔子爲政，亦聽之而不禁耳。非亦從而身爲之也。』焦氏袁熹《此木軒四書説》云：『此魯人，皆士大夫奉祭祀者也。習俗已然，本非禮所得用，而孔子不違，以小同於俗，不汲汲於更張也。』

曰：『然則孔子之仕也，非事道與？』【注】萬章問孔子之仕，非欲事行其道與。【疏】注『非欲事行其道與』○正義曰：《韓非子·喻老》篇云：『事，爲也。』《禮記·樂記》云『事蚤濟也』，注云：『事，猶爲也。』《檀弓》云『不仁而不可爲也』，注云：『爲，猶行也。』《吕氏春秋·愛類》篇云『無不行也』，高誘注云：『行，爲也。』行、事、爲三字義同，故以行釋事，事道即行道也。

曰：『事道也。』【注】孟子曰，孔子所仕者，欲事行其道。

『事道，奚獵較也？』【注】萬章曰，孔子欲事道，如何可獵較也。

曰：『孔子先簿正祭器，不以四方之食供簿正。』【注】孟子曰，孔子仕於衰世，不可卒暴改戾，故以漸正之。先爲簿書，以正其宗廟祭祀之器。卽其舊禮，取備於國中，不以四方珍食供其所簿正之器度，珍食難常有，乏絶則爲不敬，故獵較以祭也。【疏】注『孔子』至『祭也』○正義曰：趙氏以孔子仕衰世，不可遽然矯戾改變其俗，先此宗廟祭祀之器且有不正者，不獨獵較也。若一時既正其祭器，又禁其獵較，則卒暴難行，故正之以漸，先簿正其祭器，不卽禁其獵較也。《音義》出『簿正』，云：『丁步古切，本多作「薄」。』錢氏大昕《養新録》云：『經典無「簿」字，惟《孟子》有「先簿正祭器」一語。孫奭《音義》云：「本或作薄。」則北宋本猶不盡作「簿」也。唐《美原神泉詩碑》篆書主簿字从艸，是唐人尚識字。』按簿書之簿卽帷薄之薄，劉熙《釋名・釋書契》云：『笏，忽也。君有教命及所啓白，則書其上，備忽忘也。或曰簿，言可以簿疏物也。』畢氏沅《釋名疏證》云：『簿，俗字也。據漢《夏承碑》「爲主薄督郵」，《韓勑碑》「主薄魯薛陶」，《武榮碑》「郡曹史主薄」，古薄字皆从艸明矣。然諸史書並从竹，如籍、藉之類，亦互相通。古用笏，漢魏以來謂之簿，卽手板也。《蜀志》稱「秦宓以簿擊頰」，卽此是已。』書之於簿謂之簿，故先爲簿而書之，以正其宗廟祭祀之器也。獵較皆取國中所備，若不獵於國中，而取珍食於四方，四方遠在魯國之外者也，則恐難常有，而不免有時乏絶，轉爲不敬，孔子所以不禁其獵較也。近時通解，則以簿正祭器，不以四方之食供簿正，卽是陰止其獵較之術。張氏爾岐《蒿菴閒話》云：『夫子欲革其俗，故先簿正祭器，使上下尊卑，祭有常器，器有常品。用三鼎、五鼎者乃有獸腊，庶人只用特牲，則所獲兔麋之屬皆不得用，而人將漸知顧禮，覺其較奪之非。』此則四方指魯國中之四方，若是則孔子簿正祭器，正是禁止其獵較，不得云亦獵較矣。惟正祭器是一事，禁獵較又是一事，二者相度，則祭器不可不正，故先正之。不以四方難得之食供簿正，恐其乏絶不敬，則獵較尚不爲無説，故姑容之。此聖人權衡之當，而先正漸正之宜也。所以對奚獵較之義，謂因此所以亦獵較也。

曰：『奚不去也？』【注】萬章曰，孔子不得行道，何爲不去。

曰：『爲之兆也。兆足以行矣，而不行，而後去，是以未嘗有所終三年淹也。【注】兆，始也。孔子每仕，常爲之正本造始，欲以次治之，而不見用，占其事始而退。足以行之矣而君不行也，然後則孔子去矣。終者，竟也。孔子未嘗得竟事一國也，三年淹留而不去者也。【疏】注『兆始』至『治之』○正義曰：哀公元年《左傳》云：『有田一成，有衆一旅，能布其德，而兆其謀。』注云：『兆，始也。』兆其謀，承上始有一成一旅而言，是兆之義爲始也。《廣雅·釋詁》造、本皆訓始，故以始釋兆，又以『正本造始』申言之。始亦先也，先簿正祭器，爲之正本造始也。以漸止其獵較，是欲以次治之也。○注『而不』至『而退』○正義曰：此二句解『而不行而後去』。不見用，是不行也。《儀禮·士冠禮》、《鄉飲酒禮》注皆云：『退，去也。』是去卽退也。謂雖不見用，亦示以可行之兆而去，如吉雖未形於事而龜筮先見其兆。《周禮・春官・占人》注云：『占著龜之卦兆吉凶。』經言兆，故趙氏以占言之。○注『足以』至『去矣』○正義曰：此順解『足以行矣而不行而後去』也。而後去，不遽去也。雖不行，必爲之兆而後去，故不遽也。孔子亦獵較，已是道不行，而必先簿正祭器，以爲之兆，而後乃退去。爲之兆，原在不行之後，經先言『爲之兆』，故趙氏屈曲申明之，此趙氏解經之妙也。萬章問云道不行奚爲不去？曰不行而不去者，爲之兆也。所以爲之兆者，以示兆足以行；兆足以行，而君不行，所以爲之兆而後去也。不行在爲之兆之前已然，非爲之兆而君不行也。經文奥折，趙氏得之。○注『終者』至『去者也』○正義曰：《詩・大雅・瞻卬》『譖始竟背』，箋云：『竟，猶終也。』《説文》音部云：『樂曲盡爲竟。』《爾雅・釋詁》云：『淹，久也。』宣公十二年《左傳》云『二三子無淹久』，注云：『淹，留也。』故以三年淹爲留而不去。淹留至於終竟三年，則得竟事一國；未嘗終竟三年之留，是未嘗得竟事一國也。謂爲之兆而後乃去，雖不遽去，而亦未嘗久留終於三年。**孔子有見行可之仕，有際可之仕，有公養之仕。於季桓子，見行可之仕也；於衛靈公，際可之仕也；於衛孝公，公養之仕也。**【注】行可，冀可行道也。魯卿季桓子秉國之政，孔子仕之，冀可得因之行道也。際，接也。衛靈公接遇孔子以禮，故見之也。衛孝公以國君養賢者之禮養孔子，故宿留以答之矣。【疏】注『行可』至『道也』○正義曰：《史記・孔子世家》云：『定公十四年，孔子年五十六，由大司寇行攝相事，誅魯大夫亂政者少正卯，與聞國政三月，粥羔豚者弗飾賈，男女行者别於涂，涂不拾遺，四方之客至乎邑者，不求有司，皆予之以歸。』是所爲行可之仕也。桓子以定公五年秉國政，嘗穿井得土缶，中若羊，以問孔子。孔子爲司寇，溝昭公墓而合之。《家語》：『謂季桓子曰：貶君以彰己罪，非禮也。今合之，所以掩夫子以不臣。』然則是時季桓子實能聽用孔子之言。定公十年《公羊傳》云：『孔子行乎季孫，三月不違。』注云：『孔子仕魯，政事行乎季孫，三月之中不見違過。是違之也。不言政行乎定公者，政在季氏之家。』十二年《公羊傳》云：『孔子行乎季孫，三月不違。曰家不藏甲，邑無百雉之城，於是帥師墮郈，帥師墮費。』《孔子世家》云：『齊人聞而懼曰：「孔子爲政必霸，霸則吾地近焉。我之爲先并矣。」於是送齊國中女子好者八十人，皆衣文衣而舞《康樂》，文馬三十駟，遺魯君。陳女樂文馬於魯城南高門外，季桓子微服往觀再三，將受，乃語魯君爲周道遊，往觀終日，怠於政事。桓子卒受齊女樂，三日不聽政，郊又不致膰俎於大夫。孔子遂行，宿乎屯，而師己送曰：「夫子則非罪。」孔子曰：「吾歌可夫。」歌曰：「彼婦之口，可以出走；彼婦之謁，可以死敗。蓋優哉遊哉，維以卒歲。」師己反，桓子曰：「孔子亦何言？」師己以實告。桓子喟然嘆曰：「夫子罪我以羣婢故也。」』然則孔子之仕魯，以季桓子不違；去魯，以季桓子之受女樂，故云於季桓子見行可之仕也。○注『際接』至『見之也』○正義曰：周氏柄中《辨正》云：『《史記》「孔子在衛，衛靈公致粟六萬。」此固公養之實據。然以其接遇有禮，不徒能養，故曰際可之仕，則非公養之仕矣。』○注『衛孝公』至『答之矣』○正義曰：毛氏奇齡《四書賸言》云：『《春秋》、《史記》並無孝公，惟夫子於衛靈死後，在哀七年當出公輒時，亦曾至衛。但出公並不謚孝。然舍此又别無他公往來，疏謂仍是靈公。《史記·春秋年表》：「衛靈三十八年，孔子來，禄之如魯。」又《孔子世家》：「衛靈問孔子居魯得禄幾何？對曰奉粟六萬。衛人亦致粟六萬。」此正公養之實據。然明明有孝公字，豈可不信《孟子》而反信《史記》？惟趙岐注：「衛孝公以國君養賢之禮養孔子，故孔子爲宿留以答之。」其曰「養賢之禮」，曰「宿留」，似古原有成文而邠卿引之者，漢去古未遠，必有師承，未可以今世所見疑古人也。』翟氏灝《考異》云：『衛輒使石曼姑率師距蒯聵於戚，《公羊傳》云：「固可以距之也。」輒以王父命辭父命，是父之行乎子也。以家事辭王事，是上之行乎下也。故《檀弓》正義謂「衛輒拒父」，而《公羊》以爲「孝子」，後儒之論且然，則當時臣下之謚以掩非，想自有之矣。若其一人兩謚，更無足怪。蒯聵謚莊公，《漢書·人表》謂之簡公，則亦嘗有兩謚。』趙氏佑《温故録》云：『《謚法解》無出，衛孝公之卽出公輒無疑。出公者，特當其出奔在外之稱，及後返國稱後元年，二十一年卒，而謚爲孝，史不備耳。經每有可以正史者。』周氏柄中《辨正》云：『蓋出公繼立時，孔子又嘗過衛，大約其致粟仍襲靈公之舊，而禮遇不深，故第爲公養之仕耳。』宿留，詳見《公孫丑》篇。

《章指》言：聖人憂民，樂行其道，苟善辭命，不忍逆距，不合則去，亦不淹久，蓋仲尼行止之節也。

孟子曰：『仕非爲貧也，而有時乎爲貧；娶妻非爲養也，而有時乎爲養。【注】仕本爲行道濟民也，而有以居貧親老而仕者。娶妻本爲繼嗣也，而有以親執釜竈，不擇妻而娶者。【疏】注『仕本』至『娶者』○正義曰：《韓詩外傳》云：『曾子仕於莒，得粟三秉，方是之時，曾子重其禄而輕其身。親没之後，齊迎以相，楚迎以令尹，晉迎以上卿，方是之時，曾子重其身而輕其禄。懷其寶而迷其國者，不可與語仁；窘其身而約其親者，不可與語孝。任重道遠者，不擇地而息；家貧親老者，不擇官而仕。』《列女傳·賢明》篇：『周南之妻云：家貧親老，不擇官而仕；親操井臼，不擇妻而娶。』**爲貧者，辭尊居卑，辭富居貧。**【注】爲貧之仕，當讓高顯之位，無求重禄。**辭尊居卑，辭富居貧，惡乎宜乎，抱關擊柝。**【注】辭尊富者，安所宜乎，宜居抱關擊柝監門之職也。柝，門關之木也。擊，椎之也。或曰，柝，行夜所擊木也。《傳》曰：『魯擊柝聞於邾。』【疏】注『監門之職也』○正義曰：《周禮·地官·司門》『祭祀之牛牲繫焉，監門養之』，注云：『監門，門徒。』《荀子·榮辱篇》云『或監門御旅，抱關擊柝，而不自以爲寡』，楊氏注云：『監門，主門也。……抱關，門卒也。擊柝，擊木所以警夜者。』《史記·信陵君列傳》云：『魏有隱士曰侯嬴，年七十，家貧，爲大梁夷門監者。』既云終不以監門困故而受公子財，又云嬴乃夷門抱關者也，故趙氏以監門爲抱關擊柝者。○注『柝門』至『於邾』○正義曰：《説文》門部云：『關，以木横持門户也。』趙氏解柝有二：一爲門關之木，謂卽此横持門户者也。一爲行夜所擊木。《周禮・天官・宫正》『夕擊柝以比之』，鄭司農云：『柝，戒守者所擊也。』《夏官〔一〕・挈壺氏》『縣壺以序聚欜』，《秋官〔二〕・野廬氏》『若有賓客，則令守涂地之人聚欜之』，《修閭氏》『掌比國中宿互欜者』，鄭司農云：『擊欜，兩木相敲行夜時也。』引《傳》云『魯擊柝聞於邾』，哀公七年《左傳》文。行夜卽巡夜。阮氏元《校勘記》云：『行字如《月令》「出行田原」之行，《經典釋文》皆下孟反。』《秋官・司寤氏》『掌夜時以星分夜，以詔夜士夜禁』，注云：『夜士，主行夜徼候者。』賈氏疏云：『行夜徼候者，若《宫伯》「掌受八次八舍」，注云：「於徼候便也。」則行夜往來周旋，謂徼候者也。』按趙氏以抱關擊柝爲監門之職，則柝卽是關。若以柝爲行夜所擊，則是抱關爲一職，擊柝又爲一職。柝、欜字通也。爲門關之木，則擊爲椎之使固；爲行夜之木，則擊爲敲之使有聲，義亦别矣。

孔子嘗爲委吏矣，曰「會計當而已矣」。嘗爲乘田矣，曰「牛羊茁壯長而已矣」。位卑而言

〔一〕『夏官』，《皇清經解》本作『秋官』。

〔二〕『秋官』，《皇清經解》本無『秋官』二字。

高，罪也。立乎人之本朝而道不行，恥也。」【注】孔子嘗以貧而禄仕。委吏，主委積倉庾之吏也。不失會計，當直其多少而已。乘田，苑囿之吏也，主六畜之芻牧者也。牛羊茁壯肥好長大而已。茁，生長貌也。《詩》云「彼茁者葭」。位卑不得高言豫朝事，故但稱職而已。立本朝，大道當行，不行爲己之恥。是以君子禄仕者，不處大位。【疏】注「委吏」至「少而已」〇正義曰：《周禮·地官》：「遺人中士二人，下士四人。」「掌邦之委積。」注云：「委積者，廩人、倉人計九穀之數足國用，以其餘共之，所謂餘法用也。少曰委，多曰積。」又「委人中士二人，下士四人」，「軍旅共其委積薪芻」，注云：「主斂甸稍芻薪之賦，以共委積。」「倉人中士四人，下士八人。」「掌粟入之藏，辨九穀之物，以待邦用。若穀不足，則止餘法用。有餘則藏之。」注云：「止，猶殺也。殺餘法用，謂道路之委積。」然則委積爲遺人、委人、倉人所共掌，故以委吏爲主委積倉庾之吏也。《説文》入部云：「會，合也。」言部云：「計，會也，算也。」《天官·小宰》「聽出入以要會」，注云：「謂計最之簿書，月計曰要，歲計曰會。」《宰夫》「乘其財用之出入」，注云：「乘，猶計也。」賈氏疏云：「計者，算法乘除之名出於此也。」《大宰》「歲終則令百官府各正其治，受其會。三歲則大計羣吏之治而誅賞之」，注云：「會，大計也。」然則零星算之爲計，總合算之爲會。《説文》田部云：「當，田相值也。」《吕氏春秋·孟夏紀》云「必當其位」，高誘注云：「當，直也。」直、值同。直其多少無差，故不失也。孫氏星衍《平津館文稿·委吏解》云：「《史記·孔子世家》云：「孔子嘗爲季氏史，料量平。」《史記》所言，正足證《孟子》。《周禮》遺人掌邦及鄉里、門關、郊里、野鄙、縣都之委積，地官司徒之屬，是其事也。司會則逆羣吏之治而聽其會計，家宰之屬。孔子正爲遺人之官。稱季氏史者，時季氏秉國政，得專司徒之事，孔子爲其屬，故季氏史亦魯臣，非仕於私家也。會計是司會之事，所云當者，讀如「奏當」之當，謂料量委積，上之司會，適當國家會計之數，不爲季氏求贏餘也。故《史記》則云料量平，《説文》料字解量也。料量猶言概量，以概平斗斛，無浮入也。此正對求也爲季氏聚斂附益言之，不獨辭尊居卑，亦辭富居貧之一端。若止以供職爲當，則人人能之，且國家亦不容有不供職之吏也。」○注「乘田」至「者葭」○正義曰：《周禮・地官》：「囿人中士四人，下士八人。」注云：「囿，今之苑。」趙氏苑囿之吏，似指此。周氏柄中《辨正》云：「《毛大可曰：「苑囿，囿人所掌，衹遊觀鳥獸之事，並無牛羊，亦並不芻牧。考《周禮・牛人》有職人，主芻豢者。職通作『樴』，杙也，所以繫牛。凡牧人掌牧六牲，牛人掌養國之公牛，必授職人芻豢之。《史記》謂之司職吏，其又名乘田者，以公牛芻豢皆甸田中事也。」愚按：古乘與甸通，毛説良是。」引《詩》者，《毛詩・召南・騶虞》篇文。傳云：「茁，出也。」《説文》艸部云：「茁，艸初生出地貌。《詩》曰：「彼茁者葭。」」《爾雅・釋詁》云：「壯，大也。」茁爲草木生出之名，借以形容牛羊，故以肥好解之，然後引《詩》以明其本義。《音義》云：「長，張丈切。」《呂氏春秋・諭大》篇、《任數》篇高誘注皆云：「長，大也。」故以大釋長。長是生長，茁是生長之貌。茁壯，言其貌之肥好，而以長字承之，猶言其生長則茁壯肥好也。

《章指》言：國有道則能者取卿相，國無道則聖人居乘田，量時安卑，不受言責，獨善其身之道也。

萬章曰：「士之不託諸侯，何也？」【注】託，寄也。謂若寄公食禄於所託之國也。【疏】注「託寄」至「國也」○正義曰：《方言》云：「託，寄也。」凡寄爲託，《儀禮·喪服傳》齊衰三月章「寄公爲所寓」，傳曰：「寄公者何也？失地之君也。」《毛詩·邶風·式微序》云：「《式微》，黎侯寓于衛，其臣勸以歸也。」箋云：「寓，寄也。黎侯爲狄人所逐，棄其國而寄於衛。」孔氏正義云：「此被狄所逐而云寄者，若《春秋》出奔之君所在亦曰寄，故《左傳》曰：『齊以郲寄衛侯。』是也。《喪服傳》失地之君，謂削地盡者，與此别。」

孟子曰：「不敢也。諸侯失國而後託於諸侯，禮也。士之託於諸侯，非禮也。」【注】謂士位輕，本非諸侯敵體，故不敢比失國諸侯得爲寄公也。【疏】注「士位輕」○正義曰：周氏廣業《孟子出處時地考》云：「古之上士、中士、下士者，皆有職之人也。其未仕而讀書譚道者，通謂之儒。《周禮》『儒以道得民』，《魯論》『女爲君子儒』，是也。間亦稱士，如《管子》『士農工商』爲四民，《曾子》『士不可以不宏毅』之類。春秋而後，有游士、處士，則皆無位而客游人國者矣。《孟子》所言士亦有二，萬章之『不託諸侯』，彭更之「無事而食」，及王子墊所問，此無位者也。答北宮錡，及「士以旂，大夫以旌」，「前以士，後以大夫」，則並指有位者也。』

萬章曰：『君餽之粟，則受之乎？』【注】士窮而無禄，君餽之粟，則可受之乎？

曰：『受之。』【注】孟子曰受之也。

『受之何義也？』【注】萬章曰受粟何意也。

曰：『君之於氓也，固周之。』【注】氓，民也。孟子曰，君之於民，固當周其窮乏，況於士乎。【疏】注『氓，民也』○正義曰：詳見《公孫丑》篇。不言君之於民而言氓者，氓是自他國至此國之民，與寄之義合。

曰：『周之則受，賜之則不受，何也？』【注】萬章言士窮，君周之則受，賜之則不受，何也？周者，謂周急稟貧民之常科也。賜者，謂禮賜横加也。【疏】注『周者』至『科也』○正義曰：周與賙通，《周禮・地官・鄉師》：『以歲時巡國及野，而賙萬民之囏阨，以王命施惠。』注云：『囏阨，飢乏也。鄭司農云：「賙讀爲周急之周。」』賈氏疏云：『讀從《論語》「周急不繼富」之周。』又《司稼》『掌均萬民之食而賙其急』，注云：『賙稟其艱阨。』《説文》禾部云：『稟，賜穀也。』《廣雅・釋詁》云：『稟，予也。』稟貧民之常科，謂因民貧乏，以穀給予之，此常法也。《禮記・月令》『季春之月，天子布德行惠，開府庫，出幣帛，周天下』，注云：『周，謂給不足也。』《吕氏春秋·季春紀》高誘注則云：『周，賜也。』蓋周與賜義亦通，而並舉則各别也。○注『賜者謂禮賜横加也』○正義曰：横加，謂不當賜而賜也。

曰：『不敢也。』【注】孟子曰士不敢受賜。

曰：『敢問其不敢何也？』【注】萬章問何爲不敢。

曰：『抱關擊柝者，皆有常職以食於上，無常職而賜於上者，以爲不恭也。』【注】孟子曰，有職事者，可食於上禄。士不仕，自以不任職事而空受賜爲不恭，故不受也。【疏】注『有職』至『受也』○正義曰：《周禮·天官·大宰》『禄位以馭其士』，注云：『禄，若今月奉也。自卿大夫以至庶人，在官皆有禄。』《吕氏春秋·懷寵》篇云『皆益其禄』，高誘注云：『禄，食也。』《禮記·王制》云『王者之制禄爵』，注云：『禄所受食。』故以禄解食於上之食也。既不仕，即不當食其禄。不仕而受其賜，即是受其禄也。不仕而受其禄，即是以士而託於諸侯。不恭即非禮也。

曰：『君餽之則受之，不識可常繼乎？』【注】萬章曰，君禮餽賢臣，賢臣受之，不知可繼續而常來致之乎，將當輒更以君命將之也。【疏】『曰君』至『繼乎』○正義曰：前章言餽也以禮，則孔子受之，是君餽之則受之，不待復問矣，故直以可常繼爲問耳。前云『爲貧而仕，惡乎宜乎，抱關擊柝』，謂仕有常職以受禄也。蓋賜爲餽與禄之通稱；前云『尊者賜之』，賜卽餽也，賜之可受者也。此云君餽之粟則受之，又云無常職而賜於上，以爲不恭，賜非餽也，賜之不可受者也。蓋仕有常職，則可受其祿；不仕無常職，則可受其餽，不可受其祿。君餽之以惠及氓則爲周，以禮下賢則爲交際，皆可受者也。合上二章，其義備矣。

曰：『繆公之於子思也，亟問，亟餽鼎肉，子思不悦，於卒也。摽使者出諸大門之外，北面稽首再拜而不受，曰：「今而後知君之犬馬畜伋。」蓋自是臺無餽也。【注】孟子曰，魯繆公時，尊禮子思，數問，數餽鼎肉，子思以君命煩，故不悦也。於卒者，末後復來時也。摽，麾也。麾使者出大門之外，再拜叩頭不受，曰今而後知君犬馬畜伋。伋，子思名也。責君之不優以不煩，而但數與之食物，若養犬馬。臺，賤官主使令者。《傳》曰：『僕臣臺。』從是之後，臺不持餽來，繆公愠也。愠，恨也。【疏】『鼎肉』○正義曰：《禮記·少儀》云『其以鼎肉則執以將命』，注云：『鼎肉，謂牲體已解，可升於鼎。』○注『於卒者末後復來時也』○正義曰：《爾雅·釋詁》云：『卒，終也。』《儀禮·燕禮》云『卒受者以虛觶降奠於篚』，注云：『卒，猶後也。』故以末後解之。據『自是臺無餽』，則此爲末後也。據『亟餽』，則此爲復來也。○注『摽麾』至『不受』○正義曰：《音義》云：『摽，音杓，又音抛。』莊十三年《公羊傳》云：『已盟，曹子標劍而去之。』注云：『摽，辟也。時曹子端劍守桓公，已盟，乃摽劍置地，與桓公相去離。』《釋文》云：『摽劍，普交反。辟也。辟劍置地。

劉兆云：「辟，捐也。」」此音與《孟子》同。《毛詩・邶風・柏舟》『寤辟有摽』，傳云：『辟，拊心也。摽，拊心貌。』《釋文》云：『摽，符小反。』與《公羊傳》音異。而摽、辟同爲拊心，則摽正卽是辟，與《公羊》注同矣。《毛詩・召南》『摽有梅』，傳云：『摽，落也。』此摽乃芆字之假借，因思曹沫摽劍，此摽亦芆，謂墜落其劍於地也。哀公十三年《左傳》云：『長木之斃，無不摽也。』此摽亦芆也。木之長者既枯斃，久之，枝格必墜落。杜氏注摽爲擊，失其義矣。《説文》手部：『擘，撝也。』『撝，裂也。一曰手指撝也。』『麾，旌旗所以指麾也。』麾卽俗摩字，麾通撝，撝訓擘，擘卽『寤辟有摽』之辟。摽訓麾，猶訓辟也。《禮記・禮運》云『捭豚』，《釋文》云：『捭又作「擘」。』孔氏正義云：『捭拆豚肉拆卽分裂之義。』《説文》手部又云：『拊，揗也。』『揗，摩也。』則拊心是以手撫摩其心。云擘云摽，則當是以兩手分摩，蓋怨憤挹鬱之極，用手開解之。辟亦闢也，闢亦開也。蓋自上分而落於下爲摽，自近分而屏於遠亦爲摽，其義可引申而見。『摽使者出諸大門之外』，自近分而屏於遠也，是可推而通矣。閻氏若璩《釋地又續》云：『《周禮》吉拜，是拜而後稽顙；凶拜，是稽顙而後拜。則凡先稽首後再拜，凶拜之類也；先再拜後稽首，吉拜之類也。吉拜，拜之常，故主于受；凶拜，拜之異，故主不受。』《説文》手部云：『𢷎，首至手也。古文從二手。揚雄説從兩手下。』首部云：『䭬，䭬首也。』頁部云：『頓，下首也。』段氏玉裁釋拜云：『拜者何也？頭至手也。頭至手，故經謂之拜手。凡經或言拜手，或單言拜，一也。《周禮・大祝》謂之空首，鄭曰：「空首，拜頭至手，所謂拜手也。」何休注《公羊》宣六年《傳》「頭至手曰拜手」。某氏注《尚書・召誥》曰「拜手，首至手」，皆其證也。何以謂之頭至手也？《說文解字》曰：「跪者，所以拜也。」既跪而拱手，而頭俯至于手，與心平，是之謂頭至手，《荀卿子》曰「平衡曰拜」是也。頭不至于地，是以《周禮》謂之空首。曰空首者，對稽首、頓首之頭著地言也。拜本專爲空首之稱，引申之則稽首、頓首、肅拜皆曰拜。稽，《說文》作「䭫」。稽首者何也？拜頭至地也。既拜手，而拱手下至於地，而頭亦下至於地，《荀卿子》曰「下衡曰稽首」是也。《白虎通・姓名》篇、鄭注《周禮・大祝》、何注《公羊》宣六年、某氏注《尚書・召誥》，皆曰「拜頭至地曰稽首」。拜重手，故字從手；䭫重首，故字從首也。頓首者何也？頭叩地也。叩者何，敂也。敂者何，擊也。既拜手而拱手下至於地，而頭不徒下至地，且敂觸之，是之謂頓首。稽首者，言乎首舒遲至於地也。頓首者，言乎首急遽至於地也。是稽、頓之別也。《周禮》言頓首不言稽顙，《禮經》十七篇、《禮記》、羣經言稽顙不言頓首，稽顙與頓首有二歟？曰無二也。何以知其無二也？鄭注《周禮》「頓首」曰：「頭叩地也。」注《士喪禮》曰：「稽顙，頭觸地也。」又《檀弓》注云：「稽顙者，觸地無容。」叩地觸地之非有二可知矣。至地者，以首不以顙；敂地者，必以顙，故謂之稽顙，亦謂之顙。《公羊》昭二十五年：「再拜顙何？曰顙猶今叩頭矣。」亦謂之頓顙。《吴語》「諸稽郢行成於吴，曰頓顙於邊。」何言乎稽顙，稽之言至也，其至地與稽首同，其以顙與稽首異也。《荀卿子》曰「平衡曰拜，下衡曰稽首，至地曰稽顙」，是卽鄭君之「頭至手曰空手，頭至地曰稽首，頭叩地曰頓首」也。《周禮·大祝》：「九拜，一曰稽首，二曰頓首，三曰空首」，此三者，蓋拜之經歟？「四曰振動，五曰吉拜，六曰凶拜，七曰奇拜，八曰褒拜，九曰肅拜」，此六者，其舉前三者，權其吉凶輕重之宜而用之歟？他經曰拜手曰拜無曰空首者，故知空首卽拜手也。拜者，拜手之省文也。《禮經》十七篇、《禮記》曰稽顙無言頓首者，故知《周禮》之頓首卽稽顙也。凡言拜手稽首，言拜稽首，言再拜稽首，皆先空首而後稽首也。言拜而後稽顙者，先空首而後頓首也。言稽顙而後拜者，先頓首而後空首也。言稽顙不拜者，頓首而不空首也。拜者常禮，稽首者，敬之至也。稽顙者，哀之至也。凡祭必稽首，諸侯於天子稽首，大夫於國君稽首，於鄰國之君稽首，于君夫人鄰國君夫人稽首。禮有非祭非君而稽首者，《特牲饋食禮》：「宿尸，尸許諾，主人再拜稽首。」《少牢饋食禮》：「宿尸，祝擯主人再拜稽首，尸拜許諾，主人又再拜稽首。」此皆未入廟之尸也，而再拜稽首者，鄭重之至，以定其爲尸也。《士昏禮》：「賓升北面奠雁，再拜稽首。」妻之父，非君也，以逆女之事至重，稽首主爲授女，故主人不答拜。《聘禮》：「郊勞，賓用束錦儐勞者，勞者再拜稽首受。」注云：「尊國賓也。」又「受饔餼，儐大夫，大夫北面當楣再拜稽首受幣」，注云：「尊君客也。」下文皆云「賓再拜稽首送幣」，又下文「大夫餼賓，賓再拜稽首受。」是亦猶上文尊國賓尊君客之再拜稽首也。凡行禮必拜手,凡敵者拜手,卿大夫互相於,一也。凡諸侯相於拜手,凡臣於君、君於臣皆拜手。凡喪必稽顙以拜賓,即頓首也。何以謂之振動也? 鄭曰:「戰栗變動之拜也。」有不必拜手而拜手者,有不必稽首而稽首者,有不必頓首而頓首者,如文三年晉侯享公,公降拜,襄四年穆叔如晉,歌《鹿鳴》之三,三拜,如《雒誥》成王拜手稽首於周公,襄九年魯襄公稽首於晉君,如昭二十五年季孫意如稽顙於叔孫昭子,昭八年陳無宇稽顙於欒施,《公羊》昭二十五年昭公、子家羈再拜顙於齊侯,是皆謂之振動。振動者,言非常也,因事制宜之謂也。吉拜者何也? 謂拜之常也。當拜而拜,當稽首而稽首,是吉拜也。吉拜對凶之辭也,凡稽首未有用於凶者也。凶拜者何也? 拜而後稽顙,稽顙而後拜,皆凶拜也。凡頓首未有不用於凶者也。奇拜者何也? 謂一拜也。奇者,不耦也。凡《禮經》言拜不言再者,皆謂一拜也。經有明言一拜者,《士相見禮》曰君答一拜,《聘禮》曰公一拜送几,又賓不降一拜。稽首頓首,則經未嘗有言再者。襃拜者何也? 謂再拜已上也。襃者,大也。有所多大之辭也。凡《禮經・聘禮》、《少牢饋食禮》、《特牲饋食禮》言三拜,及僖十五年《左傳》言三拜稽首,襄四年言三拜,定四年言九頓首,以及婦人之俠拜,皆是也。肅拜者何謂也? 舉首下手之拜也,婦人之拜也。《少儀》曰:「婦人雖有君賜,肅拜。」是則肅拜爲婦人之常,猶拜手爲男子之常也。婦人以肅拜當男子之空首,以手拜當男子之稽首,以稽顙當男子之頓首。」○注「臺賤」至「恨也」○正義曰:臺即儓也。《方言》云:

『儓，罷，農夫之醜稱也。南楚凡罵庸賤謂之田儓，或謂之罷。』臺爲賤稱，故官之賤者名臺。引《傳》者，昭公七年《左傳》：『芋尹無宇曰：人有十等，下所以事上，上所以共神也。故王臣公，公臣大夫，大夫臣士，士臣皁，皁臣輿，輿臣隸，隸臣僚，僚臣僕，僕臣臺。』服虔云：『臺，給臺下微名也。』臺次輿、隸、僚、僕之下，是賤官主使令者，故引此以證也。《論語·學而》篇云『人不知而不愠』，鄭氏注云：『愠，怨也。』《説文》心部云：『恨，怨也。』『怨，恚也。』《毛詩·大雅·綿》『肆不殄厥愠』，傳云：『愠，恚也。』是愠、恨、怨、恚四字義同。趙氏以臺無餽爲繆公心不平子思之言，而不使之餽，故以爲愠，又以恨明之。阮氏元《校勘記》云：『「愠恨也」，玩此三字，似經文有奪，抑注文作「繆公愠恨也」五字，今本衍一字耳。』**悦賢不能舉，又不能養也，可謂悦賢乎？』**【注】孟子譏繆公之雖欲有悦賢之意，而不能舉用，使行其道，又不能優養終竟之，豈可謂能悦賢也。【疏】注『又不能優養終竟之』○正義曰：趙氏以繆公愠恨子思之言，不使臺餽食，爲不能優養終竟之。近時通説，繆公因子思不悦，自愧，故臺無餽。此不能養指上亟問亟餽事，非指臺無餽也。

曰：『敢問國君欲養君子，如何斯可謂養矣？』【注】萬章問國君養賢之法也。【疏】『敢問』至『養矣』○正義曰：此因孟子言不能養而問也。

曰：『以君命將之，再拜稽首而受。其後廩人繼粟，庖人繼肉，不以君命將之。子思以爲鼎肉使己僕僕爾亟拜也，非養君子之道也。【注】將者，行也。孟子曰，始以君命行，禮拜受之。其後倉廩之吏繼其粟，將盡復送，廚宰之人日送其肉，不復以君命者，欲使賢者不答以敬，所以優之也。子思所以非繆公者，以爲鼎肉使己數拜故也。僕僕，煩猥貌。謂其不得養君子之道也。【疏】注「將者」至「道也」〇正義曰：《毛詩》傳以行釋將，不一而足，趙氏所本也。《爾雅・釋言》云：「將，送也。」孫炎注云：「行之送也。」是將有行、送二義。以君命將之亦卽是〔一〕以君命送之，故繼粟繼肉，皆以送字明之。廩人繼粟，廩人送之，不以君命送之也。庖人繼肉，庖人送之，不以君命送之也。《周禮・地官・廩人》：「掌九穀之數，以待國之匪頒、賙賜、稍食。」《天官・庖人》：「共賓客之禽獻。」胡氏匡衷《侯國官制考》云：「《周禮・廩人》下大夫二人，據《少牢》大夫有廩人，則諸侯當亦有之。《國語》云：『敵國賓至，廩人獻餼。』是諸侯有廩人也。《禮記・祭統》云：『夫祭有畀煇胞翟閽者，惠下之道也。唯有德之君，爲能行此。胞者，肉吏之賤者也。』《詩・簡兮》疏云：『胞卽《周禮》庖人。』《漢書・百官公卿表》有胞人，師古曰：『胞人，主掌宰割者。』胞與庖同。天子庖人中士，諸侯當下士爲之。凡諸侯之官，降天子一等。」趙氏兼言倉廩之吏者，粟藏於倉，倉人主之。廩人之粟，亦取之自倉，故兼言倉廩之吏也。桓公四年《公羊傳》云「三曰充君之庖」，注云：「庖，廚也。」《淮南子・說林訓》云「治祭者庖」，注

〔一〕「亦卽是」，《皇清經解》本作「卽亦是」。

云：『庖，宰也。』是庖人爲廚宰之人也。《説文》二部云：『亟，敏疾也。』段氏玉裁《説文解字注》云：『今人亟分入聲去聲。入之訓急也，去之訓數也。古無是分别，數亦急也，非有二義。』趙氏以亟拜爲數拜，又云欲使賢者不答以敬，所以優之也。《毛詩·大雅·瞻卬》『維其優矣』，箋云：『優，寬也。』《國語·魯語》云『獨恭不優』，注云：『優，裕也。』優裕是不急數，使之亟拜，非所以優裕之矣。《説文》菐〔一〕部云：『菐，瀆菐也。』段氏玉裁《説文解字注》云：『瀆、菐疊韻字。瀆，煩瀆也。菐如孟子書之僕僕。』煩猥猶煩瀆也。《廣雅·釋詁》云：『煩，勞也。』《釋言》云：『猥，頓也。』**堯之於舜也，使其子九男事之，二女女焉，百官牛羊倉廩備，以養舜於畎畝之中，後舉而加諸上位，故曰王公之尊賢者也。』**

【注】堯之於舜如是，是王公尊賢之道也。九男以下，已説於上篇。上位，尊帝位也。

【疏】『堯之』至『者也』〇正義曰：此因養以及舉也。雖能養，仍必舉之，乃爲尊賢。百官，卽廩人、庖人之屬。牛羊倉廩備，則繼肉繼粟，不煩瀆矣。加之上位，謂愼徽五典，納于百揆，賓于四門，納于大録，極而至於登庸攝政也。

《章指》言：**知賢之道，舉之爲上，養之爲次，不舉不養，賢惡肯歸？是以孟子上陳堯舜之大法，下刺繆公之不宏。**【疏】『下刺繆公之不宏』〇正義曰：廷琥按：孔本『宏』

〔一〕『菐』，《皇清經解》本作『丵』。

作『閔』。

萬章曰：『敢問不見諸侯，何義也？』【注】問諸侯聘請而夫子不見之，於義何取。

孟子曰：『在國曰市井之臣，在野曰草莽之臣，皆謂庶人。庶人不傳質爲臣，不敢見於諸侯，禮也。』【注】在國謂都邑，民會於市，故曰市井之臣。在野，野居之人。莽，亦草也。庶，衆也。衆庶之人，未得爲臣。傳，執也。見君之質，執雉之屬也。未爲臣則不敢見之，禮也。【疏】注『在國』至『之屬也』○正義曰：《儀禮・士相見禮》云：『宅者，在邦則曰市井之臣。在野則曰草茅之臣。庶人則曰刺草之臣。』注云：『宅者，謂致仕者，去官而居宅，或在國中，或在野。』此宅者指已仕而罷官之人，與《孟子》言『庶人』未仕之人有別。按宅者謂士之家居而未仕者也。可以孟子之言證《禮》所云。若去官致仕，終不可爲庶人矣。閻氏若璩《釋地續》云：『《後漢・劉寵傳》：「拜會稽太守，山民愿朴，乃有白首不入市井者。父老自稱山谷鄙生，未嘗識郡朝。」郡朝，太守之廳事也。此可證市井貼在國都言。張守節曰：「古人未有市及井，若朝聚井汲水，便將貨物於井邊貨賣，故言市井。」』《淮南子・本經訓》云『野莽白素』，《泰族訓》云『食莽飲水』，注皆云：『莽，草也。』『草莽，猶草茅也。』『庶，衆也』，《爾雅・釋詁》文。《釋名・釋書契》云：『傳，轉也。轉移所在，執以爲信也。』是傳有執義。《音義》云：『質，丁讀如贄。』《士相見》之《禮》『冬用雉，夏用腒』，執雉請見，必由將命者傳之，故謂之傳贄。《禮》云：『見於君，執摯至下，容彌蹙。庶人見於君，不爲容，進退走。』賈氏疏云：『此不言民而言庶人，則是庶人在官，卽府史胥徒是也。』然則自卿大夫士以至庶人在官，皆得執摯見君而爲臣。孟子所謂庶人，未在官者也。庶人之摯用鶩，趙氏概舉見君之摯，故云執雉之屬，括執羔執鴈執鶩而言之也。

萬章曰：『庶人召之役，則往役；君欲見之，召之則不往見之，何也？』【注】庶人召使給役事則往供事，君召之見，不肯往見，何也。

曰：『往役，義也。往見，不義也。且君之欲見之也，何爲也哉？』【注】孟子曰，庶人法當給役，故往役，義也。庶人非臣也，不當見君，故往見，不義也。且君何爲欲見之而召之也。【疏】注『庶人法當給役』○正義曰：《禮記·王制》云：『用民之力，歲不過三日。』注云：『治宮室城郭道渠。』《周禮·地官·鄉大夫》：『以歲時登其夫家之衆寡，辨其可任者，國中自七尺以及六十，野自六尺以及六十有五，皆征之。』賈氏疏云：『謂築作挽引道渠之役。若田獵，五十則免，是以《祭義》云「五十不爲甸徒」。若征伐，六十乃免，是以《王制》云「六十不與服戎」。』此皆法當給役之事也。言分則爲庶人，言德則爲士。往役爲庶人之分，往見則失士之節，故有義不義之分也。君以庶人待之，卽召之役，義所當往；君而欲見之，則是待之以士，乃不師之友之而召之，此士所以不往也。

曰：『爲其多聞也，爲其賢也。』【注】萬章曰，君以是欲見之也。

曰：『爲其多聞也，則天子不召師，而況諸侯乎？　爲其賢也，則吾未聞欲見賢而召之也。【注】孟子曰，安有召師召賢之禮而可往見也。繆公亟見於子思曰：「古千乘之國以友士，何如？」子思不悅曰：「古之人有言曰，事之云乎，豈曰友之云乎！」子思之不悅也，豈不曰以位，則子君也，我臣也，何敢與君友也。以德，則子事我者也，奚可以與我友？千乘之君，求與之友而不可得也，而況可召與？【注】魯繆公欲友子思，子思不悅而稱曰，古人曰見賢人當事之，豈云友之邪。孟子云，子思所以不悅者，豈不謂臣不可友君，弟子不可友師也。若子思之意，亦不可友，況乎可召之。【疏】『古之人』至『云乎』○正義曰：閻氏若璩《釋地三續》云：『事之云乎，豈曰友之云乎，此外惟《公羊》莊公二十四年《傳》「然則曷用，棗栗云乎，腶脩云乎」，何休注曰：「云乎，辭也。」按云乎是辭，則但云古之人有言曰，事之豈曰友之，語意自了。』齊景公田，招虞人以旌，不至，將殺之。志士不忘在溝壑，勇士不忘喪其元，孔子奚取焉？　取非其招不往也。』【注】已說於上篇。

曰：『敢問招虞人何以？』【注】萬章問招虞人當何用也。

曰：『以皮冠。庶人以旃，士以旂，大夫以旌。【注】孟子曰，招禮若是。皮冠，弁也。旃，通帛也。因章曰旃。旂，旌有鈴者。旌，注旄竿首者。【疏】注『皮冠弁也』○正義曰：周氏柄中《辨正》云：『《周禮・司服》「凡甸冠弁服」，鄭注：「冠弁，委貌，此田獵之冠也。」薛氏《禮圖》以冠弁卽皮弁，又以皮弁卽皮冠，此説非是。襄十四年《傳》「衛獻公射鴻於囿，孫、甯二子從之，不釋皮冠而與之言，二子怒」。孔疏謂「敬大臣宜去皮冠」。若皮冠卽弁，則衛獻之不釋皮冠，正自應爾，孫、甯二子何爲而怒乎？然則皮弁者禮服之冠，皮冠蓋加於禮冠之上，田獵則以禦塵，亦以禦雨雪。楚靈狩於州來，去皮冠而與子革語，必非科頭也。可見去皮冠而仍有禮冠矣。以其爲田獵所有事，故招虞人以之，而禮冠中不數也。或云天子田獵服委貌，諸侯服皮冠，亦是臆説。」◯注「旃通」至「首者」◯正義曰：《周禮·春官·司常》云：「交龍爲旂，通帛爲旜，析羽爲旌。」《爾雅·釋天》云：「注旄首曰旌，有鈴曰旂，因章曰旃。」鄭氏注《司常》云：「通帛謂大赤，從周正色，無飾。」郭氏注《爾雅》云：「以帛練爲旒，因其文章，不復畫之。」趙氏解旃，旣云「通帛」，又云「因章」，兼《周禮》、《爾雅》言之也。郭氏注「旂」云：「縣鈴於竿頭，畫蛟龍於旒。」是兼《司常》「交龍」言之。鄭氏注「旌」云：「全羽析羽皆五采，繫之於旞旌之上，所謂注旄於竿首也。」是合《爾雅》「注旄首」言之。趙氏言「注旄干首爲旌」，於《爾雅》增「干」字；言「旌有鈴爲旂」，於《爾雅》增「旌」字；蓋旌則注旄於干，旂則繫鈴於干，以旌明旂，謂旂繫鈴於干，猶旌注旄於干，非謂既析旄又繫鈴也。周氏柄中《辨正》云：「毛大可曰：『此爲《孟子》解，當據《司常》大閲文。凡大閲治徒役，必有諸侯卿大夫士及州里庶人。顧士未有位，惟諸侯得召之，而侯車載旂，故卽以旂招士。孤卿可招庶人，而孤卿載旃，故卽以旃招庶人。」愚按：斿車載旌，斿車者，五路中之木路，田獵乘之，《巾車》云「木路以田」是也。王正田獵則建大麾，小田獵則建旌，故卽以旌招大夫，此正所謂以所招之人之物，與旃招士、旃招庶人一例也。』陳氏《禮書》曰：『孤卿建旃；庶人，孤卿之所治者也，故招以旃。諸侯建旂：士，君之所禮也，故招以旂。斿車載旌，大夫從斿燕之樂者也，故招以旌。以此解《孟子》，何不可焉。』閻氏若璩《釋地三續》云：『余既篤信《左傳》，亦間以《孟子》較之，則以《孟子》爲據，如昭二十年齊侯田於沛是也。《傳》言「招虞人以弓」，不合《孟子》者一。「旃以招大夫，弓以招士」，不合《孟子》者二。不引「志士不忘在溝壑」二語，而撰「守道不如守官」爲仲尼曰，爲柳子厚之所駁，不合《孟子》者三。此三者既不可信，則言昔我先君田，各招大夫士以其物，又豈可信哉？皮冠者，諸侯田獵之冠，故卽以皮冠招掌田獵之人。虞人既至，先示以期日，卽告以田於某所，庶幾虞人芟除其草萊，爲可陣之地，招之須及早。若庶人士大夫，皆從公干〔一〕狩之人。《周禮・大司馬》至期立熊虎之旗，于期所以集衆，故曰以旗致民。又曰：「質明弊旗，誅後至者。」此豈待招而後至者哉？孟子緣答虞人以皮冠，遂連類而及庶人士大夫平日之招，以明各有等威。據《左傳》而謂四招者皆田制，拘矣。』廷琥按：趙注『旄竿首者』，孔本竿作『干』。**以大夫之**

〔一〕『干』，《皇清經解》本作『于』。

招招虞人，虞人死不敢往；以士之招招庶人，庶人豈敢往哉？況乎以不賢人之招招賢人乎？【注】以貴者之招招賤人，賤人尚不敢往，況以不賢人之招招賢人乎。不賢之招，不以禮也。欲見賢人而不以其道，猶欲其入而閉之門也。夫義，路也。禮，門也。惟君子能由是路，出入是門也。【注】欲人之入而閉其門，可得而入乎。閉門，猶閉禮也。《詩》云：「周道如厎，其直如矢，君子所履，小人所視。」』【注】詩，《小雅・大東》之篇。厎，平。矢，直。視，比也。周道平直，君子履直道，小人比而則之。以喻虞人能效君子守死善道也。【疏】注『詩小』至『道也』○正義曰：詩在《小雅・大東》第一章。厎，《詩》作『砥』。孔氏正義云：『砥謂礪之石。《禹貢》曰「礪砥砮丹」，以砥石能磨物使平。矢則榦必直，砥言周道，則其直亦周道也。如矢言其直，則如砥言其平，互相通也。』翟氏灝《考異》云：『《説文》厂部：「厎，柔石也。」重文作「砥」，並職雉切。广部：「底，山居也。下也。都禮切。」底實砥之本字；故《禹貢》「厎柱析城」，《漢書》「厎礪其節」，「厎礪名號」，皆以厎爲砥。今坊刻經文，多上加點，與底下字無别，讀者遂誤音如邸。並《詩》之砥字或亦誤爲邸音。』按厎、底並從氐聲，義異而音則通。《禮記・王制》云『天子三公之田視公侯』，《雜記》云『妻視叔父母姑姊妹』，注並云：『視，猶比也。』《廣雅・釋詁》云：『視，效也。』效即法，法即則，故既以比釋視，又以則效解之。『守死善道』，《論語・述而》篇文。趙氏以引《詩》『君子所履』證君子之由是路，『小人所視』證虞人之非其招不往。

按《毛詩》本意，周道謂周家貢賦賞罰之道。如砥言其均平，如矢言其不偏。君子所履，謂君子效法而履行之。小人所視，謂小人視其平直而供承之。所履所視，皆謂周道，非謂小人比效君子。然則孟子引《詩》以『周道如底，其直如矢』，證義之爲路，禮之爲門，禮義即道也。不獨君子履此道，小人亦視此道，小人視此道，故以大夫之招招虞人，虞人死不敢往也。君子履此道，故君子由是路，出入是門也。抑君子履之，故召之則不往見之也。小人視之，故庶人不傳質爲臣，不敢見諸侯也。

萬章曰：『孔子君命召，不俟駕而行，然則孔子非與？』【注】俟，待也。孔子不待駕而應君命也。孔子爲之非與。

曰：『孔子當仕，有官職，而以其官召之也。』【注】孟子曰，孔子所以不待駕者，孔子當仕，位有官職之事，君以其官名召之，豈得不顛倒。《詩》云：『顛之倒之，自公召之。』不謂賢人無位而君欲召見也。【疏】注『孔子』至『見也』○正義曰：仕於朝，則有爵次之位，《周禮・天官・大宰》『禄位以馭其士』是也。《禮記・樂記》云『樂之官也』，注云：『官，猶事也。』《淮南子・俶真訓》云『大夫安其職』，高誘注云：『職，事也。』官、職義皆爲事，故云位有官職之事。事以位別，名以事起，司某事則以某官爲名，故君以官名召之也。引《詩》者，《齊風・東方・未明》之篇。箋云：『羣臣促遽，顛倒衣裳。』趙氏引此，謂孔子不俟駕而朝，猶齊臣顛倒衣裳而朝，其促遽以應召一也。無位則無官職之事，故不可召見之。趙氏佑《温故録》云：『此言亦孟子權以答問，而於孔子事君之正，固未盡發，何也？孟子之不見諸侯，皆君非其君；孟子又仕而不受禄，可以不應其召。若孔子仕魯，乃本國之君，即不當仕有官職，本有可召之義，所惡乎往見者，爲其無因而妄干耳。是以庶人不傳贄爲臣，所以循其爲庶人，若君欲見之而召之，方勤丘園之賁，豈效汶上之辭，吾知孔子必不爲已甚也，即孟子亦不爲已甚也。』

《章指》言：君子之志，志於行道，不得其禮，亦不苟往。於禮之可，伊尹三聘而後就湯；道之未洽，沮、溺耦耕，接輿佯狂，豈可見乎？【疏】『接輿佯狂』○正義曰：《楚辭·九章·涉江》云『接輿髡首兮桑扈臝行』，注云：『接輿，楚狂接輿也。髡，剔也。首，頭也。自刑身體，避世佯狂也。』《史記·范睢傳》云：『箕子、接輿，漆身爲厲，被髮爲狂。』東方朔《非有先生論》云：『接輿避世，箕子被髮佯狂。』《論語·微子》篇云『楚狂接輿歌而過孔子』，集解引孔曰：『接輿，楚人也。佯狂而來歌。』

孟子謂萬章曰：『一鄉之善士斯友一鄉之善士，一國之善士斯友一國之善士，天下之善士斯友天下之善士。【注】鄉，一鄉之善者。國，國中之善者。天下，四海之内也。各以大小來相友，自爲疇匹也。【疏】注『鄉一』至『匹也』○正義曰：趙氏以一國之善士爲國中之善者，而以國中解國字。閩、監、毛三本則作『國一國之善者』，此誤國中爲一國也。推之鄉一鄉之善者，亦是鄉鄉中之善者，以鄉中解鄉字，猶以國中解國字也。鄉爲鄉中，國爲國中，故天下爲四海之內。蓋取善無窮，在一鄉則友一鄉，在一國則友一國，在天下則友天下。趙氏謂各以大小來相友，自爲疇匹，謂一鄉之善士與一鄉之善士友，一國之善士與一國之善士友，天下之善士與天下之善士友。**以友天下之善士爲未足，又尚論古之人，頌其詩，讀其書，不知其人可乎？是以論其世也。是尚友也。**【注】好善者以天下之善士爲未足極其善道，尚，上也，乃復上論古之人。頌其詩，詩歌頌之，故曰頌。讀其書，猶恐未知古人高下，故論其世以別之也。在三皇之世爲上，在五帝之世爲次，在三王之世爲下，是爲好上友之人也。【疏】注『好善』至『人也』○正義曰：以友天下之善士爲未足，因而上友古人。此互明友一鄉未足，則進而友一國；友一國未足，則進而友天下；友天下猶未足，則進而友古人也。惟一鄉斯友一鄉，惟一國斯友一國，惟天下斯友天下，何也？同在一鄉，乃知此一鄉之善士也。同在一國，乃知此一國之善士也。同在今世之天下，乃知今世天下之善士也。若生今世而上友古人，則不同世何以知其人之善？故必頌其詩、讀其書而論其世，惟頌其詩、讀其書而論其世，乃可以今世而知古人之善也。上下兩節，互明如此。《周禮・春官・大師》注云：『頌之言誦也。』頌其詩，即誦其詩。段氏玉裁《説文解字注》云：『諷，誦也。誦，諷也。讀，籀書也。』《大司樂》「以樂語教國子，興道諷誦言語」，注：「倍文曰諷，以聲節之曰誦。」倍同背，謂不開讀也。誦則非直背文，又爲吟詠以聲節之。《周禮》經注析言之，諷誦是二；許統言之，諷誦是一也。竹部：「籀，讀書也。」《鄘〔一〕風》傳曰：「讀，抽也。」《方言》曰：「抽，讀也。」蓋籀、抽古通用。《史記》「紬史記石室金匱之書」，字亦作「紬」，抽繹其義蘊，至於無窮，是之謂讀。故卜筮之辭曰籀，謂抽繹《易》義而爲之也。太史公作《史記》，曰「余讀高祖侯功臣」，曰「太史公讀列封〔二〕至便侯曰〔三〕」，「太史公讀秦楚之際」，曰「余讀《諜記》」，曰「太史公讀《春秋·曆〔四〕譜諜》」，曰「太史公讀《秦記》」，皆謂紬繹其事以作《表》也。漢儒注經，斷其章句爲讀，如《周禮》注「鄭司農讀火絶之」，《儀禮》注「舊讀昆弟在下」，「舊讀合大夫之妾爲君之庶子女子子嫁者未嫁者」，是也。擬其音曰讀，凡言「讀如」「讀若」皆是也。易其字以釋其義曰讀，凡言「讀爲」「讀曰」「當爲」，皆是也。人所誦習曰讀，如《禮記》注云「周田觀文王之德，博士讀爲厥亂勸寧王之德」，是也。諷誦亦爲讀，如《禮》言「讀賵」「讀書」，《左傳》「公讀其書」，皆是也。諷誦亦可云讀，而讀之義不止于諷誦；諷誦止得其文

〔一〕「鄘」，《皇清經解》本作「庸」。
〔二〕「封」，《皇清經解》本、《説文解字注》均作「侯」。
〔三〕「曰」，《皇清經解》本無，《説文解字注》有「曰」字。
〔四〕「曆」，《皇清經解》本無，《説文解字注》有「曆」字。

詞，讀乃得其義藴。《孟子》云「誦其詩，讀其書」，則互文見義也。』趙氏佑《温故録》云：『「三皇之世爲上，五帝之世爲次，三王之世爲下」三語，當有成文，其即上古中古下古之謂邪？然經言詩書，固不必遠追書契以前。』按古人各生一時，則其言各有所當。惟論其世，乃不執泥其言，亦不鄙棄其言，斯爲能上友古人。孟子學孔子之時，得堯舜通變神化之用，故示人以論古之法也。趙氏先解『頌其詩』，而以論世屬之『讀其書』，似頌詩不必論世。《大戴記》衛將軍文子問於子貢曰：『吾聞夫子之施教也，先以詩世。』孔氏廣森《補注》云：『詩世者，誦其詩，論其世也。《周禮》曰：「諷誦詩，世奠繫。」』然則詩書俱宜論世，趙氏蓋亦以論世兼承『頌其詩』『讀其書』，而先解頌字，繫『頌詩』下耳。

《章指》言：好高慕遠，君子之道，雖各有倫，樂其崇茂，是以仲尼曰『毋友不如己者』。高山仰止，景行行止。

齊宣王問卿，孟子曰：『王何卿之問也？』【注】王問何卿也。

王曰：『卿不同乎？』曰：『不同。有貴戚之卿，有異姓之卿。』【注】孟子曰卿不同。貴戚之卿，謂内外親族也。異姓之卿，謂有德命爲三卿也。【疏】注『貴戚』至『卿也』〇正義曰：貴戚之卿，以親而任，故云内外親族也。異姓之卿，以賢而任，故云有德命爲三卿也。

王曰：『請問貴戚之卿。』【注】問貴戚之卿如何。

曰：『君有大過則諫，反覆之而不聽則易位。』【注】孟子曰，貴戚之卿，反覆諫君，君不聽，則易君之位，更立親戚之賢者。【疏】『君有大過則諫』○正義曰：貴戚必待大過方諫，餘則有異姓卿在也。○注『更立親戚之賢者』○正義曰：孔本作『立親戚之貴者』，非。

王勃然變乎色。【注】王聞此言，愠怒而驚懼，故勃然變色。

曰：『王勿異也！王問臣，臣不敢不以正對。』【注】孟子曰，王勿怪也。王問臣，臣不敢不以其正義對。

王色定，然後請問異姓之卿。【注】王意解，顔色定，復問異姓之卿如之何也。

曰：『君有過則諫，反覆之而不聽則去。』【注】孟子言異姓之卿諫君不從，去而待放，遂不聽之，則去而之他國也。【疏】注『諫君』至『國也』○正義曰：周氏廣業《孟子古注考》云：『《公羊》宣元年「晉放其大夫胥甲父于衛」，《傳》云「放之者何？猶云無去是云爾。古者大夫已去，三年待放。君放之，非也。大夫待放，正也。」《白虎通·諫諍》篇：「《援神契》曰：三諫待放，復三年，盡惓惓也。言放者，臣爲君諱，若言有罪放之也。所諫事已行者，遂去不留。凡待放，冀君用其言耳。事已行，菑咎將至，無爲留之也。臣待放於郊，君不絶其禄者，示不欲其去也」。鄭康成《詩·檜風·羔裘》箋：「三諫不從，待放而去。」與此趙注俱用此事。』按《儀禮·喪服》『舊君』注云：『以道去君，謂三諫不從，待放於郊未絶者。』賈氏疏云：『此以道去君，據三諫不從，在境待放，得環則還，得玦則去。』《禮記・曲禮》云：『爲人臣之禮不顯諫，三諫而不聽則逃之。』注云：『逃，去也。君臣有義則合，無義則離。』又云：『大夫士去國，踰竟爲壇位。』孔氏正義云：『此大夫士三諫而不從，出在境上，大夫則待放三年，聽於君命，若與環則還，與玦便去。《隱義》云：「去國當待放也，若士不待放。」』又云：『所以待放必三年者，三年一閏，天道一變，因天道變，望君自改也。』然在竟未去，聽君環玦，不謂待歸而謂待放者，既已在竟，不敢必還，言惟待君見放乃去也。此云遂不聽之者，謂賜玦也。故去而之他國。《荀子・大略》篇云：『召人以瑗，絶人以玦，反絶以環。』注云：『古者臣有罪待放于境，三年不敢去。與之環則還，與之玦則絶，皆所以見意也。』

《章指》言：國須賢臣，必擇忠良，親近貴戚，或遭殃禍。伊發有莘，爲殷興道，故云成湯立賢無方也。【疏】『或遭殃禍』○正義曰：周氏廣業《孟子章句疏證》云：『正義作「禍殃」，與韻協。』○『伊發有莘爲殷興道』○正義曰：《音義》云：『丁云：「言伊尹有莘之媵臣，發起於草萊，爲殷湯興其王道也。」』周氏廣業《孟子章指疏證》云：『《越絶書》：「殷湯臣伊尹，伐夏放桀，而王道興蹤。」《史記》：「伊尹爲有莘氏媵臣，以滋味説湯，致于王道。」按趙氏之意，謂以貴戚爲卿，致于易位，是爲禍殃。不若任賢以異姓爲卿，三諫而去，無易位之禍也。引伊尹者，言異姓出自草萊，有益於國，良於親近貴戚也。』

孟子正義卷二十二

孟子卷第十一

告子章句上凡二十章。

【注】告子者，告，姓也。子，男子之通稱也。名不害。兼治儒墨之道者。嘗學於孟子，而不能純徹性命之理。《論語》曰「子罕言命」，謂性命之難言也。以告子能執弟子之問，故以題篇。【疏】注「告子」至「題篇」〇正義曰：趙氏以告子名不害，蓋以爲卽浩生不害也。閻氏若璩《釋地又續》云：「浩生，複氏。不害，其名。與見《公孫丑》之告子，及以《告子》題篇者，自各一人。趙氏偶於《告子》篇誤注曰名不害，且臆度其嘗學於孟子執弟子問者。」毛氏奇齡亦以趙氏爲錯。胡氏煦《篝燈約旨》云：「告子，孟子之弟子也。後來荀、揚如性惡、禮僞、善惡混之説，皆各執一見，終身不易。而告子則往復辨論，不憚煩瑣，又且由淺入深，屢易其辭，安知最後無復有言，不既曉然於性善之旨乎？今人謂《告子》諸章皆告子之言，其言固屢易其説矣，安有自謂知性，曾無定論，猶向他人屢易其説者也。屢易其説，則請益之辭也。今觀其立言之叙：其始杞

柳之喻，疑「性善」爲矯揉，此即性僞之説也。得戕賊之喻，知非矯揉矣，則性中有善可知矣。然又疑性中兼有善惡，而爲湍水之喻，此即善惡混之説也。得搏激之説，知性本無惡矣。則又疑「生之謂性」，此即佛氏之見也。得犬牛之喻，知性本善矣。則又疑「仁內而義外」，及得耆炙之喻，然後知性中之善，如是其確而切、美且備也。今知讀書窮理，以文章取功名止耳，求寢食不忘，諄諄性學如告子者，幾無人矣。告子之未可量也，顧乃以孟子爲闢告子何邪？』翟氏灝《考異》云：『《管子・戒》篇：「仁從中出，義由〔一〕外作。」《墨子・經下》篇：「仁義之爲內外也，愛利不相爲內外，所愛利亦不相爲內外；其爲仁內也，義外也，舉愛與所利也。」告子「仁內義外」之言，遠本管子，而近受自墨子。《墨子・公孟》篇「二三子曰：告子言義而行甚惡，請棄之。墨子曰：不可。告子言談甚辨，言仁義而不吾毁。」又告子受教於墨之實驗。趙氏云「告子兼治儒墨」，非僅泛度爲言。』

告子曰：『性，猶杞柳也。義，猶桮棬也。以人性爲仁義，猶以杞柳爲桮棬。』【注】告子以爲人性爲才幹，義爲成器，猶以杞柳之木爲桮棬也。杞柳，柜柳也。一曰：杞，木名

〔一〕『由』，《皇清經解》本同，《管子・戒》篇作『從』。

也。《詩》云：『北[一]山有杞。』桮棬，桮素也。【疏】注『告子』至『素也』○正義曰：杞柳植物有枝幹，故趙氏以人性爲才幹。桮棬是器，故趙氏以義爲成器。杞柳本非桮棬，其爲桮棬也，有人力以之也。以喻人性本非仁義，其爲仁義也，有人力以之也。非人力，則杞柳不可以爲桮棬；非人力，則人性不可以爲仁義。《爾雅·釋木》云：『楥，柜桏。』郭氏注云：『未詳。或曰：桏當爲柳，柜桏以[二]柳皮可煑作飲。』陶隱居《本草別録》云：『欅樹削取裏皮，去上甲煎服之，夏日作飲，去熱。』此欅樹卽柜柳，柜卽欅也。寇宗奭《本草衍義》云：『欅木，今人呼爲欅柳，葉謂柳非柳，謂槐非槐，本最大者高五六十尺，合二三人抱，湖南北甚多，然亦不材也，不堪爲器，用嫩枝取以緣栲栳與箕脣。』緣栲栳箕脣，卽爲桮棬之類，故趙氏以杞柳爲柜柳也。《毛詩·鄭風》『無折我樹杞』，傳云：『杞，木名也。』陸璣《毛詩草木疏》云：『杞，柳屬也。生水旁，樹如柳，葉粗而白色，木理微赤，故今人以爲車轂。』是杞柳亦是木名，毛傳以樹杞之杞爲木名，正指杞柳。趙氏言『一曰木名』，引詩以證之者，詩在《小雅·南山有臺》第三章。傳不釋何物，卽指樹杞也。而《釋文》引《草木疏》則云：『其樹如樗，一名狗骨。』陳氏大章《詩名物集覽》云：『狗骨卽今絲

[一]『北』，《皇清經解》本同，《毛詩正義》作『南』。
[二]『以』，《皇清經解》本同，《爾雅注疏》郭注作『似』。

棉樹。』按絲棉樹與柜柳固殊，此趙氏所以分別之與？栝素者，《爾雅·釋木》『樓落』，郭氏注亦云：『可以爲栝器素。』《詩》正義引某氏云：『可作栝圈。』圈卽棬。邢氏疏云：『素，謂樸也。』段氏玉裁《説文解字注》云：『樸，木素也。素猶質也。以木爲質，未彫飾如瓦器之坯然。《士喪禮》、《周禮·梓人》皆云「獻素獻成」，注云：「形法定爲素，飾治畢爲成。」是也。』蓋栝醆之類，飾以彫漆，華以金玉，未飾未彫之先，以杞柳等木爲之質，故爲素也。《禮記·玉藻》云『母殁而栝圈不能飲焉』，注云：『圈，屈木所爲，謂巵匜之屬。』已可用爲飲，則非未成之樸矣。《方言》云：『栝其通語也。』《大戴記·曾子事父母》篇盧辯注云：『杯，盤盎盆盞之總名也。』蓋栝爲總名，其未彫未飾時，名其質爲棬，因而栝器之不彫不飾者卽通名爲棬也。翟氏灝《考異》云：『趙氏訓栝棬爲栝素，孫氏音栝爲杯，蓋素與壞，杯與坯，惟以木作土爲別，字體音義則並同也。《説文繫傳》曰：「杅卽《孟子》所謂栝棬也」。以杯作杯，殊失趙氏訓素本意。』又云：『《荀子·性惡篇》：「工人斲木而成器，器〔一〕生於工人之僞，非故生於木之性也。聖人積思慮，習僞故，以生禮義而

〔一〕『器』，《皇清經解》本同，《荀子·性惡》作『然則器』。

起法度。然則禮義法度者，是生於〔一〕聖人之僞，非故生於人之性也。」又曰：「檃栝之生於〔二〕枸〔三〕木也，繩墨之起於〔四〕不直也，立君上，明禮義，爲性惡也。」皆與告子此説正同。」

孟子曰：「子能順杞柳之性而以爲桮棬乎？將戕賊杞柳而後以爲桮棬也？【注】戕，猶殘也。《春秋傳》曰：「戕舟發梁。」子能順完杞柳，不傷其性而成桮棬乎，將斧斤殘賊之，乃可以爲桮棬乎。言必殘賊也。【疏】注「戕猶」至「賊也」○正義曰：宣十八年「邾人戕繒子于繒」，《穀梁傳》云：「戕，猶殘也。」趙氏引《春秋傳》者，襄二十八年《左傳》云：「陳無宇濟水而戕舟發梁。」是也。彼注亦云：「戕，殘落也。」《易·豐卦傳》云「自藏也」，《釋文》引鄭氏注作「戕」，云：「戕，傷也。」故又以傷明之。傷殘則不能完全，故以順爲完。《説文》宀部云：「完，全也。」《吕氏春秋·本生》篇「以全天爲故者也」，高誘注云：「全，猶順也。」是完即順也。賊，害也。義與傷同。**如將戕賊杞柳而以爲桮棬，則亦將戕賊人以爲仁義與？**【注】孟子言以人身爲仁義，豈可復殘傷其形體乃成仁義邪。明

〔一〕「於」，《皇清經解》本同，《荀子·性惡》無「於」字。
〔二〕「於」，《皇清經解》本同，《荀子·性惡》作「爲」。
〔三〕「枸」，《皇清經解》本同，《荀子·性惡》作「構」。
〔四〕「於」，《皇清經解》本同，《荀子·性惡》作「爲」。

不可比桮棬也。**率天下之人而禍仁義者，必子之言夫！**【注】以告子轉性以爲仁義，若轉木以成器，必殘賊之。故言率人以禍仁義者，必子之言。夫，歎辭也。【疏】注「以告」至「之言」○正義曰：《金匱・婦人雜病》篇云：「轉胞不得溺，以胞系了戾，故致此病。」嵇康《與山巨源絶交書》云「令胞中略轉」，略轉猶了戾。《方言》云：「軫，戾也。」郭璞注云：「相了戾也。」《廣雅》以轉戾釋軫軳，是轉卽軫，義皆爲戾。了與戾一聲，軫與轉一聲。轉木謂矯戾其木，轉性謂矯戾其性矣。《吕氏春秋・孟春紀》「無變天之道」，高誘注云：「變，猶戾也。」故《章指》云「殘木爲器，變而後成」，變亦謂矯戾，與轉同義，非變通轉運之謂。蓋人性所以有仁義者，正以其能變通，異乎物之性也。以己之心，通乎人之心，則仁也。知其不宜，變而之乎宜，則義也。仁義由於能變通，人能變通，故性善；物不能變通，故性不善，豈可以草木之性比人之性？杞柳之性，必戕賊之以爲桮棬；人之性，但順之卽爲仁義。故不曰戕賊性以爲仁義，而曰戕賊人以爲仁義也。比人性於草木之性，草木之性不善，將人之性亦不善矣。此所以禍仁義，而孟子所以辨也。杞柳之性，可戕賊之以爲桮棬，不可順之爲仁義，何也？無所知也。人有所知，異於草木，且人有所知而能變通，異乎禽獸，故順其能變者〔一〕而變通之，卽能仁義也。杞柳爲桮棬，在形體

〔一〕「變者」，《皇清經解》本作「變通者」。

不在性，性不可變也。人爲仁義，在性不在形體，性能變也。以人力轉戾杞柳爲桮棬，杞柳不知也。以教化順人性爲仁義，仍其人自知之，自悟之，非他人力所能轉戾也。劉熙《釋名·釋言語》云：『順，循也。循其理也。』《爾雅·釋詁》云：『率，循也。』故《周書·大匡》云『州諸侯咸率』，孔晁注云：『率，奉順也。』《孟子》所謂『順性』，即《中庸》所云『率性』。胡氏煦《篝燈約旨》云：『性相近云者，第如云不遠云爾。後説上智下愚，不説賢不肖，原指天資明昧而言。蓋賢不肖皆有爲立事之後所分别之品行，而智愚則據性之所發而言也。人初生，便解飲乳，便解視聽，此良知也。然壯年知識，便與孩提較進矣；老年知識，便與壯年較進矣；同焉此人，一讀書，一不讀書，其知識明昧又大相懸絶矣。同焉受業，一用心，一不用心，其知識多寡又大相懸絶矣。則明之與昧，因習而殊，亦較然矣。聖人言此，所以指明學者達天，徑路端在學習，有以變化之耳。又以見習染之汙，溺而不知返者，非其本性然也。』○注『夫歎辭也』○正義曰：句末用『夫』字，與《論語》『有是夫』『善夫』等句同，故知爲歎辭。

《章指》言：養性長義，順夫自然；殘木爲器，變而後成。告子道偏，見有不純，内仁外義，違人之端，孟子拂之，不假以言也。【疏】『順夫自然』○正義曰：孔本作『順天』。

告子曰：『性猶湍水也，決諸東方則東流，決諸西方則西流，人性之無分於善不善

也，猶水之無分於東西也。』【注】湍者，圜也。謂湍湍瀠水也。告子以喻人性若是水也。善惡隨物而化，無本善不善之性也。【疏】注『湍者』至『性也』○正義曰：《説文》水部云：『湍，急瀨也。』急則有所分，告子以喻人性之無分善不善，則不取其急，故趙氏以圜訓之。《廣雅》圜、圌皆訓圓。圌通作篅。《説文》竹部云：『篅，以判竹，圜以盛穀者〔一〕。』劉熙《釋名・釋宫室》云：『圌以草作之團團然也。』《淮南子・精神訓》高誘注云：『篅讀顓頊之顓。』《漢書・賈捐之傳》云『顓顓獨居一海之中』，顔師古注云：『顓與專同。專專，圓貌也。』趙氏讀湍爲圌，湍湍猶顓顓也。惟水流回漩，故無分東西，此以無上下者而言，趙氏體告子之意以爲訓，精矣。《毛詩・周南》『葛藟縈之』，傳云：『縈，旋也。』《音義》云：『縈字書作「瀠」，余傾切，波勢回貌。』按瀠即縈也。隨物而化，謂習於善則善，習於惡則惡也。乃人性有上智下愚之不移，則不得謂隨物而化也。

孟子曰：『水信無分於東西，無分於上下乎？人性之善也，猶水之就下也。人無有不善，水無有不下。今夫水，搏而躍之，可使過顙；激而行之，可使在山。是豈水之性哉？其勢則然也。人之可使爲不善，其性亦猶是也。』【注】孟子曰，水誠無分於東西，故決之而往也。水豈無分於上下乎，水性但欲下耳。人性生而有善，猶水欲下也。所以知

〔一〕『者』，《皇清經解》本作『也』，《説文解字》作『者』。

人皆有善性，似水無有不下者也。躍，跳。顙，額也。人以手跳水，可使過顙，激之可令上山，皆迫於勢耳，非水之性也。人之可使爲不善，非順其性也，亦妄爲利欲之勢所誘迫耳，猶是水也。言其本性非不善也。【疏】注「躍跳」至「善也」○正義曰：《説文》足部云：「跳，蹶也。一曰躍也。」是躍爲跳也。《方言》云：「中夏謂之頟，東齊謂之顙。」是顙即頟也。趙氏言人以手跳水，手字釋搏字。《音義》云：「搏，張補各切，云：「以手擊水。」丁作「摶」，音團。」《通俗文》云：「摶桼爲手團。」蓋掬其掌，以超騰其水，義亦可通。以杞柳爲桮棬，比以人性爲仁義，是以人之善由戕賊而成也，不順也。孟子則明示以順其性爲善。以水無分於東西，比人性無分於善不善，是以人之善不善皆由決而成也，皆順也。孟子則明示以不順其性乃爲不善。兩章互相發明。搏而躍之使過顙，激而行之使在山，猶戕賊杞柳爲桮棬也，不順也。順其性則善，不順其性則可使爲不善，而人性之善明矣。且水之東西，無分優劣，而人之善不善，則判若天淵。決東決西，本不足以比人性之善不善。決東則東流，東必下，決西則西流，西必下，此但可喻人性之善，故云人無有不善，水無有不下。告子始以不順其性爲善，既知順其性爲善矣，又並以順其性爲不善，云杞柳，云湍水，皆儗不於倫也。

《章指》言：人之欲善，猶水好下，迫勢激躍，失其素真，是以守正性者爲君子，隨曲拂者爲小人也。【疏】「失其」至「人也」○正義曰：《莊子·刻意》篇云：「能體純素，謂之真人。』《淮南子・精神訓》云：『所謂真人者，性合於道也。』趙氏言素真，郭象所謂『不假於物而自然者』也。真之義同於正，故上言素真，下言正性。《詩・皇矣》篇『四方以無拂』，箋云：『拂，猶佹也。言無復佹戾文王者。』曲，邪也。邪則不正，佹戾則非自然，搏躍過顙，非水之自然，故爲曲拂也。

告子曰：『生之謂性。』【注】凡物生同類者，皆同性。【疏】『生之謂性』○正義曰：《荀子・正名》篇云：『生之所以然者，謂之性。』《春秋繁露・深察名號》篇云：『如其生之自然之資，謂之性。』《白虎通・性情》篇云：『性者，生也。』《論衡・初稟》篇云：『性，生而然者也。』《説文》心部云：『性，人之陽氣，性善者也。从心，生聲。』性從生，故生之謂性也。○注『凡物』至『同性』○正義曰：物生同類者，謂人與人同類，物與物同類。物之中則犬與犬同類，牛與牛同類。人與物不同類，則人與物之性不同。趙氏蓋探孟子之恉而言之，非告子意也。

孟子曰：『生之謂性也，猶白之謂白與？』【注】猶見白物皆謂之同白，無異性也。

曰：『然。』【注】告子曰然。

『白羽之白也，猶白雪之白；白雪之白，猶白玉之白與？』【注】孟子以爲羽性輕，雪性消，玉性堅，雖俱白，其性不同。問告子，子以三白之性同邪。【疏】注『孟子』至『同邪』

〇正義曰：《文選·雪賦》注引劉熙注云：『孟子以爲白羽之性輕，白雪之性消，白玉之性堅，雖俱白，其性不同。問告子，告子以爲三白之性同。』與趙氏此注同。告子但言『生之謂性』，未見其非。若如趙氏説，凡同類者性同，則不同類者性不同，是性之不同亦如三白之不同也。故孟子先詰之，得其瑕而後辨。

曰：『**然**』【注】告子曰然，誠以爲同也。

『**然則犬之性猶牛之性，牛之性猶人之性與？**』【注】孟子言犬之性豈與牛同所欲，牛之性豈與人同所欲乎。【疏】注『孟子』至『欲乎』〇正義曰：孟子此章，明辨人物之性不同。人之性善，物之性不善。蓋渾人物而言，則性有善有不善。專以人言，則無不善，故首章不曰戕賊性以爲仁義，必明之曰戕賊人以爲仁義。次章不曰性無有不善，而曰人無有不善。惟告子亦云『人性之無分於善不善』，性上明標以人。故孟子必辨之曰：『人性之善也，猶水之就下也。』性上亦必明標以人，人性之異乎物，已無待言，此章則明辨之也。《禮記·樂記》云：『人生而靜，天之性也。感於物而動，性之欲也。物至知知，然後好惡形焉。』人欲即人情，與世相通，全是此情。『己所不欲，勿施於人』，『己欲立而立人，己欲達而達人』，正以所欲所不欲爲仁恕之本。『人生而靜』，首出人字，明其異乎禽獸。靜者，未感於物也。性已賦之，是天賦之也。感於物而有好惡，此欲也，即出於性。欲即好惡也。『物至知知』二句，申上感物而爲欲也。知知者，人能知而又知，禽獸知聲不能知音，一知不能又知。故非不知色，不知好姸而惡醜也；非不知食，不知好精而惡疏也；非不知臭，不知好香而惡腐也；非不知聲，不知好清而惡濁也。惟人知知，故人之欲異於禽獸之欲，卽人之性異於禽獸之性。趙氏以欲明性，深能知性者矣。葉紹翁《四朝聞見録》云：『劉韐，字季文，號靜春，其自爲論云：「惟人受天地之中以生，故謂之性，豈物之所得而擬哉？凡混人物而爲一者，必非識性者也。孟子道性善，亦第謂人而已。假如或兼人物而言，則犬之性猶牛之性，牛之性猶人之性，當如告子之言。」』李氏光地《榕村藏稿・自記》云：『孟子所謂性善者，人性也。故既言人性異於犬牛，又言犬馬與我不同類，又言違禽獸不遠，可見所謂性善者，惟指人性爲説。人性所以善，以其陰陽之交，五行之秀氣，孔子所謂「天地之性人爲貴」也。夫以其稟陰陽五行之全而謂之善，則孟子論性，已兼氣質矣。謂孟子專以天命言性，遺却氣質，與孔子言相近者異，豈其然乎！』戴氏震《孟子字義疏證》云：『性者，分於陰陽五行以爲血氣、心知、品物，區以別焉，舉凡既生以後所有之事，所具之能，所全之德，咸以是爲其本，故《易》曰「成之者性也」。氣化生人生物以後，各以類滋生久矣，然類之區別，千古如是也，循其故而已矣。在氣化曰陰陽，曰五行，而陰陽五行之成化也，雜糅萬變，是以及其流形，不特品物不同，雖一類之中又復不同。凡分形氣於父母，卽爲分於陰陽五行，人物以類滋生，皆氣化之自然。《中庸》曰：「天命之謂性」。以生而限於天，故曰天命。《大戴禮記》曰：「分於道之謂命，形於一之謂性。」分於道者，分於陰陽五行也。一言乎分，則其限之於始，有偏全、厚薄、清濁、昏明之不齊，各隨所分而形於一，各成其性也。然性雖不同，大致以類爲之區別，故《論語》曰「性相近也」，此就人與人近言之也。孟子曰：「凡同類者舉相似也，何獨至於人而疑之，聖人與我同類者。」言同類之相似，則異類之不相似明矣。故詰告子「生之謂性」曰：「然則犬之性猶牛之性，牛之性猶人之性與？」明乎其不可混同言之也。凡有生，卽不隔於天地之氣化，陰陽五行之運而不已，天地之氣化也。人物之生生本乎是，由其分而有之不齊，是以成性各殊。是以本之以生，見乎知覺運動也亦殊。氣之自然潛運，飛潛動植皆同，此生生之機肖乎天地者也。而其本受之氣，與所資以養之氣則不同。所資以養之氣，雖由外而入，大致以本受之氣召之。五行有生克，遇其克之者則傷，甚則死，此可知性之各殊矣。氣運而形不動者，卉木是也。凡有血氣者，皆形能動者也。由其成性各殊，故形質各殊，則其形質之動而爲百體之用者，利用不利用亦殊。知覺云者，如寐而寤曰覺，心之所通曰知，百體皆能覺，而心之知覺爲大。凡相忘於習則不覺，見異焉乃覺。魚相忘於水，其非生於水者不能相忘於水也，則覺不覺亦有殊致矣。聞蟲鳥以爲候，聞雞鳴以爲辰，彼之感而覺，覺而聲應之，又覺之殊致有然矣，無非性使然也。若夫烏之反哺，雎鳩之有別，蜂蟻之知君臣，豺之祭獸，獺之祭魚，合於人之所謂仁義者矣，而各由性成。人則能擴充其知至於神明，仁義禮智無不全也。仁義禮智非他，心之明之所止也，知之極其量也。知覺運動者，人物之生；知覺運動之所以異者，人物之殊其性。孟子言「人無有不善」，以人之心知異於禽獸，能不惑乎所行之爲善。且其所謂善也，初非無等差之善，卽孔子所云「相近」，孟子所謂「苟得其養，無物不長；苟失其養，無物不消」，所謂「求則得之，舍則失之，或相倍徙而無算者，不能盡其才者也」，卽孔子所云習至於相遠。不能盡其才，言不擴充其心知而長惡遂非也。彼悖乎禮義者，亦自知其失也。是人無有不善，以長惡遂非，故性雖善，不乏小人。孟子所謂「梏之反覆」，「違禽獸不遠」，卽孔子所云「下愚之不移」。孟子曰：「如使口之於味也，其性與人殊，若犬馬之與我不同類也，則天下何耆皆從易牙之於味也！」又言「動心忍性」，是孟子矢口言之，無非血氣心知之性。孟子言性，曷嘗岐而二哉！問：凡血氣之屬皆有精爽，而人之精爽可進於神明。《論語》稱「上智與下愚不移」，此不待習而相遠者。雖習不足以移之，豈下愚之精爽與物等與？曰：生而下愚，其人難與言禮義，由自絶於學，是以不移。然苟畏威懷惠，一旦觸於所畏所懷之人，啟其心而憬然覺悟，往往有之。苟悔而從善，則非下愚矣。加之以學，則日進於智矣。以不移定爲下愚，又往往在知善而不爲，知不善而爲之者，故曰不移，不曰不可移。雖古今不乏下愚，而其精爽幾與物等者，亦究異於物，無不可移也。』程氏瑤田《通藝録・論學小記》云：『有天地然後有天地之性，有人然後有人之性，有物然後有物之性。有天地人物，則必有其質，有其形，有其氣矣。有質有形有氣，斯有是性，是性從其質其形其氣而有者也。是故天地位矣，則必有元亨利貞之德，是天地之性善也。人生矣，則必有仁義禮智之德，是人之性善也。若夫物則不能全其仁義禮智之德，故物之性不能如人性之善也。使以性爲超乎質形氣之上，則未有天地之先，先有此性，是性生天地，天地又具此性，以生人物。如是則不但人之性善，即物之性亦安得不善。惟指其質形氣而言，故物之性斷乎不能如人性之善。雖虎狼有父子，蜂蟻有君臣，而終不能謂其性之善也。何也？其質形氣，物也，非人也。物與物雖異，均之不能全乎仁義禮智之德也。人之質形氣，莫不有仁義禮智之德，故人之性斷乎其無不善也。然則人之所以異於物者，異於其質形氣而已矣。自不知性者，見夫質形氣之下愚不移，遂以性爲不能無惡，而不知質形氣之成於人者，無不善之性也。後世惑於釋氏之說，遂欲超乎質形氣以言性，而不知惟質形氣之成於人者始無不善之性也。然則人之生也，有五官百骸之形以成人，有清濁厚薄之氣質，不能不與物異者，以成人品之高下，即有仁義禮智之德，具於質形氣之中以成性，性一而已，有善而已矣。如必分言之，則具於質形氣者爲有善有惡之性，超乎質形氣者爲至善之性。夫人之生也，烏得有二性哉？氣質之性，古未有是名，必區而別之曰此氣質之性也，蓋無解於氣質之有善惡，恐其有累於性善之旨，因別之曰有氣質之性，有理義之性也。雖然安得謂氣質中有一性，氣質外復有一性哉？且無氣質則無人，無人則無心，性具於心，無心安得有性之善？故溯人性於未生之前，此天地之性，乃天道也。天道亦有於其形其氣，有天之形與氣，然後有天之道。主於其氣之流行不息者而言之，故曰「一陰一陽之謂道」也。道在於天，生生不窮，因物付物，乃謂之命，故曰「維天之命，於穆不已」也。若夫天人賦稟之際，賦乃謂之命，稟乃謂之性，所賦所稟，並據氣質而言。性具氣質中，故曰『天命之謂性』，豈塊然賦之以氣質，而必先諄然命之以性乎？若以賦稟之前而言性，則是人物同之，犬之性猶牛之性，牛之性猶人之性，何獨至於人而始善也。故以賦稟之前而言性，釋氏之言性也。所謂「如何是父母未生前本來面目」也。是故性善斷以氣質言，主實有者而言之。人之氣有清濁，故有智愚。然人之智固不同於犬牛之智，人之愚亦不同於犬牛之愚。犬牛之愚，無仁義禮智之端。人之愚，未嘗無仁義禮智之端。是故智者知正其衣冠矣，愚者亦未嘗不欲正其衣冠也。其有不然者，則野人之習於鄉俗者也。然野人亦自有智愚。其智者，亦知當正其衣冠，而習而安焉，此習於惡則惡之事也。其愚者，見君子之正其衣冠也，亦有所不安於其心，及欲往見君子，必將正其衣冠焉，此習於善則善之事也。』

《章指》言：物雖有性，性各殊異。惟人之性，與善俱生。赤子入井，以發其誠。告子一之，知其麤矣；孟子精之，是在其中。

告子曰：『食色，性也。仁，內也，非外也。義，外也，非內也。』【注】人之甘食悅色者，人之性也。仁由內出，義在外也，不從己身出也。【疏】『食色』至『內也』○正義曰：飲食男女，人之大欲存焉。欲在是，性卽在是。人之性如是，物之性亦如是。惟物但知飲食男女，而不能得其宜，此禽獸之性，所以不善也。人知飲食男女，聖人教之，則知有耕鑿之宜，嫁娶之宜，此人之性所以無不善也。人性之善，所以異於禽獸者，全在於義。義外非內，是人性中本無義矣。性本無義，將人物之性同。告子始以仁義同比桮棬，則仁亦在性外，此分仁義言之。《管子·戒》篇云：『仁從中出，義從外作。』朱長春云：『仁內義外昉於此。』告子亦有本之言。

孟子曰：『何以謂仁內義外也？』【注】孟子怪告子是言也。【疏】『何以』至『外也』○正義曰：《易·文言傳》云：『義以方外。』告子所云義外，或同此意，故詰之。

曰：『彼長而我長之，非有長於我也。猶彼白而我白之，從其白於外也。故謂之外也。』【注】告子言見彼人年長大，故我長敬之。長大者，非在於我也，猶白色見於外也。【疏】注『告子』至『外也』○正義曰：《呂氏春秋·諭大》篇云『萬夫之長』，高誘注云：『長，大也。』《禮記·祭義》云：『立敬自長始。』彼長之長，指彼人之年長，故以大釋之。我長之長，指我因其長而敬之，故以敬明之。長大之年，在彼不在我，故云非有長於我，彼在我之外，是長大之年在彼，卽是外也。非有長於我，卽是從其長於外。從其白於外，卽是非有白於我，互文相例也。近解非有長於我，謂非我先預有長之心。

曰：『異。於白馬之白也，無以異於白人之白也。不識長馬之長也，無以異於長人之長與？且謂長者義乎，長之者義乎？』【注】孟子曰，長異於白，白馬白人，同謂之白可也。不知敬老馬無異於敬老人邪？且謂老者爲有義乎，將謂敬老者爲有義乎？敬老者，己也，何以爲外也？【疏】注『長異』至『外也』○正義曰：孔氏廣森《經學卮言》云：『趙氏讀「異於白」爲句。此答告子「猶彼白而我白之」語。意言長之説異於白之説，不相猶也。古人文字，不必拘拘定以白馬與白人相偶。若必謂白字當屬馬上，或絶異字爲一句，下乃言人之於白馬之白，無以異於白人之白，文義亦通。先斷之曰異，而後申其所以異之處，正同他章每先曰否，而次詳其所以否之實也。』按孔氏説是也。異字斷句，即趙氏長異於白之謂也。於白馬之白也，無以異於白人之白也，所謂白馬白人，同以爲白可也。白無異於白，長則有異於長，此長之所以異於白也。《儀禮·鄉飲酒禮》云『衆賓之長升』，注云：『長，其老者。』《國語·晉語》云『齊侯長矣』，韋昭注云：『長，老也。』是長即老也。告子以長爲義，而不知以長之爲義，故先以白馬、白人不異，别出長馬、長人不同。言長人之長，必用我心長之，分明權在長之者而不在長者。長之既在我心，則權度悉由中出，安得以義爲外乎？長之權全在我，安得云非有長於我也？

曰：『吾弟則愛之，秦人之弟則不愛也，是以我爲悦者也，故謂之內。長楚人之長，亦長吾之長，是以長爲悦者也，故謂之外也。』【注】告子曰，愛從己，則己心悦，故謂之內。

所悦喜老者在外，故曰外。【疏】『吾弟』至『外也』○正義曰：此告子再申『義外』之説也。孟子詰之以長者義、長之者義，告子固不得云長者義也，故又以弟與長分别言之。義雖屬長之者，乃長之者因長者而生，故仍以爲外耳。弟同而愛與不愛異，是愛之權在我；長同則長之無不同，是長之權在彼。理本不足，難以豁然。

曰：『耆秦人之炙，無以異於耆吾炙，夫物則亦有然者也。然則耆炙亦有外與？』

【注】孟子曰，耆炙同等，情出於中。敬楚人之老，與敬己之老，亦同己情往敬之。雖非己炙，同美，故曰物則有然者也。如耆炙之意，豈在外邪。言楚秦，喻遠也。【疏】注『耆炙』至『遠也』○正義曰：耆，猶愛也。告子以愛不同明長同，孟子則以嗜之同明長同愛不同。權固由我，耆炙同，情亦出中。嗜同則情出於中，豈長同而情在於外乎？愛之長之，皆是以我爲悦。秦人之弟非吾弟，以其親不同，故不同愛。楚人之長非吾長，以其長同，故同長。秦人之炙非吾炙，以其美同，故同嗜。物亦有然，謂炙之同美，猶長之同長也。知吾所以嗜之者由心辨其美，則知吾所以長之者由心識其長。若謂義之同長爲外，則食之同美亦可謂之外乎。告子既知甘食爲性，故孟子以嗜炙明之。孟子、告子居齊，故以秦楚爲遠。《音義》云：『耆，本亦作「嗜」。』

《章指》言：事雖在外，行其事者皆發於中，明仁義由内，所以曉告子之惑也。

孟季子問公都子曰：『何以謂義内也？』【注】季子亦以爲義外也。【疏】『孟季子』○正義曰：翟氏灝《考異》云：『趙注未有孟字，而疏直以季任當之，知當時所據經文實亦未有孟字。蓋此與任人「食色」之問同在一時，觀兩章文勢畫一，可見也。竊嘗疑季子爲孟子弟，有所疑問，何不親詣孟子？孟子亦何不詔之面命，而必輾轉於公都子？又疑宋政和五年詔以樂正子享孟子廟，孟仲子封新泰伯，與公孫丑、萬章等十七人皆從祀，雖季孫子叔之在疑似間者未嘗缺失，而何獨無孟季子？今乃知孟子書中本不云孟季子也。』趙氏佑《温故録》云：『孟仲子爲孟子從昆弟而學於孟子，則孟季子當亦其倫，何至執告子之言，重相駁難，全背孟子。殆别一人，故注無文與？』

曰：『行吾敬，故謂之内也。』【注】公都子曰，以敬在心而行之，故言内。

曰：『鄉人長於伯兄一歲，則誰敬？』【注】季子曰敬誰也。

曰：『敬兄。』【注】公都子曰當敬兄也。

『酌則誰先？』【注】季子曰酌酒則先酌誰。

曰：『先酌鄉人。』【注】公都子曰當先鄉人。

『所敬在此，所長在彼，果在外非由内也。』【注】季子曰，所敬者兄也，所酌者鄉人也，如此義果在外不由内也。果，猶竟也。【疏】注『果猶竟也』○正義曰：《國語·晉語》『果喪其田』，韋昭注云：『果，猶竟也。』《吕氏春秋·忠廉》篇云『果伏劍而死』，高誘注云：

『果，終也。』終與竟義同。果在外非由內，謂終竟是義外非內也。

公都子不能答，以告孟子。【注】公都子無以答季子之問。

孟子曰：『敬叔父乎，敬弟乎？彼將曰敬叔父。曰弟爲尸則誰敬，彼將曰敬弟。子曰惡在其敬叔父也，彼將曰在位故也。子亦曰：在位故也，庸敬在兄，斯須之敬在鄉人。』【注】孟子使公都子答季子如此。言弟以在尸位，故敬之。鄉人在賓位，故先酌之耳。庸，常也。常敬在兄，斯須之敬在鄉人也。【疏】注『言弟』至『人也』○正義曰：孟子教公都子折破季子『先酌鄉人』之説，倣其説以難之也。弟不在尸位，則叔父之敬，無時可易；鄉人不在賓位，則伯兄之敬，無時可易。庸敬、斯須之敬，因事轉移，隨時通變，吾心確有權衡，此真義內也。『庸常』，《爾雅·釋詁》文。趙氏佑《温故録》云：『古禮之繁可議，莫如祭必用尸。孫爲王父尸，所使爲尸者，於祭者爲子行也而北面事之，則父且敬子，何況兄弟。此不言子，獨言弟，特取與敬兄對文。蓋舉《儀禮》嗣舉奠之禮，祭自君夫人、賓三獻既行，則有上嗣舉奠以獻尸，而後行酬。《既醉》之朋友，謂衆賓。「君子有孝子」，謂主祭者長嗣也。則尸用衆子或從子，是其弟矣。』顧氏炎武《日知録》云：『先王治天下之具，五典五禮五服五刑，其出乎身加乎民者，莫不本之於心，以爲之裁制。親親之殺，尊賢之等，禮所生也。酌鄉人、敬尸二事，皆禮之用也，而莫非義之所宜。自此道不明，而二氏空虚之教至於搥提仁義，絶滅禮樂，從此起矣。自宋以下，一二賢智之徒，病漢人訓詁之學，得其粗迹，務矯之以歸於內，而達道達德九經三重之事置之不論，此真所謂告子未嘗知義者也。董子曰：「宜在我而後可以稱義，故言義者，合我與宜以爲一言，以此操之，義之言我也。」此與孟子之言相發。

季子聞之曰：『敬叔父則敬，敬弟則敬，果在外，非由內也。』【注】隨敬所在而敬之，果在外。【疏】注「隨敬」至「在外」○正義曰：季子謂敬因人轉移，而中無所主，則前言所辨，終竟不易也。

公都子曰：『冬日則飲湯，夏日則飲水，然則飲食亦在外也。』【注】湯水雖異名，其得寒温者，中心也。雖隨敬之所在，亦中心敬之，猶飲食從人所欲，豈可復謂之外也。【疏】注「湯水」至「外也」○正義曰：湯水之異，猶叔父與弟之異，冬則欲其温，夏則欲其寒，是飲食從人所欲，非人從飲食爲轉移也。故飲湯飲水，外也；酌其時宜而飲者，中心也。敬叔父敬弟，外也；酌其所在而敬者，中心也。孟子言位，公都子言時，義之變通，時與位而已矣。孟子學孔子之時，而闡發乎通變神化之道，全以隨在轉移爲用，所謂「集義」也。而告子造「義外」之説，不隨人爲轉移，故以「勿求於氣」「勿求於心」爲「不動心」，與孟子之道適相反。「義外」之説破，則通變神化之用明矣。毛氏奇齡《四書賸言》云：「嗜食在內，與敬長在外正別，此何足辨，亦何足以服告子。冬日則飲湯，夏日則飲水，與「嗜秦人之炙」二句相反。使難者曰「冬則飲湯，夏則飲水，果在外，非由內也」，何以解之？

嘗以二者問先仲氏，先仲氏一曰：敬長無人我，以長在人耳。今嗜炙亦無人我，此非人也，物也。且其無人我而必長人者，以長在外耳。今嗜炙主愛，而亦無人我，而惟外是愛，此非長在外，即愛亦在外也。上言長馬之長異乎長人之長，則人物有別矣。此緊承「長楚人之長」二句，愛在外與嗜炙在內大別，此借仁內以駁義外也。一曰：以在位而易其敬，猶之以在時而易其飲也。夫嗜食甘飲者，愛也。愛亦在外矣。嗜炙是同嗜，此是異飲，嗜炙以仁內駁義外，此以義外駁仁內，不同。』

《章指》言：**凡人隨形，不本其原，賢者達情，知所以然。季子信之，猶若告子，公都受命，然後乃理。**

公都子曰：『告子曰：「性無善無不善也。」【注】公都子道告子以爲人性在化，無本善不善也。【疏】注『人性在化』○正義曰：化，變化也。**或曰：「性可以爲善，可以爲不善，是故文武興則民好善，幽厲興則民好暴。」**【注】公都子曰，或人以爲可教以善不善，亦由告子之意也。故文武聖化之起，民皆喜爲善；幽厲虐政之起，民皆好暴亂。**或曰：「有性善，有性不善，是故以堯爲君而有象，以瞽瞍爲父而有舜，以紂爲兄之子且以爲君而有微子啟、王子比干。」**【注】公都子曰，或人以爲人各有性，善惡不可化移，堯爲君，象爲臣，不能使之爲善。瞽瞍爲父，不能化舜爲惡。紂爲君，又與微子、比干有兄弟之親，亦不能使此二子爲不仁。是亦各有性也。【疏】『或曰性可』至『比干』○正義曰：孔氏廣森《經學卮言》云：『王充《論衡・本性》篇云：「周人世碩以爲人性有善有惡，舉人之善性，養而致之，則善長；惡性養而致之，則惡長。故世子作《養書》一篇。宓子賤、漆雕開、公孫尼子之徒亦論性情，與世子相出入。」按公都子此問，卽其説也。《漢・藝文志・世子》二十一篇，名碩，陳人，七十子之弟子。《韓非子》八儒有漆雕氏之儒，世子或其徒與？蓋或人二説，皆原於聖門，而各得其一偏。可以爲善，可以爲不善，所謂「性相近，習相遠」也。有性善有性不善，所謂「上智與下愚不移」者也。《古論語傳》曰：「辟如堯舜，禹稷契與之爲善則行，鯀、驩兜欲與爲惡則誅，可與爲善，不可與爲惡，是謂上智。桀紂，龍逢、比干欲與爲善則誅，于莘、崇侯與之爲惡則行，可與爲惡，不可與爲善，是謂下愚。」詳見《漢書・古今人表》，與或人舜象之喻略同。』○注『紂爲君』至『不仁』○正義曰：顧氏炎武《日知録》云：『以紂爲弟，且以爲君，而有微子啟；以紂爲兄之子，且以爲君，而有王子比干。並言之，則於文有所不便，故舉此以該彼，此古人文章之善。』翟氏灝《考異》云：『《陸象山集・與周元忠書》曰：「以紂爲兄之子，此是公都子引當時人言。《史記》微子是紂庶兄，皆帝乙之子也。比干則但云紂之親戚，太史公亦莫知爲誰子也。今據公都所引文義，則是以微子、比干爲帝乙之弟，而紂於二人爲兄之子也。此是《孟子》所載，與《史記》不同處。」按《史記》以微子爲紂庶兄，溯其所原，乃屬《呂氏春秋》。呂氏言宜難深信。殷王兄終弟及者十四，其後之轉及兄子惟沃甲一人，則凡前王子未嗣立者，其孫曾中之嫡系，詎不得當元子稱邪？箕子稱微子曰王子，孟子書兩稱王子比干，二人稱謂同，或其行輩亦同，故趙氏謂「紂與微、比皆有兄弟之親。」若言於紂父，皆兄弟也。此《孟子》所載，與《史記》不同處。象山言最爲超卓，孟門所聞，必當實於《史記》，讀《孟子》者似不必因《史記》生疑也。**今曰性善，然則彼皆非與？**【疏】『今曰』至『非與』○正義曰：戴氏震《孟子字義疏證》云：『問：告子言「生之謂性」，言「性無善無不善」，言「食色性也，仁內義外」，朱子以爲同於釋氏；其「杞柳」「湍水」之喻，又以爲同於荀、揚。然則荀、揚亦與釋氏同與？曰：否。荀、揚所謂性者，古今同謂之性，卽後儒稱爲氣質之性者也。但不當遺理，義而以爲惡耳。在孟子時，則公都子引或曰「性可以爲善，可以爲不善」，或曰「有性善，有性不善」，言不同而所指之性同。荀子見於聖人生而神明者，不可概之人人，其下皆學而後善，順其自然則流於惡，故以惡加之。論似偏，與「有性不善」合。然謂禮義爲聖心，是聖人之性獨善，實兼公都子兩引或曰之說。揚子見於長善則爲善人，長惡則爲惡人，故曰「人之性也善惡混」，又曰「學則正，否則邪」，與荀子論斷似參差而匪異。韓子言「性之品有上中下三，上焉者善焉而已矣，中焉者可導而上下也，下焉者惡焉而已矣。」此卽公都子兩引或曰之說，會通爲一。朱子云：「氣質之性固有美惡不同矣，然以其初而言，皆不甚相遠，但習於善則善，習於惡則惡，於是始相遠耳。」「人之氣質，相近之中又有美惡，一定，而非習之所能移也。」直會通公都子兩引或曰之説解《論語》矣。程子云：「有自幼而善，有自幼而惡，是氣稟有然也。善固性也，然惡亦不可不謂之性也。」此與「有性善有性不善」合，而於「性可以爲善，可以爲不善」，亦未嘗不兼，特彼仍其性之名，此別之曰氣稟耳。程子又云：「人生而靜以上不容説，纔説性時，便已不是性也。」朱子釋之云：「人生而靜以上是人物未生時，止可謂之理，未可名爲性，所謂在天曰命也。纔説性時，便是人生以後，此理已墮形氣中，不全是性之本體矣。所謂在人曰性也。」據《樂記》，「人生而靜」與「感於物而動」對言之，謂方其未感，非謂人物未生也。《中庸》「天命之謂性」，謂氣稟之不齊，各限於生初，非以理爲在天在人異其名也。況如其説，是孟子乃追遡人物未生、未可名性之時而曰性善。若就名性之時，已是人生以後，已墮在形氣中，安得斷之曰善？由是言之，將天下古今惟上聖之性不失其性之本體，自上聖而下，語人之性，皆失其性之本體。人之爲人，舍氣稟氣質，將以何者謂之人哉？是孟子言人無有不善者，程子、朱子言人無有不惡，其視理儼如有物，以善歸理，雖顯遵孟子性善之云，究之孟子就人言之者，程、朱乃離人而空論夫理，故謂孟子「論性不論氣不備」。若不視理如有物，而其見於氣質不善，卒難通於孟子之直斷曰善。立説似同於孟子而實異，似異於荀子而實同也。孟子不曰性無有不善而曰「人無有不善」。性者，飛潛種植之通名；性善者，論人之性也。如飛潛動植，舉凡品物之性，皆就其氣類別之。人物分於陰陽五行以成性，舍氣類更無性之名。醫家用藥，在精辨其氣類之殊，不別其性，則能殺人。使曰此氣類之殊者已不是性，良醫信之乎？凡植禾稼卉木，畜鳥獸蟲魚，皆務知其性。知其性者，知其氣類之殊，乃能使之碩大蕃滋也。何獨至於人而指夫分於陰陽五行以成性者，曰此已不是性也，豈其然哉？自古及今，統人與百物之性以爲言，氣類各殊是也。專言乎血氣之倫，不獨氣類各殊，而知覺亦殊。人以有禮義，異於禽獸，實人之知覺大遠乎物則然，此孟子所謂性善。而荀子視禮義爲常人心知所不及，故別而歸之聖人。程子、朱子見於生知安行者罕覯，謂氣質不得概之曰善，荀、揚之言，固如是也。特以如是則悖於孟子，故截氣質爲一性，言君子不謂之性。截理義爲一性，別而歸之天，以附合孟子。其歸之天不歸之聖人者，以理爲人與我。是理者，我之所無也。以理爲天與我，庶幾湊泊附著，可融爲一。是借天爲說，聞者不復疑於本無，遂信天與之得爲本有耳。彼荀子見學之不可以已，非本無何待於學。而程子、朱子亦見學之不可以已，其本有者，何以又待於學？故謂「爲氣質所汙壞」，以便於言本有者之轉而如本無也。於是性之名移而加〔一〕之理，而氣化生人生物，適以病性。性譬水之清因地而汙

〔一〕「加」，《皇清經解》本無「加」字。

濁，不過從老、莊、釋氏所謂真宰真空者之受形以後，昏昧於欲，而改變其說。特彼以真宰真空爲我，形體爲非我，此仍以氣質爲我，難言性爲非我，則惟歸之天與我而後可謂之我有，亦惟歸之天與我而後可爲完全自足之物，斷之爲善，惟使之截然别於我，而後雖天與我完全自足，可以咎我之壞之而待學以復之，以水之清喻性，以受汙而濁喻性墮於形氣中汙壞，以澄之而清喻學。水静則能清，老、莊、釋氏之主於無欲，主於寂静是也。因改變其説爲主敬，爲存理，依然釋氏教人認本來面目，教人常惺惺之法。若夫古聖賢之由博學、審問、慎思、明辨、篤行以擴而充之者，豈徒澄清已哉！程子、朱子於老、莊、釋氏既人其室、操其矛矣，然改變其言，以爲《六經》孔孟如是，按諸荀子差近之，而非《六經》孔孟也。』謹按：《禮記・樂記》云：『好惡無節於内，知誘於外，不能反躬，天理滅矣。』注云：『理，猶性也。』以性爲理，自鄭氏已言之，非起於宋儒也。理之言分也。《大戴記・本命》篇云：『分於道之謂命。』性由於命，即分於道。性之猶理，亦猶其分也。惟其分，故有不同；亦惟其分，故性即指氣質而言。性不妨歸諸理，而理則非真宰真空耳。

孟子曰：『乃若其情，則可以爲善矣，乃所謂善也。若夫爲不善，非才之罪也。【注】若，順也。性與情，相爲表裏，性善勝情，情則從之。《孝經》曰：『此哀戚之情。』情從性也，能順此情，使之善者，真所謂善也。若隨人而强作善者，非善者之善也。若爲不善者，非所受天才之罪，物動之故也。【疏】『乃若』至『罪也』○正義曰：程氏瑶田《通藝録·論學小記》云：『孟子以情驗性，總就下愚不移者，指出其情以曉人。如言惻隱、羞惡、辭讓、是非之情，爲仁義禮智之端，謂人皆有之者，下愚不移者亦有也。故乍見孺子入井，皆有怵惕惻隱之心，正謂下愚不移者皆如是也。故曰乃若其情，則可以爲善。乃若者，轉語也。卽從下文若夫字生根。其情者，下愚不移者之情，卽下文爲不善者之情也。曰可以爲善者，可不可未可知之辭，然而未嘗不可以爲善也。若夫爲不善，乃其後之變態，非其情動之初，本然之才便如此也。性善之義，至孟子言之，乃真透根之論。卽今日人人可自驗，人人可自信其性之無不善也。孔子曰：「性相近也，習相遠也。」此專論習也。習與性對言，性自性，習自習，習相遠，愈見性之相近也。習之相遠也，遠於智愚之相移也。性之相近也，愚者之性未嘗遠於智者也。蓋氣稟受質而成人之形，其心卽具人之性，人與物異，故性無不善也。而不能無智愚之殊者，以氣質不能不分高下厚薄，因而知覺不能不分差等。其上焉者，智也。等而漸下，則不智而愚矣。愚非無其智也，鬱其智而不達則愚。智愚雖分，性未始不相近。相近云者，弗無其善之云也。然知覺既有智愚之殊，而薰習復有邪正之異，於是智者習於善則愈遠於愚，卽愚者習於善亦可遠於本然之愚。若智者習於惡，則可遠於其本然之智；而愚者習於惡，則愈遠於智。智有等差，習而移之，下達者可至於下愚。移而智者，性達而性之善見；移而愚者，性不達而性之善不見；夫豈性有不善哉？不見其善而已矣。然則相遠者，因習而移其智愚，非移其相近之性也。智愚每因於習之所移，見人不可不謹所習，而不得以此罪性也。惟夫生而上智之人，知覺獨異，雖與不善者相習，不能移而轉之乎愚；其本非上智而移而至於上智者，亦若是則已矣。而生而下愚之人，知覺極庸，雖與善者相習，亦不能移而轉之乎智；其本非下愚，而移而至於下愚者，亦若是則已矣。其不移者，非其性之善本有加於人、本有損於人也。其移焉者，非其性之善忽有加於人、忽有損於人也。夫性未有不相近者也。何以知其然也？仁義禮智之性，其端見於惻隱、羞惡、辭讓、是非之情者，雖下愚之人，未嘗不皆有也。由是言之，孟子「性善」之説，以情驗性之指，正孔子「性相近」之義疏矣。情其善之自然而發者也，才其能求本然之善而無不得者也，性善故情善而才亦善也。誠意之功，在毋自欺，而毋自欺之事曰慎獨，意非私意之謂，乃真好真惡之情發於性者。此真好真惡之情，人皆有之，孟子所謂「乃若其情，可以爲善」者也。』戴氏震《孟子字義疏證》云：『問：公都子問性，列三説之與孟子言性善異者，乃舍性而論情，偏舉善之端爲證。彼荀子之言性惡也，曰：「今人之性，生而有好利焉，順是，故爭奪生而辭讓亡焉。生而有疾惡焉，順是，故殘賊生而忠信亡焉。生而有耳目之欲，有好聲色焉，順是，故淫亂生而禮義文理亡焉。然則從人之性，順人之情，必出於爭奪，合於犯分亂理而歸於暴。故必將有師法之化，禮義之導，然後出於辭讓，合於文理而歸於治。用此觀之，然則人之性惡明矣。」是荀子證「性惡」，所舉者亦情也。安見孟子之得而荀子之失與？

曰：人生而後有情有欲有知，三者血氣心知之自然也。給於欲者，聲色臭味也，而因有愛畏。發乎情者，喜怒哀樂也，而因有慘舒。辨於知者，美醜是非也，而因有好惡。聲色臭味之欲資以養其生，喜怒哀樂之情感而接於物，美醜是非之知極而通於天地鬼神。聲色臭味之愛畏以分，五行生克爲之也。喜怒哀樂之慘舒以分，時遇順逆爲之也。美醜是非之好惡以分，志慮從違爲之也。是皆成性然也。有是身，故有聲色臭味之欲。有是身，而君臣父子夫婦昆弟朋友之倫具，故有喜怒哀樂之情。惟有欲有情而又有知，然後欲得遂也，情得達也。天下之事，使欲之得遂，情之得達，斯已矣。惟人之知，小之能盡美醜之極致，大之能盡是非之極致。然後遂己之欲者，廣之能遂人之欲；達己之情者，廣之能達人之情。道德之盛，使人之欲無不遂，人之情無不達，斯已矣。欲之失爲私，私則貪邪隨之矣。情之失爲偏，偏則乖戾隨之矣。知之失爲蔽，蔽則差謬隨之矣。不私，則其欲皆仁也，皆禮義也。不偏，則其情必和易而平恕也。不蔽，則其知乃所謂聰明聖知也。孟子舉惻隱、羞惡、辭讓、是非之心謂之心，不謂之情。首云「乃若其情」，非性情之情也。孟子不又云乎：「人見其禽獸也，而以爲未嘗有才焉，是豈人之情也哉？」情，猶素也，實也。孟子於性，本以爲善，而此云「則可以爲善矣」。可之爲言，因性之等差而斷其善，則未見不可也。下云「乃所謂善也」對上「今曰性善」之文。繼之云「若夫爲不善，非才之罪也」。爲，猶成也。卒之成爲不善者，陷溺其心，放其良心，至於梏亡之盡，違禽獸不遠者也。言才則性見，言性則才見，才於性無所增損故也。人之性善，故才亦美，其往往〔一〕不美，未有非陷溺其心使然，故曰「非天之降才爾殊也」。才可以始美而終於不美，由才失其才也。不可謂性始善而終於不善。性以本始言，才以體質言也。體質戕壞，究非體質之罪，又安可究其本始哉！』謹按：孟子『性善』之説，全本於孔子之贊《易》。伏羲畫卦觀象，以通神明之德，以類萬物之情，俾天下萬世無論上智下愚，人人知有君臣父子夫婦，此『性善』之指也。孔子贊之則云：『利貞者，性情也。六爻發揮，旁通情也。』禽獸之情，不能旁通，即不能利貞，故不可以爲善。情不可以爲善，此性所以不善。人之情則能旁通，即能利貞，故可以爲善；情可以爲善，此性所以善。禽獸之情何以不可爲善，以其無神明之德也。人之情何以可以爲善，以其有神明之德也。神明之德在性，則情可旁通；情可旁通，則情可以爲善。於情之可以爲善，知其性之神明。性之神明，性之善也。孟子於此，明揭『性善』之指在其情，則可以爲善，此融會乎伏羲、神農、黄帝、堯、舜、文王、周公、孔子之言，而得其要者也。《説文》心部云：『性，人之陽氣，性善者也。』『情，人之陰氣，有欲者。』情陰而有欲，故貪淫爭奪，端由此起，《荀子》謂『從人之性，順人之情，必出於爭奪，合於犯分亂理而歸於暴』是也。情欲之爲不善，『有師法之

〔一〕『往往』，《皇清經解》本作『往』。

化，禮義之道，卽能出於辭讓，合於文理而歸於治』。此孟子所謂『可以爲善』也。荀子據以爲『性惡』，荀子但知《禮》而不通《易》者也。孟子據以爲『性善』，孟子深通於《易》而知乎《禮》之原也。孔子以旁通言情，以利貞言性，情利者，變而通之也。以己之情，通乎人之情；以己之欲，通乎人之欲。己欲立而立人，己欲達而達人，己所不欲，勿施於人。因己之好貨，而使居者有積倉，行者有裹糧；因己之好色，而使内無怨女，外無曠夫。如是則情通，情通則情之陰已受治於性之陽，是性之神明有以運旋乎情欲，而使之善，此情之可以爲善也。故以情之可以爲善，而決其性之神明也。乃性之神明，能運旋其情欲，使之可以爲善者，才也。孔子贊《易》云：『立天之道曰陰與陽，立地之道曰柔與剛，立人之道曰仁與義。』是爲三才。有此才，乃能迭用柔剛，旁通情以立一陰一陽之道。才以用言，旁通者情，所以能旁通而窮理盡性以至於命者，才也。通其情可以爲善者，才也。不通情而爲不善者，無才也。云非才之罪，猶云無才之罪也。蓋人同具此神明，有能運旋乎情，使之可以爲善，有不能運旋乎情，使之可以爲善。此視乎才與不才，才不才則智愚之别也。智則才，愚則不才。下愚不移，不才之至，不能以性之神明運旋情欲也。惟其才不能自達，聖人乃立教以達之。其先民不知夫婦之宜别，上下尊卑之宜有等，此才不能自達也。伏羲教之，無論智愚，皆知夫婦之别，皆知上下尊卑之等，所謂通其神明之德也。使性中本無神明，豈教之所能通？民之不知有父，但知有母，與禽獸同。聖人教民，民皆知人道之宜定，而各爲夫婦，各爲父子，以此教禽獸，仍不知也。人之性可因教而明，人之情可因教而通。禽獸之性雖教之不明，禽獸之情雖教之不通。孔子曰：『五十學《易》，可以無大過矣。』可以無大過，卽是可以爲善。性之善，全在情可以爲善；情可以爲善，謂其能由不善改而爲善。孟子以人能改過爲善，決其爲性善。伏羲之前，人同禽獸，其貪淫爭奪，思之可見，而伏羲能使之均歸於倫常之中。瞽瞍之頑，象之傲，亦近乎下愚矣。而舜能使之底〔一〕豫，信乎無不可以爲善之情也。可以爲善，原不謂順其情卽善。『乃若』，宜如程氏瑤田之説。趙氏以順釋若，非其義矣。○注『若順』至『性也』○正義曰：『若順』，《爾雅・釋言》文。情發於外，性藏於内，故相表裏。性之善，不爲情欲所亂，性能運情，情乃從性，則情可爲善。引《孝經》者，《喪親章》第十八云：『孝子之喪親也，哭不偯，禮無容，言不文，服美不安，聞樂不樂，食旨不甘，此哀戚之情也。』趙氏謂孝子仁於其親，由於天性，而情卽從其性之仁爲哀戚，是性善勝情，情則從之之證也。趙氏以若其情爲順其情，故反言不順其情是隨人而强作善者，則情非從性矣。**惻隱之心，人皆有之。羞惡之心，人皆有之。恭敬之心，人皆有之。是非之心，人皆有之。惻隱之心，仁也。羞惡之心，義也。恭敬之心，禮也。是非之心，智也。仁義禮智，非由外鑠**

〔一〕『底』，《皇清經解》本作『底』。

我也，我固有之也，弗思耳矣。故曰求則得之，舍則失之，或相倍蓰而無算者，不能盡其才者也。【注】仁義禮智，人皆有其端，懷之於內，非從外消鑠我也。求存之，則可得而用之。舍縱之，則亡失之矣。故人之善惡，或相倍蓰，或至於無算者，不得相與計多少，言其絕遠也。所以惡乃至是者，不能自盡其才性也。故使有惡人，非天獨與此人惡性。其有下愚不移者，譬如被疾不成之人，所謂童昏也。【疏】注「仁義」至「我也」○正義曰：前以情之可以爲善明性善，此又以心之有惻隱、羞惡、恭敬、是非明性善也。惟性有神明之德，所以心有是非；心有是非，則有惻隱、羞惡、恭敬矣。戴氏震《孟子字義疏證》云：「問：孟子言性，舉仁義禮智四端，與孔子之舉智愚有異乎？曰：人之相去，遠近明昧，其大較也，學則就其昧焉者牖之明而已矣。人雖有智有愚，大致相近，而智愚之甚遠者蓋鮮。智愚者，遠近等差殊科，而非相反。善惡則相反之名，非遠近之名。知人之成性，其不齊在智愚，亦可知任其愚而不學不思乃流爲惡。愚非惡也，人無有不善明矣。舉智而不及仁，不及禮義者，智於天地、人物、事爲咸足以知其不易之則，仁有不至，禮義有不盡，可謂不易之則哉？發明孔子之道者，孟子也。無異也。」《說文》金部云：「鑠，銷金也。」《國語・周語》云：「衆口鑠金。」《史記》索隱引賈逵云：「鑠，消也。」消鑠我，猶云戕賊人。以仁義禮智爲由外鑠我，當時蓋有此言，如莊子言「純樸不殘，孰爲仁」，故孟子直斥其非，而以爲我固有之也。孔氏廣森《經學卮言》云：「《爾雅・釋詁》云：『鑠，美也。」仁義禮智，得之則美，失之則醜。然美在其中，非由外飾成我美者也。所以不願人之文繡也。」○注「譬如」至「昏也」○正義曰：《國語・晉語》「胥臣曰僮昏不可使謀」，韋昭注云：「僮，無知。昏，闇亂也。」此與籧篨、戚施、僬僥、侏儒、矇瞍、嚚瘖、聾聵同爲八疾。又云：「質將善而賢良贊之，則濟可竢〔一〕。若有違質，教將不入，其何善之爲！」此言僮昏之人不可教之以善，故趙氏引以證下愚不移也。《周禮・秋官・司刺》「三赦曰惷愚」，注云：「惷愚，生而癡騃童昏者。」《禮記・禮器》云：「體不備，君子謂之不成人。」生而癡騃童昏，既列於八疾，則與體不備同，故爲被疾不成之人。趙氏以下愚爲此癡騃童昏之人，則是不移由有疾所以不移也。無此疾者，固無不可移者矣。尤與「性善」之指合。譬如者，趙氏自謙未定。**《詩》曰：「天生蒸民，有物有則。民之秉夷，好是懿德。」孔子曰：「爲此詩者，其知道乎！故有物必有則，民之秉夷也，故好是懿德。」**【注】詩，《大雅・蒸民》之篇。言天生衆民，有物則有所法則，人法天也。民之秉夷，夷，常也。常好美德。孔子謂之知道，故曰人皆有善也。【疏】注「詩大」至「善也」○正義曰：詩在《大雅・烝民》篇第一章。蒸，《詩》作「烝」。夷，《詩》作「彝」。傳云：「烝，衆。物，事。則，法。彝，常。懿，美也。」箋云：「秉，執也。天之生衆民，其性有物象，謂五行仁義禮智信

〔一〕「竢」，《皇清經解》本、《國語》「竢」字下有「也」字。

也。其情有所法，謂喜怒哀樂好惡也。然而民所執持有常道，莫不好有美德之人。』趙氏義與毛同。不釋秉義，當亦同箋訓執持也。趙氏既以法釋則，又以有物有則爲人法天，是以有物指天，有則指人之法天，蓋亦如箋物象之説，性爲天所命，性之有仁義禮智信，即象天之木金火土水，故以性屬天，以六情從五性，是以人之情法天之性，即前『性善勝情，情則從之』之義也。程氏瑶田《通藝録・論學小記》云：『天分以與人而限之於天者，謂之命。人受天之所命，而成之於己者，謂之性。此限於天而成於己者，及其見於事爲，又有無過無不及之分，以爲之則。是則也，以德之極地言之，謂之中庸。以聖人本諸人之四德之性，緣於人情而制以與人遵守者言之，謂之威儀之禮。蓋即其限於天成於己者之所不待學而可知，不待習而可能者也。亦即其限於天成於己者之所學焉而愈知，習焉而愈能者也，是之謂性善。』孔子釋詩，增『必』字『也』字『故』字，而性善之義見矣。

《章指》言：天之生人，皆有善性，引而趨之，善惡異衢，高下相懸，賢愚舛殊，尋其本者，乃能一諸。【疏】『善惡異衢』○正義曰：《荀子・勸學》篇云『行衢道[一]者不至』，楊倞注云：『衢道，兩道也。……今秦俗猶以兩爲衢，古之遺言與[二]？』

[一]『道』，《皇清經解》本作『路』，《荀子・勸學》作『道』。
[二]『與』，《皇清經解》本同，《荀子・勸學》作『歟』。

孟子曰：『富歲子弟多賴，凶歲子弟多暴，非天之降才爾殊也，其所以陷溺其心者然也。【注】富歲，豐年也。凶歲，飢饉也。子弟，凡人之子弟也。賴，善。暴，惡也。非天降下才性與之異，以飢寒之阨，陷溺其心，使爲惡者也。【疏】注『富歲豐年也』○正義曰：《論語・顏淵》篇『富哉言乎』，集解引孔安國云：『富，盛也。』《呂氏春秋・當染》篇『弟子彌豐』，高誘注云：『豐，盛也。』是富即豐也，故富歲爲豐年。○注『賴善』○正義曰：《呂氏春秋・離俗》篇『苟可得已，則必不之賴』，高誘注云：『賴，利也。一曰善也。』段氏玉裁《説文解字注》云：『贏，賈有餘利也。賴，贏也。《高帝紀》：「始大人常以臣無賴」，應劭曰：「賴者，恃也。」晉灼曰：「許慎曰：賴，利也。無利入於家也。或曰：江淮之間謂小兒多詐狡獪爲亡賴。」按今人云無賴者，謂其無衣食致然耳。《方言》云：「賴，讎也。南楚之外曰賴。賴，取也。」』王氏念孫《廣雅疏證》云：『《衛策》云：「爲魏則善，爲秦則不賴矣。」《小雅・采菽》篇「亦是戾矣」，毛傳云：「戾，至也。」正義云：「明王之德能如此，亦是至美矣。」鄭注《桊誓》云：「至，猶善也。」是戾與善同義。又鄭注《大學》云：「戾之言利也。」利與善義亦相近，故利謂之戾，亦謂之賴。善謂之賴，亦謂之戾。戾、賴語之轉耳。』阮氏元云：『「富歲子弟多賴」，賴即嬾。按《説文》女部云：「嬾，懈也。從女，賴聲。一曰臥也。」貝部云：「賴，贏也。從貝，剌聲。」《禮記・月令》云「不可以贏」，注云：「贏，猶解也。」解即懈。贏、賴、解同義。然則富歲子弟多賴，謂其粒米狼戾，民多懈怠。《月令》「不可以嬴」，卽是不可以嬾。而子弟多賴，卽是子弟多懈也。賴與暴俱是陷溺其心。若謂豐年多善，凶年多惡，未聞温飽之家皆由禮者矣。』阮氏説是也。○注『非天』至『惡者也』○正義曰：戴氏震《孟子字義疏證》云：『才者，人與百物各如其性以爲形質，而知能遂區以别焉，孟子所謂「天之降才」是也。氣化生人生物，據其限於所分而言謂之命，據其爲人物之本始而言謂之性，據其體質而言謂之才。由成性各殊，故才質亦殊。才質者，性之所呈也。舍才質安覩所謂性哉？以人〔一〕物譬之器，才則其器之質也，分於陰陽五行而成性各殊，則才質因之而殊。猶金錫之在冶，冶金以爲器，則其器金也；冶錫以爲器，則其器錫也；品物之不同如是矣。從而察之，金錫之精良與否，其器之爲質，一如乎所冶之金錫，一類之中又復不同如是矣。爲金爲錫，及其金錫之精良與否，性之喻也。其分於五金之中，而器之所以爲器卽於是乎限，命之喻也。就器而别之，孰金孰錫，孰精良與孰否，才之喻也。故才之美惡，於性無所增，亦無所損。夫金錫之爲器，一成而不變者也。人又進乎是。自聖人而下，其等差凡幾？或疑人之才非盡精良矣，而不然也。猶金之五品，而黄金爲貴，雖其不美者〔二〕，莫與之比貴也，況乎人

〔一〕『人』，《皇清經解》本無『人』字。
〔二〕『者』，《皇清經解》本作『也』。

皆可以爲賢爲聖也！後儒以不善歸氣稟，孟子所謂性，所謂才，皆言乎氣稟而已矣。其稟受之全，則性也。其體質之全，則才也。稟受之全，無可據以爲言，如桃杏之性，全於核中之白，形色臭味無一弗具，而無可見，及萌芽甲坼，根榦枝葉，桃與杏各殊，由是爲華爲實，形色臭味無不區以別者，雖性則然，皆據才見之耳。成是性，斯爲是才。別而言之，曰命，曰性，曰才；合而言之，是謂天性。故孟子曰：『形色，天性也。惟聖人然後可以踐形。』人物成性不同，故形色各殊。人之形，官器利用大遠乎物，然而於人之道不能無失，是不踐此形也。猶言之而形不逮，是不踐此言也。踐形之與盡性盡其才，其義一也。』趙氏以與之異釋爾殊，蓋以爾字爲助詞，與之異但釋殊字也。王氏引之《經傳釋詞》云：『爾，猶如此也。「非天之降才爾殊也」，言非天之降才如此其異也。凡後人言「不爾」「乃爾」「果爾」「聊復爾耳」者，並與此同義。』**今夫麰麥，播種而耰之，其地同，樹之時又同，浡然而生，至於日至之時，皆熟矣。雖有不同，則地有肥磽，雨露之養，人事之不齊也。**【注】麰麥，大麥也。《詩》云：『貽我來麰。』言人性之同，如此麰麥。其不同者，人事雨澤有不足，地之有肥磽耳。磽，薄〔一〕也。【疏】『播種而耰之』○正義曰：《説文》木部云：『櫌，摩田器也。從木，憂聲。《論語》曰：「櫌而不輟。」』段氏玉裁《説文解字注》

〔一〕『薄』，《皇清經解》本作『露』，《孟子注疏》作『薄』。

云：『《五經文字》曰：「經典及《釋文》皆作耰。鄭曰：耰，覆種也。與許合。許以物言，鄭以人用物言。」《齊語》「深耕而疾耰之，以待時雨」，韋曰：「耰，摩平也。」《齊民要術》曰：「耕荒畢，以鐵齒鎉錂再徧杷之。漫擲黍穄，勞亦再徧。」卽鄭所謂「覆種也。」許云摩田，當兼此二者。賈又曰：「春耕尋手勞，秋耕待白背。」勞，古曰耰，今曰勞。勞，郎到切，《集韻》作「撈」。』謹按：撈，今俗所謂抄也。土初耕，尚粗成塊，以鐵齒杷之則細，屢杷則愈細，所謂抄也。先杷其土令細，是摩平也。既布種又杷之，是覆種也。摩平、覆種二事，而皆用此耰。覆種亦是摩田，而摩田不皆覆種也。此播種而耰，當是覆種。《論語》『耰而不輟』，方在耦耕之後，蓋始摩平其粗塊，不必卽覆種矣。《音義》引丁云：『音憂，壅苗根也。』時方播種，尚未生苗，種已生苗，詎容摩平，丁説非是。○注「至於日至之時皆熟矣」○正義曰：孔氏廣森《經學卮言》云：『日至之時，謂仲夏日至。《管子·輕重乙》曰：「九月種麥，日至而穫。」《輕重己》曰：「以春日至始，數九十二日，謂之夏至而麥熟。」』趙氏佑《温故録》云：『孟子兩言日至：「千歲之日至」，冬日至也。「至於日至之時」，夏日至也。割麥無過夏至，《月令》「孟夏之月，麥秋至」，乃大概言之。然有先四月熟者，有後四月熟者，要及夏至，則無不熟，故言皆熟。乃舉最遲者以盡其餘，而下別言不同。此時有不熟，則無可復待，有盡去爲晚禾地矣。』○注『麰麥』至『來麰』○正義曰：程氏瑤田《通藝録·九穀考》云：『來，小麥也。麰，大麥也。王禎《農書》載《雜陰陽書》

曰：「大麥生於杏，二百日秀，秀後五十日成。小麥生於桃，二百一十日秀，秀後六十日成。」生於杏，生於桃，並指秀時也。《農桑輯要》載崔寔曰：「凡種大小麥，得白露節可種薄田，秋分種中田，後十日種美田。」二書言大小麥，皆宿麥也。《漢書·武帝紀》注師古曰：「秋冬種之，經歲乃成，故云宿麥。」《吕氏春秋》：「孟夏之昔，殺三葉而穫大麥。」高誘注：「大麥，旋麥也。」按旋之言疾也，與宿麥對言，是謂大麥爲春麥。《玉篇》：「麰，春麥也。」蓋同之矣。余居北方，見種春麥者多矣，然皆小麥也。崔寔曰：「正月可種春麥，盡二月止。」亦不分大小麥。《廣志》：「旋麥，三月種，八月熟，出西方。」似亦言小麥，而非高氏注之旋麥。《玉篇》：「麳，大麥也。」今考崔寔言種大小麥，並以白露節爲始，惟麳麥早晚無常。是大小麥之外，復有麳麥。説者以麳爲大麥類，然則麳爲大麥之别種，非謂大麥盡名麳也。』王氏念孫《廣雅疏證》云：『《釋草》：「大麥，麰也。」《周頌·思文》云「貽我來牟」，傳云：「牟，麥也。」箋云：「武王渡孟津後五日，火流爲烏，五至以穀俱來，此謂貽我來牟。」又《臣工》「於皇來牟」，箋云：「於美乎赤烏，以牟麥俱來。」是不以來爲麥也。《漢書·劉向傳》引《詩》作「釐麰」，而釋之云：「釐麰，麥也。始自天降。」則來、牟俱是麥，於文義爲允也。《説文》云：「來，周所受瑞麥。來麰，一來二縫，象芒刺之形。天所來也，故爲行來之來。」引《詩》云：「詒我來麰。」又云：「齊人謂麥爲秣。」秣與來通。又云：「麰，來麰，麥也。」則亦以來麰爲麥，與劉向同，但不言大小耳。李善注《典引》，引《韓詩》薛君《章句》云：「麰，大麥也。」麰與𪍿同。來𪍿對文，𪍿爲大則來爲小矣。古謂〔一〕大爲牟，《御覽》引《淮南子》注云：「牟，大也。」大麥故稱牟也。』○注『磽薄也』○正義曰：《説文》石部云：『磬，堅也。』『确，磬也。』『磽，磬也。』《毛詩・王風》『丘中有麻』，傳云：『丘中墝埆之處。』墝埆卽磽确也。《一切經音義》引《孟子》注云：『磽确，薄瘠地也。』又引《通俗文》云：『物堅硬謂之磽确。』蓋地土肥則和柔，堅硬則五穀不生，故薄也。**故凡同類者舉相似也，何獨至於人而疑之，聖人與我同類者。**【注】聖人亦人也，其相覺者，以心知耳。蓋體類與人同，故舉相似也。**故龍子曰：「不知足而爲屨，我知其不爲蕢也。」屨之相似，天下之足同也。**【注】龍子，古賢者也。雖不知足大小，作屨者猶不更作蕢。蕢，草器也。以屨相似，天下之足略同故也。【疏】注『蕢草器也』○正義曰：《禮記・曲禮》云：『天子之六工，曰土工、金工、石工、木工、獸工、草工，典制六材。』注云：『惟草工職亡。』蓋謂作萑葦之器，蕢爲草器，蓋卽草工所職，凡葦竹所編者是也。《論語・憲問》篇有『荷蕢』，《太平御覽》引鄭氏注云：『簣，草器也。』《説文》艸部云：『蕢，草器也。臾，古文蕢，象形。《論語》曰：「有荷臾而過孔氏之門。」』又《子罕》篇云：『譬如爲山，未成一簣』，集解引包曰：『簣，土籠也。』簣與蕢通。草器蓋卽盛土之籠，於

〔一〕『謂』，《皇清經解》本作『者』。

臾之象形，可知其狀矣。《晉書・音義》云：『蕢，本作「蒯」。』蕢本與蒯通，《檀弓》『杜蕢』，《左傳》作『屠蒯』是也。今俗呼竹籃之小者爲蒯子，猶古之遺稱也。**口之於味有同耆也，易牙先得我口之所耆者也。如使口之於味也，其性與人殊，若犬馬之與我不同類也，則天下何耆皆從易牙之於味也！至於味，天下期於易牙，是天下之口相似也。**【注】人口之所耆者相似，故皆以易牙爲知味，言口之同也。【疏】『口之』至『似也』○正義曰：僖十七年《左傳》云：『雍巫有寵於衛共姬，因寺人貂以薦羞於公。』注云：『雍巫，雍人名巫，即易牙。』孔氏正義云：『此人爲雍官[一]，名巫而字易牙也。』《戰國策・魏策》云：『齊桓公夜半不嗛，易牙乃煎熬燔炙，和調五味而進之，桓公食之而飽，至旦不覺，曰「後世必有以味亡其國者」。』此易牙知味之事也。孟子此章，特於口味指出性字，可知性即在飲食男女。曰『其性與人殊』，可知人性不同於犬馬。同一飲食，而人能嗜味，鳥獸不知嗜味。推之同一男女，人能好色，鳥獸不知好色。惟人心最靈，乃知嗜味好色，知嗜味好色，即知孝弟忠信禮義廉耻。理義之悦心，猶芻豢之悦口，悦心是性善。悦口亦是性善。**惟耳亦然。至於聲，天下期於師曠，是天下之耳相似也。**【注】耳亦猶口也。天下皆以師曠爲知聲之微妙也。**惟目亦然。至於子都，天下莫不知其姣也。不知子都之姣者，**

[一] 『官』，《皇清經解》本作『宜』，《春秋左传集解》作『官』。

無目者也。【注】目亦猶耳也。子都，古之姣好者也。《詩》云：『不見子都，乃見狂且。』儻無目者，乃不知子都好耳。言目之同也。【疏】注『子都』至『狂且』〇正義曰：引詩在《鄭風·山有扶蘇》。毛傳云：『子都，世之美好者也。』孔氏正義云：『都，謂美好而閑習於禮法。』然則孔氏不以子都爲人名。乃孟子深於《詩》，其稱子都正本於《詩》，而與易牙、師曠並舉，則子都實有其人矣，趙氏引《詩》以證是也。閻氏若璩《釋地續》云：『子都，古之美人也。亦未詳爲男爲女。杜氏注《左》有之，於隱十一年《傳》云：「子都，鄭大夫公孫閼。」故《鄭風》當昭公時，遂以爲國中美男之通稱，曰「不見子都」。』《荀子·非相》篇云：『古者桀紂，長巨姣美，天下之傑也。』姣與美連文，是姣卽美。又《成相篇》云『君子由之佼以好』，佼亦姣也。《衛風·碩人》箋云：『長麗佼好。』《齊風·還》篇『子之昌兮』，毛傳云：『昌，佼好貌。』《釋文》皆云：『佼，本作「姣」。』是姣卽好也。《吕氏春秋·達鬱》篇云『侍者曰公姣且麗』，高誘注云：『姣、麗，皆好貌也。』《韓詩外傳》云：『以爲姣好邪，則太公年七十二，齳然而齒墮矣。』《鹽鐵論·殊路》篇云：『毛嬙，天下之姣人也。』**故曰口之於味也有同耆焉，耳之於聲也有同聽焉，目之於色也有同美焉。至於心，獨無所同然乎？**【注】言人之心性皆同也。【疏】『至於心獨無所同然乎』〇正義曰：毛氏奇齡《賸言補》云：『「至於心獨無所同然」，承上「同耆」「同聽」言，謂同如是耳，與前

「惟耳亦然」諸「然」字〔一〕相應。』**心之所同然者何也？謂理也義也。聖人先得我心之所同然耳。故理義之悦我心，猶芻豢之悦我口。**』【注】心所同耆者，義理也。理者，得道之理，聖人先得理義之要耳。理義之悦心，猶芻豢之悦口，誰不同也。草食曰芻，穀食曰豢。【疏】『心之』至『我口』○正義曰：戴氏震《孟子字義疏證》云：『當孟子時，天下不知理義之爲性，害道之言紛出以亂先王之法，是以孟子起而明之。人物之生，類至殊也。類也者，性之大别也。孟子曰：「凡同類者舉相似也，何獨至於人而疑之，聖人與我同類者。」詰告子「生之謂性」，則曰：「犬之性猶牛之性，牛之性猶人之性與？」蓋孟子道性善，非言性於同也。人之性相近，胥善也。明理義之爲性，所以正不知理義之爲性者也，是故理義性也。由孟子而後，求其説而不得，則舉性之名而曰理也。是又不可。耳之於聲也，天下之聲，耳若其符節也。目之於色也，天下之色，目若其符節也。鼻之於臭也，天下之臭，鼻若其符節也。口之於味也，天下之味，口若其符節也。耳目鼻口之官，接於物而心通其則，心之於理義也，天下之理義，心若其符節也。是皆不可謂之外也，性也。耳能辨天下之聲，目能辨天下之色，鼻能辨天下之臭，口能辨天下之味，心能動天下之理義，人之才質得於天，若是其全也。孟子曰，「非天之降才爾殊也」，曰「乃若其情，則可以

〔一〕『字』，《皇清經解》本作『亦』，《賸言補》作『字』。

爲善矣，乃所謂善也。若夫爲不善，非才之罪也」。惟據才質而言，始確然可以斷人之性善。人之於聖人也，其才非如物之與人異。物不足以知天地之中正，是故無節於內，各遂其自然，斯已矣。人有天德之知，能踐乎中正，其自然則協天地之順，其必然則協天地之常，莫非自然也。物之自然不足語於此。孟子道性善，察乎人之才質所自然，有節於內之謂善也。告子謂「性無善無不善」，不辨人之大遠乎物，概之以自然也。告子所謂無善無不善也者，靜而自然，其神沖虛，以是爲至道。及其動而之善之不善，咸目爲失於至道，故其言曰「生之謂性」。及孟子詰之，非豁然於孟子之言而後語塞也，亦窮於人與物之靈惷殊絶，犬牛類又相絶，遂不得漫以爲同耳。主才質而遺理義，荀子、告子是也。荀子以血氣心知之性，必教之理義，逆而變之，故謂「性惡」，而進其勸學修身之說。告子以上焉者無欲而靜，全其無善無不善，是爲至矣。下焉者理義以梏之，使不爲不善。荀子二理義於性之事能，儒者之未聞道也。告子貴性而外理義，異說之害道者也。凡遠乎《易》、《論語》、《孟子》之書者，性之說大致有三，以耳目百體之欲爲說，謂理義從而治之者也。以心之有覺爲說，謂其神獨先，沖虛自然，理欲皆後也。以理爲說，謂有欲有覺，人之私也。三者之於性也，非其所去，貴其所取。彼自貴其神，以爲先形而立者，是不見於精氣爲物，秀發乎神也。以有形體則有欲，而外形體、一死生、去情欲以安其神，冥是非、絶思慮以苟語自然。不知歸於必然，是爲自然之極致，動靜胥得，神自安也。自孟子時，以欲爲説，以覺爲説，紛如矣。孟子正其遺理義而已矣。心得其常，耳目百體得其順，純懿中正，如是謂之理義。故理義非他，心之所同然也。何以同然，心之明之所止，於事情區以别焉，無幾微爽失，則理義以名。專以性屬之理，而謂壞於形氣，是不見於理之所由名也。』『問：孟子云：「心之所同然者，謂理也，義也。聖人先得我心之所同然耳。」是理又以心言何也？曰：心之所同然始謂之理，謂之義；則未至於同然，存乎其人之意見，非理也，非義也。凡一人以爲然，天下萬世皆曰是不可易也，此之謂同然。舉理以見心能區分，舉義以見心能裁斷。分之，各有其不易之則，名曰理；如斯而宜，名曰義。是故明理者，明其區分也；精義者，精其裁斷也。不明，往往界於疑似而生惑；不精，往往雜於偏私而害道。求理義而智不足者也，故不可謂之理義。自非聖人，鮮能無蔽；有蔽之深，有蔽之淺者。人莫患乎蔽而自智，任其意見，執之爲理義。吾懼求理義者以意見當之，孰知民受其禍之無所終極也哉！』『《六經》、孔、孟之言以及傳記羣籍，理字不多見。今雖至愚之人，悖戾恣睢，其處斷一事，責詰一人，莫不輒曰理者，自宋以來始相習成俗，則以〔一〕理爲如有物焉，得於天而具於心，因以心之意見當之也。於是負其氣，挾其勢位，加以口給者理伸；力弱氣慴，口不能道辭者理屈。嗚呼，其孰謂以此制

〔一〕『則以』，《皇清經解》本作『然則』。

事，以此制人之非理哉！即其人廉深自持，心無私慝，而至於處斷一事，責詰一人，憑在己之意見，是其所是而非其所非，方自信嚴氣正性，嫉惡如讎，而不知事情之難得，是非之易失於偏，往往人受其禍，己且終身不寤，或事後乃明，悔已無及。天下智者少而愚者多，以其心知明於衆人，則共推之爲智，其去聖人甚遠也。以衆人與其所共推爲智者較其得理，則衆人之蔽必多；以衆所共推爲智者與聖人較其得理，則聖人然後無蔽。凡事至而心應之，其斷於心，輒曰理如是，古聖賢未嘗以爲理也。不惟古聖賢未嘗以爲理，昔之人異於今人之一啟口而曰理，其亦不以爲理也。昔人知在己之意見不可以理名，而今人輕言之。夫以理爲如有物焉，得於天而具於心，未有不以意見當之者也。今使人任其意見則謬，使人自求其情則得，子貢問曰：「有一言而可以終身行之者乎？」子曰：「其恕乎！己所不欲，勿施於人。」《大學》言治國平天下，不過曰「所惡於上，毋以使下，所惡於下，毋以事上」，以位之卑尊言也。「所惡於前，毋以先後；所惡於後，毋以從前」，以長於我與我長言也。「所惡於右，毋以交於左；所惡於左，毋以交於右」，以等於我言也。曰「所不欲」曰「所惡」，不過人之常情，不言理而理盡於此。惟以情絜情，故其於事也，非心出一意見以處之。苟舍情求理，其所謂理，無非意見也。未有任其意見而不禍斯民者。』『問：以意見爲理，自宋以來莫敢致斥者，謂理在人心故也。今曰理在事情，於心之所同然，洵無可疑矣。孟子舉以見人性之善，其說可得聞與？曰：孟子言「口之於味也明有同耆焉，耳之於聲也有同聽焉，目之於色也，有同美焉。至於心，獨無所同然乎？」理義之悦心，猶味之悦口、聲之悦耳、色之悦目之爲性。味也、聲也、色也在物，接於我之血氣；理義在事，而接於我之心知。血氣心知，有自具之能：口能辨味，耳能辨聲，目能辨色，心能辨夫〔一〕理義。味與聲色，在物不在我，接於我之血氣，能辨之而悦之，其悦者必其尤美者也。理義在事情之條分縷析，接於我之心知，能辨之而悦之，其悦者必其至是者也。子産言「人生始化曰魄，既生魄，陽曰魂。」曾子言「陽之精氣曰神，陰之精氣曰靈。神靈者，品物之本也。」蓋耳之能聽，目之能視，鼻之能臭，口之知味，魄之爲也，所謂靈也，陰主受者也。心之精爽，有思輒通，魂之爲也，所謂神也，陽主施者也。主施者斷，主受者聽，故孟子曰：「耳目之官不思，心之官則思。」是思者，心之能也。精爽有蔽隔而不能通之時，及其無蔽隔，無弗通，乃以神明稱之。凡血氣之屬，皆有精爽，其心之精爽，鉅細不同。如火光之照物，光小者，其照也近，所照者不謬也，所不照則疑謬承之。不謬之謂得理。其光大者，其照也遠，得理多而失理少。且不特遠近也，光之及又有明闇，故於物有察有不察，察者盡其實，不察斯疑謬承之。疑謬之謂失理。失理者，限於質之昧，所謂愚也。惟學可以增益其不足而進於智，益之不已，至於其極，如日月有明，容光必

〔一〕『夫』，《皇清經解》本無『夫』字。

照，則聖人矣。此《中庸》「雖愚必明」，《孟子》「擴而充之之謂聖人」。神明之盛也，其於事靡不得理，斯仁義禮智全矣。故理義非他，所照所察者之不謬也。何以不謬？心之神明也。人之異於禽獸者，雖同有精爽，而人能進於神明也。理義豈别若一物，求之所照所察之外；而人之精爽能進於神明，豈求諸氣稟之外哉！』『問：後儒以人之有嗜欲出於氣稟，而理者，别於氣稟者也。今謂心之精爽，學以擴充之，進於神明，則於事靡不得理，是求理於氣稟之外者非矣。孟子專舉理義以明性善，何也？曰：古人言性，但以氣稟言，未嘗明言理義爲性，蓋不待言而可知也。至孟子時，異説紛起，以理義爲聖人治天下之〔一〕具，設此一法以强之從，害道之言，皆由外理義而生。人徒知耳之於聲、目之於色、鼻之於臭、口之於味之爲性，而不知心之於理義，亦猶耳目鼻口之於聲色臭味也。故曰「至於心獨無所同然乎」，蓋就其所知以證明其所不知，舉聲色臭味之欲歸之耳目鼻口，舉理義之好歸之心，皆内也，非外也。比而合之，以解天下之惑，俾曉然無疑於理義之爲性，害道之言，庶幾可以息矣。孟子明人心之通於理義，與耳目鼻口之通於聲色臭味，咸根於性，非由後起。後儒見孟子言性，則曰理義，則曰仁義禮智，不得其説，遂於氣稟之外增一理義之性，歸之孟子矣。』『問：聲色臭味之欲亦宜根於心，今專以理義之好

〔一〕『之』，《皇清經解》本無『之』字。

爲根於心，於「好是懿德」固然矣，抑聲色臭味之欲徒根於耳目鼻口與？心，君乎百體者也。百體之能皆心之能也，豈耳悦聲，目悦色，鼻悦臭，口悦味，非心悦之乎？曰：否。心能使耳目鼻口，不能代耳目鼻口之能。彼其能者各自具也，故不能相爲。人物受形於天地，故恒與之相通。盈天地之間，有聲也，有色也，有臭也，有味也，舉聲色臭味，則盈天地之間者無或遺矣。外内相通，其開竅也，是爲耳目鼻口。五行有生剋，生則相得，剋則相逆，血氣之得其養、失其養繫焉。資於外足以養其内，此皆陰陽五行之所爲，外之盈天地之間，内之備於吾身，外内相得無間而養道備。「民之質矣，日〔一〕用飲食」，自古及今，以爲道之經也。血氣各資以養，而開竅於耳目鼻口以通之，既於是通，故各成其能而分職司之。孔子曰：「少之時，血氣未定，戒之在色。及其壯也，血氣方剛，戒之在鬬。及其老也，血氣既衰，戒之在得。」血氣之所爲不一，舉凡身之嗜欲，根於血氣明矣，非根於心也。孟子曰：「理義之悦我心，猶芻豢之悦我口。」非喻言也。凡人行一事，有當於理義，其心氣必暢然自得；悖於理義，心氣必沮喪自失。以此見心之於理義，一同乎血氣之於嗜欲，皆性使然耳。耳目鼻口之官，臣道也。心之官，君道也。臣效其能而君正其可否。理義非他，可否之而當，是謂理義。然又非心出一意以可否之也。若心出一意

〔一〕『日』，《皇清經解》本作『口』。

以可否之，何異强制之乎！是故就事物言，非事物之外别有理義也。「有物必有則」，以其則，正其物，如是而已矣。就人心言，非别有理以予之而具於心也。心之神明，於事物咸足以知其不易之則。譬有光皆能照，而中理者，乃其光盛，其照不謬也。』『人之血氣心知本乎陰陽五行者，性也。如血氣資飲食以養，其化也，即爲我之血氣，非復所飲食之物矣。心知之資於問學，其自得之也亦然。以血氣言，昔者弱而今者强，是血氣之得其養也。以心知言，昔者狹小而今也廣大，昔者闇昧而今也明察，是心知之得其養也。故曰「雖愚必明」。人之血氣心知，其天定者往往不齊。得養不得養，遂至於大異。苟知問學猶飲食，則貴其化，不貴其不化。記問之學，入而不化者也。自得之，則居之安，資之深，取之左右逢其原，我之心知，極而至乎聖人之神明矣。神明者，猶然心也。非心自心而所得者藏於中之謂也。心自心而所得者藏於中，以之言學，尚爲物而不化之學，况以之言性乎！』『問：宋以來之言理也，其説爲「不出於理則出於欲，不出於欲則出於理」，故辨乎理、欲之界，以爲君子小人於此焉分。今以情之不爽失爲理，是理者存乎欲者也。然則無欲〔一〕亦非與？曰：孟子言「養心莫善於寡欲」，明乎欲不可無也，寡之而已。人之生也，莫病乎無以遂其生。欲遂其生，亦遂人之生，仁也。欲遂其生，至於戕人之生而

〔一〕『欲』，《皇清經解》本作『故』。

不顧者，不仁也。不仁，實始於欲遂其生之心，使其無此欲，必無不仁矣。然使其無此欲，則於天下之人生道窮促，亦將漠然視之。己不必遂其生，而遂人之生，無是情也。然則謂「不出於正則出於邪，不出於邪則出於正」，可也。謂「不出於理則出於欲，不出於欲則出於理」，不可也。欲，其物；理，其則也。不出於邪而出於正，猶往往有意見之偏，未能得理。而宋以來之言理欲也，徒以爲正邪之辨而已矣。不出於邪而出於正，則謂以理應事矣。理與事分爲二，而與意見合爲一，是以害事。夫事至而應者，心也。心有所蔽，則於事情未之能得，又安能得理乎？自老氏貴於「抱一」，貴於「無欲」，莊周書則曰：「聖人之靜也，非曰靜也善，故靜也。萬物無足以撓心者，故靜也。水靜猶明，而況精神，聖人之心靜乎？夫虚靜恬澹、寂寞無爲者，天地之平，而道德之至。」此老莊之説。『非《中庸》「雖愚必明」之道也。有生而愚者，雖無欲，亦愚也。凡出於欲，無非以生以養之事，欲之失爲私，不爲蔽。自以爲得理，而所執之實謬，乃蔽而不明。天下古今之人，其大患，私與蔽二端而已。私生於欲之失，蔽生於知之失；欲生於血氣，知生於心。因私而咎欲，因欲而咎血氣，因蔽而咎知，因知而咎心，老氏所以言「常使民無知無欲」，彼自外其形骸，貴其真宰，後之釋氏，其論説似異而實同。宋儒出入於老、釋，故雜乎老、釋之言以爲言……《記》曰：「飲食男女，人之大欲存焉。」聖人治天下，體民之情，遂民之欲，而王道備。人知老、莊、釋氏異於聖人，聞其無欲之説，猶未之信也。於宋儒，則信以爲同於聖人。理欲之分，人人能言之，故今之治人者，視古聖賢體民之情，遂民之欲，多出於鄙細隱曲，不措諸意，不足爲怪。而及其責以理也，不難舉曠世之高節，著於義而罪之。尊者以理責卑，長者以理責幼，貴者以理責賤，雖失，謂之順。卑者、幼者、賤者以理爭之，雖得，謂之逆。於是下之人不能以天下之同情、天下所同欲達之於上。上以理責其下，而在下之罪，人人不勝指數。人死於法，猶有憐之者；死於理，其誰憐之！嗚呼，雜乎老、釋之言以爲言，其禍甚於申、韓如是也。《六經》、孔、孟之書，豈嘗以理爲如有物焉，外乎人性之發爲情欲者而强制之也哉！孟子告齊梁之君，曰「與民同樂」，曰「省刑罰，薄税斂」，曰「必使仰足以事父母，俯足以畜妻子」，曰「居者有積倉，行者有裹囊」，曰「内無怨女，外無曠夫」，仁政如是，王道如是而已矣。』『問：《樂記》言滅天理，窮人欲，其言有似於以理欲爲邪正之别，何也？曰：性，譬則水也。欲，譬則水之流也。節而不過，則爲依乎天理，爲相生養之道，譬則水由地中行也。窮人欲而至於有悖逆詐僞之心，有淫佚作亂之事，譬則洪水横流，汎濫於中國也。聖人教之反躬，以己之加於人，設人如是加於己，而思躬受之之情，譬則禹之行水，行其所無事，非惡汎濫而塞其流也。惡汎濫而塞其流，其立説之工者，且直絶其原，是遏欲無欲之喻也。「口之於味也，目之於色也，耳之於聲也，鼻之於臭也，四體之於安佚也」，此後儒視爲人欲之私者，而孟子曰「性也」，繼之曰「有命焉」。命者限制之名，如命之東則不得而西，言性之欲之不可無節也。節而不過，則依乎天理，非以天理爲正，人欲爲邪也。天理者，節其欲而不窮人欲也。是故欲不可窮，非不可有，有而節之，使無過情，無不及情，可謂之非天理乎！』『試以人之形體與人之德性比而論之，形體始乎幼小，終於長大；德性始乎蒙昧，終乎聖智。其形體之長大也，資於飲食之養，乃長日加益，非「復其初」。德性資於學問，進而聖智，非「復其初」明矣。人物以類區分，而人所稟受，其氣清明，異於禽獸之不可開通。然人與人較，其材質等差凡幾？古聖賢知人之材質有等差，是以重問學，貴擴充。老、莊、釋氏謂有生皆同，故主於去情欲以勿害之，不必問學以擴充之。在老、莊、釋氏既守己自足矣，因毀訾仁義以伸其説。荀子謂常人之性，學然後知禮義，其説亦足以伸。陸子靜、王文成諸人同於老、莊、釋氏而改其毀訾仁義者，以爲自然全乎仁義，巧於伸其説者也。程子、朱子尊理而以爲天與我，猶《荀子》尊禮義以爲聖人與我也。謂理爲形氣所汙壞，是聖人而下形氣皆大不美，卽荀子性惡之説也。而其所謂理，别爲湊泊附著之一物，猶老、莊、釋氏所謂真宰、真空之湊泊附著於形體也。理既完全自足，難於言學以明理，故不得不分理氣爲二本而咎形氣。蓋其説雜糅傅合而成，令學者眩惑其中，雖《六經》、孔、孟之言具在，咸習非勝是，不復求通。嗚呼，吾何敢默而息乎！』○注『理者得道之理』○正義曰：《易・説卦傳》云：『和順於道德而理於義，窮理盡性，以至於命。』孔子言道德性命，指出理字，此孟子所本也。道者，行也。凡路之可通行者爲道，則凡事之可通行者爲道。

得乎道爲德，對失道而言也。道有理也，理有義也。理者，分也。義者，宜也。其不可通行者，非道矣。可行矣，乃道之達於四方者，各有分焉，即各有宜焉。趨燕者行乎南，趨齊者行乎西，行焉而弗宜矣。弗宜即爲失道。趨燕者雖行乎北而或達乎趙，趨齊者雖行乎東而或止乎魯，行焉而仍弗宜矣。弗宜則非義，即非理。故道之分有理，理之得有義。理於義者分而得於義也。惟分，故有宜有不宜。理分於道，即命分於道，故窮理盡性，以致於命。孟子以理義明性，即孔子以理於義明道也。趙氏以得道之理明之，得道之理，即和順於道德而理於義也。後儒言理，或不得乎孔孟之指，故戴氏詳爲闡說是也。説者或並理而斥言之，則亦芒乎未聞道矣。○注「草食曰芻穀食曰豢」○正義曰：《禮記·月令》「仲秋案芻豢」，注云：「養牛羊曰芻，犬豕曰豢。」《説文》艸部云：「芻，刈草也。」飼牛羊以草，故即稱牛羊爲芻。《樂記》云「夫豢豕爲酒」，注云：「以穀食犬豕曰豢。」是犬豕穀食者也，故即稱犬豕爲豢。《大戴記·曾子天圓》篇云：「宗廟曰芻豢，山川曰犧牷。」阮氏元《校勘記》云：「宋本食作『牲』。」

《章指》言：人稟性俱有好憎，耳目口心，所悦者同，或爲君子，或爲小人，猶辨麥不齊，雨露使然也。孟子言是，所以勗而進〔一〕之。【疏】「人稟性俱有好憎」○正義曰：好

〔一〕「進」，《皇清經解》本作「好」，《孟子注疏》本作「進」。

憎卽好惡。孟子以悦心悦口言性，悦卽是好。趙氏兼言好惡，好惡，情也。仍申明可爲善之義也。凌氏延堪《好惡説》云：『人之性受於天，目能視則爲色，耳能聽則爲聲，口能食則爲味，而好惡實基於此。《大學》言「好惡」，《中庸》申之以「喜怒哀樂」，蓋好極則生喜，又極則爲樂；惡極則生怒，又極則爲哀；過則佚於情，反則失其性矣。性者，好惡二端而已。《大學》云：「好人之所惡，惡人之所好，是謂拂人之性。」然則人性初不外乎好惡也。受亦好也，故正心之忿懥、恐懼、好樂、憂患，齊家之親愛、賤惡、畏敬、哀矜、敖惰，皆不離乎人情也。《大學》性字，祇此一見，卽好惡也。《左傳》昭公二十五年太叔對趙簡子曰：「天地之經，而民實則之。則天之明，因地之性，生其六氣，用其五行。氣爲五味，發爲五色，章爲五聲，淫則昏亂，民失其性。」此言性，卽食味、別聲、被色者也。又云：「是故審行信令，禍福賞罰，以制死生。生，好物也。死，惡物也。好物，樂也。惡物，哀也。哀樂不失，乃能協於天地之性，是以長久。」蓋喜怒哀樂，皆由好惡而生，好惡正，則協於天地之性矣。』

孟子正義卷二十三

孟子曰：『牛山之木嘗美矣。以其郊於大國也，斧斤伐之，可以爲美乎！是其日夜之所息，雨露之所潤，非無萌櫱之生焉，牛羊又從而牧之，是以若彼濯濯也。人見其濯濯也，以爲未嘗有材焉，此豈山之性也哉？【注】牛山，齊之東南山也。邑外謂之郊。息，長也。濯濯，無草木之貌。牛山木嘗盛美，以在國郊，斧斤牛羊，使之不得有草木耳，非山之性無草木也。【疏】注『牛山』至『之貌』○正義曰：閻氏若璩《釋地續》云：『牛山齊之東南山，是趙氏在複壁中所注，方向少錯，無論。今目驗在臨淄縣南一十里，亦在唐臨淄縣南二十一里，《括地志》所謂「管仲冢與桓公冢連在牛山上」是。酈道元注：「牛山，一名南郊山，天齊淵出焉。齊以此得名。」梁劉昭不知引何人《孟子》注云：「南小山曰牛山。」晉左思《齊都賦》云：「牛嶺鎮其南。」《列子·力命》篇：「齊景公游於牛山，北臨其國城而流涕。」夫臨曰北，正以山實在南。』『邑外謂之郊』，《爾雅·釋地》文。息之義與生同，生亦長也。王氏念孫《廣雅疏證》云：『饋，長也。息與饋通。《剥·彖傳》云：「君子尚消息盈虛。」消息卽消長也。』《毛詩》言濯濯者二：《大雅・靈臺》篇『麀鹿濯濯』，傳云：『濯濯，娛遊也。』《崧高》篇『鉤膺濯濯』，傳云：『濯濯，光明也。』濯是洗滌溉滌之名，物經滌濯，則垢汙悉去，故光明爲濯濯。山有草木，則陰翳不齊，草木盡去，不異洗濯者然，故趙氏以濯濯爲無草木之貌也。**雖存乎人者，豈無仁義之心哉？其所以放其良心者，亦猶斧斤之於木也。旦旦而伐之，可以爲美乎？其日夜之所息，平旦之氣，其好惡與人相近也者幾希。**【注】存，在也。言雖在人之性，亦猶山之有草木，人豈無仁義之心邪。其日夜之思欲息長仁義，平旦之志氣，其好惡，凡人皆有與賢人相近之心。幾，豈也。豈希，言不遠也。【疏】注『存在』至『遠也』○正義曰：《爾雅・釋言》云：『存，存在也。』是存卽在也。良之義爲善，良心卽善心，善心卽仁義之心。放者，存之反也。《呂氏春秋・順民》篇云『以與吳王爭一旦之死』，高誘注云：『旦，朝也。』旦旦猶云朝朝，亦卽日日也。旦旦，言非一日也。日日放其良心，猶日日伐其山木。山木由此不美，人心亦由此不良。良亦美也。『其日夜之所息』，趙氏解爲其日夜之思欲息長仁義，息之義爲生長，所息指生長此心之仁義。仁義不能無端生長，故趙氏以思欲明之。蓋雖放其良心，其始陷溺未深，尚知自悔，雖爲不仁而思欲尚轉而及仁，雖爲不義而思欲尚轉而及義。此思欲之所轉，卽仁義之心所生長。相近卽『性相近』之相近。放失之後，其平旦之氣，好惡尚與人相近，則『性善』可知矣。趙氏以人爲賢人，謂能存仁義之心，未放失其良者也。其實『與人相近』，正謂與禽獸相遠。謂之爲人性原相近，但日放一日，則日遠於人一日，日遠於人一日，卽日近於禽獸一日，而其日夜所息，則仍與人近而不遠，此孟子以放失仁義之人，明其性之善也。旦旦伐之而所習仍相近，則良心不易亡如此，此極言良心不遽亡，非謂良心易去也。故趙氏以幾希爲不遠也。或以息爲歇息，非是。以幾希爲甚微，亦失之。趙氏佑《温故録》云：『豈希言不遠，與前注「幾希無幾也」異。蓋亦隨文見義與。』**則其旦晝之所爲，有梏亡之矣。梏之反覆，則其夜氣不足以存。夜氣不足以存，則其違禽獸不遠矣。人見其禽獸也，而以爲未嘗有才焉者，是豈人之情也哉！**【注】旦晝，晝日也。其所爲萬事，有梏亂之，使亡失其日夜之所息也。梏之反覆，利害干其心，其夜氣不能復存也。人見惡人禽獸之行，以爲未嘗有善才性，此非人之情也。【疏】注『旦晝』至『情也』○正義曰：《說文》旦〔一〕部云：『旦，明也。』晝日之出入，與夜爲界。宣公八年《穀梁傳》『祭之旦日之享賓也』，注云：『旦日，猶明日也。』《漢書·高帝紀》『旦日合戰』，注云：『旦日，明日也。』趙氏言晝日也，是以日釋晝也。旦晝猶云明日，謂今日夜所息平旦之氣，才能不遠於人，及明日出見紛華，所悅而所息者乃梏亡矣。《音義》云：『丁云：「梏，古沃切，謂悔吝利害也。」』言利害之亂其性，猶桎梏之刑其身，此梏從

〔一〕『旦』，《皇清經解》本作『日』，《說文解字》作『旦』。

木。《書·粊誓》「今惟淫舍牿牛馬」，鄭氏注云：「牿，梏梏之梏。」是梏梏之梏通作牿，故梏亡作牿亡也。趙氏云其所爲萬事，有牿亂之，則是以亂釋牿。《毛詩·小雅·何人斯》云「祇攪我心」，傳云：「攪，亂也。」《詩·大雅·抑》篇「有覺德行」，《禮記·緇衣》引作「有梏德行」，是梏與覺古通。《後漢書·馬融傳·廣成頌》云「梏羽羣」，注云：「梏，諸家並古酷反。」案字書捁從手，卽古文攪字，謂攪擾也。捁、牿、梏同。趙氏讀牿爲攪，故訓爲亂。丁氏以爲桎梏，非其義也。何氏焯《讀書記》云：「有牿之有當讀去聲。」讀去聲則爲又，謂才有所生息，又梏亂而亡失之也。反覆卽反復。息而牿，牿而又息，息而又牿，其始息多於牿，久則牿多於息。息則仁義之心存，牿則利害之見勝，牿之不已，則心但知有利害，不復能思欲息長仁義，是利害之邪，干犯仁義之良，故夜氣不足以存也。至牿之反覆，夜氣不足以存，乃違禽獸不遠。然則人之不遠於禽獸，亦非一日所遽至也。《坤·文言傳》云：「非一朝一夕之故，其所由來者漸矣，由辨之不早辨也。」《繫辭傳》云：「小人不耻不仁，不畏不義，不見利不勸，不威不懲，小懲而大誡，此小人之福也。」又云：「善不積，不足以成名；惡不積，不足以滅身。小人以小善爲無益而弗爲也，以小惡爲無傷而弗去也，故惡積而不可掩，罪大而不可解。」旦旦伐之，牿之反覆，卽漸積之謂也。當其日夜所息，好惡尚與人近，是時早辨，尚不至於牿亡，此聖人設教，所以耻之以仁，畏之以義，勸以利而懲以威也。**故苟得其養，無物不長，苟失其養，無物不消。孔子曰：「操則**

存，舍則亡，出入無時，莫知其鄉。」惟心之謂與？』【注】誠得其養，若雨露於草木，法度於仁義，何有不長也。誠失其養，若斧斤牛羊之消草木，利欲之消仁義，何有不盡也。孔子曰，持之則在，縱之則亡，莫知其鄉。鄉猶里，以喻居也。獨心爲若是也。【疏】注「誠得」至「是也」○正義曰：《楚辭·離騷》云「苟余情其信姱以練要兮」，注云：「苟，誠也。」故以誠釋苟。人之自治，必以問學，聖人治人，則以禮樂，皆以法度於仁義也。息仁義，必以思欲；養仁義，必以法度。趙氏深能發《孟子》之恉。或謂靜以任其自然，非其義也。《説文》水部云：「消，盡也。」故以盡釋消。手部云：「操，把持也。」《禮記·曲禮》「操右契」，注云：「操，持也。」故以持釋操。舍卽放，放卽縱。《論語·雍也》篇「以與爾鄰里鄉黨乎」，集解引鄭曰：「五家爲鄰，五鄰爲里，萬二千五百家爲鄉，五百家爲黨也。」《論語·里仁》篇「里仁爲美，擇不處仁」，集解引鄭曰：「里者，民之所居也。居於仁者之里，是爲善也。」鄉大於里，而皆爲民之所居，故云鄉猶里，以喻居也。惟，猶獨也。近讀鄉爲向，《釋名·釋州國》云：「萬二千五百家爲鄉。鄉，向也。衆所向也。」鄉里之鄉，本取義於向，則其義通矣。毛氏奇齡《聖門釋非録》云：「『出入無時，莫知其鄉』，直接『惟心之謂』句，分明指心言，蓋存亡卽出入也。惟心是一可存可亡、可出可入之物，故操舍惟命，若無出入，則無事操存矣。《大易》『憧憧往來』，往來者，出入也。《大學》心有所，心不在，有所不在，亦出入也。是心原可出入而操舍者，則因其出之入之也。」

《章指》言：秉心持正，使邪不干，猶止斧斤不伐牛山，山則木茂，人則稱仁也。

孟子曰：『無或乎王之不智也。【注】王，齊王也。或，怪也。時人有怪王不智而孟子不輔之，故言此也。【疏】注『王齊王也，或怪也』〇正義曰：孟子仕齊久。下云『吾見亦罕，吾退而寒之者至』，則是孟子仕齊，乃有是語，故知王爲齊王也。《吕氏春秋・審爲》篇云『世必惑之』，高誘注云：『惑，怪也。』或與惑同。**雖有天下易生之物也，一日暴之，十日寒之，未有能生者也。吾見亦罕矣，吾退而寒之者至矣，吾如有萌焉何哉？**【注】種易生之草木五穀，一日暴温之，十日陰寒以殺之，物何能生。我亦希見於王，既見而退，寒之者至，謂左右佞諂順意者多。譬諸萬物，何由得有萌牙生也。【疏】注『種易至『生也』〇正義曰：《小爾雅・廣言》云：『暴，曬也。』《説文》日部云：『曬，暴也。』日光所曬，故温。草木五穀，雖有經冬而生者，然其種必得温和之氣，乃能萌動。今農人清明後浸稻種，既發牙矣，設遇風霜，則必枯萎，是陰寒以殺之也。《爾雅・釋詁》云：『希，罕也。』《毛詩・鄭風・大叔于田》『叔發罕忌』，傳云：『罕，希也。』故罕見即希見也。《説文》艸部云：『萌，草芽也。』『芽，萌芽也。』牙與芽通，故幼小稱童牙。萌牙即萌蘖也。

今夫弈〔一〕之爲數，小數也，不專心致志，則不得也。【注】弈，博也。或曰圍棊。《論語》曰：『不有博弈者乎。』數，技也。雖小技，不專心則不得也。【疏】注『弈博』至『弈者乎』○正義曰：《方言》云：『簙謂之蔽，或謂之箘，秦晉之閒謂之簙，吴楚之閒或謂之蔽，或謂之箭裏，或謂之簙毒，或謂之夗專，或謂之𥫱璇，或謂之綦。所以投簙謂之枰，或謂之廣平。所以行棊謂之局，或謂之曲道。圍棊謂之弈，自關而東齊魯之閒皆謂之弈。』戴氏震《疏證》云：『簙、博古通用。《説文》云：「簙，局戲也。六箸十二棊也。古者烏胄作簙。」「箘，簙棊也。」「局博所以行棊。」「弈，圍棊也。」《荀子·大略》篇云「六貳之博」，楊倞注云：「卽〔二〕六博也。……今之博局，亦二六相對也。」《楚辭·招魂》篇「菎蔽象棊，有六簙些」，王逸注云：「菎，玉也。蔽，簙箸以玉飾之也。投六箸，行六棊，故謂六簙也。」《史記·范睢蔡澤列傳》：「君獨不觀夫博者乎，或欲大投，或欲分功。」《春秋》襄二十五年《左傳》：「今甯子視君，不如弈棋。」《廣雅》「簙箸謂之箭」，「夗專，簙也」，「廣平，枰也」，「曲道，梮也」，「圍棋，弈也」，皆本此。』王氏念孫《廣雅疏證》云：『梮通作局。《韓非子·外儲説》云：「秦昭王以松柏之心爲博箭。」《西京雜記》云：「許博昌善陸博法，用六

〔一〕『弈』，《皇清經解》作『奕』，下同。《孟子注疏》作『弈』。
〔二〕『卽』《皇清經解》本同，《荀子·榮辱篇》作『則』。

箸，以竹爲之，長六分，或用二箸。」《列子・説符篇・釋文》引《六博經》云：博法，二人相對，坐向局，局分爲十二道，兩頭當中名爲水。用棊十二枚，法六白六黑，又用魚二枚，置於水中。其擲采以瓊爲之。二人互擲采行棊，棊行到處，卽竪之，名爲驍棊，卽入水食魚，亦名牽魚。每一牽魚，獲二籌；翻一魚，獲三籌。若已牽兩魚而不勝者，名曰被翻雙魚。彼家獲六籌，爲大勝也。廣平，爲博局之枰，取義於平也。《説文》云：「枰，平也。」韋昭《博弈論》云：「所志不出一枰之上。」』《小爾雅・廣服》「棊局謂之弈」，宋氏翔鳳《訓纂》云：『《説文》：「弈，圍棊也。」《廣雅・釋言》：「圍棊，弈也。」弈通作亦。《大戴禮・小辨》篇：「夫亦，固十棊之變由不可既也。」亦卽弈字。《文選・博弈論》注引邯鄲淳《藝經》曰：「棊局縱横，各十七道，合二百八十九道，白黑棊子各一百五十枚。」《後漢書・張衡傳》「弈秋以棊局取譽」，注云：「弈，圍局也。棊卽所執之子。」按博弈皆用棊，弈爲圍棊，博爲局戲。《説文》：「簙，局戲也。六箸十二棊也。」法與圍棊異。』按謂博與弈異是也。博蓋卽今之雙陸，弈爲圍棊，今仍此名矣。以其局同用板平承於下，則皆謂之枰；以其同行於枰，皆謂之棊。《史記・日者列傳》：『旋式正棊。』劉徽《九章算術》：『句股羃，用諸色棊别之。』凡用以布列者之通名。而博之棊，上高而鋭，如箭亦如箸，今雙陸棊俗謂之鎚，尚可考見其狀，故有箭箸之名。今雙陸枰上，亦有水門，其法古今有不同，如弈古用二百八十九道，今則用三百六十一道，亦其例也。班固《弈旨》云：『夫博懸於投，不專在行，優者有不遇，劣者有僥倖，雖有雌雄，不足以爲平也。至於弈則不然，高下相推，人有等級，若孔氏之門，回、賜相服，循名責實，謀以計策，若唐虞之朝，考功黜陟，器用有常，施設無祈，因敵爲資，應時屈伸。』此分別博弈甚明。蓋弈但行棊，博以擲采而後行棊，後人不行棊而專擲采，遂稱擲采爲博，博與弈益遠矣。趙氏以《論語》博、弈連言，故以博釋弈，其實弈爲圍棊之專名，與博同類而異事也。引《論語》在《陽貨》篇第十七。○注『數技』至『得也』○正義曰：《吕氏春秋·察賢》篇『任其數而已矣』，《淮南子·原道訓》『貴其周於數』，高誘注並云：『數，術也。』《禮記·鄉飲酒義》『古之學術道者』，注云：『術，猶藝也。』《坊記》『尚技而賤事』，注云：『技，猶藝也。』技、術皆訓藝。數之爲技，猶數之爲術，即數之爲藝。《禮記·少儀》『遊於藝』，注云：『藝，六藝也。一曰五禮，二曰六樂，三曰五射，四曰五御，五曰六書，六曰九數。』九數爲六藝之一，故數可稱藝。其實數之名，《漢書·律曆志》云一十百千萬是也。九數之用，其爲方田、粟米、差分、少廣、商功、均輸、方程、赢不足、旁要，今有重差、夕桀、句股，其用大矣。而一枰之閒，方罫之內，勝負視乎多寡，所以商度而計較者，亦數之類也，故云小數。致之言細密也，用志不細不密，則負矣。故專一其心，以細密其志也。致是細密，細密卽是精。趙氏《章句》不解『致志』，而《章指》云『不精不能』，不精卽解不致志，不能卽解不得也。趙氏注中所略，每於《章指》補之。**弈秋，通國之善弈者也。使弈秋誨二人弈，其一人專心致志，惟弈**

秋之爲聽；一人雖聽之，一心以爲有鴻鵠將至，思援弓繳而射之，雖與之俱學，弗若之矣。爲是其智弗若與？曰非然也。』【注】有人名秋，通一國皆謂之善弈曰弈秋。使教二人弈，其一人惟秋所善而聽之，其一人念欲射鴻鵠，故不如也。爲是謂其智不如也，曰非也，以不致志也。故齊王之不智，亦若是。【疏】『思援弓繳而射之』○正義曰：《說文》手部云：『援，引也。』《淮南子・說山訓》云『好弋者先具繳與矰』，注云：『繳，大綸。』《說文》糸部云：『繁，生絲縷也。』《文選・文賦》李善注引《說文》云：『謂縷系矰矢而以𨾴射也。』矢部云：『矰，𨾴射矢也。』隹部云：『𨾴者，繁射飛鳥也。』《詩・鄭風・女曰雞鳴》箋，《齊風・盧令》箋皆云：『弋，繳射也。』孔氏正義曰：『以繩繫矢而射鳥謂之繳射。』《說文》糸部又云：『緡。釣魚繁也』。然則繁爲生絲縷之名，可用以繫弓弋鳥，亦可用以繫竿釣魚。○曰『非然也』○正義曰：王氏引之《經傳釋詞》云：『有一人之言而自爲問答者，則加曰字以別之，《孟子》「爲其智弗若與，曰非然也」是也。』爲與謂同義，言謂是其智弗若也。趙注云『爲是謂其智弗如也』，分爲與謂爲二，失之。○注『有人』至『弈秋』○正義曰：古之以技傳者，每稱之爲名，如醫和、卜徒父是也。此名弈秋，弈是技名，故知秋爲其名，因通國皆謂之善弈，故以弈加名稱之也。《文選・齊故安陸昭王碑文》云：

『弈思之微，秋儲無以競巧〔一〕。』注云：『《孟子》曰：「弈秋，通國之善弈者也。」儲，謂儲蓄精思也。』儲字承上思字，儲蓄精思，正是專心致志，李善注是也。王應麟以儲亦『善弈之人』，非是。《藝文類聚》引《尸子》云：『鴻鵠在上，扞弓彀弩以待之。若發若否，問二五曰弗知。非二五難計也，欲鴻之心亂也。』此文殘闕，當卽《孟子》此文之意。俱學者，俱習也。智，卽性之神明也。弗若者，習相遠也。非然者，非性本相遠也。此章以智明性，與前章以仁義明性互見之。

《章指》言：弈爲小數，不精不能，一人善之，十人惡之，雖竭其道，何由智哉！《詩》云：『濟濟多士，文王以寧。』此之謂也。【疏】『詩云』至『謂也』○正義曰：周氏廣業《孟子章指考證》云：『濟濟二句，《左傳》成二年楚子重引之云：「文王猶用衆，況吾儕乎。」荀卿、梅福、王褒皆以爲文王賴多士以寧。獨《管子》云：「濟濟者，誠莊事斷也。多士者，多長者也。周文王誠莊事斷，故國治；其羣臣明理以佐主，故主明。主明而國治，竟內被其澤利，殷民舉首而望文王，願爲文王臣。」以濟濟指文王言。賈誼《新書》又云：「輔翼文王，則身必已安也。」以寧指多士言。二解並異。』按此詩爲《大雅·文王》篇第三章。傳云：『濟濟，多威儀也。』孔氏正義云：『《釋訓》云：「濟濟，容止也。」孫炎云：「濟

〔一〕『巧』，《皇清經解》本作『考』，《文選》本作『巧』。

濟，多士之容止也。」《少儀》云：「朝廷之儀，濟濟翔翔。」與此同。』濟濟與多士連文，自指多士，趙氏引以與一人善之相對，多士則寧一人，則不智也。

孟子曰：『魚，我所欲也。熊掌，亦我所欲也。二者不可得兼，舍魚而取熊掌者也。生，亦我所欲也。義，亦我所欲也。二者不可得兼，舍生而取義者也。【注】熊掌，熊蹯也。以喻義。魚，以喻生也。【疏】注『熊掌熊蹯也』○正義曰：《周禮・秋官・穴氏》：『掌攻蟄獸，各以其物火之，以時獻其珍異皮革。』注云：『蟄獸，熊羆之屬。』賈氏疏云：『謂熊羆之皮及熊蹯之等。』文公元年《左傳》云：『以宫甲圍成王，王請食熊蹯而死。』注云：『熊掌難熟，冀久將有外救。』宣公二年《左傳》云『宰夫胹熊蹯不熟』，宣公六年《公羊傳》『熊蹯不熟』，注云：『蹯，掌也。』**生亦我所欲，所欲有甚於生者，故不爲苟得也。死亦我所惡，所惡有甚於死者，故患有所不辟也。如使人之所欲莫甚於生，則凡可以得生者，何不用也！使人之所惡莫甚於死者，則凡可以辟患者，何不爲也！**【注】有甚於生者，謂義也。義者不可苟得。有甚於死者，謂無義也。不苟辟患也。莫甚於生，則苟利而求生矣。莫甚於死，則可辟患不擇善，何不爲耳。【疏】注『莫甚』至『爲耳』○正義曰：趙氏謂人之所欲莫甚於生，是不知好義之人也。不知好義，乃苟求得生。人之所惡莫甚於死者，是不知惡不義之人也。不知惡不義，乃苟於辟患，是指喪失其良心者而言，於下『由是』云云不貫。近時通解，則以此爲反言，以決人性之必善，必有良心，以爲下『人皆有之張本。欲生惡死，人物所同之性。乃人性則所欲有甚於生，所惡有甚於死，此其性善也。此其良心也。何以見其欲有甚於生，於其不爲苟得見之。何以見其惡有甚於死，於其患有所不辟見之。惟其有此良心，乃能如是。使本無良心，則惟欲生而已，惟惡死而已。所欲無有甚於生，則何以不爲苟得，所惡無有甚於死，則何以患有所不辟，反復以明人必有此良心。或謂此言生死之權度，所欲有甚於生，則不苟得此生，所惡有甚於死，則不苟於辟患，此舍生而取義之事也。使無義可取，則此時所欲，莫甚於生，則又以得生爲是；此時所惡，莫甚於死，則又以辟患爲是。生而不義，則不苟生；生而義，則亦不苟死。不爲苟得，患有所不辟，爲貪生亡義者言也。可以得生，何不用；可以辟患，何不爲：爲輕生不知義者言也。義不在生，亦不在死，當死而死，當生而生，聖人之權也。**由是則生而有不用也，由是則可以辟患而有不爲也，是故所欲有甚於生者、所惡有甚於死者，非獨賢者有是心也，人皆有之，賢者能勿喪耳。**【注】有不用，不用苟生也。有不爲，不爲苟惡而辟患也。有甚於生，義甚於生也。有甚於死，惡甚於死也。凡人皆有是心，賢者能勿喪亡之也。【疏】『由是』至『喪耳』○正義曰：趙氏以『由是』以下爲一節，蓋以兩『由是』與『是故』二字相呼吸。○注『不爲苟惡』○正義曰：苟惡，謂不肯苟且爲惡也。**一簞食，一豆羹，得之則生，弗得則死。嘑爾而與之，行道之人弗受。蹴爾而與之，乞人不屑也。**

【注】人之餓者，得此一器食可以生，不得則死。嘑爾猶呼爾，咄啐之貌也。行道之人，道中凡人，以其賤己，故不肯受也。蹴，蹋也。以足踐蹋與之，乞人不絜之。亦由其小，故輕而不受也。【疏】注「嘑爾」至「貌也」○正義曰：《音義》云：「嘑，呼故切。咄，丁都忽切，叱也。啐，七内切，呼也。」呼與嘑通。文公元年《左傳》「江芊〔一〕怒曰呼役夫」，注云：「呼，發聲也。役夫，賤者稱。」怒而稱以賤者，而先發聲爲呼，則呼是怒聲。《文選・送於陟陽侯詩》注引《倉頡篇》云：「咄，啐也。」曹植《贈白馬王彪詩》注引《説文》云：「咄，叱也。」《説文》口部：「叱，訶也。」「吒，叱怒也。」言部云：「訶，大言而怒也。」嘑之訓爲號，趙氏以與「嘑爾」之義不合，故用《左傳》「呼」字讀之。又解以咄啐，明其爲怒也。或以嘑爲召呼，乃行道之人，招之使食，未見其必不肯受。下云「道中凡人，以其賤己」，正用呼役夫之意也。道中卽路中。○注「蹴蹋」至「絜之」○正義曰：《説文》足部云：「蹴，躡也。」「蹋，踐也。」「躡，蹈也。」「蹈，踐也。」蹴、躡、蹋、踐、蹈五字相轉注。以足踐履之，則汙而不絜。《毛詩・邶風・谷風》「不我屑以」，傳云：「屑，潔也。」潔與絜同。不屑，是不以爲潔也。**萬鍾則不辯禮義而受之，萬鍾於我何加焉？爲宮室之美，妻妾之奉，所識窮乏者得我與？**【注】言一簞食則貴禮，至於萬鍾，則不復辯别有禮義與不。

〔一〕「芊」，《皇清經解》本作「芉」，《春秋左傳集解》作「芈」。

鍾，量器也。萬鍾於己身何加益哉，己身不能獨食萬鍾也。豈不爲廣美宮室，供奉妻妾，施與所知之人窮乏者。萬鍾或以禮或不以禮，以禮則義可受，不以禮則義不可受，此宜辨别者也。不辨，則有非禮而受者矣。

【疏】注「言一」至「乏者」○正義曰：噱爾蹴爾，無禮者也。不受不絜，貴禮也。《音義》云：「辯，丁本作「變」，云：「於義當爲辯，辯，别也。」」阮氏元《校勘記》云：「《周易·坤·釋文》：「由辯，荀作變。」是辯、變古字通用。」按今本作「變」。《五經文字》云：「辯，理也。」「辨，别也。」經典或通用之。昭公三年《左傳》云：「釜十則鍾。」《考工記·㮚氏》「量之以爲鬴」。鬴卽釜，是鍾爲量器也。釜爲六斗四升，鍾爲十釜，是六斛四斗也。《淮南子·修務訓》「螟螟然日加數寸」，注云：「加，猶益也。」人日食幾何，故於己身何有加益。昭公六年《左傳》「奉之以仁」，注云：「奉，養也。」《廣雅·釋言》云：「供，養也。」故以供釋奉。《説文》人部云：「供，設也。一曰供給。」謂蓄妻妾，則給以養之。奉，卽禄食也。《詩·大雅·瞻卬》篇「君子是識」，箋云：「識，知也。」得字趙氏無釋，而云「施與」。《音義》出「得我與」，云：「張云平聲，亦如字。」以施釋與，則趙氏讀與如字。得我與，謂得獲我之所施與也。讀與爲平聲，則得我不可爲得獲之得。哀公二十四年《左傳》云：「公如越，得大子適郢」，注云：「適郢，越王大子得相親悦也。」得與德通，《禮記·樂記》云：「德者，得也。」《國策·齊策》云「必德王」，《秦策》云「必不德王」，此得我卽德我，所知之人窮乏，而我施與之，則彼必以我爲恩德而親悦我也。近時通解如是。**鄉爲身死而不受，今爲宫室之美爲之；鄉爲身死而不受，今爲妻妾之奉爲之；鄉爲身死而不受，今爲所識窮乏者得我而爲之：是亦不可以已乎？此之謂失其本心。』**【注】鄉者不得簞食而食則身死，尚不受也。今爲此三者爲之，是亦不可以止乎，所謂失其本心也。

《章指》言：**舍生取義，義之大者也。簞食萬鍾，用有輕重，縱彼納此，蓋違其本。凡人皆然，君子則否，所以殊也。**

孟子曰：『仁，人心也。義，人路也。舍其路而弗由，放其心而不知求，哀哉！【注】不行仁義者，不由路、不求心者也。可哀憫哉。【疏】注『可哀憫哉』○正義曰：《説文》口部云：『哀，閔也。』**人有雞犬放，則知求之，有放心而不知求，學問之道無他，求其放心而已矣。』**【注】人知求雞狗，莫知求其心者，惑也。學問所以求之。【疏】注『學問所以求之』○正義曰：前言『放其良心』，『失其本心』，『操則存，舍則亡』，『賢者能勿喪』，蓋所以放之失之舍之喪之者，由於不能操之，所以不能求之也。何以操之？惟在學問而已。學問，卽《中庸》所云『博學之，審問之』，《論語》所謂『博學而篤志，切問而近思』，孔子所云『好古敏求』，孟子所云『誦詩讀書』，聖人教人學以聚之、問以辨之者，無有他意，不過以此求其放心而已。顧氏炎武《日知録》云：『「學問之道無他，求其放心而已矣」，然則但求放心，可不必於學問乎？與孔子之言「吾嘗終日不食，終夜不寢，以思，無益，不如學也」者，何其不同邪？他日又曰：「君子以仁存心，以禮存心。」是所存者，非空虛之心也。夫仁與禮，未有不學問而能明者也。孟子之意，蓋曰能求放心，然後可以學問。「使弈秋誨二人弈，其一人專心致志，惟弈秋之爲聽；一人雖聽之，一心以爲有鴻鵠將至，思援弓繳而射之，雖與之俱學，弗若之矣。」此放心而不知求者也。然但知求放心，而未嘗窮中罫之方，悉雁行之勢，亦必不能從事於弈。』趙氏佑《温故録》云：『注「學問所以求之」一語，精義。然求放心非學問不爲功，須兼到乃盡耳。求放心，卽是求仁義而全乎人也。』

《章指》言：由路求心，爲得其本；追逐雞狗，務其末也。學以求之，詳矣。【疏】『由路』至『詳矣』○正義曰：求心在於知義，知義在於學問，趙氏深得《孟子》之恉，通儒也。

孟子曰：『今有無名之指屈而不信，非疾痛害事也。如有能信之者，則不遠秦楚之路，爲指之不若人也。【注】無名之指，手之第四指也。蓋以其餘指皆有名。無名指者，非手之用指也。雖不疾痛妨害於事，猶欲信之，不遠秦楚，爲指不若人故也。【疏】注『無名』至『故也』○正義曰：無名指，詳見《滕文公》篇下。《楚辭·招魂》云『敬而無妨些』，王逸注云：『妨，害也。』故害事爲妨害於事。但不信則非疾痛，或雖不疾痛，而以不信妨事，尚須慮之，而又爲無名之指，非手之所常用，則不信亦不妨害事，可不慮也。**指不若人，則知惡之；心不若人，則不知惡，此之謂不知類也。**【注】心不若人，可恶之大者也。而反惡指，故曰不知其類也。類，事也。【疏】注『類事也』〇正義曰：《呂氏春秋・達鬱》篇云『得其細，失其大，不知類耳』，高誘注云：『類，事也。』《禮記・學記》云『九年知類通達』，注云：『知類，知事義之比也。』

《章指》言：**舍大惡小，不知其要，憂指忘心，不嚮於道，是以君 子惡之也。**

孟子曰：『拱把之桐梓，人苟欲生之，皆知所以養之者。至於身而不知所以養之者，豈愛身不若桐梓哉？弗思甚也。』【注】拱，合兩手也。把，以一手把之也。桐，梓，皆木名也。人皆知灌溉而養之，至於養身之道，當以仁義，而不知用，豈於身不若桐梓哉，不思之甚也。【疏】注『拱合』至『名也』〇正義曰：《尚書序》云：『伊陟相大戊，亳有祥桑穀共生於朝。』《史記集解》引鄭氏注云：『兩手搤之曰拱。』王氏鳴盛《尚書後案》云：『共與拱通，僖三十二年《傳》「爾墓之木拱」，杜預曰：「合手曰拱。」《呂覽・季夏紀・制樂》篇載此事，高誘注亦云：「滿兩手曰拱。」是也。』《説文》手部云：『把，握也。』《莊子・人閒世》云『宋有荊氏者，宜楸柏桑其拱把而上者』，《釋文》云：『拱，恭勇反。把，百雅反。司馬云：「兩手曰拱，一手曰把。」』《毛詩・鄘風・定之方中》云『樹之榛栗，椅桐梓漆』，箋云：『樹此六木於宮。』謂桐梓與榛栗椅漆爲六，是桐梓皆木名。《爾雅·釋木》云『榮桐木』，注云：『卽梧桐。』又云『椅梓』，注云：『卽楸。』是也。《齊民要術》有種桐梓法。**《章指》言：莫知養身而養樹木，失事違務，不得所急，所以戒未達者也。**【疏】『而養樹木』○正義曰：孔本樹上有『其』字。阮氏元《校勘記》云：『孔本、韓本衍「其」字。』

孟子曰：「人之於身也兼所愛，兼所愛，則兼所養也。無尺寸之膚不愛焉，則無尺寸之膚不養也。【注】人之所愛則養之。於身也，一尺一寸之膚養相及也。【疏】注『人之』至『相及也』○正義曰：趙氏之意，以身對心而言，心身皆人之體，愛心亦兼愛身，則養心亦兼養身，故先言人之所愛則養之，渾括身心而言。次言於身也，一尺一寸之膚養相及，明養身由養心而兼及之也。膚爲肌肉，屬身言。**所以考其善不善者，豈有他哉？於己取之而已矣。**【注】考知其善否，皆在己之所養也。【疏】注『考知』至『養也』○正義曰：考與攷同。《周禮·夏官·大司馬》『以待攷而誅賞』，注云：『考，謂考校其功。』《詩·大雅·文王有聲》篇『考卜維王』，箋云：『考，猶稽也』。養身爲養心之所兼，則大小顯然可見，善則爲大人，不善則爲小人。欲知其爲大人小人，則不必攷校稽察於他事，卽其所養在何體，則知之矣。**體有貴賤，有小大，無以小害大，無以賤害貴，養其小者爲小人，養其大者爲大人。**【注】養小則害大，養賤則害貴。小，口復也。大，心志也。頭頸，貴者也。指拇，賤者也。不可舍貴養賤者也。務口腹者爲小人，治心志者爲大人。【疏】注「養小」至「大人」○正義曰：趙氏佑《温故録》云：「大貴小賤，無可易也。注以大謂心志，小謂口腹，是已，忽增出貴謂頭頸，賤謂指拇，則支矣。按『頭頸貴者』以下十八字，於上下文義不貫，恐非趙氏原文。」**今有場師，舍其梧檟，養其樲棘，則爲賤場師焉。**【注】場師，治場圃者。場以治穀。圃，園也。梧，桐，檟，梓，皆木名。樲棘，小棘，所謂酸棗也。言此以喻人舍大養小，故曰賤場師也。【疏】注「場師」至「師也」○正義曰：《周禮・地官・載師》「以場圃任園地」，注云：「圃，樹果蓏之屬。季秋於中爲場。」《場人》「每場下士二人」，「掌國之場圃，而樹之果蓏珍果之物，以時斂而藏之」，注云：「場，築地爲墠，季秋除圃中爲之。《詩》云：『九月築場圃，十月納禾稼。』」場爲納禾稼而築，故云：場以治穀。場爲圃中之地，園圃乃樹草木，今言養其樲棘，故連圃言之。《爾雅・釋言》云：「師，人也。」蓋場師即場人也。場人稱師，猶工師醫師漁師之屬。《爾雅・釋木》「櫬梧」與「桐榮木」別，「梠山榎」與「椅梓」別，蓋梧雖與桐異而爲一類，故梧亦稱梧桐。梓雖與榎異，《考工記》注云：「梓，榎屬。」以其屬統言之，則梧亦桐也，榎亦梓也。段氏玉裁《説文解字注》云：「『檟，楸也。』《釋木》『槐小葉曰榎』，郭云：『槐當爲楸，楸細葉者爲榎。』又『大而皵楸，小而皵榎』，郭云：『老乃皮粗皵爲楸，小而皮粗皵爲榎。』又『梠，山榎』，郭云：『今之山楸。』榎者檟之或字。」阮氏元《校勘記》云：「樲棘，古書皆作『樲棗』。《爾雅》「遵羊棗」注引《孟子》「養其樲棗」，古本《爾雅》皆同。唐宋人《本草》注亦作「樲棗」。毛傳云：「棘者，棗也。」統言之也。故羊棗雖小而得稱棗。「樲棘小棘」，此是「樲棗小棗」之誤，不可不正。小棘之語，尤爲不通。』《説文解字注》云：『《釋木》曰：「樲，酸棗。」《孟子》曰：「舍其梧檟，養其樲棗。」趙曰：「樲棗，小棗，所謂酸棗也。」《孟子》本作「酸棗」，宋刻《爾雅》及《玉篇》、《唐本草》，又《本草圖經》皆可證。今本改作「樲棘」，非是。樲之言副貳也，爲棗之副貳，故曰樲棗。《本草經》曰：「酸棗，味酸平，主心腹寒熱，邪結氣聚，四肢酸疼，溼痺煩心不得眠。諸家皆云：似棗而味酸。」』按《齊民要術·種棗》第三十三云：『孟子曾曰樲棗。』《藝文類聚》引《孟子》作『養其樲棗』。則樲棘宜作『樲棗』是也。錢氏大昕《養新録》云：『《爾雅》「樲，酸棗」。不聞樲棘爲小棗。梧、檟二物，則樲、棘必非一物。樲爲酸棗，棘卽荊棘之棘也。』**養其一指而失其肩背而不知也，則爲狼疾人也。**【注】謂醫養人疾，治其一指，而不知其肩背之有疾，以至於害之，此爲狼藉亂不知治疾之人也。【疏】注『謂醫』至『人也』〇正義曰：尋常養身，卽但養一指，不致失其肩背。惟疾病隱於肩背而見於一指，醫但見其指有疾，而不能知疾之在肩背，徒治其指，而轉有傷害於肩背。《老子》云：『輕則失本』，王弼注云：『失本，謂喪身也。』《易》『東北喪朋』，《釋文》引馬注云：『喪，失也。』《國語·晉語》『而先紂喪』，韋注云：『喪，敗也。』《國策·秦策》云『紛彊欲敗之』，高誘注云：『敗，害也。』是失、喪、敗、害四字轉注，失卽害也。趙氏讀狼疾爲狼藉，而以亂釋之。《漢書・劉屈氂傳》云「事籍籍如此」，注云：「籍籍，猶紛紛也。」《吕氏春秋・慎大》篇高誘注云：「紛紛，淆亂也。」《楚辭・憂苦》篇「心紛錯而不受」，王逸注云：「紛錯，憒亂也。」狼藉猶紛錯，害而不知，此醫之昏憒瞀亂者矣。《滕文公》上篇「狼戾」，趙氏以爲「猶狼藉」，又云：「饒多狼藉，捐棄於地。」凡饒多則紛錯，故爲亂。而饒多亦爲豐盛，故《史記・陸賈傳》「名聲籍甚」，《漢書》注引孟康云：「言狼籍之甚。」《史記・集解》引《漢書音義》云：「言狼籍甚盛。」盛與亂之訓不同，而皆本於饒多則一也。注中「醫養人疾」，「不知治疾」兩疾字，與經文疾字無涉。經文「疾」字，趙氏以籍字讀之也。**飲食之人，則人賤之矣，爲其養小以失大也。飲食之人無有失也，則口腹豈適爲尺寸之膚哉？**【注】飲食之人，人所以賤之者，爲其養口腹而失道德耳。如使不失道德，存仁義以往，不嫌於養口腹也。故曰口腹豈但爲肥長尺寸之膚邪，亦爲懷道德者也。【疏】注「如使」至「德者也」〇正義曰：《爾雅・釋詁》云：「適，往也。」《國策・秦策》云「疑臣者不適三人」，高誘注云：「適音翅，翅與啻同。不啻，猶云不但也。」然則適如字則爲之往之義，讀如翅則爲啻但之詞。趙氏既云存仁義以往，是以往釋適字。又云口腹豈但爲肥長尺寸之膚邪，直以但字代適字。然則趙氏兼存兩義也。飲食之人，不以嗟來爲耻，故其往食也，人賤之。存仁義而往，如大烹以養聖賢，則「不家食吉，利有攸往」矣。謂其往因行仁義，非因貪口腹，故不爲尺寸之膚，爲仁義而飲食，則亦豈但爲口腹。兩讀皆可通，此所以兼存與？王氏引之《經傳釋詞》云：「家大人曰：《説文》『適，從辵啻聲』。適、啻聲相近，故古字或以適爲啻。」

《章指》言：養其行，治其正，俱用智力，善惡相厲，是以君子居處思義，飲食思禮也。

【疏】「是以君子」至「禮也」○正義曰：《國語·楚語》藍尹亹謂子西曰：「君子臨政思義，飲食思禮，同晏思樂，在樂思善。」昭公三十一〔一〕年《左傳》云：「君子動則思禮，行則思義，不爲利回，不爲義疚。」

公都子問曰：「鈞是人也，或爲大人，或爲小人，何也？」【注】鈞，同也。言有大有小何也。

【疏】注「鈞同也」○正義曰：僖公五年《左傳》「均服振振」，賈注、服注皆云：「均，同也。」《説文》金部云：「鈞，三十斤也。」土部云：「均，平徧也。」同爲平徧之義，鈞爲均之通借字，故訓同也。

孟子曰：「從其大體爲大人，從其小體爲小人。」【注】大體，心思禮義。小體，縱恣情慾。

曰：「鈞是人也，或從其大體，或從其小體，何也？」【注】公都子言人何獨有從小

〔一〕「一」，《皇清經解》本作「二」，《春秋左传集解》作「二」。

體也。

曰：『**耳目之官不思，而蔽於物。物交物，則引之而已矣。心之官則思，思則得之，不思則不得也。此天之所與我者，先立乎其大者，則其小者弗能奪也。此爲大人而已矣。**』【注】孟子曰，人有耳目之官，不思，故爲物所蔽。官，精神所在也。謂人有五官六府。物，事也。利慾之事，來交引其精神，心官不思善，故失其道而陷爲小人也。比方天所與人情性，先立乎其大者，謂生而有善性也。小者，情慾也。善勝惡，則惡不能奪。

【疏】注『人有』至『不能奪』○正義曰：《荀子・正名篇》云：『緣天官，……形體色理以目異，聲音清濁調竽奇聲以耳異，甘苦鹹淡辛酸奇味以口異，香臭芬鬱腥臊洒〔一〕酸奇臭以鼻異，疾養滄熱滑鈹輕重以形體異，説故喜怒哀樂愛惡欲以心異。心有徵知，徵知則緣耳而知聲可也，緣目而知形可也。然而徵知必將待天官之當簿其類，然後可也。五官簿之而不知，心徵之而無説，則人莫不然，謂之不知，此所緣而以同異也。』又《天論》篇云：『耳目鼻口形，能各有接而不相能也，夫是之謂天官。心居中虚，以治五官，夫是之謂天君。』《吕氏春秋・貴生》篇云：『耳雖欲聲，目雖欲色，鼻雖欲芬香，口雖欲滋味，害於生則止。在四官者，不欲利於生者則弗爲。由此觀之，耳目鼻口，不得擅行，必有所制。譬

〔一〕『洒』，《皇清經解》本作『酒』，《荀子・正名》作『洒』。

之若官職不得擅爲，必有所制。』高誘注云：『四官，耳目鼻口也。制，制於心也，制於君也。』呂氏以耳目鼻口爲四官，心爲君，官制於君。《説文》𠂤〔一〕部云：『官，吏事君也。』此心不在官之列也。《荀子·天論》以耳目鼻口形爲天官，以心爲天君，此義與呂氏同。其《正名篇》之天官即此天官，五官即此耳目鼻口形，不連心言，故五官簿之不知，與心徵之無説對言，是不列五官也。楊倞以耳目鼻口心爲五官，失荀子意矣。孟子稱耳目爲官，亦稱心爲官，蓋心雖能統耳目，而各有所司，心不能代耳司聽，代目司視，猶耳目能聽能視而不能思。耳目不能思，須受治於心之思；心不能司聽司視，而非心之思，則視聽不能不蔽於物。《廣雅·釋詁》云：『官，君也。』以其能治耳目之所司，則爲君；以其各有所司，則君亦是官。《禮記聘義》云『精神見於山川』，注云：『精神，亦謂精氣也。』《大戴記·曾子天員》云：『陽之精氣爲神。』精氣在心爲思，在耳爲聽，在目爲視，以其各有所主爲官，以其各有所施爲事，《洪範》『敬用五事』是也。物之義爲事耳，目之視聽事也，外來之利慾亦事也。物交物，謂以外來之利慾交於耳目之視聽。斯時若不以心之思治之，則視聽之事蔽於利慾之事。視聽之事所以蔽於利慾之事者，緣利慾之事交接於視聽之事，因而引誘此視聽也。《甲乙經》云：『鼻者，肺之官。目者，肝之官。口者，脾之官。

〔一〕『𠂤』，《皇清經解》本作『宀』。《説文解字》作『𠂤』。

舌者，心之官。耳者，腎之官。肺合大腸，爲傳道之府。心合小腸，爲受盛之府。肝合膽，爲清淨之府。脾合胃，爲五穀之府。腎合膀胱，爲津液之府。少陰屬腎，上連肺，故將兩藏三焦爲中瀆之府。水道出焉，屬膀胱，是孤之府。此六府之所合也。』心屬五藏，耳目屬五官，而耳目與五藏相表裏，心與六府相表裏，孟子以心與耳目同爲官，故趙氏舉五官，連六府以明之。阮氏元《校勘記》云：『「此天之所以與我者」，廖本、閩、監、毛三本同。岳本、孔本、韓本此作「比」。按《朱子文集》云：「舊官本皆作比字，注中此乃亦作比方。」又集注云：「舊本多作比，而趙注亦以比方釋之。今本既多作此，而注亦作此乃，未詳孰是。」趙注既云「比方」，安可因近本之譌而疑之。上文官有二，故比方之而先立乎其大者，文意甚明。《漢書・賈誼傳》「比物此志也」，如淳曰：「比謂比方也。」今多譌爲「此物」。《公羊傳》注「父老比三老孝弟官屬」，今本比亦譌「此」。「此乃天所與人情性」，廖本、閩、監、毛三本同。岳本、孔本、韓本此乃作「比方」，按比方是。』倪氏思寬《二初齋讀書記》云：『「此天之所以與我者」，此字舊本作「比」，依舊本。比方之中，即含下大小分列之義，孟子此節，詳辨耳目之官。心之官，原取比方之意，舊本自不可易。』王氏引之《經傳釋詞》云：『《説文》曰：「皆，俱詞也。從比從白。」徐鍇曰：「比，皆也。」《孟子》「比天之所以與我者，先立乎其大者，則其小者弗能奪也。」家大人曰：言耳目心思皆天之所與我者，而心爲大。趙注以比爲比方，謂比方天所與人性情，失之。或改比爲此，改趙注比方爲此乃，尤非。』謹按孟子之意，自以大者指心，小者指耳目。『小者不能奪』，是思則得也。趙氏以大者指性善，小者指情慾，情慾卽耳目之蔽於物。緣性善故心能思，立其大者，則心之思有以治耳目之聽視；不立其大者，則耳目之聽視有以奪心之思。趙氏以性情言之，蓋小固屬耳目，大亦不離耳目。以心治耳目，則能全其善性，卽爲養其大體。以耳目奪心，則蔽於情慾，卽爲養其小體。趙氏恐人舍耳目之聽視，而空守其心思，故不以心與耳目分大小，而以善性情慾分大小。此趙氏深知孟子之恉，有以發明之也。善勝惡卽解立字，非謂天以善性與人卽是立，不待操存，自能使小者不奪也。戴氏震《孟子字義疏證》云：『人之才，得天地之全能，通天地之全德，其見於思乎！思誠，則立乎其大矣。耳目之官不思，物之未交，沖虛自然，斯已矣。心之官異是。人皆有天德之知，根於心，自誠明也。思中正而達天德，則不蔽，不蔽則莫能引之以入於邪，自明誠也。耳之能聽也，目之能視也，鼻之能臭也，口之知味也，物至而迎而受之者也。心之精爽，馴而至於神明也，所以主乎耳目百體者也。聲之得於耳也，色之得於目也，臭之得於鼻也，味之得於口也，耳目百體之欲，不得則失其養，所謂養其小者也。理義之得於心也，耳目百體之欲之所受裁也，不得則失其養，所謂養其大者也。「人之所以異於禽獸也者幾希」，雖犬之性、牛之性，當其氣無乖亂，莫不沖虛自然也。動則蔽而罔罔以行。人不求其心不蔽，於是惡外物之惑己而强禦之，可謂之所以異乎？是以老聃、莊周之言尚無欲，君子尚無蔽。尚無欲者，主静以爲至，君子達天德，秉中正，欲勿失之盈以奪之，苟焉以求静，而欲之剪抑竄絶，君子不取也。』程氏瑶田《通藝録・論學小記》云：『孟子謂「心之官則思，先立乎其大者」，謂心能主乎耳目，非離乎耳目之官而專致力於思。然則所謂「先立乎其大者」，舍視聽言動，無下手處也。不知循物，寂守其心，此異學之所以岐也。吾學則不然，吾於物之不當爲者，而斷乎其不爲，此吾志之定於其先，而立乎其大者。而至於耳目交物之時，而果能造不爲之意，此之謂「無惡於志」，此之謂「慎獨」。』

《章指》言：天與人性，先立其大，心官思之，邪不乖越，故謂之大人也。

孟子曰：『有天爵者，有人爵者。仁義忠信，樂善不倦，此天爵也。公卿大夫，此人爵也。【注】天爵以德，人爵以禄。**古之人脩其天爵，而人爵從之。今之人脩其天爵，以要人爵，既得人爵，而棄其天爵，則惑之甚者也。**【注】人爵從之，人爵自至也。以要人爵，要，求也。得人爵，棄天爵，惑之甚也。【疏】注『要求也』○正義曰：《吕氏春秋・勸學》篇『以要不可必』，又《直諫》篇『將以要利矣』，高誘注並云：『要，求也。』**終亦必亡而已矣。』**【注】棄善忘德，終必亡之。

《章指》言：古脩天爵，自樂之也。今求人爵，以誘時也。得人棄天，道之忌也。惑

以招亡，小人事也。

孟子曰：『欲貴者，人之同心也。人人有貴於己者，弗思耳。人之所貴者非良貴也，趙孟之所貴，趙孟能賤之。【注】人皆同欲貴之心。人人自有貴者在己身，不思之耳。在己者，謂仁義廣譽也。凡人之所貴富貴，故曰非良貴也。趙孟，晉卿之貴者。能貴人，能賤人，人之所自有者，他人不能賤之也。【疏】注『凡人』至『賤之也』○正義曰：良之訓爲善，毛、韓之傳《詩》，鄭氏之注《禮記・周禮》、箋《詩》，何氏注《公羊傳》，韋氏注《國語》，高氏注《吕氏春秋》，許氏《説文解字》，張氏《廣雅》，司馬氏注《莊子》，某氏傳《尚書》，孟康、如淳注《漢書》，孔晁注《周書》無不然，故良心卽指仁義之心，謂善心也。此良貴，趙氏明指仁義廣譽，則亦當訓爲善，謂貴之善者也。人所貴者富貴，富貴之貴，不如仁義之貴良也。《易・文言傳》云：『元者，善之長也。』元有善義，亦有首義，故《爾雅・釋詁》云：『元，良，首也。』良訓善，因亦爲元首。此善於彼，則此居彼上，故《左傳》所云『良醫』，卽《周禮》所云『上醫』，若曰此醫之善者，亦卽醫之首也。《山海經・西山經》『瑾瑜之玉爲良』，注云：『良，言最善也。』最善，善之最，卽善之長，善之長卽善之甚，故趙氏解良知、良能爲甚知、甚能，皆由善之義引申者也。人人所自有，此是解人人有貴於己者，言仁義不待外求。富貴則趙孟能貴能賤，此仁義之貴，比校富貴之貴所以爲良，非良字有自有之訓也。良貴猶云最貴，非良貴猶云非最貴也。自儒者誤以良爲自有之訓，遂造爲『致良知』之説，六書訓詁之學不明，其害如此。周氏柄中《辨正》云：『孫奕《示兒編》：「晉有三趙孟：趙朔之子曰武，謚文子，稱趙孟；趙武之子曰成，趙成之子曰鞅，又名封父，謚簡子，亦稱趙孟；趙鞅之子曰無恤，謚襄子，亦稱趙孟。」按吴斗南云：「趙盾字孟，故其子孫皆稱趙孟。」』**《詩》云：「既醉以酒，既飽以德。」言飽乎仁義也，所以不願人之膏粱之味也。令聞廣譽施於身，所以不願人之文繡也。』**【注】詩，《大雅·既醉》之篇。言飽德者，飽仁義於身，身之貴者也，不願人之膏粱矣。膏粱，細粱如膏者也。文繡，繡衣服也。【疏】注『詩大』至『服也』○正義曰：引詩在《大雅·既醉》篇第一章。《素問·生氣通天論》云：『高粱之變』，王冰注云：『高，膏也。粱，粱也。』又《腹中論》云：『夫子致言熱中消中，不可服高粱。夫熱中消中者，皆富貴人也。今禁高粱，是不合其心。』注云：『高，膏。粱，米也。』《國語·晉語》『欒伯請公族大夫，公曰夫膏粱之性難正也』，韋昭注云：『膏，肉之肥者。粱，食之精者。言食肥美者率多驕放。』此與《素問》義合。富貴之人，不徒食精米，必兼以肥，故《左傳》曹劌云『肉食者鄙』，肉卽膏，食卽粱也。《禮記·喪大記》云『不辟粱肉』，肉卽指膏也。《説文》肉部云：『膏，肥也。』米部云：『粱，米名也。』明分爲二。趙氏言『細粱如膏』，則專指粱米而言。周氏柄中《辨正》云：『趙注「膏粱，細粱如膏者」。此猶《山海經》之「膏菽」「膏稻」「膏黍」「膏稷」，郭注謂

「味滑如膏者」也。按膏粱對下文繡，文是衣，繡是裳，則膏、粱亦當是二物。」謹按：《禮記·月令》仲秋『文繡有恆』，注云：『文謂畫也。祭服之制，畫衣而繡裳。』孔氏正義云：『《尚書·咎繇謨》云：「予欲觀古人之象，日月、星辰、山龍、華蟲，作會。」是衣畫也。「宗彝、藻火、粉米、黼黻、絺繡。」是裳繡也。畫色輕，故在衣以法天；繡色重，故在裳以法地也。』此周氏所本也。乃趙氏云『文繡繡衣服也』，亦不分爲二。劉熙《釋名·釋言語》云：『文者，會集衆采以成錦繡，會集衆文以成詞誼，如文繡然也。』又《釋采帛》云：『繡，修也。文修修然也。』是文繡不分也。《説文》糸部云：『繪，會五采繡也。《虞書》曰：「山龍華蟲作繪。」』段氏玉裁《説文解字注》云：『繪、會疊韻。今人分《皋陶謨》繪、繡爲二事，古者二事不分，統謂之設色之工而已。繢訓〔一〕畫，繪訓繡。』『絉，繡文如聚細米也。繡，謂畫也。今《皋陶謨》作「粉米」，許見壁中古文作「黺絉」。黹部云：「黺，畫粉也。」此云：「絉，繡文如聚細米也。」皆《古文尚書》説也。』孫氏星衍《五服五章今文論》云：『《大傳》曰：「山龍，青也。華蟲，黄也。作繪，黑也。宗彝，白也。璪火，赤也。」《説文》：「黵，沃黑色。」「繪，女黑色。」義皆爲黑。會繡此四色於玄衣，合爲五色，故於黑色獨云「作繪」也。《大傳》又云：「天子衣服，其文華蟲、作繪、宗彝、璪火、山龍，諸侯作繪、

〔一〕「訓」，《皇清經解》本作「謂」。段玉裁《説文解字注》作「訓」，下同。

宗彝、璪火、山龍，子男宗彝、璪火、山龍，大夫璪火、山龍，士山龍。自天子至士皆服山龍。」《周禮・節服氏》：「掌祭祀朝覲，袞冕六人，維王之大常。」是下士亦服袞龍之證，周時沿古制也。士山龍亦在玄衣，故《禮器》云：「士玄衣纁裳也。」《爾雅》云：「袞，黻也。」《廣雅》云：「山龍，彰也。」《説文》「黹」字解云：「以山龍華蟲爲袞衣。」袞爲畫龍之衣，山龍爲五等共有之章服，故《爾雅》、《廣雅》單舉之以該華蟲等五章服色。天子備五色，得服華蟲，《大戴禮・五帝德》稱「帝嚳服黄黼黻衣」，言天子有華蟲，獨得服黄。《説文》黹、黼、黻三字皆從黹，黹即刺繡，黼爲白與黑相次文，黻爲黑與青相次文，黹爲畫粉。絲爲繡文如聚米，又繡爲五采備也，是黹、黼、絲、黻皆繡文。《説文》云：「繪，會五采繡也。」言玄衣黑衣，會山龍青、華蟲黄、宗彝白、璪火赤而成五采。云彝從糸，糸，綦也者，言繡文如彝器之博綦文而艾白色。云璪玉飾如水藻文者，言繡文如冠玉之文，謂之藻火，即色赤而文似藻。《史記・夏本紀》以文繡二字釋山龍，至絺繡經文，文亦畫也。《大戴禮》稱「黄帝黼黻衣大帶黼裳」，《孟子》稱「舜被袗衣」，趙氏注：「袗，畫也。被畫衣黼黻絺繡也。」《史記・五帝本紀》云：「賜舜絺衣，與琴。」以袗衣爲絺衣者，刺繡於絺，《説文》以袗爲玄服，可證玄衣加繪繡，故亦謂之玄袞。《五帝本紀》稱「堯黄收純衣」，純衣即黄黼黻衣。言其玄質則曰純，言其畫采有華蟲則曰黄。刺繡之事，以紈葛之精細者爲質布，畫山龍等五章於上而繡之，所謂畫衣，蓋畫而繡之。經云「以五采彰施於五色」，五色，畫也。五采，繡也。故《月令》云：「命婦官染采。」以黼黻之文刺於山龍等五章空隙之處，復分畫其界緎，俾五色不能相亂，故謂之爲黹，視其文如聚米也。《荀子·正論》篇論天子則「服五采，雜閒色，重文繡」。云五采，如今文説山龍等五色也。閒色，如黼黻各有二色相閒也。重文繡，謂衣裳俱用之重襲也。經文「山龍、華蟲、作繪、宗彝、藻火」在上者，因刺繡必先布畫五章，而後刺粉米黼黻之文。衣則以黼黻加山龍以下五等，裳則黄質而有赤色，稱爲纁裳，僅用粉米黼黻而已。《王制》正義引鄭注《易·下繫》云：「南方色赤，黄而兼赤，故爲纁也。」合之《考工記》及《説文》「黼爲白黑相次，黻爲黑青相次」，纁裳不必有五章，而五色已備。詩人謂之繡裳，繡是備五采之名也。』江氏聲《尚書集注音疏》云：『《説文》黹部：「黺，畫粉也。衛宏説。」糸部：「絲，繡文如聚細米也。」蓋繡必先畫，以粉畫爲聚米之形，乃後依其畫粉而刺之，故謂之黺絲。但黺絲實爲一章，若用畫粉爲解，似分黺絲爲二，故不別解黺義，而合爲黺絲也。然則繡皆先用粉畫之，獨於絲言黺者，舉一以見例也。』

《章指》言：所貴在身，人不知求，膏粱文繡，己之所優，趙孟所貴，何能比之，是以君子貧而樂也。

孟子曰：『仁之勝不仁也，猶水勝火。今之爲仁者，猶以一杯水救一車薪之火也，不

熄，則謂之水不勝火。此又與於不仁之甚者也。亦終必亡而已矣。」【注】水勝火，取水足以制火，一杯水何能勝一車薪之火也，以此謂水不勝火。爲仁者亦若是，則與作不仁之甚者也。亡，猶無也。亦終必無仁矣。【疏】注「爲仁」至「仁矣」○正義曰：亦若是者，因杯水之仁不能救輿薪之不仁，則謂之不仁勝仁也。《儀禮・士昏・禮記》云「我與在」，注云：「與，猶兼也。」《廣雅・釋詁》云：「兼，同也。」此又與於不仁之甚者也，即此又同於不仁之甚者也。則與作不仁之甚者也，即則同作不仁之甚者也。此讀爲預。近解作助，則讀如字。《國策・秦策》云「不如與魏以勁之」，高誘注云：「與，猶助也。」惟其信不仁而屈仁，則足以助不仁：惟其助不仁，則雖有杯水之仁，亦同於不仁之甚。而此所有杯水之仁，且終亦歸於不仁，則不特同之而已。《説文》亡部云：「無，亡也。」亡、無二字相通，惟其喪亡，所以無也。趙氏讀亡爲無，以爲終必無仁，蓋既自以爲仁不勝不仁，則爲仁之心沮，而爲不仁之意萌，久而並此杯水之仁而亦喪之，則終於無仁而已矣。然則當不能勝之時，須自知仁之本微，發憤而充之擴之，則不勝進而爲勝，何至於亡乎。

《章指》言：**爲仁不至，不反諸己，謂水勝火，熄而後已。不仁之甚，終必亡矣。爲道不卒，無益於賢也。**【疏】「無益於賢也」○正義曰：《荀子・正論》篇云：「今〔一〕宋子不

〔一〕「今」，《皇清經解》本同，《荀子・正論》作「今子」。

能解人之惡侮，而務説人以勿辱也，豈不過甚矣哉！金舌弊口，猶將無益也。不知其無益則不知，知其無益也，直以欺人則不仁，不仁不知，辱莫大焉。將以爲有益於人〔一〕，則與無益於人也。』趙氏以《孟子》言『與於不仁之甚』，猶《荀子》言『與無益於人』，故用此語以明與字之義。宋子言見侮之不辱，將以爲有益於人，不知同於無益於人。此言仁不勝不仁者自以爲有仁，不知同於不仁之甚也。趙氏每以注中未詳者於《章指》補明，若此尤甚奧矣。

孟子曰：『五穀者，種之美者也。苟爲不熟，不如荑稗。夫仁亦在乎熟之而已矣。』

【注】熟，成也。五穀雖美，種之不成，不如荑稗之草其實可食。爲仁不成，猶是也。【疏】注『熟成』至『是也』。正義曰：《呂氏春秋・明理》篇『五穀萎敗不成』，又《貴信》篇『則五種不成』，高誘注並云：『成，熟也。』是熟卽成也。《齊民要術・種穀》篇引《孟子》『不如稊稗』，古從夷從弟之字多通。《爾雅・釋草》云『蕛苵』，注云：『蕛似稗，布地生穢草。』邵氏晉涵正義云：『蕛一名苵，《孟子》云「不如荑稗」，荑卽蕛也。《莊子・知北遊》云「道

〔一〕『人』，《皇清經解》本同，《荀子・正論》作『人耶』。

在蓏稗」，李頤〔一〕以爲二草名。蓏有米而細，故别於秕。《秋水》篇云「似蓏米之在太倉」，司馬彪云：「稊米，小米也。」《一切經音義》引《爾雅》注云：「荑似稗，布地穢草也。今之稗子是也。」按蓏似稗耳，非卽稗也。蓏與稗俱堪水旱，種無不熟，北方農家種之，以備凶年。』程氏瑶田《通藝録・九穀考》云：『《説文》：「稗，禾别也。」稗似禾而别於禾之穀，余見京東州縣農家種之，莖勁采不下垂，略似粟，但穀色近黑耳。宋靖康之亂，沒爲奴婢者，使供作務，人月支稗子五斗，舂得米斗〔二〕八升。由是言之，稗斗才得米三升六合耳。而農人種之者，所以備凶年，氾勝之云「稗堪水旱，種無不熟」是也。又《説文》：「䅛，黍屬。䅛音卑，今穀名中無卑音者，余以意斷之曰「禾别曰稗」「黍别曰䅛」而未敢信也。丙申歲，居京師，庭中芒種後生一本數十莖，貼地横出，至生節處乃屈而上聳，節如鶴膝，莖淡紫色，葉色深緑，每一莖又節節抽莖成數穗，穗疏散，至大暑後而穀熟，光澤如黍，余以爲此必䅛也。見農人問之，則曰「稗也」。余曰：「農家所種稗，似粟，與此殊不類。」則對曰：「此野稗也。亦曰水稗。」余乃檢《玉篇》、《廣韻》中䅛皆有稗音，䅛爲黍别無疑也。稗、䅛並宜卑溼地，又視禾黍爲卑賤，故字皆從卑。梁太清三年，鄱陽王範屯濡

〔一〕『頤』，《皇清經解》本作『氏』，《爾雅注疏》作『頤』。
〔二〕『斗』，《皇清經解》本無，程瑶田《通藝録・九穀考》有『斗』字。

須，糧乏，采菰稗菱藕以自給。其所謂稗，卽野稗也。曹植《七啓》云「芳菰精稗」，亦指野稗。謂之精者，修辭家之美稱，與《召旻》詩毛氏傳所云「彼宜食疏，今反食精稗」者異義。』謹按：『不如荑稗』，猶孔子言『博弈猶賢』。孔子非教人學博弈，孟子非教人種荑稗也。解者謂是理消物長之喻，不如荑稗，是天理之槁枯，不勝人欲之長旺，非孟子義也。

《章指》言：功毁幾成，人在慎終，五穀不熟，荑稗是勝，是以爲仁必其成也。

孟子曰：『羿之教人射，必志於彀，學者亦必志於彀。【注】羿，古之工射者。彀，張也。張弩向的者，用思專時也。學者志道，猶射者之張也。【疏】『必志於彀』○正義曰：阮氏元《校勘記》云：『「必志於彀」，孔本、韓本、《考文》古本、足利本同。閩、監、毛三本志作「至」，下同。浦鏜云：「志誤至」。』翟氏灝《考異》云：『注疏本志俱作「至」。宋刻《九經》下一志字作「至」，《南軒孟子説》上一志字作「至」。按《章句》曰：「張弩向的，用思專時也。學者志道，猶射者之張也。」則原本宜皆志字。南軒注「羿教人使志於彀」，則其上一正文亦不應作「至」。』○注『羿古』至『張也』○正義曰：《説文》弓部云：『弙，帝嚳射官，夏少康滅之。《論語》曰：「弙善射。」』段氏玉裁《説文解字注》云：『邑部「窮」下云：「夏后時諸侯夷羿國也。」羽部「羿」下云：「亦古諸侯也。」皆卽此。弙，帝嚳射官，爲諸侯，自鉏遷於窮石，所謂「有窮后羿」也。弙與羿古蓋同字。而堯時射師彈十日者，高誘云：「此堯時羿，非有窮后羿。」』按《説文》弓部又云：『彀，張弩也。』『弩，弓有臂者。』《周禮》四弩，夾弩、庾弩、唐弩、大弩。《毛詩・小雅・賓之初筵》篇『發彼有的』，傳云：『的，質也。』《禮記・射義》引此詩，注云：『的，謂所射之識也。』弓弩既張則心用於中的，故志專向於的。趙氏謂用思專於張弩之時，非謂用志於張弩也。《商書・盤庚》上云『若射之有志』，鄭氏注云：『夫射者張弓屬矢，而志在所射必中，然後發之。』此經云『必志於彀』，與《書》義同，趙氏注亦與鄭同也。阮氏元《校勘記》云：『張弩向的，所謂「若虞機張，往省括于度則釋」也。』**大匠誨人，必以規矩，學者亦必以規矩。』**【注】大匠，攻木之工。規，所以爲圓也。矩，所以爲方也。誨，教也。教人必以規矩。學者以仁義爲法式，亦猶大匠以規矩者也。【疏】注『規所以爲圓也』○正義曰：孔本無『也』字。○注『誨教也』○正義曰：《説文》言部云：『誨，曉教也。』

《章指》言：**事各有本，道有所隆，彀張規矩，以喻爲仁，學不爲仁，猶是二教，失其法而行之也。**

孟子正義卷二十四

孟子卷第十二

告子章句下凡十六章

任人有問屋廬子曰：『禮與食孰重？』【注】任國之人問孟子弟子屋廬連。問二者何爲重。【疏】注『任國』至『爲重』〇正義曰：閻氏若璩《釋地》云：『任，國名，太皞之後，風姓。漢爲任城縣，後漢爲任城國，今濟寧州東任城廢縣是。去古鄒城僅百二三十里，宜屋廬子明日卽可往問。《禮》稱宰我無宿問，連不誠有予之風哉。』翟氏灝《考異》云：『《廣韻》「盧」字下注云：「《孟子》有屋廬著書。」鄭樵《通志·氏族略》云：「晉賢人屋廬子著書，言彭、聃之法。」按屋廬子未聞著書，卽在當時有之，孟子之徒豈應言彭、聃之法？或爲別一人與？』

曰：『禮重。』【注】答曰禮重。

『色與禮孰重？』曰：『禮重。』【注】重如上也。

曰：『以禮食則飢而死，不以禮食則得食，必以禮乎？親迎則不得妻，不親迎則得妻，必親迎乎？』【注】任人難屋廬子，云若是則必待禮乎。【疏】『以禮食』○正義曰：閻氏若璩《釋地三續》云：『所謂禮食者，《坊記》云：「故食禮主人親饋則客祭，主人不親饋則客不祭。故君子苟無禮，雖美不食焉。」』按襄公三年《左傳》云：『晉侯以魏絳爲能以刑佐民矣，反役，與之禮食，使佐新軍。』《國語・晉語》亦有此文，韋昭注云：『禮食，公食大夫之禮。』孔氏《左傳》正義云：『與之禮食者，若公食大夫禮以大夫爲賓，公親爲之特設禮食。』《儀禮・公食大夫禮》：『宰夫自東房授醯醬，公設之。公立於序内西鄉。』注云：『不立阼階上，示親饌。』又：『大羹湆不和，實于鐙。宰右執鐙，左執蓋，由門入，升自阼階，盡階不升堂，授公，公設之于醬西。』又：『宰夫授公飯粱，公設之於湆西。』此卽親饋之禮也。又：『賓升席坐，取韭菹以辯擩于醢，上豆之閒祭。』云云。又：『賓坐席末取粱卽稻，祭于醬湆閒。』此卽主人親饋則客祭之禮也。○『親迎』○正義曰：周氏柄中《辨正》云：『親迎之禮，自諸侯至士庶皆行之。天子之親迎，則禮無明文。《左氏》謂「天子不親迎」，《公羊》謂「天子亦親迎」，後儒或從《左氏》，或從《公羊》，愚獨取唐陸淳「尊無二上不當親迎」之説，以爲定論。或言無禮文可徵，不知禮固有卽此可以通彼者。《士昏禮》父醮子而命之迎，若宗子父母皆沒，則不親迎，以無命之者也。由此推之，則天子之不親迎可知矣。或問：然則諸侯卽位而娶，無命之者，亦不親迎乎？曰：是不然。諸侯雖無父命，有王命。古者諸侯之娶，告於天子，天子命之，故《雜記》云：「夫人之不命於天子，自魯昭始也。」夫有天子之命，則親迎焉宜也。若天子，則真無命之者也。」

屋廬子不能對。明日之鄒，以告孟子。

孟子曰：「於！答是也何有。【注】於，音烏，歎辭也。何有，爲不可答也。【疏】注「於音」至「答也」○正義曰：《説文》云：「烏，孝烏也。孔子曰：『烏，盱呼也。』取其助气，故以爲烏呼。𣃔，象古文烏省。」𣃔即於字。然則烏、於本一字，後人以於通于，故趙氏音烏。音烏猶讀爲烏也。以爲歎辭，即烏呼之辭也。《論語·里仁》篇「能以禮讓爲國乎何有」，何氏注云：「何有，言不難也。」《雍也》篇「於從政乎何有」，皇氏疏引衛瓘云：「何有者，有餘力也。」若以《雍也》篇「於從政乎何有」，則於如字不讀烏。若曰於答此任人之説，何難之有？趙氏言何有爲不可答也，則謂任人設難爲不可答，正與何氏解何有爲不難者相反。《後漢書·曹世叔妻傳》引《論語》曰「能以禮讓爲國，於從政乎何有」，注云：「何有，言若無有。」此似與趙氏之意相近。蓋趙氏謂揣本齊末，知其大小輕重乃可言，可言即可答。此歎其不可答，謂未能揣本齊末、知其大小輕重也。以何有爲不可答，故斷於字爲句，而以爲歎辭也。**不揣其本而齊其末，方寸之木，可使高於岑樓。金重於羽者，豈謂一鉤金與一輿羽之謂哉？取食之重者，與禮之輕者而比之，奚翅食重！取色之重者，與禮之輕者而比之，奚翅色重！**【注】孟子言夫物當揣量其本，以齊等其末，知其大小輕重，乃可言也。不節其數，累積方寸之木，可使高以岑樓。岑樓，山之鋭嶺者。寧可謂寸木高於山邪？金重於羽，謂多少同而金重耳。一帶鉤之金，豈重一車羽邪？如取食色之重者，比禮之輕者，何翅食色重哉？翅，辭也。若言何其不重也。

【疏】注「夫物」至「山邪」〇正義曰：《方言》云：『度高爲揣。』昭公三十二年《左傳》云『揣高卑』，杜預用《方言》解之。度與量義同，揣量即揣度也。《説文》立部云：『竱，等也。從立，專聲。《春秋傳》曰：「竱本肇末。」』段氏玉裁《説文解字注》云〔一〕：『等者，齊簡也。故凡齊皆曰等。《齊語》「竱本肇末」，韋昭注云〔二〕：「竱，等也。肇，正也。謂先等其本，以正其末。」孟子曰〔三〕「不揣其本而齊其末」，揣蓋竱之假借字。……趙注「揣量」，似失之。木部「椯」下云：「一曰度也。」《孟子》正當從木作「椯」。韻書謂稱量曰「㪜㪷」，丁兼、丁括反〔四〕，即竱語之轉也。』王氏念孫《廣雅疏證》云：『《方言》：「岑，高也。」《爾雅》：「山小而高，岑。」《孟子・告子》篇「可使高於岑樓」，趙岐注云：「岑樓，山之鋭嶺者。」《釋名》：「岑，嶃也。嶃嶃然也。」岑、嶃聲相近，故《吕氏春秋・審忌》篇「齊攻魯求

〔一〕『段氏玉裁《説文解字注》云』，《皇清經解》本無此句。
〔二〕『韋昭注云』，《皇清經解》本同，《説文解字注》作『韋注』。
〔三〕『孟子曰』，《皇清經解》本同，《説文解字注》作『按孟子曰』。
〔四〕『反』，《皇清經解》本同，《説文解字注》作『切』。

岑鼎」，《韓非子・説林》篇作「讒鼎」。讒與岑皆言其高也。《説文》：「厥，崟也。」又云：「嵒，山巖也。讀若吟。」僖三十三年《穀梁傳》云「必於殽之巖唫之下」，《楚辭・招隱士》「嶔岑碕礒兮」，上音欽，下音吟。又云「狀貌崟崟兮峨峨」，張衡《思玄賦》云「冠嵒其映蓋兮」，合言之則曰岑崟，《説文》「山之岑崟也。」《漢書・司馬相如傳》「岑崟參差」，《史記》作「岑巖」，《揚雄傳》「玉石嶜崟」，蕭該《音義》引《字詁》云：「嶜，古文岑字。」張衡《南都賦》「幽谷嶜岑」，上音岑，下音吟。嵇康《琴賦》「崔嵬岑嵓」，並字異而義同。《釋丘》：「培，塿，冢也。」《方言》云：「冢，秦晉之閒謂之墳，或謂之培，或謂之堬，或謂之埰，或謂之埌，或謂之壠。自關而東謂之丘，小者謂之塿，大者謂之丘。」培亦高貌也。《風俗通義》云：「部者，阜之類也。今齊魯之閒，田中少高卬者名之爲部。」義並與培同。塿亦高貌也，趙注「岑樓，山之鋭嶺者」，義與塿同。《方言》注云：「培塿，亦堆高之貌。」因名之也。培塿堬，聲之轉也。冢謂之堬，亦謂之培塿；罌謂之甂，亦謂之瓿甊；北陵謂之西隃，小山謂之部婁，義並相近也。』趙氏謂不節其數，累積方寸之木，節其數，謂但以一木爲節。累積，譬如岑樓高一丈，則累積此木百餘，即高過於一丈矣。方寸之木，本不能高於岑樓，今累積之，故可使高也。猶食色本不能重於禮，今變通之，故可使之重也。周氏柄中《辨正》云：『寸木高於岑樓，猶《韓非子》所謂立尺材於高山之上。』按近時通解如是，與趙氏義異。○注『一帶鉤之金』○正義曰：孔氏廣森《經學卮言》云：『《晏子春秋》

曰：「大帶重半鈞，舃履倍重。」鄭君説，東萊稱以大半兩爲鈞。』然則帶鉤金半鈞，才重三分兩之一。○注『翅辭也』至『重也』○正義曰：阮氏元《校勘記》云：『翅辭也者，翅是語辭，卽不啻也。《説文》口部云：「啻，語時不啻也。」奚翅、不啻，猶《史》《漢》之言「夥頤」。或析翅字訓但，誤矣。注云「若言何其重也」，正謂食色之重者。後人添不字，遂不可解矣。』段氏玉裁《説文解字注》云：『疷，病不翅也。翅同啻，口部「啻」下云：「語時不啻也。」《倉頡篇》曰：「不啻，多也。」《世説新語》云：「王文度弟阿，至惡乃不翅。」晉宋閒人，尚作此語。古書或言不啻，或言奚啻，啻皆或作翅。《國語》云：「奚翅其聞之也」，韋注云：「奚，何也。何啻，言所聞非一也。」《孟子》「奚翅色重」，趙注：「翅，辭也。若言何其重也。」今刻本作「何其不重也」，誤。』**往應之曰：「紾兄之臂而奪之食則得食，不紾則不得食，則將紾之乎？ 踰東家牆而摟其處子則得妻，不摟則不得妻，則將摟之乎？」』**

【注】教屋廬子往應任人如是。紾，戾也。摟，牽也。處子，處女也。則是禮重、食色輕者也。**【疏】**注『紾戾』至『輕者也』○正義曰：王氏念孫《廣雅疏證》云：『抮，盭也。抮，《玉篇》「音火典切，引戾也」。《方言》「軫，戾也」，郭璞注云：「相了戾也。江東音善。」《説文》「紾，轉也。」《考工記・弓人》「老牛之角紾而昔」，鄭衆注云：「紾，讀如抮轉之抮。」《釋文》「紾，劉徒展反，許慎尚展反，角絞縛之意也。」《孟子・告子》篇「紾兄之臂而奪之食」，趙岐注云：「紾，戾也。」《音義》：「紾，張音軫，又徒展反。」《淮南子・原道訓》「扶搖

抮抱，羊角而上」，高誘注云：「抮抱，了戾也。抮讀與《左傳》感而能昣者同。」《釋訓》云：「軫軳，轉戾也。」並聲近而義同。《説文》：「戾，曲也。」「盭，弼戾也。」盭與戾通。」《音義》云：「摟，音婁。」《文選·琴賦》注引劉熙注云：「摟，牽也。」趙氏與劉同。《説文》牛部云：「牽，引前也。」《毛詩·唐〔一〕風·山有樞》「弗曳弗婁」，傳云：「婁，亦曳也。」《釋文》引馬云：「牽也。」《楚辭·怨思》篇「曳慧〔二〕星之皓旰兮」，注云：「曳，引也。」摟之爲牽，卽婁之爲曳也。《爾雅·釋詁》云：「摟，聚也。」郭璞注云：「摟，猶今言拘摟聚也。」《説文》手部云：「摟，曳聚也。」許之言曳聚，猶郭言拘摟聚。曳聚者，牽引使聚合也。摟必兼曳、聚二義，而《爾雅》言聚以見曳，《毛傳》言曳以見聚，《説文》備其義耳。《文選·射雉賦》云「來若處子」，徐爰注云：「處子，處女也。莊周云：『藐姑射之山，有神人居，綽約若處子。』……善曰：《司馬兵法》曰：『始如處女。』」莊周見《逍遥游》。彼《釋文》云：「處子，在室女也。」《易·咸》九三傳云「咸其股亦不處也」，虞翻注云「巽爲處女」。凡士與女未用，皆稱處矣。

《章指》言：臨事量宜，權其輕重，以禮爲先，食色爲後，若有偏殊，從其大者。屋廬

〔一〕「唐」，《皇清經解》本作「魏」，《毛詩正義》作「唐」。

〔二〕「慧」，《皇清經解》本同，《楚辭》作「彗」。

子未達，故譬摟紾也。

曹交問曰：『人皆可以爲堯舜，有諸？』

孟子曰：『然。』【注】曹交，曹君之弟。交，名也。答曰然者，言人皆有仁義之心，堯舜行仁義而已。【疏】注「曹交」至「名也」〇正義曰：王應麟《困學紀聞》云：『《左傳》哀公八年宋滅曹，至孟子時曹亡久矣。曹交蓋以國爲氏者。』惠氏士奇《春秋説》云：『曹滅於哀之八年，復見於哀之十四年「宋向魋入於曹以叛」，杜注「曹宋邑」非也。曹伯爵而當甸服，故曰曹爲伯甸。其國雖小，豈徒一邑哉。蓋宋雖滅曹，仍爲附庸於宋，故至戰國而尚有曹君，趙岐注《孟子》曰：「曹交、曹君之弟。」然則曹與滑，皆滅而仍存者也，故《春秋》言入不言滅者，以此。』閻氏若璩《釋地續》云：『楚簡王十四年越滅郯，後八十四年楚滅越。郯實爲楚所有，乃頃襄王十八年有鄒、費、郯、邳四國，則郯係重封者。薛任姓，雖未知爲誰所滅，而齊湣王三年以封田嬰，故《紀年》稱「薛子嬰來朝」。其子文，《戰國策》、《史記》並稱「薛公後」，中立爲諸侯，無所屬，非滅薛之後復有薛乎？又中山本鮮虞國，一滅於魏文侯十七年癸酉，再滅於趙惠文三年乙丑，相距百一十三年，中雖未詳知何年復國及何以復國，要中山之後有中山，載世家列傳者班班也。安知曹滅於宋在春秋哀八年，下到孟子居鄒時已一百七十餘年，不更有國於曹者？交爲其介弟，觀其言願因鄒君假館舍，備門徒，儼然滕更挾貴之風，孟子則麾而去之，故趙岐以爲曹君之弟，非無謂也。』按二説，一以爲曹雖滅而仍爲附庸，一以爲曹滅後有國於曹者，皆以爲實有曹君，交實爲曹君之弟，與趙氏注相引申，而辨王氏『曹亡久矣』之説。毛氏奇齡《經問》云：『盛唐問：《孟子》曹交，趙岐注「曹君之弟」，按《春秋》哀八年「宋人入〔一〕曹」，《左傳》竟云「滅曹執曹伯以歸」，如此則孟子時已無曹矣。其曰「曹君之弟」何居，得非經祗書入，原未嘗滅乎？曰：經有書滅而並未滅者，定六年「鄭帥師滅許」是也。有書入而即是滅者，此「宋人入曹」是也。《史記·曹世家》載「曹伯陽十五年宋滅曹，執曹伯陽及公孫彊以歸而殺之，曹遂絶其祀」，則曹此時信亡矣。趙岐之注，不知何所本，當是誤耳。然則《孟子》之曹交何如？曰：此張南士曾辨之，當是曹姓而交名者。何以言之？其曰：交得見於鄒君，可以假館。鄒者魯縣，鄒卽邾，《春秋》注「邾本曹姓，爲顓頊之後」，則曹交者，與鄒君同姓，故得見鄒君而假館焉。或卽鄒君之弟。戰國禮衰，不分宗，不別氏，弟得以其戚戚君，故兄弟同姓，未可知也。』江氏永《羣經補義》云：『春秋之末，曹已爲宋所滅，曹交非曹君之弟，或是曹國之後，以國爲姓，或是鄒君之族人。鄒本邾國，邾本姓曹，故曰「交得見於鄒君，可以假館」。蓋欲於其同宗之爲君者假館也，便有挾貴之意。』

〔一〕『人』，《皇清經解》本、《經問》均作『入』。

此二説，則仍王氏之説，而又爲曹、鄒同姓之説。按以曹君之弟假館於鄒君，不必定爲同宗。至以交爲鄒君之弟，則交明云『得見鄒君』，此豈親弟口吻？則趙氏之説，未可非也。趙氏佑《温故録》云：『曹之復，事在春秋後，趙氏蓋當有所案據。惟是曹交已知問堯舜，憂食粟，請受業，不可謂非有志，而孟子告之甚直且詳。即其言鄒君，言假館，亦情事所有，未足遂爲深怪，而孟子復詔以「歸而求之有餘師」，蓋學在身體力行，不在口説，古人從師，非必朝夕一堂，始爲受業也。非棄之也，故注無譏辭。自僞疏好逞臆於注外，遂以曹交挾貴而問，孟子辭之。然謂不屑教誨，則既明明教誨之矣，而何與滕更之不答同哉！』

『交聞文王十尺，湯九尺，今交九尺四寸以長，食粟而已，如何則可？』【注】交聞文王與湯皆長而聖，今交亦長，獨但食粟而已，當如何。【疏】『交聞』至『則可』○正義曰：《春秋繁露・三代改制質文》篇云：『天將授舜，主天法商而王，祖錫姓爲姚氏，至舜形體大上而員首，而明有二童子。天將授禹，主地法夏而王，祖錫姓爲姒氏，至禹生，發於背，形體長，長足肵疾。天將授湯，主天法質而王，祖錫姓爲子氏，至湯體長專小足。天將授文王，主地法文而王，祖錫姓姬氏，至文王形體博長，有四乳而大足。』然則湯九尺，所云長專也。文王十尺，所云博長也。皆天授，故曹交舉而言之。《史記・正義》引《帝王世紀》云：『文王龍顔虎眉，身長十尺，有四乳。』

曰：『奚有於是？亦爲之而已矣。有人於此，力不能勝一匹雛，則爲無力人矣。今曰舉百鈞，則爲有力人矣。然則舉烏獲之任，是亦爲烏獲而已矣。夫人豈以不勝爲患哉？弗爲耳。【注】孟子曰何有於是言乎？仁義之道，亦當爲之，乃爲賢耳。人言我力不能勝一小雛，則謂之無力之人。言我能舉百鈞，百鈞，三千斤也，則謂之有力之人矣。烏獲，古之有力人也。能移舉千鈞。人能舉其所任，是爲烏獲才也。夫一匹雛不舉，豈患不能勝哉？但不爲之耳。【疏】注『何有於是言乎』○正義曰：《小爾雅·廣言》云：『奚，何也。』是奚有卽何有，趙氏解答是也。何有爲不可答，則是以何有爲無有。此何有於是，亦是無有於是，蓋謂其不必如是説也。按何有亦宜解作不難，是字指文王湯之能爲堯舜，謂不難於湯文之爲堯舜也。○注『人言我力不能勝一小雛』○正義曰：《音義》出『匹雛』云：『匹，張如字。丁作「疋」，云：「注云：疋雛，小雛也。」匹不訓小，而訓詁及諸書疋訓耦，訓小無文。今按《方言》：「尐，小也。」音節蓋與疋字相似，後人傳寫誤耳。』王氏念孫《廣雅疏證》云：『《説文》：「尐，少也。」物多則大，少則小，故《方言》云：「尐，小也。」《廣韻》「𡮼尐，小也。」《方言》注作「懱截」。《孟子·告子》篇「力不能勝一匹雛」，趙岐注云：「言我力不能勝一小雛。」孫奭《音義》謂「尐與疋字相似，後人傳寫誤耳」。按孫説是也。《玉篇》：「鷚，小雞也。」鷚與尐通，小雞謂之鷚，猶小蟬謂之蠽。《爾雅》「蠽，茅蜩」，注云：「江東呼爲茅蠽，似蟬而小。」《説文》：「䰅，束髮少小也。」張衡《西京賦》

云：「朱鬓鬣鬛。」尐、鸐、鸑、鬛，並音姊列反，其義同也。《方言》謂小雞爲䳟子，䳟、鸐一聲之轉。《廣韻》：「吔，姊列切。鳴吔吔也。」吔吔猶啾啾，亦一聲之轉也。』按《禮記・曲禮》云『庶人之摯匹』，注云：『説者以匹爲鶩』。《釋文》云：『匹依注作「鶩」，音木。』《玉篇》、《集韻》有鳴字。以此通之，《孟子》似匹雛卽鶩雛。乃鄭云『説者謂匹爲鶩』者，《白虎通・瑞贄》篇引《曲禮》而解之云：『匹謂鶩也。』鄭所云説者指此。《周禮・春官・大宗伯》『以禽作六贄，庶人執鶩。』用以相準，故《白虎通》以匹爲鶩。匹之訓爲偶爲雙，不知何物而擬之云。此所云匹者謂鶩，謂兩鶩也。非匹有鶩訓。鄭云説者以匹爲鶩，卽與匹謂鶩同義。訓詁之體，凡謂之云者，皆非定稱。《釋文》音匹爲木，孔氏正義直云：『匹，鶩也。』皆非是。至造爲鳴字，尤非矣。張氏讀匹雛如字，亦義爲偶爲雙。力不能勝一雙雛，則是兩雛。《説文》隹部云：『雛，雞子也。』《禮記・月令》『仲夏之月，天子以雛嘗黍。』《淮南・時則訓》注云：『雛，新雞也。』然則雛爲雞之名，讀匹爲尐，卽尐雛卽是小雞。讀匹如字，則匹雛是卽雙雞。學者以匹爲鶩，轉忘乎雛爲雞矣。○注『烏獲』至『爲之耳』○正義曰：《禮》注以匹爲鶩也。《曲禮》單云匹，故擬之爲鶩。此已連稱匹雛，不得又援《禮》注以匹爲鶩也。學者以匹爲鶩，轉忘乎雛爲雞矣。

義曰：《史記・秦本紀》云：『武王有力好戲，力士任鄙、烏獲、孟説皆至大官。』是烏獲爲古之有力人。《韓非子・觀行》篇云：『烏獲輕千鈞而重其身，非其身重於千鈞也，勢不便也。』是烏獲能舉千鈞也。《國語・魯語》云『不能任重』，韋昭注云：『任，勝也。』《論衡·效力》篇云『世稱力者，常褒烏獲。然則董仲舒、揚子雲，文之烏獲也。秦武王與孟説舉鼎不任，絶脈而死。少文之人，與董仲舒等誦胸中之思，必將不任，有絶脈之變。』又云：『夫一石之重，一人挈之；十石以上，二人不能舉也。世多挈一石之任，寡有舉十石之力。』此所云任，皆勝也。烏獲能移舉千鈞，此烏獲之任也。人亦能移舉千鈞，則是舉烏獲之任，能舉烏獲之任卽爲烏獲。此亦爲之爲，與上『爲無力人』『爲有力人』二爲字同。上兩爲字，趙氏俱以謂解之，是人稱謂之。此爲烏獲，亦是人見其能舉烏獲之任，卽稱謂之爲烏獲而已。烏獲之力，不能强學，故必視能舉其任，而乃可謂之烏獲。若一匹雛，則斷無不能舉之人，今曰不能勝，此豈足患，由不肯爲耳。弗爲耳之爲解作行爲，與上三爲字不同。趙氏之意，以孟子勝一匹雛比人之爲堯舜，謂人之爲堯舜，非如爲烏獲必能舉烏獲之任。人之爲堯舜，第如舉一匹雛，人人不患其不勝，特患其不爲。自解者以爲烏獲比爲堯舜，則移舉千鈞，詎容漫致。閻氏若璩《釋地三續》引陳幾亭之言，謂人皆可以爲堯舜，不聞人皆可以爲烏獲，以此譏孟子言辭小失，由未知孟子之指，亦未審趙氏之注也。不勝，原卽不能勝，故以不勝爲患，卽是以不能勝匹雛爲患。以不能舉烏獲之任爲患，則挾山超海，語人曰我不能也。以不能勝匹雛爲患，則爲長者折枝，語人曰我不能也。爲堯舜，非舉烏獲之任也，乃舉一匹雛之力也。何也？堯舜之道，不過孝弟，人之於孝弟，未有不能勝者也。故儒生能説百萬章句，連句結章，篇至百十，作《春秋》，删《五經》，秘書微文，無所不定，此烏獲之任也，非人人所能爲也。孝弟之道，人人能爲，則牧童兼烏獲之力。』竊謂此卽本《孟子》。牧童，卽力不能勝匹雛之人。若不行而徒言，則自言能舉百鈞，卽可謂之烏獲矣。然則必能舉烏獲之任，乃可爲烏獲；力不能勝一匹雛之人，而徒空言自詡其舉百鈞，豈得真爲烏獲乎？此於《孟子》『今曰』二字體會而出。烏獲不可以空言冒，堯舜不可以形體求。不可舉堯舜之任，但形體似堯舜，不可爲堯舜；猶不能舉烏獲之任，但口稱能舉百鈞，不可爲烏獲。此又一義也。姚氏文田《求是齋自訂稿》云：『或疑不勝匹雛，如何可以至烏獲，因遂譏孟子爲妄説。不知不勝匹雛與舉百鈞，皆必無之事，皆代其人摹寫之辭，並非正論。有人於此，於衆方角力之時，而彼獨逡巡退縮曰，吾之力，雖一匹雛不能勝也。力雖薄，亦何至不勝匹雛，然由其頽靡之習，則必終爲無力之人矣。今或不然，於衆皆畏憚之事，而彼獨毅然不顧曰，吾之舉，不至於百鈞不止也。力雖果，亦豈能遂舉百鈞。然竭其邁往之材，久之固亦得爲有力之人矣。天下之稱有力者莫如烏獲，其所任皆舉之而莫能勝也。然試思彼亦人耳，安在烏獲之遂絶於天下也者。設使若人者馴而致之，而一旦遂至於烏獲，則亦一烏獲而已矣。人於堯舜，何獨不然。吾故曰奚有於是，亦爲之而已矣。然則人且曰吾弗勝者何也？凡事必歷乎其途，然後可以知其難易。今之人直未一身歷焉，而遽以不能勝自謝也，此何異於不勝匹雛之説也。惡如夫堯舜之可爲，更非若烏獲之不可强而至哉。本文意甚緜密，學者粗心讀之，未免以辭害意。』**徐行後長者謂之弟，疾行先長者謂之不弟。夫徐行者，豈人所不能哉？所不爲也。**【注】長者，老者也。弟，順也。人誰不能徐行者，患不肯爲也。【疏】注『長者』至『爲也』○正義曰：《國語・晉語》云『齊侯長矣』，注云：『長，老也。』《廣雅・釋詁》同。是長者卽老者也。《荀子・修身篇》云：『端慤順弟。』《漢書・蕭望之傳》云：『前單于慕化鄉善稱弟』，蘇林云：『弟，順也。』顔師古云：『弟爲悌。』阮氏元《校勘記》云：『「孝悌而已矣」，閩、監、毛三本同。宋《九經》本、岳本、咸淳衢州本、孔本、韓本悌作「弟」。按悌者俗字。』徐行，舉一匹雛也。疾行，不能勝一匹雛也。故云人誰不能徐行者。**堯舜之道，孝弟而已矣。子服堯之服，誦堯之言，行堯之行，是堯而已矣。子服桀之服，誦桀之言，行桀之行，是桀而已矣。』**【注】孝弟而已，人所能也。堯服，衣服不踰禮也。堯言，仁義之言。堯行，孝弟之行。桀服，譎詭非常之服。桀言，不行仁義之言。桀行，淫虐之行也。爲堯似堯，爲桀似桀。

曰：『交得見於鄒君，可以假館，願留而受業於門。』【注】交欲學於孟子，願因鄒君假館舍，備門徒也。

曰：『夫道，若大路然，豈難知哉？人病不求耳。子歸而求之，有餘師。』【注】孟子言堯舜之道，較然若大路，豈有難知，人苦不肯求耳。子歸曹而求行其道，有餘師，師不少也。不必留此學也。【疏】注「孟子」至「學也」○正義曰：《史記・平津侯主父傳》云：「白氣較然著明。」又《伯夷傳》云：「此其尤大彰明較著者也。」《漢書・谷永傳》云：「較然，起乎東方。」《張安世傳》云：「賢不肖較然。」較然皆言其明白易見也。《呂氏春秋・權勳》篇云「觸子苦之」，《貴卒》篇云「皆甚苦之」，高誘注並云：「苦，病也。」是病即苦也。《呂氏春秋・辨士》篇云「無使不足，亦無使有餘」，高誘注云：「餘，猶多也。」多即不少也。《論語・子張》篇云：「夫子焉不學而亦何嘗師之有。」《述而》篇云：「三人行，必有我師焉。」皆有餘師之謂也。

《章指》言：天下大道，人並由之，病於不爲，不患不能，是以曹交請學，孟子辭焉。

蓋《詩》三百，一言以蔽之。【疏】「蓋詩」至「蔽之」○正義曰：周氏廣業《孟子章指考證》云：「言在思無邪而已。蓋歇後語東漢已有之。」韓退之《論語筆解》云：「蔽，猶斷也。李翱云：『《詩》三百斷在一言，終於頌而已。』」或趙氏亦取一言斷之義，以爲道在於爲而已。

公孫丑問曰：「高子曰：《小弁》，小人之詩也。」

孟子曰：「何以言之？」曰：「怨。」【注】高子，齊人也。《小弁》，《小雅》之篇，伯奇之詩也。怨者，怨親之過，故謂之小人。【疏】注「高子」至「小人」○正義曰：《公孫丑》篇

『高子以告』，注云：『高子，亦齊人，孟子弟子。』《盡心》篇『孟子謂高子』，注云：『高子，齊人，嘗學於孟子，鄉道而未明，去而學於地術。』此注則但稱齊人。《毛詩序》云：『絲衣，繹賓尸也。高子曰：靈星之尸也。』孔氏正義云：『高子者，不知何人。孟軻弟子有公孫丑者，稱高子之言，以問孟子。則高子與孟子同時，趙岐以爲齊人。此言高子，蓋彼是也。』翟氏灝《考異》云：『《韓詩外傳》又稱高子與孟子論衛女之詩。此人似長於孟子，以叟稱之。與尹士、追蠡二章之高子蓋有别。』趙氏佑《温故録》云：『前已有「高子以告」，注：「高子齊人，孟子弟子。」此又論《詩》後論聲樂，《毛詩序》亦有高子曰之文，疑即《釋文》所述吴人徐整言子夏授高行子，是亦一傳《詩》者。蓋本學於子夏而後又從孟子，則其齒宿矣，故得閒稱叟，而曰固，曰茅塞，是後注所謂「鄉道未明」者。然《毛詩》以《小弁》爲平王事，故得言親之過大，以所關在天下國家之大，故較之《凱風》失在一身者則爲小矣。足明孟子所主《詩》説與毛同。高子亦未嘗不同，特其見理未精，得孟子析言之而後明，遂爲《毛詩》授受所從出。注則以爲伯奇之詩，是見《琴操》尹吉甫愛後妻子而棄其適子伯奇者，或以爲《韓詩》説。蓋趙注言《詩》，往往從韓，如引《摽有梅》之摽作莩，解「以御于家邦」之御爲享，與毛異趣。以《鴟鴞》詩爲刺邠君，並違《尚書》。孫氏《音義》閒有證明，而此獨闕。第觀注云「父虐之」，其辭甚輕，則亦與母不安其室者，均爲人子所遭之不幸，不足深較大小，適足以見所傳之不確，此《毛詩》所以單行至今，而三家多放失也。』按《琴操》云：『《履霜操》者，尹吉甫之子伯奇所作也。吉甫，周上卿也。有子伯奇。伯奇母死，吉甫更娶後妻，生子曰伯邦，乃譖伯奇於吉甫曰：「伯奇見妾有美色，然有欲心。」吉甫曰：「伯奇爲人慈仁，豈有此也？」妻曰：「試置妾空房中，君登樓而察之。」後妻知伯奇仁孝，乃取毒蜂綴衣領，伯奇前持之。於是吉甫大怒，放伯奇於野。伯奇編衣荷而衣之，采楟花而食之，清朝履霜，自傷無罪見逐，乃援琴而鼓之。』《太平御覽》引《韓詩》云：『《黍離》，伯封作也。』曹植《令禽惡鳥論》云：『昔尹吉甫信後妻之讒，而殺孝子伯奇。其弟伯封求而不得，作《黍離》之詩。』此伯奇之事，而不言其爲《小弁》之詩。《漢書・中山靖王勝傳》云：『斯伯奇之所流離，比干所以横分也。』《詩》云：「我心憂傷，惄焉如擣，假寐永歎，唯憂用老，心之憂矣，疢如疾首。」臣之謂也。』此上言伯奇。下引《小弁》之詩，乃中閒以比干，則未必以《小弁》爲伯奇所作。惟《論衡・書虚》篇云：『伯奇放流，首髮早白。《詩》云：「惟憂用老。」』則或者當時有伯奇作《小弁》之説也。《毛詩序》云：『《小弁》，刺幽王也。太子之傅作焉。』孔氏正義云：『以此述太子之言，太子不可作詩以刺父，自傅意述而刺之。』其首章『民莫不穀，我獨于罹』，傳云：『幽王取申女，生太子宜臼，又説褒姒，生子伯服，立以爲后，而放宜臼，將殺之。』末章『我躬不閲，遑恤我後』，傳云：『念父孝也。』引《孟子》此文。

曰：『固哉，高叟之爲詩也！有人於此，越人關弓而射之，則已談笑而道之，無他，

疏之也。其兄關弓而射之，則己垂涕泣而道之，無他，戚之也。《小弁》之怨，親親也。親親，仁也。固矣夫，高叟之爲詩也！』【注】固，陋也。高子年長。孟子曰，陋哉高父之爲詩也。疏越人，故談笑。戚，親也。親其兄，故號泣而道之，怪怨之意也。伯奇仁人而父虐之，故作《小弁》之詩曰『何辜于天』，親親而悲怨之辭也。重言固陋，傷高叟不達詩人之意甚也。【疏】注『固陋』至『甚也』○正義曰：《論語·述而》篇『儉則固』，集解引孔氏云：『固，陋也。』《荀子·修身》篇云『少見曰陋』，所見寡少，不能通達，故又云不達詩人之意。不達正是固。《禮記·曲禮》云『君子謂之固』，注云：『固，謂不達於禮也。』堅守一説而不能通，是爲固也。《廣雅·釋親》云：『叟，父也。』故以高叟爲高父。《音義》出『爲詩』，云：『丁云：「爲，猶解説也。」』按《論語·陽貨》篇云：『女爲《周南》、《召南》矣乎』，皇氏疏云：『爲，猶學也。』爲本訓治，學之即是治之，治之則必解説之矣。《音義》出『關弓』，云：『丁、張並音彎。』《文選·三都賦》劉逵注引《孟子》此文作『彎』。王氏念孫《廣雅疏證》云：『抓之言弙也，《説文》：「弙，滿弓有所鄉也。」字亦作「扜」。《吕氏春秋·壅塞》篇「扜弓而射之」，高誘注云：「扜，引也。」古聲並與抓同。彎亦抓也。語之轉耳。《説文》「彎，持弓關矢也。」昭二十一年《左傳》「豹則關矣」，杜預注云：「關，引弓也。」《史記·陳涉世家》「士不敢貫弓而報怨」，《漢書》作「彎」。彎、關、貫並通。』道，言也。《大戴記·曾子制言》中云：『君子雖言不受必忠曰道。』道之，謂戒其不可射也。然疏則言之和，故談笑，親則言之迫，故號泣。號泣則欲其言之必受也。《廣雅・釋詁》云：『親，傶，近也。』《説文》戚爲斧鉞之名，與傶通，故爲親也。『何辜于天，我罪伊何』，《小弁》首章之文。毛氏傳云：『舜之怨慕曰，號泣于旻天于父母。』孔氏正義云：『毛意嫌子不當怨父以訴天，故引舜事以明之。言大舜尚怨，故太子亦可然也。』趙氏特引此句，以明《小弁》之怨同於舜之號泣。而特不以爲宜臼之詩而言『伯奇仁人而父虐之』，蓋以宜臼非仁人，不得比於舜之怨，故取他説也。曹氏之升《摭餘説》云：『此章只是論詩，不是論平王，詩原非平王作也。平王既立，遣師戍申，是但知有母，不知有父；但知申侯立己爲有德，而不知申侯弑父爲可誅。忘親逆理如此，則謂宜臼爲小人，並其詩而斥爲小人之詩，何不可者？故孟子曰「何以言之」，而不虞其以怨爲小人也。蓋宜臼之不仁，全是不怨而愈疏。宜臼不怨，而其傳道之以怨，明示以親親之道，而竦動其固有之仁，奈何反以其怨爲小人哉！』劉氏始興《詩益》云：『《孟子》「親之過大」，據此一語，可斷其爲幽王太子宜臼之詩。蓋太子者國之根本，國本動摇，則社稷隨之而亡，故曰親之過大。若在尋常放子，則己之被讒見逐，禍止一身，其父之過，與《凱風》七子之母不安其室等耳，何得云親之過大哉？又詩二章曰「踧踧周道，鞫爲茂草，我心憂傷，惄焉如擣」。此有傷周室衰亂之意。若尋常放子，其於國家事何有焉！』

曰：『《凱風》何以不怨？』【注】《詩・邶風・凱風》之篇也。公孫丑曰，《凱風》亦孝子之詩，何以獨不怨。【疏】注「詩邶」至「不怨」○正義曰：《毛詩·序》云：「《凱風》，美孝子也。衛之淫風流行，雖有七子之母，猶不能安其室，故美孝子能盡其孝道，以慰其母心，而成其志爾。」箋云：「不安其室，欲去嫁也。成其志者，成其孝子自責之意。」是《凱風》亦孝子之詩也。

曰：「《凱風》，親之過小者也。《小弁》，親之過大者也。親之過大而不怨，是愈疏也。親之過小而怨，是不可磯也。愈疏，不孝也。不可磯，亦不孝也。孔子曰：『舜其至孝矣！五十而慕。』」【注】孟子曰，《凱風》言「莫慰母心」，母心不悦也。知親之過小也。《小弁》曰「行有死人，尚或墐之」，而曾不閔己，知親之過大也。愈，益也。過已大矣，而孝子不怨，思其親之意何爲如是，是益疏之道也。故曰不孝。磯，激也。過小耳，而孝子感激，輒怨其親，是亦不孝也。孔子以舜年五十，而思慕其親不怠，稱曰孝之至矣。孝之不可以已也，知高叟譏《小弁》爲不得矣。【疏】注「凱風」至「不孝也」○正義曰：趙氏説《小弁》，既不用《詩序》，而以爲父虐伯奇。虐，謂放之於野。以此爲過大，故以《凱風》之母但心不悦，母心不悦，視虐放於野爲小，故引《詩》語以明大小之義，蓋亦不用《凱風·詩序》「不安其室」之事也。毛氏奇齡《四書賸言》云：「先仲氏曰：齊、魯、韓三家以《凱風》爲母責子詩，予向取其説以説《國風》；既讀《孟子》，則尤與「不可磯」，并幽王逐子，尹吉甫殺子義合。彼皆戕害其子，故過大；此但責子過情，故過小。若不安室，則過不小矣。』此卽趙氏義也。閻氏若璩《釋地又續》云：『宋晁説之以道《詩序》之論曰：「《孟子》：《凱風》，親之過小者也。而序《詩》者曰：衛之淫風流行，雖有七子之母，猶不能安其室。是七子之母者，於先君無妻道，於七子無母道，過孰大焉。孟子之言妄與？孟子之言不妄，則序《詩》非也。」黄太沖亟取其説，載《孟子師説》。余按《序》又曰：「故美七子能盡其孝道，以慰其母心，而成其志爾。」成志，成母守節之志，非如鄭箋指孝子自責言。因檢孔疏，亦言「母遂不嫁」爲之快絶。復憶東漢姜肱，性篤孝，事繼母恪勤，母既年少，又嚴厲，肱感《凱風》之孝，兄弟同被而寢，不入房室，以慰母心焉。歎作《詩》者能安母於千載之上，感詩者亦能安母於千載之下，詩之有益人倫如此。當日採風者親覩其事，序《詩》者申美其事，遂不爲聖人所删，《序》曷可非也。蓋七子之母徒有欲嫁之志云爾，若果嫁矣，則真於先君無妻道，於七子無母道，是之謂惡，豈僅僅過而已哉！』周氏柄中《辨正》云：『從一而終者，婦人之大節，而孟子以《凱風》爲親之過小，豈小其失節哉？嘗卽「不可磯」之義求之，蓋曰一念雖差，過而未遂，斯爲小矣。人子當此，惟有負罪引慝，積誠婉諭，可以挽回，若遂呼天怨懟，則己心未盡，奚以悟親之心，或反至激怒而成之。故曰不可磯亦不孝也。』謹按：周氏解大小二字是也。蓋小大猶云微著，母不安室，與父亂德政，其過同。但母志未著，則微而可以感消；父亂已成，則著而不容膜視。趙氏以激釋磯，蓋卽讀磯爲激，不可磯卽不可激也。《楚辭・招魂》云『激楚之結』，王逸注云：『激，感也。』趙氏讀磯爲激而釋之爲感，故云孝子感激，輒怨其親，謂母以不悅激發其子，子因其激而遂怨，是不可耐此激發也。阮氏元《校勘記》云：『「不可磯」，按段玉裁曰：「注中訓磯激也。但於雙聲求之，磯與杚概字古音同，謂摩也。故《毛詩音義》云：磯，居依反，又古愛反，古假借字耳。近人以石激水解之，殊誤。《說文》固無磯字」』按《說文》木部云：『概，所以杚斗斛也。』『杚，平也。』《易》『月幾望』，荀爽作『月既望』。《周禮·犬人》『幾珥』，注云：『幾，讀爲刉。』從既從气，與從幾原可相通。《廣雅·釋詁》云：『杚，摩也。』摩之卽所以平之，然則不可磯卽不可杚，亦卽不可平。因母不安其室，心不能平，因而怨懟，與不可激之義亦相近。或磯卽『事父母幾諫』之幾，顯露其親之過，是不可幾也。《廣雅·釋水》云：『磯，磧也。』磧石在水中。《晉書·音義》云：『磯，大石激水也。』此因磯之讀激，而附合於磯之爲磧，故有此解，趙氏則無之也。《爾雅·釋詁》云：『俞，益也。』俞，卽古愈字。《詩·小雅·小明》篇『政事愈蹙』，箋云：『俞，猶益也。』益疏，謂疏之甚也。蓋温柔敦厚，《詩》教也。凡臣之於君，子之於親，朋友相規，兄弟相戒，均宜纏綿愷惻，相感以情而不可相持以理，宜相化以誠而不可相矜以氣。是以詩可以興觀羣怨，邇之事父，遠之事君，如《凱風》之孝子，以至誠之情自責，以感動其母，此《詩》教之常也。高子既授子夏之《詩》，習知其義，而《小弁》之詩，情辭憤激，迥非《凱風》可比，實與《詩》教相背，故以爲小人之詩。不知豔妻已煽，讒口已成，周室將亡，殊非小故，爲臣子者，竟惟以低聲緩步，談笑處之，則視君父不啻路人，不亦疏已甚乎！高子但守其常，不通其變，故孟子以固執勗之。然臣子事君父之道，究以《凱風》爲正。事猶未著，失亦無多，不難平心婉議；誠有未便，惟宜載睍睆之音，樂棘心之養，消之於未形。乃直指其非，自沽其直，以激其君父之怒，害及其身，禍於家國，是則不可磯之爲不孝也。故孟子雖譏高子爲固，而仍以不可磯切言之。則高子者，蓋不失爲經師者也。舜之五十而慕，正與《凱風》七子同。母不安室，七子自責以慰安之，而母卽不嫁。父頑母嚚，舜自責以乂養之，而瞽瞍卽厎豫。然則天下無不可事之君父，故諫有五，而知患禍未萌，深睹其事未彰，而諷告焉，是爲諷諫，孔子獨從之。孟子引舜之『五十而慕』，以證《凱風》之『不怨』，非引以證《小弁》之『怨』也。

《章指》言：生之膝下，一體而分，喘息呼吸，氣通於親。當親而疏，怨慕號天，是以《小弁》之怨，未足爲愆也。【疏】『生之』至『於親』○正義曰：《儀禮・喪服傳》『世父母叔父母』，傳云：『世父叔父何以期也？與尊者一體也。父子一體也，夫妻一體也，昆弟一體也。故父子首足也，夫妻牉合也，昆弟四體也。』《白虎通・諫諍》篇云：『子諫父，父不從，不得去者，父子一體，而分無相離之法。』《呂氏春秋・精通》篇云：『周有申喜者，亡其母。聞乞人歌於門下而悲之，動於顔色，謂門者內乞人之歌者。自覺而問焉，曰何故，而乞與之語，蓋其母也。故父母之於子也，子之於父母也，一體而兩分，同氣而異息，若草莽之有華實也，若樹木之有根心也，雖異處而相通，隱志相及，痛疾相救，憂思相感，生則相歡，死則相哀，此之謂骨肉之親。」

宋牼將之楚，孟子遇於石丘，曰：『先生將何之？』【注】宋牼，宋人名牼。學士年長者，故謂之先生。石丘，地名也。道遇，問欲何之。【疏】注『宋牼』至『名也』〇正義曰：《莊子·天下》篇云：『墨子真天下之好，宋鈃、尹文子聞其風而悦之，作爲華山之冠以自表。見侮不辱，救民之鬭；禁攻寢兵，救世之戰：以此周行天下，上説下教，雖天下不取，强聒而不舍者也。』《荀子·非十二子》篇云：『不知壹天下、建國家之權稱，上功用，大儉約而僈差等，曾不足以容辨異，縣君臣，然而其持之有故，其言之成理，足以欺惑愚衆，是墨翟、宋鈃也。』楊倞注云：『宋鈃，宋人，與孟子、尹文子、彭蒙、慎到同時。《孟子》作「宋牼」。牼與鈃同，音[一]口莖反。』又《天論》篇云：『宋子有見於少，無見於多。』注云：『宋子名鈃，宋人也。與孟子同時。下篇云：「宋子以人之情爲[二]欲寡，而皆以己

[一]『音』，《皇清經解》本同，《荀子·非十二子》無『音』字。
[二]『爲』，《皇清經解》本同，《荀子·天論》無『爲』字，下同。

之情爲欲多，爲〔一〕過也。」據此説，則是少而不見多也。鈃音形，又胡泠反。《漢書・藝文志》有《宋子》十八篇，班固曰：「荀卿道宋子，其言黄老意。」又《藝文志》名家者流有《尹文子》一篇，顏師古引劉向云：「與宋鈃俱遊稷下。」《禮記・曲禮》云「從於先生」，注云：「先生，老人教學者。」《國策・衛策》云「乃見梧下先生」，注云：「先生，長者有德者稱。」《齊策》云「孟嘗君讌坐謂三先生」，注云：「先生，長老先己以生者也。」牼蓋年長於孟子，故孟子以先生稱之而自稱名。閻氏若璩《釋地續》云：「齊宣王喜文學遊説之士，自如騶衍、淳于髡、田駢、接子、慎到、環淵之徒七十六人，皆賜列第爲上大夫，不治而議論，是以齊稷下學士復盛。孟子固嘗與宋牼有雅故，於齊别去，久之忽邂逅石丘，呼以先生，請其所之，殆非未同而言者比也。」石丘，趙氏但云地名，或以爲宋地。蓋以牼爲宋人也。張氏宗泰《孟子諸國年表説》云：「當孟子時，齊秦所共爭者惟魏。若楚雖近秦，時方强盛，秦尚未敢與爭。惟梁襄王元年癸卯，有楚與五國共擊秦不勝之事，而獨與秦戰，則在懷王十七年。先是十六年秦欲伐齊，而楚與齊從親，惠王患之，乃使張儀南見楚王，王爲儀絶齊，而不得秦所許，故分楚商於之地，懷王大怒，發兵西攻秦，秦亦發兵擊之。十七年春，與秦戰丹陽，大敗，虜大將軍屈丐等，遂取漢中。王復怒，悉國兵襲秦，戰於藍

〔一〕「爲」，《皇清經解》本同，《荀子・天論》作「是」。

田，又大敗。韓魏聞之，襲楚至鄧，楚乃引兵歸。此事恰當孟子時，孟子是年因燕人畔去齊，疑孟子或有事於宋，而自宋至薛，因與宋牼遇於石丘。」

曰：「吾聞秦楚搆兵，我將見楚王説而罷之，楚王不悦，我將見秦王説而罷之。二王我將有所遇焉。」【注】牼自謂往説二王，必有所遇，得從其志。【疏】「搆兵」○正義曰：《國策・秦策》云「秦楚之兵，構而不離」，又《齊策》「秦楚構難」，高誘注云：「構，連也。」《吕氏春秋・審爲》篇云「民相連而從之」，高誘注云：「連，結也。」又《勿躬》篇云「車不結軌」，高誘注云：「結，交也。」搆與構通。交、結、連、構四字義同，構兵即交兵也。《説文》冓部云：「冓，交積材也。」木部云：「構，蓋也。杜林以爲椽桷字。」椽桷亦以交於楣棟得名，由冓之交取義也。

曰：「軻也請無問其詳，願聞其指，説之將何如？」【注】孟子敬宋牼，自稱其名曰軻，不敢詳問，願聞其指，欲如何説之。【疏】「願聞其指」○正義曰：指與旨同。《禮記・王制》云「有旨無簡不聽」，注云：「有旨，有其意。」《漢書・河閒獻王德傳》云「文約指明」，注云：「指謂意之所趨，若人以手指物也。」

曰：「我將言其不利也。」【注】牼曰，我將爲二王言興兵之不利也。

曰：「先生之志則大矣，先生之號則不可。先生以利説秦楚之王，秦楚之王悦於利，以罷三軍之師，是三軍之士樂罷而悦於利也。爲人臣者懷利以事其君，爲人子者懷利以事其父，爲人弟者懷利以事其兄，是君臣父子兄弟終去仁義，懷利以相接，然而不亡者，未之有也。【注】孟子曰，先生志誠大矣，所稱名號，不可用也。二王悦利罷三軍，三軍士樂之而悦利，則舉國尚利以相接待而忘仁義，則其國亡矣。【疏】注「則舉國」至「仁義」○正義曰：《大戴記・保傅》篇云「接給而善對」，注云：「接給，謂應所問而給也。」又《文王官人》篇云「取接給而廣中者」，注云：「接給，謂應所問而對。」《周禮・天官太府》「以待王之膳服」，《外府》「而待邦之用」，注並云：「待，猶給也。」接待卽接給也。劉熙《釋名・釋喪制》云：「終，盡也。」《吕氏春秋・音律》篇「數將幾終」，高誘注亦云：「終，盡也。」終去仁義是盡去仁義，故云舉國尚利忘仁義，舉國皆忘，是盡去也。亡與忘通，《禮記・少儀》云「有亡而無疾」，注云：「亡，去也。」故以去仁義爲忘仁義也。先生以仁義説秦楚之王，秦楚之王悦於仁義，而罷三軍之師，是三軍之士樂罷而悦於仁義也。爲人臣者懷仁義以事其君，爲人子者懷仁義以事其父，爲人弟者懷仁義以事其兄，是君臣父子兄弟去利、懷仁義以相接也，然而不王者，未之有也。何必曰利！」【注】以仁義之道，不忍興兵，三軍之士悦，國人化之，咸以仁義相接，可以致王，何必以利爲名也。

《章指》言：上之所欲，下以爲俗。俗化於善，久而致平；俗化於惡，失而致傾。是以君子創業，慎其所以爲名也。【疏】「俗化」至「名也」○正義曰：《文子・精誠》篇云：「見其俗而知其化。」《荀子・正名》篇云：「王者之制名，名定而實辨，道行而志通，則慎率民而一焉。』昭公三十一年《左傳》云：『君子曰：名之不可不慎也如是〔一〕。』

孟子居鄒，季任爲任處守，以幣交，受之而不報。處於平陸，儲子爲相，以幣交，受之而不報。【注】任，薛之同姓小國也。季任，任君季弟也。任君朝會於鄰國，季任爲之居守其國也。致幣帛之禮以交孟子，受之而未報也。平陸，齊下邑也。儲子，齊相也。亦致禮以交孟子，受而未答也。【疏】注『任薛』至『國也』○正義曰：《漢書·地理〔二〕志》：東平國，『任城，故任國，太昊後，風姓。』隱公十一年『滕侯、薛侯來朝』，《左傳》云：『寡人若朝於薛，不敢與諸任齒。』孔氏正義引《世本·氏姓》篇云：『任姓：謝、章、薛、舒、吕、祝、終、泉、畢、過，言此十國皆任姓也。』又引《譜》云：『薛，任姓，黄帝之苗裔奚仲，封爲薛侯，今魯國薛縣是也。』任，風姓，薛，任姓，非同姓之國，趙氏蓋誤以任爲任姓與？錢氏大昕《養新録》云：『國君之弟以國氏，字當在國下。《春秋》桓十七年蔡季自陳歸於蔡，蔡侯弟也。莊三年紀季以酅入於齊，紀侯弟也。依《春秋》例，季任當爲「任季」，傳寫顛倒耳。』閻氏若璩《釋地續》云：『平陸爲今汶上縣，去齊都臨淄凡六百里，而儲子既相，

〔一〕『是』，《皇清經解》本作『此』，《春秋左傳集解》作『是』。
〔二〕『地理』，《皇清經解》本作『藝文』。

必朝夕左右爲王辨政事，非奉王命，似亦未易出郊外，何以[一]孟子望其身親至六百里外之下邑，方爲禮稱其幣。既思《范睢列傳》云：「秦相穰侯東行縣邑，東騎至湖關。」湖今閿鄉縣，去秦都咸陽亦幾六百里，是當日國相皆得周行其境之内，非令所禁，故曰儲子得之平陸。』**他日，由鄒之任見季子，之齊不見儲子。由平陸之齊不見儲子。屋廬子喜曰：『連得閒矣！』**問曰：『**夫子之任見季子，之齊不見儲子，爲其爲相與？**』【注】連，屋廬子名也。見孟子答此二人有異，故喜曰，連今日乃得一見夫子與之閒隙也。俱答二人，獨見季子不見儲子者，以季子當君國子民之處，儲子爲相，故輕之邪。【疏】注『俱答二人』〇正義曰：趙氏以之任之齊卽是答其幣交之禮。但答季子則見之，答儲子則不見，所異在見不見而答則同是也。若謂不見儲子卽是不答，詎有遠以幣交，既受其禮，而至其地不答者乎？

曰：『非也。《書》曰：「享多儀，儀不及物曰不享，惟不役志于享。」爲其不成享也。』【注】孟子曰非也。非以儲子爲相，故不見。《尚書・洛誥》篇曰『享多儀』，言享見之禮多儀法也。物，事也。儀不及事，謂有闕也。故曰不成享禮。儲子本禮不足，故我不見也。【疏】注『尚書』至『享禮』〇正義曰：《書序》云：『召公既相宅，周公往營成周，使來告卜，作《洛誥》。』此文云：『公曰：已，汝惟沖子，惟終。汝其敬識百辟享，亦識其有不享；享

[一]『以』，《皇清經解》本作『必』，《釋地續》作『以』。

多儀，儀不及物，惟曰不享。惟不役志於享，凡民惟曰不享。』鄭氏注云：『朝聘之禮至大，其禮之儀不及物，謂所貢篚者多而威儀簡也。威儀既簡，亦是不享也。』江氏聲《尚書集注音疏》云：『享，獻也。言當識別諸侯之享與不享。《孟子·告子》篇引此經，趙岐訓物爲事，不若鄭注義長。據《孟子》所引無「惟」字。惟不役志于享，故謂之不享，凡民亦惟謂是不享也。』趙氏以孟子自以『不成享』解經文，故以不及事爲有闕。有闕即是不成享。《淮南子·精神訓》云『可以爲天下儀』，高誘注云：『儀，法也。』趙氏以法訓儀，謂享獻之禮宜多儀法。今儀法有闕，卽是不成享獻。儀不及物，謂享獻所當具之儀法，儀法所當行之事，今不足也。趙氏以不足解不及。《素問·天玄紀·大論》云『各有太過不及也』，王冰注云：『不及，不足也。』鄭氏以儀爲威儀，物卽指所享之物，謂享獻宜多威儀。今儀不及物，是儀少而物多。意雖與趙亦略同，然儲子以幣交，幣卽物也。得之平陸而不自往，是威儀不及幣物也。鄭氏之義，尤與孟子引經之恉爲切矣。周氏用錫《尚書證義》云：『多如《漢書·袁盎傳》皆多盎之多。享多儀，享以儀爲多也。』

屋廬子悅。或問之，屋廬子曰：「季子不得之鄒，儲子得之平陸。」【注】屋廬子已曉其意，聞義而服，故悅也。人問之曰何爲若是，屋廬子曰，季子守國，不得越境至鄒，不身造孟子，可也。儲子爲相，得循行國中，但遙交禮，爲其不尊賢，故答而不見。【疏】注『聞義而服』○正義曰：阮氏元《校勘記》云：『閩本作「聞義服」，監本服上剜增「而」字，毛本、孔本、韓本、《考文》古本同監本。』按當作「聞義則服」，用《弟子職》語。

《章指》言：君子交接，動不違禮，享見之儀，亢答不差，是以孟子或見或否，各以其宜也。【疏】『亢答不差』○正義曰：周氏廣業《孟子章指考證》云：『古本亢作「允」，似誤。亢謂不見儲子，答謂見季子。』按周説非也。趙氏明言『答而不見』，則不見非不答也。《漢書·高帝紀》云『沛公還軍亢父』，注引鄭氏云：『亢音人相抗答。』亢猶當也。當即應也。亢答猶云應答耳。

淳于髡曰：『先名實者，爲人也。後名實者，自爲也。夫子在三卿之中，名實未加於上下而去之，仁者固如此乎？』【注】淳于，姓。髡，名。齊之辨士。名者，有道德之名也。實者，治國惠民之功實也。齊大國有三卿，謂孟子嘗處此三卿之中矣，未聞名實下濟於民，上匡其君，而速去之，仁者之道，固當然邪。【疏】注『齊大』至『中矣』○正義曰：《禮記·王制》云：『大國三卿，皆命於天子。』孔氏正義云：『大國，謂公與侯也。崔氏云：「三卿者，依周制而言，謂立司徒兼冢宰之事，立司馬兼宗伯之事，立司空兼司寇之事。故《春秋左傳》云：季孫爲司徒，叔孫爲司馬，孟孫爲司空。此是三卿也。」以此推之，知諸侯不立冢宰、宗伯、司寇之官也。』全氏祖望《經史問答》云：『孟子之世，七國官制尤草草，《國策》中惟魏曾有司徒之官一見，亦不足信。大抵三卿者，指上卿亞卿下卿而言，但未嘗有司徒等名。樂毅初入燕，乃亞卿，是其證也。或曰：一卿是相，一卿是將，其一爲客卿，而上下本無定員。亦通。』周氏柄中《辨正》云：『《國策》「魏王使司徒執范痤」，鮑注云：「本周卿，此主徒隸者。」然芒卯爲魏司徒，居中用事，此魏有司徒之證。楚襄王立昭常爲大司馬，使守東地，此楚有司馬之證。《史記·趙世家》惠文王四年，公子成爲相，李兑爲司寇，此趙有司寇之證。又楚有司馬名翦，周有司寇名布，皆見《國策》。豈可謂七國時無此官？但三官並設者甚少，則以上卿亞卿下卿爲三卿，其説自不可易。』

孟子曰：『居下位，不以賢事不肖者，伯夷也。五就湯、五就桀者，伊尹也。不惡汙君，不辭小官者，柳下惠也。三子者不同道，其趨一也。』【注】伊尹爲湯見貢於桀，桀不用而歸湯，湯復貢之，如此者五，思濟民，冀得施行其道也。此三人雖異道，所履者一也。

【疏】注『伊尹』至『一也』〇正義曰：翟氏灝《考異》云：『胡應麟《少室山房筆叢》曰：「孟子稱伊尹五就桀，蓋屢言之，以明聖人去就不常，非定以爲五也。」胡氏謂無五就之事，而古凡頻屢之辭，云三者多，云五未別見也。《鬼谷子·忤合》篇「伊尹五就湯，五就桀，然後合於湯。」鬼谷與孟子並時，其言合符，則孟子所得於傳聞者，當實云五。』《禮記·曲禮》云『帷薄之外不趨』，注云：『步而張足曰趨。』劉熙《釋名·釋姿容》云：『疾行曰趨。趨，赴也。赴所期也。』《禮記·表記》云『處其位而不履其事』，注云：『履，猶行也。』《國語·晉語》云『下貳代履』，韋昭注云：『履，步也。』趨與履義相近，故以其趨爲所履也。

『一者，何也？』【注】髠問一者何也。

曰：『仁也。君子亦仁而已矣，何必同。』【注】孟子言君子進退行止，未必同也，趨於履仁而已。髠譏其速去，故引三子以喻意也。

曰：『魯繆公之時，公儀子爲政，子柳、子思爲臣，魯之削也滋甚。若是乎賢者之無益於國也。』【注】髠曰，魯繆公時，公儀休爲執政之卿，子柳，泄柳也。子思，孔伋也。二人爲師傅之臣，不能救魯之見削奪，亡其土地者多。若是，賢者無所益於國家，何用賢爲。【疏】注『公儀休爲執政之卿』○正義曰：《史記・循吏列傳》云：『公儀休者，魯博士也。以高弟爲魯相，奉法循理，無所變更，百官自正。食禄者不得與下民爭利，受大者不得取小。』《鹽鐵論・相刺》章『大夫曰……昔魯穆公之時，公儀爲相，子柳〔一〕、子原爲之卿，然北削於齊，以泗爲境，南畏楚人，西賓秦國』。此卽因《孟子》而演焉者也。盧氏文弨《羣書拾補》云：『子原，《説苑・雜言》篇作子庚，乃泄柳字。』《吕氏春秋・觀表》篇云『魏國從此削矣』，高誘注云：『削，弱也。』此之削弱，由於彼之奪取，故云削奪，又申之云亡其土地。《説文》水部云：『滋，益也。』《公孫丑》上『則弟子之惑滋甚』，趙氏以益甚釋之。此訓爲多，土地之亡，日見其多，斯所存乃見其削弱也。

〔一〕『柳』，《皇清經解》本同，《鹽鐵論》作『思』。

曰：『虞不用百里奚而亡，秦繆公用之而霸，不用賢則亡，削何可得與？』【注】孟子云，百里奚所去國亡，所在國霸。無賢國亡，何但得削，豈可不用賢也。

曰：『昔者王豹處於淇而河西善謳，緜駒處於高唐而齊右善歌，華周、杞梁之妻善哭其夫而變國俗，有諸内必形諸外，爲其事而無其功者，髡未嘗覩之也。是故無賢者也，有則髡必識之。』【注】王豹，衞之善謳者。淇，水名。《衞詩·竹竿》之篇曰：『泉源在左，淇水在右。』《碩人》之篇曰：『河水洋洋，北流活活。』衞地濱於淇水，在北流河之西，故曰處淇水而河西善謳，所謂鄭衞之聲也。緜駒，善歌者也。高唐，齊西邑。緜駒處之，故曰齊右善歌。華周，華旋也。杞梁，杞殖也。二人，齊大夫死於戎事者。其妻哭之哀，城爲之崩，國俗化之，則效其哭。髡曰，如是歌哭者尚能變俗，有中則見外。爲之而無功者，髡不聞也。有功，乃爲賢者；不見其功，故謂之無賢者也。如有之，則髡必識知之。【疏】注『王豹』至『善歌』〇正義曰：《周禮·春官·小師》『掌教鼓鼗柷敔塤簫管弦歌。』《毛詩·魏風·園有桃》『我歌且謡』，傳云：『曲合樂曰歌。』《楚辭·大招》云『謳和楊阿』，王逸注云：『徒歌曰謳。』然則謳、歌同一長言，而歌依於樂，謳不依於樂，此所以分也。《說文》欠部云：『歌，詠也。』言部云：『謳，齊歌也。』齊歌之說有二：《漢書·高帝紀》『皆歌謳思東歸』，注云：『謳，齊歌也。謂齊聲而歌。或曰：齊地之歌。』段氏玉裁《說文解字注》云：『假令齊聲而歌，則當曰衆歌，不曰齊歌。李善注《吴都賦》引曹植《妾薄相行》

曰：「齊謳楚舞紛紛。」《太平御覽》引《古樂志》曰：「齊歌曰謳，吴歌曰歈，楚歌曰豔，淫歌曰哇。」若《楚辭》「吴歈蔡謳」，《孟子》「河西善謳」，則不限於齊也。」謹按：區有衆義，《說文》區從品在匸中，品，衆也。《爾雅・釋器》云「玉十謂之區」，《考工記》㮚氏「四豆爲區」，皆取積衆之名。劉熙《釋名・釋形體》云：「軀，區也。是衆名之大總若區域也。」聚衆聲而爲謳，故云謳和楊阿，謂齊聲相和也。《漢書・地理志》：「河内郡共，北山，淇水所出，東至黎陽入河。」「魏郡鄴，故大河在東北入海。」《史記・河渠書》云：「道河自積石，歷龍門，南到華陰，東下底柱，及孟津雒汭，至於大邳。於是禹以爲河所從來者高，水湍悍，難以行平地，數爲敗，乃廝二渠以引其河，北載之高地，過降水，至於大陸，播爲九河，同爲逆河，入於渤海。」「載之高地，卽鄴東也。《溝洫志》：「王横曰：「禹之行河水，本隨西山下東北去。《周譜》定王五年河徙，則今所行非禹所穿也。又秦攻魏，決河灌其都，決處遂大，不可復補，宜却從完平處更開空，使緣西山足乘高地而東北入海。」」賈讓云：「今行上策，徙冀州之民當水衝者，決黎陽遮害亭，放河使北入海。」」横言「緣西山足乘高地」，卽太史公言「載之高地」；讓言「西薄大山」，卽横所謂「隨西山下」。此卽鄴東大河故道，由黎陽北行，故淇水至黎陽入河。若黎陽之河既竭，不北行入海，則淇水已合於清河矣。惟河水至黎陽北流，故《衛風・碩人》云：「河水洋洋，北流活活。」《左傳》稱「齊先君所履，西至於河」。是齊在河東，衛在河西，故衛稱河西也。河水北流，淇水全在衞地，故云『衞地濱於淇水，在北流河之西』。蓋趙氏當東漢時，鄴河久竭，河徙東行，衞地不在河西，而淇水不濱衞地，故兩引《詩》以明古河與淇之所在，此趙氏地學之精也。胡氏渭《禹貢錐指》云：『《詩·衞風》：「河水洋洋，北流活活。」河至大伾山西南，折而北逕朝歌之東，故謂之北流。《史記·衞世家》「封康叔爲衞君，居河淇閒故商墟。」商墟卽古朝歌城，淇水逕其西，河水逕其東，是爲河淇之閒。故淳于髡曰「王豹處於淇而河西善謳」是也。』《漢書·地理志》平原郡有高唐，地在齊國之西，西在右，故其地爲齊右也。《韓詩外傳》云：『淳于髡曰：昔者揖封生高商，齊人好歌。』高商蓋卽高唐，揖封蓋卽緜駒。臧氏琳《經義雜記》云：『《文選》陸士衡《樂府·吴趨行》：「楚妃且勿歎，齊娥且莫謳。」唐劉良注：「齊娥，齊后也。善爲謳歌，人皆採以爲曲。」李善注：「齊娥，齊后也。孟子淳于髡曰：昔緜駒處高唐而齊后善謳。」今《孟子》作「齊右善歌」，趙注：「高唐，齊西邑，緜駒處之，故曰齊右善歌。」則趙注本不作「后」字，而李、劉注《文選》，皆以齊娥爲齊后，李注又引《孟子》證之，蓋有别本作「后」字者。』按作『后』字非也。河西齊右，言其相化者衆，若善歌僅一齊后，非髡之恉也。○注『華周』至『其哭』○正義曰：襄公二十三年《左傳》云：『齊襲莒，杞殖、華還載甲，夜入且于之隧，宿於莒郊。明日，先遇莒子於蒲侯氏。莒子重賂之，使無死。華周對曰：「貪貨棄命，亦君所惡也。昏而受命，日中而棄之，何以事君？」莒子親鼓之，從而伐之，獲杞梁。齊侯歸，遇杞梁之妻於郊，使弔之。辭曰：「殖之有罪，何用命焉。若免於罪，猶有先人之敝廬在，下妾不得與郊弔。」齊侯弔諸其室。』《禮記・檀弓》亦載此事，言『杞梁妻迎其柩於路而哭之哀』。是華周卽華旋，杞梁卽杞殖。旋與還同。乃皆言杞梁死，杞梁之妻哭。按《左傳》載華周之言，則周志在死決矣。古人之文，每用互見，蓋周之言梁亦同之，梁之死周亦同之。梁妻以有對君之言而傳，不必周之妻不哭也。《列女傳・貞順》篇云：『杞梁之妻無子，內外皆無五屬之親，既無所歸，乃枕其夫之屍於城下而哭。內諴動人，道路過者莫不爲之揮涕，十日而城爲之崩。』此亦專言杞梁。乃《説苑・善説》篇『孟嘗君曰：昔華舟、杞梁戰而死，其妻悲之，向城而哭，隅爲之崩，城爲之阤。』又《立節》篇云：『杞梁、華舟至莒城下，莒人以炭置地，二人立有間，不能入。隰侯重爲右，曰：「吾聞古之士犯患涉難者，其去遂於物也。來，吾踰子。」隰侯重伏楯伏炭，二子乘而入，顧而哭之。華舟後息，杞梁曰：「汝無勇乎，何哭之久也？」華舟曰：「吾豈無勇哉，是其勇與我同也而先吾死，是以哀之。」莒人曰：「子毋死，與子同莒國。」杞梁、華周曰：「去國歸敵，非忠臣也。去長受賜，非正行也。且雞鳴而期，日中而忘之，非信也。深入多殺者，臣之事也。莒國之利，非吾所知也。」遂進鬬，殺二十七人而死。其妻聞之而哭，城爲之阤，而隅爲之崩。』此與《孟子》合。且足以發明《左傳》。舟、周古字通。趙氏言城爲之崩，本《列女傳》、《説苑》所記也。《論衡・感虚》篇云：『傳書言杞梁氏之妻嚮城而哭，城爲之崩。此言杞梁從軍不還，其妻痛之，嚮城而哭，至誠悲痛，精氣動城，故城爲之崩也。夫言嚮城而哭者，實也。城爲之崩者，虛也。或時城適自崩，杞梁妻適哭於下，世好虛不原其實，故崩城之名，至今不滅。』然則城崩之説，由來久矣。《詩・大雅・皇矣》『不識不知』，識亦知也。

曰：『孔子爲魯司寇，不用，從而祭，燔肉不至，不税冕而行。不知者以爲爲肉也，其知者以爲爲無禮也。乃孔子則欲以微罪行，不欲爲苟去，君子之所爲，衆人固不識也。』

【注】孟子言孔子爲魯賢臣。不用，不能用其道也。從魯君而祭於宗廟，當賜大夫以胙。燔肉不至，膊炙者爲燔，《詩》云『燔炙芬芬』。反歸其舍，未及税解祭之冕而行，出適他國。不知者以爲不得燔肉而愠也，知者以爲爲君無禮，乃欲以微罪行。燔肉不至，我黨從祭之禮不備，有微罪乎，乃聖人之妙旨。不欲爲，誠欲急去也。衆人固不能知君子之所爲，謂髡不能知賢者之志。【疏】『孔子爲魯司寇』○正義曰：閻氏若璩《釋地續》云：『司寇，魯官名，在司徒司馬司空三桓世爲之三卿之下。侯國本無大稱，《史記・世家》作大司寇，非也。然司寇，魯有以初命之大夫爲者，孔子是。《韓詩外傳》猶載孔子爲魯司寇命辭曰：「宋公之子、弗甫何孫魯孔丘，命爾爲司寇。」無大字。有以再命之卿爲之者，臧孫紇是。襄二十一年季孫謂武仲曰：「子爲司寇。」及後二年，出奔邾也，書於經以爲卿。故若孔子雖與聞國政，實止大夫而非卿，故經没而不見。不然，齊來歸鄆、讙、龜陰田，聖人未嘗以己功而諱之，豈有孔子出奔，載諸策書，修《春秋》時竟削之哉！』毛氏奇

齡《經問》云：『陳佑問：司空司寇，皆卿名也。魯之三卿，則三家並爲之，何有於夫子，此豈三家之外夫子别爲一卿乎？抑亦即此三卿而夫子代爲其一乎？且三卿之名，止司徒司馬司空也，若增司寇一名，即六卿矣，侯國焉得有六卿也？且司寇，卿名也。近淮南閻氏謂孔子初命爲大夫而非卿，不知何據？又謂侯國無大小卿，魯國焉得有大司寇，則是夫子爲司寇或有之，曰大則未也。曰：魯國三卿，季氏爲司徒，叔孫爲司馬，孟孫爲司空，此是《左傳》文，無可疑者。特夫子由司空爲司寇，則或代孟孫爲之，或别設一官，皆不可考。惟《禮》注崔氏説禮云：「三卿，周制。立司徒兼冢宰之事，立司馬兼宗伯之事，立司空兼司寇之事。」則似冢宰宗伯司寇皆司徒司馬司空兼官，不必别設。孟孫既爲司寇，則不當又有司空。夫子既爲司空，不當又進爲司寇。而予謂不然者，據《春秋傳》臧孫紇爲司寇，夏父弗忌爲宗伯，皆非孟孫、叔孫兼官。且隱十一年羽父請殺桓以求太宰，是時羽父已掌兵柄，見爲司馬而尚求太宰，且不求司徒而求太宰，則太宰非兼官，且非司徒之兼官，抑可知矣。嘗讀《書大傳》，謂天子三公，皆六卿爲之，而分爲三等：一冢宰司徒，二宗伯司馬，三司寇司空。而三等之中，又取每等之下者以爲名，故曰司徒公、司馬公、司空公，而其餘不然。世但知三公爲三官，而不知六卿皆公也。由此推之，則侯國三卿，必仿其制，雖六卿皆備，而祇以三官爲名，抑或設冢宰時闕司徒，設司寇時闕司空，皆未可知。是六卿雖具，而仍不礙爲三卿。天子之公與諸侯之卿，其制一也。

若謂孔子祇初命大夫而非卿，則六官者，卿名也。六官在朝名官卿，在鄉名鄉卿，在軍卽名軍卿，卿可名大夫，大夫不得名卿也。或者大國三卿，皆命於天子；次國三卿，二卿命於天子，一卿命於其君。魯本次國，而夫子又異姓之卿，不必爲天子所命而命於魯君則容有之。然魯君所命，歷有明據。《韓詩外傳》云：「孔子爲魯司寇，其命辭曰：宋公之子、弗甫何孫魯孔丘，命爾爲司寇。」此是命卿之辭，非命大夫之辭也。至謂侯國無大小卿，魯但有司寇，不當有大司寇，則又不然。《王制》侯國三卿，俱有下大夫五人。其所云下大夫者，卽小卿也。所謂五人，則《公羊》謂司徒二人，司空二人，司馬止一人，統爲五人。其以此爲舍中軍之解，或未可信，然其爲小卿，則說同也。故崔氏《禮》注謂司徒以下有小宰、小司徒二人，司空以下有小司空、小司寇二人，惟司馬下祇小司馬一人，爲五人。是有小卽有大，小者大夫，則大者卿矣。夫子爲司空，或是小卿，故其進爲司寇，則加大以別之。此正由大夫而進爲卿之明證。若謂夫子自稱從大夫後，則季氏何嘗非魯大夫乎？』周氏柄中《辨正》云：『《春秋》之例，大夫名見於經者，皆卿也。魯臧宣叔爲司寇，而經書「臧孫許及晉侯盟」，又書「臧孫許帥師」，其卒也，書「臧孫許卒」，則儼然卿矣。臧武仲爲司寇，而經書「臧孫紇出奔」，又儼然卿矣。卿則非小司寇，謂之大焉可矣。至於相，則當國執政之稱，執政必上卿，而孔子以司寇當國，故謂之攝。如齊有命卿國、高，而管仲以下卿執政；鄭有上卿子皮，而子產以介卿聽政。是也。成十五年《公羊傳》云

「臧宣〔一〕叔者，相也」。宣叔爲司寇，謂之爲相。此孔子攝行相事之證。或以爲攝夾谷之相者，非也。』○注『從魯』至『去也』○正義曰：《周禮・春官・大宗伯》『以脤膰之禮親兄弟之國』，注云：『脤膰，社稷宗廟之肉以賜同姓之國，同福禄也。』《説文》肉部云：『胙，祭福肉也。』僖公九年《左傳》云：『王使宰孔賜齊侯胙曰：天子有事於文武，使孔賜伯舅胙。』此賜胙之事也。燔與膰同，《説文》作「鐇」，云：『宗廟火孰肉。《春秋傳》曰：「天子有事，鐇焉以饋同姓諸侯。」』《詩・小雅・楚茨》正義云：『燔者，火燒之名。炙者，遠火之稱。以難熟者近火，易熟者遠之，故肝炙而肉燔。《生民》傳曰「傅火曰燔」，《瓠葉》傳曰「加火曰燔」，對遙炙者爲近火，故云「傅火」「加火〔二〕」。其實燔〔三〕亦炙，非炮燒之也。』傅火卽膊炙，劉熙《釋名・釋飲食》云：『膊，迫也。薄椓肉迫著物使燥也。』迫著，卽近意，膊炙，謂近而炙之，卽傅火也。《考工記・廬人》『重欲傅人』，注云：『傅，近也。』傅、膊聲同義同也。引詩在《大雅・鳧鷖》第五章，毛傳皆以祭宗廟之明日，設禮以燕尸，故引以明宗廟之祭有燔肉。鄭氏以燔炙爲褻味，乃祀門户小神之用，趙氏所不取也。

〔一〕「宣」，《皇清經解》本作「孫」，《春秋公羊傳》作「宣」。
〔二〕「火」，《皇清經解》本作「之」。
〔三〕「其實燔」，《皇清經解》本作「燔其實」。

《史記·孔子世家》云：『齊陳女樂，季桓子微服往觀，怠於政事。子路曰：「夫子可以行矣。」孔子曰：「魯今且郊，如致膰乎大夫，則吾猶可以止。」桓子卒受齊女樂，三日不聽政，郊又不致膰俎於大夫，孔子遂行。宿乎屯，而師己送曰：「夫子則非罪。」』江氏永《鄉黨圖考》云：『《孔子世家》誅少正卯，三月大治，歸女樂，去魯適衛，皆叙於定公十四年，非也。考《十二諸侯表》及《魯世家》皆於定十二年書女樂去魯事，《年表》及《衛世家》皆於靈公三十八年書孔子來，禄之如魯。衛靈三十八年當魯定公十三年，蓋女樂事在十二、十三冬春之閒，去魯實在十三年春。魯郊嘗在春，故經不書。』趙氏不用《史記》而言從魯君祭於宗廟，蓋以《春秋》書郊在定公十五年夏五月辛亥時，孔子已去魯也。趙氏佑《温故録》云：『郊本魯之僭，不當在常事得禮不書之例。魯蓋有時舉有時不舉，故經有書有不書。膰者，祭肉之名，不必獨以郊是也。賜大夫胙，禮也。不得燔肉，是君失賜胙之禮。知者與不知者所見略同，特一以肉，一以禮，而皆歸過於君。乃孔子以不欲歸罪於君，而自以微罪行，何也？燔肉不至於大夫固君之疏，亦從祭者之不備也。我亦從祭者，使君失賜胙之禮，凡從祭者均不能無過，則我黨皆有微罪，我亦不免於微罪，故以此罪行，爲聖人之妙旨也。趙氏此解，從《史記》「夫子則非罪」一言悟入，蓋孔子當時臨行必自稱此罪，故師己曰「夫子則非罪」也。知與不知皆莫測夫子妙旨，故云衆人不識。』閻氏若璩《釋地續》云：『去魯曰「遲遲吾行也」，正道路低回欲絶語。何故前此助祭反舍，未及稅所著之冕輒行，以適他國，不幾悻悻乎，與接淅曷異乎？蓋孔子爲魯司寇，既不用其道，宜去一；燔俎又不至，宜去二。其去之之故，天下自知之。但孔子不欲其失純在君相，己亦帶有罪焉。其所爲有罪，卽在「不稅冕而行」一句。蓋冕原祭服，《禮》「大夫冕而祭於公」是也。今也戴於道路閒，尚非罪乎？故當時不知者以孔子爲爲肉，縱在知者，亦以孔子爲爲無禮。乃孔子之意，則欲以己不稅冕之罪行，不欲爲苟去。苟去猶言徒去。空空而去，無己一點不是處，是爲徒去。樂毅《報燕王》尚云「忠臣去國，不潔其名」，况孔子乎？又《禮》「大夫士去國，不說人以無罪」，注云：「己雖遭放逐，不自以無罪解說於人，過則稱己也。」《史記·世家》師己送曰：「夫子則非罪。」觀此，似孔子當日自認一罪名而行，師己則送而解之。千載而下，猶可以情測云。或云：以膰肉不至遂行，無乃太甚，此之謂「以微罪行」。魯人爲肉、爲無禮之議，正愜孔子微罪之心。』

《章指》言：見幾而作，不俟終日。孔子將行，冕不及稅，庸人不識，課以功實。淳于雖辨，終亦屈服，正者勝也。

孟子正義卷二十五

孟子曰：『五霸者，三王之罪人也。【注】五霸者，大國秉直道以率諸侯，齊桓、晉文、秦繆、宋襄、楚莊是也。三王，夏禹、商湯、周文王是也。【疏】注『五霸』至『楚莊是也』〇正義曰：《白虎通·號》篇云：『五霸者何謂也？昆吾氏、大彭氏、豕韋氏、齊桓公、晉文公也。昔三王之道衰，而五霸存其政，率諸侯朝天子，正[一]天下之化，興復中國，攘除夷狄，故謂之霸也。昔昆吾氏霸於夏者也，大彭氏、豕韋氏霸於殷者也，齊桓晉文霸於周者也。或曰：五霸謂齊桓公、晉文公、秦穆公、楚莊王、吴王闔閭也。霸者，伯也。行方伯之職，會諸侯，朝天子，不失人臣之義，故聖人與之，非明王之法不張[二]。霸，猶迫也，把也。迫脅諸侯，把持其政。《論語》曰：「管仲相桓公，霸諸侯。」《春秋》曰：「公朝于王

[一] 『正』，《皇清經解》本無，《白虎通》有『正』字。

[二] 『法不張』，《皇清經解》本同，《白虎通》作『張法』。

楚勝所。」於是知晉文之霸也。《尚書》曰：「邦之榮懷，亦尚一人之慶。」知秦穆之霸也。楚莊之霸鄭而不告，從而攻之，又令還師而佚晉寇，圍宋，宋因而與之平，引師而去。知楚莊之霸也。蔡侯無罪而拘於楚，吴有憂中國心，興師伐楚，諸侯莫敢不至。知吴之霸也。或曰：五霸謂齊桓公、晉文公、秦穆公、宋襄公、楚莊王也。宋襄伐齊〔一〕，不擒二毛，不鼓不成列，《春秋傳》曰：「雖文王之戰不是過。」知其霸也。』」毛氏奇齡《四書賸言》云：「《孟子》稱五霸，趙岐注齊桓、晉文、秦穆、宋襄、楚莊，此是漢儒之言。按《荀子・王霸》篇齊桓、晉文、楚莊、吴闔閭、越勾踐，謂之五霸。此戰國時所定，與後漢不同。故明盧東元謂『秦穆公用之而霸，此據《春秋傳》秦用孟明遂霸西戎語，未霸中國』。此言良然。若丁公著以夏昆吾、商大彭、豕韋，合齊桓晉文爲五霸，則於『桓公爲盛』，就當時盟會，較量優劣爲未合矣。』閻氏若璩《釋地三續》云：『崑山顧亭林炎武謂五伯有二：有三代之五伯，杜元凱注《左傳》成二年者是。有春秋之五伯，趙臺卿注《孟子》五霸章是。孟子止就東周後言之，而以桓爲盛，如嚴安所謂周之衰，三百餘歲而五伯更起者也。然亭林欲去宋襄而進句踐，亦未允。襄雖未成霸，然當時以其有志承桓，故並數爲五，有是稱謂云爾。豈惟趙氏，卽董仲舒亦云然矣。仲舒云：「仲尼之門，五尺之童皆羞稱五伯。」夫惟

〔一〕『齊』，《皇清經解》本同，《白虎通》作『楚』。

宋襄輩在仲尼之前，故言羞稱。不然，勾踐也霸且不出仲尼後哉？』按趙氏以齊桓、晉文、秦穆、宋襄、楚莊爲五伯，本《春秋》說。○注『三王』至『是也』○正義曰：《白虎通・號》篇云：『三王者何謂也？夏殷周也。《詩》云：「命此文王，于周于京。」此改號爲周，易邑爲京也。』《風俗通・皇霸》篇云：『《禮號謚記》說：「夏禹、殷湯、周武王，是三王也。」《尚書》説：「文王作罰，刑茲無赦。」《詩》説：「有命自天，命此文王，文王受命，有此武功，儀刑文王，萬國作孚。」《春秋》説：「王者孰謂？謂文王也。」按《易》稱「湯武革命」。《尚書》：「武王戎車三百兩，虎賁八百人，擒紂于牧之野。惟十有三祀，王訪於箕子。」《詩》云：「亮彼武王，襲伐大商，勝殷遏劉，耆定爾功。」由是言之，武王審矣。《論語》：「文王率殷之叛國，以服事殷。時尚臣屬，何緣便得列三王哉？』謹按：三王或列周武王，或列周文王，故應氏並列二説，而辨其宜列武王也。《白虎通》不言禹湯而專詳文王，正以禹湯稱王，不待詳説。惟三王列文王不列武王，故引《詩》明文王卽政立號也。趙氏列文王不列武王，蓋卽本《尚書》説、《詩》説、《春秋》説，與《白虎通》同。閩、監、毛三本趙注作『周文武』，非是。**今之諸侯，五霸之罪人也。今之大夫，今之諸侯之罪人也。**

【注】謂當孟子之時諸侯及大夫也。諸侯臣總謂之大夫。罪人之事，下别言之。**天子適諸侯曰巡狩，諸侯朝於天子曰述職。春省耕而補不足，秋省斂而助不給，入其疆，土地辟，田野治，養老尊賢，俊傑在位，則有慶，慶以地。入其疆，土地荒蕪，遺老失賢，掊克在**

位，則有讓。一不朝則貶其爵，再不朝則削其地，三不朝則六師移之。是故天子討而不伐，諸侯伐而不討。五霸者，摟諸侯以伐諸侯者也。故曰五霸者，三王之罪人也。【注】巡狩述職，皆以助人民。慶，賞也。養老尊賢，能者在位，賞之以地，益其地也。掊克不良之人在位，則責讓之。不朝至三，討之以六師。移之，就之也。討者，上討下也。伐者，敵國相征伐也。五霸强摟牽諸侯以伐諸侯，不以王命也。於三王之法，乃罪人也。

【疏】注「慶賞」至「地也」○正義曰：《爾雅・釋言》云：「慶，賀也。」《説文》貝部云：「賀，以禮相奉慶也。」「賞，賜有功也。」《詩・小雅・楚楚者茨》「孝孫有慶」，箋云：「慶，賜〔一〕也。」《淮南子・時則訓》云「行慶賞」，高誘注云：「賞，賜予。」賞、慶皆訓賜，則慶卽賞。《儀禮・士喪禮》注云：「賀，加也。」加亦益也，故趙氏以賞釋慶，又以益釋賞也。《禮記・王制》云：「有功德於民者，加地進律。」加地卽賀以地，賀以地卽慶以地也。閻氏若璩《釋地又續》云：「王制「方千里者封方百里之國三十云云，名山大澤不以封，其餘以爲附庸閒田。」諸侯之有功者，取於閒田以禄之；其有削地者，歸之閒田。則孟子所謂「慶以地」，卽於此一州之内也。故當其屢有所慶，天子不見其不足；或屢有所削，天子亦不見其有餘。蓋原在王畿千里外，而天子初無所與焉。」○注「掊克」至「讓之」○正義曰：

〔一〕「賜」，《皇清經解》本作「助」，《毛詩正義》作「賜」。

《毛詩·大雅·蕩》篇「曾是掊克」，傳云：「掊克，自伐而好勝人也。」孔氏正義云：「自伐，解掊，好勝解克，定本掊作『倍』，倍卽掊也。倍者，不自量度，謂己兼倍於人而自矜伐，《論語》云『願無伐善』是也。克者，勝也。己實不能，恥於受屈，意在陵物，必勝而已，如此者謂之克也。」箋云：「女曾任用是惡人，使之處位執職事。」惡人卽不良之人。《音義》云：「『掊，丁薄侯切，深也。聚斂也。』蓋謂深克朘民之人，與毛傳不同。段氏玉裁《說文解字注》云：「『掊，杷也。』《史》《漢》皆言『「掊視得鼎」，師古曰：「掊，手杷〔一〕土也。」』《大雅》『曾是掊克』，定本掊作『倍』。孟子《書》亦作『掊克』，趙注但云『不良也』。毛意謂掊爲倍之假借字，掊有聚意與捊音義近，有深取意則不同捊。《毛詩釋文》云：『掊克，聚斂也。』此謂同捊也。《方言》曰：『掊，深也。』郭注云：『掊尅，深能。』以深釋掊，以能釋尅，此亦必古說，但皆非毛義。《方言》掊訓深，與許說合。」《國語·周語》云『刑不祭，伐不祀，征不享，讓不貢』，注云：「『讓，譴責也。』」○注『移之』至『命也』○正義曰：《呂氏春秋·義賞》篇云『賞重則民移之』，高誘注云：「『移，猶歸也。』」《廣雅·釋詁》云：「『就，歸也。』」《荀子·大略篇》云『移而從所仕』，楊倞注云：「『移，就也。』」是移之卽就之也。六師本在王畿，移而就此，是爲移之，卽爲就之。李太青云：「『不朝者三，則非方伯連帥能制

〔一〕「杷」，《皇清經解》本作「把」，《漢書》、《史記》作「杷」。

其命，亦非折簡可致，故須以天子六師移之。見先王武備之豫，紀律之臧，兵出於國都而此無徵發之勞，威行於侯服而彼無震驚之患，如以物加移之而已。作移易者，恐非。』《説文》言部云：『誅，討也。』『討，治也。』段氏玉裁《説文解字注》云：『發其紛糾而治之曰討，《秦風》傳云：「蒙，討羽也。」箋云：「蒙，尨也。討，雜也。畫雜羽之文於伐，故曰尨伐。」據鄭所言，則討者亂也。治討曰討，猶治亂曰亂也。《論語》「世叔討論之」，馬曰：「討，治也。」《學記》「古之學者，比物醜類」，醜或作「討」。凡言討論、探討，皆謂理其不齊者而齊之也。』侯國亂天子治之，故討爲上討下之辭。上討下，卽上治下，《禮記・王制》云『畔者君討』是也。隱公四年『衛人殺州吁于濮』，《公羊傳》云：『其稱人何？討賊之辭也。』《白虎通・誅伐》篇云：『討，猶除也。欲言臣當掃除弑君之賊也。』何氏本之。《曲禮》『馳道不除』，注云：『除，治也。』除賊亦治賊也。莊公二十九年《左傳》云『凡師有鐘鼓曰伐』，杜預《春秋釋例》云：『鳴鐘鼓以聲其過曰伐。』蓋諸侯奉王命以聲諸侯之罪，既伐之，當必告於王以治之。五霸不奉王命，而牽摟諸侯以伐諸侯，所以爲三王之罪人。摟之爲牽，詳見前。五霸不上稟天子之命，而以其命牽引諸侯，蓋伐之卽專治之矣。

五霸桓公爲盛，葵丘之會諸侯，束牲載書而不歃血。初命曰：「誅不孝，無易樹子，無以妾爲妻。」再命曰：「尊賢育才，以彰有德。」三命曰：「敬老慈幼，無忘賓旅。」四命曰：「士無世官，官事無攝，取士必得，無專殺大夫。」五命曰：「無曲防，無遏糴，無有封而不告。」

曰：「凡我同盟之人，既盟之後，言歸于好。」今之諸侯，皆犯此五禁，故曰今之諸侯，五霸之罪人也。【注】齊桓公，五霸之盛者也。與諸侯會于葵丘，束縛其牲，但加載書，不復歃血，言畏桓公，不敢負也。不得專誅不孝。樹，立也。已立世子，不得擅易也。不得立愛妾爲嫡也。尊賢養才，所以彰明有德之人。敬老愛小，恤矜孤寡，賓客羈旅，勿忘忽也。仕爲大臣，不得世官，賢臣乃得世禄也。官事無攝，無曠庶僚也。取士必得賢，立之無方也。無專殺大夫，不得以私怒行誅戮也。無敢違王法，而以己曲意設防禁也。無遏止穀糴，不通鄰國也。無以私恩擅有所封賞，而不告盟主也。言歸于好，無搆怨也。桓公施此五命，而今諸侯皆犯之，故曰罪人也。【疏】『葵丘之會諸侯』○正義曰：閻氏若璩《釋地續》云：『春秋有二葵丘：一齊地，近在臨淄縣西，連稱、管至父所戍者。一宋地，司馬彪云：「陳留郡外黄縣東，有葵丘聚，齊桓公會此城中。」遠在齊之西南，故宰孔稱「齊侯西爲此會」也。』全氏祖望《經史問答》云：『葵丘有三：其一在齊，其一在陳留之外黄，其一在晉，見於《水經注》。然宰孔論桓公之盟以爲西略，則似非陳留之外黄也。答云：杜預以爲外黄。亦有以爲汾陰之葵丘者，而杜非之，以爲若是汾陰，則晉乃地主，夏會秋盟，豈有不預之理。杜言亦近是。然愚則竊以爲宰孔明言西略，而以爲陳留是仍東略也，則宜在汾陰。蓋當時之不服桓公者楚，而晉實次之，周惠王之言可驗也。故桓公特爲會於晉地以致之，亦霸者之用心也。』翟氏灝《考異》云：「《春秋》僖公九年九月戊辰，諸侯盟於葵丘。《左傳》：「齊侯盟諸侯於葵丘曰：凡我同盟之人，既盟之後，言歸于好。」《穀梁傳》：「葵丘之盟，陳牲而不殺，讀書加於牲上，壹明天子之禁，曰：毋雍泉，毋訖糴，毋易樹子，毋以妾爲妻，毋使婦〔一〕人與國事。」《管子・大匡》篇：桓公問管仲何行？對曰：公內修政而勸民，可以信於諸侯矣。公〔二〕許諾，乃弛關市之征，爲賦禄之制。既已，管仲請曰：問病臣，願賞而無罰，五年諸侯可令傳。公曰諾。既行之，又請曰：諸侯之君有行事善者，以重幣賀之。諸侯之臣有諫其君而善者，以璽問之，以信其言。公既行之，問管仲曰將何行？對曰：君教諸侯爲民聚食，諸侯之兵不足者君助之發，如此則始可加之政矣。公既行之，又問管仲曰何行？對曰：君會其君臣父子。公曰：會之道奈何？曰：諸侯毋專立妾以爲妻，毋專殺大臣，無國勞，無專予禄，士庶人毋專棄妻，毋曲隄，毋貯粟，毋禁材，行此卒歲，則始可以罰矣。君乃布之於諸侯，諸侯許諾，受而行之。管仲曰：可以加政矣。曰：從今以往二年，適子不聞孝，不聞愛其弟，不聞敬老國良，三者無一焉，可誅也。諸侯之臣及國事，三年不聞善，可罰也。君有過，大夫不諫，士庶人有善，而大夫不進，可罰也。桓公受而行之，近侯莫不請事，兵車之會六，

〔一〕「婦」，《皇清經解》本作「國」，《春秋穀梁傳》作「婦」。
〔二〕「公」，《皇清經解》本同，《管子・大匡》篇作「君」。

乘車之會三，饗國四十有二年。又《霸形》篇：與楚王遇於召陵之上而令之曰：毋貯粟，毋曲隄，毋擅廢適子，毋置妾以爲妻。按《春秋三傳》無如《孟子》之詳。《管子·大匡》雖其文極參錯，而事語實相當。其云適子不聞孝者誅，卽誅不孝也。云君有善者以幣賀之，臣有善者以璽問之，卽尊賢育才，以彰有德也。云愛其弟敬老國良，卽敬老慈幼也。云弛關市之征，及問病臣，卽無忘賓旅也。云爲賦禄之制，卽士無世官，官事無攝也。云士庶人有善不進者罰，卽取士必得也。云無國勞，毋專予禄，卽無有封而不告也。餘如無易樹子，無以妾爲妻，無專殺大夫，無曲防，無遏糴，更較然著同文矣。其曰既行之又請云云，又問云云，亦與《孟子》初命至五命相值。』謹按：《孟子》五命，乃葵丘之會所命次第如此，與《管子》不同。○注『束縛』至『負也』○正義曰：毛氏奇齡《經問》云：『問：《孟子》「葵丘之會諸侯，束牲載書而不歃血」，載書，謂載其盟書於牲上也。趙岐注有曰：「但加載書，不復歃血。」則既載而又加，不其複與？曰：載非加也。載書者，盟載書也。《周禮·司盟》「掌盟載之法」，謂盟有載事，因而爲書，其法則殺牲取血，坎其牲而加書於上以埋之。故《左傳》襄二〔一〕十六年伊戾誣太子痤與客盟，謂「坎用牲加書」是也。《穀梁傳》云：「葵丘之會，陳牲而不殺，讀書加於牲上，壹盟天子之禁。」此加字並不

〔一〕「二」，《皇清經解》本無，《春秋左傳集解》有「二」字。

訓載字。然猶恐相混不分別，故趙氏云「但加載書」，則瞭然矣。蓋載書有用牲者，有不用牲者。襄九年「鄭與晉盟，晉士莊子爲載書，荀偃曰：改載書。」此用牲者也。若襄十年「鄭子孔當國，爲載書，以位序聽政辟」，則但作書以示諸侯受職聽訟之法，此時未嘗用牲也。又襄二十二年「臧武仲據防出奔，季孫召外史掌惡者而問載書之首章」，則逐臣示戒，當用牲乎？然則用牲曰載，不用牲亦曰載，牲且無有，加於何所？故曰載者，事也，非加也。此明著者也。』閻氏若璩《釋地又續》云：『襄九年「晉士莊子爲載書」，杜注：「載書，盟書也。」《周禮・司盟》「掌盟載之法」，注云：「載盟辭也。盟者書其辭於策，殺牲取血，坎其牲，加書於上而埋之，謂之載書。」可見載書二字是實字，非如今人解以載爲加。趙氏注「束縛其牲，但加載書，不復歃血」，得之矣。』毛氏、閻氏二説略同，蓋以趙氏『但加載書』解爲但加盟書也。按趙氏解經之例，每以疊字爲訓。《説文》車部云：『載，乘也。』《淮南子・氾論訓》云『彊弱相乘』，高誘注云：『乘，加也。』是載之訓爲加，趙氏疊加載二字，卽以加釋載，猶疊束縛二字，卽以縛釋束。但加載書，謂但加載此書，非謂但加此載書也。若載不訓加，第是盟書，則經稱『束牲盟書』爲不辭，趙氏加字爲無涉於經文矣。《秋官・司盟》『掌盟載之法』，注云：『載盟辭也。』四字爲句，謂經言盟載，是載此盟辭也。非是以盟辭解載字。下云『盟者書其辭於策』，此解盟字。則盟字卽《孟子》此文之書字。下云『殺牲取血，坎其牲，加書於上而埋之，謂之載書』，此解載字。書辭於策爲盟，卽爲書；加載於牲上爲載書，卽爲盟載。鄭注甚明。賈氏疏云：『載者，正謂以牲載此盟書於上，故謂之載也。』趙氏此注，與《穀梁傳》同，與鄭氏注亦同。毛氏、閻氏未識趙氏疊字爲訓之例，亦未識鄭氏注《司盟》之義，而謂趙氏不以載爲加，失之甚矣。莊公二十七年《穀梁傳》云：『衣裳之會十有一，未嘗有歃血之盟也，信厚也。』注云：『十三年會北杏，十四年會鄄，十五年又會鄄，十六年會幽，二十七年又會幽，僖元年會檉，二年會貫，三年會陽穀，五年會首戴，七年會甯母，九年會葵丘。』僖公九年《傳》云『葵丘之盟，陳牲而不殺』，注云：『所謂無歃血之盟。鄭君曰：「盟牲，諸侯用牛，大夫用豭。」楊氏疏云：『衣裳之會，皆不歃血，而此會獨言之者，以此會桓德極盛，故詳其事實，餘盟亦不歃血耳。八年洮會云「汋血與鄭伯」者，彼兵車之會故也。徐邈云：「陳牲者，不殺埋之，陳示諸侯而已。加於牲上者，亦謂活牲，非死牲。」』此不歃血之事也。○注『不得專誅』至『易也』○正義曰：孔本作『得專誅不孝』，毛氏汲古閣本作『不得專誅不孝』。依毛本則與經文『誅不孝』似相戾，宜孔本是也。乃既云『得專誅不孝』，又云『已立世子，不得擅易。』如當時晉殺其世子申生，固以歸胙於公而寘毒也，以歸胙寘毒殺，卽以不孝誅矣。夫已立之世子，將廢立之，必以不孝爲之罪，然則『誅不孝』『無易樹子』二事，殊相牴牾。蓋趙氏以『誅不孝無易樹子』七字作一句，謂子之不孝者當誅，但已立爲世子，不得以其不孝而專誅而擅易之，須公論而後誅之。《方言》云：『樹，植立也。燕之外郊，朝鮮、洌水之間，凡言置立者謂之樹植。』僖公三年《公羊傳》云『無易樹子』，注云：『樹，立也。』趙氏與之同。『不得擅易』，然則世子誠不孝，亦當白之天下，公論誅之。『無易樹子』是無擅易樹子，則誅不孝亦是公誅不孝，公誅不孝即是不得專誅不孝也。桓公命諸侯，不可云『毋專誅不孝』，亦不可云『毋易不孝之樹子』，故爲互辭。趙氏探其指，一云『不得專誅』，一云『不得擅易』，實能斡旋經文而彌縫其闕隙也。且實能禁當時假不孝之名以擅易樹子也。○注『尊賢』至『之人』○正義曰：《爾雅·釋詁》云：『育，養也。』彰與章同。《書·堯典》云『平章百姓』，鄭氏注云：『章，明也。』○注『敬老』至『忽也』○正義曰：《賈子·道術》篇云：『親愛利子謂之慈。』《周禮·地官·大司徒》『以保息六養萬民，一曰慈幼』，注云：『慈幼，謂愛幼少也。』其『二曰養老，三曰振窮』，注云：『窮者有四：曰矜，曰寡，曰孤，曰獨。』此命言敬老慈幼，故趙氏連類言恤矜孤寡也。《説文》心部云：『忽，忘也。』○注『仕爲』至『僚也』○正義曰：《大戴禮·千乘》篇云：『凡事尚賢進能，使知事爵不世，能官之不愆。』孔氏廣森《補注》云：『古者有世禄無世位，故《春秋》譏尹氏也。大夫不世，苟有能者，必官之，無失人。』《書·皋陶謨》云：『無曠庶官。』僚亦官也。王肅注云：『不可不得其人也。』曠之言空，不得其人，則空虚其職。《論語·八佾》篇『管氏官事不攝』，包氏注云：『禮國君事大，官各有人，大夫并兼事。』大而兼攝之，則必空曠其事，故引《書》文以明之也。○注『無敢』至『禁也』○正義曰：《管子》兩言『無曲隄』，然則防卽隄也。謂曲設隄防，以障遏水泉，使鄰國受水旱之害。趙氏言曲意設防禁，則虛指王法而言，謂王法所不禁，而曲意以禁之，是爲違王法。《周禮・秋官・序官》「使帥其屬而掌邦禁」，注云：「禁，所以防姦者也。」故以防爲禁也。然隄爲防之正訓，僖公三年《公羊傳》云：「桓公曰：無障谷，無貯粟，無易樹子，無以妾爲妻。」障谷卽曲防也。何氏注云：「無障斷川谷專水利也。」蓋所以障之者，防也。僖公九年《穀梁傳》則云「毋壅泉」，注云：「專水利以障谷。」此以《公羊傳》之障谷解壅泉，所以壅之者，防也。閻氏若璩《釋地續》云：「漢賈讓奏言：「蓋隄防之作，近起戰國，雍防百川，各以自利。齊與趙魏以河爲竟，趙魏瀕山，齊地卑下，作隄去河二十五里，河水東抵齊隄，則西泛趙魏。趙魏亦爲隄去河二十五里，則是河水西抵趙魏隄，亦東泛齊矣。」夫曰近起戰國，豈非葵丘既會，申明天子之禁，諸侯猶有所憚而不敢爲。至七雄地大勢專，人人得自爲鯀而不難以鄰國爲壑也。」○注「無以私」至「主也」○ 正義曰：僖公二年「城楚丘」，《左傳》云：「諸侯城楚丘而封衞焉。」《公羊傳》云：「曷爲不言桓公城之？不與諸侯專封也。諸侯之義不得專封。」此言不得專封，謂不待天子之命，而桓公自封之。此五命之告，若指告天子，則桓公封衞，轉是自犯其禁矣。故趙氏以爲不告盟主。此五霸之盛亦卽五霸所以爲三王之罪人也。其後十四年城緣陵以遷杞，宣公十一年楚莊王封陳，皆自以爲盟主得專封也。衞、杞、陳皆亡滅而復封，存亡繼絶，卽示私恩。其成公十八年「伐宋彭城」，《公羊傳》

云：『魚石走之楚，楚爲之伐宋，取彭城，以封魚石。楚已取之矣，曷爲繫之宋？不與諸侯專封也。』昭公四年《公羊傳》云：『慶封走之吴，吴封之於防。然則曷爲不言伐防？不與諸侯專封也。』襄公二十八年《左傳》云：『慶封奔吴，吴句餘予之朱方。』昭公四年《左傳》云『使屈申圍朱方』，注云：『朱方，吴邑，齊慶封所封也。』然則防卽朱方。徐氏《公羊傳》疏云：『慶封往前已封於防爲小國，楚取宋邑封魚石，吴以己邑封慶封，與齊桓封衞，楚莊封陳異，而同爲以私恩擅封，故《公羊傳》於楚丘、緣陵、彭城、防皆以專封言之也。』閻氏若璩《釋地續》云：『郝京山解「無曲防」三句，以《周禮・大宗伯》「以凶禮哀邦國之憂」分配之曰：「以喪禮哀死亡，卽有封必告也。封必告，死葬相助也。」又曰：「封與窆同。窆，悲驗切，葬下棺也。《禮記》縣棺而封是。凡諸侯告薨，則同盟皆弔；五月而葬，則同盟皆會。此獨言葬者，葬則有賵，有賻，有贈，有襚。《春秋》天王葬且不會，如武氏子來求賻之類，友邦可知矣。無不告者，告則會也。封建大事，豈贅之末簡？無不者，甚多之辭。命與恤災同，其爲死葬甚明也。」余謂《左傳》「諸侯城楚丘而封衞焉」，《國語》「翟人攻邢，桓公築夷儀以封之」，何嘗無封國，第少耳。無不者，甚多之辭，妙。蓋三者皆屬交鄰國之事，無尊王在內，解自勝。』**長君之惡其罪小，逢君之惡其罪大。今之大夫皆逢君之惡，故曰今之大夫，今之諸侯之罪人也。』【注】**君有惡命，臣長大而宣之，其罪在不能距逆君命，故曰小也。逢，迎也。君之惡心未發，臣以諂媚逢迎，而導君爲非，故曰罪大。今諸侯之大夫皆逢君之惡，故曰罪人也。【疏】注「君有」至「小也」○正義曰：君有惡命，卽上云犯此五禁者也。《音義》云：「長，張丈切。丁又如字。兩讀皆有大義。」《呂氏春秋・本味》篇云「長澤之卵」，高誘注云：「長澤，大澤。」此長如字也。《諭大》篇云「萬夫之長」，高誘注云：「長，大也。」此長張丈切也。長通張，《詩・大雅・韓奕》「孔修且張」，傳云：「張，大也。」《禮記・樂記》云「長言之也」，注云「長言之，引其聲也。」《國語・周語》云：「宣，所以施教也。」謂張施其命而偏布之。故以大釋長，又以宣申明之。距逆此惡命，則不敢施行於外。趙氏蓋讀長如字，而爲張大之義也。○注「逢迎」至「罪大」○正義曰：《方言》云：「逢，逆，迎也。自關而東曰逆，自關而西或曰迎，或曰逢。」趙氏所本也。《荀子・修身》篇云：「以不善先人者謂之讇〔一〕。」《莊子・漁父》篇云：「希意道言謂之讇。」《鬼谷子・權》篇云：「諂，先意承欲者也。」讇，古諂字。君心之惡未發而臣先其意導之，所謂〔二〕「以不善先人」也，所謂「希意道言」也。襄公三年《左傳》云「稱其讎，不爲諂」，注云：「諂，媚也。」君先有意而臣張布之，是順從也。君未有意而臣先導之，是迎合也。故以迎訓逢，又以諂媚申明之，又以導字申明之。

〔一〕「讇」，《皇清經解》本同，《荀子・修身》作「諂」。
〔二〕「謂」，《皇清經解》本作「爲」。

《章指》言：王道寖衰，轉爲罪人，孟子傷之，是以博思古法，匡時君也。

魯欲使慎子爲將軍。孟子曰：『不教民而用之，謂之殃民。殃民者，不容於堯舜之世。一戰勝齊，遂有南陽，然且不可。』【注】慎子，善用兵者。不教民以仁義而用之戰鬬，是使民有殃禍也。堯舜之世，皆行仁義，故好戰殃民者，不能自容也。就使慎子能爲魯一戰取齊南陽之地，且猶不可。山南曰陽，岱山之南，謂之南陽也。【疏】注『慎子善用兵者』○正義曰：《荀子・解蔽》篇云：『慎子蔽於法而不知賢。』《天論篇》云：『慎子有見於後，無見於先。』《非十二子篇》云：『尚法而無法，下修而好作，上則取聽於上，下則取從於俗，終日言成文典，及紃察之，則倜然無所歸宿，不可以經國定分。然而其持之有故，其言之成理，足以欺惑愚蒙〔一〕，是慎到、田駢也。』《莊子・天下》篇云：『不顧於慮，不謀於知，於物無擇，與之俱往，古之道術有在於是者，彭蒙、田駢、慎到聞其風而悦之。』又云：『慎到棄知去己，而緣不得已，泠汰於物，以爲道理。』《史記・孟子列傳》云：『自騶衍與齊之稷下先生，如淳于髡、慎到、環淵、接子、田駢、騶奭之徒，各著書言治亂之事，以干世主。慎到，趙人。學黄老道德之術，因發明序其指意，故慎到著《十二論》。』徐廣

〔一〕『蒙』，《皇清經解》本同，《荀子・非十二子》作『衆』。

云：『今《慎子》。』張守節正義云：『《慎子》十卷在法家，則戰國時處士。』《漢書·藝文志》法家者流有『《慎子》四十二篇，名到，先申韓，申韓稱之。』到與孟子同時。此慎子宣〔一〕即是到，乃《史》但言其學黄老，爲法家者流，不當使爲將軍，故趙氏不以爲到，而以其使爲將軍，則以爲善用兵者耳。○注『是使民有殃禍也』○正義曰：《説苑·君道》篇云：『殃者，禍之先者也。』○注『就使』至『陽也』○正義曰：『山南曰陽』，僖公二十八年《穀梁傳》文。閻氏若璩《釋地》云：『《左傳》「晉於是始啟南陽」，杜注：「在晉山南河北，故曰南陽。」余謂即今太行山之南河内、濟源、修武、温縣地。《孟子》「遂有南陽」，趙注：「山南曰陽，岱山之南，謂之南陽也。」余謂史稱泰山之陽則魯，其陰則齊。南陽屬齊，必齊之地，深插入魯界中者。魯故欲一戰有之。二南陽所指各不同。』全氏祖望《經史問答》云：『問：遂有南陽，按晉之南陽易曉，而齊之南陽僅一見於《公羊傳》所云「高子將南陽之甲以城魯」，一見於《國策》所云「楚攻南陽」。閻百詩以爲泰山之陽本是魯地，特久爲齊奪者，似得之。而先生以爲南陽即汶陽，其説果何所據？答云：此以《漢地志》及《水經》合之《左傳》，便自了然。蓋山南曰陽，是南陽所以得名也。水北曰陽，是汶陽所以得名也。春秋之世，齊魯所爭，莫如南陽。隱桓之世，以許田易泰山之祊，是南陽尚

〔一〕『宣』，《皇清經解》本作『宜』。

屬魯。及莊公之末，則已似失之，故高子將南陽之甲以城魯。然僖公猶以汶陽之田賜季友，則尚未盡失。而魯頌之祝之以「居嘗與許」，嘗亦南陽之境，蓋大半入齊矣。自成公以後，則盡失之。蓋汶水出泰山郡之萊蕪縣，西南過嬴縣，桓三年公會齊侯於嬴者也。又西南過牟縣，牟故魯之附庸也。又東南流逕龜陰之田，即《左氏》定十年齊所歸也。又東南流逕明堂，又西南流逕徂徠山，又南流逕陽關，即《左氏》襄十七年逆臧孫之地。又南逕博縣，即《左氏》哀十一年會吴伐博者也。又南逕龍鄉，即《左氏》成二年齊侯圍龍者也。又南逕梁父縣之菟裘城，《左氏》隱十一年所營也。又西南過剛縣，漢之剛，乃春秋之闡，其西南則汶陽之田。又西南則棘，《左氏》成三年所圍也。又西南爲遂，《左氏》莊十三年齊所滅也。又西南爲平陸。又西南爲下讙，《左氏》桓三年齊侯送姜氏之地。又西南爲郈，則叔孫氏邑。按《左氏》鄆、讙、龜陰、陽關，皆齊魯接境地，通而言之，皆汶陽之田，而皆在泰山之西南，汶水之北，則汶陽非即南陽乎？故慎子欲爭南陽，亦志在復故土，孟子則責其不教民而用之耳。』

慎子勃然不悦曰：『此則滑釐所不識也。』【注】滑釐，慎子名。不悦，故曰我所不知此言何謂也。【疏】注『滑釐慎子名』○正義曰：趙氏以慎子自稱滑釐不識，則滑釐是慎子之名。慎子名滑釐，故不以爲到也。按釐與來通，《詩·周頌·思文》『貽我來牟』，《漢書·劉向傳》作『飴我釐麰』是也。《爾雅·釋詁》云：『到，至也。』《禮記·樂記》云『物至知知』，注云：『至，來也。』到與來爲義同。然則慎子名滑釐，其字爲到與？與墨子之徒禽滑釐同名。或以慎子卽禽滑釐，或以慎子師事禽滑釐，稱其師滑釐不識，皆非是。

曰：『吾明告子：天子之地方千里，不千里，不足以待諸侯。諸侯之地方百里，不百里，不足以守宗廟之典籍。周公之封於魯爲方百里也，地非不足，而儉於百里。太公之封於齊也，亦爲方百里也，地非不足也，而儉於百里。今魯方百里者五，子以爲有王者作，則魯在所損乎，在所益乎？徒取諸彼以與此，然且仁者不爲，況於殺人以求之乎！

【注】孟子見慎子不悅，故曰明告子，天子諸侯地制如是。諸侯當來朝聘，故言守宗廟典籍，謂先祖常籍法度之文也。周公太公，地尚不能滿百里，儉而不足也。後世兼侵小國，今魯乃五百里矣。有王者作，若文王武王者，子以爲魯在所損之中邪，在所益之中也，言其必見損也。但取彼與此爲無傷害，仁者尚不肯爲，況戰鬬殺人以求廣土地乎。【疏】注『諸侯』至『文也』○正義曰：上言『不足以待諸侯』，謂朝覲聘問，備其燕享賜予之禮，故此宗廟典籍，趙氏卽舉諸侯朝聘言也。其實天子諸侯所用多矣，不止是也。《爾雅·釋詁》云：『典，常也。』故以典籍爲常籍。《説文》竹部云：『籍，簿書也。』《周禮·秋官·小行人》『掌邦國賓客之禮籍』，注云：『禮籍，名位尊卑之書。』孫炎注《爾雅》云：『典，禮之常也。』《國語·周語》云『省其典圖形法』，注云：『典，禮也。』《儀禮·士昏禮》云『吾子順先典』，注云：『典，法也。』然則典籍卽禮籍，禮籍爲名位尊卑之書，卽是法度之文。典籍

受之天子，傳自先祖，藏諸宗廟，宗廟之典籍，卽先祖之典籍也。以先祖爲宗廟，猶後世稱先君爲某廟也。《説文》丌部云：『莊都説：典，大册也。』則典籍猶言册籍。○注『周公』至『損也』○正義曰：《説文》人部云：『儉，約也。』《淮南子・主術訓》『所守甚約』，高誘注云：『約，少也。』趙氏以儉爲少，故以爲不能滿。毛氏奇齡《四書賸言》云：『《孟子》「天子之地方千里，諸侯皆方百里」，其地字《王制》改作「田」字，田卽地也。但地有山林、川澤、城郭、宫室、陂池、涂巷種種，而田則無有，故田較之地，則每里減三分之一，是地有千里者，田未必有千里矣。既云班禄，禄出於田，當紀實數，焉得以三分減一之地而强名千里？漢後儒者所以不能無紛紛也。不知孟子所云地字，亦只是田字。魯欲使慎子爲將軍章「周公之封於魯也爲方百里也，地非不足也，而儉於百里。」又曰「不百里，不足以守宗廟之典籍」。則較量千百，惟恐不足，當必是實數可知。而按其上文，仍是地字，固知地卽田耳。』顧氏棟高《春秋大事表》云：『伯禽初封曲阜，《漢書・地理志》云：「成王以少皞之墟曲阜，封周公子伯禽爲魯侯。」今爲山東兖州府曲阜縣。後益封奄。隱二年入極，十年敗宋師于菅，辛未取郜，辛巳取防，僖十七年滅項，三十三年伐邾取訾婁，文十年伐邾取須句，宣四年伐莒取向，宣九年取根牟，十年伐邾取繹，成六年取鄟，襄十三年取邿，二十一年邾庶其以漆、閭丘來奔，昭元年伐莒取鄆，四年取鄫，五年莒牟夷以牟婁及防兹來奔，十年伐莒取郠，三十一年邾黑肱以濫來奔，哀二年伐邾取漷東田及沂西田，三年城啟陽，哀十七年越使后庸來言邾田，二月盟於平陽。平陽在兖州府鄒縣西南，本邾邑，爲魯所取。魯在春秋，實兼九國之地。極、項、鄟、邿、根牟，魯所取也。向、須句、鄫、鄅，則邾、莒滅之，而魯從而有之者也。余讀隱五年「公矢魚于棠」《傳》曰：『非禮也，且言遠地也。』哀十四年「西狩獲麟」，歐陽子曰：『西狩，言遠也。』余往來京師，親至兖州魚臺縣，訪隱公觀魚處；詢之土人，云『距曲阜不二百里』。又北至汶上，爲齊魯接界，俱計日可到，其西南則宋、鄭、衛及邾、莒、杞、鄫諸國地，犬牙相錯，時吞滅弱小，以自附益。祊益之鄭，防取之宋，須句取之邾，向、鄫取之莒，而邾則空其國都，致邾衆退保嶧山，與莒爭鄆無休日。逮晉文分曹地，則有東昌府濮州西南。而越既滅吴，與魯泗東方百里，地界稍稍擴矣。』**君子之事君也，務引其君以當道，志於仁而已。」**【注】言君子事君之法，牽引其君以當正道者，仁也。志仁而已，欲使慎子輔君以仁。【疏】注『牽引其君』○正義曰：《説文》牛部云：『牽，引前也。』是引卽牽也。

《章指》言：招携懷遠，貴以德禮，及其用兵，廟勝爲上，戰勝爲下，明賤戰也。【疏】『招攜』至『戰也』○正義曰：僖公七年《左傳》云：『招攜以禮，懷遠以德，德禮不易，無人不懷。』注云：『攜，離也。』周氏廣業《孟子章指考證》作『義勝爲上』，云：『古本義作「廟」，孔、韓同。』按《管子・霸形》篇：『霸王之形，道義勝之，智謀勝之，兵戰勝之。』孫子云：『夫未戰而廟勝者，得算之多者也。』二字俱有所本，從義爲長。《漢書》趙充國奏『留田便宜』曰：『帝王之兵，以全取勝，是以貴謀而賤戰。』

孟子曰：『今之事君者，皆曰我能爲君辟土地，充府庫。今之所謂良臣，古之所謂民賊也。【注】辟土地，侵鄰國也。充府庫，重賦斂也。今之所謂良臣者，於古之法爲民賊。傷民，故謂之賊也。【疏】注『傷民故謂之賊也』○正義曰：《荀子・修身》篇云：『害良曰賊。』《楚辭・沈江》云『覽私微之所傷』，注云：『傷，害也。』傷民卽害良也。**君不鄉道，不志於仁，而求富之，是富桀也。**【注】爲惡君聚斂以富之，爲富桀也。謂若夏桀也。**我能爲君約與國，戰必克。今之所謂良臣，古之所謂民賊也。**【注】連諸侯以戰，求必勝也。**君不鄉道，不志於仁，而求爲之强戰，是輔桀也。**【注】說與上同。**由今之道，無變今之俗，雖與之天下，不能一朝居也。』**【注】今之道非善道，今之世俗，漸惡久矣，若不變更，雖得天下之政而治之，不能自安一朝之間居其位也。【疏】注『今之』至『位也』○正義曰：道爲道德之道，上云君不鄉道是也。道之訓亦爲行，今之道猶云今之行。《國語・周語》云『由是第之』，韋昭注云：『由，從也。』一人行之，人人從之，則爲俗。《廣雅・釋詁》云：『漸，漬也。』謂漬染而成惡俗也。《太玄・玄衝》云『更變而共笑』，是變爲更改，謂更改其害良而志於仁也。《禮記・樂記》云『居吾語汝』，注云：『居，猶安坐也。』不能一朝居，卽是不能一朝安，謂其危亡之速也。陳氏《說書》云：『與之天下，不能一朝居，何也？其國雖富强，而民心先已失，孟子之言，至於秦而驗矣。』

《章指》言：善爲國者，以藏於民。賊民以往，其餘何觀。變俗移風，非樂不化，以亂濟民，不知其善也。【疏】『變俗移風非樂不化』○正義曰：《孝經·廣要道章》第十一云：『移風易俗，莫善於樂。』

白圭曰：『吾欲二十而取一，何如？』【注】白圭，周人也。節以貨殖，欲省賦利民，使二十而税一。【疏】注『白圭』至『税一』○正義曰：《史記·貨殖列傳》云：『白圭，周人也。當魏文侯時，李克務盡地力，而白圭樂觀時變，故人棄我取，人取我與，能薄飲食，忍嗜欲，節衣服，與用事僮僕同苦樂，趨時若猛獸摯鳥之發。故曰吾治生産，猶伊尹吕尚之謀，孫吴用兵，商鞅行法是也。蓋天下言治生祖白圭。』趙氏以《孟子》白圭，即此人也。閻氏若璩《釋地續》云：『《史記·貨殖傳》，此一白圭也，圭其名；《孟子》白圭，此一白圭也，其名丹，圭則字爾。先後殊不同時，趙氏傅會爲一人，吾嘗斷之曰此兩人也。韓非書「白圭相魏」，鄒陽書「白圭戰亡六城，爲魏取中山」。又「白圭顯於中山，中山人惡之魏文侯，文侯投以夜光之璧」。魏拔中山，在文侯十七年癸酉，下逮孟子乙酉至梁，凡七十三年。縱存，尚能爲國築隄防、治水害乎？』毛氏奇齡説與閻氏同。全氏祖望《經史問答》云：『宋人鮑彪已嘗言之。但魏人，當昭王時，是孟子之後輩，見《國策》。不知潛丘何以不引及？　鮑彪謂當是孟子所稱者。』周氏廣業《孟子時地出處考》云：『閻百詩、毛初晴並言有兩白圭，今考《韓非子》有云：「白圭之行隄也，塞其穴，故無水難。」《吕氏春秋》載白圭與惠施析辯二條，《新序》有孟嘗君問白圭之文，則其爲别一人，似無可疑。　乃《史》又稱白圭自言「吾治生産，猶商鞅行法」，則正與孟子同時。《戰國策》昭王時白圭始見，而拔中山者，言樂羊不言白圭；《史》及鄒陽之説，又恐誤以武侯爲文侯。』**孟子曰：『子之道，貉道也。　萬室之國一人陶，則可乎？』**【注】貉，夷貉之人，在荒服者也。　貉之税，二十而取一。　萬家之國，使一人陶瓦器，則可乎。　以此喻白圭所言也。　【疏】注『貉夷』至『服者也』〇正義曰：《説文》豸部云：『貉，北方貉豸種也。』《周禮・夏官・職方氏》『辨其邦國都鄙、四夷、八蠻、七閩、九貉、五戎、六狄之人民』，鄭司農云：『北方曰貉狄。』《書・禹貢》云：『五百里荒服，三百里蠻，二百里流。』胡氏渭《禹貢錐指》云：『單言蠻，則爲四裔之通稱。　蠻在荒服，知貉即在荒服也。』〇注『使一人陶瓦器則可乎』〇正義曰：《考工記》云：『摶埴之工二陶旊』，注云：『摶之言拍也。　埴，黏土也。』《吕氏春秋・慎人》篇云『陶於河濱』，高誘注云：『陶，作瓦器。』**曰：『不可，器不足用也。』**【注】白圭曰，一人陶，則瓦器不足以供萬室之用也。　**曰：『夫貉，五穀不生，惟黍生之。　無城郭宫室宗廟祭祀之禮，無諸侯幣帛饔飧，無百官有司，故二十取一而足也。**【注】貉在北方，其氣寒，不生五穀。　黍早熟，故獨生之也。　無中國之禮，如此之用，故可二十取一而足也。

【疏】注『貉在』至『之也』〇正義曰：程氏瑶田《通藝録·九穀考》云：『黍之不黏者，其熟最疾，播在黏者之後，穫在黏者之前。孟子曰：「夫貉，五穀不生，惟黍生之。」以貉地生物之氣，時日最短，故必中土熟之最疾者，播乃有秋。然則孟子之所謂黍，蓋黍之不黏者，乃〔一〕謂穄也。《後漢書·烏桓列傳》：「其土地宜穄。」《三國志·烏丸傳》注引王沈《魏書》「烏丸地宜青穄」。《唐書·北狄傳》「奚稼多穄」。奚，卽烏桓也。烏桓地東連鮮卑，其西爲匈奴，又西爲烏孫。匈奴、烏孫當中土之正北，地極寒。《漢書·匈奴傳》云：「居於北邊，逐水草遷徙，無城郭常居耕田之業。」雖於屠貳師之年云「年稼不熟」，顏師古〔二〕以爲「亦種黍穄」，實則以畜牧爲事，故自君王以下，咸食畜肉耳。又按《匈奴傳》，孝文帝時，以匈奴處北，殺氣早降，詔遺單于秫糵金帛綿絮。武帝時，單于遺書，欲取稷米五千斛。亦可見其不事農業，卽黍穄亦未必能生矣。烏桓諸國，在匈奴東，地氣稍暖，故能生穄。吾疑其地殆卽孟子所謂貉與？且貉亦非盡不生五穀者也，貉之地甚廣也。《周官·職方氏》所掌有九貉，《鄭志》答趙商問云「在東方」。《漢書·高帝紀》有北貉，而《戰國策》蘇秦説秦惠王曰：「大王之地，北有胡、貉、代馬之用。」又可見貉地亘秦之北

〔一〕『乃』，《皇清經解》本作『所』，《通藝録·九穀考》作『乃』。
〔二〕『顔師古』，《皇清經解》本作『顔師古曰』。《通藝録·九穀考》作『古』。

皆是矣。謂可致其物以爲用，其非以貉爲界又可知。《後漢書》「句驪亦名貊耳」，是貉之一國，亦必非不生五穀之貉也。又載諸國在鮮卑東者，皆言其宜五穀。然則五穀不生之貉，居貊耳。鮮卑之西北，所謂烏桓宜穄，奚稼多穄之地無疑矣。』《説文》：『黍，禾屬而黏者也。以大暑而種，故謂之黍。孔子曰：「黍可爲酒，禾入水也。」』『糜，穄也。』『穄，糜也。』按《説文》以禾況黍，謂黍爲禾屬而黏者，非謂禾爲黍屬而不黏者也。是故禾屬之黏者黍，則禾屬而不黏者糜。對文異，散文則通稱。經傳中見黑黍、白黍、黄黍、赤黍，不見黑糜、白糜、黄糜、赤糜，以是知散文通稱黍也。飯用米之不黏者，黏者釀酒以爲餌餈酏粥之屬，故簠簋實糜爲之，以供祭祀，故又異其名曰穄。黍之不黏者獨有異名，祭尚黍也。**今居中國，去人倫，無君子，如之何其可也？陶以寡且不可以爲國，況無君子乎！欲輕之於堯舜之道者，大貉小貉也。欲重之於堯舜之道者，大桀小桀也。**【注】今之居中國，當行禮義，而欲效夷貉無人倫之叙，無君子之道，豈可哉。陶器者少，尚不可以爲國，況無君子之道乎。堯舜以來，什一而税，足以行禮，故以此爲道。今欲輕之二十税一者，夷貉爲大貉，子爲小貉也。欲重之過什一，則夏桀爲大桀，子爲小桀也。【疏】注「無君子之道」○正義曰：趙氏以去人倫、無君子爲一事。去人倫則舉國不知禮義，皆小人而無君子矣。故言無君子之道，謂無君子者無君子之道也。近時通解以君子即指百官有司。○注「堯舜」至「桀也」○正義曰：宣公十五年《公羊傳》云：「古者什一而籍。古者曷爲什一而籍？什一者，天下之中正也。多乎什一，大桀小桀；寡乎什一，大貉小貉。』注云：『蠻貉無社稷宗廟百官制度之費，稅薄。』何氏本《孟子》注《公羊傳》，趙氏即本《公羊傳》注《孟子》。徐氏疏云：『夏桀無道，重賦於人。今過什一，與之相似。若十取四五，則爲桀之大貪；若取二三，則爲桀之小貪。若十四五乃取其一，則爲大貉行；若十二十三乃取一，則爲小貉行。』徐氏解大小，不取趙氏。《尚書大傳》說《多方》云：『古者十稅一。多於十稅一，謂之〔一〕大桀小桀；少於十稅一，謂之大貊小貊。王者十一而稅，而頌聲作矣。故《書》曰：「越惟有胥賦，小大多政。」』貊與貉字通。伏氏以小桀大桀、小貊大貊明《多方》小大二字。政者，正也。《尚書》今作『正』。江氏聲《尚書集注音疏》云：『胥謂繇役。繇役亦賦也，故曰胥賦。』蓋胥賦即稅，正即謂什一中正，謂胥賦之輕重一本於中正，小之不致爲小桀小貉，大之不致爲大桀大貉。徐氏解《公羊傳》，義與此同。

《章指》言：先王典禮，萬世可遵，什一供貢，下富上尊。裔土簡惰，二十而稅，貉道有然，不足爲貴，圭欲法之，孟子斥之以王制也。【疏】『什一供貢下富上尊』○正義曰：二句見《漢書叙傳》述《食貨志》。

〔一〕『之』，《皇清經解》本作『之之』，《尚書大傳》作『之』。

白圭曰：『丹之治水也，愈於禹。』【注】丹，名。圭，字也。當諸侯時有小水，白圭爲治除之，因自謂過禹也。【疏】注『丹名』至『除之』○正義曰：《説文》丹部云：『丹，巴越之赤石也。』《説苑・修文》篇云：『圭者，玉也。』《考工記・匠人》注云：『圭之言珪，潔也。』潔者，潔白也。玉之白者爲圭，石之赤者爲丹，赤熾盛而以潔白消之，此名字所以取與？《韓非子・喻老》篇云：『千丈之隄以螻蟻之穴潰，故曰白圭之行隄也，塞其穴，是以白圭無水難。』此白圭治除小水之證也。**孟子曰：『子過矣！禹之治水，水之道也。是故禹以四海爲壑。今吾子以鄰國爲壑。水逆行謂之洚水，洚水者，洪水也。仁人之所惡也，吾子過矣！』**【注】子之所言過矣。禹除中國之害，以四海爲溝壑，以受其害水，故後世賴之。今子除水，近注之鄰國，觸於洚水之名，仁人惡爲之。自以爲愈於禹，子亦甚過矣。【疏】注『禹除』至『甚矣』○正義曰：水之道猶云水之路，謂水所行之路，而禹順導之耳。《説文》𣦼部云：『叡，溝也。讀若郝。壑，或從土。』是壑即溝也。害水猶云災水。觸即觸類之觸。不使水歸四海，而歸鄰國，則非水之道。非水之道，則水不順行而逆行矣。逆之爲洚，猶逆之爲逢，見其逆行，觸類而長之，即是禹時之洪水。禹治洪水，使不爲後世害。圭放洪水，使爲鄰國害，圭且爲仁人所惡矣。悖乎禹，豈愈於禹與？

《章指》言：**君子除害，普爲人也。白圭壑鄰，亦以狹矣。是故賢者志其大者遠者也。**【疏】『是故賢者志其大者遠者也』○正義曰：本襄公三十一年《左傳》子皮語。

孟子曰：『君子不亮，惡乎執？』【注】亮，信也。《易》曰『君子履信思順』。若爲君子之道，舍信將安執之。【疏】注『亮信』至『執之』○正義曰：『亮，信也。』《爾雅·釋詁》文。與諒同。《説文》言部云：『諒，信也。』諒卽亮也。引《易》者，《繫辭上傳》云：《易》曰：「自天祐之，吉無不利。」子曰：祐者，助也。天之所助者，順也。人之所助者，信也。履信思乎順，又以尚賢也。是以自天祐之，吉無不利也。』引此以見君子之道不外乎信，故爲君子之道舍此烏執乎？趙氏以安訓惡，《音義》云『惡音烏』是也。何異孫《十一經問對》云：『問：此惡字作平聲，還作去聲？對曰：亮與諒同。孔子曰：「豈若匹夫匹婦之爲諒哉。」又曰：「君子貞而不諒。」諒者，信而不通之謂。君子所以不亮者，非惡乎信，惡乎執也。故孟子又曰：「所惡執一者，爲其賊道也。」』

《章指》言：《論語》曰：『自古皆有死，民無信不立。』重信之至也。【疏】『論語』至『至也』○正義曰：所引在《論語·顏淵》第十二。集解引孔氏曰：『死者，古今常道也。人皆有之。治邦不可失信也。』乃《論語》又云『好信不好學，其蔽也賊。』蓋好信不好學，則執一而不知變通，遂至於賊道。君子貞而不諒，正恐其執一而蔽於賊也。友諒兼友多聞。多聞，由於好學則不至於賊。又云：『言必信，硜硜然，小人哉！』《孟子》此章，正發明孔子『不諒』之恉也。

魯欲使樂正子爲政。【注】樂正子克也。魯君欲使之執政於國。【疏】注「樂正子克也」○正義曰：《文選・褚淵碑文》云「孟軻致欣於樂正」，注引劉熙曰：「樂正，姓也。子，通稱也。名尅。」

孟子曰：「吾聞之，喜而不寐。」【注】喜其人道德得行，爲之喜而不寐。

公孫丑曰：「樂正子强乎？」曰：「否。」「有知慮乎？」曰：「否。」「多聞識乎？」曰：「否。」【注】丑問樂正子有此三問之所能乎。孟子皆曰否，不能有此也。【疏】注「丑問」至「能乎」○正義曰：强猶果，有知慮猶達，多聞識猶藝，孔子稱此三者於從政乎何有。從政宜才，執政宜德，此章亦與《論語》互相發。

「然則奚爲喜而不寐？」【注】丑問無此三者，何爲喜而不寐。

曰：「其爲人也好善。」【注】孟子言樂正子之爲人也能好善，故爲之喜。

「好善足乎？」【注】丑問人但好善，足以治國乎。

曰：「好善優於天下，而況魯國乎！　夫苟好善，則四海之内皆將輕千里而來告之以善，夫苟不好善，則人將曰訑訑，予既已知之矣。　訑訑之聲音顏色，距人於千里之外。【注】孟子曰，好善，樂聞善言，是采用之也。以此治天下可以優之，虞舜是也，何況於魯不能治乎。人誠好善，四海之士皆輕行千里以善來告之。誠不好善，則其人將曰訑訑賤他人之言。訑訑者，自足其智，不嗜善言之貌。訑訑之人發聲音見顏色，人皆知其不欲受善言也。道術之士聞之，止於千里之外而不來也。【疏】注「好善」至「治乎」○正義曰：優卽足也。乃足則僅足而已，優則饒裕有餘矣。《禮記·中庸》篇云：「舜好問而好察邇言，隱惡而揚善，執其兩端，用其中於民。」《孟子》亦云：「舍己從人，樂取於人以爲善。」是舜樂聞善言而采用之也。舜以此治天下而有餘，克以此治魯國，豈不足乎？《章指》言「好善從人，聖人一概」，與此相發明。○注「誠不好善」至「來也」○正義曰：《音義》出「訑訑」，云「張吐禾切」，云：「蓋言辭不正、欺罔於人、自誇大之貌。」丁云：「此字音他，又達可切。」《說文》云「欺也」。字作詑者，音怡。詑詑自足其智，不耆善言之貌。今諸本皆作「訑」，卽不合注意，當借讀爲詑，音怡。」阮氏元《校勘記》云：「『訑訑』，字作詑者，今諸本皆作「訑」。按說文作「詑」，《方言》作「詑」，皆訓欺。《孟子》是此字，注『自足其智，不者善言』，義之引伸。丁、張音義皆確。自訑譌詑，乃別爲音，而孫氏又爲曲說，不可從。」謹按：《說文》言部云：「詑，沇州謂欺曰詑。从言，它聲。」《一切經音義》引《纂文》云：「兖州人以相欺爲訑人。音湯和反。」「訑，避也。」訑卽詑　，詑卽訑，詑爲詑之俗，訑爲詑之通也。《戰國策·燕策》：「燕王謂蘇代曰：『寡人甚不喜訑者言也。』蘇代對曰：『周地賤媒，爲其兩譽也。之男家曰女美，之女家曰男美。』」又云：「事非權不立，非勢不成。夫使人坐受成事者，惟訑者耳。」觀代之言，訑爲欺謾不實，明矣。男女未必誠美，而媒者謾以爲美，此訑也，欺也。己本無所知，而以爲予既已知之，亦訑也，欺也。訑訑既爲自足其智不耆善言之貌，則曰訑訑者，不得爲不好善者之言。上云『夫苟好善，則四海之內』云云，此云『夫苟不好善，則人將曰訑訑』。將曰之將，與將輕之將同。人見此不好善之人，而狀其貌曰訑訑，又述其言曰『予既已知之矣』。既，猶盡也。予盡知之，謂人之言不足以益之。是賤人之言也。趙氏云其人，謂與相親近之人。惟與相親近，故見其聲音笑貌如此。賤他人之言解予既已知之也。訑訑是見顔色，予既已知之是發聲音，人狀其貌，述其言如是，是人皆知其不欲受善言也。人皆知其不欲受善言，是不獨道術之士，而道術之士聞人言如此，豈肯至乎？是其訑訑之聲音顔色有以拒止之也。**士止於千里之外，則讒諂面諛之人至矣。與讒諂面諛之人居，國欲治，可得乎？』**【注】懷善言之士止於千里之外，不肯就之，則邪惡順意之人至矣。與邪惡居，欲使國治，豈可得乎。【疏】注『則邪惡順意之人至矣』○正義曰：《莊子·漁父》篇云：『希意道言謂之諂，不擇是非而言謂之諛，好言人惡謂之讒。』《呂氏春秋·貴因》篇云『讒慝勝良』，高誘注云：『讒，邪也。』此趙氏以邪釋讒也。《荀子·修身篇》云『以不善先人者謂之諂』，不善卽惡也。此趙氏以惡釋諂也。《説苑·臣術》篇云『從命病君謂之諛』，此趙氏以順意釋面諛也。《説文》言部云：『諛，讇也。』『讇，諛也。諂，讇或從臽。』段氏玉裁《説文解字注》云：『諛者所以爲諂，諂者未有不諛。』按諛但順意而已，長君之惡也。諂則道之爲不善，逢君之惡也。讒則因道之爲不善，而除去不便己意之人。讒因於諂，諂因於諛，諛因於訑，訑不好善也。

《章指》言：好善從人，聖人一概，禹聞讜言，答之而拜。訑訑吐之，善人亦逝，善去惡來，道若合符。《詩》曰：『雨雪瀌瀌，見晛聿消。』此之謂也。【疏】『詩曰』至『謂也』○正義曰：引詩，《小雅·角弓》之篇。《序》云：『刺幽王也。不親九族，而好讒佞。』《漢書》劉向上封事云：『讒邪進則衆賢退，羣枉盛則正士消，《詩》云：「雨雪麃麃，見晛曰消。」』趙氏本諸此也。

陳子曰：『古之君子，何如則仕？』【注】陳臻問古之君子得何禮可以仕也。

孟子曰：『所就三，所去三。迎之致敬以有禮，言將行其言也，則就之。禮貌未衰，言弗行也，則去之。其次，雖未行其言也，迎之致敬以有禮，則就之。禮貌衰，則去之。其下，朝不食，夕不食，飢餓不能出門户，君聞之曰：「吾大者不能行其道，又不能從其言也，使飢餓於我土地，吾恥之。」周之。亦可受也，免死而已矣。』【注】所去就，謂下事也。禮者，接之以禮也。貌者，顔色和順，有樂賢之容。禮衰，不敬也。貌衰，不悦也。其下者，困而不能與之禄，則當去；矜其困而周之，苟免死而已。此三就三去之道。窮餓而去不疑也，故不言去。免死而留，爲死故也。權時之宜，嫌其疑也，故載之也。【疏】

『周之』至『已矣』○正義曰：《音義》云：『周與賙同，救贍也。』翟氏灝《考異》云：『《柳柳州集・上李中丞啟》曰：「孟子書言諸侯之士曰：使之窮於吾地，則賙之，賙之亦可受也。」用賙字。』按大之既不能行道，又不能從其言，所以不去者，飢餓不能去也。受其所周，卽是就。云可受，亦就之可者也。但免死而已。既不死，可以出門户，則仍去，故云權時之宜。顧氏炎武《日知録》云：『免死而已矣，則亦不久而去矣。故曰所去三。』《章指》言：仕雖正道，亦有量宜。聽言爲上，禮貌次之，困而免死，斯爲下矣。備此三科，亦無疑也。

孟子曰：『舜發於畎畝之中，傅説舉於版築之間，膠鬲舉於魚鹽之中，管夷吾舉於士，孫叔敖舉於海，百里奚舉於市。故天將降大任於是人也，必先苦其心志，勞其筋骨，餓其體膚，空乏其身，行拂亂其所爲，所以動心忍性，曾益其所不能。【注】舜耕歷山，三十徵庸。傅説築傅巖，武丁舉以爲相。膠鬲，殷之賢臣，遭紂之亂，隱遁爲商，文王於鬻販魚鹽之中得其人，舉之以爲臣也，士，獄官也。管仲自魯囚執於士官，桓公舉以爲相國。孫叔敖隱處，耕於海濱，楚莊王舉之以爲令尹。百里奚亡虞適秦，隱於都市，繆公舉之於市而以爲相也。言天將降下大事，以任聖賢，必先勤勞其身，餓其體而瘠其膚，使其身乏資絶糧，所行不從，拂戾而亂之者，所以動驚其心，堅忍其性，使不違仁，困而知勤，曾益其素所不能行。【疏】注「舜耕」至「徵庸」○正義曰：見《書·堯典》及《史記·五帝本紀》○注「傅説」至「爲相」○正義曰：《書序》云：「高宗夢得説，使百工營求諸野，得諸傅巖，作《説命》三篇。」馬融注云：「高宗始命爲傅氏。」鄭氏注云：「得諸傅巖，高宗因以傅命説爲氏。」《史記·殷本紀》云：「武丁夜夢得聖人，名曰説。以夢所見，視群臣百吏，皆非也。於是乃使百工營求之野，得説於傅險中。是時説爲胥靡築於傅險，見於武丁，武丁曰是也。得而與之語，果聖人，舉以爲相，殷國大治，故遂以傅險姓之，號曰傅説。」徐廣曰：「《尸子》云：傅巖在北海之洲。」張守節正義云：「《地理志》云：傅險即傅説版築之處。所隱之處，窟名聖人窟，在今陝州河北七里，即虞國虢國之界。」按《墨子·尚賢》篇云：「昔者傅説居北海之州，圜土之上，衣褐帶索，庸築於傅巖之城，武丁得而舉之，立爲三公。」墨子、尸子皆周時人，其言傅巖在北海，當有所據。閻氏若璩《釋地》云：「傅氏之巖在虞、虢之間，今平陸縣東三十五里是。俗名聖人窟，爲説所傭隱止息處，非於此築也。巖東北十餘里，即《左傳》之顛軨阪，有東西絶澗，左右幽空，窮深地壑，中則築以成道，指南北之路，謂之爲軨橋也。説身負版築，爲人所執役，正於此地，至今澗猶呼沙澗水，去傅巖一十〔一〕五里，《墨子》、《尸子》並以傅巖在北海洲者，大非。」閻氏本張

〔一〕「十」，《皇清經解》本作「千」，《四書釋地》作「十」。

守節之説，其云顛軨阪云云，則《水經注》文也。然後世之地附會古人之迹甚多，《墨子》以爲築城，稱其『庸築』，則但傭工爲人版築。《史記》言『胥靡』，晉灼《漢書》注云：『胥，相也。靡，隨也。古者相隨坐輕刑之名。』《漢書·賈誼傳·服賦》云：『傅説胥靡，迺相武丁。』張晏曰：『胥靡，刑名也。傅説被刑，築於傅巖，武丁以爲己相。』然則説之版築，由於被刑矣。王氏鳴盛《尚書後案》云：『《荀子·非相》篇云「傅説之狀，身如植鰭」，楊倞注云：「植，立也。如魚之立。」然則説形本自有異，故可以形求也。』〇注『膠鬲』至『臣也』〇正義曰：膠鬲事，詳見《公孫丑》上篇。魚鹽則别無可證。趙氏佑《温故録》云：『古者諸侯歲貢士於天子，文王之舉膠鬲，乃進之於紂，與伊尹五就桀爲湯進之桀、不復進用至五者同，故得與微、箕並稱紂輔相。而注言文王舉之以爲臣，背矣。紂猶知用膠鬲，而仍與不用同，此紂之終於亡也。然久而後失之，則鬲之功亦不細。故雖不得如傅説諸人發名成業之盛，而同謂之天降大任。迨後殷命再黜，鬲之去從顯晦，迄無可見，亦足慨矣。』〇注『士獄』至『相國』〇正義曰：《書·堯典》云『汝作士』，《史記·集解》引馬氏注云：『士，獄官之長。』《周禮·地官·大司徒》云『其附於刑者歸於士』，注云：『士，謂主斷刑之官。』莊公九年《左傳》云：『鮑叔帥師來言曰：「子糾親也，請君討之。管、召讎也，請受而甘心焉。」乃殺子糾於生竇，召忽死之。管仲請囚，鮑叔受之，及堂阜而税之。歸而以告曰：「管夷吾治於高傒，使相可也。」公從之。』此舉於士之事也。〇注『孫叔』至『令尹』○正義曰：閻氏若璩《釋地》云：『趙氏注：「孫叔敖隱處，耕於海濱，楚莊王舉之以爲令尹。」此亦是隨文解之，事實無所徵。莊王時，楚南境東境去海尚遠，而《史記》稱「孫叔敖，楚之處士」。《荀子》、《吕氏春秋》並以爲「期思之鄙人」，期思故城在今固始縣西北七十里。固始本寢丘，卽莊王感優孟之言以封其子者，傳十世不絶。其得爲令尹也，《史記》、《説苑》、《列女傳》謂進自《虞丘子》，《吕氏春秋》謂沈尹莖力，《新序》謂楚有善相人者招聘之，皆無起家海濱説。蓋孟子所據之書籍，今不可考矣。又考孫叔敖卽宣十一年令尹蔿艾獵，乃蔿賈之子。賈字伯嬴，宣四年官司馬，爲子越椒所惡，囚而殺之。意者子遂式微，竄處海濱，不七八年莊知其賢，擢爲令尹與？但蔿賈乃薳吕臣之子，吕臣繼子玉官令尹，出自公族，自應爲楚郢人，何得遠在期思之鄙？意者叔敖子實不才，徒世守封土，莫顯於朝，後人遂以其子孫之占籍，上繫諸先人與？』毛氏奇齡《經問》云：『張燧問：孫叔敖舉於海，淮安閻氏謂孫叔敖卽宣十一年楚令尹蔿艾獵，此可信與？曰：孫叔敖自是處士，凡《荀子》、《吕覽》、《史記》以及劉向之《説苑》、《新序》、《列女傳》皆明載其人。趙岐舊注，原是有據。以愚考之，則實楚之蓼國人，及楚莊滅蓼而後薦而舉用之。《史記·孫叔敖傳》謂叔敖楚之處士，虞丘相薦於王而代爲楚相，未審爲何所人也。惟《荀子》、《吕覽》皆有孫叔敖爲期思之鄙人語，考期思本蓼國地，卽春秋之寢丘也。漢名寢縣，東漢名固始。楚子於宣八年滅蓼，而宣十二年卽有孫叔敖之名，見於

《策書》。則以蓼名期思，必蓼滅而後期思之鄙人始得用虞丘之薦而舉爲令尹，此固按之《春秋》，互證之他書，而顯有然者。況《史記・滑稽傳》又云：「叔敖死，其子窮困負薪，莊王聽優孟之言，封其子於寢丘。」其封寢丘者，亦正以寢丘卽期思，本叔敖故居，因封之。則是所居所封皆蓼國，其爲蓼人無疑也。又未有止封以地，而不卽予以爵者。若云楚公族，則公族世爵，未有身爲令尹，而其子負薪者。此其誤始於服虔、杜預之注《左傳》，而孔氏正義不能辨正。《左傳》宣十一年有令尹蔿艾獵城沂事，其明年晉楚戰於邲，又有令尹孫叔敖不欲戰而楚王命之戰事，以爲兩年相距不甚遠，而止此令尹，必屬一人。而不知隔歲易官，在列國多有之。況《左氏》行文，必名字兼稱，既曰「令尹孫叔敖不欲」，又曰「若事得捷則孫叔爲無謀矣」，則一稱敖名，一稱叔字，是必氏孫字叔而敖其名，與蔿賈之子明屬兩人。其所大誤者，則以戰邲時隨武子稱有蔿敖，而杜氏以爲卽兼稱也。武子以爲楚雖與戰，其平時討鄭入鄭，軍政秩然，且以爲蔿敖爲宰，擇楚國之令典云云，此言平時也，其時蔿敖不在軍也。杜氏既疑令尹屬一人，而蔿敖一名，則又氏本蔿獵，而名近孫叔，是必一人而兼稱者，遂公然以叔敖當之。殊不知一軍之中，叔敖既帥師，又使叔敖典軍制，勢必不能。此蔿敖是宰，楚制有令尹、大宰二官，令尹極尊，太宰極卑，《策》書太宰伯州犁是也。孫叔令尹，豈得與蔿敖太宰合作一人？侍人賈舉，非死者賈舉，名雖連稱，人實有兩也。襄十五年蔿子馮爲司馬，此蔿艾獵之子也。《世本》亦不識叔敖出處，然不敢謂叔敖、艾獵是一人。但蔿艾獵者，叔敖之兄，故其注蔿子馮則曰「叔敖從子」。今杜氏謂艾獵與叔敖一人，則蔿子馮爲艾獵子，即叔敖子矣。乃其注是傳亦曰「叔敖從子」，則何説焉？閻氏謂蔿賈官司馬時爲子越椒所殺，故其子叔敖竄處海濱，則又不然矣。宣四年蔿賈爲工正，與鬭椒共譖殺令尹鬭般，而椒爲令尹，賈爲司馬。既而椒復惡賈，囚賈而殺之，因之攻王，王遂滅鬭氏。是賈以怨殺，並非國法，且王滅鬭氏，隨取殺賈者而盡滅之，有何讐患而竄處遠地，至於式微？然則其曰舉於海何居？曰：此正所謂期思之鄙人者也。蓼本楚外國，而期思又當淮西之地，淮水經期思之北而東注於海。《禹貢》淮與海並稱，《地志》「淮康」與「海康」並稱，居淮之濱即居海之濱，以淮通於海也。是以從來稱淮地多稱海疆，如魯詩「來淮夷」則曰「遂荒大東，至於海邦」，《江漢》「伐淮夷」則曰「于疆于理，至于南海」，蓋海不必在波濤間矣。況《國語》於吴曰「奄有東海」，於越曰「濱於東海之跋〔一〕」，而蓼介楚外，原屬吴越，《春秋》楚子滅蓼時有云「及滑汭盟吴越而還」，則正以期思以東皆在吴越屬國中也。吴越名海，則期思亦海矣。要之，《孟子》當不謬耳。』周氏柄中《辨正》云：『叔敖避仇遠竄，此情事所或有，閻説近之。僖二十四年《傳》「凡、蔣、邢、茅、胙、祭」，杜注：「蔣在弋陽期思縣。」《水經注》「期思縣，故

〔一〕『跋』，《皇清經解》本、《經問》均作『陂』。

蔣國，周公之後，楚滅之」。然則非蓼國也。文五年《傳》「楚滅蓼」，杜注：「蓼今安豐蓼縣。」然則非期思也。判然二地，毛説非是。』按毛氏《四書改錯》云：『孫叔，蔣之期思人。其地與蓼近。』又云：『蔣、蓼，楚外國。』期思之爲蔣地，毛氏固已自知，自改正矣。盧氏文弨《鍾山札記》云：『毛檢討作《經問》及《四書索解》，力辨叔敖非楚公族，並非蔿氏，乃蓼國期思之處士。余按宣十一年「楚令尹蔿艾獵城沂」，杜注云：「孫叔敖也。」十二年邲之戰，隨武子云：「蔿敖爲宰，擇楚國之令典，軍行右轅」云云。又云：「令尹孫叔敖弗欲戰，南轅反旆。」又云：「王告令尹改乘轅而北之。」軍事以車爲重，而令尹實主之，則士會所稱蔿敖，非卽叔敖乎？則其爲一人，爲蔿氏，實無可疑。高誘注《吕氏春秋・情欲》篇、《知分》篇，皆云：「叔敖，薳賈之子。」薳卽蔿也。服虔注《左傳》云：「艾獵，蔿賈之子孫叔敖也。」杜氏從之。總之，《左氏》蔿敖一言，可爲蔿氏之确證。與其信諸子也，不如信傳。』孫氏星衍《孫叔敖名字考》云：『蔿敖，字孫叔。古人名與字配，孫當讀爲遜，與敖相輔也。《左傳》宣十二年晉隨武子曰「蔿敖爲宰，擇楚國之令典」。下云「嬖人伍參欲戰，令尹孫叔敖弗欲」，加字於名上，猶稱孔父嘉之例。下文參曰「孫叔爲無謀矣」，下文又云「孫叔曰進之」，可證孫叔爲敖之字。孔穎達引《世本》，艾獵爲叔敖之兄。高誘注《吕氏春秋》云「孫叔敖，楚大夫蔿賈之子」是也。蔿賈蓋有二子：一蔿艾獵，一蔿敖，字孫叔。敖既稱叔，宜尚有兄矣。服虔、杜預以蔿敖蔿艾獵爲一人，與《世本》異。敖字孫叔，既兩見《傳》文，何得又名艾獵，以此知《世本》之説最古，可從矣。漢碑以爲名饒，饒與敖音相近，當據古《書》有作孫叔饒者而言。碑云字叔敖則誤。』謹按：古人事迹，非可臆斷。右諸説各有所是，故備録之。乃孟子言『舉於海』，則與『期思之鄙人』近，毛氏之説，未可非也。○注『百里』至『相也』○正義曰：奚事詳見《萬章》上篇。周氏柄中《辨正》云：『毛大可云：「食牛養牲，在田宅而不在市，以市宜販畜，不宜牧畜也。舉市與《史記》贖奚正相合。按字書，市訓買，贖亦訓買，故市貨稱贖貨。舉於市，猶言舉於贖買間也。」按毛氏信《秦本紀》贖奚之説，不信《商君傳》舉之牛口之下之説，故以市爲贖買。大抵養牲販賣，初非二事。《説苑》：「秦穆公使賈人載鹽，賈人以五羊皮買奚，使將鹽車往。穆公視鹽，見牛肥，曰：任重道遠，而牛肥何也？奚對曰：食之以時，使之不暴，有險，先之以身。穆公知其賢，以爲上卿。」然則百里奚爲人養牲，即爲人販賣。以養牲言則曰舉之牛口之下，以販賣言則曰舉於市，非有二也。』謹按：毛氏訓市爲買，與閻氏説同，是也。周氏以爲販牲於市，固爲臆説，《説苑》言賈人以五羊皮買奚，因以説秦穆公，此正好事者所造自鬻於秦、以干秦穆公事也。孟子所斥之矣。閻氏説已見前。○注『言天』至『能行』○正義曰：《爾雅·釋言》云：『降，下也。』《釋詁》云：『勞，勤也。』《文選·

東京賦》『輿徒不勞』，薛綜注云：『勞，苦〔一〕也。』趙氏以苦即是勞，以勤釋勞，即釋苦。內而心志，外而筋骨，皆統之以身，故以勤勞其身解苦其心志二句也。餓則羸瘠，餓其身體，則瘠形於肌膚矣。《呂氏春秋・季春紀》云『振乏絶』，高誘注云：『行而無資曰乏。』《周禮・地官・遺人》疏引《書傳》云：『行而無資謂之乏，居而無食謂之困。』《後漢書・賈逵傳》云『屢空則從孤竹之子於首陽山矣』，注云：『空，乏也。』空即是乏。空乏是無資，故以絶糧解之。空乏，猶乏絶也。《淮南子・主術訓》云『豈能拂道理之數』，高注云：『拂，戾也。』《漢書・杜欽傳》云『言之則拂心逆指』，注云：『拂，謂違戾也。』拂戾則逆，逆即不順，從之言順也，故以戾釋拂，而解之以所行不從也。所爲即所行，所行拂戾，於是亂其所爲矣。《易・説卦傳》云：『震，動也。』《彖傳》云：『震驚百里，驚遠而懼邇也。』故以驚釋動，《文選・高唐賦》『使人心動』，注亦云：『動，驚也。』《廣雅・釋言》云：『忍，耐也。』《説文》心部云：『忍，能也。』能與耐同。《廣雅・釋詁》云：『能，任也。』孟子道性善，仁義禮智生於心，即本於性，任其性，即『仁以爲己任』也。故云『堅忍其性，使不違仁。』若不能任其性，則將戕賊其性，滅亡其性，而違仁矣。堅者，彊也。《毛詩・鄭風・將仲子兮》『無折我樹檀』，傳云：『檀，彊韌之木』。孔氏正義云：『檀材可以爲車，

〔一〕『苦』，《皇清經解》本同，《文選・東京賦》作『罷勞』。

故云彊韌之木。』彊韌卽彊忍，謂其材性能勝任，不易損壞也。以性之仁自任，不使爲外物所誘，喪其仁以失其性，是爲忍性。《荀子·儒效篇》云：『志忍私，然後能公；行忍性情，然後能修。』《非十二子篇》云：『忍性情，綦谿利跂。』《荀子》以性爲惡，故楊倞注云：『忍謂違矯〔一〕其性也。』孟荀同言忍性，而義不可混。違其性而後能修，是荀之恉也，楊氏得之。任其性而後能仁，是孟之恉也，趙氏得之。性殊善惡，則忍判從違，蓋忍原有兩義，段氏玉裁《説文解字注》云：『忍之義，堅行止，敢於殺人謂之忍，敢於不殺人亦謂之忍。』荀子忍性，敢於違其性也。孟子忍性，敢於任其性也。或以荀之忍性爲孟之忍性，以性爲嗜欲血氣，而持之禁之，非孟子之義，亦失趙氏堅忍之義。趙氏以堅忍其性解忍性，而申以使不違仁，趙氏洵通儒也。《音義》云：『張云：「曾與增同。」丁云：「依注曾讀當作增，依字訓義亦通。」』按趙氏謂素所不能行者，卽仁也。因己之勞苦空乏，推之於人，則有以動其不忍之心，而任其安天下之性，故向有所不能者，皆增益而能矣。**人恒過，然後能改；困於心，衡於慮，而後作；徵於色，發於聲，而後喻。**【注】人常以有繆思過行，不得福，然後乃更其所爲，以不能爲能也。困瘁於心，衡，横也。横塞其慮於胷臆之中，而後作爲奇計異策，憤激之説也。徵驗見於顏色，若屈原憔悴，漁父見而怪之。發

〔一〕『矯』，《皇清經解》本同，《荀子·非十二子》作『驕』。

於聲而後喻，若甯戚商歌，桓公異之。【疏】注『人常』至『能也』○正義曰：《爾雅・釋詁》云：『恆，常也。』《禮記・樂記》云『過制則亂，過作則暴』，注云：『過猶誤也。』《仲尼燕居》云『不能詩，於禮繆』，注云：『繆，誤也。』是繆卽過也。思誤則行誤，因致愆咎，故不得福。更卽改也。始以繆而不得福，一更改卽能得福，是以不能爲能也。《吕氏春秋・不廣》篇云：『以其所能，托其所不能，若舟之與車。』高誘注云：『舟不能陸，車不能浮，然更相載。』○注『困瘁』至『説也』○正義曰：《廣雅・釋言》云：『困，悴也。』悴與瘁古字通。《荀子・大略》篇云：『患至而後慮者謂之困。』《毛詩・陳風》『衡門之下』，傳云：『衡門，横木爲門。』《考工記・弓人》注云：『衡，古文横，假借字也。』《大戴記・曾子大孝》篇云：『夫孝，置之則塞於天地，衡之而衡於四海。』注云：『衡，猶横也。』是横與塞義相近。《禮記・樂記》云『號以立横』，注云：『横，充也。』充亦塞也。故讀衡爲横，而又以塞釋之。《史記・齊太公世家》云：『周西伯昌之脱羑里，歸與吕尚陰謀修德以傾商政，其事多兵權與奇計。』《陳丞相世家》云：『封平以户牖鄉，用其奇計策，卒滅楚。』趙氏謂作爲奇計異策，指此類與？云憤激之説，似指蘇秦去秦而歸事，夜發書伏誦，引錐自刺其股，可謂困心横慮矣。朞年，揣摹成用，説當世之君，當時天下之大，萬民之衆，王侯之威，謀臣之權，皆欲決於蘇秦之策，則所謂奇謀異策也。《太史公自序》云：『屈原放逐，著《離騷》；韓非囚秦，《説難》《孤憤》。《詩》三百篇，大抵聖賢發憤之所爲作也。此人皆意有所鬱結，不得通其道〔一〕也，故述往事，思來者。』是則趙氏所云憤激之説邪？ 然儀、秦事孟子羞稱。 近時通解作爲興起，謂心之謀慮，阻窒不通，然後乃奮興而爲善也。此過之窮蹙於己者。徵色，謂爲人所忿嫉。 發聲，謂爲人所誚讓。 然後乃儆悟通曉也。此則過之暴著於人者。○注『徵驗』至『怪之』○正義曰：《書·洪範》云『念用庶徵』，鄭氏注云：『徵，驗也。』《楚辭·漁父》第七云：『屈原既放，遊於江潭，行吟澤畔，顏色憔悴，形容枯槁，漁父見而問之。』王逸注云：『怪屈原也。』○注『發於』至『異之』○正義曰：《呂氏春秋·舉難》篇云：『甯戚欲干齊桓公，窮困無以自進，於是爲商旅，將任車以至齊，暮宿於郭門之外。 桓公郊迎客，夜開門，辟任車，爝火甚盛，從者甚衆。 甯戚飯牛居車下，望桓公而悲，擊牛角疾歌。 桓公聞之，撫其僕之手曰：「異哉！ 之歌者，非常人也。」命後車載之。』高誘注以爲歌《碩鼠》。 《列女傳·辯通》篇云：『甯戚欲見桓公，道無從，乃爲人僕，將車宿齊東門之外。 桓公因出，甯戚擊牛角而商歌甚悲，桓公異之。』趙氏所本也。 商歌，蓋謂其音悲楚，即此《碩鼠》三章，疾歌而爲商音也。《藝文類聚》引《琴操》，則別有『商歌』，云『南山矸，白石礀』云云，則後人所僞造。 **入則無法家拂士、出則無敵國外患者，國恆亡。 然後知生於憂患，而死於安樂也。』【注】**入，謂國內也。 無法度大

〔一〕『道』，《皇清經解》本作『通』，《史記》作『道』。

臣之家，輔拂之士。出，謂國外也。無敵國可難，無外患可憂，則凡庸之君，驕慢荒怠，國常以此亡也。故知能生於憂患、死於安樂也。死，亡也。安樂怠惰，使人亡其知能也。

【疏】注「輔拂之士」○正義曰：《音義》云：「拂音弼。」《荀子・臣道》篇云：「有能抗君之命，竊君之重，反君之事，以安國之危，除君之辱，功伐足以成國之大利，謂之拂。」《説苑・臣術》篇引此文拂作「弼」。《賈子・保傅》篇云：「潔廉而切直，匡過而諫邪者，謂之拂。拂者，拂天子過者也。」《大戴記・保傅》篇載此文上二拂字作「弼」。《説文》弜部云：「弼，輔也。」重文作㢸。手部云：「拂，過擊也。」然則弼爲本字，以㢸從弗聲，同拂，故假借拂也。○注「故知」至「能也」○正義曰：《音義》出「知生」字，云：「丁依注音智，注同。陸如字，云：『言憂患者以生全，安樂者得死亡也。』」趙氏讀知爲智，故以知能明之。卽德慧術智恆存乎疢疾之義。乃知能可言生，不可言死，故以死爲亡，謂死於安樂卽是安樂怠惰，亡其知能。然揆經文之意，然後二字終不可達。以死爲亡，究爲曲説。陸氏讀如字是。《春秋繁露・竹林》篇云：「深本頃公之所以大辱，身幾亡國，爲天下笑，其端乃從懾魯勝衛起。伐魯，魯不敢出；擊衛，大敗之。因得氣而無敵國以興患也。故曰得志有喜，不可不戒，此其效也。自是後頃公恐懼，不聽聲樂，不飲酒食肉，內愛百姓，問疾弔喪，外敬諸侯，從會與盟，卒終其身，家國安康。是福之本生於憂，而禍起於喜也。」此正發明《孟子》此文之義。

《章指》言：聖賢困窮，天堅其志；次賢感激，乃奮其慮；凡人佚樂，以喪知能，賢愚之叙也。

孟子曰：「教亦多術矣。予不屑之教誨也者，是亦教誨之而已矣！」【注】教人之道多術。予，我也。屑，絜也。我不絜其人之行，故不教誨之。其人感此，退自修學而爲仁義，是亦我教誨之一道也。【疏】注「予我也屑絜也」○正義曰：「予，我也」，《爾雅·釋詁》文。「屑潔」，詳見《公孫丑》上篇。《方言》云：「屑，潔也。」

《章指》言：學而見賤，恥之大者，激而厲之，能者以改。教誨之方，或折或引，同歸殊塗，成之而已。【疏】「或折或引」○正義曰：《戰國策·西周策》云「則周必折而入於韓」，注云：「折，屈也。」引，謂引而信之也。或折或引即或屈或信。折一本作「抑」。

孟子正義卷二十六

孟子卷第十三

盡心章句上凡四十七章

【注】盡心者，人之有心，爲精氣主，思慮可否，然後行之，猶人法天。天之執持維綱，以正二十八舍者，北辰也。《論語》曰：『北辰居其所而衆星共之。』心者，人之北辰也。苟存其心，養其性，所以事天也。故以『盡心』題篇。【疏】注『人之』至『法天』○正義曰：《荀子・解蔽》篇云：『心者，形之君〔一〕而神明之主也。出令而無所受令。』《春秋繁露・循天之道》篇云：『凡氣從心，心，氣之君也。』《淮南子・原道訓》云：『夫心者，五藏之主也。所以制使四支，流行血氣，馳騁於是非之境，而出入於百事之門户者也。』《精神訓》云：『是故血氣者，人之華也。而五藏者，人之精也。夫血氣能專於五藏而不外越，則胷腹充而嗜欲省矣。胷腹充而嗜欲省，則耳目清、聽視遠矣。

〔一〕『形之君』《皇清經解》本同，《荀子・解蔽》『君』下有『也』字。

耳目清、聽視遠謂之明。五藏能屬於心而無乖，則教志勝而行不僻矣。教志勝而行之不僻，則精神盛而氣不散矣。』此心爲精氣主之說也。馳騁於是非之境，而行之不僻，卽思慮可否，然後行之之謂也。猶與由通。所以然者，由人之性善，故其心能變通，以天爲法則也。《莊子·天運》篇云：『天其運乎，地其處乎，日月其爭於所乎？孰主張是，孰維綱是，孰居無事推而行是？意者其有機緘而不得已邪，意者其運轉而不能自止邪！』《楚辭·天問》篇云『斡維焉繫』，王逸注云：『維，綱也。』《文選·長笛賦》注引《字林》云：『維，持也。』《詩·周頌》『執競武王』，箋云：『執，持也。』《儀禮·鄉射禮》云『下綱不及地武』，注云：『綱，持舌繩也。』執、持、維、綱四字同義。趙氏取《莊子》此文，而以執持釋維綱。《莊子》以天之運轉，孰維綱而使之推行；趙氏以天之運，其所以維綱者北辰，而引《論語》以證之。《周禮·春官·馮相氏》『掌二十有八星之位』。《秋官·硩蔟氏》『掌二十有八星之號』，注云：『星謂從角至軫。』《爾雅·釋天》云：『壽星，角、亢也。天根，氐也。天駟，房也。大辰，房[一]、心、尾也。析木之津，箕、斗之間，漢津也。星紀，斗、牽牛也。玄枵，虛也，顓頊之虛，虛也，北陸，虛也。營室謂之定。娵觜之口，營室、東壁也。降婁，奎、婁也。大梁，昴也，西陸，昴也。濁謂之畢。咮謂之柳。柳，鶉火也。』此二

[一]『房』，《皇清經解》本無，《爾雅注疏》有『房』字。

十八舍之星。角、亢、氐、房、心、尾、箕,爲東方蒼龍之宿。斗、牛、女、虚、危、營室、東壁,爲北方玄武之宿。奎、婁、胃、昴、畢、觜、觿、參,爲西方白虎之宿。東井、輿鬼、柳、七星、張、翼、軫,爲南方朱鳥之宿。《爾雅》於北缺危,於西缺胃、觜、參,於南止有柳,蓋舉其宜釋者,餘從略也,而承之云『北極謂之北辰』,孫炎注云:『北極,天之中,以正四時。』趙氏本於此,故謂正二十八舍者,北辰也。二十八舍,東西南北分主四時。正四時,即正二十八舍矣。邵氏晉涵《爾雅正義》云:『《爾雅》約舉二十二舍十二次,而繼以北辰者,以其爲衆星所拱也。』屈原賦《天問》:『斡維焉繫,天極焉加。』戴氏震注云:『天極,《論語》所謂北極,《周髀》所謂正北極,步算家所謂不動處,亦曰赤道極,是爲左旋之樞。賈逵、張衡、蔡邕、王蕃、陸績皆以紐星爲不動處;梁祖暅測紐星離不動處一度奇;元郭守敬測離三度奇矣。』趙氏以心比北辰,以四體五官等比二十八舍。二十八舍聽令於北辰,則正而不忒;四體五官聽令於心,則善而不惡,法天即所以事天也。引《論語》,在《爲政》第二。

孟子曰:『盡其心者,知其性也。知其性,則知天矣。【注】性有仁義禮智之端,心以制之。惟心爲正。人能盡極其心,以思行善,則可謂知其性矣。知其性,則知天道之貴善者也。【疏】注『性有』至『善者也』○正義曰:《禮記・表記》云:『義者,天下之制也』,注云:『制,謂裁制。』人之心能裁度,得事之宜,所以性善,故仁義禮智之端,原於性而見於心。心以制之，卽所謂思慮可否，然後行之也。惟心爲正，謂心能裁度，以正四體五官也。卽天之北辰，執持維綱，以正二十八舍也。《吕氏春秋·明理》篇云『五帝三王之於樂盡之矣』，高誘注云：『盡，極也。』《禮記·大學》篇云『是故君子無所不用其極』，注云：『極，猶盡也。』故盡其心卽極其心。性之善，在心之能思行善，故極其心以思行善，則可謂知其性矣。知其性，謂知其性之善也。天道貴善，特鍾其靈於人，使之能思行善。惟不知己性之善，遂不能盡極其心，是能盡極其心以思行善者，知其性之善也。知其性之善，則知天道之好善矣。趙氏之義如此。戴氏震《原善》云：『孟子曰：「盡其心者，知其性也。知其性，則知天矣。」耳目百體之所欲，血氣資之以養，所謂性之欲也，原於天地之化者也。是故在天爲天道，在人，咸根於性而見於日用事爲爲人道。仁義之心，原於天地之德者也，是故在人爲性之德。斯二者一也。由天道而語於無憾，是謂天德；由性之欲而語於無失，是謂性之德。性之欲，其自然之符也；性之德，其歸於必然也。歸於必然適全其自然，此其爲自然之極致。《詩》曰：「天生蒸民，有物有則，民之秉常，好是懿德。」凡動作威儀之則，自然之極致也，民所秉也。自然者，散之普爲日用事爲；必然者，秉之以協於中，達於天下。知其自然，斯通乎天地之化；知其必然，斯通乎天地之德；故曰知其性，則知天矣。天人道德，靡不豁然於心，故曰盡其心。』**存其心，養其性，所以事天也。**【注】能存其心，養育其正性，可謂仁人。天道好生，仁人亦好生。天道無親，惟仁是與，行與天合，故曰所以事天。**殀壽不貳，修身以俟之，所以立命也。**」

【注】貳，二也。仁人之行，一度而已。雖見前人或殀或壽，終無二心，改易其道。殀若顔淵，壽若邵公，皆歸之命。修正其身，以待天命，此所以立命之本也。【疏】注「貳二」至「本也」○正義曰：《禮記・王制》云：「喪事不貳」，注云：「貳之言二也。」《國語・周語》云「百姓攜貳」，韋昭注云：「貳，二心也。」昭公二十八年《左傳》云「心能制義曰度」，一度而已，不改易也。《史記・仲尼弟子列傳》云：「回年二十九，髮盡白，蚤死，孔子哭之慟。」此殀若顔淵之説也。《論衡・氣壽》篇云：「周公居攝七年，復政退老，出入百歲矣。邵公，周公之兄也。至康王之時，尚爲大保，出入百有餘歲矣。」又云：「傳稱邵公百八十。」此壽若邵公之説也。程氏瑶田《論學小記》云：「心者，身之主也。萬物皆備於吾之身，物則即具於吾之心。而以爲吾之性如是，而心可不盡乎！曷爲而可謂之盡其心也？由盡己之性而充極之，至於盡人之性，盡物之性，而心盡矣。是非先有以知其性不能也。曷知乎爾？格物以致其知，斯能窮盡物則，以知其心所具之性，而因以盡其心。然則盡其心者，知其性也。夫是性也，天之分與我者也。性不異乎天，而天豈異乎性？知性知天非二事，亦無二時也。知其性則知天矣。夫然而心可不存乎？不存則放。夫然而性可不養乎？不養則戕。父母生我以身，而不毁傷其身者，能事親者也。天分我以心與性，而能不放之不戕之，非所以事天乎！故苟能存其心而養其性，則必其明物察

倫，以致其知者既詳且盡，而見之於行，必能居仁由義，以盡其道。而其功之盛，必將有以馴致夫參天地、贊化育之能。任則至重也，道則至遠也，死而後已者也。夫然後天之所以與我以爲性而具於心者，是我所受之命，而殀壽不貳，修身以俟之矣，豈非所以立命乎！』按程氏説是也。盡其心，卽伏羲之『通德類情』，黄帝堯舜之『通變神化』。惟知人性之善，故盡其心以教之，知性卽是知天，知天而盡其心以教之，卽所以事天。所以盡其心者，不過存其心，養其性也。盡其性，以盡人之性，盡物之性，贊天地之化育，所以成天之能，猶人臣贊君之治，以成君之功。聖人事天，猶人臣事君也。天之命有殀壽窮達智愚賢不肖，而聖人盡其心以存之養之，存之養之，卽所以修身使天下皆歸於善。天之命雖有不齊，至是而皆齊之，故爲立命知性，知天窮理也。盡其心以存之養之脩之，盡性也，立命至於命也。《孟子》此章，發明《易》道也。

《章指》言：盡心竭性，所以承天，殀壽禍福，秉心不違，立命之道，惟是爲珍。

孟子曰：『莫非命也，順受其正。【注】莫，無也。人之終無非命也。命有三名，行善得善曰受命，行善得惡曰遭命，行惡得惡曰隨命。惟順受命爲受其正也。【疏】注『莫無也』至『正也』〇正義曰：《詩·周頌·時邁》『莫不震疊』，《韓詩》云：『莫，無也。』莫、無聲相近，趙氏以無釋莫是也。非命二字相連，卽下非正命。《韓詩外傳》云：『孔子曰：

人有三死而非命也者，自取之也。』非命二字與此同。莫非命，禁戒之辭，謂不可非命而死也。順受其正，乃爲知命。不知命，或死於巖牆之下，或桎梏而死，是卽死於非命。死於非命，卽不能順受其正，卽是不知命。如是則通章一氣貫注。趙氏謂人之終無非命，蓋以命有三名，人之終不出乎受命、遭命、隨命。三命中惟『行善得善』乃爲順受正。揆諸孟子之指，固不如是。三命之說，《音義》云：『丁云：「三命事出《孝經・援神契》。」』按《禮記・祭法》注云：『司命主督察三命。』孔氏正義引《孝經・援神契》云：『命有三科，有受命以任慶，有遭命以謫暴，有隨命以督行。受命，謂年壽也。遭命，謂行善而遇凶也。隨命，謂隨其善惡報之。』《白虎通・壽命》篇云：『命有三科以記驗，有壽命以保度，有遭命以遇暴，有隨命以應行。壽命者〔一〕，上命也。若言文王受命惟中身，享國五十年。隨命者，隨行爲命，若言怠棄三正，天用勦絶其命矣。又欲使民務仁立義，無滔天〔二〕，滔天則司命舉過，言則用以弊之。遭命者，逢世殘賊，若上逢亂君，下必災變暴至，天〔三〕絶人命，沙鹿崩於受邑是也。冉伯牛危言正行，而遭惡疾，孔子曰：「命矣夫，

〔一〕『壽命者』，《皇清經解》本同，《白虎通》作『習壽命者』。
〔二〕『無滔天』，《皇清經解》本同，《白虎通》作『闕無滔天』。
〔三〕『天』，《皇清經解》本同，《白虎通》作『夭』。

斯人也，而有斯疾也。」』《論衡·命義》篇云：『傳曰：「説命有三，一曰正命，二曰隨命，三曰遭命。」正命，謂本稟已自得吉也。性然骨善，故不假操行以求福而吉自至，故曰正命。隨命者，戮力操行而吉福至，縱情施欲而凶禍到，故曰隨命。遭命者，行善得惡，非所冀望，逢遭於外而得凶禍，故曰遭命。』《白虎通》、《論衡》小有異同，趙氏與《白虎通》合。乃下節注云：『知命者欲趨於正，故不立巖牆之下，恐厭覆也。盡修身之道以壽終者，得正命也。』此以壽終爲正命，而本之以修身，則仍行善得善之義。蓋分隨命中之善報，合諸受命之年壽，而以惡報獨爲隨命。《論衡》全本《孝經緯》，以年壽得諸自然，不由善報，與趙氏爲異也。**是故知命者不立乎巖牆之下。盡其道而死者，正命也；**【注】知命者欲趨於正，故不立巖牆之下，恐壓覆也。盡脩身之道以壽終者，爲得正命也。**桎梏死者，非正命也。**』【注】畏壓溺死，禮所不弔，故曰非正命也。【疏】注『畏壓』至『命也』○正義曰：《禮記·檀弓》云：『死而不弔者三，畏、厭、溺。』注云：『謂輕身忘孝也。』注『畏』云：『人或時以非罪攻己，不能有以説之死之者，孔子畏於匡。』注『厭』云：『行止危險之下。』注『溺』云：『不乘橋船。』厭即壓覆也。《呂氏春秋·孟夏紀·勸學》篇云：『曾點使曾參，過期而不至，人皆見曾點曰：「無乃畏邪？」曾點曰：「彼雖畏，我存，夫安敢畏！」孔子畏於匡，顔淵後，孔子曰：「吾以汝爲死矣。」顔淵曰：「子在，回何敢死！」』兩事相比，回何敢死，正是回何敢畏。高誘注『畏』爲『死』，謂由畏而死，卽《檀弓》『死而不弔』之畏矣。以畏而死，則子必不死，故知子在；以畏而死，則不可死，故顏子不敢死，卽曾子安敢畏。立巖牆之下恐其壓，壓而死猶畏而死，俱爲非命。《孟子》此文，與『子在回何敢死』相發明。子在者，聖人知命，不死於非命也。回何敢死者，大賢知命，不死於非命也。孟子言不立巖牆之下，不桎梏而死，示人知命之學，不可死於非命也。故莫非命之莫，讀如《易》『莫夜有戎』，『莫擊之』之莫。莫卽無，無卽毋，《説文》女部云：『毋，止之也。』非命二字相連，莫字不與非字連也。《論語》言『五十而知天命』，『不知命無以爲君子也』，又云『死生有命』，又云『道之將行也與命也，道之將廢也與命也』，孟子既云『殀壽不貳，脩身以俟之，所以立命』，此章又詳言之。又云『口之於味也，目之於色也，耳之於聲也，鼻之於臭也，四體之於安佚也，性也，有命焉，君子不謂性也。仁之於父子也，義之於君臣也，禮之於賓主也，知之於賢者也，聖人之於天道也，命也，有性焉，君子不謂命也。』皆發明孔子知命之説也。死生窮達，皆本於天，命當死而營謀以得生，命當窮而營謀以得達，非知命也。命可以不死而自致於死，命可以不窮而自致於窮，亦非知命也。故子畏於匡，回不敢死，死於畏，死於桎梏，死於巖牆之下，皆非命也，皆非順受其正也。知命者不立巖牆之下，然則立巖牆之下，與死於畏，死於桎梏，皆爲不知命。味色聲臭安佚聽之於命，不可營求，是知命也。仁義禮智天道，必得志乃可施諸天下，所謂『道之將行，命也。』不得位，則不施諸天下，所謂『道之將廢，命也。』君子以行道安天下爲心，天下之命立於君子，百姓之飢寒囿於命。君子立命則盡其心，使之不飢不寒。百姓之愚不肖囿於命，君子立命則盡其心，使之不愚不不肖。口體耳目之命，己溺己飢者操之也。仁義禮智之命，勞來匡直者主之也。皆盡其心也，故己之命聽諸天，所謂『脩身以俟之』。而天下之命任諸己，所謂『盡心』，所謂立命也。於己則俟命，於天下則立命，於正命則順受，於非命則不受，聖賢知命之學如是。俗以任運之自然爲知命，將視天下之飢寒愚不肖而不必盡其心，且自死於畏，自死於桎梏，自死於巖牆之下，而莫知避也。阮氏元《校勘記》云：『「畏壓溺死」，閩、監、毛三本同。廖本、孔本、韓本、《攷文》古本無死字。按無者非。』

《章指》言：人必趨命，貴受其正，巖牆之疑，君子遠之。

孟子曰：『求則得之，舍則失之，是求有益於得也，求在我者也。【注】謂修仁行義，事在於我，我求則得，我舍則失，故求有益於得也。**求之有道，得之有命，是求無益於得也，求在外者也。**』【注】謂賢者脩其天爵，而人爵從之，故曰求之有道也。脩天爵者，或得或否，故言得之有命也。禄爵須知己，知己者在外，非身所專，是以云求無益於得也，求在外也。【疏】注『禄爵須知己』○正義曰：《史記・管晏列傳》云：『吾聞君子詘於不知己，而信於知己者，故須知己而後禄爵可得也。』翟氏灝《攷異》云：『兩「是求」字皆作一讀。其上二語，皆古語常言。《荀子・不苟》篇云：「操之則得之，舍之則失之。」《文子・符言》篇云：「求之有道，得之有命。」』

《章指》言：爲仁由己，富貴在天，故孔子曰『如不可求，從吾所好』。

孟子曰：『萬物皆備於我矣，反身而誠，樂莫大焉。【注】物，事也。我，身也。普謂人爲成人已往，皆備知天下萬物，常有所行矣。誠者，實也。反自思其身所施行，能皆實而無虛，則樂莫大焉。【疏】注『物事』至『大焉』○正義曰：《周禮・地官・大司徒》『以鄉三物』，《禮記・月令》『兼用六物』，注皆云：『物，猶事也。』《爾雅・釋詁》云：『身，我也。』《說文》戈部云：『我，施身自謂也。』《禮記・祭義》云『成人之道也』，注云：『成人，既冠者。』成人已往，男子年二十已上也。是時知識已開，故備知天下萬事。我本自稱之名，此我既指人之身，即指天下人人之身，故云普謂人。人有一身即人有一我。未冠或童昏不知，既冠則萬事皆知矣。既知則有所行，故云常有所行矣。《淮南子・說林訓》云『其鄉之誠也』，高注云：『誠，實也。』《禮記・禮運》云『此順之實也』，注云：『實，猶誠也。』**强恕而行，求仁莫近焉。』**【注】當自强勉以忠恕之道，求仁之術，此最爲近。【疏】注『當自』至『爲近』○正義曰：《淮南子・脩務訓》『功可彊成』，高誘注云：『彊，勉也。』反身而誠，即忠恕之道也，宜勉行之。戴氏震《孟子字義疏證》云：『《中庸》曰：「忠恕違道不遠。」孟子曰：「强恕而行，求仁莫近焉。」蓋人能出於己者必忠，施於人者以恕，行事如此，雖有差失，亦少矣。凡未至乎聖人，未可語於仁，未能無憾於禮義，如其才質所及，心知所明，謂之忠恕可也。聖人仁且智，其見之行事，無非仁，無非禮義，忠恕不足以名之。然而非有他也，忠恕至斯而極也。故曾子曰：「夫子之道，忠恕而已矣！」段氏玉裁《説文解字注》云：『恕，仁也。從心，如聲。孔子曰：「能近取譬，可謂仁之方也矣。」孟子曰：「强恕而行，求仁莫近焉。」是則爲仁不外於恕，析言之則有别，渾言之則不别也。』謹按：此章申明知性之義也。知其性而乃盡其心。然則何以知其性？以我推之也。我亦人也，我能覺於善，則人之性亦能覺於善，人之情即同乎我之情，人之欲即同乎我之欲，故曰萬物皆備於我矣。己欲立而立人，己欲達而達人，己所不欲，勿施於人，即反身而誠也，即强恕而行也。聖人通神明之德，類萬物之情，亦近取諸身而已矣。

《章指》言：每必以誠，恕己而行，樂在其中，仁之至也。

孟子曰：『行之而不著焉，習矣而不察焉，終身由之而不知其道者，衆也。』【注】人皆有仁義之心，日自行之於其所愛而不能著明其道，以施於大事。仁妻愛子，亦以習矣，而不能察知可推以爲善也。由，用也。終身用之，以爲自然，不究其道可成君子，此衆庶之人也。**【疏】**注『人皆』至『人也』○正義曰：《小爾雅·廣詁》云：『著，明也。』《楚辭·懷沙》篇云『孰察其撥正』，《吕氏春秋・功名》篇云『不可不察』，王逸、高誘注並云：『察，知也。』其實察與著義同，《禮記・中庸》『言其上下察也』，注云：『察，猶著也。』《毛詩・王風・君子陽陽》『右招我由房』，傳云：『由，用也。』著、察、知三字義同。趙氏以不知其道爲不究其道者，究之義爲窮，爲極，蓋以察深於著而知，則察之極也。《説苑・脩文》篇云：『安故重遷，謂之衆庶。』《文選・幽通賦》云『斯衆兆之所惑』，曹大家注云：『衆，庶也。』衆庶謂凡夫也。趙氏謂凡夫但能以仁義施於所愛之妻子，而不能擴充推之於大事，所以不能爲君子，但爲衆庶也。按《孟子》此章亦所以發明《易》道也。行、習卽由之也。著、察卽知之也。聖人知人性之善，而盡其心以教之，豈不欲天下之人皆知道乎？所以可使由之、不可使知之者，則以行而能著、習而能察者，君子也。行而不著、習而不察者，衆庶也。則以能知道者，君子也。終身由之而不知其道者，衆庶也。衆庶但可使由，不可使知，故必盡其心，通其變，使之不倦，神而化之，使民宜之也。自首章以下，章雖分而義實相承，玩之可見。《易・上繫傳》云：『一陰一陽之謂道。繼之者，善也。成之者，性也。仁者見之謂之仁，知者見之謂之知，百姓日用而不知，故君子之道鮮矣。』日用而不知，卽所謂終身由之而不知其道也。百姓，卽衆庶也。道，卽君子之道，一陰一陽者也。惟其性善，所以能由，惟其能由，所以盡其心。以先覺覺之，其不可知者，通變神化而使由之。盡其心，顯諸仁也。不能使知之，藏諸用也。聖人定人道，雖凡夫無不各以夫妻父子爲日用之常，日由於道之中，而不知其爲道也，此聖人知天立命之學也。聖人知民不可使知，則但使之行、習，而不必責以著、察。説者乃必以著、察知道，責之天下之凡夫，失孟子之意矣。

《章指》言：人有仁端，達之爲道，凡夫用之，不知其爲寶也。

孟子曰：『人不可以無恥，【注】人不可以無所羞恥也，《論語》曰『行己有恥。』【疏】注『人不』至『有恥』○正義曰：《國語・周語》云『姦禮爲羞』，注云：『羞，恥也。』《説文》心部云：『恥，辱也。』《禮記・緇衣》云『惟口啟羞』，『或承之羞』，注並云：『羞，猶辱也。』故下注以辱釋恥，此以羞釋恥也。引《論語》在《子路》篇第十三。集解引孔氏云：『有恥，有所不爲也。』**無恥之恥，無恥矣。』**【注】人能恥己之無所恥，是爲改行從善之人，終身無復有恥辱之累也。【疏】注『人能』至『累也』○正義曰：無恥二字，承上無恥，則無恥即謂無所羞恥也。無所羞恥而之於恥，是改無恥爲恥。惠氏棟《後漢書補注》云：『《光武紀》注「秀之字曰茂」，洪邁曰：「漢高祖諱邦，荀悦曰：之字曰國。惠帝諱盈，之字曰滿。謂臣下所避以相代也。蓋之字之義訓變，《左傳》周史以《周易》見陳侯者，陳侯使筮之，遇觀之否。謂觀六四變爲否也。」棟謂：之猶適也，適則變矣。《繫辭傳》云：「惟變所適」，京房論卦有通變是也。避諱改文，與卦變同。故云之。按此無恥之恥，謂由無恥改變而適於恥。趙氏以改行解之，正以之爲之字、之卦之之也。

《章指》言：恥身無分，獨無所恥，斯必遠辱，不爲憂矣。

孟子曰：『恥之於人大矣！爲機變之巧者，無所用恥焉。【注】恥者，爲不正之道，正人之所恥爲也。今造機變穽陷之巧以攻戰者，非古之正道也，取爲一切可勝敵也，宜無以錯於廉恥之心。【疏】注『恥者』至『之心』○正義曰：《易・象傳》每以正大連言，大之義爲長，正之義亦爲長。趙氏以大之義近於正，恥之於人大矣，猶云恥之於人正矣，故云正人之所恥爲。《章指》云：『不慕大人，何能有恥。』固以正人爲大人矣。正人之所恥，必是不正，故云爲不正之道，正人之所恥爲也。《墨子・公輸》篇云『公輸盤九設攻城之機變』，故以機變之巧指攻戰言。九設攻城之機變，篇中止言爲雲梯一事，尚有其八。《備城門》篇云：『禽滑釐曰：今之世常所以攻者，臨、鉤、衝、梯、堙、水、穴、突、空洞、蟻附、轒輼、軒車，凡十二。』又云：『問穴土之守邪，若彭有水濁非常者，此穴土也。急壍城內，穴直之，穿井城，五步一井，傅城足高地丈五尺，地得泉三尺而止，令陶者爲罌，容四十斗以上，固順之以薄鞈革，置井中，使聰耳者伏罌聽之，審知穴之所在，鑿內迎之。』又有《備穴》篇，穴卽穽陷也。此皆攻城之機變，趙氏略舉穽陷以概其餘耳。《書・粊誓》云：『敜乃穽。』然則王者攻戰之正道不用穽陷，故此機變穽陷之巧，非古之正道也。《漢書·翟方進傳》云『奏請一切增賦』，張晏云：『一切，權時也。』《路温舒傳》云：『是以獄吏專爲深刻，殘賊而亡極，媮爲一切，不顧國患。』如淳云：『媮，苟且也。一切，權時也。』《後漢書·王霸傳》云：『蘇茂客兵遠求，糧食不足，故數挑戰，以徼一切之勝。』李賢注云：『一切，猶權時也。』此云一切可勝敵，謂權時取勝敵而已，不計正不正也。正人既以不正爲恥，此非古之正道而苟且爲之，是不以不正爲恥，非正人矣。故云宜無錯於廉恥之心。《音義》云：『錯，音措。』《説文》手部云：『措，置也。』近時通解機變謂機械變詐。按《淮南子·原道訓》云『故機械之心藏於胸中』，高誘注云：『機械，巧詐也。』是不必指攻戰言之。**不恥不若人，何若人有。』**【注】不恥不如古之聖人，何有如賢人之名也。【疏】注『不恥』至『名也』○正義曰：阮氏元《校勘記》云：『注意謂取法乎上，乃得乎中也。閩、監、毛三本聖人、賢人並作「聖賢」。』

《章指》言：不慕大人，何能有恥？是以隰朋愧不及黄帝，佐齊桓以有勳；顔淵慕虞舜，仲尼嘆庶幾之云。【疏】『隰朋』至『之云』○正義曰：周氏廣業《孟子章指攷證》云：『《左傳》昭十三年：「叔向曰：齊桓，衛姬之子也。有鮑叔牙、隰朋以爲佐。」《列子·力命》篇「管夷吾有病，小白問惡乎屬國而可？對曰：隰朋可。其爲人也，上忘而下不叛，愧其不若黄帝，而哀不已若者。」又見《莊子·徐无鬼》篇，文與《列子》同。《文選》張華《勵志詩》「隰朋仰慕，子〔一〕亦何人」，李善注引作《莊子》是也。又《吕氏春秋・貴公》篇云：「隰朋之爲人也，上志而下求，醜不若黄帝，而哀不己若者。」高誘注：「醜其德不若黄帝。」又《管子・小匡》篇於諸侯使「隰朋爲行」，尹知章注：「行，行人也。」賈誼《新書》所謂「中主者齊桓公」是也。得管仲、隰朋，則九合諸侯。《説苑》：「管仲治内，隰朋治外。」數書皆出周秦西漢，故趙氏據以爲説。《易・繫辭傳》「顔氏之子其殆庶幾乎」，虞翻《注》云：「幾者，神妙也。顔子知微，故殆庶幾。」孔子曰「回也其庶幾乎。」孔穎達亦云：「顔子庶於幾。」王充《論衡》：「顔淵曰：舜何人也，予何人也，五帝三王皆聖，顔淵獨慕舜者，知己步驟有同也。」亦可爲慕舜之證。』

孟子曰：『古之賢王，好善而忘勢。【注】樂善自卑，若高宗得傳説而稟命。【疏】注『樂善』至『稟命』〇正義曰：傳説詳見《告子》下篇。云稟命者，蓋謂《傳説》三篇也。但此三篇，伏氏、孔氏皆無，惟《禮記・文王世子》、《學記》、《緇衣》等篇引《兑命》曰，鄭氏注云：『兑，當作「説」，謂殷高宗之臣傅説也，作書以命高宗。』《國語・楚語》云：『白公子張曰：「昔殷武丁能聳其德，至於神明，以入於河，自河徂亳，於是乎三年，默以思道，卿

〔一〕『子』，《皇清經解》本同，《文選》作『予』。

士患之曰：「王言以出令也。若不言，是無所稟令也。」武丁於是作書曰：「以余正四方，余恐德之不類，茲故不言。」如是而又使以象夢求四方之賢聖，得傅説以來，升爲三公，而使朝夕規諫。」』稟命卽稟令，趙氏本此也。樂道守志，若許由洗耳，可謂忘人之勢矣。【注】何獨不然，何獨不有所樂有所忘也。**古之賢士，何獨不然，樂其道而忘人之勢。**【疏】注『若許由洗耳』○正義曰：《史記·伯夷列傳》云：『説者云：堯讓天下於許由，許由不受，恥之逃隱。』正義引皇甫謐《高士傳》云：『許由，字武仲。堯聞，致天下而讓焉。乃退而遁於中嶽，潁水之陽、箕山之下隱。堯又召爲九州長，由不欲聞之，洗耳於潁水濱。時有巢父牽犢欲飲之，見由洗耳，問其故，對曰：「堯欲召我爲九州長，惡聞其聲，是故洗耳。」巢父曰：「子若處高岸深谷，人道不通，誰能見子，子故浮游，欲求其名譽，汙吾犢口。」牽犢上流飲之。』**故王公不致敬盡禮，則不得亟見之。見且由不得亟，而況得而臣之乎？**【注】亟，數也。若伯夷非其君不事，伊尹樂堯舜之道，不致敬盡禮，可數見之乎。作者七人，隱各有方，豈可得而臣之。【疏】注『亟數也』○正義曰：《音義》云：『亟，去吏切。數，音朔。』《説文》二部云：『亟，敏疾也。』《爾雅·釋詁》云：『數，疾也。疾，速也。』段氏玉裁《説文解字注》云：『今人亟分入聲去聲，人之訓「急也」，去之訓「數也」，古無是分别，數亦急也。非有二義。』○注『作者七人隱各有方』○正義曰：《論語·憲問》篇云『作者七人矣』，集解引包氏曰：『作，爲也。爲之者凡七人，謂長沮、桀溺、丈人、晨門、荷蕢、儀封人、楚狂接輿也。』義疏引鄭氏注云：『伯夷、叔齊、虞仲辟世者，荷蓧、長沮、桀溺辟地者，柳下惠、少連辟色者，荷蕢、楚狂接輿辟言者。七當爲十之誤。』此云隱各有方，謂辟世辟地辟色辟言之不同，而晨門、儀封人隱於吏，丈人、沮溺隱於耕，接輿隱於狂，是亦各有方矣。

《章指》言：王公尊賢，以貴下賤之義也。樂道忘勢，不以富貴動心之分也。各崇所尚，則義不虧矣。【疏】『以貴下賤』○正義曰：《易・屯》初九傳文。

孟子謂宋句踐曰：『子好游乎？吾語子游。人知之亦囂囂，人不知亦囂囂。』【注】宋，姓也。句踐，名也。好以道德游，欲行其道者。囂囂，自得無欲之貌。【疏】注『宋姓』至『之貌』○正義曰：宋句踐姓名未見他書。趙氏佑《温故録》云：『注「好以道德游，欲行其道者。」按道德非游具，蓋觀孟子進而數之，其亦有異於縱横捭闔者流與？』囂囂，見《萬章》上篇。按『囂囂』見於經籍者，義多不一，大抵皆由假借也。《詩・大雅・板》篇『聽我囂囂』，傳云：『囂囂，猶警警也。』箋云：『女反聽我言，警警然不肯受。』此囂囂爲警警之假借。《小雅・十月之交》『讒口囂囂』，《釋文》引《韓詩》作『嗸嗸』。嗸嗸即警警，《楚辭・九思・怨上》篇云『令尹兮警警』，王逸注云：『警警，不聽話言而妄語也。』是也。《法言・君子》篇云：『或曰：人有齊死生，同貧富，等貴賤，何如？曰：信死生齊、貧富同、貴賤等，則吾以聖人爲囂囂。』吴秘注云：『若信是言，則吾以聖人六經之旨爲囂囂之虚語耳。』又云：『或曰：世無仙則焉得斯語？曰：語乎者，非囂囂也與？』吴秘注云：『囂囂然方士之虚語耳。』此以囂囂爲虚，故《廣雅·釋訓》云：『囂囂，虚也。』《文選·養生論》云『終朝未餐則囂然思食』，注云：『囂然，飢意也。』此囂乃枵之假借。《爾雅·釋天》云：『元枵，虚也。』孫炎注云：『枵之言耗。耗，虚之意也。』是也。《莊子·駢拇》篇云：『自三代以下者，天下何其囂囂也。』郭象注云：『横其囂囂，棄情逐迹，如將不及，不亦多憂乎？』《釋文》云：『囂囂，許橋反，又五羔反。崔云：「憂世之貌。」』《漢書·王莽傳·贊》云：『囂然喪其樂生之心』，顔師古注云：『囂然，衆口愁貌也。』《説文》口部云：『嗷，衆口愁。《詩》曰：「哀鳴嗷嗷。」』然則此囂囂乃亦嗷嗷之假借也。《説文》㗊部云：『囂，聲也。氣出頭上。』《周禮·秋官·司虣》『禁其鬬囂者』，注云：『囂，讙也。』成公十六年《左傳》云：『在陳而囂』，杜預注云：『囂，喧譁也。』《詩·小雅·車攻》篇云『之子于苗，選徒囂囂』，傳云：『囂囂，聲也。』然則惟此囂囂爲囂之本義。《爾雅·釋言》以閑釋囂，此囂爲閑之假借，囂囂卽閑閑也。《楚辭·湘君》篇『告余以不閒』，王逸注云：『閒，暇也。』《招魂》篇『待君之閒些』，注云：『閒，静也。』暇則自得，静則無欲。《章指》云『内定常滿』，《禮記·大學》云『定而後能静』，《周書·謚法解》云『大慮静民曰定』，定亦清静也。自得無欲，則廣博而盛，《莊子·齊物論》云『大知閑閑』，《釋文》引簡文云：『廣博之貌。』《廣雅·釋訓》云：『閑閑，盛也。』是也。段氏玉裁《説文解字注》云：『《孟子》「人知之亦囂囂，人不知亦囂囂」。言人自得無欲，如氣上出悠閒也。』此以囂字氣出頭上爲閒，乃趙氏自讀囂囂爲閒閒，非取囂字本義爲自得無欲也。**曰：『何如斯可以囂囂矣？』**【注】句踐問何執守可囂囂也。

曰：『尊德樂義，則可以囂囂矣。【注】尊，貴也。孟子曰，能貴德而履之，樂義而行之，則可以囂囂無欲矣。【疏】注『尊貴也』○正義曰：《大戴記·本命》篇云：『貴貴尊尊，義之大者也。』尊貴義近，故以貴釋尊。《易·上繫傳》云：『天尊地卑』，虞翻注云：『天貴故尊。』**故士窮不失義，達不離道。窮不失義，故士得己焉；達不離道，故民不失望焉。**【注】窮不失義，不爲不義而苟得，故得己之本性也。達不離道，思利民之道，故民不失其望也。**古之人得志澤加於民，不得志修身見於世，窮則獨善其身，達則兼善天下。』**【注】古之人得志君國，則德澤加於民人。不得志，謂賢者不遭遇也。見，立也。獨治其身，以立於世間，不失其操也，是故獨善其身。達謂得行其道，故能兼善天下也。【疏】注『見立』至『操也』○正義曰：《吕氏春秋·適威》篇云『湯武通於此論，故功名立』，高誘注云：『立，猶見也。』《淮南子·主術訓》云『德無所立』，高誘注云：『立，見也。』趙氏注《孟子》，訓詁多與高氏同。蓋見之義爲顯，不得志不可云顯，故解爲立也。按《説文》云：『見，視也。』視即示，修身以示於世，亦所以教也。伯夷、柳下惠爲百世師，非示於世乎。

《章指》言：内定常滿，囂囂無憂，可出可處，故云以游。修身立世，賤不失道，達善天下，乃用其寶。句踐好游，未得其要，孟子言之，然後〔一〕乃喻。

孟子曰：『待文王而後興者，凡民也。若夫豪傑之士，雖無文王猶興。』【注】凡民，無自知者也。故須文王之大化，乃能自興起以趨善道。若夫豪傑才知千萬於凡人者，雖不遭文王，猶能自起以善守身正行，不陷溺也。【疏】注『凡民』至『溺也』○正義曰：宋本、孔本作『無異知者也』，閩、監、毛三本作『自知』。按自知是也。不能自知，故必待文王之化而興起也。王氏念孫《廣雅疏證》云：『仉，輕也。仉之言汎也。《方言》：「仉，僄，輕也。楚凡相輕薄謂之相仉，或謂之僄也。」《孟子》「待文王而後興者凡民也」，凡亦與仉通。』按《説文》云：『凡，最括也。』《吕氏春秋·任地》篇云『凡草生藏』，高誘注云：『凡草，庶草也。』以此準之，則凡民猶云庶民。趙氏前以庶解衆，又以凡夫解之。此不解釋凡字，蓋以爲庶民也。最括，亦衆數之稱，故凡又訓皆。鄭氏注《儀禮》，以爲『非一』，注《周禮》以爲『無常數』，凡通於汎，汎亦有衆義。因汎之本訓爲浮，浮則輕，故仉僄猶汎漂也。還以仉汎之輕浮，通凡之義亦爲輕浮，則緣其爲衆庶而輕微之，又引申之義耳。惟

〔一〕『後』，《皇清經解》本作『得』，《七經孟子考文補遺》作『後』。

『凡民』是衆民無常數之稱，而才過千人爲豪，萬人爲傑，則有常數，故趙氏云豪傑才知千萬於凡人。豪傑千萬於凡人，是凡卽此千人萬人之總稱矣。趙氏訓釋字義，每於互見之，可謂精矣。《吕氏春秋・孟秋紀》高誘注云：『才過萬人曰桀。』《鶡冠子・能天》篇云：『德千人者謂之豪。』故云千萬於凡民。《爾雅・釋言》云：『興，起也。』興於善爲興，興於不善亦爲興，《吕氏春秋・義賞》篇云：『姦僞雜亂貪戾之道興。』是也。故趙氏以起釋興。一則云『趨善道』，再則云『以善守身正行不陷溺』，蓋有所作而行爲興，有所守而不行，亦爲興也。

《章指》言：小人待化，乃不辟邪，君子特立，不爲俗移，故稱豪傑自興也。【疏】『乃不辟邪』○正義曰：周氏廣業《孟子章指考證》云：『孔、韓本作「邪辟」。《左傳》子產曰：「辟邪之人，而皆及執政。」』

孟子曰：『附之以韓魏之家，如其自視欿然，則過人遠矣。』【注】附，益也。韓魏，晉六卿之富者也。言人既自有家，復益韓魏百乘之家，其富貴已美矣。而其人欿然不以足，自知仁義之道不足也，此則過人甚遠矣。【疏】注『附益』至『遠矣』○正義曰：《漢書・諸侯王表》云『設附益之法』，張晏注引《律》鄭氏説云：『封諸侯過限曰附益。』故趙氏以益釋附也。以益釋附，益爲增益，故云人自有家，復益以韓魏百乘之家也。百乘之家，益之自外；仁義之道，根之於心。但視外所附，則見其富貴；自視其中之所有，故欿然知不足也。自知由於自視，自視仁義之心，不移於富貴，益於外不能益於中也。段氏玉裁《説文解字注》云：『欿，欲得也。從欠，臽聲。聲若貪。《孟子》：「附之以韓魏之家，如其自視欿然。」張鎰曰：「欿，音坎，内顧不足而有所欲也。」玉裁按：《孟子》假欿爲坎，謂視盈若虚也。《太玄》「雷推欿窴」，即坎窞也。今本《太玄》欿字僞不可識。』《晏子春秋・問下》云『鍖然不滿』，孫氏星衍《音義》云：『《玉篇》「鍖，丑甚切。」此當爲欿然之假音。』

《章指》言：人情富盛，莫不驕矜，若能欿然，謂不如人，非但免過，卓絶乎凡也。

【疏】『人情富盛莫不驕矜』〇正義曰：《老子》云：『富貴而驕，自遺其咎。』定公十三年《左傳》史鰌云：『富而不驕者鮮。』《晏子春秋・雜下》云：『富而不驕者，未嘗聞之。』

孟子曰：『以佚道使民，雖勞不怨。【注】謂教民趨農，役有常時，不使失業，當時雖勞，後獲其利，則佚矣。若亟其乘屋之類也，故曰不怨。【疏】注『若亟其乘屋之類』〇正義曰：詳見《滕文公》上篇。趙氏彼注云：『言農民之事無休已。』故引爲勞之證。**以生道殺民，雖死不怨殺者。』**【注】謂殺大辟之罪者，以坐殺人故也。殺此罪人者，其意欲生民也。故雖伏罪而死，不怨殺者。【疏】注『謂殺』至『故也』〇正義曰：《禮記・文王世子》云：『其死罪，則曰某之罪在大辟。』《書・吕刑》云：『大辟疑赦，其罰千鍰，閱實其罪。』徐氏文靖《管城碩記》云：『犯法者事有可疑，則赦之，而又不徑赦之也，罰之以示懲。若乃簡閱其情，實無可疑者，其罪之。實與疑對，罪與赦對，實則不疑，罪則不赦也。大辟之法亦然，疑則赦之使贖，實則罪之不赦也。豈謂贖之以金，雖大辟亦許其贖免哉？是大辟之罪，閱實則殺之也。』《周禮・秋官・司刑》『掌五刑之法，殺罪五百』，注云：『殺，死刑也。』《書傳》曰：『降畔寇賊，刧略奪攘，撟虔者其刑死。』然則大辟之罪不止坐殺人，趙氏略舉之耳。《荀子・正論》篇云：『殺人者不死，傷〔一〕人者不刑，是謂惠暴而寬賊也。』又云：『殺人者死，傷人者刑，百王之所同也〔二〕。』

《章指》言：勞人欲以佚之，殺人欲以生之，則民無怨讟也。【疏】『則民無怨讟也』○正義曰：《方言》云：『讟，謗也。』宣公十二年《左傳》云：『君無怨讟。』昭公元年《左傳》云：『民無謗讟。』《説文》言部云：『讟，痛怨也。』

孟子曰：『霸者之民，驩虞如也。王者之民，皡皡如也。殺之而不怨，利之而不庸，

〔一〕『傷』，《皇清經解》本同，《荀子・正論》作『而傷』。
〔二〕『同也』，《皇清經解》本同，《荀子・正論》作『同』。

民日遷善而不知爲之者。【注】霸者行善恤民，恩澤暴見易知，故民驩虞樂之也。王者道大法天，浩浩而德難見也。殺非不教，故殺之人不怨也。庸，功也。利之使趨時而農，六畜繁息，無凍餒之老，而民不知猶是王者之功。脩其庠序之教，使日遷善，亦不能覺知誰爲之者。言化大也。【疏】注「霸者」至「之也」〇正義曰：《音義》云：「驩虞，丁云：『義當作歡娛，古字通用耳。』」翟氏灝《攷異》云：「《文選》張景陽《詠史詩》『朝野多歡娛』，注引《孟子》『霸者之民，驩虞如也』。」云娛與虞古字通用。又蘇子卿詩「歡娛在今夕」，注云：「《孟子》霸者之民，歡娛如也。」按《漢書・魏相傳》「君安虞而民和睦」，《匡衡傳》「未有游虞弋射之宴」，虞悉通娛。」按《說文》女部云：「娛，樂也。」虞爲假借字，故《白虎通・號》篇云：「虞者，樂也。」《說文》欠部云：「歡，喜樂也。」馬部云：「驩，馬名。」驩亦假借字。《荀子・大略》篇云「夫婦不得不驩」，《一切經音義》引《三蒼》云：「驩，古歡字。」驩虞即歡娛，故趙氏云樂之也。〇注「王者」至「見也」〇正義曰：《音義》云：「張云：『皞與昊同。』」《說文》胡老切，義與浩同，古字通用。趙氏讀皞皞爲浩浩，《說文》日部云：「皞，皓旰也。」夰部云：「昊，春爲昊天，元氣昊昊。」皓旰即浩浩瀚瀚，《淮南子・俶真訓》高誘注云：「浩浩瀚瀚，廣大貌也。」《詩・王風・黍離傳》云：「元氣廣大，則稱昊天。」浩、昊、皓、皞古字皆通。蓋水之廣大爲浩浩，天之廣大則爲皞皞，故趙氏以道大法天解之，則仍以皞皞爲元氣廣大，以浩浩明之耳。天氣廣大，故難見；王者道大法天，其廣大故亦難見。所以廣大難見，則下申言之。○注「庸，功也」○正義曰：《周禮・夏官・司勳》云：「民功曰庸。」**夫君子所過者化，所存者神，上下與天地同流，豈曰小補之哉！」**

【注】君子通於聖人，聖人如天，過此世能化之，存在此國，其化如神，故言與天地同流也。天地化物，歲成其功，豈曰使成人知其小補益也。【疏】注「君子」至「益也」○正義曰：君子爲聖賢之通稱，故云通於聖人。《法言・道術》篇云：「樂道者謂之君子。」《禮記・哀公問》云：「君子者，人之成名也。」《易・上繫傳》云：「是故君子所居而安者」，虞翻注云：「君子，謂文王是也。」隱公六年《公羊傳》云「首時過則書」，何休注云：「過，歷也。」過此世，謂生於此世也。存在此國，以在釋存也。過以世，言別生死也。存以國，言判彼此也。如堯舜生唐虞，則唐虞之民皆化；孔子在魯國，則魯國三月大治。成人詳見前。閩、監、毛三本無「成」字。《音義》云：「陸云：『言君子所過人者在於政化，存其身者在於神明。』」此與趙氏義異。按《易・序卦傳》云：「不養則不可動，故受之以大過。有其信者必行之，故受之以小過。」過之義爲動爲行，所過者化，猶云所行者化也，所動者化也。行動著於外，存者運於中，所行動者，民即變化，由於所存者神也。民日遷善爲化，不知爲之者則神也。《易・下繫傳》云：「黄帝氏沒〔一〕，堯舜氏作，通其變，使民不倦；

〔一〕「氏沒」，《皇清經解》本無，《繫傳下》有「氏沒」二字。

神而化之，使民宜之。』所過者化，所存者神，神而化之也。能通其變爲權，霸者亦知乘時運用，以得人心，而遠乎聖人之道者，未能神而化也。大而化之之謂聖，聖而不可知之之謂神，神化者，通其變而民不知也。殺之威刑也，利之善政也，惟聖人有所裁成輔相於威刑善政之中，卽有所盈虛消息於威刑善政之外，此全繫乎一心之運用。所謂『脩己以敬』，所謂『篤恭而天下平』，所謂『爲政以德』，所謂『無爲而治，恭己正南面』，所謂『執其兩端，用其中於民』，所謂『惟天爲大，惟堯則之，蕩蕩乎民無能名焉』，皆以言乎所存者神也。威刑善政，則所行所動也。民日遷善，化也。不怨不庸，由所存者神而不知爲之也。所過有定，而所存無定。夫行而無定者，水流也。故云與天地同流。天地變化，人不可知；聖人成天地之能，人亦不可知。不可知，故不可使知之；民日遷善，則可使由之也。《說文》衣部云：『補，完衣也。』完，全也。衣有不全，補全之則必有所增益，故補之義爲益。《荀子·臣道》篇云『事暴君者有補削，無撟拂』，楊倞注云：『補謂彌縫其闕。』僖公二十六年《左傳》：『展喜對齊侯曰：桓公是以糾合諸侯，而謀其不協，彌縫其闕，而匡救其災。』然則小補謂霸者之民所由驩虞也。有闕則望補者切，有災則思救者殷，而彌縫之，匡救之，恩澤暴見，民所以樂也。王者裁成輔相，則不待其闕而先默運之，不使有闕；不待其災而豫防禦之，不使有災：此所以神，所以不知。且補闕者，益於此或損乎彼，支於左或詘於右，一利興而一害卽由此起，故爲小補。王者之治，德施於普，變化於微，天下受其福而無能名，誠如天之元氣，皞皞而無已也。《荀子·議兵》篇云：『仁人之兵，所存者神，所過者化。』楊倞注云：『所存止之處，畏之如神；所過往之國，無不從化。』此别一義，與《孟子》語同而恉異。

《章指》言：王政皞皞，與天地同道；霸者德小，民人速覩：是以賢者志其大者也。

孟子曰：『仁言，不如仁〔一〕聲之入人深也。【注】仁言，政教法度之言也。仁聲，樂聲雅頌也。仁言之政雖明，不如雅頌感人心之深也。【疏】注『仁言政教法度之言也』○正義曰：《詩·小雅·彤弓》『受言藏之』，箋云：『言者，謂王策命也。』《禮記·曲禮》『士載言』，注云：『言，謂會同盟要之辭。』是國家命令謂之言，故以仁言爲政教法度之言。《章指》云：『明法審令，民趨君命。』以令命申釋言字。法卽法度，謂以法度載之於言以示民，使民趨於善，是爲仁也。○注『仁聲』至『深也』○正義曰：《説文》耳部云：『聲，音也。』《禮記·月令》『去聲色』，注云：『聲，謂樂也。』《吕氏春秋》高誘注此語云：『聲，五聲也。宫商角徵羽爲五聲。』故以聲爲樂聲。《樂記》云：『樂也者，聖人之所樂也。而可以善民心，其感人深，其移風易俗，故先王著其教焉。』又云：『先王恥其亂，故制雅頌之

〔一〕『仁』，《皇清經解》本作『人』，《孟子注疏》作『仁』。

聲以道之，使其聲足樂而不流，使其文足論而不息，使其曲直繁瘠，廉肉節奏，足以感動人之善心而已矣。』雅頌之聲，能深感人心，是仁聲也。**善政，不如善教之得民也。**【注】善政使民不違上，善教使民尚仁義，心易得也。【疏】注『善政』至『得也』○正義曰：趙氏以仁言爲政教法度之言，然則此又於仁言中分別其政不如教也。下申言所以不如。**善政民畏之，善教民愛之。善政得民財，善教得民心。』**【注】畏之，不逋怠，故賦役舉，而財聚於一家也。愛之，樂風化而上下親，故歡心可得也。

《章指》言：明法審令，民趨君命；崇寬務化，民愛君德，故曰『移風易俗，莫善於樂』。

孟子曰：『人之所不學而能者，其良能也。所不慮而知者，其良知也。【注】不學而能，性所自能。良，甚也。是人之所能甚也。知亦猶是能也。【疏】注『不學』至『能也』○正義曰：『良甚』之義，詳見《告子》上篇。良能猶言甚能，良知猶言甚知。甚能、甚知即最能、最知，最能、最知即知之最、能之最也。**孩提之童，無不知愛其親者；及其長也，無不知敬其兄也。**【注】孩提，二三歲之間，在襁褓知孩笑可提抱者也。少知愛親，長知敬兄，此所謂良能良知也。【疏】注『孩提』至『抱者也』○正義曰：《說文》口部云：『咳，小兒笑也。孩，古文咳。』是孩爲笑也。《說文》手部云：『提，挈也。』『挈，縣持也。』《淮南子・俶真訓》云『提挈天地』，高誘注云：『一手曰提。』劉熙《釋名・釋姿容》云：『提，地也。臂垂所持近地也。』《禮記・曲禮》『長者與之提攜』，注云：『提攜將行。』趙氏以二三歲之童未可牽行而提挈，故以抱解之。《説文》抱作『裒』，在衣部，云：『裒，裹也。』《論語・陽貨》篇『然後免於父母之懷』，集解引馬氏注云：『子生未三歲，爲父母所懷抱也。』是一二歲之兒宜抱也。《國策・秦策》云『是抱空質也』，高誘注云：『抱，持也。』然則持可通稱爲抱，則抱亦可通稱爲提。《音義》云：『繈褓，《説文》：「負兒衣也。」《博物志》曰：「織縷爲之，廣八寸，長一尺二寸，以負小兒於背上。」《聲類》曰：「繈者，小兒被子也。」』按《論語・子路》篇云『繈負其子而至矣』，集解引包氏云：『負者以器曰繈。』《説文》糸部別有『繈』字，云：『觕纇也。』『緥，小兒衣也。』段氏玉裁《説文解字注》云：『《吕覽・明理》篇「道多緥繈」，高注：「緥，小兒被也。繈，褸格上繩也。」又《直諫》篇「繈緥」，注云：「繈，縷格繩。緥，小兒被也。」褸卽縷，格卽絡，織縷爲絡，以負之於背，其繩謂之繈。高説最分明。《博物志》云：「織縷爲之，廣八寸，長二尺。」乃謂其絡，未及其繩也。凡繩韌者謂之繈。』又衣部云：『褅，褓也。《詩》曰：「載衣之褅。」』段氏玉裁注云：『《小雅・斯干》曰「載衣之裼」，傳曰：「裼，緥也。」此謂裼，卽褅之假借也。』又以衣部『褓』字爲後人所增，若許氏本有此字，當與『褅』字相屬。謹按：今《毛詩》傳作『褓』，箋云：『褓，夜衣也。』《釋文》云：『《韓詩》作「禘」，齊人名小兒被爲禘。』孔氏正義云：『《書傳》

說成王之幼，云「在襁褓」，褓，縛兒被也。故箋以爲「夜衣」。』《史記·魯世家》云：『成王少在强葆之中』，索隱云：『强葆，卽襁褓。古字少，假借用之。』正義云：『强，闊八寸，長八尺，用約小兒於背而負行。葆，小兒被也。』《漢書·宣帝紀》『曾孫雖在襁褓』，李奇云：『襁，絡也。以繒布爲之，絡負小兒。緥，小兒大藉也。』孟康曰：『緥，小兒被也。』顏師古《匡謬正俗》云：『藏繦，謂繩貫錢，故總謂之繦耳。孔子云：「四方之人，繦負其子而至。」謂以繩絡而負之，故謂襁褓耳。』然則褓爲小兒被名，襁爲繩名，褓不必負，《趙世家》云『衣以文葆』是也。繦不必褓，《論語》『襁負其子』是也。繦可用繩，亦可用繒布；褓可藉於下，亦可覆於上。藉則李奇云『大藉』是也，覆則《禮記·月令》正義云『保卽襁保，保謂小被，所以衣覆小兒』是也。《文選》嵇康《幽憤詩》注引韋昭云：『緥，若今時小兒腹衣。』腹衣蓋今俗兜子是也。亦被之類，而稍別焉者也。被爲夜間所藉覆，故亦云夜衣。《說文》以緥爲『小兒衣』，以繦爲『負兒衣』，與繦字爲『觕纇』者別。古者衣被通稱織縷，廣八寸，長二尺，亦被形，其旁有繩以便負，故云負兒衣，與繦字專爲『觕纇』者不同。段氏謂襁字非許氏原有，恐未然矣。段氏謂『《博物志》但言織縷，未及其繩。』余謂段氏直以繩爲繦，而未及其縷絡。繦從糸，專爲繩名。襁從衣，則合織縷與繩而爲負兒衣之名也。**親親，仁也。敬長，義也。無他，達之天下也。**』【注】人，仁義之心少而皆有之。欲爲善者無他，達，通也。但通此親親敬長之心，推之天下人而已。【疏】注『人仁』至『人而已』○正義曰：《吕氏春秋・重己》篇云『理塞則氣不達』，高誘注云：『達，通也。』孟子前言衆庶終身由之而不知其道，民日遷善而不知爲之，此則言所知也。所不知者道，所無不知者愛親敬長，聖人因其有此知，故以仁義之道達之天下。所以以仁義之道達之天下者，以『親親仁也，敬長義也。』孩提之童，無不知愛其親，則仁可達矣。及其長也，無不知敬其兄，則義可達矣。有此親親敬長之心者，性善也。通此親親敬長之心，推之天下人者，聖人之盡心也。自聖人盡其心爲天下立命，其智者益知之；其衆庶雖不能知之，而亦可由之矣。此一章仍申明知性、知天之指也。孫氏星衍《原性》篇云：『何以言「性待教而爲善」。《易》言天道陰陽，地道柔剛，人道仁義，后以裁成，輔相左右民。《禮記》言盡人物之性，與天地參。《書》言剛克柔克正直。剛屬性，柔屬情，平康之者教也。《禮記》謂天命謂性，率性謂道，脩道謂教。教者何？性有善而教之以止於至善，故《禮記》之言「明德」也，曰「新民」，曰「止至善」。止者，如文王止於仁敬孝慈信，即性中之五常，必教而能之，學而知之也。孟子以孩提之童愛其親、敬其長是也。然童而愛其親，非能愛親，慈母乳之而愛移；敬其長，非能敬長，嚴師扑之而敬移。然則良知、良能不足恃，必教學成而後真知愛親敬長也。故董仲舒之言「性待教爲善」是也。』謹按：孟子言良能爲不學而能，良知爲不慮而知。其言孩提之童，無不知愛其親，則不言無不能愛其親也；其言及其長也，無不知敬其兄，則不言無不能敬其兄也。蓋不慮而知，性之善也，人人所然也。不學而能，惟生知安行者有之，不可概之人人。知愛其親，性之仁也，而不可謂能仁也。知敬其兄，性之義也，而不可謂能義也。曰親親，則能愛其親矣，仁矣，故曰親親仁也。曰敬長，則能敬其兄矣，義矣，故曰敬長義也。何以由知而能也，何以由無不知而無不能也？無他，有達之者也。聖人通神明之德，類萬物之情，而達之天下也。

《章指》言：本性良能，仁義是也。達之天下，恕乎己也。

孟子曰：『舜之居深山之中，與木石居，與鹿豕游，其所以異於深山之野人者，幾希！【注】舜耕歷山之時，居木石之間。鹿豕近人，若與人游也。希，遠也。當此之時，舜與野人相去豈遠哉。**及其聞一善言，見一善行，若決江河，沛然莫之能禦也。』**【注】舜雖外與野人同其居處，聞一善言則從之，見一善行則識之，沛然不疑，辟若江河之流，無能禦止其所欲行。【疏】注『沛然』至『欲行』○正義曰：《孟子》三言『沛然』：《梁惠王》上篇『沛然下雨』，此言大雨潤物，故趙氏以潤釋之。《離婁》上篇『沛然德教溢乎四海』，此言德教滿溢，故趙氏以大釋之。此言『沛然莫之能禦』，謂舜舍己從人，取人爲善，有所聞見，卽取而行之，故趙氏以行釋之。《楚辭·湘君》篇『沛吾乘兮桂舟』，王逸注云：『沛，行貌。』《文選·吴都賦》『常沛沛以悠悠』，劉逵注云：『沛沛，行貌。』《廣雅·釋訓》云：『沛沛，流也。』《一切經音義》引《三蒼》云：『沛，水波流也。』流之義亦同於行。此沛然上承若決江河，是爲水流，卽爲水行。以水之行狀舜之行，而云沛然不疑者，不疑能決也。承上若決之決，江河決，則莫能禦止其行；舜決，亦莫能禦止其行。趙氏解經，精密如此。

《章指》言：聖人潛隱，辟若神龍，亦能飛天，亦能小同，舜之謂也。【疏】『聖人』至『小同』○正義曰：周氏廣業《孟子章指攷證》云：『揚子《法言》：「或曰龍必欲飛天乎？曰：時飛則飛，時潛則潛。」班固《賓戲》：「泥蟠而天飛者，應龍之神也。」又《關尹子》云：「若龍，若蛟，若龜，若魚，若蛤，龍皆能爲之。」所謂小同也。』

孟子曰：『無爲其所不爲，無欲其所不欲，如此而已矣。』【注】無使人爲己所不欲爲者，無使人欲己之所不欲者，每以身況之如此，則人道足也。【疏】注『無使』至『足也』○正義曰：《詩・王風・揚之水》『彼其之子』，箋云：『其或作記，或作己，讀聲相似。』《鄭風・羔裘》『彼其之子』，《韓詩外傳》作『彼己之子』。《曹風・候人》『彼其之子』，《國語・晉語》作『彼己之子』。是其與己字通，故趙氏以其所不欲爲己所不欲也。《荀子・儒效》

篇云：『貴名不可以比周爭也，不可以誇[一]誕有也，不可以執[二]重有[三]也，必將誠此，然後就也。……故君子……務積德於身，而處之以遵道。』積德於身卽是誠此，故楊氏注云：『此，身也。』趙氏云每以身況之如此，亦以身字釋此字。如此卽是如身，如身卽是如己，故云無使人爲己所不欲爲者，無使人欲己之所不欲者也。

《章指》言：己所不欲，勿施於人，仲尼之道也。

孟子曰：『人之有德慧術知者，恒存乎疢疾。【注】人所以有德行智慧道術才智者，在於有疢疾之人，疢疾之人又力學，故能成德。【疏】注『人所』至『成德』○正義曰：《周禮·地官·師氏》『以三德教國子』，注云：『德行，內外之稱。在心爲德，施之爲行。』《論衡·書説》篇云『實行爲德』，德行並舉義有別，單舉德，亦是行，故以行釋德也。《方言》云：『知或謂之慧。』《禮記·樂記》『不接心術』，注云：『術猶道也。』《賈子·道術》篇云：『道者，所從接物也。其末者謂之術。』又云：『術也者，所從制物也，動靜之數也。』

[一]『誇』，《皇清經解》本同，《荀子·儒效》作『夸』。
[二]『執』，《皇清經解》本同，《荀子·儒效》作『勢』。
[三]『有』，《皇清經解》本同，《荀子·儒效》作『脅』。

《墨子・經上》篇云：『知，材也。』《老子》云『絶聖棄知』，王弼注云：『聖智，才之善也。』《淮南子・主術訓》云『任人之才，難以至治』，高誘注云：『才，智也。』蓋德慧緼於內，術智見於外，故以智釋慧，又以才釋智。慧爲心之明，才則用之當矣。慧、術、知皆本於德，故以成德包之。《詩・小雅・小弁》『心之憂矣，疢如疾首』，箋云：『疢，猶病也。』《釋文》云：『疢本作「疹」。』下言孤臣孽子，此云疢疾，蓋卽本於《小弁》之稱疢疾也。**獨孤臣孽子，其操心也危，其慮患也深，故達。**』【注】此卽人之疢疾也。自以孤微，懼於危殆之患而深慮之，勉爲仁義，故至於達也。』【疏】注『自以』至『達也』○正義曰：襄公二十七年《公羊傳》云『是則臣僕庶孽之事也』，何休注云：『庶孽，衆賤子，猶樹之有孽生。』此以衆釋庶，以賤釋孽。《華嚴經音義》引王肅《尚書》注云：『微，賤也。』趙氏言自以孤微，孤謂孤臣，微謂孽子也。《説文》歺部云：『殆，危也。』危部云：『危，在高而懼也。』《淮南子・説林訓》云『而殆於蝍蛆』，高誘注云：『殆，猶畏也。』《國策・西周策》云『竊爲君危之』，高誘注云：『危，不安也。』有所畏懼，故心不能安。趙氏以殆釋危，又以懼釋之，其義備矣。在高而懼者，畏其傾敗也。《吕氏春秋・壹行》篇云『强大行之危』，高誘注云：『危，傾隕也。』《驕恣》篇云：『不知化者舉自危』，高誘注云：『危，敗也。』《廣雅・釋詁》云：『殆，壞也。』傾隕敗壞，所以可患，因而慮之，且深慮之，求所以避此患而免此危者，惟有勉爲仁義而已矣。《書・堯典》云：『明四目，達四顯。』通達則明顯，故《章指》以顯釋達，謂以忠孝之名顯於天下後世也。

《章指》言：孤孽自危，故能顯達；膏粱難正，多用沈溺：是故在上不驕，以戒諸侯也。

孟子曰：『有事君人者，事是君則爲容悦者也。【注】事君求君之意，爲苟容以悦君而已。【疏】注『事君』至『君而已』○正義曰《吕氏春秋・似順》篇云『夫順令而取容者，衆能之』，高誘注云：『容，悦也。』容、悦二字同義。相疊爲雙聲。《毛詩・曹風》『蜉蝣掘閲』，傳云：『掘閲，容閲也。』《邶風・谷風》『我躬不閲』，傳云：『閲，容也。』容閲卽容悦。《後漢書・陳蕃傳》上疏云：『臣聞有事社稷者，社稷是爲；有事人君者，容悦是爲。』亦容悦二字連綴。趙氏分言之，以悦君明苟容，亦以悦釋容。**有安社稷臣者，以安社稷爲悦者也。**【注】忠臣志在安社稷而後悦也。**有天民者，達可行於天下而後行之者也。**【注】天民，知道者也。可行而行，可止而止。【疏】注『天民』至『而止』○正義曰：孟子引伊尹自稱『我天民之先覺者也』，則天民指伊尹太公一流矣。《莊子・庚桑楚》云：『人之所舍，謂之天民；天之所助，謂之天子。』郭象注云：『出則天子，處則天民，此二者皆以泰然而自得之，非爲而得之也。』《列子・楊朱》篇稱舜禹周公爲天人，稱孔子爲天民之遑遽者，稱桀爲天民之逸蕩者，紂爲天民之放縱者。當時稱天民者，别有異説，故孟子明之。**有大人者，正己而物正者也。**』【注】大人，大丈夫不爲利害動移者也。正己物正，象天不可言而萬物化成也。【疏】注『大人』至『成也』〇正義曰：大人之稱有二，《論語・季氏》篇云『畏大人』，《儀禮・士相見》疏引鄭氏云：『大人爲天子諸侯爲政教者。』何晏《論語》注云：『卽聖人與天地合其德者也。』昭公十八年《左傳》：『葬曹平公，往者見周原伯魯焉，與之語，不説學。歸以語閔子馬。閔子馬曰：「夫必多有是説，而後及其大人。大人患失而惑，又曰可以無學，無學不害。」』此大人指原伯魯，故注云『大人，在位者。』《管子・幼官》篇云：『民之所利立之，所害除之，則民人從；立爲六千里之侯，則大人從。』尹知章注云：『大人，謂天子三公四輔。』此鄭氏之義也。《易》稱『利見大人』，『大人虎變』，虞翻謂『乾稱大人』，此何氏之義也。《孟子・離婁》下篇兩云『大人』，其一，『言不必信，行不必果，惟義所在』，趙氏云『大人杖義』，是以德言也。其一，『不失其赤子之心』，趙氏云『大人謂君』，是以位言也。此注以大丈夫解之，大丈夫得志與民由之，不得志獨行其道，亦不以位言。乃下云『象天不言，而萬物化成』，此則非不得志者。《史記・索隱》引向秀注《易・乾卦》云：『聖人在位，謂之大人。』此解《易》之言大人是也。而孟子之言大人，蓋卽謂此。孟子深於《易》，此大人卽舉《易》之大人而解之也。正己物正，篤恭而天下平也。惟黄帝堯舜通變神化，乃足以當之，故又進於天民一等也。

《章指》言：容悦凡臣，社稷股肱，天民行道，大人正身。凡此四科，優劣之差。【疏】

『凡此四科』〇正義曰：《説文》禾部云：『科，程也。從禾，從斗，斗者，量也。』『程，品也。十髮爲程，十程爲分，十分爲寸。』有優劣之差，則有品次，故謂之科。周氏廣業《孟子章指攷證》云：『《公羊傳》疏「《春秋》設三科，科者，段也」。』

孟子曰：『君子有三樂，而王天下不與存焉。父母俱存，兄弟無故，一樂也。仰不愧於天，俯不怍於人，二樂也。得天下英才而教育之，三樂也。【注】天下之樂，不得與此三樂之中。兄弟無故，無他故。不愧天，又不怍〔一〕人，心正無邪也。育，養也。教養英才，成之以道，皆樂也。【疏】注『兄弟無故無他故』〇正義曰：《儀禮·士昏禮記》云『某以非他故，不足以辱命』，注云：『非他故，彌親之辭。』《覲禮》云『天子曰非他，伯父實來，予一人嘉之』，注云：『言非他者，親之辭。』《詩·小雅·頍弁》云『豈伊異人，兄弟匪他』，箋云：『此言王當所與宴者，豈有異人疏遠者乎？皆兄弟，與王無他，言至親。』趙氏以無他故解無故，謂兄弟相親好也。〇注『育養』至『以道』〇正義曰：《説文》𠫓部云：『育，養子使作善也。《虞書》曰：「教育子。」』是育爲養也。閻氏若璩《釋地三續》云：『天下英才，極言之，非廣言之。猶施伯謂管子曰「天下才」，司馬懿謂諸葛武侯曰「天下奇才

〔一〕『怍』，《皇清經解》本作『阼』，《孟子注疏》作『怍』。

也」云爾。』**君子有三樂，而王天下不與存焉。**』【注】孟子重言，是美之也。

《章指》言：**保親之養，兄弟無他，誠不愧天，育養英才，賢人能之，樂過萬乘，孟子重焉，一章再云也。**【疏】『一章再云也』○正義曰：周氏廣業云：『董子《繁露》：「孔子曰：書之重，辭之復，不可不察也，其中必有美者焉。」此即一章再云之義也。《左傳》范獻子曰：「夫子實云」，襄二十三年《傳》「季孫再三云」。』

孟子曰：『廣土衆民，君子欲之，所樂不存焉。中天下而立，定四海之民，君子樂之，所性不存焉。【注】廣土衆民，大國諸侯也。所樂不存，樂行禮也。中天下而立，謂王者。所性不存，謂性仁義也。【疏】注『樂行禮也』○正義曰：《禮記・樂記》云：『揖讓而治天下者，禮樂之謂也。暴民不作，諸侯賓服，兵革不試，五刑不用，百姓無患，天子不怒，如此則樂達矣。合父子之親，明長幼之序，以敬四海之内，天子如此則禮行矣。』又云：『王者功成作樂，治定制禮。』《中庸》云：『非天子不議禮，不制度，不考文。』是行禮者天子之事。君子不以大國諸侯爲樂，而樂於中天下而立，中天下而立是王者，故知所樂爲行禮也。《禮運》云：『禮行於郊，而百神受職焉；禮行於社，而百貨可極焉；禮行於祖廟，而孝慈服焉；禮行於五祀，而正法則焉。』亦王者行禮之謂也。**君子所性，雖大行不可加焉，雖窮居不損焉，分定故也。**【注】大行，行政於天下。窮居，不失性也。分定故不變。

【疏】注「大行」至「不變」○正義曰：大行，卽所謂「武王周公繼之，然後大行」也。《易・序卦傳》云：「緩必有所失，故受之以損。」故以不失解不損。《音義》云：「分，扶問切。」《禮記・禮運》云：「故禮達而分定。」《荀子・王制》篇云：「分均則不偏。」分者，蓋所受分於道之命也。既分得人之性，自有人所當爲之職分，自有人所不易之分，主是爲分也，故謂之分定。**君子所性，仁義禮智根於心，其生色也睟然，見於面，盎於背，施於四體，四體不言而喻。**【注】四者根生於心，色見於面。睟然，潤澤之貌也。盎，視其背而可知，其背盎盎然盛。流於四體，四體有匡國之綱。口不言，人以曉喻而知之也。【疏】注「四者」至「知之也」○正義曰：毛氏奇齡《四書賸言補》云：「《孟子》『仁義禮智根於心』，亦謂根之於心，猶言本諸身，非謂作心之根也。根於心，猶下云盎於背，若云仁義禮智作背之盎，則亦無是理。」按趙氏言根生於心，是以生於心解根於心。《廣雅・釋詁》云：「根，始也。」《荀子・禮論》篇云：「生者[一]，人之始也。」趙氏注《離婁》下篇「舜生於諸馮」亦云：「生，始也。」生與根同有始義，故以生釋根。段氏玉裁《說文解字注》云：「色，顏氣也。顏者，兩眉之間也。心達於氣，氣達於眉間，是之謂色。顏氣與心，若合符卪[二]，故

[一]「者」，《皇清經解》本同，《荀子・禮論》無「者」字。
[二]「卪」，《皇清經解》本作「節」，《說文解字注》作「卪」。

其字從人𠀆。《記》曰：「孝子之有深愛者必有和氣，有和氣者必有愉色，有愉色者必有婉容。」又曰：「戎容，盛氣闐實揚〔一〕休，玉色。」孟子曰：「仁義禮智根於心，其生色也睟然，見於面。」生色而後見於面，所謂「陽氣浸淫，幾滿大宅」，許曰「面顔前也」是也。《魯頌》「載色載笑」，傳曰：「色，色温潤也。」《大雅》「令儀令色」，箋云：「善威儀，善顔色也。」《内則》云「柔色以温之」，《玉藻》云「色容莊」，「色容顛顛」，「色容厲肅」，《論語》曰「色難」，「色思温」，「色勃如也」，「正顔色」，引申之爲凡有形可見之稱。《音義》云：『睟，音粹。』《華嚴經音義》引《孟子》注云：『睟，面色潤也。』未知何人注，與趙氏略同。睟字，《孟子》外，《法言》、《太玄經》有之。《法言・君子》篇云：『牛玄騂白，睟而角，其升諸廟乎，是以君子全德。』注云：『色純曰睟。宋咸曰：「宗廟之牛貴純毛，如黑赤白三色各純粹，而角握中禮，則可升諸廟矣。所以君子亦貴純全其德。」』然則睟卽粹。《淮南・時則訓》云『視肥臞全粹』，高誘注云：『粹，毛色之純也。』《法言》之睟，卽《時則》之粹矣。其《君子》篇又云：『或問君子似玉，曰純淪温潤。』吳秘注云：『淪，猶澤也。』純淪温潤，四字連言，趙氏蓋本此以睟爲純，又以純淪卽温潤，故以睟然爲潤澤之貌。《太玄經》以睟準乾，故《玄衡》云：『睟，君道也。』卽取《文言傳》『純粹精』之義。《論語・八佾》篇云

〔一〕『揚』，《皇清經解》本同，《説文解字注》作『陽』。

『從之純如也』，鄭氏注云：『純如，感人之貌。』何氏注云：『純如，和諧也。』《荀子·禮論篇》云『故説豫娩澤……發於顔色者也』，楊倞注云：『説讀爲悦。豫，樂也。娩，媚也。澤，顔色潤澤也。』豫樂猶和諧，娩澤卽潤澤。凡憂戚則憔悴，豫樂則光澤，是和諧與潤澤，義亦可通矣。《玉》篇目部云：『睟，思季切，視也。又潤澤貌，孟子曰：「其色睟然。」』周氏廣業《孟子逸文攷》云：『此睟然，當連上讀。』按趙氏云色見於面，固以睟然屬色，讀『其生色也睟然』句可也。《音義》云：『盎，張烏曩切，又烏浪切。陸云：「盎於背，如負之於背。」』按《爾雅·釋器》云：『盎謂之缶。』《説文》皿部云：『盎，盆也。』此陸氏所以言『如負之於背』。然如盆缶之器，負之於背，何以見仁義禮智之盛。《莊子·德充符》言甕㼜大癭説齊桓公，陸其謂是乎？㼜卽盎字。《周禮·天官·酒正》『辨五齊之名，三曰盎齊』，注云：『盎，猶翁也。成而翁翁然蔥白色。』劉熙《釋名·釋飲食》云：『盎齊，盎，滃也。滃滃然濁色也。』《説文》水部云：『泱，滃也。』襄公二十九年《左傳》：『吳季札來聘，爲之歌《齊》，曰：「美哉，泱泱乎大風也哉！」』注云：『泱泱，宏大之聲。』《史記·吳世家》載此。裴駰集解引服虔云：『泱泱，舒緩深遠，有大和之意。』索隱云：『泱泱猶汪汪洋洋，美盛貌也。』《吕氏春秋·古樂》篇云『其音英』，高誘注云：『英，和盛貌。』《詩·小雅·白華》篇『英英白雲』，《釋文》云：『《韓詩》作「泱泱」。』盎通於泱，卽通於英。《爾雅·釋草》云『榮而不實者謂之英』。《吕氏春秋·務大》篇云『其名無不榮者』，高誘注云：『榮，顯也。』然則盎於背卽英於背，英於背卽榮於背，榮於背卽顯於背，趙氏言盎盎然盛，正是泱泱然盛。視其背而可知，則顯之謂也。此但言其仁義禮智之生於心者，在前則見於面，在後則顯於背。陸氏不明聲音假借之學，而以爲如負，望文生意，失之甚矣。《韓詩外傳》云：『姑布子卿相，孔子曰：「從前視之，盎盎乎似有王者；從後視之，高肩弱脊，此惟不及四聖者也。」』此盎盎謂前不謂後，則盎豈負於背之名乎？《論語・爲政》篇『施於有政』，集解包氏云：『施，行也。』《書》古《太誓》『流之爲鵰』，馬氏注云：『流，行也。』《禮記・中庸》篇『君子和而不流』，注云：『流，猶移也。』《史記・萬石張叔傳》云『劒人之所施易』，如淳云：『施讀曰移。』是施與流義同，故施於四體卽流於四體。《易・文言傳》云：『君子黄中通理，正位居體，美在其中，而暢於四支，發於事業，美之至也。』虞翻云：『體謂四支，四支謂股肱。』美在中卽仁義禮智根於心。先暢四支，而乃發於事業。事業者，匡國之謂也。故四體爲匡國之綱。《詩・大雅・假樂》篇云：『抑抑威儀，德音秩秩，無怨無惡，率由羣匹，受福無疆，四方之綱。』又《抑》篇云：『敬慎威儀，維民之則。』威儀者，足容重，手容恭，趨以采齊，行以肆夏，進則揖之，退則揚之，無非見於四體，卽此爲四方之綱，維民之則，亦所爲匡國之綱。《曹風・鳲鳩》篇云：『其儀不忒，正是四國。』正是四國，卽匡國也。疊言四體者，謂卽此四體，人見之已喻其仁義禮智之所施，不俟教令清明，而天下皆樂仰之。趙氏恐人仞不言，謂四體不能言，特標明云口不言。蓋不必俟仁義禮智之形於口，而人已喻也。形於口，則訏謨定命，遠猶辰告之謂，其喻益可知矣。孟子立言之妙，趙氏能闡明之。《廣雅・釋言》云：「喻，曉也。」阮氏元《校勘記》云：「『人自曉喻而知也』，閩、監、毛三本同。宋本、岳本、孔本、韓本、《攷文》古本自作『以』。按以卽已字，《禮記・檀弓》注云『以與已字本同』是也。不言已喻，正言其形於言也。自字非是。」

《章指》言：臨莅天下，君國子民，君子之樂，尚不與存。仁義內充，身體履方，四支不言，蟠辟用張。心邪意溺，進退無容，於是之際，知其不同也。【疏】「仁義」至「無容」○正義曰：此申言「施於四體」之義也。《淮南子・本經訓》「戴圓履方」，方謂地。趙氏此云履方，蓋以方爲《禮記・經解》「由禮謂之有方之士」之方，方亦正也，《荀子・脩身篇》云：「禮者，所以正身也。」此身體履方之謂也。《音義》云：「蟠，音盤。辟，音闢。」《禮記・投壺》篇云：「主人般還曰辟，賓般還曰辟。」《釋文》云：「般，步干反。還，音旋。辟，音避。」孔氏正義云：「主人見賓之拜，乃般曲折還謂賓曰：今辟而不敢受。」般、盤、蟠古字通。然則辟當音避，不音闢也。《漢書・儒林傳》云：「魯徐生善爲頌」，蘇林云：「《漢舊儀》有二郎，爲頌貌威儀事，有徐氏，徐氏後有張氏，不知經，但能盤辟爲禮容。天下郡國有容史，皆詣魯學之。」顏師古云：「頌讀與容同。」《何武傳》云「召見，槃辟雅拜」，服虔云：「行禮容拜也。蟠辟則進退有容。」趙氏以施於四體爲威儀致密無所失，前云匡國之綱，此直以蟠辟明之，義互見矣。又反言心邪意溺則無容，明仁義内充施布於四體爲有容也。《呂氏春秋・先己》篇云「琴瑟不張」，高誘注云：「張，施也。」趙氏又以用張互釋施字也。《論語・鄉黨》篇云「足躩如也」，集解包氏云：「盤辟貌也。」《先進》篇云「師也辟」，《子張》篇云「堂堂乎張也」，又云「吾友張也爲難能也」，包氏云：「言子張容儀之難及。」《廣雅・釋訓》云：「堂堂，容也。」此聖賢施於四體之事。

孟子正義卷二十七

孟子曰：『伯夷辟紂，居北海之濱，聞文王作興，曰：「盍歸乎來！吾聞西伯善養老者。」大公辟紂，居東海之濱，聞文王作興，曰：「盍歸乎來！吾聞西伯善養老者。」【注】已説於上篇。天下有善養老，則仁人以爲己歸矣。【注】天下有若文王者，仁人將復歸之矣。五畝之宅，樹牆下以桑，匹婦蠶之，則老者足以衣帛矣。五母雞，二母彘，無失其時，老者足以無失肉矣。百畝之田，匹夫耕之，八口之家，足以無飢矣。【注】五雞二彘，八口之家畜之，足以爲畜產之本也。【疏】『足以無飢矣』。○正義曰：阮氏元《校勘記》云：『宋《九經》本、宋本、岳本、咸淳衢州本、孔本、韓本、《攷文》古本、足利本同。閩、監、毛三本足誤可。』所謂西伯善養老者，制其田里，教之樹畜，導其妻子，使養其老。五十非帛不煖，七十非肉不飽，不煖不飽，謂之凍餒。文王之民無凍餒之老者，此之謂也。』【注】所謂無凍餒者，教導之使可以養老者耳，非家賜而人益之也。【疏】『不煖不飽謂之凍餒』○正義曰：趙氏佑《温故録》云：『無帛肉之不煖飽，與無衣食之不煖飽稍差。纔不煖不飽，尚未卽凍餒，而已謂之凍餒矣。謂之者，文王謂之也。」

《章指》言：王政普大，教其常業，各養其老，使不凍餒。二老聞之，歸身自託。衆鳥不羅，翔鳳來集，亦斯類也。【疏】『衆鳥不羅翔鳳來集』○正義曰：周氏廣業《孟子章指攷證》云：『《漢書·路温舒》上言曰：「臣聞烏鳶之卵不毁，而後鳳皇集。」卽此意。《楚辭》宋玉《九辨》：「衆鳥皆有所登棲兮，鳳獨遑遑而無所集。」』

孟子曰：「易其田疇，薄其税斂，民可使富也。食之以時，用之以禮，財不可勝用也。【注】易，治也。疇，一井也。教民治其田疇，薄其税斂，不踰什一，則民富矣。食取其征賦以時，用之以常禮，不踰禮以費財也。故畜積有餘，財不可勝用也。【疏】注『易治也』○正義曰：《音義》云：『易，以豉切。』《毛詩·小雅·甫田》篇『禾易長畝』，傳云：『易，治也。』《吕氏春秋·辯土》篇云『農夫知其田之易也』，高誘注云：『易，治也。易讀如「易綱」之易。』○注『疇一井也』○正義曰：《一切經音義》引《國語》賈氏注云：『一井爲疇。九夫爲一井。』趙氏所本也。《説苑·辨物》篇云：『疇也者何也？所以爲麻也。』《史記·天官書》『視封疆田疇之正治』，如淳引蔡邕云：『麻田曰疇。』韋昭注《國語·周語》、《齊語》皆云：『麻地曰疇。』《説文》田部則云：『疇，耕治之田也。』按《易·否》九四『疇離祉』，九家注云：『疇者，類也。』《荀子·勸學》篇言『草木疇生』，《書·洪范》言『洪范九疇』，《國語·齊語》云『人與人相疇，家與家相疇』，皆以儔類言。一井八家所共，相與爲疇，故名爲疇。《吕氏春秋·慎大》篇云『農不去疇』，卽農不去井也。麻田之說，趙氏所不取。**民非水火不生活，昏暮叩人之門户求水火，無弗與者，至足矣。聖人治天下，使有菽粟如水火。菽粟如水火而民焉有不仁者乎？**【注】水火能生人，有不愛者，至饒足故也。菽粟饒多若是，民皆輕施於人，何有不仁者也。【疏】注『至饒』至『若是』○正義曰：足爲手足之足，而或訓爲止。此云至足，與《論語》『百姓足』之足同。劉熙《釋名·釋形體》云：『足，續也。言續脛也。』足有繼續之義，故得爲饒。《小爾雅·廣詁》云：『饒，多也。』賈子《新書·憂民》篇云：『國無九年之蓄，謂之不足。』然則有九年之蓄，謂之足矣。有九年之蓄，則饒多矣。故以饒釋之，又以多申之。

《章指》言：**教民之道，富而節用，蓄積有餘，焉有不仁，故曰『倉廩實知禮節』也。**【疏】『倉廩實知禮節』○正義曰：語出《管子·牧民》篇。

孟子曰：『孔子登東山而小魯，登泰山而小天下。故觀於海者難爲水，游於聖人之門者難爲言。【注】所覽大者意大，觀小者志小也。【疏】『孔子登東山而小魯』○正義曰：《宏明集》宗炳《明佛論》云：『登東山而小魯，登泰山而小天下。』周氏廣業《孟子逸文攷》云：『《論》又有云：「昔仲尼佈《五經》於魯，以化天下；及其眇邈太、蒙之顛，而天下與魯俱小。」此並用孟文也。今作「孔子登東山」，攷魯無東山之名。《論語》「顓臾爲東蒙主」注，孔云：「使主祭蒙山也。」皇侃、邢昺二疏並云「蒙山在東，故云東蒙主。」《魯頌》「奄有龜、蒙」，毛傳：「龜山、蒙山也。」正義亦云《論語》疏云：「顓臾主蒙山。」《水經注》「琅邪郡臨沂縣有洛水，出太山南武陽縣之冠石山，一名武水，東流過蒙山下，有蒙祠。又東南逕顓臾城，卽孔子稱顓臾爲東蒙主也。」《史記》「蒙、羽其乂」，索隱云：「蒙山在泰山蒙陰縣西南。」然則《孟子》之東山當作蒙山，宗少文必非無據也。卽令云東山其爲蒙山，固無可疑。』按閻氏若璩《釋地》云：『或曰：費縣西北蒙山，正居魯四境之東，一名東山。孟子云：「孔子登東山而小魯」，指此。疑近是。』然則蒙山一名東山，宗炳蓋以蒙山代東山，古人引經，原有此例。依宗《論》以東山爲蒙山可也，以爲《孟子》本作蒙山，則失之矣。**觀水有術，必觀其瀾。**【注】瀾，水中大波也。【疏】注『瀾水中大波』○正義曰：《爾雅・釋水》云：『河水清且瀾猗，大波爲瀾。』《說文》水部云：『漣，瀾或從連。』瀾、漣一字也。劉熙《釋名・釋水》云：『風行水波成文曰瀾。瀾，連也。波體轉流相及連也。』**日月有明，容光必照焉。**【注】容光，小郤也。言大明照幽微。【疏】注『容光』至『幽微』○正義曰：《音義》云：『郄，丁去逆切，義與隙同。』《說文》𨸏部云：『隙，壁際也。』《禮記・三年問・釋文》云：『隙本作「郤」。』段氏玉裁《說文解字注》云：『《左傳》曰：「牆之隙壞，誰之咎也。」隙，自分而合言之。隙，自合而分言之。引申之凡坼裂皆曰隙，假借以郤爲之。」按隙之假借爲邑部『郤』，其卩部『郤』乃『郤之郤之爲不恭』之郤，或寫從卩，非也。《音義》作『郄』，《廣韻》十九鐸云：『郤，俗從𠫔。』張有《復古編》云：『郤，别作「郄」，非。』隙爲坼裂之名，故《一切經音義》引《國語》賈氏注云：『隙，舋也。』舋則隙之小者，惟遮隔其光則已，苟有絲髮之隙可以容納，則光必入而照焉。容光非小隙之名，至於小隙，極言其容之微者，以見其照之大也，故以小郤明容光。**流水之爲物也，不盈科不行。君子之志於道也，不成章不達。**【注】盈，滿也。科，坎也。流水滿坎乃行，以喻君子學必成章乃仕進也。【疏】注『盈滿』至『進也』〇正義曰：『盈科』，詳見《離婁》上篇。《禮記·儒行》篇云『上通而不困』，注云：『上通，謂仕道達於君也。』達與通義同，故《文選》顔延年《拜陵廟詩》云『晚達生戒輕』，李善注云：『達，宦達也。』故以達爲仕進。廷琥云：『坎，孔本作「欿」。』

《章指》言：闊大明者無不照，包聖道者成其仁，是故賢者志大，宜爲君子。

孟子曰：『雞鳴而起，孳孳爲善者，舜之徒也。雞鳴而起，孳孳爲利者，蹠之徒也。欲知舜與蹠之分，無他，利與善之間也。』【注】蹠，盗蹠也。蹠、舜之分，以此别之。【疏】注『蹠盗蹠也』〇正義曰：《音義》云：『張云：「蹠與跖同，之石切。」』《莊子》有《盗跖》篇，云：『孔子與柳下季爲友。柳下季之弟名曰盗跖。盗跖從卒九千人，横行天下，侵暴諸侯，穴室樞户，驅人牛馬，取人婦女，貪得忘親，不顧父母兄弟，不祭先祖，所過之邑，大國守城，小國入保，萬民苦之。』《釋文》云：『按《左傳》展禽是魯僖公時人，至孔子生八十餘年。若至子路之死百五六十歲，不得爲友。是寄言也。』李奇注《漢書》云：『跖，秦之大盜也。』

《章指》言：好善從舜，好利從蹠，明明求之，常若不足，君子小人，各一趣也。

孟子曰：『楊子取爲我，拔一毛而利天下，不爲也。【注】楊子，楊朱也。爲我，爲己也。拔己一毛以利天下之民，不肯爲也。【疏】注『楊子』至『爲也』○正義曰：《列子》有《楊朱》篇，張湛注云：『或云字子居，戰國時人，後於墨子。』楊子與禽滑釐辨論，其説在愛己，不拔一毛以利天下，與墨子相反。是篇載楊朱之言云：『伯成子高不以一豪利物，舍國而隱耕；大禹不以一身自利，一體偏枯。古之人損一豪利天下，不與也。悉天下奉一身，不取也。人人不損一豪，人人不利天下，天下治矣。禽子問楊朱曰：「去子體之一毛以濟一世，汝爲之乎？」楊子曰：「世固非一毛之所濟。」禽子曰：「假濟，爲之乎？」楊子弗應。禽子出語孟孫陽，孟孫陽曰：「子不達夫子之心，吾請言之。有侵若肌膚獲萬金者，若爲之乎？」曰：『爲之。』孟孫陽曰：「有斷若一節得一國，子爲之乎？」禽子默然有閒。孟孫陽曰：「一毛微於肌膚，肌膚微於一節，省矣。然則積一毛以成肌膚，積肌膚以成一節，一毛固一體萬分中之一物，奈何輕之乎？」禽子曰：「吾不能所以答子。然則以子之言問老聃、關尹，則子言當矣。以吾言問大禹、墨翟，則吾言當矣。」」《吕氏春秋·不二》篇云「陽生貴己」，高注云：「輕天下而貴己。孟子曰：『楊子拔體一毛以利天下，弗爲也。』」貴己即爲己。

墨子兼愛，摩頂放踵利天下，爲之。【注】墨子，墨翟也。兼愛他人，摩突其頂，下至於踵，以利天下，己樂爲之也。【疏】注「墨子」至「之也」○正義曰：《史記·孟子荀卿列傳》後附云：「墨翟，宋之大夫，善守禦，爲節用。或曰並孔子時，或曰在其後。」武氏億《授堂文鈔跋墨子》云：「《漢書·藝文志》『《墨子》七十一篇』注云：『名翟〔一〕，爲宋大夫，在孔子後。』而不著其地。惟《吕氏春秋·慎大覽》高誘注：『墨子名翟，魯人也。』魯即魯陽，春秋時屬楚，古人於地名兩字，或單舉一字，是其例也。蓋墨子居於魯陽，疑嘗爲文子之臣。觀《魯問》一篇，言『吾願主君之上者尊天事鬼，下者愛利百姓』。翟之尊文子爲主君，意其屬於文子也。《外傳·楚語》『惠王以梁與魯陽文子』，注：『文子，平王之孫，司馬子期子魯陽公也。』惠王十年，爲魯哀公十六年，孔子方卒，則翟實當楚惠王時，上接孔子未卒，故太史公一云並孔子時。自班《志》專謂在孔子後，後人益爲推衍，至如畢氏據本書稱中山諸國亡於燕、代、胡、貊之國，以中山之滅在趙惠文

〔一〕「名翟」，《皇清經解》本作「墨翟」，《漢書·藝文志》作「名翟」。

王四年，當周赧王二十年，則翟實六國時人，至周末猶存。竊以翟既與楚惠王接時，後必不能歷一百九十餘年尚未卽化，此固不然也。中山諸國之亡，蓋墨子之徒續記而竄入其師之説，以貽此謬，何可依也。』《音義》云：『突，丁徒忽切，穿突也。』襄公二十五年《左傳》『宵突陳城』，注云：『突，穿也。』此丁公著所本。乃城可言穿，頂不可言穿。《莊子・説劍》篇云『吾王所見劍士皆蓬頭突鬢』，《荀子・非相》篇『孫叔敖……突秃』，楊倞注云：『突，謂短髮可淩突人者，故莊子説趙劍士蓬頭突鬢。』突、秃聲轉，突卽秃，楊氏解爲『短髮』是也。趙氏以突明摩，謂摩迫其頂，髮爲之秃。丁氏以突爲穿，失趙義矣。《文選》江淹《上建平王書》注引《孟子》『墨子兼愛，摩頂致於踵，利天下爲之』。劉熙曰：『致，至也。』又任昉《奏彈曹景宗》注引《孟子》『墨子兼愛，摩頂致於踵』，趙岐曰：『致，至也。』周氏廣業《孟子古注攷》云：『據此，則趙、劉所有之本注並同矣。《困學紀聞》言《選》注引趙岐作致於踵，今本作放踵，注無致至也三字。孫宣公《音義》放踵下，據丁氏云方往切，至也。是唐宋本已皆作放。今攷《文選》劉峻《廣絶交論》「皆願摩頂至踵」，注引《孟子》「摩頂放踵」，趙岐曰：「放，至也。」同在一書，所引互異，可見趙氏注本唐世已有其二，非至宋始作「放踵」也。又《文選・洞簫賦》注引毛氏《詩傳》「顔叔子納鄰之釐婦，使執燭，放乎平旦」事，下引趙岐《孟子章句》曰「放，至也。方往切」。今惟「放乎琅邪」注有「放至也」三字。無「方往切」。「摩頂放踵」注直云「摩突其頂，下至於踵」。爲致爲放，莫可究詳矣。』翟氏灝《攷異》云：「《風俗通·十反》篇『墨翟摩頂以放踵，楊朱一毛而不爲』。放字與今《孟子》同。江《書》、任《彈》兩注所引『致於踵』者，疑當時劉注本獨如是。任《彈》下趙岐二字當亦爲劉熙，傳寫者遷譌然爾。」謹按：《墨子》有《兼愛》三篇，無『摩頂放踵』語。《莊子·天下》篇云：「墨子稱道曰：『……禹親自操橐耜，而九雜天下之川，腓而〔一〕胈，脛無毛，沐甚風，櫛疾雨，置萬國。禹，大聖也。而形勞天下如此。』使後世之墨者多以裘褐爲衣，跂蹻爲服，日夜不休，以自苦爲極。曰〔二〕不能如此，非禹之道也，不足爲墨。」墨翟、禽滑釐之意則是，其行則非也。將使後世之墨者，必自苦以腓無胈，脛無毛，相進而已矣。亂之上也，治之下也。」孟子推其氾愛兼利，生勤死薄之道，而擬之爲『摩頂放踵』，卽『自苦以腓無胈脛無毛』之意耳。**子莫執中，**【注】子莫，魯之賢人也。其性中和專一者也。【疏】注『子莫』至『一者也』○正義曰：子莫未詳。或謂《莊子》有云『儒、墨、楊、秉四』，秉別無所聞，恐卽當時子莫執中一家之說。《音義》云：「陸云：『言子等無執中。』」此異於趙氏，非也。孔子稱堯咨舜執中，孟子稱湯執中，此句下云『執中爲近之』，何遽戒人莫執中也。陸氏穿鑿，不足以易趙也。**執中爲近之。執中無**

〔一〕『而』，《皇清經解》本同，《莊子》作『無』。
〔二〕『曰』，《皇清經解》本作『以曰』，《莊子》作『曰』。

權，猶執一也。【注】執中和，近聖人之道，然不權聖人之重權，執中而不知權，猶執一介之人，不得時變也。【疏】注「執中」至「變也」○正義曰：《白虎通・五行》篇云：「中央者，中和也。」《説文》｜部云：「中，和也。」寒往則暑來，暑往則寒來，是爲時執中者，但取不寒不暑也。聖人之道，以時爲中，趨時則能變通，知變通則權也。文公十二年《公羊傳》云「惟一介斷斷焉無他〔一〕技」，注云：「一介，猶一概。」此云執一介卽執一概也。不知權宜，一概如此，所以猶執一也。戴氏震《孟子字義疏證》云：「權，所以別輕重也。凡此重彼輕、千古不易者，常也。常則顯然共見其千古不易之重輕。而重者於是乎輕，輕者於是乎重，變也。變則非智之盡，能辨察事情而準，不可以知之。孟子之闢楊墨也，曰：『楊墨之道不息，孔子之道不著，是邪説誣民，充塞仁義也。仁義充塞，則率獸食人，人將相食。』今人讀其書，孰知所謂率獸食人，人將相食者安在哉？孟子又曰：『楊子取爲我，拔一毛而利天下，不爲也。墨子兼愛，摩頂放踵利天下，爲之。子莫執中，執中爲近之。執中無權，猶執一也。所惡執一者，爲其賊道也，舉一而廢百也。』今人讀其書，孰知無權之故，舉一而廢百之爲害至鉅哉？孟子道性善，於告子言『以人性爲仁義』，則曰『率天下之人而禍仁義』。今人讀其書，又孰知性之不可不明，戕賊人以爲仁義之禍何如

〔一〕「焉無他」，《皇清經解》本作「兮無」，《春秋公羊傳》作「焉無他」。

哉？老聃、莊周無欲之説，及後之釋氏所謂空寂，能脱然不以形體之養與有形之生死累其心，而獨私其所謂長生久視，所謂不生不滅者，於人物一視而同用其慈，蓋合楊墨之説以爲説。由其自私，雖拔一毛可以利天下，不爲；由其外形骸，溥慈愛，雖摩頂放踵以利天下，爲之。宋儒易老、莊、釋氏之所私者而貴理，易彼之外形體者而咎氣質；其所謂理，依然「如有物焉宅於心」。於是辨乎理欲之分，謂「不出於理，卽出於欲；不出於欲，則出於理」。雖視人之飢寒號呼，男女哀怨，以至垂死冀生，無非人欲，空指一絶情欲之感者爲天理之本然，存之於心。及其應事，幸而偶中，非曲體事情，求如此以安之也。不幸而事情未明，執其意見，方自信天理非人欲，而小之一人受其禍，大之天下國家受其禍，徒以不出於欲，遂莫之或寤也。凡以爲理宅於心，不出於欲則出於理者，未有不以意見爲理而禍天下者也。人之患，有私有蔽，私出於情欲，蔽出於心知。無私，仁也。不蔽，智也。非絶情欲以爲仁，去心知以爲智也。是故聖賢之道，無私而非無欲；老、莊、釋氏，無欲而非無私。彼以無欲，成其自私者也。此以無私，通天下之情，遂天下之欲者也。凡異説皆主於無欲，不求無蔽，重行不先重知。人見其篤行也，無欲也，故莫不尊信之。聖賢之學，由博學、審問、慎思、明辨而後篤行，則行者，行其人倫日用之不蔽者也，非如彼之舍人倫日用、以無欲爲能篤行也。人倫日用，聖人以〔一〕通天下之情，遂天下之欲，權之而分理不爽，是謂理。古今不乏嚴氣正性、疾惡如讎之人，是其所是，非其所非，執顯然共見之重輕，實不知有時權之而重者於是乎輕，輕者於是乎重。其是非輕重一誤，天下受其禍而不可救。豈人欲蔽之也哉？自信之理非理也。然則孟子言執中無權，至後儒又增一執理無權者矣。』**所惡執一者，爲其賊道也，舉一而廢百也。**【注】所以惡執一者，爲其不知權，以一知而廢百道也。【疏】注『所以』至『道也』○正義曰：《易・繫傳》云：『天下何思何慮，天下同歸而殊途，一致而百慮。』途既殊，則慮不可不百，慮百則不執一也。執一則不百慮，不百慮，故廢百矣。楊子爲我，執一於爲我也。墨子兼愛，執一於兼愛也。孟子所以距楊墨，距其執一也，故舉一執中之子莫。然則凡執一者，皆能賊道，不必楊墨也。楊子惟知爲我，而不復慮及兼愛；墨子惟知兼愛，而不復慮及爲我；子莫但知執中，而不復慮及有當爲我，當兼愛之事。楊則冬夏皆葛也，墨則冬夏皆裘也，子莫則參乎裘葛之中，而冬夏皆袷也。不知趨時者裘葛袷皆藏之於篋，各依時而用之，卽聖人一貫之道也。聖人之道，善與人同，執兩端以用其中，故執中而非執一。曾子居武城，寇至則去，寇退則反，薪木亦戒其毀傷；顏子居陋巷，不改其樂；而不同於楊

〔一〕『以』，《皇清經解》本無『以』字。

子之爲我者，不執一也。禹治水，勞身焦思，至於偏枯胝胼，藏竅不通，而不同於墨子之兼愛者，不執一也。故曰『禹稷顔回同道』。又曰『禹稷顔子易地則皆然』。惟易地皆然，則不執一。同道者，一致也。易地皆然者，百慮也。執一則爲楊墨，不執一則爲禹稷顔曾。孟子學堯舜孔子之道，知道在變通神化，故楊墨之執一，不知變通，則距之。距之者，距其悖乎堯舜孔子之道也。不然，楊朱屏氣虚名，齊生死，固高曠絶俗之士。至墨翟以救世爲心，其言曰：『國家昏亂，則語之尚賢尚同；國家貧，則語之節用節葬；國家喜音沉湎，則語之非樂非命；國家淫僻，則語之尊天事鬼；國家務奪侵陵，則語之兼愛非攻。』讀其書，豈不謂之仁人君子？非孟子深明乎變通神化之道，確有以見其異乎堯舜孔子之權，安能反復申明以距之哉！學者尚有申墨子之説者，不知道者也。

《章指》言：楊墨放蕩，子莫執一，聖人量時，不取此術。孔子行止，惟義所在。

孟子曰：『飢者甘食，渴者甘飲，是未得飲食之正也，飢渴害之也。【注】飢渴害其本，所以知味之性，令人强甘之。【疏】注『令人强甘之』○正義曰：飢渴者急欲得飲食，以不甘爲甘，故爲强甘。**豈惟口腹有飢渴之害，人之心亦皆有害。**【注】爲利欲所害，亦猶飢渴得之。**人能無以飢渴之害爲心害，則不及人不爲憂矣。』**【注】人能守正不爲邪利所害，雖謂富貴之事不及逮人，猶爲君子，不爲善人所憂患也。【疏】注『人能』至『患也』

〇正義曰：《説文》又部云：『及，逮也。』《淮南子・脩務訓》云『堯舜之聖不能及』，高誘注云：『及，猶如也。』不及人卽不如人。趙氏謂人之貧賤者，所爲之事，不能及富貴之人，爲利所動，不能守正，必爲强奪詐取之事，以傷害善人，則善人憂患之。使不爲利欲所害，雖不及富貴之人，亦不肯爲禍於善人，故善人不爲所憂患。强奪詐取，猶飲食之不甘者也。以飢渴而甘其所不甘，則因富貴不如人，亦將爲其所不可爲，此何必貧賤富貴之懸殊者也。同一貧賤，而彼稍遜，則已妬而傷之；同一富貴，而彼稍加一等，已百計排毁而傾軋之：皆心害也。受其害者，必善人也；害善人者，必小人非君子也。故云猶爲君子，不爲善人所憂患。近時通解不爲憂謂己不憂不及人。

《章指》言：飢不妄食，忍情抑欲；賤不失道，不爲苟求：能無心害，夫將何憂。

孟子曰：『柳下惠不以三公易其介。』【注】介，大也。柳下惠執宏大之志，不恥汙君，不以三公榮位易其大量也。**【疏】**注『介大』至『量也』〇正義曰：『介，大也』，《爾雅・釋詁》文。《毛詩・大雅・生民》『攸介攸止』、《小明》『介爾景福』，介，傳皆訓大。趙氏以惠不羞汙君，不辭小官爲大量是也。承上『不及人』而言之，士師之賤，不及三公之榮，若少存豔羨之心，則辭小官而不居矣，是其心之淺隘也。《音義》云：『陸云：「介，謂特立之行。」』《文選注》引劉熙注云：『介，操也。』陸氏蓋本此。

《章指》言：柳下惠不恭，用志大也。無可無否，以賤爲貴也。【疏】『無可無否』○正義曰：《法言·淵騫》篇云：『不夷不惠，可否之閒。』

孟子曰：『有爲者辟若掘井，掘井九軔而不及泉，猶爲棄井也。』【注】有爲，爲仁義也。軔，八尺也。雖深而不及泉，喻有爲者中道而盡棄前行也。【疏】注『軔，八尺也』○正義曰：《音義》云：『軔，丁音刃，云：「義與仞同，借用耳。」』先儒以七尺爲仞，注云八尺曰軔。程氏瑤田《通藝録·七尺曰仞説》云：『仞之數，《小爾雅》云：「四尺。」《漢書·食貨志》注引應劭云：「五尺六寸。」此其謬易見也。《説文》云：「仞，人伸臂一尋八尺。」王肅《聖證論》、趙岐《孟子》注，曹操、李筌《孫子》注，郭璞《山海經》注，顔師古《司馬相如傳》注，房玄齡《管子》注，鮑彪《楚國語》注，並曰「八尺」。而鄭康成《周官》《儀禮》注，包咸《論語》注，高誘注《呂氏春秋》，王逸注《大招》、《招魂》，李謐《明堂制度論》郭璞注，司馬相如賦見司馬彪説，則皆以爲「七尺」。《莊子》「步仞之丘」，陸德明《釋文》亦曰「七尺」。《淮南子·原道訓》注「八尺曰仞」，而《覽冥訓》注則云「七尺曰仞」，其注「百仞」，亦曰「七百尺也」。是書有高誘、許慎二人之説，證以《説文》，則八尺者當爲許氏所記雜高誘注中者；證以《呂氏春秋》注，則七尺者，誘之説也。近世方密之、顧亭林皆篤信八尺之説，瑤田以爲仞七尺者是也。揚雄《方言》云：「度廣以尋。」杜預《左傳》「仞溝洫」注云：「度深曰仞。」二書皆言人伸兩手以度物之名，而尋爲八尺，仞必七尺，何也？同一伸手度物，而廣深用之，其勢自不得不異。人長八尺，伸兩手亦廣八尺，用以度廣，其勢全伸而不屈，故尋爲八尺。而用之以度深，則必上下其左右手而側其身焉，身側則胸與所度之物不能相摩，於是兩手不能全伸而成弧之形，弧而求其弦以爲仞，必不能八尺，故七尺曰仞。亦其勢然也。《玉篇》云：「度深曰測。」《説文》解「測」字曰：「深所至也。」測之爲言側也，余之説仞字，以爲伸手度深，必側其身焉，義與此合矣。』段氏玉裁《説文解字注》云：『程氏甚精，仞説可定矣。《攷工記》：「廣二尋，深二仞，謂之澮。」倘其度同八尺，何不皆曰二尋，如上文「廣二尺，深二尺」之例也？』謹按：仞爲七尺，程氏、段氏之言定矣。《管子・地員》篇云：夫管仲之匡天下也，其施七尺。瀆田悉徙，命之曰五施，五七三十五尺而至於泉。赤壚歷彊肥，命之曰四施，四七二十八尺而至於泉。黄唐，命之曰三施。三七二十一尺而至於泉。斥埴，命之曰再施，二七十四尺而至於泉。黑埴，命之曰一施，七尺而至於泉。墳延者六施，六七四十二尺而至於泉。陜之芳七施，七七四十九尺而至於泉。祀陜八施，七八五十六尺而至於泉。杜陵九施，七九六十三尺而至於泉。延陵十施，七十尺而至於泉。環陵十一施，七十七尺而至於泉。蔓山十二施，八十四尺而至於泉。付山十三施，九十一尺而至於泉。付山白徒十四施，九十八尺而至於泉。中陵十五施，百五尺而至於泉。青山十六施，百一十二尺而至於泉。青龍之所居，庚泥不可得泉。赤壤埶山十七施，百一十九尺而至於泉。其下清商，不可得泉。陛山白壤十八施，百二十六尺而至於泉。其下騂石，不可得泉。徙山十九施，百三十三尺而至於泉。其下有灰壤，不可得泉。高陵之〔一〕山二十施，百四十尺而至於泉。山之上命之曰縣泉，鑿之二尺〔二〕乃至於泉。山之上命曰復呂，鑿之三尺而至於泉。山之上命曰泉英，鑿之五尺而至於泉。山之材，鑿之二七十四尺而至於泉。山之側，鑿之三七二十一尺而至於泉。』然則鑿地之度，以七尺爲準，仞與施，其數同也。自二尺至八仞言之，原不必九仞而已可得泉，但水土深淺不齊，必極之以二十施，則九仞僅有其半，故趙氏以中道言之。九仞而不及泉，明及泉者有不待九仞也。猶爲棄井，明九仞功方得半也。不攷《管子》，未知其恉。

《章指》言：爲仁由己，必在究之，九軔而輟，無益成功，《論》之一簣，義與此同。

【疏】『論之一簣』○正義曰：《音義》云：『《論》，謂《論語》也。』

孟子曰：『堯舜，性之也。湯武，身之也。五霸，假之也。【注】性之，性好仁，自然

〔一〕『之』，《皇清經解》本同，《管子·地員》作『土』。

〔二〕『尺』，《皇清經解》本無，《管子·地員》有『尺』字。

也。身之，體之行仁，視之若身也。假之，假仁以正諸侯也。【疏】注「性之」至「侯也」○正義曰：《荀子・正名》篇云：「性之和所生，精合感應，不事而自然，謂之性。」《春秋繁露・察名號》篇云：「如其生生自然之資，謂之性。」《周髀算經》云：「此天地陰陽之性，自然也。」故以性爲自然好仁也。《廣雅・釋親》云：「體，身也。」《大戴禮・曾子・大孝》篇云：「身者，親之遺體也。」《淮南子・繆稱訓》云「身，君子之言信也」，高誘注云：「身君子之言，體行君子之言也。」以體行解身字，與趙氏此注同，是身之卽體之也。行仁，謂以德澤及人。視之若身，謂不異身受之也。《説文》人部云：「假，非真也。」《儀禮・少牢饋食禮》「假爾大筮有常」，注云：「假，借也。」行仁視之若身，則實行之矣。五霸假借行仁之名，以正諸侯，非其實能行仁也。《大戴記・曾子立事》云：「太上樂樂善，其次安之，其下亦能自彊。」盧辯注云：「自彊謂其身不爲，太上謂五帝，其次謂三王，其下謂五霸。孟子曰「堯舜性之，湯武身之，五霸假之」。」**久假而不歸，惡知其非有也？**【注】五霸若能久假仁義，譬如假物，久而不歸，安知其不真有也。【疏】注「五霸」至「有也」○正義曰：五霸假借仁義之名，旋復不仁不義，不能久也。假而能久，仁亦及人，究殊乎不能假而甘爲不仁者也。

《章指》言：仁在性體，其次假借，用而不已，實何以易，在其勉之也。【疏】「用而不已實何以易」○正義曰：《呂氏春秋・順説》篇云「以之所歸」，高誘注云：「歸，終也。」僖公二十四年《左傳》「婦怨無終」，注云：「終，猶已也。」此云用而不已，即是假而不歸，以已釋歸也。實即指湯武身之，謂與身之何以易，《曹風・下泉》所以思明王賢伯矣。《攷文》古本無已字，落之也。

公孫丑曰：「伊尹曰：『予不狎于不順，放大甲於桐，民大悅。大甲賢，又反之，民大悅。』賢者之爲人臣也，其君不賢，則固可放與？」【注】公孫丑怪伊尹賢者而放其君何也。【疏】「伊尹曰予不狎于不順」○正義曰：江氏聲《尚書集注音疏》云：「自是《尚書》文，而不稱《書》曰。」

孟子曰：「有伊尹之志則可，無伊尹之志則篡也。」【注】人臣秉忠志。志若伊尹，欲寧殷國則可放，惡而不即立君，宿留冀改而復之。如無伊尹之忠，見閒乘利，篡心乃生，何可放也。

《章指》言：**憂國忘家，意在出身，志在寧君，放惡攝政，伊周有焉。凡人志異，則生篡心也。**

公孫丑曰：「《詩》曰『不素餐兮』，君子之不耕而食，何也？」【注】詩，魏國《伐檀》之篇也。無功而食，謂之素餐。世之君子，有不耕而食，何也。【疏】注「詩魏」至「素餐」○

正義曰：《詩序》云：『《伐檀》，刺貪也。在位貪鄙，無功而受禄。君子不得進仕爾。』毛傳云：『素，空也。』空之言虚也，無功受禄，是虚得此餐也。

孟子曰：『君子居是國也，其君用之，則安富尊榮；其子弟從之，則孝悌忠信。不素餐兮，孰大於是！』【注】君子能使人化其道德，移其習俗，君安國富而保其尊榮，子弟孝悌而樂忠信，不素餐之功，誰大於是，何爲不可以食禄。

《章指》言：君子正己，以立於世，世美其道，君臣是貴，所遇者化，何素餐之謂。

王子墊問曰：『士何事？』【注】齊王子名墊也。問士當何事爲事也。【疏】注『齊王』至『事也』〇正義曰：孟子仕齊久，此稱王子，故知爲齊王之子也。顧氏炎武《日知録》云：『「士農工商，謂之四民，其説始於《管子》。《穀梁》成公元年《傳》亦云：「三代之時，民之秀者，乃收之鄉序，升之司徒，而謂之士。」固千百之中不得一焉。《大宰》「以九職任萬民，五曰百工，化飭八材」。計亦無多人爾。武王作《酒誥》之書曰：「妹土，嗣爾股肱，純其藝黍稷，奔走事厥考厥長。」此謂農也。「肇牽車牛，遠服賈，用孝養厥父母。」此謂商也。又曰：「庶士有正，越庶伯君子，其爾聽朕教」，則謂之士者，大抵皆有職之人矣。惡有所謂「羣萃而州處，四民各自爲鄉」之法哉？春秋以後，游士日多，《齊語》言「桓公爲游士八十人，奉以車馬衣裘，多其資幣，使周游四方，以號召天下之賢士」。而戰國之君，遂以士爲輕重，文者爲儒，武者爲俠。嗚乎，游士興而先王之法壞矣！彭更之言，王子塾之問，其猶近古之意與？」

孟子曰：「尚志。」【注】尚，上也。士當貴上於用志也。【疏】注「尚上」至「志也」○正義曰：《儀禮·覲禮》云「尚左」，注云：「古文尚作『上』。」《釋文·序録》引《書贊》云：「孔子撰《書》，尊而命之曰《尚書》，尚者，上也。」尊之猶貴之，故以上釋尚，又以貴釋上。程氏瑶田《通藝録·論學小記》云：「隱居以求其志，求其所達之道也。當其求時，猶未及行，故謂之志。行義以達其道，行其所求之志也。及其行時，不止於求，故謂之道。志與道，通一無二，故曰士何事，曰尚志。」

曰：「何謂尚志？」

曰：「仁義而已矣。殺一無罪，非仁也。非其有而取之，非義也。居惡在，仁是也。路惡在，義是也。居仁由義，大人之事備矣。」【注】孟子言志之所尚，仁義而已矣。不殺無罪、不取非有者爲仁義。欲知其所當居者仁爲上，所由者義爲貴，大人之事備也。【疏】「大人之事備矣」○正義曰：程氏瑶田《論學小記》云「萬物皆備於我，我者，己也。尚志者，居仁由義之謂也。不殺無罪曰居仁，不取非其有曰由義，尚志之時，雖曰士也，然豈待爲大人而後謂之大人哉？蓋大人之事，天生已時，已備之矣」。

《章指》言：**人當尚志，志於善也。善之所由，仁與義也。欲使王子無過差也。**

孟子曰：『仲子不義與之齊國而弗受，人皆信之，是舍簞食豆羹之義也。【注】仲子，陳仲子處於陵者。人以爲廉，謂以不義而與之齊國，必不受之。孟子以爲仲子之義，若上章所道簞食豆羹，無禮則不受，萬鍾則不辨禮義而受之也。【疏】注『仲子』至『受之也』○正義曰：仲子不義其兄之禄而處於陵，此實事也。不義而與之齊國而不受，無此事，人虚擬之也。不義與之齊國而不受，猶萬鍾之不受也。處於陵，猶簞食豆羹之不受也。亡親戚君臣上下，是不知禮義之大者；若能不義與之齊國而不受，則宜知親戚君臣上下矣。仲子既不知有親戚君臣上下，又何能不義與之齊國而不受也？此趙氏義也。周氏柄中《辨正》云：『《史記》鄒陽《上梁王書》，稱於陵子仲辭三公，爲人灌園。皇甫謐《高士傳》載其事。愚謂果有此事，自是廉之實蹟，匡章何以不稱於孟子之前？孟子又何以設言與之齊國而弗受，而反不及其辭楚相邪？嘗攷《韓詩外傳》：「楚莊王使使賫金百斤聘北郭先生，先生曰：臣有箕帚之使，願入計之。卽謂婦人曰：楚欲以我爲相。今日相，卽結駟列騎，食方丈於前，如何？婦人曰：夫子以織屨爲食，食粥毚履，無怵惕之憂者何哉？與物無治也。今如結駟列騎，所安不過容膝；食方丈於前，所甘不過一肉。以容膝之安，一肉之味，而徇楚國之憂，其可乎？於是遂不應聘，與婦去之。」此北郭先生之事，而《高士傳》以爲陳仲子。夫鄒陽所云辭三公者，特言其不願爲三公耳，固不必且於陵齊地，顧野王《輿地志》：「齊城有長白山，陳仲子夫妻所隱處。」《高士傳》稱「陳仲子適楚，居於陵，楚王聞其賢而聘之」。以齊地爲楚地，傅會改易，灼然可知。而左袒仲子者，猶以辭三公爲美談，夫亦未之攷耳。』**人莫大焉亡親戚君臣上下。以其小者，信其大者，奚可哉？**』【注】人當以禮義爲正。陳仲子避兄離母，不知仁義親戚上下之叙，何可以其小廉，信以爲大哉。【疏】注「人當」至「大哉」○正義曰：經言亡親戚君臣上下，趙氏言不知仁義親戚上下之叙。不言君臣者，以上下卽君臣也。避兄離母，是不知親戚。不義蓋祿，是不知君臣。親戚屬仁，君臣屬義，故不知仁義。《書》「惇叙九族」，是親戚有叙也。《周禮·春官·小宰》「以官府之六叙正羣吏」，注云：「謂先尊後卑。」是上下有叙也。賈子《新書·六術》篇云：「人之戚屬，以六爲法。人有六親，六親始曰父，父有二子，二子爲昆弟；昆弟又有子，子從父而昆弟，故爲從父昆弟；從父昆弟又有子，子從祖而昆弟，故爲從祖昆弟；從祖昆弟又有子，子從曾祖而昆弟，故爲從曾祖昆弟；曾祖昆弟又有子，子爲族兄弟，備此六者之謂六親。親之始於一人，世世別離，分爲六親。親戚非六，則失本末之度。六親有次，不可相踰。相踰則宗族擾亂，不能相親。」然則親戚專指同姓。《呂氏春秋·論人》篇云：「論人者，又必有六戚四隱。何謂六戚？父母兄弟妻子。」高誘注云：「六戚，六親也。」有父則有母，有子則有妻，與賈子之說，互相備也。莊公三十二年《公羊傳》云「君親無將」，注云：「親，父母也。」父母，六親所由始也，故專得其稱。《禮記・祭義》「立愛自親始，立敬自長始」，注云：「親，長，父兄也。」此親專屬父。《儀禮・喪服記》「親則月算如邦人」，注云：「謂在五屬之內。」《周禮・秋官・掌戮》「凡殺其親者焚之」，注云：「緦服以內也。」《天官・大宰》「一曰親親」，注云：「親親，若堯親九族也。」《書・堯典》「以親九族」，馬氏、鄭氏注皆云：「上自高祖，下至玄孫爲九族。」凡稱親皆謂父族。《喪服小記》「婦祔於祖姑，祖姑有三人則祔於親者」，注云：「親者，謂舅所生。」此以舅之生母爲親，仍六親中之母也。《毛詩・大雅・行葦》「戚戚兄弟」，傳云：「戚戚，內相親也。」箋云：「王與族人燕，兄弟之親，無遠無近，俱揖而進之。」孔氏正義云「戚戚，猶親親。」《禮記・大傳》云：「四世而緦，服之窮也。五世袒免，殺同姓也。六世親屬竭也。其庶姓別於上，而戚單於下。」正義云：「戚，親也。」是戚亦與親同，指同族而言。《爾雅・釋親》先釋宗族，六親之正也。次因母而及母黨，因妻而及妻黨，因子而及昏姻，是連類而推及之。《秋官・小〔一〕司寇》：「一曰議親之辟」，鄭司農云：「若今時宗室有罪先請是也。」而賈氏疏兼以外親有服者言之，非其義也。乃《曲禮》「兄弟親戚，稱其慈也」，孔氏正義謂「親言族內，戚言族外」。《國語・鄭語》云：「是非王之支子母弟甥

〔一〕「小」，《皇清經解》本作「大」。

舅也，則皆荊蠻戎翟之人也，非親則頑。』韋昭注云：『親，謂支子甥舅。』昭公二十五年《左傳》云：『爲父子兄弟，姑姊甥舅，昏媾姻亞，以象天明。』杜預注云：『六親相睦。』蓋自漢以來，有《尚書》歐陽、夏侯説云：『九族乃異姓有親屬者，父族四，母族三，妻黨二。夫同姓稱宗族，母妻稱黨。』自混黨於族，遂亦稱黨爲親。漢儒説經，尚無以親戚指異姓，而韋昭、杜預生於漢末，其時外戚之盛，踰於宗族，預又爲司馬懿之女壻，其以姻亞爲親宜矣。然《左傳》言『父子，兄弟，姑姊，甥舅，昏媾，姻亞』，數雖有六，原無親名，故孔氏正義辨之云：『《老子》云：「六親不和，焉有孝慈。」六親，謂父子兄弟夫婦。』則以杜氏所云六親爲不然也。《鄭語》『非親』二字承上文『支子母弟甥舅』，故韋昭注云，其實親字衹屬『支子母弟』，如《小雅·頍弁序》云：『暴戾無親，不能宴樂同姓，親睦九族。』而末章連言『兄弟甥舅』，不得謂甥舅亦同姓九族也。趙氏以親戚指母與兄是矣。仲子辟兄離母而親其妻，是親戚之叙失矣。翟氏灝《攷異》云：『王氏《翼注》云：「此作一句讀，言人之罪莫有大於無親戚君臣上下者。」《荀卿·不苟篇》云：「盜名不如盜貨，田仲不如盜也。」又《非十二子篇》云：「仲綦刻利跂苟，以分異人爲高，不足以合大衆，明大分。」《韓非子·外儲説》載宋屈穀謂：「田仲不恃仰人而食，亦無益於人之國，蓋堅瓠之類也。」《戰國策》趙威后問齊使，則言其「率民而出於無用，何爲至今不殺乎」？仲子磏廉矯義，不惟人不信之，且多厭惡之矣。倘特因孟子之大聲一呼，而仲遂敗其僞與？』王氏引之《經傳釋詞》云：『焉猶於也。「人莫大焉無親戚君臣上下」，言莫大於無親戚君臣上下也。』

《章指》言：事有輕重，行有小大，以大包小可也，以小信大，未之聞也。

桃應問曰：『舜爲天子，皋陶爲士，瞽瞍殺人，則如之何？』【注】桃應，孟子弟子。皋陶爲士官，主執罪人，瞽瞍惡暴而殺人，則皋陶如何。【疏】注『皋陶爲士官主執罪人』○正義曰：《書・堯典》云：『帝曰：皋陶，蠻夷猾夏，寇賊姦宄。汝作士，五刑有服，五服三就；五流有宅，五宅三居。惟明克允。』馬氏注云：『士，獄官之長。』鄭氏注云：『士，察也。主察獄訟之事。』《禮記・月令》『孟秋，命理瞻傷』。注云：『理，治獄官也。有虞氏曰士，夏曰大理，周曰大司寇。』士爲刑官之長，故主執有罪之人。

孟子曰：『執之而已矣。』【注】孟子曰皋陶執之耳。【疏】注『皋陶執之耳』○正義曰：皋陶既主執罪人，故執殺人者。

『然則舜不禁與？』【注】桃應以爲舜爲天子，使有司執其父，不禁止之邪。

曰：『夫舜惡得而禁之？夫有所受之也。』【注】夫，辭也。孟子曰，夫舜惡得禁之。夫天下乃受之於堯，當爲天理民，王法不曲，豈得禁之也。【疏】注『夫辭』至『禁之也』○正義曰：《周禮・秋官・司烜》『掌以夫遂取明火於日』，鄭司農注云：『夫，發聲。』是夫爲語辭也。趙氏以舜之天下受之於堯，故不得禁皋陶執殺人之罪人。惠氏士奇《春秋説》云：『夫有所受之也，惡乎受之？曰：受之舜。殺人者死，天之道也。皋陶既受之舜矣，而舜復禁之，是自壞其法也。自壞其法，不可以治一家，況天下乎？且受之舜猶受之天，受之天者，非諄諄然命之也，謂其法當乎天理，合乎人心而已。』

『然則舜如之何？』【注】應問舜爲之將如何。

曰：『舜視棄天下猶棄敝蹝也。竊負而逃，遵海濱而處，終身訢然，樂而忘天下。』【注】孟子曰舜視棄天下如捐棄敝蹝。蹝，草履可蹝者也。敝喻不惜。舜必負父而遠逃，終身訢然，忽忘天下之爲貴也。【疏】注『舜視』至『不惜』○正義曰：《説文》華〔一〕部云：『棄，捐也。』手部云：『捐，棄也。』捐、棄二字轉注，故以捐釋棄也。《文選·北山移文》注引劉熙注云：『蹝，草屨可履。』趙氏云草履可蹝，可蹝猶可履也。《説文》履部云：『屨，履也。』『履，足所依也。』故可稱草履，亦可稱草屨。《毛詩·大雅·生民》『履帝武敏歆』，傳云：『履，踐也。』以其可踐，故名履。《吕氏春秋·長見》篇云『視釋天下若釋躧』，高誘注云：『釋，棄也。』《觀表》篇云『視舍天下若舍屣』，高誘注云：『屣，弊履也。』《莊子·讓王》篇云『原憲華冠縰履杖藜而應門』，又云『曾子曳縰而歌《商頌》，聲滿天地』。《釋文》云：『縰，《三蒼解詁》作「躧」，云：「躡也。」《聲類》或作「屣」。《通俗文》云「履不著跟曰

〔一〕『華』，《皇清經解》本作『廾』，《説文解字》作『華』。

屣」，李云：「縱履，謂履無跟也。」王云：「體之能躡舉而曳之也。」』然則躧、屣、蹝三字同。《説文》足部云：『躧，舞履也。』革部云：『䩙，鞮屬。』『鞮，革履也。』《周禮・春官・鞮鞻氏》注云：『鞻讀如屨。鞮屨，四夷舞者所扉也。今時倡蹋鼓沓行者自有扉。』《史記・貨殖傳》云『躡利屣』，徐廣云：『舞屣也。』段氏玉裁《説文解字注》云：『躡，一作「跕」。跕，吐協反。《地理志》「跕躧」，臣瓚曰：「躡跟爲跕。」按舞不納履，故凡不著跟，曳之而行曰躧履，如《雋不疑傳》、《長門賦》皆是也。《西京賦》説舞曰「振朱屣於盤樽」，辥曰：「朱屣，赤絲履也。」』謹按：《説文》躧、䩙雖分兩字，而䩙爲『鞮屬』，鞮爲『舞者所扉』，躧爲『舞履』，則躧與䩙原爲一物，故《吕氏春秋》同載。僕謂吴起之言，一云躧，一云屣。屣卽是䩙，爲舞者無跟之履。蓋舞履名䩙，以其無跟，履之敝壞者不可以納，但爲躡舉而曳之，如原憲之『縱履』，曾子之『曳縱』，不必爲舞履，以其無跟而亦稱縱。此高誘所以訓屣爲『敝履也』，而皆非草履之名。乃劉、趙並以草履釋之者，劉熙《釋名・釋衣服》云：『齊人謂草屨曰扉。』於是杜預注僖公四年《左傳》『扉屨』云：『扉，草屨。』因《鞮鞻氏》注言『舞者所扉』，扉既爲草履之稱，鞮既是蹝，故以屣爲草履耳。閻氏若璩《釋地又續》云：『縱，其實止解履也，與《史記》虞卿「躡蹻」之蹻別。徐廣曰：「蹻，草履也。」又扉亦草履。』按扉爲齊人稱草履之名，而屣實無此稱。《釋名》又云：『屩，草履也。』『屩，蹻也。』出行著之，蹻蹻輕便，因以爲名也。然則草履名屩，舞履名屣，閻氏謂其有别是也。

趙氏云敝喻不惜者，《釋名》於『齊人謂草履曰扉』之下又云：『不借，言賤易有宜各自蓄之，不假借人也。齊人云搏腊，搏腊猶把作麤貌也。荆州人异麤，絲麻韋草皆同名也。』《古今注》云：『不借者，草履也。』《説文》糸部云：『綥，一曰不借綥。』《儀禮・喪服傳》：『繩屨者，繩菲也。』注云：『繩菲，今時不借也。』《齊民要術・雜説》第三十引崔寔《四民月令》云：『十月可拆麻緝績布縷作白履不惜。』注云：『草履之賤者曰不惜。』然則不惜卽不借，不借卽扉。趙氏既以蹝爲草履，故以其稱敝者爲喻不惜也。○注『舜必』至『貴也』○正義曰：閻氏若璩《釋地》云：『濱，水涯也。古者海之濱便爲政令所不及，故舜竊父處於此。伯夷太公辟紂居於此，因悟「執之而已矣」，卽《尚書》「盡執拘以歸於周」之執，非指法言。』《音義》云：『訢，音忻。』《爾雅・釋詁》云：『欣，樂也。』《史记・赵世家》荀欣，《汉书・古今人表》作荀訢。《説文》欠部云：『欣，笑喜也。』言部云：『訢，喜也。』段氏玉裁《説文解字注》云：『《萬石君傳》「僮僕訢訢如也」，晉灼引許慎曰：「訢，古欣字。」蓋灼所據《説文》訢在欠部「欣」字下，似與今本不同。』

《章指》言：奉法承天，政不可枉，大孝榮父，遺棄天下。虞舜之道，趨將如此，孟子之言，揆聖意也。

孟子自范之齊，望見齊王之子，喟然嘆曰：『居移氣，養移體，大哉居乎，夫非盡人之子與！』【注】范，齊邑，王庶子所封食也。孟子之范，見王子之儀，聲氣高涼，不與人同。還至齊，謂諸弟子，謂然嘆曰，居尊則氣高，居卑則氣下，居之移人氣志，使之高涼，若供養之移人形身使充盛也。大哉居乎者，言當慎所居，人必居仁也。凡人與王子，豈非皆是人之子也。王子居尊勢，故儀聲如是也。【疏】注『范齊』至『食也』○正義曰：閻氏若璩《釋地》云：『今東昌府濮州范縣，本春秋晉大夫士會邑，《國語》「是以受隨范」是。又半〔一〕屬魯，《後漢志》東郡范縣有秦亭，即莊三十一年「築臺於秦」，《地道志》「在縣西北」是也。孟子時則屬齊。趙注云：「范，齊邑，王庶子所封食也。」蓋齊王之子，生長深宮，賜第於康衢，貴仕於朝內，豈容遠在七八百里之下邑，而爲孟子所見。其在范者，殆猶靖郭君、孟嘗君之於薛乎？』○注『孟子』至『是也』○正義曰：以經言『自范之齊』，則是在范望見王子，至齊乃言，故云之范見王子之儀，還至齊，謂諸弟子。《說文》人部云：『儀，度也。』賈子《新書・容經》云：『容貌可觀，聲氣可樂。』又云：『夫有威而可畏謂之威，有儀而可象謂之文。』此儀即謂容儀、威儀。經言望見，遥而望之，故見其儀。儀字從望字推之。《梁惠王》上篇『望之不似人君』，注云『望之無儼然之威儀』是也。劉熙《釋名・釋天》云：『氣，愾也。愾然有聲而無形也。』下云居移氣，故云聲氣，亦即本《容經》『聲氣可

〔一〕『半』，《皇清經解》本作『卒』，《四書釋地》作『半』。

樂』之語也。阮氏元《校勘記》云：『高涼，按涼字與亮同，古字通用。』按亮者，明也。乃聲之高明由於志之高明，志之高明由於居之尊貴，故既言聲氣，又云氣志。趙氏以養移體爲比喻之辭，故云若供養之移人形身使充盛也。《説文》食部云：『養〔一〕，供養也。』蓋下專言居，故以養爲喻也。夫居尊爲居，居仁亦爲居，以居仁與居尊較，則居仁爲大矣，故云大哉居乎。當慎所居，猶云術不可不慎。同是居，宜擇而居其大者，必以居仁爲大也。卽以居勢言之，則居尊者高，居下者卑，居下者之氣不如居尊者之高，而居勢者之小又不如居仁者之大矣。同是子，而王子異於凡人，亦同是人，而君子異於小人，可相觀而喻矣。孟子之言，含蓄不盡，趙氏注與《章指》互發明之。凡人卽凡民，謂衆庶。詳見前。《章指》言：人性皆同，居使之異，君子居仁，小人處利，譬猶王子，殊於衆品也。

孟子曰：『王子宫室車馬衣服多與人同，而王子若彼者，其居使之然也。況居天下之廣居者乎？【注】言王子宫室乘服，皆人之所用之耳。然而王子若彼高涼者，居勢位故也。況居廣居，謂行仁義，仁義在身，不言而喻也。【疏】注『仁義在身不言而喻』○正義曰：詳見前。謂仁義根於心，其施於四體者，威儀容度，益有可觀。**魯君之宋，呼於垤**

〔一〕『養』，《皇清經解》本作『善』，《説文解字》作『養』。

澤之門，守者曰：『此非吾君也，何其聲之似我君也？』此無他，居相似也。』【注】垤澤，宋城門名也。人君之聲相似者，以其俱居尊勢，故音氣同也。以城門不自肯夜開，故君自發聲。【疏】注『垤澤』至『發聲』○正義曰：《音義》云：『呼，丁火故切。』閻氏若璩《釋地》云：『垤澤，卽襄十七年築者謳曰之澤門，杜氏注「宋東城南門」是也。或曰：得無《禹貢》盟諸澤名其門乎？按盟諸澤在故宋國微子所封之東北，此自爲南門耳。』又云：『三衢毛氏曰：呼，喚也。凡歎息招呼則平聲，《小爾雅》「嗚呼吁嗟」，醫書「一呼一吸爲一息」之類也。叫號而呼則去聲，《詩》「式號式呼」，《左傳》「倉葛呼」之類也。果爾，魯君於垤澤之門，自應如趙注云「以城門不自肯夜開，故君自發聲」之呼爲平聲，不應音去聲爲叫號之呼明矣。近講又云，有作魯君自呼之聲者，陋甚。試看呼於門，於字是呵護傳呼，來於垤澤之門，尤非人之聲音關乎貴賤，呵護傳呼乃賤者之役聲，可習之而能，若魯君與宋君聲爲居高養優所移，豈他人能似？仍屬倉卒自呼，故爲監門者所疑。』按字義，古不以音分，呼喚號呼雖有不同，而皆爲聲。趙氏以發聲解之者，文公元年《左傳》云：『江芉怒曰呼』，注云：『呼，發聲也。』《禮記・月令》云『雷乃發聲』，《樂記》云『其聲發以散』，注云：『發，猶揚也。』《國語・周語》云：『士氣震發。』《鬼谷子・摩》篇云『怒者動也』，《國語・周語》云『怨而不怒』，韋昭注云：『怒，作氣也。』蓋發聲者，奮作其氣而揚厲其聲之謂也。魯君夜至宋城，監門者不肯開納，故魯君怒而發聲，呼於門外。魯君之呼，卽猶江芈之呼，其聲震動，故守者聞之。發聲二字，解怒之呼，與杜氏同，杜氏當亦有所受也。因其不肯，所以發怒，注義甚明，正見威之可畏，與王子儀之可象，同一居尊勢所移。若謂慮其夜不開城門，因而君預自請開。顧魯君之來，守者豈不知，所以不肯開者，正以乘夜而來，詎非襲我，豈魯君自呼以表其非他人而門卽啟乎？郅惲守上東城門，帝至見面於門且不受詔，豈異國之君自請於門，遂可信而納之乎？且召評《說文》在言部作『評』，號嘑在口部作『嘑』。此呼字，《說文》口部云：『外息也。』呼、評、嘑三字不同。外息謂出其氣，出其氣正是震發其氣。凡人氣息和則呼吸相均，忿而爲怒則呼長而吸小，故象其發怒之聲而以爲呼也。此呼正呼吸之呼，與召評、號嘑自別，無煩以平去分也。趙氏注『嘑爾而與之』，讀嘑爲呼而訓爲咄啐。此以嘑爲呼之假借，咄啐爲呼，正與此相發明矣。

《章指》言：輿服器用，人用不殊，尊貴居之，志氣以舒。是以居仁由義，盎然內優，胷中正者，眸子不瞀也。【疏】『眸子不瞀』○正義曰：《音義》云：『瞀，丁云：「案《開元文字》音茂，目不明也。」張亡角反。』《玉篇》目部云：『瞀，莫遘、亡角二切，目不明貌。』《荀子·非十二子》云『世俗之溝猶瞀儒』，楊倞注云：『瞀，闇〔一〕也。』闇亦不明也。瞀與眊一音之轉。趙氏以瞀與優韻，則讀若茂。

〔一〕『闇』，《皇清經解》本同，《荀子·非十二子》作『儒暗』。

孟子曰：『食而弗愛，豕交之也。愛而不敬，獸畜之也。恭敬者，幣之未將者也。恭敬而無實，君子不可虚拘。』【注】人之交接，但食之而不愛，若養豕也。愛而不敬，若人畜禽獸，但愛而不能敬也。且恭敬者如有幣帛，當以行禮，而未以命將行之也。恭敬貴實，如其無實，何可虚拘致君子之心也。【疏】注『且恭』至『心也』○正義曰：《爾雅·釋言》云：『將，送也。』孫炎注云：『行之送也。』《周禮·春官·大史》『及將幣之日』，注云：『將，送也。』賈氏疏云：『幣，謂璧帛之等。』《禮記·少儀》云『聞始見君子者，辭曰某固願聞名於將命者』，注云：『將，猶奉也。』孔氏正義云：『將命，謂傳辭出入、通主客之言語者也。』將之義爲送，爲奉，而將幣、將命皆是行禮，故將爲行。趙氏之義，蓋謂以幣行禮必以命行之乃爲實。若但以幣將，未以命將，則爲無實，不可以虚致君子。《説文》手部云：『拘，止也。』《毛詩·大雅·抑》篇『淑慎爾止』，《魯頌·泮水》篇『魯侯戾止』，傳並云：『止，至也。』至即致，故以致釋拘。近時通解謂幣帛未將時已有此恭敬之心，乃是其實，若幣行時方恭敬即是虚文，君子不可以虚文拘留之。

《章指》言：**取人之道，必以恭敬，恭敬貴實，虚則不應，實者謂愛敬也。**

孟子曰：『形色，天性也。【注】形，謂君子體貌嚴尊也。《尚書·洪範》『一曰貌』。

色，謂婦人妖麗之容。《詩》曰『顔如舜華』。此皆天假施於人也。【疏】注『形謂』至『人也』○正義曰：《禮記·樂記》『在地成形』，注云：『形，體貌也。』《書·無逸》『嚴恭寅畏』，鄭氏注云：『恭在貌。』《禮記·大傳》『收族故宗廟嚴』，注云：『嚴，猶尊也。』《洪範》，《商書》篇名。云『二五事，一曰貌，貌曰恭，恭作肅』，恭肅卽尊嚴也。《説文》色部云：『色，顔氣也。』《一切經音義》引《三蒼》云：『妖，妍也。』妖麗，謂女子容色妍美。引詩，《鄭風·有女同車》篇。毛傳云：『舜，木槿也。』《太平御覽》引《傅子》云：『蕣華，麗木也。謂之曰治，或謂之冶容，或謂之愛老沖。』舜爲麗木，故以比顔色之美好。趙氏謂體貌尊嚴，與顔色妖麗，皆天之所生，故爲天性。阮氏元《校勘記》云：『十行本舜字模糊，閩、監、毛三本如此。廖本、孔本、韓本、《攷文》古本作「蕣」。』按《音義》出「蕣」字，依《説文》則舜古字，蕣俗字也。」**惟聖人然後可以踐形。**」【注】踐履居之也。《易》曰『黄中通理』。聖人内外文明，然後能以正道履居此美形。不言居色，主名尊陽抑陰之義也。【疏】注『踐履』至『義也』○正義曰：《説文》足部云：『踐，履也。』形而言踐履，故以『居之』明之。《禮記·明堂位》言『周公踐天子之位』，卽居天子之位也。引《易》者，《坤》六五《文言傳》文，云『君子黄中通理，正位居體，美在其中，而暢於四支』。蓋以踐形爲居體也。《春秋繁露》有《陽尊陰卑》篇云：『三王之正，隨陽而更起，以此見之，貴陽而賤陰也。故數日者據晝而不據夜，數歲者，據陽而不據陰。是故《春秋》之於昏禮也，達宋公而不達紀侯之母，丈夫雖賤皆爲陽，婦人雖貴皆爲陰。』趙氏以男子生有美形，宜以正道居之；女子生有美色，亦宜以正道居之。乃上並稱形色，下單言踐形，不言踐色，是尊陽抑陰，猶數晝不數夜，達宋公不達紀侯之母也。主名者，聖人爲男子踐形者之稱。然則居色者之主名其聖女與？《禮記・大傳》云：『異姓主名治際會，名著而男女有别。』注云：『異姓，謂來嫁者也。立於母與婦之名耳。』趙氏以居色者爲婦女，故假借此二字也。按此章乃孟子言人性之善異乎禽獸也。形色卽是天性，禽獸之形色不同乎人，故禽獸之性不同乎人。惟其爲人之形、人之色，所以爲人之性。聖人盡人之性，正所以踐人之形。苟拂乎人性之善，則以人之形而入於禽獸矣，不踐形矣。《孟子》此章言性，至精至明。戴氏震《孟子字義疏證》云：『人物成性不同，故形色各殊。人之形，官器利用大遠於物，而於人之道不能無失，是不踐此形也。猶言之而行不逮，是不踐此言也。』又《原善》云：『孟子曰：「形色，天性也。惟聖人然後可以踐形。」血氣心知之得於天，形色其表也。由天道以有人物，五行陰陽，生殺異用，情變殊致。是以人物生生，本五行陰陽，徵爲形色。其偏全厚薄，勝負雜糅，能否精㨊，清濁昏明，煩煩員員，氣衍類滋，廣博襲僢，閎钜瑣微，形以是形，色以是色，咸分於道。以順則煦以治，以逆則毒。性至不同，各呈乎才。人之才，得天地之全能，通天地之全德。從生而官器利用以馭，横生去其畏不暴其使，智足知飛走蠉動之性，以馴以豢；知卉木之性，良農以蒔刈，良醫任以處方。聖人神明其德，是故治天下之民，民莫不育於仁，莫不條貫於禮與義。』

《章指》言：體德正容，大人所履，有表無裏，謂之柚　，是以聖人乃堪踐形也。【疏】『有表無裏謂之柚⿰木莘』○正義曰：《音義》云：『柚⿰木莘，丁云：「上以究切，似橙而酢。下音臻，從木莘。」字亦作「榛」。榛，似栗而小。』引此二物者，皆謂內不稱外。周氏廣業《孟子章指攷證》云：『案⿰木莘字，宋本及《韻會》「榛」字注引此文並同。攷《說文》「亲，果實如栗」。「榛，木也」。其字從辛[一]從木。《廣雅》作「辛栗」，脫木字。陸璣《詩疏》、《本草圖經》作「莘」，謂是栗之一種，則改從莘。今此作「⿰木莘」，木與草兩岐，恐亦譌體。古本作「梓」，尤非。』柚皮厚味甘，實酢不中啖，榛肉作胡桃味，而實肥者少，故江南諺云：『十榛九空。』趙氏以喻有表無裏，殆以此邪？

齊宣王欲短喪，公孫丑曰：『爲朞之喪，猶愈於已乎？』【注】齊宣王以三年之喪爲太長久，欲減而短之，因公孫丑使自以其意問孟子。既不能三年喪，以朞年差愈於止而不行喪者。

孟子曰：『是猶或紾其兄之臂，子謂之姑徐徐云爾。亦教之孝悌而已矣。』【注】紾，

[一] 『辛』，《皇清經解》本作『亲』。

戾也。孟子言有人戾其兄之臂爲不順也，而子謂之曰且徐徐云爾。是豈以徐之爲差者乎，不若教之以孝悌，勿復戾其兄之臂也。今欲行其朞喪，亦猶曰徐徐之類也。【疏】注『且徐徐云爾』〇正義曰：《毛詩・周南・卷耳》『我姑酌彼金罍』，傳云：『姑，且也。』趙氏佑《温故録》云：『齊宣王欲短喪，意在變今非變古。蓋當時久不行三年之喪，直已而已矣。齊王殆聞孟子之教，知已之不可，而又以三年爲過，故欲酌易而從朞。不知天下無得半之理，既知其非，不求其是，而小變之以爲安，終身無望於是矣。故孟子於戴盈之請輕税，則喻之攘雞；而公孫丑問短喪則喻之紾兄。』

王子有其母死者，其傅爲之請數月之喪，公孫丑曰：『若此者何如也？』【注】丑曰，王之庶夫人死，迫於適夫人，不得行其喪親之數。其傅爲請之於君，欲使得行數月喪，如之何。【疏】注『王之庶』至『之何』〇正義曰：閻氏若璩《釋地又續》云：『以經解經，莫合於《喪服記》公子爲其母章以解王子爲其母。此厭於父在，本無服，權爲制練冠麻、麻衣縓緣，既葬而除之服。鄭康成曰：「不奪其恩也。」無厭於嫡母之説。厭嫡母，誤自趙岐，沿於孔疏。明初，《大明令》載「庶子爲其所生母齊衰期」，注曰：「謂嫡母在室者。」後《孝慈録》成，益定制，讀自製序文，真有冠履倒置之歎！』錢氏大昕《潛研堂答問》云：『問：「王子有其母死者，其傅爲之請數月之喪。」陳氏暘謂「王子所生之母死，厭於嫡母，而不敢終喪」。古人之於嫡庶，若是其嚴乎？曰：陳氏之説，本於趙邠卿，謂「王之庶夫人死，迫於嫡夫人，不得行喪親之數」。其實不然也。禮家無二尊，故有厭降之義。父卒爲母齊衰三年，而父在則期，厭於父也。禮尊君而卑臣，亦有厭降之義。天子諸侯絶旁期，大夫降，故士之庶子父在爲其母期，大夫之庶子父在爲其母大功，公子父在爲其母無服，厭於尊也。《儀禮·喪服記》：「公子爲其母練冠麻、麻衣縓緣，既葬除之。」傳曰：「何以不在五服之中也？君之所不服，子亦不敢服也。」大功章「公之庶昆弟爲其母」，傳謂「先君餘尊之所厭，不得過大功」。蓋公之庶子雖父已先卒，猶厭於父之餘尊，不得伸母之服，不言厭於嫡母也。《公羊傳》「母以子貴」，故《春秋》於成風、敬嬴、定姒、齊歸之薨葬，曰夫人，曰小君，成其爲君母也。惟嫡母在則不得伸其母。然則天子諸侯爲其生母，謂厭於嫡母，可也。公子爲其母，謂厭於嫡母，不可也。」

曰：『是欲終之而不可得也，雖加一日愈於已，謂夫莫之禁而不爲者也。』【注】孟子曰，如是，王子欲終服其子禮而不能者也。加益一日，則愈於止，況數月乎。所謂不當者，謂無禁自欲短之，故譏之。【疏】注『王子』至『譏之』○正義曰：《喪服傳》云：『疏衰裳齊、牡麻絰、冠布纓、削杖、布帶、疏屨，期者，父在爲母。』此子之禮也。今公子厭於父，爲其母練冠麻、麻衣縓緣，既葬除之，注云：『諸侯之妾，貴者視卿，賤者視大夫，皆三月而葬。』然則僅喪三月，視期少九月，是不能終子禮也。其傳請數月之喪，蓋卽此三月既葬而除之喪。數月者，三月也。公子厭於父，君之所不服，子亦不敢服，則君於庶夫人無一日之喪者也。則公子亦宜不敢有一日之喪。然制禮者權情度義，不奪其母子之恩，故爲制此三月之服。乃雖有此制，必請之於君，俾恩由君出，此傳所以爲之請也。請之，蓋舊例如此。若本無數月之喪之制，安容妄請乎？若依君所不服子不敢服之例，則當已而得有此推恩三月之禮，是加於已，故云『雖加一日愈於已』。若無此制，孟子豈如是言乎？夫以當已之喪而尚加三月，以伸母子之恩，而三年之喪降而爲期，何以伸孝子之志？同一愈於此，爲有所禁而加，彼爲無所禁而短，或得或失，不待智者知之矣。

《章指》言：禮斷三年，孝者欲益，富貴怠厭，思減其日。君子正言，不可阿情，丑欲朞之，故譬以紾兄徐徐也。【疏】『禮斷三年』○正義曰：《禮記・三年問》云：『三年之喪，二十五月而畢，哀痛未盡，思慕未忘，然而服以是斷者，豈不送死有已，復生有節也哉！』

孟子曰：『君子之所以教者五，【注】教民之道有五品。**有如時雨化之者，**【注】教之漸漬而沾洽也。**有成德者，有達財者，有答問者，有私淑艾者。**【注】私，獨。淑，善。艾，治也。君子獨善其身，人法其仁，此亦與教法之道無差也。【疏】注『私獨』至『差也』○正義曰：《呂氏春秋・孝行》篇『身者非其私有也』，高誘注云：『私，猶獨也。』《書・堯典》『烝烝乂』，《史記・五帝本紀》作『烝烝治』，是乂即治也。《洪範》『恭作肅，從作乂』，

《詩·小雅·小旻》篇云『或肅或艾』，是艾卽乂也。君子獨善其身，原未施教於人，但人以其仁爲法，卽不異親受其教。趙氏以獨善解私淑，則私淑指獨善其身之人，艾字指人之法其仁以自治。按《離婁》下篇云：『予未得爲孔子徒也，予私淑諸人也。』趙氏以爲我私善之於賢人，則私淑屬法其仁之人，與此注義異。然私淑艾三字殊不易達。《國策·秦策》『賞不私親近』，注云：『私，猶曲也。』《楚辭·離騷》『皇天無阿私兮』，王逸注云：『竊愛爲私。』曲、竊皆不直之義也。《說文》又部云：『叔，拾也。從又，尗聲。汝南人名收芋爲叔。』『又，手也。』叔从又，故爲拾取之正訓。《毛詩·豳風·七月》『九月叔苴』，傳云：『叔，拾也。』是也。淑與叔通，《詩·陳風》『彼美叔姬』，《釋文》云：『本亦作「淑」。』《詩·周南·葛覃》『是刈是濩』，《釋文》云：『刈，本又作「艾」。』《韓詩》云：『刈，取也。』《禮記·祭統》『草艾則墨』，注云：『草艾，謂艾取草也。』是艾之義爲取，與叔之義爲拾同，蓋私淑諸人卽私拾諸人也。淑、艾二字義相疊，私淑艾者卽私拾取也。親爲門徒，面相授受，直也。未得爲孔子之徒，而拾取於相傳之人，故爲私。私淑猶云竊取也。彼言私淑諸人，不必又疊艾字，其義自足。此疊艾字以足其句，其實私淑艾猶私淑也。德恐其惑而不定，故成之。財，卽才也。才恐其滯而不通，故達之。義易明，故趙氏不注。

《音義》云：『陸云：「達財周恤之。」一本作「才」〔一〕，説云：「以有善才，就開其性理也。」』開其善才，此正義也。轉附諸後，而取陸之説。陸直以財爲貨財，全不知古人六書通借之學，鄙不足議，況淑之爲叔拾乎！**此五者，君子之所以教也。**』【注】申言之，孟子貴重此教之道。

《章指》言：**教人之術，莫善五者。養育英才，君子所珍，聖所不倦，其惟誨人乎！**

公孫丑曰：『道則高矣美矣，宜若登天然，似不可及也。何不使彼爲可幾及而日孳孳也？』【注】丑以爲聖人之道大高遠，將若登天，人不能及也。何不少近人情，令彼凡人可庶幾使日孳孳自勉也。【疏】注『可庶幾使日孳孳自勉也』〇正義曰：《説文》子部云：『孳，汲汲〔二〕生也。』又攴部云：『孜孜，汲汲也。《周書》曰：「孜孜，無怠。」』孜、孳二字，古多通用。前『孳孳爲善者』，《音義》引張云：『與孜同，古字通用。下文同。』下文即指此章也。自勉與無怠，義亦相近。僞孔《尚書》傳云：『孳孳勸勉不怠。』戴氏震《孟子字

〔一〕『作才』，《皇清經解》本無，《音義》有『作才』二字。
〔二〕『汲汲』，《皇清經解》本、《説文解字》均作『彶彶』。

義疏證》云：『問：顔子喟然歎曰：「仰之彌高，鑽之彌堅，瞻之在前，忽焉〔一〕在後。」公孫丑曰：「道則高矣美矣，宜若登天然，似不可及也。何不使彼爲可幾及而日孳孳也？」今謂人倫日用舉凡出於身者謂之道，但就此求之，得其不易之則可矣。何以茫然無據又若是哉？曰：若孟子言「夫道若大路然，豈難知哉」，謂人人由之。如爲君而行君之事，爲臣而行臣之事，爲父爲子而行父之事行子之事，皆所謂道也。君不止於仁，則君道失；臣不止於敬，則臣道失；父不止於慈，則父道失；子不止於孝，則子道失：然則盡君道、臣道、父道、子道，非智仁勇不能也。質言之，曰達道，曰達德；精言之，則全乎智仁勇者，其盡君道、臣道、父道、子道，舉其事而亦不過謂之道。故《中庸》曰：「大哉聖人之道，洋洋乎，發育萬物，峻極於天。優優大哉！禮儀三百，威儀三千，待其人而後行。」極言乎道之大如是，豈出人倫日用之外哉！以至道歸之至德之人，豈下學所易窺測哉！今以學於聖人者，視聖人之語言行事，猶學弈於弈秋者，莫能測弈秋之巧也，莫能遽幾及之也。顔子之言又曰：「夫子循循然善誘人，博我以文，約我以禮。」《中庸》詳舉其目，曰博學，審問，慎思，明辨，篤行，而終之曰：「果能此道矣，雖愚必明，雖柔必强。」蓋循此道以至乎聖人之道，實循此道以日增其智，日增其仁，日增其勇也，將使智仁勇齊

〔一〕『焉』，《皇清經解》本作『然』。

乎聖人。其日增也有難有易，譬之學一技一能，其始日異而月不同；久之，人不見其進矣；又久之，己亦覺不復能進矣。人雖以國工許之，而自知未至也。顔子所以言「欲罷不能，既竭吾才，如有所立，卓爾，雖欲從之，末由也已。」此顔子之所至也。』李氏光地《榕村藏稿》云：『丑非欲孟子貶其高美，欲孟子使己幾及其高美耳。又非以其立教之高而謂如天不可幾及，正謂其立教之循循有序而苦於高美者，速至之無期如天之不可幾及耳。故孟子告之云云。』

孟子曰：『大匠不爲拙工改廢繩墨，羿不爲拙射變其彀率。君子引而不發，躍如也。中道而立，能者從之。』【注】大匠不爲新學拙工故，爲之改鑿廢繩墨之正也。羿不爲新學拙射者變其彀率之法也。彀，弩張嚮表率之正體。望之極思用巧之時，不可變也。君子謂於射則引弓彀弩而不發，以待彀偶也。於道則中道德之中，不以學者不能，故卑下其道，將以須於能者往取之也。【疏】注『彀弩』至『取之也』〇正義曰：《告子》上篇『必志於彀』，注云：『彀，張也。張弩向的者，用思專時也。』此云弩張向表率之正體，以張弩向的準之，則表率之正體卽指的而言。正體，謂正鵠之體，表卽標也。《周禮・夏官・射人》注云：『《考工・梓人職》曰：「張五采之侯，則遠國屬。」五采之侯卽五正之侯。正之言正也，射者內志正則能中焉。畫五正之侯，中朱，次白，次蒼，次黃，玄居外。三正損玄黃，二正去白蒼，而畫以朱緑。畫此五采以爲標識，卽以爲法率，故趙氏以表釋率，而以爲正體也。《小雅·賓之初筵》『發彼有的』，毛傳以質釋的。《禮記·射義》注以所射之識釋的。所射之識，猶云標也。望之極思用巧之時，卽所謂用思專時也。按《禮記·緇衣》引太甲曰：『若虞機張，往省括於厥度，則釋。』注云：「機，弩牙也。度，謂所擬射也。虞人之射禽，弩已張於機間，視括與所射參相得，乃後釋弦發矢。」機張，卽《孟子》所謂彀也。《淮南子·覽冥訓》云『以治日月之行律』，高誘注云：『律，度也。』律與率同。行度可云行率，則《孟子》所云率，正卽省括於度之度也。繩墨兩事，彀率亦是兩事。彀，謂張弩。率，謂省括於度。趙氏言極思用巧，卽是省而率則，不必專指正之體耳。《音義》云：『丁云：「率，循也。謂彀張其弩，又當循其射道，令必中於表。」陸云：「率，法也。躍如，心願中也。能者從之，當勤求也。則讀爲律。」丁訓率爲循，非其義，陸讀爲律，訓法，近是矣。』《説文》弓部云：『引，開弓也。』《淮南子·説林訓》『引弓而射』，高誘注云：『引，張弓也。』引爲張弓，故趙氏卽以彀弩釋引弓。引弓不發卽猶張弩不發，故云引弓彀弩而不發。《音義》云：『丁云：「躍如，猶如卓爾。」陸云：「躍如，心願中。」陸是也。心願中，故不發以待彀之偶。』《爾雅·釋詁》云：『偶，合也。』謂所張之彀，合乎所擬之率，則釋之乃必中也。待其合而後發，故不遽發者必願中也。躍如猶云躍躍，《爾雅·釋訓》：『躍躍，迅也。』《釋詁》云：『迅，疾也。』言手雖不發，心則躍躍疾去也。《論語·子罕》篇『卓爾，雖欲從之，末由也已』，鄭氏注云：『卓爾，絶望之辭。』《詩·周頌》『天作高山』，箋云：『卓爾與天合其德。』丁氏之説，擬不於倫。趙氏以君子於射喻君子於道，引而不發，以待其偶；中道而立，以待其從。雖以彀弩釋引弓，與上變彀率意不同也。

《章指》言：曲高和寡，道大難追。然而履正者不枉，執德者不回，故曰人能宏道。丑欲下之，非也。【疏】『曲高和寡』○正義曰：《新序》宋玉對楚威王曰：『其曲彌高者，其和彌寡。』

孟子曰：『天下有道，以道殉身；天下無道，以身殉道。未聞以道殉乎人者也。』

【注】殉，從也。天下有道，得行王政，道從身施功實也。天下無道，道不得行，以身從道，守道而隱。不聞以正道從俗人者也。【疏】注『殉從也』○正義曰：《文選・通幽賦》『豈余身之足殉兮』，注引項〔一〕岱云：『殉，從〔二〕也。』《史記・屈原賈生傳》『貪夫殉財』，索隱引臣瓚云：『亡身從物謂之殉。』《莊子・駢拇》云『小人則以身殉利』，《釋文》引崔注云：『殺身從之曰殉。』

《章指》言：窮達卷舒，屈伸異變，變流從顧，守者所慎，故曰金石獨止，不殉人也。

〔一〕『頂』，《皇清經解》本同，《文選・通幽賦》作『項』。

〔二〕『從』，《皇清經解》本同，《文選・通幽賦》作『營』。

【疏】『金石獨止』○正義曰：《説苑・談〔一〕叢》篇云：『水浮萬物，玉石留止。』

公都子曰：『滕更之在門也，若在所禮而不答，何也？』【注】滕更，滕君之弟，來學於孟子者也。言國君之弟而樂在門人中，宜答見禮，而夫子不答，何也。

孟子曰：『挾貴而問，挾賢而問，挾長而問，挾有勳勞而問，挾故而問，皆所不答也。滕更有二焉。』【注】挾，接也。接己之貴勢，接己之有賢才，接己長老，接己嘗有功勞之恩，接己與師有故舊之好，凡恃此五者，而以學問望師之待以異意而教之，皆所不當答。滕更有二焉，接貴接賢，故不答矣。【疏】注『挾接也』○正義曰：《説文》手部云：『挾，俾持也。』《楚辭・天問》『何馮弓挾矢』，王逸注云：『挾，持也。』《廣雅・釋詁》云：『接，持也。』是挾與接義同也。《儀禮・鄉射禮》『兼挾乘矢』，《大射儀》『挾乘矢』，注並云：『方持弦矢曰挾。古文挾皆作「接」。』是挾與接字通也。挾爲俾持，接爲方持，義有不同，而爲持則同，故云挾，接也。昭公十九年《左傳》『以持其世而已』，《釋文》云：『持，本作「恃」。』《莊子・徐无鬼》『恃源而往者也』，《釋文》云：『恃，本亦作「持」。』持、恃同聲義通，挾之爲持，卽爲恃，故趙氏既以接釋挾，又云恃此五者，挾貴、挾賢、挾長、挾有勳勞、

〔一〕『談』，《皇清經解》本作『説』。

挾故，即持貴、持賢、持長、持有勳勞、持故，亦即恃貴、恃賢、恃長、恃有勳勞、恃故也。

《章指》言：學尚虚己，師誨貴平，是以滕更恃二，孟子弗應。

孟子曰：『於不可已而已者，無所不已；於所厚者薄，無所不薄也。其進鋭者其退速。』【注】已，棄也。於義所不當棄而棄之則不可。所以不可而棄之，使無罪者咸恐懼也。於義當厚而反薄之，何不薄也。不憂見薄者亦皆不自安矣。不審察人而過進不肖越其倫，悔而退之必速矣。當翔而後集，慎如之何。【疏】注『已棄』至『慎也』○正義曰：《論語・公冶長》篇『三已之』，對上三仕，則已爲罷黜。昭公二十九年《左傳》『水官棄矣』，杜預注云：『棄，廢也。』是已即棄也。趙氏以無罪而黜則凡仕者皆自危，故云使無罪者咸恐懼也。○注『於義當厚』至『安矣』○正義曰：何不薄，猶云何人不爲所薄。素與親厚者，本不憂其薄，今見其自薄於所當厚，則人人不安，而親厚不可恃也。○注『不審』至『之何』○正義曰：《莊子・天下》篇云『鋭則挫矣』，郭象注云：『進躁無崖爲鋭。』進之太過，故以過進解其進鋭也。越其倫，即卑踰尊，疏踰戚，故引『翔而後集』，與《梁惠王》下篇故國章《章指》同。《論衡・狀留》篇云：『吕望之徒，白首乃顯；百里奚之知，明於黄髪。深爲國謀，因爲王輔，皆夫沉重難進之人也。輕躁早成，禍害暴疾，故曰其進鋭者退速。』《後漢書・李固傳》陽嘉二年固對策云：『先帝寵遇閻氏，位號太疾，故其受禍，曾不旋時。老子曰：「其進鋭，其退速也。」』李賢注云：『案《孟子》有此文。』謝承書亦云《孟子》，而《續漢書》復云《老子》。按李固自是引《孟子》，宜以謝承書爲是，范蔚宗本司馬彪之誤爲《老子》耳，《老子》無此文也。趙氏注義，與王充、李固同。然則漢時解《孟子》此文，皆以刑賞用人言，趙氏蓋有所自也。

《章指》言：賞僭及淫，刑濫傷善，不僭不濫，詩人所紀，是以季文三思，何後之有。

【疏】『賞僭』至『所紀』〇正義曰：襄公二十六年蔡聲子謂楚子木曰：『善爲國者，賞不僭而刑不濫。賞僭則懼及淫人，刑濫則懼及善人。若不幸而過，寧僭無濫，與其失善，寧其利淫，無善人則國從之。《商頌》有之曰：「不僭不濫。」』《説苑·善説》篇云：『晉誅羊舌虎，叔向爲之奴，祁奚見范宣子曰，「善爲國者」云云，文與此同。』《荀子·君臣》篇作『賞僭則利及淫[一]人，刑濫則害及君子』[二]。

孟子曰：『君子之於物也，愛之而弗仁；【注】物，謂凡物可以養人者也。當愛育之，而不如人仁，若犧牲不得不殺也。【疏】注『物謂』至『殺也』〇正義曰：《周禮·天官·宰

[一] 『淫』，《皇清經解》本同，《荀子·致仕》作『小』。

[二] 按，引文均出自《荀子·致仕》，《皇清經解》本同。

夫》『凡失財用物辟名者[一]』，注云：『物，畜獸也。』《説文》牛部云：『物，萬物也。牛爲大物，故從牛，勿聲。』下言犧牲，則物可以養人，謂六畜牛羊之類也。《禮記・樂記》云：『愛由情出謂之仁。』『仁以愛之。』《荀子・大略》篇云：『仁愛也，故親。』《韓詩外傳》云：『愛施者，仁之端也。』是愛與仁義亦通，故《廣雅・釋詁》云：『愛，仁也。』此云愛之而弗仁，是仁與愛别，蓋有愛物之愛，有愛人之愛，愛人之愛則謂之仁。《説苑・談[二]叢》云：『愛在人謂之仁。』愛在人乃謂之仁，然則愛在物，不謂之仁矣。《春秋繁露・仁義法》云：『愛物者第養育之，不同於愛人之爲仁，故云當愛育之，不如人仁。《禮記・祭義》云：『古者天子諸侯，必有養獸之官，犧牷祭牲，必於是取之。』《天官・庖人》『辨六畜之名物』，注云：『六畜，六牲也。』始養之曰畜，將用之曰牲，是犧牲先養育之而後殺也。**於民也，仁之而弗親。**【注】臨民以非己族類，故不得與親同也。【疏】注『臨民』至『同也』〇正義曰：《説文》人部云：『仁，親也。』親即是仁，而仁不盡於親。仁之在族類者爲親，其普施於民者，通謂之仁而已。仁之言人也，稱仁以别於物；親之言親也，稱親以别於疏。**親親而仁民，仁民而愛物。**【注】先親其親戚，然後仁民，仁民然後愛物，用恩之次也。【疏】

[一]『者』，《皇清經解》本作『也』，《周禮注疏》作『者』。
[二]『談』，《皇清經解》本作『説』。

『親親』至『愛物』○正義曰：程氏瑶田《通藝録·論學小記》云：『人有恆言，輒曰一公無私，此非過公之言，不及公之言也。此一視同仁，愛無差等之教也。其端生於意必固我，而其弊必極於父攘子證，其心則陷於欲博大公之名，天下之人，皆枉己以行其私矣。而此一人也，獨能一公而無私，果且無私乎？聖人之所難，若人之所易，果且易人之所難乎？果且得謂之公乎？公也者，親親而仁民，仁民而愛物。有自然之施爲，自然之等級，自然之界限，行乎不得不行，止乎不得不止。時而子私其父，時而弟私其兄，自人視之，若無不行其私者。事事生分别也，人人生分别也，無他，愛之必不能無差等，而仁之必不能一視也。此之謂公也，非一公無私之謂也。《儀禮·喪服傳》之言昆弟也，曰：「昆弟之義〔一〕無分，然而有分者，則辟子之私也。子不私其父，則不成其子。」孔子之言直躬也，曰：「父爲子隱，子爲父隱，直在其中。」皆言以私行其公，是天理人情之至，自然之施爲、等級、界限，無意、必、固、我於其中者也。如其不私，則所謂公者，必不出於其心之誠然，不誠則私焉而已矣。或問第五倫曰：「公有私乎？」曰：「吾兄子嘗病，一夜十往，退而安寢。吾子有疾，雖不省視，而竟夜不眠。豈可謂無私乎？」嗚乎，是乃所謂公也。是父子相隱者之爲吾黨直躬也。不博大公之名，安有營私之舉？天不容僞，故愚

〔一〕『義』，《皇清經解》本作『道』，《儀禮注疏》作『義』。

人千慮，必有得焉，誠而已矣。』

《章指》言：君子布德，各有所施，事得其宜，故謂之義也。

孟子曰：『知者無不知也，當務之爲急；仁者無不愛也，急親賢之爲務。【注】知者，知所務善也。仁者，務愛賢也。【疏】注『知者』至『賢也』○正義曰：《説文》力部云：『務，趣也。』知所務，知所當趣向也。務愛賢，以愛釋親，宜急趣於愛賢也。**堯舜之知，而不徧物，急先務也。堯舜之仁，不徧愛人，急親賢也。**【注】物，事也。堯舜不徧知百工之事，不偏愛衆人，先愛賢使治民，不二三自往，親加恩惠。【疏】注『物事』至『恩惠』○正義曰：物之爲事，詳見前。百工，百官也。急親賢爲務，則知所當務，卽知急親賢也。知急親賢，因卽以親賢爲務，所以不必徧知百官之事，不必自往加惠於民。閩、監、毛三本二三自往作『一一自往』。按二三猶云再三，《儀禮・鄉射禮》『主人西南面三拜衆賓』，注云：『三拜，示徧也。』《少牢饋食禮》『主人西面三拜養者』，注云：『三拜，旅之示徧也。』二三自往，卽徧義也。**不能三年之喪而緦小功之察，放飯流歠而問無齒決，是之謂不知務。』**【注】尚不能行三年之喪，而復察緦麻小功之禮。放飯，大飯也。流歠，長歠也。齒決，斷肉置其餘也。於尊者前賜飯，大飯長歠，不敬之大者。齒決，小過耳。言世之先務舍大譏小，若此之類也。【疏】注『放飯』至『過耳』○正義曰：《禮記・曲禮》：『毋放飯，毋流歠。』又云：『濡肉齒決，乾肉不齒決。』注云：『去手餘飯於器中，人所穢。大歠嫌欲疾。決，猶斷也。乾肉堅，宜用手。』孔氏正義云：『放飯者，手就器中取飯，飯若黏著手，不得拂放本器中者，去手餘飯於器中，人所穢也。當棄餘於篚，無篚棄餘於會，會謂簋蓋也。毋流歠者，謂開口大歠，汁入口如水流，則欲多而速，是傷廉也。濡肉齒決者，濡，溼也。溼軟不可用手擘，故用齒斷決而食之。乾肉，脯屬也。堅肕不可齒決斷之，故須用手擘而食之。』按趙氏以流歠爲長歠，與鄭同。而以放飯爲大飯，與鄭異。大飯猶長歠也。《吕氏春秋・審分》篇『無使放悖』，高誘注云：『放，縱也。』又《適威》篇『故流於彘』，注云：『流，放也。』是放飯猶流歠也。《文選・上林賦》『流離輕禽』，注引張揖云：『流離，放散也。』蓋歠，歠之也。則飯，飯之也。流歠，謂流離而歠之；放飯，謂放縱而飯之。以《孟子》證《曲禮》，則飯讀『飯黍』『飯飧』『飯疏食』之飯。段氏玉裁《説文解字注》云：『飯，食也。食也者，謂食之也。此飯之本義也。引申之所食爲飯。今人於本義讀上聲，於引申之義讀去聲，古無是分别也。』然則鄭云「去手餘飯」，則以飯爲所食之飯，即指饙餾之粒，與歠爲不類。而訓放爲去，去手之餘飯，何以見其必爲反本器？設去之反於篚，反於會，亦可云放飯也。放不得專爲反本器之稱，則不如趙氏之義爲的矣。問無齒決者，蓋食濡肉而以手決之，責問其何以不齒決也。

《章指》言：振裘持領，正羅維綱，君子百行，先務其崇，是以堯舜親賢，大化以隆道

爲要也。【疏】『振裘持領正羅維綱』○正義曰：周氏廣業《孟子章指考證》云：『《意林》載桓譚《新論》云：「舉綱以綱，千目皆張，振裘持領，萬毛自整。」』趙氏正用其語。

孟子正義卷二十八

孟子卷第十四

盡心章句下凡三十八章

孟子曰：『不仁哉梁惠王也！仁者以其所愛，及其所不愛，不仁者以其所不愛，及其所愛。』【注】梁，魏都也。以，用也。仁者用恩於所愛之臣民，王政不偏，普施德教，所不親愛者並蒙其恩澤也。用不仁之政，加於所不親愛，則有災傷；加所愛之臣民，亦並被其害。惠王好戰殺人，故孟子曰不仁哉。【疏】注『梁，魏都也。以，用也』○正義曰：《漢書・地理志》：『陳留郡浚儀，故大梁，魏惠王自安邑徙此。』應劭曰：『魏惠王自安邑徙此，號曰梁。』按大梁爲魏都，自惠王三十一年始，自是惠王遂稱梁王焉。《說文》已部云：『已，用也。㠯卽以字。』

公孫丑問曰：『何謂也？』【注】丑問及所愛之狀何謂也。

『梁惠王以土地之故，糜爛其民而戰之，大敗，將復之，恐不能勝，故驅其所愛子弟以

殉之，是之謂以其所不愛，及其所愛也。』【注】孟子言惠王貪利鄰國之土地而戰，其民死亡於野，骨肉糜爛而不收，兵大敗而欲復戰，恐士卒少不能用勝，故復驅其所愛近臣及子弟而以殉之。殉，從也。所愛從其所不愛而往趨死亡，故曰及其所愛也。東敗於齊，長子死焉。【疏】『糜爛其民』○正義曰：王氏念孫《廣雅疏證》云：『《説文》：「爢，爛也。」《孟子・盡心》篇「糜爛其民而戰之」，《越語》「靡王躬身」，韋昭注云：「靡，損也。」爢、糜、靡並通。《楚辭・招魂》「爢散而不可止些」，王逸注云：「爢，碎也。」《九歎》「名靡散而不彰」，注云：「靡散，猶消滅也。」並與爢黴同。』段氏玉裁《説文解字注》云：『石部云：「碎，䃺也。」米部曰：「䊳，碎也。」二篆爲轉注。䊳，各書假靡爲之，《孟子》假糜爲之。碎者，破也。䊳者，破之甚也。王逸注《離騷》「瓊爢」云：「爢，屑也。」爢卽䊳字。《廣雅》糜字二見：曰「糜，饘也」，與《説文》同。曰「糜，糏也」，卽《説文》之「䊳碎也」。凡言粉碎之義當作䊳。』又云：『爢，爛也。古多假糜爲之，糜訓糝，爢訓爛，義各有當矣。《孟子》「糜爛其民而戰之」，《文選・答客難》「至別糜〔一〕耳」，皆用假借字耳。』按《淮南子・説山訓》『爛灰生蠅』，高誘注云：『爛，腐也。』劉熙《釋名・釋飲食》云：『糜，煮米使糜爛也。』糜卽粥，比飯爲爛，故糜卽爛，義與爢通也。

〔一〕『別糜』，《皇清經解》本同，《文選・答客難》作『則靡』。

《章指》言：發政施仁，一國被恩；好戰輕民，災及所親。著此魏王，以戒人君也。

孟子曰：『春秋無義戰，彼善於此，則有之矣。征者，上伐下也。敵國不相征也。』

【注】《春秋》所載戰伐之事，無應王義者也，彼此相覺有善惡耳。孔子舉豪毛之善，貶纖介之惡，故皆録之於《春秋》也。上伐下謂之征。諸侯敵國，不得相征。五霸之世，諸侯相征，於三王之法，不得其正者也。【疏】『春秋』至『有之矣』○正義曰：《春秋繁露·竹林》篇云：『《春秋》之法，凶年不脩舊，意在無苦民爾。苦民尚惡之，況傷民乎？傷民尚痛之，況殺民乎？凶年脩舊則譏，造邑則諱。是害民之小者，惡之小也；害民之大者，惡之大也。今戰伐之於民，其爲害幾何？考意而觀指，則《春秋》之所惡者，不任德而任力，驅民而殘賊之，其所好者設而勿用仁義以服之也。《詩》云：「弛其文德，洽此四國。」此《春秋》之所善也。夫德不足以親近，而文不足以來遠，而斷斷以戰伐爲之者，此固春秋之所甚疾已，皆非義也。』又云：『《春秋》愛人而戰者殺人，君子奚説善殺其所愛哉？故《春秋》之於偏戰也，比之詐戰則謂之義，比之不戰則謂之不義。不義之中有義，義之中有不義，辭不能及，皆在於指，非精心達思者，其孰能知之！』此卽發明《孟子》『無義戰』之義也。萬氏斯大《學春秋隨筆》云：『禮樂征伐自天子出，皆御世之權。其足以取威制勝，使人懾服而屈從之，尤莫如征伐。故欲知《春秋》大勢者，當於諸國之侵伐觀之。

據《公羊傳》例，將尊師衆稱某帥師，將尊師少稱將；將卑師衆稱師，將卑師少稱人。君將不言帥師，書其重者。以是按之經傳，終《春秋》惟魯君將稱公，諱之或稱師稱及，大夫將稱氏名微者不言將。列國之師，自隱至文，君將恆稱爵，略之或稱師稱人，大夫將悉稱師稱人，無有書氏名者。大夫將書氏名，自文三年晉陽處父伐楚救江始。竊疑《公羊》例未合。王氏沿曰：「處父書氏名者，政在諸侯，則大夫皆稱人；政在大夫，故稱氏名以罪之也。處父盟魯侯，改蒐於董，易軍班，今救江而伐楚，專之甚者也。故始之也。」陳君舉亦曰：「大夫帥師於是始，大夫始强也。」趙子常因二說而通之曰：「《公羊》之例，當時史法也。夫子脩《春秋》，征伐自諸侯出，則君將稱君，大夫將稱人，治在諸侯也。征伐在大夫，則大夫將稱大夫，治在大夫也。惟内大夫悉從其恆稱，以見實也。」於乎，可謂盡發不傳之秘矣。蓋史官有一定之法，夫子有筆削之權；史法以徵事實，筆削則顯世變。執事以讀《春秋》二百四十二年天下大勢，瞭然於心目間矣。内大夫何以悉稱氏名？《春秋》，魯史也。春秋無義戰，敵國不相征，凡書侵伐，皆罪也。滅入遷取，罪之尤者也。』惠氏士奇《春秋》説云：『古者王巡守，大司馬起師合軍以從，於是救無辜，伐有辠，所以威天下而行其禁令焉。環人掌四方之故，揚軍旅，降圍邑，而九伐之法，賊賢害民則伐之，負固不服則侵之。是故伐也，侵也，圍也，救也，皆王者之師。不虐五穀，不伐樹木，不焚室屋，不取六畜，兵之來也，除民之讐，順天之道而已。《公羊》曰：「精者曰伐，觕者曰侵。」《左氏》曰：「有鐘鼓曰伐，無者曰侵，輕者襲。」鐘鼓言其器也，精觕言其情也。獨《穀梁》曰：「苞人民、毆牛馬曰侵，斬樹木、壞宮室曰伐，不義孰甚焉。」此《春秋》之侵伐，豈王者之師哉？要而論之，大曰伐，小曰侵，侵之輕且密者曰襲，遲曰圍，急曰救。故伐者伐其君，侵者侵其地，襲則掩之，圍則合之，救則分之，行師之道備矣。周室既卑，征伐不出乎天子，皆出自諸侯及其大夫，故春秋無義戰，莫如莊六年王人救衛爲尤甚。先是宋公不王，諸侯以王命討之，故公會齊侯於防而謀伐宋，其不會王命者，蔡人、衛人、郕人而已。及鄭伯不朝，蔡人、衛人、陳人從王伐鄭，則諸侯猶知有王命也。陳蔡鄰於楚，楚之屬國，是時楚方平漢陽，未暇謀中夏，故陳蔡猶得從王，君子以爲近正。及桓十六年衛侯朔出奔齊，《公羊》以爲得罪於天子，故稱名以絶之，則似未得其實。蓋宣公殺急子、壽子，皆朔搆而殺之，故國人怨朔而悲二子，遂出朔而立公子黔牟，似請命於天王而立之。說者以爲出朔而立黔牟者，衛之左右二公子也，未聞有天王之命。如其然，則五國共伐衛而納朔，王人何爲獨救黔牟？明黔牟乃王命立之，五國逆王命而伐衛。吾聞狄伐邢，而齊人救邢，義也。諸侯伐衛而王人救衛，則王人夷於齊人，而中國皆戎翟矣。君子傷諸夏之無君，故一出一入皆稱名，一伐一救皆稱人。人諸侯者皋之，人子突者微之，此天子之使也，曷爲微之？以天王之使而不能救黔牟，爲尊者諱恥，故微之。然則何以知王命立黔牟？以《左傳》知之。《傳》曰：「衛侯入，放公子黔牟於周。」不殺之而放之，且放之於周，則王命立黔牟明矣。立之者，周也。故放之於周，若曰以黔牟付王人云爾。黔牟立於桓十六年，放於莊六年，前後八年在位，《春秋》曷爲闕而不書？且衞之叔武及公孫剽，皆嘗在位而不終者也，《春秋》皆書於册，曷爲獨闕黔牟？諱之也。諱有三：一曰爲天王諱，二曰爲魯諱，三曰爲中國諱。曷爲爲中國諱？王人救衞，未聞中國有一人從王者，君子恥之，故《春秋》不得不褒二霸之功。齊之霸，始於莊，終於僖；晉之霸，始於僖，終於定。故曰其事則齊桓晉文，推戴維持，皆齊桓晉文之力，《春秋》實以二霸爲始終焉。隱、桓之時互相侵伐者，惟東諸侯而已，西則晉爲大，南則楚爲雄。桓二年蔡、鄭會於鄧，始懼楚，楚熊通自立爲武王。桓六年合諸侯於沈鹿，黄、隨不會，使人讓黄而伐隨，始開百濮之地，由是南諸侯皆服於楚。其子熊貲，是爲文王，當魯莊之十年，始敗蔡師於莘，蔡本東諸侯，至是始屬楚，而楚遂有虎視中原之志。十五年齊始霸，十六年同盟於幽，始與鄭成，而荆伐鄭，蓋楚與中原争鄭自此始。楚成王時，令尹子文當國，楚益盛。僖元年荆始改號爲楚。自元年至四年，楚人再伐鄭，一侵鄭，鄭伯欲成，孔叔不可，曰：「齊方勤我，棄德不祥。」則齊桓實能以德綏之也。自荆敗蔡師於莘，惟十三年蔡人與於北杏之會，自是會盟征伐，蔡皆不與焉。蓋役屬於楚，負楚之固，而不服於齊，故僖四年齊桓會七國之師侵蔡，所謂負固不服則侵之也。説者謂潛師掠境曰侵，失之矣。會而侵，則非潛師矣。侵而潰，則非掠境也。欲伐乃侵，先潰蔡；既侵遂伐，卒帖荆。自此至十五年，楚人一滅弦，一圍許，一伐黄，一伐徐，一敗徐，其氛未息，烏在其能帖荆哉？帖荆者，以其不復能爭鄭也。且齊桓之於楚，以文服，不〔一〕以力服，召陵之役，雖以兵車而不傷一卒，不折一矢，無異衣裳之會，故《春秋》善之。莊三十年齊人伐山戎，是時戎翟並興，中國不絶若綫，齊方救邢戍衛，奔命不遑，山戎病燕，猶邢、衛也。邢、衛近而燕遠，豈以其遠而棄之！桓公内無因國，外無從諸侯，越千里之險，北伐山戎，危之乎抑貶之乎？曰：否，善之也。善之則曷爲稱人？稱人者，以桓公能急人之急，病人之病，故輕千里而不愛一身。齊侯來獻戎捷，禮與？曰：禮也。左氏曷爲謂之非禮？《左氏》言當獻於王，不當獻於魯。獻於王不書，獻於魯則書曰來獻，尊宗國也。穀梁子曰「軍得曰捷」，戎捷者，戎菽也。《周書·王會》有「山戎菽」，《管子》亦云：「北伐山戎，出冬蔥與戎菽，布之天下。」桓公以此遺魯，而尊之曰獻，猶《曲禮》獻粟獻米云爾。齊桓殁而楚氛益熾，敗宋伐陳而魯衛亦靡然從之。僖二十七年遂合陳、蔡、鄭、許以圍宋，而晉文勃興，釋宋圍而敗楚師於城濮，由是楚氛息矣。君子謂晉文之功大於齊桓。然齊桓以德，諸侯愛之。晉文以力，諸侯畏之。自是楚不敢復爭鄭者十有五年。秦晉搆兵，始於殽之戰，其後兵連不息，報復無常，而秦遂合於楚，卒爲晉患，故《春秋》於殽之戰，狄秦而微晉交

〔一〕「不」，《皇清經解》本無，《春秋説》有「不」字。

譏之。與晉爭中原者，楚也。秦晉甥舅之國，城濮之戰，秦有功焉。合秦以敵楚，文公之善謀也。且晉不敗秦，何害於霸，而汲汲焉背殯而要秦於險，君子是以貶晉襄公。春秋諸儒，以《秦誓》編於《書》，故盛稱穆公之德，而《春秋》獨於秦穆無善辭，學者疑之。秦用孟明，所謂仡仡勇夫也。既喪師於殽，匹馬隻輪無反，仍不悔過，甫及三年，復以憤兵而敗於彭衙。秦穆誠能詢兹黄髮，焉用此仡仡勇夫而大辱國哉！故君子有取於《秦誓》，所謂不以人廢言；而《春秋》以其言行不相顧，故無善辭。文三年秦伯伐晉稱人，四年晉侯伐秦稱爵，安見其尊秦也。令狐之役曲在晉，兩稱人。及十年秦伐晉，康公自將，《春秋》不書爵，不稱人，直以秦爲狄矣。蓋自殽之戰，秦穆之毒晉尤深，思天下可以敵晉者惟楚，於是遣楚囚鬭克歸楚求成，共謀伐晉，始作《秦誓》，旋遣楚囚，誠所謂今之謀人，姑將以爲親者，其心忌克，惟圖報復而已。秦楚合而晉霸少衰矣。及晉厲公立，合諸侯伐秦，且先使吕相絶秦。是時秦桓與晉厲既爲令狐之盟，而又召狄與楚，欲道以伐晉，故聲其辠以討之。於是諸侯朝王，仍自京師從劉康公、成肅公伐秦，君子謂是師也，名之正，辭之順，《春秋》書之特詳，明與厲公以復霸也。故吾謂厲公非無道之主以此。其後悼公三駕伐鄭，而楚不能復救鄭，鄭遂屬晉。襄十四年晉悼伐秦，棫林之役，遷延而退，爲諸侯笑，遠不如晉厲麻隧之師，諸侯皆睦於晉，《春秋》諸儒，褒悼而貶厲，非公論也。」○注「孔子」至「秋也」○正義曰：《春秋繁露・王道》篇云：「《春秋》紀纖芥之失，反之王道。」

《説苑・至公》篇云：『夫子行説七十諸侯，無定處，意欲使天下之民各得其所，而道不行，退而脩《春秋》，采豪毛之善，貶纖介之惡，人事浹，王道備，精和聖制，上通於天而麟至。』

《章指》言：《春秋》撥亂，時多爭戰，事實違禮，以文反正，征伐誅討，不自王命，故曰無義戰也。【疏】『春秋』至『反正』〇正義曰：哀公十四年《公羊傳》云：『君子曷爲爲《春秋》？撥亂世，反諸正，莫近諸《春秋》。』《史記・太史公自序》引此，又云：『夫不通禮義之旨，至於君不君，臣不臣，父不父，子不子，此四行者，天下之大過也。以天下之大過予之，則受而弗敢辭，故《春秋》者，禮義之大宗也。夫禮禁未然之前，法施已然之後。法之所爲用者易見，而禮之所爲禁者難知。壺遂曰：「孔子之時，上無明君，下不得任用，故作《春秋》，垂空文以斷禮義，當一王之法。」』

孟子曰：『盡信《書》則不如無《書》，吾於《武成》，取二三策而已矣。仁人無敵於天下，以至仁伐至不仁，而何其血之流杵也？』【注】《書》，《尚書》。經有所美，言事或過，若《康誥》曰『冒聞於上帝』，《甫刑》曰『帝清問下民』，《梓材》曰『欲至於萬年』，又曰『子子孫孫永保民』，人不能聞天，天不能問民，萬年永保，皆不可得爲書，豈可案文而皆信之哉。《武成》，逸《書》之篇名。言武王誅紂，戰鬭殺人，血流舂杵。孟子言武王以至仁伐至不仁，殷人簞食壺漿而迎其師，何乃至於血流漂杵乎。故吾取《武成》兩三簡策可用者耳，其過辭則不取也。【疏】注《書尚》至『信之哉』○正義曰：書者，文字之名。《說文解字序》云：『著於竹帛者謂之書。書者，如也。』《周禮・地官・大司徒》：『六藝，禮、樂、射、御、書、數。』此書卽《保氏》六書，於是凡典籍統謂之書，《論衡・正說》篇云『五經總名爲書』是也。《禮記・經解》以《詩》教、《書》教、《樂》教、《易》教、《禮》教、《春秋》教並稱，此書專指《尚書》。趙氏以上言《書》、下言《武成》，故知《書》《尚書》也。《尚書》在孟子時有百篇，舉《武成》以爲例，所言『盡信《書》則不如無《書》』，非專指《武成》而言，故趙氏廣而推之《康誥》、《甫刑》、《梓材》諸篇也。《康誥》云『惟時怙冒聞於上帝』，王氏鳴盛《尚書後案》云：『冒聞於上帝爲句，古讀也。趙氏注《孟子》吾於《武成》節引此。《君奭》篇亦有此句，則知古有此語矣。』冒有上進意，故云冒聞也。《春官・大宗伯》『以禋祀祀昊天上帝』，鄭司農云：『上帝，玄天也。』聞於上帝，卽是聞於天，故云人不能聞天。《甫刑》卽《呂刑》。呂之稱甫，猶唐之稱晉也。《呂刑》云『皇帝清問下民』，鄭氏注云：『皇帝清問以下，乃說堯事。』惠氏棟《九經古義》云：『王伯厚曰：「皇帝始見於《呂刑》，趙岐注《孟》引《甫刑》曰：帝清問下民。」棟按：孔傳云：「君帝，帝堯也。」是孔氏本作「君帝。」』謹按：孔傳以君帝釋皇帝，而亦以爲堯，不以爲天也。趙氏所見《呂刑》無皇字固矣。蓋趙氏讀『帝清』二字相連，帝爲王天下之名，而古亦稱天爲帝。《文選・吴都賦》『迴曜靈於太清』，劉逵注云：『太清，謂天也。』《嘯賦》亦云『飄遊雲於太清』，蓋趙氏以帝清猶太清，單稱帝不必是天，稱帝清則必非天子，故以帝清問下民爲天問民也。閩、監、毛三本依《吕刑》增作『皇帝清問下民』，阮氏元《校勘記》云：『宋本、廖本、孔本、韓本、《考文》古本、足利本無皇字。按無者是。《困學紀聞》所引正同。按閩、監、毛三本增皇字，因又增云「天子不能問於民」，而諸本亦無子字。且天子問民，何不能也。』《梓材》云：『欲至於萬年，惟王子子孫孫永保民。』〇注『武成』至『取也』〇正義曰：《書序》云：『武王伐殷，往伐歸獸，識其政事，作《武成》。』鄭氏注云：『著武道至此而成。《武成》逸《書》，建武之際亡。』王氏鳴盛《尚書後案》云：『孔壁所得真古文本有《武成》，因其不列學官，藏在秘府，故謂之逸《書》。建武是光武帝紀年，《武成》至此時又亡。其逸文殘缺者僅存八十二字，見《漢書·律曆志》。』又《後辨》云：『梅鷟謂「趙岐《孟子》盡信《書》一章注云云，平正無礙，甚得孟子口氣。而晚出《武成》則言前徒倒戈，攻於後以北，血流漂杵，是紂衆自殺之血，非武王殺之之血，其言可謂巧矣。然孟子非不通文義之人，何至讀《書》誤認紂衆自殺，以爲武王虐殺哉！」鷟説善矣而未盡也。紂衆倒戈，自相攻殺，事見《荀子·儒效》篇，《成相篇》，《史記·殷本紀》，《淮南子·泰族訓》，劉向《列女傳·孽嬖傳》，常璩《華陽國志·巴志》篇，非盡出妄造。《孟子》在魏晉間不甚重，不過諸子中之一耳，縱錯會經文，亦何損？而武王之爲仁人，爲王者師甚著，豈不可力爲回護，去其虐殺，以全吾經，此則作僞者之微意耳。但孟子親見百篇《尚書》，必不誤認。王充《論衡・語增》篇云：「察《武成》之篇，牧野之戰，血流浮杵。」《武成》亡於建武之際，仲任猶及見之。詳其意，彼真本《武成》必不以倒戈事與流杵事爲一。蓋此語自是兩敵相爭，描摹至此，若徒黨自相翦屠，何必加以此語，故晚出《武成》雖敢與《孟子》違，而猶陰爲孟子地。孔傳云：「血流漂春杵，甚之言，非含不可盡信之意乎？」賈誼《過秦論》云：「秦追亡逐北，流血漂鹵。」《戰國策》言「武安君與韓魏戰伊闕，流血漂鹵」。此等爲殺人多之恆辭，故孟子特爲武王辨。』按《論衡・藝增》篇云：『夫《武成》之篇，言武王伐紂，血流浮杵，助戰者多，故至血流如此，皆欲紂之亡也。土崩瓦解，安肯戰乎？《武成》言血流浮杵，亦太過焉。死者血流，安能浮杵？』按武王伐紂於牧之野，河北地高壤，靡不乾燥，兵頓血流，輒燥入土，安得杵浮？且周殷士卒，皆賫盛糧，或作乾糧，無杵臼之事，安得杵而浮之？言血流杵，欲言誅紂惟兵頓士傷，故至浮杵。是杵爲杵臼之杵，故趙氏言血流春杵。《説文》木部云：『杵，春杵也。』

《章指》言：文之有美過實，聖人不改，録其意也。非獨《書》云，《詩》亦有言，『嵩高極天，則百斯男』，亦已過矣。【疏】『嵩高極天則百斯男』○正義曰：莊公四年《公羊傳》云：『九世猶可以復讎乎？雖百世可也。』何休注云：『百世，大言之耳。猶《詩》云：「嵩高維嶽，峻極于天。君子萬年。」』《毛詩・大雅・思齊》篇『太姒嗣徽音，則百斯男』，傳云：『太姒十子，衆妾則宜百子也。』然則文王宜有百子，故《周南・螽斯》亦美后妃不妬忌而子孫衆多，此與百世不同。李樗《詩經講義》云：『《詩》中言多，則曰「則百斯男」，言少則曰「靡有孑遺」，言廣則曰『日辟國百里』，言狹則曰「一葦杭之」，皆甚辭也。』是又因趙氏《章指》推言之耳。

孟子曰：『有人曰「我善爲陳，我善爲戰」，大罪也。國君好仁，天下無敵焉。南面而征北夷怨，東面而征西夷怨，曰「奚爲後我」？【注】此人欲勸諸侯以攻戰也，故謂之有罪。好仁無敵，四夷怨望遲，願見征，何爲後我。已説於上篇。【疏】『北夷』○正義曰：宋本、孔本、韓本同。閩、監、毛三本夷作『狄』，石經此字漫漶。案僞疏引作『北夷』，作夷是也。**武王之伐殷也，革車三百兩，虎賁三千人，王曰：「無畏，寧爾也，非敵百姓也。」若崩厥角，稽首。征之爲言正也，各欲正己也，焉用戰！』**【注】革車，兵車也。虎賁，武士爲小臣者也。《書》云：『虎賁贅衣，趣馬小尹。』三百兩，三百乘也。武王令殷人曰，無驚畏，我來安止爾也。百姓歸周，若崩厥角，額角犀厥地，稽首拜命，亦以首至地也。各欲令武王來征己之國，安用善戰陳者。【疏】注『革車』至『乘也』○正義曰：《禮記・明堂位》『革車千乘』，注云：『革車，兵車也。』《周禮・春官・巾車》云『革路以即戎』是也。《夏官》有『虎賁氏下大夫二人，中士十有二人，虎士八百人』，注云：『虎士，徒之選有勇力者。』趙氏謂武士爲小臣，引《書・立政》證之。蓋《立政》言『亦越文王武王』，則此虎賁爲文武時官，於武王伐殷時較切，《周禮》則爲天子後所制矣。周氏用錫《尚書證義》云：『《顧命》「狄設綴衣」，正義云：「綴衣，是黼扆之類，以《周禮》考之，卽幕人也。幕人掌帷幄，虎賁司宿衛，皆左右親近者也。」以勇力爲左右近臣，故云武士爲小臣者也。贅衣，《立政》作『綴衣』，綴、贅古字通也。《毛詩・召南・鵲巢》『百兩御之』，傳云：『百兩，百乘也。』孔氏正義云：『謂之兩者，《風俗通》以爲車有兩輪，馬有四匹，故車稱兩，馬稱匹。』《書序》云：『武王戎車三百兩，虎賁三百人，與受戰於牧野。』江氏聲《尚書集注音疏》云：『虎賁，言猛怒如虎之奔赴也。三百人當爲三千人，《孟子》曰：「武王之伐殷也，革車三百兩，虎賁三千人。」《司馬法》曰：「革車一乘，士十人，徒二十人。」《樂記》曰：「虎賁之士說劍。」然則虎賁士也，一乘十人，三百兩則三千人矣。』翟氏灝《考異》云：『《書・牧誓序》：「武王戎車三百兩，虎賁三百人。」《風俗通義・皇霸》篇引《書》「武王戎車三百兩，虎賁八百人」。《墨子・明鬼》篇「武王以擇車百兩，虎賁之卒四百人」。《周書・克殷解》：「周車三百五十乘，陳於牧野，既以虎賁戎車馳商師，商師大敗。」孔晁注云：「戎車三百五十乘，則有虎賁三千五百人。」按每車一兩，當有虎賁十人，孟子言自無誤，諸書未可信也。《戰國策》蘇秦說魏曰：「武王卒三千人，革車三百乘，斬紂於牧。」又說趙曰：「武王之卒，不過三千人，車不過三百乘，而爲天子。」《呂氏春秋・仲秋紀》：

「武王虎賁三千人，簡車三百乘，以要甲子之戰。」言皆與《孟子》合。』周氏柄中《辨正》云：『有兩《司馬法》，一云「一車甲士三人，步卒七十二人」。一云「成出一乘，甲士十人，步卒二十人」。孔仲達成元年「丘甲」。正義云：「一士二徒者，鄉遂之兵；一士二十四徒者，都鄙之兵。古者天子用兵，先用六鄉，六鄉不足取六遂，六遂不足取都鄙及諸侯。若諸侯出兵，先盡三鄉三遂，鄉遂不足，然後總徵境內。」由此推之，武王所用，正是鄉遂之兵。《呂氏春秋》云：「武王革車三百，甲卒三千，征敵破衆。」《韓非子》云：「武王將素甲三千，領與紂戰。」虎賁安知不指戰士言？或謂據《周禮》虎賁非甲士，必以虎賁配一車，則《書序》是，《孟子》非矣。愚謂《周禮》虎賁不離王之先後，又豈以一人配一車而戰者邪？』○注「武王」至「地也」○正義曰：武王之言，必由傳命宣喻之，故云令也。《廣雅·釋詁》云：『畏，懼也。畏，恐也。』《易·震象傳》云：『震驚百里，驚遠而懼邇也。』驚即恐懼也，故以無畏爲無驚也。《毛詩·周南·葛覃》『歸寧父母』，傳云：『寧，安也。』《爾雅·釋詁》云：『安，止也。』故以寧爾爲安止爾也。《漢書·諸侯王表》『漢諸侯王厥角䭫首』，應劭曰：『厥者，頓也。角者，額角也。稽首，首至地也。』丘遲《與陳伯之書》云：『朝鮮昌海，蹶角受化。』李善注引《孟子》此文趙岐注云：『厥角叩頭，以額角犀厥地也。』於此注增『以也』二字，義尤明暢。《文選·羽獵賦》『蹶浮麋』，應劭亦云：『蹶，頓也。』是厥、蹶古字通，故李善直以厥角注蹶角，然則厥角猶頓首，故云厥地也。《釋名·

釋形體》云：『角者，生於額角也。』《國語・鄭語》云『惡角犀豐盈』，韋昭注云：『角犀，謂顏角有伏犀。』趙氏以頟釋角，又以犀申言之。頟犀二字，皆釋角字也。厥角是以角蹶地。若崩者，狀其厥之多而迅也。《白虎通》云：『崩之言𢡟然僵伏。』《説文》山部云：『崩，山壞也。』山壞則自高僵伏於地。《毛詩・小雅・無羊》云『不騫不崩』，傳云：『崩，羣疾也。』蓋一羣之羊全病，僵伏不起，詩人以山之壞狀之。此殷民歸周，以頟角犀蹶地，其狀若僵伏，而加『若崩』二字，極狀其人之衆多，如山之下墜，如羊之羣疾而僵伏，方聞『寧爾』之令，猝然厥地，其聲其狀，可於『若崩』二字見之。厥本又作『屈』，屈其頟角犀於地，猝然下伏也。既伏地，又稽首拜命，故云亦以首至地也。《音義》云：『丁云：「頟，即額字。犀，音西。義與棲遲同，息也，久也。字從尸下辛。或作犀牛字，誤也。」』阮氏元《校勘記》云：『宋本、孔本、韓本犀作「犀」，段玉裁云：「丁説殊誤，字當作犀，從牛。《國語》云角犀豐盈，《國策》曰眉目準頞犀角，權衡偃月，今人謂之天庭，古謂之犀角，相書云伏犀貫頂。」卽其理也。』按《説文》尸部：『犀，犀遲也。從尸，辛聲。』《爾雅・釋詁》云：『棲遲，息也。』此丁氏所本。然棲遲義爲遊息，於此不切。丁氏蓋不知厥卽蹶，而以厥地爲其地，故改犀爲犀，而以爲止息其地也。不知上云『若崩』，下云『稽首』，則一時衆聲之轟然，而首之上下不已，何止息之有？丁氏之誤，誠誤也。段氏玉裁《説文解字注》云：『厥，發石也。引申之凡有撅發皆曰厥。《山海經》曰「相柳之所抵厥」，郭云：「抵，觸。

厥，掘也。孟子若崩厥角稽首。」晉灼注《漢書》曰：「厥，猶豎也。叩頭則額角豎。」按厥角者，謂額角如有所發。角部「觺」字下云：「角有所觸發」是也。』錢氏大昕《潛研堂答問》云：『應劭云「厥者，頓也」，晉灼云「厥，猶豎也」，二義小有不同，應説近之。』○注『各欲』至『之國』○正義曰：廷琥云：『毛本無各字。』

《章指》言：民思明君，若旱望雨，以仁伐暴，誰不欣喜，是以殷民厥角，周師歌舞，焉用善戰，故云罪也。【疏】『周師歌舞』○正義曰：周氏廣業《孟子章指考證》云：『《樂稽耀嘉》曰：「武王興師誅商，萬國咸喜，軍渡孟津，前歌後舞，克商之後，民乃大安，家給人足，酌酒鬱摇。」見《藝文類聚》。又《蜀志》先主謂龐德曰：「武王伐紂，前歌後舞，非仁者邪？」』

孟子曰：『梓匠輪輿，能與人規矩，不能使人巧。』【注】梓匠輪輿之功，能以規矩與人。人之巧在心，拙者雖得規矩，不以成器也。

《章指》言：規矩之法，喻若典禮，人不志仁，雖誦憲籍，不能以善。善人脩道，公輸守繩，政成器美，惟度是應，得其理也。【疏】『雖誦』至『守繩』○正義曰：周氏廣業《孟子章指攷證》云：『《文子·道德》篇云：「守其法籍，行其憲令。」《荀子》：「公輸不能加於繩。」王褒《聖主得賢臣頌》云：「離婁督繩，公輸削墨。」』

孟子曰：『舜之飯糗茹草也，若將終身焉。及其爲天子也，被袗衣，鼓琴，二女果，若固有之。』【注】糗飯，乾糒也。袗，畫也。果，侍也。舜耕陶之時，飯糗茹草，若將終身如是。及爲天子，被畫衣，黼黻絺繡也。鼓琴，以協音律也。以堯二女自侍，亦不佚豫，如固自當有之也。【疏】『飯糗』○正義曰：段氏玉裁《説文解字注》云：『米部云：「糗，熬米麥也。」《周禮》「羞籩之實，糗餌粉餈」，鄭司農云：「糗，熬大豆與米也。粉，豆屑也。」玄謂：糗者，擣粉熬大豆爲餌餈之黏著以坋之耳。」按先鄭云「熬大豆及米」，後鄭但云「熬大豆」，注《内則》又云「擣熬穀」，不同者，黍粱朩麥皆可爲糗，故或言大豆以包米，或言穀以包米豆，而許云「熬米麥」，又非不可熬大豆也。熬者，乾煎也。乾煎者，鬻也。鬻米豆舂爲粉，以坋餌餈之上，故曰糗餌粉餈。鄭云擣粉之，許但云熬不云擣粉者，鄭釋經，故釋粉字之義；許解字，則糗但爲熬米麥，必待臬之而後成粉也。《粊誓》「峙乃糗糧」，某氏云：「糗糒之糧。」《孟子》曰「舜之飯糗茹草」，趙云：「糗飯，乾糒也。」《左傳》「爲稻醴粱糗」。《廣韻》曰：「糗，乾飯屑也。」此皆謂熬穀米粉者也。糒，乾飯也。《釋名》曰：「干飯，飯而暴乾之也。」《周禮・廩人》注曰：「行道曰糧，謂糒也。止居曰食，謂米也。」干飯今多爲之者。』謹按：《説文》鬲部云：『鬻，熬也。』鬻尺沼切。《一切經音義》云：『炒，古文鬻、𤆀、煼、𩱠四形，崔寔《四民月令》作「炒」。然則熬米麥卽是炒米麥。今農家米麥豆皆炒食，米卽謂之炒米，豆卽謂之炒豆。炒米可以沸水漬之當飯，大麥小麥炒之，又必磨之爲屑，用沸水和食，謂之焦麪，所謂糗也。糒乃今之飯乾，與此不同，而皆可爲行糧。惟農食樸儉，省蒸煮之費，往往炒米麥爲飯，是則舜之飯糗耳。○『茹草』○正義曰：王氏念孫《廣雅疏證》云：『《方言》：「茹，食也。吳越之間，凡貪飲食者謂之茹。」郭璞注云：「今俗呼能麤食者爲茹。」按《大雅·烝民》篇云「柔則茹之，剛則吐之」，是食謂之茹也。《禮運》云「飲其血，茹其毛」，《孟子·盡心》篇云「飯糗茹草」，是食麤食者謂之茹也。麤與疏義相近，食麤食者謂之茹，故食菜亦謂之茹。食菜謂之茹，故所食之菜亦謂之茹。《莊子·人閒世》篇「不茹葷」，《漢書·董仲舒傳》云「食於舍而茹葵」，是食菜謂之茹也。《食貨志》云「菜茹有畦」，《七發》云「秋黃之蘇，白露之茹」，是所食之菜亦謂之茹也。』茹草二字，趙氏皆無訓。草者，《史記·陳丞相世家》云『更以惡草具進楚使』，《漢書音義》云：『草，粗也。』索隱云：『《戰國策》云「食馮諼以草具」，如淳云：「蒿草麤惡之具也。」』《范雎列傳》云『使舍食草具』，索隱云：『謂亦舍之而食以下客之具。草具，謂麤食草菜之饌具也。』然則茹草猶云茹麤矣。○『被袗衣鼓琴』○正義曰：任氏大椿《深衣釋例》云：『《孟子》「被袗衣，鼓琴」，趙岐注：「袗，畫也。黼黻絺繡也。」夫鼓琴，宴居時也。舜於養老朝燕，僅服白布深衣，而燕居則服黼黻絺繡，非所以明質，故袗衣當非畫衣也。《史記》「堯乃賜舜絺衣與琴」，與舜被袗衣鼓琴事適相會。然則袗衣或卽絺衣與？賜予止用絺葛布衣，可知當時之質。』孔氏廣森《經學卮言》云：『袗非畫也。義如「袗絺綌」之袗。《史記・本紀》「堯賜舜絺衣與琴」是也。』孔氏、任氏引《史記》説之，是也。絺綌爲袗，故孟子謂之袗衣。得被袗衣者，以堯賜絺也。得鼓琴者，以堯賜琴也。二女所以侍者，帝釐降二女也。以耕夫一旦膺天子之知，賜賞若此，明其榮顯也。若徒袗絺綌而鼓琴，則不過習爲山人耳。趙氏以袗衣黼黻絺繡，本《尚書・臯陶謨》，乃鄭氏讀絺爲黹，此以絺繡爲『袗絺綌』之絺，與鄭氏異。以袗訓畫，則以繪與繡互見，非袗有畫義也。段氏玉裁《説文解字注》云：『衣部：「袗，襌衣也。一曰盛服。裖，袗或從辰。」㐱本訓「稠髮」。凡㐱聲字多爲濃重，《上林賦》「磬石裖崖」，孟康曰：「裖，袗致也。以石致川之廉也。」是裖與㐱積字義同。《孟子》「被袗衣」，袗衣亦當謂盛服，趙云畫衣者，不得其説，姑依《臯陶謨》作繪言之耳。』錢氏大昕《養新録》云：『錢塘梁侍講同書嘗告予云：「古書袗訓單，又訓同，皆無盛服之意。」《三國志・魏文帝紀》注有云：「舜承堯禪，被珍裘，妻二女，若固有之。」此必用《孟子》之文，袗衣當是珍裘也。』○『二女果』○正義曰：臧氏琳《經義雜記》云：『《説文》女部：「婐，姬也。一曰女侍曰婐。讀若騧，一曰若委。從女，果聲。孟軻曰：舜爲天子二女婐。」據此，知《孟子》本作「二女婐」，今作果者，是婐之省。趙氏訓爲侍，與《説文》合。』

《章指》言：阨窮不憫，貴而思降，凡人所難，虞舜所隆，聖德所以殊也。

孟子曰：『吾今而後知殺人親之重也。殺人之父，人亦殺其父；殺人之兄，人亦殺其兄：然則非自殺之也，一間耳！』【注】父仇不同天，兄仇不同國，以惡加人，人必加之，知其重也。一間者，我往彼來，間一人耳。與自殺其親何異哉。【疏】注『父仇不同天兄仇不同國』○正義曰：《大戴記・曾子制言》上云：『父母之讎，不與同生；兄弟之讎，不與聚國。』《禮記・檀弓》云：『子夏問於孔子曰：「居父母之仇如之何？」夫子曰：「寢苫枕干，不仕，弗與共天下也。遇諸市朝，不反兵而鬭。」曰：「請問居昆弟之仇如之何？」曰：「仕弗與共國。銜君命而使，雖遇之，不鬭。」阮氏元《曾子注釋》云：『居仇之說，《檀弓》、《曲禮》、《周官・地官・調人》及此曾子所言，互有異同。然《周禮》、孔子、曾子之言，三者同義，惟《曲禮》錯出，不可從。《周禮・調人》云：「凡過而殺傷人者〔一〕，以民成之。凡和難，父之仇辟諸海外，兄弟之仇辟諸千里之外。」此專言過殺，非本意殺，故調人得以使之遠避平成之。與孔、曾所言有意辱殺之讎不同。又《調人》曰「凡殺人有反殺者，使邦國交讎〔二〕之」者，此言謀殺一人，恐此人子弟報仇，因復殺其子弟也。又《調人》

〔一〕『者』，《皇清經解》本無，《周禮注疏》有『者』字。
〔二〕『讎』，《皇清經解》本作『仇』，《周禮注疏》作『讎』。下同。

曰「凡殺人而義者，不同國，令勿讎，讎之則死」者，此謂殺其謀殺君父之人爲義，其殺人君父之人之父兄子弟不得再以此人爲仇，仇之則罪當死也。故《周禮》與孔、曾合，以爲不合者，誤解之耳。若《曲禮》言「兄弟之讎不反兵，交遊之讎不同國」，及《公羊》「復百世之讎」，則太過，不合聖賢之道矣。』趙氏言此者，不同天、不同國，可知其必報，故云以惡加人，人必加之。其情重大，非可平成之者也。《列子・天瑞篇・釋文》云：『間，隔也。』間一人，猶云隔一人也。翟氏灝《考異》云：『《墨子・兼愛》篇：「我先從事乎惡人之親，人能報我以愛利吾親乎？必先從事乎愛利人之親，然後人報我以愛利吾親也。」此言略與孟子言似。然孟子特戒人惡害人父兄已耳，不必定愛利之也。故儒墨之言，大要在有無差等之別。』

《章指》言：恕以行仁，遠禍之端。暴以殘民，招咎之患。是以君子好生惡殺，反諸身也。

孟子曰：『古之爲關也，將以禦暴；今之爲關也，將以爲暴。』【注】古之爲關，將以禦暴亂，譏閉非常也。今之爲關，反以征税出入之人，將以爲暴虐之道也。【疏】注『譏閉非常也』○正義曰：《周禮・地官・司關》：『國凶札則無關門之征，猶幾。』注云：『謂無租税，猶苛察，不得令姦人出入。』幾即譏也。《易・復・象傳》云：『先王以至日閉關，商旅不行。』

《章指》言：脩理關梁，譏而不征，如以税斂，非其式程，懼將爲暴，故載之也。【疏】『脩理關梁』○正義曰：《禮記·月令》：『季冬之月，謹關梁。』《玉藻》云：『年不順成，關梁不租。』注云：『此周禮也。殷則關但譏而不征，雖不賦猶爲之禁，不得非時取也。』

孟子曰：『身不行道，不行於妻子。使人不以道，不能行於妻子。』【注】身不自履行道德，而欲使人行道德，雖妻子不肯行之。言無所則效也。使人不順其道理，不能使妻子順之，而況他人乎。

《章指》言：率人之道，躬行爲首。《論語》曰：『其身不正，雖令不從。』【疏】『論語』至『不從』○正義曰：引《論語》，在《子路》第十三。

孟子曰：『周于利者，凶年不能殺；周于德者，邪世不能亂。』【注】周達於利，營苟得之利而趨生，雖凶年不能殺之。周達於德，身欲行之，雖遭邪世，不能亂其志也。【疏】注『周達』○正義曰：周有達義者，劉熙《釋名·釋船》云：『舟言周流也。』《易·繫辭傳》云：『舟楫之利，以濟不通。』舟取義於周，是周有達義也。趙氏謂達於取利，則凡苟得之利，皆營求之，故雖凶荒之年，有心計足以趨生，故不死。不達於德則不能行，達而行之則志定，不爲邪世所亂。近時通解周爲徧帀，謂積蓄無少匱也。積於利，故不困於凶年；積於德，故不染於邪世。

《章指》言：務利蹈姦，務德蹈仁，舍生取義，其道不均也。

孟子曰：『好名之人，能讓千乘之國；苟非其人，簞食豆羹見於色。』【注】好不朽之名者，輕讓千乘，子臧季札之儔是也。誠非好名者，爭簞食豆羹變色，訟之致禍，鄭子公染指黿羹之類是也。【疏】注『好不』至『儔是也』○正義曰：襄公二十四年《左傳》云：『范宣子曰：「古人有言，死有不朽，何謂也？」叔孫穆叔曰：「太上有立德，其次有立功，其次有立言，雖久不廢，此之謂不朽。」陸賈《新語·輔政》篇云：『功垂於無窮，名傳於不朽。』故以好名爲好不朽之名。諸本作『伯夷季札之儔』，宋本作『子臧季札之儔』，周氏廣業《孟子古注攷》云：『伯夷，聖之清者，豈好名之人？晉孫盛《泰伯三讓論》云：「三以天下讓，言非常讓，若臧、札之倫者也。」潘岳《西征賦》云：「臧、札飄其高厲，委曹、吴而成節。」蓋季札自言願附子臧，故後人每並稱之。』今依宋本。《史記·吴世家》云：『壽夢有子四人，長曰諸樊，次曰餘祭，次曰餘昧，次曰季札。季札賢而壽夢欲立之，季札讓不可，於是乃立長子諸樊，攝行事當國。王諸樊元年，諸樊已除喪，讓位季札。季札謝曰：「曹宣公之卒也，諸侯與曹人不義曹君，將立子臧。子臧去之，以成曹君。君子曰：能守節矣。君義嗣，誰敢干君？有國非吾節也。札雖不材，願附於子臧之義。」吴人固立季札，季札棄其室而耕，乃舍之。』此子臧、季札輕讓千乘之事也。宣公四年《左傳》云：『楚人獻黿於鄭靈公。公子宋與子家將見，子公之食指動，以示子家曰：「他日我如此，必嘗異味。」及入，宰夫將解黿，相視而笑。公問之，子家以告。及食大夫黿，召子公而弗與也。子公怒，染指於鼎，嘗之而出。公怒，欲殺子公。子公與子家謀先。子家曰：「畜老牛猶憚殺之，而況君乎？」反譖子家，子家懼而從之。夏，弑靈公。』是因飲食致禍也。阮氏元《校勘記》云：『「染指黿羹之類」，閩、監、毛三本同。宋本、孔本、韓本、《攷文》古本黿作「魭」。《音義》出「魭羹」，云：「《左傳》作黿。」此則注文本用魭字。改爲黿，非也。』錢氏大昕《養新録》云：『孔子疾没世而名不稱，孟子亦惡人之不好名，名謂不朽之名也。不好名，亦專於好利，雖簞食豆羹且不能讓，況千乘乎？』按明人陳子龍已云：『三代以下，惟恐不好名。』非其人者，謂非好名之人也。如此解爲當。

《章指》言：廉貪相殊，名亦卓異，故聞伯夷之風，懦夫有立志也。

孟子曰：『不信仁賢則國空虚，無禮義則上下亂，無政事則財用不足。』【注】不親信仁賢，仁賢去之，國無賢人，則空虚也。無禮義以正尊卑，則上下之叙泯亂。無善政以教人農時，貢賦則不入，故財用不足。【疏】注『不親信仁賢』○正義曰：不信則疑之，不親則疏之，疑由於疏，疏亦由於疑，故以親信連言之。○注『則上下之叙泯亂』○正義曰：《書・呂刑》云：『民興胥漸，泯泯棼棼。』《周書・祭公解》云『汝無泯泯棼棼』，孔晁注云：『泯，芬亂也。』泯亦訓滅，《毛詩・大雅・桑柔》篇『靡國不泯』，傳云：『泯，滅也。』是也。泯亂亦滅亂也。《爾雅・釋詁》云：『滅，絶也。』《釋水》云：『正絶流曰亂。』是亂有絶義，與滅同。泯爲滅，亦爲亂矣。○注『無善』至『不入』○正義曰：賦出於農，不教人農時，則田野荒蕪，水旱無備，故貢賦不入也。

《章指》言：**親賢正禮，明其五教，爲政之源，聖人以三者爲急也。**

孟子曰：『不仁而得國者有之矣，不仁而得天下，未之有也。』【注】不仁得國者，若象封有庳，叔鮮、叔度封於管、蔡，以親親之恩而得國也。雖有誅亡，其世有土。丹朱、商均，天子元子，以其不仁，天下不與，故不得有天下也。

《章指》言：**王者當天，然後處之。桀、紂、幽、厲，雖得猶失，不以善終，不能世祀，不爲得也。**【疏】『王者當天』○正義曰：賈誼《新書・數寧》篇云：『臣聞之，自禹已下五百歲而湯起，自湯已下五百餘年而武王起，自武王已下，過五百歲矣。聖王不起何慅矣？及秦始皇帝，似是而卒非也，終於無狀。及今天下集於陛下，臣觀寬大知通，竊曰是以摻亂業，握危勢，若今之賢也，明通以足天紀，又當天。』按趙氏於不仁得天下前舉丹朱、商均，此舉桀、紂、幽、厲，皆非得天下之人，似乎所引未切矣。觀此云『雖得猶失，不以善終』云云，雖承桀、紂、幽、厲，實指后羿、新莽一流。蓋是時曹操儼然無人臣之節，趙氏屬意荆州，此數語實指操而言。於『不仁得國』取象及管、蔡，皆宗室同姓之得國者。蓋當時如袁紹、公孫瓚皆不仁得國者也，故有所忌諱，不言異姓也。玩其取賈子『當天』二字，固以此似是而非者，終於無狀，而謬托丹朱、商均、桀、紂、幽、厲，實以秦皇斥操耳。而亦有所忌諱，不明言之也。知人論世，表而出之。

孟子曰：『民爲貴，社稷次之，君爲輕。是故得乎丘民而爲天子，【注】君輕於社稷，社稷輕於民。丘，十六井也。天下丘民皆樂其政，則爲天子，殷湯周文是也。【疏】注『丘，十六井也』○正義曰：《周禮·地官·小司徒》『九夫爲井，四井爲邑，四邑爲丘』。一邑四井，四邑故爲十六井。然則丘民猶言邑民、鄉民、國民也。王氏念孫《廣雅疏證》云：『丘，衆也。《孟子·盡心》篇：「得乎丘民而爲天子。」《莊子·則陽》篇云：「丘里者，合十姓百名以爲風俗也。」《釋名》云：「四邑爲丘，丘，聚也。」皆衆之義也。』**得乎天子爲諸侯，**【注】得天子之心，封以爲諸侯。**得乎諸侯爲大夫。**【注】得諸侯之心，諸侯封以爲大夫。**諸侯危社稷，則變置。**【注】諸侯爲危社稷之行，則變更立賢諸侯也。【疏】注『諸侯』至『侯也』○正義曰：《孝經·諸侯章》云：『在上不驕，高而不危；制節謹度，滿而不溢。高而不危，所以長守貴也。滿而不溢，所以長守富也。富貴不離其身，然後能保其社稷。』反是，則爲危社稷之行矣。《説文》攴部云：『變，更也。』《吕氏春秋·當務》篇云『而不可置妾之子』，高誘注云：『置，立也。』則變置卽更立也。**犧牲既成，粢盛既絜，祭祀以時，然而旱乾水溢，則變置社稷。**【注】犧牲已成肥腯，稻粱已成絜精，祭祀社稷，常以春秋之時。然而其國有旱乾水溢之災，則毁社稷而更置也。【疏】注『犧牲』至『置也』○正義曰：犧牲貴肥腯，故以肥腯爲成。《國語·周語》『祓除其心精也』，韋昭注云：『精，潔也。』又《楚語》『玉帛爲二精』，注云：『明潔爲精。』故以絜釋精。《禮記·月令》：『季冬之月，命太史次諸侯之列，賦之犧牲，以共皇天上帝社稷寢廟之祀。』此社稷用犧牲也。《郊特牲》云：『唯社丘乘共粢盛，所以報本反始也。』此社稷用粢盛也。《白虎通·社稷》篇云：『祭社稷用三牲何〔一〕？重功故也。《尚書》曰：「乃社于新邑，牛一，羊一，豕一。」《王制》曰：「天子社稷皆太牢，諸侯社稷皆少牢」何？宗廟太牢，所以廣孝道也。社稷爲報功，諸侯一國，所報者少故也。』又云：『歲再祭之何？春求秋報之義也。故《月令》：「仲春之月，擇元日，命民社。」「仲秋之月，擇元日，命民社。」』盧氏文弨校云：『今《月令》無「仲秋之月擇元日命民社」之文，而《御覽》五百三十二引《禮記·

〔一〕『祭社稷用三牲何』，《皇清經解》本同，《白虎通》作『社祭稷以三牲何』。

月令》，仲春仲秋皆有之，並注云：「賽秋成也。元日，秋分前後戊日。」』陳祥道《禮書》云：『先王之祭社稷，春有祈，秋有報，孟冬大割祠。春祈而歌《載芟》，秋報而歌《良耜》，此祭之常者也。』上變置爲更立賢諸侯，此變置社稷，亦是更立社稷，以諸侯例之，自是更立社稷之主。故舊疏云：『自顓頊以來，用句龍爲社，柱爲稷，及湯之旱，以棄易柱。』毛氏奇齡《四書賸言》云：『自顓頊至周，水旱不一，而易祀者止一柱，似亦未可爲據者。』全氏祖望《經史問答》云：『當以疏説爲是。蓋古人之加罰於社稷者有三等，年不順成，八蜡不通，乃暫停其祭，是罰之輕者。又甚，則遷其壇壝之地，罰稍重矣。又甚，則更其配食之神，罰最重。然亦未嘗輕舉此禮，蓋變置至神示，所關重大，故自湯而後，罕有行者。嘗謂國家之有水旱，原恃乎我之所以格天者，而未嘗以人聽於神。陰陽不和，五行失序，於是有恆雨恆暘之咎，不應於社稷之神是咎。且亦安知社稷之神，不將大有所懲創於國君而震動之，使有以知命之不常，天之難諶？而吾乃茫然於其警戒之所在，反以人踐皀之氣，責報於天，文過於己，是取滅亡之道也。乃若聖王則有之。聖王之於天地，其德相參，其道相配，而其自反者，已極盡而無憾，故湯之易稷是也。夫天人一氣也，在我非尸位，則在神爲溺職，雖黜之非過矣。但是可爲賢主道，而不可爲慢神之主道也。魯穆公暴巫焚尪，縣子尚以爲不可，況其進於此者。疏説變置是也，而未可輕言之也。《北夢瑣言》載潭州馬希聲以旱閉南嶽廟事，可爲慢神之戒。李陽冰令縉雲，大旱，告於城隍之神，五日不雨焚其廟，此乃行古禮也。及期，雨合需足，陽冰乃與耆老吏民，自西谷遷廟於山巔，以答神休。此蓋因前此焚廟之禱，嫌其得罪於神而更新之，不爲罰而爲報，是亦變通古禮而得之者。《左氏》昭公十有六〔一〕年：「鄭大旱，使屠擊等有事於桑山，斬其木，不雨，子產曰：有事於山，蓺山林也。而斬其木，其罪大矣。奪之官邑。」夫斬木是古禮，亦變置之意也。子產以爲非者，卽未可輕言之意也。《雲漢》之詩曰「靡神不舉」，正與八蜡不通之説並行不悖，未有毅然以蔑絶明神自任者。』周氏柄中《辨正》云：『趙氏謂「毁其社稷而更置之」，不言如何更置。陳無已謂「遷社稷壇壝於他處，如句容有盜，改置社稷而盜止；下邳多盜，遷社稷於南山之上，盜亦衰息」。萬充宗則謂「水旱之方，就此方之社稷，變其常祭，以示減殺。如《郊特牲》所云年不順成，八蜡不通；《穀梁》所謂大祲之歲，鬼神有禱無祀之意」。如陳説，則古者立社必在庫門内，夏左殷右，周復左，此一朝定制，未聞有遷之他處者。如萬説，則與變置之字義又不合。此變置與上節變置同義，則當爲更立之意，不但殺其祭禮而已也。任釣臺曰：「變置，必是毁其壇壝，以致責罰之意，明春復立耳。」此説得之。』

《章指》言：得民爲君，得君爲臣，民爲貴也。先黜諸侯，後毁社稷，君爲輕也。重民

〔一〕「六」，《皇清經解》本作「七」。

敬祀，治之所先，故列其次而言之。

孟子曰：『聖人百世之師也，伯夷、柳下惠是也。【注】伯夷之清，柳下惠之和，聖人之一概也。【疏】注『聖人之一概也』○正義曰：《毛詩·衛風·載馳》傳云：『是乃衆幼穉且狂，進取一概之義。』孔氏正義云：『一概者，一端不曉變通。』然則聖人之一概猶云聖人之一端也。**故聞伯夷之風者，頑夫廉，懦夫有立志。聞柳下惠之風者，薄夫敦，鄙夫寬。奮乎百世之上，百世之下聞者莫不興起也，非聖人而能若是乎，而況於親炙之者乎？』**【注】頑，貪。懦，弱。鄙，狹也。百世，言其遠也。興起，志意興起也。非聖人之行，何能感人若是。諭聞尚然，況於親見動炙者乎。【疏】『奮乎』至『起也』○正義曰：毛氏奇齡《四書賸言》云：『《孟子》「奮乎百世之上百世之下」一氣不斷，古文排句，辭例如此，言興乎前以及乎後也。若以「百世之下」連下讀，則失辭例矣。』《漢·王吉傳》云：『《孟子》云：奮乎百世之上，行乎百世之下，莫不興起。』按《論衡·知實》篇引云：『百世之下，聞之者莫不興起，非聖而若是乎，而況親炙之乎？』『百世之下』固屬下讀，與親炙相對，親炙則百世之上與夷、惠同時之人矣。毛說非也。○注『諭聞』至『炙者也』○正義曰：《說文》耳部云：『聞，知聞也。』《廣雅·釋言》云：『諭，曉也。』曉聞猶知聞也。《毛詩·大雅·雲漢》『憂心如熏』，傳云：『熏，灼也。』孔氏正義云：『熏灼俱焚炙之義。』阮氏元《校勘記》云：『毛本作「熏」，孔本作「薰」，韓本作「勳」。按《音義》出「勳炙」，云「字與熏同」，則作「薰」「熏」並非古本』。

《章皆》言：伯夷柳下，變貪厲薄，千載聞之，猶有感激，謂之聖人，美其德也。

孟子曰：『仁也者，人也。合而言之，道也。』【注】能行仁恩者，人也。人與仁合而言之，可以謂之有道也。【疏】『仁也』至『道也』○正義曰：段氏玉裁《説文解字注》云：『仁，親也。從人二。《中庸》曰：「仁者，人也。」注：「人也，讀如相人偶之人，以人意相存問之言。」《大射儀》「揖以耦」，注：「言以者，耦之事成於此意相人耦也。」《聘禮》「每曲揖」，注：「以相人耦爲敬也。」《公食大夫禮》「賓入三揖」，注：「相人耦。」《詩・匪風》箋云：「人偶能烹魚者，人偶能輔周道治民者。」正義曰：「人偶者，謂以人意尊偶之也。」《論語》注人偶，同位人偶之辭。《禮》注云人偶，相與爲禮儀。皆同也。按人耦猶言爾我，親密之詞。獨則無耦，耦則相親，故其字從人二。孟子曰「仁也者人也」，謂能行仁恩者人也。又曰「仁〔一〕人心也」，謂仁乃是人之所以爲心也。與《中庸》語意皆不同。』

《章指》言：仁恩須人，人能宏道也。

〔一〕「仁」，《皇清經解》本無，《孟子注疏》有「仁」字。

孟子曰：『孔子之去魯，曰「遲遲吾行也」，去父母國之道也。去齊，接淅而行，去他國之道也。』【注】遲遲，接淅，注義見《萬章》下首章。【疏】『去他國之道也』○正義曰：《萬章》下篇無此句。

《章指》言：孔子周流不遇，則之他國，遠逝惟魯斯戀，篤父母國之義也。

孟子曰：『君子之戹於陳、蔡之間，無上下之交也。』【注】君子，孔子也。《論語》曰：『君子之道三，我無能焉。』孔子乃尚謙，不敢當君子之道，故可謂孔子爲君子也。孔子所以戹於陳、蔡之間者，其國君臣皆惡，上下無所交接，故戹也。【疏】注『孔子』至『戹也』○正義曰：《音義》云：『戹，或作「厄」，同。』《一切經音義》引《蒼頡篇》云：『厄，困也。』《呂氏春秋·知士》篇云『靜郭君之交』，高誘注云：『交，接也。』《廣雅·釋詁》云：『接，持也。』《淮南子·修務訓》云『援豐條』，高誘注云：『援，持也。』趙氏以上指君，下指臣，上無賢君，下無賢臣，皆不與孔子合，故無援以至於困戹。故既以接釋交，《章指》又以援釋交也。《史記·孔子世家》云：『孔子在陳、蔡之間，楚使人聘孔子，孔子將往拜禮。陳蔡大夫謀相與發徒役圍孔子於野，不得行，絕糧。』此孔子厄於陳、蔡之事也。《說文》食部云：『餫，飢也。從食，戹聲。』厄於陳、蔡之間，謂絕糧。厄當讀餫，謂飢於陳、蔡之間也。

《荀子・宥坐》篇云：『孔子南適楚，厄於陳、蔡之間，七日不火食，藜羹不糂，弟子皆有飢色。』下數句正申解厄字。上下無交，卽指大夫相謀。

《章指》言：君子固窮，窮不變道。上下無交，無賢援也。

貉稽曰：『稽大不理於口。』【注】貉，姓。稽，名。仕者也。爲衆口所訕。理，賴也。謂孟子曰，稽大不賴人之口，如之何。【疏】注『貉姓』至『賴也』○正義曰：《音義》云：『丁云：「貊鶴二音。既是人姓，當音鶴。《纂文》曰：俗人姓也。」張亡百切。《説文》云「北方人豸種也」。』按下自稱稽，則稽自是名，貉當是姓矣。《御覽》引《風俗通・氏姓篇序》云：『姓有九，或氏於號，或氏於謚，或氏於爵，或氏於國，或氏於官，或氏於字，或氏於居，或氏於事，或氏於職。』此貉非號謚官爵，故以爲俗人姓也。張以爲貉人名稽，則不以爲姓，與趙氏異。以爲衆所訕，知是仕者。《説文》人部云：『俚，聊也。』《國策・秦策》云：『百姓不聊生』，注云：『聊，賴也。』《廣雅・釋言》云：『俚，聊也。俚，賴也。』理、俚聲同字通。《國語・晉語》『君得其賴』，韋昭注云：『賴，利也。』不理於口，猶云不利於人口也。隱公四年《公羊傳》云：『吾爲子口隱矣。』言出於口，故以人言爲人口。

孟子曰：『無傷也，士憎兹多口。』【注】審己之德，口無傷也。離於凡人而爲士者，益多口。【疏】注『離於』至『多口』○正義曰：趙氏以憎爲增之假借，故以益釋之。《爾雅・

釋言》云：『增，益也。』是也。《荀子·大略》篇云『君子聽律習容而後士』，賈子《新書·道術》篇云『守道者謂之士』，是士離於凡人。觀《章指》凡人卽凡品，士卽指孔子文王也。憎，《方言》訓憚，《説文》訓惡，《廣雅》訓苦。《潛夫論·交際》篇云：『孔子恂恂，似不能言者。又稱：誾誾言惟謹也。士貴有辭，亦憎多口。』此爲憎惡，與趙氏義不同。翟氏灝《攷異》云：『理兼條分、脩治之義，《離騷》「令蹇脩以爲理」，五臣注云：「令之以通辭理。」稽曰不理，蓋自病其言之無文，故《纂文》有俗人之稱，《潛夫論》有「士貴有辭」之説也。孟子云憎多口，卽《論語》「禦人口給，屢憎於人」之意，謂徒理於口，亦爲士君子所憎惡。惟能以文王孔子之道理其身心，卽有憎其口之不理者，特羣小輩耳，於己之聲聞無隕越也。引《詩》斷章取兩愠字，申達憎義。』趙氏佑《温故録》云：『憎如字讀，自明上理字乃分辨之意，不必依舊訓賴。求理於口，徒兹多口，有道之士所不取也。此讀兹爲滋，謂士憎惡以辨謗，故益滋多口也。』**《詩》云「憂心悄悄，愠于羣小」，孔子也。「肆不殄厥愠，亦不殞厥問」，文王也。』**【注】詩，《邶風·柏舟》之篇。曰『憂心悄悄，憂在心也。『愠于羣小』，怨小人聚而非議賢者也。孔子論此詩，孔子亦有武叔之口，故曰孔子之所苦也。《大雅·緜》之篇曰『肆不殄厥愠』，殄，絶。愠，怒也。『亦不殞厥問』，殞，失也。言文王不殄絶畎夷之愠怒，亦不能殞失文王之善聲問也。【疏】注『詩』至『苦也』○正義曰：《序》云：『《柏舟》，言仁而不遇也。衛頃公之時，仁人不遇，小人在側。』毛氏傳云：

『慍，怒也。悄悄，憂貌。』箋云：『羣小，衆小人在君側者。』孔氏正義云：『言仁人憂心悄悄然而怨此羣小人在於君側者也。』詩非爲孔子作，孟子引以況孔子，謂孔子當日爲羣小非議，有如此詩。論與倫通，《禮記·中庸》『毛猶有倫』，注云：『倫，比也。』孔子倫此詩，謂孔子比儗此詩，則如叔孫武叔之毀，見《論語·子張》篇。是羣小之口，亦孔子之所苦也。○注『大雅』至『問也』○正義曰：《毛詩·大雅·緜》傳云：『肆，故今也。慍，恚。隕，墜也。』箋云：『小聘曰問。文王見太王立冢土，有用大衆之義，故不絶去其恚惡惡人之心，亦不廢其聘問鄰國之禮。』恚，猶怒也。箋以絶釋殄，廢、墜與失義亦相近，惟鄭氏以問爲聘問，趙氏讀問爲令聞之聞，以爲善聲聞，則不合。趙氏説詩，每殊於鄭。毛氏但訓隕爲墜，鄭箋原不必同毛，趙氏未詳所受耳。下云『混夷駾矣』，混夷卽畎夷，故云不殄絶畎夷之慍怒。箋以不殄慍，慍在文王，趙以慍在畎夷。孟子引此以證『多口』，則畎夷之慍，畎夷之多口也。而文王不必殄絶之，亦不因其慍而失令聞，在孟子義宜如是也。因念慍於羣小，亦當是爲羣小所慍，卽羣小之多口也。顧氏鎮《虞東學詩》云：『惟是憂心之悄悄，常懼禍至之無日，而羣小之申申者，方慍怒之不殄，詩意宜如是也。』

《章指》言：正己信心，不患衆口，衆口諠譁，大聖所有，況於凡品之所能禦，故答貉稽曰無傷也。

孟子曰：『賢者以其昭昭，使人昭昭；今以其昏昏，使人昭昭。』【注】賢者治國，法度昭昭，明於道德，是躬化之道可也。今之治國，法度昏昏，亂潰之政也。身不能治，而欲使他人昭明，不可得也。【疏】注『賢者』至『得也』○正義曰：楚辭《雲中君》『爛昭昭兮未央』，王逸注云：『昭昭，明也。』故云明於道德。《廣雅・釋訓》云：『惽惽，亂也。』《毛詩・大雅・召旻》篇『無不潰止』，傳云：『潰，亂也。』故以昏昏爲潰亂之政。《呂氏春秋・有度》篇云『不昏乎其所已知』，高誘注云：『昏，闇也。』又《誣徒》篇云『昏於小利』，高誘注云：『昏，迷也。』故章指以闇迷釋昏昏。

《章指》言：以明招闇，闇者以開；以闇責明，闇者愈迷。賢者可遵，譏今之非也。

孟子謂高子曰：『山徑之蹊間，介然用之而成路，爲間不用，則茅塞之矣。今茅塞子之心矣。』【注】高子，齊人也。嘗學於孟子，鄉道而未明，去而學於他術。孟子謂之曰，山徑，山之領。有微蹊，介然人遂用之不止，則蹊成爲路。爲間，有間也。謂廢而不用，則茅草生而塞之，不復爲路。以喻高子學於仁義之道，當遂行之，而反中止，比若山路，故曰茅塞子之心也。【疏】注『山徑』至『心也』○正義曰：王氏念孫《廣雅疏證》云：『《釋丘》：「嶺，陘，阪也。」陘之言徑也，《孟子・盡心》篇「山徑之蹊間介然」趙岐注云：「山徑，山之領。」《法言・吾子》篇云：「山陘之蹊。不可勝由矣。」馬融《長笛賦》云：「膺陗陁，腹陘阻。」並字異而義同。嶺之言領也，嶺通作領，《列子・湯問》篇云：「終北國中，有山名曰壺領。」」程氏瑤田《通藝録・溝洫疆理小記》云：『孟子「山徑之蹊間」，蹊字之義，一見於《月令》「孟冬塞蹊徑」，鄭氏注：「徯徑，鳥獸之道也。」《吕氏春秋》、《淮南子》並作「蹊徑」。一見於鄭氏注《周易》「徑路，爲山間鹿兔之蹊」。又左傳「牽牛以蹊人之田」，《漢書・貨殖傳》「鷹隼未擊，矰弋不施於蹊隧」。然則蹊者，獸蹄之所經，無垠堮，非有一定之迹可睹指者也。今乃介然用之而成路，是路之成成於蹊間也。』孔氏廣森《經學卮言》云：『趙注以「介然」屬上句，愚讀《長笛賦》「間介無蹊」，似古讀有以「間介」絶句者。間介，蓋隔絶之意。徑，路也。蹊，足迹也。言雖有足迹隔絶之處，然人苟由之，皆可以成路云爾。』趙氏佑《温故録》云：『介，亦分別意，如字讀，舊惟以「介然」屬上句，非耳。山徑之蹊間，謂小道叢雜處。介然用之，謂人力闢除之。』謹按：《荀子・脩身》篇云『善在身，介然必以自好也』，楊倞注云：『介然，堅固貌。《易》曰：「介如石焉。」』《漢書・律曆志》上云『介然有常』，注云：『介然，特異之意。』《説文》八部云：『介，畫也。』蹊無一定之迹，則不可以成路。蓋山領廣闊，原可散亂而行，縱横旁午，不相沿踐，今介然專行一路，特而不散，自畫而不亂，此蹊間所以能成路。蹊間之成路，全在特行而不旁踰，此『介然』二字，定屬下『用之』，即《荀子》、《律曆志》之介然專行一路，所以有常而堅固也。《方言》云：『用，行也。』介然用之，即是介然行之。爲間不用，即是爲間不行。下云『當遂行之』，趙氏以行釋用也。趙氏注《滕文公》上篇『夷子憮然爲間』云：『爲間，有頃之間也。』此云爲間，有間也。按有間之義，數端各不同。《吕氏春秋·去私》篇『居有間』，高誘注云：『間，頃也。』此言須臾之時，所謂有頃之間也，以時言也。昭公七年《左傳》『晉侯有間』，杜預注云：『間，差也。』此有間謂病愈，《方言》云：『南楚病愈者，或謂之間。』是也。《淮南子·俶真訓》云『則醜美有間矣』，高誘注云：『間，遠也。』謂醜與美相隔之遠也。《國語·晉語》『使無有間隙』，韋昭注云：『間隙，瑕釁也。』昭公十三年《左傳》云『諸侯有間者』，注云：『間，隙也。』大抵間爲隔別之義，所隔者少則爲頃，所隔者多則爲遠。無病與有病别，則間爲愈；相怨與相好别，則間爲隙。故《史記·黥布傳》以行他道爲間道，此爲間不用，謂別行他路，遂與此路隔别而不行。趙氏謂高子去而學於他道，正此爲間之喻也。若有頃之間，何遽遂爲茅塞，蓋廢此不行，以别有行處，爲他歧之惑也。

《章指》言：聖人之道，學而時習，仁義在身，常常被服，舍而不脩，猶茅是塞，明爲善之不可倦也。【疏】『常常被服』○正義曰：阮氏元《校勘記》云：『宋本、孔本、韓本、足利本作「當常」。』

高子曰：『禹之聲，尚文王之聲。』孟子曰：『何以言之？』【注】高子以爲禹之尚貴聲樂過於文王。孟子難之曰何以言之。【疏】注『禹之尚貴聲樂過於文王』○正義曰：以貴釋尚，以樂釋聲，俱詳見前。倪氏思寬《二初齋讀書記》云：『「禹之聲尚文王之聲」，此聲字卽「梟氏爲聲」之聲也。《攷工記》前言「梟氏爲聲」，後言「梟氏爲鍾」，可知聲卽是鍾。蓋聲以鍾爲主，故卽以鍾爲聲；鄭注「聲鍾錞于之屬」是也。』姚氏文田《求是齋自訂稿》云：『此解尚字，與《禮記》「殷人尚聲」義同。』

曰：『以追蠡。』【注】高子曰，禹時鍾在者，追蠡也。追，鍾鈕也。鈕擘齧處深矣，蠡蠡欲絶之貌也。文王之鍾不然，以禹爲尚樂也。【疏】注『追鍾』至『貌也』○正義曰：《說文》金部云：『鈕，印鼻也。』此以追爲鍾鈕，卽爲鍾鼻矣。《淮南子・要略訓》『擘畫人事之終始者也』，高誘注云：『擘，分也。』《文選・西京賦》『擘肌分理』，注引《周禮》鄭注云：『擘，破裂也。』《周禮》鄭注，謂《攷工記・旅人》『髻墾薜暴不入市』，注云：『薜，破裂也。』薜、擘古字通也。《淮南子・人間訓》『劒之折，必有齧』，高誘注云：『齧，缺也。』趙氏以擘齧二字解蠡字，謂破裂缺齾也。緣其破缺之深，故欲絶。《說文》䖵部云：『蠡，蟲齧木中也。』段氏玉裁《說文解字注》云：『蠡之言剺也，如刀之剺物。《楚辭》「覽芷圃之蠡蠡」，又借爲禾黍離離字。《孟子》「以追蠡」，趙注曰：「追，鍾鈕也。鈕擘齧處深矣，蠡蠡欲絶之貌。」此又以蠡同離同劙。《方言》曰：「劙，解也。」又曰：「蠡，分也。」皆其義也。不知假借之指，乃云鍾鈕如蟲齧而欲絶，是株守許書之辭，而未能通許書之意矣。』

蠡蠡既通於禾黍之離離，《楚辭·思古》云『曾哀悽欷心離離兮』，注云：『離離，剥裂貌。』此蠡蠡欲絶之貌，正本諸離離之剥裂也。抑黍實下垂，其蒂之系微細欲絶，亦有如鍾之下垂，其鈕欲絶，所以稱離離矣。程氏瑶田《通藝録·攷工創物小記》云：『鐘縣謂之旋。所以縣鐘者，設於甬上。參分其甬長，二在上，一在下，其設旋處也。《孟子》謂之「追蠡」，言追出於甬上者乃蠡也。蠡與螺通。螺小者謂之蜁蝸，郭璞《江賦》所謂「鸚螺蜁蝸」是也。曰旋曰蠡，其義不殊，蓋爲金枘於甬上，以貫於縣之者之鑿中，形如螺然，如此則宛轉流動，不爲聲病，此古鐘所以側縣也。旋轉不已，日久則刓敝滋甚，故孟子以「城門之軌」譬之。』姚氏文田《求是齋自訂稿》云：『以追爲鐘鈕，既無他證，語又迂曲。一説追與搥同，擊也。《説文》「擔」字注：「建大木，置石其上，發以機以追敵。」亦謂擊敵也。則此説似爲近是。追者，言所擊之處，蠡則其如木之蠹也。三代之樂不殊，而禹之鐘獨形其殘缺，苟非當日之數數用之，而何以有是也。』

曰：「是奚足哉？城門之軌，兩馬之力與？」【注】孟子曰，是何足以爲禹尚樂乎。先代之樂器，後王皆用之。禹在文王之前千有餘歲，用鐘日久，故追欲絶耳。譬若城門之軌，齧其限切深者，用之多耳，豈兩馬之力使之然與。兩馬者，《春秋外傳》曰：『國馬足以行關，公馬足以稱賦。』【疏】注『是何』至『稱賦』〇正義曰：《禮記·明堂位》云：『拊搏、玉磬、揩擊、大琴、大瑟、中琴、七瑟，四代之樂器也。』又云：『垂之和鐘，叔之離磬，女媧之笙簧。』又云：『凡四代之服、器、官，魯兼用之。』是先代之樂器，後王皆用之也。禹之鐘既爲後王所用，則追之蠡不得獨由禹所用矣。姚氏文田《求是齋自訂稿》云：『高子以禹尚樂，故其器用至殘缺，今其鐘在者猶可證，乃謂禹自常用也，故孟子以後王皆用曉之。』《攷工記》：『匠人營國，國中九經九緯，經涂九軌。』注云：『軌謂轍廣。乘車六尺六寸，旁加七寸，凡八尺，是謂轍廣。』高誘注《吕氏春秋·勿躬》篇、《淮南子·冥覽訓》，皆云：『車兩輪間曰軌。』《禮記·中庸》云：『今天下車同軌。』隱公元年《左傳》云：『同軌畢至。』周之車軌，制以八尺，其車之制同，則兩輪行地之迹自無不同，故在地之迹亦名爲軌。《史記·司馬相如傳》『結軌還轅』，索隱引張揖云：『軌，車迹也。』《東京賦》『憲先靈而齊軌』，薛綜注云：『軌，迹也。』軌同迹同，故前後相沿，在城門限切必深而成缺齧，故趙氏以齧釋軌，明此軌屬城門，受車輪之缺也。毛氏奇齡《四書賸言》云：『與兄孫講禹之聲章，追何以蠡？曰：用之者多也。城門之軌何以非兩馬之力？曰：用之者久也。然則經涂九軌，而每門三涂，祇各一軌，則凡一用而門必三之。此正用之多而謂久可乎？車之涉軌也，門與涂同時，無久暫也。匠人既造門，亦卽造涂，未嘗前年有門，今年始有涂，何謂久也？試亦於「是奚足哉」一語，復誦之乎？兒子遠宗恍然曰：得之矣。孟子文多微辭，於此則微辭中又急拄其口，使之自解，只「是奚足哉」四字盡之。蓋此語專闢禹之追蠡，不闢攷擊，並不及文樂。猶之門軌之齧，不闢馬力，並不及涂軌。蓋一比較則多寡生，而祇論此追，亦祇論此軌，則久暫之意自見言外，故曰是，是追蠡也。追蠡爲攷擊所致，得毋門軌之齧是馬力與？即此一語，而年世久遠，非一朝用力所能到，意隱隱可驗。所謂急破其惑，不煩證明。乘車多四馬，謂兩服兩驂也。去四言兩，已不可曉，況詰問之意正欲張馬力之多，而反從減，此是何意？及觀趙岐注，謂兩馬是公馬、國馬，引《春秋外傳》爲證。然國馬、公馬亦多無解者。古關隘郵驛皆有都鄙所賦馬供往來之用，謂之國馬，以此爲民間所出馬也。至公家乘車及鄉遂賦兵、牽載任器，則馬皆官給，謂之公馬，以爲總之公牧者也。故《周禮・牧人》所掌皆稱國馬，而馭夫、趣馬又分公馬而駕治之。雖無大分別，要之行城之馬則祇此兩等。然則兩馬謂兩等馬耳。』謹按：《春秋外傳》者，《國語・楚語》鬬且與其弟論令尹子常之言也。韋昭本作『國馬足以行軍』，云『國馬，民馬也。十六井爲丘，有戎馬一匹，牛三頭，足以行軍。公馬，公之戎馬。稱，舉也。賦，兵也』。趙氏所見本，蓋與韋異。姚氏文田《求是齋自訂稿》云：『趙氏以兩馬爲國馬、公馬，不如豐氏「一車所駕」之說爲長。但當云城中車可散行，城門則車皆由之，兩馬之力乃以車多反言，則文義自明。如泥「兩馬」二字，即國中之軌亦豈兩馬所能成？故不可以辭害意也。《左氏》哀公二十七年《傳》「陳成子屬孤子，三日朝，設乘車兩馬」，注：「乘車兩馬，大夫服。」《史記・孔子世家》「魯君與之一乘車，兩馬」，又《左》哀公十七年《傳》「乘衷甸，兩牡」，注：「衷甸一轅，卿車。」……疏：「兵車一轅，而二馬夾之，其外更有二驂，是爲四馬。今止乘兩牡，謂〔一〕之衷乘者，衷，中也。蓋以四馬爲上乘，兩馬爲中乘，大事駕四，小事駕二，爲等差故也。……《異義》：古《毛詩》説，天子之大夫皆駕四，故《詩》云四牡騑騑，周道倭遲是也。……其諸侯大夫士〔二〕，唯駕二，無四。二十七年陳成子以乘車兩馬，賜顔涿聚之子。《士喪禮》云：賵以兩馬。是惟得駕兩，無上乘也。」皆可爲一車所駕之證。』曹氏之升《摭餘説》云：『古駕車之法，夏駕二馬謂之麗，殷駕三馬謂之驂，周自天子至大夫，皆駕四馬謂之駟。孟子若曰不知禹聲，盍觀禹迹。彼城門之軌，道止一達，車從中央，禹以來閲千八百年於兹，殷之驂於此門也，周之駟亦於此門也，而謂門限切深，猶是夏先王兩馬之力與？』謹按：夏駕二馬，見《毛詩·衛風·干旄》，正義引王肅云：『夏后氏駕兩謂之麗，殷益以一騑謂之驂，周人又益一騑謂之駟。』此説於先王之樂器、後王皆用之説尤切，録之以備參攷。限切者，阮氏元《校勘記》云：『段玉裁云：「門限亦名門切。丁氏云限迹切深，由不解切字也。」』

《章指》言：前聖後聖，所尚者同，三王一體，何得相踰。欲以追蠡，未達一隅，孟子言之，將啟其蒙。

〔一〕『謂』，《皇清經解》本同，《春秋左傳解集》作『而謂』。

〔二〕『士』，《皇清經解》本無，《春秋左傳集解》有『士』字。

齊饑，陳臻曰：『國人皆以夫子將復爲發棠，殆不可復。』【注】棠，齊邑也。孟子嘗勸王發棠邑之倉，以振貧窮，時人賴之。今齊人復饑，陳臻言一國之人皆以爲夫子復〔一〕若發棠時勸王也。殆不可復言之也。【疏】注『棠齊邑也』○正義曰：襄公六年『齊侯滅萊』，《左傳》云：『王湫帥師及正輿子棠人軍齊師，齊師大敗之。丁未入萊，萊共公浮柔奔棠。晏弱圍棠，十一月丙辰而滅之。』注云：『棠，萊邑也。北海卽墨縣有棠鄉。』十八年『齊侯駕，將走郵棠』，注云：『郵棠，齊邑。』二十五年《左傳》『齊棠公之妻』，注云：『棠公，齊棠邑大夫。』閻氏若璩《釋地》云：『齊滅萊邑，故爲齊有，後孟子爲發棠，卽此是也。今卽墨縣甘棠鄉。』顧氏棟高《春秋大事表》云：『郵棠，故萊邑也。山東登州卽墨縣有棠鄉，爲萊之棠邑。東昌府堂邑縣爲齊棠邑，棠公爲棠邑大夫。孟子勸齊王發棠，卽此。後譌棠爲堂。』周氏柄中《辨正》云：『顧亭林《山東攷古録》云：「當時卽墨爲齊之大都，倉廩在焉，故云發棠。」則棠爲萊邑，非今之堂邑縣也。《大事表》疑誤。』

孟子曰：『是爲馮婦也。晉人有馮婦者，善搏虎，卒爲善士。則之野，有衆逐虎，虎負嵎，莫之敢攖，望見，馮婦趨而迎之。馮婦攘臂下車，衆皆悦之，其爲士者笑之。』【注】

〔一〕『復』，《皇清經解》本同，《孟子注疏》作『將復』。

馮，姓。婦，名也。勇而有力，能搏虎。卒，後也。善士者，以善搏虎有勇名也，故進之以爲士。之於野外，復見逐虎者。攖，迫也。虎依陬而怒，無敢迫近者也。馮婦恥不如前，見虎，走而迎之，攘臂下車，欲復搏之。衆人悦其勇猛，其士之黨笑其不知止也。故孟子謂陳臻，今欲復使我如發棠時言之於君，是則我爲馮婦也，必爲知者所笑也。【疏】注『馮姓』至『虎者』○正義曰：《儀禮・燕禮》『卒受者』，注云：『卒，猶後也。』卒之義爲終，終亦後也。卒爲善，足見前此恃力無賴爲不善也。不善改而爲善，何以有士稱，故趙氏申明之。《毛詩正義》云：『士者，男子成名之大號。』故有勇名而進以爲士，如稱勇士是也。本稱勇士，改而爲善，乃爲善士也。申此者，趙氏以士字連善字，恐章句不明也。劉昌詩《蘆浦筆記》云：『余味此段之言，恐合以「卒爲善」爲一句，「士則之」爲一句，「野有衆逐虎」爲一句。蓋有搏虎之勇而卒能爲善，故士以爲則；及其不知止，則士以爲笑也。』周密《志雅堂雜抄》云：『一本以「善」字「之」字點句，前云「士則之」，後云「其爲士者笑之」，文義相屬，於《章旨》亦合。』閻氏若璩《釋地又續》云：『古人文字，叙事未有無根者。惟馮婦之野，然後衆得望見馮婦。若如宋周密斷「士則之」爲句，野字遂屬下，野但有衆耳，何由有馮婦來？此爲無根。或曰：固已，恐從未見「則之野」此句法。余曰：《周書》「則至于豐」。』○注『攖迫』至『止也』○正義曰：《淮南子・俶真訓》云『攖人心也』，高誘注云：『攖，迫也。』《説文》辵部云：『迫，近也。』故趙氏以迫釋攖，又以近釋迫。《音義》

云：『丁於盈切。《埤蒼》云：「攖，梏也。」』梏之猶云繫之，蓋讀攖爲纓，繫之以纓即謂之纓也。《莊子·大宗師》『其名爲攖寧』，《釋文》引崔氏注云：『攖，有所繫著也。』此亦以攖爲纓也。《莊子·在宥》云『汝慎無攖人心』，司馬彪注云：『攖，引也。』引亦牽繫之義。然是時衆方與虎相持，何得遽言梏繫，迫之義長矣。《音義》云：『𨸏，子于切，又子侯切，隅也。』隅卽嵎，《説文》𨸏部云：『隅，𨸏也。』『𨸏，阪隅也。』《詩·小雅·正月》『瞻彼阪田』，箋云：『崎嶇墝埆之處。』故馬融《廣成頌》云：『負隅依險。』段氏玉裁《説文解字注》云：『負，恃也。《左傳》曰：「昔秦人負恃其衆，貪於土地，逐我諸戎。」《孟子》曰：「虎負嵎，莫之敢攖。」虎有所恃而張，故云依𨸏而怒也。』謹按：注中見虎二字解望見二字，明『望見』二字斷句，『馮婦趨而迎之』六字斷句，是時婦猶在車中，令趨車迎之也。將近矣，馮婦又攘臂下車。趙氏以恥不如前明所以趨迎、所以下車之故。而以馮婦二字貫於見虎走迎之上，則望見爲馮婦望見明矣。先言望見，後言馮婦者，屬文之法也。自則之野貫下此望見者，自卽是之野者望見，不可云望見有衆逐虎虎負嵎莫之敢攖，故倒言之也。是時知止，則可以不趨迎、不下車。連用馮婦者，若曰誰迫之使趨迎，馮婦也。誰迫之使下車，馮婦也。皆形容其不知止之狀也。《説文》走部云：『趨，走也。』故以走釋趨，謂行之疾也。《説文》手部云：『攘，推也。』『推，排也。』推排其兩手於前作搏勢也。孟子屬文奇奥，趙氏每能曲折達之。卒爲善士，何至又爲士之黨笑之，則因其之野望見如是，趨迎如是，下車如是也。則字非虛用也。

《章指》言：可爲則從，不可則凶，言善見用，得其時也。非時逆指，猶若馮婦，暴虎無已，必有害也。【疏】『暴虎無已』○正義曰：《爾雅·釋訓》云：『暴虎，徒搏也。』《毛詩·鄭風·大叔于田》『襢裼暴虎，獻于公所』，傳云：『暴虎，空手以搏之。』僖公元年《穀梁傳》：『公子友謂莒挐曰：「吾二人不相說，士卒何罪？」屏左右而相搏，公子友處下，左右曰：「孟勞。」孟勞者，魯之寶刀也。』先搏時無刀，是搏卽無兵空手相繫，故江熙云：『佻身獨鬭，潛刃相害。』僖公二十八年《左傳》『晉侯夢與楚子搏』，注云：『搏，手搏。』惟手無兵空搏，故楚子伏而盬其腦。蓋相搏而顛，楚子以身壓，晉文以口啑，皆不用兵也。搏從手，空手卽是搏，非搏有徒不徒之别也。故趙氏以暴虎釋經之搏虎。暴、搏一音之轉。《廣雅·釋詁》云：『㩧，擊也。』㩧同擈，擈亦搏也。

孟子曰：『口之於味也，目之於色也，耳之於聲也，鼻之於臭也，四肢之於安佚也，性也。有命焉，君子不謂性也。【注】口之甘美味，目之好美色，耳之樂音聲，鼻之喜芬香，臭，香也。《易》曰『其臭如蘭』。四體謂之四肢，四肢解倦，則思安佚不勞苦，此皆人性之所欲也。得居此樂者，有命禄，人不能皆如其願也。凡人則觸情從欲，而求可樂；君子之道，則以仁義爲先，禮節爲制，不以性欲而苟求之也，故君子不謂性也。【疏】注『臭香』

至『如蘭』○正義曰：《禮記·月令》：『春月其味酸，其臭羶。夏月其味苦，其臭焦。中央其味甘，其臭香。秋月其味辛，其臭腥。冬月其味鹹，其臭朽。』孔氏正義云：『通於鼻者謂之臭，在口者謂之味。臭則氣也。』味有五，臭亦有五，《孟子》於口目耳鼻渾言味色聲臭，而於四體言安佚以互見之。則味必嗜甘，色必好美，聲必喜音，臭非謂臭，專屬諸香也。引《易》者，《繫辭上傳》文也。其臭如蘭，則臭有不如蘭者矣。虞翻注《易》云：『臭，氣也。』不專以爲香也。《荀子·王霸》篇云：『夫人之情，目欲綦色，耳欲綦聲，口欲綦味，鼻欲綦臭，心欲綦佚。』此與《孟子》義同。楊倞注云：『臭，氣也。凡氣香亦謂之臭。《禮記》曰：「佩容臭。」綦，極也。佚，安樂也。』此注先訓氣，後言香，爲得其意矣。又《正名篇》云：『香臭、芬鬱、腥臊、酒酸、奇臭以鼻異。』注云：『芬，花草之香氣也。鬱，腐臭也。《禮記》：「鳥皫色而沙鳴鬱。」酸，暑浥之酸氣也。奇臭，衆臭之異者。氣之應鼻者爲臭，故香亦謂之臭。《禮記》曰：「皆佩容臭」。』此獨冠以香臭者，明其下皆臭也。《禮記·内則》『皆佩容臭』，注云：『容臭，香物也。』庾氏云：『以臭物可以脩飾形容，故謂之容臭。』此亦以臭不專於芬香，惟芬香可飾形容，故別之云容也。《周禮·天官·宫人》：『除其不蠲，去其惡臭。』《禮記·大學》篇云：『如惡惡臭，如好好色。』臭之惡者爲惡臭，猶臭之香者爲香臭。僖公四年《左傳》云：『一薰一蕕，十年尚猶有臭。』注云：『薰，香草。蕕，臭草。十年有臭，言善易消，惡難除。』孔氏正義云：『臭是氣之總名，原非善惡之稱，但既謂善氣爲香，故專以惡氣爲臭。十年香氣盡矣，惡氣尚存。』此臭字乃朽字之假借。《月令》：『其臭朽。』《説文》歺部朽爲殉之重文，『殉，腐也』。《列子・周穆王》篇云：『聞歌以爲哭，視白以爲黑，饗香以爲朽，嘗甘以爲苦。』朽與香對，則薰香猶臭者，乃薰香猶朽也。《廣雅・釋器》云：『殉，臭也。』謂臭爲殉之假借，殉爲臭之正也。惡臭作殉，腐穢之氣也。鼻所齅之總名作臭，非臭之名或專於香，或專於惡也。**仁之於父子也，義之於君臣也，禮之於賓主也，知之於賢者也，聖人之於天道也，命也。有性焉，君子不謂命也。**【注】仁者得以恩愛施於父子，義者得以義理施於君臣，好禮者得以禮敬施於賓主，知者得以明知知賢達善，聖人得以天道王於天下，皆命禄，遭遇乃得居而行之，不遇者不得施行。然亦才性有之，故可用也。凡人則歸之命禄，任天而已，不復治性；以君子之道，則脩仁行義，脩禮學知，庶幾聖人亹亹不倦，不但坐而聽命，故曰君子不謂命也。【疏】『仁之』至『命也』○正義曰：戴氏震《孟子字義疏證》云：『人之血氣心知，原於天地之化育者也。有血氣，則所資以養其血氣者，聲色臭味是也。有心知，則知有父子，有昆弟，有夫婦，而不止於一家之親也，於是又知有君臣，有朋友，五者之倫，相親相治，則隨感而應爲喜怒哀樂。合聲色臭味之欲，喜怒哀樂之情，而人道備。欲根於血氣，故曰性也，而有所限而不可踰，則命之謂也。仁義禮智之懿不能盡人〔一〕如一者，限於生初，所謂命也，而皆可以擴而充之，則人之性也。謂者，猶云藉口於性耳。君子不藉口於性以逞其欲，不藉口於命之限之而不盡其材。後儒未詳審文義，失孟子立言之指。不謂性非不謂之性，不謂命非不謂之命。由此言之，孟子之所謂性，即口之於味，目之於色，耳之於聲，鼻之於臭，四體之於安佚之爲性；所謂人無有不善，即能知其限而不踰之爲善，即血氣心知能底於無失之爲善，所謂仁義禮智，即以名其血氣心知，所謂原於天地之化者之能協於天地之德也。此荀楊之所未達，而老、莊、告子、釋氏昧焉而妄爲穿鑿者也。』程氏瑶田《通藝録・論學小記》云：『性命二字，必合言之而治性之學始備。五官百骸，五常百行，無物無則，性命相通，合一於則，性乃治矣。孟子曰：「口之於味也，目之於色也，耳之於聲也，鼻之於臭也，四肢之於安佚也，性也。有命焉，君子不謂性也。」謂我之口而嗜乎味，我之目而美乎色，我之耳而悦乎聲，我之鼻而知乎臭，我之四肢而樂乎安佚，其必欲遂者，與生俱生之性也。其不能必遂者，命之限於天者也。五者，吾體之小者也。遂己所成之性恒易，而順天所限之命恒難。性易遂，則必過乎其則；命難順，則不能使不過乎其則。治性之道，以不過乎則爲斷，節之以命，而不畏其難，順斯不過乎其

〔一〕『人』，《皇清經解》本作『二』。

則矣。「仁之於父子也，義之於君臣也，禮之於賓主也，智之於賢者也，聖人之於天道也，命也。有性焉，君子不謂命也。」謂以吾心之仁而施於父子，以吾心之義而施於君臣，以吾心之禮而施於賓主，以吾心之智而施於賢者，以吾心所具聖人之德與天道相貫通，其必欲遂者，與生俱生之性也。其不能必遂者，命之限於天者也。五者，吾體之大者也。遂己所成之性恒難，而順天所限之命恒易。性難遂，則必不及乎則；命易順，則任其不及乎則。治性之道，以必及乎則爲斷，勉之以性，而不畏其難遂，斯必及乎其則矣。』阮氏元《校勘記》云：『「知之於賢者也」，閩、監、毛三本知作「智」。按《音義》出「知之」，云：「音智，注同。」則作智非也。「有性焉」，各本同。孔本焉作「也」。』○注『聖人』至『命也』○正義曰：天道，卽元亨利貞之天道。乾道變化，各正性命，保合太和，此天道也。通神明之德，使天下各遂其口鼻耳目之欲，各安其仁義禮知之常，此聖人之於天道也。乃伏羲神農黄帝堯舜禹湯文武得位而天道行，所謂『道之將行也與命也』。孔子不得位而天道不行，所謂『道之將廢也與命也』。趙氏謂遭遇乃得行之，不遇者不得施行是也。道行則民遂其生，育其德；道不行則民不遂其生，不育其德。故口鼻耳目之欲不遂，屬之命；而仁義禮智之德不育，亦屬之命。然顓愚之民，不能自通其神明之德，又不遇勞來匡直者有以輔翼之，固限於命矣。若君子處此，其口鼻耳目之欲，則任之於命而不事外求；其仁義禮智之德，則率乎吾性之所有而自脩之，不委諸教化之無人，而甘同於顓愚之民，所謂『雖無文王猶興』也。且由是推之，父頑母嚚，命也。而舜則大孝烝烝，瞽瞍底豫，此仁之於父子，君子不謂命也。罪人斯得，命也。而周公則勤勞王家，沖人感悟，此義之於君臣，君子不謂命也。道大莫容，命也。而孔子則棲棲皇皇，不肯同沮、溺之辟世，荷蓧之潔身，而明道於萬世，此聖人於天道，君子不謂命也。《大戴記·千乘》篇云：『以爲無命，則民不偷。』以爲無命，卽是不謂命。

《章指》言：尊德樂道，不任佚性；治性勤禮，不專委命。君子所能，小人所病，究言其事，以勸戒也。【疏】『不任佚性』〇正義曰：阮氏元《校勘記》云：『孔本、韓本、《考文》古本任作「追」。』〇『治性行禮』〇正義曰：周氏廣業《孟子章指考證》云：『《文選注》引作「治身勤禮」。』

浩生不害問曰：『樂正子，何人也？』【注】浩生，姓。不害，名。齊人也。見孟子聞樂正子爲政於魯而喜，故問樂正子何等人也。

孟子曰：『善人也，信人也。』【注】樂正子爲人，有善有信也。

『何謂善？何謂信？』【注】不害問善信之行謂何。

曰：『可欲之謂善，有諸己之謂信，充實之謂美，充實而有光輝之謂大，大而化之之謂聖，聖而不可知之之謂神。樂正子二之中，四之下也。』【注】己之所欲，乃使人欲之，是爲善人。己所不欲，勿施於人也。有之於己，乃謂人有之，是爲信人。不意不信也。充實善信，使之不虛，是爲美人。美德之人也。充實善信而宣揚之，使有光輝，是爲大人。大行其道，使天下化之，是爲聖人。有聖知之明，其道不可得知，是爲神人。人有是六等，樂正子善信，在二者之中，四者之下也。【疏】「可欲之謂善」○正義曰：趙氏以己所不欲勿施於人爲可欲。按此忠恕一貫之學，不僅於善也。《吕氏春秋・長攻》篇「所以善代者乃萬故」，高誘注云：「善，好也。所好於代者非一事。」《中論・夭壽》篇引《孟子》「生我所欲也，義亦我所欲也」，欲作「好」。好善亦爲善，善可欲，即可好，其人善則可好，猶其人不善則可惡。其人可惡，即爲惡人；其人可好，自爲善人也。○「有諸己之謂信」○正義曰：《説文》人部云：「信，誠也。」誠，猶實也。有即「亡而爲有」之有，可好未必其不虛也，實有之矣，是爲信也。趙氏引「不意不信」，語見《論語・憲問》篇。謂不可億度人之不信。引之者，蓋謂宜己有此信，不可億人之不信也。○「充實之謂美」○正義曰：《詩・召南・小星〔一〕》篇「實命不同」，《釋文》引《韓詩》云：「實，有也。」即此有諸己者，擴而充之，使全備滿盈，是爲充實。《詩・邶風・簡兮》云「彼美人兮」，箋云：「彼美人，謂碩人也。」首章「碩人俁俁」，傳云：「碩人，大德也。俁俁，容貌大也。」充滿其所有，以

〔一〕「星」，《皇清經解》本作「差」，《毛詩注疏》作「星」。

茂好於外，故容貌碩大而爲美。美指其容也。○「充實而有光輝之謂大」○正義曰：《説文》火部云：「光，明也。」「煇，光也。」輝與煇同。《毛詩·大雅·皇矣》篇「載錫之光」，傳云：「光，大也。」有光輝故大，充則暢於四體，光則照於四方，故趙氏云宣揚之。○「大而化之之謂聖」○正義曰：《説文》耳部云：「聖，通也。」此謂德業照於四方而能變通之也。○「聖而不可知之之謂神」○正義曰：通其變，使民不倦，大而化之也。神而化之，使民宜之，聖而不可知之也。《易·繫辭傳》云「陰陽不測之謂神」，不測卽不可知。《周書·謚法解》云「民無能名曰神」，不可知故無能名。孟子論樂正子，推極於聖神，至於神，則堯舜之治天下也。孟子所以言必稱堯舜。

《章指》言：神聖以下，優劣異差，樂正好善，應下二科，是以孟子爲之喜也。

孟子正義卷二十九

孟子曰：『逃墨必歸於楊，逃楊必歸於儒，歸斯受之而已矣。【注】墨翟之道兼愛，無親疏之别，最爲違禮。楊朱之道爲己愛身，雖違禮，尚得不敢毁傷之義。逃者，去也。去邪歸正，故曰歸。去墨歸楊，去楊歸儒，則當受而安之也。【疏】『逃墨』至『而已矣』○正義曰：趙氏佑《温故録》云：『舊謂墨無親疏之别，最爲違禮，楊尚得不敢毁傷之義。竊謂不然，此亦互見之耳。逃墨之人，始既歸楊，及逃楊，勢不可復歸墨而歸儒。假令逃楊之人，始而歸墨，及逃墨，亦義不可復歸楊而歸儒可知也。亦有逃楊不必歸墨而即歸儒、逃墨不必歸楊而即歸儒者，非以兩必字例，定一例如是逃、如是歸，且以斷兩家之優劣也。楊之言似近儒之爲己愛身，而實止知有己，不知有人，視天下皆漠不關情，至成刻薄寡恩之惡；墨之言亦近儒之仁民愛物，而徒一概尚同，不知辨異，視此身皆一無顧惜，至成從井救人之愚：其爲不情則一。天下之不近人情者，鮮不爲大奸慝，故孟子並斷之無君父，極之於禽獸，非有罪名出入。』○注『逃者』至『曰歸』○正義曰：《禮記·曲禮》『三諫而不聽則逃之』，注云：『逃，去也。』《詩·曹風·蜉蝣》篇『於我歸處』，箋云：『歸，依歸。』《廣雅·釋詁》云：『歸，就也。』歸正猶云就正矣。伏生《書大傳》云『和伯之樂，名曰《歸來》』，鄭氏注云：『歸來，言反其本也。』《爾雅·釋言》云：『還，返也。』《廣雅·釋詁》云：『還，歸也。』《釋言》云：『還，返也。』下云：『追而還之』，又以還釋歸。**今之與楊墨辯者，如追放豚，既入其苙，又從而招之。**【注】苙，蘭也。招，罥也。今之與楊墨辯爭道者，譬如追放逸之豕。豚追而還之入蘭則可，又復從而罥之，大甚。以言去楊墨歸儒則可，又復從而罪之，亦云大甚。【疏】注『苙蘭也』○正義曰：《音義》云：『苙，丁音立。欄也，圈也。蘭與欄字同。』戴氏震《方言疏證》云：『《方言》曰：「苙，圂也。」注云：「謂蘭圂也。」《孟子》「既入其苙」，趙岐注云：「苙，蘭也。」蘭、闌古通用。《漢書·王莽傳》「與牛馬同蘭」，顔師古注云：「蘭，謂遮蘭之，若牛馬蘭圈也。」』阮氏元《校勘記》云：『蘭者假借字，欄者俗字，闌者正字也。』○注『招罥也』○正義曰：《音義》云：『罥，涓兗切。謂羂其足也。』按《一切經音義》引《三蒼》云：『羂作「繯」，又作「罥」』。《説文》网部云：『繯，綰也。』糸部云：『綰，絹也。』《周禮·秋官·冥氏》『掌設弧張』，注云：『弧張，罿罦之屬，所以扃絹禽獸。』《翨氏》『掌攻猛鳥，各以其物爲媒而掎之』，注云：『置其所食之物於絹中，鳥來下則掎其腳。』絹卽繯，亦卽罥也。絹之爲繯，猶《爾雅·釋器》『捐之爲環』。《聲類》云『罥以繩係取鳥獸也』，《音義》言『羂其足』，皆本此。然趙氏以罥釋招，未詳所本。趙氏佑《温故録》云：『《音義》不爲招字作音，字書引此經注，與《詩》「招招舟子」並列音昭之下，明其義有别音無别，不知今讀何以相仍如翹字？此惟《國語》「齊武子好盡言以招人過」，注：「招，舉也。」當讀翹耳。亦猶「招招舟子」本當如字，而今乃與《徵招》、《角招》之招同讀韶。然愚又謂招之爲罥爲羂，僅見此注，絶少作證。孟子之闢楊墨，方深望能言距之人而不可得，蓋未必有追咎太甚之事。此節乃孟子自明我今之所以與楊墨辯者，有如追放豚然；惟恐其不歸也。其來歸者既樂受之使入其苙，未歸者又從而招之，言望人之棄邪反正，無已時也。苙既處之有常，招又望之無已，如是則不咎其往之意，具見招字非但無取别音，並不煩别義耳。』○注『今之』至『太甚』○正義曰：襄二十九年《左傳》云『辯而不德』，服氏注云：『辯，答鬭辯也。』《吕氏春秋·淫辭》篇云『無與孔穿辯』，高誘注云：『辯，相易奪也。』鬭、奪皆謂爭也。《墨子·經上》云：『辯，爭彼也。』故趙氏以爭釋辯。《書·粊誓》『馬牛其風』，鄭氏注云：『風，走逸。』《釋名·釋天》云：『風，放也。』《詩·小雅·北山》篇『或出入風議』，傳亦云：『風，猶放也。』放、風一音之轉，放逸卽風逸也。《方言》云：『豬，其子謂之豚。』《爾雅·釋獸》云：『豕子，豬。』是豕卽豚也。

《章指》言：驅邪反正，正斯可矣。來者不綏，追其前罪，君子甚之，以爲過也。【疏】『來者不綏』○正義曰：《論語·子張》篇云『綏之斯來』，孔氏云：『綏，安也。言孔子爲政，安之則遠者來至。』此言來者不綏，謂來歸者不受而安之。

孟子曰：『有布縷之征，粟米之征，力役之征。【注】征，賦也。國有軍旅之事，則横興此三賦也。布，軍卒以爲衣也。縷，紩鎧甲之縷也。粟米，軍糧也。力役，民負荷斯養之役也。【疏】『有布』至『之征』○正義曰：惠氏士奇《禮説》云：『屋粟、邦布，見《管子・輕重》篇。屋粟者，地税，夫一爲廛，夫三爲屋。荀子所謂「田野之税」，孟子所謂「粟米之征」。管子謂「籍於室屋」，妄矣。蓋計畝以步，計井以屋，故小司徒得據而考焉而斂之旅師者是也。邦布者，口泉，衆寡有數，長短有度，荀子所謂「刀布之斂」，孟子所謂「布縷之征」。管子謂「籍於萬民六畜」，妄矣。蓋家辨其物，歲入其書，故鄉遂大夫得稽而征焉而入之外府者是也。凡田不耕者出屋粟，有田而不耕，使出三夫之地税。凡民無職者出夫布，無田乃無職，使出一夫之口泉。出之民曰夫布，入之國曰邦布，其實一也。』謹案：《周禮・地官・載師》『凡宅不毛者出里布』，鄭司農云：『里布者，布參印書，廣二寸，長二尺，以爲幣，貿易物。《詩》云「抱布貿絲」，抱此布也。或曰：布，泉也。《春秋傳》曰：「買之百兩一布。」又《廛人職》：「掌斂市之次布、儳布、質布、罰布、廛布。」孟子曰：「廛無夫里之布。」不知言布參印書者何見，舊時説也。』玄謂：宅不毛者，罰以一里二十五家之泉。』征賦之稱布，司農有此二義，一爲泉布之布，則布卽錢也。一爲布參印書以爲幣，而引《詩》爲證。《毛詩・衞風・氓》「抱布貿絲」，傳云：「布，幣也。」箋云：「幣者，所以貿買物也。」孔氏正義云：「知此布非泉而言幣者，以言抱之，則宜爲幣。此布幣謂絲麻布帛之布。幣者，布帛之名，故《鹿鳴》云『實幣帛筐篚』是也。」又云：「司農之言，事無所出，故鄭易之。」賈氏《載師》疏云：「此説非，故先鄭自破之。」是征賦之布爲泉布，非布帛，孟子不云泉布之征而云「布縷之征」，布與縷連稱，則布爲布帛，此趙氏所以不用夫布里布等説，而以爲軍行之横征也。且屋粟里布，國之常賦，不容缺緩，卽用二用三，何致民有殍而父子離，則趙氏義爲長。○注「布軍」至「役也」○正義曰：《詩・秦風・無衣》云「豈曰無衣，與子同袍」，次章云「與子同澤」，三章云「與子同裳」，是軍卒當給以衣也。《説文》糸部云：「縷，綫也。」「紩，縫也。」《書・粊誓》「善敹乃甲胄」，鄭氏注云：「敹，謂穿徹之。」王氏鳴盛《尚書後案》云：「甲胄皆以革爲之。《考工記・函人》『犀甲七屬，兕甲六屬，合甲五屬』，鄭氏注云：『屬，謂上旅下旅札續之數。』是甲聯合數革以爲之也。又《鞄人》云『眢其線，欲其臧也』，杜子春云：『線，謂縫革之縷。』是甲胄之革，皆必以線縷縫綴，鄭云『穿徹』，卽縫綴也。」武氏億《釋甲》云：「『以繩謂之縷，繩有飾謂之朱綅。』《逸周書》『年不登，甲不纓縢』，孔晁注曰：『縷繩甲不以組。』《書》『敹乃甲胄』，正義引鄭云：『敹，謂穿徹之。謂甲繩有斷續，當使敹理穿治之。』《説文》云：『綅，綫也。』《魯頌・閟宫》篇『貝胄朱綅』，傳：『朱綅，以朱綅綴之。』疏謂『以朱綅連綴甲也』。又按朱綅卽胄之綅。《太平御覽》詩云「貝胄朱綅」，謂以貝齒飾胄，朱縷綴之也。《少儀》疏謂「以朱繩綴甲」，故鄭云「亦鎧飾也」。是鄭所云「鎧飾」，而以亦字言之，明其蒙胄爲義，疏但指連綴甲，於義猶未備也。』按王氏、武氏所詳，是縷爲紩甲之縷也。葉時《禮經會元》云：『六軍人自爲備，居有積倉，行有裹糧，非公家所給也。是以太宰之職，九賦斂財，皆有以待其用，獨不及軍旅。九式均財，皆有以爲之法，而亦不及軍旅。豈非農皆爲兵，兵皆自賦，初無煩於廩給，故亦不煩於均節與？』謹按：《梁惠王》下篇引《晏子》，已云『今也不然，師行而糧食，飢者弗食，勞者弗息』。則春秋時行軍轉食，已有粟米之征。布縷粟米，既非常賦，則力役亦非徒役之正額。既轉米粟，必有負荷之人，所謂勞者弗息也。《音義》云：『斯義同廝，賤役也。』宣十二年《公羊傳》『廝役扈養，死者數百人』，何休注云：『艾草爲防者曰廝，汲水漿者爲役，養馬者曰扈，炊烹者曰養。』《史記·張耳陳餘傳》云『有廝養卒』，集解引韋昭云：『析薪爲廝，炊烹爲養。』斯之訓爲析，緣其任析薪，故名斯，廝其俗字也。蘇林云：『廝，取薪者也。養，養人者也。』飲食所以養人，故炊烹者名養。

君子用其一，緩其二，用其二而民有殍，用其三而父子離。【注】君子爲政，雖遭軍旅，量其民力，不並此三役，更發異時。急一緩二，民不苦之。若並用二，則路有餓殍；若並用三，則分崩不振，父子離析，忘禮義矣。【疏】注『則分』至『義矣』○正義曰：《論語·季氏》篇『邦分崩離析而不能守也』，集解引孔氏云：『民有異心曰分，欲去曰崩，不可會聚曰離析。』孟子言『父子離析』，趙氏兼及分崩，因有異心，各思逃竄，則父不顧子，子不顧父，故忘孝慈之禮義矣。

《章指》言：原心量力，政之善者；繇役並興，以致離殍；養民輕斂，君子道也。

孟子曰：『諸侯之寶三，土地、人民、政事。寶珠玉者，殃必及身。』【注】諸侯正其封疆，不侵鄰國，鄰國不犯，寶土地也。使民以時，民不離散，寶人民也。脩其德教，布其惠政，寶政事也。若寶珠玉，求索和氏之璧，隋侯之珠，與強國爭之，強國加害，殃及身也。

【疏】『諸侯之寶三』○正義曰：《禮記・檀弓》云『仁親以爲寶』，注云：『寶，謂善道可守者。』寶與保通，謂保守此土地人民政事也。○注『求索』至『身也』○正義曰：《荀子・大略》篇云：『和之璧，井里之厥也。玉人琢之，爲天子寶。』《韓非子・和氏》篇云：『楚人和氏得玉璞楚山中，奉而獻之厲王。厲王使玉人相之，玉人曰：「石也。」王以和爲誑而刖其左足。及厲王薨，武王即位，和又奉其璞而獻之。武王使玉人相之，又曰：「石也。」王又以和爲誑而刖其右足。武王薨，文王即位，和乃抱其璞而哭於楚山之下，三日三夜，淚盡而繼之以血。王聞之，使人問其故。和曰：「吾非悲刖也，悲夫寶玉而題之以石，貞士而名之以誑，此吾所以悲也。」王乃使玉人理其璞而得寶焉，遂命曰和氏之璧。』《史記・藺相如傳》云：『趙惠文王時，得楚和氏璧，秦昭王聞之，使人遺趙王書，願以十五城請易璧。』秦亦不以城予趙，趙亦終不予秦璧，其後秦伐趙，拔石城，明年復攻趙，殺二萬人。此所謂與强國爭之，强國加害也。《莊子·讓王》篇云：『隨侯之珠，彈千仞之雀。』《漢書·鄒陽傳》獄中上書云：『故無因而至前，雖出隨珠和璧，祇怨結而不見德。』《文選》作『隨侯之珠，夜光之璧。』《淮南子·覽冥訓》云：『譬如隋侯之珠，和氏之璧，得之者富，失之者貧。』高注云：『隋侯，漢東之國，姬姓諸侯也。隋侯見大蛇傷斷，以藥傅之，後蛇於江中銜大珠以報之，因曰隋侯之珠，蓋明月珠也。』《史記·李斯列傳》有『隨和之寶』，正義引《説苑》云：『昔隨侯行遇大蛇中斷，疑其靈，使人以藥封之，蛇乃能去，因號其處爲斷蛇丘。歲餘，蛇銜明珠，絶白而有光，因號隨珠。』隨侯之珠，無求索爭國事，趙氏蓋連及之。《新序·雜事》篇云：『秦欲伐楚，使使者觀楚之寶器。楚王聞之，召令尹子西而問焉，曰：「秦欲觀楚之寶器。吾和氏之璧，隨侯之珠，可以示諸。」』求索或指此與？

《章指》言：寶此三者，以爲國珍。寶於爭玩，以殃其身。諸侯如兹，永無患也。

盆成括仕於齊，孟子曰：『死矣盆成括！』【注】盆成，姓。括，名也。嘗欲學於孟子，問道未達而去。後仕於齊，孟子聞而嗟歎曰死矣盆成括，知其必死。【疏】注『盆成』至『必死』〇正義曰：《説苑·建本》篇有盆成子，是盆成二字爲姓。周氏廣業《孟子出處時地考》云：『死矣盆成括，正與孔子「由其死矣」語同，何故斥之？又《晏子外篇》載景公命盆成括以母柩合葬於路寢事，晏子稱之曰：「括者，父之孝子，兄之順弟。」又嘗爲孔子門人，是齊有兩盆成括也。然孔庭從祀無盆成括。』

盆成括見殺，門人問曰：『夫子何以知其將見殺？』【注】門人問孟子何以知之。**曰：『其爲人也小有才，未聞君子之大道也，則足以殺其軀而已矣。』**【注】孟子答門人，言括之爲人小有才，慧而未知君子仁義謙順之道，適足以害其身也。【疏】注『小有至「身也」』○正義曰：《淮南子・主術訓》云『任人之才，難以至治』，高誘注云：『才，智也。』《方言》云：『智，或謂之慧。』是小有才謂有小慧也。《論語・衞靈公》篇『羣居終日，好行小慧，難矣哉』，集解鄭注云：『小慧，謂小小之才智。』《説文》心部云：『慧，儇也。』慧則精明，精明則照察人之隱；慧則捷利，捷利則超越人之先：皆危機也。君子明足以察奸而仁義行之，智足以成事而謙順處之，是爲大道也。夫道大則能包容，小人以有乎而化；道大則無驕亢，異端以相感而通：于食有福，何害之有？

《章指》言：**小知自私，藏怨之府；大雅先人，福之所聚。勞謙終吉，君子道也。**

【疏】『小知自私』○正義曰：《史記・賈生傳・服賦》中語。○『大雅先人』○正義曰：《文選・西都賦》云：『又有承明、金馬。著作之庭，大雅宏達，於兹爲羣。』李善注云：『大雅，謂有大雅之才者。《詩》有大雅，故以立稱焉。』又《上林賦》『揜羣雅』，注引張揖云：『《詩》小雅之材七十四人，大雅之材三十一人。』《後漢書·文苑傳》孔融數禰衡曰：『正平大雅，固當爾邪？』劉劭《人物志·九徵》篇云：『具體而微，謂之德行。德行也者，大雅之稱也。一至謂之偏材，偏材，小雅之質也。』先人與自私相對，謂以人爲先，己退讓處後也。《鶡冠子·近迭》篇云：『龐子問鶡冠子曰：「聖人之道何先？」鶡冠子曰：「先人。」』義雖異而指略同。又按崔篆《慰志賦》云：『庶明哲之末風兮，懼大雅之所譏。』李賢注引《詩·大雅》『既明且哲，以保其身。』大雅或指此，然與上『小知』不類，且『先人』無謂也。

孟子之滕，館於上宮。【注】館，舍也。上宮，樓也。孟子舍止賓客所館之樓上也。

【疏】注『館舍』至『上也』〇正義曰：《儀禮·聘禮》『及館』，《周禮·秋官·司儀》『致館』，注並云：『館，舍也。』《吕氏春秋·必己》篇云『舍故人之家』，高誘注云：『舍，止也。』故以舍釋館，又以止釋舍。又《知士》篇『靜郭君善劑貌辯，於是舍之上舍』，注云：『上舍，甲第也。』此上宮當如上舍，謂上等之館舍也。趙氏以爲樓者，《説文》木部云：『樓，重屋也。』宮在屋之上，故名上宮。女部云：『婁，空也。』广部云：『廔，屋麗廔也。』囧部云：『囧，窗牖麗廔闓明也。』《禮記·月令》『可以居高明』，注云：『高明，謂樓觀也。』劉熙《釋名·釋宮室》云：『樓，牖户之間諸射孔樓樓然也。』然則樓之名取於婁，麗廔以闓明釋之，卽玲瓏之轉聲。蓋其制窄狹而高，四面開窗牖，以上爲稱，而下言牖上，故以爲樓也。

有業屨於牖上，館人求之弗得，或問之曰：『若是乎從者之廋也？』【注】屨，扉屨也。業，織之有次業而未成也。置之窗牖之上，客到之後，求之不得，有來問孟子者曰是客從者之廋。廋，匿也。孟子與門徒相隨，從車數十，故曰侍從者所竊匿也。【疏】注『屨扉』至『成也』○正義曰：《説文》履部云：『屨，履也。』尸部云：『扉，履屬。』趙氏以緋爲扉，而以草屨釋之。此直以扉釋屨，扉爲草屨，故云織之有次業而未成，謂織草爲扉，已有次第而尚未成。《爾雅·釋詁》云：『業，叙也。』《國語·晉語》云『則民從事有業』，韋昭注云：『業，猶次也。』次與叙義同。云有次業者，以次釋業也。《説文》欠部云：『次，不前不精也。』故以爲未成。《廣雅·釋詁》云：『業，始也。』與創、造、作等字相轉注。然則業屨猶云造屨、創屨。屨始作爲業，猶牆始築爲基，衣始裁爲初，皆造而未終之稱也。○注『廋匿』至『匿也』○正義曰：《音義》云：『廋，或作「廋」，同音捜。』今諸本作『廋』，惟廖本作『廋』。《論語·爲政》篇『人焉廋哉』，集解孔氏云：『廋，匿也。』《淮南子·説山訓》『不匿瑕穢』，高誘注云：『匿，藏也。』不直言其竊，而詭云藏匿以爲戲也。趙氏以匿釋廋，又以竊釋匿，謂或婉言匿，其實疑其竊也。故孟子直以竊對之。《説文》穴部云：『盜從中出曰竊。』隱公八年《公羊傳》『稱人則從不疑也』，注云：『從者，隨從也。』《儀禮·鄉飲酒禮》『賓及衆賓皆從之』，注云：『從，猶隨也。』《華嚴經音義》引《蒼頡》云：『侍，從也。』故從者爲門徒相隨，又云侍從者也。

曰：『子以是爲竊屨來與？』【注】孟子謂館人曰，子以是衆人來隨事我，本爲欲竊屨故來邪。

曰：『殆非也。』【注】館人曰，殆非爲是來事夫子也。自知問之過。**【疏】**注『自知問之過』○正義曰：經云『館人求之弗得或問之』，注云『有來問孟子者』，而於孟子之答則云『孟子謂館人』，此注云『館人曰』，又云『自知問之過』，然則前來問者，即館人也。蓋館中非一人，來問之館人不必即求屨之館人，抑館中人公共求之，而問者止館人中之一人，故別之云或問之也。

『夫予之設科也，往者不追，來者不拒，苟以是心至，斯受之而已矣。』【注】孟子曰夫我設教授之科，教人以道德也。其去者亦不追呼，來者亦不逆拒，誠以是學道之心來至，我則斯受之。亦不知其取之與否，君子不保異心也。見館人言殆非爲是來，亦云不能保知，謙以答之。**【疏】**注『孟子』至『答之』○正義曰：臧氏琳《經義雜記》云：『以經省曰字，趙注特下「孟子曰」以補之。《章指》云「非己所絶」，己字正釋經予字。』阮氏元《校勘記》云：『「夫子之設科也」，閩、監、毛三本同。宋本、岳本、廖本、孔本、韓本「子」作「予」。案注云「夫我設教授之科」，偽疏亦云：「夫我之設科以教人」，則作予是也。予、子蓋字形相涉而譌。』趙氏佑《温故録》云：『此作孟子語而云「夫我」，趙氏從無改字，明是漢人經文不作「夫子」，子乃予字，而夫音扶。作孟子言，適足見聖賢之大；作或人語，仍是意含隱諷矣。』《論語·述而》篇『人潔己以進，與其潔也，不保其往也』，集解鄭氏云：『往，猶去也。』《說文》言部云：『評，召也。』追呼謂追逐而召之，呼爲評之假借也。《管子·七臣七主》篇云『馳車充國者，追寇之馬也』，房玄齡注云：『追，猶召也。』《論語·子張》篇『其不可者拒之』，漢石經、皇侃義疏本作『距』。距、拒古通也。此不拒，孔本、韓本及閩、監、毛三本作『拒』，宋本、岳本、咸淳衢州本、廖本作『距』。《國語》、《齊策》『故專兵一志以逆秦』，韋昭注云：『逆，拒也。』《詩·大雅·皇矣》『敢距大邦』，孔氏正義云：『敢拒逆我大國。』亦以逆釋拒。逆與順對，不順其來學之情而受，故拒之卽逆之也。《廣雅·釋詁》云：『竊，取也。』云亦不知其取之與否，卽竊之與否也。有學道之心，又有竊屨之心，是有異心。見其有學道之心而受之，不能保其無竊屨之心，則或卽爲從者之廋，不可保也，卽亦不可知也，故云不能保知。《荀子·法行篇》云：『南郭惠子問於子貢曰：「夫子之門，何其雜也！」子貢曰：「君子正身以俟，欲來者不拒，去者不止。且夫良醫之門多病人，檃栝之側多枉木，是以雜也。」』孟子録此章，一以見設教者之大，一以見寄託者之多，所以銷門户之見，而黜借廕之魄。趙氏生漢末，見當時跋扈之家，非不受學於大賢君子之門，而黨籍中未嘗無依附虛聲之士，故有慨乎言之。

《章指》言：教誨之道，受之如海，百川移流，不得有拒。雖獨竊屨，非己所絶，順答

小人，小人自咎，所謂造次必於是也。【疏】『受之如海，百川移流』○正義曰：揚子《法言・學行》篇云：『百川學海，而至於海；丘陵學山，而不至於，山是故惡夫畫也。』○『造次必於是』○正義曰：《論語・里仁》篇中語。《釋文》引鄭氏云：『造次，倉卒也。』

孟子曰：『人皆有所不忍，達之於其所忍，仁也。【注】人皆有所愛，不忍加惡，推之以通於所不愛，皆令被德，此仁人也。【疏】『人皆』至『仁也』○正義曰：近時通解所不忍卽下無害人之心。**人皆有所不爲，達之於其所爲，義也。**【注】人皆有不喜爲，謂貧賤也。通之於其所喜爲，謂富貴也。抑情止欲，使若所不喜爲，此者義人也。【疏】『人皆』至『義也』○正義曰：近時通解所不爲卽下無穿踰之心。○注『此者義人也』○正義曰：者字疑羨。**人能充無欲害人之心，而仁不可勝用也。**【注】人皆有不害人之心，能充大之以爲仁，仁不可勝用也。【疏】注『能充大之』○正義曰：《呂氏春秋・必己》篇『禍充天地』，高誘注云：『充，猶大也。』**人能充無穿踰之心，而義不可勝用也。**【注】穿牆踰屋，姦利之心也。人既無此心，能充大之以爲義，義不可勝用也。【疏】『穿踰』○正義曰：閩、監、毛三本此作『穿窬』，下『穿踰之類』作『穿踰』。宋本、孔本、韓本皆作『踰』。《説文》穴部云：『窬，穿木户也。』辵部云：『逾，逃進也。』逾卽踰，窬、踰二字本異。《禮記・儒行》『蓽門圭窬』，注云：『圭窬，門旁窬也。穿牆爲之如圭矣。』圭窬卽《左傳》之『圭竇』，故徐氏音豆，卽讀窬爲竇也。其實竇、窬義皆爲空而字不同，窬自音臾耳。趙氏云『穿牆踰屋』，則自爲踰越之踰。《論語・陽貨》篇云『其猶穿窬之盜也與』，集解引孔氏云：『穿，穿壁也。窬，窬牆也。』《釋文》云：『踰，本又作「窬」。』然則《釋文》、《論語》本作『穿踰』，是《論語》之『穿窬』與《孟子》之『穿踰』一也。或借窬爲踰，故有作『穿窬』者，其實皆穿踰也。**人能充無受爾汝之實，無所往而不爲義也。**【注】爾汝之實，德行可輕賤人所爾汝者也。既不見輕賤，不爲人所爾汝，能充大而以自行，所至皆可以爲義也。【疏】注『爾汝』至『義也』○正義曰：爾汝，爲尊於卑、上於下之通稱。卑下者自安而受之，所謂實也。無德行者爲有德行者所輕賤，亦自安而受之，亦所謂實也。蓋假借爾汝爲輕賤，受爾汝之實，卽受輕賤之實，故云德行可輕賤人所爾汝者也。非謂德行可輕賤專在稱謂之爾汝也。既實有當受之實，自不能不受。經言無受者，自勉於德行，不爲人所輕賤也，故云既不爲輕賤，不爲人所爾汝。德行已高，自不爲人所輕賤；猶分位已尊，自不爲人所爾汝。非謂有可受之實而强項不受之也，謂恥有此不得不受之實而勉以去之也。但德行無窮，非僅免人輕賤而已，故又須充大之，使不獨不爲人輕賤，凡身所至，無非義之所至，斯爲自强不息之道也。《毛詩・秦風・無衣》篇『與子偕行』，傳云：『行，往也。』《禮記・樂記》云『樂至則無怨，禮至則無爭』，注云：『至，猶達也，行也。』趙氏以自行釋往字，以所至申上達字，自行所至，皆可以爲義，卽是無所往而不達於義也。《荀子・解蔽》篇云：『偷則自行。』又云：『心者，出令而無所受令，自禁也，自使也，自奪也，自取也，自行也，自止也。』自行，謂任心所欲行，無有禁止。**士未可以言而言，是以言餂之也。可以言而不言，是以不言餂之也。是皆穿踰之類也。**』【注】餂，取也。人之爲士者，見尊貴者未可與言而强與之言，欲以言取之也，是失言也。見可與言者而不與之言，不知賢人可與之言，而反欲以不言取之，是失人也。是皆趨利入邪無知之人，故曰穿踰之類也。【疏】注『餂取也』○正義曰：《音義》云：『丁曰：「注云餂取也，今案字書及諸書並無此餂字。郭璞《方言》注云音忝，謂挑取物也。其字從金。今此字從食，與《方言》不同，蓋傳寫誤也。本亦作餂，奴兼切。」』按餂、鉆二字，《方言》皆有之，一云『銛，取也』，注云：『謂挑取也。』一云『凡陳楚之郊、南楚之外，相謁而餐，或曰飵，或曰鉆。』徐鍇《説文繫傳》云：『相謁相見後，設麥飯以爲常禮，如今人之相見飲茶也。』趙氏以取釋餂，自本《方言》，丁公著謂『傳寫誤』者是也。姚寬《西溪叢語》云：『《玉篇》食字部有「餂」字，注「音達兼反，古甜字」。然則字書非無此字，第與孟子言餂之義爲不合耳。今以《孟子》之文考餂之義，趙岐以餂訓取是也。當如郭氏《方言》，其字從金爲銛。《玉篇》、《廣韻》銛音他點反，「取也」。《廣韻》上聲銛音忝，而平聲又有銛字，音纖，訓曰「利也」。《説文》以銛爲「臿屬」，乃音纖，其義與音忝者不同，各從其義也。』按銛乃挑之轉音，以言銛即以言挑也。俗以鎖鑰不能開，用物挑之謂之銛，正是此銛也。臿爲今之鍫。鍫，《方言》作「𣟹」，《説文》作「銚」，正以其挑取土而得名。鍫有二種，一種堅厚，用以上挑可多得土。一種纖利，用以深入。此纖利者，形正近於舌，蓋銛之遺也。《漢書・賈誼傳・弔屈原賦》云『莫邪爲鈍兮鉛刀爲銛』，晉灼曰：『世俗以利爲銛徹。』惟其利，故能挑取，其義亦相貫矣。《龍龕手鑑》食部平聲有「餂」字，云『音甜，甘也』。又舌部云：『甛、甜、酟、餂、䑚，五俗。甜，正。徒兼反。甘也。』然則餂乃甜之俗字，漢前無之。又按《説文》金部銛，從金，舌聲。段氏玉裁《説文解字注》云：『舌字非聲，當作丙〔一〕，舌貌也。他念切，在谷部。木部〔二〕「炊竈木」之栝，此〔三〕「臿屬」之銛，皆用爲聲。』依此，則銛宜作銛。若然，則銛爲丙之通借，以言銛卽是以言丙。魏校《六書精藴》云：『《説文》丙字音忝，象舌在口外，露舌端舐物也。人有持短長術以言鉤人者，孟子斥爲穿踰。』是銛誤爲銛，又銛誤爲餂矣。附其説於此，以俟參考。○注『人之』至『類也』○正義曰：失言、失人，本之《論語・衛靈公》篇。但彼之咎止於不智，故云『智者不失人，亦不失言』。此『以言銛』『以不言銛』，是以儇巧刺取人意，心術隱伏，以竊取人情，與竊人物無異，故云是皆穿踰之類。一不智，一巧智，兩者正相反。

〔一〕『作丙』，《皇清經解》本作『作丙聲』，《説文解字注》作『作丙』。
〔二〕『木部』，《皇清經解》本作『此木部』，《説文解字注》作『木部』。
〔三〕『此』，《皇清經解》本無，《説文解字注》有『此』字。

然趨利入邪，亦終是無知而已。穿踰，人所恥而不爲，以言不言餂，人所甘於爲，而且自詡以爲得計者，由不知此即穿踰之類，宜充而達之者也。充無穿踰之心，而不以言餂，不以不言餂，則庶幾能勉進於義，而不爲人所輕賤矣。前節意已結，此又申明充無穿踰之心如是也。

《章指》言：善恕行義，充大其美，無受爾汝，何施不可。取人不知，失其臧否，比之穿踰，善亦遠矣。

孟子曰：『言近而指遠者，善言也。守約而施博者，善道也。君子之言也，不下帶而道存焉。【注】言近指遠，近言正心，遠可以事天也。守約施博，約守仁義，大可以施德於天下也。二者可謂善言善道也。正心守仁，皆在胸臆，吐口而言之，四體不與焉，故曰不下帶。【疏】『善道也』○正義曰：《説文》辵部云：『道，所行道也。』《禮記·大學》篇『是故君子有大道』，注云：『道，行所由。』是道卽行，善道謂善行也。戴氏震《孟子字義疏證》云：『約，謂脩其身。《六經》孔孟之言，語行之約，務是脩身而已。語知之約，致其心之明而已。未有空指一而使人知之求之者。致其心之明，自能權度事情，無幾微差失，又焉用求一知一哉！』○注『言近』至『存焉』○正義曰：『不下帶而道存』，孟子自發明言近指遠之義也，『脩其身而天下平』，孟子自發明守約施博之義也。趙氏以脩身明指身言，此不下帶暗指心言，故以近言爲正心。凡人束帶於要限間，心在帶之上。《説文》勹部云：『匈，膺也。』肉部云：『肊，胸肉也。』匈即胸，肊即臆。劉熙《釋名・釋衣服》云：『膺，心衣，鉤肩之間，施一襠以〔一〕奄心也。』胸臆當心，亦居帶上，仁守於心，而吐於口，故四體不與也。守雖明言脩身，而未言所以脩身之事，趙氏以仁義明之，謂所以脩身者爲守此仁義也。仁者，元也。義者，利也。元亨利貞爲四德，故云施德於天下。施德即施仁義也。既以正心明言近，以守仁明脩身，又並云正心守仁皆在胸臆者，謂正心即守此仁義，脩身即是正心，言如是，守即如是，雖分言之，實互言之也。事天之本，不外身心；平天下之功，不外仁義。孟子之指，趙氏得之矣。《春秋繁露・人副天數》篇云：『天地之象，以要爲帶。帶而上者盡爲陽，帶而下者盡爲陰，各其分。陽，天氣也。陰，地氣也。』董子之説，以天任陽不任陰，天之太陰，不用於物而用於空，此亦不下帶而道存之義。**君子之守，脩其身而天下平。**【注】身正物正，天下平矣。【疏】注『身正』至『平矣』○正義曰：身正，成己也。物正，成物也。成己，仁也。成物，知也。以知行仁，事皆合於義，孔子所謂『脩己以敬』『脩己以安百姓』也。**人病舍其田而芸人之田，所求於人者重，而所以自任者輕。**【注】芸，治也。田以喻身，舍身不治，而欲責人治，是求人太重，自任

〔一〕『以』，《皇清經解》本作『一』，《释名》作『以』。

太輕。【疏】注『芸，治也』○正義曰：《説文》耒部云：『䋣，除苗間穢也』。重文『耘，䋣或从芸。』芸爲䋣之假借，亦耘之省文也。除穢卽所以治之，故以治釋芸。《禮記·曲禮》『馳道不除』，注云：『除，治也。』是也。○注『是求』至『太輕』○正義曰：廷琥云：『孔本無是字，汲古閣本輕下有也字。』

《章指》言：言道之善，以心爲原，當求諸己，而責於人，君子尤之，况以妄芸，言失務也。

孟子曰：『堯舜，性者也。湯武，反之也。【注】堯舜之體性，自善者也。殷湯周武反之於身，身安乃以施人，謂加善於民。【疏】注『堯舜』至『於民』○正義曰：體性，猶《荀子·解蔽篇》云『體道』，楊倞注云：『體，謂不離道也。』《管子·君臣上》篇『則君體法而立矣』，房玄齡注云：『體，猶依也。』依與不離義同，依性卽《中庸》所云『率性』。人性本善，堯舜生知率性而行，自己爲善者也。湯武以善自反其身，己身已安於善，然後加善於人。堯舜率性，固無所爲而爲；湯武反身而後及人，亦非爲以善加人而始爲善。此非尚論堯、舜、湯、武也，爲托於堯、舜、湯、武者示之也。**動容周旋中禮者，盛德之至也。**【注】人動作容儀周旋中禮者，盛德之至也。【疏】注『人動』至『至也』○正義曰：《爾雅·釋詁》云：『動，作也。』《禮記·少儀》『祭祀之容』，注云：『容，卽儀也。』冠一人字，明此泛言人，不指上堯、舜、湯、武。堯、舜、湯、武，或性或反，皆無所爲而爲，人之繼堯、舜、湯、武而或性或反，皆如堯、舜、湯、武也。德盛於中，發揚於外，言非虛飾以悦人。**哭死而哀，非爲生者也。**【注】死者有德，哭者哀也。【疏】注「死者」至「哀也」○正義曰：三年之喪，期功之服，哀出至情，自無僞飾。惟因其人有德，雖非親屬，而亦哀之，出於真意，非以此結交其子弟父兄。**經德不回，非以干禄也。言語必信，非以正行也。**【注】經，行也。體德之人，行其節操，自不回邪，非以求禄位也。庸言必信，非必欲以正行爲名也，性不忍欺人也。【疏】注「經行」至「人也」○正義曰：僖公二十五年《左傳》「趙衰以壺飧從徑」，注云：「徑，猶行也。」《釋文》云：「讀徑爲經。」《文選・魏都賦》「延閣允宇以經營」，劉逵注云：「直行爲經。」《素問・欬論》王冰注引《靈樞經》云：「脈之所行爲經。」是經爲行也。體德，不離德也。在心爲德，行而著之則爲節操。《毛詩・小雅・鼓鐘》篇「其德不回」，傳云：「回，邪也。」《國語・周語》「求福不回」，《晉語》「公室之不回」，注皆訓回爲邪。回邪不正之人，國所廢黜不用，而此則自行其德，非由求固禄位，故爲清操介節，以結上知也。言不信，則招尤謗而來惡名，今以不忍欺人，而庸言必信，非謂欲弋致方正之名也。**君子行法以俟命而已矣。**【注】君子順性蹈德，行其法度，夭壽在天，待命而已矣。【疏】注「君子」至「已矣」○正義曰：順性即率性，謂堯舜也。《説文》足部云：「蹈，踐也。」踐德，謂湯武反身也。《毛詩・小雅・楚茨》篇「禮儀卒度」，傳云：「度，法度也。」

《説文》又部云：『度，法制也。』人生有不容踰、不容缺之常度，則而行之，是爲行法，周旋中禮，哭死而哀，經德不回，言語必信是也。其有所爲而爲，不出干禄、正行二端，乃君子於此二端，則俟之於命也。順性蹈德，行其法度，盛德所致，自然周旋中禮也，哭死而哀也，經德不回也，言語必信也。爲生者，爲人也。若爲人則此四者非干禄卽正行。干禄固虚僞之小人，孟子特指出正行二字，其人嚴氣正性，自命爲君子，與干禄者之形相反，而與干禄者之虚僞則同。孟子指之爲正行，趙氏申之云正行爲名。後世此類，非不托於孔孟而高言堯舜，孟子則已於千古之上有以鑑之。自盆成以下，辨別士品，小慧之殺身，言餂之入邪，舍田之自輕，而此章分真僞於豪芒，則學道之人，不能保其竊屨，尤爲切切者矣。

《章指》言：君子之行，動合禮中，不惑禍福，脩身俟終，堯舜之盛，湯武之隆，不是過也。【疏】『堯舜之盛湯武之隆』〇正義曰：《史記·太史公自序》云：『伏羲至純厚，作八卦。堯舜之盛，《尚書》載之；禮樂作焉。湯武之隆，詩人歌之。』

孟子曰：『説大人則藐之，勿視其魏魏然。【注】大人，謂當時之尊貴者也。孟子言説此大人之法，心當有以輕藐之，勿敢視之魏魏富貴若此而不畏之，則心舒意展，言語得盡。【疏】注『大人』至『得盡』〇正義曰：此大人指當時諸侯而言，故云尊貴者。《音義》

云：『藐，丁音邈。藐然，輕易之貌。又音眇。』按《廣雅・釋詁》云：『邈，遠也。』《文選・思玄賦》『允塵邈而難虧』舊注、《幽通賦》『黄神邈而靡質兮』應劭注，皆訓邈爲遠。《莊子・逍遥遊》『藐姑射之山』，《釋文》引簡文注，卽以藐爲遠。蓋説大人則藐之當釋藐爲遠，謂當時之遊説諸侯者，以順爲正，是狎近之也。所以狎近之者，視其富貴而畏之也。不知説大人宜遠之。遠之者，卽下皆古之制，我守古先王之法，而説以仁義，不曲狗其所好，是遠之也。以爲心當輕藐，恐失孟子之恉。阮氏元《校勘記》云：『「勿視其巍巍然」，閩、監、毛三本同。廖本、孔本、韓本巍作「魏」。《音義》出「魏魏」，丁云：「當作巍。」是經文本作「魏」，作「巍」非也。』按《説文》嵬部云：『巍，高也。』《論語・泰伯》篇『巍巍乎惟天爲大』，是巍巍爲大，故何晏注云：『巍巍乎，高大之稱也。』《史記・晉世家》『魏大名也』，集解引服虔云：『魏喻巍巍，高大也。』《淮南・本經訓》云『魏闕之高』，高誘注云：『門闕高崇嵬嵬然。』又《俶真訓》高誘注云：『巍巍高大，故曰魏闕。』魏魏卽巍巍，古或省山作『魏』。《莊子・知北遊》篇『魏魏乎其終而復始也』，又《天下》篇『魏然而已矣』，亦作『魏』，省山。《易・繫辭傳》云『崇高莫大乎富貴』，故趙氏以富貴釋之。經云『勿視其魏魏然』者，猶俗云不必以其富貴置在目中也。趙氏云『勿敢視之魏魏富貴若此而不畏之』，勿敢視與勿視二義相反，勿敢視者，心畏其富貴，目不敢視也。勿視者，不以其富貴爲重而視之也，勿敢視是畏；勿視是不畏，趙氏謂其富貴可畏若此而不畏之。蓋在他人則勿敢視者，在我則勿視；在他人則畏之，在我則不畏之：曲折以互明其義也。**堂高數仞，榱題數尺，我得志弗爲也。**【注】仞，八尺也。榱題，屋霤也。堂高數仞，振屋數尺，奢汰之室，使我得志，不居此堂也。大屋無尺丈之限，故言數仞也。【疏】注「仞八」至「仞也」○正義曰：仞，詳見前。《爾雅·釋宮》云：「桷謂之榱，桷直而遂謂之閱，不受檐謂之交。檐謂之樀。」《方言》云「屋梠謂之欞」，郭璞注云：「卽屋檐也。亦呼爲連緜。」劉熙《釋名·釋宮室》云：「桷，确也。其形細而疏确也。或謂之椽。椽，傳也。相傳次而布列也。或謂之榱，在檼旁下列衰衰然垂也。梠，旅也。連旅旅也。或謂之櫋。櫋，緜也。緜連榱頭使齊平也。檐，接也。接屋前後也。霤，流也。水從上流下也。」按屋自中棟至檐，用椽相比，近棟者名交，謂交於楣上也。接交而長，直下達於檐者名閱，以其下垂，故名榱矣。榱之抵檐處爲榱題，其下覆以瓦，雨自此下溜，故爲霤，亦爲樀，樀取於滴也，今尚以瓦頭爲滴水。自瓦言之爲霤，自椽言之爲榱題，近在一所，故趙氏以屋霤釋榱題也。霤屬瓦，故亦作甋。《廣雅·釋宮》云：「甍謂之甋。」是也。程氏瑤田《通藝録》云：「《襄二十八年《左傳》「慶舍援廟桷而動於甍」，則甍爲覆桷之瓦可知，言其多力，引一桷而屋宇爲之動也。若以甍爲屋極，則太公之廟必非容膝之廬，所援之桷必爲當檐之題，題之去極甚遠，安得援而動於極也。」程氏説是也。援桷甍動，亦屋霤與榱題相近在一所之證也。趙氏既以屋霤明榱題矣，又云：「堂高數仞，振屋數尺，奢太之室。」阮氏元《校勘記》

云：『「榱題三尺」，閩、監、毛三本同。廖本、孔本、韓本、《攷文》古本榱題作「振屋」。』謹按：振字乃旅字之譌。《説文》木部云：『楣，秦名屋櫋聯也。齊謂之檐，楚謂之梠。』『櫋，屋梠前也。』《儀禮・特牲饋食禮記》『饎爨在西壁』，注引舊説云：『南北直屋梠。』屋旅即屋梠，屋梠即屋檐，正榱頭之所在。趙氏蓋云屋旅數尺，譌旅爲振，又倒屋旅爲旅屋，遂不知其説，而竟改注文爲榱題矣。今仍存振屋二字而證明之，以著趙氏之義，識者察之。經傳稱堂高者，皆指堂階而言。《禮記・禮器》云：『天子之堂九尺，諸侯七尺。』《考工記》云：『殷人重屋，堂崇三尺；周人明堂，度九尺之筵，堂崇一筵。』注云：『周堂高九尺，殷三尺，則夏一尺。』皆有尺寸之限矣。故趙氏以此堂高爲大屋之高。周氏柄中《辨正》云：『堂屋高卑之度，經無明文。惟《攷工記》云：「王宮門阿之制，五雉；宮隅之制，七雉。」鄭注：「雉，長三丈，高一丈。度廣以廣，度高以高。」則門阿高五丈，宮隅高七丈。《尚書・大傳》云：「天子之堂廣九雉，三分其廣以二爲內，五分內以一爲高，則三丈六尺。公侯七雉，三分廣以二爲內，五分內以一爲高，則二丈八尺。伯子男五雉，三分廣以二爲內，五分內以一爲高，則二丈。」然則堂高數仞並非踰制，而數仞之指堂階無疑矣。』謹按：孟子亦渾言其堂之高耳，當時縱僭乎帝制，堂階之高不必更踰九尺，而屋之高或進二丈八尺者爲三丈六尺可也。所以總括之以數仞耳。趙氏以爲大屋是也。《韓詩外傳》云：『曾子曰：吾嘗南遊於楚，得尊官焉，堂高九尺，榱題三圍。』曾子大賢，卽爲尊官，何致借天子九尺之階。若三圍，《莊子·人間世》、《釋文》李云：『經尺曰圍。』然則三圍者，三尺也。廷琥云：『趙注堂高數仞，孔本作「高堂數仞」。』**食前方丈，侍妾數百人，我得志弗爲也。**【注】極五味之饌食，列於前方一丈，侍妾衆多至數百人也。【疏】注『極五』至『一丈』○正義曰：《説文》食部云：『籑，具食也。饌，或從巽。』収〔一〕部云：『具，共置也。』列前有方丈之多，則極五味無不備置，故以饌釋食，謂食言具食也。《論語·爲政》篇『有酒食，先生饌』，集解引馬曰：『饌，飲食也。』《廣雅·釋詁》云：『饌，食也。』是具食亦單謂之食。《儀禮·士冠禮》『具饌于西塾』，注云：『饌，陳也。』《周禮·秋官·掌客》『皆陳』，注云：『陳，列也。』趙氏既以饌釋食，又以列釋饌，是食前卽具食於前，亦卽是列於前。《晏子春秋·問下》云：『昔吾先君桓公，善飲酒窮樂，食味方丈。』**般樂飲酒，驅騁田獵，後車千乘，我得志弗爲也。**【注】般，大也。大作樂而飲酒。驅騁田獵，從車千乘，般於遊田也。【疏】注『般大也』○正義曰：『般大』，詳見《公孫丑》上篇。《書·無逸》『文王不敢盤于遊田』，《文選·西京賦》『般于遊畋，其樂只且』，薛綜注云：『盤，樂也。』此云盤于游田，般與盤通。《書》盤庚，《漢書·古今人表》作般庚。《君奭》『時則有若甘盤』，《史記·燕世家》作甘般是也。此與般樂之般訓大者不同。**在彼者，皆**

〔一〕『収』，《皇清經解》本作『廾』，《説文解字》作『廾』。

我所不爲也。在我者，皆古之制也。吾何畏彼哉？』【注】在彼貴者驕佚之事，我所耻爲也。在我所行，皆古聖人所制之法，謂恭儉也。我心何爲當畏彼人乎哉。

《章指》言：**富貴而驕，自遺咎也。茅茨采椽，聖堯表也。以賤説貴，懼有蕩心，心謂彼陋，以寧我神，故以所不爲爲之寶玩也。**【疏】『茅茨』至『蕩心』○正義曰：《韓非子》：『堯之有天下也。茅茨不剪，采椽不斲。』亦見《淮南子・主術訓》。《史記・自叙》云：『墨者亦尚堯舜道，言其德行，曰堂高三尺，土階三等，茅茨不翦，采椽不刮。』莊公四年《左傳》：『楚武王曰：「余心蕩。」』

孟子曰：『養心莫善於寡欲。其爲人也寡欲，雖有不存焉者，寡矣。【注】養，治也。寡，少也。欲，利欲也。雖有少欲而亡者，謂遭横暴，若單豹卧深山而遇飢虎之類也。然亦寡矣。【疏】注『養治』至『寡矣』○正義曰：《周禮・天官・疾醫》『以五味五穀五藥養其病』，注云：『養，猶治也。』《説文》宀部云：『寡，少也。』存與亡對，故以不存爲亡。單豹事，《莊子・達生》篇云：『田開之見周威公曰：「善養生者若牧羊然，視其後者而鞭之。魯有單豹者，巖居而水飲，而與民共利，行年七十，而猶有嬰兒之色，不幸遇餓虎，餓虎殺而食之。有張毅者，高門縣薄，無不走也，行年四十，而有内熱之疾以死。豹養其内而虎食其外，毅養其外而病攻其内，此二子者，皆不鞭其後者也。」』《吕氏春秋・必己》篇云：『單豹好術，離俗棄塵，不食穀實，不衣芮温，身處山林巖崛，以全其生，不盡其年，而虎食之。』高誘注云：『不食穀實，行氣道引也。芮，絮也。』《幽通記》曰「單豹治裹而外凋」，此之謂也。』亦見《淮南子・人間訓》。**其爲人也多欲，雖有存焉者，寡矣。**【注】謂貪而不亡，蒙先人德業，若晉欒黶之類也。然亦少矣，不存者衆也。【疏】注『謂貪』至『衆也』○正義曰：《詩・大雅・桑柔》篇『民之貪亂』，箋云：『貪，猶欲也。』《吕氏春秋・慎大》篇云『暴戾貪頑』，高誘注云：『求無厭足爲貪。』是貪爲多欲也。引晉欒黶者，襄公十四年《左傳》：『秦伯問於士鞅曰：「晉大夫其誰先亡？」對曰：「其欒氏乎？」秦伯曰：「以其汰乎？」對曰：「然。欒黶汰虐已甚，猶可以免，其在盈乎！」秦伯曰：「何故？」對曰：「武子之德在民，如周人之思召公焉，愛其甘棠，況其子乎？欒黶死，盈之善未能及人，武子所施沒矣，而黶之怨實章，將於是乎在。」』是其事也。黶雖不亡，而盈亦必亡，先德之恃，焉可久乎？

《章指》言：清淨寡欲，德之高者，畜聚積實，穢行之下。廉者招福，濁者速禍，雖有不然，蓋非常道，是以正路不可不由也。【疏】『清淨寡欲』○正義曰：《史記・自叙》云：『李耳無爲自化，清淨自正。』《禮記・孔子閒居》云：『清明在躬。』注云：『清謂清淨。』《説文》水部云：『瀞，無垢穢也。』瀞卽淨字。

曾晳嗜羊棗，而曾子不忍食羊棗。公孫丑問曰：『膾炙與羊棗孰美？』【注】羊棗，棗名也。曾子以父嗜羊棗，父沒之後，惟念其親，不復食羊棗，故身不忍食也。公孫丑怪之，故問羊棗孰與膾炙美也。【疏】注『羊棗棗名也』〇正義曰：《爾雅・釋木》云：『遵，羊棗。』郭璞注云：『實小而圓，紫黑色，今俗呼之爲羊矢棗。《孟子》曰：「曾晳嗜羊棗。」』邵氏晉涵《爾雅正義》云：『羊棗一名遵。《説文》：「棗，羊棗也。」是以爲棗之總名也。』趙氏以棗名釋之，以棗類衆多，此其中一名耳。何氏焯《讀書記》云：『羊棗非棗也，乃柹之小者，初生色黄，熟則黑，似羊矢。其樹再接則成柹。余乙卯客授臨沂始覩之。沂近魯地，可據也。今俗呼牛奶柹，一名㮕棗，而臨沂人亦呼羊棗曰㮕棗。此尤可證柹之小者通得棗名，不必以《爾雅》「遵羊棗」之説爲疑。』周氏柄中《辨正》云：『陳禹謨《名物攷》云：「嘗道鄒，登嶧山，或以羊棗噉余，其狀絶類柹，大僅如芡實，蓋名爲棗而去棗遠矣。」』此皆得之親見，益信何氏之説不誣。段氏玉裁《説文解字注》云：『羊棗，即木部之梬，《爾雅》諸棗中之一，與常棗絶殊，不當專取以爲訓。棗樹隨地有之，盡人所識，赤心而外刺，非羊棗也。木部云：「梬，梬棗也。似柹而小，一曰㮕。」按㮕卽《釋木》之「遵羊棗」也。凡物必得諸目驗而折衷古籍，乃爲可信。昔在西苑萬善殿庭中曾見其樹，葉似柹而不似棗，其實似柹，而小如指頭。内監告余，用此樹接之便成柹。《古今注》云：「㮕棗，實似柹而小，味亦甘美。」師古曰：「梬棗，今之㮕棗也。」㮕與遵音相近，㮕卽遵字也。《内則》「芝栭」，賀氏曰：「芝，木椹。栭，軟棗。」《釋文》云：「栭本又作檽。」檽者楧之誤。」○注「曾子」至「美也」○正義曰：《爾雅·釋詁》云：「惟，思也。」「身，我也。」趙氏謂曾子思念其父既歿，不復再食此羊棗，故己身不忍食之。《禮記·少儀》云：「牛羊魚之腥，聶而切之爲膾；麋鹿爲菹，野豕爲軒，皆聶而不切；麕爲辟雞，免爲宛脾，皆聶而切之；切葱若薤，實之醯以柔之。」注云：「聶之言牒也，先藿葉切之，復報切之，則成膾。」《内則》云：「膾，春用葱，秋用芥。肉腥細者爲膾，大者爲軒。」其餘文與《少儀》略同。注云：「言大切細切異名也。膾者必先軒之，所謂聶而切之也。此軒、辟雞、宛脾，皆菹類也。釀菜而柔之以醯，殺腥肉及其氣，今益州有鹿㼣者，近由此爲之矣。軒或爲胖，宛或爲鬱。」《説文》肉部云：「牒，薄切肉也。」「膾，細切肉也。」牒卽聶而切之，《周禮·天官·醢人》注引《少儀》作「牒而切之」。然則牒者切之成薄片，如今片肉也。又將所片細切成條，謂之報切。段氏玉裁《説文解字注》云：「凡細切者，必疾速下刀。《少儀》注云：『報讀爲赴疾之赴。』」按報與躁音近，報之爲疾，卽躁之爲疾，報而切之，卽今肉躁子也。《南史·恩倖傳》云：「宮中諺云趙鬼食鴨䐹，諸鬼盡著調。」䐹與調韻正讀如躁。䐹猶潚，潚亦爲疾，蓋漢言報，六朝言䐹，今則爲躁也。劉熙《釋名·釋飲食》云：「膾，會也。細切肉令散，分其赤白異切之，已乃會合和之也。」赤蓋肉之精者，白蓋肉之肥者，先分切而後合之，所以爲會。《醢人》「五齊七菹」，注云：「齊當爲齏。五齏，昌本、脾析、蜃、豚拍、深蒲也。七菹，韭、菁、茆、葵、芹、箈、筍菹。凡醯醬所和，細切爲齏，全物若牒爲菹。』齏、菹之稱菜肉通，此因《少儀》、《內則》麋鹿稱菹，脾析爲牛百葉，豚拍爲豚脅，亦爲齏，是齏、菹通稱於肉。以細切爲齏，則齏卽膾之通稱。蓋肉之牒而切者爲軒，又報切之則爲膾。在菜，但牒切而不報、或全物不切是爲菹，細切者爲齏。以其皆爲牒切，則肉亦名菹；以其皆爲細切，則肉亦名齏。但菹之名可通於肉，而膾之名則不聞通於菜，是膾專爲肉之細切者名也。菹、齏皆用蔥薤醯醬和之，今人以生鰕生蜱蝛用酒酢椒薤拌食之，此古肉食爲菹之遺，用全物而不切者也。《説文》艸部云：『菹，酢菜也。』韭部云：『齏，墜也。』『墜，齏也。』《通俗》文云：『淹韭曰齏，淹薤曰墜。』蓋菹、齏之暫食者可用酢，其久藏者兼以鹽，或用全，或用切，或用細切，其細切者，今尚名齏矣。而肉之牒切細切者，皆未有生用醯酢芥薤和食之制，蓋膾之古法，今不可詳矣。《內則》諸膳，有牛炙、牛膾、羊炙、豕炙、魚膾，卽《儀禮・公食大夫禮》二十豆中物。孔氏正義云：『牛炙，炙牛肉也。』《毛詩・小雅・楚茨》云『或燔或炙』，傳云：『炙，炙肉也。』箋云：『炙，肝炙也。』孔氏正義云：『燔者，火燒之名。炙者，遠火之稱。以難熟者近火，易熟者遠之，故肝炙而肉燔也。』《生民》傳曰『傅火曰燔』，《瓠葉》傳曰『加火曰燔』，對遙炙者爲近火，故云傅火加之。燔其實亦炙，非炮燒之也，故《量人》注云「燔從於獻酒之肉」，《特牲》注云[一]「燔炙肉」，是燔亦炙也。且燔亦炙，爲臠而貫之以炙於火，如今炙肉矣。』《瓠葉》云『有兔[二]斯首，炮之燔之』，次章云『炮之炙之』，傳云：『毛曰炮，加火曰燔，炕火曰炙。』箋云：『柔者炙之，乾者燔之。』孔氏正義云：『凡治兔之所宜，若鮮明而新殺者，合毛炮之。若割截而柔者，則臠貫而炙之，若今炙肉也。乾者，謂脯腊，則加之火上，若今之燒乾脾[三]也。』《禮記・禮運》云『以炮以燔，以亨以炙』，注云：『炮，裹燒之也。燔，加於火上。炙，貫之火上。』《內則》獨詳於炮，云：『炮取豚若牂，刲之刳之，實棗於其腹中，編萑以苴之，涂之以謹涂，炮之，涂皆乾，擘之，濯手以摩之，去其皽。』注云：『炮者，以涂燒之爲名也。謹當爲墐。墐涂，涂有穰草也。』此蓋連毛以墐涂涂裹之，置火中燒，其毛隨涂脫去，又用手摩去皮肉上之皽，更入鼎鑊煮之。以其用涂包裹燒之，故名炮。炮者，包也。是爲毛曰炮也。去皽之後，入鑊煮之，則炮而烹矣。若不入鼎鑊，近火炙之則爲燔，遠火炙之則爲炙。《攷工記・廬人》『重欲傅人』，注云：『傅，近也。』傅火，卽近火也。是

[一]「注云」，《皇清經解》本作「曰」，《毛詩正義》作「注云」。
[二]「兔」，《皇清經解》本同，《毛詩・小雅・瓠葉》作「兔」。
[三]「脾」，《皇清經解》本作「脯」，《毛詩正義》作「脾」。

爲炮之燔之也。段氏玉裁《説文解字注》云：『《瓠葉》傳云「炕火曰炙」，正義云：「炕，舉也。」謂以物貫之而舉於火上以炙之。』按炕俗字，古當作『抗』，《方言》曰：『抗，縣也。』是也。縣而炙之，則遠火也。是爲炮之炙之也。軟棗爲人君燕食所加之庶羞，視《公食大夫禮》二十豆之用膾炙，禮之隆殺有差，即物之甘嘉或别，故以孰美爲問耳。

孟子曰：『膾炙哉！』【注】言膾炙固美也，何比於羊棗。

公孫丑曰：『然則曾子何爲食膾炙而不食羊棗？』曰：『膾炙所同也，羊棗所獨也。諱名不諱姓，姓所同也，名所獨也。』【注】孟子言膾炙雖美，人所同嗜。曾子父嗜羊棗耳，故曾子不忍食也。譬如諱君父之名，不諱其姓，姓與族同之，名所獨也，故諱之也。【疏】注『譬如』至『故諱之也』〇正義曰：《周禮・春官・小史》『若有事則詔王之忌諱』，注云：『先王死日爲忌，名爲諱。』《禮記・王制》云：『太史典禮，執簡記，奉諱惡』，注云：『諱，先王名。惡，忌日，若子卯。』大史所奉之諱惡，即小史所詔之忌諱，蓋雖小史掌之，而必由大史進之也。《曲禮》云：『卒哭乃諱。禮不諱嫌名，二名不偏諱。逮事父母，則諱王父母；不逮事父母，則不諱王父母。君所無私諱，大夫之所有公諱。詩書不諱，臨文不諱，廟中不諱。』《檀弓》云：『既卒哭，宰夫執木鐸以命於宫曰，舍故而諱新』，注云：『故，謂高祖之父當遷者也。』桓公六年《左傳》申繻云『周人以諱事神』，注云：『自父至高祖，皆不敢斥言。』孔氏正義云：『自殷以往，未有諱法，諱始於周。』然則周制以諱事神，天子諸侯諱高祖以下，鄭氏謂適士以上諱祖，推之則大夫三廟，當諱曾祖，庶人不逮事父母者，雖不諱祖，亦仍諱父。是自天子至於庶人未有不諱父者，君之名則未有敢斥言者。此諱君父之名之事也。隱公八年《左傳》：『無駭卒，羽父請謚與族。公問族於衆仲。衆仲對曰：「天子建德，因生以賜姓，胙之土而命之氏。諸侯以字爲謚，因以爲族。官有世功，則有官族。邑亦如之。」公命以字爲展氏。』注云：『立有德以爲諸侯。因其所由生以賜姓，謂若舜由嬀汭，故陳爲嬀姓。報之以土〔一〕而命氏曰陳。諸侯位卑不得賜姓，故其臣因氏其王父字。或使即先人之謚稱以爲族。則有官族，邑亦如之，謂取其舊官舊邑之稱以爲族，皆稟之時君。諸侯之子爲公子，公子之子爲公孫，公孫之子以王父字爲氏。無駭，公子展之孫，故爲展氏。』由此言之，則姓可賜即可改，族由氏立，則姓不與族同矣。《禮記·大傳》云：『其庶姓别於上，而戚單於下，昏姻可以通乎？繫之以姓而弗别，綴之以食而弗殊，雖百世而昏姻不通者，周道然也。』注云：『玄孫之子，姓别於高祖，五世而無服，姓世所由生。姓，正姓也。始祖爲正姓，高祖爲庶姓。』孔氏正義云：『正姓者，對氏族爲正姓也。若炎帝姓姜，黄帝姓姬。周姓姬，本於黄帝。齊姓姜，本於炎帝。宋姓子，本於契。是始祖爲正姓也。云高祖爲庶姓者，若魯之三桓慶父、叔牙、季友之後，

〔一〕『土』，《皇清經解》本作『士』，《春秋左傳集解》作『土』。

及鄭之七穆子游、子國之後爲游氏、國氏之等。』然則庶姓者，氏也。同姓爲一族，其以氏爲族者，謂九族之族。蓋一族分爲九族，可各爲氏，而九族總爲一族，其姓仍同也。《白虎通・姓名》篇云：『人所以有姓者何？所以崇恩愛，厚親親，遠禽獸，别昏姻也。故紀世别類，使生相愛、死相哀，同姓不得相娶者，皆爲重人倫也。姓者，生也。人稟天氣所以生者也。所以有氏者何？所以貴功德，賤伎力，或氏其官，或氏其事，聞其氏卽可知其德，所以勉人爲善也。或氏王父字者何？所以别諸侯之後，爲興滅國，繼絶世也。』此分别姓、氏甚詳。段氏玉裁《説文解字注》云：『按人各有所由生之姓，其後氏别既久，而姓幾湮。有德者出，則天子立之，令姓其正姓，若大宗然。如《周語》：「帝胙四岳國，賜姓曰姜，氏曰有吕；陳胡公不淫，故周賜之姓，命氏曰陳；飂叔安裔子董父事帝舜，帝賜之姓曰董，氏曰豢龍。」蓋此三者，本皆姜、嬀、董之子孫，故予之以其姓，又或特賜之姓。前無所承者，如《史記》、《白虎通》禹祖昌意以薏苡生，賜姓姒氏；殷契以玄鳥子生，賜姓子氏：斯皆因生以賜姓也。必兼《春秋傳》之説，而姓之義乃完。』『舜既姚姓，則嬀爲舜後之氏可知。姓氏之禮，姓統於上，氏别於下。鄭《駁五經異義》云：「天子賜姓命氏，諸侯命族。族者，氏之别名；姓者，所以統繫百世不别也；氏者，所以别子孫之所出，故

《世本〔一〕》之篇言姓則在上，言氏則在下也。」此由姓而氏之説也。既别爲氏，則謂之氏姓，故《風俗通》、《潛夫論》皆以氏姓名篇，諸書多言氏姓。氏姓之見於經者，《春秋》隱九年「天王使南季來聘」，《穀梁傳》曰：「南，氏姓也。季，字也。」南爲逗，「氏姓也」三字爲句，此氏姓之明文也。《史記·陳杞世家》：「舜爲庶人時，堯妻之二女，居於嬀汭，其後因爲氏姓，姓嬀氏。」《五帝本紀》曰：自黄帝至舜禹皆同姓，「帝禹爲夏后而别氏姓，姓姒氏」。契爲商姓子氏，棄爲周姓姬氏，此皆氏姓之明文也。凡言賜姓者，先儒以爲有德者則復賜之祖姓，使紹其後。故后稷賜姓曰姬，四岳堯賜姓曰姜，董父舜賜姓曰董，秦大費賜姓曰嬴，皆予以祖姓也。其有賜姓本非其祖姓者，如鄭氏《駁異義》云：「炎帝姓姜，大皞之所賜也。黄帝姓姬，炎帝之所賜也。」是炎帝、黄帝之先固自有姓，而炎帝、黄帝之姜、姬實爲氏姓之剏始。夏之姓姒，商之姓子，亦同。然則單云姓者，未嘗不爲氏姓，單言氏者，其後以爲姓，古則然矣。至於周，則以三代以上之姓及氏姓爲昏姻不通之姓，而近本諸氏於官，氏於事，氏於王父字者，爲氏不爲姓，古今之不同也。』謹按：伏羲以上，人道未定，有男女而無夫婦，人知有母而不知父，無父子則無族矣。伏羲畫八卦，定人道，使男女有别，男女有别則夫婦有義，夫婦有義則父子有親，鄭氏注《昏義》云：『子受

〔一〕『世本』，《皇清經解》本作『氏本』。

氣性純則孝。』受氣純則一本相生而有族，於是有賜姓之制，蓋遵昏姻之禮，以長育子孫，則賜之姓以旌別之，所謂因生賜姓者，蓋由此也。故云遠禽獸、別昏姻也。其始未必人人皆賜姓，而得姓者爲貴，久之相慕相習，則賜姓者非一時，此所以神農之姓賜於大皡，黄帝之姓賜於炎帝也。至《國語・晉語》司空季子曰：『黄帝之子二十五人，其同姓者二人而已。』惟青陽與夷鼓皆爲己姓，其同生而異姓者，四母之子别爲十二姓，凡黄帝之子二十五宗，其得姓者十四人爲十二姓，此所謂姓卽氏也。同是子而或得姓，或不得姓，卽春秋時之公子，或賜氏，或不賜氏也。季子以懷嬴之故，附會其説，姓氏之分，未足爲據。蓋至黄帝時，天下已無不有姓之人，而族類繁滋，其先因其無族而賜姓，以别其爲族，至是因其族多，而賜姓以别其族中之族，故一姓而有諸氏焉。久之忘其正姓，遂以氏爲姓，而氏又分氏。《書・禹貢》『錫土姓』，鄭氏注云：『天子建其國，諸侯胙之土，賜之姓，命之氏。』然則此賜姓卽是命氏，是古時通謂之姓，周乃分正姓爲姓，庶姓爲氏耳。禹賜姒姓，契賜子姓，稷賜姬姓，皆與舜之姓嬀同，所謂氏姓也。蓋自黄帝以後，凡賜姓皆是賜氏。所謂因生以賜姓，在無族無姓以前，是因其生氣不純，而以姓表其同；在族既繁滋之後，是因其生氣滋盛，而以姓表其異。其同，德也。其異，亦德也。故皆爲天子建德，因生以賜姓也。若論正姓，惟伏羲初定人道時所賜，乃爲真姓本族，自黄帝以後，庶姓之中更爲庶姓，惟本其所知者以爲姓，卽以爲族而已矣。

《章指》言：情禮相扶，以禮制情，人所同然，禮則不禁。曾參至孝，思親異心，羊棗之感，終身不嘗，孟子嘉焉，故上章稱曰豈有非義而曾子言之者也。【疏】『思親異心』○正義曰：《荀子·大略》篇云：『曾子食魚有餘，曰：「泔之。」門人曰：「泔之傷人，不若奥之。」曾子泣涕曰：「有異心乎哉！」傷其聞之晚也。』

萬章問曰：「孔子在陳曰：『盍歸乎來！吾黨之士狂簡，進取，不忘其初。』孔子在陳，何思魯之狂士？」【注】孔子戹陳，不遇賢人，上下無所交，蓋歎息思歸，欲見其鄉黨之士也。簡，大也。狂者，進取大道而不得其正者也。不忘其初，孔子思故舊也。《周禮》『五黨爲州，五州爲鄉』，故曰吾黨之士也。萬章怪孔子何爲思魯之狂士也。【疏】注『簡大』至『士也』○正義曰：此文見《論語·公冶長》篇，但彼云『斐然成章，不知所以裁之』，與此不同。彼集解引孔氏云：『簡，大也。孔子在陳思歸欲去，故曰吾黨之小子。狂簡者，進趨於大道，穿鑿以成文章，不知所以裁制。』蓋孔氏讀斐爲匪，匪然即非然。包氏注：『不知而作爲穿鑿。』此孔氏以斐然成章爲穿鑿成文章，謂以非然者成爲文章也。趙氏本此，以不得其正解之。《儀禮·覲禮》云『伯父帥乃初事』，注云：『初，猶故也。』《楚辭·招魂》『樂先故些』，注云：『故，舊也。』是不忘其初即不忘故舊也。『五黨爲州，五州爲鄉』，《周禮·地官·大司徒》文。引此者，所以別乎阿私曰黨之黨。蓋趙氏生桓、靈時，目見當時南北部黨人之議，朝廷捕而禁之，謂之黨錮，恐學者誤以聖人所稱吾黨之士，即此三君八俊、希風標榜之徒，故既以鄉釋黨，又引《周禮》以明之。謂孔子所稱吾黨之士，即是吾鄉之士也，非此朋黨部黨之謂也。舊疏不知趙氏之恉，妄肆譏評，而説者或謂《孟子》之文本作「五黨之士」，故引五黨釋之，尤失之遠矣。

孟子曰：「孔子『不得中道而與之，必也狂獧乎！狂者進取，獧者有所不爲也。』孔子豈不欲中道哉？不可必得，故思其次也。」【注】中道，中正之大道也。狂者能進取，獧者能不爲不善。時無中道之人，以狂獧次善者，故思之也。【疏】「孔子」至「次也」〇正義曰：此亦見《論語・子路》篇，獧作「狷」。《音義》云：「獧，丁音絹，與狷同。」按《説文》犬部「獧，疾跳也。一曰急也。」《國語・晉語》「小心狷介」，韋昭注云：「狷者守分，有所不爲也。」獧之爲狷，猶捐之爲環。又心部云：「懁，急也。讀若絹。」段氏玉裁《説文解字注》云：「《論語》狷，《孟子》作『獧』，其實當作懁。」

「敢問何如斯可謂狂矣？」【注】萬章曰，人行何如斯則可謂之狂也。

曰：「如琴張、曾晳、牧皮者，孔子之所謂狂矣。」【注】孟子言人行如此三人者，孔子謂之狂也。琴張，子張也。子張之爲人，踸踔譎詭，《論語》曰「師也辟」，故不能純善而稱狂也。又善鼓琴，號曰琴張。曾晳，曾參父。牧皮，行與二人同，皆事孔子學者也。【疏】注「琴張」至「學者也」〇正義曰：琴張之名，一見於昭公二十年《左傳》云：「琴張聞宗魯死，將往弔之。仲尼曰：「齊豹之盜而孟縶之賊，女何弔焉？」』注云：『琴張，孔子弟子，字子開，名牢。』孔氏正義云：『《家語》云：「孔子弟子琴張，與宗魯友。」《七十子》篇云：「琴牢，衛人，字子開，一字張。」則以字配姓爲琴張，即「牢曰子云」是也。賈逵、鄭衆皆以爲子張即顓孫師。服虔云：「案《七十子傳》云子張少孔子四十餘歲。」孔子是時四十，知未有子張。鄭、賈之説，不知所出。』一見於《莊子・大宗師》篇云：『子桑戶、孟子反、子琴張三人相與友，曰：「孰能相與於無相與，相爲於無相爲？孰能登天遊霧，撓挑無極，相忘以生，無所終窮？」三人相視而笑，莫逆於心，遂相與友。莫然有閒，而子桑戶死，未葬，孔子聞之，使子貢往侍事焉。或編曲，或鼓琴，相和而歌曰：「嗟來桑戶乎！嗟來桑戶乎！而已反其真，而我猶爲人猗！」子貢趨而進曰：「敢問臨尸而歌，禮乎？」二人相視而笑曰：「是惡知禮意。」』《左傳》、《莊子》皆周人之書，趙氏豈不知之，而以琴張爲子張。觀《左傳》正義所引鄭、賈之説，則當時固以琴張爲子張而趙氏本之也。服虔始疑而《家語》始以琴牢一字張，杜預注《左傳》所本者，此也。然《家語》晚出之書，未足爲據。《論語・子罕》篇『牢曰子云吾不試故藝』，鄭氏注云：『牢，弟子子牢也。』不言即琴張。《史記・仲尼弟子傳》亦無琴牢其人。陳氏鱣《論語古訓》云：『王肅《家語叙》云：「《語》云牢曰子云吾不試故藝，談者不知爲誰，多妄爲之説。」《孔子家語》：「弟子有琴張，一名牢，字子開，亦字張，衛人也。」肅云談者，即指鄭氏。夫《論語》記弟子不應稱名，《漢白水碑》琴張、琴牢判爲二人，肅臆説不可信。』按鄭衆、賈逵既以《左傳》之琴張爲子張，則當時説《莊子》亦必以琴張爲子張，孟子反與琴張或編曲，或鼓琴，則編曲者反而鼓琴者張也。故謂子張善鼓琴，又正當時以《莊子》之琴張爲顓孫師之證，而趙氏本之也。蓋子張之爲人，短之者甚多。《荀子・非十二子》篇云：『弟佗其冠，神禫其辭，禹行而舜趨，是子張氏之賤儒也。』《吕氏春秋・尊師》篇云：『子張，魯之鄙家也，學於孔子。』鄭氏解《論語》『堂堂乎張』云：『子張容儀盛而仁道薄。』至馬融注『師也辟』則云：『子張才過人，失在邪僻文過。』直以辟爲邪僻，此趙氏本之，謂其不能純善也。《漢書・古今人表》以子張與曾皙相次，列於第三，而以琴牢列於第四，似亦以子張卽琴張，而琴牢别爲『牢曰子云』之牢，别無琴張之名。趙氏生王肅前，未見有《家語》，自不知琴張卽琴牢，以子張釋之，非無本也。王氏念孫《廣雅疏證》云：『《釋訓》：「踸踔，無常也。」踸或作「䠍」。《楚辭・七諫》「馬蘭踸踔而日加」，王逸注云：「踸踔，暴長貌也。」暴長卽無常之意。無常謂之踸踔，非常亦謂之踸踔。趙氏注《孟子》云：「子張之爲人，踸踔譎詭。」是也。』《文選・東京賦》『瑰異譎詭』，辥綜注云：『譎詭，變化也。』《漢書・劉輔傳》云：『必有卓詭切至』，顔師古注云：『詭，異於衆也。』異於衆，亦謂其非常矣。《莊子》寓言，恐非其實。

『何以謂之狂也？』【注】萬章問何以謂此人爲狂。

曰：『其志嘐嘐然，曰古之人，古之人，夷考其行而不掩焉者也。【注】嘐嘐，志大言大者也。重言古之人，欲慕之也。夷，平也。考察其行，不能掩覆其言，是其狂也。【疏】注『嘐嘐志大言大者也』○正義曰：《音義》云：『嘐，火包切。』《説文》口部云：『嘐，誇語也。』志大言大，是誇語矣。既欲之而又慕之，故重言古之人。《説文》心部云：『慕，習也。』習者，重也。在心欲之不已，則形於口者亦不已。《毛詩·小雅·出車》『玁狁于夷』，《節南山》『式夷式已』，《大雅·桑柔》『亂生不夷〔一〕』，《召旻》『實靖夷我邦』，傳皆訓夷爲平。《爾雅·釋詁》云：『平，成也。』《易·復·象傳》『中以自考也』，《釋文》引鄭氏注云：『考，成也。』向秀云：『考，察也。』《禮記·禮器》『觀物弗之察矣』，注云：『察，猶分辨也。』平與辨義通，則夷考卽是考察。《説文》大部云：『奄，覆也。』掩與奄通。**狂者又不可得，欲得不屑不絜之士而與之，是獧也，是又其次也。**【注】屑，絜也。不絜，污穢也。既不能得狂者，欲得有介之人，能恥賤污行不絜者，則可與言矣，是獧人次於狂者也。【疏】注『屑絜』至『狂者也』○正義曰：《毛詩·邶風·谷風》篇『不我屑以』，傳云：『屑，潔也。』古脩潔之字皆作『絜』。《楚辭·招魂》云：『朕幼清以廉潔兮』，王逸注云：『不污曰潔。』不污穢爲絜，是污穢爲不絜矣。《漢書·楊胡朱梅云傳·贊》云：『昔仲尼稱不得中行則思狂狷』，顔師古注云：『狷，介也。』故此注以狷爲有介之人。有所不爲，

〔一〕『夷』，《皇清經解》本作『平』，《毛詩正義》作『夷』。

則有所介畫，不妄爲，故不以不絜爲絜也。不絜是污穢之行，能恥之賤之，是不絜此不絜之行也。與之是進而教之，故爲可與言。『是獧也是又其次也』八字一句，故易獧也爲獧人以明之。**孔子曰：「過我門而不入我室，我不憾焉者，其惟鄉原乎！鄉原，德之賊也。」**』【注】憾，恨也。人過孔子之門不入，則孔子恨之。獨鄉原不入者無恨心耳，以其賊德故也。【疏】注『憾恨也』至『故也』○正義曰：《小爾雅・廣言》云：『憾，恨也。』《楚辭・哀時命》云：『志憾恨而不逞兮。』是也。《荀子・脩身篇》云『害良曰賊』，有害於德，故云德之賊。語見《論語・陽貨》篇。

曰：『何如斯可謂之鄉原矣？』【注】萬章問鄉原之惡云何。

曰：『何以是嘐嘐也？言不顧行，行不顧言，則曰古之人，古之人行何爲踽踽涼涼，生斯世也，爲斯世也善，斯可矣。閹然媚於世也者，是鄉原也。』【注】孟子言，鄉原之人言何以是嘐嘐若有大志也，其言行不顧，則亦稱古之人。古之人行何爲踽踽涼涼，有威儀如無所施之貌也。鄉原者，外欲慕古之人而其心曰，古之人何爲空自踽踽涼涼，而生於今之世，無所用之乎。以爲生斯世，但當取爲人所善善人，則可矣。其實但爲合衆之行，媚，愛也。故閹然大見愛於世也。若是者謂之鄉原。【疏】注『孟子』至『鄉原』○正義曰：『孟子言』三字解『曰』字。『何以是嘐嘐』以下皆論鄉原。嘐嘐，鄉原之嘐嘐也。言何以是嘐嘐若有大志，謂鄉原之言何以嘐嘐若有大志也。非如狂者之真有大志也。言不顧行，行不顧言，鄉原之言行不顧也。狂者曰古之人古之人，鄉原則亦曰古之人。但狂者之稱古人，是欲之慕之；鄉原之稱古之人，則大言以譏斥之，謂古之人行何爲踽踽涼涼，無所用於世。此鄉原之大言，非如狂者之大言也。趙氏以上『古之人』爲句，『古之人行何爲踽踽涼涼』爲句，『生斯世也』句，『爲斯世也善』句，與『斯可矣』一連貫下相呼應，故云但當取爲人所善善人也。《毛詩·唐風·杕杜》篇『獨行踽踽』，傳云：『踽踽，無所親也。』《説文》足部云：『踽，疏行也。』疏與親反，無所親，故疏。又水部云：『涼，薄也。從水，京聲。』薄與疏義亦相近，不與人相親，則不以周旋盤辟，施之於人，故云有威儀如無所施之貌也。《音義》以『古之人行』爲句，何爲之爲，張云：『于僞反。』謂古人之行何所爲而如是，生斯世也，但取爲人所善之善人，此爲字讀如字矣。閹爲宦豎之稱。《爾雅·釋天》云：『太歲在戊曰閹茂』，李巡注云：『閹，蔽也。』趙氏讀閹爲奄。《毛詩·大雅·皇矣》篇『奄有四方』，傳云：『奄，大也。』故釋爲大。又《思齊》篇『思媚周姜』，傳云：『媚，愛也。』

萬子曰：『一鄉皆稱原人焉，無所往而不爲原人。孔子以爲德之賊，何哉？』【注】萬子，即萬章也。孟子録之，以其不解於聖人之意，故謂之萬子。子，男子之通稱也。美之者，欲以責之也。萬章言人皆以爲原善，所至亦謂之善人，若是，孔子以爲賊德，何爲也。

【疏】注『萬子』至『爲也』〇正義曰：臧氏琳《經義雜記》云：『趙注「萬子即萬章也」云云，

是趙邠卿注本作萬子。趙氏謂「其不解於聖人之意，美之者欲以責之」，此説頗曲。夫公孫丑、萬章、告子之徒，平日反覆辨難，往往數千百言，孟子皆據理告之，未嘗責其不解，何至此忽欲責其不解，而反假以美之乎？蓋鄉原之行〔一〕，孟子雖已告之，其所以稱原者，孟子尚未言也。孟子未言，則萬章不知。萬章不問，則孟子終不言，後世之人亦終不知賊德、亂德者幾何不接踵於世，而堯舜之道不可得入矣。是非有萬章此問不可，故特稱子以美之。」趙氏佑《温故録》云：「萬章於此獨稱子，明有注文。然「萬子曰」乃記體，不得謂孟子稱之爲子。不解之解讀當爲懈，言其問之審也。蓋《孟子》七篇，萬章傳述之功居多，其於究論古帝王聖賢言行，惟萬章獨勤以詳。孟子之功，莫大於尊仲尼，稱堯舜，闢楊墨，而此章又終之辨鄉原，以立萬世之防，實萬章相與發明之。此章則其問答終畢之事，故特著子稱焉，以結七篇之局。」《論語・泰伯》篇云「侗而不願」，《釋文》引鄭注云：「愿，善也。」趙氏讀原爲愿，故以原人爲善人。

曰：『非之無舉也，刺之無刺也，同乎流俗，合乎污世，居之似忠信，行之似廉潔，衆皆悦之，自以爲是，而不可與入堯舜之道，故曰德之賊也。【注】孟子言，鄉原之人能匿蔽其惡，非之無可舉者，刺之無可刺者，志同於流俗之人，行合於污亂之世，爲人謀，居其身

〔一〕「行」，《皇清經解》本作「者」。

若似忠信，行其身若似廉絜爲行矣，衆皆悦美之，其人自以所行爲是，而無仁義之實，故不可與入堯舜之道也。無德而人以爲有德，故曰德之賊也。【疏】注『鄉原』至『賊也』○正義曰：無可非無可刺則真善矣，故趙氏以能匿蔽其惡解之。流俗之人，不可同志，則同之而不敢異；汙亂之世，不可合行，則合之而不敢離：蓋自托於達士之和光，而曲爲浮沉俯仰之術，似忠信則非忠信，似廉絜則非廉絜。《論語・學而》篇：『曾子曰：爲人謀而不忠乎，與朋友交而不信乎？』廉絜亦屬與人交接之事，故趙氏括之以爲人謀。惟其志行既同流合汙，而其與此流俗汙世之人共事，又能盡心力以爲之謀，而不自私其財利，此人所以皆悦之也。彼見人皆悦之，遂亦自信爲涉世之善法，故自以爲是，而要之非仁義之實也。所謂非之無可舉，刺之無可刺，亦此流俗汙世之人耳。若孔子則已刺之爲賊，孟子則已非之爲不可入堯舜之道。**孔子曰：「惡似而非者：惡莠，恐其亂苗也；惡佞，恐其亂義也；惡利口，恐其亂信也；惡鄭聲，恐其亂樂也；惡紫，恐其亂朱也；惡鄉原，恐其亂德也。」**【注】似真而非真者，孔子之所惡也。莠，莖葉似苗。佞人詐飾，似有義者。利口辯辭，似若有信。鄭聲淫人之聽，似若美樂。紫色似朱，朱，赤也。鄉原惑衆，似有德者。此六似者，皆孔子之所惡也。【疏】注『莠莖葉似苗』○正義曰：《毛詩・齊風・甫田》『維莠驕驕』，傳不言何物。《小雅・大田》『不稂不莠』，傳云：『稂，童梁也。莠，似苗也。』按莠之爲物有二：《御覽》引韋昭《問答》云：『《甫田》「維莠」，今何草？答曰：今之狗尾也。』《夏小正》：『四月，秀幽。』《國策》魏西門豹云：『幽，莠之幼也。似禾。』《廣雅·釋草》云：『莠，蕛也。』幽、蕛、莠一聲之轉。《説文》艸部以蕛次莨，莨卽《爾雅·釋草》之孟狼尾。《史記·司馬相如傳·上林賦》『其卑溼則生藏莨』，集解引《漢書音義》云：『莨，狼尾草也。』莨爲狼尾，蕛爲狗尾，所以相次也。則狗尾之名莠，乃蕛之通借字也。此『不稂不莠』，傳既以稂爲童粱，《説文》艸部云：『蓈，禾粟之采生而不成者，謂之童蓈。』重文『稂』。采卽穗字，爲禾成秀之名。蓋禾病則秀而不實，實者下垂，不實者直立而獨露於外。童之猶言獨也，稂是生而不成者，於是《説文》卽以莠字次之，云『莠，禾粟下揚生莠也。』揚者，簸揚之謂。粟之不堅好者，簸揚之必在下，今農人尚呼之爲下揚。《農桑輯要》云：『穀種浮秕，去則無莠。』徐鍇亦謂『莠出於粟秕』。今狗尾草徧野，皆一種自生，不關粟秕所種，則下揚所生之莠別爲似禾之物，與蕛之爲狗尾者異也。蓋卽禾之秀而不實者，故卽以莠名之。稂、莠一類，稂成於病，莠生自種，爲有別耳。下揚中有米而不全浴，謂之半掩，故能生也。程氏瑤田以下揚爲飛揚，段氏玉裁以下揚爲下垂，難乎達矣。○注『佞人』至『惡也』○正義曰：《論語·陽貨》篇云：『惡紫之奪朱也，惡鄭聲之亂雅樂也，惡利口之覆邦家者』，集解孔氏云：『朱，正色。紫，間色之好者。惡其邪好而奪正色也。』包氏云：『鄭聲，淫聲之哀者，惡其奪雅樂也。』孔氏云：『利口之人，多言少實，苟能説媚時君，傾覆其國家也。』此謂惡似而非，與彼義略別。《爾雅·釋詁》云：『壬，佞也。』《書·皋陶謨》云：『何畏乎巧言令色孔壬。』孔壬，卽莊公十七年《公羊傳》所云『甚佞』。孔壬指〔一〕巧言令色。巧言令色，卽共工之『靜言庸違，象恭滔天。』靜言象恭，似乎有義矣，而不知實庸違滔天爲甚佞也。《韓非子·八經》篇云：『言之爲物也，以多信不然之物，十人云疑，百人然乎，千人不可解也。吶者言之疑，辯者言之信，姦之食上也，取資乎衆籍〔二〕，信乎辯。』此辯辭所以若有信也。《禮記·樂記》云：『魏文侯問於子夏曰：「吾端冕而聽古樂，則惟恐臥；聽鄭衛之音，則不知倦。」子貢對曰：「今君之所問者，樂也。所好者，音也。夫樂者，與音相近而不同。夫古者天地順而四時當，民有德而五穀昌，疾疢不作而無妖祥，然後聖人作爲父子君臣，以爲紀綱，紀綱既正，天下大定，然後正六律，和五聲，弦歌詩頌，此之謂德音，德音之謂樂。今君之所好，其溺音乎？鄭音好濫淫志，宋音燕女溺志，衛音趨數煩志，齊音敖辟喬志，此四者皆淫於色而害於德，是以祭祀弗用也。」』此鄭聲所以亂樂。《論語·衛靈》篇云：『放鄭聲，遠佞人，鄭聲淫，佞人殆』，孔氏云：『鄭聲佞人，亦俱能感人心，與雅樂賢人同，而使人淫亂危殆，故當放遠之也。』《說文》木部云：『朱，赤心木。』木之赤心者名朱，朱卽赤，故《楚辭·招

〔一〕『指』，《皇清經解》本作『恉』。

〔二〕『籍』，《皇清經解》本作『箝』，《韓非子》作『籍』。

魂》、《大招》「朱顏」，王逸注皆云：「朱，赤也。」《考工記》「畫繢之事，東方青，南方赤，西方白，北方黑」，故爲正色。劉熙《釋名·釋采帛》云：「紫，疵也。非正色也。五色之疵瑕以惑人者也。」《法言·吾子》篇云：「或問蒼蠅紅紫曰明視，問鄭衛之似曰聰聽。中正則雅，多哇則鄭。」《漢書·王莽傳·贊》云「紫色鼃聲」，應劭云：「紫，間色。鼃，邪聲也。」按鼃與哇同。**君子反經而已矣。經正則庶民興，庶民興，斯無邪慝矣。**【注】經，常也。反，歸也。君子治國家，歸其常經，謂以仁義禮智道化之，則衆民興起而家給人足矣。倉廩實而知禮節，安有爲邪惡之行也。【疏】注「經常」至「行也」〇正義曰：《白虎通·五經》篇云：「經，常也。」《說文》辵部云：「返，還也。」《廣雅·釋詁》云：「反，歸也。」反與返同，歸卽還也。《呂氏春秋·順民》篇云「湯克夏而正天下」，高誘注云：「正，治也。」《荀子·非相》篇云：「起於上，所以道於下，正令是也。」趙氏以正爲政教，故以道化釋之。五常是仁義禮智信，經正是以仁義禮智道化之，謂經正之也。《說文》舁部云：「興，起也。」《毛詩·小雅·天保》篇「以莫不興」，傳云：「興，盛也。」使萬物皆盛，草木暢茂，禽獸碩大。《周禮·地官·旅師》「掌聚野之耡粟、屋粟、間粟而用之，以質劑致民，平頒其興積」，注云：「興積，所興之積，謂三者之粟也。縣官徵聚物曰興。」賈氏疏云：「興皆是積聚之義。」興爲積聚，又爲茂盛，故以庶民興爲家給人足。「倉廩實而知禮節」，《管子》文，詳見前。《秋官・大行人》「殷覜〔一〕以除邦國之慝」，注云：「慝，惡也。」故以邪慝爲邪惡也。莊公十一年《公羊傳》云：「權者反於經，然後有善者也。」《論語・子罕》篇云：「可與立，未可與權。唐棣之華，偏其反而。」何晏注云：「賦此詩以言權道，反而，後至於大順。」趙氏之義，則孟子言「反經」與《公羊傳》異。

《章指》言：士行有科，人有等級，中道爲上，狂獧不合。似是而非，色厲内荏，鄉原之惡，聖人所甚。反經身行，民化於己，子率而正，孰敢不正也？【疏】「子率而正，孰敢不正」○正義曰：《史記・平津侯主父列傳・贊》云：「夫三公者，百寮之率，萬民之表也。未有樹直表而得曲影者也。孔子不云乎：『子率而正，孰敢不正。』」趙氏本此，蓋隱以公孫弘脱粟布被爲鄉原也。

孟子曰：「由堯舜至於湯五百有餘歲，若禹、皋陶則見而知之，若湯則聞而知之。【注】言五百歲聖人一出，天道之常也。亦有遲速，不能正五百歲，故言有餘歲也。見而知之，謂輔佐也。通於大賢次聖者，亦得與在其間，親見聖人之道而佐行之，言易也。聞而知之者，聖人相去卓遠，數百歲之間變故衆多，踰聞前聖所行，追而遵之，以致其道，言

〔一〕「覜」，《皇清經解》本作「頫」，《周禮注疏》作「覜」。

難也。【疏】『由堯』至『知之』○正義曰：孟子言必稱堯舜，以堯舜治天下之法爲萬世所不能易，故末自堯舜而下，言湯、文、孔子所聞而知之，禹、皋陶、伊尹、萊朱、太公望、散宜生所見而知之，無非堯舜之道，堯舜之道通變神化之道也。上言鄉原自以爲是而不足與入堯舜之道，末言君子反經而已矣，然則反經者，堯舜之道也。又云『經正則庶民興』，言經正則經有不正者矣。反經而經正，則不反經經有不正者矣。孟子所云『反經』，卽《公羊傳》所云『反經』，反經爲權，權卽通變神化。何爲經？經者，常也。常者，不變之謂也。狂者常於高明，君子則反之以柔克；獧者常於沈潛，君子則反之以剛克：如是則其常而不能變者皆以反而歸於正，此庶民所以皆興起於善而無邪慝也。惟鄉原非之無舉，刺之無刺，其閹然媚世，本無一定之常，爲剛克柔克所不能化；又自以爲是，非勞來匡直所能移，故不可與入堯舜之道，實爲聖世奸民而古今大慝也。此孔子所以惡之而思狂獧之士。狂者反經，則由狂而中正；獧者反經，則由獧而中正：故君子反經而經正也。鄉原而外，皆可與入堯舜之道者也。此堯舜之道爲萬世君子之法，故湯、文王、孔子聞而知之，卽知此反經經正之道也。禹、皋陶、伊尹、萊朱、太公望、散宜生見而知之，卽知此反經經正之道也。反經爲權，實卽堯舜通變神化之道，公羊氏不能闡而明之，孟子則詳言之矣。○注『卓遠』○正義曰：《楚辭·逢尤》篇『世既卓兮遠眇眇』，注云：『卓，遠也。』

由湯至於文王五百有餘歲，若伊尹、萊朱則見而知之，若文王則聞而知之。【注】伊尹，摯也。萊朱，亦湯賢臣也。一曰仲虺是也。《春秋傳》曰：『仲虺居薛，爲湯左相』，是則伊尹爲右相，故二人等德也。【疏】注『伊尹』至『德也』○正義曰：《書·君奭》云：『我聞在昔成湯既受命，時則有若伊尹，格于皇天；在太甲，時則有若保衡。』《毛詩正義》引鄭氏注云：『伊尹名摯，湯以爲阿衡，以尹天下，故曰伊尹。』《孫子·用間》篇云：『昔殷之興也，伊摯在夏。』魏武帝注云：『伊尹也。』《春秋繁露·三代改制質文》篇云：『湯受命，變夏作殷，作官〔一〕於下洛之陽，名相官曰伊尹。』既是相，則仲虺同時爲左相，知伊尹爲右相矣。引《春秋傳》者，定公元年《左傳》薛宰曰：『薛之皇祖奚仲，居薛以爲夏車正，奚仲遷於邳，仲虺居薛，以爲湯左相。』《書序》云：『湯歸自夏，至於大坰，仲虺作誥。』《史記·殷本紀》作『中𤫊』，索隱云：『仲虺二音，𤫊作「壘」，音如字。《尚書》又作「虺」。』𤫊、萊一音之轉。**由文王至於孔子五百有餘歲，若太公望散宜生則見而知之，若孔子則聞而知之。**【注】太公望，吕尚也。號曰師尚父。散宜生，文王四臣之一也。吕尚有勇謀而爲將，散宜生有文德而爲相，故以相配而言之也。【疏】注『太公』至『之也』○正義曰：《毛詩·大雅·大明》篇：『維師尚父，時維鷹揚，涼彼武王。』傳云：『師，大師也。尚父，可尚可父。鷹揚，如鷹之飛揚也。』箋云：『尚父，吕望也。尊稱焉。佐武王者，爲之上將。』

〔一〕『官』，《皇清經解》本、《春秋繁露》均作『宮』，下同。

孔氏正義云：『《史記・齊世家》云：「太公望吕尚者，東海上人。西伯出獵得之，曰吾太公望子久矣，故號之曰太公望。載與俱歸，立爲太師。」劉向《别録》曰：「師之尚之父之，故曰師尚父。父亦男子之美稱。」《太誓》注云：「師尚父，文王於磻谿所得聖人吕尚，立以爲太師，號曰尚父，尊之。」如《世家》之文，則尚本是名，號之曰望。而《雒師謀》云「吕尚釣厓」，注云：「尚，名也。」又曰「望公七年，尚立變名」，注云：「變名爲望。」蓋因所呼之號，遂以爲名，以其道可尊尚，又取本名爲號也。《孫子兵法》曰：「周之興也，吕牙在殷」，則牙又是其名字也。』《書・君奭》云：『惟文王尚克脩和我有夏，亦惟有若虢叔，有若閎夭，有若散宜生，有若泰顛，有若南宫括。』又曰：『無能往來，兹迪彝教，文王蔑德降于國人，亦惟純佑秉德，迪知天威，乃惟時昭文王，迪見冒聞于上帝，惟時受有殷命哉。』鄭氏注云：『《詩傳説》「有疏附、奔走、先後、禦侮之人」，而曰文王有四臣以受命，此之謂。』《毛詩正義》曰：『引此四行，以證五臣，明非一臣有一行也。』王氏鳴盛《尚書後案》云：『《大雅・緜》詩毛傳云：「率下親上曰疏附，相道前後曰先後，諭德宣譽曰奔奏，武臣折衝曰禦侮。」絶無所謂文王有四臣以受命之説。蓋鄭先受《韓詩》於張恭祖，後又通《魯詩》，最後乃得《毛詩》，此所引《詩傳説》，或《韓詩》、《魯詩》説也。』趙氏所謂四臣之一，與鄭氏説同。散宜生既在四臣之中，而降蔑德，秉文德，昭明德，故云有文德而爲相也。按見而知之，謂親見當時所以治天下如此。在堯舜時舉一禹皋陶，則稷、契、益等二十二人括之矣。在湯時舉一伊尹萊朱，則當時賢臣如女鳩、女房、義伯、仲伯、咎單等括之矣。在文王時舉一太公望、散宜生，則虢叔、泰顛、閎夭、召公、畢公、榮公等括之矣。非謂見知者僅此一二人也。蓋通變神化之道，作於黄帝、堯、舜，而湯文王聞而知之，知而行之。其始百姓固日用而不知，而賢聖之臣爲之輔佐者，親見此脩己以敬、無爲而治之效，固無不知之也。錢氏大昕《潛研堂答問》云：『《大戴・帝繫》篇：「堯娶於散宜氏之子，謂之女皇。」散宜蓋古諸侯之國，散宜生殆其苗裔也。』**由孔子而來至於今百有餘歲，去聖人之世若此其未遠也，近聖人之居若此其甚也，然而無有乎爾，則亦無有乎爾！**』【注】至今者，至今之世，當孟子時也。聖人之間，必有大賢名世者。百有餘年，適可以出，未爲遠而無有也。鄒魯相近，《傳》曰『魯擊柝聞於邾』，近之甚也。言己足以識孔子之道，能奉而行之，既不遭値聖人，若伊尹呂望之爲輔佐，猶可應備名世，如傅説之中出於殷高宗也。然而世謂之無有，此乃天不欲使我行道也，故重言之，知天意之審也。言則亦者，非實無有也。則亦當使爲無有也乎。爾者，歎而不怨之辭也。【疏】『然而無有乎爾則亦無有乎爾』〇正義曰：趙氏以『無有』爲『無有名世之人』。上云『然而無有』，謂當時之人以爲無有，下云『則亦無有』，因人言無有，則亦當使之無有。《音義》云：『陸本作「然而無乎爾則亦有乎爾」，云：「孟子意自以當之。」鄒魯相鄰，故曰近聖人之居。無乎爾，有乎爾，疑之也。此意以況絶筆於獲麟也。』趙氏佑《温故録》云：『魏氏作《孟子論》，謂世未遠，居甚近，蓋將自負於顔、曾、思見知之列，而以聞知望天下後世之人。或者曰：顔、曾、思爲孔子見知之人明矣，孟子何不正言而概以無有？曰：顔、曾、思之見知不待言也。蓋古今道法之所以不墜者，固賴近有見知，遠有聞知，而當見知已往，聞知未來，尤必有人焉，以延其絶續之交，然後見以紹見，聞以啟聞，近不絶而遠可續。觀《書》陳伊尹保衡，而後則有太戊、盤庚、武丁之爲君，伊陟、臣扈、巫咸、巫賢、甘盤之爲臣，皆以傳湯與伊萊之道，故文王得以聞而知。子貢稱文武之道未墜於地，賢者識其大，不賢者識其小，皆以存文與散、望之道，故夫子得以聞而知。推之禹皐至湯，雖《書》缺有間，然而歌稱祖訓，征迷〔一〕政典，史記伊尹之於湯，言素王九主之事，其非無人焉相授受、相維持於堯舜之衰可知也。其人類不及聖，而足以爲聖之資，否則各以五百餘歲爲斷，亦云遥闊之甚矣。湯、文、孔子雖甚聖，其不歎文獻無徵者幾希矣。獨至春秋戰國之際，而異學邪説，爭鳴交煽，班生所謂「仲尼沒而微言絶，七十子喪而大義乖」也，其孰是與於知之者？孟子未得爲孔子徒，亦既不親見聖，而猶以其近而未遠爲幸，因益以未遠而無有爲懼。夫未遠而已無有知之者，復何望於遠而知之哉！孟子力肩斯道，實自居於見聞絶續之交之一人，而備述所知，以上紹前之知，下遺後之知，其所紹直自禹以下，

〔一〕『迷』，《皇清經解》本作『述』。

有不止於顔、曾、思者，而其所遺於後，爲益無窮期矣。』謹按：此義與趙氏之恉小異而相近，然謂顔、曾、思爲見知，非也。堯、舜、湯、文以此道措諸天下，而巍巍皡皡，一時輔佐之人共見之，是爲見而知之。湯文王之知，雖起於聞，而實徵於見；禹、伊尹、周公雖見，知，而非不可聞知。惟孔子但聞知而不能措之天下，使當時賢者得見而知，七十子學於孔子，亦皆聞而知之，非見而知之者也。孟子去孔子之生未遠，鄒魯又相近，言庶幾私淑其人得聞而知之也。然而堯、舜、湯、文不復見於世，則此聞而知者，無有措於天下，蓋自孔子時已無有見而知之者矣。況生百年後，則亦無有見而知之者矣。爾者，辭之終也。乎爾者，決絶之中，尚有餘望也。此孟子思王者之不作，而不欲徒托諸空言，其辭遜，其恉婉。或乃以孟子道統自居，夫道無所爲統也。爲道統之説者，失孟子之教矣。

《章指》言：**天地剖判，開元建始，三皇以來，人倫攸叙。宏析道德，班垂文采，莫貴乎聖人。聖人不出，名世承間，雖有此限，蓋有遇有不遇焉。是以仲尼至『獲麟』而止筆，孟子以『無有乎爾』終其篇章，斯亦一契之趣也。**【疏】『天地剖判』○正義曰：《史記·孟子荀卿列傳》云：『騶衍稱引天地剖判以來。』《韓非子·解老》篇云：『唯夫與天地之剖判也俱生。』《廣雅·釋天》云：『太初，氣之始也。生於酉仲，清濁未分也。太始，形之始也。生於戌仲，清者爲精，濁者爲形也。太素，質之始也。生於亥仲，已有朴素而未散也。三氣相接，至於子仲，剖判分離，輕清者上爲天，重濁者下爲地，中和爲萬物。』○『聖人不出名世承閒』○正義曰：見《漢書·楚元王傳·贊》。○『蓋有』至『止筆』○正義曰：《荀子·宥坐》篇：『孔子曰：夫賢不肖者，材也。爲不爲者，人也。遇不遇者，時也。』《論衡·逢遇》篇云：『伊尹箕子，才俱也。伊尹爲相，箕子爲奴。伊尹遇成湯，箕子遇商紂也。或以賢聖之臣，遭欲爲治之君，而終有不遇，孔子孟軻是也。孔子絶糧陳蔡，孟軻困於齊梁，非時君主不用善也，才下知淺不能用大才也。』《漢書·儒林傳·序》云：『因《魯春秋》舉十二公行事，繩之以文武之道，成一王法，至獲麟而止。』班固《答賓戲》云：『孔終篇於西狩。』

孟子正義卷三十

孟子篇叙【**疏**】正義曰：《音義》云：『此趙氏述《孟子》七篇所以相次叙之意也。』周氏廣業《孟子章指考證》云：『《篇叙》亦趙邠卿所作，其意蓋本《序卦》，欲使知篇次相承，不容紊錯也。雖配儷五七，未必盡符作述微旨，存之亦足見聖哲立言，事理畢該，隨所推尋，無非妙緒矣。如《魯論》羣弟所記，宜無倫叙，而説者謂降聖以下，皆由學成，故首《學而》，成學乃可爲政化民，故次《爲政》，以類相求，實皆好學深思之效也。』

趙氏《孟子篇叙》者，言《孟子》七篇所以相次叙之意也。【**疏**】正義曰：明名《篇叙》者爲七篇次序之義，非如《詩序》、《書序》之序也。

孟子以爲聖王之盛，惟有堯舜，堯舜之道，仁義爲上，故以梁惠王問利國，對以仁義，爲首篇也。【**疏**】正義曰：《易·説卦傳》云：『是以立天之道曰陰與陽，立地之道曰柔與剛，立人之道曰仁與義。』仁卽元，義卽利，仁義之爲道，卽元亨利貞之爲德，此堯舜所以通變神化者也。孟子言必稱堯舜，堯舜之道卽仁義矣。

仁義根心，然後可以大行其政，故次之以公孫丑問管晏之政，答以曾西之所羞也。【疏】正義曰：根心，謂先王以不忍人之心，行不忍人之政。

政莫美於反古之道，滕文公樂反古，故次以文公爲世子，始有從善思禮之心也。【疏】正義曰：思禮，謂三年之喪。

奉禮之謂明，明莫甚於離婁，故次之以離婁之明也。【疏】正義曰：《説文・収〔一〕部》云：『奉，承也。』承先王之禮而行之，所謂述也。《禮記・樂記》云：『故知禮樂之情者能作，識禮樂之文者能述。作者之謂聖，述者之謂明。』

明者當明其行，行莫大於孝，故次以萬章問舜往于田號泣也。【疏】正義曰：舜明於庶物，察於人倫，是明其行也。

孝道之本，在於情性，故次以告子論情性也。【疏】正義曰：人性善，所以能孝弟。

情性在内而主於心，故次以盡心也。【疏】正義曰：『乃若其情，則可以爲善矣。』是情合於性。『盡其心者，知其性也。』是性本於心。

盡己之心，與天道通，道之極者也。是以終於盡心也。【疏】正義曰：盡心則知性知天，故與天道通也。周氏廣業《孟子出處時地考》云：『建篇之首《梁惠王》也，趙氏之説

〔一〕『収』，《皇清經解》本、《説文解字》均作『廾』。

躡矣。《題辭》謂「退自齊梁而著作，其篇目各自有名」，則未盡然。古人得志，澤加於民；不得志，脩身見於世。立言不朽，雖聖人不能易，豈必窮愁始著書哉？特壯年志在行道，未遑專意耳。故其成在遊梁之後，其著作斷非始此。大率起《齊宣王》至《滕文公》爲三册，記仕宦出處；《離婁》以下爲四册，記師弟問答雜事。迨歸自梁而孟子已老，於行文既絶少，又暮年所述，故僅與魯事，分附諸牘末。其後門人論次遺文，分篇列目，以仁義兩言爲全書綱領，因割其六章冠首，而以《梁惠王》題篇，於梁齊之下，繼以鄒、滕、魯。蓋孟子生平所注意者，祇此五國而已。乃其在梁也，始以去利行仁義期之，終料其嗜殺而去。於齊宣王，始以易牛之仁冀其王，終以伐燕之暴決於歸。鄒於仁政一言，行否未可知，而父母之邦，君子重之，且與齊宣皆屬舊君，不容略也。滕文尊禮，孟子遇矣，而國小多故，莫必其成功。魯則周公之後，孔子之鄉，平公乘五百里之地，既知用樂正子，兼有見賢之意，似可與圖功矣，而卒不遇。孟子一生行藏，首篇盡之矣。其曰「天欲平治天下，舍我其誰」，壯而欲行，厚望之辭也。功之成否，身之遇否，皆歸之天。老不得志，絶望之辭也。首次二篇以天終，末篇以天始，《梁惠王》以王道始，《盡心》以聖學終，《公孫丑》由王道推本聖學，其爲章二十有三，記齊事者十有五，餘八章皆言仁義，又王道也。而齊之仕止，詳見起訖，明是篇爲在齊之日，公孫識之矣。《滕文公》亦兼舉聖學王道，而滕係弱小，故其言井田學校，雖較詳於齊梁，但可新其國耳，王非所能也。聖王不興於上，聖道將絶於下，於是力闢楊墨以承之，許行、夷之以至陳仲子，皆邪説詖行之害仁義者也，故以不得已好辯終焉。《離婁》、《萬章》、《告子》、《盡心》，發端言堯舜心性，與《滕文公》同；其後皆雜説訓言，而《萬章》一篇，又知人論世之林。此則七篇大致，可得而略言者。趙氏以爲包羅天地，揆叙萬類，仁義道德，性命禍福，粲然靡所不載，信矣。」謹按：周氏所云，似較趙氏爲長。然探趙氏《篇叙》之指，蓋恐後人紊亂其篇次，增損其字數，故假其義以示其信耳。如後稱字數，以五七不敢盈之義，則知三萬四千六百有奇非傳寫之譌，三萬五千二百有奇實增多之羨，詎真以孟子取五七不盈之義爲此字數哉！

篇所以七者，天以七紀，璿璣運度，七政分離，聖以布曜，故法之也。【疏】正義曰：「天以七紀」，昭公十年《左傳》文也。《尚書·堯典》云：「在璿璣玉衡，以齊七政。」馬氏注云：「璿，美玉也。璣，渾天儀可轉旋，故曰璣。七政者，北斗七星，各有所主：第一曰主日，法天。第二曰主月，法地。第三曰命火，謂熒惑。第四曰煞土，謂填星。第五曰伐水，謂辰星。第六曰危木，謂歲星。第七曰罰金，謂太白。日月五星各異，故名曰七政。」又云：「日月星皆以璿璣玉衡，度知其盈縮。」《尚書大傳》云：「在琁機玉衡，以齊七政。琁機者何也？傳曰：琁者，還也。機者，幾也，微也。其變幾微，而所動者大，謂之旋機。是故旋機謂之北極。」鄭氏注云：「七政，謂春、秋、冬、夏、天文、地理、人道，所以爲七政也。人道盡而萬事順成。」馬鄭之説不同。趙氏此文作「璿璣」，不作琁機，則用馬氏義也。渾天者，地在其中，天周其外，晝則日在地上，夜則日入地下。漢宣帝時司農中丞耿壽昌鑄銅爲之，象衡横其中，璣轉於外，以知天度，故云璿璣運度也。范甯《穀梁傳序》云『七曜爲之盈縮』，楊氏疏云：『謂之七曜者，日月五星，皆照天下，故謂之七曜。』日歲一周天，月月一周天，木星十二歲一周天，火星二歲一周天，土星二十八歲一周天，金水二星附日而行，亦一歲一周天。是七政分離，各行其度，而聖人造璿璣，使七政畢陳於目，故云聖以布曜。布曜者，卽布此〔一〕七政之曜。言《孟子》一書，分而爲七，如天之有七政，而舜以璿璣布之也。劉陶作《七曜論》以復《孟子》，疑卽以七篇爲七曜。趙氏蓋本此。

章所以二百六十有九者，三時之日數也。不敢比《易》當期之數，故取其三時。三時者，成歲之要時，故法之也。【疏】正義曰：《題辭》稱『二百六十一章』，此言九，當有誤也。《易·繫辭傳》云：『乾之策二百一十有六，坤之策百四十有四，凡三百有六十，當期之日。』此云不敢比《易》當期之數，帀期四時十二月，三時則九个月，當有二百七十日，於數亦不能合。孔本作『常期』，《音義》云：『「當期」音朞。』則本作『當』字，今正之。

三萬四千六百八十五字者，可以行五常之道，施七政之紀，故法五七之數而不敢盈

〔一〕按，此句《皇清經解》本無。

也。**【疏】**正義曰：五七當三萬五千字，今不足，故云不敢盈。據今本共三萬五千一百二十六字，多趙氏五百四十一字。以趙氏《章句》、《章指》核之，其字句較今所傳不應減少，此明云『五七之數不敢盈』，則爲三萬四千有奇而不足五千，斷非趙氏此數爲傳寫有誤。若過三萬五千，則不當云五七之數不敢盈也。尋繹其故，趙氏本所不同者，當在『孟子曰』等文。蓋問答則有『孟子曰』、『孟子對曰』，或單用『曰』字。其自爲法度之言，則不必加『孟子曰』。如《荀子・儒效》篇與秦昭王問答，《議兵篇》與陳囂、李斯等問答，則用『孫卿子曰』，餘皆不加『荀子曰』。惟自言本不加『孟子曰』，此趙氏所以定七篇爲孟子自作。《史記》『太史公曰』，索隱云：『楊惲、東方朔所加。』則『孟子曰』三字容爲後人所加，如《齊人有一妻一妾章》、《逢蒙學射於羿章》章首皆無『孟子曰』，可例其餘。《曾子居武城章》章首，亦無『孟子曰』，而『孟子曰』三字在章末有之。又《公孫丑上篇・伯夷章》章首有『孟子曰』，章末『伯夷隘』云云，又有『孟子曰』，亦後人增加未畫一之證。凡孟子自言一百數十章，則多『孟子曰』一百數十。又趙氏於單言『曰』字或無『曰』字，必明標『孟子曰』、『孟子言』及『丑曰』、『克曰』、『相曰』、『髡曰』、『輕曰』云云，其『孟子謂戴不勝曰』，趙氏亦標云『孟子假喻』，疑章首『孟子』亦後人所加，趙氏本但云『謂戴不勝曰』，經無『孟子』字，趙氏乃以『孟子』標之也。『孟子曰子能順杞柳之性』『孟子曰水性無分於東西』，趙注皆明標『孟子曰』，蓋趙氏本亦但有『曰』字，無『孟子』字，故標之也。以此推之，雖未能盡得其增加之迹，而趙氏之本轉減少於今本五百四十一字者，約略可於此見之也。

文章多少，擬其大數，不必適等，猶《詩》三百五篇而《論》曰『《詩》三百』也。【疏】正義曰：《論》，謂《論語》也。謂以二百六十一法三時二百七十，以三萬四千六百八十五字法五七三萬五千，皆爲不必適等。

章有大小，分章賦篇，篇趣五千，以卒其文，無所取法，猶《論》四百八十六章，章次大小，各當其事，亦無所法也。【疏】正義曰：大謂字數多，小謂字數少。分章以布於篇，每篇五千字，文卽字也。卒其文者，七篇每篇以五千文爲卒也。《論語・釋文》云：『《學而》凡十六章，《爲政》二十四章，《八佾》二十六章，《里仁》二十六章，《公冶長》二十九章，《雍也》三十章，《述而》舊三十九章，今三十八章，《泰伯》二十一章，《子罕》三十一章，《皇》三十章，《鄉黨》一章，《先進》二十三章，《顏淵》二十四章，《子路》三十章，《憲問》四十四章，《衛靈公》四十九章，《季氏》十四章，《陽貨》二十四章，《微子》十四章，《子張》二十五章，《堯》曰三章。』共五百六十八章。此依何晏《集解》，趙氏所云，未詳所本，疑有譌字。

蓋所以佐明六藝之文義，崇宣先聖之指務，王制拂邪之隱栝，立德立言之程式也。【疏】正義曰：文，六書訓詁之文也。義，謂義理也。《漢書・劉歆傳》：『歆治左氏，引傳文辨經，轉相發明，由是章句義理備焉。』桓譚《時政疏》云：『今可令通義理。』是也。崇，猶尚也。宣，通也，發也。《淮南子・脩務訓》云『名可務立』，高誘注云：『務，事也。』馬總《意林》云：『趙臺卿作《章句》，章句曰指事。』指務卽指事也。《大戴禮記・衛將軍文子》篇云：『外寬而內直，自設於隱栝之中，直己而不直於人，蓋蘧伯玉之行也。』《鬼谷子・飛箝》篇云：『其有隱栝，乃可徵，乃可求，乃可用。』陶宏景注云：『隱栝以輔曲直。』《荀子・性惡》篇云：『故檃栝之生，爲枸木也；繩墨之起，謂不直也。直木不待檃栝而直者，其性直也；枸木必將待檃栝烝矯然後直者，以其性不直也。』楊注云：『枸讀如鉤，曲也。檃栝，正曲木之木也。』《大略》篇云：『乘輿之輪，太山之木也。示諸檃栝，三月五月，爲幬菜，敝而不反其常。君子之檃栝，不可不謹也愼之。』注云：『示讀爲寘。檃栝，矯煣木之器也。』《非相》篇云：『府然若渠匽檃栝之於己也』，注云：『渠匽所以制水，檃栝所以制木。』《尚書大傳略説》云：『子貢曰：檃栝之旁多曲木，良醫之門多疾人。』《韓非子・顯學》篇云：『自直之箭，自圜之木，百世無有一，然而世皆乘車射禽者何也？隱栝之道用也。』《難勢》篇云：『夫去隱栝之法，去度量之數，使奚仲爲車，不能成一輪。』《韓詩外傳》云：『磏仁雖下，聖人不廢者，匡民隱括，有在是中者也。』《鹽鐵論・申韓》篇：『御史曰：故設明法，除嚴刑，坊非矯邪，若隱栝輔檠之正佤刺也。』《大論》篇：『大夫曰：是猶不用隱括斧斤，欲撓曲直枉也。』《書・盤庚》下篇『尚皆隱哉』，某氏傳云：『相隱括以爲善政。』何休《公羊傳序》云：『遂隱栝使就繩墨焉。』《説文》木部云：『檃，栝也。」「梧，𣗳也。」字從木，故爲矯制枸木之器。隱括，其通借字也。《公羊》疏云：「隱謂隱審，括謂檢括。」《後漢書·鄧訓傳》云「訓考量隱栝」，李賢注引《荀子》而釋之云：「隱審量栝之。」失其義矣。《淮南子·本經訓》「曲拂邅回」。高誘注云：「拂，戾也。」《漢書·王莽傳》云：「拂世矯俗。」此云拂邪者，謂矯戾其邪，使之歸於正，猶𣗳栝矯戾其曲木而歸於直。《荀子》有《王制》篇云：「王者之制，衣服有制，宫室有度，人徒有數，喪祭械用皆有等宜，聲則凡非雅聲者舉廢，色則凡非舊文者舉息，械用則凡非舊器者舉毁，夫是之謂復古，是王者之制也。」制度所以去民之邪，謂王者欲爲拂邪之制，則以孟子此書爲𣗳栝也。《説文》禾部云：「程，品也。十髮爲程，十程爲分，十分爲寸。」《史記·太史公自序》云「張蒼爲章程」，如淳云：「程者，權衡、丈尺、斛斗之平法也。」《老子》云「爲天下式」，王弼注云：「式，模則也。」程式，謂尺寸模範可用爲準則，故云立德立言之程式也。《文選·郭有道碑文》云「隱括足以矯時」，李善注引劉熙《孟子注》云：「隱，度也。栝，猶量也。」又崔子玉《座右銘》「隱心而後動」，注引劉熙《孟子注》云：「隱，度也。」《孟子》本文無隱括二字，惟趙氏此《篇叙》有之。劉氏所注，未知所屬。

洋洋浩浩，具存乎斯文矣。【**疏**】正義曰：《禮記·中庸》篇云：「洋洋乎發育萬物，峻極於天。」《漢書·韋賢傳》云：「洋洋仲尼」，顔師古注云：「洋洋，美盛也。」《淮南子·俶真訓》云「浩浩瀚瀚」，高誘注云：「浩浩，廣大貌。」《論語·子罕》篇云：「文王既沒，文不在兹乎！天之將喪斯文也，後死者不得與於斯文也；天之未喪斯文也，匡人其如予何？』趙氏以孟子似續孔子，如孔子似續文王。孟子之後，能知孟子者，趙氏始焉。

按孟子有不可詳者三：其一爲孟子先世，趙氏但云『鄒人。或曰：魯公族孟孫之後』。《列女傳》、《韓詩外傳》雖詳説孟母之事，而不言何氏。《孟氏譜》言：『父曰激公宜，母仇氏。一云孟子父名彦璞』，未知所據。○其二爲孟子始生年月，陳士元《雜記》載《孟氏譜》曰：『孟子以周定王三十七年四月二日生，即今之二月二日。赧王二十六年正月十五日卒，即今之十一月十五日。壽八十四歲。』此《譜》不知定於何時？陳氏疑定爲安之譌。安王在位二十六年，是年乙巳；至赧王二十六年壬申，凡八十八年。《譜》謂『孟子壽八十四』，自壬申逆推之，當生於烈王己酉。周氏廣業《孟子出處時地考》駁之，以爲《譜》不足據，而擬爲『生於安王十七年丙申，卒於赧王十三年乙未』。其爲孟子作《年譜》者，紛紛更訂，或云年七十四，或云年九十七，大抵皆出於臆，全無實證可憑。○其三爲孟子出遊，趙氏以爲先齊後梁，説者又以爲先梁後齊，或以梁惠王有後元，或以爲孟子先事齊宣，後事齊湣。考之《國策》、《史記》諸書，參差錯雜，殊難畫一。今撰《正義》，惟主趙氏，而衆説異同，亦略存録，以備參考而已，實未易折衷也。至居鄒、葬魯、之滕、過薛、遊宋、往任，其先後歲月，或據七篇虚辭，以測實迹，彼此各一是非，多不足采。

孟子弟子，趙氏注十五人：樂正子、公孫丑、陳臻、公都子、充虞、季孫、子叔、高子、徐辟、咸丘蒙、陳代、彭更、萬章、屋廬子、桃應。學於孟子四人：孟仲子、告子、滕更、盆成括。宋政和五年從祀孟廟，去盆成括，詳《宋史·禮志》。國朝孟廟從祀，仍明制十八人，視宋政和無滕更，有盆成括。乾隆二十一年，禮部覆准去舊時侯伯封號，改題先賢先儒，以符禮制。内樂正克、公孫丑、萬章、公都子四人，皆稱『先賢某子』。陳臻、屋廬連、陳代、高子、孟仲子、充虞、徐辟、彭更、咸丘蒙、桃應、季孫、子叔、浩生不害、盆成括十四人，皆稱『先儒某氏某』。周氏廣業《孟子出處時地考》云：『張九韶《羣言拾唾》，孟子十七弟子，去季孫、子叔、滕更、盆成括，益以孟季子、周霄。朱彝尊《經義考》亦去季孫、子叔，而謂告子與浩生不害是二人，因去告子而列浩生不害，餘並依趙氏。宫夢仁《讀書紀數略》則易滕更、浩生不害、盆成括爲孟季子、曹交、周霄。三書數同而又互異。竊謂曹、周二人，殊無取焉。高誘注《吕覽》云：『匡章，孟子弟子。』《藝文類聚》亦然。《吕覽》有匡章與惠王又惠施問答，列從遊於梁者耶？而趙注却止言齊人。夷子逃墨歸儒，憮然受命，當在不距之科，而趙亦無明文。他若高注《淮南》有陳仲子，《史記索隱》有公明高，《廣韻》有離婁，其誤固不待辨。《通志》離氏注引《風俗通》云：『離婁，孟子門人。』則傳譌自漢矣。

《孟子疏》舊題『孫奭撰』，錢氏大昕《養新録》云：『《孟子正義》，朱文公謂邵武士人所作，卷首載孫奭《序》一篇，全録《音義序》，僅增三四語耳。晁公武《讀書志》有孫奭《音義》而無《正義》，蓋其時僞書未出；至陳振孫《書録解題》始並載之。馬端臨《經籍考》並兩書爲一條，云「《孟子音義正義》共十六卷」。引晁氏曰：「皇朝孫奭等採唐張鎰、丁公著所撰，參附益其闕。古今注《孟子》者，趙氏之外，有陸善經。奭撰《正義》，以趙注爲本，其不同者，時時兼取善經，如謂子莫執中爲子等無執中之類」。今按子等無執中之説，初不載於《正義》，惟《音義》有之。馬氏既不能辨《正義》之僞托，乃改竄晁語以實之，不知晁《志》本無《正義》也。』趙氏佑《温故録》云：『《十三經注疏》，孔穎達、賈公彦最爲不可及，邢昺次之，以《孟子疏》爲最下。其書不知何人作，而妄嫁名於孫奭，近世儒者咸謂之僞孫奭疏。予讀孫奭《孟子音義序》，體裁有類孔氏，而簡潔過之，全非作疏人手筆，其題曰《音義序》而已，未嘗稱疏也。曰「惟是音釋，宜在討論」，曰「集成《音義》二卷」，未嘗言作疏也。故曰「雖仰測至言，莫窮其奥妙；而廣傳博識，更俟乎發揮」。則知孫氏正本止就經文及注爲之音釋，且僅二卷，本未有疏，其所釋非第字之本音本義而已，亦時就章句有所證明，存示異同，與陸德明《釋文》仿佛，無取更有疏也。趙氏之爲《孟子題辭》，爲提綱者也。語多奥衍，時復用韻，與全疏絶不類，蓋皆趙氏原文，即在各章注末；《音義》亦相綴屬。而今概棄本來，勦爲疏首，反割分《音義》之爲《章指》者於疏尾，則爲自作末曰「章別其指，分爲上下，凡十四卷」，卽今各卷題各章首「正義曰」下所載此章云云，以疏而自音之，從古豈嘗有此？疏中背經背注極多，非復孔、賈之遺；甚至不顧注文，竟自憑臆立説，與其《音義》又時相矛盾，豈有一人之作而忽彼忽此者？孫氏用心詳慎，《音義》可採者十五六，而疏不能十二。至其體例之踳駁，徵引之陋略乖舛，文義之冗蔓俚鄙，隨舉比比。朱文公指爲邵武士人作，不解名物制度，其實豈止名物之失哉！則未知孫氏之不及自爲而假手其人與？抑孫之名盛而遂有僞托之者與？』

按爲《孟子》作疏，其難有十：孟子道性善，稱堯舜，實發明羲、文、周、孔之學，其言通於《易》，而與《論語》、《中庸》、《大學》相表裏，未可以空悟之言臆之。其難一也。孟子引《書》辭，多在未焚以前，未辨今古文而徒執僞孔以相解説，往往鑿枘不入。其難二也。井田封建，殊於《周禮》，求其畫一，左支右詘。其難三也。齊梁之事，印諸《國策》、《太史公書》，往往齟齬。其難四也。水道必通《禹貢》之學，推步必貫《周髀》之精，六律五音，其學亦造於微，未容空疏者約略言之。其難五也。棄蹝招豚，折枝蹙頞，一事之微，非博考子史百家，未容虛測。其難六也。古字多，轉注假借多，賴卽嬾，姑嘬卽咀，嘑爾卽呼，私淑卽叔，凡此之類，不明六書，則訓故不合。其難七也。趙氏書名《章句》，一章一句，俱詳爲分析，陸九淵謂『古注惟趙岐解《孟子》，文義多略』，真謬説也。其注或倒或順，雅有條理，卽或不得本文之義，而趙氏之意，焉可誣也？其難八也。趙氏時所據古書，今或不存，而所引舊事，如陳不瞻聞金鼓而死，陳質娶婦而長拜之，苟有可稽，不容失引。其難九也。《孟子》本文，見於古書所引者既有異同，而趙氏注各本非一，執誤文譌字，其趣遂舛。其難十也。本朝文治昌明，通儒徧出，性道義理之旨，既已闡明；六書九數之微，尤爲獨造；推步上超乎一行，水道遠邁於平當；通樂律者判弦管之殊，詳禮制者貫古今之變；訓詁則統括有書，版本則參稽罔漏；或專一經以極其原流，或舉一物以窮其宦奥。前所列之十難，諸君子已得其八九，故處邵武士人時，爲疏實艱；而當今日，集腋成裘，會鯖爲饌，爲事半而爲功倍也。趙氏《章句》既詳爲分析，則爲之疏者，不必徒事敷衍文義，順述口吻，效《毛詩正義》之例，以成學究講章之習。趙氏訓詁，每疊於句中，故語似蔓衍而辭多佶聱；推發趙氏之意，指明其句中訓詁，自爾文從字順，條鬯明顯矣。於趙氏之説或有所疑，不惜駁破以相規正。至諸家或申趙義，或與趙殊，或專翼孟，或雜他經，兼存備録，以待參考。凡六十餘家，皆稱某氏以表異之，著其所撰書名以詳述之，彙叙於右：崑山顧氏炎武，字亭林。蕭山毛氏奇齡，字大可。太原閻氏若璩，字百詩。宣城梅氏文鼎，字定九。安溪李氏光地，字厚庵。鄞縣萬氏斯大，字充宗。鄞縣萬氏斯同，字季野。江都孫氏蘭，字滋九。鄒平馬氏驌，字宛斯。武進臧氏琳，字玉林。德清胡氏渭，字朏明。泰州陳氏厚耀，字泗源。濟陽張氏爾岐，字稷若。錢唐馮氏景，字山公。元和惠氏士奇，字半農。婺源江氏永，字慎脩。無錫顧氏棟高，字震滄。光山胡氏煦，字滄曉。當涂徐氏文靖，字位山。震澤沈氏彤，字冠雲。常熟顧氏震，字虞東。無錫吴氏鼎，字尊彝。長洲何氏焯，字屺瞻。寶應王氏懋竑，字子中。臨川李氏紱，字巨來。元和惠氏棟，字定宇。休寧戴氏震，字東原。鄞縣全氏祖望，字紹衣。嘉定王氏鳴盛，字鳳喈。華亭倪氏思寬，字存未。吴縣江氏聲，字叔澐。歙縣程氏瑤田，字易疇。曲阜孔氏廣森，字撝仲。歙縣金氏榜，字輔之。嘉定錢氏大昕，字曉徵。偃師武氏億，字虚谷。餘姚盧氏文弨，字召弓。餘姚邵氏晉涵，字二雲。興化任氏大椿，字幼植。江都汪氏中，字容甫。寶應劉氏台拱，字端臨。嘉定錢氏塘，字岳原。嘉定謝氏墉，字金圃。鎮洋畢氏沅，字秋帆。仁和趙氏佑，字鹿泉。通州王氏坦，字吉途。金壇段氏玉裁，字若膺。陽湖孫氏星衍，字淵如。歙縣淩氏廷堪，字仲子。海寧周氏廣業，字耕厓。溧陽周氏柄中，字燭齋。績溪胡氏匡衷，字樸齋。錢塘翟氏灝，字晴川。蕭山曹氏之升，字寅谷。長白都四德氏，字乾文。平湖周氏用錫，字晉園。海寧陳氏鱣，字仲魚。甘泉鍾氏懷，字保岐。武進臧氏庸，字在東。歙縣汪氏萊，字孝嬰。高郵王氏念孫，字懷祖。儀徵阮氏元，字伯元。歸安姚氏文田，字秋農。高郵王氏引之，字伯申。甘泉張氏宗泰，字登封。

先曾祖考諱源，先祖考諱鏡，先考諱蒽，世傳王氏大名先生之學。循傳家教，弱冠即好孟子書，立志爲《正義》，以學他經，輟而不爲，兹越三十許年。於丙子冬，與子廷琥，纂爲《孟子長編》三十卷，越兩歲乃完。戊寅十二月初七日，立定課程，次第爲《正義》三十卷，至己卯秋七月草稿粗畢。間有鄙見，用『謹按』字别之。廷琥有所見，亦本范氏《穀梁》之例，録而存之。